V.E.Smith
Narbonne 8/8/96

N.S.St.
Mathews 8/2/46

# INVENTAIRE
# VOLTAIRE

# INVENTAIRE
# VOLTAIRE

*Sous la direction de*

Jean Goulemot
André Magnan
Didier Masseau

*Révision générale par André Magnan*

**QUARTO
GALLIMARD**

### Avec les contributions de

Garry Apgar, Pierre Berthiaume, Patrick Brasart,
Andrew Brown, Jean-Daniel Candaux, Marie-Françoise Chanfrault,
Marie-Hélène Cotoni, Michel Delon, Roland Desné, Béchir Garbouj,
Jean Gaudon, Jean Goulemot, Isabel Herrero, Francesca Isidori,
Maurice Kriegel, Henri Lagrave, Marc de Launay, Pierre Lederer,
Jacques Le Goff, Laurent Loty, André Magnan, Didier Masseau,
Sylvain Menant, Jacques Mény, Christiane Mervaud, Stéphane Pujol,
Jean-Michel Raynaud, Roselyne Rey †, Jürgen Siess,
Denis Slakta, Anette Smedley-Weill, Anne Soprani,
Gabriel-Robert Thibault, Lydia Vazquez.

### Nous remercions chaleureusement

Jean Balcou, Frédéric Castaing, Élisabeth Claverie,
Marie Gasser, Geneviève Idt, Antoine Jaccottet,
Yves Kirchner, Serge Koster, Alain Pagès, Hugues Pradier,
Agnès Riche, Charles Wirz,
et la Bibliothèque nationale de France.

© Éditions Gallimard, 1995.

## Sous la direction de

*Jean M. Goulemot*, professeur à l'université de Tours et membre de l'Institut universitaire de France (chaire d'Histoire des idées et de la littérature du XVIII$^e$ siècle). Il a publié : *Discours, révolutions et histoire (Représentations de l'histoire et discours sur les révolutions de l'âge classique aux Lumières)*, U.G.E., 1975 ; *La Littérature des Lumières*, Bordas, 1989 ; *Ces livres qu'on ne lit que d'une main, lecture et lecteurs des livres pornographiques au XVIII$^e$ siècle*, Alinéa, 1991, réédition Minerve, 1994. Il a participé à de nombreux ouvrages collectifs, l'*Histoire de la vie privée* aux éditions du Seuil ; l'*Histoire de l'édition française* et l'*Histoire des bibliothèques* aux éditions Promodis du Cercle de la Librairie. Il a collaboré au tome I des *Lieux de mémoire* et rédigé le chapitre inaugural dans *Le Siècle de l'avènement républicain*, publiés chez Gallimard.

*André Magnan*, professeur à l'université de Paris X-Nanterre, considéré comme l'un des meilleurs spécialistes de Voltaire. Il travaille entre autres sur les contes philosophiques et la correspondance. Il a collaboré à la biographie de Voltaire en cinq volumes dirigée par René Pomeau (Oxford, 1985-1994) et à l'édition des *Œuvres complètes* publiée à Oxford par la Voltaire Foundation. Conseiller littéraire et historique pour *L'Affaire Voltaire*, film de Jacques Mény diffusé par Arte (1994), il a publié récemment *Rameau le neveu* (CNRS Éditions, 1993), un recueil collectif d'études sur les *Expériences limites de l'épistolaire. Lettres d'exil, d'emprisonnement, de folie* (Honoré Champion, 1993) et contribué au catalogue de l'exposition *Voltaire et l'Europe* de la Bibliothèque nationale de France (Éditions Complexe, 1994).

*Didier Masseau*, maître de conférences à l'université de Valenciennes Il a publié de nombreux articles sur la littérature française du XVIII$^e$ siècle dans des revues internationales. Il est aussi l'auteur de *L'Invention de l'intellectuel dans l'Europe du XVIII$^e$ siècle*, paru récemment aux Presses universitaires de France.

**I**nventorier, questionner un auteur « classique », le relire ou le découvrir, entre les élans de la mémoire et les surprises de l'oubli, au travers de sa biographie, de ses contemporains, de ses œuvres, de ses amours, des genres littéraires qu'il a pratiqués, des lieux qui ont compté pour lui, des hommes qui ont contribué à sa formation, de ses rivaux, de son influence, de sa postérité jusqu'à la fin du XX$^e$ siècle – tel est le propos de la série « Inventaire ».

**P**our Voltaire, il faut y ajouter les grandes causes qu'il a défendues, l'élaboration de la notion même d'« affaire », les thèmes récurrents et parfois obsessionnels de sa philosophie et de son action, son goût de la polémique, les Lumières européennes, ses démêlés avec le pouvoir, avec la censure, en France comme en Prusse ou en Suisse, la constitution de sa fortune, la fabrication de son nom et de ses pseudonymes, l'orchestration de sa célébrité, la révolution qu'il a apportée au statut de l'écrivain, sa destinée scolaire et universitaire, ses bons mots, ses erreurs scientifiques, son inépuisable énergie en butte à un corps exténué...

*Inventaire Voltaire* fonctionne comme un dictionnaire.

Les 1368 entrées, classées par ordre alphabétique de A à Z, comportent :

• trois types d'articles :
– un texte original, signé d'un spécialiste des études voltairiennes ;
– des entrées « muettes » renvoyant, sous un intitulé non développé, à une série d'articles qui cernent la question ;
– des entrées constituées d'une ou plusieurs citations sans commentaire.

• des corrélats, placés sous le titre des entrées, qui sont autant de renvois permettant de traverser le dictionnaire de thème en thème.

• des astérisques qui, dans le corps même de l'article, affectés à un certain nombre de mots, indiquent des compléments d'information fournis aux entrées correspondantes.

• deux types de citations :
– des citations de Voltaire, pour lire Voltaire et pas seulement *sur* Voltaire, délibérément empruntées à l'ensemble de l'œuvre, certaines connues, d'autres moins, tirées de la Correspondance, d'autres encore difficilement accessibles, venues du théâtre, des livrets d'opéra, des poésies, des Carnets ou des Marginalia, notes que Voltaire portait en marge de ses lectures ;
– des citations empruntées à des auteurs autres que Voltaire. Elles sont nombreuses, de ses contemporains comme de sa postérité : d'Argental, Catherine II, Condorcet, Mme du Deffand, Diderot, Frédéric II, Grimm, Jean Jacques Rousseau, mais aussi Beaumarchais, Chateaubriand, Flaubert, Goethe, les Goncourt, Gracq, Hugo, Lamartine, Michelet, Musset, Nietzsche, Renan, Sartre, Valéry, Zola...

L'iconographie, qui comprend quatre-vingt-deux documents largement commentés, est distribuée alphabétiquement en fonction des thèmes traités.

En fin de volume, le lecteur trouvera également
– la liste alphabétique complète des entrées ;
– un index des œuvres de Voltaire citées dans les articles ;
– un index des personnes mentionnant Voltaire ou s'adressant à lui.

*La lettre A, chez presque toutes les nations, devint une lettre sacrée, parce qu'elle était la première ; les Égyptiens joignirent cette superstition à tant d'autres : de là vient que les Grecs d'Alexandrie l'appelaient « hier'alpha » ; et comme oméga était la dernière lettre, ces mots « alpha et oméga » signifièrent le complément de toutes choses. Ce fut l'origine de la cabale et de plus d'une mystérieuse démence.*
*Les lettres servaient de chiffres et de notes de musique ; jugez quelle foule de connaissances secrètes cela produisit : A, B, C, D, E, F, G étaient les sept cieux. L'harmonie des sphères célestes était composée des sept premières lettres, et un acrostiche rendait raison de tout dans la vénérable antiquité.*
  Questions sur l'Encyclopédie,
  1770-1772, art. «A».

À son retour à Paris, Voltaire vint présenter à l'Académie française, le 7 mai 1778, le plan qu'il avait conçu pour une nouvelle édition du Dictionnaire. L'accord le plus respectueux salua naturellement la proposition. On dit que, prenant congé de l'assemblée, Voltaire prononça ces mots : « Messieurs, je vous remercie au nom de l'alphabet » ; et que le directeur en fonction, le chevalier de Chastellux, lui fit cette réponse : « Et nous, Monsieur, nous vous remercions au nom des lettres » – par où l'on pouvait craindre que l'abandon des antiques acrostiches de l'obscurantisme n'allât pas sans risque dans les cas modernes de consécration.

Chacun des académiciens, pour l'exécution du nouveau plan, devait esquisser une lettre, puis son travail serait examiné et débattu en séance plénière. Voltaire s'était réservé, eu égard à son grand âge, nous apprend Condorcet, la lettre A. Le temps lui manqua.

On sait au reste qu'il avait déploré toute sa vie « l'habitude barbare d'écrire avec un *o* ce qu'on prononce avec un *a* » et pris, quant à lui, le parti d'écrire « les Anglais », « les Français », dès la première édition du *Siècle*\* de

*Louis XIV*, publiée à Berlin. Mais contre l'orthographe\* dite « à la Voltaire », il y eut encore en France, en plein XIX$^e$ siècle, des *« François »*.

André Magnan

## ABBÉ

ANTICLÉRICALISME •

Entre le libertin Châteauneuf\*, parrain du petit Arouet, et l'attachant Gaultier\*, dernier confesseur de Voltaire, c'est une vie remplie d'abbés – amis comme Chaulieu\*, ennemis comme Desfontaines\* et Sabatier\* de Castres. Voltaire consulte d'Olivet\*, brocarde Trublet\*, excite Morellet\* dit « Mords-les »; il donne ses commissions à Moussinot\*, ses directives au « gros Mignot\* » qui est son neveu : tous des abbés. Il signe parfois de faux noms d'abbés : Tilladet pour *Le Philosophe\* ignorant*, Caille pour *Les Trois\* Empereurs en Sorbonne*; il multiplie les abbés personnages : « l'abbé périgourdin » de *Candide\**, l'abbé de Saint-Yves dans *L'Ingénu\**, les deux pauvres abbés italiens du *Dialogue\* du chapon et de la poularde*.

Les abbés, nommés par le roi, mais proposés par la hiérarchie, et pourvus sur les biens d'Église selon le système dit des bénéfices, représentaient, dans l'ordre monarchique chrétien, la puissance cléricale première dont ils étaient devenus la très riche, très nombreuse et disparate émanation. S'il a de grands talents, si la politique s'en mêle, l'abbé peut monter fort haut comme Bernis\*, charmant madrigaliste élevé au ministère et au cardinalat.

Après La Bruyère et Bayle, avec Montesquieu, Diderot et Rousseau, Voltaire condamne moralement « cet être indéfinissable qui n'est ni ecclésiastique ni séculier » (*Lettres\* philosophiques*, 1734, V$^e$ lettre), et particulièrement ces abbés mondains, « les petits abbés » disait-on, bien en cour, souvent aussi en cœur. Son anticléricalisme surtout lui inspire, avec le temps, des vues de grande réforme ; il critique alors l'abbé oisif pour magnifier le curé de campagne, plus citoyen, en redistribuant les rôles et les revenus. Le *Dictionnaire\* philosophique* a un piquant article « Abbé » (1765), qui débute aimablement : « Où allez-vous, monsieur l'abbé ? », etc. Mais la question vient d'une chanson gaillarde de l'époque, et la fin est d'un tout autre ton : « Tremblez que le jour de la raison n'arrive. » Les abbés de Voltaire entrent chez les dames et sortent de l'Histoire.

André Magnan

## A. B. C. (L'), OU DIALOGUES ENTRE A, B, C, TRADUITS DE L'ANGLAIS PAR M. HUET

DIALOGUE • MÉTAPHYSIQUE • PHILOSOPHIE • POLITIQUE • RELIGION •

Dans le corpus des Dialogues de Voltaire, *L'A. B. C.* est le plus volumineux. Il parut à Londres en 1768, en brochure séparée. La première édition contient seize dialogues. Le dialogue XIII, « Des lois fondamentales », a été ajouté dans une édition de 1769. Avec *L'A. B. C.*, Voltaire abandonne le ton facétieux qui lui est propre pour construire un authentique dialogue philosophique, puissamment structuré mais sans didactisme excessif. Malgré l'apparente variété des sujets, on distingue deux thèmes principaux, dont le traitement découle de la lecture critique des ouvrages de Grotius, Hobbes* et Montesquieu* qui font l'objet du premier entretien. L'examen des sujets politiques (entretiens I, VI à VIII, X à XVI) alterne avec la discussion des matières de philosophie et de religion (entretiens II à V, IX et XVII) selon une logique clairement explicitée : en même temps qu'il convient de s'assurer de ce qui est juste et injuste entre les hommes, il importe de savoir si l'homme est réellement né méchant. Fi des questions oiseuses cependant : le dialogue se place résolument sur le terrain de la pratique, et la question de la nature de l'âme* (II$^e$ entretien) est rapidement expédiée – moins pour indignité philosophique que par impossibilité de connaître l'essence des choses. C'est ici que se dessinent l'autre composante majeure de ce dialogue et son épistémologie : l'aveu d'humilité est le premier moment de la sagesse, et l'ignorance des premiers principes nous invite à la modestie. Le refus voltairien des systèmes tient tout entier dans cette déclaration de l'Anglais : « J'affirme une idée aujourd'hui, j'en doute demain ; après-demain je la nie ; et je puis me tromper tous les jours » (XVI$^e$ entretien).

Le titre du dialogue est significatif du projet de Voltaire. Il s'agit de définir les conditions de la vie en société, les droits fondamentaux des hommes et les premiers devoirs des législateurs. Mais *L'A. B. C.* doit en même temps son titre aux initiales qui désignent chacun des interlocuteurs, manière d'indiquer que le contenu des discours l'emporte sur la caractérisation des personnages, même si ceux-ci ne sont pas de pures abstractions : « A » est présenté comme Anglais, libéral et constitutionnaliste ; « B » comme un républicain hollandais qui polémique sur un ton enjoué ; plus acerbe et plus virulent, « C » est un monarchiste (français ?). Enfin l'ordre alphabétique reflète une relative hiérarchie dans la pertinence des propos avancés : « A » n'a pas le monopole de la sagesse mais il s'en fait le parangon, et on trouve dans ses réponses un mélange de conviction et d'humilité ; « B » et « C » sont des honnêtes gens qui cherchent à s'instruire plutôt que de fades disciples. En dépit de cette répartition des rôles, le mouvement du dialogue

n'est aucunement dialectique, et la discussion est ici menacée par le consensus plus que par la divergence d'opinions.

Après avoir montré que la métaphysique ne peut servir de base à la politique, Voltaire développe le sujet central de ce dialogue : comment gouverner les hommes ? Délaissant l'histoire ancienne au profit de la moderne, il considère le fonctionnement pratique des gouvernements. L'évaluation des institutions et des droits se fait à l'aune de la loi* naturelle. Si Voltaire s'accorde avec Hobbes pour dire que les lois sont de pures conventions et le fruit d'usages arbitraires, il maintient l'idée d'une justice présente au cœur de tous les hommes. La législation idéale est alors celle où les lois de convention se rapprochent au plus près de la loi naturelle. Le rapport entre nature et culture, pensé en termes contradictoires chez Rousseau*, est ici posé en termes complémentaires. Et ce n'est pas le moindre paradoxe de ce texte que d'affirmer que le véritable homme naturel c'est l'homme social (VII$^e$ entretien). Après avoir écarté tous les obstacles, les mauvaises lois, les faux droits comme celui de la guerre ou de la perfidie, après l'épuration – souhaitée – de la religion, Voltaire envisage « la meilleure législation » et se montre favorable au régime anglais, le seul capable de préserver la liberté. Il y a certes quelques ombres au tableau, comme la défense de l'esclavage au nom d'un sophisme étayé par un argument qui semble annoncer la dialectique hégélienne du maître et de l'esclave (VIII$^e$ et IX$^e$ entretiens). Le pragmatisme de Voltaire a d'ailleurs des conséquences radicales. Toute question philosophique (y compris celle de l'existence de Dieu) doit être évaluée selon une perspective sociale. Ce programme de bonheur pratique manquait sûrement de spiritualité puisque *L'A. B. C.* fut condamné à Rome, avec *La Raison par alphabet*, le 11 juillet 1776.

Stéphane Pujol

## ACADÉMIE

ALEMBERT (D') · GENS DE LETTRES · LUMIÈRES ·

Comme tout bon académicien, Voltaire s'est d'abord défendu de le devenir. Dans une lettre de 1732 à Formont*, il se dit confirmé par les événements de n'être « jamais d'aucun corps, de ne tenir à rien qu'à [sa] liberté et à [ses] amis ». À l'abbé d'Olivet*, il écrit en 1735 que les « académies étouffent toujours le génie au lieu de l'exciter ». Ce qui contredit les *Lettres\* philosophiques* rédigées à la même époque où, comparant l'Angleterre à la France, il fait l'éloge de l'institution académique. N'écrira-t-il pas en 1753, non sans fierté, qu'il est membre de dix-huit académies ? Dans le nombre il y avait Paris, Berlin, Bologne, Florence et Rome, Saint-Pétersbourg et la Royal Society (sa première élection, dès 1743), Lyon, Dijon, Bordeaux et La Rochelle.

Le monde académique a fasciné Voltaire en tant que création louis-quatorzienne, institution de protection des lettres et des littérateurs, des sciences et des savoirs, et instrument de défense de la langue. Cette fascination transparaît dans l'intérêt que Voltaire porte au passé académique. Il s'est moqué parfois de l'Académie française, il a rapporté les plaisanteries dont elle était l'objet, mais il l'a défendue contre ses détracteurs. « Elle est une maîtresse contre laquelle ils font des chansons et des épigrammes jusqu'à ce qu'ils aient obtenu ses faveurs, et qu'ils négligent dès qu'ils en ont la possession. »

Voltaire devint donc académicien. Élu en 1746 après deux échecs, absent des séances après 1750 du fait de son éloignement, puis de son exil\*, il ne cessa pourtant d'intervenir dans la vie académique, tant pour les élections auxquelles il consacra beaucoup d'énergie, que pour les travaux et les rites de l'institution. Il fit élire ses amis et œuvra surtout à l'entrée en force des Lumières : Duclos\*, d'Alembert, Delille\*, Suard\*, La Harpe\*, Marmontel\* furent ses candidats. Il appuya les réformes qu'entreprit Duclos devenu secrétaire perpétuel (1755) : laïcisation des références à saint Louis, création des concours, pratique nouvelle des éloges. Aux attaques de Lefranc\* de Pompignan contre les Lumières dans son discours de réception du 10 mars 1760, il répondit par les « Monosyllabes\* », et par des pamphlets. La même année, il tenta en vain de faire élire Diderot\*. Non content de peupler de philosophes les fauteuils académiques, il prit part au travail du Dictionnaire dont on préparait la quatrième édition, en s'occupant de la lettre T, et tint à associer l'Académie aux *Commentaires\* sur Corneille* qu'il préparait. Il fut un bon académicien et il crut à l'importance de l'Académie pour l'apostolat des Lumières. Il approuva d'Alembert, successeur de Duclos (1772), dans ses tentatives pour redonner du lustre aux séances publiques et le félicita pour ses interventions les plus militantes. Dans les campagnes de recrutement des années 1760-1770, il poussa la candidature d'Helvétius\*, favorisa les élections de Thomas et de l'abbé de Condillac. Lors des poursuites contre le *Dictionnaire\* philosophique*, il tenta de rendre l'Académie solidaire de ses dénégations. Voltaire ne désarma pas avec l'âge. Sa correspondance semble même prouver que plus on avance dans le siècle, et plus l'Académie lui paraît un enjeu d'importance : il modère d'Alembert dans sa volonté d'en faire une place forte philosophique, mais appuie la candidature de Condorcet\* au secrétariat perpétuel de l'Académie des sciences. En 1774, il favorise l'élection de Suard, preuve de sa volonté de rendre à l'Académie sa traditionnelle fonction littéraire. À son retour en 1778, l'Académie lui rendra bien l'intérêt passionné qu'il lui a toujours porté, et entre autres par la dédicace de sa tragédie *Don\* Pèdre* « Au Secrétaire de l'Académie ». Une députation académique est chargée de le recevoir. On avance l'idée d'une séance publique extraordinaire et, pendant sa maladie, deux membres de

l'Académie vont chaque jour s'informer de sa santé. Le 16 mars 1778, on donne *Irène\**, qui est dédiée à l'Académie elle-même. Il est nommé directeur, et accomplit sa tâche avec un sérieux étonnant que son âge et sa santé ne modèrent pas. Il lance même le projet d'ajouter au Dictionnaire des étymologies, des exemples littéraires à l'appui des acceptions, « la conjugaison des verbes irréguliers qui sont peu en usage » et « toutes les expressions pittoresques et énergiques de Montaigne, d'Amyot, de Charron, etc., qu'il est à souhaiter qu'on fasse revivre, et dont nos voisins se sont saisis », pour offrir ainsi à la fois une histoire et un état de la langue. L'Académie consigna le projet dans ses *Registres* et ne l'appliqua pas.

Il n'est pas facile de résumer les rapports de Voltaire et de l'Académie. Sans doute a-t-il vu en elle l'instrument d'une reconnaissance de la philosophie au-delà de la consécration de son œuvre. Nul doute qu'il n'ait lutté pour en faire une tribune des idées nouvelles et voulu y placer des hommes « qui osent penser ». Mais il resta aussi attaché à une image traditionnelle, très louis-quatorzienne, de l'institution et de sa fonction littéraire, à laquelle ne tenaient plus autant ses amis et ses alliés : d'où désaccords, malentendus et incompréhensions. Ici, comme en d'autres occasions, Voltaire apparaît comme un homme riche d'une double appartenance, lié à une double histoire.

Avant lui, Voiture avait occupé son fauteuil. Il eut parmi ses successeurs Ducis, Barante, Du Camp et Paul Bourget.

Jean Goulemot

*Un jour, un bel esprit de ce pays-là me demanda les Mémoires de l'Académie française : « Elle n'écrit point de Mémoires, lui répondis-je ; mais elle a fait imprimer soixante ou quatre-vingts volumes de compliments. » Il en parcourut un ou deux ; il ne put jamais entendre ce style, quoiqu'il entendît fort bien tous nos bons auteurs. « Tout ce que j'entrevois, me dit-il, dans ces beaux discours, c'est que le récipiendaire, ayant assuré que son prédécesseur était un grand homme, que le cardinal de Richelieu était un très grand homme, le chancelier Séguier un assez grand homme, Louis XIV un plus que grand homme, le directeur lui répond la même chose, et ajoute que le récipiendaire pourrait bien aussi être une espèce de grand homme, et que, pour lui, directeur, il n'en quitte pas sa part. »*

*Lettres philosophiques*, 1734, XXIV$^e$ lettre, « Sur les Académies ».

## ACTEUR

SENSIBILITÉ · THÉÂTRE ·

Au XVIII$^e$ siècle, le statut original de la Comédie-Française impose, entre auteurs et acteurs, des rapports très particuliers. Les comédiens établissent

1765, où il revendique cependant l'effort sincère de « contribuer [au] salut » de son « bienfaiteur », tantôt réduit à signer en faveur du châtelain, comme en 1768 et 1769, des attestations notariées de saintes pâques* et de fidélité chrétienne. Des visiteurs ont raconté qu'il priait Dieu chaque jour pour la conversion du vieux pécheur. Cette seconde vocation, s'il l'eut, fut empêchée : l'évêque le fit suspendre *a divinis*. Le père Adam cessa de confesser en 1765, de dire la messe en 1768 – mais il resta à Ferney.
Inversement, Voltaire paraît s'être appliqué à édifier son « aumônier » sur les vertus et les devoirs de la « philosophie », dans un esprit que nous dirions laïque. Il lui fit apprendre l'anglais, et au bout d'un an le père Adam put donner des leçons à Mme Denis*. Il lui confia le soin d'enseigner la lecture aux enfants des domestiques, aux protestants comme aux catholiques. Il lui fit même chercher dans ses livres des citations et des références, relire des épreuves, dresser des errata. « Il est des nôtres », écrit un jour Voltaire à Damilaville* (21 mars 1768). On a quelques lettres du bon père à un éditeur de Neuchâtel, en 1770-1772, où il favorise au moins, contre récompense, une réimpression en cours des *Questions\* sur l'Encyclopédie*, dont l'orthodoxie n'est certes pas évidente. Voltaire l'utilisa aussi, dans ses maladies, comme lecteur – mais de quels livres ?
On ignore jusqu'où alla la complaisance ou l'évolution de l'ancien jésuite. Un témoin raconte, en juillet 1769, comment le père Adam a ramené Voltaire d'une syncope : « Au lieu de lui parler de la mort, il l'entretint de la vie... » À cette même date, un testament de Voltaire lègue « à l'abbé Adam » 3 000 francs.
Le père Adam quitta pourtant Ferney en 1776, dans des circonstances obscures, pour s'installer dans un village voisin, muni encore d'un petit viatique d'argent. Il mourut, semble-t-il, après 1786. On rêve de « Mémoires sur M. de Voltaire » qu'il aurait pu écrire. Sans doute s'étaient-ils attachés l'un à l'autre. Les plaisanteries faciles de la correspondance sur le « père Adam qui n'est pas le premier homme du monde », mais tout de même « un bon diable », sur son appétit toujours neuf et son amour de « la vie matérielle », ne sont pas bien méchantes.
Ils eurent une passion commune, que M. l'évêque d'Annecy réprouvait hautement : celle du jeu d'échecs, où le père Adam excellait. Leur partie quotidienne a été peinte par Huber* : la main caressant encore la pièce jouée, le père Adam a le poignet souple, l'œil vif, l'air dégagé ; Voltaire a le regard buté, le dos tendu, le pied nerveux – deux assistants le fixent, sourcil levé : serait-il mat ?

*André Magnan*

*On me reproche donc et mon habitation et mon séjour dans le château de Ferney. C'est d'abord renouveler toutes mes douleurs. Je pleure tous les jours la perte*

de mon premier état. Mes regrets n'en finiront qu'avec ma vie. Si je suis ici, c'est la nécessité qui m'y a conduit et qui m'y retient. Un coup terrible nous avait tout enlevé. Soit charité, soit amitié, un cœur touché de ma peine m'offrit un asile et des secours. Pouvais-je me refuser à sa générosité ? Ma religion chez lui ne court aucun danger. J'y suis aussi libre pour l'accomplissement de mes devoirs que dans aucune de nos maisons. J'y dis la messe aussi souvent que ma santé me permettait de la dire chez nous. Si je m'écartais de mon état, mon bienfaiteur m'aime assez pour m'en avertir et pour me rappeler à mes obligations. Avant que de profiter de ses offres, j'en parlai à Mgr l'évêque de Belley, et il ne m'en détourna pas ; j'en parlai à mon supérieur, et il ne blâma pas mon dessein ; j'en parlai à plusieurs personnes sages et vertueuses, et elles m'en félicitèrent, dans l'idée que je pourrais un jour contribuer à son salut. Dieu se sert de tout, Il peut faire éclater Ses grandes miséricordes par qui, quand, et comme il Lui plaît. La charité espère toujours. Ceux qui aiment la religion doivent être charmés de voir que cet homme, si généreux envers moi, tient encore à cette religion sainte au moins par les bontés dont il honore un de ses ministres, qui peut être d'un secours continuel et toujours présent à son nombreux domestique.

*Antoine Adam à Mgr Biord, 7 février 1765.*

## ADAPTATIONS

L'adaptation des textes de Voltaire à la scène commence dès les années 1760. Sur une soixantaine d'adaptations recensées, la plupart concernent *Candide*, *L'Ingénu* et *Zadig*. Il s'agit d'abord de théâtre ou d'opéra, mais aussi de films pour le cinéma ou la télévision, voire de ballets, de comédies musicales ou d'émissions radiophoniques.

La moitié de ces œuvres ont été réalisées après la Seconde Guerre mondiale, et environ un tiers dans les seules années 1970. Proportionnellement, *Candide* s'impose encore davantage : sur plus de trente adaptations du conte depuis 1769, on en compte une vingtaine après 1945, dont une dizaine dans la décennie 70. Pour expliquer ces chiffres, on avancera l'hypothèse d'une récupération accélérée de la dénonciation voltairienne du «meilleur des mondes possibles» après le traumatisme de la guerre, plus accentuée encore dans les années de forte politisation de l'après 1968.

La critique cinématographique a parfois souligné l'influence de Voltaire chez de grands réalisateurs. On acceptera le rapprochement de *Candide* avec les films de Frank Capra, qui n'a cessé, comme Voltaire, de traiter de l'optimisme, sur un mode théologique, politique ou psychologique. On retiendra le parallèle avec les films de Charlie Chaplin, qui dénonce, à travers un être candide, l'oppression sociale et politique. On ne niera pas

les rapports entre *Candide* ou *L'Ingénu* et *Little Big Man* d'Arthur Penn. Mais plus généralement, le procédé du candide ou de l'ingénu face à l'injustice sociale et aux malheurs politiques ne renvoie à Voltaire que parce que ces deux contes ont fait le succès définitif d'une écriture représentative de la littérature engagée du siècle des Lumières.

## CANDIDE

1769 : *Candide*, opéra-comique, un acte en prose, mêlé d'ariettes, représenté en société, musique de J. B. de La Borde, livret par Le Prieur.

1784 : *Léandre-Candide, ou les Reconnaissances en Turquie*, comédie-parade en deux actes, prose et vaudevilles dont deux airs repris au *Mariage de Figaro*, par Rïs, Barré et Couppey de La Rosière.

1786 : *Le Roi Théodore à Venise*, opéra héroï-comique en quatre actes, prose et ariettes, par Paul du Buisson (par Moline en 1789).

1788 : *Candide marié ou Il faut cultiver son jardin*, comédie en deux actes, prose et vaudevilles, Comédiens-Italiens, par Radet, Barré et Desfontaines.

1826 : *Candide à Venise*, comédie en un acte, vers et vaudevilles, par Doigny Du Ponceau.

1845 : *Candide, ou Tout est pour le mieux*, conte mêlé de couplets en trois actes et cinq tableaux, par Clairville, Saint-Yves et Choler.

1848 : *Candide*, pièce en cinq actes, par Clairville, Saint-Yves et Charles.

1860 : *Candide*, théâtre, par Victorien Sardou.

1861 : *Candide*, grand opéra bouffe en cinq actes et sept tableaux, par Désiré Pilette.

1863 : *Candidito*, théâtre, par E. Gaspar.

1886 : *Candido*, théâtre, par G. G. Viola.

1923 : *Candide*, pièce en cinq actes et neuf tableaux avec musique de scène, Théâtre de l'Odéon, par Léo Marchès et Clément Vautel, avec Robert Arnoux.

1946 : *Candide*, radio, par Jean Tardieu.

1953 : *De Beste des Werelden*, pièce en trois actes, Anvers, par Raymond Brulez. • *Candide*, ballet, par J. J. Etchevery. • *Candide*, ballet, par K. Vassilkovsky.

1954 : *Les Nouvelles Aventures de Candide*, théâtre, par Hubert Gignoux.

1956 : *Candide*, comédie musicale, livret : Lilian Hellman, musique : Leonard Bernstein (nombreuses reprises jusqu'en 1974).

1960 : *Candide*, cinéma, dialogues : Albert Simonin, réalisation : Norbert Carbonnaux, avec Jean-Pierre Cassel (Candide), Pierre Brasseur (Pangloss), Dahlia Lavi (Cunégonde), et Michel Simon, Louis de Funès, Jean Poiret, Michel Serrault, Jean Richard, Robert Manuel, Dario Moreno, etc.

1962 : *Candide*, télévision, réalisation : Pierre Cardinal, avec Claude Nicot (Candide), Bernard Dhéran (le présentateur).

1970 : *Candide*, télévision («Les Cent Livres»), réalisation : Claude Santelli, avec François Périer (le récitant), Tsilla Chelton (la Vieille), Claude Piéplu (Pangloss).

1971 : *Candide*, suite frénétique, pour la scène en dix-huit tableaux, théâtre (Centre dramatique national de Nice), adaptation : Richard Monod, mise en scène : Guy Lauzun.

1972 : *Candide, zwei Akte nach Voltaire*, théâtre, par Richard Hey (Allemagne).

1974 : *Candide en liberté*, théâtre, Maison de la culture de Nantes, adaptation : André Halimi, mise en scène : Daniel Mesguich.

1975 : *Candide*, théâtre, Théâtre Arlequin, Liège, par José Brouwers. • *Candide*, Théâtre du Capricorne, Théâtre Mouffetard, par Jean Menau.

1976 : *Candide* (*Mondo Candido*), cinéma, réalisation : Gualtiero Jacopetti et Franco Prosperi, avec Christopher Brown (Candide) (Italie). • *Candide*, théâtre, adaptation : Yves Steinmetz, mise en scène : Jean-Paul Denizon, avec des élèves du Conservatoire supérieur d'art dramatique. • *Candide*, théâtre, mise en scène : Alain Rais, avec Robert Dadiès (Candide).

1977 : *Candide*, Théâtre de l'Événement (Montbéliard), à l'occasion du bicentenaire de la mort de Voltaire, adaptation : Serge Ganzl, mise en scène : Jean-Claude Amyl, avec Daniel Russo (Candide), Evelyne Bouix (Paquette) ; texte publié dans *L'Avant-Scène Théâtre*, n° 617, 1977 ; reprise au Théâtre national de Chaillot en janvier-février 1978 ; filmée pour la télévision en 1979 par Pierre Cavassilas.

1978 : *Candide*, théâtre, création à Ferney-Voltaire, par Richard Vachoux et Jean Bruno.

1989 : *Candido overo l'ottimismo*, théâtre, par Marcello Ricci et Irène Loesh (Italie).

1994 (à l'occasion du tricentenaire de la naissance de Voltaire) : *Candide*, Théâtre de la Madeleine (Troyes), adaptation et mise en scène de Pierre Humbert. • *Candide ou l'Optimiste*, théâtre du Bélier (Avignon), par la compagnie André Morel. • *Candide*, opéra de poche de Jean-Marie Curti, mise en scène : Vincent Tavernier, présenté au Châtelard (Ferney-Voltaire). • *Candide*, spectacle du Pressoir aux ombres (Cirey-sur-Blaise) pour comédiens, marionnettes et clavecin, mise en scène : Alain Becker.

## L'INGÉNU

1768 : *Le Huron*, comédie en deux actes et en vers mêlée d'ariettes, Comédiens-Italiens, par Grétry et Marmontel.

1805 : *L'Ingénu, ou le Sauvage du Canada*, théâtre, par Eugène Hus.

1809 : *Le Petit Candide ou l'Ingénu*, comédie en un acte en prose et couplets, par Chazet et Sewrin.
1816 : *L'Ingenua*, opéra, par G. Pacini.
1834 : *Le Huron ou les trois merlettes*, « Folie philosophique », par Xavier Duvert-Lauzanne.
1908 : *L'Ingénu libertin*, conte en trois actes, par Louis Artus.
1912 : *L'Ingénu*, superproduction cinématographique, comédie d'aventures en quatre parties (Gaumont).
1913 : *L'Ingénu*, comédie en trois actes, Théâtre Michel, par C. Méré et R. Gignoux, avec Harry Baur.
1928 : *L'Ingénu*, opéra, par X. Leroux.
1930 : *L'Ingénu*, opéra bouffe, par C. Méré et R. Gignoux.
1931 : *L'Ingénu*, conte lyrique en trois actes, Grand-Théâtre de Bordeaux, par C. Méré et R. Gignoux.
1975 : *L'Ingénu*, télévision, adaptation : Jean Cosmos, réalisation : Jean-Pierre Marchand, avec Jean-Claude Drouot (l'Ingénu).
1979 : *Das Naturkind, Komödie frei nach Voltaire*, théâtre (Allemagne).
1994 : *L'Ingénu*, rencontre avec la compagnie André Morel, à l'occasion du tricentenaire de la naissance de Voltaire, théâtre du Bélier (Avignon).

*ZADIG*
1804 : *Zadig*, mélodrame héroïque en trois actes, par Mme Barthélémy-Hadot.
1818 : *Zadig*, opéra-comique en un acte, par Catrufo.
1825 : *Zadig ed Astartea*, « dramma per musica » en deux actes, par Vaccai.
1970 : *Zadig*, télévision, adaptation : Françoise Grund, réalisation : Claude-Jean Bonnardot, avec Gérard Depardieu (Zadig).
1976 : *Zadig*, émission télévisée pour enfants, par Pearl Binder (Grande-Bretagne).
1978 : *Zadig ou la Destinée*, théâtre, adaptation : Georges Coulonges, mise en scène : Jean-Louis Barrault, avec Jean-Louis Barrault (l'Ermite), Bernard Alane (Zadig) (filmé pour la télévision par Jean-Paul Carrère en 1981).

*MICROMÉGAS*
1841 : *Micromégas*, féerie, par G. Janéty et E. Bonnemère.
1988 : *Micromégas*, action lyrique en sept scènes, Nouveau Fusier, par Jean Dautremay (Suisse).

*JEANNOT ET COLIN*
1780 : *Jeannot et Colin*, comédie en trois actes arrangée pour être jouée par des jeunes gens, Comédiens-Italiens, par Florian.
1814 : *Jeannot et Colin*, opéra-comique, paroles : Étienne, musique : Nicolo.

# A

*LA PRINCESSE DE BABYLONE*
1788 : *La Princesse de Babylone*, opéra en quatre actes, par Roy.
1960 : *La Princesse de Babylone*, opéra bouffe en trois actes, par Arrieu.

DIVERS
1766 : *Isabelle et Gertrude ou Les Sylphes supposées*, opéra-comique en un acte, tiré du poème *Gertrude ou l'Éducation d'une fille*, par A. M. Grétry.
1773 : *La Belle Arsène* (adaptation de *La Bégueule*), comédie-féerie mêlée d'ariettes, par P. A. Monsigny, livret de Favart.
1784 : *Memnon, ou la sagesse humaine*, opéra-comique en trois actes, par Ragué.
1790 : *Pierre le Grand*, opéra-comique en quatre actes, tiré de l'*Histoire de l'empire de Russie sous Pierre le Grand*.
1791 : *Corisandre ou les Fous par enchantement*, comédie-opéra tirée de *La Pucelle*, par Langlé.
1813 : *Le Prince de Catane*, opéra en trois actes, tiré de *L'Éducation d'un prince*, par Isouard.
1871 : *Memnon, ou la sagesse humaine*, opéra-comique en un acte tiré du conte, par Cadol et Bocage.
1965 : *L'Or et le plomb ou Paris comme il va*, cinéma (adaptation de *Le Monde comme il va*), par Alain Cuniot, avec Emmanuelle Riva et Max-Pol Fouchet.
1978 : *Voltaire's folies, La grande revue*, « pamphlet contre la bêtise, revue cocasse, féroce et satirique d'après Voltaire », Théâtre de la Plaine (reprise en 1988 et 1993).
1982 : *Galimatias dramatique*, cantate bouffe, par Arthur Borgo Gelli.

*Pierre Lederer*

## *ADÉLAÏDE DU GUESCLIN*

TRAGÉDIES •

La guerre de Cent Ans ; deux frères ennemis, princes du sang, Vendôme et Nemours, l'un tenant pour les Anglais, l'autre fidèle à Charles VII. Tous deux aiment Adélaïde, la nièce du connétable. Le premier ordonne l'exécution du second... La pièce tomba presque, en 1734, pour une plaisanterie du parterre, mais surtout parce que le rôle de Vendôme, traître à son roi, déplut. Noblesse, amour, panache, un dénouement finalement heureux : ce premier essai de « tragédie toute française » devait triompher, avec Lekain, en 1765. Voltaire, auparavant, en tira trois versions. La première est un abrégé en trois actes, *Le Duc d'Alençon*, jouée à Potsdam par les frères de Frédéric II, en 1752 ; faute d'actrices, il fallut se passer du rôle

féminin! La seconde mouture, *Amélie ou le Duc de Foix*, fut créée à Paris la même année; les Maures y remplacent les Anglais et le rôle du prince félon a disparu. Lekain, alors débutant, en assura le succès. Du duché de Foix, on passe dans l'Espagne occupée par les Maures; c'est là que se déroule *Alamire*, qui ne fut ni jouée, ni imprimée (elle n'a été éditée qu'en 1985). En fait, quels que soient le lieu, le temps choisis, les thèmes et le langage restent les mêmes. Curieuse aberration chez un auteur historien, et qui prétendait peindre, dans ses tragédies, des mœurs et des civilisations différentes.

Henri Lagrave

## ADIEUX À LA VIE

C'est une courte pièce de petite veine, gracieuse, gracile, et retenue au bord de l'émotion: un libertinage *in extremis*, dans la manière du Temple\*, et les tout derniers vers peut-être du poète (1778?) – mais l'histoire du texte est mal connue. «De Polichinelle au néant» puisque la chute est si rapide, restent la peur, la gloire, dérisoires pourtant l'une et l'autre, et comme un regret de l'incognito:

> *Adieu, je vais dans ce pays*
> *D'où ne revint point feu mon père;*
> *Pour jamais adieu, mes amis*
> *Qui ne me regretterez guère.*
>
> *Au terme où je suis parvenu,*
> *Quel mortel est le moins à plaindre?*
> *C'est celui qui sait ne rien craindre,*
> *Qui vit et qui meurt inconnu.*

André Magnan

## ADORATEURS (LES) OU LES LOUANGES DE DIEU, OUVRAGE UNIQUE DE M. IMHOF, TRADUIT DU LATIN

DIALOGUE • RELIGION •

Sans cesser jamais de combattre le fanatisme\*, Voltaire a périodiquement ressenti le besoin d'affirmer sa croyance en un Dieu juste et bon, origine et principe de la création. En 1769, tandis que l'athéisme\* fait des progrès, Voltaire s'accroche à son déisme\* militant. *Les Adorateurs ou les Louanges de Dieu* sont donc une reformulation, en termes rationalistes et sensualistes, des principaux arguments de l'apologétique chrétienne. Ce n'est

d'ailleurs pas la première fois que cette figure de l'adorateur est mise en scène dans les Dialogues. Il ne faut pourtant pas comprendre cette « adoration » comme une démission de la pensée. Il s'agit au contraire d'une tentative de rendre crédible et intelligible l'existence de Dieu, à travers une série binaire de preuves. Le premier adorateur s'y efforce par le mécanisme du monde et par le don de la pensée : pour Voltaire, c'est d'abord par la raison que l'homme s'élance jusqu'à la divinité. Le second adorateur ramène la Création à des proportions humaines et adopte le point de vue sensualiste – son hédonisme modéré prenant appui sur les données concrètes de la physiologie. Mais alors, comment concilier cette apologie des plaisirs avec l'existence du mal*? Toutes les justifications sont passées en revue, mais toutes paraissent faibles. Fi des marchands d'ignorance que sont les prêtres et les théologiens. La seule attitude raisonnable est l'humilité. Et à la résignation, vertu nécessaire, il faut ajouter « quelque chose de positif » : c'est encore une fois l'espérance.

*Stéphane Pujol*

## AFFAIRES

BYNG · CALAS · ÉTALLONDE · JUSTICE · LA BARRE · LALLY · MARTIN · MONBAILLI · MORANGIÉS · SAINT-CLAUDE · SIRVEN ·

Calas, Morangiés, le chevalier de La Barre, Monbailli, Étallonde, Lally-Tollendal ou Sirven... toutes ces « affaires » présentent des points communs ; leur unité reste à décrire et à analyser car, à y regarder de près, quant aux victimes, aux causes défendues, aux enjeux mêmes, que de différences ! Les circonstances, les buts, les valeurs exaltées divergent et pourtant la cohérence ne tient pas seulement à la reconstruction historiographique et politique de la vie militante de Voltaire. Affirmer qu'elle relève de la psychologie de l'homme, fougueux et entreprenant, obstiné même, c'est oublier qu'il a pris parti tardivement, à près de 70 ans, qu'il a refusé parfois de le faire (pour le pasteur Rochette, pour Martin) et qu'à l'énergie propre du philosophe, il faut ajouter ses calculs, sa sensibilité, le poids des Lumières et l'air du temps.

La postérité a réduit l'engagement voltairien à quelques cas et à un combat simple pour la vérité, la justice, la tolérance, la réforme de l'appareil judiciaire. Longtemps, Voltaire n'a été que l'homme de La Barre ou de Calas, image à la fois très forte et extrêmement pauvre, au service d'intérêts idéologiques et politiques. Voltaire y apparaît comme le champion de grandes causes, dont on ignore les détails et qu'on réduit à quelques généreux principes. Il faut donc rappeler que toutes les affaires ne sont pas du même ordre. L'argent pour Morangiés, l'intolérance pour La Barre, Calas

et Sirven, l'absence de vraie procédure pour Monbailli. Il dénonce aussi bien la « vile canaille » qui s'en prend sans preuves au riche noble, ou la mainmise des jésuites en politique, l'inconséquence d'un parlement, ou le catholicisme local particulièrement revanchard... Sans remettre en cause la grandeur de l'engagement voltairien et l'admiration qu'il provoque, il faut lui rendre son opacité et tenter de comprendre comment on passe d'une position d'indifférence à l'indignation puis à la colère avant d'en venir à une affaire. En un mot, quelle stratégie Voltaire met-il en œuvre ?

Chaque affaire utilise le temps d'une façon spécifique : délai, intervention immédiate, mise en réserve, c'est selon. La période d'information varie aussi. Le recours à l'opinion n'est pas systématique ou semblable : on ne peut comparer sur ce plan l'affaire Calas et l'affaire Monbailli. Parfois Voltaire agit à chaud et il y a une accélération, un rythme de campagne vertigineux (La Barre). Dans l'affaire Lally, la démarche est lente, prudente, moins publique. Il est donc difficile, à partir de la seule chronologie, de constituer un modèle temporel (temps de maturation, durée du combat, date du dénouement) qui rendrait compte de l'action voltairienne. La comparaison avec l'affaire Dreyfus est trompeuse. Sans doute les affaires voltairiennes en constituent le prototype, mais c'est à travers l'affaire Dreyfus qu'on a aujourd'hui tendance à les lire. Voltaire adopte une triple démarche de recours à l'opinion pour créer l'événement et l'amplifier par le recours à des avocats, les démarches auprès d'amis influents, l'appel enfin à une opinion publique plus anonyme – ensemble de démarches difficiles à systématiser. Les affaires ne relèvent pas d'une stratégie unique, mise au point une fois pour toutes.

Comment se construit une affaire ? Tous les éléments précédemment évoqués représentent un ensemble de raisons nécessaires mais non suffisantes. Les affaires constituent aussi un fait d'écriture, et c'est de la mise en scène littéraire, de la diversité, de l'adaptation à des publics divers, de la lisibilité que dépendent le procès et peut-être aussi le résultat. À cet égard l'affaire Calas est exemplaire. Dans ce qu'on appelle les *Pièces\* originales*, se donne à lire l'extraordinaire souplesse de l'intervention voltairienne. Le philosophe invente la voix de la victime. L'information, donnée très tôt, module puis construit une voix publique, forme littéraire de cette opinion sollicitée. Ajoutons à cela deux autres procédés littéraires ou énonciatifs mis en œuvre : d'abord l'*Histoire\* d'Élisabeth Canning et de Jean Calas*, qui se donne comme proche du conte tout en utilisant des effets de réalité et de crédibilité, mais s'achevant sur l'évocation des Calas avec un ton qui ne renvoie plus à une histoire individuelle mais à l'Histoire, et ensuite le *Traité\* sur la tolérance à l'occasion de la mort de Jean Calas*, livre d'une profonde subtilité rhétorique qui joue sans cesse des références à l'actualité et d'une réflexion générale sur les valeurs. Preuve que le combat voltairien

L'affaire Calas remua l'opinion, mais elle ne produisit pas l'afflux de gravures et d'images qu'on serait tenté d'attendre. Une part importante de l'iconographie est postérieure à l'événement, comme si l'effet sur la postérité avait été plus profond, plus durable que l'impact de la campagne voltairienne sur les contemporains. Dans cette rareté de l'image faut-il voir la place fondamentale qu'occupe l'écrit dans la stratégie voltairienne ? ou reconnaître que ne sont concernés par le débat que ceux qui savent lire, la « canaille » ayant choisi l'autre camp, celui des fanatiques ?

Voilà une lithographie de Carel de Last, peintre et graveur hollandais (1808-1876) qui relève de la mythologie et ne renseigne guère sur les mentalités et les représentations du XVIII$^e$ siècle lui-même. Nous sommes ici dans le domaine de la mémoire, et le document témoigne de la postérité voltairienne. Voltaire est vieux. Il reçoit assis, tel un roi rendant la justice sous son chêne. Un valet ou un secrétaire est debout derrière lui. Mme Denis est assise à ses côtés. On tient à rappeler l'intimité des lieux ; par terre, des pages écrites et un livre. Une femme à genoux (sans doute la veuve Calas), ses deux filles. Les trois femmes sont vêtues de deuil. L'image est austère. Une des filles se tord les mains. On supplie le grand homme. Un peu en retrait, la servante, n'en doutons point : elle n'est pas en deuil, elle semble plus jeune, son jupon est plus court, elle porte une espèce de balluchon sous le bras. Un jeune homme, pour compléter le tableau, avec une redingote de voyage et des guêtres de chasseur : c'est sans doute Donat Calas. La gravure entière est organisée autour de Voltaire. Tous le regardent : Mme Denis, les Calas, la servante, le spectateur de la gravure… Voltaire constitue le centre. Non, pas Voltaire, mais la plume qu'il brandit dans sa main droite, évidente affirmation de la primauté de l'écriture.

J. G.

VOLTAIRE PROMETTANT SON APPUI À LA FAMILLE CALAS, DESSIN DE BERGERET, LITHOGRAPHIE DE CAREL DE LAST.

PARIS, BIBLIOTHÈQUE NATIONALE DE FRANCE.

Carmontelle (1717-1806), dessinateur, chroniqueur, écrivain de théâtre, a représenté ici la malheureuse famille Calas : la mère, Anne Rose, ses deux filles Rose et Nanette, la servante, Jeanne Viguière, un des fils, Pierre Calas, et l'ami de la famille, Gaubert Lavaysse. Les femmes sont en deuil, les cheveux pris dans un bonnet.

Rien ne rappelle ici les mondanités familières à Carmontelle, qui a représenté tous ses contemporains d'un trait léger accompagné d'aquarelle, dans des décors salonniers ou des jardins. L'ami des philosophes, l'auteur de comédies et proverbes se sent concerné par le combat voltairien et choisit d'adopter un ton plus tragique, qu'accentuent encore la gravure de Delafosse et ses effets d'ombre. On se trouve dans une prison : les grilles du soupirail en sont la preuve. Aucun espace ouvert, peu de blanc : les coiffes et les dentelles. La famille Calas et le jeune Lavaysse ont dû, selon la règle, réintégrer la Conciergerie, en 1765, pendant la durée du procès en révision. Les deux hommes sont debout face aux femmes assises : l'un de noir vêtu et l'autre de gris, l'allure soignée, avec perruque, jabot et bas de soie. Le plus à gauche, sans doute Pierre Calas, s'appuie sur une espèce de prie-Dieu. Son compagnon est en train de lire une lettre, un document, on ne sait. Sur la table une nappe, un encrier et une plume, des feuilles de papier. Malgré le décor sinistre (des chaînes pendent même au mur) et la mise en scène digne de Greuze, la gravure n'est pas pathétique. Les hommes ont même l'air souriant. Quelle bonne nouvelle lisent-ils aux prisonnières ? Peut-être le dernier mémoire écrit pour leur défense ou déjà l'arrêt de réhabilitation. Voltaire s'enthousiasma pour cette estampe. Elle fut tirée à cinq mille exemplaires, qui se vendirent dans toute l'Europe au profit de « la malheureuse famille » ; il en commanda douze et en plaça une au-dessus de son lit à Ferney.

J. G.

LA MALHEUREUSE FAMILLE CALAS, GRAVURE DE JEAN BAPTISTE DELAFOSSE D'APRÈS LOUIS CARROGIS, DIT CARMONTELLE, 1765.

PARIS, BIBLIOTHÈQUE NATIONALE DE FRANCE.

J ean Calas est exécuté en place publique, à Toulouse. Les bois de justice sont dressés. Avec, à droite, la roue sur laquelle il souffrira le dernier supplice. Le bourreau et son aide se préparent en habit de cour, visage découvert. L'un soutient Calas, l'autre se hisse sur le lieu du supplice qui domine la foule nombreuse : hommes et femmes mêlés, gens de bien et gens du peuple, un ecclésiastique reconnaissable à sa calotte ; des soldats armés de piques et de fusils veillent. À gauche, à peine visible, le bûcher où s'achèvera la cérémonie. Calas, qui semble vêtu d'un habit rituel, comme ailleurs le san-benito, est soutenu par un des bourreaux : n'a-t-il pas subi la question ? Un prêtre le console. À terre, des ais de bois qui serviront peut-être à maintenir le corps du supplicié sur la roue.

Rien n'est ici tragique en soi. C'est au spectateur d'animer l'image, de lui donner sa suite : les coups de barre de fer, l'agonie, la mort, le corps brûlé. Appel à participer au drame que raconte la gravure, appel à participer aussi au combat pour la justice et pour la tolérance.

J. G.

L'EXÉCUTION DE CALAS LE 10 MARS 1762, GRAVURE ANONYME DU XVIII<sup>e</sup> SIÈCLE.

On croirait une de ces vues d'optique qui amusaient les salons et font aujourd'hui la joie des amateurs. La facture est naïve, presque grossière. Au-dessous un texte sans nuances : Thomas Arthur de Lally a « trahi les intérêts du roi ». Traître au point qu'on ne voit pas son visage ; il est déjà exclu. Tous sont debout, lui seul à genoux, le cou dénudé pour faciliter la décollation, dépouillé de ce qui fait un gentilhomme : l'épée et le chapeau. Le billot est tout prêt, masse noire au centre. Un prêtre l'assiste et lui montre la croix. À ses côtés se tient un juge ou un représentant du roi. Le bourreau lève son épée sortie du fourreau. Tout autour, des cavaliers et des soldats en armes, avec pour l'un sur sa gibecière les fleurs de lys : ils sont chargés du maintien de l'ordre, mais rappellent aussi au condamné, par leurs uniformes, son indignité. À cheval, deux silhouettes noires de parlementaires en habit semblent incarner la justice même. La foule tout autour curieuse, en colère, hurlant sans doute à la mort : un des cavaliers brandit son épée pour la contenir. Les fenêtres sont remplies de spectateurs. On lit sur des écriteaux : « place à louer ». C'est un spectacle. La foule, les belles dames et les beaux messieurs : tout le monde est là pour voir. Dans ce théâtre de la mise à mort, seuls les chevaux détournent le regard.

J. G.

L'EXÉCUTION DE LALLY-TOLLENDAL EN PLACE DE GRÈVE, LE 9 MAI 1766, GRAVURE ANONYME.

PARIS, MUSÉE CARNAVALET.

ne cesse jamais d'être celui d'un homme de lettres et d'un écrivain, et que les affaires sont aussi des procédés d'écriture.

Jean Goulemot

## AFRIQUE

ANTHROPOLOGIE • CIVILISATION • ESCLAVAGE •

Comme pour la majorité de ses contemporains, l'Afrique n'existe guère pour Voltaire. L'attention qu'il lui accorde n'est rien si on la compare à son intérêt pour la Chine*, l'Inde* ou même l'Amérique* amérindienne. Le fait tient au manque d'informations (le catalogue de la bibliothèque* de Voltaire est relativement pauvre en voyages africains), mais plus, peut-être, au mépris que le philosophe éprouve pour une Afrique qu'il juge sauvage, arriérée, préhistorique, barbare. Quelques chapitres donc sur l'Afrique dans l'*Essai\* sur les mœurs*: CXLI et CXLIV pour l'Afrique continentale et CLXI et CLXII pour l'Afrique du Nord. L'intérêt est limité, les pages peu nombreuses. Dans cet ensemble dédaigné, on notera pourtant une différence de vision : l'Afrique blanche est mieux étudiée, parce que plus civilisée, au sens où l'entend Voltaire, que l'Afrique noire. Voltaire reconnaît volontiers l'ancienneté de la civilisation abyssinienne ou éthiopienne, de ces « Abyssins moitié juifs moitié chrétiens ». Mais il en souligne la décadence présente, ce qui lui permet au nom d'une philosophie du progrès de légitimer son indifférence. Voltaire juge que l'Afrique est peu digne d'être colonisée : sa pauvreté et son retard la condamnent à la marginalité. Ainsi, la présence de « sable d'or qui roule dans ses rivières indique la mine dans les montagnes, mais jusqu'à présent cette mine a été inaccessible à la cupidité ». Point d'or, point de colons ; point de colons, point de civilisation. L'Afrique incarne le passé oublié d'une Europe primitive et barbare car les hommes y ont « longtemps vécu comme le reste des animaux ». Le philosophe du progrès n'y trouve guère matière à réflexion, même si la mutilation que s'impose le Hottentot, et les cultes phalliques de l'ancienne Égypte lui permettent de prouver une fois encore le relativisme et l'absurdité des coutumes. S'il admire Montesquieu d'avoir dénoncé avec force l'esclavage des nègres, il le confond un peu vite avec l'esclavage antique (*Commentaire\* sur l'Esprit des lois*). Son indignation reste toujours mesurée, malgré la page célèbre sur le nègre du Surinam dans *Candide\**. Au fond, pour lui, les nègres sont des brutes avec de la laine à la place des cheveux et « la raison commencée ». Dans leurs innombrables périples, les héros des contes voltairiens abordent rarement l'Afrique. Pour Voltaire comme pour eux, c'est un continent fantôme.

Jean Goulemot

*La forme de leurs yeux n'est point la nôtre. Leur laine noire ne ressemble point à nos cheveux, et on peut dire que si leur intelligence n'est pas d'une autre espèce que notre entendement, elle est fort inférieure. Ils ne sont pas capables d'une grande attention ; ils combinent peu, et ne paraissent faits ni pour les avantages ni pour les abus de notre philosophie [...]. Le premier degré de stupidité est de ne penser qu'au présent et aux besoins du corps. Tel était l'état de plusieurs nations, et surtout des insulaires. Le second degré est de prévoir à demi, de ne former aucune société stable, de regarder les astres avec admiration, et de célébrer quelques fêtes, quelques réjouissances au retour de certaines saisons, à l'apparition de certaines étoiles, sans aller plus loin, et sans avoir aucune notion distincte. C'est entre ces deux degrés d'imbécillité et de raison commencée que plus d'une nation a vécu pendant des siècles.*

*Essai sur les mœurs, 1756, chap. CXLI (1761).*

---

## AGATHOCLE

TRAGÉDIES •

Cette tragédie posthume dont la composition avait accompagné celle d'*Irène** (1777-1778), fut créée le 31 mai 1779, pour le premier anniversaire de la mort du grand homme. L'accueil fut respectueux (quatre représentations). Dans le cadre de la Sicile antique, Voltaire met en scène un conflit politique et amoureux entre deux «frères ennemis», fils du tyran Agathocle. Polycrate, qui doit lui succéder, est partisan de la tyrannie, tandis qu'Argide, élevé en Grèce à l'école de Platon, prône la démocratie. Tous deux aiment la même captive, Ydace, sur laquelle veille une prêtresse de Cérès, en son temple à demi détruit. Polycrate enlève Ydace, Argide la délivre ; la dispute tourne mal : Argide tue son frère, il est arrêté. Agathocle hésite longuement entre le châtiment et le pardon. Il libère enfin son fils, lui donne Ydace en mariage, restaure le culte ancien, et abdique. Argide régnera donc, mais il abdique à son tour et rend au peuple sa liberté, dans la joie générale. Il y a trop de réminiscences dans cet ouvrage : le *Venceslas* de Rotrou a donné la situation ; *Cinna*, le drame de conscience du tyran ; *Tancrède**, l'amour «muet» des deux jeunes gens. Et Voltaire n'eut pas la force d'étoffer les caractères, qui ne sont qu'ébauchés. Mais on retrouve ici les éloquentes tirades des tragédies «républicaines» : le coup de théâtre de la fin fut très applaudi. Faut-il y voir un message politique ? C'est l'erreur dans laquelle tombèrent quelques défenseurs ardents de la IIIe République, qui faisaient de Voltaire un révolutionnaire. La «révolution» qui termine la tragédie est purement littéraire.

*Henri Lagrave*

# *A*

## AGRÉGATION

Dans ce concours qui vient couronner les études universitaires de lettres, Voltaire a été six fois inscrit au programme au cours des trente dernières années : en 1967, 1970 et 1974, puis, après une absence, en 1983, 1989 et 1995, ce dernier retour s'expliquant peut-être par le tricentenaire de sa naissance. L'éventail des œuvres retenues est limité. Le programme fait alterner les *Lettres\* philosophiques* (1967, 1989), le *Dictionnaire\* philosophique* (1974 et 1995) et les contes : *Micromégas\**, *Candide\** et *L'Ingénu\** (1970), *Candide* et *L'Ingénu* (1983). Voltaire fournit l'un des sujets de « composition » en 1967, un autre en 1970 et tous les sujets en 1974 : étude de la préface (Lettres classiques) et des articles « Quakers » (Grammaire) et « Certain, Certitude » (Lettres modernes). Il n'a plus reparu aux épreuves écrites. À l'oral, les exposés généraux, appelés aussi « leçons », évoluent lentement des sujets thématiques (l'Eldorado dans *Candide*) vers des problématiques formelles (le portrait, l'épistolaire dans les *Lettres philosophiques*). Au vu des programmes, la présence de Voltaire à l'agrégation semble d'abord épisodique. Il n'en est rien : à la différence de Challe ou même de Diderot, Voltaire reste toujours présent au concours. Il intervient en effet presque systématiquement à l'oral dans l'« explication improvisée » portant sur le XVIII$^e$ siècle. Les textes proposés (morceaux choisis empruntés aux manuels\* et soumis également aux candidats au C.A.P.E.S.) permettent au jury de sonder le futur enseignant sur un auteur du baccalauréat\*. Si Voltaire se voit ainsi consacré en tant qu'écrivain par l'agrégation, il reste d'abord perçu, dans la perspective du recrutement, comme un auteur scolaire.

*Marie-Françoise Chanfrault*

## AGRICULTURE

COMMERCE • FERNEY • GEX •

Voltaire, qui se fit propriétaire terrien dans son domaine de Ferney et s'intéressa de fort près aux paysans du pays de Gex reste un homme des villes, même quand il se moque des Parisiens tout juste bons à juger de l'opéra-comique, et l'on sait combien l'irritaient les thèses, qu'il jugeait saugrenues, des physiocrates. Le paysan n'est pas un personnage privilégié des contes. Il lui préfère le voyageur, le citadin ou le marchand. L'agriculteur est peu présent dans l'Eldorado de *Candide*, à la différence des aubergistes et des physiciens. Et pourtant Voltaire, semblable en cela à l'immense majorité des hommes des Lumières, a toujours fait sienne la défense de l'agriculture comme « mère de tous les arts et de tous les biens ». Ne

regrette-t-il pas que la Chine soit le seul pays au monde où l'agriculture est honorée au point que l'empereur y ouvre le premier sillon des labours (*Essai sur les mœurs*)? Dans une épître «Sur l'agriculture», dédiée à Mme Denis* en 1761, il s'exclame: «C'est la cour qu'on doit fuir, c'est aux champs qu'il faut vivre.» Et dans le *Dialogue\* de Pégase et du vieillard* (1774), il se fait provocant:

> *Un bon cultivateur est cent fois plus utile*
> *Que ne fut autrefois Hésiode ou Virgile.*

L'article «Agriculture» (1770) des *Questions\* sur l'Encyclopédie* est précis et détaillé. Voltaire y relativise l'importance toute européenne donnée au blé, s'étend longuement sur la nécessaire libre circulation des grains, oppose petite et grande culture en s'appuyant sur les articles consacrés à l'agriculture dans l'*Encyclopédie*. Il s'exprime en technicien des animaux de trait, du défrichement, des méthodes d'ensemencement.

Une même compétence se manifeste dans l'article «Fertilisation» où, en vingt et un points, Voltaire rappelle quelques évidences sur le travail de la terre, la rentabilité des terres agricoles («S'il n'y avait pas trente manœuvres pour un maître, la terre ne serait pas cultivée»), propose de nouvelles cultures, de nouveaux rythmes de travail (en demandant la suppression des fêtes chômées dans l'article «Fêtes»), réclame une fois encore, comme l'abbé Galiani, la liberté de circulation des grains, «seul encouragement des cultivateurs». On sent là toute l'expérience du seigneur* de Ferney qui parfois se donne explicitement en exemple: «Plusieurs personnes ont établi des écoles dans leurs terres, j'en ai établi moi-même, mais je les crains.» La politique agricole proposée du triple point de vue du technicien, de l'économiste et du propriétaire est volontiers paternaliste dans la limite de ses intérêts. Elle veille ici à restreindre la diffusion de la lecture parmi les paysans: «On n'a besoin que d'une plume pour deux ou trois cents bras»; et elle voit dans les mendiants qui hantent les campagnes une main-d'œuvre qu'il faudrait obliger à travailler en leur payant «un prix raisonnable». Voltaire, homme de son temps et de son milieu, apparaît partagé entre une vision de l'agriculture héritée de la pastorale antique et une expérience plus directe des travaux agricoles. Ne privilégie-t-il pas aussi le commerçant aux dépens de l'agriculteur en posant que la circulation des richesses est plus importante que leur production? Ce qui signifie enfin que le célèbre précepte de *Candide\**: «Il faut cultiver notre jardin» n'est pas à prendre, comme on l'a cru parfois, au pied de la lettre.

*Jean Goulemot*

## AH! AH! (LES)

SATIRE •

Cette petite facétie (trois pages in-16) se rattache aux fameux «Monosyllabes*» qui tombèrent dru, deux ans durant, sur les Lefranc* de Pompignan: avec *Les Car**, ce fut la dernière salve (octobre-novembre 1761). Les mêmes procédés sont donc repris des quatrains en *Que* et *Qui* et *Quoi* – l'apostrophe, la ritournelle et les lazzi –, mais sans le mètre ni la rime: Voltaire revient au «phrasé» des *Quand** et autres «Pompignades» en prose. C'est le grand moment d'invention de cette écriture à tout-va, de facilité ou d'urgence, qui désormais portera presque toute l'œuvre aux combats immédiats d'opinion. Mais quelque chose chante encore dans cette prose, *allegro vivace*: « *"Ah! ah!"* Moïse Lefranc de Pompignan, vous êtes donc un plagiaire, et vous nous faisiez accroire que vous étiez un génie!...»

André Magnan

*« Ah! ah! » Moïse Lefranc de Pompignan, vous vouliez donc faire trembler toute la littérature? Il y avait un jour un fanfaron qui donnait des coups de pied dans le cul à un pauvre diable, et celui-ci les recevait par respect; vint un brave qui donna des coups de pied au cul du fanfaron; le pauvre diable se retourne, et dit à son batteur: « "Ah! ah!" monsieur, vous ne m'aviez pas dit que vous étiez un poltron »; et il rossa le fanfaron à son tour, de quoi le prochain fut merveilleusement content. « Ah! ah! »*

*Les Ah! ah! À Moïse Lefranc de Pompignan*, 1761.

## AIGLE

*C'est un aigle pour l'esprit et un fort mauvais sujet pour les sentiments.*
Fiche* de police de Voltaire, 1$^{er}$ janvier 1748.

*Les aigles ne volent point de compagnie. Il faut laisser cela aux perdrix, aux étourneaux. Voltaire n'a point aimé, et n'est aimé de personne. Il est craint. Il a sa griffe, et c'est assez. Planer au-dessus et avoir des griffes: voilà le lot des grands génies.*
Galiani à Mme d'Épinay, 24 novembre 1770.

## AÏSSÉ, Mlle

ORIENT •

« Mademoiselle Aïssé » fut l'une des figures les plus émouvantes de la Régence, parmi les femmes les plus recherchées d'une société brillante, éprise de tout ce qui venait de l'Orient. Voltaire l'ayant fréquentée à Paris, il est permis de croire que ses œuvres les plus orientales témoignent fugitivement du souvenir de cette femme venue d'ailleurs, et pour le moins que la pensée de « la nymphe » s'imposait à lui quand il évoquait la Circassie, où était née Aïssé en 1694.

En 1699, Charles de Ferriol, ambassadeur de France à Constantinople, rachetait Aïssé, petite esclave d'un sérail, et la ramenait à Paris pour la faire élever avec ses neveux d'Argental* et Pont de Veyle. Chez les Ferriol*, Aïssé rencontra Fontenelle, Jean Baptiste Rousseau, Voltaire et Mme du Deffand, et lord Bolingbroke au château de La Source à Orléans. Courtisée par le Régent, Aïssé résista aux avances du prince, elle éprouva une passion ardente pour Blaise d'Aydie, un chevalier de Malte, également ami de Voltaire, qui ne put l'épouser ni reconnaître l'enfant de leur amour. On relève quelques traces de Mlle Aïssé dans la correspondance de Voltaire, et dans l'œuvre un quatrain galant « en lui envoyant du ratafia pour son estomac ».

Aïssé mourut prématurément en 1733. Il ne reste d'elle aujourd'hui qu'un recueil de trente-six lettres qu'elle adressa à Mme Calandrini, une austère Genevoise. Ce fut sans doute Henri Rieu*, le petit-fils de cette dame, qui fit connaître ces lettres en 1758 à Voltaire, alors installé aux Délices. Il en annota neuf passages et confia à d'Argental son plaisir d'avoir retrouvé, à travers une écriture spontanée, cette femme vive et naturelle, « naïve » en quelque sorte : « Mon cher ange, écrit-il, cette Circassienne était plus naïve qu'une Champenoise. Ce qui me plaît dans ses lettres, c'est qu'elle vous aimait... »

*Anne Soprani*

## AKAKIA

Voir HISTOIRE DU DOCTEUR AKAKIA.

## ALAMIRE

Voir ADÉLAÏDE DU GUESCLIN.

## ALEMBERT, Jean Le Rond d'

ACADÉMIE • *ENCYCLOPÉDIE* • GENS DE LETTRES • PHILOSOPHE •

Mathématicien et physicien, figure marquante du champ intellectuel et de l'institution scientifique du temps, Jean Le Rond d'Alembert (1717-1783) compta plus que tout autre pour Voltaire dans ce grand combat pour la philosophie* qui domine les vingt-cinq dernières années de sa vie. Il fut le disciple élu, l'ami sûr, l'informateur, le conseiller – son représentant à Paris parmi les Philosophes.

De vingt-trois ans son cadet, d'Alembert est marqué de deux signes avec lesquels Voltaire a pu sympathiser: l'illégitimité de la naissance – il est le fils non déclaré d'un chevalier Destouches et de la célèbre Tencin, comme Voltaire croyait l'être du poète-mousquetaire Rochebrune et de Mme Arouet; la précocité du génie ensuite, qui le fait membre associé de l'Académie des sciences dès 1741, à 24 ans – l'âge même où le jeune Arouet avait donné son *Œdipe*. Le nom de «Le Rond» lui venait, selon l'usage établi, de l'église où il avait été trouvé abandonné, Saint-Jean-le-Rond; mais «d'Alembert» est comme «Voltaire» un nom d'invention – en attente de renom.

Protégé par Clairault, le jeune prodige était «newtonien». Ce fut peut-être l'occasion des premiers contacts, au début des années 1740, et avec l'auteur des *Éléments\* de la philosophie de Newton* – ouvrage qu'il estima toujours –, et avec Mme du Châtelet\*, alors la maîtresse de Voltaire, elle-même adepte du newtonianisme, dont il salue en 1743, dans la préface de son *Traité de dynamique*, «l'esprit et le savoir». Mme du Deffand, le marquis et le comte d'Argenson furent aussi des fréquentations communes. Quand Voltaire donne en juin 1750, juste avant son départ pour la Prusse, une représentation privée de sa *Rome sauvée*, d'Alembert est au nombre de ses invités. Ce «géomètre» fut d'ailleurs lui-même un littérateur, amateur de belles-lettres, auteur de mélanges, traducteur de Tacite, et bon connaisseur en théâtre: c'est lui qui donna en 1751, censeur officieux, l'approbation de la reprise de *Mahomet*, que refusait Crébillon. À la fin du *Discours préliminaire* de l'*Encyclopédie*, publié la même année, d'Alembert salue tout ensemble l'auteur de *La Henriade*, l'historien de Charles XII et de Louis XIV, le poète tragique, trop négligé de la cour, mais dont la postérité reconnaîtra mieux les mérites, et en esprit l'auteur des *Lettres\* philosophiques*, dont il reprend le palmarès des savants anglais.

La décennie 1750-1760 fut dominée par les affaires de l'*Encyclopédie*. C'est d'Alembert, le plus en vue des deux co-directeurs, mais au nom de Diderot aussi, qui traite avec Voltaire, dont l'autorité peut être utile à l'entreprise. Il lui adresse à Berlin l'abbé de Prades*, victime de la première campagne anti-encyclopédique (1752); Voltaire accueille personnellement ce théolo-

gien hérétique, il le place auprès du roi de Prusse – ce fut leur première action concertée. Puis d'Alembert sollicite la collaboration directe du maître (1754), qui la donne aussitôt – une quarantaine d'articles seront fournis jusqu'en 1758. Leurs lettres sont déjà familières. Rentré de Prusse, Voltaire admire également «Atlas et Hercule», mais sa préférence va au brillant d'Alembert, qui devient son confrère à l'Académie française (1754); Diderot*, qu'avec le temps il appréciera mieux, est pour lui un franc-tireur, et quoique frère en philosophie, un penseur trop radical.

En août 1756, d'Alembert fut reçu aux Délices, où il passa trois semaines: il venait documenter sur place son article «Genève*». Ce fut le moment décisif. Au-delà des contingences, et même du grand projet de l'*Encyclopédie*, on discuta évidemment d'une stratégie à long terme des Lumières. «J'étais seul», lui écrira bientôt Voltaire, avec un mot d'ordre précis à relayer, comme à un chargé de mission: «Faites un corps, Messieurs.» C'est par d'Alembert qu'il prit conscience qu'une nouvelle génération était entrée dans ses vues de réforme intellectuelle et politique, en adoptant les manifestes mort-nés de ses *Lettres philosophiques* et de *La Voix du sage et du peuple*. Auteur d'un essai remarqué *Sur la société des gens de lettres et des grands* (1753), d'Alembert cristallisait justement l'idée de former en France un «corps» de savants et de penseurs, capable d'éclairer l'esprit public par une réflexion forte et autonome – le comte d'Argenson*, alors influent dans le ministère, n'était pas insensible au projet. D'Alembert venait d'ailleurs de décliner une offre considérable de carrière personnelle à l'étranger: la présidence de l'académie de Berlin, dont Frédéric II lui avait proposé la survivance dès 1752, et qui lui resta réservée pendant plus de dix ans – il devait refuser de même en 1763, avec une pension de 100 000 livres, la charge de l'éducation du tsarévitch que lui offrit Catherine II. Homme de valeur, homme d'ambition, homme de caractère et de conviction: la figure du «dauphin» dut s'imposer à Voltaire – il s'y tint définitivement.

Il est facile après coup de déceler les effets négatifs de ce choix. La crise de l'*Encyclopédie*, surgie du scandale même de l'article «Genève», révéla le plus immédiat: en soutenant la stratégie de durcissement de d'Alembert, Voltaire se coupa encore un peu plus de Diderot – lequel était moins disposé, il est vrai, à supporter patiemment le patronage du vieux maître. La dyarchie Voltaire-d'Alembert s'établit de fait, en moins de deux ans, sur la rupture de la co-direction encyclopédique de Diderot et d'Alembert. Les autres effets suivent logiquement. C'est par les yeux de d'Alembert, sur des observations et des analyses nécessairement limitées, que Voltaire devait appréhender l'actualité et l'évolution des Lumières – seul Damilaville*, jusqu'à sa mort en 1768, le fournit en informations parallèles, mais surtout factuelles. On explique ainsi, par exemple, son diagnostic

sommaire de «guerre civile» à l'annonce des progrès militants du nouvel athéisme* élaboré autour de d'Holbach*, et la maladresse tardive de ses contremarches et de ses efforts de conciliation, après la révélation du *Système de la nature* – il est remarquable que l'un de ses mots les plus naïfs à l'adresse de ces radicaux se trouve dans une lettre à d'Alembert, en 1770 : «Il faut que les deux partis se réunissent.»
Pour l'essentiel, leurs relations se confondirent dès lors avec l'administration des intérêts de la philosophie. Des affaires Lefranc* de Pompignan et Palissot*, en 1760, aux dernières démarches en faveur d'Étallonde* en 1776, en passant par la suppression des jésuites* en 1764, l'affaire La Barre* et le projet d'expatriation à Clèves* en 1766, l'affaire du *Bélisaire* de Marmontel en 1767, la souscription pour la statue de Pigalle* en 1770, et l'action ministérielle de Turgot* en 1774, tous les épisodes importants de l'histoire des Lumières firent entre eux l'objet d'explications, de discussions, de démarches concertées. Dans la pratique, un partage des rôles s'était établi, adapté aux circonstances. D'Alembert, à Paris, développa un pouvoir d'institution – à l'Académie surtout, où il fut influent bien avant d'en devenir le secrétaire perpétuel (1772), orientant le choix des sujets de prix, encourageant les débuts des jeunes adeptes – La Harpe* entre autres – et favorisant l'admission de partisans et de sympathisants – Marmontel, Thomas, Condillac, Saurin, Suard furent successivement élus. Voltaire de son côté, depuis ses retraites, travaillait l'opinion, rayonnait sur l'Europe entière, et gérait le symbolique si l'on peut dire, distribuant le blâme et l'éloge, et lançant vers la postérité ses prophéties de patriarche.
D'Alembert est presque absent de l'œuvre publique de Voltaire, qui lui adressa seulement une épître en 1771 – en fait, une satire de tous les ennemis de la bonne cause –, avant de lui dédier *Don\* Pèdre* en 1774 – tragédie injouable, mais bel hommage au philosophe et à l'homme de goût. L'essentiel s'échangeait directement entre eux, dans cette correspondance fidèle et solidaire qui reste encore – avec ses 540 lettres, dont 350 de Voltaire – le document le plus riche de l'action des Lumières : d'Alembert fut l'un des rares vrais confidents de M. Écrlinf*.
Chez ce disciple déclaré, dont la carrière aussi lui faisait honneur, Voltaire apprécia la franchise, l'indépendance d'esprit, la clarté de vision, l'adresse tactique, la ténacité d'action, et sur un plan plus personnel la gaieté, l'humour, la vivacité toujours spirituelle, et la sûreté d'attachement – le temps vint même entre eux des épanchements, lorsque Voltaire confia sa peine du départ de «Maman* Denis» en 1768, et d'Alembert sa solitude, huit ans plus tard, à la mort de l'amie de cœur, Julie de Lespinasse. Au fil des lettres, d'Alembert est «Protagoras» pour son éloquence, «M. Protée» pour la multiplicité de ses intérêts, «Monsieur O» en souvenir de sa signature dans l'*Encyclopédie*, mais surtout «mon cher philosophe» et «mon cher

maître », en signe d'égalité et de camaraderie dans le combat commun. Dans l'un de ses tout derniers billets, écrit d'une rue à l'autre dans le Paris du retour en 1778, remerciant d'Alembert de lui avoir prêté des lunettes, Voltaire trouve au bout de sa plume un mot un peu facile, mais touchant, et d'une vérité profonde comme mémoire de leurs relations : « Vous êtes mon voyant. »

Ils eurent quelques différends, mais rarement durables, dont ils s'expliquèrent toujours sans ambages – leur correspondance est sous cet aspect l'une des plus intéressantes du temps. D'Alembert reprochait à son maître sa courtoisie, sa flatterie* avec les grands et les puissants, dont il disait ne rien attendre ; Voltaire comptait sur eux, non pour orienter l'histoire, mais pour résister à l'Infâme, en dernier recours, si la guerre tournait mal, « hommes d'État » contre « hommes d'Église ». Ils s'accrochèrent ainsi sur Choiseul, plus tard sur Catherine II. Un moment cruel de la vieillesse de Voltaire fut sa désillusion totale sur le duc de Richelieu, ce « vieux freluquet » dont d'Alembert lui révéla enfin la profonde indifférence aux Lumières, qu'au fond de lui il méprisait. D'Alembert modéra aussi les attaques de Voltaire contre Rousseau – il fut le dernier des Philosophes à rompre avec Jean Jacques, en 1766 seulement, au moment de l'affaire Hume. D'autres divergences s'expliquent par des enjeux tactiques. D'Alembert excita longtemps la verve de Voltaire contre les antiphilosophes, en lui indiquant les cibles – Berthier* dès 1757, Palissot*, Chaumeix* et Trublet* en 1760, Clément*, Sabatier* de Castres et Larcher* en 1772 –, fournissant même à l'occasion des anecdotes à exploiter : « le *ridiculum* d'abord, lance-t-il, le coup de foudre ensuite » ; mais il lui arrivait de recommander le silence et le dédain, au moins pour les plus obscurs dont Voltaire aimait à replacer le nom, inopinément, au coin d'un vers ou d'une note : ces gamineries déroutaient un peu M. le secrétaire perpétuel, plus soucieux de respectabilité. Dans les dernières années pourtant, Voltaire se vit encore confier quelques vindictes de basse besogne, dont il s'acquitta de bonne grâce : il se représente alors souvent, sous le signe de La Fontaine, comme un nouveau « Raton » tirant « les marrons du feu » pour son « Bertrand » – dans ce discret anonymat qui évite « de se brûler les pattes ». Inversement, Voltaire semble avoir longtemps attendu de son second plus d'audace, après la mésaventure de l'article « Genève ». En 1764, il prit un vif plaisir à superviser l'impression, dans la ville de Calvin, de l'essai *Sur la destruction des jésuites*, que d'Alembert lui avait envoyé en manuscrit ; mais il ne vit plus rien venir ensuite : il pressa souvent son disciple de se faire encore « apôtre sans être martyr », de faire « main basse » et « patte de velours », puis il dut se résigner à l'idée d'une prudence qu'on lui disait nécessaire, et il se mit à compter plutôt les positions gagnées sur le terrain.

# A

Dans une seconde visite au maître, à l'automne de 1770, d'Alembert lui amena le jeune marquis de Condorcet\*, son disciple préféré en mathématiques et en philosophie. Voltaire l'adopta d'emblée comme le futur continuateur de l'œuvre commune – l'avenir des Lumières, projeté au-delà de sa propre mort. Les dernières lettres de «Raton» sont souvent adressées aux deux «Bertrand». Devenu en 1783 l'exécuteur testamentaire de d'Alembert, c'est Condorcet qui joignit ensemble dans l'édition de Kehl\* les lettres échangées entre ses deux maîtres, pour former de leur dialogue, juste à côté des correspondances princières avec Frédéric II et Catherine II, le monument d'une longue camaraderie militante.

*André Magnan*

*Le «Dictionnaire encyclopédique» continue-t-il? sera-t-il défiguré et avili par de lâches complaisances pour des fanatiques? ou bien sera-t-on assez hardi pour dire des vérités dangereuses? est-il vrai que de cet ouvrage immense, et de douze ans de travaux, il reviendra vingt-cinq mille francs à Diderot, tandis que ceux qui fournissent du pain à nos armées gagnent vingt mille francs par jour? Voyez-vous Helvétius? connaissez-vous Saurin? qui est l'auteur de la farce contre les philosophes? qui sont les faquins de grands seigneurs et les vieilles p... dévotes de la cour qui le protègent? Écrivez-moi par la poste, et mettez hardiment: «À Voltaire, gentilhomme ordinaire du roi, au château de Ferney, par Genève»; car c'est à Ferney que je vais demeurer, dans quelques semaines. Nous avons Tourney pour jouer la comédie, et Les Délices sont la troisième corde de notre arc. Il faut toujours que les philosophes aient deux ou trois trous sous terre, contre les chiens qui courent après eux. Je vous avertis encore qu'on n'ouvre point mes lettres, et que, quand on les ouvrirait, il n'y a rien à craindre du ministre des Affaires étrangères, qui méprise autant que nous le fanatisme moliniste, le fanatisme janséniste et le fanatisme parlementaire. Je m'unis à vous en Socrate, en Confucius, en Lucrèce, en Cicéron, et en tous les autres apôtres; et j'embrasse vos frères, s'il y en a, et si vous vivez avec eux.*

*À d'Alembert, 25 avril 1760.*

## ALGAROTTI, Francesco

Algarotti est un de ces jeunes gens précoces et doués pour lesquels Voltaire éprouve une sympathie immédiate. Ce «bel esprit», natif de Venise (1712-1764), se fit d'abord connaître par un *Newtonianisme pour les dames* – dans l'original *Il Neutonianismo per le Dame* (1737) – qui se proposait de mettre à la portée des gens du monde les découvertes et le système de Newton. À cette époque, Algarotti, qui se trouve en France, fréquente les milieux scientifiques. En novembre 1735, il rend visite à Voltaire, à Cirey\*. Celui-

ci écrit à Thiriot le 3 novembre de la même année : « Nous avons ici le marquis Algarotti, jeune homme qui sait les langues et les mœurs de tous les pays, qui fait des vers comme l'Arioste, et qui sait son Locke et son Newton. Il nous lit des dialogues qu'il a faits sur des parties intéressantes de la philosophie. » Voltaire s'intéresse aux projets d'Algarotti : il dit attendre avec impatience ses *Dialogues sur la lumière*. Pourtant lorsqu'il écrit ses propres *Éléments\* de la philosophie de Newton*, son admiration pour le jeune Vénitien s'émousse quelque peu. Il n'apprécie guère le style « à la Fontenelle » de sa vulgarisation du système de gravitation universelle : « L'amour d'un amant décroît en raison du cube de la distance de sa maîtresse et du carré du temps de l'absence. » Autre faute, impardonnable celle-ci aux yeux d'Émilie : le Vénitien n'aime pas les femmes ! Voltaire retrouva Algarotti à la cour de Frédéric II, dont il était devenu l'un des familiers, souple, affable, conciliant et gracieux. Le roi de Prusse l'avait fait comte en 1740, chambellan en 1747. Rentré en Italie en 1753, Algarotti resta en correspondance avec Voltaire – plus de soixante-dix lettres sont conservées. À sa mort, la *Gazette\* littéraire de l'Europe* inséra sans signature une petite nécrologie, attentive et bienveillante – le dernier signe de Voltaire au « cygne de Padoue ».

*Didier Masseau*

## ALLEMAGNE

*ANNALES DE L'EMPIRE • ESSAI SUR LES MŒURS • FRÉDÉRIC II • HISTOIRE DE LA GUERRE DE 1741 •*

C'est par un abus de terme que l'on parle d'un Empire germanique, à en croire Voltaire dans sa conclusion des *Annales de l'Empire*. Il y a, en fait, l'Allemagne, qu'on aurait d'ailleurs tort de réduire à la Prusse ou aux territoires placés sous la domination de la maison d'Autriche. Et il y a les Allemands. Sur ce double ensemble, Voltaire a été prolixe. L'histoire de la Germanie est un des points forts de l'*Essai sur les mœurs* et des *Annales de l'Empire*. Il a souvent voyagé en Allemagne, non seulement pour se rendre en Prusse\* et en revenir, mais aussi pour rendre visite à ses protecteurs comme la duchesse de Saxe-Gotha. Comme le prouvent sa bibliographie de l'*Essai sur les mœurs* ou le catalogue de sa bibliothèque, Voltaire a beaucoup lu sur l'Allemagne, et on ne mettra pas en doute la qualité de son information. Dans sa vision historique, l'Allemagne est d'abord une notion et un espace incertains : incertitude géographique qui dure jusqu'au $X^e$ siècle, et qu'accentuent les incursions des barbares ; frontières linguistiques et territoriales imprécises avec la France, puisque Charlemagne est revendiqué par les Allemands comme l'un d'entre eux. Tout n'y est que

chaos jusqu'au règne d'Henri l'Oiseleur (919-936) : ce que nous appelons Allemagne est menacé sur ses frontières, mais aussi par ses tensions intérieures liées au brigandage des seigneurs. Comme celles de la France ou de l'Angleterre, l'histoire de l'Allemagne offre l'image de la longue émergence d'un ordre politique fondé sur la loi et d'une société qui se hiérarchise et conquiert peu à peu ses libertés : association et confédération des villes commerçantes, villes impériales avec des statuts spécifiques. Ce sont autant de conquêtes et de périodes de répit. Le pape et l'empereur y sont en conflit, et, à bien des égards, elle est le lieu privilégié d'affrontement du temporel et du spirituel.

De l'Allemagne contemporaine, Voltaire montre la diversité : de la riche Prusse à la misérable Westphalie, dont il se souviendra dans le chapitre I de *Candide\**, de la Prusse soumise à la sévère tutelle de Frédéric II aux principautés rattachées à l'Empire, seul pays européen où subsistent les fiefs. Riche malgré les guerres continuelles qui la ravagent et que lui permet de supporter une population abondante... Lieu donc de contradictions et de contrastes, dont Frédéric II, après son père, par sa politique annexionniste, est en train de changer la face.

Un grand homme donc, et des sujets. Le jugement de Voltaire sur l'esprit germanique n'est pas tendre, pas plus que ne fut tendre parfois, à l'épreuve des faits, son jugement sur le roi de Prusse. Voltaire reconnaît aux Allemands d'éminentes qualités militaires, qui les rendent plus aptes à la défense qu'à l'attaque, et redoutables en fin de campagne. Il les considère patients et laborieux, lourds et portés tout naturellement vers le droit et les sciences naturelles. Mais à côté des Français, et malgré le profit tiré de la venue des exilés protestants chassés de France par la révocation de l'édit de Nantes, quel manque de goût, quel peu d'aptitude pour les arts, comme le reconnaît Frédéric lui-même ! Après avoir lu une fois encore peut-être ses productions poétiques, Frédéric se demandait si un Allemand peut avoir de l'esprit. À cette question, Voltaire devait répondre quelques années plus tard, et avec sévérité.

*Jean Goulemot*

*Bruxelles et presque toute l'Allemagne se ressentent de leur ancienne barbarie ; les arts y sont peu en honneur, et par conséquent peu cultivés. Les nobles servent dans les troupes, ou, avec des études très légères, ils entrent dans le barreau, où ils jugent que c'est un plaisir. Les gentillâtres bien rentés vivent à la campagne, ou plutôt dans les bois, ce qui les rend aussi féroces que les animaux qu'ils poursuivent. La noblesse de ce pays-ci ressemble en gros à celle des autres provinces d'Allemagne, mais à cela près qu'ils ont plus d'envie de s'instruire, plus de vivacité, et, si j'ose dire, plus de génie que la plus grande partie de la nation, et principalement que les Westphaliens, les Franconiens, les Souabes, et*

*les Autrichiens : ce qui fait qu'on doit s'attendre un jour à voir ici les arts tirés de la roture, et habiter les palais et les bonnes maisons.*
*Frédéric, prince royal de Prusse, à Voltaire, Berlin, 7 juillet 1739.*

## ALMANACH

SUPERSTITION •

Voltaire fut-il un lecteur d'almanachs ? Le catalogue de sa bibliothèque* n'en contient pas et la critique qu'il fait de l'*Almanach de Liège* de Mathieu Laensberg ou de l'*Almanach historique nommé le Messager boiteux* d'Antoine Souci montre qu'il les pratiquait suffisamment pour s'en moquer. Dans l'article «Almanach» des *Questions* sur l'Encyclopédie*, il s'interroge sur leur origine, sur le calendrier, sur leur présence en Chine : « Les Chinois passent pour les plus anciens faiseurs d'almanachs. » Dans l'*Essai* sur les mœurs*, il rattache à la superstition l'almanach de prophéties et de conseils de vie pratique. L'almanach n'a d'ailleurs de succès que parce qu'il abuse de la crédulité populaire : « Quelqu'un ose-t-il douter de son savoir, aussitôt les colporteurs le dénoncent comme un mauvais citoyen, et les astrologues le traitent même de petit esprit et de méchant raisonneur. » L'almanach populaire est peu dénoncé dans la correspondance. Il y est surtout question de l'*Almanach des Muses* et de l'*Almanach royal*, dont Voltaire n'ignore rien. Revanche du destin : en 1737-1738, un libelle antivoltairien est publié sous le titre *Almanach du diable*, que Voltaire méprise et traite de «plat ouvrage». Ironie de l'Histoire cette fois : à la veille de la Révolution, Voltaire apparaît dans des almanachs à prédictions. Et sous la Révolution, les almanachs populaires de l'an II en firent un saint séculier. L'*Almanach des Républicains* de Maréchal lui dédie ainsi le 20 février : « Il goguenarda les rois, il pinça les prêtres, il turlupina les nobles ; il émancipa le peuple, il lui inocula la raison. Ce sont là des services qui méritent de la reconnaissance. »

*Jean Goulemot*

## ALMANACH ROYAL

Dans la livraison de 1754 de l'*Almanach royal*, indicateur patenté de tout l'appareil de l'État, Voltaire est le seul des académiciens à ne pas avoir d'adresse en France, alors qu'il avait encore à Paris son logement*, rue Traversière. On lit seulement, après son nom : « De l'Académie de Berlin » – signe oblique d'une complète disgrâce, motivée par sa désertion de Prussien*, et qui pour un temps valait exil*.

*André Magnan*

## ALSACE

Le 15 août 1753, revenant de Mannheim après un détour aux eaux de Wiesbaden, Voltaire arrivait en Alsace où il avait des rentes sur les terres du duc de Wurtemberg*. Il décidait de rester dans cette province, à proximité des frontières d'Allemagne et de Suisse, attendant un signe de Versailles* et de Paris, où sa nièce sollicitait tous les anciens protecteurs. Installé d'abord à Strasbourg*, il comprit assez vite qu'il lui faudrait passer l'hiver en Alsace et loua une petite maison à Colmar*. «J'y vivrai dans le plus austère des régimes», écrit-il à Mme Denis*. Il projeta de s'établir dans la région, s'enquit de terres à acheter et songea même un moment à y bâtir «une maison très agréable». Pourtant, quand il apprit l'interdiction de rentrer à Paris, en janvier 1754, il se mit en quête d'un autre lieu qui pourrait l'accueillir. Il quitta l'Alsace pour la Suisse au mois de novembre suivant.

On a retrouvé en 1937 un corpus de quatre-vingt-quatre lettres de Voltaire à sa nièce, qu'on appelle dans la tradition voltairienne les *Lettres d'Alsace*. Cette découverte révéla définitivement le lien amoureux qui unissait Voltaire à Mme Denis, dont quelques chercheurs avaient eu l'intuition sans en avoir la preuve. Les *Lettres d'Alsace* utilisent des codes*, mais on a partiellement percé leur mystère. Elles mettent en lumière l'activité déployée par Mme Denis, évoquent l'étrange «Paméla*», que Voltaire rédigea en Alsace, elles expriment la douleur de la séparation, l'injustice de l'exil* et enfin l'allégresse quand Mme Denis accepta le projet de vie commune et vint le rejoindre. «Vous à Colmar! Je suis extasié et je tremble», répondit l'amoureux de 60 ans.

*Anne Soprani*

## *ALZIRE OU LES AMÉRICAINS*

AMÉRIQUE · CHRISTIANISME · COLONISATION · TRAGÉDIES ·

Menacé de la Bastille après le scandale et la «brûlure» des *Lettres* *philosophiques* (juin 1734), Voltaire se réfugia à Cirey chez la marquise du Châtelet. Il emportait une nouvelle tragédie, «fort singulière» et «fort chrétienne»: *Alzire*, qu'il lui dédiera. Il la corrige tout au long de l'année, prenant son temps, pour se faire oublier. En 1735, autorisé à rentrer à Paris, il fait accepter la pièce. La concurrence de Lefranc* de Pompignan, qui prétend traiter le sujet – il en a eu vent –, retarde sa mise à l'affiche. Mlle Dufresne, désignée pour jouer Alzire, se trouvant défaillante, on eut recours à la «naïve, jeune et gentille Gaussin»; le rôle était un peu fort pour elle, l'ami Thiriot* reçut mission de «l'élever un peu sur les échasses

du cothurne». Elle s'en tira très bien toute seule et contribua au franc succès de la tragédie, donnée le 27 janvier 1736. L'amour, la religion, l'Orient avaient réussi à *Zaïre\** ; ici, Voltaire, se frayant une nouvelle route, transporte sa Melpomène chez les Américains, dans le Nouveau Monde.

À Lima, au temps des conquistadores, le despotique Gusman, gouverneur du Pérou, a écrasé la rébellion indienne, dont le chef Zamore a, dit-on, été tué. La fiancée de celui-ci, Alzire, déjà convertie au christianisme, est contrainte d'épouser son pire ennemi, Gusman. Coup de théâtre : Zamore est vivant ! Il rameute ses partisans, attaque les Espagnols, tue Gusman, est pris enfin. Alvarez, l'ancien gouverneur, père de Gusman, doit venger son fils ; mais Zamore, jadis, lui a sauvé la vie... C'est Gusman qui tranche le dilemme. Avant de mourir, il reconnaît ses torts, pardonne à son meurtrier et lui rend Alzire ; il va même jusqu'à confier à «l'indigène» le gouvernement de son pays. Bouleversé par une telle grandeur d'âme, l'Indien admire une religion qui enseigne le pardon. On le sent prêt à se convertir. Il épousera enfin Alzire, et tous deux travailleront au bonheur de leur peuple.

La pièce est dominée par la stature d'Alvarez, qui réunit dans son noble caractère toutes les leçons du drame : procès d'une colonisation cruelle, amour de l'humanité, horreur de la violence, haine du fanatisme. Symbole d'une religion tolérante et douce, ce «père» est l'image du Dieu bon et miséricordieux qui est celui de Voltaire. Du côté des dévots, on reprocha à l'auteur, comme toujours, de réduire le christianisme à une morale, celle de la fraternité et de la bienfaisance. Attitude qu'il revendique hautement dans son «Discours préliminaire» à la pièce, comme dans tous ses ouvrages. Le public, lui, vibra à cette tragédie héroïque et cornélienne ; il aima la peinture des «bons sauvages», l'intrigue romanesque ; il pleura au pathétique des situations, aux déchirements d'Alzire, et goûta, dans ce choc entre deux mondes, l'exotisme américain déjà mis à la mode par *Manon Lescaut* (1732). Jean Jacques Rousseau se rappelait y avoir assisté «la poitrine haletante, presque suffocant».

*Alzire* fait partie des cinq pièces qui, à la Comédie-Française, de la création à la fin de leur carrière, ont connu plus de trois cents représentations ; les autres sont *Zaïre, Tancrède, Œdipe* et *Mérope*. *Alzire* fut encore jouée quarante fois entre 1820 et 1830. En 1873, dans une lettre à George Sand, Flaubert en cite deux vers de mémoire.

*Henri Lagrave*

## ÂME

DESCARTES · DIEU · JUIFS ·

Des *Lettres\* philosophiques* (1734) aux *Dialogues\* d'Évhémère* (1777), c'est un sujet obsédant. Il y a dans le *Dictionnaire\* philosophique* un long article « Âme », dans les Mélanges\* un morceau « Sur l'âme », et même un véritable traité *De l'âme*. Dans cette grave question, Voltaire aborde trois points essentiels.

Le premier est celui de la nature de l'âme. Avec Locke\*, pourfendeur de tous les « raisonneurs » idéalistes qui ont « fait le roman de l'âme » (*Lettres philosophiques*, XIII$^e$ lettre), Voltaire adhère au sensualisme. S'appuyant sur cette caution pour rejeter la théorie cartésienne des idées innées et « la vanité de croire qu'on pense toujours », il en tire une conclusion proche d'une conception matérialiste de l'homme : « Je suis corps et je pense ; je n'en sais pas davantage. » Dans la première version de ce texte, plus audacieuse encore, il soulignait qu'on ne connaît ni l'esprit, ni la matière, et, à la suite d'observations concrètes, liait la qualité de la pensée à la finesse des sens. Remarquant que le mot « âme » avait d'abord signifié *la vie*, il imputait au seul orgueil humain l'invention d'une âme spécifique : « Je puis attribuer à mon corps la faculté de penser et de sentir ; donc je ne dois pas chercher cette faculté dans un autre être appelé *âme* ou *esprit*, dont je ne puis avoir la moindre idée. » Il reviendra souvent sur le caractère vague, indéterminé du mot, signe tangible des « bornes de l'esprit humain ».

Le dualisme rejeté, qu'en est-il de la survie ? C'est la deuxième question soulevée par Voltaire. Dans la même lettre « Sur M. Locke », il affirme que notre ignorance concernant la nature de l'âme rend indémontrable son immortalité, enseignée seulement par la religion. Il y reviendra souvent en rappelant les doutes de toute l'Antiquité romaine. Sa tendance est de considérer l'immortalité comme une chimère consolante : l'âme étant assimilée aux facultés intellectuelles, si la pensée vient des sens, comment imaginer qu'elle subsiste après la destruction des sens ? Par quelques images sans nuances, le philosophe raille ceux qui croient que l'âme peut survivre quand la cervelle est mangée de vers.

À moins que Dieu n'ait mis dans les êtres vivants un « atome » qui conservera toujours la faculté d'avoir des idées, et accordé la pensée à une « monade » qu'il fera subsister ? La correspondance des dernières années montre les variations de Voltaire sur ce point, selon les destinataires. S'il avait proclamé l'existence d'un Dieu justicier par simple souci de l'ordre social, on pourrait lui reprocher d'avoir pratiqué une double doctrine. Mais il souhaite sincèrement aussi une justice *post mortem*, un avenir compensatoire pour tant de gens de bien, malheureux, dont il voit la vertu foulée aux pieds. Cela ressort des notes marginales commentant des ouvrages

matérialistes comme *Le Bon Sens* du baron d'Holbach*, où il exprime à ce sujet une aspiration authentique, même si, par ailleurs, il la juge déraisonnable. Voltaire cite en outre tous les peuples anciens, Égyptiens, Perses, Indiens, Chinois qui ont cru à l'immortalité de l'âme.

La troisième question, abordée dès la XXV$^e$ des *Lettres philosophiques* et constamment reprise, concerne la longue ignorance des Hébreux sur ce sujet. Il répétera que le Décalogue n'enseigne pas l'âme immortelle, que du temps de Moïse et longtemps après, les récompenses et châtiments annoncés étaient purement temporels. À l'appui de sa thèse, en particulier dans le *Dictionnaire philosophique*, il utilise les travaux du théologien anglais William Warburton (1698-1779). Loin de conclure, comme lui, au souci particulier que la Providence avait du peuple élu, il insiste sur l'infériorité culturelle des Hébreux qui ont ignoré si longtemps un dogme socialement utile.

Le pragmatisme de Voltaire apparaît pleinement dans tout ce débat. Une fois marquée l'impasse métaphysique du problème de la nature et de l'immortalité de l'âme, il propose de se préoccuper d'abord des principes qui favoriseront la vertu.

Marie-Hélène Cotoni

*Je suis d'une faiblesse extrême, quoi qu'en dise M. Tronchin, et mon âme que j'appelle Lisette est très mal à son aise dans mon corps cacochyme. Je dis quelquefois à Lisette : « Allons donc, soyez donc gaie, comme la Lisette de mon ami ! » Elle répond qu'elle n'en peut rien faire, et qu'il faut que le corps soit à son aise pour qu'elle y soit aussi. « Fi donc, Lisette ! lui dis-je, si vous me tenez de ces discours-là, on vous croira matérielle. » « Ce n'est pas ma faute, a répondu Lisette, j'avoue ma misère, et je ne me vante point d'être ce que je ne suis pas. » J'ai souvent de ces conversations-là avec Lisette.*

*À Cideville, 10 mai 1764.*

## AMÉLIE DE PRUSSE

La plus jeune sœur de Frédéric II* était une musicienne accomplie (1723-1787). Ses talents et sa beauté inspirèrent à Voltaire – la poésie abolit les distances – deux madrigaux dans son voyage à Berlin* de 1743. « De plus d'une divinité, j'adore en vous l'image », avouait-il séduit. En 1750, de retour en Prusse*, il applaudit la princesse qui joue « sans aucun accent » *Rome* sauvée*, et *Zaïre** avec « tendresse ». Il l'évoquera aussi écoutant incognito, « cachée dans un petit coin », des lectures de la gaillarde *Pucelle**. En revanche, il n'a rien dit de ses amours secrètes avec le malheureux baron de Trenck que son audace mena en forteresse. Abbesse de

Quedlinburg en 1756, la princesse solitaire maintint avec Voltaire une sorte de contact affectif en annotant parfois, dit un mémorialiste du temps, les œuvres du grand poète qui avait chanté sa «vertu» et ses «grâces».

*Anne Soprani*

## AMÉLIE OU LE DUC DE FOIX

Voir *ADÉLAÏDE DU GUESCLIN*.

## AMÉRIQUE

ANTHROPOLOGIE • CIVILISATION • HISTOIRE • RELIGION •

Le continent américain a été très tôt présent dans l'œuvre de Voltaire avec la Pennsylvanie dans les *Lettres\* philosophiques* et l'Amérique hispanique dans *Alzire\* ou les Américains*, tragédie de 1734 représentée en 1736. Si la découverte et la conquête du continent ont fasciné Voltaire, il a tenu très tôt à en évoquer la première histoire, antérieure à l'arrivée des Européens : il connaît Colomb et Las Casas, mais il a lu aussi Garcilaso el Inca, Antonio de Solis et Herrera.

La découverte et la conquête lui apparaissent comme « le plus grand événement sans doute de notre globe, dont une moitié avait toujours été ignorée de l'autre. Tout ce qui a paru grand jusqu'ici, ajoute-t-il, semble disparaître devant cette espèce de création nouvelle» (*Essai sur les mœurs*, chap. CXLV). S'il s'étonne, comme il l'avait fait pour les nègres, devant cette nouvelle race d'hommes que constituent les Indiens, «qui n'ont aucune barbe» (il reviendra sur ce point dans l'article «Barbe» des *Questions\* sur l'Encyclopédie*) et qui tremblent devant les chevaux et les canons des Espagnols, il en souligne la variété d'une contrée à l'autre, à l'image d'une nature végétale différente et généreuse. L'*Essai\* sur les mœurs* évoque l'immensité américaine à travers l'indigo, le cacao, la vanille, les bois rares et surtout les richesses minières et les métaux précieux qui, paradoxalement, ont précipité la ruine de l'Espagne par leur abondance même, mais il ne s'attarde guère sur son étendue ou son relief: Voltaire n'est pas géographe. À l'étude du relief, il préfère les données économiques et commerciales. S'il insiste sur les massacres perpétrés par les Espagnols («Ils dépeuplèrent en peu d'années Hispanolia qui contenait trois millions d'habitants, et Cuba, qui en avait plus de 600 000»), il s'interroge aussi sur les origines de la race amérindienne, pour mieux réfuter la leçon biblique qui postule un tronc commun à toutes les races. En cela, il s'oppose avec vigueur aux thèses du père Lafitau (*Essai sur les mœurs*, chap. VII) et, s'il se

fait naturaliste, c'est pour mieux dénoncer les mythes de la Genèse : « On peut réduire si l'on veut, écrit-il, sous une seule espèce tous les hommes, parce qu'ils ont tous les mêmes organes de vie, des sens et du mouvement. Mais cette espèce parut évidemment divisée en plusieurs autres dans le physique et dans le moral » (*Essai sur les mœurs*, chap. CXLVI), et il énumère les différences entre les Iroquois, les Hurons, les Dariens, les Péruviens, les Mexicains, les Patagons, avant de souligner que l'état de nature rêvé par Jean Jacques Rousseau n'a jamais existé : « On n'a jamais trouvé d'hommes isolés, solitaires, errants à l'aventure à la manière des animaux, s'accouplant comme eux au hasard, et quittant leurs femelles pour chercher seuls leur pâture. » On ne trouve donc pas d'hommes ignorant l'organisation en familles ou en villages, et ne possédant pas un idiome formé. Ce qui ne veut pas dire qu'il n'y ait pas d'hommes plongés dans une stupidité barbare. Ainsi, à l'exception des Péruviens qui adoraient avec assez de raison le Soleil, les autres Américains pratiquaient une religion sacrificielle, étaient anthropophages : à l'aube donc de l'histoire humaine.

La conquête menée par Hernán Cortés au Mexique (*Essai sur les mœurs*, chap. CXLVII) permet à Voltaire d'évoquer l'empire aztèque, l'architecture de Mexico, le raffinement barbare des sacrifices humains, ce qui le conforte dans l'opinion que toute religion est « inhumaine et sanglante », même s'il lui faut reconnaître que la « police » des Aztèques « en tout le reste était humaine et sage » (éducation, art de la guerre, rigueur des finances). Tout ce monde fut détruit par la violence, la puissance technique des Espagnols, la ruse sans scrupule de Cortés. La conquête fut tout aussi brutale au Pérou avec Almagro et Pizarro. De ces victoires sur les empires préhispaniques, Voltaire tire une conclusion qu'on peut juger ironique ou surprenante : « [...] la nature a donné en tout la supériorité aux Européens sur les habitants du Nouveau Monde. » De ce tout, on exceptera bien sûr la morale.

L'évocation du Brésil (*Essai sur les mœurs*, chap. CL) permet à Voltaire d'accentuer l'image d'une Amérique primitive arriérée et cruelle. Des « peuples chasseurs, par conséquent n'ayant pas toujours une subsistance assurée ; de là nécessairement féroces, se faisant la guerre avec leurs flèches et leurs massues pour quelques pièces de gibier », n'ayant aucun culte religieux, aucune organisation sociale ou politique digne d'intérêt. Cette Amérique-là apparaît comme l'espace privilégié des fantasmes européens : rêve d'or (l'Eldorado) et cauchemar frissonnant des anthropophages.

Plus au nord, Espagnols catholiques et Français calvinistes s'affrontent pour dominer, tandis que les Anglais en profitent pour étendre leur sphère d'influence. Au début du XVII$^e$ siècle, les Français pénètrent au Canada*. Voltaire constate que les « peuples qu'on trouva dans le Canada n'étaient pas de la nature de ceux du Mexique, du Pérou, et du Brésil. Ils leur ressemblaient en ce qu'ils sont privés de poils comme eux, et qu'ils

n'en ont qu'aux sourcils et à la tête. Ils en diffèrent par la couleur, qui approche de la nôtre ; ils en diffèrent encore plus par la fierté et le courage. Ils ne connurent jamais le gouvernement monarchique ; l'esprit républicain a été le partage de tous les peuples du Nord dans l'Ancien Monde et dans le Nouveau». Les Français s'imposèrent ensuite en Louisiane et dans la région du Mississippi. On créa des colonies de commerce. Grâce à Law, l'Amérique devint le lieu d'une spéculation illusoire et pourtant bien réelle. À la façon des Espagnols ruinés par l'or des Amériques, la France cédait elle aussi aux mirages du rêve américain. Voltaire conclut son panorama en évoquant les îles françaises : Saint-Domingue, la Martinique, la Guadeloupe ; c'est pour lui l'occasion de décrire corsaires et flibustiers qui fascinaient ses contemporains.

Dans le *Précis\* du siècle de Louis XV*, apparaît avec plus de netteté encore la conscience que le continent américain représente un enjeu international. Dans le chapitre XXXV, Voltaire établit même une sorte de bilan des empires coloniaux, encore que le terme soit bien anachronique, pour constater les pertes françaises sur le continent américain. Sans doute n'est-il pas prêt à regretter la perte du Canada «ces quinze cents lieues, dont les trois quarts sont des déserts», mais force lui est de reconnaître l'importance prise par l'Angleterre qui a même occupé la Guadeloupe et la Martinique. Par son coût territorial, la paix que rétablit le traité de Paris de 1763 est jugée déshonorante.

Voltaire reçut à Ferney des visiteurs américains : deux Philadelphiens en 1764. Rappelons aussi qu'il entretint une correspondance avec des colons américains et qu'il eut, le 16 février 1778, une rencontre mémorable avec Benjamin Franklin et son petit-fils : rencontre familiale et attendrissante à souhait, que devaient prolonger l'assistance de Franklin à la visite de Voltaire à la loge des Neuf-Sœurs et des retrouvailles dans une réunion publique de l'Académie des sciences. Connu très tôt en Amérique par les traductions de ses œuvres, par les articles que lui consacre la presse périodique, par la représentation de son théâtre (*L'Orphelin de la Chine*, traduit, est joué en 1764 à Charleston), Voltaire n'intervint que très tard dans le conflit qui opposait l'Angleterre à ses colonies américaines. Ce n'est qu'à la veille de la guerre d'Indépendance qu'il se décida à épouser la cause des «Insurgents» et à approuver l'aide militaire des Français dans ce qu'il appelait «la triste affaire anglaise» (lettre du 24 décembre 1774). Ce retard tenait sans doute à son pacifisme, à son anglophilie politique, au souvenir amer qu'il gardait du traité de Paris et à l'espoir d'un règlement pacifique du conflit avec la métropole. Son adhésion à la cause américaine développa en lui une anglophobie jusqu'ici inconnue.

Autant dire l'importance de l'Amérique dans la réflexion voltairienne. Elle illustre ses vues sur le primitivisme et le progrès des civilisations. Elle lui

permet de dénoncer les méfaits du cléricalisme par les cruautés de la conquête et la militarisation qu'imposent les jésuites au Paraguay\*, auquel il consacre tout un chapitre de l'*Essai sur les mœurs*. À la différence de l'Afrique enfin, l'Amérique trouve sa traduction romanesque dans *Candide*, où Voltaire met en scène ses anthropophages, l'Eldorado et les jésuites du Paraguay eux-mêmes. Et dans *L'Ingénu* dont le héros, élevé par les Iroquois, ne s'est pas totalement guéri de leurs mœurs empreintes d'une brutalité proche de la nature.

Jean Goulemot

*Il restait dans l'Amérique deux grandes nations civilisées qui commençaient à jouir des douceurs de la paix : les Espagnols arrivent et en massacrent douze millions ; ils vont à la chasse aux hommes avec des chiens ; et Ferdinand, roi de Castille, assigne une pension à ces chiens pour l'avoir si bien servi. Les héros vainqueurs du nouveau monde, qui massacrent tant d'innocents désarmés et nus, font servir sur leur table des gigots d'hommes et de femmes, des fesses, des avant-bras, des mollets en ragoûts. Ils font rôtir sur des brasiers le roi Gatimozin au Mexique ; ils courent au Pérou convertir le roi Atabalipa. Un nommé Almagro, prêtre, fils de prêtre, condamné à être pendu en Espagne pour avoir été voleur de grand chemin, vient, avec un nommé Pizarro, signifier au roi, par la voix d'un autre prêtre, qu'un troisième prêtre, nommé Alexandre VI, souillé d'incestes, d'assassinats et d'homicides, a donné, de son plein gré, « proprio motu », et de sa pleine puissance, non seulement le Pérou, mais la moitié du nouveau monde au roi d'Espagne ; qu'Atabalipa doit sur-le-champ se soumettre, sous peine d'encourir l'indignation des apôtres saint Pierre et saint Paul. Et, comme ce roi n'entendait pas la langue latine plus que le prêtre qui lisait la bulle, il fut déclaré sur-le-champ incrédule et hérétique : on fit brûler Atabalipa comme on avait brûlé Gatimozin ; on massacra sa nation, et tout cela pour ravir de la boue jaune endurcie, qui n'a servi qu'à dépeupler l'Espagne et à l'appauvrir ; car elle lui a fait négliger la véritable boue, qui nourrit les hommes quand elle est cultivée.*

*Histoire de Jenni*, 1775, chap. IX, « Sur l'athéisme ».

## AMITIÉ

On imagine Voltaire allant toujours d'un être à l'autre. Il eut pourtant le sens de l'amitié. C'était, selon Mme du Châtelet, « l'une de ses vertus ». Enthousiaste, chaleureux et fidèle, Voltaire connut des attachements sincères et de qualité, de longues amitiés jamais dénouées : « Je vous trouve bien modeste, écrit-il à Cideville, de dater votre amitié de trente ans... il y en a plus de quarante. » Avec quelques intimes choisis, il donna à l'amitié toute

son expression et la cultiva dans toutes ses formes : sentiment d'estime pour Vauvenargues*, de confidence philosophique avec d'Alembert*, complice pour Cideville*, indulgente pour Thiriot*, remarquable enfin de confiance et d'abandon avec d'Argental*. De même nuança-t-il ses amitiés féminines : il tempéra ses élans et resta lucide dans ses échanges avec Mme du Deffand*, mais il fut tendre et enjoué avec Mme de Bentinck*, « la belle âme », et plaça sous le signe de « la consolation » son amitié amoureuse pour Mme Denis*.

L'amitié gouverna sa vie, elle lui fut un besoin réel. À ses amis, il demandait la réciprocité du sentiment, par une tendre sollicitude, qu'il exprimait dans ses lettres en développant toute une gamme de vocables et de déclarations affectueuses : « adorable ami », « aimable et solide ami », « vous êtes la moitié de mon âme », « je vous aime comme on aime sa maîtresse ». Il trouva près d'eux un soutien précieux dans les séparations et les exils, une compensation indispensable dans l'affliction. « Je n'ai plus que vous sur la terre », écrivait-il à d'Argental après la mort de Mme du Châtelet, son « amie de vingt années ».

Il y a dans l'œuvre de Voltaire des stances, des pièces en vers, des impromptus dédiés à ces amis qui l'ont accompagné, mais aussi un long poème, *Le Temple* de l'Amitié* dont la « façade » s'orne des « noms sacrés d'Oreste et de Pylade », et un article « Amitié » dans le *Dictionnaire* philosophique*. Elle est, écrit-il, « un contrat tacite », un accord « entre deux personnes sensibles et vertueuses », qui s'engagent librement. « Il faut que le cœur soit libre », précise-t-il parfois, et dans ses *Discours* en vers sur l'homme*, il marque le trait : « Pour les cœurs corrompus l'amitié n'est point faite. » Ainsi, quand les faux amis sortirent de son « Temple », l'amitié « gela de froid sur ses sacrés autels ». Dans le théâtre de Voltaire, elle paraît exceptionnelle, « un plaisir généreux » dans *La Prude**, « un présent du ciel » dans *L'Envieux**.

Voltaire connut des déceptions, ressentit les peines de petites trahisons, parfois de grands manquements, mais il demeurait prêt à l'amitié, et continua d'affirmer que le confort suprême, la juste jouissance, était de se trouver « chaudement avec un ami ».

*Anne Soprani*

*Elle regardait l'amour comme un plaisir qui n'engageait à aucun devoir, et l'amitié comme une chose sacrée.*
*À Formey, vers le 1ᵉʳ mai 1751 — à propos de Ninon de Lenclos.*

*Toutes les grandeurs de ce monde ne valent pas un bon ami.*
*Jeannot et Colin, 1764.*

# AMOUR

> *Sur les bords fortunés de l'antique Idalie,*
> *Lieux où finit l'Europe et commence l'Asie,*
> *S'élève un vieux palais respecté par les temps...*

Voltaire éleva un «Temple à l'Amour», oublié aujourd'hui : il se trouve dans *La Henriade* (chant IX). De l'Amour, «il y a tant de sortes», remarque-t-il dans le *Dictionnaire\* philosophique*. Il distingue «l'amour de Dieu», qui génère bien des «disputes», «l'amour-propre\*», un instinct profond, et «l'amour socratique», une «turpitude» de l'Antiquité. Sa conception de l'amour est naturelle, c'est un «plaisir», une «jouissance» de tous les sens ; il regrette que l'on nomme amour «un caprice», «une liaison sans attachement», «un sentiment sans estime».
Dans son théâtre, Voltaire lui fait place, mais un peu à regret : «Proscrire toujours l'amour des tragédies est une mauvaise humeur bien déraisonnable.» Il prend soin, toutefois, d'en effacer «les couleurs fades» dans *Œdipe\**, mais le développe dans la touchante *Zaïre\** et le mêle à «l'austère vertu du Sénat» dans *Brutus\**, puis regrette que *Zulime\** soit une pièce «toute d'amour, toute distillée à l'eau de rose des dames françaises».
Écrivant ses amours, Voltaire paraît incertain, comme en retrait. Il s'abandonna pourtant volontiers à ce sentiment, en s'attachant, dans sa propre vie, à sortir d'une dissipation mondaine pour s'engager dans une quête plus philosophique du bonheur\*. Épris à 20 ans de Pimpette\*, il connut avec cette demoiselle d'émouvantes premières amours, mais vite contrariées. Guéri de cette passion, le jeune homme entra dans une carrière amoureuse de séduction. Subjuguer une femme, au XVIII$^e$ siècle, ne demandait pas une cour empressée, c'était un triomphe mondain. Sans être un libertin occupé seulement de sa gloire, Voltaire fut un amant volage. Avec l'aimable Bernières\*, l'infidèle Livry\*, la voluptueuse Rupelmonde\*, il perpétua le jeu amoureux, échappa à la léthargie redoutée. Amant d'Émilie\* à 40 ans, Voltaire accède avec elle à une communion de l'esprit, et satisfait un désir de retraite studieuse : c'est l'époque de Cirey\*. Mais la conquête de l'«incomparable» marquise du Châtelet répondait aussi à une mutuelle ambition et à quelques fantasmes de gloire. L'extrême besoin de tendresse de Voltaire l'amenait à une recherche plus authentique, et l'installait dans une attente de douceur presque maternelle. Peu à peu, il s'exaspère des exigences passionnées – possessives – de Mme du Châtelet. À la «sublime Émilie» succède l'humaine Marie Louise Denis\*, femme naturelle, capable de ranimer en lui l'ardeur originelle. Amante «consolatrice», elle lui apporte l'idée d'un confort plus simple, plus domestique. Le sentiment

d'apaisement qui domina leur liaison amoureuse entraîna Voltaire à s'établir avec elle dans une sorte de conjugalité pour vivre aux Délices*, puis à Ferney*, un bonheur plus conventionnel.

En 1758, Voltaire rédige *Candide*\* et alors qu'il jouit de ce repos tant désiré, il n'hésite pas à se moquer encore de l'amour, mais peut-être se raillait-il de lui-même ? « Je l'ai connu cet amour, ce souverain des cœurs, cette âme de notre âme ; il ne m'a jamais valu qu'un baiser et vingt coups de pied au cul. »

Anne Soprani

*Elle lui demanda, avec beaucoup de bonté, combien il avait eu de maîtresses en Huronie. « Je n'en ai jamais eu qu'une, dit l'Ingénu ; c'était Mlle Abacaba, la bonne amie de ma chère nourrice ; les joncs ne sont pas plus droits, l'hermine n'est pas plus blanche, les moutons sont moins doux, les aigles moins fiers, et les cerfs ne sont pas si légers que l'était Abacaba. Elle poursuivait un jour un lièvre dans notre voisinage, environ à cinquante lieues de notre habitation. Un Algonquin mal élevé, qui habitait cent lieues plus loin, vint lui prendre son lièvre ; je le sus, j'y courus, je terrassai l'Algonquin d'un coup de massue, je l'amenai aux pieds de ma maîtresse, pieds et poings liés. Les parents d'Abacaba voulurent le manger, mais je n'eus jamais de goût pour ces sortes de festins ; je lui rendis sa liberté, j'en fis un ami. Abacaba fut si touchée de mon procédé qu'elle me préféra à tous ses amants. Elle m'aimerait encore si elle n'avait pas été mangée par un ours. J'ai puni l'ours, j'ai porté longtemps sa peau, mais cela ne m'a pas consolé. »*

L'Ingénu, 1767, chap. I.

## AMOUR-PROPRE

FANATISME •

La notion est très largement problématique au XVIII$^e$ siècle. On oppose fréquemment l'amour de soi (instinct de conservation), souvent jugé bénéfique, et l'amour-propre (vanité ou égoïsme) largement dénoncé. Encore que la distinction reste souvent assez floue. À bien des égards, Voltaire, comme le montrent son refus des thèses pascaliennes et sa réflexion sur la pratique sociale de la vertu*, n'est pas loin de croire, avec La Rochefoucauld (1613-1680), que l'égoïsme et la vanité sont à l'origine de nombre de nos comportements sociaux, même vertueux. Il rendra hommage à l'homme des *Maximes* dans le chapitre XXXII du *Siècle de Louis XIV*. Ce qui ne l'empêche pas de retrouver en la modérant la leçon traditionnelle des moralistes classiques, dans des Stances :

> *Toutes les passions s'éteignent avec l'âge;*
> *L'amour-propre ne meurt jamais.*
> *Ce flatteur est tyran, redoutez ses attraits*
> *Et vivez avec lui sans être en esclavage.*

Ou même de dénoncer avec sévérité : « Souvent notre amour-propre éteint notre bon sens. » Mais pour l'essentiel Voltaire est un philosophe de son temps, qui voit dans l'amour-propre un des moteurs de la vie en société, du progrès et de la civilisation, une des données fondamentales de la nature, sans laquelle on ne peut comprendre l'homme.

> *Chez de sombres dévots, l'amour-propre est damné;*
> *C'est l'ennemi de l'homme, aux enfers il est né.*
> *Vous vous trompez, ingrat; c'est un don de Dieu même.*
> *Tout amour vient du ciel : Dieu nous chérit, il s'aime;*
> *Nous nous aimons dans nous, dans nos biens, dans nos fils,*
> *Dans nos concitoyens, surtout dans nos amis :*
> *Cet amour nécessaire est l'âme de notre âme.*
> (*Discours en vers sur l'homme*, 1738-1742, V$^e$ discours).

Comme souvent, c'est dans le *Dictionnaire philosophique*, à l'article « Amour-propre », que Voltaire a livré l'essentiel de sa pensée, avec plus de fermeté et de précision que dans le *Traité\* de métaphysique* qui n'était pas voué à la publication, ou même que dans *Le Prix\* de la justice et de l'humanité*, texte consacré à La Rochefoucauld. Une anecdote mettant en scène un gueux espagnol qui mendie par amour de soi (instinct de conservation), mais refuse par fatuité ou dignité qu'on lui fasse la morale, permet à Voltaire de revenir sur le délicat problème de définition. Une deuxième anecdote – du La Rochefoucauld revu par la fantaisie voltairienne – met en scène un fakir, « nu comme un singe, couché sur le ventre, et se faisant fouetter pour les péchés de ses compatriotes les Indiens, qui lui donnaient quelques liards du pays », mais qui avoue ne se livrer à cette cérémonie que pour mieux triompher et dominer dans l'au-delà. La conclusion, brève, claire, amusante, résume parfaitement la position voltairienne : « Cet amour-propre est l'instrument de notre conservation : il ressemble à l'instrument de la perpétuation de l'espèce : il nous est nécessaire, il nous est cher, il nous fait plaisir, et il nous faut le cacher. » On rejoint là, sur un autre mode, une des remarques de ses *Carnets\** : « Il paraît que la Nature nous a donné *l'amour-propre* pour notre conservation, et *la bienveillance* pour la conservation des autres. Et peut-être que, sans ces deux principes, dont le premier doit être le plus fort, il ne pourrait y avoir de société. » Gageons que dans ces moments de lucidité joyeuse, Voltaire se passait de la bienveillance pour comprendre les hommes. Gageons aussi que

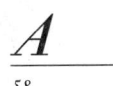

l'amour-propre l'inquiétait parfois, quand il regardait les fanatiques orgueilleux, sûrs de détenir la vérité de toutes choses.

*Jean Goulemot*

## AMULIUS ET NUMITOR

Premier essai tragique du jeune Arouet, composé au collège. Tirée de Tite-Live, la tragédie évoque Romulus et Rémus. Il n'en reste que des fragments.

*Henri Lagrave*

## ANCIAN, Philippe, abbé

ANTICLÉRICALISME • GEX • SEIGNEUR DE VILLAGE •

Lorsque Voltaire entra en possession de Ferney* au début de 1759, il ne tarda pas à s'opposer à l'abbé Ancian, depuis 1748 curé du village voisin de Moëns, «homme doublement et triplement en état de faire du mal, comme étant prêtre, riche et processif». Ancian était en procès avec les communautés de Ferney et de Collovrex pour la restitution de dîmes. Voltaire, nouveau seigneur de village, proposa d'acquitter la dette de cinq pauvres familles, le curé refusa l'offre et alla en justice. Voltaire réagit aussitôt; il rédigea un mémoire pour le parlement de Dijon et pria l'évêque d'Annecy «de laver la tête» à Ancian. Violent et même brutal avec ses ouailles, le curé ne se laisse pas intimider: il réclame en avril 1759 aux habitants de Ferney une nouvelle dîme de 2 102 livres, renouvelable pendant trois ans. Après avoir consulté l'assemblée du village, Voltaire prêta la somme aux villageois, contre une rente sur un marais qu'il assécha. En 1760, Ancian qui ruminait une revanche, commit l'imprudence de faire rosser deux ouvriers de la manufacture de montres* en visite galante chez une veuve. Dès qu'il l'apprit, Voltaire rédigea une supplique au lieutenant criminel de Gex, la fit imprimer, la fit circuler, et exigea civilement d'Ancian le dédommagement des victimes. Le curé avait le soutien déclaré de l'évêque d'Annecy, qui considérait la bastonnade comme une simple affaire de mœurs. La tension restait vive à Ferney quand Voltaire conçut l'idée d'agrandir l'église, et fit déplacer une grande croix en bois, qu'il avait appelée, dit-on, «la potence». Les travaux de l'église entraînèrent des dégâts dans le cimetière et les partisans du curé de Moëns portèrent plainte contre Voltaire. Ancian parla de sacrilège, il obtint que le saint sacrement fût retiré de Ferney et porté en grande pompe à Moëns. Enfin, la justice ecclésiastique s'en mêla: assistés du procureur du roi et du lieutenant général de police, ses représentants vinrent menacer le philosophe et par-

lèrent même de pendaison. Devant l'ampleur que prenait l'affaire, François Tronchin* et le procureur royal suggérèrent à Voltaire de temporiser. Puis les travaux de l'église reprirent, et Voltaire obtint enfin de Rome des reliques pour sa nouvelle église : un morceau du cilice de saint François, son patron ! Pour sa part, le curé Ancian, en concession amiable, versa 1 500 livres au père d'une des victimes de la bastonnade. La procédure entamée à Dijon fut arrêtée grâce au conseiller Tronchin et la paix se rétablit. Mais le curé Ancian demeura, pour le philosophe, «un grizel de nos cantons» – sa «bête noire».

*Anne Soprani*

## ANCIENS

Voltaire historien montra longtemps peu d'intérêt pour l'Antiquité ; cet adversaire de la tradition ne prise guère les «anciens usages», et son esprit critique n'y voit qu'un «amas de fables», comme en témoigne *Le Pyrrhonisme de l'histoire*. «Une légère teinture de ces temps reculés» suffit à l'instruction ; l'histoire ne devient intéressante que «vers la fin du $XV^e$ siècle», quand «l'imprimerie commence à la rendre moins incertaine», et quand «l'Europe change de face» (*Remarques sur l'histoire*). Pourtant Voltaire finira par étudier l'histoire ancienne, dans *La Philosophie de l'histoire* (et *La Défense de mon oncle*) ; c'est qu'il entend, d'abord, «rendre justice à l'Antiquité», qui a eu «de sages législateurs», qu'il faudrait «imiter, et non calomnier». Il s'agit ensuite de nourrir la propagande antibiblique ; indirectement, car en démasquant des fables encore trop reçues de l'histoire profane, on laisse le lecteur en tirer des conséquences pour l'«histoire sainte» ; directement, en montrant que les juifs* sont très postérieurs aux Chinois ou aux Indiens, et qu'ils n'ont été qu'un petit peuple, qui a tout volé à de plus vénérables voisins.

Quant à l'Antiquité gréco-latine, Voltaire philosophe lui emprunte le plus grand nombre des «sages» de son panthéon, de Socrate à Cicéron et d'Épicure à Marc Aurèle. Mais il est d'avis qu'à considérer les progrès de la philosophie (Locke), ceux des sciences (la découverte du Nouveau Monde, Harvey, Newton...), ceux des techniques (la boussole, la poudre à canon, l'imprimerie...), et ceux de la vie matérielle, «la prodigieuse supériorité de notre siècle sur les anciens ne fait aucun doute» (*Le Siècle de Louis XIV*) ; Voltaire s'amusera à le faire reconnaître, dans *Les Anciens et les Modernes* (1765), par la propre fille de Cicéron, Tullia, qu'un opportun voyage dans le temps amène au boudoir de la Pompadour.

Enfin, dans la fameuse querelle qui agita le monde littéraire, Voltaire se rangea d'abord, par la satire du *Bourbier* (1714), dans le camp des Anciens.

# A

Formé au collège par l'étude des classiques latins, et frotté d'un peu de grec, il en conçoit une définitive admiration pour les langues anciennes (qu'il juge très supérieures aux «jargons boiteux» des modernes), et pour ceux qu'il appelle ses «maîtres», et qu'il fréquentera, dans le texte, toute sa vie : Virgile*, Horace* et Cicéron*.
Mais dès les *Lettres\* sur Œdipe* (1719), il passe aux Modernes, dénonçant «les contradictions, les absurdités, les vaines déclamations» d'un Sophocle, prodiguant l'irrespect pour l'ancien, assimilé à ce qui n'est pas encore «perfectionné». Refusant les admirations de commande (surtout pour Homère*), il récuse la pédanterie des Anciens et moque l'étroitesse des prétendues «règles» qu'ils invoquent, fondées sur la seule Antiquité classique, quand lui-même, dans son *Essay\* upon the Epic Poetry* élargit l'enquête à toute l'Europe moderne. Il défend d'ailleurs la supériorité des Modernes dans bien des genres : Molière l'emporte sur Plaute et sur Térence, l'*Art poétique* de Boileau sur l'*Art poétique* d'Horace, Racine et Corneille sur tous leurs rivaux antiques (*Discours aux Welches*).
Cependant Voltaire se sépare, sur des points essentiels, des thèses des Modernes. Dans le même *Discours aux Welches*, il leur reproche de manquer de «respect» pour des «maîtres» à qui ils doivent tout – car «les Welches n'ont rien en propre» : «Presque toutes nos beautés [...] sont d'après l'antique.» Mais il juge aussi «extravagante» la prétention de Houdar* de La Motte à condamner la poésie versifiée, et les trois unités. Et surtout il s'insurge contre ceux qui confondent «les progrès des arts avec les progrès de la philosophie», tel l'abbé Terrasson ; ce n'est pas parce que les Modernes sont meilleurs géomètres qu'ils seront de plus grands poètes. Et Voltaire de condamner ces «esprits trop philosophiques qui ont étouffé en eux-mêmes tout sentiment» (*Essay upon the Epic Poetry*), et se limitent à un «bel esprit» qui corrompt le goût. Du coup, incapables de sentir les «beautés» des Anciens (au contraire de Voltaire, qui juge Homère «sublime», malgré ses défauts), ils risquent de ramener les lettres à la «barbarie» en allant jusqu'à «proscrire la belle Antiquité et la Fable» (*Discours aux Welches*). Or la Fable antique – entendue comme allégorie, «image sensible de la vérité», et non comme conte mensonger – est pour Voltaire un des plaisirs les plus «séduisants» de la poésie (*Apologie de la Fable*).
En définitive, Voltaire, renvoyant dos à dos la pédanterie superstitieuse des Anciens et les tendances antipoétiques des Modernes, tient que «nous devons admirer ce qui est universellement beau chez les anciens», mais aussi que «ce serait s'égarer étrangement que de les vouloir suivre en tout à la piste» (*Essay upon the Epic Poetry*).

*Patrick Brasart*

*Ancienne histoire, ancienne astronomie, ancienne physique, ancienne médecine (à Hippocrate près), ancienne géographie, ancienne métaphysique, tout cela n'est qu'ancienne absurdité, qui doit faire sentir le bonheur d'être nés tard.*
   *Questions sur l'Encyclopédie, 1770-1772,* art. « Axe ».

*Ce siècle qui est l'aurore de la raison.*
   *Le Philosophe ignorant,* 1766, doute VI.

## ANCIENS (LES) ET LES MODERNES, OU LA TOILETTE DE MME DE POMPADOUR

DIALOGUE ·

Le titre de ce petit dialogue (paru dans les *Nouveaux Mélanges* en 1765) renvoie évidemment à la fameuse querelle littéraire, et laisse à prévoir un débat bec et ongles entre partisans des Anciens et sectateurs des Modernes. Mais notre attente est déçue, et c'est une démonstration par l'exemple qui nous est proposée. Mme de Pompadour\* qui est morte un an avant, en 1764, reçoit la visite de Tullia, fille de Cicéron. Le dialogue des morts qui s'engage, à l'heure de la toilette, fournit l'occasion de parler chiffons. Coquetterie féminine oblige, on s'attarde en premier lieu sur l'invention des bas et la perfection des miroirs, avant de rappeler le secret de ces estampes qui fascinent la belle Romaine. La présence d'un savant ramène la discussion sur des découvertes plus considérables, comme celle de l'imprimerie. À l'heure du chocolat et des glaces, Tullia apprend la conquête de l'Amérique, les nouveautés littéraires, et quelques inventions scientifiques – que Voltaire attribue au temps comme au hasard. L'intrusion d'un duc donne ensuite un tour galant et mondain à cet entretien, dont la poésie appliquée à des matières de sciences n'est pas sans rappeler Fontenelle. Une série d'exemples (la lunette astronomique, l'opéra, la philosophie expérimentale), permet à la fois d'attester et de problématiser le progrès des arts et des sciences. Pour Voltaire, l'esprit humain procède non par révolutions ou par ruptures, mais par succession et accumulation des connaissances. Il faut donc respecter ceux qui, parmi les Anciens, nous ont appris à penser. Le dialogue se termine en beauté, c'est-à-dire en musique, et les personnages vont à l'opéra. Le choix de ce dernier est emblématique : *Castor et Pollux* de Rameau, sujet ancien, avec des vers nouveaux.

*Stéphane Pujol*

# A

## ANDRÉ DESTOUCHES À SIAM

DIALOGUE • JUSTICE •

Ce n'est pas la première fois que Voltaire consacrait un opuscule entier à la question de la justice – le *Dialogue\* entre un plaideur et un avocat* date de 1751 –, mais jamais il ne l'avait fait de façon si complète et si mordante. Publié en 1766 à la suite du *Philosophe\* ignorant*, ce dialogue met aux prises le brave Destouches, musicien curieux et naïf, et Croutef, un ministre du Siam où Louis XIV avait dépêché quelques missionnaires en vue de christianiser le pays. Les questions du musicien donnent lieu à la description d'un État qui ressemble fort à la France : des finances malades, une armée sous-payée, des légions de prêtres bien nourris, des cultivateurs dépouillés par les fermiers généraux « pour le bien de l'État ». La jurisprudence y est aussi « parfaite » que le reste, c'est-à-dire aussi mal en point. Cette dénonciation des procédures criminelles et des lois pénales résulte, chez Voltaire, d'une expérience personnelle – les célèbres affaires\* qu'il a rendues publiques, Calas, Sirven, La Barre – et de la lecture du traité de Beccaria\*, *Des délits et des peines*. Outre l'arbitraire des châtiments, Voltaire revient sur l'incohérence de lois coutumières inadaptées à un État moderne. Plusieurs passages sont particulièrement virulents, et le parallèle entre le vol commis au nom de l'État, qui confère pouvoir et prestige, et celui d'un pauvre hère qui le conduit tout droit aux galères, totalement subversif. La surenchère faussement admirative de Destouches, et sa transposition musicale des faits politiques, font de ce dialogue une charge féroce et drôle contre le système pénal. Le beau concert ! s'exclame Destouches, qui voit le monde avec des yeux de musicien – mais c'est un concert d'horreurs et d'abominations. Il est vrai que Croutef a l'oreille dure, et n'est guère sensible aux dissonances ou aux défauts de l'harmonie. Son nom le dit bien, où par l'anagramme on croit entendre « Frotte-cul ».

*Stéphane Pujol*

## ANECDOTE

Entre histoire, essai et satire, Voltaire a beaucoup pratiqué l'anecdote, et il s'est même servi du mot pour les titres qui suivent, en sacrifiant à la mode ambiante. Avec l'intérêt du petit fait concret, les anecdotes promettaient le piquant de la nouveauté – de l'inédit, étymologiquement. Voltaire en a raffolé toute sa vie, comme on le voit par ses Carnets\*.
Dans *Le Siècle\* de Louis XIV* (1752), il envisage les anecdotes comme « un champ resserré où l'on glane après la grande moisson de l'histoire ». La glane fut ici livrée avant la moisson, et pour Pierre le Grand aussi, au

même tome II des œuvres de l'édition Walther (1748): il s'agissait de
«préparer l'opinion», d'annoncer (pour Louis XIV) ou d'amorcer (pour
Pierre le Grand) la synthèse prête ou projetée.
De même qu'elle humanise la vie des princes, l'anecdote peut relativiser
les savoirs, en y inscrivant par exemple l'énigme, comme dans le cas
fameux du «Masque* de fer», ou la contingence, avec cette pomme de
Newton dont Voltaire lança le scoop dans ses *Lettres\* philosophiques*
($XV^e$ lettre).
C'est évidemment par plaisanterie qu'il reprend ce mot pour Fréron*.
Voltaire connut du reste à ses dépens les avatars de l'anecdote, de son
vivant avec le *Voltariana\**, et après sa mort dans toute une tradition de
biographie* minutieuse et presque vétilleuse – mais il en avait lui-même
un peu donné l'exemple dans son *Commentaire\* historique sur les œuvres de
l'auteur de La Henriade*.

André Magnan

## *ANECDOTE SUR BÉLISAIRE*

Voir MARMONTEL.

## *ANECDOTES SUR FRÉRON ÉCRITES PAR UN HOMME DE LETTRES À UN MAGISTRAT QUI VOULAIT ÊTRE INSTRUIT DES MŒURS DE CET HOMME*

La première édition est de février 1761; une deuxième, aussi rare, parut
peu de temps après. Dans cette brochure anonyme de douze pages, Voltaire
décide de liquider, par un coup violent, la guerre qu'il entretient depuis
longtemps avec Fréron*. Les calomnies dont le vieil ennemi s'était rendu
coupable dans *L'Année\* littéraire* du 10 décembre 1760 méritaient un châtiment exemplaire. Les *Anecdotes* traînent Fréron dans la boue. Son père
aurait quitté sa profession d'orfèvre «pour avoir mis de l'alliage plus que de
raison dans l'or et l'argent». Quant au fils, il aurait commis vols et sacrilèges pendant qu'il était jésuite. Chassé de la Compagnie, il est emprisonné
pour avoir critiqué l'abbé de Bernis* alors protégé de la Pompadour*, puis
exilé à Bar-sur-Aube. Lorsqu'il prend en charge *L'Année littéraire*, il fait
travailler des «croupiers» à sa place. De toute évidence, Voltaire force les
faits et transforme en certitudes des rumeurs colportées dans la république
des lettres.

Didier Masseau

## ANECDOTES SUR LE CZAR PIERRE LE GRAND

Imprimées en 1748 dans le tome II des œuvres, édition Walther (Dresde). «Pierre I$^{er}$ a été surnommé le Grand parce qu'il a entrepris et fait de très grandes choses, dont nulle ne s'était présentée à l'esprit de ses prédécesseurs.» Et Voltaire illustre son affirmation en racontant les voyages de Pierre le Grand en Europe occidentale (Hollande, Angleterre, France, Italie), où il s'initia aux techniques et à l'administration des pays qu'il visita. Il livre ensuite quelques traits de son caractère : sa vive intelligence, son amour des femmes, son goût immodéré du vin, ses colères, sa violence, sa volonté de moderniser son empire. Il dresse un tableau de son action : organisation de l'armée, contrôle et réforme du clergé et de l'Église orthodoxe, développement des manufactures, grands travaux, limitation du monachisme, reconnaissance du droit des épouses maltraitées par leurs maris, perfectionnement des mœurs sur le modèle occidental (il ordonna que les boyards se coupent la barbe), urbanisme (fondation de Saint-Pétersbourg). Le portrait est flatteur, même si Voltaire ne cache pas la violence et la cruauté du tsar, tout particulièrement dans son conflit avec le tsarévitch Alexis, et la brutalité de la répression contre les opposants aux réformes. On peut admettre qu'à travers Louis XIV et Pierre le Grand s'ébauche la figure du despote éclairé, tout en reconnaissant pour ce dernier que le premier des tsars n'eût été en France que le dernier des rois. Les *Anecdotes* préparent l'*Histoire*\* *de l'empire de Russie sous Pierre le Grand* dont Voltaire publiera en 1759 le premier volume.

*Jean Goulemot*

## ANECDOTES SUR LOUIS XIV

Publiées en 1748 dans le tome II des œuvres, puis réimprimées dans *Le Mercure* d'août 1750, quelques pages seulement, pierre d'attente pour le futur *Siècle*\* *de Louis XIV*. Elles contiennent un portrait physique, intellectuel et moral du roi, dont plusieurs notations, souvent élogieuses, avaient été esquissées dans les Carnets\*. Ces anecdotes sont différentes de celles qui composent les chapitres XXV à XXVIII du *Siècle de Louis XIV*.

*Jean Goulemot*

## ANET

Résidence d'été de la duchesse du Maine\* où Voltaire séjourna au moins deux fois, en 1746 et 1747, Anet est situé à quatre lieues de Dreux. L'élégant

château Renaissance fut autrefois offert par Henri II à sa maîtresse Diane de Poitiers. Voltaire l'a placé dans sa *Henriade\** : l'Amour même «en ordonna la superbe structure».

La duchesse du Maine y conviait tous les familiers de Sceaux\*. Voltaire y vint, les deux fois, accompagné de Mme du Châtelet. «À leur ordinaire», ils firent «les philosophes ou les fous». En 1747, Voltaire y présenta sa comédie du *Comte de Boursoufle*, dont Émilie\* joua le rôle de Mlle de La Cochonnière avec une «extravagance» qui plut. Réclamé par d'autres cours, à Lunéville puis à Potsdam, Voltaire ne retourna plus «aux bords de l'Eure».

*Anne Soprani*

## ANGLAIS

ANGLETERRE · INOCULATION · *LETTRES PHILOSOPHIQUES* ·

Dans la dédicace de *Zaïre*, adressée au négociant Fawkener\* devenu ambassadeur de Sa Gracieuse Majesté, Voltaire a évoqué le caractère des Anglais. Plus directement peut-être que dans les *Lettres philosophiques*, où il traite essentiellement de l'anthropologie religieuse et politique de l'Angleterre, et non vraiment des mœurs des citoyens anglais. À l'exception des acteurs, volontiers grandiloquents, les Anglais pour Voltaire sont plus distants que les Français : ni les avocats ni les prédicateurs ne déclament. Par suite d'une histoire sanglante – querelles politiques, guerres de religion – le peuple anglais est devenu farouche et n'a commencé à profiter de la douceur de la société qu'avec le règne de Charles II (1660-1685). D'où pour Voltaire ce théâtre grossier, violent et souvent licencieux, et d'une rudesse tout opposée aux habitudes et au goût français. Dans un texte, intitulé *À M\*\*\** daté de 1727, publié pour la première fois dans l'édition de Kehl\*, tout en se refusant à généraliser trop hâtivement, Voltaire propose un portrait plus concret des coutumes et du caractère anglais à travers le récit d'une promenade londonienne. La description est d'abord physique : beauté, liberté des mouvements, bonne santé, goût des loisirs et des sports équestres ou nautiques chez les Londoniens en goguette. On en déduirait pour un peu une gaieté naturelle, une douceur du climat, si la fréquentation de la cour ne venait contredire cette première impression : on y trouve des gens guindés, à l'opposé de cette liberté populaire qui elle-même ne dure que le temps du vent d'ouest. Mieux analysé, le caractère anglais se révèle indifférent et mélancolique, porté à la tentation du suicide\*, soumis à la température et aux vents. Ainsi, on reste indifférent au suicide d'une jeune femme qui s'est tranché la gorge ; dans une assemblée,

l'un des assistants demande ce qu'est devenu l'amant: « Il a acheté le rasoir », dit froidement quelqu'un de la compagnie.

Les Anglais sont donc des originaux, cédant souvent à une noire mélancolie. À n'en pas douter, la rigueur saisonnière explique la violence passionnée des affrontements politiques: il soufflait un vent d'est quand on exécuta Charles I$^{er}$. Influence du climat donc sur le caractère anglais, mais plus encore des déterminations politiques: l'affabilité, la tolérance, le sens de la liberté, l'esprit d'entreprise tiennent autant à l'histoire et aux institutions qu'à une spécificité de caractère. Et Voltaire de montrer que le gouvernement, qui préserve les libertés, favorise aussi le commerce et évite les exclusions des sociétés nobiliaires, ce qui explique très largement les mœurs, les coutumes et les habitudes. Portrait triple des Anglais en somme, dans lequel interviennent l'histoire et ses violences, le climat, enfin l'organisation politique et sociale, pour justifier l'excellent et le moins bon, cette originalité des comportements ou ce pragmatisme qui fascinent le voyageur.

Les personnages anglais des contes démentent rarement ce portrait initial, dont l'essentiel est aussi repris dans les divers chapitres consacrés à l'Angleterre de l'*Essai\* sur les mœurs*. Voltaire n'est revenu que rarement sur ce portrait positif, dans l'*Histoire\* des voyages de Scarmentado* (1756), pour regretter la brutalité et la grossièreté des manières anglaises, dans *Candide* (1759) pour dénoncer l'exécution de l'amiral Byng\* par des Anglais « fort atrabilaires » (chap. XXIII). Mais même cette affaire Byng le confortait dans son combat contre l'injustice, et les excès des quakers non plus n'avaient guère fait varier jusqu'alors son opinion favorable au caractère anglais.

*Jean Goulemot*

*Les Anglais sont des hommes, et les Français des enfants.*
À Mme du Deffand, 20 juin 1764.

*Nous imiterons enfin les Anglais, qui sont depuis près de cent ans le peuple le plus sage de la terre comme le plus libre.*
À Damilaville, 21 décembre 1763.

*Voilà comme sont ces maudits Anglais. Ils feront plus de cas d'une pièce de Shakespeare, d'un plumpudding et d'une bouteille de rhum que du Pentateuque.*
L'Ingénu, 1767, chap. II.

## ANGLAIS

Voir LANGUES.

# ANGLETERRE

ANGLAIS • COMMERCE • INOCULATION • *LETTRES PHILOSOPHIQUES* •

L'Angleterre pour Voltaire, c'est d'abord un exil*. Il y résidera presque deux ans, y nouera des amitiés, et y acquerra une solide connaissance de la langue, de l'histoire et de la littérature du pays. À partir des années 1730, l'Angleterre constituera pour lui une référence constante, jamais reniée et longtemps semblable à la leçon première des *Lettres philosophiques*. Comme il le rappellera dans l'*Essai\* sur les mœurs*, le modèle politique anglais est un produit de l'histoire, une conquête sur les forces rétrogrades et les passions les plus farouches. Contrairement à ce que croient les Anglais eux-mêmes, qui attribuent à la Grande Charte de 1215, sorte de Constitution primitive, tous les bienfaits de leur organisation, leurs libertés religieuses et politiques sont le résultat d'incessants combats contre les Églises dominantes, « les barons pillards » et les rois tyranniques. L'histoire anglaise rappelle aux hommes, selon Voltaire, que rien n'est jamais acquis, et que la liberté se gagne et se défend. C'est ce qui lui permet d'opposer une histoire française violente et frivole à une histoire anglaise tout aussi violente mais grosse des libertés politiques et de la tolérance religieuse. À plusieurs reprises Voltaire a analysé le gouvernement anglais (*Lettres philosophiques*, VIII$^e$ et IX$^e$ lettres) et vanté l'équilibre des pouvoirs entre les deux Chambres et le roi « tout-puissant pour faire du bien, [...] les mains liées pour faire le mal ».

Il existe aussi une Angleterre religieuse. En favorisant la pluralité des cultes, malgré l'Église anglicane officielle, elle garantit la tolérance et la paix civile, à laquelle Voltaire ne cessera de faire référence. L'analyse de la liberté religieuse en Angleterre selon les *Lettres philosophiques* ne sera, par lui, jamais remise en cause. Elle inspire *Candide\**, *L'Ingénu\** et sert de contrepoint à la dénonciation des excès du catholicisme. Allant plus loin encore, Voltaire fait de l'Angleterre le berceau intellectuel du déisme* grâce à Toland, à Collins et à Bolingbroke. Plus généralement, c'est dans la philosophie de Locke* et de Newton* qu'il puise ses arguments pour combattre la métaphysique qui divise, et fonde la nécessité d'un Dieu, principe de l'univers créé. Au-delà de son adhésion à l'idéal classique du XVII$^e$ siècle et de son refus des excès du théâtre shakespearien, on ne dira jamais assez ce que Voltaire doit à la culture anglaise, philosophique, religieuse ou littéraire. Avant de le condamner, il a lu et traduit Shakespeare*, qui continue à le fasciner. Ses contes utilisent largement, pour les parodier, les modèles du roman à la Richardson, à la Sterne et à la Fielding. Ses poésies philosophiques s'inspirent de Pope*. S'il reproche à l'Angleterre de ne pas connaître les institutions littéraires dont bénéficie la France, il admire la respectabilité qui y entoure les hommes de lettres.

Ajoutons à cela l'Angleterre comme puissance commerçante, comme centre d'activité, qui émerveille Voltaire. C'est bien dans le port ou à la Bourse de Londres que l'on dément le pessimisme de Pascal. Le libéralisme économique de Voltaire lui vient tout droit des économistes anglais, de son expérience londonienne et de son amitié avec Fawkener*. Il rendra hommage à l'Angleterre commerçante, à son système fiscal, à son refus rationnel des couvents improductifs dans *L'Homme\* aux quarante écus*. Dans *Le Mondain\** et la *Défense\* du Mondain*, il la donnera en exemple. Le modèle vaudra toujours quand il rédigera tardivement l'article «Économie» des *Questions\* sur l'Encyclopédie*. Malgré la guerre d'Indépendance, les questions qu'il se pose sur le commerce, les enjeux des guerres coloniales qui l'opposent à la France, l'Angleterre n'en finira pas d'obséder Voltaire et de lui apparaître, à quelques réserves près, comme un modèle. Plus généralement, elle lui aura fourni les moyens de comprendre la France politique, sociale, économique et religieuse de son temps.

*Jean Goulemot*

## ANGUILLES

Dans le bestiaire* de Voltaire, les «anguilles» de Needham ont une place à part. Le naturaliste anglais désignait ainsi lui-même (dès 1745) des «animalcules» observés sous le microscope, qu'il supposait formés par génération spontanée d'une préparation de farine fermentée – en réalité des protozoaires. À partir de 1765, champion du déisme* attaqué par «la philosophie athéistique», Voltaire se saisit de l'image; il la détourne de sa fonction pédagogique, la réactive, la retravaille dans le registre burlesque : les «anguilles» de Needham «accouchent», elles sont filles «de Polichinelle et de Mme Gigogne» – et enfin écrasées par les expériences contradictoires de l'Italien Spallanzani (1776) : «elles ont beau frétiller, elles sont mortes». Needham dit «l'Anguillard» fut donc fourré partout, des *Questions\* de Zapata* à *La Guerre\* civile de Genève* et à *La Défense\* de mon oncle*. «Ce ne sont que des plaisanteries», écrit un jour Voltaire à Damilaville. Mais comme pour les fameux *Colimaçons\** ou les coquilles* de Buffon, le folklore du polémiste* est ici la pointe armée de ses convictions religieuses.

*André Magnan*

## ANNALES DE L'EMPIRE

ALLEMAGNE · HISTOIRE ·

En avril 1753, Voltaire séjourne à Gotha* à son retour de Prusse*. À la demande de la duchesse de Saxe-Gotha*, il rédige un abrégé de l'histoire

d'Allemagne. Malgré ses 60 ans, les malheurs qu'il essuie, Voltaire se met à l'ouvrage en utilisant les ressources de la bibliothèque de la duchesse. Il ne parvient pourtant pas à achever son livre sur place. Il le continue durant sa détention à Francfort*, ses séjours à Mayence et le termine en Alsace*. Le manuscrit fut corrigé par Johann Michael Lorenz.

Pour cette histoire de l'Empire, Voltaire a reconnu avoir utilisé «quelques petits lambeaux de l'*Histoire universelle*» (c'est-à-dire de l'*Essai\* sur les mœurs*). Le premier tome parut en décembre 1753. L'ouvrage comprend une dédicace à la duchesse, la *Lettre\* de M. de V. à M. de\*\*\*, professeur en Histoire*, un avertissement de l'auteur, la chronologie des empereurs et des papes, des vers techniques, les *Annales* enfin. Dans le second volume paru en mars 1754, Voltaire allait inclure les *Doutes sur quelques points de l'histoire de l'Empire*, la suite des *Annales*, la liste des rois de Bohême et des Électeurs, une lettre enfin à la duchesse. L'ouvrage connut de très nombreuses éditions, malgré les attaques dont il fut l'objet. Voltaire devait d'ailleurs le corriger largement pour l'édition Cramer de 1772.

Son travail n'est pas véritablement celui d'un historien : il a compilé, ordonné, réuni – on serait tenté de dire cousu – avec une évidente volonté pédagogique, mais pour illustrer aussi un propos qui, à la suite de son aventure prussienne, lui tient à cœur : «L'ambition qu'on masque du grand nom de l'intérêt des États, et qui ne fait que le malheur des États ; les passions féroces, qui ont conduit presque toujours la politique, laissent peu de place à ces vertus douces qu'on ne cultive guère que dans la tranquillité. Partout où il y a des troubles, il y a des crimes ; et l'histoire n'est que le tableau des troubles du monde.» Proposition d'autant mieux illustrée ici que l'Empire «est un théâtre plus vaste».

Si le récit suit avec le plus grand scrupule la chronologie, Voltaire l'organise autour de quelques idées-forces, qu'il a lui-même énoncées. «On y voit cinq ou six royaumes vassaux de cet empire ; cette longue querelle des papes avec les empereurs ; celle de Rome avec les uns et les autres, et cette lutte opiniâtre du droit féodal contre le pouvoir suprême ; on y voit comment Rome, si souvent prête d'être subjuguée, a échappé à un joug étranger, et comment le gouvernement qui subsiste en Allemagne s'est établi. C'est à la fois l'histoire de l'Empire et du sacerdoce, de l'Allemagne et de l'Italie.»

*Jean Goulemot*

*Le premier ouvrage de M. de Voltaire dont on n'ait daigné parler ni en bien ni en mal à Paris.*

Grimm, *Correspondance littéraire, 1$^{er}$ mars 1754*.

## ANNÉE LITTÉRAIRE (L')

*L'Année littéraire* est un des périodiques les plus importants du XVIII<sup>e</sup> siècle, très largement diffusé dans toute l'Europe. Son directeur jusqu'à sa mort en 1776, Élie Catherine Fréron*, était un des ennemis de Voltaire les plus tenaces. Le premier numéro est lancé en 1754. L'année suivante, Fréron prétend défendre les principes du bon goût étouffé par le rationalisme aride des Philosophes. Il lance alors les mots «philosophisme» et «philosophiste», en accusant Voltaire d'être le champion de l'irréligion moderne. On peut repérer plusieurs phases dans les attaques antivoltairiennes de *L'Année littéraire*. Dans les années 1754-1756, Fréron fourbit ses armes et recherche l'affrontement. Il dispose alors d'un solide réseau de protecteurs : la reine de France, le dauphin, le roi Stanislas, appuis principaux du parti dit des dévots. Après l'affaire des Cacouacs* en 1757, ce pamphlet humoristique que l'avocat Moreau lance contre les Encyclopédistes, l'opinion publique s'intéresse désormais à la polémique. Fréron en profite pour partir à l'assaut contre Voltaire. En 1759, le périodique rend compte de *Candide**, l'année suivante de *L'Écossaise** (pièce satirique contre Fréron), puis des *Contes** *de Guillaume Vadé* et du *Dictionnaire** *philosophique* en 1764. Après 1766, toutes les œuvres importantes de Voltaire y font l'objet d'une analyse critique.

Ce périodique n'est pas, comme pourraient le laisser supposer les critiques de Voltaire, un bastion hostile aux nouveautés intellectuelles. Un tel parti pris l'aurait privé de son immense succès. Aussi partage-t-il avec les Philosophes un intérêt pour l'économie politique, l'agriculture et les sciences de la nature, surtout après 1766. *L'Année littéraire*, qui prétendait défendre le goût le plus classique, sacrifiait également aux courants modernistes, puisque Baculard* d'Arnaud, ce champion de la frénésie sentimentale, s'y livrait à la critique des romans. De fait, ce sont les milieux philosophiques qui ont exercé, à leur tour, une censure sur le journal entre avril 1767 et la fin 1769.

Voltaire, qui ne pouvait supporter l'idée qu'un ennemi acharné dispose d'une telle tribune, se refusait à en reconnaître la diversité et la richesse littéraires. Dans sa correspondance Fréron apparaît comme un nouveau Cartouche, sans foi ni loi, complotant contre la cause sacrée de la liberté et de la tolérance.

Didier Masseau

---

*Un des préceptes du décalogue «philosophique» porte: L'Année littéraire tu ne liras.*

L'Année littéraire, 1779, I.

## ANTÉCHRIST

Voltaire ne s'est pas beaucoup intéressé à cette figure biblique de l'Adversaire de Dieu attendu à la fin des temps – mille ans pour Irénée. Il a annoté dans les marges son exemplaire de la *Dissertation sur l'Antéchrist* de dom Calmet\*, et le fameux *Commentaire de la Bible* du même auteur. Ce n'est pour lui qu'une divagation parmi d'autres, une manifestation d'« enthousiasme » fanatique. Dans l'article « Raison » (1771) des *Questions\* sur l'Encyclopédie*, il retourne l'accusation contre le pape, infidèle aux leçons de Jésus.

Son hostilité militante au christianisme a valu à Voltaire lui-même de se faire traiter d'antéchrist par les adversaires les plus acharnés des philosophes. Dans *Jacques le Fataliste*, le précis de bonne conduite donné à la d'Aisnon par Mme de La Pommeraye, inclut : « Criez que Voltaire est l'Antéchrist. » Mais les apologistes de profession ne lui prêtent pas d'ordinaire une telle dimension et n'emploient pas forcément le terme dans son acception précise. Détail piquant, Victor Hugo, observant que la France a ses grands écrivains pour papes et ses grands sophistes pour antéchrists, ajoute : « Et quel antéchrist qu'un Voltaire ! » (*Le Rhin*, 1842).

Marie-Hélène Cotoni

## ANTHROPOCENTRISME

BÊTES • HOMME •

La forme favorite qu'emprunte la pensée voltairienne pour réduire à néant l'orgueil « presque infiniment grand » de ces « infiniment petits » que sont les hommes est celle du voyage cosmique, qui fournit la substance même de *Micromégas\**, mais surgit aussi bien au début du *Traité\* de métaphysique*, ou dans le VI$^e$ des *Discours\* en vers sur l'homme*. Porté sur les ailes de la science newtonienne, qui a définitivement relégué la terre dans un minuscule canton de l'univers, ce mouvement sert, dans sa phase de redescente, à relativiser les prétentions des « insectes invisibles » que nous sommes. Ainsi Zadig, contraint de fuir Babylone, admire-t-il en cheminant dans la nuit « ces vastes globes de lumière qui ne paraissent que de faibles étincelles à nos yeux, tandis que la terre, qui n'est en effet qu'un point imperceptible dans la nature, paraît à notre cupidité quelque chose de si grand et de si noble ». Au « petit animalcule » qui leur soutient que « tout était fait uniquement pour l'homme », on comprend que Micromégas et son compagnon répondent par un « rire inextinguible ». Non, le globe terrestre – au demeurant « si mal construit, si irrégulier, et d'une forme qui paraît si ridicule » – n'a pas été fait spécialement pour l'homme. Non, l'être humain

ne jouit d'aucun privilège dans la Création. Si un Buffon* persiste à établir une « distance immense » entre l'homme et les animaux, l'anthropologie* voltairienne en fait un animal parmi d'autres, légèrement supérieur par sa pensée, mais au fond essentiellement borné, dans son existence et ses possibilités – c'est la logique de son bestiaire*. La vraie « distance immense » est celle – infinie – qui existe entre les créatures et l'Être suprême, auquel Voltaire prête cette déclaration, dans le $VI^e$ des *Discours*: « Je suis le centre unique où vous répondez tous. » Et Dieu ne s'intéresse pas plus à l'homme qu'aux autres créatures : « Si dans toute la nature tous les êtres sont soumis aux lois générales, comment une seule espèce d'animaux n'y serait-elle pas soumise ? » (*Dictionnaire\* philosophique*, art. « Grâce »). On connaît la remarque du derviche de *Candide\** : « Quand Sa Hautesse envoie un vaisseau en Égypte, s'embarrasse-t-elle si les souris qui sont dans le vaisseau sont à leur aise ou non ? »

Une telle vision du monde ne va pas sans ambiguïtés. Elle semble écraser l'homme sous les métaphores dépréciatives (« misérable ver de terre », « roue imperceptible de la machine immense »...), et le condamner à la résignation :

> *D'un parfait assemblage instruments imparfaits*
> *Dans votre rang placés demeurez satisfaits.*
> (*Discours en vers sur l'homme*, 1738-1742, $VI^e$ discours).

Sa vertu libératrice n'en est pas moins réelle : en mortifiant l'orgueil des hommes, elle tente de tarir la source de tant de maux qui les affligent, à commencer par les fléaux de la guerre et du fanatisme. Car à quoi bon s'entre-tuer, si c'est pour « quelque petit tas de boue » ? Dans la « Prière à Dieu » du *Traité sur la tolérance*, Voltaire demandera qu'enfin « toutes ces petites nuances qui distinguent les atomes appelés hommes » ne soient plus « des signaux de haine et de persécution ».

*Patrick Brasart*

*Je suis persuadé que si un paon pouvait parler, il se vanterait d'avoir une âme, et il dirait que son âme est dans sa queue.*
*Les Oreilles du comte de Chesterfield, 1775, chap. IV.*

## ANTHROPOLOGIE

HOMME •

De l'ensemble des idées de Voltaire sur l'homme – qu'on ne saurait confondre avec une « science de l'homme » encore à naître – on peut extraire quelques propositions fondamentales. Premier point : l'homme, cet

« animal à deux pieds sans plumes », n'a aucun statut privilégié dans la nature; il est même « moins fort que les autres animaux de sa taille », et « sujet d'ailleurs à toutes les mêmes nécessités, naissant, vivant et mourant tout comme eux » (*Traité\* de métaphysique*). Second point: l'espèce humaine est différenciée en races radicalement étrangères les unes aux autres; contre l'archaïsme théologique des tenants du monogénisme biblique, mais aussi contre les prodromes de la future pensée « évolutionniste », Voltaire tient pour le polygénisme, fondant sa conviction autant sur ses « expériences » personnelles (il a rencontré « quatre sauvages du Mississippi » en 1725, et un « Maure blanc » en 1744) que sur la littérature de voyages, qui l'a persuadé, par exemple, que les Hottentots se distinguaient des autres races par un « tablier », une « surpeau pendante du nombril, qui couvre les organes de la génération » (*Essai\* sur les mœurs*). Troisième point: quelle que soit la variété des races, et la différence prodigieuse des coutumes (dont « l'empire » est « bien plus vaste que celui de la nature »), « tout ce qui tient intimement à la nature humaine se ressemble d'un bout de l'univers à l'autre ». Cette « nature humaine », invariable aussi bien dans le temps, se définit d'abord par la différence spécifique de l'animal humain: « De la raison, des mains industrieuses, une tête capable de généraliser des idées, une langue assez souple pour les exprimer » (*Questions sur l'Encyclopédie*, art. « Homme »). Si l'on y ajoute ces constituants universels du « cœur » humain que sont, d'un côté, les passions, et de l'autre, la morale naturelle (qu'on retrouve chez tous les peuples), on comprend que, même si « la culture produit des fruits divers », le « fonds » soit « partout le même ». Quatrième point: l'homme est un être social dès l'origine. L'« état de nature » selon Rousseau lui paraît une chimère: « Je ne crois pas que cette vie solitaire attribuée à nos pères soit dans la nature humaine. » Cinquième point: le thème du « bon sauvage » laisse Voltaire pour le moins réservé. D'une part la « grossièreté » constitutive des « sauvages », « vivant six mois de l'année dans des cavernes, où ils mangent à pleines mains la vermine dont ils sont dévorés », ne lui semble nullement enviable, d'autre part la fréquence de l'anthropophagie\* dément suffisamment à ses yeux cette « bonté » prétendue. Pour autant, Voltaire prend à contre-pied l'européocentrisme naïf. Car les « rustres ayant peu d'idées » que sont à ses yeux la majorité des paysans d'Europe rivalisent de « stupidité » avec les « sauvages »; on trouve au moins chez ces « prétendus sauvages » des « mœurs » dignes des héros de Plutarque (*Essai sur les mœurs*). Et ne vaut-il pas mieux, comme le dira l'Ingénu, des « gens de bien grossiers » que des « coquins raffinés » ? Enfin la « sauvagerie » menace de l'intérieur une Europe défigurée par la barbarie des « ours en soutane noire » et autres « arlequins anthropophages » qui brûlent les livres, torturent et assassinent en toute « légalité » des innocents : « Et nous osons

après cela nous moquer des Lapons, des Samoyèdes et des Nègres!» (*Dictionnaire philosophique*, art. «Convulsions»). Grande leçon de l'anthropologie voltairienne : l'homme n'accomplit pleinement sa nature qu'en cultivant sa raison. Dans cette émergence, appelée «Lumières», c'est la position centrale, mais d'autant plus claire peut-être, chez Voltaire, qu'il a le mérite de l'avoir simplifiée.

Patrick Brasart

## ANTHROPOPHAGIE

CIVILISATION · HOMME · NATURE · SAUVAGES ·

L'article «Anthropophages», dans le *Dictionnaire\* philosophique*, vient quelques pages après l'article «Amour». «Il est dur, note Voltaire, de passer de gens qui se baisent à gens qui se mangent.» Mais ce voisinage est révélateur. Comme l'amour, l'anthropophagie a existé et elle existe encore. Elle est humaine, trop humaine. Pour l'Antiquité, Voltaire signale les Cyclopes, certains Égyptiens, et, plus près, «nos beaux sauvages du Brésil et du Canada qui tuaient et mangeaient leurs ennemis», à la différence des Incas qui sacrifiaient sans manger, et des Aztèques qui sacrifiaient et mangeaient.

À la façon de Montaigne, Voltaire raconte qu'il a interrogé une sauvageonne du Mississippi, qu'elle lui a répondu très naïvement qu'elle avait mangé des hommes, et qu'elle s'en excusait en disant «qu'il valait mieux manger son ennemi mort que de le laisser dévorer aux bêtes». Malgré son dégoût et son indignation, Voltaire tente de comprendre un acte qui semble contre nature. La cause en serait la disette, la confusion entre le gibier et les victimes des combats guerriers. Autant de raisons qui renvoient à la nécessité et au primitivisme des mœurs. Quant aux sacrifices humains, les juifs\*, selon Voltaire, les pratiquaient, et rien ne justifie de telles pratiques (*Un\* chrétien contre six juifs*). Ne reste-t-il pas d'ailleurs, dans nos sociétés apparemment policées, des traces d'une anthropophagie profonde et mal refoulée : anthropophagie des temps de disette durant les guerres de Religion ; violence anthropophagique de la populace en colère qui fit rôtir, pour les dévorer, les fesses des Concini ; anthropophagie judiciaire, quand Voltaire désigne les juges d'Abbeville condamnant le chevalier de La Barre\* comme des «arlequins anthropophages» ; anthropophagie symbolique enfin dans la pratique de l'Eucharistie. Voltaire en vient même à lier l'anthropophagie à la guerre, en constatant amèrement : «Qu'importe, quand on est tué, d'être mangé par un soldat, ou par un corbeau ou un chien» (*Dictionnaire philosophique*), ou en feignant de s'étonner que «les

hommes se tuent furieusement, sans avoir seulement l'idée de se manger»
(*L'A. B. C.*, 1768, XVIᵉ entretien).

Jean Goulemot

*Nous étions très embarrassés sur cette question, lorsqu'il arriva un hussard qui nous certifia qu'il avait mangé d'un Cosaque pendant le siège de Colberg, et qu'il l'avait trouvé très coriace. Pfaff triomphait; mais Crokius soutint qu'on ne devait jamais conclure du particulier au général; qu'il y avait Cosaque et Cosaque, et qu'on en trouverait peut-être de très tendres.*
*Cependant nous sentîmes quelque horreur au récit de ce hussard, et nous le trouvâmes un peu barbare. «Vraiment, Messieurs, nous dit-il, vous êtes bien délicats; on tue deux ou trois cent mille hommes, tout le monde le trouve bien; on mange un Cosaque, et tout le monde crie.»*

Lettre de M. Clocpicre à M. Ératou, 1764.

## ANTICLÉRICALISME

CHRISTIANISME • FANATISME • INFÂME • RELIGION • VOLTAIRIENS •

Le mot paraît fait tout exprès pour Voltaire, les citations et les détails affluent: un abbé gaillard, deux ou trois prières impies, des moines fainéants, des prêtres qui ne sont pas «ce qu'un vain peuple pense», et ce «Mangeons du jésuite!» de *Candide*, lointain amuse-gueule des «bouffeurs de curés». Dans l'histoire de la langue française, pendant plus de trente ans, «voltairien» signifia «anticlérical», qui ne fut formé que vers 1850 – nos dictionnaires contemporains les glosent encore l'un par l'autre. Bref, on est tenté de rabattre sur les fameux «Écrasez l'Infâme!» l'anticléricalisme des voltairiens. Un siècle pourtant sépare le concept du slogan, et de cette figure pulsionnelle de l'«Infâme», antérieure à toute notion. Il faut donc remonter de l'archétype à l'archive, à une position historique d'Ancien Régime, elle-même tributaire de longs antécédents. Car Voltaire n'a pas connu les «cléricaux» – ces repreneurs d'histoire, inventeurs de la Restauration, honnis des voltairiens d'après 1789. Il n'eut pas même affaire à un «cléricalisme» à proprement parler: dans l'éternité légitime de sa domination, la doctrine catholique excluait cet -isme des relativités historiques – le Saint-Siège n'a pu reconnaître le «cléricalisme» (en 1965) qu'en y renonçant.

Toute l'œuvre de Voltaire fut écrite sous le règne de l'ancien droit canon, le grand oublié de cette histoire. Le dogme d'un Dieu révélé, source de tout pouvoir, avait pour corollaire immédiat en droit – dans ce droit religieux déclaré *positif* puisque *réellement* révélé – le primat de l'Église, seule institution sacrée, «puissance première», absolument indépendante des

pouvoirs temporels, fondement même de l'autorité seconde des princes, et ne répondant donc qu'à elle-même. On sait la lutte millénaire dite du Sacerdoce et de l'Empire, cet incessant réaménagement, entre les princes et les papes, du grand ordre chrétien – c'est la toile de fond des *Annales\* de l'Empire*. Après les derniers chocs modernes de la Réforme, du schisme anglican, de la constitution de Genève, avec en France même les efforts nouveaux du gallicanisme, les beaux temps de la primauté romaine semblaient évidemment passés : l'événement majeur du XVIII$^e$ siècle, sous cet aspect, fut la suppression pontificale de l'ordre des Jésuites\* en 1773, sanctionnant après coup les interdictions nationales de fait.

C'est de cette longue mémoire collective, non de dispositions pathologiques ou de facteurs caractériels, que relève le discours de Voltaire contre les papes, contre le clergé, contre les prêtres, mainteneurs solidaires, par statut et vocation, d'une origine et d'un sens sacrés du politique. Il a certes manifesté concrètement, tout au long de sa vie, une ardente résistance individuelle à l'autorité cléricale, souvent avec des mots de mépris, de colère, de hargne – dans des épisodes auxquels sont attachés, entre autres, les noms de Biord\*, d'Ancian\*, de Saint-Claude\* et Deprez\* de Crassier ; mais il l'a fait, le plus souvent, dans les formes juridiques les plus rigoureuses, pour marquer la prééminence des devoirs du sujet et promouvoir ainsi l'idée d'une subordination commune, et des clercs et des laïcs, aux lois d'un État – anticléricalisme de philosophe, d'historien, de politique, étayé sur la connaissance et la conviction des terribles conséquences du postulat théocratique : l'oppression des consciences, les haines de foi et de secte, les troubles civils, les guerres de religion, la régression de l'homme.

Diffusée à travers l'œuvre entière selon ses divers plans d'application – la politique, le droit, l'économie, la pensée de l'histoire, la projection sur un horizon de réformes possibles – la critique anticléricale voltairienne n'a presque rien, pour le fond, de nouveau ni d'original à sa date. Voltaire dit par exemple, avec d'autres hommes de savoir, qu'une Église archaïque a condamné Galilée, que la connaissance rationnelle et expérimentale moderne a besoin d'autonomie par rapport aux dogmes, que la lutte antivariolique par l'inoculation\* n'est pas un point de religion, mais de santé publique, que l'avenir de la science échappe à l'autorité de la Bible – dès les *Lettres\* philosophiques* (1734), aussitôt condamnées. Il dit et redit, avec d'autres historiens et d'autres politiques, l'anomalie d'une société où le clergé reste un ordre dans l'État, et même le premier ordre de l'État – spécificité alors exclusive de la nation française –, et les excès dès lors du débat religieux, avec ses risques incessants de désordres publics, entre jésuites et jansénistes, et autour des billets\* de confession par exemple. Il dit avec les gallicans – de cabinet, de parlement, parfois même d'Église –

que les papes sont des souverains étrangers, que leurs pouvoirs anciens, tendant à l'abus, sont limitables, voire résiduels, et que les exemptions fiscales du clergé, effet direct de son statut sacré de droit canon, sont ruineuses à l'État – il a soutenu une initiative unique de réforme en ce sens, mais l'a vu désavouée par l'incohérence d'un roi soudain sourd à *La Voix\* du sage et du peuple*. Il dit avec l'économisme naissant, avec les physiocrates en particulier, les dysfonctionnements induits par l'énorme puissance foncière du clergé, par l'importance du célibat ecclésiastique, le prélèvement prioritaire des dîmes, l'obligation des fêtes chômées – sur ces enjeux d'agriculture, un même anticléricalisme historique apparente les opuscules du temps de Ferney aux cahiers de doléances de 1789. Il dit enfin, avec tous les hommes de bonne volonté du siècle, la nécessité de la tolérance, l'injustice et l'erreur de l'exode des protestants, l'avenir des sociétés ouvertes – mais il admet encore, dans une autre religion selon son cœur, inspirée du seul déisme\*, l'utilité civique de prêtres illustrant les vertus premières indispensables à toute société humaine.

C'est sans aucun doute dans l'œuvre de Voltaire, pour ce moment d'histoire, que le discours d'opposition à la puissance d'Église trouva tout à la fois sa plus profonde cohérence, sa plus longue fidélité, et sur plusieurs points majeurs – les dogmes, les miracles, toute l'autorité de foi –, sa plus grande virulence, incarnée dans le grotesque des facéties\* ou investie dans des mots-slogans dont il fit la fortune – «fanatisme», «superstition», et cet «Infâme» surtout, figure noire des aliénations archaïques. Inversement, l'Église élut Voltaire comme l'adversaire privilégié de sa doctrine et de son magistère – le «patriarche» des Cacouacs\*, l'Oracle\* des nouveaux philosophes, l'antéchrist\* Voltaire –, quitte à se servir de son déisme contre les dangers plus grands de l'athéisme, comme dans l'affaire du *Système\* de la nature*.

Du vivant de Voltaire, le fameux «Si\* Dieu n'existait pas...» restait récupérable à un christianisme qu'il eût voulu moins conquérant, moins impérieux, moins oppressif.

La cristallisation seconde du «voltairianisme\*» en un «anticléricalisme» enfin nommé dérive à l'évidence de ce premier antagonisme, mais dévié et même un peu trahi, selon un processus bien connu dans l'histoire des idéologies – on cita Voltaire, on le lut moins. Des considérations de stratégie puis de tactique s'y mêlèrent, politiques puis politiciennes, de parti plus que de principe, le tout dans une réduction française des enjeux, poussée aux positions extrêmes, à travers quatre ou cinq changements de régime. Héroïsé comme ancêtre de la laïcité républicaine ou diabolisé comme fossoyeur de toute religion, Voltaire s'est au fond trouvé désinvesti, dans la mémoire collective, d'un anticléricalisme d'esprit humaniste, plus philosophique et plus général, plus religieux si l'on ose dire – affirmation, contre

tout dogme institutionnalisé en pouvoir d'État, des droits sacrés de la personne humaine.

*André Magnan*

*L'Église est dans l'État, et non l'État dans l'Église.*
*Lettre de M. Cubstorf à M. Kirkerf, 1764.*

*Il faut séparer toute espèce de religion de toute espèce de gouvernement.*
*À Élie Bertrand, 19 mars 1765.*

*Il est utile à toute société que l'on croie un dieu juste, et qu'on soit juste; il est utile qu'il y ait des temples où Dieu soit adoré, ses bienfaits chantés, sa justice annoncée, la vertu recommandée; ce qui est au-delà, n'étant qu'impostures, factions, orgueil, avarice, doit être proscrit. Rien n'est plus utile qu'un curé qui tient registre des naissances, qui en donne un double au magistrat, qui a soin des pauvres, qui met la paix dans les familles, etc. etc. Rien n'est plus inutile qu'un cardinal: cette inutilité va même jusqu'au plus grand ridicule; car qu'est-ce qu'une dignité sans fonctions? dignité étrangère, conférée par un prêtre étranger; dignité pourtant égale, si on les en croit, à celle de nos princes de sang; dignité qui procure toujours au moins cent mille écus de rente pour sa portion congrue, tandis qu'un curé utile, et plus utile encore dans les campagnes que dans les villes, est réduit si à l'étroit qu'il n'a de quoi faire de bien ni aux autres ni à soi-même.*

*Carnets.*

## *ANTI-GITON (L')*

Voir HOMOSEXUALITÉ.

## ANTIJUDAÏSME

Voir ANTISÉMITISME.

## *ANTI-MACHIAVEL*

Le 22 mars 1739, le prince royal de Prusse, le futur Frédéric II*, écrit à Voltaire: «Je médite un ouvrage sur *Le Prince* de Machiavel.» Le 16 mai il lui écrit à nouveau: «Je travaille aux notes sur son *Prince*, et j'ai déjà commencé un ouvrage qui réfutera entièrement ses maximes.» C'est l'*Anti-Machiavel*, dont Voltaire révisera le texte et dont il écrira la préface au

cours de l'année 1740. Il négociera même avec Van Duren, libraire à La Haye, la publication de l'ouvrage. « J'ai en main un manuscrit singulier, lui écrit-il, composé par un des hommes les plus considérables de l'Europe : c'est une espèce de réfutation du *Prince* de Machiavel, chapitre par chapitre. » L'ouvrage est publié en Hollande en 1740, aussitôt réédité – huit ou dix éditions furent faites en quelques mois –, puis réimprimé en 1743 avec un texte encore révisé par Voltaire. Susceptibilité d'auteur et susceptibilité royale, Frédéric II se refusa à publier l'*Anti-Machiavel* sous son nom. L'anonymat lui permettait plus aisément de donner une image favorable de lui-même. L'ouvrage parut alors que, devenu roi, il envahissait la Silésie. Voltaire semble avoir cru à la sincérité politique du roi. Sa préface n'est pas plus courtisane qu'il ne faut. Il faut se garder de la lire à la lumière des futurs partages de la Pologne ou même du conflit qui opposera Voltaire à son royal protecteur.

Jean Goulemot

*Le roi de Prusse, quelque temps avant la mort de son père, s'était avisé d'écrire contre les principes de Machiavel. Si Machiavel avait eu un prince pour disciple, la première chose qu'il lui eût recommandée aurait été d'écrire contre lui.*

*Mémoires pour servir à la vie de M. de Voltaire,*<br>*écrits par lui-même, 1758-1760.*

## « ANTI-PASCAL »

Voir « REMARQUES SUR LES *PENSÉES* DE M. PASCAL ».

## « ANTI-POÈTE »

« *Voltaire*, ou *l'anti-poète*, le roi des badauds, le prince des superficiels, l'anti-artiste, le prédicateur des concierges, le père Gigogne des rédacteurs du *Siècle*... » Violence injuste d'un Baudelaire* ailleurs plus nuancé : ces traits sanglants de *Mon cœur mis à nu* signalent bien la difficulté, après quatre ou cinq générations, dont deux romantiques, et trois révolutions, d'un jugement réellement historique sur le poète*. Il ne s'agit plus guère alors (vers 1860) de l'œuvre poétique de Voltaire, déjà presque morte à la lecture, mais d'un ordre politique issu de ses idées, ou présumé l'être : « bourgeois », « progressiste », bavard et prosaïque – invivable aux vrais « artistes ». Voltaire paie ici pour les voltairiens*. Au moins Baudelaire ne vit-il pas paraître, commencée l'année même de sa mort, l'édition de

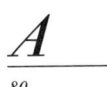

Voltaire qui justifierait le mieux son horreur et sa haine: celle du *Siècle\**, précisément.

André Magnan

*Malheureusement pour la poésie française, depuis vingt ou trente ans, tout a copié, copie et copiera ce copiste efflanqué.*

Alexis Piron à Hugues Maret, 1<sup>er</sup> novembre 1768.

## ANTISÉMITISME

JUIFS •

On lit parfois, sous la plume d'historiens estimables, que Voltaire fut «antisémite». Il a effectivement accumulé les sarcasmes contre les juifs. En 1942, Henri Labroue, agrégé d'histoire, ancien député de la III<sup>e</sup> République, titulaire en Sorbonne de la chaire nouvellement créée d'ethnologie et d'histoire du judaïsme, fournit à la politique hitlérienne et vichyssoise la caution d'un recueil de textes sous le titre *Voltaire antijuif*. Cette compilation élimine d'abord systématiquement les textes favorables aux juifs (par exemple le *Sermon\* du rabbin Akib*); elle s'est constituée au prix d'une triple manipulation: découpage et assemblage de portions de textes – parfois réduites à deux lignes – selon une problématique raciste («caractères physiques des juifs», «leurs stigmates intellectuels», «tares morales», etc.) qui est le fait du compilateur et non de Voltaire; suppression de phrases qui orienteraient la lecture autrement; annotation abondante, à coups de gloses et de citations puisées chez Céline, Leroy-Beaulieu, les frères Tharaud, etc. dont la hargne antisémite *doit* colorer le discours voltairien. Ce n'est donc pas sans mal que l'image d'un Voltaire antisémite a pu être fabriquée en 1942.

Une opération de ce genre joue sur la confusion entre antijudaïsme (ou antihébraïsme) – critique des croyances juives et des mœurs des Hébreux d'un point de vue philosophique et religieux –, et antisémitisme (le mot n'apparaissant qu'au XIX<sup>e</sup> siècle) – idéologie raciale qui propose ou justifie des mesures discriminatoires contre les juifs. Il existe bien chez Voltaire un antijudaïsme polémique: il s'acharne à discréditer les Hébreux de la *Bible\**, surtout pour mieux saper les fondements du christianisme. Par là, il prend à contre-pied les idées reçues: d'après le *Dictionnaire de Trévoux* (édition de 1771, art. «Juifs»), «le peuple juif» a été le seul peuple «qui connût le vrai Dieu et qui l'adorât purement»; mais après avoir crucifié Jésus, «depuis ce temps-là, ils ont toujours porté la marque de la malédiction divine [...] méprisés et haïs partout». Voltaire tend à renverser cette problématique, d'une part en faisant porter le mépris et la haine sur «le petit

peuple de brigands vagabonds » de l'Ancien Testament, d'autre part en disculpant les juifs de la mort du Christ (*Sermon du rabbin Akib*), et en plaidant pour la tolérance envers les juifs sans jamais suggérer ni excuser aucune répression contre eux. « C'est une chose aussi absurde qu'abominable à des chrétiens de brûler les juifs qui sont leurs pères » (*Dieu\* et les hommes*).

À l'époque où furent créés les mots antisémite et antisémitisme, Voltaire n'eut pas les faveurs de ceux qui engageaient la campagne moderne contre les juifs. Leur champion, Édouard Drumont, explique dans sa *France juive* (1886) que l'hostilité de Voltaire à l'égard des juifs a été nourrie de ressentiments personnels et qu'elle est malheureusement sans rapport avec la cause antisémite ; selon Drumont, Voltaire « avait l'âme juive ». Curieux renversement dans l'histoire de l'antisémitisme français : repoussé par les antisémites du temps de l'affaire Dreyfus, Voltaire fut enrôlé par d'autres sous Hitler et Pétain...

Il n'empêche que les lecteurs d'aujourd'hui, marqués par le souvenir de l'holocauste, ne peuvent lire sans malaise les railleries ou les emportements de Voltaire contre le peuple d'Israël ; d'autant qu'en polémiste faisant flèche de tout bois, il lui arrive, pour renforcer ses attaques, de s'appuyer sur le mépris traditionnel dont les juifs étaient de son temps l'objet. Ira-t-on jusqu'à dire que son antihébraïsme frayait les voies à un antisémitisme laïque destiné au XIXe siècle à prendre la relève du vieil antisémitisme chrétien contre le peuple déicide ? Ce serait oublier que le propos voltairien s'inscrit dans une lutte générale contre le fanatisme et la barbarie. Fils de rabbin né en Pologne, fripier devenu secrétaire-interprète de la bibliothèque du roi pour les manuscrits orientaux, participant à un concours proposé en 1787 par la Société royale des Sciences et des Arts de Metz – dont l'abbé Grégoire fut le lauréat – sur la question « Est-il des moyens de rendre les juifs plus utiles et plus heureux en France ? », Zalkind-Hourwitz écrivait dans son mémoire publié en 1789 : « Il se peut bien que Voltaire en ait moins voulu aux juifs modernes qu'aux anciens, c'est-à-dire au tronc du christianisme contre lequel il vise sans cesse. Quoi qu'il eût fait, les juifs lui pardonnent tout le mal qu'il a dit d'eux, en faveur du bien qu'il leur a fait quoique sans le vouloir, peut-être même sans le savoir ; car s'ils jouissent depuis quelques années d'un peu de repos, ils en sont redevables au progrès des Lumières, auquel Voltaire a sûrement plus contribué qu'aucun autre écrivain, par ses nombreux ouvrages contre le fanatisme. »

Roland Desné

*Salomon Lévi, Juif, natif de Metz, fut d'abord employé par M. de Chamillart ; il passa chez les ennemis avec la facilité qu'ont les Juifs d'être admis et d'être chassés partout. Il eut l'adresse de se faire munitionnaire de l'armée impériale*

en Italie ; il donnait de là tous les avis nécessaires à M. le maréchal de Villeroi ; ce qui ne l'empêcha pas d'être pris dans Crémone.
Depuis, étant dans Vienne, il eut des correspondances avec le maréchal de Villars.
Il eut ordre de M. de Torcy, en 1713, de suivre milord Marlborough, qui était passé en Allemagne pour empêcher la paix, et il rendit un compte exact de ses démarches.
Il fut envoyé secrètement par M. Le Blanc, à Siertz, il y a dix-huit mois, pour une affaire prétendue d'État, qui se trouva être une billevesée.
À l'égard de ses liaisons avec Willar, secrétaire du cabinet de l'empereur, Salomon Lévi prétend que Willar ne lui a jamais rien découvert que comme à un homme attaché aux intérêts de l'empire, comme étant frère d'un autre Lévi employé en Lorraine et très connu.
Cependant il n'est pas vraisemblable que Willar, qui recevait de l'argent de Salomon Lévi pour apprendre le secret de son maître aux Lorrains, n'en eût pas reçu très volontiers pour en apprendre autant aux Français.
Salomon Lévi, dit-on, a pensé être pendu plusieurs fois, ce qui est bien plus vraisemblable.
Il a correspondance avec la compagnie comme sous-secrétaire de Willar.
Il compte faire des liaisons avec Oppenhemer et Vertembourg, munitionnaires de l'empereur, parce qu'ils sont tous deux juifs comme lui.
Willar vient d'écrire une lettre à Salomon, qui exige une réponse prompte, attendu ces paroles de la lettre : « Donnez-moi un rendez-vous, tandis que nous sommes encore libres. »
Salomon Lévi est actuellement caché dans Paris pour une affaire particulière avec un autre fripon nommé Rambau de Saint-Maur. Cette affaire est au Châtelet, et n'intéresse en rien la cour.

« Mémoire touchant Salomon Lévi »,<br>
pièce annexe d'une lettre d'offre de services<br>
au cardinal et ministre Dubois, 28 mai 1722.

## ANTITHÈSE

STYLE •

Dans ses *Commentaires sur Corneille*, Voltaire tient qu'il faut, comme Racine, être économe de l'antithèse, dont il se désole qu'elle soit « trop familière à la poésie française », et qu'elle dispense plus de clinquant que de brillant – les œuvres d'un La Motte et d'un Fontenelle attestent selon lui les progrès regrettables de ce mal. Paradoxalement, ses adversaires l'accusaient d'en avoir fait sa « figure favorite ». De fait, il en proscrivait l'abus et non l'usage, et son œuvre n'en est pas avare, d'*Œdipe* (« Inceste et parricide,

et pourtant vertueux ») à l'*Épître à Uranie* (« On te fait un tyran, en toi je cherche un père »), en passant par *La Henriade*, dont les plus ardents thuriféraires avouent qu'il y « prodigue quelquefois l'antithèse »... Cela ne peut surprendre : chez celui qui proclame qu'il n'écrit pas « pour écrire », « mais pour agir », les nécessités du combat commandent l'opposition bien tranchée de deux pôles (tolérance contre fanatisme, raison contre superstition, bienfaisance contre cruauté, etc.) dont l'un est voué à disparaître, « écrasé » sous l'autre. Mais l'antithèse se déploie aussi sur d'autres plans, entre l'Être des êtres et ces misérables atomes de boue que sont les hommes, entre la cruelle réalité du mal et le discours trop rationnel qui le nie. Voltaire lui-même n'est-il pas une vivante antithèse ?

> *Toujours un pied dans le cercueil,*
> *L'autre faisant des gambades...*
> (À Thiriot, 1$^{er}$ juin 1731).

Plus profondément, le « théisme voltairien » aura peut-être été, suivant la formule de René Pomeau, « tension d'un abîme à l'autre, effort pour s'arracher de la boue vers la lumière ».

*Patrick Brasart*

## APOCALYPSE

BIBLE • CHRISTIANISME •

Voltaire a consacré à l'Apocalypse un article du *Dictionnaire\* philosophique*. Il y montre que son attribution à saint Jean a été contestée par Denys d'Alexandrie, que le concile de Laodicée ne comptait point l'Apocalypse parmi les livres canoniques, et que son acceptation par l'Église a été tardive. Il se moque de la description de la Nouvelle Jérusalem, de ses douze portes, de ses maisons de cinq cents lieues de hauteur (« Il eût été assez désagréable de demeurer au dernier étage »), tout en remarquant que le séjour de mille ans promis aux fidèles dans cette Jérusalem appartient aussi aux traditions égyptienne et latine. Ironique, il prétend que, par leur obscurité, ces prophéties ont servi à expliquer les événements les plus divers : révolutions d'Angleterre, troubles d'Allemagne... Bossuet et Newton même ont commenté l'Apocalypse, et Voltaire s'en étonne pour le savant Newton. Leur lecture est peu convaincante : elle heurte le bon sens. Prédicant exalté, curé illuminé ont donné de ces symboles les interprétations les moins fondées. L'Apocalypse est ainsi le texte rêvé pour que s'échauffent les têtes et s'exaltent les fanatiques. Dans un ajout des *Questions\* sur l'Encyclopédie*, Voltaire relève le commentaire de Camus, évêque de Belley au XVII$^e$ siècle, qu'il appelle

«l'Apocalypse épiscopale»: Camus s'est attaqué aux moines, et face au bouillant évêque, Voltaire se donne le plaisir de la modération. Dans ce même ajout, il évoque onze autres Apocalypses qui auraient été éclipsées par celle de Jean. Au plus fort du scandale provoqué par le *Dictionnaire philosophique*, Voltaire affirmera que l'article «Apocalypse» est du pasteur Abauzit, ami de Jean Jacques Rousseau. On a là une exemplaire illustration de la démarche voltairienne: ironie habituelle, lecture des prophéties au pied de la lettre pour mieux en souligner l'absurdité, moquerie déclarée des symboles. Newton n'échappe pas lui-même à cette mise en cause.

Jean Goulemot

## APOCRYPHES

APOCALYPSE · *COLLECTION D'ANCIENS ÉVANGILES* ·

Sous ce titre, dans un article des *Questions\* sur l'Encyclopédie*, Voltaire a longuement développé ce qu'il avait écrit auparavant dans le *Dictionnaire\* philosophique*, l'*Examen\* important de milord Bolingbroke*, ou la *Collection d'anciens évangiles*. Sa documentation est savante, tirée de Fabricius, Grabe, dom Calmet, Meslier. Il rappelle les divergences entre catholiques et protestants sur les textes canoniques, mentionne des fragments de *La Vie de Moïse* et de *De la mort de Moïse*. Pour les apocryphes de l'ère chrétienne, outre la cinquantaine d'évangiles dont quatre sont conservés en entier, il s'intéresse au *Livre d'Énoch*, aux *Actes de sainte Thècle*, à la *Prédication* et aux *Actes de Pierre*, au *Testament des douze patriarches*, à la *Lettre d'Abgar à Jésus-Christ*, aux *Actes de Pierre et de Paul*, aux *Gestes du bienheureux Paul*, et de divers disciples. Il relève dans chaque cas l'importance du merveilleux. Les extraits, ou simples mentions aussi étourdissantes, de nombreux autres apocryphes – *Constitutions apostoliques*, *Canons apostoliques*, *Reconnaissances de saint Clément*, *Homélies* et *Épîtres de saint Clément*, *Lettre de saint Ignace à la Vierge* avec sa réponse, *Visions d'Hermas*, *Apocalypses* au nombre de onze, et prophéties en vers attribuées aux Sibylles – sont destinés, de même, à montrer comment des imposteurs ont pu tromper facilement les hommes. Malgré les précautions d'usage, le but de Voltaire est évidemment d'étendre la suspicion aux textes canoniques produits à peu près simultanément.

Marie-Hélène Cotoni

## *APOLOGIE DE LA FABLE*

Voir FABLE.

## APÔTRES

CHRISTIANISME • JÉSUS •

Dans les *Questions\* sur l'Encyclopédie*, Voltaire souligne l'incertitude qui entoure la vie, la prédication, la mort de nombreux apôtres, pourtant cautions de la religion chrétienne. D'où la contingence historique des prescriptions ecclésiastiques, le flottement entre christianisme naissant et catholicisme contemporain : les apôtres ont été mariés, ils ont eu des enfants ; il n'existait pas entre eux de hiérarchie ; ils n'avaient ni rite, ni cérémonie, ni liturgie ; Jacques le Mineur continua à observer la loi mosaïque ; la primauté de Pierre fut discutée par l'Église grecque... Les premiers destinataires des paroles du Christ sont dépeints comme appartenant à la canaille : ont-ils été trompeurs ou trompés ?

Mais Pierre et Paul surtout occupent une place privilégiée – dans le *Catéchisme\* de l'honnête homme*, l'*Examen\* important de milord Bolingbroke*, l'*Histoire\* de l'établissement du christianisme*, et dans le *Dictionnaire\* philosophique*. Voltaire a souvent exprimé des doutes sur la venue de Pierre à Rome, doutes destinés à ébranler l'autorité papale. Il répète à l'envi la cruelle histoire d'Ananiah et de Saphira implacablement condamnés par Pierre. Paul, en tant que fondateur de l'orthodoxie, demeure sa cible favorite. Voltaire reprend partout le même portrait peu flatteur de l'apôtre, l'explication de sa rupture avec le judaïsme par le dépit amoureux, plus vraisemblable que l'illumination sur le chemin de Damas ou le voyage au « troisième ciel », l'énumération de ses palinodies et contradictions dans ses épîtres mêmes, qu'il s'agisse de la circoncision ou de la place des femmes dans l'Église, les railleries enfin sur son « galimatias », et la mention de ses querelles avec Pierre. De Paul, il fait l'archétype de l'ambitieux persécuteur, de l'imposteur tyrannique.

Accessoirement, jouant sur la figure, Voltaire a pu envisager comme un apostolat la diffusion des Lumières : il veut voir un nouveau « Paul » en d'Alembert\*, en Damilaville\* aussi, et déplore que Rousseau\*, qui aurait pu tenir ce rôle, ait préféré être un Judas.

*Marie-Hélène Cotoni*

## APPEL À TOUTES LES NATIONS DE L'EUROPE DES JUGEMENTS D'UN ÉCRIVAIN ANGLAIS, OU MANIFESTE AU SUJET DES HONNEURS DU PAVILLON ENTRE LES THÉÂTRES DE LONDRES ET DE PARIS

ANGLETERRE • GOÛT • SHAKESPEARE •

Les 15 octobre et 1$^{er}$ novembre 1760, le *Journal\* encyclopédique* faisait paraître les « extraits » de deux petits livres anglais, *Parallèle entre*

*Shakespeare et Corneille* et *Parallèle entre Otway et Racine*, qui prétendaient démontrer que les deux poètes anglais l'emportaient de loin sur les deux français. Indigné, Voltaire s'emploie aussitôt à «venger la patrie» de cette «insolence anglicane», à venger Corneille qu'il s'apprête à commenter pour marier la petite-nièce du grand homme, «mademoiselle Corneille». Dès la fin décembre, il envoie à Prault* son ouvrage. «On ne peut prouver à tout un peuple qu'il a du plaisir mal à propos, dit-il; mais on peut faire juges les autres nations entre le théâtre de Paris et celui de Londres.»

Le plaidoyer, presque un manifeste, présente d'abord un long résumé, très caustique, d'*Hamlet*\*, puis quelques réflexions sur les «bouffonneries» de *L'Orpheline* d'Otway et sur quelques monstruosités d'*Othello*. Pour finir, un survol de l'histoire du théâtre, des Grecs à l'Italie, à l'Angleterre et à la France, destiné à prouver que Corneille et Racine ont amené l'art dramatique à sa perfection. Avec l'*Appel*, la querelle du goût tourne à la guerre ouverte, et Voltaire y essaie sur le monologue d'Hamlet son arme nouvelle, la traduction* prétendue fidèle, confrontant l'ancienne version en vers des *Lettres*\* *philosophiques*, qui n'était qu'une «imitation», à la version cette fois «littérale», qui révèle le naturel, l'énergie, la hardiesse, mais aussi la «bassesse» et les obscurités de l'expression originelle. Ici commence contre Shakespeare une polémique qui dura plus que la guerre de Sept Ans.

Henri Lagrave

## *ARBITRAGE ENTRE M. DE VOLTAIRE ET M. DE FONCEMAGNE*

Voir TESTAMENT POLITIQUE DU CARDINAL DE RICHELIEU.

## ARGENCE, François Achard Joumard Tison, marquis d'

Voltaire vit un jour arriver à Ferney le lecteur idéal: un lecteur devenu «philosophe» à la lecture de ses œuvres, et désireux de se fortifier encore pour travailler à l'effort des Lumières. Ancien officier noble retiré dans ses terres d'Angoumois, le marquis d'Argence (1719-1793) peut représenter les disciples provinciaux de Voltaire comme l'abbé Audra à Toulouse, Audibert à Marseille, Borde à Lyon. Il passa trois mois à Ferney en 1760; il y revint en 1764: lectures, études, entretiens. Voltaire s'attacha sincèrement à ce prosélyte, et une correspondance régulière s'établit, attentionnée, affectueuse même: «Votre petite chambre s'appelle la cellule du philosophe», écrit-il à cet «apôtre de la raison» – on conserve soixante-neuf lettres de Voltaire, et sept du marquis. Voltaire envoie des instructions et des livres, le

marquis des nouvelles familiales, des bulletins de victoire et, à chaque début de carême, des pâtés truffés. D'Argence fit autour de lui d'autres Philosophes, il défendit dans les journaux son maître contre Fréron*, il diffusa autour de lui *Le Sermon\* des Cinquante* et le *Dictionnaire\* philosophique* – en 1775, il dit même avoir «converti un prêtre».

*André Magnan*

## ARGENS, Jean Baptiste de Boyer, marquis d'

GENS DE LETTRES • PRUSSE • RELIGION •

Celui que Voltaire appelle Isaac, parce qu'il est l'auteur de périodiques intitulés *Lettres juives* (La Haye, 1736), puis *Lettres cabalistiques* (La Haye, 1737) fut le type même de l'aventurier des lettres. Issu d'une famille parlementaire d'Aix, le marquis d'Argens (1704-1771) rompt avec son milieu familial, s'enfuit en Espagne avec une maîtresse, se retrouve au service de l'ambassadeur de France à Constantinople, s'engage dans l'armée du Rhin, écrit des ouvrages périodiques et philosophiques – on lui a aussi attribué un classique de la littérature pornographique : *Thérèse philosophe* (1748). Or ce personnage, que son mode d'existence et ses types d'intervention opposent à Voltaire, croise à plusieurs reprises la destinée du philosophe. En octobre 1736, Voltaire noue une correspondance très amicale avec l'auteur des *Lettres juives*. Fermant les yeux sur le style un peu raboteux du journaliste, il voit en lui une nouvelle recrue de la «cause philosophique» et un satellite éventuel. Il le remercie d'avoir pris son parti dans la querelle qui l'oppose au poète Jean Baptiste Rousseau*, et se montre prêt à intervenir en sa faveur auprès de son ami Richelieu*. Voltaire entend bien tisser sa toile d'agents et de propagandistes par l'intermédiaire d'un jeune journaliste installé dans cette terre de liberté qu'est la Hollande. Il lui transmet alors son admiration pour les *Lettres juives*. Or, une quinzaine d'années plus tard, Voltaire retrouve d'Argens à la cour du roi de Prusse. Celui-ci l'a nommé chambellan et directeur de la classe des belles-lettres à l'académie de Berlin. Les relations entre Voltaire et son ancien protégé passent alors par des hauts et des bas. Frédéric II s'en amuse. À sa sœur Wilhelmine*, le roi de Prusse confie, le 16 octobre 1751 : «D'Argens est de retour de France, il a eu une prise avec Voltaire, mais c'était le roitelet qui se jouait avec l'aigle : vous jugez bien qui l'a emporté.» En mars 1769, Voltaire publie, avec la fausse date de 1768, un *Discours\* de l'empereur Julien contre les chrétiens*. En fait Voltaire a remanié, en le rééditant sous ce titre, à l'insu de l'auteur, un texte de Boyer d'Argens (*Défense du paganisme*, 1764), pour lui conférer une signification militante et violemment polémique : Julien l'Apostat est devenu un philosophe avant la lettre, dénonçant les absurdités de la religion chrétienne.

Dans une ambitieuse synthèse intitulée *Histoire de l'esprit humain* (1766, t. IV), d'Argens a donné du séjour de Voltaire en Prusse, et particulièrement de ses démêlés avec La Beaumelle, une relation favorable, qui charge au contraire son adversaire Maupertuis.

*Didier Masseau*

## ARGENSON, Marc Pierre de Voyer, comte d'
COURTISAN •

Marc Pierre de Voyer d'Argenson (1696-1764), surnommé « la chèvre », est le cadet des frères d'une influente famille protectrice de Voltaire. Ministre de la Guerre de 1743 à 1757, il travailla longtemps en collaboration avec son frère René Louis d'Argenson* et ses interventions en faveur du philosophe se confondent souvent avec celles de son aîné. En 1743, alors que Voltaire vient d'être refusé à l'Académie et se rapproche du roi de Prusse, d'Argenson et d'autres ministres tentent d'exploiter la situation en chargeant le philosophe d'une mission diplomatique auprès de Frédéric II : Voltaire devra convaincre le souverain de la nécessité de renforcer l'alliance avec la France. En 1753, c'est sur des assurances de protection de d'Argenson et de Mme de Pompadour que Voltaire quitta la Prusse, mais le ministre ne put tenir sa promesse.

On a le sentiment que, par la suite, Voltaire et ses proches s'adressent à d'Argenson quand tout va mal. C'est Mme Denis, sur le point en 1753 d'être retenue prisonnière à Francfort*, qui lance à son protecteur un vibrant appel au secours. C'est surtout Voltaire lui-même s'efforçant de faire intervenir le comte, quand les pouvoirs locaux ou nationaux se déchaînent contre lui à propos d'un ouvrage jugé trop sulfureux. Lorsque des petits auteurs affamés diffusent une version fort indécente de son poème *La Pucelle**, Voltaire supplie le comte d'Argenson de faire arrêter cette édition clandestine. Mais le protecteur ne peut ni ne veut toujours agir en faveur de ce trublion des lettres. Marc Pierre d'Argenson créa avec son frère l'École militaire et protégea les premiers volumes de l'*Encyclopédie**, qui lui fut dédiée. Voltaire préférait le frère aîné, beaucoup plus « philosophe » que le cadet.

*Didier Masseau*

## ARGENSON, René Louis de Voyer, marquis d'
COURTISAN •

René Louis de Voyer d'Argenson (1694-1757), surnommé « d'Argenson la bête », appartient à cette catégorie d'aristocrates, devenus grands commis

de l'État, épris de philosophie, tout disposés à servir de protecteurs. Fils d'un lieutenant de police en exercice à la fin du règne de Louis XIV, d'Argenson est le condisciple de Voltaire, de 1709 à 1711, au collège* de Louis-le-Grand. En novembre 1744, d'Argenson, en pleine faveur, est nommé ministre des Affaires étrangères. Il le restera jusqu'en 1747. C'est un appui de plus pour consolider la faveur dont il jouit déjà à la cour. Promu historiographe* du roi, il peut alors soutenir la politique anti-autrichienne du ministre-protecteur, désormais célébré comme apôtre de la paix et champion de la «philosophie». Mais surtout d'Argenson charge Voltaire de rédiger des textes diplomatiques, des manifestes, des dépêches. Pour cette tâche, le ministre fait appel aux qualités rhétoriques de l'écrivain, car il apprécie autant chez Voltaire l'éloquence du poète que les idées du philosophe. Celui-ci entretient alors avec son protecteur, dans ses lettres, un ton de déférence mêlé de désinvolture amicale. Il l'informe de ses stratégies et de ses combats. Il sollicite son appui dans son différend avec Desfontaines*.

René Louis est l'auteur des *Considérations sur le gouvernement ancien et présent de la France*, publiées en 1764, que Voltaire possédait dans sa bibliothèque, et qu'il cite avec éloge dans son *Commentaire* historique* (1776). Ses très riches *Mémoires* seront édités pour la première fois en 1825.

Didier Masseau

## ARGENTAL, Charles Augustin de Ferriol, comte d'

AMITIÉ · CORRESPONDANCE · THÉÂTRE ·

> ... adorable ami...
> Aimable protecteur...
> Cher et respectable bienfaiteur...
> Cher ange gardien...

Plus de mille lettres de Voltaire à d'Argental disent la qualité du sentiment qui le lia à cet ami d'élection pendant près de soixante ans. Le comte d'Argental (1700-1788) était le cadet des Ferriol* dont la maison fut l'une des premières que fréquenta le jeune Arouet.

Destiné d'abord au métier des armes, d'Argental entra dans la magistrature. Conseiller au Parlement de Paris, il était, écrit Mlle Aïssé*, «aimé de tout le monde» et possédait «tous les principes de droiture». Il se distinguait surtout par une extrême retenue, qui lui valut de la part d'un autre illustre ami, lord Bolingbroke*, le surnom de «seigneur prudent». Voltaire aima en lui sa «candeur», cette transparence de sincérité si remarquable dans une société d'intrigues et de combinaisons. Ils avaient en commun les

Le ministre de la Guerre est représenté en tenue d'apparat ; solidement carré dans son fauteuil, il arbore fièrement la croix de Saint-Louis et celle du Saint-Esprit. La pause est noble, d'Argenson s'appuie avec élégance sur le bureau ministériel. Le portraitiste se plie aux conventions du portrait royal à la manière de Hyacinthe Rigaud, mais il en bouleverse les données : le ministre se détourne de ses tâches pour contempler un interlocuteur invisible. Le fin sourire qui se dessine sur ses lèvres corrige la sévérité de la fonction, traduit l'aménité, la sociabilité et l'ouverture aux idées du protecteur des Encyclopédistes et de Voltaire.

D. M.

*PORTRAIT DU COMTE D'ARGENTAL (1700-1788)*, GRAVURE PAR J. B. FOSSEYEUX D'APRÈS J. DEFRAINE, 1788. ▶

PARIS, BIBLIOTHÈQUE NATIONALE DE FRANCE.

*PORTRAIT DE MARC PIERRE DE VOYER DE PAULMY, COMTE D'ARGENSON (1696-1764)*, PEINTURE D'APRÈS HYACINTHE RIGAUD.

VERSAILLES, MUSÉE DU CHÂTEAU.

LE COM.ᵀᴱ D'ARGENTAL.

Voilà Charles Augustin de Ferriol, comte d'Argental, ami très cher depuis l'enfance de Voltaire, tel que le ciseau du sculpteur travaillant le marbre l'a immortalisé. C'est un grand seigneur. Il en a l'habit, le port, la majesté un peu distante, une certaine bonhomie aussi, mais sans fadeur. Les portraits gravés que l'on connaît du comte laissent percevoir mieux que ce buste en majesté, par un sourire, le caractère affable du conseiller. Le regard y est parfois pétillant, un peu comme celui, malicieux, de son auguste ami. Ici rien de familier, un homme installé dans l'institution, dont on ne devinerait pas le goût pour le théâtre, partagé avec Voltaire, les amours passionnées qu'il éprouva pour les actrices, le rôle d'intermédiaire qu'il joua auprès des libraires, ses amitiés littéraires. Ce buste ne donne pas de lui une image fausse. D'Argental était aussi ce personnage, et pas le seul grand seigneur en son siècle à aimer le théâtre à la folie. On a pourtant du mal à imaginer que c'est lui que Voltaire appelle son « cher ange ». Dans un monde menaçant, l'ange tutélaire doit en imposer. Le marbre, le port noble, l'habit de cour ne sont donc pas ici de trop. Au-delà des souvenirs de collège et des goûts communs, de la profondeur de l'amitié qui le liait à d'Argental, Voltaire se sent rassuré quand le danger se fait pressant et qu'il demande aide et conseil à cet homme bien en cour, appartenant par sa naissance et son mariage au meilleur monde.

J. G.

souvenirs du collège* de Louis-le-Grand, mais surtout le même goût du théâtre sous tous ses aspects, comme écriture, art et jeu : « le tripot », disaient-ils entre eux. Voltaire reconnut toujours à son ami l'autorité de l'avis et de la critique. La passion du théâtre embrasa toute la vie de ce magistrat respectable. Il aima d'abord les comédiennes, follement Mlle Lecouvreur* : ses parents effarés pensèrent l'envoyer à Saint-Domingue. Il s'attacha un temps à d'autres belles actrices, puis aux plaisirs mêmes du théâtre, et consacra enfin toute cette vive énergie à l'œuvre tragique de Voltaire. Il admirait le dramaturge, mais « sans aucune ostentation » dira La Harpe* : « Il adorait ses talents comme il aimait sa personne. » Leur correspondance est lacunaire à ses débuts. Elle commence en 1734.

Réfugié à Cirey* après la condamnation des *Lettres philosophiques*, Voltaire charge d'Argental de commissions auprès des comédiens et des libraires, mais il attend aussi de lui des renseignements plus essentiels : « Faites-moi la grâce, je vous en prie, de m'écrire où en sont les choses, si M. de Chauvelin s'adoucit, si M. Rouillé peut me servir auprès de lui, si M. l'abbé de Rothelin peut m'être utile. » Toute leur amitié prend sens dans ces lignes. En mille occasions, d'Argental servira l'écrivain si souvent éloigné de Paris. Il est son représentant auprès des comédiens du roi, introduisant ses pièces, distribuant les rôles, apaisant les petites rivalités. Il est aussi son intermédiaire dans les démarches de cour et de bureau. Il devient et restera le « cher ange ». Le terme apparaît sous la plume inquiète de Mme du Châtelet*, à la fin de 1736, après la parution du *Mondain* * : « ange tutélaire », écrit-elle. On peut penser qu'Émilie reprenait un vocable déjà familier. « Vous n'êtes pas l'ange gardien, vous êtes l'archange », renchérit une lettre de Voltaire en 1738.

Renonçant aux amours de théâtre, d'Argental avait épousé, à la fin de 1737, l'aimable Jeanne Grâce Bosc du Bouchet (1702-1774), la fille d'un surintendant du Berry. Voltaire eut désormais deux « anges ». Leur maison devint le centre de son réseau d'influence. Ils reçoivent l'abbé de Chauvelin, le marquis de Thibouville, le duc de Richelieu ; plus tard viendront le duc de Praslin, Bernis, Choiseul, et des hommes de lettres comme d'Alembert, d'ailleurs cousin illégitime de d'Argental par Mme de Tencin, et Condorcet à partir de 1770. Dès 1740, Mme d'Argental a entrepris de créer un bureau de « nouvelles à la main », à l'instar du célèbre Bachaumont : elle fait recopier et diffuser tout ce qui se dit dans les meilleures maisons de Paris. Cette « gazette » servit donc à l'occasion les intérêts de Voltaire, il y plaça annonces et désaveux.

D'Argental fut plus qu'un ami pour Voltaire. Il fut l'un de ses confidents, et sans doute le plus intime. Voltaire lui écrit sa peine à la mort d'Émilie*, sa déception de l'indifférence de Louis XV, sa désillusion des petitesses de Frédéric II. D'Argental pressentit d'ailleurs l'un des premiers, l'échec de

l'établissement de Voltaire à Berlin* : un roi peut se dire votre « ami », mais l'amitié véritable « veut un peu d'égalité ». Quant à ses amours secrètes avec Mme Denis*, il fut le seul à en avoir vraiment la confidence.

Toute la vie de d'Argental se passa entre Paris et Neuilly. Il ne vit ni Les Délices ni Ferney. La relation de Voltaire et de son « ange » devint donc, pendant près d'un quart de siècle, uniquement épistolaire. On a plus de mille lettres de Voltaire, plus de deux cents de d'Argental. Ils s'écrivaient toutes les semaines. C'est une correspondance très libre, spontanée et abandonnée. Voltaire demande des services : s'occuper de Mlle Corneille, recevoir la veuve Calas, empêcher une mauvaise édition. Magistrat pondéré, chargé d'affaires de la cour de Parme à partir de 1758, d'Argental ne fut pas un champion des Lumières. Redoutant les livres engagés de son ami, il envoie cependant, en 1763, le *Traité\* sur la tolérance* à l'Infant de Parme. Il travaille à la réhabilitation de Sirven, sur les instances affectueuses de Voltaire : « Cette tragédie mérite toute votre protection. » C'est évidemment pour les affaires de théâtre que d'Argental gardait le plus d'ardeur. Leurs lettres sont pleines de projets et de plans, de tirades essayées, de vers refaits, d'indications de gestes et de décors. D'Argental ranime par quelque récit de première un goût qui s'affaiblit : « Vous m'avez rembâté, vous m'avez renquinaudé », et toujours « rapetassant », Voltaire envoie encore quelque « guenille ».

Ils se revirent en 1778, bien vieux, mais toujours aussi attachés. « Mon cœur est tout jeune quand je pense à vous », avait écrit Voltaire quelques mois plus tôt. Un témoin a raconté la scène de leurs retrouvailles, Voltaire se rendant à pied chez d'Argental, qui de son côté avait couru à l'hôtel de Villette. Les deux amis se retrouvent enfin, tombent dans les bras l'un de l'autre, s'embrassent : leur amitié est intacte, d'une incroyable fraîcheur.

Mme d'Argental était morte en 1774. D'Argental s'éteignit dix ans après Voltaire (2 janvier 1788). Il avait remis très tôt aux éditeurs de Kehl les lettres de son ami. Il contribua même à la collecte de la correspondance. Ainsi mourut-il en Voltaire, lisant et relisant à mesure les épreuves que lui apportait Decroix, comme « une douce et juste reconnaissance ».

*Anne Soprani*

## ARIOSTE, l'

ITALIE •

Dès 1730, le *Roland furieux* (publié entre 1516 et 1532) est l'un des livres de chevet de Voltaire : il le lit avec Mme du Châtelet et le poète italien Algarotti* à Cirey, avec Mme Denis aux Délices et à Ferney. Lorsqu'il rencontre à Berlin Collini*, qui deviendra son secrétaire, son premier mot

est une question sur l'Arioste. Il le cite à tout propos et, si l'on en croit le témoignage de Casanova*, il connaissait de longs extraits du poème par cœur. L'admiration de Voltaire ne s'est jamais démentie, bien au contraire, elle a évolué avec les années jusqu'à devenir une véritable passion. Dans l'*Essay\* upon the Epic Poetry* (1727), Voltaire consacre un chapitre entier au Trissin et à son *Italie libérée des Goths* (1548), un autre au Tasse\* et à sa *Jérusalem délivrée* (1581), et seulement quelques lignes à l'Arioste, car à ses yeux le *Roland furieux* n'est pas un poème épique. Il ne sait d'ailleurs dans quel genre littéraire le classer (fable? conte? roman?), et comme pour *La Divine Comédie*, il parle d'un « monstre », mais il ajoute : « admirable ». Ce qui le frappe d'abord, c'est le contraste entre la légende héroïque et les détails comiques : il lit le poème comme une parodie. Dans les *Questions\* sur l'Encyclopédie* (1770-1772), il modifie cependant son jugement : « Je n'avais pas osé compter autrefois l'Arioste parmi les poètes épiques, je ne l'avais regardé que comme le premier des grotesques, mais en le relisant je l'ai trouvé aussi sublime que plaisant, et je lui fais très humblement réparation. » Il ira jusqu'à appeler l'Arioste son « dieu », et à le déclarer le premier des poètes italiens, si ce n'est du monde entier. *Tancrède\** et surtout *La Pucelle\**, qu'il appelle son « petit poème ariostin », sont directement inspirés de ce « prodigieux ouvrage », et pour mieux affirmer sa dette, il insérera même dans son poème sur Jeanne d'Arc la traduction de l'un des prologues du *Roland furieux*.

*Francesca Isidori*

## ARNAUD

Voir BACULARD D'ARNAUD.

## AROUET

FAMILLE •

La famille Arouet était implantée, depuis le XV$^e$ siècle au moins, dans le Haut-Poitou, à Loudun, à Saint-Loup aussi : « Mon grand-père y était né », précisera Voltaire. Marchands prospères, nantis de province, les Arouet surent préserver leur bien en contractant de riches alliances. Leurs armes « d'or à trois flammes de gueule » évoquent le vieux mot poitevin « arouer » qui signifie brûler. Au XVII$^e$ siècle, un Samuel Arouet était notaire à Saint-Loup, et l'arrière-grand-père de Voltaire, Hélénus Arouet, propriétaire de maisons et de terres, y dirigeait une grande tannerie. Son fils aîné lui succéda, mais un des cadets, François Arouet, vint s'installer à Paris

comme « marchand de drap et soie ». En se mariant, le 28 janvier 1683, avec Marie Mallepart, fille de marchands de Paris, et en s'établissant, rue Saint-Denis, à l'enseigne du « Paon », le grand-père de Voltaire, même s'il conservait des intérêts en Poitou, s'éloignait du berceau de ses ancêtres et fondait la branche parisienne des Arouet. De son union avec Marie Mallepart naquirent sept enfants dont le plus jeune, François, fut le père de Voltaire. Ce François Arouet (1649-1722), d'abord premier clerc, acquit la charge de notaire en 1675. Son étude était fréquentée par quelques grands noms de l'époque, Villars, Villeroy, Saint-Simon, et par Ninon de Lenclos et Boileau. François Arouet épousa, le 7 juin 1683, Marie Marguerite Daumart, fille d'un greffier criminel. À la fin de 1692, M$^e$ Arouet vendit sa charge de notaire et quatre ans plus tard, il achetait celle de receveur des épices à la Chambre des comptes. Ainsi, François Arouet se détacha-t-il de la bourgeoisie du négoce pour entrer dans une bourgeoisie parisienne occupant les charges civiles du palais.

De ses parents, Voltaire a donné un portrait en pointillé. Son père était « grondeur » avec les domestiques, il fréquentait aussi « tous les gens de lettres de ce temps », et « il avait bu avec Corneille ». Homme du grand siècle, sévère voire austère, et imbu de ses prérogatives dans l'intimité familiale, M$^e$ Arouet était cultivé et soucieux de donner à ses enfants une éducation soignée. Selon les habitudes du temps, il laissa jouer à sa femme un rôle plus mondain. Elle tenait salon, recevait abbés et beaux esprits, l'aimable Ninon et le vieux Boileau peut-être. Voltaire prête à sa mère un rôle plus galant : elle était « fort amie » de l'abbé de Châteauneuf* et de ce Rochebrune*, « mousquetaire » et poète, dont il se prétendit le fils. En 1701, les Arouet emménagèrent cour Vieille-du-Palais dans un logement de fonction. Mme Arouet mourut le 13 juillet de la même année, elle avait eu cinq enfants ; Armand, Marguerite Catherine et François Marie seuls avaient survécu.

Armand Arouet (1685-1745), frère aîné de Voltaire, « se croyait puissant en œuvres et en paroles ». Il fut tenu sur les fonts par le duc de Richelieu et par la duchesse de Saint-Simon. Pour autant, il ne garda rien de ce noble éclat ; il sombra dans un mysticisme exagéré. En 1709, il est clerc tonsuré, mais il abandonne le petit collet pour prendre la charge de trésorier de la Chambre des comptes, sans jamais se départir d'une ferveur outrée. Voltaire l'appelle « le janséniste », Armand se mêla d'ailleurs aux pratiques des convulsionnaires* de Saint-Médard. Il vivait cour Vieille-du-Palais, et échappa de justesse à l'incendie qui détruisit, en 1737, la Chambre des comptes. Les deux frères ne s'aimaient guère. Voltaire reprochait à Armand son « indiscrétion naturelle », sa « grossièreté pédantesque » et son « égoïsme insolent ». Pourtant « je n'ai pas tué mon frère, le janséniste, le convulsionnaire, le fanatique », s'amusait-il à dire à 80 ans. Armand mourut en 1745 ; de ses neveux – les enfants de sa sœur –, il fit ses héritiers, n'accordant à

Voltaire que l'usufruit de la part qui lui revenait. Le vieil Arouet à sa mort (1722) avait de la même façon favorisé Armand au préjudice de François. Marguerite Catherine Arouet (1686-1726) fut élevée avec tous les soins réservés aux filles de la bonne bourgeoisie. Elle jouait de l'épinette et savait chanter. Elle épousa Pierre François Mignot*, le 28 janvier 1709, et fut la mère de Mme Denis*, de Mme de Fontaine* et de l'abbé Mignot*.
Quant à François Marie Arouet (1694-1778), on sait que la hardiesse de ses premiers écrits suscita le scandale et le désaveu public de son père. Après le triomphe de sa tragédie *Œdipe*, il effaça son identité première et signa Voltaire. De ses pères, cependant, il avait hérité un sens inné des affaires, l'art de faire fortune et le goût de la procédure.

*Anne Soprani*

## AROUET (pseudonyme)

Renversement curieux: le nom d'Arouet a été utilisé à plusieurs reprises comme pseudonyme. Le mythe Voltaire a gardé vivant le souvenir d'Arouet – nom des origines. En 1882, fut publié sous le nom de «François-Marie Arouet», «arrière-neveu de Voltaire», un ouvrage intitulé *Échos de l'esprit moderne...* Ce pseudonyme cachait Bourgoint Lagrande, connu pour ses attaques contre la vie scandaleuse que mèneraient moines et nonnes dans les couvents, et pour avoir inventé une langue universelle n'empruntant aucun mot à une langue existante: le chabé.
Georges Politzer (1903-1942), philosophe marxiste, fusillé par les nazis pour ses activités de résistant, a aussi utilisé le pseudonyme d'Arouet en 1929 pour *La Fin d'une parade philosophique: le bergsonisme*. Ce texte réédité en 1947 sous le même pseudonyme porte un nouveau titre: *Le Bergsonisme philosophique*, avec un avertissement de Jean Kanapa, bien connu pour son dogmatisme et son intolérance. Arouet à l'extrême gauche donc, mais aussi Arouet chez les nostalgiques de la collaboration. En 1946, parut à Bruxelles sous le nom d'Arouet, un *Voyage en Absurdie, traduit du suédois par M. le Docteur Karl, avec les additions qu'on a trouvées dans la poche du docteur lorsqu'il mourut à Göteborg en l'an de grâce 1775*, titre évidemment calqué sur celui de *Candide*, avec une préface de Christian Dietrich, qui se voulait une satire virulente de la France libérée et de l'épuration. Cet ouvrage reparut en France, en 1947, aux éditions de La Couronne, avec des illustrations de Ben, dessinateur satirique travaillant pour la presse d'extrême droite. Un numéro spécial de *Rivarol* (hebdomadaire de l'extrême droite nationaliste lié à M$^e$ Tixier-Vignancour) du 23 mars 1959 utilise encore le pseudonyme d'Arouet: c'est le *Retour en Absurdie*, illustré lui aussi par Ben. Enfin, toujours sous le pseudonyme

d'Arouet, était parue en 1957 à Paris, une *Vie de Jocrisse Morèze, petit-fils du Petit Père des peuples, d'après les documents ramenés par le Suédois Syllog de son voyage en Absurdie.* Il s'agissait d'une biographie satirique de Maurice Thorez, secrétaire général du Parti communiste français. Dernier titre en date de François-Marie Arouet: *Le 14 juillet 1989,* publié aux éditions du Pré-aux-Clercs en 1982.

Qu'allait faire Arouet dans cette galère ? Lui qu'on dénonçait à l'extrême gauche comme l'idéologue de la bourgeoisie et qu'on récusait à droite pour son anticléricalisme et son esprit négateur. Le nom d'Arouet indique surtout, en l'occurrence, l'utilisation, jugée tellement française, de la satire et de l'ironie.

*Jean Goulemot*

## *ART DE LA GUERRE (L')*

FRÉDÉRIC II • GUERRE • PRUSSE •

Ce poème didactique de Frédéric II, en six chants, ne comprend pas moins de 1 600 alexandrins. Il fut corrigé par Voltaire pendant son séjour en Prusse en 1751. Le «grammairien de Sa Majesté», alors à demi disgracié après l'affaire Hirschel\*, ne se contente pas de «mettre les points sur les i» : il refait plus de 300 vers, relève impropriétés, obscurités et remplissage. Les ironies du petit poème de *La Tactique* (1773) sont une lointaine réponse à ce pensum pourtant accompli avec diligence. Dans le commentaire de Voltaire, publié par Besterman\* s'inscrivent aussi les prérogatives d'une situation piquante : en matière de poétique et de rhétorique, le chambellan\* du roi de Prusse pouvait dicter sa loi.

*Christiane Mervaud*

## *ARTÉMIRE*

Tragédie créée en 1720. Une reine vertueuse, un roi cruel qui sera tué à la fin de la pièce ; et l'amour enfin récompensé. Échec complet, malgré le talent d'Adrienne Lecouvreur\*.

*Henri Lagrave*

## ATHÉISME

CHRISTIANISME • DÉISME • DIEU •

D'après Voltaire les athées auraient été plus nombreux à la fin du XVI$^e$ siècle qu'en son temps, mais c'est au XVIII$^e$ siècle que l'athéisme s'exprime en

France pour la première fois publiquement, et dans des exposés argumentés. On peut distinguer plusieurs athéismes des Lumières. Meslier*, marqué par le cartésianisme, associe une explication matérialiste de l'homme et du monde à une violente contestation politique et sociale de l'ordre établi. La Mettrie*, raisonnant en médecin, expose un matérialisme strictement physiologique, indépendamment de toute considération morale ou politique. Helvétius*, combinant le sensualisme de Locke* et le rationalisme de Descartes*, sans afficher ouvertement son athéisme, estime que l'humanité se construit par la législation et l'éducation. Enfin, Diderot* et surtout d'Holbach*, dans le sillage également du sensualisme, fondent une science de l'homme et de l'univers à partir des lois de la matière, accordant au déterminisme biologique au moins autant d'importance qu'au déterminisme social, et veillant à justifier une morale bourgeoise et une monarchie éclairée.

Toutes ces doctrines ont en commun de nier l'existence de Dieu. C'est le point essentiel auquel Voltaire est sensible. Il réaffirme constamment son credo déiste contre les athées sans chercher à tirer parti des divergences qui les opposent entre eux. Son premier échange de lettres avec Diderot, à propos de la *Lettre sur les aveugles* (1749), marque avec autant de netteté que de politesse la divergence de leurs positions philosophiques. Peu après, Voltaire ouvre l'offensive contre l'athéisme dans son *Poème\* sur la loi naturelle*, en réfutant *L'Anti-Sénèque, ou le Souverain Bien* de La Mettrie. À cette époque, l'athéisme est encore confiné à un petit cercle d'adeptes; le *Testament* de Meslier n'est pas sorti du circuit des manuscrits clandestins, et La Mettrie fait figure de provocateur singulier. Mais à partir de 1765 commencent les publications du groupe des athées parisiens réunis autour de d'Holbach : informé par Damilaville* de leurs activités, Voltaire, avec son *Philosophe\* ignorant*, prend ses distances envers ce qu'il considère comme un nouveau dogmatisme. Lorsque d'Holbach réédite le *Traité des trois imposteurs* (1719) devenu le plus répandu des textes clandestins et qui visait Moïse, Mahomet et Jésus, Voltaire réplique par une *Épître à l'auteur du livre des Trois imposteurs* en l'accusant d'être «le quatrième». C'est là que se trouve le fameux vers : «Si* Dieu n'existait pas...» Jusqu'à sa mort il ne cessera de combattre ce nouvel athéisme, tel qu'il s'exprime en particulier dans le *Système\* de la nature*. De fait, son *Dieu\* et les hommes* a été condamné au feu par le Parlement en même temps que le *Système de la nature*. Mais pour les autorités, notamment religieuses, effrayées par la propagande athée, Voltaire devient une sorte d'allié et peut être récupéré, tactiquement, par l'apologétique catholique représentée entre autres par dom Chaudon* : telle fut la rançon payée par Voltaire pour «avoir trop crié contre les athées» (Condorcet à Voltaire, 12 août 1775).

*Roland Desné*

*Je ne voudrais pas avoir affaire à un prince athée, qui trouverait son intérêt à me faire piler dans un mortier : je suis bien sûr que je serais pilé. Je ne voudrais pas, si j'étais souverain, avoir affaire à des courtisans athées, dont l'intérêt serait de m'empoisonner : il me faudrait prendre au hasard du contre-poison tous les jours. Il est donc absolument nécessaire pour les princes et pour les peuples, que l'idée d'un Être suprême, créateur, gouverneur, rémunérateur et vengeur, soit profondément gravée dans les esprits.*
Dictionnaire philosophique, 1764, art. « Athée, athéisme ».

## ATTRIBUTIONS

ÉDITIONS • PSEUDONYMES •

Le grand public ignore généralement les scrupules des spécialistes, et leur perplexité devant les textes *attribués* à l'écrivain. On a beaucoup prêté à Voltaire, de son vivant et après sa mort, plus qu'à tout autre peut-être, à proportion de la richesse de l'œuvre et de son influence. Bengesco* aligne ainsi deux ou trois cents items dans cette rubrique des attributions, depuis le théâtre jusqu'à la lettre, en passant par les contes et les poésies. D'édition en édition, par preuve, indice ou recoupement, l'érudition a fini par restituer la plupart de ces textes à leurs vrais auteurs : Mercier, Cazotte, Marmontel et Condorcet entre autres. Mais des doutes subsistent, et quelques écrits notables ont été tantôt recueillis, tantôt rejetés, sur des arguments toujours débattus : de qui est *Le Tombeau de la Sorbonne* ? et *Connaissance des beautés* ? Lorsque les *Mémoires* parurent, une voix autorisée cria à l'imposture, celle de Collini, ancien secrétaire de Voltaire, pourtant ici mal inspiré : on a de ces *Mémoires* un manuscrit sûr, en partie autographe.

La prolifération atteste ici quelques pratiques interlopes de la vie littéraire du temps, dont Voltaire usa largement : l'anonyme et les pseudonymes, les supercheries et les mystifications, l'imbroglio des désaveux. Mais dans ces pastiches, parodies et autres suites factices, on peut voir aussi une sorte d'hommage collectif aux talents si incroyablement variés d'un auteur adulé, qui parfois, sous divers autres noms, s'imita lui-même.

*André Magnan*

## « AUGUSTE »

Toute sa vie, Voltaire aura ainsi écrit, le plus souvent, le nom du mois d'août, préférant l'archaïsme à une forme abâtardie, vulgaire et, pour tout dire, welche*.

*André Magnan*

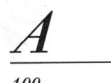

*À Paris, ce 29 août ou auguste ou sextile 1764, comme il vous plaira.*
D'Alembert à Voltaire, en tête de sa lettre de ce jour.

## AUTOBIOGRAPHIE

*MÉMOIRES POUR SERVIR À LA VIE DE M. DE VOLTAIRE* •

*Je ne suis la même personne qu'autant que j'ai de la mémoire, et le sentiment de ma mémoire; car n'ayant pas la moindre partie du corps qui m'appartenait dans mon enfance, et n'ayant pas le moindre souvenir des idées qui m'ont affecté à cet âge, il est clair que je ne suis pas plus ce même enfant que je ne suis Confucius ou Zoroastre. Je suis réputé la même personne par ceux qui m'ont vu croître, et qui ont toujours demeuré avec moi; mais je n'ai en aucune façon la même existence; je ne suis plus l'ancien moi-même; je suis une nouvelle identité: et de là quelles singulières conséquences !*
   *Le Philosophe ignorant, 1766, doute XXIX « De Locke »*
   *— le mot « enfance » réfère ici aux toutes premières années de la vie.*

Absent de l'histoire et des théories constituées de l'autobiographie, Voltaire en relève pourtant à l'évidence, au moins à titre d'archive. Il n'eut pas l'intuition d'un «genre» à naître, que les usages culturels de son temps excluaient de toute façon – Rousseau lui-même, fondateur supposé dudit genre, vécut en fait une écriture sans nom, sauvage et solitaire. Le mot d'autobiographie n'avait pas cours alors, il ne s'imposa en français, venu d'Angleterre, qu'après 1850 – date où d'ailleurs les *Confessions* se trouvaient être encore, dans le goût dominant, une lecture scandaleuse... C'est sans le savoir, dans une démarche tout empirique, empêchée, mais insistante et sinueuse, que Voltaire a pu prendre part à cette préhistoire incertaine.

On peut évoquer d'abord deux pratiques discontinues de toute une vie. Voltaire tenait des Carnets* manuscrits, auxiliaires de son travail intellectuel – faits, notes, anecdotes –, mais recueils aussi, à l'occasion, d'observations et d'impressions – parfois datées – voire d'analyses, des phénomènes du rêve par exemple. On a quelques-uns de ces carnets, d'autres pourraient réapparaître. Voltaire entretint d'autre part une riche correspondance*, et par prédilection des liens de longue fidélité, beaucoup plus intimes et profonds qu'il n'y paraît de loin, qui l'ont souvent porté à l'autoportrait*, à la confidence, au souvenir – lettres aux d'Argental, à Mme du Deffand, à Mme Denis, à d'Alembert, à Mme de Fontaine. Dès les premiers ensembles publiés après sa mort, exactement contemporains de la révélation des *Confessions* de Rousseau, les éditeurs de la correspondance de Voltaire ont insisté sur cette dimension d'expression de soi: Duvernet* annonçait

«le grand homme à nu», Condorcet* «ces lettres où il paraît tout entier» – Moland*, ayant enfin le mot à sa disposition, parle d'une «autobiographie» écrite au jour le jour.
Mais on a surtout de lui trois vrais récits de vie, liés par une sourde continuité, quoique occultée encore par les aléas de leur histoire matérielle. Une étonnante «Paméla*» sort à peine d'un oubli de deux siècles: cette «histoire en lettres» du grand séjour en Prusse, composée dès l'hiver 1753-1754, vient seulement d'être révélée, elle n'a pas encore réintégré l'œuvre. Les *Mémoires\* pour servir à la vie de M. de Voltaire, écrits par lui-même*, rédigés entre 1758 et 1760, inédits à la mort de Voltaire, publiés en 1784, sont restés chers au cœur de *happy few*, mais passent pour faire la preuve d'une malheureuse inaptitude à l'autobiographie; leur titre appelait pourtant, terme à terme, le néologisme à venir. Quant au pauvre *Commentaire\* historique sur les œuvres de l'auteur de La Henriade*, composé après 1772, publié dès 1776, loué sur le moment pour sa nouveauté, il n'est plus connu depuis longtemps que des seuls spécialistes, document secondaire à peine montrable, avec cette prothèse de dédoublement trop évidemment contraire aux principes supposés du «genre»: «M. de Voltaire» y raconte sa «vie» par les yeux d'un témoin; mais quel plaisir, à 82 ans, de la faire lire de son vivant...
Comme travail de la mémoire, cet ensemble présente une curieuse figure gigogne. «Paméla» englobe trois années (1750-1753), pour rejoindre à la fin le temps de l'écriture (1754). Les *Mémoires*, remontant au départ pour Cirey (1734), couvrent vingt-cinq ans jusqu'à leur date-signature (1760). Le *Commentaire historique* reprend enfin la durée entière de la vie, de 1694 l'année de naissance, inscrite en tête, à 1776 la date du livre, marquée au titre. Mais de l'un à l'autre, aucune articulation: le second texte ignore le premier, le troisième les deux autres. C'est que les *Mémoires* et la «Paméla» étaient impubliables, inavouables même. Remémoration à vif du désastre de Prusse, et liquidation des mythes «frédériciens», la «Paméla» fut confiée en manuscrit à Mme Denis comme un «testament»; de même les *Mémoires*, trop libres de jugement sur les puissants, princes, prêtres et ministres, et constitués en dépôt pour des temps meilleurs. Le *Commentaire*, seul récit publié, apparaît alors comme le compromis d'une liberté réalisée, mais relative: après avoir visé deux fois l'improbable lecture posthume, «M. de Voltaire» aurait enfin composé avec les contraintes d'une lisibilité immédiate – tout l'inverse de la folle aventure de Rousseau s'exilant hors du temps dans ses *Rêveries*. On est tenté de considérer ce passage final de «je» à «il» comme une dégradation, peut-être une démission.
Mais faut-il attacher nécessairement à l'autobiographie les valeurs exclusives d'un dévoilement intime et total de soi, explicitement déclaré, expres-

sément organisé en texte? Sur un tel principe, le cas Voltaire est trop vite réglé – il l'a été longtemps. L'élaboration, dans son cas, tient plus profondément à un autre enjeu. Il ne s'est manifestement pas raconté *pour* donner à lire la représentation, l'ostentation de son moi, dans une opération assumée comme exacte, exemplaire ou seulement intéressante. L'enjeu d'un pouvoir sous-tend ici la question de l'identité. Voltaire ne s'écrit même pas *pour*, à vrai dire, mais *contre*. D'abord contre le silence, comme tout écrivain, et donc aussi, à sa mesure et dans son style, contre l'interdit commun de parler de soi. Il aurait dû se taire au sortir de sa catastrophique retraite de Prusse, écrasé d'exil au retour, et il se tait en effet pour le public, mais il fourbit dans l'ombre *contre* Frédéric cette vengeance d'outre-tombe que doit être un jour la «Paméla». Il aurait pu se taire encore après l'incroyable rétablissement des Délices, au lieu de décrire cette retraite heureuse dont il s'étonne et se réjouit en l'évoquant: le texte des *Mémoires* s'écrit aussi, bonheur redoublé, *contre* l'oppression des princes, des dévots, des sots. Une formule concentre la «Paméla»: «Je n'ai pas de sceptre, mais j'ai une plume»; une autre anime les *Mémoires*: «Je me suis fait roi chez moi». Et justement le *Commentaire historique*, secrètement, réunit l'une à l'autre les deux formules, comme tableau d'une vie souverainement accomplie, souverainement écrite, d'où «je» peut même enfin s'absenter – disant pourtant en «il», à la César, quelque chose comme un: «Je me suis fait roi sur ce siècle...».

Il est assez vain, devant l'unité construite d'un projet personnel, d'en rapporter les formes à un type réputé idéal – celui des *Confessions*, par exemple. Loin de projeter dans une écriture à risque, comme Jean Jacques, la substance problématique d'un moi, Voltaire aura gardé la maîtrise des discours, analogue au désir de maîtrise de soi. D'un essai à l'autre, on dirait même qu'il a réduit la part d'innovation formelle. La «Paméla», avec ses pseudo-lettres, tendait à l'auto-fiction; les *Mémoires* s'ouvrent à l'actualité, glissent au journal. Le *Commentaire historique* semble refluer au contraire vers des discours archaïques – le panégyrique, la chanson de geste, la vie de saint –, mais en les distancient par le jeu dédoublé des personnes. Tout se rejoint paradoxalement dans cette subversion formelle du tabou du moi, si du plus profond de lui-même Voltaire a enfin porté à l'extérieur, réalisation rhétorique en «il», un «je» absenté du discours, et devenu pourtant pouvoir de se dire et de s'imposer ainsi.

Dans une genèse du «genre», Voltaire apparaît donc après coup comme un cousin stérile du mutant Rousseau – capable d'une œuvre originale, d'une avancée d'autobiographie dans l'âge classique, mais trop respectueux des langages communs pour ouvrir des espaces uniques à l'écriture de soi. On rêve en vain d'une autobiographie de Voltaire écrite à la Jean Jacques. Pour nourrir l'expérience intime d'une cohérence et d'une continuité, l'effort de

l'œuvre et d'une action sur l'histoire lui étaient sans doute plus nécessaires
– et peut-être suffisants.

André Magnan

*Le 12 juin 1754, j'ai cherché dans la vaste bibliothèque de Senones l'origine des commandements de l'Église ; on n'a pu la trouver.*

*Aujourd'hui, 23 juin 1754, dom Calmet, abbé de Senones, m'a demandé des nouvelles ; je lui ai dit que la fille de madame de Pompadour était morte. « Qu'est-ce que madame de Pompadour ? » a-t-il répondu. Felix errore suo.*

*Le 6 décembre 1754, j'ai vu à Lyon un mangeur de feu, avaleur d'huile bouillante, marchant sur des fers rouges : autant en faisait sa cousine. Ils me dirent que le secret consistait à se frotter longtemps d'huile avec de l'alun de glace pour les barres de fer, et à s'humecter la bouche pour avaler le feu. À l'égard de la cire d'Espagne sur la langue, il n'y a qu'à oser le faire.*

*Carnets.*

## AUTOPORTRAIT

*La plupart des hommes sont comme la pierre d'aimant : ils ont un côté qui repousse et un autre qui attire.*

*Carnets.*

*Je suis d'un caractère que rien ne peut faire plier, inébranlable dans l'amitié et dans mes sentiments, et ne craignant rien, ni dans ce monde-ci, ni dans l'autre.*

*À Formey, fin décembre 1752.*

*Oui, Madame, je suis vif, et je le serai jusqu'au dernier moment de ma vie, quand je croirai servir l'amitié et la raison.*

*À Mme du Deffand, 4 janvier 1769.*

*Je suis honteux d'être si sensible et si vif à mon âge.*

*À d'Alembert, 30 juillet 1766.*

*Je vais vite parce que la vie est courte, et que j'ai bien des choses à faire.*

*À d'Argental, 23 juillet 1763.*

*J'ai toujours été la mouche du coche, mais je bourdonne de si loin qu'à peine m'entend-on.*

*À Thiriot, 11 août 1760.*

# A

*J'ai le malheur d'être un homme de lettres, un ouvrier en paroles et puis c'est tout. Voilà ma vocation dans ce monde.*
À Mme Denis, 16 avril 1754.

*Je suis né faible, j'ai vécu languissant ; j'acquiers dans mes retraites de la force et même un peu d'imagination.*
À Cideville, 4 janvier 1761.

*Comme je suis fort insolent, j'en impose un peu, et cela contient les sots.*
À d'Alembert, 15 septembre 1762.

*Je suis aussi lévrier qu'autrefois, toujours impatient, obstiné, ayant autant de défauts que vous avez de vertus, mais aimant toujours les lettres à la folie.*
À Fyot de La Marche, 18 janvier 1761.

*J'ai un petit malheur, c'est que je n'écris pas une ligne qui ne coure l'Europe.*
À Richelieu, 30 décembre 1753.

*Cinquante ans de travaux ne m'ont fait que cinquante ennemis de plus, et je suis toujours prêt à aller chercher ailleurs, non pas le repos, mais la sécurité. Si la nature ne m'avait pas donné deux antidotes excellents, l'amour du travail et la gaieté, il y a longtemps que je serais mort de désespoir.*
À d'Argental, 1$^{er}$ avril 1768.

*Je crois que j'étais né plaisant, et que c'est dommage que je me sois adonné parfois au sérieux.*
À Mme d'Argental, 13 octobre 1760.

*Je n'ai jamais conçu comment l'on peut être froid ; cela me passe. Quiconque n'est pas animé est indigne de vivre. Je le compte au rang des morts.*
À d'Argental, 11 mars 1764.

*Je vous l'ai toujours dit : si mon père, mon frère, ou mon fils était premier ministre dans un État despotique, j'en sortirais demain.*
À d'Argental, 1$^{er}$ mars 1737.

*Je ne lâcherai prise que quand je serai mort, car je suis têtu.*
À d'Alembert, 4 septembre 1769.

*Nous ne connaissons aucun être à fond.*
Le Philosophe ignorant, 1766.

## AUTOPSIE

Dans la nuit du 30 au 31 mai 1778, alors que l'enterrement de Voltaire causait à sa famille les pires difficultés, M. Try, chirurgien, assisté d'un M. Bruard, procéda hâtivement à l'autopsie. Dans ces temps marqués par l'avènement des études physiologistes, les chirurgiens furent fascinés par l'organe qui passe pour être le siège même du génie : on enleva donc entièrement le cerveau de Voltaire, tandis qu'on allait quérir en toute hâte pour l'embaumement un digne ancêtre de M. Homais, le pharmacien Mitouart, que cette intervention rendit célèbre. Il fit durcir ce cerveau\* dans de l'alcool bouillant, pour le conserver ensuite dans de l'esprit-de-vin. Quant au cœur\* de Voltaire, il échut au marquis de Villette, qui avait accueilli le philosophe en février 1778 dans son hôtel parisien situé à l'angle de la rue de Beaune et du quai des Théatins, aujourd'hui quai Voltaire.

*Didier Masseau*

## AUTRICHE

ALLEMAGNE • ESPAGNE • FRÉDÉRIC II • PRUSSE •

Selon l'*Encyclopédie*, « pays d'Allemagne, borné au nord par la Bohême et la Moravie, à l'Orient par la Hongrie, au midi par la Styrie, et à l'Occident par l'archevêché de Salzbourg ». Mais la géographie est ici insuffisante si l'on oublie que la maison d'Autriche (les Habsbourg) règne sur le Saint Empire germanique. Cette Autriche n'occupe pas dans la réflexion historique ou politique de Voltaire la place qui lui reviendrait de son rôle passé et présent dans le concert européen. La division de l'Empire, dès les abdications de Charles Quint en 1555-1556, que Voltaire évoque dans les *Annales\* de l'Empire*, n'appelle aucun commentaire particulier, un peu comme si Voltaire ne percevait pas la gravité des enjeux de la division en un empire espagnol et un empire allemand. Accordons-lui que ses *Annales* sont une pure et simple chronologie. Mais dans le chapitre II du *Siècle\* de Louis XIV* Voltaire se livre à une brillante analyse de géopolitique sur la situation de l'Empire démembré et sur sa complexité institutionnelle. La séparation est alors acquise : l'Espagne est un royaume gouverné par Philippe II, et l'Allemagne un empire déjà menacé, que gouverne, à partir de 1556 le frère de Charles Quint, Ferdinand I$^{er}$. La Pragmatique Sanction, obtenue par l'empereur Charles VI de Habsbourg en 1713, va permettre l'accession au trône de sa fille Marie Thérèse en 1740, confirmée au terme de la guerre de Succession, que clôt le traité d'Aix-la-Chapelle de 1748. Puis ce sera la terrible guerre de Sept Ans (1756-1763), à l'issue malheureuse pour l'Autriche,

# A

qui obtiendra une importante compensation lors du honteux premier partage de la Pologne* en 1772. C'est dire que l'Autriche est au centre de ce dispositif européen qu'analyse Voltaire dans l'*Histoire\* de la guerre de 1741*, puis dans le *Précis\* du siècle de Louis XV*, et que ses lettres ne cessent de commenter. L'intérêt voltairien est bien réel, passionné même, pour le destin de l'Empire. Désireux de paix, Voltaire se refuse à entrer dans les ambitions des uns et des autres, mais son amitié pour Frédéric II le rend indulgent aux menaces que font peser sur l'équilibre impérial le développement militaire et les visées expansionnistes de la Prusse. Malgré une ode adressée à Marie Thérèse en 1740, les éloges dont il a accompagné son combat pour l'inoculation\*, l'enthousiasme que provoque en lui l'inauguration de l'université de Vienne, Voltaire n'éprouve pas pour l'impératrice cette admiration que suscite en lui Frédéric II. Avec le prince héritier réformateur, le futur Joseph II, les choses sont autres. Joseph passant en 1777 par Ferney faillit rencontrer le patriarche, et Voltaire ne fut certes pas indifférent à ce prince que l'on disait déjà gagné aux Lumières. Sacré empereur en 1765, Joseph II n'exerça la plénitude du pouvoir qu'à la mort de sa mère en 1780 : Voltaire mourut trop tôt pour applaudir au joséphisme.

*Jean Goulemot*

*L'empire d'Allemagne est le plus puissant voisin qu'ait la France : il est d'une plus grande étendue ; moins riche peut-être en argent, mais plus fécond en hommes robustes et patients dans le travail. La nation allemande est gouvernée, peu s'en faut, comme l'était la France sous les premiers rois Capétiens, qui étaient des chefs, souvent mal obéis, de plusieurs grands vassaux et d'un grand nombre de petits. Aujourd'hui, soixante villes libres, et qu'on nomme impériales, environ autant de souverains séculiers, près de quarante princes ecclésiastiques, soit abbés, soit évêques, neuf électeurs, parmi lesquels on peut compter aujourd'hui quatre rois, enfin l'empereur, chef de tous ces potentats, composent ce grand corps germanique, que le flegme allemand a fait subsister jusqu'à nos jours, avec presque autant d'ordre qu'il y avait autrefois de confusion dans le gouvernement français.*

*Chaque membre de l'Empire a ses droits, ses privilèges, ses obligations ; et la connaissance difficile de tant de lois, souvent contestées, fait ce que l'on appelle en Allemagne l'« étude du droit public », pour laquelle la nation germanique est si renommée.*

*L'empereur lui-même ne serait guère, à la vérité, plus puissant ni plus riche qu'un doge de Venise. Vous savez que l'Allemagne, partagée en villes et en principautés, ne laisse au chef de tant d'États que la prééminence avec d'extrêmes honneurs, sans domaines, sans argent, et par conséquent sans pouvoir. Il ne possède pas à titre d'empereur un seul village. Cependant cette dignité, souvent aussi vaine que suprême, était devenue si puissante entre les mains des*

*Autrichiens, qu'on a craint souvent qu'ils ne convertissent en monarchie absolue cette république de princes.*
*Le Siècle de Louis XIV, 1752, chap. II, « De l'Allemagne ».*

## AVARICE

Voir PONCIFS.

## *AVENTURE DE LA MÉMOIRE*

On a rangé parmi les contes*, depuis l'édition de Kehl*, ce court récit publié en 1775. L'*Aventure* possède du conte la brièveté, le mordant, l'ironie, mais dans le cadre critique et carnavalesque de l'allégorie. Le rapprochement s'impose avec l'*Éloge\* historique de la Raison*. C'est une apologie de la mémoire, dont le sensualisme a montré qu'elle est « le seul instrument par lequel nous puissions joindre deux idées et deux mots ensemble ». Mère des arts, source de tout savoir, son importance fut d'abord reconnue par la Sorbonne, qui pouvait ainsi condamner les « idées innées » selon Descartes* ; pour écarter les théories de Locke, la Sorbonne se rallia ensuite à l'innéisme cartésien jusqu'ici refusé. Les Muses s'en irritèrent et ôtèrent aux hommes la mémoire dont ils minimisaient le rôle. Ce fut alors un complet désordre : on ne sut plus faire l'amour ; les bonnets carrés, faute de se souvenir de leur usage, furent utilisés comme des pots de chambre ; les domestiques, oublieux de leur contrat, désobéirent ; les maîtres ne trouvèrent plus les mots pour les faire rentrer dans le devoir ; on ne sut plus faire la cuisine. Ce fut un monde à l'envers, menacé de mort. Mnémosyne rendit enfin la mémoire aux hommes : « Imbéciles, je vous pardonne ; mais ressouvenez-vous que sans les sens il n'y a point de mémoire, et que sans la mémoire il n'y a point d'esprit. »

*Jean Goulemot*

## *AVENTURE INDIENNE, TRADUITE PAR L'IGNORANT*

CONTES PHILOSOPHIQUES •

C'est le conte le plus court de Voltaire, publié en 1766 dans le volume du *Philosophe\* ignorant*, l'année même où le chevalier de La Barre* fut décapité pour impiété. Pythagore, qui en est le héros, apprend que tout dans la nature est voué à disparaître : l'herbe mangée par le mouton, l'huître gobée par l'homme, les mouches dévorées par les araignées, elles-mêmes avalées

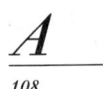

par les hirondelles. Il découvre aussi que les hommes peuvent sacrifier par intolérance leurs semblables. Parce qu'il prêche la paix civile, on brûle sa maison à Crotone. « Sauve qui peut ! » conclut le conte. On serait tenté de lire, dans ce cri, le découragement de Voltaire devant les malheurs du monde. Mais ce pessimisme n'a qu'un temps. Voltaire prépare *L'Ingénu\** qu'il publie en 1767.

Jean Goulemot

## *AVEUGLES JUGES DES COULEURS (LES)*

Voir PETITE DIGRESSION SUR LES QUINZE-VINGTS.

## *AVIS À TOUS LES ORIENTAUX*

JÉSUITES •

Inédite à la mort de Voltaire, cette pochade fut retrouvée parmi ses papiers par les éditeurs de Kehl, qui la placèrent dans le volume des facéties\* : la donnée fictive l'apparente aux contes. Des Orientaux parlent aux Orientaux, mais l'avis tourne vite à l'appel, et même à l'alerte, en pareil cas d'urgence et d'horreur : la menace extérieure de la puissante « secte [des] chrétiens catholiques ». Ils se sont longtemps entre-tués en Europe, ils y persécutent encore les juifs dans des autodafés, « sacrifices de chair humaine » ; ils ont massacré ou colonisé les peuples d'Amérique, ils convoitent l'Abyssinie. Ils ont été autrefois repoussés de la Chine et du Japon, mais tout reste à craindre de leur doctrine de conversion universelle, de leurs ambitions impérialistes et de leur armée secrète : « les espions appelés *jésuites* ». La date de composition est incertaine : 1767 ou 1768 dans la tradition de Beuchot – sûrement entre l'interdiction des jésuites en France (1762-1764) et la suppression de l'ordre par le pape Clément XIV en 1773.

André Magnan

## *AVIS AU PUBLIC SUR LES PARRICIDES IMPUTÉS AUX CALAS ET AUX SIRVEN*

AFFAIRES • CALAS • SIRVEN •

Paru en septembre 1766. Voltaire y unit les deux affaires de « deux familles juridiquement immolées au fanatisme », qui relèvent à ses yeux du même préjugé. Il rappelle une fois encore les faits, montre l'effet de contagion de la condamnation de Jean Calas dans l'affaire Sirven (raisonnement prêté

au juge de Mazamet, réactions de peur panique qui poussent les Sirven à s'enfuir), tout en soulignant les différences. L'essentiel de ce court écrit demeure bien évidemment la dénonciation obstinée du fanatisme et l'affirmation répétée que la tolérance peut seule rendre la société supportable. Nul n'est ici épargné : les juges des procès de sorcellerie, les prédicateurs obsédés par les crimes de bestialité, les jansénistes qui armèrent le bras de Damiens, les prédicants intolérants de Genève, les processionnaires de Toulouse et leurs cortèges fanatiques... Tous, au-delà des différences, sont atteints de la même rage de l'âme.

*Jean Goulemot*

## *AZOLAN*

Voir CONTE EN VERS.

# B

*Si un chêne s'appelait A, un autre chêne s'appelait B; car la première idée qu'on tire de deux choses, c'est qu'elles ne sont pas la même; et il faut beaucoup de temps pour observer ce qu'elles ont de commun : de sorte que plus les connaissances étaient bornées, et plus le dictionnaire devint étendu.*
Jean Jacques Rousseau, *Discours sur l'origine et les fondements de l'inégalité parmi les hommes*, 1755.

*Il s'appelait au moins AB, puisqu'il ressemblait à A.*
Note de Voltaire en marge.

## BABABEC ET LES FAKIRS

Voir *LETTRE D'UN TURC*.

## BABOUC

Voir *MONDE COMME IL VA (LE)*.

## BACCALAURÉAT

AGRÉGATION • ÉDUCATION • MANUELS SCOLAIRES • PONCIFS •

L'école de la République a fait de Voltaire un auteur sur lequel on ne peut se permettre l'impasse. Seul écrivain du XVIII$^e$ siècle constamment présent à l'épreuve écrite jusqu'en 1970, il y apparaît dans différents rôles. Il est critique littéraire : « Selon Voltaire, "le Français n'a pas la tête épique". Discutez. » Il est historien : « "On aimerait à voir l'histoire des guerres de

Rome et de Carthage, écrite par un homme qui n'aurait été ni carthaginois ni romain." Commentez ce mot de Voltaire. » On disserte sur le message du philosophe : « "Voltaire enseigne à assumer, avec une lucidité alerte, l'aventure moderne de l'humanité." Commentez ce jugement. » On disserte sur son style : « "Que m'importe que Voltaire ne me dise rien de neuf, s'il me le dit mieux que personne ?" Commentez. » Les sujets se constituent ainsi en une escadre de questions bateaux, imposant au candidat le développement d'un discours convenu : celui de l'école. Il importe alors de confronter Voltaire à Rousseau : « Une caricature du XVIII$^e$ siècle représente Voltaire et Rousseau se battant à coups de poings. En quoi se sont-ils opposés ? » Mais trois figures surtout s'imposent. Celle de l'écrivain le plus représentatif du XVIII$^e$ siècle : « Discutez ce jugement : "Il n'y a pas une idée de son siècle que Voltaire n'ait supérieurement exprimée." » Celle de l'esprit français par excellence : « Voltaire est pour Goethe "l'écrivain qui a été le plus en harmonie avec sa nation". Commentez. » Enfin celle d'un père fondateur de la République : « À l'occasion du transfert des cendres de Voltaire au Panthéon en 1791, vous rédigez le discours d'un député devant l'Assemblée. Montrez tout ce que la Révolution doit à Voltaire. »
Mais si de tels sujets tendent à le statufier, d'autres opèrent une mise à distance, conformément à l'image ambivalente construite par les manuels. Le plan invite alors aux balancements dialectiques. Par exemple, sur l'homme : « Selon Voltaire, "le but de la vie humaine, c'est l'action". Sa vie correspond-elle à cette définition ? » – et le corrigé type évoque la gestion des biens et de la gloire. Sur l'œuvre : « Diderot a dit de Voltaire : "Cet homme n'est que le second dans tous les genres." Discutez. » Sur la philosophie : « Chateaubriand a écrit de Voltaire : "Il fait luire une fausse raison qui détruit le merveilleux, rapetisse l'âme et montre sous un jour hideusement gai l'homme à l'homme." Discutez. »
Les nouvelles épreuves du baccalauréat ont presque écarté Voltaire de l'écrit : les dissertations sont devenues très générales, et le commentaire composé propose le plus souvent des textes plus modernes, et de poésie. Toujours inscrit dans le patrimoine littéraire transmis aux élèves de première, Voltaire figure cependant en bonne place sur les listes de textes présentés à l'examen oral. Il reste l'auteur du XVIII$^e$ siècle le plus étudié en œuvre intégrale (*Candide*, *Zadig*, *Micromégas*) et en extraits (groupements de textes sur les Lumières). Seule la démarche diffère : au discours schématisant vient ici se substituer, en principe, la lecture méthodique de ses textes.

*Marie-Françoise Chanfrault*

*Il ne faut jamais rougir d'aller à l'école, eût-on l'âge de Mathusalem.*
*À Condorcet, 2 juillet 1777.*

## BACON, Francis, lord Verulam

ANGLETERRE • EXPÉRIENCE • SCIENCES •

La figure de Bacon (1561-1626) occupe une place essentielle et durable dans l'œuvre de Voltaire. «Père de la philosophie expérimentale», selon la célèbre formule de la XII$^e$ des *Lettres philosophiques*, c'est par lui que s'ouvre dans cet ouvrage, dès 1734, la séquence consacrée à la philosophie de la nature, articulée autour de la trilogie de Bacon, Locke* et Newton* (XII$^e$-XVII$^e$ lettre).

Bacon est pour Voltaire le pourfendeur de la scolastique, celui qui a débarrassé la philosophie de la logique et des catégories aristotéliciennes et proposé enfin l'étude véritable de la nature, établie sur l'observation et l'expérience (*Le Siècle de Louis XIV*, 1752, chap. XXXIV). Par sa fonction critique, comme par la méthode qu'il préconise, Bacon est donc l'initiateur : son *Novum scientiarum Organum* a fondé les édifices ultérieurs, et si cette œuvre a été quelque peu oubliée, c'est à la façon dont on néglige un échafaudage, une fois la construction achevée. Sans qu'on puisse le créditer de quelque grande découverte, il a ouvert la voie à toutes : «Le chancelier Bacon ne connaissait pas encore la nature; mais il savait et indiquait tous les chemins qui mènent à elle.» Il ne se contenta d'ailleurs pas d'un discours théorique sur les sciences, mais contribua à l'invention de machines pneumatiques destinées à faire le vide, et suggéra un grand nombre d'expériences, instaurant par là cette tradition de physique expérimentale représentée par Boyle ou Torricelli. La même vision positive est partagée par les Encyclopédistes qui se sont directement recommandés de Bacon pour établir leur système d'organisation des savoirs (d'Alembert, *Discours préliminaire* de l'*Encyclopédie*, 1751).

La figure de Bacon dans l'œuvre de Voltaire ne peut être pleinement comprise que par opposition à celle de Descartes*, et surtout par association à celle de Newton, dont Voltaire affirme qu'il est le précurseur: «Mais ce qui m'a le plus surpris, ç'a été de voir dans son livre, en termes exprès, cette attraction nouvelle dont Newton passe pour l'inventeur. "Il faut chercher, dit Bacon, s'il n'y aurait point une espèce de force magnétique qui opère entre la Terre et les choses pesantes, entre la lune et l'océan, entre les planètes, etc." » (*Lettres philosophiques*, XII$^e$ lettre). On retrouve cette idée dans les *Éléments\* de la philosophie de Newton* (1738), où Voltaire rappelle les expériences que Bacon avait proposé de faire sur le mouvement du pendule, pour mesurer son accélération en fonction de la hauteur : «Le chancelier Bacon dit formellement qu'il est probable qu'il y ait une attraction des corps au centre de la Terre, et de ce centre aux corps» (III$^e$ partie, chap. III). Bacon soupçonna donc ce que Newton démontra,

affirme encore Voltaire dans les *Questions\* sur l'Encyclopédie* (1770-1772, art. «De Francis Bacon et de l'attraction»).

La personnalité de Bacon homme d'État et historien (il publia une *Histoire de Henry VII*) fascinait Voltaire. Accusé de corruption alors qu'il occupait la charge de chancelier de Jacques I$^{er}$, «lord Verulam» fut condamné à une amende et perdit ses fonctions et sa dignité de pair. Voltaire semble croire en sa culpabilité, ainsi qu'il ressort d'une lettre à Thiriot du 24 février 1733, mais il lui trouve des circonstances atténuantes, et son «infamie» n'altère pas à ses yeux sa stature de «grand homme»: Bacon reste celui qui, «plus estimable dans ses travaux littéraires que dans sa place de chancelier», a ouvert «une carrière toute nouvelle à la philosophie» (*Essai\* sur les mœurs*, chap. CLXXIX). Dans le jugement de la postérité sur Bacon, Voltaire voyait peut-être une préfiguration de son propre destin: «Il a été, comme c'est l'usage parmi les hommes, plus estimé après sa mort que de son vivant: ses ennemis étaient à la cour de Londres; ses admirateurs étaient dans toute l'Europe.»

*Roselyne Rey*

## BACULARD D'ARNAUD, François Thomas Marie de

GENS DE LETTRES • PRUSSE • SECRÉTAIRES •

Les relations houleuses entre Baculard d'Arnaud (1718-1805) et Voltaire donnent une illustration exemplaire des conflits qui déchiraient la république des lettres au XVIII$^e$ siècle; elles témoignent aussi du climat d'intrigues et de querelles, propre à l'entourage français de Frédéric II\*. On aurait tort de réduire à des anecdotes ces épisodes, car ils éclairent les pratiques éditoriales, les relations entre gens de lettres, et tout particulièrement les liens complexes qui se nouèrent entre Voltaire et un éventail d'écrivains protégés, agents d'affaires, intermédiaires culturels ou chargés de missions éditoriales.

Pour comprendre la situation, il ne faut pas s'en tenir à l'épisode berlinois de 1750. Leurs relations remontent à une époque bien antérieure. Baculard d'Arnaud est un jeune homme sans fortune mais muni d'une forte éducation classique. La carrière des lettres se présente à lui comme une voie naturelle pour échapper à la misère. Ce rêve, à l'époque, est celui de nombreux grimauds, frais émoulus des collèges, aspirant à mettre à profit leur connaissance des poètes latins et des tragiques grecs. En 1736, Voltaire est en pleine ascension; il a retrouvé les plaisirs de la capitale, et sa réputation de dramaturge est établie. On le sait accueillant pour les nouveaux talents; Baculard, qui n'a que 18 ans, lui envoie une épître et le couvre de flatteries. La stratégie est payante: il reçoit une réponse encourageante du grand

écrivain, qui le prend rapidement sous sa coupe. À lire la correspondance de Voltaire, entre autres ses lettres à son chargé d'affaires, l'abbé Moussinot, on constate que, durant l'année 1737, Voltaire envoie à son protégé, qui crie famine, une série de petites sommes (90 francs au total). Il ne semble pas que cette protection soit désintéressée. Dans l'esprit de Voltaire, il s'agit d'abord d'exploiter les talents de ce plumitif pour en faire un agent subalterne de publicité : il rédigera, par exemple, les préfaces que Voltaire ne peut signer.

Pourtant, le philosophe se défie de sa jeune recrue : l'écrivaillon doit au plus vite améliorer son style. Il l'écrit à Moussinot, distributeur de ses prébendes : « Quand d'Arnaud emprunte 3 livres tournois, il faut lui en donner 12, l'accoutumer insensiblement au travail, et s'il se peut, à bien écrire. Recommandez-lui ce point, c'est le premier échelon, je ne dis pas de la fortune, mais d'un état où l'on puisse ne pas mourir de faim. » Le ton de cette lettre indique que Voltaire n'a que piètre estime pour celui qui n'a pas encore atteint un seuil minimal de respectabilité intellectuelle et sociale ; et notre écrivain de s'offusquer lorsque Baculard, quelques années plus tard, ose venir seul à Cirey, « chez une dame dont il n'a pas l'honneur d'être connu », sans en solliciter la permission. Ce qui n'empêchera pas Voltaire de demander pour lui une place de secrétaire auprès d'Helvétius. Or ce poste, conquis en 1739, est pour Baculard d'Arnaud une première étape qui l'élève dans le monde des lettres : Helvétius, qui n'a encore rien publié, possède une charge fort lucrative de fermier général, et le pauvre hère, désormais à l'abri du besoin, dispose auprès de lui d'un accès aux milieux philosophiques. En 1741, il commet cependant une erreur stratégique en publiant un ouvrage pornographique, *L'Art de foutre*, et surtout en se laissant démasquer. Il sera arrêté le 17 février et conduit le 17 mars à la prison de Saint-Lazare.

En dépit de cet incident de parcours, qui ne peut d'ailleurs entraver une carrière littéraire, Baculard, en 1750, a renforcé sa position, au moment même où le mouvement philosophique entre dans sa phase décisive. Passant désormais pour un disciple et un satellite de Voltaire, il entretient une correspondance avec des personnalités en vue : d'Alembert, Boyer d'Argens, Fréron, Piron et Prévost. Cette position clef lui attire enfin les faveurs de Frédéric II.

C'est en 1750 que les relations entre le maître et le prétendu disciple se détériorent. Si les raisons profondes de cette brouille, qui défraya la chronique allemande et parisienne des belles-lettres, demeurent obscures dans les détails, il ne fait aucun doute que les enjeux de pouvoir y jouèrent un rôle essentiel.

Rappelons les faits : Frédéric II cherche depuis toujours à attirer Voltaire à sa cour. En louant hautement Baculard d'Arnaud, érigé en figure de proue

de la poésie, il l'«utilise» pour vaincre les ultimes résistances de Voltaire. Frédéric II n'invite-t-il pas Baculard à venir à Berlin à la place de «l'Apollon de la France» qui se fait trop désirer?

> *Venez briller à votre tour,*
> *Élevez-vous s'il baisse encore.*
> *Ainsi le couchant d'un beau jour*
> *Promet une plus belle aurore.*

En s'installant à Berlin en juillet 1750, Voltaire y retrouvait donc Baculard arrivé quelques mois plus tôt. Frédéric II eut d'ailleurs soin de marquer les distances entre son hôte illustre et son invité de second rang: Baculard n'eut que 5 000 livres de pension et ne fut pas admis aux soupers de Potsdam. Une ancienne préface rédigée par Baculard d'Arnaud pour une édition rouennaise des œuvres, et que Voltaire avait désapprouvée, mit le feu aux poudres. Baculard, qui disposait maintenant de solides relations, crut pouvoir contre-attaquer en alimentant Fréron, l'ennemi de Voltaire, en ragots berlinois. Frédéric II finit par renvoyer Baculard, non pas seulement, semble-t-il, pour répondre aux vœux du rival: Baculard d'Arnaud aurait trempé aussi dans d'obscures histoires d'argent et commis des indélicatesses. Par la suite, Voltaire continuera à l'accabler de ses sarcasmes ou même à le desservir, quand il le pourra, auprès des éditeurs.

La véritable carrière de Baculard d'Arnaud ne commence qu'après cette brouille. Après un bref séjour à Dresde, il s'installe définitivement à Paris et accomplit un revirement stratégique qui se révélera fructueux. Tournant résolument le dos au milieu philosophique, il deviendra un auteur à succès, spécialiste des émois sensibles, et touchera même au roman noir.

*Didier Masseau*

## BAPTÊME

Voltaire s'emploie à désacraliser le baptême. Il nie que ce soit un signe proprement chrétien, et accepté par tous les chrétiens: les quakers ne reçoivent pas ce sacrement, tout en se réclamant du Christ et de l'Écriture (*Lettres philosophiques*, I$^{re}$ lettre). Il note volontiers que les premiers évêques étaient circoncis et probablement pas baptisés, il évoque aussi le passage de l'immersion à l'aspersion. Il établit même l'origine étrangère de ce rite de purification, pratiqué par les Indiens et les Égyptiens, auxquels les Hébreux l'auraient emprunté.

Passant de l'histoire à la morale, il s'indigne qu'une pratique religieuse lave des pires crimes, en invoquant des exemples extrêmes, comme celui de Constantin attendant la mort pour se faire baptiser. Et que dire des fanati-

ques qui souhaiteraient voir mourir leurs enfants juste après leur baptême? L'évocation du rite en termes concrets, privés de toute valeur symbolique, contribue aussi à la désacralisation: baptiser, c'est «jeter de l'eau froide sur la tête avec un peu de sel» (*Lettres philosophiques*, 1$^{re}$ lettre). La dérision n'est pas loin: «Quelle étrange idée, tirée de la lessive, qu'un pot d'eau nettoie tous les crimes!» (*Dictionnaire philosophique*, art. «Baptême»). Révisant pour ses *Questions sur l'Encyclopédie* cet article «Baptême», il met un avertissement en tête: «Nous ne parlons point du baptême en théologiens; nous ne sommes que de pauvres gens de lettres qui n'entrons jamais dans le sanctuaire» – ce qui allait sans dire.

Marie-Hélène Cotoni

*Le prieur redressa les idées du Huron; il lui remontra que la circoncision n'était plus de mode, que le baptême était beaucoup plus doux et plus salutaire, que la loi de grâce n'était pas comme la loi de rigueur. L'Ingénu, qui avait beaucoup de bon sens et de droiture, disputa, mais reconnut son erreur, ce qui est assez rare en Europe aux gens qui disputent; enfin il promit de se faire baptiser quand on voudrait.*

*L'Ingénu, 1767, chap. III.*

## BARBARA

«La Barbara», disent les témoins et visiteurs de Ferney: elle fut la dernière gouvernante de Voltaire. Elle le servait déjà en 1769. Voltaire écrit aussi son nom «Barbera» ou «Barberat», mais il l'appelait, d'après Duvernet\*, «la bonne Baba». «Il jase avec elle tous les matins de l'intérieur de son ménage, lorsqu'elle lui porte sa chemise», écrivait en 1776 un habitué du château. Dans un testament de la même année, Voltaire lègue à la Barbara 800 livres de rente, plus la moitié de ses pelisses, de ses habits de velours, de ses vestes de brocart.

André Magnan

## BARON D'OTRANTE (LE)

En 1767, de passage à Genève, le jeune Grétry (1741-1813), alors à ses débuts, fut reçu à Ferney, où l'on goûta sa musique. Voltaire l'encouragea et lui offrit en 1768 le livret d'un opéra-bouffe, en un acte et en vers, qu'il avait tiré d'un de ses contes, *L'Éducation d'un prince*. Un jeune baron, élevé dans la mollesse, s'ennuie et néglige ses sujets, en dépit des conseils de sa

fiancée Irène. Un raid de corsaires change brutalement sa vie : leur chef Abdala s'installe au château, y festoie, fait du baron son muletier, et convoite Irène. Mais la fine mouche, usant de coquetterie, aide le jeune homme, qui a compris la leçon, à surprendre à son tour les Turcs pris de vin, et à les chasser. La pièce fut refusée au Théâtre-Italien. La même année, Grétry fêtait son premier succès parisien avec l'opéra-comique du *Huron*, sur un livret de Marmontel\*, tiré de *L'Ingénu*\* de Voltaire. *Le Baron d'Otrante* fut publié dans l'édition de Kehl\* en 1785.

*Henri Lagrave*

## BARRY, Marie Jeanne Bécu, comtesse du

COURTISAN • LOUIS XV •

Les rapports de Voltaire avec Mme du Barry (1743-1793), la dernière favorite de Louis XV, s'inscrivent dans la longue trame des démarches de l'écrivain pour obtenir de la cour son retour à Paris. Introduite auprès du roi, en 1768, grâce aux intrigues de Richelieu\*, la nouvelle maîtresse, vu ses antécédents de galanterie, demeura longtemps ignorée par la cour et l'entourage du roi. Sa présentation officielle tarda jusqu'en avril 1769. Puisque « les belles doivent aimer lire ce qui regarde leurs amants », Voltaire lui adressa le *Précis du siècle de Louis XV*. On apprit bientôt que Mme du Barry avait parlé de M. de Voltaire au roi « avec la plus grande bienveillance ». Mais à son habitude, Louis XV ne souffla mot d'un éventuel retour du philosophe. En 1773, Voltaire tenta d'autres approches. Il fit tenir à la comtesse, en manuscrit, sa tragédie des *Lois*\* *de Minos*, alors en lecture. Il reçut en retour un médaillon qu'elle avait embrassé deux fois. « Quoi ? deux baisers sur la fin de ma vie ! » improvisait-il dans une lettre-madrigal. Mais son projet de faire jouer *Pandore* pour les noces du comte d'Artois n'aboutit pas. Les relations continuèrent pourtant. Il lui fit parvenir des montres\*, une pour elle, « ornée de diamants », d'autres pour les dames de la nouvelle comtesse d'Artois – la sienne, qui valait mille francs, ne fut jamais payée aux horlogers de Ferney. Il lui demanda encore son appui pour les réhabilitations de Lally\* et d'Étallonde\*, mais la mort de Louis XV obligea enfin la du Barry à quitter Versailles pour l'exil, au printemps 1774 – comme « une actrice, commente Voltaire, qui disparaît au troisième acte ». Revenu à Paris en 1778, Voltaire reçut plusieurs visites de l'ancienne favorite, tandis que la cour le boudait. Un jour d'avril, alors qu'elle quittait le chevet du philosophe, Mme du Barry croisa Brissot, un des pères fondateurs de la future République !

*Anne Soprani*

## BARTHES, Roland

Barthes (1915-1980) s'en est pris plusieurs fois à Voltaire. Dans *Le Degré zéro de l'écriture* (1953), il évoque en repoussoir une certaine «écriture dix-huitiémiste», évidemment «pré-bourgeoise». Dans *Critique et vérité* (1966), il flétrit «la pauvre ironie voltairienne, produit narcissique d'une langue trop confiante en elle-même». Il avait donné entre-temps une préface aux *Romans et Contes* de l'édition du Club des Libraires de France (1958), reproduite dans les *Essais critiques* (1964), sous le titre «Le Dernier des écrivains heureux». Texte retentissant, qu'on cite encore. Barthes découvre chez Voltaire trois raisons de ce «bonheur»: le combat de la raison prend avec lui l'allure d'une fête, contre des ennemis clairement désignés; l'ordre du monde est pour lui fort rassurant, définitivement fixé par un grand horloger; enfin Voltaire écarte tout système en érigeant le «bon sens», c'est-à-dire sa propre pensée, en «une nature à laquelle toute doctrine philosophique ferait offense».

La critique de Barthes est évidemment marquée par le marxisme des années 60: Voltaire aurait eu le vent en poupe parce qu'il reflétait parfaitement les positions d'une bourgeoisie «si près du pouvoir qu'elle pouvait déjà commencer à ne pas croire à l'Histoire». Point n'est besoin de souligner la légèreté avec laquelle on emploie ici le mot de «bourgeois\*», et le caractère sommaire, voire superficiel, de cette analyse de la relation de Voltaire à l'Histoire. Barthes montre pourtant, à juste titre, combien Voltaire a la certitude d'œuvrer, dans la bonne conscience, pour faire triompher la vérité.

*Didier Masseau*

*En somme, ce qui nous sépare peut-être de Voltaire, c'est qu'il fut un écrivain heureux. Nul mieux que lui n'a donné au combat de la Raison l'allure d'une fête. Tout était spectacle dans ses batailles: le nom de l'adversaire, toujours ridicule; la doctrine combattue, réduite à une proposition (l'ironie voltairienne est toujours la mise en évidence d'une disproportion); la multiplication des coups, fusant dans toutes les directions, au point d'en paraître un jeu, ce qui dispense de tout respect et de toute pitié; la mobilité même du combattant, ici déguisé sous mille pseudonymes transparents, là faisant de ses voyages européens une sorte de comédie d'esquive, une scapinade perpétuelle. Car les démêlés de Voltaire et du monde sont non seulement spectacle, mais spectacle superlatif, se dénonçant soi-même comme spectacle, à la façon de ces jeux de Polichinelle que Voltaire aimait beaucoup, puisqu'il avait un théâtre de marionnettes à Cirey.*

Roland Barthes, préface aux «Romans et Contes» de Voltaire:
«Le Dernier des écrivains heureux», *1958*.

## BAS

FERNEY •

En 1930, pour attirer le chaland, un marchand de frivolités du pays de Gex affichait dans sa boutique : « Voltaire patriarche de Ferney et fabricant de bas de soie ». Réminiscence lointaine d'une activité que Voltaire avait poursuivie de manière artisanale. Seigneur* de village, il pensa favoriser en effet l'essor de sa « colonie » en établissant diverses manufactures. N'était-il pas naturel que le petit-fils d'un Arouet jadis « marchand de drap et soie » s'intéressât à ces « insectes changeants qui nous filent la soie » (*Poème sur la loi naturelle*) ? C'est donc à Ferney, en 1769, qu'il obtint le précieux fil. « Je me suis amusé cet été, écrit-il à Mme Denis, à nourrir des vers à soie ; j'ai fait de la soie. » Conseillé par les deux frères Calas* réfugiés dans la région depuis 1762, Voltaire installa bientôt une fabrique de bas. Désormais l'entreprise était lancée, elle demandait les soins attentifs d'un jardinier, qui s'occuperait des plantations de mûriers. Enfin des Ferneysiennes cardèrent et filèrent la soie. Il restait à trouver des débouchés en France pour cette nouvelle industrie. Voltaire s'adressa à la duchesse de Choiseul*, épouse du ministre principal, « pour qu'elle eût le premier bas de soie qu'on ait fait dans le pays de Gex ». La duchesse avait un joli petit pied, il s'informa de sa juste mesure. Elle expédia « un soulier de treize pouces de long », plaisanterie qui lui valut le surnom de « Mme Gargantua ». Mais qu'importe : « Je lui ai envoyé des bas pour les enfants de Mme Gigogne. » En septembre 1769, Voltaire se souciait aussi de renouer avec Mme Denis leur lien distendu. Il s'installa donc lui-même au métier pour faire, lui écrit-il, « quelques mailles à une paire de bas qu'on tricote pour vous ». Cet ouvrage lui parut « plus long à faire qu'une tragédie ».

*Anne Soprani*

## BASKERVILLE, John

ANGLETERRE • ÉDITIONS •

L'illustrissime imprimeur anglais (1706-1775), partenaire attitré de l'université de Cambridge, croise deux fois l'histoire de Voltaire. En 1771, à l'apogée de son art, il propose à l'écrivain de réaliser une édition de ses œuvres aux frais d'une société d'amateurs anglais : ce « Voltaire » devait rejoindre, nouveau « classique », son fameux « Horace » et la superbe collection de ses in-4° latins, trésor des bibliophiles du temps – finesse et perfection des caractères, encre d'un noir inégalé, papier lissé feuille à feuille. Voltaire s'était prêté au projet, mais l'édition fut abandonnée, on ne sait pourquoi. Dix ans plus tard, c'est en « types de Baskerville » qu'on annonce

l'édition posthume de Kehl* : la fonderie, les presses et les secrets du maître ont été rachetés par Beaumarchais* à prix d'or, des ouvriers français sont envoyés à Birmingham pour se former auprès de son dernier compagnon, et les prestigieux caractères seront réservés aux seuls souscripteurs de l'édition. Le « Baskerville » allait y perdre en fait sa valeur de référence, en même temps que le « Voltaire » s'ouvrirait à un public plus large : on l'étendit aux formats non souscrits, on le généralisa à l'ensemble de la production de Kehl, aux éditions de Virgile, Rousseau, Mably, et Beaumarchais finit par le commercialiser en gros, sur catalogue, pour rentabiliser sa fonderie – on soldait le « Baskerville » à Paris en 1791 pour fournir aux nouveaux besoins de la presse.

André Magnan

## BASTILLE

*BASTILLE (LA)* • EXIL • RÉGENCE •

Voltaire séjourna deux fois dans la forteresse aux huit tours. Les prisonniers y étaient conduits sur lettre de cachet. Coupable en 1717 d'avoir écrit des vers injurieux contre le Régent, Arouet fut arrêté le 16 mai. Il réagit à l'événement avec la véhémence de ses 23 ans. « Il a beaucoup goguenardé », rapporte l'exempt : « Il était ravi d'être à la Bastille, pourvu qu'on lui permît de continuer à prendre son lait... » « Embastillé, logé fort à l'étroit », Arouet trompa son ennui en composant, paraît-il, le poème satirique de *La Bastille*, et commença à versifier *La Henriade*. Il sortit du « royal réduit » onze mois plus tard, le 14 avril 1718.

Pour avoir voulu affirmer la dignité du poète contre le sot chevalier de Rohan-Chabot*, Voltaire fut à nouveau « séparé de l'univers entier », le 17 avril 1726, et enfermé « en silence », tel le héros de *L'Ingénu*. Quand il fut libéré le 2 mai suivant, ce fut pour être conduit sous escorte jusqu'à Calais, d'où il avait obtenu la permission de s'embarquer pour l'Angleterre. Ce second emprisonnement marque une rupture dans la vie de Voltaire, déçu par une société qui chérit les vers et abandonne ses poètes. Au détour d'une de ses *Lettres\* philosophiques* (XIXe lettre), la Bastille allait être évoquée à la fois comme une « violence » et une « distinction ».

Et les brochures de 1789 ne manqueraient pas de citer le poète de *La Henriade*, pour dénoncer l'arbitraire ancien qui conduisait

> *Dans cet affreux château, palais de la vengeance,*
> *Qui renferme souvent le crime et l'innocence.*
> (Chant IV, 454).

Anne Soprani

*Sur l'emplacement de la Bastille s'élevait une masse informe de pierres. Cet amas de décombres, disposé en forme d'autel, fut couvert de fleurs, et ombragé par une plantation de peupliers, de lauriers et de cyprès. C'est sur cet autel qu'on déposa les cendres du grand homme : elles y reposèrent toute la nuit, et par leur présence, si j'ose parler ainsi, purifièrent une terre que le despotisme avait souillée par tant d'actes arbitraires. C'est aussi là que, pendant toute la nuit, et de tous les quartiers de Paris, accoururent en foule les habitants, entraînés les uns par cet esprit d'inquiétude et de curiosité qui met toujours en mouvement la multitude, les autres par ce sentiment de reconnaissance et de vénération que semblaient commander la haute renommée du philosophe et le bien qu'il avait fait aux hommes.*

*Duvernet, Vie de Voltaire, 1797*
*– Relation du retour de la dépouille de Voltaire à Paris et de son entrée au Panthéon, 10-11 juillet 1791.*

## BASTILLE (LA)

POÉSIE • POÈTE •

C'est à la Bastille* même, dit-on, à son premier emprisonnement (1717-1718), ou juste après sa libération, que le jeune Arouet écrivit sur son aventure ce petit poème en décasyllabes humoristiques. Le public ne connaîtra ces vers que dans la vieillesse de l'auteur, devenu Voltaire. Il y raconte surtout son arrestation et son arrivée dans le célèbre château, en mettant l'accent sur des détails secondaires qui font sourire : les gens de police ont un «air doux et bénin», l'appareil de la prison est imposant,

> *Triple la porte et triple la serrure,*
> *Grilles, verrous, barreaux de tous côtés,*

mais c'est «pour votre sûreté», lui assure le geôlier. Abandonné de tous, c'est de la perte de sa maîtresse, la volage Livry*, qu'il se plaint le plus. Dans l'une des expériences les plus marquantes de sa vie, il plaisante pour ne pas pleurer, comme l'avait fait avant lui en semblable circonstance le poète Marot, dont il reprend ostensiblement les tournures archaïques : la poésie de ce temps n'exprime vraiment l'angoisse que par l'ellipse, la distance et le détour.

*Sylvain Menant*

## BATAILLE DE FONTENOY (LA)

Voir *POÈME DE FONTENOY (LE)*.

## BAUDELAIRE, Charles

POÉSIE •

Baudelaire (1821-1867) voit Voltaire à travers son maître Joseph de Maistre* (1753-1821) : une âme déchue, un esprit matériel, un homme qui n'a jamais senti de mystère en rien – « ou qu'en bien peu de choses », concède-t-il un jour. Mais pour lui, qu'il écrive sur Hugo, sur Poe ou Delacroix, Voltaire est encore une référence proche. Le fameux « sourire » ? C'était « sa grimace de combat ». Baudelaire ne pense pas que Voltaire ait « fait la Révolution » : « mot convenu ». En février 1848, note-t-il curieusement, les insurgés n'ont rien jeté par les fenêtres des Tuileries, sinon « le buste de Voltaire ! ». L'histoire a donc fait de Voltaire l'« anti-poète* », mais une fois au moins Baudelaire aura excepté le vieux lutteur de son mépris glacial pour les modernes « voltairiens* » : « Il était homme d'action, et il aimait les hommes. » Reste l'essentiel, c'est que Voltaire n'a pas cru au Diable. Son Dieu parle trop clairement, comme il règne trop facilement. « L'Univers est un temple où siège l'Éternel... » : ce vers du *Poème sur la loi naturelle*, Baudelaire le réécrit en tête du sonnet-programme des *Correspondances* : « La Nature est un temple... » ; mais sous l'ordre factice des géomètres, le poète entend à nouveau « de confuses paroles », et les renoue au mystère d'un Dieu caché, à l'obscur enjeu d'une spiritualité des choses. C'est quai Voltaire que furent terminées *Les Fleurs du mal* : Baudelaire y vécut deux ans et demi, au numéro 19.

*André Magnan*

## BAYLE, Pierre

FANATISME • PHILOSOPHE •

Bayle (1647-1706) est du petit nombre des « apôtres de la raison » auxquels Voltaire accorde les plus grands honneurs : ce « père de l'Église des sages » (à d'Argental, mai 1756) a pour lui sa place, entre Épictète, Bolingbroke et consorts, au panthéon philosophique, et demeure « un des plus grands hommes que la France ait produits ». La notice qu'il lui consacre dans le « Catalogue des écrivains français », à la suite du *Siècle\* de Louis XIV*, est l'une des plus longues et des plus élogieuses.
Le Bayle de Voltaire n'est certes pas sans défauts. Comme écrivain, sa « manière d'écrire » est « trop souvent diffuse, lâche, incorrecte, et d'une familiarité qui tombe quelquefois dans la bassesse » – l'auteur du *Dictionnaire historique et critique* n'est du reste admis au *Temple\* du Goût* que réduit « à un seul tome ». Comme historien, il s'étend trop sur des

« noms obscurs » au détriment de « noms illustres », sans compter qu'il lui arrive d'être « répréhensible » et « petit » sur les « affaires du monde », comme lorsqu'il imagine qu'Henri IV eunuque aurait été meilleur monarque (*Essai sur les mœurs*, chap. CLXXIV). Comme savant enfin, « il ne savait presque rien en physique » et ignorait « les découvertes du grand Newton », ce qui rend obsolètes « presque tous ses articles de philosophie ».

Mais l'admiration de Voltaire est entière pour « le vertueux Bayle ». Il fait de lui une figure emblématique du « juste » persécuté, accablé comme il fut jusque dans son exil par le « fanatique Jurieu », et poursuivi après sa mort par les « ours en soutane noire » : on a fait brûler son *Dictionnaire* à Colmar en mars 1754, un Abrégé en est encore condamné par le Parlement de Paris en 1756. Ce *Dictionnaire* est pourtant « le premier [...] où l'on puisse apprendre à penser » (*Le Siècle de Louis XIV*), et Voltaire y puisera dès 1752, pour les articles « Abraham » et surtout « David », les premiers matériaux de son propre *Dictionnaire\* philosophique*. Car Bayle fut aussi « le plus grand dialecticien qui ait jamais écrit ». D'où la colère du fanatique Acrotal, personnage d'un dialogue de Voltaire : « A-t-on jamais vu un plus abominable homme ? Il expose les choses avec une fidélité si odieuse, il met sous les yeux le pour et le contre avec une impartialité si lâche ; il est d'une clarté si intolérable qu'il met les gens qui n'ont que le sens commun en état de juger et même de douter » (*Entretien d'Ariste et d'Acrotal*). Et c'est à ce maître du doute que Voltaire s'en remettra en 1756, contre les divagations des auteurs de systèmes, dans son *Poème sur le désastre de Lisbonne* :

> *Bayle en sait plus qu'eux tous ; je vais le consulter :*
> *La balance à la main, Bayle enseigne à douter.*

Pour autant, quand viendra le temps de lutter contre l'athéisme\*, l'homme qui doutait des causes finales, et qui croyait viable une société d'athées, ne pourra plus servir de guide : « Si Bayle avait eu seulement cinq ou six cents paysans à gouverner, il n'aurait pas manqué de leur annoncer un Dieu rémunérateur et vengeur » (*Questions sur l'Encyclopédie*, 1770-1772, art. « Athéisme »).

*Patrick Brasart*

# BAYREUTH

ALLEMAGNE · FRÉDÉRIC II · PRUSSE ·

Le nom de cette cour évoquait pour Voltaire « une retraite délicieuse » et une « princesse philosophe », la margrave Wilhelmine\*, sœur aînée de Frédéric II. Il n'y fit qu'un séjour, au retour de son second voyage

en Prusse, en septembre 1743, mais il avait rencontré la princesse Wilhelmine à son premier voyage à Berlin*, dès 1740. Elle le reçut en 1743 dans son château de l'Ermitage transformé par ses soins en un charmant lieu rococo, où boudoir chinois, cabinet japonais, salons en marbre blanc répondaient aux fausses ruines, aux temples et aux jeux d'eau dispersés dans un beau parc. Séduit par le raffinement d'une cour à la française, qui rassemblait «tous les plaisirs de la société et tous les goûts de l'esprit», Voltaire s'y attarde deux semaines, oubliant un peu Émilie* qui l'attend à Bruxelles. Sur la scène de pierre de l'Ermitage, on donna des ballets et des opéras, des comédies, des tragédies: Wilhelmine joua la Roxane de *Bajazet* et Voltaire eut «l'honneur de balbutier» pour elle le rôle d'Acomat. Bayreuth garda longtemps le souvenir du poète, la margrave y veilla. Pour l'opéra baroque qu'elle fit édifier ensuite, elle voulut donner en 1751 une *Sémiramis*\* à l'italienne dont Voltaire, pour lui plaire, revit le livret. Et en avril 1752, accueillant le prince Henri* son frère, Wilhelmine le gratifia d'une représentation de *Mahomet*. Ainsi par la magie de son théâtre, Voltaire eut-il toujours «la gloire, lui écrivait la margrave, d'émouvoir [les] cœurs franconiens».

Cette petite cour d'Allemagne manquait cependant de Français, Wilhelmine s'en plaignait. Voltaire lui recommanda un comédien, «le petit Heurtaud», puis la princesse souhaita avoir Mme de Graffigny* comme dame de compagnie. Voltaire sollicita l'intéressée sans résultat. Il favorisa surtout l'établissement à Bayreuth du marquis d'Adhémar, un gentilhomme lorrain de sa connaissance. Pour saluer, à l'été 1752, l'arrivée de cet officier de France à sa cour, pour rendre aussi hommage à Voltaire, la margrave fit encore jouer *Rome sauvée*. Durant son dernier séjour en Prusse, Voltaire rêva d'établir à Bayreuth, dans une charge de cour, Mme Denis* sa nièce et maîtresse, et de partager lui-même son temps entre Berlin et Bayreuth où il l'eût retrouvée chaque hiver. Mais Frédéric II, semble-t-il, s'opposa à l'arrangement: «Je veux chasser de ma tête mon roman de Bayreuth, confie-t-il alors à la margrave, car rêver qu'on a un trésor, et se réveiller les mains vides, cela est trop triste.» Un incendie ravagea le beau château en janvier 1753, et Voltaire proposa de contribuer aux réparations en investissant «un capital de 15 000 écus». Mais il ne revit jamais Bayreuth: «Il est plus facile, soupirait Wilhelmine, d'avoir des Adhémar et des Graffigny que des Voltaire». En 1757, il se remémorait encore les jours «plus doux» qu'il y avait connus. «J'étais alors très heureux», écrit-il assez mystérieusement à la margrave.

*Anne Soprani*

# BEAU

GOÛT · POÉSIE · THÉÂTRE ·

*Demandez à un crapaud ce que c'est que la beauté, le grand beau, le to kalon. Il vous répondra que c'est sa femelle avec deux grands yeux ronds sortant de sa petite tête, une gueule large et plate, un ventre jaune, un dos brun.*

Le fameux début de l'article « Beau » du *Dictionnaire\* philosophique* n'implique pas que Voltaire soit un partisan de la relativité entière du beau ; il entend seulement, en sensualiste conséquent, refuser le « galimatias » des faiseurs de « systèmes » : il ne croit pas à la possibilité de définir une essence *a priori*, un archétype du beau. Il part de l'expérience, qui conduit d'abord au constat de la diversité empirique des goûts ; mais de ce que chacun appelle « beau » ce qui lui cause « admiration et plaisir », il ne s'ensuit pas que tous ces « beaux » se valent, car le goût n'est pas partout aussi « éclairé » et « perfectionné ».
Et Voltaire peut alors soutenir logiquement qu'il existe bel et bien – pour l'espèce humaine – un beau universel, fondé en nature, parce qu'il existe une nature humaine. De même que « tout ce qui tient intimement à la nature humaine se ressemble d'un bout de l'univers à l'autre [et] que ce qui peut dépendre de la coutume est différent » (*Essai sur les mœurs*), de même il faut distinguer « ce qui est beauté de tous les temps et chez toutes les nations, d'avec ces beautés locales qu'on admire dans un pays, et qu'on méprise dans un autre » (*Essay upon the Epic Poetry*). Ainsi, dans l'épopée, le fait qu'une « action une et simple » plaise plus qu'« un amas confus d'aventures monstrueuses » est une de ces « principales règles que la nature dicte à toutes les nations qui cultivent les lettres », tandis que le « merveilleux » relève de « la tyrannie de la coutume » – « sur quoi il y a mille opinions et point de règles générales » (*Essay upon the Epic Poetry*). Dans la tragédie, « ne point ensanglanter la scène » n'est qu'une des « règles de la bienséance », « toujours un peu arbitraires » en tant que telles ; mais « insérer dans une pièce trop d'événements » est toujours une infraction grave aux « règles fondamentales du théâtre, qui sont les trois unités » (« Discours sur la tragédie », en tête de *Brutus*). Aussi Voltaire peut-il inviter ses compatriotes à ne pas « exclure toutes les beautés qui nous sont inconnues, ou que la coutume ne nous a pas encore rendues familières » (*Essay upon the Epic Poetry*), mais à se garder, ce faisant, de « prendre des défauts pour des beautés » : s'il est vrai que les tragédies françaises, « qui sont plutôt des conversations [que] la représentation des événements », gagneraient à emprunter au théâtre anglais « le mérite de l'action », elles seraient mal inspirées cependant d'en imiter les « irrégularités » (« Discours sur la tragédie », en tête de *Brutus*). Position classique somme toute, on le voit, mais

ouverte et nuancée, faite de conservatisme, de comparatisme et de vraie curiosité.

Ce beau «universel», d'où vient-il? De l'union du «génie» et de la «régularité», répond Voltaire; ce qui renvoie dos à dos le génie sans règles (Shakespeare ou Lope de Vega), et la régularité sans génie (qui ne donne que de la «froideur», telle celle d'un Mairet), mais confirme en revanche la supériorité de Corneille (dans ses meilleures pièces) et surtout de Racine. Et comment se prouve-t-il? Par un critère simple: «Il n'y a de véritablement beau que ce que toutes les nations reconnaissent pour tel» (*Appel à toutes les nations de l'Europe des jugements d'un écrivain anglais*), d'où il suit que «ce qui n'est beau que pour une nation ne l'est pas véritablement» (*Essai sur les mœurs*). Aussi Voltaire tient-il la supériorité du théâtre français réellement prouvée par l'universalité de son succès auprès des esprits «éclairés» et de goût «formé»: «On a représenté les chefs-d'œuvre de la France devant toutes les cours, et dans les académies d'Italie. On les joue depuis les rivages de la mer Glaciale jusqu'à celle qui sépare l'Europe de l'Afrique. Qu'on fasse le même honneur à une seule pièce de Shakespeare, et alors nous pourrons disputer» («Lettre à l'Académie», en tête d'*Irène*).

*Patrick Brasart*

## BEAUMARCHAIS, Pierre Augustin Caron de

ÉDITIONS · GENS DE LETTRES · KEHL ·

> *De vingt rois que l'on encense,*
> *Le trépas brise l'autel;*
> *Et Voltaire est immortel. (Bis)*
> *Beaumarchais, La Folle Journée ou Le Mariage de Figaro, 1784,*
> *acte IV, scène XIX et dernière.*

Au départ de Voltaire pour la Prusse en 1750, Beaumarchais (1732-1799) n'est encore que le petit horloger Caron – à 18 ans, avait-il seulement aperçu de loin le grand homme? En 1767, c'est sous son nom de nouveau noble que Beaumarchais donne *Eugénie*. Le maître, dans ses lettres, en relève à peine le titre – une comédie larmoyante, très mauvais genre à son goût. Il la lira pourtant sept ans plus tard, par curiosité, «pour voir, écrit-il à d'Argental, comment un homme aussi pétulant que Beaumarchais a pu faire pleurer le monde». Il vient alors de découvrir les *Mémoires contre Goezmann*, vrais débuts littéraires de Beaumarchais, triomphants de gaieté, de pugnacité, de naïveté retorse, et il admire en connaisseur. «Je ne me suis jamais tant amusé», écrit-il en lisant le troisième; il rira davan-

tage au « quaterne », et deux ans après il en cite encore les bons mots. Ces factums de 1773-1774 ont sans doute été son dernier grand plaisir de lecteur. Il a su y sentir une puissance théâtrale à l'état pur, au point d'analyser à l'avance, dirait-on, les étonnants mélanges de ce *Mariage de Figaro* qu'il ne connaîtra pas : « Il réunit tout, la bouffonnerie, le sérieux, la raison, la gaieté, la force, le touchant. » À *Eugénie*, qu'il aima peut-être un peu, il préféra sûrement *Le Barbier de Séville*, mais il proposait toujours par boutade, en cas d'interdiction, de porter les factums à la scène – ce qui reste à essayer. Beaumarchais faisait envoyer ses ouvrages au grand homme. Il n'eut de réponses qu'indirectes, mais ne pouvait s'en offusquer : ses *Mémoires* avaient écrasé de ridicule, sous le nom de « maringouin », le censeur Marin\*, qui pouvait encore servir la cause des « philosophes ». Voltaire fit donc passer à l'auteur des marques de son estime, et suivit avec intérêt les débuts de sa faveur à la cour et la réussite de ses premières missions secrètes. Un beau-frère de Beaumarchais, nommé Lépine, servait d'intermédiaire : horloger du roi, ce Lépine était à Paris l'un des dépositaires des montres\* de Ferney – où d'ailleurs il avait une maison.
Beaumarchais de son côté fut avant la lettre voltairien\*, d'esprit, de goût, de verve, de pensée aussi mais sans parti pris, sans attache marquée aux Philosophes, dont sa carrière d'homme de pouvoir et d'argent l'éloigna de plus en plus. Il cite souvent *La Henriade*, *La Pucelle*, mais surtout *Candide*, qu'il savait apparemment par cœur – il avait, dans un poème de jeunesse, versifié ce thème de l'*Optimisme*. La grande édition posthume de Kehl, terminée en 1789, fut assurément l'une des « entreprises » qui lui tinrent le plus à cœur, et comme « homme de lettres » et comme « capitaliste » : il y consacra 3 millions de francs et dix ans d'énergie – parmi d'autres « affaires » il est vrai, toutes nécessaires à sa vitalité : « deux, trois, quatre bien embrouillées, qui se croisent », comme dit Figaro. Sous le titre prudent de « Correspondant général » d'une mystérieuse Société\* littéraire typographique, c'est lui qui en fut l'éditeur au sens moderne, à la fois le financier et le gérant, et l'unique responsable sous ces aspects. Sa force fut de savoir s'associer des hommes de valeur, Condorcet\* pour la direction intellectuelle de l'ouvrage, avec Decroix\* comme assistant, Ruault\* pour les tâches de coordination, Panckoucke\* pour la commercialisation. On peut s'étonner que l'auteur du *Mariage de Figaro* n'ait presque rien fourni au texte même du « Voltaire » de Kehl : des vues générales dans les « avertissements » de début et de fin, une note aux *Mémoires*, et de piquants commentaires aux lettres de Voltaire sur ses propres factums d'antan. Decroix dit plaisamment qu'on lui en doit « les fonds » et « pas un iota ». Affairiste de haut vol, et sollicité de toutes parts, entre son négoce d'Amérique, ses intrigues de Versailles et ses diverses compagnies, Beaumarchais délégua beaucoup. Il fallait un éditeur, ce fut un calculateur

qui l'obtint... En revanche, du *Prospectus* de 1781 aux relances de vente en 1791, l'extraordinaire battage publicitaire de l'édition, qui remplit l'Europe entière dix ans durant, fut largement l'œuvre de Beaumarchais. « De l'immortalité nous composons l'archive », clame-t-il un jour ; et une autre fois, contre des censures annoncées : « On connaîtra tout entier cet homme-là ! » Son premier prospectus, dans sa version anglaise, disait d'emblée l'essentiel : « Authors not die ».

*André Magnan*

*Adieu Passé, songe rapide*
*Qu'anéantit chaque matin !*
*Adieu longue ivresse homicide*
*Des Amours et de leur festin !*
*Quel que soit l'Aveugle qui guide*
*Ce monde, vieillard enfantin,*
*Adieu grands mots remplis de vide :*
*Hasard, Providence ou Destin !*
*Fatigué par ma course aride*
*De gravir contre l'incertain,*
*Désabusé comme Candide*
*Et plus tolérant que Martin,*
*Cet asile est ma Propontide :*
*J'y cultive en paix mon jardin.*

Beaumarchais, « Inscription » pour un bosquet du fond de son jardin du boulevard du Temple.

## BECCARIA, Cesare Bonesana, marquis de

JUSTICE · TORTURE ·

Le publiciste italien Beccaria (1738-1794), très marqué par la philosophie française, fut d'abord un lecteur assidu de Montesquieu et d'Helvétius. Après une expérience de journaliste à Milan, avec les frères Verri, il s'intéresse à la justice criminelle, qu'il se propose de réformer. C'est l'origine du traité *Des délits et des peines* (*Dei delitti e delle pene*), ouvrage commencé en mars 1763 et achevé au début 1764. Imprimé en secret, il connut très vite un grand succès. En France, il fut accueilli avec enthousiasme : l'abbé Morellet* le traduisit, Diderot l'annota et Voltaire le commenta. Helvétius, d'Holbach, d'Alembert l'admirèrent. Beccaria vint à Paris en 1766. Il y fut reçu avec enthousiasme. Ne pouvant vivre trop longtemps éloigné de la femme qu'il aimait, il rentra bientôt à Milan où il vécut jusqu'à sa mort. Le traité de Beccaria fut donc traduit en français par les soins de l'abbé

Morellet en 1766. Voltaire, dans une lettre du 23 juin, se félicite de la qualité de cette traduction. Dans une lettre à Damilaville du 28 juillet 1766, il fait allusion à son propre *Commentaire sur le livre Des délits et des peines par un avocat de province*, qui sera publié en septembre. Le 13 de ce même mois, il en fait parvenir un exemplaire à d'Argental*. On ne s'étonnera pas de cet intérêt pour la réflexion de Beccaria. Voltaire le connaît depuis quelque temps déjà : il lui a écrit en 1762 à propos de son ouvrage *Du désordre des monnaies dans les États de Milan*. Plongé dans l'affaire Sirven*, sortant à peine de l'affaire Calas*, il a acquis une expérience directe du fonctionnement de la justice.

Le *Commentaire* s'ouvre sur un texte mi-philosophique mi-fictif. L'auteur supposé, «un avocat de province», manifestement acquis aux idées nouvelles, après s'être flatté que le livre de Beccaria, par son propre effet, «adoucirait ce qui reste de barbare dans la jurisprudence», entreprend de le commenter quand il apprend qu'une mère célibataire, reconnue infanticide après la mort de l'enfant qu'elle avait abandonné, vient d'être pendue, preuve que «la loi est injuste, inhumaine et pernicieuse».

Voltaire rédige en fait un commentaire libre, adapté de l'ouvrage de Beccaria. Si deux chapitres sont communs : «De la peine de mort» et «Du suicide», pour le reste Voltaire substitue à une réflexion sur le droit et la justice une critique des pratiques judiciaires françaises et européennes. Son texte est plus ramassé, nourri d'exemples concrets : vingt-trois chapitres contre quarante-six. Il consacre une place importante dans le *Commentaire* (chap. III à IX) aux crimes religieux guère pris en compte par Beccaria. La longue réflexion de Beccaria (chap. I à VI) sur la proportion nécessaire entre les délits et les peines, se trouve réduite chez Voltaire à une dénonciation des supplices qui accompagnent la mise à mort. Son propos est de dénoncer l'intolérance institutionnelle contre les prédicants protestants, les jésuites, les illuminés ou les sorciers, de démontrer l'inutilité de la peine de mort et la barbarie de la question, de rappeler les aberrations des pratiques judiciaires du passé (chap. XIII : «De quelques tribunaux de sang»), d'établir une hiérarchie des crimes, pour conclure sur le souhait de réforme de la procédure, des châtiments et de la magistrature elle-même, afin que l'accusé ne soit pas traité d'emblée comme un coupable. Texte donc de protestation et de dénonciation, qui s'appuie sur le livre de Beccaria plus qu'il ne le commente.

Voltaire reprit contact avec Beccaria en 1773, et lui adressa une lettre publique, la *Lettre à M. le marquis de Beccaria, professeur en droit public à Milan, au sujet de M. de Morangiés*, l'un des écrits qu'il devait consacrer à l'affaire Morangiés*.

*Jean Goulemot*

## BÉGUEULE (LA)

AMOUR · CONTE EN VERS · ÉGALITÉ ·

C'est un conte de fées, écrit en vers : Voltaire l'a composé à 78 ans, au printemps de 1772, et l'a aussitôt fait circuler puis édité. Une femme du monde, vertueuse par orgueil et mépris, s'ennuie à Paris. Une fée, sa marraine, la transporte dans un château de rêve, où tous ses souhaits sont comblés : « Elle avait tout : mais il manquait l'amour. » Elle se lasse vite : « Le paradis lui faisait mal au cœur. » Elle s'en échappe et la voici effrayée dans la campagne déserte. Un vilain charbonnier l'accueille dans sa cabane, non sans contreparties :

> *On recevra sa petite personne*
> *Comme on pourra. J'ai du lard et des œufs.*
> *Toute Française, à ce que j'imagine,*
> *Sait, bien ou mal, faire un peu de cuisine.*
> *Je n'ai qu'un lit : c'est assez pour nous deux.*

Et il étouffe les protestations par un baiser et une étreinte. Ce traitement guérit la dame : ramenée à Paris par la fée, elle devient aimable, et prend

> *Pour charbonnier un jeune amant discret*
> *Et fut alors une femme accomplie.*

Destiné à l'opéra-comique (*La Belle Arsène*, livret de Favart, musique de Monsigny, 1773), le conte oppose à plaisir les charmes d'un palais féerique et le rude bonheur des chaumières, illustrant le thème du premier des *Discours en vers sur l'homme* (1738-1742) : l'égalité des conditions ; mais la richesse demeure préférable à la pauvreté, et sans rien d'immoral quand elle s'accompagne de qualités sociales comme l'amabilité – certes bien préférable à la fidélité et à la chasteté. Mêlée à un parfum élégant, une bouffée d'air voltairien.

*Sylvain Menant*

## « BELLE ET BONNE »

DU PLESSIS-VILLETTE ·

Surnom* donné par Voltaire à Reine Philiberte Rouph de Varicourt.

## BELOT, Octavie

Voir DUREY DE MEYNIÈRES.

## BENGESCO, Georges

ÉDITIONS ▪

Roumain d'origine, Français de culture et d'adoption, traducteur, historien, mais surtout bibliographe, Georges Bengesco (1848-1922) est l'auteur d'un monument de patience et de passion, auquel on se réfère encore : *Voltaire. Bibliographie de ses œuvres* (1882-1890, 4 vol.) – c'est « le Bengesco », périmé depuis longtemps, jamais remplacé. Bengesco était conscient de l'inachèvement de son travail, qu'il compliquait à mesure d'additions et de corrections, et de l'énormité du projet même, dont il s'avoua parfois découragé. Car comment établir « l'état civil » (c'était son mot) de tous les écrits de Voltaire, comment différencier les éditions, suivre de l'une à l'autre les variations du texte, reconstituer enfin l'histoire de l'œuvre, alors que les données de base sont ici biaisées, plus que pour tout autre écrivain du temps, par l'anonymat, la clandestinité, la supercherie, le piratage et la contrefaçon ? La production voltairienne, pour le bibliographe, combine les effets du samizdat et du best-seller. Un nouveau « Bengesco » est en préparation à la Voltaire* Foundation, grâce au progrès des méthodes et des techniques de l'observation matérielle, dont rêva sans doute le modeste et talentueux devancier.

Bengesco est aussi l'auteur d'un agréable ouvrage sur *Les Comédiennes de Voltaire*, et surtout d'une excellente collection d'œuvres choisies de Voltaire (1887-1892, 10 vol.) où il restituait pour la première fois le *Dictionnaire philosophique* dans son état original de 1764. Le fonds « Z. Bengesco » de la Bibliothèque* nationale de France est issu d'un legs qui honore encore sa mémoire.

*André Magnan*

## BENOÎT XIV

MAHOMET ▪ PAPES ▪

Pape de 1740 à 1758, esprit ouvert et tolérant, protecteur des beaux-arts, Benoît XIV jouissait parmi les gens de lettres et les philosophes d'un préjugé favorable. En 1745, Voltaire, à qui son *Poème de Fontenoy* avait permis de retrouver les faveurs royales, cherchait à assurer son élection à l'Académie* française. Il songe alors à gagner la protection du pape, fait intervenir son ami le marquis d'Argenson*, ministre des Affaires étrangères, et agit de son côté. Il reçoit en août deux médailles où est gravé le portrait du Saint-Père : « Il a l'air d'un bon diable », confie-t-il à d'Argenson. Un peu plus tard, il le prie d'accepter la dédicace de *Mahomet*, toujours interdit, et accompagne sa demande de lettres pressantes adressées aux

proches du pontife, auxquelles il joint *Le Poème de Fontenoy* dont il a inondé toute l'Europe. Le pape remercie le 15 septembre, de même que les cardinaux, mais sans un mot de la proposition de dédicace. Correspondance immédiatement répandue par le bénéficiaire, qui n'hésita pas à falsifier la lettre du pape, en remplaçant la mention du poème par celle de *Mahomet*, ce qui impliquait l'assentiment pontifical. Sur les documents mêmes, on a pu récemment démontrer le bien-fondé des accusations déjà portées contre Voltaire en 1939 et en 1957. Mais, à l'époque, personne n'en sut rien : le Saint-Siège garda le silence. Reste que, selon le texte authentique, Voltaire a bel et bien été béni par le pape. Aussitôt les jansénistes protestèrent ; le philosophe en appela aux jésuites, ses bons maîtres, pour attester sa fidélité à l'Église – mais sans grand succès : ils se dérobèrent. L'opération trouva son dénouement le 25 avril 1746, avec l'élection de M. de Voltaire à l'Académie française.

Henri Lagrave

## BENTINCK, Charlotte Sophie d'Aldenburg, comtesse de
ALLEMAGNE • AMITIÉ • FRÉDÉRIC II • PRUSSE •

Charlotte Sophie, comtesse de Bentinck, est l'une des figures les plus attachantes de la vie de Voltaire. Elle n'était encore qu'un nom pour les biographes, une ombre à peine chez Collini* – le seul des premiers témoins qui l'avait connue –, avant la révélation inespérée, en plein XX$^e$ siècle, de vestiges très importants de leur correspondance, pieusement conservés par ses descendants et redécouverts par Besterman* : quelque trois cents lettres et billets, presque tous de Voltaire, la plupart datant des trois années prussiennes (1750-1753), mais attestant une amitié de plus de quarante ans. Née en 1715 du comte d'Aldenburg et d'une princesse de Hesse-Homburg, descendante d'une branche huguenote des La Trémoille naguère réfugiée au Danemark, fille unique et comtesse d'Empire, elle avait été mariée à 18 ans, contre son gré, à Willem Bentinck, noble d'ascendance anglo-hollandaise, homme politique de premier plan en Hollande, bras droit des stathouders et personnalité remarquable, mais qu'elle n'aimait pas. Femme forte, passionnée, romanesque, elle rompit ce mariage à la mort de son père en 1738, et obtint la séparation juridique d'avec son mari en 1740. Cette décision marqua toute son existence, en l'engageant dans le destin alors scandaleux d'une femme libre. Elle fut privée de ses deux enfants – elle ne les revit pas –, et se jeta dans de longues errances, de cour en cour et de procès en procès, pour soutenir des litiges de pensions, des prétentions sur les anciennes terres de sa famille, des plans renouvelés de revanche et de réparation contre ce mariage injuste qu'elle dénonça tou-

jours – en féministe avant la lettre. Catherine II a laissé d'elle dans ses *Mémoires*, sur une rencontre unique de son enfance (1743), le portrait fasciné d'une provocante amazone, qui monte en homme, chante et danse comme une paysanne, et revendique ses amours.

Voltaire fit probablement sa connaissance pendant son voyage en Hollande\* de 1736, alors qu'elle était encore mariée, peut-être à Leyde où il rencontra en décembre Charles Bentinck, le frère du comte Willem. Elle lisait depuis longtemps l'auteur de *La Henriade*, qui fut toujours chère aux réformés, elle s'était engouée de Locke à travers les *Lettres philosophiques*: «Vous-même avant de me connaître, lui écrira-t-elle trente ans plus tard, m'aviez appris à essayer au moins de penser.» Elle vécut dix ans à Bückeburg\*, capitale du comté de Schaumburg-Lippe, le plus petit pays d'Empire, auprès du comte régnant Albrecht Wolfgang, son cousin et son premier amour, pour lequel elle avait rompu son mariage. Puis elle devait passer à Copenhague (1748), à Berlin (1750), à Vienne (1754), à Hambourg où elle s'établit enfin. Voltaire l'avait revue à Bückeburg en décembre 1740, au retour de son premier séjour à Berlin. Le comte était des amis de Frédéric II, et son introducteur en franc-maçonnerie, il appréciait aussi Voltaire par affinité intellectuelle. On lut l'*Anti-Machiavel*, peut-être des scènes de *Mahomet* déjà en chantier. En novembre 1743, Voltaire repassa par Bückeburg, mais la comtesse de Bentinck ne s'y trouvait pas. Il faut peser à leur prix les compliments de sa première lettre conservée, en 1745: «une belle âme et beaucoup d'esprit», un goût «sûr», une réflexion dégagée «des infâmes préjugés».

La relation se renoua à Berlin\*, dans l'été 1750. La comtesse y demeura quatre ans, sous la protection du roi de Prusse. Voltaire se fit son «procureur» auprès du cabinet prussien, éplucha ses «paperasses», chercha pour elle des emprunts et des garanties, soutint ses démarches à Versailles – «l'affaire Bentinck» était devenue un objet de diplomatie –, et finit par indisposer Frédéric II, qui lui «lava la tête» à ce sujet. Il la surnomme alors «la Reine de Saba», comme il a surnommé Frédéric «le Salomon du Nord». Ils se voyaient beaucoup, et familièrement, s'écrivaient des petits billets pleins de sympathie et d'esprit. Ce fut une amitié tendre et délicate, presque une liaison peut-être, un lien d'intérêt naturel aussi entre étrangers, une ligue défensive dans les occasions difficiles – Voltaire eut lui-même ses «affaires» en Prusse, avec Baculard d'Arnaud, Hirschel, La Beaumelle, Maupertuis, dans lesquelles la comtesse lui prêta souvent son appui, son réseau, et son sens inné de l'intrigue. Il y eut même entre eux, avec le temps, comme une résistance sourde à l'autorité de Frédéric, dont elle craignait l'emprise: «Voltaire et la comtesse de Bentinck, confiera le roi à un intime, ont fait tout ce qu'ils ont pu pour me faire enrager.» La figure finale de ces billets prussiens, durant l'hiver 1752-1753, la fait «ange

tutélaire » – elle l'aida à partir et encourut pour cela la disgrâce du roi. Ils avaient en commun l'énergie, l'art des solutions, la passion du bonheur, la générosité d'affection.
Elle quitta Berlin pour Vienne un an après Voltaire, mais le lien ne fut jamais rompu. Ils eurent durant la guerre de Sept Ans une correspondance de nouvelles, protégée par des codes* convenus. Elle était redevenue « la signora errante e amabile ». Ils se revirent pourtant en 1758, à l'occasion d'un voyage qu'elle fit en Suisse. Il était à Mannheim quand elle arriva à Genève, venant d'Italie : « J'avais compté tomber sur lui du haut du mont Cenis, écrit-elle à une amie, j'ai été fort attrapée ; un Voltaire de moins, surtout en Suisse, fait un furieux mécompte. » À son retour, Voltaire la reçut deux semaines aux Délices. Il terminait *Candide*, où peut-être passe en Cunégonde une image d'elle, désirable Westphalienne d'un « beau château » cousin de Bückeburg.
Leurs lettres jusqu'à la fin restent séduisantes. À 84 ans, Voltaire lui adresse cette brève méditation, taquine et sereine : « Il ne nous reste qu'un inutile souvenir de nous être connus par hasard, et de nous être séparés de même. C'est l'histoire de toutes les sociétés et de tout ce qui se passe dans le monde. » Il eut d'elle un signe encore en avril 1778, dans son triomphe parisien : « J'ai envie de crier au miracle, Monsieur... » – mais avec des inquiétudes tendres sur sa capacité de résistance « à des mouvements si violents ».
Charlotte Sophie d'Aldenburg mourut en 1800, réconciliée avec les Bentinck de la plus jeune génération.

*André Magnan*

## BERGIER, Nicolas Sylvestre

CHRISTIANISME · POLÉMISTE ·

Bergier (1718-1790) s'est fait un nom en combattant les Philosophes. Petit-fils de laboureur, formé au séminaire de Besançon, chargé d'une pauvre cure à Flangebouche en Franche-Comté (1749), mais cultivant dans l'ombre des talents d'apologiste, d'érudit, de dialecticien, il fait ses premières armes dès 1765-1767 en réfutant anonymement des articles du *Dictionnaire* philosophique* dans le *Journal helvétique*. Il ne recherche cependant ni les honneurs ni la fortune. En 1767, il publie *La Certitude des preuves du christianisme, ou Réfutation de l'Examen critique des apologistes de la Religion chrétienne*. L'ouvrage réfuté est d'un prétendu Fréret. Voltaire, qui s'y trouve maltraité, décide de poursuivre la polémique dans un écrit intitulé *Conseils* raisonnables à M. Bergier pour la défense du christianisme*. En 1770, Bergier est remarqué par l'archevêque de Paris et

appelé dans la capitale, puis sollicité par l'avocat général Séguier pour réfuter le *Système\* de la nature* de d'Holbach, à ses yeux « le livre le plus hardi et le plus terrible qui ait été fait depuis la création du monde ». Dans son *Examen critique ou Réfutation du Système de la nature*, paru la même année, l'abbé répond en même temps aux *Conseils raisonnables*. Bergier fut récompensé par un bénéfice de 20 000 livres, il devint chanoine de Notre-Dame de Paris et confesseur de Mesdames sœurs du roi, avec logement à Versailles. Il avait un frère mécréant qui visita Voltaire à Ferney ! Il faut ajouter que l'abbé s'en est pris aussi à Rousseau et que son *Dictionnaire théologique* (1778) fera de lui un des critiques les plus brillants du rationalisme. Ce fut un des rares adversaires que Voltaire respecta en le combattant. Grimm reconnaîtra la mesure de ses talents : « M. l'abbé Bergier est un homme très supérieur aux gens de son métier, c'est-à-dire à ceux qui se battent pour la cause de l'Église contre tout venant. Il a de l'érudition et même de la critique. »

*Didier Masseau*

## BERLIN

FRÉDÉRIC II · PRUSSE ·

Au XVIII$^e$ siècle, la capitale de la Prusse va se doter, à l'extrémité de la belle avenue d'Unter den Linden, du Forum Fredericianum, ensemble qui doit comprendre un palais, le siège de l'académie et l'opéra. « Lacédémone devenait Athènes », écrivait Voltaire. Sur la façade du temple de la musique, achevé dès 1743, on pouvait lire : *Fredericus rex Apollini et Musis*. Le château royal où logera Voltaire, situé dans le quartier de Cölln, a été agrandi. En dehors de ces réalisations de prestige, l'urbanisme à Berlin laisse à désirer. Au temps de sa disgrâce, en décembre 1752, Voltaire prend pension dans la maison du conseiller Francheville\*, près de Gendarmenmarkt, place où sera brûlée sa *Diatribe du docteur Akakia, médecin du pape*.

Lors de ses trois séjours en Prusse – la visite du 19 novembre au 1$^{er}$ décembre 1740, celle du 30 août au 12 octobre 1743, puis l'établissement du 21 juillet 1750 au 26 mars 1753 – Voltaire vit à la cour. Il reste étranger à cette ville de fonctionnaires et de soldats. Peuplée de 100 000 habitants, Berlin comprenait une colonie française huguenote de plus de 7 000 âmes. Voltaire ne fréquente point ces Français chassés par la révocation de l'édit de Nantes, à l'exception du pasteur Formey\*, secrétaire perpétuel de l'académie, homme important qui dirige plusieurs journaux et entretient de multiples correspondances. Il n'avait aucune raison de frayer avec la colonie juive (plus de 2 000 âmes). Divisés en plusieurs classes aux statuts différents, les juifs jouaient un rôle important en matière bancaire. Il eut

seulement maille à partir avec l'un de ces hommes d'affaires, Hirschel*. Chambellan* du roi de Prusse, il garde même ses distances à l'égard de l'institution culturelle principale, l'académie, où Frédéric a réussi à attirer des savants de renom, sous la présidence assez tyrannique de Maupertuis*. Voltaire n'a que peu à voir avec ces travaux académiques. Il interviendra lorsque la liberté d'expression y sera mise en cause, lors de l'affaire König*. Il évolue donc surtout dans le cercle de la famille royale. Il lit ses tragédies à la reine mère Sophie Dorothée à Monbijou, petit château près de la Spree, il rend ses devoirs à l'épouse délaissée du roi, Élisabeth Christine, à Schönhausen, et fait jouer la comédie aux frères de Frédéric, les princes Auguste Guillaume, Henri et Ferdinand. Des cinq sœurs du roi, seule reste à Berlin en 1750 la princesse Amélie. Louise* Ulrique, à laquelle il avait adressé un madrigal en 1743, est devenue reine de Suède. Voltaire aura le plaisir de revoir Sophie Wilhelmine* qui l'avait reçu à Bayreuth en 1743 : elle passe quelques semaines à Berlin, durant l'été 1750. Son amitié pour Mme de Bentinck* surtout éclaire sa vie. Il fréquente aussi Tyrconnel, l'ambassadeur de France, puis après son décès en mars 1752, son successeur le chevalier de La Touche.

La vie de cour comportait des divertissements, les uns privés, les autres d'apparat. Du carrousel de l'été 1750, Voltaire écrit : « C'est le pays des fées », mais il apprécie peu *Phaéton*, l'opéra de Graun. Il évoque parfois les représentations princières de ses tragédies. Mais la singularité de la cour de Prusse tenait en fait au groupe des compagnons philosophes du roi, assemblé depuis son avènement en 1740. Voltaire renoue avec le marquis d'Argens* et Algarotti*, mais voit partir le chevalier de Chazot. Il fait la connaissance de La Mettrie*, puis en 1752 celle de l'abbé de Prades*. Il compte sur les bons services de Darget*, secrétaire du roi. Il se brouille définitivement avec Baculard* d'Arnaud, puis avec Maupertuis.

De la cohabitation avec Frédéric subsistent des anecdotes, des scènes de comédie, des billets, l'histoire d'un malentendu, et les condamnations sans équivoque de la « Paméla* », le mot assassin d'un roi qui « presse l'orange et jette l'écorce », le « petit dictionnaire à l'usage des rois » sur le thème : « *mon ami* signifie *mon esclave* », tous textes datés après coup de Berlin. Dans le pamphlet éblouissant de la *Diatribe du docteur Akakia, médecin du pape*, Voltaire sut s'évader des petitesses du quotidien en les transcendant. Il a aussi terminé à Berlin « l'immense tableau d'un grand siècle », *Le Siècle de Louis XIV*. Il a corrigé les productions versifiées du philosophe de Sans-Souci, mais rimé aussi son refus de l'athéisme dans le *Poème sur la loi naturelle*. Il s'est essayé enfin à des formes d'avenir : dialogues philosophiques, articles pour le futur *Dictionnaire philosophique*.

Berlin reste pourtant le symbole d'une désillusion que Voltaire a orchestrée

lui-même, tantôt avec tristesse, tantôt avec ironie, mais qui était au fond prévisible : parti pour Athènes, il avait vécu à Lacédémone.

*Christiane Mervaud*

## BERNIÈRES, Marguerite Madeleine du Moutier, marquise de
### AMITIÉ · AMOUR ·

Une des maîtresses remarquables du jeune Voltaire, aimable épouse d'un président à mortier au parlement de Rouen, qu'il fréquentait à Paris en 1722 – il avait 28 ans. Voltaire participa à une opération financière montée par le président de Bernières, puis il loua un appartement dans leur hôtel de la rue de Beaune, là même où il mourra. À cette époque aussi, il passait avec la marquise « des jours délicieux », dans son beau château de La Rivière-Bourdet, sur la rive droite de la Seine.
On conserve une cinquantaine de lettres de Voltaire à Mme de Bernières. Lettres de rendez-vous à la campagne, impressions d'un voyage en Hollande, relations circonstanciées des premières expériences de cour. Mme de Bernières eut d'autres amours, mais elle servit Voltaire. Elle fit entrer clandestinement dans Paris des exemplaires de *La Ligue*, prêta sa voiture de poste à l'exilé. C'est chez elle que Voltaire connut l'abbé Desfontaines*. En 1726, elle n'avait pas osé soutenir son poète dans l'affaire injuste de Rohan-Chabot*; en 1739, elle sut mieux prendre son parti dans l'affaire de la *Voltairomanie**. La jolie marquise d'antan, veuve et remariée, se souvenait donc de l'ancien ami venu naguère si souvent « à La Rivière gaiement ».

*Anne Soprani*

## BERNIS, François Joachim de Pierre, cardinal de
### POLITIQUE · POMPADOUR (MME DE) ·

Au collège de Louis-le-Grand dont il fut aussi l'élève, le futur cardinal de Bernis (1715-1794) vouait déjà un culte aux talents poétiques de Voltaire. Les deux hommes se rencontrèrent à Étioles* chez celle qui allait devenir la marquise de Pompadour : ils sauront profiter des immenses pouvoirs de la favorite. Dès 1745, le jeune Bernis est un abbé de salon ; il trousse des madrigaux qui lui valent de la part de Voltaire le surnom un peu méprisant de « Babet-la-Bouquetière ». Lorsque l'abbé apprend avec indignation que l'Académie française n'a pas accueilli en son sein l'auteur de *Mérope*, il le lui fait savoir dans une lettre flatteuse du 21 février 1743. En 1756, Bernis devient l'artisan du renversement des alliances, amorçant au cours de

négociations secrètes le rapprochement de la France et de l'Autriche contre la Prusse ; Voltaire rappelle dans le *Précis du siècle de Louis XV* que le traité fut signé à Versailles la même année en mai. Aux Délices, « le vieux Suisse » essaiera de profiter de la grande faveur que connaît Bernis alors secrétaire d'État aux Affaires étrangères pour négocier un retour à Paris. Mais les relations qu'il a entretenues avec Frédéric II, devenu entre-temps l'ennemi de la France, ne plaident guère en sa faveur. En novembre 1757, après la terrible défaite de Rossbach, Bernis perd le crédit dont il jouissait auprès de la Pompadour, car la politique de paix qu'il tente de faire prévaloir déplaît fortement à cette ennemie jurée du roi de Prusse.

La disgrâce qui s'abat sur Bernis en 1758 marque une nouvelle étape de leurs relations. Voltaire lui adresse ses œuvres littéraires, tout en l'associant à ses nouvelles campagnes. Profitant des liens de Bernis en Languedoc, il lui demande de glaner des informations sur la famille Calas. Une importante correspondance se poursuit alors entre Voltaire et Bernis devenu ambassadeur à Rome (1769-1778), ponctuée de quelques interruptions. Voltaire parvient à convertir Bernis à la cause de la tolérance, mais celui-ci lui demande d'éviter les excès du zèle antireligieux : « Je ne veux pas croire comme la plupart de mes confrères que votre projet soit de bannir la religion de la surface de la terre : vous avez toujours été l'ennemi du fanatisme, et vous pensez sûrement que si le fanatisme qui s'arme en faveur de la religion est dangereux, celui qui s'arme pour la détruire n'est pas moins funeste. » Dans des lettres assez libres de ton, Voltaire recherche une complicité plus grande encore, en risquant des propos audacieux contre la théologie, allant même jusqu'à envoyer des ouvrages résolument libertins, mais Bernis fait assaut de malice pour déjouer les pièges de l'écrivain. Le « roi de Rome » fut décidément un homme d'une exquise urbanité. Il demeurera fidèle à la mémoire de Voltaire conçue comme un idéal de tolérance hautement revendiqué, d'ouverture à autrui et de générosité intellectuelle.

*Didier Masseau*

## BERTHIER, Guillaume François

Jésuite influent (1704-1782), rédacteur puis directeur du journal de sa compagnie, les *Mémoires pour l'histoire des sciences et des beaux-arts*, dits *Journal de Trévoux*, antiphilosophe notoire et membre en vue du parti dévot, le père Berthier fut enterré de son vivant par Voltaire en 1759, dans la *Relation de la maladie, de la confession, de la mort et de l'apparition du jésuite Berthier.*

Par la suite, Voltaire affecta de parler de feu Berthier – tué par «poison froid».

*André Magnan*

## BERTRAND, Élie

Des relations de Voltaire avec le littérateur et savant suisse Élie Bertrand (1713-1797), il reste une centaine de lettres, échelonnées entre 1754 et 1773 – la fin semble perdue. Bertrand fut d'abord à Berne, où il était pasteur, le «correspondant» attitré : commissionnaire, informateur, relais discret pour les désaveux et communiqués divers. Il couvrit ainsi l'affaire Calas dans la *Gazette* du canton. Bertrand fut souvent reçu aux Délices et à Ferney, et en 1770 encore : de pasteur, il était alors devenu, à Neuchâtel, professeur de belles-lettres. Voltaire l'avait vu à Berne en 1756 et s'était attaché à lui. Il suivit ses travaux, sur les séismes et les volcans, les minéraux et les fossiles. Il lui procura en 1758 une modeste collaboration à l'*Encyclopédie*, il le fit recevoir en 1759 à l'académie de Lyon.

Leur correspondance touche aussi des sujets de fond, la religion, la tolérance, le sens d'une vie, l'avenir de l'homme. En 1755, Voltaire avait facilité une petite édition française des *Sermons* de Bertrand ; quinze ans plus tard, c'est Bertrand qui travaillait à Neuchâtel à une réimpression des *Questions sur l'Encyclopédie*. «Théologien humain et philosophe», Bertrand finit donc en philosophe plus qu'en théologien. Son nom apparaît deux fois dans l'œuvre même de Voltaire : en tête de l'article «Droit canonique» des *Questions* justement, dont il fournit la matière – et c'est une critique radicale du cléricalisme d'État ; et pour un compte rendu très favorable que fit Voltaire de son *Dictionnaire universel des fossiles* dans la *Gazette\* littéraire de l'Europe* : «Je crois qu'il faudra dorénavant, écrit-il, tout mettre en dictionnaire.»

*André Magnan*

## BESTERMAN, Theodore

ANGLETERRE • ÉDITIONS •

L'Anglais Theodore Besterman (1904-1976) aura été une grande figure des études voltairiennes au XX$^e$ siècle, et plus généralement de la recherche dite dix-huitiémiste. Il consacra à Voltaire les vingt-cinq dernières années de sa vie, sur la fin d'une carrière intellectuellement éclectique, de spécialiste de parapsychologie, de bibliothécaire et bibliographe (il est l'auteur d'une *World Bibliography of Bibliographies*) et de haut fonctionnaire à

l'Unesco. Il publia d'abord, réunis pour la première fois, les curieux Carnets* de Voltaire (*Notebooks*, Genève, 1952, 2 vol.), puis mena grand train une édition séparée de la correspondance*, qu'il constituait ainsi en œuvre pour la première fois (Genève, 1953-1965, 107 vol., dont 5 d'index). C'est encore lui qui créa la prolifique collection des *Studies* on Voltaire and the Eighteenth Century*: plus de 300 volumes ont été publiés depuis 1955. En 1968, il lança enfin la monumentale édition des *Complete Works*, destinée à remplacer l'édition Moland* depuis longtemps dépassée. Réalisée par un collectif international, rédigée en anglais ou en français, au choix des collaborateurs, cette nouvelle édition est publiée à Oxford : 150 volumes sont prévus, 72 ont paru, dont 51 pour l'édition augmentée, dite « définitive », de la *Voltaire's Correspondence*.

Beaumarchais*, Beuchot* : Besterman s'amusait parfois de ce hasard des deux premières lettres de son nom communes avec ses deux plus grands devanciers. À la patience érudite de Beuchot, mais avec la même passion de collectionneur, il préféra sans doute la *furia* du « patron » de l'édition de Kehl*, capable aussi du même imbroglio dans la conduite d'entreprises diverses. Il eut surtout, plus que l'un et l'autre peut-être, les talents d'organisateur et d'animateur de Voltaire lui-même : Besterman créa l'Institut* et musée Voltaire de Genève, il fonda la Société internationale d'étude du dix-huitième siècle, il en présida les premiers colloques (Genève et Coppet, St. Andrews, Nancy) et multiplia sans cesse autour de ses projets les échanges, les collaborations et les partenariats nécessaires. Il rêvait de refaire sur de nouvelles bases la classique bibliographie voltairienne de Bengesco*, mais ne put en venir à bout : ce chantier appelle un effort collectif. La Voltaire* Foundation, dotée par son testament, fleuron de l'université d'Oxford, prolonge et poursuit l'œuvre de Theodore Besterman.

*Oxonian*, bilingue, international, le « Voltaire » de Besterman rompt avec toute l'histoire éditoriale posthume. L'ordre chronologique, jusqu'alors limité aux Mélanges, est généralisé à l'ensemble de l'œuvre, un même volume réunissant par exemple, exactement contemporains, un poème, un dialogue, une histoire, un essai. Le texte est dégagé d'autre part de la grande tradition française, « libérale », puis « républicaine » au sens fondateur du terme, et s'ouvre à des interprétations plurielles, divergentes et concurrentes, venues de toute la galaxie Gutenberg – mais pour une diffusion malheureusement si étroite en France même ! Après un siècle et quelques décennies d'inertie, un éditeur français reprendra-t-il autrement le relais, en assumant encore l'intégralité de l'œuvre ?

*André Magnan*

# BESTIAIRE

HOMME •

*CALLICRATE : L'espèce humaine est donc une espèce bien horrible ?*
*ÉVHÉMÈRE : Il y a quelques moutons parmi le grand nombre de ces animaux ; mais la plupart sont des loups et des renards.*
                              Dialogues d'Évhémère, 1777, $1^{er}$ dialogue.

Des grands littérateurs et beaux esprits du temps, Voltaire fut probablement celui qui de plus près connut les animaux, les mâtins plus que les carlins, les moutons, les vaches, les chevaux. Il a vécu plus longtemps à la campagne qu'à la ville ; on a de lui une instruction pour faire tomber des arbres les hannetons que mangeront ses poules. Il a même élevé un singe et seriné des perruches.

Le bestiaire de l'écrivain présente quelques reliefs intéressants. Aux titres, peu de bêtes il est vrai : des *Colimaçons\**, une *Mule\**, des *Chevaux\** avec des ânes, et dans un étrange *Dialogue\** une poularde et un chapon. Le cas du *Taureau\* blanc* mis à part, il y a peu d'animaux fabuleux dans ses contes : des moutons rouges dans l'Eldorado de *Candide*, une licorne et un phénix dans *La Princesse de Babylone*, et dans *Zadig* un basilic, mais introuvable. La ménagerie du polémiste est plus nombreuse et fort mêlée. Elle est virulente aussi, vulgaire parfois, et même déplaisante dans les attaques personnelles. Il y a donc les crapauds de la basse littérature, les insectes de la mauvaise critique, la teigne de la dévotion obtuse, les rats de l'odieuse finance. Il y a les jésuites renards et les jansénistes loups. L'abbé Desfontaines est un serpent, « Jean Jacques » est « le bâtard du chien de Diogène », et Fréron un zoo à lui tout seul, âne et « bête puante », araignée, vipère et scorpion, « Frelon » plus platement, « Wasp » en anglais pour *L'Écossaise*. L'homme de lettres sans protection ni rang n'est d'ailleurs qu'un « poisson volant » : « S'il s'élève un peu, les oiseaux le dévorent ; s'il plonge, les poissons le mangent. » Mais la figure bestiale par excellence, c'est l'Infâme\*, hydre, monstre et bête immonde, sanglier fou, taureau furieux, fauve insatiable de carnages. Voltaire voit le superstitieux en bête de somme, le fanatique en bête féroce, et le mixte des deux fait encore plus peur : c'est le « bœuf-tigre ».

Bestiaire de philosophe, on le devine, ce travail de symbolisation procède d'une réflexion sur l'homme et sur l'histoire : une communauté d'instincts et de besoins, de sentiments et de sensations réunit les bêtes\* et les humains soi-disant tels. À l'orgueil de l'homme, si terriblement destructeur, il faut donc rappeler sans cesse, devant l'immensité des choses, sa petitesse de ver de terre. Et du passé d'autre part, les mêmes évidences remontent toujours, pour tout ordre civil ou religieux : la civilisation est

fragile, la régression menaçante, la figure humaine incertaine. Le couplage le plus récurrent de l'œuvre est celui des « singes » et des « tigres », appliqué à Paris, à la France, à l'Europe. « Singes » : les usages et les plaisirs narcissiques de la culture. « Tigres » : les violences de l'Histoire, les haines collectives. Il y a dans le bestiaire voltairien comme une intuition de la barbarie.

André Magnan

*Nous sommes des victimes condamnées toutes à la mort. Nous ressemblons aux moutons qui bêlent, qui jouent, qui bondissent en attendant qu'on les égorge. Leur grand avantage sur nous est qu'ils ne se doutent pas qu'ils seront égorgés, et que nous le savons.*

À Mme du Deffand, 7 août 1769.

## BÊTES

ÂME • DESCARTES • HOMME • MÉTAPHYSIQUE •

Le débat sur l'âme des bêtes connut son apogée avec les théories mécanistes du vivant élaborées par Descartes, qui réduit les animaux à de simples automates, tandis que Gassendi leur reconnaît une âme, incapable cependant de raisonnement et de réflexion. Dans le *Traité\* de métaphysique* et autres écrits analogues, Voltaire revient sur la différence entre l'homme et l'animal : elle ne peut être pour lui de nature, puisque l'animal a les mêmes organes du sentiment que l'homme. Cette discussion avait été amplifiée par les articles « Pereira » et « Rorarius » du *Dictionnaire historique et critique* de Bayle, avec ses implications théologiques, et relayée par la plupart des philosophes depuis la fin du XVII$^e$ siècle (Malebranche, Leibniz, Bougeant, Pardies, Guer, Locke). Tout d'abord, si les animaux souffrent et si leur douleur n'est pas de l'ordre du réflexe, comment concilier cette thèse avec le dogme d'un lien entre la souffrance, le péché, et l'expiation ? La souffrance des bêtes, dont « l'âme » n'est pas immortelle, serait-elle donc inutile ? Reculant devant les conséquences, la plupart des anti-cartésiens prêtaient aux bêtes une âme proche de l'âme sensitive, et distincte de l'âme raisonnable, découplant à l'occasion les questions de l'immortalité de l'âme et de sa matérialité ; mais ce choix se heurtait à des difficultés non moins considérables, car si les bêtes, douées seulement d'une âme sensitive, sont capables de se souvenir et de sentir, il devenait encore plus ardu d'établir une différence entre l'âme humaine et l'âme des bêtes, et il fallait trouver d'autres critères, de degré et non plus de nature, pour légitimer la supériorité de l'homme.

Voltaire combat directement la thèse cartésienne de l'animal-machine au nom des évidences de la perception immédiate : le chien obéit à son maître,

il manifeste sa joie de le revoir, il exprime sa douleur quand on le frappe, ce qui oblige à lui accorder du sentiment, de la mémoire, et la capacité de combiner diverses idées, de former des jugements. Au passage, Voltaire s'indigne contre la vivisection, qui lui paraît une conséquence de la thèse des animaux-machines. Sans doute les animaux ne pensent-ils que par intermittence, mais en cela, ils ne sont pas pour lui différents des hommes. Avec cette réhabilitation de l'intelligence animale, développée par exemple dans *Le Philosophe ignorant* ou dans le *Dictionnaire philosophique*, Voltaire va au-delà des thèses de Buffon\* : il admet, en plus de l'instinct, une faculté d'apprentissage et de perfectionnement, et même une faculté de réponse adaptée aux circonstances, comme dans le cas de l'oiseau qui modifie la forme de son nid en fonction du lieu où il le construit. Si tel est le cas, si l'animal est capable de se corriger, alors la question se repose de savoir s'il y a une véritable différence entre l'âme humaine et l'âme des bêtes : Voltaire la renvoie au domaine de l'inconnaissable métaphysique, non sans souligner que la puissance divine s'exerce sur toutes choses.

*Roselyne Rey*

## BEUCHOT, Adrien

### ÉDITIONS ·

Tout écrivain rêve, au-delà de sa mort, des éditeurs passeurs de l'œuvre, qui reprendront le texte en charge, attentifs à la lettre, fidèles à l'esprit, et que rien ne rebutera. Après Condorcet\* et Decroix\*, associés à l'édition de Kehl\*, le rôle échut à Adrien Beuchot (1777-1851), dont le travail demeure un modèle d'intelligence et de méthode. Dans l'histoire posthume des œuvres de Voltaire, son édition marque la fin de l'âge héroïque, où l'essentiel était encore de vaincre la censure ou de la tromper, et le début de l'âge positif, où primèrent la sûreté du texte et la qualité du commentaire. C'est de Beuchot en fait, à travers l'édition de Moland\* son continuateur, que les chercheurs de la Voltaire\* Foundation, cent cinquante ans après, ont pris le relais.

Devenu littérateur au terme d'une brève carrière de chirurgien militaire, puis de médecin, Beuchot songeait dès 1802 à entreprendre une nouvelle édition de Voltaire, pour laquelle il chercha d'abord l'appui de La Harpe, mais sans succès paraît-il – et La Harpe mourut l'année suivante. Cette vocation précoce s'explique par l'admiration qu'il voua toujours au dernier grand classique – Beuchot se piquait lui-même de poésie : il publia, de 1808 à 1813, un *Nouvel Almanach des Muses*, où Voltaire reste une référence –, et déjà par de solides convictions libérales, en philosophie et en politique,

qu'il allait approfondir. On a de Beuchot en 1814, hardiment signé, un appel public intitulé *Liberté de la presse!* réclamant des garanties dans l'acte constitutionnel à faire; et en 1819, prudemment anonyme, et censément imprimée «À Toulouse», peut-être en souvenir de l'affaire Calas, une *Épître à Madame\*\*\* sur les missions*, qui fustige l'hypocrisie fanatisante d'une rechristianisation forcée: «N'imitons ni les Goths, ni les Ultramontains...»

Tout en collaborant (à partir de 1810) à la grande *Biographie universelle* de Michaud, puis en dirigeant (à partir de 1811) le *Journal de la Librairie*, Beuchot continuait de réunir les matériaux et les informations nécessaires à son édition, avec l'aide et les encouragements du vieux Decroix qui avait longtemps rêvé de perfectionner lui-même l'édition de Kehl. Cette période de la Restauration fut d'ailleurs étonnamment riche en rééditions et réimpressions voltairiennes.

Une première édition dont se chargea Beuchot fut malheureusement compliquée par des différends juridiques. Il ne put donner sa pleine mesure, mais il rétablit au moins, dès 1818, après quatre-vingts ans de censure absolue, les mythiques *Lettres\* philosophiques*. La véritable édition Beuchot parut entre 1828 et 1834, en 70 volumes, dans la «Collection des classiques français» de Lefèvre et Didot. Elle se recommande par la rigueur des attributions\*, la sobriété du commentaire érudit, la sûreté des datations, la précision des notes. Au classement établi par ses devanciers – la grande division poésie/prose, par exemple, aujourd'hui abolie, qu'il conserva –, il apportait la sage innovation d'un rangement intégralement chronologique pour la correspondance et pour les Mélanges, voulant présenter au lecteur «la marche même de l'esprit de Voltaire» – la suite a confirmé ses choix. Le libéralisme du voltairien Beuchot, qui devint bibliothécaire de la Chambre des députés (1831-1850), est partout marqué dans son édition mais jamais tendancieux, sensible seulement par l'affirmation tranquille de l'importance historique de l'œuvre et de son action. À sa préface générale, en tête du premier volume donné tout à la fin, il a mis comme date, avant de signer: «À Paris, le 10 juin 1834, centenaire de la condamnation des *Lettres philosophiques*».

*André Magnan*

## BIBLE

CHRISTIANISME · JUIFS · RELIGION ·

Dans la France très catholique, dans l'Europe protestante, la Bible est le texte sacré: Dieu y parle. Nul ne peut mettre en doute la vérité de Sa parole. Elle constitue une autorité dont le commentaire représente un exercice

difficile et dangereux, en principe réservé aux théologiens. L'hérésie voisine souvent l'exégèse. Dans la tradition de l'histoire sacrée, c'est aussi un document historique sur le peuple juif et les débuts du christianisme.
Voltaire a lu la Bible toute sa vie. Il l'a étudiée chez les jésuites ; certains récits bibliques fournissaient même des sujets de compositions ou de représentations théâtrales. Il l'a commentée à Cirey, avec Mme du Châtelet dès les années 1735-1740, accumulant déjà la documentation qui lui servirait plus tard. C'est de Ferney en effet que partiront, après 1760, la plupart des travaux de critique biblique. La familiarité de Voltaire avec l'Écriture, et avec ses principaux commentateurs, dom Calmet, l'abbé d'Houtteville et Jacques Abbadie, est indiscutable. Le patriarche répète qu'il lit la Bible par plaisir, qu'il est sensible à la naïveté de son style : on peut l'en croire. Mais il n'ignore pas non plus les travaux sur les juifs de Basnage ou de l'abbé Fleury, ni les ouvrages savants de Fabricius, Wagenseil ou du père Abauzit. Simultanément, il approfondit sa connaissance des Pères de l'Église, des déistes anglais, de la littérature clandestine française, et parcourt, plume en main, les analyses contemporaines de Boulanger, Rousseau, d'Holbach. Exégèse orthodoxe, critique modérée ou contestation radicale nourrissent ses lectures.
Dans sa correspondance, les références bibliques sont infiniment plus nombreuses que chez tout autre écrivain du temps, et elles ne se limitent pas aux textes les plus courants. Un partage est d'ailleurs visible. Avant l'installation à Ferney, la citation est essentiellement ludique : expressions brèves, paraphrases scintillantes, établissant une connivence culturelle avec les destinataires. L'épistolier prône, en citant les livres saints, de nouvelles valeurs, littéraires ou scientifiques, multiplie les déguisements, flatte des correspondants ecclésiastiques, s'amuse à quelques acrobaties verbales, à mettre un piment héroï-comique dans la banalité quotidienne. À Ferney, le jeu de la citation devient parfois plus agressif. Le patriarche continue à satisfaire son goût du travestissement en s'assimilant à de nombreux personnages bibliques. Mais il s'approprie aussi les maximes sacrées en les détournant au profit d'une morale humaniste et pratique. Cette parodie traduit en fait l'ambition de répandre un nouvel Évangile par les mêmes voies apostoliques qui ont jadis réussi, d'abattre cette Église dont il calque les formules – écho multiplié de travaux critiques et de polémiques en cours.
Si l'on excepte le bref morceau «Des juifs» (1756), c'est donc surtout après 1760 que furent publiés les ouvrages de critique biblique. Le virulent *Sermon\* des Cinquante*, attesté dès 1753, est diffusé largement à partir de 1762, en même temps que l'*Extrait* tiré du *Mémoire* du curé Meslier\*. Le *Catéchisme\* de l'honnête homme* résume, en 1763, la critique biblique voltairienne. En 1764, le *Dictionnaire\* philosophique* offre aussi de très nom-

breux articles concernant la Bible, et leur nombre s'accroît dans les éditions de 1765 et de 1767, puis dans les *Questions\* sur l'Encyclopédie*. La seule année 1767 voit paraître *Les Questions\* de Zapata*, les *Homélies\** sur l'Ancien Testament et sur le Nouveau, la version augmentée de l'*Examen important de milord Bolingbroke* caractérisée par une violence plus directe qu'on retrouvera jusque dans *La Bible\* enfin expliquée* (1776). Certains libelles traitent de questions particulières : par exemple le *Sermon\* du rabbin Akib* (1761), *Saül\** (1763), les *Questions\* sur les miracles* (1767), le *Dialogue\* du douteur et de l'adorateur* (1766), *Le Dîner\* du comte de Boulainvilliers* (1767), l'*Épître\* aux Romains* (1768), l'*Instruction\* du gardien des capucins de Raguse* (1768), *Un\* chrétien contre six juifs* (1777), et d'autres controverses adressées à des apologistes. D'amples synthèses d'autre part, comme le *Traité\* sur la tolérance*, *La Philosophie\* de l'histoire*, *La Défense\* de mon oncle*, *Dieu\* et les hommes*, accordent une large place à la critique biblique, de même que le conte du *Taureau\* blanc*.

« On est tantôt en colère et on a tantôt envie de pouffer de rire, écrit Voltaire, quand on lit l'histoire des Hébreux » (à Moultou, 9 janvier 1763). Il voit en effet dans la Bible comme un objet étranger à ses normes morales et intellectuelles. Il s'indigne des interdits d'Église qui en entravent l'approche historique. Les réactions d'humeur sont donc nombreuses dans la critique voltairienne. L'exigence surtout de valeurs universelles interdit au philosophe la pensée d'un sacré distinct du moral. Aussi exprime-t-il son horreur devant les massacres consacrés, la barbarie d'un peuple représenté comme menteur, incestueux, cruel, et les figures dégradantes de Dieu. Trop d'actions et trop d'événements lui apparaissent irrationnels. Il rit donc des prophéties, des prodiges, des aspects fabuleux qui heurtent la raison, « extravagances » antiscientifiques, invraisemblances, contradictions internes – sans chercher à comprendre les manifestations du sacré dans une religion primitive, à retrouver l'événement derrière les exagérations, à distinguer les légendes des faits historiques.

Cette critique à base de bon sens se double cependant d'un examen réellement historique. Voltaire pose les questions de la date, de la genèse et du rédacteur d'un texte; il alimente, après Spinoza, Richard Simon et Jean Leclerc, le débat sur la mosaïcité du Pentateuque; il soulève le problème des apocryphes, se réfère à l'historien juif Flavius Josèphe et aux auteurs païens. Au fil des lectures et des commentaires, il développe une démarche comparatiste, relevant les emprunts faits à d'autres peuples par le « peuple élu », pour les réduire à des « plagiats », et soulignant dans le Nouveau Testament l'influence d'un environnement culturel. Sa lucidité critique a ouvert la voie à l'exégèse rationaliste ultérieure. Mais son rejet passionné du Dieu judéo-chrétien l'a plus souvent mené à sacrifier le relativisme historique à une ironie profanatrice. Dernier détail curieux : sans foi ni

ferveur, mais sans état d'âme, en bon technicien de la traduction versifiée, Voltaire a donné en français un *Précis\* du Cantique des Cantiques* et un *Précis\* de l'Ecclésiaste*.

Marie-Hélène Cotoni

## *BIBLE (LA) ENFIN EXPLIQUÉE PAR PLUSIEURS AUMÔNIERS DE S.M.L.R.D.P.*

BIBLE • CALMET (DOM) • CHRISTIANISME • JUIFS •

C'est en 1776 que Voltaire publia *La Bible enfin expliquée*, bilan d'une patiente lecture de quarante années. Sous ce titre savoureux, dans le déguisement de prêtres attachés à «Sa Majesté le roi de Prusse» (ou «de Pologne», d'après Beuchot), il propose une analyse critique de l'Écriture, livre après livre, dans la grande tradition des commentaires bibliques. Le *Commentaire littéral* de dom Calmet est surtout cité, ironiquement parfois. Avec ces emprunts aux travaux classiques, l'esprit de l'ouvrage s'écarte des prudentes et pieuses remarques des commentateurs, et s'accorde aux recherches de la libre pensée, française ou anglaise. Le texte de la Bible est donné pleine page ; les notes courent en petits caractères, mais remontent souvent fort haut.

Ce livre amusait Frédéric II, tandis que Condorcet déplorait qu'il ne fût pas complet.

L'auteur, en effet, s'est lassé. Il effleure seulement le Nouveau Testament, discutant les généalogies de Jésus, les prophéties messianiques, et soulignant les contradictions et les invraisemblances. En revanche, les livres historiques de l'Ancien Testament sont longuement commentés ; Voltaire reprend souvent ses analyses antérieures sur la Bible, mais avec des développements plus substantiels. Ainsi, il renouvelle ses doutes sur l'ancienneté et la véracité du Pentateuque, revient sur les aberrations scientifiques de la Genèse, et scrute chez les Persans, les Phéniciens, les Chaldéens, l'origine première de certaines croyances. Il insiste sur l'aspect fabuleux de nombreux récits, concernant la vie dans le désert, les animaux qui parlent, ou l'histoire de Daniel et de Nabuchodonosor ; il traque les chiffres excessifs, ceux de l'armée de Josué ou des richesses de Salomon ; il analyse les pratiques magiques, propres à un temps prérationnel et préscientifique, et raille inlassablement les aventures des prophètes, incapable de concevoir l'importance du mouvement prophétique. Constamment il rejette un Dieu anthropomorphique, sans discerner comment la divinité hébraïque s'est transformée.

Tout en reprenant des exemples scandaleux tirés d'Ézéchiel ou de l'histoire de David, il condamne sévèrement des actions d'Abraham, de Jacob, de Rebecca, de l'incestueux Ruben, dénonce l'atrocité des Hébreux dans l'his-

toire de Dina, et le sort cruel promis dans le Deutéronome aux faux prophètes.

Voltaire esquisse toutefois une histoire textuelle, en soulignant l'incertitude de la date de rédaction des Rois, de l'auteur de Samuel et des Maccabées. Il jette le doute sur les textes mêmes de Tobie et Judith, absents du canon juif. Dans ce couronnement de l'exégèse voltairienne, l'information a été élargie, les arguments renforcés, sans que les thèses antérieures aient changé : les critiques se sont plutôt durcies. Les répliques de Du Contant de La Molette (*La Genèse expliquée*, 1777) et de Xavier de Feller (*Le Catéchisme philosophique*, 1777) manquent de consistance.

Marie-Hélène Cotoni

*Le Seigneur Dieu envoya donc un profond sommeil à Adam ; et, lorsqu'il fut endormi, le Seigneur Dieu lui arracha une de ses côtes et mit de la chair à la place.*

Genèse, II, 21, cité et commenté ainsi par Voltaire :

*Saint Augustin « De Genesi » croit que Dieu ne rendit point à Adam sa côte, et qu'ainsi Adam eut toujours une côte de moins : c'était apparemment une des fausses côtes, car le manque d'une des côtes principales eût été trop dangereux ; il serait difficile de comprendre comment on arracha une côte à Adam sans qu'il le sentît, si cela ne nous était pas révélé. Il est aisé de voir que cette femme formée de la côte d'un homme est un symbole de l'union qui doit régner dans le mariage : cela n'empêche pas que Dieu ne formât Ève de la côte d'Adam réellement et à la lettre ; un fait allégorique n'en est pas moins un fait.*

La Bible enfin expliquée, 1776.

## BIBLIOTHÈQUE

LECTEUR · MARGINALIA · TRAVAIL ·

La bibliothèque de Voltaire est à Saint-Pétersbourg. Elle fut achetée à sa mort par Catherine II* et acheminée depuis Ferney à grands frais, par route et par mer, avec les manuscrits qu'elle contenait aussi. Elle a traversé là le temps des tsars et le temps des soviets, les révolutions, les guerres, le terrible siège. Pétersbourg, Petrograd, Leningrad, Saint-Pétersbourg : les vieux livres ont seulement voyagé de quelques centaines de mètres, en 1862, quittant l'Ermitage pour la Bibliothèque publique où ils se trouvent encore conservés, dans la Section des livres rares, impeccablement rangés derrière les vitres de leurs grandes armoires de bois. Le catalogue en a été publié en 1961, et depuis 1979 se poursuit l'édition des notes et traces de lecture portées par Voltaire sur ses livres mêmes. Le catalogue détaille

6 814 titres en 1 172 pages et les *Marginalia*, après cinq volumes, en sont à la lettre M des noms d'auteurs : Voltaire fut un lecteur assidu, boulimique, infatigable.

Aucune pièce rare dans cette bibliothèque : c'est l'ensemble qui est précieux. C'était pour Voltaire un outil de travail, non un objet de collection. Il n'avait même pas d'*ex-libris*, ni le moindre goût de bibliophilie – à la différence de Montesquieu par exemple. L'indice le plus parlant de ce rapport instrumental aux livres est l'habitude qu'avait Voltaire de constituer des dossiers par thèmes, regroupant des opuscules, des brochures et même des morceaux découpés d'ouvrages : « Huguenots », « Agriculture », « Parlements », « Fièvre », « Jésuites » – on a une série de 141 recueils factices de cette sorte, qu'il appelait ses « pots-pourris ». Pour sa commodité, il avait fait dresser, vers 1770 semble-t-il, un catalogue manuscrit de sa bibliothèque, qui est également conservé ; on y suit l'ordre matériel des rangements, dans la disposition même de son bureau de Ferney, les livres anglais « près de la cheminée en entrant, premier rayon en bas », les revues littéraires « au bout du dernier rayon, près du poêle, à gauche », les livres latins « au-dessus de la fenêtre, près de la salle à manger », et à la suite de ce catalogue naturellement, pour se retrouver dans l'immense fatras, il y a une « Note des pièces contenues dans chaque pot-pourri ». Voltaire eut d'ailleurs toujours, même à distance et de mémoire, une étonnante faculté de localisation de ses livres, qu'atteste encore, un mois avant sa mort, une instruction donnée depuis Paris à Wagnière pour le prier d'envoyer d'urgence « un Martial » qu'il trouvera « en haut parmi les petits livres, au fond à gauche, au-dessus des livres d'histoire »...

La bibliothèque fut donc au centre de cette longue vie studieuse et agitée. Les lettres de commande de livres, d'emprunt et de restitution, abondent dans la correspondance. À l'ouverture de ses *Mémoires*, évoquant le grand départ pour Cirey avec Mme du Châtelet, Voltaire écrit : « Nous eûmes une bibliothèque nombreuse. » Et lorsque sa « destinée » à nouveau, en 1754, le renvoie vers l'exil, il se défait de ses gros livres, coûteux à transporter, mais il rêve d'une retraite, écrit-il à Mme Denis, « en quelque endroit où il y ait une belle bibliothèque ». Il s'en refit alors une autre : c'est celle de Saint-Pétersbourg. La plus grande partie du fonds date ainsi des années 1755-1778, les deux plus grandes masses, dans une distribution par sujets, étant l'histoire et la religion, intérêts dominants de la dernière activité intellectuelle ; mais on y trouve également des livres de sciences, de médecine, de droit, d'économie, et bien sûr, pour nourrir les vieilles passions, de littérature, de poésie, de théâtre.

Dans son intégrité presque idéale, la bibliothèque de Voltaire est la seule qui se soit conservée des grands écrivains du temps : Rousseau avait peu de livres, ceux de Diderot (achetés aussi par Catherine II) ont été plus ou

moins dispersés, et la bibliothèque de La Brède ne représente qu'une partie des belles collections de Montesquieu. L'impératrice russe mit le prix fort à l'acquisition de cette relique : 30 000 roubles, que reçut Mme Denis, avec des fourrures magnifiques et son portrait serti de diamants. La préférence, une fois l'offre connue, ne pouvait aller qu'au roi de France en personne. Mais pour Sa Majesté Très-Chrétienne, les livres d'un opposant et mécréant étaient forcément sans valeur. Le corps de Voltaire à Scellières en Champagne, l'impression des œuvres à Kehl, la bibliothèque en Russie : une même logique d'histoire, et profonde, unit ces trois derniers exils. Trente ans après l'événement, le pauvre Decroix* se lamentait encore : « Tous les gens de lettres, et même tous les Français, doivent gémir de ce qu'un dépôt si précieux se trouve aujourd'hui confiné sur le lac Ladoga, au soixantième degré de latitude, au lieu d'être à Paris. »

*André Magnan*

*La chambre de la Bibliothèque contient :*
*1 petit canapé de velours d'Utrecht jaune*
*1 bergère de même étoffe*
*2 tables de jeu*
*1 grande table noire à écrire à tiroir*
*1 table à écrire à écran avec ses bobèches*
*1 écran à pieds en papier avec deux bobèches*
*1 bureau en commode garni en cuivre doré, dans lequel il y a 8 médailles d'argent, le portrait de l'Impératrice, et deux de bronze, un médaillier contenant 58 médailles de bronze, une grande du comte Orlof*
*1 coffre-fort*
*1 réchaud avec un chaudron de cuivre rouge*
*1 escalier pour la bibliothèque*
*1 lampe d'étain à deux flambeaux à garde-vue*
*1 écritoire en cabaret, dont la garniture est de cuivre blanchi.*
   *Inventaire des meubles du château de Ferney, le 27 juillet 1778.*

## BIBLIOTHÈQUE NATIONALE DE FRANCE

ÉDITIONS ·

En 1864 eut lieu, à la Bibliothèque nationale alors impériale, une émouvante cérémonie : des mains des héritiers du marquis de Villette, le ministre de l'Instruction publique Victor Duruy reçut l'urne qui contenait le cœur* de Voltaire. Le projet fut alors annoncé du regroupement prochain, autour du cœur, du modèle en plâtre de la statue du grand homme par Houdon, des médailles frappées en son honneur, de ses correspondances

manuscrites et de ses œuvres imprimées. Ce vœu pieux ne connut qu'un effet partiel; seules l'urne et la statue se sont rejointes, l'urne scellée au socle de la statue. Dans un salon d'honneur, dit salon Voltaire, qui donne sur la cour face à l'entrée principale, le plâtre de Houdon sourit encore de loin aux chercheurs et visiteurs de la Bibliothèque nationale – sous le regard de marbre de l'abbé Bignon, jadis «maître et garde de la librairie du roi».

Par l'importance de ses fonds anciens, par la qualité unique des deux grandes collections privées qui sont venues s'y adjoindre – quelque deux mille titres réunis par Beuchot*, mille environ par Bengesco* –, la Bibliothèque nationale de France est l'un des hauts lieux de la mémoire et du savoir voltairiens. Au catalogue général des imprimés, Voltaire est le seul auteur à remplir deux forts volumes (214, I-II). Le total des notices, enregistrant soit des écrits séparés, soit des recueils, soit des éditions dites collectives, s'élève au chiffre colossal de 5 618. Sur l'énorme polygraphie de la production même de l'écrivain ont proliféré, de son vivant et sur un bon siècle après sa mort, les réimpressions, contrefaçons et traductions : ces pyramides de papier sont l'indice le plus voyant d'un phénomène Voltaire, d'une audience et d'une influence sans commune mesure dans l'espace européen moderne. Le fonds atteste aussi l'importance de Voltaire dans l'histoire scolaire française, à travers des manuels* et des anthologies remontant à 1746, date d'extraits de *La Henriade* en latin, jusqu'au pullulement contemporain des éditions de contes, en passant par les ouvrages de théâtre et d'histoire, encore usuels dans les classes au début de ce siècle. Les traductions, en près de trente langues, représentent enfin plus de trois cent cinquante entrées – beaucoup semblent manquer cependant pour le XIX$^e$ siècle.

Les enrichissements les plus intéressants, depuis ce bilan catalogué de 1978, concernent des éditions anciennes d'ouvrages séparés : plus de deux cents pièces déjà, absentes du fonds original, dont une quinzaine d'impressions du *Dictionnaire\* philosophique* pour les années 1764-1767; il devient clair que le développement institutionnel des collections a été longtemps sous-alimenté, comme il était naturel, en éditions clandestines et en contrefaçons, secteur essentiel pour une compréhension exacte de l'influence de Voltaire en son temps.

Les fonds manuscrits de la Bibliothèque nationale de France sont également d'un intérêt exceptionnel, en particulier pour la correspondance, avec un tiers environ de tous les manuscrits actuellement repérés, et maintes autres belles pièces – les *Mémoires\** par exemple, de la main de Wagnière*, avec des corrections et additions autographes de Voltaire. Nombre de ces manuscrits présentent d'ailleurs des traces matérielles remontant, à travers Beuchot, à la première édition posthume de Kehl*, et recèlent ainsi pour le chercheur une sorte de mémoire de la grande tradition éditoriale.

On peut mentionner pour l'anecdote que Voltaire fut lui-même un usager de la bibliothèque alors royale, comme en font foi les anciens registres de prêt dûment conservés, avec leurs dates et leurs cotes. Il utilisa des livres anglais à l'époque des *Lettres philosophiques*, puis de nombreux ouvrages d'histoire, souvent spécialisés, à partir de 1738 et tout au long des années 1740, pour documenter son *Siècle de Louis XIV* et ses travaux d'historiographe. On lui fit même des conditions spéciales de prêt en 1762 et 1768 : quelques livres voyagèrent entre Paris et Ferney, une édition de Corneille, des ouvrages sur l'ancien droit parlementaire, qu'il renvoyait fidèlement, « bien conditionnés », aux dates prescrites. Il est vrai qu'il avait fait don à la bibliothèque du roi, en 1761, d'un *Ézour-Veidam\** indien, pièce alors reçue comme unique, qui pouvait lui avoir valu ces grâces particulières des garde-livres du roi – le manuscrit, toujours conservé, fut coté N 452.

*André Magnan*

*La bibliothèque publique du roi de France est la plus belle du monde entier, moins encore par le nombre et la rareté des volumes que par la facilité et la politesse avec laquelle les bibliothécaires les prêtent à tous les savants. Cette bibliothèque est sans contredit le monument le plus précieux qui soit en France.*
   *Questions sur l'Encyclopédie, 1770-1772, art. « Bibliothèque ».*

*Je prie ceux qui dirigent la Bibliothèque nationale de recevoir au nom de ce grand homme l'hommage que je fais du plus bel exemplaire orné d'estampes, et satiné, que j'aie pu composer de ses « œuvres complètes ».*
   *Beaumarchais à l'abbé des Aunais, 2 juillet 1791* – cet exemplaire de l'édition de Kehl, en 70 volumes, est conservé à la réserve du département des Imprimés de la Bibliothèque nationale de France.

## BIEN (SOUVERAIN)

HOMME · PLATON ·

Voltaire a traité en 1756, puis en 1764 dans le *Dictionnaire philosophique*, la question classique : quel « bien » est pour les hommes « souverain » ? Il laisse de côté la théologie chrétienne, selon laquelle « Dieu est le souverain bien », pour évoquer seulement les conceptions de l'Antiquité païenne et les idées archétypales. Les références à Platon sont sous-jacentes, le philosophe Crantor explicitement cité. En fait, sur l'évidence commune de la diversité des goûts, Voltaire considère le prétendu « souverain bien » comme une « chimère », une « question absurde ». Pour disqualifier cette notion abstraite, il invente sur le même modèle des expressions contenant un élément concret : « le souverain bleu », « le souverain ragoût », qui apparaissent aus-

sitôt comme des non-sens. Cet appel au concret est révélateur de la méfiance de Voltaire envers les constructions intellectuelles sans prise sur la réalité, comme la théorie platonicienne des idées, et de l'importance de l'expérience au contraire pour ce disciple de Locke. Il serait prêt à assimiler bien et plaisir, mal et douleur ; mais les délices ou les tourments extrêmes n'ayant qu'un temps, ils ne peuvent constituer « le souverain bien » ou « le souverain mal ». Avec la même lucidité ou la même honnêteté, il refuse de confondre vertu et bonheur, et donc, à la différence de l'abbé Yvon dans l'*Encyclopédie*, de définir le bien suprême par la vertu : la vertu est un devoir et non un bien. Là encore, c'est la référence à l'expérience concrète qui évite ces assimilations fautives : « L'homme vertueux, avec la pierre et la goutte, sans appui, sans amis, privé du nécessaire, persécuté, enchaîné par un tyran voluptueux qui se porte bien, est très malheureux » (*Dictionnaire philosophique*, art. « Bien, Souverain Bien »). Songeons que le bon anabaptiste Jacques, dans *Candide*, meurt pour avoir porté secours à un brutal matelot (chap. v).

Voltaire a certes défendu de grandes valeurs. Mais il était trop conscient de la complexité du réel pour définir comme « souverain bien » l'une d'entre elles. La liberté peut déboucher sur l'anarchie. La paix peut être l'effet d'une domination injuste. L'amour de l'humanité est difficilement compatible avec l'amour de la patrie. La tolérance peut devenir dangereuse si on en fait profiter les intolérants. Partout la mobilité de la vie exige la recherche humaine d'un équilibre, libre de toute illusoire confiance en des systèmes figés, en des paradis passés ou promis. Candide et Cacambo n'auront pas trouvé le souverain bien dans les richesses de l'Eldorado, ni même dans la sagesse de ses habitants (chap. XVII-XVIII).

Le scepticisme, l'empirisme, le pragmatisme de Voltaire le portent ainsi à déconstruire la notion même, pure invention de soi-disant philosophes. Ce travail participe d'une vaste critique engagée contre les « rêveries » métaphysiques. Car même la raison, valeur suprême quand elle conduit à la lucidité, peut aussi contribuer à l'élaboration de mythes ambitieux mais absurdes, comme celui... du « souverain bien ».

*Marie-Hélène Cotoni*

## BIEN (TOUT EST)

DÉISME • LEIBNIZ • OPTIMISME • PROVIDENCE •

Pour résoudre la contradiction entre l'existence du mal* et l'infinie bonté de Dieu, Leibniz avait postulé que ce monde est le meilleur des mondes possibles. Sous la plume des déistes anglais comme Pope*, la formule devint « Tout est bien » ou « le Tout est bien » : il y a des maux innombrables, mais

l'ensemble est bien tel qu'il est. Longtemps, Voltaire adhéra à ce « système de l'optimisme », conciliation facile de la Raison et de la Foi déiste. Mais lorsqu'il écrit, en 1764, l'article « Tout est bien » du *Dictionnaire* philosophique*, il a déjà publié le *Poème* sur le désastre de Lisbonne* (1756), et *Candide** (1759), deux contestations directes de cet optimisme, désormais écarté comme une piètre consolation métaphysique.

Voltaire ridiculise la philosophie leibnizienne en la rapprochant des fables platoniciennes et des mythes antiques ou chrétiens sur l'origine du mal. Les déistes Bolingbroke, Shaftesbury et Pope « ne résolvent pas mieux la question que les autres : leur *Tout est bien* ne veut dire autre chose sinon que le tout est dirigé par des lois immuables ; qui ne le sait pas ? ». Or l'ironie voltairienne tire sa violence d'un sentiment nouveau du tragique ordinaire. Le mal n'est pas seulement inexplicable, il est insupportable. Tiraillé entre le rejet philosophique de l'anthropocentrisme* et la révolte humaniste devant la souffrance, Voltaire constate : « Loin donc que l'opinion du meilleur des mondes possibles console, elle est désespérante pour les philosophes qui l'embrassent. » Sa conclusion tend dès lors à clore tous les chapitres de métaphysique par la formule : « Cela n'est pas clair ». Mais ici, c'est Voltaire qui évite d'être toujours clair, de peur de tirer les conséquences peut-être ultimes de sa propre critique : l'inexistence de Dieu.

*Laurent Loty*

*Des raisonneurs ont prétendu qu'il n'est pas dans la nature de l'Être des êtres que les choses soient autrement qu'elles sont. C'est un rude système ; je n'en sais pas assez pour oser seulement l'examiner.*

*Questions sur l'Encyclopédie, 1770-1772, art. « Bien (Tout est) »*
*— remaniement du texte de 1764.*

## BIENFAISANCE

Le mot entre en 1762 comme néologisme dans le Dictionnaire de l'Académie française. À cette date, il a déjà commencé sa carrière, il est même à la mode ; il va pénétrer, puis saturer, dans la deuxième moitié du siècle, tout le discours moral de définition des devoirs de l'homme en société. Avec le terme d'« humanité », réinvesti des valeurs d'appartenance et de solidarité, et celui de « tolérance », qui subordonne l'instance religieuse au plan d'un ordre politique, c'est l'un des maîtres-mots d'une nouvelle morale civique des Lumières. « Bienfaisance » laïcise en quelque sorte « charité chrétienne ». Dès 1742, dans le VII$^e$ des *Discours* en vers sur l'homme*, intitulé « Sur la vraie vertu », Voltaire relève la création par l'abbé de Saint-Pierre* d'un mot « qui manque à Vaugelas » :

> *Ce mot est bienfaisance : il me plaît ; il rassemble,*
> *Si le cœur en est cru, bien des vertus ensemble.*
> *Petits grammairiens, grands précepteurs des sots,*
> *Qui pesez la parole et mesurez les mots,*
> *Pareille expression vous semble hasardée ;*
> *Mais l'univers entier doit en chérir l'idée.*

Dans les *Considérations sur les mœurs de ce siècle* (1751), Duclos se livre bientôt à une véritable théorie expérimentale de la bienfaisance : le bienfaiteur cède à un penchant naturel qui l'incite à servir autrui, à secourir les nécessiteux ou les malheureux, et la satisfaction qu'il en retire lui prouve qu'il s'est livré à un acte de l'homme authentique. La même idée vaut pour Voltaire, avec des nuances d'un ouvrage à l'autre. Les poèmes moraux du temps font vibrer la corde sentimentale. Composé pour Mme de Pompadour un moment revenue à la dévotion, le *Précis de l'Ecclésiaste en vers* (1759) rejette la vertu austère et prône l'indulgence aux faiblesses humaines, la bienfaisance devenant alors la valeur suprême :

> *Répandez vos bienfaits avec magnificence ;*
> *Même aux moins vertueux ne les refusez pas ;*
> *Ne vous informez pas de leur reconnaissance :*
> *Il est grand, il est beau de faire des ingrats.*

De la bienfaisance, Voltaire fait une vertu sociale que le philosophe surtout, modèle d'humanité, se doit d'observer et d'illustrer. Dans des mandements, des prières et des homélies de sa façon, il critique systématiquement les dogmes et les rites de l'Église, inutiles dès lors qu'il y manque les seules vertus qui importent réellement, celles qui contribuent au progrès social. La vertu de «tolérance» sous-tend la lutte contre l'Infâme*, et la bienfaisance motivera l'action pratique à Ferney. Voltaire prend à cœur les intérêts du pays de Gex* et règle des litiges locaux ; il veut donner au curé Ancian* des leçons d'humanité, travaille à libérer les serfs de Saint-Claude*. Il prête de l'argent aux nouveaux «colons» de ses terres et accueille des «Natifs» de Genève. Cette bienfaisance si chère aux philosophes et aux âmes sensibles, il semble à la fin de sa vie l'incarner dans sa personne, personnage même pour l'imagerie des estampes naïves : le «grand homme» attentif aux plaintes des paysans, des pauvres, des opprimés. En 1791, une comédie touchante, œuvre de Villemain d'Abancourt, fut représentée à Paris : *La Bienfaisance de Voltaire*.

*Didier Masseau*

*J'ai fait un peu de bien ; c'est mon meilleur ouvrage.*

*Épître à Horace, 1772.*

## BILLETS DE CONFESSION

CONFESSION · JANSÉNISME ·

Exigé des mourants avant l'extrême-onction, un « billet » devait attester que la dernière confession avait été reçue par un prêtre non janséniste. Il fut de règle dans le diocèse de Paris de 1750 à 1760 environ. Voltaire l'appelle plaisamment « billet payable au porteur pour l'autre monde » (*Candide*, chap. XXII).

*André Magnan*

## BIOGRAPHIE

HISTOIRE · HOMME ·

Voltaire a vu naître vers ses 20 ans ce mot qu'il n'utilise pas, terme technique, un peu pédant, qui mit deux bons siècles à prendre un sens concret, puis commun. Il écrit donc des « vies », la *Vie\* de J. B. Rousseau* – une satire, en fait –, la *Vie\* de Molière, avec des jugements sur ses ouvrages* – succincte, mais nourrie d'une réflexion précise sur ce genre d'« histoire ». Son œuvre d'historien comporte aussi une part de biographie, d'« histoire particulière » comme il dit à propos de l'*Histoire\* de Charles XII* où cette dimension est fortement marquée. Les grands siècles se formant par les grands hommes, il faut, à côté du récit de leur action publique, des anecdotes\* de leur vie personnelle ou domestique, qui les humanisent : on en trouve dans l'*Histoire\* de l'empire de Russie sous Pierre le Grand*, et surtout dans *Le Siècle\* de Louis XIV*, caractéristiques, et sobrement exposées. En revanche, s'il est vrai que toute vie est intéressante – Voltaire s'est souvent prêté aux confidences, y compris d'inconnus –, elle n'est pas forcément bonne à écrire. Bayle recueille d'après lui trop de « noms obscurs », et une *Vie* de Bayle qu'on a faite en un gros volume est presque aussi absurde : « Elle ne devait pas contenir six pages : la vie d'un écrivain sédentaire est dans ses écrits. » Voltaire a donc écrit brièvement l'*Éloge\* historique de Mme du Châtelet*, les notices du « Catalogue\* des écrivains français » adjoint au *Siècle de Louis XIV*, et même le célèbre parallèle de Newton et Descartes dans les *Lettres\* philosophiques*.

On sent une réserve. Pour la biographie aussi, Voltaire est un sceptique, par des raisons de fond sur lesquelles il est souvent revenu, en philosophe dans ses méditations sur la liberté, en praticien dans ses réflexions sur l'histoire. Il croit les témoignages incertains, et même les documents, plus ambigus qu'on ne pense : un fait se construit, se discute, s'établit. Incertains aussi les motifs et les causes des actions humaines, leur liaison ou leur suite – même les enchaînements prochains se dérobent : nul ne sait ce qu'il fera ou pensera dans une heure. Voltaire travaille à réunir des informations, à ordonner des circonstances, à construire ou imaginer des comportements, mais il

a parfois des doutes abrupts : « Le secret des cœurs est si peu connu. » Sur la vie en général, sur la sienne en particulier, les mots de « hasard » et de « destinée » lui sont familiers, et la métaphore de la marionnette\*. Cela n'empêche pas d'essayer : il a donc écrit ces « histoires particulières », et de sa propre vie un *Commentaire\* historique*, qui propose un sens global. Mais avec une telle pensée de l'existence, on reste modeste, prudent, très vigilant sur le partage du certain et du probable, de l'hypothétique et du problématique. D'où son refus déclaré de techniques ou de procédés d'écriture tendant à produire l'illusion d'une présence effective : le portrait calculé, le discours reconstitué, le tissage anecdotique, l'éloquence péremptoire, la familiarité captieuse. Dès l'*Histoire de Charles XII*, la pratique de Voltaire semble sous-tendue par une sorte d'éthique de l'opération biographique, dont le premier principe serait justement la responsabilité de l'opérateur. De Condorcet\* à Desnoiresterres\* et à Pomeau\*, les biographes de Voltaire ont dû méditer à leur tour cette leçon.

*André Magnan*

*À l'égard des écrivains qui devinent d'après leurs propres idées celles des personnages du temps passé, et qui de quelques événements peu connus prennent droit de démêler les plus secrets replis du cœur, bien moins connus encore, ceux-là donnent à l'histoire les couleurs du roman. La curiosité insatiable des lecteurs voudrait voir les âmes des grands personnages de l'histoire sur le papier, comme on voit leurs visages sur la toile ; mais il n'en va pas de même. L'âme n'est qu'une suite continuelle d'idées et de sentiments qui se succèdent et se détruisent ; les mouvements qui reviennent le plus souvent forment ce qu'on appelle le caractère, et le caractère même reçoit mille changements par l'âge, par les maladies, par la fortune. Il reste quelques idées, quelques passions dominantes, enfants de la nature, de l'éducation, de l'habitude, qui, sous diverses formes, nous accompagnent jusqu'au tombeau. Ces traits principaux de l'âme s'altèrent encore tous les jours, selon qu'on a mal dormi ou mal digéré. Le caractère de chaque homme est un chaos, et l'écrivain qui veut débrouiller après des siècles ce chaos, en fait un autre. Pour l'historien qui ne veut peindre que de fantaisie, qui ne veut que montrer de l'esprit, il n'est pas digne du nom d'historien. Un fait vrai vaut mieux que cent antithèses.*

*Supplément au Siècle de Louis XIV, 1753.*

## BIORD, Jean Pierre, monseigneur

ANTICLÉRICALISME • FERNEY • GEX •

Évêque d'Annecy et de Genève à partir de 1764, Mgr Biord (1719-1785) eut en Voltaire un singulier diocésain. Leur différend révèle, au-delà de

l'anecdote, la tension latente puis déclarée, entre l'Église de France et la «philosophie», ici représentée par l'illustre auteur «d'ouvrages de ténèbres» comme disaient les secrétaires épiscopaux.

Le conflit éclata au printemps 1768, après quelques escarmouches au sujet du père Adam*. Voltaire était seul à Ferney, il avait renvoyé Mme Denis. Depuis l'exécution, en 1766, du chevalier de La Barre, il se sentait inquiet de toutes les brochures qu'on lui attribuait. Voulut-il édifier le public ou vérifier une stratégie? Il fit ses pâques* dans l'église de Ferney, non sans avoir prononcé durant la cérémonie une exhortation morale contre l'ivrognerie et le vol. Cet accomplissement de son devoir pascal suscita des réactions mitigées. On s'émut, on s'indigna, on jasa, on rit sous cape. Mgr Biord soupçonna une «communion de politique». Que valait ce sacrement, si le curé de Ferney, intimidé par le seigneur du lieu, n'avait pas su exiger, avant l'absolution, une profession de foi pleine et entière? Et quel plus grand scandale que cette intrusion d'un laïc dans l'office sacré? Il le fit savoir. Voltaire protesta de sa bonne foi, s'excusa de son sermon: «Un seigneur de paroisse» ne devait-il pas «instruire ses vassaux»? L'évêque répliqua, insista, exigea la soumission. Voltaire se posa en dévot, parla de «l'amour du prochain» et de «résignation à Dieu». Mgr Biord cette fois se fâcha. Il se plaignit au ministère, envoya ses lettres et les réponses à Versailles, et interdit enfin l'écrivain de sacrement, tant qu'il n'aurait pas signé une profession de foi.

Un an plus tard, Voltaire récidivait pourtant, à l'aide d'un stratagème: il se déclara mourant, par acte juridique, et reçut la communion chez lui, après avoir signé une sobre et formelle profession de foi. Ce «déjeuner» par-devant notaire royal suscita une émotion encore plus vive. Voltaire se justifia auprès de ses amis philosophes par la crainte de poursuites ecclésiastiques capables d'attirer sur lui «une lettre de cachet» et même une «excommunication majeure» – mesures virtuellement plausibles en effet. Quant à Mgr Biord, il mit un terme à son offensive en publiant l'ensemble de sa correspondance avec le philosophe, croyant étaler aux yeux des fidèles les hontes du mécréant et les abus du mauvais seigneur. En réponse, il reçut un long mémoire intitulé «M. de Mauléon à l'évêque d'Annecy» où Voltaire marquait juridiquement ses droits de régnicole, de propriétaire et de maître. De loin en loin, Voltaire continua d'épingler ce «polisson d'évêque» qui avait cherché à le «chasser» de son «jardin».

*Anne Soprani*

## BLANC ET LE NOIR (LE)

CONTES PHILOSOPHIQUES • MAL • OPTIMISME • ORIENT •

Ce petit récit de quelques pages fut publié en 1764 dans le recueil des *Contes\* de Guillaume Vadé*. Il fait appel au merveilleux oriental pour offrir, sous un aspect de fantaisie, une réflexion sur le vrai et le faux, le bien et le mal. Rustan, amoureux d'une princesse de Cachemire qu'il a entrevue à la foire de Kaboul, décide d'aller la rejoindre dans son pays. Son voyage est parsemé d'embûches et de mystérieuses rencontres, qui sont autant d'énigmes. Les prophéties qu'il a reçues d'un oracle sont même apparemment dénuées de sens. À la fin du conte, tout s'éclaire : Rustan rêvait. Nul doute que Voltaire ait exploité ici, sur un mode ludique, sa connaissance des philosophies orientales, et l'intérêt que suscitaient, depuis Bayle, les formes européennes du dualisme iranien (manichéisme du III$^e$ siècle et hérésie cathare au XI$^e$) : ainsi Isaac de Beausobre avait publié en 1734 une *Histoire critique de Manichée et du manichéisme*, et Rameau avait mis en scène la lutte du Bien et du Mal, en 1749, dans son opéra *Zoroastre*. Mais il est évident que ce conte rejoint aussi la réflexion plus générale sur le problème du Mal que Voltaire poursuivait depuis le tremblement de terre de Lisbonne, contre les thèses de Leibniz, de Pope et de Wolff. En rappelant qu'il existe, dans la philosophie iranienne, de bons et de mauvais anges, Voltaire illustre une tentative de mythologie comparée, qui sert sa lutte antichrétienne.

*Jean Goulemot*

## BLASPHÈME

ANTICLÉRICALISME • DÉISME • RELIGION • SUPERSTITION •

À cette même entrée répond un article des *Questions\* sur l'Encyclopédie*. Voltaire y distingue le blasphème du sacrilège, et précise que les Romains n'employaient jamais ce mot de blasphème, ne croyant pas qu'un homme pût offenser l'honneur de Dieu. Il souligne donc la relativité de l'acte blasphématoire, en fonction des pays et des situations, quand il ne porte que sur des superstitions variables. Mais il se plaît à montrer que l'accusation de blasphème tient surtout à l'esprit de secte ou de parti dans les religions établies : juifs, catholiques et protestants se traitent mutuellement de blasphémateurs, comme les jésuites et les jansénistes.

Si les facéties blasphématoires de *La Pucelle\** sont l'antidote d'une Histoire faussée par les légendes et le providentialisme, les blasphèmes les plus directs de Voltaire portent sur des « superstitions » à ses yeux dégradantes, seuls vrais outrages faits à l'Être suprême : l'incarnation, la transsubstan-

tiation. Il signe ainsi « Christmoque », salue les philosophes « en Belzébuth », et plaisante avec Frédéric II sur « la maculée Vierge » et « son fils le pendu ». L'affaire du *patibulum*, en 1761, est restée célèbre. Voulant faire enlever une croix de bois qui masquait un portail de son château de Ferney*, Voltaire se serait écrié : « Ôtez-moi cette potence ». Révolté, mais révoltant à son tour, il va jusqu'à évoquer en termes scatologiques, dans ses textes les plus grossiers, le sort final de l'hostie consacrée, après sa digestion par les communiants. Si choquant que cela puisse paraître, le grand blasphémateur rêva toujours l'avènement historique d'une religion épurée – le déisme ou théisme.

Marie-Hélène Cotoni

*Vouloir arracher à Dieu son secret, croire savoir ce qu'il nous a caché, c'est, ce me semble, une espèce de blasphème ridicule.*
*Dialogues d'Évhémère, 1777, $V^e$ dialogue.*

## BOCCAGE, Marie Anne Le Page, Mme Fiquet du
POÉSIE • ROUEN •

Femme de lettres (1710-1802), cette amie de Cideville* et de Formont* entra en relation avec Voltaire en 1746. Elle lui envoyait un poème primé par l'académie de Rouen. Voltaire le trouva « écrit facilement et avec naturel » et en complimenta l'auteur. Lancée par de si beaux débuts, Mme du Boccage persista à « embellir [les] belles lettres ». En 1748, elle donnait en six chants une adaptation en vers du *Paradis perdu* de Milton, puis en 1749, une traduction du *Temple de la Renommée* de Pope. La même année, ses *Amazones* ne firent pas à la Comédie-Française, écrit gentiment Voltaire, « une grande fortune ». En revanche, son poème épique en dix chants, *La Colombiade, ou la Foi portée au Nouveau Monde*, dédié au pape Benoît XIV, connut en 1756 un succès immense, et fut d'ailleurs traduit en plusieurs langues. Voltaire, dont l'enthousiasme paraît un peu forcé, la félicita d'avoir surmonté les difficultés du genre : dans le « second chant surtout », il voit « un chef-d'œuvre de l'art ».

Au retour d'un long voyage en Italie, où elle avait vu le pape, Mme du Boccage s'arrêta aux Délices*, à la fin de juin 1758 : « Vous étiez très belle, se souviendra Voltaire, quand vous passâtes dans ma cabane. » Il l'accueillit de façon empressée, la mena à Genève et dans les environs, et la couronna de lauriers au cours d'un dîner. Elle demeura une fidèle de Voltaire, lui envoyant des petits vers pour sa fête et lui marquant son attachement lors de l'affaire Calas*. En 1777 encore, « le vieux malade

de Ferney» salue, attendri, la constance «du naturel charmant» et la «simplicité» de la dame du Boccage.

Anne Soprani

## «BŒUF-TIGRE»

BESTIAIRE • INFÂME • SÉIDE •

Hybride humain de stupidité superstitieuse et de fanatisme féroce.

André Magnan

## BOILEAU, Nicolas

GOÛT • POÉSIE •

Hasard des grandes villes, le petit Arouet eut pour voisin, cour Vieille-du-Palais où habitait son père, le vieux Boileau, son aîné de presque soixante ans (1636-1711) – on l'appelait encore Boileau-Despréaux. Mme Arouet avait fait à son sujet un joli mot, que Voltaire se rappelait volontiers; elle disait, plus contente apparemment de ses vers que de sa conversation, que c'était «un bon livre et un sot homme». Mais pour Voltaire, dans cet «art difficile» des vers français, Boileau resta toujours «l'oracle du goût» (*Épître à Boileau, ou Mon Testament*) : par ses «belles épîtres» et surtout par son *Art poétique*, «supérieur à celui d'Horace» et «sans contredit le poème qui fait le plus d'honneur à la langue française» (*Questions sur l'Encyclopédie*, 1770-1772, art. «Art poétique»), il a été l'un des trois ou quatre grands écrivains qui «changèrent les Welches en Français» (à Chamfort, mars 1764).

Pour autant, l'admiration de Voltaire n'est pas sans réserves. D'une part, si Boileau fut «le poète de la raison», «laborieux, sévère, précis, pur, harmonieux» (*Discours de réception à l'Académie*), il ne faut demander à ses «scrupuleuses beautés» (*Le Temple\* du Goût*) ni «sublime», ni «grâces», ni «sentiment». D'autre part, ses premières *Satires*, pleines de «fausseté», d'«esprit de médisance», et d'un «goût non encore épuré», sont très inférieures à ses autres ouvrages, tout comme son *Ode sur la prise de Namur*, aux «traits manqués», au «pinceau faible et dur» (*Le Temple du Goût*). De plus, Boileau ignora La Fontaine, loua Segrais et Voiture, méprisa l'Arioste et le Tasse, insulta Quinault... Accessoirement, c'était un «janséniste ridicule». On reconnaît bien, sur ce cas exemplaire, la mobilité exigeante du goût voltairien. Une forte formule de 1736 disait pourtant d'emblée l'essen-

tiel : Boileau « sut le premier en France orner la raison du charme des beaux vers, et donner à la fois les règles et l'exemple de l'art ».

Patrick Brasart

## BOLINGBROKE, Henry Saint John, vicomte

CHRISTIANISME · DÉISME ·

Bolingbroke (1678-1751) était membre d'une des plus anciennes familles anglaises : ses ancêtres avaient lutté à Hastings et participé aux guerres civiles. Ils appartenaient traditionnellement au parti whig et professaient le non-conformisme religieux. Étudiant à Eton et Oxford, il eut une jeunesse libertine. Son mariage fut un échec. Membre des Communes, il se déclara tory et défendit l'Église anglicane. Nommé secrétaire d'État aux Affaires étrangères, il négocia la paix d'Utrecht en 1713, puis dut s'exiler en France où il rallia la cause jacobite. En 1723, il revint en Angleterre et se fit polémiste. En 1735, il s'exila à nouveau en France, d'où il revint bientôt pour finir ses jours en Angleterre.

Voltaire maintint une longue amitié avec Bolingbroke. Nul doute que leur non-conformisme, leur irrespect pour les règles établies ne les aient rapprochés. Bolingbroke ne professait-il pas ouvertement d'ailleurs un déisme auquel adhérait Voltaire ? En 1752, Voltaire publia la *Défense\* de milord Bolingbroke* ; en 1767, l'*Examen\* important de milord Bolingbroke ou le Tombeau du fanatisme*, où il utilisait le nom de son ami pour développer sa propre philosophie religieuse.

Il avait fait sa connaissance en 1722. La rencontre fut une révélation pour Voltaire. « J'ai trouvé dans cet illustre Anglais toute l'érudition de son pays et toute la politesse du nôtre. [...] Cet homme qui a été toute sa vie plongé dans les plaisirs et dans les affaires a trouvé pourtant le moyen de tout apprendre et de tout retenir. Il sait l'histoire des anciens Égyptiens comme celle d'Angleterre [...], il aime la poésie anglaise, la française et l'italienne ; mais il les aime différemment, parce qu'il discerne parfaitement leurs différents génies » (à Thiriot, décembre 1722). Les relations furent d'entrée cordiales, et Voltaire se désespéra quand le vicomte regagna l'Angleterre. C'est grâce à lui qu'il s'initia à Locke et découvrit un cosmopolitisme\* littéraire qu'il ignorait. Il projeta de lui dédier *La Henriade*. Bolingbroke admira *Mariamne* et apprécia *La Ligue*.

Voltaire retrouva Bolingbroke en Angleterre, où il s'exila au printemps de 1726. Bolingbroke le reçut volontiers, lui facilita son séjour, lui fit connaître Pope, et peut-être Swift. Voltaire lui dédie son « Discours sur la tragédie » en tête de *Brutus* en 1731, et semble alors épouser la cause tory de son ami. Son admiration se maintint toujours intacte. Après la parution en 1754 des

*Philosophical Works* de Bolingbroke, Voltaire résolut d'annexer à son combat contre l'Infâme des diatribes antichrétiennes qu'il trouvait parfois trop violentes – regrettant qu'un « si sublime génie ait voulu couper par la racine un arbre qu'il pouvait rendre très utile en élaguant les branches, et en nettoyant sa mousse » (*Lettres à S. A. Mgr le prince de \*\*\**, 1767). Mais le philosophe anglais, prolixe, avait « noyé la vérité dans des livres qui lassent la patience des gens les mieux intentionnés » (à Jacques Clavel de Brenles, 20 janvier 1759). D'où le travail de réécriture effectué dans l'*Examen important*, où pourtant la dette est encore avouée à l'égard d'un maître disparu : « Les Anglais paraissent faits pour nous apprendre à penser. »

Jean Goulemot

*Je vous embrasse en Confucius, en Lucrèce, en Cicéron, en Julien, en Collins, en Hume, en Shaftesbury, en Middleton, en Bolingbroke.*

À d'Alembert, 15 octobre 1759.

## BONHEUR

HOMME • NATURE •

*On demande s'il y a une condition plus heureuse qu'une autre, si l'homme en général est plus heureux que la femme ; il faudrait avoir été homme et femme, comme Tirésias et Iphis, pour décider cette question ; encore faudrait-il avoir vécu dans toutes les conditions avec un esprit également propre à chacune ; et il faudrait avoir passé par tous les états possibles de l'homme et de la femme pour en juger.*

*On demande encore si de deux hommes, l'un est plus heureux que l'autre ; il est bien clair que celui qui a la pierre et la goutte, qui perd son bien, son honneur, sa femme et ses enfants, et qui est condamné à être pendu immédiatement après avoir été taillé, est moins heureux dans ce monde, à tout prendre, qu'un jeune sultan vigoureux, ou que le savetier de La Fontaine.*

*Mais on veut savoir quel est le plus heureux de deux hommes également sains, également riches, et d'une condition égale ; il est clair que c'est leur humeur qui en décide. Le plus modéré, le moins inquiet, et en même temps le plus sensible, est le plus heureux ; mais malheureusement le plus sensible est toujours le moins modéré : ce n'est pas notre condition, c'est la trempe de notre âme qui nous rend heureux.*

*Encyclopédie, 1758, art. « Heureux ».*

Chargé de faire l'article « Heureux » de l'*Encyclopédie\**, Voltaire laisse percer un peu d'agacement. Entre traités et discours, analyses et définitions, la question du bonheur est autour de lui surthéorisée. Le siècle des

Lumières, ne pensant plus la «vie heureuse» dans la visée du salut à faire, mais par une problématique nouvelle des rapports humains, élabore des théories des passions, du plaisir, du luxe, et des psychologies, des morales, des politiques du bonheur: c'est l'un des grands enjeux de la réflexion du temps. Avec les premières «Remarques sur Pascal» ajoutées à ses *Lettres\* philosophiques* (1734), puis ses *Discours\* en vers sur l'homme* (1738-1742), Voltaire a esquissé des vues générales; mais sa pente naturelle est l'empirisme, et très banalement la vibration aux expériences personnelles ou collectives, même contradictoires: le chant, l'excitation, le manifeste dans *Le Mondain\** (1736), l'effroi, le doute, l'inquiétude dans le *Poème\* sur le désastre de Lisbonne* (1756). Le seul postulat qui sous-tende cet ample discours de propos est celui d'une loi\* naturelle, à la fois caution d'un droit au bonheur et fondement de devoirs entre les hommes. Deux thèmes y sont liés, qui lui furent chers, et que sa vie illustre aussi, l'instinct vital et le lien social: le corps porte loin au-delà des souffrances, presque toujours réparables – c'est la leçon de l'histoire de la Vieille dans *Candide\**; mais l'homme seul est malheureux, car tout bonheur est partage, et contribution à l'œuvre humaine. «Dieu nous a donné le vivre, dit une note des *Carnets\**, c'est à nous à nous donner le bien vivre»: à défaut d'un système, on a là un principe, l'idée d'une vocation commune, et un recours contre les barbaries qui remplissent l'histoire des sociétés réelles. Voltaire fut lui-même un grand vivant, assez ardent pour nommer «Délices\*» à 60 ans sa première maison, et pour se lancer à 65 dans la folle aventure de Ferney. Ses *Mémoires\**, rédigés vers cette date, furent écrits dans l'étonnement de cette énergie retrouvée. Un aveu provocant du *Mondain* disait tranquillement le désir du bonheur et l'aptitude à jouir: «Le paradis terrestre est où je suis.»

André Magnan

*Les hommes qui cherchent le bonheur sont comme des ivrognes qui ne savent trouver leur maison, mais qui savent qu'ils en ont une.*

*Le bonheur ressemble à l'île d'Ithaque, qui fuyait devant Ulysse.*

Carnets.

## BONNET, Charles

GENÈVE · SCIENCES ·

Le célèbre naturaliste genevois (1720-1793) entretint des relations houleuses avec Voltaire, mais toujours de loin, par signes indirects et polémiques imprimés. À mesure que Voltaire poursuit sa campagne contre l'Infâme, le

naturaliste prend la défense de l'Église de Genève, garante de la liberté spirituelle. Mais leurs dissensions portent surtout sur des questions scientifiques et philosophiques. Dans le débat sur l'origine de la vie, qui divise les esprits du temps, les deux hommes partagent pourtant un socle d'idées. Ils se déclarent l'un et l'autre préformistes : selon cette théorie, tout être, créé de toute éternité, se trouve nécessairement préformé dans le germe. Une telle conception du vivant satisfait Voltaire, car elle se concilie fort bien avec ce fixisme qui fonde son déisme. Mais l'auteur de *La Palingénésie philosophique* (1769) commet deux erreurs impardonnables aux yeux de Voltaire. En démontrant la parthénogenèse du puceron, il admet que la réunion des deux sexes n'est pas une condition indispensable à la reproduction : ce faisant, il remet en cause un principe naturel dont la droite raison ne saurait douter. D'autre part, ses travaux sur la reproduction des insectes prolongent des vues métaphysiques totalement inacceptables. Bonnet argue en effet de ces expériences pour adopter un providentialisme conforme à l'esprit leibnizien, périmé selon Voltaire.

Didier Masseau

*Je ne sais quel rêveur nommé Bonnet, dans un recueil de facéties appelées par lui « Palingénésie », paraît persuadé que nos corps ressusciteront sans estomac, et sans les parties de devant et de derrière, mais avec les fibres intellectuelles et d'excellentes têtes. Celle de Bonnet me paraît un peu fêlée.*

*Dieu et les hommes, 1769.*

## BON SENS

HOMME · PHILOSOPHIE · RAISON · RELIGION ·

Les Lumières ont établi une conception du « bon sens », en aiguisant dans une orientation plus critique le postulat cartésien d'une forme simple et universelle de la raison. C'est pour les Philosophes l'instrument premier d'une autonomie intellectuelle, d'une résistance aux pensées obscures – superstition, scolastique et autres charlatanismes. Les penseurs les plus radicaux, comme d'Holbach (*Le Bon Sens, ou Idées naturelles opposées aux idées surnaturelles,* 1772), en font même une arme de guerre contre l'illusion de Dieu et le pouvoir des prêtres. Dans l'article « Sens commun » (1765) du *Dictionnaire philosophique,* Voltaire définit cette notion comme une raison commune aux hommes de tous les temps et de toutes les civilisations, au nom d'une nature humaine que les changements historiques et les variations culturelles peuvent obscurcir mais non altérer en profondeur. Tout homme, selon Voltaire, possède un sens commun qu'il définit comme une « raison grossière » ou une « raison commencée ». Cette faculté

de jugement se situe pour lui entre la stupidité et l'esprit de réflexion. À l'état de puissance virtuelle, elle attend des conditions favorables pour se développer, et se transformer en raison véritable et entière. De multiples obstacles peuvent entraver ce développement « naturel » du sens commun. Les basses manœuvres d'esprits rompus à toutes les formes d'intimidation et d'embrigadement risquent surtout d'étouffer « le bon sens », en empêchant le sujet paralysé de penser par lui-même. Inversement, l'homme dont l'instinct n'est pas perverti doit naturellement embrasser le déisme*. Le déisme représente en effet pour Voltaire « le bon sens qui n'est pas encore instruit de la révélation », alors que toutes les religions instituées se définissent comme « le bon sens perverti par la superstition » (*Du déisme*, 1742). De la théorie voltairienne du « bon sens » découle une éthique du discours et de l'écriture : tout obscurcissement d'un fait essentiel intéressant l'humanité est condamnable, au nom du besoin naturel d'une nécessaire clarté. Les contes en prose illustrent de manière récurrente cette représentation d'une « raison commencée », en attente des expériences qui pourront la fortifier, la développer et l'approfondir. Pensons au « bon sens » de l'Ingénu qui d'abord secoue les préjugés de la petite société basse-bretonne dans laquelle il a été recueilli, puis se transforme par l'attention aux autres et par l'étude des livres, pour atteindre enfin la raison autonome et souveraine, marque propre d'un esprit philosophique.

Mal comprise des écrivains romantiques, qui l'ont souvent réduite abusivement à une conception du monde étriquée et médiocre, en la coupant de ses fondements philosophiques, la théorie du bon sens est solidement ancrée dans l'œuvre de Voltaire. Sainte-Beuve a risqué une expression peut-être ambiguë, mais au fond heureuse, pour définir son écriture : « un prosélytisme du bon sens ».

Didier Masseau

## BORDE, Charles

LYON • ROUSSEAU (JEAN JACQUES) •

Charles Borde (1711-1781), ami de Voltaire après leur rencontre à Lyon en novembre 1754, fut dès lors une antenne lyonnaise pour le philosophe. C'est à cet académicien qu'il s'adresse pour savoir si l'on imprime dans sa ville le *Dictionnaire\* philosophique*. Prudemment, pour déjouer la censure, il attribue l'ouvrage à « un jeune homme assez instruit nommé Dubut [...], un apprenti prêtre qui a renoncé au métier ». Borde est d'autre part connu pour sa polémique avec Rousseau : il a réfuté naguère dans *Le Mercure de France* (décembre 1751) les thèses du *Discours sur les sciences et les arts*. Voltaire le félicite donc pour une *Profession de foi philosophique* (1763),

petite pièce ironique dans laquelle il se moque du philosophe genevois : « L'auteur a bien connu ce misérable dont le cœur est aussi faux que l'esprit. » Il flatte, au passage, son correspondant : « Il y a une certaine *Profession de foi philosophique* digne des *Lettres provinciales.* » En échange, il lui demande des informations sur Nonnotte\*, qui a lancé deux volumes contre lui « pour avoir du pain ». Le 15 décembre 1766, il le félicite d'une nouvelle *Lettre\* au docteur Jean Jacques Pansophe* dirigée contre Rousseau, mais ce n'est cette fois qu'un jeu.

Didier Masseau

## BORGNES

Les borgnes sont nombreux dans les contes de Voltaire. C'est de naissance pour Mesrour, héros du *Crocheteur\* borgne*; c'est par accident pour Memnon, blessé par un cornet à dés, et pour Pangloss, rongé par la vérole – mais Zadig sauve son œil atteint d'un coup de flèche, et deviendra ministre. Cette demi-cécité n'est que physique, puisqu'il arrive que le borgne voltairien se révèle habile et entreprenant. Les femmes qu'il désire refusent ses hommages et le soupçonnent d'être impuissant. Comme quoi à perdre un œil on perdrait plus que la vue. Peut-on se hasarder à spéculer sur cette présence des borgnes dans les contes ? Sens castrateur de la mutilation oculaire dans une interprétation analytique ? Rapport entre le voir et le faire dans l'imaginaire voltairien ? À moins d'être aveugle, leur présence au moins mérite d'être soulignée.

Jean Goulemot

*Un nerf part du cerveau, il tourne auprès des yeux, de la bouche, et passe auprès du cœur, il descend aux organes de la génération, et de là vient que les regards sont les avant-coureurs de la jouissance.*

Les Adorateurs ou les Louanges de Dieu, 1769.

## BORNES

*Décideur impitoyable, pédagogue à phrases, raisonneur forcené, tu cherches les bornes de ton esprit. Elles sont au bout de ton nez.*

Questions sur l'Encyclopédie, 1770-1772,<br>art. « Bornes de l'esprit humain ».

## BOSWELL, James

FERNEY •

L'Écossais James Boswell (1740-1795) fit une carrière d'écrivain voyageur. À 24 ans, il avait entrepris de visiter les cours allemandes – il rencontra Frédéric II – et la Suisse – il voulait voir Voltaire –, avant l'Italie. Sans doute rêvait-il de se faire un nom en côtoyant les célébrités : la visite à Ferney s'imposait donc. Le jeune homme s'y rendit à la fin de décembre 1764. Son récit, particulièrement riche en détails, a beaucoup contribué à la mythologie du « Roi Voltaire », alors âgé de 70 ans. Boswell, qui s'est efforcé, entre autres, de sonder les convictions métaphysiques du vieux philosophe, note ainsi dans son journal : « J'ai quitté ce château dans un état d'esprit tout à fait extraordinaire. Je pensais profondément et je me demandais si, de retour en Écosse, je pourrais ressentir encore mes préjugés enfantins. » Ils s'écrivirent ensuite. Boswell le relança sur la question de l'âme* : « I do protest you, répondit Voltaire, I know nothing of it. Nor whether it is, nor what it is, nor what it shall be. »

*Didier Masseau*

## BOUFFLERS-REMIENCOURT, Marie Françoise Catherine de Beauvau, marquise de

Dame de la cour de Lunéville*, favorite du roi Stanislas*.

## *BOURBIER (LE)*

JUVENILIA • SATIRE •

La première satire (1714), à 20 ans – et à belles dents. L'Académie française venait de préférer au jeune Arouet, pour son prix de poésie, le vieil abbé Dujarry abonné à ses lauriers. Arouet s'en venge en attaquant violemment le responsable du choix, l'académicien Houdar* de La Motte – qu'il apprit ensuite à estimer. En trois pages de vers endiablés, c'est une description du Parnasse, la montagne mythologique des poètes, procédé assez traditionnel que *Le Temple* du Goût* reprendra encore. Les talents y sont placés selon leur mérite : tout en haut, dans un jardin parfumé créé par la nature, les poètes de l'Antiquité, « Anacréon, Virgile, Horace, Homère » ; tout en bas se trouve un marécage, ce « bourbier » justement, où pataugent, dans une « très malplaisante odeur », les poètes contemporains de bas étage, hélas loués par Houdar, qui lui-même y occupe une place modeste, « tout au-dessus de l'abbé Terrasson », défenseur sans

talent d'une poésie «géométrique». Houdar, qui préfère les Modernes aux Anciens, manque de discernement: comment s'étonner dès lors qu'il ait méconnu Arouet? À défaut du prix, le débutant eut au moins le scandale, et les rieurs pour lui. Voltaire se détournera bientôt du style marotique, archaïsant, dont il joue ici, mais sa verve polémique a déjà toute sa gaieté féroce.

*Sylvain Menant*

## BOURGEOIS

AROUET • COMMERCE • FAMILLE • PEUPLE •

Le mot est rarement utilisé par Voltaire, le plus souvent dans le sens médiéval d'habitant des villes, jamais pour désigner dans l'usage moderne une catégorie sociale ou dans le sens contemporain du «drame bourgeois». Et pourtant cet homme qui se fit appeler «de Voltaire», qui devint seigneur de Ferney et comte de Tourney, était né dans un milieu bourgeois. Son père appartenait à cette bourgeoisie parisienne liée aux offices plus qu'au commerce, qui spéculait volontiers et avait participé aux violences de la Fronde avant de se rallier à l'autorité royale. De ces racines qu'il n'aimait guère – il s'inventa, autour d'un Rochebrune*, le roman familial que l'on sait –, Voltaire garda pourtant le sens des affaires, de l'investissement manufacturier, de la spéculation sur la loterie ou les rentes de l'Hôtel de Ville et, sur le tard, le goût de la propriété terrienne, avec une certaine commodité dans sa façon de vivre, éloignée de l'ostentation aristocratique. Ce qui ne l'empêcha pas de garder une sorte de fascination pour le monde titré. On l'opposera à l'estime qu'il éprouvait pour la bourgeoisie travailleuse rencontrée en Angleterre: spéculateurs en bourse, commerçants d'envergure internationale comme Fawkener*. Sans doute à tort: les deux sentiments sont complémentaires et non exclusifs.
Voltaire a-t-il vu dans la bourgeoisie le moteur de l'histoire à venir? Il n'a pas éprouvé, comme Diderot, une vénération pour les vertus bourgeoises. Tout au plus admire-t-il la modération, dont *Candide* propose une formulation exemplaire. Mais, quand on lit l'*Histoire\* de l'empire de Russie sous Pierre le Grand* ou même *Le Siècle\* de Louis XIV*, force est de constater que le peuple n'y joue pas un grand rôle. À la différence de son interprétation de l'histoire anglaise, dans laquelle le commerce et les commerçants sont essentiels. Que Voltaire ait exalté ceux qui travaillent – paysans, laboureurs, artisans qui œuvrent au luxe, financiers qui créent la richesse... – qui en douterait? De là à penser qu'il leur donne un rôle dans le procès historique, il est hasardeux de franchir le pas.
L'interprétation marxiste de Voltaire n'a pas eu ces scrupules. Dans les

années 50, les «Classiques du peuple», les analyses soviétiques sur les origines du socialisme français, n'hésitaient pas à faire de Voltaire l'idéologue de la «bourgeoisie montante». Pour le prouver, on s'appuyait sur son apologie du commerce, sa lutte contre l'Église, son combat pour la justice, son mépris pour une aristocratie inutile et son origine familiale. Il fallait distribuer les rôles: Jean Jacques Rousseau était le représentant de la «petite bourgeoisie», Montesquieu de l'aristocratie féodale, Voltaire de la grande bourgeoisie prérévolutionnaire, Diderot et d'Holbach les tenants enfin d'un matérialisme mécaniste qui, à sa façon, annonçait la dialectique marxiste. Une vision téléologique de l'histoire rendait ce classement nécessaire, l'exactitude de l'analyse dût-elle en souffrir.

Jean Goulemot

*Mon cher Paul de la philosophie, votre conversation seule peut faire plus de bien dans Paris que le jansénisme et le molinisme n'y ont jamais fait de mal; ils tiennent le haut du pavé chez les bourgeois, et vous dans la bonne compagnie. Enfin, telle est notre situation, que nous sommes l'exécration du genre humain, si nous n'avons pas pour nous les honnêtes gens; il faut donc les avoir, à quelque prix que ce soit; travaillez donc à la vigne, écrasez l'infâme.*

À d'Alembert, 13 février 1764.

## BOURSE

COMMERCE •

Voltaire n'a pas directement pratiqué la Bourse. Mais une part importante de sa fortune consistait en actions des grandes compagnies de négoce. L'analyse qu'il donne de l'affaire Law, dans le *Précis\* du siècle de Louis XV*, montre son scepticisme face aux mécanismes boursiers trop spéculatifs et trop abstraits. On peut même se demander s'il a tenté d'en comprendre le fonctionnement lors de son exil en Angleterre\*. Pourtant dans l'*Essai sur les mœurs*, il rappelle la générosité du marchand Gresham qui, dans le même temps, sauva la patrie, en retardant l'équipement de la flotte espagnole et en accélérant celui de la flotte anglaise, et construisit à ses frais «la Bourse de Londres et un collège qui porte son nom».

Mais comme le commerce, la Bourse pour Voltaire est avant tout un symbole. Les hommes y oublient leurs différences ethniques, religieuses ou politiques. Unis par la volonté de s'enrichir, ils y perdent leurs passions intolérantes. La Bourse apparaît dès lors comme l'image d'une humanité réconciliée, travaillant au progrès. «Entrez dans la Bourse de Londres, cette place plus respectable que bien des cours, vous y voyez rassemblés les députés de toutes les nations pour l'utilité des hommes. Là le juif, le

mahométan et le chrétien traitent l'un avec l'autre comme s'ils étaient de la même religion, et ne donnent le nom d'infidèles qu'à ceux qui font banqueroute; là le presbytérien se fie à l'anabaptiste, et l'anglican reçoit la promesse du quaker...» (*Lettres philosophiques*, VI$^e$ lettre). L'article «Tolérance» du *Dictionnaire philosophique* étend plus largement encore cette parabole du libre-échange, en évoquant «la bourse d'Amsterdam, de Londres, ou de Surate, ou de Bassora».

Jean Goulemot

*England is the meeting of all religions, as the Royal Exchange is the rendez-vous of all foreigners.*

Carnets.

## BOURSOUFLE

Voir GRAND BOURSOUFLE (LE) • PETIT BOURSOUFLE (LE).

## BOYER, Jean Baptiste de

Voir ARGENS.

## BOYER, Jean François

ACADÉMIE • COURTISAN •

«Je vous avouerai encore ingénument que j'avais le malheur de déplaire beaucoup à ce théatin Boyer, très vénérable d'ailleurs, mais qui a très peu chrétiennement donné d'assez méchantes idées de mon style à M. le dauphin...» (à Richelieu, 31 août 1751).

Sa réputation d'écrivain impie valut à Voltaire de subir des représailles de la part des puissants représentants de l'Église de France. Ses relations avec Jean François Boyer (1675-1755) s'inscrivent dans ce contexte difficile. Moine théatin protégé du cardinal de Fleury*, évêque de Mirepoix en 1730, précepteur du dauphin en 1735, comme autrefois Fleury l'avait été du jeune Louis XV, Boyer fut chargé en 1743, avec rang de ministre, de la feuille des bénéfices ecclésiastiques, conseillant ainsi le roi dans toutes les affaires du clergé de France. Il était aussi devenu membre des trois académies. Après une première escarmouche au sujet du *Mondain**  en 1736, le conflit éclata à la mort de Fleury en 1743, lorsque Voltaire prétendit lui succéder à l'Académie. Boyer traita cette élection «comme un point de

discipline ecclésiastique», et l'auteur irréligieux des *Lettres\* philosophiques* et de l'*Épître\* à Uranie* comme un candidat indigne : « C'était offenser Dieu qu'un profane comme moi succédât à un cardinal », dira Voltaire dans ses *Mémoires\**. Pour protester de son orthodoxie religieuse, Voltaire écrivit à Boyer une belle lettre de «bon citoyen, et vrai catholique»; mais la cabale des dévots fut la plus forte, Boyer ayant rallié à sa cause le ministre Maurepas et le roi. La lettre du candidat courut Paris; Frédéric II\*, qui en eut à Berlin une copie, ne manqua pas de relever la palinodie : un philosophe avait donc «plié les genoux devant l'idole de la superstition»? L'accession au pouvoir des frères d'Argenson et la protection de Mme de Pompadour allaient faire contrepoids en faveur de l'écrivain, quelques mois plus tard.

Voltaire n'oublia jamais cette «persécution». Exploitant la signature «anc. év. de Mirepoix», il appelait Boyer, dans ses lettres, «l'âne évêque de Mirepoix»; il le brocarda dans *Zadig\** sous l'anagramme transparente de «l'archimage Yebor», homme «sot» et «fanatique». Dans le *Précis\* du siècle de Louis XV*, il dénonce plus généralement la politique religieuse de Boyer, «esprit fort borné, mais zélé pour les immunités de l'Église».

Anne Soprani

> *En vain la fortune s'apprête*
> *À t'orner d'un lustre nouveau;*
> *Plus ton destin paraîtra beau,*
> *Et plus tu nous paraîtras bête.*
> *Benoît donne bien un chapeau,*
> *Mais il ne donne point de tête.*
>
> Épigramme sur Boyer, théatin, évêque de Mirepoix,
> qui aspirait au cardinalat.

*Nous aurons toujours un Voltaire, et nous n'aurons plus jamais de Théatins.*
Mot du marquis de Villette à l'occasion du changement de nom
du «quai des Théatins» en «quai Voltaire», en avril 1791.

## BROSSES, Charles de

Charles de Brosses, baron de Montfalcon (1709-1777), président à mortier au parlement de Dijon, était occupé à la rédaction de ses célèbres *Lettres familières sur l'Italie* quand il rencontre Voltaire en 1758. Auteur de travaux divers sur l'histoire naturelle, sur les langues, et d'autres récits de voyage que Voltaire possède dans sa bibliothèque, c'est un esprit distingué et un fort bon écrivain, un admirateur aussi de Voltaire poète et dramaturge

– mais il appréciait davantage Montesquieu et Buffon, et détesta l'œuvre philosophique de Voltaire, « son rabâchage de controverse ».

Les relations entre les deux hommes commencèrent sous de mauvais auspices. De Brosses loua à Voltaire, après de dures négociations, son château et sa terre de Tourney*, par un contrat à vie qui réservait ses droits. Une médiocre contestation sur quelques « moules » de bois de chauffage faillit être l'occasion d'un procès ; Voltaire dut s'accommoder en les payant 281 livres... En 1771, De Brosses s'étant présenté à l'Académie française, Voltaire fit échouer sa candidature ; en 1776, Voltaire ayant entrepris de faire alléger les impôts du pays de Gex, de Brosses s'efforça d'entraver la démarche. Deux hommes d'esprit, deux caractères butés : tout Paris s'amusa de leurs querelles.

*Didier Masseau*

## BRUE, André et Benjamin

Apparentés aux Arouet* – des cousins peut-être : le patronyme est resté vivant en Poitou –, les frères Brue firent carrière à l'étranger dans les années 1690-1720, le premier en Afrique, où il établit des forts et dirigea des comptoirs, le second en Orient comme interprète officiel à Constantinople, puis consul à Tripoli. On ignorerait le lien familial sans une mention incidente de l'*Histoire\* de Charles XII* : « M. Bru [sic], mon parent, premier drogman à la cour ottomane... » L'auteur se sert de lettres de ce « parent » pour expliquer une péripétie politique du Sérail et illustrer « l'esprit de ce gouvernement ».

Voltaire a-t-il connu d'autres écrits des Brue ? On a de Benjamin le Journal d'une campagne des Turcs contre les Vénitiens en Morée, qu'il fit à la suite du grand vizir Ali Pacha en 1715. André, de son côté, devenu directeur de la Compagnie du Sénégal à Paris, rédigea des mémoires de ses voyages. Autour du jeune Arouet ont dû se nouer assez tôt, dans cette parenté remarquable, les thèmes de l'histoire, de la politique et du commerce.

En 1710, date de l'anecdote citée dans l'*Histoire de Charles XII*, l'auteur des *Mille et une Nuits*, le fameux Galland, familier des Brue, a noté dans son journal le retour du « drogman » en mission spéciale : Benjamin Brue est invité chez la duchesse du Maine* à Sceaux, où il a ses entrées ; il reçoit de Turquie des nouvelles de son supérieur l'ambassadeur Ferriol*, qui est l'oncle du jeune d'Argental*.

Les frères Brue peuvent symboliser ici tous les rapports inaperçus de la vie de Voltaire.

*André Magnan*

## BRÛLONS VOLTAIRE !

Comédie en un acte d'Eugène Labiche et Louis Leroy, représentée au Gymnase le 7 mars 1874. Sur le brûlant enjeu Voltaire, en ces années de refondation de la République, une amusante pièce éteignoir : ni *pro*, ni *anti*, terriblement neutre.

Une pieuse baronne et sa fille, un millionnaire et son neveu – les deux jeunes gens se marieront, bien sûr. La baronne, veuve désargentée, vend son château en l'état, le millionnaire l'achète, et beaucoup plus qu'il ne vaut. L'affaire est près d'échouer pourtant. La baronne a fait vœu de brûler, avant de quitter son château, le bel exemplaire des œuvres de Voltaire qui fit jadis les délices de son époux ; le millionnaire, esprit fort, enthousiaste de l'immortel Voltaire, voltairien définitif, veut rompre l'affaire. Tout s'arrangera : on découvre que feu M. le Baron a lui même brûlé son Voltaire, l'avant-veille de sa mort. Le millionnaire se promet au moins de faire renaître le phénix de ses cendres, en distribuant les ouvrages de Voltaire à toutes les bibliothèques de l'arrondissement de Chignac. Le voltairien pouvait-il s'appeler autrement que Marchavant ?

*MARCHAVANT : Brûler Voltaire !... Le patriarche de Ferney !*
*LA BARONNE : Lui un patriarche !*
*MARCHAVANT : Le flambeau de l'humanité, si vous préférez...*
*LA BARONNE : Une torche allumée par l'enfer !*
*MARCHAVANT : Ah ! permettez... D'abord l'avez-vous lu ?*
*LA BARONNE, révoltée : Jamais !*
*MARCHAVANT : Eh bien alors ?*
*LA BARONNE : Il n'est pas nécessaire de lire un ouvrage pour le juger.*

André Magnan

## BRUTUS

ANGLETERRE · RÉPUBLIQUE · TRAGÉDIES ·

Commencée fin 1728 à Londres chez Fawkener*, en anglais directement, *Brutus* emprunte à cette langue l'énergie qu'inspire la liberté. Mais la tragédie doit autant à la formation humaniste du poète, aux « idées républicaines » dont il a été nourri au collège – idées, ou sentiments, qui reflètent sa culture, plus que des aspirations politiques. S'il l'avait achevée en Angleterre, il eût beaucoup pris à Shakespeare*. Revenu à Paris, Voltaire dut se réadapter à la langue et aux usages français.

Chassé du trône, Tarquin, avec l'aide du roi d'Étrurie Porsenna, tente de reprendre le pouvoir, tandis que s'installe, dans l'enthousiasme, la

République romaine naissante, sous l'autorité du consul Brutus. Arons, ambassadeur de Porsenna, vient officiellement pour négocier la paix et réclamer Tullie, fille de Tarquin, retenue à Rome, mais il trame une conjuration en faveur de Tarquin ; secondé par Messala, un traître, il cherche à séduire le fils de Brutus, Titus, qui vient de s'illustrer dans la guerre. Titus est mécontent de n'avoir pas reçu les honneurs du consulat, il est amoureux de Tullie : se laissera-t-il tenter ? Il hésite longtemps à trahir sa foi républicaine. Il va céder, quand le complot se découvre. Brutus, chargé de punir les coupables, dont son propre fils, atteint alors le sommet de l'héroïsme ; il condamne Titus à mort. Celui-ci, à la fin, accepte, réclame le châtiment mérité, embrasse son père et marche au supplice. « Rome est libre, il suffit », proclame Brutus.

Vifs affrontements entre idéaux opposés, déchirements intérieurs entre le devoir et l'amour, évocation d'une jeune République dans toute sa pureté, tirades enflammées, belles maximes : cette tragédie ne manque ni de souffle ni d'allure. À l'exception d'un beau décor, le spectacle reste discret ; les sénateurs en robes rouges ne disent mot. Seul effet : le fond du théâtre s'ouvre à la fin, laissant paraître Brutus en justicier. Voltaire s'est plié de nouveau à l'esclavage de la rime, des structures traditionnelles, des unités. Comme dans *Œdipe*, il a dû filer une intrigue amoureuse pour remplir ses cinq actes. Dans le « Discours sur la tragédie », adressé à Bolingbroke*, qui sert de préface à la pièce imprimée, il oppose aux libertés anglaises les règles classiques, non sans déplorer l'esprit routinier du public et ce ridicule encombrement de la scène française par des fauteuils d'abonnés, qui interdit tout déploiement spectaculaire.

Lue aux comédiens en décembre 1729, la pièce fut créée le 11 décembre 1730, et imprimée en 1731. Elle eut quinze représentations. Succès d'estime, comme on dit, mais au fond demi-échec. Certains l'attribuèrent à la timidité de Mlle Dangeville, une débutante de 16 ans, qui deviendra une admirable soubrette ; d'autres s'en prirent à la faiblesse de son rôle. La pièce resta pourtant au répertoire, fut très appréciée à l'étranger, et connut une seconde carrière pendant la Révolution. Le 17 novembre 1790, l'assemblée fut houleuse, les uns criant « Vive la nation ! », les autres « Vive le roi ! ». Dès lors, et jusqu'en 1794, *Brutus* fut repris avec des remaniements divers, liés à la conjoncture politique.

*Henri Lagrave*

*Article premier. À compter du 4 de ce mois et jusqu'au 1$^{er}$ septembre prochain, seront représentées trois fois la semaine sur les théâtres de Paris qui seront désignés par la Municipalité, les tragédies de « Brutus », « Guillaume Tell », « Caïus Gracchus » et autres pièces dramatiques qui retracent les glorieux*

*événements de la liberté. Une de ces représentations sera donnée chaque semaine aux frais de la République.*
*Article second. Tout théâtre sur lequel seraient représentées des pièces tendant à dépraver l'esprit public et à réveiller la honteuse superstition de la royauté, sera fermé, et les directeurs arrêtés et punis selon la rigueur des lois.*
*Décret de la Convention, 2 août 1793.*

## BRUXELLES

CHÂTELET (MME DU) • CIREY • PRUSSE •

Voltaire s'arrêta pour la première fois à Bruxelles à l'aller et au retour d'un voyage en Hollande*, en septembre-octobre 1722 ; il y demeura plus de deux semaines avec la belle et rousse comtesse de Rupelmonde, et n'y passa pas inaperçu. Il vit Jean Baptiste Rousseau*, lui présenta sa *Henriade*, lui récita aussi l'*Épître\* à Uranie* que le vieux poète jugea «remplie d'horreurs». Il visita «le plus beau bordel de la ville» et en rapporta un petit poème très libre :

> *L'amour au détour d'une rue*
> *M'abordant d'un air effronté*
> *M'a conduit en secret dans ce bouge écarté...*

Avec Mme de Rupelmonde, il entendit la messe à l'église du Sablon, «très indévotement» dit-il ; il fréquenta plusieurs grandes maisons, celle du gouverneur des Pays-Bas autrichiens, celle de la princesse de La Tour.
En mai 1739, dix-sept ans plus tard, Voltaire quittait Cirey pour Bruxelles avec Mme du Châtelet, en compagnie de König. Il allait défendre les intérêts de son amie dans un litige d'héritage, commencé par la famille soixante ans plus tôt contre des cousins, les Hoensbroeck. La conclusion heureuse de ce procès pouvait apporter à Mme du Châtelet les belles terres de Ham et de Beringhen, et même une petite principauté. À Bruxelles, le couple descendit d'abord à l'hôtel Impératrice, puis rue de la Grosse-Tour, dans un quartier plus retiré.
Voltaire y donna un soir «une fête» à Mme du Châtelet et à la princesse de Chimay, soirée couronnée par un feu d'artifice illuminant «une devise» de son invention : «*Je suis du jeu. Va-tout*» – mais corrige-t-on les dames de la passion du brelan ? La chute mortelle de deux artificiers «corrompit tout le plaisir» de ces réjouissances. Le duc d'Arenberg accueillit quelques jours le couple à Enghien, dans sa campagne, où Voltaire mena «une vie douce et libre», au cœur de «jardins plus beaux que ceux de Chantilly». Après ce temps de rites mondains, Voltaire et Mme du Châtelet demeurèrent à Bruxelles de façon plus suivie, de la fin de 1739 à novembre 1742. C'est là

que l'écrivain corrigea *Zulime*, acheva *Mahomet* et commença l'*Essai sur les mœurs*. Leurs séjours furent entrecoupés de voyages à Lille, de retours à Paris et, pour Voltaire, d'une première visite en Prusse. C'est à Bruxelles, en effet, qu'il apprit en 1740 l'avènement de Frédéric II. Il partit à Berlin saluer le nouveau roi, au mois de novembre. Obligée, en 1741, de donner des gages à la noblesse de la ville, pour faire avancer « son grand procès », Mme du Châtelet se fit prévôte de la Confrérie noble des Esclaves de la Vierge Marie, d'une église de Bruxelles. Elle participa, le dimanche 1$^{er}$ mai, à une procession mariale : Voltaire y porta le guidon de la confrérie. En 1742, Mme du Châtelet, « tout armée de compulsoires, de requêtes et de contredits », revint perdre à Bruxelles « son argent et son temps ». Mais Voltaire en profita pour consulter la riche bibliothèque du petit-fils du grand pensionnaire Jean de Witt. Il finit surtout par régler le terrible procès grâce à un arrangement amiable : le marquis du Châtelet reçut, en dédommagement de l'abandon de ses prétentions sur les terres, « deux cent vingt mille livres argent comptant ». En 1743, Voltaire ne fit plus à Bruxelles qu'une halte au retour de sa mission secrète en Prusse.
Au milieu du XIX$^e$ siècle, Bruxelles fut le foyer d'un « voltairianisme » actif dont Baudelaire s'affligeait dans son *Pauvre Belgique !*

Anne Soprani

# BÜCKEBURG

ALLEMAGNE • BENTINCK (MME DE) •

« À Buquebourg La Lippe », lit-on en tête d'une lettre de Voltaire. On parlait français dans cette petite ville de Westphalie, au moins au château où Voltaire fit deux fois étape, au retour de ses premiers voyages à Berlin*, en décembre 1740 et en octobre 1743. Il connaissait les Schaumburg-Lippe, comtes et seigneurs de cet État, le plus petit de l'Empire, par la comtesse de Bentinck, qu'il avait rencontrée naguère en Hollande, et qui régnait alors sur le cœur du francophile et franc-maçon Albrecht Wolfgang : c'est elle qui le reçut en 1740, qui le fit inviter en 1743 ; c'est pour elle aussi qu'il garda toujours le souvenir de « ce beau château » dont il envisageait encore avec émotion, dans les horreurs de la guerre de Sept Ans, la destruction et le saccage – le « Thunder-ten-Tronckh » de *Candide* vient un peu de là. Préservé du désastre, et même embelli par le jeune comte Wilhelm, dit Guillaume, que Voltaire connut aussi, le château de Bückeburg, avec ses ailes à mansardes, ses allées peuplées d'Adonis et de Vénus, sa grande salle à galerie et sa chapelle baroque, est l'un des lieux attachants et méconnus du souvenir de Voltaire.
La plus étonnante peut-être des traces de son passage est une « Conversa-

tion de Bückeburg», récemment redécouverte, où l'on croit entendre sa voix. C'est la transcription minutieuse d'un très long entretien qu'il eut avec le pasteur du lieu en 1743, principalement sur des matières de religion, de morale et d'histoire: «Vous avez pillé, me dit-il, saccagé, brûlé, violé, pendu, roué. Nous avons fait de même. Le mieux serait d'oublier le passé et d'être plus sage à l'avenir...»

André Magnan

## BUFFON, Georges Louis Leclerc, comte de

SCIENCES •

Les relations de Voltaire avec Buffon (1707-1788) illustrent bien les divisions internes au parti des Philosophes. Par-delà la défense commune de Newton, Buffon marqua ses distances, dès la publication des *Éléments de la philosophie de Newton* en 1738, à l'égard de la lecture créationniste et fixiste que Voltaire proposait de Newton, en affirmant l'omniprésence de Dieu dans la nature. Mais la rupture intervint à l'occasion de la publication anonyme, en 1746, d'une *Dissertation\* sur les changements arrivés dans notre globe*, où Voltaire s'en prenait aux conceptions catastrophistes des naturalistes anglais Whiston, Woodward et Burnet, et niait même l'existence de fossiles marins dans des régions très éloignées de la mer. Voltaire persista toujours à regarder les fossiles trouvés au sommet des montagnes, comme les restes de coquilles\* transportées par les pèlerins de Saint-Jacques-de-Compostelle à Rome: cette hypothèse romanesque, développée encore, lui paraissait préférable à l'idée que la mer, quelques millions d'années auparavant, avait pu recouvrir la terre.

Buffon avait tourné en dérision les hypothèses de la *Dissertation*, sans peut-être en savoir l'auteur, avec une ironie qui n'avait rien à envier à celle de Voltaire : «Les poissons pétrifiés ne sont, à son avis, que des poissons rares rejetés de la table des Romains, parce qu'ils n'étaient pas frais; et à l'égard des coquilles, ce sont, dit-il, les pèlerins de Syrie qui ont rapporté dans le temps des Croisades celles des mers du Levant [...]. Pourquoi n'a-t-il pas ajouté que ce sont les singes qui ont transporté les coquilles au sommet des hautes montagnes? [...] Cela n'eût rien gâté et eût rendu son explication encore plus vraisemblable. Comment se peut-il que des personnes éclairées et qui se piquent même de philosophie aient encore des idées aussi fausses sur ce sujet?» (Buffon, *Histoire naturelle*, t. I, 1749, *Preuves de la théorie de la terre*, art. VIII).

Voltaire, revenant sur la question dans *La Défense de mon oncle* (1767), précisait qu'il n'avait pas voulu se brouiller avec Buffon pour des coquilles, mais la réconciliation n'eut lieu qu'en 1774, grâce à des parents qui servi-

rent de médiateurs. Buffon annonça son intention d'introduire une note pour s'excuser de sa plaisanterie, ce qu'il fit en 1778 : « M. de Voltaire est un homme qui, par la supériorité de ses talents, mérite les plus grands égards. » Entre-temps, Voltaire avait écrit lui-même à « Archimède II » en lui promettant de lui rendre visite à Montbard, et Buffon avait répondu à « Voltaire I$^{er}$ » (12 novembre 1774). Malgré les éloges et les assauts de courtoisie de part et d'autre, il s'agissait d'une réconciliation de façade ou, pour reprendre la formule de Voltaire, d'un « raccommodage mal blanchi ».

Buffon et Voltaire s'opposaient en effet sur presque tout : l'histoire de la terre, la formation des montagnes, l'unité du genre humain, la théorie de la génération. Partisan de la préexistence des germes, Voltaire associait dans la même critique le naturaliste anglais Needham surnommé « l'anguillard », qui croyait avoir vu des animalcules sortir du blé en putréfaction, et Buffon qui soutenait le sérieux de ces expériences. Voltaire ne croyait point aux molécules organiques, ces machines vivantes qui n'étaient pas tout à fait des animaux et qui se trouvaient dans la semence comme dans tous les liquides organiques. Le IX$^e$ des *Dialogues d'Évhémère* (1777), reprenant de larges citations de l'*Histoire naturelle* sur le sujet, attaque la théorie des molécules organiques renvoyées de toutes les parties du corps dans le réservoir séminal des deux sexes, et l'idée d'un « moule intérieur » qui permettait à Buffon d'expliquer l'ordre et la viabilité du futur être vivant : « Ce système qui m'avait tant séduit, souffle Voltaire à son Callicrate, et dans lequel je voyais beaucoup de sagacité et d'imagination, commence à m'embarrasser. Je ne puis me former une idée nette de ces moules intérieurs » (*Dialogues d'Évhémère*, IX). Seule l'*Histoire naturelle de l'homme* reçut les éloges de Voltaire : « Ce petit ouvrage nous apprend physiquement à vivre et à mourir ».

*Roselyne Rey*

## BYNG (AFFAIRE)

AFFAIRES · ANGLETERRE · GUERRE ·

Avant Calas, il y eut Byng. Dès 1756-1757, ce fut la première affaire dont s'occupa Voltaire : il avait 62 ans. Il eut contre lui une cour martiale, le bellicisme ordinaire et la fière Albion humiliée – il échoua.

Le 20 mai 1756, au large de Minorque, l'amiral anglais John Byng (1704-1757), à la tête d'une escadre qui devait libérer l'île investie par les Français, avait livré et perdu un combat naval inégal et décisif. La prise de Mahón, principale position anglaise en Méditerranée, ouvrit les hostilités directes entre les deux nations : la guerre de Sept Ans venait de commencer. Dans toute l'Angleterre, on pendit, on brûla en effigie « l'amiral félon ». Les cours de la City s'effondraient, le ministère tomba.

John Byng fut donc arrêté et déféré en cour martiale. Il n'avait pas respecté son ordre de mission : « tout risquer » pour « prendre, saisir et détruire » la flotte ennemie, même supérieure en force.

Voltaire avait connu trente ans plus tôt en Angleterre le père de Byng, et Byng lui-même, alors jeune capitaine. Il s'informa des circonstances du combat auprès du maréchal de Richelieu*, qui avait commandé le corps expéditionnaire français de Minorque – l'amiral La Galissonnière, le vainqueur de Byng, était mort entre-temps. Il obtint de Richelieu un témoignage à décharge, le fit passer à la défense de Byng, le communiqua même à plusieurs journaux – il devait reprendre cette technique de pression publique dans d'autres affaires. Mais l'attestation ne put qu'infléchir le verdict. La cour écarta les deux charges de « lâcheté » et de « découragement » ; elle retint celle de « négligence » ou « erreur de jugement », faute moins infamante mais également punie de mort. L'appel fut rejeté, la grâce royale refusée, la raison d'État l'emporta : Byng fut exécuté à Portsmouth, le 14 mars 1757, sur le pont du *Monarch*.

En avril, Voltaire reçut de la sœur de l'amiral, avec les pièces justificatives de sa défense, une lettre de Byng lui-même, qui avait voulu le remercier de son intervention. Peut-être songea-t-il à exploiter ce dossier, à en appeler à l'opinion européenne : des indices suggèrent ce projet, qu'il abandonna. Il a relaté deux fois la mort de Byng, légalement « arquebusé » : en historien, assez brièvement, dans le *Précis* du siècle de Louis XV (1768), mais d'abord en 1759, en pleine guerre de Sept Ans, dans un épisode cinglant de *Candide**, dont la réplique finale est aujourd'hui encore en Angleterre une sorte de proverbe, cité en français.

André Magnan

*En causant ainsi ils abordèrent à Portsmouth ; une multitude de peuple couvrait le rivage, et regardait attentivement un assez gros homme qui était à genoux, les yeux bandés, sur le tillac d'un des vaisseaux de la flotte ; quatre soldats, postés vis-à-vis de cet homme, lui tirèrent chacun trois balles dans le crâne le plus paisiblement du monde, et toute l'assemblée s'en retourna extrêmement satisfaite. « Qu'est-ce donc que tout ceci ? dit Candide, et quel démon exerce partout son empire ? » Il demanda qui était ce gros homme qu'on venait de tuer en cérémonie. « C'est un amiral, lui répondit-on. — Et pourquoi tuer cet amiral ? — C'est, lui dit-on, parce qu'il n'a pas fait tuer assez de monde ; il a livré un combat à un amiral français, et on a trouvé qu'il n'était pas assez près de lui. — Mais, dit Candide, l'amiral français était aussi loin de l'amiral anglais que celui-ci l'était de l'autre ! — Cela est incontestable, lui répliqua-t-on ; mais dans ce pays-ci il est bon de tuer de temps en temps un amiral pour encourager les autres. »*

Candide ou l'Optimisme, 1759, chap. XXIII.

> *J'envoie à M. Cramer le C corrigé, et copié.*
> *Point de nouvelles d'Afrique. On me traite*
> *fort mal à Alger.*
>
> À Gabriel Cramer,
> janvier-février 1761.

## CABALES (LES), ŒUVRE PACIFIQUE

SATIRE • TOLÉRANCE •

En 1773, presque octogénaire, Voltaire combat toujours sur tous les fronts. À ses yeux, deux maux nuisent à la paix sociale : l'esprit de système et l'esprit de cabale. Il leur consacre deux longues satires en alexandrins, dans la tradition de Boileau : *Les Cabales* et *Les Systèmes*. Des cabales, il en voit partout. D'abord dans le monde des lettres, avec ces critiques qui, faute de talent, s'entendent pour nuire aux vrais auteurs ; puis au théâtre, où se trame sans cesse la chute des tragédies nouvelles ; à l'Opéra, alors qu'en matière de musique on ne peut raisonner ses goûts ; dans le domaine politique, où le gouvernement royal est trop contesté par les parlements ; dans la philosophie enfin, où les athées refusent de tolérer les déistes sincères. Les positions de Voltaire, dans ces pages souvent dialoguées avec verve, étonneront plus d'un lecteur à préjugés. Il s'y déclare contre la liberté des journalistes, contre le débat entre économistes et politiques, pour l'obéissance aux décisions du pouvoir, même difficiles à accepter, et contre la puissance montante du matérialisme. C'est qu'il prêche pour la tolérance, contre la discorde, fidèle à la grande pensée de sa vie :

> *J'ai désiré cent fois, dans ma verte jeunesse,*
> *De voir notre Saint-Père, au sortir de la messe,*
> *Avec le Grand Lama danser en cotillon.*

Sylvain Menant

## CABARET VOLTAIRE

– 15,27 •

Dans le courant de l'année 1915, à Zurich, quelques jeunes gens écœurés par le carnage européen, poètes, peintres, musiciens, lièrent connaissance.

De leur amitié, de l'union d'énergies diverses, naquit en quelques jours le Cabaret Voltaire. C'était, installée dans une arrière-salle de la taverne de la Meierei, Spiegelgasse, une petite scène. Un groupe se forma, qui donna des spectacles presque quotidiens à partir du 5 février 1916, puis une revue que dirigea Hugo Ball. Mais *Cabaret Voltaire* n'aura qu'un seul numéro, daté du 15 mai 1916. Très vite furent inventés un autre titre, un autre mot de ralliement : « Dada ».

Pourquoi avoir pris le patronyme Voltaire ? Les fondateurs du Cabaret ne l'ont jamais révélé clairement. Son refus bien connu de la guerre ? La dimension critique de sa philosophie ? Ou bien, empruntée à Voltaire et retournée contre la culture établie, la fameuse ironie ? On ne sait. La Suisse peut-être encore. Ou le cosmopolitisme, cher à ce groupe qui rassemblait des Allemands, des Français, des Roumains, des Espagnols... Simple hasard ou cocasserie de réunir les deux mots Voltaire et Cabaret ? Le dadaïsme ne fera jamais plus référence à Voltaire. Les surréalistes ne l'aimaient guère. Breton ne le cite pas dans les Manifestes parmi les surréalistes avant la lettre. Crevel lui préférait Diderot, Breton Rousseau – sans parler du marquis de Sade, dont tous les surréalistes se firent, contre vents et marées, les admirateurs sans réserve.

Jean Goulemot

*Les idéaux culturels et artistiques, pris comme programme de variétés : c'est là notre façon de faire du « Candide » contre l'époque. Tout le monde fait comme si de rien n'était. La boucherie s'amplifie, et on s'accroche fermement au prestige de la magnifique Europe [...]. La réponse est qu'on ne pourra nous obliger à gober – et encore, avec plaisir – ce maudit pâté de chair humaine qu'on veut nous servir. On ne peut exiger que nos narines frémissantes hument avec délices cette puanteur de charogne.*

Hugo Ball, Journal, 16 juin 1916.

## CACOUACS

*ENCYCLOPÉDIE* • PHILOSOPHE • PHILOSOPHIE • POLÉMISTE •

Le terme de « Cacouacs », forgé exprès contre eux, servit à désigner les soi-disant Philosophes, dans un curieux épisode de la guerre de plume qui justement fit rage sur l'enjeu même de leur identité, tout au long de la décennie 1750-1760. Le mot fut lancé dans *Le Mercure de France* d'octobre 1757, à l'ouverture d'un petit « Avis utile » donné anonymement : « Vers le quarante-huitième degré de latitude septentrionale, on a découvert nouvellement une nation de sauvages, plus féroce et plus redoutable que les Caraïbes ne l'ont jamais été. On les appelle *Cacouacs* », etc. La fiction

procédait directement d'une métaphore identitaire déjà ancienne. Dans la dédicace même de l'*Encyclopédie*, en 1751, Diderot et d'Alembert avaient prétendu détacher de «la nation éclairée des gens de lettres» une sorte d'avant-garde : «la nation libre et désintéressée des philosophes». Les Encyclopédistes se retrouvaient logiquement au cœur d'une violente contre-offensive, avivée par la rétractation forcée d'Helvétius* et par le scandale de l'article «Genève*» (1757), lequel allait aboutir à la suppression de l'*Encyclopédie*. En 1760, Lefranc* de Pompignan et Palissot* officialiseraient enfin, dans les deux grands lieux d'institution, et intellectuelle – l'Académie française – et culturelle – le Théâtre-Français –, la division du champ idéologique et la valeur désormais partisane du signe Philosophe.

Cette opération «Cacouacs», qui ne visait pas particulièrement Voltaire, joua un rôle essentiel dans sa perception des rapports de force et des espaces de manœuvre. Le mot même était une attaque, par sa racine grecque, expliquée dans une note du *Mercure* – «les méchants» – avec un suffixe qui évoque aussi les «Coacres», l'un des noms francisés de la secte hérétique des quakers*. La fiction décrivait ces «sauvages» comme «détestant toute vertu», faisant le mal «pour le plaisir de faire du mal», et lançant lâchement à distance sur leurs victimes «un venin caché sous leur langue» – horrible danger de la lecture !... Suivit un *Nouveau Mémoire pour servir à l'histoire des Cacouacs* dû au même auteur, l'avocat et publiciste Jacob Nicolas Moreau, qui allait devenir historiographe de France ; enfin, en 1758 parut un *Catéchisme à l'usage des Cacouacs*, supposé imprimé «À Cacopolis», ample critique doctrinale, mais d'une ironie raffinée, qui était l'œuvre de l'abbé de Giry de Saint-Cyr, sous-précepteur du dauphin et académicien – l'ensemble est anonyme. En tête du *Catéchisme*, le «Patriarche des Cacouacs» débite le discours de réception d'un nouvel adepte de la secte : «Éclaire tous les esprits, instruis tous les siècles...» La figure convenait à Voltaire, elle contribua sans doute à fixer son surnom de patriarche*. Parmi les «livres canoniques» des «Cacouacs» : le *Poème* sur le désastre de Lisbonne*, le *Poème* sur la loi naturelle*, et surtout les *Lettres* philosophiques*, présentées dans le *Catéchisme* même, citations à l'appui, comme impies, matérialistes et séditieuses. Voltaire se trouvait d'ailleurs là en bonne compagnie, avec Bayle et Montesquieu, Helvétius, Diderot et Rousseau, mais aussi l'athée La Mettrie, tous dénoncés comme les pères d'une nouvelle hérésie et amalgamés par un travail retors sur les textes cités.

Voltaire ne se montra pas immédiatement actif contre cette grave attaque frontale, manifestement conçue et soutenue en haut lieu – on parla des jésuites et de l'entourage dévot de la reine. Il se trouvait plus directement impliqué dans l'affaire de l'article «Genève». Au moins eut-il à

cœur d'assumer comme un titre d'honneur, dans ses lettres aux amis de Paris, ce nouveau nom de «Cacouac» – il le revendiqua de loin en loin jusqu'en 1773. Il réserva les contre-attaques personnelles, pendant trois ou quatre ans, aux Fréron*, Berthier* et autres Lefranc de Pompignan. Mais à l'allégorie des «Cacouacs» répond aussi, bloc contre bloc, celle de l'Infâme*.

*André Magnan*

## CADENAS (LE)

AMOUR • CONTE EN VERS •

Faire les maris cocus: le jeu préféré des héros dans les premiers contes, en vers ou en prose, du jeune Voltaire – *Le Cocuage, Le Cadenas, Cosi-Sancta*. Ils reflètent la pratique de l'auteur et de ses amis, dans le monde libertin où ils vivent. Sans doute rimés à 22 ans pour une dame, en 1716, les sautillants décasyllabes du *Cadenas* évoquent, avec une certaine complaisance, une aventure amoureuse contemporaine, malheureusement entravée, mais provisoirement, par cette ceinture de chasteté qu'un odieux mari, sexagénaire jaloux, a imposée à la belle! C'est l'occasion d'imaginer une invention mythologique à cet accessoire importun, par le dieu Vulcain jaloux de Proserpine. Leçon juvénile du conte: rien ne résiste à l'amour. Le poète jongle avec la morale (c'est le barbare mari qui a tort), avec l'histoire (comment peut-on, en 1716, utiliser une ceinture de chasteté à Paris?), avec la mythologie même (comme Marivaux qui publie la même année un *Homère travesti*). Joli bavardage d'alcôve, dans sa fraîcheur un rien pédante, d'un débutant brillant et roué.

*Sylvain Menant*

## CAEN

Voltaire fit à Caen un séjour de quelques mois, apparemment en 1713 – il s'appelait encore Arouet, il allait sur ses 20 ans. Le souvenir s'en conserva chez les jésuites du lieu, à qui peut-être il était recommandé par ses anciens maîtres du collège de Louis-le-Grand. Tout suggère une mesure d'autorité paternelle pour éloigner des Muses un fils encore mineur et le rendre à Cujas – lui faire peut-être prendre ses degrés en droit chez ces Normands procéduriers. Une noble dame d'Osseville donnait à Caen le ton, tenant bureau d'esprit et rimant à ses heures. Elle reçut volontiers le jeune Arouet, mais le chassa bientôt: il récitait des vers trop libres. Un père de Couvrigny, qu'il fréquentait aussi, et qu'on disait trop attaché à ses jeunes

pénitentes, déclara plus tard avoir été « charmé de son génie ». Aucun écho, dans l'œuvre adulte, au pays bas-normand : Arouet le cadet, l'automne suivant, prit son envol pour la Hollande*.

*André Magnan*

## CAFÉ

Sur une réclame illustrée du temps de Balzac, « le Roi du Café » a la tête de Voltaire : le titre lui était dû, déjà légendaire. En buvait-il vraiment cinquante tasses par jour ? Le roi de Prusse lança ce chiffre mythique en 1778, dans son *Éloge* funèbre de Voltaire ; le comédien Lekain se souvenait également d'une douzaine de tasses avalées devant lui à leur première rencontre, café d'ailleurs mêlé de chocolat. *Le Café*, c'est aussi le véritable titre de la comédie de *L'Écossaise**, satire de Fréron. Dans la correspondance, les commandes sont impressionnantes, d'une demi-balle même un jour, pour une belle vente de bonne provenance : « le café me ranime », écrit Voltaire – « en dépit du docteur », ajoute-t-il souvent. Il négligea jusqu'à la fin les remontrances de ses médecins contre l'excitant et l'excès. « Le café donne de l'esprit », plaisantait Montesquieu en raillant les jouteurs du Procope. Qui dira ce que « l'esprit » de Voltaire – tonicité, alacrité, âcreté parfois – doit à la caféine ?... Le « moka » surtout faisait ses délices, bien reçu dans l'une de ces « cafetières du Levant » qu'il affectionnait : un vieux paysan turc, à la fin de *Candide*, en loue l'incomparable perfection.

*André Magnan*

L'ABBÉ : *Voilà d'excellent café, madame ; c'est du moka tout pur.*
   LA COMTESSE : *Oui, il vient du pays des musulmans ; n'est-ce pas grand dommage ?*
   L'ABBÉ : *Raillerie à part, madame, il faut une religion aux hommes.*

Le Dîner du comte de Boulainvilliers, 1767,<br>III<sup>e</sup> entretien, « Après-dîner ».

## CAFÉ (LE) OU L'ÉCOSSAISE

Voir *ÉCOSSAISE (L')*.

## CALAIS

ANGLETERRE • EXIL •

Voltaire historien relate, dans l'*Essai sur les mœurs*, le siège de cette ville «qui donna à l'Angleterre la clé de la France», après la bataille de Crécy (1346). Bien plus tard, en 1777, dans son *Commentaire sur l'Esprit des lois*, il fait encore «une petite digression sur le siège de Calais» pour souligner «l'héroïsme» de sa reconquête.
Mais dans la mémoire de l'écrivain persécuté, Calais symbolisait surtout la première étape de l'exil. Obligé de passer en Angleterre, Voltaire s'y arrêta le 6 mai 1726, chez le sieur Dunoquet. Il allégea les peines de l'exil, il s'en confie dans une lettre, en évoquant avec son hôte des amis communs laissés à Paris : Mlle Aïssé* et lord Bolingbroke*. Nul doute qu'en regardant, le lendemain, s'éloigner la jetée de Calais, il n'ait ressenti cette angoisse de l'avenir qu'éprouva au siècle suivant, en voyant reculer la même rive, Émile Zola.

*Anne Soprani*

*Elle revint par Marseille. Elle resta peu de temps à Paris, et retourna dans sa patrie par Calais. On s'aperçoit aisément, au mépris qu'elle témoigne pour nos dogmes et pour nos cérémonies, que c'est une Anglaise qui écrit.*
«Compte rendu des Lettres de lady Montagu (1763)»,
*Gazette littéraire de l'Europe, 4 avril 1764.*

## CALAS

AFFAIRES • JUSTICE • PROTESTANTS • TOLÉRANCE •

Les Calas : une famille toulousaine protestante. Le père, Jean Calas, fait commerce d'indiennes, rue des Filatiers ; la mère est née Anne Rose Cabibel. Ils ont eu de nombreux enfants : Marc Antoine et Pierre vivent sous le toit familial, Louis a abjuré et vit éloigné, Donat est en apprentissage à Nîmes ; deux filles, au moment des faits, sont chez des amis près de Toulouse. Une domestique enfin, Jeanne Viguière, catholique, très attachée aux Calas. Le soir du drame, le 13 octobre 1761, un ami est là, Gaubert Lavaysse, fils d'un avocat. On a dîné, la soirée se termine, quand Pierre Calas découvre le corps de son frère Marc Antoine, sorti une heure auparavant. Alerté par la rumeur publique, survient le capitoul David de Beaudrigue. Il trouve la victime étendue par terre, ne présentant aucun signe de désordre, ni blessure apparente, mais avec une trace au cou qui laisse penser qu'il a été étranglé et non pendu. Le capitoul, officier chargé de la police comme de la basse justice, néglige de faire établir un procès-

verbal des lieux – cette défaillance pèse sur toute l'affaire. Il fait conduire en prison les Calas, Gaubert Lavaysse et la servante. Il croit d'emblée à un crime calviniste. Les interrogatoires commencent. Pierre Calas reconnaît avoir découvert son frère étranglé près de la porte du magasin attenant à la boutique. La défense s'organise ; l'avocat des Calas fait déclarer au père, pour couper court aux soupçons, qu'il a vu son fils pendu et l'a dépendu. Pierre Calas corrobore cette déclaration, prenant tardivement le risque que le cadavre subisse le sort réservé aux corps des suicidés, qu'on jetait à la voirie.

Cette tardive thèse du suicide n'est guère plausible. Les vérifications matérielles des enquêteurs le montrent. Le capitoul en déduit que les Calas mentent et, cédant aux rumeurs insistantes, il se laisse convaincre que Marc Antoine, qui était sur le point d'abjurer, a été tué par son père. Voulant embrasser la profession d'avocat, n'avait-il pas besoin d'un certificat de catholicité ? On prétendait que le jeune Lavaysse avait été chargé par un jugement secret des huguenots de lui faire payer son abjuration. La très catholique Toulouse se rallia sans effort aux thèses les plus extrémistes. L'enterrement de Marc Antoine Calas se fit en grande pompe dans un cimetière catholique. La conviction était faite. Le 18 novembre 1761, les capitouls signent un arrêt qui ordonne que Calas, sa femme et son fils subiront la torture, Lavaysse et la servante en étant menacés. Le parlement de Toulouse, moins obscurantiste qu'on ne le prétend, se saisit de l'affaire en appel et fait recommencer l'enquête. On aboutit aux mêmes conclusions. Sur une conviction partagée, mais confrontés aux déclarations contradictoires des Calas, les juges, à une courte majorité (par huit voix contre cinq), condamnent Jean Calas à la peine capitale, le 9 mars 1762. Le 10, Jean Calas est torturé, roué en place publique, étranglé, puis brûlé sur le bûcher. Ses cendres sont dispersées. Le 18 mars, à l'exception de Pierre Calas frappé d'une peine de bannissement à perpétuité, les autres accusés sont acquittés. Le procès était fini, l'affaire Calas selon Voltaire commençait. La scène allait se transporter de Toulouse à Versailles et Paris, et intéresser trois ans durant l'Europe politique et intellectuelle

Le 20 mars, Dominique Audibert, un négociant de Marseille, protestant, de passage à Genève, raconte à Voltaire « l'horrible aventure ». Voltaire demeure sceptique. Pour lui, l'Infâme désigne aussi bien les protestants que les catholiques. L'automne précédent, quand il a appris l'inculpation, par le parlement de Toulouse, de Rochette qui n'avait pas désavoué sa qualité de pasteur, il a écrit : « Il faut que le parlement le condamne à être pendu et que le roi lui fasse grâce. » Le 19 février 1762, Rochette est exécuté. Voltaire note : « Le tout pour avoir chanté des chansons de David. Le parlement de Toulouse n'aime pas les mauvais vers. » Même ton pour Calas, moqué comme « un saint réformé qui voulait faire comme Abraham ».

Mais, que Calas soit innocent ou coupable, Voltaire comprend que l'intolérance est au cœur du procès. Il consulte d'Alembert, hésite encore et finit par se demander s'il existe des preuves de la culpabilité de Jean Calas. Dès le début d'avril, sa conviction est formée, il proclame l'innocence du condamné. Il a enquêté, interrogé le jeune Donat Calas réfugié à Genève. Voilà Voltaire tel qu'en lui-même. Les écrits vont succéder aux écrits. Durant trois ans au moins, Voltaire est véritablement obsédé par les factums, les mémoires, les procédures. L'arrêt de Toulouse fut d'abord rappelé pour examen devant le Conseil du roi (7 mars 1763), puis cassé (4 juin 1764), et le cas rejugé au tribunal dit des Requêtes à Versailles. Quand, le 12 mars 1765, la réhabilitation est enfin obtenue, Voltaire se sent presque dépossédé. Non content des gratifications accordées par le roi à Mme Calas et à ses filles, il demande la restitution des biens, veut que le parlement de Toulouse fasse amende honorable, lance une souscription pour faire graver une estampe de la pauvre famille en prison. Il la placera à son chevet comme une image votive, et se proposera de doter les demoiselles Calas. L'affaire s'achève : à la défense de Calas succède celle de Sirven.

Parmi les principaux textes consacrés à la défense des Calas, mentionnons le recueil qu'avec Voltaire on appelle les *Pièces\* originales*, l'*Histoire\* d'Élisabeth Canning et de Jean Calas* et, bien sûr, le *Traité\* sur la tolérance à l'occasion de la mort de Jean Calas*.

Jean Goulemot

*Je ne connais que les factums faits en faveur des Calas, et ce n'est pas assez pour oser prendre parti.*

*J'ai voulu m'instruire en qualité d'historien. Un événement aussi épouvantable que celui d'une famille entière accusée d'un parricide commis par esprit de religion ; un père expirant sur la roue pour avoir étranglé de ses mains son propre fils, sur le simple soupçon que ce fils voulait quitter les opinions de Jean Calvin ; un frère violemment chargé d'avoir aidé à étrangler son frère ; la mère accusée ; un jeune avocat soupçonné d'avoir servi de bourreau dans cette exécution inouïe : cet événement, dis-je, appartient essentiellement à l'histoire de l'esprit humain et au vaste tableau de nos fureurs et de nos faiblesses, dont j'ai déjà donné une esquisse.*

*[...] Quoi qu'il en soit, je persiste à souhaiter que le parlement de Toulouse daigne rendre public le procès de Calas, comme on a publié celui de Damiens.*

*[...] Ces deux procès intéressent le genre humain ; et si quelque chose peut arrêter chez les hommes la rage du fanatisme, c'est la publicité et la preuve du parricide et du sacrilège qui ont conduit Calas sur la roue, et qui laissent la famille entière en proie aux plus violents soupçons.*

*À Mlle \*\*\*, 15 avril [1762].*

*L'affaire à laquelle je m'intéresse est si extraordinaire qu'il faut aussi des moyens extraordinaires. Le parlement de Toulouse ne donnera point des armes contre lui. Il a défendu que l'on communiquât les pièces à personne, et même l'extrait de l'arrêt. Il n'y a qu'une grande protection qui puisse obtenir de monsieur le chancelier ou du roi, un ordre d'envoyer copie des registres ; nous cherchons cette protection. Les cris du public ému et attendri devraient l'obtenir. Il est de l'intérêt de l'État qu'on découvre de quel côté est le plus horrible fanatisme.*
*Je ne doute pas que cette affaire ne vous paraisse très importante. Je vous supplie d'en parler aux magistrats et aux jurisconsultes de votre connaissance, et de faire en sorte qu'on en parle à monsieur le chancelier ; tâchons d'exciter sa compassion et sa justice, après quoi vous aurez la gloire d'avoir défendu l'innocence.*

À Pierre Mariette, 8 juillet [1762].

*Il me paraît qu'il est de l'intérêt de tous les hommes d'approfondir cette affaire qui d'une part ou d'une autre est le comble du plus horrible fanatisme. C'est renoncer à l'humanité que de traiter une telle aventure avec indifférence.*

À M. Audibert, négociant à Marseille<br>et de l'académie de la même ville, 9 juillet [1762].

*C'est de Voltaire qui écrit pour cette malheureuse famille.*
*Oh ! mon amie, le bel emploi du génie ! Il faut que cet homme ait de l'âme, de la sensibilité, que l'injustice le révolte, et qu'il sente l'attrait de la vertu. Car que lui sont les Calas ? qu'est-ce qui peut l'intéresser pour eux ? quelle raison a-t-il de suspendre des travaux qu'il aime, pour s'occuper de leur défense ? Quand il y aurait un Christ, je vous assure que de Voltaire serait sauvé.*

Denis Diderot à Sophie Volland, 8 août 1762.

## CALCULS

HISTOIRE • RELIGION • SCIENCES •

« Calculs intéressants » : ce titre d'une petite note des Carnets* peut être étendu. Tous les genres de calculs ont intéressé Voltaire, des tableaux de la population de Berlin, qu'il consigne ici, à la conversion des monnaies anciennes, de la mesure du méridien aux mortalités épidémiques, du coût économique de l'exode protestant aux systèmes fiscaux et aux rendements agraires. Sa curiosité polygraphique, et le recouvrement alors partiel encore des « lettres » et des « sciences », n'expliquent pas tout : les chiffres, les proportions, les pourcentages l'ont fasciné, en tant qu'opérations générales du nouvel esprit positif.
Il admira les « géomètres », « algébristes » et autres « carreurs de courbes »,

Pascal et Leibniz, Mme du Châtelet, d'Alembert et Condorcet. Les applications surtout le passionnaient : la boussole, l'astrolabe, la cartographie. Le nouveau modèle de l'univers, celui de Galilée et de Newton, suppose d'ailleurs que tout y est comptable et mesurable : par le calcul, on rejoint les lois de la nature, et même de Dieu pour le déiste. Voltaire étudia donc, avec tout le soin qu'il put, les démarches et les découvertes essentielles de l'astronomie, de l'optique et de la physique modernes, pour les exploiter ou les exposer dans ses travaux de science et de vulgarisation, et plus simplement pour le plaisir de les comprendre. Ses explications de Newton, sous cet aspect, restent remarquables.

Mais son domaine de prédilection, pour le calcul, fut l'histoire et l'observation des sociétés, plus généralement « la connaissance de l'homme » – cette archive de nos « sciences humaines ». L'histoire quantitative eût attiré Voltaire. Par l'intérêt qu'il porte aux gradations et aux variations dans les durées longues de l'*Essai\* sur les mœurs*, il en a ouvert, à sa mesure, le champ et la problématique. L'historien fait au moins parler, contre les anciens prodiges de la fable\*, l'exigence de chiffres vrais : si la Rome des origines avait eu mille pas carrés de côté, « comment trois mille trois cents hommes auraient-ils pu habiter ce bourg ? » (article pour la *Gazette littéraire de l'Europe*, 6 juin 1764). Dans les Carnets encore, cette autre note : « Comment imaginer trois cent mille occis dans la bataille entre Abderame et Charles Martel ? »

L'économique et le social, comme nous disons, offrent aussi matière à calculs – pour l'agriculture, le commerce, les impôts –, mais la religion plus encore : c'est l'une des façons de la réinscrire autrement dans l'espace humain des réalités ordinaires. Voltaire discute à perte de vue les chiffres de la Bible, ceux de l'armée de Josué, du trésor de Salomon, et prouve physiquement que le Veau d'or n'a pu être fondu en une nuit. Sa contribution aux débats fondateurs de la démographie\* s'est ainsi nourrie d'une exégèse hypercritique des « populations » bibliques. Il examine et conteste surtout cette chronologie\* chrétienne qui, de son temps, tient lieu encore de passé collectif. Il lui arrive alors quelquefois de remonter en pensée dans la plus profonde mémoire – la notion de « préhistoire » était à naître – pour y tenter, avec une minutie froide et facétieuse qui lui est peut-être propre, d'étranges dénombrements : combien de victimes du christianisme sur dix-huit siècles ? combien de morts dans toutes les guerres de ce pauvre « globule » appelé Terre ? Un jour, dans une note jubilatoire du VIIe chant de *La Henriade*, il calcule la masse de tous les damnés brûlés en enfer depuis la création du monde – 120 milliards, hypothèse basse.

*André Magnan*

*Un homme de six pieds fait sur la terre la même figure précisément que fait sur une boule de quatre pieds de circonférence un animal qui serait à cette circonférence de roue comme 1 est à 91 500 000.*

*Carnets.*

## CALMET, dom Augustin

BIBLE • SENONES • THÉOLOGIE •

C'est un homme et c'est un livre : Voltaire connut l'un et l'autre. Le bénédictin dom Calmet (1672-1757) avait appris la philosophie, la théologie, l'hébreu, il connaissait les Latins, les Grecs et les Pères de l'Église. Ordonné prêtre en 1696, il fut nommé abbé de Senones en 1728. Sa grande œuvre fut une traduction de la Bible accompagnée d'une somme des meilleurs commentaires autorisés : le premier volume du *Commentaire littéral sur tous les livres de l'Ancien et du Nouveau Testament* parut en 1707, le vingt-quatrième en 1716. C'est la meilleure encyclopédie biblique du temps. Dom Calmet publia aussi en quatre gros volumes un *Dictionnaire historique, critique, chronologique, géographique et littéral de la Bible* (1730), qui connut de nombreuses éditions et traductions. Outre ces ouvrages historiques, il écrivit plusieurs dissertations sur l'Écriture et sur les croyances, un *Traité sur les apparitions des esprits et sur les vampires de Hongrie, de Moravie, etc.* Dès 1739, Voltaire et Mme du Châtelet, lancés dans une enquête historique sur les religions, exploitaient assidûment le minutieux *Commentaire* ; par ses attaches lorraines, Mme du Châtelet connaissait d'ailleurs personnellement dom Calmet, que Voltaire fréquenta aussi dans ces années de Cirey. En 1748, Voltaire envisageait de faire un séjour d'étude à Senones même, auprès de dom Calmet. Il réalisa ce projet en juin 1754, passant plusieurs semaines dans une petite cellule de l'abbaye et parmi les « vieux bouquins » de la riche bibliothèque. À la mort du savant bénédictin, Voltaire fit à sa louange, à la demande de son neveu dom Fangé, un beau quatrain en forme d'épitaphe.

Dom Calmet fascina Voltaire par son érudition profonde, fervente et naïve, dans cette science théologique à ses yeux inutile et périmée. Toute sa vie, Voltaire a lu, relu, annoté son fameux *Commentaire littéral* et ses autres travaux ; il les a aussi pillés, détournés, subvertis, avec une joie féroce mêlée de tendresse et de pitié.

*Marie-Hélène Cotoni*

## CALOTTE

CHANSONS • GENS DE LETTRES •

L'âge classique eut aussi ses usages burlesques – couplets satiriques, mystifications et brevets dits de calotte. Fondé en 1702, le Régiment de la calotte était un ordre fictif auquel les chansonniers affiliaient comiquement, par des pseudo-brevets personnalisés, les victimes de mésaventures, de déboires ou d'échecs publics. Les principaux auteurs connus de ces calottes sont Camusat, Roy et Piron. Des grades dans le régiment, des pensions aussi, payables en « vents et tourbillons », étaient distribués au nom de Momus, dieu du ridicule,

> *Grand monarque des calotins*
> *Et des rimeurs dieu tutélaire.*

Les poètes furent l'une des cibles favorites des calottes, pour la plus grande joie du public, et Voltaire y passa plusieurs fois. La bastonnade reçue de Rohan-Chabot* lui valut en 1726 un *Brevet pour agréger le Sr A\*\*\* de V\*\*\* dans le régiment de la Calotte*, attribué à Camusat, un autre *Brevet pour le Sr Arouet de Voltaire accordé sur la requête du Sr Roy*, et un anonyme *Brevet de Grand Bâtonnier du régiment de la Calotte pour Sr Arouet de Voltaire*. On attribue parfois à Voltaire une réponse au premier, le *Brevet d'agrégation dans le régiment de la Calotte pour le Sr Camusat*, et un autre analogue à l'adresse de Roy, mais ces textes n'ont jamais été admis dans les éditions de ses œuvres. En 1731 circula une *Calotte de juré priseur des brevets du régiment, en faveur du public, pour M. de V\*\*\**. C'est Piron cette fois qui ironisait sur le demi-échec de *Brutus*,

> *Claqué, bien reclaqué la veille*
> *Et déserté le lendemain.*

Plusieurs de ces pièces furent reprises dans le *Voltariana*\*.

Jean-Michel Raynaud

*Que dites-vous d'une infâme calotte qu'on a faite contre M. et Mme de La Popelinière, pour prix des fêtes qu'ils ont données ? Ne faudrait-il pas pendre les coquins qui infectent le public de ces poisons ? Mais le poète Roy aura quelque pension, s'il ne meurt pas de la lèpre dont son âme est plus attaquée que son corps.*

*À Richelieu, 24 décembre 1746.*

## CAMP, Mlle

Voir RÉFLEXIONS PHILOSOPHIQUES SUR LE PROCÈS DE MLLE CAMP.

## CANADA

AMÉRIQUE • COLONISATION • GUERRE •

Qu'il profite de ses observations sur l'Amérique pour décocher quelques flèches à Rousseau dans l'*Essai\* sur les mœurs*, ou qu'il invente le personnage de l'Ingénu pour ironiser sur les usages européens, Voltaire n'a «jamais aimé» le Canada (à d'Argental, 10 décembre 1762).
Son jugement repose essentiellement sur la valeur du pays, c'est-à-dire sur ce qu'il rapporte. Dans l'*Essai sur les mœurs*, il produit en 1756 une sévère critique de la politique coloniale de la France: pourquoi être allé s'établir dans un «pays couvert de neiges et de glaces huit mois de l'année» (chap. CLI)? Aux colonies anglaises administrées dans des vues politiques, il oppose les menées personnelles de «deux ou trois marchands de Normandie» et les «tentatives» de négociants dieppois et malouins à Québec, mais «mal appuyées» par l'État. Aussi les «établissements» français ont-ils été «toujours très pauvres».
Au surplus, «sujet de guerre presque continuel» avec les «naturels» et les Anglais, le Canada entraîne des «dépenses» qui dépassent de beaucoup ce qu'il rapporte. Pire, «un coup de canon tiré en Amérique peut être le signal de l'embrasement de l'Europe» policée et riche.
Si, au début de la guerre de Sept Ans, il pose le problème en termes philosophiques, et estime qu'il y a «peu de traits plus honteux pour l'humanité que de voir deux nations éclairées se couper la gorge en Europe pour quelques arpents de glace et de neige dans l'Amérique», à mesure que le temps passe Voltaire se fait plus incisif et sa dénonciation devient plus virulente: le commerce est «en train d'être ruiné», écrit-il à Tronchin le 5 mai 1758. «Il n'y a rien à gagner» au Canada, d'autant que l'issue de la guerre est scellée d'avance, les Français la faisant «sans avoir de vaisseaux».
Pour Voltaire, qui n'est pas insensible à l'«humiliation» que subit la France, aucun doute possible: la colonie doit être cédée. À Chauvelin, il écrit, le 3 novembre 1760: «Si j'osais, je vous conjurerais à genoux de débarrasser pour jamais du Canada le ministère de France.» C'est précisément ce qu'il voulait dire lorsqu'il regrettait dans *Candide*, paru en 1759, que la France et l'Angleterre soient «en guerre pour quelques arpents de neige vers le Canada, et qu'elles dépensent pour cette belle guerre beaucoup plus que tout le Canada ne vaut» (chap. XXIII).
En 1768, le *Précis du siècle de Louis XV* marque un léger infléchissement de

la pensée de Voltaire, qui prend davantage en compte le facteur humain : sans doute sous l'influence des thèses physiocratiques, il observe qu'on aurait mieux fait de « défricher [les] terres incultes en France », sans compter qu'après une paix « déshonorante » (celle de Paris, signée en 1763), le royaume a même perdu « les colons du Canada » demeurés là-bas (chap. XXXV). Mais de la guerre de Succession d'Autriche à la guerre de Sept Ans, sa pensée sur le Canada n'a pas fondamentalement changé, sans doute parce qu'elle reposait sur des principes philosophiques, économiques et sociaux auxquels il resta toujours attaché.

La mauvaise opinion de Voltaire sur le Canada ne l'empêcha pas d'y exercer une réelle influence. Dès le XVIII$^e$ siècle, ses œuvres parviennent en Nouvelle-France. Mais c'est surtout avec l'arrivée, en 1756, des officiers sous les ordres de Montcalm que ses idées sont diffusées dans la colonie, ce qui aurait peut-être dû inquiéter les autorités coloniales.

De la cession du Canada à l'Angleterre (1763), à la révolte avortée de 1837-1838, les œuvres de Voltaire, parfois dans leur traduction anglaise, servent de référence à ceux qui s'opposent au « despotisme », qu'il soit anglais ou clérical. Ainsi l'académie de Montréal, fondée en 1778, et nombre de journaux, se réclament-ils de Voltaire, qui fait bonne figure dans plusieurs bibliothèques françaises et anglaises.

Après l'Acte d'union en 1840 et l'échec des « Patriotes », les « Ultramontains » s'évertuèrent à extirper du Québec toute influence de Voltaire, devenu le symbole des mauvaises valeurs « modernes » : dans cette sainte alliance entre l'Église et la Nation, le voltairianisme devait être l'ennemi. Si bien que dans la première moitié du XX$^e$ siècle encore, seule la gauche radicale, notamment communiste, osait le revendiquer. Mais les contacts avec la France et l'évolution sociale, surtout après 1960, ont modifié les mentalités. En juillet 1989, pour commémorer la Révolution, un quotidien de Montréal décida de donner en feuilleton... *Candide*.

*Pierre Berthiaume*

*Il est utile d'observer que cette querelle était le fruit de la négligence de tous les ministres qui travaillèrent, en 1712 et 1713, au traité d'Utrecht. La France avait cédé à l'Angleterre, par ce traité, l'Acadie, voisine du Canada, avec toutes ses anciennes limites ; mais on n'avait pas spécifié quelles étaient ces limites ; on les ignorait : c'est une faute qu'on n'a jamais commise dans des contrats entre particuliers. Des démêlés ont résulté nécessairement de cette omission. Si la philosophie et la justice se mêlaient des querelles des hommes, elles leur feraient voir que les Français et les Anglais se disputaient un pays sur lequel ils n'avaient aucun droit : mais ces premiers principes n'entrent point dans les affaires du monde.*

*Précis du siècle de Louis XV, 1768, chap. XXXI.*

## CANDIDE (Journal)

ANTICLÉRICALISME • VOLTÉRANISME •

C'est depuis sa prison de Sainte-Pélagie que Auguste Blanqui (1805-1881) lança sous ce titre, au printemps 1865, un nouveau «petit journal» à 5 centimes le numéro, socialiste, révolutionnaire, donc éphémère – une fois la surprise passée. Il s'agissait pour «le Vieux» de remobiliser «la phalange», et aussi la jeunesse du Quartier latin, en exploitant de biais l'effet politique désastreux du *Syllabus* fulminé par Pie IX contre toutes les hérésies modernes, la liberté, la laïcité et le progrès (8 décembre 1864) : la «libéralisation» du second Empire ainsi condamnée, l'Église de France se trouvait confirmée dans la voie de la réaction, mais par une papauté de plus en plus menacée dans son pouvoir temporel – «le catholicisme s'est décuirassé», analyse Blanqui. «Guerre au surnaturel» donc, dès l'éditorial du 3 mai : tout «spiritualisme» s'établit «au détriment de la terre», avec des visées vite «fagotées en manitous». Porté par l'anticléricalisme ambiant, le tirage grimpa de 4 000 à 6 000, puis à 10 000, mais au huitième numéro, après des articles de plus en plus virulents sur «Charlotte Corday», sur «Le Monothéisme» et autres sujets sensibles, la police impériale arrêta tout net le nouveau *Candide*. Le gérant, l'imprimeur, les rédacteurs furent jugés comme affiliés d'une société secrète, et condamnés à la prison et à l'amende. Seuls quelques journaux d'opposition autorisés, *Le Siècle**, surtout, soutinrent dès lors un voltairianisme plus sagement «républicain». Le 27 août 1865, veille de sa libération, Blanqui s'évadait.

*André Magnan*

## CANDIDE OU L'OPTIMISME, TRADUIT DE L'ALLEMAND DE MR. LE DOCTEUR RALPH

ADAPTATIONS • CENSURE • CONTES PHILOSOPHIQUES • EXIL • FERNEY • HISTOIRE • MAL • OPTIMISME • PHILOSOPHIE • UTOPIE •

Beaumarchais se souvenait encore, à la fin de sa vie, d'avoir lu *Candide* en feuilleton manuscrit. Le duc de La Vallière lui avait jadis confié sa correspondance avec Voltaire, qu'il avait pu lire avec ses associés de l'édition de Kehl – avant de se la voir reprendre par des héritiers obtus. Il en gardait un souvenir très vif, mais surtout de certains petits «chapitres» envoyés successivement au duc : «Qu'on juge du plaisir que nous ressentions tous de lui voir arriver des montagnes de Suisse chaque chapitre de *Candide*, à mesure qu'ils s'échappaient de la tête de feu, rayonnante au milieu des neiges, avec les plaisants commentaires que l'auteur en faisait lui-même!» On n'a plus jamais revu ces lettres d'envoi, témoins d'une

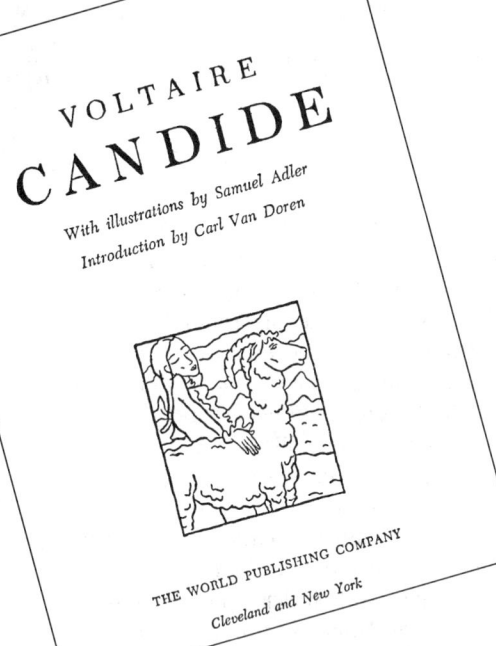

VOLTAIRE
CANDIDE
With illustrations by Samuel Adler
Introduction by Carl Van Doren

THE WORLD PUBLISHING COMPANY
Cleveland and New York

On ne connaît pas autrement Samuel Adler, illustrateur en 1947 d'un « Candide » américain, vedette éphémère d'une série de « classics », et vite poussé par de nouveaux titres. L'originalité du travail tient en partie à la commande de l'éditeur : trente dessins de tête pour les trente chapitres. C'est apparemment la seule illustration de « Candide » jamais réalisée selon cette formule. L'ambition d'une construction d'ensemble a manifestement stimulé l'artiste, en ouvrant de libres jeux d'images – rappels, retours et parallèles.
Le graphisme allie rigueur et élégance, simplicité et profondeur. Pur dessin au trait, de contour appuyé, en à-plat, sans aucun effet de volume ni de relief. On dirait les images d'un album à colorier, ou les originaux d'un dessin animé. Les arrière-plans – corps foudroyés, ruines fumantes, jardin turc – sont aussi nets que les plans proches, les suppliciés ou les survivants.
Ce style direct, celui des « comics » alors en vogue, est secrètement accordé aux origines visuelles du conte voltairien, aux improvisations de la lanterne magique – simples plaques dessinées, cartoons sur verre, et tout le brio du diseur. L'accessoire est schématisé – un livre, un arbre, un paravent, un rocher –, le costume simple et convenu – jabots moussants et larges manchettes, ou robe droite et maillot collant. Peu de voiles, des corps presque nus.
Le traitement des personnages en revanche, la scénographie, la gestuelle surtout, présentent un équilibre complexe, souvent réussi, de caricature et de pathétique, de stylisation, de stéréotypie même, et d'expressionnisme dans certaines scènes, mais distancié, avec des cadrages de mauvais mélo, poignard brandi, corps tétanisés, cimeterres levés mordant déjà les chairs.
Le travail sur les mains est d'une grande richesse, et condense à lui seul les violences et les désordres du conte. Mains implorantes ou adorantes, crispées, tordues, inutilement ouvertes, volubiles ou muettes, honteuses, prostrées, résignées, impuissantes, et souvent se cherchant sans se joindre. L'homme partout éprouvé par l'Histoire et le Mal, et mis à nu. L'artiste a relevé le texte à la lettre, dans une fidélité attentive et discrète à l'esprit.

A. M.

ILLUSTRATIONS POUR « CANDIDE »,
DESSINS DE SAMUEL ADLER, 1947.

1. « Il est démontré, disait-il... »

4. Candide, plus ému encore de compassion que d'horreur...

2. « Comment ! c'est le plus charmant des rois... »

5. Le vaisseau s'entr'ouvre ; tout périt...

3. Des cervelles étaient répandues sur la terre...

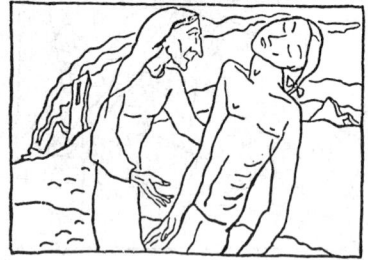

6. « Mon fils, prenez courage, suivez-moi... »

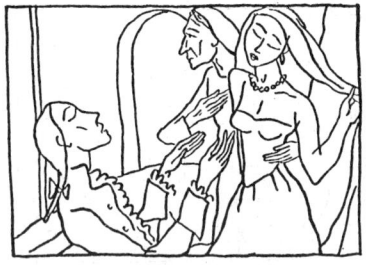

7. *La force lui manque, il ne peut proférer une parole…*

10. *Il y avait dans la même hôtellerie un prieur de bénédictins…*

8. « *Je fus très bien placée ; on servit aux dames des rafraîchissements…* »

11. « *Je me débarrassai avec peine de la foule de tant de cadavres…* »

9. « *Quoi ! dit-il, chienne de Galiléenne…* »

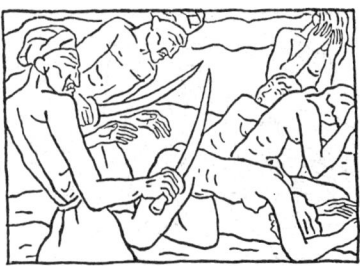

12. « *Coupez, dit-il, seulement une fesse à chacune de ces dames…* »

13. Don Fernando d'Ibaraa, y Figueora, y Mascarenes, y Lampourdos, y Souza…

16. Ces clameurs partaient de deux filles toutes nues…

14. « Quoi ! serait-ce vous, mon Révérend Père ?… »

17. « Allons, dit Candide, recommandons-nous à la Providence… »

15. « Hélas ! mon Dieu, dit-il… »

18. Ce fut un beau spectacle que leur départ…

19. « Oh ! oh ! dit à part soi le prudent Vanderdendur... »

22. Après soupé, la marquise mena Candide dans son cabinet...

20. « Puisque je t'ai retrouvé, disait-il, je pourrai bien retrouver Cunégonde... »

23. On passa à la vue de Lisbonne, et Candide frémit...

21. « Oui, j'ai connu Paris... »

24. « Sa femme, qui était jalouse à la rage... »

25. « Votre Excellence ne pense pas ainsi de Virgile ?... »

28. « Un jour, il me prit fantaisie d'entrer dans une mosquée... »

26. « Je ne suis point plaisant, je m'appelle Achmet III... »

29. Le tendre amant Candide, en voyant sa belle Cunégonde...

27. « Ah ! belle ou laide, dit Candide, je suis honnête homme... »

30. « Cela est bien dit, répondit Candide, mais il faut cultiver notre jardin. »

genèse assez mystérieuse; mais la métaphore solaire est superbe, mystérieusement accordée à l'écriture de l'œuvre, avec ses suggestions de hauteur et de solitude, de fulgurance, de provocation, de défi. *Candide* est en effet, contemplée de très haut et de très loin, l'histoire terrible et burlesque de tout petits hommes à prétentions cosmiques, broyés dans une actualité sanglante.

Tiré dès la mi-janvier 1759, le livre parut vers la mi-février, simultanément à Genève, Amsterdam et Paris. Les frères Cramer, imprimeurs attitrés de Voltaire à cette date, en avaient retardé le lancement pour brouiller les pistes, s'agissant d'un ouvrage anonyme, clandestin, et d'une liberté coupable. À Paris, l'impression fut supervisée par le duc de La Vallière en personne. L'unique manuscrit conservé provient d'ailleurs de sa collection privée : c'est une copie complète, composite, dérivée peut-être en partie des « chapitres » reçus un à un, texte très proche de l'imprimé, mais présentant encore des variantes importantes, dont trois états imbriqués de l'épisode parisien, et de nombreuses corrections autographes. La vieille légende est bien morte du « conteur » désinvolte, livré à sa facilité. La première origine reste indatable, mais la rédaction de *Candide* s'étendit, par périodes, sur toute l'année 1758 au moins.

À la sortie du livre, Grimm propose un scénario futuriste. Deux mille ans d'oubli, et on en retrouverait un jour un exemplaire ; c'est là, diraient les experts, l'œuvre d'un tout jeune homme. L'auteur, bien sûr, fut aussitôt reconnu. Voltaire allait sur ses 65 ans : la jeunesse de *Candide* reste un étonnement. Il avait chanté Henri IV, commenté Newton, statufié Louis XIV et versifié quinze tragédies. Il ouvrait autre chose ici, on le vit bien ensuite : une écriture plus directe, d'action, de combat, inspiration dominante des vingt dernières années. La biographie, sans expliquer tout, aide à comprendre cette libération d'une énergie longtemps accumulée. Commencé côté Délices, *Candide* fut terminé côté Ferney. Au bonheur des Délices, réparation du désastre de Prusse, l'œuvre doit sa virulence, sa tonicité, son fond de gaieté ; au sursaut de Ferney, dépassement de l'exil, elle doit plus secrètement son élan, sa disponibilité d'engagement. D'un même geste vital, au même moment exactement, Voltaire achève *Candide*, achète Ferney. La trajectoire errante du récit, entre château et jardin, transpose quelque chose de cette réorientation d'une existence.

Les perquisitions et les procédures aussitôt lancées à Genève (23 février) et à Paris (24 février), furent vite noyées dans la vague énorme du succès. À la mi-mars, il s'était déjà vendu dans Paris 6 000 exemplaires de la « coïonnerie », comme l'appelait Voltaire, ce qui suppose deux ou trois réimpressions faites coup sur coup. On connaît, de la même année 1759, une vingtaine d'éditions et de rééditions, imprimées en Avignon, à Liège, à Londres (en français), deux à Lyon, six ou sept en tout à Paris, plus trois

traductions anglaises et une italienne, soit un tirage global de 20 000, peut-être 30 000 exemplaires, phénoménal aux normes du temps. Voltaire retoucha plusieurs fois son texte, surtout pour corser le chapitre parisien, dans une version augmentée (1761). Il y eut des imitations, des adaptations, des réfutations. Les noms de Candide et de Cunégonde, les Thunder-ten-tronckh barons à jambons, les scies de Pangloss sur le meilleur des mondes, la fesse de la Vieille et le « Mangeons du jésuite ! », le carnaval de Venise, l'Eldorado, et bien sûr le petit jardin des bords de la Propontide, furent pendant deux ou trois décennies, à travers toute l'Europe, des références familières, qu'on retrouve dans les journaux, les correspondances, etc. À Rome, *Candide* fut mis à l'Index dès le 24 mai 1762, délai relativement court pour la vétilleuse congrégation – sous le nom d'ailleurs de son auteur prétendu : « Mr. le docteur Ralph ». La popularité du livre, l'effet de masse et de mythe, qu'on croirait liés à l'usage scolaire récent et au statut de classique consacré, remontent en fait à l'origine, dans un grand choc d'autodérision collective.

Un conte en effet, mais grinçant, conte gai sur fond triste, pour réagir. Le titre, restitué tout au long, est comme l'emblème du « conte philosophique » : *Candide* pour la fiction, *l'Optimisme* pour la réflexion. Mais au milieu, entre le faux nom propre et le faux nom commun, ce petit *ou* les travaille déjà l'un par l'autre, faussement anodin – mot-outil, disent les linguistes. À l'Optimisme* – dernier -isme à la mode pour métaphysiciens de salon, post-modernité du providentialisme chrétien : « Tout est bien, ma chère... » –, Voltaire oppose rageusement l'évidence plate et bête et banale, « candide » vraiment, de la misère du monde. L'embrouillamini du réel, le tohu-bohu de l'histoire. « L'univers vous dément », criait-il à Pope* et Leibniz* dans le *Poème* sur le désastre de Lisbonne* (1756). Trois ans plus tard, *Candide* détaille le démenti, impose en prose vulgaire la visite express d'une planète en folie. Est-ce bien un conte ? « Un petit roman », disait Voltaire. L'actualité s'y déverse : la Westphalie, l'Allemagne, le Canada déchirés par la guerre de Sept Ans, le tremblement de terre de Lisbonne, les expéditions contre les jésuites au Paraguay, l'exécution de l'amiral Byng outre-Manche, l'attentat de Damiens à Paris, et tant de drames privés, princiers, publics, concentrés en quelques dizaines de lignes dans l'« Histoire de la Vieille », le lamento vénitien des rois détrônés, le tourniquet des épurations orientales. Ce fut l'une des nouveautés du livre, presque un scandale, que cette irruption dans l'histoire vive, ce droit de parole que s'octroyait de son exil, souverainement, le vieux Voltaire – Fréron* a parlé de *Candide*, assez justement, comme d'un « miroir révoltant » présenté de force au lecteur.

Les aventures du héros, sa bâtardise à réparer, sa passion transie pour la belle Cunégonde, ses voyages et ses découvertes ne sont plus dès lors que

la trame facile d'un inventaire des malheurs humains : Candide en devient, questions et réponses, le greffier de bonne foi – « Mais, mon révérend père, il y a horriblement de mal sur la terre » (chap. XXX). Partout l'homme souffre, rampe, gémit, chair à canon, graisse à bûcher, nourriture de siège, outil de profit. Il faut les bésicles de Pangloss, truqueur intellectuel d'un faux ordre du sens, pour ne pas voir l'évidence première, tous ces corps blessés, meurtris, déchirés, lacérés, mutilés, écartelés, éviscérés – aussi devient-il borgne, par bonne et simple justice. Son ancien disciple, ce Candide de caoutchouc qui roule et déboule de partout, regard effaré, rivé au réel, finit par cesser de faire semblant, ses yeux finissent par s'ouvrir, et la vie alors peut reprendre ses droits, après un dernier rebond jusqu'au jardin turc. L'optimisme n'était que « la rage de soutenir que tout est bien quand on est mal »...

Mais *Candide* n'est pas non plus un « Tout est mal », autre « panglossie », pareille sinon pire, aussi capable de détourner les hommes de la nécessaire application au réel. Martin, l'homme au regard clair, est près de perdre le beau rôle lorsqu'il essaie contre Pangloss cette conclusion d'un « pessimisme » du sens – mot encore à naître, mais dont l'idée hante déjà ce personnage du manichéen. Dérisoirement accroché au titre de l'ultime chapitre, le grand mot piégé de « Conclusion » décevra toujours les amateurs de leçons définitives, d'absolus spéculatifs, de dogmatismes conditionnés. Un derviche de chromo turc leur ferme la porte : aporie. Reste le fameux « Travaillons sans raisonner » (chap. XXX), seule réplique concrète aux « métaphysico-théologo-cosmolo-nigo-logies » (chap. I).

On peut donc vivre mieux, et Voltaire va s'y employer après *Candide*. La seule volonté de vivre libère des aliénations ontologiques. Une fois perdu l'éden chimérique des enfances panglossiennes, le conte ne présente que deux lieux où l'on vit vraiment, dans un ordre fragile mais viable, et ce sont aussi les deux seuls lieux où la terre se trouve, littéralement, « cultivée ». Le premier est l'Eldorado, le second la petite métairie turque. Deux « jardins » dans *Candide* en fait, le second renvoyant au premier. Existence larvaire pour les rescapés de tous les malheurs, existence plus riche d'humanité et de culture dans l'utopie rêvée des anciens Incas. Le dernier jardin est comme un Eldorado de poche, dans un même rapport au monde. Ici et là, un travail s'accomplit, une pratique s'élabore, un devenir se projette, ordonné à l'effort d'une civilisation de l'homme – modestie plutôt que modèle d'un voltairianisme de contingence humaine, enfin radicalisé dans le sursaut existentiel d'une œuvre à poursuivre.

*Candide* est de nos jours le livre le plus lu, le plus commenté de Voltaire, l'un des trois ou quatre titres français les plus universellement connus, traduit en ukrainien, en chinois, en arabe, en espéranto, porté à la scène et à l'écran, mis en musique, en images, en bandes et bulles, et quintes-

sence d'un style, d'un art, d'un goût, d'une pensée, d'une œuvre, d'une époque... On sent bien là quelque excès, de tels chefs-d'œuvre finissent par cacher l'œuvre. Tout n'est pas bien décidément – faudrait-il dire : *Candide*, hélas?...

André Magnan

*Mais Voltaire aussi est philosophe, et « Candide » est un grand texte. Ce qui se joue de Leibniz à Voltaire, c'est un moment fondamental dans l'histoire de la pensée. Voltaire, c'est les Lumières, c'est-à-dire un régime de la lumière précisément, de la matière et de la vie, de la Raison, tout à fait différent du régime baroque, même si Leibniz a préparé ce nouvel âge : la raison théologique s'est écroulée, et devient purement et simplement humaine.*

Gilles Deleuze, Pourparlers, 1990.

*Vous regardez trop au fond des choses. Quand on réfléchit un peu sérieusement, on est tenté de se casser la gueule. C'est pourquoi il faut agir. Le livre qu'on lit a beau être bête, il importe de le finir. Celui qu'on entreprend peut être idiot, n'importe ! Écrivons-le ! La fin de « Candide » : « Cultivons notre jardin », est la plus grande leçon de morale qui existe.*

Gustave Flaubert à Edmond de Goncourt, 22 septembre 1874.

## CANONISATION DE SAINT CUCUFIN (LA), FRÈRE D'ASCOLI, PAR LE PAPE CLÉMENT XIII, ET SON APPARITION AU SIEUR AVELINE, BOURGEOIS DE TROYES, MISE EN LUMIÈRE PAR LE SIEUR AVELINE LUI-MÊME

CHRISTIANISME • SAINTETÉ •

L'édition originale est sans date, mais les *Mémoires secrets* de Bachaumont situent en 1769 la publication de cette facétie.
Le 21 décembre 1768, Voltaire a appris que le pape Clément XIII venait de canoniser un père capucin du xvi$^e$ siècle, Cucufino d'Ascoli, pour un acte d'humilité. Invité à la table de son évêque, le bon père s'était mortifié en répandant volontairement du jaune d'œuf sur sa barbe ! Dans une brochure de vingt-quatre pages, le sieur Aveline – c'est un pseudonyme de Voltaire – s'empare de cette piquante nouvelle.
Une dissertation préalable montre que, dans l'Antiquité, les sages ne s'opposaient pas aux apothéoses des dieux, car elles étaient destinées au peuple, sot par nature. Il affirme ensuite que le polythéisme des païens n'est qu'apparent et peut fort bien masquer un monothéisme de fond : « Il est constant, en un mot, que tous les peuples policés, en adorant un seul Dieu, vénérèrent des dieux secondaires, des demi-dieux. Exceptons-en les

seuls Chinois qui, doués d'une sagesse supérieure, ne firent jamais partager à personne le moindre écoulement de la Divinité. » Voltaire veut prouver que les grandes religions sont identiques, dans leurs fondements, et que leurs différences apparentes n'existent que pour abuser le peuple crédule. Quant aux saints, ce sont « des hommes charitables et des martyrs révérés par le peuple », alors qu'il faudrait donner en exemple les grands rois, comme Henri IV, et tous les laïcs qui se dévouèrent à leur pays. Il peut alors évoquer la canonisation de Cucufin par Clément XIII, en rappelant malicieusement que ce nom malsonnant, mais signifiant, fut remplacé par celui plus angélique de « Séraphin ».

La valeur littéraire de cet écrit réside dans le brusque changement de registre. Après un docte exposé sur l'origine des croyances populaires, l'évocation de saint Cucufin traversant plusieurs fois un ruisseau sans se mouiller, et renversant par humilité un œuf frais sur sa barbe, produit un effet cocasse qui en dit plus long qu'une péroraison.

*Didier Masseau*

*On me dira qu'il faut aussi des saintes; c'est à quoi je suis très déterminé. Qui m'empêchera de mettre dans la gloire Marguerite d'Anjou, laquelle donna douze batailles en personne contre les Anglais pour délivrer de prison son imbécile mari? J'invoquerai notre pucelle d'Orléans, dont on a déjà fait l'office en vers de dix syllabes. Nous avons vingt braves dames qui méritent qu'on leur adresse des prières. Qui fêterons-nous en effet, si ce n'est les dames? Elles doivent assurément être festoyées.*

*La Canonisation de saint Cucufin, 1769, « Saints à faire ».*

## CAPUCIN

Le fait est sûr, documenté, daté (février 1770), mais on comprend l'effarement du curé de Ferney transmettant la terrible nouvelle à son évêque Mgr Biord* : « Le voilà maintenant déclaré Enfant spirituel, Bienfaiteur et Père temporel de l'ordre de saint François ! » Le seigneur de Ferney venait de recevoir de Rome, de la part du père général Amatus Alambella, des « lettres d'affiliation » à l'ordre des Capucins, en remerciement de sa paternelle protection accordée à la petite communauté du pays de Gex*. L'événement, qui fit scandale, et qui étonne encore, signale un désordre.

La générosité de Voltaire à l'endroit des douze capucins de Gex n'est pas plus douteuse que leur gratitude. À ses aumônes et secours ordinaires, il venait d'ajouter l'assistance, en obtenant pour eux du ministre Choiseul une pension annuelle de 600 livres (1769) ; c'est sans doute de bon cœur qu'ils sollicitèrent à Rome cette reconnaissance officielle des mérites de

leur *munificentissimus* seigneur temporel – faut-il imaginer aussi quelque maligne pression dudit seigneur ? Mais s'il apprécie humainement ces bons voisins, qui viennent parfois lui dire la messe, Voltaire méprise leur ordre, soumis comme les autres à Rome, à preuve l'*Instruction\* du gardien des capucins de Raguse* (1768) et *La Canonisation\* de saint Cucufin* (1769) – écrits d'ailleurs désavoués, selon son usage. D'où l'indignation du curé de Ferney contre les effets du piège séculier : « Les capucins, se plaint-il, sont éternellement à l'aduler et à ramper devant lui. » Le scandale cessa au bout de quelques semaines, lorsque le père général, alerté par le ministère français, fit savoir qu'il n'avait pas *signé* les imprudentes lettres, évidemment rédigées et adressées par un secrétaire ignorant ou étourdi : Aimé de Lamballe s'en tirait lui aussi par un désaveu en forme.

L'aventure excita naturellement la verve du « père temporel », très fier de ses « patentes ». Il arbore alors dans toutes ses lettres une nouvelle signature : « Frère François, capucin indigne ». Les journaux et badauds de Paris s'en donnèrent à cœur joie : « Je ne doute pas, écrit Grimm, que sous sa temporalité, l'ordre séraphique ne retrouve bientôt son ancienne splendeur. » On fit des chansons et des épigrammes. Quant aux athées, ils prophétisèrent que ce déiste mourrait un jour entre deux capucins.

Faut-il en croire une anecdote rapportée par Wagnière\* ? L'un des douze capucins de Gex recevait de Voltaire, pour s'acheter des livres, de l'argent qu'il employait en fait, paraît-il, à l'entretien d'une fille dont il avait eu un enfant. Découvert et envoyé dans un autre couvent, au Val d'Aoste, il aurait fini par se châtrer.

André Magnan

*J'ai dit au pape ce que vous m'écriviez il y a quelque temps :* « Comment donc, votre pape paraît avoir une bonne tête ! Depuis qu'il règne, il n'a pas fait encore une sottise ! » *Sa Sainteté écouta cette plaisanterie avec plaisir, elle me parla avec éloge de la supériorité de vos talents ; si vous finissez par être un bon capucin, le pape osera vous aimer autant qu'il vous estime.*

Le cardinal de Bernis à Voltaire, « À Rome, 28 février 1770 ».

*Voltaire écrit contre J. C. quand il se porte bien ; est-il malade, il appelle un capucin.*

Denis Diderot, note du fonds Vandeul.

## CAR (LES)

LEFRANC • SATIRE •

En petits paquets-lettres d'apparence anodine, *Les Car* accompagnèrent *Les Ah ! ah !\** en octobre-novembre 1761 sur la route de Ferney à Paris, derniè-

res munitions de la bataille des «Monosyllabes*». Le «Pompignan» poète venait de renouveler, à l'occasion d'un tardif *Éloge* du dauphin mort en mars, son éloquente délation de la «philosophie du siècle», impie et séditieuse. «N'insultez point les gens de lettres, lui répond-on, *car* ils vous diront des vérités»: ces «vérités» sont dures, parfois drôles, mais disparates et un peu diffuses, car l'auteur bat la campagne, car il ne pouvait répondre sur le fond... Le tour et le style trahissent Voltaire, mais la violence ne pouvait que rester anonyme autour de tels enjeux de pouvoir – le dernier *car* est pour le père Desmarets, confesseur du roi et protecteur des frères «Pompignan». L'original, un feuillet in-16 de quatre pages, est rarissime.

André Magnan

## CARACTÉROLOGIE

AUTOPORTRAIT · BIOGRAPHIE · PORTRAITS ·

Aujourd'hui bien marginale, la caractérologie littéraire avait conquis dans les années 1950 une place suffisamment importante pour que René Pomeau*, dans sa thèse sur *La Religion de Voltaire* (soutenue en 1954), la considère comme «indispensable» pour rendre raison des convictions religieuses de l'homme Voltaire. Proposée dès 1908 par les Hollandais Heymans et Wiersma, la typologie des caractères utilisait trois facteurs fondamentaux: l'émotivité, l'activité, la réactivité, qui, combinés entre eux, donnaient huit types caractérologiques (passionnés, flegmatiques, etc.). Le Senne, dans son fameux *Traité de caractérologie* (1946), avait classé Voltaire parmi les «sanguins» (non-émotifs, actifs, primaires), palliant la difficulté de considérer Voltaire comme un «non-émotif» en lui attribuant une «fébrilité», une «vivacité froide», simple «substitut de l'émotivité». Gaston Berger soutint au contraire, dans son *Traité pratique d'analyse du caractère* (1952), que Voltaire était un «colérique», du type «sec» (émotif, actif, primaire): s'il lui manquait la «tendresse», il recouvrait ses droits à l'«émotivité». René Pomeau donne raison à Gaston Berger et conclut que la religion de Voltaire fut «informée par les déterminations caractérologiques de l'homme Voltaire»: «Voltaire n'était pas libre de croire ou de ne pas croire à l'Être suprême.» Sans doute Voltaire eût-il récusé ce type d'approche: il se méfiait des portraits, tenant que «le caractère de chaque homme est un chaos» (*Supplément au Siècle de Louis XIV*); mais il en eût approuvé la conclusion, bien assortie à sa critique des métaphysiques de la liberté, et à son expérience personnelle des influences du corps et du tempérament.

Patrick Brasart

*Le nerveux, ou Voltaire.*

Stendhal, *De l'Amour*, 1822, chap. XL.

*Connaître le caractère d'un homme, c'est savoir jusqu'à quel point il peut être méchant.*

*Carnets.*

## CARNETS

LECTEUR • TRAVAIL •

*Tout long procédé vient d'impuissance.*

*Les femmes ressemblent aux girouettes : elles se fixent quand elles se rouillent.*

*Louis XIV soutenait les louanges comme ce Grec qu'on accablait de roses aux Jeux olympiques.*

*Les physiciens en calculant sont comme les marchands qui pèsent et vendent des drogues qu'ils ne connaissent pas.*

*Leibniz n'a rien fait de complet. Il jetait quelques pensées dans un journal. C'était comme une carpe qui laissait ses œufs sur le rivage, couvait qui voulait.*

*Carnets.*

Des notes, de simples notes, de lecture et d'étude, d'humeur et de réflexion, mais par milliers, accumulées tout au long d'une vie : ce Voltaire graphomane est trop méconnu. Depuis le premier vrai recueil qu'en donna Theodore Besterman* en 1952, le titre de «Notebooks» s'est presque imposé. On devrait dire «Carnets» ou «Cahiers». Dans le texte même, il est vrai, la chose n'a pas de nom. Voltaire ne pouvait prévoir que de ses notes on ferait un livre, ni le plaisir qu'on prendrait à les lire : il a fallu qu'entre-temps la «littérature» devienne «écriture», et que s'agrègent à l'œuvre des grands écrivains, pour marquer justement la consécration, après leurs lettres et leurs journaux, les projets, les Marginalia*, tout ce qu'ils écrivaient pour eux-mêmes. Les Carnets dits «Notebooks» ont été déjà réimprimés dans les *Complete Works* de la Voltaire* Foundation, en deux forts volumes (1968) qui font ensemble plus de sept cents pages.

Voltaire griffonnait donc sur des feuilles volantes : on en conserve quelques-unes. Il dictait aussi, en lisant et en travaillant. Certaines notes étaient reportées sur des cahiers cousus, et redistribuées selon les projets en cours – on y suit alors des genèses d'œuvres : *Le Siècle de Louis XIV*, les *Lettres philosophiques*, l'*Essai sur les mœurs* –, ou bien réunies et comme archivées

dans des séries par thèmes, pour la réflexion de plus longue pente : la superstition*, les contradictions*. La mention « copié » se rencontre parfois dans les manuscrits ; certains carnets, déjà pêle-mêle, ont été repris tête-bêche, des éléments reviennent de l'un à l'autre. Tout cela paraît commun, mais reste assez mystérieux : le « Spicilège » de Montesquieu est moins stratifié, les *Cahiers* de Valéry plus systématiques – on pense plutôt aux *Carnets* de Joubert. Ce ne sont là que des traces, peut-être infimes, en tout cas contingentes, d'une élaboration complexe : une quinzaine de carnets seulement sont répertoriés, plusieurs incomplets, mais on a aussi plus de soixante fragments, généralement très courts, qui signalent plusieurs autres carnets perdus. La dispersion matérielle des pièces localisées (Paris, Londres, Genève, Saint-Pétersbourg et New York principalement) indique du reste la valeur marchande de ce genre de manuscrits, bien établie dès la fin du XVIII$^e$ siècle, et l'improbabilité d'un véritable inventaire – beaucoup dorment sans doute encore dans des collections privées, peut-être même publiques.

Les plus anciennes notes actuellement connues remontent à 1726-1728, le temps du séjour en Angleterre, dont c'est une sorte de journal, et d'emblée en anglais : le seul *Notebook*. On devine une habitude d'enfance, longuement invétérée, d'Arouet à Voltaire : on apprenait chez les jésuites à noter faits et textes – l'exemple, l'extrait. Au 22 septembre 1767, le dernier élément daté est une « Note sur la superstition » : un curé franc-comtois, son église sauvée d'un incendie, a sonné une bénédiction, détournant ses malheureux paroissiens de leurs seaux d'eau – « et trois maisons qui restaient encore dans cette partie du village furent réduites en cendres ». Six semaines avant de mourir, Voltaire a encore esquissé là, sans y mettre de date, son plan d'un nouveau dictionnaire à proposer à l'Académie*.

C'est comme la marge, incessamment mouvante et remodelée, d'une vie d'écriture : la mémoire et l'atelier de l'œuvre, pour les deux fonctions les plus apparentes. Histoire et politique, philosophie et religion, langues et littératures, sciences, usages et mœurs, tous les intérêts de l'homme et de l'écrivain sont représentés. Les formes, les angles de vision sont d'une diversité aussi réjouissante : « faits » et « remarques », « sentences » et « extraits », « questions à résoudre », pour reprendre quelques intertitres, auxquels on peut ajouter encore les définitions, les parallèles et, toujours ressassés, les calculs et les listes. D'une note à l'autre, ou par sauts et diagonales, c'est parfois le mouvement même de la pensée, dans son opération, qui se trouve restitué – Valéry eût aimé ces effets de « script » d'un esprit en action. Les carnets attestent aussi, à la manière de fichiers, le sérieux, la patience, la minutie des lectures et des enquêtes de ce faux touche-à-tout que fut Voltaire, et sa passion des données directes d'histoire contemporaine, enregistrées avec le nom des informateurs. On y entrevoit

enfin quelques jardins secrets : un florilège buissonneux de vers plus gaillards encore que ceux de La Pucelle, en toutes langues, des anecdotes croustillantes d'hommes célèbres et de dames d'antan, quelquefois du temps présent, des « naïvetés », des « singularités » et autres « balivernes » – les récréations communes de l'humaniste et de l'érudit classique.

André Magnan

*Le roi de Prusse au lieu de signer l'arrêt de mort d'un homme condamné pour avoir couché avec sa jument répondit : « Je laisse dans mes États liberté de conscience et de vie. »*

*On avait mis sur ses étendards « pro deo et patria ». Il raya « pro deo ».*

*À la bataille de Spire point de quartier. Un officier allemand demandant la vie à un Français, celui-ci répondit : « Monsieur, demandez-moi tout autre chose. »*

*« Mais comment ont-ils pu passer le Danube ? » disait-on à M. Halluin. « L'un après l'autre », répondit-il. Caractère de M. Halluin.*

*Au mois de juin 1743 un janséniste s'est pendu disant qu'il ressusciterait dans trois jours. C'est à Utrecht, le fait est certain.*

*À Londres 1749 un charlatan fait afficher qu'il fait entrer tout son corps dans une bouteille de six pintes, prend l'argent et s'en va.*

Carnets.

## CASANOVA DE SEINGALT, Giacomo Girolamo

Dans son *Histoire de ma vie*, publiée à partir de 1822, Casanova (1725-1798) raconte par le menu quatre visites à Ferney, qu'il date d'août 1760. Au cours d'un véritable tournoi littéraire, l'aventurier vénitien et le vieux patriarche auraient récité tour à tour des vers et des tirades des poètes italiens, puis leur conversation aurait porté sur le gouvernement de Venise, sur la superstition, sur l'éventuelle nécessité d'instruire le peuple. Il y a là d'étonnantes phrases qui semblent sortir tout droit des œuvres de Voltaire ! Si l'entrevue est authentique, l'exactitude des propos rapportés par Casanova est plus douteuse. L'Italien entend rivaliser d'esprit avec le grand Voltaire, et il n'est pas sûr que son hôte eût apprécié une telle attitude, comme en témoigne une lettre à Thiriot du 7 juillet 1760, dans laquelle est évoquée la visite d'« une espèce de plaisant ».

Casanova a souvent critiqué Voltaire. Il l'a fait, après douze années de voyage et d'exil, pour plaire aux inquisiteurs vénitiens, dans l'espoir de

rentrer en grâce. Il le critique dans ses lettres et dans la *Réfutation de l'Histoire du gouvernement de Venise* de Amelot de La Houssaye, écrite en 1768 à Barcelone. Mais il nourrissait aussi à son encontre une animosité personnelle qui transparaît dans *Scrutino del libro* : *Éloges de M. de Voltaire* (1779). Il estimait que sa traduction de *L'Écossaise* avait été mal accueillie par le philosophe. Dans *Histoire de ma vie*, il livre néanmoins cette confidence courageuse : « Je l'ai critiqué par la suite dans tous les ouvrages que j'ai donnés au public, croyant me venger en lui faisant du tort. C'est à moi que mes critiques feront du tort si mes ouvrages vont à la postérité. On me mettra dans le nombre des Zoïles qui osèrent attaquer le grand génie. »

Didier Masseau

## CATALOGUE

HISTORIEN • *SIÈCLE DE LOUIS XIV (LE)* •

On n'évoquera pas ici les catalogues dont Voltaire a été l'objet, ou les listes, fréquentes dans sa correspondance, de mobilier ou de livres, mais la « Liste raisonnée des enfants de Louis XIV, des princes de la Maison de France de son temps, des souverains contemporains, des maréchaux de France, des ministres, de la plupart des écrivains et des artistes qui ont fleuri dans ce siècle », placée d'abord à la suite du *Siècle de Louis XIV* (1752), puis en tête, à partir de 1768, quand Voltaire y adjoignit le *Précis\* du siècle de Louis XV* – il voulait évidemment préserver la continuité du récit. Rien que de pédagogique dans la partie de la liste consacrée à la famille royale. Même visée dans la liste des souverains contemporains, dont l'énumération prouve que, pour Voltaire, l'histoire de France doit se penser dans un ensemble plus vaste que les frontières nationales. Les rubriques qui suivent : maréchaux, amiraux, généraux des galères, ministres d'État... reprennent le modèle des almanachs royaux. La véritable nouveauté de la « Liste raisonnée » réside dans le « Catalogue de la plupart des écrivains français qui ont paru dans le siècle de Louis XIV, pour servir à l'histoire littéraire de ce temps ». On en apprécie généralement l'exhaustivité, la finesse critique, et cette intention déclarée de construire une image du siècle fondée sur la littérature et sa dimension culturelle. Voltaire indique dans l'édition de 1768 que la liste constitue une « instruction préliminaire [...] une espèce de dictionnaire, dans lequel le lecteur peut choisir les sujets à son gré pour se mettre au fait des grands événements arrivés sous ce règne » : on reste sceptique.

Jean Goulemot

## CATÉCHISME (Genre du)

Dans sa version laïque, telle que la pratique Voltaire, le catéchisme n'est pas seulement une parodie. À bien y regarder, ses catéchismes sont des opuscules relativement sérieux, où la polémique tient peu de place. Cette récupération du modèle religieux peut surprendre. Elle répond cependant à l'un des principaux objectifs des Lumières, qui est de rendre pratiquement disponible un savoir théorique. Le catéchisme entre ainsi dans un nouveau répertoire de formes didactiques, qui va de la lettre ou du conte au dictionnaire et à l'encyclopédie : la philosophie éclairée tend au catéchisme pour ébranler l'orthodoxie sur son propre terrain, au risque de se voir alors accusée d'impiété comme dans l'épisode des Cacouacs*.

C'est essentiellement à partir de Voltaire que la nécessité d'un catéchisme laïque s'imposa aux Philosophes. Le *Catéchisme de l'honnête homme* fut le premier, le seul aussi à paraître séparément, en 1763. Les autres forment des articles du *Dictionnaire philosophique* (1764) : « Catéchisme chinois », « Catéchisme du curé », « Catéchisme du Japonais », « Catéchisme du jardinier ». À la différence des catéchismes confessionnels ou des catéchismes moraux de la fin du siècle, ceux de Voltaire ne se formulent pas toujours par demandes et réponses. Quand c'est le cas « Catéchisme chinois », la récitation le cède au raisonnement : « Vous raisonnez de bonne foi », et le maître reconnaît volontiers son ignorance ou ses doutes. La série des titres est d'autre part trompeuse, puisque les discours présentés comme nationaux ont tous vocation à dire l'universel : derrière le Chinois ou le Japonais, c'est toujours « l'honnête homme » que l'on devine. Comme le remarque l'abbé Chaudon* dans son *Anti-Dictionnaire philosophique* (art. « Catéchisme », édition de 1775), le déisme voltairien se satisfait d'une formule qui ramène la religion à une morale et la prive de ses dogmes. Expression d'un credo minimal valable pour le peuple comme pour le lettré, le catéchisme est en même temps une œuvre de philosophie militante. L'extension des Lumières pouvait même conduire à exploiter ce type de rhétorique dans des ouvrages plus considérables (d'Holbach, *Éléments de la morale universelle, ou Catéchisme de la nature*, édition posthume, 1790) et la Révolution allait enfin accentuer le processus de laïcisation ouvert par Voltaire, à travers la multiplication de catéchismes civiques et républicains.

*Stéphane Pujol*

*D : Nomme les anciens qui ont aimé la liberté.*
  *R : Brutus, Mucius Scaevola, Guillaume Tell.*
  *D : Quels sont les hommes qui par leurs écrits ont préparé la Révolution ?*
  *R : Helvétius, Mably, Jean Jacques Rousseau, Voltaire et Franklin.*
    *Alphabet des sans-culottes ou premiers éléments d'éducation républicaine...,*
      *Paris, an II – D est pour « Demande », R pour « Réponse ».*

## CATÉCHISME DE L'HONNÊTE HOMME
## OU DIALOGUE ENTRE UN CALOYER ET UN HOMME DE BIEN,
## TRADUIT DU GREC VULGAIRE PAR D.J.J.R.C.D.C.D.G.

BIBLE • CATÉCHISME • CHRISTIANISME •

Ce célèbre morceau publié en brochure en 1763 eut un énorme succès : il y eut six autres éditions séparées, et des réimpressions dans *L'Évangile\* de la raison* et le *Recueil nécessaire*. C'est un ragoût assez épicé sur les contradictions de l'Ancien et du Nouveau Testament. La forme est hybride, celle du catéchisme si souvent utilisée par Voltaire pour jeter les bases d'une religion raisonnable, celle aussi du dialogue, mais l'interlocuteur n'a guère ici qu'une fonction de faire-valoir, ses questions appelant l'exposé assez complet de la critique religieuse de l'auteur. Par sa capacité d'écoute et sa modération, ce caloyer (moine grec à la vie austère) se détache d'ailleurs de la longue galerie des prêtres voltairiens : il avoue aisément les crimes et les abus de l'Église catholique et, en matière de religion, il reconnaît que la morale est infiniment supérieure aux dogmes. Comme l'abbé du *Dîner\* du comte de Boulainvilliers*, le caloyer remotive au fond le déisme voltairien, en rappelant qu'« il faut une religion aux hommes ». Ce petit catéchisme se garde des excès du prosélytisme. L'honnête homme et le caloyer, loin de s'invectiver, se quittent sur un témoignage d'estime mutuelle, agréable leçon de tolérance.

Les initiales du titre se déchiffrent : « Dom Jean Jacques Rousseau ci-devant citoyen de Genève » – hommage indirect peut-être, mais ironique aussi, à la fameuse « Profession de foi » du Vicaire savoyard de l'*Émile* (1762), dont Voltaire avait apprécié l'audace et la rigueur de « catéchisme ».

Le *Catéchisme de l'honnête homme* fut mis à l'Index à Rome le 8 juillet 1765.

*Stéphane Pujol*

## CATHERINE II

DESPOTISME • FLATTERIE • POLITIQUE • POLOGNE • RUSSIE • SCHOUVALOV •

Douée d'une intelligence remarquable et d'un sens aigu de la politique, l'impératrice Catherine II (1729-1796) recherche les louanges des philosophes français, de Diderot comme de Voltaire, à un tournant de l'histoire de la Russie, entre les victoires remportées sur les Suédois et les expansions territoriales à venir. Quand la souveraine accède au pouvoir en 1762, elle admire au plus haut point la culture française et lit depuis longtemps les œuvres de Voltaire. Grâce à Pictet, son secrétaire, qui avait fait un séjour aux Délices\*, et à Breteuil, elle dispose d'antennes européennes, capables de l'informer sur le grand Voltaire. Le philosophe ne pourrait-il pas

redresser en France et en Europe une image de sa personne fortement ternie par l'empoisonnement et l'étranglement de son mari Pierre III? Voltaire, brouillé avec Frédéric II, est tout prêt à se laisser griser par les avances d'un nouveau souverain soucieux de passer pour l'adepte inconditionnel d'une politique éclairée.

De son côté, l'impératrice n'est pas mécontente de trouver en Voltaire un propagandiste qui loue hautement la politique qu'elle mène en Pologne, en dissimulant ses appétits de conquête. Dès 1764, Catherine II s'empresse d'imposer son protectorat à Stanislas Auguste Poniatowski, roi de Pologne, puis de lutter contre le parti des patriotes polonais, regroupés au sein de la Confédération de Bar. Voltaire qui estime ce mouvement animé par le fanatisme catholique et non par l'ardeur patriotique, soutient la tsarine. La politique anticléricale qu'elle mène par ailleurs en Russie – les biens du clergé sont sécularisés en 1764 – est un brevet supplémentaire de bonne conduite philosophique. Quant à ses Instructions générales de réforme législative (le *Nakaz*) proclamées haut et fort par l'impératrice, elles furent accueillies par Voltaire avec enthousiasme. Lorsque la tsarine entre en guerre avec la Turquie, en octobre 1768, Voltaire applaudit à ce qu'il interprète comme une croisade menée, au nom de la civilisation, contre la barbarie ottomane! En fait la position russe affecte l'équilibre fragile des grandes puissances européennes. C'est Vergennes, l'ambassadeur de France à Constantinople (et futur ministre de Louis XVI), qui incite Mustapha III à déclarer la guerre à la Russie, afin que celle-ci relâche sa pression en Pologne. Sans résultat: l'impératrice poursuivit son avancée en direction de Constantinople.

Dans le même temps, la correspondance entre Voltaire et la tsarine devient plus régulière. Commence l'ère des flagorneries les plus insignes: «Le très humble et très obéissant ermite de Ferney, enthousiaste de Sa Majesté Impériale Catherine seconde, la première de toutes les femmes, et qui fait honte à tant d'hommes» (14 avril 1770). Quant aux lettres que l'impératrice envoie au philosophe, elles sont surprenantes. Catherine II n'hésite pas à lui confier ses problèmes diplomatiques, elle feint même de s'adresser à un conseiller occulte. Jusqu'à quel point Voltaire était-il dupe? Ses réponses et les confidences adressées à des tiers révèlent combien il est grisé par ces honneurs impériaux. Il multiplie conseils et exhortations. Oubliant ses positions pacifistes, il n'hésite pas à crier haro sur les Turcs, à déplorer le temps où, dans les mêmes circonstances, l'empereur d'Allemagne aurait envoyé des armées à Belgrade. De Ferney, il va même jusqu'à proposer à l'altesse du Nord le char\* de guerre dont il avait conçu le plan pendant la guerre de Sept Ans! Mais il est d'autres projets qu'ambitionne Voltaire, dans sa hâte fébrile de montrer à l'Europe ce que peut faire la philosophie quand elle est animée par l'art d'être utile. Vendre à l'impératrice un

important stock de montres\* fabriquées à Ferney ou encore recruter, cette fois sur la demande de Catherine, des institutrices genevoises pour aller répandre les Lumières dans les plaines de Moscovie. Mais celle qu'il a surnommée la « Sémiramis du Nord », en souvenir de la reine d'Assyrie célèbre pour ses exploits guerriers, n'a que faire des chars, et le Conseil de la République de Genève refuse de laisser partir les siens pour un pays qui a mauvaise presse. On a le sentiment que le seigneur de Ferney a besoin de caresser un rêve de grandeur pour conférer au philosophe\* la pleine extension du rôle qui lui revient de droit et prendre ainsi sa revanche contre les déboires et les frustrations indignes de son statut.

Si Catherine II est portée au pinacle, c'est qu'elle incarne, en dépit d'inévitables fausses notes, le modèle du « despotisme éclairé ». Dans les *Questions sur l'Encyclopédie*, les articles « Lois », « Église », « Intolérance » et « Puissance » sont essentiellement composés à la gloire de celle qu'il appelle sa « Catau ». La souveraine est créditée d'être « la libératrice du genre humain dans l'espace de plus de onze mille de nos grandes lieues carrées » en invitant les grands seigneurs à renoncer au servage. Elle a de surcroît le courage d'établir la tolérance dans un empire « qui étend sa domination sur autant de peuples divers qu'il y a de différentes croyances parmi les hommes ». Dans la *Lettre sur les panégyriques* (1767), Voltaire fait un vibrant éloge de sa conception de la loi : « Justinien ne confie qu'à quelques jurisconsultes le soin de rédiger un code, elle confie le grand intérêt de la nation à la nation même », elle abolit les supplices cruels et rend les peines des coupables utiles à la société.

On aurait tort, néanmoins, de croire que Voltaire n'a jamais douté des bonnes intentions de la tsarine. Des livres de voyageurs l'avertirent que dans les provinces lointaines de l'Empire, les réformes n'étaient aucunement appliquées et, dans une lettre à Frédéric II du 15 février 1775, il constate amèrement que la tolérance religieuse au nom de laquelle Catherine prétendait intervenir en Pologne masquait en fait une politique expansionniste. En 1778, à la mort de Voltaire, Catherine II achète la bibliothèque\* de cet homme qu'elle n'a jamais vu. Elle écrira à Mme Denis : « Personne avant lui n'écrivait comme lui ; à la race future, il servira d'exemple et d'écueil. »

*Didier Masseau*

*Si vous alliez établir une colonie à Astrakan, je chercherais un prétexte pour vous y aller voir. À propos d'Astrakan, je vous dirai que le climat de Taganrog est sans comparaison plus beau et plus sain.*

*Catherine II à Voltaire, 14 mars 1771.*

*Sur la nouvelle d'une paix prochaine entre Votre Majesté Impériale et Sa Hautesse Mustapha, j'ai renoncé à tous mes projets de guerre et de destruction, et je me suis mis à relire votre Instruction pour le Code de vos lois. Cette lecture m'a fait encore plus d'effet que les premières. Je regarde cet écrit comme le plus beau monument du siècle. Il vous donnera plus de gloire que cent batailles sur les bords du Danube, car enfin c'est votre ouvrage, votre génie l'a conçu, votre belle main l'a écrit, et ce n'est pas votre belle main qui a tué des Turcs. Je supplie Votre Majesté, si elle fait la paix, de garder Taganrog que vous dites un si beau climat, afin que je puisse m'y aller établir pour y achever ma vie sans voir toujours des neiges comme au Mont-Jura. Pourvu qu'on soit à l'abri du vent du nord à Taganrog, je suis content.*

*À Catherine II, 19 juin 1771.*

*Nos gazettes disent que Votre Majesté est en train de faire la paix avec le Turc. La paix est une très belle chose; et c'était ce que je souhaitais le plus après la prise de Constantinople. La législatrice se mettra à la place de la conquérante. Les oliviers croîtront au bord de la Néva avec les lauriers.*
*Que Votre Majesté Impériale daigne agréer le profond respect et l'attachement inviolable du vieux malade de Ferney.*

*À Catherine II, 16 mai 1774.*

## CATILINA OU ROME SAUVÉE

Voir ROME SAUVÉE.

## CAUSES FINALES

ATHÉISME · DÉISME · DIEU · LOI NATURELLE · OPTIMISME · PROVIDENCE ·

De la «cause efficiente», pure causalité de fait ou de phénomène, Aristote avait distingué la «cause finale», version humaine de la causalité. L'homme agit en vue d'un but, et cette «fin» est donc naturellement envisagée comme la cause de l'action. De même pour les productions humaines: la cause finale de l'horloge, c'est de montrer l'heure. Et peut-être aussi pour les phénomènes physiques, relativement à l'homme. Les yeux sont faits pour voir, ils auraient donc une cause finale. Ce finalisme aristotélicien pouvait être adopté par une philosophie chrétienne ouverte, comme un équivalent scientifique du providentialisme théologique: les causes finales concourraient à la preuve de l'existence de Dieu. La mécanique cartésienne fit d'abord l'économie des causes finales, et se contenta des causes efficientes; on s'inquiétait encore d'une philosophie nouvelle qui pouvait menacer la

tradition apologétique chrétienne. C'est au début du XVIIIe siècle que la rationalité moderne s'imposa progressivement ; on s'efforcerait plutôt désormais de concilier science et religion. D'où une «physico-théologie» célébrant l'existence de Dieu révélée dans l'ordre admirable de la nature. Si de nombreux providentialistes firent un usage anthropocentrique des causes finales – l'argument du melon prédécoupé est resté célèbre –, les plus grands savants, qui étaient aussi des croyants, s'appliquèrent à rendre intellectuellement compatibles causalité et finalité. Le chrétien Leibniz réintroduit la cause finale dans le mécanisme cartésien, en affirmant que la bonté de Dieu est la raison suffisante de l'organisation générale de la nature ; le déiste Newton restreint l'usage des causes finales à la reconnaissance d'un ordre calculé de l'univers, qui prouve un Dieu créateur.

En bon newtonien, Voltaire soutient et défend les causes finales. Il s'agit d'abord d'une intime conviction, et scientifique et religieuse : le système solaire newtonien est une si admirable horloge qu'elle suppose un Dieu horloger\*. Les causes finales sont pour lui la preuve ultime et suffisante de l'existence d'un Dieu. Mais vers la fin de sa vie, Voltaire éprouve le besoin de clarifier sa position. Il veut écarter l'usage apologétique des causes finales, dont l'abus frise le ridicule, tout en maintenant la validité de la notion contre un matérialisme devenu militant. Dans l'article «Fins, Causes finales» du *Dictionnaire philosophique* de 1764, la règle paraît claire : ne parler de causes finales qu'à propos de phénomènes naturels réguliers et universels – les nez ne sont pas faits pour porter des lunettes, mais bien pour sentir. En 1770, l'article «Causes finales» des *Questions sur l'Encyclopédie* prend une autre tournure, avec une longue citation critique du *Système\* de la nature* (1770) du matérialiste d'Holbach, un renvoi aux articles «Athéisme» et «Dieu», et un extrait des *Singularités de la nature* (1768), argument d'une nouvelle théologie naturelle déiste : il ne s'agit plus d'affirmer une évidence, mais de contrer ces athées qui, ayant «poussé trop loin la philosophie», représentent désormais un danger social.

On vérifie ainsi, sur l'enjeu particulier des causes finales, la position de double front de la dernière métaphysique de Voltaire : contre la récupération chrétienne, jugée superstitieuse ; et contre la négation matérialiste, jugée absurde. Voltaire aura fini par renier l'optimisme et le providentialisme, mais sa foi en Dieu comme cause finale ultime reste inébranlable : «Si une horloge n'est pas faite pour montrer l'heure, j'avouerai alors que les causes finales sont des chimères ; et je trouverai fort bon qu'on m'appelle *cause-finalier*, c'est-à-dire un imbécile.» Pour les athées radicaux, liquidateurs de toute cause finale, le patriarche de Ferney ne fut plus dès lors qu'un nouveau Pangloss : un déiste newtonien pour qui le monde est la meilleure des horloges possibles.

*Laurent Loty*

## CAZOTTE, Jacques

Antiphilosophe de goût, puis de conviction, auteur à succès du célèbre conte fantastique *Le Diable amoureux* (1772), Jacques Cazotte (1719-1792) avait commencé vers 1750 un poème burlesque dont Voltaire était le héros, *La Volteriade**, mais il ne l'acheva pas ; il composa aussi en 1768, parodiant la manière du maître, un « chant septième » de *La Guerre* civile de Genève*.

*André Magnan*

## CÉLIBAT

CONCILES · DÉMOGRAPHIE · MOINES ·

Pernicieux pour l'individu, néfaste pour la société : c'est le jugement de Voltaire sur le célibat ecclésiastique. Position de citoyen, celle aussi de Diderot et de Montesquieu.

Les *Lettres philosophiques* (1734) observaient déjà que les pasteurs anglicans, mariés, avaient des mœurs plus réglées que le clergé français. L'*Examen** important de milord Bolingbroke* (1767) remonte le cours de l'histoire : l'Église romaine, parce qu'elle s'est interdit le mariage, « l'a emporté en débauches obscènes » (chap. XL) – et Voltaire n'est pas avare d'exemples. Mais, dans *Le Dîner* du comte de Boulainvilliers* (1767), il plaint aussi de leur vie contre nature les religieuses, les moines, « forçats volontaires qui se battent en ramant ensemble ». Leur stérile sacrifice est constamment opposé au bonheur socialement utile des pères de famille. Transgression de la loi* naturelle, tout sens positif est refusé au célibat.

Voltaire, qui connaît bien l'histoire sacrée, souligne le caractère tardif et contingent de la règle du célibat. Il rappelle dans l'article « Clerc » des *Questions sur l'Encyclopédie* (1770-1772) que les premiers chrétiens ne faisaient point du célibat une vertu, qu'il fut au concile de Nicée recommandé mais non ordonné, puis prescrit seulement au concile de Trente. Il observe aussi que l'Église grecque, comme l'Église anglicane ou les protestants, encourage ses prêtres au mariage. Dans le « Catéchisme du curé » de son *Dictionnaire philosophique* (1764), il fait parler un jeune prêtre qui va rejoindre son église de campagne : le bon Théotime se soumet certes aux lois présentes, mais souhaite un concile qui, sous l'influence nouvelle de l'esprit philosophique, « ferait des lois plus favorables à l'humanité ».

*Marie-Hélène Cotoni*

THÉOTIME : *Il en coûte beaucoup, je le sais ; mais tant de gens qui valaient mieux que moi s'y sont soumis, que je ne dois pas murmurer.*

*Dictionnaire philosophique, 1764, art. « Catéchisme du curé ».*

# CENSURE

EXIL · INDEX · KEHL · PARLEMENT · PEUR · SORBONNE ·

L'histoire de l'œuvre de Voltaire, puis son destin posthume, sont à damner les censeurs. Ses écrits les plus lus de son temps, ceux qui restent vivants, furent tous censurés – ou bien échappèrent à la censure par divers détours, où Voltaire était passé maître.

À l'ancienne censure cléricale du temps de la Réforme, les rois avaient progressivement substitué un système d'État, qui atteint justement sa perfection au XVIII$^e$ siècle avec, dépendant du chancelier, une Direction de la Librairie – c'est-à-dire des livres imprimés – dotée de censeurs spécialisés par disciplines. Leur nombre croît : 82 en 1751, 178 en 1789 ; mais les sept spécialisations restent les mêmes : théologie, jurisprudence, histoire naturelle et médecine, mathématiques, belles-lettres et histoire, géographie et voyages, estampes gravées enfin, le théâtre faisant l'objet d'une censure à part, directement rattachée au lieutenant de police. Lourde et lente machine administrative d'approbation préalable, dont les critères généraux de normalisation relevaient naturellement du bon ordre monarchique et chrétien : « la Religion » et « la Doctrine », « principes de la société civile », des « bonnes mœurs » et du « respect dû aux Puissances » – « puissance première » de l'Église, « puissance seconde » des Princes. Au reste, la Sorbonne, instance centrale de l'orthodoxie, conservait ses prétentions à intervenir après coup contre les livres blâmables, par des « censures théologiques », qui pouvaient contester des décisions administratives jugées trop laxistes – Montesquieu, Voltaire, Diderot, Rousseau, Helvétius, Raynal et tant d'autres furent ainsi censurés pour motifs de foi. Et les parlements d'autre part, surtout le Parlement de Paris, même sans être saisis par l'administration royale, pouvaient aussi sévir contre les écrits imprimés clandestinement ou venus (parfois supposément) de l'étranger, toujours sur les mêmes bases du bon ordre religieux, politique et moral.

Trois faits sont établis sur l'ensemble du siècle. La répression fut constante et généralement efficace, avec des périodes de plus forte rigueur : la décennie 1730-1740, les années qui suivirent l'attentat de Damiens en 1757. Il y eut, tout au long du siècle, des manuscrits refusés, des livres brûlés, des auteurs poursuivis, emprisonnés et exilés, des éditeurs arrêtés, jugés et privés de leurs patentes, des libraires surveillés, saisis et punis, des colporteurs envoyés aux galères – et force espions de police dans les rues et places publiques, les cafés et les arrière-boutiques. Cependant la demande collective, la formation progressive d'une « opinion » sensible au débat public, un mouvement sourd de libéralisation, fragilisèrent la censure, et d'ailleurs plus généralement la structure d'ordre, de sorte que la Philosophie, la force de contestation la plus visible, passa en deux ou trois

décennies, au tournant du siècle, de la dissidence à l'avant-garde, toujours dénoncée et suspecte certes, mais infiltrée dans l'appareil et presque irréductible. Enfin, les intérêts économiques, la loi du marché, l'interdépendance européenne des facteurs de production du livre – financement, fabrication et diffusion – favorisèrent l'émergence, puis l'organisation et l'extension, d'un secteur parallèle plus difficilement contrôlable, avec contrefaçons, importations et fausses déclarations.

*André Magnan*

La liste est longue, dans ce cadre historique, des saisies, condamnations et autres mesures d'ordre dont l'œuvre de Voltaire fit longtemps l'objet. Saisie à Paris de l'édition anglaise de *La Henriade* en mars 1728, de l'*Histoire de Charles XII* en 1731, d'exemplaires de *Candide* en 1759, de *L'Ingénu* en 1767, etc. Interdiction de *Mahomet* à Paris après trois représentations, en 1742. Condamnation, par arrêt du Parlement, des *Lettres philosophiques* en 1734, du *Dictionnaire philosophique* en 1765 – il fut aussi placé sur le bûcher du chevalier de La Barre en 1766. On brûle à Paris, on brûle en Prusse (la *Diatribe du docteur Akakia* en 1752), on brûle à Genève (le *Dictionnaire philosophique* encore, en 1765). On condamne à Rome, et l'*Index Librorum Prohibitorum* consigne à mesure, dans ses registres, la quasi-totalité des écrits voltairiens.
Voltaire aura également payé de sa personne, en séjours à la Bastille et en exils. Ferney, la dernière retraite enfin trouvée, reste frontalière, entre France et Savoie, Genève et Berne. Il dispose alors des presses plus libres des Cramer et de Grasset, mais il n'eut jamais l'assurance de l'impunité, et toujours une inquiétude persistera, en dépit de la célébrité immense : n'a-t-il pas vu un Lenglet-Dufresnoy embastillé en 1743, à soixante-huit ans ? L'avocat général Séguier ne viendra-t-il pas le menacer à Ferney même, en septembre 1770, à propos de l'*Histoire du parlement de Paris* ? « Quelle vie affreuse ! Être éternellement bourrelé par la crainte de perdre sa liberté sur le moindre rapport ! », s'écrie-t-il lors de l'affaire du *Mondain\** (à d'Argental, 9 décembre 1736). Et quand on s'étonne qu'il y songe encore après quinze ans : « Il y a quinze ans, direz-vous, que cela est passé. Non, mes anges, il y a un jour, et ces injustices atroces sont toujours des blessures récentes » (au comte et à la comtesse d'Argental, 28 août 1750). Voltaire ignora jusqu'à la fin une mesure préventive prise l'année de ses 80 ans : des ordres ministériels furent donnés de Versailles en 1774, peu après l'avènement de Louis XVI, pour faire saisir à Ferney, dès sa mort connue, ses papiers et ses correspondances – l'exécution manqua, on ne sait comment, mais les documents subsistent.
Comment faire face ? Jusqu'en 1750, Voltaire essaie parfois de s'accommoder de l'institution, en acceptant les corrections exigées : *La Mort de César*

est jouée en août 1743 avec les modifications demandées par Crébillon, le rival et censeur difficile ; il tâche aussi d'obtenir des « permissions tacites » : les *Éléments de la philosophie de Newton* paraissent en 1738 avec celle de d'Aguesseau ; il joue des relations, voire des protections dont il peut disposer, et veille à prouver sa bonne foi, en même temps qu'à sauvegarder ses intérêts, en dénonçant par des désaveux les éditions pirates de ses œuvres. Mais le plus souvent, et surtout après 1750, Voltaire passe outre. Il recourt à l'impression à l'étranger – non exclusive d'impressions clandestines en France : la multiplicité des provenances, à l'échelle de cette Europe largement francophone, était une garantie supplémentaire d'audience. D'où le recours massif à l'anonymat, et plus encore aux pseudonymes* et au désaveu*, puisqu'en l'absence d'un aveu explicite de l'auteur, les juges ne pouvaient sévir en droit que contre le livre.

Restait la diffusion, délicate, soumise aux aléas de la contrebande. La poste* étant très surveillée, on comptait sur des intermédiaires spécialisés, ou sur la bonne volonté de voyageurs amis, passant les paquets à d'autres « amis sûrs », non sans chaudes alertes de temps à autre. Parfois, la diffusion est d'abord réduite à des duplications manuscrites : le terrible *Sermon* *des Cinquante*, les charmants contes en vers circulèrent longtemps en copie avant d'être imprimés. Après d'autres auteurs libertins ou licencieux, Voltaire observait d'ailleurs que, par un effet directement opposé au but de la censure, l'interdit ou la rareté ne faisaient que renforcer la curiosité du public pour l'œuvre condamnée : « Une censure de ces MM. fait seulement acheter un livre. Les libraires devraient les payer pour faire brûler tout ce qu'on imprime » (à Voisenon, 24 juillet 1756).

Au plan des principes en tout cas, Voltaire ne cessera de combattre contre cette « nouvelle inquisition », cette « douane des pensées », et pour une vraie liberté d'expression : « Point de liberté chez les hommes, sans celle d'expliquer sa pensée » (*L'A. B. C.*, 1768, IX$^e$ entretien). C'est pour lui un « droit naturel » de l'homme (« Liberté d'imprimer », *Nouveaux Mélanges*, 1765), auquel il ne voit que deux exceptions : les « libelles diffamatoires », qu'il faut « réprimer sévèrement, parce que ce sont des crimes » (*Lettre à un premier commis*, 1746), et la transgression plus grave des lois mêmes par un « séditieux téméraire » – « mais, parce que les hommes peuvent abuser de l'écriture, faut-il leur en interdire l'usage ? » (*L'A. B. C.*). De surcroît, comme Voltaire le prouve par l'absurde dans *De* *l'horrible danger de la lecture*, la liberté d'expression est seule à même d'assurer la puissance et le rayonnement d'une nation, condamnée sans elle à la stagnation. Ainsi promet-il au Danemark, à qui son roi Christian VII accorde en 1770 cette liberté de la presse, la prospérité de la Hollande et de l'Angleterre. La suppression de la censure est enfin pour lui un facteur d'apaisement et non de désordre : le despotisme des « tyrans des esprits » cause « une

partie des malheurs du monde» (*Dictionnaire philosophique*, art. «Liberté de penser»); à l'inverse, écrit-t-il, «je connais beaucoup de livres qui ont ennuyé, je n'en connais point qui aient fait de mal réel» («Liberté d'imprimer», *Nouveaux Mélanges*, 1765). Déni du droit, facteur d'inculture, fauteur de désordres, la censure est au fond un aveu d'impuissance. Tout en critiquant, dans les *Idées républicaines*, les thèses du *Contrat social*, Voltaire s'élève contre sa proscription: «Si ce livre était dangereux, il fallait le réfuter. Brûler un livre de raisonnement, c'est dire: "Nous n'avons pas assez d'esprit pour lui répondre."»

La libre critique en vient donc à contester enfin l'esprit même de censure, comme un mixte d'oppression et de bêtise. Il est dommage que la leçon de Voltaire soit restée actuelle. Les banderoles de manifestations de soutien à Salman Rushdie le redisaient récemment de manière éloquente: «Voltaire, au secours!»

Patrick Brasart

*Et ledit jour dix juin mil sept cent trente-quatre, onze heures du matin à la levée de la Cour, en exécution du susdit Arrêt, le Livre y mentionné a été lacéré et jeté au feu par l'Exécuteur de la haute Justice, au bas du grand Escalier du Palais, en présence de nous Marie Dagobert Ysabeau, l'un des trois premiers et principaux Commis pour la Grand-Chambre, assisté de deux Huissiers de ladite Cour.*

*Signé,*
YSABEAU.

*Arrêt du Parlement condamnant les Lettres philosophiques,*<br>*10 juin 1734.*

*Les jésuites ont fait brûler Bayle à Bar-le-Duc le 1ᵉʳ mai 1744.*

*Un livre défendu est un feu sur lequel on veut marcher et qui jette au nez des étincelles.*

*Carnets.*

*N. B. Si maître l'exécuteur des hautes œuvres avait pour ses honoraires un exemplaire de chaque livre qu'il a brûlé, il aurait vraiment une jolie bibliothèque.*

*Fait à Paris, par moi George Avenger Dardelle, 20 mai 1761.*

*Conversation de M. l'intendant des menus en exercice*<br>*avec M. l'abbé Grizel,* **1761.**

## CENTENAIRE

Le 1ᵉʳ mars 1759, un journal de Paris, les *Annonces, affiches et avis divers*, inséra cette nouvelle, reçue d'un correspondant genevois :
« Madame Lullin eut hier cent ans accomplis ; j'allai de la part de M. de Voltaire lui porter un bouquet, avec ces quatre vers, qu'il avait encadrés dans une guirlande de fleurs très bien peinte :

> *Nos grands-pères vous virent belle ;*
> *Par votre esprit vous plaisez à cent ans.*
> *Vous méritiez d'épouser Fontenelle,*
> *Et d'être sa veuve longtemps.* »

André Magnan

## CE QUI PLAÎT AUX DAMES

CONTE EN VERS • FEMMES •

Conte en vers, conte de fées, à coloration médiévale. Voltaire s'était remis au conte dans l'hiver 1763-1764, à près de 70 ans. Celui-ci fut le premier d'une série publiée en 1764 dans le recueil intitulé *Contes\* de Guillaume Vadé*. L'argument remonte à Chaucer, à travers Dryden que Voltaire a lu jadis en Angleterre. Le beau chevalier Robert, retour de croisade, ayant abusé un peu d'une paysanne, celle-ci demande justice à la reine Berthe. Robert est condamné à être pendu, à moins de trouver et de dire

> *Ce que la femme en tous les temps désire.*

Une affreuse sorcière lui soufflera la réponse, mais à condition qu'il l'épouse, ce qu'il promet, et finit par se résigner à faire, malgré son dégoût. Sa loyauté est récompensée : la vieille se transfigure en une créature de rêve, et sa masure en un superbe palais. Le mot de l'énigme ? Non pas, comme le croient les lecteurs de contes, l'amour et ses plaisirs, mais le pouvoir :

> *Il faut toujours que la femme commande :*
> *C'est là son goût ; si j'ai tort, qu'on me pende.*

Voltaire développe complaisamment cette psychologie narquoise, et les épisodes qui la mettent en valeur. La scène initiale de séduction champêtre près du bois de Vincennes, les séances du tribunal de femmes autour de la reine Berthe, les tribulations de Robert en quête de la réponse, le portrait de la vieille, tracé dans la tradition du grotesque, et ses contorsions pour plaire à son joli mari, les efforts héroïques du malheureux, la féerie finale brillent

par l'imagination, la fantaisie, la malice. Le public du temps fut enchanté, surpris aussi de voir Voltaire s'amuser encore, juste après le *Traité sur la tolérance*. Un opéra-comique fut bientôt tiré de ce conte, musique de Duni sur un livret de Favart et Voisenon (*La Fée Urgèle*, 1765); le public d'aujourd'hui l'a de nouveau acclamé, remis en scène en 1991 par Jean-Marie Villégier. Le récit en vers garde son charme propre, vagabondage bonhomme, plaisantes longueurs et savoureuses digressions – « badinage délicieux » selon le mot de Nodier.

Sylvain Menant

## *CE QU'ON NE FAIT PAS ET CE QU'ON POURRAIT FAIRE*

Voir *DE CE QU'ON NE FAIT PAS ET DE CE QU'ON POURRAIT FAIRE*.

## CERCLE VOLTAIRE

CHÂTENAY ·

Vers 1934, Jean Paulhan fonda à Châtenay-Malabry, dont il était l'un des conseillers municipaux, une association culturelle qui se donnait pour mission de prêter des livres et des revues d'actualité, et d'organiser des conférences. Cette association fut déclarée sous le nom de Cercle Voltaire, en mémoire du Châtenay de Voltaire bien sûr, mais en signe aussi d'attachement aux valeurs voltairiennes premières de liberté et de tolérance, alors si terriblement menacées : « On organise chaque mois une conférence suivie de discussion, écrit Paulhan à un ami. Julien Benda, Benjamin Crémieux, André Chamson, etc. sont venus nous parler de la paix, de l'organisation fasciste en Italie, de l'URSS, etc. Nous avons chaque fois de cent à cent vingt auditeurs » (à Louis Planté, 28 décembre 1937).

André Magnan

## CERTITUDE

HISTOIRE · LOI NATURELLE · MÉTAPHYSIQUE · MORALE · SCIENCES ·

Il ne faut rien déduire de la faible fréquence du mot chez Voltaire : cela ne signifie nullement qu'il soit dépourvu de certitudes; parfois même il en est bardé. Comme le rappelle la discussion entre Micromégas et les métaphysiciens, il n'est, au fond, de certitudes que comptables. Les hommes qui se déchirent sur la nature de l'âme, qui émettent des jugements incohérents et contradictoires quand ils discutent métaphysique, sont en parfait accord

quand il s'agit d'additionner, de mesurer, bref de compter. Plus généralement, la science, à l'opposé de la métaphysique, serait le domaine des certitudes. À condition qu'elle se fonde sur l'observation et sur la mesure. La critique de la théorie cartésienne des tourbillons, née de l'imagination et de la spéculation théorique, relève plus de la métaphysique que de la science. La comparaison entre Descartes et Newton, puis entre Descartes et Locke dans les *Lettres philosophiques*, permet de mieux comprendre quel statut revêt la certitude dans la réflexion voltairienne. Produit des sciences d'expérimentation, d'observation et de calcul, la certitude peut exister aussi en métaphysique quand on se limite au champ strictement nécessaire pour comprendre l'homme et le monde. Ainsi, il est certain que des lois régissent l'univers, la nature et l'homme, que j'existe, que je pense, que je sens. Le *Traité de métaphysique* pose que Dieu existe parce que l'horloge (le monde conçu comme mécanique) ne peut nécessairement exister sans horloger, et que l'homme possède une âme parce qu'il ne peut se concevoir sans ce principe (chap. II et IV). Mais au-delà des « bornes de l'esprit humain », plus aucune certitude, tout est spéculation, d'où naissent les divergences et tout naturellement les conflits.

Il y a dans la foi une part de certitude. Qui pourrait le nier ? Mais à la différence des principes fondamentaux dont l'acceptation est nécessaire pour que le monde et l'homme aient un sens, les articles de la foi relèvent de dogmes imposés par l'Église en tant qu'institution historique. Nulle nécessité de sens ici : Voltaire y dénonce une volonté de fortifier par la doctrine un pouvoir sur les esprits et les intelligences. Plus prosaïquement, le déisme se fonde pour lui sur un ensemble de certitudes, et les religions instituées, révélées ou non, sur un ensemble de dogmes établis par une autorité supérieure, contraires le plus souvent à la raison, et étrangers à toute argumentation. Dans le domaine religieux, l'opposition est moins entre certitude et erreur, qu'entre certitude (vérité non démontrable mais acceptable par la raison, produite par une intuition logique) et dogmes (vérités non démontrables mais requérant l'adhésion comme s'il s'agissait de vérités démontrées). Ainsi donc, le fanatisme* commence quand la certitude est absente. Avec cette restriction que le fanatique vit sa croyance comme une suite de certitudes indiscutables. L'enthousiasme* étant peut-être alors ce qui nous fait considérer les dogmes comme autant de certitudes.

En morale, la certitude se confond pour Voltaire avec la loi naturelle. Nous ressentons comme autant de certitudes l'amour de nos parents, la reconnaissance, la bienfaisance..., mais on veut nous faire admettre comme autant d'autres certitudes ce qui relève de la coutume. En ce sens, le rigorisme moral, l'impossibilité de comprendre la différence sont du même ordre que la certitude du fanatique. Les certitudes morales sont en petit

nombre, au-delà nous entrons dans le royaume de la coutume, donc de l'arbitraire et de l'histoire. Gardons-nous de les prendre pour ce qu'elles ne sont pas.

Il faut envisager enfin la certitude en matière judiciaire ou en histoire. Les lettres de Voltaire montrent quel rôle joua, dans son militantisme judiciaire, la certitude intuitive de l'injustice de telle ou telle condamnation. Et comment donc l'enquête est chez lui toujours seconde. À l'origine, il y a un élan qui se transforme en certitude. Un tel processus est parfaitement lisible dans son engagement pour les Calas. En histoire, la certitude peut porter sur la valeur attribuée à tel ou tel personnage, que l'historien ne parvient pas totalement à fonder en raison, sur la réalité de tel ou tel fait (elle s'oppose alors au doute), ou sur l'authenticité de tel ou tel document (elle relève alors de la vraisemblance).

C'est dire l'importance que revêt cette notion de certitude dans la démarche et la réflexion voltairiennes. On s'étonnera d'autant plus que Voltaire ne se soit pas méfié de quelques-unes de ses certitudes religieuses ou politiques, parfois un peu rapides, sur le caractère manipulateur des Églises, la bêtise des croyants, la folie des mystiques ou le dévouement des despotes prétendument éclairés à la cause de la philosophie.

Jean Goulemot

*Il n'y a que des charlatans qui soient certains. Nous ne savons rien des premiers principes. Il est bien extravagant de définir Dieu, les anges, les esprits, et de savoir précisément pourquoi Dieu a formé le monde, quand on ne sait pas pourquoi on remue son bras à sa volonté.*
*À Frédéric Auguste, prince royal de Prusse, 28 novembre 1770.*

## CERVANTÈS Y SAAVÉDRA, Miguel de

ESPAGNE •

Le catalogue de la bibliothèque* de Voltaire (Moscou, 1961) indique qu'il possédait deux éditions du *Don Quichotte*, l'une en français de 1723, l'autre en espagnol de 1617. Voltaire connaît bien le roman de Cervantès, moins parfaitement sans doute que Florian, Lesage ou même Diderot, mais suffisamment pour y faire des allusions, par exemple dans une lettre à Mme Denis de 1753, où il se compare à Don Quichotte qui, écrit-il, « était bien comme moi chevalier à la triste figure, mais [...] avait de la santé et je n'en ai pas ». De même, une lettre à Thiriot utilise un personnage secondaire du *Don Quichotte* pour évoquer Mme de La Popelinière. Dans une très remarquable lettre que Bernardo de Iriarte envoie à Voltaire, il est aussi question d'une édition récente (datée de 1749) des *Comedias* de Cervantès.

On peut légitimement penser que Cunégonde défigurée et vieillie, devenue souillon de cuisine, n'est pas sans rapport avec Dulcinée, et que les nombreux couples maître-valet, dans les contes, sans se limiter à Candide et Cacambo, ne sont pas étrangers à Don Quichotte et Sancho Pança. Pourquoi ne pas rapprocher l'idéalisme de *L'Ingénu* de celui de *Don Quichotte*? Et *Candide* n'est-il pas longtemps, comme le chevalier à la triste figure, incapable de percevoir le monde tel qu'il est? Ajoutons enfin que dans le chapitre C de l'*Essai\* sur les mœurs*, Voltaire propose un modèle réel (et flamand) du personnage de Don Quichotte.

Jean Goulemot

## CERVEAU

Avec le cœur, l'un des organes nobles – on conservait parfois ceux des rois. L'histoire *post mortem* du cerveau de Voltaire fait penser à un roman feuilleton, macabre et de mauvais goût. Après l'autopsie\*, pratiquée dans la nuit du 30 au 31 mai 1778, l'apothicaire Mitouart, qui procéda à l'embaumement, obtint de conserver le cervelet – Wagnière écrit dans ses *Mémoires* que «les chirurgiens se partagèrent la cervelle», mais la chose reste incertaine. Le fils Mitouart offrit à la République, le 14 mars 1799, le cervelet de Voltaire. On peut lire, en marge de sa lettre adressée au ministre de l'Intérieur: «Faire un rapport bien motivé; proposer d'accepter l'offre et de placer le cervelet de Voltaire à la Bibliothèque nationale au milieu des productions du génie.» L'affaire n'eut pas de suite: c'est le cœur\* de Voltaire qui se trouve à la Bibliothèque nationale de France. Un employé du fils Mitouart, ayant acquis le cervelet de Voltaire, l'aurait ensuite vendu aux enchères – autre épisode obscur. La précieuse relique fut enfin remise en 1924 à la Comédie-Française, où elle se trouve encore.

Didier Masseau

*Le crâne ouvert, nous n'avons rien trouvé d'extraordinaire.*
   *Rapport de l'ouverture et embaumement du corps de M. de Voltaire,*
   *fait le 30 mai 1778, en l'hôtel de M. le marquis de Villette.*

*Longtemps après, dans une société savante, on mit une petite portion de ce cerveau*
 *en contact avec la lumière d'une bougie; elle s'enflamma et jeta de vives*
 *étincelles. Spectacle de pure curiosité: le cerveau de Voltaire ne projetait plus*
 *qu'une lumière toute physique, ombre de la lumière de l'esprit.*
   *Dr Réveillé-Parise, Physiologie et hygiène des hommes*
   *livrés aux travaux de l'esprit, 1839.*

*Je suis fâché de la mort de Madame de Rochester Sandwich. C'est une bonne tête qui est rongée des vers. La cervelle de Newton et celle d'un capucin sont de même nature. Cela est bien cruel, mais qu'y faire ?*

À Thiriot, 23 juillet 1757.

## « C'EST LA FAUTE À VOLTAIRE... »

CHANSONS • HUGO • VOLTÉRANISME •

On chansonnait déjà, sous l'Ancien Régime, les mandements épiscopaux qui dénonçaient aux fidèles les dangereux écrits des prétendus philosophes. Sous la Restauration, la propagande ultra se déchaîna derechef contre Voltaire et Rousseau, responsables de la Révolution, c'est-à-dire de tous les crimes imaginables. On prête alors à Louis XVI prisonnier au Temple un mot tragique : « Ces deux hommes ont perdu la France. » Mais les libéraux aimaient toujours chanter – sociétés bachiques, goguettes populaires, et bravades anticléricales. Un mandement de carême de l'an de grâce 1817 excita surtout la verve des libres penseurs ; il mettait en garde contre la publication conjointe d'œuvres complètes et de Rousseau et de Voltaire. Il en sortit moult « faridondaines » et « landariras », dont une chanson du Genevois J. F. Chaponnière, en douze couplets de huit heptasyllabes, où apparaît pour la première fois, à chaque couplet, la formule « C'est la faute de Voltaire... C'est la faute de Rousseau ». L'illustre Béranger la consacra bientôt, en la reprenant dans une chanson à succès, en vingt couplets de huit heptasyllabes. Enfin, Victor Hugo la fit passer à la postérité dans *Les Misérables*, avec quatre couplets de quatre hexasyllabes, donnant au trait sa forme définitive : « C'est la faute à Voltaire... » Il la plaçait dans la bouche d'un « étrange gamin-fée » de Paris, ce Gavroche si brave et si frondeur sous les balles de juin 1832, mais qui n'aura pas le temps d'achever sa chanson.

*Patrick Brasart*

> *Je suis tombé par terre,*
> *C'est la faute à Voltaire,*
> *Le nez dans le ruisseau,*
> *C'est la faute à...*

*Il n'acheva pas. Une seconde balle du même tireur l'arrêta court. Cette fois il s'abattit la face contre le pavé, et ne remua plus. Cette petite grande âme venait de s'envoler.*

Victor Hugo, Les Misérables, 1862,
$V^e$ partie, chap. XV, « Gavroche dehors ».

## CHAMBELLAN

FRÉDÉRIC II • PRUSSE •

« Der Königliche Preussische Kammerherr von Voltaire... » À son arrivée en Prusse, en août 1750, les gazettes allemandes annoncèrent la nomination du nouveau chambellan royal. Frédéric II ne pouvait faire moins : la charge correspondait à celle de gentilhomme* ordinaire de la chambre du roi de France, que Voltaire avait occupée, et dont il conservait le titre. On n'exigea de lui à Berlin ni serment ni service. Sa véritable fonction fut de réviser et de corriger les écrits littéraires en français de Sa Majesté prussienne, odes et discours, épîtres et mémoires, et le grand poème de *L'Art* *de la guerre*. Avec la clef du chambellan, Voltaire avait reçu l'ordre* du Mérite. Il rendit ces « breloques » à Francfort*, en juin 1753, mais garda le surnom dont l'avaient affublé les plaisants de Paris, plus lourd à porter dans la postérité : celui de Prussien*.

*André Magnan*

## CHAMPBONIN, Anne Antoinette Françoise Paulin du Raget de

AMITIÉ • CHÂTELET (MME DU) • CIREY •

Voltaire l'appelait « gros chat ». Mme de Champbonin était la châtelaine voisine de Cirey, l'amie de Mme du Châtelet, au « caractère si vrai » et, dit-il, « si égal ». Elle devint très tôt une intime du couple ; elle avait sa chambre à Cirey pour ses petits séjours. Sa rondeur, sa vigilance affectueuse suggéraient bien-être et confort. Voltaire proposait d'ailleurs à sa nièce, Marie Louise Mignot, d'épouser le fils Champbonin, mais elle préféra un commissaire des guerres et devint Mme Denis*. En 1739, Mme de Champbonin joua les médiatrices entre Mme de Graffigny* et Mme du Châtelet, et la messagère de Voltaire auprès de d'Argental après l'affaire de *La Voltairomanie*\*. Dix ans plus tard, elle pleurait avec Voltaire la mort d'Émilie. On a vingt lettres à cette « aimable Champenoise », vives et spontanées – une amitié toute simple, qui survécut aux rencontres de Cirey.

*Anne Soprani*

## CHAMPS

COURTISAN • POMPADOUR (MME DE) •

Le duc de La Vallière*, grand seigneur, ami et protecteur, avait à Champs sa résidence, sur les bords de la Marne. Voltaire y vint souvent dans sa période de courtisan, divertir une cour brillante et libertine, et vanter

«toutes les beautés de la maison de La Vallière». Accompagné de Mme du Châtelet, il y retrouvait Mme du Deffand, Moncrif et l'abbé de Voisenon, «prêtre de Cythère». C'est là qu'il lut, à l'automne 1744, *La Princesse\* de Navarre* qu'il allait présenter à Versailles.

Il avait quitté la cour quand Mme de Pompadour loua le château de Champs, en 1757. Convertie à la dévotion, pour aider peut-être aussi au retour en grâce de l'écrivain, la favorite lui commanda des «psaumes de votre façon», écrivit La Vallière à Voltaire, «embellis par vos vers». À la marquise aux champs, Voltaire envoya son *Précis\* de l'Ecclésiaste en vers* et son *Précis\* du Cantique des cantiques*.

Anne Soprani

## CHANDELIÈRE

*J'ai lu dans des anecdotes de l'histoire d'Angleterre du temps de Cromwell qu'une chandelière de Dublin vendait d'excellentes chandelles faites avec de la graisse d'Anglais. Quelque temps après, un de ses chalands se plaignit à elle de ce que sa chandelle n'était plus si bonne. « Hélas ! dit-elle, c'est que les Anglais nous ont manqué ce mois-ci. » Je demande qui était le plus coupable, ou ceux qui égorgeaient les Anglais, ou cette femme qui faisait des chandelles avec leur suif ?*

Dictionnaire philosophique, 1764, art. «Anthropophages».

## CHANGEMENTS ARRIVÉS DANS NOTRE GLOBE

Voir DISSERTATION SUR LES CHANGEMENTS ARRIVÉS DANS NOTRE GLOBE ET SUR LES PÉTRIFICATIONS.

## CHANSONS

«C'EST LA FAUTE À VOLTAIRE...» • POÉSIE

On aime chanter au XVIII<sup>e</sup> siècle et toutes les occasions sont bonnes. Voltaire a ainsi été amené à écrire des chansons par les circonstances de sa vie mondaine et de ses polémiques littéraires, mais rarement en somme (ou peut-être d'autres se sont-elles perdues). Au reste, ce genre facile n'est à ses yeux que trop répandu, et il a d'autres ambitions, même dans le style léger. Les airs sont empruntés à des chansons déjà connues, parfois avec une allusion dans le choix: une chanson destinée à ridiculiser son ennemi Lefranc\* de Pompignan, qui se vantait d'être estimé du roi, reprend l'air

d'une chanson sur le surintendant Béchamel, favori de Louis XIV. À ce genre féroce se rattachent d'autres couplets contre un

> *Soi-disant*
> *Gentilhomme :*
> *C'est le plus insuffisant*
> *Suffisant*
> *Qui soit de Paris à Rome.*

L'air amène ici la désarticulation des phrases, avec de savoureuses surprises. Mais les meilleures chansons de Voltaire furent plus ou moins improvisées pour des fêtes et pour des femmes, jeu souriant accordé à l'euphorie d'une petite société. Ainsi pour la fête de Mlle Gaussin\* (25 août 1731), jolie actrice dont on ne pouvait être qu'amoureux :

> *Le plus puissant de tous les dieux*
> *Le plus aimable, le plus sage,*
> *Louison, c'est l'amour dans vos yeux.*
> *De tous les dieux le moins volage,*
> *Le plus tendre et le moins trompeur,*
> *Louison, c'est l'amour dans mon cœur.*

Ou bien, pour une autre célèbre actrice, Mlle Clairon\*, en visite à Ferney en 1765 (Voltaire avait alors 71 ans), ces couplets sur l'air de *Annette, à l'âge de quinze ans*, chantés par un petit garçon habillé en berger :

> *Clairon, daigne accepter nos fleurs ;*
> *Tu vas en ternir les couleurs :*
> *Ton sort est de tout effacer.*
> *La rose expire ;*
> *Mais ton empire*
> *Ne peut passer.*

Chez Voltaire, comme dans la société aristocratique qui l'a formé, la chanson a toujours quelque chose de ludique : l'air met le discours poétique à distance.

*Sylvain Menant*

## « CHAOS D'IDÉES CLAIRES »

PONCIFS •

Mot célèbre d'Émile Faguet (1847-1916) sur la philosophie de Voltaire.

## CHAR DE GUERRE

GUERRE • PAIX •

Voltaire ingénieur militaire, on a peine à le croire. Le fait est cependant avéré, attesté par sa correspondance. C'est sur la fin de l'été 1756 qu'il conçut le projet d'un «petit char» propre à l'assaut – «char de guerre», «chariot de guerre». Les hostilités de la guerre de Sept Ans allaient commencer. La vieille rancœur contre Frédéric II, le souvenir du rapt de Francfort\*, stimulèrent sans doute l'imagination de l'inventeur: coup de sang contre ces «vandales». Des dizaines de lettres évoquent donc la «machine destructive», mais assez mystérieusement – c'est une arme secrète. Faut-il imaginer sur les côtés des lames? L'engin est comparé aux «chars de Cyrus», mais «rectifiés» – qu'est-ce à dire? On sait seulement que ce devait être un char léger, rapide, très mobile, et que la surprise était essentielle. Son usage: l'assaut de cavalerie en plaine. Sa place: à l'avant, deux par escadron. Deux chevaux pour le tirer, deux hommes pour le servir, postés derrière. Par le marquis de Florian, l'ami de sa nièce Mme de Fontaine, bon officier, Voltaire en propose l'idée au ministère, en mars 1757. Il connaît bien le comte d'Argenson, alors chargé du secrétariat de la Guerre. D'Argenson s'intéressa au projet, se fit expliquer la machine, en vit les dessins, en fit même réaliser un «modèle» par un membre éminent de l'Académie des sciences. Mais le projet resta en plan. Scepticisme total d'un autre expert également consulté: le maréchal de Richelieu, commandant de l'armée d'Allemagne, prend de haut cette «petite drôlerie». Voltaire avait pourtant imaginé des accessoires: un coffre pour des doubles grenades, des blindages pour le poitrail des chevaux...

Douze ans plus tard, l'inventeur incompris ressortira son projet, pour le proposer cette fois à l'impératrice de Russie en guerre contre les Turcs, mais sans plus de succès: «Mustafa» fut vaincu sans le secours du char Voltaire. Fascination trouble de la grande histoire ou transfert obscur des violences de l'œuvre, cet activisme étonne, même hanté par la mauvaise conscience – «Je ne suis point du métier des homicides», proteste-t-il auprès de Catherine II. Il est humain, bien sûr, de vouloir écourter les guerres.

*André Magnan*

## CHARLES ÉDOUARD

Voir STUART.

## CHARLES THÉODORE DE SULZBACH

ALLEMAGNE • FINANCES •

Le 29 juillet 1753, Voltaire est chaleureusement accueilli à Mannheim*, à la cour de l'Électeur palatin Charles Théodore (1724-1799). Il exulte : les fastes de cette petite cour princière, qui raffole du théâtre et joue ses pièces, sont pour lui une revanche après la récente avanie de Francfort*. C'est à Schwetzingen*, au palais d'été, qu'il passe les deux semaines de son séjour. Il y revint durant l'été 1758 et lut au prince, dit-on, quelques chapitres d'un nouveau conte, encore manuscrit, qui s'intitulera *Candide*. Après l'achat des Délices*, il a prêté à l'Électeur la somme de 130 000 livres, contre des rentes viagères à 10 pour cent. Mais pendant ces temps de guerre, l'argent se fait rare, on a réduit à Versailles les subsides versés à l'Électeur, et les intérêts rentreront mal, avec des retards fréquents. En 1769, l'Électeur fit graver une médaille en l'honneur de Voltaire, qui portait comme inscription : « Il ôte aux nations le bandeau de l'erreur. » On clabauda dans Paris.

*Didier Masseau*

## *CHARLOT OU LA COMTESSE DE GIVRY*

C'est une « pièce dramatique » en trois actes et en vers, où l'on trouve, dit la préface, « un peu de chant et de danse, du comique, du tragique, de la morale et de la plaisanterie ». Le marquis, fils de la comtesse de Givry, et fiancé à Julie, est un être haïssable ; son frère de lait, Charlot, attire au contraire l'amitié de tous, et de Julie surtout. On prépare une fête pour le bon roi Henri IV, que l'on attend. Les jeunes gens s'affrontent, puis se battent, et le marquis est tué. Désespoir au château. Mais la nourrice révèle qu'à leur naissance, elle a opéré un échange : Charlot est le fils de la comtesse. À la fin, le roi pardonne au meurtrier, qui pourra donc épouser Julie. Jouée à Ferney en 1767, la pièce fut créée au Théâtre-Italien, sans succès, le 7 juin 1777. C'est à *Charlot* qu'appartient l'un des vers les plus fameux de Voltaire, passé de son vivant en proverbe :

*C'est donc ainsi que l'on écrit l'histoire.*

*Henri Lagrave*

## CHATEAUBRIAND, François René de

CHRISTIANISME • GOÛT • ROMANTIQUES • VOLTÉRANISME •

On sait la vénération vouée à Jean Jacques par Chateaubriand (1768-1848). L'auteur de l'*Essai sur les Révolutions* (1797) traite d'emblée

Voltaire en chef imprudent d'une secte impie et frivole. Puis Voltaire sera dans le *Génie du christianisme* (1802) l'adversaire privilégié. «Hideusement gai», il a ruiné l'édifice chrétien par ses sarcasmes diaboliques; il s'agira donc d'«effacer» le ridicule jeté sur la religion, en submergeant l'ironie sous l'émotion. Parallèlement, «l'Enchanteur» s'ingénie à «récupérer» Voltaire : tout en le disqualifiant comme penseur, pour ses «contradictions», il cite largement en note ses écrits contre l'athéisme, dans la grande tradition antiphilosophique des Bergier* et des Chaudon*. Exploitant son admiration pour le XVII$^e$ siècle littéraire, Chateaubriand pose en fait que le siècle de Louis XIV ayant été chrétien, c'est donc «l'incrédulité» qui est «la principale cause de la décadence du goût et du génie». Les meilleures œuvres de Voltaire ne sont-elles pas *Zaïre* et *Alzire*, «tragédies chrétiennes»? «L'impiété» partout a «glacé» le génie poétique voltairien, et notamment dans *La Henriade*. Cette *Henriade*, Chateaubriand l'avait d'abord traitée d'«amplification d'école», mais il la loue ensuite pour ne pas heurter un public tout aussi fidèle à ce grand goût qu'hostile à la vilaine philosophie. Chateaubriand situe d'ailleurs *Les Martyrs* (1809) dans ce sillage d'«épopée chrétienne», tout en y stigmatisant Voltaire dans la figure de Hiéroclès, ministre de Galerius, négateur de toute religion, politique destructeur et séditieux – et justement puni à la fin par l'Ange exterminateur (chant XXII). Bien plus tard, épilogue inattendu, les *Études historiques* (1834) reconnaîtront au «patriarche de l'incrédulité» un mérite paradoxal, celui d'avoir mené, malgré tout, «à ce dégagement des préjugés qui devait faire revenir au véritable christianisme». C'est que Chateaubriand, fasciné toute sa vie par cet étrange déisme voltairien qu'il ne pouvait croire sincère, en avait pourtant, à son insu, retrouvé bien souvent le langage.

*Patrick Brasart*

---

## CHÂTEAUNEUF, François de Castagnère, abbé de

AROUET • TEMPLE •

Abbé libertin, familier des Arouet, Châteauneuf introduisit le petit Arouet son filleul, à l'âge de 11 ans, dans la société du Temple. Il le présenta aussi à Ninon de Lenclos* qui s'était quelque peu assagie, quoiqu'elle eût attendu l'anniversaire de ses 60 ans pour céder, dit-on, aux patientes assiduités d'un amant! Dans sa *Vie de Voltaire* (1790), Condorcet se plaît à éclairer cet épisode de la présentation au Temple, minoré par la critique moderne : il prête à Ninon une probité et une liberté de pensée qui faisaient oublier, écrit-il, «les aventures trop éclatantes de sa jeunesse». On aimait, au Temple, le scepticisme philosophique et les vers légers. L'abbé de

Châteauneuf s'occupe donc de son filleul en l'initiant à l'art de la poésie. Il fait réciter à l'enfant les fables de La Fontaine. C'était là une pratique courante dans les milieux cultivés. Mais l'abbé poussa plus loin, semble-t-il, la formation littéraire de son élève, en lui révélant l'art de la satire et de la critique religieuse. Ne lui fait-il pas réciter aussi *La Moïsade*, un audacieux poème libertin qui circulait clandestinement! On ne peut s'empêcher d'établir un lien entre ces prémices littéraires et les genres dans lesquels triomphera plus tard l'écrivain. L'abbé de Châteauneuf mourut en 1708. Il a laissé un ouvrage posthume, le *Dialogue sur la musique des Anciens* (1725).

Didier Masseau

## CHÂTELET-LOMONT, Gabrielle Émilie Le Tonnelier de Breteuil, marquise du
AMOUR • CIREY • FEMMES • SCIENCES •

*Les lieux qu'elle embellissait me sont chers. Je n'ai point perdu une maîtresse, j'ai perdu la moitié de moi-même, une âme pour qui la mienne était faite, une amie de vingt ans que j'avais vue naître. Le père le plus tendre n'aime pas autrement sa fille unique. J'aime à en retrouver partout l'idée.*
À d'Argental, 23 septembre 1749.

Voltaire pleure ainsi la mort de la femme qu'il a aimée. Elle avait su du premier instant l'étonner et l'intéresser. Avec elle, il éprouva le bonheur de l'amour triomphant, l'amitié de l'étude partagée, avant la nostalgie d'une liaison finissante. Il la célébra dans plusieurs épîtres*, deux dédicaces, des stances, des odes, des impromptus; il rendit hommage à son savoir dans un *Éloge\* historique de Mme du Châtelet* et la plaça dans le «Catalogue\*» des écrivains du *Siècle de Louis XIV*.

Aristocrate, mondaine accomplie, Gabrielle Émilie Le Tonnelier de Breteuil était née en 1706, cinquième enfant d'un ancien courtisan de Louis XIV, qui avait rempli la charge d'introducteur des ambassades. Voltaire avait, dès 1714, fréquenté la maison de ce baron de Breteuil, et peut-être déjà remarqué la jeune fille. Elle reçut une éducation soignée – elle fut initiée au latin par son père; «elle savait par cœur Horace, Virgile et Lucrèce», écrira Voltaire, et le Tasse, Milton et Locke «lui étaient familiers». Émilie avait surtout pour les mathématiques et la physique un goût étonnant, elle en poursuivra l'étude auprès des scientifiques les plus en vue: Clairault, Maupertuis et König. Ailleurs, Voltaire relèvera que Mme du Châtelet n'avait pas le sens ou le goût de l'histoire: «Elle traite Tacite comme une bégueule qui dit des nouvelles de son quartier», regret-

tait-il. C'est pour la réconcilier avec cette étude qu'il entreprendra son *Essai\* sur les mœurs*.

Quand Voltaire renoue avec elle, durant l'été 1733, cette « déesse » est mariée « à un mortel » : Florent Claude, marquis du Châtelet-Lomont. Militaire de carrière, issu d'une très vieille et très noble famille de Lorraine – son père avait été un héros des guerres de Louis XIV –, cet honnête homme admit bientôt la liaison de sa femme avec Voltaire, il autorisa l'écrivain à vivre à Cirey, il sauva même les apparences, comme l'exigeaient les conventions, en accompagnant le couple à Paris et à Lunéville et en séjournant avec eux à Cirey même. La « jeune dame » que Voltaire fréquente cet été-là vient d'accoucher de son troisième enfant. Élancée, mince, cheveux bruns relevés en boucles sur la tête, grands yeux marron pétillants d'intelligence, elle apparaît telle que son amant la voit : « très aimable ».

Son destin s'infléchit en juin 1734 lorsque, après la condamnation des *Lettres\* philosophiques*, Voltaire trouve refuge à Cirey. Émilie le rejoint au mois d'octobre suivant : « entourée de deux cents ballots », elle « rit », elle est « charmante » dans le désordre de ce château « sans rideaux [et] sans fauteuils ». Elle repart cependant à Paris pour travailler au retour de Voltaire – il en obtiendra la permission en mars 1735 –, et pour rejoindre aussi Maupertuis dont elle est très éprise. Cette philosophe savante est une ardente amoureuse. Elle a déjà succombé aux avances galantes de Richelieu, et elle hésite entre le charme souverain de Voltaire et l'ascendant plus machiste de Maupertuis. En juin 1735, elle choisit de se consacrer entièrement à Voltaire : « Je l'aime assez, confie-t-elle à Richelieu, pour sacrifier au bonheur de vivre avec lui sans alarme... » Elle ne reviendra plus sur sa décision.

Cirey se referme sur eux. Émilie a trouvé son rôle : elle retiendra Voltaire, elle veillera toujours « à l'arracher à ses imprudences ». Elle instaure une discipline de vie principalement tournée vers l'étude. Entre 1735 et 1740, ils vont ensemble communier dans la même passion intellectuelle, dans la double admiration narcissique de leurs immenses talents, et donner le spectacle de leur couple mythique. À Cirey, dans cet espace privilégié qu'ils embellissent au fil des années, ils connaissent une paix propice aux travaux de plume. Émilie traduit *La Fable des abeilles* de l'Anglais Mandeville, elle compose, pour le prix de l'Académie des sciences en 1737, une *Dissertation sur la nature et la propagation du feu*, elle écrit à l'intention de son fils des *Institutions de physique*, travaille en philosophe à un *Examen de la Bible* et poursuit avec frénésie la traduction et le commentaire des *Principes mathématiques de la philosophie naturelle* de Newton. De son côté, sans délaisser poésie et théâtre, Voltaire s'est initié aux sciences expérimentales, il a approfondi sa réflexion philosophique, il concourt au

Émilie, Émilie ! La femme a de l'allure : la taille fine, une belle qualité de peau, le port aristocratique, le nez charnu, signe de sensualité disait-on à l'époque, les lèvres bien dessinées, le regard tranquille et fixé droit sur le spectateur. On n'est pas en vain Émilie de Breteuil, marquise du Châtelet-Lomont, femme libre de son corps et esprit cultivé.

Pour la femme, l'élégance : une robe agrémentée de fourrure qui souligne le décolleté, des perles au cou, à la gorge et aux bras, des dentelles, une torsade de cheveux qui revient sur l'épaule et évoque la nuque. Pour la marquise, les armes en médaillon dans la partie supérieure du tableau rappellent que ce portrait aux qualités esthétiques peu évidentes est d'abord une œuvre de représentation. Le cadre de pierre avec entablement évoque la mise en scène, le théâtre du monde, le château, au même titre que la tenture aux lourdes retombées, le cordon accentuant l'effet de verticalité.

La femme intellectuelle enfin : derrière le rideau, des volumes rangés en bon ordre dans une bibliothèque, un globe terrestre, et sur la base de l'entablement deux livres disposés comme pour la consultation, une page manuscrite enfin évoquant le travail d'écriture. Et pour rappeler que le livre ne sert pas à s'isoler du monde, les deux volumes débordent très largement sur l'extérieur de l'appui, autant dire sur l'espace réel.

J. G.

◄ Gabrielle Émilie Le Tonnelier de Breteuil, marquise du Châtelet, gravure.

Paris, Bibliothèque nationale de France.

Vues du château de Cirey, huile sur panneaux de bois, triptyque anonyme.

Genève, Institut et musée Voltaire.

Le château appartenait à la marquise du Châtelet. Il était délabré, et le froid lorrain particulièrement vif, comme l'on sait. Voltaire décida de le faire aménager à ses frais pour y vivre à son aise. Les travaux furent longs et coûteux. On peut en suivre sur ce triptyque les étapes. D'abord un bâtiment perdu sur une terrasse, sans ordonnance véritable. Peu d'arbres, un plateau désolé. Puis le bâtiment s'étend sur sa droite, on organise un tapis vert entre deux rangées d'arbres.

Et voici le projet final. Le goût est extraordinairement classique : de la symétrie avant toute chose, des jardins à la Le Nôtre, une grille qui sépare la bâtisse du parc, des toits à la Mansard, deux ailes faisant retour à la Le Vau. Tout prouve ici le goût louis-quatorzien de Voltaire. On est loin du rococo et de l'esthétique de Gabriel.
La modernité n'apparaît pas dans la restauration du château : elle se cache dans les secrets de la bibliothèque et les mystères du laboratoire, dans la lecture à quatre mains du grand Newton.

J. G.

même prix académique par son *Essai\* sur la nature du feu*, il rédige les *Éléments\* de la philosophie de Newton*, qu'il dédie à Mme du Châtelet – « celle qui a pénétré toutes les profondeurs de la géométrie transcendante ». Leur solitude effraie Mme Denis*, la jeune nièce de Voltaire, de passage à Cirey ; cette vie en autarcie, entrecoupée seulement de visites, génère d'ailleurs une nervosité que perçoit aussi, durant l'hiver 1739, l'indiscrète Mme de Graffigny* : elle rapporte que « les querelles vont leur train ».
Le couple est à Bruxelles* en 1740, puis l'avènement de Frédéric II appelle Voltaire à Berlin. Il retourne en Prusse en 1743 et demeure absent cinq mois. Les séparations sont pénibles pour Émilie : « Il m'abandonne, se plaint-elle, à une douleur qui n'a point d'exemple. » Son exigence passionnée devient-elle pesante à Voltaire ? Leur liaison paraît alors se dégrader et, s'il ne subsiste rien de leur correspondance, le *Discours sur le bonheur* que laissera à sa mort Mme du Châtelet reçoit l'écho intime de son échec amoureux. Mais ils répugnent à une rupture que « le public tournerait en ridicule », et à partir de 1745, Mme du Châtelet participe encore activement aux côtés de Voltaire à sa carrière de courtisan*. Il vit chez elle, à Paris ; elle l'accompagne à Versailles, à Fontainebleau ou à Sceaux.
Voltaire s'est épris, dès 1744, de sa nièce Mme Denis, maintenant veuve. Il refusera pourtant de quitter la marquise sur « un éclat », ayant jugé devoir « respecter une liaison de vingt années ». En 1748, Émilie voulut, dit-elle, « anéantir le pouvoir du temps », en aimant « à la folie » le médiocre Saint-Lambert*, qui la trompa. Elle porta de lui un enfant. Elle choisit d'accoucher en Lorraine, où Voltaire l'accompagna encore. « L'ardeur et l'opiniâtreté » de ses « veilles continuelles », jusque durant les derniers jours de sa grossesse, lui permirent de mettre la dernière main à son manuscrit de Newton, mais l'épuisèrent enfin totalement. Elle mit au monde une petite fille, le 4 septembre 1749, et mourut six jours plus tard, à Lunéville. Accablé « d'affliction », Voltaire cherche le réconfort de ses amis, et surtout celui de Mme Denis : « J'en ai grand besoin, lui écrit-il depuis Cirey qu'il va quitter. Je passe ici les jours dans les larmes, en arrangeant les papiers qui me parlent d'elle. Je ne regrette point une maîtresse, il s'en faut beaucoup. Je regrette un ami et un grand homme. »
De cette liaison de plus de quinze années avec Émilie, devenue légendaire et symbolisée par le nom de Cirey, on ne conserve aucune lettre sûre. Plusieurs contemporains parlent pourtant d'un gros recueil déjà constitué de leur correspondance, quelques curieux en virent un ou deux volumes – sont-ils définitivement perdus ?

*Anne Soprani*

*Sans doute vous serez célèbre*
*Par les grands calculs de l'algèbre*

> *Où votre esprit est absorbé.*
> *J'oserais m'y livrer moi-même ;*
> *Mais, hélas ! A + D - B*
> *N'est pas = à je vous aime.*
> À *madame la marquise du Châtelet, lorsqu'elle apprenait l'algèbre, 1734.*

BRETEUIL *(Gabrielle Émilie Le Tonnelier de), marquise du Châtelet, née en 1706. Elle a éclairci Leibniz, traduit et commenté Newton, mérite fort inutile à la cour, mais révéré chez toutes les nations qui se piquent de savoir, et qui ont admiré la profondeur de son génie et son éloquence. De toutes les femmes qui ont illustré la France, c'est elle qui a eu le plus de véritable esprit, et qui a le moins affecté le bel esprit. Morte en 1749.*
*Le Siècle de Louis XIV, 1752, « Catalogue des écrivains français ».*

## CHÂTENAY

AROUET • CERCLE VOLTAIRE • NAISSANCE •

C'est à Châtenay, dit Condorcet\* que naquit « François Marie Arouet, qui a rendu le nom de Voltaire si célèbre ». Mais le lieu de cette naissance n'est pas vraiment établi. On sait que le père de Voltaire avait acquis en 1707 une maison de campagne « sise à Châtenay, près de Paris ». Un jardin de douze arpents la prolongeait, « planté de trois allées, de marronniers, d'ormes et de tilleuls, à patte d'oie ». Voltaire à son tour, devenu « vieux campagnard », aux Délices, puis à Ferney, soignera ses allées, tracées pour les plaisirs de la promenade.

Châtenay : la maison des brèves vacances pour le jeune Arouet, élève du collège\* de Louis-le-Grand. Le refuge du premier exil au sortir de la Bastille\*, en avril 1718. Le lieu de la seconde naissance au moins ; c'est là qu'il signe pour la première fois, au bas d'une lettre du 12 juin 1718, son nouveau nom : « Arouet de Voltaire ».

*Anne Soprani*

> *« Voltaire, né à Châtenay. Les Arouetistes. »*
> *Inscription du socle de la statue de Voltaire érigée*
> *à Châtenay-Malabry, en 1906.*

## CHAUDON, Louis Mayeul

PHILOSOPHIE • POLÉMISTE •

Bénédictin et polygraphe, l'abbé Chaudon (1737-1817) fit paraître anonymement en 1767 un *Dictionnaire antiphilosophique*. Il entendait répliquer

au *Dictionnaire\* philosophique* de Voltaire, en empruntant la même forme éditoriale et en usant des armes de l'adversaire. Chaudon s'en explique ainsi : « On a mis l'erreur en dictionnaire, il est nécessaire d'y mettre la vérité. Les apôtres de l'impiété prennent toutes les sortes de formes pour répandre leur poison ; les défenseurs de la religion ne chercheront-ils pas aussi les moyens de faire goûter leurs remèdes ? L'ordre alphabétique est au goût du jour, il faut bien s'y plier si l'on veut avoir des lecteurs. » L'ouvrage déchaîne les foudres de Voltaire qui ironise sur cette « rhapsodie antiphilosophique ». Une lettre datée du 1$^{er}$ décembre 1767 et adressée à Damilaville nous révèle sa réaction à chaud. L'auteur anonyme de ce dictionnaire est assimilé à ces misérables plumitifs prêts à servir les plus mauvaises causes pour gagner quelque argent.

Le dictionnaire de Chaudon comporte un article « Voltaire » qui présente celui-ci comme l'incarnation de l'Antéchrist\*. L'auteur flétrit, à travers Voltaire, cet esprit moderne d'autant plus dangereux qu'il distille l'irréligion en recourant à toutes les subtilités d'un art en demi-teintes : « C'est un parfum empesté, qui s'insinue insensiblement dans toute la masse du sang. Saillies ingénieuses, plaisanteries légères, bons mots piquants, antithèses brillantes, contrastes frappants, peintures riantes, réflexions hardies, expressions énergiques... » Bref, Chaudon vise à discréditer une certaine pédagogie de l'écriture philosophique, tout en procédant à une réfutation doctrinale. Il enrichira l'article « Voltaire » dans une édition rebaptisée *Anti-Dictionnaire philosophique* en 1775. Dans les éditions du *Dictionnaire philosophique* postérieures à 1767, Voltaire poursuit la polémique en dénonçant le fanatisme de Chaudon et en contestant ses interprétations bibliques. Parmi les partisans de l'antiphilosophie, le père Aimé Henri Paulian et surtout le père Claude François Nonnotte\* composèrent également des dictionnaires antiphilosophiques.

*Didier Masseau*

## CHAULIEU, Guillaume Amfrye de

POÈTE · TEMPLE ·

L'abbé de Chaulieu (1639-1720), ami du prieur de Vendôme\*, goûtait au Temple, en digne épicurien, tous les plaisirs : ceux de la table, de la joyeuse compagnie, des petits vers brillants et faciles. « L'éternel abbé de Chaulieu » était un vieil homme quand Arouet commença à le fréquenter, vers 1712. Le jeune poète se déclara bientôt le disciple de cet « Anacréon du Temple ». Il lui demande des leçons pour chanter à la manière de Chapelle « ces vers aisés, ces vers coulants ». L'abbé de Chaulieu eut la primeur d'*Œdipe* au cours d'un souper – qui « fit beaucoup de bien à ma tragédie », reconnut

Arouet. Il relut aussi, pour l'adoucir, une épître du jeune débutant au Régent.
En 1733, dans *Le Temple\* du Goût*, Voltaire évoquera «le brillant abbé de Chaulieu» dont la «vive imagination» prodiguait «des beautés» respirant «la passion»: l'abbé sybarite ne fut sans doute pas «le premier des bons poètes», mais Voltaire demeura toujours sensible à sa «volupté» et à sa «philosophie».

*Anne Soprani*

## CHAUMEIX, Abraham Joseph

ENCYCLOPÉDIE • POLÉMISTE •

Chaumeix (1730-1790) est pour Voltaire l'incarnation de la mauvaise foi partisane et du fanatisme le plus rétrograde. En 1758, l'*Encyclopédie* traverse son ultime crise, à la suite du scandale de l'article «Genève\*»: la publication est suspendue; d'Alembert abandonne l'entreprise, le privilège va être révoqué. En novembre, Chaumeix lance un ouvrage très critique à l'égard du grand œuvre. Il l'intitule: *Préjugés légitimes contre l'Encyclopédie*, apportant ainsi des arguments à un Parlement déjà très hostile. Voltaire prend aussitôt pour cible l'auteur de ce libelle dans des pamphlets et des satires, dans *Le Pauvre\* Diable* et *Le Russe\* à Paris*, et dans *Socrate\** sous le nom transparent de Chomos. L'introduction aux *Questions\* sur l'Encyclopédie* (1770) est d'une virulence extrême: Chaumeix est connu de la «canaille» de Paris comme un ardent convulsionnaire\*, c'est un fanatique janséniste qui pousse la comédie jusqu'à se suspendre les bras en croix pour asseoir sa popularité. Ainsi Chaumeix a la double fonction de bateleur et de plumitif. S'il dénonce périodiquement les collaborateurs de l'*Encyclopédie*, c'est qu'il a été «légitimement» écarté de l'entreprise, dit Voltaire dans *Les Honnêtetés\* littéraires* (1767). Nous retrouvons là ses griefs habituels contre les ennemis de la philosophie: médiocrité sociale et intellectuelle, ignorance, jalousie à l'égard des grands esprits – Chaumeix a osé s'en prendre à Helvétius\* –, mais surtout le philosophe ne peut souffrir qu'on ait «préjugé» des volumes encore inédits pour jeter l'anathème sur l'*Encyclopédie*: belle occasion de faire une théorie du préjugé\*.

*Didier Masseau*

## CHÉNIER, Marie Joseph

RÉVOLUTION · VOLTAIRIENS ·

« Un temps viendra où la Saint-Barthélemy sera un sujet de tragédie » écrivait Voltaire en 1764. Ce fut chose faite en novembre 1789, avec le retentissant *Charles IX ou l'École des rois* de Marie Joseph Chénier (1764-1811). Ce frère d'André Chénier, de deux ans son cadet, fut un voltairien avant la lettre, et enthousiaste. Dès l'âge de 13 ans, en effet, il avait écrit une *Épître à M. de Voltaire*, pour saluer le prodige de sa venue à Paris (février 1778). En 1790, c'est une *Épître aux mânes de Voltaire*; puis c'est l'*Hymne sur la translation des cendres de Voltaire au Panthéon français* (11 juillet 1791), mis en musique par Gossec, qui fut chanté par des chœurs, sur le quai Voltaire, au passage du char funèbre, et, presque simultanément, un *Jean Calas*, drame en cinq actes. Plus tard, gardien vigilant, à l'Institut, de l'héritage des Lumières (aux côtés des Idéologues), cet ex-conventionnel régicide, ardent partisan de la Révolution (mais dans sa version thermidorienne), bataillera contre la montée de la réaction antiphilosophique et autoritaire, avant d'être destitué par l'Empereur, en 1806, de son titre d'inspecteur de l'Université, pour... une *Épître à Voltaire*. Un seul reproche, parmi tous les éloges qu'il prodigua au « plus grand littérateur de l'Europe moderne » : celui d'« avoir souvent déifié les tyrans » ; mais c'est, ajoute-t-il en pensant aux tyrans cléricaux, qu'« il a cru qu'il devait subir un joug pour qu'on lui permît d'en briser un autre ». Ainsi réintégré dans le camp du progrès politique, Voltaire est parallèlement salué, en littérature, comme « le conservateur des saines théories » : la Révolution avait pu renouveler le public et les thèmes littéraires, elle ne devait pas renier les principes imprescriptibles du goût.

*Patrick Brasart*

> *Il renaît parmi nous, grand, chéri, respecté,*
> *Comme à son dernier jour ne prêchant à la terre*
> *Que Dieu et la liberté.*
> Marie Joseph Chénier, *Hymne pour la translation des cendres de Voltaire au Panthéon français, 1791.*

## CHESTERFIELD, Philip Dormer Stanhope, comte de

ANGLETERRE ·

Lors de son séjour à Londres (1726-1728), Voltaire a fréquenté la maison du quatrième comte de Chesterfield (1694-1773), dont il appréciait l'élégance, le libertinage et les qualités d'homme d'État, et qui était écrivain

de surcroît. Sans doute l'avait-il connu en mission diplomatique à Paris dès 1715-1716. Sachant ses besoins d'argent, lord Chesterfield s'inscrivit pour dix exemplaires dans la souscription* de *La Henriade*. On a prétendu qu'il invita Voltaire à un banquet de frères de sa loge maçonnique. Mais le fait n'est pas sûr. Voltaire entretint une correspondance irrégulière avec lord Chesterfield, qui semble avoir suivi avec intérêt ses publications, et qui s'enthousiasma pour *Le Siècle de Louis XIV*, dont il devait écrire : « It is the history of the human understanding, written by a man of parts, for use of men of parts. » En 1771, après une longue période de silence, lord Chesterfield écrit à Voltaire pour lui annoncer la visite à Ferney d'un de ses amis, lord Huntingdon. Dans sa lettre, il se plaint de sa surdité devenue totale, et Voltaire lui répond plaisamment qu'un bon estomac « vaut bien une paire d'oreilles ». Après la mort de lord Chesterfield (24 mars 1773), Voltaire reçut son fils à deux reprises à Ferney. Effet de la mémoire, hommage amusé, il composa peu après *Les Oreilles\* du comte de Chesterfield et le chapelain Goudman* (1775).

Jean Goulemot

## CHEVAUX ET LES ÂNES (LES) OU LES ÉTRENNES AUX SOTS

GENS DE LETTRES • PHILOSOPHIE • SATIRE •

Le sous-titre éclaire l'intention de cette satire, une centaine d'alexandrins seulement, diffusée à l'occasion du 1$^{er}$ janvier 1762 sous un pseudonyme : « Par M. le chevalier de M... re, cornette de cavalerie et en cette qualité ennemi juré des ânes ». À 68 ans, l'écrivain règle inlassablement ses comptes avec ses adversaires. À chacun son paquet en guise d'étrennes, ils ont tort parce qu'ils sont médiocres. Le monde est ainsi fait que les espèces ne sont pas égales : les ânes ne sont qu'une pauvre caricature des chevaux, comme les petits esprits ne sont qu'une piètre contrefaçon des grands artistes et des grands écrivains, mais contrefaçon dangereuse, nuisible, punissable. Voltaire prend un malin plaisir à nommer, dans tous les domaines, ces sots, ces ânes. Il rêve d'un arrêt du roi qui les corrigerait, Jean Jacques Rousseau avec les autres, en le sommant quant à lui

> *De courir moins après le paradoxe :*
> *Je lui défends de jamais dénigrer*
> *Les arts charmants qui peuvent l'honorer.*

Ce morceau d'éloquence bouffonne se termine par une menace de grand-père Fouettard aux ennemis de la philosophie :

> *Messieurs les sots, je dois, en bon chrétien,*
> *Vous fesser tous, car c'est pour votre bien.*
>
> Sylvain Menant

## CHINE

CONFUCIUS • DÉISME • HISTOIRE • ORIENT • *ORPHELIN DE LA CHINE (L')* • PHILOSOPHIE • POLITIQUE • RELIGION •

Les Lumières ont été intensément sinophiles. Turgot, Quesnay, Diderot ont sacrifié à ce nouveau modèle intellectuel, religieux et politique, et Voltaire plus qu'eux sans doute. Avec cette différence essentielle qu'il s'est mieux informé que ses contemporains sur la Chine, ses mœurs, son organisation, et qu'il a plus diversement utilisé les données chinoises, philosophiquement et littérairement. Le catalogue de sa bibliothèque montre l'extraordinaire richesse de son information.

L'histoire de la Chine par Voltaire se trouve, dans l'*Essai\* sur les mœurs*, analysée selon trois aspects : antiquité de la Chine, vérité de son histoire, histoire de ses changements politiques. L'antiquité de la Chine sert l'antijudaïsme de Voltaire ; il la fonde sur les apports les plus récents de la chronologie\*, avec la volonté d'échapper à l'européocentrisme commun. Les quatre mille ans d'ancienneté attribués à la Chine furent vivement reprochés au philosophe, qui s'en justifia dans *La Défense\* de mon oncle*. Histoire ancienne donc, mais aussi histoire vraie : « Il est incontestable que les plus anciennes annales du monde sont celles de la Chine. » La vraisemblance des faits rapportés se transforme ainsi en certitude, selon la méthode historique voltairienne. Mais comme l'*Essai sur les mœurs* ne peut raconter par le menu ces quarante siècles, Voltaire choisit les événements les plus significatifs, par exemple cette vie de Gengis Khan (chap. LX) qui fonde une interprétation philosophique du devenir historique dominée par la croyance au progrès.

La Chine de Voltaire est aussi une société différente de l'Occident dans ses habitudes et ses pratiques, même s'il reconnaît – il croit à l'universalité de l'humanité – une unité humaine tenant aux passions et à la raison communes. Terre et climat favorables expliquent sa vocation agricole, la splendeur des villes, l'habileté des architectures, l'importance de la population. Pour Voltaire, le gouvernement chinois est « le seul des anciens États connus qui n'ait pas été soumis au sacerdoce ». Quant aux mœurs, elles sont empreintes de douceur et de sagesse, et la famille y joue un grand rôle. Voltaire fait une large place au rite du labourage par l'empereur, dont il exalte la valeur sociale exemplaire. L'article « Catéchisme chinois » du *Dictionnaire philosophique* insiste aussi sur les vertus du souverain chinois : « L'amour du

prochain sera ma vertu sur le trône, et l'amour de Dieu ma religion. » Car, évidemment, les empereurs de Chine sont déistes. Leur religion est raisonnable et essentiellement à vocation morale (*Relation du bannissement des jésuites de la Chine*), leurs lois sont justes et humaines : Voltaire reprendra ce point dans son *Commentaire sur le livre Des Délits et des peines* de Beccaria. Autant dire que la Chine ne connaît ni despotisme ni athéisme (*Homélies prononcées à Londres en 1765*).

Comme il l'avait fait pour l'Angleterre dans les *Lettres philosophiques*, Voltaire distingue en Chine, d'une part une religion populaire, volontiers superstitieuse, même s'il défend le taoïsme («Catéchisme chinois») et le bouddhisme contre les critiques des jésuites, et d'autre part la religion épurée des lettrés. Mais pour primitives et superstitieuses que soient ces religions populaires, elles apparaissent supérieures à ce christianisme que les jésuites tentèrent d'introduire. C'est là un épisode de choix pour Voltaire. La fameuse querelle des rites (*Le Siècle de Louis XIV*, chap. XXXIX) lui permet de dénoncer à la fois l'absurdité des dogmes catholiques, la politique manœuvrière et l'incertitude théologique des jésuites, dépeints comme des êtres ignorants, dangereux et cupides. La présentation de la philosophie chinoise, surtout de Confucius, est l'occasion de les opposer aux religions révélées et à leurs fondateurs : « Il n'est point prophète, il ne se dit point inspiré ; il ne connaît d'inspiration que l'attention continuelle à réprimer les passions » (*Essai sur les mœurs*, chap. II). On est tenté de voir en Confucius un modèle philosophique voltairien.

Si l'on ajoute la description élogieuse des arts et des lettres en Chine, l'intérêt porté aux mandarins, conçus comme autant d'intellectuels philosophes promus au rang de conseillers du prince, on comprendra que la Chine ait tenu une place si importante dans la réflexion voltairienne. Elle a joué le rôle d'une utopie*, tout en se donnant comme justiciable d'une analyse strictement historique.

*Jean Goulemot*

## CHOISEUL, Étienne François, comte de Stainville, duc de

CORRESPONDANCE • DIPLOMATE • FERNEY • VERSOIX •

Les deux hommes se rencontrèrent vraisemblablement en Lorraine à la cour du roi Stanislas avant 1750. Quelques années plus tard, au début de son ministère, Choiseul (1719-1785) qui porte encore le nom de Stainville, tente de recourir à Voltaire pour qu'il mette fin à la diffusion des poèmes injurieux que Frédéric II écrit contre le roi de France et sa favorite.

Dans l'importante correspondance qu'il entretient avec celui qui occupa de fait la position d'un premier ministre de 1758 à 1770, le patriarche multiplie

les requêtes pour que Choiseul le soutienne dans ses campagnes pour la tolérance religieuse. Il lui arrive aussi de s'adresser à la femme du ministre avec laquelle il entretient des relations amicales, dans une correspondance séparée dont la marquise du Deffand, amie proche des Choiseul, est l'intermédiaire.

D'abord diplomate à Rome puis à Vienne, Choiseul commence une fulgurante carrière politique sous l'égide de la Pompadour*. En décembre 1758, il succède à Bernis* comme secrétaire d'État aux Affaires étrangères. Il hérite d'une situation dégradée, mais, plus déterminé que son prédécesseur, il parvient à coordonner la politique française et à poursuivre, en dépit des difficultés financières, la guerre d'alliance avec l'Autriche contre la Prusse. En 1759, la France accumule les revers militaires. C'est alors que Voltaire, qui déplore ces désastres, est chargé par Choiseul de transmettre à Frédéric II des messages secrets de négociation. Les Français, propose-t-il au roi de Prusse, seraient prêts à renoncer au Canada en faveur de l'Angleterre, alliée de la Prusse. En échange, ils demanderaient quelques avantages au Pays-Bas. Mais cette offre est repoussée et les combats entre la France et la Prusse reprennent en avril 1760.

Durant cette année, les relations entre Voltaire et Choiseul deviennent très cordiales. Le ministre attribue alors à son correspondant le doux nom de «ma chère Marmotte», tandis que Voltaire donne à Choiseul le surnom très littéraire de «Mécénas-Atticus». Les lettres de Choiseul ont un ton de familiarité enjouée et désinvolte. Quant au philosophe, il agrémente de badinage le respect qu'impose un si haut personnage.

Dans les années 1760, Voltaire a pu voir en Choiseul le modèle du protecteur bienveillant, sachant user de sa puissance pour rendre des services à la cause philosophique. Le scepticisme que les croyances chrétiennes inspirent au ministre n'est pas sans déplaire à l'ennemi déclaré du fanatisme. Quant à Choiseul, il préfère de beaucoup Voltaire aux intellectuels plus radicaux dans leur contestation, comme Diderot et les Encyclopédistes. Pourtant, au plus fort des querelles soulevées par l'*Encyclopédie*, et notamment lors de la représentation des *Philosophes* de Palissot* en 1760, le ministre refuse de choisir ouvertement son camp, estimant que ces polémiques font oublier la guerre de plus en plus impopulaire que la France mène contre la Prusse. Dans une lettre du 1$^{er}$ novembre 1762 adressée à d'Alembert, Voltaire rend hommage à Choiseul pour les services rendus. Grâce au cher protecteur, il a obtenu la franchise des terres de Ferney, et des grâces pour quelques amis. Deux ans plus tard, Choiseul accepte de faire libérer un protestant condamné au bagne. Mais il s'agit toujours d'interventions ponctuelles, et non d'une politique d'ensemble soutenant résolument Voltaire dans sa campagne contre l'Infâme. Certes, Choiseul a œuvré pour l'expulsion des jésuites, sous la pression de l'opinion, mais il

demeure attaché à ces anciens parlements, honnis de Voltaire, qui condamnent Calas.

En 1767-1768, Choiseul intervient dans les affaires genevoises : il projette de faire construire sur le lac Léman, en territoire français, le petit port de Versoix, afin d'y accueillir des réfugiés chassés de Genève pour leur hostilité au Petit Conseil de la ville. Voltaire exulte à l'idée de voir naître la première cité française de la tolérance, mais le ministère finit par enterrer le projet. Voltaire tentera vainement aussi de transmettre à Choiseul l'horreur que lui inspire l'exécution de La Barre et du comte de Lally, oubliant que le ministre n'est ni un philosophe ni un bienfaiteur du genre humain : les impératifs d'une politique dictée par des rapports de force l'emportent sur toute autre considération. Néanmoins, après la disgrâce de Choiseul en 1770, Voltaire conservera reconnaissance et attachement au protecteur exilé à Chanteloup.

*Didier Masseau*

*Je vous remercie du premier tome de Pierre I$^{er}$. Il est comme tout ce que vous faites, vous me dégoûtez des livres. Je brûlerai tous ceux qui ne seront pas de vous ; ils ne font que tenir de la place dans ma chambre, et je ne lis que vos ouvrages. Vous me dégoûterez même des dépêches.*

Choiseul à Voltaire, 12 octobre 1760.

*Monseigneur, je suis vain comme un poète. Un poète fait l'entendu, et je laisse croire que vous m'honorez de vos bontés jusqu'à me permettre de vous importuner au milieu de vos occupations importantes.*
*M. Crommelin, qui a beaucoup d'esprit, vous dira plus éloquemment que moi ce dont il s'agit, il vous dira que M. le général Constant s'est battu comme un diable pendant quarante ans contre nous, et qu'il faut que ses enfants se battent pour nous ; il vous dira que cette famille noble appartient de droit à la France, puisqu'elle est originaire d'Aire, et qu'il est clair qu'ils sont français, attendu qu'ils sont aimables et que leurs femmes sont charmantes. Et puis, que demandent-ils ? d'être reconnus pour ce qu'ils sont ; il y a tant de gens qui veulent être ce qu'ils ne sont pas. Je connais vingt faiseurs de vers à qui je refuserais tout net des lettres patentes de poètes ; mais comment refuser à Messieurs Constant la qualité de gentilshommes qu'ils ont chez eux, et qu'ils ont si dignement soutenue ?*

À Choiseul, 8 octobre 1761.

# C

## CHRISTIAN VII

Voir CENSURE · DANEMARK.

## CHRISTIANISME

ANTICLÉRICALISME · BIBLE · DÉISME · FANATISME · FOI · INFÂME · JÉSUS · THÉISTE · TOLÉRANCE ·

Plusieurs textes se signalent d'emblée : l'article «Christianisme» du *Dictionnaire\* philosophique*, l'*Histoire\* de l'établissement du christianisme*, *La Bible\* enfin expliquée* ; mais tous les grands écrits de Voltaire, à peu d'exceptions près, ou révèlent ou recèlent ses positions sur les dogmes, la morale ou l'histoire de la religion chrétienne.

Le philosophe rejette très tôt, avec l'*Épître\* à Uranie* (1722), le fondement essentiel du christianisme : la notion d'une faute originelle de l'humanité, rendant nécessaire sa rédemption par un Dieu fait homme. Dès la XXV$^e$ des *Lettres\* philosophiques* (1734), il propose une représentation de l'homme sans mystère, faisant l'économie du péché originel. Il répétera plus tard qu'on ne trouve aucune source de ce dogme ni dans l'Écriture, ni dans les Pères avant saint Augustin, et rappellera, dans le cours de l'histoire de l'Église, les multiples controverses à ce sujet. Il refuse donc l'interprétation chrétienne de l'angoissant problème du Mal. C'est qu'elle est incompatible avec son besoin de Dieu et son idéal de l'homme : elle rend l'humanité prisonnière d'une culpabilité première ; elle fait de Dieu un bourreau tourmentant ses créatures pour la faute de leur père ; elle réduit les hommes aux soumissions d'une histoire d'avance tracée. Imaginer que, pour les sauver, l'Être suprême a pu s'abaisser ensuite à partager les vicissitudes de la nature humaine en s'incarnant en Jésus-Christ, fait horreur à l'homme Voltaire. Il n'a que répulsion pour cette relation, chargée de souillure et de douleur, entre Dieu et les hommes. Enfin, le christianisme exclut du salut ceux qui n'auront pas eu accès à la Révélation, Confucius, Socrate et Marc Aurèle, tous les adeptes d'autres religions plus anciennes ou plus humaines ; il ne concerne, dans l'espace et le temps, qu'une petite partie de l'humanité. Il ne peut donc satisfaire un homme aussi épris de justice et soucieux d'universalité que le fut Voltaire.

L'histoire qu'il trace des débuts du christianisme, dans ses œuvres alphabétiques, dans l'*Essai sur les mœurs* et les divers traités de critique biblique, vise à la désacralisation : il souligne que la croyance en la divinité de Jésus, contestée dès l'origine et tout au long des siècles par le courant rationaliste des ariens, des sociniens, des antitrinitaires, ne s'est imposée que tardivement. La personne de Jésus n'est plus pour lui au cœur de la religion

chrétienne instituée: Jésus n'a établi ni sacrement formel, ni dogme concernant sa consubstantialité; ses prodiges sont contestables, sa condamnation, sa mort n'ont pas besoin d'explication surnaturelle. Voltaire retrace historiquement l'obscurité de la secte chrétienne jusqu'à la fin du I$^{er}$ siècle, il analyse les influences du platonisme dans la formation de certaines croyances, comme le royaume des cieux, le Verbe, le dogme de la Trinité, il rappelle que la place du Saint-Esprit n'a été précisée que par étapes, il réduit l'importance des martyrs. Il met ainsi en relief les aléas d'une histoire bien humaine, la fabrication de textes apocryphes, les faits d'imposture, les protections politiques des premiers empereurs, l'influence capitale de Constantin.

La suite des temps chrétiens selon Voltaire n'est certes pas animée par l'Esprit saint. Il insiste sur la continuité des divisions, depuis les hérésies et anathèmes des premiers siècles jusqu'aux luttes fratricides entre catholiques et protestants. Les notes marginales portées par l'écrivain sur l'*Histoire ecclésiastique* de l'abbé Claude Fleury (1640-1723), et ses propres synthèses historiques, dans l'*Essai\* sur les mœurs* surtout, sont éloquentes. Usurpations et abus des papes, scandales romains, croisades dégénérant en brigandages, assassinats et sacrilèges, conciles contradictoires, et cent guerres civiles excitées par ces querelles théologiques, cruautés contre les Albigeois, horreurs de l'Inquisition\* et de la Saint-Barthélemy\*, conversions armées en Amérique\*, pieuses subversions en Chine et au Japon: c'est là l'histoire d'une «secte absurde, sanguinaire, soutenue par des bourreaux et entourée de bûchers» (*Examen\* important de milord Bolingbroke ou le Tombeau du fanatisme*, 1767). Rien n'y manifeste la présence de Dieu – Voltaire rejette comme des fables les prétendus prodiges du temps de Constantin, de Clovis ou de saint Bernard.

Dépouillé de toute transcendance, le christianisme est donc réinscrit dans des contingences pétries de passions et de violences. À son mépris d'une doctrine irrationnelle, Voltaire ajoute la condamnation absolue d'un prosélytisme établi sur l'esprit de conquête et l'intolérance fanatique. En France, où le catholicisme est de son temps la religion d'État, il observe tous les jours, particulièrement dans les affaires judiciaires où il intervient, cette volonté de domination absolue, voire ce zèle persécuteur qu'il combat sous le nom de l'Infâme. Les luttes du moment lui font donc encore noircir sa vision du christianisme. Dans ses *Dialogues\* chrétiens* (1760), en pleine bataille encyclopédique, prêtre et pasteur sont pour lui des fanatiques. L'expulsion des jésuites\* de France est proche (1762-1764). Voltaire veut croire que la fin du christianisme l'est aussi, et qu'il peut la hâter. Cet épisode chrétien de l'histoire de l'humanité a eu un commencement, quand une branche du judaïsme s'est détachée de la religion mère. Il aura également une fin: Voltaire s'intéresse aux probabilités\* du philo-

sophe et mathématicien écossais John Craig, qui lui laisse encore treize cent cinquante ans à vivre.

Au moins le christianisme doit-il évoluer: Voltaire voudrait le réduire à une morale. Dans les *Lettres philosophiques*, il retient des enseignements chrétiens, face aux vaines subtilités de Pascal*, «la simplicité, l'humanité, la charité». Il n'en conserve au fond que ce qui correspond, à ses yeux, à la morale de la loi* naturelle. Il en rejette les exigences les plus dures: l'abandon des affections humaines, l'obsession individuelle du salut. Il s'indigne du reste contre l'idée d'un fondateur de religion apportant non la paix, mais le glaive – quand il ne réduit pas ce provocant paradoxe à une faute de copiste. Il s'agit alors, comme dans *Dieu\* et les hommes* (1769), d'éliminer des évangiles les passages qui «déshonorent» Jésus, pour en faire l'apôtre humain d'une morale universelle, prêchant l'amour de Dieu et l'indulgence aux hommes. Dans le christianisme, Voltaire récupère la leçon d'amour, grand remède au fanatisme, tandis qu'il en rejette toute valorisation de la douleur, toute légitimation de la souffrance. Il veut bien du christianisme, si le christianisme est un humanisme. C'est sur ce syncrétisme religieux, cet appel à «la religion de tous les hommes», de Socrate à Jésus, que se clôt le *Dialogue\* du douteur et de l'adorateur* (1766).

Parce que le peuple, longtemps maintenu dans les superstitions chrétiennes, n'est pas encore capable de rendre à ce Dieu naturel un hommage pur, il serait prématuré de vouloir renverser le christianisme: c'est la conclusion de l'*Examen important de milord Bolingbroke*. Mais pour la suite des temps, on voit bien ce que pourrait être le christianisme épuré souhaité par Voltaire: une morale de haute humanité, commune à toutes les hommes religieux, sans ces dogmes qui mènent aux persécutions et même, par leur absurdité, à l'athéisme, sans mystère non plus, sans ambition de pouvoir, sans vocation d'autorité absolue sur les esprits. Dans ce christianisme à venir, on aura reconnu l'idéal du théiste.

Marie-Hélène Cotoni

*Toute religion qui n'appartient qu'à un peuple est fausse.*
*Le Sermon des Cinquante, 1762.*

*Le vrai christianisme est la loi naturelle perfectionnée.*
*Lettres d'un quaker, 1763.*

## CHRISTIN, Charles Frédéric Gabriel

SERVAGE •

Avocat à Saint-Claude, puis bailli à Ferney, Charles Christin (1744-1799) fut le «jurisconsulte philosophe» qui assista Voltaire dans plusieurs de ses

affaires\* après 1766, et surtout dans sa lutte en faveur des serfs de Saint-Claude\*. Il subsiste une centaine de lettres de Voltaire à Christin, confiantes, complices, souvent affectueuses.

*André Magnan*

## CHRONOLOGIE

BIBLE • FABLE • HISTOIRE • SCIENCES •

Le respect de la chronologie (religieuse ou profane) a marqué la fin du XVII$^e$ siècle. On a très tôt reproché à Bossuet l'imprécision des époques du *Discours sur l'histoire universelle* et on se moquait traditionnellement des datations approximatives d'un Mézeray dans son *Histoire de France* (1643-1651). Ce n'est point un hasard si Voltaire est lié au président Hénault qui publie en 1744 cet instrument indispensable que constitue le *Nouvel Abrégé chronologique de l'histoire de France*, ouvrage qui connaîtra huit éditions au XVIII$^e$ siècle.

La nouvelle historiographie qui se constitue avec les Lumières s'interroge prioritairement sur la chronologie. Dans l'article « Histoire » qu'il donne à l'*Encyclopédie*\*, Voltaire oppose le temps de la fable, incertain, vague et aléatoire, au temps de l'Histoire qu'il faut tenter de reconstruire à partir des traces et documents. Avant le temps de l'écriture, qui permet de reconstituer une chronologie, il y eut les temps de l'oralité : tout s'y confond, nous sommes dans la fable. L'historien Voltaire, dans l'*Histoire de Charles XII* comme dans *Le Siècle de Louis XIV*, rend partout manifeste cet intérêt à dater. Le même souci demeure dans l'*Essai sur les mœurs*, car il ne peut exister d'histoire universelle non plus sans étaiement d'une chronologie générale. On sait toute l'attention que Voltaire portera à rectifier une date abusivement admise ; et la vérification ne se limite pas aux seuls faits : elle s'applique aussi aux enchaînements, même lointains. La polémique qui suit la publication de ses ouvrages historiques s'attache souvent aux problèmes de datation : Nonnotte\* voudra redresser ses « erreurs ».

Le séjour en Angleterre (1726-1728), l'étude de l'œuvre de Newton\*, lui avaient ouvert une autre dimension de la chronologie. Dans ses *Lettres philosophiques* (XVII$^e$ lettre, « Sur l'infini et la chronologie »), Voltaire fait bien comprendre que l'enjeu d'une chronologie de la longue durée est d'ordre religieux : prouver que les Égyptiens sont antérieurs au peuple juif, montrer que les Grecs ont précédé par leur culture Israël, c'est montrer du même coup que les références de l'Ancien Testament sont sujettes à caution, c'est établir sur des datations précises cette mythologie comparée que construit Voltaire pour mettre à mal l'antériorité historique qui fonde l'autorité des textes bibliques. Oublier cet enjeu, si essentiel pour Voltaire,

c'est se condamner à ne pas comprendre sa réflexion obstinée sur l'antiquité de la Chine, de l'Inde ou même de l'Égypte, qui met en question le monothéisme juif et insinue les origines historiques et culturelles d'éléments de la Bible donnés comme révélés. Idée centrale, qui revient dans les contes orientaux (*Le Taureau blanc*, *La Princesse de Babylone*) et dans les écrits sur les textes sacrés de l'Inde (*Veidam* et *Ézour-Veidam*).

Voltaire n'en reste pas là. Grâce à Newton, qu'il accuse par ailleurs de frivolité – comment un grand savant peut-il se livrer à des calculs chronologiques d'une telle frivolité? – il prend en flagrant délit d'imprécision ou même de contradiction la chronologie biblique. Les articles consacrés à l'Ancien Testament dans le *Dictionnaire philosophique* ou les *Questions sur l'Encyclopédie* ne se font pas faute de souligner telle ou telle incohérence entre les dates ou les âges des héros («Adam», «Inondation», «Abraham»).

Les progrès de la géologie, la datation des fossiles, les hypothèses qu'à partir d'elle on peut avancer quant à l'âge du globe et de ses habitants ont conduit Voltaire à s'interroger et à réfuter. Il craint qu'ils ne servent à fonder les données les plus extravagantes de l'Ancien Testament : la présence de coquilles* pétrifiées sur les lieux bien au-dessus du niveau de la mer n'est-elle pas la preuve que le déluge fut un fait réel? Et Voltaire de polémiquer, dans *L'Homme aux quarante écus*, contre Benoît de Maillet, auteur d'un *Telliamed* (1748) rempli de conjectures à ce sujet, et qui défendait une théorie proche de Lucrèce pour expliquer l'apparition de la vie sur la terre, ou de s'en prendre à Buffon*, dans *La Défense de mon oncle* (chap. XIX, «Des montagnes et des coquilles»). Les mêmes questions sont traitées dans la *Dissertation\* sur les changements arrivés dans notre globe* ou dans *Les Colimaçons\* du révérend père l'Escarbotier* (1768). Ce qui montre qu'à une époque d'intense affrontement idéologique, rien n'est totalement innocent, et qu'il n'est pas de savoir qu'on ne puisse mettre au service d'une cause ou de ses adversaires.

*Jean Goulemot*

## CICÉRON

ANCIENS · GOÛT · LATIN · ROME ·

En Cicéron, son Romain préféré, Voltaire admirait l'homme complet qu'il aurait voulu être : homme d'État, orateur et poète, philosophe, âme vertueuse, sensible et vraie.

Le grand homme d'État est célébré dans la tragédie de *Catilina ou Rome\* sauvée* (1752), peinture du «service le plus signalé que jamais homme eût rendu à sa patrie», qui fit de Cicéron «le père de la maîtresse du monde»

(préface). Mais Voltaire n'admire pas moins le « simple chevalier » qui parvint « à la première place de l'univers », et le proconsul de Cilicie, aussi bon général que bon gouverneur, remarquable d'« équité » et de « désintéressement », unissant « deux vertus si rarement compatibles » : l'« activité » et l'« affabilité » (*Questions sur l'Encyclopédie*, art. « Cicéron »).
Sur l'orateur, « le plus éloquent de son temps », Voltaire s'étend peu, même s'il souligne dans l'article « Éloquence » de l'*Encyclopédie* qu'« après avoir donné les exemples dans ses harangues, il donna les préceptes dans son livre *De l'orateur* », avec « la méthode d'Aristote » et « le style de Platon ». Ce qui lui plaît aussi, c'est que le même homme, « toujours chargé des affaires de l'État et de celles des particuliers » ait publiquement loué les arts et les lettres, et se soit révélé « un des premiers poètes de son temps » : « Y a-t-il rien de plus beau que les vers qui nous sont restés de son poème de Marius ? » (préface de *Rome sauvée*).
Titre essentiel à sa gloire enfin : « il fut le plus grand philosophe des Romains ». Comme Bayle, ce maître enseigne à douter : « J'aime passionnément Cicéron parce qu'il doute » (à Dortous de Mairan, août 1760). Mais en proclamant hautement que la mort n'est que « la fin de toutes les douleurs » (*Un chrétien contre six juifs*), il reconnaît « un Dieu suprême et tout-puissant » (*Essai sur les mœurs*). Voltaire apprécie surtout ses *Tusculanes* et son *De la nature des dieux*, « les deux plus beaux livres » de la sagesse humaine, ainsi que son traité *Des offices*, « le plus utile que nous ayons en morale » (*Questions sur l'Encyclopédie*, art. « Cicéron »). La place de Cicéron est donc au panthéon des sages, avec Confucius, Marc Aurèle, Bolingbroke et les autres...
Enfin Voltaire prise l'épistolier des *Lettres familières*; il aime sa « franchise », sa « sensibilité » : « Vrai dans toutes ses démarches, il parlait de son affliction sans honte, et de son goût pour la gloire sans détour. Ce caractère est à la fois naturel, haut et humain » – et cette « âme généreuse et noble » était aussi celle d'un « ami tendre » (préface de *Rome sauvée*).
On comprend que, lors des représentations privées de *Rome sauvée*, Voltaire ait tenu par prédilection le rôle du consul : « C'était Cicéron lui-même », dira Lekain. Et malheur à ceux (Warburton, Crébillon, Linguet), qui osent critiquer le grand homme ; son style est certes parfois « diffus », sa physique est « pitoyable », et il a manqué de sens politique dans les guerres civiles, mais Voltaire défendra toujours « l'éloquent Cicéron, sans lequel aucun Français ne peut penser » (à Mme du Deffand, 18 février 1760).

*Patrick Brasart*

## CIDEVILLE, Pierre Robert Le Cornier de

AMITIÉ • CORRESPONDANCE • ROUEN •

Entre avril 1723 et août 1765 – la suite est perdue –, Voltaire a échangé plus de quatre cent cinquante lettres avec son cher ami Cideville (1693-1776), conseiller au parlement de Rouen, grand amateur de littérature et grand faiseur de vers. Il donne à ce Normand féru du goût classique le surnom très littéraire d'« Ovide de Neustrie ».

Cideville est d'abord un confident attentif dont l'amitié remonte aux années de collège ; ils sont du même âge, ils ont fréquenté ensemble le collège\* de Louis-le-Grand. Voltaire lui fait part de ses sentiments, de ses peines, de ses projets, des difficultés qu'il rencontre dans sa carrière d'auteur : « Je travaille à plus d'un atelier à la fois ; je n'ai pas un moment de vide, les jours sont trop courts : il faudrait les doubler pour les gens de lettres » (15 novembre 1733). Ils se voient à Rouen, où Voltaire se rend assez souvent jusque vers 1733, et à Paris où Cideville passe chaque année plusieurs semaines. La correspondance avec Cideville tient un peu du journal intime. Dans une lettre envoyée de Versailles, le 31 janvier 1745, Voltaire se plaint à lui d'être « bouffon du roi à cinquante ans ».

Cette correspondance peut être aussi très littéraire, sur le modèle classique du conseil et de la critique. Dans les années 1730, Voltaire commente longuement les pièces en vers et les essais de théâtre que son ami lui envoie, et lui adresse à son tour, de temps à autre, « une valise pleine de prose et de vers ». Il n'hésite pas à prêcher, selon son usage, la brièveté, la clarté, et ce style savamment facile qui ne doit coûter aucune attention à l'esprit du lecteur. En même temps, il s'explique sur ses propres ouvrages en cours et demande à Cideville, en échange de ses conseils, de se faire « le tuteur » de *La Henriade* ou de son *Essai sur la poésie épique*, c'est-à-dire d'en revoir le texte et même d'en superviser l'impression clandestine.

C'est là le troisième rôle joué par Cideville : son ami est aussi, dans cette Normandie toute proche, moins étroitement surveillée par la censure\*, un précieux agent éditorial. Inversement, quand le libraire rouennais Jore sort prématurément, contre la volonté de l'auteur, son édition des *Lettres\* philosophiques* (1734), Voltaire lance un vibrant appel à Cideville pour qu'il réunisse sur place les témoignages de son innocence dans cette affaire. Après 1750, la relation se fige, la correspondance se fait plus formelle. Venu le temps des œuvres philosophiques de Voltaire, puis de la campagne contre l'Infâme, M. de Cideville fut comme égaré. Il préféra toujours *La Henriade*, *Alzire* et l'*Histoire de Charles XII*. Il finit même un peu dévot.

*Didier Masseau*

# CINÉMA

LANTERNE MAGIQUE • PERSONNAGE • TÉLÉVISION • THÉÂTRE (VOLTAIRE PERSONNAGE DE) •

Avant d'apparaître sur grand écran, Voltaire fut d'abord l'un de ces «fantômes, spectres ou revenants» proposés par Robertson (1763-1837) dans un nouveau genre de spectacle lumineux: la fantasmagorie.

À la fin du XVIII$^e$ siècle, ces représentations où un spectre grandit sur la toile et semble se précipiter sur le public avant de «disparaître avec la rapidité de l'éclair» connaissent un vif succès. Avec son «fantascope», Robertson projette les ombres de Voltaire et Rousseau mais aussi de Cagliostro, Condorcet, Beaumarchais, Franklin, Marmontel ou Robespierre.

Le cinéma, grand consommateur de figures historiques, et cela dès ses origines, s'est peu intéressé à Voltaire: huit films seulement, entre 1923 et 1955, le mettent en scène, personnage le plus souvent secondaire et anecdotique, ou apparition mythique dans un seul plan du film (*Napoléon* d'Abel Gance en 1927; *Le Diable boiteux* de Sacha Guitry en 1948). À deux exceptions près (*Adrienne Lecouvreur* de Marcel L'Herbier en 1938 et *Si Paris nous était conté* de Sacha Guitry en 1955), c'est Voltaire âgé qui est mis en scène.

Dans *Mandrin* (1923), Henri Fescourt et son scénariste Arthur Bernède (collaborateur de Feuillade pour *Judex*) imaginent que Mandrin et sa fiancée Nicole Malicet trouvent refuge dans le «château de M. Voltaire», titre d'un des épisodes de ce «cinéroman». Improbable péripétie qui s'appuie sans doute sur deux lettres de Voltaire à la duchesse de Saxe-Gotha (14 et 29 janvier 1755). C'est un Voltaire amical, bienveillant, paternel qui reçoit le couple et promet de lui offrir son château en cadeau de mariage. Mandrin et sa bande repartis par les routes, Voltaire s'emploie à calmer les inquiétudes de la jeune fille. Barolès campe un personnage souriant, tendre, une sorte de «curé de campagne». Voltaire ne cachait pas sa fascination pour Mandrin, «héros à rouer», et les auteurs de ce western lyrique, tourné en Provence avec de grands moyens, la partagèrent au point de ne pas le faire mourir... Au moment de l'exécution – Mandrin fut en effet roué vif le 26 mai 1755 – un comparse est substitué au brigand légendaire que Voltaire embrasse avant d'assurer sa fuite!...

Le 15 décembre 1754, Voltaire écrivait à Gauffecourt: «Le major Rock chez qui je n'ai pu aller sort de chez moi. Il a vu Mandrin à Nyon. J'espère avoir bientôt cet honneur.» Il revenait au cinéma d'opérer cette rencontre. Dans l'imaginaire des cinéastes, Voltaire et Mandrin sont désormais liés. Le *Mandrin* tourné en 1947 par René Jayet, sur un scénario de Jacques Chabannes et André Haguet, les associe dans une glorification des idéaux de justice et de liberté. Voltaire, sous les traits de Robert Pizani, composi-

tion d'une ressemblance étonnante avec les portraits du philosophe, est avant tout une figure prérévolutionnaire.

Dans son *Napoléon* (1927), Abel Gance prend le relais. À la fin du film, Bonaparte pénètre dans la salle vide de la Convention « pour retremper son énergie dans cette enceinte » et « y méditer sur l'avenir ». La salle commence à se peupler de fantômes. Tous les héros de la Révolution apparaissent, et dans les tribunes soulevées d'enthousiasme, « on distingue au premier plan des figures célèbres : Voltaire, Jean Jacques Rousseau, Diderot, Montesquieu, Beaumarchais, les encyclopédistes, tous ceux qui, à un titre quelconque, eurent un rôle dans le drame dont voici le dernier acte ». Le générique nous apprend que le fantôme de Voltaire est interprété par un certain M. Martin, inconnu par ailleurs.

Au début des années 1930, aux États-Unis en pleine dépression économique, la Warner se fit le champion des droits des opprimés et des persécutés : films-plaidoyers en faveur d'une réforme pénale, mise en scène des épreuves de la classe ouvrière dans des drames corrosifs.

En 1933, la Warner met en chantier un *Voltaire* sous la direction de John Adolfi et Ray Griffith. Le scénario, adapté d'un roman de G. Gibbs et E. L. Dudley, se voulait un divertissement biographique et ne s'embarrassait guère de vérité historique. Le public bouda le film qui abondait en répliques du genre : « Tu peux brûler mon corps, mais pas mon âme ; elle appartient au peuple de France. »... Voltaire était interprété par George Arliss, né à Londres en 1868. Spécialisé dans les rôles de composition historique, Arliss avait obtenu un oscar en 1929 pour *Disraeli* et se livrait dans *Voltaire* à une de ces performances théâtrales et pittoresques qui en avaient fait une vedette de la Warner.

Dans *Adrienne Lecouvreur* de Marcel L'Herbier (1938) – scénario de Mme Simone –, voici enfin Voltaire jeune. La composition de Fernand Bercher s'inspire du tableau de Largillière, mais dans cette évocation romancée des amours de l'illustre comédienne (Yvonne Printemps) et du maréchal de Saxe (Pierre Fresnay), Voltaire n'est qu'un comparse. Deux scènes seulement : en ouverture du film, il évoque, avec le duc de Bouillon, son séjour à la Bastille ; et plus tard, il s'emporte contre Adrienne absente à la lecture de *Mariamne* : elle a préféré rester dans les bras de Maurice de Saxe.

Les cinéastes allemands ont consacré de nombreux films à Frédéric II : *Fridericus Rex* (1921), *Das Flötenkonzert von Sanssouci* (1930), *Die Tänzerin von Sanssouci* (1932), *Der Choral von Leuthen* (1933), *Der Große König* (1942) de Veit Harlau. Dans tous ces films, un même comédien, Otto Gebühr, interprète le roi de Prusse ; mais ils ne montrent jamais Voltaire, alors qu'on y retrouve Louis XV et Mme de Pompadour.

Pour Sacha Guitry, Voltaire est « intellectuellement le plus grand homme que nous ayons eu en France », et il va le mettre en scène à plusieurs

reprises. Pour lui, Voltaire, c'est « l'esprit de Paris » ; et sur son bureau filmé dans *Si Versailles m'était conté* et *Si Paris nous était conté*, le spectateur distingue deux statuettes du patriarche de Ferney, debout, appuyé sur sa canne. Dans *Le Diable boiteux* (1948), le jeune Talleyrand déjà ordonné se présente devant Voltaire (Maurice Schutz) qui « le bénit » – « et dès lors tout s'explique », conclut Guitry... Dans *Si Versailles m'était conté* (1954), nouvelle rencontre imaginaire où Guitry télescope les années et les personnages. Dans une salle du palais, deux gentilshommes discutent de Voltaire qui n'est pas encore de l'Académie. Rousseau écoute, assis à l'écart. Paraît Voltaire qui prophétise la Révolution et annonce que le roi est mourant. Peu importe à Guitry que Voltaire soit entré à l'Académie en 1746 et que Louis XV soit mort vingt-huit ans plus tard ! Il néglige et rejette « cette chronologie implacable des faits, ennemie résolue de tout vagabondage ». Rousseau s'indigne des sarcasmes de Voltaire, tels : « Quand la populace se mêle de raisonner, tout est perdu. » Voltaire rabroue Rousseau, qui conclut alors : « Et dire qu'un jour, plus tard, le peuple ira se prévaloir d'un tel monstre. » Fondu au noir...

Voltaire prend ici les traits de Jacques de Féraudy, un de ces comédiens de second plan que Guitry aime employer de film en film, et il est si juste en Voltaire que Guitry n'hésitera pas à lui confier le même personnage deux ans plus tard, dans son *Si Paris nous était conté* (1956).

Cette nouvelle fresque historique, Guitry la place d'emblée sous le patronage de Voltaire en terminant son générique sur cette citation : « Je ne crois pas qu'il soit permis à l'Histoire de parler des vivants. Les portraits des hommes publics sont ordinairement dans un faux jour pendant leur vie. Voltaire. » Mais le cinéaste nous offre alors – et c'est la première fois à l'écran – Voltaire jeune et Voltaire âgé, joué par deux comédiens différents. Bernard Dhéran (le Beaumarchais de *Si Versailles...*) est le jeune Voltaire embastillé par le Régent. Plus tard, un gardien du musée Carnavalet (Jean Tissier) présente aux visiteurs le fauteuil de Voltaire où apparaît Jacques de Féraudy, le visage émacié. C'est bien « le malin vieillard » ironique et nerveux que nous nous attendions à voir. Guitry met en scène le coucher du philosophe, à la manière de Huber ; puis nous retrouvons une dernière fois Voltaire mourant – chez le marquis de Villette. Quai Voltaire, une bouquiniste (Pauline Carton) raconte à un client la mort du philosophe dans la maison qui fait face à son étal, l'hôtel de Villette : rédaction du testament, dernier soupir et maquillage de Voltaire mort avant le transport du corps à Scellières. Alice Tissot incarne une Marie Louise Denis éplorée. Ces scènes – où Jacques de Féraudy se révèle un excellent Voltaire – sont parmi les plus réussies et les plus brillantes du film.

Si Guitry vibre pour son personnage, l'ensemble relève pourtant encore de la comédie. Il fallut attendre Stellio Lorenzi, avec *L'Affaire Calas* (1963),

pour voir Voltaire pris au sérieux, dans une œuvre de télévision mieux documentée – plus grand sur petit écran.

*Jacques Mény*

## *CINQUIÈME HOMÉLIE PRONONCÉE À LONDRES, LE JOUR DE PÂQUES, DANS UNE ASSEMBLÉE PARTICULIÈRE*

DÉISME • FACÉTIES •

Voltaire a donné le titre d'homélie à six de ses pamphlets. Aux quatre *Homélies\* prononcées à Londres en 1765 dans une assemblée particulière*, parues en mai 1767, il a lui-même rattaché cette *Cinquième Homélie*, publiée en mars 1769. En pure chronologie, ce serait la sixième, puisqu'il avait donné entre-temps, en octobre 1768, l'*Homélie du pasteur Bourn, prêchée à Londres*, mais ce texte n'a jamais été lié aux autres. La *Cinquième Homélie* donc – conservons le titre que Voltaire lui a donné – est supposée prononcée par un prêtre, juste avant la communion. «Mais à quoi nous servirait cette communauté de nourriture, s'écrie l'orateur, si nous n'avions une communauté de charité, de bienfaisance, de tolérance, de toutes les vertus sociales?» La prière s'achève sur une profession de foi purement déiste, récupération classique de la ferveur chrétienne au profit des valeurs sociales.

*Didier Masseau*

## CIRCONCISION

BAPTÊME • BIBLE • JUIFS •

Il y a dans le *Dictionnaire\* philosophique*, un article «Circoncision», résumé facile d'un discours diffus: Voltaire est souvent revenu sur ce rite, dans ses écrits sur la Bible et sur l'histoire sacrée, selon le même schéma double de décentrement et de désacralisation. Après avoir situé chez les Égyptiens, d'après Hérodote, l'origine de la circoncision, il rappelle les relations des anciens juifs avec l'Égypte, et mentionne d'autres emprunts marqués dans la Bible même, des ablutions au bouc émissaire: les «grâces» de Dieu auraient ainsi «sanctifié» des usages étrangers au peuple élu. Par ailleurs, en évoquant conjointement le baptême, que les chrétiens lui ont substitué, il suggère, à l'égard d'usages ou de rites aussi divers, l'indifférence qui pour lui conduit à la tolérance: le héros de *L'Ingénu\**, quand il se convertit, croit être fidèle au christianisme authentique en demandant d'abord à être circoncis.

*Marie-Hélène Cotoni*

# C

## CIREY

CHÂTELET (MME DU) • COURTISAN • EXIL • LOGEMENTS • MOUSSINOT •

Les différentes retraites qui jalonnent la vie de Voltaire, Cirey, Les Délices*, Tourney*, Ferney*, répondent à des choix profonds, stratégiques et symboliques : une proche frontière accueillante pour parer aux menaces, et une sorte de micro-société avec ses rites et ses usages, une théâtralité de la vie mondaine et intellectuelle, encore semi-privée à Cirey, presque publique et parfois spectaculaire à Ferney. Cirey représente un moment inaugural.

Le château de Cirey-en-Champagne est d'abord un asile, car l'édition des *Lettres* philosophiques* diffusée à Paris sans autorisation légale, vaut à son auteur une nouvelle lettre de cachet. Ainsi Voltaire accepte-t-il, en 1734, l'hospitalité de Mme du Châtelet avec qui il s'est lié l'été précédent à Paris. C'est, sur la frontière lorraine, un refuge propice contre les mauvaises nouvelles successives : le scandale de la parution clandestine de ses *Lettres*, la condamnation au feu de l'ouvrage par le Parlement, le mandat d'arrestation contre l'auteur anonyme. Pendant dix ans, Voltaire trouvera à Cirey un port d'attache, ne s'en éloignant que pour des voyages d'affaires ou d'agrément, à Paris, une fois le scandale retombé, à Bruxelles*, en Hollande*, et pour une mission diplomatique en Prusse* chez Frédéric II. Mais il tentera bientôt, inutilement d'abord, d'user de l'entremise d'amis influents pour faire lever l'ordre d'arrestation. Le Parlement de Paris, bastion du jansénisme, juge sacrilège la XXV$^e$ des *Lettres philosophiques* hostile à Pascal*. Il lui faudra attendre encore quelque temps avant de revenir en grâce.

L'accession du marquis d'Argenson, protecteur et ami de Voltaire, au poste de ministre des Affaires étrangères (novembre 1744) marque le tournant de cette période de Cirey. Voltaire avait déjà rendu quelques services comme diplomate* officieux auprès de Frédéric II ; il peut désormais se rapprocher de la cour grâce à d'Argenson et surtout à la protection de la toute-puissante Mme de Pompadour. Son exil de Cirey prend fin : il va nouer des liens nouveaux et plus étendus, connaître les honneurs officiels, adopter des stratégies plus conciliantes.

Cirey a ses traits propres. Ce point d'ancrage est aussi un lieu de rayonnement, puisque le philosophe dispose de correspondants qui l'informent sur les dispositions de la cour, et font avancer ses affaires littéraires. Il a surtout transformé un lieu d'exil en un asile témoignant en lui-même, et par les activités qui s'y déroulent, de toute une philosophie de l'existence. Voltaire participe largement, comme il le fera dans ses retraites successives, à l'aménagement du château qui doit devenir un lieu d'étude, de réflexion et de poésie, et offrir aux hôtes de passage un havre de paix et de beauté. Il applique la leçon du *Mondain**, qui proclame l'absolue nécessité du « luxe » pour atteindre le bonheur. À Cirey, on suit les modes nouvelles et « le

Désert» s'embellit: on taille des perspectives dans les jardins; les appartements d'Émilie sont décorés avec le plus grand raffinement, avec des bains de porcelaine. Voltaire n'est pas seulement un donneur de conseils, il finance et contrôle les travaux : il ajoute une aile au château, témoignant déjà d'un esprit d'entreprise et d'action qui trouvera sa plénitude à Ferney. Le séjour à Cirey est aussi marqué par un engouement pour les sciences. Avec passion, Voltaire reprend les œuvres de Newton et approfondit les leçons de Locke. Dans leurs savantes études, Émilie est son égale et sa rivale. Mme du Châtelet est leibnizienne, Voltaire newtonien. Elle est plus experte que lui dans les sciences de calcul. Leurs travaux sont connus, leur couple devient mythique. Voltaire connaît à Cirey une véritable euphorie intellectuelle. La période est en effet extrêmement féconde et diverse. Outre les écrits scientifiques, comme les *Éléments\* de la philosophie de Newton* qu'il dédie à son amie en 1738, et les recherches métaphysiques nourries par la lecture de Clarke, Voltaire se lance avec ardeur – mais secrètement – dans des études bibliques, étape essentielle de sa critique future du christianisme. Il ne néglige pas pour autant les belles-lettres: sur la petite scène dressée dans les combles du château, il fait jouer ses propres pièces, comme *Alzire\* ou les Américains* commencée en 1733. Il poursuit son œuvre de poète avec ses *Discours\* en vers sur l'homme*, et son œuvre historique avec *Le Siècle\* de Louis XIV*.

Ce séjour témoigne enfin d'une nouvelle façon de vivre, de gérer le temps, d'organiser le travail intellectuel. En hiver comme en été, les deux amis se lèvent à cinq heures du matin, tandis que les hôtes de passage n'ont pas le droit de sortir de leur chambre avant dix heures, car il ne faut pas troubler les études des princes de la «philosophie»! Après le déjeuner, les invités assistent à leur entretien. Mais on se retire bientôt jusqu'au souper qui a lieu à neuf heures; Voltaire regagne sa chambre ou le cabinet d'Émilie. Malgré cet emploi du temps, la vie n'est pas austère à Cirey et le philosophe n'oublie pas les plaisirs. Il confie à Thiriot\*: «Nous lisons quelques chants de Jeanne la Pucelle, ou une tragédie de ma façon, ou un chapitre du *Siècle de Louis XIV*. De là nous revenons à Newton et à Locke, non sans vin de Champagne, et sans excellente chère, car nous sommes des philosophes très voluptueux.» Mme de Graffigny\*, témoin principal de cette période, a raconté dans des lettres piquantes les séances de lanterne magique, les amusements de toutes sortes et les conversations brillantes qui enchantaient les hôtes. En dépit de quelques moments de tension, la période de Cirey fut ainsi marquée par un équilibre rare entre les doux plaisirs d'une sociabilité restreinte, la passion de l'étude la plus ouverte et la fécondité d'une inspiration plus traditionnelle.

*Didier Masseau*

*Ils sont dans une solitude effrayante pour l'humanité – Cirey est à quatre lieues de toute habitation, dans un pays où l'on ne voit que des montagnes et des terres incultes – abandonnés de tous leurs amis, et n'ayant presque jamais personne de Paris. Voilà la vie que mène le plus grand génie de notre siècle, à la vérité vis-à-vis une femme de beaucoup d'esprit, fort jolie, et qui emploie tout l'art imaginable pour le séduire. Il n'y a point de pompon qu'elle n'arrange, ni de passage des meilleurs philosophes qu'elle ne cite pour lui plaire, rien n'y est épargné. Il en paraît plus enchanté que jamais. Il se construit un appartement assez beau, où il y aura une chambre noire pour des opérations de physique. Le théâtre est fort joli, mais ils ne jouent point la comédie faute d'acteurs. Tous les comédiens de campagne, à dix lieues à la ronde, ont ordre de se rendre au château. On a fait l'impossible pour tâcher d'en avoir pendant le temps que nous y avons été, mais il ne s'est trouvé que des marionnettes, fort bonnes. Nous y avons été reçus dans la grande perfection.*

Mme Denis à Thiriot, 10 mai 1738.

*Sa petite aile tient si fort à la maison que la porte est au bas du grand escalier. Il a une petite antichambre, grande comme la main, ensuite sa chambre, petite, basse, tapissée de velours cramoisi, une niche de même avec des franges d'or. C'est le meuble d'hiver. Il y a peu de tapisseries, et beaucoup de lambris, dans lequel sont encadrés des tableaux admirables, des glaces on s'en doute, des encoignures de laque admirables, des porcelaines, des marabouts, une pendule soutenue par des marabouts, d'une forme singulière, des choses infinies dans ce goût-là, chères, recherchées, et surtout d'une propreté à baiser le parquet, une cassette ouverte où il y a une vaisselle d'argent, tout ce que le superflu chose si nécessaire a pu inventer, et quel argent ! quel travail ! Il y a jusqu'à un baguier où il y a dix ou douze bagues de pierre gravées, une autre ou deux de diamants très minces. De là, on passe dans la petite galerie, qui n'a guère que trente ou quarante pieds de long. Entre les fenêtres là sont deux petites statues fort belles, sur piédestaux de vernis des Indes ; l'une est cette Vénus fameuse, l'autre Hercule. L'autre côté des fenêtres est partagé en deux armoires, l'une de livres, l'autre des machines de physique. Entre les deux, un fourneau, dans le mur, qui rend l'air comme celui du printemps. Devant, un grand piédestal de pierre, sur lequel est un Amour, assez grand, qui lance une flèche. Cela n'est pas achevé. On fait une niche sculptée à cet Amour, qui cachera l'apparence du fourneau.*

Mme de Graffigny à François Étienne Devaux, 6 décembre 1738.

## CITATION

ANCIENS • BIBLE •

L'une des « mites philosophiques » rencontrées dans *Micromégas* par le géant de Sirius s'avise de citer en grec « un certain Aristote ». Étonnement amusé de Micromégas : « C'est, répliqua le savant, qu'il faut bien citer ce qu'on ne comprend pas du tout dans la langue qu'on entend le moins. » De ces citations d'autorité, cautions faciles de discours creux, Voltaire s'est souvent moqué ; il a parodié parfois le procédé dans ses pamphlets bibliques, jusqu'à mystifier les naïfs par de fausses citations.

En revanche, il aime citer pour l'« agrément », surtout dans sa correspondance. Besterman* a relevé ces citations des lettres familières. La Bible domine : Voltaire aime désacraliser les « Saintes Écritures » – qu'il pratique assidûment – en jouant des effets burlesques nés d'« applications » imprévues. « In triduo reedificavi illud », dit-il en 1733 à propos de son *Temple du Goût*, qu'il a dû réécrire précipitamment. La réminiscence va parfois jusqu'à l'obsession, au plus fort du combat contre l'Infâme, par un mimétisme direct qui emprunte à l'adversaire, de moins en moins ironiquement, les formules du prosélytisme : il enjoint aux « frères » de « cultiver la vigne », les appelle à « s'aimer les uns les autres » dans l'union de la bonne cause, à rester « fermes dans la foi » aux Lumières. Après la Bible viennent les auteurs latins : Horace* et Virgile* surtout, non pas – comme chez Montaigne – pour lancer et nourrir la pensée, mais pour des traits où se conclut et se condense tout un propos, relevant la simplicité de la lettre.

Les citations des « bons auteurs » du siècle de Louis XIV sont nettement moins nombreuses (La Fontaine, puis Racine, puis Boileau), et moins encore celles des grands étrangers (l'Arioste, Milton...). Quant aux contemporains, ils tiennent une place négligeable, à une exception près : lui-même – humour ou fierté selon les cas.

*Patrick Brasart*

*Je n'aime point à citer ; c'est d'ordinaire une besogne épineuse : on néglige ce qui précède et ce qui suit l'endroit qu'on cite, et on s'expose à mille querelles. Il faut pourtant que je cite Lactance, Père de l'Église.*
*Dictionnaire philosophique, 1764, art. « Bien (Tout est) ».*

## CITOYEN

AFFAIRES • DÉMOCRATIE • OPINION • RÉPUBLIQUE •

Le mot revient fréquemment sous la plume de Voltaire ; il apparaît même dans certains de ses titres. Dans ses analyses historiques, il l'utilise surtout

pour la Rome républicaine et pour la Hollande moderne. On en déduirait un peu vite que le citoyen est lié à la République, fût-elle par ailleurs cléricale comme pour Genève dans le *Sentiment des citoyens*. Selon Voltaire, le citoyen est, dans une cité ou dans un État, l'homme qui prend part au débat politique et aux décisions collectives. Politiquement, il n'y a pas de citoyen en régime monarchique, mais seulement des sujets. Avec cette limite cependant que le sujet se fait citoyen quand il est interpellé par le philosophe, qui lui demande alors de prendre position contre l'injustice ou les abus du pouvoir. On peut ainsi poser que l'opinion, au sens moderne du terme, transforme le sujet en citoyen. En République ou en démocratie, dans la mesure où Voltaire croit à l'existence ou à la viabilité de ces formes de gouvernement, la citoyenneté, comme droit d'opiner ou d'être consulté, est une donnée essentielle, fondatrice même du mode d'exercice de la souveraineté. Le destinataire des écrits consacrés aux Calas*, ou à l'affaire La Barre*, peut être considéré comme un citoyen. C'est même à ces sujets, citoyens virtuels, que Voltaire s'adresse quand il dénonce, interpelle ou informe. Le citoyen, à bien des égards, représente l'horizon d'attente du militantisme philosophique voltairien. Rien de commun cependant avec les réflexions de Rousseau ou les futures conquêtes de la Révolution. Pour Voltaire, le citoyen ne se recrute pas seulement dans la plèbe. Il est des nobles citoyens, comme d'Argental ou les d'Argenson, et des hommes du peuple qui ne sont que vile canaille. Tout est question d'information et de prise de conscience. Beaucoup plus que d'institution ou de position sociale. Il n'y a pas d'article « Citoyen » dans le *Dictionnaire philosophique* ou dans les *Questions sur l'Encyclopédie*. Quant au modèle antique du citoyen grec ou romain, il ne fascine pas Voltaire.

*Jean Goulemot*

*D'ailleurs c'est un ancien usage des sculpteurs de mettre des esclaves au pied des statues des rois. Il vaudrait mieux y représenter des citoyens libres et heureux.*
*Le Siècle de Louis XIV, 1752, chap. XXVIII.*

## CIVILISATION

BESTIAIRE • CHINE • HOMME •

Le mot lui-même n'est pas employé par Voltaire. C'est un néologisme, venu de l'anglais, qui apparaît entre 1750 et 1760, sans s'imposer. Mais le concept est bien présent dans son œuvre. Il existe pour Voltaire des sociétés « civilisées », certaines soi-disant telles, et d'autres qui ne le sont pas, ou pas encore : il oppose, à tout moment de l'histoire humaine, civilisation et barbarie ou sauvagerie.

# C

La civilisation pour lui se caractérise d'abord par le goût, la pratique des arts, le raffinement des mœurs, plus encore que par un état social et politique respectueux de la dignité de l'homme. Ainsi le monde arabe a-t-il connu un moment de grande civilisation, jusqu'en Espagne, sans que Voltaire s'interroge vraiment sur l'organisation politique qui y prédominait. Ainsi en fut-il à Rome. Au-delà de tout optimisme historique, Voltaire sait que les civilisations sont mortelles et toujours fragiles. À cause des hommes eux-mêmes, que leur violence naturelle peut faire régresser jusqu'à leur sauvagerie primitive. Mais les erreurs des politiques, les manipulations des Églises poussant au fanatisme, et les guerres avec leur cortège de mort, de famine et de maladie, menacent toute civilisation, acquis trop souvent mal apprécié et mal défendu. Pensée comme un progrès souvent remis en cause, elle explique la lutte de Voltaire pour l'inoculation*, pour la protection et le développement des arts, la politesse et les civilités, et contre la tentation des Églises de régir et de contrôler la société civile.

Ses considérations sur le monde amérindien avant l'arrivée de Colomb prouvent qu'à ses yeux, une organisation politique et sociale réglée, pratiquant les arts, connaissant certaines formes du développement technologique, créant et accumulant des richesses, ne fait pourtant pas à elle seule la civilisation. Les sacrifices humains, l'esclavage, une religion cruelle, un pouvoir autoritaire étaient, dans l'Amérique*, contraires à la civilisation, même si Voltaire croit que les Incas ou les Aztèques étaient plus civilisés que ces rustres qui, grâce à leur sauvagerie, leurs chevaux et leur artillerie, parvinrent à les dominer. Dans ce domaine comme dans bien d'autres, il est impossible de systématiser la philosophie voltairienne. Ainsi est-il capable encore d'admirer la civilisation louis-quatorzienne, malgré les guerres et les violences continuelles du règne, et de dénier à Genève le caractère civilisé pour son refus du théâtre, expression d'une civilisation raffinée. Il admire également la civilisation chinoise, mais c'est dans la pensée mythique d'un empereur dévoué à l'agriculture et de mandarins sagement occupés du bien public. La civilisation telle que la conçoit Voltaire est très largement européocentriste.

Peut-on définir avec précision son idée du processus même ? On dirait que l'homme prend vraiment pour lui toute sa valeur à s'éloigner de sa préhistoire. La civilisation, serait-on tenté de dire, c'est ce à quoi tend le combat voltairien. Y participent, avec la tolérance et la liberté, le développement du savoir et de la sage philosophie, les raffinements et commodités de la vie, la pratique et la reconnaissance institutionnelle des arts, l'effort des sentiments et de la raison sur les passions, les progrès de la justice, le respect des droits des individus, le goût de la lecture et la délicatesse dans les relations amoureuses. Le héros de *L'Ingénu** se civilise en devenant capable d'éprouver des sentiments, de pleurer en lisant Racine, de ne pas

prendre de force la belle Mlle de Saint-Yves quand le désir lui en vient. Les scrupules de cette dernière, qui meurt d'avoir cédé aux avances de l'influent « commis » Saint-Pouange pour sauver son fiancé, prouvent aussi que parfois trop de civilisation nuit.

Jean Goulemot

*Avec quelle lenteur, avec quelle difficulté le genre humain se civilise, et la société se perfectionne ! On voyait auprès de Venise, aux portes de cette Italie où tous les arts étaient en honneur, des peuples aussi peu policés que l'étaient alors ceux du Nord. L'Istrie, la Croatie, la Dalmatie, étaient presque barbares; c'était pourtant cette même Dalmatie si fertile et si agréable sous l'Empire romain; c'était cette terre délicieuse que Dioclétien avait choisie pour sa retraite, dans un temps où ni la ville de Venise ni ce nom n'existaient pas encore. Voilà quelle est la vicissitude des choses humaines. Les Morlaques, surtout, passaient pour les peuples les plus farouches de la terre. C'est ainsi que la Sardaigne, la Corse, ne ressentaient ni les mœurs ni la culture de l'esprit, qui faisaient la gloire des autres Italiens : il en était comme de l'ancienne Grèce, qui voyait auprès de ses limites des nations encore sauvages.*

Essai sur les mœurs, 1756, chap. CLXXXVI,<br>« Suite de l'Italie au XVII$^e$ siècle ».

*Plus de la moitié de la terre habitable est encore peuplée d'animaux à deux pieds qui vivent dans un horrible état qui approche de la pure nature, ayant à peine le vivre et le vêtir, jouissant à peine du don de la parole, s'apercevant à peine qu'ils sont malheureux, vivant et mourant sans presque le savoir.*

Questions sur l'Encyclopédie, 1770-1772, art. « Homme ».

## CLAIRON, Claire Josèphe Hippolyte Leris de La Tude, dite Mlle
ACTEUR • COMÉDIE-FRANÇAISE • THÉÂTRE • TRAGÉDIES •

C'est en 1736 que Mlle Clairon (1723-1803) monta sur la scène, chez les Italiens. Elle n'avait que 12 ans, et commença par les rôles de soubrette. Elle connut ensuite la vie des comédiens nomades, jouant à Rouen, à Lille, à Gand. Douée d'un bel organe, elle fut acceptée à l'Opéra, avant de débuter, riche d'expériences, à la Comédie-Française, le 19 septembre 1743, dans *Phèdre*.

Dès lors, elle se consacre entièrement à la tragédie, avec un succès grandissant. Elle sut compenser sa petite taille par un maintien imposant, et tira le plus grand parti de sa voix de chanteuse, d'une admirable sonorité, ainsi que d'un visage extrêmement mobile. Intelligente et ambitieuse, elle parvint à prendre le dessus sur ses rivales, Gaussin* et Dumesnil*.

Mlle Clairon séduisit Voltaire, qui découvrit en elle la perfection du « métier ». Éloge ou reproche ? Il ne cessa plus de dire que la Dumesnil était « l'ouvrage de la nature », et la Clairon celui de « l'art ». Elle joua donc durant vingt ans tous les grands rôles des tragédies de Voltaire. Aucune actrice sans doute ne s'est livrée à des recherches aussi étendues et approfondies sur les personnages. Elle réglait à l'avance le ton qu'elle devait prendre à chaque vers, la succession de ses mouvements, de ses mimiques, les mille détails de l'interprétation, et cessait, sur le plateau, d'être elle-même. Beaucoup de réflexion, de travail, d'étude de la nature humaine, une sensibilité contrôlée dans le jeu : elle fut aussi, pour le Diderot du *Paradoxe sur le comédien*, l'actrice idéale. Voltaire déplora parfois sa retenue, le genre simple et posé qu'elle avait adopté – tout le contraire des éclats, de l'emportement qu'on applaudissait à Paris, de la « déraison » comme il dit dans ses *Mémoires*. Il lui en voulait parfois de remplacer ses vers par quelque « pantomime », et condamnait son goût immodéré du spectacle : n'avait-elle pas eu l'idée, pour *Tancrède*, de tendre de noir la scène et d'y construire un échafaud ? C'était trop « anglais » pour Voltaire – trop près de Shakespeare*. Cependant elle savait atteindre la vérité profonde de chaque personnage, moins routinière que ses camarades qui avaient tendance à jouer tous leurs rôles dans les conventions de l'emploi. Elle fut, avec Lekain*, l'interprète idéale de Voltaire, l'Électre d'*Oreste*, l'Idamé de *L'Orphelin de la Chine*, l'Aurélie de *Rome sauvée*, l'Azéma de *Sémiramis*, l'Aménaïde de *Tancrède*, le premier rôle de *Zulime* et d'*Olympie*.

Elle mit fin à sa carrière en 1766, pour protester contre des humiliations infligées par la cour à l'un de ses camarades. Elle avait animé la résistance, et les comédiens n'y ayant rien gagné, elle choisit de quitter le théâtre. Voltaire, qui l'avait soutenue dans sa lutte, déplora hautement cette perte irréparable. Elle avait la réputation d'être un peu « catin » – il en plaisante –, mais il appréciait sa personne et sa société autant que ses talents. Il l'avait reçue en 1765 à Ferney, elle resta pour lui, même après sa retraite, « l'imposante Clairon ».

Henri Lagrave

*Quand on pousse l'art aussi loin que vous, il devient respectable, même à ceux qui ont la grossièreté barbare de le condamner. Je ne prononce pas votre nom, je ne lis pas un morceau de Corneille ou une pièce de Racine sans une véhémente indignation contre les fripons et contre les fanatiques qui ont l'insolence de proscrire un art qu'ils devraient du moins étudier pour mériter, s'il se peut, d'être entendus quand ils osent parler. Il y a tantôt soixante ans que cette infâme superstition me met en colère.*

À Mlle Clairon, 23 juillet 1763.

## CLARKE

Voir DÉISTES ANGLAIS.

## CLÉMENT, Jean Marie Bernard

GENS DE LETTRES · GOÛT · SATIRE ·

Ce littérateur (1742-1812) se faisait appeler «Clément de Dijon»; Voltaire l'appelait «l'Inclément». Il le protégea à ses débuts, mais ce nouvel «élève», après tant d'autres, se brouilla avec le maître et se retourna contre lui. Quelques flagorneries lui valent d'abord une recommandation auprès de La Harpe\*, qui encourage sa vocation pour les lettres. Mais voyant ses essais tragiques refusés par la Comédie-Française, Clément se tourne vers la satire, genre qui convenait certainement mieux à ses talents. Il attaque tous les poètes modernes, Voltaire inclus, en 1771, dans des *Observations critiques sur la nouvelle traduction en vers français des Géorgiques* [par Delille]; puis à une *Épître à Boileau* de Voltaire, il répond par une autre épître, *Boileau à M. de Voltaire* (1771). Neuf *Lettres* suivirent, en prose cette fois (1773-1776): un parfait anti-Voltaire. Traditionaliste, puriste, Clément jugeait nocive l'influence de Voltaire sur le goût, l'esprit et les mœurs de son temps. Voltaire le regardait comme «un petit pédant, fort vain, fort sot, fort étourdi»: «Il se flatte qu'à force d'aboyer contre d'honnêtes gens, il sera entendu à la cour, et qu'il obtiendra une pension» (à d'Alembert, 12 mars 1772). Clément fit en effet une assez belle carrière.

*Didier Masseau*

## CLERGÉ

Voir ANTICLÉRICALISME · CÉLIBAT · RELIGION.

## CLÈVES

ENCYCLOPÉDIE · EXIL · FRÉDÉRIC II · PHILOSOPHIE ·

Une rencontre éblouie, une halte impatiente, un rêve impossible surtout: trois moments de vie s'attachent à ce lieu, dont la courbe décrit aussi, sur près de trente ans, comme une histoire du lien à Frédéric II.
C'est au château de Moyland dans le pays de Clèves, possession prussienne, que Voltaire vit pour la première fois, en septembre 1740, le nouveau roi de Prusse – étrange entrevue, porteuse déjà de toutes les

ambiguïtés, que détaillent les *Mémoires\** : le fantasme d'égalité (un roi sans gardes), le contrat «philosophique» (l'*Anti-Machiavel\** à éditer), la contradiction du pouvoir (l'invasion projetée de la Silésie). Dix ans après, au début de juillet 1750, Clèves n'est qu'un relais sur le chemin de la Prusse, vers les compensations promises au courtisan mal aimé de Louis XV – mais au retour, rescapé de Francfort\*, Voltaire évite la ville: l'utopie semble alors liquidée d'une alliance entre philosophes et monarques.

C'est ce qui rend si émouvant l'ultime recours à un rêve de Clèves, dans cet été 1766 de douleur, de colère, et pour tout dire de peur, où Voltaire apprit l'effroyable drame d'Abbeville, l'archaïque sanction des sacrilèges du malheureux chevalier de La Barre\*. Sur Clèves, le très vieil homme, plus que septuagénaire, fixe à nouveau l'espoir d'une force propre des Lumières. Là s'ouvrirait enfin l'espace d'une «révolution» des esprits par les pouvoirs de l'écriture – sa fraîcheur, sa pureté peut-être sont alors étonnantes. Pendant quatre mois, il prépara et soutint seul ce plan d'une «colonie de philosophes» qui s'y établirait autour de lui. Il se déclare déterminé à y consacrer sa fortune. Il y voit d'avance une «manufacture de la vérité»: on pourra penser et publier librement, on refera l'*Encyclopédie* sans les censures, on combattra l'Infâme enfin en sûreté. Frédéric se prêtait au projet – en exigeant il est vrai, par raison d'État, le respect formel dû aux puissances. Mais le «roman» de Clèves, comme l'appelait Voltaire, resta un rêve. S'étant concertés entre eux à Paris, les Philosophes s'avouèrent incapables, Diderot le premier, de s'arracher à leurs affections pour tenter pareille aventure. «Il faut vouloir», avait lancé Voltaire. Il y pensait encore en 1770: «Je ne me consolerai jamais de n'avoir pas exécuté ce dessein.»

À Clèves répondra Kehl\* dans le même esprit, dix ans plus tard, pour la préparation de ses œuvres posthumes. Sans doute faut-il faire une place, dans une fantasmatique de l'intelligentsia moderne, à ces groupuscules «voltairiens».

*André Magnan*

## COCUAGE (LE)

CONTE EN VERS · POÈTE ·

Vieux sujet dont aima jouer le jeune Arouet, auteur aussi du *Cadenas\** et de *Cosi-Sancta\**. C'est le titre d'un de ses premiers contes, quelque soixante vers écrits en 1716 sans doute, à 22 ans, et adressés à une certaine Iris. La belle étant mariée, il ne reste au poète, pour arriver à ses fins, qu'à invoquer Cocuage, dieu bénéfique dont il raconte plaisamment la naissance: il est sorti de la tête de Jupiter jaloux de Junon – épisode mythologique

évidemment fantaisiste. Avec gourmandise, le futur Voltaire décrit les ruses et les tours de ce dieu malin, si répandu dans le Paris contemporain :

*C'est le seul dieu dans qui j'ai de la foi.*

Il renoue ainsi avec la tradition de Boccace et de La Fontaine, grands conteurs d'adultères piquants, et se rallie à une subversion libertine classique : l'esprit du Temple*.

Sylvain Menant

## CODES

CENSURE • CORRESPONDANCE • DIPLOMATE •

*Hier un des hommes des mieux instruits m'assura que 228 113 327 370 24 0631 681 599 233 758 64. Il m'a promis de m'en donner copie, mais je doute de l'exécution de sa promesse.*
 *À Jean Jacques Amelot de Chaillou, ministre des Affaires étrangères,*
 *«À La Haye ce 6 août à 5 heures du soir au départ du courrier».*

Parvenue à Versailles et dûment traitée, l'information pouvait être exploitée : « Les Anglais font au roi de Prusse les propositions les plus fortes. » Voltaire a chiffré de sa main cette lettre de diplomate volant, et l'a signée : *Vxxx* – on en a cinq autres de la même mission secrète de 1743.
Moins spectaculaire, l'usage privé de codes a laissé dans la correspondance des traces épisodiques : stratégies de retour élaborées depuis la Prusse (1752-1753), puis en Alsace (1753-1754), avec Mme Denis ; nouvelles militaires ou diplomatiques échangées, en 1757-1759, avec Mme de Bentinck alors installée à Vienne ; démarches concertées avec Mme Denis encore, en 1768-1769, pendant son voyage à Paris.
Un double travail complique ces lettres, au point que plusieurs restent plus ou moins indéchiffrables. Elles sont d'abord hérissées de noms propres qui, transposés, démultipliés, interfèrent et prolifèrent, certains instables, d'autres parasites : dix noms au moins, dans les *Lettres d'Alsace*, pour dire « Frédéric », dix autres pour signifier « je », presque autant pour Louis XV, la Pompadour et les principaux ministres. Quant au message – information, jugement, sentiment, projet –, tout ou presque en est figuré par métaphore et association d'idées, à partir de quelques schémas imaginaires de base, convenus à l'avance – procès, voyage, naissance, héritage –, un peu comme dans les improvisations de théâtre. Le roi de Prusse est ainsi « votre beau-frère » ou « le cousin Denis » (1753-1754), plus tard « le chicaneur » (1757-1758) plaidant pour « la terre de Kniphausen » (la Silésie), etc. Il

arrive que le destinataire, un peu perplexe, réponde en l'air ou glose son propre déchiffrement – sortant alors parfois d'embarras l'éditeur ou le lecteur moderne.

Contre l'Infâme* en revanche, dans les lettres de manœuvres, les nouvelles du front, les bulletins de victoire entre «frères», le langage est moins codé que pastiché du style religieux, avec des surnoms et des pseudonymes dans les grandes occasions, mais comme pour le plaisir. La différence tient naturellement aux réalités du pouvoir : si la censure publique est alors d'Église aussi bien que d'État, les correspondances particulières ont surtout à craindre l'insistante curiosité des espions des postes – le fameux «cabinet noir» –, et donc la lecture politique et le soupçon de trouble civil. Mal déguisée, mieux décodée, telle attaque contre «Héricart» et «Du Billon» pouvait mener peut-être en sombre lieu.

André Magnan

*Je vous ai mandé, ma chère enfant, une partie de mes réflexions sur le Varaton. Il est clair que le cousin Denis est un mal vivant que Dieu punira tôt ou tard. Je suis presque aussi mécontent de M. Héricart que de notre ami Du Billon. C'est un pauvre homme que ce M. Héricart.*

*À Mme Denis, 18 septembre 1753 — «Denis» et «Du Billon» : Frédéric II ; «Héricart» : Louis XV ; «le Varaton» n'a pas été décodé.*

## CŒUR

AUTOPSIE • CERVEAU • RELIQUES •

De l'organe au symbole, ce fut une étrange et longue histoire.

Extrait du corps à l'autopsie (31 mai 1778), le cœur échut au marquis de Villette*, chez qui Voltaire était mort. Ayant acquis de Mme Denis le château de Ferney en septembre 1778, Villette y fit aménager et décorer la chambre même de Voltaire, afin d'exposer le précieux reliquaire de vermeil – en forme de cœur. Dès 1780, les visiteurs de Ferney pouvaient ainsi se recueillir devant un mausolée pyramidal dressé dans la pièce, avec un petit autel détaché, et sur cet autel un coussin de velours où reposait la boîte. On grava une estampe de cette «Chambre du cœur», et de ses quarante et un portraits accrochés aux murs, amis et adeptes du grand homme, veillant son souvenir.

Revenu à Paris en 1783, Villette y rapporta le cœur. Le 11 juillet 1791, c'est pour honorer cette relique, devenue nationale en quelque sorte par un vote de l'Assemblée, que le cortège de la translation solennelle de la dépouille de Voltaire au Panthéon* fit halte devant l'hôtel de Villette, sur le quai Voltaire inondé de fleurs, avec sur la façade pavoisée, en grandes lettres,

l'inscription même de la « Chambre du cœur » : « Son esprit est partout et son cœur est ici. »
Mais le fils de Villette, reniant son nom de naissance dûment déclaré de « Voltaire-Villette », devint sous la Restauration un royaliste ultra, et le resta, légitimiste nostalgique et même un peu conspirateur, jusqu'à sa mort sous le second Empire (1859). L'ouverture de son testament causa un grand émoi : il léguait tous ses biens, cœur de Voltaire compris, au comte de Chambord... Heureusement, une loi de 1832 frappait le prince d'incapacité : la famille Villette contesta le legs, perdit son procès, fit appel et eut enfin gain de cause en cassation (1862). Les copartageants des biens Villette, voulant écarter de leurs démêlés la vieille relique, se souvinrent opportunément du décret du 30 mars 1791 qui avait déclaré propriété d'État la dépouille du philosophe : ils offrirent en 1864 le cœur de Voltaire à l'empereur Napoléon III, le don fut accepté et le cœur déposé à la Bibliothèque impériale, aujourd'hui Bibliothèque* nationale de France – où il se trouve encore, un peu oublié, scellé dans le socle du modèle en plâtre de la fameuse statue de Houdon : *Voltaire assis*.

André Magnan

## COLÈRE

*Je ne vois ce grand homme au-dessous de lui-même que lorsqu'il est aveuglé par quelque passion. Abandonné à leur impétuosité, sans frein et sans guide, il crie, il s'agite, se livre à tous les accès de la douleur et de la colère, se cause à lui-même des maux infinis, croyant en faire de très grands à ses ennemis, et exerce en tout la méchanceté d'un enfant dont la faiblesse fait pitié. Comme j'ai fort bonne opinion des gens colères, et que cette passion vraiment enfantine se trouve ordinairement dans une âme pure et honnête, au lieu que le ressentiment froid et sournois ne peut se cacher que dans un cœur méchant et corrompu, j'avoue que je pardonne volontiers à M. de Voltaire tous les excès dans lesquels il est tombé à cet égard.*

Grimm, Correspondance littéraire, 15 décembre 1755.

## COLIMAÇONS (LES) DU RÉVÉREND PÈRE L'ESCARBOTIER, PAR LA GRÂCE DE DIEU CAPUCIN INDIGNE, PRÉDICATEUR ORDINAIRE ET CUISINIER DU GRAND COUVENT DE LA VILLE DE CLERMONT EN AUVERGNE

Publiée en 1768, reprise en 1771 dans les *Questions* sur l'Encyclopédie*, c'est l'une de ces fictions burlesques que Voltaire affectionnait pour traiter de

sujets sérieux qui lui tenaient à cœur: le père l'Escarbotier écrit deux lettres « au révérend père Élie, carme déchaussé, docteur en théologie », reçoit deux réponses du carme, et lui envoie encore une « Dissertation » d'un « physicien de Saint-Flour », à laquelle il n'entend rien, le tout suivi d'une brève « Réflexion de l'éditeur ». Voltaire part d'une observation d'histoire naturelle fort débattue: les limaces et les escargots ont-ils vraiment le pouvoir de reproduire une nouvelle tête et des cornes après décapitation? Constatée par le biologiste italien Spallanzani mais mise en doute par le botaniste français Adanson, spécialiste des « coquilles* » du Sénégal, la « résurrection de la tête » paraissait un prodige plus extraordinaire que la multiplication des polypes par section ou la régénération des pattes des écrevisses, ce qui permet à Voltaire d'oser un parallèle inattendu avec le miracle de la décollation de saint Denis. Mis en verve par la nature hermaphrodite des colimaçons qui ont « de doubles organes de plaisir », il soulève néanmoins plusieurs questions importantes: celle du siège de l'âme, distinct de la tête, celle des conditions de la génération et de la vie, celle surtout des pouvoirs de la nature, qu'il cherche à limiter, et d'une puissance de l'action divine dans la nature même, qu'il croit immense et au fond exclusive: « Il est donné à l'homme de voir, de mesurer, de compter, et de peser les œuvres de Dieu; mais il ne lui est pas donné de les faire. » À son bon combat contre l'athéisme*, Voltaire rallia ses limaçons.

*Roselyne Rey*

*Enfin ce prodige d'une tête renaissante, inconnu depuis le commencement des choses jusqu'à nous, est plus inexplicable que la direction de l'aimant. Cet étonnant objet de notre curiosité confondue tient à la nature des choses, aux premiers principes, qui ne sont pas plus à notre portée que la nature des habitants de Sirius et de Canope. Pour peu qu'on creuse, on trouve un abîme infini. Il faut admirer et se taire.*

Les Colimaçons du Révérend Père l'Escarbotier, 1768.

## *COLLECTION D'ANCIENS ÉVANGILES, OU MONUMENTS DU PREMIER SIÈCLE DU CHRISTIANISME, EXTRAITS DE FABRICIUS, GRABIUS ET AUTRES SAVANTS, PAR L'ABBÉ\*\*\**

BIBLE · CHRISTIANISME · ÉVANGILE ·

Imprimée à Amsterdam et publiée en 1769 avec un avant-propos, c'est la première traduction française de textes du *Codex apocryphus Novi Testamenti* de Fabricius – la suivante fut faite en 1848. Voltaire a rédigé l'avant-propos, mais attribue la traduction à Simon Bigex, homme fort savant qu'il eut auprès de lui comme secrétaire de 1763 à 1770. Entre

prête-nom ou assistant-réviseur, on ignore le rôle de Bigex. L'ensemble de la *Collection* entra dès 1770 dans les *Nouveaux Mélanges* de Voltaire édités par Cramer.

Cette œuvre témoigne d'un vif intérêt pour les débuts du christianisme, le foisonnement des sectes et les écrits souvent curieux qu'elles ont produits. Les articles «Christianisme» et «Évangile» du *Dictionnaire philosophique*, les analyses de l'*Essai sur les mœurs*, l'*Examen important de milord Bolingbroke* et les derniers ouvrages de critique biblique, après l'article «Apocryphes» des *Questions sur l'Encyclopédie*, manifestent la continuité de cette préoccupation. Voltaire a cherché, dans ces textes rejetés par l'Église, des compléments qui pourraient rénover l'histoire de Jésus et du christianisme primitif, des incohérences et des invraisemblances étayant sa critique des sources christiques.

Après avoir évoqué les étranges critères du choix canonique des quatre évangiles retenus par l'Église, il discute, dans son avant-propos, des traces laissées dans la littérature apocryphe par les polémiques juives, en particulier au sujet de la bâtardise de Jésus et de ses pratiques de magicien. Puis, sans grand souci de continuité, il présente une traduction abrégée des *Actes de Thècle*, histoire prodigieuse et naïvement romanesque de la première martyre chrétienne.

Voltaire donne ensuite, selon un ordre alphabétique, les «Notice et fragments de cinquante évangiles», de l'*Évangile d'André* à l'*Évangile vivant*, en précisant les attestations de chacun. La vulgarisation de ces textes, qu'il prétend plus connus que les évangiles canoniques, et plus souvent cités par les Pères de l'Église, tend à redistribuer l'intérêt des diverses sources – mais il masque le caractère tardif de certaines d'entre elles.

Suivent les traductions elles-mêmes, de l'*Évangile de la naissance de Marie*, du *Protévangile attribué à Jacques*, de l'*Évangile de l'enfance du Christ*, et de l'*Évangile de l'enfance*, selon l'ordre de Fabricius, avec des notes soulignant la symétrie des évangiles canoniques et apocryphes. Les légendes concernant ces nativités, et celles des Lettres ou des Relations données à la suite, offrent au philosophe des productions exemplaires de l'irrationnel qui régnait dans les premiers siècles du christianisme. Il y voit la preuve de la crédulité des uns, de l'imposture des autres, et fait retomber sur les évangiles canoniques, qu'il met sur le même plan, le scepticisme qu'on éprouve devant les fables de la littérature apocryphe.

*Marie-Hélène Cotoni*

## COLLECTION DES LETTRES SUR LES MIRACLES

Voir *QUESTIONS SUR LES MIRACLES*.

# C

## COLLÈGE DE LOUIS-LE-GRAND

ÉTUDES · JÉSUITES ·

Le jeune Arouet entra en 1704 comme interne au collège de Clermont, déjà dit « de Louis-le-Grand », il y resta sept ans – c'est aujourd'hui le lycée Louis-le-Grand à Paris. Les jésuites, qui le dirigeaient depuis 1560, formaient dans leur établissement les fils des plus nobles familles mais aussi ceux de la riche bourgeoisie. Le jeune Arouet fréquenta ainsi de futurs hommes de pouvoir et d'appareil, les d'Argenson*, Richelieu*, d'Argental*, Cideville*... De ce temps rythmé par une stricte discipline, Voltaire conserva le souvenir d'une « allée noire », qu'il rappellera au comte d'Argenson, et de « claques sur le cul » reçues de l'abbé d'Olivet*, alors père Thoulier. Cinq lettres d'Arouet, alors en rhétorique (1711), subsistent de cette période. Elles sont adressées à l'ami absent, Fyot* de La Marche ; elles disent la solitude d'un adolescent : une « chambre vide », une classe sans rires.

*Anne Soprani*

*Rien ne m'a fait plus de plaisir que d'apprendre par M. le chevalier de Soupir de vos nouvelles. Il est maréchal de camp des armées de Sa Majesté. Il est venu pour ranger les Anglais à la raison. Ayant un jour l'honneur de dîner avec lui, il me demanda si j'avais été à Paris, et si j'avais été au collège. Je lui dis que j'avais fait mes humanités au collège de Louis-le-Grand, chez les PP. Jésuites, rue Saint-Jacques, et que j'avais eu l'honneur de vous accompagner, Monsieur, depuis la 7ᵉ jusqu'en Rhétorique, que je finis en septembre 1709, année remarquable par le rude hiver qu'il fit : ce n'est pas un petit honneur pour moi d'avoir fait toutes mes humanités avec un savant du premier ordre comme vous, Monsieur, et dont le nom et les ouvrages sont admirés « a solis ortu usque ad occasum ». M. le chevalier de Soupir me fit l'honneur de me dire qu'il vous avait vu il n'y a que deux ans, bien portant, à Genève ; je souhaite que la présente, que j'ai l'honneur de vous écrire, Monsieur, vous trouve en parfaite santé. Il y a près de quarante-neuf ans que je n'ai pas eu l'honneur de vous voir. Les PP. Porée et Lejay sont les deux derniers régents, et le P. Truffiez notre dernier préfet de Rhétorique, sous lesquels j'ai eu le bonheur d'admirer les progrès étonnants que Monsieur de Voltaire faisait dans les belles-lettres, et j'augurais dès le temps que j'avais l'honneur d'être au collège avec vous, Monsieur, que vous auriez été le plus grand ornement de la République des Lettres. Je ne me suis pas trompé. La poésie a été la partie dans laquelle vous excelliez le plus, et surtout la française : vous la composiez avec une facilité égale à la latine.*

*Maurice Pilavoine à Voltaire, 15 février 1758 –*
*lettre originale datée « À Pondichéry » et signée :*
*« Maurice Pilavoine, l'Indien à Suratte ».*

## COLLINI, Cosimo Alessandro

BIOGRAPHIE • DÉLICES (LES) • PRUSSE • SECRÉTAIRES •

Sainte-Beuve disait que les secrétaires d'un grand écrivain, quand ils deviennent ses «historiens», ont bien droit à «un quart d'heure de la postérité». Collini (1727-1806) mérite cette attention, peut-être autant que Wagnière* qui lui succéda, et sûrement plus que Longchamp* son prédécesseur. Publiés en 1807 sous le titre *Mon Séjour auprès de Voltaire*, les Souvenirs de Collini restent lus et agréables à lire. Né à Florence en 1727, donc sujet d'Empire, de bonne famille, destiné par ses parents à une carrière de barreau, mais passionné pour les lettres, il avait quitté très jeune sa Toscane pour la Suisse, puis l'Allemagne, et se trouvait à Berlin lorsque Voltaire s'y établit en 1750. Il y devint son secrétaire au tout début de 1752, rôle partagé à cette date avec le jeune Francheville*, et il le resta jusqu'à l'été de 1756.

Collini vécut donc aux côtés de Voltaire la fin du séjour en Prusse, les violences de Francfort, la retraite en Alsace et l'installation aux Délices : sur toute cette période, il est le témoin le plus précieux. Il était gai, aimable, spirituel et cultivé; Voltaire, qui en parle d'emblée comme d'un homme de lettres, en évitant tout mot de service, utilisa sa connaissance de l'allemand à Berlin et en Alsace, il adorait aussi se faire lire par lui son cher Arioste* ; il lui confia peut-être certaines recherches préparatoires des *Annales\* de l'Empire*, et en 1755, depuis Genève, il l'envoya traiter à Paris avec l'éditeur Lambert*. Collini quitta Voltaire sur un éclat, que l'un et l'autre ont occulté par la suite, apparemment quelque scandale de bonnes fortunes ancillaires. Voltaire parle dans une lettre d'un «renvoi», et Collini a brouillonné sur le moment des souvenirs certainement fort différents de ceux que l'on connaît – plus fiel que miel – qui paraissent perdus.

Mais très vite s'établit une nouvelle relation, d'ailleurs plus convenable aux mérites de l'ancien secrétaire, et mutuellement profitable. Après le purgatoire d'un préceptorat à Strasbourg, Collini entra, sur la recommandation de Voltaire, au service de l'Électeur palatin Charles* Théodore, dont il fut d'abord le secrétaire privé (1759), puis avec le temps une sorte de conseiller culturel, historiographe du prince, directeur de son cabinet d'histoire naturelle, membre de l'académie fondée à Mannheim (1763) – et à ce titre confrère du grand Voltaire. Il composa une dizaine d'ouvrages, d'histoire et de géologie surtout, et plus tard des *Lettres sur les Allemands* (1790) qui restent curieuses. En 1762, c'est à Schwetzingen*, par les soins de Collini, que la tragédie d'*Olympie* fut donnée en première mondiale. De la correspondance renouée – une centaine de lettres étaient déjà jointes aux Souvenirs de 1807 –, Collini retirait à l'évidence un profit d'image et de prestige ; et Voltaire, de son côté, eut plaisir à favoriser l'avancement d'un

homme qu'il estimait, flatté par les honneurs faits à son protégé. Dans le déploiement historique de l'influence de Voltaire, la carrière de Collini illustre ainsi un pouvoir de placement, de réseau et comme de clientèle. Le principal mérite de Collini biographe, venant après les Vies de Duvernet* et Condorcet*, est d'avoir essayé de peindre Voltaire « dans ses habitudes intimes et naturelles, s'occupant de ses affaires domestiques, se livrant aux mouvements de son cœur, et descendant quelquefois à ces détails ordinaires de la vie privée qui peignent l'homme mieux que toutes les actions extérieures » – « en négligé », dit-il. Il y a des anecdotes en particulier qu'on ne trouve que chez lui : Voltaire cherchant sa tabatière, Voltaire en voyage, Voltaire à l'auberge. On peut regretter de n'avoir retrouvé que de très rares lettres de Collini à d'autres correspondants, comme celles qu'il écrivait entre deux séances de dictée, pauvre secrétaire surmené, à l'avocat Dupont – elles manquaient bien sûr au beau recueil des souvenirs posthumes.

*André Magnan*

*Quoi qu'il en soit, j'ai juré de ne plus appartenir à aucun philosophe qui soit sec, pâle, hideux et, ce qui pis est, toujours mourant. J'aime les vivants, et ces bons vivants qui font deux repas par jour.*
Collini à Sébastien Dupont, novembre-décembre 1754.

*Ce lac Léman est terrible. Les vents y règnent, et battent le château de Prangins, de façon que le philosophe qui y est enfermé et calfeutré, en est tout ébahi. La dame parisienne, peu accoutumée aux lacs et aux vents, meurt continuellement de peur au bruit des aquilons ; et moi je n'ai à craindre que le bruit et la fureur d'Apollon. Tout cela m'amuse un peu. J'entends crier d'un côté : « Faites bon feu » ; de l'autre : « Fermez bien toutes mes fenêtres. » L'une demande son manteau fourré ; l'autre s'affuble la tête de cinq ou six bonnets ; et moi je viens, je vais, je meurs de froid et de rage.*
Collini à Sébastien Dupont, 31 janvier 1755.

*Il use tellement mes doigts à force de me faire écrire qu'il n'y a presque plus que mes ongles, qui ne tiennent à rien.*
Collini à Sébastien Dupont, 27 novembre 1755.

## COLMAR

ALSACE · JÉSUITES ·

Au retour de son malheureux voyage en Prusse*, Voltaire passa une année entière dans la capitale de la Haute Alsace, siège du Conseil souverain,

d'octobre 1753 à novembre 1754; il logeait chez une dame Goll, 10 rue aux Juifs. Il y prépara l'édition des *Annales\* de l'Empire*, achevée en janvier 1754, sur les presses d'un Schöpflin, frère de l'historien. Ce dernier avait son entreprise à Luttenbach, à quelques lieues de la ville; Voltaire s'y rendit avec son secrétaire Collini\*. Ils demeurèrent là une quinzaine de jours «entre deux montagnes», à superviser l'impression. Voltaire profita aussi de cet intermède alsacien pour aller reconnaître des terres voisines du duc régnant de Wurtemberg\*, caution d'un capital qu'il venait de prêter au prince.

À Colmar, Voltaire rencontra une société agréable; il se lia plus particulièrement avec l'avocat Sébastien Dupont, son conseiller dans ces transactions avec le duc de Wurtemberg. Toutefois, son séjour ne fut pas de tout repos: il apprit son ordre d'exil\* au début de 1754 et, dans le même temps, il dut démentir et réfuter une édition pirate, faite par Néaulme\*, de son *Histoire universelle*, première version de l'*Essai sur les mœurs*. La présence de l'écrivain impie finit par exciter les dévots en ville, et notamment les jésuites dont le supérieur, le père Kroust, était le frère du confesseur de la dauphine. Voltaire avait pourtant donné des gages en faisant ses pâques\*, après s'être confessé à un capucin de passage, qu'il remercia avec une caisse de douze bouteilles de vin. Six mois après son départ de Colmar, il était déjà installé en ses Délices\*. Mais il se ressouvint du père Kroust en écrivant *Candide*: c'est le nom d'un jésuite qui se lie «d'une tendre amitié» avec le jeune baron de Thunder-ten-tronckh.

*Anne Soprani*

## COLOMB, Christophe

AMÉRIQUE •

Nom à évocation emblématique dans de nombreux écrits de Voltaire, et principalement dans l'*Essai sur les mœurs* en 1756. Ni Colomb (1450 ou 1451-1506) ni son frère Barthélemy (v. 1461-1514) ne sont de simples aventuriers. Le Génois personnifie la noble ambition de celui qui, «frappé des entreprises des Portugais, conçut qu'on pouvait faire quelque chose de plus grand». Il possède un esprit supérieur: «par la seule inspection d'une carte de notre univers», il a jugé «qu'il devait y en avoir un autre». Il a aussi une volonté de fer: il a vaincu à son départ les doutes de toutes les cours européennes, à son retour le mépris des autorités espagnoles. Il symbolise avant tout, pour Voltaire, le courage humain, héros incontestable du «plus grand événement de notre globe, dont une moitié avait toujours été ignorée de l'autre». Cependant, Voltaire ne cache pas dans sa correspondance, encore moins dans ses écrits de fiction, un très grand tort de Colomb et

de ses compagnons : ils furent à l'origine de la propagation de la vérole, ce « venin » qui depuis empoisonne toute l'Europe (*Memnon*), et jusqu'aux princes et aux évêques (*L'Homme aux quarante écus*), transformant les « délices du paradis » goûtées par Pangloss dans les bras de Paquette en « tourments d'enfer » (*Candide*, chap. IV).

Isabel Herrero et Lydia Vazquez

*Christophe Colombo devine et découvre un nouveau monde : un marchand, un passager lui donne son nom. Bel exemple des quiproquos de la gloire.*
*Carnets.*

## COLONISATION
AMÉRIQUE · CANADA · CIVILISATION · DÉCOUVERTES · SAUVAGES ·

On ne peut comparer l'*Essai sur les mœurs* de Voltaire à l'*Histoire philosophique et politique des établissements et du commerce des Européens dans les deux Indes* (1770) de l'abbé Raynal, car il n'a jamais prétendu faire une histoire ou un bilan de la colonisation. Au hasard de sa réflexion, il fait allusion aux colonisations des Grecs ou des Romains, aux comptoirs européens en Afrique ou à la pénétration en Chine et au Japon. Pour les pays d'Orient, c'est toujours avec délectation qu'il évoque les marchands hollandais reniant leurs croyances, et foulant aux pieds le crucifix pour vendre au Japon leurs marchandises. Voltaire, ailleurs vétilleux défenseur de la tolérance, fait ici piètre figure.

Plus qu'à la colonisation, il s'intéresse à la découverte et à la conquête de l'Amérique : il y consacre dix chapitres de l'*Essai sur les mœurs* ; il avait dans sa bibliothèque les œuvres de Bartholomé de Las Casas, d'Antonio Solís et de Garcilaso de La Vega. Voltaire y souligne l'impétuosité des découvreurs, leur courage, et leur férocité excitée par la passion de l'or. Il admire, non sans réserve, l'organisation politique et sociale des Incas, tout en soulignant son extrême fragilité. La grossièreté des conquérants, souvent des aventuriers sans emploi, les rivalités entre les puissances, le rôle nocif de l'Église catholique et des missionnaires convertisseurs, tout cela explique pour lui que la colonisation ait partout entraîné massacres et pillages. Sans qu'il indique au demeurant ce qu'elle aurait dû être. Dans l'*Essai sur les mœurs*, la condamnation se suffit à elle-même. L'idéal d'une colonisation humaine n'apparaît pas ici.

L'épisode de *Candide* consacré aux Guaranis du Paraguay\* (chap. XIV-XV) montre que Voltaire ne croit guère à une colonisation réussie sous l'égide de l'Église catholique. Il lui arrive même, aux pires moments d'amertume, de reconnaître que les intérêts économiques en jeu, causes directes de

l'exploitation de la main-d'œuvre autochtone et de l'instauration de l'esclavage, rendent impossible la fonction civilisatrice de l'Europe. La réussite exceptionnelle de la colonisation quaker en Pennsylvanie* (indiquée dans la IV$^e$ des *Lettres philosophiques* et décrite dans le chapitre CLIII de l'*Essai sur les mœurs*), où Indiens et Blancs vivent en harmonie, où l'esclavage est banni, tient en fait, même si Voltaire ne le dit pas expressément, à l'absence de vocation commerciale d'une colonie presque autosuffisante.

On s'explique ainsi que Voltaire, qui n'a cessé de réfléchir à la notion de civilisation, contribuant même largement à la fonder, se soit si peu intéressé à définir un modèle colonial. La perte du Canada ou des Indes le laisse dans une relative indifférence, sur laquelle il lui arrivera de revenir, comme dans le *Précis du siècle de Louis XV*, pour mesurer les enjeux internationaux des rivalités coloniales. Ce qui ne l'empêche pas de percevoir, comme dans les *Fragments\* sur l'Inde*, la nature économique plus encore que stratégique des conflits qui opposent la France, l'Angleterre et l'Espagne.

Jean Goulemot

*On comptait, en 1757, dans la Saint-Domingue française, environ trente mille personnes, et cent mille esclaves nègres ou mulâtres, qui travaillaient aux sucreries, aux plantations d'indigo, de cacao, et qui abrègent leur vie pour flatter nos appétits nouveaux, en remplissant nos nouveaux besoins, que nos pères ne connaissaient pas. Nous allons acheter ces nègres à la côte de Guinée, à la côte d'Or, à celle d'Ivoire. Il y a trente ans qu'on avait un beau nègre pour cinquante livres : c'est à peu près cinq fois moins qu'un bœuf gras. Cette marchandise humaine coûte aujourd'hui, en 1772, environ quinze cents livres. Nous leur disons qu'ils sont hommes comme nous, qu'ils sont rachetés du sang d'un Dieu mort pour eux, et ensuite on les fait travailler comme des bêtes de somme : on les nourrit plus mal ; s'ils veulent s'enfuir, on leur coupe une jambe, et on leur fait tourner à bras l'arbre des moulins à sucre, lorsqu'on leur a donné une jambe de bois. Après cela nous osons parler du droit des gens ! La petite île de La Martinique, La Guadeloupe, que les Français cultivèrent en 1635, fournirent les mêmes denrées que Saint-Domingue. Ce sont des points sur la carte, et des événements qui se perdent dans l'histoire de l'univers ; mais enfin ces pays, qu'on peut à peine apercevoir dans une mappemonde, produisirent en France une circulation annuelle d'environ soixante millions de marchandises. Ce commerce n'enrichit point un pays ; bien au contraire, il fait périr des hommes, il cause des naufrages ; il n'est pas sans doute un vrai bien ; mais les hommes s'étant fait des nécessités nouvelles, il empêche que la France n'achète chèrement de l'étranger un superflu devenu nécessaire.*

*Essai sur les mœurs, chap. CLII, « Des îles françaises et des flibustiers », 1761 (et 1772 pour la phrase ajoutée sur le prix actualisé d'un « beau nègre »).*

## COMÉDIE-FRANÇAISE

ACTEUR • THÉÂTRE •

C'est en 1680 que fut créée par Louis XIV cette institution devenue l'un des plus célèbres de nos lieux de mémoire. La Comédie-Française devait se gouverner elle-même – espace de liberté dans la monarchie absolue. En fait, elle resta sous l'autorité des rois, par l'intermédiaire des premiers gentilshommes de la chambre, chargés des théâtres – «les supérieurs», «la supériorité» dans le langage des comédiens. Cependant, comme compagnie privilégiée, elle avait la haute main sur les troupes de province, et jouissait du monopole de la tragédie.

En 1718, quand Voltaire fait ses débuts, les «Comédiens du roi» règnent sans concurrence sur la «comédie», c'est-à-dire le théâtre «récité», tandis que les Italiens, rappelés par le Régent en 1716, connaissent un début difficile. L'Opéra a le monopole de la musique et de la danse. Seules les petites salles «libres» de la Foire portent ombrage aux «grands théâtres». Toute sa vie, Voltaire marqua formellement le plus grand respect pour la noble maison, œuvre du monarque qui a marqué son siècle. Même au temps de ses campagnes contre les Welches*, il répétera toujours que la seule supériorité littéraire des Français est celle de la scène, de Corneille, de Racine, de Molière, et que la Comédie-Française, qui la fait valoir, est le seul théâtre digne d'estime à Paris. Il n'aime ni les «Pantalons d'Italie», ni le «genre bizarre» de l'Opéra, ni l'indécence des opéras-comiques qui font le succès des Forains, et plus tard des Italiens.

Beaucoup d'auteurs, et les comédiens eux-mêmes, se plaignaient de la tyrannie des «supérieurs». Voltaire s'en arrangea fort bien; il traitait directement avec eux, comptant sur l'influence du maréchal de Richelieu* son ami. Parmi les comédiens, il distingua toujours les meilleurs et les plus écoutés, Mlle Quinault*, la Clairon*, Lekain*. Longtemps éloigné de Paris, il s'appuyait sur l'actif petit «comité» dirigé par d'Argental*, son délégué, qui intervenait, tranchait, assistait aux répétitions. Le temps passant, il se plaint souvent des acteurs, de leur paresse, de leur insolence, de leur ingratitude, de leurs cabales. Leur situation de monopole les rendait négligents, arrogants à l'égard des auteurs, même de Voltaire qui, très tôt, leur abandonna pourtant ses parts du profit retiré de ses pièces. Ils se mêlaient parfois de corriger son texte; ils manquaient de goût. De plus, défaut rédhibitoire, ils étaient mauvais! Voltaire est souvent mécontent de leur jeu, et sa sévérité n'épargne que les meilleurs. Enfin les jalousies, les intrigues font de leur maison un «tripot»; Voltaire use de ce mot par plaisanterie, en familier du lieu, mais aussi dans son sens péjoratif. Il suffit cependant qu'on insulte l'art difficile qu'ils exercent pour qu'il les défende âprement, comme il dénonce l'injuste infamie de

leur condition, cette gothique excommunication de leur métier par l'Église.

Toujours grand seigneur, Voltaire observe à l'égard de la Comédie une attitude généreuse, mais réservée. De même il néglige de soutenir les revendications des auteurs, quand Beaumarchais, en juillet 1777, réunit un « Bureau de législation dramatique », chargé de défendre les intérêts bafoués de ses confrères, et de porter leurs plaintes devant « la supériorité ». Depuis longtemps la révolte grondait : les comédiens volaient les auteurs en omettant de compter dans le calcul des parts le produit des loges d'abonnés ; ils laissaient s'accumuler les pièces reçues, avant de les jouer, ou de les enterrer. Les écrivains réclamaient de plus justes « droits d'auteur » (le mot n'existait pas encore) et, comme une grande partie du public, la création d'une troupe concurrente. Mais Voltaire, à cette époque, ne songe qu'à revenir à Paris ; d'ailleurs il ne travaille pas pour l'argent. Arrivé dans la capitale, il mettra tous ses soins à faire jouer ses dernières pièces, sans se mêler à la querelle ; le triomphe d'*Irène*\* allait même lier étroitement, plus étroitement que jamais, le glorieux écrivain et l'illustre maison. Cependant il eut le temps de proposer une réforme dont on ne parla guère ; ce n'était qu'une question de mots, mais Voltaire, plus que personne, connaissait le poids des mots. Il proposa donc de substituer, sur l'affiche, aux mots « Comédiens du Roi » le nom « Théâtre-Français ». C'était sous-entendre que la « Comédie » n'appartenait ni au roi ni aux comédiens, mais à la nation. Il dressa même à cette fin, en février 1778, une requête en forme au nom de la troupe. Mais le ministre en charge refusa de changer un usage dont on s'était toujours accommodé. Deux ans plus tard, sur le fronton de la nouvelle salle, l'Odéon actuel, s'étalait le titre de *Théâtre-Français* – qui cependant ne dura guère...

*Henri Lagrave*

## COMÉDIE-ITALIENNE

COMÉDIES · PARODIES · THÉÂTRE ·

Voltaire a toujours reconnu le rôle que joua l'Italie dans l'histoire et les progrès de l'art dramatique, mais il n'eut que mépris pour la Commedia dell'arte, genre pour lui sans auteur et sans goût, voué à la farce. Revenus à Paris en 1716, les Italiens n'ont d'abord joué que des scénarios de leur répertoire, ou des auteurs français rebutés par la Comédie-Française\* – le premier théâtre national, qui seul fait la gloire de la France. Au mépris s'ajoute la rancune, lorsqu'ils empruntent aux Forains la parodie, genre plus « bas » encore, et qu'il ne peut souffrir, parce qu'il croit que ses ouvrages tragiques en pâtissent. Enfin la Comédie-Italienne annexe en 1762

l'Opéra-Comique ; Voltaire enrage alors de voir ces « bateleurs » s'enrichir en faisant le succès d'un genre qu'il accuse de hâter la décadence du théâtre français.

Henri Lagrave

## COMÉDIES

MOLIÈRE · THÉÂTRE ·

Il est courant de dire que Voltaire n'avait pas « la tête comique », et qu'il a complètement échoué dans ses comédies – quand on se souvient seulement qu'il en a écrit. En tout cas, on ne les joue plus, ou si peu. Quelques reprises pourtant, toutes récentes et réussies, annonceraient-elles, hors des effets de mode, une vraie redécouverte ? Reste au moins l'intérêt historique qui s'attache à cet aspect méconnu de son œuvre.

Outre quelques divertissements composés pour des grands, comme *La Fête\* de Bélébat* (1725) ou *L'Hôte\* et l'hôtesse* à la demande de Monsieur (1776), Voltaire a écrit douze comédies. Cinq ont été jouées à la Comédie-Française : *L'Indiscret\** (1725), *L'Enfant\* prodigue* (1736), *Nanine\** (1749), *Le Café ou l'Écossaise\** (1760) et *Le Droit\* du seigneur* (1762) ; deux chez les Italiens : *L'Échange\** (1761) et *Charlot\** (1782) ; une à Lyon : *Le Dépositaire\** (1772) ; une autre à Carouge, près de Genève : *La Femme\* qui a raison* (1758). En revanche, *Les Originaux\** et *L'Envieux\**, joués en société à Cirey (1738), et *La Prude\**, représentée à Sceaux devant la duchesse du Maine (1747), ne furent jamais créés dans un théâtre public.

Trois de ces pièces réussirent. Entre l'année de leur création et 1790, *L'Enfant prodigue* eut 279 représentations, *Nanine* 182, *L'Écossaise* 128. *L'Enfant prodigue* fut donc joué plus que *Zaïre* (1732) qui eut 221 représentations, *Nanine* presque autant que *Mérope* (1743) qui en eut 197 et *L'Écossaise* n'est pas très loin derrière *Tancrède* (1760) avec 164 représentations. Et il ne s'agit point ici de ces pièces de « remplissage » données selon l'usage « pour clore le spectacle » : ces comédies de Voltaire furent bel et bien représentées, comme celles de Molière, en position de « grande pièce ». Un succès aussi net est à prendre au sérieux.

Prudent, l'auteur de *L'Indiscret*, sa première comédie, ne cherchait point à innover. Cet acte plaisant et bien versifié reste dans la tradition de la « petite pièce », la grossièreté en moins, que Voltaire condamne chez un Dancourt : les loges applaudirent, sans plus. Puis, pendant dix ans, Voltaire se consacra entièrement à la tragédie. Il assista donc au déclin de la grande comédie de caractères – Molière même était quelque peu délaissé – et aux essais de la « comédie sensible » de Marivaux, qu'il n'aime guère, de la « comédie morale » de Destouches, qu'il estime fort ; et un peu plus tard, de la

« comédie larmoyante » de La Chaussée, qu'il admire au moins pour sa tenue et pour ses vers.
Cet irrésistible mouvement qui pousse à la comédie sérieuse l'intéresse. Il va s'y essayer, mais à sa manière. Car il maintiendra toujours, contre La Chaussée, que la comédie doit faire rire ; et sa muse satirique l'attire d'ailleurs vers la peinture des ridicules. Fasciné par Shakespeare en Angleterre, il se peut que la « comédie des humeurs », héritée de Ben Jonson, l'ait aussi séduit par sa représentation vigoureuse de types pittoresques, ces « originaux » comme on disait, personnages truculents ou maniaques, que la petite comédie de mœurs a déjà saisis, mais adoucis, notamment à la Foire. C'est précisément sous ce titre, *Les Originaux*, que Voltaire broche en 1732 une pièce plus proche de la farce que du comique noble ; on y rit de personnages obsédés par leur dada : un président fou d'astrologie, sa femme folle de médecine, un vieux marin qui se marie chaque fois qu'il touche terre, une comtesse folle de son mari, lequel n'est fou que de lui-même et croirait déroger s'il aimait sa femme, mais tombe pourtant amoureux d'elle en croyant, la nuit, faire une conquête – scène qui deviendra célèbre quand La Chaussée l'aura reprise dans *Le Préjugé à la mode* (1735). *Les Originaux* de Voltaire : un grain d'émotion dans beaucoup de folie. Une autre mouture, intitulée *L'Échange* en fut donnée aux Italiens, sans succès : la farce y dominait cette fois.
La proportion est inversée en 1736 dans *L'Enfant prodigue*, qui va servir de moule pour *Nanine*, *L'Écossaise*, *Le Droit du seigneur*, *La Prude*, *Charlot*. Et désormais, Voltaire s'efforcera toujours de réaliser ce mélange difficile « de comique et de touchant », seul propre à représenter la vie « bigarrée » des hommes. Le dosage pourra cependant varier, comme l'origine du comique : intrigue, caractères, situations ; et comme sa nature : le « plaisant », le « plaisir sérieux », voire le « sourire de l'âme ».
Mais que deviennent donc les fameux « genres » ? Voltaire les tolère tous, sauf le « larmoyant ». Ces idées sont exprimées dans la préface de *L'Enfant prodigue*, où l'on trouve cette sorte de slogan : « Tous les genres sont bons, hors le genre ennuyeux. » Quel nom donnera-t-il à son invention ? Celui de « pièce de théâtre », tout simplement ; « ce nom répond à tout ». Inconsciemment sans doute, sur ce terrain de la comédie, Voltaire a anticipé l'abandon des genres classiques, et contribué à leur dépassement. Il se montre ici très moderne, et bien plus qu'en utilisant le vers décasyllabe, peu propre au sérieux, et toujours un peu grêle. En associant au rire un pathétique atténué, Voltaire croit aussi qu'il renforcera par le sentiment la portée morale de son comique ; car il n'oublie pas le grand précepte classique : la comédie est « l'art d'enseigner la vertu et les bienséances en action et en dialogues ». Par là il est bien de son siècle. Il lui arrive rarement de plaire sans instruire. Et la leçon, parfois, est sévère : appliquant la théorie

des « conditions » de Diderot, il caricature lourdement « l'état » de folliculaire\*, où croupissent Desfontaines (*L'Envieux*) et Fréron (*L'Écossaise*) ; ou bien, prenant la suite de Molière, il fustige les nouveaux tartufes, dépositaires infidèles (*La Prude, Le Dépositaire*).

La part que Voltaire a prise dans la production comique de son temps n'est donc pas insignifiante. Sans doute aurait-il mieux réussi en adoptant partout la prose, qu'il manie si bien, et en exploitant davantage le filon anglais, d'où viennent *L'Écossaise, Nanine*, et cette *Prude* tirée de *The Plaindealer* de l'auteur satirique William Wycherley (1640-1716). Il lui doit au moins, dans *L'Écossaise*, un type original : celui de Freeport, le rustre au grand cœur, qui sera imité par Goldoni (*Le Bourru bienfaisant*, 1771). Mais il était difficile, à l'époque, d'acclimater en France la « bassesse » bien anglaise de certains personnages. Le nouveau « drame » a pu concurrencer la tragédie ; la comédie était ligotée par les bienséances. On a reproché à Voltaire, à son époque, son comique outré, son abus de la charge, ses types burlesques, son « indécence » même, contraires au bon goût. Audaces modestes, qui montraient la voie : Beaumarchais n'est pas loin.

*Henri Lagrave*

## COMMANDEMENTS

BIBLE • DIEU •

La Bible est remplie de prescriptions, l'Église a ses commandements. Voltaire a lu, annoté, confronté les commentaires bibliques réunis par dom Calmet\* et les nombreuses histoires ecclésiastiques de sa bibliothèque\*. Pour lui, les prescriptions de l'Ancien Testament s'adressaient à un peuple grossier, comme le prouvent, entre autres, l'interdit concernant la bestialité ou les règlements à propos des besoins naturels. Les commandements donnés aux prophètes Osée ou Ézéchiel le scandalisent ; l'interdiction de manger du lièvre, « parce qu'il rumine », le fait rire : Dieu ne saurait être à l'origine de tels ordres, leur variation est incompatible avec l'immuabilité divine. Dans le *Catéchisme\* de l'honnête homme* (1763), il refuse la possibilité d'ordres contradictoires donnés à Adam, Seth, Noé, Abraham, Moïse, par un Dieu qui se plierait aux aléas humains.

Quant aux commandements de l'Église, d'après les Carnets\*, Voltaire en a cherché en vain l'origine à Senones\* même, auprès de dom Calmet. Ce n'est pas Jésus qui a institué de telles obligations. Des articles comme « Carême » (*Dictionnaire philosophique*) et « Fêtes » (*Questions sur l'Encyclopédie*) dénoncent d'ailleurs le coût économique et social des fêtes chômées, de même que l'absurdité et l'injustice, dont souffrent les plus

pauvres, des interdits alimentaires. Pour le philosophe, un seul commandement valable, sans cesse répété : « Adorons Dieu et soyons justes. »

Marie-Hélène Cotoni

## COMMÉMORATIONS

On célébra en 1773 la mémoire de Molière mort cent ans plus tôt : on joua *La Centenaire de Molière*, comédie en son honneur. La même année, pour honorer Voltaire de son vivant et fêter ses cinquante ans de théâtre, le chevalier Du Coudray lui dédiait sa comédie *La Cinquantaine dramatique de M. de Voltaire* – qui cependant ne fut pas représentée. Encensé comme un « patriarche » dans toute l'Europe, couronné triomphalement à la première d'*Irène* en 1778, Voltaire est déjà de son vivant l'objet d'un culte. Panthéonisé par la Révolution, treize ans après sa mort, il semble depuis lors participer d'une double nature : auteur d'une œuvre et acteur d'une influence, l'une et l'autre militantes, auxquelles on ne cesse de se référer, et tôt figé dans un ensemble de pratiques institutionnelles ou scolaires. Mais si l'on s'en tient à une stricte définition du fait commémoratif, la première date fut 1878, premier centenaire de sa mort. Rien n'avait marqué en 1794 le premier centenaire de sa naissance.

Voilà donc Voltaire à nouveau livré à l'institution, cent ans ou presque après sa panthéonisation. On comptera pour peu l'entrée de l'urne contenant son cœur à la Bibliothèque* alors impériale (1864). En 1876, alors que le gouvernement décidait l'organisation de l'Exposition universelle de 1878, *Le Bien public*, journal du républicain avancé et chocolatier Menier, fait campagne pour que soit célébré le premier centenaire de la mort de Voltaire et de Rousseau. On exalterait en Voltaire non le littérateur mais l'anticlérical, « cet homme qui a manqué totalement de respect ». En janvier 1878, la Société des gens de lettres demande à Victor Hugo de participer à la cérémonie qu'elle organise. La majorité des membres du conseil municipal de Paris forme un comité du centenaire et lance un appel à tous les conseils généraux et municipaux de France, tout en dissociant les centenaires de Voltaire et de Rousseau.

Cette initiative nationale entraîne une réaction des partis conservateurs et de l'Église catholique. L'évêque d'Orléans Mgr Dupanloup*, s'adressant aux conseillers municipaux de Paris, donne le ton. Des contre-commémorations sont prévues : hommage à Jeanne d'Arc, cérémonie expiatoire ; on demande aussi, dans les bulletins paroissiaux, l'interdiction de l'anthologie des textes de Voltaire, que prépare le comité du centenaire. Au Sénat, dont il est membre, Dupanloup met en accusation le gouvernement. Rien n'y fait.

# C

En janvier 1867, le journal « Le Siècle » lance une souscription populaire pour élever une statue à la gloire de Voltaire... Daumier anticipe aussitôt, dans « Le Charivari », l'échec des résistances cléricales. Un jésuite famélique, à la silhouette de vieille femme, s'agrippe aux basques du sculpteur effaré, pour l'empêcher d'achever la statue. En retrait, le patriarche, immense, sardonique, complice, s'amuse de la tempête qu'il a indirectement provoquée. Par-delà la mort, la statue inachevée s'éveille à une vie nouvelle et inattendue, excitée par le dernier bon tour qu'elle vient de jouer à l'Infâme.

D. M.

DESSIN DE HONORÉ DAUMIER PARU DANS « LE CHARIVARI » DU 29 MARS 1867, AVEC COMME LÉGENDE : *« JE NE VEUX PAS QU'IL AIT SA STATUE, QUAND JE N'AI PAS LA MIENNE !... »*

*Piaffant, bondissant, et moqueur, un Voltaire difforme et grimaçant brandit sa plume. Le gag inventé par l'affichiste traduit l'humour de Voltaire. En position d'escrimeur, il lui suffit d'écrire son nom pour terrasser ses ennemis. D'un trait rapide, l'artiste a tout dit : l'écriture est une fête, un jeu et un combat. « Qui plume a, guerre a », aimait à répéter Voltaire. L'ironie et la gouaille sont des armes qui ne manquent jamais leur proie. Le petit vieillard sec, à la mise désuète – il porte encore une longue perruque à la Louis XIV – semble avoir gardé par dérision son bonnet de nuit ou d'intérieur. Ce pantin désarticulé aura conservé, jusque dans l'extrême vieillesse, l'ardeur combative de ses jeunes années.*

D. M.

VOLTAIRE, DESSIN DE SAVIGNAC POUR L'AFFICHE DE L'EXPOSITION « VOLTAIRE : UN HOMME, UN SIÈCLE », À LA BIBLIOTHÈQUE NATIONALE À PARIS, EN 1979.

COLLECTION PARTICULIÈRE.

Les cérémonies ont lieu le 30 mai, jour de l'Ascension. Pour éviter les incidents, elles se déroulent en général dans des lieux clos : le théâtre de la Gaîté à Paris où, face au buste de Voltaire par Houdon, interviennent Victor Hugo\* et les autorités politiques, et au cirque Myers, où le ton est moins solennel, avec fanfare et chorale interprétant une cantate à Voltaire. Le soir, au Grand-Orient de France, un banquet a lieu en l'honneur du philosophe. On vend des médailles commémoratives. Pendant ce temps, les antivoltairiens expient : gerbes portées à la statue de Jeanne d'Arc, messes nombreuses, pétitions et défilés pieux. À l'étranger, on fête aussi le patriarche de l'Europe, en Italie plus qu'ailleurs. Les lampions éteints, du côté républicain, on dresse un bilan triomphal : pas de désordre, une belle unanimité. Des esprits chagrins feront remarquer que la participation populaire a été faible, que Jean Jacques Rousseau a été délaissé. Les républicains de gauche le fêteront à leur manière, «plus communarde», en juillet. Le 1$^{er}$ juillet 1878, *Le Bien public* changera de nom pour devenir *Le Voltaire*.

En 1944, dans la France qui se libère, renaît sous l'impulsion du parti communiste la pratique commémorative. On s'active pour le deux cent cinquantième anniversaire de la naissance de Voltaire : articles dans la presse où l'on dénonce l'hostilité de la bourgeoisie envers Voltaire, pressions sur le gouvernement pour célébrer le grand homme, dont André Marty, réfugié à Moscou, avait pris le nom comme signature. Il y eut une cérémonie à la Sorbonne (10 décembre), le rappel indigné de la statue de Voltaire qu'Abel Bonnard avait livrée aux Allemands pour fondre des obus, l'admiration envers les Soviétiques qui fêteraient mieux Voltaire que ses propres compatriotes, le discours douloureux et lucide de Paul Valéry\* aux portes de la mort. Ainsi entré au Panthéon progressiste, Voltaire ne le quittera plus : il hantera les colonnes des *Lettres françaises*, les travaux des académiciens soviétiques, et sera une référence constante pour les militants de gauche.

En 1978, pour le bicentenaire de la mort, un vaste colloque international réunit à Paris les chercheurs dix-huitiémistes. On commémore dans le savoir. Certains s'interrogent pourtant sur la signification de ces pratiques et de ces lieux de mémoire. On fête Voltaire à l'Ouest comme à l'Est, au Nord comme au Sud, mais seuls les universitaires participent au rituel, en essayant de dépasser les incidences militantes du culte voltairien. L'institution politique semble indifférente. Tout au plus accepte-t-elle de patronner et d'offrir le vin d'honneur. Signe des malheurs de notre temps, en 1994 l'accent est mis, bien plus qu'en 1878 ou qu'en 1944, sur le combat de Voltaire pour la tolérance et les droits de l'homme.

*Jean Goulemot*

# C

*Le centenaire pourrait bien être son dernier enterrement.*
   Louis Veuillot, article pour *L'Univers*, 17 avril 1878.

*Il y a cent ans aujourd'hui, un homme mourait. Il mourait immortel.*
   Victor Hugo, *Le Centenaire de Voltaire* – discours du 30 mai 1878.

## COMMENTAIRE HISTORIQUE SUR LES ŒUVRES DE L'AUTEUR DE LA HENRIADE, ETC. AVEC LES PIÈCES ORIGINALES ET LES PREUVES

AUTOBIOGRAPHIE • BIOGRAPHIE •

Tel est le titre, tout au long, d'un ouvrage de l'extrême vieillesse, publié en 1776 sous l'adresse de Bâle – Voltaire avait 82 ans. La genèse en remonte peut-être à 1772 : il proposait alors à l'abbé Duvernet*, son futur biographe, des documents utiles qui seraient bientôt réunis. Il n'est d'ailleurs pas question ici des « œuvres de l'auteur de *La Henriade* » une à une, mais plutôt de sa carrière. On croit lire un canevas biographique, sans doute un peu sec – quelque cent vingt pages –, mais vivant, piquant même, entre annales et anecdotes : un grand homme raconté par un témoin. Un narrateur parle de « notre auteur », de « notre vieillard », du « solitaire de Ferney », il rapporte les choses de source directe : « M. de Voltaire me dit... », « Je lui ai entendu dire à lui-même... », « Voyez-vous, disait-il... ». À la troisième personne, c'est en fait, étrangement, un ouvrage autobiographique. Personne ne s'y trompa, Voltaire lui-même accueillit avec assez bonne grâce les compliments, au moins de ses proches et familiers – Mme Necker, Richelieu entre autres. Lui seul avait pu produire ces « pièces originales », les commenter, choisir les faits jugés significatifs, les agencer, les orienter, totaliser enfin son existence – « C'était la destinée de notre solitaire... ». La troisième personne est partout investie par le sujet, à la fois expérience du monde, écriture originale, même distanciée, et plaisir et désir encore d'une action sur l'histoire, ainsi attestée.

Deux siècles après, on a peine à concevoir la nouveauté de l'ouvrage. Jamais encore on n'avait vu une « histoire d'auteur » écrite par l'auteur lui-même, et publiée de son vivant. Tabou complexe : l'inconvenance générale du discours public sur soi, les préjugés d'une infériorité de rang de l'écrivain, son exclusion du champ des « Mémoires historiques », et l'anticipation inavouable d'un intérêt de la postérité. Quinze ans plus tôt, Voltaire avait laissé en plan des *Mémoires\** rédigés directement à la première personne ; il opérait cette fois le dédoublement rhétorique en pseudo-personne, l'autobiographie en stéréo. Les critiques ne cachèrent pas leur trouble. « C'est un tiers qui est censé parler », note l'un d'eux. Un autre souligne l'abus du procédé : « Il s'est choisi lui-même pour son historien »

– passe encore pour un général romain, pour un consul, mais « un poète françois » ? Et *L'Année\* littéraire* de dénoncer l'indécence, en démasquant l'auteur : « Il essaie de se peindre tel qu'il voudrait paraître aux yeux du public. » On a connu pire depuis ; mais les écrits personnels de Rousseau étaient encore inconnus, et pour cause.

Le parallèle Voltaire-Rousseau, dans cette obscure préhistoire de l'autobiographie, est ici éclairant. En 1776, l'année même où parut le *Commentaire historique*, Jean Jacques entrait dans ses *Rêveries*, après avoir écrit des *Confessions* interdites et des *Dialogues* impubliables, plongeant dans une solitude mentale toujours plus sauvage, et distendant à mesure les liens charnels de la lecture – comment pourrait-on un jour lire ses *Rêveries* ?... C'est lui qui inventait, dans cette aventure intime et secrète, la modernité future de l'autobiographie, l'écriture vitale du sujet. Mais Voltaire au moins, dans cette gloire personnelle jusqu'alors inouïe qui le constituait d'avance personnage, imposait à sa façon les premiers mémoires d'un écrivain vivant.

Tout n'est pas traité sur le même rythme dans ce *Commentaire historique*. Les vingt dernières années, celles des Délices et de Ferney, occupent toute la seconde moitié du livre, comme réalisant les plus lointaines vocations, d'indépendance et d'action utile. Le grand voyage en Prusse est expédié en quelques pages : Voltaire en tenait en réserve le récit déjà prêt dans ses *Mémoires* posthumes. Des épisodes sont omis, on le comprend : les séjours en Bastille, l'affaire du chevalier de Rohan ; la position d'exil est occultée, déniée même par le rappel insistant du soutien ministériel apporté au développement de Ferney. La narration glisse surtout sur les années de formation : « Rien n'est plus insipide que les détails de l'enfance et du collège » – mot de mémorialiste, non d'autobiographe au sens moderne. De même, de nombreux écrits sont passés sous silence : les titres condamnés, cela s'entend, *Lettres philosophiques* et *Dictionnaire philosophique* – incidemment pourtant, étourdiment peut-être, les *Questions sur l'Encyclopédie* sont assumées ; mais sont également omis les ouvrages de société, les comédies, les contes, *La Pucelle* bien sûr, les opuscules ; et généralement enfin les ouvrages mal connus ou mal accueillis, y compris de théâtre alors que la carrière tragique est mise en relief – logique mixte apparemment, de l'avouable et du mémorable.

Mais sur l'autre plan, celui de la vie concrète de « M. de Voltaire », les engagements personnels sont tous marqués et précisés, avec les faits, les dates, les citations de lettres et de factums, et même les humeurs. Et cette fois, contradictoirement\*, c'est toute l'action du philosophe militant qui est détaillée, et donnée comme avouable et mémorable. Voltaire rappelle les affaires Calas et La Barre : « Toute l'Europe en frissonne encore d'horreur » ; il condamne les dîmes abusives et les offices vénaux, les supersti-

tions, les injustices, « les guerres légèrement entreprises par les rois », et réveille toutes les vieilles querelles contre les Biord, les Fréron, les Nonnotte, les folliculaires « à deux sous la feuille » et ses dévots réfutateurs, modernes « Pères de l'Église », dignes de l'asile – la veine anticléricale est très librement accentuée. Malgré ces fanatiques, le *Traité sur la tolérance*, hautement revendiqué, est enfin devenu par toute l'Europe « le catéchisme de quiconque a du bon sens et de l'équité ». Voltaire a beau jeu de relever ses accointances de grande histoire, sa relation privilégiée avec Frédéric II, les cours jadis fréquentées, les charges remplies, les négociations secrètes ; mais c'est manifestement à cette autre puissance d'opinion par lui conquise enfin, à son statut de contre-pouvoir, qu'il ordonne le sens ultime d'une vie racontée aussi comme son œuvre.

Les premiers biographes exploitèrent avec gourmandise les données du *Commentaire historique* – Duvernet surtout, Condorcet aussi, qui voulait même le placer en tête de l'édition de Kehl\*. Puis l'ouvrage s'enfonça peu à peu dans le plus profond oubli, desservi par l'éclat plus vif des *Mémoires*, contesté d'ailleurs par Wagnière\* qui s'avisait indûment de le revendiquer comme sien, absorbé et noyé dans la masse des éditions complètes, déclassé enfin par des innovations plus voyantes de l'écriture intime. Les spécialistes le citent encore, mais on ne l'a plus jamais imprimé à part. Jean Jacques a fossilisé le *Commentaire historique*.

*André Magnan*

## COMMENTAIRE SUR LE LIVRE DES DÉLITS ET DES PEINES, PAR UN AVOCAT DE PROVINCE

Voir BECCARIA.

## COMMENTAIRE SUR L'ESPRIT DES LOIS

JOURNALISTE • MONTESQUIEU • POLITIQUE •

Voltaire se sentit attaqué par une lettre publiée dans le *Journal de Paris* du 19 mai 1777. On prétendait que le compte rendu qu'il avait donné de l'ouvrage de Chastellux, *De la félicité publique*, dans le *Journal\* de politique et de littérature*, n'avait été fait que pour rabaisser, trente ans après, la gloire de Montesquieu. Le ton de cette lettre de Sautreau de Marsy l'irrita ; il y répondit promptement par ce *Commentaire*.

Après avoir rendu hommage à *L'Esprit des lois*, « ouvrage d'un homme d'État, d'un philosophe, d'un bel esprit, d'un citoyen », et dénoncé les jansénistes et les jésuites qui avaient attaqué Montesquieu, Voltaire fait état de

ses doutes et de ses critiques, en quarante-six remarques et huit rubriques. Thèmes essentiels : la nature humaine, la monarchie, le rôle de l'Inquisition, la réalité des lois fondamentales, tels que les entend, à l'en croire, Montesquieu. S'il relève avec discernement des erreurs, Voltaire témoigne ici pour l'essentiel d'une rare incompréhension, et parfois d'une surprenante mauvaise foi. Il accumule les contresens sur la notion de « vertu », feint d'ignorer l'enjeu politique que Montesquieu attache aux corps intermédiaires, méconnaît enfin l'analyse qu'il propose du despotisme. Pour mieux la critiquer, il choisit souvent d'isoler une formule de son contexte, se perd dans les détails, accuse Montesquieu de « trop souvent falsifier [...] les textes dont il fait usage », lui fait un mauvais procès, comme auparavant dans les *Questions sur l'Encyclopédie*, de défendre la vénalité des charges et de préférer le bel esprit à la vérité.

Voltaire justifie ses attaques par son attachement à cette même vérité. On s'étonnera pourtant de la sévérité de ses critiques. Elle tient très largement à son incapacité à entrer dans la logique d'un système dont la construction et la rigueur le gênent. Elle tient aussi à sa récusation des thèses aristocratiques de Montesquieu, qui fait descendre des Francs les libertés monarchiques (Remarque XLII). Sur le climat, l'esclavage, les Francs, si Voltaire émet certaines réserves, il reconnaît à Montesquieu d'opposer aux abus l'humanité et la raison. En récusant à maintes reprises la théorie des climats, Voltaire exprime ses craintes : l'universalité de la raison serait-elle mise en doute ? Quant au fondement des lois, à force de vouloir les comprendre, Montesquieu ne risque-t-il pas de justifier leurs excès et de remettre en cause la possibilité d'une politique dictée par la raison et valable pour tous ? On peut rapprocher la méthode critique ici mise en œuvre par Voltaire de celle dont il a usé contre Pascal.

*Jean Goulemot*

## *COMMENTAIRES SUR CORNEILLE*
ACADÉMIE · CORNEILLE · GÉNIE · GOÛT · RACINE · SHAKESPEARE · TRAGÉDIES ·

En novembre 1760, alerté par le poète Le Brun\*, Voltaire recueille Marie Françoise Corneille\*, petite-fille d'un cousin du grand écrivain, et fort pauvre. Il y était poussé par sa bienfaisance naturelle et par son respect pour le nom de Corneille ; du même coup, il donnait une leçon au pouvoir, trop indifférent à la condition de l'homme de lettres.
Voltaire et Mme Denis choyèrent cette « Chimène », et elle adoucit leur vie. Pour la marier, on lui fera une dot : Voltaire décide, en avril 1761, de donner dans cette vue une édition du théâtre de Corneille, sous le patronage de l'Académie. À cette époque, il venait de condamner Shakespeare

devant l'Europe entière dans son *Appel\* à toutes les nations* (1760) : il allait poursuivre ce combat contre le mauvais goût – il propose même de publier des éditions annotées de tous les classiques français. Avec l'aide des Cramer, ses éditeurs à Genève, Voltaire lance alors une vaste campagne de souscription\*. Il va réussir à intéresser la France et l'Europe à son grand dessein : en 1764, 1 176 personnes ont souscrit pour 4 009 exemplaires. Du bénéfice, 40 000 livres reviennent à «Mademoiselle Corneille», qui a épousé en février 1763 un cornette de dragons, Dupuits de La Chaux. Voltaire, jouant les patriarches, gardera le jeune couple chez lui.

Infatigable, il s'était mis au travail en juin 1761. Il rédige rapidement ses notices et les soumet manuscrites à l'Académie, qui lui renvoie ses observations – il n'en tient pas toujours compte. Travail long et pénible : les *Commentaires* prendront de plus en plus d'ampleur. Ses confrères académiciens lui reprochent sa sévérité ; il lui faut se justifier sans cesse. Enfin, en décembre 1763, il travaille seul, sans plus se soucier de leur avis. L'impression avait commencé au début de 1762 ; les douze volumes furent diffusés en janvier 1765.

Voltaire avait raison de se méfier des «fanatiques» partisans de Corneille : un «cri général» s'éleva contre certaines critiques jugées révoltantes. On rabaissa cet ouvrage comme trop long, prétentieux, superficiel, dépourvu de vues générales. Fréron reproche à l'auteur sa basse jalousie, son acharnement à abattre la statue du grand homme pour s'en élever une à lui-même sur les débris. Il eut heureusement des défenseurs, d'Alembert, Grimm notamment, et les fanatiques de Racine. Cependant la polémique soulevée par l'ouvrage l'encouragea à publier une seconde édition, en 1774 : refondus et remis à jour pour répondre aux détracteurs, les *Commentaires* avaient reçu plus de cinq cents additions, et le commentateur, entièrement libéré de la tutelle de l'Académie, y renouvelait ses critiques en les aggravant.

L'ensemble est monumental : toutes les tragédies de Corneille annotées, plus les traductions du *Jules César* de Shakespeare et de «l'*Héraclius\** espagnol» de Calderón, une étude comparée de la *Bérénice* de Racine et de celle de Corneille, et des remarques sur deux pièces de son frère Thomas, *Ariane* et *Le Comte d'Essex*. Le commentateur précise sa visée : dire toute la vérité, et faire œuvre pédagogique, pour être utile «aux jeunes gens qui forment leur goût». Les comédies, à l'exception du *Menteur* et de sa *Suite*, sont laissées sans commentaires, et rejetées à la fin, comme «indignes de notre siècle» (avertissement). Voltaire reconnaît pourtant que leur auteur a ouvert la carrière du comique.

Pour dire la vérité, il fallait ne rien cacher, et donc commenter aussi les seize tragédies du déclin. Voltaire s'y était résolu, surmontant son dégoût. À tant de «mauvais ouvrages» il oppose les cinq chefs-d'œuvre : *Le Cid*,

# C

*Cinna, Horace, Polyeucte, Pompée* – qui cependant ne sont pas exempts de défauts. Mais il suggère au lecteur un jugement d'ensemble défavorable, en condamnant partout les pensées outrées, les raisonnements captieux et alambiqués, les amours insipides, les solécismes innombrables «dont toutes les dernières pièces fourmillent». De plus, si l'on met à part les vues historiques et dramaturgiques, toujours intéressantes, la méthode d'analyse, qui consiste à peser «les beautés et les défauts», détruit l'unité de la pièce examinée, et l'harmonie des contrastes qui fait le prix d'un tel théâtre. Mais c'est ainsi que l'on jugeait, trop souvent, à cette époque.

On ne peut dire que Voltaire ait vraiment innové, comme l'ont fait Diderot, Grimm et Fréron même, en matière de critique dramatique. Le commentaire manque l'essentiel, et ne vaut que par les détails. Au reste, il ne renouvelle guère l'image que, depuis longtemps, Voltaire s'était formée de Corneille. Son siège est fait dès 1719: la galanterie mêlée au tragique, la froideur des raisonnements, les faiblesses de la versification, autant de reproches qui remontent aux *Lettres\* sur Œdipe*. Il s'était seulement moins attaché à signaler les «solécismes»; l'extrême importance accordée ici à la grammaire\* constitue un élément nouveau. En vieillissant, Voltaire s'intéresse de plus en plus à la langue; mais son insistance même est cruelle pour un génie qui appartenait «à son temps». Hélas! Corneille est né trop tôt. S'il sort victorieux d'une comparaison entre son *Cinna* et le *Jules César* de Shakespeare, c'est qu'il s'agit, une fois de plus, de flétrir la «barbarie» de l'Anglais, et d'affirmer la primauté d'un goût «universel», donc incontestable, sur les beautés «locales» – conception que Voltaire, depuis l'*Appel à toutes les nations de l'Europe*, défend avec vigueur. Ce goût cependant a été porté à la perfection par Racine, dont la supériorité écrasante est marquée par une autre comparaison, entre les deux *Bérénice* (1670). Racine est devenu pour Voltaire le modèle idéal, celui du génie contrôlé par le goût. Et le goût n'est pas «l'esprit», qui court «après les pensées, les sentences, les antithèses, les réflexions, les contestations ingénieuses» (*Héraclius*). Toute l'œuvre de Corneille est «infectée» de ce défaut. Or l'esprit\*, chez les modernes, est ce qui perd la littérature.

Au XVIII$^e$ siècle, Corneille était moins joué que Racine. Mais il jouira d'un regain de faveur sous l'Empire, et c'est Racine au contraire, et Voltaire en émule, qui seront la cible des romantiques.

*Henri Lagrave*

*La foule des littérateurs lui reprocha néanmoins d'avoir voulu avilir Corneille par une basse jalousie, tandis que partout, dans ce commentaire, il saisit, il semble chercher les occasions de répandre son admiration pour Racine, rival plus dangereux, qu'il n'a surpassé que dans quelques parties de l'art tra-*

gique, et dont au milieu de sa gloire il eût pu envier «la perfection désespérante».

Condorcet, Vie de Voltaire, 1790.

## COMMERCE

CIVILISATION • COLONISATION • GUERRE • PAIX •

L'importance du commerce dans le monde de son époque a été révélée à Voltaire plus par l'Angleterre que par la Hollande. À partir des *Lettres\* philosophiques* (1734), ce sera un thème récurrent de son œuvre. Voltaire croit au commerce comme facteur de progrès. Il ne cesse de faire l'éloge du commerçant et prend toujours en compte les données commerciales dans ses analyses historiques. De là à faire de Voltaire, comme un marxisme sommaire l'a prétendu, un idéologue de la bourgeoisie et pourquoi pas du capitalisme, on se gardera de franchir ce pas. À bien y regarder, sous ses formes les plus diverses − vente artisanale des produits du jardin de Candide, spéculation financière, commerce international que symbolise l'activité portuaire anglaise ou hollandaise, guerres pour obtenir des marchés ou des monopoles −, l'activité commerciale est au cœur de la réflexion de Voltaire : de sa vision de l'homme, de son refus du tragique pascalien, de son analyse de la causalité historique, de son combat contre le fanatisme, du regard qu'il porte sur le monde contemporain, de ses pratiques d'entrepreneur à Ferney, de certaines de ses admirations enfin.

Tout se met donc en place dans les *Lettres philosophiques*. La XXV$^e$ lettre («Sur les *Pensées* de M. Pascal») exalte en l'homme l'esprit d'entreprise, son accord au monde. La remarque VI évoque l'activité fébrile d'une cité commerçante pour refuser le modèle pascalien du retrait et de l'abandon à Dieu. La X$^e$ lettre surtout constitue le credo voltairien sur le commerce. Le commerce enrichit, civilise, rend libre : l'exemple anglais illustre, mieux qu'une longue polémique, la fausseté des thèses de Pascal. C'est comme un hymne, tour à tour épique ou emphatique, à l'activité commerciale et à la figure du commerçant, homme des temps nouveaux au même titre que le philosophe : «Tout cela donne un juste orgueil à un marchand anglais, et fait qu'il ose se comparer, non sans quelque raison, à un citoyen romain.» Ce bel enthousiasme aura la vie dure. On le retrouve dans l'*Essai\* sur les mœurs* où le commerce, moteur du progrès, sert, avec la civilisation, à différencier peuples sauvages et peuples civilisés. Mais Voltaire a conscience que le commerce est aussi l'une des causes primordiales des conflits et des guerres dans le monde contemporain, que la colonisation vise moins à civiliser qu'à s'enrichir avec fureur et âpreté. Dans les *Fragments\* sur l'Inde*, le premier chapitre instruit un véritable procès du commerce

moderne. On peut l'opposer par bien des termes à la célèbre lettre $X^e$ des *Lettres philosophiques*. Voilà de quoi démentir la réputation d'optimiste invétéré dont on crédite un peu vite le philosophe Voltaire.

Jean Goulemot

*Les princes avaient jusque-là fait la guerre pour ravir des terres; on la fit alors pour établir des comptoirs. Dès l'an 1500, on ne put avoir du poivre à Calicut qu'en répandant du sang.*
*Essai sur les mœurs, 1756, chap.* CXLI, *« Des découvertes des Portugais ».*

## COMTE DE BOURSOUFLE (LE)

Voir GRAND BOURSOUFLE (LE) • PETIT BOURSOUFLE (LE).

## CONCILES

CHRISTIANISME • DOGMES • RELIGION •

La notion de concile intéresse l'historien dans l'*Essai sur les mœurs*, le philosophe dans le *Dictionnaire philosophique*; elle est mise en scène dans les *Lettres d'Amabed*. Voltaire pose en fait que les conciles sont pour les papes ce que sont les États généraux pour les rois. Il rappelle d'ailleurs qu'ils n'appartiennent pas à la seule Église chrétienne : d'autres religions en tiennent. Cette pratique lui inspire une étrange question d'herméneutique : « Il est rapporté dans le Supplément du concile de Nicée que les Pères, étant fort embarrassés pour savoir quels étaient les livres cryphes ou apocryphes de l'Ancien et du Nouveau Testament, les mirent tous pêle-mêle sur un autel ; et les livres à rejeter tombèrent par terre. C'est dommage que cette belle recette soit perdue de nos jours » (*Dictionnaire philosophique*, 1764, art. « Conciles »). Le même esprit critique sous-tend l'*Extrait\* des sentiments de Jean Meslier* et l'*Examen\* important de milord Bolingbroke*. Voltaire y dénonce la légitimation d'une parole simplement humaine attribuée à Dieu. Destinés à unifier, à pacifier, les conciles n'engendrent qu'intrigues, haines, jalousies. S'il est vrai que « le concile de Trente fut paisible, ou du moins que ses querelles n'eurent ni éclat ni suite », c'est que, selon les mots d'une lettre à Marmontel, « le monde se déniaise furieusement ; les beaux jours de la friponnerie et du fanatisme sont passés ». La raison émerge peu à peu, une saine philosophie se fait jour : Voltaire n'a pu imaginer de conciles à venir, sinon dans ce sens même – pour lever le célibat\* des prêtres, par exemple.

*Gabriel-Robert Thibault*

## CONCLUSION ET EXAMEN DE CE TABLEAU HISTORIQUE

HISTOIRE • MÉLANGES •

Publié en 1763 sous ce titre, c'était le dernier chapitre de l'*Essai\* sur les mœurs*. Voltaire ayant ensuite réaménagé toute la fin de cet *Essai* pour constituer séparément son *Précis\* du siècle de Louis XV*, ces pages ne furent plus réimprimées. Les premiers éditeurs posthumes les redécouvrirent, et en firent des «Nouvelles remarques sur l'histoire à l'occasion de l'*Essai sur les mœurs*», qu'ils placèrent dans un ensemble «Fragments de l'histoire» du second volume de *Mélanges historiques* dans cette édition dite de Kehl\*... Cas exemplaire, extrême peut-être, des complexités de l'histoire éditoriale des textes de Voltaire, surtout à ces confins de l'histoire et des mélanges.

Jean Goulemot

## CONDORCET, Jean Antoine Nicolas de Caritat, marquis de

ALEMBERT (D') • KEHL • PHILOSOPHE • POLITIQUE • RÉVOLUTION •

À côté de La Harpe\*, dauphin en Apollon, le successeur en philosophie: Condorcet.
Sur la fin de l'été 1770, avec d'Alembert qu'il n'avait plus revu depuis 1756, le patriarche recevait à Ferney, symboliquement, la troisième génération des Lumières. Le marquis de Condorcet (1743-1794), élève et ami de d'Alembert, figure en vue déjà parmi les Philosophes, n'avait que 27 ans. Mathématicien lui aussi de formation, adjoint à l'Académie des sciences, mais esprit polyvalent et surdoué, passionné d'économie politique, d'éducation, de réforme sociale, Condorcet devait être un jour le premier éditeur posthume de Voltaire, son «cher et illustre maître», puis le disciple le plus directement voltairien engagé dans la Révolution.
Les huit dernières années de la vie de Voltaire furent éclairées par cette rencontre et par ce nouveau lien. Sa première lettre, après le départ des deux visiteurs, leur est adressée solidairement: «Vous verrez de beaux jours, vous les ferez, cette idée égaie la fin des miens.» Très vite, Condorcet devint un correspondant attitré. Émancipé de l'ordre ancien dont il est issu – anticlérical neveu d'un évêque, et plus citoyen que marquis –, Condorcet incarne une avancée de la philosophie, la relève assurée, l'accès virtuel au pouvoir politique. À 30 ans, il sera secrétaire de l'Académie des sciences, à 31 inspecteur des monnaies, à 32 collaborateur direct de Turgot\* au ministère. Voltaire a pressenti en lui d'emblée un homme de l'avenir. Mais s'il devait aller, à partir de 1789, beaucoup plus loin que son vieux maître ne l'avait pensé quand il parlait de «révolution»,

et voir et faire « de beaux jours », sa fin tragique en 1794 signifiera aussi l'échec d'un projet de réformisme gradué, « modérantisme » de mouvance voltairienne, qu'il avait représenté.

Une centaine de lettres subsistent de leur relation, suggérant un rythme presque bimensuel, remarquable pour cette période. Voltaire plaça leur correspondance sous un double signe : « amitié et vérité ». Nouvelles littéraires, nouvelles politiques, considérations tactiques – mais débats de fond aussi : sur les méfaits du pouvoir clérical, l'utilité du déisme, l'exigence de liberté, la difficulté d'éduquer le peuple. Une véritable affection les unit, dans cet écart entre eux d'un demi-siècle, sans complaisance ni dépendance. Condorcet lui reprochant un jour l'excès d'une critique de Montesquieu*... « Si je vous aimais moins, je n'aurais pas le courage de vous contredire » –, Voltaire cède, se rend à ses arguments, l'en remercie. Il avait enfin trouvé un disciple plus intransigeant, plus hardi que d'Alembert, capable de ces mots qui redonnent courage : « Vous ne savez pas assez quel est le poids de votre nom. » Voltaire appelle Condorcet le « Philosophe intrépide », le « Philosophe citoyen ». Il admira ses biographies de savants, profondes et généreuses, sa vision de l'histoire, la vigueur de son engagement dans l'action, l'acuité de ses analyses au lendemain de l'échec de Turgot – c'est par les yeux de Condorcet surtout qu'il suivit l'expérience. Voltaire regrettait de n'avoir pu relancer l'affaire La Barre, dans cette conjoncture favorable, par la révision du cas d'Étallonde* – d'où la mission donnée au jeune « frère » en tolérance : « Je vous lègue d'Étallonde. » Deux écrits de Condorcet furent réimprimés à Genève par les soins de Voltaire : la *Lettre sur le commerce des grains* en 1775, puis l'*Éloge de Pascal* en 1778, occasion de nouvelles « Remarques* sur les *Pensées* de M. Pascal », où le maître aiguillonné rivalise encore d'audace avec le disciple – ce fut son dernier ouvrage.

Choisi par Panckoucke et confirmé par Beaumarchais, Condorcet fut la véritable cheville ouvrière de l'édition posthume de Kehl, en soixante-dix volumes in-$8^o$, dont il assura de bout en bout la direction scientifique, de 1779 à 1789. L'organisation générale de la collection, la distribution des matières, celle des Mélanges en particulier, la sélection et la disposition de la correspondance, furent de sa responsabilité principale, ainsi que l'ample commentaire de l'ensemble – cinquante avertissements et plus de trois cents notes – de plus en plus militant au fil des livraisons. Au dernier volume, publié au tout début de 1790, Condorcet donnait une *Vie de Voltaire*, superbe hommage conçu dans le même sentiment d'un accomplissement révolutionnaire des Lumières, à la fois portrait d'un homme, description d'une œuvre et témoignage d'une influence – ce fut la première biographie intellectuelle de Voltaire, et elle a toujours été citée et rééditée depuis. Mais les Lumières venaient de se diffracter. De Saint-

Pétersbourg, l'autocrate Catherine II, désormais plus tsarine que « Catérine », en décommanda l'envoi à Grimm : « Je n'aime point ce qui est écrit par les énergumènes... »

*André Magnan*

*Si partout on a senti la nécessité de réformer les lois et les tribunaux ; si dans le continent de l'Europe, les hommes ont senti qu'ils avaient le droit de se servir de leur raison ; si les préjugés religieux ont été détruits dans les premières classes de la société, affaiblis dans les cours et dans le peuple ; si leurs défenseurs ont été réduits à la honteuse nécessité d'en soutenir l'utilité politique ; si l'amour de l'humanité est devenu le langage commun de tous les gouvernements ; si les guerres sont devenues moins fréquentes ; si on n'ose plus leur donner pour prétexte l'orgueil des souverains, ou des prétentions que la rouille des temps a couvertes ; si l'on a vu tomber tous les masques imposteurs sous lesquels des castes privilégiées étaient en possession de tromper les hommes ; si pour la première fois la raison commence à répandre sur tous les peuples de l'Europe un jour égal et pur : partout, dans l'histoire de ces changements, on trouvera le nom de Voltaire, presque partout on le verra ou commencer le combat ou décider la victoire.*

Condorcet, Vie de Voltaire, 1790.

## CONFESSION

JANSÉNISME · JÉSUITES · MORALE ·

Le point de vue de Voltaire, dans le *Sermon\* du rabbin Akib* et dans l'*Essai\* sur les mœurs*, comme dans l'article « Confession » du *Dictionnaire\* philosophique*, est à la fois historique et moral. Il signale l'existence de la confession publique chez les anciens juifs et dans les mystères païens : de là son adoption par les chrétiens des premiers siècles. Il date la confession auriculaire du VII$^e$ siècle, mentionne son origine monastique, et rappelle, avec force exemples, l'usage des confessions entre laïcs. Il note également le droit ancien qu'avaient les abbesses de confesser leurs religieuses, droit contesté, puis annulé sous Innocent III. Il souligne encore les variations dans la pratique : les protestants ne se confessent qu'à Dieu. Ces changements, qui dévalorisent à ses yeux le sacrement, sont plaisamment illustrés dans *L'Ingénu\** : le Huron, après avoir avoué ses fautes, veut selon l'ancien rite confesser son confesseur, et la scène s'achève en pugilat. Les confessions du patriarche de Ferney, à l'occasion de ses pâques\*, furent aussi des affrontements : il opposait les droits du sujet, fort des lois du royaume, aux empêchements et aux obstacles dressés par son évêque, Mgr Biord.

Quant à la valeur de la confession, elle est, dans ce bilan, purement pra-

tique, toute considération spirituelle écartée. La confession semble à Voltaire, par l'absolution indéfiniment répétée, une invite à persévérer dans la faute ou le crime. Elle peut avoir son utilité pour obtenir réparation de la part de petits malfaiteurs. Mais elle lui apparaît, moralement et politiquement, comme un facteur considérable de troubles, par l'autorité qu'acquièrent ceux qui connaissent, grâce à ce moyen, le secret des familles, et davantage encore par la pression que les confesseurs, lors de conflits politiques, font peser sur leurs pénitents. Voltaire cite des cas où la rage de la guerre civile, l'appel à l'assassinat furent entretenus dans les confessionnaux. Il évoque aussi le chantage horrible que constituent en plein XVIII$^e$ siècle les fameux «billets* de confession» exigés des fidèles suspects de jansénisme, et les troubles civils que l'obstination sectaire peut faire naître en pareille circonstance. Il imagine un exemple comique de cet entêtement dans la *Relation\* de la maladie, de la confession, de la mort et de l'apparition du jésuite Berthier* : découvrant avec horreur, à l'heure de sa mort, qu'il vient d'avouer ses fautes à un janséniste, le célèbre jésuite veut reprendre sa confession !

Voltaire a enfin abordé le problème de conscience, largement débattu par les théologiens, de la révélation des confessions quand la vie du souverain ou l'ordre public sont en jeu : l'intérêt de l'État, pour lui, doit primer.

Marie-Hélène Cotoni

*La réponse du jésuite Coton à Henri IV durera plus que l'ordre des jésuites : « Révéleriez-vous la confession d'un homme résolu à m'assassiner ? — Non ; mais je me mettrais entre vous et lui. »*
*Dictionnaire philosophique, 1764, art. « Confession » (1765).*

## *CONFORMEZ-VOUS AUX TEMPS*

FACÉTIES • PROPHÉTIES •

«Feu M. de Montampui, mon bon ami, recteur de l'Université de Paris...»
Étayée sur une ancienne anecdote, c'est une prophétie «philosophique» : une petite pochade de bravade, comme on en trouve tant dans les Mélanges – celle-ci date de 1764. Secrètement passionné de théâtre et ne pouvant résister à *Zaïre*, le bon recteur avait troqué ses habits religieux contre un accoutrement de vieille femme, mais arrivé au spectacle, il avait été remarqué, suspecté, humilié, traîné en prison, contraint enfin de décliner son identité, et ruiné à jamais de réputation – n'en mourut-il pas de honte ? Ah, s'il avait seulement mis, comme tant d'autres, «un habit ordinaire»...
De cette anecdote risible – qu'on trouve aussi dans les lettres d'Aïssé* –, des leçons doivent être tirées pour l'avenir, car les temps changent : on ne

verra plus les rois guérir les écrouelles, on ne mangera plus jamais de glands, on cessera un jour à Naples de faire bouillir le sang de saint Janvier, à Paris de promener la châsse de sainte Geneviève pour avoir la pluie, et le Parlement, qui vient d'expulser les jésuites, devrait au plus vite accepter l'inoculation, casser juridiquement la domination des papes sur l'Église de France, et renoncer enfin à poursuivre «la raison» qui commence à régner dans les bons livres – «l'opinion gouverne le monde, mais ce sont les sages qui à la longue dirigent cette opinion». De leçon en leçon, le «bel axiome» du titre, subverti du calendrier liturgique, sonne pour d'autres fêtes, et semble dire: «Soyez philosophes, il est temps!» Le tout fait dix pages endiablées.

*André Magnan*

## CONFUCIUS

CHINE · DÉISME · MORALE · PROPHÈTES · RELIGION ·

«Mon ami Confucius...»: expression tardive, un peu facile, d'une longue sympathie. La figure et la pensée du grand sage de l'ancienne Chine hantent l'œuvre de la maturité, en tant que modèle de religion naturelle, donc de morale.

Contre l'usage, Voltaire dirait volontiers «Confutzée», forme plus proche de l'origine, et qui veut surtout restaurer l'histoire. Car le premier effort, comme pour la Chine en général, fut d'essayer de repenser, à travers le discours chrétien, une réalité, une vérité propre: «Leur Confutzée, que nous appelons Confucius...» (*La Philosophie de l'histoire*, 1765, chap. XVIII, «De la Chine»). Entre les leçons et les récits entendus dans l'enfance au collège* de Louis-le-Grand, chez ces jésuites missionnaires d'Orient et convertisseurs de Chinois, et les discours de l'historien, dans l'*Essai sur les mœurs* (1756, puis 1761), ceux du philosophe aussi, dans divers opuscules, dont *Le Philosophe ignorant* (1766, chap. XLI) et *L'A. B. C.* (1768), toute une enquête s'est approfondie. Ce n'est pas au temps des fables, mais au temps de l'histoire qu'appartient Confucius (vers 551-479 av. J.-C.), c'est à la philosophie morale et non aux religions prophétiques – Voltaire le préfère donc à Mahomet*. Il répète sans cesse qu'il n'était point prêtre, qu'il ne fonda ni dogmes, ni magistère, ni Église, mais recueillit une sagesse, encore vivante en Chine après plus de deux mille ans, et il loue cet enseignement qui tenait en deux préceptes: «Adorez Dieu et soyez justes». En Confucius, Voltaire reconnaît en somme un vrai théiste*, l'un des maîtres historiques d'un déisme universel à soutenir et promouvoir.

Il avait lu ces trois «livres classiques» des fameuses «sentences», dont on trouve un résumé dans ses Carnets*. Il voulait en glisser quelques-unes

dans son *Orphelin de la Chine* (1755), mais la censure des théâtres s'y opposa. Il eut au moins, aux Délices, puis à Ferney, un petit oratoire à la chinoise, où il plaça la figure du sage Confutzée, avec quatre vers d'hommage – Turgot dormit dans cette chambre. Quand, à la fin de ses lettres, pour exhorter ou saluer ses «frères», Voltaire invoque Socrate, Pythagore, Cicéron, Marc Aurèle, Newton ou Bolingbroke, dans ce panthéon tutélaire de l'éternelle Philosophie, Confucius n'est jamais bien loin.

André Magnan

*Il invite les hommes à pardonner les injures et à ne se souvenir que des bienfaits;*
*À veiller sans cesse sur soi-même, à corriger aujourd'hui les fautes d'hier;*
*À réprimer ses passions, et à cultiver l'amitié; à donner sans faste, et à ne recevoir que l'extrême nécessaire, sans bassesse.*
*Il ne dit point qu'il ne faut pas faire à autrui ce que nous ne voulons pas qu'on fasse à nous-mêmes: ce n'est que défendre le mal; il fait plus, il recommande le bien: « Traite autrui comme tu veux qu'on te traite. »*
*Il enseigne non seulement la modestie, mais encore l'humilité; il recommande toutes les vertus.*

*Le Philosophe ignorant*, 1766, doute XLI, «De Confucius».

## CONNAISSANCE (LA) DES BEAUTÉS ET DES DÉFAUTS DE LA POÉSIE ET DE L'ÉLOQUENCE DANS LA LANGUE FRANÇAISE

ATTRIBUTIONS · GOÛT · POÉSIE ·

Tel est le titre complet d'un livre d'une centaine de pages, publié en 1749 sans nom d'auteur. On a longtemps été tenté de l'attribuer à Voltaire lui-même; mais il y est cité avec de telles louanges que l'hypothèse d'un autre auteur, un de ses disciples sans doute, est plus probable – plusieurs noms ont été proposés, sans preuve absolue.

L'auteur se donne pour but de former le goût littéraire de ses lecteurs, des jeunes gens ou des étrangers, en comparant des passages d'écrivains modernes sur un même sujet: l'amitié, l'amour, l'armée, l'enfer – ou de même genre: la fable, le dialogue, la lettre familière... Presque toujours, l'un des extraits provient des œuvres de Voltaire, et c'est lui qui l'emporte. L'œuvre la plus souvent citée est *La Henriade*: «Ce qu'on a jamais écrit de plus grand et de plus sublime sur la liberté se trouve au septième chant de *La Henriade*.» Une lettre de Voltaire à Frédéric II est le type parfait de la «lettre familière». Le portrait de Charles XII dans l'*Histoire de Charles XII* est cité *in extenso* comme modèle de «caractère», et les vers de *Samson* comme modèle de vers d'opéra. Les points de vue critiques sur Corneille, Boileau, sur la traduction, le langage littéraire et la satire coïncident exac-

tement avec ceux que Voltaire a exprimés ici et là. L'ensemble forme une sorte de poétique voltairienne, et montre qu'au milieu du siècle, il apparaît déjà comme l'écrivain moderne par excellence, maîtrisant à la fois le meilleur de la tradition et les progrès du goût et de la raison. Curieux petit livre, qui éclaire les raisons de l'extraordinaire et durable admiration des contemporains pour l'écrivain Voltaire.

*Sylvain Menant*

## CONSEILS À M. RACINE SUR SON POÈME DE LA RELIGION, PAR UN AMATEUR DE BELLES-LETTRES

CHRISTIANISME • GENS DE LETTRES • GOÛT •

C'est au fils de l'illustre Jean Racine, Louis Racine (1692-1763), que s'adresse cette brochure parue en 1742. Louis Racine était lui-même considéré comme un grand poète, c'était aussi un vrai chrétien, un intellectuel attentif aux mouvements de pensée de son temps. Il avait été jadis le camarade de Voltaire au collège* de Louis-le-Grand; il venait de publier ce grand poème en six chants dans le goût noble du temps, patiemment composé, promis à un succès durable: *La Religion*, souvent réimprimé jusqu'en 1887. Titre parlant d'emblée: il s'agit de la religion chrétienne, seule vraie, à la fois raisonnable, vénérable et aimable selon la formule de Pascal suivie par l'auteur.

Sous le couvert de l'anonymat, Voltaire fait une critique complète de l'œuvre. Il lui reproche sa monotonie (sans voir la grandeur d'une méditation vraiment personnelle, loin des ornements convenus), ses emprunts philosophiques (sans voir qu'il s'agit, pour ce chrétien, de dialoguer avec la pensée moderne), l'inexactitude encore de sa discussion avec les athées, et, pêle-mêle, des fautes de grammaire et de nombreux emprunts, plus ou moins littéraux, à ses propres œuvres, à lui Voltaire, dont il montre la supériorité par des citations parallèles. Il reprend enfin le poète de trop «invectiver ses confrères», plaisante conclusion d'une brochure farcie d'invectives humiliantes. À visage découvert, il avait dit ailleurs, en 1721, son admiration pour les talents de Louis Racine. Mais ce camarade, en 1742, est devenu un rival...

*Sylvain Menant*

## CONSEILS À UN JOURNALISTE SUR LA PHILOSOPHIE, L'HISTOIRE, LE THÉÂTRE, LES PIÈCES DE POÉSIE, LES MÉLANGES DE LITTÉRATURE, LES ANECDOTES LITTÉRAIRES, LES LANGUES ET LE STYLE

GOÛT • JOURNALISTE •

Ces pages, datées « 10 mai 1737 » à leur parution dans *Le Mercure de France* de novembre 1744, ont dû être composées en 1739, peut-être à l'intention du marquis d'Argens*. Les éditeurs en abrégèrent ensuite le titre en « Avis à un journaliste » ou plus clairement : « De la manière de faire un journal » – « littéraire » s'entend. C'est une large mise au point des idées littéraires de Voltaire à l'époque de Cirey. Tous les genres sont à prendre en compte dans un journal, même la chanson, pourvu qu'elle soit bien faite. Pour l'histoire et la philosophie, Voltaire révèle déjà le grand souci pédagogique qui ne cessera de l'animer : le journaliste devra situer par rapport aux acquis les opinions de l'auteur du livre, ou les nouvelles vérités établies. Pour la comédie, il revendique sa fidélité inconditionnelle au grand Molière*. Mais il ajoute qu'il ne faut pas pour autant négliger le théâtre contemporain. Il donne également des conseils en matière de critique théâtrale, en privilégiant le souci de clarté et en déclarant hautement son refus de la tragédie en prose à la Houdar* de La Motte. Il condamne en poésie l'abus du style marotique, tandis qu'il prône pour le roman l'adaptation au langage moderne, contre les puristes et les archaïsants : « Veulent-ils que Jacob, dans *Le Paysan parvenu*, s'exprime comme Pellisson ou Patru ? » Voltaire défend avec ardeur l'une des qualités essentielles de son propre style, « ces grâces légères » et « tous les ornements possibles des ouvrages d'agrément ». Il faut enfin qu'un journaliste digne de ce nom sache au moins l'anglais et l'italien.

*Didier Masseau*

## CONSEILS RAISONNABLES À M. BERGIER POUR LA DÉFENSE DU CHRISTIANISME, PAR UNE SOCIÉTÉ DE BACHELIERS EN THÉOLOGIE

CHRISTIANISME • FANATISME • MARTYRS •

Dans cet ouvrage anonyme publié en 1768 et distribué en vingt-cinq points, Voltaire répond à l'abbé Bergier*, qui l'avait personnellement pris à partie dans *La Certitude des preuves du christianisme, ou Réfutation de l'Examen critique des apologistes de la Religion chrétienne* (1767) : vive controverse de réfutations et de contre-réfutations polémiques, comme il y en eut tant au XVIIIe siècle. Les apologistes considéraient l'assassinat d'Henri III par Jacques Clément et d'Henri IV par Ravaillac comme l'aboutissement de

sombres intrigues fomentées par la cour. Pour Voltaire, au contraire, ces régicides révèlent le degré de fureur où peut mener l'«enthousiasme* religieux». Ce que Bergier attribue à la fureur d'un individu isolé ou d'une faction devient, chez Voltaire, la preuve manifeste des méfaits d'un fanatisme inculqué par l'Église. Dès lors, les notions mêmes de preuve*, de témoignage, et de véracité sont ici en cause. Voltaire accuse Bergier de se contenter d'une simple rumeur pour interpréter le meurtre d'Henri IV et de contrevenir aux règles élémentaires de la méthode dans sa recherche des coupables: «Quoi, monsieur, une rumeur odieuse l'emportera sur les pièces authentiques du procès de Ravaillac! Quoi! lorsque Ravaillac jure sur sa damnation à ses deux confesseurs qu'il n'a point de complices, lorsqu'il le répète dans la torture, lorsqu'il le jure encore sur l'échafaud, vous lui donnez pour complice une reine à qui l'histoire ne reproche aucune action violente!» Il élargit sa critique du christianisme en condamnant également les exécutions ordonnées par les tribunaux ecclésiastiques: contrairement à ce qu'affirme Bergier, Jan Hus et Jérôme de Prague furent assassinés par le concile de Constance dans le respect des formes juridiques. Voltaire traite enfin de la vérité et de l'authenticité des Évangiles en répondant à Bergier: «Vous prétendez, monsieur, que feu M. Fréret confond deux choses très différentes: la vérité des Évangiles et leur authenticité. Comment n'avez-vous pas pris garde qu'il faut absolument que ces écrits soient authentiques pour être reconnus vrais? Il n'en est pas d'un livre divin qui doit contenir notre loi comme d'un ouvrage profane: celui-ci peut être vrai sans avoir des témoignages publics et irréfragables qui déposent en sa faveur.» Après avoir rétabli les relations nécessaires entre l'«authentique» et le «vrai», le sacré et le profane, Voltaire en vient à la critique des témoignages et à l'ambiguïté des martyres – il décrit avec d'horribles détails les supplices et la mort de «martyrs réformés» dans les guerres de religion modernes. En général, il conseille à l'abbé Bergier de mieux établir la qualité des témoins de sa défense: «Ignorez-vous ce que répondent les incrédules? Ils ne regardent comme vrais témoins oculaires que des citoyens domiciliés dignes de foi qui, interrogés publiquement par le magistrat sur un fait extraordinaire, déposent unanimement qu'ils l'ont vu, qu'ils l'ont examiné; des témoins qui ne se contredisent jamais; des témoins dont la déposition est conservée dans les archives publiques, revêtue de toutes les formes.»

*Didier Masseau*

*Vous dites: «Il est faux que l'on doive à la religion catholique les horreurs de la Saint-Barthélemy.» Hélas! monsieur, est-ce à la religion des Chinois et des Brames qu'on en est redevable?*

*Conseils raisonnables à M. Bergier, 1768, remarque III.*

## CONSTIPATION ET POLITIQUE

Le lendemain, les trois philosophes agitèrent la grande question : quel est le premier mobile de toutes les actions des hommes. Goudman, qui avait toujours sur le cœur la perte de son bénéfice et de sa bien-aimée, dit que le principe de tout était l'amour et l'ambition. Grou, qui avait vu plus de pays, dit que c'était l'argent ; et le grand anatomiste Sidrac assura que c'était la chaise percée. Les deux convives demeurèrent tout étonnés ; et voici comment le savant Sidrac prouva sa thèse.

« J'ai toujours observé que toutes les affaires de ce monde dépendaient de l'opinion et de la volonté d'un principal personnage, soit roi, soit premier ministre, soit premier commis. Or cette opinion et cette volonté sont l'effet immédiat de la manière dont les esprits animaux se filtrent dans le cervelet, et de là dans la moelle allongée. Ces esprits animaux dépendent de la circulation du sang ; ce sang dépend de la formation du chyle ; ce chyle s'élabore dans le réseau du mésentère ; ce mésentère est attaché aux intestins par des filets très déliés ; ces intestins, s'il m'est permis de le dire, sont remplis de merde. Or malgré les trois fortes tuniques dont chaque intestin est vêtu, il est percé comme un crible : car tout est à jour dans la nature, et il n'y a grain de sable si imperceptible qui n'ait plus de cinq cents pores. On ferait passer mille aiguilles à travers un boulet de canon si on en trouvait d'assez fines et d'assez fortes. Qu'arrive-t-il donc à un homme constipé ? Les éléments les plus ténus, les plus délicats de sa merde, se mêlent au chyle dans les veines d'Azellius, vont à la veine-porte et dans le réservoir de Paquet. Ils passent dans la sous-clavière ; ils entrent dans le cœur de l'homme le plus galant, de la femme la plus coquette. C'est une rosée d'étron desséché qui court dans tout son corps. Si cette rosée inonde les parenchymes, les vaisseaux et les glandes d'un atrabilaire, sa mauvaise humeur devient férocité ; le blanc de ses yeux est d'un sombre ardent ; ses lèvres sont collées l'une sur l'autre ; la couleur de son visage a des teintes brouillées. Il semble qu'il vous menace : ne l'approchez pas, et, si c'est un ministre d'État, gardez-vous de lui présenter une requête. Il ne regarde tout papier que comme un secours dont il voudrait bien se servir selon l'ancien et abominable usage des gens d'Europe. Informez-vous adroitement de son valet de chambre favori si monseigneur a poussé sa selle le matin.

Ceci est plus important qu'on ne pense. La constipation a produit quelquefois les scènes les plus sanglantes. Mon grand-père, qui est mort centenaire, était apothicaire de Cromwell ; il m'a conté souvent que Cromwell n'avait pas été à la garde-robe depuis huit jours lorsqu'il fit couper la tête à son roi. »

*Les Oreilles du comte de Chesterfield*, 1775, chap. VII.

## CONTE EN VERS (Pratique du)

POÉSIE · POÈTE ·

Voltaire a pratiqué le conte en vers toute sa vie, autant que le conte en prose ; il a mêlé les deux pratiques, à la fois dans la composition et dans l'édition, par exemple pour ses *Contes\* de Guillaume Vadé* en 1764. Le regroupement des contes en prose fut d'ailleurs un artifice des éditeurs soucieux de tirer la production voltairienne du côté du roman, genre moderne et de grand débit. Le conte en vers a ses lettres de noblesse : La Fontaine l'a illustré, et de nombreux écrivains de talent tout au long du XVIII$^e$ siècle, de Piron à Baculard d'Arnaud ou Laclos. Les fameux contes de Perrault, dans leur version primitive, sont souvent en vers. Le public cultivé apprécie, dans le récit en vers, ce mélange d'audace et de politesse, cette délicatesse des figures habillant des choses qui choqueraient en prose ; et comme jeu sur le langage ordinaire, les vers procurent à l'écrivain et à son lecteur le plaisir d'user avec distance des naïvetés de l'imaginaire. Les contes en vers sont donc enlevés, souvent courts, agréables et libres.

Il est difficile de dire pourquoi Voltaire écrit tel conte en vers plutôt qu'en prose. Les circonstances l'y incitent plutôt que la matière ; la vogue du genre au début de la Régence, son retour dans les années 1760 ont pu aussi le pousser à montrer son savoir-faire, dans la lutte permanente qui fut la sienne pour conserver la faveur du public et rester le premier des écrivains français. Plus traditionnel, un brin archaïque, parce que la narration versifiée a été la plus répandue au Moyen Âge, le conte en vers a pu être aussi une source de réconfort, sa pratique même étant présentée par Voltaire comme un retour au bon vieux temps, dans une évocation attendrie du coin du feu, du château patriarcal, du cercle de famille :

> *À l'heureux temps que celui de ces fables,*
> *Des bons démons, des esprits familiers,*
> *Des farfadets, aux mortels secourables !*
> *On écoutait tous ces faits admirables*
> *Dans son château, près d'un large foyer...*
> (*Ce qui plaît aux dames*, 1764).

Un autre Voltaire, nostalgique et conservateur, esthète du repliement, se confesse ici, comme souvent dans ses lettres. Mais ces moments de faiblesse sont évoqués dans un sourire qui rend leur sincérité indéfinissable. Voltaire s'adresse à un public difficile, blasé – celui des cercles aristocratiques dont il s'est toujours ménagé les faveurs. Il lui propose les sujets les plus variés. Tantôt des fantaisies mythologiques comme *L'Origine des*

*métiers*: les goûts et les talents sont nés des multiples liaisons de Pandore, la première femme, avec les divers dieux. Tantôt des anecdotes d'actualité comme *Les Finances* – un contribuable est ruiné par les collecteurs d'impôt. Ici un sujet oriental, avec *Azolan*: un jeune musulman, entré dans le clergé par ambition, en sort par amour. Là une allégorie philosophique, avec *Macare et Thélème*: Bonheur et Volonté font mauvais ménage dans le cœur de l'homme, car l'homme ne sait pas se contenter de ce qui lui est donné. D'autres contes présentent une aventure amoureuse, comme *L'Éducation\* d'une fille*: une mère dévote a un amant, sa fille adolescente s'en aperçoit et suit son exemple; ou même un récit de rêve, très personnel, comme *Le Songe creux*, où le poète, à l'approche de la mort, rêve qu'il rencontre le Néant et se jette dans ses bras.

Liée à cette variété de sujets, une grande diversité de décors: de Paris à l'Italie, de la Grèce à l'Égypte, l'action se hâte sur des fonds sommairement brossés. Mais la variété fait aussi l'objet d'une recherche formelle: l'exemple le plus frappant est celui du conte ostensiblement intitulé *Les Trois Manières*, où trois Athéniennes exaltent successivement les mérites de leur amant, dans des mètres et sur des tons différents. Voltaire a donc essayé toutes les combinaisons prosodiques, avec une préférence pour les longues suites de décasyllabes aux rimes diversement disposées, et un recours spirituel aux vers courts. Plus encore que dans les contes en prose, la présence du conteur est manifeste. Il intervient dans le récit par mille réflexions et commentaires, et s'amuse lui-même des effets de théâtre qu'il multiplie, tableaux, surprises, tirades et dialogues dramatiques. Comme dans les contes en prose, fantaisie, caricature, provocation se mêlent. À leur façon, les contes en vers sont enfin militants, animés des valeurs générales de l'œuvre: on y trouve des attaques contre le christianisme (dans *La Mule du pape*, l'origine du pouvoir pontifical est liée à un pacte avec le diable), des projets de réforme de la justice, et souvent la prédication d'une morale tolérante.

En somme, le conte en vers n'est pas un genre particulier: tout aussi philosophique que le conte en prose, il n'est qu'un des modes du conte, dont l'esprit est justement d'être multiforme. Le vers transfigure le conte, mais il n'est pas ici constitutif d'un genre. Voltaire passe d'ailleurs aussi du vers à la prose, ou de la prose au vers, dans ses lettres et dans ses comédies, comme il était d'usage alors. Mais sa pratique du conte en vers nous éclaire au moins sur sa conception générale du conte: non un court roman à thèse, mais un jeu poétique, où l'imagination et la morale s'affranchissent, grâce à la convention littéraire, de toutes les contraintes.

*Sylvain Menant*

## CONTES DE GUILLAUME VADÉ

CONTE EN VERS • CONTES PHILOSOPHIQUES • FACÉTIES • VADÉ •

Imprimé par Cramer à Genève, publié en avril 1764, ce recueil fut, après *Candide*, le plus grand succès de Voltaire conteur – six réimpressions dans la même année. Vingt-trois pièces s'y trouvaient réunies : sept contes en vers jusque-là réservés aux amis et amateurs (dont *Ce\* qui plaît aux dames* et *L'Éducation\* d'un prince*), deux nouveaux contes en prose (*Le Blanc\* et le noir* et *Jeannot\* et Colin*), et quatorze morceaux détachés, soit en vers (un nouveau chant de *La Pucelle*), soit surtout en prose (le *Discours\* aux Welches*, la *Lettre\* de M. Cubstorf à M. Kirkerf* entre autres), le tout coiffé d'une prétendue préface de Catherine Vadé, soi-disant cousine de l'auteur supposé Guillaume Vadé, alias Voltaire. Ces diverses pièces reprirent ensuite leur autonomie, ou furent rattachées autrement dans le corpus général des œuvres, mais les *Contes de Guillaume Vadé* poursuivirent parallèlement, jusqu'en 1775, leur carrière à succès. Voltaire avait lui-même construit et préparé ce recueil, attentif enfin aux goûts et aux plaisirs d'un public qui voulait désormais fêter aussi « l'auteur de *La Henriade* » comme « l'auteur de *Candide* ».

*André Magnan*

## CONTES PHILOSOPHIQUES

CONTE EN VERS • FABLE • PHILOSOPHIE • ROMAN •

Soixante ans de contes et récits en prose, entre *Le Crocheteur borgne* (1714 ou 1715) et *L'Histoire de Jenni* (1775), et vingt-cinq textes alignés dans le recueil canonique établi en 1785 par les éditeurs de Kehl\* : Voltaire semble survivre surtout aujourd'hui par cet ensemble majeur de ses « contes philosophiques ».

En fait, la notion de conte philosophique se constitua lentement dans le cours du $XVIII^e$ siècle ; encore pécha-t-elle par imprécision. On l'utilisa longtemps comme un titre accrocheur : Bricaire La Dixmerie publie en 1765 des *Contes philosophiques et moraux*. On parlait volontiers, mais sans en préciser le sens, de « romans philosophiques » dans les milieux littéraires. Ce n'est qu'à partir de 1771 que les éditeurs de ses œuvres complètes appliquèrent l'étiquette « roman philosophique » ou « conte philosophique » aux fictions en prose de Voltaire. Voltaire lui-même usait sans beaucoup de rigueur d'expressions diverses. Pour lui, *Candide* est une « espèce de petit roman », et parfois même une « coïonnerie », preuve d'une estime toute relative. On peut avancer que très longtemps la dénomination « roman ou conte philosophique » a relevé d'un discours journalistique ou

éditorial pour désigner une œuvre à la mode du temps. Quand on se voulait un peu plus sérieux, on indiquait que dans de telles œuvres, l'auteur faisait « passer des leçons utiles » ou réunissait « Minerve » et « Momus », ou encore « faisait rire la philosophie ». Rappelons enfin que Voltaire n'a jamais vraiment théorisé, ni même défini sa pratique du conte en prose, jugée peu avouable dans le respect des hiérarchies de forme et de style héritées du classicisme. On admettait tout juste, en le plaçant au plus bas du fameux Olympe, le conte en vers, que son auteur sans trop déroger pouvait reconnaître comme sien. Romans, contes et nouvelles, quant à eux, bien que représentant une part essentielle de la production imprimée et de l'invention littéraire, relevaient du divertissement inavouable. On a remarqué, par ailleurs, le paradoxe du conte qui utilise la fable au service de la Philosophie, alors que la philosophie des Lumières se donne comme finalité la dénonciation des fables mêmes. Sans le vouloir peut-être, Voltaire a pleinement souligné ce paradoxe dans *Le Taureau blanc*.

Tout ceci indique la complexité d'un genre, malgré son apparente simplicité. La liberté formelle laissée au conte explique d'abord qu'il soit volontiers un genre imitatif ou parodique. Voltaire a ainsi largement pratiqué la parodie du conte oriental (*Le Crocheteur borgne, Lettre d'un Turc, Le Monde comme il va, Histoire d'un bon bramin, La Princesse de Babylone*...), celle aussi du roman par lettres à la Richardson (*Lettres d'Amabed*), du récit picaresque d'apprentissage (*Candide*), du conte moral à la Marmontel (*Jeannot et Colin*), en mêlant même parfois les genres comme dans *L'Ingénu*, où le récit utilise les ressorts et du roman sentimental et du roman d'aventures. Les lecteurs cultivés reconnaissaient ici ou là une parodie ironique de la *Nouvelle Héloïse* ou du *Cleveland* de l'abbé Prévost.

La forme des contes tient chez Voltaire de l'air du temps, des lectures du moment, de ses conversations, des travaux préparatoires de tel ou tel ouvrage savant, dont il exploite et détourne par jeu la documentation. C'est dire qu'il est impossible de séparer les contes philosophiques de l'environnement culturel, philosophique, politique ou autobiographique. Voltaire est scientifiquement en désaccord avec Maupertuis et utilise des éléments de leur querelle dans *Micromégas*. Il se sent découragé par son expérience prussienne, et il compose l'*Histoire des voyages de Scarmentado*. Il s'inquiète de l'extension de l'athéisme, et il compose l'*Histoire de Jenni, ou le Sage et l'athée*. Une relecture de Platon lui inspire *Le Songe de Platon*. Le conte une fois commencé sert souvent de fourre-tout, à l'image du *Potpourri*. L'imprécision de la forme le permet. Les épisodes peuvent sans inconvénient succéder aux épisodes. Sans autre raison, les héros vont en Espagne et peuvent ainsi dénoncer l'Inquisition, en Italie où ils attaquent la papauté. Leur séjour aux Indes ne les empêche nullement de s'en prendre aux ordres monastiques. Avec le conte tout est possible, la redite, le feuil-

leton, l'innovation la plus surprenante. Une totale liberté donc, avec ses avantages et ses inconvénients.

Comme le montre le *Pot-pourri*, le conte se plie à l'arbitraire le plus absolu du récit. *Candide* pourrait compter quelques épisodes supplémentaires, et il est rare que le conte voltairien obéisse à une construction rigoureuse – l'exception est *L'Ingénu*. Rare aussi que les personnages y soient dotés d'une réelle psychologie : ils jouent des rôles et occupent des positions. La sensibilité de Mlle de Saint-Yves sert avant tout à montrer qu'il ne faut pas attacher à des actes purement physiques une valeur morale. L'amour de Candide pour Cunégonde n'est jamais analysé pour lui-même car le conte est une œuvre militante et ludique. Un auteur s'amuse, veut divertir et convaincre. Non qu'il se propose d'atteindre un nouveau public, éloigné de ses engagements philosophiques : le même public lit le *Dictionnaire philosophique*, le *Traité sur la tolérance*, les brûlots de l'affaire Calas, *Candide* et *L'Ingénu*, et y trouve des plaisirs différents. Que Voltaire s'amuse à faire des gammes, à composer des variations semble une évidence, qu'il se mette même au défi d'utiliser un conte oriental, un récit de voyage, ou une fable pour attaquer la papauté, dénoncer les moines et les métaphysiciens, se moquer de la Bible, exalter l'antiquité de la civilisation égyptienne, ne fait aucun doute. On voit bien dans *L'Homme aux quarante écus* comment l'attaque initiale contre les théories physiocratiques n'empêche pas que le héros se fasse peu à peu le porte-parole d'autres obsessions voltairiennes : on se demande toujours comment s'y prendra ce diable d'homme pour parvenir à ses fins et entonner son couplet. On considérera donc le conte comme un texte totalement ouvert et pourtant exagérément contraint, car s'il est ouvert aux autres œuvres en train de s'écrire, aux lectures innombrables que pratique Voltaire, à ses inimitiés, à ses craintes et à ses espérances aussi, il ne peut ni rester à l'écart de ses combats ni échapper à ses obsessions et à ses marottes.

Le plus sûr est que Voltaire s'amuse. C'est là peut-être le secret de cette ironie qui emporte l'adhésion de ses lecteurs et provoque la colère de ses ennemis. Ce ton voltairien, drôle, parodique, pratiquant le coq-à-l'âne, mêlant l'érudition la plus aride à la cocasserie la plus inattendue, portant l'attaque au moment où on l'attend trop ou à celui où elle doit surprendre, donne au conte son unité, quels que soient son propos, son objet ou son modèle. Larmoyant ou moral, satirique ou sérieux, le conte voltairien demeure irrésistiblement drôle, donc admirablement mis en scène, extraordinairement écrit et, on le reconnaîtra, littérairement efficace.

On peut tenter d'en classer les stratégies. Et distinguer d'abord ceux où il dénonce une théorie en l'inscrivant dans une vie ou une aventure qui ont alors statut de réalité : M. André, honnête paysan, se voit ruiné par la mise en pratique des postulats physiocratiques, et le « Tout est pour le mieux

dans le meilleur des mondes » de Pangloss, confronté au monde, se révèle complètement absurde. Rien de tel encore que de montrer les méfaits concrets de l'athéisme pour attaquer d'Holbach. On pourrait regrouper aussi ceux où, par la bouche de prêcheurs prétentieux, se trouvent mises à mal, par simple juxtaposition cocasse, les théories sur l'âme, la génération, l'origine du monde... À bien y regarder pourtant, ces distinctions ne résistent pas à l'analyse. Tout se mêle et se confond. Par leur ton, la distance ironique qu'y adopte Voltaire, les contes longs, parfois proches du roman, diffèrent même peu des contes plus courts : la longueur ou la brièveté ne serviront donc pas non plus à marquer des différences, et pas davantage les dates de composition. Rien ici n'est vraiment et totalement probant. Tout au plus admettra-t-on un Voltaire conteur infatigable, et inséparable au demeurant, dans sa philosophie et son désir militant, du Voltaire essayiste ou penseur.

*Jean Goulemot*

*« Tous ces contes-là m'ennuient, répondit la belle Amaside, qui avait de l'esprit et du goût. Ils ne sont bons que pour être commentés chez les Irlandais par ce fou d'Abbadie, ou chez les Velches par ce phrasier d'Houteville. Les contes qu'on pouvait faire à la quadrisaïeule de la quadrisaïeule de ma grand-mère ne sont plus bons pour moi, qui ai été élevée par le sage Mambrès, et qui ai lu "l'Entendement humain" du philosophe égyptien nommé Locke, et "La Matrone d'Éphèse". Je veux qu'un conte soit fondé sur la vraisemblance, et qu'il ne ressemble pas toujours à un rêve. Je désire qu'il n'ait rien de trivial ni d'extravagant. Je voudrais surtout que, sous le voile de la fable, il laissât entrevoir aux yeux exercés quelque vérité fine qui échappe au vulgaire. Je suis lasse du soleil et de la lune dont une vieille dispose à son gré, et des montagnes qui dansent, et des fleuves qui remontent à leur source, et des morts qui ressuscitent ; mais surtout, quand ces fadaises sont écrites d'un style ampoulé et inintelligible, cela me dégoûte horriblement. Vous sentez qu'une fille qui craint de voir avaler son amant par un gros poisson, et d'avoir elle-même le cou coupé par son propre père, a besoin d'être amusée ; mais tâchez de m'amuser selon mon goût.*
*— Vous m'imposez là une tâche bien difficile, répondit le serpent. »*

*Le Taureau blanc, 1774, chap. IX.*

*« Ah, s'il nous faut des fables, que ces fables soient du moins l'emblème de la vérité ! J'aime les fables des philosophes, je ris de celles des enfants, et je hais celles des imposteurs. »*

*L'Ingénu, 1767, chap. XI.*

## CONTRADICTIONS

HISTOIRE • HOMME •

Parmi tous les livres que rêva Voltaire, il en est un des plus curieux : « Si quelque société littéraire veut entreprendre le dictionnaire des contradictions, je souscris pour vingt volumes in-folio. » À défaut d'y souscrire, il y a contribué. Ce dictionnaire sous-tend toute son œuvre, et par exemple les neuf volumes alphabétiques des *Questions\* sur l'Encyclopédie*, où le thème fournit à sa verte vieillesse, au-delà de son entrée propre et de cette boutade, une matière ample, diverse, inépuisable. C'est que la vision voltairienne du monde, de l'homme, de l'histoire, est profondément marquée par un principe de division, par une sensibilité extrêmement vive aux aspects contraires, aux données incohérentes, aux facteurs aléatoires. Dans ce vaste champ de la variation des choses, où opèrent déjà les sagesses antiques, les savoirs humanistes et les enseignements chrétiens, Voltaire s'est ménagé un petit espace personnel, d'esprit profane et d'application pratique : les écarts de l'usage et des lois, les litiges du droit et du fait, dans les sociétés modernes, et spécialement en France – c'est le fond de la satire des Welches\* ; et il y apporte une attention systématique, dressant des listes\* cocasses d'« absurdités » et d'« impertinences », à pleines pages dans ses Carnets\*, et les classant, les recopiant, les reformulant, pour en nourrir inlassablement ses ouvrages d'histoire, ses essais politiques, ses opuscules de circonstance. À Rousseau le paradoxe moral, à Voltaire la contrariété tangible, dans une incessante et ressassante analyse critique, voire autocritique – d'où ces figures naturelles de tension dans son style, le chiasme et la parataxe, l'antithèse et l'ironie, « le fusil à deux coups » a-t-on dit joliment.

L'opération bien sûr a son revers, par l'excès d'irritabilité, surtout dans une œuvre si diverse et si complexe : c'est le risque de contradiction du discours même des contradictions. Très logiquement, Voltaire l'absorbe, dans un piquant article « Frivolité » des *Questions sur l'Encyclopédie* : « Un homme de bon sens, dit-on, devrait toujours penser de la même façon : si on en était réduit là, il vaudrait mieux n'être pas né... » Par où l'on pressent peut-être, investie dans cet opiniâtre esprit de contrariété, l'énergie opposée à la dernière « absurdité », que la Vieille dans *Candide\** expose à nu : « Je voulus cent fois me tuer, mais j'aimais encore la vie. »

*André Magnan*

*Il n'y a, je crois, nul pays au monde où l'on trouve tant de contradictions qu'en France. Ailleurs, les rangs sont réglés, et il n'y a point de place honorable sans des fonctions qui lui soient attachées. Mais en France, un duc et pair ne sait pas seulement la place qu'il a dans le parlement. Le président est méprisé à la*

cour, précisément parce qu'il possède une charge qui fait sa grandeur à la ville. Un évêque prêche l'humilité (si tant est qu'il prêche), mais il vous refuse sa porte si vous ne l'appelez pas Monseigneur. Un maréchal de France, qui commande cent mille hommes et qui a peut-être autant de vanité que l'évêque, se contente du titre de Monsieur. Le chancelier n'a pas l'honneur de manger avec le roi; mais il précède tous les pairs du royaume.
Le roi donne des gages aux comédiens, et le curé les excommunie. Le magistrat de la police a grand soin d'encourager le peuple à célébrer le carnaval; à peine a-t-il ordonné les réjouissances qu'on fait des prières publiques, et toutes les religieuses se donnent le fouet pour en demander pardon à Dieu. Il est défendu aux bouchers de vendre de la viande les jours maigres; les rôtisseurs en vendent tant qu'ils veulent. On peut acheter des estampes le dimanche, mais non des tableaux. Les jours de la Vierge on n'a point de spectacles; on les représente tous les dimanches.
On lit dévotement à l'église les chapitres de Salomon, où il dit formellement que l'âme est mortelle, et qu'il n'y a rien de bon que de boire et de se réjouir.

*Carnets.*

## CONVERSATION

CORRESPONDANCE • DIALOGUE •

« Agréable », « brillante », « enchanteresse » la conversation de Voltaire, pour la plupart des témoins et des visiteurs. « Il parle comme personne n'a jamais parlé », écrit la comtesse de Bentinck* en quittant les Délices en 1758 – elle connaissait toute l'Europe. Mais il y a les réticences : « disparate », « fatigante » pour d'autres. « J'aimerais autant faire des armes contre une puce », gémit le président de Brosses. Voltaire mêlait la plaisanterie et l'érudition. Paradoxal, il se dérobait volontiers pour engager l'autre, si l'on en croit Mme d'Épinay : « Il dit le *pour* et le *contre* tant qu'on veut, toujours avec de nouvelles grâces à la vérité, et néanmoins il a toujours l'air de se moquer de tout, jusqu'à lui-même. » Frédéric II aussi lui reproche un jour, en monarque qui entend marquer des bornes, cette maîtrise secrète de la séduction : « Vous avez tant de grâces dans l'esprit que vous pouvez offenser, et mériter en même temps l'indulgence. »
Brillant causeur assurément, formé à l'école du Temple* et au goût de la Régence, Voltaire préféra pourtant les conversations sérieuses, entre amis sûrs qui peuvent se dire leur vraie pensée, aux facilités de table et de salon – il finit par esquiver, dans les dernières années de Ferney. Il avait raillé dès 1749, dans une épître sur « La Vie de Paris et de Versailles », « ce chamaillis de cent propos croisés », que suit « un stupide silence » :

> *Chacun redoute un honnête entretien :*
> *On veut penser, et l'on ne pense rien.*

«Gai causant» avec Claire Cramer, il est grave, il se livre avec le jeune Boswell qui l'interroge en privé sur la question de l'âme. «Les conversations générales ne sont qu'une perte irréparable de temps», écrit-il un jour à Mme du Deffand; mais quand elle lui fournit un bon «thème» – la vie, la mort, l'âme encore, le bonheur de l'ignorance –, il aime à renouer par lettres avec elle une vraie «conversation», digne de leur âge. Les délicieux soupers de Sans-Souci*, folâtres, profonds et libres, lui restaient sans doute en mémoire. Il en a mis parfois l'esprit dans ses Dialogues, Conversations et autres Entretiens, presque tous postérieurs.

Le cas mis à part de Rousseau, qui se dit noué par l'obligation de parler, tous les grands écrivains du temps, et quelques autres – Piron par exemple – ont eu les dons variés de la conversation. Un seul peut-être y fut plus extraordinaire que Voltaire, par sa dialectique de sauts, d'écarts et de relances, au point de l'abasourdir, paraît-il, dans leur seule rencontre, en 1778 à Paris: «Cet homme n'a point le sens de la conversation», aurait-il dit en regardant partir Diderot.

André Magnan

*Cependant le vaisseau français et l'espagnol continuèrent leur route, et Candide continua ses conversations avec Martin. Ils disputèrent quinze jours de suite, et au bout de quinze jours ils étaient aussi avancés que le premier. Mais enfin ils parlaient, ils se communiquaient des idées, ils se consolaient. Candide caressait son mouton. «Puisque je t'ai retrouvé, dit-il, je pourrai bien retrouver Cunégonde.»*

*Candide ou l'Optimisme, 1759, chap. XX.*

## CONVERSATION DE LUCIEN, D'ÉRASME ET DE RABELAIS DANS LES CHAMPS-ÉLYSÉES

DIALOGUE • FANATISME • FOLIE •

Ce dialogue publié dans les *Nouveaux Mélanges* en 1765 met en scène trois figures emblématiques de la démarche voltairienne. Avec Lucien, Voltaire instaure un double rapport de complicité ou de connivence, puisque cette conversation est conçue comme un dialogue des morts à la manière du philosophe grec. Voltaire a au moins deux bonnes raisons de se sentir proche de ces écrivains. Lucien, Érasme et Rabelais ne sont pas en odeur de sainteté auprès des autorités religieuses – le premier pour ses moqueries à l'égard des croyances, les deux autres pour leur satire

des clercs. Leur nom est d'autre part un signe de ralliement pour ceux qui font profession de rire et de railler, dans un même usage philosophique de la folie. L'intérêt du dialogue des morts est d'être à la fois dans l'histoire et hors de l'histoire : cette double perspective corrige les erreurs d'appréciation. Voltaire dessine donc une courbe historique de la bêtise et dresse le tableau des « principales folies » de son temps. De la Grèce de Lucien (« pays le plus poli de la terre ») à la Hollande d'Érasme, on enregistre déjà une sorte d'inflation du mal. La description de Rabelais l'emporte sur les autres en folie, et ce n'est pas un hasard : il est du « pays des Welches\* ». Mais en même temps, derrière les références historiques, le texte montre la permanence des maux – la superstition et le fanatisme, au premier chef. Dégagé des reflets trompeurs et des prestiges du monde d'ici-bas, le discours *post mortem* instaure fatalement, dans la durée longue, une vive distance critique à l'encontre des croyances et des préjugés. De cette espèce d'autoportrait de l'auteur en saltimbanque, on retiendra le mélange des couleurs : une dose de gravité pour deux de badinage – parce que, comme le dit Érasme, il faut être gai pour ne pas pleurer.

*Stéphane Pujol*

## *CONVERSATION DE M. L'INTENDANT DES MENUS EN EXERCICE AVEC M. L'ABBÉ GRIZEL*

ACTEUR • CHRISTIANISME • DIALOGUE • THÉÂTRE •

Ce texte met en scène, dans sa forme dérisoire et brutale, l'arsenal dogmatique de l'Église contre le théâtre. Objet d'un débat religieux de fond depuis au moins un siècle, de Bossuet à Rousseau, le genre dramatique passait aux yeux de ses détracteurs pour une perversion mondaine de la société chrétienne. Face à l'abbé Grizel qui vomit sa haine cléricale contre un divertissement dangereux et malsain, l'intendant des menus plaisirs représente en professionnel le point de vue de l'élite éclairée. Parce qu'il est protégé (mais aussi surveillé) par le pouvoir royal, l'Église tolérait le théâtre, mais maintenait l'excommunication contre les comédiens non repentis et réprouvait moralement les auteurs. La *Conversation*, parue en 1761, se fait l'écho de cette formidable injustice : on s'acharne sur les plus vulnérables – les acteurs eux-mêmes –, on jettera peut-être leur corps à la fosse commune après leur mort, comme on l'a fait pour Mlle Lecouvreur\*, mais on se garde de condamner les rois et les princes. Le tournant du texte, c'est le moment où Voltaire rattache ce rejet du théâtre à une idéologie sousjacente. L'histoire du christianisme devient alors l'histoire de ses principales exclusions – le théâtre, le commerce, l'argent –, que l'abbé Grizel

explique par la constitution, dès l'origine, d'un corps de prêtres dominateurs et démagogues. Comme souvent dans ses Dialogues, Voltaire se livre à un formidable parasitage de la voix cléricale : l'abbé signale d'abord lui-même les faiblesses de son propre système, puis, à mesure que la machine polémique s'emballe, il met généralement en cause toutes les pratiques de l'Église.

Stéphane Pujol

## CONVULSIONNAIRES

FANATISME • JANSÉNISME • SECTE •

Le mot, commun à l'époque, désigne un mouvement religieux de caractère sectaire qui dura de 1730 à la Révolution française, effet de la bulle *Unigenitus* (1713) qui condamnait l'*Abrégé de la morale de l'Évangile* (1671) du père Quesnel (1634-1719). Les convulsionnaires représentent un second jansénisme fondamentalement populaire et féminin. Né de démonstrations spontanées – les convulsions – opérées sur la tombe du diacre Pâris, frère d'un conseiller au Parlement, le mouvement eut de larges sympathies dans le milieu parlementaire. Cette complicité d'une institution d'État avec des trublions fanatiques scandalisa Voltaire, comme un retour à la barbarie. Il y était d'autant plus sensible que son frère Armand Arouet* et l'un de ses cousins participaient au mouvement. Les articles « Convulsions » et « Fanatisme » du *Dictionnaire philosophique*, l'*Examen important de milord Bolingbroke*, entre autres écrits, dénoncent ce que Martin nomme dans *Candide* « la canaille convulsionnaire ».

Voltaire s'en est pris avec une rare violence à Carré de Montgeron, membre du Parlement de Paris, qui « alla présenter au roi un recueil in-4° de tous ces miracles attestés par mille témoins », ainsi qu'à Abraham Chaumeix*, anti-encyclopédiste suspect de jansénisme. Le *Précis du siècle de Louis XV* laisse même entendre que des parlementaires jansénistes ont pu armer le bras du régicide Damiens* : les quakers étaient des « fous » aux mœurs irréprochables, les « prophètes » cévenols des brutes vivant « ignorés dans leurs rochers », mais lorsque des « enthousiastes » surgissent au sein d'une capitale, le danger devient réel. Cet épisode donne à Voltaire l'occasion d'ajouter une pierre à son histoire positive des « sottises de l'esprit humain ».

Gabriel-Robert Thibault

*J'ai vu des convulsionnaires qui, en parlant des miracles de saint Pâris, s'échauffaient par degrés malgré eux : leurs yeux s'enflammaient, leurs membres*

Le 27 janvier 1732, les autorités de police fermèrent le cimetière Saint-Médard. Il ne fut plus possible aux convulsionnaires, aux curieux, d'accéder au tombeau du diacre Pâris. Le jansénisme convulsionnaire entre alors en clandestinité. Dans les appartements de parlementaires gagnés à la cause, des maisons plus modestes des faubourgs, des greniers aménagés pour l'occasion, le rituel s'organise. Un journal poursuivi par les autorités, les « Nouvelles ecclésiastiques », tient le compte des miracles. Une caisse commune couvre les frais : la « boîte à Perrette » qui compta plus d'un million de livres. Des femmes, martyres volontaires, sont frappées, piquées, tenaillées. Les supplices portent le nom de « grands secours » et de « secours meurtriers ». Il y eut des débuts de crucifixion.

Une des plus célèbres convulsionnaires, Madeleine Durand, coupait avec des ciseaux les excroissances de son cancer et arrêtait l'hémorragie avec de l'eau qu'on allait prendre au puits du diacre Pâris. Des saintes femmes l'assistaient ; on recueillait les chairs mutilées comme des reliques.

À droite, des témoins, parlementaires jansénistes, partagés entre l'effroi et l'émerveillement. Comme dans les images de la Passion montrant en médaillon les instruments du supplice ou les plaies des saintes mains, on voit ici, grossi, le cancer de Madeleine Durand.

On comprendra que les pratiques convulsionnaires aient incarné pour Voltaire le fanatisme extrême : le miracle semble y reconduire le mal comme par dérision.

J. G.

MADELEINE DURAND, CONVULSIONNAIRE, GRAVURE DE PIETER YVER, XVIII<sup>e</sup> SIÈCLE.

PARIS, BIBLIOTHÈQUE NATIONALE DE FRANCE.

## MADELEINE DURAND

De la bouche de qui sortoit un affreux cancer, le hache avec des ciseaux. les arteres coupées lancent le sang avec impetuosité. Elle verse sur la plaie quelques goutes d'eau, et dans l'instant la plaie se guérit et devient aussi seche que si elle etoit couverte d'une peau nouvelle.

tremblaient, la fureur défigurait leur visage, et ils auraient tué quiconque les eût contredits.

*Dictionnaire philosophique, 1764, art. « Fanatisme ».*

## COQUILLES

BIBLE • RELIGION • SCIENCES •

Un seul physicien m'a écrit qu'il a trouvé une écaille d'huître pétrifiée vers le mont Cenis. Je dois le croire, et je suis très étonné qu'on n'y en ait pas vu des centaines. Les lacs voisins nourrissent de grosses moules dont l'écaille ressemble parfaitement aux huîtres ; on les appelle même petites huîtres dans plus d'un canton.

Est-ce d'ailleurs une idée tout à fait romanesque de faire réflexion sur la foule innombrable de pèlerins qui partaient à pied de Saint-Jacques en Galice, et de toutes les provinces, pour aller à Rome par le mont Cenis, chargés de coquilles à leurs bonnets ? Il en venait de Syrie, d'Égypte, de Grèce, comme de Pologne et d'Autriche. Le nombre des romipètes a été mille fois plus considérable que celui des hagi qui ont visité La Mecque et Médine, parce que les chemins de Rome sont plus faciles, et qu'on n'était pas obligé d'aller par caravanes. En un mot, une huître près du mont Cenis ne prouve pas que l'océan Indien ait enveloppé toutes les terres de notre hémisphère.

*Les Singularités de la nature, 1768, chap XII, « Des coquilles, et des systèmes bâtis sur des coquilles ».*

Voltaire eut en horreur les « systèmes » en voie d'apparition qui voulaient expliquer les fossiles* – systèmes d'ailleurs souvent farfelus, mais qui ouvraient au moins la conjecture d'une longue préhistoire transformationniste. Sa crainte était de fournir les apparences d'une scientificité moderne à cet autre « système du monde », si évidemment archaïque, et aberrant à sa raison, qu'était encore dans tout l'espace chrétien la Bible, avec son déluge*. D'où le fantasme pseudo-rationnel de ces « romipètes » au tropisme pontifical, voués de tout temps à faire tomber des fossiles de leurs bonnets au passage du mont Cenis – car chacun sait que pour aller à Rome, un Polonais, un Syrien, un Grec doivent impérativement franchir ce col. Voltaire fut mieux inspiré dans sa résistance aux anguilles* qu'aux coquilles.

*André Magnan*

## CORAN

BIBLE · DÉISME · MAHOMET · TOLÉRANCE ·

Éparse dans l'œuvre, étendue parfois, plus souvent rapide, voire aphoristique, la réflexion sur la « vulgate » de l'islam interroge surtout l'événement que représente le texte. Voltaire prend la question au sérieux, il compare les traductions, confronte les témoignages et les commentaires, se pique même de savoir assez d'arabe pour engager le débat – avec autorité, mais sans excessive insistance – sur des points de philologie. D'abord frappé qu'une telle « rhapsodie sans liaison » passe en terre d'islam pour « le plus grand des miracles » (*Questions sur l'Encyclopédie*, art. « Livres »), il comprend, peu à peu, la fascination exercée par le Coran, dont « on prétend que [l]es paroles ont cent fois plus d'énergie en arabe » (*Questions sur l'Encyclopédie*, art. « Alcoran »). Il note que le rythme même des versets a profondément agi sur ces « peuples de l'Arabie » que rien, hors le poème, ne pouvait émouvoir.

Il ne veut cependant pas sous-estimer le message, souvent occulté « dans l'Occident », nous dit-il, par des « fables anciennes ». Certes, il trouve peu d'originalité aux récits et aux sentences coraniques : le Talmud, le Pentateuque, les Évangiles ont été, à l'évidence, sollicités ; la doctrine de la « prédestination absolue » était « l'opinion de toute l'Antiquité » et se trouve même dans l'*Iliade*. Mais l'enseignement du Coran est « clair » et le dogme « sans mystère », donc « proportionné à l'intelligence humaine » (*Lettre civile et honnête*). Le critique plaide ici le retour au texte, l'historien des mœurs la connaissance du milieu. Le Coran interdit le vin et le porc ? Rien n'est plus nocif sous ces latitudes. On lui reproche sa « sensualité » ? Mais on ne voit nulle part qu'une autre religion ait imposé de telles mortifications. Le Coran « ordonne » quatre épouses ? C'est tout le contraire : il « réduit » à quatre le nombre « indéterminé » jusqu'alors permis « dans toute l'Asie, surtout dans la loi judaïque » (*Essai sur les mœurs*, chap. VII « De l'Alcoran, et de la loi musulmane »).

Passant ainsi en revue les « sottises débitées », dit-il, sur l'« islamisme » par toute une tradition où il voit la main de l'Église, Voltaire révèle le véritable enjeu de sa réflexion : face à la Bible, le Coran présente le contrepoint d'une doctrine, non plus divine, mais assurément plus « sensée ». Son texte est authentique ; le calife « Abubeker » l'a collationné à la mort du Prophète, en s'entourant de précautions que l'historien ne se lasse d'admirer. Ensuite, le livre appelle à adorer un seul Dieu (et non « trois en un ») : le philosophe prête même des accents déistes au Prophète enseignant aux « anciens Arabes », avant lui « adorateurs des étoiles », qu'« il ne fallait adorer que le Dieu qui les a créées » (*Lettre civile et honnête*). Enfin, valeur majeure à ses yeux, c'est un message de tolérance : « Aucune

nation chrétienne ne souffre que les Turcs aient chez elle une mosquée, et les Turcs permettent que tous les Grecs aient des églises. » On comprend que le Coran soit placé très haut – mais non, certes, à la première place, que le philosophe réserve à la pensée de Confucius*.

Béchir Garbouj

*Le Koran que je nomme ici Alcoran, pour me conformer à notre vicieux usage, veut dire le livre ou la lecture. Ce n'est point un livre historique dans lequel on ait voulu imiter les livres des Hébreux et nos Évangiles ; ce n'est pas non plus un livre purement de lois, comme le Lévitique ou le Deutéronome, ni un recueil de psaumes et de cantiques, ni une vision prophétique et allégorique dans le goût de l'Apocalypse ; c'est un mélange de tous ces divers genres, un assemblage de sermons dans lequel on trouve quelques faits, quelques visions, des révélations, des lois religieuses et civiles.*

*Le Koran est devenu le code de la jurisprudence, ainsi que la loi canonique, chez toutes les nations mahométanes. Tous les interprètes de ce livre conviennent que sa morale est contenue dans ces paroles : « Recherchez qui vous chasse ; donnez à qui vous ôte ; pardonnez à qui vous offense ; faites du bien à tous ; ne contestez point avec les ignorants. »*

*Il aurait dû bien plutôt recommander de ne point disputer avec les savants ; mais dans cette partie du monde, on ne se doutait pas qu'il y eût ailleurs de la science et des lumières.*

Essai sur les mœurs, 1756, chap. VII,<br>« De l'Alcoran, et de la loi musulmane ».

## CORDONNIER DE VOLTAIRE (LE)

Un vaudeville en un acte fut donné sous ce titre, le 8 mars 1822, au Théâtre des Variétés. Un périodique du temps précise que le sujet en était tiré des *Mémoires\* pour servir à la vie de M. de Voltaire*, l'action étant située à Francfort* en 1753 : Freytag le méchant Prussien court après Voltaire pour ravoir « l'œuvre de poéshie du Roi son maître ». « Afin de donner à Voltaire le temps de se sauver, ajoute le journaliste, on fait prendre ses habits à son cordonnier, qui est charmé de rendre ce service à un génie qu'il avait déjà l'honneur de chausser. La toile a été baissée au milieu de la pièce » (*Le Miroir des spectacles*, 9 mars 1822).

André Magnan

## CORNEILLE, Marie Françoise

BIENFAISANCE • CORNEILLE (PIERRE) • FAMILLE •

Ce fut un grand émoi parmi les gens de lettres que la découverte, en 1760, de l'indigence de parents de Pierre Corneille. Non des descendants, comme on le crut d'abord, mais des collatéraux – la sensibilité, la solidarité restèrent pourtant vives. Alerté en octobre, Voltaire décida de recueillir chez lui l'arrière-petite-cousine du grand tragique. La jeune fille arriva à Ferney en décembre 1760. Ses 18 ans, ses grands yeux noirs et sa gaieté naturelle séduisirent Voltaire: il s'avoua «encorneillé». Conquis, il donne d'elle un portrait amusant: «un minois de doguin», écrit-il à d'Argental, une belle peau, «une grande bouche, assez appétissante, avec deux rangs de perles». Il l'appela «Cornélie», «Chimène» ou «Rodogune». Mme Denis entreprit d'achever son éducation, l'initia au clavecin; Voltaire surveilla son orthographe, sa grammaire, et lui fit lire *Le Cid*.
Cette sorte d'adoption suscita dans l'opinion un grand mouvement d'enthousiasme. Des dévots pourtant, relayés par Fréron*, se montrèrent irrités «de voir une Corneille aller en terre de réprobation». Voltaire s'éleva contre leur insolence; mais les méchantes langues, écrit-il, n'entament pas «la douceur de notre vie». Marie, qui possédait une voix «flexible, harmonieuse et tendre», monta sur la scène du théâtre de Ferney, à la fin de 1761, pour y tenir son premier rôle: l'Isménie de *Mérope*. Et, en attendant d'interpréter Chimène, elle se surpassa dans *Olympie* et dans *Le Droit du seigneur*.
La jeune fille repoussa les avances d'un «épouseur» recommandé par d'Argental, qu'elle trouvait, rapporte Voltaire, «sombre, duriuscule, peu poli, peu complaisant». En revanche, elle fut touchée par l'amour de Claude Dupuits de La Chaux, jeune gentilhomme voisin, de «mœurs charmantes», et cornette de dragons. Voltaire consentit au mariage de sa fille adoptive, la cérémonie fut célébrée à Ferney, dans la nouvelle église du château, le 13 février 1763, à minuit, par le père Adam*. Voltaire se découvrait «patriarche», à la tête d'une seconde famille: il garda sous son toit «futur et future». À sa pupille, il avait assuré une rente de 1 400 livres en dot, et il lui donnait le produit de la souscription de ses studieux *Commentaires\* sur Corneille*, entrepris dès 1761. Le souci d'établir Marie Corneille, qui l'avait déterminé à commenter le théâtre «du vieux maître», rejoignait ce désir qui l'avait toujours animé de rendre justice aux «grands anciens», même avec sévérité, et de contribuer ainsi à la reconnaissance de l'homme de lettres.
Le mariage de «Mademoiselle Corneille» fut heureux: «Elle est folle de son mari, écrit Voltaire en février 1764. Elle saute du matin au soir avec un petit enfant dans le ventre.» Mme Dupuits accoucha bientôt d'une petite

Adélaïde. Elle vécut à Ferney jusqu'en 1769, puis dans une campagne proche, «son Maconey», avec sa famille, non loin du château et de son patriarche.

Anne Soprani

*Eh bien, il me semble que Chimène commence à écrire un peu moins en diagonale ? Au comte et à la comtesse d'Argental, 28 décembre 1760 — post-scriptum, sous quatre lignes presque droites de l'élève.*

## CORNEILLE, Pierre

GÉNIE • GOÛT • RACINE • THÉÂTRE •

Au début de sa carrière, en 1718, Voltaire n'hésite pas à refaire l'*Œdipe* de Corneille (1606-1684), qui restait au répertoire; jamais il n'eût osé reprendre l'une des pièces oubliées de Racine. Plus le temps passe, plus il se persuade que l'héritage essentiel de la tragédie classique est dans Racine. Il note qu'on le joue plus souvent que Corneille, dont le répertoire courant est réduit à quelques pièces. Ce déclin sera expliqué plus tard dans les *Commentaires** qu'il consacrera au dramaturge (1765). Il est bien entendu que Corneille est un précurseur de génie, qui a tiré le théâtre français de son avilissement, qui a le premier fait respecter notre langue; d'autant plus admirable qu'il n'était environné que de mauvais modèles, et qu'il fut en butte, pendant toute sa vie, aux cabales et aux calomnies. Son œuvre était donc faite pour élever l'esprit de toute une nation. Mais que de défauts ! Son *Œdipe* (1659) est gâté par ce qui deviendra chez lui un vice capital : l'introduction dans le tragique de la galanterie; par la faiblesse fréquente de ses vers aussi : Corneille «ne connaissait guère la médiocrité, et il tombait dans le bas avec la même facilité qu'il s'élevait au sublime» (*Lettres sur Œdipe*, 1719, IV$^e$ lettre). Au reste, aucune de ses pièces n'est parfaite; et il n'y en a guère que cinq qu'on puisse lire, disent les *Commentaires*. Autant de reproches qui reviendront sans cesse. Bien avant 1760, Voltaire voyait dans le père de notre théâtre une sorte de Shakespeare français (mais il le défendait contre l'Anglais), un génie inégal. Le goût, indispensable à la perfection, ne vint, d'après lui, qu'avec Louis XIV.

Henri Lagrave

## CORRESPONDANCE

AMITIÉ • POSTE •

Côté plaisir, le mot de Renan* évoquant, quelques mois avant sa mort, les lectures restées délicieuses : «Oh, les lettres de Voltaire !...» Côté profit et

connaissance, la fameuse formule de Michelet*, définissant cette correspondance comme «le grand monument historique du XVIII$^e$ siècle» − Michelet savait par ailleurs tout ce qu'il devait, pour la méthode et la conception opératoires, à l'œuvre de l'historien: «notre maître Voltaire», disait-il volontiers. Dans l'édition Beuchot*, Michelet avait à sa disposition quelque 7 500 lettres; Renan pouvait en lire 10 000 dans l'édition Moland*, publiée vers la fin de sa vie. C'est au numéro 15284 que s'arrête pour nous, au treizième volume, l'édition de «La Pléiade». Besterman*, qui était allé jusqu'à un numéro 21221 en intégrant les lettres reçues, et même quelques lettres de tiers parmi les plus intéressantes, estimait à 40 000 au moins le nombre total des lettres que Voltaire a pu écrire. On en a retrouvé en plein XX$^e$ siècle, et même des séries de plusieurs centaines à un même destinataire: lettres et billets à Marie Louise, «Mme Denis» la tendre nièce et l'aimable maîtresse, lettres à l'éditeur Gabriel Cramer, aux amis Tronchin, à la comtesse de Bentinck, la confidente du séjour en Prusse. Le monument peut grandir encore, et le plaisir s'étendre.

Voltaire est le premier écrivain français dont on ait ainsi conservé les lettres avec soin, alors qu'il n'était pas épistolier de vocation, et dont on ait cherché à réunir la correspondance à sa mort, avec une ambition déclarée de totalité. L'un des signes qui distinguent ceux qu'on appelle «les grands auteurs» est justement la présence d'une correspondance parmi leurs œuvres complètes: ce critère et cette modernité partent de lui. Il y a déjà dans le Voltaire dit de Kehl*, la première édition posthume, désignée par son lieu d'impression, 4 500 lettres remplissant les 18 derniers des 70 volumes que compte la collection. 4 500 lettres d'un écrivain: du jamais vu. C'est au fond, de tous les chiffres de la courbe ascendante, dès le départ, le plus étonnant.

Le phénomène tient à l'auteur, à sa vie, au sens et à l'effet de son œuvre. On connaît la puissance des passions dans l'homme Voltaire, et la diversité de ses dons, de ses goûts, de ses intérêts; la fidélité de ses amitiés et de ses plus anciens attachements, mais le désir aussi, resté toujours vif, de plaire, d'être encore aimé et reconnu; son excitation sans cesse éveillée pour «le monde comme il va», l'histoire au jour le jour, la politique et l'événement, et son inaptitude au contraire à l'égotisme, sa constante ouverture aux autres − jusqu'à cette fin de vie qui le livre à une «gloire» qu'il subit presque, et qui l'épuise; la profondeur enfin de ses convictions, et son extraordinaire génie de la communication, de l'influence et du réseau. Un peu mystérieusement, Lamartine parle de lui comme d'un «être collectif». Voltaire incarna au plus haut degré ces valeurs de «sociabilité» et de «sensibilité» des Lumières, dans un engagement personnel qui en multipliait d'autres: «Quiconque n'est pas animé est indigne de vivre, lance-t-il un jour à un ami trop tiède; je le compte au rang des morts.» Avec une telle

nature, une telle densité d'existence, on écrit beaucoup de lettres, et directes et spontanées, comme le sont en effet les siennes, sans visée d'art et sans langue de bois, sans « cicéronnerie » comme disait Diderot.
La vie de Voltaire fut d'autre part marquée, on le sait aussi, par l'instabilité des lieux, la rupture, l'errance – effet second d'une pensée de dissidence, qui cherchait son ordre à la marge. Londres et La Haye, Cirey, Lunéville, Berlin et Potsdam, Strasbourg et Colmar, « Les Délices près de Genève »... et Ferney enfin, mais l'œil encore aux aguets : Voltaire vécut les deux tiers de sa vie dans la disgrâce, la retraite, l'exil*, loin des amis chers, et de Paris son premier public. Sa correspondance est justement ce discours d'absence, et de présence autre pourtant, le bruit de l'œuvre aussi dans l'espace social qu'elle traverse. Maintes lettres circulèrent, des copies l'attestent, lues et relues à la toilette de madame, au salon, au foyer, dans les cafés et même dans les rues.
De l'Europe entière, son audience croissant, c'est en français qu'on écrit à Voltaire. Il parlait et écrivait l'anglais et l'italien, fort bien, et l'on a des lettres de lui dans ces deux langues* – d'autres en latin, l'idiome de son éducation chez les bons pères, dont il conserva la pratique. Mais le français fut en son temps, en partie grâce à lui, « la langue universelle » comme on disait, le lien des élites et des lettrés. C'est donc en français que lui écrivirent Frédéric II de Prusse et les princes d'Empire, des savants de Hollande et d'Autriche, Pope, Lessing et Goldoni, Gustave III roi de Suède et Christian VII roi de Danemark, et sa « Catau » – Catherine II, l'impératrice de toutes les Russies –, pour louer le poète et confier les émotions que donnait son théâtre, pour discuter des points d'histoire et de littérature, pour s'associer à la souscription qui allait doter « mademoiselle Corneille », pour soutenir sa campagne en faveur des Calas, pour consulter en ses retraites attentives le grand témoin des troubles de l'époque, à la fin pour avoir simplement un mot de sa main.
Au reste, il répondit presque toujours aux obscurs qui s'adressaient à lui, lecteurs ordinaires, jeunes auteurs en quête de conseils ou d'appuis. Un inconnu lui envoie sa *Lettre sur les aveugles*, et il répond à ce Diderot dont il reconnaît le génie : « Je désire passionnément de m'entretenir avec vous » – il est vrai qu'il s'agit d'un grand sujet, celui de l'existence de Dieu, que nie l'aveugle Saunderson et auquel Voltaire croit : le petit « repas philosophique » n'eut jamais lieu... Voltaire reçut donc des lettres de rois, de prélats et même de papes, et pourtant sa correspondance se trouve être plus commune et roturière, tout compte fait, infiniment plus immédiate aussi, que celle de Rousseau par exemple. À l'index des noms des destinataires (plus de 1 500) figurent des Dupont, Durand, Martin et Smith.
Au fil de sa vie, Voltaire devint ainsi le centre, la conscience et l'écho sonore d'une immense Europe épistolaire, toute bruissante de ses écrits,

de son action et de son personnage. Autour de lui se nouait une double transformation : des pratiques de littérature, de plus en plus ancrées dans l'humain, le social, le politique ; et du statut de l'écrivain, désormais lié par vocation à ces nouveaux enjeux d'immanence et à l'affirmation de leur autonomie – l'intellectuel, comme fonction de discours, sortit de là. Cette profonde mutation, tout à la fois de champ, d'image et d'autorité, investit aussi la carrière et l'existence même de Rousseau, mais Jean Jacques s'y déroba, refluant douloureusement de la figure vers le sujet, de «lui» vers «moi». Voltaire lui s'y accomplit, et son siècle très largement s'y reconnut, par lui surtout «siècle des Lumières». D'où justement, à sa mort, le désir et le plaisir de découvrir sa correspondance, d'emblée voulue «générale» : il s'agissait en fait, parallèlement à l'autobiographie solitaire des *Confessions*, qui parurent presque à la même date, d'une sorte d'autobiographie collective. Peut-être est-elle encore un peu cela, dans l'affinité des idées, pour la joie d'un Renan et d'autres fils plus lointains des Lumières ? Aucun miracle, en tout cas, dans la première manne épistolaire des éditeurs de Kehl : en répondant à leur appel à communication diffusé au lendemain de sa mort, les correspondants de M. de Voltaire qui fournirent ses lettres par milliers – plus de 6 000 en fait, avant les coupes effectuées par Condorcet – participaient eux-mêmes à l'opération de l'œuvre, mais à leur survie aussi, comme le suggère Michelet, dans ce grand monument de leur propre histoire.

*André Magnan*

## CORRESPONDANCE LITTÉRAIRE

GRIMM •

Ce périodique manuscrit et bimensuel, rédigé à Paris sous forme de lettres, n'eut jamais qu'une quinzaine d'abonnés, mais des rois, des princes, des ministres – en Allemagne, en Suède, en Russie –, d'où son statut culturel et son influence, sans comparaison à l'époque. Fondé en 1753, il fut rédigé principalement par Melchior Grimm, l'ami de Diderot et des philosophes, puis continué par Meister. Avant d'être copiés et insérés dans la *Correspondance littéraire*, les manuscrits circulaient dans Paris au moins entre initiés. Plus de sept cents écrits de Voltaire, des quatrains, des chansons, des lettres, des contes, des opuscules furent ainsi recueillis et transmis aux lecteurs du périodique. Citons : les *Questions sur les miracles, Le Taureau blanc*, ou encore *Les Qui, Les Quoi*, le *Plaidoyer pour Genest Ramponeau*. Grimm s'octroie la liberté de modifier les textes et de les sélectionner en fonction des goûts supposés du correspondant. La reine Louise Ulrique de Suède, peut-être jugée trop prude, ne reçoit pas certains

chants de *La Pucelle**. Il arrive aussi que des lettres de Voltaire, parfois remaniées, soient publiées à son insu. Parmi les informateurs du périodique, il faut compter Damilaville* (trois cent cinquante lettres parmi les cinq cent trente que Voltaire lui avait adressées), Mme d'Épinay, la maîtresse de Grimm, et Diderot son ami. Le 1er avril 1757, Grimm présente comme un ouvrage de génie l'*Essai sur l'histoire universelle* de Voltaire, et le crédite d'avoir « réuni le suffrage de tous les philosophes ». La *Correspondance* contribue à répandre, à travers l'Europe, de nombreuses nouvelles et anecdotes de Ferney et à glorifier l'image du patriarche, animé par la passion du travail, servant la cause de l'humanité contre la barbarie théologique. Le 1er juin 1768, Grimm révèle que les *Conseils\* raisonnables à M. Bergier*, signés par quatre soi-disant bacheliers, portent « la ligne de touche du grand, de l'immortel docteur de Ferney », et de vanter la production intarissable de la « manufacture » du grand homme. Il existe pourtant une divergence entre Grimm et Voltaire ; elle transparaît dans l'article que le responsable de la *Correspondance* consacre, le 1er septembre 1769, à *Tout\* en Dieu*. En athée convaincu, Grimm se moque du déisme* de Voltaire et assimile sa démonstration à un jeu d'enfant. En 1773, la responsabilité de la *Correspondance littéraire* échoit au Suisse Jakob Heinrich Meister (1744-1826), qui éprouve une admiration sans faille pour le philosophe de Ferney. Il publie alors, pour la première fois, une œuvre de Voltaire dans son intégralité, *Le Taureau blanc*, certainement avec l'assentiment de l'auteur, dans les livraisons de novembre, décembre 1773 et janvier 1774.

*Didier Masseau*

## *COSI-SANCTA, UN PETIT MAL POUR UN GRAND BIEN, NOUVELLE AFRICAINE*

CONTES PHILOSOPHIQUES • MAL •

Avec son sous-titre piquant et son argument pseudo-érudit tiré de l'article « Acindynus » du *Dictionnaire historique et critique* de Pierre Bayle*, ce conte fut écrit pour l'amusement des invités de la duchesse du Maine*, au château de Sceaux*. Il date de 1714-1716 et non, comme on l'avait cru longtemps, de 1747. Il fut publié après la mort de Voltaire dans l'édition de Kehl*. Voltaire a donc un peu plus de 20 ans quand il compose cette « nouvelle africaine », preuve d'un intérêt précoce pour le genre.

L'action se déroule à Hippone, mais les personnages portent des noms de fantaisie, italiens comme Capito, ou espagnols comme Ribaldos. On a prédit à l'héroïne Cosi-Sancta qu'elle sera canonisée après avoir commis trois infidélités à son mari. Sa vertu, vaillamment défendue, fait d'abord

périr, sous les coups de son mari jaloux et vigoureux, un rival entreprenant et malheureux, tandis qu'en cédant successivement au proconsul Acindynus, à un chef de brigands et à un médecin réputé – et l'affaire n'est pas si terrible qu'il y paraissait –, elle sauve de la mort son mari, son frère et son fils. À petite perte, grands résultats. La fidélité ne doit pas rendre aveugle aux réalités du monde. Preuve aussi que les voies de la Providence empruntent parfois des chemins tortueux.

Jean Goulemot

## COSMOPOLITISME

CITOYEN • EUROPE • FRANÇAIS • PATRIE • PRUSSIEN • ROSSBACH • WELCHES •

Lorsque Voltaire écrit à La Condamine «Mon cher cosmopolite», il lui adresse un compliment. Dans le *Dictionnaire philosophique*, l'ouverture cosmopolite, fortifiée par les voyages, est présentée comme le meilleur moyen d'échapper aux préjugés ridicules et odieux de ceux qui n'ont pas quitté leur quartier, et Voltaire d'opposer plaisamment «l'univers à la rue Saint-Jacques». Plus fortement encore, il proclame parfois une conception européenne de la culture, qui oblige à se situer au-dessus de l'intérêt immédiat de sa patrie d'origine. En ce sens, le philosophe doit se mettre au service de l'Europe et choisir librement le pays dans lequel il désire œuvrer. Dans l'article «Philosophe», Voltaire s'en prend à «un ex-jésuite nommé Paulian» qui avait condamné comme impie cette maxime «adoptée par tous les publicistes»: «Tout homme est libre de se choisir une patrie». Dans le même article, il défend le droit des souverains de quitter leur pays d'origine et celui des artistes de résider dans le pays de leur choix. Répondant toujours à son «ex-jésuite», il s'écrie enfin: «Quoi, vil prédicateur de l'esclavage, il n'était pas permis à la reine Christine de voyager en France, et de vivre à Rome? Casimir et Stanislas ne pouvaient finir leurs jours parmi nous? Il fallait qu'ils mourussent en Pologne parce qu'ils étaient Polonais? Goldoni, Van Loo, Cassini ont offensé Dieu en s'établissant à Paris?»

Il existe bien chez Voltaire un idéal européen des Lumières, fondé sur l'accumulation des connaissances, le développement des échanges et l'aménagement des grandes métropoles, par-delà les frontières étatiques. Plus encore, Voltaire estime que les rivalités entre les peuples modernes excitent leur don d'invention et contribuent ainsi à forger une nouvelle Europe plus opulente. Cet attachement à une conception de la culture qui transcende les frontières peut même prendre une couleur politique, dans la phase ascensionnelle et conquérante des Lumières. Alors que Frédéric II signe le 11 juin 1742 avec Marie Thérèse d'Autriche une paix séparée qui

lui garantit la Silésie, Voltaire, au risque de passer pour un mauvais patriote, loue le roi de Prusse comme un héros de la paix et comme un champion de la philosophie. Il s'agit là d'une attitude symbolique et hautement significative, que confirme l'article « Patrie » du *Dictionnaire philosophique*. Souvent, dit Voltaire, « souhaiter la grandeur de son pays, c'est souhaiter du mal à ses voisins ». Le sentiment patriotique est peut-être dicté, à ses yeux, par un instinct égoïste à courte vue : « Celui qui voudrait que sa patrie ne fût jamais ni plus grande ni plus petite, ni plus riche ni plus pauvre serait le citoyen de l'univers. » L'idéal cosmopolite de l'esprit philosophique légitime ainsi une position délibérément supérieure aux intérêts de la famille et de la patrie, et visant les intérêts du « genre humain ». Ce point de vue n'a d'ailleurs rien d'immuable. Dans une lettre de 1772 adressée à d'Alembert, Voltaire s'écrie : « J'aime encore mieux être Français que Danois, Suédois, Polonais, Russe, Prussien ou Turc ; mais je veux être Français solitaire, Français éloigné de Paris, Français suisse et libre. »

*Didier Masseau*

## COSTUME

ACTEUR • THÉÂTRE •

Au XVIII$^e$ siècle, le costume progresse moins vite que les décors. On restait fidèle au costume tragique type, avec paniers, tonnelets, perruques, casques empanachés, et les comédiens, qui payaient leur équipement, avaient à cœur, pour le prestige, d'étaler un luxe ostentatoire : une suivante de comédie jouait avec tous ses diamants. Voltaire déplorait et le faste et l'inexactitude dans cet élément essentiel de la mise en scène. En ce domaine aussi, il soutient de son argent et de ses conseils ceux qui tentent, timidement, quelques réformes : en 1755, pour *L'Orphelin de la Chine*, la Clairon\* se débarrassa des encombrants paniers, et les actrices étaient habillées « à la chinoise », tandis que Lekain, dans le rôle de Gengis Khan, reconstituait un « Tartare » proche de la vérité. Ces initiatives ne furent guère suivies, jusqu'au tragédien Talma, qui imposa, en 1788, le véritable « costume romain ». Sur le petit théâtre de Voltaire, le luxe était interdit ; ici le naturel et la simplicité, posés en principes, deviennent une nécessité ; pour jouer un vieillard, Voltaire se contente d'un bonnet. Il ne demande guère plus aux comédiens de Paris. Broderies et dorures sont de trop pour les prêtres et prêtresses d'*Olympie*, qui seront vêtus à son goût de robes blanches avec de grandes ceintures bleues, et dans *Les Scythes*, les personnages ressembleront à des « sauvages » s'ils portent des peaux de lion ou de tigre. Dans le costume comme dans les décors, le clinquant ne doit pas tuer la poésie.

*Henri Lagrave*

## COURTE RÉPONSE AUX LONGS DISCOURS D'UN DOCTEUR ALLEMAND
CHÂTELET (MME DU) • DÉISME • NEWTON •

Depuis 1717, la correspondance de Leibniz et du newtonien Samuel Clarke (1679-1729) se trouvait au centre du débat sur les rapports entre Dieu et la Nature. Lorsque Voltaire publie sa *Métaphysique\* de Newton, ou Parallèle des sentiments de Leibniz et de Newton* (1740), le docteur Ludwig Kahle (1712-1775) reprend le flambeau leibnizien contre l'un des premiers Français à s'affirmer newtonien. Le laconisme de la *Courte Réponse* (1744) est l'arme de celui qui se sait du bon côté de l'Histoire: «Une vérité mathématique reste pour l'éternité, et les fantômes métaphysiques passent comme des rêves de malades.» Mais pour Voltaire, peu importe que la force s'exprime par mv ou par $mv^2$: «Il faudra toujours la même quantité de chevaux pour tirer les fardeaux.» La physique de Newton démontre l'existence d'un Dieu créateur absolument libre, tandis que le leibnizianisme revient à nier la liberté divine ou humaine. L'idée des lois de la nature tendrait-elle à conforter l'athéisme? Voilà l'enjeu véritable. Caution scientifique de premier ordre, le newtonianisme est la théologie naturelle du déisme voltairien.

*Laurent Loty*

## COURTISAN
EXIL • GENTILHOMME ORDINAIRE • LOUIS XV •
POMPADOUR (MME DE) • VERSAILLES •

«Ma destinée était de courir de roi en roi», écrira-t-il dans ses *Mémoires*, dix ans après.
Ce fut moins le destin que les contingences du statut de l'écrivain qui déterminèrent Voltaire à rechercher très tôt la protection des grands. On lui a reproché de s'être mêlé à cette société de cour, de s'être trouvé parmi «les vils flatteurs» dont il avait pourtant pris la mesure. Pour être joué, pour être publié, et parce qu'en France, comme il l'écrit dans les *Lettres philosophiques*, «les beaux-arts étaient cultivés par les premiers de l'État», le poète dut d'abord divertir princes et ducs: la duchesse du Maine, Villars, Richelieu, le duc de La Vallière et le duc de Sully. Après le triomphe de son *Œdipe*, Voltaire pouvait s'imaginer qu'il convaincrait en plaisant. Soutenu en 1725 par Mme de Prie, la maîtresse du duc de Bourbon, il présente à Fontainebleau\* deux de ses pièces devant la jeune reine. Marie\* Leszczynska «a pleuré à *Mariamne*», elle «a ri à *L'Indiscret*»; elle témoigne de l'intérêt au poète, elle l'appelle «mon pauvre Voltaire». Il se vit même accorder «une pension sur sa cassette», que néanmoins il ne toucha pas. Il

sentait déjà que « le rôle d'un poète à la cour [...] traîne toujours avec lui un peu de ridicule », il demanda son « établissement » dans une charge. Mais ses espérances d'une dignité furent brutalement anéanties, en avril 1726, par l'algarade de Rohan-Chabot* et l'exil qui suivit en Angleterre – Voltaire aperçut ainsi la cour anglaise, sans y paraître vraiment.

Le second épisode courtisan a été joliment résumé par Voltaire lui-même, en réponse à l'enquête de son premier biographe Duvernet, trente ans après les faits. « Ceux qui vous ont dit, Monsieur l'abbé, qu'en 1744 et 1745, je fus courtisan, ont avancé une triste vérité. Je le fus ; je m'en corrigeai en 1746, et je m'en repentis en 1747. » L'essentiel est ajouté en une phrase : « De tout le temps que j'ai perdu en ma vie, c'est sans doute celui-là que je regrette le plus. » Son retour en grâce, à l'automne 1744, fut porté par l'arrivée au pouvoir des frères d'Argenson et par l'ascension de Mme de Pompadour. Il venait de remplir une mission diplomatique en Prusse, il avait aussi les appuis de Mme du Châtelet* dont il partageait alors la vie. Ordonnateur des fêtes à la cour, Richelieu* lui commanda un divertissement pour le mariage du dauphin. Comme en 1725, Voltaire refusait d'être seulement un « baladin » : il entendait faire valoir sa compétence, qui dépassait celle d'un « bouffon du roi ». Il composa avec Rameau *La Princesse\* de Navarre*, mais sollicita aussi « la petite place d'historiographe » et souhaita bientôt « la charge de gentilhomme ordinaire ». Le 27 mars 1745, un mois après les fêtes, il eut, en effet, la promesse de la charge, et la place avec une pension de 2 000 livres. Il vécut ainsi deux années les contraintes du courtisan, entre Versailles et Fontainebleau où l'appelait son service, et Paris où l'attendait Mme Denis – c'est aussi le temps de leur liaison naissante. Il célébra dans *Le Poème\* de Fontenoy*, en mai 1745, la grande victoire du règne ; il éleva *Le Temple\* de la Gloire*, avec Rameau encore, pour fêter le retour de Louis XV des campagnes de Flandre. Une autre de ses fonctions fut de préparer et de rédiger des pièces diplomatiques pour le marquis d'Argenson. Il voulut enfin « rendre réelle », comme il dit, la place d'historiographe et, sur les documents des bureaux, il entreprit l'*Histoire\* de la guerre de 1741*.

Son élection à l'Académie*, le 25 avril 1746, sembla couronner cette belle carrière officielle. À Versailles, il vivait pourtant sans confort, vers les communs, occupant « la chambrette numéro 144, près du plus puant merdier ». « Affairé » et « malingre », il commence alors une nouvelle tragédie, mais de plus en plus sa « villégiature » de cour lui devient « un lourd fardeau ». « Je fais tous les soirs, écrit-il à Cideville, la ferme résolution d'aller au lever du roi, mais tous les matins je reste en robe de chambre avec *Sémiramis*. » L'influence du marquis d'Argenson diminuait, la protection de Mme de Pompadour ne détournait pas les attaques redoublées des dévots, forts du soutien de la reine. L'ultime appui lui manqua toujours :

Louis XV, personnellement, n'aimait pas Voltaire. Il eut encore quelques succès : la favorite joua devant le roi des rôles de *L'Enfant prodigue* et d'*Alzire* dans les spectacles privés des Petits Cabinets. Mais dès le début de 1748, on voit plus souvent Voltaire à Lunéville*, à la cour de Stanislas Leszczynski.

« Persécuté » par les « bigots », et convaincu que Louis XV ne lui témoignerait « jamais la moindre bonté », il prend congé, à la fin de juin 1750, pour faire un nouveau voyage à Berlin. Il ne revit jamais la cour de France.

Les trois années du séjour en Prusse* ne relèvent pas de la même vie courtisane. À la charge de chambellan* que lui conféra Frédéric II, aucun service n'était attaché. « Et puis figurez-vous, écrit-il un jour à Mme du Deffand, combien il est plaisant d'être libre chez un roi, de penser, d'écrire, de dire tout ce qu'on veut. » Il en revint pourtant, après le scandale de la *Diatribe\* du docteur Akakia, médecin du pape* et les violences de Francfort*. Recru de déboires et d'intrigues, c'est dans son « jardin » des Délices* qu'il trouva, avec la liberté nécessaire à l'œuvre, le mot de la fin, que livrent ses *Mémoires* : « Après avoir vécu chez des rois, je me suis fait roi chez moi. »

Anne Soprani

## COVELLE, Robert

GENÈVE •

C'est Voltaire qui a fait passer à la postérité le nom de cet orfèvre genevois – et son surnom de « fornicateur ». Robert Covelle (1727-1804), interrogé par le Consistoire de Genève en mars 1764, avoua qu'il avait eu hors mariage des relations avec la Genevoise Catherine Ferboz, qui avait accouché à Veigy en Savoie, le 30 décembre 1763, d'une petite Élisabeth. Il fut en conséquence condamné à être « grièvement censuré » et à demander « pardon à Dieu genoux en terre ». Son refus obstiné et motivé de la génuflexion suscita entre le Consistoire et le Petit Conseil de Genève un conflit qui ne se termina qu'en 1769, et qui entretint longtemps l'hilarité de Voltaire. Après avoir pris le pseudonyme « Covelle » pour plusieurs de ses *Lettres sur les miracles* et pour sa *Lettre\* curieuse* contre Vernet*, il en fit un des protagonistes de *La Guerre\* civile de Genève*, poème burlesque sous-titré justement *Les Amours de Robert Covelle* :

> *Vous connaissez le beau Robert Covelle,*
> *Son large nez, son ardente prunelle [...]*
> *Jamais Robert ne trouva de cruelle...*

Un portrait du temps, fait à l'aquarelle, donne une juste idée du personnage, jarret dispos et nez au vent.

Jean-Daniel Candaux

CRAMER, Gabriel, Philibert et Claire

CORRESPONDANCE · ÉDITIONS · GENÈVE ·

Les frères Cramer ont été à Genève\* durant vingt ans les principaux imprimeurs de Voltaire. Gabriel Cramer (1723-1793) et son frère Philibert (1727-1779) avaient pris en 1753 la direction de l'imprimerie fondée par leur grand-père Jean Antoine Cramer en 1693. D'emblée, ils s'intéressèrent à Voltaire, en réimprimant ses *Annales de l'Empire* dès leur parution (1754). Ils lui adressèrent une offre de service en avril 1754, Philibert faisant même le voyage de Colmar au mois d'août pour déterminer Voltaire à publier chez eux une édition enfin correcte de ses œuvres complètes.

Ces initiatives furent récompensées: arrivé en Suisse fin 1754 dans l'idée de s'établir du côté de Lausanne, Voltaire se décida pour Genève, ville du docteur Tronchin\* certes, mais surtout ville des frères Cramer. Ils réussirent à publier dès mai 1756 une «première édition» complète des œuvres de Voltaire, dont les 10 tomes initiaux furent portés à 17 en décembre, puis à 27 au fil des années. Simultanément, les Cramer imprimaient la plupart des nouvelles productions voltairiennes: *Candide ou l'Optimisme* en 1759, l'*Histoire de l'empire de Russie sous Pierre le Grand* en 1759-1763, le *Recueil des facéties parisiennes* en 1760, *La Pucelle d'Orléans* en 1762, le *Traité sur la tolérance* en 1763, les *Contes de Guillaume Vadé* en 1764, *La Raison par alphabet* en 1769, etc. Ils réalisèrent l'édition en 12 volumes des *Commentaires sur Corneille* souscrite par toute l'Europe lettrée ou titrée, donnèrent 19 volumes de *Nouveaux Mélanges* dès 1765, amorcèrent pour le compte de Panckoucke en 1768 une édition in-4º des «œuvres complètes» de Voltaire dont ils imprimèrent 30 tomes, et sortirent au cours des années 1770-1772 les 9 volumes des *Questions sur l'Encyclopédie*, aussitôt réimprimés par la Société typographique de Neuchâtel. Ils distribuèrent enfin en 1775 les 40 tomes de leur troisième édition complète, que Voltaire appelait «la jolie petite édition encadrée». Il était temps d'ailleurs, car Gabriel Cramer, resté seul à la barre après l'élection de son frère Philibert au Petit Conseil de Genève, semble avoir liquidé son imprimerie au cours de l'hiver 1775-1776.

Si curieux que cela paraisse, aucune des éditions voltairiennes des Cramer ne porte leur nom (sauf celle des *Annales* en 1754). Leur production est pourtant bien documentée, tout d'abord par le «Grand Livre» de comptes de leur maison, conservé aux Archives d'État de Genève, ensuite par leur

correspondance avec Voltaire, dont près de 900 lettres et billets ont été retrouvés, adressés pour la plupart à « caro Gabriele », pleins de vivacité et de cordialité – ensemble unique pour le XVIII$^e$ siècle.

On a longtemps cru que les Cramer avaient publié toutes les éditions originales d'œuvres de Voltaire datant de la période des Délices ou de Ferney. On sait aujourd'hui, par l'examen comparatif de la typographie et des ornements de ces éditions, que nombre d'entre elles furent en fait imprimées par Gabriel Grasset*. Le nom des Cramer reste néanmoins attaché indissolublement à la grande production voltairienne des années de lutte contre l'Infâme.

L'épouse de Gabriel Cramer, Claire Delon (1730-1805), que son fils appelait « une divertissante », se fit apprécier de Voltaire par son esprit émancipé, ses talents d'actrice et ses bons mots.

Jean-Daniel Candaux

## CRÉBILLON, Prosper Jolyot, sieur de

CENSURE • GOÛT • TRAGÉDIES •

Né en 1674, Crébillon occupe la scène entre Racine et Voltaire, avec six tragédies : *Idoménée* (1705), *Atrée et Thyeste* (1707), *Électre* (1708), *Rhadamiste et Zénobie* (1711), *Xerxès* (1714) et *Sémiramis* (1717). Il a déjà donné l'essentiel de son œuvre quand Voltaire, en 1718, triomphe avec *Œdipe*. De fait, *Pyrrhus* tombera en 1726, comme *Le Triumvirat* en 1754, tandis que *Catilina* connaît en 1748 un succès tout artificiel et sans lendemain. À ses débuts, Voltaire admire *Rhadamiste* et *Électre*, les deux chefs-d'œuvre. En 1736 encore, Crébillon ne lui inspire que « de l'émulation et de l'amitié » (« Discours » en tête d'*Alzire ou les Américains*). Cependant l'opinion des amateurs se partageait. Certains préféraient la mâle énergie de Crébillon, ses spectacles terribles, la force de son style rocailleux, la chaleur de sa versification, souvent fautive, mais propre aux effets de théâtre. On opposait ces qualités à la « sensibilité » de Voltaire, à sa fluidité « racinienne ». De Montesquieu à Fréron, on répéta que le grand Crébillon était le seul poète « tragique » que la France eût produit : « le Sophocle du siècle ».

Dès 1733, Crébillon, nommé censeur royal, propose des corrections au *Temple du Goût*. Enfin la déclaration de guerre survient en 1742. *Mahomet*, approuvé d'abord par le cardinal de Fleury, est refusé par le censeur – la pièce ne sera reprise que dix ans plus tard. L'année suivante, c'est le tour de *La Mort de César*, interdite la veille de la première. Voltaire doit composer, louer ce rival dans son discours de réception à l'Académie (1746). Celui-ci laisse passer *Sémiramis* (1748), mais aussi une parodie de

la pièce, que Voltaire fait supprimer, non sans peine. Crébillon approuvera *Oreste* en 1749. Un peu auparavant, le 15 décembre 1748, son *Catilina*, auquel il travaillait depuis trente ans, a obtenu un grand succès, peu durable, mais que Voltaire prend très mal. Il crie à la cabale, au complot, persuadé qu'une coterie protégée par le roi et Mme de Pompadour a soutenu cette misérable pièce pour le rabaisser. Dorénavant, du moins dans ses lettres, il abreuvera son rival d'invectives parfois outrées contre ses ouvrages «allobroges» ou «wisigoths». Et de même qu'il a déjà refait *Électre* (*Oreste*) et la *Sémiramis* de Crébillon, il refera encore son *Catilina* (*Rome sauvée*), son *Atrée et Thyeste* (*Les Pélopides*), et même son *Triumvirat* sous le même titre.

Les ennemis de Voltaire attribuent cet acharnement à une basse jalousie à l'égard d'un auteur bien en cour. Mais ne s'acharnaient-ils pas eux-mêmes à lui opposer Crébillon, pour prouver qu'il n'était que le second, au théâtre comme «dans tous les genres»? Or, à partir de *Zaïre*, Voltaire règne sur la Comédie-Française, tandis que Crébillon est de moins en moins joué. En l'attaquant, Voltaire vise plus loin. À travers lui, il règle ses comptes avec les Modernes; il secoue vigoureusement la censure, et s'en prend parfois aux instances politiques qui la contrôlent; il lutte contre le mauvais goût: Marivaux, Shakespeare, Crébillon, voire Corneille, même combat! Il défend enfin sa conception d'une tragédie renouvelée, mais fidèle à l'idéal racinien, seul remède à la décadence du théâtre. Il eut le tort, en 1762, peu après la mort du «barbare», de l'accabler encore en lançant un prétendu *Éloge*de M. de Crébillon*, bien inopportun.

Henri Lagrave

## CRÉPINADE (LA)

GENS DE LETTRES • POLÉMISTE • SATIRE •

Cette satire est sans doute l'une des plus brillantes de Voltaire. Coup de poing, coup de sang, «coup de fouet» dit-il en la diffusant manuscrite en octobre 1736. Le poète Jean Baptiste Rousseau*, écrivain alors considérable, «le grand Rousseau» comme on l'appelait, avait fait une satire intitulée *La Baronade* contre le baron de Breteuil son bienfaiteur, dont il avait été secrétaire; il y affirmait ne s'être brouillé avec M. de Voltaire que par zèle pour la religion – insinuation grave. *La Crépinade* est la réplique. Le père de Rousseau était cordonnier; Voltaire appelle donc son fils «Crépin», nom du saint patron des cordonniers, le suffixe -ade ajoutant une note épique et burlesque. La violence des traits, alors commune entre gens de lettres, étonne et gêne. On en jugera par l'exemple suivant, qui n'honore guère son auteur:

> *Le diable un jour, se trouvant de loisir,*
> *Dit : « Je voudrais former à mon plaisir*
> *Quelque animal dont l'âme et la figure*
> *Fût à tel point au rebours de nature,*
> *Qu'en le voyant l'esprit le plus bouché*
> *Y reconnût mon portrait tout craché. »*
> *[...] D'abord il met sur une tête immonde*
> *Certain poil roux que l'on sent à la ronde ;*
> *Ce crin de juif orne un cuir bourgeonné,*
> *Un front d'airain, vrai casque de damné ;*
> *Un sourcil blanc cache un œil sombre et louche :*
> *Sous un nez large il tord sa laide bouche.*

Voltaire n'inséra ce texte dans aucune des éditions de ses œuvres ; il en désavoua même les excès, sous le voile de l'anonymat, dans une autre satire, la *Vie\* de J. B. Rousseau* : « Il est triste qu'un homme comme M. de Voltaire, qui jusque-là avait eu la gloire de ne se jamais servir de son talent pour accabler ses ennemis, ait voulu perdre cette gloire. »

Didier Masseau

*Qui ne sait pas haïr ne sait pas aimer.*

Carnets.

## CRI DES NATIONS (LE)

PAPES • POLITIQUE • ROME •

Cet opuscule d'une vingtaine de pages fut publié en 1769 à Genève, juste après l'occupation d'Avignon par les troupes françaises en 1768. Voltaire s'y élève contre les prétentions de la papauté à intervenir dans les affaires des États. Revenant sur l'expulsion récente des jésuites\* hors du royaume de France (1764), il prétend qu'elle appelle une suite : l'opposition politique à la volonté de Rome de contrôler l'attribution des bénéfices ecclésiastiques, les dispenses, les indulgences... Voltaire juge ces pratiques comme autant d'usurpations « grandes et ruineuses ». Il montre qu'elles sont contraires à l'esprit évangélique et à toute la tradition de l'Église primitive. Ce sont des impostures, car les rois sont indépendants, et jamais les papes n'ont eu le pouvoir de déposer les souverains comme ils l'ont prétendu : « Il n'y a qu'une puissance, celle du souverain : l'Église conseille, exhorte, dirige : le gouvernement commande. »

Jean Goulemot

## CRI DU SANG INNOCENT (LE)

AFFAIRES • ÉTALLONDE • LA BARRE •

Sous ce titre pathétique, dix ans après les faits, le dernier écrit de Voltaire dans l'affaire La Barre : une requête, signée «D'Étallonde de Morival» et datée «À Neuchâtel, ce 30 juin 1775». Mais d'Étallonde se trouvait alors réfugié chez Voltaire à Ferney, depuis quinze mois : l'écrivain a tenu la plume. Le dossier est repris, les charges démenties ou atténuées, dans un plaidoyer facile, adroit, parfois spécieux. D'Étallonde demandait la révision de son jugement par contumace, ouverture d'une possible réhabilitation. À la suite de la requête est inséré un *Précis\* de la procédure d'Abbeville*. Imprimé à Genève ou à Lausanne, cet opuscule fut aussitôt diffusé à Paris, en juillet 1775, dans le moment jugé favorable du sacre de Louis XVI : du jeune roi, on attendait compassion et justice. Le cri ne fut pas entendu.

*André Magnan*

## CRITIQUE LITTÉRAIRE

BEAU • *COMMENTAIRES SUR CORNEILLE* • *CONSEILS À M. RACINE* • *GAZETTE LITTÉRAIRE DE L'EUROPE* • GOÛT • *TEMPLE DU GOÛT (LE)* •

*Voltaire, comme critique littéraire, fut l'intelligence la plus positive, la plus technique – la plus hardie.*
*Paul Valéry, Carnets, 1910.*

## CROCHETEUR BORGNE (LE)

BORGNES • CONTES PHILOSOPHIQUES • ORIENT • RÊVE •

Ce petit conte oriental, publié pour la première fois dans le *Journal des Dames* en mars 1774, fut repris dans l'édition de Kehl\* en 1785, sous une forme moins édulcorée, d'après d'anciennes copies. On date *Le Crocheteur borgne* de 1714 ou 1715. Il est plein d'allusions à la duchesse du Maine\* et à la cour de Sceaux\*, dans un esprit de flatterie libre et piquante : c'est dans cette société que le jeune Arouet fit ses débuts littéraires. Un autre conte en prose, *Cosi-Sancta\**, et deux contes en vers, *Le Cadenas\** et *Le Cocuage\**, paraissent dater de la même période. L'Orient, l'amour, mais désinvoltes : ce jeune Arouet promettait.

Mesrour est borgne, ce qui lui permet paradoxalement de voir les choses du bon côté malgré misères et infirmités. Le hasard lui fait rencontrer la princesse Mélinade, qu'il sauve d'un accident. Amoureux d'elle, il finit par être récompensé de sa passion et il apparaît à la princesse sous les appa-

rences d'un prince charmant. Mais ce n'était qu'un rêve, dû à l'excès de boisson. Moralité de Mesrour l'optimiste : buvons pour faire des rêves qui rendent le dormeur heureux. Se contenter de ses rêves est une autre façon de cultiver son jardin.

*Jean Goulemot*

## CUL-DE-SAC

C'est bien peu de chose : l'une des scies les plus célèbres d'une ressassante vieillesse. Vers 1760, Voltaire crut voir s'établir, à côté du vieux mot d'«impasse», cette populaire et trop expressive image du «cul-de-sac». Et de s'émouvoir, et de railler les Welches* pour cette «grossièreté énorme», avec une insistance parfois humoristique, mais en tenant bon sur le fond : une certaine idée de la langue, comme produit d'une culture et signe d'une politesse. Il y est donc revenu vingt fois, jusque dans un article «Cul» créé tout exprès dans les *Questions\* sur l'Encyclopédie*... On sait d'ailleurs que Voltaire ne s'est pas privé d'user lui-même, dans ses écrits publics, de termes dits déshonnêtes, comme «excrément*» : pour l'effet justement de bassesse, par colère ou par mépris – ce qui pour lui laissait apparemment la langue intacte.

*André Magnan*

*Pourquoi les mulets, qui ont le trou du cul rond, font-ils des crottes carrées ? Quadrata rotundis.*

*Carnets.*

*Au surplus, puisque vous avez la maladie de vouloir faire un gros in-quarto plutôt qu'un petit; puisque vous cherchez partout de vieilles puérilités qui courent sous mon nom, n'y fourrez pas du moins ce qui ne m'appartient pas, que chacun garde son bien, si ces pauvretés peuvent être appelées de ce nom.*
*À Gabriel Cramer,*
*31 mars 1770.*

## DAMIENS, Robert François

FANATISME • JUSTICE • TORTURE •

Damiens (1715-1757), homme de peu, fanatisé par les anathèmes des parlementaires jansénistes*, armé d'un inoffensif canif, se lance sur Louis XV le 5 janvier 1757, et l'égratigne au bras. L'émotion est à son comble. Le régicide est arrêté, interrogé, torturé et exécuté publiquement dans des conditions atroces. Outre les lettres nombreuses qu'il a consacrées à l'attentat, Voltaire en traite longuement dans le chapitre XXXVII du *Précis\* du siècle de Louis XV*. Il est revenu à plusieurs reprises sur ce « misérable de la lie du peuple », cet « homme à l'humeur sombre et ardente qui avait toujours ressemblé à la démence », sans manifester pour lui la moindre sympathie ni la plus élémentaire compréhension. Si Voltaire soupçonne qu'il a été inspiré par les véhémentes déclarations des parlementaires jansénistes, s'il lui arrive de reconnaître que sa faible tête ne pouvait résister à l'agitation ambiante, au mécontentement de l'opinion face à une guerre ruineuse, à la crise religieuse et parlementaire, il en revient toujours à sa condamnation du fanatisme et du fanatique, notions les plus à même d'expliquer le comportement de Damiens. Ce n'est que quinze ans plus tard, dans l'article « Curiosité » des *Questions\* sur l'Encyclopédie*, peut-être par un étrange retour du refoulé, que Voltaire évoquera en termes d'effroi le supplice horrible de Damiens. Si l'accusé principal demeure le fanatisme, la main qu'il

a armée n'est pas épargnée. Et ce, sans que Voltaire parvienne à choisir entre le non-événement (le roi a été à peine égratigné) et sa volonté de rattacher les faits à la tradition des régicides pour cause de religion. « Quel est donc l'effet du fanatisme et le destin des rois ! » Henri III et Henri IV ont été assassinés parce qu'ils ont soutenu leurs droits contre les prêtres. Louis XV est menacé parce qu'on lui reproche de ne pas avoir assez sévi contre les adversaires des jansénistes. Voilà donc trois rois sur lesquels se sont portées des mains parricides dans un pays connu pour aimer ses souverains. Avec, comme conséquence paradoxale de cette tentative de régicide, des attaques injustifiées contre les Philosophes : mandements contre les livres et condamnations diverses.

Jean Goulemot

*J'apprends dans le moment et assez tard cette abominable nouvelle. Je ne pouvais la croire ; on me la confirme. Elle me glace le sang. On ne sait où on en est ! Quoi dans ce siècle, quoi dans ce temps éclairé, quoi au milieu d'une nation si polie, si douce, si légère ! un Ravaillac nouveau ! Voilà donc ce que produiront toujours des querelles de prêtres. Les temps éclairés n'éclaireront qu'un petit nombre d'honnêtes gens. Le vulgaire sera toujours fanatique.*

À Thiriot, 13 janvier 1757.

*Je me flatte pour l'honneur de la nation et ce siècle, et pour le mien qui ai tant célébré cette nation et ce siècle, qu'on ne trouvera nulle ombre de complicité, nulle apparence de complot dans l'attentat aussi abominable qu'absurde de ce polisson d'assassin, de ce misérable bâtard de Ravaillac. J'espère qu'on n'y trouvera que l'excès de la démence. Il est vrai que cette démence aura été inspirée par quelques discours fanatiques de la canaille. C'est un chien mordu par quelques chiens de la rue qui sera devenu enragé. Il paraît que le monstre n'avait pas un dessein bien arrêté puisque après tout on ne tue point des rois avec un canif à tailler des plumes. Mais pourquoi le scélérat avait-il trente sous dans sa poche ? Ravaillac et Jacques Clément n'avaient pas un sou. Je n'ose importuner votre amitié sur les détails de cet exécrable attentat. Mais comment me justifierai-je d'avoir tant assuré que ces horreurs n'arriveraient plus, que le temps du fanatisme était passé, que la raison et la douceur des mœurs régnaient en France ? Je voudrais que dans quelque temps on rejouât « Mahomet ».*

À d'Argental, 20 janvier 1757.

*Cependant, mes très chers frères, rentrons en nous-mêmes, et voyons, en la présence du Seigneur, si les égarements de notre esprit et de notre cœur n'ont pas attiré sur nous un effet si terrible de la colère divine ; si, pour confondre la Philosophie anti-chrétienne du siècle, Dieu n'a pas permis un événement qui*

Un siècle et demi sépare l'exécution des deux régicides. Et rien n'a fondamentalement changé dans la pratique judiciaire. Des chevaux écartèlent les condamnés, on porte à l'incandescence les instruments du supplice, des hommes en armes encerclent les lieux, le bourreau occupe le devant de la scène. Le feu, le sang, le fer règnent en maîtres. Œil pour œil, dent pour dent, avec la souffrance en plus et une agonie qui n'en finira pas. Publicité nécessaire de l'acte de justice, exemplarité voulue du châtiment.

Par leur composition même, les gravures insistent sur la mise en scène et la théâtralisation de la souffrance, qui est donnée à voir. Les spectateurs sont rassemblés pour en témoigner.

Les mémoires du temps racontent qu'on avait loué les balcons des maisons environnantes et que des couples y forniquèrent au rythme des roulements de tambour et des cris du supplicié. Des prêtres exhortent Damiens, signe sans doute d'une conscience, dans l'opinion, du rôle joué ici par l'Église.

Plus tard, dans l'article « Curiosité » des « Questions sur l'Encyclopédie », Voltaire dira son mépris pour ces spectateurs en goguette et dénoncera la barbarie légale de cette exécution.

J. G.

« Damiens avait été condamné, le 2 mars 1757, à "faire amende honorable devant la principale porte de l'Église de Paris", où il devait être "mené et conduit dans un tombereau, nu, en chemise, tenant une torche de cire ardente du poids de deux livres"; puis, "dans le dit tombereau, à la place de Grève, et sur un échafaud qui y sera dressé, tenaillé aux mamelles, bras, cuisses et gras des jambes, sa main droite tenant en icelle le couteau dont il a commis le dit parricide, brûlée de feu de soufre, et sur les endroits où il sera tenaillé, jeté du plomb fondu, de l'huile bouillante, de la poix résine brûlante, de la cire et soufre fondus ensemble et ensuite son corps tiré et démembré à quatre chevaux et ses membres et corps consumés au feu, réduits en cendres et ses cendres jetées au vent". »

Michel Foucault,<br>« Surveiller et punir », 1975.

Voilà le régicide ! Tout de noir vêtu comme un austère janséniste, le chapeau enfoncé sur les yeux, le regard sombre, le sourcil froncé, la bouche amère. L'accent est mis sur la rigueur vestimentaire du dévot : pas d'ornement, une sombre uniformité. La main droite est armée d'un couteau, menaçant, dressé pour frapper. On est loin du canif, dont Damiens blessa le roi. « Cruel et furieux » comme le dit la légende. Fanatique, diront les philosophes. Voltaire insistera sur l'influence des parlementaires jansénistes qui a troublé cette faible cervelle.
Dans cette crise qui allait entraîner une répression antiphilosophique, le fidéisme monarchiste fut partagé par les philosophes. Voltaire, dans des lettres contemporaines de l'attentat, fait état de ses craintes et condamne son auteur à un supplice qui lui paraît juste. En cela il se faisait le porte-parole de l'opinion.

J. G.

▼ Écartèlement de Ravaillac en 1610, gravure hollandaise.

Paris, Bibliothèque nationale de France.

◀ Supplice de Damiens, le 28 mars 1757 en place de Grève à Paris, gravure anonyme.

Paris, Bibliothèque nationale de France.

Le portrait de Robert François Damiens, qui a osé blesser d'un couteau la personne sacrée du roi, gravure.

Paris, Bibliothèque nationale de France.

*dégrade totalement la raison. Examinons sans préjugés ce que méritent tant d'erreurs répandues dans les esprits, tant de licence dans les discours, tant de blasphèmes contre Dieu et contre son Christ, tant de raisonnements contre la Vérité connue, tant de scandales dans tous les états et dans tous les genres. Observons en particulier si, depuis l'affaiblissement de la foi parmi nous, il ne s'est pas glissé, dans les esprits et dans les livres, une multitude de principes qui portent à la désobéissance, à la rébellion même contre le souverain et contre ses lois.*

*Mandement de Monseigneur l'Archevêque de Paris, qui ordonne qu'on chantera dans toutes les églises de son diocèse une messe solennelle et le Te Deum, en actions de grâces de la protection qu'il a plu à Dieu d'accorder à ce Royaume, en préservant le Roi du danger qu'a couru sa personne sacrée. Le 1$^{er}$ mars 1757.*

## DAMILAVILLE, Étienne Noël

AMITIÉ • CORRESPONDANCE • PHILOSOPHIE •

Damilaville (1723-1768) est un camarade de combat. Leurs relations ne connurent apparemment pas la moindre friction et Damilaville rendit bien à Voltaire cette amitié en lui vouant un culte inconditionnel. Il épousait étroitement les convictions philosophiques du patriarche. Leur correspondance est l'une des plus importantes par la quantité des lettres échangées (on en dénombre plus de cinq cents), la masse d'informations colportées et de sujets abordés. Elle couvre de surcroît la période décisive de la lutte contre l'Infâme, des années 1760-1768. À ce « frère » dévoué à la cause, à cet esprit consciencieux qui n'est pas un intellectuel de premier plan, Voltaire livre toutes sortes de confidences et témoigne continuellement les marques d'amitié les plus chaleureuses : « Vous savez avec quelle impatience je vous attends [...]. Je ne veux d'autre confesseur que vous » (28 juillet 1765). Ancien garde du corps dans la maison du roi puis procureur à Paris, Damilaville dirigeait depuis 1755 le bureau de l'impôt dit du vingtième au Contrôle général des Finances, et disposait ainsi du sceau ministériel pour affranchir sa correspondance. Quelle aubaine pour Voltaire de pouvoir utiliser un cachet officiel pour envoyer des lettres compromettantes ! Il multiplie les recommandations : le commis devra faire suivre par la petite poste telle lettre à Thiriot, ouvrir cette autre, au cas où son supérieur serait absent. Par sa position, Damilaville est un informateur de premier plan : « Est-il vrai qu'on poursuit Jean Jacques » lui demande Voltaire le 15 juin 1762. Le slogan : « Écrasez l'Infâme » traverse toute cette correspondance. Damilaville devient l'homme de toutes les missions et le propagateur des libelles fabriqués dans « la manufacture

de Ferney »; il est aussi chargé de déjouer les mauvais tours des ennemis, et de servir d'intermédiaire auprès des autres acteurs de la lutte philosophique, notamment Diderot avec lequel il a aussi lié amitié et à qui il fournit quelques articles pour l'*Encyclopédie*. Il joue un rôle important dans les fameuses affaires*. En 1762, Voltaire lui demande d'aider à Paris Mme Calas, et il écrira lui-même un mémoire pour défendre les Sirven. Voltaire, très affecté par sa mort, confiera à d'Argental le 21 décembre 1768 : « Damilaville était le plus intrépide soutien de cette raison persécutée ; c'était une âme d'airain et aussi tendre que ferme pour ses amis. J'ai fait une cruelle perte, et je la sens jusqu'au fond de mon cœur. Faut-il qu'un tel homme périsse et que Fréron vive ! »

*Didier Masseau*

## DANEMARK

CIVILISATION • HISTOIRE • PHILOSOPHIE •

À l'origine il y avait « les *Normands, hommes du Nord*, sans distinction, comme nous disons encore en général les *corsaires de Barbarie* ». Ils pillaient au gré de leurs courses, enlevaient femmes, hommes, enfants, vivres et meubles. En 843 ils firent une incursion en France, mirent à sac les rives de la Seine et rançonnèrent Rouen. Plus tard, ils pénétrèrent en Allemagne. Rollon, chef de guerre aussi pillard que les autres, fit de Rouen sa place forte, conquit la Normandie et se convertit au christianisme. L'époque des pillards était finie. Cette histoire des origines, que racontent deux chapitres de l'*Essai sur les mœurs* (chap. XXV et XXVI), n'est pas purement anecdotique : elle illustre un processus qui conduit de la horde barbare à la construction du royaume anglo-normand. Voltaire prouve que peu à peu, de la violence primitive naît un ordre, à chaque fois plus policé. Il y aura dès lors un Danemark encore barbare et des Danois assimilés par les pays qu'ils ont conquis. Deux histoires qui, pour Voltaire, finissent par communiquer quand le nord de l'Europe commence à être chrétien (chap. XLIII), que s'y affrontent, comme partout ailleurs, pouvoir temporel et pouvoir spirituel, et que chacun des États scandinaves lutte pour dominer les deux autres. Guerres atroces, tyrans sanguinaires, héros providentiels se succèdent jusqu'au XVI$^e$ siècle (chap. CXIX). Le Danemark appartient alors pleinement à l'histoire universelle, dont il reproduit les figures, le mouvement et les ombres. Les progrès qu'y connaît le protestantisme dès le XVI$^e$ siècle finissent par l'intégrer plus fortement à l'Europe. Au XVII$^e$ siècle (chap. CLXXXVIII), uni à la Norvège, il est « une aristocratie » gouvernée, comme la Pologne*, par un « roi électif ». En 1660, les États assemblés défèrent au roi Frédéric III « le droit héréditaire et la souveraineté absolue ».

Voilà qui, pour Voltaire, installa définitivement le Danemark dans le monde contemporain. Comme celle du royaume de Hongrie, ou celle de la Suède, l'histoire du Danemark, au-delà de ses traits singuliers, rappelle qu'il est un mouvement général des peuples qui les conduit de la barbarie primitive à la civilisation.

Voltaire fut en correspondance personnelle avec Christian VII (1766-1808), roi de Danemark et de Norvège, et loua publiquement ses mesures de politique éclairée. Au cours d'une visite privée qu'il fit à Paris en 1768, Christian VII se fit présenter plusieurs des Philosophes, et fut lui-même reçu par d'Alembert à l'Académie française comme un prince libéral. Il souscrivit en 1770 à la statue de Voltaire sculptée par Pigalle\*. Il établit dans ses États, la même année, la liberté de la presse, événement exemplaire que Voltaire salua en lui dédiant une épître.

Jean Goulemot

## DANGEAU, Philippe de Courcillon, marquis de

Voir JOURNAL DE LA COUR DE LOUIS XIV.

## DANTE ALIGHIERI

GOÛT • ITALIE • LANGUES •

Voltaire critique de Dante (1265-1321) jouit d'une étrange réputation : s'il a eu le mérite d'attirer l'attention sur un écrivain dont à l'époque personne ou presque ne se souciait en France, il a par ailleurs montré à son égard une aussi profonde incompréhension que celle qu'il a manifestée envers Shakespeare. C'est vers 1738, à Cirey, que Voltaire semble s'être intéressé à *La Divine Comédie* : il la lit en compagnie de Mme du Châtelet, et en traduit quelques passages. Dans l'*Essai sur les mœurs* de 1756, il formule un jugement sommaire mais pas totalement négatif sur ce poème « bizarre, mais brillant de beautés naturelles ». À une admiration relative succède une critique de plus en plus acerbe : dans le *Dictionnaire philosophique* (1764), il reproche au sujet de *La Divine Comédie* d'être un obscur mélange de christianisme et de paganisme, une composition hybride, un « monstre » qui ne rentre dans aucun genre défini, ni épique ni comique : ce « salmigondis » est décidément aussi éloigné que possible de son idéal de perfection littéraire. Dans une lettre de mars 1761 adressée au R. P. Bettinelli, Voltaire avait noté : « On me vole toujours un tome de l'Arioste, on ne m'a jamais volé un Dante » – la réputation du poète florentin tiendrait au fait que personne ne le lit. Les jugements hostiles du

*Dictionnaire philosophique* suscitèrent de vives polémiques en Italie : les noms réunis de Dante et de Voltaire avaient de quoi exciter les esprits, et nombre de critiques et de poètes prirent la défense ou de l'un ou de l'autre. Dans cette querelle littéraire, on reprocha le plus souvent à Voltaire d'avoir peu et mal lu le poème et, faute de bien sentir les nuances de son style, d'avoir travesti Dante « en polichinelle ».

*Francesca Isidori*

## DARGET, Claude Étienne

CORRESPONDANCE • FRÉDÉRIC II • PRUSSE •

Lecteur et secrétaire particulier de Frédéric II, Darget eut avec Voltaire une relation de sympathie et de respect mutuels, dont il subsiste quelque soixante-dix lettres. Il avait vingt ans de moins que Voltaire, qui lui écrit parfois : « Mon cher enfant... » Il était passé directement, vers 1747, du service de l'ambassadeur de France à Berlin, le marquis de Valori, à celui du roi de Prusse – belle marque de confiance entre alliés déclarés, mais on soupçonne aussi des dessous de diplomatie secrète. Intime du prince et confident de l'écrivain, son rôle entre eux fut essentiel durant les vingt premiers mois du plus long séjour que Voltaire fit en Prusse, jusqu'en mars 1752, surtout dans les moments de tension, le renvoi de d'Arnaud\*, le procès Hirschel\*. Toujours net sur les ordres et les procédés, mais subtil en médiations épistolaires, il n'abusa jamais ni du pouvoir ni de l'amitié. Il faisait partie du premier cercle frédéricien, mais sans contribuer par des écrits propres à la « philosophie » commune : « moine » plutôt que « frère », dans le jargon du lieu. Puis les « élus » furent à nouveau « éparpillés ». Entre Paris, où Darget devint intendant de l'École militaire, et Genève puis Ferney, une correspondance épisodique s'établit, mémoire douce-amère des années passées en Prusse – « en Vandalie », écrit un jour Voltaire. Ces lettres chaleureuses, souvent piquantes, furent publiées dès 1789. Darget servit aussi de consultant à Duvernet\*, l'un des premiers biographes de Voltaire.

*André Magnan*

## DAVID

BIBLE • CHRISTIANISME • JUIFS •

Voltaire a donné dans toute son œuvre une représentation négative de ce roi des Hébreux : dans son drame *Saül*, dans l'article « Philosophe » (1765) du *Dictionnaire philosophique*, où il soutient les positions de Bayle, dans l'article « David » ajouté en 1767, enfin dans tous ses travaux de critique

biblique. Bayle avait entrepris de traiter l'histoire sacrée en histoire profane et de montrer que «l'homme selon le cœur de Dieu» avait eu ses taches. Voltaire, qui a lu aussi les attaques de Peter Annet contre le successeur de Saül (*The History of the Man after God's own Heart*), va plus loin encore, en réduisant à rien la part du sacré. Il rabaisse le Dieu de l'Ancien Testament par ses sarcasmes contre l'homme élu par lui – il évoque l'onction sur le mode de la dérision. Il ne voit en David qu'un chef de brigands, un pillard sans respect pour la vie humaine, cruel aux vaincus, assez lubrique pour avoir dix-huit femmes et se rendre coupable d'adultère avec Bethsabée, dont il fait assassiner le mari. Lecture littérale, par laquelle le philosophe avilit aussi Jésus, qui descend de cette lignée. Ces violentes critiques s'accompagnent de railleries sur les invraisemblances bibliques concernant l'accession de David au trône, ou l'étendue de ses richesses. Dans le combat qu'il mène pour la primauté de critères moraux universels, Voltaire s'indigne: «Bayle n'avait-il pas grande raison de dire que si David fut selon le cœur de Dieu, ce fut par sa pénitence, et non par ses forfaits? Bayle ne rendait-il pas service au genre humain, en disant que Dieu, qui a sans doute dicté toute l'histoire juive, n'a pas canonisé tous les crimes rapportés dans cette histoire?» (art. «Philosophe»).

*Marie-Hélène Cotoni*

## DÉCADENCE

AMÉRIQUE · *ESSAI SUR LES MŒURS* · HISTOIRE · PHILOSOPHIE · ROME · «SIÈCLES (LES QUATRE)» ·

Dans l'idée reçue d'un Voltaire historiquement optimiste et chantre du progrès, la notion semble étrangère à sa philosophie. Mais la théorie des quatre grands siècles, définis comme autant de sommets de l'histoire de l'esprit humain, le rôle confié aux grands hommes dans le devenir historique, le repérage méticuleux des régressions vers les origines et des surgissements de la barbarie, occultée mais jamais absente de l'histoire des hommes, tout cela rend l'idée de décadence plus familière à la philosophie voltairienne qu'on ne le croit généralement. Si l'on s'en tient aux seuls faits – et la nouveauté de l'histoire selon Voltaire est de s'y tenir beaucoup plus scrupuleusement que ses prédécesseurs –, la décadence de l'Égypte, de la Grèce, de Rome est une réalité tangible. On sait avec quel intérêt Voltaire a tenté de comprendre les raisons qui ont conduit à l'effondrement de l'empire aztèque. Qu'il en ait eu ou non conscience, son *Essai sur les mœurs* se donne aussi à lire comme une succession de gouvernements ou de règnes, de civilisations même, tour à tour dominants ou vaincus. La primeur de l'interrogation ne lui revient pas: elle était déjà celle de Montesquieu dans

les *Considérations sur les causes de la grandeur des Romains et de leur décadence* (1734).
Cette volonté de définir et de comprendre un tel processus constitue une part essentielle de l'héritage classique dans l'historiographie voltairienne. Mais à la différence de ses aînés, Voltaire n'y voit rien de tragique, car déplaçant l'attention historique des règnes et des rois aux mœurs, à l'«esprit humain», conçu comme une lente accession à la civilisation et à la raison, il réduit la portée même du phénomène. Une société, un gouvernement déclinent et disparaissent, mais leur culture se transmet et se diffuse. Ainsi l'Europe du XVI$^e$ siècle est-elle l'héritière de la culture antique par le relais de l'Empire romain d'Orient. Les États sont détruits, les sociétés meurent, mais en léguant leurs acquis. Le cours de l'Histoire est sinueux, parfois heurté, qu'il s'agisse des histoires nationales ou de l'histoire générale de l'esprit humain. Les décalages y sont nombreux, et rares sont les civilisations qui disparaissent sans se prolonger. L'Amérique précolombienne est une exception, et Voltaire insiste sur ses retards technologiques, ses archaïsmes, non seulement pour expliquer sa défaite face aux Espagnols mais pour justifier aussi l'absence de legs aux conquistadores eux-mêmes. La chute de Rome relève d'un autre modèle: sa défaite sous les hordes barbares est une conséquence du processus civilisateur dont elle a bénéficié. Le christianisme, qui constitue un progrès parce que monothéiste, l'a rendue plus fragile. Plus généralement, toute civilisation triomphante porte en soi les germes de sa ruine et le sommet qu'elle atteint la désigne aux coups de la barbarie. Le lent cheminement vers la civilisation s'accompagne ainsi de régressions presque nécessaires.
Voltaire en trouve la preuve dans le siècle de Louis XV lui-même. À l'enthousiasme qui le saisissait quand il composait *Le Mondain*, se substitue lentement le doute. Comme si au siècle de Louis XIV devait nécessairement succéder une période de repli. Sans doute l'esprit philosophique gagne-t-il du terrain, mais les arts déclinent et le gouvernement de Louis XV n'est pas à la mesure du grand passé louis-quatorzien. Voltaire s'inquiète et cède au découragement. Les convulsionnaires prolongent et accentuent la crise religieuse du XVII$^e$ siècle, comme si rien n'avait changé. La justice demeure archaïque. Le fanatisme reste une menace bien présente. La guerre fait rage. La grandeur culturelle et littéraire du règne de Louis XIV a déserté le pays des Welches* pour les bords de la Volga et les jardins de Potsdam. Tout se dilue par exemplarité. À la façon du chimiste Lavoisier, Voltaire n'est pas loin de penser qu'il n'est jamais de disparition en histoire culturelle: rien de ce qui est créé ne meurt puisque tout se déplace et se transforme.

*Jean Goulemot*

# D

*Vivez donc, mes anges, pour vous opposer à ce torrent de bêtises de tant d'espèces qui inondent la nation. Je ne connais depuis vingt ans aucun livre supportable, excepté ceux que l'on brûle, ou dont on persécute les auteurs. Allez, mes Welches, Dieu vous bénisse, vous êtes la chiasse du genre humain. Vous ne méritez pas d'avoir eu parmi vous de grands hommes qui ont porté votre langue jusqu'à Moscou. C'est bien la peine d'avoir tant d'académies pour devenir barbares !*

Au comte et à la comtesse d'Argental, 2 septembre 1767.

## *DE CE QU'ON NE FAIT PAS ET DE CE QU'ON POURRAIT FAIRE*

On s'est trop habitué à déformer le titre de ce petit opuscule, paru dans le tome V de l'édition de 1742 des œuvres en : *Ce qu'on ne fait pas et ce qu'on pourrait faire*. C'est bien, par l'intention au moins, une sorte de petit traité. Il s'agit d'illustrer une idée simple : « L'émulation n'excite point les hommes, ce sont les hommes qui vont leur chemin lentement. » Il faut donc intervenir sans cesse pour que le monde progresse. Ainsi fit le citoyen romain qui, dans les premiers temps de la République, voulait rendre son pays florissant et adressa une supplique au premier consul, en lui indiquant des réformes à entreprendre. On lut la belle supplique et on continua comme si de rien n'était la débauche. Mais le sénateur Appius, qui avait été touché en secret, construisit quelque temps après la voie Appienne : « L'écrit du citoyen obscur fut une semence qui germa peu à peu dans la tête des grands hommes. »

Jean Goulemot

## *DÉCLARATION DE PIERRE CALAS*

AFFAIRES • CALAS •

Mis en forme par Voltaire et ajouté au *Mémoire\* de Donat Calas* avec la date du 23 juillet 1762, ce témoignage est essentiel : c'est Pierre qui avait découvert le cadavre de son frère. Il y explique que les premières déclarations de la famille furent faussées par la peur de voir le cadavre traité comme celui d'un suicidé, rappelle les principaux faits, souligne l'extravagance des témoignages de l'accusation et décrit d'une façon pathétique son internement dans un couvent. La *Déclaration* ne comporte aucun élément vraiment nouveau. Elle constitue une contribution de plus à la campagne de Voltaire contre les juges et les témoins d'un procès qu'il abhorre.

Jean Goulemot

## DÉCORS

COMÉDIE-FRANÇAISE • THÉÂTRE • TRAGÉDIES •

Tant que la scène de la Comédie-Française fut encombrée par les banquettes d'abonnés privilégiés – « les blancs poudrés et les talons rouges », disait Voltaire –, les libertés que les auteurs de théâtre pouvaient prendre avec l'unité de lieu restèrent très limitées. On se bornait à équiper le plateau d'un décor multiple, qui permettait d'utiliser deux ou trois lieux voisins, mais différents, temple et palais, chambres diverses, en ouvrant et fermant des portes, ou un simple rideau : dans *La Mort de César* en 1743, le « fond du théâtre » s'ouvre ainsi pour faire paraître le corps sanglant du dictateur. En 1748, le grand appareil de *Sémiramis* échouait faute de place ; l'ombre de Ninus, venue des coulisses, ne parvint pas à gagner la scène ; Voltaire avait pourtant risqué, au troisième acte, un changement de décor à vue – nouveauté très discutée. Son *Tancrède* (1760) marque un net progrès. Le comte de Lauraguais venait de libérer l'espace scénique en rachetant aux comédiens les droits d'abonnement aux banquettes du plateau (1759) – en hommage et remerciement, Voltaire dédiera son *Écossaise* à ce généreux amateur. Enfin la tragédie peut « parler aux yeux » comme au cœur ; on eut donc, avec *Tancrède*, « de la pompe, du spectacle, du fracas ». La scène reste étroite, mais les Brunetti, décorateurs, font des prodiges, sur les indications très précises de Voltaire, qui exigera désormais, pour chaque pièce, des décors spécifiques et exacts. Il s'appuie sur les décorations pour disposer des tableaux animés ; il s'inspire de la peinture, comme Diderot le conseille, et joue du clair-obscur dans les scènes de nuit, usant de flambeaux comme de la rampe traditionnelle. Bientôt, les décors deviennent de plus en plus « réalistes » : avec les costumes, ils doivent illustrer les mœurs contrastées dépeintes par le dramaturge (*Les Scythes*). Cependant, Voltaire condamnera toujours le spectacle pour le spectacle : poète, il donne la primauté au verbe sur la « lanterne magique ».

*Henri Lagrave*

## DÉCOUVERTES

CIVILISATION • HISTOIRE •

Il ne s'agit pas ici des grandes explorations maritimes des $XV^e$-$XVI^e$ siècles mais des inventions qui ont changé le cours de l'histoire et accéléré le procès civilisateur. Trois d'entre elles surtout ont fasciné Voltaire : l'imprimerie, l'inoculation de la petite vérole et, à un moindre degré, l'émétique. Leur émergence, comme le prouve la $XI^e$ des *Lettres philosophiques* consacrée à l'inoculation, relève tout autant du hasard que de la nécessité. En

Circassie, l'inoculation est, depuis des temps immémoriaux, une pratique empirique due à la tendresse maternelle et à l'intérêt, destinée à protéger les petites filles vouées au sérail des cicatrices que leur laisserait la maladie. Comment s'est-elle établie ? D'où vient-elle ? L'érudition purement probable intéresse peu Voltaire. L'essentiel tient à son adoption historique par les Anglais, après expérimentation, et à son efficacité pour lutter contre un fléau épidémique de grande mortalité. Quant à l'émétique, «remède qui purge avec violence par haut et bas, fait de la poudre et du beurre d'antimoine préparé, dont on a séparé les sels corrosifs par plusieurs lotions» (*Dictionnaire universel* de Furetière, 1690), il permit de guérir Louis XIV lors du siège de Calais, malgré les résistances des médecins officiels de la cour. Voltaire voit dans cet épisode le rejet de la médecine aristotélicienne qui se révélait incapable, par ses *a priori* théoriques, de diagnostiquer et de guérir. Deux découvertes donc essentielles au bonheur physique des hommes, liées à l'observation et à la pratique, triomphant de savoirs sclérosés érigés en dogmes, comme la médecine de Galien ou les évidences du bon sens. Car il n'est guère de découverte qui ne se soit heurtée à de très nombreuses résistances parce qu'elle bouleverse les habitudes et s'oppose aux intérêts acquis.

La découverte de l'imprimerie, longuement analysée dans l'*Essai sur les mœurs*, depuis longtemps inventée en Chine quand elle apparaît en Europe, est sans doute plus importante pour Voltaire que l'invention de l'écriture. Car elle permet la véritable diffusion des idées. Défi aux limitations qu'imposent le temps et l'espace, elle est sentie comme une menace par tous ceux qui assoient leur autorité et leurs privilèges sur l'ignorance. Ainsi que le rappelle l'*Essai sur les mœurs* (chap. XCIV), «le parlement et l'université de Paris, deux corps alors également ignorants, parce que tous les Français l'étaient, [voulurent poursuivre] comme sorciers les premiers imprimeurs qui vinrent d'Allemagne en France». Découverte fondamentale dans la vision historique de Voltaire, dans son aspiration à la civilisation et sa foi dans le progrès libérateur, et dont il montre qu'elle n'engendra jamais un mal, qu'elle n'est responsable d'aucun des malheurs des hommes, et ne fut jamais dommageable à la patrie (*Épître au roi de Danemark Christian VII sur la liberté de la presse accordée dans tous ses États*). Notons enfin que, dans l'*Essai sur les mœurs*, Voltaire évoque les découvertes de Galilée (chap. CXXI) et l'importance de la boussole dans les grandes explorations (chap. CXLI). Mais toute sa préférence va à l'imprimerie. Juste hommage de l'écrivain à cette technique sans laquelle il ne serait rien.

*Jean Goulemot*

*C'est à un instinct mécanique qui est chez la plupart des hommes que nous devons tous les arts, et nullement à la saine philosophie. La découverte du feu, l'art de*

*faire du pain, de fondre et de préparer les métaux, de bâtir des maisons, l'invention de la navette, sont d'une tout autre nécessité que l'imprimerie et la boussole; cependant ces arts furent inventés par des hommes encore sauvages.*

*Lettres philosophiques, 1734, XII$^e$ lettre, « Sur le chancelier Bacon ».*

## DECROIX, Jacques Joseph Marie

ÉDITIONS ·

En juin 1777, Voltaire reçut à Ferney le grand éditeur Panckoucke* venu lui présenter le projet d'une nouvelle «collection» de tous ses écrits – la monumentale édition de Kehl* sortit de là, par le relais de Beaumarchais*. Panckoucke n'était pas seul, un compatriote lillois l'accompagnait: le jeune Decroix (1746-1826), amateur passionné, expert déjà aussi de l'œuvre de Voltaire, pressenti pour la réalisation du projet, et qui même en apportait un «plan» – que Voltaire, dit-on, agréa. C'est en fait à Condorcet* que revint bientôt la principale responsabilité intellectuelle de cette première édition posthume; mais Decroix, l'éclaireur de l'édition de Kehl, en resta jusqu'au bout l'indispensable auxiliaire – et même au-delà, toujours insatisfait, le continuateur. Il fut le préparateur des textes, le chercheur laborieux, le consultant modeste et sûr, le réviseur infatigable.

C'est lui qui recueillit les petites poésies, qui établit les variantes du théâtre. On lui doit surtout pour beaucoup le succès rapide de la collecte des lettres, régal des lecteurs modernes: 6 000 déjà – Condorcet en garda 4 500 – que son «alphabet» des destinataires avait permis de retrouver: il rêva même d'en grossir la masse en relançant les correspondants étrangers, pays par pays, à partir de listes systématiques. Il fit la table, il fit les errata, après avoir relu presque toutes les épreuves durant près de dix ans, tantôt à Lille où sa charge de trésorier-receveur lui laissait des loisirs studieux, tantôt à Paris où il passait volontiers l'automne ou l'hiver, chez Beaumarchais, plus souvent chez Condorcet, dans la «galerie», non loin du précieux «coffre» aux manuscrits. Il n'avait certes ni l'envergure, ni la profondeur de Condorcet, mais il connaissait mieux que personne l'histoire de l'œuvre, les dates et les faits, en spécialiste vraiment. À l'éditeur philosophe, il fallait cet adjoint érudit: Decroix est l'ancêtre des «voltairistes».

Il vécut assez longtemps pour voir Beuchot* prendre à nouveau le relais et pour l'aider au début de son travail. Il avait continué de réunir, de compléter, de vérifier les textes en vue de donner un supplément à l'édition de Kehl: plusieurs des additions de Beuchot viennent en fait de Decroix. En 1826, l'année de sa mort, parurent en deux volumes de *Mémoires* les souvenirs de Longchamp*, ancien copiste de Voltaire, et les précieux témoi-

gnages et documents réunis par Wagnière\*, son dernier secrétaire, que Decroix avait encore retrouvés et préparés pour l'impression. Un mot de lui résume cette vie de ferveur et de zèle, dans une lettre du temps des grandes relectures d'épreuves : « Il n'y a que les yeux seuls qui s'en ressentent le soir et qui m'obligent à m'arrêter, *lassatus non satiatus*... »

*André Magnan*

## DÉDICACES

COURTISAN • FLATTERIE • GENS DE LETTRES •

Tant que les écrivains, pour vivre, eurent besoin d'aides financières et de protections, ils durent se plier aux règles du mécénat. À Rome, la dédicace fleurit sous Auguste, et Louis XIV fut l'objet, comme le note Voltaire, d'un « déluge de flatteries ». L'éloge, souvent outré, était devenu la loi du genre. Commentant la célèbre dédicace de *Cinna* au financier Montauron, Voltaire dit « plaindre Corneille et son siècle, et les beaux-arts ».
Au XVIIIe siècle, les auteurs conquièrent peu à peu un statut propre ; Voltaire, quant à lui, s'est assuré la richesse et l'indépendance. Non sans mal ; il se plaindra toujours des contraintes que subissent ceux qui ont choisi le métier d'écrire : « Faites des odes à la louange de monseigneur Superbus Fadus, des madrigaux pour sa maîtresse ; dédiez à son portier un livre de géographie, vous serez bien reçu ; éclairez les hommes, vous serez écrasé » (*Questions sur l'Encyclopédie*, 1770-1772, art. « Flatterie », « Lettres »). Il lui a fallu, plus d'une fois, jouer les courtisans. Sur vingt-cinq dédicaces, quatre s'adressent à des rois : la reine d'Angleterre pour *La Henriade*, Louis XV pour *Le Poème de Fontenoy*, Frédéric II pour le *Précis de l'Ecclésiaste en vers*, Catherine II pour *La Philosophie de l'histoire* – on relève un cas particulier : la dédicace « volée » de *Mahomet*\* au pape Benoît XIV. Sept autres épîtres célèbrent des princes ou des grands : Madame, mère du Régent (*Œdipe*), la marquise de Prie, favorite du duc de Bourbon (*L'Indiscret*), l'Électeur palatin (*Essai sur les mœurs*), le comte de Lauraguais (*L'Écossaise*), Mme de Pompadour (*Tancrède*), Choiseul et Praslin (*Les Scythes*) et le duc de La Vallière (*La Sophonisbe*). Proportion significative : Voltaire n'a jamais négligé de s'assurer des protecteurs.
Il tient cependant à faire renaître le temps où les auteurs adressaient leurs livres à leurs familiers : « Je trouve cent fois plus convenable, dit-il, et plus beau de dédier son ouvrage à son ami et à son confrère, qu'à un prince » (à Mme d'Argental, 25 février 1748). Il fit donc hommage à Mme du Châtelet d'*Alzire ou les Américains* et des *Éléments de la philosophie de Newton*, à Richelieu de *L'Orphelin de la Chine* et des *Lois de Minos*, à d'Alembert de *Don Pèdre, roi de Castille*. Et sa louange passe les frontières. Il écrit à

Thiriot (vers le 10 mai 1733) : « J'aime à dédier mes ouvrages à des étrangers pour ce que c'est toujours une occasion toute naturelle de parler un peu des sottises de mes compatriotes. » Bolingbroke (*Brutus*), Maffei (*Mérope*), le cardinal Quirini (*Dissertation sur la tragédie*) furent ainsi honorés.

Deux choix audacieux causèrent quelque scandale : la dédicace célèbre de *Zaïre* en hommage à un gentilhomme négociant, l'Anglais Fawkener, et celle de *Zulime* à Mlle Clairon, une comédienne. C'est à l'Académie enfin, une institution nationale, qu'il dédie ses *Commentaires sur Corneille*, et enfin *Irène*.

Au reste, quels que fussent ses dédicataires, Voltaire avait changé les usages du genre. Avec lui, la flatterie se fait délicate et mesurée : nul ne sait tourner un compliment comme Voltaire, et y mettre autant d'esprit, de grâce et de galanterie, et par cet art même, de liberté. D'humour aussi, comme dans l'apologue « persan » qui encense indirectement Choiseul et Praslin, ou dans la dédicace des *Guèbres* que, sous le nom de Grasset, il s'adresse à lui-même. Enfin, toujours désireux d'instruire, Voltaire, passant vite sur les louanges, développe assez souvent, dans des dédicaces à valeur de préfaces, des commentaires substantiels de ses ouvrages ou des vues générales sur la littérature : « Un simple compliment n'est guère lu, s'il n'est soutenu par des choses utiles » (à Richelieu, 12 septembre 1755).

Henri Lagrave

*Nous croyons que l'auteur d'un bon ouvrage doit se garder de trois choses : du titre, de l'épître dédicatoire, et de la préface. Les autres doivent se garder d'une quatrième, c'est d'écrire.*
*Questions sur l'Encyclopédie, 1770-1772, art. « Auteurs ».*

*Je vous dois beaucoup, madame, et je dois le dire. J'ose encore plus, j'ose vous remercier publiquement du bien que vous avez fait à un très grand nombre de véritables gens de lettres, de grands artistes, d'hommes de mérite en plus d'un genre.*
*À madame la marquise de Pompadour, 1760 — dédicace de Tancrède.*

## DÉFENSE DE LOUIS XIV

AGRICULTURE • LOUIS XIV • PHYSIOCRATIE •

Dans cet opuscule de 1769, Voltaire rend d'abord hommage aux *Éphémérides du citoyen*, périodique physiocratique, dont il souligne la pertinence en matière agricole. Le texte imite d'ailleurs les lettres de lecteurs que publiaient régulièrement les *Éphémérides* : Voltaire s'y donne donc

comme un propriétaire terrien qui a amélioré le rendement de ses terres grâce aux judicieux conseils du périodique. Mais il s'en prend aussi à certains articles qui dénonçaient le règne «funeste et désastreux» de Louis XIV. À ce jugement, selon lui hâtif, il oppose le respect et l'admiration dus à un grand règne qui a donné des chefs-d'œuvre littéraires, de grands mathématiciens, des philosophes importants, des généraux intrépides. Voltaire justifie le colbertisme contre les attaques des physiocrates, même si Colbert limita, comme avant lui Sully, cette circulation des grains dont le philosophe est un partisan déclaré. Il montre enfin que Louis XIV fut abusé par les jésuites\* quand il décréta la révocation de l'édit de Nantes. Il conclut en dénonçant les faiseurs de libelles et de faux testaments hostiles au grand roi. Si la fidélité de Voltaire à l'œuvre de Louis XIV ne se démentit jamais, sa position face à la physiocratie, ici directement mise en cause, ne cessa d'évoluer.

*Jean Goulemot*

## *DÉFENSE DE MILORD BOLINGBROKE PAR LE DOCTEUR GOODNATUR'D WELLWISHER, CHAPELAIN DU COMTE DE CHESTERFIELD*

BIBLE · BOLINGBROKE · POLÉMISTE ·

Opuscule de 39 pages in-8° de 1752 que l'édition de Kehl place à la suite de l'*Examen\* important de milord Bolingbroke ou le Tombeau du fanatisme*. Après la mort de milord Bolingbroke, survenue le 25 novembre 1751, Jacques Barbeu-Dubourg donna une traduction de ses *Lettres sur l'histoire*, où il attaquait l'authenticité de la Bible. L'ouvrage fut dénoncé. Le savant Formey\*, pour la *Nouvelle Bibliothèque germanique*, fournit un extrait du théologien suisse Zimmermann critiquant les audaces de lord Bolingbroke et Frédéric II – attaque paradoxale car Frédéric II protégeait Formey. Appuyé par Frédéric II, Voltaire répondit dans la *Bibliothèque raisonnée*, mais il fit vite désavouer cette réponse. La polémique se prolongea: on publia des *Remarques sur la Défense de milord Bolingbroke* pour servir de réplique à sa *Défense*. Comme ce fut souvent le cas, personne ne crut au démenti voltairien.

Voltaire défend donc lord Bolingbroke en montrant, avec son ironie coutumière, que les récits bibliques, invraisemblables selon la raison, sont matière de foi: «Si nous n'avions pour guide que la lumière faible et tremblante de l'entendement humain, il y a peu de pages dans le Pentateuque que nous puissions admettre suivant les règles établies par les hommes pour juger des choses humaines.» Pour Voltaire, Bolingbroke n'a pas prétendu ébranler les fondements de la religion, mais séparer seulement le dogmatique de l'historique. La démarche n'est pas nouvelle: elle permet à

Voltaire de porter une vive attaque au récit biblique avec un apparent respect religieux. Ce « docteur » ou « chapelain », auteur pseudonyme, avait peut-être un bon fond, mais était-il si bien disposé ?

*Jean Goulemot*

## DÉFENSE DE MON ONCLE (LA)
BIBLE • HISTOIRE • *PHILOSOPHIE DE L'HISTOIRE (LA)* • POLÉMISTE • PSEUDONYMES •

*La Défense de mon oncle* est une riposte, publiée en 1767, au *Supplément à la Philosophie de l'histoire de feu M. l'abbé Bazin* de l'helléniste Larcher*. Voltaire avait fait de *La Philosophie de l'histoire* une entreprise de démystification. L'histoire ancienne lui avait offert un arsenal d'arguments dans sa polémique contre les fables religieuses ; le quart du volume environ, traitant des juifs de la Bible, relevait de sa lutte contre l'Infâme. Il n'apprécia donc pas qu'on portât atteinte à l'ouvrage en dénonçant sa fausse érudition. Larcher, spécialiste d'Hérodote, très compétent sur l'Antiquité païenne, y avait relevé force plagiats, contresens, bévues, citations fausses, attaquant une soixantaine de passages, dont huit seulement concernaient l'histoire juive.

Voltaire commence sa réponse en enquêtant sur l'auteur du *Supplément*, paru anonymement, et rédige là ses pages les plus facétieuses. Certaines allusions sont injustifiées : il s'est d'abord mépris sur l'identité de l'adversaire. Mais une fois l'auteur véritable découvert, il s'entête à ridiculiser son Larcher-Toxotès, en le représentant comme un pédant de collège, un janséniste paillard, un homme perdu de débauches – caricature sans fondement, charge aveugle de polémiste.

L'ouvrage est disparate. Voltaire adopte, pour plaire à la bonne compagnie et lui épargner toute érudition, une grande fantaisie, un nonchalant désordre. Il se met en scène à la fois dans la personne du neveu de l'abbé Bazin, de l'abbé lui-même – et même d'un jardinier. Le neveu de l'abbé Bazin s'en prend au dangereux travail de sape exécuté par Larcher et transforme l'adversaire en fantoche pour voler au secours de son oncle – *alias* Voltaire – dont il exalte la science et les vertus. Mêlant verve et sarcasme, il soutient ses thèses historiques, conteste (à tort) l'existence de la prostitution sacrée à Babylone, dénonce des contradictions dans la Genèse sur Abraham, des invraisemblances chez Bossuet, de la xénophobie dans les juifs de la Bible ; il confirme l'antériorité de la Chine sur les peuples fondateurs du christianisme, prend à partie le théologien anglais Warburton et multiplie étourdiment les objections. L'oncle, quant à lui, veut surtout consolider la partie philosophique de son ouvrage ; et la polémique le cède à la propagande.

Ainsi Voltaire répète-t-il les arguments à l'appui de son fixisme, en traitant de la configuration de la terre et du polygénisme – il s'oppose ici à Buffon* et au physicien anglais Needham. En trois diatribes, il affirme l'antiquité des *Annales* de Sanchoniathon et lance un réquisitoire contre l'Égypte ancienne et les Hébreux, mais il tient d'abord à prouver aux athées, à partir de cette merveille complexe qu'est l'organisme humain, l'existence d'une cause intelligente.

La vraie revanche de Larcher se trouva moins dans la nouvelle *Réponse*, assez pesante, qu'il ne manqua pas d'opposer encore aux arguments de Voltaire, que dans les changements que «M. l'abbé Bazin», profitant malgré tout de ses critiques, se sentit obligé d'introduire dans *La Philosophie de l'histoire*.

Marie-Hélène Cotoni

## *DÉFENSE DU MONDAIN OU L'APOLOGIE DU LUXE*

LUXE • *MONDAIN (LE)* • MORALE • POLITIQUE •

*Le Mondain*, cet éloge libertin du luxe, devait faire scandale, ce qui ne manqua pas d'arriver – d'où, usuel en pareil cas, le repli défensif sous le feu des polémiques. Voltaire rendit d'abord publique, en renfort, une lettre de l'auteur de l'*Essai politique sur le commerce* (1734), l'économiste Jean François Melon (1680-1738), adressée à la comtesse de Verrue, grande collectionneuse de curiosités comme on disait alors : ce «Colbert Melon» y soutenait aussi l'utilité du luxe, source d'emplois et facteur de richesse pour les États. Il composa ensuite, vraisemblablement en décembre 1736, à Amsterdam où il s'était prudemment éloigné, sa *Défense du Mondain*, court poème ironique, exactement mesuré sur *Le Mondain* (128 vers également), qui fut diffusé manuscrit en janvier 1737. Voltaire met en scène ses détracteurs, qu'il peint amateurs de vins fins, de mets délicats, de riches vêtements et de tables parées. Il lui est facile de montrer que, malgré la violence de leurs dénonciations, ils profitent généreusement eux-mêmes, en parfaits hypocrites, des avantages du luxe et du progrès. Cette «Apologie» reprend les passages les plus critiqués du *Mondain* (plaisanteries sur le bonheur rustique dont jouissait Adam dans le paradis terrestre, défense du colbertisme et de sa politique manufacturière), réaffirme le refus d'une pauvreté à la spartiate qui sert une fausse conception de la morale et de la religion, et exalte enfin les bienfaits hédonistes et sociaux du luxe en développant les thèses déjà contenues dans le poème. On ne connaît pas d'édition séparée de cette *Défense du Mondain* – la première impression se fit dans le recueil des œuvres de 1739 ; mais Voltaire fit encore, vers la même date, un morceau en vers «Sur l'usage de la vie» (publié en 1767), apologie

aussi intransigeante de l'innocence des richesses et de la jouissance modérée. Il ne s'est jamais contredit sur ce point. Jusqu'à sa mort, il est demeuré un défenseur convaincu du luxe.

Jean Goulemot

## DEFFAND, Marie de Vichy Chamrond, marquise du
AMITIÉ • CORRESPONDANCE • FEMMES • PHILOSOPHIE •

*Qui vous voit et qui vous entend*
*Perd bientôt sa philosophie;*
*Et tout sage avec du Deffand*
*Voudrait en fou passer sa vie.*

Dès 1720, Voltaire et la jeune marquise du Deffand (1697-1780) fréquentaient les mêmes maisons: le château de lord Bolingbroke et l'hôtel des Ferriol, la campagne de Mme de Bernières, la cour de Sceaux et celle de Champs où ils étaient les plus désirés. Voltaire connut donc la marquise «dans son matin brillant», dans ce Paris de la belle Régence*: courtisane parée au bal de l'Opéra, elle séduisait le Régent «pour des amours de quinze jours», puis un de ses «roués», le comte de Fargis. Gais et dissipés, ils se croisaient alors dans des fêtes somptueuses. Séparée de son mari en 1721, la marquise du Deffand allait s'assagir peu à peu. Elle organisa son temps entre Sceaux, où son esprit faisait merveille, et Paris où elle vivait ordinairement. Amie de Formont* et du président Hénault*, elle conservait avec Voltaire un lien mondain; il lui demanda d'intervenir auprès de Maurepas après la condamnation de ses *Lettres philosophiques*. Puis leur relation s'estompa: la marquise détestait Mme du Châtelet, dont elle a laissé un portrait féroce. Émilie à son goût était trop savante, trop piquée de singularité. À Mme du Deffand, Voltaire reconnaît de son côté une «imagination» qui va «toujours selon son cœur».

La marquise est frappée de cécité en 1753 – le plus grand événement de sa vie. Elle habite un bel appartement à l'intérieur du couvent de Saint-Joseph, à Paris, où elle anime un salon aristocratique des plus réputés. Ainsi pourra-t-on dire: «Mme du Deffand a donné pendant quarante ans de la noblesse à l'esprit.» Le portrait littéraire, genre où excelle la marquise, reste le jeu préféré d'une société distinguée un peu surannée qui deviendra peu à peu anti-encyclopédiste.

Sa correspondance avec Voltaire s'établit vraiment à partir de 1759. On a cent cinquante lettres de Voltaire, une centaine de la marquise: causerie précieuse de deux épistoliers hors pair, mémoire partagée de l'ancien temps, commentaire dialogué du siècle. Ils s'envoient des lettres

« immenses » ou « énormes ». Tous deux ont le sens de la formule brillante, du bon mot, du sous-entendu. À les lire, on sent qu'ils aimaient tant s'écrire, s'installant, prenant le temps, cultivant l'exception. « Votre dernière lettre, monsieur, était divine. » « Encore ! Encore ! », redemande-t-elle. Et Voltaire, qui craint pourtant de « penser par la poste », poursuit ses réflexions sur la chronique du jour et sur la condition humaine.

L'intérêt principal de cette correspondance vient de la rupture des tons, volonté de gravité chez Voltaire, désir de légèreté chez la marquise. Elle aime le Voltaire de *Candide*, ses contes en vers et en prose, ses « rogatons », ses « facéties », l'*Histoire d'un bon bramin* qu'il lui adresse en primeur, et elle pleure « à chaudes larmes » à *Tancrède*.

Mais, fidèle à un conservatisme qui s'aigrit, blessée aussi par d'Alembert qui lui a enlevé et préféré sa lectrice Julie de Lespinasse, elle développe une aversion grandissante pour la philosophie, ces écrits de lourde et ennuyeuse doctrine, qui choquent en elle une autre idée de la littérature, faite d'esprit et de gravité ! Elle réprouve alors le combat de Voltaire contre l'Infâme, critique le *Dictionnaire philosophique* et *La Philosophie de l'histoire* : « Vous combattez, écrit-elle, et détruisez toutes les erreurs, mais que mettez-vous à la place ? » La réponse élude : « Je suis d'un parti, et d'un parti persécuté. » Voltaire lui pardonne son « crime contre la philosophie », mais reproche à cette sceptique de ne s'interroger ni « sur l'éternité », ni sur « le plein » ni sur « le vide ». Il continue pourtant de lui envoyer ses considérations sur la vie et sur la mort, sur le bon sens et sur les préjugés, soignant même ses lettres, qui seront lues et qui circuleront, sans pouvoir se défendre d'un « tendre respect » pour cette femme amère, tourmentée par l'ennui de vivre. Il l'encourage au moins à dominer ses peurs : « La vie est un enfant, lui écrit-il, qu'il faut bercer jusqu'à ce qu'il s'endorme. »

En 1769, sur les instances de Mme Denis, la marquise demanda à la duchesse de Choiseul d'intervenir en faveur du retour de Voltaire à Paris – en vain. Ils ne se revirent qu'en 1778. Voltaire, à son arrivée dans la capitale, vint « se jeter aux pieds de la marquise du Deffand ». « Il resta une heure » et fut « infiniment aimable », confie-t-elle à Horace Walpole. Mais elle restait toujours « de cour » et remarque un peu agacée : « Les honneurs qu'il a reçus ici sont ineffables [...]. Il est suivi dans les rues par le peuple qui l'appelle l'homme aux Calas. »

*Anne Soprani*

*Vous ne voulez donc point me dire si l'on fait une nouvelle édition de vos ouvrages ? Vous m'allez trouver bien impertinente ; mais je vous prie de corriger un vers de « La Henriade », c'est dans le portrait de Catherine de Médicis :*
  *Possédant en un mot, pour n'en pas dire plus,*
  *Les défauts de son sexe et peu de ses vertus.*

*Il me semble qu'on ne dit point posséder des défauts.*
*Envoyez-moi quelques articles de votre dictionnaire, je vous le demande à deux genoux; ayez soin de mon amusement; je suis l'âme la plus délaissée du purgatoire de ce monde-ci. Soyez persuadé que, si je pouvais vous voir, je ferais volontiers cent lieues pour vous aller entendre.*
Mme du Deffand à Voltaire, 24 mars 1760<br>
– « votre dictionnaire » : le futur « Dictionnaire philosophique ».

*Vous me donnez la permission la plus absolue d'avoir en vous toute confiance, et de m'adresser à vous dans tous mes besoins. J'en ai agi ainsi par le passé, en vous demandant des noëls, en vous donnant à résoudre un point grammatical. Aujourd'hui, je vais vous demander une ordonnance médicinale. Dites-moi, je vous prie, mon cher Voltaire, s'il est vrai que vous prenez tous les jours de la casse, si c'est de la cuite ou de la mondée, quelle en est la dose, et l'heure à laquelle vous la prenez. J'en fais un grand usage, mais je n'ose pas le rendre journalier; c'est la seule drogue que je prenne et qui m'est devenue absolument nécessaire, parce que j'ai un estomac très paresseux, et qui manque de ressort ainsi que mes entrailles.*
*Je ne vous crois point dans le même cas; votre esprit, votre mémoire, toutes les facultés de votre âme ne sont point affaiblis; vous êtes le Voltaire d'il y a cinquante ans.*
Mme du Deffand à Voltaire, 12 avril 1775.

## DÉISME

ATHÉISME • CHRISTIANISME • DIEU • HORLOGER (DIEU) •<br>
NEWTON • RELIGION • THÉISTE •

Le déisme de Voltaire appartient à son temps. La thèse de René Pomeau, aujourd'hui indiscutée, d'une religion de Voltaire ne doit pas faire oublier ce que la pensée religieuse du philosophe doit à son époque. Au XVIII$^e$ siècle, le rationalisme a largement pénétré l'Église elle-même qui condamne les pratiques superstitieuses et réaffirme sa défiance envers les excès du mysticisme. L'orthodoxie ne se pose plus en adversaire résolu du courant cartésien. Haute aristocratie, grande bourgeoisie, milieux scientifiques héritiers du cartésianisme se réclament religieusement d'une tradition qui unit aux positions critiques de Pierre Bayle une interprétation, qu'il n'eût sans doute pas acceptée, des thèses de Malebranche. On se déclare sceptique sans être indifférent, et l'on croit en Dieu sans se réclamer d'une Église ou d'une orthodoxie.

Ainsi en matière de religion, au sortir des années de formation chez les jésuites, Voltaire adopte les idées que partagent ses amis libertins de la

Société du Temple. Sa lecture des *Essais de Théodicée sur la bonté de Dieu, la liberté de l'homme et l'origine du mal* de Leibniz (1710) l'a convaincu que la raison peut mener à la connaissance de Dieu et à la pratique des vertus, sans avoir à en référer à une institution établissant pour ses fidèles dogmes et vérités. Sa critique des Églises et des rites ne le conduit pas au refus de Dieu. Historien et poète des guerres de Religion, de la Ligue, de l'action pacificatrice d'Henri IV, il ne cesse de dénoncer le « Dieu terrible et le prêtre cruel » qui interdisent les plaisirs légitimes de l'existence humaine.
Quand Voltaire s'installe en Angleterre au printemps 1726, il est déiste, sans avoir pour autant théorisé ou même explicité sa conviction, malgré l'*Épître à Uranie* où s'amorce la réflexion voltairienne sur la religion naturelle. La fréquentation des quakers, « chrétiens sans Église », du cercle de Bolingbroke gagné à la libre pensée conduit Voltaire à définir une religion épurée, à vocation charitable. La tragédie *Alzire* représente le premier texte profondément marqué par le déisme voltairien. Mais l'essentiel demeure la découverte de la pensée de Newton qui va donner à cette représentation de Dieu une caution scientifique. Les travaux du physicien confèrent une force nouvelle à la preuve des causes\* finales : la gravitation universelle transforme l'univers en une somptueuse mécanique dont l'origine échappe au mouvement lui-même et pose la question de l'impulsion première. Durant les années de Cirey, grâce à Émilie du Châtelet, Voltaire lit les écrits déistes de Woolston et Tindal et poursuit son étude de Newton. Sa pensée religieuse tire profit des travaux exégétiques et des expériences de laboratoire de Cirey. C'est alors qu'il compose le *Traité de métaphysique*.
Voltaire entend se démarquer des Églises et des athées. D'où ses rapports ambigus au *Mémoire* du curé Meslier\* et sa volonté obstinée de démontrer l'existence de Dieu : par les causes finales, comme intermédiaire nécessaire entre la pensée et la matière, en se référant à l'attraction. C'est alors qu'apparaît la célèbre métaphore voltairienne de l'horloge. Si l'organisation du cosmos s'apparente à un système d'horlogerie, on doit nécessairement supposer l'existence d'un grand horloger. Voltaire ne reviendra jamais sur cette démonstration de l'existence de Dieu. Face aux attaques des dévots qui ne désarment pas et aux athées qui menacent – d'Holbach publie *Le Christianisme dévoilé* (1761) et le *Système de la nature* (1770) – Voltaire ne cesse d'affirmer la nécessité de Dieu. Ses arguments ne varient guère. Dans sa réplique aux thèses de d'Holbach qui attaquaient son déisme, *Dieu\*, réponse au Système de la nature*, Voltaire avance que l'idée de Dieu constitue une garantie sociale, une sorte de barrière capable d'empêcher le peuple de se révolter contre l'ordre existant. On a souvent reproché à Voltaire ce Dieu gendarme, au service du conservatisme, en oubliant que l'argument est secondaire, et participe d'une interrogation commune à son temps sur la possibilité à se survivre d'une société qui ne croirait pas en

Dieu. Comme il le rappelle dans l'*Histoire\* de Jenni, ou le Sage et l'athée*: « Sitôt que les hommes sont rassemblés, Dieu se manifeste à leur raison : ils adorent en lui le principe de toute justice. »
Ce Dieu, fondement essentiel de la morale individuelle ou sociale, ne doit pas faire oublier – c'est une des schématisations les plus souvent utilisées par le discours antivoltairien –, qu'il existe chez Voltaire une conception mystique de la divinité, perceptible dans son affirmation d'un inconnaissable divin et dont témoigne l'opuscule *Tout en Dieu, commentaire sur Malebranche* (1769). Il existe un Dieu éloigné de sa création, étranger aux misérables querelles des hommes, présence éternelle à laquelle il faut rendre hommage et fondement de la tolérance prônée par la philosophie. À la suite de Malebranche, Voltaire affirme que si Dieu échappera toujours à l'investigation des hommes, « tout se meut, tout respire, et tout existe en Dieu ».
Pour le déisme voltairien, l'existence de Dieu n'est plus attestée par la Révélation ; et les Saintes Écritures, soumises à une critique incessante, ne peuvent plus garantir la croyance. C'est l'ordre du monde, exprimé par la gravitation universelle, qui prouve l'existence de l'Éternel Géomètre. Mais si la science permet d'observer et de mesurer le comment des phénomènes, elle s'avère impuissante à en expliquer le pourquoi. Ainsi jamais, constate Voltaire, les savants ne sauront par quels ressorts « l'éternel artisan fait végéter les êtres vivants ». Le Dieu horloger correspond ici à la représentation newtonienne d'une matière inerte et au postulat, que ne partagent pas les penseurs les plus radicaux des Lumières, d'une fixité de l'ordre du monde. « Grand Être éternel qui a tout fait et qui a donné à chaque élément, à chaque espèce, à chaque genre, sa forme, sa place, et ses fonctions éternelles », ainsi Voltaire définit-il Dieu. Objet d'une prière (la célèbre « Prière à Dieu » du *Traité de métaphysique*) et non d'un culte, éternellement existant et agissant, ce Dieu appartient à l'humanité et non aux Églises. Son impossibilité à être connu prouve la nécessité de la tolérance.

*Didier Masseau*

*Turc, tu crois en Dieu par Mahomet ; Indien, par Fohi ; Japonais, par Xaca, etc. Eh, misérable ! que ne crois-tu en Dieu par toi-même ?*

*Carnets.*

## DÉISTES ANGLAIS

ANGLETERRE · DÉISME ·

De la cohorte des métaphysiciens anglais, citons par exemple Collins (1624-1683) et Tindal (1657-1733) ; Woolston (1669-1733) que Voltaire dit

avoir vu « à Londres vendre chez lui vingt mille exemplaires de son livre contre les miracles » ; Toland (1670-1722), Shaftesbury (1671-1713) qui « prétendait avec raison que Dieu avait donné à l'homme l'amour de lui-même pour l'engager à conserver son être, et l'*amour social*, c'est-à-dire un instinct de bienveillance pour notre espèce » ; Chubb (1679-1747) « qui dit longuement une petite partie des choses que sait tout honnête homme » et Warburton (1698-1779) qui « vous démontre net que jamais les lois de Moïse n'ont laissé seulement soupçonner l'immortalité de l'âme », et auquel Voltaire attribue, entre autres, l'article « Enfer » du *Dictionnaire philosophique*. Ces « apôtres de la raison » ont un grand mérite à ses yeux, celui d'être déistes ; et quelques défauts, en particulier celui d'être bavards ; de plus, « ils n'entendent pas la plaisanterie fine ; [...] il leur faut des trompettes et des tambours ». Voltaire leur donne pour chef « le curé de Saint James », « le profond » Samuel Clarke (1675-1729), « l'ami et le commentateur de Newton », qu'il a beaucoup pratiqué. Il voit en lui le « patron » du renouveau de l'arianisme en Angleterre (*Lettres philosophiques*, VIIe lettre). Il a beaucoup conversé avec lui à Londres et plus tard il lira et relira avec attention ses *Sermons*, réunis ensuite dans le *Traité de l'existence de Dieu*. C'est cet ouvrage qu'il brandira contre le *Système\* de la nature* du baron d'Holbach. C'est à travers Clarke aussi qu'il appréhende Locke et qu'il tire de la philosophie de Newton des conséquences métaphysiques ; Clarke restera pour lui l'homme qui a démontré l'existence de Dieu, qui a soutenu contre le meilleur des mondes de Leibniz la thèse de la création du monde par la libre volonté divine, et qui a donné des bornes à la toute-puissance de Dieu. C'est encore à Clarke qu'il doit le raisonnement qui le conduira à écrire l'un de ses vers préférés : « Si\* Dieu n'existait pas, il faudrait l'inventer. »

Jean-Michel Raynaud

*Il y a ici une petite secte composée d'ecclésiastiques et de quelques séculiers très savants qui ne prennent ni le nom d'Ariens ni celui de Sociniens, mais qui ne sont point du tout de l'avis de saint Athanase sur le chapitre de la Trinité, et qui vous disent nettement que le Père est plus grand que le Fils.*
*[...] le plus ferme patron de la doctrine arienne est l'illustre Docteur Clarke. Cet homme est d'une vertu rigide et d'un caractère doux, plus amateur de ses opinions que passionné de faire des prosélytes, uniquement occupé de calculs et de démonstrations, une vraie machine à raisonnement.*

Lettres philosophiques, 1734, VII<sup>e</sup> lettre,<br>« Sur les Sociniens, ou Ariens, ou Antitrinitaires ».

## DE L'ÂME, PAR SORANUS, MÉDECIN DE TRAJAN

ÂME • DÉISME • DIEU • INDE • MÉTAPHYSIQUE •

Devenue désuète pour l'athéisme moderne, et même pour la plupart des Philosophes ses «frères», la question de l'âme continuait de passionner Voltaire à 80 ans, d'où ce petit traité encore, sans doute écrit en 1774, et publié en 1775 parmi les *Nouveaux Mélanges\** de l'édition dite «encadrée». Pour lui-même, sereinement, il récapitule sa métaphysique – savoir des livres, expérience d'une vie, intuition de soi –, au risque de ne jamais aboutir : «Osons donc essayer.» L'âme n'est pas un être, ni une substance, mais une faculté, une propriété, évidente quoique incertaine, peut-être le sentiment seulement au fond, involontaire et inconscient, de l'action générale, exclusive, totale, de Dieu dans le monde et sur les hommes. Voltaire reprend aussi l'histoire de l'idée d'âme, sa lente émergence, ses errements superstitieux ; il en retrace la genèse jusqu'aux brahmanes de l'Inde, archive commune des religions d'Asie et d'Europe – ces pages sont écrites dans la marge des derniers ouvrages sur l'Inde. Seul le postulat déiste est nécessaire, et solide même contre l'évidence du mal – «Il n'y a point de mal pour le Grand Être». Mais tout autour, c'est le grand mystère des choses. D'où le dernier mot de Soranus, médecin modeste dans son savoir même : «De tous les systèmes, celui qui nous fait connaître notre néant n'est-il pas le plus raisonnable ?» Le traité est en cinq points, effectivement énumérés : «Première ignorance», «Deuxième ignorance»...

*André Magnan*

*Le vulgaire imagine Dieu comme un roi qui tient son lit de justice dans sa cour. Les cours tendres se le représentent comme un père qui a soin de ses enfants. Le sage ne lui attribue aucune affection humaine. Il reconnaît une puissance nécessaire, éternelle, qui anime toute la nature, et il se résigne.*

*De l'Âme, 1775.*

## DE LA MORT DE LOUIS XV ET DE LA FATALITÉ

Voir INOCULATION.

## DE LA PAIX PERPÉTUELLE, PAR LE DOCTEUR GOODHEART

CHRISTIANISME • PAIX • TOLÉRANCE •

Bref écrit publié à Genève en 1769, condamné par la cour de Rome le 3 décembre 1769, qui s'ouvre par une sévère condamnation du *Projet de*

*paix perpétuelle* (1713) de l'abbé de Saint-Pierre* : « Les animaux carnassiers se déchirent toujours à la première occasion », même si l'on a humanisé la pratique de la guerre. C'est là au moins une preuve que chaque État peut devenir moins inhumain et plus sage. Mais comment civiliser l'État ? Par un prince autoritaire s'appuyant sur les prêtres ? Ce serait vite l'intolérance, comme le prouve l'histoire de l'Occident chrétien. « L'intolérance chrétienne a seule causé [d']horribles désastres : il faut donc que la tolérance les répare. » La problématique philosophique de la paix se trouve donc infléchie vers la tolérance : elle est la promesse de l'histoire à venir, l'espérance d'un optimisme mesuré. Ce présupposé affirmé, Voltaire esquisse une histoire de l'intolérance chez les Égyptiens, chez les Hébreux (surtout chez les Hébreux), qu'il oppose à la tolérance pratiquée par les Grecs et les Romains. Il souligne fortement l'intolérance des premiers chrétiens, rebelles, séditieux et fanatiques, et l'illustre par un dialogue, intégré à l'analyse, entre un sénateur romain, un juif et un chrétien : le juif se défend de tout prosélytisme et dénonce dans le christianisme une imposture. La suite de l'histoire est connue, Voltaire l'a plusieurs fois contée : l'empereur romain Théodose (379-395) devint chrétien tout en demeurant sanguinaire. Ainsi, né du sang versé, le christianisme s'affirma par le sang tout au long de son histoire : massacre des disciples de Priscillien, croisades, Inquisition... La réflexion de Voltaire n'est pas ici nouvelle ; elle reprend le procès habituel du christianisme et cette affirmation fondamentale : « Les dogmes n'ont été inventés que par des fanatiques et des fourbes : la morale vient de Dieu. » Mais le contexte des affaires judiciaires alors en cours, l'aspiration sincère à un monde pacifié, fût-ce au prix de dénonciations parfois arbitraires, lui donnent une grande valeur dramatique.

*Jean Goulemot*

## *DE L'ENCYCLOPÉDIE*

CENSURE · DIALOGUE · *ENCYCLOPÉDIE* ·

C'est un petit morceau de fiction dialoguée, en hommage à l'*Encyclopédie*, que Voltaire fit imprimer en 1774. La scène est dans les appartements privés du roi Louis XV, entre familiers ; on parle chasse, donc poudre à tirer – mais fard aussi : Mme de Pompadour est là. Comment se font donc, au fait, la poudre et le rouge ? Perplexité des courtisans. Les réponses, et tant d'autres plus importantes, se trouvent dans les gros volumes de l'*Encyclopédie*, que l'on fait apporter par trois robustes valets. Mais pourquoi donc avoir si longtemps proscrit un ouvrage aussi utile, aussi digne de la France, accablé seulement par d'injustes cabales ? La censure, puis le

retard de la diffusion n'auront profité qu'aux pays étrangers, dont les éditeurs se sont enrichis par les nombreuses contrefaçons répandues dans l'Europe entière. Le mot de la fin vaut pour le nouveau règne, celui de Louis XVI, qui commençait: « Français, tâchez dorénavant d'entendre mieux vos intérêts. »

*André Magnan*

## DE L'HORRIBLE DANGER DE LA LECTURE
CENSURE · FACÉTIES · LECTEUR · PHILOSOPHIE ·

Facétie parue dans les *Nouveaux Mélanges philosophiques, historiques et critiques* de 1765. Un mufti de l'Empire ottoman dénonce les méfaits de l'imprimerie qui vient d'être importée de France en Perse. Ne dissipe-t-elle pas l'ignorance, « la gardienne et la sauvegarde des États bien policés »? Ne pourrait-elle pas favoriser le développement des techniques et de l'agriculture? Ne faciliterait-elle pas la naissance d'une Histoire plus véridique? Ne risquerait-elle pas de rendre les hommes plus vertueux, la religion plus morale et d'éviter la contagion de la peste? C'est une joyeuse caricature, faite d'antiphrases, décapante à souhait, de tous ces arrêts de l'Index romain et autres mandements épiscopaux qui condamnaient régulièrement les livres des philosophes des Lumières. L'appel du prétendu mufti est donné « dans notre palais de la Stupidité, le 7 de la lune de Muharem ».

*Jean Goulemot*

*Nous Joussouf-Chéribi, par la grâce de Dieu mouphti du Saint-Empire ottoman, lumière des lumières, élu entre les élus, à tous les fidèles qui ces présentes verront, sottise et bénédiction.*
*Comme ainsi soit que Saïd Effendi, ci-devant ambassadeur de la Sublime-Porte vers un petit État nommé Frankrom, situé entre l'Espagne et l'Italie, a rapporté parmi nous le pernicieux usage de l'imprimerie, ayant consulté sur cette nouveauté nos vénérables frères les cadis et imans de la ville impériale de Stamboul, et surtout les fakirs connus par leur zèle contre l'esprit, il a semblé bon à Mahomet et à nous de condamner, proscrire, anathématiser ladite infernale invention de l'imprimerie, pour les causes ci-dessous énoncées.*
*1. Cette facilité de communiquer ses pensées tend évidemment à dissiper l'ignorance, qui est la gardienne et la sauvegarde des États bien policés.*
*2. Il est à craindre que, parmi les livres apportés d'Occident, il s'en trouve quelques-uns sur l'agriculture et sur les moyens de perfectionner les arts mécaniques, lesquels ouvrages pourraient à la longue, ce qu'à Dieu ne plaise, réveiller le génie de nos cultivateurs et de nos manufacturiers, exciter leur*

industrie, augmenter leurs richesses, et leur inspirer un jour quelque élévation d'âme, quelque amour du bien public, sentiments absolument opposés à la sainte doctrine.

3. Il arriverait à la fin que nous aurions des livres d'histoire dégagés du merveilleux qui entretient la nation dans une heureuse stupidité. On aurait dans ces livres l'imprudence de rendre justice aux bonnes et aux mauvaises actions, et de recommander l'équité et l'amour de la patrie, ce qui est visiblement contraire aux droits de notre place.

4. Il se pourrait, dans la suite des temps, que de misérables philosophes, sous le prétexte spécieux, mais punissable, d'éclairer les hommes et de les rendre meilleurs, viendraient nous enseigner des vertus dangereuses dont le peuple ne doit jamais avoir de connaissance.

5. Ils pourraient, en augmentant le respect qu'ils ont pour Dieu, et en imprimant scandaleusement qu'il remplit tout de sa présence, diminuer le nombre des pèlerins de la Mecque, au grand détriment du salut des âmes.

6. Il arriverait sans doute qu'à force de lire les auteurs occidentaux qui ont traité des maladies contagieuses, et de la manière de les prévenir, nous serions assez malheureux pour nous garantir de la peste, ce qui serait un attentat énorme contre les ordres de la Providence.

À ces causes et autres, pour l'édification des fidèles et pour le bien de leurs âmes, nous leur défendons de jamais lire aucun livre, sous peine de damnation éternelle. Et, de peur que la tentation diabolique ne leur prenne de s'instruire, nous défendons aux pères et aux mères d'enseigner à lire à leurs enfants. Et, pour prévenir toute contravention à notre ordonnance, nous leur défendons expressément de penser, sous les mêmes peines ; enjoignons à tous les vrais croyants de dénoncer à notre officialité quiconque aurait prononcé quatre phrases liées ensemble, desquelles on pourrait inférer un sens clair et net. Ordonnons que dans toutes les conversations on ait à se servir de termes qui ne signifient rien, selon l'ancien usage de la Sublime-Porte.

Et pour empêcher qu'il n'entre quelque pensée en contrebande dans la sacrée ville impériale, commettons spécialement le premier médecin de Sa Hautesse, né dans un marais de l'Occident septentrional ; lequel médecin, ayant déjà tué quatre personnes augustes de la famille ottomane, est intéressé plus que personne à prévenir toute introduction de connaissances dans le pays ; lui donnons pouvoir, par ces présentes, de faire saisir toute idée qui se présenterait par écrit ou de bouche aux portes de la ville, et nous amener ladite idée pieds et poings liés, pour lui être infligé par nous tel châtiment qu'il nous plaira.

Donné dans notre palais de la Stupidité, le 7 de la lune de Muharem, l'an 1143 de l'hégire.

De l'horrible danger de la lecture,<br>Nouveaux Mélanges philosophiques, historiques et critiques, 1765, t. III.

## DÉLICES (Les)

EXIL • FERNEY • GENÈVE • LOGEMENTS •

Le séjour de Voltaire en Suisse, près de Genève, dans la maison de Saint-Jean, bientôt rebaptisée « Les Délices », coïncide avec une nouvelle période de sa vie. Celle-ci s'étend de mars 1755 à décembre 1760, date de son installation définitive à Ferney. De 1758 à 1760, il partagera son temps entre les deux propriétés. Une fois encore, Voltaire est à la recherche d'un refuge où il puisse poursuivre en toute tranquillité son œuvre philosophique, d'un observatoire qui lui permette, grâce au réseau de ses correspondants, d'avoir un œil sur l'Europe, et d'un lieu qu'il puisse aménager à sa guise en lui imprimant sa griffe, mais Les Délices sont aussi la première demeure sur laquelle il règne en propriétaire. La constance des choix qui président à l'achat des propriétés successives témoigne de hantises étonnamment fixes, à bien des égards. C'est toujours le même scénario de fuite, variant au gré des circonstances et de l'attitude des pouvoirs en place.

Après avoir quitté la cour du roi Frédéric II, Voltaire passe deux années en Alsace (1753-1754). À Colmar, à la frontière d'Allemagne, il est en butte à l'hostilité des dévots, et il apprend enfin que tout retour à Paris lui est interdit. C'est alors qu'il songe à s'établir en Suisse où il possède de solides relations. Après un passage à Prangins* et des tractations difficiles avec les autorités genevoises, Voltaire se fixe donc dans sa propriété des Délices.

Le nom traduit clairement l'un de ses rêves les plus chers : transformer un lieu d'exil, imposé par un pouvoir capricieux, en une terre d'accueil où l'on puisse se livrer en toute liberté aux plaisirs de l'existence et à la quête désintéressée de la vérité – c'est le thème de la célèbre *Épître\* de M. de V\*\*\* en arrivant dans sa terre*. Pour ce faire, Voltaire se lance dans des travaux qu'il contrôle avec attention. L'aménagement d'une résidence obéit, chez lui, à des motivations profondes : l'euphorie du bâtisseur est une revanche contre les tribulations, les incertitudes de l'errance, et la précarité du sort réservé à l'« intellectuel ». L'agrandissement des lieux traduit aussi le désir de créer un espace réservé, un bastion inaccessible à la violence absurde. Ferney prolongera ce rêve en étendant encore le territoire protégé. La demeure possédait tout ce qui pouvait séduire Voltaire. Les jardins à la française lui donnaient un petit air de château. Des vestibules de forme ovale la marquaient d'une note d'originalité, une terrasse était de plain-pied avec les salons. Partant d'un vestibule, une longue galerie à droite prolongeait la maison ; la vue sur le lac et les Alpes était enchanteresse. Des travaux furent effectués pour mieux recevoir les hôtes et leur donner des spectacles : le salon d'été fut aménagé en théâtre.

C'est une nouvelle ère de sociabilité et de mondanité, plus ambitieuse que celle de Cirey\*, qui commence aux Délices. Il s'agit d'abord, pour le

On rend visite à M. de Voltaire dans ses dernières résidences. Seigneurs anglais en voyage de formation, jeunes écrivains français en quête de conseils, responsables politiques, aventuriers, acteurs à la mode. Toute l'Europe demande à être reçue. Et chacun racontera le rituel ou rapportera les bons mots du vieux maître.

Pour ceux qui n'ont pas eu la chance de se rendre aux Délices, il reste la gravure. À la façon des vues des résidences royales, l'estampe des Délices a son dédicataire : « Monseigneur le duc de Praslin, pair de France, lieutenant général des Armées du Roi ». On y verra une tradition de la gravure de commande, et non une collusion de la philosophie et de la haute aristocratie.

Un jardinier travaille, il convient de rappeler que sans l'homme la nature n'est rien. Le jardin, strictement à la française, évoque ordre et raison : pas de bosquets mystérieux, aucun désordre préromantique. Voltaire ne sera pas le dernier à faire cultiver son jardin. Reconnaissable à son bonnet, il est là appuyé à un muret, le dos tourné à son parc, le regard perdu vers la forêt : symbole d'un avenir que le philosophe voudrait maîtriser ou des menaces qui se profilent à l'horizon.

J. G.

LA MAISON DES DÉLICES, VUE PAR-DELÀ LES JARDINS, GRAVURE DE QUEVERDO D'APRÈS UN DESSIN DE SIGNY, 1769.

COLLECTION PARTICULIÈRE.

VUE DES DELICES DE Mr. DE VOLTAIRE, PRÈS GENEVE.

Dediée à Monseigneur le Duc de Praslin Pair de France, Lieutenant Général des Armées du Roi Chevalier de ses Ordres, Chef du Conseil Roial des Finances Ministre et Secretaire d'Etat, &c &c &c

Se vend chez l'Auteur au Nouvel hotel des Monnois et chez Dulac cloitre St Germain de l'Auxerrois chez Croisey graveur quay des augustins à la Minerve.

Par son tres humble, te tres obeissant Serviteur Signy.

avec Privilège du Roi

philosophe, de tisser ses liens en Suisse. En louant une autre demeure, plus modeste, à Montriond près de Lausanne*, Voltaire navigue entre les deux cités, esquissant des rapprochements avec l'une ou l'autre et tenant compte des dispositions fluctuantes que les réformés manifestent à l'égard d'un incrédule aux réactions imprévisibles et inquiétantes. Tandis qu'il se rend à Montriond pour ses quartiers d'hiver, Les Délices sont essentiellement réservés à l'agrément et aux plaisirs de la convivialité.

On peut facilement classer les hôtes que reçoit le seigneur des lieux. D'abord les Genevois: les Cramer*, les Pictet*, les Tronchin* et en particulier Théodore, le célèbre médecin de l'élite mondaine et intellectuelle de l'Europe, et les pasteurs Jacob Vernes* et Jacob Vernet*; des artistes aussi: Huber* qui parvient, dans ses dessins, à saisir Voltaire, à la volée, dans sa vie quotidienne, et le grand portraitiste Liotard. Viennent ensuite les curieux, ces voyageurs prêts à dévier de leur route, pour une étape aux Délices (Palissot*, Mme du Boccage*). Il y a enfin ceux qui affrontent les fatigues d'un voyage pour le seul plaisir de rencontrer Voltaire, les vrais philosophes et tout particulièrement, en 1756, d'Alembert*.

L'âme du lieu est Mme Denis*, la nièce de Voltaire. C'est pour elle qu'il aménage, meuble et décore Les Délices, qu'il reçoit bonne compagnie et monte, au risque de déplaire à Genève, des spectacles. Car le théâtre est une des activités essentielles des Délices: Voltaire y donne ses pièces et joue souvent un des rôles. Ces plaisirs n'excluent pas d'ailleurs un travail intellectuel régulier et immense, auquel le philosophe se livre avec tant de fièvre que Collini*, son secrétaire, en a des crampes à la main – il quittera Voltaire en juin 1756.

Les années passées aux Délices coïncident avec la phase décisive des luttes menées par l'ensemble du mouvement philosophique: le premier tome de l'*Encyclopédie* a paru en 1751. Les années 1755-1757 sont celles où Voltaire collabore le plus activement à l'*Encyclopédie**. La visite de d'Alembert aux Délices, durant l'été 1756, contribue à renforcer sa participation à l'entreprise. Il fournira des articles jusqu'en 1758, année de la rupture entre Diderot et d'Alembert.

Trois événements scandent cette période: en 1755, le tremblement de terre de Lisbonne; l'année suivante, le début de la guerre de Sept Ans qui oppose Frédéric II et les Anglais à la France alliée de l'Autriche; et en 1757, l'attentat de Damiens contre Louis XV. Ajoutons cet événement culturel qui retentit comme une bombe dans les milieux philosophiques: la condamnation de l'*Encyclopédie* en 1759.

À des degrés divers, ces événements affectent Voltaire et ont des répercussions sur son œuvre. Le *Poème* sur le désastre de Lisbonne* s'inscrit dans un débat du temps sur la Providence et sur l'optimisme, mais il est aussi le résultat d'un choc affectif. Avec le séjour aux Délices coïncident encore

la révision de l'*Essai\* sur les mœurs* en 1756-1758 et la parution de *Candide\** en 1759. Il faut mentionner aussi les publications que les pasteurs de Genève voient d'un mauvais œil, comme *La Pucelle\** dont une édition pirate circule, comportant des vers scandaleux. De même, le fameux article «Genève\*» de d'Alembert déplaît souverainement aux autorités genevoises, parce qu'elles n'entendent pas être annexées au parti philosophique.

Le séjour de Voltaire aux Délices est ainsi marqué par un bon nombre d'ambiguïtés et se révèle, surtout à la fin, moins idyllique qu'il n'y paraît. Certes, Genève a changé; elle n'a plus cette austérité du temps de Calvin et du supplice de Servet. Les élites de la ville sont manifestement fascinées par Voltaire et le moindre de ses déplacements défraye la chronique locale. Le propriétaire des Délices a tenté d'exploiter cette fascination pour consolider son implantation dans un lieu qu'il considère comme un refuge. Mais l'intérêt qu'on lui porte est à double tranchant. D'abord les compromis personnels de certains pasteurs à l'égard de l'orthodoxie calviniste n'affectent pas les principes fondamentaux de la doctrine. De plus, les autorités se méfient des prises de position éclatantes d'un «intellectuel» audacieux qui emporte avec lui une réputation de scandale, comme une traînée de poudre, et dont la publicité des propos peut s'avérer dangereuse pour l'illustre République. Quant à Voltaire, il manifeste une attitude ambivalente: Les Délices satisfont un rêve de stabilité et d'ancrage, mais sans se résigner encore à l'exil, il continue de regarder vers Paris, dont les plaisirs lui demeurent interdits – il ne s'enracinera enfin qu'à Ferney.

Deux siècles après, la maison des Délices est devenue le lieu de l'Institut\* et musée Voltaire.

*Didier Masseau*

## DELILLE, abbé Jacques

GENS DE LETTRES • POÉSIE •

Voltaire avait 75 ans quand un événement poétique fit sensation: une traduction des *Géorgiques* de Virgile (1769) par l'abbé Delille (1738-1813). Ce n'était pas la première fois qu'on mettait le célèbre poème latin en français, et même en vers français. Mais la nouvelle traduction apparaissait aux yeux des contemporains comme une recréation, qui donnait une nouvelle fraîcheur à ce texte que tant de lecteurs cultivés savaient par cœur en latin, au moins pour partie; c'était en effet dans les *Géorgiques* que les élèves des collèges découvraient le plus souvent la poésie, et mille réminiscences montrent à quel point Virgile restait cher et familier aux hommes du

XVIIIe siècle – Voltaire en particulier. Le sujet des *Géorgiques* – l'exaltation de l'agriculture, l'appel à un retour à la terre – correspond à un aspect majeur de la pensée et de l'activité de Voltaire lui-même après 1750, qui s'expriment dans le développement de Ferney, mais aussi dans des textes comme son épître « Sur l'agriculture » (1761) où il invoque explicitement le modèle virgilien et conseille :

> *C'est la cour qu'on doit fuir, c'est aux champs qu'il faut vivre.*

L'inspiration de Delille, qui anime sa traduction des *Géorgiques*, paraît donc à Voltaire parfaitement philosophique, en même temps que sa pratique de la poésie se conforme à son idéal : harmonie, variété, scrupuleuse correction et propriété du langage. Le vieux poète voit en Delille, comme en Saint-Lambert – l'auteur du poème des *Saisons*, publié également en 1769 –, ses deux continuateurs et les maîtres de la jeune génération poétique. C'est comme tels qu'il les salue dans une lettre qu'il adresse à l'Académie française, le 4 mars 1771, pour proposer et appuyer la candidature de l'abbé Delille : « Le poème des *Saisons* et la traduction des *Géorgiques* me paraissent les deux meilleurs poèmes qui aient honoré la France après l'*Art poétique* [de Boileau] » – Voltaire passe ses propres œuvres sous silence par une affectation de modestie. Delille fut reçu académicien en 1774, mais Voltaire ne vivra pas assez longtemps pour pouvoir lire son chef-d'œuvre, *Les Jardins* (1782), ce qui explique l'allusion parfois, sous l'éloge, au manque d'invention de ce jeune homme :

> *Vous n'êtes point savant en us ;*
> *D'un Français vous avez la grâce ;*
> *Vos vers sont de Virgilius,*
> *Et vos épîtres sont d'Horace.*

Pour Voltaire, tout talent est une menace.

*Sylvain Menant*

## DÉLUGE

BIBLE · BUFFON · FOI · SCIENCES ·

Croire ou ne pas croire au déluge universel : belle occasion, pour Voltaire, d'opposer foi et raison. Il a marqué d'un grand trait dans la marge le *Commentaire* de dom Calmet\* sur cet endroit du livre VII de la Genèse ; le savant commentateur rapportait avec ingénuité les objections de l'humaniste hollandais Vossius (1618-1689). Voltaire reprend, dans l'article « Inondation » du *Dictionnaire philosophique*, les arguments montrant l'impossibilité physique d'un déluge qui submergerait tout le globe terrestre à

la fois. Il y mentionne d'autres invraisemblances du récit biblique, le rassemblement, l'alimentation et la préservation de très nombreux animaux dans l'arche – fait tout aussi controversé. Tous ses travaux sur la Bible dénoncent les représentations préscientifiques et les caractères irrationnels d'un épisode diluvien spécifique aux livres sacrés du christianisme, ce prodige étant ignoré des annales de la Chine. Historiquement, à cause des divergences entre les versions de l'Écriture, on est même incertain de la date présumée de cet événement. Voltaire le rapproche donc des inondations mythiques qui font intervenir Deucalion ou Ogygos, et de l'inondation de Samothrace. Dans l'article «Ararat» des *Questions\* sur l'Encyclopédie*, il raille obliquement un récit chaldéen exactement comparable. À ces élaborations fabuleuses, il oppose les calculs des savants et les lois de la gravitation et il se moque, particulièrement dans l'article «Ignorance» du même ouvrage, des explications contournées des apologistes, incapables d'investir tout à fait le texte divin d'un sens littéral.

Marie-Hélène Cotoni

## DÉMOCRATIE

GOUVERNEMENT · PEUPLE · RÉPUBLIQUE · VOLTÉRANISME ·

Ses ennemis au XIX<sup>e</sup> siècle, sans l'être pour autant, ont accusé Voltaire de ne pas être démocrate. Avant eux, Robespierre, en le rattachant au clan des Encyclopédistes, ennemis du pauvre Jean Jacques, lui en avait fait procès. Curieux destin du patriarche: accusé sur sa gauche comme sur sa droite de ne pas croire en la démocratie, et dénoncé par ailleurs d'avoir été le fourrier de la Révolution – «C'est\* la faute à Voltaire!». Nul doute enfin que les républicains du XIX<sup>e</sup> siècle, surtout après 1870, ont revendiqué Voltaire comme un des fondateurs de la république démocratique.

Admettons-le: Voltaire n'est pas démocrate. Mais qui l'est en ce XVIII<sup>e</sup> siècle où se constitue, par le mouvement philosophique, une aristocratie de l'intelligence? Pour Voltaire, la démocratie appartient au domaine du rêve, il n'a pas confiance en l'homme au point de le croire naturellement démocrate. Sa méfiance à l'égard du peuple, fasciné par les préjugés et les impostures de toutes sortes, s'abandonnant à ses plus viles passions, lui rend la démocratie impensable en réalité. Toute démocratie n'est, pour qui l'examine de près, qu'une illusion: celle de Sparte comme celles d'Athènes ou de Rome. Si la Pennsylvanie\* est une démocratie de type égalitaire, cela tient plus à la morale des quakers qu'aux institutions qu'elle se donne. Quant au Paraguay\*, au-delà des apparences, l'ordre jésuite y règne, militaire et théocratique.

Plus profondément, la démocratie n'est pas naturelle à l'homme: l'homme

primitif fonde ses relations à autrui sur la force, et la famille repose sur l'autorité paternelle. La petite communauté du dernier chapitre de *Candide*, appliquée à cultiver son jardin, n'est elle-même qu'une pâle évocation de la démocratie. La démocratie a-t-elle au moins pour Voltaire un avenir historique ? Rien ne permet de l'affirmer, et son pragmatisme condamne toute extrapolation de sa pensée historique. Peut-on dire que la tolérance prônée par Voltaire relève de l'idéal démocratique ? Sans aucun doute, mais on se gardera de bâtir sur cet idéal de laïcité une construction politique.

*Jean Goulemot*

## DÉMOGRAPHIE

HISTOIRE · IMPÔTS ·

Le XVIII$^e$ siècle a été populationniste. Voltaire n'a pas échappé à la règle. La dépopulation l'obsède comme elle obsédait Montesquieu dans les *Lettres persanes* (1721). Celle de la Rome antique, celle de l'Amérique* après l'arrivée des conquérants (*Essai sur les mœurs*), dont il pense parfois qu'elle tient à la barbarie sanguinaire des envahisseurs, mais aussi aux mœurs antiphysiques des Indiens, celle de la France elle-même qui lui semble manquer de bras dans les campagnes. D'où sa haine des guerres meurtrières, des luttes civiles ; d'où aussi son mépris des prêtres et des moines, qui ont fait vœu de célibat*, et sa dénonciation incessante d'un système fiscal qui décourage la natalité. L'idée revient au hasard des textes les plus divers : réflexions sur la politique et le gouvernement, contes comme *L'Homme aux quarante écus*, opuscules en faveur de l'inoculation* de la petite vérole. Voltaire s'afflige alors tout autant des enfants arrachés à l'affection de leurs parents que de leurs bras dérobés au travail de la glèbe. Sans qu'il l'explique clairement, sous les grands rois la démographie s'envole, et il rend hommage à Henri IV* d'avoir, par la paix civile retrouvée, permis la reconstitution de la population française. Voltaire est aussi tout simplement démographe, et il ne cesse d'utiliser une science que son époque a inventée pour faciliter les enquêtes fiscales. Les pages qu'il consacre à la population russe, au début de l'*Histoire de l'empire de Russie sous Pierre le Grand*, sont à cet égard exemplaires : Voltaire a parfaitement compris qu'un pays n'est pas seulement un territoire avec un roi et des lois, mais des hommes qui naissent, travaillent, vivent bien ou mal, mais finissent toujours par mourir.

*Jean Goulemot*

## DENIS, Marie Louise Mignot, Mme
AMOUR • BIOGRAPHIE • DÉLICES (LES) • FEMMES • FERNEY • INCESTE •

Marie Louise Mignot (1712-1790), nièce aînée de Voltaire, fille de sa sœur Catherine Arouet* et de François Mignot, fut aussi sa maîtresse à partir de 1744 : elle avait 32 ans, lui 50 ans – il vivait encore avec Mme du Châtelet*. Pendant près de trente ans, elle partagea son existence : elle est, dans une lettre de 1757, « la compagne de [s]a retraite et de [s]a vie heureuse ». Elle avait été mariée à un M. Denis dont le nom, une fois veuve, lui resta.
Mme Denis a mauvaise presse, fort injustement. Elle survécut à Voltaire et se remaria, à 68 ans. Leur véritable lien, d'autre part, vaguement soupçonné, demeura inconnu jusqu'à la révélation, en 1957, des lettres tendres et passionnées de l'oncle et amant, de tout ce qu'elle représenta pour lui, de tout ce qu'il reçut d'elle. Dans l'intervalle, le mal était fait, des logiques biographiques déjà établies sans elle, et son portrait composé autrement, sur quelques bons mots venimeux du temps, sur les anecdotes tardives de Longchamp et les ruminations frustrées de Wagnière*.
La figure est donc à reprendre, et la révision d'ailleurs en cours : fut-elle vraiment indigne du grand homme ? On dispose aujourd'hui de 338 lettres de lui à elle, de 16 seulement d'elle à lui, d'autant plus précieuses, et c'est la seule trace vraiment essentielle de leur relation.
Voltaire s'attacha très tôt à la petite Marie Louise. Elle avait le caractère gai, « l'esprit aimable ». Elle aimait lire les poésies et les romans, elle lut plus tard Locke, l'un des maîtres de l'oncle. Elle adorait surtout le théâtre, et c'était lui plaire encore davantage. Elle rimait des petits vers faciles, elle écrivit même une comédie, *La Coquette punie*, qui fut près d'être jouée. Voltaire suivait avec attendrissement ces essais de « la muse Denis ». Elle avait appris l'italien : c'est dans la « lingua dell'amore » qu'ils échangeront leurs billets les plus ardents. Elle chantait agréablement, jouait de l'épinette en digne élève du grand Rameau. Quand elle perdit son père, en 1737, Voltaire voulut l'établir près de lui à Cirey* en la mariant au fils Champbonin*. Marie Louise, fille majeure, préféra prendre un mari à son goût, un commissaire des guerres du nom de Nicolas Denis, qu'elle épousa en février 1738. Bon oncle, Voltaire dota sa nièce et lui fit une rente. Elle s'installa à Landau, puis vécut à Lille où M. Denis fut promu. Voltaire s'intéressait au jeune couple, il soutint la carrière de son neveu, il leur faisait des cadeaux. Il séjourna chez eux, avec Mme du Châtelet, en avril 1741 : son *Mahomet* fut alors créé à Lille. Nicolas Denis mourut en avril 1744. « Que je vous plains, que je partage toutes vos douleurs ! » écrit Voltaire à la jeune veuve.
Ils se retrouvèrent à Paris l'automne suivant. Voltaire a la cinquantaine séduisante, il s'est lassé des exigences possessives de « la dame » comme il

À près de quarante ans d'intervalle, Mme Denis en deux portraits, l'un côté « cara », l'autre côté « maman ». On ignore la date et l'auteur du premier, un pastel de style français ; mais la ressemblance est frappante avec un autre portrait attribué à Carle Van Loo, que le pastelliste copie en empâtant un peu les traits. Donnons-lui une trentaine d'années. Vers 1740, elle voyait Mme Van Loo chez le banquier Mussard à Paris. Un Genevois inconnu y venait aussi, un certain Rousseau, qui dans ses « Confessions » évoquera « Mme Denis, nièce de Voltaire » : « bonne femme », point « bel esprit » – c'est un compliment pour Jean Jacques.

Elle est alors en effet pour le monde « Mme Denis », veuve de M. Denis, commissaire aux armées, trop tôt disparu ; pour Voltaire, secrètement, elle est la femme aimée de cent petits billets, retrouvés après deux siècles – « cara », « mia cara », « anima mia » : l'autre Voltaire, le passionné, confiant ses émois à la « lingua dell'amore », à 50 ans passés. Des billets à ce pastel, la concordance est suggestive. Elle a le regard tendre, le nez mutin, la bouche fraîche, la fossette et le menton rieurs, l'air vif, engageant, avec une pointe d'agacerie peut-être. Rien là des disgrâces que lui prêtèrent deux ou trois méchantes langues, et quelques bonnes amies. La robe est élégante et riche, les atours d'excellente façon, coiffe fine, nœud de cou des plus galants, dentelle avantageuse aux formes épanouies. Plaisir de vivre, désir de plaire.

*Portrait de Mme Denis*, école française, vers **1737-1738**, pastel sur parchemin.

Genève, musée d'Art et d'Histoire.

Des deux prénoms de Marie Louise, en mêlant les lettres, Voltaire fit « Rosalie », son nom de poésie : « Vivons pour nous, ma chère Rosalie... » Émilie, Rosalie, des années de double vie. Il lui promettait pourtant de ne vivre un jour que pour elle – est-ce là le mystère de ce petit sourire entendu ?

**B**ravant les quolibets, assumant son âge et son corps, Mme Denis se fit donc belle, à près de 70 ans, pour poser devant Duplessis, le portraitiste en vue. Le résultat tient du défi, presque du scandale. L'opulence de la vieille dame indigne, ce corps paré, la coiffe patiente, les perles au cou, et cette robe de parade, à franges, nœuds et guipures – tout cela jure avec l'emblème, entre ses doigts, de l'éternité promise au grand homme, cette couronne de laurier dont les comédiens avaient ceint la statue de Voltaire, en sa présence, le fameux soir d'« Irène ». Le 18 janvier 1780, Mme Denis se remariait avec un M. Duvivier de vingt ans son cadet. On en fit dans tout Paris des gorges chaudes ; les adeptes lui fermèrent leur porte, et l'Académie s'en émut. On parla même d'un « inceste spirituel » contre la mémoire de Voltaire – l'écriture, nouveau sacerdoce, exigeait des vestales. Mme Denis fit front, garda des sympathies, continua de s'intéresser à l'édition posthume des œuvres de son oncle, et finit dignement sa vie, entre M. Duvivier, ses petits soupers et sa loge à l'Opéra. Non loin du chevalet, posé sur une table, on peut imaginer le « Zadig » de M. de Voltaire, ouvert à ce chapitre où le héros condamne et supprime « le bûcher du veuvage ».

A. M.

PORTRAIT DE MME DENIS, PEINTURE PAR J. S. DUPLESSIS.

CHANTILLY, MUSÉE CONDÉ.

dit – c'est Mme du Châtelet –, des contraintes de cette liaison. Sa nièce dut être sensible à ses attentions tendres, à ses façons grand siècle, à ses générosités soudaines. Van Loo, vers cette date, a peint Mme Denis : un air engageant, des grâces naturelles, des rondeurs lisses, qui réveillèrent les ardeurs de Voltaire. On a, pour cette période, des dizaines de billets. Elle est «Cara», «mia cara», «anima mia», et parfois le désir s'échauffe dans l'italien de l'Arioste : «Baccio il vostro gentil culo e tutta la vezzoza persona...» Ailleurs l'engagement s'approfondit : «Je vous aimerai toujours et tendrement, jusqu'à ce jour où la loi de la nature sépare ce que l'amour et la nature ont uni.» En 1746, Voltaire fit à sa nièce une donation de tous ses biens «présents et à venir». Il l'introduisit à la cour : elle vit à Versailles, dans les grandes fêtes du règne, *La Princesse de Navarre* et *Le Temple de la Gloire*. Mais la tonalité dominante était déjà la recherche d'un bonheur intime.

En décembre 1749, trois mois après la mort de Mme du Châtelet, ils s'installaient ensemble à Paris. En fait, leur liaison restera secrète, au moins discrète, jusque dans l'évidence désormais du logement commun – d'Argental* au moins fut bientôt dans la confidence. Le voyage en Prusse*, sous des apparences contraires, relève sans doute du projet de vie partagée : c'était ouvrir un autre espace. Voltaire voulut sa nièce auprès de lui à Berlin et prépara sa venue ; il songea ensuite à l'établir à la cour de Bayreuth*. Elle eut peur de cette transplantation ; il céda. Elle fut dans cette absence de trois années son «fondé de pouvoir» à Paris, selon l'expression d'un ministre qu'elle sollicita en son nom : démarches d'affaires, tractations d'édition et de théâtre, formalités diverses, elle s'acquitta de toutes ses missions avec adresse et diligence.

À son départ de Prusse, elle alla à sa rencontre jusqu'à Francfort*, où elle subit avec lui, en juin 1753, les violences, les terreurs, les humiliations de l'arrestation publique prononcée par Frédéric II. Le souvenir de ce drame acheva de les lier. Avocate résolue de son oncle disgracié auprès de Mme de Pompadour, elle plaida plusieurs mois, en vain, son rappel à Paris. C'est ensuite la période des Délices, où ils connurent un vrai bonheur, puis celle de Ferney où elle assure, en «dame du château» le gouvernement de la maison, l'éducation de Mlle Corneille*, et tout l'arrangement d'une vie dont Voltaire resta le centre.

Une crise grave les sépara en 1768, qui reste un peu mystérieuse. Soucieux de se ménager un espace de création, de retraite et de silence, Voltaire la força à partir pour Paris. Mais, dans le désarroi de l'absence, il lui avouait bientôt «être puni», ayant jugé «qu'on devait cacher sa vieillesse dans la solitude». Et dans l'horreur du désamour, il ajoutait : «Soyez bien sûre que je mourrai en vous aimant.» «Il y a trente-deux ans que je vous aime de tout mon cœur, lui écrivait-elle de son côté, et il y en a vingt-six que je vous

suis attachée uniquement.» Elle revint à Ferney en octobre 1769, dans leur ordre rétabli, pour jouer le dernier rôle qu'il a lui-même désigné sous le nom de «maman*».

Légataire universelle de son oncle en 1778, Mme Denis n'eut pas la force d'assumer la charge de Ferney, qu'elle vendit en 1779 au marquis de Villette*. Son remariage en 1780 fit scandale, et Mme Duvivier* reste coupable, pour la majorité des biographes, d'une espèce d'adultère moral. Moins bornée, l'impératrice Catherine II lui souhaitait encore «beaucoup de bonheur», en confiant à Grimm, son chargé d'affaires : «Cela ne fait aucun tort au public ; il n'a qu'à continuer de l'appeler Mme Denis.» Trois écrits dans l'œuvre de Voltaire sont directement dédiés à Mme Denis : deux épîtres*, l'une de 1749 («La Vie de Paris et de Versailles»), l'autre de 1761 («Sur l'agriculture»), et surtout la «Paméla*» composée en 1753-1754, fiction épistolaire sur le séjour en Prusse – leur plus longue séparation.

*Anne Soprani*

*Mme Denis m'a paru d'un commerce sûr et agréable. Elle est naturelle. Elle dit bien, et ne s'écoute pas parler [...]. Je lui ai vu, outre de l'esprit, que tout le monde lui accorde, des sentiments, de la générosité, de la délicatesse ; son cœur m'a paru décidément bon, et je n'ai été frappée d'aucun de ces défauts en elle qui déparent les vertus, et qui empoisonnent la société. Bien loin de là, sa douceur, sa patience, sa sincérité m'ont pour le moins autant attirée que ses talents, qui ne sont point médiocres. Elle est musicienne consommée, et joint à une voix agréable et très brillante l'art de toucher le clavecin au-dessus de ce que l'on voit d'ordinaire, même chez ceux qui passent pour maîtres dans cet art. Pour la déclamation, comme elle a beaucoup d'âme, j'ai trouvé qu'elle rendait bien le sentiment ; mais je craindrais que sa figure, et l'organe, ne fussent un peu contre elle, sur le théâtre de Paris au moins, où l'on veut absolument tout. Cependant ce que j'en ai entendu m'a paru bon et m'a fait beaucoup de plaisir [...]. Elle aime, elle admire son oncle, elle lui est très utile, elle fait la douceur de sa vie, elle le conseille bien, il l'écoute, et si elle lui doit sa gloire, si elle le sent vivement, il lui doit en revanche sa tranquillité et son bonheur.*

*Mme de Bentinck à Antoine Achard, pasteur à Berlin, «Jever, le 16 septembre 1763» – souvenirs d'un séjour aux Délices de l'automne 1758.*

## DEO EREXIT VOLTAIRE. MDCCLXI

DÉISME • FERNEY •

«Élevée à Dieu par Voltaire» : c'est l'inscription que le seigneur de Ferney fit placer au fronton de l'église qu'il venait de reconstruire à ses frais, au

bord de son domaine. Le relèvement projeté dès 1760 avait été exécuté en moins d'un an, moyennant un déplacement accepté par les autorités ecclésiastiques, qui dégageait opportunément la perspective du château. Avec son grand Christ doré, sculpté à Lyon – en pied, non crucifié –, l'église et sa décoration auraient coûté à Voltaire 12 000 livres, l'équivalent d'un million de nos francs actuels.

L'inscription profane, aussitôt fameuse, occulta l'ancienne dédicace à saint André, et même la nouvelle relique envoyée de Rome – un morceau du cilice de saint François d'Assise, patron du seigneur du lieu. De sa plaque gravée, le donateur impie faisait une sorte de consécration : « Oui, je sers Dieu, lance-t-il alors dans une lettre ostensible, je crois en Dieu et je veux qu'on le sache. » La profession de déisme est évidente : Voltaire avait même d'abord voulu mettre DEO SOLI ; il venait d'ailleurs de se lancer dans la guerre à l'Infâme* – entre les paroles et les actes, on peut croire à sa sincérité. L'église de Ferney fut ainsi la première dédiée à l'Être suprême. En 1764, le jeune Boswell y entendit une messe, dite probablement par le père Adam, et se sentit là, écrit-il, « réellement dévot ». Déposée sous la Révolution, la plaque réapparut vers 1850. Le visiteur moderne de Ferney la voit encore avec son inscription, dans la vigne vierge du fronton, mais l'église de Voltaire n'est plus consacrée. Une autre a été édifiée au centre du village en 1826, dédiée à Notre-Dame et saint André, avec au fronton cette inscription rivale : DEO OPTIM. MAXIM. SACRUM.

André Magnan

*Église bâtie par Voltaire. – L'inscription « Deo erexit Voltaire » ne se voit plus, elle a été effacée par les « mauvaises gens », m'a dit Louis Grandperrey. Tombeau en forme pyramidale, surmonté d'une urne que Voltaire avait fait édifier pour lui. L'église et le tombeau sont maigres et ont l'air vieux sans être anciens. On a été longtemps à nous ouvrir la porte, un énorme dogue aboyait sur le seuil ; il est venu à moi, m'a regardé et s'est tu.*

Gustave Flaubert, Voyage en Italie et en Suisse<br>– notes sur sa visite de Ferney, avril-mai 1845.

## *DÉPOSITAIRE (LE)*

COMÉDIES • LENCLOS (NINON DE) •

Cinq actes en vers (1769). Ninon de L'Enclos a quitté la galanterie et mène une vie exemplaire. Son ami Gourville lui a confié ses deux fils, tandis que M. Garant, faux dévot, gère l'héritage qu'il prétend s'approprier. L'hypocrite est démasqué par Ninon, plus honnête que lui. Pièce

« féministe » : il n'y a qu'une morale, et la vertu n'est pas l'apanage des hommes. Censurée, la pièce ne fut jouée qu'en province.

Henri Lagrave

## DEPREZ DE CRASSIER

De cette noble famille suisse restaient six garçons, encore mineurs pour la plupart en 1760. Voltaire se fit le « Don Quichotte » de ces orphelins, non sans arrière-pensées. Les Crassier étaient en effet propriétaires d'un domaine à Ornex, près de Ferney, qu'ils ne pouvaient entretenir, faute de moyens. Aussi en avaient-ils hypothéqué les revenus à des prêteurs genevois pour rembourser des emprunts – situation bientôt désespérée. Propriétaires d'une terre mitoyenne et trouvant le domaine à leur goût, les jésuites d'Ornex le convoitaient « saintement » et avaient commencé de racheter « à vil prix » aux créanciers huguenots ces dettes de famille. Alerté et indigné du procédé, Voltaire déposa au greffe de Gex les 18 000 livres requises pour apurer l'affaire. La terre fut rendue à ses « héritiers naturels » et les jésuites chassés de ce domaine. Voltaire triomphait à la fois « d'Ignace et de Calvin » ; à tous ses correspondants du moment, la duchesse de Saxe-Gotha, Mme d'Épinay, Thiriot, Helvétius, il relata fièrement l'histoire des six frères spoliés par des âmes pieuses et sauvés par un laïc. Il fit même de cette affaire d'Ornex dans son *Histoire\* du parlement de Paris*, en 1769, un cas exemplaire des abus de pouvoir des jésuites, et de son geste le premier signe d'une juste résistance politique, quatre ans avant la suppression de leur ordre en France.

Anne Soprani

## *DERNIÈRES PAROLES D'ÉPICTÈTE À SON FILS*
ANCIENS • ANTICLÉRICALISME • CHRISTIANISME • DIALOGUE •

On voit ici le philosophe stoïcien Épictète, à l'article de la mort, s'enquérir auprès de son fils des dernières nouvelles de l'Empire romain et apprendre avec inquiétude qu'une nouvelle secte de Palestine promet la vie éternelle à ses adeptes. Sous la forme d'un bref dialogue (conçu en 1766), Voltaire ridiculise les rites des premiers chrétiens, se moque des miracles, dénonce la superstition et caricature quelques préceptes bibliques, la fiction du philosophe agonisant servant à dramatiser l'avènement du christianisme comme une réalité historique lourde de menaces. Il faut souligner l'intérêt de cette mise en scène : elle se rattache à la tradition ancienne du dialogue dit « sur le seuil [de la mort] », que Voltaire avait

déjà exploitée dans le *Traité sur la tolérance* (*Dialogue entre un mourant et un homme qui se porte bien*, 1763, chap. XVI), et dont Sade tirera également profit (*Dialogue d'un prêtre et d'un moribond*, 1782). Le discours tenu par Épictète prend ici la force d'un testament philosophique, et donne au texte une profondeur particulière. Face à la nouvelle morale chrétienne, le sage stoïcien défend les valeurs de la vertu antique. Il dénonce surtout l'ingérence des prêtres dans les affaires civiles – origine évidente, aux yeux de Voltaire, de tant de querelles anciennes et modernes.

*Stéphane Pujol*

## DÉSAVEU

CENSURE • ÉDITIONS • GENS DE LETTRES •

Tantôt c'est: «Je ne suis point l'auteur», et tantôt: «Je ne reconnais pas mon ouvrage» – désaveu du texte ou désaveu du livre. Les moyens sont divers: un message que le correspondant doit porter de toilette en salon, une lettre ostensible, un communiqué de presse; et dans les occasions graves, une plainte à l'Académie – qui l'inscrira dans les registres de séances où elle fera foi: ce fut le cas pour le *Dictionnaire\* philosophique* –, ou même une réclamation directe aux autorités du livre, si l'abus et le préjudice sont réels – sinon le défi est risqué. Voltaire a désavoué plus que personne en son temps; sa correspondance est un vaste cimetière.

Sur l'ensemble de sa carrière, les deux types sont distincts, en deux phases. Le désaveu du livre – réimpression fautive, contrefaçon, impression pirate faite sur un manuscrit encore inédit – domine jusque vers 1760. Il touche surtout les pièces de théâtre, les écrits en vers, les ouvrages d'histoire, et vise des imprimeurs marrons ou tout simplement débrouillards: le système éditorial du temps était à la fois strict sur la censure des textes et les aspects formels, et flou dans la pratique, avec un droit borné aux frontières du royaume, un marché parallèle plus ou moins toléré, et une faible protection des auteurs. Cette première vague grossit avec le temps: Voltaire se lit, se vend très bien dès les années 1730, et malgré ses protestations, le profit tend à primer sur la qualité, au moins pour les nouveautés, d'où ses plaintes sur les «abus», «injustices» et «friponneries» des éditeurs. Après 1750, il s'y résignera presque, sauf excès scandaleux ou dangereux, sa fortune bien assurée étant devenue indépendante de sa carrière d'écrivain.

Le désaveu de texte en revanche, dénégation de paternité, stigmatisant cette fois la «calomnie», la «malignité», la «cabale», la «licence» et la «démence», est caractéristique de la seconde vie de Voltaire, avec ses

engagements d'idées et sa guerre à l'Infâme*. Il s'agit alors, selon la célèbre directive donnée à d'Alembert et aux autres «frères» de lutte, d'être «apôtre» sans être «martyr», donc de «mentir» pour la bonne cause – Condorcet, dans sa *Vie de Voltaire*, a théorisé la légitimité de cette position, en rejetant la faute sur l'ordre arbitraire et la force injuste. Ni le *Dictionnaire philosophique*, ni l'*Examen important de milord Bolingbroke*, ni l'*Histoire du parlement de Paris*, ni les autres ouvrages semblables, déjà anonymes bien sûr, mais qu'on lui prête – rumeurs rampantes, dénonciations dévotes, initiales lucratives au titre de réimpressions –, ne sont donc ni ne seront jamais de M. de Voltaire. Avec son éditeur Cramer*, pour se couvrir et le couvrir du côté de Genève*, où la censure pouvait aussi sévir, il avait mis au point un petit scénario d'échange de lettres: Cramer lui demandait communication de tel ouvrage nouveau qu'on disait de lui, et Voltaire répondait à son cher «Caro», qui venait d'imprimer ledit ouvrage, qu'il n'avait pas encore vu cette nouveauté de lui totalement inconnue – double alibi montrable. Au reste, insérés dans des journaux grâce à des relais complaisants – Pierre Rousseau, Marin, Suard – ces désaveux scandalisés d'ouvrages horriblement hérétiques et corrupteurs confinent à la réclame pour des lecteurs entendus. Il y eut ainsi parmi les images publiques de Voltaire, dans les années 1760 et au début des années 1770, une sorte de personnage qu'il entretint lui-même, en souverain manipulateur d'une opinion plus ou moins gagnée: il n'était plus qu'un vieil homme obscur en ses retraites, aspirant au repos, cultivant son jardin, trop faible et trop malade pour écrire autant – mais toujours désavouant.

André Magnan

*On m'accuse de tout, voyez la malice.*
À d'Alembert, 3 mai 1767.

*Au reste, Monsieur, si on voulait recueillir tous les ouvrages qu'on m'impute, et les mettre avec ceux que l'on a écrits contre moi, cela formerait cinq à six cents volumes, dont aucun ne pourrait être lu, Dieu merci.*
À M. Marin, dans Le Mercure de France, juillet 1769.

*La nécessité de mentir pour désavouer un ouvrage est une extrémité qui répugne également à la conscience et à la noblesse du caractère; mais le crime est pour les hommes injustes qui rendent ce désaveu nécessaire à la sûreté de celui qu'ils y forcent.*
Condorcet, Vie de Voltaire, 1790.

## DESCARTES, René

ÂME • MÉTAPHYSIQUE • NEWTON •

Obligé de fuir sa patrie pour poursuivre en paix la quête légitime de la vérité, Descartes (1596-1650) annonce de manière exemplaire, aux yeux de Voltaire, l'attitude des philosophes du XVIII$^e$ siècle. En ce sens, il est un maillon essentiel de cette longue chaîne qui unit, à travers les siècles, les sages dont les recherches désintéressées mènent inexorablement vers la lumière. Descartes se rendit dans les universités de Hollande, parce que triomphaient dans sa patrie les principes erronés et poussiéreux de la scolastique aristotélicienne. Pourtant le philosophe n'était pas au bout de ses peines, puisqu'il devait encore subir l'accusation d'athéisme dans le pays d'accueil. Selon Voltaire, de telles persécutions confèrent un label d'honorabilité philosophique...

Descartes a encore le mérite d'être un grand «géomètre». En tant que maître absolu en équations algébriques et en figures géométriques, il fait progresser la raison et porte un coup sévère à la «superstition» encore profondément enracinée dans son siècle. Voltaire rend ici hommage à une démarche intellectuelle. Dans sa *Dioptrique* (1637), par exemple, en privilégiant une conception mécaniste des «ressorts du monde», Descartes ouvre la voie aux découvertes de Newton, en donnant une explication rationnelle à des phénomènes naturels.

Mais les mérites de Descartes s'arrêtent là, car l'auteur des *Lettres philosophiques* se livre à une critique sévère de la métaphysique et de la physique cartésiennes. Voltaire décèle une étrange faille dans la pensée de Descartes. Ce géomètre subtil dévie vers l'esprit de système quand il élabore une conception globale de l'Univers et qu'il prétend traiter sur un *a priori* les rapports de l'homme et du monde. Descartes quitte alors le terrain de l'expérience et de l'observation vérifiables pour s'aventurer dans les eaux troubles des hypothèses métaphysiques qu'il essaie indûment de faire coïncider avec l'objet de sa démonstration. Voltaire refuse donc de le suivre sur le terrain de Dieu, de l'âme, de la possibilité de connaître et des modalités de la perception. Si l'âme désigne la faculté de penser et de sentir, elle ne peut exister comme une entité à part entière qui viendrait se mêler au corps. Tout à son admiration pour Locke, Voltaire étudie Descartes en les opposant systématiquement. La démarche empirique et associationniste de Locke rend caduc l'innéisme cartésien.

Voltaire rejette surtout les concepts de la philosophie classique dont il reproche à Descartes de faire un usage aventureux. Celui-ci n'assure-t-il pas en effet, avec un bel aplomb, que «l'âme de l'homme est une substance dont l'essence est de penser, qui pense toujours, et qui s'occupe dans le ventre de la mère de belles idées métaphysiques ou de beaux axiomes

généraux qu'elle oublie ensuite ». En fait, Voltaire reproche à Descartes de définir, dans l'abstrait, des notions qui échappent à la connaissance de l'homme et dont la fonction opératoire est des plus incertaines. Il critique aussi la notion même d'*a priori* de la connaissance parce qu'un tel concept empêche de comprendre comment naissent et se développent les « idées » – les représentations.

Enfin, les preuves cartésiennes de l'existence de Dieu font l'objet des attaques de Voltaire. Pour Descartes, Dieu est le garant suprême de l'exercice droit de la raison, il cautionne ainsi, après l'expérience du doute méthodique, le rapport qui s'établit entre le monde extérieur et la perception que j'en ai. Pour Voltaire, au contraire, l'existence de Dieu n'est pas le résultat d'une démonstration seconde, mais bien au contraire l'objet immédiat d'une prise de conscience à laquelle tous les hommes de bon sens peuvent accéder, sans que cette adhésion exige de leur part aucun entraînement à la gymnastique métaphysique.

La meilleure preuve de l'échec de Descartes est que son Dieu ne l'empêche pas de commettre les pires erreurs en physique ! Sa conception des tourbillons, de la matière subtile, ses atomes crochus et son refus de reconnaître l'existence du vide ne résistent pas devant l'interprétation du monde qu'offre le grand Newton. Descartes se trompe quand il analyse la lumière, car il la décrit comme un corps globuleux et comme « un long bâton qui agit à un bout quand il est pressé par l'autre ». Voltaire en conclut que si Descartes se fourvoie tant dans son interprétation des corps, on doit se méfier de ses analyses de l'âme.

*Didier Masseau*

*Il poussa ses erreurs métaphysiques jusqu'à prétendre que deux et deux ne font quatre que parce que Dieu l'a voulu ainsi. Mais ce n'est point trop dire qu'il était estimable même dans ses égarements : il se trompa, mais ce fut au moins avec méthode et avec esprit conséquent ; il détruisit les chimères absurdes dont on infatuait la jeunesse depuis deux mille ans ; il apprit aux hommes de son temps à raisonner, et à se servir contre lui-même de ses armes ; s'il n'a pas payé en bonne monnaie, c'est beaucoup d'avoir décrié la fausse.*

*Je ne crois pas qu'on ose à la vérité comparer en rien sa philosophie avec celle de Newton ; la première est un essai, la seconde est un chef-d'œuvre ; mais celui qui nous a mis sur la voie de la vérité vaut peut-être celui qui a été depuis au bout de sa carrière.*

*Lettres philosophiques, 1734, XIV$^e$ lettre, « Sur Descartes et Newton ».*

## DES EMBELLISSEMENTS DE LA VILLE DE CACHEMIRE

DIALOGUE • MOINES •

Ce dialogue parut en 1756 dans un volume de *Mélanges*. Voltaire avait publié plus tôt *Des embellissements de Paris*: pourquoi ce recours à une géographie fictive? C'est que Cachemire ne désigne pas seulement Paris, mais la France et plus généralement tout État moderne. Comme le philosophe indien du dialogue, Voltaire est au service du «bien public». En apôtre du volontarisme, il fait l'éloge du travail, et souligne les pouvoirs de l'*homo faber*. Si Voltaire semble croire au progrès, c'est en vertu de l'idée que la condition humaine, grâce à la maîtrise croissante de l'homme sur la nature, peut se perfectionner. La modernité passe donc par le changement, elle implique des réformes. Mais les obstacles sont nombreux: l'inertie, le poids des habitudes, l'archaïsme des institutions – pourquoi tant de moines rentés et improductifs? On est loin ici des paradoxes piquants du *Mondain*. Voltaire dénie toute valeur aux doux loisirs quand il s'agit d'entreprendre de belles et grandes choses. La scène finale est à mourir de rire, qui fait défiler en toile de fond une procession de robustes religieux, «beaux animaux à deux pieds», mais «trop grands saints pour travailler». Ce dialogue manifeste sans lourdeur un aspect capital de l'idéologie des Lumières, et souligne l'importance des pratiques de production dans l'organisation du bonheur social.

*Stéphane Pujol*

## DES EMBELLISSEMENTS DE PARIS

Ce petit essai parut dans un recueil à la fin de 1749. Rédigé au lendemain de la paix d'Aix-la-Chapelle (octobre 1748), destiné à nourrir des réformes d'après-guerre, c'est une sorte d'argumentaire détaillé, d'une quinzaine de pages, en faveur d'une ambitieuse politique de grands travaux dans la capitale, avec chiffrage des coûts, plan de financement et projection de rentabilité. Voltaire était alors historiographe*, et disponible pour mettre en forme de tels plans. Proposition de base: une taxe spéciale, «modérée et proportionnelle». Projet volontariste, évidemment conçu dans un cabinet ministériel, mais auquel Voltaire adhère pleinement: «Encore une fois, il faut vouloir.» De la même période datent la *Lettre\* à l'occasion de l'impôt du vingtième*, l'opuscule *La Voix\* du sage et du peuple* et, plus proche, le dialogue fictif *Des\* embellissements de la ville de Cachemire*, qui transpose le même thème. Un Voltaire oublié, secrétaire encore – à 55 ans – de réformes d'aménagement, d'urbanisme et de fiscalité. Ces grands projets échouèrent, mais ils annoncent l'acti-

vité du seigneur de Ferney, quinze ans plus tard, en faveur du pays de Gex*.

*André Magnan*

*Des quartiers immenses demandent des places publiques, et tandis que l'arc de triomphe de la porte Saint-Denis, la statue équestre de Henri-le-Grand, ces deux ponts, ces deux quais superbes, ce Louvre, ces Tuileries, ces Champs-Élysées égalent ou surpassent les beautés de l'ancienne Rome, le centre de la ville, obscur, resserré, hideux, représente les temps de la plus honteuse barbarie. Nous le disons sans cesse; mais jusqu'à quand le dirons-nous sans y remédier?*
*Des embellissements de Paris, 1749.*

## DESFONTAINES, abbé Pierre François Guyot
GENS DE LETTRES • JOURNALISTE • POLÉMISTE •

Cet ancien jésuite est un des ennemis les plus acharnés que Voltaire ait rencontrés sur sa route. Né à Rouen en 1685, il meurt à Paris en 1745. Les violents conflits qui l'opposèrent à Voltaire, à grands coups de libelles diffamatoires, illustrent bien l'âpreté des mœurs littéraires. En 1724, quand Voltaire fit sa connaissance, Desfontaines venait d'obtenir la direction du *Journal des savants*; il avait donné, la même année, une édition de *La Henriade*\* datée d'Amsterdam. Quelques mois plus tard, le 25 avril 1725, le journaliste est enfermé à la prison de Bicêtre pour sodomie. L'affaire est grave, Desfontaines risque le bûcher. Voltaire obtient sa libération, grâce à l'appui d'amis influents comme les Bernières\*. On peut expliquer l'intervention de Voltaire par le désir de ménager le responsable assez talentueux d'un important journal, mais aussi par un mouvement de générosité à l'égard d'un malheureux, qu'il soutient d'ailleurs dans les mois qui suivent.
Mais Desfontaines n'entend nullement manifester sa gratitude en étouffant le mordant de son style quand il critique des pièces de Voltaire dans d'autres journaux, dont les *Observations sur les écrits modernes*. Plus grave encore, il s'entendit avec Thiriot\* pour faire publier des écrits que Voltaire destinait à quelques intimes, dont une épître à Algarotti\* qui vantait «les charmes divins» de Mme du Châtelet\*, au risque de compromettre l'honneur de cette maison.
Révolté par tant d'ingratitude, Voltaire décida de frapper un grand coup en publiant un violent pamphlet intitulé *Préservatif*\* contre Desfontaines (1738). La riposte fut immédiate et brutale: un brûlot intitulé *La Voltairomanie*\*. Désormais les deux adversaires se livrent une bataille sans merci. Non seulement Desfontaines répond à l'outrage par l'outrage, mais il dénonce encore son ennemi comme l'auteur des *Lettres*\* philoso-

*phiques* toujours passibles de poursuites depuis l'arrêt pris en 1734 par le Parlement de Paris. Voltaire voulut engager une procédure en forme contre Desfontaines et rechercha l'appui du marquis d'Argenson*. Celui-ci parvint, non sans peine, à obtenir la rétractation mutuelle des libelles incriminés. Desfontaines resta, même mort, dans toute l'œuvre de Voltaire, le type du journaliste de haine froide, sévère sans gaieté, méchant et presque fier de l'être. Il avait eu comme élève dans ses dernières années, jeune pigiste pour ses journaux, un certain Fréron* que Voltaire n'aima guère plus.

Didier Masseau

## DESFORGES-MAILLARD, Paul

GENS DE LETTRES • POÉSIE •

Ce nom évoquait pour Voltaire une étrange mésaventure. Desforges-Maillard (1699-1772) était un poète de talent de la génération de Voltaire, mais qui, après des débuts remarqués, n'arrivait pas à percer, faute de relations dans le monde des lettres et dans le grand monde, car il vivait loin de Paris, au Croisic en Bretagne. Il décida en 1730 d'attirer l'attention sur son œuvre en la signant d'un nom féminin : rares sont les poétesses d'une grande maîtrise. Et l'on vit donc bientôt paraître dans *Le Mercure de France*, le plus en vue des journaux littéraires, des pièces diverses sous l'aimable nom de «Mademoiselle Malcrais de La Vigne» dont, à l'automne de 1732, une grande épître «À M. Arouet de Voltaire, sur son poème épique de Henry le Grand et sur la vie de Charles XII, roi de Suède». Voltaire s'enthousiasme aussitôt pour cette inconnue, lui adresse des exemplaires de ses ouvrages, ainsi qu'une épître où il se confie, et même un madrigal où il se demande s'il peut aimer encore. D'autres auteurs sollicités partagèrent l'erreur de Voltaire, notamment Destouches ; seul un poète de Marseille éventa la ruse :

> *Vous n'êtes femme en aucune façon :*
> *Si fin génie, et savoir si profond,*
> *Dans votre sexe est extraordinaire.*

Desforges-Maillard, porté par un vif succès de curiosité, vint enfin à Paris en 1733, et y révéla sa véritable identité à Voltaire, qui prit assez gaiement la chose. Malheureusement deux faits gâtèrent les relations des deux poètes. Piron, rival de Voltaire, fit de cette mystification hermaphrodite un des éléments de sa comédie *La Métromanie* (1738), qui eut un très grand succès, et Voltaire put s'y croire caricaturé. Et puis Desforges-Maillard était lié avec Titon du Tillet qui, dans son *Parnasse français*, tableau et palmarès

des lettres contemporaines, plaçait Voltaire parmi les grands, mais non à la première place – ce qui ne se pardonne pas.

Sylvain Menant

*Belle Malcrais, mais ennuyeux Maillard...*
Palissot, La Dunciade, 1764, chant IX.

## DES MENSONGES IMPRIMÉS ET DU TESTAMENT POLITIQUE DU CARDINAL DE RICHELIEU

Voir TESTAMENT POLITIQUE DU CARDINAL DE RICHELIEU

## DESNOIRESTERRES, Gustave
BIOGRAPHIE •

On aura longtemps dit *le* Desnoiresterres avant que *le* Pomeau\* ne le remplace. Publiés entre 1867 et 1876, les huit volumes annoncent le panorama : *Voltaire et la société au XVIII$^e$ siècle*; les titres courants, au hasard des pages, indiquent un autre cadrage et des plans plus rapprochés : « Melpomène à Ferney », « Les béquilles du patriarche » « Toujours allant et souffrant » ; et ailleurs : « Une lettre interceptée » « Espièglerie d'un goût douteux » « Attaque à ciel ouvert » « Une intention perfide. » L'ouvrage fit autorité, il le méritait par son honnêteté, sa précision, sa documentation souvent remarquable, parfois inédite.

Mais venu à la biographie par la nouvelle et le roman, Desnoiresterres préférait aux difficultés du sens les plaisirs du récit, le coloris à la cohérence. Les incidents et les péripéties encombrent l'histoire, l'homme est presque réduit à ses relations, la rumeur du temps finit par dominer la voix propre de Voltaire. La principale carence est en effet la plus étonnante : les œuvres de l'écrivain ne sont guère traitées que du dehors, comme si elles n'étaient pas aussi expression et projet.

Le « Voltaire » de Desnoiresterres (1817-1892) relevait encore d'une pratique innocente et sereine de la biographie, issue de Sainte-Beuve. Côté « bio », des verbes, des noms propres, des circonstances ; côté « graphie », des adjectifs et des adverbes – sans théorie du sujet. Le politique est évidemment minoré, et même refoulé, à cette jointure du second Empire et de la III$^e$ République. Le sixième volume par exemple, qui couvre les affaires Calas, Sirven et La Barre, et la guerre contre l'Infâme, est sagement sous-titré : « Voltaire et J. J. Rousseau ». Gustave Desnoiresterres reçut la Légion

d'honneur en 1869, et son « Voltaire » fut couronné par l'Académie française. On doit aussi à Desnoiresterres une précieuse *Iconographie voltairienne* (1879) et de nombreux ouvrages sur la littérature, les arts et la société du XVIII$^e$ siècle – sans compter, dès 1851, une fervente monographie sur Balzac.

*André Magnan*

## DESPOTISME

CIVILISATION • GOUVERNEMENT • TYRANNIE •

Voltaire distingue-t-il le tyran du despote et du souverain absolu ? À lire la terrible galerie de portraits de l'*Essai sur les mœurs*, on en doute parfois. Tel roi de Danemark, jusqu'ici électif, devient souverain absolu, sans changer son exercice du pouvoir, et rien ne nous indique, dans *Le Siècle de Louis XIV*, que Voltaire ait condamné le pouvoir sans réelles limites du roi. Dans *L'Ingénu*, sa condamnation concerne avant tout le despotisme ministériel. L'analyse lexicale révèle que Voltaire emploie indifféremment « despote » et « tyran », même si le terme tyran est toujours péjoratif, à la différence de celui de despote, parfois neutre. L'absolutisme sert à désigner un mode théorique et abstrait d'exercice du pouvoir, et d'abord l'absence de tout contrôle sur la puissance royale, même si le monarque absolu n'en abuse pas.

On admettra que la tyrannie représente pour Voltaire le mal radical en politique. Les tyrans sont sanguinaires, fous et capricieux, comme Guillaume le Conquérant qui « disposait des biens et de la vie de ses nouveaux sujets comme un monarque de l'Orient » : « Il défendit sous peine de mort qu'aucun Anglais osât avoir du feu et de la lumière chez lui passé huit heures du soir, soit qu'il prétendît par là prévenir leurs assemblées nocturnes, soit qu'il voulût essayer par une défense si bizarre jusqu'où peut aller le pouvoir d'un homme sur d'autres hommes » (*Lettres philosophiques*, IX$^e$ lettre). Leurs caprices sont la loi, cruelle et imprévisible. Et il s'agit plus de la folie d'un ou de plusieurs individus (car dans la société féodale « chaque peuple avait cent tyrans au lieu d'un maître ») que d'un système politique en soi, ce que Voltaire rappelle dans l'article « Tyrannie » du *Dictionnaire philosophique*. Le tyran n'appartient pas au passé le plus lointain de l'espèce – la vie sauvage, la barbarie primitive entraînaient plutôt une sorte d'oligarchie guerrière ou une monarchie élective – et il n'a rien à voir non plus avec le « despote éclairé », parfois tyrannique dans sa façon d'agir, mais œuvrant toujours pour le progrès, la civilisation et le bien de son peuple. Car Voltaire ne peut croire que l'accès à la civilisation

et le refus de la barbarie soient l'œuvre d'une volonté collective. Son adhésion au «despotisme éclairé» (qu'il faudrait sans aucun doute appeler «absolutisme éclairé») participe d'une croyance au progrès, et d'une idéologie des grands hommes comme moteurs essentiels de l'histoire.
N'oublions pas enfin l'appui donné par Voltaire à Frédéric II, à Catherine, impératrice de Russie, qui le conduira à approuver le partage de la Pologne en 1772, son aveuglement quand il analyse le règne de Pierre le Grand, ses complaisances souvent gênantes pour ces réformateurs brutaux, mais habiles à séduire les philosophes et à utiliser le discours des Lumières.

*Jean Goulemot*

*J'ai une observation nécessaire à faire ici sur le mot «despotique» dont je me suis servi quelquefois. Je ne sais pourquoi ce terme, qui dans son origine n'était que l'expression du pouvoir très faible et très limité d'un petit vassal de Constantinople, signifie aujourd'hui un pouvoir absolu et même tyrannique. On est venu au point de distinguer, parmi les formes des gouvernements ordinaires, ce gouvernement despotique dans le sens le plus affreux, le plus humiliant pour les hommes qui le souffrent, et le plus détestable dans ceux qui l'exercent. On s'était contenté auparavant de reconnaître deux espèces de gouvernements, et de ranger les uns et les autres sous différentes divisions. On est parvenu à imaginer une troisième forme d'administration naturelle à laquelle on a donné le nom d'État despotique, dans laquelle il n'y a d'autre loi, d'autre justice que le caprice d'un seul homme. On ne s'est pas aperçu que le despotisme, dans ce sens abominable, n'est autre chose que l'abus de la monarchie, de même que dans les États libres l'anarchie est l'abus de la république.*

Supplément au Siècle de Louis XIV, 1753, I<sup>re</sup> partie.

## DES SINGULARITÉS DE LA NATURE, PAR UN ACADÉMICIEN DE LONDRES, DE BOLOGNE, DE PÉTERSBOURG, DE BERLIN, ETC.

Voir SINGULARITÉS DE LA NATURE (LES).

## DEUX CONSOLÉS (LES)

CONTES PHILOSOPHIQUES •

Ce texte très bref, de quelques pages, fut publié en 1756 dans l'édition Cramer; libre de ton et pessimiste de fond, il semble nourri de l'érudition de l'*Essai sur les mœurs*, que Voltaire achevait alors. Le philosophe Citophile tente de consoler une dame en lui montrant que l'Histoire n'est

que crimes, violences et malheurs. Quand il perd son fils unique, la dame tente à son tour de le consoler, en lui dressant la liste de tous les rois qui ont perdu leurs enfants. Le remède se révèle tout aussi vain. Le temps passe. Le philosophe et la dame se retrouvent d'une humeur très gaie : « Ils firent ériger une belle statue au Temps, avec cette inscription : À CELUI QUI CONSOLE. » S'agit-il d'un conte, d'un dialogue ou d'un apologue ? La question n'a guère d'importance. L'hésitation manifeste seulement l'extrême diversité que revêt le conte philosophique voltairien.

*Jean Goulemot*

## DEUX TONNEAUX (LES)

FRÉDÉRIC II • MAL • POÈTE • PRUSSE •

C'est pendant son séjour en Prusse auprès de Frédéric II, en 1751, que Voltaire lui adresse une longue épître connue sous ce titre (qui resservira en 1768 pour un opéra-comique). En quatre-vingts vers, alexandrins mêlés d'octosyllabes, il médite avec humour sur le métier de roi. Contre Pascal, il affirme que même dans la solitude, un roi peut être heureux, pourvu qu'il travaille :

> *Travailler est le lot et l'honneur d'un mortel.*
> *Le repos est, dit-on, le partage du ciel.*
> *Je n'en crois rien du tout.*

Or l'activité des rois est décisive : d'elle dépend le bonheur ou le malheur de leurs sujets. En cela, les rois sont comparables à Dieu :

> *Il a deux gros tonneaux d'où le bien et le mal*
> *Descendent en pluie éternelle...*
> *Les sots, les gens d'esprit, et les fous, et les sages,*
> *Chacun reçoit sa dose, et le tout est égal.*

C'est aussi l'occasion, tout en faisant l'éloge du roi de Prusse, de lui conseiller l'usage du bon tonneau, notamment pour ses familiers, car les choses ne vont pas toujours pour le mieux dans l'entourage de Frédéric, que Voltaire va bientôt ne plus pouvoir supporter. Mais l'épître rassemble aussi des thèmes majeurs de la pensée morale et politique de Voltaire : l'éloge de l'action, la confiance dans la monarchie éclairée, la certitude d'une égalité réelle des conditions, la vision manichéenne d'un monde où bien et mal se côtoient sans bilan possible.

*Sylvain Menant*

## DIABLE

DOGMES • HOMME • MAL •

Voltaire rejette l'idée d'un corps ou d'une âme possédés par le diable : assimiler les maux physiques à une possession démoniaque, comme le firent les anciens juifs, Jésus, les Pères de l'Église, c'est pure ignorance et superstition profonde – seuls les moines y gagnent, en monnayant leur intervention sur les prétendues victimes. Mais par la négation d'une corruption diabolique de la nature humaine, le philosophe ose ébranler l'un des fondements du christianisme. L'article «Ange» du *Dictionnaire philosophique* rappelle les liens dogmatiques entre faute et rédemption, la damnation du genre humain, la tentation d'Ève et la chute des anges; mais Voltaire note alors que cette dernière croyance, pourtant fondamentale, est étrangère à l'Écriture : elle ne se trouve que dans le livre apocryphe d'Énoch et remonte au *Shasta*, recueil des brahmanes. Ces élaborations de commentaire, ressassées dans de nombreux ouvrages, soutiennent surtout des convictions morales – un humanisme pragmatique. Dans l'article «Méchant» du *Dictionnaire philosophique*, comme dans *L'A. B. C.*\* (III$^e$ entretien), Voltaire limite à l'extrême le nombre des vrais méchants qui font le mal par intention, et donne à cette méchanceté une cause non ontologique mais historique, par l'enchaînement premier des passions. Aux discours emphatiques sur l'universalité du mal et la malfaisance humaine, il oppose la confiance concrète en la bonté naturelle de chaque homme.

*Marie-Hélène Cotoni*

## DIALOGUE (Pratique du)

CERTITUDE • PHILOSOPHIE •

Parce qu'on ne bâtit pas une carrière d'homme de lettres sur des genres mineurs, Voltaire, héraut de la tragédie, poète de cour, historiographe du roi, ne s'intéressa que tardivement au dialogue. Il faut attendre 1750 et le départ pour Berlin auprès de Frédéric II pour qu'il songe à écrire et à publier des morceaux dialogués, entretiens et autres «rogatons», en même temps que se prolonge la veine des contes. Puis, à partir des années 1760, la campagne contre l'Infâme nécessitait une artillerie adaptée aux brèves escarmouches : elle favorisa sans doute le recours plus marqué à cette pratique de confrontation critique.

Il faut souligner d'emblée la grande diversité du dialogue voltairien. Sous sa forme polémique, le dialogue s'est rapidement imposé à travers des morceaux de circonstance, souvent agressifs et proches du pamphlet

– comme *De l'Encyclopédie, Galimatias dramatique* –, bien différents de l'intimité profonde et douloureuse de ces *Dialogues d'Évhémère* que le patriarche publie à la veille de sa mort. Ces différences de statut sont rendues plus sensibles par le volume respectif des œuvres : aux « fusées » satiriques, la brièveté et le sarcasme ; aux dialogues philosophiques, la recherche et le dépouillement (*Dialogues\* entre Lucrèce et Posidonius, L'A. B. C.\*, Dialogues\* d'Évhémère*).

À ce titre, Voltaire est probablement le meilleur représentant d'un dialogue des Lumières dont la vocation serait d'être à la fois polémique, pédagogique et heuristique. Certes, ses dialogues sont moins réalistes, et plus rhétoriques aussi, que ceux de Diderot. On peut même les lire, le plus souvent, comme de faux dialogues, de la pure littérature sans base de vraisemblance. Mais on y trouve un mélange unique de passion et de dérision qui manifeste partout le même refus des systèmes clos. La forme du dialogue permet justement de reprendre le même thème avec des traits chaque fois différents, et l'impression de ressassement est corrigée par la variation permanente des registres et des sujets, depuis la question de *L'Éducation d'une fille*, jusqu'à celle de la justice et des lois, comme dans le *Dialogue entre un plaideur et un avocat*. La diversité des interlocuteurs est vertigineuse : des religieux de toutes confessions, des philosophes de toutes nations, des sauvages de tous pays, des animaux à deux ou quatre pieds. Les modèles de Voltaire sont anciens, Lucien surtout, l'inventeur du dialogue des morts, mais modernes aussi, Saint-Évremond et Pascal – l'extraordinaire ventriloquie voltairienne doit beaucoup à la lecture des *Provinciales* et à leurs jeux parodiques.

Au nombre déjà important des dialogues publiés séparément (une trentaine), il faut ajouter ceux qui composent les chapitres d'un traité (*Traité sur la tolérance*, chap. XVI et XIX), d'un conte (l'*Histoire de Jenni, ou le Sage et l'athée* fait une place essentielle au dialogue philosophique de Freind et Birton), ou des articles entiers du *Dictionnaire philosophique* (« Dieu », « Liberté », « Nécessaire » et les quatre « Catéchisme ») et des *Questions sur l'Encyclopédie* (« Nature », « Providence », « Puissance »...). De cet ensemble imposant, dispersé au gré des logiques éditoriales, seule l'édition de Kehl\* a jamais tenté le regroupement, dans un volume spécifique intitulé « Dialogues et entretiens » (t. XXXVI de l'édition in-8°) – d'ailleurs encore incomplet.

La forme mise à part, on cherchera vainement une structure méditée à cette masse disparate. Tous ces dialogues disent au fond, chacun à sa manière, la misère et la gloire de l'activité raisonnante. Voltaire se méfie des mots creux, des notions trop générales, et préfère l'aveu d'ignorance au discours d'autorité. Une fonction essentielle est donc donnée dans ces textes au questionnement. Le philosophe s'efface souvent pour laisser

parler l'autre, par un retrait tantôt stratégique (le système se dévoile et se discrédite), tantôt philosophique (l'interrogation ouvre la démarche réflexive). Les dialogues sont ainsi le lieu d'une pédagogie paradoxale qui, loin d'établir de nouveaux enseignements, met en garde contre les fausses leçons. Toute affirmation ne peut se donner que comme un doute, et encore le doute ne doit-il porter que sur ce qui vaut la peine d'être interrogé – c'est pourquoi Voltaire fustige les fausses questions des théologiens (*Entretiens d'un sauvage et d'un bachelier*). Entre une raison parfois confiante (la forme se fait alors catéchisme*) et la réflexion tremblante d'inquiétude, il incombe au philosophe de trouver sa place et de poser sa voix. Le dialogue véritable, en fin de compte, est celui de Voltaire avec lui-même.

Stéphane Pujol

LE BACHELIER : *Il faut que vous me disiez d'où sont venus chez vous les hommes. Qui croit-on qui ait peuplé l'Amérique ?*
LE SAUVAGE : *Mais nous croyons que c'est Dieu qui l'a peuplée.*
LE BACHELIER : *Ce n'est pas répondre. Je vous demande de quel pays sont venus vos premiers hommes.*
LE SAUVAGE : *Du pays d'où sont venus nos premiers arbres. Vous me paraissez plaisants, vous autres messieurs les habitants de l'Europe, de prétendre que nous ne pouvons rien avoir sans vous : nous sommes tout autant en droit de croire que nous sommes vos pères que vous de vous imaginer que vous êtes les nôtres.*
LE BACHELIER : *Voilà un sauvage bien têtu !*
LE SAUVAGE : *Voilà un bachelier bien bavard !*
LE BACHELIER : *Holà, hé ! monsieur le sauvage, encore un petit mot ; croyez-vous dans la Guyane qu'il faille tuer les gens qui ne sont pas de votre avis ?*
LE SAUVAGE : *Oui, pourvu qu'on les mange.*
*Entretiens d'un sauvage et d'un bachelier*, 1761.

## *DIALOGUE DE PÉGASE ET DU VIEILLARD*

FERNEY · POÈTE ·

À 80 ans, en 1774, Voltaire résume ses griefs contre les gens de lettres, les libraires, les critiques littéraires, les inventeurs de systèmes, et même la littérature. De tout cela, il a fait longuement l'expérience, et sa conclusion est simple : il faut s'occuper de ses terres, vivre en sage à la campagne loin de l'agitation, et ne se mêler de politique ni étrangère, ni intérieure. Le vieil écrivain renonce donc enfin à la littérature, à ses combats et à sa gloire. Mais ces belles résolutions sont présentées dans un poème brillant,

177 alexandrins pleins de vivacité, où pas un de ses adversaires et de ses critiques n'est épargné.

Ce vieillard fatigué, qui se confie au coin d'un de ses champs, enthousiaste seulement d'agriculture, est-ce bien Voltaire à Ferney ? Pégase au moins, le « coursier du Parnasse », tente encore de l'entraîner – en vain paraît-il. L'autoportrait ne manque pas de saveur. Mais au moment même où il dit renoncer à tout, Voltaire montre assez qu'il ne renonce à rien, et qu'il a gardé tout son feu – il s'est d'ailleurs hâté de faire circuler ce dialogue à Paris.

*Sylvain Menant*

## *DIALOGUE DU CHAPON ET DE LA POULARDE*

BÊTES • DIALOGUE • HOMME •

Il y a plusieurs manières de lire cet étonnant dialogue, et la plus simple n'est peut-être pas la plus sotte. Les deux malheureux volatiles, bien nourris mais déjà diminués d'une partie essentielle de leur être, découvrent le sort qui les attend, mais passent d'abord en revue la longue liste de tous les crimes commis par l'homme. La même année 1763, Voltaire a publié le *Traité sur la tolérance*, où il défend l'idée que les bêtes nous ressemblent, et que nous leur devons de la commisération. Non content de réfuter la thèse cartésienne de l'animal machine, il affirme que les bêtes sont capables de sentiments, il entend leurs cris de souffrance, de joie, d'amour et de colère. La lecture d'un traité du pythagoricien Porphyre touchant à l'abstinence de la chair des animaux a sans doute servi de point de départ à ce dialogue. Mais l'essentiel, c'est évidemment ce procès des hommes fait par les animaux, dont le regard horrifié fixe la cruauté. Maigre consolation, le chapon et la poularde apprennent que l'on rôtit aussi des hommes pour cause de religion, et qu'on les castre parfois, pour mieux les faire chanter.

*Stéphane Pujol*

*LA POULARDE : Eh, mon Dieu ! ne vois-je pas venir ce vilain marmiton de cuisine avec son grand couteau ?*
*LE CHAPON : C'en est fait, m'amie, notre dernière heure est venue ; recommandons notre âme à Dieu.*
*LA POULARDE : Que ne puis-je donner au scélérat qui me mangera une indigestion qui le fasse crever ?*
*Mais les petits se vengent des puissants par de vains souhaits, et les puissants s'en moquent.*
*LE CHAPON : Aïe ! on me prend par le cou. Pardonnons à nos ennemis.*

*LA POULARDE : Je ne puis ; on me serre, on m'emporte. Adieu, mon cher chapon.*
*LE CHAPON : Adieu, pour toute l'éternité, ma chère poularde.*
Dialogue du chapon et de la poularde, 1763.

## DIALOGUE DU DOUTEUR ET DE L'ADORATEUR, PAR M. L'ABBÉ DE TILLADET
CHRISTIANISME · DÉISME ·

Publié en brochure en 1766, c'est un petit dialogue sur la religion, sérieux, grave même, avec au centre la figure de Jésus\*, représenté comme un homme sage, bon, vertueux, un digne modèle. Critique des Évangiles, du christianisme historique, de l'Église, de ses dogmes et de sa puissance : les deux conversants s'accordent là-dessus. Quant à une possible morale de foi humaniste, le Douteur a des questions, l'Adorateur des certitudes – raisonnables cependant les unes et les autres. « Aimez Dieu et votre prochain », propose l'Adorateur. Voltairianisme œcuménique d'une seconde imitation de Jésus, en vulgate déiste. Quatre ans plus tard, le *Système\* de la nature* devait réveiller le patriarche, en dévoilant l'ultime Douteur : l'athée véritable.

*André Magnan*

## DIALOGUE ENTRE MME DE MAINTENON ET MLLE DE LENCLOS
BONHEUR · DIALOGUE ·

Recueilli dans l'édition des œuvres publiée à Dresde en 1751, ce petit dialogue pose avec une naïveté enjouée la question des rapports entre le pouvoir et la liberté, la gloire et le bonheur. Mme de Maintenon, fatiguée de régner mais incapable de renoncer au prestige de sa place, reçoit la célèbre courtisane philosophe Ninon de Lenclos\*, après l'avoir longtemps négligée. Elle a appris la vanité des passions, pourtant nécessaires : par le principe dynamique de l'amour-propre, les hommes cherchent à s'élever au-dessus de leur condition. Mais la renommée ne fait pas le bonheur, puisque le cœur de la Maintenon est vide, et son esprit contraint. La figure du chiasme, qui est au cœur du texte, exprime la contradiction d'un pouvoir que fuit le bonheur et d'une liberté qui s'aliène. Pénétrée de sagesse antique, Ninon admet la vieillesse, et ne sera « ni malheureuse ni dévote » ; il lui reste trois biens : ses amis, la liberté et la philosophie. Parce qu'il est rare qu'on jouisse d'une félicité complète, le bonheur selon

Voltaire dépend pour moitié des circonstances, et pour moitié de la ligne qu'on s'est fixée.

Stéphane Pujol

## *DIALOGUE ENTRE MARC AURÈLE ET UN RÉCOLLET*

CHRISTIANISME · DIALOGUE · ROME ·

Envoyé à Frédéric II le 5 juin 1751, ce dialogue des morts « à la manière de Lucien » ne manque pas de piquant. Redescendu sur terre avec son habit à l'antique et sa petite barbe de philosophe, Marc Aurèle découvre avec horreur que Rome n'est plus dans Rome et que le Capitole est aux mains des récollets ; frère Fulgence qui l'accueille lui explique les torrents de sang qu'il a fallu verser pour établir « la paix catholique ».
L'intérêt de ce petit dialogue réside dans la dénonciation de la rhétorique religieuse qui manie l'exclusion et l'anathème. Face à l'enthousiasme du prêtre, Marc Aurèle affiche une soumission au destin – un des dogmes du stoïcisme – qui est conscience aiguë de « la vicissitude des choses humaines ». Encore cette philosophie, qui fait du changement une loi de l'histoire, n'est-elle pas sans malice : « Puisque l'Empire romain est tombé, les récollets pourront avoir leur tour... »

Stéphane Pujol

LE RÉCOLLET : *Je vous excommunie, et je vais à matines.*
MARC AURÈLE : *Et moi, je vais me rejoindre à l'Être des êtres.*
*Dialogue entre Marc Aurèle et un récollet, 1751.*

## *DIALOGUE ENTRE UN BRAHMANE ET UN JÉSUITE SUR LA NÉCESSITÉ ET L'ENCHAÎNEMENT DES CHOSES*

DIALOGUE · LIBERTÉ ·

Publié en 1752 dans un périodique berlinois dirigé par Formey, *L'Abeille du Parnasse*, ce dialogue fut repris en 1756 dans un volume de Mélanges. Petit texte, mais grand enjeu. À un jésuite partisan du libre arbitre est confronté un brahmane indien défenseur du fatalisme – chaque homme obéit à la destinée et rien ne se commande. Quelle est ici la position de Voltaire ? Encore partisan des causes* finales dont il semble pourtant admettre les limites, il se range au moins dans le camp des philosophes modernes contre le spiritualisme chrétien. Mais il paraît hésiter entre l'idée d'un déterminisme aveugle et l'idée d'une Providence immanente. Son brahmane explique trop impeccablement la mort d'Henri IV : on croit entendre

le futur Pangloss et sa théorie des événements enchaînés. L'ironie ici – si ironie il y a – est la marque du doute, la forme dialoguée traduisant un débat interne à la pensée voltairienne. Comme dans le *Poème\* sur la loi naturelle* dont ce texte est contemporain, Voltaire semble renvoyer dos à dos les grands systèmes philosophiques. En bon déiste, il cherche à montrer que la fatalité naturelle constitue un ordre véritable et non un simple déterminisme. Car il y a urgence : derrière le jésuite se profile un ennemi autrement redoutable – l'athée – dont il faudra repousser le matérialisme radical.

*Stéphane Pujol*

## DIALOGUE ENTRE UN PHILOSOPHE ET UN CONTRÔLEUR GÉNÉRAL DES FINANCES

DIALOGUE • IMPÔTS • POLITIQUE •

Publié dans l'édition de Dresde des œuvres en 1751, c'est un véritable programme de réformes économiques. D'abord un dialogue s'amorce en effet : dans ce contrôleur ouvert aux idées neuves, on reconnaît Machault d'Arnouville, alors titulaire de ce ministère, et le philosophe parle comme Voltaire. Mais le philosophe sortant de sa poche «quelques papiers» destinés à «fournir beaucoup de réflexions», le ministre va s'empresser de les lire. Le dialogue cède alors la place à un véritable mémoire, où l'on retrouve les grands principes des Lumières, notamment en matière de fiscalité. Voltaire souligne le rôle de l'État centralisateur, et soutient l'idée que le progrès des arts est coextensif au progrès économique et social. L'image du philosophe conseiller du prince fut un rêve cher à Voltaire. Il n'eut guère l'occasion de le concrétiser : cet opuscule est même sans doute antérieur à *La Voix\* du sage et du peuple*, autre projet également avorté.

*Stéphane Pujol*

## DIALOGUE ENTRE UN PLAIDEUR ET UN AVOCAT

DIALOGUE • JUSTICE •

Fiction piquante d'une conversation en attendant l'audience. Pourquoi la justice est-elle si lente? Pourquoi faut-il solliciter ses juges? Pourquoi les lois sont-elles si différentes – comme les poids et les mesures – d'une province à l'autre du royaume? Les Anglais au moins vivent sous les mêmes lois, quoiqu'ils tolèrent plusieurs religions – mais chacun sait que ce sont «des barbares»... Ce petit dialogue fait signe de loin (1751) vers les affaires judiciaires dont s'occupera Voltaire après 1760.

*André Magnan*

L'AVOCAT: *Ah! si vos pupilles étaient nés à Guignes-la-Putain, au lieu d'être natifs de Melun près Corbeil!*
LE PLAIDEUR: *Eh bien! qu'arriverait-il alors?*
L'AVOCAT: *Vous gagneriez votre procès haut la main: car Guigne-la-Putain se trouve située dans une commune qui vous est tout à fait favorable; mais à deux lieues de là, c'est tout autre chose.*
Dialogue entre un plaideur et un avocat, 1751.

## *DIALOGUES CHRÉTIENS, OU PRÉSERVATIF CONTRE L'ENCYCLOPÉDIE*
ANTICLÉRICALISME • DIALOGUE • *ENCYCLOPÉDIE* • IRONIE •

Ces deux entretiens parurent à Lyon en 1760, en brochure séparée. Voltaire a toujours désavoué cette violente satire, indéfendable et à Genève et en France. Le sujet en est l'*Encyclopédie* dont le privilège avait été supprimé un an auparavant et l'impression officiellement suspendue. Tous les prêtres, catholiques et protestants réunis, se déchaînaient contre le fameux ouvrage, et Voltaire a voulu saisir sur le vif les tactiques cléricales contre la libre pensée. Le titre de «Préservatif» est d'ailleurs ironiquement repris des innombrables mises en garde de l'apologétique chrétienne contre les philosophes. Trois personnages: le prêtre du premier entretien incarne l'un ou l'autre des rédacteurs du *Journal chrétien*; le ministre du second est le Genevois Jacob Vernet*, que les initiés pouvaient reconnaître. L'Encyclopédiste est naturellement le porte-parole de Voltaire.

L'objet est précisément d'éclairer la stratégie respective des catholiques et des protestants. Aux premiers, la manière forte: le prêtre n'hésite pas à brandir la menace d'une nouvelle inquisition. Ne s'embarrassant pas de nuances, il prône l'affrontement direct et déclare une guerre ouverte aux Encyclopédistes. Sa rhétorique est celle de l'anathème et de la damnation. Aux seconds, la manière douce et subtile, et l'onction: le pasteur peint les philosophes sous un jour odieux, et s'empresse de les excuser en feignant de pleurer sur le vice. En réalité, Voltaire montre, derrière la différence de méthodes, l'unité des intentions. Les démarches des catholiques et des protestants apparaissent complémentaires, puisque de toute façon «la fin sanctifie les moyens». Le contraste est dès lors flagrant entre la pondération du pauvre Encyclopédiste et l'enthousiasme des religieux, Voltaire soulignant au passage l'innocence et l'utilité d'une entreprise qui est avant tout d'ordre intellectuel.

Comme souvent dans les dialogues, la critique des prêtres passe par le langage. Le comble en est ici une étonnante manipulation textuelle: le prédicant invente et propose un stratagème proche de celui auquel

Voltaire recourt lui-même en publiant ce vrai faux *Préservatif contre l'Encyclopédie*.

Stéphane Pujol

## *DIALOGUES D'ÉVHÉMÈRE*

CERTITUDE • DIALOGUE • PHILOSOPHIE •

Ces dialogues, les derniers que Voltaire ait écrits, parurent en brochure en 1777, imprimés à Amsterdam sous la fausse adresse de Londres. C'est aussi l'une des dernières œuvres publiées par le philosophe. La date de parution, l'étendue et la densité du sujet portent à lire ces douze entretiens comme un testament philosophique.

Sous la forme d'un récit de voyage, le philosophe grec Évhémère commente avec son ami Callicrate les grands systèmes du monde, de la physique d'Épicure à la métaphysique de Platon, mais aussi les grandes découvertes faites chez les « peuples barbares ». Ce voyage dans l'espace et le temps s'autorise quelques anachronismes qui permettent d'aborder des sujets d'actualité chers à Voltaire, comme par exemple, dans les derniers entretiens, les arts et les idées nouvelles des Gaulois, c'est-à-dire toute l'histoire moderne.

Le choix du protagoniste n'est pas innocent : l'« évhémérisme » est une doctrine antique qui dénonce les représentations erronées que les hommes se font des dieux et insiste sur le rôle des mythes dans la religion. Les Lumières s'y reconnurent et firent d'Évhémère un représentant de la libre pensée. Cependant, si Voltaire s'inspire du philosophe stoïcien pour expliquer l'origine de la religion, il refuse de mettre en cause l'idée d'un Dieu tout-puissant créateur de l'univers. Au contraire, le matérialisme est l'objet d'une longue réfutation, et Voltaire vise clairement des contemporains, le baron d'Holbach\* en particulier qui apparaît sous le pseudonyme de Diagoras. Contre ces athées, Évhémère devient le plus ardent défenseur du déisme. Mais en 1777, l'heure est aux bilans nuancés et à la recherche de compromis acceptables : Voltaire reprend par exemple la question de la liberté, celle de l'existence du mal, mais sans revenir ni à l'optimisme facile d'avant le désastre de Lisbonne, ni au pessimisme tragique qui s'ensuivit. Évhémère propose avec modestie, et réfute avec modération. Hormis sa croyance irrépressible en Dieu, il ne demande qu'un « respectueux silence » sur les mystères de la foi, sur l'au-delà, sur les enseignements des théologiens.

Il n'y a pas, même sur la question de l'âme, d'avancée notable par rapport aux œuvres antérieures. Mais la démarche, jamais dogmatique, toujours en

recherche, est exemplaire, comme la capacité qu'a Voltaire de se parodier ou de parodier les arguments de son propre déisme.

Ce dialogue – l'un des plus beaux peut-être que Voltaire ait écrits – est donc un authentique dialogue heuristique. «Je ne vous donnerai jamais mes opinions que comme des doutes» dit Évhémère. L'aveu est délicat pour un homme qui refuse les systèmes autant que les rêveries. C'est pourtant la rêverie qui l'emporte sous couvert de système, comme il le reconnaît lui-même à la fin, et ce mouvement n'est pas sans rappeler certains dialogues de Diderot. On peut y prendre une belle leçon de sagesse, où la candeur et l'ignorance sont revendiquées comme des valeurs positives: «Mon système sur les œuvres de Dieu, c'est l'ignorance.» Le dernier entretien décèle à peine un léger glissement, comme si Voltaire revenait à sa passion première, de polémiquer plus que de disputer. On retrouve le ton badin de ses tout premiers dialogues, antérieurs de plus de vingt ans, mais la satire est aussi tournée contre des tentations personnelles démystifiant l'euphorie de la connaissance et la transformation de l'homme de science en démiurge, du philosophe en maître à penser.

Ces entretiens semblent faire la synthèse de toutes les expériences et traditions qui se croisent dans les écritures dialogiques de Voltaire, du dialogue des morts hérité de Lucien au dialogue de confrontation des cultures cher à tout le XVIII$^e$ siècle. Dans cette dialectique essentielle de l'inquiétude et de la certitude, Voltaire se partage entre celui qui doute et celui qui croit. Jamais aucun de ses dialogues n'avait à ce point mérité l'épithète de philosophique.

*Stéphane Pujol.*

CALLICRATE: *Eh bien! définissez-nous donc à la fin votre Dieu pour fixer nos incertitudes.*

ÉVHÉMÈRE : *Je crois vous avoir prouvé qu'il en existe un par ce seul argument invincible : le monde est un ouvrage admirable; donc il y a un artisan plus admirable.*

*La raison nous force à l'admettre, la démence entreprend de le définir.*

CALLICRATE: *C'est ne rien savoir, et même c'est ne rien dire, que de nous crier sans cesse: il y a là quelque chose d'excellent, mais je ne sais ce que c'est.*

ÉVHÉMÈRE: *Souvenez-vous de ces voyageurs qui, en abordant dans une île, y trouvèrent des figures de géométrie tracées dans le sable du rivage. « Courage, dirent-ils, voilà des pas d'hommes. » Nous autres stoïciens, en voyant ce monde, nous disons : Voilà des pas de Dieu.*

*Dialogues d'Évhémère, 1777, V$^e$ dialogue.*

## DIALOGUES ENTRE LUCRÈCE ET POSIDONIUS

ATHÉISME • DÉISME • DIALOGUE • TOLÉRANCE •

Il s'agit de deux entretiens importants, que Voltaire publia en 1756 dans un volume de Mélanges. La fiction antique sert de cadre à un débat philosophique et religieux d'actualité. Voltaire éprouve en effet dès cette date la nécessité de mener son combat sur deux fronts : contre le christianisme, mais aussi contre l'athéisme matérialiste illustré par La Mettrie* qu'il a fréquenté à la cour de Frédéric II. À Lucrèce les arguments de l'athéisme moderne ; Posidonius, philosophe stoïcien, défend au contraire le credo déiste.

Le premier dialogue est une démonstration de l'existence de Dieu par des arguments classiques, en particulier la défense des causes* finales. Voltaire, après les doutes suscités par le désastre de Lisbonne, réaffirme la nécessité de la Providence divine, tandis que Lucrèce résiste avec les arguments d'Épicure : la matière est éternelle, le mouvement lui est essentiel, et il est donc possible que le hasard ait organisé l'univers dans l'ordre où il est. Avec La Mettrie, derrière Épicure, c'est peut-être aussi le Diderot des *Pensées philosophiques* (1746) qui est visé.

À l'ouverture du second dialogue, Lucrèce est à moitié converti. La discussion va maintenant porter sur la nature de la pensée, et la question de l'âme. Curieusement, Lucrèce n'est pas loin d'exprimer ici des idées chères à Voltaire, celles de la XIIIe des *Lettres philosophiques* (1734), soutenant l'idée que Dieu a fort bien pu douer la matière de pensée. C'est d'ailleurs dans ce deuxième entretien que se marque le mieux le mouvement heuristique du dialogue. Le déisme scientiste, affirmé avec force au début du texte, laisse alors place à l'expression du doute. À défaut des « preuves » (mot clef du premier entretien), réclamées conjointement par le stoïcien et l'épicurien, on se rabat sur des conjectures. La construction dialectique s'affirme enfin, les interlocuteurs assumant à tour de rôle les questions et les réponses. Lucrèce et Posidonius se retrouvent ainsi, à l'issue du dialogue, à égalité de lumières et d'incertitudes des : « Je ne prétends pas en savoir plus que vous. Éclairons-nous l'un l'autre », concède Posidonius.

Rien n'est plus caractéristique de l'épistémologie voltairienne que l'aveu final d'ignorance. Certes, cette concession de prudente sagesse n'empêche pas que le déisme soit sauvé, mais toutes les objections ont aussi été prises en compte. Posidonius respecte au fond son adversaire et même après la conversion un peu forcée de Lucrèce, Voltaire s'interdit tout dogmatisme.

*Stéphane Pujol*

## DIASPORA

Voir PARSIS, BANIANS, GUÈBRES, JUIFS.

## *DIATRIBE À L'AUTEUR DES ÉPHÉMÉRIDES*

AGRICULTURE • ANTICLÉRICALISME •
HOMME AUX QUARANTE ÉCUS (L') • IMPÔTS • TURGOT •

Dirigées par l'abbé Baudeau, les *Éphémérides du citoyen*, devenues les *Nouvelles Éphémérides économiques* en 1774, défendaient les thèses physiocratiques. En 1775, en pleine expérience Turgot, Voltaire publie une diatribe adressée à l'abbé Baudeau, dont un arrêt du Conseil du 19 août ordonna la suppression. La Harpe, lié à Voltaire, en donna un extrait dans *Le Mercure de France*, ce qui entraîna la destitution du censeur qui avait autorisé cette publication. En parfait accord avec les thèses des physiocrates, dont il avait pourtant fait la critique en 1768 dans *L'Homme aux quarante écus*, Voltaire y affirme que l'agriculture est la mère de tous les arts et l'origine de tous les biens : la religion elle-même est fondée sur l'agriculture. D'où une longue digression violemment anticléricale dénonçant les immunités fiscales de l'Église et les immenses possessions monastiques comme les premiers obstacles au développement agricole. Dans toute la démonstration, le « noble art » de l'agriculture apparaît comme soumis à l'exploitation avide des religieux et des politiques. Que de loups voraces pour un Sully et le bon roi Henri IV ! La discussion devient ensuite plus technique, le contexte réformiste y invitant sans aucun doute. Voltaire s'interroge sur la bonne utilisation des impôts et juge fondamentalement nocif la pratique du prélèvement fiscal. Il défend surtout la libre circulation des grains et la politique de Turgot, tout particulièrement l'édit sur la liberté du commerce des grains du 13 septembre 1774. Sous la forme d'un petit conte, il évoque les émeutes populaires de 1775 qui venaient de mettre à sac des moulins et des boulangeries. Ces émeutes appelées guerre des farines auraient été, selon Voltaire, l'œuvre de provocateurs et d'agitateurs. Et de noter : « La horde de vengeurs des lois fondamentales [...] tous ivres, et cria[n]t qu'ils mouraient de faim », pour conclure : « La raréfaction tient au clergé. » L'explication demeure, on le reconnaîtra, passablement insuffisante.

*Jean Goulemot*

## *DIATRIBE DU DOCTEUR AKAKIA, MÉDECIN DU PAPE*

Voir HISTOIRE DU DOCTEUR AKAKIA ET DU NATIF DE SAINT-MALO.

## DICTIONNAIRE PHILOSOPHIQUE

ANTICLÉRICALISME • CHRISTIANISME • PHILOSOPHIE •

Ce dictionnaire « sent le fagot », selon Voltaire. Il fut effectivement brûlé dans plusieurs capitales européennes, puis sur le bûcher du chevalier de La Barre. C'est aujourd'hui le titre en usage. Mais publié sans nom d'auteur en 1764 chez Grasset à Genève, c'était en fait le *Dictionnaire philosophique portatif*. Il fut réédité jusqu'en 1767 sous ce titre, puis en 1769 sous celui de *La Raison par alphabet*, et à partir de 1770 de *Dictionnaire philosophique*. Dès la première édition posthume de Voltaire, celle de Kehl\*, c'est aussi sous ce dernier titre que toutes ses œuvres alphabétiques furent regroupées indistinctement – anciens articles du « Portatif », nouveaux articles des *Questions\* sur l'Encyclopédie*, morceaux détachés, etc. –, véritable monstre éditorial, d'où on ne redégagea qu'à la fin du XIX$^e$ siècle, après Bengesco\*, les 118 articles qui composent le *Dictionnaire philosophique*. En cet âge d'or des dictionnaires, où prospéraient les « portatifs » condensant les connaissances, Voltaire avait choisi, pour son « dictionnaire d'idées », un petit format apte à promouvoir cette « révolution dans les esprits » qu'il appelait et préparait.

Dès 1752, à Berlin, Voltaire avait conçu le projet d'un ouvrage alphabétique rédigé collectivement, destiné à lutter contre le fanatisme. Frédéric II accepta de le patronner, quelques articles furent même écrits, mais son départ précipité de Prusse suspendit l'entreprise. Il collabora ensuite à l'*Encyclopédie\**, tout en en critiquant les longueurs et vit encore le projet interrompu en 1759. Le 18 février 1760, il confie à Mme du Deffand qu'il est « absorbé dans un compte » qu'il se rend à lui-même, « par ordre alphabétique », de ce qu'il doit « penser sur ce monde-ci et sur l'autre ». Ce « compte » comprend déjà 73 articles lorsqu'il paraît en juillet 1764, quelques semaines après la cassation de l'arrêt condamnant à mort Jean Calas. Voltaire attribue son « Portatif » tantôt à un apprenti théologien, Dubut ou Des Buttes, tantôt à plusieurs auteurs.

Il le complète au fil des ans, ajoute huit articles dès l'édition de décembre 1764 ; puis 16 articles, des sections supplémentaires, des additions, une nouvelle version de « Salomon » dans l'édition Varberg en 1765 ; enfin 18 articles, des sections et additions en 1767, et encore quatre articles et des additions en 1769. De l'article « Abbé » à l'article « Vertu », l'ensemble comprend alors 118 entrées, mais réparties inégalement, les six premières lettres de l'alphabet regroupant plus de 60 articles.

« Ce livre n'exige pas une lecture suivie, avertit la préface ; mais, à quelque endroit qu'on l'ouvre, on trouve de quoi réfléchir. » Le pari sur la discontinuité se veut appel à la participation du lecteur, donc méthode réfléchie de diffusion des Lumières. En fait, la présentation en articles, entités séparées, ne nuit en rien à la cohérence d'un propos fortement orienté.

Les trois cinquièmes des articles sont dévolus à la critique du judéo-christianisme. Les autres, qui à quelque degré participent de la même veine, se répartissent en deux groupes principaux, selon qu'ils traitent de questions philosophiques («Bien, Souverain Bien» «Bien, Tout est», «Chaîne des événements», «Fin, Causes finales», «Liberté»), ou de questions politiques, comme «Égalité», «États, gouvernements», «Maître», «Tyrannie». Des réflexions sur la justice («Lois», «Torture»), sur la psychologie humaine («Amour», «Amour-propre», «Amitié»), sur l'esthétique («Beau», «Critique») y trouvent également place. D'«Anthropophages» à «Songes», de «Chine» à «Philosophe», de «Guerre» à «Luxe», le désir de variété est satisfait.

Mais l'imprégnation antireligieuse domine. Le *Dictionnaire philosophique* attaque sans relâche les horreurs et absurdités de religions fondées sur un livre saint dont il conteste partout l'inspiration divine. La Bible* est désacralisée: doutes sur l'authenticité du Pentateuque («Moïse»), sur les prophéties («Prophètes»); démonstration de ses emprunts à des cosmogonies antérieures («Genèse», «Adam»), aux Égyptiens («Carême», «Circoncision»); ironies sur les grandes figures de l'Ancien Testament («Abraham», «David», «Ézéchiel», «Job»). Le peuple élu n'est qu'une horde barbare («Histoire des rois juifs»). Le christianisme est soumis à une critique historique qui dévoile des textes apocryphes («Christianisme», «Évangile»), des dogmes absurdes («Transsubstantiation»), des luttes sans merci pour des arguties («Grâce», «Arius»). L'Église a assuré son pouvoir par le fer et par le feu («Inquisition», «Persécution», «Tolérance»); toujours déchirée en sectes plus folles les unes que les autres («Convulsions»), elle couvre de son autorité les abus («Abbé»). Seuls, d'humbles desservants de paroisse trouvent grâce («Catéchisme du curé»).

Le *Dictionnaire philosophique* milite pour la séparation du politique et du religieux («Lois civiles et ecclésiastiques»), pour un théisme débarrassé des superstitions («Théiste») et inaccessible au fanatisme («Enthousiasme», «Esprit faux», «Fanatisme»). Ce maître livre de la lutte contre l'Infâme*, philosophique au sens du XVIII$^e$ siècle, est destiné aux «personnes éclairées» appelées à «devenir philosophes sans se piquer de l'être». Fondé sur l'exercice de la raison, il dégage des espaces de liberté à une pensée libérée de jougs anciens – reprenant et prolongeant les *Lettres\* philosophiques* toujours interdites.

Encore faut-il «instruire en amusant», et si possible «les personnes de tout état». La succession des articles autorise des parcours de lecture personnels, mais chacune de ces entités doit pouvoir retenir l'attention. Il s'agit de vulgariser des matières complexes. Nourri d'une vaste culture, ici parfaitement maîtrisée, le *Dictionnaire philosophique* ouvre un large champ aux jeux intertextuels. La Bible et ses gloses, les Pères de l'Église, des théolo-

giens, des historiens, des penseurs sont cités et convoqués, et pourtant l'œuvre garde un tour personnel. Des in-folio, Voltaire retient le détail piquant. Ces matériaux s'inscrivent dans de libres propos, souvent polémiques, où se déploient son sens de la fantaisie, son esprit analytique, son éloquence indignée.

Tantôt Voltaire parodie les protocoles habituels de l'article de dictionnaire – définitions, synonymes, étymologies –, tantôt il innove en introduisant de petites comédies («Foi», «Gloire»), des méditations («Du juste et de l'injuste»), des récits («Joseph»), des apologues («Lois», «Maître»). De véritables dialogues philosophiques mettent aux prises Ouang et le fakir Bambabef sur la question: «S'il faut user de fraudes pieuses avec le peuple»; ou Dondindac et Logomachos sur la divinité («Fraude» et «Dieu»). Parfois réduit à quelques lignes («Orgueil», «Jephté»), l'article se développe ailleurs en six entretiens («Catéchisme chinois»), ou se fragmente en huit questions («Religion»). Animé par la présence d'un «je» qui sans cesse interpelle le lecteur, le texte scintille des astuces de la feinte naïveté («Job»), dresse des réquisitoires sarcastiques («David»). Des malices d'un conte («Abraham») aux ironies cinglantes d'un historique («Conciles») ou aux cris de colère mêlés d'éclats de rire («Miracles»), c'est un condensé provocant de l'écriture et de la philosophie voltairienne. D'où le scandale lors de sa publication. La défensive s'organisa bientôt, avec les Chaudon*, Bergier*, Nonnotte* entre autres, qui ont réfuté les impiétés, blasphèmes, erreurs de Voltaire, et rédigé d'innombrables mises au point dogmatiques. Dans la littérature apologétique du XVIII$^e$ siècle, ce *Dictionnaire philosophique* reste une cible privilégiée: «le dictionnaire de Satan». Les défenseurs de la foi, arc-boutés sur leurs certitudes, le dénoncent inlassablement, stigmatisant aussi les notions funestes de tolérance religieuse et de libre examen. Ils ne sous-estimaient pas le danger: ce livre libérateur exhorte son lecteur à oser penser par lui-même.

*Christiane Mervaud*

## *DICTIONNAIRE PHILOSOPHIQUE PORTATIF*

Voir *DICTIONNAIRE PHILOSOPHIQUE* • «PORTATIF (LE)».

## DIDEROT, Denis

ALEMBERT (D') • *ENCYCLOPÉDIE* • PHILOSOPHIE •

Voltaire entretient avec Diderot (1713-1784) des relations complexes; elles se déploient sous le signe du malaise et du malentendu. Elles connaissent

plusieurs phases : rapprochement, tension et silence alternent en fonction des luttes du moment et des positions adoptées par le pouvoir à l'égard des mouvements philosophiques.

Les deux hommes n'appartiennent pas à la même génération. En 1749, quand s'établit un premier contact, Diderot a 36 ans, il s'engage à peine dans la carrière littéraire ; Voltaire en a 55 et c'est un maître. Diderot lui envoie sa *Lettre sur les aveugles à l'usage de ceux qui voient* – qui va lui valoir un emprisonnement au donjon de Vincennes. Dans sa réponse, très élogieuse, Voltaire ne ménage pas non plus les critiques, réfutant par syllogisme l'athéisme de la *Lettre* et rappelant quelques vérités sur la matière et l'esprit. La parution des premiers volumes de l'*Encyclopédie* modifia leurs relations. Voltaire admire l'entreprise, l'encourage, la soutient, et en 1758 encore, au moment où l'*Encyclopédie* est sur le point de succomber, il envoie plusieurs articles – mais sa collaboration s'effectue toujours par l'intermédiaire de d'Alembert, qui écrit au nom de Diderot.

Plusieurs confidences adressées à des fidèles révèlent cependant un malaise : « Diderot, ne m'a pas écrit. C'est un homme dont il est plus aisé d'avoir un livre qu'une lettre » (lettre à d'Argental* de 1758). L'essentiel de la correspondance entre Voltaire et Diderot se situe entre 1758 et 1763, pendant les orages de l'*Encyclopédie*; Voltaire ne cesse de se plaindre des retards ou des silences de son correspondant. En 1766, après l'exécution de La Barre, il envoie à Diderot une lettre vibrante, appelant ses « frères » à s'unir au plus vite – c'est le projet d'une « colonie » nouvelle de Philosophes, qu'il rêve d'établir à Clèves*. Il faut oublier les différends, écrit Voltaire, lorsque l'hydre du mal se redresse : « On ne peut s'empêcher d'écrire à Socrate quand les Melitus et les Anitus se baignent dans le sang et allument des bûchers. » Mais on reste surpris par la minceur de la correspondance échangée par ces deux champions de l'écriture épistolaire : vingt-six lettres en vingt-neuf ans, seize de Voltaire, dix de Diderot.

La situation mérite d'être analysée en profondeur, car Voltaire ne cesse par ailleurs, pendant toute la période des tempêtes de l'*Encyclopédie*, de s'adresser à Diderot par correspondants interposés – Damilaville*, entre autres – comme s'il ne voulait pas l'affronter directement.

Le malaise est d'abord psychologique. Diderot fascine Voltaire, qui admire son érudition et rend hommage au travailleur infatigable de l'*Encyclopédie*. Pourtant, il ne parvient pas à entrer en sympathie avec l'homme. Cette fougue et ces débordements d'imagination lui déplaisent. Il n'apprécie pas davantage les innovations du dramaturge, théoricien du drame bourgeois : sa réponse à l'envoi du *Fils naturel* (1757) manque d'enthousiasme. On se rappellera toutefois qu'il n'a pas connu ce qui constitue pour nous le meilleur de l'œuvre de Diderot : *Le Neveu de Rameau, Jacques le fataliste*, le *Supplément au voyage de Bougainville* par exemple, écrits confidentiels ou posthumes.

Une lettre du 22 janvier 1761 adressée à l'abbé d'Olivet, dans laquelle il sollicite l'entrée de Diderot à l'Académie, montre bien comment Voltaire perçoit celui qu'il surnomme « Frère Platon » : « Vous savez bien qu'il ne faut pas que l'Académie soit un séminaire et qu'elle ne doit pas être la cour des pairs. Quelques ornements d'or à notre lyre sont convenables ; mais il faut que les cordes soient à boyau, et qu'elles soient sonores. » Ainsi, Diderot apporterait opportunément une note plébéienne et pittoresque dans le décorum aristocratique de la culture ! Mais ce projet d'élection, qui échouera, visait surtout à contrecarrer l'influence du parti dévot en pleine offensive.

Voltaire et Diderot s'opposent aussi sur le plan philosophique. Diderot prône une philosophie du devenir, efface les différences entre les domaines du savoir, lance les hypothèses les plus audacieuses sur l'histoire de l'univers, dans une inspiration qui jaillit en découvrant des coïncidences inattendues entre des réalités apparemment hétérogènes, alors que Voltaire s'emploie, au contraire, à bâtir des certitudes qui échappent au temps et aux aléas de l'histoire. De plus, le déisme voltairien nie absolument le matérialisme de Diderot. Le passage insensible de la matière brute à la matière organisée est une aberration pour la raison bien conduite.

L'opposition principale porte toutefois sur les options stratégiques de la lutte philosophique. Voltaire aurait souhaité que Diderot renonce à imprimer l'*Encyclopédie* en France et consente à s'expatrier pour continuer la lutte. Quand, après le scandale soulevé par l'article « Genève\* », en 1757-1758, il reçoit de Diderot un refus ferme et digne, il trouve que celui-ci est un bien grand naïf. Refuser d'aller à Clèves\*, ou à Moscou auprès de Catherine II\*, pour y achever l'impression de l'*Encyclopédie*, comme Voltaire le lui demande instamment, c'est trahir la cause philosophique. Rappelons que Voltaire a choisi d'adopter une stratégie de compromis avec les grands et certains représentants du pouvoir, alors que Diderot est peu familiarisé avec cette politique. Ne s'obstine-t-il pas à appeler « de Voltaire » son frère en philosophie et ne tient-il pas pour suspectes les relations de celui-ci avec le monde de la finance ? Aussi, l'opposition entre ces deux acteurs de la lutte philosophique surgit-elle très tôt : Voltaire approuve la position de d'Alembert quand le codirecteur abandonne l'entreprise encyclopédique. Il s'agit, selon lui, de procéder par tactique à un retrait temporaire et de négocier la parution des volumes suivants en position de force, en s'appuyant sur l'opinion publique. Dès lors Diderot, qui continue seul l'entreprise, est accusé de rompre un mouvement unitaire, car Voltaire rêve d'une confrérie de philosophes faisant ensemble campagne contre l'Infâme, et passant tous à l'offensive quand la conjoncture le permet, ou adoptant des replis stratégiques lorsque les obstacles surgissent. Les positions de Diderot passent pour de dangereuses

naïvetés et « Frère Platon » qui n'a même pas fait le pèlerinage des Délices ou de Ferney, inquiète, déconcerte et irrite le vieux lutteur de la philosophie, même s'il rend plusieurs fois hommage à ses talents.

Didier Masseau

*La saine philosophie gagne du terrain depuis Archangel jusqu'à Cadix, mais nos ennemis ont toujours pour eux la rosée du ciel, la graisse de la terre, la mitre, le coffre-fort, le glaive et la canaille. Tout ce que nous avons pu faire s'est borné à faire dire dans toute l'Europe aux honnêtes gens, que nous avons raison; et peut-être à rendre les mœurs un peu plus douces et plus honnêtes. Cependant, le sang du chevalier de La Barre fume encore. Le roi de Prusse a donné, il est vrai, une place d'ingénieur et de capitaine au malheureux ami du chevalier de La Barre, compris dans l'exécrable arrêt rendu par des cannibales; mais l'arrêt subsiste et les juges sont en vie. Ce qu'il y a d'affreux, c'est que les philosophes ne sont point unis, et que les persécuteurs le seront toujours. [...] J'apprends que vous ne vous communiquez dans Paris, qu'à des esprits dignes de vous connaître, c'est le seul moyen d'échapper à la rage des fanatiques et des fripons. Vivez longtemps, Monsieur, et puissiez-vous porter des coups mortels au monstre dont je n'ai mordu que les oreilles ! Si jamais vous retournez en Russie daignez donc passer par mon tombeau.*

À Diderot, 14 août 1776.

## DIEPPE

*À travers deux rochers où la mer mugissante*
*Vient briser en courroux son onde blanchissante,*
*Dieppe aux yeux du héros offre son heureux port.*

La Henriade, 1728, chant I.

De retour d'exil à Londres, en novembre 1728, Voltaire débarqua à Dieppe ; il y demeura incognito près de six mois, jusqu'en mars 1729. Il logeait, rue de La Barre, chez Jacques Tranquillain-Féret, un apothicaire qui correspondit plus tard avec des personnalités comme Jussieu ou Buffon. Auprès de Féret, dans cette ville où l'on trouvait plus de « trente cabaretiers » et « un seul libraire qui mourait de faim », Voltaire s'initia un peu à la médecine. Il conserva le souvenir de Dieppe. Dans *Le Siècle\* de Louis XIV*, il rapporte les bombardements de la ville par la flotte anglaise au XVIIe siècle. Toutefois, le port normand restait lié pour lui à l'exil : ainsi, avant d'aller à Venise, Candide doit d'abord s'embarquer à Dieppe sur « un petit vaisseau » – « qui allait faire voile pour Portsmouth en Angleterre ».

Anne Soprani

## DIEU

DÉISME · DÉISTES ANGLAIS · RELIGION · THÉISTE ·

Grandeur de Dieu, petitesse des religions : c'est le paradoxe de la position voltairienne. Du *Traité\* de métaphysique* aux *Dialogues\* d'Évhémère*, pendant un demi-siècle, Voltaire a décliné et défendu ses raisons en faveur de l'existence de Dieu. Grâce au système de Newton\*, la preuve par l'ordre du monde, exprimée dans la loi de la gravitation, a pris une force nouvelle. À la suite du savant anglais, dont l'univers est pénétré de divin, Voltaire a donné comme attributs à l'Éternel Géomètre l'espace et la durée. Il a ajouté à ces arguments la preuve ontologique, reprise de Clarke, l'un des déistes anglais qui l'inspirent. Tout en résistant à l'impérialisme divin, il a affirmé l'omniprésence de Dieu. Ses derniers traités de métaphysique – *Tout\* en Dieu* (1769), les *Lettres\* de Memnius à Cicéron* (1771) et *Il\* faut prendre un parti* (1772) – révèlent l'influence renouvelée de Malebranche\* et de Spinoza\* : l'universalité des choses émane d'un Dieu éternellement agissant, « âme de l'univers ». Le Dieu de Voltaire est d'autre part garant du sens du bien et du juste, présent en tout être humain ; il est même qualifié, dans certains textes, de père de tous les hommes. L'existence du mal\* paraît alors incompatible, il est vrai, avec sa puissance et sa bonté. Mais le philosophe admet là un mystère, et proclame même, après 1750, que la croyance en un Dieu rémunérateur et vengeur est à la fois un frein et une consolation.

Il arrive que Voltaire interroge une genèse de la découverte de Dieu par l'esprit humain : il voit d'abord des hommes primitifs, apeurés par les phénomènes naturels, qui ont surtout « senti un maître » : ils ont dû l'imaginer, pense-t-il, sur le modèle du chef de la bourgade ou de la tribu. Puis la raison accéda par degrés aux notions plus raisonnables d'un Dieu unique, formateur, et justicier.

« Si Dieu nous a faits à son image, nous le lui avons bien rendu », note-t-il dans ses *Carnets\**. Pensée pour lui essentielle, au-delà du jeu des formules : Dieu a fait l'homme à son image en lui donnant l'amour de la vérité ; mais l'homme a longtemps dégradé le « créateur de tous les mondes » par des réductions anthropomorphiques.

Le sentiment de la grandeur et de la pureté divines dresse enfin ce déiste contre des fictions jugées blasphématoires. Le Dieu biblique n'est pour Voltaire que le dieu d'un petit peuple grossier qui admettait le polythéisme et se représentait un Dieu corporel – comme après lui certains Pères de l'Église. Du créateur de l'ordre du monde, on a fait ainsi une divinité capricieuse, capable de déranger ses lois par des prodiges tels que l'arrêt du soleil ou les ténèbres à midi, rapportés par la Bible. Au garant de la justice, au père de tous les hommes, on a substitué un être jaloux, vindicatif, capable d'ordonner de sanglantes abominations. À l'Être de raison, on a

osé mêler les misères de la nature humaine dans la fable d'une incarnation; on a osé parler de la mort de Dieu! Toutes ces représentations, chez les Hébreux*, chez les Anciens, chez les chrétiens, d'un Dieu transformé en tyran barbare, indignent en Voltaire ce philosophe qui cherche dans la divinité une caution rassurante. S'il accepte, s'il assume l'incertitude des idées que l'homme peut se faire du divin, son besoin d'un Dieu lui en inspire une conception sublime, qui justement le rend inébranlable dans sa condamnation de dieux trop humains.

Marie-Hélène Cotoni

*Alors les âmes tendres auraient un point de réunion dans le monde... Nous ne serions pas isolés... Ce bon prêtre nous parlerait de Dieu. Mais quel Dieu? Non celui de la Bible, petit despote cruel et plein de la soif de se venger... mais le Dieu de Voltaire, juste, bon, infini...*
Stendhal, Le Rouge et le Noir, 1830, livre II, chap. XLIV.

## DIEU ET LES HOMMES, ŒUVRE THÉOLOGIQUE, MAIS RAISONNABLE, PAR LE DOCTEUR OBERN. TRADUIT PAR JACQUES AIMON

BIBLE · CHRISTIANISME · JÉSUS · JUIFS · THÉISTE ·

Cette synthèse de quarante-quatre chapitres et près de trois cents pages, qui parut en octobre 1769, se présente comme une apologie du théisme et un réquisitoire contre les religions juive et chrétienne. Après avoir rappelé la nécessité de croire en un Dieu qui récompense et qui punit, Voltaire entreprend une histoire universelle des religions. Il trouve partout la croyance en un Dieu suprême: chez les brahmanes de l'Inde, les anciens Chaldéens, les Persans, les Arabes, les sages d'Égypte, les initiés de Grèce et de Rome. Dans tout l'univers, on trouve des superstitions absurdes, auxquelles se livrait «le peuple», mais un Dieu unique a toujours été adoré par «le petit nombre».

Parallèlement, l'auteur reprend ses habituelles diatribes contre les anciens juifs de la Bible: c'étaient les descendants d'une horde d'Arabes, longtemps barbares, pillards et lépreux. Leur religion varia beaucoup; ils pratiquèrent des sacrifices humains et ne connurent que très tard l'immortalité de l'âme. Leur histoire n'est qu'une suite d'emprunts, Moïse représentant peut-être un avatar de Bacchus, et leurs croyances remontant souvent aux livres des brahmanes.

Quant au christianisme, Voltaire ne lui accorde guère plus de considération: il fait de la religion juive sa mère et du platonisme son père. Il rappelle les fraudes des premiers chrétiens pour renforcer leur secte, et les crimes du fanatisme qui firent, d'après son bilan détaillé sur deux colonnes,

neuf millions quatre cent soixante-huit mille huit cents victimes – « calcul effrayant, mais encore fort au-dessous de la réalité ».
Mais il sort soudain Jésus de cette tradition religieuse (chap. XXXI), pour le rallier à la cause du théisme. Jésus a bel et bien existé, mais il n'a été, pour Voltaire, que le prétexte de l'établissement du christianisme, dont le développement s'explique par l'esprit apocalyptique qui régnait alors, et par l'influence des platoniciens. Jésus n'a pas voulu fonder de religion. Voltaire réduit son rôle à celui d'un juif obscur, simple, pauvre, pur, peut-être assez téméraire pour vouloir passer pour prophète, mais prêchant une saine morale; Jésus aurait condamné le christianisme tel que Rome l'a institué: « Rien ne s'écarte plus de la loi du Christ que le christianisme » – ces dogmes, ces guerres de religion, cette ambition d'opprimer et de dominer. Voltaire mentionne les représentations négatives d'une tradition hostile à Jésus, mais il fait de lui, pour sa part, « un juste et un sage » – « un Socrate rustique ». Aussi le « docteur Obern » propose-t-il enfin, en théologien raisonnable, non de couper, mais de « greffer » l'arbre de la religion chrétienne, en conservant de la morale du Christ ce qui correspond à la morale universelle: « Oui, nous voulons une religion, mais simple, sage, auguste, moins indigne de Dieu, et plus faite pour nous; en un mot nous voulons servir Dieu *et les hommes.* »
Ce traité est très proche de l'*Examen\* important de milord Bolingbroke* (1767) et de l'*Histoire\* de l'établissement du christianisme* (posthume). Mais il offre la particularité de prôner une attitude bienveillante envers Jésus qui, ayant perdu son rôle dans la fondation du christianisme, se trouve réconcilié avec les Lumières. Voltaire fait même de lui un allié pour un nouvel apostolat: la propagation du théisme.

Marie-Hélène Cotoni

## *DIEU, RÉPONSE AU SYSTÈME DE LA NATURE*

ATHÉISME • DÉISME • DIEU • *SYSTÈME DE LA NATURE* •

Voltaire a rédigé ce texte d'une vingtaine de pages, au moins pour l'essentiel, en mai 1770, aussitôt après avoir lu le *Système de la nature*. Présenté comme la section II d'un article « Dieu » à paraître dans les *Questions\* sur l'Encyclopédie*, il fut imprimé en brochure par Cramer, peu avant le 10 août, puis par la Société typographique de Neuchâtel, entre le 20 août et le 1$^{er}$ septembre, qui le tira à 2 000 exemplaires – épuisés en quelques semaines. Voltaire l'adresse à de nombreux correspondants pendant l'été et l'automne; encouragé par « les plus grands éloges » que l'avocat général Séguier et le cardinal de Luynes ont faits de son « rogaton théologique », il

en envoie même plusieurs exemplaires à la cour, Fontainebleau et Versailles.

Cette *Réponse* en vingt et un points – forme fragmentaire et concise qui s'apparente parfois à celle de pensées détachées – résume les thèses du déisme voltairien contre l'argumentaire de l'athéisme développé par le *Système*: Dieu est un principe d'ordre et d'organisation; la matière ne se conçoit pas sans un moteur; les expériences de Needham sont absurdes; «les cieux annoncent la gloire de Dieu», et l'existence du mal ne peut être invoquée contre cette évidence; le point XVIII – le plus développé – porte sur «notre malheureuse existence»: «Qui la console? Vous ou moi?»; il convient aussi de chercher «un milieu très raisonnable» entre les «deux écueils», du «fanatisme» religieux et des «passions les plus atroces» favorisées par l'athéisme; les prêtres peuvent enfin aider à maintenir les hommes dans «la bienséance».

Tout en réaffirmant ses convictions avec fermeté, Voltaire relève au passage les convergences entre son adversaire et lui. L'auteur du *Système de la nature* «détrône le Dieu des superstitieux et des fripons»; sur les rapports entre la pensée et la matière, son «argument est d'une grande force» contre les théologiens; à propos de la nécessité qui gouverne l'Univers: «Ce que vous appelez Nature [...] c'est ce que j'appelle Dieu.» Voltaire marque ses propres incertitudes sur les modalités de l'existence et de l'action de Dieu, sur l'âme, etc. Surtout, il ramène la discussion à «une dispute» entre Philosophes, estimant que «le fanatisme est un monstre mille fois plus dangereux que l'athéisme philosophique». Mais le danger est alors que l'athée philosophe justifie les excès des tyrans: «L'athée de cour, le prince athée pourrait être le fléau du genre humain.»

«Dieu» est suivi d'un autre texte destiné aux *Questions sur l'Encyclopédie*, l'article «Fonte» écrit en réponse aux *Lettres de quelques juifs portugais et allemands à M. de Voltaire* de l'abbé Guénée (1769) pour expliquer l'impossibilité physique de la construction du Veau d'or de la Bible. Cette juxtaposition affirmait la double visée de Voltaire: défendre le Dieu des déistes et combattre celui de l'Ancien Testament.

Dans l'article achevé «Dieu, Dieux» des *Questions sur l'Encyclopédie*, Voltaire ne reprit pas exactement ce premier état – sans s'en expliquer –, de sorte que le texte original, celui de la *Réponse* de 1770, jamais réédité depuis 1778, reste un peu méconnu, même des spécialistes.

*Roland Desné*

*Voltaire vient de réfuter le «Système de la nature». C'est une petite brochure faiblette, mais de lui.*

*Mme d'Épinay à l'abbé Galiani, 24 août 1770.*

## *DIMANCHE (LE) OU LES FILLES DE MINÉE*

CONTE EN VERS •

À plus de 80 ans, Voltaire est encore capable de rivaliser avec La Fontaine et d'affirmer avec la dernière énergie ses convictions les plus radicales. Il est toujours aussi désireux de plaire au public des cercles aristocratiques et intellectuels : le conte qu'il écrit au printemps de 1775 est aussitôt envoyé à Paris, puis imprimé sous un pseudonyme et plusieurs fois réimprimé.

En près de trois cents vers aux rythmes divers, c'est une « métamorphose » du vieux fonds mythologique, bien connue grâce à des textes classiques d'Ovide et de La Fontaine, mais Voltaire la réinterprète avec des effets chatoyants de profondeur culturelle.

Trois sœurs sont si travailleuses que, même un jour de fête consacré à Bacchus, elles filent ; elles font, en filant, de plaisants récits des mésaventures des dieux, où éclate la parenté avec les thèmes du christianisme : Bacchus surgit avec son cortège de dévots fanatiques et punit les jeunes filles en les transformant en chauves-souris. Satire des fêtes religieuses nuisibles à l'activité économique, critique des superstitions, christianisme compris, horreur du fanatisme menaçant : un joli bouquet de thèmes voltairiens.

*Sylvain Menant*

> *Ce fut une grande leçon*
> *Pour tout raisonneur qui fronde :*
> *On connut qu'il est dans le monde*
> *Trop dangereux d'avoir raison.*
> *Ovide a conté cette affaire ;*
> *La Fontaine en parle après lui ;*
> *Moi, je la répète aujourd'hui,*
> *Et j'aurais mieux fait de me taire.*
> *Le Dimanche ou les Filles de Minée*, 1775.

## *DÎNER DU COMTE DE BOULAINVILLIERS (LE)*

RELIGION • SUPERSTITION •

Ce dialogue fameux, imprimé et édité à Genève par Grasset à la fin de 1767, parut sous le nom de Saint-Hyacinthe avec la date évidemment factice de 1728 : Voltaire a voulu recréer l'atmosphère libre et même libertine des années 1720. Il reprend avec un enjouement brillant ses thèmes de prédilection, tels que la critique de la religion révélée et du clergé catholique. Le choix du dîner comme espace de dialogue renvoie à la tradition du banquet

érudit et philosophique, tout en la parodiant : lieu de sociabilité et principe de plaisir, le repas est propice au déroulement d'une conversation à la fois sérieuse et gaie, assaisonnée de beaucoup d'hérésies.

Les trois principaux personnages – qui sont historiques – sentent en effet le fagot : Fréret en athée, Boulainvilliers en spinoziste, et l'abbé Couet en janséniste. Ce dernier est la cible des deux autres, et voit ses arguments réfutés un à un par ses contradicteurs coalisés. On pourrait regretter l'appauvrissement psychologique du personnage, dégradé en fantoche, si la fin du dialogue n'indiquait un changement de stratégie : l'abbé va déployer soudain des arguments plus difficiles à balayer.

Le dialogue se compose de trois entretiens, qui correspondent aux principaux moments de la soirée. L'avant-dîner d'abord : simple prélude destiné à montrer que le christianisme n'a apporté aucune vérité qui ne fût déjà contenue dans la philosophie. Le dîner lui-même est l'occasion d'attaques multiformes contre la religion, orchestrées par Fréret : après tant d'abus cléricaux, l'histoire même du catholicisme, il paraît urgent d'assujettir le pouvoir religieux au pouvoir civil. L'après-dîner marque une pause et un changement d'orientation. Devant le café servi, l'abbé rappelle à ses interlocuteurs qu'il faut tout de même une religion aux hommes. C'est le moment que choisit Voltaire pour promouvoir le déisme. Mais il oriente en même temps le dialogue vers un débat interne aux Lumières : « Une religion de philosophes n'est pas faite pour les hommes. » Ce troisième entretien met ainsi l'accent sur les conséquences sociales de l'incrédulité. Entre-temps, l'allure et le ton du dialogue ont changé. L'abbé s'est mis d'accord avec ses adversaires sur une nouvelle vérité commune : faute de pouvoir éradiquer le christianisme, il faut proposer aux hommes l'idée d'un Dieu rémunérateur du bien et vengeur de la vertu. L'arrivée inopinée d'autres familiers, dont surtout l'abbé de Saint-Pierre*, semble clore le dialogue ; mais la lecture de ses « Pensées du matin », rituelle dans cette libre assemblée, condense au contraire en une sorte de programme de réforme toutes les idées éparses du dîner.

*Stéphane Pujol*

*La canaille créa la superstition ; les honnêtes gens la détruisent.*
  *On cherche à perfectionner les lois et les arts ; peut-on oublier la religion ?*
  *Qui commencera à l'épurer ? Ce sont les hommes qui pensent. Les autres suivront.*
  *N'est-il pas honteux que les fanatiques aient du zèle, et que les sages n'en aient pas ? Il faut être prudent, mais non pas timide.*
  *Le Dîner du comte de Boulainvilliers, 1767,*
  *« Pensées détachées de M. l'abbé de Saint-Pierre ».*

## DIPLOMATE

COURTISAN • FRÉDÉRIC II • POLITIQUE •

Il a longtemps été de bon ton d'ironiser sur l'activité de diplomate amateur de Voltaire, en variant le jugement de Frédéric II tel que le rapporte son lecteur Henri de Catt : « Il a la manie des négociations comme il a celle d'être riche, il veut jouer le rôle de Prior envoyé de Londres en France, il se pavane et se croit fait pour la représentation ; ce vieux fou ne sait pas et ne s'aperçoit pas que jamais homme fut moins que lui fait pour négocier. » Opinion péremptoire et « signée de main de maître », mais elle fut professée pendant la guerre de Sept Ans, au moment même où échouaient des tractations secrètes de Frédéric avec le cabinet français, qui justement passaient par... Voltaire. Ce détail explique l'acrimonie de Frédéric II.

En réalité, Voltaire fut par deux fois employé à des affaires d'État fort sérieuses. En 1743, chargé d'une mission diplomatique officieuse, il met à profit un voyage en Prusse\* pour sonder les intentions du monarque : Frédéric ayant conclu une paix séparée, la France supportait seule tout le poids de la guerre contre l'Autriche. Voltaire devait œuvrer à un rapprochement des vues entre Berlin et Versailles, mais il se heurta à des préventions que les défaites françaises avaient alimentées. Cette négociation feutrée prit la forme d'une joute d'esprit entre le prince et l'homme de lettres – on en a des traces directes. Il est imprudent de juger Voltaire comme s'il avait été chargé de renouveler une alliance effective, ce qui n'était pas le cas. Le roi voulut bien marquer sa volonté de garder sa liberté de manœuvre, même s'il s'exprima à travers des badinages, et le gouvernement français fut satisfait des services rendus par Voltaire.

Quinze ans plus tard, en pleine guerre de Sept Ans, Voltaire servit à nouveau d'intermédiaire officieux, cette fois entre le duc de Choiseul\* et Frédéric II, dans des échanges de vue parallèles qui s'imbriquèrent parfois mal et à contretemps dans la trame des négociations directes de diplomates officiels. Mais le cabinet de Versailles et le roi de Prusse avaient voulu ce contact oblique. Frédéric et Choiseul ne s'écrivent point, ils exposent leurs analyses à leur ami commun, Voltaire, qui parfois les prolonge comme à son compte. Des divergences éclatent. Voltaire est vite réduit au rôle de « bureau d'adresses ». Dès 1760, l'échec est patent. Entre l'intransigeance de Choiseul qui ne pouvait commettre aucun faux pas par rapport à l'alliance autrichienne et la défiance de Frédéric qui abusait des sarcasmes les plus déplaisants, la marge de manœuvre de Voltaire était trop étroite. Choiseul finit par autoriser la publication en France des confidentielles *Œuvres du philosophe de Sans-Souci*, avec leurs bravades politiques et leurs déclarations d'athéisme, d'où la rage de Frédéric. Dans ses *Mémoires*, Voltaire enregistre cet échec et se vante d'avoir été l'instigateur

et le spectateur d'un « commerce très délicat » entre Versailles et la Prusse, ressemblant « aux mines que font deux chats qui montrent d'un côté patte de velours et des griffes de l'autre ». L'historien vérifie même, à cette occasion, sa théorie des petites causes : « Je me donnai la satisfaction de prouver par moi-même sur quels faibles pivots roulent les destinées des royaumes. »

Christiane Mervaud

## *DISCOURS AUX CONFÉDÉRÉS CATHOLIQUES DE KAMINIEK EN POLOGNE, PAR LE MAJOR KAISERLING AU SERVICE DU ROI DE PRUSSE*

POLOGNE •

Court opuscule politique de seize pages, intervenant à chaud dans les affaires de Pologne (juillet 1768).

## *DISCOURS AUX WELCHES, PAR ANTOINE VADÉ, FRÈRE DE GUILLAUME*

FRANÇAIS • GOÛT • PHILOSOPHIE • WELCHES •

L'euphémisme tombe aux premiers mots, c'est bien une harangue, une diatribe : « À Welches, mes compatriotes !... » Publiée en mai 1764 dans le recueil intitulé *Contes\* de Guillaume Vadé* – d'où l'attribution facétieuse à un autre membre de la famille Vadé\* –, c'est une satire des glorioles ou de l'orgueil français, de ce qu'on a depuis appelé « nationalisme » ou « chauvinisme ». Elle devait d'autant plus blesser qu'elle intervenait juste après les défaites et les pertes de la guerre de Sept Ans, dans un processus commencé de réparation – le sel sur la plaie. Il y eut des protestations dans les journaux, des brochures vengeresses, et Voltaire y alla, à chaud, d'un *Supplément\** à son propre *Discours*.

Mais qu'est-ce donc que ces « Welches » ? Ce sont les Français tels qu'ils ne veulent pas se voir, en fait pas si grands, car on les voit petits de loin, de Ferney par exemple sur la frontière suisse. Dans l'Allemagne proche, le mot « Welsch » s'employait encore, à l'époque, pour désigner le peuple voisin, d'anciens « Gaulois » : étranger, étrange, Voltaire a choisi le mot pour faire jouer ces effets de regard et d'écart.

Il s'agit de savoir, lance-t-il aux Welches, « qui vous êtes et d'où vous venez ». À trop se croire « le premier peuple de l'univers », et à le proclamer bien haut, on risque le démenti : « Si vous joignez la modestie à vos grâces, le reste de l'Europe sera content de vous. » L'histoire de France retraversée, il appert que les invasions, les soumissions, les occupations n'y manquèrent pas – l'histoire officielle les masque –, sans compter la dépendance encore par rapport à Rome dont « le Britain » s'est au contraire libéré. Ce

pays de « Frankreich » n'est en vérité ni le plus grand, ni le plus fertile, ni le plus puissant, ni le plus riche. Les Welches ont bien créé quelques modes, et ils ont la Duchapt dont les robes font fureur dans toutes les cours. Mais quelles inventions utiles ? Ils refusent toujours d'adopter l'inoculation* : « Ô premier peuple du monde ! quand serez-vous raisonnable ? »
L'objet principal du discours est l'empire prétendu de la langue et de la culture françaises en Europe – thème gratifiant au lendemain du traité de Paris (1763). Voltaire rappelle la double origine de cette Europe française : la grandeur du règne de Louis XIV, mais aussi le malheureux exode des protestants de France. Il souligne, avec un brin de mauvaise foi, certains défauts de la langue, dont la grossièreté de ce « cul-de-sac* » qu'on trouve jusque dans l'*Almanach royal*.
Suit l'ample revue des écrivains. Les historiens sont tous mauvais, sauf de Thou : « Méritez des Tite-Live, et vous en aurez. » Pour l'éloquence et la prose, Pascal, Bossuet et Fénelon sont loués, avec des nuances – « le grand attrait des *Lettres provinciales* périt avec les jésuites ». La Fontaine est « grand poète », même avec ses défauts ; Racine enfin, Corneille dans ses bons morceaux, Molière et Boileau sont excellents. Mais qui d'autre ? « Voilà votre gloire, ne la perdez pas. » La fin est piquante, et semble ouvrir un avenir à des « Français », ceux qui garderont le goût des lettres, l'amour de « la belle antiquité », et l'« imagination » brillante – sans quoi « – Français, vous redeviendriez Welches ».
Discours antifrançais ? La réaction se fit bien ainsi entendre. Fréron* y vit « une odieuse satire contre la nation », « un ramas de fanges et d'ordures ». Texte d'humeur, largement improvisé, volontairement excessif, le *Discours aux Welches* fait de la provocation intellectuelle sur fond de réforme « philosophique ». Voltaire avait apparemment saisi à sa naissance, chez ses « chers Welches », un « préjugé » nouveau, celui d'un narcissisme culturel français, facteur d'inertie historique, dont son éclectisme et son engagement l'ont quant à lui gardé. Aussi a-t-il distingué soigneusement par la suite, presque comme deux types, « le Français » et « le Welche ».
Le premier traducteur italien du *Discours aux Welches* fut, en 1769, le célèbre Casanova.

*André Magnan*

*Premier peuple de l'univers, songez que vous avez dans votre royaume de Frankreich environ deux millions de personnes qui marchent en sabots six mois de l'année, et qui sont nu-pieds les autres six mois.*
*Êtes-vous le premier peuple de l'univers pour le commerce et pour la marine ?... Hélas !*
*J'entends dire, mais je ne puis le croire, que vous êtes la seule nation du monde chez qui on achète le droit de juger les hommes, et même de les mener tuer à la*

*guerre. On m'assure que vous faites passer par cinquante mains l'argent du trésor public; et quand il est arrivé à travers toutes ces filières, il se trouve réduit tout plus au cinquième.*

*Discours aux Welches, 1764.*

## DISCOURS DE L'EMPEREUR JULIEN CONTRE LES CHRÉTIENS

ARGENS • BIBLE • CHRISTIANISME • ÉDITEUR •

Cette œuvre composite, datée de 1768, mais publiée en 1769, se présente comme une traduction du *Contre les Galiléens* de l'empereur Julien l'Apostat (361-363), enrichie de nouvelles notes. Voltaire utilisa la traduction qu'avait donnée d'Argens, en 1764, sous le titre de *Défense du paganisme par l'empereur Julien*, mais en la relevant sans scrupule de nouvelles manipulations polémiques. Il laissa de côté le «Discours préliminaire» et les «Réflexions» de d'Argens, d'orientation indécise. En revanche, il ajouta un élogieux «Portrait de l'empereur Julien», partiellement repris de son article «Julien» du *Dictionnaire philosophique*, et un «Examen du Discours». Il y joignit un «Supplément», pour dénoncer plus vigoureusement les «impostures» des chrétiens. Il ne conserva, modifiées parfois, que 17 des 95 notes de d'Argens, mais il en rédigea 44 nouvelles. Il y prolonge les critiques antichrétiennes de Julien, ou procède à des élargissements par associations successives, parfois au prix d'additions inattendues. Dans 23 de ces notes, il renouvelle ses attaques contre les «absurdités» de l'Ancien Testament; 8 visent le Nouveau Testament et 6 l'histoire de l'Église.

Voltaire accentue indéniablement la portée polémique du *Discours* de Julien. Pour mieux l'engager dans le combat contre l'Infâme*, il le tire vers l'esprit des Lumières.

*Marie-Hélène Cotoni*

## DISCOURS DE $M^e$ BELLEGUIER, ANCIEN AVOCAT, SUR LE TEXTE PROPOSÉ PAR L'UNIVERSITÉ DE PARIS POUR LE SUJET DES PRIX DE L'ANNÉE 1773

PHILOSOPHIE • POLÉMISTE • SATIRE •

En décembre 1772, la Faculté de Théologie, dirigée par le recteur Coger, lance un concours d'éloquence sur un thème antiphilosophique. L'énoncé latin du sujet semblait fâcheusement signifier le contraire de ce qu'il voulait dire: «La philosophie n'est pas plus ennemie de Dieu que des rois.» Pain bénit pour Voltaire qui s'affuble aussitôt de la robe d'un prétendu avocat, Belleguier, et se lance à 78 ans dans une défense vibrante de la

philosophie et des véritables philosophes épris de sagesse et de vérité – ce qu'il démontre en accumulant les preuves historiques. Cette satire mordante et enlevée, publiée en 1773, fut reprise dans l'article « Philosophie » des *Questions sur l'Encyclopédie*.

Didier Masseau

## *DISCOURS DE M. DE VOLTAIRE À SA RÉCEPTION À L'ACADÉMIE FRANÇAISE*
ACADÉMIE • GENS DE LETTRES • LANGUE •

Après deux échecs retentissants en 1742 et 1743, Voltaire est enfin élu à l'Académie française le 25 avril 1746. Il y succède au président Bouhier (1673-1746). L'élection avait été difficile bien que le roi fût favorable à la candidature de Voltaire, déjà nommé historiographe* et gentilhomme* ordinaire de Sa Majesté. Les jésuites ne lui étaient pas hostiles, et le philosophe se flattait d'avoir obtenu l'approbation de Benoît XIV*, mais ses ennemis ne désarmaient pas. Son élection acquise, ils firent circuler des pamphlets hostiles à Voltaire, et même un faux *Discours prononcé à l'Académie par M. de Voltaire*, qui fut bientôt repris dans le *Voltariana*\*. Le philosophe fit ordonner des poursuites, en évitant de croiser le fer dans le sein de l'Académie elle-même.

Dans son discours de réception (9 mai 1746), Voltaire choisit un thème académique volontiers conciliateur : l'amour de la langue ; choix tactique, mais qui correspond et à l'idée que se fait le philosophe de l'institution académique et à son idéologie littéraire. Voltaire s'interroge sur le rôle des lettres dans le génie et la perfection de la langue, rappelle ce que toute langue doit à ses grands poètes, en soulignant que Corneille* fut celui « qui commença à faire respecter notre langue des étrangers ». La démarche est originale et le rôle assigné à la littérature révélateur du mouvement qui a conduit à la rédaction de l'*Histoire littéraire de la France* des bénédictins de Saint-Maur, dont le premier tome avait paru en 1734. Voltaire évoque ensuite le rayonnement de la langue française – parlée par Frédéric de Prusse, par la reine Ulrique de Suède, par la tsarine Élisabeth – et appelle à la défense de sa pureté menacée par des emplois inappropriés. Comme il était de règle, un vibrant éloge de Louis XIV, fondateur de l'Académie, clôt ce discours aux évidentes qualités oratoires, et qui ne manque ni de rigueur ni d'originalité.

Jean Goulemot

*Dans un discours à l'Académie, il secoua le premier le joug de l'usage qui semblait condamner ces discours à n'être qu'une suite de compliments, plus encore que d'éloges. Voltaire osa parler dans le sien de littérature et de goût ; et son*

*exemple est devenu, en quelque sorte, une loi dont les académiciens gens de lettres osent rarement s'écarter. Mais il n'alla point jusqu'à supprimer les éternels éloges de Richelieu, de Séguier et de Louis XIV ; et jusqu'à deux ou trois académiciens seulement ont eu le courage de s'en dispenser. Il parla de Crébillon dans ce discours, avec la noble générosité d'un homme qui ne craint point d'honorer le talent dans un rival, et de donner des armes à ses propres détracteurs.*

Condorcet, Vie de Voltaire, 1790.

## DISCOURS DU CONSEILLER ANNE DU BOURG À SES JUGES

La table chronologique des éditions de Kehl donne cet écrit à l'année 1771, et l'édition Moland au tome VII des Mélanges. Le *Discours* est un exemple, parmi d'autres, de ces persécutions que la « secte chrétienne » fit subir aux malheureuses victimes accusées d'être favorables aux réformateurs, durant le sombre XVIe siècle. Le conseiller clerc au Parlement de Paris Anne Du Bourg (1520-1559) appartenait à une grande famille du royaume. Condamné à la pendaison avant d'être brûlé, il aurait tenu, sur l'échelle qui mène au supplice, un discours que Voltaire signale comme la marque anticipée d'une conduite philosophique et un moyen exemplaire de s'adresser à la postérité. Voltaire affectionne ce type de récit qui lui permet de prêter sa voix au héros d'une juste cause. Par la noblesse du ton, l'élévation de la pensée et l'émotion qui s'en dégage, le *Discours* devient une revanche cinglante contre les actes des oppresseurs. L'orateur récuse la légitimité du tribunal en l'accusant d'être inféodé aux Guise et dénonce l'absurdité de la condamnation exprimée dans le langage théologique le plus abscons. Il constate ensuite le recul historique dont les bourreaux se rendent responsables en commettant un acte inique. Ce qui frappe, en définitive, est le ton de certitude calme et grave dont use le condamné pour pardonner à ses juges, parce qu'il sait que l'Histoire finira par faire triompher la vérité et la justice.

Didier Masseau

*Est-ce à vous de faire les théologiens ? N'est-ce pas assez des absurdités de Cujas et de Bartole, sans y comprendre encore celles de Thomas d'Aquin, de Duns Scot et de Bonaventure ?*

*Discours du conseiller Anne Du Bourg à ses juges, 1771.*

## DISCOURS EN VERS SUR L'HOMME

HOMME • MORALE • OPTIMISME • PHILOSOPHIE • POÉSIE • POÈTE •

Le XVIII$^e$ siècle juge dans l'ensemble que les vers forment un langage supérieur, plus riche de sens et plus persuasif, en fixant aussi dans les esprits les idées et les mots. Il rêve donc d'une poésie philosophique, comme plus tard la pratiqueront Lamartine, Vigny, Hugo, Sully-Prudhomme ou René Char. Les modèles sont alors les grands poèmes de Lucrèce chez les Anciens, de Boileau chez les classiques, de Pope chez les modernes – cet *Essay on Man* (1733-1734) dont la lecture stimula Voltaire.

C'est à Cirey, où il vivait retiré avec Mme du Châtelet, que Voltaire, déjà célèbre comme poète épique et tragique, entreprit de mettre en forme ses idées métaphysiques et morales dans sept longs poèmes en alexandrins, une quarantaine de pages en tout. Ces poèmes furent envoyés successivement, pendant l'année 1738, au prince royal Frédéric de Prusse, puis imprimés séparément (1738-1742) et rassemblés enfin en un même volume à partir de 1745.

L'ensemble ne manque pas d'unité. Dans la forme d'abord : à la façon de Boileau, le poète se met en scène, évoque ses expériences et ses rencontres, dialogue avec des interlocuteurs réels ou fictifs. Il anime le discours d'une foule d'ornements : interrogations, exclamations, allusions à l'actualité, références littéraires, anecdotes, petites fables, formules bien frappées. Fidèle à son génie et se prêtant au goût malin de ses contemporains, Voltaire fait une bonne place aux traits satiriques, lançant des flèches à ses rivaux littéraires et multipliant les allusions aux événements et aux modes du temps. Sa philosophie doit beaucoup aux grâces plaisantes de la conversation. Discours ici ne veut pas dire morceau d'éloquence pompeuse, mais propos suivi et enchaîné, dans le ton de l'épître – ou de la satire.

La thématique des *Discours en vers sur l'homme* appartient d'ailleurs au répertoire des sujets de la conversation entre gens d'esprit : l'inégalité des conditions sociales (I), la liberté (II), le bonheur et l'envie qui gâche le bonheur (III), la modération qui au contraire l'assure (IV), le plaisir (V), la condition humaine et ses limites naturelles (VI), la vertu et l'utilité de la bienfaisance (VII). Les thèmes se rejoignent et se recoupent dans une réflexion globale sur ce qu'est l'homme, sur ce qu'il peut attendre de l'existence, sur la plus sage manière de la conduire – Voltaire envisageait lui-même l'ensemble comme « un système de morale ». Est-ce la force de l'âge ? la vie sereine avec Émilie dans le refuge de Cirey ? la réussite au théâtre, la gloire grandissante, la flatteuse amitié du futur roi de Prusse ? Est-ce l'influence de la pensée de Newton, qui impose la vision d'un monde en ordre, soumis à une admirable loi universelle ? Toutes ces raisons se mêlent sans doute pour que Voltaire propose en 1738 une philosophie qui semble résu-

mer le terme – rare alors, et technique – d'optimisme. Tout n'est pas parfait aux yeux des hommes, mais la sagesse invite à découvrir la perfection cachée du monde, et à tirer un parti satisfaisant de la vie, quelle que soit la situation dans laquelle on se trouve. La plupart de nos misères, nous en sommes nous-mêmes responsables. Par exemple en nous abandonnant à l'envie, à la malveillance qui nous ronge :

> *Cœurs jaloux! à quels maux êtes-vous donc en proie?*
> (III$^e$ discours).

Ou bien en ne nous satisfaisant pas de notre fortune, de notre place sociale (I$^{er}$ discours), mais tous les désirs de Voltaire vont à être grand, riche et jeune :

> *Ce n'est point la grandeur, ce n'est point la bassesse,*
> *Le bien, la pauvreté, l'âge mûr, la jeunesse,*
> *Qui fait ou l'infortune, ou la félicité.*

Mais les pauvres? Sans les tracas des riches, ils ont meilleur appétit. La preuve en est qu'ils chantent en travaillant. Le système de Voltaire est profondément conservateur, comme cette *Fable des abeilles* de l'Anglais Mandeville, qu'il apprécie, où la société humaine apparaît comme une ruche ; chacun, dans l'ordre de la nature, a son rôle à jouer, le misérable comme le riche et le criminel. C'est la nature aussi qui nous porte à adapter nos désirs, nos plaisirs, nos ambitions, notre travail à nos moyens : la modération, voilà le maître mot de la morale que propose Voltaire, non l'héroïsme ou le dépassement de soi. Cette morale se fonde sur le sentiment, plus essentiellement encore sur l'utilité : d'où un discours sur la bienfaisance\*, cette idée moderne qui vient se substituer à la charité chrétienne, plus intérieure et moins intéressée : là est « la vraie vertu » (VII$^e$ discours). L'autre forte conviction est que l'homme est libre (II$^e$ discours) : on peut « faire ce qu'on veut », comme Dieu, ce qui est le fondement de la responsabilité morale.

Les *Discours* donnent ainsi de l'homme selon Voltaire une image modeste : petit être vivant dans le vaste univers, capable de faire le bien et de connaître le bonheur, mais dans les limites de sa nature. Cet optimisme raisonnable ne représente d'ailleurs qu'un des pôles de la pensée voltairienne, tentée à d'autres moments par la révolte et le désespoir.

*Sylvain Menant*

> *Tout mortel au plaisir a dû son existence ;*
> *Par lui le corps agit, le cœur sent, l'esprit pense.*
> *Soit que du doux sommeil la main ferme vos yeux,*
> *Soit que le jour pour vous vienne embellir les cieux,*

> *Soit que, vos sens flétris cherchant leur nourriture,*
> *L'aiguillon de la faim presse en vous la nature,*
> *Ou que l'amour vous force en des moments plus doux*
> *À produire un autre être, à revivre après vous ;*
> *Partout d'un Dieu clément la bonté salutaire*
> *Attache à vos besoins un plaisir nécessaire.*
> *Les mortels, en un mot, n'ont point d'autre moteur.*
> *Sans l'attrait du plaisir, sans ce charme vainqueur,*
> *Qui des lois de l'hymen eût subi l'esclavage ?*
> *Quelle beauté jamais aurait eu le courage*
> *De porter un enfant dans son sein renfermé,*
> *Qui déchire en naissant les flancs qui l'ont formé,*
> *De conduire avec crainte une enfance imbécile,*
> *Et d'un âge fougueux l'imprudence indocile ?*
> *Ah ! dans tous vos états, en tout temps, en tout lieu,*
> *Mortels, à vos plaisirs reconnaissez un Dieu.*
> *Que dis-je ? à vos plaisirs ! c'est à la douleur même*
> *Que je connais de Dieu la sagesse suprême.*
> *Ce sentiment si prompt dans nos cœurs répandu,*
> *Parmi tous nos dangers sentinelle assidu,*
> *D'une voix salutaire incessamment nous crie :*
> *« Ménagez, défendez, conservez votre vie. »*
>
> Discours en vers sur l'homme, 1738-1742, V$^e$ discours.

Philosopher en vers, ce fut et c'est encore vouloir jouer au loto selon les règles du jeu des échecs.

Paul Valéry, Cahiers, 1913, « Poésie ».

## DISGRÂCE

*J'ai fait une grande perte dans M. le duc et dans Mme la duchesse de Choiseul. On ne peut compter sur rien de ce qui dépend de la cour. Le premier homme de l'État n'est jamais sûr de coucher chez lui.*

À Élie Bertrand, 7 janvier 1771.

## DISSERTATION SUR LES CHANGEMENTS ARRIVÉS DANS NOTRE GLOBE ET SUR LES PÉTRIFICATIONS

Dans l'original italien, ce fut le morceau de réception de Voltaire à l'académie de Bologne, en avril 1746 : *Saggio intorno ai cambiamenti avvenuti su'l*

*globo della terra*, aussitôt publié en français dans *Le Mercure de France* (juillet 1746). Écartant les hypothèses purement théoriques d'une évolution des climats et des reliefs, Voltaire y affirme la permanence des lois naturelles qui régissent notre univers depuis l'origine : « La constitution fondamentale de cet univers n'a point changé » – et de censurer le besoin de merveilleux qui produit les faux savoirs. C'est cette fameuse « Lettre italienne » qui provoqua sa brouille avec Buffon*. Il en reprit encore la substance dans les *Questions* sur *l'Encyclopédie* (1770-1772), à l'article « Changements du globe ». Comme le montre notamment sa discussion sur l'origine des fossiles*, il s'opposait surtout à l'idée d'un déluge universel. Sans doute admettait-il des variations importantes du niveau des eaux, dont Benoît de Maillet, à la suite de ses observations en Égypte, avait donné des preuves convaincantes dans son *Telliamed* (1748); mais il ne pouvait accepter que la Terre eût été entièrement submergée, comme l'avait proposé Buffon, dans sa *Théorie de la Terre* (1749). Contre la tentative de Buffon, certes théorique mais résolument moderne, d'introduire une véritable historicité dans l'histoire naturelle de la Terre, Voltaire devait soutenir inlassablement son postulat déiste d'une immuabilité du monde : « Le grand Être qui a formé l'or et le fer, les arbres, l'herbe, l'homme et la fourmi, a fait l'Océan et les montagnes » (*Les Singularités de la nature*, 1768, chap. XI).

*Roselyne Rey*

## DIVORCE

CÉLIBAT · DÉMOGRAPHIE ·

Il existe un article « Divorce » dans les *Questions sur l'Encyclopédie* (1770-1772). Voltaire y discute l'article correspondant de l'*Encyclopédie*, qui faisait remonter aux Romains l'usage du divorce dans les Gaules. Il montre la fausseté de cette proposition, prouve que le divorce était autorisé par le Code Justinien, mais qu'il fut interdit par le droit canon – il est d'ailleurs autorisé chez les protestants. Voltaire lie ironiquement le divorce au mariage : son institution n'aurait-elle suivi de quelques jours celle du mariage, le temps seulement que l'on se querellât et que l'on battît sa femme ? Son interdiction n'est pour lui qu'un acte arbitraire de l'Église, imposé au pouvoir civil, et contraire à la nature et à l'ordre social. Voltaire a déplacé à l'article « Adultère » de ses *Questions sur l'Encyclopédie* un extrait d'un « Mémoire d'un magistrat, écrit vers l'an 1764 », qui se trouvait d'abord à l'entrée « Divorce » : c'est la plainte d'un honnête homme déjà séparé de sa femme, qui le trompait, mais qui se voit empêché par les lois de l'Église de prendre à nouveau femme, au péril de sa santé, de sa vertu

et de son bonheur. En prélude à l'établissement d'une première loi de divorce votée sous la Révolution (20 septembre 1792), l'une des «pétitions» adressées à l'Assemblée législative, dès 1791, invoquera en témoignage, avec Montaigne et Charron, Montesquieu et Voltaire.

Jean Goulemot

## DOGMES

CONCILES • FANATISME • MORALE • SECTE •

Voltaire oppose inlassablement le dogme, qui divise et déchire les hommes, à la morale qui est divine et qui peut les unir. La formule clé est celle de la fin de l'*Examen important de milord Bolingbroke* (1767) : «Prêchez la probité et non le dogme.» Les dogmes peuvent être indifférents : les doctrines des philosophes de l'Antiquité ne troublaient pas la paix civile. Depuis les temps chrétiens, ils ont eu des effets pervers que détaillent les écrits historiques et les articles «Conciles», «Dogmes», «Tolérance» du *Dictionnaire philosophique*, entraînant disputes, anathèmes, persécutions, massacres. Pour les désacraliser, Voltaire les dissocie de l'Écriture : il rappelle que Jésus n'a jamais fait mention du péché originel, ni de sa double nature, ni de sa naissance virginale. Il souligne, dans l'article «Credo», la date tardive (V$^e$ siècle) du «Symbole des apôtres». Quant aux décisions des conciles, il les tourne souvent en ridicule en opposant la solennité de ces rassemblements à l'insignifiance, sous l'aspect moral et pratique, des sujets abordés – subtilités peu compréhensibles à ses yeux, et sources de palinodies : la consubstantialité, la double nature et la double volonté de Jésus, l'attribution à Marie du titre de «mère de Dieu», l'interdiction du culte des images, la transsubstantiation, la croyance au Saint-Esprit. Il rappelle aussi volontiers les hérésies d'Arius, de Nestorius, les divergences des Églises grecque et latine, la dissidence des protestants. D'où le provocant article «Dogmes» du *Dictionnaire philosophique*, fiction onirique d'un jugement dernier singulier : les juges en sont en effet des Anciens sages et vertueux – des païens – tandis que les chrétiens dogmatiques et fanatiques, le cardinal de Lorraine, Calvin, Le Tellier, et les sectaires de toutes croyances, sont condamnés l'un après l'autre. Une seule question leur est posée : «Quel bien avez-vous fait aux hommes?»

Marie-Hélène Cotoni

*Nous supplions le lecteur attentif, sage et homme de bien, de considérer la différence infinie qui est entre les dogmes et la vertu. Il est démontré que si un dogme n'est pas nécessaire en tout lieu et en tout temps, il n'est nécessaire ni en aucun temps ni en aucun lieu. Or certainement les dogmes qui enseignent que l'Esprit*

procède du Père et du Fils n'ont été admis dans l'Église latine qu'au VIII$^e$ siècle, et jamais dans l'Église grecque. Jésus n'a été déclaré consubstantiel à Dieu qu'en 325; la descente de Jésus aux enfers n'est que du siècle V$^e$; il n'a été décidé qu'au VI$^e$ que Jésus avait deux natures, deux volontés, et une personne; la transsubstantiation n'a été admise qu'au XII$^e$.

Chaque Église a encore aujourd'hui des opinions différentes sur tous ces principaux dogmes métaphysiques: ils ne sont donc pas absolument nécessaires à l'homme. Quel est le monstre qui osera dire de sang-froid qu'on sera brûlé éternellement pour avoir pensé à Moscou d'une manière opposée à celle dont on pense à Rome? Quel imbécile osera affirmer que ceux qui n'ont pas connu nos dogmes, il y a seize cents ans, seront à jamais punis d'être nés avant nous? Il n'en est pas de même de l'adoration d'un Dieu, de l'accomplissement de nos devoirs. Voilà ce qui est nécessaire en tout lieu et en tout temps. Il y a donc l'infini entre le dogme et la vertu.

Un Dieu adoré de cœur et de bouche, et tous les devoirs remplis, font de l'univers un temple, et des frères de tous les hommes. Les dogmes font du monde un antre de chicane, et un théâtre de carnage. Les dogmes n'ont été inventés que par des fanatiques et des fourbes: la morale vient de Dieu.

*De la paix perpétuelle, 1769, XXVIII.*

## *DON PÈDRE, ROI DE CASTILLE*

ESPAGNE · TRAGÉDIES ·

Tolède, XIV$^e$ siècle. Tragédie politique, doublée d'une histoire d'amour, où Don Pèdre, «Pierre le cruel», a le beau rôle, de même que du Guesclin. Tragédie «à lire», imprimée en 1775.

Henri Lagrave

## *DOUTES NOUVEAUX SUR LE TESTAMENT DU CARDINAL DE RICHELIEU*

Voir TESTAMENT POLITIQUE DU CARDINAL DE RICHELIEU.

## *DOUTES SUR LA MESURE DES FORCES MOTRICES ET SUR LEUR NATURE*

CHÂTELET (MME DU) · NEWTON ·

Ces *Doutes* qui datent de la période scientifique de Cirey (1736) ont été imprimés dans le tome IX de la *Nouvelle Bibliothèque ou Histoire littéraire des principaux écrits qui se publient* (La Haye, juin 1741), avec, à la suite, un *Extrait du rapport fait à l'Académie des sciences*, en avril, par Pitot et

Clairault. Ils se rattachent à la querelle qui a opposé Mme du Châtelet au secrétaire perpétuel de l'Académie des sciences, Dortous de Mairan, à propos des forces vives. Voltaire semble avoir soutenu indirectement les thèses de Mairan. Certains y ont vu les échos d'un conflit qui avait opposé Leibniz à Newton. Les éditeurs de Kehl ont les premiers admis ces *Doutes* dans les « œuvres de Voltaire ». Les *Doutes* répondent à une *Dissertation sur l'estimation et la mesure des forces motrices* de Mairan publiée en 1728 dans les *Mémoires de l'Académie des sciences*. Voltaire s'y essaie à la rigueur de la démonstration scientifique, en trente et un points et quelques schémas. Selon les commentateurs, il prend parti, dans ce mémoire, pour « la quantité du mouvement contre la force vive, comme expression des forces ». D'Alembert mit fin au débat dans la préface à sa *Dynamique* en montrant qu'il ne s'agissait que d'une querelle de mots. Condorcet reprendra ces termes dans la préface au tome XXXI de l'édition de Kehl.

*Jean Goulemot*

## DRAMATURGIE

ACTEUR • DÉCORS • SCÈNE • TRAGÉDIES •

Racine passait pour avoir laissé de la tragédie un modèle parfait ; ses héritiers y trouvent mise en œuvre une technique de composition, une dramaturgie disons-nous, qui représente l'aboutissement d'un siècle d'efforts et de recherches. Pas plus que ses rivaux, Voltaire ne songe ni à la contester, ni à la modifier en profondeur. Au XVIII$^e$ siècle, on en gardera donc l'essentiel : découpage en cinq actes, ordonnance générale de l'action (exposition, nœud, dénouement), liaison nécessaire des scènes, norme de longueur totale, usage exclusif de l'alexandrin, respect enfin de la vraisemblance et des bienséances.
Contre Houdar* de La Motte et les Modernes, la bataille du vers est vite gagnée, au nom de la poésie et de la « difficulté vaincue » : point de tragédie en prose. Voltaire se bornera à condamner les rimes riches, fatales au sens ; il risquera dans *Tancrède* les rimes croisées, et dans la comédie* le décasyllabe – nouveautés qui parfois choquèrent.
Plus audacieuse, une tragédie en trois actes : *La Mort de César* ; d'autres, comme *L'Orphelin de la Chine*, furent d'abord conçues en trois actes, mais l'auteur s'acharna ensuite à les porter à cinq, sans toujours les développer suffisamment : *Irène* n'a que 1 164 vers (la moyenne chez Racine est de 1 640). Cette sécheresse atteste le déclin du vieux tragique, et peut-être celui de la tragédie même.
Quant aux unités, la seule liberté que prend Voltaire, avec ses rivaux d'ailleurs, concerne le lieu. La rigueur de la règle d'unité, sentie comme exces-

sive, la passion du spectacle dans ce siècle de « théâtromanie », vinrent à excuser, puis justifier la représentation sur la scène de plusieurs lieux voisins. Voltaire en use largement, et pour des décors. Mais personne n'ose encore toucher à l'unité d'action, réputée fondamentale, ni à l'unité de temps, si gênante, que le barbare Shakespeare* ignore. Les bienséances sont un peu bousculées, au nom de la « vérité ». Ainsi les héroïnes de Voltaire se suicident sur la scène ; mais le meurtre est toujours rejeté en coulisse. La vraisemblance aussi est moins marquée, elle souffre du recours fréquent au romanesque. Enfin pitié et terreur restent les ressorts essentiels ; Voltaire sait faire pleurer, et excelle dans le pathétique accentué. Cependant « l'horreur », sous l'influence du drame noir, tend à pénétrer la tragédie ; Voltaire la condamne, et déjà chez Crébillon* – il expose pourtant Olympie sur son bûcher.

C'est au niveau de l'intrigue et du jeu que Voltaire se montre plus hardi, moins soucieux de « dignité ». Il multiplie les « ficelles » (billets et cassettes ; méprises et malentendus ; reconnaissances, coups de théâtre), et surtout les « effets » violents (il faut frapper fort, disait-il, autant que frapper juste) ; il utilise de plus en plus les petits tableaux : la Clairon embrassant une urne funéraire (*Oreste*), Lekain sortant du tombeau les bras ensanglantés (*Sémiramis*) ; il s'essaie au bruitage : coups de canon, tonnerre, cris de Clytemnestre dans les coulisses. Mais il n'abuse pas de ces facilités promises au futur mélodrame ; son goût lui interdit toute démesure. Au reste, sa dramaturgie va bien dans le sens d'une action plus vive, plus forte, plus visuelle, mais ne constitue pas l'originalité véritable de son art de la tragédie.

*Henri Lagrave*

## *DROIT DU SEIGNEUR (LE)*

COMÉDIES •

Le droit du seigneur, vulgairement dit droit de cuissage, fut dès le XVI$^e$ siècle un mythe tenace, attesté chez Montaigne et Montesquieu, dans les dictionnaires (Furetière, Bayle et même le *Dictionnaire de Trévoux*, œuvre des jésuites) et dans les encyclopédies, sous les noms exotiques de « Culage », « Jambage », « Marquette », « Prélibation », etc. De telles pratiques ont pu exister, mais non ce prétendu « jus primae noctis ». Voltaire, d'ordinaire plus exigeant sur les preuves historiques, en parle à son tour dans son *Essai sur les mœurs* (chap. LII) comme d'un réel abus de pouvoir commis par la noblesse féodale, voire par des évêques ou des abbés en tant que princes temporels, signe infâme « des mœurs qui régnaient dans le temps des croisades ». Ici le sujet, interdit par la censure, n'est pas traité : le privi-

lège se réduit à un « entretien » d'un quart d'heure, et fort sage. La pièce est faible : intrigue mal ficelée, trop de personnages inutiles, comique et intérêt dissociés. Le public préféra les trois derniers actes, qui forment une comédie « sensible » – à la fois sentimentale et morale.
On y voit le marquis de Carrage, seigneur du lieu, séduit par la grâce d'Acante, fille fort distinguée pour une paysanne, et qui certes mérite mieux que le lourd Mathurin, ce riche fermier à qui on la destine. Cependant, résolu à la sagesse, il se prête de son côté à un mariage de raison. Il finira pourtant par épouser Acante, qui l'aime aussi et qui se trouve digne de son rang, et par abolir dans ses terres l'horrible droit des seigneurs. Voltaire abuse des incidents romanesques : enlèvement d'Acante par le libertin Gernance, qui découvre qu'elle est sa sœur, reconnaissance de l'héroïne, née noble d'un mariage secret. On préfère quelques scènes où il manie avec bonheur le décasyllabe, en s'aventurant, consciemment ou non, sur les terres de Marivaux ; mais ce « triomphe de l'amour » est bien maladroit.
Joué à Ferney dès 1760, *Le Droit du seigneur* devait plaire à des spectateurs gagnés d'avance – Voltaire y tenait volontiers le rôle plaisant d'un bailli. Mais créée à la Comédie-Française le 18 janvier 1762, sous le titre plus approprié de *L'Écueil du sage*, la pièce n'eut que huit représentations. Mise en trois actes, elle fut reprise le 12 juin 1779, après la mort de l'auteur, sans plus de succès. Quelque vingt ans plus tard, Beaumarchais, en 1784, imposait enfin brillamment, non sans résistance, le sujet scabreux, avec *La Folle Journée ou le Mariage de Figaro*.

Henri Lagrave

## « DROITS DE L'HOMME »

AFFAIRES · FANATISME · JUSTICE · LIBERTÉ · POLITIQUE ·

Sans anachronisme excessif, on peut faire de Voltaire un défenseur des droits de l'homme. N'a-t-il pas combattu pour la tolérance (droit fondamental à la liberté religieuse), contre la censure (droit de penser), pour la sûreté politique, juridique et civile des personnes ? À travers les affaires dans lesquelles il s'est engagé, on trouvera sans peine de quoi faire de Voltaire un militant, avant la lettre, des droits de l'homme, tels qu'à quelques nuances près, notre époque les entend. Mais une telle annexion doit être prudente. Sensible aux oppressions politiques et sociales (il dénonce la tyrannie, le servage et l'esclavage), aux malheurs qui frappent le plus grand nombre (la guerre et ses sinistres effets), aux errements de la justice et à l'absence de garanties réelles pour les accusés (la torture\* et les abus

de procédure), il n'a pourtant jamais défini ce qu'étaient ces droits de l'individu si souvent bafoués ou simplement ignorés.

Bref, à moins de systématiser à outrance, on éprouverait quelque difficulté à fixer un ensemble de droits inhérents à la personne humaine, à établir à partir de ses écrits une liste et des définitions. Voltaire ici encore n'est pas un doctrinaire, mais un homme de réaction, sensible à la souffrance, capable d'indignation, mais capable aussi de condamner ses ennemis au silence imposé par le bras séculier. Les violences contre les jésuites et les chrétiens japonais n'ont pas ému Voltaire. Elles l'ont réjoui. Preuve sans doute que les droits de l'homme constituent aussi un enjeu idéologique et politique.

*Jean Goulemot*

## *DROITS DES HOMMES (LES) ET LES USURPATIONS DES AUTRES, TRADUIT DE L'ITALIEN*

PAPES · POLITIQUE · ROME ·

Opuscule de 1768, en sept points et cinquante pages, dirigé contre la puissance pontificale: Voltaire s'attaque aux «fables» qui la fondent. Saint Pierre ne s'est pas rendu à Rome et n'a pas été le premier pape sous Néron. Pas plus qu'il n'y a eu donation par Pépin le Bref à l'évêque de Rome de ce qui devint les États du pape. Voltaire prétend qu'on a confondu volontairement protection spirituelle et possession matérielle. Il faut s'affranchir de la tutelle pontificale. Pas de pape pour maître : « Les papes n'ont pas un pouce de terre en souveraineté qui n'ait été acquis par des troubles ou par des fraudes.» Voltaire demande une fois encore la séparation absolue du pouvoir temporel et du spirituel. L'ouvrage fut condamné en cour de Rome le 11 août 1769. L'usage s'est établi depuis l'édition Beuchot\* de remplacer, dans le titre, «des autres» par «des papes».

*Jean Goulemot*

## DUBOIS, Guillaume, cardinal

*Il ne faut pas passer sous silence le ministère du cardinal Dubois.*
*Précis du siècle de Louis XV, 1768, chap. III.*

Dans plusieurs de ses ouvrages historiques, Voltaire évoque la carrière et l'œuvre de Guillaume Dubois (1656-1723), ministre principal de la Régence jusqu'à sa mort. «Homme d'un esprit ardent, mais fin et délié», écrit Voltaire dans l'*Histoire\* du parlement de Paris*, il était le fils d'un

apothicaire de Brive-la-Gaillarde. Il avait porté le petit collet et le titre d'abbé longtemps avant de recevoir les ordres. Ambitieux, intelligent et cultivé, Dubois fut remarqué par Louis XIV et nommé précepteur du futur Régent, d'où sa fortune: «Ministre de ses plaisirs, il était devenu ministre d'État.» Archevêque de Cambrai en 1720, Dubois réussit à la fin de la même année à faire enregistrer la bulle *Unigenitus* par le Parlement. Il fut sacré cardinal en juillet 1721 et reçu l'année suivante à l'Académie. Voltaire le rencontra à la cour, aux fêtes du Régent, mais aussi chez les Ferriol\* et les Tencin\*, le cardinal Dubois ayant fait de Mme de Tencin sa maîtresse attitrée. «Sa petite mine et la basse naissance, écrira-t-il, jetaient sur lui un ridicule ineffaçable»; mais il lui rendra hommage, en l'introduisant dans la grande lignée des cardinaux ministres du siècle précédent:

> *Poursuis: de Richelieu mérite encore l'envie.*
> *Par les chemins écartés,*
> *Ta sublime intelligence,*
> *À pas toujours concertés,*
> *Conduit le sort de la France;*
> *La fortune et la prudence*
> *Sont sans cesse à tes côtés.*

*Anne Soprani*

## DUC D'ALENÇON (LE)

Voir *ADÉLAÏDE DU GUESCLIN*.

## DUC DE FOIX (LE)

Voir *ADÉLAÏDE DU GUESCLIN*.

## DUCHESNE, Nicolas Bonaventure

ÉDITIONS •

Duchesne, imprimeur libraire à Paris à l'enseigne du «Temple du Goût» rue Saint-Jacques, chercha comme d'autres son profit dans des éditions voltairiennes pirates ou parallèles. Voltaire l'accuse de participer au «brigandage de la librairie». Pour avoir publié avec Néaulme la «prétendue *Histoire universelle*» (1753), première version de l'*Essai sur les*

mœurs, il «mérite le carcan». Voltaire reproche ensuite à ce «corsaire», à «ce chien de Temple du goût ou du dégoût [d'avoir] mis en pièces cinq ou six de [ses] ouvrages»: *Zulime, Le Droit du Seigneur, Tancrède* surtout, et encore *Olympie* sont «mutilés». À sa mort (5 juillet 1765), l'oraison funèbre est brève: «Dieu a puni Duchesne pour m'avoir mal imprimé.» Son associé, Pierre Guy, et sa veuve terminèrent une édition générale qu'il avait entreprise. Voltaire exigeait que l'on se conformât au texte de son éditeur attitré, Gabriel Cramer\*. Deux ans plus tard, dans un avis au lecteur en tête des *Scythes*, il met en garde contre l'édition Duchesne de son théâtre. La veuve Duchesne proteste auprès de l'auteur, qui réplique: «On n'imprime point un livre comme on vend de la morue au marché.» Il obtiendra satisfaction en 1767, avec un avertissement de la maison Duchesne désavouant sa précédente édition.

*Jean-Michel Raynaud*

## DUCLOS, Charles Pinot, dit

ACADÉMIE • GENS DE LETTRES •

L'écrivain et romancier Charles Pinot-Duclos (1704-1772) a rencontré Voltaire vers 1734 chez Mlle Quinault, actrice de la Comédie-Française et chez le comte de Caylus, collectionneur et auteur de contes licencieux. Protégé de Mme de Pompadour\* et de Bernis\*, Duclos succède à Voltaire comme historiographe\* du roi en octobre 1750. Élu secrétaire perpétuel à l'Académie en 1755, il devient l'intermédiaire obligé entre Voltaire et l'auguste institution. Dès lors, la correspondance qu'ils échangent porte sur la contribution de Voltaire au *Dictionnaire de l'Académie*, et sur l'édition des pièces du grand Corneille avec les *Commentaires*\*. Dans la trentaine de lettres qu'il lui envoie entre 1750 et 1772, Voltaire révèle ses goûts littéraires; elles portent sur les œuvres du grand siècle que l'Académie projette de rééditer: «Voici, Monsieur, les propositions que j'ose faire à l'Académie avec autant de défiance de moi-même que de soumission à ses décisions. Je pense qu'on doit commencer par Pierre Corneille puisque c'est lui qui commença à rendre notre langue respectable chez les étrangers. Ce qu'il y a de beau chez lui est si sublime qu'il rend précieux tout ce qui est moins digne de son génie» (1$^{er}$ mai 1761). Voltaire propose ensuite de diriger une «édition in-quarto» des ouvrages de Corneille. Duclos, qui incarne une conception traditionnelle des belles-lettres et de l'écrivain, entretint néanmoins des liens privilégiés avec les grandes figures de la philosophie – dont Rousseau. Avec Voltaire, les relations deviendront progressivement plus chaleureuses, mais sans jamais atteindre la familiarité: Duclos est appelé

«Monsieur le Secrétaire», puis «Mon Cher Confrère». En 1772, d'Alembert lui succède à la place de secrétaire perpétuel.

*Didier Masseau*

## DUCLOS, Marie Anne de Châteauneuf, dite Mlle

ACTEUR • AMOUR • TRAGÉDIES •

Née en 1670, elle avait été reçue à la Comédie-Française en 1693 – un an avant la naissance de Voltaire. Titulaire des grands rôles tragiques hérités de la Champmeslé, elle resta fidèle à la vieille école par sa déclamation emphatique et ses attitudes conventionnelles. Mais elle avait une voix harmonieuse et touchante, un port de reine, un physique avantageux. À 20 ans, François Arouet fut séduit par cette actrice épanouie, belle encore, qui repoussa et ses avances et ses vers engageants. Il s'en consolera bientôt avec Adrienne Lecouvreur*, qui débute en 1717. Le seul rôle que lui ait confié Voltaire est celui de Salomé, dans *Mariamne* (1724). Éclipsée ensuite par la Lecouvreur, puis par la Gaussin, elle ne cessa de jouer qu'en 1733, et conserva jusqu'en 1736 sa part entière des bénéfices de la troupe.

*Henri Lagrave*

## DUJARRY, Laurent Juillard, abbé

*BOURBIER (LE)* •

Protégé de Houdar* de La Motte, premier rival du poète Arouet – vite enterré.

## DUMESNIL, Marie Françoise Marchand, dite Mlle

ACTEUR • COMÉDIE-FRANÇAISE • TRAGÉDIES •

La grande actrice (1711-1803) fit à la Comédie-Française une carrière de près de quarante ans, de ses débuts en 1737 à sa retraite en 1776; elle arrive à point pour servir Voltaire dans sa maturité, de *Zulime* (1740) à *Oreste* (1750). Elle possédait tout ce qu'il exigeait d'une tragédienne: l'instinct et le génie, les «entrailles», le feu du regard et la magie de la voix. Capable d'inspirer la terreur, elle avait enfin «le don des larmes» – comme Voltaire lui-même, elle donnait libre cours, en scène, à son émotion. Dans l'éternel débat sur l'acteur, elle représenta, face à la Clairon*, la nature et l'instinct contre l'étude et l'art. Dumesnil fut une merveilleuse Mérope, qui faisait fondre en larmes pendant des actes entiers. Elle fut encore sublime

dans d'autres rôles de mère, l'héroïne de *Sémiramis*, la Clytemnestre d'*Oreste*, la Statira d'*Olympie*. Voltaire lui voua une admiration profonde, jusqu'à reconnaître, dans un habile excès de modestie, que l'actrice était le véritable auteur de *Sémiramis* et de *Mérope*. Il n'en déplora pas moins ses négligences, rançon de la spontanéité, son goût du vin (une légende, semble-t-il), et son indépendance. Car elle résistait parfois au maître, et ne se gênait pas pour lui reprocher ses «injustices», et se plaindre des instructions qu'il lui faisait passer par d'Argental*. La Clairon, devenue une intime de l'auteur, était plus docile, bien que fort capricieuse. Peu à peu, l'âge et le déclin de Dumesnil servirent sa concurrente, qui prit bientôt les premiers rôles.

*Henri Lagrave*

## DU NOYER

Voir NOYER.

## DUPANLOUP, Félix Antoine Philibert

COMMÉMORATIONS · HUGO · VOLTÉRANISME ·

Évêque d'Orléans en 1849, académicien en 1854, député à l'Assemblée nationale en 1871, sénateur en 1876, Mgr Dupanloup (1802-1878) représente une grande figure du catholicisme libéral, violent adversaire des thèses ultramontaines et partisan d'une réconciliation de l'Église et du monde moderne.

Ses démêlés avec Voltaire commencèrent tôt. Nommé en 1841 professeur d'éloquence sacrée à la Sorbonne, au temps de la bataille entre l'Église et l'Université, il s'en prenait publiquement au philosophe. Devant les protestations des étudiants, son cours dut être suspendu. Quand le conseil municipal de Paris prit l'initiative des cérémonies du premier centenaire de la mort de Voltaire, Dupanloup publia *Dix Lettres à messieurs les membres du conseil municipal de Paris sur le centenaire de Voltaire*. Il y ajouta une lettre à Victor Hugo. On en retiendra une suite d'attaques souvent habiles dans le contexte républicain, nationaliste et violemment antiprussien. La cinquième lettre dénonce un Voltaire aristocrate et courtisan, la sixième, un «Voltaire insulteur de la France», la neuvième un Voltaire «comédien de tolérance et de philanthropie» en s'appuyant sur son acceptation du partage de la Pologne. Le prélat avait astucieusement consacré une seule lettre à l'anticléricalisme de Voltaire et à ses attaques contre le christianisme. Au-delà de la démagogie de certaines dénonciations, du schématisme des ana-

lyses, on demeure frappé par la connaissance que ses ennemis avaient alors de l'œuvre et de la pensée de Voltaire.

Jean Goulemot

*Monsieur,*

 *Je viens de lire le discours prononcé par vous au théâtre de la Gaîté, et je dois vous avouer qu'il dépasse tout ce qu'en ces tristes temps j'avais rencontré en fait de palinodie.*
 *Qu'est-ce donc qu'un poète, et quel est ce prisme singulier, qui teint de ses propres couleurs, incessamment changeantes, toutes choses? Qu'est-ce qu'un écrivain qu'on entend flétrir et exalter tour à tour, selon ses mobiles impressions, le même homme et le même siècle?*
 *Je suis obligé de vous le dire, Monsieur; dans les illusions qui vous fascinent aujourd'hui, c'est un faux Voltaire, poétisé, transformé, que vous avez montré à votre auditoire; le vrai Voltaire, le voici:*
 *Il résulte, non pas des textes isolés, mais de toute sa vie et de ses œuvres, que Voltaire, si vous enlevez le masque, si vous allez au fond de son âme et à la réalité de son histoire, fut ce que j'ai dit, ce que vous avez naguère dit vous-même; et puisque vous l'avez oublié, vous me forcez à le redire:*
 INSULTEUR DU PEUPLE, *que sans cesse il traitait de « canaille » et dont il a dit: « Il ne faut pas que le peuple soit instruit, il n'est pas digne de l'être »; « Le peuple sera toujours sot et barbare. Ce sont des bœufs auxquels il faut un joug, un aiguillon et du foin ».*
 COURTISAN *de toutes les puissances, jusqu'aux plus viles: ayant perdu à ce commerce, selon la forte expression de M. Louis Blanc, « tout ce qui constitue les fiers caractères et les âmes viriles ». Voilà le vrai Voltaire.*
 *Et de plus:* INSULTEUR DE LA FRANCE; *renchérissant sur les moqueries du vainqueur de Rossbach; lui écrivant: « Sire toutes les fois que j'écris à Votre Majesté sur des affaires un peu sérieuses, je tremble comme nos régiments à Rossbach... » [...].*
 *Du reste* AGIOTEUR, NÉGRIER, *et* VIVRIER, *ayant fait la traite des nègres, et mis dans sa poche, pendant une seule guerre, six cent mille livres de ce temps-là, gagnées sur les fournitures de l'armée.*
 INSULTEUR DE LA VÉRITÉ, *au point que Frédéric lui-même l'a appelé un fourbe consommé; rompu à mentir, ayant érigé le mensonge en principe; sans foi ni loi, selon le mot de Sainte-Beuve.*
 INSULTEUR DES MŒURS; *l'écrivain le plus corrompu et le plus corrupteur qui fut jamais; ayant inondé son siècle, c'est vous-même qui l'avez dit, d'œuvres d'ignominie, de livres infâmes, de fange.*

Mgr Dupanloup, Lettre de l'évêque d'Orléans à M. Victor Hugo,<br>1<sup>er</sup> juin 1878.

## DU PLESSIS-VILLETTE, Charles Michel, marquis, et Reine Philiberte Rouph de Varicourt, marquise

FAMILLE • FERNEY •

La candide jeune fille, d'une extrême beauté, que Voltaire avait surnommée « Belle et Bonne », était née Rouph de Varicourt (1757-1822). Fille d'un voisin pauvre de Ferney, Rouph de Varicourt, beau-frère des Deprez* de Crassier, elle était destinée au couvent ; Mme Denis, qui lui témoignait un attachement affectueux, l'invita à s'installer au château même en 1776. Charmé et attendri par la douceur de ses 19 ans, Voltaire la chargea, dit-il, « du compartiment des grâces ».
C'est à Ferney, que « Belle et Bonne » rencontra son futur mari, Charles Michel du Plessis-Villette (1736-1793), plus connu sous le nom de « marquis de Villette ». Cet officier de cavalerie était en relation avec Voltaire depuis 1765. Le patriarche s'était entiché de ce littérateur en qui il voyait un « philosophe en herbe ». Le marquis, fils d'un financier, était un libertin et un aventurier, criblé de dettes. Interdit de séjour à Paris pour deux ans, il avait eu l'idée de venir à Ferney en mars 1765, et avait séduit toute la petite société. Voltaire fut conquis par ce jeune homme brillant, grand récitateur de vers et bon imitateur. Il intercéda en vain auprès du père du marquis pour faire lever la sentence qui le frappait. Charles Michel de Villette rentra cependant en possession de son héritage en 1766 et retourna à Paris. Jusqu'en 1777, il multiplia les scandales : duels, querelles publiques au sujet de femmes, aventures homosexuelles, et même une incarcération à l'Abbaye. À ce « méchant garçon », avec une étonnante faiblesse, Voltaire restait attaché : « Je ne vous pardonne pas, lui écrit-il, de vous livrer au public, qui cherche toujours une victime et qui s'acharne impitoyablement sur elle [...]. Je vous invite plus que jamais à vous livrer à l'étude. » Après une dernière affaire de duel, le marquis se réfugia à Ferney à la fin de septembre 1777. Il fut touché et séduit par « Belle et Bonne », comme par un coup de foudre. Il l'épousa en l'église du château, le 19 novembre suivant, à minuit. Heureux de sa « conversion », Voltaire était là, attendri, enveloppé dans sa longue pelisse de fourrure ; avant la cérémonie, il avait mis autour du cou de la mariée une belle parure de diamants.
Le mariage de « Belle et Bonne » annonçait le départ de Ferney du patriarche : soutenus par les amis parisiens de Voltaire et par Mme Denis, les Villette le persuadèrent de venir à Paris et le logèrent dans leur hôtel durant tout son séjour.
Après la mort de Voltaire, le marquis de Villette acheta à Mme Denis, en janvier 1779, le château de Ferney. « Belle et Bonne » ne goûta pas longtemps le bonheur d'être dame de Ferney : dès 1785, Villette en grandes difficultés revendait le domaine. Un an auparavant, il avait publié les

*œuvres du marquis de V.*, un ensemble d'anecdotes et de souvenirs fort suspects sur ses relations avec Voltaire. Dans l'imaginaire parisien, « Belle et Bonne » restait une figure privilégiée de la mémoire voltairienne. En juillet 1791, le convoi qui transférait Voltaire au Panthéon* s'arrêta devant l'hôtel de Villette somptueusement décoré. Mme de Villette accompagnée de sa fille et des deux filles de Calas, s'approcha du char, tenant à la main une couronne civique, qu'en pleurs elle déposa sur la statue du grand homme.

*Anne Soprani*

## DUPONT, Sébastien

COLLINI • COLMAR • WURTEMBERG •

Avocat au Conseil d'Alsace à Colmar, membre du Conseil du duc de Wurtemberg. Ami et relation d'affaires de Voltaire.

## DUREY DE MEYNIÈRES, Jean Baptiste François

Relation épisodique mais fort utile, le président de Meynières (1705-1787) était le beau-frère du lieutenant de police Hérault. Voltaire fit passer par lui « mémoires », « pièces » et « prières » durant ses démêlés juridiques contre Desfontaines* et Travenol*. Plus tard, ce digne parlementaire se piqua d'envoyer à l'auteur de l'*Essai sur les mœurs* des observations critiques, que Voltaire trouva empreintes « d'esprit de parti » – il n'en tint pas compte. Avec la seconde femme du président, Octavie Belot (1709-1805), Voltaire entretint une correspondance plus souple. Dès 1759, cette « dame d'esprit », « traductrice de Hume » lui envoyait ses ouvrages. Elle soutenait Diderot et recevait Helvétius. Voltaire compare ses lettres à celles de Mme de Sévigné, mais la trouve moins « grande caillette ».

*Anne Soprani*

## DUREY DE MORSAN, Joseph Marie

Fils d'un fermier général et beau-frère de l'intendant de Paris, Durey de Morsan (1717-1795?) traînait une bien mauvaise réputation lorsque Voltaire le reçut à Ferney* en 1768. Déclassé, endetté, « mis en prison par ses parents » – embastillé en 1741 et enfermé à Vincennes en 1759 – Durey de Morsan lui inspira par son goût des lettres « une extrême pitié, et même de l'amitié ». En quête de protecteurs, il avait vécu un temps près de Jean

Jacques Rousseau, puis s'était brouillé avec lui. Durey de Morsan se réfugia chez Voltaire dont l'accueil lui fut autrement bénéfique.

Seul à Ferney à la fin de 1768 – le philosophe avait renvoyé Mme Denis* à Paris au printemps précédent –, Voltaire découvrit en lui un élégant latiniste, faiseur de «vers très jolis». Membre de l'académie royale de Nancy, il avait le titre de «secrétaire du cabinet des commandements du roi de Pologne». Il fit cinq séjours à Ferney jusqu'en avril 1770, y revint de mars 1772 à novembre 1773, y repassa une dernière fois en 1774. Touché par sa détresse, Voltaire lui prêta de l'argent et intercéda auprès de sa sœur, Mme Bertier de Sauvigny – en vain. Il avait fini par lui assurer une rente, sans tenir compte des réactions indignées de la bonne société parisienne, et l'avait installé dans une aile du château en lui confiant diverses tâches de secrétariat. Durey de Morsan rassembla ainsi les documents du *Commentaire\* historique* et supervisa la réimpression des *Questions\*sur l'Encyclopédie* par la Société typographique de Neuchâtel. Passionné de médecine, cet homme étrange préparait aussi les potions pharmaceutiques nécessaires au château. Durey de Morsan finit par se fixer à Lausanne, en 1775, «chargé de dettes et d'une bâtarde», elle-même mère d'un enfant «dont quelques-uns disent, écrit Voltaire, qu'il est le père»: «Tout cela fait, conclut-il, une affaire de famille dans le goût d'Œdipe.»

*Anne Soprani*

## DUVERNET, Théophile Imarigeon

BIOGRAPHIE •

Né vers 1730 en Auvergne, d'abord enseignant, à Vienne entre autres où Voltaire lui écrit dès 1765, puis journaliste et littérateur, introduit au début des années 1770 dans les milieux intellectuels parisiens, où il fréquenta d'Argental, d'Alembert, Condorcet et Delisle de Sales, l'abbé Duvernet (1720-1796) se fit le premier biographe de Voltaire, et publia en 1786, anonymement et sous la fausse adresse de Genève (pour Liège), une *Vie de Voltaire* – quatre ans avant Condorcet*. Phénomène alors unique, et qui resta rare avant 1850, il avait déclaré son projet à l'écrivain et obtenu sa collaboration au stade de l'enquête. On a cinq lettres fort curieuses de Voltaire à son «historien», entre 1771 et 1776, qui informent aussi sa pensée de la biographie. Il prit le projet au sérieux et s'y prêta d'assez bonne grâce, tout en avouant craindre le ridicule. Il précisa des faits et des dates, indiqua des informateurs utiles – La Condamine, Thiriot, Darget – et proposa des documents, apparemment ceux qu'il inséra lui-même ensuite dans son *Commentaire\* historique* en 1776. Duvernet avait mis la main, dès 1772, sur «les paperasses de l'abbé Moussinot*», des

lettres de Voltaire à son ancien agent et commissionnaire du temps de Cirey, dont il devait publier en 1781 un recueil de visée autobiographique, peu correct pour le texte, mais assez fidèle en esprit – Voltaire l'avait pourtant averti qu'il ne les trouvait pas «bien intéressantes». On compte encore parmi les écrits de Duvernet un opuscule sur *Les Lois\* de Minos*, quelques bagatelles licencieuses et burlesques, et une très critique *Histoire de la Sorbonne*. Il mourut en 1796, laissant une version augmentée de sa *Vie de Voltaire*, qui parut l'année suivante, sans rencontrer le même succès que la première édition.

Cette *Vie* est très différente de celle de Condorcet. Elle est plus événementielle, plus anecdotique, celle de Condorcet plus synthétique, plus philosophique. Duvernet suit le modèle chronologique des annales, en vingt-cinq chapitres bien marqués, aux titres détaillés, découpés par deux dates. L'écrivain est ainsi assimilé aux rois, aux grands généraux, aux principaux ministres; il entre en fait dans une nouvelle histoire, celle des Lumières, qui justement s'établit autour de sa figure. L'ouvrage est plein de détails piquants, qui couraient dans le Paris de l'époque, et qui ont trouvé là souvent leur première formulation écrite – plus ou moins recoupés, plus ou moins fiables: les sources ne sont presque jamais indiquées. Parmi les informateurs consultés: Thiriot, d'Argental, Hénault, Darget, Marmontel; et pour l'édition revue Decroix, plus directement Longchamp, dont Duvernet connaît déjà les «Mémoires», et Mme de Villette. Il y a là d'heureuses formules, par exemple à propos des fameuses affaires judiciaires: «Voltaire exerçait un ministère public.» Duvernet a pris en compte les écrits de Voltaire, mais moins bien que Condorcet. Il suggère à plusieurs reprises, on ne sait sur quelles bases, que Louis XV avait senti l'importance de ces Philosophes qu'on lui présentait comme des ennemis du trône, mais sans jamais pouvoir agir à sa guise: «Je conçois cet enthousiasme», aurait dit le roi au moment de la souscription pour la statue commandée à Pigalle – «les courtisans se turent», ajoute Duvernet. Dans la seconde édition, il évoque avec émotion le souvenir de la Révolution, l'apothéose de l'entrée au Panthéon, et les grandes mesures libératrices de l'Assemblée nationale: «Tous ses décrets auraient pu porter Voltaire en tête.»

*André Magnan*

## DUVIVIER, François François, dit

DENIS (MME) •

Cet ancien commissaire des guerres n'apparaît qu'en marge dans la vie de Voltaire. François Duvivier (1722-1802) épousa, en effet, Mme Denis en janvier 1780. Il avait rencontré le patriarche à Ferney, en juillet 1775,

porteur d'un message de Richelieu. Il fut reçu par Voltaire, qui sortit de son lit pour l'occasion et but avec son visiteur « du vin de champagne » à la « santé » et à la « gloire » du maréchal ; puis cet « homme fort aimable » étant reparti « sur-le-champ », Voltaire se remit au lit. Trois ans plus tard, en mars 1778, Duvivier était un assidu de l'hôtel de Villette, où logeaient Voltaire et Mme Denis pendant leur dernier séjour à Paris. Après la mort de Voltaire et son inhumation mouvementée, la hiérarchie ecclésiastique fit des difficultés pour autoriser la célébration d'un service religieux en mémoire du défunt, comme c'était l'usage pour un membre de l'Académie ; l'abbé Mignot* et Mme Denis, qui tenaient à cet honneur, demandèrent à Duvivier d'écrire une relation de la mort de l'écrivain : c'est apparemment pour leur plaire que Duvivier rédigea une « Anecdote littéraire sur la mort de M. de Voltaire » authentifiant la dernière profession de foi du mourant, que publia, en juillet 1778, le *Journal de littérature des Deux-Ponts*. Mais pour les contemporains les plus sexistes, qui en firent longtemps des gorges chaudes, Duvivier resta celui qui avait contracté cet « extravagant », et « ridicule » mariage avec Mme Denis. Il avait dix ans de moins qu'elle ; elle avait 68 ans.

*Anne Soprani*

> *Si Monsieur Gabriel s'est fait mal à l'os de la jambe, j'ai mal partout. Ainsi il faut me pardonner à moi pauvre aveugle si je n'ai pas envoyé « Esprit » qui doit être avant « Éternité »,*
> *Vous aurez « Évangile » et « Eucharistie » demain et ce seront des joies.*
> À Gabriel Cramer, mars 1771.

## E (E muet)

*Cet E muet, qu'on fait sentir sans l'articuler, laisse dans l'oreille un son mélodieux, comme celui d'un timbre qui résonne encore quand il n'est plus frappé.*
Questions sur l'Encyclopédie, 1770-1772, art. « Dictionnaire ».

*Un E ne me paraît point choquer un E, comme un A choque un A.*
*« Immolée à mon père » n'écorche point mon gosier, parce que les deux E font une syllabe longue. « Immolé à mon père » m'écorche, parce qu'E est bref.*
À d'Alembert, 19 mars 1770.

## « ECCE EFFIGIEM VOLTARII »

LA BEAUMELLE •

La Beaumelle avait appris le latin à sa femme, et celle-ci à sa fille ; il les avait toutes deux bien endoctrinées sur la personne de Voltaire. La Condamine les avait tous retirés dans sa maison ; car il estimait le sieur de La Beaumelle. Un marchand d'estampes entre un jour chez lui (nous sommes témoin du fait), et déploie son portefeuille. Madame de La Beaumelle apercevant le portrait de l'auteur de « Zaïre », le prend, le présente à sa fille, en lui disant : « Ecce effigiem Voltarii ! » L'enfant le saisit avec fureur, et le met en pièces devant l'assemblée.
Nicolas Ruault, Éloge de Marie François Arouet de Voltaire, 1788.

## ÉCHANGE (L'), OU QUAND EST-CE QU'ON ME MARIE?

COMÉDIES •

Cette mouture des *Originaux*, baptisée aussi *Le Petit Boursoufle* en trois actes brefs et en prose, verse dans la farce : un cadet qui se substitue à son frère pour lui souffler sa promise, une Fanchon très délurée, qui épouserait le monde entier pour devenir une dame, des situations très plaisantes. Jouée à Cirey en 1736, la pièce fut créée au Théâtre-Italien, qui se l'était appropriée on ne sait comment (une seule représentation, 26 janvier 1761).

*Henri Lagrave*

## ÉCLAIRCISSEMENTS HISTORIQUES À L'OCCASION D'UN LIBELLE CALOMNIEUX CONTRE L'ESSAI SUR LES MŒURS ET L'ESPRIT DES NATIONS

Voir ERREURS DE M. DE VOLTAIRE (LES).

## ÉCOSSAISE (L')

COMÉDIES • FRÉRON • PHILOSOPHIE • SATIRE •

Peu avant 1760, les attaques redoublent contre les Cacouacs\*. L'*Encyclopédie*\* a été interdite en mars 1759. Fréron, dans son *Année littéraire*, se fait de plus en plus agressif. Voltaire décide alors de l'abattre, par une «antiféronnade» décisive. Cette œuvre de circonstance, écrite à la hâte, n'était pas d'abord destinée à la scène. Présentée comme traduite d'une comédie anglaise, elle sortit en brochure quelques jours avant la première des *Philosophes* de Palissot\* (2 mai 1760), satire violente des Encyclopédistes voués à l'ignominie publique. Il ne s'agit donc pas ici d'une réplique directe à Palissot, mais d'un règlement de comptes personnel avec Fréron. La pièce n'en fut pas moins reçue comme une revanche générale, lorsqu'elle fut donnée à la Comédie-Française, le 26 juillet. Mais elle réussit au-delà de ce contexte polémique, sans doute parce que Voltaire avait su fondre la caricature cinglante du «vil folliculaire\*» dans le cadre d'une comédie sérieuse, où le personnage n'a pas le rôle principal.

La scène est à Londres, dans une auberge, lieu original, et propice aux rencontres, plus précisément dans «le café» de l'auberge – c'est le vrai titre de la pièce : *Le Café ou l'Écossaise*. L'action se passe quelques années après la guerre d'Écosse, menée contre les Anglais par le Prétendant Charles Édouard, le jeune Stuart\*, et perdue dans des circonstances romanesques dont on s'était beaucoup ému en France. La famille des Murray en

a profité pour assouvir sa haine contre les Monrose, dont le chef condamné à mort a dû fuir. La fille de ce Monrose n'avait alors que cinq ans, et réduite à la misère, elle se cache à présent, sous le nom de Lindane, chez le brave aubergiste Fabrice, vivant dignement de sa broderie : c'est elle, «l'Écossaise». Frélon lui, attablé là chaque matin, écrit ses feuilles venimeuses. On verra venir aussi dans ce café M. Freeport, riche négociant, et Monrose lui-même, traqué par la police, résolu à tuer de ses mains le jeune Murray, héritier de la famille ennemie. Mais ce Murray est amoureux de Lindane, dont il ignore l'identité. Pour elle, il a abandonné lady Alton, une furie qui fera tout pour se venger sur la jeune fille, avec l'aide, évidemment monnayée, du sinistre Frélon... Au dénouement, Monrose retrouvera sa fille, renoncera à sa vengeance, sera réhabilité, et les jeunes gens se marieront : heureuse variante de *Roméo et Juliette*!

N'était l'absence de crime, on se croirait en plein mélodrame. Affrontement de deux familles, menaces d'arrestation, désirs de vengeance, double reconnaissance, émotions et larmes, lutte du vice et de la vertu, et suspens continu : tous les ingrédients du futur mélo sont utilisés, avec la dose de comique obligatoire, ici fournie par le rôle secondaire mais haut en couleur de Freeport en Alceste flegmatique, bon Anglais aux dehors rugueux, au cœur d'or, avatar du type éprouvé du «bourru bienfaisant», et qui à lui seul aurait fait le succès de la pièce. À Frélon-Fréron incombe enfin le rôle du traître, sous le nom de «Wasp» («la Guêpe» en anglais) que la censure finit par imposer pour la représentation ; il se conduit d'ailleurs en espion de police, en âme vénale plus qu'en journaliste véreux.

Les emprunts sont patents, à la «comédie d'humeur» des Anglais, au nouveau réalisme de Goldoni. Mais Voltaire puise aussi dans son propre fonds, celui de *Nanine*\* et de *La Prude*\*, et la prose soutenue, éloquente sans enflure, la vivacité, le naturel du dialogue portent bien sa marque. On joua seize fois *L'Écossaise*. Fréron, beau joueur, en donna dans son journal un compte rendu fort piquant. Il y eut même, preuve absolue du succès, une parodie de Foire – sous le titre de *L'Écosseuse*... L'aspect polémique oublié, le public continua longtemps à goûter cette pièce qui «intéressait», attendrissante, et d'une morale irréprochable.

Henri Lagrave

## ÉCRIVAIN (HABITUDES DE L')

Voir TRAVAIL.

La scène est mémorable, et fut vite légendaire.
La Comédie-Française, lundi soir 30 mars 1778, sixième représentation d'« Irène ». Murmures des habitués, éclats de voix, mouvements divers, lorgnettes dressées : « Il est là... »
Entouré de Mme Denis et de Mme de Villette, Voltaire a pris place dans l'une des loges d'honneur, celle des premiers gentilshommes de la chambre, au second étage, à gauche. L'ovation monte, on se lève. Voltaire se penche, le bras largement ouvert, saluant, remerciant.
Mais des cris soudains : « Qu'on lui porte une couronne ! » C'est le moment précis qu'a saisi l'artiste – Saint-Aubin le pictomane, ce Rétif du crayon, ne pouvait manquer cela. Le vieux Brizard, doyen de la troupe, apparaît dans la loge, et présente au-dessus de la tête du patriarche une couronne de laurier ; Mme de Villette s'en saisit pour la poser sur son front, Mme Denis bat des mains. L'instant d'après pourtant, le grand homme ôtera la couronne, avec l'air, dit un témoin, de « se défendre contre sa propre gloire ». Protestations de la foule, bien sûr, et redoublement de ferveur. Il y eut, paraît-il, vingt minutes d'acclamations avant que le spectacle ne débute enfin. Une autre pièce ce soir-là, on le sent bien d'entrée de jeu, se donnait à la Comédie-Française. Irène la reine, Voltaire le roi : le sacre de l'écrivain.
A. M.

COURONNEMENT DE VOLTAIRE AU THÉÂTRE-FRANÇAIS, LE 30 MARS 1778 (DÉTAIL), DESSIN DE G. DE SAINT-AUBIN, DATÉ DU 15 AOÛT 1778.

PARIS, MUSÉE DU LOUVRE, CABINET DES DESSINS.

HOMMAGES RENDUS À VOLTAIRE SUR LA SCÈNE DU THÉÂTRE-FRANÇAIS, LE 30 MARS 1778, APRÈS LA SIXIÈME REPRÉSENTATION D'« IRÈNE », GRAVURE DE C. E. GAUCHER D'APRÈS UN DESSIN DE J. M. MOREAU LE JEUNE, 1782.

PARIS, BIBLIOTHÈQUE NATIONALE DE FRANCE.

La représentation à peine achevée, le tumulte reprend – a-t-on bien suivi la pièce ? Des cris fusent : « Vive M. de Voltaire ! Vive notre Sophocle français ! Vive notre Homère ! » Références obligées dans l'esprit du lieu. D'autres voix tout à l'heure, ou les mêmes, accompagneront jusqu'au Pont-Royal « le sauveur des Calas » et « l'homme universel ». Au-delà d'une présence charnelle, c'est au symbole d'une influence et d'une action que s'adresse alors, plus clairement, le second couronnement de la soirée d'« Irène » celui du buste sous le regard de l'homme.

Écrit dans la chaleur de l'événement, le récit de la « Correspondance littéraire » est comme le programme de toutes les gravures à venir – il y en eut huit au moins –, en décelant aussi, sous l'allusion au forum antique, l'autre scène d'un nouveau pouvoir :

« La toile baissée, les cris et les applaudissements se sont renouvelés, avec plus de vivacité que jamais. L'illustre vieillard s'est levé pour remercier le public, et l'instant après, on a vu sur un piédestal, au milieu du théâtre, le buste de ce grand homme, tous les acteurs et les actrices rangés en cintre autour du buste, des guirlandes et des couronnes à la main, tout le public qui se trouvait dans les coulisses derrière eux, et dans l'enfoncement

de la scène les gardes qui avaient servi dans la tragédie, de sorte que le théâtre dans ce moment représentait parfaitement une place publique où l'on venait ériger un monument à la gloire du génie. À ce spectacle sublime et touchant, qui ne se serait cru au milieu de Rome et d'Athènes ? Le nom de Voltaire a retenti de toutes parts avec des acclamations, des tressaillements, des cris de joie, de reconnaissance et d'admiration. L'envie et la haine, le fanatisme et l'intolérance n'ont osé rugir qu'en secret ; et, pour la première fois peut-être, on a vu l'opinion publique, en France, jouir avec éclat de tout son empire. »

Curieusement, dans toutes les représentations de ce triomphe, la figure de Voltaire semble inexpressive, comme médusée par la charge symbolique de tous ces regards braqués. Avec le frémissement du plaisir, l'intuition prochaine de la postérité. Un mot de lui circulera demain : « Vous voulez donc me faire mourir de gloire... »

MME VESTRIS COURONNE VOLTAIRE DE LAURIERS APRÈS LA REPRÉSENTATION D'« IRÈNE » AU THÉÂTRE-FRANÇAIS, LE 30 MARS 1778, GRAVURE DE DESRAIS, D'APRÈS DUPIN.

PARIS, BIBLIOTHÈQUE NATIONALE DE FRANCE.

Symbolisation plus poussée encore, peut-être plus tardive. Un décor néo-classique, saturé des signes de gloire. Dénégation de la mort, célébration de la mémoire – une rêverie de Panthéon.

La scène du triomphe, devenue mythique, est revue et corrigée, réduite au geste, ritualisée. Mme Vestris, Melpomène au poignard tragique, est aussi la France, avec diadème et sceptre – la main gauche un peu chargée. Couronné par elle, et ainsi sacré roi de France, Voltaire ne semble pas tout à fait à la hauteur de l'événement, étonné dirait-on, un peu absent.

L'intention est claire, l'exécution maladroite. C'est que les deux figures sont rapportées d'autres dessins, procédé fréquent des gravures populaires. Celle de la France vient tout droit de Moreau le Jeune : c'est l'actrice que l'on voit à droite du buste, les emblèmes en plus, et les bras couverts, comme il sied dans une allégorie. Quant à la figure de Voltaire, elle vient des estampes familières de la promenade, champêtre ou élyséenne, et de plus loin

des Huber de Ferney, d'où cette canne hésitante, et sous le bras cette ombre de chapeau, qui jure avec la couronne. L'excuse du montage est sous la gravure, dans ces vers improvisés, paraît-il, le soir d'« Irène », mais que l'artiste patriote a voulu éterniser :
« Aux yeux de Paris enchanté,
Reçois cet hommage
Que confirmera d'âge en âge
La sévère postérité.
Non, tu n'as pas besoin d'atteindre
                [au noir rivage
Pour jouir de l'honneur de
                [l'immortalité ;
Voltaire, reçois la couronne
Que l'on vient de te présenter ;
Il est beau de la mériter
Quand c'est la France qui la
                [donne ! »

**D**ès 1778, une version bouffonne du couronnement est aussi dessinée et gravée, travail anonyme, mais de fort bonne main. Devant le buste, Arlequin masqué esquisse un pas de danse, rythmé par la Folie, grelots et tambourin, pieds nus, marotte à terre – tandis qu'une pleureuse en savates se mouche : la Tragédie bien sûr, privée de son cothurne et des nobles atours.
Tout est dérision entre ces lourds rideaux, ces fausses colonnes. Le buste est mal centré, le piédestal trop grand, les guirlandes encombrantes. La parodie a épargné « Irène », elle se rattrape sur la scène du sacre, et probablement, dans l'esprit de la Foire, sur les Comédiens Français. Leur petit compliment est d'ailleurs piraté sous l'estampe :
« Il est beau de la recevoir
Quand c'est Arlequin qui la donne. »
On se demande même si la couronne n'est pas trop large pour la tête.
                                  A. M.

VOLTAIRE COURONNÉ PAR LES COMÉDIENS FRANÇAIS, LE 30 MARS 1778, GRAVURE.

PARIS, BIBLIOTHÈQUE NATIONALE DE FRANCE.

## ÉCRIVAIN (STATUT DE L')

Voir ALEMBERT (D') • CENSURE • CONDORCET • CORNEILLE (MARIE FRANÇOISE) • ÉLOGES DE VOLTAIRE • EXIL • HUGO • INDEX • KEHL • *LETTRE À UN PREMIER COMMIS* • *LETTRE SUR LES INCONVÉNIENTS ATTACHÉS À LA LITTÉRATURE* • PIGALLE • ROHAN-CHABOT • SARTRE • TRIOMPHE • VALÉRY.

## « ÉCRLINF »

ANTICLÉRICALISME • CHRISTIANISME • INFÂME •

Ce fut un mot d'ordre et de ralliement dans la guerre à l'Infâme, une signature au bas des lettres adressées aux «frères» de combat. La formule «Écrasez l'Infâme» apparaît le 30 octobre 1760, à la fin d'une lettre à d'Alembert. Damilaville, Diderot, Thiriot, Helvétius connurent aussi ce slogan de la «nouvelle église». D'Alembert et surtout Damilaville l'adoptèrent, en le reprenant, en le variant parfois; mais il resta la marque du maître, et les compagnons de lutte le gardèrent secret. Quelquefois, mais très rarement, on lit «Écrasons», ou l'abréviation «Nous l'écra». C'est le 23 mai 1763 que pour la première fois la griffe ÉCRLINF signe une lettre à Damilaville; on la trouve ensuite dans les lettres à d'Alembert, mais surtout au «frère» exemplaire «Damila», jusqu'au 6 mars 1768 – Damilaville mourut quelques semaines plus tard. Dans une série de lettres de 1766-1767 adressées au même correspondant, on ne lit plus que deux initiales à la signature: *E. L.* Du slogan au code, presque au sigle, la densification suggère un engagement assez profond pour concentrer les énergies les plus intenses, et comme une identification symbolique. Le mot est de Voltaire lui-même, dans sa lettre à «Damila» du 7 juin 1765: l'Infâme avait enfin trouvé «L'écrel'inf».

En 1788, Ruault* fit de cet «Écrlinf» l'auteur pseudonyme de son *Éloge de Marie François Arouet de Voltaire*. Cent ans plus tard exactement, après avoir évoqué des temps où l'on prenait le mensonge pour la vérité, à la fin de son *Ecce homo*, Nietzsche* redéploie tout au long la formule, en français: «Écrasez l'Infâme!»

*André Magnan*

*Nous avons fait quelques pas dans le vestibule de la raison. Courage mes frères, ouvrez les portes à deux battants, et assommez les monstres qui en défendent l'entrée. Écr. l'inf.*

*À Damilaville, 11 décembre 1764.*

*Je vous embrasse, mon grand philosophe, avec bien de la tendresse. Écr. l'inf.*
*À d'Alembert, 19 décembre 1764.*

## ÉCUEIL DU SAGE (L')

Voir DROIT DU SEIGNEUR (LE).

## ÉDITEUR

Pour la défense de ses idées et l'illustration de ses goûts, Voltaire ne dédaigne aucune alliance ; outre ses propres ouvrages, il éditera volontiers ceux d'autres écrivains, qu'il s'agisse de philosophie ou de littérature – comme éditeur intellectuel, mais souvent financier aussi, par les avances de fonds faites aux imprimeurs.

Il s'était tôt donné la mission (*Lettres philosophiques*, 1734, XXIV$^e$ lettre) d'exalter les classiques français, par des éditions nouvelles, savamment commentées. Celle de Molière lui fut enlevée ; il n'en subsiste que des notices et une courte biographie, la *Vie\* de Molière, avec des jugements sur ses ouvrages*. Le projet d'un Racine échoua aussi ; Voltaire juge sévèrement l'édition de Luneau de Boisgermain, parue en 1768, dont Blin de Sainmore, qui bénéficiait de ses conseils, avait été écarté ; le marquis de Ximénès, qui préparait une édition rivale, s'était assuré la collaboration de Voltaire pour les notes et notices, mais l'ouvrage ne vit pas le jour. Reste donc de cette ambition d'éditions académiques le recueil du théâtre de Pierre Corneille, assortie d'abondants *Commentaires\** (1765), monument tout à la gloire de Racine en fait, du siècle de Louis XIV et du «grand goût» français.

Ses travaux sur Louis XIV amenèrent aussi Voltaire à publier, en 1769-1770, deux témoignages encore inédits, les *Souvenirs de Mme de Caylus*, et des extraits annotés du *Journal\** de Dangeau, qui apportent une foule de détails sur la vie de cour au temps du grand roi.

Mais c'est surtout dans la lutte philosophique que se déploie l'activité éditoriale de Voltaire. Il y sert des partisans de mêmes causes : Frédéric II, Turgot, Condorcet. Pour le roi de Prusse, il prépare, annote et supervise à l'impression le fameux *Anti-Machiavel\** paru en 1740, et souvent réimprimé. En 1776, après la chute du «ministre-philosophe», il réunit et publie à Neuchâtel les «Édits de S. M. Louis XVI pendant l'administration de M. Turgot». Enfin, dernière preuve d'amitié philosophique pour Condorcet, dit «le Condor», en 1778 : une nouvelle édition, faite à Genève, de son *Éloge et Pensées de Pascal*, «commentée, corrigée et augmentée par M. de\*\*\*\*» (Voltaire lui-même), que le patriarche ne vit peut-être même

pas. À titre posthume, on utilisa des notes ou des Marginalia de Voltaire pour orner notamment des éditions des *Lettres* d'Aïssé\* (1787), qu'il avait lues jadis en manuscrit, du livre de Chastellux, *De la félicité publique* (1822), et des Œuvres de Vauvenargues\* (1806), son ami trop tôt disparu. Plus important, un dernier groupe d'ouvrages comprend les textes les plus violents contre la religion chrétienne, réécrits, édités ou réédités par Voltaire dans le cours de la lutte contre l'Infâme : l'*Extrait\* des sentiments de Jean Meslier* (1762), l'*Analyse de la religion chrétienne* de Du Marsais (1766), plus pamphlet qu'analyse, le *Cri d'un honnête homme*, en faveur du divorce\*, attribué à Philbert (1768), le *Discours\* de l'empereur Julien contre les chrétiens*, retravaillé d'après le marquis d'Argens (1769). C'est aussi l'époque où Voltaire regroupe ces textes et beaucoup d'autres, écrits par divers auteurs ou par lui-même, dans des recueils largement diffusés, *L'Évangile\* de la raison* (1764), le *Recueil nécessaire* (1765), *L'Évangile du jour* (1769) et les dix-huit tomes des *Choses utiles et agréables* (1769-1770). Avec le patriarche en personne, on y retrouve pêle-mêle une vingtaine d'écrivains. Il fallait faire flèche de tout bois.

Henri Lagrave

## ÉDITIONS

BEUCHOT · KEHL · MOLAND · *SIÈCLE (LE)* · VOLTAIRE FOUNDATION ·

Dans l'énorme production de Voltaire, sans cesse accrue, le moindre écrit a souvent été réimprimé à chaud ; au cours de sa longue carrière, plus sa gloire s'affirme, plus la demande augmente. Les moyens encore très artisanaux des imprimeurs ordinaires, qu'on appela « libraires » jusque tard dans le siècle, n'y suffisaient pas. Il fallait donc aussi des éditions dites « recueils », c'est-à-dire rassemblant l'ensemble constamment mis à jour de ses écrits, notamment ces dizaines d'opuscules de circonstance – base des Mélanges\* – vite épuisés en brochures séparées, mais toujours porteurs d'idées utiles, le tout avec d'éventuelles réfections, additions et corrections. D'où la nécessité, que Voltaire ressentit plus que tout autre, qu'il subit parfois dans le cas d'opérations faites sans son accord, de ces grandes collectes périodiques de ses ouvrages, toujours plus ou moins complètes à vrai dire, successivement intitulées : « œuvres de M. de Voltaire » (dès 1728), « œuvres mêlées » (1746), « œuvres diverses » (1748), « Collection complète des œuvres » (à partir de 1756), et enfin, avec la première édition posthume dite de Kehl, « œuvres complètes de M. de Voltaire » (1785-1790). Toute cette activité éditoriale fut pour Voltaire, jusqu'à l'extrême fin de sa vie, une occupation quasi quotidienne, qui dévorait son temps. Mais ces efforts lui valurent d'assurer à son œuvre une diffusion et une influence excep-

tionnelles, à travers l'Europe entière, et d'apparaître très tôt comme le plus grand écrivain de son temps. Les premières éditions notables, celle de Ledet à Amsterdam (1732), suivie par les éditions rouennaises et leurs contrefaçons (1736-1740), puis celles de Bousquet à Genève (1742), et de John Nourse sous l'adresse de Londres (1746, mais faite en réalité à Trévoux), ne dépassaient pas les six volumes. Plus imposantes, et mises à jour avec la participation directe de l'auteur, les deux éditions imprimées par Conrad Walther* à Dresde en 1748 (8 vol.) et 1752 (7 vol.), et par Michel Lambert* à Paris en 1751 (11 vol.), sont presque concomitantes : Voltaire joue de la concurrence entre les libraires, il multiplie ces publications croisées en plusieurs lieux, bonne parade aussi contre la censure* et les risques de saisie.
Cependant, en s'installant aux Délices, Voltaire était devenu le voisin des Cramer* de Genève, imprimeurs avisés et renommés. Il jouira désormais, et à Ferney encore, de l'immense avantage d'avoir à sa portée une imprimerie qui ne demandera qu'à travailler pour lui. C'est avec l'édition terminée chez les Cramer en 1756 qu'apparaît pour la première fois au titre, dans le cas de Voltaire, l'ambition d'intégralité : « Collection complète des œuvres de M. de Voltaire. Première édition » (17 vol.) – mais il fallut naturellement compléter à mesure cette édition « complète », pour servir les premiers acheteurs, jusqu'à un cinquante-huitième volume avec « Table générale » en 1774... Entre-temps, Gabriel Cramer avait imprimé en 1768, associé à Panckoucke* pour la diffusion, la première édition de Voltaire au format in-4° (45 vol. avec les suppléments, échelonnés jusqu'en 1778), puis en 1775 la célèbre édition in-8° dite « encadrée », à cause du filet entourant le texte à chaque page : ce fut le dernier « recueil » publié du vivant de l'auteur.
Après la mort du grand homme, la première édition posthume, dirigée par Beaumarchais* et assurée par Condorcet*, s'imprima à Kehl dans le duché de Bade. Publiée en trois livraisons de 1785 à 1789, plus un dernier volume ajouté en 1790, elle atteignit le nombre inouï de 70 volumes en format in-8° ou 92 volumes en in-12, par l'ajout de quelques textes jusqu'alors inédits, mais surtout par l'apport nouveau d'une correspondance* déjà considérable. Largement diffusée, l'édition de Kehl servit longtemps de référence. Au XIXe siècle, cet immense travail éditorial de Condorcet et de son adjoint Decroix* fut encore affiné grâce aux soins de Beuchot, dont l'édition parut entre 1828 et 1834 (70 vol., plus deux de table en 1840). La dernière édition complète de Voltaire publiée en France date de plus d'un siècle, et se trouve périmée depuis longtemps. C'est celle de Moland, imprimée par les frères Garnier entre 1877 et 1883 (50 vol., plus deux de table en 1885), qui reprenait l'ordre et les acquis de l'édition Beuchot, en mettant à jour la correspondance. Plus novatrice, militante même à sa date, l'édition populaire du

journal *Le Siècle* (1867-1870, 8 vol. grand format) est restée sans lendemain : le mausolée Moland a comme enterré Voltaire pour le grand public français.
La Voltaire Foundation conduit à Oxford depuis 1968 la seule édition des *Complete Works* de Voltaire publiée en ce XX$^e$ siècle.

Henri Lagrave

## ÉDUCATION

ÉTUDES • LUMIÈRES • PEUPLE • RÉVOLUTION •

On songe à Rousseau, à son *Émile*, plus qu'à Voltaire, dont le nom même n'apparaît pas dans les usuels d'histoire de l'éducation ou de la pédagogie. Est-ce à dire que sur ces questions, Voltaire n'a pas exercé son esprit, sa plume ? La pensée des Lumières, comme projet d'une réforme de l'homme, devait s'intéresser à l'enfant, et se constitua elle-même, allégoriquement, comme un apprentissage de nouvelles vérités. Envisagé ainsi en termes de contenus, de méthode et de politique, l'enjeu éducatif sous-tend l'œuvre tout entière. Voltaire l'inscrit dans ce cadre large du progrès cher aux Lumières et, la ressourçant à l'idée de perfectibilité humaine, il fait sienne la proposition de Leibniz : « L'éducation peut tout. »
En matière de formation, il ne s'attache pas à l'enfance, contrairement à Rousseau, mais centre plutôt sa réflexion sur la fin de l'adolescence et l'entrée dans le monde. Il s'agit alors d'envisager, dans un jeu de bilan et de projet, l'éducation dogmatique et son dépassement : c'est la problématique mise en récit dans *Candide\** et *L'Ingénu\**. Dans le premier conte, parodie du *Télémaque* de Fénelon, Voltaire dénonce l'éducation « en cage » et la relation pédagogique non distanciée ; muni d'une grille unique de lecture du monde, « élevé à ne juger de rien par lui-même », le disciple de Pangloss parvient tout juste, au terme de ses aventures, à... couper la parole à son maître : « Cela est bien dit, répondit Candide, mais... ». Dans *L'Ingénu*, inversant les données, Voltaire présente les apprentissages d'un esprit libre : paradoxalement, la prison s'avère plus ouverte que le château du baron dans *Candide*, et le Huron, vierge de tout préjugé, « ingénu » au sens premier, accède à la Bastille même, grâce à ses lectures et à ses échanges avec le vieux Gordon revenu de tout, à une autonomie véritable qui lui permettra un jour d'allier la réflexion et l'action.
Voltaire prône l'enseignement de matières utiles : le latin, les langues, l'histoire, la géographie, la physique et les mathématiques. Mais s'il rejoint ainsi les positions de d'Alembert visant les jésuites dans l'article « Collège » de l'*Encyclopédie*, il insiste davantage sur l'initiation au théâtre. La sage Sophronie du petit dialogue de *L'Éducation\* des filles*, que sa mère

a voulu élever dans le monde et non dans un couvent, aura pris des leçons de force et de raison, et à la tragédie, «école de grandeur d'âme», et à la comédie, «école des bienséances». Quant à la pédagogie, elle n'est pas étrangère à Voltaire : il structure l'article «Géométrie» de ses *Questions sur l'Encyclopédie* comme une vraie leçon, et précise dans ses *Mémoires* qu'il a appris l'anglais en trois mois à Mme du Châtelet.

Enfin il envisage l'éducation dans une perspective politique. L'histoire est lente pour Voltaire, et le mieux est de commencer par les élites. Il compte sur la prochaine génération, libérée peut-être des superstitions, pour ouvrir cette «révolution dans les esprits» qu'appelle son combat pour d'autres politiques de raison, de tolérance et de justice. Il refuse le rêve d'une trop rapide extension de l'instruction, qui risquerait selon lui de détourner de leur rôle les paysans et les manœuvres – position que reprendra Condorcet, et qui rejoint celle de La Chalotais dans son *Essai d'éducation nationale* (1763). Même si, en matière d'éducation, la pensée de Voltaire, on en conviendra, n'est pas marquée du sceau de l'originalité, il n'en demeure pas moins qu'elle fonde sa pratique d'écriture. Voltaire étend à tous les genres de littérature la fonction didactique assignée par Fénelon au seul roman pédagogique : il s'agit d'user de sa plume pour former les esprits.

Marie-Françoise Chanfrault

## *ÉDUCATION DES FILLES (L')*

DIALOGUE • ÉDUCATION • FEMMES •

Écrit peut-être en 1761 pour Mlle Corneille\* – la fille adoptive élevée à Ferney –, mais publié en 1765 seulement, dans un volume de Mélanges\*, c'est un bref dialogue de réflexion, pour sortir les filles de la triple chaîne où souvent leur famille les prend : le couvent, le mariage, le malheur. Courtisée par un jeune homme bien fait, spirituel, riche, aimable, la sage Sophronie ne l'épousera pas. Elle a su déceler, dans ce beau parti, un petit tyran domestique, qui l'aurait trompée, humiliée, flétrie avant l'âge. Sophronie aime cet Éraste, mais elle épousera Ariste, qui l'aime et qu'elle estime, ayant eu le loisir aussi d'étudier son caractère : c'est un homme bon, honnête, loyal. Aurait-elle aussi bien connu son monde si elle avait dû passer, du jour au lendemain, de l'ombre d'un couvent au lit d'un mari ?

André Magnan

*Ma mère m'a toujours regardée comme un être pensant dont il fallait cultiver l'âme, et non comme une poupée qu'on ajuste, qu'on montre, et qu'on renferme le moment d'après.*

*L'Éducation des filles*, 1765.

## ÉDUCATION D'UNE FILLE (L')

CONTE EN VERS · ÉDUCATION ·

Rimé en décembre 1763, aussitôt imprimé, recueilli dans les *Contes\* de Guillaume Vadé*, c'est l'un des meilleurs contes en vers de Voltaire – à 70 ans, il égale presque La Fontaine. Gertrude est prude, mais Isabelle si belle. De sa mère même, qui l'élève si pieusement pour la garder des dangers du monde, la tendre fille apprend un jour inopinément, rien qu'en tendant l'oreille à la porte du boudoir, que tout soupir et tout bonheur ne viennent point de dévotion. La mère prétend prier saint Denis ; la fille, bonne élève, priera donc saint André. Leçon naïve, non de licence, mais de liberté sage, et d'ouverture au monde : « Il n'est jamais de mal en bonne compagnie. »

*André Magnan*

## ÉDUCATION D'UN PRINCE (L')

CONTE EN VERS ·

Ce titre fait rêver à des jours tissés d'or et de soie. Ou rappelle les sages projets de la grande tradition pédagogique, *ad usum Delphini*. Rien de tout cela. Voltaire propose un conte enlevé, deux cents alexandrins de tons mêlés, du familier au majestueux. Le duc de Bénévent, en Italie, règne sottement, sous l'influence pernicieuse du clergé ; une invasion de musulmans le réduit à l'état de muletier, et l'oblige à réfléchir enfin. Son amour pour la belle Amide, que convoite le vainqueur, le décide à soulever son peuple et à reconquérir son trône. C'est donc l'épreuve qui a fait son éducation : au-delà des préjugés et des superstitions, il a écouté la voix de la nature.

Écrite à la fin de 1763 et publiée en 1764 dans le recueil intitulé *Contes\* de Guillaume Vadé*, cette pochade propose un idéal simpliste de la monarchie, accordé aux couleurs volontairement naïves des tableaux qui s'y succèdent à grande vitesse, scènes d'une cour pour rire, de combats-minute, de sérail ou de réconciliation. On ne manqua pas d'en faire un opéra-comique charmant, *Le Baron\* d'Otrante*.

*Sylvain Menant*

## ÉGALITÉ

PEUPLE · POLITIQUE · PROPRIÉTÉ ·

L'analyse de l'égalité, la revendication égalitaire ne constituent pas un thème récurrent de la pensée voltairienne. Il faut à Voltaire la provocation rousseauiste du *Discours sur l'origine et les fondements de l'inégalité parmi*

*les hommes* pour lui faire rejeter, dans des notes marginales d'une violente indignation, une égalité sociale à laquelle il n'a jamais vraiment songé. Les quakers des *Lettres philosophiques* pratiquent la frugalité mais non l'égalité : William Penn refuse le destin familial, tutoie son prochain, mais n'en faisons pas un partageux intransigeant. L'Angleterre que Voltaire admire est une société fondée sur le commerce, où la distribution des richesses reste inégalitaire. À chacun selon son esprit d'entreprise. L'apologie de l'activité sociale que Voltaire oppose au retrait pascalien est au fond contraire à l'idéal d'égalité. Dans l'*Essai sur les mœurs*, la seule égalité que Voltaire reconnaisse est celle qu'engendre la misère primitive : les peuples antiques, les Cafres, les Indiens sont égaux parce que nécessiteux. Le prétendu égalitarisme communautaire de l'Église primitive lui paraît un rêve dangereux, et une hypocrisie que la suite de son histoire dévoile. Le chapitre CXXXI de l'*Essai*, « Des anabaptistes », est décisif sur ce point : « Ils [Thomas Müntzer et Nikolaus Storch] développèrent cette vérité dangereuse qui est dans tous les cœurs, c'est que les hommes sont nés égaux. » Il en résulta une guerre impitoyable : « Ils réclamaient les droits du genre humain ; mais ils les soutinrent en bêtes féroces. » Et Voltaire se réjouit que les successeurs de ces « fanatiques sanguinaires » soient devenus les plus paisibles de tous les hommes, occupés de leurs manufactures et de leur négoce, laborieux et charitables.

Voltaire ne reviendra jamais sur son refus d'une égalité économique et sociale qu'il juge contraire à la nature des besoins humains et aux intérêts réels des peuples. Comme le remarque l'article « Égalité » du *Dictionnaire philosophique*, l'égalité politique et sociale ne serait possible que « si cette terre était ce qu'elle semble devoir être ». Ou encore : « Tous les hommes seraient donc nécessairement égaux, s'ils étaient sans besoin. » C'est dire que Voltaire fonde plus l'inégalité sur une dépendance inévitable, venue d'une histoire lointaine où les vainqueurs furent les maîtres et les vaincus les domestiques, que sur une réelle inégalité physique. La propriété des terres, leur étendue limitée ne permettent pas, sans risque de violence, leur distribution en parts égales. Le salariat, c'est-à-dire la dépendance, constitue l'unique solution pour le plus grand nombre : « Sers-nous ou amuse-nous et tu seras payé. »

On a du mal à séparer chez Voltaire inégalité sociale et inégalité politique. L'une commande l'autre, raisonne-t-il dans le même article « Égalité » : « Il est impossible, dans notre malheureux globe, que les hommes vivant en société ne soient pas divisés en deux classes, l'une d'oppresseurs, l'autre d'opprimés ; et ces deux se subdivisent en mille, et ces mille ont encore des nuances différentes. » Il y a donc une logique dans l'organisation hiérarchique puisque la puissance économique détermine le rôle politique. Doit-on le regretter ? Il y a là un fait inévitable, qui tient à ce que les hommes

naissent « avec un penchant assez violent pour la domination, la richesse et les plaisirs, et avec beaucoup de goût pour la paresse ». Reconnaissons aussi que tous les pauvres ne sont pas malheureux car, abrutis de travail, ils n'ont pas le temps de songer à leur condition. Et chacun est toujours libre en son cœur « de se croire entièrement égal aux autres hommes ».

On s'étonnera du pessimisme et du cynisme de Voltaire, et de sa vision figée du corps social. « Le genre humain, tel qu'il est, ne peut subsister, conclut-il, à moins qu'il n'y ait une infinité d'hommes utiles qui ne possèdent rien du tout... » Sans pour autant y voir simplement la morgue et l'assurance d'un grand et riche bourgeois, et sans oublier que Voltaire constate aussi que « comme les hommes sont excessifs en tout quand ils le peuvent, on a outré cette inégalité ». La croyance au progrès technique, l'espérance d'un triomphe des Lumières en politique, permettent de nuancer l'aspect choquant, pour nos sensibilités, de cette position de Voltaire face à l'inégalité.

*Jean Goulemot*

> *Ce monde est un grand bal où des fous déguisés,*
> *Sous les risibles noms d'Éminence et d'Altesse,*
> *Pensent enfler leur être et hausser leur bassesse.*
> *En vain des vanités l'appareil nous surprend :*
> *Les mortels sont égaux ; leur masque est différent.*
> *Nos cinq sens imparfaits, donnés par la nature,*
> *De nos biens, de nos maux sont la seule mesure.*
> *Les rois en ont-ils six ? et leur âme et leur corps*
> *Sont-ils d'une autre espèce, ont-ils d'autres ressorts ?*
> *C'est du même limon que tous ont pris naissance ;*
> *Dans la même faiblesse ils traînent leur enfance.*
> *Et le riche et le pauvre, et le faible et le fort,*
> *Vont tous également des douleurs à la mort.*
> *Discours en vers sur l'homme, 1738-1742, $1^{er}$ discours,*
> *« De l'égalité des conditions ».*

## ÉLECTEUR PALATIN

Voir CHARLES THÉODORE DE SULZBACH.

## ÉLÉMENTS DE LA PHILOSOPHIE DE NEWTON MIS À LA PORTÉE DE TOUT LE MONDE

CHÂTELET (MME DU) • CIREY • MÉTAPHYSIQUE • NEWTON • SCIENCES •

On ne comprendra ce texte qu'en le replaçant dans le combat que Voltaire mène dès son retour d'Angleterre contre le cartésianisme encore dominant en France malgré les jeunes newtoniens de l'Académie, Maupertuis et Clairault. Il s'agit de gagner l'opinion au newtonianisme et de jouer contre le grand cartésien Fontenelle de ses propres armes. Aidé par Mme du Châtelet qui connaissait mieux que lui le corpus newtonien, Voltaire entreprit, comme le dit l'édition de Kehl*, de rendre « la philosophie de Newton aussi intelligible qu'elle peut être pour ceux qui ne sont pas géomètres ».

Voltaire consacra les derniers mois de 1735 et l'année 1736 à lire et à annoter Newton. « Il est vrai que mes occupations me détournent un peu de la poésie. J'étudie la philosophie de Newton sous les yeux d'Émilie qui est à mon gré encore plus aimable que Newton. Je compte même faire imprimer bientôt un petit ouvrage qui mettra tout le monde en état d'entendre cette philosophie, dont tout le monde parle, et qu'on connaît encore si peu » (juillet 1736). L'information voltairienne est substantielle : il lit *La Dioptrique* de Descartes, les ouvrages de physique du Hollandais Van Musschenbroek. À en croire certains commentateurs, il aurait cependant commencé à rédiger son livre sans avoir lu Newton lui-même. Ses commandes à ses libraires confirment une telle hypothèse. Voltaire travailla, peina, reprit certains de ses chapitres comme celui sur l'optique pour lequel il demanda conseil à l'académicien Dortous de Mairan. Durant son séjour à Amsterdam en 1737, il fait état de son « occupation sérieuse d'étudier Newton, et de tâcher de réduire ce géant-là à la mesure des nains mes confrères [...]. J'ai entrepris une besogne difficile » (à Thiriot, 4 février 1737). Le livre est bientôt en cours d'impression en Hollande. D'Argenson voudrait qu'il fût imprimé à Paris. Voltaire envoya son manuscrit à la censure. Il y eut des réserves à propos du chapitre concernant la chronologie selon Newton et ses vues théologiques. En janvier 1738, la permission fut refusée. Voltaire pensa ne pas publier son ouvrage. L'éditeur hollandais avait déjà beaucoup investi dans la publication. Le livre sortit très fautif. Le libraire Prault en donna une édition plus correcte à Paris, mais sous la fausse adresse « Londres », pour bénéficier d'une permission tacite. Elle se limitait à la physique de Newton. L'accueil fut favorable dans la *Bibliothèque française,* les *Mémoires de Trévoux* et le *Journal des savants*. Les antinewtoniens protestèrent, moins contre le livre que contre les théories de Newton. L'abbé Nollet, dans les *Observations sur les écrits modernes* de Desfontaines, porta sur le newtonianisme une critique

de fond, en arguant qu'on substituait vainement aux «tourbillons» de Descartes des «systèmes chimériques d'attraction», et que cela ne faisait guère avancer la compréhension du monde. L'édition de 1740 est surtout remarquable par l'adjonction d'un essai annexe, la *Métaphysique de Newton*.

En 1741, Voltaire corrigea son ouvrage. Il le modifiera ensuite en 1744 et 1745, puis en 1748 et 1756. C'est dire tout l'intérêt qu'il y attachait. Et toute l'importance qu'il faut lui attribuer. Non seulement dans la perspective d'une histoire de la vulgarisation scientifique, commencée avec Fontenelle* et ici brillamment continuée, sans les dialogues et personnages des *Entretiens sur la pluralité des mondes*. Les *Éléments* marquent aussi un moment de la philosophie voltairienne: ils traduisent un autre imaginaire de la fonction militante du philosophe, aussi essentiel sans doute que l'écriture des contes ou des interventions plus ponctuelles. Enfin l'ouvrage relance ce mouvement qui porta Voltaire à développer chacun des points de vue des *Lettres\* philosophiques* comme pour donner vie, par fragments, au programme de cette œuvre empêchée.

À partir de 1745, Voltaire montre moins d'enthousiasme pour la science. Les scientifiques sont divisés, l'expérimentation n'arrive pas à percer les secrets de la nature aussi vite qu'on avait pu le croire. L'édition que donne Conrad Walther en 1748 des *Éléments de la philosophie de Newton* reflète cette mise à distance: chapitres supprimés, changements divers (chap. I, où Voltaire donne à choisir entre Newton et Leibniz), propositions surprenantes sur la nature conçue comme une immense chaîne des êtres (annexe IV). Mais c'est la métaphysique surtout qui est ici en cause. La critique de Newton se fera plus nette encore dans les éditions des *Éléments* de 1751 et 1752. Dans l'édition Cramer de 1756, Voltaire procède à de nombreuses coupures et termine le chapitre XIII sur la gravitation par cette constatation désabusée: «On ne poussera pas ici plus loin les recherches sur la gravitation. Cette doctrine était encore toute nouvelle en France, quand l'auteur l'exposa en 1736. Elle ne l'est plus; il faut se conformer au temps. Plus les hommes sont devenus éclairés, moins il faut écrire.»

*Jean Goulemot*

*Nous sommes loin de prétendre que ces ouvrages puissent ajouter à la gloire de Voltaire, ou même qu'ils puissent lui mériter une place parmi les savants; mais le mérite d'avoir fait connaître aux Français qui ne sont pas géomètres Newton, le véritable système du monde, et les principaux phénomènes de l'optique, peut être compté dans la vie d'un philosophe.*

*Condorcet, Vie de Voltaire, 1790.*

## ÉLIE DE BEAUMONT, Jean Baptiste Jacques

AFFAIRES · CORRESPONDANCE ·

Reçu avocat en 1752, Élie de Beaumont (1732-1786) renonça à la plaidoirie pour se consacrer aux mémoires qu'on présentait au Conseil du roi, l'équivalent alors de notre Cour de cassation. Durant l'été 1762, il présenta ainsi avec les avocats Mariette et Loyseau de Mauléon des «mémoires à consulter» sur l'affaire Calas*, qui renforcèrent l'effet des premières interventions de Voltaire. Une correspondance s'établit entre eux concernant l'affaire, et se poursuivit – on a une soixantaine de lettres de Voltaire à Élie de Beaumont, de 1762 à 1776. Voltaire souhaita le rencontrer. Il le consultera durant l'affaire Sirven* en 1770, puis sur l'affaire Martin*, ce paysan accusé de meurtre et exécuté, dont après bien des hésitations il ne s'occupera pas. Élie de Beaumont déconseillera aussi de recommencer le procès La Barre*. On pense qu'il était peut-être le généreux donateur du prix de 1777 auquel concourut Voltaire avec *Le Prix* de la justice et de l'humanité*. Voltaire appréciait beaucoup l'intégrité et le dévouement d'Élie de Beaumont. Un regret pourtant: «qu'avec une âme si belle et si honnête, cet homme eût si peu de goût».

*Jean Goulemot*


## *ÉLOGE DE M. DE CRÉBILLON*

CRÉBILLON · GOÛT · TRAGÉDIES ·

Crébillon meurt le 17 juin 1762. Paru anonyme en août, ce texte suit le modèle des *Commentaires* sur Corneille*, qui occupaient alors Voltaire. Même présentation: une notice par pièce. Même méthode: défauts et beautés sont soigneusement mesurés et pesés. Même sévérité: à l'exception d'*Électre* et de *Rhadamiste*, dont le critique loue les belles tirades, le pathétique, les vers frappants, toute l'œuvre de Crébillon est condamnée en bloc pour ses vices impardonnables – intrigues insensées, erreurs historiques, maximes atroces et amours insipides (comme chez Corneille), vers négligés, style dur, incorrect, barbare. Curieuse oraison funèbre, aussitôt condamnée par Fréron dans *L'Année* littéraire*, mais aussi en privé par d'Alembert, qui reprocha à son ami de «jeter des pierres sur un cadavre». Revenu peut-être à de meilleurs sentiments, Voltaire s'abstient de recueillir cet opuscule parmi ses œuvres – il n'y est entré qu'avec l'édition de Kehl*.

*Henri Lagrave*

## ÉLOGE FUNÈBRE DE LOUIS XV, PRONONCÉ DANS UNE ACADÉMIE LE 25 MAI 1774

COURTISAN • EXIL •

Cet ouvrage peut servir de guide, semble-t-il, à une histoire des rapports imaginaires ou littéraires de Voltaire au monarque. Rappelons pour mémoire le *Panégyrique\* de Louis XV* de 1748 et le *Précis\* du siècle de Louis XV* de 1768, où l'historiographe n'échappe pas à la flatterie. Le décès de Louis XV fut d'abord et avant tout pour Voltaire une occasion de reprendre sa campagne pour l'inoculation\* de la petite vérole. L'éloge était même accompagné d'un bref essai *De la mort de Louis XV et de la fatalité*, rapportant avec force détails la contamination du roi, dénonçant les ravages du fléau et exaltant encore le remède tout simple : « Rois et princes nécessaires aux peuples, subissez l'inoculation si vous aimez la vie ; encouragez-la chez vos sujets si vous voulez qu'ils vivent. » Jamais leçon n'était mieux venue à propos. Pour le reste, Voltaire se défend de flatter. « Les temps, écrit-il, sont avides de vérité. » Ainsi conçu, l'éloge est proche de l'histoire.

Que retient donc ici Voltaire du monarque défunt ? Le goût acquis très jeune pour la cartographie, et les guerres auxquelles le destin l'a contraint. Celle de 1741 qu'il fit sans être ambitieux, et qui lui valut le surnom de Bien-Aimé quand la maladie le menaça ; celle de 1756, si malheureuse : « La France y perdit beaucoup de sang et encore plus de trésors. » Mais aussi une tranquillité d'âme que Voltaire oppose au fanatique Damiens\*, une certaine indifférence au monde qui n'allait pourtant pas sans susceptibilité, une incertitude de jugement, au moment de choisir ses ministres, qui expliquerait bien des erreurs. Hommage est rendu au fondateur de l'École militaire, au « bon mari » (?), au bon père, au bon maître. Voltaire ne se moque pas, et on a l'impression qu'en virtuose de l'écriture, il se plie au genre, et se laisse porter par la volonté de bien faire ou de faire mieux. S'il regrette l'absence d'une politique de réformes, il admet aussi que « dans un État où les maximes changent et où les anciens abus sont demeurés, il est quelquefois nécessaire de jeter un voile sur ces abus accrédités par le temps ». Il admire l'abolition de la vénalité de la magistrature et l'amorce d'une unification du droit, qui doivent permettre une plus grande justice. On sait que d'Alembert n'apprécia pas ce passage.

Ainsi donc un éloge paradoxal. Parfait exercice de style, totalement gratuit et sans doute plus sincère que s'il avait dû être proféré en public. On y reconnaîtra l'ambiguïté de la position de Voltaire face à Louis XV, dont l'*Histoire\* de la guerre de 1741* donnait déjà la mesure. Il se retrouve ici partagé entre le respect et la critique, le désir de réformes et la crainte d'une cassure plus préjudiciable que les abus eux-mêmes.

*Jean Goulemot*

## ÉLOGE FUNÈBRE DES OFFICIERS
## QUI SONT MORTS DANS LA GUERRE DE 1741

ANCIENS • GUERRE • HISTOIRE DE LA GUERRE DE 1741 • PAIX •

À Aix-la-Chapelle, les diplomates étaient encore à l'œuvre – la paix ne fut signée qu'en octobre. Sous la date du 1<sup>er</sup> juin 1748, cet *Éloge* fut publié en 1749 pour la première fois, à la suite du texte original de *Sémiramis*, jouée sans succès en août 1748. Voltaire s'y réfère aux hommages rendus par les Grecs aux guerriers morts au combat et montre qu'il est aussi important d'honorer la mémoire des simples officiers que celle des grands capitaines ou des rois. Le texte est éloquent, d'une belle facture et d'une harmonieuse plénitude, chargé d'émotion contenue, tentant de rendre hommage aux guerriers morts sans renier le désir de paix. On ne s'étonnera pas d'y lire une dénonciation de la «rage meurtrière» des hommes et de la lie des mercenaires; Voltaire leur oppose ces officiers fidèles à leur roi et à leur honneur, héros dignes de la grandeur antique, pleurés de leurs familles et trop vite oubliés des «sybarites tranquilles [...] devenus insensibles à tout». Défenseurs de Prague et de Dettingen, combattants de Fribourg et assaillants de Tournai sont ici convoqués: «Il faudrait être stupide pour ne pas admirer, et barbare pour n'être pas attendri.» Sans mettre en doute la sincérité de l'hommage rendu, on est sensible à la virtuosité de l'écrivain, qui atteint ici les plus hauts sommets de l'art oratoire.

*Jean Goulemot*

## ÉLOGE HISTORIQUE DE LA RAISON
## PRONONCÉ DANS UNE ACADÉMIE DE PROVINCE PAR M.***

CONTES PHILOSOPHIQUES • LUMIÈRES •

«Une apologie en forme de biographie», ainsi René Pomeau définit-il ce genre nouveau au XVIII<sup>e</sup> siècle: «l'éloge historique». On pourrait ici parler de parabole. L'*Éloge historique de la Raison*, rangé depuis l'édition de Kehl* parmi les contes, fut publié avec *Don* Pèdre* en 1775.
Il raconte l'histoire de la Raison et de sa fille la Vérité. Longtemps cachées dans un puits, soumises à la persécution, elles ne règnent dans le monde que depuis une ou deux décennies. Leurs disciples ne sont plus pourchassés comme ils l'étaient durant la Renaissance ou les dures époques du fanatisme* triomphant. Sorties de leur puits, la Raison et la Vérité – on aura reconnu les valeurs emblématiques de la philosophie des Lumières – entreprennent un tour d'Europe. Voltaire les accompagne.
Cette Europe parcourue est pleine de sujets de satisfaction pour tout Philosophe. Le pape à Rome a aboli la bulle *In coena domini*, condamnation

annuelle des hérésies et sacrilèges dans le saint temps de Pâques, il a dissous la Société de Jésus. L'Inquisition\* à Venise est affaiblie. Dans nombre de pays règnent des monarques ou gouvernent des ministres épris de progrès : Aranda en Espagne, Marie Thérèse dans l'Empire, Gustave III en Suède, le jeune roi Louis XVI\* en France, qui déjà réduit les impôts et veut promulguer, dit-on, un édit de tolérance en faveur des protestants et humaniser les pratiques judiciaires. Partout la science fournit des explications utiles au bonheur des hommes : « Il semble en général qu'on se soit donné le mot pour penser plus solidement qu'on n'avait fait pendant des milliers de siècles [...]. Enfin on a osé prononcer le mot de tolérance... » Voltaire est résolument optimiste. Avec prudence pourtant : si les orages surviennent, la Raison et la Vérité retourneront dans leur puits.

*Jean Goulemot*

## *ÉLOGE HISTORIQUE DE MME DU CHÂTELET, POUR METTRE À LA TÊTE DE LA TRADUCTION DE NEWTON*

CHÂTELET (MME DU) • NEWTON •

Imprimé pour la première fois dans la *Bibliothèque impartiale* de janvier-février 1752 et réimprimé dans *Le Mercure de France* de décembre 1754, cet *Éloge* fut recueilli dans les *Nouveaux Mélanges* en 1768. Deux ans après la mort de Mme du Châtelet, sans un mot du lien qui l'unissait à elle, Voltaire fait un éloge précis de la femme de science, de la traductrice et de la vulgarisatrice du newtonianisme en France : « On a vu deux prodiges : l'un, que Newton ait fait cet ouvrage ; l'autre, qu'une dame l'ait traduit et l'ait éclairci. » Il en profite pour montrer combien la vérité est éloignée de l'esprit de système, que refusaient et Newton et la marquise du Châtelet, et établit un bilan du newtonianisme en France, où il est encore discuté. Après une suite de réflexions sur le langage que le vulgarisateur scientifique doit nécessairement inventer, Voltaire dresse un portrait intellectuel et moral de la marquise, qui ne manque ni d'émotion retenue ni de grandeur.

*Jean Goulemot*

## ÉLOGES DE VOLTAIRE

ACADÉMIE • FRÉDÉRIC II • RUAULT •

Au milieu du XVIII$^e$ siècle, quand les académies tendent à remplacer, pour leurs concours, les sujets de discours par les éloges, ceux-ci acquièrent une fonction et une extension nouvelles. Le grand écrivain du passé devient

l'objet d'une célébration publique; on se doit d'honorer sa vertu et son génie, comme le rappelle l'académicien Thomas dans l'*Essai sur les éloges* (1773). L'hommage rendu au talent devient le substitut laïque du culte des saints. Au lendemain de sa mort, en 1778, et surtout en 1779, on assiste à un déferlement d'éloges de Voltaire, comme si cette nouvelle pratique lui avait été d'avance destinée. Le 26 novembre 1778, Frédéric II en personne prononce l'éloge du philosophe à l'académie de Berlin. La Harpe lit le sien par fragments en 1779 à l'Académie française, avant de le publier en 1780. On en eut aussi de Palissot, de Linguet, de Nougaret, de Pastoret. L'engouement fut tel que l'Académie française n'hésita pas, malgré des protestations diverses, à proposer l'« Éloge de Voltaire » comme sujet de prix de poésie pour 1779.

Ces éloges sont de forme et de sens divers. Beaucoup sont en vers comme celui que publie Flins des Oliviers. Ils attribuent une large place au dramaturge et au poète épique. Le roi de Prusse affirme dans son discours que les tragédies de Voltaire sont parfois supérieures à celles de Racine et La Harpe. Après avoir proclamé que, dans *La Henriade*, Voltaire surpasse tous ses contemporains, l'orateur montre qu'il est le seul à réunir dans ses pièces « des grands effets et des grandes leçons ». On vante aussi l'infatigable travailleur (Palissot, La Harpe), « cette heureuse organisation capable de suffire à l'application la plus continue et qui, sans être assujettie aux variations du temps, ne se délasse du travail que par le travail même » (La Harpe). À travers Voltaire se construit l'image du philosophe exerçant un empire légitime sur les esprits, parce qu'il dispose d'un accès direct à la vérité. Allant plus loin encore dans le culte, La Harpe rend hommage au génie, qu'il distingue du reste de l'humanité : « Il semble que le génie, quand nous le voyons de près, tienne trop à l'humanité ; il faut qu'il y ait une distance entre lui et nous pour ne laisser voir que ce qu'il a de divin. » Les témoignages sur l'œuvre philosophique sont moins nombreux et moins éclatants – la prudence restait de mise, et la censure vigilante. Seul Frédéric II fait état librement des persécutions que la « haine théologale » a menées contre Voltaire. Certains éloges, plus tortueux, décochent quelques flèches : Palissot déplore son acharnement contre J. J. Rousseau, sa sensibilité ombrageuse, son incapacité à comprendre l'esprit de l'Évangile. Mais tous s'accordent pour rendre hommage aux multiples actes de bienfaisance accomplis par Voltaire durant sa longue vie.

*Didier Masseau*

## ÉLOQUENCE

GOÛT • STYLE •

Grand admirateur de la *Rhétorique* d'Aristote – «Je ne crois pas qu'il y ait une seule finesse de l'art qui lui échappe» –, Voltaire n'en est pas moins profondément persuadé que c'est avant tout «la nature» qui «rend les hommes éloquents dans les grands intérêts et dans les grandes passions» (*Encyclopédie*, art. «Éloquence»). Aussi se montre-t-il très critique à l'encontre de l'éducation rhétorique dispensée dans les collèges, si peu pratique : «Que de puérilités pédantesques on entassait il n'y a pas si longtemps dans la tête d'un jeune homme, pour lui donner en une année ou deux une très fausse idée de l'éloquence, dont il aurait pu avoir une connaissance très vraie, en peu de mots, par la lecture de quelques bons livres !» (*Essai sur la poésie épique*). Quant à ces modèles de l'éloquence vraie, Voltaire les cherche en vain dans les productions oratoires des Français : «Nous autres Français, nous ne sommes guère éloquents ; nos avocats sont des bavards secs, nos sermonneurs des bavards diffus, et nos faiseurs d'oraisons funèbres des bavards ampoulés» (à d'Olivet, 6 janvier 1736). Du désastre oratoire français, Voltaire n'excepte que Bourdaloue et Massillon pour les sermons, Bossuet pour les oraisons funèbres, et Pellisson pour ses *Mémoires* en faveur de Fouquet. Parmi ses contemporains, il apprécie surtout, non sans esprit de parti, l'éloquence plus philosophique de d'Alembert et de Condorcet, tandis que la chaleur passionnée de Rousseau l'agace et l'indispose – même la tension de Diderot le froisse parfois. Voltaire lui-même, si réticent devant les excès oratoires, aima emprunter les formes classiques dans nombre de ses pamphlets (*Le Sermon des Cinquante*, *Homélies prononcées à Londres*, etc.) ; et surtout, il atteindra plus d'une fois à la grande éloquence dans les combats judiciaires de sa vieillesse, du *Mémoire de Donat Calas* au *Cri du sang innocent*.

*Patrick Brasart*

## ÉMILIE

CHÂTELET (MME DU) • SURNOMS •

*Je ne chante plus qu'Émilie,*
*Encor la chanté-je bien mal.*

Au début de l'été 1733, Voltaire adressait à ses amis un portrait de sa «nouvelle divinité» : «Émilie» est née, qui sera plus tard «l'immortelle Émilie». Mme du Châtelet avait en effet un joli prénom, aux sonorités vives et gaies, propre aux mises en scène du discours amoureux. Voltaire

s'en empara bientôt pour créer ce tendre et savant personnage. « Premier des Émiliens », il s'attacha à célébrer la femme aimée dans des poésies, des petits vers, des épîtres qui circulèrent. Pour les contemporains, pour toute une société distinguée, pour Frédéric II même, Mme du Châtelet fut surtout « la divine Émilie », au vaste et puissant génie.

> *Voici ce que c'est qu'Émilie.*
> *Elle est belle, et sait être amie,*
> *Elle a l'imagination*
> *Toujours juste et toujours fleurie.*

Anne Soprani

## ENCYCLOPÉDIE, OU DICTIONNAIRE RAISONNÉ DES SCIENCES, DES ARTS ET DES MÉTIERS

ALEMBERT (D') • CACOUACS • DIDEROT • PHILOSOPHIE •

À la fin du « Catalogue des artistes célèbres » du *Siècle de Louis XIV*, dès 1752, Voltaire s'est empressé de rendre hommage à l'*Encyclopédie* qui va, dit-il, « transmettre à la postérité le dépôt de toutes les sciences et de tous les arts ». Sans doute en avait-il consulté les premiers tomes à Berlin, mais c'est en mai 1754 seulement que d'Alembert sollicite sa participation. Voltaire promet et envoie quelques articles ; sa collaboration est annoncée dès l'avertissement du tome IV (1754). Elle sera effective en 1755 : ses articles « Esprit », « Éloquence », « Élégance » paraissent déjà dans le tome V, et d'Alembert lui en demande d'autres. La commande est orientée surtout vers les belles-lettres et la littérature : « Feu », « Finesse », « Figuré », « Formaliste ». Voltaire demande des éclaircissements, propose sa contribution pour « Goût », « Génie », « Histoire », et se documente pour « Français ». En 1756, il fait toujours preuve de célérité, rédigeant douze articles. Il recrute en 1757 Polier de Bottens, pasteur de Lausanne, qui va écrire l'article « Messie ». À la suite des remous causés par l'article « Genève* » de d'Alembert, puis de la crise de 1758 au cours de laquelle les Encyclopédistes sont attaqués sous le nom de Cacouacs, Voltaire opte d'abord pour la résistance. Avec d'Alembert, qui abandonne l'entreprise, il s'indigne de la protection gouvernementale accordée aux persécuteurs de l'*Encyclopédie*. D'Alembert l'a convaincu de l'intérêt d'une position plus ferme que celle de Diderot, qui veut poursuivre l'édition. Voltaire réclame d'abord ses articles, puis il se ravise, propose de nouveau en juin 1758 sa collaboration à Diderot, rédige encore dix articles. Fin 1758, il a enfin décidé de ne plus participer à une entreprise dont il restera cependant un

témoin attentif. Sa contribution n'est pas pour autant négligeable. Elle s'élève à quarante-cinq articles portant sur des sujets divers.

Voltaire a fait l'expérience d'un travail de commande dont il s'acquitta avec diligence, prêt à accepter les retouches et à se plier aux exigences d'un ouvrage collectif. Ses articles eurent valeur d'apprentissage et préparèrent ceux du *Dictionnaire\* philosophique portatif*, dont on a dit qu'il était l'œuvre d'un «encyclopédiste déçu». L'article «Idole, idolâtre, idolâtrie» rédigé en 1757 pour l'*Encyclopédie*, où il parut dans le tome VIII (1765), fut aussi inséré en 1764 dans le *Portatif*. Voltaire n'a pas donné la pleine mesure de son génie dans les articles destinés à l'*Encyclopédie*, mais sa contribution est digne de retenir l'attention. D'un point de vue lexicographique, il s'attache aux définitions précises, fait preuve d'un réel sens des nuances. Dans les articles de théorie littéraire s'expriment son goût, son désir de former les honnêtes gens en leur montrant les finesses de l'écriture. Dans les articles philosophiques, il étend son champ d'investigation: dans le grand article «Histoire», il ébauche une critique des témoignages; dans «Idole, idolâtre, idolâtrie», il s'efforce de détruire la croyance selon laquelle les païens étaient idolâtres et les chrétiens exempts de superstitions.

Collaborateur de renfort, et gardant sa liberté de jugement, Voltaire fut critique à l'égard de l'*Encyclopédie*, dénonçant sans pitié les déclamations de contributeurs plus éloquents que savants, les longueurs inutiles, les compromissions de pensée. Il se hasarda même, le 29 décembre 1757, à donner des directives à d'Alembert, à suggérer au moins un protocole: les qualités essentielles, trop négligées, sont à ses yeux «clarté et brièveté». Mais s'il se dit déçu par le «gros fatras» de l'*Encyclopédie*, Voltaire n'en demeure pas moins ami des Encyclopédistes et fidèle à la «cause commune», comme dira Condorcet. Le 8 mars 1759, l'*Encyclopédie* a perdu son privilège. Dans une note véhémente aussitôt ajoutée à une ode funèbre à la mémoire de Wilhelmine\*, margrave de Bayreuth, Voltaire déclare une guerre totale aux ennemis de la philosophie. Il écrira, contre les Fréron\*, Chaumeix\* et autres Pompignan\*, *Le Pauvre Diable* et *La Vanité, Les Ah! Ah!* et autres Monosyllabes, *Socrate* et *L'Écossaise*, et plus directement en faveur de l'*Encyclopédie* les *Dialogues chrétiens*. En 1766, il vit échouer son projet de Clèves\*, qui visait encore à refaire et imprimer en terre étrangère une encyclopédie réduite à l'essentiel. Il avait reçu en 1766 les dix derniers volumes du grand œuvre, les tomes VII à XVII diffusés en bloc, avec ce cri: «Il est arrivé, il est arrivé le ballot Briasson! On relie jour et nuit. Je grille d'impatience» (à Damilaville, 4 février 1766). Les annotations qu'il a portées sur son exemplaire personnel montrent que l'*Encyclopédie* fut encore pour lui un ouvrage de référence et de réflexion, propre à nourrir et relancer ses *Questions\* sur l'Encyclopédie*.

*Christiane Mervaud*

Pendant ce temps-là on feuilletait, et le comte de C... dit tout haut : « Sire, vous êtes trop heureux qu'il se soit trouvé sous votre règne des hommes capables de connaître tous les arts, et de les transmettre à la postérité. Tout est ici, depuis la manière de faire une épingle jusqu'à celle de fondre et de pointer vos canons ; depuis l'infiniment petit jusqu'à l'infiniment grand. Remerciez Dieu d'avoir fait naître dans votre royaume ceux qui ont servi ainsi l'univers entier. Il faut que les autres peuples achètent l'"Encyclopédie", ou qu'ils la contrefassent. Prenez tout mon bien si vous voulez ; mais rendez-moi mon "Encyclopédie".
— On dit pourtant, repartit le roi, qu'il y a bien des fautes dans cet ouvrage si nécessaire et si admirable.
— Sire, reprit le comte de C..., il y avait à votre souper deux ragoûts manqués ; nous n'en avons pas mangé, et nous avons fait très bonne chère. Auriez-vous voulu qu'on jetât tout le souper par la fenêtre, à cause de ces deux ragoûts ? »
Le roi sentit la force de la raison ; chacun reprit son bien : ce fut un beau jour. L'envie et l'ignorance ne se tinrent pas pour battues ; ces deux sœurs immortelles continuèrent leurs cris, leurs cabales, leurs persécutions : l'ignorance en cela est très savante.
Qu'arriva-t-il ? les étrangers firent quatre éditions de cet ouvrage français, proscrit en France, et gagnèrent environ dix-huit mille écus.
Français, tâchez dorénavant d'entendre mieux vos intérêts.

De l'Encyclopédie, 1774.

## ENFANCE

Voir AROUET · COLLÈGE DE LOUIS-LE-GRAND · *COMMENTAIRE HISTORIQUE* · ÉTUDES · *JUVENILIA* · LENCLOS (NINON DE).

## *ENFANT PRODIGE (L')*

COMÉDIES ·

Le sujet, « très chrétien », offrait une scène pathétique, celle du retour et du pardon. Sur cette donnée fort théâtrale, mais un peu mince, Voltaire fait une pièce en cinq actes, actualisée, et étoffée par une double intrigue amoureuse. Euphémon, le mauvais fils, maudit par son père et déshérité, a dû fuir, abandonnant Lise Rondon, sa fiancée. Le frère cadet, Fierenfat, non content de rafler l'héritage, veut aussi, par intérêt, la fille. Celle-ci, qui est restée fidèle à Euphémon, résiste en vain. Le contrat va être signé. Cependant la cérémonie est retardée par l'intervention de la baronne de

Croupillac, à qui Fierenfat a jadis promis le mariage. Euphémon revient enfin, méconnaissable, à bout de forces, et repentant. Voltaire corse le dénouement en ménageant deux «retrouvailles», entre Lise et Euphémon, et entre le père et son fils aîné qui, bien sûr, épousera Lise et rentrera dans ses droits. Succès de larmes et de bons sentiments assuré.
Créée le 10 octobre 1736, la pièce eut vingt-six représentations et resta au répertoire. Elle fut traduite en anglais et en allemand, en néerlandais, en polonais et en danois. Elle inaugurait une formule voltairienne de nouvel équilibre, en mêlant le sérieux au plaisant, le rire à l'intérêt, comme dans la vie. Autre nouveauté : l'emploi du décasyllabe léger, déconcertant pour le public, comme le comique un peu épais, et qui semblait surajouté, des trois ridicules : Fierenfat, pédant, «fat» et cupide, Rondon, bourru près de ses sous, et surtout la Croupillac, veuve mûre, épouseuse, plaideuse et radoteuse. Mlle Quinault* créa la surprise en jouant, fort bien, ce rôle à contre-emploi.

*Henri Lagrave*

ENFER

ANCIENS • CHRISTIANISME • DIEU •

Sur la question de l'enfer, l'attitude de Voltaire est double.
Il en raille d'abord les représentations traditionnelles. L'article «Enfer» (1771) des *Questions\* sur l'Encyclopédie* suggère que cette invention des Grecs et des Égyptiens, ignorée des civilisations de l'Orient, vient de l'usage d'enterrer les corps dans un «souterrain» (*inferum*). La conception chrétienne d'une punition infligée par des diables à la fois «brûlants et brûlés» lui paraît absurde. Citant les paroles de Jésus sur la damnation éternelle, il rappelle les réserves de certains Pères de l'Église. Il s'indigne surtout qu'on puisse imaginer les sages de l'Antiquité païenne tourmentés à jamais, faute d'avoir connu la Révélation. Les vrais démons seraient plutôt les persécuteurs qui font de la terre un enfer.
Mais, par ailleurs, convaincu de la nature sociale du fait religieux, Voltaire croit éminemment utile, et même essentielle, la croyance aux châtiments *post mortem*, «frein» nécessaire aux «crimes secrets». Il fait au reste grief aux Hébreux d'être le seul des peuples anciens à n'avoir eu qu'une connaissance tardive de l'enfer. Dans l'un de ses tout derniers dialogues, *Sophronime et Adélos* (1776), il qualifie d'«horribles fadaises» les imaginations infernales des «charlatans sacrés», et propose de placer le châtiment des méchants dans le remords même et la crainte de la vengeance humaine, véritables «Cerbères» et «Furies» à l'intérieur du cœur de l'homme. Mais généralement Voltaire a préféré en appeler à un Dieu

« rémunérateur et vengeur », un « Dieu gendarme » comme on a dit parfois, tout en avouant son ignorance sur la manière dont il récompense et punit.

Marie-Hélène Cotoni

*Il n'y a pas longtemps qu'un bon et honnête ministre huguenot prêcha et écrivit que les damnés auraient un jour leur grâce, qu'il fallait une proportion entre le péché et le supplice, et qu'une faute d'un moment ne peut mériter un châtiment infini. Les prêtres, ses confrères, déposèrent ce juge indulgent; l'un d'eux lui dit: « Mon ami, je ne crois pas plus l'enfer éternel que vous; mais il est bon que votre servante, votre tailleur, et même votre procureur, le croient. »*

Dictionnaire philosophique, 1764, art. « Enfer ».

## ENNEMIS (de Voltaire)

Voir BERGIER · BIORD · CHAUDON · CHAUMEIX · CLÉMENT · DESFONTAINES · DUPANLOUP · FRÉRON · JOLY DE FLEURY · JORE · LA BEAUMELLE · LARCHER · LEFRANC · MAUPERTUIS · NONNOTTE · PATOUILLET · PIRON · ROUSSEAU (JEAN BAPTISTE) · ROUSSEAU (JEAN JACQUES) · ROY · SABATIER DE CASTRES · TRAVENOL · VERNET.

*Je pardonne de tout mon cœur à tous ceux dont je me suis moqué.*
Au marquis Albergati Capacelli, 23 décembre 1760.

## « ÉNOLPH, ALNORPH... »

D'un petit malaise au bord de l'aphasie, à 70 ans, un beau jour de mai, Voltaire rapporta cet étrange bégaiement de plume. Il était justement en train d'écrire à son médecin. On a cette lettre, avec la ligne où le papier a été gratté, des mots effacés, surchargés, soulignés – et au-dessous, un récit détaché de l'épisode, qu'il dicta lui-même de son lit.

André Magnan

*Il vient de m'arriver quelque chose de fort plaisant. Je vous ai écrit mon billet à plusieurs reprises. Je venais de me promener au grand soleil, la tête m'a tourné, j'ai été demi-heure sans savoir ce que je faisais. Je me suis fait vomir un peu, j'avais pris de la casse le matin. Je me suis trouvé sans idée. J'ai voulu achever le dernier article de ma lettre et je n'ai pu en venir à bout. Mon pouls était fort élevé, j'avais une petite sueur, et ma vue était fort affaiblie.*

*Remarquez bien l'endroit de ma lettre que j'ai souligné; j'avais mis deux mots qui ne signifiaient rien du tout, c'était « Énolph, alnorph ». Je voulais absolument continuer ma phrase, et je n'en pouvais venir à bout. J'ai pris le parti de me mettre dans mon lit, j'ai bu quelques gouttes d'eau fraîche. Enfin je suis revenu à moi, et j'ai été fort étonné de mon Énolph, alnorph. Je l'ai fait effacer proprement, et j'ai mis quelque chose de raisonnable à la place; mais ce n'a pas été sans peine. Cela me fait voir combien l'homme est peu de chose et que nos idées ne dépendent pas plus de nous que notre digestion. Mais il y a longtemps que j'en étais convaincu.*

*« Crescere sentimus pariterque senescere mentem » [Nous sentons notre esprit en mûrissant vieillir aussi (Lucrèce)].*

À Théodore Tronchin, 20 mai 1765.

## ENTERREMENT

Voir MIGNOT · MORT · SCELLIÈRES.

## ENTHOUSIASME

BON SENS · FANATISME · RAISON ·

Le mot désigne chez Voltaire une crise soudaine, un désordre, une perte de la raison, une irruption de la violence en l'homme – phénomène individuel et collectif à la fois. D'où une théorie médicale de l'enthousiasme, comme il en existe une de l'imagination. Dans l'article du *Dictionnaire philosophique* qu'il lui consacre, l'enthousiasme est en effet décrit comme « une émotion d'entrailles, une agitation intérieure », un trouble organique puissant et profond : le cerveau dérangé par des « esprits de feu » qui montent des organes les plus bas. L'ancienne pythie de Delphes est la figure exemplaire de cette maladie, visionnaire plantée sur son trépied, recevant l'inspiration « par un endroit qui ne semblait fait que pour recevoir les corps ». Pour discréditer l'esprit prophétique, Voltaire se livre à des analyses qui annoncent les interprétations modernes de l'hystérie. Les grandes prêtresses de l'invisible et les illuminés de tout acabit semblaient dominés par des troubles de leur sexualité. Voltaire s'est attaché aussi à repérer des symptômes : grimaces, contorsions, agitation frénétique chez les plus furieux, comme les fameux convulsionnaires* de Saint-Médard. Les anciens quakers* (c'est-à-dire « Trembleurs ») évoqués dans les *Lettres philosophiques* font aussi référence – mais au temps de Fox a succédé celui de Penn.

Le grand danger pour Voltaire est la contagion : « L'enthousiasme est une

maladie qui se gagne» (*Lettres philosophiques*, IIIe lettre, «Sur les quakers»). Ainsi saint Ignace de Loyola communique son «enthousiasme» à un autre Espagnol nommé François Xavier, qui court au Japon pour le transmettre à l'imagination de quelques jeunes jésuites. C'est au fond, du corps passionnel au langage passionné, comme une maladie de la parole. Les transports oratoires des visionnaires frappent l'imagination des spectateurs crédules, alors qu'un discours qui s'adresse à la raison épurée ne peut convaincre, hélas! qu'un auditoire déjà éduqué. Dans l'*Essai sur les mœurs*, le nom d'enthousiastes est réservé aux prêcheurs, aux meneurs de croisades, aux soi-disant prophètes, dont le verbe est devenu maléfice.

Pourtant, Voltaire conçoit l'idée d'un bon enthousiasme, allié à la raison sans la dominer, élan d'éloquence et de sublime: «L'enthousiasme raisonnable, écrit-il, est le partage des grands poètes.»

*Didier Masseau*

*La Saint-Barthélemy n'était qu'enthousiasme.*
*Fanatisme, enthousiasme parfait.*

*Carnets.*

## ENTRETIEN D'ARISTE ET D'ACROTAL

DIALOGUE • FANATISME • PHILOSOPHIE •

Publié en 1761 dans un volume de Mélanges\*, ce bref dialogue vise à exhiber la violence des anti-philosophes, leur acharnement à défendre un pouvoir menacé – théologique, religieux, social, politique. Le beau temps est passé de la Saint-Barthélemy, quand on assommait le mathématicien Ramus coupable d'avoir «écrit contre Ariste». Les noms des deux protagonistes, issus du grec, sont d'emblée transparents: «Ariste» dit la bonté, «Acrotal» l'importance et l'arrogance – Voltaire songe peut-être à l'avocat général Joly\* de Fleury, accusateur des Encyclopédistes. Le thème débattu est cher à Voltaire depuis la XIIIe de ses *Lettres philosophiques* (1734): loin d'être un fauteur de trouble, le philosophe est au-dessus des querelles partisanes, simple chercheur de vérité, soutenu par sa seule morale. Le dialogue amuse par l'évidence dogmatique avec laquelle Acrotal assène ses contre-vérités et ses paradoxes criants. Dans sa bouche, l'impartialité de Bayle\* devient «lâche», la fidélité de ses citations «odieuse», et sa clarté «intolérable». Tout cela a de quoi aviver en effet la «sainte fureur» du fanatique: «Nous serions les maîtres du monde, sans ces coquins de gens d'esprit.»

*Stéphane Pujol*

## ENTRETIENS CHINOIS

CHINE · CHRISTIANISME · CONFUCIUS · DÉISME · DIALOGUE ·

Parus sous ce titre dans un recueil intitulé *Choses utiles et agréables* (1770), trois entretiens baptisés religieusement «conférences» résument tous les arguments de la propagande voltairienne en faveur du déisme. Le confucianisme apparaît comme la version orientale d'une religion raisonnable où la morale l'emporte sur les dogmes, et le mandarin opposé au jésuite ressemble à s'y méprendre à un philosophe européen, la caractérisation s'effaçant même au profit d'une figure universelle de la raison. Il est de même aisé de voir, derrière les reproches adressés aux «bonzes» chinois, une critique des prêtres catholiques. Le jésuite flaire le subterfuge, et il faut toute l'espièglerie de Voltaire pour révéler clairement le système du texte en nous prévenant d'une lecture trop naïve: «Il semble que vous vouliez parler de nos moines sous le nom de bonzes.»

Par-delà le contenu objectif des discours, la rhétorique des rôles marque un rapport de pouvoir. À la sage modération du mandarin chinois s'opposent la violence et l'exaltation du jésuite: «Vous êtes tous des coquins, théologiquement parlant.» Mais une fois de plus, ce dialogue est truqué. Le langage du chrétien se disqualifie en quelque sorte de l'intérieur, par l'absurdité ou la méchanceté de ses arguments. En prêtant au jésuite des propos qu'il ne peut assumer en toute logique, Voltaire introduit dans le discours du malheureux prêtre une voix parasite et contradictoire. Et, raffinement d'ironie, le mandarin feint d'acquiescer aux raisonnements les plus fous de son interlocuteur. Ce double jeu de renversements et d'équivoques atteint son comble à la fin du troisième entretien, lorsque le jésuite croit entrevoir enfin la conversion prochaine de son interlocuteur.

Mais en réalité, Voltaire ne fait que reprendre – pour en inverser la signification – l'*Entretien d'un philosophe chrétien et d'un philosophe chinois* de Malebranche. Consommant la défaite du jésuite au moment même du triomphe espéré, le mandarin lui remet une ample profession de foi déiste en vingt points, qui se trouve être le credo même de Voltaire. Ce dialogue ne serait donc qu'un simple jeu de dupes, s'il ne proposait en creux au lecteur une vérité positive valable pour tous les hommes et fondée en raison.

*Stéphane Pujol*

*1° La religion consiste dans la soumission à Dieu et dans la pratique des vertus;*
*2° Cette vérité incontestable est reconnue de toutes les nations et de tous les temps: il n'y a de vrai que ce qui force tous les hommes à un consentement unanime; les vaines opinions qui se contredisent sont fausses;*
*3° Tout peuple qui se vante d'avoir une religion particulière pour lui seul*

*offense la Divinité et le genre humain ; il ose supposer que Dieu abandonne tous les autres peuples pour n'éclairer que lui.*
Entretiens chinois, 1770, III<sup>e</sup> conférence.

## ENTRETIENS D'UN SAUVAGE ET D'UN BACHELIER
DIALOGUE • HOMME • NATURE • ROUSSEAU (JEAN JACQUES) •

Ce texte a paru dans des Mélanges* en 1761. Voltaire devait nécessairement rencontrer la figure du bon sauvage dans l'un de ses dialogues, tant il est vrai que cette confrontation illustre la démarche critique des Lumières. Mais ici, le sauvage contredit l'argumentation primitiviste de la dépravation sociale. Loin d'être un pur produit de la nature, il déclare au contraire être né pour vivre en société. Par-delà le jeu qui consiste à subvertir un mythe, il faut prendre au sérieux cette idée d'une nature fondamentalement sociale de l'être humain. Elle marque l'un des désaccords profonds de Voltaire avec Rousseau.

Dans le second entretien, ce sauvage « de bon sens » est soumis par le bachelier, imbu de sa fausse science scolastique, à un interrogatoire délirant sur la nature de l'âme et l'origine des lois. Questions sérieuses, traitées ailleurs sérieusement, éludées ici faute d'égalité vraie entre les conversants – le bachelier ne veut qu'avoir raison. Le dernier mot reste au sauvage : « Adieu ».

Stéphane Pujol

## ENVIEUX (L')
COMÉDIES • DESFONTAINES • POLÉMISTE • SATIRE •

Trois actes en vers (1738). « Mauvaise comédie », mais « bonne œuvre », aux dires de son auteur, la pièce n'est qu'un épisode de la violente querelle qui opposait alors Voltaire et l'abbé Desfontaines. Ariston (Voltaire), Cléon (M. du Châtelet) et Hortense (Émilie, sa femme) vivent tous trois dans une « noble amitié », au-dessus de tout soupçon. La situation n'est suspecte qu'aux yeux de Zoïlin, c'est-à-dire Desfontaines, dont Voltaire fait un portrait au vitriol. Jaloux, intrigant, calomniateur, fourbe, hypocrite, bête et méchant. Mais il se perd en voulant perdre Ariston ; et à la fin, il ira en prison, comme Tartuffe.

Prête dès le mois de juillet, la pièce devait être jouée à la Comédie-Française, sous le nom d'emprunt de Lamare. Elle eût servi de réponse à la terrible *Voltairomanie** de l'abbé, si Émilie, d'accord avec d'Argental,

n'avait tout fait pour en empêcher la représentation – avec succès. *L'Envieux* ne fut imprimé qu'en 1833.

*Henri Lagrave*

## ÉON (chevalier d')

FERNEY •

En 1768, dans une lettre à John Wilkes, le chevalier d'Éon (1728-1810) se moque de la langue de Voltaire : c'est comme un totem qu'il faut s'approprier pour acquérir son éloquence. Comme Casanova\*, cet autre aventurier, Éon aime à jouter avec le grand homme dans un persiflage toujours proche du sacrilège. Dans *Les Loisirs du Chevalier d'Éon de Beaumont* (1774), il critique son *Histoire de l'empire de Russie sous Pierre le Grand* (1759-1763). Depuis les années 1760, Voltaire le mentionne souvent dans sa correspondance et se dit fort intrigué par ce travesti qui étonne l'Europe entière. Il reçut en août 1777 une lettre du poète anglais George Keats, ami commun, qui lui annonçait pour septembre la visite empressée de «Mademoiselle de Beaumont» : «C'est la fille la plus célèbre d'Europe qui voudrait s'entretenir avec un homme qui a été pendant presque un siècle son plus grand ornement.» Voltaire y alla donc d'un mot d'invitation adressé directement, en anglais, «to the captain-lady». Mais Éon déclina, et s'en excuse dans *Ma Réponse au grand Voltaire* (1777). En février 1778 à Paris, le patriarche au faîte de sa gloire reçoit enfin chez le marquis de Villette ses innombrables admirateurs. Dans le flot, le célèbre chevalier d'Éon – ou plutôt la chevalière, car l'étrange personnage, après ses démêlés divers avec le pouvoir, est désormais tenu de s'habiller en femme. Mécontent de l'accueil, il ou elle aurait écrit sur le vieillard malade une épigramme.

*Didier Masseau*

## ÉPIGRAMMES

GENS DE LETTRES • POÉSIE • POÈTE • POLÉMISTE •

Les épigrammes sont au XVIII$^e$ siècle le triomphe de la poésie de société. Elles relèvent de ce qu'on appelle alors les poésies «fugitives» – non destinées à être réunies ou publiées. Celles de Voltaire ont été imprimées à son insu, ou transmises par des copies.

Sa pratique est celle de tous les hommes d'esprit dans les divers milieux qu'il fréquente, gens de lettres, gens de théâtre, aristocrates de haut vol. On aime résumer en quelques vers une opinion souvent largement partagée :

le rire des auditeurs, puis des lecteurs naît justement de la redécouverte, sous une forme ingénieuse, d'une pensée qu'on a eue déjà. L'épigramme est à la frontière de la conversation et de la littérature: un mot d'esprit cristallisé dans le compte exact de quelques vers. La plupart des épigrammes conservées de Voltaire visent des écrivains: il redoute toute concurrence et laisse rarement se développer une autre réputation que la sienne. Contre Baculard* d'Arnaud ou Lefranc* de Pompignan (les deux versions existent), auteurs l'un et l'autre de traductions en vers de la Bible, ce trait:

> *Savez-vous pourquoi Jérémie*
> *A tant pleuré pendant sa vie?*
> *C'est qu'en prophète il prévoyait*
> *Qu'un jour Lefranc le traduirait.*
> *[ou: Que Baculard le traduirait].*

Sur Fréron* un autre jour, le plus grand critique littéraire de son siècle, le directeur du journal le plus répandu, et fort indépendant, son épigramme la plus célèbre:

> *L'autre jour, au fond d'un vallon,*
> *Un serpent piqua Jean Fréron.*
> *Que pensez-vous qu'il arriva?*
> *Ce fut le serpent qui creva.*

Sur Roy, poète rival, lui-même fort combatif:

> *Connaissez-vous certain rimeur obscur...*
> *Cocu, content, parlant toujours de soi?*
> *Chacun s'écrie: Eh, c'est le poète Roy!*

Sur Jean Baptiste Rousseau* enfin, poète illustre, devenu vieux:

> *[...] Et s'il est vrai que Rousseau vit,*
> *C'est du seul plaisir de médire.*

Vite faite, vite dite, l'épigramme voltairienne s'égare rarement hors des limites bien marquées des règlements de comptes littéraires. Mais elle n'est pas vite oubliée, et volant de bouche en bouche, elle se révèle d'une grande efficacité médiatique.

*Sylvain Menant*

> *L'autre jour au fond d'un vallon*
> *Un serpent mordit Jean Fréron;*
> *Sait-on ce qu'il en arriva?*
> *Ce fut le serpent qui creva.*

*Il n'y a pas grand mal à cela, si Voltaire est le serpent. Il m'a tout l'air en effet de crever de rage, et un peu de mon venin.*
Fréron à Triboudet, 24 janvier 1763.

## ÉPINAY, Louise Florence Pétronille Tardieu des Clavelles, dame de La Live d'
AMITIÉ • CORRESPONDANCE • FEMMES • PHILOSOPHIE •

« C'est un aigle dans une cage de gaze », aurait dit Voltaire de Mme d'Épinay (1726-1783), qui cite ce mot dans son *Histoire de Mme de Montbrillant*. Dans la galerie de ses amies et correspondantes, elle se détache comme une femme d'exception. Leur relation privilégiée se noua à Genève où elle passa près de deux ans, de l'automne 1757 à la fin de l'été 1759. Elle fut pour lui « la véritable philosophe des femmes », intellectuelle, mais moins abstraite que Mme du Châtelet, plus pédagogue, plus ouverte aux préoccupations humaines. Épouse déçue de son cousin d'Épinay, un fermier général dissipé, dont elle eut deux enfants, Mme d'Épinay avait trouvé en Grimm*, son amant, une sorte de substitut conjugal, et vécut avec lui une longue liaison. Amie des écrivains, elle avait, en 1755, installé Jean Jacques Rousseau dans le parc de son château de La Chevrette, au pavillon de l'Ermitage. Elle animait aussi un salon brillant où s'assemblaient les Encyclopédistes : Diderot, Duclos, Mme d'Houdetot, et bien sûr Grimm étaient des assidus.

Lorsqu'elle arrive à Genève avec son fils, Louise est brouillée avec le sombre Jean Jacques. Elle vient en Suisse consulter le célèbre médecin Théodore Tronchin*, et s'établit à Montbrillant, aux portes de la ville. Voltaire la reçoit, vite séduit par sa franchise et sa vivacité. En elle, il sent une promesse philosophique. Elle devient sa « belle philosophe ». À d'Argental*, il confie ses impressions de la nouvelle venue : « Cela est philosophe, bien net, bien décidé, bien ferme. » Leur entente est complice, légère et facile, il lui écrit de courts billets, griffonnés sur des cartes à jouer ; elle possède une presse portative et va imprimer clandestinement pour quelques dizaines de lecteurs sûrs *Le Sermon\* des Cinquante*. Elle publie aussi, mais anonymement, ses propres écrits, comme ses *Lettres à mon fils* (à vingt-cinq exemplaires). Grimm la rejoint à Genève au printemps 1759, c'est elle qui le présente à Voltaire ; elle va recevoir, des mains du grand Tronchin, l'inoculation* contre la variole, « en courageuse philosophe ».

À cette époque, Voltaire s'engage dans sa grande lutte contre l'Infâme*, et le mot même, avec toute sa force de symbole, apparaît justement dans les billets à Mme d'Épinay : « Il faut extirper l'Infâme, lui recommande-t-il, il

faut rendre l'Infâme ridicule.» Dans son esprit, elle appartient à ce petit groupe de fidèles déjà éclairés qui pourront relayer ses écrits et son action. Rentrée à Paris, Louise recevra de longues lettres : « Inspirez votre courage et que les frères triomphent », lui écrit-il au moment de l'affaire Palissot*. Il l'exhortera à soutenir l'entrée de Diderot à l'Académie : « Il faut faire une ligue, une brigue, écrit-il, remuer ciel et terre. » Mais autour d'elle, les « frères » athées radicalisèrent peu à peu leurs positions, et le camp des Philosophes, surtout après 1770, se divise sourdement. Comme d'autres disciples de Voltaire, Mme d'Épinay fit mouvement vers cette aile nouvelle, avec son ami Grimm, et leur relation en pâtit. Voltaire continuera de lui faire parvenir ses ouvrages, mais il espacera ses lettres, plus réticentes sur l'essentiel – l'estime et l'amitié dureront pourtant.

Mme d'Épinay poursuivit une œuvre littéraire. Elle est l'auteur d'un grand roman à la frontière de l'autobiographie, l'*Histoire de Mme de Montbrillant*, que Voltaire ne connut pas, mais qui eut un immense succès posthume au XIX$^e$ siècle. Elle collabora d'autre part à *La Correspondance\* littéraire* de Grimm ; enfin, en 1774, elle publia, sous son nom cette fois, *Les Conversations d'Émilie*, dédiées à sa petite-fille. Elle remettait en cause l'éducation des filles, en donnant aussi une place centrale à l'amour maternel, et redéfinissait pour longtemps le rôle de la femme dans la société. Voltaire la remercia du livre avec chaleur, et le fit lire à l'enfant de Mlle Corneille* qui, lui dit-il, s'écrie à chaque page : « Ah ! la bonne maman ! la digne maman ! » Mme d'Épinay était souffrante quand Voltaire revint à Paris, en 1778, et elle ne put se déplacer vers lui. C'est le « vieux malade » qui pour renouer alla chez elle la saluer. Ne lui avait-il pas dit autrefois : « Vous serez toujours ma belle philosophe » ?

*Anne Soprani*

## ÉPITAPHES

MORT · POÈTE ·

En janvier 1778, une inconnue écrit à Voltaire : « Le désir de l'immortalité est commun à tous les hommes. Je viens vous prier de la donner à l'époux que je viens de perdre, en faisant son épitaphe » – suit le portrait d'un homme estimable, pasteur à Nyon, bon père, bon époux, pieux et tolérant. Voltaire a fait cette épitaphe d'Abraham Benjamin Jayet : « Sans superstition ministre des autels... » Les puissants veulent des odes funèbres – Frédéric II pour sa sœur Wilhelmine* –, les obscurs un quatrain : la démarche était la même auprès du Poète, passeur des morts et chantre de mémoire.

Voltaire a peu donné à ce rôle, qu'il trouvait archaïque, assez inutile, et trop ingrat : « Notre langue, avec ses maudits auxiliaires, est fort peu propre au

style lapidaire.» Il préférait s'occuper des vivants, gratifiant par exemple d'une fausse épitaphe un correspondant paresseux. Les vraies épitaphes sont donc chez lui d'occasion ou d'obligation : un magistrat, quelques amis, un bavard, un pape, dom Calmet et le pasteur Jayet. Il n'en fit pas pour Émilie\*, mieux célébrée par son bel *Éloge\* historique*. On lui en demanda une pour Montesquieu, mais il se déroba – «l'*Esprit des lois* en vaudra-t-il mieux?». En revanche, des dizaines d'épitaphes fleurirent la tombe de Voltaire, plusieurs épineuses, presque épigrammes, qu'il avait bien sûr prévues : «Je suis plutôt sujet d'épitaphes, disait-il, que faiseur d'épitaphes.» S'étant souvent fait passer pour mort, il avait eu le loisir d'en lire quelques-unes, dont celle-ci peut-être, qui avait circulé dès 1760 anonymement, attribuée à Jean Jacques Rousseau :

> *Bel esprit plutôt que génie,*
> *Sans foi, sans honneur, sans vertu,*
> *Il est mort comme il a vécu,*
> *Couvert de gloire et d'infamie.*

La dernière épitaphe de Voltaire, en prose noble et civique, est celle du char funèbre de 1791 en marche vers le Panthéon\* : «Il combattit les athées et les fanatiques. Il inspira la tolérance. Il réclama les droits de l'homme contre la servitude de la féodalité.»

*André Magnan*

*Il fut doux, modeste et bienfaisant, et fut rôti à Valladolid l'an de grâce 1631.*
*Les Questions de Zapata, 1767.*

## ÉPÎTRE À URANIE

CHRISTIANISME · DÉISME · LOI NATURELLE · MORALE · POÉSIE · POÈTE ·

«Tu veux donc, belle Uranie...» Une belle rousse de foi incertaine, Mme de Rupelmonde\*, avec qui il voyageait en Hollande, interrogea le jeune Voltaire sur ses croyances religieuses : c'était en 1722, le poète avait 28 ans. Les vers de sa réponse constituent sa première mise au point sur un sujet qui devait occuper une si large place dans son œuvre. Intitulée d'abord *Épître à Julie*, puis (à partir de 1726) *Épître à Uranie*, et finalement rebaptisée par Voltaire *Le Pour et le Contre* (1772), plusieurs fois remaniée entre-temps, cette épître circula longtemps clandestine, en copies manuscrites, en impressions furtives. C'est que, sous une forme galante, elle expose une position très éloignée de l'orthodoxie ; elle serait même à l'origine de la rupture de Voltaire avec l'illustre Jean Baptiste Rousseau\*, chrétien horrifié par les hardiesses de son jeune confrère (1722). Un demi-

siècle plus tard, Mgr Biord* sommait encore Voltaire de la désavouer publiquement.
Les développements «contre» le christianisme (85 vers) l'emportent de beaucoup sur les considérations «pour» (41 vers). Voltaire refuse le Dieu de la Bible et des Évangiles au nom de l'idée de Dieu qui lui paraît naturelle et évidente: il refuse un Dieu vengeur, un Dieu qui sauve l'homme après l'avoir créé pécheur, un Dieu qui s'incarne dans l'histoire sous les traits d'un modeste juif de l'Antiquité, et qui se rend présent dans le pain de la messe. Dans une série de vers très denses, il évoque les attraits sublimes et consolateurs du christianisme, et souligne le rayonnement de la figure du Christ. Mais le message positif tient dans les tout derniers vers, où se trouve enfin exposée «la religion naturelle», commune à toutes les civilisations, réduite à la pratique de la justice et de la bienfaisance. Loin de toute froideur, ces vers mêlés expriment avec vivacité les sentiments passionnés du poète, les résistances indignées de sa raison, son enthousiasme sincère pour une religion qui réconcilie tous les hommes et fonde la morale sur une évidence naturelle: la première profession d'une foi déiste ou théiste.

*Sylvain Menant*

## *ÉPÎTRE AUX ROMAINS*

ANTICLÉRICALISME • CHRISTIANISME • ITALIE • PAPES • ROME •

Cet opuscule anticlérical, dont le titre pastiche saint Paul, fut publié en août 1768, alors que les Bourbons de Parme et de France, en conflit avec le pape Clément XIII, occupaient une partie de ses États – des troupes françaises campaient en Avignon. L'ouvrage se présente comme une traduction de l'italien par «M. le comte de Corbera» ou «M. le comte de Passeran». L'adresse est aux Romains contemporains, sujets modernes du pape, tellement déchus de la Rome impériale à la Rome pontificale: c'est une exhortation à secouer enfin le joug. Voltaire répète, avec une véhémence désordonnée, ses attaques habituelles, contre l'apôtre Paul, les miracles de l'Évangile, la bassesse et l'ignorance des premiers chrétiens, venus de la lie du peuple et déclamant contre les riches. Il revient sur l'origine étrangère des rites et des dogmes chrétiens, sur les impostures des premiers siècles, sur les rapines ecclésiastiques. Le dernier trait est de mépris, contre le mauvais jeu de mots par lequel un prétendu Dieu fonda son Église sur le dénommé Simon Pierre, dont aucun voyage à Rome n'est d'ailleurs mentionné par l'Écriture. Rien de nouveau entre Ferney et Rome, sinon la brutalité des invectives et l'appel final à un Risorgimento: «Éveillez-vous, Romains, à la voix de la liberté, de la vérité et de la nature.»

*Marie-Hélène Cotoni*

## ÉPÎTRE DE M. DE V*** EN ARRIVANT DANS SA TERRE, PRÈS DU LAC DE GENÈVE, EN MARS 1755

DÉLICES (LES) · ÉPÎTRES · EXIL · GENÈVE · LIBERTÉ · POÈTE ·

Voltaire eut son *Lac*, moins connu que celui de Lamartine, qui cependant le connut encore bien. C'est une grande épître de fond autobiographique, très soignée, passionnée aussi, et de belle venue pour le goût du temps. La composition date de mai-juin 1755, mais Voltaire l'a antidatée, en y mettant le mois de son entrée aux Délices. Des bords du «lac de Genève» où il arrive, il célèbre son installation et la Suisse qui l'accueille, mais surtout «la Liberté»,

> *Que tout mortel embrasse, ou désire, ou rappelle,*
> *Qui vit dans tous les cœurs, et dont le nom sacré*
> *Dans les cours des tyrans est tout bas adoré.*

Le poème dit et redit son nom, dans l'évocation de la résistance helvétique et le panorama contrasté d'une histoire des nations modernes. Poème de sursaut, après la terrible retraite de Prusse*, et une disgrâce qui valait exil. Poème d'attache à cet «asile» enfin trouvé, à «sa terre» dit bien le titre, à ces «jardins» ignorés des «cours» – la fin évoque aussi, sous le signe pudique de «l'Amitié», le nouvel engagement de vie avec Mme Denis*. Poème d'annonce enfin d'une œuvre plus forte, qu'animerait désormais, «déesse altière», cette Liberté «âme des grands travaux» – la pièce, avec son éloge du «grand Tell», a des accents «républicains».

Ce «Lac de Genève», épître sans adresse, ode plutôt par le chant, eut par toute l'Europe un succès retentissant, d'où plusieurs réimpressions, dès juillet, et aussitôt des critiques, des parodies, des «Réponses». Gibbon, visiteur des Délices, la lut en manuscrit, et la retint par cœur à la simple lecture; l'éditeur Beuchot* la regarde avec raison comme «le plus beau chant de liberté que Voltaire ait jamais écrit».

Deux curiosités méritent d'être signalées. Le texte concentre d'abord, en deux vers qui se suivent, les trois termes de la future devise républicaine :

> *Les états sont égaux, et les hommes sont frères.*
> *Liberté! Liberté! ton trône est en ces lieux.*

Simple figure de rencontre, mais passionnante pour l'histoire politique. À cette double revendication libérale des Lumières, l'une anti-aristocratique d'égalité des «états», des conditions sociales, l'autre anticléricale de tolérance entre «frères», la monarchie française pouvait-elle encore donner forme, dans l'esprit des «révolutions» de Hollande et d'Angleterre? Le second vers répond symboliquement à la disgrâce prononcée par

Louis XV : Voltaire y opère une sorte de destitution, un peu comme fera Hugo dans un autre exil.
On remarque aussi l'omission, dès lors logique, des Français, aux côtés de l'« Anglais » et du « Batave », dans la courte revue des peuples vraiment « libres » : annonce plus claire, et comme subliminale, de l'invention prochaine des « Welches* ».

*André Magnan*

## ÉPÎTRES

AMITIÉ · CORRESPONDANCE · POÉSIE ·

Nourri de poésie latine et marqué par l'exemple déjà classique de Boileau, Voltaire a écrit toute sa vie de ces lettres en vers, à la fois familières et soignées, dont Horace avait fourni le modèle idéal, et les a volontiers rassemblées lui-même dans les éditions successives de ses œuvres. À 12 ans, ouvrant ses petits *juvenilia**, ses premiers vers sont une épître de requête au dauphin, écrits au nom d'un invalide sans fortune ; ses derniers vers à 84 ans sont une dernière épître, « Les Adieux du vieillard ».
On oppose d'ailleurs trop facilement les épîtres en vers aux lettres en prose – qui n'étaient pas en principe destinées à la publication – mais les vers n'étaient pas moins naturels que la prose. Peut-être même permettaient-ils une plus grande liberté : le poète s'avançait derrière le masque de la convention. Le passage de la lettre en prose à la lettre en vers se fait d'ailleurs aisément chez Voltaire : nombreuses sont dans sa correspondance, de la jeunesse au grand âge, les lettres « en prose mêlée de vers », dans une grande tradition à laquelle le milieu Sévigné avait contribué. Le vers introduit souvent la confidence, mais aussi une ouverture plus générale, un coup d'œil poétique ou moral.
Parmi les épîtres réellement envoyées, plusieurs sont très proches d'une lettre ordinaire. Écrites loin du destinataire, elles donnent des nouvelles du poète et décrivent les lieux où il se trouve, en cherchant le pittoresque. Une épître adressée « ... M. Pallu, conseiller d'État » depuis la station thermale de Plombières (1736), fait ainsi défiler les « impotentes sempiternelles » rassemblées « dans ces lieux où l'ennui foisonne ». Une autre est écrite « Du camp de Philisbourg » (1734) ; venu rendre visite à ses amis officiers en campagne, Voltaire y évoque gaiement les réalités de la vie militaire :

> *C'est ici que l'on dort sans lit*
> *Et qu'on prend ses repas par terre,*

les rêves et les dangers de cette jeunesse héroïque connue de ses lecteurs. D'autres racontent des séjours à la campagne, remercient l'hôte généreux,

réveillent les jeux et les plaisirs. Sur le mode badin, une autre évoque l'agonie et la mort du poète Chaulieu (1720), à qui Voltaire devait tant; mais l'enjouement reste de règle dans cette suite d'octosyllabes, teintée de marotisme.

Il est des épîtres émouvantes, consacrées au souvenir d'un ami comme Genonville* (1728), au dévouement du médecin Gervasi (1723), qui avait soigné Voltaire atteint de la variole; il en est de galantes, celles que le poète adresse à Mlle Gaussin* (1732), « jeune actrice qui a représenté le rôle de Zaïre avec beaucoup de succès », ou à Mlle de Lubert (la même année peut-être) « qu'on appelait muse et grâce »; il en est d'audacieuses, où éclate l'étonnante liberté de parole d'une société pourtant fort polie. Ainsi, l'épithalame récité au mariage (1734) de son éminent ami le duc de Richelieu*, séducteur inlassable et réputé pour tel après maint scandale, où Voltaire ironise sur la magie sans lendemain du sacrement, et ose annoncer à la duchesse les infidélités prochaines :

> *Un prêtre, un oui, trois mots latins*
> *À jamais fixent vos destins [...],*
> *Et très chrétiennement vous engagent*
> *À coucher avec Richelieu [...].*
> *Je vous souhaite un vrai bonheur,*
> *Mais voilà la chose impossible.*

La lettre de félicitations, pour une fois, aura dit le vrai par le pouvoir de la poésie.

Les épîtres les plus célèbres sont celles où Voltaire saisit une occasion de sa vie pour développer ses idées sur un grand sujet, comme Horace et Boileau ont su le faire avant lui. « À Mme la Marquise du Châtelet », il expose les ravages de « la calomnie » dans tous les rangs de la société (1733), pour l'engager à supporter patiemment les calomnies dont elle est ou sera l'objet, elle, la femme qu'il aime :

> *Que faire donc? À quel saint recourir?*
> *Je n'en sais point : il faut savoir souffrir.*

Ailleurs, il lui rend hommage comme à l'introductrice de la philosophie de Newton en France (1736), pour comparer finalement la marquise elle-même à la vérité :

> *Elle est, ainsi que vous, noble, simple et sans fard,*
> *Au-dessus de l'éloge, au-dessus de mon art.*

Plus tard, après l'installation à Ferney, une longue épître à Mme Denis*, sa compagne dans cette entreprise, fait l'éloge de l'agriculture (1761) : c'est

une justification de la vie qu'il mène, un vibrant appel aussi au travail des terres incultes, à l'enrichissement des paysans, à l'indépendance du propriétaire éclairé. Les deux plus belles épîtres sont dédiées à des ombres : à Boileau, à Horace, ses maîtres, ses fidèles amis. À Boileau, il retrace les temps présents, devenus plus difficiles à la poésie :

> *Sous un ciel orageux, dans ces temps destructeurs,*
> *Des chantres de nos bois les voix sont étouffées,*

et justifie son combat pour la tolérance (1769). À Horace (qu'il admire encore davantage), il dit le charme de la retraite (1772), et désigne en riant les visages grimaçants de ses ennemis, avec la philosophie même du vieux poète latin, dont il a appris

> *À mépriser la mort en savourant la vie.*

Avec Horace comme avec Boileau, Voltaire insiste sur le déclin de la poésie dans le monde moderne, regret de sa vieillesse : l'épître est alors, au-delà des usages particuliers, l'affirmation du pouvoir même que garde le poète de transfigurer les êtres, les choses, les mots de tous les jours.

*Sylvain Menant*

## ÉPOPÉE

*ESSAY (AN) UPON THE EPIC POETRY* • GOÛT • *HENRIADE (LA)* • HISTOIRE • POLITIQUE •

Dans *Les Mots*, racontant par le menu, non sans humour, l'éveil de sa vocation d'écrivain, Jean-Paul Sartre révèle qu'il n'a jamais cessé d'être hanté par l'épopée : « J'avais la tête épique [...]. Je fis souvent, la nuit, ce rêve anxieux [...] : il fallait protéger contre un danger inconnu une petite fille blonde [...]. Je l'aime toujours, je l'ai cherchée, perdue, retrouvée, tenue dans mes bras, reperdue : c'est l'Épopée. » La solution qu'il dit avoir trouvée : « Je refilai à l'écrivain les pouvoirs sacrés du héros », Voltaire l'avait déjà inventée en prenant la défense des Calas et des Sirven : pour lui aussi, ces « affaires » furent encore « l'Épopée ». Mais avant de franchir ce premier pas mythique d'une « Épopée » de l'écrivain, il avait tenté d'écrire une véritable épopée à l'ancienne, comme les Français cultivés regrettaient de n'en avoir pas, et cette *Henriade* le rendit célèbre dès sa jeunesse.

Il faut comprendre à sa date, au départ d'une longue carrière, ce besoin de l'épopée, cette option du « grand poème ». Du point de vue décoratif, il s'agissait de reconduire l'effet de *L'Énéide* de Virgile, vaste organisation de douze chants racontant une vie intéressante d'ample portée historique, avec force descriptions, épisodes dramatiques, interventions divines, dialo-

gues substantiels. Ce grand modèle, tous les hommes qui étaient allés au collège le connaissaient à fond, et en savaient même des épisodes par cœur. Le plaisir épique était donc pour l'essentiel un plaisir au second degré, celui de la reconnaissance et de la transposition, comme pour le lecteur des *Choses* de Perec qui perçoit les allusions à Flaubert. Mais en écrivant des milliers d'alexandrins, Voltaire doit susciter aussi un authentique sentiment d'épopée, mélange d'enthousiasme pour les grandes actions, d'admiration pour le grand homme, de passions vives, de réflexions profondes. Il a choisi pour sujet de son unique épopée la guerre civile qui a déchiré la France au $XVI^e$ siècle, d'où le premier titre (*La Ligue*, 1721), et surtout l'action pacificatrice et unificatrice d'Henri de Navarre, devenu Henri IV, d'où le titre définitif (*La Henriade*, 1728). Ce héros est vraiment «voltairien», dans le portrait qu'en propose Voltaire : il fait passer les raisons politiques avant les raisons religieuses, il trouve son bonheur dans la bienfaisance, mais aussi dans les plaisirs des sens, il est galant et raisonnable, et met l'amitié au rang des vertus. Il est en quelque sorte le refondateur de la monarchie française et fournit l'exemple du roi moderne, éclairé et tolérant, plus soucieux de prospérité que de conquêtes. Voltaire propose donc, au cœur de l'épopée, un idéal politique et national, expression profonde de ses convictions et de ses vœux, en cherchant la plus large approbation auprès des élites et de l'opinion éclairée. Sans doute le lecteur d'aujourd'hui est-il moins sensible à cette problématique politique et religieuse ; il peut être captivé encore par des tableaux saisissants, tel celui du siège et de la famine de Paris, où l'on voit une mère dévorer son enfant et des boulangers pétrir les ossements des morts. Soutenue par un vrai souffle épique, l'épopée voltairienne cherche à plaire par la variété. Mais peut-être est-ce dans ses tragédies, on le devina de son temps déjà, que Voltaire réalisa le mieux son idée de l'épopée moderne : des hommes à l'œuvre dans leur histoire, et s'efforçant, à travers les conflits, au progrès de l'homme. En ce sens, Voltaire liquide l'antique Destin, épique et même tragique, et pressent cette autre épopée, plus voltairienne encore, qu'inventera Hugo : *La Légende des siècles*.

*Sylvain Menant*

## *ÉQUIVOQUE (L')*

*HISTOIRE DU PARLEMENT DE PARIS* · JUSTICE · MAUPEOU · PARLEMENT ·

Petit texte d'intervention – presque un tract – dans l'affaire des parlements Maupeou (1771) : c'est par une simple «équivoque», par une fausse analogie avec le «Parliament» anglais, et sur une interprétation abusive de son ancien pouvoir d'enregistrement des édits royaux, que le Parlement de

Paris croit constituer à lui seul des «États généraux», et résiste à l'autorité royale et aux réformes engagées – l'orateur anonyme rappelle donc les parlementaires au devoir et à l'ordre. L'attribution de cet écrit à Voltaire, usuelle depuis l'édition Beuchot*, n'est pas absolument établie.

*André Magnan*

## ÉRIPHYLE

TRAGÉDIES •

Combiné d'*Oreste* et d'*Hamlet* (1732). Le roi d'Argos, tué par l'amant de sa femme ; un fils supposé mort, qui réapparaît avec mission de tuer sa mère. Un spectre terrifiant.

*Henri Lagrave*

## ERREURS DE M. DE VOLTAIRE (LES)

HISTORIEN • NONNOTTE • POLÉMISTE •

Claude François Nonnotte publie Les *Erreurs de M. de Voltaire* en 1762, deux volumes in-12, sans nom d'auteur. Les nombreuses rééditions prouvent le succès du livre, y compris à l'étranger, avec des traductions allemandes, espagnoles, italiennes. À partir de 1818, ce célèbre ouvrage antivoltairien sera même augmenté d'un troisième volume, avec une dernière édition en 1823.

Nonnotte prétend dresser d'abord la liste des erreurs de faits commises par l'historien de l'Église chrétienne dans l'*Essai\* sur les mœurs* : jusqu'au règne de Domitien, les empereurs romains ne traitèrent pas les chrétiens avec clémence, comme il le prétend ; Julien l'Apostat n'était pas le sage qu'il dépeint ; les officiers de l'Inquisition eurent toujours, en Espagne, le souci de rechercher des preuves authentiques, avant de condamner les prévenus, etc., etc. Nonnotte reproche à Voltaire de puiser ses informations chez les auteurs les plus scandaleux et les plus licencieux : Lucien «le grand Athée», Porphyre «le grand adversaire du christianisme». La seconde partie, sous le titre parlant «Les Erreurs dogmatiques», s'en prend à la conception voltairienne de la religion et de la superstition.

Sans remettre en cause les qualités de l'écrivain, en relevant même des traits de génie chez le dramaturge et le poète, Nonnotte reproche au philosophe de manquer au respect que tout homme doit avoir pour le sacré, et de soutenir des maximes d'autant plus dangereuses qu'elles flattent l'audace naturelle de l'esprit humain. Ses précautions narratives, dit-il, ne trompent personne, car en attribuant les critiques du christianisme à un

fakir ou à un derviche, il se livre à une allégorie transparente. Nonnotte, qui accuse encore Voltaire de traiter la religion en poète, en historien, et jamais en chrétien, critique aussi la position intellectuelle que Voltaire a fini par s'attribuer, celle d'un censeur universel jugeant souverainement « de tous les génies, de tous les talents, de tous les ouvrages, de tous les différents genres de sciences, d'arts et de littératures ».

Il dénonce enfin le mode de lecture qu'implique l'écriture allusive et ironique de Voltaire. Les esprits ordinaires, trop inappliqués pour réfléchir, et mal entraînés à cet exercice difficile, risquent de se laisser séduire par les artifices d'un discours captieux, sans prendre la peine de méditer sur la signification profonde des écrits qui les ont charmés. Ainsi Voltaire s'assure-t-il un immense pouvoir sur des esprits peu préparés à lui résister; ses formules plaisantes se propagent comme des ondes de choc et finissent par produire un travail de sape contre lequel les discours traditionnels de la religion se révèlent ensuite impuissants: « On n'envisage plus les choses que du même œil dont il les envisage lui-même, et ses jugements et ses pensées deviennent bientôt la règle des jugements et des pensées du lecteur séduit. »

Voltaire a répliqué aux attaques de Nonnotte dans des *Éclaircissements historiques à l'occasion d'un libelle calomnieux contre l'Essai sur les mœurs et l'esprit des Nations,* insérés dans une réimpression de l'*Essai sur les mœurs* (1763), puis dans la XXIIe des *Honnêtetés\* littéraires* (1767). Les *Éclaircissements* relèvent les « sottises » de l'ex-jésuite en récusant, point par point, ses arguments : dans les premiers temps de l'Église, la confession publique existait bel et bien, et elle pouvait être confiée à des séculiers, etc., etc.

Et Voltaire de citer saint Thomas que l'ignorant Nonnotte n'a pas pris la peine de lire.

*Didier Masseau*

*M. de Voltaire n'a pas traité l'histoire en grand comme les Tite-Live et les Thucydide; il ne l'a pas traitée d'une manière lumineuse comme Polybe, ni avec exactitude et ces soins dans la recherche de la vérité, qu'on remarque dans les Hume et les Strada. Il a préféré la manière maigre des petits écrivains d'anecdotes, qui sautillent d'un point à un autre, pour semer avec plus de liberté tout ce que la malignité peut fournir. Aussi ses écrits historiques sont-ils plutôt des histoires, et des recueils d'anecdotes fausses et malignes, que des récits propres à instruire, et à faire connaître la vérité.*

Claude François Nonnotte, Les Erreurs de M. de Voltaire, 1762.

## ESCLAVAGE

AFRIQUE • GEX • SERVAGE •

Voltaire a rendu hommage à Montesquieu* de s'être élevé contre l'esclavage dans *De l'esprit des lois* (*Commentaire\* sur l'Esprit des lois*), et on connaît le passage célèbre de *Candide* qui met en scène (chap. XIX) ce «nègre de Surinam» que rencontrent Candide et Cacambo. Pour le punir de ses tentatives de fuite, ses maîtres l'ont mutilé: un bras, puis une jambe. On pourrait trouver bien d'autres textes dans les *Questions sur l'Encyclopédie*, qui montreraient la constance des positions anti-esclavagistes de Voltaire. S'il analyse ses causes dans l'*Essai sur les mœurs*, il n'en approuve pas pour autant l'esclavage antique, condamné comme le sont le génocide amérindien (chap. CXLVI-CLI) ou la traite (fin du chap. CLII). On peut opposer à sa dénonciation de l'esclavage des gains que Voltaire aurait réalisés grâce à des spéculations sur la traite ou le sucre, mais dont on n'a jamais pu fournir les preuves authentiques. Une prétendue lettre de Voltaire à un négrier de Nantes, le félicitant d'une campagne de traite qui lui aurait rapporté 600 000 livres, est apocryphe. Les insinuations n'ont jamais été étayées, même si l'on peut admettre que les fonds remis au consortium Pâris-Duverney ont pu servir à d'étranges spéculations: seuls les écrits demeurent, et le combat obstiné que Voltaire a mené pour obtenir la fin du servage dans le pays de Gex. Le dossier était en instance quand Choiseul* fut disgracié, et toujours non réglé à la chute de Turgot*. Voltaire continua en vain le combat contre ce qu'il considérait comme une forme moderne et nationale de l'esclavage traditionnel. Dans cette lutte, les raisons de Voltaire sont multiples: humanitaires sans aucun doute (bienfaisance et loi naturelle ici se conjuguent), antireligieuses (les maîtres des serfs sont ici des gens d'Église et l'Église a favorisé la conquête de l'Amérique), et économiques (la liberté est une incitation au travail, comme le rappellent les *Lettres philosophiques*). En cela aussi Voltaire est homme de son temps.

*Jean Goulemot*

## ESPAGNE

HISTOIRE • INQUISITION • POLITIQUE •

Une des grandes nations et une des puissances européennes qui avec la France, l'Allemagne et l'Angleterre, «balancèrent les forces de l'Europe chrétienne». Une image de l'Espagne, héritée de ses prédécesseurs français, parcourt toute l'œuvre de Voltaire: ses habitants sont petits, basanés; les hommes moustachus, les femmes peu fécondes, malgré leurs noms

pleins de sensualité comme doña Las Nalgas, doña Boca Vermeja de l'*Histoire de Jenni*; graves et silencieux, mais les Vascons font exception : gais, ils «sautent» plutôt qu'ils ne marchent au combat (*La Princesse de Babylone*); fainéants, car seuls les Catalans sont de bons commerçants; enfin, fanatiques en religion et pleins de préjugés de rang, comme don Inigo y Medroso y Comodios y Papalamiendo dans l'*Histoire de Jenni* et don Fernando d'Ibaraa y Figueora y Mascarenes y Lampourdos y Souza dans *Candide*.

Les mœurs confirment ce caractère, dont « la fierté, la dévotion, l'amour et l'oisiveté » sont les composantes : les fêtes de taureaux, où Voltaire voit « le spectacle le plus magnifique et le plus galant, comme le plus dangereux » (*Essai sur les mœurs*), les processions, les autodafés, les pratiques de piété, plus particulièrement l'adoration de toutes leurs Vierges, remplissent les journées des Espagnols.

Les terres d'Espagne sont arides, austères, et « rien de ce qui rend la vie commode n'est connu » (*Essai sur les mœurs*). Les persécutions expulsant les Maures et les juifs, l'intolérance et la superstition y ont régné pendant six siècles ; les guerres et les conquêtes sanguinaires ont fait la grandeur du pays, puis sa misère et son épuisement. Au temps de Charles Quint et de Philippe II, « les Espagnols eurent une supériorité marquée sur les autres peuples » ; l'Espagne avait alors « imprimé [sa] terreur à l'Europe » et acheté sa liberté grâce aux « richesses du Nouveau Monde ». Depuis Philippe III cependant, elle n'est plus qu'« un vaste corps sans substance », possédant désormais « plus de réputation que de force » (*Le Siècle de Louis XIV* et *Essai sur les mœurs*).

L'Inquisition et l'université de Salamanque – qui « succède aux jésuites dans le ministère de la persécution », écrit Voltaire à Marmontel (28 septembre 1768) – sont les institutions qui symbolisent le mieux le caractère rétrograde que la «superstition» a imposé à la nation espagnole, perpétuant «les erreurs scolastiques» et l'ignorance de la «saine philosophie». Voltaire reconnaîtra pourtant, après ses contacts suivis avec des personnalités éclairées de la scène politique espagnole, que la nation n'est pas de nature « austère et impitoyable », mais de « génie hardi », et fort capable de « limer les dents et couper les griffes » de l'Inquisition, si on lui donnait la liberté. En 1768, Mora, gendre d'Aranda – « qui remplit la Sierra Morena de familles protestantes », explique-t-il à Jacob Vernes (5 mai 1768) –, lui rend visite à Ferney, et lui assure que grâce à Charles III, « la Raison fait des progrès rapides à Madrid ». L'essor économique y contribue : Voltaire lui-même compte pouvoir établir un commerce de montres* avec la ville de Cadix en y intéressant le prince Pignatelli, fils de l'ambassadeur d'Espagne en France. Dans sa lettre du 20 décembre 1771 à Aranda, il reconnaît que les vins espagnols, surtout le « muscatel de Malaga », sont les meilleurs, que les

moutons mérinos sont les plus «beaux», la «demi-porcelaine» de grande qualité et le drap «moelleux et ferme».

Une évolution positive de l'Espagne est attendue par Voltaire; elle est enfin prévisible après la signature du «pacte de famille», dont il félicite ainsi le duc de Choiseul: «Vous donnez la bonne année à la France en lui donnant l'Espagne» (28 décembre 1761). Il se réjouit même alors de pouvoir être «castillan, catalan, napolitain, parmesan». Les Espagnols s'instruisent, lisent en français, se libèrent de leurs jésuites: autres signes d'espoir.

Voltaire ne lisait qu'imparfaitement l'espagnol; avec l'allemand c'était la moins bonne de ses langues*. Mais il sut être sensible à la «beauté sublime» de certains «arts du génie» cultivés en Espagne – non sans «extravagances», note son goût sévère. Le théâtre: au XVII$^e$ siècle, «tout imparfait qu'il était, [...] l'emportait sur celui des autres nations» – avec Lope de Vega et Calderón auteur de l'«*Héraclius\** espagnol». L'histoire aussi, avec Mariana et Antonio de Solis. Le roman enfin, et ses «fictions ingénieuses»: Voltaire apprécie le roman picaresque, mais loue surtout Cervantès* et son sublime *Don Quichotte*, «le plus à la mode et le plus du goût de toutes les nations».

Isabel Herrero et Lydia Vazquez

*Un nouveau siècle se forme chez les Ibériens. La douane des pensées n'y ferme plus l'allée à la vérité, ainsi que chez les Velches. On a coupé les griffes au monstre de l'Inquisition, tandis que chez vous le bœuf-tigre frappe de ses cornes et dévore de ses dents.*

À d'Alembert, 1$^{er}$ mai 1768.

## ESPRIT

CONVERSATION · GOÛT · IRONIE · RIDICULE · STYLE ·

«Et bel esprit, et bon esprit...»: deux éléments du portrait de Voltaire selon Goethe*. «Bon esprit» s'entend de l'exercice de la pensée: le savoir, la raison, le sérieux, la force. «Bel esprit» tient plutôt au discours, suggérant l'art de bien dire – pas toujours favorablement, sous une plume allemande: les petites complaisances aussi de la finesse et du brillant «à la française», pointes, traits et mots. Les deux termes jurent un peu, sauf équilibre, dont Voltaire peut-être aurait été capable, d'où son audience et son prestige. N'en déplaise à Rousseau, pour qui «l'esprit» est une sorte de langue en soi, artificielle, futile, inutile – sociale, au pire sens du mot, pour l'homme naturel –, l'art de penser et de plaire à la fois fut la grande recherche du siècle, de Marivaux à Beaumarchais, dans toute l'Europe des Lumières. Des *Lettres philosophiques* au *Dictionnaire philosophique*, Voltaire

commence donc en bel esprit et finit en penseur, presque en maître à penser, mais reste ingénieux, plaisant, piquant. Il a de l'esprit plus qu'un autre, il fait de l'esprit, il en donne à son lecteur, il est l'esprit des Lumières et l'esprit français par excellence – car le Français est spirituel, c'est bien connu.

Deux difficultés se présentent. Voltaire est d'abord l'inventeur des Welches*, ces Français vains et légers, imbus de leur culture, de leur goût, de leur «bel esprit», en réalité des barbares raffinés, dont il dénonce la gloriole, l'indifférence aux injustices, la déplorable faculté d'oubli, y compris de leur propre histoire. Il a d'autre part souligné toute sa vie, expressément, les limites et les abus de «l'esprit» comme diction et comme écriture. Il critique, dès les *Lettres philosophiques* ($xxi^e$ lettre), ceux qui cherchent «des tours au lieu de pensées» – dans le contexte, il s'agit de Voiture (1597-1648), mais Voiture a des descendants après lui chez les modernes, Fontenelle* et Marivaux* par exemple, dont la recherche agace Voltaire. Il a consacré trois morceaux à l'esprit, et particulièrement au style de l'esprit: une *Lettre sur l'esprit*, publiée dès 1744 à la suite de *Mérope*, un article «Esprit» écrit pour l'*Encyclopédie* en 1755, enfin l'entrée «Esprit» des *Questions sur l'Encyclopédie*, rédigée en 1771, beaucoup plus étoffée. Il y définit, analyse, cite et commente des exemples, mais surtout rejette l'excès, marque des bornes. Il raille «cette petite vanité» des jeux de mots, les «puérilités» du «brillant», le plaisir douteux des «pensées problématiques», enfin le goût pervers du «faux esprit» capable de cette chose étrange: «une pensée fausse et recherchée». La formule cingle à nouveau: «Qui ne peut briller par une pensée veut se faire remarquer par un mot» (*Questions sur l'Encyclopédie*, art. «Esprit»).

La grande règle, de goût classique, est ici la «convenance», et l'application qu'en tire Voltaire éclaire aussi son propre cas. La diction spirituelle, cet allégement de l'effort de penser, convient aux genres «d'agrément»: aux petits vers, au conte, à la lettre, aux écrits de société, à tout ce qui approche de la conversation; elle ne convient donc pour lui ni aux matières de raison, ni aux mouvements de la passion, ni à la discussion des grands enjeux. Mais qu'a donc retenu la postérité de l'œuvre de Voltaire, pour l'essentiel? Des contes, des lettres, des facéties – le Voltaire «conversation» justement –, d'où l'impression première et le préjugé dominant aujourd'hui du jeu, du sourire, de la fameuse ironie distanciant toutes choses. On a oublié ou perdu de vue les émotions du théâtre, le sérieux des écrits sur Dieu, l'exigence du sens historique, la défense des droits et des valeurs. Même la violence répulsive contre l'Infâme se trouve folklorisée dans la mémoire collective. Reste le Voltaire lutteur et apôtre, l'écrivain des Calas, ardent et grave, mais vaguement à part, des cohérences plus profondes étant occultées. Sans doute Voltaire voulut-il en son temps séduire les

Welches afin de les gagner, et plaisanter pour déjouer la censure. «On craint les penseurs», écrivait-il. Il avait quant à lui à craindre, à tant vouloir et la force et l'esprit, les malentendus de l'Histoire.

*André Magnan*

*Ce qu'on appelle esprit est tantôt une comparaison nouvelle, tantôt une allusion fine; ici l'abus d'un mot qu'on présente dans un sens, et qu'on laisse entendre dans un autre; là un rapport délicat entre deux idées peu communes; c'est une métaphore singulière; c'est une recherche de ce qu'un objet ne présente pas d'abord, mais de ce qui est en effet dans lui; c'est l'art ou de réunir deux choses éloignées, ou de diviser deux choses qui paraissent se joindre, ou de les opposer l'une à l'autre; c'est celui de ne dire qu'à moitié sa pensée pour la laisser deviner. Enfin, je vous parlerais de toutes les différentes façons de montrer de l'esprit si j'en avais davantage.*
*Questions sur l'Encyclopédie, 1770-1772, art. «Esprit».*

— *Madame, madame, un bon mot ne prouve rien.*
— *Cela est vrai; mais un bon mot n'empêche pas qu'on puisse avoir raison.*
*Le Dîner du comte de Boulainvilliers, 1767.*

*L'esprit ne dure que deux cents ans: en 1978, Voltaire sera Voiture.*
*Stendhal à Balzac, 28-29 octobre 1840.*

## ESSAI HISTORIQUE ET CRITIQUE SUR LES DISSENSIONS DES ÉGLISES DE POLOGNE, PAR JOSEPH BOURDILLON, PROFESSEUR EN DROIT PUBLIC

CATHERINE II • POLOGNE •

Cet opuscule d'une quarantaine de pages représente le premier engagement pro-russe de Voltaire dans les affaires de Pologne. Il lui avait été commandé par «voie diplomatique» et devait servir la campagne de propagande qui accompagna la mainmise russe sur la Pologne. Voltaire travailla à partir de matériaux fournis spécialement par le gouvernement russe. L'ambassadeur russe à La Haye, A. R. Vorontsov, dans une lettre du 12 septembre 1767, félicita le philosophe «de vouloir entrer dans ce qu'on désirerait de vous pour la cause des dissidents». Il faut entendre par «dissension» les troubles religieux, et particulièrement les persécutions des catholiques polonais contre les orthodoxes et les protestants.
L'opuscule parut fin septembre 1767. Catherine II, flattée des éloges que lui distribuait généreusement Voltaire, en ordonna la réimpression et la traduction en russe (1768). L'évolution des événements polonais conduisit le

philosophe à nuancer sa position sans que rien en transparaisse pourtant dans les nombreuses rééditions.

*Jean Goulemot*

## *ESSAI SUR LA NATURE DU FEU ET SUR SA PROPAGATION*
CHÂTELET (MME DU) • CIREY • EXPÉRIENCE • SCIENCES •

Aux côtés de Mme du Châtelet, dans le laboratoire de physique que la marquise a fait installer dans son château de Cirey, Voltaire se livre à des recherches expérimentales, comme Montesquieu avant lui. Il en naîtra un *Essai sur la nature du feu et sur sa propagation* que le philosophe présente au concours de l'Académie des sciences en 1738. Mme du Châtelet concourut aussi, avec une dissertation qui portait exactement le même titre. Ni l'un ni l'autre n'obtiennent le prix. Seront couronnés les travaux de Leonhard Euler, du jésuite Lozeran de Fiesc et du comte de Créquy de Canaples qui s'appuient pour l'essentiel sur des vues théoriques. Euler joignit même à sa pièce la formule de la vitesse du son, que Newton avait cherchée en vain. Seules les recherches de Voltaire et de la marquise «faisaient état de faits précis et bien discutés» (entendons d'expériences). À la demande des deux auteurs, l'Académie fit imprimer leurs travaux dans le recueil des prix, à la suite de ceux qui avaient été couronnés. Le mémoire de Mme du Châtelet fut en outre imprimé dans *Le Mercure* de juin 1739, puis dans *La Nouvelle Bibliothèque ou Histoire littéraire*. Voltaire lui consacra une espèce de préface sous le titre *Mémoire sur un ouvrage de physique de Mme du Châtelet, lequel a concouru pour le prix de l'Académie en 1738*. Son propre essai fut publié cinquante ans plus tard dans l'édition de Kehl\* pour la première fois, si l'on excepte l'impression particulière à la suite des mémoires des lauréats, dans le tome IV des *Prix de l'Académie des sciences*.

*Jean Goulemot*

*Si vous voyez celui qui vous a fourni nos thermomètres, je vous prie de lui dire que l'huile bouillante a fait péter un de ces instruments, non pas parce que la boule s'est cassée, mais parce que la liqueur du thermomètre en bouillant elle-même s'est élevée et a cassé le haut du tube.*
À *l'abbé Bonaventure Moussinot, 17 août 1737.*

## *ESSAI SUR LA POÉSIE ÉPIQUE*

Voir ESSAY (AN) UPON THE EPIC POETRY.

## ESSAI SUR LES GUERRES CIVILES DE FRANCE

Voir ESSAY (AN) UPON THE CIVIL WARS OF FRANCE, EXTRACTED FROM CURIOUS MANUSCRIPTS.

## ESSAI SUR LES MŒURS ET L'ESPRIT DES NATIONS

CIVILISATION • FABLE • HISTOIRE • HISTORIEN • PHILOSOPHIE DE L'HISTOIRE (LA) • SUPERSTITION •

Par son volume, son ampleur, sa radicale nouveauté, par le temps qu'il lui a consacré, c'est l'œuvre la plus essentielle de Voltaire. À bien des égards, elle a changé la face de l'historiographie. Plus nettement encore que *Le Siècle de Louis XIV*, l'*Essai* définit et illustre un nouvel objet de l'histoire, inscrit dans une philosophie du devenir historique, qui s'oppose aux représentations cycliques du temps héritées de l'Antiquité, de la pensée médiévale, de l'absolutisme, de l'âge classique, et fortifiées par une vision chrétienne de l'homme.

Rappelons l'anecdote. Mme du Châtelet n'aimait pas l'histoire. Voltaire, qui aimait l'histoire et la marquise, se décida à écrire pour elle un essai sur l'histoire générale : ce fut l'*Essai sur les mœurs*. Vaste entreprise isolée dans le clan des Lumières. Rousseau et Diderot ne sont pas historiens, Montesquieu s'intéresse plus à la causalité historique qu'aux faits eux-mêmes. La philosophie, en bonne disciple de Descartes, n'apprécie guère ce discours aléatoire. Mme du Châtelet lui préfère, quant à elle, les sciences exactes.

L'histoire de la composition de l'*Essai* est complexe. Elle est parallèle à la rédaction du *Siècle de Louis XIV*, à la reprise de l'*Histoire de Charles XII*, à la préparation de l'*Histoire de l'empire de Russie*, et participe chez Voltaire à ce mouvement d'élargissement de «la sphère de ses idées». Le projet prend corps en 1741. Voltaire y travaillera au cours de sa longue errance européenne : à Bruxelles, à Paris, à Cirey, chez Frédéric II, au hasard des bibliothèques, celles du petit-fils du grand pensionnaire de Witt, du marquis d'Argenson, du roi de France, du roi de Prusse, et la sienne enfin aux Délices et à Ferney. Voilà une première version achevée en mai 1743. Il en publie des extraits, avec formulation adoucie, dans *Le Mercure de France* de 1745 à 1746, qui portent sur l'Orient ancien, et sur l'Europe des $IX^e$ et $XI^e$ siècles. Il y travaille sporadiquement de 1745 à 1750, date à laquelle il publie dans *Le Mercure* son grand morceau détaché de l'*Histoire des Croisades*. En juin 1750, il emporte avec lui, à son départ pour Berlin, le manuscrit de l'*Essai*, tandis que Mme Denis, instituée gardienne des ébau-

ches et des brouillons, se laisse séduire par quelques aigrefins, comme Longchamp* et des admirateurs inconsidérés qui vont être à l'origine de publications sauvages. En 1752, à la suite de *Micromégas*, paraissent le *Nouveau Plan d'une histoire de l'esprit humain* et l'*Histoire des Croisades*, que Voltaire désavoue, et qui le décident à achever et à publier son *Histoire universelle*. Il est temps : des copies plus ou moins fautives circulent, et les imprimeurs menacent de les publier. En 1753, Néaulme* donne un *Abrégé de l'histoire universelle* dont certains passages, violemment antimonarchiques, inquiètent Voltaire, qui les désavoue encore, en soupçonnant Frédéric II cette fois d'être à l'origine de la fuite.

Au fil de ses voyages, le philosophe continue à se documenter et à rédiger, auprès de l'historien alsacien Schöpflin, puis parmi les livres de l'abbaye de Senones* où règne dom Calmet. Installé à Genève, il met à profit sa propre bibliothèque* et achève son ouvrage qui s'imprime enfin chez Cramer* (1756). En 1761, le même Cramer propose une version augmentée de nouveaux chapitres, avec des ajouts aux chapitres anciens. Au gré de ses lectures et de ses combats, Voltaire enrichit toujours l'*Essai*. Mais d'autres tâches l'appellent. Il travaille au *Dictionnaire philosophique* (1764). En 1765, il donne sa *Philosophie de l'histoire*, attribuée à l'abbé Bazin. Il en assumera la paternité et en fera le *Discours préliminaire* à l'*Essai* dans l'édition Cramer des œuvres complètes, en 1769. Au printemps de 1778 encore, et jusqu'à sa mort, il travaillera à de nouvelles mises au point, sur un exemplaire à grandes marges destiné à l'édition que prépare Panckoucke*.

Fait étrange à nos yeux, Voltaire se veut ici l'héritier de la tradition des histoires universelles. Bossuet l'y invite, qu'il veut combattre sur son propre terrain. Mais en intitulant son ouvrage « Essai », il tient à marquer les limites et l'imprécision de sa démarche. Car tout autant qu'à la documentation, Voltaire a ici recours au raisonnement. Un fait n'est en général retenu par lui que s'il est vraisemblable : ainsi, il n'est pas vraisemblable que la prostitution des femmes mariées ait existé à Babylone et que la pédérastie ait été encouragée chez les Perses. Car il existe une nature humaine universelle qui, en dernier recours, permet de juger du vraisemblable. René Pomeau* l'a souligné : Voltaire, comme ses contemporains, confond cette nature humaine avec les habitudes de l'Europe contemporaine. Ajoutons que le recours à la vraisemblance permet aussi d'éviter l'enquête sur les documents non livresques et allège la référence trop fréquente à la documentation imprimée. Peu de renvois érudits donc : Voltaire ne pratique pas ici l'histoire savante, il écrit un essai en honnête homme philosophe, en se fondant sur une documentation accessible et en faisant appel à la raison.

L'absence relative de rigueur, que Nonnotte* lui reprochera vivement dans

son célèbre recueil des *Erreurs\* de M. de Voltaire*, ne doit pas faire oublier la nouveauté de cette histoire. Il s'agit de s'élever contre les fables, d'écrire une histoire philosophique du passé digne des Lumières présentes. Comme Newton a donné la vérité du monde physique, Voltaire se propose de composer l'histoire vraie du passé. Elle sera naturellement opposée à une vision théologique du devenir humain. N'étant plus soumise à la volonté divine, l'histoire devient laïque. C'est là une extraordinaire révolution. Elle cesse aussi d'être royale et courtisane. Voltaire ne s'attache plus aux seuls faits et gestes des monarques, à la chronologie des règnes, aux aléas de la diplomatie, aux dessous des intrigues, dont la mode des «Histoires secrètes» avait développé le goût. Son objet est autre : «les mœurs et l'esprit des nations», grouillement oublié des corps et des esprits au-delà des têtes régnantes. Ce choix commande l'écriture à la fois des célèbres chapitres panoramiques, les «États» ou «Mœurs, gouvernements, usages» (chap. XVII-XXII, LXXXI-LXXXIV...), et des passages qui abandonnent l'événementiel pour fixer un point, dresser un bilan ou décrire une institution en fonctionnement – les ordres religieux, l'Inquisition, les parlements. Et tout l'art de Voltaire est alors de mêler narration événementielle et analyse des mœurs. Autre élargissement, géographique cette fois : l'histoire s'étend à l'est vers la Chine, à l'Inde, dont l'antiquité est rappelée, et à l'ouest vers ces mondes détruits par la conquête et gagnés par la colonisation européenne.

À ceux qui soulignent la nouveauté de l'*Essai*, on oppose souvent la présence d'une référence aux mœurs et aux coutumes des nations chez des historiens comme Mézeray ou Lenglet-Dufresnoy. Mais il faut distinguer deux types d'analyse : l'une ancienne qui décrit les mœurs comme autant de curiosités, et celle de Voltaire qui tente de mettre au jour un principe organisateur, ces idées raisonnables ou déraisonnables qui déterminent les modes de vie. Il s'agit d'une histoire de l'esprit humain, non pas au sens où les Lumières, conscientes de leur effort, la définissent plus globalement encore, mais d'une histoire des idées et des croyances – on serait anachroniquement tenté de dire des idéologies – qui dictent aux hommes leurs comportements en leur faisant croire que ce sont des vérités éternelles. Cette volonté d'atteindre les principes évite aussi à l'historien de se perdre dans l'océan des détails et des faits insignifiants : il se veut l'archéologue de l'essentiel.

Il reste, selon la formule de Voltaire, «l'énigme du monde». Quel sens a l'histoire ? Voltaire écarte le providentialisme d'un Bossuet, sans pour autant céder au vertige d'une histoire dénuée de sens et désespérément absurde. Refusant de lui fixer une origine et un terme prédéterminés, comme le veut la théologie, il tente de repérer une trace, un dessein, en révélant les forces en jeu dans l'histoire. Ainsi souligne-t-il le rôle joué par le climat, le gouvernement et la religion, mais sans postuler un strict déter-

minisme: les effets du climat peuvent être combattus, l'esprit des gouvernants est plus important que la forme du gouvernement. Plus qu'à la politique, Voltaire s'attache à la tension qui oppose les agents du progrès et le vulgaire toujours «féroce», qui, manquant de «raison et [de] courage», devient la proie désignée des religions. René Pomeau évoque avec raison «la saturnale voltairienne des croyances» que déroule l'*Essai*. À la lecture, l'*Essai* apparaît paradoxalement comme une histoire des erreurs et des errements, auxquels s'opposent, isolés dans la tourmente sanglante, des esprits libres. Alfred le Grand, Henri le Navigateur, Henri IV, Louis XIV, Catherine II : l'Histoire est riche de ces grands personnages sans qui rien n'est possible. Il faut des esprits éclairés, imposant la raison à la canaille, même si, dans ses rares moments de lucidité, le peuple aspire à l'ordre, au bonheur et à la paix. Dans son bruit et sa fureur, l'Histoire a un sens. L'évolution peut être conçue comme un progrès discontinu où les époques brillantes succèdent aux périodes de ténèbres. Et Voltaire, à l'image de cette Histoire qu'il se propose d'écrire, passe successivement de l'optimisme serein au désenchantement amer.

*Jean Goulemot*

## *ESSAI SUR LES PROBABILITÉS EN FAIT DE JUSTICE*

Voir MORANGIÉS.

## *ESSAY (AN) UPON THE CIVIL WARS OF FRANCE, EXTRACTED FROM CURIOUS MANUSCRIPTS*

*HENRIADE (LA)* • HISTOIRE •

Dès 1725, avant même d'arriver à Londres, Voltaire avait déjà en projet d'y réaliser une édition par souscription* de *La Henriade*. Pour familiariser le public anglais avec l'esprit de l'œuvre et son arrière-plan historique, il prépara, une fois en Angleterre, deux essais liminaires, l'un sur la poésie épique, l'autre sur «les guerres civiles de France» – les guerres de Religion du XVI$^e$ siècle. Il les rédigea directement dans la langue du pays, qu'il étudiait assidûment. D'où cet *Essay upon the Civil Wars of France*, paru dans le même volume que l'autre *upon the Epic Poetry*, en décembre 1727, avec un vif succès qui lança la souscription de *La Henriade*, sortie des presses à la même date. Une seconde édition fut tirée en janvier, et Swift fit aussi réimprimer les deux textes à Dublin. L'*Essay upon the Civil Wars* fut adapté en français (assez mal) par l'abbé Desfontaines ou l'abbé Granet en 1728, puis par Voltaire lui-même en 1733 ; la version originale

anglaise, ignorée depuis lors, est cependant plus complète et plus intéressante. Ce premier écrit de caractère historique dans l'œuvre de Voltaire est d'ailleurs sans grande originalité, largement tiré des ouvrages classiques, Mézeray et Maimbourg surtout, même si Voltaire a pu avoir accès dans des archives privées à quelques «manuscrits curieux» qu'il cite aussi dans les notes de sa *Henriade*.

*André Magnan*

## *ESSAY (AN) UPON THE EPIC POETRY OF THE EUROPEAN NATIONS FROM HOMER DOWN TO MILTON*

ÉPOPÉE • GOÛT • *HENRIADE (LA)* • POÉSIE •

Pendant son séjour en Angleterre, Voltaire a songé à devenir un écrivain anglais. Il apprit l'anglais et tenta quelques essais de composition dans cette langue. De cet étonnant épisode de sa vie intellectuelle subsistent, à côté des *Letters\* concerning the English Nation*, un *Essay\* upon the Civil Wars of France*, et cet ambitieux traité de l'épopée, également rattaché à son poème de *La Henriade* qu'il proposait à la même date en souscription au public anglais: les deux *Essays* lui servirent à lancer cette opération. L'*Essay upon the Epic Poetry* fut publié à Londres en décembre 1727, aussitôt réédité, traduit en français en 1728 (assez mal) par l'abbé Desfontaines, et adapté enfin par Voltaire lui-même en 1733, à l'usage du public français.
À partir d'un vaste panorama de l'épopée – Homère, Virgile, Lucain, Trissin, Camoëns, le Tasse, d'Alonzo, Ercilla et Milton – l'ouvrage propose des vues qui ne se limitent pas aux problèmes du genre épique : la querelle des Anciens et des Modernes, renouvelée quinze ans plus tôt, avait placé Homère et les problèmes de l'épopée au cœur des discussions sur la littérature en général. Voltaire prône une modernisation de l'épopée antique, qui doit être rationalisée, ramenée à un schéma dramatique, plus condensée, animée d'allégories morales et pourvue d'un message philosophique. Pour plaire aux Anglais, il loue beaucoup Milton, mais il apprécie avec nuance les autres maîtres. Plus largement, dépassant un classicisme étroit, il montre la nécessité de s'ouvrir aux leçons des diverses traditions européennes, de secouer le détail des règles, de comprendre les différences de goût des nations. Le but est d'enrichir la création littéraire en la nourrissant d'apports éclectiques, de beautés propres à telle ou telle pratique d'auteur ou de pays, sans rien concéder cependant d'essentiel sur les critères généraux du beau\*, que Voltaire estime naturels, donc raisonnables au-delà des frontières – la rigueur, la clarté, l'unité. Au moment où, dans sa propre carrière, il envisage de tenter la synthèse ou l'osmose de deux mondes littéraires, Voltaire propose hardiment, dans un espace culturel

européen, une attitude cosmopolite et rationaliste à la fois : découvrir et accepter l'homme dans sa diversité, privilégier ce qui est commun à tous les hommes.

Sylvain Menant

ESTAMPE NOUVELLE

M. DE VOLTAIRE. *Cette estampe est gravée par Bachelon [sic pour Balachon] d'après le portrait peint par La Tour en 1736. On lit au bas de l'estampe ce vers latin qui, suivant les apparences, ne sera pas démenti par la postérité : « Post genitis hic carus erit, nunc carus amicis. » Si tous ceux qui ont admiré les ouvrages de M. de Voltaire achètent un exemplaire de cette estampe, jamais graveur n'aura fait un plus prodigieux débit.*

Le Mercure de France, janvier 1745 – on peut traduire ainsi l'inscription :
« Plus tard à nos neveux cet homme sera cher,
à ses amis il est cher aujourd'hui. »

ÉTALLONDE, Jacques Marie Bertrand Gaillard d'

*CRI DU SANG INNOCENT (LE)* • LA BARRE •

Ami du chevalier de La Barre et principal auteur, selon certains, des faits pour lesquels La Barre fut jugé et exécuté, Étallonde (1749-1788) fut condamné par contumace à partager le même supplice. Il avait échappé à ses juges et s'enrôla dans l'armée prussienne. Voltaire, instruit qu'Étallonde se trouvait en garnison à Wesel sous le nom de Morival, intéressa Frédéric II à son sort. Le roi de Prusse le nomma aussitôt officier. Voltaire se flattait de faire casser l'arrêt du Parlement qui avait confirmé la sentence de mort et de faire réviser la procédure. Il poussa Étallonde à refuser sa grâce. Il demanda pour lui un congé à Frédéric II et le fit venir à Ferney. Il sollicita tous ses amis pour obtenir la révision. En vain. Étallonde retourna à Berlin. Il devint aide de camp de Frédéric II, voyagea par la suite en Russie, et finit par retourner en France. Des lettres d'abolition lui furent accordées en 1788.

Jean Goulemot

*À l'égard de d'Étallonde-Morival, qui ne s'occupe à présent que de contrescarpes et de tranchées, je remercie Votre Majesté de vouloir bien me le laisser encore quelque temps. Il n'en deviendra que meilleur meurtrier, meilleur canonnier, meilleur ingénieur ; et il vous servira avec un zèle inaltérable dans toutes les journées de Rossbach qui se présenteront.*

À Frédéric II, 15 février 1775.

## ÉTIOLES

COURTISAN • POMPADOUR (MME DE) •

Au sud de la forêt de Sénart, où Louis XV chassait le chevreuil, s'élevait le château du fermier général Lenormant de Tournehem, lequel l'offrit à son neveu Lenormant d'Étioles en cadeau pour ses noces. Madame d'Étioles, née Jeanne Antoinette Poisson, devint marquise de Pompadour en 1745. Voltaire vint à Étioles cette année-là. « Je suis tantôt à Champs, tantôt à Étioles », écrit-il en juin. L'aimable maîtresse des lieux vouait à l'écrivain une admiration sincère : sur le théâtre du château, elle avait joué *Zaïre* en 1737, avec grâce et esprit. « La divine d'Étioles » recevait écrivains et philosophes – chez elle, Voltaire rencontra l'abbé de Bernis ; elle les régalait de vin de « tokay ». Tous aimaient passer « dire un petit mot à Étioles », faire leur cour à celle que le roi avait distinguée et dotée, dans le système de faveur et de cour, d'un si grand pouvoir. Puis la marquise délaissa son château, et Voltaire lui-même se lassa d'être courtisan.

*Anne Soprani*

## ÉTRANGETÉS

*Un trône, un autel en sont-ils moins révérés parce que l'ouvrier ne pouvait faire une table de cuisine ?*
*Dictionnaire philosophique, 1764, art. « Idole, idolâtre, idolâtrie ».*

*La volonté n'est pas plus libre qu'elle n'est bleue ou carrée.*
*Le Philosophe ignorant, 1766, Doute XXIX.*

*On achèterait beaucoup plus cher un éléphant qu'une foule d'imbéciles.*
*Lettres de Memmius à Cicéron, 1771.*

*Pourquoi dit-on toujours « Mon Dieu » et « Notre Dame » ?*
*Carnets.*

*Qu'est-ce que le fils d'un roi au sortir de la matrice ? Il dégoûterait son père, s'il n'était pas son père. Une fleur des champs qu'on foule aux pieds est un objet infiniment supérieur.*
*Il faut prendre un parti, 1775.*

*Il y a certainement quelque différence entre les idées de Newton et des crottes de mulets.*
*L'A. B. C., 1768, XVII$^e$ entretien.*

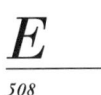

*Et notre petite atmosphère, qui nous entoure comme le duvet arrondi d'une herbe qu'on nomme dent-de-lion, nous appelons tout cela le ciel.*
             *Le Système vraisemblable, 1770.*

*Mais le grec, le grec, de quoi cela peut-il servir à un Espagnol ?*
             *Histoire de Jenni, 1775, chap. III.*

*Les philosophes donnent leur nom aux sectes, comme Icare à la mer.*
             *Carnets.*

## ÉTUDES

AROUET • COLLÈGE DE LOUIS-LE-GRAND • ÉDUCATION •

Les jugements que porte Voltaire sur ses années de collège sont assez mêlés. Tantôt, il « atteste » avoir vécu en « leçons » des heures « délicieuses », ailleurs il regrette de n'y avoir appris « que du latin et des sottises ».
Au collège de Louis-le-Grand, établissement de prestige fondé et dirigé par les jésuites, le jeune Arouet fit entre 1704 et 1711 (de 10 à 17 ans) de brillantes études. Le collège parisien comptait alors près de cinq cents élèves et proposait trois régimes d'internat à ses pensionnaires : la chambre particulière, la chambre à cinq, où l'on travaillait sous la surveillance d'un « préfet » répétiteur, et les dortoirs. M$^e$ Arouet le père, pour 4 à 500 francs par an (l'équivalent des gages annuels d'un précepteur privé), offrit à son cadet la chambre commune et les soins d'un préfet. Pédagogues actifs et brillants, les jésuites se donnaient, écrira Voltaire, « des peines gratuites et infatigables à former l'esprit et les mœurs de la jeunesse ». Guides des études, mais aussi directeurs de conscience, ils apprenaient à aimer Dieu. À leur contact durant sept ans, on devenait un humaniste chrétien promis aux accomplissements du monde. Auprès de ces maîtres, Arouet acquit le sens de la discipline et du travail exact, le goût des belles-lettres et du théâtre ; il développa aussi un esprit compétitif et une ambition naturelle.
En 1704, il a 10 ans, il est interne en chambre à cinq. En classe, en promenade, à la chapelle, il évolue constamment sous le regard d'un préfet : le père de Charlevoix la première année, puis le père Thoulier, qu'il retrouvera plus tard sous le nom d'abbé d'Olivet*. Sa vie est soumise à une stricte organisation. Les journées débutent, en été comme en hiver, à 5 heures du matin, elles sont rythmées jusqu'à 9 heures du soir par l'étude, la versification, la traduction latine, la messe, les récréations et les prières. Des retraites et des prédications viennent parfois rompre la régularité de l'emploi du temps.

Plusieurs professeurs ont marqué Arouet durant son séjour au collège : le père Tournemine, « qui croit tout ce qu'il imagine », raillera gentiment Voltaire, était un érudit respecté ; le père Tarteron initiait aux rigueurs et aux élégances de la traduction d'Horace ; le père Porée, sans conteste le grand homme du collège, enseignait la rhétorique et « jamais homme, avouera Voltaire, ne rendit l'étude et la vertu plus aimables ; les heures de ses leçons étaient pour nous délicieuses ». Moins doux, moins pédagogue, le père Le Jay professait la rhétorique et la poétique. Les thèmes latins qu'il proposait étaient éminemment pieux. On conserve un de ses corrigés : un poème en hexamètres célébrant un miracle de saint François Xavier. Dramaturge inventif, le père Le Jay montait tous les ans, en fin d'année scolaire, un spectacle de théâtre très apprécié par les familles des élèves : un drame ou une tragédie, texte latin, rarement français, joué par les plus grands, qui exécutaient aussi, en intermède, un ballet inspiré de la mythologie.

Il existe peu de témoignages sur l'élève Arouet ; on sait qu'à 11 ans, il lut « tout seul » l'*Amphitryon* de Molière et s'en amusa « au point de tomber à la renverse ». De cet enfant que l'on peut imaginer vif, gai, intelligent, l'évolution intellectuelle fut rapide, malgré une constitution un peu fragile. L'adolescent se distingua assez vite de ses nobles condisciples. Il aimait la versification, l'imitation libre, la « fable » aussi – mythologie et culture antiques. En 1709-1710, Arouet fait sa rhétorique. À cette époque, dira le père Porée, il commence « à peser dans ses petites balances les grands intérêts de l'Europe ». À l'histoire ancienne, à celle de la religion, Arouet en effet préfère les affaires contemporaines. Cette année-là, il traduit du latin une *Ode\* à sainte Geneviève* que les jésuites impriment et diffusent en modèle. Il remporte aussi deux premiers prix en discours et vers latins. Mais en classe de philosophie, sa dernière année, il éprouve quelques difficultés à mener à son terme la thèse qui clôture le cycle scolaire. « Bien tristement je passe mon année », se plaint-il à l'ami absent, Fyot\* de La Marche. Lointain présage peut-être ? Arouet le poète précédera Voltaire le philosophe... En quittant le collège et ses études, il a d'ailleurs déjà essayé, sous l'œil bienveillant de ses maîtres, divers petits écrits de plume, plus mondains que la fameuse *Ode* – premiers *juvenilia\**, disait-on.

Cinq lettres d'Arouet subsistent de ses ultimes mois d'internat. La dernière est l'éclat de rire d'un grand potache un peu cruel : la pluie a gâché le spectacle du père Le Jay, et « deux pères se sont cassé le col l'un après l'autre, si adroitement qu'ils n'ont semblé tomber que pour servir à notre divertissement ».

*Anne Soprani*

## EUROPE

COSMOPOLITISME · *ÉLOGE HISTORIQUE DE LA RAISON* · *ESSAI SUR LES MŒURS* · *GAZETTE LITTÉRAIRE DE L'EUROPE* · ORIENT · PATRIE ·

Au gré de ses errances, Voltaire a parcouru une bonne partie de l'Europe du nord. Par sa correspondance, ses attaches académiques, sa connaissance des littératures étrangères, sa culture remarquablement diverse et sa curiosité toujours en éveil, il est un esprit cosmopolite, véritable homme des frontières, des regards croisés d'un pays sur l'autre. N'a-t-il pas longtemps vécu hors de France? Cet éloignement a certainement excité en lui un besoin de s'informer et fait naître une attention toute particulière à la politique et aux événements français. Voltaire à Potsdam\*, dans un milieu qui parle français, qui admire et jalouse la France et ne cesse de l'imiter, est sans doute moins européen que dans la solitude peuplée de voyageurs de Ferney. Mais ce cosmopolitisme européen de Voltaire n'est pas ici l'essentiel.

C'est en intégrant la Chine et l'Inde dans sa recherche historique dans les années 1750-1760, en esquissant une mythologie comparée des religions, qui lui permet de comprendre certaines des formes de la culture de l'Occident chrétien, que Voltaire prend conscience de la réalité de l'Europe, que son *Histoire de Charles XII*, sa découverte éblouie de l'Angleterre, ses liens privilégiés avec l'Europe ne lui avaient pas permis paradoxalement de découvrir. L'Inde, la Chine, le Japon, l'Afrique, l'Amérique ont fait que Voltaire s'est éloigné d'une vision européenne de l'histoire, qui était celle de l'*Histoire de Charles XII* et très largement celle du *Siècle de Louis XIV*. L'Europe voltairienne a pris réalité des mondes lointains et différents qu'elle tente d'atteindre (commerce avec le Japon, contacts des jésuites en Chine, affrontements entre Anglais et Français en Inde) et qui souvent l'ignorent ou la rejettent. Par les différences religieuses, politiques, culturelles, que l'Orient, proche ou lointain, entretient avec les pays européens, catholiques ou protestants, républicains ou monarchistes, développés ou arriérés, l'Europe apparaît comme une unité, qui, pour l'essentiel, englobe les pays du nord et du sud, et s'étend à l'est jusqu'à la Russie. L'*Essai sur les mœurs* montre comment l'Europe est née de la division de l'Empire romain, de ses rapports conflictuels avec les Turcs, de l'assimilation lente mais sûre des envahisseurs venus du nord, de l'expulsion des musulmans de la péninsule Ibérique. Europe géographique, Europe creuset où se fondent les apports humains les plus divers, Europe définie aussi par un éloignement de la barbarie primitive, l'adhésion à une religion. À lire l'*Histoire de l'empire de Russie sous Pierre le Grand*, et les chapitres de l'*Essai sur les mœurs* consacrés aux pays scandinaves, on a l'impression, mieux encore que pour la France, que la formation de

l'Europe est un processus culturel tout autant que politique, géographique ou ethnique. La Russie est comptée parmi les nations européennes quand Pierre le Grand, par ses réformes, la fait accéder à un mode de civilisation qui la rapproche de la France ou de la Hollande d'alors.
Au-delà des différences, il y a donc une unité européenne, de l'Oural à l'Atlantique. Même si Voltaire distingue une Europe des ténèbres, celle de l'Inquisition\* espagnole ou portugaise ou celle du pape en Italie, d'une Europe plus évoluée, libérée de la contrainte catholique, comme la Prusse ou les pays du nord, ou engagée dans un processus civilisateur comme la Russie moderne. Peu à peu s'impose à Voltaire l'idée qu'il existe, au-delà de ce clivage, un front européen des Lumières réformatrices, avec Pombal au Portugal, Aranda en Espagne, Turgot en France, avec l'expulsion des jésuites de pays par ailleurs soumis à l'Inquisition, les réformes de la justice entreprises par plusieurs princes, et une «internationale» européenne des philosophes qui compterait Prussiens, Anglais, Espagnols et Italiens.
Ainsi, l'Europe est à la fois une réalité politique, géographique et humaine, définie par ses marges, et une entité culturelle par le rôle qui lui est dévolu pour mesurer ailleurs le degré de civilisation atteint. Mais elle est aussi un rêve, figure moderne de la république des lettres, qui permet à Voltaire de penser la communauté des Lumières au-delà des frontières et des particularités nationales, pour la fonder sur la seule raison.

*Jean Goulemot*

ÉVANGILE
CHRISTIANISME • DÉISME • HISTORIEN • JÉSUS •

L'idée seulement que l'Infâme a pu propager le fanatisme «l'Évangile à la main» (à Frédéric II, 31 octobre 1769) pousse Voltaire à critiquer toutes les bases d'une évangélisation qu'il juge terriblement sectaire.
Le philosophe a donc minimisé l'importance des quatre Évangiles reconnus par l'Église, il les a même dévalorisés en les confrontant à plus de cinquante autres, les apocryphes, cachés aux laïcs, oubliés ou occultés, qu'il évoque et cite sans cesse au fil de ses commentaires et polémiques, avant de les rassembler enfin, en 1769, dans sa *Collection\* d'anciens évangiles*. Il soutient que les Évangiles dits «authentiques» ont été forgés tardivement, après la prise de Jérusalem, et n'ont été connus des Romains que sous Trajan. Il jette le doute sur l'identité de leurs auteurs, et en déprécie ainsi la valeur en tant que témoignages historiques. Après le célèbre curé Meslier\*, il souligne inlassablement, du *Sermon\* des Cinquante* à l'*Histoire\* de l'établissement du christianisme*, les discordances et divergences entre Matthieu et Luc, à propos des généalogies du Christ, des récits de son

enfance, incluant ou non la venue des Mages, le massacre des Innocents et la fuite en Égypte. Il dresse la liste des variations entre les évangélistes : la durée du ministère de Jésus, les noms des premiers apôtres, la date et les détails de la Cène, les circonstances de la Passion, l'heure de la crucifixion, les apparitions, l'ascension – d'où les aléas, complaisamment détaillés, de l'histoire dogmatique de la personne même de Jésus-Christ. Rigoureusement, Voltaire applique aux Évangiles le doute et la critique du savant et de l'historien, en relevant des erreurs de fait – le dénombrement de tout l'Empire romain, le gouvernement de Cyrénius en Syrie – et des impossibilités scientifiques – l'éclipse totale de soleil à la mort du Christ. Les citations inexactes, la prédiction erronée de l'imminence de la fin du monde, le silence complet de l'historien juif Flavius Josèphe sur tous les faits relatés, ruinent encore davantage leur crédit. Et Voltaire répète que les paroles rapportées là, les prodiges décrits – « contes de sorciers », dit *Le Sermon des Cinquante* pour l'enlèvement de Jésus par le diable et pour la transfiguration – ne sont pas dignes d'un dieu.

Extravagances, aberrations ou impostures : serait-ce là « un ouvrage de ténèbres » ? Il ose ce retournement dans l'*Examen\* important de milord Bolingbroke*, et propose, mais très sérieusement, de substituer à une prétendue révélation divine, dont tout semble démontrer l'humaine insuffisance, la véritable religion d'une loi\* naturelle, d'une morale\* partout présente, dans les mondes et dans les cœurs : « Le seul Évangile qu'on doive lire, c'est le grand livre de la nature, écrit de la main de Dieu et scellé de son cachet. » À cette annonce d'un nouvel évangile naturel, Voltaire en vint même à associer, si scandaleux ou sacrilège que cela paraisse, la figure réinterprétée de Jésus, perfection de l'homme en sagesse et en vertu.

Il reste alors à tirer des anciens Évangiles écrits par des hommes une leçon empirique d'utilité pratique. La preuve est au moins faite pour Voltaire, historiquement, que pour étendre la persuasion, des textes brefs, faciles, et diffusés à bon marché, sont l'instrument le plus efficace : « Si l'Évangile avait coûté mille deux cents sesterces, jamais la religion chrétienne ne se serait établie » (à d'Alembert, 5 avril 1766). Voltaire aura retenu cet enseignement : pour abattre l'Infâme et propager une nouvelle foi, il multiplia les feuilles volantes et même les tracts, et tous ces petits livres que de son temps on appelait libelles.

*Marie-Hélène Cotoni*

*Où est-elle, la Bonne Nouvelle de M. de Voltaire ? Un ciel de plomb, partout le mal et l'engouffrement de la mort.*
*Henri Guillemin, Introduction aux « Facéties » de Voltaire, 1948.*

## ÉVANGILE DE LA RAISON (L'), OUVRAGE POSTHUME DE M. D. M... Y

ÉDITIONS •

Ce recueil, probablement imprimé en Hollande et publié en 1764, réunit cinq ouvrages explosifs contre le christianisme, tous anonymes naturellement, les initiales pseudonymes du titre général évoquant sans risque le nom de Du Marsais [Du Marsay], autre impie, invulnérable car déjà mort. Quatre textes sont de Voltaire : la tragédie de *Saül*, le *Testament de Jean Meslier*, le *Catéchisme de l'honnête homme* et *Le Sermon des Cinquante* – à la suite, un *Examen de la religion*, attribué à un certain La Serre. Le titre montre, à côté des « Sermons », « Catéchismes », « Homélies », l'étonnante récupération, de la part d'un auteur qui juge incompatibles christianisme et raison, de la terminologie de l'adversaire.

La composition de ce livre était due à Voltaire lui-même, qui réalisa là sa première « collection » d'écrits contre l'Infâme. D'autres recueils de même nature furent publiés ensuite, également composés d'ouvrages de plusieurs mains : le *Recueil nécessaire* (Genève, 1765), réédité en deux volumes (Amsterdam, 1768), et surtout *L'Évangile du jour*, collection de dix-huit volumes, dont quinze parus du vivant de Voltaire (Amsterdam, 1769-1780). À cette énorme activité éditoriale, Voltaire participa diversement, soit en rassemblant les écrits, soit en commandant ou en encourageant l'impression – et de toute façon par la présence continue de ses textes les plus critiques et les plus offensifs.

*Marie-Hélène Cotoni*

## ÉVANGILE DU JOUR (L')

Voir *ÉVANGILE DE LA RAISON (L')*.

## EXAMEN DU TESTAMENT POLITIQUE

Voir TESTAMENT POLITIQUE DU CARDINAL DE RICHELIEU.

## EXAMEN DU VOLTÉRANISME

RELIGION •

Ce petit ouvrage trop peu connu, prose et vers, est d'une grande originalité. Les vers parurent seuls dès 1756, sous l'adresse de Berlin, puis reparurent en 1757 précédés de l'*Examen*, anonymement toujours et cette fois sans

adresse. L'auteur examine la doctrine du récent *Poème\* sur la loi naturelle* (1756), et la trouve mal fondée. Ces postulats d'une bonté de l'instinct, d'un Dieu connaissable à tous, d'une raison portée au vrai, d'une nature apte à la vertu, lui paraissent contestables par l'expérience commune, et par son expérience personnelle, discrètement suggérée, d'homme encore jeune qui sent l'appel du plaisir – il y a là des formules étonnantes, sur la raison par exemple : « un lièvre qu'on n'attrape que quand on n'a plus de jambes... » Et d'ailleurs, enchaîne-t-il, « Voltaire a trop de génie pour ne pas s'apercevoir que l'homme a besoin d'une religion, mais laquelle prendre ? ». Un dialogue-fiction suit, bien mené, où « trois belles filles » font des avances à l'auteur pour l'épouser : Déisme, Matérialisme et Christianisme. Il déjoue leurs séductions, les refuse toutes trois, se moque d'elles, mais se laisse enfin tenter par la troisième ; il souhaiterait seulement lui parler seul à seule, avec « Pascal à ses côtés ». Ce dernier vœu suggère une autre tentation : celle du scepticisme et de la libre pensée. Le style est dense, dru, souvent d'une réelle qualité. Trois épîtres suivent, d'assez bonne venue, adressées « À l'Auteur de la Religion naturelle », et portant sur les mêmes points principaux : horreur du matérialisme, insuffisance de la raison naturelle, résignation au christianisme malgré l'obscurité de son « mystère ».

Voltaire a-t-il connu cet ouvrage ? Il est assez rare et ne se trouve pas à Saint-Pétersbourg parmi les livres de sa bibliothèque\*. C'était une critique de ses vues, sincère, sérieuse et plutôt déférente, sans préjugé d'orthodoxie, intellectuellement libre, et au fond de même exigence. Manifestement, cet anonyme de grand talent l'avait élu pour interlocuteur dans sa propre démarche, passionné comme lui par la question de Dieu. Si un dialogue a pu se nouer, aucune trace n'en est connue.

Le terme de « voltéranisme », proche du moderne « voltairianisme\* », semble avoir là sa première occurrence repérable, de verve et de jeu – passé le titre, il disparaît. Les deux mots sont d'ailleurs très différents quant au sens.

*André Magnan*

## *EXAMEN IMPORTANT DE MILORD BOLINGBROKE OU LE TOMBEAU DU FANATISME, ÉCRIT SUR LA FIN DE 1736*

BIBLE • BOLINGBROKE • CHRISTIANISME • FABLE • FANATISME • JÉSUS • JUIFS •

Ce texte, paru pour la première fois dans le *Recueil nécessaire*, a dû être rédigé entre 1764 et 1766. La publication tient bien entendu aux « affaires\* » et à l'intensification de la lutte menée alors contre l'Infâme\*.

L'*Examen* contient un avant-propos, donné comme de Bolingbroke lui-

même. Il dénonce la volonté de dominer, manifeste dans le phénomène religieux, et met en relief « la stupide indolence » des êtres humains, l'envie de se faire valoir, incitation à choisir telle ou telle secte. De la diversité du christianisme, il déduit la nécessité de lui consacrer un examen critique, qui doit conduire à refuser la notion de révélation au profit d'une croyance raisonnable.

En soulignant les invraisemblances du texte biblique, matérielles, culturelles, historiques ou tout simplement humaines, en montrant ses incohérences, et toujours en faisant appel au jugement du lecteur « homme raisonnable », Voltaire entend prouver qu'il s'agit là, selon la formule qu'il applique aux livres de Moïse, d'« une hyperbole ridicule, un mensonge grossier, une fable absurde ». Il doute de la réalité des figures de l'Ancien Testament et s'indigne de cette supposition que Dieu ait pu choisir « une horde d'Arabes voleurs pour être son peuple chéri et pour armer cette horde contre toutes les autres nations ». Poussant plus loin la critique, Voltaire affirme que les juifs ont tout pris des autres nations. Il est donc absurde de se réclamer, comme le fait le christianisme, de la tradition judaïque. Les fables bibliques sont communes à tous les peuples qui ont précédé le peuple juif, les Phéniciens, les Indiens, les Égyptiens, ou les Chaldéens : « Nous serions assez imbéciles dans notre Occident pour penser que tout ce que ces barbares d'Orient avaient volé leur appartenait en propre. » Voleur de fables, infâme et cruel dans ses mœurs, inventeur de « ces longs et énormes galimatias » que sont les prophéties : Voltaire n'a pas d'expressions assez dures pour dénigrer le peuple juif.

L'histoire de Jésus est elle aussi une fable : « Jésus est évidemment un paysan grossier de la Judée, plus éveillé sans doute que la plupart des habitants de son canton. » L'*Examen* raconte encore à sa façon le rôle de Paul dans la naissance de la « secte », en soulignant les incohérences des Épîtres. Des contradictions entre les Évangiles, on déduit leur fausseté. Comme les premiers chrétiens, rabaissés socialement et accusés d'imposture, les Pères de l'Église ne sont pas épargnés : Tertullien est fou ; Origène, inventeur de la Trinité, l'est tout autant, « puisqu'il s'avisa de se couper les testicules ». Bien décidé à ne rien céder à l'adversaire, Voltaire justifie les persécutions au nom de la raison d'État ; il en limite la portée, quand il ne met pas en doute leur réalité. Les miracles sont aussi l'occasion de descriptions burlesques.

L'histoire de l'Église catholique est une longue suite de troubles, de querelles et d'ambitions. Les hérésies y sont plus cruellement réprimées par l'orthodoxie même que les premiers chrétiens ne le furent par Rome. Ainsi, sous le couvert d'un parti pris anglican qui serait celui de Bolingbroke, et en prêtant le discours traditionnel des esprits forts à un mort qui n'en peut mais, Voltaire condamne historiquement, politiquement et moralement

l'Église romaine, et voue à la disparition cette « idole funeste ». L'ironie cède souvent le pas à la colère et à la rage.

Texte sacrilège, écrit contre les preuves pascaliennes de la vérité du catholicisme (les prophéties et les martyrs), souvent choquant, faisant flèche de tout bois, et sur lequel s'est construite l'image de Voltaire l'impie. Le but déclaré, au-delà de cette violence dénonciatrice et hargneuse, est pourtant de servir la paix civile, en favorisant l'instauration d'une religion épurée qui substituerait aux fables « Dieu, la vérité, la vertu, des lois, des peines et des récompenses ». Preuve que les voies du déisme peuvent être aussi impénétrables.

Jean Goulemot

*On me demande qui est l'auteur du Pentateuque : j'aimerais autant qu'on me demandât qui a écrit « Les Quatre Fils Aymon », « Robert le Diable », et l'histoire de l'enchanteur Merlin [...].*

*Que d'autres Juifs aient écrit les faits et gestes de leurs roitelets, c'est ce qui m'importe aussi peu que l'histoire des chevaliers de la Table ronde et les douze pairs de Charlemagne ; et je regarde comme la plus futile de toutes les recherches celle de savoir le nom de l'auteur d'un livre ridicule.*

*Qui a écrit le premier l'histoire de Jupiter, de Neptune, et de Pluton ? Je n'en sais rien, et je ne me soucie pas de le savoir [...].*

*Il m'est arrivé quelquefois de représenter à des prêtres l'énormité de toutes ces désolations dont nos aïeux ont été les victimes : ils me répondaient froidement que c'était un bon arbre qui avait produit de mauvais fruits ; je leur disais que c'était un blasphème de prétendre qu'un arbre qui avait porté tant et de si horribles poisons a été planté des mains de Dieu lui-même. En vérité, il n'y a point de prêtre qui ne doive baisser les yeux et rougir devant un honnête homme.*

Examen important de milord Bolingbroke ou le Tombeau du fanatisme,<br>1767, chap. IV et XXXVII.

## EXCRÉMENT

Voltaire eut le mépris scatologique. « Excréments de la littérature », « excréments du siècle » : insultes communes, dans trente lettres, dans *L'Ingénu*, dans les *Mémoires*, écrasant des ennemis jugés vils et médiocres. Le fanatisme surtout excite ce dégoût, le porte au comble dans une lettre à d'Alembert : « Fanatiques papistes, fanatiques calvinistes, tous sont pétris de la même merde, détrempée de sang corrompu ! » L'horreur peut bien être distanciée : c'est la silhouette cocasse, dans *Candide* (chap. III), d'une femme de prédicant déversant du haut de sa fenêtre sur la tête du héros,

pour le punir de ne pas croire à l'Antéchrist, « un plein... » – ou ce calembour de potache, pour nommer un inquisiteur dans l'*Histoire de Jenni* : « Caracucarador ». Mais la violence primaire couve toujours. Un jour de honte, dans une autre lettre à d'Alembert, le pauvre siècle des Lumières n'est plus que « la chiasse du genre humain ».

Sans doute faut-il rapporter cette basse vulgarité au thème obsédant chez Voltaire, et souvent marqué des mêmes images, d'une nudité, d'une nullité de l'homme naturel. Dans l'article « Anatomie » des *Questions sur l'Encyclopédie*, il oppose à la prétention d'un savoir total cette modeste borne : « Le plus vil excrément confond tous les philosophes. » Ou bien, pour élancer vers Dieu le cœur durci d'orgueilleux fanatiques, il ose souffler à l'un des conversants de ses *Adorateurs* la définition la plus dégradante de l'homme : « Un embryon né entre de l'urine et des excréments, excrément lui-même formé pour engraisser la fange dont il sort. » L'effort d'une œuvre humaine, de culture et d'histoire, part chez Voltaire de cette humilité radicale.

On a un peu oublié de nos jours la réponse de ses pires adversaires, produite anonymement d'abord au lendemain de sa mort, confirmée ensuite par des confidences lointainement posthumes de supposés témoins oculaires. La rumeur en a couru de Barruel à Claudel, en passant par l'abbé Bournisien dans *Madame Bovary*, sans rien perdre de son évidente valeur d'exorcisme : l'impie Voltaire, au terme d'une agonie de désespoir et d'épouvante, mourut en dévorant ses propres excréments. Dès 1768, un ennemi intime, qui depuis longtemps ne le lisait plus, écrivait à un ami très religieux : « Cet homme ne fait plus que des excréments » – et il ajoutait : « Et il est une infinité de gens qui les dévorent. » D'où, très naturellement formé, dix ans après, le fantasme qui libérait enfin le monde et de l'auteur et de son œuvre : autodévoration.

*André Magnan*

*Il fulminait contre l'esprit du siècle et ne manquait pas, tous les quinze jours, au sermon, de raconter l'agonie de Voltaire, lequel mourut en dévorant ses excréments, comme chacun sait.*
Gustave Flaubert, Madame Bovary, 1857, III$^e$ partie, chap. XI.

*Toi, l'image de Dieu sur ta chaise percée !*
*Questions sur l'Encyclopédie, 1770-1772, art. « Déjections ».*

# EXIL

COURTISAN • LOUIS XV •

Un exil sous l'Ancien Régime était signifié, son lieu indiqué ou sa distance marquée, mais non sa durée, décision réservée : l'exilé devait solliciter une permission de retour, au moins de rapprochement, qui pouvait être accordée, refusée, différée. D'où des lettres de cachet, des requêtes, des dossiers. On a ces traces pour les trois exils de la jeunesse de Voltaire. Celui de 1716 à Sully-sur-Loire*, qui sanctionnait des épigrammes contre le Régent : six mois. Celui de 1718 à Châtenay*, pour la récidive du *Regnante\* puero* : six autres mois, en supplément des onze mois de Bastille*. En 1726 enfin, après son algarade avec le chevalier de Rohan-Chabot*, Voltaire est relégué « à cinquante lieues de la cour » : il obtient la permission de passer en Angleterre*, sous conduite policière jusqu'à Calais* – il en revint deux ans plus tard par Dieppe*, avec l'autorisation de rentrer à Paris.

Un quatrième exil aurait dû suivre l'arrêt de prise de corps et la lettre de cachet lancés contre l'auteur des *Lettres\* philosophiques* (1734), s'ils avaient été exécutés : nouvel emprisonnement, nouvelle relégation. Mais Voltaire, qui s'était attendu à cet arrêt, en prévint les suites par sa retraite volontaire à Cirey ; et depuis cette position forte de repli, avec les appuis en cour de Mme du Châtelet, il put solliciter des accommodements, obtenir la permission du retour, et même se rouvrir un temps la carrière du courtisan. La mesure cependant, jamais rapportée, restait exécutoire, au moins formellement, à la discrétion d'un ministre ou du roi – d'où l'incessant mouvement de marge jusqu'à la fin, comme un long exil : la Lorraine, la Prusse, l'Alsace, le pays de Gex sur la frontière suisse. Périodiquement, des plumitifs zélés rappelaient que les *Lettres philosophiques*, cette « bible de l'impiété », avaient été brûlées par décision de justice – en 1781, un conseiller du Parlement en tirait encore argument pour faire interdire toute édition posthume des œuvres de Voltaire.

Au dernier retour de Voltaire à Paris, en 1778, on rechercha activement dans les archives – de dévotes mains, paraît-il – l'ancien ordre royal qui eût permis de le faire renvoyer : l'existence d'une telle pièce semblait évidente, sinon comment expliquer une absence et un éloignement de plus de vingt-cinq ans ? On ne trouva rien. On sait pourquoi depuis la redécouverte des lettres de 1753-1754 à Mme Denis* : ce n'est qu'indirectement, par Mme de Pompadour, sans doute à l'occasion d'une audience accordée à sa nièce, que Voltaire se vit signifier, en janvier 1754, à Colmar où il attendait des signes de la cour, la disgrâce totale du roi. La permission du retour à Paris lui était cette fois refusée – même temporaire, pour se faire soigner, comme il la demandait avec insistance. On ignore les motifs de la délibération royale, on sait seulement que Louis XV restait ulcéré contre le Prussien*.

Le détour de la réponse – sans trace écrite – aggravait peut-être le cas. Sur le moment, Voltaire emploie bel et bien dans ses lettres le mot d'exil, et l'assume : la vente des meubles de Paris, le départ d'Alsace, l'installation aux Délices au printemps 1755, en découlent directement. La favorite avait imposé au renouvellement de la requête un terme de quatre ans. Quatre ans plus tard exactement, Voltaire sollicitait l'approbation du roi pour s'établir en Lorraine*, ayant déjà pris l'agrément officieux de Stanislas, mais il se voyait refuser à nouveau cette permission de rapprochement, par une voie plus oblique et plus obscure encore – trois mois après, il achetait Ferney.

Toute cette fin de vie fut donc bien commandée par une sorte d'exil, mais étrangement dénié, qui semble plutôt relever d'une archive de la dissidence. D'un côté, ce roi qui veut et doit ignorer le courtisan passé à un autre service, l'historiographe démissionné, le sujet mal pensant – relégation sans forme, mais de droit régalien : le fait du prince pour Louis XV, tacitement reconduit sous Louis XVI. De l'autre, un écrivain de marge devenu une puissance de l'esprit, plus fort même d'être libre, riche de biens et d'appuis, cultivant les apparences de la retraite volontaire, mais exerçant une sorte d'empire par l'écrit et par l'opinion, admiré dans l'Europe entière comme l'honneur de son siècle, reconnu des autres princes dans un statut d'exception, et obtenant même des ministres de son roi des ménagements utiles et des protections indispensables – Ferney prospéra sous Choiseul*. Au fil des ans, Voltaire en vint à pouvoir nier l'exil sans risque de démenti, à traiter de haut, dans les journaux, les malappris qui parlaient à son sujet d'asile ou de refuge. Jusqu'à s'accorder enfin en février 1778, avant de mourir, le plaisir et même le droit de revoir Paris* et d'assister à son triomphe* : à l'ancien exil sans nom répondait ce retour sans rappel, sur le non-dit d'un autre pouvoir conquis dans l'intervalle, intellectuel et symbolique. On comprend mieux la double revanche posthume de l'ordre défié : Scellières* comme exil du corps, Kehl* comme exil de l'œuvre.

André Magnan

*On s'est trompé, à la page 134 des « Dialogues », en disant que M. de Voltaire était banni de France pour ses écrits. Il demeure en France dans le comté de Tourney, dont il est seigneur. C'est une terre libre en Bourgogne dans le voisinage de Genève : il n'a point été exilé.*

Rectificatif publié dans le Gentleman's Magazine en mai 1762,<br>à la demande de Voltaire.

## EXPÉRIENCE

BON SENS • RAISON • SCIENCES •

Le terme est employé par Voltaire en des sens différents, mais la signification essentielle se rattache à la physique expérimentale : l'expérience est l'une des voies d'accès à la connaissance scientifique, à côté du calcul mathématique et de la force du raisonnement. Par l'importance et la signification qu'il accorde à la méthode de Newton*, on voit clairement que Voltaire reconnaît l'utilité d'une démarche combinant le calcul et l'expérience, qui sert à « démontrer une vérité » ou à confirmer la justesse des prévisions théoriques. Mais c'est en un sens plus restreint que Voltaire loue Bacon* d'avoir introduit les « épreuves » (entendons l'expérimentation) dans l'étude de la nature : « Personne avant le chancelier Bacon n'avait connu la physique expérimentale et de toutes les épreuves physiques qu'on a faites depuis lui, il n'y en a presque pas une qui ne soit indiquée dans son livre » (*Lettres philosophiques*, XIIe lettre). De même, la critique des idées innées par Locke*, et l'affirmation « que toutes nos idées nous viennent par nos sens » participent du vaste mouvement moderne de retour vers le réel sensible, à l'opposé des conceptions scolastiques.

Mais l'expérience peut s'entendre plus largement encore de l'aptitude humaine à l'observation concrète et à l'application pratique : les tentatives d'inoculation* de la petite vérole, en vue de préserver la vie et la beauté de leurs enfants, remontent aux Circassiens et aux Turcs, après quoi leur « coutume », rapportée à Londres par lady Montagu, qui avait séjourné à Constantinople, y fut expérimentée, et son efficacité vérifiée – passage de l'empirisme à la connaissance raisonnée.

Ce flambeau de l'expérience nous est donc indispensable : « Il faut avoir renoncé au sens commun pour ne pas convenir que nous ne savons rien au monde que par l'expérience » (*Le Philosophe ignorant*, chap. VII). Mais d'un autre côté, suivant l'adage hippocratique que Voltaire rappelle souvent, l'expérience ne laisse pas d'être trompeuse. Les « épreuves » et simplement les observations les plus rigoureuses peuvent être interprétées de manière différente, et ne nous garantissent pas de l'erreur, de l'illusion des apparences et des pièges de nos sens. Aussi, quelle que soit pour Voltaire la valeur épistémologique de l'expérience, sa réflexion sur ce sujet le conduit encore à affirmer la nécessité du doute, et à marquer les bornes du pouvoir de l'entendement humain. Loin d'être triomphant, le recours même à l'expérience révèle au philosophe son ignorance première.

*Roselyne Rey*

## EXTRAIT D'UN JOURNAL DE LA COUR DE LOUIS XIV

Voir JOURNAL DE LA COUR DE LOUIS XIV.

## EXTRAIT DES SENTIMENTS DE JEAN MESLIER

CHRISTIANISME • ÉDITEUR •

Rédigé en janvier 1762, imprimé aussitôt soit à Genève, soit sur des presses installées à Ferney même, l'*Extrait* résume les cinq premières «preuves» du «gros» *Mémoire* du célèbre curé Meslier*. Dans une deuxième édition, en mai 1762, Voltaire augmente l'avant-propos et ajoute un titre initial: *Testament de Jean Meslier.*

Précédé d'un «Abrégé de la vie de l'auteur» – qui fait mourir Meslier «en 1733, âgé de 55 ans» – ce texte comporte un «avant-propos», où le curé se justifie auprès de ses paroissiens, et sept chapitres de longueur inégale qui instruisent un vigoureux procès contre les «christicoles». Les motifs en faveur de la foi sont détruits par un rationalisme sans nuance: les Écritures sont d'une authenticité douteuse et n'offrent que des «narrations fabuleuses» et des récits sur «des sujets bas et frivoles»; les miracles sont absurdes; les prophéties sont le discours de fanatiques ou d'imposteurs; la Trinité et l'Incarnation sont ridicules; Jésus, «homme de néant, vil et méprisable» a tenu des propos insensés; l'eucharistie est une forme d'idolâtrie; par sa violence, ses querelles et le célibat monastique, le christianisme «a fait périr la moitié du genre humain» – d'où le souhait final que Dieu nous rappelle à la religion naturelle.

Voltaire n'a pas consulté un exemplaire complet du *Mémoire* original pour rédiger son *Extrait*. Il a suivi, en l'abrégeant encore davantage, un des extraits manuscrits qui circulaient clandestinement et où, déjà, on n'avait retenu que les cinq premières preuves à charge contre le christianisme, en ajoutant une conclusion déiste. Voltaire accentue cette orientation. Il a travaillé rapidement, sans éviter les lourdeurs et les répétitions.

Il ne se lassera pas de recommander à ses correspondants, surtout de 1762 à 1764, ce «témoignage d'un prêtre mourant qui demande pardon à Dieu» d'avoir trompé les hommes: «Jean Meslier doit convertir la terre.» L'*Extrait* ou *Testament*, une des premières «fusées» tirées contre l'Infâme*, trouvera sa place dans *L'Évangile* de la raison* – on en compte neuf éditions de 1762 à 1768. Mais il faudra attendre la première édition de Beuchot* (1819) pour qu'il soit recueilli parmi les œuvres de Voltaire.

L'*Extrait* marque aussi un moment dans l'histoire posthume de Meslier: pour la première fois, un texte tiré de ses manuscrits était imprimé sous son nom. Tout en trahissant son vrai dessein (ce que d'autres avaient fait

avant lui), c'est Voltaire qui a ainsi sorti le curé ardennais de l'ombre des écrits et des auteurs clandestins. Le titre même de *Testament*, inventé et propagé par lui, a même fait longtemps oublier le titre original.

Roland Desné

## ÉZÉCHIEL

BIBLE · JUIFS ·

Dans presque tous ses écrits de critique biblique, dans sa correspondance et dans ses contes, *Les Lettres d'Amabed* ou *Le Taureau blanc*, Voltaire a évoqué, en mêlant sarcasme, indignation et horreur, quelques versets d'Ézéchiel – toujours les mêmes. Il les a soulignés dans son exemplaire du *Commentaire littéral* de dom Calmet\*, tout en raillant les sens allégoriques proposés. Les visions du prophète, l'ordre divin de rester couché longtemps sur un côté, puis sur l'autre, sont perçus comme d'évidentes atteintes au bon sens. Mais le pire est l'outrage aux bienséances ; car, selon l'écrivain, dans l'élaboration des repas, les excréments mentionnés au chapitre IV ont bel et bien fonction d'aliments, non de combustibles. Il le soutient obstinément, quitte à solliciter le « Ah ! ah ! ah ! » des traducteurs : « Le prophète s'écria : "Pouah ! Pouah ! Pouah !" » (*Dictionnaire philosophique*, art. « Ézéchiel »). Mais il manifeste aussi son mépris devant des « ordures » que « le plus sale faquin de nos jours » aurait peine à imaginer (*Le Sermon des Cinquante*). La scatologie d'ailleurs à ses yeux est aggravée par la plus scandaleuse indécence, au chapitre XXIII du même livre biblique, avec les épisodes d'Oolla et Ooliba, qu'il lit aussi littéralement. Enfin le chapitre XXXIX n'achève-t-il pas de prouver les pratiques anthropophages des Hébreux de la Bible ? Sa prédilection pour ce livre s'explique donc par son apport exemplaire : à lui seul, il permet de montrer l'absurdité, la grossièreté, l'inhumanité des rédacteurs de l'Ancien Testament, et l'incompatibilité de leur dieu avec le sublime créateur du monde.

Marie-Hélène Cotoni

## *ÉZOUR-VEIDAM, OU ANCIEN COMMENTAIRE DU VEIDAM*

CHRISTIANISME · INDE ·

« Un hasard plus heureux a procuré à la bibliothèque de Paris, un ancien livre des brames ; c'est l'*Ézour-Veidam*, écrit avant l'expédition d'Alexandre dans l'Inde, avec un rituel de tous les anciens rites des brahmanes, intitulé le *Cormo-Veidam* : ce manuscrit, traduit par un brame, n'est pas à la vérité le *Veidam* lui-même ; mais c'est un résumé des opinions et des rites conte-

nus dans cette loi» (*La Philosophie de l'histoire*, 1765, chap. XVII). Ce livre, dont il avait obtenu une copie d'un ancien officier français rentré des Indes, le fascinait. Ne contenait-il pas l'affirmation d'un Dieu nécessaire à l'explication du monde, des allusions au déluge, et ne fournissait-il pas la preuve qu'il avait existé un monothéisme antérieur au judaïsme? (*Précis du siècle de Louis XV*, chap. XXIX; *Questions sur l'Encyclopédie*, art. «Ézour-Veidam»). Ce texte sacré de l'Inde apportait donc une double confirmation aux thèses de Voltaire: nécessité du déisme d'une part, et preuve que le judaïsme n'a pas «inventé» le monothéisme. De quoi alimenter son double combat contre le christianisme par l'antijudaïsme et contre l'athéisme par le déisme naturel. Voltaire reviendra à plusieurs reprises sur l'*Ézour-Veidam*: dans les *Lettres\* chinoises, indiennes et tartares* (lettre IX) et dans les *Homélies\* prononcées à Londres en 1765 dans une assemblée particulière* («Homélie sur l'athéisme»), dans *La Défense de mon oncle* (chap. XIII), dans les *Questions sur l'Encyclopédie* (art. «Ézour-Veidam»). Il eût été navré d'apprendre que cet *Ézour-Veidam* est un faux, vraisemblablement fabriqué par des jésuites à Pondichéry pour faciliter la conversion chrétienne des Indiens vishnouites.

*Jean Goulemot*

*Père Adam, et celui qui écrit ce billet ont tellement suppléé à ma misère, ont si bien arrangé mes paperasses que j'ai déjà la plus grande partie de la lettre F en ordre. Il ne faudra que cinq ou six jours pour arranger G et H, et si on est en vie pendant la belle saison tout sera prêt avant l'automne.*
*À Gabriel Cramer,*
*mai-juin 1771 — billet dicté à Wagnière.*

## FABLE

CONTES PHILOSOPHIQUES • GOÛT • HISTOIRE • PHILOSOPHIE •

Si les hommes aiment les fables, au risque de les préférer même à l'histoire et à la vérité, c'est que leur plaisir s'y trouve intéressé. C'est la première idée d'un grand article «Fables» du *Dictionnaire philosophique* (1764), qui rattache à «la nature de l'homme» l'antériorité de la fable sur l'histoire. Dans *La Philosophie de l'histoire* (1765), Voltaire précise que l'homme «n'aime que l'extraordinaire»: de là vient la crédulité aux astrologues et aux magiciens, aux oracles, aux apparitions et autres prodiges. Sur ce postulat d'une anthropologie naissante des Lumières, le premier effort de l'histoire doit être l'analyse critique de la vieille mémoire des peuples – particulièrement de l'autorité des Écritures, référence ultime des nations chrétiennes –, et le second la résistance aux mythifications de pouvoirs plus modernes: le fameux «passage du Rhin», gloire du Roi-Soleil, n'est plus un «prodige» une fois connu le gué.

L'antinomie de la fable et de la vérité définit ainsi plus généralement ce grand travail toujours repris de la réflexion sur l'ensemble des discours reçus: la philosophie même – incessante critique des mythes. D'où l'initiation exemplaire du héros de *L'Ingénu*\* (1767), resté libre jusque dans la Bastille où on l'enferme, et passant, grâce à l'étude et aux livres, voyage immobile, des «origines fabuleuses» à la «philosophie intrépide». Encore

est-ce là proposer, Voltaire le sait le premier, une autre « métamorphose » : « J'ai été changé de brute en homme », s'écrie le Huron. On peut alors méditer, dans le même chapitre, l'étrange aveu du nouvel « homme » : « J'aime les fables des philosophes, je ris de celles des enfants, et je hais celles des imposteurs » – variation lucide et paradoxale, « ingénue » peut-être encore, sur les risques et les marges du conte philosophique.

Voltaire a donc aussi aimé les fables, sans crédulité mais sans vigilance extrême, pour le plaisir, avec la tendresse du poète qui en sait le charme. Il a versifié une fervente *Apologie de la fable* (1765), pour dire la « séduisante magie » d'Hésiode, d'Homère et d'Ovide, et même repris ce petit poème en citation dans une version augmentée de l'article « Fables », pour condamner cette fois les jansénistes et autres « rigoristes » de vouloir proscrire les « fables païennes » : « Le goût donne des préférences, conclut-il, le fanatisme donne les exclusions. » Il admire aussi en La Fontaine, grand continuateur d'Ésope et de tout ce fonds de sagesse commune, le « fablier » si naturel dont « quatre-vingts » fables au moins, « chefs-d'œuvre de naïveté, de grâce, de finesse, quelquefois même de poésie », convenant « à tous les hommes, à tous les âges », iront certainement « à la dernière postérité ».

Dans ses ouvrages en prose, principalement les Mélanges, un peu au fil de la plume, Voltaire a cultivé le petit apologue, le dialogue d'animaux et surtout le bestiaire\* allégorique ou symbolique. Mais on ne trouve dans toute son œuvre en vers que deux ou trois morceaux du genre même de la fable. Le plus curieux est un lointain écrit d'enfance ou de jeunesse, *Le Loup moraliste*, tardivement désavoué dans le *Commentaire historique* : un loup prêche à son louveteau douceur et humanité, mais on lui voit aux lèvres des traces de sang. Satire des adultes faux et des mauvais maîtres, cette petite histoire de mensonge, fable de fable, pourrait servir d'emblème, et comme de genèse mythique, aux ambiguïtés d'une attitude au fond complexe.

Une fois au moins de son vivant, Voltaire se vit lui-même personnage de fable. C'est dans « Le Nain d'Athènes » pièce d'un recueil de Dorat publié en 1772 : un minuscule auteur veut s'élever par la faveur d'un grand, mais un éternuement du « Géant » fait « culbuter » soudain ce « Nain » – La Harpe\*, dit « Bébé », précise Fréron dans son compte rendu, sans daigner dire qui est le « Géant ».

*André Magnan*

*Je venais de faire bâtir un cabinet au bout de mon jardin ; j'entendis une taupe qui raisonnait avec un hanneton : « Voilà une belle fabrique, disait la taupe ; il faut que ce soit une taupe bien puissante qui ait fait cet ouvrage. — Vous vous moquez, dit le hanneton, c'est un hanneton tout plein de génie qui est*

l'architecte de ce bâtiment. » Depuis ce temps-là, j'ai résolu de ne jamais disputer.

*Dictionnaire philosophique, 1764*, art. « Dieu ».

## FABRY, Louis Gaspard

FERNEY • GEX •

En 1758, à l'époque où Voltaire achetait Ferney, Gaspard Fabry était depuis quinze ans le subdélégué de l'intendant de Bourgogne, le premier syndic de la province et le maire de Gex. Ce cumul de charges lui donnait un rôle prépondérant dans le pays de Gex : il recevait les ordonnances royales et les faisait appliquer, il répartissait les corvées et, comme maire, il avait autorité sur la police, les maîtrises et les jurandes des corporations. Premier interlocuteur du seigneur de Ferney, leurs relations, d'abord formelles, devinrent bientôt très cordiales. Il sut composer, soutint le patriarche dans la plupart de ses démarches, contre le curé Ancian*, pour la création de Versoix* et l'établissement des manufactures, et dans l'aménagement d'ensemble du village de Ferney. Homme d'ordre, il n'oubliait jamais les devoirs de ses fonctions et savait chaque fois se faire payer des droits et des taxes : « Si tout se traite ainsi, avait vite noté Voltaire, il en coûtera des sommes immenses au patron » – ce fut le cas. En 1768, Fabry reçut la croix de Saint-Michel. Deux ans plus tard, lorsque Pigalle* vint à Ferney, il vit le subdélégué paré du grand cordon et, frappé de cette distinction, s'enquit des mérites du récipiendaire : « C'est dans l'art de... », répondait Voltaire en refermant plusieurs fois ses doigts dans sa main.

*Anne Soprani*

## FACÉTIES

KEHL • MÉLANGES •

En 1812, dans Moscou en feu, Stendhal sauve un livre. Contre les violences de l'Histoire, un sublime trait de dilettantisme : du vaste palais déserté, il emporte « les Facéties de Voltaire ».
On identifie sans peine « ce volume charmant ». C'est le tome XLVI de l'édition de Kehl, qui justement innovait en donnant ce titre à un recueil de cinquante-deux pièces isolées du reste des Mélanges en prose : l'*Histoire\* du docteur Akakia*, le *Plaidoyer\* pour Genest Ramponeau*, *De\* l'horrible danger de la lecture*, etc., pièces toutes gaies, la plupart bouffonnes, certaines libres ou même lestes – Voltaire côté Jarry, côté Queneau. Mais curieusement, ce choix sûrement réfléchi, Condorcet, maître d'œuvre

de l'édition, ne l'a pas justifié en tête du volume. Est-ce un effet de son silence? Beuchot, son scrupuleux successeur, tacitement aussi, supprimera la section Facéties et en reversera toutes les pièces dans la masse confuse des Mélanges. De l'un à l'autre, en moins de cinquante ans, un critère, une nuance semblent s'être perdus. L'analyse les rappelle, et déjà l'analogie de plusieurs titres : « Mandement », « Instruction », « Décret », « Avis », « Ordonnance », « Jugement ». Presque partout des rôles de pouvoir, des positions et des personnages d'autorité, dont se saisit l'auteur. Ironie et fiction mêlées, c'est la mise en fable des discours d'ordre, d'interdit et de tabou, sectaires ou despotiques; et c'en est aussi, par la charge et la parodie, la subversion. Juste après les Facéties, dans l'édition de Kehl, venaient donc les Mélanges littéraires (t. XLVII-XLIX), mais juste avant étaient placés les Romans (t. XLIV-XLV) : Condorcet avait su graduer ces affinités.

*André Magnan*

*Ces redoutables « Facéties », flèches, pétards, bombes, machines infernales.*
*Henri Guillemin, Introduction aux « Facéties » de Voltaire, 1948.*

## FACILITÉ

STYLE • TRAVAIL •

L'impression domine, en tournant les pages, que Voltaire s'est joué de difficultés qu'il effaçait à mesure : on n'écrit pas autant sans cela. Mais il corrigeait aussi, il retouchait, remaniait, reprenait les choses à neuf, le tout très facilement aussi. Il avait au fond le travail facile, avec un plaisir d'écrire presque inépuisable. On a de sa main des premiers jets dictés sans ratures et des mises au net surchargées. La lecture de *Candide* paraît exemplaire. Tout semble y couler de source – « ce genre a le malheur de paraître facile », disait Condorcet des contes philosophiques. On a pourtant retrouvé de *Candide* un manuscrit tardif, plein de repentirs et d'ultimes trouvailles.

Sans doute Voltaire a-t-il été trop désinvolte avec lui-même, dans ses lettres en tout cas, traitant ce *Candide* de « coïonnerie », ses tragédies de « petites drôleries » ou de « guenilles », ses opuscules de « petits pâtés », et rebaptisant ses *Questions sur l'Encyclopédie* – cet énorme impromptu d'érudition en fête – « les fadaises du questionneur ». Il a écrit sur la notion de « Facile », pour l'*Encyclopédie\**, une entrée de commande, indexée au secteur dit « Littérature ». Parmi les nuances qu'il analyse, une certaine « facilité » consiste, écrit-il, « dans un naturel heureux »; et il précise : « Elle n'admet

aucun tour de recherche et peut se passer de force et de profondeur » — définition qui peut-être lui convient assez bien.

André Magnan

*La gloire en tout genre n'est attachée qu'au difficile, et il faut que ce difficile ait toujours l'air aisé.*
Gazette littéraire de l'Europe, 2 mai 1764.

*Il semble qu'il n'y a rien de si facile que d'écrire comme vous, et pourtant personne au monde n'en approche.*
Mme du Deffand à Voltaire, 2 mai 1764.

## FAGUET, Émile

Voir FRANCE (ANATOLE) • PONCIFS.

## FAMILLE

AROUET • « MAMAN » • « PAPA-GRAND-HOMME » •

Un frère aîné, Armand Arouet le zélé janséniste, ses deux nièces et ses deux neveux Mignot\*, les enfants de sa sœur, son petit-neveu Alexandre d'Hornoy\*, enfin un cousin maternel Daumart, qu'il recueillit et soigna à Ferney durant neuf ans, formaient la famille rapprochée de Voltaire. Orphelin lui-même à 7 ans, mal aimé de son père, il eut toujours le sens de la parenté, en dépit de ses rapports difficiles avec son frère. « J'aime ma famille », confiait-il à l'abbé Mignot. Oncle attentif, conscient de ses devoirs, il s'inquiéta du sort de ses nièces, orphelines en 1737. Il approuva leur désir d'émancipation, leur concéda le droit d'être mariées — Armand n'envisageait pour elles que le couvent : « C'est le seul parti qu'il ne faille point prendre », rétorquait Voltaire ; il prétendit orienter leur établissement, proposa à l'aînée le fils de Mme Champbonin\*, mais il respecta son choix et dota l'une et l'autre. Jeune épousée, Mme Denis\* n'hésita pas à se servir des relations de son oncle pour forcer l'avancement de son mari. Ainsi agissait-on dans toutes les familles.

Lassé des aléas de la carrière de courtisan\*, Voltaire aspire ensuite à plus d'authenticité. Amoureux de sa nièce Mme Denis, devenue veuve en 1744, il s'investit dans une nouvelle recherche d'équilibre autour d'elle, entre le désir d'un bonheur privé et les besoins de l'œuvre. Ils s'établirent d'abord aux Délices, puis à Ferney, dans une sorte de conjugalité secrète, ouverte sur une famille d'élection. À la fin de 1760, Voltaire accueillit et adopta

Marie Corneille*, arrière-petite-cousine du célèbre auteur. L'arrivée de « Mlle Corneille » créait enfin à Ferney une véritable intimité familiale, qui s'enrichit du sentiment quasi maternel de « maman Denis » et du souci éducatif de Voltaire. L'épître « Sur l'agriculture », que Voltaire dédie alors à Mme Denis, célèbre le bonheur domestique comme source de la Philosophie (1761). Mariée, installée au Maconnex à deux pas de Ferney, mère d'une petite Adélaïde turbulente et adorée, « ma fille Corneille » resta dans la correspondance de Voltaire « l'enfant », et son mari « mon gendre ». Renouvelant son geste, au début de 1776, le patriarche accueillait dans son château la fille d'un de ses voisins, Reine Philiberte de Varicourt. Conquis par ses douces qualités, il l'appela « Belle* et Bonne » et la maria au marquis de Villette*.

Ces familles supplétives, qui réparaient des vieux manques et de longues errances, procurèrent sans doute à Voltaire, dans ses dernières années, une tranquillité apaisante, un bonheur simplement humain – « loin des sottises du monde ».

Anne Soprani

## FANATISME

BESTIAIRE · DOGMES · FOI · INFÂME · INQUISITION ·<br>SAINT-BARTHÉLEMY · SECTE · SÉIDE · TOLÉRANCE ·

L'ennemi privilégié de Voltaire : « Vous détestez le fanatisme et l'hypocrisie, écrit-il un jour à Damilaville ; je les ai abhorrés depuis que j'ai eu l'âge de raison. » Le fanatisme animalise l'homme, le rend esclave de sa déraison et le rejette dans les ténèbres de sa préhistoire. S'éloigner du fanatisme, c'est accéder à la civilisation, faire que l'esprit domine le corps et sa barbarie, être un homme libre en respectant la liberté des autres. Voltaire a traqué partout le fanatisme : dans le passé, le présent, aux quatre coins de l'univers, comme on traque une maladie mortelle, pour l'homme, pour sa dignité, pour son bonheur et son avenir.

Jean Goulemot

*Le fanatisme est à la superstition ce que le transport est à la fièvre, ce que la rage est à la colère. Celui qui a des extases, des visions, qui prend des songes pour des réalités, et ses imaginations pour des prophéties, est un enthousiaste ; celui qui soutient sa folie par le meurtre est un fanatique. Jean Diaz, retiré à Nuremberg, qui était fermement convaincu que le pape est l'Antéchrist de l'Apocalypse, et qu'il a le signe de la bête, n'était qu'un enthousiaste ; son frère, Barthélemy Diaz, qui partit de Rome pour aller assassiner saintement son frère, et qui le tua en effet pour l'amour de Dieu,*

était un des plus abominables fanatiques que la superstition ait pu jamais former.

Polyeucte, qui va au temple, dans un jour de solennité, renverser et casser les statues et les ornements, est un fanatique moins horrible que Diaz, mais non moins sot. Les assassins du duc François de Guise, de Guillaume, prince d'Orange, du roi Henri III et du roi Henri IV, et de tant d'autres, étaient des énergumènes malades de la même rage que Diaz.

Le plus détestable exemple de fanatisme est celui des bourgeois de Paris qui coururent assassiner, égorger, jeter par les fenêtres, mettre en pièces, la nuit de la Saint-Barthélemy, leurs concitoyens qui n'allaient point à la messe.

Il y a des fanatiques de sang-froid : ce sont les juges qui condamnent à la mort ceux qui n'ont d'autre crime que de ne pas penser comme eux ; et ces juges-là sont d'autant plus coupables, d'autant plus dignes de l'exécration du genre humain que, n'étant pas dans un accès de fureur, comme les Clément, les Châtel, les Ravaillac, les Gérard, les Damiens, il semble qu'ils pourraient écouter la raison.

Lorsqu'une fois le fanatisme a gangrené un cerveau, la maladie est presque incurable. J'ai vu des convulsionnaires qui, en parlant des miracles de saint Pâris, s'échauffaient par degrés malgré eux : leurs yeux s'enflammaient, leurs membres tremblaient, la fureur défigurait leur visage, et ils auraient tué quiconque les eût contredits.

Il n'y a d'autre remède à cette maladie épidémique que l'esprit philosophique, qui, répandu de proche en proche, adoucit enfin les mœurs des hommes, et qui prévient les accès du mal ; car, dès que ce mal fait des progrès, il faut fuir, et attendre que l'air soit purifié. Les lois et la religion ne suffisent pas contre la peste des âmes ; la religion, loin d'être pour elles un aliment salutaire, se tourne en poison dans les cerveaux infectés. Ces misérables ont sans cesse présent à l'esprit l'exemple d'Aod, qui assassine le roi Églon ; de Judith, qui coupe la tête d'Holopherne en couchant avec lui ; de Samuel, qui hache en morceaux le roi Agag. Ils ne voient pas que ces exemples, qui sont respectables dans l'antiquité, sont abominables dans le temps présent ; ils puisent leurs fureurs dans la religion même qui les condamne.

Les lois sont encore très impuissantes contre ces accès de rage ; c'est comme si vous lisiez un arrêt du conseil à un frénétique. Ces gens-là sont persuadés que l'esprit saint qui les pénètre est au-dessus des lois, que leur enthousiasme est la seule loi qu'ils doivent entendre.

Que répondre à un homme qui vous dit qu'il aime mieux obéir à Dieu qu'aux hommes, et qui, en conséquence, est sûr de mériter le ciel en vous égorgeant ?

Ce sont d'ordinaire les fripons qui conduisent les fanatiques, et qui mettent le poignard entre leurs mains ; ils ressemblent à ce Vieux de la Montagne qui faisait, dit-on, goûter les joies du paradis à des imbéciles, et qui leur promet-

tait une éternité de ces plaisirs dont il leur avait donné un avant-goût, à condition qu'ils iraient assassiner tous ceux qu'il leur nommerait. Il n'y a eu qu'une seule religion dans le monde qui n'ait pas été souillée par le fanatisme, c'est celle des lettrés de la Chine. Les sectes des philosophes étaient non seulement exemptes de cette peste, mais elles en étaient le remède ; car l'effet de la philosophie est de rendre l'âme tranquille, et le fanatisme est incompatible avec la tranquillité. Si notre sainte religion a été si souvent corrompue par cette fureur infernale, c'est à la folie des hommes qu'il faut s'en prendre.
Dictionnaire philosophique, 1764, art. « Fanatisme ».

## FANATISME (LE) OU MAHOMET LE PHOPHÈTE

Voir MAHOMET.

## FANIME

Voir ZULIME.

## FAWKENER, Everard

ANGLETERRE • COMMERCE • LETTRES PHILOSOPHIQUES •

Everard Fawkener (1694-1758) dirigeait une importante maison de commerce à Londres. Voltaire fit sa connaissance à Paris en 1725 alors que Fawkener, après dix années de négoce en Syrie, s'en retournait en Angleterre. En 1726, durant l'exil anglais de Voltaire, il l'accueillit en juin, juillet, septembre et peut-être octobre, dans sa propriété de Wandsworth, où Voltaire, à l'en croire, aurait rédigé une partie des *Letters\* concerning the English Nation*. Il informa Voltaire sur les activités commerciales de l'Angleterre et sur la Bourse\* de Londres. C'est en songeant à lui que Voltaire rédigea la X$^e$ des *Lettres philosophiques*, « Sur le commerce », où il évoque les « facteurs à Alep » dont il avait exercé le dangereux métier. Il adressa en 1733 l'épître dédicatoire de *Zaïre* « À M. Falkener, marchand anglais », malgré l'opposition de Rouillé, responsable des privilèges à la direction de la Librairie.

Quelques lettres de Voltaire font allusion à Fawkener, qui fut anobli et nommé ambassadeur à Constantinople, ce qui prouvait que dans un pays libre et industrieux, on savait reconnaître les mérites d'un roturier actif et entreprenant. Fawkener apparaissait du coup comme un modèle et une preuve. Dans l'imaginaire voltairien, il ne fait aucun doute que ses activités

et sa carrière infligeaient un démenti cinglant aux thèses pascaliennes sur la vanité des entreprises humaines et le divertissement.

Jean Goulemot

## *FEMME QUI A RAISON (LA)*

COMÉDIES • COMMERCE • LUXE •

En 1748 à Cirey, Voltaire s'amuse à versifier ce petit «impromptu de société» en un acte : tout le contraire des comédies larmoyantes à la mode. En empruntant le ressort essentiel au *Retour imprévu* de Regnard, il retrouve la tradition de la vraie comédie, celle qui fait rire.

M. Duru, bourgeois parti depuis douze ans aux Indes pour y accroître sa fortune, a ordonné à son épouse de marier leur fils et leur fille à la fille et au fils de son ami Gripon, usurier, aussi avare que lui. Mais Mme Duru a changé son train de vie, et augmenté adroitement le capital laissé par son mari ; ses enfants aiment ailleurs, elle les marie à un marquis et à sa sœur. Quand leur père revient inopinément, et incognito, il apprend que la noce a eu lieu dans la nuit ; les personnages qui défilent et ne le reconnaissent pas vont tous se coucher, pour goûter «les transports de la plus pure flamme». Des quiproquos laissent croire au père que le mariage a uni les deux Duru aux deux Gripon, selon ses volontés. Le malentendu dissipé, il se fâche. Bientôt calmé par sa femme, qui lui démontre que cette double union est assortie et ne dérange pas leurs affaires, M. Duru s'attendrit et se résigne. Moralité : foin de l'avarice ; profitons de notre argent, et vivons heureux.

La petite farce fit rire la cour de Lunéville\*, où elle fut jouée dès 1749. Pourquoi l'auteur l'a-t-il étirée ensuite en trois actes trop longs ? Il lui avait pris envie de la donner au public. La pièce fut donc imprimée sous son nom en 1759, et malmenée par Fréron, qui en condamna «l'indécence». Elle ne sera jamais jouée à Paris, mais réussit à Lyon, à Bordeaux, à Marseille : Voltaire était devenu «un bon poète de province»! Reprise par plusieurs jeunes troupes depuis 1990, *La Femme qui a raison* a été représentée avec succès à Paris à l'occasion du tricentenaire de la naissance de Voltaire (1994).

Henri Lagrave

## FEMMES

AMITIÉ • AMOUR •

Voltaire aimait les femmes et leur société. Il eut des maîtresses éphémères et toute sa vie des amies fidèles ; il admira les actrices de talent et honora la

cour de brillantes princesses. Enfin deux femmes, Mme du Châtelet*, la « sublime Émilie* », puis Mme Denis*, sa « compagne », lui furent essentielles. À sa correspondance sont liés les noms de Mme de Bernières*, de la duchesse du Maine*, de Mme du Deffand*, de Mme de Bentinck*, de Wilhelmine* de Bayreuth, de Mme d'Épinay*, de Mme de Saint-Julien*, de tant d'autres encore. Ces lettres souvent écrites pour être décachetées à la toilette, lues au salon, relues en visite ou aux spectacles, évoquent des femmes intelligentes et gaies, qui s'expriment librement. Elles révèlent aussi un Voltaire porté par l'élan de l'émotion, tout entier dans le plaisir de la séduction, sachant distraire l'amère Mme du Deffand, penser avec sa « belle philosophe » d'Épinay ou plaire à la princesse Wilhelmine.

L'intérêt de Voltaire se dirige évidemment vers l'élite féminine d'une société distinguée : une grande favorite comme Mme de Pompadour*, les égéries des salons* littéraires, des auteurs comme Mme du Boccage*. Au XVIII$^e$ siècle, elles ne sont que des cas isolés d'émancipation féminine. Les femmes, en général, restent soumises à une condition marquée par les préjugés ancestraux, d'ordre social, sexuel et moral. Une femme reconnue adultère risque encore d'être enfermée dans un couvent si son mari refuse de reprendre la vie commune – et ces rigueurs frappent davantage les femmes du peuple. Les philosophes ne cherchèrent pas à dénoncer, à la lumière de la raison, l'iniquité et l'archaïsme de la situation féminine, ils firent de « l'homme » l'objet de leurs études et de leurs intérêts.

La condition des femmes n'entrait donc pas dans les préoccupations directes de Voltaire. Le sujet n'est cependant pas absent de son œuvre. « On peut observer, remarque l'un de ses disciples, qu'il n'a mis dans ses pièces aucun rôle de femme odieux. » Et de façon constante, Voltaire bouscule dans ses tragédies le « pouvoir paternel » ; sa réflexion s'approfondit de rôle en rôle pour aboutir en 1760, dans *Tancrède*, à cette Aménaïde rebelle, presque féministe, qui a ce cri : « L'injustice à la fin produit l'indépendance. » En revanche, les contes de Voltaire, qu'ils soient en vers ou en prose, reproduisent les poncifs de l'époque sur l'éternel féminin – le bavardage, l'inconstance, la coquetterie, et même... la manie de dominer (*Ce\* qui plaît aux dames*). Seule y échappe, dans *L'Ingénu*, la tendre et généreuse Mlle de Saint-Yves toute dévouée à son amant.

Voltaire trouva « ridicule » l'article « Femme » de l'*Encyclopédie*, qui voulait que la « gloire » de la femme fût « renfermée dans ses devoirs de *mère* ». Il riposte dans les *Questions\* sur l'Encyclopédie* : « Les femmes ont droit d'avoir part au véritable amour. » Mais le reste de son article demeure conforme à l'attitude dominante. La femme, écrit-il, « est moins forte que l'homme », « moins grande », son sang « plus aqueux », « sa chair moins compacte ». Sa faible constitution la relègue donc « dans des petits travaux de l'intérieur de la maison ». De même avance-t-il que « si l'on a vu des

femmes très savantes, comme il en fut des guerrières, il n'y en a jamais eu d'inventrices». Dans l'épître dédicatoire d'*Alzire* (1736), il saluait pourtant en Mme du Châtelet une femme d'exception qui avait «osé s'instruire». Il exprimait l'espoir que son «exemple encourage les personnes de [son] sexe et de [son] rang à croire qu'on s'ennoblit encore en perfectionnant sa raison, et que l'esprit donne des grâces». Mais l'éducation féminine demeurait un rare privilège de classe. «Il est vrai, ajoutait-il, qu'une femme qui abandonnerait les devoirs de son état pour cultiver les sciences serait condamnable, même dans ses succès.»

Cependant, Voltaire esprit libre pouvait écrire à l'occasion: «Les femmes sont capables de tout ce que nous faisons» – le patriarche* donna du travail aux Ferneysiennes dans sa manufacture pour carder et filer les bas* de soie. Et Voltaire railleur, se moquant de saint Paul, qui avait exigé des femmes la soumission dans le mariage, prête des accents féministes à Mme la maréchale de Grancey contre cette ancienne instruction: «Certainement la nature ne l'a pas dit, elle nous a fait des organes différents de ceux des hommes; mais en nous rendant nécessaires les uns aux autres, elle n'a pas prétendu que l'union formât un esclavage» (*Femmes, soyez soumises à vos maris*).

*Anne Soprani*

*Si, au lieu de faire une satire contre les femmes, l'exact, le solide, le laborieux, l'élégant Despréaux avait consulté les femmes de la cour les plus spirituelles, il eût ajouté à l'art et au mérite de ses ouvrages, si bien travaillés, des grâces et des fleurs qui leur eussent encore donné un nouveau charme. En vain, dans sa satire des femmes, il a voulu couvrir de ridicule une dame qui avait appris l'astronomie; il eût mieux fait de l'apprendre lui-même.*

*L'esprit philosophique a fait tant de progrès en France depuis quarante ans, que si Boileau vivait encore, lui qui osait se moquer d'une femme de condition parce qu'elle voyait en secret Roberval et Sauveur, il serait obligé de respecter et d'imiter celles qui profitent publiquement des lumières des Maupertuis, des Réaumur, des Mairan, des Dufay et des Clairault, de tous ces véritables savants qui n'ont pour objet qu'une science utile, et qui, en la rendant agréable, la rendent insensiblement nécessaire à notre nation. Nous sommes au temps, j'ose le dire, où il faut qu'un poète soit philosophe, et où une femme peut l'être hardiment.*

«*Épître à Mme la marquise du Châtelet*», *en tête d'Alzire, 1736.*

*On lui donna ensuite* «*Les Grands Hommes*» *de Plutarque: elle demanda pourquoi il n'avait pas écrit l'histoire des grandes femmes.*

*Femmes, soyez soumises à vos maris, 1765.*

## FEMMES, SOYEZ SOUMISES À VOS MARIS

CHRISTIANISME • CORAN • FACÉTIES • FEMMES •

C'est le titre d'un petit récit de quelques pages, à deux personnages, presque un dialogue, publié en 1765 dans les *Nouveaux Mélanges*. La maréchale de Grancey, femme de caractère et femme d'esprit, venue tard à la lecture après une vie bien remplie, et plutôt libre, s'est mise en colère en tombant sur ces mots cités dans un livre : « Femmes, soyez soumises à vos maris. » L'abbé de Châteauneuf lui en révèle la source : saint Paul en personne, dans ses Épîtres aux Éphésiens. Mais la maréchale ne désarme pas, même en apprenant que ce saint Paul était marié : « Il fallait que sa femme fût une bonne créature : si j'avais été la femme d'un pareil homme, je lui aurais fait voir du pays. » Suit un développement féministe joliment argumenté. C'est l'occasion pour Voltaire de comparer le statut des femmes chez les chrétiens et les mahométans. L'abbé réfute point par point, à partir du Coran, les accusations sur la polygamie musulmane et l'esclavage des femmes turques. La femme serait donc plus libre en terre d'Islam ? Au moins Mahomet fut-il moins « brutal » que saint Paul – auquel on reproche d'ailleurs, ajoute l'abbé, « d'avoir eu beaucoup de penchant pour le jansénisme ». Le mot de la fin fuse : « ... Je me doutais bien que c'était un hérétique, dit la maréchale ; et elle se remit à sa toilette. »

*Stéphane Pujol*

## FERNEY

ANCIAN • DEO EREXIT VOLTAIRE. MDCCLXI • GENÈVE • GEX • SEIGNEUR DE VILLAGE •

En décembre 1760, Voltaire s'installe presque définitivement à Ferney dans le domaine qu'il avait acheté 130 000 livres deux ans auparavant, en même temps que la seigneurie toute proche de Tourney – il gardera cependant ses Délices jusqu'en 1765. Le choix du lieu n'est pas innocent, il est même hautement symbolique.
Situé en territoire français, aux portes de Genève, Ferney offre un refuge tout proche au philosophe qui se sent toujours menacé par d'éventuelles poursuites du pouvoir royal. La position témoigne également des relations ambiguës que le patriarche entretient avec les pasteurs genevois, car Genève n'est plus vraiment terre d'asile depuis que Voltaire s'est mis en tête de faire jouer des pièces de théâtre dans sa propriété suisse des Délices et que la stratégie des luttes philosophiques a fini par le brouiller avec nombre de ses alliés protestants. En fait, Voltaire est en train de consolider les assises d'une nouvelle vie et de fortifier son image de propagandiste des

À *Ferney, dès 1780, sur un petit monument funèbre dressé dans sa chambre même par le marquis de Villette, devenu propriétaire du château, le cœur de Voltaire était exposé aux regards des fidèles d'un nouveau culte déjà commencé.*

*Cette estampe du temps montre le mausolée, le petit autel, éclairés par un rayon lumineux qui balaie une partie de la pièce, reliant le grand homme à tous ceux qu'il a connus. Au-dessus, une gravure célèbre l'entrée d'Henri IV à Paris,*

évoquant « La Henriade ».
Une galerie de portraits tapisse la chambre. De part et d'autre du mausolée, on reconnaît Mme du Deffand, Diderot, la marquise de Villette, et à droite, la margrave de Bayreuth, le roi de Prusse, d'Alembert, le marquis de Villette. Dans l'encadré de la fenêtre, en haut, Stanislas, roi de Pologne, et le prince de Ligne ; dans le médaillon en bas Mme Geoffrin.
Sur le mur de droite, Catherine II, Richelieu, Thomas, Turgot, le comte de Tressan, l'abbé Delille, la Clairon et Lekain, Marmontel, Helvétius, d'Argental, La Harpe, Mme du Châtelet, le duc de Nivernais, Saint-Lambert, le duc de Praslin, Condorcet, Ninon de Lenclos, Necker, Franklin... À l'extrême droite, le lit de Voltaire, drap blanc ouvert, couverture légèrement relevée, suggère une présence vivante.

D. M.

Dans l'ombre de l'alcôve, Mme Denis, en petite coiffe et robe intime. On s'étonnerait presque d'avoir dû attendre la publication des lettres d'amour de l'oncle à la nièce, en 1957, pour apprendre le secret. Dans la galerie des portraits, Mme Denis seule est en négligé, et à cette place de choix – certes flatteuse, mais ambiguë. De la part du marquis de Villette, qui ne l'aimait pas, était-ce simple malice ou signe indécent ?

A. M.

◀

La Chambre du cœur de Voltaire à Ferney, gravure de François Denis née d'après Duché de Vancy, 1781, (ensemble et détail de l'alcôve).

Paris, Bibliothèque nationale de France.

Vue de Ferney, gravure d'après Brandoin.

Paris, Musée Carnavalet.

Ferney côté jardin, vers 1785. Voltaire chez lui pourtant, régnant encore sur les lieux, même après sa mort – on le reconnaît ici à gauche, dos courbé, bonnet en tête, au bras de Mme Denis, offrant un bouquet à un jeune couple de visiteurs.

Le château est représenté dans son ultime développement. Plus rien des tours, des mâchicoulis, des meurtrières de l'ancienne maison forte achetée en 1758-1759, et vite réformée. Les deux ailes ajoutées au corps central en 1765-1766 par l'architecte Racle, sur les plans du seigneur lui-même, ont apporté quatre nouvelles pièces au rez-de-chaussée, et autant à l'étage, dont la dernière bibliothèque, tournée vers les montagnes. L'hiver, jour après jour, Voltaire guettait des fenêtres de son bureau les évolutions familières d'un aigle, tout en se plaignant de la réverbération des neiges sur ses yeux fatigués.

C'est un joli petit château du XVIII<sup>e</sup> siècle, agrandi par la perspective qui découvre les Alpes, et par ce curieux décrochement entre la grande allée et l'entrée principale. La façade en paraît plus imposante, comme pour symboliser, au-delà des réalités physiques, cette sorte de principauté des Lumières qu'était devenu Ferney. Les jardins reposent l'œil, larges parterres étalés sous le ciel, avec ce potager, « distribué en douze carreaux, et bien fourni », qu'évoquent les visiteurs des dernières années. Le patriarche s'y sentait, paraît-il, comme un Abraham des champs : « Ce sont mes douze tribus à moi, voilà la tribu des asperges, des artichauts, de la salade... » Au fond, près de l'escalier, la serre, ou peut-être le palmarium où l'on essayait des plantations exotiques.

Le dessinateur a lu « Candide », bien sûr, et joue agréablement sur le jardin mythique. En prolongeant sur la droite l'allée principale, on verrait les tilleuls, les chênes, les peupliers, élevés par les soins du maître : « Il n'y a pas un jour, écrit le pasteur Moultou, où il ne plante des arbres. » À la belle saison, Voltaire aimait s'y installer, dit un habitué de Ferney, pour écrire – « sous un vieux tilleul grand et feuillu ».

A. M.

Le tombeau s'adosse à la célèbre église de Ferney, que Voltaire avait dédiée à Dieu seul. Un monument en forme de pyramide, coiffé d'une urne. Pas de sculpture, pas de texte gravé : la pierre seule, à l'image de ce déisme épuré des symboles et des rites que professait Voltaire. Trois visiteurs : un gentilhomme et un prêtre, symboles d'une humanité réconciliée dans le culte du grand homme, un chien qui se tient à distance, comme s'il était, lui, aussi impressionné. Les plantes sauvages grimpent le long des murs, courent au pied du tombeau. La vie continue. Dans le calme qui règne après les tumultes d'une longue existence militante, la nature entière – minérale, végétale, animale et humaine – rend hommage au disparu. Mais ce tombeau, construit par Voltaire de son vivant, est vide : de Scellières où elle se trouvait encore obscurément, la dépouille du grand homme devait entrer dans la gloire du Panthéon en 1791.

J. G.

VUE DU TOMBEAU DE VOLTAIRE À FERNEY, GRAVURE DE J. P. LE BAS D'APRÈS UN DESSIN DE M. V. BRANDOUIN.

PARIS, BIBLIOTHÈQUE NATIONALE DE FRANCE.

Lumières. Les activités multiples qu'il peut mener dans ses terres, en tant que seigneur de village, et les affaires* judiciaires dont il s'occupera depuis Ferney, feront peu à peu de ce lieu un ministère de la philosophie, un foyer européen des idées nouvelles et une vitrine du militantisme philosophique. La situation géographique de Ferney n'est pas étrangère à cet effet d'ensemble. Les voyageurs qui se rendent en Suisse et en Italie peuvent y faire étape. On sait aussi combien les relations entre Genève et la France sont intenses et complexes dans cette deuxième moitié du XVIII$^e$ siècle. Pour les Genevois rebutés par l'austérité de la cité de Calvin, Ferney représente une échappée : on y agite des idées quelque peu sulfureuses, on s'y livre au plaisir interdit du théâtre. On peut également considérer Ferney comme une étape particulièrement bien située pour les voyageurs qui sillonnent les routes d'Europe et qui sont à l'affût d'un gîte où se mêlent les plaisirs de la convivialité à ceux de la philosophie.

Or le coup de maître de Voltaire est peut-être de créer les conditions qui tendent à faire de la visite à Ferney un rite d'intronisation pour l'élite mondaine et intellectuelle de l'Europe entière : dès 1760 des visiteurs prennent la route pour faire le pèlerinage à Ferney. Il s'agit là d'un fait culturel, inaugural et primordial, car pour la première fois dans l'histoire, un écrivain est adulé au point d'attirer, dans ce qu'il nomme sa « retraite », une foule d'admirateurs appartenant à plusieurs sphères de la société.

Ce château qu'il restaure et aménage, Voltaire l'appelle encore volontiers sa « cabane ». Il en dépeint l'isolement durant les longs mois d'hiver, insistant même sur les difficultés d'approvisionnement, mais Ferney devient un des lieux les plus fascinants d'Europe et le symbole de la « philosophie » du siècle. Dans ce territoire qui ne doit ressembler à aucun autre, les privilèges de la noblesse seigneuriale sont comme détournés au profit de celui qu'on appellera un jour « le Roi Voltaire », prince incontesté de l'intelligentsia, maître des nouveaux signes de distinction culturelle.

La visite au grand homme a tôt fait de se dérouler selon un rituel auquel Voltaire n'est pas étranger, car cet éternel malade ménage ses apparitions à ceux qui sollicitent un entretien. Il y a les fâcheux qu'on fait attendre ou qui sont éconduits par Mme Denis*, la nièce bien-aimée. D'autres plus chanceux sont retenus à dîner, et le vieillard maigre converse avec eux, en se contentant parfois d'un œuf à la coque et d'un verre de vin. Les plus fortunés demeurent plusieurs jours au château et ont le loisir de participer à l'ensemble du rituel, composé de conversations éblouissantes et de joyeuses festivités. Ainsi se crée tout un imaginaire de l'écrivain que les correspondances et les témoignages du temps véhiculent à l'envi, car le renom du philosophe est comme amplifié par le choc en retour de la publicité faite à son accueil.

Parmi les témoignages, celui d'Amélie Suard*, la sœur du célèbre éditeur

Panckoucke, est particulièrement éclairant. Ce n'est pas le penseur qui est ici exalté, mais le grand homme saisi dans son intimité. Dans une lettre adressée à son mari, l'écrivain Jean Baptiste Suard, la jeune femme recueille les impressions destinées à entretenir le culte et à circuler dans les milieux de cette deuxième génération des Lumières qui voue une admiration sans bornes au père tutélaire : « J'ai enfin obtenu le but de mes désirs, et de mon voyage : j'ai vu M. de Voltaire et je ne sais plus actuellement de quel nom je me servirai pour exprimer les sentiments qu'il m'inspire. Le plus grand des hommes me semble encore le meilleur et le plus aimable. Le cœur me battait beaucoup plus quand je suis entrée chez lui, et malgré mon extrême envie de le voir, je me sentis comme soulagée quand on me dit qu'il était sorti avec madame Denis, que nous avions d'abord demandée. » En 1775, la vénération pour Voltaire est telle qu'Amélie Suard n'hésite pas à lui baiser les mains : « Quoique je fusse enchantée de le voir, je l'ai conjuré de se retirer, car il paraissait fatigué ; je lui ai baisé les mains, galanterie qu'il m'a rendue avec sensibilité. »

L'ombre des grands correspondants du patriarche hante aussi son lieu. Il y a d'abord les rois et les princes de l'Europe : Frédéric II, en dépit de la brouille qui l'a opposé au philosophe durant son séjour à Berlin, la «Sémiramis du Nord» Catherine II, le roi de Pologne Stanislas Poniatowski, le roi de Suède Gustave III, celui du Danemark Christian VII. Viennent ensuite les protecteurs : Richelieu, le duc de Villars, Choiseul, plus tard Turgot dans lequel Voltaire place tous ses espoirs parce qu'il représente à ses yeux, durant les deux années de son ministère, le philosophe au pouvoir. Et enfin les grands noms de la philosophie : d'Alembert, Helvétius, Condorcet. Tout ce bruissement de célébrité attire à Ferney des hôtes de passage, quels que soient les motifs de leur voyage. Il y a les Anglais qui accomplissent le traditionnel tour d'Europe ; ceux qui voyagent pour s'instruire dans une optique philosophique, ceux qui sont en quête d'émotions ou qui promènent leur spleen comme l'Écossais Boswell\*.

Un vedettariat culturel s'est peu à peu mis en place, qui grandira jusqu'à la mort de Voltaire en 1778. Ferney est une scène européenne sur laquelle le philosophe renvoie l'image d'une multitude de postures, de rôles, d'entreprises, d'engagements, mais aussi l'écho de toutes sortes d'interventions auxquelles le patriarche peut se livrer légalement, en sa qualité de seigneur des lieux : le rétablissement de l'approvisionnement local perturbé, en 1767, par un blocus français de Genève, et l'aménagement d'un atelier de soieries dans l'enceinte du domaine. Or ces entreprises appellent des prolongements divers. Elles sont parfois, même lorsqu'elles échouent, le point de départ d'une autre action plus ambitieuse, tandis qu'elles propagent un rayonnement sans limite, contribuant largement à l'immense popularité de l'homme Voltaire.

Il faut ensuite mentionner les multiples mémoires et pamphlets que le philosophe envoie à ses satellites pour alerter l'opinion sur une injustice ponctuelle. Le patriarche de Ferney n'est pas non plus mécontent de pouvoir user de ses relations avec des ministres, Choiseul surtout, pour tenter de jouer un rôle de diplomate officieux dans les relations entre la France et Genève. Il souhaite même se substituer à l'administration défaillante en accueillant à Versoix des centaines de «Natifs*» genevois qui ont fui leur patrie. Ces interventions multiples qui viennent s'ajouter à l'œuvre écrite du philosophe et de l'homme de lettres sont nouvelles au XVIII$^e$ siècle. Cette situation explique l'attitude des visiteurs de Ferney à l'égard de leur hôte. Pour certains, Voltaire est l'incarnation de la Providence. Pour d'autres, comme le prince de Ligne, il est un homme de lettres et un vieux seigneur du temps de Louis XIV, «bonhomme dans son village et grand seigneur tout à la fois».

L'ensemble des témoignages révèle la naissance à Ferney d'un nouveau type d'écrivain qu'on peut appeler un «intellectuel». Voltaire, dans l'ivresse de son nouveau rôle, devient la pythie de l'Europe. Amélie Suard le dit explicitement dans une lettre à Condorcet: «J'imagine que ceux qui rendaient les oracles avaient quelque chose de ce caractère qui m'a frappée dans sa physionomie et qui a quelque chose de plus qu'humain, mais c'est une divinité plus aimable encore qu'imposante.»

Didier Masseau

*Mon château, l'œuvre de mes mains...*
À d'Argence, 14 janvier 1763.

*Il nous vient toujours du monde des Gaules, mais des passants ne font pas société.*
Au cardinal de Bernis, 14 avril 1763.

*Je fais quelquefois réflexion à tout ce qui vous est arrivé depuis que vous êtes au monde, à la fatalité qui vous a conduit où vous êtes. Je trouve que votre vieillesse est une manière d'apothéose; vous êtes déifié de votre vivant, Ferney est un temple où l'on vient des bouts de l'univers vous rendre hommage. Mais toute cette gloire ne suffirait pas pour vous rendre heureux si vous éprouviez quelque diminution dans vos talents.*
Mme du Deffand à Voltaire, 13 février 1766.

On voudrait y être enfermé pendant tout un jour à s'y promener seul. Triste et vide, le jour vert, livide, du feuillage, pénétrait par les carreaux; on était pris d'une tristesse étrange, on regrettait cette belle vie remplie, cette existence si intellectuellement turbulente du XVIII$^e$ siècle, et on se figurait l'homme passant de son salon dans sa chambre, ouvrant toutes ces portes... Louis Grandperrey avait

quinze ans quand Voltaire est mort; vieillard ordinaire, petit, chapeau de cuir, il semble encore ébloui du souvenir de son ancien maître. Il l'avait servi cinq ans; c'était lui qui faisait les commissions: «Lui avez-vous parlé? – Oh! oui, monsieur, plusieurs fois; il était sec comme du bois, maigre, maigre. – Était-il bon? – Oui, monsieur, mais il ne fallait pas lui désobéir, il était vif comme la poudre, il s'emportait, oh! il s'emportait... et il nous tirait les oreilles, il me les a tirées plusieurs fois. Il était aimé. Quand il est venu ici, il n'y avait qu'une ou deux maisons. Il était très bon, aimé, généreux, mais il ne fallait pas lui désobéir par exemple!» Je regardais cet homme avec avidité pour voir si Voltaire n'y avait pas laissé quelque chose que je pusse ramasser!

Gustave Flaubert, Voyage en Italie et en Suisse<br>– notes sur sa visite de Ferney, avril-mai 1845.

*Je ne ferai jamais le pèlerinage de Ferney: je n'aime pas les gens d'esprit.*
Vladimir Ilitch Oulianov, dit Lénine – cité par Jean Guéhenno.

## FERNEY-VOLTAIRE

GEX • SEIGNEUR DE VILLAGE •

En 1878, à l'occasion du centenaire de la mort de Voltaire, Mac-Mahon décréta que Ferney porterait le nom de son fondateur. Mais dans la tradition orale, et du vivant même de Voltaire, on avait déjà commencé de l'appeler «Ferney en Voltaire» ou «Ferney-Voltaire».
Quand Voltaire prit possession du château de Ferney, à la fin de 1759, le hameau comptait quarante et un feux. De modestes maisons, la plupart en pisé, des fermes isolées, un pauvre presbytère, une tuilerie peu exploitée: un petit bourg parmi des étendues marécageuses, une seigneurie assez misérable. À ce bout de terre du pays de Gex, Voltaire s'attacha à donner vie. Les travaux d'aménagement du château et de ses dépendances, le développement du village allaient occuper sa vieillesse. Sous son toit une seconde famille*, autour de lui sa «colonie»: le même besoin d'une œuvre humaine, prolongeant l'œuvre de plume.
À force de ventes de terrains à bâtir, d'échanges de parcelles, de prêts d'argent, Voltaire a bâti Ferney. Il fit venir des maçons de Samoëns, qui élevèrent des maisons mitoyennes le long de la route de Genève, il protégea un architecte de talent, Racle, qui conçut pour les parents et les amis du seigneur quelques beaux pavillons. Ainsi furent construites autour du château, au-delà «du chemin appelé allée», les luxueuses demeures du marquis de Florian*, d'Henri Rieu*, ou de Racle lui-même. Des maçons s'installèrent au village, et Landry le charpentier; des orfèvres et des horlogers,

fuyant la guerre civile de Genève\*, s'y établirent en 1770. Leur arrivée favorisa l'essor de l'artisanat, que Voltaire encouragea et diversifia : poterie, tannerie, faïencerie, tuilerie et filature de soie s'ordonnèrent peu à peu dans le bourg en pleine expansion.

Le seigneur du village soutint encore l'innovation en agriculture, donnant à ses laboureurs « une nouvelle charrue à semoir », et multipliant les cultures dont celle du tabac, et celle du mûrier pour l'élevage des vers à soie. Un premier chirurgien prit maison au village, un boucher, un boulanger ouvrirent boutique. En 1771, sur la place publique, une fontaine « belle et abondante » apporta aux habitants son eau claire – elle coule encore aujourd'hui –, puis Voltaire s'occupa des adductions d'eau et fit paver les rues. Enfin, il demanda la création à Ferney d'un bureau de distribution de lettres et la franchise postale pour ses horlogers. Les marais asséchés, les fossés drainés, les fourrages engrangés, les champs défrichés, Ferney eut même sa salle de comédie en 1775. Ce fut, écrit Voltaire, « le plus joli théâtre de province », « très orné, très bien entendu, très commode ». Des relations faciles et familières, inspirées par le seigneur-philosophe, s'étaient établies entre les habitants du château et ceux du village représentés par le curé, la plupart agriculteurs et commerçants, quelques notables, deux chirurgiens, quelques négociants, et les ouvriers des manufactures. Et Ferney, principauté des Lumières, où protestants et catholiques vivaient en paix, devint un exemple de société tolérante proposé à l'admiration des voyageurs.

*Anne Soprani*

*Mon terrain est excellent, et cependant j'ai trouvé cent arpents appartenant à mes habitants qui restent sans culture. Le fermier n'avait pas ensemencé la moitié de ses terres. Il y a sept ans que le curé n'a fait de mariages, et cependant on n'a point fait d'enfants parce que nous n'avons que des jésuites dans le voisinage et point de cordeliers. Genève absorbe tout, engloutit tout. On ne connaît point l'argent de France. Les malheureux ne comptent que par petits sous de Genève, et n'en ont point. Voilà les déplorables suites de la révocation de l'édit de Nantes. Mais une calamité bien plus funeste, c'est la rapacité des fermes générales, et la rage des employés. Des infortunés qui ont à peine de quoi manger un peu de pain noir sont arrêtés tous les jours, dépouillés, emprisonnés pour avoir mis sur ce pain noir un peu de sel qu'ils ont acheté auprès de leurs chaumières. La moitié des habitants périt de misère, et l'autre pourrit dans des cachots. Le cœur est déchiré quand on est témoin de tant de malheurs. Je n'achète la terre de Ferney que pour y faire un peu de bien. J'ai déjà la hardiesse d'y faire travailler quoique je n'aie pas passé le contrat. Ma compassion l'a emporté sur les formes. Le prince qui sera mon seigneur dominant devrait plutôt m'aider à*

*tirer ses sujets de l'abîme de la misère, que profiter du droit goth et visigoth des lods et ventes.*
À Antoine Jean Le Bault, 18 novembre 1758.

*Le village de Ferney a plus que jamais besoin d'une fontaine publique. Elle est nécessaire non seulement à la communauté, mais à tous les voituriers et aux laboureurs, pour abreuver leurs chevaux et leurs bœufs. J'ignore s'il faut un arrêt du Conseil pour boire de l'eau.*
À Louis Gaspard Fabry, 6 décembre 1770.

*Aux pauvres de la paroisse, trois cents livres, s'il y a des pauvres.*
Testament de Voltaire, 30 septembre 1776.

FERRIOL (Famille)

ARGENTAL (D') • SALONS •

Il fallait des appuis, des attaches pour percer dans le monde et faire carrière, au temps de la Régence : la maison des Ferriol compta beaucoup pour le jeune Arouet, puis le débutant Voltaire, jusqu'à ses 30 ans au moins. Cette famille avait accédé, à la fin du XVII$^e$ siècle, à des fonctions distinguées dans le service du roi, au point de rivaliser avec la noblesse d'épée. L'aîné, Charles de Ferriol (1650-1722), fut ambassadeur du roi à la Porte : c'est lui qui retira Aïssé* d'un sérail de Constantinople ; il avait pour interprète auprès de lui, en Turquie, un Benjamin Brue* parent des Arouet – premier lien peut-être de Voltaire avec la maison des Ferriol. Son frère cadet, Augustin de Ferriol (1661-1738), receveur général en Dauphiné, avait épousé Marie Angélique Guérin de Tencin (1674-1736), la sœur de la célèbre Tencin et du cardinal. Établi à Paris en 1700, Augustin s'était enrichi rapidement, comme banquier traitant des affaires d'Orient. Les Ferriol habitaient un somptueux hôtel, rue Neuve-des-Augustins, que Mme de Ferriol ouvrit à toute une société férue de lettres, d'art et de musique. Les Ferriol eurent deux enfants : Antoine de Ferriol de Pont de Veyle (1697-1774) et Charles Augustin de Ferriol d'Argental (1700-1788). C'est probablement Pont de Veyle, condisciple du jeune Arouet au collège* de Louis-le-Grand, qui introduisit son ami dans le salon de sa mère. Devenu lecteur du roi, homme de salon et dilettante préféré de Mme du Deffand*, Pont de Veyle cultiva toute sa vie son goût des lettres en composant lui-même chansons, petites pièces et nouvelles. Voltaire trouva son *Fat puni* « charmant », mais jugea son roman *Les Malheurs de l'amour* d'une « insipide et ennuyeuse froideur ». Avec d'Argental et

Thiriot*, Pont de Veyle fut, un temps, de ce conseil littéraire que Voltaire appelait son « Triumvirat ».
Mais le seul Ferriol vraiment cher à l'écrivain fut toujours « l'ange » d'Argental. Voltaire lui écrivait, en 1774, après la mort de Pont de Veyle : « Je regrette votre frère, et je vous aime de tout mon cœur ; voilà tout ce que je puis vous dire. » C'était résumer, des débuts familiaux à cette amitié privilégiée, l'histoire d'un de ses plus lointains attachements.

*Anne Soprani*

## FÊTE DE BÉLÉBAT (LA)

COURTISAN •

Le château de Bélébat appartenait à Mme de Prie, maîtresse toute-puissante du duc de Bourbon, le nouveau premier ministre de Louis XV après la mort du Régent. En octobre 1725, Voltaire rejoint pour une fête la joyeuse compagnie qui s'y rassemblait. On ne sait exactement quelle part il prit dans cet impromptu de spectacle, où l'on plaisantait un bon voisin de Bélébat, le très rabelaisien curé de Courdimanche, en jouant son triomphe, sa confession et sa mort. À la fin le replet personnage choisit comme successeur l'étique Voltaire, qui se lance alors dans des remerciements bigarrés – versiculets, musique et parodie. Ce divertissement burlesque dédié à Mlle de Clermont, sœur du duc de Bourbon, confirme au moins l'ambition d'un jeune poète qui, après les succès de sa *Mariamne* remaniée et de *L'Indiscret*, pièces de cour, cherchait à renforcer sa position auprès des puissants, et de la jeune reine Marie* Leszczynska.

*Henri Lagrave*

## FICHE DE POLICE

CENSURE • GENS DE LETTRES •

La police d'Ancien Régime était fort bien faite, bien renseignée, bien organisée. Les financiers et les parlementaires, les étrangers de qualité, les gens de spectacle, les nouvellistes et les filles de joie, pour des raisons naturellement diverses, faisaient l'objet d'une surveillance particulière. On vint à s'intéresser de près, vers 1750, aux auteurs et aux éditeurs – signe évident d'une nouvelle perception de l'importance de l'imprimé dans la sphère du pouvoir. Dans ce premier fichage, effectué par l'inspecteur d'Hémery, et délicatement intitulé « Historique des auteurs », le dossier du sieur AROUET DE VOLTAIRE est remarquable dès la rubrique « Signalement » : « Grand, sec et l'air d'un satyre. » Sous « Demeure », on lit : « Rue Traversine chez

Madame la marquise du Châtelet » – donnée saisie le 1ᵉʳ janvier 1748, mais mise à jour en 1751 : « Au mois de juin 1750, il a quitté tout à fait sa patrie, pour aller en Prusse. » À la rubrique « Histoire » enfin, on trouve cette mention : « C'est un aigle pour l'esprit et un fort mauvais sujet pour les sentiments. Tout le monde connaît ses ouvrages et ses aventures. »

Le cas d'un trublion devenu homme public, et désormais hors de portée, devait être assez décourageant. On comprend qu'au bas de la fiche, l'inspecteur ait consigné dans le plus grand détail une perquisition menée quelques jours plus tôt, rue Saint-Jacques, « chez le nommé Longchamp*, valet de chambre de Voltaire ». Opération pourtant décevante encore : n'aurait-on pas dû trouver, en cherchant mieux, « des vers contre le roi et contre la favorite » ?

*André Magnan*

## FINANCES

La robe ne tente pas le jeune Arouet, non plus qu'aucun métier, au grand dépit de son père, Mᵉ Arouet*. Sa vocation d'écrivain s'affirme dès son adolescence. Il écrira donc ; mais il rougirait de vivre, comme d'autres, en se condamnant aux travaux forcés littéraires, dans les genres mineurs, romans, journaux, petites comédies, traductions, compilations... Il vise plus haut, rêve d'atteindre les sommets du Parnasse, par la tragédie, par l'épopée, ou la grande poésie lyrique, au risque de mourir de faim. En 1718, il s'est donné un nom* et une « noblesse » : il sera « M. de Voltaire ». Pour conquérir son indépendance, mener grande vie, fréquenter l'aristocratie, paraître à la cour, l'argent lui manque encore. M. de Voltaire sera donc riche.

Adolescent, il a dû recourir aux usuriers. Doutant toujours des capacités gestionnaires d'un fils poète, Mᵉ Arouet ne lui laisse à sa mort (1722) qu'une part d'héritage « substituée » ; il ne pourra la toucher qu'en 1730. Mais sa jeune célébrité lui permet déjà d'approcher les milieux d'affaires. Tout lui sera bon, fermes de taxes ou d'impôts, loteries, marchés divers. Le président de Bernières lui concède une part de son « traité » sur la gabelle. Petit profit, bien insuffisant. En 1725, il essaie les rentes viagères, qui rapportent jusqu'à 10 pour cent ; mais il manque de capitaux. Sa situation est aggravée, à son arrivée en Angleterre (1726), par la perte de ses fonds, due à la faillite d'un banquier. Mais de retour à Paris, il connaît la chance (une chance un peu forcée), et gagne gros, en 1729, à une loterie royale, dont la règle était si mal établie qu'il suffisait, en montant une société d'accaparement, d'acheter tous les billets pour rafler des millions. Voltaire était désormais nanti d'un trésor de guerre, qu'il ne restait qu'à faire fructifier.

Bientôt, en spéculant sur des actions du duc de Lorraine, qui ne cessent de monter, il triple sa mise. Son héritage enfin touché, environ 150 000 livres, grossit encore le magot. En 1730, Voltaire est déjà plus qu'à l'aise. Prudent, il était resté à l'écart des folles spéculations du «Système» de Law, ne se fiant qu'au solide, à la finance traditionnelle. Ses bonnes relations avec les Pâris-Duverney lui permirent ensuite de gagner beaucoup d'argent par des placements dans les fournitures aux armées et dans le commerce de Cadix. Mais quelques pertes l'engageront de plus en plus à mettre l'essentiel de sa fortune dans les rentes viagères.

Sa longévité exceptionnelle lui permit d'amasser ainsi une fortune considérable, en même temps qu'il se faisait une «clientèle» de grands seigneurs (le duc d'Orléans, le prince de Beauvau, le duc de Bouillon...) et même de princes régnants (surtout allemands). Revers de la médaille: ses débiteurs souvent le payaient mal. En mai 1735, son ami Richelieu lui doit près de 50 000 livres; d'autres, comme le duc de Villars, le duc de Guise, doivent lui demander des arrangements. Cependant, ses plus anciens débiteurs lui auront remboursé, avec le temps, quatre fois le montant de leurs emprunts. C'est après le retour de Prusse et son installation à Ferney que Voltaire développa cette stratégie du viager, en consentant d'énormes prêts à l'Électeur* palatin et au duc de Wurtemberg*; à ce dernier il prête, en quatre fois, plus de 540 000 livres. Le 14 octobre 1758, il fait son compte avec Jean Robert Tronchin*, qui est devenu son principal banquier: ses actifs se montent à 456 000 livres. On sait, par ses lettres d'affaires, que ses revenus s'élevaient à 80 000 livres annuelles en 1758, et à 200 000 livres vingt ans plus tard, peu avant sa mort. Ce qui ne l'empêchait pas bien sûr de se dire régulièrement «ruiné»: il lui fallait pleurer misère, pour faire rentrer ses arrérages.

Ni avare, ni prodigue, Voltaire aime l'argent pour ce qu'il lui procure: une vie agréable et facile, et même luxueuse, la liberté à l'égard des grands dont il limite ainsi la protection aux intérêts de son œuvre, la considération encore, précieux complément de la gloire, et le pouvoir de faire du bien – d'investir aussi, d'agir: Ferney-Voltaire* vint de là. Mais il y gagna surtout son indépendance intellectuelle. De nos jours, Voltaire aurait largement gagné sa vie par ses écrits. Au XVIIIe siècle, c'était impossible. Les droits des auteurs, financiers et moraux, n'étaient pleinement reconnus ni par les libraires ni par les comédiens. Les premières améliorations du statut de l'écrivain datent de 1777; c'est aussi l'époque où Beaumarchais réunit les auteurs dramatiques pour revendiquer, sans grand succès, une part honnête des recettes de la Comédie-Française*. Voltaire ne se mêle pas à ces protestations. Grand seigneur, il a laissé à ses éditeurs ou à ses protégés le profit de l'impression de ses livres, et dès 1735 abandonné généreusement ses parts de rentrées de théâtre aux comédiens. Attitude qui lui permit de

mener à sa guise une politique éditoriale assurant la plus large diffusion à ses écrits, et de régner sur la Comédie-Française. Voltaire a ainsi effacé l'image, trop répandue dans l'opinion, du «poète crotté», parfois battu, au profit d'un nouveau type d'écrivain, maître de sa plume et de son action.

Henri Lagrave

*On me demande par quel art je suis parvenu à vivre comme un fermier général; il est bon de le dire, afin que mon exemple serve. J'ai vu tant de gens de lettres pauvres et méprisés, que j'ai conclu dès longtemps que je ne devais pas en augmenter le nombre.*

*Il faut être, en France, enclume ou marteau: j'étais né enclume. Un patrimoine court devient tous les jours plus court, parce que tout augmente de prix à la longue et que souvent le gouvernement a touché aux rentes et aux espèces. Il faut être attentif à toutes les opérations que le ministère, toujours obéré et toujours inconstant, fait dans les finances de l'État. Il y en a toujours quelqu'une dont un particulier peut profiter, sans avoir obligation à personne; et rien n'est si doux que de faire sa fortune par soi-même.*

Mémoires pour servir à la vie de M. de Voltaire,<br>écrits par lui-même, 1758-1760.

*Mais permettez-moi de récapituler un peu mes affaires, car il faut être sage dans ses folies.*

| | |
|---|---|
| *Je vous ai dégarni pour affaire avec notre baron Labat de* | *90 000 #* |
| *je vous dégraisse pour la masure de Ferney de* | *114 000* |
| *il vous en coûtera pour les prés, les vignes et les terres à froment du prêtre Deodati enclavées au domaine de Ferney* | *17 000 ou environ* |
| *il faudra débourser pour les lods, terme barbare d'un droit très barbare, et pour le centième denier et loyaux coûts* | *15 000* |
| *le château de Ferney me coûtera à le bâtir de fond en comble* | *50 000* |
| | *286 000 #* |

*Or on me propose encore des acquisitions pour environ 44 000 livres lesquels joints aux ci-devant 286 000 feront la somme de livres de 333 000.*

*Que me restera-t-il alors de fonds entre vos mains en comptant les annuités et billets de loterie?*

À Jean Robert Tronchin, 9 décembre 1758.

*Un coffre-fort est le dieu de ce monde.*

La Prude, 1748, acte I.

## FINANCES (LES)

CONTE EN VERS •

Petit conte en vers, en réaction aux réformes financières de l'abbé Terray (1774-1775), vive critique de la pression fiscale excessive.

*André Magnan*

## FLATTERIE

COURTISAN • GENS DE LETTRES •

*Mon cher philosophe, vous vous déclarez l'ennemi des grands et de leurs flatteurs, et vous avez raison. Mais ces grands protègent dans l'occasion, ils peuvent faire du bien, ils méprisent l'Infâme, ils ne persécuteront jamais les philosophes pour peu que les philosophes daignent s'humaniser avec eux.*

À d'Alembert, 7 ou 8 mai 1761.

*Son caractère, naturellement fier et indépendant, se prêtait à des adulations ingénieuses ; il prodiguait la louange, mais il conservait ses sentiments, ses opinions, et la liberté de les montrer. Des leçons fortes et touchantes sortaient du sein des éloges.*

Condorcet, Vie de Voltaire, 1790.

*On loue les princes des vertus qu'ils n'ont pas, afin de les engager à les acquérir.*

Au duc d'Uzès, 4 mai 1755.

## FLAUBERT, Gustave

*CANDIDE* • PONCIFS • VOLTÉRANISME •

Flaubert (1821-1880) a toujours eu de profondes affinités avec Voltaire. Il l'a recopié, analysé, critiqué, commenté, et dans plusieurs de ses œuvres majeures, comme *Madame Bovary* ou *Bouvard et Pécuchet*, il s'y réfère volontiers. Le pessimisme de *Candide*, et la peinture voltairienne de l'humanité, le fascinent littéralement. Sa réflexion personnelle sur la bêtise aurait-elle pu s'élaborer sans l'exemple des personnages et des procédés voltairiens ?

S'il s'est intéressé tout particulièrement à *Candide*, Flaubert est loin d'avoir dédaigné les autres genres pratiqués par Voltaire. Il a analysé, scène par scène, sur plus de quatre cents pages, une bonne partie de son théâtre. Il a commenté l'*Essai sur les mœurs*, en a tiré des extraits, des notes et des citations avec cette minutie scrupuleuse que son travail de romancier lui avait fait contracter. Il a lu aussi l'*Histoire de Charles XII* qu'il trouve « corsée ». Sur la correspondance il écrit, un peu agacé peut-être : « On s'extasie devant la correspondance de Voltaire, mais il n'a jamais été capable que de cela, le grand homme ! C'est-à-dire d'exposer son opinion personnelle. » Mais ses commentaires les plus fréquents et peut-être les plus pénétrants vont à *Candide*, surtout dans ses lettres à Louise Colet. On perçoit d'emblée son extraordinaire imprégnation d'un ouvrage qu'il sait manifestement par cœur. Certaines expressions du conte accompagnent l'élaboration du personnage d'Emma. Une phrase de Martin sur la canaille cabalante et la canaille convulsionnaire (chap. XXI) lui rappelle les tables tournantes et, par association d'idées, la bêtise d'Emma ; le texte de Voltaire joue le rôle d'un catalyseur pour l'œuvre en genèse et interfère singulièrement avec ses propres hantises. D'autres passages de *Candide* finissent par vivre, dans l'esprit de Flaubert, une existence détachée. Le dénouement du conte lui inspire un de ses commentaires les plus célèbres : « La fin de *Candide* est ainsi pour moi la preuve criante d'un génie de premier ordre. La griffe du lion est marquée dans cette conclusion tranquille, bête comme la vie. »
En revanche, dans son œuvre romanesque, Flaubert accable de ses sarcasmes le voltairianisme. Fervent admirateur du style voltairien, il campe des pantins qui puisent dans l'œuvre du grand homme des phrases qu'ils ne comprennent pas ou des maximes qui caricaturent grossièrement sa pensée. Bouvard et Pécuchet aiment ainsi, dans les tragédies de Voltaire, les passages emphatiques et les discours sur la politique. Comme d'autres philosophes du XVIII$^e$ siècle, Voltaire leur fournit un réservoir inépuisable de citations dont ils ne tirent aucun profit. Dans un renversement paradoxal de perspective, le grand dénonciateur de la bêtise qu'est l'auteur de *Candide* se trouve pillé et saccagé par des héros qui incarnent désormais toute la bêtise du monde. Il faut lire dans cette mise en scène romanesque une caricature de la relation que Flaubert lui-même entretient avec Voltaire.
Une place privilégiée revient au personnage de M. Homais dans *Madame Bovary*, qui rassemble tous les clichés d'un voltairianisme exacerbé : référence dévote à l'Être suprême, haine virulente des prêtres, rationalisme étriqué, naïf et réducteur, lecture sottement littérale enfin des textes bibliques. À quoi s'ajoutent, parodiant le style néo-classique, des discours tout encombrés de périphrases et de métaphores figées. Flaubert a longtemps

porté en lui la figure de ce personnage avant de l'incarner dans le pharmacien d'Yonville. Or ce thuriféraire de Voltaire est aussi un type social : il représente, à ses yeux, le confort intellectuel et la platitude de pensée propres à la bourgeoisie, le contre-modèle de l'artiste et du créateur.

Didier Masseau

*Ces grands esprits auxquels le besoin de ton âme se rattache, Shakespeare, Molière, Voltaire, etc.*
George Sand à Gustave Flaubert, 16 septembre 1871.

## FLÉAU SOCIAL

*Aujourd'hui que Voltaire est près de sa fin, les bouches s'ouvrent, et je crois apercevoir qu'il sera pour le moins regretté. On évalue déjà le mal qu'il a fait à la société, que gens qui ne sont pas infiniment sévères équivalent aux guerres, aux pestes et aux famines qui depuis quelques milliers d'années ont désolé la terre. Ce qui m'a le plus étonné, c'est que cette évaluation se fait par ce qu'on appelle les gens du monde. J'étais hier chez M. le duc de Penthièvre, où un élégant entra. Il en parla du même ton.*
Théodore Tronchin à François Tronchin, 10 mai 1778.

## FLEURY, André Hercule, cardinal de

COURTISAN · DIPLOMATE · FRÉDÉRIC II ·

La relation de Voltaire avec le cardinal de Fleury (1653-1743) s'inscrit dans l'histoire de ses rapports difficiles avec la cour. Dans ses *Mémoires\**, Voltaire se rappelle avoir connu Fleury encore évêque de Fréjus vers 1718, alors qu'ils fréquentaient ensemble la maison de Mme de Villars\*. Homme souple, « affectant toujours la plus grande modestie », l'évêque, précepteur du tout jeune Louis XV depuis 1715, avait pris rapidement un vif ascendant sur l'esprit du roi. *La Henriade* salue ce rôle de pédagogue du « prudent Fleury ». Devenu ministre principal et cardinal en 1726, à 73 ans, Fleury n'eut plus qu'un souci, apaiser la querelle janséniste qui divisait la France. Il se mêlait peu des disputes littéraires, et son attitude envers Voltaire fut plutôt méfiante. L'écrivain est pour lui, dans ces années, un « fol » que « ducs et pairs » ont rendu « insolent ». Il ne soutint pas, en 1726, le poète bastonné par Rohan-Chabot. Avant la publication des *Lettres philosophiques* (1734), Voltaire eut la précaution de lire au cardinal de Fleury deux lettres sur les quakers, en prenant d'ailleurs grand soin de retrancher tout ce qui pouvait, dit-il, « effaroucher sa dévote et sage éminence ». Pour

autant, le ministre laissa le Parlement de Paris, à dominante janséniste, se déchaîner contre l'écrivain et l'accabler d'un arrêt qui valait poursuite. Jusqu'en 1740, la position de Voltaire resta précaire, et Fleury personnellement distant: «Qu'ai-je à faire, lance l'écrivain dans une lettre à Frédéric II, de la misérable bienveillance d'un cardinal?» – ce qui ne va tout de même pas sans dépit. C'est Mme du Châtelet* qui travailla à son retour en grâce. Il fut alors admis chez le ministre, à Issy, où il recueillit même quelques «anecdotes» pour son *Siècle de Louis XIV*. En 1741, Voltaire peut recommander à Fleury la carrière de son neveu Denis, puis soumettre *Mahomet* à son approbation. Sa rencontre avec Frédéric II à Aix-la-Chapelle, en 1742, constitue un épisode curieux: Voltaire offre ses services à Versailles, le cardinal élude, mais il aura pourtant un compte rendu de ce voyage. À la mort de Fleury, en 1743, Voltaire convoitait son fauteuil à l'Académie* française, mais le parti dévot s'opposa à son élection. Dans son œuvre, Voltaire a laissé divers traits contre le sage Fleury, il le charge et le pique dans ses *Mémoires*. Le portrait le plus complet se lit dans l'*Histoire de la guerre de 1741*: «Sans avoir de grandes vues, il fit ainsi de grandes choses, en se laissant conduire aux événements. C'était là son plus grand art.»

*Anne Soprani*

## FLORIAN, Philippe Antoine de Claris, marquis de

FAMILLE • FERNEY • FONTAINE (MME DE) •

Originaire du Languedoc, ce capitaine de cavalerie devint un neveu de Voltaire, en épousant en 1762, à 55 ans, Mme de Fontaine. Méridional ouvert, il plaisait à l'écrivain, qui l'avait accueilli plusieurs fois aux Délices. En 1757, Voltaire lui confiait même «le modèle» secret d'un char* de guerre vaguement «assyrien» qu'il avait imaginé pour les batailles de plaine. Florian approcha le comte d'Argenson, mais Richelieu dédaigna le projet. Depuis cet épisode, Voltaire surnommait le marquis de Florian «le grand écuyer de Cyrus». En 1766, après l'exécution du chevalier de La Barre*, c'est par Florian, qui résidait non loin d'Abbeville, que Voltaire fut informé de certaines circonstances du drame. À ce «Picard» d'adoption, en lui envoyant *Les Scythes* et *Les Guèbres*, Voltaire demandait aussi de «crier» en faveur «des Sirven et des Calas».

Veuf inconsolable, en 1771, Florian vint séjourner quelque temps à Ferney. Là, il s'éprit d'une belle calviniste, qu'il dut épouser en Allemagne, malgré les démarches de Voltaire auprès du cardinal de Bernis. Pour garder auprès de lui Florian et sa nouvelle femme – «le petit serin», comme il la nommait –, Voltaire leur fit élever à Ferney «Mon Bijou», «une jolie

maison grande comme une tabatière». Florian y vécut encore longtemps avec sa troisième femme, après la mort du «serin» en 1774.
Le marquis avait parfois près de lui «Florianet», son jeune neveu et pupille, qui deviendra le célèbre fabuliste (1755-1794). L'enfant gardera en mémoire des impressions gaies, des souvenirs chaleureux de Ferney, et laissera un vivant portrait de Voltaire et de ses familiers dans *La Jeunesse de F. ou Mémoires d'un jeune Espagnol* (1807).

*Anne Soprani*

## FOI

BON SENS • CERTITUDE • DOGMES • FANATISME • SECTE •

Voltaire a repris du curé Meslier* l'idée que la foi, fondement de la doctrine et de la morale des chrétiens, est une «créance aveugle», donc «un principe d'erreurs et de mensonges», et partant «une source funeste de troubles et de divisions» (*Extrait des sentiments de Jean Meslier*). D'où la même obstination à réfuter tous les «motifs de crédibilité» présentés par la religion : une façade vertueuse, des miracles, des prophéties et des martyrs. Voltaire fait partout la différence entre l'évidence dûment reconnue, acte de raison, et le mouvement de la foi, qui consiste à croire «ce qui semble faux à notre entendement» (*Dictionnaire philosophique*, art. «Foi»). Au domaine de l'évidence, il n'hésite pas à rattacher sa croyance en un «Être nécessaire, éternel, suprême, intelligent»; de la foi dépendraient au contraire les diverses superstitions, où l'entendement se soumet, souvent par crainte, acceptant de croire des choses aberrantes et même contradictoires. Il souligne souvent aussi l'intérêt des clergés dans la propagation de ces impostures, pour conclure opiniâtrement: «Dieu veut que nous soyons vertueux et non pas que nous soyons absurdes.» À ce même article «Foi», Voltaire ajoute en 1767, prétendument rédigé «par un descendant de Rabelais», un dialogue fictif entre Pic de la Mirandole et le pape Alexandre VI, morceau scandaleux, sacrilège, qui étale les débauches du Saint-Père et sa totale incroyance. Le pape pouffe de rire au rappel des mystères sacrés, des miracles de l'ânesse et du serpent qui parlent: «Pic de la Mirandole fit un grand signe de croix: Eh! Dieu paternel, s'écria-t-il, que Votre Sainteté me pardonne, vous n'êtes pas chrétien. – Non, sur ma foi, dit le pape. – Je m'en doutais, dit Pic de la Mirandole.» Si Voltaire traite le sujet par la dérision, c'est aussi que chaque secte croit avoir la raison pour elle et ne voit dans les sectes rivales que superstition.
Toute la critique voltairienne de la Bible et de l'histoire de l'Église tend donc à combattre une soumission injustifiée, une abdication de la raison. Il oppose partout aux dogmes et aux articles de foi, l'adoration immédiate et

directe du Maître de l'univers ; le *Credo* de l'abbé de Saint-Pierre, rapporté à l'article « Credo » du *Dictionnaire philosophique*, y ajoute l'affirmation de la fraternité humaine. La foi exigée par les religions établies peut alors être rejetée comme contraire à la liberté : l'homme a la capacité de réfléchir et d'agir, donc la responsabilité de ses choix concrets. Ce transfert de la religion à l'humanisme laïque, ce passage d'une conception théocentrique, où l'homme se soumet, à des valeurs anthropocentriques, où toutes ses aptitudes sont exaltées, n'a pas empêché, dans les élans du messianisme républicain de 1878, l'audacieux rapprochement de Jésus et de Voltaire – le second, selon Hugo, ayant repris et achevé l'œuvre libératrice du premier.

Marie-Hélène Cotoni

*La religion chrétienne est la seule vraie entre mille autres qui prétendent aussi l'être.*
*Lettre au docteur Jean Jacques Pansophe, 1766.*

*Croire, c'est très souvent douter.*
*Questions sur l'encyclopédie, 1770-1772, art. « Croire ».*

*L'orthodoxie n'a jamais été prouvée que par des bourreaux.*
*Discours de l'empereur Julien, 1769.*

La duchesse, une fois guérie, s'était réconciliée avec l'Église, rompant toute relation avec M. de Voltaire, ce sceptique notoire.
Oscar Wilde, Le Fantôme de Canterville, 1891.

## FOLIE

BON SENS • RAISON • RIDICULE •

Le thème est riche, et triplement coordonné : au caractère, à la polémique, à la philosophie. On connaît les fous ordinaires de Voltaire, doux dévots crédules ou violents fanatiques. Le *Dictionnaire philosophique*, tout en distinguant, comme il est juste, « celui qui croit voir la moitié de la lune dans la manche de Mahomet » (art. « Sens commun ») et « celui qui soutient sa folie par le meurtre » (art. « Fanatisme »), les envoie tous deux vers le même asile, « aux Petites-Maisons de l'univers », à l'issue d'un Jugement dernier revu et corrigé (art. « Dogmes »). Figures proches, Pascal\* est le fou du salut spirituel, Maupertuis\* le fou du pouvoir intellectuel. L'histoire a ses fous aussi, de conquête et de puissance, en tous genres : les Tamerlan, les Torquemada, les Cortés et les Cromwell.

Mais l'épithète est réversible : on ne saurait compter tous ceux pour qui Voltaire ne fut qu'un fou. Arouet\* le père déjà se voyait chargé de deux fils

timbrés, l'un libertin, l'autre janséniste, ou comme il disait, paraît-il, «l'un en vers, l'autre en prose». Les plaisants qui intronisent Voltaire à la calotte* en 1723 le font pareillement «fils d'Apollon et de la Folie». Il a d'ailleurs nourri son propre mythe de bouffon, à tout âge, par le feu de ses plaisanteries, l'impromptu de ses familiarités, la fantaisie de ses pseudonymes*, signant encore à 65 ans «Demad» – autant dire «the Mad»: «le Fou» – une lettre assez «loustic» de désaveu de *Candide*.

La version noire de cette folie Voltaire, toutes passions lâchées, c'est l'hypocondrie ou la frénésie. À leur sortie en 1734, un rigoriste raisonneur a lu les *Lettres philosophiques* comme un livre vraiment «extravagant», «furieux», plein de «verve frénétique»; et l'auteur en 1757 d'un recueil de nouveaux «caractères» à la façon de La Bruyère, l'*Aristippe moderne*, peignant Voltaire sous le nom d'Hermagore, en fait de même «un hypocondre, un fou qu'il faudrait enfermer». La vivacité nerveuse de son écriture pouvait être effectivement ressentie de son temps comme une violence agressive – moins suspect de préjugé, l'abbé Mably s'est aussi représenté l'auteur de l'*Histoire de Charles XII* comme «un fou courant après un autre fou».

On a quelques confidences indiscrètes du médecin de la vieillesse de Voltaire, le fameux Théodore Tronchin* de Genève, homme placide, économe de ses forces, sagement égoïste – et de quinze ans son cadet. La tonicité de cet égrotant l'effrayait, et surtout la dispersion de ses intérêts dans ces années Ferney, entre la terre et l'œuvre, la colonie et l'Europe, les bestiaux et la gloire. Chez son illustre patient, Tronchin diagnostique un désordre: Voltaire est «dérangé», cela remonte à «sa tendre enfance» – il le confie à Rousseau, en 1756. L'extrême agitation surtout du retour à Paris de l'hiver 1778, et la fébrilité du grand vieillard à s'y dépenser encore, arrachèrent au médecin cet aveu accablé, presque un pronostic terminal: «J'ai vu bien des fous en ma vie, je n'en ai jamais vu de plus fou que lui» – la folie d'écrire, innervant toute une existence, serait donc la plus incurable? Voltaire a lui-même écrit un article «Folie», un peu facile, mais piquant. Il y réfléchit aux causes, dans la fiction d'un dialogue express entre un fou et ses médecins. «De grâce, vous qui en savez tant, dites-moi pourquoi je suis fou», demande le fou. Le dernier mot reste à Voltaire: «Si les docteurs ont encore un peu de bon sens, ils lui répondront: *Je n'en sais rien.*»

*André Magnan*

*Nous finirons ce petit article par une remarque: les deux héros de l'Arioste et de Cervantès sont fous, et ces deux ouvrages sont les meilleurs de l'Italie et de l'Espagne.*

*Gazette littéraire de l'Europe, 30 mai 1764.*

*N. B. Je suis fâché pour Hippocrate qu'il ait prescrit le sang d'ânon pour la folie, et encore plus fâché que le « Manuel des dames » dise qu'on guérit la folie en prenant la gale. Voilà de plaisantes recettes: elles paraissent inventées par les malades.*

*Questions sur l'Encyclopédie, 1770-1772, post-scriptum à l'article « Folie ».*

## FOLLICULAIRE

FRÉRON • JOURNALISTE • NÉOLOGISME •

— *Quel est, dit Candide, ce gros cochon qui me disait tant de mal de la pièce où j'ai tant pleuré et des acteurs qui m'ont fait tant de plaisir? — C'est un mal vivant, répondit l'abbé, qui gagne sa vie à dire du mal de toutes les pièces et de tous les livres; il hait quiconque réussit, comme les eunuques haïssent les jouissants: c'est un de ces serpents de la littérature qui se nourrissent de fange et de venin; c'est un folliculaire. — Qu'appelez-vous folliculaire? dit Candide. — C'est, dit l'abbé, un faiseur de feuilles, un « Fréron ».*

*Candide, 1759, chap. XXII — addition de l'édition de 1761.*

Mais pour passer de « faiseurs de feuilles » à « folliculaires », il faut peut-être investir le savant suffixe d'une curieuse observation d'histoire naturelle, rappelée par un autre héros de conte, après lecture de quelques « brochures périodiques » : « Je les compare, disait-il, à certains moucherons qui vont déposer leurs œufs dans le derrière des plus beaux chevaux : cela ne les empêche pas de courir » (*L'Ingénu*, 1767, chap. XI).

L'Académie française enregistra ce néologisme voltairien en 1798.

*André Magnan*

## FONTAINE, Marie Élisabeth Mignot, Mme de

AROUET • FAMILLE • FLORIAN • HORNOY •

Fille cadette de Catherine Arouet, Élisabeth Mignot (1715-1771) était l'autre nièce de Voltaire, « la Serizi » la surnomme-t-il mystérieusement. Elle lui ressemblait physiquement, avec ses yeux noirs et ses joues creuses. En 1738, elle avait épousé un trésorier de la chambre des comptes d'Amiens, plus âgé qu'elle : Nicolas Dompierre de Fontaine, seigneur d'Hornoy en Artois. Voltaire la dota d'une rente de 25 000 livres, mais il n'assista pas aux « noces bourgeoises ». Le couple vivait entre Hornoy, où le seigneur avait son château, et l'hôtel d'Herbouville à Paris.

Pour sa seconde nièce, Voltaire éprouve une affection toute paternelle : il lui envoie des lettres d'un bon oncle attentif qui de loin s'intéresse, s'émeut ou conseille. Mme de Fontaine était différente de sa sœur Mme Denis*, plus intérieure, plus effacée aussi. Elle était douée pour le dessin, et Voltaire louait fort son talent. Elle lui offrit une «Léda», divers portraits et des pastels pour orner «ses petites Délices». Elle copia ensuite, pour la maison du Grand Chêne à Lausanne, «de belles nudités d'après Natoire et Boucher», «pour ragaillardir ma vieillesse», écrit Voltaire. «Vous l'emportez sur Liotard», ajoute-t-il. Elle montait à cheval et aimait sa campagne d'Hornoy. Plus soumise à son mari qu'amoureuse, elle avait pris un amant charmant, le marquis de Claris de Florian, dès 1753. Elle perdit un jeune enfant, et seul survécut son dernier fils, Alexandre d'Hornoy. À Paris, elle était «presque» toute la «famille» de Voltaire; à ce titre, il «l'assomme de commissions». Elle séjourna souvent aux Délices. Elle y tomba assez gravement malade en 1756 et Tronchin dut la tirer «des portes de la mort». Durant l'été 1758, avec Mme Denis, elle accueillit la comtesse de Bentinck* en l'absence de Voltaire. Elle était encore aux côtés de son oncle, avec sa sœur, lorsqu'il prit solennellement possession de son comté de Tourney. «Vivez heureux, neveu et nièce», souhaite-t-il à Mme de Fontaine en mars 1762 : veuve depuis 1756, elle se remariait avec le marquis de Florian. Elle vécut encore près de dix ans dans ses terres que Voltaire l'encourageait à développer, sans plus céder aux attraits de la capitale : «Les campagnes sont plus simples et plus honnêtes.» Elle mourut peu de temps après avoir arrangé le mariage de son fils.

*Anne Soprani*

## FONTAINEBLEAU

COURTISAN • LOUIS XV •

C'était pays de cour, presque autant que Versailles. Voltaire fréquenta la résidence royale durant les somptueuses fêtes du mariage de Louis XV avec Marie* Leszczynska, en septembre 1725. Le poète, qui désirait alors entrer dans la carrière de courtisan, avait préparé «un petit divertissement» pour célébrer l'événement, mais on lui préféra Molière, son *Médecin malgré lui* et son *Amphytrion*. Il attendit donc un mois avant de pouvoir présenter à Fontainebleau, pour ces réjouissances royales, *Mariamne* et *L'Indiscret\**.
Louis XV ayant pris l'habitude de venir chasser dans l'antique forêt, au début de chaque automne, le pauvre Voltaire, devenu gentilhomme* ordinaire de la chambre du roi entre 1746 et 1749, dut supporter avec patience «les tracasseries de Fontainebleau».

*Anne Soprani*

## FONTAINE-MARTEL, Antoinette Madeleine Desbordeaux, comtesse de
FEMMES • LOGEMENTS •

Pour «la vive et douce Martel», Voltaire a «bâti» à l'automne de 1732 un *Temple\* de l'Amitié*. Cette noble veuve déjà au terme de sa vie (1661-1733) acceptait des pensionnaires dans son petit hôtel particulier, rue des Bons-Enfants. Thiriot y avait logé, Voltaire s'installa chez elle en 1732, à 38 ans, juste avant sa rencontre avec Mme du Châtelet. À ses hôtes, elle demandait le plaisir de leur compagnie, en leur offrant chaque dimanche «des soupers longs, gais et tranquilles». Ce genre de contrat était alors commun, signe d'une société de luxe et d'agrément. Dans sa maison, Voltaire perdit au biribi de rondes sommes et organisa de ces représentations de théâtre d'amateurs dont il garderait le goût. Il donna ainsi avec succès *Ériphyle*, *Brutus*, *L'Indiscret* et *Zaïre*; il étrenna chez elle le rôle de Lusignan\*. Mme de Fontaine-Martel mourut en janvier 1733. Voltaire quitta donc, à peine prises, ces «agréables pénates», mais il conserva toujours un souvenir enjoué de cette femme peu dévote qu'il avait même aidée, dit-il, à «mourir dans les règles».

*Anne Soprani*

*Figurez-vous que ce fut moi qui annonçai à la pauvre femme qu'il fallait partir. Elle ne voulait point entendre parler des cérémonies du départ; mais j'étais obligé d'honneur à la faire mourir dans les règles. Je lui amenai un prêtre moitié janséniste, moitié politique qui fit semblant de la confesser, qui vint ensuite lui donner le reste. Quand ce comédien de Saint-Eustache lui demanda tout haut si elle n'était pas bien persuadée que son Dieu, son créateur était dans l'eucharistie, elle répondit «ah, oui!» d'un ton qui m'eût fait pouffer de rire dans des circonstances moins lugubres.*
À Jean Baptiste Nicolas de Formont, 27 janvier 1733.

## FONTENELLE, Bernard Le Bovier de
DESCARTES • PHILOSOPHIE • SCIENCES •

Fontenelle vécut centenaire (1657-1757). Bien qu'il appartienne à la génération précédente, il a néanmoins été le contemporain de Voltaire durant toute la première moitié du siècle. En 1737, quand Maupertuis, au retour d'une expédition en Laponie, soutient que la terre est aplatie au pôle, il se heurte à Fontenelle qui représente, avec d'autres savants comme Jacques Cassini et Réaumur, le bastion cartésien de l'Académie des sciences, dont il est le secrétaire perpétuel: ces adversaires soutiennent que les calculs de Maupertuis prouvent aussi bien que la terre est ovoïde. Même après la

publication des *Éléments de la philosophie de Newton* en 1738, Fontenelle persiste dans son attitude prudemment cartésienne. En 1742, il ajoute à ses torts celui de soutenir Marivaux, le concurrent victorieux de Voltaire à l'Académie française. En publiant enfin une *Théorie des tourbillons cartésiens* (1752), il réaffirme une dernière fois son soutien à Descartes.

Dans *Micromégas* (publié en 1752), Voltaire a dépeint Fontenelle sous les traits d'un savant de la planète Saturne, commettant force bévues dans ses observations de la Terre et de ses habitants. Il lui arrive de pasticher le style fleuri dont usait Fontenelle dans ses fameux *Entretiens sur la pluralité des mondes* et de reprendre des expressions chères à celui qui avait voulu vulgariser la philosophie, mais il sanctionne peut-être injustement une attitude intellectuelle qui lui semble pusillanime et un peu étroite, en montrant comment Fontenelle ne parvient pas à échapper à l'empire du préjugé.

Voltaire a marqué, dans le «Catalogue des écrivains français» du *Siècle de Louis XIV* (1752), l'estime qu'il vouait, malgré tout, à Fontenelle. Il lui pardonne d'avoir défendu les tourbillons de Descartes, puisque l'Europe entière les avait adoptés. Fontenelle devient même là le précurseur des philosophes persécutés par le pouvoir, tout en ayant encore le mérite d'avoir été attaqué par Desfontaines* – car «c'est le propre des grands hommes d'avoir de méprisables ennemis». Voltaire lui attribue enfin «l'art nouveau de répandre de la lumière et des grâces sur les sciences abstraites». Comment en effet ne pas voir en Fontenelle un précurseur de Voltaire lui-même? Pourtant le patriarche mettra parfois en doute ses qualités littéraires, en lui reprochant curieusement d'avoir montré trop d'esprit dans ses dialogues, et ceci au détriment de la pensée.

Didier Masseau

*Je ne suis point du tout de l'avis de Fontenelle, qui, après avoir mutilé en douceur le savant traité des oracles de Van Dale, disait que s'il avait la main pleine de vérités, il n'en lâcherait aucune. Il faut les lâcher et retirer promptement la main. Si tous les philosophes avaient suivi la maxime lâche de Fontenelle, où en serions-nous? Nous gémirions sous le joug du fanatisme le plus horrible. Les temps sont bien changés; la lumière luit de toutes parts.*

*À d'Argental, vers le 15 juin 1766.*

## FORMEY, Jean Henri Samuel

BERLIN • PRUSSE •

Ce pasteur (1711-1797), fils d'un Champenois ayant dû s'exiler après la révocation de l'édit de Nantes, a été élu secrétaire perpétuel de l'académie

de Berlin en 1748. Deux ans plus tard, il y rencontre Voltaire qui effectue son dernier séjour en Prusse. L'hôte de Frédéric II ménage Formey parce que celui-ci occupe une position clef dans l'Europe culturelle : ce journaliste infatigable, grand spécialiste du philosophe Wolff, habile vulgarisateur de la pensée des Lumières, a des correspondants dans l'Europe entière et dirige trois périodiques. Il insère en 1752 un compte rendu élogieux du *Siècle\* de Louis XIV* dans la *Nouvelle Bibliothèque germanique* et dans la *Bibliothèque impartiale*, mais les relations entre les deux hommes se détériorent quelque peu. Voltaire aurait souhaité enrôler ce protestant dans ses combats philosophiques, alors que Formey entend bien rester fidèle aux Lumières les plus modérées qui lui assurent un pouvoir culturel en Europe. Dans les *Souvenirs d'un citoyen* (1789), Formey colportera des bruits et des anecdotes sur la petitesse et la ladrerie dont Voltaire aurait fait preuve pendant son séjour en Prusse.

*Didier Masseau*

FORMONT, Jean Baptiste Nicolas de

AMITIÉ • ROUEN •

Cet ami de Mme du Deffand (mort en 1758) entretient une relation des plus amicales avec Voltaire qui l'appelle en 1731 « un rimeur charmant plein de raison », et en 1758 « le plus indifférent des sages ». Voltaire fit sa connaissance dès 1723, à Rouen, dans le milieu Bernières\*, alors qu'il s'occupait de faire éditer *La Henriade\**. Le 1$^{er}$ juin 1733, prêt à publier les *Lettres philosophiques*, il lui écrit : « Me conseilleriez-vous d'y ajouter quelques petites réflexions détachées sur les *Pensées* de Pascal ? Il n'y a guerrier si bien armé qu'on ne puisse percer au défaut de la cuirasse. » En 1736, il s'entretient avec lui du *Mondain* et une année plus tard des *Discours en vers sur l'homme*. Formont est un confident littéraire qui prête une oreille attentive aux projets de Voltaire. Celui-ci lui donne de nombreux surnoms : « philosophe aimable » ou encore « Aristarque » quand il s'adresse à lui en même temps qu'à Cideville\*, cet autre ami rouennais.

*Didier Masseau*

*Mon cher philosophe, votre souvenir m'enchante ; vous êtes un gros et gras épicurien de Paris, et moi un maigre épicurien du lac de Genève. Il est bon que les frères se donnent quelquefois signe de vie. Mme du Deffand est plus philosophe que nous deux puisqu'elle supporte si constamment la privation de la vue et qu'elle prend la vie en patience. Je m'intéresse tendrement, non pas à son bonheur, car ce fantôme n'existe pas, mais à toutes les consolations dont elle jouit, à tous les agréments de son esprit, aux charmes de sa société délicieuse. Je voudrais bien en jouir sans*

doute de cette société délicieuse, j'entends de la vôtre et de la sienne, mais allez vous faire f... avec votre Paris, je ne l'aime point, je ne l'ai jamais aimé. Je suis cacochyme ; il me faut des jardins, il me faut une maison agréable dont je ne sorte guère, et où l'on vienne. J'ai trouvé tout cela, j'ai trouvé les plaisirs de la ville et de la campagne réunis, et surtout la plus grande indépendance.
À Jean Baptiste Nicolas de Formont, vers le 3 octobre 1758.

## FOSSILES

BUFFON • COQUILLES • SCIENCES •

À l'étude des fossiles, alors balbutiante, la question restait liée de savoir s'il était « physiquement possible » que la terre eût été submergée par un déluge* universel : Voltaire le nie dans l'article « Inondation » du *Dictionnaire philosophique*. Sa principale source documentaire est ici le *Dictionnaire universel des fossiles* (1763) du pasteur bernois Élie Bertrand*, avec lequel il entretint de bons rapports. Il appréciait la précision prudente des descriptions de Bertrand, dont il rendit compte dans la *Gazette\* littéraire de l'Europe* (18 avril 1764) : « L'auteur ne perd pas son temps à faire des systèmes [...]. Il n'assure point que les glossopètres soient des langues de chiens marins qui sont tous venus, sur le même rivage, déposer leurs langues pour qu'elles fussent pétrifiées [...]. Il nous rend compte de ce que la nature nous offre, et non de ce qu'elle nous cache. »
Dans ce débat sur l'origine des fossiles ou « coquilles », trouvés au sommet des montagnes, l'observation des empreintes revêtait une importance capitale : ces « pierres figurées » présentant des formes végétales ou animales, lenticulaires, glossopètres, cornes d'Ammon et bélemnites, étaient-elles bien la trace d'animaux marins ? L'analogie avec des espèces observées dans d'autres continents était-elle établie ? Des espèces marines avaient-elles pu séjourner à l'intérieur des terres ?
Plutôt que d'admettre des conjectures qui lui paraissent invraisemblables, Voltaire prête une imagination délirante à certains savants : les coquilles que l'on trouve à Montmartre, à Courtagnon près de Reims, ou les carrières de Falun en Touraine, offrent bien à la vérité, selon lui, des empreintes d'animaux d'eau douce, mais d'animaux marins point. C'est qu'il répugne aux antécédents de l'hypothèse, dont il croit pouvoir railler l'enchaînement : « Si la mer a été partout, il y a eu un temps où le monde n'était peuplé que de poissons. Peu à peu les nageoires sont devenues des bras ; la queue fourchue, s'étant allongée, a formé des cuisses et des jambes : enfin les poissons sont devenus des hommes, et tout cela s'est fait en conséquences des coquilles qu'on a déterrées » (*Les Singularités de la nature*, chap. XII). Voltaire s'oppose au fond au nouveau postulat trans-

formiste formulé par Benoît de Maillet, puis par Buffon, qui mettrait en péril la différence radicale de l'homme en menaçant l'ordre du monde. Ces naturalistes modernes sont à ses yeux des dupes ou des charlatans : « Il est arrivé aux coquilles la même chose qu'aux anguilles : elles ont fait éclore des systèmes nouveaux. » Horreur des systèmes, crispation du rationalisme, résistance aux genèses bibliques : Voltaire aura manqué la modernité d'une intuition de l'évolution.

*Roselyne Rey*

## *FRAGMENT SUR LE PROCÈS CRIMINEL DE MONBAILLI, ROUÉ ET BRÛLÉ VIF À SAINT-OMER EN 1770 POUR UN PRÉTENDU PARRICIDE, ET SA FEMME CONDAMNÉE À ÊTRE BRÛLÉE VIVE, ET TOUS DEUX INNOCENTS*

Voir MONBAILLI.

## *FRAGMENTS SUR L'INDE, SUR LE GÉNÉRAL LALLY ET SUR LE COMTE DE MORANGIÉS*

INDE • LALLY-TOLLENDAL • RELIGION •

Dans sa première édition de Genève (1773), ce volume contient des fragments sur le général Lally et sur le comte de Morangiés*. Une deuxième édition ne contient pas le *Précis du procès de M. le comte de Morangiés contre la famille Véron*. Les éditions suivantes ajoutent aux articles consacrés à l'Inde et à Lally divers fragments sur la Saint-Barthélemy, sur le procès Monbailli, pour la défense de Louis XIV. C'est dire qu'il s'agit d'un pot-pourri qui joint le fondamental à l'occasionnel et répond à des préoccupations parfois hétérogènes. D'ailleurs, à en croire Beuchot, la rédaction des *Fragments* n'a pas été continue : une fournée de vingt articles d'abord, envoyée à Paris en juin 1733, que viendront grossir les articles XXI à XXXVI rédigés à la fin de l'année, et traitant de la religion hindoue et de l'histoire des Indiens, pour s'achever sur un état de l'Inde en 1770.

L'ouvrage s'ouvre sur un tableau historique du commerce de l'Inde, avec l'arrivée des Hollandais et la création des grandes compagnies de commerce. Vient ensuite l'histoire de la guerre entre Anglais et Français, mais interrompue par des analyses de la philosophie hindoue, et par la description des peuples qui habitent l'Inde, de leurs mœurs, de leur religion, de leurs coutumes. Les articles XIII à XX traitent pour l'essentiel de la campagne malheureuse menée par Lally. L'ensemble n'est pas construit selon les règles du discours historique, et l'analyse manque souvent d'unité. Certaines informations sur la religion, sur le *lingam* sont répétées.

Cette construction lâche tient au fait que Voltaire poursuit ici plusieurs buts : il se veut historien du contemporain, mais aussi défenseur de Lally accusé injustement d'incapacité militaire, et analyste enfin de la civilisation hindoue, dont il étudie les rapports avec le judaïsme biblique. D'une pierre, un nombre incalculable de coups : les mythologies se ressemblent, la religion juive n'a pas précédé, comme le prétend la tradition chrétienne, les autres croyances, la superstition est inhérente à toute religion, le clergé entretient partout l'obscurantisme. On reconnaîtra à Voltaire un réel désir de s'informer, fût-ce pour nourrir ses refus et ses dénonciations. La société hindoue lui inspirera quelques contes. Il ne cessera pas pour autant de défendre l'honneur perdu de Lally. Dans le mouvement qui met l'Inde à la mode, la position de Voltaire est singulière. On ne s'en étonnera pas.

*Jean Goulemot*

*Dès que l'Inde fut un peu connue des barbares de l'Occident et du Nord, elle fut l'objet de leur cupidité, et le fut encore davantage quand ces barbares, devenus policés et industrieux, se firent de nouveaux besoins [...]. Nos peuples européens ne découvrirent l'Amérique que pour la dévaster et l'arroser de sang ; moyennant quoi ils eurent du cacao, de l'indigo, du sucre, dont les cannes furent transportées d'Asie par les Européens dans les climats chauds de ce nouveau monde ; ils rapportèrent quelques autres denrées, et surtout le quinquina. Mais ils y contractèrent une maladie aussi affreuse qu'elle est honteuse et universelle, et que cette écorce d'un arbre du Pérou ne guérissait pas [...]. Le commerce, ce premier lien des hommes, étant devenu un objet de guerre et un principe de dévastation, les premiers mandataires des compagnies anglaise et française, salariés par leurs commettants sous le nom de gouverneurs, furent bientôt des espèces de généraux d'armée : on les aurait pris dans l'Inde pour des princes ; ils faisaient la guerre et la paix tantôt entre eux, tantôt avec les souverains de ces contrées.*

*Fragments sur l'Inde, sur le général Lally et sur le comte de Morangiés, 1773.*

## FRANÇAIS

WELCHES •

« Avez-vous jamais été en France, monsieur Martin ? » dit Candide. La réponse fait mouche (*Candide*, chap. XXI) : la première occupation des Français est « l'amour », la seconde de « médire », la troisième de « dire des sottises » – mais on sait que Martin n'aime personne et médit beaucoup. Voltaire, qui s'était vu confier l'article « Français » de l'*Encyclopédie\**, le fit plus nuancé, plus substantiel, en dix grandes pages (1756). L'entrée était à « François », selon l'usage encore dominant, mais ce point d'orthographe*

réglé dès les premières lignes, on lit partout « Français ». La notice revenait de droit à Voltaire, et comme historien et comme écrivain. Il traite donc du nom des « Francs », de leur gouvernement, des variations de l'entité historique, mais surtout de l'esprit de la nation, du « génie » de la langue, enfin des « Français » contemporains. Rien de foncièrement original dans cet exposé, sinon l'insistance à rattacher aux Gaulois « le fonds du caractère » national, et un usage assez piquant des citations – de Marc Aurèle, du Tasse, de Shakespeare. L'ensemble est agréable, euphorique même, et c'est justement le relief le plus curieux d'un portrait somme toute flatté, marque de sa date.

Voltaire voit les Français revenus des « emportements de la faction et du fanatisme », tournés désormais vers les arts et les plaisirs, ayant certes beaucoup emprunté aux autres nations, mais « presque tout perfectionné », et enfin capables de « raison » après douze siècles de « ténèbres » : « Aujourd'hui, conclut-il, il y a plus de philosophie dans Paris que dans aucune ville de la terre, et peut-être que dans toutes les villes ensemble, excepté Londres. » Étonnant moment suspendu de conciliation possible encore, entre les Lumières, le pouvoir et l'opinion : Voltaire partage ici le volontarisme des directeurs de l'*Encyclopédie* au sortir de la crise de 1752.

La figure des Welches, en moins de dix ans, inversera les traits. Réplique aux Cacouacs\*, elle surgit au cœur de l'affaire Calas, prend forme en 1764 dans le fulminant *Discours\* aux Welches*, et accompagne toute la lutte contre l'Infâme : les Welches sont les Français rétrogrades, indifférents ou même hostiles à la Philosophie, fanatiques ou fanatisables, légers, futiles, narcissiques, inconscients de leur décadence\* commencée. On est ou français ou welche. Dédoublement d'une évidente provocation : Voltaire veut, dit-il, « piquer d'honneur » ses compatriotes, qui sacrifient la raison à leurs amusements, et vont à l'opéra-comique en oubliant le chevalier de La Barre. Il conserva, pour le satisfecit et l'éloge, le beau nom de « Français », mais il en usa moins, et du bout des lèvres – il faut toujours, disait-il en privé, « gronder sa maîtresse ».

*André Magnan*

*Les Welches qui ne sont pas Welches ne seront point fâchés de voir ce supplément, et peut-être inspirera-t-il à ceux qui le sont encore le désir de cesser de l'être. Au reste, Mlle Catherine Vadé assure que son cousin Antoine pensait que les Welches étaient les ennemis de la raison et du mérite, les fanatiques, les sots, les intolérants, les persécuteurs et les calomniateurs; que les philosophes, la bonne compagnie, les véritables gens de lettres, les artistes, les gens aimables enfin, étaient les Français, et que c'était à eux à se moquer des autres, quoiqu'ils ne fussent pas les plus nombreux. Cette déclaration doit justifier*

*pleinement la mémoire de notre illustre auteur des reproches qu'on lui faisait de nous avoir dit nos vérités avec trop peu de ménagement.*
*Supplément du Discours aux Welches, 1764, « avertissement ».*

*Ce d'Alembert n'est pas Welche, c'est un vrai Français.*
À Cideville, 4 février 1765.

*On mettrait pêle-mêle dans un alambic l'Italie, l'Angleterre et l'Allemagne, que l'on ne parviendrait jamais à faire « Candide ».*
Stendhal, Vie de Rossini, 1831.

## FRANÇAIS (Langue)

Voir LANGUE • NÉOLOGISME • ORTHOGRAPHE.

## FRANCE, Anatole
VOLTAIRIENS • VOLTÉRANISME •

Sans doute le plus voltairien des écrivains français, bien qu'il n'ait pas, à notre connaissance, consacré de notice à Voltaire, ni préfacé ses contes – deux rites du temps. Mais Anatole France (1844-1924) a beaucoup lu Voltaire qu'il admire (« un des saints de la Bible humaine ») et lui a consacré nombre d'articles dans *L'Amateur d'autographes, Le Bibliophile français, La Vogue parisienne*. Il a porté une attention toute particulière à l'actualité voltairienne en critiquant les analyses que Ferdinand Brunetière (1849-1906) et Émile Faguet (1847-1916) consacraient au philosophe. Il a longuement rendu compte, dans *L'Amateur d'autographes* de mai 1869, du *Voltaire à la cour* de Desnoiresterres*, troisième volume d'une nouvelle et monumentale biographie, et signalé la publication de documents relatifs à l'affaire La Barre. Malgré de notables différences (France est athée et refuse la société bourgeoise à laquelle aspirait le philosophe), Voltaire correspond à son milieu intellectuel, à sa formation et à ses goûts.

Il y a entre les deux écrivains de nombreux points communs. L'un et l'autre ont milité pour la justice, et l'engagement d'Anatole France dans le combat pour Dreyfus est là pour nous le rappeler. Il existe chez lui comme chez Voltaire un scepticisme narquois et une ironie moqueuse. France a emprunté nombre de ses traits au polémiste. On lui a d'ailleurs reproché son esprit voltairien dans *Thaïs*. Remarquons enfin qu'il a pratiqué le conte à la façon de Voltaire, qui aurait sans doute apprécié le style et la fable de *L'aile des pingouins*. Enfin l'anticléricalisme* de France, dans un contexte

autre, doit beaucoup à celui du patriarche de Ferney. Détail moins anecdotique qu'il n'y paraît, c'est au nom de Voltaire que France a dénoncé les excès de la Commune, qui lui semblait un retour à la barbarie fanatique.

*Jean Goulemot*

## *FRANCE LITTÉRAIRE (LA)*

En 1755 encore, c'est à la lettre A que cette bibliographie annuelle de la production courante enregistre parmi les auteurs AROUET DE VOLTAIRE – indice probable d'un flottement résiduel du nom* dans le discours interne au champ littéraire. À partir de 1756, l'entrée VOLTAIRE est fixée pour toute la suite de la collection.

*André Magnan*

## FRANCFORT

FRÉDÉRIC II • « ŒUVRE DE POÉSHIE » • PRUSSE •

Sur le chemin du retour de Prusse en 1753, Francfort-sur-le-Main, ville libre d'Empire, devait être une étape. Ce fut le cadre d'une humiliation majeure dans la vie de Voltaire. Le 31 mai au soir, il s'installe au Lion d'Or. Les sbires de Frédéric l'attendent de pied ferme. Il restera cinq semaines à Francfort (31 mai-6 juillet 1753).

Le résident prussien Freytag* a reçu des instructions royales datées du 11 avril : il doit réclamer au voyageur sa clef de chambellan*, sa croix de l'ordre* du Mérite, et se saisir de « lettres et écritures de Sa Majesté » et d'un « livre » dont le titre n'est pas bien spécifié. Fredersdorff*, homme de confiance de Frédéric, précise, à tort, que ce livre est intitulé *Œuvre de poésie*, alors qu'il s'agit des *Œuvres du philosophe de Sans-Souci*.

Le 1$^{er}$ juin, on fouille les bagages. Le précieux ouvrage manque : il se trouve dans une malle qui suit par Leipzig. Freytag s'engage à libérer Voltaire dès qu'il l'aura recouvré. Le 9 juin, Mme Denis* rejoint son oncle à Francfort. Le dimanche 17 juin, la malle arrive, mais Freytag, sans explication plausible, refuse de l'ouvrir. Il avait demandé entre-temps des consignes plus détaillées. Le roi étant en tournée de revues militaires, Fredersdorff lui a répondu d'attendre « des ordres ultérieurs ».

L'affaire dérape. Le 20 juin, accompagné de Collini* son secrétaire, Voltaire essaie de fuir. On l'arrête, on se saisit de son argent, de ses bijoux. Il est incarcéré cette fois, et dans une gargote, ainsi que Collini et Mme Denis, qui doit se défendre des pires importunités de son geôlier, un certain Dorn. Voltaire a alerté les autorités de la ville ; mais le conseil de Francfort opte

pour l'attentisme. Il est à la merci de Freytag. Malgré les ordres réitérés du roi (reçus les 22 et 25 juin) de laisser partir l'ancien chambellan prussien sur sa promesse de restituer le «livre», malgré un désaveu parti de Berlin le 26 juin, les prisonniers ne retrouveront leur liberté que le 6 juillet. Freytag les garde sous sa coupe : il attend une approbation de sa conduite et une sanction exemplaire contre Voltaire qui a osé fuir. Entre-temps se sont succédé des scènes de tragi-comédie, ponctuées par les mensonges et malhonnêtetés de Freytag et de son acolyte Schmidt, les atermoiements du Vénérable Conseil de Francfort, les protestations des prisonniers auxquels le résident veut faire payer leurs frais de détention. Spolié jusqu'au dernier sol, Voltaire s'efforcera en vain d'obtenir réparation : Frédéric couvrait ses agents.

La «barbarie iroquoise» de Francfort resta toujours pour Voltaire une blessure mal cicatrisée, des centaines de lettres en témoignent. Le récit ironique des *Mémoires\** raille la balourdise de Freytag, en réalité fonctionnaire craintif et borné d'un gouvernement despotique. Cette «affaire d'Ostrogoths et de Vandales» devint au XIXe siècle un objet d'affrontements scientifico-nationalistes entre l'historiographie prussienne et l'historiographie française. Le droit des gens a été violé impunément, mais l'écrivain humilié, débarrassé enfin des insignes courtisans, se trouvait désormais libre de toute sujétion royale.

On grava en Allemagne une estampe populaire de cet épisode, pièce rarissime, apparemment perdue, que vit Desnoiresterres*, et dont il a relevé le titre : *La Volerie de Voltaire châtiée à coups de bâton*.

Christiane Mervaud

*Il est étrange qu'une ville qui se dit libre laisse une puissance étrangère exercer de telles vexations au milieu de ses murs; mais la liberté et l'indépendance ne sont jamais pour le faible qu'un vain nom. Frédéric, dans le temps de sa passion pour Voltaire, lui baisait souvent les mains dans le transport de son enthousiasme; et Voltaire comparant, après sa sortie de Francfort, ces deux époques de sa vie, répétait à ses amis : «Il a cent fois baisé cette main qu'il vient d'enchaîner.»*

Condorcet, Vie de Voltaire, 1790.

## FRANCHEVILLE, Joseph Dufresne de

SECRÉTAIRES •

Un seul nom figure au titre de l'édition originale du *Siècle de Louis XIV* imprimée à Berlin en 1751-1752 : celui de Francheville (1704-1781), membre de l'académie de Berlin, qui avait accepté d'en être l'éditeur, au

sens légal du mot. Voltaire fréquenta volontiers, durant son plus long séjour en Prusse, ces Dufresne de Francheville, Français récemment établis à Berlin. En mars 1752, il prit à son service, pour le former, le cadet des Francheville, qui fut sans doute, quoique brièvement, l'un de ses meilleurs secrétaires – il passa ensuite au service du prince Henri* de Prusse. On rencontre souvent, dans les copies et brouillons des années 1752-1753, son écriture élégante, fine et intelligente. Il resta plus de dix ans en correspondance avec son ancien maître, mais leurs lettres sont perdues.

*André Magnan*

## FRANC-MAÇON

Voltaire n'intervient dans l'histoire de la maçonnerie que par son initiation (7 avril 1778), un peu moins de deux mois avant sa mort. A-t-il été maçon avant cette date? Certains prétendent qu'il aurait été initié durant son séjour prussien – Frédéric II était maçon depuis 1738 – ou même invité dans une loge par lord Chesterfield à un «souper de frères» lors de son séjour à Londres en 1726-1728. Il est sûr qu'en 1778, il n'eut pas les yeux bandés à son entrée dans le temple : avait-il déjà reçu la lumière? Mais on sait qu'à la demande de l'abbé Cordier de Saint-Firmin – parrain du profane – et compte tenu de son grand âge, la loge avait décidé de le dispenser de la plus grande partie des épreuves. La Loge des Neuf-Sœurs, fondée en 1776, désirait se poser en héritière de Voltaire dans le rôle de défenseur des victimes de l'injustice. En pleine expansion (soixante frères en 1777, cent cinquante en 1778), elle comptait parmi ses membres Helvétius, l'astronome Lalande, Court de Gébelin, Cabanis et Fontanes, Élie de Beaumont, qui avait assisté le philosophe dans la défense de Calas et de Sirven, et d'autres personnalités influentes de l'intelligentsia parisienne – Houdon aussi en faisait partie. En accueillant Voltaire en grande pompe, la loge rendait au philosophe un hommage qui lui revenait presque naturellement, ce que souligna le vénérable Lalande dans son discours d'intronisation : «Vous étiez Franc-Maçon avant même que d'en avoir reçu le caractère, et vous en avez rempli les devoirs avant que d'en avoir contracté l'obligation entre nos mains.»

Six mois presque jour pour jour après la mort de Voltaire, le 28 novembre 1778, les Neuf-Sœurs déclenchèrent la colère du Grand Orient en lui consacrant, avec le plus grand éclat, une apothéose à titre posthume. C'était répondre au parti dévot qui s'était opposé à l'enterrement religieux du philosophe. On récita ce jour-là entre frères un poème à la gloire du maître, qui fut aussitôt imprimé et réimprimé sous un titre sobrement éloquent : *Voltaire* (1779 et 1780).

Voltaire ne semble pourtant pas avoir eu beaucoup d'estime pour l'ordre, comme le prouve l'article «Initiation» des *Questions sur l'Encyclopédie*, avec son analogie des rites maçonniques aux «simagrées religieuses»; il lui arrive de s'exprimer assez dédaigneusement sur «nos pauvres maçons», qu'il va jusqu'à comparer à «la Congrégation des jésuites»! Longtemps après, vers 1816, en plein Paris, dans le quartier de Saint-Sulpice, une autre loge tenait encore des séances de fête en l'honneur de Voltaire, paraît-il, avec cierges allumés devant son buste, et strophes de Marie Joseph Chénier* reprises en chœur. La voyageuse irlandaise qui rapporte l'anecdote donne aussi le nom de la loge: «Belle et Bonne» – ce culte fidèle se célébrait en effet chez l'ancienne marquise de Villette*.

*Didier Masseau*

## FRANKLIN, Benjamin

Voir AMÉRIQUE · PENNSYLVANIE.

## FRÉDÉRIC II

COURTISAN · DIPLOMATE · EXIL · POLITIQUE · PRUSSE ·

Voltaire et Frédéric II (1712-1786) forment dans la mémoire un couple emblématique – d'où les jeux d'images: le roi des philosophes et le roi philosophe – mais une véritable fascination mutuelle le constitua d'abord historiquement. Le conquérant de la Silésie, «l'éternel boute-feu de l'Europe», qui se voulut «premier serviteur de l'État», se disait aussi «philosophe déplacé», politique par devoir et penseur par inclination. L'ambition de la grandeur de son pays, lui fit mener une politique culturelle active. Il rêva très tôt d'attirer à Berlin des savants et des écrivains français. Le français est pour lui la langue de culture, il ignore ou méconnaît ce qui s'écrit en allemand. Homme de lettres lui aussi. Après avoir composé dans sa jeunesse un *Anti-Machiavel*\*, il rédige l'*Histoire de mon temps*, puis des préfaces et des opuscules où s'exprime une version anticléricale et conservatrice des Lumières: préfaces à un *Extrait du Dictionnaire historique et critique de Bayle*, à un *Abrégé de l'histoire ecclésiastique de l'abbé Fleury*, réponses à l'*Essai sur les préjugés*, où il défend les prérogatives des souverains, et au *Système\* de la nature* de d'Holbach. Il rime surtout, sans se lasser. Ses productions versifiées – des épîtres, des poèmes satiriques, un *Art\* de la guerre*, et *Le Palladion*, épopée burlesque – sont recueillies dans ses *Œuvres du philosophe de Sans-Souci* qu'il fait imprimer à Berlin. Son goût des choses de l'esprit, longtemps réprimé par

# F

Cette caricature de Frédéric II et de Voltaire est burlesquement irrespectueuse. Voltaire est mollement installé sous une espèce de dais, vêtu d'oripeaux féminins, chaussé d'escarpins, le torse dénudé comme l'avait représenté Pigalle, la perruque ambiguë, et le sourire non plus hideux mais absent, soumis à la pesée, dans un fauteuil Voltaire bien sûr. Il se balance, un peu comme le ferait un athlète ou une recrue, dont Frédéric II voudrait jauger les capacités physiques avant de le déclarer bon pour le service du prince. Frédéric est debout, en uniforme, l'œil attentivement rivé sur le torse flasque et la mine défaite du philosophe. On ne sait si sa main gauche s'égare vers ses narines ou va soutenir un invisible monocle.

Tout ici est fantaisie. Mais d'une fantaisie dépourvue d'innocence. Le dessinateur donne graphiquement à voir les ambiguïtés d'une relation épistolaire et courtisane entre le despote princier, amateur de beaux soldats, et le philosophe qui a choisi d'être courtisan, donc humilié. Les esprits les plus indulgents protesteront : il s'agit là d'une représentation des humiliations qu'on infligea à Voltaire, soumis aux contrôles policiers, quand il quitta Berlin. Version bien trop sage à nos yeux.

J. G.

VOLTAIRE ET FRÉDÉRIC II, DESSIN DE JEAN IGNACE ISIDORE GÉRARD, DIT GRANDVILLE POUR « UN AUTRE MONDE », 1844.

G roupe de bronze où l'on reconnaît le roi à son chapeau – c'est un privilège que de rester coiffé –, à ses cuissardes de soldat, au fait d'être assis. Voltaire est debout, portant perruque à l'ancienne, les jambes finement gainées de soie, un pied posé en avant légèrement tourné comme pour se préparer à faire la révérence, la main gauche à demi ouverte, pour souligner un effet, les doigts faisant un arc dans un geste précieux. Tout ici sent la pose. Il y a dans ce Voltaire du courtisan et du cabotin.

Voltaire lit. Curieuse tâche pour un chambellan. Derrière ce travail de lecteur, somme toute intellectuel, la statuaire tente de dissimuler ce que la position de courtisan pourrait avoir d'humiliant et de servile. Le bronze, familier, sauve les apparences. À moins d'imaginer que le philosophe, cessant d'être lecteur, est en train de conseiller le prince, réalisant d'un coup cette alliance rêvée du roi et du philosophe ?

J. G.

VOLTAIRE ET FRÉDÉRIC II DE PRUSSE, GROUPE SCULPTÉ PAR HEINRICH GOESCHL (SCULPTEUR ALLEMAND, 1839-1896), BRONZE SUR SOCLE DE BOIS.

GENÈVE, INSTITUT ET MUSÉE VOLTAIRE.

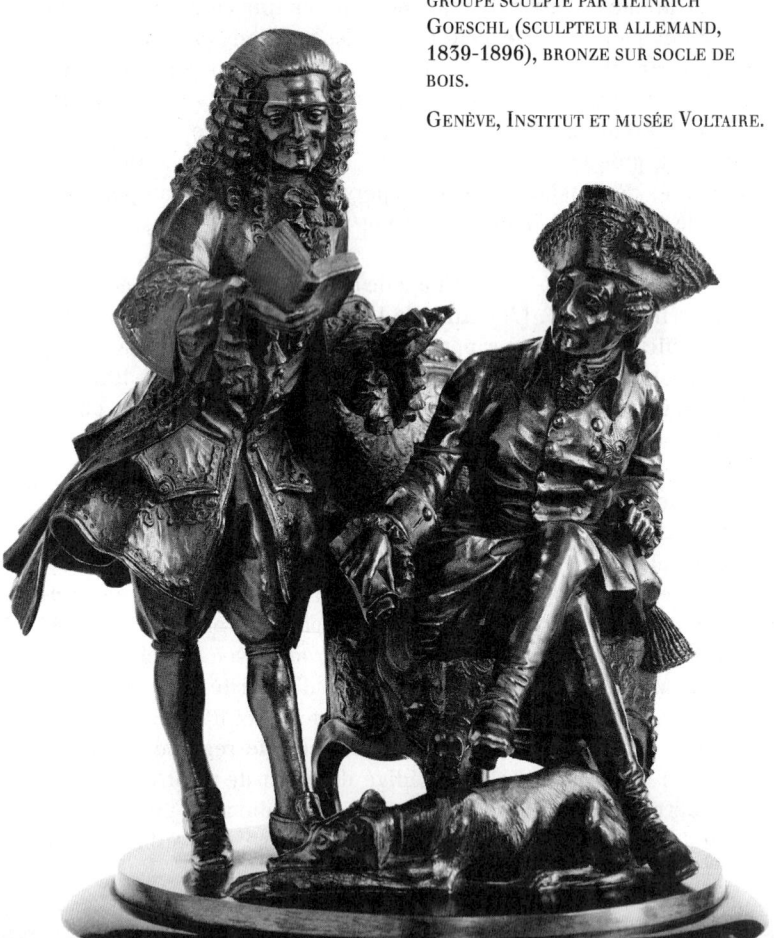

son père Frédéric Guillaume, resta marqué d'une pointe de revanche. De là lui était venue l'envie de correspondre avec Maupertuis, et surtout Voltaire – et plus tard d'Alembert. Dès 1750, il insère quelques-unes de ses lettres dans l'édition confidentielle de ses *Œuvres* imprimée « Au Château ».

Ses relations avec Voltaire furent donc d'abord épistolaires. Et malgré leurs différends, avec quelques éclipses, ils s'écriront jusqu'à la mort de Voltaire en 1778. De ce commerce de plus de quarante ans subsistent plus de sept cents lettres, dialogue philosophique et confrontation de pouvoirs entre le prince et l'homme de lettres. Longtemps offusquée par les péripéties des séjours de Voltaire en Prusse, cette correspondance commande pourtant l'ensemble de leurs relations.

De la première lettre du prince royal, en août 1736, jusqu'à la mort du Roi-Sergent, en 1740, s'enclenche un processus d'idéalisation : c'est la première phase. La lettre, « lentille déformante », ne laisse filtrer que des images stylisées d'eux-mêmes : deux amis s'abandonnent à une commune griserie et à un « trafic de pensées ». De 1740 à 1753, les relations par lettres alternent avec des rencontres qui s'achèvent par un retentissant fiasco. Un hiatus s'accuse entre les expériences vécues et les protestations emphatiques. Voltaire et Frédéric se rencontrent quelques heures le 11 septembre 1740 à Moyland, puis en novembre-décembre à Berlin. Les coquetteries masquent mal les désillusions : heurt des personnalités, démenti par le roi de l'édition de son *Anti-Machiavel* corrigé par Voltaire, invasion de la Silésie.

Après une brève rencontre à Aix-la-Chapelle en 1742, Voltaire et Frédéric se mesurent à Berlin en 1743. L'homme de lettres est chargé d'une mission diplomatique officieuse visant à rapprocher les cours de France et de Prusse. Le roi, voulant à tout prix attirer Voltaire à sa cour, n'hésite pas à le trahir : il adresse à Versailles des vers satiriques du poète, en les dénaturant, puis il divulgue, après la paix de Breslau, une de ses lettres mais falsifiée. La méfiance de part et d'autre ne détruit d'ailleurs pas l'engouement.

Après la mort de Mme du Châtelet (1749), au terme de laborieuses tractations épistolaires, Voltaire part pour la Prusse (1750). Une « lettre de Trajan ou de Marc Aurèle » est censée définir son statut : « Vous êtes philosophe, je le suis de même », écrivait le roi. Voltaire voulut y voir « une promesse de bonheur ». Ce code de vie commune ne résista pas à diverses infractions : querelle de Voltaire et de Baculard* d'Arnaud, procès avec Hirschel*, campagne contre Maupertuis*, coupable d'abus d'autorité, contre lequel Voltaire lance sa *Diatribe\* du docteur Akakia* que le roi fit brûler. La correspondance du temps de la rupture atteint même le registre de la violence : acte de reddition de Voltaire rédigé de main de maître, lettre de démission, guerre de communiqués, lettre de congédiement publiée dans les journaux. Le 26 mars 1753, Voltaire quitte la Prusse, puis subit en juin-

juillet l'avanie de Francfort\*, où des fonctionnaires prussiens récupèrent les « écritures » du roi.
Voltaire et Frédéric ne se reverront plus. Ils ne s'oublient pas pourtant. Le roi regrette son « fou » ; l'homme de lettres aiguise les traits de sa « Paméla ». Leur dialogue reprend ensuite sous l'égide de la margrave Wilhelmine\* de Bayreuth pendant la guerre de Sept Ans. Des négociations tortueuses les mettent aux prises (1757-1758). La publication, autorisée par Versailles, des *œuvres du philosophe de Sans-Souci* les conduit au bord de la rupture. De 1760 à 1769, leurs relations se distendent, mais de 1770 à 1778, l'échange retrouve une nouvelle vigueur, fondée sur leur haine commune de l'Infâme, sur leur désir de cheminer de concert vers la postérité. À l'intérieur du rituel épistolaire, deux grands esprits dialoguent enfin sur un pied d'égalité, mettant en scène, non sans panache, une relation nouvelle entre un monarque et un écrivain dans l'Europe des Lumières. Frédéric, qui avait contribué à la statue de Voltaire en 1770, fit lire le 26 novembre 1778 à l'académie de Berlin un *Éloge de Voltaire* qu'il avait composé. Le mot de la fin fut pour Voltaire. En 1784 ses malicieux *Mémoires\* pour servir à la vie de M. de Voltaire* circulent et l'édition de Kehl publie bientôt la vengeance posthume de « Paméla ». Ces textes conditionnèrent la tradition biographique voltairienne, éclipsant les appréciations plus mesurées que Voltaire portait sur le souverain prussien dans son *Histoire de la guerre de 1741* et dans son *Précis du siècle de Louis XV*.
Les relations de Voltaire et de Frédéric II furent en somme l'objet d'affrontements passionnés, non exempts de chauvinisme, et d'un intense mouvement d'élaboration mythologique. Les séjours de Voltaire en Prusse ont longtemps monopolisé l'attention, par des événements spectaculaires, des mots piquants. Les témoignages abondaient : mémoires et anecdotes des contemporains, commentaires de Voltaire et de Frédéric dans leurs correspondances respectives, confidences du roi dans ses *Entretiens* avec de Catt, son lecteur, confidences de Voltaire dans ses *Mémoires*, et lettres truquées de « Paméla »... Des schémas narratifs étaient tout prêts pour faire revivre cette geste.
Les travaux positifs de la recherche historique et documentaire ont enfin dégagé de nouvelles vérités, débusqué des supercheries. Le « monument » de leur correspondance, souvent salué, mais peu étudié, sauf pour y trouver des informations, a été analysé comme l'œuvre épistolaire commune : dans ce dialogue des absents, Voltaire et Frédéric s'étaient accomplis. Ce commerce de quarante ans, ce débat plutôt, sur les enjeux des Lumières, atteste la difficile équation de la pensée et de l'action, et la tension des deux pouvoirs de l'intellectuel et du souverain. Par-delà l'écume des jours, cette correspondance fut une grande aventure intellectuelle.

*Christiane Mervaud*

*Vous n'avez rien perdu en quittant ce pays. Vous voilà à Ferney, entre votre nièce et des occupations que vous aimez, respecté comme le dieu des beaux-arts, comme le patriarche des écraseurs, couvert de gloire, et jouissant, de votre vivant, de toute votre réputation ; d'autant plus qu'éloigné au-delà de cent lieues de Paris, on vous considère comme mort, et l'on vous rend justice.*
*Mais de quoi vous avisez-vous de me demander des vers ? Plutus a-t-il jamais requis Vulcain de lui fournir de l'or ? Téthys a-t-elle jamais sollicité le Rubicon de lui donner son filet d'eau ? Puisque, dans un temps où les rois et les empereurs étaient acharnés à me dépouiller, un misérable, s'alliant avec eux, me pilla mon livre, puisqu'il a paru, je vous en envoie un exemplaire en gros caractère. Si votre nièce se coiffe à la grecque ou à l'éclipse, elle pourra s'en servir pour des papillotes.*
*J'ai fait des poésies médiocres ; en fait de vers, les médiocres et les mauvais sont égaux et il faut écrire comme vous, ou se taire.*
*Il n'y a pas longtemps qu'un Anglais qui vous a vu a passé ici ; il m'a dit que vous étiez un peu voûté, mais que ce feu que Prométhée déroba ne vous manque point. C'est l'huile de la lampe ; ce feu vous soutiendra. Vous irez à l'âge de Fontenelle, en vous moquant de ceux qui vous payent des rentes viagères, et en faisant une épigramme quand vous aurez achevé le siècle.*
*Enfin, comblé d'ans, rassasié de gloire, et vainqueur de l'infâme, je vous vois monter l'Olympe, soutenu par les génies de Lucrèce, de Sophocle, de Virgile et de Locke, placé entre Newton et Épicure, sur un nuage brillant de clarté.*
*Pensez à moi quand vous entrerez dans votre gloire, et dites comme celui que vous savez : « Ce soir tu seras assis à ma table. »*
*Sur ce, je prie Dieu qu'il vous ait en sa sainte et digne garde.*
*Frédéric.*

*Frédéric II à Voltaire, 25 novembre 1765.*

## FREDERSDORFF, Michael Gabriel

FRÉDÉRIC II • PRUSSE •

« Valet de chambre et premier ministre, écrit Voltaire lui-même, avec toute l'insolence que ces deux postes peuvent inspirer » : Fredersdorff (1708-1758) était à la cour de Frédéric II un personnage considérable. Jeune soldat et agréable flûtiste, grand et bel homme, doué d'esprit et de finesse, peut-être avait-il su, au temps où le jeune prince royal était incarcéré sur l'ordre du roi Frédéric Guillaume, « amuser le prisonnier [...] en plus d'une manière » ? Voltaire insinue cette perfidie dans ses *Mémoires**, mais il avait à se plaindre de l'homme de confiance de Frédéric, qui avait mené l'enquête dans l'affaire de la *Diatribe** du docteur *Akakia* et conduit les négociations de sa démission en janvier 1753. Largement responsable des bru-

talités de l'avanie de Francfort*, Fredersdorff déclara après coup avoir toujours « honoré M. de Voltaire comme un père ». Figure ambivalente en somme, comme le nom même, si étroitement mêlé à celui du roi et maître.

Christiane Mervaud

## FRÈRES ENNEMIS (LES)

Autre titre du *Duc d'Alençon*, version réduite d'*Adélaïde\* du Guesclin*.

## FRÉRON, Élie Catherine

*ANNÉE LITTÉRAIRE (L') • FRÉRON (LES) •* GENS DE LETTRES • GOÛT • JOURNALISTE • PHILOSOPHIE •

La célèbre épigramme du serpent mort du venin de sa victime est dans toutes les mémoires. Mais ces petits vers figés de la tradition scolaire ne doivent pas dissimuler les enjeux complexes de la lutte qui opposa Voltaire au fameux Fréron (1719-1776), l'un des plus redoutables champions de la lutte antiphilosophique.

Le premier tort de Fréron fut de commencer sa carrière de journaliste en collaborant aux *Observations sur les écrits modernes* de Desfontaines*, autre adversaire de Voltaire. En 1749, dans les *Lettres sur quelques écrits de ce temps*, ouvrage périodique qu'il a lui-même lancé, Fréron fait d'abord alterner les éloges et les attaques, mais très vite les critiques les plus virulentes se déchaînent contre le philosophe. Il établit un martyrologe des victimes de Voltaire : Crébillon*, Fontenelle*, Jean Baptiste Rousseau*, et son maître Desfontaines. Voltaire étouffe de rage ; il s'adresse à d'Argenson pour qu'on enferme l'odieux serpent ! Pourtant Voltaire ne s'est pas toujours montré aussi sévère à l'égard de Fréron. Le journaliste prétendit plus tard avoir reçu un jour de Mme Denis deux billets l'invitant chez son oncle rue Traversière à une représentation privée. Une lettre de Choiseul témoigne aussi d'une intervention de Voltaire auprès de Malesherbes pour épargner la prison à Fréron – démarche tout de même intéressée puisque le journaliste devait en échange laisser son ennemi tranquille !

Mais cette trêve fut rompue en 1754, lorsque Fréron prit la direction de *L'Année littéraire*. Au moment où Voltaire célèbre « cet esprit de philosophie et de tolérance qui semble caractériser le siècle », Fréron dénonce au contraire l'ambition hégémonique de « la secte » encyclopédique et l'ascendant nouveau de Voltaire soutenu par une troupe de satellites. Ce prétendu champion de la tolérance pratiquerait la plus grande intolérance à l'égard

des étrangers à son propre parti. Peu après, les deux hommes, forts des pouvoirs dont ils croient disposer, se lancent dans un suprême affrontement. Dans l'espoir d'affaiblir le mouvement philosophique, Fréron soutient la campagne que mène Palissot* contre les Encyclopédistes dans sa comédie des *Philosophes* (1760). Voltaire de son côté, malgré les conseils de Palissot, de Malesherbes et de Choiseul* lui-même, réplique par une pièce satirique qu'il donne à la Comédie-Française : *L'Écossaise* (1760). Dans cette comédie, Fréron est appelé « Frélon », puis « Wasp » (guêpe en anglais) dans une deuxième version édulcorée. La victime contre-attaque dans un article de *L'Année littéraire*, la joyeuse « Relation d'une grande bataille », récit de la première de *L'Écossaise*, alors que Voltaire tentera bientôt de discréditer son ennemi dans les *Anecdotes\* sur Fréron*, et dans des pamphlets et épigrammes d'une rare violence.

Fréron ne fut pas ce médiocre folliculaire* que Voltaire a voulu brocarder en l'accablant sans cesse des sarcasmes les plus outrageants – « un vermisseau né du cul de Desfontaines » –, pratiquant aussi l'amalgame pour le confondre avec les plumitifs les plus obscurs de la république des lettres. Il suffit de lire quelques pages de *L'Année littéraire*, le journal le plus connu de Fréron, auquel il s'est identifié, pour y sentir un esprit subtil et cultivé. Ce qui irrite Voltaire au plus haut point est que le jouteur adverse évite quant à lui le libelle injurieux, se servant seulement de l'épée mouchetée qu'autorise sa fonction de journaliste. Cette querelle participe ainsi de deux conceptions différentes de la mission de l'homme de lettres. Fréron croit aux vertus de la critique journalistique, alors que Voltaire juge cette pratique inférieure ou accessoire. Mais surtout, le rédacteur de *L'Année littéraire* se pose en défenseur de l'héritage classique et des authentiques philosophes fidèles à la tradition antique. Choiseul, par ailleurs soucieux de ménager Fréron pour maintenir un équilibre entre les forces rivales, tenta en 1760 de ramener Voltaire à plus de modération : « Je trouve que vous êtes trop grand pour des injures personnelles à Fréron ; j'aime un peu Fréron, j'ai été au collège avec lui, et quoique je n'approuve pas ses satires, je suis fâché que vous ne les méprisiez pas. »

*Didier Masseau*

*Vous me demandez peut-être ce que c'est que M. le comte de Tourney. Eh ! quoi, vous ne le savez pas ! C'est ainsi que se nomme ce grand poète épique, tragique, comique, tragi-comique, héroï-comique, lyrique, épigrammatique, satirique, cynique, épisodique, philosophique ; c'est le titre que prend aujourd'hui ce profond géomètre, ce newtonien transcendant, cet historien futile, ce chaste romancier, cet homme universel qui, par son génie et ses connaissances, éclipse tous les écrivains passés, présents et futurs : M. de Voltaire enfin.*

*Élie Fréron, dans L'Année littéraire, 1760, t. V.*

## FRÉRON (LES)

FRÉRON • POLÉMISTE • SATIRE •

De tous les coups dont Voltaire a cherché à accabler Fréron, les plus terribles sont *L'Écossaise** (1760) et les *Anecdotes** *sur Fréron* (1761). Voltaire connaît la puissance sur l'opinion du théâtre (d'où *L'Écossaise*) et des attaques personnelles (d'où les *Anecdotes*). Mais il sait aussi que les vers se marquent dans la mémoire et circulent de bouche en bouche. Il résume donc ses diatribes contre l'illustre journaliste dans un rondeau, vieille forme française faite de strophes, dont chacune doit se terminer de la même façon : ici ce sera « Fréron », inlassablement répété. Selon Voltaire, ce nom est devenu un nom commun, qui désigne tout auteur ridicule, tout pédant ignorant, tout dangereux pédophile, tout infâme délateur. L'ensemble ne manque pas de gaieté, avec des airs d'improvisation : les strophes sont de longueur inégale, les rimes disposées de façon variée, comme dans ces chansons que l'on brochait, au $XVIII^e$ siècle, sur les événements du jour et les échos de scandale. Chemin faisant, le poète rappelle que Fréron est le « Frélon » de *L'Écossaise*, il attaque Lefranc* de Pompignan et son discours de réception à l'Académie française, en le traitant de « petit embryon » et de « perroquet de Fréron », et invite à pendre Fréron lui-même. Voltaire toute sa vie a dénoncé les auteurs de satires personnelles ; il tombe avec *Les Fréron* dans le pire des genres, accumulant les calomnies gratuites et les injures. Diffusés manuscrits, puis insérés dans le recueil des *Facéties parisiennes* (1760), ces vers ne furent jamais recueillis par Voltaire dans les éditions successives de ses œuvres – ils ne furent redécouverts qu'au $XIX^e$ siècle. Ils témoignent de la férocité aveugle à laquelle son impétuosité, sa passion du combat pouvaient mener Voltaire :

> *L'autre jour un gros ex-jésuite,*
> *Dans le grenier d'une maison,*
> *Rencontra fille très instruite*
> *Avec un beau petit garçon.*
> *Le bouc s'empara du giton.*
> *On le découvre, il prend la fuite.*
> *Tout le quartier à sa poursuite*
> *Criait : « Fréron, Fréron, Fréron. »*

*Sylvain Menant*

## FREYTAG, Franz von

Agent diplomatique prussien, en poste à Francfort*-sur-le-Main lorsque Voltaire, retour de Prusse, y passa le 31 mai 1753. Exécutant les ordres

donnés par Frédéric II, Freytag arrêta Voltaire et le retint prisonnier durant six semaines, avec sa nièce Mme Denis venue à sa rencontre. Il lui reprit ses insignes de chambellan\*, sa croix de l'ordre\* du Mérite prussien, ainsi que les écrits de Frédéric encore en sa possession, dont surtout le volume rebaptisé après coup «Œuvre\* de poéshie». Incarnation, dans les *Mémoires*, du fonctionnaire brutal, veule et stupide, Freytag mourut en 1759.

*André Magnan*

*Je veux faire une tragédie d'une nièce arrivant à Francfort avec un passeport du roi de France, arrêtée par un Freytag, saucée dans les ruisseaux, traînée en prison, volée, et couchée sans domestique entre quatre soldats la baïonnette au bout du fusil.*
*À la comtesse de Bentinck, 25 août 1759.*

## FROMAGE
HUBER • ICONOGRAPHIE •

Amie et confidente de la Grande Catherine, la princesse Dachkova connut bien la France, où elle aimait voyager. C'est dans le récit qu'elle a laissé de sa visite à Ferney, en mai 1771, que l'on relève la mention la plus extraordinaire de toute la tradition iconographique voltairienne : « Huber avait un petit chien dont il se servait pour s'amuser aux dépens d'autrui, en lui faisant happer un morceau de fromage, lequel, après avoir tourné deux ou trois fois dans la gueule du chien, en ressortait si semblable à Voltaire qu'on eût cru voir une copie en miniature du fameux buste de Pigalle » (*Mémoires de la princesse Dachkova*).

*André Magnan*

## FUSILS

*S'il en est encore temps, si je ne lasse pas vos bontés et vos complaisances, 4 fusils, je vous en prie, très simples, très bons. Point de fusil à deux coups, engin lourd, et difficile à manier. Grand pardon et grande reconnaissance.*
*À Jean Robert Tronchin, 27 décembre 1758.*

## FYOT DE LA MARCHE, Claude Philippe
AMITIÉ • COLLÈGE DE LOUIS-LE-GRAND • CORRESPONDANCE • PARLEMENT •

Le nom de Fyot de La Marche, riche et puissante famille de parlementaires, est émouvant surtout parce qu'il ouvre l'immense correspondance de

Voltaire. On conserve en effet cinq lettres, datées des années 1711-1712, envoyées par le tout jeune Arouet à son condisciple du collège de Louis-le-Grand. Elles sont très littéraires et remplies d'allusions philosophiques, elles révèlent aussi d'emblée le goût des relations amicales, entretenues justement par la pratique de la correspondance. Après une longue interruption, les échanges reprennent de 1755 à 1768, date de la mort de Fyot de La Marche. L'ancien condisciple était devenu premier président du parlement de Bourgogne. Dans une lettre de 1762, Voltaire profite de la position qu'occupe son ami pour s'enquérir de l'attitude des parlementaires à l'égard de Calas*. Il a gardé avec son correspondant un ton amical, il lui livre à l'occasion des confidences philosophiques, n'hésitant pas à lui demander aussi de menus services.

*Didier Masseau*

*Il y a des planches à graver et à tirer pour la lettre C et pour la lettre G et il faudra se presser parce que les graveurs sont lents, et que cet ouvrage doit être très propre.*
À Gabriel Cramer, mars 1770.

## GALIANI, Ferdinando

AGRICULTURE • COMMERCE • PHYSIOCRATIE •

L'abbé Galiani (1728-1787) vint à Paris en 1759 comme secrétaire de l'ambassade du royaume de Naples à Paris. Il y fréquenta le milieu philosophique, les salons de Mme Geoffrin et du baron d'Holbach, et plus spécialement Grimm, Mme d'Épinay et Diderot. En 1764, alors qu'un édit royal libérait en France le commerce des grains à l'exportation, il rédigea huit brillants *Dialogues sur le commerce des blés*, critique modérée de ce libéralisme, dans l'esprit des physiocrates, dont seuls ses amis eurent connaissance. Rappelé à Naples en 1769, il chargea Diderot de les publier. Voltaire, qui ne connaissait pas personnellement l'abbé, trouva plaisir et profit à cette lecture : « Je dis anathème [...] à quiconque ne rira pas des facéties de Galiani, lequel pourrait bien avoir raison sous le masque » (à d'Alembert, mars 1770). Idée qu'il reprend quelques jours plus tard en écrivant à Mme Necker, pour finir par affirmer que sans connaître Galiani, il peut imaginer son caractère à partir de ses *Dialogues*. À l'article « Blé » des *Questions sur l'Encyclopédie*, Voltaire semble prendre parti pour les thèses de Galiani, tout en insistant sur les qualités d'écriture des *Dialogues* : « M. l'abbé Galiani, Napolitain, réjouit la nation française sur l'exportation des blés ; il trouva le secret de faire, même en français, des dialogues aussi amusants que nos meilleurs romans, et aussi instructifs que nos meilleurs livres sérieux. Si cet ouvrage ne fit pas diminuer le prix du pain, il donna beaucoup de plaisir à la nation, ce qui vaut beaucoup mieux pour elle. »

*Jean Goulemot*

## GALILÉE, Galileo Galilei,

RELIGION • SCIENCES •

Galilée (1564-1642) se trouve très souvent cité dans la correspondance, surtout dans les premières années. On rencontre aussi de nombreuses allusions à son procès dans l'œuvre publique : l'*Ode sur le fanatisme*, le *Discours de M$^e$ Belleguier*, les *Dialogues d'Évhémère* et jusque dans *La Pucelle* (chant III), mais c'est naturellement l'*Essai sur les mœurs* (chap. CXXI) qui lui consacre l'analyse la plus suivie. Galilée apparaît porteur d'un double symbole : physicien des temps nouveaux d'abord, détenteur de la vérité, maillon de la grande lignée qui va de Copernic à Isaac Newton, et victime d'autre part des forces obscures qui l'obligèrent à « se rétracter à genoux ». L'épisode Galilée que Voltaire résume sommairement, sans s'attarder sur son contenu scientifique, sans même reprendre la célèbre formule (« Et pourtant elle tourne ! »), sert avant tout à définir un modèle de discours scientifique – la vérité fondée sur l'expérience et écrite aussi élégamment que chez Platon – et à dénoncer l'éternel combat entre les agents du progrès et les forces des ténèbres – ici la théologie et l'Inquisition. De Socrate à Galilée, l'histoire se répète jusqu'à la désespérance, même si Voltaire reconnaît que l'humiliation subie par Galilée est un progrès comparée à la mise à mort du sage athénien.

*Jean Goulemot*

« *Ici sept cardinaux, assistés de frères mineurs, firent jeter en prison le maître à penser de l'Italie, âgé de soixante et dix ans ; le firent jeûner au pain et à l'eau, parce qu'il instruisait le genre humain, et qu'ils étaient des ignorants.* »
*Questions sur l'Encyclopédie, 1770-1772, art. « Autorité »*
— *projet d'une inscription à graver « à la porte du Saint-Office ».*

## GALIMATIAS DRAMATIQUE

DIALOGUE • RELIGION • SECTE •

Ce dialogue fulminant, paru dans un volume de *Nouveaux Mélanges* en 1765, rappelle le souper de *Zadig*, écrit huit ans plus tôt. On y voit aux prises un jésuite, un janséniste, un quaker, un anglican et un luthérien, un musulman et un juif. Tandis que le jésuite s'apprête à prêcher les malheureux Chinois qui l'écoutent, le janséniste intervient pour le contredire et l'accuser de mensonge. Les autres s'en mêlent, et la dispute devient générale sous l'œil ébahi des Chinois. Il ne reste, pour mettre fin au « galimatias », qu'à faire enfermer tous les convertisseurs. « Dramatique »,

ce bref dialogue l'est doublement: il est conçu comme une scène (bouffonne) dont le spectacle est proprement affligeant; mais ces prêcheurs qui rivalisent de sottises et se paient de mots ont le mauvais goût d'y croire, et cela les rend de surcroît dangereux.

*Stéphane Pujol*

*LES CHINOIS: Ah! par Confucius et les cinq Kings, tous ces gens-là ont-ils perdu l'esprit?*

*Galimatias dramatique, 1765.*

## GALLATIN (Famille)

DÉLICES (LES) • FERNEY • GENÈVE •

Voltaire a connu plusieurs membres de cette vieille famille du patriciat genevois. En 1755, désireux d'acquérir une maison dans la région de Genève, il avait été en pourparlers avec Élisabeth Gallatin-Bégon (1706-1757), qui cherchait à vendre son domaine du Grand Cologny, sur la rive gauche du lac Léman. Puis, en 1758, son installation au château de Tourney\* mit Voltaire en rapports de bon voisinage avec Abraham Gallatin (1706-1791), négociant, trésorier de la chambre des blés, et avec sa femme Louise Suzanne Vaudenet (1712-1792). De la correspondance échangée durant vingt ans entre Voltaire et ce couple distingué subsistent une cinquantaine de lettres familières. Il y est souvent question de figues, car Suzanne Gallatin en avait dans son jardin de Prégny et en offrait volontiers. Elle entretenait d'autre part avec le landgrave Frédéric II de Hesse-Cassel une correspondance suivie, qui s'avère riche en informations sur les faits et gestes de Voltaire et notamment sur ses publications: la cour de Cassel en était très friande.

*Jean-Daniel Candaux*

*Il y a trois jours qu'il fut à Gex pour prendre des arrangements avec la noblesse, le clergé et le tiers état, pour dédommager les fermiers généraux de ce qu'on leur ôte tous les bureaux et les gardes de la province de Gex, ce que notre ami avait obtenu de M. Turgot. Il avait avec lui douze dragons de Ferney, qui se tinrent sur la place, devant la maison où était l'assemblée, bien empaquetés. Notre ami fit un beau discours, et obtint par son éloquence tout ce qu'il demandait. Alors, il ouvrit la fenêtre et cria: «Liberté!» Les douze dragons mirent l'épée à la main pour célébrer notre ami, qui partit tout de suite et fut de retour pour dîner. En passant par quatre ou cinq villages, on lui jetait des lauriers dans son carrosse, il en était couvert. Tous ses sujets se mirent en haie pour le recevoir, et le saluè-*

rent avec des boîtes, pots à feu, etc. Il était très content, et ne s'apercevait pas qu'il avait 82 ans.

Louise Suzanne Gallatin à Frédéric II,<br>
landgrave de Hesse-Cassel, 16 décembre 1775.

## GARIBALDI, Giuseppe

*Un monument à Voltaire, en France, signifie le retour de ce noble pays à son poste d'avant-garde du progrès humain vers la fraternité des peuples. C'est de bon augure pour le monde entier, dont l'homme immense était citoyen, et une terrible secousse à la coalition du despotisme et du mensonge.*
*Agréez mon obole et toute ma gratitude.*

Au journal Le Siècle, février 1867, pour contribuer<br>
à la souscription ouverte en vue d'élever une statue à Voltaire.

## GASTRONOMIE

VIN •

On soupe et on boit souvent chez Voltaire. Le tremblement de terre de Lisbonne n'empêche pas Candide et Pangloss de réparer leurs forces : du pain arrosé de larmes, mais aussi du « vin de Porto ou d'Oporto ». Cacambo meurt de faim en arrivant chez les jésuites : on dîne encore, et on boit « dans des gobelets de cristal de roche ». Plus tard, les Oreillons font chauffer la marmite, en criant : « Nous ferons bonne chère, mangeons du jésuite, mangeons du jésuite. » Au pays de l'Eldorado, le repas est gratuit, avec au menu « quatre potages garnis chacun de deux perroquets, un contour bouilli [...], deux singes rôtis [...], trois cents colibris [...], six cents oiseaux-mouches [...], des ragoûts exquis, des pâtisseries délicieuses ». À Venise aussi, le dîner est excellent : « des macaronis, des perdrix de Lombardie, des œufs d'esturgeon, et à boire du vin de Montepulciano, du lacryma-christi, du chypre, du samos ».

À Babylone, dans un autre conte, le roi Bélus adore le ragoût. Ailleurs, un janséniste au purgatoire est condamné à boire du chocolat servi par un jésuite. Encore du ragoût dans *Le Mondain* :

> *Allons souper. Que ces brillants services,*
> *Que ces ragoûts ont pour moi de délices !*
> *Qu'un cuisinier est un mortel divin !*

L'œuvre de Voltaire taquine toujours malicieusement le lecteur gourmand du XVIIIe siècle. La correspondance aussi. Depuis les soupers du Temple et

les potages à la Brunoy de 1716, jusqu'au pâté de perdrix du 23 janvier 1778, c'est un défilé impressionnant de plats préparés, de vins succulents, d'ingrédients, de repas et de festins.

Mais la gourmandise de Voltaire est le plus souvent verbale. Depuis sa petite vérole de 1722 au moins, il s'est mis au régime. « Du potage gras, un peu de mouton et des œufs », parfois des truites, parfois il se contente « de petit lait, de bon potage », parfois il ne vit « que de jaunes d'œufs ». Des huîtres cependant, « pourvu qu'on les grille », des soles aussi, des artichauts, des confitures et des compotes. Aux Délices, il dîne « plus sobrement qu'un dévot », il ne soupe point et ne s'en porte malheureusement pas mieux, à l'en croire. En 1754, il déclare qu'il y a sept mois qu'il ne mange plus de viande. Car « tout est perdu quand on digère mal, c'est l'estomac qui fait les heureux ». Il se rattrape au moins sur les boissons : le vin, le café* dont il abuse ; et le chocolat, jusqu'à sept tasses au déjeuner.

Le curieux, c'est qu'il ait toujours été entouré de gros mangeurs. C'est le cas de Thiriot et de Mme de Bernières. Mme de Fontaine-Martel, « ayant autant de gourmandise que d'esprit », mange sans lui le marcassin envoyé par un admirateur. Quant à l'athée de Frédéric II, ce « gros cochon » de La Mettrie, il « se donne deux indigestions par jour, et ne s'en porte que mieux » – terrible injustice. Et le père Adam ! Et Mme Denis ! La très gourmande Mme Denis, qui a le département « de la grande chère » à Ferney, se gorge d'huîtres et, avec M. et Mme de Villette, d'un « gros poisson de la Méditerranée » ; quant au pâté de perdrix, ces deux dames « s'en sont crevées ». Il est vrai que Mme de Villette a besoin de reprendre des forces : son mari, absent du repas, écrit le même jour qu'« à une rage d'amour pour [sa] jeune femme a succédé une rage de dents ». Voltaire commente : « Je suis réduit en tout genre à n'être que témoin du plaisir de mon prochain. » Comment douter, sur ce mot malin, que celui qui finit « l'aubergiste de l'Europe » n'ait été fin gastronome toute sa vie, par le verbe ?

*Jean-Michel Raynaud*

*Je ne vous dirai pas que votre marcassin m'a fait autant de plaisir que votre ouvrage car j'ai lu l'un avec la plus grande satisfaction, et je n'ai point mangé de l'autre. Mon esprit est plus fait pour se nourrir de vos pensées, que mon estomac pour digérer les sangliers ; en récompense je m'en suis fait bien de l'honneur, et il a été mangé par des philosophes.*
*À Mme Le Vaillant, 15 janvier 1748.*

*Rostbeef, prononcez rostbif ; c'est le mets favori des Anglais : c'est ce que nous appelons un aloyau. Les puddings sont des pâtisseries ; il y a des plum-puddings, des bread-puddings, et plusieurs autres sortes de puddings.*
*La Pucelle, 1762, note au chant XIV.*

*Cicéron, dans sa lettre à Petus, lui reproche de ne point souper. Il dit que le souper est nécessaire, surtout dans les guerres civiles.*
*Carnets.*

## GAULTIER, Louis Laurent, abbé

MORT • SCELLIÈRES •

Il est plaisant que le privilège de confesser Voltaire *in extremis* soit revenu à un ancien jésuite. Né à Rennes en 1717, entré jeune chez les jésuites, l'abbé Gaultier quitta l'ordre en 1752, puis fut nommé curé en Normandie, avant d'être appelé à Paris en 1775. En 1778, il était chapelain de l'hôpital des Incurables, et rattaché à la paroisse Saint-Sulpice en qualité de «prêtre habitué». C'est de sa propre initiative, par zèle pur, sans en référer d'abord à sa hiérarchie, qu'il entreprend de sauver l'âme du patriarche des mécréants. Sur un petit billet d'introduction personnelle, il obtient une première entrevue, le 21 février 1778. Simple conversation de piété. «C'est un bon imbécile», déclare Voltaire; il va donc l'utiliser. Le 2 mars, l'abbé est rappelé, à l'occasion d'une rechute. Il tire du malade une déclaration de foi, suffisante mais formelle, non une rétractation pleine et entière des impiétés prêtées à M. de Voltaire. Impressionné ou croyant bien faire, il n'ose cependant refuser l'absolution. Désormais assuré de la sépulture chrétienne, Voltaire refusera ses visites.

Désavoué par sa hiérarchie, qui le jugeait trop faible ou trop facile pour réussir une pareille conversion, c'est en simple auxiliaire du curé de Saint-Sulpice, le sévère abbé de Tersac, que l'abbé Gaultier approcha Voltaire pour la dernière fois le 30 mai. Selon Duvernet, il fit alors les frais de la dernière raillerie du philosophe. Comme on lui annonce sa présence, le moribond répond: «M. l'abbé Gaultier! mon confesseur! faites-lui bien mes compliments» – mais l'anecdote n'est pas sûre. L'abbé Mignot, neveu de Voltaire, obtint encore du bon abbé Gaultier, on ne sait comment, l'indispensable billet de confession qui lui permit d'enterrer le corps chrétiennement, par surprise, à Scellières-en-Champagne.

L'abbé Gaultier mourut victime des massacres de Septembre en 1792. Il fut béatifié par Pie XI en 1926.

*Jean-Michel Raynaud*

*Je déclare que j'ai été appelé pour confesser M. de Voltaire, que j'ai trouvé hors d'état d'être entendu et sans connaissance. Ce 30 mai 1778. Gaultier.*
*Billet de confession donné à l'abbé Mignot.*

# G

## GAUSSIN, Jeanne Gaussem, dite Mlle

ACTEUR • COMÉDIE-FRANÇAISE •

Née en 1711, elle était fille d'un laquais de Baron, le grand acteur, et d'une ouvreuse de loges. « Enfant de la balle », elle joue, très jeune, dans la société du duc de Gesvres, gouverneur de Paris, puis à Lille, avant de débuter à la Comédie-Française, le 28 avril 1731, avec un grand succès. Elle y est immédiatement reçue, pour jouer les jeunes princesses et les amoureuses de comédie. Le rôle de Zaïre, en 1732, en fit une vedette. Sa beauté, son « œil noir », sa voix chaude séduisirent le public ; Voltaire l'encensa en vers et en prose. Elle triompha ensuite dans *Alzire*, dans la reprise de *Brutus*, dans *Adélaïde du Guesclin*, dans *Zulime*, et fut une délicieuse Nanine. Elle excellait dans les rôles tendres ; son regard, dans les larmes, avait un charme inexprimable ; et son naturel allait droit au cœur. En fait, elle jouait d'instinct plus que de métier, et avait du mal à composer un personnage différent d'elle-même. La force lui manquait. À partir de 1743, une nouvelle venue, Mlle Clairon\*, lui enleva plusieurs de ses rôles, auxquels l'énergie de son tempérament convenait davantage. Elle se tourna donc de plus en plus vers la comédie, où elle réussissait à merveille, et joua les ingénues jusqu'à sa retraite, en 1763. Elle mourut en 1767. Mlle Gaussin était une femme aimable et fort sensible qui, paraît-il, ne savait dire non. Dit-elle oui à Voltaire ? C'est ce qu'affirme une tradition incertaine. Il eût été le seul à résister à tant d'attraits.

*Henri Lagrave*

## *GAZETTE LITTÉRAIRE DE L'EUROPE*

CRITIQUE LITTÉRAIRE • GOÛT • JOURNALISTE •

À 70 ans, Voltaire se fit pigiste, anonyme et bénévole, pour une revue qui promettait. La vocation de la *Gazette littéraire de l'Europe*, publication hebdomadaire, était de devenir le complément « littéraire », au sens généraliste alors usuel, de l'officielle *Gazette de France*, mais à l'échelle européenne, en couvrant par ses comptes rendus l'ensemble de la production intellectuelle – sciences et arts, histoire, essai, théâtre et poésie. Le projet était patronné par le duc de Praslin, secrétaire d'État aux Affaires étrangères (1761-1766), qui avait mobilisé les réseaux diplomatiques pour alimenter la rédaction en nouveautés remarquables. C'est d'abord par complaisance pour ce cousin de Choiseul\* que Voltaire, alerté dès le printemps 1763 par d'Argental\*, proposa ses services ; il ne connaissait pas encore Suard\*, codirecteur de ces deux « gazettes » avec l'abbé Arnaud. Mais l'essai d'un nouveau moyen

d'expression l'amusait aussi beaucoup : la Philosophie pouvait y gagner, les antiphilosophes y perdre – et surtout Fréron*.

Lancée en mars 1764, la *Gazette littéraire* fut un échec, et disparut au bout de deux ans. Voltaire y collabora les huit premiers mois, puis il s'en détacha, déçu par la sécheresse assez terne d'une rédaction qui manifestement n'avait ni le talent ni la liberté de ses ambitions, et sans doute aussi par la ligne éditoriale, trop « française » pour l'inventeur des « Welches* » – dont la satire paraît à la même date exactement. Une vingtaine de contributions ont été identifiées comme de lui avec certitude, d'une à dix pages selon l'importance des sujets ou des ouvrages, touchant à la politique, à l'histoire, aux sciences de la nature, aux langues et aux littératures. Il dut les rédiger sur une base volontaire ; il se brida manifestement sur la religion, risquant seulement des allusions imprévues – un petit couplet déiste à propos d'histoire naturelle. Le secteur anglais domine (douze comptes rendus), puis viennent l'Italie (quatre, plus une nécrologie d'Algarotti*), la Suisse (deux), enfin l'Allemagne, l'Espagne et la Suède (un) ; il fit deux notices d'ouvrages français, mais généraux, l'un sur l'utilité d'étudier l'histoire, l'autre sur l'anglomanie. La lecture de cet ensemble réserve quelques jolies surprises : un éloge du républicain anglais Sidney, qui a développé « les principes des gouvernements libres », une analyse de l'« énergie » de la poésie sacrée hébraïque, une esquisse de sociologie du roman comme pratique de culture urbaine et bourgeoise. On en dégage un art du journaliste, en tout cas pour la recension d'ouvrage : clarté, brièveté, explication des enjeux et des contextes, dissociation du compte rendu et du commentaire, respect du lecteur enfin, appelé à juger en dernier ressort. Même écourtée et décevante, l'expérience atteste une intense curiosité intellectuelle, encore excitée par la comparaison des cultures – le vieil homme découvrit avec ravissement les stances amoureuses d'un grand vizir Ibrahim.

*André Magnan*

## GENDARME (DIEU)

Voir ENFER.

## GENÈSE

BIBLE • CHRISTIANISME •

Quinze ans au moins avant *La Bible\* enfin expliquée* (1776), dès les premières polémiques engagées sur la Bible, puis dans l'article « Genèse » du *Dictionnaire philosophique* (1764), Voltaire a systématiquement relevé dans

les textes sacrés des erreurs, des emprunts, des incohérences, preuves à ses yeux d'une production purement humaine. L'interdiction faite aux juifs d'aborder la Genèse avant l'âge de 25 ans, le recours général des commentateurs aux interprétations allégoriques, indiquent déjà les difficultés. Très tôt, Voltaire a dénoncé des ignorances, des invraisemblances scientifiques : la mention de jours et de nuits antérieurs à la création du soleil, la topographie incertaine du paradis terrestre, l'incohérence du double récit de la création d'Ève, l'évocation d'un serpent qui parle, de géants, d'anges amoureux des filles des hommes, la représentation corporelle de Dieu, etc. Les auteurs de ce récit fabuleux lui apparaissent comme des hommes à l'intelligence grossière, mauvais géographes et mauvais physiciens, croyant au déluge universel, interprétant l'arc-en-ciel comme le signe d'un pacte avec Dieu, imaginant des êtres et des histoires aussi étranges que celle de Loth. L'article « Genèse », dans son état de 1764, et l'*Examen\* important de milord Bolingbroke*, en 1766, adoptent une démarche résolument comparative, soulignant ce que la vision d'un chaos, l'arrangement d'une matière existant de toute éternité, le jardin d'Éden, la formation du monde en six temps, le nom même d'Adam, doivent aux cosmogonies phénicienne, chaldéenne et indienne. Le récit de la Genèse s'inscrit alors dans un ensemble mythologique commun à plusieurs civilisations, et ne relève plus, comme le veut l'orthodoxie, de la Parole de Dieu. Voltaire rattache même le rêve d'un paradis perdu à un mythe universel, compensatoire des maux présents. Dès 1736, il a d'ailleurs raillé dans *Le Mondain* cet âge d'or prétendu : M. Adam et Mme Ève vivaient dans l'inconfort, la saleté, la pénurie – le premier chapitre de *Candide* recrée peut-être ironiquement, dans le château de Thunder-ten-Tronckh, cette primitive affabulation.

Les additions de 1771 et 1774 à l'article « Genèse », et les longs récapitulatifs de *La Bible enfin expliquée* approfondissent la démystification, par tous les arguments conjoints du bon sens, de la morale et de l'histoire : le philosophe prive le texte, non seulement de toute inspiration divine, mais aussi de l'autorité de Moïse, en privilégiant les hypothèses de datation les plus tardives. La Genèse enfin expliquée, c'est tout l'édifice biblique, fondement du christianisme, qui se trouve mis en péril.

*Marie-Hélène Cotoni*

## GENÈVE

DÉLICES (LES) · FERNEY · POLITIQUE · RELIGION · ROUSSEAU (JEAN JACQUES) · THÉÂTRE ·

République calviniste depuis 1535, non incorporée encore à la Suisse, mais alliée par des traités aux cantons protestants de Berne et de Zurich, souvent

menacée dans le passé par la Savoie et étroitement surveillée par les Résidents de France depuis 1680, Genève était au XVIII$^e$ siècle une ville de 15 à 20 000 habitants dont l'économie prospérait, où la banque, l'horlogerie et le tourisme prenaient leur essor, mais qui condamnait toujours le théâtre et dont l'enceinte fortifiée était fermée chaque soir au coucher du soleil.

Pour Voltaire, ce fut un havre salutaire au lendemain des déboires, dépits et désillusions de Berlin, de Francfort, de Colmar et de Lyon. Et «Les Délices près de Genève» devinrent dès lors un tremplin vers ce vrai royaume du Roi Voltaire que fut Ferney.

Quelques dates tout d'abord. 12 décembre 1754: arrivée de Voltaire et de Mme Denis à Genève. 10 et 14 février 1755: contrats d'acquisition des Délices. 11 décembre 1758: bail à vie de la seigneurie de Tourney. 9 février 1759: contrat d'acquisition de la terre de Ferney. 21 mars 1765: revente des Délices à Jean Robert Tronchin.

Les raisons de l'installation de Voltaire à Genève sont multiples. «Ma santé a besoin du Dr Tronchin et des eaux d'Aix», répétait-il à qui voulait l'entendre. La présence à Genève de l'illustre Théodore Tronchin* n'explique pas tout. La confiance que lui inspira le banquier genevois Jean Robert Tronchin* à son passage à Lyon, l'accueil que lui fit à son arrivée à Genève le conseiller François Tronchin*, frère de Jean Robert, tout cela compte aussi. Mais le vrai ressort est ailleurs. Écrivain à la recherche d'un imprimeur, Voltaire avait été favorablement impressionné dès 1754 par les offres de service des frères Cramer*: c'est dans l'espoir de trouver enfin un imprimeur honnête et correct pour l'édition de ses œuvres complètes qu'il préféra de justesse Genève à Lausanne.

Aux Délices, pour la première fois de sa vie, Voltaire se trouva chez lui, dans ses propres murs et sur ses propres terres. Aussi donna-t-il libre cours à son plaisir de meubler, de planter, de bâtir. Sa correspondance avec Jean Robert Tronchin fourmille de détails à ce sujet. L'aménagement des Délices ne fut d'ailleurs qu'un avant-goût: c'est à Ferney que Voltaire allait donner sa vraie mesure de bâtisseur et de colon.

Dès son installation, Voltaire déploya de même une activité d'accueil toute nouvelle pour lui. Amis, visiteurs et curieux ne tardèrent pas à se présenter de Genève en foule, et le maître des lieux mit à les recevoir un empressement longtemps inaltérable. Comme les glaciers de Chamonix entrèrent dès les années 1760 dans les itinéraires du grand tourisme, les deux curiosités se conjuguèrent, et Voltaire, aux Délices d'abord et plus encore à Ferney, vit passer l'Europe entière.

Les relations de Voltaire avec Genève et les Genevois connurent d'abord une «lune de miel». Le paysage était magnifique, le gouvernement doux et éclairé, la justice bien administrée, les mœurs exemplaires. Ni moines, ni processions. Les jeunes pasteurs rivalisaient de déférence et l'on trouvait

en Claire Cramer* une femme d'esprit capable de plaisanter même de Jésus-Christ. Genève en somme était peuplée de philosophes! Voltaire fit partager son enthousiasme à son ami d'Alembert qui rapporta de son séjour aux Délices de l'été 1756 une vision éblouie de la «République des abeilles», et ce remarquable reportage qu'est l'article «Genève*» de l'*Encyclopédie*.

La religion, le théâtre et la politique allaient pourtant susciter entre Voltaire et Genève des antagonismes qui finirent par dissiper l'idylle.

Au plan religieux, les incidents furent délibérément provoqués par Voltaire lui-même. Une allusion publique à «l'âme atroce» de Calvin et au bûcher de Servet, des éloges embarrassants de la sagesse et du prétendu déisme ou socinianisme du clergé genevois, les disputes sur les miracles*, sans parler de l'affaire de la génuflexion de Covelle*, attisèrent des polémiques renouvelées, dont le théologien Jacob Vernet* fit souvent les frais durant une décennie. Voltaire au demeurant sut conquérir les cœurs calvinistes en prenant fait et cause pour le huguenot Jean Calas*, roué vif à Toulouse par arrêt d'un parlement fanatisé (9 mars 1762). La campagne qui devait aboutir trois ans plus tard à la spectaculaire réhabilitation du supplicié fut orchestrée depuis Genève, et tandis que la controverse théologique continuait avec les pasteurs, Voltaire se voyait sollicité d'intervenir à chaque nouvel acte de persécution.

Le théâtre donna lieu à des affrontements d'une tout autre portée. Prenant acte de l'interdit genevois, Voltaire mit simultanément sur pied une stratégie locale de contournement – plantant ses tréteaux à Lausanne, Tourney, puis Ferney – et une campagne européenne de pression et de dissuasion. Il incita en effet d'Alembert à soutenir dans son article «Genève» que le théâtre n'était point incompatible avec les mœurs républicaines: Genève s'honorerait même en donnant l'exemple d'une scène morale et d'une troupe vertueuse. L'intervention inopinée du Genevois Jean Jacques Rousseau, volant au secours de sa patrie dans sa vibrante *Lettre à d'Alembert sur les spectacles* (1758), donna au débat un nouveau retentissement et suscita à son tour force répliques. À Genève même, l'argumentation du «citoyen de Genève» allait être reprise par la classe contestataire des «Représentants», si bien que la querelle du théâtre resta politisée jusqu'à la Révolution.

Quant à la politique enfin, Voltaire se désintéressa longtemps de celle de Genève. Les démêlés des années 1763-1765 l'amenèrent pourtant à intervenir. Après avoir dénoncé véhémentement Jean Jacques Rousseau, dans son *Sentiment des citoyens* (1764), comme le punissable fauteur des troubles de Genève, Voltaire plaida sans succès pour une réconciliation générale. Dès 1766, n'ayant plus d'attache à Genève, il se mit à soutenir depuis Ferney les revendications des «Représentants» et même celles des

«Natifs\*». Il seconda ensuite le ministre Choiseul dans son projet de transformer Versoix\* en une ville portuaire, manufacturière et commerciale, rivale de Genève. Il accueillit enfin les Genevois bannis par les autorités de la République et favorisa la création à Ferney d'une industrie horlogère dont Genève put craindre sérieusement la concurrence.

Voltaire avait brocardé, dans sa *Guerre\* civile de Genève* (1767-1768), les Genevois du haut et du bas, leurs usages, leurs mœurs et leurs caractères, mais la Genève moderne ne lui en garde pas rancune. Une rue importante de la ville porte son nom, et son ancienne maison des Délices abrite l'Institut\* et musée Voltaire.

*Jean-Daniel Candaux*

## «GENÈVE» (ARTICLE DE L'*ENCYCLOPÉDIE*)

ALEMBERT (D') · *ENCYCLOPÉDIE* · GENÈVE · PHILOSOPHIE · ROUSSEAU (JEAN JACQUES) ·

Le scandale du grand article «Genève» de l'*Encyclopédie*, paru en novembre 1757, et la crise qui suivit, forcèrent Voltaire à une révision stratégique majeure. D'Alembert, qui signait l'article, avait séjourné aux Délices l'année précédente, et enquêté sur place, principalement parmi les relations de Voltaire à Genève. Il exprimait, plus ou moins concertées entre eux, des positions communes : l'éloge d'une constitution sage, d'un gouvernement modéré, d'un peuple industrieux et instruit, le regret cependant de l'interdit d'État contre le théâtre, effet d'une vieille ordonnance de 1617, l'exemplarité enfin de pasteurs trop éclairés pour croire encore à l'éternité des peines et à la divinité du Christ – des sociniens, presque des déistes. C'était donc Genève vue par les Philosophes, et comme annexée aux Lumières : «un coup important», écrira Voltaire à Diderot.

Mais cette ingérence mit en grand émoi la cité de Calvin : le Conseil en porta ses plaintes à Versailles, les magistrats et les notables qui fréquentaient depuis trois ans les spectacles privés des Délices se firent soudain discrets, et surtout les pasteurs, réunis en corps, protestèrent formellement, par une déclaration solennelle, de leur orthodoxie (10 février 1758) – les libéraux se trouvaient évidemment en minorité, il fallait déchanter.

L'affaire eut des suites graves. Devant les attaques ranimées du parti dévot en France, les deux codirecteurs de l'*Encyclopédie* se divisèrent : soutenu par Voltaire sur une ligne dure, d'Alembert se retira, tandis que Diderot continuait en dépit des pressions et des censures, mais seul désormais, et clandestinement. Quelques mois plus tard, en bon «citoyen de Genève», Rousseau entrait à son tour dans la bataille, et déstabilisait un peu plus le collectif encyclopédique par sa célèbre *Lettre à d'Alembert,* longue réplique

au fameux article, à la fois condamnation de tout théâtre à Genève, et rupture sourde avec Voltaire et Diderot. L'échec de l'opération acheva de détacher Voltaire de ses « petites Délices » et de Genève : un an tout juste après cette crise, il achetait Ferney, base nouvelle de stratégies plus offensives.

*André Magnan*

## GÉNIE

CIVILISATION • GOÛT • HISTOIRE • LANGUE •

Voltaire use couramment de ce mot au sens de « caractère », de « propriétés particulières » : « Le génie de la langue française est fait pour la conversation. » Au sens aussi de « dispositions naturelles » : « Qui peut être le maître de son habitude, et ployer son génie à son gré ? » Mais c'est l'emploi au sens moderne d'« aptitude supérieure de l'esprit » qui nous retiendra ici. « Ce terme de génie, précise-t-il, semble devoir désigner, non pas indistinctement les grands talents, mais ceux dans lesquels il entre de l'invention [...]. Un artiste, quelque parfait dans son genre, s'il n'a point d'invention, s'il n'est point original, n'est point réputé génie » (*Questions sur l'Encyclopédie*, 1770-1772, art. « Génie »). C'est que l'artiste de génie imite la nature, quand l'artiste de talent se contente d'imiter ses prédécesseurs. Dans la droite ligne du *Traité du sublime* de Longin, référence majeure de l'esthétique classique, Voltaire privilégie le génie, même mêlé de défauts, à la régularité correcte mais froide : qui ne préférerait Homère à Chapelain, Shakespeare à Addison, Corneille à Mairet ? « Tel est le privilège du génie d'invention : il se fait une route où personne n'a marché avant lui ; il court sans guide, sans art, sans règle ; il s'égare dans la carrière, mais il laisse loin derrière lui tout ce qui n'est que raison et exactitude » (*Essai sur la poésie épique*, 1728, chap. I).

Mais le génie qui a « sorti » son art de la « barbarie », s'il l'emporte sur la froideur correcte du talent, le cède encore au génie qui a été à même de « perfectionner » cet art par le goût « épuré » qu'ignorait encore le fondateur : « Le génie conduit par le goût ne commettra jamais de fautes grossières : aussi Racine, depuis *Andromaque*, le Poussin, Rameau, n'en ont jamais fait » (*Questions sur l'Encyclopédie*, art. « Génie »). Il est vrai que cette perfection du génie doué de goût entraîne inéluctablement un déclin rapide. Les « grands traits naturels », en effet, dont sont susceptibles les arts, « sont en petit nombre ». Que de nombreux génies fleurissent ensemble, et leurs « beautés » deviendront « lieu commun » pour des épigones : « On en est réduit ou à imiter, ou à s'égarer. » D'où le fameux postulat : « Ainsi donc le génie n'a qu'un temps, après quoi il faut qu'il dégénère » (*Le Siècle de*

*Louis XIV*, 1752, chap. XXXII). Aussi le génie – et pas seulement artistique – a-t-il un rôle fondamental dans l'histoire voltairienne : il est l'agent civilisateur par excellence. Le «génie de mécanique», par exemple, fait inventer, dans les «siècles grossiers», le gouvernail, les lunettes, la boussole (*Essai sur les mœurs*, 1756, chap. LXXXI)... Le génie des écrivains, de la même façon, sort les langues de la «barbarie», et les crée véritablement. Méditant l'histoire des cultures, Voltaire est lucidement élitiste : «L'esprit d'une nation réside toujours dans ce petit nombre qui [...] gouverne le grand nombre.» Et au-dessus encore de ce «petit nombre», ne créant pas le génie mais, ce qui vaut autant, favorisant son essor, l'«excitant» à «cultiver les arts», dominent les grands souverains qui font les grandes époques. Tels ceux qui ont donné leur nom aux quatre «siècles\*» de l'histoire de l'humanité, Philippe et Alexandre, César et Auguste, les Médicis, et surtout Louis XIV. Mais aussi Alfred le Grand dans l'Angleterre du IX$^e$ siècle, Henri le Navigateur au Portugal, le tsar Pierre I$^{er}$ de Russie, tous ceux dont Voltaire pense qu'ils ont véritablement formé leurs peuples, fait progresser les esprits et les mœurs, par là «génies» plus que les autres : «Il ne s'est presque jamais rien fait de grand dans le monde que par le génie et la fermeté d'un seul homme qui lutte contre les préjugés de la multitude» (*Essai sur les mœurs*, chap. CII).

Patrick Brasart

## GENLIS, Stéphanie Félicité du Crest de Saint-Aubin, comtesse de
FERNEY • PHILOSOPHIE •

Mme de Genlis (1746-1830), gouvernante des enfants du duc d'Orléans en 1782, se lance avec fougue dans la vie littéraire et mondaine – elle accumulera plus de cent volumes. Ses positions la placent souvent en porte-à-faux avec le mouvement philosophique, avec Voltaire en particulier. En 1782, la parution de son premier roman d'éducation, *Adèle et Théodore*, concurrence *Les Conversations d'Émilie* de Mme d'Épinay, l'égérie des philosophes, la maîtresse de Grimm et l'amie de Voltaire ! En 1783, c'est Mme d'Épinay qui reçoit pour son ouvrage, à une écrasante majorité, un prix de l'Académie\* française, ce qui révèle bien la force dont disposaient à cette date les Philosophes dans l'illustre maison. Après la mort de Voltaire, Mme de Genlis se pose de plus en plus en défenseur de la religion bafouée : dans *La Religion considérée comme l'unique base du bonheur et de la véritable philosophie* (1787), elle s'attaque avec violence à tous ceux qui ont décidé de détruire les valeurs religieuses et de ruiner les mœurs, mais Voltaire constitue sa cible préférée. Elle relève, dans la grande tradition de Nonnotte\* et des nouveaux apologistes, ses supercheries historiques,

ses fausses allégations, ses citations tronquées, condamne ses ouvrages licencieux et sa propension à la scatologie. Pourtant, sous l'Empire, puis sous la Restauration, Mme de Genlis ne prône pas contre Voltaire des valeurs romantiques. Elle établit même une édition expurgée du *Siècle de Louis XIV*. En fait l'attitude de Mme de Genlis à l'égard de Voltaire est moins simple qu'il n'y paraît : elle avait choisi le camp antiphilosophique, mais elle admirait en lui le poète de *La Henriade* et des tragédies. Elle n'avait pu par ailleurs s'empêcher de sacrifier au grand rite d'intronisation culturelle de la visite à Ferney, alors qu'elle se rendait à Genève ; il est vrai que ce fut là pour elle une occasion de recueillir force ragots et médisances sur le patriarche, qu'elle détaille en quinze pages dans ses *Mémoires inédits sur le XVIII$^e$ siècle* (1825).

*Didier Masseau*

## GÉNONVILLE, Nicolas Anne Lefèvre de La Faluère, dit de

AMITIÉ • POÉSIE •

Arouet le poète, en sa jeunesse, a chéri Génonville (1697-1723) « d'une amitié rare ». Ce conseiller au Parlement de Paris avait pour lui « un esprit aimable et facile ». Les deux jeunes hommes fréquentaient les mêmes sociétés, c'était le temps « des ris » et l'on partageait tout, même les maîtresses. Génonville, en « fripon », lui ravit la jolie Mlle de Livry* pendant son séjour à la Bastille* en 1718. Le poète magnanime pardonna :

> *Nous nous aimions tous trois. La raison, la folie,*
> *L'amour, l'enchantement des plus grandes erreurs,*
> *Tout réunissait nos trois cœurs.*

Une distance s'établit pourtant entre eux en décembre 1722. Voltaire n'écrit plus alors qu'« en cérémonie » à cet ami qui ne s'intéresse pas assez au projet d'éditer *La Ligue*. Génonville mourut de la variole le 9 septembre 1723. Six ans plus tard, dans le souvenir fidèle de leur amitié, Voltaire écrivit l'une de ses plus touchantes épîtres : « Aux mânes de M. de Génonville ».

*Anne Soprani*

> *Si tout n'est pas détruit, si sur les sombres bords*
> *Ce souffle si caché, cette faible étincelle,*
> *Cet esprit, le moteur et l'esclave du corps,*
> *Ce je ne sais quel sens, qu'on nomme âme immortelle,*
> *Reste inconnu de nous, est vivant chez les morts ;*
> *S'il est vrai que tu sais, et si tu peux m'entendre,*

*À mon cher Génonville, avec plaisir reçois*
*Ces vers et ces soupirs que je donne à ta cendre.*
Aux mânes de M. de Génonville, 1729.

## GENS DE LETTRES

ESPRIT • JOURNALISTE • POLÉMISTE •

L'expression provoque chez Voltaire amertume et rancœur quand elle désigne une meute d'écrivaillons, toujours prêts à la critique et à la calomnie pour s'imposer dans la prétendue république des lettres. Sa correspondance est une litanie perpétuelle sur la bassesse des gens de lettres de son temps, soucieux d'en découdre avec les philosophes, animés quant à eux par la seule quête de la vérité.
Pour comprendre la représentation voltairienne de «l'homme de lettres», il faut se reporter à l'article «Gens de lettres» qu'il rédigea en 1756 pour l'*Encyclopédie*\*. Il y pose la différence essentielle entre «philosophe» et «bel esprit». Ce dernier, doté d'une imagination féconde, sait donner à ses propos un tour brillant, mais de telles qualités ne suffisent pas pour mériter le titre d'homme de lettres; pour l'obtenir, il faut aussi se livrer à l'étude et acquérir un esprit philosophique. Ces distinctions enregistrent un état de fait, en même temps qu'elles visent à infléchir des conduites et des pratiques de l'écriture. L'expression «homme de lettres» reprend le sens du mot «grammairien», mais il ne peut plus désigner au XVIII$^e$ siècle celui qui cultive un seul genre, comme le théâtre ou le roman. Bref, l'homme de lettres authentique ne peut réduire son rôle à celui d'un rhétoricien: «Autrefois dans le seizième siècle, et bien avant dans le dix-septième, les littérateurs s'occupaient beaucoup de la critique grammaticale des auteurs grecs et latins [...]; aujourd'hui cette critique est moins nécessaire, et l'esprit philosophique lui a succédé. C'est cet esprit philosophique qui semble constituer le caractère des gens de lettres et quand il se joint au bon goût, il forme un littérateur accompli.»
La supériorité des modernes gens de lettres sur ceux des siècles passés tient à la nouveauté de leur statut et à l'éthique qui l'accompagne: au lieu d'être exclusivement des hommes de cabinet, ils sont devenus des acteurs essentiels de la vie sociale et contribuent, en fréquentant le monde, à polir la nation. L'aisance matérielle doit donc leur conférer une indépendance qui les mette à l'abri des basses flagorneries auxquelles succombaient autrefois les écrivains contraints d'écrire des épîtres dédicatoires à leurs protecteurs. Cette même indépendance rend également caduques, vaines et indignes les «disputes puériles» auxquelles se livrent encore de misérables

petits esprits incapables de s'élever au nouvel idéal, parce que leur pratique répond exclusivement à l'appât du gain.

Didier Masseau

*Tout homme public paye tribut à la malignité; mais il est payé en deniers et en honneurs. L'homme de lettres paye le même tribut sans rien recevoir; il est descendu pour son plaisir dans l'arène, il s'est lui-même condamné aux bêtes.*
Dictionnaire philosophique, 1764,<br>art. « Lettres, gens de lettres ou lettrés » (1765).

## GENTILHOMME ORDINAIRE

COURTISAN • LOUIS XV • POMPADOUR (MME DE) •

Pendant trois ans, de 1746 à 1749, Voltaire occupa une charge de gentilhomme ordinaire de la chambre du roi, et s'acquitta en effet auprès de Louis XV, à Versailles et à Fontainebleau, des devoirs de la fonction, plus ou moins confondue dans son cas avec sa place d'historiographe*. Il en avait eu l'expectative dès mars 1745, avec le brevet d'historiographe, par le crédit de Mme de Pompadour, la nouvelle maîtresse royale; il eut la charge effective en novembre 1746: il signe aussitôt «della camera del Re» le remerciement de son élection à l'académie de Sienne.

Domestique du maître, au sens noble, Voltaire avait donc ses entrées auprès du roi, mais il n'en fut guère mieux reçu: on sait que Louis XV ne l'aimait pas. Peut-être eut-il un rôle de conseil auprès du duc de Richelieu qui gouvernait, avec les trois autres premiers gentilshommes de la chambre, la Comédie-Française*; il fit aussi répéter ses rôles à la favorite pour les spectacles des Petits Cabinets. Mais son service ne changea guère: des recherches dans les archives centrales, en vue d'une histoire du règne, et la préparation de notes et de mémoires ministériels. Les missions plus importantes auxquelles prêtait la fonction, diplomatiques entre autres, ne lui furent pas proposées. Ce fut le couronnement, mais aussi la fin d'une trop longue et toujours inutile carrière de courtisan.

En mai 1749, Voltaire avait obtenu un brevet particulier qui lui permettait de disposer de la charge en conservant le titre, étonnante subtilité de l'ancien droit, ici fort lucrative: une cession en bonne forme, à un diplomate en poste à Trèves nommé Pierre Dufour, lui rapporta plus de 50 000 livres, équivalant à plusieurs millions de nos francs. Le brevet de démission lui accordait même «l'honneur d'approcher le roi» chaque année, «au semestre de janvier» – son éloignement, puis son exil allaient annuler cette grâce assez abstraite. En juin 1750, s'absentant pour faire un voyage en Prusse*, mais toujours historiographe en place et gentilhomme ordinaire en titre,

Voltaire se rendit à Compiègne prendre les ordres du roi : Louis XV, dit-on, lui tourna le dos. Deux mois plus tard, avec l'accord du roi de France, le roi de Prusse le faisait chambellan\*, fonction homologue à sa cour – mais cette «chambellanie», comme l'autre, ne dura que trois ans.
En revanche, pendant près de trente ans, dans presque tous les actes qu'il passa, en Prusse, en Suisse et de nouveau en France – achats et ventes, mandats, contrats et certificats, et en avril 1778 encore, au bas d'une procuration donnée à Wagnière\* –, Voltaire fit mettre noir sur blanc : «Étant présent François Marie Arouet de Voltaire, gentilhomme ordinaire de la chambre du roi...» Il tient par là formellement à l'Ancien Régime, dont l'un des grands principes était justement qu'il faut «tenir» – à son rang, à ses titres, à ses droits.

*André Magnan*

## GEX (PAYS DE)

CHOISEUL · FERNEY · FERNEY-VOLTAIRE · SEIGNEUR DE VILLAGE ·

Au pied du Mont-Jura s'étend une bande de terre longue de près de trente-cinq kilomètres que bordent aussi le col de la Faucille, le Colomby de Gex, le Crêt de la Neige et le Grand Crêt d'Eau. C'est dans ce petit pays encaissé, à deux lieues de Genève, que Voltaire, à 64 ans, s'installait en achetant Ferney\*, à l'automne 1758 – la vente fut conclue en février 1759.
Réuni à la France depuis 1601, le pays de Gex comptait alors environ 7 000 habitants. Sa situation géographique, à la frontière suisse et à distance respectable de Versailles, offrait un asile stratégique. Terre du roi de France, le pays de Gex dépendait des États de Bourgogne, il était administré par un conseil de province formé des trois ordres, clergé, noblesse et tiers état, qui avait en charge les impôts, les routes et la police. Mais depuis le milieu du XVII$^e$ siècle, cette assemblée avait perdu ses prérogatives : la taille et la capitation des roturiers étaient perçues par des officiers fiscaux de l'intendance de Dijon ; Louis Gaspard Fabry\* était le subdélégué de l'intendant lorsque Voltaire s'établit dans le pays : il devait s'en faire un allié.
En devenant propriétaire de Ferney, Voltaire s'assura que sa terre conservait ses anciens privilèges nobles : l'exemption de la taille, du vingtième et de la capitation, la permission de vendre son blé, la perception d'une partie des dîmes inféodées, moyennant une allocation au curé. Afin de rentrer dans tous ces droits, Voltaire adressa tant à Versailles qu'à Fabry nombre de mémoires. Le duc de Choiseul accorda à «la marmotte du Mont-Jura», en mai 1759, un brevet qui répondait à ses attentes, sauf pour la libre circulation du grain, aussi difficile à obtenir, avouait le ministre, que «de raccommoder le roi de Prusse avec l'impératrice d'Autriche». L'écrivain

sollicita le même brevet pour Tourney*, il eut ainsi le plaisir d'avoir «deux terres entièrement libres», ce qui allait parfaitement avec «l'air de [son] visage».

Lorsque Voltaire s'avisa de réclamer l'ancien droit sur les dîmes qu'il tenait indivises avec les pauvres, «pauvres d'esprit et pauvres d'effet», il s'aliéna le chicaneur curé Ancian*. Il eut de nouveau recours à Versailles, réclamant «Au roi en son Conseil, les droits de pêche sur le lac de Genève, les dîmes seigneuriales, ecclésiastiques et généralement tous les droits seigneuriaux accordés par les souverains précédents».

En possession de ses privilèges, Voltaire s'intéressa à l'administration de son petit pays et d'abord aux impôts directs qui le frappaient. Le pays de Gex payait en effet à la Bourgogne 20 000 livres annuellement pour le vingtième, dont le tiers réglé par les privilégiés, quelques familles nobles et une centaine de commis. Quant à la taille, répartie sur vingt-huit paroisses, elle s'élevait à près de 30 000 livres, et touchait les plus pauvres. Voltaire fit valoir que les cultivateurs payaient ainsi le tiers au moins «de ce que produisent leurs sueurs et leurs larmes», et parla bientôt d'abus. Les paysans redevables de la taille étaient en outre imposés en nature, pour la corvée et la milice. Appelés pour la corvée, ils participaient l'hiver à la construction et à la réfection des routes. Et selon l'usage, la corvée incombait plus aux fermiers et aux métayers qu'aux propriétaires. «Nous supplions, demanda Voltaire, d'assigner à chaque communauté une tâche proportionnée à son étendue et à sa force, et de les laisser donner leur tâche en adjudication plutôt que de la faire en nature.» Seuls à être tirés au sort pour la milice, les paysans et les pauvres redoutaient ce dernier impôt, autant pour son mode de réquisition, que pour la lourdeur de l'obligation. Le tirage exemptait de la taille le milicien et son père, mais durant six ans, il restait au service de l'État, ce qui impliquait son engagement au front en cas de guerre. Tiré au sort, un paysan ne trouvait plus de travail stable dans les fermes, il devenait journalier, ou s'il désertait, il sombrait le plus souvent dans la misère. Lorsque Voltaire s'établit à Ferney, des soldats volontaires, payés par les paroisses du pays, remplaçaient les miliciens. Un retour à l'ancien système, en 1765, entraîna dans la région une désertion de la main-d'œuvre. «Beaucoup d'artistes et d'ouvriers, se plaignit Voltaire, des fils de marchands, d'avocats, de procureurs s'enfuient de tous côtés.» Il obtint ensuite le rétablissement du volontariat.

La ressource principale du pays de Gex restait l'agriculture*, que Voltaire tenta de diversifier à Ferney. Les plus déshérités pratiquaient le braconnage ou subsistaient en ramassant dans les bois châtaignes et champignons, et surtout en coupant les arbres qu'ils débitaient pour se chauffer ou le vendre. Ces coupes sauvages prirent une telle ampleur qu'en décembre 1767, ses bois pillés, Voltaire adressa au ministre et à l'intendant un

*Mémoire du pays de Gex* afin que les paysans cessent de dégrader « les forêts du roi, et les bois de tous les particuliers ». Au printemps suivant, après avoir fait ses pâques*, le patriarche prononça en pleine messe un petit sermon sur ce sujet.

C'est vers la même date, quand le projet de l'établissement de Versoix* prit forme, que Voltaire, acquis à l'idée de cette création d'une ville de commerce, multiplia ses longs mémoires en faveur du pays de Gex, « contrée remarquable par sa belle situation [...] mais stérile par la nature du sol ». Tantôt il souligne l'intérêt de développer les marchés et le commerce, tantôt il réclame des aides pour les ouvriers horlogers fuyant les troubles de Genève. À Ferney, il logea lui-même une cinquantaine d'artisans et leur prêta l'argent nécessaire à leur installation.

En octobre 1775, les Gessiens saluaient enfin comme un prodige la suppression des fermes générales dans leur pays. Grâce aux patientes démarches du seigneur de Ferney depuis 1760, à sa dernière intervention auprès de Turgot*, à ses *Remontrances du pays de Gex au roi* dressées contre les exactions locales du fisc, l'assemblée du bailliage obtint le départ d'une soixantaine de commis des Fermes, gens brutaux, répartis dans quatorze bureaux différents, qui depuis toujours arrêtaient les voitures, fouillaient les voyageurs, renversaient les ballots, pour surveiller l'entrée des marchandises, s'opposer à la sortie du grain, du sel, des légumes, et percevoir les taxes douanières. Les gabelous quittèrent le pays de Gex dans la liesse générale et furent reclassés dans d'autres bureaux du Jura : « Tous les Alguazils de notre pays, se réjouit Voltaire en janvier 1776, sont partis avec l'étoile des trois rois. Nous sommes libres aujourd'hui comme les Genevois et les Suisses. » Sur la proposition qu'il en avait faite, les nobles et les propriétaires s'étaient entendus pour verser à la Ferme générale un forfait annuel de 30 000 livres, beaucoup plus avantageux. Les gabelous se vengèrent, il est vrai, de cette perte de pouvoir, en taxant durement les produits manufacturés du pays de Gex qui entraient en France. Ainsi les montres* de Voltaire souffrirent-elles un peu à l'exportation...

Seules les neiges du Jura et leur éblouissante réverbération importunèrent désormais l'infatigable patriarche : « Le pays de Gex deviendrait charmant, soupirait-il, sans ces affreux hivers qui rendent la vie insupportable et qui l'abrègent. »

*Anne Soprani*

## GOETHE, Johann Wolfgang von

« J'aimerais, comme Frédéric le Grand à Voltaire, vous demander vos œuvres, mais je ne suis qu'un compagnon-tisserand, et ne saurais récom-

penser royalement le don.» Pour l'artisan berlinois Schneidler, lecteur ordinaire de *Werther* et des *Affinités électives*, s'adressant en 1824 au grand Goethe (1749-1832), la référence était restée vivante – il réduit la distance en s'imaginant roi. L'écrivain a-t-il répondu à cette lettre? A-t-il accepté, venue d'en bas, du peuple, cette affinité élective? Au moins Goethe sut-il, par son mariage avec Christiane Vulpius, rester fidèle aux plébéiens, lui le patricien moderne. Voltaire avait toujours gardé une distance entre le peuple et lui.

De Goethe à Voltaire, des points communs, des différences à marquer aussi, même au-delà de cette période où il s'était senti plus proche de Rousseau et de Diderot. Dans le champ social, il se distingua de Voltaire par la pratique politique, en amorçant dans le duché de Weimar diverses réformes, fiscales, juridiques, mais également techniques et économiques, portées par la revendication d'une plus grande justice sociale. Mais on a là peut-être aussi un écho des protestations de Voltaire contre le droit arbitraire et répressif. Par ailleurs, Goethe parlait d'égal à égal au prince, comme Voltaire à Frédéric II, mais il sut, quant à lui, éviter la chute en choisissant, après l'échec de sa politique de réformes, la «fuite» en Italie. Or c'est ce séjour italien (1786-1788) qui marque le début de la résignation politique de Goethe. Sa vision de l'Histoire se modifie. À l'ambition d'une typologie des gouvernements et des civilisations articulant aux «formes générales» le pouvoir des grands hommes, il substitue l'idée d'une genèse historique complexe. Retour à Voltaire, à son œuvre d'historien. Sans doute Goethe cherchait-il aussi, recourant au chantre de Louis XIV, à se rassurer face à la Révolution.

Plus généralement, par son rêve d'incarner personnellement l'esprit de la nation, Goethe se sentait proche de ce Voltaire qui avait rassemblé en lui, dit-il, «les énergies poétiques des Français», et suscité les Diderot, d'Alembert, Beaumarchais. Mais tout en reconnaissant chez Voltaire, écrivain protéiforme, la prétention de passer de l'homme occidental à l'homme universel, grâce à un travail de multiplication entrepris par «les grandes âmes», Goethe cherchait quant à lui à se multiplier, à s'élargir en tant qu'individu, sans jamais relâcher l'effort de conciliation entre l'esprit de synthèse et de système et l'esprit de dilettantisme et de curiosité.

Dans le champ littéraire, Voltaire et ses contemporains, Diderot peut-être excepté, restaient perçus comme une charge pesante. Si Goethe réussit, écrit-il, «à tenir sur ses pieds et rester en relation avec la nature», c'est grâce à l'appui qu'il trouva dans Shakespeare, Klopstock, Herder. L'Allemagne avait un retard culturel, et social au sens large, à rattraper; la littérature allemande avait encore besoin de s'organiser, de se développer d'abord sur elle-même: en 1815, le siècle de Voltaire restait ici pour Goethe le modèle inégalé.

Trois exemples suffiront à marquer l'impact de Voltaire sur Goethe comme poète. Goethe a traduit et adapté le *Mahomet\** de Voltaire. Il en a cependant retranché la fin, ce manifeste du chef charismatique, évitant tous les mots qui soulignaient la brutalité de Mahomet, pour dégager plutôt l'enthousiasme religieux. Goethe cherchait à adoucir la violence des passions – soif du pouvoir, manipulation du peuple, attirance incestueuse –, qui couvent sous l'antagonisme abstrait de la foi et de la réflexion, du monothéisme et du polythéisme – c'est par ces forts accents passionnels que les tragédies de Voltaire peuvent encore susciter l'intérêt, leur anticlassicisme évoquant Verdi ou Hugo. Deux ans après son *Iphigénie en Tauride* (1797), Goethe sut pourtant rendre ainsi manifeste dans son adaptation ce qui restait latent dans *Mahomet*: la raison cachant la violence, la contradiction de la haine des hommes et d'une Providence bienveillante.

Goethe tenait aussi en haute estime la poésie de Voltaire, il connaissait encore par cœur son grand poème des *Systèmes\**, où Dieu juge et condamne également tous les grands auteurs d'abstractions parfaites et closes. À cette satire du dernier Voltaire (1772) répond dans *Faust* le fameux «Prologue dans le ciel»: là, Dieu réunissait théologiens et philosophes, de Thomas d'Aquin à Maupertuis; ici, Dieu tient conseil avec les archanges et Méphistophélès – la question centrale est la même: le sens de l'homme, sa place dans l'univers. Là, une défense satirique de la liberté intellectuelle: Voltaire maltraite les soi-disant «doctes», qu'il n'aime pas, jusqu'aux plus grands; ici, un drame est mis en perspective: il faut deux grandes forces antagonistes pour faire tourner le monde des humains. Goethe déplace quant à lui l'intérêt, au-delà de l'Histoire, sur un plan d'éternité.

Dans le genre narratif, on peut lire enfin *Le Serpent vert* de Goethe comme une réplique au conte allégorique du *Taureau blanc*. «Je veux, disait chez Voltaire la princesse Amaside, qu'un conte soit fondé sur la vraisemblance, et qu'il ne ressemble pas toujours à un rêve.» Goethe au contraire se sent attiré par le rêve et le symbole. Le serpent, emblème ordinaire dans *Le Taureau blanc*, devient chez lui la force tutélaire dont la métamorphose permet la fondation de la communauté. À la différence du conte voltairien, le «conte de fées» du Serpent remythifie le monde, et atteint *das Urphänomen* – «l'idée de l'unité primordiale».

*Jürgen Siess*

## GOLDONI, Carlo

COMÉDIES · COMÉDIE-ITALIENNE · ITALIE ·

Dès juillet 1760, Voltaire s'affirme comme un «passionné partisan» de Goldoni (1707-1793), qu'il a découvert grâce à Albergati. L'Italien, dans sa

maturité, s'est éloigné de la Commedia dell'arte, entamant une réforme profonde, avec l'ambition d'une comédie dont le réalisme et les fins morales intègrent avec aisance une invention comique originale. Voltaire qui, de son côté, ne pouvait concevoir une comédie «sensible» d'où fût banni le rire, y trouve une confirmation parfaite de ses théories. Pour lui, Goldoni sera toujours «le peintre et le fils de la nature».

Appelé en 1762 pour remonter la Comédie-Italienne à Paris, Goldoni, en retard, passe par Lyon, tandis que le patriarche l'attendait à Ferney; ils ne se verront qu'à Paris, en février 1778. Mais ils entretiennent une correspondance très cordiale. Goldoni ne réussit guère chez les Italiens, qui n'apprennent pas leurs rôles, et ne comptent plus que sur l'opéra-comique, récemment annexé à leur théâtre. De plus, la critique lui tient rigueur de se consacrer encore à de simples scénarios. De loin, Voltaire suit les vains efforts de son ami, dont il lit les ouvrages. Déçu, Goldoni quitte sa direction de troupe en 1765; il est nommé maître d'italien de la fille aînée de Louis XV, Madame Adélaïde. Il connaît enfin le triomphe avec *Le Bourru bienfaisant*, comédie *en français*, donnée en 1771 *aux Français*, et qui resta au répertoire comme un modèle de bon goût. Voltaire vit dans cet événement «une époque de la littérature française».

*Henri Lagrave*

## GONCOURT, Edmond et Jules de

Le XVIII$^e$ siècle est, pour les Goncourt, l'époque heureuse de l'individualisme aristocratique, du raffinement des beaux-arts et des charmes d'une mondanité toujours prête à encenser l'écrivain. Depuis, la société française a pour eux succombé à un égalitarisme desséchant, ennemi de tous les créateurs originaux. D'où peut-être leur détestation de Voltaire, ce fauteur de 1789 et du règne bourgeois du bon sens. Ils ne manquent pas une occasion de le dénigrer, et comme penseur, et comme écrivain. Ils ont raconté, dans leur célèbre *Journal*, les vives querelles que soulevait son nom dans les dîners littéraires du restaurant Magny, sous le second Empire. Contre Sainte-Beuve, ils se targuent d'adopter, référence tout de même inattendue, l'opinion du bon abbé Trublet qui un jour aurait dit de Voltaire: «C'est la perfection dans la médiocrité.» Ils notent, au fil des jours, que Voltaire n'est rien de plus qu'un journaliste, que son œuvre historique est annihilée par la science moderne, que son théâtre est terriblement vieilli et que son *Candide* même n'est que «du La Fontaine prosé et du Rabelais écouillé». Plus tard, poursuivant le *Journal* après la mort de son frère Jules (1830-1870), Edmond de Goncourt (1822-1896) reprochera encore à Voltaire d'être devenu une figure de proue constamment encensée par la

République renaissante. Sur le plan littéraire, les Goncourt ne cessent d'opposer Voltaire à Diderot pour marquer leur préférence pour le second, plus novateur, plus artiste, et grand devancier du réalisme moderne. Ils reprennent même à leur compte le cliché romantique, illustré par Musset*, du «hideux sourire», et ces esthètes le voient flotter sur les lèvres minces du Voltaire sculpté par Houdon.

Didier Masseau

*Au sortir de table: «Savez-vous, dit Saint-Victor, que c'est aujourd'hui l'anniversaire de la Saint-Barthélemy?» Là-dessus, nous disons: «Voltaire aurait eu la fièvre. – Certainement!» crie Flaubert. Et voilà Flaubert et Saint-Victor le déclarant un apôtre sincère, et nous, à nous regimber de toute la force de nos convictions. Ce sont des cris, des éclats: «Comment il a pu vous entrer dans la tête... – Un martyr! L'exil! – Oui, mais la popularité! – Mais il n'en avait pas! C'est Beaumarchais qui l'a fait connaître. – Allons donc! – Une âme tendre, un homme tout nerfs, un violon!... L'affaire Calas! – Eh! mon Dieu, l'affaire Peytel pour Balzac! – Pour moi, c'est un saint! crie Flaubert. – Mais vous n'avez jamais regardé la bouche de cet homme-là? – C'était par politique... – Quant à moi, dit Gautier, je ne puis pas le sentir, je le trouve prêtreux: c'est un calotin, c'est le Prudhomme du déisme.»*

Edmond et Jules de Goncourt, Journal, 24 août 1860.

## GOTHA

ALLEMAGNE · SAXE-GOTHA ·

Après avoir quitté la Prusse et Berlin en mars 1753, Voltaire porte à Gotha sa «figure de trépassé» et son «cadavre ambulant». Il y arriva le 21 avril et y séjourna plus d'un mois. Le petit duché de Saxe-Gotha comptait alors environ 15 000 habitants, et Gotha sa capitale, avec ses mares pleines de canards et d'oies en liberté, conservait un aspect rustique. Voltaire était descendu à l'hôtel des Hallebardes. Mais à peine informé de l'arrivée du «grand homme», le duc régnant mit à sa disposition une chambre de l'appartement des princes Électeurs, au château de Friedenstein, des laquais et un équipage. Si la ville avait un air de bonheur champêtre, la cour par contraste affichait un protocole fastueux. Admis à la table des souverains, Voltaire participa aux concerts, bals costumés et fêtes diverses qui se donnèrent durant son séjour. Il fut charmé par cette cour princière de vie facile, qu'il compare à celle de Sceaux* – la chère y est meilleure, la liberté plus grande encore. Gotha, qu'il ne revit jamais, resta son «château en Espagne». Il avait été surtout conquis par la «princesse infiniment

aimable » qui régnait avec esprit sur ce lieu enchanteur : Louise Dorothée de Saxe-Gotha, qui devint l'une de ses plus chères correspondantes.

*Anne Soprani*

## GOTTSCHED, Johann Christoph

LEIPZIG •

Écrivain allemand (1700-1766), professeur de poésie à l'université de Leipzig depuis 1724, Gottsched prétendait épurer la littérature allemande en s'inspirant du classicisme français. Il fit paraître un recueil de pièces proposées comme modèles, dont la plus célèbre est *Caton mourant* (*Der sterbende Cato*, 1732). Mais ses idées étaient combattues : d'autres, Lessing notamment, cherchaient à donner à la littérature allemande un caractère national. Voltaire rencontra en avril 1753 ce champion francophile de la langue allemande, à son passage à Leipzig, au retour de Berlin. Gottsched admirait Voltaire comme poète. Il avait publié en traduction plusieurs de ses tragédies et avait rendu compte de ses ouvrages dans deux revues littéraires qu'il dirigeait : *Der Büchersaal* et *Das Neueste aus der anmutigen Gelehrsamkeit*. Il lui trouva « plus de vertu, de connaissances, de bienveillance pour les Allemands » qu'il ne l'avait pensé. Il l'accueille favorablement aussi comme adversaire de Maupertuis et allié dans la défense de Leibniz. Il lui facilite, pendant son séjour de trois semaines, les contacts avec les milieux cultivés de la ville. En contrepartie, Voltaire écrit, à sa demande, un éloge d'un poème épique du baron Schönaich, *Hermann* (1753), qu'il a lu en traduction. Cet éloge paraîtra dans la seconde édition de cette « *Henriade* germanique ». Installé en Suisse, Voltaire adressera quelques billets aimables à Gottsched, et quelques messages transmis par la comtesse de Bentinck, leur amie commune.

*Christiane Mervaud*

## GOÛT

BEAU • CIVILISATION • DÉCADENCE • GÉNIE • POÉSIE • STYLE •

Voltaire a érigé un *Temple\* du Goût*, il ne lui a pas consacré de traité : en sensualiste conséquent, il s'est refusé à bâtir un système du beau, tout comme il a tourné en dérision les règles et préceptes *a priori* des poétiques. Son idéal se concentre dans la figure du « connaisseur », formé par l'expérience et l'analyse d'œuvres concrètes, l'exercice d'un jugement toujours plus nuancé, le commerce enfin d'une société choisie où échanger ses impressions et ses raisons.

Voltaire définit le goût comme « le sentiment prompt des beautés et des défauts dans tous les arts » (*Encyclopédie*, art. « Goût », 1756). « L'homme de goût » doit donc posséder trois qualités : une sensibilité aiguë (et un « sens droit ») ; une promptitude de jugement, fruit d'une longue formation, qui implique vaste culture et exigence permanente de comparaison ; enfin, une très grande capacité de « discernement ». D'où cette précision : « En général, le goût fin et sûr consiste dans le sentiment prompt d'une beauté parmi des défauts, et d'un défaut parmi des beautés » (*Questions sur l'Encyclopédie*, 1770-1772, art. « Goût »). Mais si Voltaire refuse les « règles », il n'entend pas se passer de principes.

Tout d'abord, il tient qu'« il y a un bon et un mauvais goût » (*Lettre à l'Académie*, 1776). S'il existe des « beautés locales », il existe aussi, au-delà d'elles, un beau universel. La conscience de la diversité et du caractère original des génies nationaux peut conduire à relativiser le jugement sur le mérite d'un auteur, mais non sur la valeur intrinsèque de son œuvre, toujours jugée à l'aune de ce qui est « beau universellement ». Paradoxalement, le fait qu'il y ait un bon et un mauvais goût n'implique pas qu'il soit toujours utile de « disputer » sur cette matière. Il y a d'abord des cas désespérés, « des âmes froides, des esprits faux, qu'on ne peut ni échauffer ni redresser » (*Encyclopédie*, art. « Goût ») ; d'autre part, la discussion est inutile, voire nuisible, face aux engouements passagers : « On cabre un homme de mauvais goût quand on veut le ramener. Le mieux est donc d'attendre que le temps et l'exemple l'instruisent » (*Questions sur l'Encyclopédie*, art. « Goût »). Car le goût se forme, et même un Boileau, dont l'*Art poétique* est d'un goût si « perfectionné », n'avait à ses débuts satiriques qu'un goût « non encore épuré ». Cette formation, longue, s'opère surtout par la lecture des « bons auteurs » – d'où l'importance des « Commentaires » (tel celui sur Corneille) qui évitent au novice de prendre les défauts des grands auteurs pour des beautés ; et par la fréquentation de la « bonne compagnie » – d'où le lien entre perfectionnement de la « société » et perfectionnement de ce goût d'essence aristocratique : « Il faut la capitale d'un grand royaume pour y établir la demeure du goût. » L'essor des lettres et des arts est justement aux yeux de Voltaire la fin dernière d'une société « éclairée ». On notera cependant qu'il soutient, opposé en cela aux Modernes, que les progrès de la philosophie ne sont pour rien dans ceux des arts – et comporteraient même le risque de « dessécher » le goût poétique en « étouffant » le sentiment. Que Racine et Boileau aient été des « jansénistes ridicules » n'a donc pour le « connaisseur » aucune importance. Le « goût », de toute façon, est la chose du monde la moins partagée, moins peut-être même que la « saine raison », comme le suggère le début du *Siècle de Louis XIV* : « Quiconque pense, et, ce qui est encore plus rare, quiconque a du goût... » D'où l'omniprésence du mauvais goût, dont Voltaire croit parfois les triomphes passa-

gers : « Le grand nombre des juges décide, à la longue, d'après les voix du petit nombre éclairé » (à Vauvenargues, 15 avril 1743). Mais sa conception de l'Histoire n'incline guère à l'optimisme : « Comme un artiste forme peu à peu son goût, une nation forme aussi le sien. Elle croupit des siècles entiers dans la barbarie ; ensuite il s'élève une faible aurore ; enfin le grand jour paraît, après lequel on ne voit plus qu'un long et triste crépuscule. » Contre son siècle qui lui semble celui « du bizarre et du petit » (à d'Argental, 25 septembre 1770), Voltaire n'aura de cesse de combattre la « décadence », au nom du « naturel » et du « grand goût ».

Le bon goût voltairien se réclame de la « clarté » (contre l'« ingéniosité » et la confusion), de la « pureté » (contre le mélange des genres et des styles), de la « simplicité » (contre le déplacé et l'enflure du style « oriental »), de l'élégance (contre l'incorrection et la lourdeur), de la délicatesse (contre la rudesse ou la grossièreté), des « grâces » (contre la froideur), de « l'esprit » (contre l'« abus du bel esprit »), de la « noblesse » (contre la bassesse et l'« emphase »), de la « force » (contre les « fadeurs » de la « galanterie »), de l'« harmonie » (contre le « fatras » et l'« oubli des convenances »). Bref, contre toutes les « extravagances », il se réclame de la vraisemblance et de toutes les « bienséances », de tout ce qui assure la conformité du ton adapté par l'artiste à la nature de son talent, de son public et de son sujet.

C'est, en peinture, Raphaël et Poussin ; en musique, Lulli et Rameau ; en sculpture, Girardon, Bouchardon et Pigalle ; en architecture, le portail de Saint-Gervais et le château de Versailles (moins « le côté de la cour » cependant, et la chapelle). C'est, en littérature, une hiérarchie fondée sur les rapports nécessaires du génie et du goût, où le génie garde la prééminence – car le goût ne peut donner le génie, mais seulement lui éviter des fautes. Au plus bas, ce qui n'a ni goût ni génie, le « gothique », totalement étranger aux quatre grands siècles* de l'histoire de l'esprit humain. Puis vient le goût sans génie : soit sous un aspect négatif (Mairet, ou le Boileau* des *Épîtres*, ouvrages « corrects », mais « froids »), soit sur un versant positif (le charme de la poésie légère). Puis c'est le talent supérieur doué d'un goût parfait : Horace*, le Boileau de l'*Art poétique*, et Quinault ; puis le génie sans goût, qui peut parfois s'élever aussi haut (il est alors inégalable) qu'il tombe généralement bas : Homère*, Shakespeare*, Corneille* ; puis le génie dont le goût est près d'être perfectionné : La Fontaine, Molière (pas encore assez « purs »), le Tasse (encore trop « féerique »). Enfin, au sommet, l'insigne alliance du génie et du goût : Virgile*, Racine*, et, peut-être encore au-dessus, l'Arioste*, d'abord dédaigné de Voltaire, puis réputé posséder l'invention d'Homère avec le « goût » de Virgile.

Quant à Voltaire, où se plaçait-il ? Toujours « délicat », il semble ne se vouloir que « connaisseur », mais du type le plus accompli, en qui s'opère l'union rarissime du « goût » et de l'« esprit philosophique », dont il ne voit

d'autre exemple en son siècle que Vauvenargues*. Mais tenir ce rôle du « connaisseur » auprès de toute l'Europe « éclairée » et produire son œuvre en effet, c'est presque la même tâche chez Voltaire : il a toujours accompagné ses productions poétiques de notes et de préfaces critiques, sans cesse habité par la passion de corriger ou de réécrire les œuvres de ses pairs, mais aussi de reprendre et de remanier les siennes. Sa grande ambition en matière de goût aura été de rénover la tragédie française. Tout en refusant la tragédie en prose et le drame bourgeois, il nourrit un double projet : d'une part, redonner aux « conversations en cinq actes » de la scène tragique française l'action dont elles manquent, en l'empruntant avec discernement au théâtre anglais, qui, à l'inverse, en déborde ; et imposer d'autre part la « tragédie sans amour », c'est-à-dire purger la scène tragique de la « galanterie ». Car c'était là le cœur de son goût : « Le grand, le pathétique, le sentiment, voilà mes premiers maîtres » (à Vauvenargues, 4 avril 1744). Au total, le goût de Voltaire, rococo en un sens, par le goût du détail bien fini, n'en a pas moins joué un rôle essentiel dans l'élaboration d'une figure idéale du classicisme louis-quatorzien, qui lui fit condamner la plupart des productions de son siècle. Seuls émergeaient à ses yeux des *minores* – La Harpe, Marmontel, Saint-Lambert... – qu'il tenait pour importants encore, parce qu'ils participaient du même fond de goût que le sien. Voltaire disparu, ses épigones, hélas – on le voit dans le cas exemplaire du *Lycée* de La Harpe* – transmuèrent son idéal passionné en académisme vétilleux.

*Patrick Brasart*

## GOUVERNEMENT

CITOYEN • DÉMOCRATIE • LOI NATURELLE • MONARCHIE •<br>PEUPLE • POLITIQUE • RÉPUBLIQUE •

Voltaire ne s'est guère intéressé à la typologie des gouvernements, à leur nature et à leurs principes. Par indifférence et même hostilité aux abstractions et aux systèmes, il n'a cessé de vouloir comprendre, très concrètement, comment s'exerçait la souveraineté. Qu'il s'agisse de la monarchie française, dont il détaille le fonctionnement par le roi et ses Conseils dans *Le Siècle* de Louis XIV*, ou de Venise* et sa République aristocratique, de la Hollande* et ses États (*Essai sur les mœurs*), de l'absolutisme éclairé de Catherine II*, ou enfin de l'équilibre entre le roi et les deux Chambres en Angleterre (*Lettres philosophiques*, VIII$^e$ et IX$^e$ lettres), c'est partout la même attention au réel.

On ne dira jamais assez l'extraordinaire curiosité de Voltaire pour ce qui existe. Tout autant qu'il écarte les modèles et les typologies abstraites, il

refuse de prendre en compte une des interrogations traditionnelles de la «théorie politique» de l'âge classique : quel est le meilleur gouvernement? Le jeu consistant bien évidemment à répondre : la monarchie. Parce que la société est une famille et que le pouvoir monarchique, à l'image du pouvoir paternel, est naturel. En bon pragmatique, Voltaire refuse de répondre à la question, toujours posée en termes de nature ou d'institution. Selon lui, un bon gouvernement assure la liberté, la protection de la personne et des biens. Voltaire est proche du Locke* du *Traité du gouvernement civil* (1690). Son choix tient non à la nature du gouvernement, mais aux fins qu'il poursuit et aux succès qu'il remporte. Pas de vraie réflexion chez lui sur le contrat ou l'origine du pouvoir. Il constate lucidement que les premiers maîtres sont les premiers vainqueurs, et que tout pouvoir provient d'une conquête ou d'une usurpation. L'idée est constamment reprise dans l'*Essai sur les mœurs*, quand Voltaire examine les origines de Rome ou les luttes qui déchirent l'époque médiévale. Par ailleurs, il ne croit guère à la démocratie : le peuple est trop inculte pour décider de son destin, et la démocratie tomberait vite aux mains des prêtres ; il se méfie de l'aristocratie héréditaire fondée sur la naissance et non sur le mérite, tout comme de la monarchie élective qui engendre le désordre et l'instabilité. Soyons pratiques, tout gouvernement est bon qui rend les hommes libres et heureux autant qu'il est possible. Le reste relève de la croyance ou des habitudes.

Dans l'article «États, gouvernements : quel est le meilleur?» du *Dictionnaire philosophique* (1764), Voltaire montre que tout gouvernement peut être critiqué, que nul n'est parfait et que tout homme, selon sa situation et ses intérêts, préfère tel ou tel gouvernement : ainsi un grand seigneur né en France préférerait vivre en Allemagne, un pair de France en Angleterre pour y être «législateur», mais «l'homme de robe et le financier se trouveraient mieux en France qu'ailleurs»... Le sage, l'homme qui agit selon la raison, préfère vivre dans l'État «où l'on n'obéit qu'aux lois». C'est-à-dire où l'on n'est pas soumis à l'arbitraire ou à la force. Mais dans l'article «Des lois», Voltaire, tout en reconnaissant que toutes les lois humaines sont de convention, se plaît à rêver de lois qui ne contrediraient pas la loi naturelle et qui s'adapteraient, le temps passant, aux nouvelles circonstances. Seul le fou se hasarde à demander plus. Le sage espère et se résigne. Il lui faut pourtant constater que le monde progresse et que les lois sont plus justes. Consolé, il s'engage à œuvrer à leur amélioration.

*Jean Goulemot*

*Les moutons vivent en société fort doucement ; leur caractère passe pour très débonnaire, parce que nous ne voyons pas la prodigieuse quantité d'animaux qu'ils dévorent. Il est à croire même qu'ils les mangent innocemment et sans le*

savoir, comme lorsque nous mangeons d'un fromage de Sassenage. La république des moutons est l'image fidèle de l'âge d'or.
Un poulailler est visiblement l'État monarchique le plus parfait. Il n'y a point de roi comparable à un coq. S'il marche fièrement au milieu de son peuple, ce n'est point par vanité. Si l'ennemi approche, il ne donne point d'ordre à ses sujets d'aller se faire tuer pour lui en vertu de sa certaine science et pleine puissance; il y va lui-même, range ses poules derrière lui, et combat jusqu'à la mort. S'il est vainqueur, c'est lui qui chante le Te Deum. Dans la vie civile, il n'y a rien de si galant, de si honnête, de si désintéressé. Il a toutes les vertus. A-t-il dans son bec royal un grain de blé, un vermisseau, il le donne à la première de ses sujettes qui se présente. Enfin Salomon dans son sérail n'approchait pas d'un coq de basse-cour.
S'il est vrai que les abeilles soient gouvernées par une reine à qui tous ses sujets font l'amour, c'est un gouvernement plus parfait encore.
Les fourmis passent pour une excellente démocratie. Elle est au-dessus de tous les autres États, puisque tout le monde y est égal, et que chaque particulier y travaille pour le bonheur de tous.
La république des castors est encore supérieure à celle des fourmis, du moins si nous en jugeons par leurs ouvrages de maçonnerie.
Les singes ressemblent plutôt à des bateleurs qu'à un peuple policé; et ils ne paraissent pas être réunis sous des lois fixes et fondamentales, comme les espèces précédentes.
Nous ressemblons plus aux singes qu'à aucun autre animal par le don de l'imitation, par la légèreté de nos idées, et par notre inconstance, qui ne nous a jamais permis d'avoir des lois uniformes et durables.
Quand la nature forma notre espèce, et nous donna quelques instincts, l'amour-propre pour notre conservation, la bienveillance pour la conservation des autres, l'amour qui est commun avec toutes les espèces, et le don inexplicable de combiner plus d'idées que tous les animaux ensemble; après nous avoir ainsi donné notre lot, elle nous dit : « Faites comme vous pourrez. »
Il n'y a aucun bon code dans aucun pays. La raison en est évidente; les lois ont été faites à mesure, selon les temps, les lieux, les besoins, etc.
    Dictionnaire philosophique, 1764, art. « Des lois » (section II, 1767).

## GRÂCE

PRIÈRE • PROVIDENCE • THÉOLOGIE •

Voltaire a toujours refusé le Dieu caché, aux desseins obscurs et tyranniques, imaginé par le jansénisme. Il admet une Providence générale, qui fait graviter les mondes par des lois immuables, qui forme les êtres vivants et perpétue leur espèce : « Toute la nature, tout ce qui existe est une grâce de

Dieu » (*Questions sur l'Encyclopédie*, art. « Grâce »). Au nom de cette grandeur sublime et de l'égalité morale de tous les hommes, il rejette l'idée d'une Providence particulière qui accorderait sa grâce à l'un et non à l'autre, et réserverait le salut aux bénéficiaires de la Révélation, ou à quelques prédestinés seulement. Ce fantasme anthropomorphique, qui assimile le Créateur à un maître insensé répartissant injustement ses bienfaits, lui apparaît comme un vrai blasphème*. Et il se moque souvent de ceux qui imaginent Dieu occupé à violer ses lois générales pour satisfaire des demandes individuelles : « Je ne crois point qu'une Providence particulière change l'économie du monde pour votre moineau ou pour votre chat » (*Questions sur l'Encyclopédie*, art. « Providence »). Aussi réduit-il à l'absurde, dans l'article « Grâce » du *Dictionnaire philosophique*, le jargon scolastique, celui de saint Thomas, ou de l'article « Grâce » de l'*Encyclopédie*, d'une orthodoxie rigoureuse : hors de tout contexte explicatif, il énumère plaisamment la grâce de santé et la grâce de médecine, l'extérieure et l'intérieure, la gratuite, la sanctifiante, l'actuelle, l'habituelle, la coopérante, l'efficace, la suffisante, la versatile et la congrue, transformant ces distinctions reçues, comme le déplore justement Louis Mayeul Chaudon*, en « turlupinades ». Pour qui embrasse en effet du même coup d'œil l'ensemble des créatures, sans doter l'homme d'une dimension transcendante, ce ne sont là que des mots vides de tout sens. L'historien sait pourtant qu'ils ont été l'occasion, dès le V$^e$ siècle, de querelles dogmatiques, et parfois de violences physiques. *Le Siècle de Louis XIV* expose, dans ses derniers chapitres, les conflits persistants autour du jansénisme* contemporain : raison de plus pour traiter le tout par la dérision. La théologie, après avoir voulu être une science, n'est pas encore un simple jeu intellectuel : elle ne cesse de mettre en péril la paix civile et le bonheur social.

*Marie-Hélène Cotoni*

## GRACQ, Julien

*Du château de Ferney, je n'ai entrevu qu'un coin de mur à travers les frondaisons grillagées : on ne visite que le samedi après-midi. Entre deux des ormes centenaires de l'avenue qui y mène, le Mont Blanc s'encadre spectaculairement, illuminé par le soleil bas : le roi Voltaire a emprunté à Jean Jacques son paysage domestique, qui ne lui ressemble pas.*
*Ici a vécu, un peu parodiquement, « Nobel » hors concours jouant au « squire » de village et au bureau de bienfaisance, le plus volumineux des hommes de lettres de tous les temps, mais il n'y a aucun grand écrivain avec lequel le nom de « génie » tel que nous l'entendons jure davantage. La situation de Voltaire est singulière ; c'est celle d'un contenant dont les dimensions insolites font*

*époque, et d'où s'échappe une grenaille d'œuvres dont aucune ne fait le poids (je n'en excepte pas «Candide», qui doit trop à l'adulation stylistique de la France pour les accomplissements de la plume élégante). Il avait la faiblesse de croire à ses tragédies: hélas! la place Mérope, à Ferney, fait sourire: quel fretin d'œuvres, pour un nom aussi phénoménal! Mais, après tout, un banc de sardines arrive peut-être à peser aussi lourd que «Moby Dick».*

*Ce qui nous éloigne de lui tellement, c'est que tout ce qu'il a écrit, en dehors de ses tragédies mort-nées, a passé, et était fait pour passer, pour être consommé, dans la communication immédiate et intégrale: transparence pure qui ne laisse place à aucune résurgence, aucune réinterprétation posthume, et qui est celle du journalisme élevé à son degré d'excellence. «J'appelle journalisme tout ce qui sera moins intéressant demain qu'aujourd'hui» disait Gide. La remarque vient frapper en Voltaire le centre même de la cible.*

Julien Gracq, En lisant, en écrivant, 1980.

## GRAFFIGNY, Françoise Paule d'Issembourg d'Happoncourt, Mme de

CHÂTELET (MME DU) • CIREY • GENS DE LETTRES • LORRAINE •

À la cour de Lunéville\*, en mai 1735, Voltaire distinguait Mme de Graffigny (1695-1758), «veuve aimable et belle». Dame de la duchesse de Richelieu, elle appartenait à une vieille famille noble de Lorraine et avait été mariée à un homme emporté et brutal dont elle s'était séparée avant un veuvage précoce. Elle avait perdu les enfants nés de cette union et vivait assez indépendante à la cour de Lorraine, entourée de quelques amis chers, gens cultivés, épris de littérature, que Voltaire rencontra avec plaisir avant son retour à Cirey. La remise du duché de Lorraine à Stanislas\* Leszczynski (1737) obligea Mme de Graffigny à quitter Lunéville pour rejoindre Mme de Richelieu à Paris: à plus de 40 ans, elle allait entrer dans une sorte de carrière littéraire. Trop désargentée pour effectuer le voyage directement, elle accepta l'hospitalité de plusieurs amis sur sa route, dont celle de Mme du Châtelet à Cirey.

Elle y arrivait le 3 décembre 1738. Ses lettres presque quotidiennes à son ami François Antoine Devaux, qu'elle appelle «Panpan», nous peignent l'intimité studieuse de Voltaire et de la marquise du Châtelet. Lettres vivantes, libres d'abord, et d'une étonnante précision de détail: publiées dès 1820 sous le titre *Vie privée de Voltaire et Mme du Châtelet*, elles restent le témoignage le plus intéressant sur la période de Cirey. Les débuts de son séjour sont idylliques. Les lieux sont enchanteurs, l'accueil délicieux, Cirey ressemble au paradis. Voltaire lui lit deux actes de *Mérope*, des morceaux du *Siècle de Louis XIV*, joue *Boursoufle*, lui confie *Le Préservatif* contre Desfontaines et même deux chants de *La Pucelle*

*d'Orléans*. Mais imprudente, Mme de Graffigny recopie pour ses amis lorrains un chant entier de l'inavouable poème. Or, depuis l'affaire de *La Voltairomanie\**, Mme du Châtelet, voulant protéger Voltaire, ouvrait secrètement toutes les lettres qui arrivaient à Cirey. Elle découvrit par les réponses de Devaux les indiscrétions de son invitée, et lui en fit de violents reproches. Voltaire s'excusa, voulut la décharger, mais Mme de Graffigny dut quitter Cirey assez brusquement, en février 1739, malade d'humiliation et définitivement aigrie contre Émilie.

Elle surmonta ses difficultés matérielles, soutint une carrière de femme de lettres et connut la consécration avec ses *Lettres d'une Péruvienne* (1747), roman exotique, sensible et moral, et sa comédie larmoyante de *Cénie* (1751). Voltaire renoua avec elle, l'invita à des représentations privées de ses pièces, puis lui proposa en 1750 une charge de dame de compagnie de Wilhelmine de Bayreuth. Mme de Graffigny refusa, elle tenait alors à Paris un petit salon littéraire fort distingué, où l'on rencontrait Marivaux, Moncrif et Helvétius. En avril 1758, elle confiait à Voltaire son dépit du mauvais accueil de sa dernière pièce. Il compara le public à une « mer orageuse » et conclut en sage : « Les hommes ne méritent pas qu'on se livre à leur jugement. »

*Anne Soprani*

## GRAMMAIRE

GOÛT · LANGUE ·

Voltaire a toujours considéré la grammaire comme une discipline non pas annexe, mais fondamentale pour l'activité de l'écrivain : conception essentiellement normative, marquée par des préoccupations esthétiques plus que par des intérêts linguistiques. Si Voltaire révère les grammairiens, tels Régnier-Desmarais, Dumarsais et Beauzée, il estime que le meilleur moyen de s'exprimer correctement est de « lire les bons auteurs », de préférence dans des éditions « commentées », c'est-à-dire accompagnées de remarques et corrections de langue.

Trois postulats sous-tendent cette option. Premièrement, la langue française a pour lui atteint toute la perfection dont elle est susceptible à la fin du siècle de Louis XIV. Corollairement, tout changement ne serait désormais qu'une altération : il faut donc « fixer » la langue à ce point de perfection. Ce principe, Voltaire tente de le fonder en raison, non seulement par la nécessité de maintenir pour les âges postérieurs l'intelligibilité des meilleurs auteurs, mais aussi par l'idée qu'il existe dans toute langue, et malgré ses écarts et ses anomalies, une « logique secrète » (à Beauzée, janvier 1768). Les grands écrivains du siècle de Louis XIV ont su, précisément,

faire coïncider leur usage avec cette logique, en purgeant la langue de nombreuses irrégularités qui la défiguraient; dès lors cette langue classique doit devenir aussi immuable que les principes de la logique, même s'il appartient aux grammairiens d'en nettoyer encore les inévitables scories, puisque sa perfection, réelle, ne peut être que relative : « Les philosophes n'ont point fait les langues, et voilà pourquoi elles sont toutes imparfaites » (à Beauzée, janvier 1768).

D'autre part, ce que Voltaire appelle «langue française» se réduit à la langue écrite des meilleurs auteurs du siècle passé, et d'abord de quelques rares poètes, Boileau et Racine surtout : il s'agit là d'une rupture avec la doctrine de Vaugelas, qui donnait pour modèle du bien dire «la plus saine partie de la cour» contemporaine, désormais déchue de ses droits au profit des grands écrivains, devenus les seuls maîtres de la langue.

Il reste enfin que les meilleurs écrivains ont eux-mêmes des défauts, qu'il importe de relever en priorité, pour que les ignorants, ou les étrangers, ne les prennent pas pour des beautés. Dans *Le Temple du Goût*, Voltaire fait une place au père Bouhours, qu'il représente «marquant sur des tablettes toutes les fautes de langage et toutes les négligences» échappées à Pascal, dont les *Provinciales* indiquent pourtant «l'époque de la fixation du langage». D'où son souhait, dès 1734, que l'Académie française fasse «imprimer les bons ouvrages du siècle de Louis XIV, épurés de toutes les fautes de langage qui s'y sont glissées» (*Lettres philosophiques*, XXIV$^e$ lettre); d'où, trente ans après, la publication des *Commentaires sur Corneille* (1765), où Voltaire travaille à justifier ses préférences par des discours raisonnés, démarche réellement empirique qui débouche sur un purisme aussi vétilleux que cassant – au double sens du terme : péremptoire et pourtant fragile, par ses contradictions latentes ou patentes. Cette entreprise épuratoire aux multiples proscriptions (non seulement Corneille, mais Molière et La Fontaine «fourmillent» de fautes) rappelle les médications moliéresques, épuisant le patient à force de le purger : ne sont déclarés exempts, au XVIII$^e$ siècle, de l'«horrible corruption de la langue» qu'un chapitre du *Bélisaire* de Marmontel, et *Les Saisons* de Saint-Lambert (*Précis du siècle de Louis XV*, chap. XLIII)! Il faudra attendre le milieu du XIX$^e$ siècle, et l'avènement de la grammaire historique, pour que les bases de ce purisme radical soient enfin ébranlées dans l'esprit des derniers thuriféraires du classicisme louis-quatorzien, dont Voltaire avait légué le mythe.

Patrick Brasart

## GRAND BOURSOUFLE (LE)

Nom que Voltaire a parfois donné à sa comédie *Les Originaux**.

## GRASSET, François et Gabriel

ÉDITIONS · GENÈVE ·

Les frères Grasset doivent être comptés au nombre des imprimeurs de Voltaire. L'aîné, François (1722-1789), établi à Lausanne, se fit l'instrument des adversaires de Voltaire en publiant sous le titre de *La Guerre littéraire, ou Choix de quelques pièces de M. de V[oltaire]* un recueil de ses textes les plus polémiques (1759). Réconcilié plus tard avec l'écrivain, il lança par souscription, en 1769, une collection complète des œuvres de Voltaire qui finit par totaliser cinquante-sept volumes.

Le cadet, Gabriel Grasset (1725-1782), après avoir été à Genève le directeur de l'imprimerie des frères Cramer\*, s'établit à son compte en 1760. En juillet 1763, Voltaire le fit venir chez lui pour lui remettre le manuscrit de son sulfureux *Dictionnaire\* philosophique portatif*, dont Grasset publia deux éditions en 1764 et 1765. C'est lui aussi qui imprima, sous des adresses fictives ou sans adresse, *La Philosophie de l'histoire* et la *Collection des lettres sur les miracles* en 1765, le *Recueil nécessaire* en 1766, les *Honnêtetés littéraires* et les *Lettres à S.A. Mgr le prince de \*\*\* sur Rabelais* en 1767, *La Guerre civile de Genève* et *Les Singularités de la nature* en 1768, *Les Lois de Minos* et les *Fragments sur l'Inde* en 1773. Mais le principal titre de gloire de Gabriel Grasset est d'avoir publié les éditions originales de trois des meilleurs contes de Voltaire : *L'Ingénu* en 1767, *L'Homme aux quarante écus* et *La Princesse de Babylone* en 1768. Il vaut la peine de relever qu'en 1769, Grasset publia en tête de son édition de la tragédie des *Guèbres\** une épître d'hommage à Voltaire pour le remercier, au nom des imprimeurs, des «bienfaits» dont il les avait «comblés».

*Jean-Daniel Candaux*

## GREC

Voir LANGUE · LATIN.

## GRIMM, Melchior

Cet Allemand (1723-1807), fils de pasteur, entièrement francisé, en relation épistolaire avec tous les princes de l'Europe du Nord, ne tarde pas à recevoir l'accueil chaleureux des milieux philosophiques, lorsqu'il arrive à Paris en 1749 pour accompagner le jeune comte de Friesen. En 1753, son *Petit Prophète de Boehmischbroda*, rédigé en style biblique, éclate comme une bombe dans la querelle musicale qui oppose les gluckistes

aux piccinistes. En y défendant avec éclat la musique italienne, Grimm s'assure une entrée tonitruante dans le monde des lettres et prend la direction d'un périodique, la *Correspondance\* littéraire*. S'érigeant souvent en porte-parole des Encyclopédistes et de Diderot, celui que Voltaire a surnommé plaisamment «le Prophète de Bohème», par référence au titre de sa brochure, ou encore «Habacuc», n'hésite pas à révéler ses désaccords avec le philosophe. Quand Voltaire publie son *Poème sur le désastre de Lisbonne* en 1756, Grimm soutient, contre lui, dans la *Correspondance littéraire* du 1$^{er}$ juillet, un principe absolu de déterminisme: «Tout ce qui est doit être, par cela même que cela est. La liberté est un mot vide de sens.» Voltaire noue pourtant des liens amicaux avec Grimm, comme en témoigne une vingtaine de lettres échangées entre 1758 et novembre 1770. Grimm fut reçu aux Délices en 1759. Il dispose, il est vrai, de toutes les qualités requises – entregent, connaissance de l'aristocratie et de l'intelligentsia européennes – pour faire un excellent agent de liaison. La même année, Grimm et son amie Mme d'Épinay\* ont la tâche de faire imprimer chez Cramer à Genève, la *Relation de la maladie du jésuite Berthier*.

Grimm sert aussi d'intermédiaire entre Voltaire et Diderot. En mars 1759, il fait savoir à l'Encyclopédiste que le philosophe de Ferney s'est plaint à lui de son silence. Le 10 août 1760, année des attaques de Palissot\* contre les Encyclopédistes dans sa pièce des *Philosophes*, Voltaire adresse à Grimm et Mme d'Épinay une lettre pour qu'ils tentent de décider Diderot à présenter sa candidature à l'Académie: «Il [Diderot] n'a qu'une chose à faire, mais il faut qu'il la fasse. C'est de chercher à séduire quelque illustre sot ou sotte, quelque fanatique sans avoir d'autre but que de lui plaire. Il a trois mois pour adoucir les dévots. C'est plus qu'il ne faut.» À Genève, la même année, Grimm reçoit de nouvelles œuvres du maître: *Le Pauvre Diable*, *Le Russe à Paris*, la *Lettre de Jérôme Carré*.

En 1764, dans la *Correspondance littéraire*, Grimm soutient l'action de Voltaire pour la réhabilitation de Calas\*. Il charge des émissaires allemands de recueillir des souscriptions en faveur de la famille du condamné et poursuit sa mission de diffuseur des œuvres du philosophe. Une lettre à Voltaire du 5 septembre 1764 lui annonce que l'«autocratrice des Russies» réclame le *Dictionnaire philosophique portatif*, cet «Évangile salutaire [...] que tout élu porte dans sa poche». Il propose ensuite de faire parvenir le *Portatif* aux cours princières de l'Europe, à condition que l'on confie à des voyageurs le transport clandestin de l'ouvrage.

En 1775, Grimm qui accompagnait les princes Romanzoff en Italie s'arrête à Ferney. Le patriarche qui n'accepte pas les jugements que porte sur lui le critique dans la *Correspondance* l'accueille sans amabilité. Au moment où le patriarche cherchait à rassembler autour de lui tous les «frères», le

désaccord philosophique entre les deux hommes était trop fort pour que l'amitié n'en souffrît pas.

*Didier Masseau*

## GUÈBRES (LES), OU LA TOLÉRANCE

TOLÉRANCE • TRAGÉDIES •

En Syrie, l'empereur Gallien persécute les fidèles du culte de Zoroastre, vrai « déisme » déjà, fondé sur la vertu et la raison. Tragédie de la tolérance, et son triomphe à la fin. Pièce non représentée, mais imprimée en 1769.

*Henri Lagrave*

## GUÉHENNO, Jean

Son enseignement de professeur de khâgne, ses activités de critique et d'essayiste, son soutien au Front populaire, ses chroniques d'alors dans *Vendredi*, son intérêt pour Jean Jacques Rousseau (*Jean-Jacques Rousseau, Histoire d'une conscience*, 1962) conduisaient nécessairement Jean Guéhenno (1890-1978) à s'interroger sur la pensée et l'écriture de Voltaire. On attachera peu d'importance aux remarques éparses (souvenirs de lectures ou de cours, brèves allusions ou citations de l'*Essai sur les mœurs* ou des *Questions sur l'Encyclopédie*, art. « Homme ») nombreuses dans ses essais (*Journal des années noires* ou *Carnet du vieil écrivain*) ou même aux références obligées dans sa biographie de Rousseau, pour s'attacher à la figure de Voltaire comme symbole, durant les années d'occupation, avec Michelet ou Montaigne, de l'esprit de la France, de son être spirituel et culturel. Et à cette anecdote surtout, presque trop belle pour être vraie, rapportée dans le *Journal des années noires*, en date de février 1941 : le professeur Guéhenno commente à ses élèves les *Lettres philosophiques*, et voilà que la classe, comme figée, regarde « la liberté naître de l'alacrité d'un esprit et du sentiment du bien public ». Curieux destin d'un Voltaire sous le régime de Vichy : pseudonyme utilisé par le communiste André Marty pour appeler, après la rupture du pacte germano-soviétique, à résister, figure de la liberté dans la khâgne de Louis-le-Grand du professeur Guéhenno, mais dont l'auteur de ces lignes se souvient qu'il nourrissait aussi, en ces années obscures, la propagande antijuive.

*Jean Goulemot*

*Hier, pour la première fois, nous avons entendu le rire de Voltaire. Nous expliquions un fragment des « Lettres anglaises » et nous regardions la liberté naître*

de l'alacrité d'un esprit et du sentiment du bien public. Vers quatre heures, je me suis soudain rendu compte qu'il régnait dans la classe un silence étonnamment grave. Tous mes élèves étaient pâles d'attention. Aucun ne pensait plus même à prendre une note. Pour donner tout son sens au texte, je lisais des fragments de lettres, de poèmes, le poème sur la liberté de 1734 :
« La liberté dans l'homme est la santé de l'âme. »
Le poème sur la mort de Mlle Lecouvreur !
« Quoi ! N'est-ce donc qu'en Angleterre
Que les mortels osent penser ? »
Ils écoutaient, ne faisaient qu'écouter. Étaient-ce les circonstances ? Assistions-nous ensemble à la naissance de ce qui peut-être est en train de mourir. Les textes parlaient d'eux-mêmes. Nous sentions vivre en nous l'esprit qui fit la France. Je suis parti à cinq heures, le cœur plein de joie et pourtant plein à pleurer.

Jean Guéhenno, Journal des années noires (février 1941), 1946.

## GUERRE

HISTOIRE • MAL • PAIX •

Une référence simpliste au chapitre célèbre de *Candide ou l'Optimisme* où s'affrontent les Abares et les Bulgares (chap. III) fait de Voltaire un tenant sans nuance du pacifisme. La vérité est plus complexe. Voltaire a été le témoin de nombreuses guerres : celles du règne finissant de Louis XIV, la guerre de Succession d'Autriche (1740-1748), la guerre de Sept Ans (1756-1763). Il en a été aussi le chantre officiel ou presque : *Histoire\* de la guerre de 1741, Le Poème\* de Fontenoy, Le Siècle\* de Louis XIV*. Un bilan comptable donne à équivalence les textes de Voltaire célébrant la gloire militaire et les écrits la dénonçant.

Voltaire croit la guerre liée à la nature humaine. Martin le manichéen l'affirme dans *Candide* (chap. XX et XXI) ; l'*Essai sur les mœurs* n'y va pas par quatre chemins pour avancer que « le vulgaire en tout pays est féroce », et pour montrer que le récit de leurs guerres domine l'histoire et l'imaginaire des peuples. Mais on pourrait de même relever nombre de textes de Voltaire dénonçant le bellicisme et condamnant les héros militaires, simples « pilleurs de provinces », ou faisant procès à l'Église d'encourager ces tueries héroïques avec les actions de grâces ou la bénédiction des drapeaux (*Lettres philosophiques*, $1^{re}$ lettre, « Sur les quakers »). L'article « Guerre » du *Dictionnaire philosophique* (1764) est, à cet égard, significatif. Voltaire y considère la guerre comme un malheur qui « traîne toujours à sa suite la peste et la famine », ce sinistre trio représentant « les trois ingrédients les plus fameux de ce bas monde », et il dénonce le « très bel art [...] qui désole

les campagnes, détruit les habitations et fait périr, année commune, quarante mille hommes sur cent mille ». Toute guerre est une absurdité, fondée sur de mauvaises prétentions. Il n'y a pas, aux yeux de Voltaire, de guerre juste. Quand il est le plus fasciné par la gloire militaire, il ne peut s'empêcher de regretter le sang répandu (*Éloge\* funèbre des officiers qui sont morts dans la guerre de 1741*).

Mais peut-on éviter la guerre ? Voltaire ne le croit pas. « Ce qu'il y a de pis, c'est que la guerre est un fléau inévitable. Si l'on y prend garde, tous les hommes ont adoré le dieu Mars : Sabaoth, chez les juifs, signifie le dieu des armes ; mais Minerve, chez Homère, appelle Mars un dieu furieux, insensé, infernal. » Et il n'a cessé de se moquer des projets utopiques de paix perpétuelle comme celui qu'avait élaboré le gentil abbé de Saint-Pierre\* (1658-1743), auteur d'un *Projet de paix perpétuelle* (1713-1717). Deux textes sont à retenir : le *Rescrit de l'empereur de Chine à l'occasion du projet de paix perpétuelle* (1761) où il se moque, aux dépens de Jean Jacques qui en avait été le propagandiste, des naïvetés de l'abbé ; et *De\* la paix perpétuelle, par le docteur Goodheart* (1769), où il réaffirme la nature foncièrement carnassière de l'homme et l'impossibilité de contrôler l'usage des armes par un accord entre les princes ou un recours aux Églises, qui serait source d'intolérance et donc de violence.

Pessimisme ou réalisme de Voltaire ? On ne peut trancher. Ambiguïté certaine qui tient à son observation des grands, à son expérience de la diplomatie, à ses rapports avec Frédéric II, à son étude de l'histoire du règne de Louis XIV, qui ne fut pas avare de sang versé, à sa connaissance des errements de l'Histoire universelle, mais aussi sans doute à sa sensibilité à la gloire, venue de son éducation et de son appartenance à une époque qui en était, plus qu'une autre, nourrie.

On admirera enfin l'égal talent de Voltaire pour mettre en scène les noirceurs de la guerre et sa grandeur héroïque. Dans *Candide* – comme plus tard Goya dans les *Désastres de la guerre* –, il manie le trait le plus noir pour dénoncer et émouvoir, mais il sait aussi, dans l'*Éloge funèbre des officiers*, forcer et exalter avec lyrisme le sacrifice des officiers morts au combat. Voltaire admet, au demeurant, que la guerre est devenue, au fil de siècles de tuerie, un peu moins inhumaine, puisque le fusil et le canon des temps modernes sont moins meurtriers que la pique et l'épée (*Précis du siècle de Louis XV*). Les rapports entre la guerre et l'argent – elle enrichit une minorité et ruine le plus grand nombre, et il n'y a pas de victoire possible sans le secours de la finance – font d'elle, quoi qu'on y fasse et quoi qu'on en pense, un mal inévitable lié à la nature de l'homme et parfois au développement économique. Dans les *Lettres philosophiques* ($X^e$ lettre) Voltaire félicite les négociants anglais d'avoir prêté 5 millions en une demi-heure de temps au Prince Eugène, pour lui permettre de battre les Français et de

délivrer Turin. Le fait prouve que le commerce ne sert pas seulement à fonder la liberté politique.

Jean Goulemot

*Que deviennent et que m'importent l'humanité, la bienfaisance, la modestie, la tempérance, la douceur, la sagesse, la piété, tandis qu'une demi-livre de plomb tirée de six cents pas me fracasse le corps, et que je meurs à vingt ans dans des tourments inexprimables, au milieu de cinq ou six mille mourants, tandis que mes yeux qui s'ouvrent pour la dernière fois, voient la ville où je suis né détruite par le fer et par la flamme, et que les derniers sons qu'entendent mes oreilles sont les cris des femmes et des enfants expirant sous des ruines, le tout pour les prétendus intérêts d'un homme que nous ne connaissons pas?*
Dictionnaire philosophique, 1764, art. « Guerre ».

*Mon colonel, je suis las de piller. Je vais violer.*
Carnets.

*Dieu n'est pas pour les plus gros bataillons, mais pour ceux qui tirent le mieux.*
Carnets.

## GUERRE CIVILE DE GENÈVE (LA), OU LES AMOURS DE ROBERT COVELLE, POÈME HÉROÏQUE, AVEC DES NOTES INSTRUCTIVES

GENÈVE • POÉSIE • POLITIQUE • SATIRE •

Ce poème burlesque en cinq chants prend prétexte des mésaventures du « fornicateur » genevois Robert Covelle* pour tourner en ridicule le Consistoire de Genève et toute la société genevoise du temps, sans oublier Jean Jacques Rousseau et sa « Vachine » (Thérèse Levasseur), dont la caricature est ici particulièrement appuyée. Les personnages du scénario portent tantôt leurs noms réels (Tronchin, Vernet, Deluc, Labat, Abingdon, Cramer, Vernes, Rosimond), tantôt un pseudonyme transparent (Dolot pour Tollot, Grillet pour Rilliet, Flavière pour Clavière, Roson pour Rodon, Cournois pour Flournois, Bitet pour Pictet, etc.). L'intrigue est mince, mais plusieurs vers sont bien frappés, comme cette tirade de présentation de la société genevoise (chant I) :

> *On y calcule et jamais on n'y rit.*
> *L'art de Barême est le seul qui fleurit.*
> *On hait le bal, on hait la comédie.*
> *Du grand Rameau l'on ignore les airs :*
> *Pour tout plaisir Genève psalmodie*
> *Du bon David les antiques concerts,*

*Croyant que Dieu se plaît aux mauvais vers.*
*Des prédicants la morne et dure espèce*
*Sur tous les fronts a gravé la tristesse.*

La correspondance de Voltaire indique que l'idée première de l'ouvrage remonte à février 1766 et que le poème fut composé en deux étapes. Les trois premiers chants étaient achevés à la fin de 1766 et parurent en 1767, tant dans la *Correspondance*\* *littéraire* de Grimm que sous la forme imprimée d'une édition de format in-12. Le chant IV, nécessairement postérieur à l'incendie du théâtre de Genève du 29-30 janvier 1768, qu'il décrit, ainsi que le chant V, ont été composés très rapidement au cours des mois de février et mars 1768, puisque l'«Épilogue» est daté du 25 mars 1768 et que le 17 avril, Fabry\* pouvait adresser de Gex à Paris un exemplaire de l'édition intégrale. Cette édition in-8° sort des presses de Gabriel Grasset\*. L'édition in-12, qui pourrait bien avoir été produite à Amsterdam par Marc Michel Rey, a reparu en 1768, complétée des deux derniers chants. Elle est ornée d'une gravure en tête de chaque chant et d'un frontispice intitulé «Amusement philosophique de Mr de Voltaire», représentant l'auteur en train de jouer aux bulles de savon. La justice genevoise ouvrit une information contre l'ouvrage, mais sans grand succès. Le sixième chant promis par Voltaire ne fut jamais écrit; Cazotte en composa un septième qui parut en 1788. Frédéric II voulut imiter le poème de Voltaire dans sa *Guerre des Confédérés*, et un anonyme genevois publia en 1782 *La Seconde Guerre civile de Genève*.

Jean-Daniel Candaux

## GUILLEMIN, Henri

Cet universitaire et polémiste (1903-1992), grand pourfendeur des réputations usurpées (comme celles de Vigny ou de Constant), admirateur de Rousseau et de Lamartine, s'en est pris à Voltaire tout au long de son œuvre critique. Il a mis en forme ses attaques dans une cassette de la collection «La Voix de son livre», éditée en 1987, qui constitue un véritable réquisitoire. Il lui reproche son enrichissement, qu'il croit essentiellement fondé sur des fournitures aux armées, ce qui montrerait la duplicité de son pacifisme. Il en fait un athée qui n'aurait prêché le théisme que par un calcul de possédant cherchant à garantir ses biens par un Dieu gendarme. Enfin, il dénonce sa politique qui aurait inspiré le suffrage censitaire sous la Révolution, moyen sûr d'écarter le peuple travailleur de la démocratie. Relevant les erreurs factuelles dont Guillemin s'est rendu coupable, René Pomeau\* a rendu justice à Voltaire, à la fin du dernier volume de son

*Voltaire en son temps* (1994), tout en reconnaissant qu'une part faible de ses revenus provient des spéculations «militaires» du consortium Pâris-Duverney, que sa religion demeure abstraite et que son anticléricalisme et ses attaques contre les rites et les croyances choquent la sensibilité des croyants. C'est avec beaucoup de justesse que René Pomeau rattache les attaques de Guillemin à une tradition religieuse et socialisante qui refuse avec la même énergie sa richesse, son modérantisme politique et sa critique religieuse.

*Jean Goulemot*

# H

*Je renvoie H et J. Je croyais avoir H dans le paquet de hier. Je n'ai point G. Il faut toujours avoir les feuilles à la main pour confronter. J'ai bien peur qu'il n'y ait des répétitions.*
À *Gabriel Cramer,*
*novembre 1770.*

## HALLER, Albrecht von

GENÈVE • GENS DE LETTRES •

Entre Voltaire et le célèbre savant et poète bernois d'expression allemande Albrecht von Haller (1708-1777) se nouèrent des liens difficiles et plutôt ambigus, révélateurs des relations qu'entretenait l'hôte des Délices*, dans les années 1758-1759, avec la société suisse. En mars 1756, Voltaire avait reçu de Berne une mystérieuse lettre signée seulement «H», qui lui conseillait de ne pas s'en prendre à la religion d'un pays tranquille. Le philosophe avait immédiatement soupçonné Haller d'être l'auteur de la lettre. Ce n'était pas le cas, mais il est vrai que Haller dénigrait depuis longtemps Voltaire dans la presse locale. En 1758, le patriarche eut la fâcheuse idée de soutenir un Genevois nommé Saurin qui avait fui sa ville natale pour se convertir au catholicisme. D'où de nouvelles tensions et un regain d'intrigues diverses, dont profita un libraire rancunier nommé Grasset pour porter un mauvais coup au philosophe, en publiant à Genève un libelle accusateur. Les relations entre Voltaire et Haller prennent alors un nouveau tournant. Voltaire demande au savant suisse d'intervenir pour retirer sa protection à l'auteur du libelle, mais il s'attire de la part de son correspondant cet ironique refus: «Quoi! J'admirerai un homme riche, indépendant, maître du choix des meilleures sociétés, également applaudi par les rois, et par le public, assuré de l'immortalité de son nom, et je verrai cet homme perdre le repos, pour prouver qu'un tel a fait des vols et qu'un autre n'est pas convaincu d'en avoir fait.» En définitive, Voltaire obtiendra autrement gain de cause, et retournera aussitôt la petite leçon de bonne

conduite en reprochant à Haller d'avoir laissé sa réponse circuler en copie dans Berne. Les deux hommes restèrent en froid, ce qui désolait leur amie commune la comtesse de Bentinck. Les lettres de Haller à Bonnet* sont pleines de réserves dignes ou indignées contre les écrits et les idées de Voltaire : « Je ne lui ai jamais cédé d'un pas sur ce qui affecte la religion, les mœurs et la patrie. »

*Didier Masseau*

## HAMLET

GOÛT • SHAKESPEARE • TRADUCTION •

En 1726 à Londres, Voltaire a vu jouer cette tragédie, première rencontre avec Shakespeare ; il l'a lue et relue, étudiée, aimée, détestée. Il évoque parfois le fameux monologue, qu'il a traduit, et après *Jules\* César*, c'est de *Hamlet* qu'il s'inspire le plus. Il en a retenu surtout la situation la plus frappante pour un Français, l'apparition du spectre au début de la pièce. Il ose l'acclimater dans *Ériphyle*, tragédie de la vengeance (1732), où l'on retrouve le thème du père assassiné. Plus tard, en 1748, il reprendra la trame d'*Ériphyle* pour sa *Sémiramis* : l'ombre de Ninus s'y montre à la fin. À plusieurs reprises il critique pourtant *Hamlet*, mais jamais avec autant de hargne et de brio que dans le long résumé mis en tête de l'*Appel\* à toutes les nations de l'Europe*. Résumé caricatural, dont on pourrait tirer une parodie. Rien n'y est épargné, ni la construction aberrante et la multitude des lieux, ni le ridicule de Polonius et de sa mort, ni la folie burlesque d'Ophélie, ni la balourdise des gardes et les plaisanteries réjouies des fossoyeurs. Voltaire n'est pas moins dégoûté par la bagarre dans le tombeau, les combats de la fin, les multiples extravagances. Enfin de fréquentes citations du texte, traduit littéralement, révèlent la bassesse ou l'emphase du style, les métaphores alambiquées ou réalistes, les grossièretés populaires. Cette pièce, comme les autres, a décidément été faite pour le peuple ; Voltaire reconnaît néanmoins que bourgeois et aristocrates ont cédé à la séduction d'un tel théâtre. Cette évidence aurait dû lui ouvrir les yeux.

*Henri Lagrave*

## HASARD

CAUSES FINALES • HISTOIRE • HISTORIEN • LIBERTÉ •
MARIONNETTES • PROVIDENCE •

Sa philosophie de l'histoire, sa pratique d'historien impliquent que Voltaire nie le rôle du hasard dans le devenir historique. Tout aurait sa raison

d'être, et l'on sait le rôle que jouent pour lui les déterminations géographiques, culturelles ou même climatiques dans les mœurs ou les événements. Et pourtant le hasard n'est pas absent de la vision voltairienne de l'histoire. Ainsi la Russie serait sans doute demeurée dans la barbarie si Pierre le Grand n'avait pas rencontré Lefort, Suisse policé, qui l'initia à d'autres usages et d'autres mœurs. Comme Voltaire croit aux grands hommes, à la force de l'exemple, il est dès lors évident que le hasard a son rôle à jouer dans ce qui détermine et conduit le mouvement historique. Il n'y a pas de grand dessein qui ne tienne à une volonté humaine, elle-même souvent inspirée par une rencontre, bien sûr hasardeuse. Tel ministre, tel conseiller qui auraient pu ne pas exister sont autant de preuves du hasard. *Le Siècle\* de Louis XIV*, l'*Essai\* sur les mœurs* en fournissent de nombreux exemples. L'histoire militaire est riche en hasards : apparition d'un chef de guerre que rien ne semblait désigner, retournement d'une situation désespérée, sursaut d'une troupe vouée apparemment à la défaite.

Pour l'histoire des découvertes\*, on rappellera la pomme tombée sur le visage de Newton, qui lui permit d'avancer l'hypothèse de l'attraction universelle. Voltaire ne cesse de raconter que la pratique de l'inoculation\* contre la petite vérole tient à une observation liée au hasard et aux coutumes des Circassiens. Le génie artistique lui-même relève du hasard. Pourquoi Corneille ? Pourquoi Platon ? Si la nature a des lois qui sont celles que découvre la science physique, l'homme est un mécanisme complexe et difficilement réductible à des déterminismes simples. Voltaire peut écrire : « Un paysan croit qu'il a grêlé par hasard sur son champ ; mais le philosophe sait qu'il n'y a point de hasard, et qu'il était impossible, dans la constitution de ce monde, qu'il ne grêlât pas ce jour-là en cet endroit » (*Dictionnaire philosophique*, art. « Destin »), mais ce déterminisme ne vaut pas pour l'homme comme individu et moins encore pour le sujet historique. S'il est de la destinée de l'homme d'avoir « toujours des passions et des préjugés », il ne dépend pas plus de lui « d'avoir beaucoup de mérite et de grands talents que d'avoir les cheveux bien plantés et la main belle ». Il est une part d'indéterminé dans les comportements. La distribution des vertus et des vices, des qualités et des défauts, des talents et de la bêtise est aléatoire. C'est là, presque perverse, une des formes de la liberté du monde créé, et peut-être de l'homme lui-même. On pourra peut-être expliquer comment sortit du fusil la balle qui tua accidentellement Charles XII. Et ensuite ? Ce ne fut pas un hasard, mais nul n'aurait pu prédire cette mort, à la différence de phénomènes naturels comme la grêle ou la pluie, qu'on peut prévoir.

L'histoire, selon Voltaire, admet ainsi que l'on parle d'un déterminisme général et d'accidents particuliers. Il était possible, dans la situation de la Russie de la fin du XVII$^e$ siècle, qu'il y eût un homme qui entreprît les

réformes de Pierre le Grand, mais il fallait qu'il en sentît la nécessité et pût les mener à terme, et qu'il rencontrât encore un Genevois qui, par son exemple, pût lui montrer la voie à suivre. On doit reconnaître que le déterminisme en histoire est réel, qu'il existe des lois générales du devenir historique, en même temps qu'une marge de hasard et de liberté. Ce qui ne conduit pas cependant le philosophe à postuler, comme le faisait Bossuet dans le *Discours sur l'histoire universelle*, un ordre supérieur providentiel qui rendrait compte des indéterminations et des faits inexplicables que nous attribuons au hasard.

De cette présence du hasard dans l'histoire, qui permet sa mise en scène et la rend parfois tragique, Voltaire a fait le moteur de la narration dans ses contes. Le hasard y règne en maître, qu'on peut aussi appeler l'arbitraire du récit. Faut-il y voir une simple facilité parodique permettant par exemple à l'Ingénu de retrouver sa famille et à Candide de braver tous les dangers pour finir par rejoindre Cunégonde ? ou l'effet distant et ironique d'une interrogation sans cesse posée sur le rôle du hasard dans le destin individuel et collectif des hommes ?

Jean Goulemot

*LE BRAHMANE : En avançant le pied gauche, comme j'ai eu l'honneur de vous dire, je fis tomber malheureusement dans l'eau mon ami Ériban, marchand persan, qui se noya. Il avait une fort jolie femme qui convola avec un marchand arménien ; elle eut une fille qui épousa un Grec ; la fille de ce Grec s'établit en France, et épousa le père de Ravaillac. Si tout cela n'était pas arrivé, vous sentez que les affaires des maisons de France et d'Autriche auraient tourné différemment. Le système de l'Europe aurait changé. Les guerres entre l'Allemagne et la Turquie auraient eu d'autres suites ; ces suites auraient influé sur la Perse, la Perse sur les Indes. Vous voyez que tout tenait à mon pied gauche, lequel était lié à tous les autres événements de l'univers, passés, présents et futurs.*
*LE JÉSUITE : Je veux proposer cet argument à quelqu'un de nos pères théologiens, et je vous apporterai la solution.*

*Dialogue entre un brahmane et un jésuite, 1756.*

## HEGEL, Georg Wilhelm Friedrich

HISTOIRE • LUMIÈRES • PHILOSOPHIE • RAISON •

Dans le domaine de la philosophie générale, Hegel (1770-1831), qui accorde une place importante à d'Holbach, Helvétius et Rousseau, fait peu référence à Voltaire. En revanche, il s'intéresse davantage à lui quand il aborde la philosophie de l'histoire, et l'on trouve dans sa bibliothèque plu-

sieurs ouvrages de Voltaire historien. Dans ses écrits de jeunesse, Hegel se révèle assez proche de Voltaire dans la mesure où toute opération d'histoire implique chez lui une critique du christianisme et des sociétés qui en sont imprégnées. Mais à partir de la *Phénoménologie de l'esprit* (1807), il construit une philosophie de l'histoire opposée à celle des Lumières. Comme Voltaire, Hegel en appelle au gouvernement des idées, à l'œuvre de la raison, de la liberté, au rôle des grandes individualités, aux peuples et aux États comme sujets historiques, mais chez le philosophe allemand la Raison sacralisée gouverne désormais l'histoire universelle et s'accomplit rationnellement. Ainsi Hegel réintroduit-il Dieu dans l'Histoire en rendant possibles de multiples rapprochements entre l'Idée, la Raison, l'Esprit et les représentations religieuses de la Providence. Autre dissension à la philosophie des Lumières, l'histoire devient tragique puisque la Raison divinisée, foncièrement distincte de la raison humaine, se réalise contre les individus. Quant à la conception hégélienne de l'État, elle s'oppose aussi aux idéaux des Lumières. Voltaire plaçait ses espoirs dans un État puissant, centralisé et rationnel, s'élevant au-dessus des particularismes locaux, mais chez Hegel, ce même État devient un principe désincarné, jouissant d'une autonomie absolue, et imposant sa loi aux individus. Disparaît également l'idée voltairienne d'une permanence de la nature humaine, car l'essence de l'homme s'actualise dans le devenir historique hors de la volonté des individus. Une conscience malheureuse habite désormais le philosophe ; il sait qu'il ne peut plus anticiper sur le cours des événements ni guider l'activité des hommes. Cette conception tragique de l'Histoire porte la marque des bouleversements de la Révolution et de l'Empire, évidemment étrangère à l'optimisme voltairien.

*Didier Masseau*

## HELVÉTIUS, Claude Adrien

CACOUACS · CENSURE · ÉDUCATION · INFÂME · PHILOSOPHIE ·

« Je n'aimais point du tout son livre, mais j'aimais sa personne » : il est des oraisons funèbres plus malignes, entre gens de lettres (à Condorcet, 28 janvier 1772). Claude Adrien Helvétius (1715-1771) s'attira l'affection de Voltaire dès leur première rencontre à Cirey\* durant l'été 1738. Fils de médecin, c'est alors un fermier général qui a la passion des belles-lettres, et qui bientôt soumet ses vers à la censure à la fois sévère et généreuse du maître – le prince royal de Prusse, depuis deux ans, fait de même. « Le jeune Helvétius, écrit Voltaire à un ami, paraît avoir bien de l'esprit et un cœur excellent. » Il est de plus « très savant en l'art de plaire » : « Vous êtes le génie que j'aime et qu'il fallait aux Français. » Mais il a cet excès de feu de

la jeunesse : « Vous avez trop de sang, trop de substance ; il faut vous saigner, et jeûner. » Voltaire lui dédie donc son épître « De la modération en tout », qui n'est autre que le quatrième des *Discours\* en vers sur l'homme*. Il faut placer ici un silence de dix-sept ans dont on ignore la raison – des lettres manquent.

Devenu homme mûr, ayant depuis longtemps renoncé à la collecte des impôts, Helvétius, qui jeune avait « bien de l'esprit », lance en 1758 *De l'Esprit*, « comme un seigneur qui chasse sur ses terres ». Bien qu'imprimé avec privilège, l'ouvrage est aussitôt condamné et l'auteur dénoncé comme une « bête impie » : il a osé soutenir que l'homme est entièrement déterminé de l'extérieur, par le savoir des sens, l'influence de la société, l'effet de l'éducation, et que l'« esprit » ainsi façonnable peut être entièrement dirigé, non par des visées morales, mais dans une gestion sociale ordonnée du mérite et du bonheur – thèse scandaleuse, « matérialiste » pour la Sorbonne, le Parlement et l'archevêque de Paris, d'où censure, remontrances et mandement. Il ne lui reste plus qu'à se rétracter et à se retirer sur ses terres, à Voré en Normandie.

Quelle folie de publier sous son nom sur un tel sujet ! Quelle erreur surtout ! Voltaire s'efforcera de la rattraper par une adroite campagne épistolaire : « Voilà bien du bruit pour une omelette ! [...] Quel mal peut faire un livre lu par quelques philosophes ? » Helvétius a-t-il fait autre chose « qu'une paraphrase des pensées du duc de La Rochefoucauld » ? La persécution est « abominable », et « si l'auteur devait se rétracter de quelque chose, c'était d'avoir fait un livre philosophique sans méthode, farci de contes bleus » – « son livre », qu'il n'aimera jamais, est inutilement subversif. Mais Helvétius restera l'un des « frères », associé jusqu'à la fin au bon combat contre l'Infâme, et destinataire privilégié de maintes instructions et directives. Quant à *De l'Homme*, ouvrage posthume (1772), plus politique, mais théorique encore, qui voit dans l'éducation conditionnée la solution majeure des inégalités et tensions sociales, le patriarche y fit moins attention que Diderot, qui l'annota patiemment : « C'est dommage que ce ne soit pas un bon livre [...] ; c'est une arme qui tiendra son rang dans l'arsenal où nous avons déjà tant de canons qui menacent le fanatisme. » Helvétius avait été, en 1770, parmi les initiateurs du projet de la statue de Voltaire sculptée par Pigalle\*.

Jean-Michel Raynaud

*Dieu vous demandera compte de vos talents, vous pouvez plus que personne écraser l'erreur sans montrer la main qui la frappe. Un bon petit catéchisme imprimé à vos frais par un inconnu dans un pays inconnu, donné à quelques amis qui le donnent à d'autres, avec cette précaution on fait du bien et on ne craint point de se faire du mal, et on se moque des Christophe, des Omer, etc. etc. etc. etc.*

À Helvétius, 1$^{er}$ mai 1763.

*Le vénérable lui a ceint le tablier de F... Helvétius, que la veuve de cet illustre philosophe a fait passer à la loge des Neuf-Sœurs, ainsi que les bijoux maçonniques dont il faisait usage en loge, et le F... de Voltaire a voulu baiser ce tablier avant de le recevoir.*
Procès-verbal de la réception de Voltaire à la loge des Neuf-Sœurs,<br>7 avril 1778.

## HÉNAULT, Charles Jean François
AMITIÉ • CHRONOLOGIE • DEFFAND (MME DU) • HISTORIEN •

Voltaire connut le président Charles Hénault (1685-1770) alors que, jeune poète, il fréquentait la société légère du Temple* et la cour de Sceaux*. Ce riche président au Parlement de Paris, son aîné de dix ans, était reçu dans les salons les plus aristocratiques, dont celui de Mme du Deffand, avec qui il eut une longue liaison admise et reconnue. «Convive infatigable» et recherché, Hénault discourait avec talent, amusait ses familiers de «contes» et de «chansons». Poète facile, auteur de médiocres tragédies, il fut reçu à l'Académie française en 1723 ; cette même année, il sauva des flammes le manuscrit de *La Henriade* qu'impatienté Voltaire avait jeté au feu. Avec ce magistrat «aimable» Voltaire entretint une relation mondaine. Il lui envoyait des lettres mêlées de vers et prose : un «hymne» joyeux «à la santé», une élogieuse «épître», quand le président Hénault publia en 1744 son *Nouvel Abrégé chronologique de l'histoire de France*, son livre le plus connu. Voltaire ne manqua plus désormais de communiquer ses nouveaux ouvrages à ce «confrère» historien. Hénault lut ainsi en manuscrit *Rome sauvée* et *Oreste*, il donna surtout son avis sur *Le Siècle\* de Louis XIV* dès 1751 : Voltaire discuta ses critiques, mais profita de «la plupart de ses remarques» avant l'impression. En 1753, c'est «dans le goût du président» qu'il s'attacha à faire les *Annales\* de l'Empire*. Hénault aimait en Voltaire le poète, mais blâmait le philosophe, ainsi condamna-t-il *La Philosophie\* de l'histoire*. Surintendant de la reine, Hénault vieillit en dévot, et mourut, «hélas!» dit Voltaire, en voulant «faire sa cour à Dieu, comme à la reine, par de mauvais vers».

*Anne Soprani*

## HENNIN, Pierre Michel
FERNEY • GENÈVE • LOUIS XVI • VERSOIX •

Nommé Résident de France à Genève en septembre 1765, Pierre Michel Hennin (1728-1807) connaissait Voltaire depuis 1758. Ce diplomate ne

manquait ni d'esprit ni de perspicacité – Voltaire le saluera curieusement du titre de «prêtre de la philosophie». Leur relation, sur des enjeux concrets liés aux affaires de Genève, fut toujours cordiale. «Homme de bonne compagnie», Hennin devint un familier de Ferney. Il y venait dîner, il assista à la représentation des *Scythes\**, il appelle Voltaire «le patron». Le projet de Versoix eut en Hennin un solide soutien. En 1774, Louis XVI donna des ordres secrets pour mettre les «scellés» sur les papiers «dangereux» de Voltaire s'il venait à mourir. Hennin, qui pouvait être chargé de l'exécution, réagit alors en diplomate habile. Il tarde à répondre, argumente sur les détails pratiques, allègue la bonne santé de l'écrivain, et propose enfin de se charger en personne de l'inspection de ces papiers, en cas de nécessité. Les ordres furent suspendus, puis formellement réactivés en 1777, mais sans plus de suite. Hennin avait épousé en 1776 une calviniste, et Voltaire vit dans ce mariage mixte un emblème des progrès de la raison.

*Anne Soprani*

## HENRI IV

*HENRIADE (LA)* • MONARCHIE • TOLÉRANCE •

Il existe déjà un mythe d'Henri IV au XVIII$^e$ siècle. Le Béarnais incarne, pour l'opinion populaire et éclairée, le bon roi qui mit fin aux guerres religieuses, rétablit la paix civile et voulut le bien de son peuple. Voltaire n'a pas échappé à cette imagerie. Très tôt s'imposent à lui les deux images contradictoires et complémentaires de la Ligue fanatique et du règne d'Henri IV, symbole de tolérance: d'où le choix, à 25 ans, du sujet de *La Henriade*. Le philosophe se devait de rendre hommage au pacificateur tolérant, et le fidèle sujet du roi de France d'exalter un monarque dévoué à ses sujets. À tant de violences et de cruautés assombrissant l'histoire nationale, le bon roi Henri oppose ses vertus et son courage. Par lui s'affirme l'existence des rois éclairés. Mieux que François I$^{er}$, protecteur reconnu des arts et des lettres, qui hésita entre catholiques et huguenots, mieux que saint Louis, roi juste mais fanatisé par la religion (*Essai sur les mœurs*, chap. LVIII), Henri IV représente un modèle auquel Voltaire ne cessera de rendre hommage, comme le prouve la correspondance (une bonne centaine de lettres y font allusion). Il applaudit à la très controversée *Partie de chasse de Henri IV* de Charles Collé (1709-1783), s'intéressa à l'*Histoire de la vie de Henri IV, roi de France et de Navarre* (1766) de Richard de Bury (1730-1794), consacra une épître à son règne («Épître à Henri IV») et compara spontanément, en 1757, Damiens\* à Ravaillac. *La Henriade* en somme n'est pas dans son œuvre un accident.

Un long chapitre de l'*Essai sur les mœurs* (chap. CLXXIV) défend le règne d'Henri IV contre les critiques de l'historien Gabriel Daniel (1649-1728) et les réserves de Pierre Bayle*; il montre également l'intelligence d'une conversion essentiellement politique, les soins apportés «à policer, à faire fleurir ce royaume qu'il avait conquis». Voltaire énumère les mesures prises pour pacifier le royaume, rétablir les finances, affermir la justice, donner la priorité à l'agriculture et rendre au commerce son éclat. La France fut alors grande et respectée des États européens. La tolérance comme maxime du gouvernement d'Henri IV est longuement exaltée. Mais elle rencontra les résistances d'une Église fanatique qui finit par armer le bras de Ravaillac. Voltaire voit dans cette disparition prématurée du roi une chance perdue pour la grandeur de la France : «La fatalité de la destinée se fait sentir ici plus qu'en aucun autre événement.»

Jean Goulemot

*Alors il met tous ses soins à policer, à faire fleurir ce royaume qu'il avait conquis : les troupes inutiles sont licenciées ; l'ordre dans les finances succède au plus odieux brigandage ; il paye peu à peu toutes les dettes de la couronne, sans fouler les peuples. Les paysans répètent encore aujourd'hui qu'il voulait « qu'ils eussent une poule au pot tous les dimanches » : expression triviale, mais sentiment paternel. Ce fut une chose bien admirable que, malgré l'épuisement et le brigandage, il eût, en moins de quinze ans, diminué le fardeau des tailles de quatre millions de son temps, qui en feraient environ dix du nôtre ; que tous les autres droits fussent réduits à la moitié, qu'il eût payé cent millions de dettes, qui aujourd'hui feraient environ deux cent cinquante millions. Il racheta pour plus de cent cinquante millions de domaines, aujourd'hui aliénés ; toutes les places furent réparées, les magasins, les arsenaux remplis, les grands chemins entretenus : c'est la gloire éternelle du duc de Sully, et celle du roi, qui osa choisir un homme de guerre pour rétablir les finances de l'État, et qui travailla avec son ministre.*

Essai sur les mœurs, 1756, chap. CLXXIV.

## HENRI, prince de Prusse

FRÉDÉRIC II •

À son premier séjour à Berlin, en 1740, Voltaire remarqua-t-il, dans l'entourage du roi, un jeune prince de 14 ans ? Après Frédéric II lui-même, dont il était l'avant-dernier frère, et la margrave Wilhelmine* leur sœur, Henri (1726-1802) fut le plus francophile des princes de la cour de Prusse. Voltaire le retrouva avec plaisir dans l'été de 1750, ils se virent souvent durant les trois années de son dernier séjour en Prusse. «Prince aimable»,

chéri de toute la fratrie, esprit ouvert et vif, indépendant et même un peu frondeur à l'égard de Frédéric II, il fréquentait assidûment la comtesse de Bentinck*, qui probablement facilita leur familiarité. Voltaire le dirigea dans des représentations privées de son théâtre, *Zaïre*, *Adélaïde* et *Rome sauvée*, destinées à la famille royale : Henri jouait « sans le moindre accent », comme sa plus jeune sœur Amélie*. Pour avoir *La Pucelle* encore inédite – tout Berlin en parlait, seul le roi l'avait –, le prince soudoya un secrétaire de Voltaire, qui en fit une belle copie en cachette : « Il mourait d'envie d'avoir Jeanne », écrit Voltaire avec indulgence – mais il chassa le coupable, « ce grand flandrin de Tinois ». Le collectionneur promit le secret : « parole de prince », soupire l'écrivain. À la fin de 1752, au moment de la guerre ouverte entre Voltaire et Maupertuis*, le prince Henri eut entre les mains un autre manuscrit encore plus rare, et plus sensible, la burlesque et terrible *Diatribe\* du docteur Akakia*, que sans doute il fit circuler dans Berlin. Comme la comtesse de Bentinck, il avait pris parti contre Maupertuis, et encourait ainsi l'ire royale : Frédéric II l'éloigna quelques mois, après le départ de Voltaire, au château de Rheinsberg.

Henri de Prusse fut toute sa vie grand lecteur de Voltaire, et fidèle à l'esprit de son œuvre. Ils s'écrivirent sans doute, mais leurs lettres paraissent perdues. Un ancien secrétaire de Voltaire à Berlin, le jeune Francheville*, était passé au service du prince. Militaire heureux pendant la guerre de Sept Ans, Henri est alors, pour le patriarche, « un héros, quoiqu'il ne soit pas un géant » – allusion à Maupertuis toujours, qui avait proposé la dissection expérimentale de quelques sujets remarquables ou « géants » de Patagonie, pour étudier surtout le fonctionnement de leur cerveau... Tenu en marge par Frédéric après la paix, « le Condé de Rheinsberg » continua de se cultiver à la française, mêlant « les lauriers d'Apollon à ceux de Mars ».

En 1784, six ans après la mort de Voltaire, au retour d'un grand voyage incognito en France, le prince Henri passa par Ferney ; il y rencontra Wagnière*, le questionna beaucoup sur son ancien maître, et fit avec lui le tour de ce mythique Ferney-Voltaire*. Il regagna Berlin par Kehl, où s'imprimait la première édition posthume des œuvres complètes de Voltaire ; il s'y arrêta, visita les ateliers, et se prêta de bonne grâce à un rite préparé en son honneur par le patron de cette édition de Kehl, le célèbre Beaumarchais* : debout devant une presse, le prince abaissa lui-même la forme sur une grande feuille de papier blanc.

*Anne Soprani*

## HENRIADE (LA)

ÉPOPÉE · HENRI IV · MANUELS · POÉSIE · POÈTE · TOLÉRANCE ·

Écrire un poème épique consacré à Henri IV, c'était pour Voltaire satisfaire des exigences poétiques et militantes. L'épopée appartenait au genre noble par excellence, à situer bien au-dessus de la tragédie elle-même. En 1717 au plus tard, il a formé le projet d'une *Énéide* française. Il en rédige six chants lors de son incarcération à la Bastille (mai 1717-avril 1718), et à la veille de la mort de son père, il en achève la rédaction. Les années 1722-1724 sont consacrées à en préparer la publication par souscription. Le poème, souvent lu dans des sociétés choisies, ne rencontre pas toujours auprès des amis et des connaisseurs le succès escompté. Bien des adversaires se manifestent : Fleury qui trouve que Voltaire n'a pas à donner de leçons, le nonce qui s'émeut des passages anticléricaux, l'abbé Dubois inquiet des conséquences diplomatiques de la publication. L'espoir d'obtenir un privilège est déçu, la dédicace au roi refusée : il faut rembourser les souscripteurs, et Voltaire se résigne à lancer une édition clandestine, imprimée à Rouen (1723), avec un tirage de 4 000 exemplaires sous le titre *La Ligue ou Henri le Grand*, qu'on introduit clandestinement à Paris en janvier 1724.

L'accueil est chaleureux : on apprécie le bel ouvrage, l'espèce de pastiche classique qui semble venir tout droit d'Homère et de Virgile. Quatre ou cinq éditions sortent rapidement. Le public trouve de lui-même le titre aujourd'hui admis, *La Henriade*. Voltaire procède alors à des ajouts et à des corrections qui sont terminés en juillet 1725.

Le lecteur d'aujourd'hui a bien du mal à reconnaître les mérites de cette épopée. Il est indifférent aux contraintes métriques auxquelles se plie adroitement Voltaire, et n'apprécie plus guère l'habileté des emprunts à Racine ou à Corneille.

Il faut pourtant reconnaître les qualités de conteur du poète. Au chant I, siège de Paris – tenu par la Ligue – par Henri III et Henri de Navarre ; habile retour en arrière dans le chant II, qui permet une évocation de la Saint-Barthélemy\*. Les chants III et IV peignent les troubles de la Ligue et l'état désolé du royaume. Puis ce seront successivement l'assassinat d'Henri III par Jacques Clément, l'accession au trône du Béarnais après une conversion attendue. Voltaire n'hésite pas à entraîner son lecteur dans les Enfers, les Champs Élysées et à faire intervenir saint Louis lui-même pour expliquer la conversion du prince huguenot. Avec satisfaction, les lecteurs lettrés reconnaissaient dans tel ou tel de ces épisodes une imitation de *L'Énéide*, et ils appréciaient le recours discret au «merveilleux chrétien». Idéologiquement, le poème avait tout pour plaire : antipathie pour la Ligue malgré ou à cause de ses aspects démocratiques,

justification de l'autorité monarchique, dénonciation du fanatisme des partis religieux. Voltaire avait réussi son pari : être poète et militant.

Une autre édition fut donnée à Londres en 1728, par souscription*, avec dédicace à la reine Caroline. Il y eut 343 souscripteurs, souvent pour plusieurs exemplaires : toute l'Angleterre titrée et la bonne société londonienne fêtaient aussi « l'auteur de *La Henriade* ».

L'œuvre a été longtemps appréciée. Soixante éditions parurent du vivant de Voltaire, la littérature française avait enfin une épopée rivale des modèles antiques. Les réserves étaient rares. Fréron et La Beaumelle en 1775 ont donné une édition annotée, fort critique pour le texte et son auteur. Mais Marmontel et Palissot préfacèrent des éditions en 1746 et 1784, signe évident d'une reconnaissance par des écrivains en vue.

On en fit au XVIII$^e$ siècle des traductions en anglais, en allemand, en italien, en espagnol, en néerlandais, en russe – et en latin, aux fins d'enseignement (1772). Au début du XIX$^e$ siècle, on lisait encore beaucoup *La Henriade*, comme un chef-d'œuvre classique. Chateaubriand* la loue, Stendhal* en recommande l'étude à sa sœur Pauline en 1800. Il y en eut encore soixante-cinq éditions entre 1789 et 1830. La dernière impression séparée faite en France date de 1882, la dernière édition d'extraits à usage scolaire de 1933.

*Jean Goulemot*

> *Je chante ce héros qui régna sur la France*
> *Et par droit de conquête et par droit de naissance;*
> *Qui par de longs malheurs apprit à gouverner,*
> *Calma les factions, sut vaincre et pardonner,*
> *Confondit et Mayenne, et la Ligue, et l'Ibère,*
> *Et fut de ses sujets le vainqueur et le père.*
>
> *Descends du haut des cieux, auguste Vérité !*
> *Répands sur mes écrits ta force et ta clarté :*
> *Que l'oreille des rois s'accoutume à t'entendre.*
> *C'est à toi d'annoncer ce qu'ils doivent apprendre;*
> *C'est à toi de montrer aux yeux des nations*
> *Les coupables effets de leurs divisions.*
> *Dis comment la Discorde a troublé nos provinces;*
> *Dis les malheurs du peuple et les fautes des princes :*
> *Viens, parle; et s'il est vrai que la Fable autrefois*
> *Sut à tes fiers accents mêler sa douce voix;*
> *Si sa main délicate orna ta tête altière,*
> *Si son ombre embellit les traits de ta lumière,*
> *Avec moi sur tes pas permets-lui de marcher,*
> *Pour orner tes attraits, et non pour les cacher.*
>
> *La Henriade*, 1728, chant I.

Le massacre des protestants, perpétré sous le règne de Charles IX, obséda Voltaire, qui, prétendait-il, en revivait les affres à chaque anniversaire. La mémoire nationale en a gardé le souvenir. Sans honte et sans remords. L'« Essai sur les mœurs » rappelle que « le parlement de Paris ordonna que tous les ans on ferait une procession le jour de la Saint-Barthélemy, pour rendre grâces à Dieu ».
Sous l'influence des Lumières, le point de vue peu à peu se modifia. La nuit du 24 août s'appellera désormais le massacre de la Saint-Barthélemy. L'illustration de « La Henriade » en évoque la cruauté avec une rare noirceur. Les gravures populaires emboîtent le pas, parfois accompagnées de vers condamnant la tuerie et appelant à la paix civile.
La ville ressemble à un décor. L'incendie illumine la façade des maisons. Les portes sont ouvertes à deux battants. Des soldats en armes courent, éclairés par les flammes. On précipite un homme par une fenêtre, sans doute l'amiral de Coligny. Des corps jonchent le pavé. Arquebuses, flambeaux, poignards, boucliers, casques : le massacre est une guerre. On égorge, on pourchasse. L'amateur est fasciné. Tout est ici conçu pour capter son regard. On prétend en faire un juge : il n'est qu'un voyeur tenté. Il se prend à ressembler à ces tueurs eux-mêmes placés là comme les spectateurs d'une tragédie sanglante, digne de ce Shakespeare que rejette l'esthétique du temps. Le pathétique, les effets de lumières et de ténèbres finissent par annuler le tragique de la scène. Le monde du massacre est un théâtre habité par des ombres. Seule façon peut-être de rendre l'horreur visible, quitte à la nier.

Voilà un des événements de l'histoire de France que la propagande philosophique n'a cessé de dénoncer. Le fanatisme apparaît dans cette procession de catholiques, traîtres à leur pays et à leur roi. Les moines vêtus de bure sont en armes, des bourgeois factieux les accompagnent. Des femmes les regardent passer ; certaines dansent. Impression de fête. Les capuchons des moines évoquent les bonnets des fous faisant tinter leurs clochettes. Un étendard de procession domine la foule. Seuls les mousquets rappellent qu'on est prêt à en découdre contre l'autorité légitime. La joie sur les visages peut donner l'illusion que toutes ces arquebuses sont là pour une sorte de charivari. Des vers de mirliton accompagnent la gravure :

« Je vois poignards et pistolets,
Bréviaires et chapelets
Pendus à la même ceinture.
Quelle étonnante bigarrure ! »

De ce tumulte d'un peuple en armes on dénonce la menace. On n'est jamais trop prudent, l'Histoire le prouvera.

J. G.

MASSACRE DES HUGUENOTS FAIT À PARIS LE 24 AOÛT 1572, GRAVURE.

COLLECTION PARTICULIÈRE.

PROCESSION DE LA FAMEUSE LIGUE CONTRE HENRI IV, EN 1593, GRAVURE.

COLLECTION PARTICULIÈRE.

« *HÉRACLIUS* ESPAGNOL » (L')

CORNEILLE (PIERRE) • ESPAGNE • GOÛT • TRADUCTION •

Nom donné par Voltaire à la pièce de théâtre du célèbre dramaturge espagnol Calderón : *En esta vida todo es verdad y todo mentira*, c'est-à-dire *Dans cette vie tout est vérité et tout est mensonge* (1658-1659). Voltaire s'intéresse à cette pièce que lui envoie en 1762 Gregorio Mayáns y Siscar (ancien bibliothécaire du roi d'Espagne) ; il en fait la traduction en français, dans les *Commentaires\* sur Corneille* (1765), car elle aurait inspiré l'*Héraclius* (1647) de Corneille : les détracteurs de Voltaire, avant les explications de sa « dissertation », étaient d'avis contraire. Reprenant « le tableau vivant de l'histoire romaine » du *Jules César* de Shakespeare, cette pièce espagnole est un « roman », et « moins vraisemblable que tous les contes des *Mille et une Nuits* ». Corneille, déjà auteur du *Cid* et du *Menteur*, aurait voulu « embellir le fond du sujet » caldéronien par son propre *Héraclius*. La traduction de Voltaire se veut la preuve de cette reprise améliorée par le « bon goût » de Corneille, qui remplace les effets baroques de la pièce espagnole (le magicien Lisipo y joue un rôle clé) par des conflits « de tous les temps et de tous les lieux ». En 1763, Voltaire enverra au cardinal de Bernis\* « l'*Héraclius* de Calderón » pour « divertir l'Académie », et pour qu'un « homme de goût » tel que lui constate « une chose assez plaisante » : « jusqu'à quel point la plus grave de toutes les nations méprise le sens commun »... Cañete et Campo-Arana, remanieurs espagnols de *En esta vida* un siècle plus tard (1879), tout en soulignant dans leur avertissement la supériorité du théâtre espagnol, rendront pourtant encore sensible l'esprit de Voltaire dans leurs arrangements cornéliens de la pièce.

*Isabel Herrero et Lydia Vazquez*

HÉRÉSIE

DOGMES • INQUISITION • SECTE • TOLÉRANCE •

Dans son opuscule intitulé *Le Prix de la justice et de l'humanité* (1777), Voltaire définit ainsi l'hérésie : « soutenir une opinion différente du dogme reçu dans le pays ». En se plaçant sur le terrain de l'histoire des mœurs et des « opinions », le philosophe montre comment l'Église romaine a pu fabriquer et le délit criminel et le tribunal qui le juge, l'Inquisition. Étymologie retorse aussi, puisque, selon l'usage linguistique rappelé par le *Dictionnaire philosophique*, l'hérésie est « une opinion de choix ». En termes d'anthropologie, c'est donc ne pas penser comme tout le monde. Du coup, ce n'est plus qu'un comportement tout naturel, qui a pour origine la curiosité humaine : en accédant au loisir de la réflexion, chacun tente de « résoudre les mystè-

res » du monde, émettant des avis différents, et qui changent au gré des circonstances. Cette variété reflète même la richesse d'une culture. S'y opposer, c'est violer les droits de la nature, manquer au devoir premier de charité, ruiner enfin la morale des nations, réduire le droit d'erreur et de vérité à la loi du plus fort.

Voilà pourquoi l'Inquisition constitue pour Voltaire un scandale. Par sa tyrannie du sens, l'Église n'aurait cessé de provoquer et de produire la désunion dans les États : raisonnement impeccable, ses prémisses acceptées. L'œuvre historique, l'*Essai sur les mœurs* surtout, les opuscules et les contes disent partout ces blessures de l'intolérance.

Gabriel-Robert Thibault

*Dieu est juste, l'Église de Dieu doit être juste comme lui : elle doit donc brûler dans ce monde les corps que Dieu brûle ensuite dans l'autre ; c'est une démonstration de théologie.*

De la paix perpétuelle, par le docteur Goodheart, 1769.

## HÉRODE ET MARIAMNE

TRAGÉDIES •

*Mariamne* échoue en 1724, et réussit, remaniée sous ce titre, en avril 1725. Encore une reine qui reste fidèle à son mari criminel, et devance à la fin la mort qui l'attend. À Jérusalem, après la mort d'Antoine.

Henri Lagrave

## HIRSCHEL, Abraham, père et fils

BERLIN • FINANCES • FRÉDÉRIC II •

Voltaire eut maille à partir avec ces hommes d'affaires, juifs de Berlin, pendant son dernier séjour à la cour de Frédéric II. Dès le 2 septembre 1750, il est en relation avec Hirschel père pour une banale opération bancaire, liée peut-être à un projet de voyage en France : il lui remet 4 430 écus contre une lettre de change, à échéance du 21 mars 1751. Le 9 novembre, Hirschel, qui est aussi joaillier, lui apporte des diamants dont Voltaire a besoin pour une représentation de théâtre chez le prince Henri. Le 24 novembre, Voltaire remet à Hirschel père 40 000 francs en lettres de change, mais cette fois sans doute pour acheter des « bons de la Steuer ». Ces bons émis par la banque de Saxe pour couvrir les folles dépenses du roi Auguste III de Pologne se revendaient à perte, n'étant pas honorés. Mais le traité de Dresde entre la Prusse et la Saxe (25 décembre 1745) avait

concédé aux seuls détenteurs prussiens le droit d'en être remboursés à leur valeur nominale. D'où dans tout Berlin, et à la cour même, un agiotage effréné.

Craignant peut-être un faux pas – bien que chambellan, il n'était pas sujet prussien – ou mieux averti des risques du procédé et des oppositions du roi, dès le lendemain Voltaire fait annuler l'opération. Mais Hirschel fils, de retour de Dresde où il n'a d'ailleurs pas pu se procurer des bons, se plaint du contrordre. Voltaire, comme compensation, lui achète pour 3 000 écus les brillants qu'il a déjà en dépôt, puis prétend qu'ils ont été surévalués. Le 16 décembre, Hirschel s'engage à restituer dès leur retour les lettres de change procurées pour l'opération de Dresde, mais il n'en fera rien. Le 1$^{er}$ janvier, Voltaire porte plainte. Suit un procès épineux et scandaleux, dont la ville, la cour et le cercle du roi firent des gorges chaudes. Un arrangement à l'amiable échoua. Le 18 février, la sentence est enfin rendue : Hirschel est condamné à rendre les lettres de change, mais Voltaire est déconsidéré. L'affaire se compliqua naturellement de sombres intrigues entre les familiers et rivaux de la faveur du prince. « C'est l'affaire d'un fripon qui veut tromper un filou », résuma Frédéric, avec à l'appui une lettre cinglante à son chambellan. Cette opinion a été largement partagée par les contemporains et « frère Voltaire » fut deux ou trois mois « en pénitence » avant de rentrer en grâce.

*Christiane Mervaud*

## HISTOIRE (PENSÉE DE L')

CERTITUDE · CIVILISATION · FABLE · HISTOIRE NOUVELLE ·<br>POLITIQUE · PORTRAITS · TEMPS ·

Dans sa pratique d'historien, Voltaire n'a cessé de réfléchir sur l'histoire, sa nature, sa méthode, ses conditions d'émergence et de possibilité, son objet, son écriture enfin. Ce qui est appelé ici la pensée de l'histoire. Pourtant c'est sans doute dans l'article «Histoire» des *Questions sur l'Encyclopédie* (1771) qu'il en a donné la synthèse la plus complète. L'article comporte six sections qui contiennent, entre autres, les rubriques suivantes : « Définition ; Premiers fondements de l'Histoire ; Des monuments ; De l'Utilité de l'Histoire ; Certitudes de l'Histoire ; Incertitude de l'Histoire ; Les temples, les fêtes, les cérémonies annuelles, les médailles mêmes sont-elles des preuves historiques ? Doit-on dans l'Histoire insérer des harangues et faire des portraits ? L'Histoire satirique ; De la méthode d'écrire l'Histoire et du style, Des mauvaises actions consacrées ou excusées dans l'Histoire »... Cet article des *Questions* reprend et développe l'entrée «Histoire » que Voltaire s'était vu commander pour l'*Encyclopédie*.

Dans une suite de lettres à d'Alembert, Voltaire soulignait alors (1755-1756) les difficultés qu'il y avait à penser un tel article ; il en faisait déjà une sorte d'essai (*Encyclopédie*, t. VIII, 1765).
Selon Voltaire, l'histoire s'oppose à la fable : « L'Histoire est le récit des faits donnés pour vrais ; au contraire de la fable, qui est le récit des faits donnés pour faux. » Il distingue à la suite l'histoire des opinions, « recueil des erreurs humaines », l'histoire des arts, l'histoire naturelle, qui est une partie de la physique, enfin l'histoire des événements, qui peut être sacrée ou profane. Rien que de très traditionnel jusque-là. Il existe, avance-t-il pour l'histoire profane, une histoire originelle, « récits des pères aux enfants », qui, par suite de la transmission orale, ne cesse de se déformer et finit par nourrir la fable, dont elle était pourtant différente. Cela se vérifie chez les Égyptiens, les Grecs, mais aussi pour l'époque moderne : « Les premières annales de toutes nos nations modernes ne sont pas moins fabuleuses. Les choses prodigieuses et improbables doivent être quelquefois rapportées, mais comme des preuves de la crédulité humaine. » Réfléchissant à cette histoire lointaine, Voltaire se demande sur quels documents elle peut et doit se fonder. Sur des « monuments » incontestables, comme par exemple le recueil des observations astronomiques de Babylone ou la chronique d'Athènes gravée dans les marbres d'Arundel. Hors de ce qui est vérifiable par les modernes, point de salut. En fait toute « histoire » (au sens de l'écriture de l'Histoire) est nécessairement récente, car il n'est pas d'histoire qui puisse être fidèlement transmise si elle n'est écrite. Même si l'on peut prendre en compte le témoignage des prodiges de l'architecture, comme les pyramides et les palais d'Égypte. Globalement, les peuples sans écriture sont des peuples dont on ne peut faire l'histoire, mais les peuples qui possèdent l'écriture n'ont pas nécessairement une histoire vraie : « C'est l'imagination seule qui a écrit les premières histoires. Non seulement chaque peuple inventa son origine, mais il inventa l'origine du monde entier. »
Cette relation posée de l'histoire à l'écriture et de l'écriture originelle à la fable, Voltaire s'interroge sur l'utilité de l'histoire. Une histoire utile, en première approche, lui semble celle qui nous « apprendrait nos devoirs et nos droits sans paraître prétendre à nous les enseigner ». Morale civique et pédagogie esthétique donc. Ainsi, par l'histoire on peut comparer les lois et les gouvernements entre les pays et les époques, s'éloigner des fautes commises dans le passé. L'histoire permet donc la prévention : « Les calamités de ces temps d'ignorance renaîtraient infailliblement parce qu'on ne prendrait aucune précaution pour les prévenir. » Mais l'histoire ne doit pas être prétexte à des régressions, ou par les lois du passé permettre la justification des abus du présent. « Je conseille à ceux qui étudient et qui raisonnent ainsi de dire à la mer : Tu as été autrefois à Aigues-Mortes, à Fréjus, à Ravenne, à Ferrare : retournes-y, tout à l'heure. »

*Henri IV*, gravure de Thomas de Leu.

Paris, Bibliothèque nationale de France.

Henri IV, le héros de « La Henriade ». Il porte beau son col tuyauté, sa barbe grise et blanche, son chapeau à plume, son justaucorps bien sanglé, sa croix du Saint-Esprit. Tout indique ici le pacificateur de la France divisée par les guerres de Religion, le roi aimé de son peuple. Le Béarnais sourit gaillardement. De « La Henriade » à « La Pucelle », il n'y a sans doute qu'un pas.

Le roi pose. Non de profil mais de face. Non en buste mais en pied. Pour Louis XIV on devrait même dire en jambe. Le portrait de Louis XIV par Hyacinthe Rigaud ou ce portrait anonyme, des années 1684-1686, montrent un roi revêtu du manteau fleurdelisé, enveloppé d'hermine, le regard ferme, là se donnant à voir, montrant ici les plans de Saint-Cyr. Mais, dans les deux portraits, la jambe est mise en valeur au premier plan, chaussée de cuir enrubanné, gainée de soie claire, délicatement posée sur un coussin de pourpre, ornée juste au-dessous du genou d'un coquet ruban. On s'intéresse peu au visage ni même vraiment au décor. La grandeur passe par cette jambe jetée en avant : le roi fut en sa jeunesse un danseur émérite tenant sa partie dans les comédies-ballets de Molière, avant de sombrer dans la bigoterie de son âge mûr. Souvenir d'une jeunesse frivole peut-être, rappel de la beauté physique du souverain sans aucun doute, mais aussi éloge de son rôle dans les arts.

J. G.

*Portrait de Louis XIV*, école française du XVIIe siècle.

Versailles, musée national du Château.

LOUIS XIV EN COSTUME ROYAL, DIT À TORT COSTUME DE SACRE (DÉTAIL), PEINTURE PAR HYACINTHE RIGAUD, 1701.

PARIS, MUSÉE DU LOUVRE.

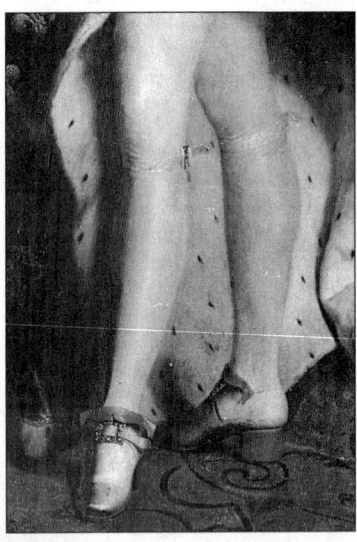

La gravure veut ici représenter la noblesse et l'héroïsme du roi guerrier, Charles XII. Hagiographique et naïve, elle le met en scène à la tête de ses armées, perdues dans un vague lointain. Le roi n'est pas un stratège installé sur les arrières et menant de loin la bataille, mais un combattant qui cherche le risque, précédant même la ligne de front, provocateur et se désignant, comme par bravade, au tir de l'ennemi. Il marche tête nue. Le poing sur la hanche, le buste cambré, flamberge au vent, la lame bien droite ; il est là pour en découdre. Il y a du toréro bravache dans ce roi combattant. À côté, un lion, levant ses pattes griffues, comme un soldat des armées du Nord marque le pas à la parade, la gueule menaçante. Ce lion ordonne le sens de la gravure. Il incarne ce que l'élégance du roi masque ; il évoque Nabuchodonosor, dont les textes sacrés racontent qu'il domestiquait les tigres et les lions sur les bords de l'Euphrate ; il fait jeu

Pierre le Grand. Le regard est bien en face, assuré. L'homme porte moustache à la façon de ces cavaliers venus des steppes. Il arbore tous les attributs de son pouvoir et de son rang : collier, sceptre, couronne et manteau d'hermine où sont brodées les armes du grand-duché de Russie. Dessous, la cuirasse. Que chacun se souvienne qu'un pouvoir se conquiert et qu'il est toujours menacé.

J. G.

PIERRE LE GRAND, GRAVURE.

PARIS, BIBLIOTHÈQUE NATIONALE DE FRANCE.

sémantique : « courageux comme un lion », « avoir un cœur de lion » et, comme le ferait un lion, il sème la terreur parmi ses ennemis. Il vient tout droit de l'héraldique et des armes du royaume de Suède. Gravure tragique enfin : l'insouciance arrogante du roi, profil offert, semble appeler la balle perdue de Fredrikshald.

La Grande Catherine est entourée d'un cadre rocaille, évocateur de son règne tourmenté comme les sinuosités des coquilles et des entrelacs. Sur un fond presque vide, Catherine se détache en buste. La gorge est généreuse, les lèvres gourmandes, l'œil amusé. Le manteau impérial, majestueux, vient faire contraste par son austérité sur le flot de dentelles, de manchettes, de rubans et de bijoux. Qu'on ne s'y laisse pas prendre : les insignes du pouvoir sont bien présents, la féminité est un leurre. Le grand cordon, la plaque sont ici plus significatifs que la collerette qui veut séduire. La « Sémiramis du Nord » trompe son monde. Diderot et Voltaire n'étaient pas sans le savoir.

J. G.

▲ CHARLES XII, ROI DE SUÈDE, GRAVURE DE P. SCHERCK, 1704.

PARIS, BIBLIOTHÈQUE NATIONALE DE FRANCE.

CATHERINE II, GRAVURE DE 1761. ▶

PARIS, BIBLIOTHÈQUE NATIONALE DE FRANCE.

Comment écrire l'histoire ? Doit-on, s'interroge Voltaire, y pratiquer la harangue, fiction imitée d'Homère ? Réponse négative, puisque « ce qui est fiction dans un poème devient à la rigueur mensonge dans un historien ». De même le portrait lui semble un moyen de briller plus que d'instruire. Parce que son objet s'est considérablement modifié, l'histoire est un genre difficile qui demande un art particulier et une écriture spécifique : « On exige des historiens modernes plus de détails, des faits plus constatés, des dates précises, des autorités, plus d'attention aux usages, aux lois, aux mœurs, au commerce, à la finance, à l'agriculture, à la population ; il en est de l'histoire comme des mathématiques et de la physique : la carrière s'est prodigieusement accrue. » C'est dire que la « nouvelle » histoire définie par Voltaire est différente de l'ancienne à la fois par son objet et par son écriture. L'histoire des rois, des batailles appartient au passé. Voltaire invente l'histoire des mœurs et de l'esprit humain, la lente émergence de la civilisation et des Lumières. C'est dire aussi que l'historien doit embrasser des domaines plus variés et plus vastes. Au risque de mal étreindre. D'où cette affirmation que chaque sujet appelle son style : on n'écrira pas de la même façon des actions d'éclat et des sujets quotidiens. Enfin l'histoire a une mission civique : elle doit dénoncer les crimes du passé et offrir des modèles d'humanité. En ce sens-là encore, elle est philosophique et militante.

*Jean Goulemot*

*Il n'est pas étonnant qu'on n'ait point d'histoire ancienne profane au-delà d'environ trois mille années. Les révolutions de ce globe, la longue et universelle ignorance de cet art qui transmet les faits par l'écriture, en sont cause : il y a encore plusieurs peuples qui n'en ont aucun usage. Cet art ne fut commun que chez un très petit nombre de nations policées, et encore était-il en très peu de mains. Rien de plus rare chez les Français et chez les Germains, que de savoir écrire jusqu'aux treizième et quatorzième siècles : presque tous les actes n'étaient attestés que par témoins. Ce ne fut en France que sous Charles VII en 1454 qu'on rédigea par écrit les coutumes de France. L'art d'écrire était encore plus rare chez les Espagnols, et de là vient que leur histoire est si sèche et si incertaine, jusqu'au temps de Ferdinand et d'Isabelle. On voit par là combien le très petit nombre d'hommes qui savaient écrire pouvaient en imposer.*
*Il y a des nations qui ont subjugué une partie de la terre sans avoir l'usage des caractères. Nous savons que Gengis Khan conquit une partie de l'Asie au commencement du treizième siècle ; mais ce n'est ni par lui, ni par les Tartares que nous le savons. Leur histoire écrite par les Chinois, et traduite par le père Gaubil, dit que ces Tartares n'avaient point l'art d'écrire.*

*Encyclopédie, t. VIII, art. « Histoire », 1765.*

## HISTOIRE DE CHARLES XII, ROI DE SUÈDE

HISTOIRE • HISTORIEN • PORTRAITS •

Voltaire commença la rédaction de son *Histoire de Charles XII* à partir de 1729. Il en publia les premiers chapitres en 1731, mais l'édition fut saisie pour des raisons diplomatiques : Auguste III, roi de Pologne, n'avait pas apprécié certaines vérités qu'il jugeait inconvenantes. Voltaire complète et corrige son texte, qui paraît à Rouen en 1732. Le succès est immédiat : les éditions se multiplient. Voltaire ne cesse de modifier et d'augmenter son texte. Une nouvelle édition paraît en 1733, des ajouts concernant Pierre le Grand figurent dans l'édition de 1738 ; en 1739, nouvelle édition à Amsterdam avec d'importantes corrections. Autres éditions en 1748, 1751, 1756 (avec « les pièces qui lui sont relatives »), 1768 (avec un « avis important »)... On peut s'étonner aujourd'hui du sujet choisi, de ce suivi et des polémiques qui accompagnèrent la publication. La Mottraye publie des *Remarques historiques et critiques sur l'«Histoire de Charles XII»* (1732) auxquelles Voltaire doit répondre. En 1740, après avoir lu l'ouvrage de Gustave Adlerfelt sur les campagnes de Charles XII et un manuscrit du comte Stanislas Poniatowski, il justifie son œuvre dans une lettre adressée au *Journal des savants*, et en explique la philosophie. En 1744, il se croit encore obligé de croiser le fer avec l'*Histoire de Charles XII* que Nordberg, ancien chapelain du roi de Suède, venait de publier.

Le destin du roi de Suède, Charles XII, mort dans des circonstances troublantes (une balle mystérieuse) au siège de Fredrikshald en 1718, avait frappé l'imagination des contemporains. Dès 1727, Voltaire confie sa fascination pour ce héros excessif, digne d'une épopée. Il se sent inspiré comme lorsqu'il s'était mis en tête d'écrire *La Henriade*. À cette différence près qu'il se propose de rédiger un ouvrage d'histoire. Refusant les illusions d'une légende et les emportements de sa propre imagination, il se livre à une patiente enquête documentaire, consultant mémoires et rapports des témoins, lisant les ouvrages déjà publiés sur Charles XII : l'*Histoire de Suède sous le règne de Charles XII*, de Limiers (1721) et les *Mémoires pour servir à l'histoire de Charles XII*, de Theyls (1722). En 1729, lors de la rédaction, il ne cesse de vérifier ses sources. On ne peut lui dénier la rigueur de sa méthode : « On n'a pas avancé un seul fait sur lequel on n'ait consulté les témoins oculaires et irréprochables. C'est pourquoi on trouvera cette histoire fort différente des gazettes qui ont paru jusqu'ici sous le nom de *Vie de Charles XII*. » L'enjeu est pour Voltaire d'importance, d'où les remaniements continuels de son texte, l'attention portée aux critiques, mais aussi la volonté, au terme d'une enquête aussi exhaustive que possible, de ne pas céder à la tentation du détail et de l'anecdote inutiles. Travail donc d'équilibre et de synthèse, remarquablement neuf en son

temps. Voltaire est fasciné par son héros « moitié Alexandre, moitié Don Quichotte » ; il est sensible aux vertus de ce roi de Suède amoureux de sa gloire, courageux jusqu'à l'absurdité, d'un sang-froid peu commun, au point de trouver en lui un héros de tragédie, qui lui permet de dramatiser son récit, de l'émailler de scènes, de portraits et de tableaux, et de l'organiser selon des périodes. N'a-t-on pas vu dans l'*Histoire de Charles XII* l'architecture d'une tragédie en cinq actes ?
Rappelons enfin les efforts de Voltaire pour illustrer sa méthode historique : rappel et critique des sources jalonnent le récit, sans que se dissimule la volonté philosophique, active dans les commentaires et les jugements sur l'absolutisme, sur le contrôle nécessaire du pouvoir monarchique, la vanité de la noblesse française, le rôle mystificateur du clergé. Livre de formation : si Voltaire demeure encore attaché à l'histoire des individus, il exprime déjà la nécessité d'une histoire des peuples. La fascination éprouvée pour le personnage exceptionnel de Charles XII, tout entier livré à sa gloire, ne l'empêche pas de se faire, à travers le personnage de Pierre le Grand, l'avocat timide encore d'une histoire qui serait libérée « de la folie des conquêtes ».

*Jean Goulemot*

## *HISTOIRE DE JENNI OU LE SAGE ET L'ATHÉE, PAR MR. SHERLOC, TRADUIT PAR MR. DE LA CAILLE*

AMÉRIQUE • ANGLAIS • ATHÉISME • CONTES PHILOSOPHIQUES • DÉISME • ESPAGNE •

La première édition date de 1775, époque à laquelle, comme le prouve sa correspondance, Voltaire s'inquiète de la campagne menée par le baron d'Holbach et ses amis (dont Diderot) en faveur de l'athéisme, qu'il juge erroné, moralement et socialement dangereux.
Un jeune homme, Jenni, fils de M. Freind, de figure « aimable » et « engageante », destiné à l'Église, participe à la campagne de Catalogne. Il y est blessé et fait prisonnier par les Espagnols. Sa beauté met en émoi les belles Catalanes et surtout Dona (*sic*) Boca Vermeja (Bouche vermeille) qui en tombe amoureuse, au point de trahir son amant l'inquisiteur Don Jeronimo Bueno Caracucarador, qui se venge en faisant condamner Jenni. La prise de la ville par les troupes anglaises le sauve. M. Freind fait grâce à l'inquisiteur et dispute avec le neveu de Don Jeronimo sur les mérites de l'Église anglicane. Jenni rentre à Londres avec son père chargé d'une mission par la reine Anne. Il s'y corrompt, devient libertin, fréquente les athées, fait des dettes. On décide alors de le marier avec Mlle Primerose, mais la malheureuse est empoisonnée par la perverse

maîtresse de Jenni, Mrs Clive-Hart. Jenni s'enfuit avec celle-ci en Amérique. Primerose ne meurt pas, Freind part à la recherche de son fils. En Amérique, les voyageurs rencontrent un Indien hospitalier nommé Parouba, qui raconte son histoire et se proclame déiste. Sa fille est partie «voir du pays» avec les libertins en fuite. On apprend que les fuyards, qui ont été attaqués par des Indiens, sont en passe d'être mangés. Freind part à leur recherche, et finit par fumer le calumet de la paix avec les Indiens qui ont déjà dégusté la maîtresse libertine de Jenni. Freind s'emploie à détourner les Indiens de l'anthropophagie*. Durant le voyage de retour, un des compagnons de Jenni, Birton, tente de légitimer l'athéisme et dispute de ses fondements avec Freind. Long dialogue où la doctrine matérialiste est exposée comme celle d'un «Frenchman qui dit que rien n'existe et ne peut exister, sinon la nature». On s'affronte sur l'ordre de l'univers, la présence du mal et du malheur, sur le bien général que forment les maux particuliers, sur la liberté de l'homme liée à la possibilité de commettre le mal, sur la vertu aussi réelle que le vice, sur les liens qui unissent causes générales et actions particulières. Et Freind expose les grandes idées du déisme, auxquelles se rallient peu à peu Birton l'athée et ses amis libertins. On retourne en Angleterre, Jenni épouse Mlle Primerose, devient moral et heureux. Preuve «qu'un sage peut guérir des fous».

Ce conte qui mêle drôleries, péripéties à la mode et dialogues philosophiques vient à point pour nous rappeler que s'il fut ennemi des Églises, Voltaire n'était point athée et qu'il a combattu le matérialisme et l'athéisme des hommes les plus radicaux des Lumières. À sa manière, par des contes rapides et légers, qui utilisent le roman d'aventures, le récit lénifiant, la fermeté pédagogique du dialogue philosophique, sans négliger la farce et la caricature. Bel exemple de l'art si complexe de Voltaire et de la fermeté de ses convictions déistes.

*Jean Goulemot*

## *HISTOIRE DE LA GUERRE DE 1741*

COURTISAN • FRÉDÉRIC II • GUERRE • HISTORIEN • HISTORIOGRAPHE •

Appelée par l'historiographie moderne guerre de Succession d'Autriche, elle commence en 1740, se poursuit par l'annexion de la Silésie par Frédéric II en 1741 et se clôt par le traité d'Aix-la-Chapelle en 1748. À travers de longues péripéties, des retournements d'alliance, elle rend manifeste l'entrée, dans l'Europe des puissants, de Frédéric II, roi de Prusse, qui, le 31 mai 1740, succède à son père le Roi-Sergent. Il commence par contester à Marie Thérèse la couronne impériale, dont elle hérite à la mort de son père Charles VI, le 19 octobre 1740, avant de se faire le champion de la

Pragmatique Sanction qui garantissait les droits de l'héritière. L'alliance avec l'Angleterre, tradition de la politique française depuis la Régence, s'en trouve modifiée. La bataille de Fontenoy du 11 mai 1745 est un affrontement entre Français d'un côté et Anglo-Hollandais de l'autre. L'Europe entière est embrasée. La guerre s'étend à l'Italie, aux mers, aux colonies. Le traité d'Aix-la-Chapelle redessine la carte territoriale et diplomatique de l'Europe.
*La Bataille\* de Fontenoy* avait été composée dans l'enthousiasme. L'œuvre n'était pas celle d'un historien. Voltaire ne racontait pas une bataille, il la chantait. Ce poème à succès (de nombreuses éditions en quelques jours) ne fit pas naître d'entrée en lui une curiosité d'historien : comprendre comment se gagne une bataille et dans quel processus historique il convient de la replacer. Seuls sa nomination au poste d'historiographe du roi, l'accès aux archives, le contact avec les témoins lui permettront de mener à terme la rédaction de l'*Histoire de la guerre de 1741*. Voltaire prit un plaisir tout particulier à mener l'enquête, à tenter de reconstituer la complexité du jeu diplomatique, l'état des forces et des intérêts en présence, à prendre ses distances avec un événement dont il était le témoin passionné. L'ardeur qui animait le poète héroïque de la bataille de Fontenoy retombait. L'heure était au bilan et à la rigueur. L'évocation des morts permettait de mesurer, au-delà des flûtes, des tambours et de la bravade qui avait invité les Anglais à tirer les premiers, le prix du sang versé.
La charge d'historiographe allait permettre à Voltaire, pensait-il, de changer de registre. L'*Histoire de la guerre de 1741* faisait se concilier les obligations de sa fonction, le devoir de vérité, son goût de l'épopée militaire et l'aspiration philosophique à la paix. Voltaire commence par se documenter et rédige. Il passe des heures et des heures dans les bureaux du ministre « en se tuant ». En janvier 1747, il en est à la fin de la campagne de 1745. Il sollicite l'avis de lecteurs privilégiés : le marquis d'Argenson, d'Argental, le cardinal de Tencin, le duc de Noailles. Il reprend le manuscrit pour le corriger. « J'ai cent corrections qu'il faut que je porte sur cet exemplaire », écrit-il à d'Argenson en lui réclamant son envoi. L'actualité l'incite à aller de l'avant. D'Argenson, son protecteur, ne s'est-il pas rapproché de la Sardaigne ? La paix semble proche et Voltaire se hâte. Elle ferait un beau dénouement et comblerait les vœux du philosophe.
Mais la situation se retourne. L'enthousiasme de Voltaire fléchit. Le marquis d'Argenson est disgracié le 10 janvier 1747, Voltaire veut « fuir ce pays ». Il se prend à haïr la guerre et compose l'*Éloge\* funèbre des officiers qui sont morts dans la guerre de 1741*. À Lunéville\*, il reprend sa tâche et rédige les chapitres XX et XXIV. En octobre 1748, la paix est enfin signée. Sa vie intime est troublée : Mme du Châtelet le trompe, il cherche l'évasion

dans le travail et rédige l'épisode, qui fait pleurer Émilie, des malheurs du prince Charles Édouard Stuart*, battu à Culloden en 1746 par le roi d'Angleterre George II alors qu'il tentait de reconquérir le trône des Stuarts. Il s'indigne de son lâchage par le gouvernement français.

Voltaire finit par abandonner son manuscrit. Il en rédige deux versions, l'une pour Mme de Pompadour, l'autre pour d'Argenson, mais « démissionné » de sa charge d'historiographe en 1750, au moment de son installation en Prusse, il ne songera plus à la publication. Il utilise ce qui est déjà rédigé pour le *Précis du siècle de Louis XV*. Un brigandage de librairie (1755) rendra une partie de son texte public. Jusqu'à leur redécouverte au milieu de ce XX$^e$ siècle, de nombreux chapitres demeureront inédits. L'inachèvement de l'*Histoire de la guerre de 1741* est révélateur de la difficulté – de Voltaire et des historiens – à démêler les enjeux politiques et à reconstruire le déroulement labyrinthique de cet affrontement européen. La rédaction a posé à Voltaire des problèmes de compréhension des faits que l'accès aux archives n'a pas facilités, d'exposition aussi que les mélanges de genres (épique pour la bataille de Fontenoy, pathétique pour la défaite de Charles Édouard, didactique pour les états des lieux) ne sont pas parvenus à résoudre. L'*Histoire* reflète une évidente ambiguïté idéologique. Elle tient aux retournements diplomatiques, aux intérêts changeants des puissances en conflit, aux rapports incertains de Voltaire avec les pratiques du roi de Prusse et le ministère français.

*Jean Goulemot*

## *HISTOIRE DE L'EMPIRE DE RUSSIE SOUS PIERRE LE GRAND*

CIVILISATION · HISTOIRE · HISTORIEN ·<br>PIERRE I$^{er}$ LE GRAND · RUSSIE ·

De cette œuvre en deux parties, publiée pour la première en 1759 et pour la seconde en 1763, modifiée par Voltaire à plusieurs reprises, élaborée à partir de documents de première main fournis par Schouvalov* qui la lui avait commandée, soumise enfin à l'approbation de Saint-Pétersbourg, on serait tenté de ne retenir que la préface historique et critique où le philosophe définit avec fermeté et hauteur sa méthode historique, l'ouvrage lui-même relevant du travail servile.

Dans sa préface, Voltaire fait état de ses sources documentaires, s'oppose aux faux mémoires, définit les limites de la recherche en histoire (rendue encore plus aléatoire, voire impossible, lorsqu'elle porte sur les origines), pose l'obligation de refuser le discours courtisan, flatteur et mensonger, les détails que l'éloignement d'avec l'époque évoquée rend futiles, pour s'atta-

cher aux « seules révolutions frappantes qui ont changé les mœurs et les lois des grands États ».

L'*Histoire* obéit à une construction rigoureuse. Pour la première partie : description ethno-géographique, population, finances, armées, usages, religion (chap. I et II) ; état de la Russie avant Pierre le Grand et généalogie de l'empereur – rendue pédagogiquement nécessaire par l'ignorance française des choses russes (chap. III à V) ; portrait de Pierre I$^{er}$ (chap. VI) ; débuts de sa politique extérieure (chap. VII et VIII) ; voyages de l'empereur (chap. IX) ; effets des réformes et « changements dans les usages, dans les mœurs, dans l'État et dans l'Église » (chap. X) ; guerre contre la Suède (chap. XI à XIX avec les prolongements dans la deuxième partie).

Viennent ensuite, dans la seconde partie, la guerre contre les Turcs (chap. I et II), les événements de 1712 qui marquent le retour de Charles XII en Suède (chap. VI), les nouveaux voyages du tsar (chap. VIII) et les nouvelles réformes qu'il entreprend (chap. IX et XI), qui commandent le bilan des chapitres suivants (XII : le commerce ; XIII : des lois ; XIV : de la religion), pour arriver à sa mort (chap. XVII). On a là l'histoire d'un héros engagé dans des guerres brutales et sanglantes, avant tout contre Charles XII, mais aussi d'un grand homme qui réforme les institutions et les mœurs de son pays, et les fait sortir d'une profonde arriération.

C'est dire que l'*Histoire de l'empire de Russie sous Pierre le Grand* complète, du point de vue russe, l'*Histoire\* de Charles XII*, dont elle partage la philosophie et la rigueur méthodologique, en même temps qu'elle illustre, par un exemple précis, cette histoire de l'esprit humain et de l'accès à la civilisation que postule, dans son dessein général, l'*Essai\* sur les mœurs*. Vérification expérimentale, pourrait-on dire, des théories avancées ailleurs, mais qui paradoxalement n'échappe pas aux travers de l'histoire courtisane.

Pour les rendre exemplaires, Voltaire se doit d'idéaliser le personnage et le rôle de Pierre I$^{er}$ : il a voulu « forcer le lecteur à voir Pierre en grand ». Il omet les réformes entreprises par ses prédécesseurs et cède ainsi à l'illusion d'un « commencement absolu », il atténue le lien qui unit l'esprit de conquête et la politique réformiste, enfin il s'abstient d'indiquer que certaines réformes furent sans lendemain ou eurent même des conséquences néfastes. Effet obligé de sa soumission aux censeurs russes et d'une idéologie des grands hommes héritée d'une éducation classique qui finit par nier le processus historique lui-même. Voltaire n'avait-il pas déjà affirmé dans *Le Siècle de Louis XIV* que les Français, sauvages jusqu'alors, n'existaient que depuis 1640 ? De la même manière les Russes n'étaient rien avant le tsar Pierre I$^{er}$. Paradoxe d'un élargissement du champ de l'histoire, d'une philosophie cumulative du devenir historique et d'une fidélité jamais démentie au rôle des grands hommes.

*Jean Goulemot*

*Le palais a eu des révolutions après sa mort; l'État n'en a éprouvé aucune. La splendeur de cet empire s'est augmentée sous Catherine I<sup>re</sup>, il a triomphé des Turcs et des Suédois sous Anne Pétrovna; il a conquis, sous Élisabeth, la Prusse et une partie de la Poméranie; il a joui d'abord de la paix, et il a vu fleurir les arts sous Catherine II.*
*C'est aux historiens nationaux d'entrer dans tous les détails des fondations, des lois, des guerres et des entreprises de Pierre le Grand; ils encouragent leurs compatriotes en célébrant tous ceux qui ont aidé ce monarque dans ses travaux guerriers et politiques. Il suffit à un étranger, amateur désintéressé du mérite, d'avoir essayé de montrer ce que fut le grand homme qui apprit de Charles XII à le vaincre, qui sortit deux fois de ses États pour les mieux gouverner, qui travailla de ses mains à presque tous les arts nécessaires, pour en donner l'exemple à son peuple, et qui fut le fondateur et le père de son empire.*
*Les souverains des États depuis longtemps policés se diront à eux-mêmes : « Si, dans les climats glacés de l'ancienne Scythie, un homme, aidé de son seul génie, a fait de si grandes choses, que devons-nous faire dans des royaumes où les travaux accumulés de plusieurs siècles nous ont rendu tout facile ? »*
*Histoire de l'empire de Russie sous Pierre le Grand, 1759-1763, chap. XVII.*

## HISTOIRE DE L'ÉTABLISSEMENT DU CHRISTIANISME

BIBLE · CHRISTIANISME · DÉISME · INFÂME · JÉSUS · JUIFS · SUPERSTITION · THÉISTE ·

Le dernier mot de Voltaire sur la Bible, le christianisme, les religions : l'ouvrage était sous presse à sa mort. Les éditeurs de Kehl*, qui l'ont publié pour la première fois, en ont peut-être légèrement modifié la fin. Sa particularité est d'être présenté par son auteur, qui se donne pour un franc-maçon écossais, comme le travail d'un historien soucieux de rétablir la vérité contre des siècles de pieux mensonges. Il proclame d'ailleurs en conclusion la victoire du théisme, et le déclin fatal des superstitions.
Voltaire fait tout pour contribuer, une dernière fois, à ce déclin : en vingt-six chapitres, une ambitieuse démystification, où il dépeint à sa manière le peuple hébreu, Jésus et ses disciples, et le christianisme naissant. On y retrouve, tirés d'une lecture personnelle de la Bible même, les traits habituels qui font des juifs le contraire d'un peuple élu, une peuplade grossière, dont l'infériorité intellectuelle et morale est nettement manifestée par des pratiques d'idolâtrie, la longue ignorance de l'immortalité de l'âme, les massacres et les sacrifices barbares, les emprunts innombrables à d'autres peuples.
La démystification de Jésus tient d'abord à la place qui lui est historiquement assignée : il n'est plus que « la cause occasionnelle » du christianisme ;

en seize « doutes », le philosophe met en question sa généalogie, les prophéties arbitrairement interprétées en sa faveur, et maints passages des récits évangéliques. Le portrait même de Jésus est réducteur, dépourvu de toute dimension spirituelle: plus rien ici de cette figure de « Socrate rustique », récupérable à la propagande théiste, élaborée naguère dans *Dieu\* et les hommes* (1769). L'historien insiste en revanche sur le fanatisme des premiers disciples, hypocrites et cupides, et sur la forte personnalité de Paul, querelleur, tyrannique, menteur impudent. Il s'attache à décrire le contexte culturel, favorable au développement et aux orientations de la secte chrétienne: influence des platoniciens d'Alexandrie, croyance à une prochaine fin du monde, célébration de mystères parfois impudiques; il souligne aussi les nouveautés à la fois séduisantes et effrayantes de la doctrine. Il met surtout en relief les impostures et les falsifications, dévalorise les évangiles canoniques au profit des apocryphes, détaille ses doutes sur le séjour de Pierre à Rome, réduit le nombre des martyrs – tout l'arsenal de sa polémique antichrétienne. La peinture des progrès du christianisme sous les empereurs Dioclétien, Constance, Constantin, et la présentation élogieuse de Julien, ne diffèrent guère du panorama proposé dans l'*Examen\* important de milord Bolingbroke*, pas plus que le rappel historique des carnages dus au fanatisme.

Manifestement, il s'agissait moins de chercher une approche nouvelle, que de porter les derniers coups à l'Infâme. Cette *Histoire* est orientée par une passion d'engagement historique qui occulte le message spirituel de l'Ancien ou du Nouveau Testament, noie les particularités du christianisme et de ses textes, définit de manière réductrice les causes de son extension, et ne veut plus voir dans ses réalisations que des impostures sanglantes.

*Marie-Hélène Cotoni*

## *HISTOIRE D'ÉLISABETH CANNING ET DE JEAN CALAS*
AFFAIRES · CALAS · OPINION · PRÉJUGÉ · TOLÉRANCE ·

Publié en août 1762 dans la première phase de l'affaire Calas, un mois après les *Pièces\* originales* et juste avant le premier mémoire d'Élie\* de Beaumont, cet opuscule propose un curieux parallèle. D'abord l'histoire d'une jeune Élisabeth Canning, qui prétendit avoir été enlevée et qui, pressée par sa famille, livra un faux témoignage, vite amplifié par la rumeur et les racontars. Sur une accusation totalement suggérée, l'opinion prit fait et cause. La police arrêta les prétendus coupables, on jugea, on condamna. Intervint alors le philosophe Ramsay qui démontra l'inanité de l'accusation et l'innocence des prévenus. On découvrit bien vite le pot aux roses:

« Miss Canning était une petite friponne qui était allée accoucher, pendant qu'elle prétendait avoir été enlevée. »
Vient ensuite l'histoire des Calas, racontée non par les faits, mais par l'enquête et le procès, et sous le même aspect des indices, des témoignages, de l'élaboration des convictions. Dénonciations d'une populace superstitieuse, préventions de magistrats sous influence, lacunes dans les dépositions : il faut conclure à la partialité des témoins et des juges, et regretter qu'un homme de bon sens, M. de Lassalle, conseiller au parlement de Toulouse, ait été écarté du tribunal après avoir exprimé publiquement son désaccord sur les procédures et l'accusation.
Il se trouve que la première histoire est fictive, et racontée comme telle. Parallélisme peut-être gênant, mais la fiction permet aussi la distance, et la réflexion sur les apparences du vrai. Voltaire appelait ce petit écrit son « Canning-Calas ».

*Jean Goulemot*

## *HISTOIRE DES VOYAGES DE SCARMENTADO, ÉCRITE PAR LUI-MÊME*
CONTES PHILOSOPHIQUES • MAL •

Ce conte fut sans doute écrit durant l'hiver 1753-1754, mais publié en 1756 seulement, dans la première édition Cramer. Il traduit le profond désenchantement de Voltaire après la rupture avec Frédéric II*. Le nom du héros vient de l'espagnol « escarmentar » : tirer les leçons d'une expérience malheureuse. Le modèle narratif est celui du roman picaresque, mais réduit à dix pages. Né à Candie, envoyé par son père à Rome, Scarmentado y connaît des amours tumultueuses. Il assiste à Paris au féroce assassinat de Concini, visite Londres quand éclate la Conspiration des poudres, se trouve en Hollande au moment de l'exécution de Barneveldt, se heurte à l'Inquisition à Séville, est poursuivi par des fanatiques à Constantinople, subit la persécution en Chine, devient en Afrique l'esclave blanc d'un noir, et rentre enfin dans sa Crète natale, où il finit sûrement cocu et apparemment content. Le monde est hanté par l'intolérance et la barbarie. Tout y est violence institutionnelle ou religieuse. Il faut savoir se contenter de peu et se résigner à la médiocrité domestique.
C'est la trame de *Candide**, mais sans qu'il y ait le temps de la réflexion et du commentaire philosophique. Pas de mise en cause d'une doctrine : un constat brutal, une sorte de litanie ou de film accéléré, amer et désabusé.

*Jean Goulemot*

## HISTOIRE DU DOCTEUR AKAKIA ET DU NATIF DE SAINT-MALO
CENSURE · FACÉTIES · FRÉDÉRIC II · MAUPERTUIS · POLÉMISTE ·
SATIRE · SCIENCES ·

Terrible pamphlet que cette prétendue « Histoire », publiée en 1753. Le premier titre, en 1752, était plus clair : « Diatribe ». Toute l'Europe du temps se moqua donc du pauvre « natif de Saint-Malo », alias Maupertuis, le président de l'Académie de Berlin. Quant au bon docteur Akakia, alias Voltaire, médecin des fous et à ce titre dudit « natif », son nom devint proverbial : vingt ans après, on disait encore parfois « un akakia » pour dire « une satire ». « Akakia » en grec signifie pourtant « sans malice »...

Le conflit avec Maupertuis, latent depuis l'arrivée de Voltaire à Berlin en 1750, puis déclaré dans la dispute savante qui opposa Maupertuis à König*, envenimé enfin par l'intervention directe de Frédéric II aux côtés de son président d'Académie, trouvait là sa solution et son dépassement, dans un souverain sursaut d'esprit et de plaisanterie, au-delà des rangs, des titres, et même des convenances. Après avoir défendu publiquement König, Voltaire attaquait Maupertuis par le ridicule, et défiait ainsi l'autorité du roi de Prusse – en détournant d'ailleurs au profit de ce brûlot la permission d'imprimer donnée pour un autre ouvrage.

L'*Histoire du docteur Akakia*, dans son état final imprimé à Leipzig, réunit après coup sous un même scénario satirique des textes diffusés séparément. C'est d'abord la « Diatribe » d'Akakia : appelé à donner son avis d'expert sur un écrit de Maupertuis d'apparence délirante, le bon Akakia, « médecin du pape », déclare douter de cette paternité, attribue plutôt le soi-disant essai pseudo-scientifique par lettres au « Président de Bedlam » (l'asile des fous de Londres), et défère lesdites lettres au tribunal de l'Inquisition. Suivent le « Décret de l'inquisition de Rome », le « Jugement des professeurs du collège de Sapience » et l'« Examen des Lettres d'un jeune auteur déguisé sous le nom d'un président ». Ces différents textes réfèrent sans ménagement à de vraies *Lettres* de Maupertuis, parues en 1752, qui lançaient un certain nombre de vues spéculatives sur de possibles développements de la recherche scientifique ; mais ils postulent tous, par plaisanterie, que Maupertuis n'est point l'auteur de ces *Lettres*, pour mieux souligner qu'il est incroyable qu'il le soit en effet. Les hypothèses du Président, pour le moins aventureuses, se trouvent envisagées par leurs éventuelles conséquences pratiques, et apparaissent ainsi comme autant d'élucubrations. Les citations burlesquement télescopées, commentées dans une verve endiablée, pimentées de joyeuse ironie, avec jeux de mots et pastiches de styles, assurèrent le succès immédiat et durable de cette facétie, qui dessine encore en creux la caricature odieuse d'un tyranneau intellectuel pétri d'orgueil, ignorant et cabaleur.

Frédéric II s'amusa fort des premières plaisanteries, d'après divers témoignages, en les lisant en manuscrit. Mais dès qu'elles furent imprimées, il sévit publiquement, en monarque protecteur de l'Académie et vengeur de la dignité offensée du président. Après enquête et perquisition en forme, la *Diatribe du docteur Akakia* fut donc brûlée dans les carrefours de Berlin, le 24 décembre 1752, par la main du bourreau.

Or Voltaire avait déjà envoyé en Hollande, pour y être réimprimé avec la «Diatribe», un petit additif sanglant – également repris dans l'*Histoire* – intitulé «Séance mémorable». C'est le récit d'une séance de l'Académie consacrée à l'étude de quelques projets de Maupertuis: creuser un trou jusqu'au centre de la terre, affréter un vaisseau pour aller disséquer des géants aux terres australes, accoupler un coq d'Inde et une mule, etc. Ridiculisé dans toute l'Europe, et craignant de nouveaux libelles, Maupertuis perdit son sang-froid après le départ de son ennemi – Voltaire quitta la Prusse le 26 mars 1753 – et lui adressa à Leipzig une lettre de menaces (3 avril 1753). Voltaire, ravi de l'aubaine, rendit aussitôt public ce «cartel», en feignant la terreur, puis l'intégra au scénario même de son pamphlet, juste à la suite d'un nouveau morceau de liaison écrit pour la circonstance, le «Traité de paix conclu entre Monsieur le Président et Monsieur le Professeur, le 1$^{er}$ janvier 1753»: le «natif de Saint-Malo» redevenait ainsi l'agresseur, en collaborant involontairement à sa propre satire... Le recueil de l'*Histoire* se termine enfin sur une «Lettre du docteur Akakia au natif de Saint-Malo», dont le post-scriptum suggère à Maupertuis de prendre date pour assassiner tous ceux qui se sont moqués de lui, avec pour épilogue encore une «Lettre au secrétaire éternel de l'Académie» réclamant justice contre le prétendu Président.

La fantaisie, l'ingéniosité, la malignité se donnent libre cours dans cette suite étincelante de fictions à chaud, véritable festival de l'art polémique voltairien. La force agressive du rire est l'arme d'une mise à mort de l'adversaire, mais elle assume aussi à sa façon, sur les graves enjeux de l'affaire König, la défense des droits de la pensée contre tous les arbitraires.

*Christiane Mervaud*

*Nous finissons par l'exhorter à être docile, à faire des études sérieuses, et non des cabales vaines: car ce qu'un savant gagne en intrigues, il le perd en génie, de même que dans la mécanique, ce qu'on gagne en temps, on le perd en forces. On n'a vu que trop souvent des jeunes gens qui ont commencé par donner de grandes espérances, et des bons ouvrages, finir enfin par n'écrire que des sottises, parce qu'ils ont voulu n'être que des courtisans habiles au lieu d'être d'habiles écrivains; parce qu'ils ont substitué la vanité à l'étude, et la dissipation qui affaiblit l'esprit au recueillement qui le fortifie. On les a loués, et ils ont cessé d'être louables; on les a récompensés, et ils ont cessé de mériter des*

*récompenses; ils ont voulu paraître, et ils ont cessé d'être : car lorsque, dans un auteur, une « somme » d'erreurs est égale à une « somme » de ridicules, « le néant vaut son existence ».*

*Histoire du docteur Akakia, 1753,*
*« Examen d'un jeune auteur déguisé sous le nom d'un président ».*

## HISTOIRE D'UN BON BRAMIN

BONHEUR • CERTITUDE • CONTES PHILOSOPHIQUES • INDE •

Écrite en 1759, vraisemblablement pour l'amusement de Mme du Deffand\*, à qui Voltaire l'envoya aussitôt, mais publiée en 1761 seulement, dans la seconde suite des Mélanges, c'est une petite fiction à base de dialogue, dans laquelle le narrateur, qui parle à la première personne (admettons qu'il s'agit de Voltaire lui-même), questionne un bramin qui, lui aussi, ressemble au philosophe. Ce sage et profond bramin fait état des questions qui le préoccupent et des doutes qui l'assaillent et le remplissent d'insatisfaction : il cherche en vain le pourquoi du monde et de l'homme. À l'opposé, une vieille dévote trouve bonheur et satisfaction dans sa foi naïve et bornée. Quelle voie choisir ? Le conte se garde de donner une réponse. Voilà la preuve d'une réflexion ouverte, qui n'est pas si fréquente chez Voltaire, et qui contredit quelque peu l'image d'une pensée sûre de ses convictions et rarement en proie au doute.

Jean Goulemot

*Lisez la parabole du Bramin que j'ai l'honneur de vous envoyer, et je vous exhorte à jouir autant que vous le pouvez de la vie qui est peu de chose, sans craindre la mort qui n'est rien.*

*À Mme du Deffand, 13 octobre 1759.*

## HISTOIRE DU PARLEMENT DE PARIS

HISTORIEN • JUSTICE • MAUPEOU • PARLEMENT •

L'ouvrage, paru en 1769, doit beaucoup à l'affaire La Barre\*, à l'hostilité constante des parlements aux philosophes et à la philosophie, et aux empiétements politiques incessants des cours de justice. Mis en chantier dès janvier 1768, Voltaire y travailla de façon intermittente – il avait 74 ans – et ne cessa de s'informer sur les usurpations parlementaires et les États généraux, dont les parlements se réclamaient. Imprimée à Genève et Amsterdam, signée d'un hypothétique « abbé Big\*\* », qui deviendra « Bigorre », l'*Histoire du parlement de Paris* – car Voltaire a décidé assez

tôt de ne pas faire l'histoire des parlements provinciaux – connut un vif succès. Le moment s'y prêtait. Le parlement de Rennes, mené par La Chalotais, était en conflit ouvert avec le gouverneur de Bretagne. Le roi avait fait procéder à des emprisonnements. Choiseul* avait pratiqué une politique d'apaisement, et le Parlement de Paris, relevant la tête, se proposait de juger le gouverneur de Bretagne. Contrairement à ce qu'insinuent les *Mémoires secrets* de Bachaumont, Voltaire n'a pas écrit ce livre à l'instigation du ministère pour l'aider dans sa lutte antiparlementaire: son ami Choiseul est beaucoup moins hostile aux parlementaires que le chancelier Maupeou qui vient d'arriver au ministère.

Malgré ses rancœurs, Voltaire ici encore veut faire œuvre d'historien, reconnaissant au Parlement de Paris les services rendus à l'État et à la nation durant la minorité de Charles VIII, lors de la signature du concordat sous François I$^{er}$ (chap. XV) – autant de prises de position qui en ont fait parfois une «compagnie utile». Ce qui n'empêche pas le philosophe de montrer que les prétentions actuelles du Parlement à être l'égal du Parlement anglais (chap. III) sont nulles et non avenues, de dénoncer la vénalité des charges, qui tout en assurant l'indépendance des magistrats conduisait à des abus nombreux, et les positions obscurantistes d'un parlement qui condamna la maréchale d'Ancre pour sorcellerie (chap. XLVIII), prit un arrêt en faveur d'Aristote, justifia la Saint-Barthélemy et approuva la Ligue (chap. XXXIII). N'a-t-il pas, au XVIII$^e$ siècle, enregistré la bulle *Unigenitus*, encouragé au meurtre le malheureux Damiens, qu'il condamna ensuite à un supplice atroce, et maintenu des positions en tout point réactionnaires?

Les parlementaires reçurent fort mal cette histoire. Ils voulurent réagir, décréter son auteur de prise de corps; ils n'y purent mais.

*Jean Goulemot*

## HISTOIRE NOUVELLE

*Peut-être arrivera-t-il bientôt dans la manière d'écrire l'histoire ce qui est arrivé dans la physique. Les nouvelles découvertes ont fait proscrire les anciens systèmes. On voudra connaître le genre humain dans ce détail intéressant qui fait aujourd'hui la base de la philosophie naturelle [...]. Il est bon qu'il y ait des archives de tout, afin qu'on puisse les consulter dans le besoin; et je regarde à présent tous les gros livres comme des dictionnaires. Mais, après avoir lu trois ou quatre mille descriptions de batailles, et la teneur de quelques centaines de traités, j'ai trouvé que je n'étais guère plus instruit au fond. Je n'apprenais là que des événements. Je ne connais pas plus les Français et les Sarrasins par la bataille de Charles Martel, que je ne connais les Tartares et les Turcs par la victoire que Tamerlan remporta sur Bajazet [...].*

*Je voudrais apprendre quelles étaient les forces d'un pays avant une guerre, et si cette guerre les a augmentées ou diminuées. L'Espagne a-t-elle été plus riche avant la conquête du nouveau monde qu'aujourd'hui ? De combien était-elle plus peuplée du temps de Charles Quint que sous Philippe IV ? Pourquoi Amsterdam contenait-elle à peine vingt mille âmes il y a deux cents ans ? Pourquoi a-t-elle aujourd'hui deux cent quarante mille habitants ? Et comment le sait-on positivement ? De combien l'Angleterre est-elle plus peuplée qu'elle ne l'était sous Henri VIII ? Serait-il vrai, ce qu'on dit dans les « Lettres persanes », que les hommes manquent à la terre, et qu'elle est dépeuplée en comparaison de ce qu'elle était il y a deux mille ans ? [...]. Voilà déjà un des objets de la curiosité de quiconque veut lire l'histoire en citoyen et en philosophe. Il sera bien loin de s'en tenir à cette connaissance ; il recherchera quel a été le vice radical et la vertu dominante d'une nation ; pourquoi elle a été puissante ou faible sur la mer ; comment et jusqu'à quel point elle s'est enrichie depuis un siècle ; les registres des exportations peuvent l'apprendre. Il voudra savoir comment les arts, les manufactures se sont établis ; il suivra leur passage et leur retour d'un pays dans un autre. Les changements dans les mœurs et dans les lois seront enfin son grand objet. On saurait ainsi l'histoire des hommes, au lieu de savoir une faible partie de l'histoire des rois et des cours.*
*En vain je lis les annales de France : nos historiens se taisent tous sur ces détails. Aucun n'a eu pour devise : Homo sum, humani nil a me alienum puto.*
Nouvelles Considérations sur l'histoire, 1744.

Histoire économique, démographique, histoire des techniques et des mœurs et pas seulement histoire politique, militaire, diplomatique. Histoire des hommes, de tous les hommes, et pas uniquement des rois et des grands. Histoire des *structures* et non des seuls événements. Histoire en mouvement, histoire des évolutions et des transformations, et non histoire statique, histoire tableau. Histoire explicative, non histoire purement narrative, descriptive – ou dogmatique. Histoire totale enfin... Ce programme, vieux de plus de deux siècles, de l'histoire nouvelle, un Chateaubriand, un Guizot vont le reprendre dans la première moitié du XIX$^e$ siècle.

Jacques Le Goff

## HISTOIRE UNIVERSELLE DEPUIS CHARLEMAGNE JUSQU'À CHARLES QUINT

Titre original de l'*Essai\* sur les mœurs*, dans les premières éditions de 1754.

## HISTORIEN

ANECDOTE · CHRONOLOGIE · HISTOIRE · HISTORIOGRAPHE ·
PHILOSOPHIE · TEMPS ·

L'activité historique de Voltaire a été continue. De l'*Histoire de Charles XII* (1732) aux remaniements ultimes de l'*Essai sur les mœurs*, en 1778 encore, à la veille de sa mort. Pourtant ses points de vue ont varié : du récit de la vie singulière et des conquêtes d'un héros exceptionnel, qui rappelle la tragédie classique (*Histoire de Charles XII*), du symbole d'une ère culturelle (*Le Siècle de Louis XIV*) ou d'une transformation politique et sociale profonde (*Histoire de l'empire de Russie sous Pierre le Grand*), à une tentative d'histoire universelle comme l'*Essai sur les mœurs,* en passant par le tableau d'une période précise : l'*Histoire de la guerre de 1741* ou le *Précis du siècle de Louis XV*. La variété des objets historiques, la proximité ou l'éloignement temporel de l'objet ont commandé la diversité des méthodes mises en œuvre et de l'écriture voltairienne – la nature de l'enquête varie selon les cas.

La recherche des témoignages oraux a été effective dans le cas du *Siècle de Louis XIV*, moins évidente dans le *Précis*, rédigé loin de Paris, impossible bien évidemment pour l'*Histoire de l'empire de Russie sous Pierre le Grand* ou l'*Essai sur les mœurs*. Le dépouillement des archives n'a été réel que pour l'*Histoire de la guerre de 1741*, l'accès à une documentation de première main est en fait prouvé pour la seule *Histoire de l'empire de Russie*, avec filtrage préalable et obligation finale de se soumettre au contrôle des autorités russes.

Pour les autres œuvres, la documentation est livresque : Voltaire utilise les travaux de ses prédécesseurs, il les compare, les soumet au critère de vraisemblance, rejette les détails inutiles au profit des vues d'ensemble, comme le prouve la polémique qui suivit la publication du *Siècle de Louis XIV* ou l'utilisation faite du *Journal\** de Dangeau, réduit au rôle de spicilège et peu utilisé à bien y regarder. L'anecdote n'intéresse Voltaire que si elle est signifiante pour illustrer un caractère ou une époque. La manie du détail l'irrite, car elle noie les figures, affadit les propos, obscurcit la leçon.

On sait que moins d'une dizaine d'ouvrages de base fut utilisée pour rédiger l'*Essai sur les mœurs*. Les déplacements continuels de Voltaire ne permettaient pas la consultation et le transport d'une bibliothèque plus importante. Pour le complément, tout tient au hasard des étapes, des bibliothèques (de château ou d'abbaye) dont on lui facilite l'accès. En général, il grappille, il braconne, il utilise telle information qu'un de ses correspondants lui fait parvenir ou qu'il se souvient d'avoir lue, récemment ou il y a longtemps déjà.

On a beaucoup reproché à Voltaire historien ses erreurs. De Nonnotte\* à

Larcher* en passant par La Beaumelle*. Bien réelles – pourquoi les nierait-on ou se contenterait-on de les justifier par la rapidité de la rédaction ? – elles ne sont pas pourtant de même ordre, et souvent Voltaire, tout en se moquant de ces critiques, en a tenu compte lors d'une réédition. Elles sont d'ordre factuel, chronologique ou interprétatif. À trop embrasser, comme le fait remarquer Larcher, Voltaire a mal étreint. À trop vouloir démystifier ou ramener au vraisemblable, il n'a fait que proposer d'apparentes solutions comme dans le cas de Jeanne d'Arc ou de saint Louis. Ses connaissances philologiques trop superficielles l'ont conduit à des approximations ou même à des erreurs. Sa périodisation lui fait oublier l'importance de tel ou tel empereur ; sa dénonciation du fanatisme l'empêche de percevoir l'importance de l'humanisme ou de la Renaissance.

Philosophique et militant, l'histoire voltairienne connaît des mises en perspective discutables et discutées. Les ambitions de son projet – histoire de la Chine, du monde musulman, de l'Amérique – rendaient inévitables les approximations, erreurs et mystifications involontaires et les partis pris discutables. Nul ne songerait aujourd'hui à le nier. Mais on ne peut qu'admirer l'ampleur de la tâche, l'énergie mise en œuvre, les admirables pages. L'œuvre de Voltaire historien, rarement revendiquée ou simplement citée par les historiens modernes, fussent-ils des historiens du culturel, est au demeurant une réussite littéraire indéniable. On lit sans se lasser les milliers de pages de l'*Essai sur les mœurs*, où alternent vastes panoramas et analyses détaillées. Son regard embrasse les quatre coins du monde. Rien n'est oublié. Il a un talent propre à mêler règnes, batailles, portraits, tableaux des mœurs et de la culture. Autant dire que Voltaire garde, excepté les harangues, les données traditionnelles du discours historique. Son histoire ne s'embarrasse pas d'une érudition pesante. Le trait est vif, rapide, piquant, l'ironie toujours présente. La mise en scène est bien calculée : on passe de la comédie au drame, du drame à la tragédie. Racinien dans son théâtre, l'historien Voltaire sait se montrer shakespearien. Tout est ici commandé par la philosophie du devenir historique, le combat pour les Lumières, qui rend nécessaire l'adaptation d'une écriture à un public d'honnêtes gens qui n'acceptent le récit historique que devenu œuvre littéraire.

*Jean Goulemot*

## HISTORIOGRAPHE

COURTISAN • *HISTOIRE DE LA GUERRE DE 1741* • HISTORIEN • LOUIS XV • *PRÉCIS DU SIÈCLE DE LOUIS XV* •

Le 27 mars 1745, Louis XV accordait à Voltaire la place d'historiographe du roi. Voltaire s'amuse, mais prend sa tâche au sérieux puisque, quelques

mois plus tard, il commence à dépouiller les archives des bureaux du ministère de la Guerre.
De cette charge, Voltaire avait beaucoup rêvé : elle lui permettrait d'accéder aux documents récents et de satisfaire son goût du journalisme. L'acceptation royale s'était fait beaucoup attendre, malgré les offres de service envoyées au ministère à la veille du départ en Prusse* de 1743, plusieurs fois renouvelées. La mission dont on finit par charger Voltaire se solda par un échec. Le philosophe ne se découragea pas. En 1744, il renouvelle ses offres de service, convaincu qu'il est qu'il faut écrire l'histoire des hommes (il a commencé l'*Essai sur les mœurs*) autant que celle des rois, mais par des hommes «qui connaissent autre chose que les livres. Il faut qu'ils soient encouragés par le gouvernement, autant au moins pour ce qu'ils feront, que le furent les Boileau, les Racine, les Valincourt, pour ce qu'ils ne firent point». La position de Voltaire est claire et se rattache à sa défense du mécénat d'État. Il y eut des travaux d'approche comme le *Discours en vers sur les événements de l'année 1744*. En novembre 1744, le marquis d'Argenson*, ancien condisciple de Voltaire, devient secrétaire d'État aux Affaires étrangères. La situation se modifie : le rêve de Voltaire semble devenir réalité. On représente *La Princesse* de Navarre*. Le 27 mars 1745 donc, Voltaire est enfin nommé historiographe. Il écrit au marquis d'Argenson le 17 août 1745 : «J'ai envie de ne point jouir du bénéfice d'historiographe sans le desservir. Voilà une belle occasion. Les deux campagnes du roi méritent d'être chantées, mais plus encore d'être écrites.» Il pourra accéder aux archives et interroger les témoins. Le roi a cédé.
En mai 1745, il compose *Le Poème* de Fontenoy* et travaille à une «histoire de la guerre présente». Dès janvier 1746, il soumet son œuvre en manuscrit au jugement de ses plus illustres lecteurs et amis. Voltaire est récompensé ; il est élu à l'Académie. Il semble en oublier son «historiographie». Il la reprend en 1748 à Lunéville, arrangeant ce qui est déjà écrit. Il rédigera plus tard le *Précis du siècle de Louis XV* en empruntant des passages à l'*Histoire de la guerre de 1741*, à laquelle il continue irrégulièrement à travailler. Le 25 juin 1750, Voltaire part pour la Prusse via Compiègne. En juillet, il arrive à Potsdam et se voit refuser par Louis XV la permission usuelle du double service : sa place d'historiographe lui est retirée, et il est «cédé» au roi de Prusse, dont il devient le chambellan. Ainsi, la carrière d'historiographe de Voltaire aura été brève, mais pleine d'activités.
À lire le *Précis*, l'*Histoire de la guerre de 1741*, force est de constater une conciliation relativement bien réussie entre les devoirs de la charge, la méthode de l'historien et le pacifisme du philosophe. Et pourtant Voltaire a écrit dans l'article «Historiographe» des *Questions sur l'Encyclopédie* : «Titre fort différent de celui d'historien. On appelle communément en France historiographe, l'homme de lettres pensionné et, comme on disait

autrefois, appointé pour écrire l'histoire. » Il ajoutait même : « L'historiographe tient plus de l'analyste simple, et l'historien semble avoir un champ plus libre pour l'éloquence. » Ces considérations avancées, il admettait que « l'un et l'autre doivent également dire la vérité ». Voltaire sut satisfaire à ces exigences contradictoires en adoptant une écriture sans éclat, mesurée, on serait tenté de dire objective. Pas plus que l'*Histoire de la guerre de 1741* n'est une apologie des vertus guerrières, le *Précis* n'appartient à l'hagiographie royale. Pourtant, tout permet d'avancer que Voltaire sortit déçu de l'expérience.

Jean Goulemot

## HOBBES, Thomas

ATHÉISME • LOI NATURELLE • MORALE • POLITIQUE • RELIGION •

« Tout vieux que je suis, j'ai lu *L'A, B, C.* de Voltaire, et je vous réponds [...] que probablement il n'a jamais lu Hobbes », écrit Frédéric II à d'Alembert, le 16 janvier 1769. Sans doute a-t-il raison. Le *Leviathan* ne figure pas dans la bibliothèque\* de Ferney ; quant au *De cive*, si Voltaire en possède une édition latine, l'analyse des faux sens qu'il commet sur le texte de Hobbes montre qu'il le commente à partir d'un commentateur anglais. Ce que Voltaire connaît du philosophe anglais Thomas Hobbes (1588-1679), il le doit à ses lectures de Shaftesbury, de Bayle\* et surtout de Clarke.

À partir des années 1760, il se lancera dans de sévères critiques pour contrer les progrès du discours des philosophes athées, en particulier celui du baron d'Holbach\* dans le *Système\* de la nature*. Il reprendra surtout deux des questions souvent soulevées par les commentateurs contemporains de Hobbes. La première concerne la place de la religion dans la société. Pour l'auteur de « l'homme est un loup pour l'homme », celui qui veut introduire une religion dans un pays soumis aux lois est coupable de lèse-majesté, parce qu'il introduit un pouvoir supérieur aux lois. « Si les athées dominaient chez nous, réplique sèchement Voltaire, [...] je saurais très bon gré à un honnête homme de venir simplement nous dire comme Platon, Marc Aurèle, Épictète : MORTELS, IL Y A UN DIEU JUSTE, SOYEZ JUSTES. Je ne vois point du tout de raison de pendre un pareil citoyen » (*Dieu et les hommes*) – c'est, dans l'optique et la logique du déisme, remotiver la découverte première de l'idée de Dieu, mais dans le système athée c'est en justifier l'imposture.

En outre Hobbes soutenait qu'il n'y a aucune distinction naturelle entre le bien et le mal, entre le juste et l'injuste, antérieurement aux traités que les hommes ont faits entre eux. Cette thèse, essentielle chez Hobbes pour fonder le Leviathan, c'est-à-dire la puissance publique, l'autorité et le

droit, révolte Voltaire, l'indigne et le terrifie, malgré ses plaisanteries : « Je ne voudrais ni être citoyen de sa ville quand je lis son *De cive*, ni être mangé par sa grosse bête de Leviathan... » (*Lettres à S.A. Mgr le prince de \*\*\* sur Rabelais*, 1767). Le philosophe déiste réplique, en particulier dans *Le Philosophe\* ignorant* (1766), qu'il existe une morale *universelle*, « calculée par l'Être universel [et] destinée à servir de contrepoids à nos passions funestes » – la « loi naturelle » reconnue enfin comme le postulat d'une vraie foi déiste, l'ultime rempart contre les rationalités athées et leurs risques politiques.

Jean-Michel Raynaud

*Quel autre frein pouvait-on mettre à la cupidité, aux transgressions secrètes et impunies, que l'idée d'un maître éternel qui nous voit, et qui jugera jusqu'à nos plus secrètes pensées ? Nous ne savons pas qui le premier enseigna aux hommes cette doctrine. Si je le connaissais, et si j'étais sûr qu'il n'allât point au-delà, qu'il ne corrompît point la médecine qu'il présentait aux hommes, je lui dresserais un autel.*
*Hobbes dit qu'il le ferait pendre [...].*
*Quoique je me pique d'être très tolérant, j'inclinerais plutôt à punir celui qui dirait aujourd'hui : « Messieurs et dames, il n'y a point de Dieu ; calomniez, parjurez-vous, friponnez, volez, assassinez, empoisonnez, tout cela est égal, pourvu que vous soyez les plus forts et les plus habiles. »*

Dieu et les hommes, 1769.

## HOLBACH, Paul Henri Dietrich, baron d'

ATHÉISME • DÉISME • HORLOGER (DIEU) • *SYSTÈME DE LA NATURE* •

Le baron d'Holbach (1723-1789) réunissait dans son salon « la synagogue » – mot des habitués – composée de Diderot, Helvétius, Raynal, Marmontel, Saint-Lambert, Morellet, Galiani, Grimm, La Grange, Naigeon. On vit aussi chez lui Turgot, Hume, Condillac, d'Alembert, Buffon ; et un temps Jean Jacques Rousseau, dont la brouille ultérieure avec les holbachiens est célèbre.

Voltaire, quant à lui, est aux Délices d'abord, puis à Ferney – si loin. Il n'a pas connu d'Holbach avant de quitter la France pour ses marges, via la Prusse et l'Alsace ; il imagine seulement ces réunions fort utiles à la bonne cause, et les voudrait même plus fréquentes : « Il faudrait que les Da, Dé, Di, Do, Du, les H, les G, etc. soupassent ensemble deux fois par semaine » (à Thiriot, 9 juin 1760). Il mettra du temps à comprendre qu'il ne voudrait pas être du repas, auquel peut-être il n'eût pas été convié. Il n'est donc pas dans le secret de la « synagogue ». Car il y a secret : d'Holbach, au contraire

d'Helvétius, ne signera aucun de ses terribles ouvrages, et Voltaire, tenu écarté de ce qui se trame dans ce cercle des athées parisiens, réfutera plusieurs ouvrages de d'Holbach où il est pris à partie comme «déicole», sans en connaître l'auteur. Est-il déniaisé, rusé comme il est, qu'il croit encore à une ruse de d'Holbach – mais il lui faudra bien finir par convenir un jour qu'il est lui, Voltaire, la cible de la jeune génération des Philosophes. Damilaville* sans doute, séjournant à Ferney à l'automne 1765, l'orienta dans ces arcanes, puis d'autres visiteurs, d'Alembert peut-être durant l'été 1770 encore. Il ne peut plus que se dire «très fâché qu'on ait poussé trop loin la philosophie», au risque d'une «guerre civile philosophique». D'autant plus fâché que, tout sénile que le présente la coterie holbachique, le public ne manque pas de lui attribuer *Le Christianisme dévoilé* ou la *Théologie portative*. Il négocie cependant, des années durant, par Damilaville surtout, espérant que les «frères» s'uniront. Il fulmine quand, en avril 1768, la «synagogue» le charge du *Catéchumène*, ouvrage de Bordes. Alors, quand paraît en 1770 le *Système de la nature*, ouvrage où l'on s'en prend à Dieu, aux rois, et au patriarche, apôtre du déisme, Voltaire se déchaîne contre ce «péché contre nature» qui, à partir d'une malheureuse expérience d'anguilles*, tente de prouver l'athéisme. Dans *Dieu*, réponse au Système de la nature*, il donnera à voir «la cause du père défendue par un homme qui passe pour n'être pas l'ami du fils». Sans jamais s'en prendre directement à l'auteur, Voltaire ne cessera plus de s'opposer aux thèses de d'Holbach, dans les *Questions* sur l'encyclopédie*, *L'A. B. C.**, les *Lettres* de Memmius à Cicéron*, l'*Histoire* de Jenni*, et *Les Systèmes*, entre autres.

Jean-Michel Raynaud

## HOLLANDE

CITOYEN • COMMERCE • PIMPETTE • RÉPUBLIQUE •

Voltaire eut une connaissance directe de la Hollande, complétée de nombreuses lectures, et un intérêt jamais démenti pour sa politique. Il y voyagea et séjourna à quatre reprises, en 1713, en 1722, 1736-1737 et 1740. Il y trouva surtout refuge lors de l'affaire du *Mondain**. Sa bibliothèque* compte entre autres un *Guide de La Haye*, une *Histoire des Provinces-Unies* (1728), deux exemplaires de l'*Histoire du stathoudérat* de l'abbé Raynal, les *Lettres de Jean de Witt* et divers ouvrages consacrés aux institutions politiques des Provinces-Unies et à leur politique étrangère.

La passion de Voltaire pour la Hollande n'est pas très éloignée de sa passion pour l'Angleterre. Il exalte ses combats menés contre les Espagnols, sa révolution pour la liberté qu'il analyse en détail (*Essai sur les mœurs*,

chap. CLXIV, «Fondation de la république des Provinces-Unies»), la vigueur de sa lutte contre l'hégémonie papiste, mais aussi la tolérance religieuse et politique qui y règne : ensemble de faits qui font du stathoudérat hollandais une forme proche de la monarchie mixte. La rivalité maritime et commerciale des Provinces-Unies avec l'Angleterre, son opportunisme en politique étrangère, ses démêlés avec les autorités japonaises conduisent Voltaire à s'interroger sur les intérêts contradictoires en jeu. Pays pragmatique, à bien des égards pays modèle, mais à travers lequel Voltaire discerne nombre d'ambiguïtés, que son apologie toute théorique du commerce ne lui avait pas permis de percevoir.

Si Voltaire admire le sens du devoir, l'amour de la patrie qui ont fait des Hollandais pacifiques de redoutables soldats, capables de résister aux envahisseurs et de sacrifier leurs terres en les inondant, il ne cesse de protester contre leur sens trop aigu du commerce et leur amour immodéré du gain.

*Jean Goulemot*

*Un peuple gai et mercenaire,*
*Végétant dans ce coin de terre,*
*Et vivant toujours en bateau,*
*Vend aux voyageurs l'air et l'eau,*
*Quoique tous deux n'y valent guère.*
*Là plus d'un fripon de libraire*
*Débite ce qu'il n'entend pas,*
*Comme fait un prêcheur en chaire,*
*Vend de l'esprit de tous états,*
*Et fait passer en Germanie*
*Une cargaison de romans*
*Et d'insipides sentiments,*
*Que toujours la France a fournie.*
*À Frédéric II, La Haye, 20 juillet 1740.*

## HOMAIS

FLAUBERT • VOLTAIRIENS •

Anticlérical type, le pharmacien de *Madame Bovary* (1857) connaît son Voltaire aussi bien que Flaubert, le cite à tout propos, et vomit les jésuites.

*André Magnan*

*Charles une fois parti, le pharmacien et le curé recommencèrent leurs discussions.*
*« Lisez Voltaire ! disait l'un ; lisez d'Holbach, lisez l'"Encyclopédie" !*

*– Lisez les "Lettres de quelques juifs portugais"! disait l'autre; lisez la "Raison du christianisme", par Nicolas, ancien magistrat!»*
*Gustave Flaubert, Madame Bovary, 1857, III<sup>e</sup> partie, chap. IX.*

## HOMÉLIE DU PASTEUR BOURN, PRÊCHÉE À LONDRES

CHRISTIANISME • JÉSUS • THÉISTE •

Sous ce nom d'emprunt, Voltaire publia en 1768 une « homélie » prétendument « prêchée à Londres le jour de la Pentecôte ». Grâce à ce porte-parole choisi parmi les ecclésiastiques éclairés, il veut inspirer confiance en définissant, à partir des évangiles, un « christianisme primitif », ou « véritable », très proche en réalité du théisme. Selon lui, la loi de Jésus est simple : il suffit d'aimer Dieu et d'être juste. Elle emporte le consentement de tous les hommes, et l'on peut en voir le symbole dans la belle parabole du Samaritain.

Simultanément, l'autorité du prédicateur cautionne le rejet de tout ce qui, dans l'Écriture, contrarie la raison et révolte la nature. Par ce biais, Voltaire s'en prend donc aux éléments surnaturels qu'il a souvent niés : la Transfiguration, l'enlèvement de Jésus par le Diable, les miracles des noces de Cana ou du figuier séché. Il dévalorise les dogmes en précisant que le Christ n'en a fait aucune mention, et il rappelle, dans la même intention, la fidélité de Jésus à la loi juive. Il rejette, enfin, toute parole évangélique entraînant divisions et violences.

Ce texte, par les choix qu'il propose, est donc caractéristique d'une volonté de récupérer, dans le christianisme combattu, ce qui peut servir le déisme et l'humanisme, et de reconstruire une image de Jésus qui permette de s'en faire un allié. L'alternative du rejet intégral tenta aussi Voltaire : c'est, huit ou dix ans plus tard, la position ultime de son *Histoire\* de l'établissement du christianisme.*

*Marie-Hélène Cotoni*

## HOMÉLIES PRONONCÉES À LONDRES EN 1765, DANS UNE ASSEMBLÉE PARTICULIÈRE

ATHÉISME • BIBLE • CHRISTIANISME • SUPERSTITION • TOLÉRANCE •

Quatre « Homélies » déistes, antidatées, écrites en fait en 1767. Voltaire les envoie à Jacob Vernes\* le 15 avril 1767, avec un mot qui dit tout : « Ce prédicant paraît aimer Dieu par Christ, mais il se moque furieusement de tout le reste. » Il s'agit de cautionner, dans la bouche de ce prétendu pasteur anglais, qui d'ailleurs, ajoute-t-il, « sent le brave socinien », ses positions sur

l'athéisme (I), la superstition (II), l'Ancien Testament (III) et le Nouveau Testament (IV): «Mes frères, puissent mes paroles passer de mon cœur dans le vôtre!»

La première homélie est la plus longue. À cette date, Voltaire a entrepris de combattre les progrès de l'athéisme chez les philosophes proches de d'Holbach\*; c'est, montre-t-il, une doctrine rationnellement insoutenable, et surtout socialement dangereuse. L'artisan suprême de l'univers est nécessairement juste. Et si nous sommes ébranlés par les manifestations du mal dans le monde, nous devons pourtant croire qu'«il nous fera passer de cette malheureuse vie à une meilleure, qui sera le développement de notre nature». Cette croyance au Dieu «rémunérateur et vengeur» est nécessaire «à la conservation de l'espèce humaine». Car, même s'il y a eu des athées vertueux, ainsi que le prétendait Bayle\*, des athées puissants, installés au pouvoir, seraient funestes au genre humain.

Ne voulant voir dans l'athéisme qu'une «demi-persuasion», Voltaire en excuse le développement par la «superstition», cet autre «monstre», dont il dénonce dans la deuxième homélie les plus néfastes méfaits, perversion du culte divin par des représentations dégradantes de Dieu, prescriptions obscures et mesquines, tyrannie sur les esprits et disputes sanglantes: «Le superstitieux est son propre bourreau; il est encore celui de quiconque ne pense pas comme lui.»

La troisième homélie revient sur les difficultés de l'interprétation de la Genèse. Il faut donc écarter les controverses, et chercher plutôt, dans l'Écriture, «ce qui nous enseigne la morale et non la physique».

Le Nouveau Testament est aussi examiné par prétérition: les devoirs passent avant les discussions sur l'histoire sacrée. La vision de Jésus en «Socrate de la Galilée», adorateur de Dieu mais persécuté pour avoir parlé contre la superstition des pharisiens et des prêtres, permet de se faire de lui un allié, et de clore le texte sur un appel à la tolérance.

À travers ces homélies se dessine le grand projet de laïcisation de la religion en morale, auquel Voltaire fut si profondément attaché.

*Marie-Hélène Cotoni*

*Rejetons donc toute superstition afin de devenir plus humains; mais en parlant contre le fanatisme, n'irritons point les fanatiques: ce sont des malades en délire qui veulent battre leurs médecins. Adoucissons leurs maux, ne les aigrissons jamais, et faisons couler goutte à goutte dans leur âme ce baume divin de la tolérance, qu'ils rejetteraient avec horreur si on le leur présentait à pleine coupe.*

*Homélies prononcées à Londres en 1765, 1767, IV.*

## HOMÈRE

ANCIENS • ÉPOPÉE • GÉNIE • GOÛT • POÉSIE •

Hostile – comme le Pococuranté de *Candide* (chap. XXV) – à ceux qui louent ce « père de la poésie » sans l'avoir lu, tout comme à ceux qui en tirent indûment des règles et des préceptes, Voltaire voudrait fréquenter Homère dans le texte, ne trouvant aucune traduction à son goût. Il délaisse l'*Odyssée* – pour son « intempérance » d'imagination et son « romanesque incroyable » (*Essai sur les mœurs*, chap. CXXI) – au profit exclusif de l'*Iliade*, où il discerne à la fois de grands défauts et des beautés supérieures, renvoyant ainsi dos à dos Anciens et Modernes.

Que de défauts dans l'*Iliade*! Des « sauvages superstitieux et sanguinaires », des « guerriers très grossiers », des « exploits de cannibales » (*Les Lois de Minos*, I, 1, note) ; des dieux « ridicules » (*Questions sur l'Encyclopédie*, art. « Épopée ») ; « une action incomplète, sans unité ni variété » ; une propension funeste au « style oriental » (art. « Épopée ») ; enfin, et surtout, « Homère n'a jamais fait répandre de pleurs » (*ibid.*).

Mais « plus grandes que ces fautes », qui sont de son « siècle », et par là excusables, ses « beautés » lui sont propres, et par là plus admirables (*Essay\* upon the Epic Poetry*). Car « ces horreurs absurdes furent célébrées dans une langue harmonieuse », dit une note des *Lois de Minos*, « la plus belle langue qu'aient jamais parlée les hommes », ajoute l'*Essay upon the Epic Poetry*, et il revient à Homère de l'avoir véritablement « créée ». De surcroît, « le grand mérite d'Homère est d'avoir été un peintre sublime » : « Inférieur de beaucoup à Virgile dans tout le reste, il lui est supérieur dans cette partie [...]. Heureux celui qui peindrait les détails comme lui ! » (*Essay*).

« Babillard outré mais sublime » : le trait des *Stances à Mme du Châtelet* dit l'essentiel avec impertinence. Homère est pour Voltaire, comme Shakespeare et Corneille, un de ces rares « génies d'invention » qui ont « créé leur art » : « C'est un chaos encore ; mais la lumière y brille déjà de tous côtés » (*Essay upon the Epic Poetry*).

*Patrick Brasart*

## HOMME

ANTHROPOLOGIE • FEMMES • NATURE • ROUSSEAU (JEAN JACQUES) •

Dans un long et célèbre article « Homme » des *Questions\* sur l'Encyclopédie* (1770-1772), Voltaire se livre à une description humiliante de l'espèce humaine. Pourvu d'une peau rase et d'un corps disgracieux, l'homme est plus exposé que les autres animaux aux aléas climatiques. Autre signe de

faiblesse, il ne peut pas compter sur une espérance de vie de plus de 23 ans, moins longue même chez les citadins sujets aux miasmes. Ce sombre tableau subvertit la doctrine chrétienne et la métaphysique classique dans leurs discours sur l'homme, en partant du corps au lieu de l'âme. La pensée ne constitue justement pas l'essence de l'homme, c'est une activité intermittente, soumise à des variations. Au lieu de se définir comme un être pensant, il faut prendre d'abord conscience des servitudes de sa constitution, des composantes physiologiques, des contingences naturelles. On mesure mieux ainsi la nécessité de se lier avec ses semblables pour aménager son existence précaire.

Voltaire préfère aborder la question de l'homme en anthropologue, en géographe et en médecin. Il est vain, selon lui, de polémiquer sur les principes universels et abstraits qui définissent sa nature. Il se plaît, au contraire, à relever l'extrême diversité des êtres vivant dans des sociétés et sous des climats différents. Les races humaines offrent presque une altérité radicale quand on observe les différences morphologiques qui séparent les noirs (Voltaire les appelle les «Cafres» ou les «Hottentots») des populations blanches – il a même écrit une *Relation\* touchant un Maure blanc*. Partageant ici les préjugés de son temps, Voltaire relève aussi des traits propres à une «nature» féminine, pour attribuer aux femmes des tâches spécifiques et exalter une sensibilité qui fait défaut à l'homme. Si on abandonne le langage scolastique, on peut toutefois tenter une définition simple de la nature humaine: «De la raison, des mains industrieuses, une tête capable de généraliser des idées, une langue assez souple pour les exprimer: ce sont là de grands bienfaits accordés par l'Être suprême à l'homme, à l'exclusion des autres animaux.»

Le désir de sociabilité assure, chez Voltaire, le passage de la nature à la culture, car l'instinct commun aux hommes et aux animaux se développe et se transmet dans les sentiments familiaux. Ce noble ferment, associé aux passions, incite l'homme à construire l'édifice social, à entreprendre les tâches les plus élevées dans l'intérêt de la communauté. L'homme naturel selon Rousseau, totalement dépourvu du sentiment et du besoin de société, semble à Voltaire comme une abstraction démentie par l'expérience, une pure construction de l'imaginaire. Il ne peut y voir un modèle théorique: ce n'est qu'un «roman de l'humanité». Prenant au pied de la lettre l'évocation du *Discours sur l'origine et les fondements de l'inégalité*, il se moque de cet être encore plus misérable que les pauvres habitants des Cévennes ou ces Hottentots condamnés «à vivre six mois de l'année dans des cavernes, où ils mangent à pleines mains les vermines dont ils sont mangés».

Du *Traité de métaphysique* (1734-1737), en passant par *Le Mondain* (1736) et les *Discours en vers sur l'homme* (1738-1742), jusqu'aux *Questions sur l'Encyclopédie* (1770-1772), Voltaire n'a cessé d'exalter l'homme des socié-

tés modernes, trouvant dans le progrès matériel et les plaisirs raffinés de l'existence une façon nouvelle d'affirmer sa liberté en secouant les entraves de la superstition, de la théologie et des anciens préjugés. Quant à la naissance de la propriété\*, que Rousseau présente comme une pure usurpation inventée par les puissants, elle est aux yeux de Voltaire le signe même de la grandeur de l'homme, la première démarche de protection contre l'hostilité de la nature.

Didier Masseau

*Il faut vingt ans pour mener l'homme de l'état de plante où il est dans le ventre de sa mère, et de l'état de pur animal, qui est le partage de sa première enfance, jusqu'à celui où la maturité de la raison commence à poindre. Il a fallu trente siècles pour connaître un peu sa structure. Il faudrait l'éternité pour connaître quelque chose de son âme. Il ne faut qu'un instant pour le tuer.*
Questions sur l'Encyclopédie, 1770-1772, art. « Homme »<br>
— conclusion ajoutée en 1774,<br>
sous le titre « Réflexion générale sur l'homme ».

*On devrait dire à chaque individu : « Souviens-toi de ta dignité d'homme. »*
Dictionnaire philosophique, 1764, art. « Méchant ».

## HOMME AUX QUARANTE ÉCUS (L')
CONTES PHILOSOPHIQUES · IMPÔTS · MOINES · PHYSIOCRATIE ·

Conte publié à Genève en 1768 alors que triomphe la physiocratie. Les traités de Quesnay, du marquis de Mirabeau, de Du Pont de Nemours, de Le Mercier de La Rivière ont été des succès. L'opinion est résolument physiocrate. Le périodique de l'abbé Baudeau, *Éphémérides du citoyen*, sert régulièrement la cause physiocratique. Le Mercier de La Rivière a été appelé en consultation à Saint-Pétersbourg par Catherine II. Voltaire s'inquiète. Il lit le traité de Le Mercier, *L'Ordre naturel et essentiel des sociétés politiques*, et il s'indigne. Il imagine les nouveaux économistes au pouvoir et, forts de leurs théories, conduisant le pays à la ruine.
Parce que toute richesse procède de l'agriculture, imposerait-on les seuls revenus agricoles? Voltaire va démontrer qu'une telle proposition est nocive. Ainsi M. André, son héros, a un revenu de quarante écus et il doit en verser la moitié comme impôt. On le ruine, et il ne peut payer une contribution supplémentaire destinée à financer la guerre en cours. On l'emprisonne, tandis que le financier et les moines qu'il rencontre sont exemptés d'impôts, sous prétexte que l'impôt ne doit être levé qu'une fois, sur le produit des terres. « Impôt unique », disent les physiocrates, donc pas

de double emploi. Mais une telle règle exempterait injustement du tribut les plus riches. Par une péripétie inattendue, M. André est sauvé de la prison : le Contrôleur général lui remet sa dette et lui donne 100 livres. Ce n'est pas pour autant la fin de ses aventures.
Après la physiocratie, le voilà confronté d'abord aux théories de Benoît de Maillet (1656-1738), voyageur et écrivain qui, dans son ouvrage posthume intitulé le *Telliamed* (1756), postulait que toutes les espèces terrestres provenaient d'espèces aquatiques par transformisme, puis aux expériences sur la génération spontanée que Voltaire tourne aussi en ridicule. C'est ensuite au tour de Maupertuis* : il est ce Lapon qui propose à M. André un voyage aux Terres australes, pour y disséquer une tête de Patagon et y découvrir le siège de l'âme.
M. André se marie, et il va être père. Il consulte un géomètre pour savoir comment sont conçus les enfants. C'est alors un défilé des théories les plus folles sur la génération : d'Hippocrate à Leeuwenhoek et Hartsoëker, en passant par Sanchez et Harvey. Tout s'y mêle : la rencontre fiévreuse des liqueurs séminales, l'ovulation, les homoncules, ou la conception par attraction, exposée par Maupertuis dans sa *Vénus physique*. M. André est enfin père. Il critique alors très vivement les ordres monastiques qui ne font rien, ne produisent rien, pas même des enfants, et qui vivent richement de la mendicité. M. André propose de les défroquer : la population active y gagnerait en richesse. Chacun, affirme-t-il, doit se rendre utile.
Mais l'homme aux quarante écus n'en a pas fini de dénoncer : l'année de revenu des bénéfices ecclésiastiques vacants, qu'on verse au pape ; la dîme due au clergé ; la disproportion des délits et des peines, car les punitions doivent être utiles ; la question encore, avec rappel des affaires Calas, Sirven et La Barre. On nous raconte ensuite comment la vérole, transmise par un régiment en garnison, infecta le petit canton où vivait M. André. Le conte disserte sur le plaisir, qui peut être source de mort, et fait l'historique du « mal français », qu'ont donné à l'Europe les bons sauvages découverts par Colomb. À regarder comment va le monde, M. André se forme ainsi « l'esprit et le cœur ». Le voilà à la fin plein de bon sens, possesseur d'une bonne bibliothèque, ennemi de l'antiphilosophie, apôtre de la tolérance, sage analyste de la démographie européenne.
Ce conte est bien évidemment un pot-pourri. Une seule ligne directrice : la formation de M. André qui rappelle de loin celle de *L'Ingénu** – une année seulement entre ces deux contes. Si Voltaire ne cessa d'en vouloir aux moines, de réclamer une réforme de la justice, de se moquer des théories contradictoires sur la génération, son hostilité aux physiocrates n'eut pas la même constance : il soutint ensuite le ministère Turgot*, très largement inspiré par les théories physiocratiques. La diversité étourdissante de ces attaques fit de *L'Homme aux quarante écus* un grand succès de librairie,

avec une quinzaine d'éditions dans la seule année 1768. Il fut aussitôt condamné par le Parlement de Paris, puis mis à l'Index* en 1771.

Jean Goulemot

*C'est ainsi que l'homme aux quarante écus se formait, comme on dit, « l'esprit et le cœur ». Non seulement il hérita de ses deux cousines, qui moururent en six mois; mais il eut encore la succession d'un parent fort éloigné, qui avait été sous-fermier des hôpitaux des armées, et qui s'était fort engraissé en mettant les soldats blessés à la diète. Cet homme n'avait jamais voulu se marier; il avait un assez joli sérail. Il ne reconnut aucun de ses parents, vécut dans la crapule, et mourut à Paris d'indigestion. C'était un homme, comme on voit, fort utile à l'État.*
*Notre nouveau philosophe fut obligé d'aller à Paris pour recueillir l'héritage de son parent. D'abord les fermiers du domaine le lui disputèrent. Il eut le bonheur de gagner son procès, et la générosité de donner aux pauvres de son canton, qui n'avaient pas leur contingent de quarante écus de rente, une partie des dépouilles du richard. Après quoi il se mit à satisfaire sa grande passion d'avoir une bibliothèque.*

L'Homme aux quarante écus, 1768, « De la vérole ».

## HOMOSEXUALITÉ

AMOUR • HISTOIRE • LOI NATURELLE • MORALE •

Thiriot, Thibouville, le maréchal de Villars, Desfontaines, Frédéric de Prusse: l'entourage de Voltaire compte de nombreux homosexuels. Il s'agit ici de comprendre la position philosophique de Voltaire face à l'homosexualité. Les textes consacrés à l'homosexualité sont nombreux: de *L'Anti-Giton* (1714) à l'*Essai sur les mœurs* (1756) et à *La Défense de mon oncle* (1767), le thème est constant. *L'Anti-Giton*, dédié à Mlle Duclos, s'en prend au marquis de Courcillon, accusé d'aimer un peu trop ouvertement les jeunes gens, et égratigne l'abbé Desfontaines*, connu pour ses goûts sodomites. Rappelons ces vers de *L'Anti-Giton* :

> *Il [le marquis de Courcillon] n'a pas l'air de ce pesant abbé*
> *Brutalement dans le vice absorbé,*
> *Qui tourmentant en tout sens son espèce,*
> *Mord son prochain et corrompt la jeunesse;*
> *Lui, dont l'œil louche et le mufle effronté*
> *Font frissonner la tendre volupté*
> *Et qu'on prendrait dans ses fureurs étranges,*
> *Pour un démon qui viole des anges...*

Si Voltaire n'a cessé de se moquer de l'abbé pédéraste et des ennuis qu'entraînaient ses goûts, son propos ne relève pas du badinage dans le *Dictionnaire\* philosophique*. Dans l'article « Amour socratique », il s'interroge sur l'existence même d'un vice, « attentat contre la nature » et pourtant si naturel, dont il explique la fréquence par l'impulsion sexuelle des jeunes gens qui ne trouvent pas à se satisfaire avec une partenaire de l'autre sexe. Il s'agirait d'une méprise de la nature, plus fréquente, remarque-t-il, dans les climats doux que dans les glaces du septentrion, et que ni les Grecs ni les Perses, quoi que l'on ait prétendu, n'ont autorisée par des lois. Cette discussion revient à plusieurs reprises dans la réflexion voltairienne, comme si le philosophe s'indignait qu'une loi ait pu permettre ce qui « contredit et outrage la nature, une loi qui anéantirait le genre humain si elle était observée à la lettre ». N'a-t-on pas confondu les pratiques avec le cadre légal ? L'enjeu est de taille : c'est une conception même de la loi qui est ici en question et, au-delà, une certaine conception du progrès de la civilisation. Le libéralisme de Voltaire s'arrête à ce point où la survie de l'espèce lui semble en jeu.

Jean Goulemot

## *HONNÊTETÉS LITTÉRAIRES (LES)*

GENS DE LETTRES • HISTORIEN • POLÉMISTE •

*« Les Honnêtetés littéraires », qu'on n'a point à Paris, mais qui existent, sont une brochure de près de deux cents pages où M. de Voltaire passe en revue presque tous ses adversaires. Cela est fait particulièrement à l'honneur d'un ci-devant soi-disant jésuite, Nonnotte, auteur des « Erreurs de Voltaire », et de frère Patouillet, aussi compagnon émérite de Jésus, que M. de Voltaire accuse d'avoir fait le mandement de l'archevêque d'Auch contre lui. La Beaumelle attrape aussi quelques douzaines de coups d'étrivières en passant. En vérité, M. de Voltaire est bien bon de se chamailler avec un tas de polissons et de maroufles que personne ne connaît. Ce La Beaumelle et ses impertinences sont oubliés depuis plus de dix ans. J'ignorais jusqu'à l'existence du P. Nonnotte, et je n'ai jamais pu parvenir à lire le mandement de l'archevêque d'Auch, quelque peine que je me sois donnée pour le voir. Mais notre patriarche n'a jamais oublié aucun de ceux à qui il avait des remerciements à faire. Au reste, sa brochure n'est pas gaie. C'est qu'il se fâche et qu'il écrit avec passion ; et assurément il n'y avait pas de quoi se fâcher contre des gens de cette espèce. M. de Voltaire, en parlant de lui, s'appelle un officier de la maison du roi, seigneur de plusieurs paroisses. J'ai lu deux pages avant de deviner qu'il parlait de lui. Je croyais qu'il était question de quelque officier des gardes du corps, et je m'épuisais en conjectures qui ce pouvait être. Notre patriarche est*

*un vieil enfant. Il trouve si beau d'être décoré du titre de gentilhomme ordinaire du roi! On sait que ce corps est composé de fils de bourgeois de Paris à qui il ne faut d'autre mérite que celui de quarante mille livres pour acheter la charge. Moi, j'aimerais mieux m'appeler Voltaire que d'être seigneur de plusieurs paroisses et officier de la maison du roi: voilà comme les goûts sont divers. Le titre de cette brochure était bien trouvé, et promettait quelque chose de plus gai et de plus agréable.*

Grimm, Correspondance littéraire, 1$^{er}$ avril 1767.

Précieux compte rendu, qui dit presque tout : la rareté, la violence, la gêne et la réserve. L'ouvrage venait de paraître, divisé en vingt-six chapitres baptisés «Honnêtetés» – le mot souligne ironiquement le refus de toute civilité : apostrophes, insultes, empoignades. Querelles érudites aussi, mais manifestement, quoique Philosophe lui-même, Grimm a feuilleté avec ennui ces disputes savantes sur l'histoire sacrée et profane, avec citations, références, étymologies, arguments *pro* et *contra*. En 1767, la «passion» toujours ardente du polémiste, mêlant vindictes personnelles et dévouement à la cause, commençait à lasser et agacer. Voltaire lui-même eut ses blasés – «âmes tièdes», disait ce «vieil enfant».

*André Magnan*

## HORACE

CITATION • ÉPÎTRES • GOÛT • POÉSIE •

Voltaire l'étudia au collège, le pratiqua au Temple, le traduisit, l'imita, le relut toute sa vie – la correspondance en témoigne, où le poète ami de Mécène, «adroit courtisan» qui sut aussi cultiver son jardin à l'écart de Rome, est cité plus de six cents fois, loin devant tout autre auteur ancien ou moderne, comme un oracle du goût et un maître de sagesse.

Horace est «l'homme de l'Antiquité qui avait le plus de goût» (préface de *Sémiramis*). Voltaire prise chez lui un idéal de la «bienséance», au sens le plus élevé, fait de justesse de ton, de finesse et de tact. Du poète, il dit admirer, dans la fameuse *Épître* qu'il lui adresse en 1772, «la mollesse et la grâce» (soit le «*molle et facetum*», ambition suprême d'un certain classicisme), mais aussi la variété des tons : le «voluptueux Horace», qui chanta «les doux loisirs, les vins et les amours», sut aussi écrire le solennel *Carmen saeculare*, «un des plus beaux morceaux de l'Antiquité» (*Questions sur l'Encyclopédie*, art. «Oraison»). Pour autant, Voltaire fait peu de cas de son «Voyage à Brindes», il déplore le «désordre» de l'*Art poétique*, les «basses flatteries envers Octave», les «indécences» de certaines de ses satires – il trouve à Virgile plus d'élégance et d'harmonie.

Défauts mineurs, puisque Horace est aussi maître de sagesse : ce moraliste apprend en effet « à vivre avec soi-même, à servir ses amis », à mêler l'usage réglé des plaisirs et, face au destin, la dignité sans raideur. En lui dédiant, à 78 ans, l'une de ses dernières épîtres, le vieillard de Ferney lui promet qu'« au bord du tombeau », quand sa dernière heure sera venue, il mettra tous ses soins

> *À suivre les leçons de [sa] philosophie,*
> *À mépriser la mort en savourant la vie.*

Patrick Brasart

## HORLOGER (Dieu)

ATHÉISME • DÉISME •

Dans le grand débat religieux sans cesse repris, Voltaire passa toujours très naturellement de l'observation des choses à la pensée de l'existence d'un Dieu. Cent fois reformulée, c'est la même évidence, celle d'un ordre, lui-même effet d'une intelligence – la difficulté est ensuite de penser le mal\*. Voltaire n'a d'ailleurs pas médité seulement sur les mouvements célestes du nouveau cosmos selon Newton\*, mais sur le vivant aussi, l'œil de l'insecte, les muscles de l'homme, la croissance du blé ; la nature entière est pour lui un « art » – au sens classique : un travail intelligent sur la matière –, donc elle révèle un « artisan ».

Sur l'idée d'un « Éternel Géomètre », qu'il emprunte à Platon, il a conçu la figure d'un Dieu horloger du monde, plus conforme à la modernité technicienne. L'image sous-tend tout son discours sur Dieu, dès le *Traité de métaphysique* (1734-1737), mais elle n'affleure qu'assez rarement, un peu facile peut-être à ses yeux. C'est dans le poème des *Cabales\** en 1773, qu'il lui donna sa plus grande énergie. Voltaire s'y représente face à un athée militant, qui le presse et l'endoctrine ; harcelé, ébranlé, il est près de céder, mais oppose enfin l'ultime objection :

> *L'univers m'embarrasse, et je ne puis songer*
> *Que cette horloge existe, et n'ait pas d'horloger*

– et une note accrochée là déploie l'argument en belle et bonne prose. On sait que ce nouvel athéisme doctrinal inquiéta la vieillesse de Voltaire. Il avait lu de fort près les athées modernes, tout particulièrement le *Système\* de la nature* publié en 1770, qu'il prit soin de réfuter. Il y trouva attaqué directement son postulat de l'Horloger, comme suspect d'anthropomorphisme : un sauvage découvrant une montre, objectait d'Holbach, n'y verrait-il pas l'œuvre d'un dieu ? Il mit à cette page un signet, qui s'est

conservé avec le livre dans sa bibliothèque*, portant sobrement: « Comparaison du sauvage ». Mais son déisme resta ferme.

*André Magnan*

## HORNOY, Alexandre Marie François de Paule de Dompierre d'

FAMILLE •

« Mon gros petit-neveu », dit Voltaire. Alexandre d'Hornoy (1742-1828) était le fils de sa nièce Mme de Fontaine*. Il le connut enfant à Paris, puis il le reçut adolescent aux Délices*, et suivit ses débuts. Il commença à lui marquer un véritable intérêt lorsqu'il devint conseiller au Parlement de Paris. Le sérieux de ce petit-neveu, son esprit raisonnablement philosophique, son goût enfin pour « le plaisir honnête de la comédie » favorisèrent leurs bons rapports. L'affectueuse confiance, l'aimable facilité de leur correspondance marquent l'attachement de Voltaire à la famille. Très bien introduit, d'Hornoy fut aussi chargé à Paris de quelques affaires de son oncle, qu'il traitait diligemment, avec les banquiers, notaires et autres « puissances ». À partir de 1766, Voltaire n'hésite pas à lui demander des mémoires ou des informations sur les procès de Lally*, du chevalier de La Barre*, de Martin* ; en 1769, inquiet du paiement de ses rentes, il fait de son neveu son « contrôleur général » pour relancer ses mauvais débiteurs, dont le duc de Richelieu et les héritiers de Guise.

Exilé en 1771 par l'effet des réformes de Maupeou*, le « gros petit-neveu » s'en remit vite, et resta toujours actif et serviable. Il avait épousé en 1770 une demoiselle de Magnanville dont il eut trois enfants : Voltaire fut parrain du dernier « par procuration », en 1776. À la mort de son oncle, d'Hornoy agit de concert avec l'abbé Mignot* pour lui assurer une sépulture décente à Scellières*.

En 1806, il remettait à l'Institut la célèbre statue de Voltaire sculptée par Pigalle*, passée depuis au Louvre.

*Anne Soprani*

## HÔTE ET L'HÔTESSE (L')

COMÉDIES •

Dernière commande de la cour à l'ancien courtisan, et honorée à 82 ans. Pour une fête offerte à la reine par Monsieur, frère du roi, au château de Brunoy, le 7 octobre 1776, Voltaire troussa rapidement, en deux jours, ce petit impromptu comique avec danses, inspiré d'une coutume viennoise. Il

espérait obtenir la protection de Marie Antoinette\*, pour son retour à Paris. Ses « versiculets » furent appréciés, mais son espoir déçu.

Henri Lagrave

## HOTTENTOT

HOMME · NATURE · RAISON ·

Selon les voyageurs dignes de foi, il est chez les Hottentots une coutume étrange qui consiste à couper un testicule à tous les mâles, et ce « de temps immémorial, sans que l'on sache pourquoi et comment cette coutume s'est introduite parmi eux ». Examinant les raisons avancées – agilité plus grande à la course, effet bénéfique des herbes aromatiques employées pour la cicatrisation –, Voltaire les juge aberrantes et constate que l'origine de bien des usages est sans fondement. Par là, il refuse le système explicatif d'un Montesquieu dans *De l'Esprit des lois* ou d'un Diderot quand il s'interroge sur telle ou telle pratique de l'île des Lanciers dans le *Supplément au voyage de Bougainville*. Au déterminisme raisonneur, Voltaire oppose la folie des hommes – car quel profit peut-on raisonnablement tirer de l'ablation d'un testicule ? – ou le relativisme des mœurs et des coutumes : « Un Parisien est tout surpris quand on lui dit que les Hottentots font couper à leurs enfants mâles un testicule. Les Hottentots sont peut-être surpris que les Parisiens en gardent deux. »

Jean Goulemot

## HOUDAR DE LA MOTTE, Antoine

ESPRIT · GENS DE LETTRES · GOÛT · POÉSIE ·

On l'appelait plutôt La Motte ou « La Motte-Houdart » (1672-1731). « Homme très aimable et de beaucoup d'esprit », dira Voltaire ; mais pour le jeune Arouet entrant dans la carrière des lettres, cet aîné de grand renom, académicien influent, censeur royal, homme d'institution, était d'abord l'un des pères à tuer. D'où la satire acerbe du *Bourbier*\* (1714), où il le traite si durement, comme chef des Modernes, sans autre motif qu'un dépit académique. En fait, Voltaire appréciera bien vite chez La Motte, outre son exquise urbanité, la sincérité du critique, son acuité d'analyse, son rejet des valeurs factices et des admirations de commande. « Il traduisit fort mal l'*Iliade* », écrit-il dans les *Questions sur l'Encyclopédie* (art. « Épopée »), mais « il l'attaqua fort bien ».

Voltaire s'oppose radicalement, avec une égale sincérité de goût, aux constructions théoriques du Moderne, et surtout à sa critique du vers et des trois

unités – La Motte a rêvé d'être poète en prose! Il répliqua fermement, dès 1719, dans la deuxième préface de son *Œdipe* – que La Motte eut l'élégance d'«approuver» comme censeur royal. Quant à l'œuvre poétique de La Motte, elle est admise dans *Le Temple\* du Goût*, mais après réduction à un quart tout au plus : Voltaire apprécie de lui ses «jolis opéras», ses stances quelquefois, «quelques odes très belles», mais il juge ses vers trop négligés, et ses essais de «prose poétique» aberrants – sa prose vaut mieux. Il accuse d'ailleurs «l'ingénieux La Motte» de tout gâter par cette nouvelle recherche de l'«esprit» qui, dira-t-il, «contribua un peu à la décadence des lettres après les beaux jours de Louis XIV».

À sa mort, il le surnomme, en privé au moins, «le patriarche des vers durs» (à Formont, 26 décembre 1731) ; mais il admettra plus tard qu'il a su prêter parfois «le charme des vers à la philosophie» (*Dictionnaire philosophique*, art. «Critique»). Le dernier mot résonne presque comme un éloge, dans l'oubli où est tombé La Motte : «Il prouva que, dans l'art d'écrire, on peut être encore quelque chose au second rang» (*Le Siècle de Louis XIV*).

Patrick Brasart

*Sa prose est encore très estimée. Il fit les discours du marquis de Mimeure et du cardinal Dubois lorsqu'ils furent reçus à l'Académie française, le manifeste de la guerre de 1718, le discours que prononça le cardinal de Tencin au petit concile d'Embrun. Ce fait est mémorable : un archevêque condamne un évêque, et c'est un auteur d'opéras et de comédies qui fait le sermon de l'archevêque. Il avait beaucoup d'amis, c'est-à-dire beaucoup de gens qui se plaisaient dans sa société. Je l'ai vu mourir sans qu'il y eût personne auprès de son lit, en 1731. L'abbé Trublet dit qu'il y avait du monde ; apparemment il y vint à d'autres heures que moi.*

*Le Siècle de Louis XIV, 1752, « Catalogue des écrivains français »,<br>art. « La Motte-Houdart ».*

## HOUDON, Jean Antoine

ICONOGRAPHIE •

Sculpteur et fondeur né à Versailles en 1741 et mort à Paris en 1828, Houdon se rendit célèbre par son *Écorché*. Membre de l'Académie de peinture en 1777, il en fut nommé professeur en 1778. C'est cette année-là qu'il exécuta, à partir d'une séance de pose à laquelle se prêta Voltaire, peu après le triomphe d'*Irène* (30 mars), le modèle de ses premiers bustes du patriarche, avec et sans perruque, qui connurent aussitôt une très grande diffusion – Houdon s'en plaignit, puisque ces bustes étaient surmoulés, et les exemplaires vendus frauduleusement. Le *Voltaire assis*, terminé en

1780 et présenté en marbre au Salon de 1781, fut ensuite remis par Mme Denis aux acteurs de la Comédie-Française, comme en fait foi un acte de donation publié par Moland. Il honore depuis, de sa majesté parfois discutée, le foyer du Français, tandis que le modèle en plâtre trône au Salon Voltaire de la Bibliothèque* nationale de France.

Jean Goulemot

*On n'en trouve pas l'attitude heureuse, c'est qu'on n'est pas assez touché de sa simplicité. On lui aimerait mieux une robe de chambre que cette volumineuse draperie; mais aurait-elle été aussi propre à dissimuler les maigreurs d'un vieillard de quatre-vingt-quatre ans?*

Denis Diderot, Salon de 1779.

*Lorsque vous passerez devant la statue de Voltaire, ôtez votre chapeau. Regardez le héros assis dans l'immortalité du marbre et surpris en quelque sorte par le génie du sculpteur dans le secret de sa pensée.*

Eugène Pelletan, 1878.

*Cette tête pelée, cette face de satyre, ce rire satanique, ou plutôt ce rictus qui ressemble moins à un rire qu'à un grincement de dents, et que Houdon a si merveilleusement rendus dans le marbre fameux qui se trouve au vestibule du Théâtre-Français.*

Louis Veuillot, 1878.

## HUBER, Jean

FROMAGE · ICONOGRAPHIE ·

Il se disait «le peintre de Voltaire», on finit par le surnommer «Huber-Voltaire».

«Patricien» de Genève – il y tenait –, ancien officier, membre du Conseil des Deux-Cents, familier des Délices puis de Ferney, Jean Huber (1721-1786) se rendit d'abord célèbre, auprès d'une clientèle princière, par ses «tableaux en découpure», paysages ou tableaux d'histoire exécutés en silhouette, sur papier noir. Mais pendant plus de vingt ans, il fut surtout «l'imagier» de son illustre voisin, qu'il disait avoir longuement «ruminé». Avec les figures sculptées par Houdon* et Pigalle*, la forme plastique que donna Jean Huber au patriarche de Ferney – riche, multiple et spirituelle – est passée à la postérité. Grimm rapporte, dans la *Correspondance\* littéraire*, qu'il avait «une si grande habitude de faire des Voltaire qu'il les découpait les mains derrière le dos»; et Marmontel, dans ses *Mémoires*: «On eût dit qu'il avait des yeux au bout des doigts.» Parmi ces profils

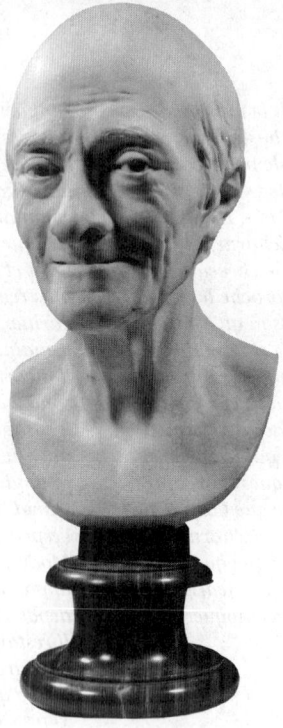

BUSTE DE VOLTAIRE, SCULPTURE EN MARBRE DE JEAN ANTOINE HOUDON, 1778.

ANGERS, MUSÉE DES BEAUX-ARTS.

À en croire le catalogue complet de son œuvre, Houdon sculpta de nombreux bustes différents de Voltaire qui se répartissent suivant trois types : Voltaire sans perruque, d'après nature ; Voltaire à l'antique ; Voltaire « à la française », portant la perruque et l'habit. À partir de ces trois types, le sculpteur a multiplié les bustes dans des matériaux divers (marbre, bronze, terre cuite...) et avec des variantes pour satisfaire sa clientèle. Peu d'indications sur leur date d'achèvement.

Le plus ancien serait le marbre du musée d'Angers. Ce buste étonnamment réaliste porte au revers l'inscription suivante : « Le premier fait par Houdon. 1778 ». Le visage du patriarche est décharné à l'excès, ses orbites creusées, le cheveu devenu ce fin duvet qui rapproche le grand vieillard du nourrisson qu'il fut. Pas de concession, même si ce réalisme ne manque pas de beauté et rapproche de l'Écorché ce Voltaire encore vivant – saisi non face à l'éternité mais face à la mort qui le guette et qui surviendra quelques mois après la pose, avant même que l'œuvre ne soit achevée. Par son décharnement, ce buste est plus tragique que le Voltaire assis. Objectivement plus cruel aussi, mais sans moquerie. Presque clinique.

Du buste à l'antique drapé dans la toge romaine, il existe également de nombreux exemplaires ; l'un d'eux, daté également de 1778, fut commandé par Catherine II. La tunique masque le corps réduit à la peau et aux os. Les joues semblent plus remplies, la chevelure plus garnie. L'écorché s'est fait buste romain. Voltaire n'est plus tragique : il incarne alors une sagesse presque souriante, le rictus éclaire désormais le visage d'une sorte de tendresse attentive. Voici Voltaire dignifié dans la mode à l'antique qu'illustre David. Il symbolise une grandeur de l'esprit qui va des Anciens aux Modernes et transcende les apparences, le temps et la mort, pour dépasser la finitude.

Il restait au sculpteur à rendre Voltaire au monde, à en faire cette figure qui symbolise l'élégance du XVIII$^e$ siècle lui-même, telle qu'elle commence à s'installer dans les mémoires, avec perruques et jabots de dentelles. C'est le Voltaire en courtisan, dont la bouche affaissée devient ironiquement souriante. Mais le regard demeure vague encore. L'inclinaison du buste situe l'œuvre entre le mondain et l'artiste. Rien ne rappelle plus ici le combattant infatigable des Lumières.

J. G.

BUSTE DE VOLTAIRE, SCULPTURE DE JEAN ANTOINE HOUDON, 1778.

ORLÉANS, MUSÉE DES BEAUX-ARTS.

BUSTE DE VOLTAIRE, SCULPTURE DE JEAN ANTOINE HOUDON, 1780. ▶

PARIS, MUSÉE DU PETIT PALAIS.

Juste avant son triomphe sur la scène du Théâtre-Français, en 1778, quelques mois avant sa mort, Voltaire pose pour Houdon. Voltaire ne souffle mot de ces séances de pose et de ce triomphe par la statuaire. Quant au sculpteur, il se spécialise dans les bustes des grands hommes : le roi, les ministres (Malesherbes), les écrivains du passé : Molière, La Fontaine ; les philosophes contemporains : Rousseau, Diderot, Buffon, d'Alembert... Puis viendront Robespierre, Mirabeau et les dignitaires de l'Empire... Sculpture tardive dans la vie de Voltaire, mais lourde de symboles. Car il est ici en majesté, drapé, assis sur un trône, unissant l'antique, qui redevient actuel, et le contemporain. Voltaire en sage : la tunique, le bandeau ; Voltaire théâtralisé : la toge. Et pourtant Voltaire tragiquement réaliste : le visage est décharné, les mains marquées que Houdon moulera sur le cadavre du grand homme. On sent un corps qui se dérobe et s'efface. La position assise est elle-même inhabituelle. L'Écorché, debout, dressait les bras, les muscles tendus, fort malgré tout. Ici le vieil homme est empreint d'une majesté vaincue et résignée. Le bandeau rappelle peut-être aux contemporains la couronne de laurier.

Ce Voltaire assis eut du succès. Le plâtre original est aujourd'hui à la Bibliothèque nationale de France, une réplique au musée Fabre à Montpellier. La statue en marbre, exécutée à la demande de Mme Denis pour l'Académie française, fut offerte par la nièce de Voltaire à la Comédie-Française où elle se trouve toujours ; un autre marbre, de plus petite dimension et destiné à Catherine II, est à l'Ermitage, et l'on sait que Beaumarchais en posséda une réplique en terra cotta dans son hôtel particulier du boulevard Saint-Antoine. Jamais cette version du Voltaire ne connut la gloire des copies en série. Seul le buste au bandeau fut largement diffusé : Houdon en exécuta de nombreuses versions et surmoulé, réduit, il appartient de plein droit à l'iconographie populaire voltairienne.

Le Voltaire assis met le spectateur mal à l'aise. Dans le « Journal de Paris » de 1780, des lecteurs déjà s'étonnaient. Dans le « Salon » de 1781, Diderot demeurait dubitatif. On connaît le vers de Musset qui, à sa manière, exprime une gêne. Enfin dans « L'Illustration », en 1857, l'humoriste Marcelin signale qu'à la Comédie-Française on peut voir la « statue de Voltaire surveillant le dépôt de parapluies ». Façon désinvolte de souligner le rapport ambigu que l'on entretient avec ce Voltaire en majesté, et de démystifier et la grandiloquence de l'œuvre et son évidente cruauté.

J. G.

VOLTAIRE ASSIS, STATUE EN MARBRE DE JEAN ANTOINE HOUDON, 1778-1781.

PARIS, COMÉDIE-FRANÇAISE.

Le peintre, Jean Huber est dans son atelier au travail, comme le prouvent le bonnet pour protéger les cheveux et la main droite qui semble esquisser un geste vers une toile installée sur le chevalet. Au premier plan, à droite, un violon parce que Huber était un homme « doué pour la musique » ; à gauche, un faucon naturalisé, signe de la passion du peintre pour la volerie – ses contemporains ne le nommaient-ils pas « Huber l'Oiseleur » ? Malgré ce que la postérité a retenu, Huber ne se voulait pas seulement le portraitiste de Voltaire, mais peignait aussi des natures mortes. Le bonnet posé sur les cheveux évoque peut-être un autoportrait célèbre de Chardin. Le peintre regarde, non pas son chevalet, mais l'amateur en arrêt devant lui. C'est lui le motif principal, énorme tache claire, qui envahit l'espace peint. Les yeux sont ouverts, la bouche bien dessinée, le torse porté en avant, avec une volonté tendue d'exister, d'être là, bien présent. Efforts vains ; notre regard se déplace. Voltaire est sur la toile que le peintre travaille. C'est lui que nous reconnaissons d'entrée et non pas Huber qui n'existe que par ce Voltaire malicieux jetant un regard en coin à son portraitiste. Tous les efforts du peintre sont ainsi réduits à néant. Le mouvement qui lui permet de se mettre en valeur en se montrant à son public lui fait découvrir son modèle qu'on ne peut dès lors s'empêcher de nommer, comme pour en conclure que le peintre est Huber, portraitiste de Voltaire.

J. G.

◀ *Autoportrait au faucon et au violon*, pastel de Jean Huber, probablement vers 1772-1773.

Genève, Institut et musée Voltaire (dépôt du musée d'Art et d'Histoire).

*Différents Airs en trente têtes de M. de Voltaire calquées sur les tableaux de M. Huber*, gravure de Vivant Denon, vers 1777-1778.

Paris, Bibliothèque nationale de France.

Il s'agit d'un croquis à l'eau-forte, et non d'une feuille de dessins pris sur le vif. Vivant Denon a décalqué, semble-t-il, les portraits de Voltaire épars dans les différents tableaux et dessins de Huber, qui illustraient des épisodes de la vie du philosophe. On ne s'étonnera donc pas de retrouver ici le Voltaire de l'autoportrait de Huber, celui du « Lever du philosophe », de la gravure en manière de crayon « Voltaire à la toque de fourrure » ou « Voltaire jouant aux échecs avec le père Adam »... Toute une imagerie de ce visage connu que la gravure permet de diffuser à l'infini pour un public toujours friand. D'ailleurs, en raison de son succès, cette planche connut de nombreuses variantes, avec ou sans légende, ainsi que des falsifications plus ou moins maladroites. Ici, chaque tête est accompagnée d'une brève annotation ironique qui commente les poses : « en madone », « au vrai », « charge », « Alvarès » (un personnage d'« Alzire »), « en oiseau »... On sait que Voltaire n'appréciait guère ces représentations caricaturales, qu'il jugeait peu compatibles avec sa dignité de philosophe. Huber fabrique une nouvelle mythologie de l'écrivain mêlant distance et familiarité. Voltaire intime, Voltaire moqué, mais avec tendresse, voilà qui atteste sa gloire, et définit mieux que discours et hommages le statut de la philosophie.

Trente « airs » et non visages, comme s'il s'agissait de rendre, plutôt qu'une ressemblance, des expressions qui valent autant pour l'homme que pour l'œuvre et pour la pensée. La mort n'est pas loin, et pourtant rien n'y fait. Cette belle page de croquis invite à méditer le rapport nouveau qui s'instaure entre le philosophe et son public, à la façon de ce Voltaire assis, perdu dans ses pensées, en bas à droite, qui semble veiller, indifférent, sur ses portraits et ses poses, et qui pourtant est là, bien présent.

J. G.

Victor Hugo prononce son discours, le 30 mai 1878, au théâtre de la Gaîté, en hommage à Voltaire mort il y a cent ans. Comme un tribun de la République retrouvée. Hugo a vieilli, le cheveu blanc coupé court est encore dru, le geste ferme, mais le visage marqué.
Les têtes des officiels derrière lui sont immobiles : ni distraction, ni aparté. Une seule oreille : celle de la postérité, de l'humanité à l'écoute du grand homme. Le théâtre est très présent : le trou du souffleur en bas à gauche, la scène, la fosse occupée, le geste oratoire, le drapé de la représentation. On voudrait faire croire qu'il n'y a pas de rupture du philosophe au poète, qu'une même voix passe de l'un à l'autre, qu'une mémoire est enfin restaurée. Sur son piédestal, Voltaire sourit.

J. G.

COMMÉMORATION DU CENTENAIRE DE LA MORT DE VOLTAIRE : DISCOURS DE VICTOR HUGO, GRAVURE D'APRÈS VIERGE, REPRODUITE DANS « LE MONDE ILLUSTRÉ », LE 8 JUIN 1878.

PARIS, BIBLIOTHÈQUE DES ARTS DÉCORATIFS.

spirituels en silhouette, deux sont familiers : le *Voltaire dansant*, de la Bibliothèque nationale de France, en costume bouffant, et le *Voltaire assis* de l'Institut et musée Voltaire, affalé dans un fauteuil, jambes croisées, l'une levée, agitant nerveusement sa pantoufle au bout du pied.
Très tôt, Huber envisagea une *Voltairiade*, épopée burlesque en silhouettes – avait-il entendu parler du poème avorté de Cazotte, également intitulé *La Voltériade*\* ? Son projet ne fut jamais mené à bien. Mais vers 1768, Catherine II de Russie en permit la réalisation partielle en peinture. Elle lui commanda une douzaine de toiles, avec pour seul thème, dit Grimm, « la vie privée de M. de Voltaire ».
Neuf toiles de cette série sont conservées au musée de l'Ermitage à Saint-Pétersbourg, une autre au moins est en mains privées. La plus célèbre est le *Lever de Voltaire*, souvent reproduit, qui montre l'écrivain dictant déjà au saut du lit, tout en enfilant sa culotte. L'impératrice en marqua sa satisfaction à Grimm : « Celui-là est original selon moi : la vivacité de son caractère et l'impatience de son imagination ne lui donnent pas le temps de faire une chose à la fois. » À l'origine, la *Voltairiade* devait se diviser en quatre cycles : « Vie casanière », « Vie cavalière », « Tripot théâtral » et « Vie rustique ». Du premier on a, avec le *Lever*, un *Petit déjeuner* de Voltaire, debout tasse en mains, une servante devant lui les yeux baissés, un *Voltaire jouant aux échecs* et un *Voltaire recevant des visiteurs*. De « Vie cavalière » sont conservés un *Voltaire corrigeant un cheval qui rue*, un *Voltaire montant à cheval* et un *Voltaire en cabriolet* ; de « Tripot théâtral », une scène grandiloquente : un Voltaire à genoux bras écartés ; de « Vie rustique » enfin des vues plus calmes et touchantes : Voltaire plantant un arbre, Voltaire devisant avec des paysans. Visiblement, aucun sujet ne devait être consacré à l'écrivain en gloire, déjà presque entré dans la postérité ; la série atteste en revanche, au second degré, le besoin complémentaire, et le désir alors nouveau, d'une familiarité avec le grand homme, qui explique aussi ces innombrables anecdotes de sa vie quotidienne à Ferney, souvent piquantes, et partout répétées.
L'esprit moqueur de Huber agaçait un peu Voltaire, comme un crime de lèse-majesté, plus simplement peut-être par rapport aux bienséances : « Il m'a rendu ridicule d'un bout de l'Europe à l'autre », écrit-il un jour à Mme du Deffand. Le tableau de son lever surtout, multiplié par la gravure, lui donnait « de l'humeur », quoique Grimm en ait confirmé personnellement « la vérité historique et rigoureuse ». Une estampe pirate qu'on en avait tirée portait cette inscription fort impertinente :

> *Tandis que plein de sa marotte,*
> *Au lieu de mettre sa culotte,*
> *Voltaire se livre à son feu,*

> *D'Alembert et Fréron n'ont-ils pas fort beau jeu ?*
> *D'Alembert pour baiser humblement son derrière,*
> *Et ce Jean Fréron sans pitié*
> *Pour en faire, à coups d'étrivière,*
> *Un écrivain plus châtié.*

Souvent pleins d'humour, les Huber sont aussi empreints d'affection et de finesse psychologique. On a dit que Voltaire avait « un cœur de lion dans une peau de lapin » : cette formule rejoint parfaitement le point de vue de Jean Huber. Dans une « lettre ouverte » à Voltaire, l'artiste un jour le taquine : « Ne concevrez-vous pas qu'il faut des ombres à votre portrait, qu'il faut des contrastes à une lumière que personne ne pourrait soutenir ? » Et d'argumenter joliment : « Je vous ai dit cent fois que je savais précisément la dose de ridicule qu'il fallait à votre gloire. »

*Garry Apgar*

## HUGO, Victor

« C'EST LA FAUTE À VOLTAIRE » • COMMÉMORATIONS • DUPANLOUP (MGR) • GOÛT • ROMANTIQUES • TOLÉRANCE • VOLTAIRIENS •

Les violences de Mgr Frayssinous ou des vicaires généraux qui auraient voulu, en 1817, « livrer aux flammes » les « productions infernales » de Voltaire, et qui dénonçaient le « moderne complot des nouvelles éditions », sont dues à la constatation d'un échec de la Restauration : l'université napoléonienne, fondamentalement voltairienne, avait survécu à l'Empire. Les premiers essais poétiques de Victor Hugo (1802-1885), datant de ses années de collège, sont donc soumis, jusqu'au pastiche, aux dogmes d'une esthétique néo-classique qui n'a pas été remise en question. Dans une « Épître à Brutus, les vous et les tu », écrite, à la fin de 1819, il va jusqu'à filer une série de variations sur le célèbre poème galant de Voltaire, *Les Vous\* et les tu*, assaisonné à la sauce ultraroyaliste. L'imprégnation est plus sensible encore dans les fragments en prose, en particulier dans les articles de critique du *Conservateur littéraire*, qui montrent que le jeune Hugo a lu tout Voltaire, tragédies, contes, ouvrages poétiques et historiques, mais aussi l'*Essai sur les mœurs* et même cette *Pucelle* qu'il condamne et admire. Admiration assez profonde pour que, dans un poème dialogué *Sur l'institution du jury en France* (1819), il exonère Voltaire de l'accusation d'être un des responsables de la Révolution, mettant même son plaidoyer dans la bouche de Malesherbes, qui avait été le défenseur de Louis XVI. Dans ce poème, la distinction entre Voltaire et ses épigones, les voltairiens dira-t-on, permet au jeune Hugo de rester

fidèle à la leçon apprise sans renier ses convictions politiques, calquées alors sur celles de Chateaubriand*.

À la suite de l'assassinat du duc de Berry (13 février 1820), les sentiments de Hugo s'infléchissent quelque peu. Lorsque le siècle des philosophes est mis globalement en jugement, Voltaire ne peut plus être absous. Il a, lui aussi, « sa part dans nos désastres ». Mais une fois encore, et contre toute attente, ce sont les voltairiens qui sont désignés comme les principaux coupables, à la suite d'une réflexion dans laquelle « l'âme » et le « génie » tiennent lieu de justification : « Nous conservons une haute admiration pour sa grande âme, pour son vaste génie, et nous accordons un pardon facile à ses fautes, que nous sommes loin de rendre solidaires des attentats de nos sophistes et des forfaits de nos démagogues. »

Hugo eut, plus que d'autres, la volonté constante d'accorder ses convictions littéraires et ses convictions politiques. L'harmonisation se dessine dans deux écrits de 1824 : une préface à la publication d'un choix de lettres de Voltaire, et la préface des *Nouvelles Odes*. À cette date, l'émergence d'une théorie poétique nouvelle se combine avec une prise de position philosophique sans équivoque. Le représentant le plus éminent de l'esthétique néo-classique et de ses dogmes périmés n'est plus dès lors une « grande âme », mais un « serpent » dont le « venin » est partiellement responsable des monstruosités de la Révolution. Dans la préface de *Cromwell* (1827), les critères voltairiens du « goût » cessent définitivement d'être la pierre de touche de l'excellence littéraire, et se trouvent réduits au rang de « coquetteries » qui rapetissent « les plus grands génies ».

Sur ce dernier chapitre, Hugo ne variera jamais. Sa théorie et sa pratique littéraires ne feront, au fil des années, que se radicaliser, Voltaire servant de repoussoir. Mais politiquement et idéologiquement, les problèmes sont plus complexes. Hugo, qui s'est beaucoup émancipé, qui a exalté dès février 1830 « la marche de cette haute république qui va, les pieds dans le sang et la tête dans la gloire », qui a défini le romantisme comme « le libéralisme en littérature », se trouve en butte aux attaques acharnées du *National*, devenu le journal de l'opposition républicaine à la monarchie orléaniste. Armand Carrel en tête, les hommes du *National*, adversaires de tout ce qui leur semble relever de l'irrationnel, poésie comprise, font cause commune, dans la lutte antiromantique, avec les forces les plus réactionnaires, et ce sous la bannière de Voltaire. Paradoxalement, Hugo se trouve ainsi devenir un des porte-parole d'une jeune génération pour laquelle Voltaire n'est plus la référence obligée. Dans le poème des *Chants du crépuscule* intitulé « À Alphonse Rabbe » (septembre 1835), qui constitue une attaque en règle contre le mercantilisme, l'irréligion et le sectarisme des républicains, Voltaire est franchement dénoncé comme l'inspirateur d'un système conduisant au « chaos » (Hugo, plus tard, parlera d'anarchie). Le point le

plus bas de la courbe est atteint dans un poème célèbre de *Les Rayons et les ombres* intitulé «Regard jeté dans une mansarde» (1839), où Voltaire, tentateur virtuel de tout être pur, apparaît comme

> [...] *ce singe de génie*
> *Chez l'homme en mission par le diable envoyé.*

Voilà Voltaire devenu «le serpent, le doute, l'ironie», dégradé au rang de «sophiste», de «faux sage», de «démon»: le suppôt de Satan.

Cette attitude polémique, entretenue par la hargne des républicains contre la nouvelle littérature, masque en fait les signes d'une évolution dont l'image de Voltaire, dans les années 1840, va s'enrichir et se nuancer. Sans renier sa propre esthétique, Hugo affirme en 1846, dans son premier grand discours politique à la Chambre des pairs, que la lutte de Voltaire contre l'Inquisition est un exemple «d'intervention morale» relevant des devoirs du citoyen. Voltaire, adversaire de la peine de mort, persécuté, exilé, retrouve ainsi peu à peu la dignité morale et le rang intellectuel qui, dans la polémique au quotidien, lui avaient été refusés. L'évolution politique de Hugo, plus marquée à partir de 1849, le poussait au fond à donner à Voltaire, défenseur des droits de l'homme et héraut de la tolérance, une place éminente parmi les grands penseurs du passé. Le poème liminaire de *Châtiments*, «Nox», le met sur le même plan que Jésus, tandis qu'une autre pièce du même recueil fait de la France le pays dont la victoire de Wagram marque l'apogée politique, et dont Voltaire symbolise l'apogée intellectuel. Il ne reste plus grand-chose alors de l'harmonie proclamée entre le fond et la forme, car Voltaire, plus que jamais, représente une esthétique nocive et réactionnaire contre laquelle Hugo, chef de file d'une révolution poétique et théâtrale, ne peut que s'insurger. Dans *Les Contemplations*, les accusateurs anonymes auxquels réplique la «Réponse à un acte d'accusation», aussi bien que le vieux marquis de «Écrit en 1846» sont des voltairiens attardés. Dans *William Shakespeare* (1864), où les théoriciens du «goût», notion que Hugo juge restrictive et mutilante, sont les victimes d'une verve débridée, Voltaire ne saurait trouver place parmi les grands créateurs. S'il a droit, dans *Les Mages*, à une mention peu éclatante parmi les «gladiateurs de Dieu», c'est en tant que moraliste, champion des exclus, des «parias». Il lui manque évidemment la dimension poétique et une certaine dimension religieuse. Hugo, qui voit dans le christianisme, en dépit de son échec historique, le premier grand moment fondateur dans l'histoire de l'homme moderne, ne peut admettre que Voltaire ait pu aller «jusqu'à railler le crucifix» (*Les Misérables*, 1862). Auteur de la grande méditation de Barabbas dans le deuxième livre de *La Fin de Satan*, «Le Gibet» (1859-1860), il refuse le contresens historique qui consiste à confondre le message évangélique et les dérives des Églises.

Pour réparer cette erreur, un poème de *L'Art d'être grand-père*, écrit en 1875, annoncera, sur le ton de la provocation et sur fond d'anticléricalisme, l'improbable réconciliation :

> *Je ferais à Veuillot ce tour épouvantable*
> *D'inviter Jésus-Christ et Voltaire à ma table.*

L'invitation se concrétise enfin en 1878, dans le discours de Hugo pour le centenaire de Voltaire. Le lutteur indigné de l'affaire Calas, le défenseur du chevalier de La Barre, lorsqu'il fustige les oppresseurs des faibles, des pauvres, des déshérités, fait « la guerre de Jésus-Christ », celle que les Églises chrétiennes n'ont pas faite. Après cette formulation qui dut faire grincer bien des dents, Hugo insistait : « L'œuvre évangélique a pour complément l'œuvre philosophique. » La paix universelle, le message révolutionnaire de fraternité entre les peuples exigent donc que soit assumé tout l'héritage du genre humain dans sa marche vers le progrès. Cette ultime image de Voltaire, qui n'est plus depuis longtemps, dans l'esprit de Hugo, ni poète ni dramaturge, n'est pas plus fidèle que celle du « serpent » et du « singe ». Elle avait le mérite de s'insérer dans une vision cohérente de l'histoire, des débuts de l'ère chrétienne à la Révolution, et permettait à Hugo de glorifier dignement le « siècle\* de Voltaire ».

Jean Gaudon

*Un livre multiple résumant un siècle, voilà ce que je laisserai derrière moi. Voltaire a résumé dans son œuvre le XVIII$^e$ siècle, je résumerai le XIX$^e$ siècle. Voltaire a sa bible en soixante-quinze volumes, j'aurai la mienne.*
Victor Hugo à un destinataire inconnu, 8 décembre 1859.

## HUME, David

ANGLETERRE · HISTOIRE · ROUSSEAU (JEAN JACQUES) ·

Voltaire apprécia le philosophe anglais (1711-1776), son empirisme, sa critique du dogmatisme et des métaphysiques de l'absolu. Il possédait les *Essais* de Hume dans sa bibliothèque et l'ouvrage porte des notes de lecture. Il loua également les talents de l'historien. Hume, dit Voltaire, sait écrire l'histoire en philosophe quand il s'applique à celle de l'Angleterre (*Histoire de la Grande-Bretagne*) : il rassemble les faits avérés, il laisse le lecteur juger par lui-même des progrès de l'esprit humain et il fait connaître les peuples par l'explication de leurs usages. En amateur facétieux de supercheries éditoriales, Voltaire attribue au vénérable Hume, « qui a creusé avec tant de hardiesse et de sagacité les fondements de la métaphysique et de la morale », sa comédie *L'Écossaise* dirigée contre Fréron. Enfin et

surtout, il intervient en 1766 au plus fort de la querelle entre Hume et Jean Jacques Rousseau. Fuyant la Suisse où il était désormais indésirable, Rousseau avait accepté une pension du roi d'Angleterre George III, mais il ne voulait pas en être redevable à Hume. Celui-ci donnant une large publicité à cette pension, Rousseau se rétracte et soupçonne le philosophe anglais, non sans quelque raison, de profiter de la situation pour le manipuler. Or toute cette affaire était suivie de près en France par les milieux philosophiques, le plus souvent hostiles à Rousseau. Voltaire profite de la brèche ouverte et s'y engouffre avec une âpre violence. Dans sa *Lettre\* au docteur Jean Jacques Pansophe* (qu'il désavoue) et dans une *Lettre\* de M. de Voltaire à M. Hume*, parues en novembre 1766, il joint ses propres griefs à ceux de l'écrivain anglais en affirmant que Rousseau vient de faire, une fois de plus, la preuve de son inconséquence et de l'ingratitude la plus indigne. Voltaire peut alors se poser, comme Hume, en victime d'un calomniateur dément que la république des lettres doit à tout jamais exclure de ses rangs.

*Didier Masseau*

# I

> *Je sais bien que ces petits recueils ne sont qu'un artifice d'éditeur pour attraper de l'argent, et qu'il est fort impertinent de vendre en détail en des in-12 ce qui se trouve dans des in-folio, mais puisque j'ai H, il faut bien avoir I.*
> À Damilaville, 6 février 1761.

## ICONOGRAPHIE

HOUDON • HUBER • LARGILLIÈRE • PIGALLE •

Si Voltaire avait disparu en 1754, à 60 ans, on priserait toujours son esprit, son style et quelques-uns de ses ouvrages. Mais le Voltaire le plus connu – « l'auteur de *Candide* », « l'homme aux Calas » – n'existerait pas. C'est dans ses vingt dernières années que Voltaire acquit sa renommée la plus durable, celle du champion de la tolérance, du polémiste décochant ses traits, du prototype de l'intellectuel moderne, tandis que s'imposait pour la postérité l'image du vieillard bienfaisant, du « patriarche de Ferney ».

Seuls deux portraits marquants datent d'avant 1754. En 1718, Largillière peint le poète jeune; il a 24 ans. Cette superbe toile témoigne du moment où Arouet devint Voltaire, peu après son premier triomphe, *Œdipe*. Mais le portrait de lui que Voltaire préféra est celui que Maurice Quentin de La Tour exécuta vers 1736 : maintes estampes seront gravées d'après ce pastel scintillant d'un poète mondain, souriant, et sûr de lui.

À ces deux images s'ajoutent, pour la même période, quelques rares estampes d'ouvrages. En 1738, Voltaire mit au frontispice des *Éléments de la philosophie de Newton* une gravure qui le représente sous des traits idéalisés, couronné de lauriers, vêtu d'une toge, à sa table en train d'écrire. En 1745, il renchérit en mettant en tête du *Temple de la Gloire* une estampe d'apparence également allégorique, mais satirique en fait, une fois décodée. Elle représente sans le nommer un ennemi littéraire, Pierre Charles Roy*, fouetté par des soldats romains; en haut de l'image, assis sur un nuage,

préside la figure d'Apollon, dont le visage est encore, idéalisé, celui de Voltaire.
Sur les quinze années qui suivent, on a peu de documents iconographiques. C'est à partir de 1760 que l'imagerie voltairienne s'enrichit soudain. Le patriarche est devenu célèbre; il sera bientôt le champion des Calas, de Sirven, de La Barre, et de Lally-Tollendal. Il tourne à son profit ses querelles personnelles. À travers ses facéties et satires diverses, Fréron devient la bête noire des philosophes et Rousseau le paratonnerre des attaques des antiphilosophes. À cette époque aussi, le Genevois Jean Huber entame sa brillante carrière de «Huber-Voltaire»: silhouettes, peintures et gravures, c'est lui qui a laissé le souvenir le plus intime du châtelain de Ferney.
L'année 1770 marque le triomphe de Voltaire et du combat philosophique. Lors d'un dîner chez Mme Necker, on commanda à Pigalle sa fameuse statue du *Voltaire nu*: ce fut le premier monument érigé en France, de son vivant, à un simple particulier, ni roi ni prince. De même, lorsque Gautier-Dagoty entreprend en 1772 une *Galerie universelle*, sa première planche est pour Voltaire. En 1778, sa venue à Paris, sa mort au comble de la gloire produisirent d'innombrables estampes, couronnements et triomphes, apothéoses et réceptions aux Champs Élysées.
En 1780-1781, Houdon réalisa son *Voltaire assis*, véritable icône du mouvement philosophique. C'est un philosophe-héros, à l'antique, dont la force et la vertu sont exprimées par les mains serrées, le regard aigu, et le sage sourire. Lorsque David organisa, dix ans plus tard, en pleine Révolution, le transfert des restes de Voltaire au Panthéon, une réplique du *Voltaire assis* tenait dans le cortège une place d'honneur. Pour les Anglo-Saxons à la même époque, Voltaire servait en revanche d'emblème au jacobinisme; l'Anglais Gillray, dans un pastiche de ce Houdon, caricatura Voltaire régnant sur un trône aux Enfers.
En France, Voltaire revint dans l'actualité sous le second Empire. En 1867, des républicains libéraux, anticléricaux, et francs-maçons lançaient, onze ans avant l'événement, une souscription publique pour ériger une copie en bronze du *Voltaire assis* à l'occasion du centenaire de sa mort. Conçu comme un geste d'opposition contre Napoléon III, ce geste provoqua la colère de la réaction et de l'Église. En 1871, on plaça pourtant cette réplique de Houdon près de l'actuel boulevard Voltaire (ex-boulevard du Prince-Eugène) et lorsque les communards firent brûler la guillotine au pied du monument, Daumier crayonna ce Voltaire, se levant du socle pour applaudir l'action.
Au XX$^e$ siècle, Voltaire demeure le sceptique par excellence. Dalí peint un *Marché d'esclaves avec apparition du buste invisible de Voltaire* (1940), tableau en trompe-l'œil dans lequel on peut voir, selon le cas, ou des nonnes ou le buste de Voltaire. Sempé dessine un quartier urbain – sous

# I

En ce XVIII$^e$ siècle, les gens de lettres deviennent aussi célèbres que les généraux et les princes. À preuve Voltaire appelé parfois « roi ». Dessins et peintures, frontispices des œuvres, silhouettes découpées, estampes gravées surtout : ses traits furent tôt familiers.

**M**aurice Quentin de La Tour exécuta un portrait de Voltaire, au pastel comme il en avait l'habitude, sans doute vers 1736, lors d'un séjour de l'écrivain à Paris.
Malheureusement ce pastel original a disparu. C'est ici l'une des copies à l'huile. On en tira de nombreuses estampes qui servirent ensuite à illustrer la plupart des éditions de ses œuvres.
Voltaire est déjà célèbre. Il le sait, cela se voit : triomphateur, sûr de lui, soigné de sa personne, souriant ironiquement, présentant son meilleur profil. Le torse généreusement mis en avant, la perruque méticuleusement peignée, la dentelle du jabot élégamment discrète, l'habit tombant comme il convient, de couleur prune. Entre ses mains, comme d'autres portent le sabre au côté, les attributs de sa gloire, un livre ouvert : « La Henriade ». Il ne la lit pas mais fixe le spectateur. Dans le vieux débat opposant l'épée à l'idée, le livre a remporté la victoire, comme l'on dit sans coup férir.

**D**ans les années qui suivirent la mort de Voltaire, on diffusa une gravure « dédiée aux hommes libres », qui reprenait, dans un ovale légendé, le La Tour. À droite de l'ovale un globe terrestre, une page de titre pour évoquer la production immense et son universalité, des guirlandes, une couronne de laurier, des amours qui volent dans un cartouche sous l'ovale. Tout un XVIIIe siècle de légende et de dures réalités du combat philosophique. La silhouette de la Bastille, rajoutée en fond de tableau, rappelle les séjours en prison. Mais le bel aristocrate, habillé comme un ci-devant, a repris du service à la demande des révolutionnaires eux-mêmes. En ces temps où l'on exalte le sans-culotte, le philosophe n'obéit pas forcément au dépouillement vestimentaire d'un Diogène ou d'un Socrate.

J. G.

▲
*Portrait de Voltaire*, gravure de Langlois d'après La Tour, fin XVIIIe.
Paris, Bibliothèque nationale de France.

*Portrait de Voltaire jeune* (à 40 ans environ), copie à l'huile du pastel de La Tour exécuté v. 1736.
Collection particulière.

On croirait un médaillon à l'antique. Un empereur, un héros, un sage vieillard. C'est Voltaire sans perruque, c'est-à-dire dépouillé de cet attribut qui le rendait reconnaissable entre mille, tellement étranger aux modes qui passent. Voltaire dans la vérité de son âge, les lèvres pincées, le menton osseux, proéminent faute de dents. Tel que Jean Huber alors le peint dans son intimité dévoilée, grimaçant, familier et mis à nu.

On dirait une esquisse. On appréciera la spontanéité, l'étonnante liberté du crayon. La robe de chambre se résume à quelques traits, juste assez pour évoquer la peur du froid habitant le vieillard en butte aux rigueurs du Jura. Le bonnet, la perruque sont autant de signes contradictoires de sa personnalité : l'une évoque le décor et l'apparat, l'autre la commodité. Et puis ce visage creusé d'ombres, réaliste dans la minceur des lèvres et les plis qui entourent la bouche, le cerne des yeux, et le regard toujours attentif, à peine marqué de cette fixité que donne le grand âge. Ce qui compte : une intelligence, un intérêt au monde, une écriture pour communiquer. C'est là l'image de Voltaire qu'en cette année 1790 la gravure diffuse. De l'esquisse crayonnée, libre et spontanée, à la gravure qui la fige : symbole de cette postérité qui tente de faire du « diable d'homme », toujours en mouvement, une gloire statufiée.

J. G.

▲
*Buste de Voltaire de profil*, gravure anonyme.

Bourg-en-Bresse, musée de Brou.

*Portrait de Voltaire*, gravure d'après Jean Huber, 1790. ▶

Paris, Bibliothèque nationale de France.

Voltaire en miniature, pourquoi pas ? Le choix du matériau, vélin ou ivoire, montre qu'il s'agit d'un objet de vitrine, à mi-chemin entre le public et l'intime, l'apparat et le secret.
On appréciera le double jeu : une miniature raffinée – par ses dimensions, elle implique un travail tout en finesse – mais une gestuelle familière, une douillette bourgeoise, un bonnet hors du temps, le profil reconnaissable entre mille, osseux, pointu et ricanant. Voltaire bourgeois, Voltaire proche, donc. On en conviendra. Mais le manteau est constellé d'étoiles comme un manteau de sacre. Voilà pour le Roi Voltaire. Et le vieillard marche d'un pas allègre, voici pour le philosophe combattant.

▲
« L'HOMME UNIQUE À TOUT ÂGE »,
DESSIN ET GRAVURE DE VACHEZ.

COLLECTION PARTICULIÈRE.

*VOLTAIRE EN ROBE DE CHAMBRE*,
MINIATURE PAR VIRSCHER, VERS 1770-1780. ▶

COLLECTION PARTICULIÈRE.

Qu'il est vieux le grand homme, gravé « d'après nature » ! Tout en lui s'est décharné et son corps ressemble à un sarment de vigne : les bas flottent sur les mollets, le visage est flétri, sillonné de rides.
De cette effigie qui fut très populaire, il existe une autre version : la couronne de laurier est devenue couronne d'étoiles. La laïcité est en marche. Nous voici avec saint Voltaire.

J. G.

un ciel orageux – avec une seule maison éclairée, où un bon bourgeois écrit dans son journal : « Lu quelques pages de Voltaire. Dans la soirée, n'ai pas cédé le passage à un curé. » Mais beaucoup d'intellectuels de l'après-guerre n'apprécient plus Voltaire. Le caricaturiste américain David Levine, par exemple, le dessine habillé en homme d'affaires. On lui préfère souvent Rousseau. *Le Nouvel Observateur*, en 1978, publia une charge de Wiaz dans laquelle on voit Rousseau pourchassé par Voltaire.

En mars 1994, les autorités de Genève ayant décidé de ne pas faire représenter, par peur de la réaction des gouvernements des pays musulmans, le *Mahomet* de Voltaire, le socialiste genevois Jean Ziegler signa, dans *Charlie-Hebdo*, un article intitulé « Voltaire censuré », où figure aussi la caricature d'un Voltaire énervé et excité. Voilà la preuve que Voltaire est encore bien vivant : il continue à embarrasser les pouvoirs et à exciter la verve des caricaturistes.

*Garry Apgar*

*Voltaire était tout à la fois un sujet d'admiration et d'étonnement ; ses écrits, qu'on trouvait partout, semblaient avoir seuls fixé dans toute l'Europe l'universalité de la langue française. Tous les artistes, sculpteurs, médaillistes, graveurs, peintres, dessinateurs, s'étaient emparés de lui ; et c'est sous toutes les formes et toutes les attitudes qu'on variait son portrait ; nul homme au monde n'a joui d'un honneur aussi constant et aussi universel.*

Duvernet, *Vie de Voltaire*, 1786.

## IDÉE DE LA PERSONNE, DE LA MANIÈRE DE VIVRE ET DE LA COUR DU ROI DE PRUSSE

ATTRIBUTIONS · FRÉDÉRIC II · POMPADOUR (MME DE) ·

Ce petit libelle anonyme fit le tour de l'Europe en 1753. Il n'est pas de Voltaire, en dépit d'analogies visibles avec ses *Mémoires**, mais il lui fut longtemps attribué, jusqu'à la fin du XIX$^e$ siècle dans l'historiographie allemande. Il s'agit d'un pamphlet contre Frédéric II, d'une incroyable audace et d'une étrange indiscrétion, écrit dans un fort mauvais style, mais qu'on pouvait croire déguisé. On détaille la journée ordinaire du roi, ses méthodes de gouvernement, l'intérieur de sa famille et de sa maison. C'est son « Portrait » et sa « Vie privée » – titres plus communs des copies manuscrites. On évoque ses mœurs, ses goûts, ses plaisirs : ses « mignons », ses pages en habits « orientaux », ses meubles « couleur de rose ou lilas pâle ». Voltaire y figure aussi, d'ailleurs ; il est « son squelette Apollon », et un mot est rapporté comme venant de lui, qu'on peut croire véridique, sur les productions

de la royale plume, soumises à sa diligente correction : « Quand est-ce qu'il ne m'enverra plus son linge sale à blanchir ? »
En mai 1753, le manuscrit circulait déjà dans Paris, attribué alors à La Beaumelle* qui venait d'être mis à la Bastille. Il fut imprimé en juillet avec, à la suite, deux protestations de Voltaire contre sa récente mésaventure de Francfort* : on lui imputa le tout. Il démentit et s'adressa au roi de Prusse en personne, qui le déchargea publiquement du soupçon, non sans ambiguïté pourtant. Sur des indices matériels d'archives, on songe à quelque coup secret de basse politique conçu dans l'entourage alors « autrichien » de la Pompadour, pour dégrader dans toute l'Europe l'image de Frédéric, et compliquer un peu plus l'alliance déjà affaiblie de la France avec la Prusse.

*André Magnan*

## IDÉES DE LA MOTHE LE VAYER (LES)
CATÉCHISME • CHRISTIANISME • DÉISME • RELIGION •

Selon Beuchot*, la plus ancienne impression est celle du *Recueil* nécessaire*, daté de 1765, et publié en 1766. C'est un bref opuscule (cinq pages environ) contemporain de la croisade contre l'Infâme*. Voltaire emprunte ici le nom de ce « libertin érudit » du XVII$^e$ siècle (1588-1672), rationaliste et sceptique, pour exprimer ses idées sur la religion. Il fait de lui un modèle de sagesse et un précurseur des Philosophes. Dans le « Catalogue* des écrivains français », adjoint au *Siècle de Louis XIV*, il lui avait consacré d'ailleurs quelques lignes élogieuses : « On trouve beaucoup de science et de raison dans ses ouvrages trop diffus. Il combattit le premier avec succès cette opinion, qui nous sied si mal, que notre morale vaut mieux que celle de l'antiquité. »
La forme est celle d'un questionnaire rythmé par quelques phrases simples du type : « Quelle est la religion dangereuse ? » ou « Quelle est la religion qui peut faire du bien sans pouvoir faire du mal ? ». Les réponses, nettes et tranchées, se condensent parfois en maximes très brèves. Ce catéchisme philosophique vise à donner aux idées un poids d'évidence et à faciliter le travail de la mémoire : « Si les hommes étaient raisonnables, ils auraient une religion capable de faire le bien et incapable de faire le mal. » Inversement, la religion dangereuse est celle qui établit des dogmes incompréhensibles, facteurs de haines et de disputes. La meilleure religion repose sur l'adoration de l'Être suprême sans aucun dogme métaphysique car, s'adressant alors à tous les hommes, elle n'est liée à aucune puissance temporelle.

*Didier Masseau*

## IDÉES RÉPUBLICAINES, PAR UN MEMBRE D'UN CORPS

DESPOTISME • MONTESQUIEU • RÉPUBLIQUE •
ROUSSEAU (JEAN JACQUES) • TYRANNIE •

Cet opuscule imprimé à Genève date vraisemblablement de 1762, année de parution du *Contrat social*, dont il constitue une critique. Il se nourrit aussi de souvenirs de *L'Esprit des lois*, dont il rectifie, comme inspiré par le *Contr'un* de La Boétie, l'analyse du despotisme. Le despote y apparaît comme se perpétuant par l'acceptation même de ceux qui lui sont soumis. À l'analyse traditionnellement politique du despotisme, Voltaire ajoute une sévère dénonciation de la tyrannie religieuse (paragraphes V, VI, VII, IX...). Ces jugements sur *L'Esprit des lois* seront développés dans le *Commentaire\* sur l'Esprit des lois* de 1777. Le discours est prêté à un huguenot, ce qui facilite de telles dénonciations. Partout est affirmée la séparation nécessaire de l'Église et de l'État: « C'est insulter la raison et les lois de prononcer ces mots: gouvernement civil et ecclésiastique; et aucun de ces règlements ne doit être fait que par la puissance civile. »

La réflexion de Voltaire sur le pouvoir porte en fait, pour l'essentiel, sur l'ambition qu'il faut nécessairement limiter; sur le rôle des lois auxquelles il est demandé simplicité et clarté, adaptation aux évolutions. Ainsi les lois doivent-elles favoriser le commerce et l'industrie, rendre effective la tolérance et préserver la liberté de penser et de publier. Contre Montesquieu et Rousseau, Voltaire ne croit pas que la république soit le régime des petits États (paragraphes XXVIII, XXX) et il s'oppose aussi au modèle rousseauiste de démocratie directe. La critique du *Contrat social* porte moins sur les principes que sur les détails. Voltaire y relève minutieusement des contradictions, des extravagances (paragraphe XXXIII), des ignorances même (paragraphe XXXV), et dénonce l'inadmissible présomption de l'auteur et ses antithèses cyniques: « Si l'on se donnait la peine de lire attentivement ce livre *Du contrat social*, il n'y a pas une page où l'on ne trouvât des erreurs ou des contradictions. » Malgré le titre, ces pages marquent par rapport au gouvernement républicain une position très ambiguë. « Comme il n'y a jamais de gouvernement parfait », Voltaire ne croit pas à l'excellence de la république, tout en lui reconnaissant l'avantage d'un gouvernement laïque, et si elle est protestante une forte hostilité au clergé, ce qui constitue pour lui les fondements de la tolérance et de la prospérité.

Dans le procès de *L'Esprit des lois*, qui clôt ce texte, Montesquieu est accusé de citer faussement, d'affirmer sans preuve (comme ce rejet du bas commerce qui caractériserait Athènes) ou de commettre des erreurs de datation (François I$^{er}$ n'est pas contemporain de Christophe Colomb). Cette critique minutieuse pèche, comme le prouve amplement le

Commentaire postérieur, par un sens trop aigu du détail aux dépens de l'analyse du système mis en cause.

Jean Goulemot

## IL FAUT PRENDRE UN PARTI OU LE PRINCIPE D'ACTION
ATHÉISME · DÉISME · MAL · MÉTAPHYSIQUE · THÉISTE ·

Sous ce titre curieux, un opuscule de métaphysique, composé en 1772-1773 et publié en 1775 : « Il ne s'agit que d'une petite bagatelle, de savoir s'il y a un Dieu ; et c'est ce que je vais examiner très sérieusement et de très bonne foi, car cela m'intéresse, et vous aussi. » À près de 80 ans, Voltaire reprenait donc la question de Dieu – et « très sérieusement » en effet, passé ce piquant préambule : en vingt-cinq points et plus de soixante pages, souvent denses. L'affaire du *Système\* de la nature* avait suscité à chaud une « Réponse », sobrement intitulée *Dieu\** (1770), puis des *Lettres\* de Memmius à Cicéron* (1771) ; cet opuscule les prolonge, fiction en moins, et sur la même « petite bagatelle » devaient suivre encore l'essai *De\* l'âme* et l'*Histoire\* de Jenni* (1775), et enfin les *Dialogues\* d'Évhémère* (1777). Contre les progrès de l'athéisme, une pédagogie tardive de foi philosophique, personnelle et passionnée.

Partant d'« observations » rationnelles sur les lois de l'univers et de la vie – action et réaction, instincts et espèces –, mais s'appuyant aussi sur des « expériences » intuitives communes, jusqu'aux plus intimes – le souvenir, la liberté, le rêve –, une même induction pressante remonte à la nécessité d'un « principe d'action » : Être unique, universel, éternel, cause ultime de tout ce qui s'opère à tout instant dans le monde. Il est donc sûr qu'un Dieu « anime toute existence » – mais incommensurable, inconnaissable. D'où l'aporie humiliée des explications du mal – « Tout renaît pour le meurtre ». D'où surtout la revue burlesque des religions constituées, faussement fortes de leurs dogmes, en fait monologues parallèles d'une même fable du monde, absurdes ou barbares – et de toute façon dérisoires. Nul n'a jamais rien su, nul ne saura jamais rien de « l'Être formateur », de « l'Être agissant » ; seule l'existence d'un Dieu – « vérité sublime », écrit Voltaire – est accessible à « l'élancement de l'esprit humain ». Les derniers mots, une fois ce « parti » pris, proposé et défendu, seront donc logiquement « etc. etc. etc. ».

Condorcet\* tenait en haute estime ce petit traité de minimalisme théiste, dont il parle à part, à la fin de sa *Vie de Voltaire*. Il y avait trouvé, dit-il, « les preuves les plus fortes de l'existence d'un Être suprême qu'il ait été possible jusqu'ici aux hommes de rassembler ».

À l'article « Du mal dans l'animal appelé homme », en passant, Voltaire a

# I

marqué une date à vif : « Aujourd'hui 24 auguste, ou 24 août 1772, jour où ma plume tremble dans ma main, jour de l'anniversaire centenaire de la Saint-Barthélemy... »

André Magnan

## IMAGE

*Métaphores dans toutes les langues : c'est une image pour suppléer une idée qui n'est pas nette. Aussi le peuple parle en métaphores dans toutes ses passions : « Je brûle, j'enrage, je suis mort etc. » ; dans ses injures : « Gibier de potence, enfant du diable ».*

Carnets.

*Les pensées d'un auteur doivent entrer dans notre âme comme la lumière dans nos yeux, avec plaisir et sans effort, et les métaphores doivent être comme un verre qui couvre les objets mais qui les laisse voir.*

Carnets.

## IMAGINATION

BON SENS · ENTHOUSIASME · RAISON · ROMAN ·

Le concept d'imagination occupe une place essentielle chez les penseurs du XVIII$^e$ siècle et Voltaire ne fait souvent qu'exprimer, sur ce point, les idées de son temps : toute une conception psycho-physiologique de l'imagination qui doit beaucoup à Malebranche. Pour celui-ci, l'imagination ne saurait avoir un rôle proprement inventif, car sa fonction est essentiellement combinatoire. Voltaire reprend cette idée quand il écrit, dans l'article « Imagination » des *Questions sur l'Encyclopédie* (1770-1772) : « On ne fait aucune image, on les assemble, on les combine. Les extravagances des *Mille et une Nuits* et des contes de fées etc., ne sont que des combinaisons. » D'autre part, l'imagination a partie liée avec la mémoire. Selon l'antique conception mécaniste, les « images » sont des traces qui se logent dans les sillons du cerveau et que la mémoire se contente d'enregistrer pour nourrir ensuite l'imagination. À partir de ce substrat commun, chaque penseur attribue à la fonction imaginante une plus ou moins grande autonomie, qui sera toujours relative.

Voltaire, quant à lui, confère à l'imagination un rôle positif dans la création littéraire, à condition que la « folle du logis » – l'expression est de Malebranche – n'outrepasse pas les limites modestes que lui assigne sa fonction. Il existe en effet, chez Voltaire, une théorie esthétique de l'imagi-

nation : elle est indispensable à l'inspiration, mais doit s'allier à un jugement profond pour ne pas extravaguer ni violer les règles du bon goût. Sur ce point comme sur tant d'autres, Voltaire se montre fidèle à l'esprit classique. Dans le même article «Imagination», il dresse la liste des genres littéraires et des domaines relevant de cette faculté. Elle est un ingrédient indispensable à l'art romanesque et à la création poétique, mais, ajoute Voltaire : «Un jugement toujours sain règne dans les fables d'Ésope : elles seront toujours les délices des nations. Il y a plus d'imagination dans les contes des fées ; mais ces imaginations fantastiques, dépourvues d'ordre et de bon sens, ne peuvent être estimées.» Quand l'imagination intervient dans la conversation, «elle peint vivement ce que les esprits froids dessinent à peine». On comprend, à travers ces exemples, que l'imagination joue dans la création littéraire un rôle d'appoint ; si elle pare de ses charmes les agréments du style ou de la conversation, elle doit toujours être maniée avec art.

L'imagination offre aussi un versant plus sombre, surtout dans sa forme passive. Lorsqu'elle n'est plus maîtrisée par la raison, «elle est la source de nos passions et de nos erreurs» : Voltaire met en garde contre la puissance des images, qui inspirent des émotions incontrôlables, lesquelles influent directement sur les comportements. On peut repérer ici un infléchissement personnel. Cette faculté comporte en effet pour lui une menace constante de dérèglement, de dévoiement, le risque permanent de s'exercer à vide, le sujet n'étant plus capable alors de maîtriser le flux de sensations qui le submerge. Les métaphysiciens purs, qui refusent de soumettre à la vérification expérimentale leurs spéculations audacieuses, subissent à chaque instant cette influence. Aussi Voltaire suit-il Descartes et Malebranche jusqu'au moment seulement où ils franchissent le garde-fou qui empêche la raison d'errer. On pressent sous cette analyse une critique de fond : des fanatiques abusent toujours de la force des images pour exercer sur le peuple vulnérable et versatile une odieuse et terrible domination.

*Didier Masseau*

## IMITATION

ANCIENS · GÉNIE · GOÛT · NATURE · TRADUCTION ·

Au sens strict, l'«imitation» est l'effort conscient qui consiste à s'inspirer d'un modèle pour rivaliser avec lui. Sans effort, c'est le plagiat : les Fréron et les Clément ne se privèrent pas d'en accuser Voltaire. Sans conscience, c'est la réminiscence, ressouvenir involontaire bien plausible chez un «connaisseur» aussi cultivé. Sans hommage à un modèle, c'est le corrigé, la parodie ou l'adaptation. Des corrigés, Voltaire aime à en donner : contre

la *Sémiramis*, l'*Électre* et le *Catilina* de Crébillon\*, sa *Sémiramis*, son *Oreste*, sa *Rome sauvée*. « Nous avons plus d'une ancienne pièce qui, étant corrigée, pourrait aller à la postérité », dira-t-il aussi en exergue de sa *Sophonisbe*\*, qui entend « ressusciter » l'ancienne de Mairet, régulière mais « froide ». Quant aux parodies, Voltaire en a livré de savoureuses, qu'il ait voulu brocarder le « style oriental » (comme dans la fin de l'article « Anciens et Modernes » des *Questions sur l'Encyclopédie*), les combats homériques (au chant XI de *La Pucelle*) ou les discours cléricaux dans ses Facéties\* (d'où les « sermons », « mandements » et « homélies »). Les adaptations, enfin – distinctes des traductions\*, tenues en principe à l'exactitude – ne veulent pas rivaliser avec l'original, mais en faire connaître l'esprit ; ainsi *La Mort de César*, adaptée de Shakespeare, ne vise qu'à « faire connaître le goût du théâtre anglais », en l'émondant des « défauts » les plus choquants pour le public français.

L'imitation, elle, au sens plein, est une « joute », qui suppose d'abord l'exercice du goût : il faut choisir à bon escient ses auteurs, et ce qu'on imitera en eux. Ainsi Racine, dans *Phèdre*, a-t-il su n'imiter dans l'*Hippolyte* d'Euripide que la quarantaine de vers qui valaient de l'être ; ainsi Corneille a-t-il pu, dans son *Héraclius*, « tirer de l'or du fumier de Calderón ». L'« imitation » suppose aussi l'assimilation : il s'agit d'« enchâsser » si bien ce qu'on emprunte, que cela semble « couler de source ». À l'inverse, le mauvais imitateur est « un estomac ruiné qui rend l'aliment comme il le reçoit » (Carnets). Enfin seul un « talent unique » peut faire de l'imitation la vraie recréation qu'elle doit être. De fait, à condition de savoir garder la mesure (car « trop d'imitation éteint le génie », écrit Voltaire dans ses *Conseils à M. Racine*), rien n'est plus enrichissant que ces emprunts. Et pour un auteur : c'est « par l'imitation du style de Racine » que Massillon s'est acquis sa gloire (*Lettre à l'Académie*, 1776) ; et pour une littérature : c'est par d'« heureuses imitations » que Corneille a « réformé la scène tragique et la scène comique » (*Commentaires sur Corneille*, préface du *Menteur*).

Inversement, si « le goût peut se gâter chez une nation » après les « siècles de perfection », c'est parce que « les artistes, craignant d'être imitateurs, cherchent des routes écartées » (*Encyclopédie*, art. « Goût ») – d'où des excès d'originalité, des excentricités. Car imiter les « bons auteurs », c'est au contraire se rapprocher de la nature, s'inspirer de la « belle nature » qu'ils ont « saisie » (*ibid.*).

Toute imitation a donc ses degrés. On peut imiter l'original, soit globalement (comme Voltaire dans *Œdipe*), soit en partie (ainsi l'acte IV de *Mahomet*, dont le sujet est pour le reste « d'invention », est-il imité du *Marchand de Londres* de George Lillo). On peut aussi en imiter, soit des « beautés particulières », des vers remarquables, un bel effet (le spectre de Ninus, dans *Sémiramis*, inspiré de *Hamlet*), soit une couleur de style (ainsi

*La Pucelle* est-elle composée «dans le goût de l'Arioste»), soit un «esprit» général («Je n'ai point copié l'*Électre* de Sophocle [...] j'en ai pris tout l'esprit et toute la substance», dit l'épître en tête d'*Oreste*), soit encore une valeur fondamentale du goût (telle «cette simplicité qui, dans votre ouvrage, m'a servi de modèle», *Lettre à M. Maffei*, en tête de *Mérope*). *La Henriade* combine à elle seule des «emprunts» précis à d'illustres maîtres (Corneille pour une quarantaine de vers, Racine pour une centaine, etc.) et l'influence, directe ou générale, des chefs-d'œuvre de la tradition épique ancienne et moderne, de *L'Énéide* à la *Jérusalem délivrée*.
Les Anciens restent pour Voltaire des sources privilégiées: «Il n'y a point de beautés dont on ne trouve en eux les semences» (dit encore l'épître en tête d'*Oreste*), et il faut donc tâcher, comme on savait le faire au siècle de Louis XIV, d'en recueillir «les fruits». Dans le cas idéal, la «copie» se révèle «supérieure à l'original», tel l'*Art poétique* de Boileau\*, qui l'emporte sur celui d'Horace. Les Français ne seraient-ils donc qu'une «nation d'imitateurs»? Mot très sévère du *Discours aux Welches*, mais nuancé par l'analyse: le connaisseur préférera toujours l'œuvre dont l'auteur a su «atteindre à la perfection en imitant et en surpassant ses maîtres», tels un La Fontaine, supérieur à Ésope, un Molière, supérieur à Plaute et Térence, etc. D'où ce trait, qui semble original: «Homère a fait Virgile, dit-on; si cela est, c'est sans doute son plus bel ouvrage» (*Essai sur la poésie épique*, chap. III).

*Patrick Brasart*

## IMPÔTS

GOUVERNEMENT • LUXE • MOINES • PHYSIOCRATIE •

Qui oublierait que la fiscalité, injuste, peu rentable, fut une des causes de la crise de l'Ancien Régime? Plus que Montesquieu, Rousseau ou Diderot, et proche en cela de réformateurs comme Turgot ou Necker, Voltaire a analysé ce système fiscal et ses effets pervers, dénoncé ses injustices, prôné des réformes. Cet intérêt a toujours été vif chez lui. Les *Lettres philosophiques*, dès 1734, donnaient l'Angleterre en exemple: «Un homme, parce qu'il est noble ou parce qu'il est prêtre, n'est point ici exempt de payer certaines taxes, tous les impôts sont réglés par la Chambre des communes, qui n'étant que la seconde par son rang, est la première par son crédit» ($IX^e$ lettre).
En 1749, lorsque Machault\* d'Arnouville propose un plan de réformes pour répartir plus équitablement la charge fiscale et crée l'impôt du vingtième, Voltaire, sollicité par le ministre en qualité d'historiographe, prend position dans un brillant opuscule publié à chaud: *Lettre\* à l'occasion de l'im-*

*pôt du vingtième.* Il feint d'y rapporter une conversation entendue chez un riche particulier, entre un «homme à contradiction», qui prétend que la France est ruinée, et un «bon citoyen» qui prouve le contraire, et démontre que les impôts levés par Louis XIV n'ont ni ruiné ni même endetté la France. La position voltairienne est originale: elle est celle du citoyen responsable qui sait que «le peuple heureux est celui qui paie le plus et qui travaille le plus, quand il paie et travaille pour lui-même». Car avant même de mettre en cause la répartition de l'impôt, Voltaire prend parti sur son usage et définit, à travers lui, une politique du bien public. À la même conjoncture des années 1749-1750 se rattachent trois autres opuscules d'orientation réformatrice: *Des\* embellissements de la ville de Cachemire, Des\* embellissements de Paris* et *La Voix\* du sage et du peuple.*

*L'Homme\* aux quarante écus* est publié en 1768 en plein mouvement physiocratique, alors que triomphent les théories de Mirabeau père, de Le Mercier de La Rivière et de Du Pont de Nemours, et que le périodique de l'abbé Baudeau, les *Éphémérides du citoyen,* qui en assure la promotion, connaît un étonnant succès dans l'opinion. Majoritairement, les philosophes s'y opposent: Grimm, Galiani, Rousseau lui-même. Voltaire y est hostile: il estime que la réforme fiscale qu'ils prônent entraînerait, si elle était appliquée, des conséquences absurdes. Les physiocrates avaient avancé l'idée que toute richesse venant de la terre, la fiscalité devait uniquement porter sur les produits agricoles. Voltaire, propriétaire de Ferney, n'apprécie guère et va démontrer l'incohérence d'une telle proposition. Son héros, petit exploitant, supporte une charge fiscale qui épargne son voisin, un richissime financier, mais qui ne possède pas de terres. Le paysan sera ruiné sous prétexte qu'il est le seul producteur de richesses. Le financier deviendra de plus en plus riche, et les moines continueront d'être exemptés d'impôts. Voilà de quoi décourager et révolter ceux qui travaillent et se rendent utiles.

La question de l'imposition était si cruciale que Voltaire a placé dans les *Questions\* sur l'Encyclopédie* un article «Impôt». Il y analyse, en relation avec les types de gouvernement, les formes que revêt l'impôt. «Dans les républiques, et dans les États qui, avec le nom de royaume, sont des républiques en effet, chaque particulier est taxé suivant ses forces et suivant les besoins de la société.» Dans les États monarchiques (confondus ici avec les États despotiques), seuls ceux qui travaillent paient l'impôt, et l'argent ainsi recueilli sert non seulement à payer les soldats, mais aussi à «payer les arts et le luxe». N'est-il point injuste de faire ainsi payer par ceux qui travaillent le luxe d'une minorité? Voltaire retrouve en fait, à quelque quarante ans de distance, les débats du *Mondain\** : l'impôt, reversé sous forme de pensions royales à une minorité qui vit dans le luxe, sert aussi à fournir du travail aux paysans, aux artisans et aux manufacturiers. La vision du cycle éco-

nomique est ici un peu sommaire. C'est, pour reprendre une formule de
René Pomeau*, un Voltaire conservateur qui reparaît ici.

Jean Goulemot

*Ce ne sont point les impôts qui affaiblissent une nation, c'est, ou la manière de les percevoir, ou le mauvais usage qu'on en fait. Mais si le roi se sert de cet argent pour acquitter des dettes, pour établir une marine, pour embellir la capitale, pour achever le Louvre, pour perfectionner ces grands chemins qui font l'admiration des étrangers, pour soutenir les manufactures et les beaux-arts, en un mot pour encourager de tous côtés l'industrie, il faut avouer qu'un tel impôt, qui paraît un mal à quelques-uns, aura produit un très grand bien à tout le monde.*

*Lettre à l'occasion de l'impôt du vingtième, 1749.*

INCESTE

DENIS (MME) •

« Prohibée par Dieu et l'Église », cette transgression devient un thème de réflexion plus ouvert au XVIII<sup>e</sup> siècle. L'*Encyclopédie*, en la définissant comme « une loi de bienséance », pose une nouvelle question : « Serait-il temps de ne plus regarder les mariages entre cousins germains comme incestueux ? » Voltaire, qui a consacré à l'inceste un article dans les *Questions* sur l'Encyclopédie*, soulève aussi le problème de « l'inceste spirituel » entre marraine et filleul – c'est une des données de *L'Ingénu**.

À 24 ans, il a commencé sa carrière en faisant jouer un *Œdipe*. Avec cette première tragédie, le jeune Arouet se libérait de la domination paternelle et, changeant d'identité, devenait Voltaire. Il reprit le thème de l'inceste dans *Ériphyle* en 1732, dans *Mahomet* en 1741, puis dans *Sémiramis* en 1748. Mais à l'époque de cette dernière pièce, il est déjà l'amant de sa nièce, Mme Denis*. Entre oncle et nièce, un mariage n'est pas forcément considéré comme incestueux ; une dispense de Rome, en le normalisant, le fait admettre par la société : deux familiers de Voltaire, La Condamine* et Pâris de Montmartel la demandèrent, l'obtinrent, et épousèrent leur nièce. Sa liaison avec Marie Louise ne semble pas avoir culpabilisé Voltaire, il suffit de lire ses lettres amoureuses pour s'en convaincre. Pour autant, il ne chercha jamais à légitimer leur lien. Le secret était sans doute connu de leurs amis et de leurs proches, et respecté par bon ton.

Voltaire consacre à l'inceste un chapitre de *La Défense* de mon oncle* (1767). « Chez nous autres remués de barbares, écrit-il, on peut épouser sa nièce avec la permission du pape, moyennant la taxe ordinaire, qui va, je crois, à quarante mille petits écus en comptant les menus frais. J'ai

toujours entendu dire qu'il n'en avait coûté que quatre-vingt mille francs à M. de Montmartel.» Mais à qui songe-t-il donc, lorsqu'il ajoute: «J'en connais qui ont couché avec leurs nièces à bien meilleur marché»?

Anne Soprani

*INCURSION SUR NONNOTTE, EX-JÉSUITE*

Voir UN CHRÉTIEN CONTRE SIX JUIFS.

INDE

CONTES PHILOSOPHIQUES • ÉZOUR-VEIDAM • FRAGMENTS SUR L'INDE •<br/>LALLY-TOLLENDAL •

L'Inde a d'abord été pour Voltaire un objet d'études auquel le portait son insatiable curiosité intellectuelle, comme le prouvent les ouvrages conservés dans sa bibliothèque: récits de voyages, classiques de la philosophie hindoue, traités religieux, dont on sait qu'il les a annotés. De ce savoir, Voltaire a nourri les chapitres CXLIII et CLVII de l'*Essai sur les mœurs* et les pages consacrées à l'histoire, aux mœurs et aux croyances des hindous dans les *Fragments sur l'Inde*. Cette information, soigneusement accumulée, a enrichi aussi sa réflexion philosophique, car l'hindouisme lui permet de fonder sa mythologie comparée et de démontrer que tel épisode ou usage biblique a son correspondant, à peine déformé, dans les livres sacrés de l'Inde: sur le mode du conte, avec *Le Taureau blanc*, ou en usant du discours historique, dans les *Fragments sur l'Inde* et l'*Essai sur les mœurs*, Voltaire ne cesse de le répéter. L'Inde avec ses fakirs, ses bramins, ses conteurs – et peut-être se souvient-il ici des fables de Pilpaï, source de La Fontaine? – a aussi inspiré nombre de ses contes. *Babouc*, *Les Lettres d'Amabed*, *Le Taureau blanc*, tel épisode de *Zadig*, l'atmosphère du *Crocheteur borgne* doivent un détail saugrenu, une façon de conter, un épisode, une galerie de personnages aux lectures de Voltaire consacrées à l'Inde.

Mais l'Inde, à la différence de la Chine\*, ne propose pas à Voltaire un modèle de tolérance, d'organisation politique, de saine philosophie qu'il pourrait opposer au fanatisme et au désordre de l'Occident politique, social et religieux. Tout y est fables et superstitions. Et même s'il recommande de ne pas se moquer des bains rituels pratiqués dans le Gange (*Essai sur les mœurs*, chap. CXLIII), on sent bien qu'il n'en pense pas moins. Et que dire de cette coutume qui veut que les veuves s'immolent sur le bûcher de leur défunt mari? Zadig l'abolit, c'est une de ses bonnes

actions. Les bramins se révèlent presque aussi ambitieux et dangereux que les prêtres européens. Les fakirs, si l'on en croit Babouc, sont des fanatiques vindicatifs et intéressés. La tolérance n'est pas de ce monde, et Voltaire, dans les *Fragments sur l'Inde*, montre les imperfections de la société hindoue, le primitivisme de ses pratiques religieuses et de ses coutumes.

Il reste l'Inde contemporaine, à laquelle Voltaire consacre les passages les plus importants des *Fragments*, repris pour certains dans le *Précis du siècle de Louis XV*. Elle est le théâtre de la rivalité coloniale anglo-française dont, malgré ses préjugés, l'éloignement géographique, et le manque d'information, Voltaire finit par comprendre les enjeux. Mieux sans doute que pour le Canada\* et le continent américain. La défense de l'honneur de Lally-Tollendal, commandant les troupes françaises en Inde, l'a probablement aidé à percevoir la nature de l'affrontement militaire et politique qui s'y déroulait.

Jean Goulemot

*Vous ne perdrez point un temps précieux à rechercher toutes les sectes qui partagent l'Inde. Les erreurs se subdivisent en trop de manières. Il est d'ailleurs vraisemblable que nos voyageurs ont pris quelquefois des rites différents pour des sectes opposées ; il est aisé de s'y méprendre. Chaque collège de prêtres, dans l'ancienne Grèce et dans l'ancienne Rome, avait ses cérémonies et ses sacrifices. On ne vénérait point Hercule comme Apollon, ni Junon comme Vénus : tous ces différents cultes appartenaient pourtant à la même religion.*

*Nos peuples occidentaux ont fait éclater dans toutes ces découvertes une grande supériorité d'esprit et de courage sur les nations orientales. Nous nous sommes établis chez elles, et très souvent malgré leur résistance. Nous avons appris leurs langues, nous leur avons enseigné quelques-uns de nos arts. Mais la nature leur avait donné sur nous un avantage qui balance tous les nôtres : c'est qu'elles n'avaient nul besoin de nous, et que nous avions besoin d'elles.*

Essai sur les mœurs, 1756, chap. CXLIII.

## INDEX

CENSURE · ROME ·

Les livres de Voltaire mis à l'Index par la cour de Rome, du vivant de leur auteur, sont en très grand nombre. Sans aucun doute, il est même l'auteur français le plus représenté parmi les livres condamnés. L'*Index Librorum Prohibitorum*, édition de 1948 publiée par l'Imprimerie du Vatican, en donne la liste suivante :

*Lettres philosophiques*, 24 mai 1752 ; *Œuvres* (édition de Dresde de 1748),

6 septembre 1752; *Histoire des croisades*, 11 mars 1754; *Abrégé de l'histoire universelle*, 28 juillet 1755; *Essai sur l'Histoire universelle depuis Charlemagne*, 28 juillet 1755; *Précis de l'Ecclésiaste et du Cantique des cantiques*, 3 décembre 1759; Romans et contes, 2 juillet 1804.
Et sous la rubrique *L'A. B. C.*, dix-sept dialogues; *Catéchisme de l'honnête homme, ou Dialogue entre un caloyer et un homme de bien*, 8 juillet 1765; *Collection de lettres sur les miracles*, 29 novembre 1771; *Commentaire sur le livre Des délits et des peines*, 19 juillet 1768; *La Défense de mon oncle*, 29 novembre 1771; *Dictionnaire philosophique portatif*, 8 juillet 1765; *Les Droits des hommes et les Usurpations des autres*, 11 août 1769; *L'Évangile de la Raison*, 8 juillet 1765; *Examen important de milord Bolingbroke ou le Tombeau du fanatisme*, 29 novembre 1771.
Vient ensuite une troisième partie qui comprend les titres suivants: *L'Homme aux quarante écus*, 29 novembre 1771; *Mélanges (Nouveaux)*, 15 novembre 1773-16 février 1778; *L'Oracle des anciens fidèles pour servir de suite et d'éclaircissement à la sainte Bible*, 8 mai 1761; *Ouvrages philosophiques pour servir de preuves à la religion de l'auteur*, 8 juillet 1765; *La Pucelle d'Orléans*, 20 juin 1757; *Les Questions de Zapata*, 29 novembre 1771; *La Raison par alphabet*, 22 avril 1776-2 juillet 1896; *Saül et David, hyperdrame* d'après l'anglais: *The Man after God's on Heart*, 8 juillet 1765; *Le Sermon des Cinquante*, 8 juillet 1765; *Les Singularités de la nature*, 16 juillet 1770; *Testament de Jean Meslier*, 8 juillet 1765; *Traité sur la tolérance*, 3 février 1766; *La Voix du sage et du peuple*, 25 janvier 1751-2 mars 1752; *Amabed (Lettres d')*, lettres traduites par l'abbé Tamponet, 1$^{er}$ mai 1778; Bazin, *La Philosophie de l'histoire*, 12 décembre 1768; Joseph Bourdillon, *Essai historique et critique sur les dissensions des Églises de Pologne*, 12 décembre 1768; Francheville, *Le Siècle de Louis XIV*, 20 décembre 1763; Charles Gouju, *Lettre à ses frères*, 24 mai 1762; Kayserling, *Discours aux confédérés catholiques de Kaminiek*, 11 août 1769; Ralph, *Candide ou l'Optimisme*, 24 mai 1762.
Certains titres ne sont pas exacts ou ne renvoient que lointainement à des œuvres connues. Rappelons que l'Index a été supprimé à la suite du concile Vatican II (1966).

*Jean Goulemot*

## INDIENS

Voir AMÉRIQUE.

## INDISCRET (L')

COMÉDIES • COURTISAN •

Pièce en un acte, en vers, représentée le 18 août 1725 à la Comédie-Française. Peu comique, mais très morale, l'œuvrette condamne le pire défaut qui soit à la cour comme à la ville, et dans le pays du Tendre. Dédiée à Mme de Prie, favorite du duc de Bourbon, elle sera rejouée à Fontainebleau en septembre, pour les fêtes du mariage de Louis XV et de Marie Leszczynska. La reine y rit : le poète, alors courtisan, n'en attendait pas plus.

*Henri Lagrave*

## INÉGALITÉ

Voir ÉGALITÉ.

## INFÂME (L')

BESTIAIRE • FANATISME • TOLÉRANCE •

Voltaire eut sa bête immonde, au ventre fécond : « le monstre » dans son bestiaire, « l'hydre » aussi. Les dictionnaires modernes, lorsqu'ils enregistrent cet emploi « voltairien » du mot, le font « substantif masculin singulier, à valeur de neutre », et le glosent, après citation du fameux slogan, comme désignant « la superstition, l'intolérance » – une pancarte sur la vieille cage. La première exhortation apparaît, semble-t-il, en juin 1759, dans une lettre à Mme d'Épinay : « Il faut extirper l'infâme, du moins chez les honnêtes gens » – Voltaire a 65 ans. Les premiers « Écrasez l'Infâme » suivent de près, en 1760, puis la signature « Écrlinf* » est inventée en 1763. Mais cette lutte de la vieillesse était latente au départ de l'œuvre, dans le fameux couplet d'*Œdipe* (1718) sur la « science » des « prêtres », et surtout dans l'horrible « Saint-Barthélemy » du chant IV de *La Ligue* (1723), devenue *La Henriade* (1728). En revanche, il n'y a pas d'entrée « Infâme » dans les œuvres alphabétiques, ce *Dictionnaire\* philosophique*, ces *Questions\* sur l'Encyclopédie*, qui servirent ensuite à cette lutte. L'Infâme se maudit, se conjure, se combat ; on le définit mal, on en parle peu. Le caractère ésotérique du terme est d'ailleurs bien marqué dans les correspondances entre les « frères » du combat – et les outrances expressives du bestiaire indiquent peut-être autrement l'intuition d'une chose au fond *innommable*.

C'est le jansénisme, écrit un jour Voltaire à d'Argental ; sur le tableau qu'il fait des convulsionnaires\*, on ne les exclut pas. Mais une grande lettre de

1762 à d'Alembert évoque en vrac la superstition, les jésuites, les moines, les disputes théologiques, les régicides fanatiques, l'Inquisition, et finit par cette dénégation : « Vous pensez bien que je ne parle que de la superstition, car pour la religion chrétienne, je la respecte et l'aime comme vous. » « L'Infâme » est donc « la religion chrétienne » comme non aimable et non respectable ; c'est le christianisme en tant qu'il pouvait incarner un pouvoir, un ordre, une mémoire, avec vocation à durer et à dominer. Car « la religion chrétienne » était alors un sens total partout à l'œuvre dans l'espace chrétien : foi unique et « Vérité » uniquement révélée, fondement unique du pouvoir des monarques et des princes, investissement unique de sens pour toute vie humaine, entre l'embryologie sacrée et les derniers sacrements. « Tyrannie sur les âmes », « despotisme de l'esprit », « rage de dominer » : « l'Infâme » voltairien est proprement cela, l'intolérance fondée sur l'absolu des dogmes. À la case vide « Infâme » du dictionnaire voltairien renvoient obliquement, dans les œuvres alphabétiques de la vieillesse, les entrées « Fanatisme », « Inquisition », « Superstition », « Tolérance », et même de plus loin « Christianisme » et « Religion ». Le christianisme depuis Voltaire ayant beaucoup changé, la notion reste disponible pour une critique des idéologies à vocation totalitaire. Sans annexer Voltaire à toutes les bonnes causes, on peut se demander si la figure de « l'Infâme », historiquement antichrétienne comme elle devait l'être, n'est pas pensable en extension. C'est en tout cas, dans l'histoire de France, l'une des origines, oubliée, peut-être un peu honteuse, de ce qu'on a depuis nommé laïcité.

Quant au terme lui-même, il marque, sur l'ensemble de la carrière de Voltaire, le passage d'une opposition intellectuelle à une lutte active. Il est repris du vocabulaire religieux de la Loi transgressée – sont « infâmes » en chrétienté les péchés, les amours homosexuelles, les comédiens, les mauvais livres, etc. Très tôt, Voltaire a retourné le terme contre les valeurs et les jugements d'Église, en parlant par exemple des « infâmes préjugés » ; mais il s'agissait d'abord d'« extirper » ces « préjugés », au mieux d'« écraser *l'erreur* » – l'expression se trouve dans une lettre au marquis d'Argens en 1752, prolongeant encore le refus de la « crédulité » dont *Œdipe*, dès 1718, faisait l'unique « science » des prêtres. La transformation en « Écraser *l'Infâme* » (1760) porte la subversion contre l'ordre même du dogme. Geste de contre-pouvoir, et non plus de contre-système. Ce ne fut évidemment pas une inspiration fulgurante, mais une lente et longue maturation : il y allait, depuis les *Lettres\* philosophiques* au moins, d'une vision de l'homme et de l'histoire. Deux facteurs expliquent en 1760 le déclenchement de l'offensive, en termes de pouvoir justement : la sûreté plus grande de la position de Ferney\* et la perspective d'un engagement solidaire, bloc contre bloc, des Philosophes et des ennemis qui les nommaient Cacouacs\*.

*André Magnan*

*Je vois qu'aujourd'hui, dans ce siècle qui est l'aurore de la raison, quelques têtes de cette hydre du fanatisme renaissent encore. Il paraît que leur poison est moins mortel, et leurs gueules moins dévorantes. Le sang n'a point coulé pour la grâce versatile, comme il coula si longtemps pour les indulgences plénières qu'on vendait au marché; mais le monstre subsiste encore; quiconque recherchera la vérité risquera d'être persécuté. Faut-il rester oisif dans les ténèbres ? ou faut-il allumer un flambeau auquel l'envie et la calomnie rallumeront leurs torches ? Pour moi, je crois que la vérité ne doit pas plus se cacher devant ces monstres, que l'on ne doit s'abstenir de prendre de la nourriture dans la crainte d'être empoisonné.*
Le Philosophe ignorant, 1766, « LVI. Commencement de la raison »<br>— c'est le dernier point du livre.

*Envoyez-moi, je vous prie, cette abominable justification de la Saint-Barthélemy. J'ai acheté un ours, je mettrai ce livre dans sa cage.*
À Thiriot, 24 décembre 1758<br>— un abbé Novi de Caveyrac venait de publier une « Apologie de Louis XIV », avec une « Dissertation sur la journée de la Saint-Barthélemy ».

## INGÉNU (L'), HISTOIRE VÉRITABLE, TIRÉE DES MANUSCRITS DU PÈRE QUESNEL

AMÉRIQUE • CIVILISATION • CONTES PHILOSOPHIQUES • JANSÉNISME • JÉSUITES • JUSTICE • ROMAN • ROUSSEAU (JEAN JACQUES) •

Écrite durant les premiers mois de 1767, publiée en août à Genève et à Paris sans trop de difficultés, bénéficiant même d'une permission tacite, l'œuvre connut un succès immédiat qui entraîna la réaction du parti dévot. La permission tacite fut supprimée. Voltaire attribua son conte à un certain Du Laurens, auteur d'un *Compère Matthieu*, et s'en lava les mains. Le succès ne se démentit pas.

On possède un canevas initial de *L'Ingénu* de la main de Voltaire. Par ajouts successifs, par mutation radicale du point de vue adopté, l'accent étant déplacé vers les amours malheureuses de Mlle de Saint-Yves, on passe d'un projet de récit assez banal, qui mettait en scène un voyageur étranger en France, à un roman d'apprentissage, dont la richesse thématique et narrative permet de nourrir et de nuancer la leçon philosophique.

Dans les mois où Voltaire rédige *L'Ingénu*, on est au plus fort de l'affaire Sirven\*. Après s'être engagé dans la réhabilitation de Calas, Voltaire ne va cesser de combattre : les affaires s'enchaînent, La Barre, Lally-Tollendal, les Monbailli, Étallonde. Le philosophe est constamment sur la brèche. La justice ne peut attendre. Sa plume se met sans répit au service de justes

causes. Il convient donc de lire politiquement d'abord *L'Ingénu*, en gardant en mémoire que si les événements qu'il rapporte se déroulent en 1689-1690, c'est l'actualité qu'il vise.

Mais ne cédons pas trop vite aux apparences. La modération des propos tenus, l'image peu habituelle offerte du règne de Louis XIV, réduit à la toute-puissance des jésuites, au «despotisme ministériel», à la pratique des lettres de cachet et à l'oppression dont ont souffert les protestants par la Révocation, doivent être actualisées. Reconnaissons pourtant que la critique demeure prudente et habile : les jésuites ici dénoncés sont déjà expulsés, l'ordre aboli en France (1762-1764), et on commence à réclamer un édit de tolérance pour les protestants. On blâme les lettres de cachet, et on dénonce le régime cruel imposé aux emprisonnés de la Bastille. Le «despotisme ministériel» est une fiction commode pour condamner le fonctionnement de l'administration en épargnant la monarchie et le monarque.

Certains critiques jugent que le militantisme philosophique tous azimuts mis en œuvre dans *L'Ingénu* est plus essentiel que son message politique. Les derniers soubresauts du jansénisme convulsionnaire inspirent à Voltaire de vives critiques. Sans qu'il approuve pour autant l'internement pour hérésie du janséniste Gordon, mais en affirmant que tout croyant est un fanatique en puissance.

*L'Ingénu* se veut un plaidoyer pour la tolérance. La dénonciation des contraintes, des oppressions y est constante : parfois véhémente, le plus souvent amusée. Ainsi, on force le Huron, en toute bonne foi, à être baptisé (chap. I) : «"Nous le baptiserons, nous le baptiserons, disait la Kerkabon à Monsieur le Prieur ; vous en aurez l'honneur, mon cher frère ; je veux absolument être sa marraine [...]." Toute la compagnie seconda la maîtresse de la maison ; tous les convives criaient : "Nous le baptiserons !"» La catéchèse du Huron est alors l'occasion d'une vive critique des sacrements, que Voltaire juge d'institution humaine, et donc soumis aux aléas de l'Histoire. Les débats entre Gordon et l'Ingénu (chap. X, XII et XIV) sont prétextes à une incessante satire de la théologie de la grâce efficace. Même regard décapant sur l'hypocrisie de la vie provinciale, la mesquinerie des notables qui ne voient pas plus loin que le bout de leur clocher. Le tableau est allégrement dénonciateur. Pourtant Voltaire évite la caricature outrée : Mlle de Kerkabon, sœur du prieur de la Montagne et tante du Huron, est une femme généreuse ; Gordon, tout janséniste qu'il est, finira par se rendre aux raisonnements du Huron. Il deviendra même son mentor culturel. Si l'on excepte les âmes basses : le bailli, le confesseur jésuite, on pèche plus par bêtise ordinaire et négligence que par méchanceté. Le sous-ministre lui-même est plus veule que méchant. Voltaire, optimiste, nous laisse croire que les méchants vont s'amender et servir de leur mieux la

communauté humaine, à l'image de l'Ingénu qui combattra dans les armées royales.

*L'Ingénu* traduit donc un effort obstiné pour croire que tout peut aller mieux, malgré tout, dans un monde qui ne va pas si bien. C'est là sans doute la philosophie profonde du conte, qui proclame sa foi dans le progrès de la civilisation, dont l'itinéraire du Huron donne la mesure. Contre Rousseau, Voltaire affirme son refus du primitivisme. Il s'en moque et condamne sa brutalité. Le Huron ne devient homme qu'en se cultivant et en se policant: la lecture lui apprend à raffiner ses sentiments, Racine à aimer et à pleurer.

Jean Jacques Rousseau n'est pas seul pris à partie. Dans *L'Ingénu*, Voltaire donne libre cours à sa veine parodique: parodie (encore Jean Jacques) de la mort de Julie dans *La Nouvelle Héloïse*; parodie du roman d'aventures; parodie du roman sentimental; parodie du *Paysan parvenu* de Marivaux (la visite à la cour); parodie du récit du visiteur étranger... Voltaire s'amuse, et en s'amusant il ne cesse de philosopher. Ajoutons que si l'épisode de la mort de la belle Saint-Yves, qui ne peut se consoler d'avoir cédé au commis du ministre pour délivrer de la prison son amant, est doublement parodique (de la mort de Julie et du roman sentimental), il se veut aussi une réflexion proche de celle de Diderot sur l'inconvénient d'attacher des idées morales à certaines actions physiques qui n'en comportent pas, comme l'indique le sous-titre du *Supplément au voyage de Bougainville*. Inconvénient si grave qu'il devient un obstacle à la vie et au bonheur.

Jean Goulemot

*« J'ai fait votre malheur, lui dit le sous-ministre; j'emploierai ma vie à le réparer. » La première idée qui vint à l'Ingénu fut de le tuer et de se tuer lui-même après. Rien n'était plus à sa place; mais il était sans armes et veillé de près. Saint-Pouange ne se rebuta point des refus accompagnés du reproche, du mépris et de l'horreur qu'il avait mérités, et qu'on lui prodigua. Le temps adoucit tout. Mons de Louvois vint enfin à bout de faire un excellent officier de l'Ingénu, qui a paru sous un autre nom à Paris et dans les armées, avec l'approbation de tous les honnêtes gens, et qui a été à la fois un guerrier et un philosophe intrépide.*

L'Ingénu, 1767, chap. XX.

## INOCULATION

ANGLETERRE · CIVILISATION · LETTRES PHILOSOPHIQUES ·<br>MAL · PHILOSOPHIE · THÉOLOGIE ·

Sous ce terme, sous celui d'«insertion», sous la périphrase de «petite vérole artificielle», il s'agit de la lutte antivariolique, prise dans son histoire, plus

précisément dans son archive – affaire grave et complexe dans la France du XVIII$^e$ siècle, avec son enjeu fondamental de théologie, qui commandait tous les autres aspects de droit, de politique, de société, de médecine. Ce fut l'un des grands débats du temps, au cœur de cette révolution mentale qu'on appelle Lumières. Voltaire y intervint l'un des tout premiers, l'accompagnant ensuite de loin en loin.

La variole, plus communément nommée petite vérole, était devenue en deux ou trois siècles la principale cause de mortalité à travers l'Europe : on évalue à soixante millions ses victimes au cours du XVIII$^e$ siècle. Elle frappait chaque année à Paris dix à quinze mille personnes, dont une sur sept mourait – trois à cinq mille en sortaient plus ou moins défigurées. Les plus grandes épidémies emportaient le tiers des malades. Celle de 1723 fit vingt mille morts : Voltaire fut atteint, il perdit son ami Génonville* – le Régent aussi en mourut. Celle de 1731 (où Voltaire vit périr son ami de Maisons*), puis celles de 1738 et de 1762, furent également très meurtrières. Dans l'histoire des grandes maladies, la variole après la vérole, entre la peste et la tuberculose, se compare aux fléaux contemporains du cancer et du sida. Elle nouait les mêmes peurs et les mêmes affects, elle ouvrait des questions analogues de sens, de responsabilité, d'action – dans son propre contexte mental.

Dès 1723, Voltaire donne au *Mercure de France* une relation détaillée des symptômes et des effets du mal dont il vient de réchapper, de ses sensations de malade, des soins qui lui ont été prodigués. La démarche était alors totalement neuve qui faisait de la maladie, sujet de thèses et d'observations spécialisées, l'objet d'un discours public, et d'intérêt public. Parler clair et parler pour tous : cette option, pour lui évidente, Voltaire allait l'imposer.

La XI$^e$ des *Lettres philosophiques*, intitulée «Sur l'insertion de la petite vérole», sans doute écrite en 1727-1728, publiée avec les autres en 1734, est beaucoup plus riche : elle contient l'essentiel de ses positions sur la question, elle lance directement le débat de fond. C'était l'historique et l'explication du premier remède déjà établi en Angleterre, base de la future vaccine et de toutes les vaccinations à venir. Dans un hôpital spécialisé de Londres, on avait commencé d'administrer à des sujets sains l'«insertion» par incision d'une pustule variolique prélevée sur un organisme malade, geste empirique observé naguère en Turquie par lady Montagu et appliqué par elle à ses propres enfants, puis expérimenté, par ordre royal, sur des condamnés à mort, cobayes volontaires – et l'immunisation, d'après les premières statistiques significatives, semblait se révéler efficace. En bon vulgarisateur, Voltaire produit des chiffres, des détails, des anecdotes, et quelques formules heureuses, dont on suit l'écho tout au long du siècle dans tous les écrits sur le même sujet.

Mais il esquissait surtout, en reliant la libre initiative de lady Montagu, l'expérimentation officielle patronnée par la princesse de Galles et la prise en charge institutionnelle de la santé publique, un modèle de décision autonome : la société anglaise avait assumé un choix politique majeur, dégagé de toute emprise de dogme ou de foi. « Peut-être dans dix ans prendra-t-on cette méthode anglaise, lance négligemment Voltaire à la fin de sa lettre, si les curés et les médecins le permettent. »
En fait, l'exemple n'était pas transposable à la France sans l'impulsion du prince – Voltaire le savait, bien sûr, mais il affecte de l'ignorer, par stratégie volontariste. Inoculer en France, monarchie catholique, c'était essentiellement « tenter Dieu » : enfreindre le droit premier de Dieu sur la vie et le salut des hommes – « attentat odieux », dit fort bien l'auteur d'une ode dévote publiée en 1736 contre « l'insertion ». Sur ce primat du religieux, aucune conciliation possible en France à cette date : la légitimité royale est sacrée aussi à ce prix. D'où l'affirmation sourde d'une autre légitimité, dans tout l'exposé de cette « lettre philosophique » : l'importance de toute vie humaine fonde une sorte de droit à la santé – comme ailleurs, dans les autres lettres, les droits à la paix et à la sûreté, au bonheur, à la liberté. Tel est le sens oblique et pourtant obvie de l'analyse : la variole doit être désacralisée pour être médicalisée, donc humanisée, question d'abord de vie et de mort. Dans l'histoire idéologique des maladies, du moins pour l'espace mental européen, ce postulat d'humanité est devenu si commun qu'on a peine à concevoir, à deux siècles et demi de distance, sa nouveauté alors scandaleuse – qui explique pourtant, entre autres, la condamnation immédiate des *Lettres philosophiques*.
Pendant quarante ans, Voltaire ne fit guère que répéter les mêmes convictions dans le débat qu'il avait ouvert, reprenant les mêmes arguments et rappelant inlassablement l'exemple anglais. Il salua les épisodes marquants du progrès de la cause : l'inoculation en 1756 à Paris, de la main de Théodore Tronchin\*, des enfants royaux de la maison d'Orléans ; celle des rois de Danemark et de Suède, celle des archiducs à Vienne en 1768, celle de Catherine II de Russie la même année, celle de la duchesse de Choiseul\* en 1769. Il loua les trois grands mémoires de La Condamine\*, l'essai statistique de d'Alembert\*, et d'autres opuscules en faveur de l'insertion. Il fustigea, en 1762-1763, l'imbroglio burlesque des deux Facultés de Théologie et de Médecine de Paris, saisies ensemble de la question par le Parlement, mais se disputant sur la forme et se renvoyant la question, passant de la défense suspensive à la permission conditionnelle, pour finir par l'abstention plus ou moins définitive – ces Welches\* décidément n'aimaient toujours pas assez la vie.
La mort de Louis XV en 1774, attribuée à une petite vérole atypique et fulgurante, fut l'occasion de son ultime intervention, dans un opuscule au

titre parlant: *De la mort de Louis XV et de la fatalité*. Après une succincte relation de l'événement, Voltaire dressait un nouveau bilan à jour des progrès de la lutte antivariolique en Europe, puis, par une captation subtile de l'idée providentielle, il exhortait les Français à mieux faire, si toutefois «la race royale» pouvait encore leur apprendre «à fouler aux pieds l'erreur populaire» – entendons: l'interdit théologique devenu superstition.

Il put se réjouir enfin, quelques semaines plus tard, de la nouvelle de l'inoculation de Louis XVI et de ses deux frères: «J'admire le roi de s'être rendu à la raison, et d'avoir bravé les cris du préjugé et de la sottise» (à Mme d'Épinay, 8 juillet 1774). Peut-être se souvenait-il, en cet été 1774, d'une phrase ajoutée en 1756 à la fameuse lettre de 1734: «Il faut bien du temps pour qu'une certaine raison et un certain courage d'esprit franchissent le Pas de Calais»...

*André Magnan*

## INQUISITION

ESPAGNE · FANATISME · INFÂME · MORELLET · TOLÉRANCE ·

Elle obsède Voltaire car elle incarne, dans sa forme institutionnelle et répressive, l'intolérance catholique et la confusion entre juridiction civile et juridiction ecclésiastique. L'*Essai sur les mœurs* en propose l'histoire (chap. CXL), souvent reprise ailleurs au hasard des réflexions sur le fanatisme ou de la dénonciation des méfaits de l'intolérance. Son évocation nourrit les péripéties des contes: Candide et Pangloss en sont victimes tout comme les héros des *Lettres d'Amabed* ou de l'*Histoire de Jenni*, les uns au Portugal, les autres dans les possessions portugaises des Indes ou à Barcelone. En elle se réunissent les excès d'une Église qui finit par dominer le pouvoir civil et le fanatisme superstitieux des croyants qui les encouragent avant d'en être, à leur tour, les victimes.

L'*Essai sur les mœurs* montre que l'Inquisition vient de loin puisque Rome l'établit vers 1230, «dans les guerres contre les Albigeois», pour «juge[r] les pensées des hommes» et, contre toute norme, l'enleva au pouvoir épiscopal pour la confier à des dominicains et à des cordeliers: «Ces premiers inquisiteurs, note Voltaire, avaient le droit de citer tout hérétique, de l'excommunier, d'accorder des indulgences à tout prince qui exterminerait les condamnés, de se réconcilier à l'Église, de taxer les pénitents, et de recevoir d'eux en argent une caution de leur repentir.» L'Inquisition bénéficia paradoxalement de la protection de l'empereur Frédéric II qui s'opposait pourtant au pape. Elle tenta de s'implanter en France sous le roi saint Louis. En vain. Elle s'étendit en Italie, et tout spécialement à Venise* où le Sénat lui imposa un contrôle. Mais c'est dans la péninsule

Ibérique qu'elle établit le mieux son emprise. La Reconquête facilita son implantation. Le caractère farouche des Espagnols lui ajouta la «barbarie» que la «douceur» italienne rendait impossible. Juifs et musulmans récemment convertis furent ses victimes. Torquemada, le grand inquisiteur, dominicain devenu cardinal, mena avec une poigne de fer une cruelle politique répressive: «Il fit en quatorze ans le procès à près de quatre-vingt mille hommes, et en fit brûler six mille avec l'appareil et la pompe des plus augustes fêtes.» Un redoutable et inhumain système de dénonciations, où le père est accusé par le fils, l'époux par l'épouse, la suspicion et le silence devenus les normes d'une société vivant dans la crainte, une censure exigeante et vigilante qui empêche le progrès des Lumières, un appareil qui épouvante avec «[les] sacrifices publics qu'on nomme auto-da-fé, acte de foi, et [les] horreurs qui les précèdent». Avec son entrée au Portugal, son extension en Amérique, l'Inquisition domine le monde. Elle opprime à l'ouest et rend difficiles les entreprises commerciales dans les Indes. Nul n'est épargné: les rois eux-mêmes sont menacés.

Noir et désastreux tableau. On est loin ici du portrait ridicule de Pangloss coiffé du *sanbenito*. La peinture des pratiques inquisitoriales est tristement tragique, tragiquement dérisoire même quand elle se donne comme une réponse au cataclysme naturel du tremblement de terre de Lisbonne. En elle se conjuguent les méfaits du fanatisme, de la barbarie naturelle à l'homme, de la volonté de pouvoir de l'Église, de l'ignorance enfin. Les malheurs du héros dans l'*Histoire de Jenni*, des amoureux dans les *Lettres d'Amabed*, illustrent, sur le mode du conte, les souffrances physiques et morales qu'infligent les inquisiteurs en qui se mêlent perversité cruelle, goût du pouvoir et fanatisme religieux. Ne donnons pas au bourreau qui sommeille en l'homme l'occasion d'exercer sa férocité. Dans la *Diatribe\* du docteur Akakia, médecin du pape*, un décret parodique de l'Inquisition de Rome insiste sur le refus de la science, de la raison et du progrès qui est la marque de ses condamnations. L'article «Inquisition» du *Dictionnaire philosophique*, ajouté dans l'édition de 1769, raconte sur le mode burlesque l'installation de l'Inquisition à Lisbonne. Dans les derniers paragraphes, l'ironie le cède à l'indignation quand Voltaire dénonce les procédures inquisitoriales «opposées à la fausse équité et à l'aveugle raison de tous les autres tribunaux de l'univers». Justice d'exception, dont Voltaire se félicite que l'Espagne se libère: «Enfin le comte d'Aranda a été béni de l'Europe entière en rognant les griffes et en limant les dents du monstre; mais il respire encore.» L'*Éloge historique de la Raison* (1774) montre l'Inquisition partout mise en déroute par des politiques sages. Quel chemin parcouru depuis l'*Histoire des voyages de Scarmentado* (1756) où le héros subissait la dure loi des inquisiteurs! Il faut pourtant continuer la

# I

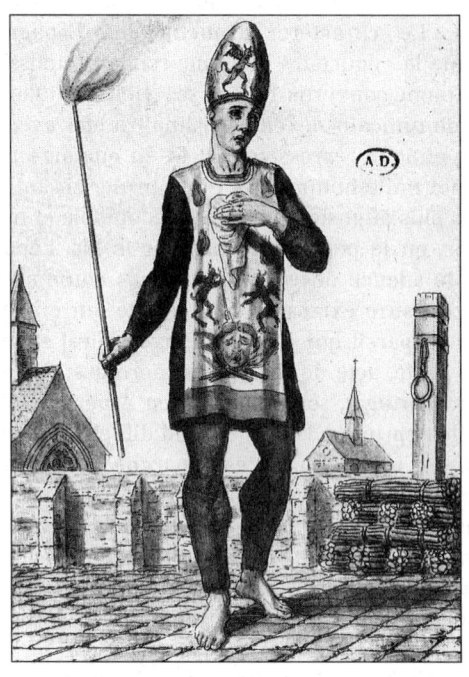

L'« Essai sur les mœurs » le rappelle, l'Inquisition portugaise s'étendit vers les Indes et tout spécialement à Goa. « Les Lettres d'Amabed » racontent comment les héros eurent à souffrir de ses persécutions. À elle seule, Goa symbolisait toutes les pratiques inquisitoriales : de Lisbonne, de Madrid, de Venise et de Rome. Le « Manuel des inquisiteurs à l'usage des inquisitions d'Espagne et de Portugal », adapté du latin par l'abbé Morellet, avait révélé les sombres pratiques. Nul n'ignorait plus le nom de Torquemada ni la forme et les figures du san-benito, que Voltaire par « Candide » ou le « Poème sur le désastre de Lisbonne » avait popularisés. Plus on avançait dans le siècle et plus l'Inquisition devenait un élément narratif.
Il ne s'agit donc plus d'informer, mais de rappeler en suscitant l'horreur. Voilà deux victimes. La première, pieds nus, le torse enveloppé d'une courte chasuble affublée de dessins symboliques, des démons, des larmes ou des flammes. L'homme qui s'avance, le chef couvert d'une mitre satanique, le visage douloureusement tourné vers le bûcher qu'il n'ose regarder, va périr par le feu. Il porte à la main un cierge dont la flamme anormalement haute suggère que le bûcher va s'embraser pour lui. À l'arrière-plan, deux églises entourées de murs, à l'allure de forteresses ; à droite, le bûcher avec les fagots disposés en un bel ordre et, fixé au

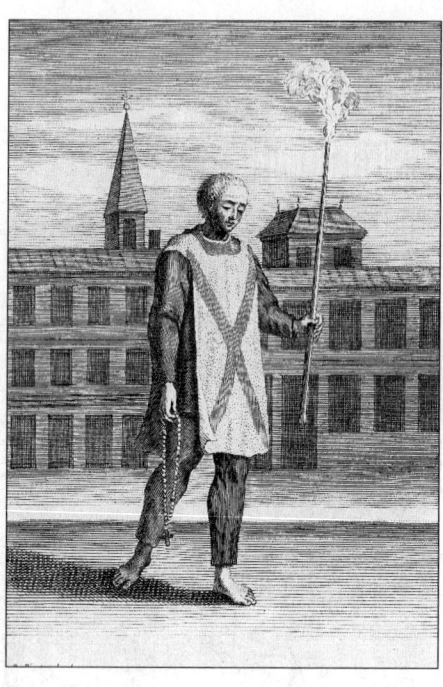

poteau, l'anneau qui entourera le cou de la victime durant l'exécution. La deuxième gravure est moins cruelle. Elle représente « un homme qui s'est accusé lui-même avant que d'être jugé ». La chasuble est marquée de la croix de Saint-André, le chapelet à la main rappelant quelle procédure est ici mise en image. Au fond, des bâtiments conventuels qui ressemblent à une prison, un clocher d'église au-delà des murs et un toit à pans : nous sommes en Asie. Tout est désert. Le cierge à la flamme trop haute indique, à lui seul, ce qui va suivre. Le fait de s'accuser soi-même avant que d'être jugé vaudrait-il au lecteur cette mansuétude de ne pas voir le lieu du supplice ?

J. G.

◄

HOMME CONDAMNÉ AU FEU PAR L'INQUISITION DE GOA, GRAVURE DE LABROUSSE.

PARIS, BIBLIOTHÈQUE NATIONALE DE FRANCE.

▲

HOMME CONVAINCU D'HÉRÉSIE QUI S'EST ACCUSÉ LUI-MÊME AVANT QUE D'ÊTRE JUGÉ, GRAVURE DE B. PICART, 1722.

PARIS, BIBLIOTHÈQUE NATIONALE DE FRANCE.

▶

MANIÈRE DE BRÛLER CEUX QUI ONT ÉTÉ CONDAMNÉS PAR L'INQUISITION, GRAVURE.

PARIS, MUSÉE DES ARTS DÉCORATIFS.

# I

Quittons les lieux vides où se résignaient les condamnés. Nous voilà en pleine exécution publique. À Lisbonne peut-être, avec ses bâtiments royaux et ses forteresses, les bateaux qui croisent au large. Une foule immense qui assiste au spectacle, contenue par des gardes. Trois bûchers sont à l'œuvre : deux brûlent déjà, chacun avec une victime, on prépare le troisième ; un aide allume sa torche à la flamme d'un brasero pour mettre le feu aux bûches qui soutiennent le poteau où est enchaînée la victime ; un autre attache avec soin le cou du condamné dans l'anneau qui le maintiendra dans le feu purificateur. Devant, à gauche, le bois de réserve soigneusement empilé. Une file d'aides s'avance : les uns portent la malheureuse victime jusqu'au bûcher, comme on le ferait d'une effigie ou d'une bannière de procession, les autres des coffres, dont on peut soupçonner qu'ils contiennent les mauvais livres saisis et censurés. Plus au centre de la gravure, un dominicain, pour autant qu'on puisse en juger, présente un crucifix à un condamné que guide, en le maintenant par le bras, un des valets du bourreau. Beaucoup de moines, reconnaissables à leurs barbes et à leur tonsure. Impression d'une extraordinaire activité, d'une noria incessante qui, malgré ce port, image du commerce et d'une activité productrice de richesses, s'achève dans la torture par le feu et la mort. On a là, bien lisible, un détournement de ce qui fait la grandeur de l'homme selon Voltaire. Pas une émotion de ces spectateurs : on est comme au théâtre.

J. G.

lutte : l'Inquisition symbolise à elle seule ces ténèbres contre lesquelles la philosophie des Lumières doit diriger l'essentiel de ses coups.

Jean Goulemot

*Les habits de peau que Dieu fit à Adam et à Ève furent le modèle du « sanbenito » que le Saint-Office fait porter aux hérétiques. Il est vrai que par cet argument on prouve que Dieu fut le premier tailleur ; mais il n'est pas moins évident qu'il fut le premier inquisiteur.*
Dictionnaire philosophique, 1764, art. « Inquisition » (1769).

*Votre inquisition, qui subsiste encore, ne fait-elle pas frémir la raison, la nature, la religion ? Grand Dieu ! Si on allait mettre en cendre ce tribunal infernal, déplairait-on à vos regards vengeurs ?*
Dictionnaire philosophique, 1764, art. « Martyrs » (1765).

## INSCRIPTIONS

Pour les frontons, les statues, les portraits, en latin ou en français, il fallait des inscriptions. C'est l'une des fonctions, dans tout l'âge classique encore, du poète artisan et savant. Voltaire en fournit de toutes sortes, une quarantaine que l'on conserve, beaucoup d'autres qui sont perdues. Des inscriptions de commande : officielles durant son temps d'historiographe, comme pour la nouvelle porte de Nevers (1746) ; officieuses ensuite, comme pour la statue de Louis XV élevée à Reims (1765). Des inscriptions d'obligation, de cadeau, d'agrément, mises à des portraits d'amis, à des estampes de grands personnages. Il en fit de fort belles pour les portes des appartements de Cirey\*, vantant la paix profonde des amants heureux. On en a de lui huit ou dix en latin – dont celle du *Regnante\* puero*, factice et d'une inconsciente audace, qui le mena dans sa jeunesse à la Bastille, et le fameux *Deo\* erexit Voltaire* exhibé au fronton de l'église de Ferney. Mais il trouvait cet art difficile, comme celui des épitaphes\* – sans compter qu'il eut souvent mieux à faire. La plus jolie inscription de Voltaire est peut-être celle qu'il avait mise à une statue de l'Amour, chez le président de Maisons\*. *Le Mercure* en 1730 en régala ses lectrices :

> *Qui que tu sois, voici ton maître :*
> *Il l'est, ou le fut, ou doit l'être.*

André Magnan

## INSINUATION

Voir STYLE.

## INSTINCT

BÊTES · DIEU · HOMME · MORALE · NATURE ·

L'article «Instinct» des *Questions sur l'Encyclopédie* (1770-1772, mais cet article fut ajouté en 1774) fait écho à la discussion sur l'âme des bêtes, déjà présente dans le *Dictionnaire philosophique*. Sans se prononcer sur la nature de l'instinct, qu'il considère comme une sorte d'élan ou d'impulsion, et qu'il rapproche des actes involontaires, Voltaire en souligne la présence déterminante dans nombre de comportements vivants qui font intervenir les passions et les sentiments. Cette voix de la nature, qui peut être corrigée soit par la raison soit par l'habitude, et qu'il croit commune aux hommes et aux animaux, est pour Voltaire comme une «parcelle d'or divin»: il reprend la formule selon laquelle Dieu est l'âme des bêtes.

*Roselyne Rey*

*Chacun obéit à son instinct. Dites à un mouton qu'il dévore un cheval, il répondra en broutant son herbe; proposez de l'herbe à un loup, il ira manger le cheval. Ainsi personne ne change son caractère. Tout suit les lois éternelles de la nature. Nous avons perfectionné la société: oui; mais nous y étions destinés, et il a fallu la combinaison de tous les événements pour qu'un maître à danser montrât à faire la révérence.*

*Carnets.*

## INSTITUT ET MUSÉE VOLTAIRE

GENÈVE ·

Fondé en 1952 par Besterman, inauguré en 1954, l'Institut et musée Voltaire est un établissement public de la Ville de Genève. Il est installé dans l'ancienne maison des Délices\*, où Voltaire résida près de dix ans, maintenant sauvegardée et réhabilitée après un siècle d'aléas et presque d'abandon. C'est à la fois une bibliothèque et un musée. Les collections manuscrites sont riches, avec des fragments des Carnets\*, plus d'un millier de lettres en original, plus de trois mille en copie, et en dehors du fonds proprement voltairien, d'autres pièces rares, comme les notes de Flaubert\* en marge du théâtre et de l'*Essai sur les mœurs*. Parmi les vingt mille imprimés réunis, les chercheurs disposent de quelque deux mille cinq

cents éditions d'écrits de Voltaire lui-même, exemplaires parfois uniques, dont un ensemble de traductions en vingt-trois langues. L'Institut possède le plus précieux exemplaire connu de l'édition Beuchot*, orné de 2 946 gravures. Le musée présente d'autre part un choix d'œuvres d'art (dont trois Houdon*), des documents iconographiques (dont de superbes découpures de Huber*) et des souvenirs uniques du grand homme – un secrétaire marqueté, une écritoire armoriée, un habit de soie. Avec la Voltaire* Foundation d'Oxford, c'est la seule institution au monde dont la mission soit spécifiquement attachée à Voltaire, à la fois outil de connaissance et haut lieu de mémoire.

*André Magnan*

## *INSTRUCTION DU GARDIEN DES CAPUCINS DE RAGUSE À FRÈRE PEDICULOSO PARTANT POUR LA TERRE SAINTE*

BIBLE • CAPUCIN • CHRISTIANISME • FACÉTIES •

Cet opuscule antichrétien fut écrit à la fin de 1768, aussitôt publié, mis à l'Index en 1770. En vingt articles factices d'une directive de voyage, pratique alors commune dans les ordres romains, Voltaire conteste et combat l'autorité de la Bible: «De la tour de Babel, vous irez à Ur en Chaldée... Chemin faisant vous irez à Sodome...» Frère Pediculoso devra sur place observer, examiner, mesurer, enquêter, vérifier – mais la Bible et ses commentateurs ont forcément raison. Au $XII^e$ article, la fiction se dérègle. C'est Voltaire qui directement se met à commenter les Livres saints, les chapitres d'Ézéchiel* faisant l'objet d'une étude particulièrement attentive. Le texte est d'une extrême violence, ressassant, outrageusement vulgaire. C'est l'une des facéties qui donnent le plus le sentiment d'une voix qu'on entendrait. Voltaire avait pris avec l'âge l'habitude de dicter : il a dû s'interrompre, feuilleter sa bible pour soutenir sa verve, et oublier son personnage de capucin. Il ne le retrouve qu'au dernier article, pour maudire ces scélérats de déistes. «Pediculoso» signifie «Le Pouilleux».

*André Magnan*

*Ne manquez pas de nous avertir si vous rencontrez dans votre chemin quelques-uns de ces scélérats qui ne font qu'un cas médiocre de la transsubstantiation, de l'ascension, de l'assomption, de l'annonciation, de l'inquisition, et qui se contentent de croire un Dieu, de le servir en esprit et en vérité, et d'être justes. Vous reconnaîtrez aisément ces monstres. Ils se bornent à être bons sujets, bons fils, bons maris, bons pères. Ils font l'aumône aux véritables pauvres, et jamais aux capucins. Le révérend père Hayer, récollet, doit se joindre à nous pour les*

*exterminer. Il n'y a de vraie religion que celle qui procure des millions au pape, et d'amples aumônes aux capucins.*
*Instruction du gardien des capucins de Raguse, 1768.*

## INSTRUCTION PASTORALE DE L'HUMBLE ÉVÊQUE D'ALÉTOPOLIS À L'OCCASION DE L'INSTRUCTION PASTORALE DE JEAN GEORGE, HUMBLE ÉVÊQUE DU PUY

FACÉTIES • LEFRANC DE POMPIGNAN • POLÉMISTE •

Jadis rangée parmi les facéties, cette petite plaisanterie en prose, diffusée «par douzaines» d'exemplaires, depuis Ferney, en novembre 1763, vise le cadet des Pompignan* comme l'indique le titre. La rivalité des deux diocèses est évidente: «Alétopolis» veut dire «Ville de la vérité». L'*Instruction* de l'évêque du Puy, plus de trois cents pages bourrées de références, était intitulée *Sur la prétendue philosophie des incrédules modernes*. À «prétendue» répond «vérité», mais Voltaire était plutôt d'humeur à rire en recevant le «gros volume», qu'il feuillette ici plume en main. «Alétopolis» fait donc un second sens, un double calembour comme les aimait Rabelais: «Vous savez que la vérité est au fond du Puy, mais vous ne savez pas encore si Jean George l'en a tirée.» Le reste est à l'avenant, burlesque et facile: «les armoiries de Jean George» gravées en tête, l'étalage des «Monseigneur», les références à Locke et à Newton, si connus «des habitants du Velay», la manie enfin «de regarder les plus grands génies du siècle comme des incrédules» – mais ici, l'«évêque d'Alétopolis» est peut-être lui-même un peu moins «humble»?... Conclusion: «Après le péché mortel, ce qu'un évêque doit le plus éviter, c'est le ridicule.» Quelques jours plus tard, redoublant la dose, Voltaire lançait les *Lettres\* d'un quaker à Jean George Lefranc de Pompignan*, «plus approfondie et meilleure» à son avis.

*André Magnan*

## INSULTES

POLÉMISTE • SATIRE •

*Le nom de Fréron est devenu une injure.*
*Les Honnêtetés littéraires, 1767.*

*Décideur impitoyable, pédagogue à phrases, raisonneur fourré, tu cherches les bornes de ton esprit. Elles sont au bout de ton nez.*
*Questions sur l'Encyclopédie, 1770-1772, art. «Bornes de l'esprit humain».*

*Bavards prédicateurs, extravagants controversistes...*
*Âmes barbares, entièrement abruties...*
*Des coquins...*
*Sauvageons de l'école...*
*Eh ! cuistres...*
*Ignorants imbéciles...*
*Malheureux harangueurs...*
*Misérables médecins des âmes...*
*Scélérat...*
*Énergumène...*
*Mon gros automate...*
*Ah ! monsieur Le Beau, auteur de ces quatorze volumes, où avez-vous pris cette sottise ?*
*Dictionnaire philosophique, 1764-1769,<br>
et Questions sur l'Encyclopédie, 1770-1772,<br>
art. « Fausseté des vertus humaines », « Gargantua »,<br>
« Guerre », « Homme », « Morale », « Passions » et passim.*

*Sa verve avait besoin de licence pour circuler en liberté.*
**Joseph Joubert, Carnets, vers 1804.**

## IRÈNE

PARIS · TRAGÉDIES · TRIOMPHE ·

Depuis *Tancrède* (1760), Voltaire n'a connu au théâtre que des échecs. Il a besoin d'un succès pour faire pièce aux partisans de Shakespeare\*, pour confondre ses propres détracteurs, et justifier enfin ce retour dans la capitale, dont il rêve depuis tant d'années. Pendant l'été 1776, à 82 ans, il se met donc à une nouvelle tragédie, d'abord intitulée *Alexis*.

L'histoire se passe à Byzance, au $XI^e$ siècle. Promise à Alexis Comnène, Irène a été mariée de force à l'empereur Nicéphore III, qui occupe indûment le trône destiné à Alexis. Le jeune prince, après de brillantes victoires, revient à Byzance pour réclamer ses droits sur l'empire et sur Irène. Complot, bataille ; Alexis tue l'usurpateur et se fait couronner. Irène va-t-elle lui céder ? Léonce, son père, qui s'est fait moine, lui dicte son devoir : ses serments, la « loi » du pays, la religion interdisent à la veuve de l'empereur de se remarier. Elle jure à son père de fuir Alexis au fond d'un couvent. Le bouillant Alexis se révolte contre cette loi fanatique, mais finit par s'incliner. Irène, déchirée, se suicide.

D'entrée, Voltaire était conscient de la difficulté du sujet, bien mince, et du « ridicule » de la situation d'Irène, dont la « fidélité » à un détestable mari

pouvait paraître hors de la nature. Il lui faudra près de deux ans pour mettre en cinq actes une tragédie primitivement conçue en trois (irrégularité rare), et pour équilibrer les personnages : l'intérêt, qui se portait d'abord sur Alexis, s'est déplacé, et *Alexis* est devenu *Irène*. Toujours docile, profitant des avis divers, de d'Argental, de Condorcet, Voltaire corrige, rature, remanie, et corrige encore, des actes entiers, pendant des mois. La vieillesse, la fatigue se ressentent dans cet ouvrage manqué d'avance, et peu original. Le thème du «mariage forcé» est démodé ; le tyran n'est là que pour se faire occire ; Alexis n'était intéressant que dans la première version : il pouvait plaire par sa fougue, sa brutalité, sa justification du tyrannicide. Seul le thème religieux eut du succès, et Léonce sera applaudi. Bientôt, en 1777, Voltaire met en train *Agathocle\**, une tragédie plus politique. Il balance longtemps entre les deux pour son retour, puis choisit *Irène*, qui avait quelque chance de plaire aux femmes. Revenu à Paris le 10 février 1778, Voltaire put enfin voir sa dernière pièce jouée de son vivant.

Malade, il était absent à la première, le 16 mars. Le 30, pour la quatrième, après avoir été honoré par l'Académie, il se rend à la Comédie-Française. Le public lui fit un accueil triomphal, adressé à l'écrivain, mais aussi au philosophe, au bienfaiteur de l'humanité. Applaudissements sans fin, ovations, vivats, la salle était en délire. Couronné dans sa loge, son buste couronné sur la scène, le vieillard pleurait de joie à son apothéose. Du Louvre aux Tuileries se jouait alors une autre pièce : le peuple acclamait «le défenseur des Calas». À sa sortie, la foule le raccompagna dans le même enthousiasme jusqu'à l'hôtel de Villette, où il logeait. Ce fut une manifestation civique, «nationale» avant la lettre, dont on s'émut à Versailles, sans en mesurer l'importance.

*Henri Lagrave*

## *IRÈNE* ou l'ARÈNE ?

*Les comédiens français donneront aujourd'hui 2 de ce mois «La Femme juge et partie» et «Le Florentin». Demain 3 «Le Légataire» et «Le Cocher supposé». Samedi 4 «IRÈNE» et «L'Étourderie».*

*Le 5 avril, le sieur Leleu exposera dans l'arène du combat un* OURS *des Pyrénées, qui sera coiffé par des bouledogues. Ce combat sera précédé de ceux de plusieurs dogues et d'une louve, de la chasse d'un cerf, du manège d'un petit cheval corse et du Peccata. Ce spectacle sera terminé par un double feu d'artifice, au milieu duquel on enlèvera un bouledogue.*

Annales, affiches et avis divers (Paris), jeudi 2 avril 1778.

## IRONIE

ESPRIT · FACÉTIES · GOÛT · POLÉMISTE · RIDICULE · STYLE ·

On a souvent remarqué que, par une étrange ironie de l'histoire, Voltaire est aujourd'hui admiré pour ses récits en prose, ses facéties, et sa correspondance, au détriment de son œuvre poétique, ce qui l'eût beaucoup déçu sans doute : il fondait ses plus grandes ambitions sur sa *Henriade* et sur ses tragédies – qui ne devaient entretenir à ses yeux que des relations distantes avec l'ironie...

L'ironie enjouée, en effet, est à son goût incompatible avec la noblesse requise dans les «grands genres», comme il l'observe dans ses *Commentaires sur Corneille* (sur *Nicomède*, II, II); quant à l'ironie passionnée, elle n'est admise qu'à condition d'être très rare : si Voltaire admire la fameuse exclamation d'Oreste («Grâce aux dieux! mon malheur passe mon espérance!»), il note que Racine n'employa plus jamais l'ironie après *Andromaque*. Lui-même n'en usa dans ses tragédies qu'avec la plus extrême sobriété (Orosmane, dans *Zaïre* : «C'est là ce Nérestan, ce héros plein d'honneur»...).

Aussi l'ironie est-elle avant tout, pour Voltaire, l'arme du polémiste – rôle qui n'est pas insignifiant, si l'on songe que les *Provinciales* sont pour lui «le premier livre de génie qu'on vit en prose» (*Le Siècle de Louis XIV*, chap. XXXII). Arme dès lors privilégiée, comme il l'écrit à Damilaville : «Je crois que la meilleure manière de tomber sur l'Infâme est de paraître n'avoir nulle envie de l'attaquer [...], de faire voir combien on nous a trompé en tout [...], combien ce qu'on nous a donné pour respectable est ridicule; de laisser le lecteur tirer lui-même les conséquences» (9 juillet 1764); et à d'Argental : «Point d'injure; beaucoup d'ironie et de gaieté. Les injures révoltent; l'ironie fait rentrer les gens en eux-mêmes, la gaieté désarme» (18 mai 1772).

Au sens strict, l'ironie est ce trope par lequel on suggère le contraire de ce qu'on dit, dans une intention dévalorisante : ainsi Voltaire écrit-il de Sara qu'elle était «extrêmement jeune, car elle n'avait que soixante-cinq ans» (*Dictionnaire philosophique*, art. «Abraham»). Au sens large, l'ironie est cette attitude d'esprit paradoxale qui consiste à paraître approuver pour mieux contredire, à remettre d'aplomb un monde qu'on juge être à l'envers, en renversant les perspectives. Cela peut donner, pêle-mêle, soit le faux éloge : «David surprend le village de Rabbath, et il fait mourir tous les habitants par des supplices assez extraordinaires; on les scie en deux, on les déchire [...], manière de faire la guerre tout à fait noble et généreuse» (*Dictionnaire philosophique*, art. «David»); soit l'encouragement à l'adversaire : la *Lettre du révérend père Polycarpe* félicite un magistrat d'avoir refusé leur émancipation aux serfs de Saint-Claude\* heureusement inféo-

dés pour leur salut à un monastère. Ailleurs, le raisonnement absurdement cohérent à partir de prémisses inacceptables : *De\* l'horrible danger de la lecture* est ainsi une démonstration ironique des bienfaits de la liberté d'expression. Ou encore la juxtaposition de contenus contradictoires : belles théories, constamment démenties par les faits, comme celles de Pangloss ; belles intentions aussitôt contredites par les actes : « Notre premier ministre et celui des Indes protestent souvent qu'ils n'agissent que pour le bonheur du genre humain ; et à chaque protestation il y a toujours quelques villes détruites et quelques provinces ravagées » (*Le Monde comme il va*). Le décalage, la disproportion entre « les effets et les causes » est ainsi le ressort majeur de l'ironie voltairienne, qui n'aime rien tant que « la dissociation de la séquence logique », selon l'analyse de Jean Starobinski, pour dévoiler l'incohérence de notre monde : « Tous les conciles sont infaillibles sans doute ; car ils sont composés d'hommes » (*Dictionnaire philosophique*, art. « Conciles »).

Si Voltaire s'identifie pour nous avec cette ironie, c'est qu'elle s'accorde à merveille avec son tempérament ludique, son goût classicisant, et sa passion de la liberté. Ironiser, c'est d'abord pour lui jouer un rôle euphorisant qui prémunit contre l'accablement. C'est avancer masqué pour jeter bas les masques, et rendre aux charlatans leur dû : « On n'aime point avoir été trompé, et on déteste en secret les préjugés ridicules que les hommes sont convenus de respecter en public. Le plaisir d'en secouer le joug console de l'avoir porté » (à Mme du Deffand, 6 novembre 1765). De plus, tandis qu'on berne la censure en la payant en monnaie de singe, on crée une sorte de connivence avec un public supposé assez averti pour entrer dans le jeu ; il s'agit en effet moins de perturber un adversaire (comme dans l'ironie socratique) que de constituer à ses dépens une communion (dans le refus ou le rejet). Plus besoin de convaincre : le rire plaît et désarme, et transforme les lecteurs en autant de complices.

Ironiser, c'est encore répondre aux exigences du goût : à l'opposé de toute emphase, l'ironie relève d'une pudeur qui préfère suggérer plutôt qu'exprimer, escomptant des effets inversement proportionnels aux moyens employés. Comme badinage, elle participe de la politesse : laisser le lecteur faire la moitié du chemin est une marque de confiance, un trait d'urbanité. Ne pas appuyer n'est pas se condamner à la superficialité frivole, c'est choisir la légèreté contre les pesanteurs des doctes patauds. L'ironie enjouée surtout est un élément essentiel du bon ton : ironie distinguée, mais dont le sentiment de supériorité, dans l'accord même des connaisseurs aux dépens de sots, n'exclut nullement l'auto-dérision. C'est l'Arioste rachetant le merveilleux par un maniement suprêmement habile du ridicule ; c'est Voltaire en ses contes, se moquant le premier de ses « fadaises » pour mieux les faire accepter.

Ironiser, c'est enfin affirmer l'incoercible liberté de l'esprit sorti des entraves de la lettre. En laissant d'abord le destinataire incertain du sens, l'ironie déconcerte, elle met en question les usages reçus du langage, tire ainsi la conscience de ses sommeils dogmatiques, la dégage de sa gangue de préjugés. Elle appelle à l'irrespect, à ne pas s'en laisser imposer par des autorités indues, à dégonfler les baudruches en tout genre, les fausses certitudes de tous ces «infiniment petits» à «l'orgueil infiniment grand» (*Micromégas*, chap. VII). L'ironie met aussi l'horreur à distance; elle empêche le mal d'obtenir une nouvelle victoire en terrassant l'esprit: ainsi Voltaire note-t-il, en évoquant les horreurs millénaires de la «barbarie», que «cette diversité d'abominations ne laisse pas d'être fort amusante». Le détachement apparent de l'ironiste, en refusant les entraînements de l'émotion, évite l'affaiblissement du pathos et l'indignité de l'injure, tandis que l'auto-ironie libère des tentations de la gravité. «Hideux sourire», si l'on suit Musset*? À force de semer le doute, Voltaire n'aurait-il récolté qu'une dérision générale? On a voulu le voir en amuseur cynique, prêt à tout détruire et à s'amuser encore de ses dupes, qu'il aurait fait travailler en riant à leur propre ruine. C'est oublier que le doute voltairien n'est nullement universel: Voltaire ne doute pas du Dieu horloger*, des causes* finales qui le prouvent, de la morale* naturelle dont il a placé l'instinct en l'homme. Ni dérision débridée ni cynisme résigné: l'ironie voltairienne est l'arme privilégiée d'une lutte au nom d'un idéal bafoué – lutte nullement désespérée: «Je vous prédis que ceux qui tourneront les sottises de ce monde en raillerie seront toujours les plus heureux» (à Formey, 4 novembre 1752).

Patrick Brasart

*Il existe en littérature et en philosophie des Jean-qui-pleure et Jean-qui-rit, des Héraclites masqués d'un Démocrite, hommes souvent très grands, comme Voltaire. Ce sont des ironies qui gardent leur sérieux, quelquefois tragique.*
Victor Hugo, William Shakespeare, 1864.

*Face à la pauvre ironie voltairienne, produit narcissique d'une langue trop confiante en elle-même, on peut imaginer une autre ironie que, faute de mieux, on appellera baroque, parce qu'elle se joue des formes et non des êtres, parce qu'elle épanouit le langage au lieu de le rétrécir.*
Roland Barthes, Critique et vérité, 1966.

*Tous les gens qui raisonnent sont la peste d'un État.*
Entretien d'Ariste et d'Acrotal, 1761.

*Il a vaincu l'infaillibilité par l'ironie.*
Victor Hugo, *Le Centenaire de Voltaire* – discours du 30 mai 1878.

## ITALIE

ANCIENS • ITALIEN • MANZONI • PAPES • TRADUCTION •

Voltaire subit toute sa vie l'attrait et la fascination de l'Italie. Il l'appela sa « patrie », sa « mère », il manifesta à plusieurs reprises le désir, la « rage » de la voir, mais sa mauvaise santé d'une part et la crainte des inquisiteurs d'autre part, dans un pays soumis à l'Église et dont le « lâche esclavage » lui faisait horreur, l'empêchèrent toujours de réaliser ses projets de voyage.

Sa connaissance de l'Italie est donc indirecte. Elle passe essentiellement par la culture des Anciens, par la lecture des grands auteurs italiens, par les échanges épistolaires, les conversations avec ses visiteurs italiens, les polémiques, entre autres sur Dante et sur l'Arioste, auxquelles il fut mêlé de l'autre côté des Alpes. Peu sensible aux beautés artistiques, surtout s'il s'agit de monuments chrétiens (« Je crois la Basilique de Saint-Pierre fort belle, écrit-il à Bettinelli en 1761, mais j'aime mieux un bon livre anglais écrit librement que cent mille colonnes de marbre »), Voltaire préfère se pencher sur le passé de l'Italie. Ses sympathies vont à la Rome antique qui n'est pas seulement la patrie de Cicéron* et de Virgile*, mais aussi la terre de la liberté républicaine, la patrie des citoyens. C'est ensuite au temps des Médicis, à la Renaissance*, prolongement à ses yeux de la grandeur romaine, qu'il voue son admiration : ce fut l'un des quatre grands « siècles* ».

À ces deux Italies, il en oppose une troisième qui a joué un rôle absolument néfaste : l'Italie catholique et médiévale, celle des papes dominateurs et excommunicateurs dont l'*Essai sur les mœurs* développe la lointaine et profonde influence, et qui continue de produire ses effets délétères jusque dans les temps modernes.

Sa philosophie de l'histoire italienne est ainsi partiale, et trop étroitement liée à son combat plus général contre le catholicisme. C'est pourtant dans le monde ecclésiastique surtout qu'il ira chercher, et trouvera, ses protecteurs ou ses cautions dans des cas utiles, les cardinaux Passionei et Quirini, et même le pape Benoît XIV*.

Le prestige de Voltaire, ses prises de position ne pouvaient pas laisser indifférents ses contemporains italiens, parmi lesquels il comptera nombre d'admirateurs et de détracteurs. Il est admis à partir de 1744 dans les plus importantes académies italiennes, comme celle de la Crusca, et ses ouvrages, notamment *La Henriade*, l'*Histoire de Charles XII*, *Le Siècle de Louis XIV*, *Candide*, ont donné lieu à de multiples éditions et traductions,

qui montrent la pénétration de ses idées en Italie. C'est surtout à Milan, parmi les intellectuels progressistes qui se réunissaient autour de la revue *Il Caffé*, qu'il trouvera ses interprètes les plus originaux: ils s'appellent Alessandro et Pierro Verri, et surtout Cesare de Beccaria\*, l'auteur de *Des délits et des peines* (1764), puissant réquisitoire contre la torture et la peine de mort, qui suscita l'enthousiasme de Voltaire au point qu'il en fit en 1766 un *Commentaire*\*. Il apprécia aussi, parmi les modernes, l'esprit d'Algarotti\* et l'originalité de Goldoni\*.

Parmi les admirateurs qui portèrent sur le philosophe français un regard nuancé, il faut signaler Parini, le poète « civil », l'adversaire des jésuites et de leur système éducatif, mais qui détesta cette noblesse dont Voltaire se faisait le courtisan. On pourrait également évoquer le nom de Leopardi, qui voyait en Voltaire le « maître de ses vingt ans » – mais il se détacha profondément de lui en refusant de croire en la raison comme le meilleur remède au malheur des hommes.

Quant aux adversaires, l'un des premiers en Italie fut sans doute Casanova\*, qui se livra dans divers opuscules à une réfutation systématique du voltairianisme. À la fin du XVIII$^e$ siècle le poète Alfieri, animé de sentiments notoirement antifrançais, exprimera envers Voltaire une aversion farouche, dont les invectives sont restées célèbres en Italie. En revanche, l'Italie du Risorgimento, en la personne de Garibaldi\*, lui voua une admiration publique, dans une communauté lointaine, partiellement mythique peut-être, d'esprit libéral, anticlérical et réformateur. De nos jours, l'écrivain sicilien Sciascia a rendu, à travers son livre *Candide ou un rêve fait en Sicile* (1977), le meilleur hommage à Voltaire, en actualisant, dans un prolongement fécond, son refus de tout mirage idéologique.

*Francesca Isidori*

*Je suis comme Mahomet second qui fit graver (dit-on) sur son tombeau : « Il eut un grand désir de voir l'Italie. »*
*Au cardinal de Bernis, 3 août 1769.*

## ITALIEN

DENIS (MME) • ITALIE • LANGUES • TRADUCTION •

On ignore quand et comment Voltaire apprit ses premiers rudiments d'italien: c'était encore dans sa jeunesse la principale langue de culture moderne – peut-être les sut-il avant d'aborder l'anglais\*; mais il ne vit jamais l'Italie. La présence de deux femmes aimées, Mme du Châtelet et Mme Denis, toutes deux italianisantes, fut sans doute déterminante dans

ses apprentissages. Dans sa correspondance avec Mme Denis, plus de la moitié des billets ou des lettres sont en italien.

L'italien, comme l'anglais qu'il connaissait davantage, représentait l'évasion vers des langues plus libres, l'anglais pour la pensée, l'italien pour la suggestion: «La langue italienne, écrit-il à Cesarotti, dit tout ce qu'elle veut: la nôtre ne dit que ce qu'elle peut.» Ses premières vraies lectures datent sans doute de l'époque où il entreprit, travaillant à *La Henriade*, d'étudier les grands poèmes épiques modernes, dont ceux de l'Arioste* et surtout du Tasse* – d'où l'*Essay* upon the Epic Poetry*, publié à Londres en 1727. Mais c'est vers 1735, à Cirey, alors qu'il attend la visite du poète Algarotti*, que Voltaire commence à se consacrer plus sérieusement à l'étude de la langue même, en autodidacte, en compagnie de Mme du Châtelet, aidé des conseils de ses amis italiens. Voltaire ne se borne pas à lire et à traduire, avec plus ou moins de bonheur, les auteurs de la péninsule, il veut aussi écrire dans leur langue: en 1746, il envoie à l'Académie des sciences de Bologne, qui vient de l'élire, un *Saggio intorno ai cambiamenti avvenuti su'l globo della terra*, qu'il appelle en privé «un petit brimborion italien». Dans *Le Baron d'Otrante*, opéra-bouffe mis en musique par Grétry, le rôle d'Abdalla et les chœurs des Levantins seront écrits dans un italien macaronique.

Mais c'est assurément dans ses nombreuses lettres que l'on peut apprécier le mieux l'usage que Voltaire fait de cette langue, et son style. Ses correspondants sont des hommes de lettres, des secrétaires d'académies dont il est membre, des cardinaux, tel Passionei qui était son fournisseur en ouvrages italiens; il s'amuse même un jour à écrire à Goldoni en dialecte vénitien. Il aime le pastiche, il a le goût du mot trivial et du ton familier qui viennent troubler, avec une pointe de malicieuse et déconcertante complaisance, les tournures solennelles et archaïsantes. Dans ses lettres d'amour à sa nièce Mme Denis, il utilise un italien de «secrétaire galant», ce manuel type de la correspondance amoureuse – la «lingua dell'amore», madrigalesque et mélodramatique. Suivant des préjugés d'ailleurs largement répandus, il y abuse des diminutifs et des superlatifs.

Quant à son italien oral, malgré ses efforts méritoires pour «attraper l'accent», dont témoigne Bettinelli, sa prononciation fut toujours mauvaise, et son incompréhension absolue de l'accent tonique lui fit même écrire, dans les petits vers très libres qu'il improvise ou recopie dans ses *Carnets**, plus d'une rime aberrante.

*Francesca Isidori*

*Je suis très sensible, monsieur, à l'honneur que vous me faites de m'envoyer votre livre de l'« Excellence de la langue italienne »; c'est envoyer à un amant l'éloge de sa maîtresse. Permettez-moi cependant quelques réflexions en faveur de la*

langue française, que vous paraissez dépriser un peu trop. On prend souvent le parti de sa femme, quand la maîtresse ne la ménage pas assez.
[...] Vous nous reprochez, dans votre alphabet de nos misères, de n'avoir qu'un mot pour signifier « vaillant ».
Je sais, monsieur, que votre nation est très vaillante quand elle veut, et quand on le veut ; l'Allemagne et la France ont eu le bonheur d'avoir à leur service de très braves et de très grands officiers italiens.
« L'italico valor non è ancor morto. »
Mais si vous avez « valente, prode, animoso », nous avons « vaillant, valeureux, preux, courageux, intrépide, hardi, animé, audacieux, brave, etc. ».

À Deodati de' Tovazzi, 24 janvier 1761.

# J

> *Monsieur Caro Gabriele a raison. Je ne pouvais pas dans mon trou deviner tout cela.*
> *Je renvoie J corrigé, à lundi le reste.*
>
> À Gabriel Cramer, sans date
> *(1765 ?)*

## J'AI VU (LES)

*JUVENILIA* • LOUIS XIV • RÉGENCE • SATIRE •

En septembre 1715, juste après la mort de Louis XIV, l'excellent Buvat, fonctionnaire du roi, a recopié dans son Journal des « J'ai vu » parodiés de l'Ecclésiaste, noir bilan du règne passé. Il note qu'on attribue ces vers « au sieur *d'Harouet*, fils d'un notaire de Paris ». Le jeune poète, comme Salomon, n'a vu qu'injustices et tourments : « peuple gémissant », « prisons pleines », « impôts criants ». Il a vu « la vérité trahie », il a vu « le jésuite adoré ». Le trait final met au pamphlet un sceau de plomb : « J'ai vu ces maux et je n'ai pas vingt ans. »

La pièce circula beaucoup en manuscrit, anonyme, mais Buvat ne fut pas seul à l'attribuer au jeune Arouet dont il écorche le nom. En 1715, Arouet vient juste d'avoir ses 20 ans. La couleur janséniste du tableau ne lui ressemble guère, mais on peut y voir un procédé ou une diversion. Il a déjà ce talent fulgurant de la satire et de l'épigramme : un *Regnante\* puero* va suivre. Il fréquente les libertins du Temple et la cour suspecte de Sceaux. Il se grise surtout à l'avance de ces risques de la liberté, que rouvre la Régence : il va connaître l'exil en 1716, la Bastille en 1717.

Les *J'ai vu* sont-ils d'Arouet ? Il nie, et Voltaire a toujours nié, publiquement même : le grand air du désaveu commence avec les *J'ai vu* ; il a fourni d'autres pistes, rabroué les éditeurs obstinés. L'édition de la Voltaire\* Foundation exclut donc cette pièce. Le doute, s'il subsiste, tient aussi à la cohérence des images de Louis XIV dans l'œuvre de Voltaire : à l'âpreté des vers de 1715 s'opposent les éloges réfléchis du *Siècle de Louis XIV*. Mais on entendra encore, à la fin de *L'Ingénu* (1767), contre les persécutions du

grand règne, les longues plaintes émouvantes d'un vieux janséniste: «J'ai vu dans ma jeunesse...» – une signature secrète?

*André Magnan*

## JANSÉNISME
CONVULSIONNAIRES · GRÂCE · JÉSUITES · PARLEMENT · PASCAL · SECTE ·

Dans *La Voix du sage et du peuple* (1750), le janséniste est qualifié de «fou», de «mauvais citoyen», de «rebelle». Certes, cet écrit a été inspiré par le ministère. Mais Voltaire s'est constamment dressé contre cette forme de religion austère et étroite, issue des enseignements de Jansénius (1585-1638), et marquée d'emblée du syndrome de secte.

Jusqu'en 1722, il a côtoyé le jansénisme dans sa famille même, où son frère Armand, l'aîné des Arouet*, représentait un exemple frappant de ce rigorisme spirituel et moral.

Le jeune Arouet, élève de jésuites adeptes d'une religion plus ouverte, ne pouvait qu'éprouver de l'hostilité pour l'augustinisme exacerbé de la doctrine adverse, cette sombre théologie d'un Dieu caché et terrible, cette obsession du salut, et cette écrasante résignation pourtant à croire damnées d'avance, quels que soient leurs mérites, les créatures que Dieu n'a pas élues. On a pu voir en *Œdipe*\* déjà (1718) une tragédie antijanséniste, en ce que l'écrivain ose y affirmer l'innocence du héros, prédestiné pourtant au parricide et à l'inceste. Ses vers *À M. Louis Racine* (1722), en réponse au célèbre poème sur *La Grâce*, rejettent les «erreurs fanatiques» de Jansénius, et la représentation de Dieu en tyran: «Ton Dieu n'est pas le mien...» La dernière de ses *Lettres*\* *philosophiques* (1734), qu'il appelle parfois son «Anti-Pascal», dénonce dans l'apologiste des *Pensées* un «misanthrope sublime», marqué par l'ascétisme de Port-Royal. Et il juge dangereusement ridicules les extravagances frénétiques des convulsionnaires – il gardera toute sa vie, raconte Wagnière*, un recueil de récits de «convulsions» réunis par son frère Armand.

Or le jansénisme constitue non seulement une doctrine, mais également un «parti» au sens du temps, un groupe et un réseau d'influence et de pouvoir, quoique sans existence légale. Ses adeptes, appuyés par quelques évêques et par la majorité du Parlement, sont combattus principalement par les jésuites, qui ont pour eux l'autorité ecclésiastique et la puissance monarchique. Aussi l'écrivain consacre-t-il de longs développements, à la fin du *Siècle*\* *de Louis XIV* (1752), à l'historique des querelles sur la prédestination, au rôle de Jansénius, de Saint-Cyran, d'Arnauld, aux propositions doctrinales plusieurs fois condamnées par Rome, à la résistance de Port-Royal, au succès des *Lettres provinciales* de Pascal (chap. XXXVII).

Cabales et menées sourdes, emprisonnements de jansénistes, abus de pouvoir du confesseur de Louis XIV, le jésuite Le Tellier, résistance du cardinal de Noailles, ont perpétué un climat de troubles, et les jansénistes s'affermissent pourtant encore par la persécution. L'historien souligne l'aspect dérisoire de ces querelles – des «extravagances» –, mais il déplore les divisions qui en découlent. Il dénoncera donc aussi les excès passés des jésuites, en rappelant même, dans le *Traité sur la tolérance*, que certains jansénistes avaient contribué à déraciner des superstitions. Dans *L'Ingénu*, dont l'action se situe sous Louis XIV, Voltaire évoque les tourments qu'on leur fait subir à travers le personnage sympathique du vieux Gordon.

Cependant, la mystique janséniste s'est dégradée au XVIII$^e$ siècle en opposition au pouvoir, et les guerres d'escarmouches se multiplient. La condamnation d'un ouvrage jansénisant du père Quesnel par la bulle *Unigenitus* (1713), la contrainte royale sur les sujets réfractaires à la bulle, puis l'affaire des billets de confession* ravivent disputes et factions, dressent le Parlement contre les ecclésiastiques partisans de ces mesures d'ordre, et entretiennent la résistance à l'autorité du roi et à celle du pape. Le *Précis du siècle de Louis XV* montre comment les parlements en sont arrivés à suspendre l'exercice de la justice à rendre aux citoyens, pour ne s'occuper que des cas de refus de sacrements aux fidèles de mouvance janséniste, et comment on en vient à exiler des évêques de même tendance. Dans cette fronde ridicule, Voltaire redoute les perturbateurs les plus «fanatiques» à ses yeux: ce sont alors les jansénistes, sectaires, insensibles, hostiles au théâtre, capables de condamner La Barre au supplice. Aussi craint-il que l'expulsion des jésuites ne leur donne trop de pouvoir. «Nous sommes défaits des renards, et nous tomberons dans la main des loups. La seule philosophie peut nous défendre», écrit-il au marquis d'Argence, le 2 mars 1763.

*Marie-Hélène Cotoni*

« *Vos persécuteurs sont abominables, disait-il à son ami Gordon. Je vous plains d'être opprimé, mais je vous plains d'être janséniste. Toute secte me paraît le ralliement de l'erreur. Dites-moi s'il y a des sectes en géométrie. — Non, mon cher enfant, lui dit en soupirant le bon Gordon; tous les hommes sont d'accord sur la vérité quand elle est démontrée, mais ils sont trop partagés sur les vérités obscures. — Dites sur les faussetés obscures. S'il y avait eu une seule vérité cachée dans vos amas d'arguments qu'on ressasse depuis tant de siècles, on l'aurait découverte sans doute; et l'univers aurait été d'accord au moins sur ce point-là. Si cette vérité était nécessaire comme le soleil l'est à la terre, elle serait brillante comme lui. C'est une absurdité, c'est un outrage au genre humain, c'est un attentat contre l'Être infini et suprême de dire: "Il y a une vérité essentielle à l'homme, et Dieu l'a cachée."* »

> *Tout ce que disait ce jeune ignorant, instruit par la nature, faisait une impression profonde sur l'esprit du vieux savant infortuné. « Serait-il bien vrai, s'écria-t-il, que je me fusse rendu malheureux pour des chimères ? Je suis bien plus sûr de mon malheur que de la grâce efficace. J'ai consumé mes jours à raisonner sur la liberté de Dieu et du genre humain, mais j'ai perdu la mienne; ni saint Augustin ni Prosper ne me tireront de l'abîme où je suis. »*
> *L'Ingénu, livré à son caractère, dit enfin: « Voulez-vous que je vous parle avec une confiance hardie ? Ceux qui se font persécuter pour ces vaines disputes de l'école me semblent peu sages; ceux qui persécutent me paraissent des monstres. »*
>
> *L'Ingénu*, 1767, chap. XIV.

## JAPON

CHRISTIANISME · COMMERCE · JÉSUITES · PORTUGAL · SUICIDE ·

Encore qu'il prétende que « de tous les pays de l'Inde, le Japon n'est pas celui qui mérite le moins l'attention d'un philosophe », Voltaire a moins écrit sur le Japon que sur la Chine. Pour l'essentiel, ce sont deux chapitres (chap. CXLII et CXLIII) de l'*Essai sur les mœurs,* qui racontent sa découverte et refusent que les Japonais soient « nos antipodes en morale », puisqu'ils croient à la vie éternelle, aux châtiments, aux récompenses et se soumettent à la loi naturelle. Japonais humains, trop humains, ayant comme nous des fables, des étrennes, des moines, des pèlerinages... De « la nature humaine », conclut Voltaire, « le fond est partout le même ». Des différences pourtant, puisque règne au Japon la tolérance comme dans tout l'Orient. La religion catholique y fit de grands progrès grâce à François Xavier, dont Voltaire raconte à sa façon l'œuvre d'évangélisation. Il reviendra sur saint François dans les *Questions sur l'Encyclopédie.* « Le christianisme, qui commença par des missions, finit par des batailles. » Mais, durant son triomphe, il facilita le commerce des Portugais. Les rivalités avec les bonzes, qui craignaient pour leur pouvoir, la crainte aussi d'une colonisation à l'espagnole et l'arrogance des jésuites mirent fin au christianisme japonais. L'exercice en fut proscrit en 1586, mais on continua à autoriser le commerce, qu'on finit par interdire pour empêcher définitivement l'entrée des missionnaires. Les Portugais résidant au Japon se soulevèrent et furent écrasés. Seuls furent épargnés les Hollandais qui avaient dénoncé la rébellion: ils purent continuer à commercer à condition d'accepter une quarantaine et de renoncer à toutes les marques du christianisme. Le Japon dès lors n'eut plus de contact avec le reste du monde.

Sur un autre mode, dans la démonstration voltairienne, le Japon est aussi exemplaire que la Chine. Il apparaît d'abord comme une utopie* où l'on vit

en paix grâce à la tolérance civile, et où les arts ont atteint un extraordinaire développement. Puis comme le paradigme des méfaits qu'engendre le christianisme imposé par les jésuites, le pape et les princes chrétiens. Sans déplaisir notable, Voltaire évoque les Hollandais parjures, les jésuites chassés, les espoirs d'évangélisation ruinés. Mais il lui faut justifier le maintien de l'esprit de tolérance qu'il prête aux Japonais, quand il évoque la politique répressive et xénophobe imposée par les empereurs. À l'utopie se substitue cette autre affirmation que les Japonais sont en tous points semblables aux Européens. Autant dire cruels, autoritaires et, à leur façon, fanatiques.

*Jean Goulemot*

## JEANNE D'ARC

FABLE • *PUCELLE D'ORLÉANS (LA)* •

On oubliera le traitement irrespectueux de *La Pucelle d'Orléans* pour retrouver l'image historique de Jeanne d'Arc selon Voltaire. À travers le récit légendaire consacré à Jeanne d'Arc, c'est la fable (au sens où Voltaire entend ce terme) qui est réfutée et dénoncée.
Les pages de l'*Essai sur les mœurs* (chap. LXXX) ou l'article «Arc» des *Questions sur l'Encyclopédie* sont volontairement démystifiants. «Un gentilhomme des frontières de Lorraine, nommé Baudricourt», préoccupé de l'état du royaume, se décida à fabriquer un miracle: «Une jeune servante d'un cabaret de Vaucouleurs [...] propre à jouer le rôle de guerrière et d'inspirée.» Pas de bergère, comme le croit le vulgaire, mais une fille robuste, âgée de 27 ans, ayant assez de courage et d'esprit pour mener sa mission à bien. Tout, après, est affaire de manipulation: on la fait passer pour une bergère, on la mène à Bourges devant le roi. Complices ou dupes, les autorités acceptèrent ses services. Elle galvanisa ses troupes en leur faisant croire que Dieu combattait avec elles. Voltaire énumère ses victoires, qu'il ne met pas en doute.
Il en vient ensuite à l'accusation de sorcellerie portée contre elle lors de son procès, exemplaire, selon lui, de «l'esprit du temps». La condamnation de Jeanne, son supplice relèvent du fanatisme: «Ce n'est pas assez de la cruauté pour porter les hommes à de telles exécutions, il faut encore ce fanatisme composé de superstition et d'ignorance, qui a été la maladie de presque tous les siècles.»
Au-delà de son hostilité à l'hagiographie, et de sa volonté d'humaniser et de rationaliser, Voltaire ne se défend pas d'une véritable admiration pour Jeanne, la définissant lors de son procès comme une «héroïne, digne du

miracle qu'elle avait feint ». Peut-on imaginer plus grand hommage de la part de ce sceptique ?

Jean Goulemot

*Si, lorsqu'on brûla vive dans Rouen l'héroïne champêtre qui sauva la France, il s'était trouvé dans la faculté de théologie un philosophe, il n'eût pas souffert que cette fille, à qui l'Antiquité eût dressé des autels, fût brûlée vive dans un bûcher élevé sur une plate-forme de dix pieds de haut, afin que son corps, jeté nu dans les flammes, pût être contemplé du bas en haut par les dévots spectateurs. Cette exécrable barbarie fut ordonnée sur une requête de la sacrée faculté, par sentence de Cauchon, évêque de Beauvais, de frère Martin, vicaire général de l'Inquisition, de neuf docteurs de Sorbonne, de trente-cinq autres docteurs en théologie. Ces barbares n'auraient pas abusé du sacrement de la confession pour condamner la guerrière vengeresse du trône au plus affreux des supplices ; ils n'auraient pas caché deux prêtres derrière le confessionnal, pour entendre ses péchés et pour en former contre elle une accusation ; ils n'auraient pas, comme on l'a déjà dit, été sacrilèges pour être assassins.*

*Ce crime, si horrible et si lâche, ne fut point commis par les Anglais ; il le fut uniquement par des théologiens de France, payés par le duc de Bedford. Deux de ces docteurs, à la vérité, furent condamnés depuis à périr par le même supplice, quand Charles VII fut victorieux ; mais la plus belle expiation de la Sorbonne fut son repentir et sa fidélité pour nos rois, quand les conjonctures devinrent plus favorables.*

*Discours de M<sup>e</sup> Belleguier, 1773.*

## JEANNOT ET COLIN

AMITIÉ · COMMERCE · CONTES PHILOSOPHIQUES · ÉDUCATION · PARIS ·

Publié parmi les *Contes\* de Guillaume Vadé* (1764), *Jeannot et Colin* est écrit à la manière des *Contes moraux* de Marmontel\* dont le succès, depuis 1758, ne se démentait pas. Il s'agit par un conte d'illustrer une moralité : ici, « le bonheur n'est pas dans la vanité ». Deux jeunes paysans auvergnats, fils l'un d'un marchand de mulets et l'autre d'un laboureur, sont amis intimes. Les parents de Jeannot s'enrichissent et deviennent marquis et marquise de La Jeannotière. Jeannot part pour Paris, oublie Colin. Il y reçoit une éducation désastreuse : pas de latin, pas de géographie, pas d'histoire, pas de savoir jugé inutile – seulement un peu de danse et de chant, les moyens de plaire et de se faire rapidement une réputation de bel esprit. Jeannot brille bientôt de mille feux. Mais survient la ruine. Son père est mis en prison, sa mère condamnée à servir. Jeannot et ses parents sont abandonnés de tous. Les amis d'hier sont devenus d'insolents

ingrats. Jeannot rencontre par hasard Colin devenu riche, marié et heureux, qui lui offre sa protection, sa bourse et l'intéresse à ses affaires. Il retourne en Auvergne, sauve sa famille de la ruine et vit heureux loin des illusions du beau monde.
Comme on l'a souvent remarqué, l'essentiel de ce conte, rondement mené, n'est pas dans sa moralité, somme toute banale et passablement attendue, mais bien plutôt dans la dénonciation de la frivolité parisienne, de la dépense excessive, et dans l'exaltation parallèle du sérieux provincial. Colin est un modèle. Il s'est enrichi par le commerce de la quincaillerie tout en restant fidèle à son ami d'enfance. Autant de vertus qui tiennent à une vie naturelle. On n'ira pas jusqu'à faire de Voltaire un disciple de Rousseau et à prétendre, comme aux beaux temps d'un marxisme sommaire, que Colin incarne les valeurs bourgeoises (montantes comme il se doit) face à une aristocratie qui s'étourdit et se ruine.
Le conte de *Jeannot et Colin* fut souvent réécrit, jusqu'au début du XIX$^e$ siècle, dans des manuels d'éducation ou recueils de lectures à l'usage de la jeunesse. En 1780, Florian* en donna une adaptation pour la scène.

Jean Goulemot

*Plusieurs personnes dignes de foi ont vu Jeannot et Colin à l'école dans la ville d'Issoire en Auvergne, ville fameuse dans tout l'univers par son collège, et par ses chaudrons. Jeannot était fils d'un marchand de mulets très renommé, et Colin devait le jour à un brave laboureur des environs, qui cultivait la terre avec quatre mulets, et qui, après avoir payé la taille, le taillon, les aides et gabelles, le sou pour livre, la capitation et les vingtièmes, ne se trouvait pas puissamment riche au bout de l'année.*

*Jeannot et Colin étaient fort jolis pour des Auvergnats ; ils s'aimaient beaucoup ; et ils avaient ensemble de petites privautés, de petites familiarités, dont on se ressouvient toujours avec agrément quand on se rencontre ensuite dans le monde.*

Jeannot et Colin, 1764.

## JÉSUITES

CHINE • JANSÉNISME • JAPON • LOUIS XIV • PARAGUAY • ROME • TOLÉRANCE •

Voltaire doit beaucoup à sa formation par ses maîtres jésuites du collège* de Louis-le-Grand, les pères Tournemine et Porée. Peut-être doit-il à ce dernier, qui composait des pièces en latin, son goût du théâtre. Avec le père Porée, qui meurt en 1741, il garde, malgré les distances prises avec l'ordre, des relations épistolaires. Chez les pères, Voltaire reçoit une solide formation classique, et acquiert très certainement son amour de la littéra-

# J

Quel crime ? Celui dont on accusait les jésuites : avoir imposé les volontés de Rome au pouvoir civil. La liste de leurs méfaits était imposante : les régicides commis sur la personne d'Henri III, d'Henri IV, le contrôle des esprits par les confesseurs comme le père La Chaise ou la mainmise sur le système éducatif, l'incitation à la guerre civile dans leur conflit avec les jansénistes. Les motifs ne manquaient pas. Les philosophes, Voltaire en première ligne, avaient participé à la dénonciation. L'expulsion fut décidée par le parlement de Paris, le 6 août 1762. Après le Portugal et après l'Espagne. Ils s'enfuirent en Italie et parfois même, paradoxalement, dans la Suisse protestante.

L'opinion publique approuva. Et pas seulement les philosophes. Le clergé, en majorité janséniste et gallican, en retira une profonde satisfaction.

L'iconographie célébra l'événement. Dans la gravure ci-contre, les monarchies unies. On les reconnaît à leurs armes bien visibles sur les boucliers : France au centre, Portugal à gauche, Espagne à droite. La France un peu en avant malgré une chronologie des faits qui la dessert. Tels des anges vengeurs armés du glaive ou de la foudre divine, elles jaillissent des nuées. Les jésuites, tout de noir vêtus, le poignard du régicide à la main, accrochés aux mauvais livres comme ceux de Bellarmin ou à la bulle « Unigenitus », sont précipités dans les Enfers où les attendent les démons grimaçants, ailés et cornus, armés d'instruments de torture : tridents, faisceaux pointus et tenailles, déjà au travail pour arracher à l'un de ces mauvais pères une couronne qu'il a usurpée...

Erreur que de voir dans l'expulsion des jésuites une éclatante victoire des seuls philosophes et un symptôme du recul des croyances. L'optique est ici plus religieuse que philosophique, et c'est par l'imagerie dévote traditionnelle qu'on s'efforce de convaincre l'opinion populaire du bien-fondé de la mesure. S'il y a ironie de la part du graveur, doutons qu'elle ait été perçue.

J. G.

« LE CRIME PUNI » : ALLÉGORIE DE LA CONDAMNATION DES JÉSUITES, GRAVURE.

PARIS, BIBLIOTHÈQUE NATIONALE DE FRANCE.

ture, qu'on ne décourageait point chez les adolescents. Des années passées au collège, il conservera de solides amitiés aristocratiques, dont il usera et abusera pour s'informer, se protéger et servir les fins de son combat philosophique. Avec *La Ligue* pourtant, il attaque le fanatisme des curés ligueurs, curés de quartier mal dégrossis, et dès *La Henriade*, il soupçonne « l'ordre noir » d'armer le bras des régicides et des fanatiques. La dénonciation des jésuites est absente des *Lettres philosophiques*, mais elle devient systématique à partir du *Siècle de Louis XIV*. Dans les chapitres qu'il y consacre à l'histoire religieuse (chap. XXXV-XXXIX), Voltaire met en place ce qui fondera dès lors l'essentiel de son argumentation.

Il accuse les jésuites d'avoir armé la guerre civile en attaquant les calvinistes, puis les jansénistes, pour tenter de regagner une opinion populaire qui leur échappait, de s'être opposé au gallicanisme, et enfin, par le canal du père de La Chaise, confesseur de Louis XIV, d'avoir opéré une mainmise sur le pouvoir royal en l'engageant dans des querelles religieuses inutiles et nocives. Ce n'est pas un hasard si Voltaire prolonge très avant dans le XVIII$^e$ siècle le bilan des aspects religieux du règne de Louis XIV. Cette avancée lui permet de constater le déclin de l'ordre : « Les jésuites semblèrent entraînés dans la chute du jansénisme ; leurs armes émoussées n'avaient plus d'adversaires à combattre. Ils perdirent à la cour le crédit dont Le Tellier avait abusé. Leur *Journal de Trévoux* ne leur concilia ni l'estime, ni l'amitié des gens de lettres. Les évêques, sur lesquels ils avaient dominé, les confondirent avec les autres religieux » (chap. XXXVII). Dans les éditions du *Siècle de Louis XIV* postérieures à 1762, Voltaire ne put s'empêcher d'évoquer, sans aucune légitimation chronologique, l'expulsion des jésuites du Portugal, d'Espagne et de France. Preuve de l'importance du combat qu'il livre à l'ordre, Voltaire consacre le dernier chapitre de l'ouvrage (chap. XXXIX) aux « disputes sur les cérémonies chinoises ». « Comment ces querelles contribuèrent à faire proscrire le christianisme de la Chine. » À de nombreuses reprises, et pas seulement dans l'*Essai sur les mœurs*, Voltaire s'est réjoui des malheurs arrivés aux jésuites dans leur évangélisation de la Chine et du Japon. Leur péché a été double : d'orgueil au Japon et en Chine, où ils n'ont pas su respecter les cultures autochtones, traitées par le mépris (l'article « Jésuites » des *Questions sur l'Encyclopédie* est sous-titré « De l'orgueil ») ; et de rouerie quand ils ont tenté, trompant et Rome et leurs hôtes, de faire croire que les Chinois étaient chrétiens sans le savoir et de s'immiscer dans les affaires de l'empereur de Chine. Sur le mode ironique, *La Relation\* du bannissement des jésuites de la Chine* (1768) et l'*Avis\* à tous les Orientaux* (vers la même date) reprendront des reproches déjà anciens que Voltaire ressasse.

Dans l'affaire du jésuite Malagrida, qui a comploté contre le roi Joseph I$^{er}$ de Portugal (1758), il voit la tentation jésuitique, toujours présente, du

pouvoir temporel. Même reproche dans la dénonciation de l'emprise jésuite sur les Indiens du Paraguay, qu'on retrouve dans *Candide ou l'Optimisme* (chap. XIV); dans la caricature du père Tout-à-tous de *L'Ingénu*, plus homme de pouvoir qu'homme d'Église, et des bons pères, serviteurs de l'Inquisition, dans les *Lettres d'Amabed*... Voltaire n'a cessé de porter l'attaque, même bien au-delà de l'expulsion des jésuites. Car il reste le *Journal de Trévoux* (continué jusqu'en 1775) qui attaque Voltaire et les philosophes, et que le patriarche poursuit de sa vindicte en affectant le mépris. Nonnotte*, Berthier* ne sont pas aussi négligeables ni le *Journal de Trévoux* aussi ennuyeux et dénué d'importance que le prétend Voltaire dans ses lettres, ses boutades ou ses soties. Chassés de France, les jésuites n'en sont pas pour autant désarmés. Si le combat que livre Voltaire est devenu plus culturel, à bien des égards, il reste le même. Ils auront d'ailleurs eux-mêmes à reprendre et continuer, au XIX<sup>e</sup> siècle, le combat contre les voltairiens*.

Jean Goulemot

*J'omets un grand nombre de congrégations différentes : car, dans ce plan général, je ne fais point passer en revue tous les régiments d'une armée. Mais l'ordre des jésuites, établi du temps de Luther, demande une attention distinguée. Le monde chrétien s'est épuisé à en dire du bien et du mal. Cette société s'est étendue partout, et partout elle a eu des ennemis. Un très grand nombre de personnes pensent que sa fondation était l'effort de la politique, et que l'institut d'Inigo, que nous nommons Ignace, était un dessein formé d'asservir les consciences des rois à son ordre, de le faire dominer sur les esprits des peuples, et de lui acquérir une espèce de monarchie universelle.*
*Essai sur les mœurs, 1756, chap. CXXXIX, « Des ordres religieux ».*

## JÉSUS

BIBLE • CHRISTIANISME • COMMANDEMENTS • DÉISME •<br>DOGMES • ÉVANGILE • RENAN •

Si Voltaire a varié dans ses représentations de Jésus, il n'a jamais changé d'opinion quant à sa nature : il l'a toujours regardé comme un homme. Il s'est constamment révolté contre l'idée qu'on ait pu réduire l'Être suprême, par l'Incarnation, à une existence bornée dans le temps et l'espace, traversée de vicissitudes et soumise à la mort. Le véhément auteur du *Sermon\* des Cinquante* est catégorique : il n'y a rien de commun entre le « créateur des mondes » et un prétendu dieu « né d'une fille », « mort à une potence ». Aussi affirme-t-il, dès le *Sermon\* du rabbin Akib* (1761), qu'aucun verset des Évangiles, aucun texte du Nouveau Testament, ne présente Jésus

comme Dieu ou égal à Dieu. Il répète que sa divinisation, sous l'influence des platoniciens, date du concile de Nicée. Il s'appuie donc aussi, historiquement, sur tous les adversaires de la divinité de Jésus, depuis Arius jusqu'aux modernes sociniens. Il met d'ailleurs au service de sa thèse de savantes réflexions linguistiques : « fils de Dieu » signifiait, chez les Hébreux, homme de bien, à l'opposé de « fils de Bélial ». Quant au titre de « Messie », ayant trouvé chez le pasteur Polier de Bottens toute la documentation nécessaire, Voltaire soutient, dans son article du *Dictionnaire philosophique*, qu'il n'a pas été attribué au seul Jésus : beaucoup l'ont porté avant lui, selon l'Ancien Testament ; et beaucoup se le sont arrogé après lui.

Cette banalisation des signes qu'on croyait propres au Christ, il l'applique également aux éléments surnaturels de sa vie. Voltaire doute de sa conception par une vierge et l'assimile à d'autres cas aussi fabuleux : Remus et Romulus, ou le dieu siamois Sammonocodom. Le merveilleux naïf des évangiles apocryphes*, qu'il mentionne fréquemment avant d'en réunir la *Collection\** (1769), lui permet aussi d'expliquer par la crédulité du temps, et non comme une marque de sa mission, les nombreux prodiges attribués à Jésus. Enfin, il ne voit qu'impostures dans l'application faite à sa personne de certaines prophéties de l'Ancien Testament. Il le représente donc toujours comme un simple juif resté fidèle à la loi juive : son silence absolu concernant les dogmes ou les sacrements propres au christianisme interdit de le considérer comme le fondateur de cette secte* récente.

Cette démythification opérée, Voltaire donnera de l'homme Jésus des images diverses. Bien qu'il admette son existence, toute ébauche d'une vie de Jésus est rendue aléatoire, à ses yeux, par les incertitudes des Évangiles, leurs incohérences, et l'absence totale, chez les auteurs païens ou chez l'historien juif Flavius Josèphe, de mentions le concernant.

Tantôt il insiste sur l'extravagance, la bassesse de ce « juif de la populace », descendant de Raab la paillarde et de Bethsabée l'adultère, et épouvanté par la mort ; et il lui oppose la grandeur des sages de l'Antiquité (*Catéchisme de l'honnête homme*). L'*Examen\* important de milord Bolingbroke*, comme l'*Histoire\* de l'établissement du christianisme*, le peignent comme un paysan grossier, une sorte de George Fox, un fondateur de secte ignorant, puni comme perturbateur. L'auteur y rapporte en outre les récits juifs les plus dépréciatifs, comme le « Toldos Jeschu », qui faisaient de lui un bâtard.

Tantôt, au contraire, Voltaire découvre en Jésus un sage qui « déclamait contre les prêtres imposteurs » (*Dialogue du douteur et de l'adorateur*), et à qui on a imputé des actes et des paroles dont il ne peut être l'auteur. Il devient même, dans le *Traité sur la tolérance* ou l'article « Religion II » des *Questions sur l'Encyclopédie*, le symbole des persécutés, un autre Socrate, mis à mort alors qu'il ne prêchait que la douceur. Épurant les Évangiles de

tous les actes et propos irrationnels ou violents qui pourraient contredire sa thèse, le philosophe ira jusqu'à faire de Jésus l'apôtre de la religion naturelle, définie comme amour de Dieu et bienfaisance envers les hommes. Il le met ainsi, dans les *Homélies\* prononcées à Londres* ou dans *Dieu\* et les hommes*, au service de son double combat, et contre l'athéisme et contre l'Infâme.

Cette sympathie manifestée envers Jésus apparaît vers 1766, elle s'accentue avec la montée de l'athéisme, mais elle n'exclut pas la poursuite simultanée des railleries. La diversité des angles d'attaque fait partie de la stratégie de Voltaire. Qu'il le déprécie sous les traits d'un misérable gueux pour mieux dévaloriser l'Église qui se réclame de lui, ou qu'il reconnaisse en Jésus « le premier des théistes » (à Jacob Vernes, 19 août 1768) en dénonçant les prêtres qui l'ont condamné, il varie ses portraits à mesure qu'il multiplie ses combats.

*Marie-Hélène Cotoni*

*Les plus grands ennemis de Jésus doivent convenir qu'il avait la qualité très rare de s'attacher des disciples. On n'acquiert point cette domination sur les esprits sans des talents, sans des mœurs exemptes de vices honteux. Il faut se rendre respectable à ceux qu'on veut conduire ; il est impossible de se faire croire quand on est méprisé. Quelque chose qu'on ait écrit de lui, il fallait qu'il eût de l'activité, de la force, de la douceur, de la tempérance, l'art de plaire, et surtout de bonnes mœurs. J'oserais l'appeler un Socrate rustique : tous deux prêchant la morale, tous deux sans aucune mission apparente, tous deux ayant des disciples et des ennemis, tous deux disant des injures aux prêtres, tous deux suppliciés et divinisés. Socrate mourut en sage ; Jésus est peint par ses disciples comme craignant la mort. Je ne sais quel écrivain à idées creuses et à paradoxes contradictoires s'est avisé de dire, en insultant le christianisme, que « Jésus était mort en dieu ». A-t-il vu mourir des dieux ? Les dieux meurent-ils ?*

*Dieu et les hommes*, 1769, chap. XXXV<br>
— L'« écrivain » visé est Rousseau (*Émile*, Livre IV).

*Jésus-Christ n'a fait brûler personne.*
À Élie Bertrand, 24 décembre 1757.

## JEU

*À la honte des hommes, on sait que les lois du jeu sont les seules qui soient partout justes, claires, inviolables et exécutées.*
*Dictionnaire philosophique*, 1764, art. « *Lois* » (section II, 1767).

Voltaire joua au biribi dans sa jeunesse, il eut «la sottise» un jour d'y «perdre douze mille francs». Le jeu était fort prisé au temps de la frivole Régence: «Paris sans argent est mortellement ennuyeux», rapporte à cette époque un voyageur allemand. L'agiotage des spéculateurs du «Système» de Law n'était d'ailleurs qu'une forme de ce jeu dont la folie avait saisi la haute société. On jouait au cavagnole chez la duchesse du Maine, comme chez la reine; la plupart des hôtels parisiens fréquentés par Voltaire se transformaient en tripots pour des parties acharnées de trictrac, de pharaon ou de biribi. Ce fut en jouant chez Mme de Fontaine-Martel que Voltaire perdit ses 12 000 francs. À coups de dés ou de cartes, les joueurs se ruinaient avec entrain. Mme du Châtelet fut même une joueuse obstinée. Voltaire essaya en vain de calmer sa passion exagérée. Il paya ses dettes, puis il se lassa, et finit par exiger le remboursement de ses prêts. Le jeu ne l'amusait plus, il n'y vit plus qu'une perte de temps. Il investit et gagna pourtant beaucoup d'argent à la loterie royale, mais c'était «un jeu établi entre le souverain et les sujets». À Ferney, il passait une ou deux heures par jour à jouer aux échecs avec le père Adam, et selon Duvernet, il s'y adonnait encore au billard, «comme utile à la santé».

*Anne Soprani*

## JOB

BIBLE •

Souffrant, malade, Voltaire se compare parfois dans ses lettres à ce personnage biblique. Dans un célèbre article du *Dictionnaire philosophique*, qu'il lui consacre en 1767, il se montre facétieux envers ce «babillard», qu'il salue d'emblée familièrement: «Bonjour mon ami Job». Il fait le compte de ses richesses, raille son style, s'amuse à critiquer sa femme et ses amis, met en doute sa longévité. Ce tutoiement, ce tour suffisent à désacraliser le récit de l'Ancien Testament. Mais Voltaire s'intéresse aussi à Job en historien: dans une addition de 1770, puis dans l'article «Arabes» des *Questions sur l'Encyclopédie* et dans divers opuscules historiques, il s'interroge sur les sources de ce livre de Job, où il voit un des monuments les plus précieux de l'Antiquité. Mais il fait de l'auteur un Arabe, à cause de nombreux mots arabes subsistant dans le texte hébreu, des villes d'Arabie citées, d'une mention de Satan, dont l'origine est chaldéenne, d'un fond de connaissances astronomiques, et de l'évocation du commerce des Indes. Il juge ce livre bien antérieur à Moïse et au Pentateuque. D'où le rappel insistant, dans l'article du *Dictionnaire*, de nombreux autres textes plus anciens que ceux du peuple juif, par là dévalorisé. L'auteur s'y moque aussi des hypothèses de dom Calmet* sur la vérole de Job, ou sur sa croyance en la résurrection.

Le personnage et le livre suscitent en somme un mélange de curiosité historique et de verve polémique, très représentatif de la critique biblique de Voltaire.

Marie-Hélène Cotoni

## JOLY DE FLEURY (Famille)

CENSURE • PARLEMENT •

« Je n'ai jamais été content d'aucun Fleury », confie Voltaire à d'Argental en 1764. Il eut en effet souvent maille à partir avec cette puissante famille de parlementaires.
Dès 1734, Guillaume Joly de Fleury (1675-1756), comme procureur général au Parlement de Paris, fit condamner les *Lettres\* philosophiques*; et en août 1742, c'est encore lui qui fait suspendre les représentations de *Mahomet\**. Voltaire eut ensuite affaire au fils du procureur, Omer Joly de Fleury (1715-1810), avocat général puis président au Parlement de Paris, qui n'était selon lui ni « joli », ni « fleuri », ni même « Homère »... Il fut l'une des grandes figures de l'opposition aux Lumières, et Voltaire dut subir son réquisitoire, dès février 1759, contre *Candide*: une « brochure scandaleuse ». « Allons maître Joly, bavardez; messieurs, brûlez », s'exclame Voltaire, tandis que Joly de Fleury s'obstine à « brailler contre les philosophes ». Dans l'âpre lutte que Voltaire menait contre le clan conservateur des dévots, « Omer » devint son « ennemi » symbolique. Avec ses correspondants les plus proches, d'Argental, Mme du Deffand, d'Alembert, Mme d'Épinay, il ne manque jamais d'épingler « les âneries de $M^e$ Joly ». L'avocat pour sa part affirmait son pouvoir avec éclat: en 1759, il demanda l'arrêt de l'impression de l'*Encyclopédie*; en 1763, il défendit un règlement interdisant la pratique de l'inoculation\* « dans le voisinage immédiat de la cour »; en novembre 1765 enfin, le Parlement condamnait à sa requête le *Dictionnaire philosophique*. Mais qui aurait fait taire la voix de Voltaire ? « Le parlement est puissant, écrivait-il à d'Argental, mais la vérité est plus forte que lui. »

Anne Soprani

## JORE, Claude François

CENSURE • GENS DE LETTRES •

C'est sur la recommandation de son ami Cideville\* que Voltaire entra en rapport avec Jore, libraire-imprimeur à Rouen\* rue Saint-Lô. L'homme est audacieux, mordant et avide. Voltaire lui confie l'impression de l'*Histoire de*

*Charles XII* en 1731, puis une réimpression de *La Henriade* en 1733. Confiant, mais toujours prudent, c'est encore à son « féal Jore » qu'il donne secrètement à imprimer, la même année, une édition française des *Lettres\* philosophiques*. La participation de Jore à la diffusion de cet ouvrage aussitôt poursuivi le conduira à la Bastille pour deux semaines en mai 1734. Le « perfide » se décharge alors sur l'auteur et obtient sa libération. Mais les autorités lui ont supprimé sa maîtrise de libraire. Sous le prétexte de la retrouver, il obtient du naïf Voltaire une lettre qui doit l'innocenter, mais qui fait aussi apparaître que l'auteur lui doit une forte somme. Sur les conseils de Desfontaines\*, il assigne en justice son prétendu débiteur, qui contre-attaque. Il s'ensuivit des deux côtés une série de mémoires et de factums virulents, Jore et Desfontaines s'acharnant à détruire la réputation de Voltaire, qui, par la maladresse de ses réponses, confirmait le jugement critique de l'opinion. Il fallut se soumettre aux exigences du lieutenant de police Hérault, qui, content de se débarrasser d'un imprimeur suspect et de donner une leçon à l'auteur scandaleux, refusa de rendre sa maîtrise au premier et contraignit le second à « donner 55 livres aux pauvres » (1736). Deux ans plus tard, réduit à la misère, Jore finira par solliciter Voltaire, avouant qu'il avait été séduit par la « malice » de Desfontaines. Voltaire exige alors un désaveu, qu'il paye bon prix. En 1742, il lui versera à nouveau 300 livres. Nouvelle demande d'argent en 1759. Voltaire dicte les termes d'un nouveau désaveu contre une lettre de change de 250 livres. Jore, désormais apothicaire à Amsterdam, trouve l'offre « faite à des conditions trop basses pour y consentir ». Il lui adresse une dernière supplique en 1773.

Jean-Michel Raynaud

*J'exige de vous la lettre la plus forte et la plus convenable; il faut que vous vous tiriez du nombre des ingrats dont j'ai été le bienfaiteur, et que vous vous en fassiez gloire en me le disant d'une manière qui puisse me convenir.*
*Post-scriptum d'une lettre à Claude François Jore du 26 mai 1759, signée « Voltaire, gentilhomme ordinaire du roi, comte de Tourney ».*

## *JOURNAL DE LA COUR DE LOUIS XIV JUSQU'À 1715, AVEC DES NOTES INTÉRESSANTES*

ANECDOTE · HISTOIRE · LOUIS XIV · MARGINALIA · *SIÈCLE DE LOUIS XIV (LE)* ·

Petit à-côté de l'œuvre historique : un simple choix d'extraits des *Mémoires* anecdotiques tenus pendant plus de trente ans au jour le jour (d'où l'autre nom de *Journal*) par le marquis de Dangeau (1638-1720), officier et courtisan de Louis XIV, observateur minutieux des faits et dits du roi, de sa

famille, de son entourage. Publication tardive (1769, avec la date de 1770), anonyme (on n'a pu l'attribuer à Voltaire qu'en 1807), curieuse (le *Journal* était encore inédit à cette date), et fort critique (d'où ces « notes intéressantes » annoncées au titre).
Voltaire avait eu accès à l'énorme manuscrit (quarante-huit volumes in-folio) dès la fin des années 1730, alors qu'il préparait son *Siècle de Louis XIV*; il en avait tiré parti, mais sur quelques points précis seulement, pour des discussions et des recoupements, en indiquant d'ailleurs sa dette. En fait, comme historien du « règne » et non du roi, auteur d'un « tableau » de « l'esprit du temps », non de la cour, et plutôt réservé sur les mérites de l'anecdote historique en soi, Voltaire ne pouvait guère apprécier ce genre de document, ayant au surplus des doutes sur son origine et sur l'authenticité de l'ensemble. D'où son double rôle comme éditeur en 1769, assez paradoxal : il institutionnalise le *Journal* en lui donnant un statut imprimé, mais il le fait en soulignant, pour les passages retenus, les limites de l'information, et l'inutilité, la futilité de ce regard myope sur la grande histoire. Ses notes, souvent impatientes, font penser à ses réactions ordinaires de lecteur en marge des livres qu'il annotait. Il interpelle Dangeau : « Mon cher Tacite... » ; il lui demande d'autres détails aussi essentiels, par exemple à quelle heure le Dauphin alla à la garde-robe, et lance très souvent, ironiquement bien sûr : « À la postérité, à la postérité ! »
Le *Journal* du marquis de Dangeau fut imprimé à peu près intégralement au milieu du XIX$^e$ siècle – en dix-neuf volumes.

*André Magnan*

## *JOURNAL DE POLITIQUE ET DE LITTÉRATURE*

JOURNALISTE •

Parmi les journaux nouveaux que Voltaire vit se multiplier dans les dernières années de sa vie – comme les pâtisseries, disait-il –, il s'intéressa surtout au *Journal de politique et de littérature*, créé en 1774, financé par Panckoucke*, d'abord dirigé par le brouillon Linguet, et devenu plus « philosophique » sous la direction de La Harpe*. « C'est le seul que je puisse lire », écrit-il. Dépassé par l'émulation agressive de la grande presse naissante, il accepta pourtant de prêter sa plume au cher La Harpe, et de fournir quelques recensions de livres nouveaux, à partir de mai 1777. Il rendit compte ainsi d'une nouvelle édition du *Tristram Shandy* de Sterne – recension mitigée : il a aimé jadis cet « anaccountable book », mais il le trouve maintenant trop frivole –, et de l'essai *De l'homme* d'un médecin inconnu, Marat, promis à d'autres destinées, qu'il raille ici pour avoir imaginé, entre âme et corps, un « suc de nerfs » – Voltaire avait exigé

l'anonymat, mais la tentation fut trop forte : on mit sous deux de ses
« extraits » la fameuse signature « Par M. de V*** » ; cinq seulement sont
connus, d'autres mieux déguisés sont peut-être de lui. Il interrompit sa
collaboration en juillet 1777. L'une de ces recensions lui avait valu une
polémique, d'où sortit le *Commentaire\* sur l'Esprit des lois*. Juste après sa
mort, le moderne *Journal de politique et de littérature* et l'antique *Mercure de
France* fusionnèrent pour donner naissance, en juin 1778, à un nouveau
titre, le *Journal de Bruxelles*, dont le fondateur lançait aussitôt le projet
d'une édition posthume des œuvres de M. de Voltaire : c'était Panckoucke
encore, en pleine ascension.

*André Magnan*

## *JOURNAL ENCYCLOPÉDIQUE*

JOURNALISTE • OPINION •

Les trois cent quatre volumes du *Journal encyclopédique* (1757-1793) furent
publiés à Bouillon par les soins de Pierre Rousseau\*, de Chamfort et de
Robinet. On y rendit fidèlement et favorablement compte des ouvrages de
Voltaire. Ce dernier écrivit à la rédaction à de nombreuses reprises. Ainsi le
1$^{er}$ janvier 1760, au sujet de l'omission, dans l'*Essai\* sur les mœurs*,
d'Ottman, troisième calife, ce dont Voltaire se justifie. Le 1$^{er}$ mai 1761, on
y imprime le *Rescrit de l'empereur de Chine à l'occasion de la paix perpétuelle*. Le 15 mai 1773, le *Journal encyclopédique* publia une lettre anonyme,
due en fait à Jean Marie Bernard Clément\*, adressée aux auteurs du journal au sujet d'une épître ancienne de Voltaire. Celui-ci répondit sur le ton
d'un régent ironiquement impitoyable, en reprenant les incorrections de
langue de son adversaire. En mars 1770, Voltaire avait écrit au journal pour
refuser la paternité de la tragédie *Les Guèbres, ou la Tolérance*, dont il
affirmait qu'elle était d'un jeune auteur. Cette attention de Voltaire au
*Journal encyclopédique* tient à ses positions libérales, mais aussi à l'intérêt
qu'il éprouvait pour un mode d'intervention auprès de l'opinion publique,
que facilitaient les périodiques.

*Jean Goulemot*

## JOURNALISTE

AFFAIRES • *CONSEILS À UN JOURNALISTE* • OPINION •

Dans un petit article « Gazette » rédigé en 1756 pour l'*Encyclopédie\**,
Voltaire retrace l'émergence et les progrès de la presse périodique – l'origine se situe pour lui en Chine. Il part de la *Gazette* de Renaudot (1631),

ancêtre des « feuilles » de nouvelles politiques – gazettes « privilégiées » bien sûr, c'est-à-dire « revues par le ministère » ; il fixe en 1665, en France, le commencement des gazettes « littéraires », c'est-à-dire relatives aux livres en général, d'abord limitées à la simple « annonce » des publications à venir, avant de se voir permise une « critique raisonnée » des parutions nouvelles – il salue ici le fameux *Journal des savants*, qu'il appelle ailleurs « le père de tous les ouvrages de ce genre ». Sous le signe du grand Bayle*, fondateur en 1684 (à Amsterdam) des *Nouvelles de la République des lettres*, et modèle pour lui de ce journalisme érudit, critique, utile, Voltaire a écrit d'autre part des *Conseils à un journaliste* (1744), applicables justement à cet exercice de recension essentiel à la presse intellectuelle du temps. Personnellement, Voltaire fut toujours friand de l'actualité des livres – jusqu'à lire, paraît-il, mais en cachette, *L'Année\* littéraire*... Quant aux nouvelles politiques, elles étaient à ce point bornées à la chronique officielle, et contrôlées, dans toute l'Europe du temps, l'Angleterre exceptée, qu'il valait mieux disposer en effet d'informateurs attitrés ou de bulletins manuscrits, les « nouvelles à la main » – sa correspondance* tentaculaire lui servit aussi à cela. Il fut en contact direct avec plusieurs journalistes littéraires en vue, adversaires, confrères ou disciples. Il a détesté Desfontaines* et Fréron*, qu'il accable du néologisme douteux de « folliculaires* » ; il a apprécié le sérieux du marquis d'Argens* et de Pierre Rousseau*, journalistes des marches francophones, et soutenu paternellement les travaux de Marmontel*, rédacteur après 1758 du *Mercure de France*, et de La Harpe*, directeur du *Journal de politique et de littérature* en 1777.

Occasionnellement, par quelques comptes rendus d'ouvrages, Voltaire a même collaboré de sa plume à deux périodiques : la *Gazette\* littéraire de l'Europe* de Suard et Arnaud, en 1764, et le *Journal\* de politique et de littérature* du cher disciple La Harpe, en 1777. Contributions épisodiques, anonymes, mais remarquables de disponibilité et de curiosité, de la part d'un écrivain de son importance et de son âge – il a 70 ans quand il participe au lancement de la *Gazette littéraire*. Il fit bien sûr l'objet lui-même, à pleines pages, de nombreuses recensions pour ses écrits et, non sans quelque agacement parfois, d'anecdotes ou d'échos plus personnels, surtout après 1760, quand sa célébrité prit un relief presque mythique. Il donna enfin aux journaux, plus que tout autre écrivain du temps, des annonces d'ouvrages à paraître, des mises au point – sur son prétendu exil* entre autres –, des avertissements contre des éditions faites sans son accord, et surtout des désaveux* d'écrits en effet inavouables – alimentant à son tour la vaste rumeur journalistique de son œuvre et de son personnage.

Réservées, un peu ambiguës, ces diverses pratiques obéissent en somme à

un principe de partage alors dominant. À l'écrivain, les grands intérêts de l'homme, de la pensée, de l'histoire, du sens ; au journaliste, l'attention immédiate, le discours transitoire. Une fois reliées au bout de l'an, les petites feuilles deviennent « un almanach de l'année passée » (à Élie Bertrand, 27 décembre 1758). Voltaire aurait seulement contribué, un peu plus peut-être que les autres grands écrivains du siècle, à cet « almanach » périssable de la presse périodique.

Mais tout s'inverse à partir d'un autre constat sur l'œuvre même, les écrits en prose surtout, essais, opuscules, facéties, contes et mélanges, qui font de Voltaire un cas vraiment à part. Au-delà des circonstances et des formes particulières de l'écriture, c'est partout la même excitation, la même vibration à l'actualité, le même parti pris d'intervention dans les affaires du temps, la même interpellation des pouvoirs et des responsables, et de la société civile ainsi constituée en opinion – une sorte de saisine exercée de droit, quoique sans base légale. D'une certaine façon, c'est par cette pratique même que s'invente, désignée et analysée comme telle, la conjoncture de « l'actualité ». En fait, on le voit mieux après coup, Voltaire rompait le monopole du sens, monarchique, et surtout chrétien, en vigueur dans ce pays romain qu'était la France du temps, il refusait une « fin de l'histoire », et s'essayait à cette liberté interdite, de pensée et d'expression, dont le *Syllabus* de Pie IX encore, en 1864, renouvellera une dernière fois *ex cathedra* la condamnation doctrinale.

Sous cet aspect, à côté du journalisme réel du temps, l'œuvre de Voltaire est comme l'archive d'un autre journalisme à naître, et qu'elle appelle, autonome, direct, personnel. Journalisme de reportage sur l'étranger, et ce sont les *Lettres\* philosophiques*, aussitôt insupportables en tant que parallèle de la modernité anglaise et de l'archaïsme français. Journalisme de vulgarisation dans les écrits sur Newton\*, sur l'inoculation\*, sur les sciences\*, sur l'histoire\*. De commentaire politique dans les écrits sur la Pologne\*, inégalement inspirés, à partir d'une documentation russe largement désinformante. D'enquête et d'investigation, avec les relations et les mémoires sur les affaires judiciaires, distinguant pour chacune les données singulières, les enjeux généraux, et même en retour les leçons de l'erreur – Camus journaliste illustrera aussi ce droit de suite. Au *Traité\* sur la tolérance*, en le terminant, Voltaire ajoute encore un post-scriptum, qui enregistre le tout dernier développement de l'affaire Calas : réaction du rédacteur au marbre, avant la lettre. Dans les moments les plus intenses, les lettres quotidiennes de Voltaire ont des airs de tracts ou d'éditoriaux : il sait qu'elles seront lues le matin à la toilette, l'après-midi en visite, et le soir dans la loge, et qu'elles courront peut-être tout Paris dans la semaine, puis l'Europe le mois prochain, recopiées dans la *Correspondance\* littéraire* à l'intention des abonnés princiers.

Deux siècles après, le lecteur a besoin de notes : cet interventionnisme à tout-va s'est amorti, la tribune libre voltairienne a vieilli, comme l'almanach. Il reste au moins la rhétorique de l'insistance et de l'urgence, l'exemple d'une responsabilité, et la conviction passionnée de valeurs, soutenues ou défendues au jour le jour. Un certain journalisme comme histoire immédiate.

*André Magnan*

*Voltaire. Gazetier perpétuel. Il entretenait dans tous ses ouvrages le public des événements de la veille.*
Joseph Joubert, Carnets, 23 novembre 1823.

*Voltaire aujourd'hui ne ferait qu'un bon « charivariste », un peu vieux.*
Louis Veuillot, article pour L'Univers, 17 avril 1878.

*Voltaire est un grand journaliste. Il représente, à une date où la presse naissait à peine, le génie et la puissance de la presse. Il a tous les défauts du journaliste : information superficielle, affirmations téméraires, plaisanteries ou personnalités substituées à la discussion approfondie des idées, partialité passionnée. Mais il a au suprême degré les talents que le journalisme exige : des connaissances universelles, une faculté prodigieuse d'assimilation, un sens juste, rapide, aigu, infiniment plus de sérieux et de solidité qu'on ne dit souvent sous la légèreté du ton, et puis le talent d'exciter la curiosité, d'intéresser l'indifférence, de saisir l'actualité, de tout rendre clair et simple, de tourner toutes les idées du côté qui les fait mieux comprendre et goûter.*
Gustave Lanson, article « Voltaire »,
Encyclopédie Larousse du XIX$^e$ siècle, 1901.

## JOURNAUX (ET PÉRIODIQUES)

Dès la Révolution, certains périodiques utilisèrent le nom de Voltaire dans leur titre, comme *Le Pégase de Voltaire* ou *Correspondance ultramontaine, contenant quelques lettres de cet homme illustre et celles d'un Français libre*, qui eut en 1790 un seul numéro. Mais c'est au XIX$^e$ siècle que la presse fit de Voltaire, de son nom, de son œuvre, un grand usage dans ses titres, voulant annoncer par là des qualités d'écriture et de style, une option politique et philosophique (républicanisme et anticléricalisme), une perspective satirique. La presse du XX$^e$ siècle utilise moins le nom de Voltaire que celui de ses héros, Candide surtout, et moins fréquemment Micromégas, Zadig et l'Ingénu.
La liste ci-dessous ne prétend pas à l'exhaustivité.

*Le Voltaire* : Financé par le chocolatier républicain Menier, qui avait patronné le centenaire de la mort de Voltaire, *Le Bien public* devint, le 1$^{er}$ juillet 1878, *Le Voltaire*. Son rédacteur en chef est le célèbre chroniqueur Aurélien Scholl. Il veut être « le *Figaro* des républicains ». Il comptera parmi ses collaborateurs Émile Zola et Raymond Poincaré. Son tirage demeurera limité : 10 451 exemplaires en 1880 alors que *Le Petit Journal*, à la même date, tire à 583 820. Il se survivra avec un tirage de plus en plus faible jusqu'à la veille de la guerre de 1914. Un *Voltaire illustré*, supplément du dimanche, parut de janvier à mars 1880 (n$^{os}$ 1 à 13), puis d'août 1894 à décembre 1896. Le caricaturiste André Gill collabora aux premiers numéros de 1880.

*Voltaire catholique* : Journal de la communauté chrétienne du lycée* Voltaire, depuis 1954.

*Voltaire Coop* : Journal du lycée terminal de l'école Voltaire de Dijon, à partir de 1966.

*Candide** : Lancé par Auguste Blanqui le 3 mai 1865, interdit après le n° 8.

*Candide* : Lancé par la Librairie Arthème Fayard en 1924, ce journal dirigé par Jacques Bainville, très marqué à droite, tirait à plus de 500 000 exemplaires. Il disparut en 1939.

*Candide (Le Nouveau)* : Hebdomadaire publié de 1961 à 1967 (Hachette). Son directeur fut Philippe Boegner. Cet hebdomadaire aurait connu une diffusion de 120 000 exemplaires.

*Candido* : Hebdomadaire milanais de l'immédiat après-guerre, qui commença à paraître en 1944.

*L'Ingénu* : Hebdomadaire corse de littérature et d'information publié à Ajaccio, de 1931 à 1934.

*L'Ingénu* : Revue trimestrielle des lettres et des arts, Éditions Hors Mesure : le n° 1 est paru en 1979.

*L'Ingénu* : Journal devenu ensuite *L'Ingénu colporteur et réviseur*, publié du 1$^{er}$ au 9 septembre 1790.

*L'Ingénu* : De son titre exact *L'Ingénu, journal politique et moral*, puis *politique, moral et littéraire*, publié du 18 août au 22 septembre 1799.

*Micromégas* : Paris VI$^e$, courrier critique et technique du livre moderne, publié d'octobre 1936 à avril 1940. Un numéro isolé a paru en juillet 1959.

*Micromégas* : Rivista di studi e confronti italiani e francesi, Rome. Le n° 1 date de 1974. La revue est éditée par le département de français de l'Université de Rome et les services culturels de l'ambassade de France à Rome.

*Zadig* : Hebdomadaire marocain d'information satirique et d'expression libre (directeur Maurice Gabe), le n° 1 date de 1954.

*Zadig* : Mensuel ; directeur de la publication Bernard Jeanson, Paris. Le n° 1 est daté décembre 1955-janvier 1956.

Jean Goulemot

# JUIFS

BIBLE • CHRISTIANISME • CIVILISATION • DIEU • SUPERSTITION • TOLÉRANCE •

Voltaire n'a guère connu les juifs du XVIIIe siècle. Quelques relations d'affaires lui ont laissé d'amers souvenirs. Arrivant en Angleterre en 1726, il apprend que le banquier Mendès da Costa, banqueroutier en fuite, a englouti dans sa faillite les fonds (8 à 9 000 livres) qu'il lui avait confiés pour son voyage. Plus tard, à Berlin, il se heurtera à Hirschel\*. Ces mésaventures ne le prédisposent pas, pour autant, à un quelconque antisémitisme\*. L'indélicatesse d'un «damned Jew» ne l'empêche pas de fréquenter la famille Mendès da Costa, qui compte dans la bonne société londonienne. Il se réjouit, dans ses *Lettres philosophiques,* de voir à la Bourse\* de Londres «ces libres et pacifiques assemblées» où «le juif, le mahométan et le chrétien traitent l'un avec l'autre comme s'ils étaient de la même religion» (VIe lettre). Dans l'*Essai\*sur les mœurs* (chap. CIII), il observe encore: «Ces derniers temps leur ont été favorables [aux juifs]; surtout en Hollande et en Angleterre où ils jouissent de leurs richesses et de tous les droits de l'humanité, dont on ne doit dépouiller personne.» Cette attitude tolérante, qui sera toujours la sienne, n'est pas incompatible avec un mépris total pour les croyances et pour les mœurs des Hébreux de la Bible\*, assimilée par lui à une archive exemplaire du fanatisme et de la superstition. Lui-même a tenu à faire la distinction des temps, en évoquant, quarante années après l'événement, ses déboires financiers de Londres: «J'ai essuyé des banqueroutes plus considérables de bons chrétiens sans crier. Je ne suis fâché contre aucun juif portugais, je les estime tous; je ne suis en colère que contre Phinée, fils d'Eléazar» (*Un\* chrétien contre six juifs*). Ces juifs anciens, qu'il a découverts à l'époque de Cirey\*, n'ont cessé, dès lors, et jusqu'à la fin de sa vie, de hanter son imaginaire et sa réflexion, et de provoquer son indignation, sa hargne, son dégoût.
Sans se lasser, il ressasse les inepties, les turpitudes, les abominations qui, à ses yeux, ont marqué l'histoire des Hébreux, «brigands exécrables» (*La Philosophie\* de l'histoire*). Cette «horde vagabonde, ignorante et grossière», empruntant ses croyances et ses rites aux nations voisines, se distingue d'abord par son «aliénation d'esprit»: «Il n'y a pas une page dans la Bible, qui ne soit une faute, ou contre la géographie, ou contre la chronologie, ou contre toutes les lois de la nature, contre celles de l'histoire, contre le sens commun, contre l'honneur, la décence et la probité» (*Dieu\* et les hommes*). «Ces animaux féroces appelés juifs» (*Histoire\* de Jenni, ou le Sage et l'athée*) se caractérisent aussi par les pratiques les plus odieuses: sacrifices humains, anthropophagie, coprophagie, inceste, lubricité démente, bestialité, assassinats en chaîne, etc. Tout atteste ici la folie d'une humanité égarée, le «bon roi David» en étant la figure la plus repré-

sentative. Bref, « on est tantôt en colère et on a tantôt envie de pouffer de rire quand on lit l'histoire des Hébreux » (à Moultou, 9 janvier 1763). On pourrait relever des bévues historiques dans ce tableau noirci à plaisir (les Hébreux n'ont pas adoré des animaux, ils ne pratiquaient ni les sacrifices humains, ni le cannibalisme, etc.). Voltaire qui ignorait l'hébreu et connaissait mal le grec, ne s'est pas efforcé, non plus que les autres rationalistes des Lumières – à commencer par les déistes* anglais, Toland, Collins et surtout Tindall (*Christianity as old as the Creation*, 1730) –, d'apprécier le sens métaphorique, la portée symbolique et la valeur spirituelle des Écritures. Mieux vaut s'interroger sur les raisons de cet antijudaïsme obsessionnel et outrancier. Elles sont de trois ordres.

D'abord, les « annales » du peuple juif sont éminemment révélatrices à ses yeux, plus que toutes les autres, de la déraison des hommes et du long chemin qu'il faut parcourir pour accéder à la civilisation. Ne soyons pas dupes des expressions extrêmes. Les juifs seraient « le peuple le plus intolérant et le plus cruel de toute l'antiquité » (*Dictionnaire philosophique*, art. « Tolérance »)? Mais c'est pour nous dire qu'ils ont donné des exemples de tolérance aux chrétiens ; à la page suivante, ce sont les chrétiens qui ont « été les plus intolérants de tous les hommes », et quelques pages plus loin : « Il n'y a point au fond de nation plus cruelle que la française. » Voltaire le passionné a le superlatif facile. Le procès du judaïsme s'inscrit donc dans une vision de l'histoire et n'est pas isolé d'une lutte générale, constante et cohérente, contre la barbarie. Il est impossible, par exemple, de savoir si les Francs du temps de Clovis étaient plus ou moins barbares que les juifs du temps de Josué (*Un chrétien contre six juifs*). Welches* et juifs, même combat ! Et que dire des autres nations ? « Tous les peuples ont commencé par être à peu près également cruels, voleurs, méchants, superstitieux et sots » (*ibid.*). Dans la plus longue des notes des *Lois\* de Minos*, il observe « que les superstitions les plus barbares semblent un instinct de la nature humaine et qu'il faut un effort de raison pour les abolir » ; dans le tableau de ces superstitions barbares, les juifs figurent à côté des Grecs, des Égyptiens, des Teutons, des Gaulois, des Indiens, etc. Si, à cet égard, les juifs tiennent dans les œuvres de Voltaire le devant de la scène, c'est évidemment parce que la Bible est en terre chrétienne, pour lui et pour ses lecteurs, le « monument » le plus familier de l'histoire de l'humanité.

Si Voltaire s'en prend plus particulièrement au judaïsme, c'est aussi parce que le monothéisme juif s'oppose le plus radicalement à son propre déisme. Que les Hébreux soient le « seul peuple conduit par la divinité même », est une prétention qui heurte de front sa conception même du divin. Rien ne lui est plus inacceptable que cette vision d'un dieu tribal qui aurait fait élection d'un seul petit peuple. « Malheur à un peuple assez imbécile et assez barbare pour penser qu'il y a un Dieu pour sa seule

province!» (*Dictionnaire philosophique*, art. «Catéchisme chinois»). On comprend qu'une telle idée, pour lui absurde en elle-même, devienne de surcroît grotesque et scandaleuse dès que le peuple en question, «une malheureuse petite nation», donne l'exemple de l'inhumanité la plus révoltante.

Or il se trouve, et c'est le fond de la question, que ce peuple indigne est à l'origine du christianisme: «Ce peuple doit nous intéresser puisque nous tenons d'eux notre religion, plusieurs même de nos lois et de nos usages, et que nous ne sommes au fond que des juifs sans prépuce» (*Essai sur les mœurs*). Tout en fondant le principe de la tolérance (les chrétiens ne doivent pas persécuter les juifs qui sont leurs pères), une telle déclaration suggère la raison principale de l'acharnement voltairien contre les juifs: ruiner, dans ses fondations, la tradition judéo-chrétienne. «Le christianisme est fondé sur le judaïsme; voyons donc si le judaïsme est l'ouvrage de Dieu» (*Examen important de milord Bolingbroke*). Voltaire va donc relever systématiquement contradictions, incohérences, crimes et bouffonneries: «Si le Saint-Esprit a écrit cette histoire, il n'a pas choisi un sujet fort édifiant» (*Dictionnaire philosophique*, art. «Jephté»). Il désacralise ainsi l'autorité que les chrétiens reconnaissent à l'Ancien Testament. Même s'il y a une part de jeu dans ses facéties antijudaïques, il se laisse parfois entraîner au-delà de ce qui paraît raisonnable à des lecteurs d'aujourd'hui. On peut toutefois le comprendre par ce passage clé de l'article «Salomon» du même ouvrage: «Nous avons les juifs en horreur, et nous voulons que tout ce qui a été écrit par eux et recueilli par nous porte l'empreinte de la divinité. Il n'y a jamais eu de contradiction si palpable.»

Le «nous» exprime ici la conscience chrétienne où Voltaire s'inscrit lui-même, au moins culturellement, pour faire éclater une «contradiction» déjà signalée à l'article «Abraham»: «les juifs, nos maîtres et nos ennemis, que nous croyons et que nous détestons». Faire éclater la contradiction et non la résoudre. La résoudre, ce serait annuler l'opposition des termes, soit en dissipant «l'horreur» inspirée par les juifs (solution œcuménique qui ne peut être qu'étrangère au déisme de Voltaire mais vers laquelle tendront, bien timidement, des apologistes qui le réfuteront); soit en présentant l'image d'un christianisme dépouillé de tout héritage judaïque: c'est le parti adopté par *L'Oracle des anciens fidèles, pour servir de suite et d'éclaircissement à la sainte Bible* (attribué à Simon Bigex, 1760), où l'interlocuteur juif embrasse le «culte raisonnable» d'une «religion de justice, de paix et d'humilité» qui n'est plus bâtie sur le «fondement ruineux» du judaïsme – mais quoique ce «christianisme raisonnable» ressemble comme un frère à son propre déisme, Voltaire n'a pas choisi cette tactique qui aurait consisté à défendre un néo-christianisme contre le judaïsme, sans doute à cause de son ambiguïté: c'eût été faire à son tour œuvre d'apologiste.

Il a donc préféré accentuer «l'horrible tableau» du judaïsme, sans toujours prendre ses distances envers les préjugés hostiles dont souffraient les juifs de la part des chrétiens. Dans l'essai *Des juifs*, paru dans ses *Nouveaux Mélanges* (1756), il conclut une évocation fort critique des Hébreux par ces lignes en forme de définition: «Un peuple ignorant et barbare, qui joint depuis longtemps la plus sordide avarice à la plus détestable superstition et à la plus invincible haine pour tous les peuples qui les tolèrent et qui les enrichissent.» On retrouve ce mépris, et la même stratégie fondée sur la même problématique, dans les manuscrits clandestins de l'époque. Meslier\* par exemple, pour se moquer des prophéties, observe que «maintenant encore, nous voyons que ce qui reste de cette malheureuse nation n'est regardé que comme le peuple le plus vil, le plus misérable et le plus méprisable de toute la terre». Voltaire n'hésite pas à reprendre les stéréotypes chrétiens sur le juif asocial, haïssant les non-juifs, et surtout usurier – le mot «juif» était d'ailleurs passé dans l'usage pour désigner «un homme qui prête à usure, qui vend exorbitamment cher» (*Dictionnaire de l'Académie*); mais jamais il ne reprend les stéréotypes de l'apologétique chrétienne la plus courante sur le peuple déicide, coupable des pires actes sacrilèges et criminels (hosties poignardées, puits empoisonnés, etc.). En 1762 un juif éclairé, Isaac Pinto (1715-1787), publie une *Apologie de la nation juive* pour critiquer cet essai voltairien de 1756, et il l'envoie à son auteur. Voltaire répond que les «lignes» dont se plaint son correspondant (et que nous avons citées plus haut) «sont violentes et injustes» et qu'il a «eu tort d'attribuer à toute une nation les vices de plusieurs particuliers»; il promet de corriger par «un carton» le propos incriminé – mais il n'en fera rien dans les rééditions. On peut regretter qu'il n'ait pas tenu sa promesse, mais on n'oubliera pas, pour autant, la toute dernière phrase par laquelle s'achevait son réquisitoire de 1756, et qu'il a lui-même soulignée: «*Il ne faut pourtant pas les brûler*» – allusion précise aux bûchers de l'Inquisition\*.

Si Voltaire n'a pas voulu ou pu résoudre la contradiction qu'il dénonçait, il s'est employé à la dépasser en appelant à la tolérance. Puisque «Jésus a judaïsé toute sa vie», il estime que «s'il était permis de raisonner conséquemment en matière de religion, il est clair que nous devrions tous nous faire juifs»... «Mais, ajoute-t-il, il est plus clair encore que nous devons nous tolérer mutuellement parce que nous sommes tous faibles, inconséquents, sujets à la mutabilité, à l'erreur» (art. «Tolérance»). C'est dans cet esprit qu'il s'est fait l'avocat, indigné, des juifs de son temps victimes de la persécution, dans le *Sermon\* du rabbin Akib* (1761).

*Roland Desné*

Arrêtons-nous ici un moment pour observer combien de Juifs furent exterminés par leurs propres frères, ou par l'ordre de Dieu même, depuis qu'ils errèrent dans les déserts, jusqu'au temps où ils eurent un roi élu par le sort.

| | |
|---|---:|
| Les Lévites, après l'adoration du veau d'or, jeté en fonte par le frère de Moïse, égorgent | 23,000 Juifs |
| Consumés par le feu, pour la révolte de Coré | 250 |
| Égorgés pour la même révolte | 14,700 |
| Égorgés pour avoir eu commerce avec les filles madianistes | 24,000 |
| Égorgés au gué du Jourdain, pour n'avoir pu prononcer « Shiboleth » | 42,000 |
| Tués par les Benjamites, qu'on attaquait | 40,000 |
| Benjamites tués par les autres tribus | 45,000 |
| Lorsque l'arche fut prise par les Philistins, et que Dieu, pour les punir, les ayant affligés d'hémorroïdes, ils ramenèrent l'arche à Bethsamès, et qu'ils offrirent au Seigneur cinq anus d'or et cinq rats d'or ; les Bethsamites, frappés de mort pour avoir regardé l'arche, au nombre de | 50,070 |
| Somme totale | 239,020 Juifs |

Voilà deux cent trente-neuf mille vingt Juifs exterminés par l'ordre de Dieu même, ou par leurs guerres civiles, sans compter ceux qui périrent dans le désert, et ceux qui moururent dans les batailles contre les Cananéens, etc. ; ce qui peut aller à plus d'un million d'hommes.

Si on jugeait des Juifs comme des autres nations, on ne pourrait concevoir comment les enfants de Jacob auraient pu produire une race assez nombreuse pour supporter une telle perte. Mais Dieu, qui les conduisait, Dieu, qui les éprouvait et les punissait, rendit cette nation si différente en tout des autres hommes qu'il faut la regarder avec d'autres yeux que ceux dont on examine le reste de la terre, et ne point juger de ces événements comme on juge des événements ordinaires.

*Essai sur les mœurs*, « Introduction » (1765), chap. XLI, « Des Juifs après Moïse, jusqu'à Saül ».

(1215) Le concile de Latran ordonna qu'ils portassent une petite roue sur la poitrine, pour les distinguer des chrétiens. Ces marques changèrent avec le temps ; mais partout on leur en faisait porter une à laquelle on pût les reconnaître. Il leur était expressément défendu de prendre des servantes ou des nourrices chrétiennes, et encore plus des concubines : il y eut même quelques pays où l'on faisait brûler les filles dont un Juif avait abusé, et les hommes qui

avaient eu les faveurs d'une Juive, par la grande raison qu'en rend le grand jurisconsulte Gallus, que « c'est la même chose de coucher avec un Juif que de coucher avec un chien ».

Quand ils avaient un procès contre un chrétien, on les faisait jurer par « Sabaoth, Eloï et Adonaï », par les dix noms de Dieu, et on leur annonçait « la fièvre tierce, quarte, et quotidienne », s'ils se parjuraient ; à quoi ils répondaient : « Amen ». On avait toujours soin de les pendre entre deux chiens, lorsqu'ils étaient condamnés.

[...] Leurs fameux rabbins Maïmonide, Abrabanel, Aben-Esra, et d'autres, avaient beau dire aux chrétiens dans leurs livres : « Nous sommes vos pères, nos écritures sont les vôtres, nos livres sont lus dans vos églises, nos cantiques y sont chantés » ; on leur répondait en les pillant, en les chassant, ou en les faisant pendre entre deux chiens ; on prit en Espagne et en Portugal l'usage de les brûler. Les derniers temps leur ont été plus favorables, surtout en Hollande et en Angleterre, où ils jouissent de leurs richesses, et de tous les droits de l'humanité, dont on ne doit dépouiller personne. Ils ont même été sur le point d'obtenir le droit de bourgeoisie en Angleterre, vers l'an 1750, et l'acte du parlement allait déjà passer en leur faveur ; mais enfin le cri de la nation et l'excès du ridicule jeté sur cette entreprise la fit échouer : il courut cent pasquinades représentant milord Aaron et milord Judas séant dans la chambre des pairs ; on rit, et les Juifs se contentèrent d'être riches et libres.

Essai sur les mœurs, chap. CIII, « De l'état des juifs en Europe », 1761.

## JULES CÉSAR

GOÛT · SHAKESPEARE · TRADUCTION ·

Trop souvent détachée des *Commentaires sur Corneille*, la traduction du *Jules César* de Shakespeare doit être replacée dans son contexte. C'est en effet au moment de commenter *Cinna* en 1762, que Voltaire, se ressouvenant de *La Mort de César*, entreprend une version exacte des trois premiers actes de la pièce. Il vise un triple but : faire découvrir au public le vrai Shakespeare, que La Place, dans son *Théâtre anglais* (1746-1749), est loin d'avoir révélé ; étaler largement les extravagances, les grossièretés, la « bassesse » de l'Anglais ; enfin, en comparant les deux « conspirations » de *Cinna* et du *Jules César*, démontrer l'incontestable supériorité de Corneille, qu'on l'accusera plus tard d'avoir trop maltraité. L'avertissement établit les règles d'une traduction littérale : mettre en prose ce qui est en prose, en vers blancs ce qui est en vers blancs ; traduire vers pour vers, mot pour mot, métaphore pour métaphore ; conserver les tons, le familier et le bas, comme le sublime et l'emphatique. Le texte de l'auteur traduit est en effet « un tableau dont il faut copier exactement l'ordonnance, les attitudes, le

coloris, les défauts et les beautés, sans quoi vous donnez votre ouvrage pour le sien». Voltaire restera fidèle à cette méthode, plus propre à accabler le «sauvage» Shakespeare qu'à le faire valoir. D'après les spécialistes modernes, sa traduction est bonne, bien qu'elle ne soit pas entièrement exempte des clichés et des conventions stylistiques du temps. Le Tourneur fit moins bien, et Voltaire aura beau jeu de lui reprocher sa timidité (*Lettre\* à l'Académie française*, 1776).

Henri Lagrave

## JULIEN L'APOSTAT, empereur

CHRISTIANISME •

De 1756 à sa mort, Voltaire n'a cessé de répandre des portraits élogieux de l'empereur Julien, principalement dans le *Dictionnaire philosophique* (art. «Julien le Philosophe», publié en 1767), l'*Examen important de milord Bolingbroke* (1767), le *Discours\* de l'empereur Julien contre les chrétiens* (1769) et l'*Histoire de l'établissement du christianisme* (posthume, publiée en 1785). Son but avoué est de rectifier, par souci d'exactitude historique, l'image monstrueuse qu'ont donnée de «l'Apostat» des auteurs chrétiens guidés par l'esprit de parti, depuis les pères Grégoire de Nazianze (v. 335-v. 390) et Théodoret de Cyr (v. 386-v. 457). Il rejette donc les légendes calomnieuses qui ont couru sur son compte. Voltaire précise que Julien n'avait embrassé le christianisme que pour échapper à l'assassinat, et il explique la position antichrétienne de «l'Apostat» par les persécutions que sa famille et lui-même avaient subies de la part de l'empereur Constance. Mais, mû par un souci d'idéalisation, il exalte la clémence de Julien et sa volonté d'apaisement, en passant sous silence ses persécutions contre les chrétiens. Il souligne ses talents et ses grandes qualités morales, qui le font comparer à Trajan, Caton, César, Scipion, Marc Aurèle. Il le présente comme un «stoïcien de pratique» et un «platonicien de théorie» (*Examen important de milord Bolingbroke*). Justifiant alors par des nécessités politiques son adhésion aux superstitions du paganisme, il fait de lui un représentant éclairé de la lutte contre le christianisme et le propose en modèle aux souverains engagés dans le même combat, tels que Frédéric II.

Marie-Hélène Cotoni

## *JUSQU'À QUEL POINT ON DOIT TROMPER LE PEUPLE*

PEUPLE • SUPERSTITION •

À ne pas confondre avec le concours de la classe de philosophie spéculative de l'Académie des sciences et des belles-lettres de Berlin : «Est-il utile de

tromper le peuple?», sujet proposé en prix en 1780. Ce court texte de Voltaire date de 1756, mais rien n'interdit de penser que le thème appartient aux conversations de Berlin. La position de Voltaire est nette: il ne faut pas tromper le peuple, comme le font les almanachs, en lui imposant des interdits, des contraintes et des superstitions. Car c'est bien la superstition qui est ici visée et non les pratiques de gouvernement. Les prêtres sont cloués au pilori et non les politiques. La pensée de Voltaire ne variera pas. *Jusqu'à quel point on doit tromper le peuple* est proche du chapitre XX du *Traité\* sur la tolérance*, «S'il est utile d'entretenir le peuple dans la superstition».

*Jean Goulemot*

## JUSTICE

AFFAIRES • BECCARIA • PARLEMENT • TORTURE •

C'est un truisme que de rappeler l'intérêt de Voltaire pour le fonctionnement de la justice. Les affaires auxquelles il a pris part lui ont permis de le saisir sur le vif et d'en comprendre les aberrations. Quelques années avant l'affaire Calas, l'*Essai\* sur les mœurs* avait montré la lente émergence de l'institution judiciaire, avec ses règlements, ses codes et ses juges, dans une société médiévale qui mêlait trop souvent religion et justice (chap. XXII, sur «le jugement de Dieu»), confondait le droit et la force dans la pratique du duel juridique et offrait au regard de l'observateur un désordre passablement contradictoire de coutumes, de jurisprudences (*Remarques pour servir de supplément à l'Essai sur les mœurs*, 1763). On aurait donc tort de croire que les affaires dont il s'occupa traduisent une conversion soudaine de Voltaire aux pratiques judiciaires. Son intérêt vient de plus loin; il a très tôt compris l'importance que revêtaient l'organisation et le fonctionnement de la justice dans une société donnée. Ce n'est pas par hasard s'il insiste sur les réformes judiciaires de Charlemagne, Pierre le Grand et Frédéric II. *Le Siècle de Louis XIV* consacre aussi une analyse, rapide mais indispensable, à la justice (chap. XXIX). Les héros des contes sont souvent victimes de la justice civile ou ecclésiastique: l'Ingénu se retrouve à la Bastille, et l'on sait les mésaventures que connaissent Zadig, Candide et Pangloss.

La description de l'appareil – lois, procédures, serviteurs de la justice... – s'accompagne le plus souvent de sa critique. Voltaire en souligne l'incohérence, l'irrationalité, l'inhumanité, l'opposition à la loi naturelle. C'est en ce sens qu'il réprouve telle loi, tel châtiment en vigueur chez les juifs, les Égyptiens ou aux Indes. Il dénonce la frivolité, l'ignorance, la cruauté ou la corruption des juges. Son opposition à la vénalité des charges judiciaires est bien connue. Dans l'*Histoire\* du parlement de Paris* (1769), il analyse

les empiétements du pouvoir judiciaire sur le pouvoir politique : les procédures en souffrent ; il en a pris conscience à l'occasion des affaires dont il s'occupe. L'engagement de Voltaire dans la réforme du chancelier Maupeou* illustre parfaitement ses positions. Dans *L'Équivoque\** (1771), il rappelle ainsi « la vénalité honteuse des charges de judicature » et montre que l'organisation nouvelle en conseils permettra que « des familles entières ne [soient] plus traînées en foule, de cent lieues, dans les prisons de la Conciergerie, sur des accusations frivoles » et que « la multiplicité et le torrent des affaires ne forcent plus la Tournelle à jeter un coup d'œil rapide sur des procès criminels, instruits par des juges subalternes, ignorants... ». C'est dans le *Commentaire sur le livre Des délits et des peines* (1766) et dans *Le Prix de la justice et de l'humanité* (1777) que Voltaire a livré l'essentiel de ses vues (principes et détails d'organisation) sur la justice. Son approbation de Beccaria est totale : aucune restriction, aucune remarque acide pour une fois. Son commentaire est un éloge respectueux et enthousiaste. Il insiste sur la nécessité de la prévention, car il faut prévenir pour avoir moins à punir : « Assurez, autant que vous le pourrez, une ressource à quiconque sera tenté de mal faire, et vous aurez moins à punir. » Il pose la règle d'une proportion nécessaire entre le délit et le châtiment, et critique la lourdeur des peines pour des délits mineurs. La jugeant sans réelle utilité sociale, il prône l'abolition de la peine de mort : « L'épée de justice est entre nos mains ; mais nous devons plus souvent l'émousser que la rendre plus tranchante [...]. On a vu des juges qui aimaient faire couler le sang ; tel était Jeffreys en Angleterre ; tel était en France un homme à qui l'on donnait le surnom de *coupe-tête*. De tels hommes n'étaient pas nés pour la magistrature ; la nature les fit pour être bourreaux. »
Mais c'est à la dénonciation de la question que Voltaire a consacré l'essentiel de son combat : « Tous s'élèvent contre les tortures qu'on fait souffrir aux accusés dont on veut arracher l'aveu. La loi ne les a pas encore condamnés, et on leur inflige, dans l'incertitude où l'on est de leur crime, un supplice beaucoup plus affreux que la mort qu'on leur donne, quand on est certain qu'ils la méritent » (*Commentaire sur le livre Des délits et des peines*, XII). Il reviendra avec véhémence sur cette dénonciation en 1777, dans *Le Prix de la justice et de l'humanité*, en donnant à la France l'exemple de la Russie qui vient de l'abolir. On sait ce qu'il en advint : Necker obtint la suppression de la question « préparatoire » qui était infligée avant le jugement. L'abolition de la torture judiciaire sous toutes ses formes ne fut définitivement acquise que le 9 octobre 1789.

*Jean Goulemot*

## JUVENILIA

COLLÈGE DE LOUIS-LE-GRAND • POÈTE •

À leurs collégiens, les jésuites de Louis-le-Grand imposaient des exercices de rhétorique sur des exemples latins; ils leur faisaient aussi étudier les grands auteurs du dernier siècle, et composer des pièces de vers en français. Jean Baptiste Rousseau, «le grand Rousseau» comme on disait alors, rapporte ainsi que le père Tarteron lui présenta à la distribution des prix de 1711 «un petit garçon qui avait de surprenantes dispositions pour la poésie»; plus de quarante ans après, un ancien condisciple de ce «garçon», Maurice Pilavoine dit «l'Indien de Suratte», se rappellera encore et cette prodigieuse précocité, et son mérite égal aux vers des deux langues. Arouet, bien sûr, sera poète. Le vieux mot désuet de *juvenilia* convient bien, à ces divers titres, aux premiers essais de sa plume.

En 1710, il avait composé déjà deux pièces en vers dignes du public. Au nom d'un vieux soldat invalide et pauvre, une requête au Dauphin d'abord, qui fit grand bruit, paraît-il, tant à Paris qu'à Versailles. À 82 ans, Voltaire la citera dans son *Commentaire\* historique* : «Voici les vers que composa cet enfant...» – avec la distance décente de la troisième personne. L'autre pièce était une *Ode\* à sainte Geneviève* protectrice de Paris, dont on promena la châsse dans les rues pour adoucir les malheurs de la capitale en ces durs temps de guerre et de famine – cette ode française fut imprimée par les soins des jésuites.

Mais à 12 ans, dit-on, dès 1706, ne doutant pas de ses forces, il avait déjà imité un de ses professeurs, le père Porée, en entreprenant une grande tragédie française en cinq actes, *Amulius\* et Numitor*. Plus tard, retrouvant son manuscrit, Voltaire l'aurait jeté au feu, mais l'excellente mémoire de Thiriot\* en avait conservé quelques passages, admis dans ses œuvres depuis 1820. On cite encore, sans fortes preuves, des impromptus et des pensums de collégien – peut-être aussi certaine fable\* d'un *Loup moraliste*, mais désavouée aussi.

Ces dispositions se manifestent au grand jour quand, sorti du collège, Arouet fréquente la société du Temple\* et les milieux littéraires de l'époque. Il s'essaie alors dans les divers genres du débutant: l'ode, l'épître, le conte, l'épigramme et la chanson. Ses plus anciennes lettres conservées, rares pour ces années, en gardent parfois quelques traces. En 1714, son *Ode sur le vœu de Louis XIII* échoue au prix de l'Académie. Le vainqueur, l'abbé du Jarry, est ridiculisé dans une lettre publique où le jeune Arouet montre son talent de critique. L'année suivante, c'est Houdar\* de La Motte, le chef des Modernes, qui est la cible du *Bourbier\**, poème mordant et plein de virtuosité, salué par Chaulieu\* et les *Nouvelles littéraires*. Il brille dans la compagnie de la marquise de Mimeure\* et à la

cour de Sceaux*, mais Paris lui impute «toutes les infamies en vers et en prose qui courent la ville» – bientôt les épigrammes contre le Régent, et les *J'ai vu** et le *Regnante* puero*. Le jeune Arouet s'attire ainsi une réputation de poète talentueux mais «fou», à la fois satirique, libertin et plaisant, qui séduit autant qu'il scandalise. Dès 1716 ou 1717, les composantes sont fixées déjà d'un discours sur la personne d'Arouet, que Voltaire ne parviendra jamais à réduire tout à fait – mais le temps des *juvenilia*, à ce changement du nom*, sera bien passé.

Jean-Michel Raynaud

*C'est assez que quelque chose ait de la force et de la malignité pour qu'on l'attribue à Rousseau ou à Arouet.*
Le baron de Breteuil à la marquise de Balleroy, 2 avril 1717<br>– il s'agit de Jean Baptiste Rousseau.

*J'ai A B C D E F et J, je renvoie I M. Pourquoi ne m'a-t-on pas envoyé H, K, L? Je suis en règle, tout est en règle chez moi. Mon cher Gabriel s'en va, que deviendrai-je?*
*À Gabriel Cramer, sans date (mars 1763?).*

KANT, Emmanuel

PHILOSOPHIE •

Voltaire est l'un des écrivains français que Kant (1724-1804) cite volontiers, et plusieurs œuvres du patriarche figurent dans sa bibliothèque. Il admire *Candide* dont il reprend à son compte la fameuse morale du jardin dans les *Rêves d'un visionnaire* (1766) : « Agissons et agissons le mieux possible, c'est la meilleure façon de préparer l'au-delà ! » Kant critique pourtant le scepticisme de Voltaire qui manque, à ses yeux, de profondeur. Sa remise en question de la connaissance est pernicieuse dans la mesure où, n'étant pas fondée sur un véritable projet philosophique, elle risque de susciter, chez le public non initié à la réflexion métaphysique, un doute stérile et paralysant. En cette matière, Kant entend distinguer le scepticisme voltairien du libre examen que pratiquent avec bonheur un Bayle ou un Hume. Chez ces philosophes authentiques, le doute est fécond parce qu'il est la première étape d'une démarche intellectuelle, qui vise ensuite des réalités positives.

Il relève les justes moqueries de Voltaire sur l'argument naïf des causes* finales, auquel succombent des écrivains qui n'ont pas la tête philosophique : « Tâchons de ne pas nous attirer à bon droit les moqueries d'un Voltaire qui dit en raillant : voyez un peu, nous avons un nez, c'est assurément pour pouvoir y porter des bésicles » (*L'Unique Fondement possible d'une démonstration de l'existence de Dieu*, 1763). Mais plus tard, Kant rejette le finalisme que conserve Voltaire, sous une forme résiduelle, dans l'explication de certains phénomènes naturels. Dans le débat sur l'exis-

tence de Dieu, il approuve encore Voltaire quand celui-ci place Dieu en dehors de la série continue des êtres créés : l'auteur d'une telle organisation s'exclut nécessairement de ce qu'il a conçu. En bref, Kant retient plusieurs composantes du rationalisme voltairien, mais s'indigne que Voltaire fasse appel au sens* commun pour dénoncer les hypothèses métaphysiques de philosophes plus audacieux que lui ; et dans la querelle qui oppose Maupertuis* à Voltaire, il prend donc parti pour Maupertuis.

Kant enfin, qui admire la puissance créatrice de l'écrivain, se révèle, sur ce point, assez fin critique ; il observe une technique rigoureusement mise au point de la facilité apparente, l'obtention d'une netteté de la touche qui frappe immédiatement le public. Preuve selon lui de la difficulté d'un tel style : toute imitation donne immanquablement une impression d'artifice et de lourdeur. L'attitude de Kant à l'égard de Voltaire est donc tout en nuances. Il n'aime guère le penseur, qu'il juge superficiel bien qu'il accorde un pouvoir salutaire à certaines de ses mises en garde philosophiques. Il admire les talents de l'écrivain, mais il a peu d'estime pour l'homme.

Didier Masseau

*Voltaire est le Sceptique des plus récents sceptiques de notre époque. Mais son scepticisme est beaucoup plus pernicieux qu'il n'est utile. Il ne donne de raisons ni pour, ni contre, il ne cherche ni n'examine rien, mais il doute sans aucune preuve qu'on puisse faire, en quelque manière, confiance à la connaissance. Ses raisons ne sont que des pseudo-raisons qui peuvent tromper un homme simple, mais jamais un homme intelligent, réfléchi et savant. Et c'est justement par là que Voltaire est très dangereux pour la masse et plus particulièrement pour l'homme du commun. Car il suggère à celui-ci des raisons entièrement fausses de douter de la vérité de telle ou telle chose.*
  *Kant, Observations sur le sentiment du beau et du sublime, 1764.*

## KEHL (édition de)

BEAUMARCHAIS • CENSURE • CONDORCET • DECROIX • ÉDITIONS • PANCKOUCKE • RUAULT •

L'œuvre de Voltaire restait impubliable en France à sa mort en 1778 – « dans un Royaume où le glaive des Lois est toujours suspendu sur la tête des impies », comme l'écrit un parlementaire dès l'annonce d'une nouvelle édition à paraître.

À l'abbaye de Scellières en Champagne, sépulture clandestine du grand mécréant voué à la fosse commune, correspond ainsi le fort de Kehl, site excentré de la première édition posthume des œuvres. On le loua au margrave de Bade, prince « éclairé », ami de Du Pont de Nemours ; on le

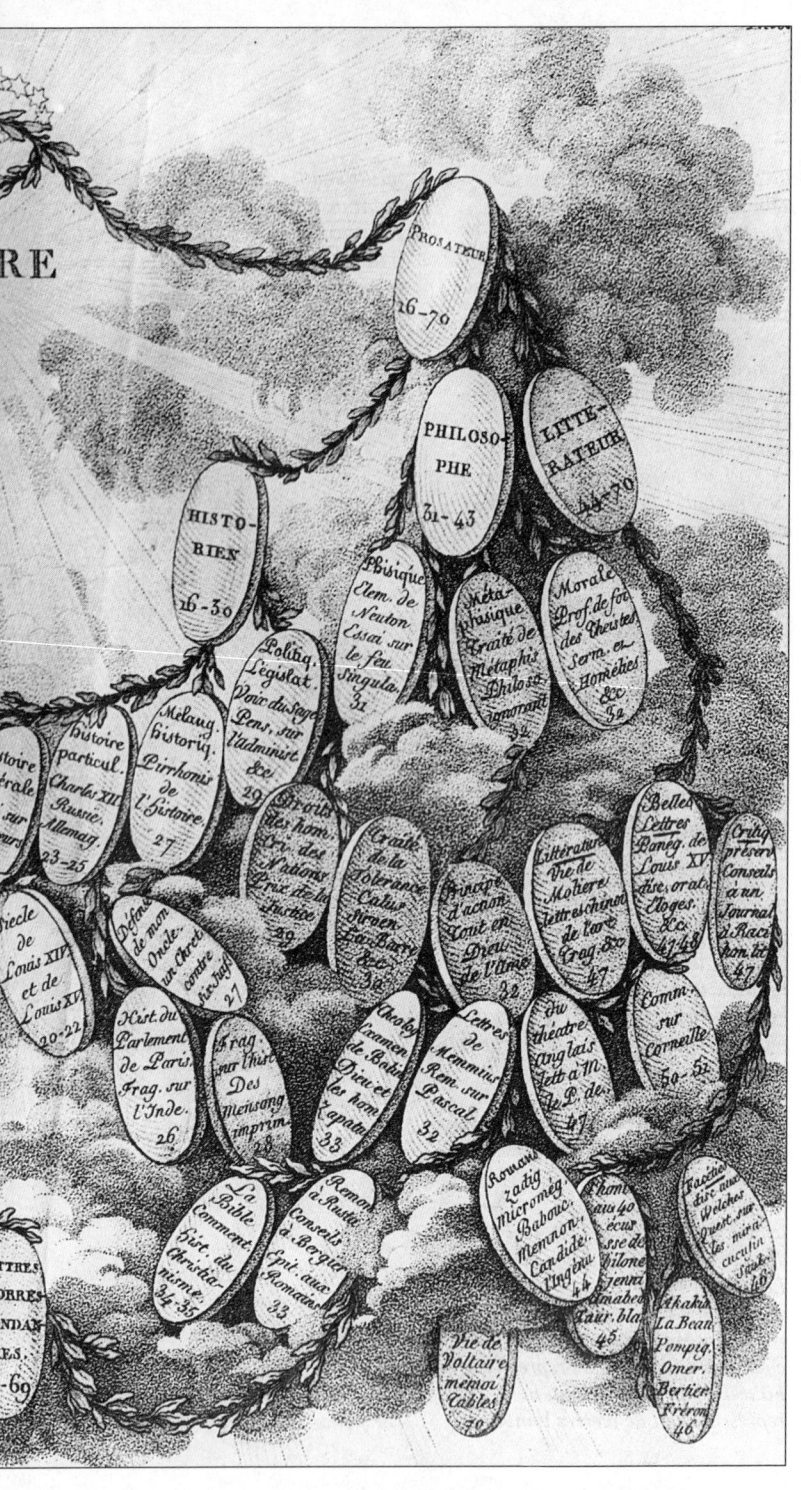

Le tableau figuré de l'édition de Kehl s'inspire sans doute de l'« arbre des connaissances » de l'« Encyclopédie ». Au lieu de la logique déductive, un foisonnement un peu désordre et plutôt négligé. L'œil ne parvient pas à repérer immédiatement la méthode de classement : le poète est à gauche, le prosateur à droite, avec deux ensembles : tomes I à XV pour l'un, XVI à LXX pour l'autre. À partir de cette première grande division, les œuvres sont réparties par titres et par rubriques. Pour le prosateur, on a pris soin de séparer l'historien du philosophe et du littérateur ; pour le poète, le classement s'opère par genres : dramatique, épique, héroïque et universel (?), ce dernier encore subdivisé. Puis viennent les titres, avec les indications de volumes. Cette distribution met en jeu des catégories passablement hétérogènes : on hésite entre l'écrivain et le philosophe, les œuvres de Voltaire étant le plus souvent mêlées. La postérité est déjà au travail, et l'on tente d'organiser la résistance.
Où se trouve-t-on ? Dans les nuées. Voltaire trône comme un dieu de l'Olympe ou le Dieu chrétien, mais réduit à son seul nom. La couronne de laurier entoure les titres eux-mêmes. Comme Dieu, Voltaire est rayonnement. La lumière qui émane de son nom chasse les ténèbres. Les lauriers se prennent à ressembler à des chaînes que l'on brise. Par son œuvre, descendue du Ciel sur la Terre, Voltaire est un dieu libérateur. Les médaillons évoquent cette pluie de roses bénies que l'imagerie religieuse mais aussi la peinture classique n'ont cessé de représenter. Faut-il y voir aujourd'hui la représentation de pierres tombales, que le souffle de l'Esprit anime au point de les renverser comme au Jugement dernier ? Ou l'évocation d'un cimetière où reposent des œuvres respectées encore, mais qu'on ne lit plus ?

J. G.

◄
TABLEAU DES ŒUVRES DE VOLTAIRE CONTENUES DANS L'ÉDITION DE KEHL, GRAVURE D'APRÈS DECROIX, TOME LXX, 1789 [1790].

PARIS, BIBLIOTHÈQUE NATIONALE DE FRANCE.

reconvertit, on l'aménagea à grands frais, on y établit le siège de la Société* typographique littéraire officiellement constituée pour conduire l'édition – en fait un collectif de voltairiens, aux contours indistincts, animé par son « Correspondant général », M. de Beaumarchais, qui fournit à l'entreprise, dit avec humour un témoin, « tous les fonds » et « pas un iota »... Dans les brumes du Rhin, aux portes de Strasbourg, au bout du long pont de bois, le vieux fort en étoile de Vauban, si souvent pris et repris, devint durant dix ans (1779-1789) l'avant-poste d'une Philosophie plus militante.
Matériellement, c'était un complexe intégré des diverses technologies de l'édition : fonderie de caractères (les fameux corps dits « Baskerville* », rachetés en exclusivité à Birmingham), entrepôts pour l'apprêt des papiers d'Angleterre, mais aussi de Lorraine et d'Alsace (où la Société posséda cinq moulins), ateliers d'impression et de tirage (où tournèrent plus de trente presses dans les années de plein rendement), enfin magasins de conditionnement des feuilles imprimées, prêtes à l'expédition vers les pays les plus lointains d'Europe et vers la France toute proche. Il y eut sur le site jusqu'à cent soixante personnes, ouvriers, employés et cadres.
À la tête de l'établissement, Beaumarchais, son unique bailleur de fonds, et son président et directeur général, dirions-nous. Il fallait un éditeur, ce fut un calculateur... Beaumarchais fournit à la fois les capitaux, tirés des énormes profits de ses diverses affaires, américaines et autres, les influences utiles pour introduire en France, plus ou moins clandestinement, les volumes interdits, enfin une extraordinaire énergie, une étonnante *furia*, qui triompha de tous les obstacles, aléas et trahisons, au long des dix années que demanda l'entreprise.
L'autre grand homme du « Voltaire » de Kehl fut Condorcet. C'est à lui que Beaumarchais s'en était remis de la direction proprement éditoriale, et il assuma en effet au plus haut niveau, du début à la fin, la responsabilité intellectuelle et scientifique de l'ouvrage : organisation générale, distribution des textes, présentation et commentaire – il rédigea cinquante avertissements et plus de trois cents notes, souvent importantes, et d'esprit ouvertement militant. À Condorcet revint aussi ce qu'on appelait alors la « rédaction » du manuscrit, travail éminemment délicat de coupe, de suture et de remaniement, auquel furent surtout soumis les écrits dits alphabétiques de Voltaire (dont le *Dictionnaire\* philosophique*) et la correspondance* aussi, en fonction des critères combinés de prudence minimale, de convenance morale et de respect des personnes privées. Pour les lettres intervinrent également la considération de leur intérêt présumé et le souci de ne pas rabaisser la gloire du grand homme dans les détails mesquins de la vie pratique. Ainsi élaguée par les « abatis » de Condorcet, comme on disait familièrement au sein du collectif, l'édition de Kehl n'est ni vraiment complète, ni abstraitement idéale : c'est un compromis des normes de

l'époque, manifestant sans honte et sans orgueil les conditions historiques de son élaboration.

Une souscription* de luxe échoua, qui tendait à l'autofinancement. Beaumarchais se vit entraîné à investir des sommes de plus en plus colossales, qu'il ne recouvra sans doute pas entièrement : les 3 millions de francs récapitulés en fin d'opération feraient 300 millions de nos francs... Mais en passant de l'aristocratique in-4° à l'in-8° bourgeois, et même à l'in-12 presque populaire, le « Voltaire » de Kehl gagna de nouveaux lecteurs à la Philosophie. Dans *Le Mariage de Figaro*, ce ne sont pas les privilégiés qui chantent les fameux couplets de fin : « Et Voltaire est immortel... » Les 70 volumes in-8°, les 92 volumes in-12 furent débités en plusieurs livraisons, entre 1785 et 1789 – la correspondance tout à la fin, gros tirage et offre séparée. Un volume supplémentaire parut en 1790 : tables, errata et *Vie de Voltaire* par Condorcet.

Les foudres de l'orthodoxie tombèrent à plusieurs reprises sur l'édition de Kehl. « *Ululate et clamate...* » : « Gémissez et criez... » Sous cet exergue tiré du prophète Jérémie, une « Dénonciation », d'esprit janséniste et parlementaire, donnait le ton dès 1781, en appelant les juges à prononcer le « dernier supplice » contre les « criminels de lèse-majesté divine » : « Il est des cas où les cours doivent, pour arrêter la communication meurtrière, déployer toute la rigueur de la puissance que le prince leur a confiée. » Il y eut, entre 1781 et 1785, cinq mandements épiscopaux, dans les diocèses d'Amiens, de Vienne, d'Auch, de Strasbourg et de Paris, et une censure théologique de la Sorbonne. L'évêque d'Amiens rappela l'exemplaire châtiment du chevalier de La Barre*, jadis perverti par la lecture de Voltaire. Au printemps de 1785 enfin, un arrêt du Conseil du roi fut pris contre la première livraison de l'in-8°, mais ce n'était plus qu'une mesure de pure forme : il fallait bien donner cette satisfaction au clergé de France qui, réuni en grande assemblée, allait fixer sa contribution volontaire aux finances royales asséchées. Dans le même temps, les premiers ballots du « Voltaire » avaient déjà trouvé à Paris un dépôt inviolable, avant l'écoulement discret des exemplaires : au Palais-Royal, dans les communs du duc de Chartres !...

Sans la désagrégation sourde, approfondie durant cette décennie, de tout un ordre politique et social, on peut douter qu'une entreprise aussi essentiellement dissidente eût abouti, en tout cas sous la forme qu'elle prit. Le « Voltaire » de Kehl, qui couronnait la gloire et comblait l'audience du plus formidable opposant de l'Ancien Régime, fait évidemment sens à sa date d'achèvement. Une anecdote méconnue, à cet égard, mérite réflexion. Le 22 juin 1789, on vit à la tête des députés du clergé qui se réunissaient à ceux du Tiers État, pour faire ensemble la vérification des pouvoirs, l'archevêque et comte de Vienne, Jean Georges Lefranc* de Pompignan ; c'était le même homme qui, huit ans plus tôt, dans son mandement

contre l'édition de Kehl, avait dénoncé en Voltaire «l'amour effréné pour la liberté populaire, l'aversion pour l'autorité souveraine, l'esprit d'indépendance»...
L'édition de Kehl, devenue de nos jours une belle pièce de bibliophilie, est trop facilement méprisée par les érudits, pour des choix éditoriaux qui tenaient en fait aux enjeux et aux pratiques du temps; elle avait encore l'estime de Beuchot*, son premier continuateur, conscient de ce qu'il lui devait tout en l'améliorant.

*André Magnan*

## KÖNIG, Johann Samuel

CIREY · GENS DE LETTRES · MAUPERTUIS · PRUSSE · SCIENCES ·

Ce savant allemand (1712-1757), ardent disciple de Wolff*, apparaît deux fois dans l'histoire intellectuelle de Voltaire. Maupertuis l'ayant rencontré à Bâle, où il suivait l'enseignement de Jean Bernoulli, l'introduit en 1739 à Cirey où il devient, selon les mauvaises langues, le «valet de chambre géomètre» de Mme du Châtelet. En réalité, il l'aide dans ses travaux mathématiques. C'est lui qui la convertit à Leibniz*, d'où un divorce intellectuel entre Voltaire et la «divine Émilie». König est direct, brusque, fort peu homme du monde, et de surcroît susceptible. Des scènes désagréables ont lieu. König prétend avoir été traité comme un laquais et en quelques mois la rupture est consommée. König répétera partout que les *Institutions de physique* sont directement inspirées de ses leçons. Devenu professeur de droit naturel à La Haye, puis bibliothécaire du stathouder, König fut nommé en 1749 membre associé de l'académie de Prusse. En 1750, il séjourne à Berlin, et y rencontre à nouveau Voltaire et Maupertuis. Il est surtout venu présenter au président de l'académie des objections à l'une de ses découvertes revendiquées, le principe de moindre action; Maupertuis lui permet de les publier. L'article paraît en latin dans les *Nova Acta eruditorum* de Leipzig, en mars 1751. König cite donc un fragment d'une lettre de Leibniz tendant à suggérer que le fameux principe n'a point été découvert par le seul Maupertuis. Celui-ci le somme alors de produire l'original. On ne le trouve point. Le 13 avril 1752, l'académie en corps, dûment conditionnée par son tout-puissant président, déclare que ce fragment a été forgé pour lui faire tort. König renvoie sa patente d'académicien, crie à l'abus de pouvoir et fait paraître un *Appel au public* pour interpeller l'Europe savante. Voltaire prendra fait et cause pour lui au nom de la liberté de penser: ces démêlés de Maupertuis et de König sont à l'origine de l'affaire de la *Diatribe\* du docteur Akakia, médecin du pape*, et indirectement de sa brouille avec Frédéric II et de son départ de Prusse. Voltaire se

dira fort affligé en 1757 de la mort de ce «vrai philosophe König» dont il a été «le martyr».

Christiane Mervaud

*Maupertuis a été profondément méchant, mais il n'est qu'à plaindre; il est en horreur et j'aime mieux mon état que le sien. Il est vrai que je suis tombé très malade mais je mourrai sans remords et Maupertuis doit en être dévoré. Je suis martyr de la liberté académique, je suis le vôtre, ce sont deux beaux titres. Je les aime mieux que celui de président de l'académie de Berlin.*

*Notre méchant Lapon avait fait un long ouvrage contre vous et contre moi intitulé «La Querelle», il l'a lu à Paris chez Falconet. On lui a dit: «Il faut être aussi plaisant qu'"Akakia" pour y répondre, votre querelle révoltera et qui pis est ennuiera.» Il a été de dépit voir ses chiens à Saint-Malo.*

*À Johann Samuel König, 9 septembre 1753.*

*L*

> *Monsieur Caro aurait dû jeter dans le feu la plupart de ces rogatons ; il y a longtemps qu'on lui dit que les gros recueils restent dans le fond d'un magasin et se vendent à la livre.*
> *À Gabriel Cramer,*
> *juin-juillet 1769.*

## LA BARRE, Jean François Le Febvre, chevalier de

AFFAIRES • CLÈVES • ÉTALLONDE • JUSTICE •

Âgé de 19 ans, le chevalier de La Barre fut la dernière personne en France à être condamnée à la peine de mort sur accusation judiciaire de blasphème. La sentence prononcée à Abbeville, résidence du chevalier, fut confirmée à Paris, en appel, au Parlement, par la Grand-Chambre assemblée, à la majorité des voix. Louis XV ne fit pas grâce. L'arrêt de sentence d'Abbeville (28 février 1766), comme celui du Parlement (4 juin 1766), portaient également que le *Dictionnaire\* philosophique portatif* de Voltaire serait lacéré et brûlé sur le même bûcher que La Barre. C'est ainsi que le chevalier fut reconduit, après son jugement, de la Conciergerie de Paris à Abbeville, de nuit pour éviter les troubles, en carrosse, sur le lieu du délit et de l'offense. Un mois après ce verdict, après avoir subi la question, le chevalier mourut dans les supplices réservés aux blasphémateurs : langue et poings coupés, tête tranchée, corps brûlé et privé de sépulture, le 1$^{er}$ juillet 1766, au milieu d'une foule de spectateurs, dans la ville où il avait passé sa jeunesse, à la garde de sa tante l'abbesse.
Tout avait commencé onze mois auparavant. Dans la nuit du 8 au 9 août 1765, des coups de couteau ou d'épée avaient été portés sur le crucifix du pont d'Abbeville. Le 10 au matin, le procureur du roi Hecquet, « averti par la rumeur publique » et afin de « constater les faits », décide un transport de justice sur « ledit pont ». Il est accompagné de deux témoins officiels et dresse un procès-verbal : « Nous avons remarqué qu'à la jambe droite du Christ qui est de bois, il y avait trois coupures faites avec un instrument

tranchant. Que ces coupures étaient de plus d'un pouce de long chacune et profondes de trois ou quatre lignes. Qu'au-dessus de l'estomac du côté gauche, il y avait aussi deux coupures mais pas aussi profondes. »
Ce rapport fut reçu par le juge de la ville qui décida d'ouvrir une enquête. Des monitoires (appels à témoins) furent lancés par l'évêque d'Amiens, mais, malgré une quarantaine de témoins, ne donnèrent guère de résultats sur ces faits. En revanche, de nombreux témoignages révélaient qu'il se commettait dans la ville des actes impies ; des noms furent prononcés. Un témoin rapporte ainsi qu'« il a entendu le sieur d'Étallonde, le sieur Chevalier de La Barre et le sieur Moisnel, étant tous trois dans la salle d'armes, se vanter qu'au temps de la fête du Saint-Sacrement dernière, étant sur la place Saint-Pierre lorsque la procession de saint Pierre passait où l'on portait le saint sacrement, ils ne défirent point leurs chapeaux et ne se mirent point à genoux et qu'ils en firent une sorte de bravade ».
Les trois jeunes gens – Moisnel avait 15 ans – sont alors convoqués. L'inculpation est prononcée. Une deuxième plainte portant sur ces impiétés est déposée par le procureur du roi d'Abbeville. La procédure est inaccoutumée ; cette plainte fut juridiquement liée à la première : des personnes commettant des impiétés avaient en toute logique agressé le christ du pont.
En même temps que se déroulait l'enquête eut lieu à Abbeville une cérémonie d'amende honorable. Pour demander pardon au ciel, une messe fut célébrée par Mgr de La Motte en présence des corps constitués et des corporations. Après quoi, au son du tocsin de la ville et des villages environnants, l'évêque, âgé de 80 ans, pieds nus, la corde au cou, un cierge énorme à la main et suivi d'une foule immense, se rendit sur le pont. La statue mutilée fut descendue sur un brancard et l'évêque prononça une exhortation. Le brancard, suivi de l'évêque et de la foule, fut alors reconduit à l'église et devint l'objet d'un culte.
Étallonde s'enfuit, Moisnel raconte les impiétés du groupe, on perquisitionne dans la chambre de La Barre, jeté en prison le 27 septembre, et on saisit des livres érotiques et un exemplaire du *Dictionnaire philosophique portatif.* Linguet, avocat, qui avait été le précepteur d'un des jeunes gens, malgré l'interdiction que lui en fit le Parlement, rédigea un premier mémoire qu'il fit signer par huit confrères. Il montrait qu'il existait une vieille inimitié entre les jeunes gens et le procureur du roi et posait la question de la légitimité de la présence d'un crucifix, objet religieux, dans l'espace public. Cela engendra la foudre du Parlement qui demanda qu'on brûlât le mémoire.
Voltaire, par bribes, reconstitua l'histoire après coup. Il se fit donner les consultations des avocats, s'informa auprès de ses parents d'Hornoy* et demanda à l'un de ses amis, conseiller au parlement dont la famille résidait

près d'Abbeville, d'enquêter sur les juges. C'est alors qu'il apprit qu'un certain Pasquier, dans son réquisitoire, en plein Parlement de Paris, avait déclaré que le vrai coupable des impiétés d'Abbeville était « le parti de l'*Encyclopédie*», Voltaire en particulier. Il réalisa que ce procès était en réalité une péripétie dans la lutte antiphilosophique.
D'abord effrayé après les deux affaires récentes des Calas* et des Sirven*, Voltaire se ressaisit et fit front, avec une extraordinaire énergie, malgré ses 72 ans. Par une foule de lettres, il mobilisa l'opinion et tâcha d'obtenir des informations sur les faits incriminés, sur les juges, sur leurs motifs. À mesure que son enquête avance, il doute du récit officiel qui se propage dans Paris sous forme de rumeurs, évoquant de noirs sabbats. Il propose alors une autre version des faits, publiée dans des lettres et des mémoires qui seront diffusés dans Paris, aux abords du palais, dans les salons et les cafés, et bientôt dans l'Europe des philosophes – principalement la *Relation\* de la mort du chevalier de La Barre* (1766). Les « vrais mobiles » de l'affaire sont dévoilés : « Savez-vous, écrit-il à Mme du Deffand, que l'horrible aventure du Chevalier de La Barre a été causée par le tendre amour ? Savez-vous qu'un vieux maraud d'Abbeville nommé Belleval, amoureux de l'abbesse de Vignancourt, et maltraité comme de raison, a été le seul mobile de cette horrible catastrophe ?» Voltaire montre comment une vengeance privée s'exerce sous couvert de justice. On se débarrasse d'un rival, on fait un exemple contre les philosophes, et les parlementaires jansénistes soutiennent ces affabulations.
Remontant aux faits, Voltaire modifie la place que tenaient dans le procès l'offensé, la victime et le coupable. La Barre prend la place de la victime et le peuple, « tout le peuple », est de son côté, indigné de son sort. Dans la construction juridique, « tout le peuple » était l'offensé et portait plainte. Les juges locaux et parisiens appartiennent désormais au monde des bourreaux : Pasquier devient le type exemplaire du « bœuf-tigre* ». Quant à la place de l'offensé, elle est occupée dorénavant par l'homme de raison, l'homme vertueux, le philosophe.
Cette construction, qui devint exemplaire, fut une des grandes innovations de Voltaire. Elle s'attachait à l'idée de faits, de vérité, et faisait de ces notions le garant du fonctionnement de la vie publique.
Refusée du vivant de Voltaire malgré *Le Cri\* du sang innocent* (1775), la réhabilitation du chevalier de La Barre fut réclamée en 1789 par les cahiers de la noblesse de Paris et accordée par la Convention (25 brumaire an II-15 novembre 1793).

Jean Goulemot

*Et c'est là ce peuple si doux, si léger et si gai ! Arlequins anthropophages, je ne veux plus entendre parler de vous. Courez du bûcher au bal, et de la grève à l'opéra-*

*comique, rouez Calas, pendez Sirven, brûlez cinq pauvres jeunes gens qu'il fallait, comme disent mes anges, mettre six mois à Saint-Lazare. Je ne veux pas respirer le même air que vous.*
Au comte et à la comtesse d'Argental, 16 juillet 1766.

*J'ai toujours la place d'Abbeville devant les yeux. Les Français oublient tout, et trop vite.*
À Turgot, 12 janvier 1770.

*Ce sang innocent crie, mon cher ange, et moi je crie aussi ; et je crierai jusqu'à ma mort.*
À d'Argental, 16 avril 1775.

## LA BEAUMELLE, Laurent Angliviel de

GENS DE LETTRES • POLÉMISTE • PRUSSE • SIÈCLE DE LOUIS XIV (LE) • SUPPLÉMENT AU SIÈCLE DE LOUIS XIV •

Chaque fois que La Beaumelle (1726-1773), qui compte parmi ses ennemis les plus acharnés, croise la vie de Voltaire, une querelle venimeuse éclate, à grand renfort de libelles diffamatoires et de luttes d'influences. Cas extrême des relations que Voltaire entretient avec les gens de lettres qui ne gravitent pas dans sa zone d'influence et gênent la bonne marche de ses entreprises littéraires ou philosophiques.

La Beaumelle est un protestant d'origine cévenole qui a choisi l'exil. D'abord à Genève, puis à Copenhague où il obtient un poste de professeur de belles-lettres à l'université. L'habitude de l'exil et la conviction de son talent entretiennent en lui le souci d'une grande indépendance intellectuelle et fortifient son goût pour les écrits audacieux, comme *Mes Pensées ou le Qu'en dira-t-on* qui lui valent son renvoi du Danemark. C'est ainsi que, comme bien d'autres intellectuels qui ont fui leur pays d'origine, La Beaumelle arrive début novembre 1751 à Berlin, où Voltaire est établi. Une première rencontre entre les deux hommes avait déjà eu lieu l'année précédente à Paris. Si Voltaire lui avait offert l'accueil chaleureux qu'il réservait aux débutants, leurs relations avaient commencé sous de mauvais auspices : La Beaumelle s'était permis de critiquer *La Henriade*.

Après son départ de la cour du roi de Prusse, La Beaumelle fit paraître une édition annotée du *Siècle\* de Louis XIV*, qu'il critique ouvertement (1753). Se posant en fervent disciple de Montesquieu, il fait valoir le point de vue protestant, fortement hostile au monarque, dénonce les erreurs de Voltaire et la faiblesse de son information. Autre faute impardonnable, il a prétendu

dans *Mes Pensées* que «les hommes à talent» étaient traités par le roi de Prusse comme des bouffons.
Voltaire contre-attaque en liant sa réfutation des idées de La Beaumelle à son combat contre Maupertuis* et en conférant à l'affaire une publicité européenne, orchestrée par une campagne de dénigrement. En 1756, alors qu'il se trouve aux Délices, Voltaire apprend avec rage qu'une édition pirate de *La Pucelle* circule à Paris. Il a tôt fait d'attribuer à La Beaumelle une entreprise qui, selon lui, compromet son retour. Il profite alors d'une note imprudente que son ennemi avait laissé paraître dans un ouvrage intitulé *Mémoires pour servir à l'histoire de Mme de Maintenon* pour le dénoncer auprès de la Pompadour et de Richelieu, ce qui vaut à La Beaumelle un séjour de plus à la Bastille.
Ces démêlés illustrent un état de fait: Voltaire, qui a le sentiment de mener un combat pour la civilisation, perçoit les critiques de La Beaumelle comme de basses attaques, alors que celles-ci peuvent être fondées, comme sa critique du *Siècle de Louis XIV*. La crainte de voir porter atteinte à son image publique et compromettre sa carrière crée, chez Voltaire, un vent de panique et de fureur qui l'incite à recourir parfois aux plus basses manœuvres pour neutraliser un ennemi d'autant plus insupportable qu'il est jugé indigne.
La Beaumelle, contrairement aux antiphilosophes, agira seul dans sa lutte contre Voltaire, ce qui explique en partie ses cruels déboires.

Didier Masseau

*Le roi de Prusse comble de bienfaits les hommes à talents précisément pour les mêmes raisons qui engagent un prince d'Allemagne à combler de bienfaits un bouffon et un nain.*
La Beaumelle, Mes Pensées ou le Qu'en dira-t-on, 1751.

## LA CONDAMINE, Charles Marie de

ÉPÎTRES • FINANCES • GENS DE LETTRES • SCIENCES •

La Condamine (1701-1774) quitte l'armée pour se livrer à des recherches scientifiques. En 1735, il fait partie d'une expédition chargée de mesurer, au Pérou, un arc de méridien. Les relations entre Voltaire et La Condamine ont débuté vers 1728, alors qu'ils profitent ensemble d'une loterie sur les rentes de l'Hôtel de Ville pour s'enrichir. Une correspondance subsiste: une vingtaine de lettres échangées entre juin 1734 et août 1771. L'auteur des *Lettres philosophiques* est manifestement impressionné par ce brillant savant, qui entrera à l'Académie des sciences. Il lui confie les raisons de son admiration pour Locke et Newton, entre adeptes de la nouvelle philo-

sophie. Il l'appelle tour à tour : « Mon très ambulant philosophe », « Mon cher philosophe ou juif errant » ou encore « Mon cher arpenteur des astres ».
Quinze ans plus tard, leurs relations se sont refroidies. Voltaire reproche à son correspondant de fréquenter ses pires ennemis, La Beaumelle et Fréron. Dans l'affaire König* (1752-1753), La Condamine est proche de Maupertuis. Dès 1753, dans une lettre à d'Argental, La Condamine n'est plus l'« arpenteur du zodiaque », mais « le sourdaud » (La Condamine était sourd), et « la trompette de Maupertuis répandant des horreurs sur [son] compte ». Il reprochera également à La Condamine d'avoir assisté, sous couvert d'observation scientifique, au supplice de Damiens.

*Didier Masseau*

LA FONTAINE

Voir CONTE EN VERS · *DISCOURS AUX WELCHES* · FABLE.

LA HARPE, Jean François de

ÉLOGES · GENS DE LETTRES · GOÛT · *JOURNAL DE POLITIQUE ET DE LITTÉRATURE* · MANUELS ·

Poète, auteur dramatique et critique littéraire, La Harpe (1739-1803) marque profondément les quinze dernières années de la vie de Voltaire. Les deux hommes ont échangé plus de quatre-vingts lettres entre 1763 et 1777. La Harpe contribuera à entretenir après la Révolution la mémoire du patriarche de Ferney.
Comme beaucoup de débutants, La Harpe fait la connaissance de Voltaire en lui dédiant sa première tragédie (*Le Comte de Warwick*, 1763). Le philosophe lui porte immédiatement une estime sincère. Il l'exhorte à suivre la carrière des vers et l'invite plusieurs fois à Ferney. Voltaire a tôt fait de prendre le jeune couple sous sa protection, car l'épouse de l'écrivain le charme également par ses talents de comédienne et sa beauté. Toutes les conditions sont réunies pour faire de La Harpe une nouveau pilier de la sainte Église philosophique. Voltaire confie à Marmontel* : « M. de La Harpe sera bien digne un jour d'entrer *in nostro docto corpore*. Il a l'esprit très juste [...], son goût est très épuré et ses mœurs très honnêtes » (12 février 1767). Voltaire, qui aspire à transformer cette jeune recrue en combattant de choc – « Pour moi je suis hors de combat, mais j'encourage les combattants » – se dit prêt à réclamer son ancienne pension au bénéfice de La Harpe, et songe même à le faire entrer à l'Académie.

Néanmoins, ses espoirs seront assez vite déçus. D'abord La Harpe écrit une dizaine de tragédies qui échouent malgré la protection du patriarche. Ensuite, auteur d'une épigramme sanglante contre le poète Dorat, il la met sous le nom de Voltaire, au grand mécontentement de celui-ci. Il tombe aussi dans la faute commune aux disciples infidèles : il répand dans les cercles parisiens des manuscrits du maître qui n'étaient pas destinés à la publication. Pourtant Voltaire continue à lui vouer la même admiration littéraire, et lorsqu'il est enfin admis à l'Académie en 1776, le patriarche triomphe. La Harpe se pose alors en commentateur attitré des honneurs que reçoit Voltaire avant de mourir et il célèbre l'apothéose.

Emprisonné sous la Terreur, La Harpe condamnera les excès de la Révolution, se convertira au catholicisme et se retournera contre les philosophes. En 1799, il commence la publication de son *Cours de littérature ancienne et moderne*, recueil de leçons professées au Lycée. Celui que Voltaire appelait « mon fils » renie la pensée du maître en ne prônant plus de son œuvre que les leçons de goût, l'héritage le plus étroitement classique du poète et du dramaturge. Le *Lycée* de La Harpe, grand succès de librairie (dix-huit rééditions de 1800 à 1830), fut réimprimé jusqu'en 1880, et les manuels scolaires du XIX$^e$ siècle ont longtemps imposé la vision qu'il donnait de Voltaire et du siècle des Philosophes – réactionnaire et bienpensante.

*Didier Masseau*

## LALLY, Thomas Arthur, comte de

AFFAIRES • INDE •

Le comte de Lally, baron de Tollendal (1702-1766) était né en France d'une famille d'origine irlandaise et de tradition militaire. Brillant officier, il se distingua à la bataille de Fontenoy où il avait été fait colonel. Durant la guerre de Sept Ans, il fut envoyé pour organiser la défense des établissements français de l'Inde. Il trouva la situation désespérée : pas de troupes et pas d'argent. Après de bons débuts, il connut des revers militaires et se laissa enfermer dans Pondichéry où, par ses brusqueries, il s'aliéna la population, ainsi que le raconte Voltaire dans le *Précis\* du siècle de Louis XV* (chap. XXXV). Le conseil de la ville décida la capitulation. Les Anglais protégèrent Lally contre la colère des habitants et le déportèrent avec d'autres prisonniers en Angleterre, d'où il revint pour se justifier des accusations de ses ennemis.

Il offrit de se rendre à la Bastille (novembre 1762), on accepta, il y passa quinze mois sans être interrogé tandis que ses ennemis se déchaînaient contre lui. En 1764 on découvrit dans la cassette du jésuite Lavaur un

long mémoire contre Lally, qui fut traduit devant le Parlement. Voltaire s'en émut. Le procès dura deux ans. Le rapporteur en était Pasquier, qui devait plus tard faire condamner La Barre*. Lally fut condamné à mort pour concussion et haute trahison et exécuté le 9 mai 1766. Voltaire cria à l'injustice et se fit l'avocat de Lally dans son *Précis du siècle de Louis XV* (1768) et dans ses *Fragments\* sur l'Inde, sur le général Lally et sur le comte de Morangiés* (1773).

Avec son fils Trophime Gérard (chevalier puis marquis de Lally-Tollendal, 1751-1830), il travailla à sa réhabilitation. Le 26 mai 1778, quatre jours avant sa mort, Voltaire apprit que la sentence du Parlement de Paris allait être révisée. Elle passera successivement au parlement de Rouen puis de Dijon. L'arrêt sera cassé en 1781, mais sans que Lally soit réhabilité. Il y eut deux cassations, et on s'acheminait vers une troisième quand éclata la Révolution. L'affaire fut enterrée.

*Jean Goulemot*

*Le mourant ressuscite en apprenant cette grande nouvelle; il embrasse bien tendrement M. de Lally; il voit que le roi est le défenseur de la justice; il mourra content.*

*Au chevalier de Lally-Tollendal, 26 mai 1778*
*— dernière lettre connue de Voltaire.*

## LAMARTINE, Alphonse de

ROMANTIQUES •

Comme de nombreux écrivains de sa génération, Lamartine (1790-1869) a vécu jusqu'à ses 20 ans dans un contact étroit avec Voltaire. Son père avait coutume de lire à haute voix les tragédies, surtout *La Henriade* et *Mérope* qui demeure, sous la Restauration, le grand modèle épique en dépit des innovations romantiques. La correspondance des années 1807-1810 et la préface des *Méditations* (1820) attestent à quel point le jeune Lamartine demeure envoûté par un Voltaire éloquent, catalyseur d'énergie et chantre des passions. Le style même des poèmes lamartiniens n'est pas sans rappeler celui de Voltaire poète – « Lamartine quelquefois voyant mais étranglé par la forme vieille », dira Rimbaud. On perçoit d'autres analogies. Des poèmes comme *L'Homme, L'Immortalité, Dieu, La Mort de Socrate* (1823) traduisent une inquiétude religieuse et un scepticisme qui se nourrissent du déisme voltairien. Fortement marqué par l'influence rousseauiste, *Jocelyn* (1836) offre aussi des accents tragiques qui rappellent *Zaïre*. Mais Lamartine nuance ensuite son admiration pour Voltaire. Dans l'*Histoire des Girondins* (1847), il flétrit l'irréligion et le cynisme d'un penseur incapable

de s'intéresser aux âmes simples, et en vient à critiquer, comme les autres romantiques, le fameux sourire voltairien.

Pourtant, dans son *Cours familier de littérature* (1858-1869), Lamartine attribue une place de choix à Voltaire qui incarne à ses yeux le réveil littéraire de la nation, après un temps d'intermittence. Il lui prépare même une entrée triomphale : « Ce caractère de bon sens, de bon goût et d'universalité qui caractérise, selon nous, la littérature nationale, se reproduit, se concentre et se manifeste tout à coup dans un seul homme, Voltaire. » Il lui attribue le grand mérite d'avoir inventé ce style concis, nerveux, rapide, qui définit le journalisme des temps modernes, au point d'inaugurer une nouvelle espèce d'écrivains capables de séduire le lecteur par le recours au dialogue enjoué et à toutes les formes littéraires mimant une conversation, jusqu'à rompre, dans ses contes, avec la rhétorique traditionnelle.

*Didier Masseau*

## LAMBERT, Michel

ÉDITIONS •

Libraire imprimeur à Paris près de la Comédie-Française, faubourg Saint-Germain, Michel Lambert édite dès 1749-1750 des pièces nouvelles de Voltaire, *Nanine, Oreste, Sémiramis*. Content de ses services, Voltaire l'engage à donner « une jolie petite édition complète et correcte » de ses ouvrages, avec ces mots alléchants : « Elle sera très différente de tout ce qui a paru jusqu'ici et je serais charmé que vous eussiez la préférence. » En fait, il va le mettre en concurrence avec Walther*, libraire à Dresde, qui vient d'imprimer ses œuvres à sa satisfaction (1748), et à qui il commande une seconde édition qu'il suivra de plus près encore, depuis Berlin* où il va s'établir. À la sortie des onze volumes de l'édition Lambert, au printemps de 1751, Voltaire lui fait part de sa « véritable affliction » : il se plaint du « désordre » des matières, et de l'insertion de « sottises », c'est-à-dire d'écrits désavoués, même s'il reconnaît que cette édition parisienne est beaucoup plus correcte que les autres – mais la seconde édition Walther, mieux maîtrisée, lui plaira bientôt davantage.

Un an plus tard, ayant fait imprimer à Berlin son *Siècle de Louis XIV*, et comptant pouvoir le publier aussi à Paris, Voltaire propose à Lambert d'en donner « une jolie édition », et même de reprendre ses œuvres complètes en se conformant à la seconde édition Walther, qui paraît (1752) – le grand projet n'aura pas lieu, mais l'une des premières réimpressions françaises du *Siècle de Louis XIV*, faites sans permission, semble bien sortir des presses de Lambert. Il l'engagera ensuite à recueillir le dossier complet de

l'affaire Maupertuis\*, en 1753, puis à donner une version corrigée de l'*Histoire universelle*, au début de 1754, pour faire pièce à une scandaleuse édition de Néaulme\*, et à réimprimer aussi ses récentes *Annales\* de l'Empire*, bref à entreprendre une autre édition complète. Son idée semble toujours de mettre Lambert en concurrence ou en association avec d'autres éditeurs. Il ne le trouve pas assez fiable ; il le soupçonne de débiter à son profit une autre édition désavouée de l'*Histoire universelle*, dont il demande alors la suppression à Malesherbes\*. Lambert est décidément un mauvais correspondant, lent, flottant, négligent : « C'est un libraire tout comme un autre... »

On sait qu'en se fixant près de Genève, au printemps de 1755, Voltaire se choisissait aussi un nouvel éditeur, les frères Cramer\*, en vue de faire une véritable « collection », plus soignée que jamais, de ses « œuvres complètes ». Il souhaita entre Lambert et les Cramer un accord qui ne se fit pas. Il s'en tint donc à sa ligne : « Je leur ai fait ce présent parce que je suis sur les lieux. » En septembre 1755, apprenant que Lambert se lance enfin dans un projet d'envergure, mais autonome, il l'avertit encore de se conformer à l'édition déjà sous presse à Genève – ce qui supposait des arrangements. Lambert se fait une fois encore tancer : « Songez que vous m'avez forcé à donner aux Sieurs Cramer ce que je vous destinais » – on le dirait gêné de ne pas pouvoir contenter tout le monde. À son insu, Collini\* se chargera d'informer Lambert des corrections données à Cramer...

En 1758, son édition achevée – 22 volumes contre les 17 des Cramer –, Lambert omet de la faire parvenir à l'auteur, qui proteste. Leurs relations s'arrêteront là.

Mais comment être éditeur, au surplus, et de Voltaire et de Fréron\* ? Car c'est aussi chez Michel Lambert que s'imprimait *L'Année\* littéraire*. En 1760, Voltaire se plaint directement à l'éditeur des injures du folliculaire. Il lui en tiendra rigueur. Ce qui ne l'empêche pas d'observer, lors d'un embastillement de Lambert, en 1764 : « Après tout, il est dur d'être entre quatre murailles pour avoir exercé un art sans lequel nous serions encore des barbares. »

*Jean-Michel Raynaud*

*Aux remerciements que je vous dois, mon cher Lambert, de m'avoir mieux imprimé que tous ceux qui se sont mêlés de me faire ce dangereux honneur, souffrez que je joigne un peu de plaintes.*
À *Michel Lambert, août-septembre 1751.*

*Je vous exhorte à la régularité et à l'exactitude qui sont l'essence d'un négociant.*
À *Michel Lambert, 20 février 1755.*

## LA METTRIE, Julien Offroy de

ATHÉISME • FRÉDÉRIC II • MORALE • PRUSSE •

En arrivant à Berlin en 1750, Voltaire fait la connaissance d'une recrue haute en couleur de la ménagerie du roi de Prusse : le philosophe matérialiste et athée La Mettrie (1709-1751), auteur de brûlots comme L'Homme-machine et L'Homme-plante (1748), L'Anti-Sénèque ou le Souverain Bien (1750) et L'Art de jouir (1751), devenu en Prusse lecteur du roi. À Potsdam, la compagnie de ce médecin original, qui avait dû fuir la Hollande pour avoir écrit une violente diatribe contre les médecins de la faculté de Paris, ne déplaisait pas à Voltaire. Il compare ses idées et sa conversation à « un feu d'artifice toujours en fusées volantes ». Mais il ajoute ces propos moins amènes : « Ce fracas amuse un demi quart d'heure et fatigue à la longue. » C'est que Voltaire n'aime guère les esprits débraillés qui se répandent en saillies grossières et ne respectent pas le ton.

Mais il y a plus grave : La Mettrie affiche dans ses œuvres un athéisme souverain et provocateur. Il soutient même que la vertu n'existe pas, parce que tout est physique en l'homme, et que la moindre de ses actions est soumise à des forces purement mécaniques. Pour Voltaire, non seulement une telle théorie est contraire aux principes les plus élémentaires de raison, mais elle heurte de surcroît la très haute idée qu'il se fait de la vertu* propre au philosophe.

La Mettrie meurt en 1751, après avoir, dit-on, abusé d'un pâté farci de truffes. Or voici que le roi de Prusse s'avise, dans un *Éloge du sieur de La Mettrie* prononcé à l'académie de Berlin, d'apporter sa caution royale à la philosophie de cet histrion ! C'en est trop pour l'hôte de Frédéric II ; le matérialisme de La Mettrie et l'indépendance absolue qu'il avait affichée sont perçus comme des germes de division qu'il convient de conjurer par une mise au point théorique. C'est ainsi que le *Poème\* sur la loi naturelle*, dans lequel Voltaire précise ses idées en matière de religion et de morale, semble être né du trouble provoqué par l'*Éloge* de Frédéric II. Ajoutons que, selon la légende, c'est à La Mettrie que le roi de Prusse aurait confié son fameux mot sur Voltaire : « On presse l'orange, et on jette l'écorce. »

*Didier Masseau*

## LA MOTTE

Voir HOUDAR DE LA MOTTE.

## LANGUE (Pensée de la)

ANTHROPOLOGIE • ITALIEN • LANGUES • LATIN •

Curieux de l'histoire des langues, amusé ou choqué de leurs anomalies, équivoques et imperfections – dont il dresse des listes dans ses Carnets\* –, indigné surtout des illusions et des impostures de l'abus scolastique, métaphysique ou dogmatique – «la charlatanerie, dit-il, de mettre les mots à la place des choses» –, Voltaire n'a jamais développé de grandes vues théoriques sur le langage humain comme processus ou comme système. Sa position sur la question classique de l'origine est celle d'un empiriste, dans l'esprit même de Locke\*: «Il est évident que ce sont nos cinq sens qui ont produit toutes les langues, aussi bien que toutes nos idées» (*Questions sur l'Encyclopédie*, art. «Langues»). Il est donc hostile à la thèse d'une langue générale première, d'une «langue mère» de toutes les autres. Il voit d'ailleurs dans les signes beaucoup d'arbitraire, et beaucoup d'aléas dans la communication humaine. L'homme est facilement trompeur et trompé, et tels grands mots sans caution de réalité, devenus dogmes par exemple, sont un jour terribles entre les mains des convertisseurs et des persécuteurs : «Misérables, servez-vous de vos yeux avant de vous servir de votre langue» (*Lettres de Memmius*, 1771).

Chez les «nations policées», le processus de complexification croissante des langages intéresse Voltaire. Il fixe deux limites à leur progrès, l'une de fond : «Il n'est aucune langue complète, aucune qui puisse exprimer toutes nos idées et toutes nos sensations»; l'autre d'expérience : «Comme jamais il n'y a eu d'assemblée de logiciens qui ait formé une langue, aucune n'a pu parvenir à un plan absolument régulier» (*Questions sur l'Encyclopédie*, art. « Langues») – mais il avance aussi cette proposition, d'écrivain à grammairien : «Il est certain qu'il y a dans toutes les langues du monde une logique secrète» (à Beauzée, 14 janvier 1768). Dès lors, chaque langue est susceptible d'une perfection relative, et «les moins imparfaites sont comme les lois: celles dans lesquelles il y a le moins d'arbitraire sont les meilleures».

Le français est à l'époque, dans toute l'Europe, la langue de culture des élites et des lettrés. Voltaire rapporte naturellement cette supériorité au «siècle de Louis XIV». Mais elle n'a rien d'universel ni d'absolu. Il croit le grec «le plus beau de tous les langages» (*Questions sur l'Encyclopédie*, art. «Langues»), et aime en connaisseur le latin. Pour les temps modernes, en les comparant bien par leurs qualités propres, la langue française «n'est ni si abondante et si maniable que l'italien, ni si majestueuse que l'espagnol, ni si énergique que l'anglais» (*Questions sur l'Encyclopédie*, art. «Langues»). Et il sait d'expérience, comme auteur d'inscriptions\* et d'épitaphes\*, combien elle est redoutable aux poètes – «embarrassée d'articles,

dépourvue d'inversions, pauvre en termes poétiques, stérile en tours hardis, asservie à l'éternelle monotonie de la rime, et manquant de rimes dans les sujets nobles » (*Discours* aux Welches*).
Comment donc expliquer que cet idiome, qui ressembla d'abord « au hurlement des bêtes » – la « barbarie welche » survit encore pour lui dans « nos terminaisons en -oin », « sons qui tiennent moins de l'homme que de la plus dégoûtante espèce des animaux » (*Questions sur l'Encyclopédie*, art. « Langue française ») – soit devenu « la langue de l'Europe » ? Cela tient d'abord à ce que « le génie de cette langue est la clarté et l'ordre [...]. Il oblige les mots à s'arranger dans l'ordre naturel des idées » (*Encyclopédie*, art. « Français ») ; et si l'on y ajoute la qualité de sa prosodie – le « e* muet » rend le français mélodieux (*Questions sur l'Encyclopédie*, art. « Dictionnaire ») – on comprend qu'il soit « plus propre qu'aucun autre à la conversation » (des « honnêtes gens », bien entendu), et que son génie dès lors « triomphe dans la tragédie et la comédie » (*Questions sur l'Encyclopédie*, art. « Langues »). Mais il ne serait pas devenu « la première langue du monde pour le charme de la conversation et l'expression du sentiment » sans « la liberté et la douceur de la société », qui n'ont été « longtemps connues qu'en France » (*Discours de M. de Voltaire à sa réception à l'Académie française*) – il y décèle surtout le rôle prééminent des femmes dans la sociabilité mondaine. Et surtout sans « ces génies faits pour changer et pour élever l'esprit de toute une nation », les Corneille, les Boileau, les Racine, qui firent d'une « langue composée au hasard dans des temps grossiers » ce français enfin « pur, correct, précis, noble », dont la perfection culmine à son goût dans *Athalie* : « Ce sont les grands poètes qui ont déterminé le génie des langues » (*Discours*).
Il restera à Voltaire, conservateur inflexible d'un français « épuré », à combattre, sur les fronts de la grammaire* et du néologisme*, « l'horrible corruption de la langue », dont la décadence risque à ses yeux d'accompagner, paradoxalement, le progrès des Lumières.

Patrick Brasart

*« Langage » (cet article peut être immense).*
*À Charles Joseph Panckoucke, 29 septembre 1769<br>— sur le projet d'un « Supplément » à l'Encyclopédie.*

## LANGUES (pratiquées par Voltaire)

ITALIEN • LATIN • SHAKESPEARE • TRADUCTION •

Après le latin, langue de ses études, Voltaire apprit l'anglais et l'italien. Il lisait, parlait et écrivait couramment l'une et l'autre langue, avec une aisance honorable.

Il apprit l'anglais en quelques semaines à son arrivée en Angleterre en 1726. D'abord, au sens propre, la langue de Shakespeare – en voyant jouer ses pièces à Drury Lane, il suivait le texte sur la copie du souffleur –, puis l'anglais pratique de la conversation, des journaux, enfin l'anglais du monde et de la cour – où il fut rapidement introduit : *La Henriade* est dédiée « To the Queen Caroline » (1728). Dans ses Carnets*, ses premières observations sur l'Angleterre sont d'emblée notées dans la langue du pays : cette énergique brièveté convenait à son tour d'esprit.

Cas singulier dans la littérature française, Voltaire a même écrit et publié en anglais. Il fit paraître à Londres, dès 1727, un double *Essay** d'histoire politique et de littérature comparée, puis rédigea directement en anglais le premier jet de ses *Lettres** *philosophiques*, d'où parallèlement les *Letters** *concerning the English Nation*, grand succès de librairie outre-Manche tout au long du siècle. Resté à Londres, Voltaire aurait peut-être poussé plus loin l'expérience des écritures bilingues. Plus tard, en dédiant son *Brutus* à Bolingbroke (1731), il se rappellera le temps où il était « presque accoutumé à penser en anglais ». Ses traductions peuvent être contestées, celles de Shakespeare entre autres, biaisées par des intentions parasites. Mais quoique son anglais se soit rouillé avec le temps, il en garda toujours un fond d'usage, comme l'attestent les récits de visiteurs qui passèrent à Ferney dans leur « grand tour », et sa correspondance même, avec des dizaines de lettres écrites dans cette langue.

Voltaire eut aussi des rudiments d'allemand, assez pour lire les gazettes pendant son séjour en Prusse* – mais les « caractères tudesques », dit-il, lui fatiguaient les yeux –, et une légère teinture d'espagnol, venue peut-être de sa jeunesse : il se remit à cette langue à l'occasion des *Commentaires sur Corneille*, pour traduire l'*Héraclius** de Calderón, mais à la manière érudite, dictionnaire en main. En 1764, faisant le point de ses compétences pour les notes de lecture destinées à la cosmopolite *Gazette** *littéraire de l'Europe*, il se charge du secteur anglais, du secteur italien, de livres espagnols à la rigueur, mais laisse les allemands. Au reste, ses comptes rendus seront en français : toute l'Europe entendait la langue de Voltaire.

*André Magnan*

*Apprendre plusieurs langues, c'est l'affaire de peu d'années ; être éloquent dans la sienne, c'est l'affaire de toute la vie.*

*Carnets.*

*L'abbé de Saint-Yves, malgré ce petit avertissement, lui demanda laquelle des trois langues lui plaisait davantage, la huronne, l'anglaise ou la française. « La huronne, sans contredit, répondit l'Ingénu. — Est-il possible ? s'écria*

Mlle de Kerkabon; j'avais toujours cru que le français était la plus belle de toutes les langues après le bas-breton. »
Alors ce fut à qui demanderait à l'Ingénu comment on disait en huron du tabac, et il répondait « taya »; comment on disait manger, et il répondait « essenten ». Mlle de Kerkabon voulut absolument savoir comment on disait « faire l'amour »; il lui répondit « trovander* », et soutint, non sans apparence de raison, que ces mots-là valaient bien les mots français et anglais qui leur correspondaient. « Trovander » parut très joli à tous les convives.
* Tous ces noms sont en effet hurons.

> L'Ingénu, 1767, chap. I — la note est de Voltaire,
> qui avait effectivement dans sa bibliothèque
> un dictionnaire de la langue huronne de 1632.

On ne parlera plus français que Voltaire sera encore traduit dans la langue qui lui aura succédé.

> Frédéric II à d'Alembert, 28 juillet 1770.

## LANSON, Gustave

ESPRIT • FRANÇAIS • VOLTAIRIENS •

Le *Voltaire* (1906) de Gustave Lanson (1857-1934) marque un tournant dans la façon dont on a lu et apprécié l'écrivain : « J'ai tâché dans ce petit ouvrage, écrivait Lanson, de parler de Voltaire exactement, historiquement, sans apothéose et sans caricature, sans regarder les préoccupations ni l'actualité contemporaines, en rapportant toujours l'idée ou l'expression de Voltaire aux choses du temps. » Il y avait du mérite à le tenter. La commémoration* du centenaire de la mort de l'écrivain, en 1878, avait donné lieu à des affrontements que la politique de la IIIe République continuait d'entretenir : au moment de la séparation de l'Église et de l'État (1905), Voltaire apparaissait comme le théoricien de l'État laïque, le symbole intellectuel des adversaires de la religion institutionnalisée et d'abord du catholicisme. Et pourtant, Lanson remarque finement que « plus d'un voltairien s'est converti à la foi chrétienne en restant voltairien de style et d'intelligence, et plus d'un catholique s'est trouvé en affinité avec lui ».
Il voit donc Voltaire comme un des pères de l'esprit français, au-delà de ces conflits d'idées : « Voltaire, sans le créer, a confirmé le besoin français d'aisance, de légèreté, de netteté, de finesse, de "gaieté" claire dans l'expression ; sa prose est devenue le symbole des qualités que nous appelons françaises. » Il lui donne un rôle de premier plan dans l'œuvre de reconstruction nationale entreprise après la défaite de 1870. Lanson montre d'ailleurs que tous les grands écrivains, même Flaubert qui « réalisait dans son

style une beauté si peu voltairienne», ont désormais évité «les défauts que Voltaire ne pardonnait pas». L'œuvre de Voltaire, aux yeux de Lanson, est ainsi un goût, un esprit. Ce n'est pas un système, pas une philosophie unifiée. Pour expliquer les «contradictions» voltairiennes, qui font s'affronter les critiques et donnent beau jeu aux ennemis de Voltaire, Lanson adopte une démarche résolument historique : il faut prendre garde à la date de chaque texte et aux circonstances dans lesquelles il a été écrit. C'est l'occasion pour lui de démêler, avec une admirable finesse, l'infinie complexité des tons, des intentions de Voltaire, des rôles qu'il joue, des voix qu'il prend dans son œuvre, dont chaque élément doit être considéré dans une lumière différente. Du *Voltaire* de Lanson sortent ainsi les grands travaux critiques modernes, qui adoptent la perspective chronologique et tentent de retisser ensemble l'œuvre et la vie : ceux de René Pomeau\* par exemple, et en dernier lieu l'édition collective des œuvres complètes entreprise par la Voltaire\* Foundation.

Lanson donna d'autre part, en 1909, une remarquable édition des *Lettres\* philosophiques*, d'une exigence scientifique et d'une érudition inouïes à sa date, qui devint même l'un des modèles du positivisme dans les études littéraires – et qui, près d'un siècle après, n'est toujours pas remplacée.

*Sylvain Menant*

## LANTERNE MAGIQUE

CONTES PHILOSOPHIQUES •

Dans les listes d'inventions alignées dans ses Carnets\*, Voltaire n'oublie jamais le jésuite allemand Kircher, génial découvreur de la lanterne magique. Il a développé toute une réflexion sur cette pratique, mais il se trompe sur son avenir. Il note une ancienne anecdote de superstition : l'empereur Rodolphe crut voir ressuscités, devant ses yeux, tous ses prédécesseurs, dont un artiste habile lui projetait les images; mais on montre aux servantes à présent, pour cinq sous, «ce chef-d'œuvre d'optique»... Dans l'intuition d'une culture technicienne, Voltaire croit «toutes les sciences» appelées à se vulgariser, mais il ne peut imaginer qu'une technique aussi peu « nécessaire» que la lanterne magique ait un avenir propre, et il ironise : «Il n'y a plus de fortune à espérer dans ce grand art» – nos salles obscures, et cet «art» populaire devenu une industrie complexe, et son personnage\* même incarné sur l'écran, au cinéma, à la télévision, le jetteraient dans l'étonnement.

Voltaire adorait la lanterne magique, il l'a pratiquée lui-même à Cirey, maniant l'appareil et imitant l'accent savoyard; il s'y brûla un soir la main, «à force de tripoter le goupillon de sa lanterne». Mme de Graffigny,

qui décrit cette soirée, dit que Voltaire y a fait « toutes sortes de contes » à mourir de rire. De l'improvisation orale des veillées au travail concerté des récits écrits, l'idée d'une continuité de plaisirs et de talents est intéressante. On songe à ces dialogues syncopés, à ces enchaînements brusqués des contes, aux épisodes, aux gags, au va-et-vient des personnages – Abares et Bulgares, rois et galériens, effendis et bachas dans *Candide*. Croisant la genèse du fameux « conte voltairien », l'expérience des effets sûrs – *ut laterna poesis*.

Sans doute en vieillissant se détacha-t-il de ces jeux fugaces ; les derniers contes s'étoffent, prennent leur temps, déploient de vrais dialogues. Mais l'image au moins de la lanterne subsiste dans ses lettres, pour commenter l'actualité vue de loin. Les aléas de batailles et de sièges, les disputes des jésuites et des jansénistes, les disgrâces des ministres « dégringolant l'un après l'autre », lui rappelaient encore le glissement des plaques de verre, l'effet grotesque des formes projetées. Une vague lassitude semble s'y mêler cependant à la fin, avec l'urgence de réflexions plus essentielles. Voltaire a dû entendre souvent, dans les automnes de Ferney, le cri des petits Savoyards : « La rareté, la curiosité... »

*André Magnan*

*Il me semble que la retraite rend les passions plus vives et plus profondes ; la vie de Paris éparpille toutes les idées, on oublie tout, on s'amuse un moment de tout dans cette grande lanterne magique, où toutes les figures passent rapidement comme des ombres ; mais dans la solitude on s'acharne sur ses sentiments.*
*À Mme du Deffand, 31 décembre 1774*
*— lettre écrite dans le souvenir des supplices de Calas et La Barre.*

## LARCHER, Pierre Henri

*DÉFENSE DE MON ONCLE (LA)* • HISTOIRE •
*PHILOSOPHIE DE L'HISTOIRE (LA)* • POLÉMISTE •

Larcher (1726-1812), helléniste de renom, par goût, avait suivi les cours du Collège de France et fréquenté les bibliothèques. Il avait voyagé en Angleterre, traduit Pope à son retour, fréquenté le cercle de d'Holbach et les milieux encyclopédistes, avant de s'orienter résolument vers les études grecques ; il donna une traduction appréciée d'Hérodote. Indigné par les erreurs sur l'histoire grecque que contient *La Philosophie de l'histoire* (1765) du prétendu abbé Bazin, il se laissa convaincre par un rédacteur du *Journal de Trévoux*, Mercier de Saint-Léger, de publier ses critiques sous le titre suggestif de *Supplément à la Philosophie de l'histoire de feu M. l'abbé Bazin, nécessaire à ceux qui veulent lire cet ouvrage avec fruit* (1767).

Larcher n'a pas composé une réfutation de la philosophie historique de Voltaire. Ses remarques sont ponctuelles, dans l'esprit des *Erreurs\** de Nonnotte\*, mais plus solidement fondées : il relève les bévues, les ignorances, les fausses citations, les approximations, les lacunes. Voltaire, irrité par ces critiques, en tiendra compte néanmoins quand il reprendra en 1769 *La Philosophie de l'histoire* comme «Discours préliminaire» en tête de l'*Essai sur les mœurs*. En attendant, craignant que son crédit auprès des savants ne pâtisse des attaques de Larcher, il contre-attaque. Ce sera *La Défense de mon oncle* (1767), où le malheureux Larcher est moqué, traité de prêtre, de convulsionnaire, de précepteur, et où le pseudo-neveu du pseudo-abbé Bazin (maintenant décédé) exalte les vertus et le savoir de son oncle contre la médiocrité du réfutateur. Larcher tenta de répondre sur le ton de la plaisanterie et composa une bien plate *Réponse à la Défense de mon oncle, précédée de la relation de la mort de l'abbé Bazin*, où il tentait en vain d'imiter la *Relation\* de la maladie, de la confession, de la mort et de l'apparition du jésuite Berthier*. Conscient de son échec, il donna en 1769 une nouvelle édition encore plus érudite de son *Supplément*. Il fut élu à l'Académie des inscriptions et belles-lettres en 1778, revint à la religion catholique après la Terreur et fut sous l'Empire un membre honoré de l'Institut de France.

*Jean Goulemot*

## LARGILLIÈRE, Nicolas de

ICONOGRAPHIE •

Né à Paris et formé en Belgique (Anvers) et en Angleterre, Largillière (1656-1746) obtint à son retour en France en 1678, grâce à l'appui de Van der Meulen, peintre d'histoire du roi, la commande de quelques portraits dans la haute bourgeoisie et la noblesse de robe. Devenu un temps peintre officiel de Jacques II d'Angleterre, il fut reçu en 1686 à l'Académie royale, où il joua un rôle non négligeable. Il peignit de grandes compositions comme le *Mariage du duc de Bourgogne* et de nombreux portraits : de Louis XIV, de Charles Le Brun, et bien sûr de Voltaire.
Ce portrait fut exécuté en 1718 : Voltaire a alors 24 ans. C'est le plus ancien que l'on ait de lui : il vient à peine de prendre ce nom. Il est jeune, beau, vêtu comme un courtisan, de velours, de dentelles et de brocart. Le visage est mince, le regard perçant, la perruque frisée et à la mode du règne précédent. Le sourire qui relève les commissures des lèvres est séduisant et pas encore sardonique. Selon les éditeurs de Kehl\*, Voltaire offrit ce portrait à Mlle de Livry\*, alors jeune actrice, qui était sa maîtresse. Elle devint par la suite marquise de Gouvernet. Voltaire la revit en 1778 et, dit-

on, reçut d'elle une réplique du fameux portrait, qu'il offrit à la marquise de Villette*. Depuis 1961, ce *Voltaire* de Largillière est au musée national du château de Versailles.

*Jean Goulemot*

## LARMES

SENSIBILITÉ • THÉÂTRE •

Voltaire pleure et fait pleurer; il donne dans la tragédie «larmoyante», et mêle dans la comédie l'attendrissement au rire. Élément essentiel du pathétique, cette «langue muette de la douleur» entre avec lui dans le système des signes qui, à la scène, donnent toute leur force au verbe. C'est plus qu'un procédé: les actrices qui pleurent sont douées d'une imagination si vive que la simple représentation de la douleur leur arrache des larmes. Car, écrit Voltaire, «il est impossible d'affecter les pleurs sans sujet, comme on peut affecter de rire». Dans l'article des *Questions\* sur l'Encyclopédie* qu'il consacre aux «larmes», il insiste sur leur valeur: ce phénomène est dans la «nature des choses»; et il s'interroge: si la «mécanique divine» de nos yeux impose la certitude d'une cause finale, que dire des larmes? «Il serait beau que la nature les fît couler pour nous exciter à la pitié.» Émotion passagère, disait Rousseau, «pitié stérile» (*Lettre à d'Alembert sur les spectacles*). Mais pas pour Voltaire: la pitié peut mener au remords, à la rédemption; et lorsqu'il est spectateur, un criminel, en voyant représenter son crime, n'est plus le même: «il redevient homme, il répand des larmes vertueuses». C'est là le vrai mérite et la justification du théâtre, dont l'action est plus efficace que les froides déclamations des prédicateurs. Pourquoi les hommes cacheraient-ils leurs larmes? Qui sait pleurer sans honte proclame son humanité et son appartenance à l'ordre divin.

*Henri Lagrave*

## LATIN

ÉTUDES • GOÛT • LANGUES •

Du latin comme du grec, en les comparant «à toutes les autres langues du monde», Voltaire a dit qu'elles sont «ce que le jeu d'échecs est au jeu de dames, et ce qu'une belle danse est à une démarche ordinaire» (à l'abbé d'Olivet, 5 janvier 1767). Il connaît fort mal le grec, mais fort bien le latin, qu'il aime lire, citer, paraphraser: c'est à ses maîtres jésuites du collège* de Louis-le-Grand qu'il doit ce plaisir – il dira avoir appris d'eux «du latin et

des sottises»... Il lui arrive même d'écrire en latin, un latin d'ailleurs critiquable : la satire *Regnante\* puero* en 1716, des inscriptions\*, et quelques lettres de loin en loin, à des érudits, d'anciens condisciples, des savants allemands surtout par nécessité (Wolff\* et Gottsched\*, entre autres), ou ses réclamations à l'administration impériale durant sa séquestration de Francfort\*. Mais il réprouve la littérature néolatine, pas tout à fait morte de son temps, vieillerie d'institution académique ou cléricale. C'est qu'il est avant tout un lecteur infatigable et passionné des grands auteurs de la latinité classique, au premier rang desquels Virgile\*, Horace\* et Cicéron\*, qu'il cite et médite, maîtres de style et de sagesse élus dans un passé pour lui toujours vivant.

*Patrick Brasart*

## LAUSANNE

### LOGEMENTS

Avant de s'installer aux Délices\* en 1755, Voltaire avait hésité. On lui proposait aussi des retraites vers la capitale vaudoise. Il acheta ses «petites Délices» aux portes de Genève, mais il loua près de Lausanne la jolie «campagne» de Montriond\*, où il vint souvent dans les premières années.

Il connut bientôt toute la bonne société de la ville, la famille du bailli Clavel de Brenles, les Constant d'Hermenches, de vieille noblesse militaire, le savant pasteur Polier de Bottens, qu'il recruta pour faire quelques articles de l'*Encyclopédie*. À cette société il trouvait, dit-il, «bien de l'esprit, bien de la philosophie, et point de superstition». Il y avait aussi «un joli théâtre», à l'intérieur de la propriété «Mon Repos», qui accueillait volontiers les amateurs. Voltaire et ses amis formèrent une petite troupe – «acteurs excellents», bien sûr. Ils donnèrent en février 1757 *Zaïre*, qui fut, paraît-il, «mieux jouée qu'à Paris»; Voltaire y tenait à son habitude le rôle de Lusignan\*. Le mois suivant, en proie «au démon de la comédie», on représenta *L'Enfant prodigue*. Puis on revint à la tragédie avec *Fanime*, refonte de *Zulime*, en création mondiale : de trente lieues à la ronde, les curieux accoururent, et prirent autant de plaisir que les acteurs. *La Serva padrona* de Pergolèse, première cause de la «querelle des Bouffons» cinq ans plus tôt, fut même donnée après la pièce; deux pasteurs assuraient la partie de violon, et la salle enchantée reprit en chœur les airs de l'opéra buffa. Les beaux rivages de Lausanne étaient décidément «l'asile des arts, des plaisirs et du goût».

Voltaire trouvait Lausanne moins rigoriste que Genève, et s'y sentait plus libre de l'influence des prédicants. Il y loua donc au printemps de 1757,

pour neuf ans, une belle et grande maison « au bout de la ville, rue du Grand-Chêne ». « Me voilà habitant du pays romand jusqu'à ma mort », décida-t-il. De ses « quinze croisées », il pouvait contempler « vingt lieues du beau lac Léman, et toute la Savoie », sans compter « les Alpes qui s'élèvent en amphithéâtre », écrit-il à une amie, où « les rayons du soleil forment mille accidents de lumière ». Dès l'hiver suivant, il eut plaisir à s'attarder dans son « ermitage lausannais », alors que l'article « Genève* » de l'*Encyclopédie* faisait grand bruit dans la cité de Calvin.
Mais ayant ensuite acheté Ferney*, il laissa « les Chênes ». Il y passa son dernier hiver en 1759. La guerre de Sept Ans faisait encore rage, mais « dans cette douce retraite », dit une autre lettre, « on juge tranquillement les rois ». Il garda cependant ses anciennes relations de Lausanne, et reçut quelquefois leur visite.

*Anne Soprani*

LA VALLIÈRE, Louis César de La Baume, duc de Vaujour, puis de
CORRESPONDANCE • COURTISAN • POMPADOUR (MME DE) •

Petit-neveu libertin de l'ancienne favorite de Louis XIV, homme brillant et cultivé, le duc de La Vallière (1708-1780) accueillait avec sa femme, « belle sans coquetterie », toute une société d'esprit dans son château de Champs* : Voltaire y vint souvent. Le duc, familier de Louis XV et de Mme de Pompadour, occupait à Versailles la charge de grand fauconnier ; il organisait aussi les spectacles privés du rois, dits des Petits Appartements. Épris de théâtre et de belles-lettres, il fut sans doute l'homme de cour le plus fidèle à l'écrivain, favorisant notamment sa carrière officielle entre 1745 et 1749. Après l'éprouvante désillusion de Prusse*, il soutint les sollicitations de Mme Denis* auprès de Mme de Pompadour pour le retour de Voltaire à Paris – en vain.
Collectionneur de manuscrits, le duc enfermait dans sa riche bibliothèque de précieux recueils du XVII$^e$ siècle. Des Délices, puis de Ferney, Voltaire lui envoya fidèlement ses ouvrages. Pour la petite histoire, le duc de La Vallière fut apparemment le premier lecteur de *Candide**, qu'il recevait à mesure de sa rédaction ; il patronna d'ailleurs la publication de ce conte avec d'Argental, au début de 1759. « Philosophe épicurien », il était à la cour du côté des Encyclopédistes, et agit auprès de Choiseul et de Mme de Pompadour en faveur de Mme Calas ; il reçut même la « malheureuse veuve ». Toujours friand des écrits de Voltaire, le duc fit encore imprimer à ses frais le petit conte en vers de *Macare et Thélème*. Après sa mort, l'héritière des La Vallière refusa de remettre aux éditeurs de Kehl* la cor-

respondance de Voltaire avec ce grand seigneur sans préjugés – leurs lettres, sûrement passionnantes, semblent perdues pour la plupart.

*Anne Soprani*

> *J'ai ouï dire du mal de « La Tolérance », mais à peu de monde ; j'en ai ouï dire beaucoup de bien, et aux gens les plus éclairés. J'ai voulu la lire sans prévention ni pour l'auteur, ni pour les différentes façons de penser, et j'en ai été enchanté. On veut le trouver très dangereux ; je le trouve très édifiant, c'est le rudiment de la morale, de la politique et de la vertu, et si j'avais des enfants, je les ferais inoculer et leur ferais apprendre ce livre par cœur.*
> Le duc de La Vallière à Voltaire, 28 décembre 1763
> – « ce livre » : le Traité sur la tolérance.

## LAW, John

FINANCES · RÉGENCE ·

Voltaire se méfia de Law, ne lui acheta pas de billet, mais on sait que Pimpette* du Noyer, en revanche, perdit gros en spéculant, et que Voltaire dut l'aider. Pourtant, l'expérience financière de John Law (1671-1729), ses retombées sociales et politiques fascinèrent l'historien et le philosophe, et son œuvre fourmille d'allusions à la célèbre banqueroute – dans *La Henriade*, dans des poésies diverses, dans le *Précis du siècle de Louis XV* (chapitre II, « Suite du tableau de l'Europe. Régence du duc d'Orléans. Système de Law ou Lass »).

Personnage principal de l'aventure, un Écossais, « grand joueur et grand calculateur », ayant rédigé à son arrivée en France, pour assainir les finances de l'État, le plan d'une compagnie dont les actions ou billets, placés dans le public, serviraient à couvrir les dettes publiques et qu'on rembourserait par les profits d'une compagnie de commerce.

Seconds rôles, un Régent, le duc d'Orléans, inquiet d'une dette de deux milliards à éteindre, et un peuple amoureux des nouveautés.

La compagnie financière fut donc établie. Sous le nom de Banque générale, elle fonctionna dès 1716 comme banque de dépôt et d'escompte, puis d'émission. Elle devint bureau général des recettes et on lui adjoignit, comme prévu, une Compagnie du Mississippi. Le public, séduit par la promesse des gains, s'enthousiasma. Une circulation inouïe de richesses marqua l'époque. La banque devint banque du roi. Elle commerça avec le Sénégal, puis acquit le privilège de l'ancienne Compagnie des Indes et prit en charge toutes les fermes du royaume. Ses actions ne cessèrent de monter, la demande de papier étant très forte. On ne rêva plus que de luxe et de richesse rapidement acquise par la spéculation. On convertit le

papier en espèces avec de tels excès que le crédit tomba d'un seul coup, et ce fut la ruine... Les actions ne valaient plus rien. Law devint Contrôleur général des Finances (janvier 1720) pour tenter de rétablir la confiance. Ce fut en même temps son triomphe et sa ruine.
Même s'il tente d'en expliquer le fonctionnement, c'est moins le mécanisme financier que le révélateur humain et social qui préoccupe Voltaire dans la faillite. Il s'est intéressé à la personnalité de Law, devenu français, converti au catholicisme, aventurier douteux transformé en banquier et ministre d'État, respecté paradoxalement de tous : « Je l'ai vu arriver dans les salles du Palais-Royal, suivi de ducs et pairs, de maréchaux de France et d'évêques. » Habitués à l'obéissance sous la férule de Louis XIV, prêts à toutes les folies spéculatives après l'austérité de la fin du grand règne, les Français ont été séduits au point de prendre la proie pour l'ombre. Pourtant, Voltaire s'étonne que le phénomène spéculatif se soit étendu à l'Europe entière. Il apparut alors une Europe de charlatans et un nombre prodigieux de banqueroutes. S'ensuivit une dépravation des mœurs née de la cupidité effrénée. L'argent changea de mains, et ce transfert de richesses montra la fragilité d'une société apparemment immobile.
Ce fut pourtant, à lire le *Précis*, un épisode apparemment sans suite, que Voltaire examine comme un théâtre d'ombres, irréel malgré les sommes en jeu. Moins moraliste pour le juger que ne l'était Montesquieu dans les *Lettres persanes*, il s'étonne, comme dans ses analyses du phénomène religieux, de l'extraordinaire crédulité dont peuvent faire preuve les hommes confrontés aux promesses d'un aventurier.

*Jean Goulemot*

## LE BRUN, Ponce Denis Écouchard

CORNEILLE (MLLE) • FRÉRON • GENS DE LETTRES •

On se rend mal compte aujourd'hui de la gloire que connut en son temps le poète Le Brun, qui fut même surnommé fastueusement Lebrun-Pindare (1729-1807). En 1760, encore débutant, il adresse au patriarche une ode pour l'engager à recueillir à Ferney une parente de Corneille qui vivait dans la misère. Il publie ensuite son ode et la réponse du prestigieux dédicataire, mais sans l'autorisation de celui-ci. Les conséquences de cet acte insouciant ne tardent pas. Fréron s'empare de l'affaire et tourne en dérision la protection donnée par Voltaire à la jeune fille. Le Brun réplique à son tour en publiant un éphémère périodique qui compte deux livraisons, intitulé *L'Âne littéraire ou les Âneries de M$^e$ Aliboron, dit Fr...* (allusion au célèbre journal de Fréron : *L'Année littéraire*), puis il change brusquement d'attitude et se met à maltraiter d'Alembert et Voltaire. Celui-ci, dans une

lettre à d'Alembert, dit alors le mépris que lui inspire, une fois de plus, un misérable écrivassier : « Que de chenilles qui rongent la littérature ! Par malheur ces chenilles durent toute l'année. » Pourtant, contrairement à ses habitudes de polémiste acharné, Voltaire ne se laisse pas emporter : il accabla Le Brun de politesses, en punition de sa perfidie.

Didier Masseau

## LECOUVREUR, Adrienne

ACTEUR • AMOUR • COMÉDIE-FRANÇAISE • MORT •

À 15 ans, Mlle Lecouvreur, fille d'un chapelier, née en 1692, jouait la Pauline de *Polyeucte* au faubourg Saint-Germain. Comme Lekain*, elle passe de la modeste « comédie bourgeoise » à la « comédie de société », chez la présidente Lejay, puis au Temple. Après avoir exercé à Strasbourg, elle débute à la Comédie-Française le 14 mai 1717 dans l'*Électre* de Crébillon. Elle avait, dit-on, « les yeux pleins de feu, la bouche belle, beaucoup d'agréments dans l'air et les manières, un maintien noble et assuré ». C'était une reine parmi les comédiens. Elle imposa bientôt une déclamation « naturelle », un art nouveau de dire la tragédie, que jusqu'alors on avait déclamée, criée, psalmodiée. Elle eut tôt fait « d'enterrer » la Duclos*, vedette de la manière ancienne. Les contemporains admirèrent notamment son jeu muet : aucune actrice ne savait comme la Lecouvreur peindre sur son visage les sentiments qu'elle éprouvait en écoutant l'acteur qui lui parlait. Elle avait enfin, et c'était l'essentiel pour Voltaire, les « entrailles », cette chaleur qui manqua plus tard à la Clairon. Jamais actrice, disait-on, ne fit, avant Mlle Dumesnil, répandre autant de larmes et ne porta plus loin la terreur tragique. Très vite, Voltaire lui confia le rôle de Jocaste dans *Œdipe*; mais elle ne put créer avant sa mort que deux de ses personnages, Artémire en 1720 et Mariamne en 1724.

Elle n'eut qu'une grande passion, Maurice de Saxe ; mais l'illustre maréchal ne fut pas son seul adorateur. Eut-elle une liaison avec Voltaire ? C'est à peu près certain. Après sa mort prématurée, Voltaire rappelle à Thiriot qu'il a été « son admirateur, son ami, son amant » ; au même, il dit sa « pitié », sa « tendresse » pour la malheureuse. Son chagrin fut très vif quand elle mourut, le 20 mars 1730.

Chagrin qui se change en révolte lorsque le curé de Saint-Sulpice refuse à la comédienne, excommuniée par le droit canon comme tout acteur, la sépulture chrétienne. Son corps, escorté par la police, fut enterré dans un terrain vague, sans plus de cérémonie, vers la rue de Bourgogne.

La fureur et l'émotion de Voltaire s'exhalent dans les beaux vers de son

poème, *La Mort de Mlle Lecouvreur*, paru en octobre. Il s'en prend aux «prêtres cruels» qui ont infligé à ce corps charmant un traitement odieux, tandis qu'en Angleterre, où l'on a chassé ces préjugés superstitieux, Anne Oldfield, célèbre comédienne, a été inhumée à l'abbaye de Westminster. Le texte circula, et l'auteur fut inquiété.
Cependant on avait accusé la duchesse de Bouillon d'avoir fait périr Adrienne par des confitures empoisonnées – de ce drame de la jalousie, Scribe tira une pièce (1849), dont s'inspira, entre autres, le fameux opéra de Cilèa (1866-1950), créé à Milan en 1902. Voltaire ne crut pas à ce crime, mais il garda toujours, comme une blessure mal fermée, le souvenir de la «flétrissante injure» subie par celle qu'il avait aimée. En songeant à sa propre mort, il resta obsédé par la crainte d'être «jeté à la voirie».

*Henri Lagrave*

LECTEUR

BIBLIOTHÈQUE · CARNETS · MARGINALIA · TRAVAIL ·

*La lettre à Christophe me donne la pépie, je ne dormirai point que je n'aie vu la lettre à Christophe, avez-vous lu la lettre à Christophe? pouvez-vous me faire avoir la lettre à Christophe? où trouve-t-on la lettre à Christophe?*
*À Jacob Vernes, 6 avril 1763*
*— il s'agit de la «Lettre à Christophe de Beaumont»,*
*de Jean Jacques Rousseau, qui venait de paraître.*

Bons bibelotistes et méchantes langues, les Goncourt désignaient d'un mot piquant les beaux volumes que parfois l'on étale au salon sans les avoir lus: livres «meublants». Voltaire eut beaucoup de livres, les lut, les relut, et n'eut pas de «meublants»; même les grands formats de sa bibliothèque portent leur part de Marginalia. Ses Carnets de notes sont d'un lecteur boulimique, insatiable de faits, de dates, de chiffres, de références. Ses premiers intérêts de lecteur furent toujours ceux d'un savant: la religion – Bible et Pères de l'Église –, puis tous les genres d'histoire, la philosophie des sciences, le droit, l'économie, les voyages. Il suivit aussi de près l'actualité littéraire, théâtre et poésie surtout, même s'il s'en détacha un peu dans les dernières années; il n'aima guère les romans, sauf curiosité du moment. Il adorait parcourir les journaux, et y repérer par les recensions l'ouvrage utile ou important. Sa correspondance est d'ailleurs remplie de lettres de commandes, de questions sur les nouveautés, et de remerciements pour des exemplaires d'hommage, après lecture souvent attentive.

Voltaire lisait couramment plusieurs langues*, l'anglais et l'italien surtout – le latin aussi, encore utilisé par les savants étrangers.
Ses habitudes matérielles de lecteur sont bien connues. Wagnière*, son dernier secrétaire, dit qu'il flairait le livre à peine reçu, «lisant quelques lignes par page», et qu'il y plaçait des «marques», puis qu'il relisait le tout «fort attentivement», faisant même des «remarques» si l'ouvrage en valait la peine, dans les marges ou sur des signets. «Il a toujours la plume à la main, pour faire des notes et des remarques», confirme un visiteur de Ferney. En travaillant parmi ses livres à Saint-Pétersbourg, on trouve parfois, entre les pages d'un même volume, les lambeaux d'une lettre reçue en cours de lecture, et réduite à fournir ces «marques». D'autres signets, écrits de plusieurs mains, proviennent de ces lectures à haute voix que Voltaire se faisait faire quand il dînait seul dans sa chambre ou quand il était malade – dans sa vieillesse, l'hiver surtout, il souffrit d'ophtalmies. Cette vaste fréquentation des livres, déploiement d'une vocation polygraphique, est aussi l'un des signes les plus évidents d'un rapport intime au travail intellectuel comme plénitude de l'existence.

*André Magnan*

*Monsieur et cher ami, quoiqu'il y ait beaucoup de livres, croyez-moi, peu de gens lisent; et parmi ceux qui lisent, il y en a beaucoup qui ne se servent que de leurs yeux.*

*Lettre de M. Clocpicre à M. Ératou, 1764.*

## LEFRANC, Jean Jacques, marquis de Pompignan

*AH! AH (LES)* · CACOUACS · ÉPIGRAMMES · «MONOSYLLABES» · POLÉMISTE · *VANITÉ (LA)* ·

Le conflit qui oppose Voltaire au marquis Lefranc de Pompignan (1709-1784) est exemplaire de la situation de Voltaire dans les années 1760-1762 avant que ne débute l'affaire Calas. Si la victoire du patriarche de Ferney sur son ennemi est absolue, c'est qu'à cette date les forces se sont retournées en sa faveur ou que du moins on ne peut plus entamer contre lui un certain type de contestation avec l'espoir d'obtenir un succès dans le monde culturel.
Les relations conflictuelles entre Voltaire et Lefranc de Pompignan remontent à la représentation d'*Alzire* (janvier 1736). Ayant appris que Lefranc voulait faire jouer à la Comédie-Française une pièce intitulée *Zoraïde* dont le sujet pouvait ressembler au sien, Voltaire demande aux comédiens de différer la représentation de son concurrent afin d'éviter d'être accusé de plagiat. Les comédiens français obtempèrent, provoquant chez Lefranc une telle colère qu'il en déchire sa pièce. Voltaire, qui avait pourtant pris au

départ quelques précautions pour éviter une nouvelle querelle d'auteurs, allait être confronté en 1760 à une attaque en règle de Lefranc de Pompignan. Cet ancien élève du collège de Louis-le-Grand, tout pétri de belles-lettres, originaire d'une famille de Montauban, et devenu premier président à la Cour des aides de Montauban, croyait que ce capital social et culturel lui permettait de s'en prendre impunément à l'*Encyclopédie* et à l'impiété des milieux philosophiques dans son discours de réception à l'Académie française. C'était bien mal estimer le rapport des forces. Sa diatribe ne provoqua que ricanements sous cape. En se faisant le champion d'un parti antivoltairien, Lefranc de Pompignan espérait plaire au parti dévot qui gravitait autour du Dauphin, et devenir le précepteur des enfants de France. Peine perdue, le malheureux offrait à Voltaire l'occasion d'exercer sa verve contre une nouvelle tête de Turc. Dès lors celui-ci doit subir l'avalanche des «Monosyllabes» et une volée de pseudo-lettres : *Lettre de M. de L'Écluse, Lettre du secrétaire de M. de Voltaire, Lettres d'un quaker*. Or la nouveauté est que les libelles de Voltaire dépassent le cercle restreint des initiés pour atteindre des couches de plus en plus larges de l'opinion, si bien que les dévots eux-mêmes se mettent à penser que leur défenseur a été bien maladroit. Pliant sous les coups, Lefranc de Pompignan se retire à Montauban où il meurt en 1784.

Didier Masseau

*S'il était vrai que dans le siècle où nous vivons, dans ce siècle enivré de l'esprit philosophique et de l'amour des arts, l'abus des talents, le mépris de la religion, et la haine de l'autorité, fussent le caractère dominant de nos productions, n'en doutons pas, messieurs, la postérité, ce juge impartial de tous les siècles, prononcerait souverainement que nous n'avons eu qu'une fausse littérature et qu'une vaine philosophie. [...]*
*En vain se vanterait-il lui-même d'être un siècle de lumière, de raison et de goût : ses propres monuments serviraient bientôt à le confondre. Les bibliothèques, les cabinets des curieux, ces dépôts durables de la sagesse et du délire de l'esprit humain, ne justifieraient que trop l'accusation et le jugement. Ici, ce serait une suite immense de libelles scandaleux, de vers insolents, d'écrits frivoles ou licencieux. Là, dans la classe des philosophes, se verrait un long étalage d'opinions hasardées, de systèmes ouvertement impies, ou d'allusions indirectes contre la religion. Ailleurs, l'histoire nous présenterait des faits malignement déguisés, des anecdotes imaginaires, des traits satiriques contre les choses les plus saintes, et contre les maximes les plus saines du gouvernement. Tout, en un mot, dans ces livres multipliés à l'infini, porterait l'empreinte d'une littérature dépravée, d'une morale corrompue, et d'une philosophie altière, qui sape également le trône et l'autel.*

Lefranc de Pompignan, Discours de réception à l'Académie française,<br>10 mars 1760.

## LEIBNIZ, Gottfried Wilhelm

DIEU • MAL • OPTIMISME •

Né un demi-siècle après Leibniz (1646-1716), Voltaire appartient à un autre univers mental. À la métaphysique allemande, il préfère les découvertes de la science anglaise. À la théologie rationaliste, il substitue le credo déiste. Moins qu'à une philosophie de la vérité, il vise à une philosophie des valeurs. En défendant la tolérance, il prône une philosophie morale soucieuse du bonheur collectif.

L'adhésion de Voltaire aux thèses de Bayle* ou de Newton*, contemporains et adversaires de Leibniz, prolonge les débats et les interrogations d'un passé récent. Toute sa vie, il sera confronté ainsi à Leibniz, mathématicien et métaphysicien renommé. N'est-il pas l'inventeur avec Newton du calcul infinitésimal, l'auteur aussi d'une solution rationnelle au problème du mal, la doctrine de l'optimisme ? Pour Voltaire, il est encore le maître à penser de Frédéric II, et même un temps de la marquise du Châtelet. Les rapports de Voltaire et Leibniz connurent deux phases : il s'opposa d'abord à son système physique et métaphysique, il se confronta ensuite au théologien optimiste.

En 1736, Voltaire est devenu le professeur par correspondance de Frédéric. Tout en évitant de froisser son élève princier, il ridiculise les monades et l'harmonie préétablie, et défend la liberté* contre la nécessité inhérente à la philosophie de Leibniz. Aux côtés du physicien et mathématicien Jean Jacques Dortous de Mairan (1678-1771), il s'engage dans la querelle sur la force vive, débat mathématique aux enjeux théologiques, comme l'implique toute l'épistémologie classique : soutenir « m v » en newtonien, c'est requérir la libre intervention de Dieu dans la Nature, ce dont se passent les leibniziens avec leur « m $v^2$ ».

Alors que Voltaire diffuse le newtonianisme en France (*Éléments\* de la philosophie de Newton*, 1738-1741), Mme du Châtelet* défend Leibniz (*Institutions de physique*, 1740) – elle est « devenue toute leibnizienne » (à Frédéric, 10 mars 1740). Présentant dans *Le Mercure de France* ces *Institutions de physique* (1741), Voltaire vante le génie vulgarisateur d'Émilie, mais réfute cette métaphysique que les Allemands soutiennent, dit-il, « par jeu plutôt que par conviction ». S'il désapprouve qu'Émilie ait adopté « la religion des monades », il défend le pluralisme dans les controverses savantes : « J'ai beau regarder les monades, avec leur perception et leur aperception, comme une absurdité, je m'y accoutume, comme je laisserais ma femme aller au prêche si elle était protestante. La paix vaut mieux que la vérité » (à Mairan, 5 juin 1741). Lorsqu'il voit König*, l'ancien maître leibnizien de Mme du Châtelet, injustement accusé de falsification par le newtonien Maupertuis*, Voltaire le défend, et même contre Frédéric II, et quitte la Prusse (1752-1753).

Dans les années 1750-1770, sa confrontation avec Leibniz fut plus complexe : elle porte sur la contradiction entre l'expérience du mal et l'existence de Dieu. On sait combien *Candide\* ou l'Optimisme* (1759) est antileibnizien, repoussant violemment la doctrine optimiste qui, pour justifier Dieu, affirme la nécessité des souffrances humaines. Mais Voltaire put-il jamais se débarrasser tout à fait de l'optimisme ? Il avait autrefois adhéré à cette philosophie, séduit par le déisme de Pope\*. Peu à peu, il conviendra que la pensée d'un ordre du monde est le seul rempart théorique contre l'athéisme ; et dans le même temps, resté partisan d'un causalisme ultime, il se rapprochera du fatalisme leibnizien qu'il combattait autrefois.

Pour Voltaire, la métaphysique de Leibniz, dans ses formalisations, sa terminologie, son système, a toujours été « un roman ». Mais Leibniz, a-t-il dit, « était plus universel que Newton, quoiqu'il n'ait peut-être pas été si grand mathématicien » (*Le Temple du Goût*, 1733). « Le charlatan et le Gascon de l'Allemagne » (à d'Alembert, 23 décembre 1768) fut ainsi le subtil inventeur de l'optimisme. Le dernier mot est peut-être dans une lettre à Condorcet : « Je suis fâché pour Leibniz, qui sûrement était un grand génie, qu'il ait été un peu charlatan » (1$^{er}$ septembre 1772).

*Laurent Loty*

## LEIPZIG

ALLEMAGNE · GOTTSCHED · MAUPERTUIS · PRUSSE ·

Quittant la Prusse le 26 mars 1753, Voltaire part pour Leipzig où il arrive le 27. Il séjourne jusqu'au 18 avril dans cette ville célèbre par ses foires, qui était un centre d'édition et le siège d'une université de grande renommée. Voltaire surveille l'impression du *Supplément\* au Siècle de Louis XIV*. Il fréquente les milieux lettrés de la ville, des leibniziens et wolffiens convaincus. Ses relations avec Mme Gottsched tournent court, mais il rencontre, par l'intermédiaire de Gottsched, l'historien juriste Johann Jacob Mascov, auteur d'un *Précis de l'histoire de l'empire romain germanique jusqu'à nos jours*, et le feld-maréchal Friedrich Heinrich von Seckendorf, qui avait fait toutes les campagnes des guerres de Succession d'Espagne, de Pologne et d'Autriche. Il découvre un milieu intellectuel allemand fort différent des cercles francisés qu'il avait jusqu'alors connus.

Les savants qui publient les *Acta eruditorum* de Leipzig sont hostiles à Maupertuis. Un éclat de ce dernier ranime d'ailleurs l'affaire de la *Diatribe du docteur Akakia, médecin du pape*. Le 3 avril, le président de l'académie de Berlin expédie à Voltaire une lettre de menaces que ce dernier fait paraître dans le journal *Der Hofmeister* du 10 avril, agrémentée

d'un « Tremblez ! » final, et accompagnée de sa réponse, avec un « Avis » priant les habitants de Leipzig de ne point laisser entrer dans la ville un « quidam » à « la physionomie mauvaise et à l'esprit plein de lui-même », qui porte « toujours scalpel en poche pour disséquer les gens de haute taille »... Il broche alors le *Traité de paix entre Monsieur le Président et Monsieur le Professeur* et réunit tous ces libelles anti-Maupertuis dans sa truculente *Histoire\* du docteur Akakia et du natif de Saint-Malo.*

Christiane Mervaud

## LEKAIN, Henri Louis Caïn, dit

ACTEUR • AMITIÉ • COMÉDIE-FRANÇAISE •

Encore « amateur » lorsque Voltaire, en février 1750, le remarqua et en fit son élève, un travail acharné et les conseils du maître lui permirent de débuter à la Comédie-Française le 14 septembre de la même année. Lekain (1728-1778) eut du mal à s'imposer, auprès des autres comédiens jaloux de son talent, auprès du public des loges, qui le trouvait laid : il avait une taille médiocre, l'air roturier ou vulgaire – « ignoble », disait-on –, les jambes courtes. La protection de Mme de Pompadour, son succès éclatant dans l'Orosmane de *Zaïre*, l'appui de Voltaire le firent définitivement accepter. Dès lors, il reprend ou crée tous les grands rôles de la tragédie voltairienne, notamment le Vendôme d'*Adélaïde du Guesclin*, les rôles titres d'*Œdipe* et de *Mahomet*, le Zamore d'*Alzire*, etc. Voltaire le protège, et Lekain lui voue une reconnaissance éperdue ; ils nouent des relations très étroites, sentiment paternel d'un côté, amour filial de l'autre, renforcés par les fréquentes visites de l'artiste à Genève et à Ferney, où il joue volontiers pour le plaisir du maître.

Bientôt Lekain exerce sur la Comédie-Française une autorité indiscutée ; il y impose ses vues, ses choix, son sens de la « mise en scène ». Il y impose aussi, et on lui en fit grief, M. de Voltaire. On ne peut plus dissocier le comédien et l'auteur, qui ne jure que par lui, lui assure quelques profits particuliers, sans méconnaître pour autant les défauts de son interprète préféré. Lekain avait su camoufler ses tares physiques ou les compenser, par un maintien très étudié et la mimique la plus expressive ; mais Voltaire se plaint de sa voix « étouffée », de son débit parfois trop lent. Et puis Lekain ne veut que les grands rôles ; il oublie les convenances de l'âge ; il se mêle aussi de corriger son texte, alors qu'il manque de sens critique. Cependant, en toute occasion, le patron proclame qu'il est unique dans la peinture des grandes passions : il reste pour lui le seul acteur véritablement tragique de son siècle. Leur amitié fut constante, en dépit de quelques bouderies vite oubliées.

Il y eut entre eux un malentendu plus grave quand, au tout début de 1778, Lekain, malade, dut refuser le rôle d'Alexis dans *Irène*. Voltaire, froissé, exprima son aigreur. Il le regretta d'autant plus que le comédien mourut peu après, le 8 février 1778, deux jours avant l'arrivée du grand homme à Paris. En apprenant la nouvelle, Voltaire dit à La Harpe, d'après les registres de la Comédie-Française : « L'acteur est mort, l'auteur n'ira pas loin. » Il devait s'éteindre lui-même le 30 mai.

Henri Lagrave

LENCLOS, Ninon de
DIALOGUE ENTRE MME DE MAINTENON ET MLLE DE LENCLOS ·<br>FEMMES · JUVENILIA ·

La libertine Ninon de Lenclos (1620-1705), l'amie de Saint-Évremond et de Molière, mais aussi de la dévote Mme de Maintenon, était âgée de 88 ans quand elle reçut la visite, un jour de 1704, d'un petit Arouet de 10 ans qui, devenu Voltaire, en resta toujours fort impressionné. Ninon est une figure légendaire de la geste voltairienne. Représentée tantôt en « maîtresse [de la] volupté » (*Le Temple du Goût*), tantôt « sèche comme une momie », « décrépite ridée » (*La Défense de mon oncle*), elle émerge des souvenirs d'enfance comme une apparition à la fois tendre, auréolée de sa réputation de courtisane philosophe, et rebutante, dans la réalité de la vieillesse.

M$^e$ Arouet*, le notaire, gérait les affaires de Mlle de Lenclos. Mais elle était surtout une amie chère du parrain du jeune François Arouet, l'abbé de Châteauneuf*, qui voyait en elle une femme émancipée : « Elle avait compris, écrira-t-il, qu'il ne peut y avoir qu'une même morale pour les hommes et les femmes. » Il vantait donc à Ninon son filleul, qui à 10 ans faisait déjà des vers. Elle voulut voir l'enfant précoce. Elle tenait un salon, note Voltaire, « où l'on parlait plus naturellement » que chez les précieuses. Il y récita quelques vers « qui ne valaient rien ». Amusée, séduite, la vieille dame léguera au fils de son notaire « mille francs pour lui avoir des livres ». Voltaire servit toujours la mémoire de Ninon de Lenclos en « historiographe exact ». Il démentit des *Lettres* données sous son nom, il lut avec soin divers *Mémoires* sur elle. Il rendit hommage à la « philosophe », en 1751, dans une lettre publique : « Sa philosophie était véritable, ferme, invariable, au-dessus des préjugés et des vaines recherches. » Devenu bien vieux à son tour, et même « patriarche », il évoque encore dans son *Commentaire\* historique* (1776) le souvenir de cette « fille si singulière » écoutant un petit prodige réciter ses vers.

Anne Soprani

## LESSING, Gotthold Ephraim

ALLEMAGNE • DRAMATURGIE • PRUSSE • TRAGÉDIES •

«Lessing préférait [...] l'esprit libertin, la fuite hors d'Allemagne», en se tournant vers Diderot et Voltaire: c'est Nietzsche\* qui entend distinguer ainsi Lessing (1729-1781) de ses compatriotes «graves, lourds, solennels». Lessing fut en effet attiré dans sa jeunesse par Voltaire, et s'il le critiqua plus tard, ce fut surtout en tant qu'auteur dramatique, tandis qu'il continuait à apprécier le polémiste et l'historien. Dès 1751 il publia en allemand un recueil d'écrits historiques de Voltaire, et voulut faire une traduction du *Siècle de Louis XIV* qui sortait à Berlin, où il se trouvait alors – mais Voltaire s'y opposa, pour protéger les droits de Francheville\*, son premier éditeur. On dit aussi que son *Nathan le Sage* fut conçu comme un «anti-*Candide*»: Voltaire fut donc un interlocuteur de choix.

Cependant, l'auteur de la *Dramaturgie de Hambourg* (1767-1769) se fait sévère pour le dramaturge – Voltaire est toujours à cette date un des maîtres du théâtre français, traduit et joué en Allemagne. Il traque ses emprunts aux poètes tragiques du XVII$^e$ siècle, et à Maffei, auteur d'une *Mérope* que Voltaire a adaptée sans reconnaître ce qu'il devait au texte original. Il prend aussi ses distances avec Voltaire comme théoricien du genre, en soulignant des contradictions entre la défense de l'art préféré à la nature, le désir d'une reconnaissance de la cour et la revendication de la liberté. Lessing trouve chez Diderot une plus grande cohérence entre esthétique et politique et davantage d'unité dans les œuvres réalisées. Une lettre de Voltaire en 1756 rappelle d'ailleurs Diderot par la mise en valeur de la pitié: fondée sur la pitié, la tragédie nouvelle serait une école des «vertus sociales». Mais Voltaire, en voulant «améliorer» les tragiques grecs, avec des antithèses spirituelles et des liens plus étroits entre les scènes, s'éloignait de leur «grandeur naïve». À la différence du spectre d'Hamlet père, l'ombre de Ninus dans *Sémiramis* n'est pour Lessing qu'une «froide machine poétique» destinée à effrayer le spectateur. Et si l'unité de temps «physique» est bien respectée dans *Mérope*, il observe que l'unité «morale» y est rompue par la confusion de deux intérêts distincts chez Polyphonte, la soif de pouvoir et le désir d'épouser Mérope, qu'il menace, en cas de refus, de mener à une mort sacrificielle. Lessing reproche à Voltaire «ces froides scènes d'un amour politique». Le modèle qu'il lui oppose, c'est encore Diderot faisant du spectateur «le confident de chaque personnage». Même Corneille est préféré à son commentateur, en ce qu'il prônait l'adéquation entre la succession étroite des scènes (des lieux) et la continuité de l'idée (de l'intérêt qui porte le personnage).

Il reste au moins à Lessing et à Voltaire un point commun essentiel: le

combat pour la libération des esprits, en particulier par rapport à la religion et à l'Église.

Jürgen Siess

## LESZCZYNSKA, Marie

Voir MARIE LESZCZYNSKA.

## LESZCZYNSKI, Stanislas

Voir STANISLAS LESZCZYNSKI.

## LE TOURNEUR, Pierre Prime Félicien

Voir JULES CÉSAR • LETTRE À L'ACADÉMIE • SHAKESPEARE.

## *LETTERS CONCERNING THE ENGLISH NATION*

ANGLETERRE • CENSURE • LANGUES • *LETTRES PHILOSOPHIQUES* •

C'est une sorte de monstre que ce cousin anglais des *Lettres philosophiques*. Pour un tiers du texte, c'est une traduction – que Voltaire ne revit sans doute pas. Mais pour le reste, une quinzaine des vingt-quatre lettres, c'est au contraire l'original du texte français, un premier état rédigé en anglais directement. De son voyage en Angleterre, Voltaire fit en effet dès 1726 une expérience d'acculturation complète, en choisissant de séjourner aussi mentalement dans l'autre langue : cas rare, peut-être unique, entre les grands écrivains français. D'où le double *Essay\** de 1727, *upon the Epic Poetry* et *upon the Civil Wars of France*, et surtout ce chassé-croisé des *Letters/Lettres*, compliqué par son retour en France : les *Letters*, commencées sur place en 1728, furent reprises en traduction d'après la version française, et publiées à Londres en août 1733 ; les *Lettres*, « anglaises » puis « philosophiques », réécrites du premier jet anglais, furent continuées en français en 1732-1733, et lancées au printemps de 1734, à Londres et à Paris presque en même temps.

Des deux côtés de la Manche, le premier succès des deux livres fut égal, mais leur destinée contradictoire. À la censure et à la suppression bientôt définitive des *Lettres* en France, correspond, pour les *Letters concerning the English Nation*, une carrière de best-seller, avec au moins treize éditions

anglaises, écossaises et irlandaises en cinquante ans. Cet hybride à double signature – « *By M. de Voltaire*»/« *Par M. de V.*» – attend toujours sa première édition bilingue.

André Magnan

## LETTRE À L'ACADÉMIE

ACADÉMIE • GOÛT • SHAKESPEARE • TRAGÉDIES •

Les deux premiers volumes de la nouvelle traduction de Shakespeare, par Le Tourneur, paraissent en février 1776. Voltaire explose: sa lettre à d'Argental du 19 juillet, lettre «ostensible», est une déclaration de guerre contre Shakespeare et son traducteur, ce «faquin» qui ose prôner l'Anglais comme «le seul modèle de la vraie tragédie», comme le «dieu du théâtre». Il prépare sa riposte, la *Lettre à l'Académie*, qui sera lue en public le 25 août, jour de la Saint-Louis. Agacé par l'anglomanie ambiante, attristé par la «décadence» du théâtre, exaspéré par le succès de Ducis (1733-1816), dont les adaptations de Shakespeare sont appréciées, Voltaire, après l'*Appel\* à toutes les nations de l'Europe*, porte le procès devant la plus haute instance littéraire, gardienne du patrimoine national. Comme dans l'*Appel*, il se complaît à étaler les fautes de goût, les grossièretés, les «ordures» du «barbare», par la traduction littérale de «morceaux choisis». Procédé peu honnête, mais efficace. La démonstration s'appuie sur le postulat que Voltaire, depuis tant d'années, cherche à imposer: l'éternité et l'universalité du goût. Il y a un mauvais goût, celui de Shakespeare, et un bon goût, celui de Racine (et de Voltaire). L'Académie, avant la séance, demanda quelques coupures; le 25 août, d'Alembert, fin lecteur, utilisa avec son talent ordinaire, en sautant les passages traduits les plus osés, réticences et sous-entendus. Succès trop facile, devant un auditoire acquis au grand goût tragique. Le roi Louis XVI, qui patronnait l'ouvrage de Le Tourneur, en fut, dit-on, fâché. Mais la *Lettre*, quoique contestée par la critique, fit longtemps jurisprudence – Stendhal à son tour, dans son *Racine et Shakespeare*, en fera justice.

Henri Lagrave

## LETTRE À L'OCCASION DE L'IMPÔT DU VINGTIÈME

IMPÔTS •

C'est un petit texte de commande en faveur du plan Machault\* de réforme fiscale, qui venait d'être approuvé par Louis XV (mai 1749): mêmes enjeux,

même engagement que dans *La Voix\* du sage et du peuple*, mais dans le style plus facile d'une lettre fictive.

*André Magnan*

## LETTRE À M. DE\*\*\*, PROFESSEUR EN HISTOIRE

HISTOIRE •

Voltaire explique en quelques pages sa conception de l'Histoire. « Mon principal but avait été de suivre les révolutions de l'esprit humain dans celles des gouvernements. Je cherchais comment tant de méchants hommes, conduits par de plus méchants princes, ont pourtant à la longue établi des sociétés où les arts, les sciences, les vertus mêmes ont été cultivés. » Publié en tête des *Annales\* de l'Empire* (1753), ce texte s'applique en fait à l'*Essai\* sur les mœurs*, que Néaulme\* venait d'imprimer, sans l'accord de l'auteur, sous le titre d'*Histoire universelle*.

*Jean Goulemot*

## LETTRE À M. JEAN VERNET, PASTEUR ET PROFESSEUR

Voir M. JEAN VERNET, PASTEUR ET PROFESSEUR.

## LETTRE À M. LE MARQUIS DE BECCARIA

Voir BECCARIA.

## LETTRE ANONYME ÉCRITE À M. DE VOLTAIRE, ET LA RÉPONSE

HISTOIRE • NONNOTTE •

Faire dûment constater la frivolité, l'ignorance, l'incurie de Nonnotte, c'est à quoi tendait un petit dossier publié au printemps de 1769. Une lettre d'abord d'un lecteur dauphinois, érudit modeste, confirmant contre l'auteur des *Erreurs\* de Voltaire*, sur plusieurs points de référence locale, la véracité de l'*Essai sur les mœurs* – lettre « anonyme » pour la bonne cause seulement, par prudence et discrétion, car elle était signée, dit Voltaire. D'où sa réponse, enfonçant le clou : il ajoute d'autres exemples de l'insuffisance de ce « fourbe imbécile », il explique surtout l'animosité des ex-jésuites à son endroit par le succès de sa défense des Deprez\* de Crassier contre les extorsions des bons pères. Suivent encore, pour réduire enfin Nonnotte

au silence, des attestations juridiques des secrétaires de M. de Voltaire, et même de son imprimeur Cramer*. Attestations sollicitées sans doute, mais l'authenticité de la «Lettre anonyme» au moins paraît plausible. Le tout signale l'extrême importance des enjeux de preuve et d'autorité dans le travail critique, souvent personnel, de Voltaire historien.

André Magnan

## *LETTRE AU DOCTEUR JEAN JACQUES PANSOPHE*
FACÉTIES • ROUSSEAU (JEAN JACQUES) • *SENTIMENT DES CITOYENS* •

Diffusée au printemps de 1766, c'est une pseudo-lettre satirique à l'adresse de Jean Jacques Rousseau – ce nom de «Pansophe» vise l'orgueil du destinataire, parangon du sage à l'en croire. Tous les ouvrages de Rousseau, ses principes et ses paradoxes, ses thèses d'éducation et de morale, sa vision d'un homme corrompu par sa propre histoire, tout est ici systématiquement critiqué et ridiculisé. «L'illustre Pansophe» n'a qu'une passion : «la rage de blâmer» – d'où la bouffonnerie pour l'en guérir. Encadrant la satire, deux morceaux plus sérieux, où Voltaire réagit, par la dénégation, puis par une prière publique, à l'accusation d'athéisme que Jean Jacques avait indirectement portée contre lui dans la cinquième de ses *Lettres écrites de la montagne* (1764).

Voltaire a pourtant désavoué cette réplique, mais en termes ambigus ; elle est recueillie dans ses œuvres depuis l'édition Moland*. C'est peut-être le texte où se marque le mieux, au-delà des humeurs et des circonstances, son opposition profonde à Rousseau – l'antinomie de leurs caractères, de leurs idées, de leurs projets.

André Magnan

*J'adore un Dieu créateur, intelligent, vengeur et rémunérateur ; je l'aime et le sers le mieux que je puis dans les hommes mes semblables. — Dieu ! qui vois mon cœur et ma raison, pardonne-moi mes offenses, comme je pardonne celles de Jean Jacques Pansophe, et fais que je t'honore toujours dans mes semblables.*
Lettre au docteur Jean Jacques Pansophe, 1766.

## *LETTRE À UN PREMIER COMMIS*

Cette lettre, datée du 20 juin 1733, sans nom de destinataire, a été publiée pour la première fois dans les œuvres de Voltaire en 1746. Elle a été longtemps placée indûment dans la correspondance de Voltaire ; elle est considérée aujourd'hui non comme une lettre véritable, mais comme un

opuscule sans destinataire précis, de forme épistolaire. Le premier commis, au XVIIIe siècle, était un chef de bureau, fonctionnaire subalterne, disposant cependant d'un pouvoir réel dont, comme le prouvent les mésaventures de l'Ingénu à Versailles, il avait tendance à abuser. La lettre constitue un plaidoyer pour la liberté des écrivains, une analyse des enjeux économiques du commerce du livre, enfin un appel à l'encouragement de la littérature par l'État. Sous ses aspects plaisants et ses raccourcis ironiques, cet opuscule est important: Voltaire s'y révèle militant passionné de la liberté d'écrire et analyste profond de la fonction sociale et économique de la littérature.

Jean Goulemot

*Une liberté honnête élève l'esprit, et l'esclavage le fait ramper.*
Lettre à un premier commis, 1746.

## LETTRE CIVILE ET HONNÊTE À L'AUTEUR MALHONNÊTE DE LA « CRITIQUE DE L'HISTOIRE UNIVERSELLE DE M. DE V\*\*\* », QUI N'A JAMAIS FAIT D'« HISTOIRE UNIVERSELLE », LE TOUT AU SUJET DE MAHOMET

CORAN · *ESSAI SUR LES MŒURS* · MAHOMET · POLÉMISTE ·

Long titre pour un mince opuscule qui parut en 1760. Une anonyme *Critique de l'Histoire universelle de M. de Voltaire au sujet de Mahomet et du mahométisme*, publiée l'année précédente, attaquait le chapitre VII de son *Essai sur les mœurs*. Dans cette guerre de libelles, Voltaire défend Mahomet et persiste à le considérer comme un grand homme, moyen indirect de relativiser la figure du Christ. Il défend en même temps l'orientaliste Boulainvilliers, que le critique avait traité de « mahométan français, déserteur du christianisme ». Exhibant avec une insistance allègre son érudition en histoire islamique, Voltaire relève les erreurs de son contradicteur, qu'il appelle familièrement « mon Turc »: « Vous vous trompez, mon Turc: la religion dominante dans l'Inde est la vôtre. Est-il possible que vous soyez si mal instruit de vos affaires? » Comme d'habitude, il risque quelques gauloiseries sur le tempérament ardent de Mahomet pour critiquer en sous-main la chasteté du Christ: les ébats du prophète n'affaiblissent « ni son courage, ni son application, ni sa santé ». Bonne occasion aussi de lancer quelques traits à la « superstition » barbare des brahmanes qui font brûler les veuves dévotes.

Didier Masseau

## LETTRE CURIEUSE DE M. ROBERT COVELLE, CÉLÈBRE CITOYEN DE GENÈVE, À LA LOUANGE DE M. VERNET, PROFESSEUR EN THÉOLOGIE DANS LADITE VILLE

GENÈVE • SATIRE • VERNET •

Publiée au printemps de 1766, anonyme et pseudonyme, mais aussitôt attribuée à Voltaire, c'était une satire facétieuse et dialoguée contre l'influent pasteur genevois Vernet, qui venait de renouveler ses attaques contre l'article « Genève\* » de l'*Encyclopédie* et contre la permissivité de tout spectacle sur le territoire de la République. Vernet est censé consulter ses meilleurs amis sur l'utilité de son livre à paraître – d'où, après analyse du manuscrit, ce conseil attentionné du capitaine Durost: « J'aime mon prochain, vous m'avez ennuyé, je ne veux pas qu'il s'ennuie: croyez-moi, pour mettre votre livre en lumière, jetez-le au feu. » Trop tard, malheureusement.

*André Magnan*

## LETTRE DE CHARLES GOUJU À SES FRÈRES AU SUJET DES RÉVÉRENDS PÈRES JÉSUITES

FACÉTIES • FOI • INFÂME • JÉSUITES •

Imprimée anonymement à Genève en septembre 1761, c'est l'une des facéties les plus drôles de Voltaire. Il diffusa lui-même par la poste ce petit « rogaton » de douze pages: « Tenez, voilà des Gouju » – et tout Paris fut bientôt inondé de réimpressions.

La question était grave: les prêtres croient-ils en Dieu? La réponse est forcément humaine et relative. Partant de l'affaire La Valette, qui faisait alors grand bruit en France – le procès d'un jésuite, affairiste colonial et banqueroutier failli –, ce Gouju, parent prétendu de victimes des bons pères, se demande avec un peu d'humeur si un prêtre peut croire en Dieu et tromper les fidèles. Il s'interroge, en passant, sur la foi du révérend père Malagrida, qu'on venait d'exécuter à Madrid, convaincu d'avoir trempé dans un complot régicide; sur celle du fameux père Le Tellier, jadis confesseur et manipulateur du roi Louis XIV; enfin sur celle d'anciens pontifes scandaleux qui jadis ont « levé à Dieu leurs mains pleines d'or et teintes de sang ». La seule explication de ces contradictions est un « syllogisme abominable » que ces mauvais prêtres ont dû faire, gâtés par les arguties de la théologie, par la variation des dogmes et le désir du pouvoir: « Ma religion est fausse, donc il n'y a point de Dieu. » Avec ce déplorable corollaire: « Nous devons donc profiter de la sottise des hommes. »

Gouju propose naïvement d'épurer la religion et, pour commencer, d'abolir cette théologie qui fait des athées – on discutait alors d'une réforme des enseignements religieux. Mais il reprend surtout deux formules dont il a naguère réconforté, dit-il, un pauvre dominicain qui avait perdu la foi: « Les dogmes changent, mon ami ; mais Dieu ne change pas » ; et surtout : « Adore un Dieu, et sois juste. » La facétie finit ainsi *mezzo voce* sur l'idée d'un credo du déisme* : « Voilà, mes chers frères, ma profession de foi ; ce doit être la vôtre, car c'est celle de tous les honnêtes gens. Amen. » C'était l'époque où dans la lutte commencée contre l'Infâme, Voltaire n'apercevait pas encore le second front d'un athéisme* assurément plus doctrinal que celui qu'il supposait aux prêtres indignes.

La *Lettre de Charles Gouju* fut condamnée à Rome le 24 mai 1762. Diderot évoque une circonstance curieuse, qui n'a pas été vérifiée : l'une des réimpressions parisiennes aurait été faite par les jansénistes*, adroits récupérateurs du texte contre les jésuites, après suppression du seul petit passage qui les visait...

André Magnan

## *LETTRE DE L'ARCHEVÊQUE DE CANTORBÉRY À L'ARCHEVÊQUE DE PARIS*
CENSURE • FACÉTIES •

Facétie auxiliaire, mais l'une des plus réussies, dans l'affaire du *Bélisaire* de Marmontel*. À l'archevêque de Paris Christophe de Beaumont, qui venait de condamner ce roman pour motifs dogmatiques et théologiques, par un mandement exprès du 31 janvier 1768, son « confrère » de Cantorbéry réplique aussitôt par une simple « lettre ». Très respectueusement dissonante. Et sur le fond : « Quel plaisir aurez-vous, s'il vous plaît, quand tout le monde sera damné ? » Et sur la forme : « L'ennui est toujours mortel dans les mandements ; c'est un point essentiel auquel on ne prend pas assez garde dans votre pays. »

André Magnan

## *LETTRE DE M. CLOCPICRE À M. ÉRATOU SUR LA QUESTION « SI LES JUIFS ONT MANGÉ DE LA CHAIR HUMAINE ET COMMENT ILS L'APPRÊTAIENT »*
ANTHROPOPHAGIE • BIBLE • CIVILISATION • JUIFS •

Rédigée en marge de l'article « Anthropophages » du *Dictionnaire philosophique*, cette petite facétie fut publiée en 1764 dans les *Contes\* de Guillaume Vadé*, puis reprise dans les éditions successives des œuvres. Voltaire avait mis en tête d'une réimpression de son *Précis\* du Cantique*

*des cantiques*, en 1761, une « Lettre de M. Ératou [anagramme d'Arouet] à M. Clocpicre, aumônier de S.A.S. M. le Landgrave », pour défendre sa traduction et montrer qu'on ne doit pas juger des mœurs des Hébreux par les nôtres – il alléguait déjà les turpitudes rapportées par Ézéchiel*. La *Lettre* de 1764 n'est pas une réponse, mais porte encore sur Ézéchiel, cette fois sur l'interprétation d'un passage où il est question (chap. XXIX, v. 18-20) de manger « à table, de la chair des chevaux et des cavaliers ».

Pièce à verser au dossier de l'antijudaïsme de Voltaire, la *Lettre* relate une « conférence » entre M. l'aumônier Clocpicre (« Clocpitre » dans l'édition originale), M. Pfaff, « illustre professeur de Tubinge », et M. Crokius Dubius, « un des plus savants hommes de notre temps ». Tout en se référant aux exemples tirés de la Bible et d'autres sources anciennes, elle souligne l'extension historique des pratiques anthropophages, et semble ainsi relativiser l'horreur qu'elles doivent inspirer : « Les nations les plus policées ont toujours mangé des hommes, et surtout des petits garçons. » La question est même soulevée d'une éventuelle « supériorité », théologiquement démontrable, de « la chair humaine » : « L'homme, dit M. Crokius, est le plus parfait de tous les animaux ; par conséquent il doit être le meilleur à manger » – position que M. Pfaff refuse quant à lui, n'apercevant « nulle analogie entre la pensée, qui distingue l'homme, et une bonne pièce tremblante cuite à propos ». Les trois savants conviendront à la fin de s'abstenir de tout jugement gastronomique, faute d'expérience, et s'uniront en revanche dans la réprobation morale d'un quatrième intervenant, un hussard qui, ayant récemment « mangé d'un cosaque » à l'occasion d'un siège, certifie l'avoir trouvé « très coriace ».

C'est l'une des meilleures facéties de Voltaire, la plus grinçante aussi de son réquisitoire contre la barbarie.

Roland Desné

## *LETTRE DE M. CUBSTORF, PASTEUR DE HELMSTAD, À M. KIRKERF, PASTEUR DE LAUVTORP*

ANTICLÉRICALISME • FACÉTIES •

Deux pasteurs, et Allemands, mais ils s'écrivent dans le français de M. de Voltaire, et pour cause. Ils partagent surtout son analyse historique. Le temps des sectes est passé, il faut guérir de « cette rage de vouloir dominer sur les esprits » ; les religions dogmatiques se sont trop longtemps aliéné « les puissants du monde et les hommes instruits » : il ne reste plus qu'à convenir enfin « que l'Église est dans l'État, et non l'État dans l'Église ». Datée de 1760, mais publiée en 1764 seulement, dans le recueil des *Contes\* de Guillaume Vadé*, un an tout juste après le *Traité\* sur la tolérance*, cette

petite facétie d'enjeu grave anticipe l'accomplissement d'une visée incertaine : la réduction du pouvoir clérical, l'avènement d'une société laïque. « Obéissons aux princes comme tous les autres sujets », propose modestement M. Cubstorf à M. Kirkerf. Il souhaite même que leur cher confrère M. Durnol, dont le zèle reste un peu « colérique », cesse au plus tôt « de ruer et de braire ». Ce trait final rompt la fiction : l'autocritique de l'adversaire est un genre délicat.

*André Magnan*

## LETTRE DE M. DE L'ÉCLUSE, CHIRURGIEN-DENTISTE, SEIGNEUR DU TILLOY, PRÈS MONTARGIS, À M. SON CURÉ, AVEC UN AVIS DES ÉDITEURS, ET UN HYMNE CHANTÉ À LA LOUANGE DE M. LE MARQUIS DE POMPIGNAN, À LA FIN DU JOUR DE LA FÊTE QU'IL A DONNÉE À SON VILLAGE, POUR LA BÉNÉDICTION DE L'ÉGLISE, ET QUI N'A POINT ÉTÉ IMPRIMÉ AVEC LA RELATION DE CETTE FÊTE ET LE SERMON PRÊCHÉ À CETTE OCCASION

CHANSONS • FACÉTIES • LEFRANC DE POMPIGNAN •

Sous ce titre à rallonge, dont se souviendra le voltairien Paul-Louis Courier sous la Restauration, c'est une pseudo-lettre d'un M. de L'Écluse, chirurgien-dentiste bien réel, qui se prêta sans doute à la plaisanterie ; installé à Genève, il avait soigné Mme Denis, avant de devenir entrepreneur (malheureux) de spectacles, et enfin acteur. Sa prétendue lettre date de 1763. C'est une satire burlesque contre le poète Lefranc de Pompignan, ennemi déclaré des philosophes, infatué d'une noblesse récente. À la suite de la lettre prétendue, relation fort critique d'une fête effectivement donnée sur ses terres par le M. le marquis Lefranc de Pompignan à l'occasion d'une dédicace religieuse avec un prêche à sa louange, on trouve un « Hymne » cocasse à la gloire dudit marquis, paroles de Voltaire fort probablement, musique de L'Écluse peut-être – lequel poussait joliment, dit-on, la chanson populaire.

*Jean Goulemot*

## LETTRE DE M. DE VOLTAIRE À M. HUME

HUME • ROUSSEAU (JEAN JACQUES) •

Lettre réelle, datée « Ferney, 24 octobre 1766 », mais rédigée pour le public, et aussitôt diffusée par Voltaire lui-même, qui donne là sa version de ses rapports avec Rousseau.

*André Magnan*

## LETTRE DE M. DE VOLTAIRE À UN DE SES CONFRÈRES À L'ACADÉMIE

CLÉMENT • GENS DE LETTRES • SATIRE •

Ce petit pamphlet fut d'abord publié dans Le Mercure de France d'avril 1772, avant de figurer dans les Mélanges. Voltaire y rappelle la liste des écrivains qui l'ont déchiré à pleines dents, puis confie à son prétendu confrère académicien qu'il n'a pas lu les beaux vers que «le très inclément Clément» vient d'écrire sur son compte. Pour rendre public le revirement perfide d'un homme qui jadis l'encensait, il se contente alors de reproduire un poème que, dans l'esprit des fables de La Fontaine, Clément avait écrit naguère à la gloire du grand Voltaire: Le Rossignol et le geai.

*Didier Masseau*

*Vous voyez, monsieur, que Clément qui me traitait impudemment de rossignol est devenu geai; mais il ne s'est point paré des plumes du paon. Il s'est contenté de becqueter MM. de Saint-Lambert, Delille, Watelet, Marmontel, etc., etc.*
*Lettre de M. de Voltaire à un de ses confrères à l'Académie, 1772.*

## LETTRE DE M. ÉRATOU À M. CLOCPICRE, AUMÔNIER DE S.A.S. M. LE LANDGRAVE

Voir LETTRE DE M. CLOCPICRE À M. ÉRATOU.

## LETTRE D'UN BÉNÉDICTIN DE FRANCHE-COMTÉ À M. L'AVOCAT GÉNÉRAL SÉGUIER

Voir LETTRE DU RÉVÉREND PÈRE POLYCARPE.

## LETTRE D'UN ECCLÉSIASTIQUE

Voir JÉSUITES.

## LETTRE D'UN JEUNE ABBÉ

MAUPEOU • PARLEMENT •

C'est peu de chose, mais le pseudonyme est piquant: le «jeune abbé» supposé réplique à un pamphlet hostile aux réformes de Maupeou, qui

accusait les conseillers du roi d'être dans cette affaire «aveugles et corrompus» – Voltaire côté tract (février-mars 1771).

*André Magnan*

## LETTRE D'UN TURC
CONTES PHILOSOPHIQUES • INDE • MYSTIQUES • OPINION • ORIENT •

Publié en 1750 au tome IX de l'édition Walther de Dresde, rebaptisé *Bababec et les fakirs* dans l'édition de Kehl\*, ce conte a été inspiré à Voltaire par les lectures sur l'Inde ancienne auxquelles il se livra pour préparer l'*Essai\*sur les mœurs*.

Un Turc, sage musulman, est témoin à Bénarès des extravagances des fakirs : tel l'accuse d'avoir troublé sa réincarnation, tel autre de l'avoir détourné de la contemplation mystique de son nez. Chaque gymnosophiste (entendons : un philosophe hindou ascète et contemplatif) se livre à ses folies : clous plantés dans les cuisses, danse sur les mains, port de chaînes... L'un d'entre eux, Bababec, vit nu, un boulet au cou, une chaise cloutée pour unique siège. Il se veut «l'oracle des familles». Omri, l'ami du voyageur turc, qui est bon croyant, bon citoyen, bon père et bon mari, vient lui demander s'il ira au paradis («la demeure de Brama»). Apprenant qu'il ne se met jamais «des clous dans le cul», Bababec lui répond par la négative. Et Omri d'opposer avec colère l'utilité des honnêtes gens à la folie des mystiques. Il tente pourtant de guérir Bababec, qui se laisse séduire, abandonne son mysticisme et, pendant quinze jours, vit d'une manière «fort sage»; mais il finit par retourner à ses errements : il avait perdu «son crédit dans le peuple».

Voltaire critique ici toutes les formes de mysticisme, dont il dénonce la déraison et l'inutilité dangereuse. Voilà un constat dont on mesurera les limites : l'expérience mystique y est caricaturée, réduite à ce qu'elle a de plus extérieur, soupçonnée de servir des intérêts bassement matériels. Il n'en reste qu'une vision pessimiste de l'homme et du monde. Le fakir n'est pas plus fou que ceux qui l'écoutent.

*Jean Goulemot*

## LETTRE DU RÉVÉREND PÈRE POLYCARPE, PRIEUR DES BERNARDINS DE CHÉZERY, À M. L'AVOCAT GÉNÉRAL SÉGUIER
GEX • PARLEMENT • SERVAGE •

Le 23 février 1776, sur le réquisitoire d'Antoine Louis Séguier, avocat général, le Parlement de Paris condamna une brochure nouvelle intitulée

*Les Inconvénients des droits féodaux*, de Pierre François Boncerf (1745-1794) à être lacérée et brûlée. Voltaire s'enflamme et rédige cette lettre où un révérend père, partisan de la propriété d'Église et du maintien des droits féodaux, félicite chaleureusement l'avocat général de son initiative. L'ironie voltairienne y peint une Église heureuse du servage, dont elle tire profit, et se méfiant des rois défenseurs des libertés civiles ; les éloges qu'adresse le R. P. Polycarpe au discours de l'avocat général sont dès lors autant de preuves de l'injustice de ses thèses. Le texte se conclut par une défense toujours ironique de l'ordre, préférable à la justice, et par la dénonciation ingénue des parlementaires qui doivent défendre les droits féodaux puisqu'ils sont eux-mêmes propriétaires de terres seigneuriales. Cette lettre parodique appartient à l'ensemble des textes que Voltaire écrivit pour dénoncer le servage du pays de Gex. Elle fut publiée en même temps que la *Lettre d'un bénédictin de Franche-Comté à M. l'avocat général Séguier* qui défend aussi par l'absurde la thèse du maintien du servage.

*Jean Goulemot*

## *LETTRE DU SECRÉTAIRE DE M. DE VOLTAIRE AU SECRÉTAIRE DE M. LEFRANC DE POMPIGNAN*

FACÉTIES • LEFRANC DE POMPIGNAN •

Rédigée et publiée fin 1763, c'est une facétie gigogne agrémentée de mystification – on n'a pas trace, en tout cas, de la prétendue lettre à laquelle celle-ci répondrait. Chassé par son maître, le secrétaire de Lefranc de Pompignan aurait donc écrit trois fois à Voltaire en personne, pour lui demander de bonnes attestations à présenter à son futur employeur : il souhaite que M. de Voltaire certifie que ce n'est pas de lui que partaient les fuites qui ont servi à ridiculiser M. de Pompignan... Le secrétaire de M. de Voltaire lui donne, au nom de son maître, cette satisfaction, en récapitulant et les ridicules en question et les sources d'information correspondantes – essentiellement les ouvrages de M. Lefranc de Pompignan lui-même. Un post-scriptum rappelle que Pompignan, devenu le défenseur intransigeant de l'orthodoxie contre les philosophes, avait d'abord été le traducteur de la *Prière du déiste* de Pope.

Vingt ans plus tard, le dernier secrétaire de Voltaire, Wagnière\*, qui était à son service en 1763, prétendra réellement, dans ses *Mémoires*, être l'auteur de ce tour de maître – immodestie sans doute, hélas, et non raffinement d'humour.

*André Magnan*

*LETTRE ÉCRITE À M. TURGOT, CONTRÔLEUR GÉNÉRAL DES FINANCES, PAR MESSIEURS LES SYNDICS GÉNÉRAUX DU CLERGÉ, DE LA NOBLESSE ET DU TIERS ÉTAT DU PAYS DE GEX*

GEX • IMPÔTS • TURGOT •

Très court opuscule daté du 26 novembre 1774, qui porte sur le prix du sel consommé dans le pays de Gex, prix jugé excessif, et dont seraient responsables les fermiers généraux. On rappelle au passage qu'une précédente démarche, signalant cet abus fiscal, a produit un effet contraire à celui escompté. Voltaire, sur ce problème grave, s'amuse à user d'un ton respectueux et humble. Ce texte traduit la confiance que Voltaire éprouve, à cette date de novembre 1774, envers Turgot, pourtant à la veille de sa chute.

*Jean Goulemot*

## *LETTRE SUR LES INCONVÉNIENTS ATTACHÉS À LA LITTÉRATURE*

GENS DE LETTRES •

Datée de 1732, mais composée sans doute en 1740, adressée (peut-être fictivement) à un jeune homme nommé Le Fèvre qui aspirait à devenir écrivain, plusieurs fois remaniée, cette lettre constitue, en fait, un essai sur les divers écueils que tout débutant devra affronter pour se faire un nom dans la prétendue république des lettres. Le candidat médiocre est condamné à subir les rebuffades et les persécutions tenaces des critiques. Quant à l'écrivain de talent, il doit se heurter aux caprices du censeur, aux quolibets des gazettes que les goûts du public contraignent à la satire, au tribunal des comédiens s'il est dramaturge. Sa réputation établie, il devra encore courtiser ces femmes que les servitudes de l'âge portent à fonder des salons littéraires, avant de recourir au rituel archaïque pour parvenir à cette prestigieuse Académie que chacun dénigre et admire à la fois. Ce morceau piquant fut imprimé dès 1742, au tome III d'une édition des *Œuvres mêlées de M. de Voltaire* publiée à Genève.

*Didier Masseau*

## *LETTRE SUR L'ESPRIT*

Voir ESPRIT • STYLE.

## LETTRES À M. DE VOLTAIRE SUR LA NOUVELLE HÉLOÏSE OU ALOISIA DE JEAN JACQUES ROUSSEAU, CITOYEN DE GENÈVE

ATTRIBUTIONS • FACÉTIES • GOÛT • ROMAN • ROUSSEAU (JEAN JACQUES) •

En dépit de la pseudo-destination indiquée dans le titre, et de la signature « Le marquis de Ximénès » portée sous la première des quatre « lettres », cette pièce, mi-facétie, mi-satire en prose, est bien de Voltaire. Elle fut lancée de Ferney en février 1761, trois ou quatre semaines après la sortie de *La Nouvelle Héloïse*. Ximénès* alias « Chimène » était alors l'hôte de Ferney ; il aura peut-être fourni quelques traits, propos de table ou de salon, avant de prêter son nom à la critique rédigée – ce genre de mystification était alors courant. Les *Lettres sur la Nouvelle Héloïse* n'ont pas été recueillies du vivant de Voltaire. Mais d'Argental*, consulté par Decroix* en 1782, quatre ans seulement après la mort de Voltaire, en certifia l'attribution ; Beuchot* en vit plus tard un manuscrit portant des corrections autographes de Voltaire et reçut les aveux tardifs de Ximénès lui-même. La supercherie, manière de désaveu, signale surtout un moment singulier des relations avec Rousseau.

La première lettre aligne, ironiquement, des expressions « sublimes » du roman : néologismes, hyperboles, périphrases et préciosités. « Le style rebutera les gens de goût », disait Rousseau dans sa préface : les baisers « âcres » de Julie, l'adresse au « doux ami » Saint-Preux, tout ce « galimatias » de sentiment a horripilé Voltaire ; les exemples donnés ne vont d'ailleurs pas au-delà de la seconde partie, sur les six que compte le roman. Suit un résumé express – c'est la deuxième lettre –, burlesque, parfois grossier, souvent cocasse, et d'une parfaite mauvaise foi : *La Nouvelle Héloïse* ou « trois ou quatre pages de faits et environ mille de discours moraux ». Et de qui donc ? « Jamais catin ne prêcha plus, et jamais valet suborneur de filles ne fut plus philosophe. »

La troisième lettre relève les traits antifrançais du livre, et défend dignement « notre nation » – ce qui ne manque pas de sel, venant du futur inventeur des Welches* – contre les « instructions » du prétendu « roman philosophique » et contre l'utopie d'une « égalité parfaite ». La dernière lettre, de pure fiction, est une sorte de calotte* en prose : les violons de l'opéra, excédés des railleries de ce « Jean Jacques » contre la musique française, le pourchassent, le saisissent chez ces filles où Saint-Preux fut infidèle à sa Julie, et lui fouaillent le nez à coups d'archet ; le grand Rameau s'interpose à la fin pour renvoyer le pauvre homme, d'une belle tirade généreuse et méprisante, à sa petite vanité cynique : « Il vaut mieux l'ignorer que de le battre. »

Voltaire détesta donc *La Nouvelle Héloïse*, et n'en revint jamais. Incapable de lire ce grand livre – on peut l'en plaindre –, il en détesta aussi le succès,

qu'il ne comprit pas. Mais à quoi bon l'éreintement public dans le cas d'un roman, genre frivole et périssable ? Voltaire en veut à l'auteur ici bien plus qu'au livre, à l'homme Rousseau pour la première fois, à ce « Jean Jacques » qu'il amalgame à son héros : Saint-Preux a un père horloger, il est bien vu des dames, etc. Dans l'homme à paradoxes, *Timon\** visait encore le paradoxe ; ces *Lettres* répliquent à l'homme, personnellement, à cet étrange « Je vous hais » lancé par Rousseau dans sa fameuse lettre-déclaration du 17 juin 1760, agression tellement aberrante que Voltaire l'avait d'abord gardée pour lui, comme refoulée : il ne la divulgua, du moins dans le premier cercle des familiers, qu'après cette réplique justement, pour s'expliquer ou s'excuser – d'Alembert\* lui en avait fait reproche. « *Aloisia* » payait donc pour « Jean Jacques », faux frère, provocateur systématique et charlatan de vertu.

Un anonyme répondit par une *Cinquième lettre* imprimée à Genève, d'où un double arrêt du Petit Conseil (20 février), l'un condamnant cette réponse au feu, l'autre supprimant « les quatre lettres signées Ximénès ».

*André Magnan*

« – *Que pensez-vous de l'"Héloïse" ?*
– *Elle ne se lira plus dans vingt ans.* »
Martin Sherlock, Lettres d'un voyageur anglais, 1779
– *la réponse est de Voltaire, que Sherlock visita à Ferney en 1776.*

## LETTRES ANGLAISES

Voir LETTRES PHILOSOPHIQUES.

## LETTRES À S.A. MGR LE PRINCE DE \*\*\* SUR RABELAIS ET SUR D'AUTRES AUTEURS ACCUSÉS D'AVOIR MAL PARLÉ DE LA RELIGION CHRÉTIENNE
ANTICLÉRICALISME • ATHÉISME • CHRISTIANISME • RABELAIS •

Ces dix lettres fictives, supposément adressées au prince allemand Charles Guillaume Ferdinand de Brunswick-Lunebourg, lequel était assurément partisan des philosophes, parurent en 1767. Elles offrent un florilège du vaste discours subversif de Voltaire contre le christianisme et montrent l'ampleur européenne de ses sources et la diversité de ses attaques.

De Rabelais (I), au-delà des « grossières ordures », il retient « une satire sanglante du pape, de l'Église, et de tous les événements de son temps » et se plaît à interpréter dans ce sens la généalogie de Gargantua, les « litanies

du c. », les railleries sur les livres de théologie, sur l'île Sonnante et l'île des frères Fredons, etc.

Il mentionne ensuite les facéties allemandes et italiennes (II-III) qui ont pu servir de modèle à Rabelais, et dénonce les supplices révoltants, au milieu d'une horrible licence, des philosophes Giordano Bruno (1548-1600) et Giulio Cesare Vanini (1585-1619).

Puis il en vient aux Anglais (IV), distinguant l'« audace » du politicien Shaftesbury (1621-1683), les « coups plus violents » encore de Toland (1670-1722), les écarts de Locke* par rapport à la foi commune, les positions de John Collins (1624-1683), « un des plus terribles ennemis de la religion chrétienne », la « témérité » de Woolston (1669-1733), dont il rapporte, sur les miracles, des plaisanteries qu'il a souvent répétées lui-même. À propos de Warburton (1698-1779), il revient sur l'ignorance où étaient les Hébreux de l'immortalité de l'âme, et suggère avec Bolingbroke* d'épurer la religion en bannissant la théologie. Il commente au passage l'allégorique *Conte du tonneau* de Swift* (V).

Il ne s'attarde pas sur l'Allemagne (VI), mais suggère l'intérêt des positions antichrétiennes de Frédéric II et de la traduction, par d'Argens*, du *Discours de l'empereur Julien contre les chrétiens*.

En abordant les libertins français (VII), l'auteur oppose les persécuteurs fanatiques aux tranquilles philosophes leurs victimes, les Bonaventure Des Périers, Théophile de Viau, La Mothe Le Vayer. Il rend compte de l'*Analyse de la religion chrétienne* de Saint-Évremond, loue le « pur théisme » de l'abbé de Saint-Pierre*, le scepticisme de « l'immortel Bayle* », et plus modérément les libertés ingénieuses de Fontenelle*, mêlées cependant de trop de prudences. Puis il en vient à ceux qui, excédés par l'impudence des apologistes, ont poussé « l'acharnement » beaucoup plus loin : Boulainvilliers, l'historien Boulanger, le curé Meslier*, l'érudit Fréret, le grammairien Du Marsais, le médecin La Mettrie*. Le résumé des travaux qu'on leur attribue conduit à douter des évangiles et de la vérité d'une religion cause de tant de massacres. De même, la lettre « Sur les juifs » (IX) fait connaître les légendes rabbiniques dépréciant Jésus, tel le *Toldos Jeschu*, et les objections contre le Messie ou les évangiles, émises par Orobio. Enfin, prolongeant une lettre sur la campagne d'intolérances dont a souffert l'*Encyclopédie* (VIII), Voltaire clôt son recueil par Spinoza*, en rappelant sa critique de l'Ancien Testament. L'ensemble de ces lettres, véritable panorama de la libre pensée, permet à leur auteur, et de renouveler son hostilité à l'athéisme, et d'offrir de fortes cautions à ses attaques contre le christianisme.

*Marie-Hélène Cotoni*

## LETTRES CHINOISES, INDIENNES ET TARTARES À MONSIEUR PAUW, PAR UN BÉNÉDICTIN, AVEC PLUSIEURS AUTRES PIÈCES INTÉRESSANTES
CHINE • CHRISTIANISME • INDE • ORIENT • RELIGION •

Ces douze lettres de 1776 répondent à Cornelius de Pauw, qui avait fait paraître en 1772 des *Recherches philosophiques sur les Égyptiens et les Chinois*. Déguisé en père bénédictin, Voltaire reprend les points les plus controversés sur les lois, la religion, les mœurs et l'histoire de la Chine, en y ajoutant quelques lettres sur l'Inde – dont il a collecté la matière lors de son travail en faveur de Lally (*Fragments historiques*, 1773). Au départ de ces lettres, une prétendue conversation de café avec un M. Gervais, libraire à Romorantin. Le brave libraire, pressé de se défaire d'une brochure qui traîne sur sa devanture, apprend du bénédictin qu'il s'agit d'un poème de Kien-Long, empereur de Chine et de Tartarie – poème historique, révélé en 1774. C'est l'occasion pour Voltaire de reprendre, vingt ans après l'*Essai sur les mœurs*, le fil de ses anciennes réflexions sur une Chine à la fois historique – pour la critique du christianisme – et utopique – pour l'illustration du déisme naturel. Ainsi, quant à leur religion, Voltaire défend les Chinois contre l'accusation d'athéisme, tout en maintenant l'idée qu'ils ignorent la doctrine de l'immortalité de l'âme. Complétées par un système de notes moitié érudites moitié ironiques, les lettres du faux bénédictin, orientaliste amateur mais passionné – et déjà informé des traductions récentes du Shasta et des Veda – contredisent plutôt poliment les interprétations de Pauw. Celui-ci, dit-on, n'en prit point ombrage et fut même flatté de l'envoi.

*Stéphane Pujol*


## LETTRES D'ALSACE À MME DENIS

Voir ALSACE.


## LETTRES D'AMABED, ETC. (LES), TRADUITES PAR L'ABBÉ TAMPONET
CHRISTIANISME • CONTES PHILOSOPHIQUES • INDE • INQUISITION •
PHILOSOPHIE DE L'HISTOIRE (LA) •

Ce conte publié à Genève en 1769 reflète la vogue de l'indianisme en France, qu'expliquent très largement la colonisation française en Inde, le conflit qui y avait opposé Français et Anglais, le retrait français après le traité de Paris de 1763. À 75 ans, Voltaire se passionne pour l'Inde contemporaine et s'intéresse à l'Inde ancienne, en laquelle il voit une civilisation très antérieure aux fondements judaïques et gréco-latins. Il a lu avec atten-

tion l'ouvrage de Holwell sur la religion des brahmanes, *Interesting Historical Events, Relative to the Provinces of Bengal and the Empire of Indostan*, paru en 1766 et se propose de comparer religion des brahmanes et religion des chrétiens. Dans le même temps, il ambitionne de composer un ouvrage dans le genre épistolaire, à la manière de Richardson. Ce seront *Les Lettres d'Amabed*, « tableau du monde entier, depuis les rives du Gange jusqu'au Vatican ».

C'est donc un recueil des trente-quatre lettres qu'échangent Amabed, Shastasid et Adaté (d'où ce « etc. » du titre). Elles traitent de l'ancienneté de la civilisation hindoue, de ses croyances religieuses (rébellion des créatures célestes) et établissent un parallèle polémique avec la tradition biblique. Elles dénoncent la cruauté des colonisateurs, la barbarie de leurs mœurs, la pauvreté intellectuelle et morale de l'Occident, dont sont victimes les deux jeunes Indiens Adaté et Amabed lors d'un voyage à Goa, où l'Inquisition les persécute. Ils sont internés, Adaté est violée par le père jésuite Fa tutto. Envoyés à Lisbonne pour y soumettre leur plainte au vice-roi Albuquerque, ils font la connaissance, sur le bateau, de Fa molto, aumônier franciscain : belle occasion de se moquer des textes de saint Paul, des incongruités bibliques, des rites catholiques et des mœurs d'un clergé dépeint comme corrompu et incrédule. De Lisbonne, les héros se rendent à Rome où ils doivent être jugés. La ville est décrite dans sa corruption et ses mondanités : les héros y assistent à l'élection du pape et constatent la contradiction entre la religion et les mœurs des Romains. Fa tutto et Fa molto sont appelés à une brillante carrière. Adaté et Amabed sont fêtés. On ne saura rien de plus de leur voyage en Europe : le texte s'arrête sur la fiction classique d'une perte irréparable de la fin du manuscrit.

L'auteur semble avoir été très satisfait de son conte, qui n'eut pourtant guère de succès. Diderot y voyait un « rabâchage de toutes les vieilles polissonneries de Voltaire » et disait ne pas beaucoup l'aimer. Si ce conte présente un résumé complet de l'antichristianisme voltairien, si la thèse de l'universalité des fables, des croyances et des rites (de l'Inde à Israël en passant par l'Égypte) s'y trouve une fois encore développée, si Voltaire utilise à des fins satiriques et militantes les modèles du roman épistolaire et du récit de voyage, et la figure démystificatrice poussée à l'outrance du héros ingénu, on est gêné par le schématisme et l'aspect caricatural des personnages, le convenu des situations, le caractère réitératif des dénonciations. Une lointaine parenté avec *Aline et Valcour* de Sade\* ne réussit pas à donner vie à un conte où l'ironie voltairienne elle-même n'arrive pas à convaincre.

*Jean Goulemot*

## LETTRES DE MEMMIUS À CICÉRON

ÂME · ATHÉISME · DIEU · MÉTAPHYSIQUE ·

Trois «lettres», suivies d'un «traité» en vingt-deux articles, portant essentiellement sur l'existence de Dieu et sur la nature de l'âme, le tout attribué à Caius Memmius Gemellus, disciple repenti de Lucrèce et ami du cher Cicéron*, déiste et humain, auteur du *De officiis*: c'est l'une de ces grandes revues critiques de sa philosophie auxquelles Voltaire se soumit périodiquement entre son *Traité* de métaphysique* (1734-1737) et ses *Dialogues* d'Évhémère* (1777). Mais c'est la seule fois où il donna à l'examen de ses «pourquoi» la forme épistolaire.

Un exemplaire apparemment unique subsiste d'une édition séparée de 1772 ; une autre de 1771 semble attestée par des exemplaires d'hommage adressés, en octobre-novembre, à d'Alembert, Marmontel et Mme Necker. La première impression connue est celle du tome quatrième des Mélanges de la *Collection complète* in-4° de Cramer, qui parut aussi à l'automne 1771. La profession de foi en un «Grand Être intelligent et nécessaire», et les positions fondamentalement déistes sur le monde, l'homme et la morale, sont ici renouvelées et approfondies, jusque dans l'aporie du scandale du Mal: «Je l'adorerai tant que je vivrai, sans croire aucune école...» D'où inévitablement, à cette date, juste après la publication du *Système* de la nature*, une dimension crypto-polémique travaillant la fiction antiquisante : Voltaire-«Memmius» s'efforce de contredire, au moins de déconstruire les nouveaux systèmes d'athéisme et de matérialisme, avec leurs postulats incroyables de cosmogonie par «rafle de six» et de «générations fortuites», en visant le *Système de la nature* à travers le *De natura rerum*, l'auteur athée et ses partisans à travers ces «Grecs ignorants» qui croient à la formation spontanée des «rats d'Égypte», et Diderot peut-être dans ce cher «Archytas», adepte d'une genèse purement probabiliste. Les *Lettres de Memmius*, l'une des dernières méditations voltairiennes sur le sens des choses, et d'une gravité qui demeure attachante, relèvent ainsi de ce qu'on a appelé «la guerre civile philosophique».

L'ouvrage ne fit aucun bruit: on n'en connaît aucun compte rendu. La *Correspondance littéraire* avait jugé une fois pour toutes, sur son article «Dieu*» de 1770, la théologie défensive du vieux «déicole»: «Voilà des arguments d'une force terrible pour les enfants...» Voltaire relança en vain d'Alembert: «Vous n'en dites mot.» Marmontel aussi se déroba, en louant distraitement «un livre désiré depuis longtemps». La pression des «systématiques» se faisait décidément trop forte. Leur réaction se déduit d'un joli mot de Mme de Belsunce, dans une lettre écrite à Galiani au nom de Mme d'Épinay et de l'ami Grimm (22 novembre 1771): «Il paraît des

lettres philosophiques d'un monsieur en *us* à Cicéron, qu'on dit être de Monsieur de Voltaire...»

André Magnan

## LETTRES DE M. DE VOLTAIRE À MME DENIS, DE BERLIN
AUTOBIOGRAPHIE • DENIS (MME) • FRÉDÉRIC II • PRUSSE •

Le titre de «Voyage à Berlin», qui tenta, semble-t-il, les éditeurs de Kehl*, conviendrait peut-être aussi bien: sous la forme pseudo-épistolaire, c'est une relation autobiographique du séjour de 1750-1753 à la cour de Prusse, et de ses suites immédiates côté Versailles – les dernières «lettres» inscrivant d'avance la disgrâce et l'exil probables, et la retraite prochaine.

La correspondance véritable de l'hiver 1753-1754 avec Mme Denis atteste directement la genèse secrète de cet étrange ouvrage, sous le nom codé de «Paméla»: en moins de six semaines, Voltaire relut toutes les lettres qu'il avait écrites à sa nièce durant son absence de trois années – deux cents au moins, peut-être trois cents lettres, qui sont perdues – et il en tira un recueil factice de quelque quarante à cinquante vraies-fausses «lettres», qui ne verrait le jour qu'après sa mort: «vraies» lettres, puisqu'elles sont de lui, «fausses» parce qu'elles procèdent d'une réécriture et d'une réinterprétation du passé et de ses traces. Ce projet «Paméla» avait été conçu en juin 1753, au milieu des terreurs du rapt de Francfort*; il fut exécuté en Alsace, à Colmar où Voltaire s'était réfugié, dans les rancœurs et les ruminations de cette lamentable campagne de Prusse. Dès le 20 décembre, il est occupé «à rédiger, à mettre en ordre les lettres»: il prépare «un ouvrage dans le goût de Paméla, une espèce d'histoire intéressante et suivie» de son séjour à la cour de Frédéric II, «qui sera curieuse pour le dix-neuvième siècle»; le travail est déjà très avancé le 9 janvier 1754: «Une cinquantaine de lettres compose le recueil.» Le 24 janvier, Voltaire confie à sa nièce: «J'ai fini la rédaction de nos lettres.»

Mais qu'était donc devenue la «Paméla» voltairienne issue de cette réécriture-fiction des vraies lettres de Prusse? La réponse est à peine croyable: le texte s'en trouvait conservé depuis deux siècles, à peu près intact, dans la correspondance générale de Voltaire, les pseudo-lettres disséminées parmi les véritables à leurs dates fictives, et l'«histoire suivie» ainsi désassemblée – perceptible encore pourtant, dans une attention plus intense aux anachronismes, aux calculs et aux ruses de l'autofiction rétrospective. L'émouvante survie de la «Paméla *rediviva*» a pu être démontrée en 1980, et les «Lettres de M. de Voltaire à Mme Denis, de Prusse» – c'est le titre mis par Wagnière* à un manuscrit de Saint-Pétersbourg qui a gardé la

forme d'un recueil – ont été rendues à la littérature en 1989, dans le n° 25 de la revue *L'Infini*, dirigée par Philippe Sollers.
C'est bien une « histoire en lettres » du grand épisode prussien de la vie de Voltaire : un journal anecdotique, mais recomposé et réinterprété ; c'est aussi un Anti-Frédéric, le portrait d'un roi faux philosophe et vrai tyran : des « Châtiments », mais d'outre-tombe – et d'ailleurs confiés comme un « testament » à la nièce aimée. C'est encore un hommage à Mme Denis justement, à sa prescience des humaines faiblesses du divin Frédéric, à son « amitié » tellement maltraitée dans l'horrible aventure de Francfort – d'où ce nom convenu de « Paméla », tendre allusion complice au roman de Richardson sous-titré « La Vertu récompensée ». C'est enfin une liquidation des mythes ruineux de la « Frédéricie », une critique à vif du grand fantasme « despotisme éclairé » dans son incarnation prussienne. Les mots des rois restent mots de pouvoir : « *Mon ami* signifie *mon esclave...* », dit l'une des dernières « lettres ». Voltaire rejouait là sa liberté, plume contre sceptre, devant l'Histoire, ouvrant l'œuvre à venir sur des enjeux plus autonomes d'influence et d'action.

Par la faute des éditeurs de Kehl, trop prudents ou inattentifs, ces pseudo-mémoires du séjour en Prusse accèdent à peine à l'existence, après deux siècles d'effacement. C'est l'un des chefs-d'œuvre de Voltaire, aussi agréable que ses contes, aussi brillant que ses *Mémoires*\* avoués. « Je voudrais un jour revenir de l'autre monde pour en voir l'effet », écrivait-il à sa nièce en mettant la dernière main à ses étranges « lettres ».

« Naïves » comme il les fit à plaisir, elles auront délicieusement trompé, par leur « effet » immédiat de vécu, comme on dit, et bien au-delà du « dix-neuvième siècle », les biographes et les commentateurs, et les auteurs de manuels et de morceaux choisis : c'est la diatribe de « l'écorce d'orange », la litanie des « mais », le « petit dictionnaire à l'usage des rois »... Au moins l'épreuve est-elle faite, et plus exemplaire peut-être que dans le cas de cet autre mixte que sont les *Confessions* de Rousseau, des fascinations de l'écriture épistolaire dans la pratique autobiographique.

*André Magnan*

*Comme je n'ai pas dans ce monde-ci cent cinquante mille moustaches à mon service, je ne prétend point du tout faire la guerre, je ne songe qu'à déserter honnêtement, à prendre soin de ma santé, à vous revoir, à oublier ce rêve de trois années.*
*Je vois bien qu'on a pressé l'orange, il faut penser à sauver l'écorce. Je vais me faire pour mon instruction un petit dictionnaire à l'usage des rois. « Mon ami » signifie « mon esclave ». « Mon cher ami » veut dire « vous m'êtes plus qu'indifférent ». Entendez par « je vous rendrai heureux », « je vous souffrirai tant que j'aurai besoin de vous ». « Soupez avec moi ce soir » signifie « je me*

moquerai de vous ce soir ». *Le dictionnaire peut être long. C'est un article à mettre dans l'« Encyclopédie ». Sérieusement, cela serre le cœur. Tout ce que j'ai vu est-il possible ?*
*Lettres de M. de Voltaire à Mme Denis.*

## LETTRES D'UN QUAKER À JEAN GEORGE LEFRANC DE POMPIGNAN, ÉVÊQUE DU PUY EN VELAY, ETC., ETC., DIGNE FRÈRE DE SIMON LEFRANC DE POMPIGNAN

Reprenant la veine de son *Instruction\* pastorale de l'humble évêque d'Alétopolis*, et sur le même enjeu de défense des philosophes, attaqués comme des « incrédules modernes » par le frère de Jean Jacques Lefranc de Pompignan\* (rebaptisé Simon!), Voltaire écrivit coup sur coup (1763 et 1764) deux prétendues « Lettres » de « correction fraternelle » à l'adresse de l'évêque du Puy, mais rédigées burlesquement – non sans lourdeur parfois – dans l'esprit et le style des quakers\*. Charitable, mais colérique, avec toute la rudesse d'un marchand de tabac du Maryland, mais tout le savoir aussi d'un commentateur de la Bible, ce Quaker voltairien tutoie son « Ami Jean George [*sic*] », et le renvoie vertement des philosophes modernes, qu'il n'a pas bien lus, au Pentateuque et aux Évangiles, qu'il devrait mieux lire.

*André Magnan*

## LETTRES ÉCRITES DE LONDRES SUR LES ANGLAIS ET AUTRES SUJETS

Voir LETTRES PHILOSOPHIQUES.

## LETTRES PHILOSOPHIQUES

ANGLAIS · ANGLETERRE · CENSURE · GOÛT · LIBERTÉ · PASCAL · PHILOSOPHIE · POLITIQUE · SCIENCES · SHAKESPEARE ·

C'est l'œuvre des 40 ans (1734), terme d'une maturation profonde qui pour la première fois s'ouvrait aux ambitions de la Philosophie. Cette vocation nouvelle, aussitôt contrariée, réprimée, interdite, Voltaire devait attendre encore trente ans pour lui donner son libre épanouissement, dans le *Dictionnaire philosophique* (1764). Rousseau (né en 1712) et Diderot (né en 1713) ont rencontré à leurs débuts les *Lettres philosophiques*. Les *Confessions* racontent le choc de la première lecture, excitant le désir d'écrire, et déjà le goût de « l'étude »; et Diderot, qui commence avec des *Pensées philosophiques* (1746), y salue aussi le maître, modèle d'ironie

contre le noir Pascal. Condorcet, lui, n'était pas né en 1734, mais il s'associe curieusement, en 1789, au souvenir de l'événement: «Cet ouvrage fut parmi nous l'époque d'une révolution» (*Vie de Voltaire*, 1790).
Voltaire en avait porté six ou sept ans le projet – on a peine à le croire en lisant l'œuvre terminée, dans l'impression de sa facilité. L'idée remonte au tout début de son séjour en Angleterre. Dès 1726-1727, il notait dans ses Carnets* ses observations sur le pays, en anglais, avec des anecdotes et des citations utiles. Sans doute avait-il en tête un classique récit de voyage, d'où la forme épistolaire, qu'il gardera; mais d'emblée l'anglophilie et la philosophie sont mêlées: une lettre à Thiriot de 1726 évoque « the character of this strange nation», en la louant aussi comme «a nation of philosophers». À Londres même, en 1727-1728, Voltaire esquisse, directement en anglais, un premier reportage dans cet esprit, d'où sortiront les étonnantes *Letters* concerning the English Nation*.
D'autres projets l'occupèrent au retour en France: c'est l'époque féconde de *Brutus* et de *Zaïre*, de l'*Histoire de Charles XII* et du *Temple du Goût*. Le dossier des «lettres anglaises» ne fut repris qu'en 1732, dans le sentiment plus aiguisé d'un blocage, d'un retard historique de la société française. Voltaire y ajoute alors l'éloge de la modernité scientifique anglaise et même *in extremis* (juin 1733) une lettre annexe «Sur les *Pensées* de M. Pascal», qui blâme en France l'archaïsme de pesanteurs contraires, d'esprit théologique ou religieux. Sorti en mars et avril 1734, en double lancement anglais et français, le livre fut condamné sur requête royale, le 10 juin, par un arrêt du Parlement de Paris qui le déclarait «contraire à la Religion, aux bonnes mœurs et au respect dû aux Puissances».
L'édition de Londres, achevée d'imprimer en septembre 1733, n'a que vingt-quatre lettres et s'intitule encore *Lettres écrites de Londres sur les Anglais et autres sujets*. L'édition imprimée à Rouen par Jore*, augmentée du tardif «Anti-Pascal», parut en avril 1734 sous le titre définitif de *Lettres philosophiques*. La première indiquait «Bâle» au lieu de Londres, la seconde «Amsterdam» au lieu de Rouen – inutile effort de brouillage des pistes. L'auteur fut mécontent de lire sur les deux pages de titre, au lieu du parfait anonymat qu'il avait exigé: «Par M. de V.» – utile exploitation d'une initiale déjà réputée.
C'était donc un tableau de l'Angleterre contemporaine, mais disposé en biais, en beau, pour faire dire aux lecteurs français ce que dit l'auteur lui-même: «En vérité, nous sommes d'étranges gens» – vérité au-delà de la Manche, erreur en deçà. À la base, selon l'attente, l'enquête est d'abord religieuse ($I^{re}$ à $VII^e$ lettre). Les fameux quakers* ont la vedette, leur évolution exemplaire les ayant conduits de la secte superstitieuse à l'humanisme déiste, de Fox à Penn et à sa Pennsylvanie*. Mais la même loi d'État s'impose également à toutes les confessions, anglicans compris: toutes sont

tolérées, donc tolérantes. Une séquence politique vante ensuite (VIII$^e$ à XI$^e$ lettre) la balance des pouvoirs, la société plus libérale, les rangs mieux ménagés, la prospérité mieux partagée ; la défense de l'inoculation\* (XI$^e$ lettre) vient réunir tous les grands enjeux progressistes : la liberté, l'utilité, le savoir, la valeur propre de la vie humaine. Suit le palmarès des savants : Bacon\* «le père de la philosophie expérimentale» (XII$^e$ lettre), le «sage» Locke\* analyste de la faculté de connaissance (XIII$^e$ lettre), et Newton\* surtout, véritable «esprit créateur», plus libre aussi dans ses diverses recherches que n'avait pu l'être le grand Descartes (XIV$^e$ à XVII$^e$ lettre). La dernière séquence (XVIII$^e$ à XXIV$^e$ lettre) porte sur les écrivains anglais, dont le célèbre Shakespeare, plein de «sublime» et dénué de «bon goût», et plus généralement sur la culture, ses institutions, ses usages, et l'ouverture que permet aux Anglais «la forme de leur gouvernement» : «En Angleterre communément on pense» – et le mérite intellectuel y est dès lors essentiel et reconnu.

Excursus apparemment décroché, l'«Anti-Pascal» (XXV$^e$ lettre) donne en fait au recueil son assise profonde, en opposant au «misanthrope sublime», point par point, une certaine idée de l'homme, de ses pouvoirs, de ses vocations, de son devenir – dont l'*homo anglicus* est justement le prototype. À l'obsession de la chute et du salut, Voltaire oppose l'instinct du bonheur, à la solitude ontologique les solidarités terrestres, aux contemplations mystiques la présence au monde et l'expérience d'autrui. Une théologie de l'immanence, évidemment hérétique, est ici à l'œuvre, dont se lestera toujours, du discours aux actes, le déisme voltairien. Car si Dieu cautionne la nature humaine, il soutient aussi le devenir des hommes, le développement des savoirs, le perfectionnement du lien social : c'est tout le champ de la «philosophie» annoncée au titre du petit livre. À la limite, l'Angleterre et Pascal ne sont plus ici que des références contingentes, dans une opération de plus longue histoire : le découplage du politique et du sacré.

Ces «lettres» sont supposées écrites à un ami, fiction discrète qui permet une prudente discontinuité, une apparence d'improvisation. L'œuvre est en réalité minutieusement écrite, d'un tour vif et bref, d'un style brillant, plein de mots, de formules, presque de slogans. Un pamphlet janséniste de 1734, qui réplique à chaud à ces «lettres diaboliques», damne surtout «la verve frénétique» de l'auteur : il décide de tout, il a l'air d'un fou. À l'étourdie, mais au fond très sérieusement, c'était bien une sorte de *manifeste* – pour un nouvel ordre humain.

Le scandale fut immédiat, la sanction brutale. Le 10 juin 1734 au matin, l'ouvrage fut «lacéré et brûlé» au pied du grand escalier du Palais de justice. Des enquêtes étaient ordonnées, selon l'usage. L'éditeur Jore fut jeté en prison, puis interdit, l'auteur décrété d'arrestation : la période de Cirey\*, comme éloignement et refuge, répond à cet arrêt. Le scandale

diminuant, la capitale fut rouverte à «M. de V.», dès mars 1735, et la cour ensuite après quelques années: Voltaire goûtera encore à la vie du courtisan*. Mais l'arrêt du Parlement restait exécutoire, et la vocation «philosophique» affirmée. Dans les guerres de plume à venir, quand un ennemi appelle Voltaire «l'auteur des Lettres philosophiques», la périphrase vaut dénonciation. L'ouvrage fut d'ailleurs aussi condamné à Rome (1752). Livre interdit, livre culte, la destinée des Lettres philosophiques tient ensuite à l'histoire politique de la France. Après quatre ou cinq années de réimpressions pirates, à haut risque, mais de bonne vente – quelque vingt mille exemplaires au total –, le titre disparaît, l'œuvre est abolie, illisible comme telle. Mais le texte survit autrement tout au long du siècle, par un adroit camouflage dont Voltaire lui-même donne le modèle en 1739 : il fragmente l'ouvrage prohibé, il le dissémine dans plusieurs volumes de ses Mélanges, et plus tard dans ses *Questions* sur l'Encyclopédie*, mais il amplifie aussi tel ou tel fragment, développe une ancienne «lettre» découpée – l'œuvre impie est devenue pieuvre.

Les éditeurs de Kehl*, qui osèrent beaucoup, ne purent faire mieux ici que Voltaire lui-même: dès 1781, un violent pamphlet d'origine parlementaire les avait menacés des effets de la «flétrissure» de 1734. C'est Beuchot* qui tenta le premier, en 1818, de retrouver la cohérence de l'œuvre perdue; mais il prit pour base l'édition de Londres, laissant à part l'«Anti-Pascal»: ce ne sont encore que les *Lettres anglaises* – et l'édition Moland* n'avait toujours que ces vingt-quatre lettres. Mais enfin Lanson* vint, qui rétablit la complexité définitive des *Lettres philosophiques*, dans une édition canonique hérissée d'érudition (1909): l'histoire nationale venait d'entrer dans la voie d'une certaine «philosophie» politique où Voltaire semblait avoir eu part, et pour cette III$^e$ République anticléricale, le vieux livre scandaleux, promu nouveau classique, redevenait au loin «la première bombe lancée contre l'Ancien Régime».

*André Magnan*

*Il a été un temps en France où les beaux-arts étaient cultivés par les premiers de l'État. Les courtisans surtout s'en mêlaient, malgré la dissipation, le goût des riens, la passion pour l'intrigue, toutes divinités du pays.*
*Il me paraît qu'on est actuellement à la cour dans tout un autre goût que celui des lettres, peut-être dans peu de temps la mode de penser reviendra-t-elle; un roi n'a qu'à vouloir: on fait de cette nation-ci tout ce qu'on veut. En Angleterre communément on pense, et les lettres y sont plus en honneur qu'en France. Cet avantage est une suite nécessaire de la forme de leur gouvernement. Il y a à Londres environ huit cents personnes qui ont le droit de parler en public, et de soutenir les intérêts de la nation; environ cinq ou six mille prétendent au même honneur à leur tour, tout le reste s'érige en juge de ceux-ci, et chacun peut faire*

imprimer ce qu'il pense sur les affaires publiques; ainsi toute la nation est dans la nécessité de s'instruire.

*Lettres philosophiques, 1734, XX<sup>e</sup> lettre, « Sur les seigneurs qui cultivent les lettres ».*

## LETTRES SUR LES MIRACLES

Publiées une à une au nombre de seize, sous divers pseudonymes, tout au long de l'année 1765, puis réunies dans la *Collection des lettres sur les miracles* (Genève, 1765, vingt lettres), ce sont les *Questions\* sur les miracles* (1767) – titre définitif.

André Magnan

## LETTRES SUR ŒDIPE
ANCIENS · CORNEILLE · GOÛT · ŒDIPE · POÉSIE · RIME · TRAGÉDIES ·

Après le grand succès d'*Œdipe*, Arouet, qui devient alors Voltaire, apparaît comme le « digne successeur de Corneille et de Racine ». Mais ce triomphe doit être justifié : à 24 ans, le jeune auteur va se poser en magister. En 1719, l'édition de la pièce est suivie de six « Lettres écrites par l'auteur, qui contiennent la critique de l'*Œdipe* de Sophocle, de celui de Corneille et du sien ». Il sera ainsi prouvé que l'héritier des grands dramaturges leur est supérieur.

Attiré par le théâtre grec, Voltaire n'en marque pas moins la distance qui sépare Sophocle des auteurs du XVII<sup>e</sup> siècle. Il adopte à son égard la formule qu'il appliquait souvent à Shakespeare : « Les fautes des Anciens sont sur le compte de leur siècle, leurs beautés n'appartiennent qu'à eux. » Peu sensible à la grandeur simple de Sophocle, il note les maladresses, les contradictions, les « absurdités », les invraisemblances dans la conduite de la pièce, jugeant un modèle ancien selon des normes modernes. Au reste, il avoue sa préférence pour Euripide, où Racine a puisé. Il reconnaît enfin que le sujet, qui ne fournit que quelques scènes, est ingrat. Placé devant la même difficulté, Corneille a voulu quant à lui étoffer sa tragédie en inventant l'épisode romanesque des amours de Thésée et de Dircé, fille d'Œdipe, autour duquel il brode ses galanteries habituelles : tandis que la peste se déchaîne, on parle de mariage ! Il y a pis : jamais le père de notre théâtre « n'a fait de vers si faibles ». Après quoi, Voltaire se pique de reconnaître ses propres fautes. Le rôle de Philoctète, qui contribue à remplir trois actes, est mal rattaché à l'action. Mais comment faire avec ce diable de sujet? L'introduction de l'amour? un « défaut nécessaire » : il faut bien donner

« des passions aux personnages principaux ». Quelques invraisemblances, quelques emprunts, mais pardonnables. Voltaire termine enfin par la justification du chœur : le sujet met en jeu « le salut de tout un peuple ». L'autocritique a vite tourné à l'apologie ; et l'auteur répond alors très pertinemment aux reproches touchant ses rimes pauvres : la recherche de la rime riche l'aurait conduit nécessairement à l'impropriété des mots ; et il préférera toujours « les choses aux mots, et la pensée à la rime ».

D'emblée, dès son premier essai, devenu coup de maître, Voltaire s'affirme et comme auteur, et comme critique désormais autorisé par le succès à juger ses rivaux, morts ou vivants, ainsi qu'à enseigner l'art difficile de la scène.

*Henri Lagrave*

## LIBERTÉ

CENSURE • DESPOTISME • *PENSÉES SUR LE GOUVERNEMENT* • SERVAGE •

Ce n'est pas un maître mot du vocabulaire voltairien au même titre que tolérance* ou justice*. Voltaire ne considère pas l'exercice de la liberté politique comme un droit fondamental de l'homme. Il ne pose pas non plus la liberté comme la finalité primordiale d'un gouvernement selon ses vœux. Et pourtant, son analyse du système politique anglais, dès les *Lettres\* philosophiques* (1734), insiste sur la liberté conquise par le peuple anglais au prix de luttes sanglantes, et maintenue par un gouvernement qui limite le pouvoir royal et les ambitions des grands. C'est la présence d'une liberté politique qui lui permet aussi de rendre compte du gouvernement hollandais. Mais ce n'est pas l'absence ou la présence de la liberté politique qui lui sert à valoriser les gouvernements européens. Son apologie du règne de Louis XIV ne l'empêche pas de reconnaître le peu de cas qu'il faisait de la liberté de ses sujets. Dans son jugement sur l'œuvre de Pierre le Grand, sur la politique de Frédéric II, il ne tient aucun compte de la liberté confisquée par ces gouvernants autoritaires. Voltaire ne prétend même pas que c'est là le prix à payer à l'effort de civilisation et au progrès. C'est dire le peu d'intérêt que Voltaire attache à la liberté politique, quand bien même il refuse la tyrannie* ou dénonce l'esclavage*. Car l'affirmation d'une liberté naturelle des individus ne le conduit pas à revendiquer une liberté politique jugée nécessaire au bonheur. On ne peut pourtant oublier qu'il a lutté pour obtenir la liberté des serfs du pays de Gex*. Ce qui, à ses yeux, n'était nullement contradictoire. Voltaire, enfin, a été partisan du libéralisme économique, il a défendu la libre circulation des grains, le libre-échangisme et la liberté du commerce*, fondement elle-même de la liberté politique.

Il en est tout autrement de la liberté de penser, que Voltaire n'a cessé de proclamer comme un droit de l'individu. On aura compris le sens à donner à cette liberté : liberté de penser contre la religion officielle, liberté d'imprimer et de diffuser. Il s'en est pris sur tous les modes à la censure : utilisant les plus habiles détours, déléguant à d'obscurs muftis les prohibitions imposées par la censure ecclésiastique (*De\* l'horrible danger de la lecture*, 1765) ; attaquant sans relâche la censure, dont il n'a cessé d'être victime, comme le prouvent les mises à l'Index, les condamnations par la Sorbonne, le *Dictionnaire\* philosophique* brûlé sur le bûcher même qui consume le cadavre du chevalier de La Barre\*. Du droit à penser librement, pour ceux qui ont la capacité de penser, se déduit la condamnation de l'Inquisition\*. C'est d'ailleurs cette dernière qui est au cœur de l'article «Liberté de penser» dans le *Dictionnaire philosophique*. L'Ingénu, comme nombre de héros des contes, perdra sa liberté à la suite d'une dénonciation des jésuites. L'épisode est récurrent, comme la dénonciation de l'Inquisition dans *Les Lettres\* d'Amabed*, l'*Histoire\* des voyages de Scarmentado*, etc. Hors de l'Église catholique et de l'Inquisition, il ne semble pas y avoir d'institution liberticide. Ce qui tendrait à démontrer que la liberté de penser, chez Voltaire, se confond en partie avec la tolérance.

Existe-t-il, d'autre part, une liberté ontologique de l'homme ? Peut-on parler de liberté naturelle alors que règnent les passions ? Quelle part de liberté subsiste dans le déterminisme humain ? Quelle place est faite à la liberté dans le débat sur l'optimisme wolffien ? Ces questions semblent avoir préoccupé Voltaire, bien au-delà des doutes liés au désastre de Lisbonne et à la discussion sur la Providence. Ainsi en trouvera-t-on des échos et dans les *Discours en vers sur l'homme* (1738-1742, $III^e$ discours, «De la liberté») et dans le chapitre VII du *Traité de métaphysique* (1734-1737). Dans les *Discours*, Voltaire, s'inspirant de Locke, définit l'homme comme un être libre, d'une liberté voulue par Dieu, qui le rend maître de ses actions, tout en se demandant comment concilier cette liberté avec la faiblesse humaine. Dans le *Traité*, Voltaire propose une morale du sage qui pose la liberté comme «le pouvoir d'agir» : «La liberté donnée de Dieu à l'homme est le pouvoir faible, limité, et passager, de s'appliquer à quelques pensées, et d'opérer certains mouvements. La liberté des enfants qui ne réfléchissent point encore et des animaux qui ne réfléchissent jamais consiste à vouloir et à opérer des mouvements seulement» (*Traité de métaphysique*, chap. VII, «Si l'homme est libre»). Une telle réflexion permet d'évaluer ce que Voltaire doit à Descartes\* et à Malebranche\*, sans oublier que sa métaphysique\*, faite d'observations et de bon sens, cherche à pacifier et non à convaincre ou à exclure.

*Jean Goulemot*

*On pourrait beaucoup plus aisément subjuguer l'univers par les armes que subjuguer tous les esprits d'une seule ville.*
*Traité sur la tolérance, 1763, chap. XXI.*

*Ma liberté consiste à marcher quand je veux marcher et que je n'ai point la goutte.*
*Le Philosophe ignorant, 1766, XIII$^e$ doute.*

*Dans une République digne de ce nom, la liberté de publier ses pensées est le droit naturel du citoyen.*
*Idées républicaines, 1769.*

*À Gênes, on voit le mot « libertas » écrit sur les fers des galériens.*
*Carnets.*

## LIGNE, Charles Joseph, prince de

FERNEY •

Ce seigneur libertin et cosmopolite (1735-1814) fut, dès l'enfance, un fervent voltairien. Il le devint plus encore après sa visite à Ferney en 1763. Pour le prince de Ligne, Voltaire est le grand législateur du goût en France et, sans conteste, le meilleur écrivain dans tous les genres. Comme beaucoup de ses contemporains, il l'estime, comme dramaturge, égal ou supérieur à Corneille ou à Racine. Il appartient à ces élites qui commencent à entretenir le culte de Voltaire. Ne lui écrit-il pas en 1766 : « Je suis entouré de tous vos portraits, médailles, découpures ; je retiens tout » ! Sacrifiant à la mode du jour, le prince ne manque pas de prévoir dans l'aménagement de son parc à Belœil, la statue du « divin Voltaire ».

Il est amusant de constater que le prince de Ligne soutiendra toujours que le patriarche de Ferney était un faux impie, et que les brûlots qu'il lançait dans l'arène publique ne répondaient qu'au besoin de se distinguer, au plaisir de braver les censeurs, et au souci permanent de rire et de faire rire. En somme, Voltaire se serait borné à cultiver une liberté d'esprit que le prince revendiquait aussi pour lui-même ! On a recueilli une douzaine de lettres échangées entre les deux hommes entre 1763 et 1778.

*Didier Masseau*

*Il était mécontent alors du Parlement, et quand il rencontrait son âne à la porte du jardin : « Passez, je vous prie, monsieur le premier président », disait-il. Ses méprises par vivacité étaient fréquentes et plaisantes. Il prit un accordeur de clavecin de sa nièce pour son cordonnier ; et après quantité de méprises, lorsque cela s'éclaircit : « Ah ! mon Dieu, monsieur ! un homme à talents... ! Je vous mettais à mes pieds, c'est moi qui suis aux vôtres. »*

*[...] Il était toujours en souliers gris, bas gris de fer, roulés, grande veste de basin, longue jusqu'aux genoux, grande et longue perruque, et petit bonnet de velours noir. Le dimanche, il mettait quelquefois un bel habit mordoré uni, veste et culotte de même, mais la veste à grandes basques, et galonnées en or, à la Bourgogne, galons festonnés et à lame, avec de grandes manchettes à dentelles jusqu'au bout des doigts : « Car avec cela, disait-il, on a l'air noble. »*
*M. de Voltaire était bon pour tous ses alentours, et les faisait rire. Il embellissait tout ce qu'il voyait et tout ce qu'il entendait. Il fit des questions à un officier de mon régiment, qu'il trouva sublime dans ses réponses. « De quelle religion êtes-vous, monsieur? lui demanda-t-il. – Mes parents m'ont fait élever dans la religion catholique. – Grande réponse, dit M. de Voltaire : il ne dit pas qu'il le soit. »*
*Tout cela paraît ridicule à rapporter, et fait pour le rendre ridicule ; mais il fallait le voir, animé par sa belle et brillante imagination, distribuant, jetant l'esprit, la saillie à pleines mains, en prêtant à tout le monde ; porté à voir et à croire le beau et le bien, abondant dans son sens, y faisant abonder les autres ; rapportant tout à ce qu'il écrivait, à ce qu'il pensait ; faisant parler et penser ceux qui en étaient capables ; donnant des secours à tous les malheureux, bâtissant pour de pauvres familles, et bonhomme dans la sienne ; bonhomme dans son village, bonhomme et grand homme tout à la fois : réunion sans laquelle l'on n'est jamais complètement ni l'un ni l'autre ; car le génie donne plus d'étendue à la bonté, et la bonté plus de naturel au génie.*
    *Prince de Ligne, Mémoires et mélanges historiques et littéraires, 1827-1829,*
                            *« Mon Séjour chez M. de Voltaire ».*

## *LIGUE (LA)*

Voir HENRIADE (LA).

## LILLE

La grande ville fortifiée de la Flandre française était au XVIII$^e$ siècle un centre de négoce et de banque important. Voltaire y séjourna plusieurs fois, en allant ou en revenant de Bruxelles\* ; il descendait alors dans une des belles maisons flamandes de la rue Royale, où habitaient ses neveux Denis\*. À Lille, Voltaire fréquenta une société brillante et mêlée, d'officiers en poste ou de passage, d'abbés élégants, de riches parlementaires. Il y rencontra des hommes cultivés et éclairés : l'abbé de Valori, prévôt du chapitre, frère du représentant de France en Prusse, et le libraire imprimeur Panckoucke\* dont le fils deviendra trente ans plus tard, aidé par

Decroix*, autre Lillois, l'un des réalisateurs de la fameuse édition de Kehl*. Voltaire y retrouva aussi en 1740 La Noue, un comédien de talent, qu'il avait connu à Rouen, et qui s'offrit à monter *Mahomet**. Redoutant les cabales de Paris, Voltaire avait décidé de donner sa nouvelle tragédie en avant-première à Lille. La représentation eut lieu le 25 avril 1741, devant une assistance choisie. Accompagné de Mme du Châtelet, l'auteur fut si chaleureusement accueilli « qu'on n'a pu refuser, écrit-il, quatre représentations à la ville ». « C'est une chose singulière, ajoute-t-il, qu'une nouvelle pièce soit jouée en province. » En revenant de Prusse, en 1743, il s'arrêta de nouveau à Lille, qu'il trouva, mot flatteur, « dans le goût de Berlin ». Et dans *Le Siècle* de Louis XIV*, en historien, il a salué Lille, « née pour le plaisir et pour la guerre ».

Anne Soprani

## LISTES

CARNETS •

Il y a chez Voltaire un plaisir de la liste, parent du goût des calculs*. Il aime inventorier, énumérer, rapprocher des éléments dans l'espace et le temps. Vieux souvenir peut-être des *item* de M$^e$ Arouet le notaire. Pratique de collège aussi, tôt apprise – les jésuites rompaient à cette gymnastique, aux recueils d'exemples et de citations. Voltaire resta toute sa vie cet étudiant curieux et fureteur, toujours capable d'ajouter quelque imprévu, un nouveau cas, une analogie inédite, à ses ressassements les plus rodés. Historien, il dresse des listes – le « Catalogue* » du *Siècle de Louis XV* est la plus célèbre. Critique des religions, il établit des « parallèles » de mythologies, de fables, de croyances. Conteur, il fait défiler les usages, les costumes, les mets et les vins. À sa *Pucelle*, il ajoute des notes savantes pour varier, selon les pays et les cultures, tel détail piquant ou scabreux. Les Carnets surtout attestent l'étendue de cette manie sérielle, avec leurs listes de rois assassinés, d'étymologies vicieuses, de mesures et de monnaies, d'inventions et de découvertes, de rimes rares, d'images étranges. Même en métaphysique, Voltaire a toujours multiplié ses questions et ses doutes, pour mieux sentir la force de deux ou trois convictions sûres. Il aligne ainsi, dans un article spécial des *Questions sur l'Encyclopédie*, intitulé « Pourquoi », vingt-neuf questions insolubles, et rêve un autre jour une liste plus infaisable encore, et pour cause : « Je ferais un trop gros livre si je voulais détailler tout ce que je n'ai jamais pu comprendre » (*Les Singularités de la nature*, 1768, chap. XXXV).

André Magnan

# L

*Antiquités sous Auguste.*
*À Rome, plus de cent mille statues.*
*700 temples, 700 palais, 20 basiliques, 29 bibliothèques publiques.*
*90 colosses, 6 grands obélisques, 42 de plus de 70 pieds.*
*105 fontaines, 1 300 bassins d'eau publique, 32 bois sacrés, 118 bains publics.*
*Le forum Trajanum supérieur à tout cela.*
                                                            *Carnets.*

## LIVRY, Suzanne Catherine Gravet de Corsembleu de
ACTEUR • AMOUR •

Après avoir aimé Pimpette*, Voltaire aima «la petite Livry» (1694-1778). Il l'avait rencontrée sans doute en 1716 à Sully-sur-Loire*, où son oncle était procureur général du duché. Il l'appelle «Philis» ou «Julie»; elle a «un sein d'albâtre» et «de beaux yeux». Elle était volage aussi, elle le trompa avec son ami Génonville* durant son séjour à la Bastille*. En hommage à toutes ses grâces, Voltaire lui offrit, dit-on, son portrait peint par Largillière*. Mlle de Livry voulait être comédienne, il lui donna des leçons de déclamation. Elle débuta à la Comédie-Française en avril 1719; elle jouait Jocaste dans *Œdipe**, mais ne réussit guère. Elle fut «relevée» sans pension en 1722 et s'embarqua avec d'autres acteurs pour l'Angleterre. C'est là qu'elle trouva un mari, et son sort en fut changé: un marquis de Gouvernet l'épousa. Belle marquise installée à Paris dans les lambris de son hôtel, elle avait «un Suisse aux cheveux blancs», qui un jour refusa son entrée à Voltaire. Amusé, le poète lui adresse alors l'une de ses plus jolies épîtres, *Les Vous* et les tu*! Ils se revirent en 1778, l'année de leur mort. Dans l'émotion des retrouvailles, Mme de Gouvernet offrit au frêle octogénaire une réplique du fameux Largillière du temps de leurs amours – dont Voltaire fit présent, dit-on, à la marquise de Villette, surnommée «Belle* et Bonne».

                                                        *Anne Soprani*

## LOCKE, John
ÂME • ANGLETERRE • DESCARTES • EXPÉRIENCE • MATIÈRE • MÉTAPHYSIQUE • PHILOSOPHIE • RAISON • SYSTÈME •

*C'est le seul métaphysicien raisonnable que je connaisse.*
                                            *À Thiriot, 3 octobre 1758.*

«Le seul métaphysicien raisonnable», c'est aussi mot pour mot la formule des *Mémoires*, vers la même date, quand Voltaire évoque ses anciennes

*Lettres\* philosophiques* (1734), sa profonde affinité de pensée, trop clairement avouée, avec la philosophie de Locke, et la colère inévitable des « docteurs » de la vieille scolastique : « Lorsque j'eus loué Locke, on cria contre lui et contre moi. » Dix fois dans sa vie, Voltaire s'est remis à la métaphysique, et ce fut chaque fois, comme il l'écrit dans *Le Philosophe\* ignorant* (1766), pour revenir vers Locke « comme l'enfant prodigue qui retourne chez son père ». Très marquée sur tout le mouvement des Lumières, l'influence du « métaphysicien raisonnable » Locke (1632-1704) fut particulièrement forte sur lui.

Voltaire a découvert au plus tard en 1724 l'*Essai sur l'entendement humain* (1690), cette bible de l'empirisme, genèse naturelle des idées et des connaissances humaines : à cette date, dans une belle lettre de direction intellectuelle, Bolingbroke\* lui en conseille la lecture. En 1726, en Angleterre, sans doute directement en anglais, il a lu *Le Christianisme raisonnable* (1695), dont il ne reparlera guère. En revanche, il ne cite jamais le *Traité du gouvernement civil* (1690), qu'il a pourtant dû connaître ; et s'il note bien, dans le *Traité sur la tolérance*, que « le sage Locke » fut le législateur de la reine Caroline, il ne mentionne nulle part sa *Lettre sur la tolérance* (1689). Pour l'essentiel, le Locke de Voltaire est donc celui de l'*Essay concerning the Human Understanding*, qu'il possède dans sa bibliothèque\* et en original et dans la traduction classique de Coste. Il n'a presque rien à y redire : la démarche est « un peu lente », l'ouvrage parfois « diffus » – reproches faits en passant, dans des lettres. L'éloge est partout, et le plus beau où on ne l'attendait pas, dans *Le Siècle de Louis XIV* : « Locke seul a développé *l'entendement humain*, dans un livre où il n'y a que des vérités ; et ce qui rend l'ouvrage parfait, toutes ces vérités sont claires » (chap. XXXIV).

« Claire » par exemple cette « vérité » d'expérience, rappelée par Voltaire d'opuscule en opuscule, qu'il n'y a d'autre « liberté » que « la puissance de faire ce qu'on veut ». En fait, cette clarté n'est pas celle du texte de Locke, c'est Voltaire qui l'y met, en reformulant les idées de Locke le plus clairement possible. Il le lit et le relit sans cesse, l'invoque à tout propos, mais sans entrer dans l'exposé suivi de sa philosophie, ni même renvoyer au texte : il s'est comme assimilé l'ouvrage et surtout la démarche pour sa métaphysique personnelle, interrogeant par la réflexion et l'introspection, comme faisait Locke, sa propre conscience de soi, et arrangeant les idées communes de la manière qui lui convient le mieux. Il l'avoue naïvement dans une lettre à l'abbé d'Olivet : il est « quelqu'un qui a lu Locke, ou plutôt qui est son Locke à soi-même » (12 février 1736).

Le texte capital est ici le XIII$^e$ des *Lettres philosophiques*, qui traite de « la petite bagatelle de l'immatérialité de l'âme ». Voltaire y fait l'éloge de Locke et de sa méthode d'analyse de « la raison humaine » : Locke n'affirme rien

« tout d'un coup » – entendons qu'il écarte l'autre « vérité », celle de la Révélation expliquée par la foi –, mais « il examine par degrés ce que nous voulons connaître », il étudie chez l'enfant même « les progrès de son entendement », « il consulte surtout son propre témoignage, la conscience de sa pensée ». Suit un résumé de quelques-unes de ses positions : il n'y a pas d'idées innées, mais « toutes nos idées nous viennent par les sens », puis nous associons et combinons les idées simples en idées complexes ; toutes les langues sont imparfaites, et l'homme abuse souvent des mots ou se laisse penser par eux. Mais surtout, Locke « ose avancer modestement ces paroles : *Nous ne serons peut-être jamais capables de connaître si un être purement matériel pense ou non.* » Voltaire va défendre et défendra toujours ce doute modeste, il « ose » à son tour « parler après M. Locke » pour soutenir, non que la matière pense, mais qu'il est pensable qu'elle peut penser, et le droit dès lors de le penser et de le dire, sur ce principe devenu essentiel : « Les objets de la raison et de la foi sont de différente nature. » Là est le scandale, bien sûr, d'où l'improbation des « docteurs », qui ont fort bien compris que l'objet véritable de la désormais fameuse « lettre philosophique » sur « M. Locke » était au fond d'introduire à la philosophie de Voltaire : J'ignore comment, mais je pense. Il s'agit de renoncer au « roman » des choses, de s'en tenir à « l'histoire », et d'avoir « la hardiesse » de « borner » la raison positive pour mieux l'armer dans son domaine propre d'exercice, la science, le monde, l'action.

C'est en combinant ses lectures de Locke, de Newton\* et de Clarke que Voltaire a élaboré la métaphysique de son déisme\*. Il lui arrive même, dans la *Métaphysique de Newton*, d'attribuer à Locke une proposition qu'il doit plutôt à Malebranche\*, le ressourcement en Dieu de l'expérience des sens : « C'est Dieu qui me donne les idées, les sentiments, selon les lois par lui arbitrairement établies. » Mais il invoque aussi Locke contre les excès du divin chez Malebranche, comme il l'utilise contre la métaphysique de Descartes, contre la cosmologie de Leibniz\*, contre le naturalisme de Spinoza\*, contre l'idéalisme de Platon\*, contre le matérialisme d'Épicure\* et ses modernes prolongements athées. Contre tous les -ismes au fond, pensées errantes d'impossible absolu, « ces romans qu'on appelle systèmes ». Partout le nom de Locke a chez lui ses deux épithètes homériques : « sage » et « modeste ». C'est que ce philosophe a su borner la « métaphysique » au « raisonnable », et la raison elle-même aux capacités du savoir de l'homme, tellement inférieures à son immense et dangereuse curiosité : Locke est en cela « le sage précepteur du genre humain ».

La seule réserve tient au lien de la métaphysique et de la morale. Pour Locke, destructeur des idées innées, l'idée de morale n'est pas universelle, mais acquise, et il invoque classiquement les cas de nations anthropophages, rapportés par les voyageurs. Voltaire soutient que l'idée du juste et

de l'injuste est dans la nature même de l'homme, au moins dans un « principe » que développe ensuite la « raison ». Ce postulat est nécessaire à son déisme : la morale* est pour lui l'équivalent, dans l'ordre humain, de la gravitation universelle dans le monde physique. Il ne peut donc être ici que « contre Locke » : c'est le titre des XXXIV$^e$ et XXXV$^e$ doutes du *Philosophe ignorant*, où il critique plusieurs « fables » d'une prétendue cruauté naturelle ; l'anthropophagie* peut bien être le fait exceptionnel de la faim, du désespoir, de la vengeance, mais elle n'est pas dans la nature : « Le cœur humain n'est point ainsi fait. » Et Voltaire de railler la « simplicité » du « grand homme ».

Jean-Michel Raynaud

*Après tant de courses malheureuses, fatigué, harassé, honteux d'avoir cherché tant de vérités, et d'avoir trouvé tant de chimères, je suis revenu à Locke, comme l'enfant prodigue qui retourne chez son père ; je me suis rejeté entre les bras d'un homme modeste, qui ne feint jamais de savoir ce qu'il ne sait pas, qui, à la vérité, ne possède pas des richesses immenses, mais dont les fonds sont bien assurés, et qui jouit du bien le plus solide, sans aucune ostentation.*
*Le Philosophe ignorant, 1766, XXIX$^e$ doute, « De Locke ».*

## LOGEMENTS

ANGLETERRE · BERLIN · CIREY · COURTISAN · DÉLICES (LES) · EXIL · FERNEY · LAUSANNE · PARIS · POTSDAM · TOURNEY ·

« Ma retraite et mon âge ont fait ma sûreté. » À près de 65 ans, dans l'hiver 1758-1759, Voltaire goûtait le bonheur de posséder quatre propriétés « lui appartenant » : Les Délices, la maison du Grand Chêne à Lausanne, un petit château à Tourney et un autre à Ferney. Auparavant, il avait connu plusieurs types de logements : des appartements de passage, des châteaux, des hôtels particuliers d'amis et les refuges incertains de l'exil. La difficulté qu'il éprouva à se fixer semble avoir été inhérente à sa condition d'homme de lettres et aux aléas de sa position de courtisan. Durant quarante ans, on le sait après coup, il chercha sa retraite.

À Paris, il occupa plusieurs appartements. Il emménagea en 1701 avec ses parents dans la cour Vieille-du-Palais, en face de la Basse-Sainte-Chapelle, dans un logement de fonction réservé à son père, M$^e$ Arouet*, receveur de la Chambre des comptes. Dès 1713, il commence à aller et venir, tant en France qu'à l'étranger. Il séjourne à Caen*, puis en Hollande* et se réfugie, amoureux de Pimpette*, rue Maubuée, à l'enseigne de la « Rose rouge », à Paris.

En 1714, M$^e$ Arouet mit son fils en stage chez un procureur, M$^e$ Alain, qui

habitait rue Pavée-Saint-Bernard. Le jeune Arouet demeura peu de temps dans le quartier Maubert. Au printemps, il était reçu chez un client de son père, M. de Caumartin, au château Saint-Ange. Suit une incursion prolongée, en 1716-1717, à la Bastille*, « dans un appartement d'une extrême fraîcheur » où, comme il dira dans *Candide**, « on n'était point incommodé du soleil ». Mais voici qu'Arouet, jeune poète désormais introduit dans la bonne société et désireux de s'y faire un nom – il devient justement Voltaire –, reprend ses allées et venues « de château en château » ; il réside à Sully-sur-Loire, à Ussé, à Saint-Ange, à Richelieu, à Vaux-Villars, à Maisons... Son domicile officiel reste cependant celui de son père, jusqu'en 1722.

Après la mort de M$^e$ Arouet, Voltaire loua un appartement dans l'hôtel des Bernières*, à l'angle du quai des Théatins et de la rue de Beaune – à l'endroit même où il reviendra mourir en 1778. Quand il s'établit chez les Bernières, en 1723, il constate qu'il y a « une assez belle vue » sur les quais, mais la maison était « froide comme le pôle » en hiver, et on y sentait « le fumier comme dans une crèche » ; il y demeura jusqu'en 1725.

Il vécut ensuite quelque temps à l'hôtel de Conti, au bord des Fossés-Saint-Germain, puis revint se cacher encore rue Maubuée, à l'hôtel de la « Grosse Teste », au moment de l'affaire Rohan-Chabot*. Il fit alors un nouveau séjour à la Bastille, avant d'être exilé en Angleterre, en mai 1726 : il y demeura jusqu'à l'automne 1728.

Il revient à Paris, en mars 1729, après un hiver passé à Dieppe*. Gardant secret son retour, il s'établit d'abord « dans un village avoisinant », à Saint-Germain-en-Laye, où il demeure près d'un mois « chez Chatillon, perruquier, rue des Récollets ». Il cède ensuite aux instances de ses amis Thiriot, Richelieu, Maisons, et loue enfin à Paris, en avril 1729, un appartement de la maison d'un conseiller clerc, M. de Majainville, « vis-à-vis un vitrier », à gauche de la fontaine Richelieu (aujourd'hui celle de Molière). Voltaire est alors âgé de 35 ans, il peut imaginer définitive son installation dans ce quartier proche du Palais-Royal, à quelques rues des hôtels et logements de ses nombreux amis. Un an plus tard, à l'été 1730, il emménage même dans un appartement plus confortable, rue de Vaugirard, près de la porte Saint-Michel. Mais il y a là une ivrognesse, « la Travers », qui donne du scandale en « s'enivrant tous les jours, battant ses voisines, jurant le nom de Dieu [...], se découvrant toute nue [...], menaçant de mettre le feu aux maisons voisines et tenant tout le quartier dans une alarme perpétuelle ». Voltaire s'associe aux plaintes du voisinage – des pièces juridiques portent sa signature. Puis il quitte encore la rue de Vaugirard, et prend pension chez Mme de Fontaine-Martel*, qui avait aussi hébergé son ami Thiriot, rue des Bons-Enfants, devant le Palais-Royal. La mort de cette femme d'esprit le force pourtant à déménager encore. Il va donc « se claquemurer », en

mai 1733, «vis-à-vis du portail Saint-Gervais», rue de Longpont, pour y mener, pensait-il, «une vie philosophique».
Mais «une vie philosophique» peut-elle être, dans son cas, une vie sédentaire? C'est justement la condamnation des *Lettres\* philosophiques* qui l'oblige à quitter Paris, en avril 1734. Il accepte l'offre de Mme du Châtelet\* et vient s'installer «dans le beau désert de Cirey». Désormais lié à son Émilie, il vécut sur ces confins de la Champagne, découvrant peu à peu le bonheur de la retraite studieuse. Ensemble, ils allèrent à Bruxelles\*, et plusieurs fois, puis revinrent ensemble à Paris. Ils rêvèrent de s'établir dans le magnifique hôtel Lambert, rue Saint-Louis-en-l'Île, que les du Châtelet avaient acquis en 1739, mais les dépenses à prévoir pour remettre la somptueuse demeure en état étaient énormes, et ils se replièrent, en 1743, dans une maison de la rue du Faubourg-Saint-Honoré. Nommé gentilhomme\* ordinaire et historiographe du roi, Voltaire connut à Versailles\* les chambrettes ou les réduits, difficulté ordinaire du logement de courtisan, qu'il ne rencontrait pas lorsqu'il séjournait à Lunéville\*, à la cour de Lorraine. Revenant de Versailles, de Fontainebleau\* ou de Sceaux\*, Voltaire logeait à Paris dans une maison achetée par Mme du Châtelet en 1745, à l'angle de la rue Traversière et de la rue du Clos-Georgeau. Il y occupait le premier étage. Il revint y habiter, après la mort d'Émilie, en compagnie de Mme Denis\*, et y résida jusqu'à son départ en Prusse.
Condamné à l'exil en janvier 1754, Voltaire était encore passé par Strasbourg\*, puis Colmar\* avant de devenir enfin, en 1755, maître chez lui, aux Délices, puis à Ferney en 1758.
À Ferney, en signe d'enracinement, il fit graver au fronton du château ses armoiries et celles de sa nièce. Elles subsistent toujours : à gauche, les armes d'Arouet de Voltaire, d'azur à trois flammes d'or. À droite, les armes de Marie Louise Mignot Denis : d'azur au chevron d'or, accompagné en chef de deux grappes de raisin d'argent, et en pointe d'une main dextre apaumée d'or.

*Anne Soprani*

## LOGOGRYPHE

NOM •

Le logogryphe était une rubrique usuelle du *Mercure*: trois autres accompagnent celui-ci, dont deux en latin (*Le Mercure de France*, février 1739).

*Aux leçons des Muses fidèle*
*Je suis favori d'Apollon;*

*Je cueille chaque jour une palme immortelle*
*Sur mes rivaux, dans le sacré Vallon.*
*Huit lettres composent mon nom,*
*Qui sait offrir aux yeux des choses différentes,*
*Et sous des images riantes*
*Fait voir combien il est fécond,*
*Et que je n'ai point de second.*
*Par un rapide «vol» je sais franchir une «aire»*
*Pour aller composer «Lotaire»;*
*Je m'élève sans dire un mot*
*Et sur-le-champ je gagne un «lot».*
*Ensuite, en proie au plus charmant délire,*
*Mes doigts font raisonner ma «Lire».*
*On trouve dans mon nom encore*
*«Ovale, Olive, Vole, Ire, Tire, Tare, Or,*
*Air, Vire, Voir, Loire, Ovaire,*
*Viole, Lie», et le mot «Taire».*
*Ce n'est pas tout, mais je finis*
*Pour laisser quelque chose à faire*
*Aux beaux esprits.*

Sous ces vers, une signature: celle de Thomas Laffichard, souffleur au Théâtre italien, qui faisait aussi des nouvelles et des petites pièces faciles.

*André Magnan*

## LOI NATURELLE

DÉISME · DIEU · HOMME · MORALE · NATURE ·

Existe-t-il une loi naturelle? Voltaire le croit, en déiste sincère, et fonde sa morale sur elle. Le *Poème\* sur la loi naturelle*, rédigé, semble-t-il, en 1751, et publié en 1756, affirme hautement dans sa première partie cette universalité d'une loi inscrite dans la nature même des choses et des hommes. L'idée paraît d'abord contredire la relativité des coutumes et des mœurs. Comment la concilier d'autre part avec une vision du progrès historique qui permet aux sociétés d'accéder à la civilisation? C'est en fait le plus petit commun dénominateur, mais le plus profond, qui unit les hommes au-delà de leurs différences culturelles, raciales ou historiques. Voltaire n'est pas un théoricien de la loi naturelle, au sens politique, comme les héritiers de Grotius et de Pufendorf ou même Jean Jacques Rousseau. Sa réflexion sur l'homme se nourrit d'une tension jamais totalement résolue entre sa croyance à la loi naturelle et son constat rigoureux des différences, entre

son acceptation de la relativité des mœurs, des coutumes et des lois et son postulat d'un progrès de la raison, qui nécessairement domine les particularités.

Jean Goulemot

B. — Qu'est-ce que la loi naturelle ?
A. — L'instinct qui nous fait sentir la justice.
B. — Qu'appelez-vous juste et injuste ?
A. — Ce qui paraît tel à l'univers entier.
B. — L'univers est composé de bien des têtes. On dit qu'à Lacédémone on applaudissait aux larcins, pour lesquels on condamnait aux mines dans Athènes.
A. — Abus de mots, logomachie, équivoque ; il ne pouvait se commettre de larcin à Sparte, lorsque tout y était en commun. Ce que vous appelez vol était la punition de l'avarice [...]. Lois de convention que tout cela, usages arbitraires, modes qui passent : l'essentiel demeure toujours. Montrez-moi un pays où il soit honnête de me ravir le fruit de mon travail, de violer sa promesse, de mentir pour nuire, de calomnier, d'assassiner, d'empoisonner, d'être ingrat envers son bienfaiteur, de battre son père et sa mère quand ils vous présentent à manger.

Questions sur l'Encyclopédie, 1770-1772, art. « Loi naturelle »,<br>texte repris et augmenté de L'A. B. C., 1768, IV$^e$ entretien.

## LOIS DE MINOS (LES)

POLOGNE • TRAGÉDIES •

Contre des prêtres fanatiques, toujours adeptes des sacrifices au dieu Minos, le roi Teucer assure son pouvoir et détruit leurs lois sanguinaires. Leçon politique qui évoque, sous la fable crétoise, les événements de Pologne. Tragédie en cinq actes, non jouée à Paris, imprimée en 1773.

Henri Lagrave

## LONGCHAMP, Sébastien

BIOGRAPHIE • CHÂTELET (MME DU) • DENIS (MME) • SECRÉTAIRES •

Né vers 1718 en Lorraine, dans le diocèse de Toul, Sébastien Longchamp fut durant cinq à six ans valet de chambre et copiste de Voltaire, dès 1746 semble-t-il. Soupçonné de vol domestique, il fit en 1751 l'objet d'une perquisition, et dut restituer divers manuscrits, à la requête de Mme Denis agissant au nom de son oncle. Il tenait déjà à cette date, grâce à un prêt

d'argent que lui avait accordé Voltaire, une boutique de cartes et accessoires géographiques, sise rue Saint-Jacques, qu'il garda jusqu'en 1772 au moins. Il mourut vers 1790.

Longchamp est surtout connu par des « Mémoires », joints à ceux de Wagnière\* sous le titre général de *Mémoires sur Voltaire*, que Decroix\* publia en 1826. La période de Cirey\* étant assez pauvrement documentée, on en adopta très rapidement les détails et les anecdotes. On les a constamment repris depuis, et même constitués en tradition, avec une facilité qui laisse aujourd'hui perplexe. Longchamp aurait donc vu Mme du Châtelet changer de chemise, il lui aurait versé l'eau de son bain tandis qu'elle écartait les jambes dans sa baignoire, il l'aurait accompagnée dans des parties de campagne fort décolletées. Longchamp aurait su les explications les plus précises des faits et gestes de son maître, les motifs secrets de ses brouilles amoureuses et ses émotions d'amant trompé. Longchamp aurait, au départ de Voltaire pour la Prusse en 1750, surveillé la conduite de Mme Denis, contrôlé ses dépenses et compté ses amants. Longchamp aurait épié l'intimité des grands, entendu leurs confidences, retenu mot à mot leurs dialogues – bref il aurait tout vu, tout noté, tout compris.

Il se trouve que des preuves tangibles, récemment mises au jour, attestent en fait une opération fort douteuse, dont il faut charger à regret le savant Decroix, plein d'un zèle en l'occurrence mal inspiré. C'est lui qui, près de quarante ans après les faits, ayant retrouvé la trace de l'ancien secrétaire du grand homme, lui fit raconter ses « souvenirs » et le pressa de les écrire pour lui. La collecte se fit sur plusieurs années sans doute, entre 1781 et 1787 environ, au fil de plusieurs rencontres, dans l'émoustillement du bon vieux temps, et sans grand sens critique apparemment – que savaient-ils l'un et l'autre des codes et des usages de l'ancienne société de cour ? C'est sur ces notes rhapsodiques, plus ou moins sollicitées, que le pieux Decroix se mit un jour en devoir, on ne sait quand, de brocher un récit suivi, déplaçant, arrangeant et refondant selon les besoins, et donnant à l'ensemble le style et le statut d'un document. L'autorité des « Mémoires » de Longchamp se fonde en réalité sur cette réécriture aujourd'hui avérée – et indirectement sur la qualité des « Mémoires » voisins de Wagnière. Curieusement, Decroix marque dans l'ouvrage imprimé des doutes et des scrupules d'éditeur, par repentir peut-être de son premier rôle, signalant de possibles « inexactitudes », des « erreurs », des « exagérations » imputables à la « jactance » du témoin, et révélant même en passant, demi-aveu trop négligé des biographes, que Longchamp « ajouta *de mémoire* » des choses « dont il n'eut connaissance que *par d'autres* » – élaboration aberrante qui donne à penser.

C'est aussi par Longchamp que les éditeurs de Kehl\* eurent communication, en 1781, du *Traité\* de métaphysique* jusqu'alors inconnu, puis de

quelques autres textes dans les années suivantes, dont des lettres à Frédéric II – en 1787 encore, Decroix cherchait à lui acheter «un petit portrait de Mme du Châtelet gravé par Balechou». Les procès-verbaux de la perquisition de 1751 enregistrent pourtant la restitution de tous les papiers alors en sa possession; et Longchamp lui-même, écrivant à son ancien maître en 1752, pour lui demander de nouveaux secours, protestait qu'il n'avait plus rien à lui. Faudrait-il supposer que les gains de son petit commerce lui permirent d'acquérir par la suite des effets aussi précieux? Decroix, qui eut ses confidences, suggère plutôt quelque «infidélité» et lâche même dans une note le gros mot de «prévarication», en excusant encore la «faute heureuse» qui eût ramené au jour des manuscrits inconnus, par là miraculeusement conservés... Aux mémorialistes, à leurs éditeurs, on est sans doute en droit de demander des procédés plus nets.

*André Magnan*

## LORRAINE

LUNÉVILLE • NANCY • STANISLAS LESZCZYNSKI •

Nous entrâmes dans la Lorraine, par la route de Metz, qui est un pays d'un très petit commerce, fort ingrat, et très peuplé.
C'est là le premier écho lorrain, dans une lettre de Voltaire, en juillet 1729. Franchies «les longues plaines», on atteint «des petits hameaux» faits de «huttes fort vilaines», où les habitants vivent «de pain d'orge et de faines». Cette Lorraine, à l'époque en partie de pays étranger, Voltaire la traversait pour aller à Plombières, «antre pierreux» mais ville thermale, où il prit «une eau qui fume et bouillonne».
Il retrouve l'objectivité de l'historien pour expliquer, dans l'*Essai\* sur les mœurs*, l'origine de cette province, autrefois appelée Lotharingie, et pour donner des observations politiques sur la Lorraine contemporaine dans *Le Siècle\* de Louis XIV* et le *Précis \*du siècle de Louis XV*. Depuis 1634, la Lorraine était disputée entre l'Empire et la France. Occupée par les Français à la fin du règne de Louis XIII, puis rendue par la paix de Ryswick, en 1697, «à la maison qui la possédait depuis sept cents années», elle avait été remise, en 1737, au beau-père de Louis XV, Stanislas Leszczynski, ex-roi polonais «transplanté en Lorraine», et fut enfin réunie «irrévocablement» à la couronne française en 1766. Par ailleurs, l'héritier de l'ancienne maison régnante des Lorrains était devenu souverain de Toscane. «On aurait pu, conclut Voltaire, renouveler la médaille de Trajan: REGNA ASSIGNATA, les trônes donnés...»
En 1735, Voltaire se rend pour la première fois en voyageur philosophe à la cour de Lorraine. Il y découvrait l'œuvre du duc Léopold, «un des moins

grands souverains de l'Europe », qui cependant sut remettre « sa noblesse dans l'opulence », procurer « l'abondance à son peuple », s'attacher à donner aux arts une place d'honneur, et « former sa cour sur celle de la France ». Vivant à Cirey*, à proximité de la Lorraine, Voltaire fréquente ensuite assidûment la cour du roi Stanislas; il demeura à Lunéville près de huit mois en 1748, puis y résida encore presque trois mois, à la fin de la grossesse de Mme du Châtelet*, durant l'été 1749. Pour l'écrivain, toujours persécuté ou menacé par le clan des dévots de Versailles, la cour de Lunéville s'inscrivait dans une stratégie d'asile. La bienveillance personnelle de Stanislas répondit alors à son besoin de sécurité et à son sens de la manœuvre.

C'est en Lorraine encore qu'en 1758, installé aux Délices* mais inquiet des tracasseries des pasteurs de Genève, il se mit en quête d'une terre. Il visita le château de Champigneulles, en se rendant à Mannheim* auprès de l'Électeur palatin, puis celui de Craon, près de Lunéville. Ayant sollicité à Versailles la permission de s'y établir, il ne put l'obtenir, malgré le discret appui de Stanislas : la Lorraine restait, comme il l'écrit alors à Mme Denis, « un château en Espagne ». La « protection » du roi de Pologne ne pourrait jamais prévaloir sur la « domination » du roi de France. Pour vivre enfin dans « la paix et l'indépendance », Voltaire acheta Ferney*.

*Anne Soprani*

*Quant au projet du sieur de Voltaire de former un établissement en Lorraine par l'achat d'une terre dans le duché, vous direz au roi de Pologne que sa majesté, pour de bonnes raisons ayant refusé à l'auteur du poème de « La Pucelle » la permission de revenir dans les États de sa domination, et n'ayant point mis d'exception pour la Lorraine, elle serait très peinée qu'il trouvât les moyens d'éluder l'exécution de ses volontés en s'établissant dans ce pays sous la protection du roi son beau-père ; que par conséquent sa majesté verra avec plaisir que sa majesté polonaise ne lui donne point asile en Lorraine ; que si elle a besoin d'un homme de lettres pour amuser ses loisirs, le roi ne doute pas qu'elle ne trouve dans le grand nombre de gens de lettres qui sont à Paris un sujet capable de remplir ses vues et dont le séjour à sa cour sera plus décent que celui qu'y ferait le sieur de Voltaire. Vous voudrez bien en même temps, Monsieur, faire connaître à sa majesté polonaise qu'en se refusant à la demande du sieur de Voltaire, il est inutile que sa majesté polonaise entre dans les détails que je vous marque ici, et qu'elle peut lui faire dire simplement qu'elle est sûre que son projet ne serait pas agréé par le roi.*

*Brouillon non signé d'une instruction adressée de Versailles à M. de Lucé, représentant de Louis XV auprès du roi Stanislas, juillet 1758 (inédit).*

## LOUIS IX, saint Louis

Voir *PANÉGYRIQUE DE SAINT LOUIS ROI DE FRANCE* · *QUELQUES PETITES HARDIESSES DE M. CLAIR.*

## LOUIS XIV

GOÛT · HISTOIRE · MONARCHIE · *SIÈCLE DE LOUIS XIV (LE)* · «SIÈCLES (LES QUATRE)» ·

Louis XIV n'appartient pas au panthéon des Lumières. Rappelons avec quelle vigueur Montesquieu, dans ses *Lettres persanes*, l'attaque en 1721, six ans après la fin du règne. Les philosophes ont à lui reprocher la révocation de l'édit de Nantes, les guerres continuelles, les excès de la fiscalité, le gouvernement autoritaire, le rôle donné à l'Église catholique, la morgue hautaine du règne, les conquêtes coûteuses et inutiles. Ne soupçonnait-on pas le roi d'avoir songé à établir une «monarchie universelle» ou du moins européenne? Voltaire, qui avait fréquenté les milieux frondeurs et libertins de la fin du règne, se devait de sympathiser, par Bayle interposé, avec l'exil protestant; et il s'est souvenu, dans *L'Ingénu\**, des persécutions infligées aux protestants français, de l'appui royal donné aux jésuites, du développement dans les cabinets du despotisme ministériel. Depuis la bastonnade que lui avaient infligée les sbires de Rohan-Chabot, il n'approuvait pas non plus une société fortement nobiliaire, obstacle au développement des talents et du commerce. L'exil anglais lui avait prouvé les avantages d'une monarchie équilibrée, d'une pluralité religieuse, préférables à la monarchie absolue et à la religion d'État instituée par Louis XIV.

Sans doute Voltaire est-il acquis aux critiques que l'on adresse à la politique de Louis XIV; de plus, il n'aime pas la guerre. Mais jamais il n'attaquera ouvertement ni le règne ni la personne de Louis XIV, malgré les réserves exprimées dans *Le Siècle de Louis XIV* sur la religion et la politique extérieure, ou, dans les *Anecdotes\**, sur la vie de cour. Car Voltaire refuse de juger Louis XIV à l'aune du quotidien, des détails, d'une histoire somme toute insignifiante au regard de ce mouvement qui porte la France louis-quatorzienne vers son accomplissement culturel. Louis XIV se confond pour lui avec une France qui donne à sa littérature, à sa langue et à ses arts leur plus grande perfection. Sous les aléas de la politique et de la guerre, Voltaire perçoit la montée de «l'esprit humain», l'avènement de la civilisation, les progrès de la culture; et il en crédite la volonté royale. Louis XIV apparaît bien comme l'artisan de ce formidable acquis. Et cette volonté jamais relâchée, cette autorité mise au service de l'esprit fascinent Voltaire. Louis XIV est le roi qui répond aux vœux de Voltaire pour les arts

et les lettres. Et le philosophe finit par confondre dans sa personne tous les ordres de la grandeur – grandeur de l'esprit, grandeur de l'appareil courtisan, grandeur militaire – et par oublier les ombres du règne, les défauts de l'homme privé et public.
La relation passionnelle et respectueuse que Voltaire entretient avec la mémoire de Louis XIV n'est pas sans rappeler ses démêlés avec Frédéric II de Prusse et, plus généralement, ses rapports, étranges à nos yeux, avec le despotisme éclairé.

Jean Goulemot

*Il y a longtemps que j'ai assemblé quelques matériaux pour faire l'histoire du « Siècle de Louis XIV » : ce n'est point simplement la vie de ce prince que j'écris, ce ne sont point les annales de son règne ; c'est plutôt l'histoire de l'esprit humain, puisée dans le siècle le plus glorieux à l'esprit humain.*
*Cet ouvrage est divisé en chapitres ; il y en a vingt environ destinés à l'histoire générale : ce sont vingt tableaux des grands événements du temps. Les principaux personnages sont sur le devant de la toile ; la foule est dans l'enfoncement. Malheur aux détails : la postérité les néglige tous : c'est une vermine qui tue les grands ouvrages. Ce qui caractérise le siècle, ce qui a causé des révolutions, ce qui sera important dans cent années : c'est là ce que je veux écrire aujourd'hui.*
*À Jean Baptiste Dubos, à Cirey, 30 octobre 1738.*

## LOUIS XV

COURTISAN · *ÉLOGE FUNÈBRE DE LOUIS XV* · EXIL · POMPADOUR (MME DE) · *PRÉCIS DU SIÈCLE DE LOUIS XV* · PRUSSIEN ·

Louis XV (1710-1774), arrière-petit-fils de Louis XIV, ne régna effectivement qu'à partir de 1743, à la mort du cardinal de Fleury. À cette date, Voltaire est un écrivain célèbre, connu pour son théâtre, pour l'*Histoire de Charles XII*. Il a publié les *Lettres philosophiques*, *Le Mondain*, *La Henriade*... Il a mené une très large part de son enquête sur Louis XIV, il correspond depuis 1736 avec Frédéric de Prusse, et l'a rencontré en 1740 à son avènement.
La mort de Fleury a entraîné un changement du personnel politique et des options diplomatiques. Les d'Argenson, anciens condisciples de Voltaire, accèdent au pouvoir. Voltaire peut compter sur la bienveillance de la nouvelle favorite, la marquise de Pompadour. Élu à l'Académie française, nommé historiographe* du roi (comme Boileau et Racine avant lui) et gentilhomme* ordinaire de la chambre du roi, ce Voltaire calmé semble payer le juste prix des honneurs qu'il reçoit. Ne célèbre-t-il pas les fastes du nouveau règne, apparemment sans répugnance, en chantant la victoire de

Fontenoy et en composant un *Panégyrique\* de Louis XV*? Mais pourtant sans s'assagir. Il publie *Mahomet\** qui ne plaît guère, *Zadig\** qui critique Versailles et lui vaut l'hostilité des bureaux. Voilà un étrange poète courtisan, rebelle et indiscipliné, dont on se méfie.

Le départ en Prusse va compromettre ce fragile équilibre. Le roi et Mme de Pompadour ne font rien pour le retenir. On lui refuse d'exercer sa double charge de chambellan à Potsdam, et d'historiographe et gentilhomme ordinaire à Versailles. Le public ne lui est pas favorable. Son *Histoire\* de la guerre de 1741* reste dans les cartons du ministère. Voltaire n'aura plus de contact direct avec le roi et la cour.

Et pourtant le règne de Louis XV est le plus long qu'il ait connu : trente-trois ans, contre vingt et un pour Louis XIV et quatre ans pour Louis XVI. Sans doute la Régence a-t-elle été son milieu naturel : Voltaire a 21 ans à la mort de Louis XIV, et 49 ans au début du règne personnel de Louis XV. Il est alors dans sa pleine maturité. C'est durant ce règne de Louis XV, et alors que Voltaire vit exilé, que se dessine l'image qu'il va léguer à la postérité : l'homme des contes, le lutteur militant au service de la justice, le patriarche de l'Europe. On ne s'étonnera pas que Louis XV soit présent dans la correspondance, nommé en clair ou désigné par des noms de code comme «Éricard», «Sha Abas» ou «le notaire». Dans des lettres à Mme Denis, faisant allusion aux frasques royales, Voltaire ne se gêne pas pour déclarer : «Le pauvre homme, le sot qu'Éricard! C'est un plat personnage. En avez-vous des nouvelles? Comment va son tripot?» (20 décembre 1753). Ce qui ne l'empêche pas de protester de son attachement à la personne royale, au point d'évoquer dans une lettre aux Choiseul du 27 août 1770 les manifestations de loyalisme envers Louis XV auxquelles a donné lieu la Saint-Louis à Ferney. Voltaire se veut bon sujet et s'indigne très sincèrement lors de l'attentat de Damiens\*. Il ne cesse de répliquer à ceux qui le critiquent auprès du roi ou lui attribuent des œuvres qu'il a d'ailleurs écrites. Il se défend vivement d'avoir fait preuve de sentiments antimonarchiques dans l'*Histoire\* du parlement* et d'avoir pu paraître factieux ou même hostile à la personne royale. On le verra, à plusieurs reprises, soutenir auprès de ses correspondants, telle ou telle position royale, vraie ou supposée, tout en demeurant fidèle à Choiseul disgracié (lettres de mai 1774).

C'est dire la complexité du rapport qu'entretient Voltaire avec la personne et la politique de Louis XV. On en devine l'ampleur à la mort du roi, quand le philosophe place tous ses espoirs dans le jeune Louis XVI et rédige l'*Éloge funèbre de Louis XV*. Pour éviter sans doute de juger trop directement la politique royale, il choisit d'exalter, dans le *Précis du siècle de Louis XV*, les progrès accomplis par les Lumières : manière toute voltairienne de prendre élégamment parti.

Jean Goulemot

*Il savait que dans un État où les maximes ont changé, et où les anciens abus sont demeurés, il est nécessaire quelquefois de jeter un voile sur ces abus accrédités par le temps ; qu'il est des maux qu'on ne peut guérir, et qu'alors tout ce que l'art peut procurer de soulagement aux hommes est de les faire vivre avec leurs infirmités.*

*Ne se point émouvoir, et savoir attendre, ont donc été les deux pivots de sa conduite. Il a conservé cette imperturbabilité jusque dans l'affreuse maladie qui l'a enlevé à la France, ne marquant ni faiblesse, ni crainte, ni impatience, ni vains regrets, ni désespoir ; remplissant des devoirs lugubres avec sa simplicité ordinaire, et, dans les tourments douloureux qu'il éprouvait, il a fini comme par un sommeil paisible, se consolant dans l'idée qu'il laissait des enfants dont on espérait tout.*

*Sa mémoire nous sera chère, parce que son cœur était bon. La France lui aura une obligation éternelle d'avoir aboli la vénalité de la magistrature, et d'avoir délivré tant d'infortunés habitants de nos provinces de la nécessité d'aller achever leur ruine dans une capitale où l'on ignore presque toujours nos coutumes. Un jour viendra que toutes ces coutumes si différentes seront rendues uniformes, et qu'on fera vivre sous les mêmes lois les citoyens de la même patrie. Les abus invétérés ne se corrigent qu'avec le temps. Chaque roi dont descendait Louis XV a fait du bien. Henri IV, que nous bénissons, a commencé. Louis XIII, par son grand ministre, a bien mérité quelquefois de la France. Louis XIV a fait par lui-même de très grandes choses. Ce que Louis XV a établi, ce qu'il a détruit, exige notre reconnaissance. Nous attendrions une félicité entière de son successeur, si elle était au pouvoir des hommes.*

*Éloge funèbre de Louis XV, 1774.*

## LOUIS XVI

EXIL · MARIE ANTOINETTE · RÉVOLUTION · SERVAGE · TRIOMPHE · TURGOT ·

Sait-on que pour le mariage du futur Louis XVI, en mai 1770, les artisans de Ferney fournirent deux montres* et qu'ils eurent bien du mal à se faire payer ? Ce qui n'augurait en rien du nouveau règne et des relations que Voltaire allait entretenir avec lui. Tout commença pourtant bien. Le jeune roi se voulait éclairé : abolition de la torture, édit de tolérance pour les protestants. Tout ce que réclamait depuis longtemps le philosophe. On croit que vient d'accéder au trône un nouvel Henri IV. Voltaire pense alors que son retour à Paris est possible, malgré les réserves de Frédéric II, avec qui il correspond comme s'il ne s'était rien passé entre eux. Oublieux Voltaire, ingénu aussi, car il se prend à espérer un peu de mansuétude du jeune roi, alors que celui-ci donne des ordres pour qu'au décès du philo-

sophe le Résident français à Genève, Hennin*, fasse main basse sur ses papiers jugés trop hardis.
Le ministère Turgot (1774-1776) effacera les dernières hésitations : Voltaire lui apporte un appui enthousiaste. Il croit que les philosophes accèdent au pouvoir. Condorcet* n'est-il pas le conseiller de Turgot ? Il est pourtant déçu par le renvoi de Maupeou*. Le rituel fort archaïque du sacre l'inquiète. L'appui royal apporté aux paysans de Gex* le rassure. Voltaire passe d'un extrême à l'autre jusqu'à la chute de Turgot, qu'il déplore, tout en dressant un bilan très positif des mesures réformatrices.
Il s'obstine pourtant à obtenir la permission de revenir à Paris. Le roi s'y oppose ; Voltaire tente de gagner à sa cause la reine Marie Antoinette et finit par se présenter à Paris sans permission en janvier 1778. Louis XVI eut conscience que Voltaire lui avait forcé la main, et il demeura extérieur à l'hommage que Paris rendit au philosophe, que sans aucun doute il n'aimait guère. Il appuya l'Église dans son refus des obsèques religieuses. Mais comme l'histoire s'avance toujours masquée, c'est sous le règne de Louis XVI que des mesures ardemment souhaitées par Voltaire seront prises, comme cette décision de 1787 assurant « un état civil à ceux de ses sujets n'appartenant pas à la religion catholique romaine ».

*Jean Goulemot*

## LOUISE DOROTHÉE

SAXE-GOTHA •

C'est le nom de la duchesse de Gotha, que Voltaire appelle la princesse de Saxe-Gotha.

## LOUISE ULRIQUE DE PRUSSE, reine de Suède

> *Cette nuit dans l'erreur d'un songe,*
> *Au rang des rois j'étais monté.*
> *Je vous aimais princesse, et j'osais vous le dire !*
> *Les dieux à mon réveil ne m'ont pas tout ôté ;*
> *Je n'ai perdu que mon empire.*

Le madrigal était osé, Voltaire le lut pourtant à Berlin, en 1743, à Louise Ulrique (1720-1782), la jeune sœur de Frédéric II*. Elle était belle et aimable, et lui plaisait. Pour Ulrique, comme pour Amélie* de Prusse, Voltaire rima des impromptus badins. Il ne put cependant « enlever la princesse », qui épousait en 1744 le prince héritier de Suède. Il poursuivit

avec elle une relation de cour assez libre ; il lui écrivit des lettres mêlées de vers et prose, et lui envoya ses ouvrages, même après son couronnement en 1751. Elle jugea *La Princesse de Navarre* « mal écrite », mais apprécia *Le Siècle de Louis XIV.* Elle aimait les belles-lettres : elle créa l'académie de Stockholm, et fit jouer *Mérope* en 1754. Le prince Gustave son fils, le futur Gustave III (1746-1792), savait par cœur, à 14 ans les trois premiers chants de *La Henriade* – il souscrira en 1770 au *Voltaire nu* de Pigalle*. Quant à Louise Ulrique, Voltaire la plaçait dans le petit « troupeau » des souverains éclairés, elle restait chaque fois « charmée » par ses nouveaux ouvrages.

*Anne Soprani*

## *LOUP MORALISTE (LE)*

Voir *FABLE*.

## LOUVRE

GOÛT • LOUIS XIV • PARIS •

*On passe devant le Louvre et on gémit de voir cette façade, monument de la grandeur de Louis XIV, du zèle de Colbert et du génie de Perrault, cachée par des bâtiments de Goths et de Vandales.*
*Des Embellissements de Paris, 1749.*

Voltaire s'indignait de l'état du Louvre, chantier abandonné, déserté depuis 1674 par le roi, qui lui avait préféré Versailles*. Agrandi par Louis XIII et Louis XIV, qui firent construire le pavillon Sully et l'aile qui devait rejoindre celle de Lescot, le château de Philippe Auguste offrait aux Parisiens une aile sans toiture et, côté Seine, la belle façade de Perrault sans lien aucun avec celle de Le Vau. En dépit des efforts de Colbert, le palais était resté inachevé. Chacun prit possession du Louvre. Il fut occupé par l'Académie française et les Académies des inscriptions, des sciences, de peinture et sculpture, et par leurs multiples secrétariats. Lieu d'asile royal, il offrait aussi un refuge à des justiciables en mal de procès. Pour nourrir tout ce monde, gargotiers et cabaretiers y installèrent fourneaux et tonneaux.

Un plan de restauration du Louvre lancé sous Louis XV, avant 1749, prévoyait l'élévation d'une statue du roi « victorieux et triomphant » à Fontenoy, puis on entreprit la construction d'un bâtiment au milieu de la cour, que Voltaire désigne mystérieusement sous le nom de « maison de Moletus ». Il composa alors des stances, l'*Ombre du grand Colbert*,

*Le Louvre et la ville de Paris*, en s'indignant des anciens affronts infligés au monument :

> *Louvre, palais pompeux dont la France s'honore !*
> *Sois digne de Louis, ton maître et ton appui ;*
> *Sors de l'état honteux où l'univers t'abhorre,*
> *Et dans tout ton éclat montre-toi comme lui.*

La voix de Voltaire fustigeant une nation qui «commen[çait] tout, pour ne rien achever», secoua peut-être l'opinion. En 1756, les intrus qui peuplaient le palais furent expulsés, «la maison de Moletus» détruite, et Gabriel et Soufflot entreprirent des restaurations, mais la guerre de Sept Ans ralentit une fois encore les travaux, qui ne s'achevèrent qu'en 1774.

*Anne Soprani*

## LUMIÈRES

AFFAIRES · ANTICLÉRICALISME · CIVILISATION · LIBERTÉ · RAISON · TOLÉRANCE ·

Pour les contemporains, Voltaire est apparu comme le symbole des Lumières. Tout y incitait : ses combats, son vocabulaire, sa dénonciation incessante des ténèbres, ses appels à l'avènement de la raison. Mais aussi l'hommage que lui rendaient indirectement ses adversaires, et plus directement ceux qu'il avait ralliés à sa cause et qui formaient, selon ses propres termes, «la nouvelle Église». Il n'est pas inutile de se demander ce qui dans ses luttes, pour son siècle, le rattachait aux Lumières.

Sans doute, en priorité, son opposition aux Églises et aux dogmes, leur critique menée au nom de la raison, sa dénonciation de la superstition. C'est-à-dire, presque caricaturée par ce combat antireligieux, une position critique constante, une façon de prendre ses distances avec les croyances acceptées de tous ordres. Ajoutons, parce qu'elle en découle, son adhésion à l'idéal scientifique, selon lequel le monde est compréhensible à l'esprit humain qui est capable d'en découvrir les lois.

Homme des Lumières, Voltaire l'est aussi par sa volonté d'intervention dans les affaires du monde : ainsi le verra-t-on appuyer Turgot, approuver la réforme des parlements, dénoncer la guerre, se plonger dans la politique et dans la diplomatie, vouloir être, en un mot, un homme de son temps, qui refuse l'enfermement dans le silence de son cabinet et la poussière de ses livres. Voltaire combattant n'est au fond que l'expression aiguë de cet intérêt chaleureux pour la vie des hommes. À vrai dire, ce ne sont pas tant les affaires qui font de Voltaire un homme des Lumières que la passion qu'elles traduisent et rendent sensible. Le XIXe siècle républicain a très

souvent confondu les Lumières avec un virulent et parfois simpliste anticléricalisme, et ce réductionnisme a servi et desservi Voltaire. Paradigme des Lumières sans doute, mais de Lumières étrangement appauvries, au point d'en oublier parfois que l'Infâme ne porte pas toujours soutane et que le sectarisme revêt bien des visages. La bêtise de Homais ne doit pas nous faire oublier que Voltaire a œuvré à une définition, fût-elle parfois partisane, de la laïcité, et fait de la tolérance et de la liberté de penser des valeurs prioritaires.

Il est vrai aussi que Voltaire n'a pas fait en son temps l'unanimité du mouvement philosophique. Souvent il irrite, et Diderot* sut toujours avec lui garder ses distances. Son infatigable ardeur, ses «espiègleries», son art de dissimuler, sa pédagogie de la répétition ont souvent lassé. Tout comme sa volonté d'organiser le mouvement militant et de s'en proclamer, sans le dire ouvertement, le chef. De se donner une totale liberté de plume dans ses interventions philosophiques et de se faire le gardien intransigeant de l'orthodoxie esthétique pour le théâtre ou l'épopée. Les contradictions voltairiennes, ingénument exhibées, rendent sceptique. Tout comme son rapport, pour le moins ambigu, aux puissances établies, son incapacité à rompre avec ce qui a été son milieu de formation et sans doute son idéal de vie. Pour les plus radicaux des hommes des Lumières – pensons à La Mettrie et à d'Holbach qui professent un matérialisme sans concession – Voltaire apparaît comme un modéré, dont le déisme sert, à sa façon, les pouvoirs en place. Obstacle au progrès, à une totale libération des esprits: ce sont là des reproches qu'adresse à Voltaire la clique holbachique, tandis que l'opinion salue en lui «l'homme aux Calas», et qu'aux yeux du pouvoir monarchique il incarne encore, à demi mourant, l'esprit de subversion. Le roi Voltaire, mais de quels sujets et revêtu de quels habits? Le débat que la postérité ne cesse de reprendre, génération après génération, est ainsi, du vivant de Voltaire, déjà ouvert malgré les apparences et les apothéoses.

Selon les Lumières que l'on choisit, Voltaire en est le paradigme ou un représentant parmi tant d'autres. On sait que pour Louis Blanc (*Histoire de la Révolution française*), Voltaire illustre le caractère bourgeois des Lumières. Comme pour la tradition marxiste et révolutionnaire, qui fait difficilement la part, au nom de l'idéologie de classe, de l'universel et du particularisme social. C'est pourtant en analysant les Lumières comme valeurs universelles, moment historique et tradition nationale, que la littérature communiste de l'après-guerre exaltera Voltaire, champion des libertés et écrivain «sublime». On sait depuis quelques décennies déjà que cette glorification ne constitue pas nécessairement la preuve d'une politique tolérante et respectueuse des droits de l'homme: c'est-à-dire de ce qui fait, en profondeur, de Voltaire un homme des Lumières. On n'en déduira

pas, pour autant, que l'irritation provoquée par Voltaire est nécessairement l'indice d'un esprit hostile aux idéaux déclarés des Lumières.

*Jean Goulemot*

## LUNÉVILLE

LORRAINE • STANISLAS •

L'autre cour royale de France : Voltaire y séjourna plusieurs fois. La première en 1735, au temps de l'ancienne cour, quand la duchesse de Lorraine assurait encore la régence de son duché : il y demeura un mois, « gaiement », « sans être courtisan ». Il y rencontra une société littéraire brillante, animée par de jeunes poètes faciles, dont Saint-Lambert*, et par des femmes d'esprit, comme Mme de Graffigny*. « Petite planète » du tourbillon Émilie*, Voltaire revint à Lunéville avec Mme du Châtelet en février 1748, Stanislas Leszczynski régnait alors sur la Lorraine ; l'ex-roi de Pologne avait embelli le château et surtout les parcs et jardins, avec leurs jeux d'eau, kiosques et pavillons. Mme de Boufflers, la favorite de Stanislas, apportait à cette cour légère sa touche raffinée. Le goût certain de l'ex-roi de Pologne pour le théâtre et les belles-lettres avait donné à cette petite cour une réputation artistique sûre, confirmée par d'illustres visiteurs, comme Montesquieu ou Voltaire.

Les nobles lorrains de l'ancienne cour se mêlaient à présent aux aristocrates français et polonais. Mariée à un officier lorrain, Mme du Châtelet sollicitait de Stanislas, en 1748, la charge du commandement de Lorraine pour son mari. Voltaire fut logé au premier étage, au-dessus des appartements du roi, Émilie résida au rez-de-chaussée. Leur arrivée à Lunéville favorisa des spectacles dont le roi raffolait. On joua *Mérope**, « on y pleura » – « tout comme à Paris ». La marquise du Châtelet se distingua en chantant dans l'opéra d'*Issé*. Ce fut en ce printemps de 1748 que Voltaire découvrit la liaison d'Émilie et de Saint-Lambert : « Elle a trouvé dans son voyage l'agréable et l'utile », écrit-il en avril à sa nièce. Amoureuse, Mme du Châtelet désira prolonger son séjour à Lunéville, mais Voltaire languissait, éloigné de sa « Cara » Mme Denis*, et « incertain de son sort ». Ils quittèrent pourtant Lunéville. Mais ils y revinrent quelques jours en août, puis en septembre 1748. La cour de Lunéville eut la primeur d'une lecture de *Zadig**, le nouveau petit « roman moral » de Voltaire, puis en décembre de chapitres inédits de l'*Histoire* de la guerre de 1741*. Enfin, pour clôturer la saison théâtrale de Lunéville, Voltaire écrivit et fit représenter *La Femme* qui a raison*.

Mme du Châtelet désira accoucher en Lorraine. Voltaire l'accompagna donc encore à Lunéville à la fin de juillet 1749. Il consacra ce dernier été

à un travail acharné : il refit en huit jours le *Catilina* de Crébillon pour venger, disait-il, «Cicéron et la France» (ce sera *Rome sauvée*), il mit *Oreste\** en chantier, adapta *Amélie ou le Duc de Foix*, et confiait encore à sa nièce sa nostalgie d'être loin d'elle dans une grande épître, «La Vie de Paris et de Versailles». Mais cet ultime séjour à Lunéville s'achevait en drame, le 10 septembre 1749, par la mort d'Émilie. Voltaire quitta la cour de Lorraine après l'inhumation de la marquise du Châtelet et n'y revint jamais.

*Anne Soprani*

## LUSIGNAN

ACTEUR • TRAGÉDIES •

C'est le nom d'un château, d'une famille, d'un personnage de Voltaire, liés à la légende de la fée Mélusine et à l'histoire de France. Une branche de cette dynastie féodale a donné les rois de Chypre et de Jérusalem. Dans *Zaïre\**, le vieux Gui de Lusignan, fait prisonnier par Saladin, est resté au pouvoir d'Orosmane, le sultan qui aime l'héroïne, sa fille. C'est Lusignan qui fait le nœud de l'action en contraignant Zaïre à embrasser la religion chrétienne. Il personnifie l'honneur des croisés et de la chevalerie française. De tous les «pères» de Voltaire, c'est le plus noble et le plus pathétique : il aimait particulièrement ce rôle, qu'il joua souvent en société, avec un constant succès de larmes\*. C'est aussi à Lusignan que se déroule l'action d'*Amélie ou le Duc de Foix*.

*Henri Lagrave*

## LÜTZELBOURG, Marie Ursule de Klinglin, comtesse de

ALSACE • AMITIÉ • CORRESPONDANCE • STRASBOURG •

C'est à Fontainebleau\*, dès 1725, durant les fêtes du mariage de Louis XV, que Voltaire se lia avec Mme de Lützelbourg (1683-1765). Elle appartenait à l'illustre famille des Klinglin de Strasbourg, qui reçut Marie\* Leszczynska dans son étape alsacienne. Puis la comtesse accompagna la future reine jusqu'à la cour. «Femme aimable», selon Voltaire, elle était aussi «femme du monde», peut-être à l'image de *La Belle Strasbourgeoise* peinte par Largillière.

Voltaire renoue avec elle, en août 1753, lorsqu'il séjourne à Strasbourg en revenant de Prusse\*. Veuve depuis 1736, elle vivait à l'Île Jard, près de la ville, et tentait alors de réhabiliter son frère le prêteur royal Klinglin arrêté pour malversation et mort en prison : pour accompagner un portrait de

Klinglin, qui «brava l'infortune», Voltaire écrivit un quatrain. Il subsiste près de soixante-dix lettres de Voltaire à Mme de Lützelbourg. Correspondance curieuse, familière, intense encore au début de la guerre de Sept Ans, en 1756. Aux Délices*, Voltaire «sèche» en attendant des nouvelles du front, il rapporte les «on dit», les «on croit» et réclame des informations «du Rhin, de l'Elbe». Pour elle, restée au bord du fleuve où «devrait rouler du sang», il décrit la sérénité de son lac de Genève. Il lui rendit visite encore en revenant de Schwetzingen*, en août 1758. Elle venait de solliciter pour lui auprès de Mme de Pompadour, qu'elle connaissait bien, la permission de s'installer en Lorraine* – en vain. Elle perdit son fils à la guerre et Voltaire redoubla de prévenances, lui conseillant d'avoir au moins «un jardin», parce que «les hommes ne consolent pas toujours».

*Anne Soprani*

## LUXE

CIVILISATION • COMMERCE • *MONDAIN (LE)* • TOILETTE • UTOPIE • VÊTEMENTS •

Au XVIII$^e$ siècle, on débat du luxe. Les moralistes sévères, les hommes d'Église le dénoncent, tandis que les amateurs de vie facile, les tenants de l'économisme s'en font les défenseurs. C'est à cette dernière catégorie qu'appartient Voltaire. C'est là un premier clivage. Montesquieu fera dans *L'Esprit des lois* l'éloge de la frugalité, un des principes de l'ordre démocratique, mais tout en montrant que le luxe est inhérent aux monarchies. Contre la majorité des hommes des Lumières, comme Helvétius ou d'Holbach, qui s'en font les apologistes, Jean Jacques Rousseau dénoncera les effets corrupteurs du luxe. Par son éducation, son milieu, sa conception de l'homme et sa philosophie du bonheur, Voltaire s'oppose à une telle thèse et apparaît comme un défenseur convaincu du luxe.

Le texte essentiel est ici *Le Mondain*, publié en 1736. Composé à Cirey en 1734, le poème a circulé d'abord en copie. Le président Dupuy en aurait fait faire trois cents. Voltaire s'inquiète et craint des poursuites. Il prétend même que Desfontaines a falsifié ses vers. Par ses amis, Voltaire cherche à obtenir des garanties du pouvoir: il sonde d'Argental. Encore que les avis divergent, *Le Mondain* (suivi de *La Crépinade*) paraît sous forme d'un opuscule in-12 de huit pages. Voltaire quitte Cirey pour la Hollande, envisage de gagner la Prusse. En février 1737, l'alerte est passée et Voltaire retourne à Cirey.

Ce *Mondain*, dont la publication inquiétait si fort Voltaire, contient deux thèmes: une apologie de la vie épicurienne, optimiste, vouée aux plaisirs, élégante et heureuse; et une théorie économique affirmant dans la vie d'un pays l'utilité du luxe, considéré comme une source intarissable de richesse

pour la nation, et réfutant ceux qui, au nom d'une morale traditionnelle, le condamnent. À bien des égards, on pouvait soupçonner le texte de ce libertinage réprouvé par l'orthodoxie. On a insinué aussi que Voltaire ne faisait ici que prendre sa propre vie comme modèle, et prône les leçons reçues des milieux libertins fréquentés dans sa jeunesse. Cela est vrai, mais n'explique en rien la dimension économique du poème. Dans son refus de l'âge d'or, Voltaire s'est inspiré d'une idée implicite chez les Modernes, de quelques-unes des *Lettres persanes* (CVI$^e$ lettre), de la *Fable des abeilles* de Mandeville, dont il a eu connaissance lors de son séjour en Angleterre avant la traduction française, enfin de l'*Essai politique sur le commerce* de Jean François Melon qui paraît en 1734. Rien donc de vraiment original dans *Le Mondain* de Voltaire, si ce n'est le brillant et la rapidité, à l'image même de ce raffinement et de cet art de vivre dont le poème fait l'apologie. Car voilà en cent vingt-huit vers que tout est dit avec grâce, et les formules ici valent plus que de longues démonstrations. On s'amusera des vers consacrés aux « plaisirs » de l'homme primitif : ses bras velus, sa main écaillée, « ses ongles longs, un peu noirs et crasseux... » ; on sentira tout l'orgueil exprimé ici d'appartenir à un siècle où règnent le luxe et le raffinement des mœurs, que de vains censeurs dénoncent comme une mollesse condamnable...
Voltaire ne devait pas en rester là : la *Défense\* du Mondain ou l'apologie du luxe*, écrite pour répondre aux critiques adressées au *Mondain*, en reprenait les thèmes en accentuant le trait. Avec cent vingt-huit vers et une suite qui en compte également cent vingt-huit, il venait de donner un tour nouveau à la fastidieuse querelle des moralistes tristes et des économistes ennuyeux.
Voltaire n'a plus cessé dès lors de dénoncer les adversaires du luxe. En 1738, il publie, dans le tome XV du *Pour et contre*, le journal de l'abbé Prévost\*, des « Observations sur MM. Jean Lass (Law), Melon et Dutot sur le commerce, le luxe, les monnaies et les impôts » : en quelques pages, il s'y livre à une défense vibrante des bienfaits du luxe et reprend sa dénonciation de ces temps anciens, où ce qui, aujourd'hui, est une pratique courante était dénoncé comme « luxe et mollesse ». Il existe donc une relativité du luxe selon le moment et le lieu. Voltaire analyse son rôle économique, et refuse toute régression au nom d'une morale de la frugalité. Il reprendra cette argumentation dans *Le Siècle de Louis XIV* (chap. XXX), en soulignant le rôle de la demande des produits de luxe dans le développement de l'agriculture. Dans les *Questions\* sur l'Encyclopédie* (1770-1772), l'article « Luxe » prolongera encore l'analyse et les questions posées sur sa nature, les limites à lui imposer, l'effet des lois somptuaires, la confusion abusivement entretenue entre luxe et excès... En 1773, il écrit fort ironiquement à l'un de ses correspondants : « Quant au luxe, dont vous parlez, vous faites très

bien de déclamer contre lui et d'en avoir un peu chez vous; le luxe est une fort bonne chose, quand il ne va pas jusqu'au ridicule. Il est comme tous les autres plaisirs, il faut les goûter avec quelque sobriété pour bien en jouir.» Et il signait cette lettre: «Le vieux malade de Ferney».

Jean Goulemot

> Regrettera qui veut le bon vieux temps,
> Et l'âge d'or et le règne d'Astrée,
> Et les beaux jours de Saturne et de Rhée,
> Et le jardin de nos premiers parents;
> Moi, je rends grâce à la Nature sage,
> Qui, pour mon bien, m'a fait naître en cet âge
> Tant décrié par nos pauvres docteurs:
> Ce temps profane est tout fait pour mes mœurs.
> J'aime le luxe, et même la mollesse,
> Tous les plaisirs, les arts de toute espèce,
> La propreté, le goût, les ornements:
> Tout honnête homme a de tels sentiments.
> Il est bien doux pour mon cœur très immonde
> De voir ici l'abondance à la ronde,
> Mère des arts et des heureux travaux,
> Nous apporter de sa source féconde,
> Et des besoins et des plaisirs nouveaux.
> L'or de la terre et les trésors de l'onde,
> Leurs habitants et les peuples de l'air,
> Tout sert au luxe, aux plaisirs de ce monde.
> Ah! le bon temps que ce siècle de fer!
> [...]
> Mon cher Adam, mon gourmand, mon bon père,
> Que faisais-tu dans les recoins d'Éden?
> Travaillais-tu pour ce sot genre humain?
> Caressais-tu madame Ève, ma mère?
> Avouez-moi que vous aviez tous deux
> Les ongles longs, un peu noirs et crasseux,
> La chevelure assez mal ordonnée,
> Le teint bruni, la peau bise et tannée.
> Sans propreté l'amour le plus heureux
> N'est plus l'amour: c'est un besoin honteux.
> Bientôt lassés de leur belle aventure,
> Dessous un chêne ils soupent galamment
> Avec de l'eau, du millet et du gland;

> *Ce repas fait, ils dorment sur la dure :*
> *Voilà l'état de la pure nature.*
>
> Le Mondain, 1736.

## LYCÉE VOLTAIRE
BACCALAURÉAT • COLLÈGE DE LOUIS-LE-GRAND • MANUELS • TOPONYMIE •

Avenue de la République, à Paris, s'élève depuis 1889 le lycée Voltaire ; ouvert en octobre 1890, il fut inauguré par le président Sadi-Carnot le 13 juillet 1891. Sa longue façade s'orne des bustes de Voltaire et d'Ampère. La III$^e$ République laïque, en hommage au siècle de la raison, avait décidé de donner au nouvel établissement scolaire de la rive droite le nom de Voltaire, tandis que sur la rive gauche s'ouvrait à la même époque le lycée Buffon. Établissement réservé aux garçons à l'origine, le lycée Voltaire deviendra mixte en 1973. Plusieurs personnalités notables ont fréquenté l'établissement, André Lwoff et Edgar Faure entre autres, mais le plus célèbre de ses élèves reste Alain-Fournier, entré en octobre 1899 ; selon les registres, il obtint tous les premiers prix durant trois ans.

Construit en plein quartier populaire du XIX$^e$ siècle, le lycée Voltaire se distingue encore par un certain non-conformisme. Son originalité passe par la reconnaissance de l'autre, par cette tolérance chère à Voltaire qui s'exprime aussi peut-être dans la diversité des langues enseignées. En octobre 1890 étaient nommés un professeur d'allemand et un professeur d'anglais, et « les humanité modernes » furent complétées en 1896 par l'enseignement du latin et du grec. Puis l'éventail des langues vivantes continua de s'élargir, à des dates symboliques : l'espagnol fut introduit en 1936, le russe en 1944, l'arabe en 1957, et l'hébreu y fut enseigné, premier cas en France, à partir de 1963. Enfin l'italien fut introduit en 1966 et le breton en 1981.

Là, plus qu'ailleurs, on étudie Voltaire, sans convention ni concession, comme il eût aimé sans doute. « Me voilà donc devenu auteur classique », s'exclamait-il en 1753, en apprenant qu'on expliquait *La Henriade\** aux écoliers du collège de Navarre à Paris ; il ne pouvait certes pas prévoir qu'il deviendrait un jour, lui le chantre d'Henri IV et l'historien de Louis le Grand, un éponyme concurrent des rois.

*Anne Soprani*

## LYON

« Nous arrivâmes à Lyon le 15 novembre 1754 », écrira Collini\* dans ses souvenirs. Voltaire venait de Colmar\*, accompagné de son secrétaire et de

Mme Denis*. Il avait à Lyon rendez-vous avec Richelieu* et descendit à l'auberge du Palais-Royal, où le maréchal vint le visiter trois fois dans la même journée. Puis, il alla saluer le cardinal de Tencin*, qu'il avait connu autrefois à la cour; mais il n'était certes plus dans les «bonnes grâces» de l'ancien ministre, et leur premier entretien fut assez décevant. Heureusement, la margrave de Bayreuth*, de passage à Lyon elle aussi, s'entremit, et Voltaire eut de l'archevêque de Lyon une autre audience plus chaleureuse. La ville même l'accueillit cependant avec de grands transports. Un public enthousiaste l'ovationna lorsqu'il assista à une représentation de *Brutus*; et l'académie, dont il était membre depuis 1745, honora le poète et le couvrit d'éloges. «Paille que le vent agite», encore incertain de sa retraite, il quitta Lyon le 10 décembre 1754 pour Genève*, et bientôt Prangins*.

Voltaire garda cependant de nombreux contacts avec Lyon, où résidaient son banquier, Jean Robert Tronchin*, et Charles Borde, le directeur de l'académie, qui l'avait reçu avec tant de grâces. Les imprimeurs lyonnais restèrent aussi à l'affût de ses dernières publications, et il dut se plaindre parfois de leurs réimpressions hâtives ou fautives. Enfin, ville de spectacles, Lyon était l'étape obligée des grands comédiens et cantatrices de l'époque : Mlle Fels, Lekain*, et la Clairon* s'y produisirent, et leurs représentations terminées, ces gens à talent s'empressaient de répondre aux invitations du plus fécond auteur de scène du siècle, et de se rendre, pour lui plaire, d'abord aux Délices puis à Ferney.

*Anne Soprani*

*Voici, en attendant, un petit article de la lettre M d'un dictionnaire que j'avais fait pour mon usage. Je le soumets au grand frère Diderot.*

*À Damilaville,
30 novembre 1762.*

## MACARE ET THÉLÈME

Voir CONTE EN VERS.

## MACHAULT D'ARNOUVILLE, Jean Baptiste

IMPÔT · *VOIX DU SAGE ET DU PEUPLE (LA)* ·

Ministre de Louis XV (1701-1794), contrôleur général des Finances de 1745 à 1754, initiateur de la réforme fiscale dite du vingtième, dont l'extension au clergé échoua. Disgracié en 1757. Voltaire travailla pour lui.

*André Magnan*

## MACHIAVEL, Nicolas, Niccolo Machiavelli, dit

*ANTI-MACHIAVEL* · LECTEUR ·

Voltaire s'est moins interrogé que Montesquieu sur Machiavel (1469-1527). Pourtant il l'a lu, à l'incitation de Frédéric II peut-être, qui a dénoncé ses maximes politiques. Il a lu non seulement *Le Prince* (1532) et les *Discours sur la première décade de Tite-Live* (1513-1519), mais cette comédie étrange du Florentin, *La Mandragore* (1520), qu'il comparera aux œuvres d'Aristophane (au duc de La Vallière, 25 avril 1761), ou même ce poème de *L'Âne d'or* qu'il lui attribue dans l'article « Âne » des *Questions sur l'Encyclopédie*. Avant d'être un théoricien politique, le Machiavel de Voltaire est homme de lettres ou stratège, inventeur respecté d'un art nouveau de la guerre (*Questions sur l'Encyclopédie*, art. « Bataillon »). Le

Machiavel que les Lumières ne cessent de condamner pour sa fourberie ou son manque de scrupules en politique n'apparaît guère que dans les lettres à Frédéric (lettre du 20 mai 1738). Comme Rousseau, Voltaire se demande ce que dissimulaient cette activité brouillonne et ce cynisme apparent : « C'est un étrange homme que ce Machiavel ; il s'amusait à faire des vers, des comédies, à montrer de son cabinet l'art de se tuer régulièrement, et à enseigner aux princes l'art de se parjurer, d'assommer et d'emprisonner... » (*Questions sur l'Encyclopédie*, art. « Bataillon »).

Jean Goulemot

*Voltaire, griffes cachées, faisait le gros dos aux pieds du roi. Voltaire et Machiavel sont deux redoutables révolutionnaires indirects, dissemblables en toute chose, et pourtant identiques par leur profonde haine du maître déguisée en adulation. L'un est le malin, l'autre le sinistre... Conclusion de ceci : faites lire au peuple Machiavel, et faites-lui lire Voltaire. Machiavel lui inspirera l'horreur et Voltaire le mépris du crime couronné.*

Victor Hugo, William Shakespeare, 1864.

## MAHOMET

CORAN • *MAHOMET* • RELIGION •

Du Mahomet de la tragédie à celui de l'*Essai sur les mœurs*, la distance est grande. On peut penser qu'à son habitude, Voltaire a procédé à une distribution des « rôles » et des « lectures » : un Mahomet pour la scène, conforme à l'attente du public, fait pour inspirer la haine du fanatisme (et qui finalement s'avère trop cynique pour soutenir l'intérêt dramatique et trop cérébral pour illustrer la fureur partisane) ; un autre pour une connaissance plus universelle de l'Histoire, aux contours moins anguleux, à l'humanité plus affirmée. Mais peut-être faut-il situer ces deux figures chacune à sa place dans la genèse des œuvres. Les dates témoignent, en effet, d'une évolution.
En 1740, alors qu'il compose sa tragédie, Voltaire écrit à Frédéric II : « Mahomet n'est ici que Tartuffe les armes à la main. » Le jugement se nuance en 1748, dans ce commentaire dont il fait suivre la pièce : « On l'excuse sur la fourberie [...]. Les Arabes comptaient avant lui cent quatre-vingt mille prophètes. » En 1763, enfin, dans *Remarques\* pour servir de supplément à l'Essai sur les mœurs*, toute réticence semble avoir disparu : « Ce fut certainement un très grand homme [...]. Il vainquit toujours [...], il joua le plus grand rôle qu'on puisse jouer sur la terre » (IX$^e$ remarque). Ainsi Voltaire découvre par étapes l'histoire de Mahomet. Il a lu Gagnier, Boulainvilliers pour la tragédie, mais les erreurs abondent ; volontaires, tel

le crime qu'il fait commettre à Mahomet; ou relevant d'une connaissance insuffisante de la vie du Prophète, comme pour cet autre fils en âge d'être tué à la guerre qu'il lui attribue.

La préparation de l'*Essai* l'amène à s'informer au plus près des sources, notamment dans la «Sonna», comme il dit, cette tradition islamique dont il admire la précision. Plutôt que de laisser, comme pour tel «incident» survenu dans un «village de la Galilée», des récits «invérifiables» décider du sort d'une religion, les contemporains de Mahomet ont consigné «dans le détail», de façon synchrone à l'apostolat, les faits et gestes du Prophète. Voltaire ne s'écartera de cette tradition que pour tout ce qui touche aux «prodiges», selon son mot. Si la généalogie qui fait descendre Mahomet d'Abraham lui paraît «mythique», encore que nécessaire pour «en imposer aux hommes», Voltaire puise sans réserve dans la «Sonna», et son récit est dans ses grandes lignes conforme à l'orthodoxie musulmane – pour autant que celle-ci puisse consentir à une démarche qui «fait toujours abstraction des jugements de Dieu et de ses voies inconnues» (*Essai sur les mœurs*, chap. VI). Là où la «Sonna» est peu explicite, Voltaire recourt à la méthode psychologique. Il dit, parlant de la Révélation: «Il est à croire que Mahomet [...], violemment frappé de ses idées [...], les débita d'abord de bonne foi, les fortifia par des rêveries [...].» Il se départit même de tout esprit critique pour raconter telle victoire remportée par les musulmans contre des ennemis «dix fois» supérieurs en nombre. Mais, plus que le caractère extraordinaire de l'événement – un peuple sorti du néant, transcendé par «l'enthousiasme» et repoussant la chrétienté «jusqu'aux portes de Constantinople» –, l'explication intéresse prioritairement l'historien. Voltaire y voit pour l'essentiel la rencontre d'un homme et d'une «nation»: Mahomet n'eut rien qui ne fût «de temps immémorial» dans le génie des «peuples de l'Arabie». S'il sut mettre «en mouvement» ces peuples, c'est parce qu'il avait compris leur caractère, enraciné le nouveau dogme dans le terreau de leurs anciennes croyances, et fait de la conquête une fin et un moyen, la victoire étendant l'empire et, dès lors, constituant «aux yeux des musulmans, l'argument le plus fort que la Divinité prit soin elle-même de seconder leur prophète».

Au total, un Mahomet «très savant», poète «inimitable», maître psychologue, maître stratège. C'est sur ce point que Voltaire s'écarte le plus de l'orthodoxie de l'Islam qui tient l'illettrisme du Prophète pour une preuve irréfutable de la vérité de la Révélation.

*Béchir Garbouj*

## MAHOMET

BENOÎT XIV • CORAN • FANATISME • GOETHE • MAHOMET • SÉIDE • TRAGÉDIES •

Conçue en 1739, la pièce est terminée en 1741. Son titre original est *Le Fanatisme ou Mahomet le Prophète*. De passage à Lille\*, Voltaire la fait jouer par la troupe de La Noue. La première obtient un grand succès, le 25 avril 1741 ; une représentation privée eut lieu devant des prélats, qui applaudirent comme le public. À Paris, malgré l'avis défavorable de Crébillon\*, chargé de l'examen, la pièce est créée le 9 août 1742, et bien accueillie. Cependant, *Mahomet* est aussitôt dénoncée par des « jansénistes » comme « scandaleuse et impie » (avis de l'éditeur). Bientôt le Parlement porte plainte ; pour éviter une affaire, l'auteur est prié de retirer sa pièce après la troisième représentation ; elle ne devait être reprise que le 30 septembre 1751, en l'absence de l'auteur, alors établi en Prusse.

Le sujet était explosif. Prophète d'une religion nouvelle, qu'il prétend révélée, Mahomet a converti le peuple arabe à l'islam. Seul lui résiste encore Zopire, chérif de La Mecque, qui a percé son imposture, et qui le hait, parce qu'il a tué sa femme et ses enfants. Mahomet veut en finir avec lui, et reprendre Palmire, que Zopire tient prisonnière : il aime en secret cette « esclave ». Omar, son lieutenant, arrive à La Mecque, avec Séide, un autre esclave, amant aimé de Palmire, pour imposer la paix. Mahomet le suit de près, à la tête de son armée, et soulève ses partisans. Au cours d'un entretien dramatique avec Zopire, il proclame son dessein : asservir les Arabes « sous un roi, sous un dieu », et conquérir le monde. Il apprend à Zopire, sans les nommer, que ses enfants sont vivants ; il lui rendra son fils et deviendra son gendre. Devant le refus indigné de Zopire, Mahomet décide enfin de le faire assassiner, et par son propre fils, qui n'est autre que Séide. Cette mission répugne au jeune homme, mais son fanatisme l'emporte. L'horrible attentat est perpétré ; au vieillard agonisant, on révèle la vérité devant ses enfants : Séide est son fils et Palmire sa fille ! Séide n'a pas le temps de se venger ; il meurt à son tour, empoisonné de la main de Mahomet, et Palmire se suicide. « Tartuffe le grand » comme l'appelle familièrement Voltaire, a installé son empire.

Dans une lettre à Frédéric, Voltaire précise les sentiments qui l'ont guidé : « l'amour du genre humain, et l'horreur du fanatisme » ; il a voulu instruire son public en peignant « l'imposture qui met en œuvre l'hypocrisie des uns et la fureur des autres ». Séide est ainsi le type même de ces créatures engendrées par une religion conquérante, un système « totalitaire », qui fait de jeunes hommes sincères, séduits et implacablement manipulés, de véritables monstres. *Le Fanatisme*, vrai titre de l'œuvre, apparaît plus affreux encore que l'effrayante idéologie qui le produit. Ici Voltaire atteint la limite du tragique et de l'atroce : le parricide, et « l'inceste en récom-

pense ». Certes, ce sont les maximes d'une « fausse religion » qui arment le bras des assassins ; en condamnant l'islam, Voltaire ne faisait que suivre la doctrine chrétienne. Mais qui pouvait ignorer l'usage que les philosophes, depuis Bayle, faisaient du dernier Prophète pour saper, sous le voile de la « superstition », le christianisme lui-même ? Attaqué, Voltaire crut bon de s'assurer la protection du pape Benoît XIV.

Henri Lagrave

SÉIDE : *Ah ! sans doute ce Dieu, dont vous êtes l'image,*
*Va d'un combat illustre honorer mon courage.*
MAHOMET : *Faites ce qu'il ordonne, il n'est point d'autre honneur.*
*De ses décrets divins aveugle exécuteur,*
*Adorez et frappez ; vos mains seront armées*
*Par l'ange de la mort, et le Dieu des armées.*
SÉIDE : *Parlez : quels ennemis vous faut-il immoler ?*
*Quel tyran faut-il perdre ? et quel sang doit couler ?*
MAHOMET : *Le sang du meurtrier que Mahomet abhorre,*
*Qui nous persécuta, qui nous poursuit encore,*
*Qui combattit mon Dieu, qui massacra mon fils ;*
*Le sang du plus cruel de tous nos ennemis,*
*De Zopire.*
SÉIDE : *De lui ! quoi ! mon bras...*
MAHOMET : *Téméraire,*
*On devient sacrilège alors qu'on délibère.*
*Loin de moi les mortels assez audacieux*
*Pour juger par eux-mêmes et pour voir par leurs yeux !*
*Quiconque ose penser n'est pas né pour me croire.*
*Obéir en silence est votre seule gloire.*
*Savez-vous qui je suis ? Savez-vous en quels lieux*
*Ma voix vous a chargé des volontés des cieux ?*
*Si, malgré ses erreurs et son idolâtrie,*
*Des peuples d'Orient La Mecque est la patrie ;*
*Si ce temple du monde est promis à ma loi ;*
*Si Dieu m'en a créé le pontife et le roi ;*
*Si La Mecque est sacrée, en savez-vous la cause ?*
*Ibrahim y naquit, et sa cendre y repose :*
*Ibrahim, dont le bras, docile à l'Éternel,*
*Traîna son fils unique aux marches de l'autel,*
*Étouffant pour son Dieu les cris de la nature.*
*Et quand ce Dieu par vous veut venger son injure,*
*Quand je demande un sang à lui seul adressé,*
*Quand Dieu vous a choisi, vous avez balancé !*

*Allez, vil idolâtre, et né pour toujours l'être,*
*Indigne musulman, cherchez un autre maître.*
*Le prix était tout prêt; Palmire était à vous :*
*Mais vous bravez Palmire et le ciel en courroux.*
*Lâche et faible instrument des vengeances suprêmes,*
*Les traits que vous portez vont tomber sur vous-mêmes;*
*Fuyez, servez, rampez, sous mes fiers ennemis.*
*SÉIDE : Je crois entendre Dieu; tu parles, j'obéis.*
*MAHOMET : Obéissez, frappez : teint du sang d'un impie,*
*Méritez par sa mort une éternelle vie.*
*(À Omar)*
*Ne l'abandonne pas; et, non loin de ces lieux,*
*Sur tous ses mouvements ouvre toujours les yeux.*
               *Mahomet, 1742, acte III, scène VI.*

## MAINE, Anne Louise Bénédicte de Bourbon-Condé, duchesse du

ANET • COURTISAN • SCEAUX •

Petite par la taille, mais impérieuse princesse du sang, petite-fille du Grand Condé, Anne Louise Bénédicte de Bourbon (1676-1753) était duchesse du Maine par son mariage avec un prince légitimé, fils de Louis XIV et de Mme de Montespan. Elle tenait à Sceaux une cour d'esprit des plus raffinées, que Voltaire, encore Arouet, fréquenta dès ses 20 ans, vers 1714 ; c'est du moins ce qu'il sous-entend dans sa dédicace d'*Oreste\**, en rappelant à la duchesse qu'il vint à Sceaux « presque au sortir de l'enfance » – peut-être introduit par son cousin Brue\*.

Au début de la carrière de Voltaire, tout écrivain, tout poète doit se faire courtisan des grands. Dans cet esprit, la duchesse du Maine n'était pas à « négliger » : « Tant qu'elle vivra, écrit encore Voltaire en 1749, [elle] disposera de bien des voix et fera retentir la sienne. » Ses lettres à la duchesse se ressentent de ce lien de cour, elles demeurent cérémonieuses, sauf quelques billets plus ludiques adressés à « ma protectrice ».

Reine des jeux de l'esprit, la duchesse du Maine se plaisait à voir mis en vers tous les incidents de sa vie, même les plus anodins. Le présent d'un pot à tabac, de deux saladiers, pouvait être prétexte à des rimes qu'il fallait faire piquantes, étourdissantes. Ayant fondé par fantaisie l'Ordre de la mouche à miel, elle adoubait ses chevaliers, qui lui prêtaient serment de fidélité, au cours d'une cérémonie solennelle. Elle était « Ludovise », et ses fidèles portaient sa couleur, le jaune. C'est comme poète et conteur, en vers et en prose, que Voltaire fut admis au sein de cette société frivole. Pour la duchesse, dès 1714 ou 1715, il composa *Le Crocheteur\* borgne* – elle y

figure sous le nom de Mélinade, en souvenir de son ordre des abeilles –, puis *Cosi-Sancta\**. Plus tard en 1747, si l'on en croit Longchamp*, Voltaire lira la nuit à cette princesse fiévreusement insomniaque les chapitres de *Zadig\** composés un à un.

Accusée en 1718 de complot contre le Régent Philippe* d'Orléans, la duchesse du Maine fut exilée et éloignée un temps de Sceaux. Voltaire renoua avec elle vers 1745, déjà bien en cour, historiographe puis académicien; il avait toujours ses entrées à Sceaux et à Anet. Le prince de Dombes, son fils, ayant participé en juillet 1747 à la bataille de Lawfeld, Voltaire félicite dans une épître l'«Auguste fille et mère de héros» de la victoire remportée. C'est en 1749 et en 1750 que la duchesse du Maine remplit auprès de Voltaire un vrai rôle de protectrice. Elle prit son parti dans sa rivalité avec Crébillon*: pour cette «conservatrice du bon goût et du bon sens», il composa *Rome\* sauvée*, et donna même à «Ludovise» une représentation de sa pièce, en juin 1750. Il lui dédicacera enfin *Oreste*. Mais son installation en Prusse* semble avoir piqué la princesse: «Je garde, lui écrivait-elle en septembre 1750, un profond silence sur ce que vous venez de faire.»

Pour la duchesse du Maine qui avait tant aimé la «comédie», lorsqu'il la sut près de sa fin, Voltaire souhaitait, en 1752, l'administration de «quelque belle pièce» en guise «d'extrême-onction»: «On meurt comme on a vécu», ajoutait-il.

*Anne Soprani*

## MAISONS, Jean René de Longueil, marquis de

AMITIÉ •

Voltaire se lia avec cet homme d'esprit vers 1722. Président à mortier du Parlement de Paris, le marquis de Maisons (1699-1731) était passionné de botanique et de chimie; il avait mis au point un très beau bleu de Prusse. Durant l'épidémie de variole de 1723, Voltaire fut atteint par ce mal dans le château de M. de Maisons, et si dangereusement qu'il se confessa et rédigea son testament – qui cependant n'était «pas bien long». Gervasi, le médecin, le sauva en lui faisant «boire deux cents pintes de limonade»! À peine venait-il de quitter le château que le plancher de sa chambre tomba «tout enflammé», provoquant un sérieux incendie. À cette nouvelle, «la fièvre [le] reprit».

M. de Maisons aima *La Henriade* et applaudit, en août 1731, en primeur, une lecture de *La Mort de César*. Il mourut brutalement un mois plus tard. Révolté par «l'ignorance des médecins», accablé par le chagrin, Voltaire dit

avoir été dans « un désespoir » proche de « l'abrutissement ». Il garda vivant le souvenir de cette amitié.

Anne Soprani

## MAISTRE, Joseph, comte de

C'est en 1809 que Voltaire aura trouvé enfin un adversaire à sa hauteur en fait de style, vengeur de la terrible catastrophe de son influence, et profanateur de sa gloire humaine comme il l'avait été lui-même des grandeurs sacrées. Ce rictus blasphémateur, cette suspension « entre l'admiration et l'horreur », ont hanté Chateaubriand, Musset, Baudelaire et le premier Hugo.

André Magnan

*Une monotonie assoupissante plane sur la plupart de ses écrits, qui n'ont que deux sujets, la Bible et ses ennemis : il blasphème ou il insulte. Sa plaisanterie si vantée est cependant loin d'être irréprochable : le rire qu'elle excite n'est pas légitime ; c'est une grimace. N'avez-vous jamais remarqué que l'anathème divin fut écrit sur son visage ? Après tant d'années, il est temps encore d'en faire l'expérience. Allez contempler sa figure au palais de l'Ermitage : jamais je ne la regarde sans me féliciter de ce qu'elle ne nous a point été transmise par quelque ciseau héritier des Grecs, qui aurait su peut-être y répandre un certain beau idéal. Ici tout est naturel. Il y a autant de vérité dans cette tête qu'il y en aurait dans un plâtre pris sur le cadavre. Voyez ce front abject que la pudeur ne colora jamais, ces deux cratères éteints où semblent bouillonner encore la luxure et la haine. Cette bouche – je dis mal peut-être, mais ce n'est pas ma faute – ce rictus épouvantable courant d'une oreille à l'autre, et ces lèvres pincées par la cruelle malice comme un ressort prêt à se détendre pour lancer le blasphème ou le sarcasme. – Ne me parlez pas de cet homme, je ne puis en soutenir l'idée. Ah ! qu'il nous a fait de mal. Semblable à cet insecte, le fléau des jardins, qui n'adresse ses morsures qu'à la racine des plantes les plus précieuses, Voltaire, avec son « aiguillon », ne cesse de piquer les deux racines de la société, les femmes et les jeunes gens ; il les imbibe de ses poisons qu'il transmet ainsi d'une génération à l'autre. C'est en vain que pour voiler d'inexprimables attentats, ses stupides admirateurs nous assourdissent de tirades sonores où il a parlé supérieurement des objets les plus vénérés. Ces aveugles volontaires ne voient pas qu'ils achèvent ainsi la condamnation de ce coupable écrivain. Si Fénelon, avec la même plume qui peignit les joies de l'Élysée, avait écrit le livre « Du Prince », il serait mille fois plus vil et plus coupable que Machiavel. Le grand crime de Voltaire est l'abus du talent et la prostitution réfléchie d'un génie créé pour célébrer Dieu et la vertu. Il ne saurait alléguer*

*comme tant d'autres la jeunesse, l'inconsidération, l'entraînement des passions, et pour terminer enfin, la triste faiblesse de notre nature. Rien ne l'absout : sa corruption est d'un genre qui n'appartient qu'à lui ; elle s'enracine dans les dernières fibres de son cœur et se fortifie de toutes les forces de son entendement. Toujours alliée au sacrilège, elle brave Dieu en perdant les hommes. Avec une fureur qui n'a pas d'exemple, cet insolent blasphémateur en vient à se déclarer l'ennemi personnel du Sauveur des hommes ; il ose du fond de son néant lui donner un nom ridicule, et cette loi adorable que l'Homme-Dieu apporta sur la terre, il l'appelle* L'INFÂME. *Abandonné de Dieu qui punit en se retirant, il ne connaît plus de frein. D'autres cyniques étonnèrent la vertu, Voltaire étonne le vice. Il se plonge dans la fange, il s'y roule, il s'en abreuve ; il livre son imagination à l'enthousiasme de l'enfer qui lui prête toutes ses forces pour le traîner jusqu'aux limites du mal. Il invente des prodiges, des monstres qui font pâlir. Paris le couronne, Sodome l'eût banni. Profanateur effronté de la langue universelle et de ses plus grands noms, le dernier des hommes après ceux qui l'aiment ! comment vous peindrais-je ce qu'il me fait éprouver ? Quand je vois ce qu'il pouvait faire et ce qu'il a fait, ses inimitables talents ne m'inspirent plus qu'une espèce de rage sainte qui n'a pas de nom. Suspendu entre l'admiration et l'horreur, quelquefois je voudrais lui faire élever une statue... par la main du bourreau.*

Les Soirées de Saint-Pétersbourg<br>ou Entretiens sur le gouvernement temporel de la Providence, 1809,<br>IV<sup>e</sup> entretien.

## MAL

BIEN (TOUT EST) • *CANDIDE* • HISTOIRE • LEIBNIZ • OPTIMISME •

La question du mal hante presque toute la vie et toute l'œuvre de Voltaire. Mais dans deux directions très différentes. D'une part, Voltaire intervient dans le débat théologique, avec le succès de vulgarisation que l'on sait (*Candide* vient de là). D'autre part, il laïcise la notion de mal et déplace le problème sur le terrain de l'histoire et de l'engagement politique.

Face à la contradiction théologique entre l'existence du mal et celle de Dieu, Voltaire adhère d'abord à l'optimisme déiste qui conciliait foi et raison. En 1755-1756, révolté par la souffrance humaine, il rompt avec cette explication théologique, dans le *Poème\* sur le désastre de Lisbonne*. Il s'écarte de l'approche chrétienne, en réduisant le péché, ou « mal moral », à un « mal physique » fait à autrui. En hédoniste, il sécularise et relativise la notion : « Le plus grand bien est celui qui vous délecte avec tant de force qu'il vous met dans l'impuissance totale de sentir autre chose, comme le

plus grand mal est celui qui va jusqu'à nous priver de tout sentiment »
(*Dictionnaire philosophique*, 1764, art. « Bien, Souverain bien »).
Au regard d'un Dieu infiniment bon, Voltaire trouve le mal incompréhensible. Au regard de la souffrance humaine, il considère qu'il est du ressort de la médecine, et de ces médecines de l'esprit et du corps social que sont la philosophie, l'économie et la politique. *Candide* est un cri de révolte religieuse contre le tremblement de terre de Lisbonne, mais c'est aussi une dénonciation politique de la guerre de Sept Ans.
L'historien Voltaire rompt avec le providentialisme de Bossuet et accumule les données sur les causes et les facteurs concrets du bien et du mal politiques. Si le bilan de l'histoire humaine est si lourd, cela tient d'abord à ces doctrines religieuses qui font le lit de la superstition, de l'intolérance et de la barbarie : « La superstition a été si horrible chez presque toutes les nations que s'il n'en existait pas encore des monuments, il ne serait pas possible de croire ce qu'on nous en raconte. L'histoire du monde est celle du fanatisme » (*Homélies prononcées à Londres en 1765*, 1767, II$^e$ homélie, « Sur la superstition »). L'*Essai sur les mœurs et l'esprit des nations* (1756-1769) tient compte des déterminismes économiques ou politiques. Mais comme plus tard Condorcet dans l'*Esquisse d'un tableau historique des progrès de l'esprit humain* (1795), Voltaire y souligne le rôle déterminant de la culture. Alors que le théologien Voltaire avait rejeté l'explication du mal par le dualisme religieux, l'historien et le politique exaltent le combat des Lumières contre l'obscurantisme et ses barbaries.
À l'inverse de Candide qui pratique le repli sur soi (« Il faut cultiver notre jardin »), Voltaire s'engage contre le mal. Contre la guerre. Contre la misère ou la frustration frugale (*Défense du Mondain*, 1737 ; *Dictionnaire philosophique*, 1764, art. « Luxe »). Contre la valorisation de la souffrance (*Lettres philosophiques*, « Sur les *Pensées* de M. Pascal », édition de 1742), contre l'intolérance et l'injustice (affaires Calas et La Barre).
Si bien que l'adversaire de l'athéisme, toujours en quête d'une solution philosophique au problème du mal, s'associe à l'athée Condorcet, son cadet de cinquante ans. Condorcet, éditeur des *œuvres complètes* de Voltaire pour l'édition de Kehl\*, conclura ainsi son « Avertissement » en tête du *Poème sur le désastre de Lisbonne* : « Qu'importe que tout soit bien, pourvu que nous fassions en sorte que tout soit mieux qu'il n'était avant nous ? » Si la formule disqualifie les interrogations théologiques de Voltaire, elle revendique pleinement l'héritage du philosophe engagé.

Laurent Loty

## MALADIES

«ÉNOLPH, ALNORPH» • FOLIE • GASTRONOMIE • MORT • PEUR • STRANGURIE • TRONCHIN •

Ce bourreau de travail qu'était Voltaire n'a cessé d'affirmer dans ses lettres qu'il était affligé de toutes les maladies et qu'il était au bord de la tombe. C'est un concert de plaintes, un lamento continuel. «J'ai apporté à Berlin une vingtaine de dents : il m'en reste à peu près six.» Des troubles digestifs et une constipation chronique interrompue par des diarrhées douloureuses lui inspirent d'incessants commentaires truffés d'images sarcastiques, dolentes ou scatologiques. Il fait aussi allusion à son incroyable maigreur : «Je ne suis plus que des os enveloppés de parchemin fripé.» Une seule lettre datée d'un séjour en Hollande en 1722 fait état, à 28 ans, d'une parfaite santé et témoigne franchement de la joie d'exister. Son œuvre littéraire révèle aussi une hantise de la maladie et du corps mutilé; songeons aux nombreux vérolés, au malheureux Pangloss dévoré d'ulcères.

Quelle est la part de réalité dans les maladies de Voltaire, bien que les composantes psychosomatiques ne soient pas négligeables ? Son anémie, la chute précoce de presque toutes ses dents, ses poussées d'eczéma relèvent, il n'en démord pas, du scorbut. Une frilosité maladive, à la fin de sa vie, le contraint à se draper, même en été, dans une épaisse pelisse. Amateur de jolies femmes, ses faiblesses l'empêchent parfois de satisfaire ses partenaires, ce qu'il révèle dans une lettre un peu crue à Cideville\*, et il avoue franchement que l'amour des lettres a remplacé pour lui le plaisir sexuel. À Ferney, l'éclat de la neige le rend presque aveugle. Il a souffert de nombreuses crises de strangurie (insuffisance urinaire) et l'on sait qu'à la fin de sa vie, il fut atteint d'un cancer de la vessie qui le fit cruellement souffrir et dont il mourut. Les médecins ne lui inspirant aucune confiance, il se prescrit lui-même des traitements démentiels : purges continuelles, dix à quinze lavements par mois à l'aide d'un petit clystère qu'il a rapporté d'Angleterre, aliments coupés en menus morceaux, soigneusement mêlés de condiments divers. Tronchin est chargé de le ravitailler en médicaments.

Laissons la parole aux médecins de notre temps pour le diagnostic. En 1723, il contracte la variole (on disait la petite vérole au $XVIII^e$ siècle). Les troubles digestifs seraient dus à une entérocolite muco-membraneuse. Cette maladie entraîne l'extrême maigreur que les artistes comme Houdon et Huber ont reproduite et un eczéma rebelle. Il faut enfin mentionner les terribles «convulsions» dont il était parfois affecté, car ce grand lutteur de la philosophie était aussi un esprit dépressif, irritable et toujours inquiet des menaces réelles ou imaginaires qui planaient sur lui.

*Didier Masseau*

*Le nombre des maladies qui affligent le genre humain est si énorme que nous manquons de termes pour les exprimer. Il en est des maux du corps comme de ceux de l'âme : point de langue qui peigne par la parole toutes ces tristes nuances.*

De la mort de Louis XV et de la fatalité, 1774.

## MALEBRANCHE, Nicolas de

ÂME • DÉISME • DESCARTES • DIEU •

Dans *Le Siècle de Louis XIV*, Voltaire mêle éloges et critiques quand il parle de Malebranche (1638-1725). Celui-ci est « un des plus profonds méditatifs qui aient jamais écrit », mais il ajoute cette constatation moins laudative : « Animé de cette imagination forte qui fait plus de disciples que la vérité, il en eut : de son temps il y avait des malebranchistes », ce qui veut dire, bien sûr, qu'il n'y en a plus. Puis il ajoute ce nouvel éloge : « Il a montré admirablement les erreurs des sens et de l'imagination », avant de lui décocher une nouvelle flèche : « Quand il a voulu sonder la nature de l'âme, il s'est perdu comme les autres. » Le chapitre conclusif de l'*Essai sur les mœurs* (1756) emprunte à Malebranche le principe d'un garde-fou providentiel institué par l'Être suprême pour prévenir les folies humaines et équilibrer « l'esprit de guerre, de meurtre et de destruction, qui a toujours dépeuplé la terre ». Dans les *Éléments de la philosophie de Newton* (1738), Voltaire, emporté par son enthousiasme newtonien, se livre à une critique en règle de la théorie malebranchiste des tourbillons, qui vise à expliquer l'action de la lumière : « Des vibrations du corps lumineux impriment, selon lui, des secousses à de petits tourbillons mais capables de compression et tous composés de matière subtile », et Voltaire se complaît à relever de multiples contradictions : l'action du soleil ne peut passer en un instant à travers tant de petits corps comprimés les uns sur les autres ; et comment les « tourbillons mous », seraient-ils élastiques ? Sur ce point, Voltaire renvoie dos à dos Malebranche et Descartes.

Mais c'est essentiellement dans *Tout\* en Dieu, commentaire sur Malebranche* (1769) que Voltaire consacre un important commentaire à Malebranche. Conformément à une pratique éditoriale bien rodée, il attribue cet écrit à un certain abbé de Tilladet, en en situant la rédaction au XVIIe siècle. Il entend y démontrer que la métaphysique de Malebranche se rapproche du spinozisme, tout en affirmant que l'auteur du *De la recherche de la vérité* (1674-1678) n'a fait pourtant qu'interpréter saint Paul. Après s'être livré à une interprétation strictement mécaniste de la formation des sensations, Voltaire conclut qu'il n'est point besoin pour rendre compte de leur mise en œuvre de faire intervenir aucun principe spirituel. Mais il

ajoute : « Il est sûr que nous ne pouvons nous donner aucune sensation ; nous ne pouvons même en imaginer au-delà de celles que nous avons éprouvées [...]. Nous ne pouvons donc rien purement par nous-mêmes, soit qu'il y ait un être invisible et intangible dans notre cervelet, soit qu'il n'y en ait pas. » Il en résulte que l'Auteur de la nature est aussi celui qui a créé nos organes et ces instruments de connaissance que sont les sensations et les idées. Voltaire peut alors affirmer que nous sommes « sous la main de Dieu » et que « Malebranche a donc raison de dire philosophiquement que nous sommes dans Dieu, et que nous voyons tout dans Dieu, comme saint Paul le dit dans le langage de la théologie, et Aratus et Caton dans celui de la morale ».

Didier Masseau

## MALESHERBES, Chrétien Guillaume de Lamoignon de
CENSURE · ÉDITIONS · *ENCYCLOPÉDIE* · PARLEMENT · TURGOT ·

Né en 1721, guillotiné en 1794, Malesherbes était le fils du chancelier de Lamoignon. Il succéda à son père comme président de la Cour des aides, et fut nommé en 1750 directeur de la Librairie. Il cultiva les sciences et les lettres, et exerça sa magistrature avec une dignité, une impartialité qui lui attirèrent le respect de ses adversaires eux-mêmes. On vanta, dit l'abbé de Véri dans son *Journal*, « son esprit, ses ressources lumineuses, la simplicité de son âme et son imperturbable droiture ». Il était philosophe, aimait Rousseau, admirait Voltaire, et soutint les débuts de l'*Encyclopédie*. Mais il exerçait loyalement ses fonctions, qui comprenaient la direction de la censure, et se montrait soucieux de tenir la balance égale entre des « partis » violemment opposés, sans trop tenir compte de ses inclinations. Suspecté de double jeu par certains, comme d'Alembert, il n'eut pas toujours la tâche facile avec Voltaire, prompt à se plaindre, et passé maître dans les stratégies éditoriales. Malesherbes n'est pas dupe de ses ruses, de ses machinations subtiles, destinées à faciliter la diffusion de multiples ouvrages jugés indésirables ; par exemple, l'*Abrégé de l'histoire universelle* (premier titre de l'*Essai sur les mœurs*), *La Pucelle*, l'*Histoire de l'empire de Russie*. Le magistrat doit parfois se montrer ferme à l'égard du grand homme, et lui recommander de se tenir tranquille, notamment lorsqu'il réclame (trop souvent) la tête de Fréron. Les philosophes lui reprochèrent, à l'occasion, d'accorder à leurs ennemis une liberté de parole dont ils revendiquaient pour eux-mêmes l'exclusivité. Ils lui en voulurent quand il dut rédiger, à contrecœur, l'arrêt qui supprimait le privilège de l'*Encyclopédie* (1759). Cependant on regretta son départ, en 1763 ; Voltaire lui rend justice dans une lettre à d'Argental : « M. de Malesherbes n'avait pas laissé de rendre service à l'es-

prit humain en donnant à la presse plus de liberté qu'elle n'en a jamais eu. Nous étions déjà à moitié chemin des Anglais.» Les deux hommes s'affrontèrent une dernière fois lors de la crise des parlements. En tant que président de la Cour des aides, Malesherbes défendit âprement les cours souveraines, tandis que Voltaire soutenait les «parlements Maupeou». Aux fameuses remontrances de la Cour des aides (18 février 1771), Voltaire répliqua par une *Réponse\** qui justifiait la réforme royale. Son adversaire d'un moment ne lui en garda pas rancune, et Voltaire, plus tard, nuança sa position. Il félicite chaudement Malesherbes de son élection à l'Académie (1$^{er}$ janvier 1775), et se réjouit de son entrée au ministère, où il rejoint Turgot, comme ministre de la Maison du roi, en juillet 1775. Le patriarche attend de ses «ministres philosophes» tout le bien possible, notamment la suppression de la mainmorte, qu'il réclame pour les «serfs du Mont-Jura», ainsi qu'une action en faveur des protestants. Hélas! «dégoûté» du ministère, Malesherbes démissionne, peu avant Turgot, en mai 1776. Voltaire ne s'en console pas; il unira toujours leurs noms dans ses regrets.

*Henri Lagrave*

## «MAMAN»

AROUET • DENIS (MME) • FAMILLE •

Voltaire avait perdu sa mère à l'âge de 7 ans, mais il évoque rarement son souvenir. Il conservait cependant à Ferney, accroché à un mur de sa chambre, un portrait de Mme Arouet, attribué à Largillière. On ne sait pas qui s'occupa du jeune François Marie, sa sœur aînée Catherine peut-être, ou une tante installée au domicile paternel. Voltaire n'a jamais confié son regret ni sa peine, ni rien dit des femmes qui ont veillé sur son enfance. Ce mot pourtant en 1761, à propos de sa pièce *Olympie* : «Il est beau, il est neuf qu'Olympie n'ait de confidente que sa mère.» À cette époque, Voltaire voyait près de lui Mme Denis s'occuper de Mlle Corneille\*. Peu à peu, pour ses correspondants les plus intimes, d'Argental, d'Hornoy ou d'Alembert, sa nièce maîtresse devient alors «maman Denis». Insensiblement, la figure, le nom de «maman Denis» vinrent à l'intéresser lui-même, dernière inflexion peut-être du sens de leur relation. Ce besoin de douceurs maternelles qu'il exprima très tôt dans une sorte de seconde famille, remontait sans doute à l'absence lointaine de la mère. Mais on connaît aussi son goût pour les surnoms\*, qui aura pu lui suggérer cette tendresse de vieil amant, presque avouable aux familiers. Jusqu'à la fin de sa vie, l'accueillante «dame de Ferney», maîtresse incontestée de la maison, ne sortit plus de ce rôle maternel reconnu. Et les derniers mots de Voltaire mourant furent

encore, paraît-il, à son intention, une sorte de recommandation filiale : « Prenez soin de maman », aurait-il demandé.

*Anne Soprani*

## *MANDEMENT DU RÉVÉRENDISSIME PÈRE EN DIEU ALEXIS, ARCHEVÊQUE DE NOVGOROD-LA-GRANDE*
ANTICLÉRICALISME • FACÉTIES • PARLEMENT •

Opuscule de 1765, en réponse aux *Actes de l'Assemblée générale du clergé de France* qui avaient condamné, entre autres, le *Dictionnaire philosophique*, l'*Essai sur l'histoire générale* (autre nom de l'*Essai sur les mœurs*) et *La Philosophie de l'histoire*. Un arrêt du Parlement de Paris venait à son tour de condamner ces Actes, et d'ordonner la suppression de la *Lettre circulaire de l'assemblée du clergé de France* qui les accompagnait. Sur le mode burlesque, le pseudo-mandement voltairien raconte cette succession de condamnations, effet cocasse des rapports d'autorité entre les « puissances » judiciaire et cléricale ; sur le mode sérieux, il réfléchit sur la séparation nécessaire du spirituel et du temporel, seule capable d'empêcher intolérance et fanatisme. À la dernière page, cette ultime provocation : « Permis d'imprimer, Christophe Borkerof, lieutenant de police de Novgorod-la-Grande ».

*Jean Goulemot*

## *MANIFESTE DU ROI DE FRANCE EN FAVEUR DU PRINCE CHARLES ÉDOUARD*
HISTORIOGRAPHE • STUART •

Voltaire a revendiqué, dans son *Commentaire\* historique*, la paternité de ce manifeste signé du duc de Richelieu, qui devait être publié en 1745, juste avant l'expédition anglaise ordonnée par Louis XV en faveur du prince Charles Édouard, descendant des Stuarts – le projet fut abandonné. Contre toute vraisemblance, il s'agit de démontrer que l'expédition de Charles Édouard répond aux vœux majoritaires des Anglais.
Ce genre de travaux de plume entrait d'ailleurs dans l'activité classique d'un historiographe du roi.

*Jean Goulemot*

## MANNHEIM

CHARLES THÉODORE DE SULZBACH · COLLINI · SCHWETZINGEN ·

Invité par l'Électeur palatin, Voltaire se rend à Mannheim pendant sa retraite de Prusse. Il y arrive le 29 juillet 1753 et ne fera que traverser cette ville dont le prince Charles Philippe Théodore a fait une capitale culturelle, la cour séjournant l'été à Schwetzingen. Il ne consacrera pas davantage de temps à la capitale du Palatinat lors de sa seconde visite, en juillet 1758. A-t-il remarqué le plan géométrique de la ville, le palais électoral ? Il n'en dit mot. Mais dans sa géographie personnelle, Mannheim reste une étape heureuse. On a trace, dans ses lettres, d'autres projets de voyage en Palatinat, en 1757, puis en 1767 pour le carnaval, et de nouveau en mai 1768. Il doit renoncer à ces visites à cause de sa « détestable santé » – et « Monseigneur l'Électeur ne se chauffe jamais »... Il entretient d'ailleurs les meilleures relations personnelles avec l'Électeur palatin – quoique son conseil des finances paie parfois mal ses créances –, et deviendra en 1761 membre de l'académie de Mannheim. Ayant placé son ancien secrétaire Collini auprès du prince, Voltaire eut toujours des nouvelles fraîches de cette petite cour à la française.

*Christiane Mervaud*

## MANQUE (Voltaire nous)

COMMÉMORATIONS · VALÉRY · VOLTAIRIENS · VOLTÉRANISME ·

*Jusque-là, j'espérais que la nouvelle de la mort de Voltaire était fausse, mais vous m'en avez donné la certitude, et tout de suite je me suis senti un mouvement de découragement universel et un très grand mépris pour toutes les choses de ce monde.*

*Catherine II à Grimm, 21 juin 1778.*

*Hélas tu étais, lorsque je parlais ainsi.*

*Note ajoutée par Diderot en 1779, en révisant sa « Vie de Sénèque » (1778), à un passage relatif à Voltaire.*

*Je ne puis me faire à l'idée qu'il est mort.*

*Catherine II à Grimm, 19 mars 1781.*

Le temps du premier deuil passé de ce Voltaire vivant, le sentiment du manque devint symbolique, il fallut bien penser et peser, devant l'histoire, sa figure et son rôle. Ce thème recoupe, depuis deux siècles déjà, l'évolu-

tion complexe des conditions de la lecture posthume, et la filiation embrouillée des voltairiens, déclarés ou non. Les éditeurs de Kehl* annonçaient en 1785, en tête de leur première livraison, qu'on avait pris dans les notes « le même ton qu'on aurait eu en écrivant à Voltaire lui-même » – mais combien de temps le texte a-t-il pu tenir lieu de l'autre présence encore réellement mémorable ? Il y eut ensuite, dès la Restauration et jusque vers 1880, ceux pour qui c'était « la faute à Voltaire », censeurs de l'œuvre et adversaires de son influence, et ceux pour qui ses idées comptaient et devaient compter, embaumeurs virtuels de son souvenir, surtout la victoire acquise, dans l'évangile laïc et républicain des progressismes « voltairiens ». Mais la grande édition Moland* semble avoir fini par enterrer Voltaire en France, triomphalement. Le risque est donc venu du poncif dans ces « Voltaire nous manque », à moins d'en préciser les enjeux en différenciant les temps : ils ne diraient sans cela que les conforts de la bonne conscience ou les alibis de la lâcheté. Nul jamais ne fut assurément tenu de remplacer un mort : ce seul fantasme déjà, s'il faut le dire, trahit Voltaire. Il vaudrait mieux le lire vraiment – ce fameux *Traité\* sur la tolérance* par exemple, texte mythique et livre rare – et s'apercevoir alors que l'auteur ne manque pas, mais qu'un texte est là, qui dit des choses de son temps, et que d'autres choses, vraiment autres, sont à dire et à faire. Car on sait assez que le manque parle du désir plus que de l'objet.

*André Magnan*

*Ce qui manque à notre génération, ce n'est ni un Mirabeau, ni un Robespierre, ni un Bonaparte : c'est un Voltaire.*
Pierre Joseph Proudhon, *Confession d'un révolutionnaire, 1849.*

*On va envoyer contre les musulmans des soldats et du canon. C'est un Voltaire qu'il leur faudrait ! Et l'on criera de plus belle au fanatisme ! À qui la faute ? Et puis, tout doucement, la lutte va venir en Europe. Dans cent ans d'ici, elle ne contiendra plus que deux peuples, les catholiques d'un côté et les philosophes de l'autre.*
Flaubert à Mlle Leroyer de Chantepie, *4 septembre 1858.*

*Il me paraît hors de doute que si Voltaire a encore quelque action à exercer dans notre France, ce doit être surtout une action littéraire et intellectuelle de pure forme.*
Gustave Lanson, *Voltaire, 1906.*

*Des vices de la nation. Qui osera les illuminer ? Voltaire les ressentait fortement – Et depuis lui, ils ont grandi sans obstacle – Ils ont pris le pouvoir.*
Paul Valéry, *Carnets*, « Histoire-Politique », *1944-1945.*

*AU SECOURS VOLTAIRE*
  *Inscription anonyme sur des pancartes d'un défilé pro-Rushdie à Paris, 1989.*

Il entre une part de nostalgie dans ce qui subsiste de la présence de Voltaire parmi nous.
  René Pomeau, *Présence de Voltaire*, avril 1994.

## MANUELS SCOLAIRES
BACCALAURÉAT • ÉDUCATION • LYCÉE VOLTAIRE • PONCIFS •

Voltaire ? « C'est l'auteur de *Candide soldat* et du *Nègre de Surinam* ! » répond aujourd'hui, avec candeur, le candidat à l'oral du baccalauréat, sa liste de textes à la main. Tout est donc au mieux dans le meilleur des mondes littéraires (et scolaires) possibles : censuré de son temps, canonisé par la République, incontournable à l'agrégation*, Voltaire représente par excellence « l'auteur scolaire », cette institution. Donné de son vivant déjà comme le représentant de son siècle, il conserve la primauté dans les manuels jusqu'à la Première Guerre mondiale, puis recule pour permettre l'entrée de Marivaux, Prévost, Diderot et Beaumarchais. Le manuel de Lagarde et Michard, publié en 1953 et constamment réédité depuis, lui consacre 82 pages, dans le volume de 410 pages portant sur le XVIII$^e$ siècle, contre 78 à Rousseau et seulement 52 à Diderot, et les manuels plus récents lui conservent une place équivalente à celle de Rousseau. Considéré traditionnellement comme auteur de lycée, Voltaire se maintient néanmoins dans les manuels de collège, malgré l'entrée en force des textes contemporains.
Cette permanence ne doit pas cependant faire illusion. Lié à des facteurs esthétiques, idéologiques et institutionnels, le choix des œuvres s'est modifié au fil des générations. Un glissement continu s'effectue ainsi du poète vers le prosateur, de l'historien vers le moraliste et le philosophe, du mondain et du courtisan vers la personne plus intime de la correspondance.
De son vivant, nouveauté inouïe, des manuels consacrent l'auteur de *La Henriade* (traduite en latin dès 1772), et même l'historien de l'*Essai sur les mœurs*, dont l'abbé Audra publie à Toulouse un recueil d'extraits (1770) – mais il est révoqué par son évêque de son poste de professeur. Au début du XIX$^e$ siècle, on privilégie *La Henriade* et *Zaïre*, choix conforme aux options esthétiques de l'époque, mais aussi à la fonction assignée par l'école à l'enseignement des lettres. Il s'agit en effet de doter les élèves d'un bagage littéraire centré sur l'identité nationale, comme en témoigne la longue présence au programme (1802-1851) de cette fameuse *Henriade*. Face au romantisme, alors perçu comme une menace pour la littérature, Voltaire

est reconnu comme le continuateur du classicisme français, et d'une certaine façon, en tant qu'historien, comme son inventeur; il trouve donc naturellement sa place aux côtés des grands auteurs du XVII$^e$ siècle. Si, dans ce cadre, on étudie aussi l'historien du *Siècle de Louis XIV* et de l'*Histoire de Charles XII*, le poète domine largement: le Noël-Delaplace, manuel dominant utilisé jusque vers 1850, retient ainsi 41 pages de vers contre 9 de prose. L'historien et le dramaturge se maintinrent dans les anthologies scolaires jusqu'en 1945, et *Le Siècle de Louis XIV*, comme *Zaïre*, reste disponible en petits classiques jusque dans les années 1960.
Mais dès la seconde moitié du XIX$^e$ siècle, et à mesure que s'affirme la République, les manuels tendent à privilégier le philosophe et le moraliste. Contemporain des réformes de Jules Ferry, le manuel de Cahen (1897), qui inverse la proportion poésie/prose, introduit ainsi par extraits les *Lettres philosophiques* et *Jeannot et Colin*. Quant aux manuels du XX$^e$ siècle, ils imposent progressivement le «militant des Lumières» et le conteur. Le Chevallier-Audiat (1927) s'ouvre aux affaires Calas, La Barre et Monbailli, et confirme la grande entrée des contes dans le corpus scolaire, avec des extraits de *Zadig*, de *Micromégas* et, pour la première fois, de *Candide*: «Le Jardin». Mais il faut attendre le Lagarde et Michard, qui offre un choix plus varié faisant une large place au Voltaire de Ferney, pour voir apparaître dans les manuels le *Dictionnaire philosophique*, et consacrer parallèlement les contes (huit extraits au total de *Zadig, Micromégas* et *Candide*). Cette redistribution correspond en fait à une donnée institutionnelle qui émerge dans les années 1950 et qui, sans être explicitement consignée dans les instructions officielles, impose au futur citoyen de la République la lecture des textes fondateurs des Droits de l'homme: le Montesquieu de *L'Esprit des lois*, le Rousseau du *Contrat social*, le Diderot de l'*Encyclopédie*, le Voltaire du *Dictionnaire philosophique* et de *Candide*, la forme narrative étant jugée particulièrement accessible aux élèves.
Actuellement, une ouverture se dessine en direction de la correspondance (Charpentier, 1987); mais si les manuels ont toujours présenté des lettres de Voltaire, étudiées dans la perspective rhétorique en référence à Cicéron et à Mme de Sévigné, les extraits retenus reflètent plutôt l'intérêt porté aujourd'hui aux écrits autobiographiques. Ceci posé, pour les manuels du XX$^e$ siècle, Voltaire reste «l'auteur de *Candide*». Cette institutionnalisation du conte (qui est encore au programme des classes de première) doit beaucoup à la présentation de Lagarde et Michard. Ces derniers retiennent quatre extraits, auxquels ils donnent des titres: «Candide soldat» (amalgame des chap. II et III), «L'Autodafé» (chap. VI), «Le Nègre de Surinam» (chap. XIX) et «Il faut cultiver notre jardin» (chap. XXX). Les lycéens durent attendre 1969 pour trouver en petit classique l'intégrale du conte, découvrir ainsi l'épisode de Pococuranté et rétablir les coupures non

signalées de « Candide soldat » : « quatre mille coups de baguette, qui depuis la nuque jusqu'au cul, lui découvrirent les muscles et les nerfs » et « là, des filles éventrées après avoir assouvi les besoins naturels de quelques héros rendaient les derniers soupirs »... Au prix d'une série de distorsions, le commentaire du célèbre manuel dégage un sens univoque : Voltaire combat l'optimisme de « Leibnitz » (orthographe reprise de Voltaire lui-même et non corrigée à ce jour, qui rendra problématique, en terminale, le lien avec le théoricien des monades) et fait preuve d'un « pessimisme viril » que tempère une morale de l'action énoncée dans le dernier extrait. Systématisant l'analyse du Mornet (1925), le Lagarde et Michard réduit alors *Candide* à un récit à thèse sur le modèle éternel de l'apologue cher à l'école. Mais c'était sans doute, en 1953, le prix à payer pour introduire dans les anthologies scolaires ce conte qui en avait été longtemps exclu.

Si le choix des textes s'est élargi ou modifié, en revanche le discours sur l'homme et l'œuvre, accumulant clichés et poncifs, témoigne d'une étonnante permanence. Le portrait tracé dans les manuels garde la marque des emprunts à la biographie de Desnoiresterres et à l'ouvrage classique de Lanson. Voltaire reste présenté comme un homme sans scrupule, gérant habilement gloire et fortune, exploitant ses relations et jalousant ses rivaux. Quant au « hideux sourire », longtemps repris de Musset*, il a maintenant disparu des manuels, relayé par une iconographie très sage qui multiplie, à côté du portrait du mondain par Largillière, les croquis du patriarche par Huber. Par ailleurs, le discours scolaire s'accommodant assez mal d'une pensée aussi réfractaire aux systèmes que celle de Voltaire, on comprend l'extraordinaire fortune du fameux mot de Faguet définissant sa pensée comme un « chaos d'idées claires » : disparue aujourd'hui, cette formule continue de fonder implicitement l'approche d'une œuvre donnée comme variée, dispersée, voire disparate.

L'image de Voltaire dans les manuels demeure profondément ambivalente. On reconnaît en lui l'esprit français, on loue son style, on goûte son ironie, mais pour condamner aussitôt la violence voire contester le bien-fondé de ses attaques (en particulier contre la religion). Trois raisons nécessaires et suffisantes à cet état de fait : les auteurs de manuels copient leurs prédécesseurs et citent alors des travaux critiques obsolètes ; l'enseignement des lettres, héritage lointain des jésuites jusque dans l'école de la République, reste lié, dans les années 1960 encore, à la formation morale des élèves, d'où les contraintes pesant sur les auteurs et les textes ; enfin l'appareil pédagogique des informations, commentaires et questionnaires, a toujours pour fonction de permettre, dans un jeu d'oppositions, la construction de l'indispensable plan dialectique de la dissertation. Heureux les élèves qui savent, par-delà les manuels, cultiver Voltaire dans le texte.

*Marie-Françoise Chanfrault*

## MANZONI, Alessandro

BECCARIA • ITALIE • VOLTAIRIENS •

L'auteur (1785-1873) des *Fiancés* et de l'*Histoire de la colonne infâme*, qui condamnait la superstition, et dénonçait la barbarie et les abus du système judiciaire, le petit-fils de Cesare Beccaria qui avait consacré à ces mêmes thèmes un ouvrage retentissant (*Des délits et des peines*, 1764), ne pouvait pas ne pas partager la philosophie de Voltaire lorsqu'il s'agissait de se battre pour que la liberté humaine soit respectée. Mais l'écrivain catholique, le lecteur des sermons de Bourdaloue et des *Pensées* de Pascal reproche aussi à Voltaire « son éternel et déplorable but de combattre le christianisme » (*Del romanzo storico*). Son ouvrage *Osservazioni sulla morale cattolica* (1819), traduit en français par l'abbé Delacouture, est d'ailleurs une réponse à un livre de Sismondi (1773-1842), voltairien d'inspiration et d'esprit. Pour Manzoni, Voltaire ne possède pas « ce calme de l'âme qui doit présider à l'examen des questions philosophiques ». Le caractère superficiel de ses réflexions sur la vertu, dans le *Dictionnaire philosophique*, en serait, d'après lui, la meilleure preuve.

*Francesca Isidori*

## MARGINALIA

BIBLIOTHÈQUE • LECTEUR • TRAVAIL •

Les livres de la dernière bibliothèque, conservée à Saint-Pétersbourg, portent des dizaines de milliers de marques et de notes de la main de Voltaire. On en a entrepris le relevé systématique et la publication ; les spécialistes en tirent des informations utiles sur la genèse de ses écrits, sur ses méthodes de travail, et des indications précieuses sur ses idées et ses goûts, exprimés là plus librement. Voltaire a ainsi annoté Rousseau\*, Montesquieu\*, Diderot\*, Buffon\* – qui sans doute l'annotèrent aussi, mais on n'en a pas trace. Cinq forts volumes de ces Marginalia ont été publiés depuis 1979, dans l'ordre alphabétique des auteurs – on en est à la lettre M. À côté des signes non verbaux, croix, traits et soulignements, les marques de lecture les plus intéressantes sont évidemment les réactions portées d'un mot, d'une formule, d'une phrase plus rarement. Humeur, humour : plume en main, l'œil glissant vers la marge, Voltaire lecteur.

DES APOSTROPHES :

(À un auteur tragique) *La pièce serait assez claire, n'était l'exposition.*
(À une princesse de tragédie) *Pauvre petit cœur.*

(À une autre princesse de tragédie) *Tu meurs trop souvent, cela n'est bon qu'une fois.*
(À un auteur, qui le cite sans le dire) *Tu me pilles.*
(À un autre, qui croit le citer) *Quel est le jean-foutre qui m'attribue ces sottises ?*
(À un autre, qui le cite et s'en croit plus fort) *Tu me pilles, mais je m'étais trompé.*
(À un matérialiste prosélyte) *Je distingue mon intelligence de mon pied.*

DES QUESTIONS :
*Où donc Cicéron a-t-il dit cela ?*
*Où se trouve cette anecdote ?*
*Tout cela est-il bien vrai ?*
*Qu'en résulte-t-il ?*
*Eh, qui te l'a dit ?*
*Où vas-tu t'égarer ?*
*Faut-il se lever matin pour dire ces pauvretés ?*
*Que veut-il dire ?*

DES IMPATIENCES :
*Oui da !*
*Tarare !*
*Cela met en colère.*
*Je n'y tiens plus.*
*Chimère !*
*Finissons !*
*Le fouet !*

DES COMPLIMENTS :
*Beau et vrai.*
*Cela est fort et pressant.*
*Vigoureux.*
*Observation curieuse.*
*Bonne comparaison.*
*Excellente objection.*
*Bravissimo.*
*Grande idée, qui mérite d'être développée.*

DES FUSÉES :
*La vraie vertu est de vaincre ses désirs.*
*Ce n'est que depuis le $X^e$ siècle qu'on enterre dans les églises.*
*Crime envers Dieu n'anéantit pas Dieu.*

> *Avec le P. Daniel, le gouvernement n'a jamais tort.*
> *Moquez-vous donc un peu plus de Descartes.*
> *Je ne serai jamais contrôleur général.*
>
> André Magnan

## MARIAMNE

Voir HÉRODE ET MARIAMNE.

## MARIE (Vierge)

CHRISTIANISME • *COLLECTION D'ANCIENS ÉVANGILES* • JÉSUS •

Une vierge mère, une simple femme qualifiée de «mère de Dieu»: voilà de quoi susciter les moqueries de Voltaire! Mais il réunit une documentation historique à charge. Il souligne que Marie ne fut déclarée mère de Dieu qu'au concile d'Éphèse (431). Pour banaliser la naissance du Christ, il montre que la fable de la vierge mère existait dans d'autres mythologies antiques, il note que la virginité de Marie n'était pas encore généralement reconnue au début du III$^e$ siècle. Il découvre les sources de cette fiction: l'*Évangile de la nativité de Marie*, le *Protévangile de Jacques*, deux apocryphes emplis de merveilleux, et une prophétie d'Isaïe (VII) détournée par les chrétiens à leur profit; le mot *alma*, d'ailleurs, y signifie aussi bien «jeune femme» que «vierge». Le Nouveau Testament, qui laisse entendre que Jésus eut des frères, et la «fable» juive du *Toldos Jeschu*, qui voit en Marie une femme adultère ayant conçu Jésus avec le soldat Panther, présentent une version plus réaliste, plus offensive aussi, exploitée pour combattre le mythe.

Une simple femme a donc été l'objet d'inventions et de débats dérisoires. Le concile de Trente (1545-1563) débattit pour savoir si elle était née soumise au péché originel – grave sujet de disputes entre franciscains et dominicains. Les élucubrations de saint Ambroise ou du père Sanchez, sur sa copulation avec le Saint-Esprit, ajoutèrent encore au ridicule. Voltaire connaît et cite tous ces textes, en profanateur conscient et sincère: bel exemple, à ses yeux, de la corruption des superstitions dans le catholicisme.

Marie-Hélène Cotoni

## MARIE ANTOINETTE, Josèphe Jeanne

LOUIS XVI •

Entre Voltaire et Marie Antoinette (1755-1793), des actes manqués. La très jeune archiduchesse qui épouse le futur Louis XVI en 1770 et devient reine de France à 18 ans en 1774. L'avènement redonne à Voltaire l'espoir d'un retour à Paris : on dit la reine pleine « de bonnes intentions » à son égard. Mais rien ne se dessine jusqu'en 1776. Cet été-là, d'Argental confie à son vieil ami un secret : la reine « aime infiniment le spectacle, elle préfère vos ouvrages à tous les autres ». Pour confirmer ce goût royal, un divertissement fut réclamé à l'écrivain par le surintendant du comte de Provence, qui voulait offrir une fête à Marie Antoinette dans son château de Brunoy. Voltaire s'empresse d'envoyer *L'Hôte\* et l'Hôtesse*, adaptation d'« une fête fort célèbre à Vienne ». Mais aucun effet ne se fit sentir en retour.

Il semble qu'en 1778, lors de l'ultime séjour de Voltaire à Paris, Marie Antoinette souhaita recevoir l'auteur de *La Henriade*, de *Mérope* et de *Zaïre*, mais Louis XVI, dit-on, décida « irrévocablement que Voltaire ne verrait aucun membre de la famille royale, ses écrits étant pleins de principes qui portaient une atteinte trop directe à la religion et aux mœurs ». La reine alla cependant à la Comédie pour la première d'*Irène* le 16 mars 1778, mais le grand homme malade n'y assistait pas. Elle n'y vint pas le 30 mars suivant, jour de l'apothéose de Voltaire. Retenue à Versailles, elle n'entendit pas cette foule qui ovationnait son « roi de Paris », dans un enthousiasme presque révolutionnaire. En revanche, c'est dissimulés derrière des volets mi-clos des Tuileries, et « glacés d'épouvante » rapporte la *Chronique de Paris*, que la reine et le roi, retour de Varennes, regardèrent passer la procession du transfert de la dépouille de Voltaire au Panthéon\*.

*Anne Soprani*

## MARIE LESZCZYNSKA

COURTISAN • LOUIS XV • STANISLAS •

Fille de Stanislas, ancien roi de Pologne, Marie Leszczynska (1703-1768) épouse Louis XV en 1725. Voltaire lui fut présenté à Fontainebleau, durant les fêtes du mariage. Les premières entrevues se déroulèrent sous de charmants auspices. Le poète dédie à la reine sa tragédie de *Mariamne*, avec une épître à cette « fille de guerrier » :

> *Jetez sur cet écrit un coup d'œil favorable ;*
> *Daignez m'encourager d'un seul de vos regards ;*
> *Et songez que Pallas, cette auguste déesse*

*Dont vous avez le port, la bonté, la sagesse
Est la divinité qui préside aux beaux-arts.*

La jeune reine parut charmée des façons du courtisan et prit plaisir à assister aux représentations de *Mariamne* et de *L'Indiscret*. Sa bienveillance pourtant ne dura guère ; insensiblement son attitude à l'égard de Voltaire se faisait plus retenue. Elle ne soutint pas le poète bastonné par Rohan-Chabot, elle ne répondit pas à l'envoi de *La Henriade*. En 1746, Voltaire et Mme du Châtelet fréquentaient encore les appartements de la reine, où Émilie perdait noblement au jeu ; mais, protégé de Mme de Pompadour*, Voltaire dut bientôt subir aussi les intrigues du clan de la reine, du parti des dévots, qui au fil des années allait dresser la cour contre les Philosophes. Pour Marie Leszczynska, reine ô combien pieuse, Voltaire sera de plus en plus l'«impie» à combattre. «La reine a tort», proteste l'écrivain en 1760. Dans la dernière maladie de Marie Leszczynska, en juin 1768, le seigneur de Ferney ne manqua pas, pour prouver sa bonne foi, de faire prier «tous les dimanches» pour sa santé à l'église de son village.

*Anne Soprani*

## MARIE THÉRÈSE

Voir AUTRICHE.

## MARIN, François Louis Claude

CENSURE •

Censeur royal, puis secrétaire général de la Librairie à partir de 1763, Marin (1721-1809) rend de nombreux services à Voltaire. Sous couvert de surveillance, il fait entrer clandestinement à Paris ses œuvres philosophiques. Entre 1764 et 1778, les deux hommes échangent une correspondance de cent cinquante lettres environ. Les relations entre Marin et Voltaire subissent pourtant des tensions, car le censeur trouve parfois plus lucratif de verser dans l'espionnage littéraire ! De plus, les devoirs de sa charge l'incitent à favoriser Fréron* et Palissot*, même s'il leur nuit en secret. Voltaire ne lui tint pas rigueur de ces pratiques tortueuses puisqu'il l'invita de bon cœur à Ferney.

*Didier Masseau*

## MARIONNETTES

LANTERNE MAGIQUE •

Passionné du théâtre sous toutes ses formes, Voltaire a aimé les jeux plus improvisés de la lanterne magique et des marionnettes, alors très prisés à la cour comme à la ville. En voir, en faire : le double goût est d'un temps qui dans la fête adore échanger les rôles ; mais il répond aussi à des dons propres de vie, de voix, de verve. Voltaire a dû voir des marionnettes dans sa jeunesse, sur le Pont-Neuf et à la Foire, peut-être maniées par les descendants des fameux Brioché, maîtres du genre sous Louis XIV ; il en a montré lui-même à Cirey pour divertir les visiteurs – Mme de Graffigny s'en amusa ; il y en eut enfin à Ferney, à demeure ou ambulantes. Aucune trace écrite de ces plaisirs, mais on devine qu'il y fut vif et adroit. Aux « comédiens de bois » à Paris, en 1769, une grande « bamboche » avait nom « Voltaire », pour on ne sait quel spectacle, sans doute parent de ces parodies* qu'il n'aimait guère.

Dans l'œuvre, le motif récurrent de l'homme-marionnette est d'une riche et profonde ambiguïté, corollaire des valeurs du bestiaire*, avec ses enjeux de fragilité, de dépendance et d'ignorance, dans la vie et devant la mort. « Brioché » est justement l'une des figures du trouble métaphysique induit par l'impersonnalité du déisme*. C'est tantôt la providence et tantôt le destin, tantôt une force oppressante, une violence aveugle, tantôt la grande âme agissante du monde – sans compter l'allégorie sacrilège, dans le *Pot-pourri**, d'un Fils de Dieu « Polichinelle ». D'homme à homme en revanche, aucun fil, aucun rôle obligé. Ces « invisibles marionnettes » écrasées d'infini – l'image étrange des *Adieux** à la vie –, ne doivent pas, ne devraient jamais être entre elles « des marionnettes barbares », comme ces juges d'Abbeville qui, pour la gloire de Dieu et le respect du droit, ont envoyé La Barre* au supplice. La métaphore manipulante réserve toujours l'espace d'une responsabilité qui fonde l'homme.

*André Magnan*

*Pauvres marionnettes de l'éternel Demiourgos, qui ne savons ni pourquoi ni comment une main invisible fait mouvoir nos ressorts, et ensuite nous jette et nous entasse dans la boîte !*
*Questions sur l'Encyclopédie, 1770-1772, art. « Passions ».*

## MARIVAUX, Pierre Carlet de Chamblain de

COMÉDIE • ESPRIT • GOÛT •

Tout l'opposait à Voltaire : philosophe indépendant, chrétien convaincu, écrivain « singulier », styliste original, Marivaux (1688-1763) ne pouvait

plaire au champion du goût classique et de Racine, et au patron de la «secte» encyclopédique. Il tourne le dos au siècle de Louis XIV et à Molière, milite parmi les Modernes, avec Fontenelle* et La Motte*; il a osé parodier Homère et Fénelon. Il n'œuvre que dans les genres «mineurs», romans, journaux, comédies en trois actes; il donne presque toujours ses pièces aux «Pantalons de la Comédie-Italienne» et il a l'audace d'admirer Crébillon! Enfin il n'écrit qu'en prose, et s'exprime dans un «impertinent jargon» corrompu par le néologisme*, abusant des «pointes», de l'esprit; Marivaux «le métaphysique» fuit le naturel, et le poison qu'il instille dans la littérature précipite la décadence du goût. Autant de raisons suffisantes pour le condamner. Il en est une autre: le succès confirmé qu'obtient ce rival, inventeur d'un comique nouveau; Voltaire, qui croit le concurrencer dans le genre de la comédie «sensible», en fut piqué. Les deux hommes se méfient l'un de l'autre, chacun redoutant, à tort, une attaque de l'adversaire. En 1742, soutenu par les Tencin*, Marivaux est élu à l'Académie française, contre Voltaire, qui ravale sa rancœur. Celui-ci apprécie pourtant sa revue, *Le Spectateur français*; il possède dans sa bibliothèque* le Théâtre complet de Marivaux (1740), et daignera emprunter quelques thèmes à l'auteur méprisé, dans *Nanine* et *Le Droit du seigneur*. Quand Marivaux mourut, Voltaire sut, fort dignement, se taire.

Henri Lagrave

## MARMONTEL, Jean François

CENSURE · GENS DE LETTRES · PHILOSOPHES ·

Marmontel (1723-1799) appartient à cette deuxième génération des Lumières qui n'a ni la fougue ni les talents des grands champions de la période héroïque. Il fut pendant trente-cinq ans un disciple presque inconditionnel de Voltaire. Fils de tailleur, monté du Cantal à Paris, son ascension fut prodigieuse. Voltaire, selon sa coutume, lui assura généreusement son utile protection, plaçant d'emblée de grands espoirs dans cette nouvelle recrue du «parti» philosophique. Alors qu'il songeait encore à faire une carrière ecclésiastique, Marmontel lui avait envoyé une première lettre dès 1744 (il a 21 ans et Voltaire 50) pour lui soumettre des vers – qu'il devait juger par la suite, à juste titre, bien médiocres. Lauréat d'un premier prix de poésie aux Jeux floraux de Toulouse, il connut d'abord, arrivé à Paris, l'existence misérable des auteurs débutants. Ses premiers succès furent au théâtre. Il écrivit aussi des livrets pour des opéras de Rameau. Voltaire lui donne des conseils pour sa tragédie de *Denys le tyran* (1748). Auparavant, Marmontel avait écrit une préface pour une réédition de

*La Henriade* (1746). Il y comparait le poème de Voltaire à *L'Énéide*... L'amitié soudée entre les deux hommes se traduira par une correspondance d'une centaine de lettres échangées entre novembre 1745 et octobre 1777. En 1758, Marmontel reçoit, grâce à la protection de Mme de Pompadour, la direction du *Mercure de France*. Voltaire exulte : le périodique pourrait bien, par l'entremise de ce fils spirituel, se transformer en tribune de la nouvelle Philosophie. Dans une lettre de mai 1758, Marmontel n'a-t-il pas claironné qu'il revenait « chez les Cacouacs* » ! Voltaire a de bonnes raisons de nourrir des espoirs. Son protégé le considère comme la tête pensante des Encyclopédistes et partage sa conception de l'homme de lettres. Le rédacteur du *Mercure* accorde une place privilégiée au théâtre qu'il rattache à un idéal social ; il affiche, sur le plan des relations mondaines, un cosmopolitisme des plus voltairiens.

Pourtant, *Le Mercure de France* ne sera jamais une tribune philosophique. La censure et le privilège royal imposent une prudence qui correspond d'ailleurs à la modération du tempérament de Marmontel. Sur ce point, il se situe aux antipodes des ardeurs belliqueuses de Voltaire. Il prône plutôt une politique de conciliation entre les membres les plus tolérants de l'Église et le mouvement philosophique, ce qui pouvait en un sens servir les desseins du pouvoir lui-même. Voltaire n'en apprécie pas moins les *Contes moraux* que Marmontel publie à partir de 1761. Puis sa *Poétique française* (1763) le fit recevoir à l'Académie.

L'épisode principal de leurs relations fut, en 1766, le scandale provoqué par la parution d'un roman philosophique de Marmontel, pourtant bien anodin, le très fade *Bélisaire*. Voltaire attendait avec impatience la parution du chef-d'œuvre d'un chantre de la tolérance. Il y eut une « affaire *Bélisaire* », qui mit aux prises la cour, le Parlement, la Sorbonne et les Philosophes. On peut à bon droit estimer que Voltaire encourage Marmontel, pour tester par cette recrue interposée, à un moment crucial de la lutte philosophique, la puissance de l'opinion. Quoique Marmontel eût obtenu le privilège royal, la Sorbonne entreprit la censure du livre ; les jansénistes du Parlement firent chorus pour incriminer le chapitre XV qui prêchait la nécessité d'une Église tolérante et reprenait l'idée voltairienne que les grands sages de l'Antiquité païenne seraient sauvés par un Dieu juste, pour avoir fidèlement suivi la loi naturelle. Dans *L'Ingénu* (1767), écrit au cœur de l'affaire, Voltaire reprend une phrase censurée du *Bélisaire* : « La vérité luit de sa propre lumière ; et on n'éclaire pas les esprits avec les flammes des bûchers. » Pendant toute l'année 1767, Marmontel suivit d'ailleurs une stratégie typiquement voltairienne. Refusant les rétractations réclamées par la Sorbonne, il tente d'utiliser l'opinion publique comme un bouclier protecteur contre la menace de sanction. L'ouvrage eut un immense succès en Europe. De Ferney, Voltaire s'intéresse de très

près à l'affaire et soutient de sa plume vengeresse les efforts de ce combattant, un peu trop timoré, de la bataille philosophique. Il publie coup sur coup les deux *Anecdotes sur Bélisaire* (1767-1768), attaques burlesques contre les théologiens Coger, Riballier et Tamponet, particulièrement hostiles aux Philosophes, et ajoute *in extremis* à *La Défense de mon oncle* (1767) un chapitre intitulé «Défense d'un général d'armée attaqué par des cuistres», où il s'en prend derechef à un certain «folliculaire Cogeos», alias Coger. Le 7 août 1767, Voltaire écrit à Marmontel: «On s'est trop réjoui de la destruction des jésuites. Je savais bien que les jansénistes prendraient la place vacante. On nous a délivrés des renards, et on nous a livrés aux loups.» Dans le même temps, il raille «l'insolente absurdité des chats fourrés». En novembre 1767, la censure théologique est prononcée, mais avec des adoucissements exigés par la cour.

Marmontel continuera sa carrière: en 1772, il devient historiographe du roi, vingt-sept ans après Voltaire. Il composa la même année une *Ode à la louange de Voltaire* que Mlle Clairon\* prononça devant un buste du grand homme, dans une sorte de cérémonie de couronnement à laquelle les adeptes avaient été conviés chez elle.

Didier Masseau

*«Bélisaire» arrive, nous nous jetons dessus, maman [Mme Denis] et moi comme des gourmands. Nous tombons sur le chapitre XV, c'est le chapitre de la tolérance, le catéchisme des rois; c'est la liberté de penser soutenue avec autant de courage que d'adresse; rien n'est plus sage, rien n'est plus hardi. Je me hâte de vous dire combien vous nous avez fait de plaisir. Nous nous attendons bien que tout le reste sera de la même force.*
À Marmontel, 16 février 1767.

## *MARSEILLAIS (LE) ET LE LION*

Voir SATIRE.

## MARTIN

AFFAIRES • JUSTICE •

Sa réputation de redresseur de torts conduisit Voltaire à répondre à des demandes d'appui qu'on lui adressa à la suite des affaires La Barre, Calas et Sirven. Il aida ainsi le musicien Jean Laborde et son père à échapper aux tentatives d'escroquerie d'un abbé tartuffe nommé Claustre, et publia à cette occasion à Genève, en 1769, une brochure d'une trentaine de pages,

intitulée *Procès de Claustre*, simple mémoire récapitulatif, qu'il ne signa pas et qui n'engageait pas son autorité.

La même année, il s'intéressa à l'affaire Martin, dont l'informa son cher « petit philosophe » Christin*, avocat à Saint-Claude. Un paysan, paisible père de famille d'un village du Barrois nommé Bleurville, est accusé d'un meurtre commis sur le « grand chemin ». Les empreintes de pas de Martin correspondent à celles de l'assassin. Durant la confrontation avec un témoin, Martin répond si maladroitement que le juge local considère qu'il a avoué. Il le condamne à la roue. Le Parlement de Paris confirme la sentence. Martin est roué. Le 26 juillet 1769, un condamné à mort, avant d'expirer, avoue le crime qui a valu à Martin sa condamnation. La justice est trop expéditive et fonctionne mal. Voltaire hésite à s'engager. Il s'informe. On lui confirme que tout s'est déroulé comme Christin le lui a écrit. Voltaire se lamente, mais ne s'engage toujours pas. Il ne se décide pas à devenir « le don Quichotte de tous les roués et de tous les pendus » (à d'Argental, 30 août 1769). Lassitude du vieillard, sentiment d'arriver trop tard, urgence d'autres tâches : tout ici a joué en faveur du retrait.

Jean Goulemot

## MARTYRS

CERTITUDE • CHRISTIANISME • FANATISME • FOI • INTOLÉRANCE •

À Pascal qui écrivait : « Je crois volontiers les histoires dont les témoins se font égorger », Voltaire rétorque par une exigence d'enquête historique approfondie sur ces prétendus témoins (*Lettres philosophiques*, 1734, XXV$^e$ lettre) : ce sera toujours sa position de base. Les apologistes citaient les martyrs comme preuve de la vérité du christianisme. Voltaire leur oppose une double parade.

D'une part, avec la caution du philosophe et théologien Henry Dodwell (1644-1711), il réduit leur nombre, précisant que le mot « martyre » désignait souvent, à la lettre, le simple « témoignage ». Il insiste sur la tolérance des premiers Césars, sur la bienveillance même de Dioclétien, pour reculer la date des persécutions contre les chrétiens et en atténuer la violence. Il les explique du reste par le zèle inconsidéré de sujets factieux et intolérants. Il réfute donc comme autant d'impostures les « fables » qu'il a lues dans les *Actes* du bénédictin Ruinart (1657-1709). Les Vies de saints sont de ses lectures favorites. Tout en s'indignant des falsifications intéressées, il rit de l'histoire scabreuse des sept vierges d'Ancyre livrées, à l'âge de 70 ans, à des jeunes gens vigoureux. Il raille les aventures invraisemblables des saints Romain, Hippolyte ou Polycarpe.

Mais, dans une deuxième phase, surtout après 1765, il passe à l'offensive :

inversant radicalement les rôles traditionnels, il traite de persécuteurs et de bourreaux les chrétiens eux-mêmes. Il rappelle souvent les affrontements entre catholiques et protestants, les massacres des Albigeois et de millions d'Indiens, pour retourner contre la religion dominante depuis plus de mille ans un argument majeur de l'apologétique chrétienne. D'où ce «conseil» donné à un apologiste moderne, pour le rendre plus «raisonnable»: «Ah! monsieur, si vous voulez rendre la religion chrétienne aimable, ne parlez jamais de martyrs.»

Marie-Hélène Cotoni

*Les vallées de Piémont, auprès de Pignerol, étaient habitées par ces malheureux persuadés [nouveaux convertis au protestantisme]. On leur envoie, en 1655, des missionnaires et des assassins. Lisez la relation de Morland, alors ministre d'Angleterre à la cour de Turin; vous y verrez un Jean Brocher, auquel on coupa le membre viril, qu'on mit entre les dents de sa tête coupée, plantée sur une pique pour servir de signal;*
*Marthe Baral, dont on tua les enfants sur son ventre; après quoi on lui coupa les mamelles qu'on fit cuire au cabaret de Macel, et dont on fit manger aux passants;*
*Pierre Simon, et sa femme, âgés de quatre-vingt-dix ans, liés et roulés ensemble, et précipités de rochers en rochers;*
*Anne Charbonnier, violée, et ensuite empalée sur la partie même dont on venait de jouir, portée sur le grand chemin pour servir de croix selon l'usage de ce pays, où il faut des croix à tous les carrefours.*
*Le détail de ces horreurs vous fait dresser les cheveux; mais la multiplicité en est si grande qu'elle ennuie.*

*Conseils raisonnables à M. Bergier, 1768.*

## MASQUE DE FER (le)

ANECDOTE · HISTOIRE ·

Voltaire n'est peut-être pas le premier, malgré ce qu'il a affirmé lui-même, à avoir spéculé sur l'identité du Masque de fer, mais dans le chapitre XXV du *Siècle de Louis XIV* (1752), il a donné forme à la «légende»: un prisonnier mystérieux enfermé dans le plus grand secret au château d'If, à l'île Sainte-Marguerite, portant un masque de fer, transféré ensuite à la Bastille, où Louvois vient lui parler avec respect, enterré enfin, à sa mort en 1703, de nuit et dans le plus complet anonymat. Un secret bien gardé, une identité jamais révélée, des preuves (?) avancées par Voltaire de l'importance du personnage. Un secret d'État, en un mot, et la voie ouverte aux spéculations les plus inattendues, les plus hasardeuses. On s'étonnera que

Voltaire, si ferme sur la critique des témoignages, donne là des informations sans livrer ses sources, et mêle l'anecdote, qu'on lui aurait rapportée, à la rumeur et à la présomption (le prisonnier aimait le linge fin et les dentelles, on en déduira donc qu'il était de très grande famille), sans négliger les contes, comme celui de ce pêcheur qui aurait ramassé une assiette chargée d'inscriptions, que le prisonnier aurait jetée par la fenêtre de sa prison. Preuve sans doute que, pour vigilant que l'on soit, on ne peut s'empêcher d'aimer les contes. Les pessimistes en déduiront que les continuateurs de Voltaire sont sans doute plus nombreux à enquêter sur l'énigme du Masque de fer qu'à rechercher la rigueur historique... Attaqué par La Beaumelle* qui s'était moqué de cette anecdote du Masque de fer, Voltaire reprit toute son argumentation et indiqua quelques-unes de ses sources dans son *Supplément au Siècle de Louis XIV* (1753), allant jusqu'à affirmer, pour répondre à l'accusation de fonder sa démonstration sur des ouï-dire, qu'«une grande partie de l'histoire n'est fondée que sur des ouï-dire, rassemblés et comparés».

Jean Goulemot

## MATIÈRE

ÂME • EXPÉRIENCE • LOCKE • MÉTAPHYSIQUE •

Dès les *Lettres philosophiques* (1734) et les *Éléments de la philosophie de Newton* (1738), Voltaire s'oppose aux principes chrétiens comme à la métaphysique classique pour affirmer que la nature profonde de la matière nous est irrémédiablement cachée. La définition du concept ne peut donc que susciter les plus vaines polémiques. Comment juger d'un objet, si on ne le connaît pas entièrement? La matière en tant que «substance étendue», prétend-on, est composée de parties; mais quelles sont ces parties? et les éléments de ces parties sont-ils divisibles? C'est encore l'orientation de l'article «Matière» du *Dictionnaire philosophique* en 1764. Nos connaissances se réduisent à une série de propriétés que nos sens peuvent en toute certitude enregistrer: la couleur de tel métal, son degré de résistance, sa ductilité. D'autres propriétés de la matière que nous ne pouvons percevoir ont été découvertes par le grand Newton. Il est en effet impossible de nier le principe de gravitation qui agit «en raison directe des masses, et en raison inverse du carré des distances» (lettre d'août 1735 au père Tournemine). L'impossibilité radicale de définir l'essence de la matière excuse les Grecs d'avoir cru en son éternité. Quant à la conception d'un chaos primitif, elle n'a jamais éloigné aucun peuple du culte de la divinité. On ne peut donc, sans se contredire, affirmer que la matière ne pense pas, car dans ce domaine inconnu toutes les hypothèses sont permises, à condition de se

garder de les transformer en certitudes (*Lettres philosophiques*, lettre XIII, «Sur M. Locke»). Ces analyses permettent à Voltaire de récuser les métaphysiques qui prétendent distinguer comme exclusives l'une de l'autre la matière et l'esprit. Il renvoie dos à dos les matérialistes, qui posent comme une absolue certitude l'origine matérielle de la pensée, et la tradition spiritualiste et idéaliste, fondement du dualisme où l'âme est privilégiée comme immatérielle, éternelle, et spécifique de l'être humain. Il rejette aussi le spinozisme qui fait du monde entier une seule et unique substance. Pour Voltaire, l'organisation de la matière, telle que nous la voyons autour de nous dans toute sa complexité, ne peut être que le résultat d'un choix délibéré, exercé par une intelligence suprême, nécessairement distincte du monde qu'elle a créé.

*Didier Masseau*

*Si la matière quelconque, mise en mouvement, suffisait pour produire ce que nous voyons sur la terre, il n'y aurait aucune raison pour laquelle de la poussière bien remuée dans un tonneau ne pourrait produire des hommes et des arbres, ni pourquoi un champ semé de blé ne pourrait pas produire des baleines et des écrevisses au lieu de froment.*
*Éléments de la philosophie de Newton, 1738.*

*Heureusement, quelque système qu'on embrasse, aucun ne nuit à la morale; car qu'importe que la matière soit faite ou arrangée? Dieu est également notre maître absolu. Nous devons également être vertueux sur un chaos débrouillé ou sur un chaos créé de rien; presque aucune de ces questions métaphysiques n'influe sur la conduite de la vie: il en est des disputes comme des vains discours qu'on tient à table: chacun oublie après dîner ce qu'il a dit, et va où son intérêt et son goût l'appellent.*
*Dictionnaire philosophique, 1764, art. «Matière».*

## MAUPEOU, René, Nicolas, Charles, Auguste de

JUSTICE • PARLEMENT • POLITIQUE •

Maupeou (1714-1792) apparaît dans la vie de Voltaire lorsque, président du Parlement de Paris, il signe l'arrêt qui confirme la sentence d'Abbeville condamnant La Barre. Par hostilité envers d'Ormesson, parent du malheureux chevalier, il ne joua pas un rôle très glorieux dans l'affaire. Ce dont Voltaire ne semble pas lui avoir tenu rigueur. Il fut nommé chancelier en 1768, en pleine fronde parlementaire contre le gouverneur de Bretagne, et alors que Voltaire rédigeait l'*Histoire\* du parlement de Paris*. En 1770, Choiseul\* est exilé et l'épreuve de force avec les parlements est inévitable.

Voltaire perd un protecteur en même temps qu'il approuve la lutte contre les prétentions parlementaires. En janvier et février 1771, Maupeou propose une réforme des parlements après avoir sommé les parlementaires d'obéir et procédé à des mises en résidence forcée. Six conseils sont créés dans le ressort de l'ancien parlement; la vénalité des charges est abolie; les juges sont nommés et considérés comme des fonctionnaires. Les parlements de province se solidarisent avec celui de Paris; Maupeou les supprime. Voltaire appuie la réforme qu'il appelle « une révolution ». Il n'y voit que des avantages et défend l'autorité du roi. Il met sa plume au service de cette nouvelle cause: ce seront la *Lettre\* d'un jeune abbé* (janvier 1771) et une *Lettre écrite au nom de la noblesse de France,* puis une réponse à Malesherbes, *Réponse\* aux remontrances de la Cour des aides, Les Peuples aux parlements, L'Équivoque\** et quelques petits vers à la gloire de Maupeou, dont on se demande souvent s'ils ne furent pas demandés par le ministère lui-même à Voltaire. L'affaire Goezman (Beaumarchais contre La Blache), les divisions du ministère, l'impossibilité de réduire le déficit budgétaire, la mort de Louis XV mirent un terme à l'expérience Maupeou. On rappela les anciens parlements. Louis XVI accéda au trône: ce fut l'expérience Turgot\*.

Jean Goulemot

## MAUPERTUIS, Pierre Louis Moreau de

FRÉDÉRIC II • NEWTON • PRUSSE • SCIENCES •

Né à Saint-Malo en 1698, Maupertuis, après des études au collège de la Marche à Paris, avait embrassé la carrière militaire; il la quitta en 1723 lorsqu'il fut reçu adjoint de l'Académie des sciences. En 1728, il entre, comme zélé partisan de Newton, à la Royal Society de Londres. Il répand les théories newtoniennes dans son *Discours sur les différentes figures des astres* (1732), ce qui lui vaut l'inimitié des physiciens français majoritairement attachés aux idées cartésiennes, mais aussi l'admiration de Voltaire qui se déclare son prosélyte. Il lui fait connaître Mme du Châtelet\* qui, après avoir été son élève, devient sa maîtresse. Voltaire pardonne.
Maupertuis part pour la Laponie en 1736, chargé d'une mission scientifique officielle: il doit y mesurer un arc de méridien, tandis que La Condamine\* en mesurera un à l'équateur; les calculs montrèrent que la terre était un sphéroïde aplati aux pôles. Au retour de l'expédition de Laponie, Voltaire et Maupertuis se trouvent associés dans la lutte qui s'engage contre les théories cartésiennes. Dès son avènement au trône, en 1740, c'est sur la suggestion de Voltaire que Frédéric II appelle Maupertuis à diriger l'académie de Berlin. Pendant la guerre de Silésie, Maupertuis est

pris par les Autrichiens; Voltaire hasarde à cette occasion quelques plaisanteries qui ne lui seront pas pardonnées. En France, où il est élu en 1743 à l'Académie française, Maupertuis publie en 1742 sa *Lettre sur la comète*, en 1744 sa *Dissertation sur un nègre blanc*, en 1745 sa *Vénus physique*, et met au point surtout un «principe de moindre action», postulat universel de physique et de métaphysique à la fois, auquel il ambitionne d'attacher à jamais son nom: la nature agit en tout par économie, et cette loi de «moindre action» manifeste la sagesse divine.

En 1745, il part définitivement pour Berlin, où Frédéric lui confère des pouvoirs étendus pour diriger l'Académie royale des sciences et belles-lettres – nominations, pensions, programmes de recherche et de publication. Maupertuis est désormais en Prusse un dignitaire, doté d'une charge à la mesure de ses ambitions et de son autoritarisme. Il jouit de la confiance du souverain, est apprécié dans les cercles mondains, mais atrabilaire, il commence à abuser de l'alcool pour se consoler de ses déceptions et de ses dépressions – il parlait volontiers du «mal de vivre». Il publie en 1749 un *Essai de philosophie morale* où il prétend donner du bonheur une formulation mathématique, en 1750 un *Essai de cosmologie* où il veut tirer de la loi de «moindre action» une nouvelle preuve de l'existence de Dieu; mais ces conquêtes de la scientificité moderne restent sujettes à débat. Intéressé par les sciences de la vie, désireux de laisser sa pensée s'aventurer dans les directions les plus différentes, il publie en 1752 des *Lettres sur le progrès des sciences*, où il expose des hypothèses parfois suggestives, parfois hasardeuses. S'étant de plus rendu coupable d'un abus de pouvoir à l'égard du mathématicien König*, il encourt les foudres de Voltaire qui le ridiculise à la face de l'Europe dans l'*Histoire\* du docteur Akakia et du natif de Saint-Malo* – quoique Frédéric II ne lui ménage pas son appui.

Malade, contesté, diminué, Maupertuis quitte Berlin pour voyager en France, puis se rend en Suisse durant les premières hostilités franco-prussiennes de la guerre de Sept Ans, et meurt à Bâle en 1759. Il restera toujours un point de discorde entre Voltaire et Frédéric II. Incapable d'appréhender la portée des intuitions scientifiques de Maupertuis, Voltaire aura clairement dénoncé la tyrannie du gestionnaire de l'institution académique.

Le successeur de Maupertuis à l'Académie française, en mars 1760, biaisa son éloge funèbre en diatribe contre les Philosophes: ce fut Jean Jacques Lefranc\* de Pompignan.

*Christiane Mervaud*

## MAUREPAS, Jean Frédéric Phélypeaux, comte de

ACADÉMIE • CENSURE • COURTISAN •

Jeune ministre de la Marine et de la Maison du roi pendant la Régence, puis aux côtés du cardinal de Fleury*, le comte de Maurepas (1707-1781) incarnait pour Voltaire le pouvoir arbitraire. Il avait donné en effet, le 16 avril 1726, l'ordre d'arrêter le poète bastonné, qui voulait se venger de Rohan-Chabot*. Ayant subi des pressions, Maurepas permis cependant à l'écrivain de bénéficier de «liberté à l'intérieur de la Bastille»... Le 29 avril, il signe l'ordre d'exil de Voltaire. Un an plus tard, «le vizir» Maurepas accorde à l'exilé l'autorisation de revenir en France, puis en avril 1729, de «demeurer» à Paris, mais avec ordre de «se dispenser» de venir à la cour. Les rapports de l'écrivain avec Maurepas ne s'améliorèrent pas. Accroché au pouvoir, le ministre appliquait aveuglément la politique de Fleury. Homme du monde et, dit-on, «célèbre pour ses bons mots», il divertissait le roi, mais était mal vu des maîtresses, qu'il chansonnait – il était homosexuel, ami intime de Pont de Veyle, le frère de d'Argental.
En 1734, Maurepas est fort amusé par «les plaisanteries» et «les vérités» des *Lettres\* philosophiques*, mais il ne protège pourtant pas Voltaire des foudres du Parlement. Le ministre fit seulement cesser des cabales contre l'écrivain et arrêter des vendeurs de libelles. «Protecteur peu bienveillant» – le mot de Voltaire est piquant –, il suspend encore les représentations de *Mahomet\** à Paris, en août 1742. Après la mort de Fleury, Maurepas s'oppose à l'élection de Voltaire qui veut succéder au cardinal à l'Académie; à l'écrivain qui le sollicitait avec insistance, le ministre lance: «Je vous écraserai.» En 1749, ayant composé des vers contre Mme de Pompadour, Maurepas fut enfin écarté du pouvoir. Quand Louis XVI le rappela en 1774, la rumeur courut que le vieux ministre chercherait à «faire de la peine» au patriarche de Ferney: «Je crois qu'il a l'âme trop noble, répondit alors Voltaire, pour ne me pas laisser mourir en paix.»

*Anne Soprani*

## MAXIMES

Voir PROVERBES.

## MÉDECINE

Voir MALADIES.

MEISTER, Jakob Heinrich

Voir *CORRESPONDANCE LITTÉRAIRE* • MOULTOU.

MÉLANGES

ÉDITIONS •

Issue de la nomenclature humaniste, dont elle calque assez gauchement les *miscellanea*, la catégorie désigne communément, dans la terminologie littéraire du XVIII$^e$ siècle, les ouvrages «divers», en dehors des genres fixes ou typés, écrits en prose le plus souvent, et liés à l'actualité ou à l'activité intellectuelle courante. Sur le siècle entier, la croissance de ce secteur fut considérable, par le jeu conjugué de plusieurs facteurs : l'affaiblissement des systèmes formels, l'approfondissement de l'esprit critique, la division idéologique du champ culturel et la vulgarisation des enjeux dans un public élargi. Par rapport à l'ordre, des formes et des valeurs, les Mélanges tendent à constituer un écart, mais une réserve aussi de nouveaux possibles. Des modernités d'écriture et de pensée s'avancèrent sous ce vieux mot.

Aucun écrivain n'a jamais donné plus de Mélanges que Voltaire. À l'origine, c'est le démembrement des *Lettres\* philosophiques*, effet de la censure de 1734, qui ouvre cette rubrique, dans l'édition Ledet de 1738-1739. Mais d'édition en édition, la masse s'accroît étonnamment : un volume sur six dans l'édition Nourse en 1746, presque deux sur huit dans l'édition Walther en 1748, quatre sur dix-sept dans l'édition Cramer de 1756, neuf sur quarante-cinq dans une autre édition Cramer de 1768, mais avec des «morceaux» dans plusieurs autres tomes, et dix sur quarante enfin dans l'édition «encadrée» de 1775, due encore à Cramer, soit deux de «Mélanges de poésies», cinq de «Mélanges de littérature, d'histoire et de philosophie», et trois de «pièces détachées», sans compter des «fragments» et «morceaux» insérés dans d'autres tomes. Même si Voltaire fut assez tôt porté à développer, à côté des œuvres en forme, un discours second de réflexion et d'examen – sur l'histoire\* par exemple, dès les années 1740 –, c'est à la fin de sa vie surtout, après son établissement vers Genève, à deux pas des presses des Cramer, que le phénomène prit toute son ampleur : les Mélanges sont liés à l'exercice d'une pensée plus libre, à la guerre contre l'Infâme et aux multiples polémiques de la vieillesse, à l'interventionnisme et au rabâchage volontariste du dernier Voltaire, dictant de plus en plus d'écrits divers vite exécutés.

Deux solutions s'offraient aux éditeurs posthumes, qui furent l'une et

l'autre essayées. Les éditeurs de Kehl* s'appliquèrent à distribuer et structurer cet ensemble. Ils formèrent un volume de «Dialogues*» et un volume de «Facéties*», à côté des deux de «Romans»; ils regroupèrent sous le nom renouvelé de «Dictionnaire philosophique», avec les articles proprement alphabétiques, des «morceaux» et «fragments» restés flottants – ils prolongeaient l'intégration, déjà largement réalisée par Voltaire lui-même, du premier *Dictionnaire* *philosophique* dans les *Questions* *sur* *l'Encyclopédie*. Mais surtout ils créèrent trois nouvelles sections, directement intitulées «Politique et Législation», «Physique» «Philosophie générale, Métaphysique, Morale et Théologie», en ne gardant le vieux mot de «Mélanges» que pour cinq autres tomes seulement, deux «historiques» et trois «littéraires», sur les soixante-dix volumes que compte leur collection in-8° : c'était constituer virtuellement Voltaire en maître à penser, dans un champ d'intérêts dûment réordonné – la priorité du politique est évidemment parlante, jusque dans l'économie de cette section, de *La Voix* *du* *sage et du peuple* aux écrits sur le servage*.

Le temps passé d'une influence voltairienne, vite épuisée, sur la Révolution, c'est l'ordre chronologique qui a prévalu. Beuchot* l'amorça sous la Restauration, voulant par là rendre plus sensible, non une cohérence reconstruite, mais le déroulement d'une pensée et d'une action, dans un esprit plus libéral que doctrinal. Moland* suivit la même voie au début de la III$^e$ République, mais «après mûres réflexions» confiait-il, car il avait songé un temps à revenir à l'ordre thématique de l'édition de Kehl; en renonçant à réaccentuer les reliefs idéologiques, pour montrer plutôt, disait-il, «la marche de l'esprit de Voltaire», il versait enfin les Mélanges à l'histoire, au risque d'en effacer la force première de bloc et de masse.

*André Magnan*

## MEMNON

Titre d'une première version de *Zadig*.

## MEMNON OU LA SAGESSE HUMAINE

BONHEUR • CONTES PHILOSOPHIQUES • ORIENT •

Composé en 1749 à la cour de Stanislas Leszczynski, roi détrôné de Pologne, beau-père de Louis XV, établi en Lorraine, ce conte fut publié la même année dans un recueil de pièces en vers et en prose, puis repris en 1756 dans les *Mélanges de littérature* chez Cramer. Il appartient à la veine orientale.

Memnon, à Ninive, conçoit un jour « le projet insensé d'être parfaitement sage », c'est-à-dire de vivre désormais sans passion. Il refuse ainsi l'amour, pratique la sobriété, borne sa fortune et vit en paix avec ses amis. Beau projet qu'une belle personne, coquette et menteuse, à qui Memnon succombe, met à mal. L'oncle de la belle survient au milieu de leurs ébats : Memnon pour sauver sa vie doit verser beaucoup d'argent. Il est invité chez des amis : il s'enivre, perd au jeu, se bat et, dans la bagarre, perd un œil. Voulant rembourser ses dettes, il s'aperçoit qu'il est ruiné. Le roi, à qui il demande justice, ne l'écoute pas, et le satrape qui suit son affaire lui ordonne de retirer sa plainte. Voilà Memnon seul et dépouillé après avoir renoncé. Sa maison est alors saisie par un huissier ; il dort sur une paillasse quand lui apparaît un ange qui n'avait « ni pieds, ni tête, ni queue » et qui lui apprend qu'il sera modestement heureux à condition de ne plus jamais suivre le sot projet d'être parfaitement sage. Le bonheur existe-t-il ? Certains philosophes ont-ils raison de dire : « Tout est bien » ? L'ange qui bavarde, parce qu'il est dépourvu de passions, se perd dans des vacuités théoriques. Il faut accepter que les plaisirs aient parfois de mauvaises suites et apprendre à en user avec modération. Voilà une sagesse humaine.

Jean Goulemot

## <u>*MÉMOIRE DE DONAT CALAS POUR SON PÈRE, SA MÈRE ET SON FRÈRE*</u>

AFFAIRES • CALAS • OPINION •

Le plus jeune des fils Calas, qui était en apprentissage à Nîmes au moment des faits, se réfugia à Genève. Ce mémoire, auquel Voltaire prête sa plume, fut publié en juillet 1762. C'est l'un des écrits les plus longs que Voltaire, dans cette guerre d'extraits, de lettres, de déclarations, ait lancés dans la bataille. Son habileté devait consister à annoter ce texte qu'il avait lui-même écrit pour donner une preuve de son authenticité. Voltaire y adopte un ton humble, qui ne va pas sans pédantisme, quand il procède au rappel des origines de la foi réformée. Il y proclame la fidélité monarchique du « petit troupeau ». Le récit de l'affaire, censé être l'œuvre d'un jeune garçon, vise à offrir un portrait idéalisé de Jean Calas, dont, contre les faits connus, il exalte l'esprit de tolérance. De la mort de son frère, il accrédite la version du suicide, en insistant sur son « humeur sombre et mélancolique » et montre comment le fanatisme imagina que sa famille l'avait étranglé pour prévenir son abjuration. Les ragots et les fausses rumeurs s'en sont mêlés. L'autopsie a été hâtive. On a organisé un service catholique qui postulait que la conversion de Marc Antoine était acquise. Donat montre l'extraordinaire fermeté de ses parents face aux accusations et aux supplices, le destin pitoyable d'une famille condamnée à l'infamie et à l'exil, et se

joint à sa mère pour demander réparation. Voltaire a su jouer de la naïveté, de la rigueur et du pathétique, en cherchant à convaincre par tous les moyens : « Cette aventure épouvantable intéresse toutes les religions et toutes les nations... »

Jean Goulemot

## MÉMOIRE DES ÉTATS DU PAYS DE GEX

Voir GEX.

## MÉMOIRE DES HABITANTS DE FERNEY

Voir GEX.

## MÉMOIRE DU PAYS DE GEX

Voir GEX.

## MÉMOIRE DU SIEUR DE VOLTAIRE

Réponse à *La Voltairomanie\** de l'abbé Desfontaines, en 1739.

## MÉMOIRE SUR LA SATIRE

Voir SATIRE.

## MÉMOIRE SUR LE PAYS DE GEX

Voir GEX.

## MÉMOIRE SUR UN OUVRAGE DE PHYSIQUE DE MME DU CHÂTELET, LEQUEL A CONCOURU POUR LE PRIX DE L'ACADÉMIE EN 1738

Voir *ESSAI SUR LA NATURE DU FEU ET SUR SA PROPAGATION*.

## *MÉMOIRES POUR SERVIR À LA VIE DE M. DE VOLTAIRE, ÉCRITS PAR LUI-MÊME*

AUTOBIOGRAPHIE •

C'est l'un des écrits les plus singuliers de Voltaire, le plus personnel peut-être, un bilan de carrière et de vie, entrepris vers 1758, et remontant de vingt-cinq ans en arrière. Il y évoque sa retraite à Cirey*, ses déboires de courtisan*, ses relations avec Frédéric II*, gratifiantes puis tumultueuses, le séjour en Prusse* et la catastrophe de Francfort*, le repos enfin trouvé aux Délices*, le bonheur présent de se sentir libre, indépendant, accordé aux plus lointaines vocations – le tout en moins de cent pages. Texte fulgurant, frustrant, mais complet à sa façon. L'intensité de l'écriture suffit à établir l'évidence d'un rapport à soi – d'un sens donné au passé, d'une tension vers l'avenir.

Le titre est posthume, comme la publication (1784). Voltaire ne destinait pas à un éditeur ces feuillets sans nom. Il les a laissés puis repris, plusieurs fois : « Bien des choses qui me paraissent ou neuves ou plaisantes me ramènent au ridicule de parler de moi à moi-même. » Les trois derniers ajouts sont même marqués de dates ; le récit, en rejoignant le présent, finit presque en journal – le 12 février 1760. L'institution littéraire excluait alors les mémoires d'écrivains, les journaux intimes, et tout ce qui devait s'appeler, un siècle plus tard, l'autobiographie. Il s'agit bien pourtant de quelque chose de cela, mais sans visée d'œuvre, et comme de soi à soi.

Mal doué pour l'égotisme, Voltaire note sobrement les émotions passées, les sentiments présents. Par exemple, arrivé à la mort de Mme du Châtelet* : « Elle n'eut point les horreurs de la mort, il n'y eut que nous qui les sentîmes. Je fus saisi de la plus douloureuse affliction. » « Passionnément » attaché à ses retraites suisses, mais « quasi honteux » d'être heureux parmi les malheurs publics, il réserve encore les mots les plus forts pour le monde comme il va : « Je vois l'Allemagne inondée de sang. » Il s'exprime, mais se refuse l'épanchement, l'empathie. Seul devant la page blanche, il ne s'invente pas un lecteur selon son cœur, comme Rousseau ; le récit recomposé est même souvent moins intime, pour l'histoire personnelle, que les lettres du moment. Dans la grande tradition classique, Voltaire enregistre plutôt les faits mémorables de sa vie.

Un incident d'histoire matérielle souligna l'audace et la nouveauté des *Mémoires* à leur date. Les éditeurs de Kehl*, en possession du manuscrit, en publièrent quelques bonnes pages, mais amalgamées d'abord au *Commentaire*\* *historique* – et donc réécrites à la troisième personne... C'est seulement après que les *Mémoires* eurent été donnés en édition séparée (1784) – Beaumarchais* avait lui-même organisé cette fuite – qu'ils en reprirent intégralement le texte, à la première personne cette fois, dans le

dernier volume de leur collection (1790) à côté de la *Vie de Voltaire* par Condorcet\*. Mais d'autres « mémoires » célèbres avaient paru entre-temps, autrement importants pour l'avenir de l'autobiographie : les *Confessions* de Jean Jacques Rousseau.

André Magnan

*J'avais laissé là mes « Mémoires », les croyant aussi inutiles que les « Lettres » de Bayle à madame sa chère mère, et que la « Vie de Saint-Évremond » écrite par Des Maiseaux, et que celle de l'abbé de Montgon écrite par lui-même ; mais bien des choses qui me paraissent ou neuves ou plaisantes me ramènent au ridicule de parler de moi à moi-même.*
*Je vois de mes fenêtres la ville où régnait Jean Chauvin, le Picard, dit Calvin, et la place où il fit brûler Servet pour le bien de son âme. Presque tous les prêtres de ce pays-ci pensent aujourd'hui comme Servet, et vont même plus loin que lui. Ils ne croient point du tout Jésus-Christ Dieu ; et ces messieurs, qui ont fait autrefois main basse sur le purgatoire, se sont humanisés jusqu'à faire grâce aux âmes qui sont en enfer. Ils prétendent que leurs peines ne seront point éternelles, que Thésée ne sera pas toujours dans son fauteuil, que Sisyphe ne roulera pas toujours son rocher : ainsi de l'enfer, auquel ils ne croient plus, ils ont fait le purgatoire, auquel ils ne croyaient pas. C'est une assez jolie révolution dans l'histoire de l'esprit humain. Il y avait là de quoi se couper la gorge, allumer des bûchers, faire des Saint-Barthélemy ; cependant on ne s'est pas même dit d'injures, tant les mœurs sont changées. Il n'y a que moi à qui un de ces prédicants en ait dit, parce que j'avais osé avancer que le Picard Calvin était un esprit dur qui avait fait brûler Servet fort mal à propos. Admirez, je vous prie, les contradictions de ce monde. Voilà des gens qui sont presque ouvertement sectateurs de Servet, et qui m'injurient pour avoir trouvé mauvais que Calvin l'ait fait brûler à petit feu avec des fagots verts.*

*Mémoires pour servir à la vie de M. de Voltaire,*
*écrits par lui-même, 1758-1760 – addition du 6 novembre 1759.*

*En comparant ces « Mémoires » avec ceux de Jean Jacques Rousseau, on voit bien que l'amour-propre a mis la plume à la main de l'un et de l'autre, mais d'une façon aussi différente que l'était le caractère de ces deux hommes.*

*Mémoires de Bachaumont, 21 mars 1784.*

---

## MÉMOIRES SUR VOLTAIRE

**Voir** DECROIX · LONGCHAMP · WAGNIÈRE.

## MÉPRISE D'ARRAS (LA)

Voir MONBAILLI.

## MÉROPE

ACTEUR • AMOUR • TRADUCTION • TRAGÉDIES •

Commencée en 1736, la pièce ne fut créée que le 20 février 1743. Conscient d'avoir trouvé «un beau sujet», Voltaire, pour une fois, résolut de le travailler à loisir. Sa première intention était de traduire l'œuvre de Maffei, donnée en 1713 en Italie; mais bientôt il veut en faire une *Mérope* française. Lentement remaniée et corrigée, très bien écrite, en beaux vers, la pièce est probablement la plus achevée des productions de théâtre de Voltaire, et l'une des mieux réussies.

Le sujet est aussi tragique que celui d'*Œdipe*: «Une mère va venger la mort de son fils sur son propre fils même, et le reconnaît dans l'instant qu'elle va le tuer» (*Lettre à Maffei*); et l'intrigue, sans amour, n'en est peut-être «que plus tendre». Voltaire y efface le défaut d'*Œdipe*, en retrouvant la simplicité grecque. Il s'en tient au thème légendaire, et nourrit ses cinq actes de péripéties, de rebondissements tirés du sujet, et bien ménagés, au prix seulement de quelques invraisemblances.

Peu après la guerre de Troie, Cresphonte, roi de Messène, a été tué avec deux de ses fils; Mérope, sa veuve, espère retrouver le troisième, Égisthe, qui a disparu. Cependant Polyphonte, soldat ambitieux, obtient du peuple le droit de régner avec Mérope, s'il l'épouse, et veut la contraindre à ce mariage. Mérope refuse; on apprend vite que Polyphonte est l'assassin du roi et de ses fils : il tuera Égisthe s'il le retrouve. Or on amène au palais un jeune homme, accusé d'un meurtre. La reine s'attendrit : est-ce la «voix du sang»? Bientôt l'inconnu est convaincu d'avoir tué Égisthe; Mérope se jette sur lui, un poignard à la main, quand arrive Narbas, vieillard qui jadis a sauvé l'enfant; il arrête son bras, et lui révèle que le meurtrier présumé n'est autre que son fils. Mais Polyphonte, en proie aux soupçons, veut éprouver la reine; il s'apprête à immoler sous ses yeux le prisonnier. C'est la grande scène de l'acte IV, où Mérope, cédant à l'amour maternel, se précipite dans les bras d'Égisthe, criant: «Il est mon fils!» Coup de théâtre qui la jette dans un nouveau danger. À la fin, prête à épouser le tyran pour sauver son fils, Mérope se rend au temple, où Égisthe tue Polyphonte. Le peuple reconnaît en lui son roi, avec l'agrément des dieux, dont éclate le tonnerre.

La pièce eut un énorme succès. Voltaire avait prouvé que l'amour maternel peut être la source d'un pathétique plus fort que cet amour galant, trop

commun dans la tragédie. Et *Mérope* fit date dans les annales du théâtre : on y vit pour la première fois une actrice courir dans l'action, et l'auteur appelé sur la scène, après la représentation, par un public enthousiaste – il semble pourtant que l'anecdote de Voltaire « baisé par la duchesse de Villars dans sa loge » soit une forgerie de l'auteur lui-même. La réussite de sa pièce devait beaucoup aux comédiens, et surtout à la Dumesnil*, qui se surpassa dans le rôle principal, en maintenant le public au plus haut degré de l'émotion. Mme de Graffigny, qui a vu la pièce à Cirey, donne une idée de cette tension : « Si l'on a pleuré au III$^e$ acte, on s'arrache les cheveux au IV$^e$, et on s'égratigne le visage au V$^e$. »

Frédéric II mit *Mérope* en musique en 1756 : « C'était sans contredit, écrira Voltaire dans ses *Mémoires*, ce qu'il avait fait de plus mauvais. » La pièce même fut traduite, du vivant de l'auteur, en anglais, en italien, en allemand et en néerlandais – et après sa mort, au XIX$^e$ siècle, en espagnol, en danois, en roumain.

Henri Lagrave

POLYPHONTE : *Qu'il meure !*
   MÉROPE : *Il est...*
   POLYPHONTE : *Frappez.*
   MÉROPE, *se jetant entre Égisthe et les soldats : Barbare ! il est mon fils.*
   ÉGISTHE : *Moi ! votre fils ?*
   MÉROPE, *en l'embrassant : Tu l'es : et ce ciel que j'atteste,*
*Ce ciel qui t'a formé dans un sein si funeste,*
*Et qui trop tard, hélas ! a dessillé mes yeux,*
*Te remet dans mes bras pour nous perdre tous deux.*
   ÉGISTHE : *Quel miracle, grands dieux, que je ne puis comprendre !*
   POLYPHONTE : *Une telle imposture a de quoi me surprendre.*
*Vous, sa mère ? qui ? vous, qui demandiez sa mort ?*
   ÉGISTHE : *Ah ! si je meurs son fils, je rends grâce à mon sort.*
   MÉROPE : *Je suis sa mère. Hélas ! mon amour m'a trahie.*
*Oui, tu tiens dans tes mains le secret de ma vie ;*
*Tu tiens le fils des dieux enchaîné devant toi,*
*L'héritier de Cresphonte, et ton maître, et ton roi.*
*Tu peux, si tu le veux, m'accuser d'imposture.*
*Ce n'est pas aux tyrans à sentir la nature ;*
*Ton cœur, nourri de sang, n'en peut être frappé.*
*Oui, c'est mon fils, te dis-je, au carnage échappé.*
   POLYPHONTE : *Que prétendez-vous dire ? et sur quelles alarmes ?...*
   ÉGISTHE : *Va, je me crois son fils : mes preuves sont ses larmes,*
*Mes sentiments, mon cœur par ma gloire animé,*
*Mon bras qui t'eût puni s'il n'était désarmé.*

POLYPHONTE : *Ta rage auparavant sera seule punie.*
*C'est trop.*
MÉROPE, *se jetant à ses genoux : Commencez donc par m'arracher la vie ;*
*Ayez pitié des pleurs dont mes yeux sont noyés.*
*Que vous faut-il de plus ? Mérope est à vos pieds ;*
*Mérope les embrasse, et craint votre colère.*
*À cet effort affreux jugez si je suis mère.*
*Mérope, 1743, acte IV, scène II.*

## MESLIER, Jean
ANTICLÉRICALISME · ATHÉISME · DÉISME · ÉDITEUR ·

Né à Mazerny, près de Rethel, et curé des deux villages ardennais d'Étrépigny et de Balaives, Jean Meslier (1664-1729) avait laissé à sa mort un volumineux manuscrit intitulé *Mémoire des pensées et des sentiments de J... M....* Des copies ont commencé de circuler vers 1735. L'ouvrage développe une longue série de « démonstrations » distribuées en huit « preuves » : les cinq premières constituent un violent réquisitoire contre les croyances chrétiennes ; la sixième dénonce l'oppression, l'injustice et la misère favorisées par le christianisme, et propose d'instaurer un régime social fondé sur la communauté des biens ; la septième et la huitième exposent un matérialisme athée, en niant l'existence d'un dieu créateur et l'immortalité de l'âme. Ce *Mémoire* fit aussi l'objet d'extraits, réduits aux cinq premières preuves, qui entrèrent dans le circuit des manuscrits clandestins. Le texte complet ne sera édité (sous le titre de *Testament*) qu'en 1864 à Amsterdam.
Le 30 novembre 1735, Voltaire demande à Thiriot de lui envoyer le manuscrit de « ce curé de village [...] aussi philosophe que Locke » : il a été des premiers lecteurs de Meslier. On trouve des échos de sa lecture dans l'*Examen de la Bible* composé avec Mme du Châtelet\*, dans ses Carnets\*, dans *Le Sermon\* des Cinquante*. En février 1762, Voltaire publie l'*Extrait\* des sentiments de Jean Meslier*, qui fait du « bon et honnête curé » le propagandiste chéri du déisme voltairien. Ce Meslier-là est bien différent du Meslier historique, « trop ennuyeux et même trop révoltant » à son goût, qu'il n'aime pas tout en le trouvant fascinant. Dans ses *Lettres\* à S.A. Mgr le prince de \*\*\* sur Rabelais*, il le définit comme « le plus singulier phénomène qu'on ait vu parmi tous ces météorites funestes à la religion chrétienne » ; mais le curé est allé trop loin en voulant « anéantir toute religion et même la naturelle » – et Voltaire de s'interroger sur « le travers d'esprit de ce mélancolique prêtre ». En somme, dans le combat voltairien

contre le christianisme, Meslier aura été un allié objectif, mais la cause politique du curé révolté n'était certes pas celle du seigneur de Ferney.

Roland Desné

## MESSE

CHRISTIANISME · HISTOIRE · PÂQUES ·

*Aujourd'hui dans notre Occident, les bonnes femmes qui entendent le dimanche une messe basse en latin, servie par un petit garçon, s'imaginent que ce rite a été observé de tout temps, qu'il n'y en a jamais eu d'autres.*
   Questions sur l'Encyclopédie, 1770-1772, art. « Autels ».

Voltaire, qui a lu et annoté l'*Histoire ecclésiastique* (1691-1720) de l'abbé Claude Fleury, s'attachera précisément à détruire de telles idées reçues : la messe basse est d'invention récente. Le *Dialogue du douteur et de l'adorateur* rappelait déjà que Jésus n'avait jamais dit la messe – d'où la déduction : on peut servir Dieu tout en n'y allant point. Pour en réduire l'importance, des articles alphabétiques comme « Christianisme », « Autels », « Messe », dans le *Dictionnaire philosophique* et les *Questions sur l'Encyclopédie*, mentionnent, et l'*Essai sur les mœurs* aussi, maints changements d'usages tout au long de l'histoire de l'Église. Les premiers chrétiens, rappelle Voltaire, n'avaient ni temples, ni autels, ni cierges, ni encens, ni eau bénite. On célébra d'abord la Cène le soir, en un festin nocturne. Jusqu'au XVIe siècle, on ne disait qu'une messe dans chaque église. Puis, ajoute-t-il, le nombre des prêtres augmentant, le nombre de messes alla croissant. Il explique ce qu'était une messe « sèche », c'est-à-dire sans consécration, et une messe « à deux, trois ou quatre faces », où les répétitions de prières permettaient d'ajouter autant de collectes ; il date aussi l'introduction des messes particulières. Il rappelle que des danses, hymnes et autres agapes ont accompagné parfois la cérémonie de la messe, pour ébranler le respect, qui suppose une certaine gravité.
À Ferney pourtant, Voltaire assiste à la messe, en bon seigneur de village. Il écrit à d'Alembert, le 6 janvier 1761, qu'il édifie le clergé en se faisant « encenser tous les dimanches » à sa paroisse. On sait qu'en 1768, à Pâques, il prononça même un sermon, pour condamner l'ivrognerie et le vol, avant de communier : il faut s'allier au curé pour prêcher une saine morale à l'occasion de la messe. Mais comment croire que le patriarche, en s'y rendant en grande pompe, ait voulu manifester son respect pour la célébration de l'Eucharistie ? La consécration du pain et du vin, rappel du sacrifice du Christ, est, pour un croyant, la partie essentielle de l'office. Or

Voltaire vient d'ajouter, en 1767, dans le *Dictionnaire philosophique*, l'article «Transsubstantiation», d'une violence et d'une grossièreté inouïes. L'article «Eucharistie» des *Questions sur l'Encyclopédie*, entre autres textes polémiques, reprendra les railleries contre le dogme, purement catholique, de la présence réelle de Dieu dans l'hostie. L'*Essai sur les mœurs* mentionne aussi les très nombreuses controverses à ce sujet. Voltaire a donc pu trouver une utilité sociale à la messe. Mais il l'ampute évidemment de sa signification chrétienne, en soulignant comment, des premiers chrétiens à Charlemagne, ou de Charlemagne à son temps, elle n'a été qu'une suite de rites variables dans une histoire humaine et contingente.

*Marie-Hélène Cotoni*

## MESSIE

Voir JÉSUS.

## MÉTAPHORE

Voir STYLE.

## MÉTAPHYSIQUE

ÂME · ANTHROPOCENTRISME · DIEU · EXPÉRIENCE · LOCKE · MORALE · *TRAITÉ DE MÉTAPHYSIQUE* ·

Si la métaphysique est «la partie de la philosophie qui nous donne la connaissance de l'être en général et des êtres qui sont au-dessus des choses corporelles comme de Dieu et des Anges» (*Dictionnaire* de Richelet), est-il légitime de poser qu'il existe une métaphysique voltairienne? Le débat est du même ordre que pour la religion de Voltaire: en montrant qu'elle existait, René Pomeau fit scandale. L'œuvre de Voltaire est riche en personnages de métaphysiciens moqués, ridicules et dangereux. Il prend même un malin plaisir à montrer que la métaphysique est une suite d'opinions contradictoires, souvent aberrantes et jamais fondées. La XIII$^e$ des *Lettres philosophiques* propose ainsi une énumération sans queue ni tête d'opinions farfelues et opposées sur l'âme, d'Anaxagoras à Descartes. Même inventaire dans l'article «Âme» du *Dictionnaire philosophique*. Et nous savons combien sont ridiculement prétentieux les métaphysiciens que rencontre Micromégas à son arrivée sur la terre. C'est là un thème récurrent chez Voltaire, un point fort de sa pédagogie. On se gardera de

conclure à l'absence d'une métaphysique voltairienne. L'existence du *Traité de métaphysique* doit éviter tout jugement hâtif, et il faut se garder de réduire sa métaphysique à la seule pensée religieuse de Voltaire et à son hostilité aux religions révélées. Ajoutons enfin que la métaphysique, comme le rappellent les éditeurs de Kehl en préface à la série de Mélanges* intitulée «Philosophie générale, Métaphysique, Morale et Théologie», couvre un vaste domaine : «La métaphysique n'est que l'application du raisonnement aux faits que l'observation nous fait découvrir en réfléchissant sur nos sensations, nos idées, nos sentiments.» Elle s'intéresse donc aux passions, à la connaissance, à la véritable origine de nos idées morales, aux phénomènes de la mémoire, à la conscience, aux questions relatives à la liberté, à la question si importante de la perfectibilité indéfinie de l'esprit humain, à celle de la survie de l'âme, à la fin qu'on croit percevoir dans l'univers. Ainsi balisé, le champ de la métaphysique appartient évidemment à la démarche de Voltaire. On sait l'importance de sa réflexion sur l'homme, dont la liberté* est analysée dans le chapitre IV du *Traité de métaphysique* et le doute XIII du *Philosophe ignorant*.

Dès les *Lettres philosophiques*, il existe une réflexion voltairienne sur la connaissance, dont il se propose de définir l'objet et les limites. Car c'est par les limites qu'elle doit s'imposer, par l'impossibilité à penser la nature de l'âme, ce que Voltaire appelle «le roman de l'âme», par le refus de prendre les savoirs métaphysiques pour la vérité, et d'utiliser leurs errements pour fonder croyances, rites et Églises, qui génèrent intolérance, exclusion et fanatisme, que se définit d'abord la métaphysique proprement voltairienne. Plus encore que par ses énoncés.

Comme le philosophe, le métaphysicien est ignorant. Ou plutôt il sait le peu qu'il sait, et ne cesse d'interroger et de s'interroger. Seules certitudes : la pensée, le rôle de l'expérience, les bornes étroites de la connaissance, des germes de morale universelle et l'existence de Dieu et de l'âme. «La philosophie nous montre bien qu'il y a un Dieu ; mais elle est impuissante à nous apprendre ce qu'il est, ce qu'il fait, comment et pourquoi il le fait. Il me semble qu'il faudrait être lui-même pour le *savoir*» (*Traité de métaphysique*). Redonner sa place à cette métaphysique de Voltaire, modeste, dénonciatrice de l'orgueil humain, mode de réflexion sur la connaissance, les fondements de la morale, mais toujours consciente de ses limites et se préservant de ses utilisations abusives, c'est reconnaître la place essentielle qu'elle joue dans sa démarche, puisqu'elle représente toute sa philosophie. Rien du Voltaire militant des Lumières ne lui est, au fond, vraiment étranger. Le fanatisme que Voltaire dénonce n'est qu'une perversion d'une métaphysique trop sûre d'elle-même, trop présomptueuse dans ses questionnements et ses affirmations.

Ainsi posée, la métaphysique de Voltaire permet de mesurer l'importance

attachée à Locke, l'interrogation sans cesse reprise sur le mal, le combat mené aussi bien contre les religions révélées que contre l'athéisme renaissant. On serait tenté de dire qu'il existe chez Voltaire non une vocation métaphysique, mais plus évidemment une nécessité de la métaphysique. Ce qui ne signifie nullement qu'on veuille ici l'embrigader dans on ne sait trop quelle Église ou quelle école de pensée. Rappelons sa dédicace à Mme du Châtelet pour qui il avait écrit le *Traité de métaphysique* :

> *L'auteur de la métaphysique*
> *Que l'on apporte à vos genoux*
> *Mérita d'être cuit dans la place publique,*
> *Mais il ne brûla que pour vous.*

Jean Goulemot

*Qui es-tu ? d'où viens-tu ? que fais-tu ? que deviendras-tu ? C'est une question qu'on doit faire à tous les êtres de l'univers, mais à laquelle nul ne nous répond. Je demande aux plantes quelle vertu les fait croître, et comment le même terrain produit des fruits si divers. Ces êtres insensibles et muets, quoique enrichis d'une faculté divine, me laissent à mon ignorance et à mes vaines conjectures.*

*J'interroge cette foule d'animaux différents, qui tous ont le mouvement et le communiquent, qui jouissent des mêmes sensations que moi, qui ont une mesure d'idées et de mémoire avec toutes les passions. Ils savent encore moins que moi ce qu'ils sont, pourquoi ils sont, et ce qu'ils deviennent.*

*Je soupçonne, j'ai même lieu de croire que les planètes, les soleils innombrables qui remplissent l'espace, sont peuplés d'êtres sensibles et pensants ; mais une barrière éternelle nous sépare, et aucun de ces habitants des autres globes ne s'est communiqué à nous.*

*Monsieur le prieur, dans « Le Spectacle de la nature », a dit à monsieur le chevalier que les astres étaient faits pour la terre, et la terre, ainsi que les animaux, pour l'homme. Mais comme le petit globe de la terre roule avec les autres planètes autour du soleil ; comme les mouvements réguliers et proportionnels des astres peuvent éternellement subsister sans qu'il y ait des hommes ; comme il y a sur notre petite planète infiniment plus d'animaux que de mes semblables, j'ai pensé que monsieur le prieur avait un peu trop d'amour-propre en se flattant que tout avait été fait pour lui. J'ai vu que l'homme, pendant sa vie, est dévoré par tous les animaux s'il est sans défense, et que tous le dévorent encore après sa mort. Ainsi j'ai eu de la peine à concevoir que monsieur le prieur et monsieur le chevalier fussent les rois de la nature. Esclave de tout ce qui m'environne, au lieu d'être roi, resserré dans un point, et entouré de l'immensité, je commence par me chercher moi-même.*

Le Philosophe ignorant, 1766, 1<sup>er</sup> doute.

## *MÉTAPHYSIQUE DE NEWTON, OU PARALLÈLE DES SENTIMENTS DE LEIBNIZ ET DE NEWTON*

DÉISME • *ÉLÉMENTS DE LA PHILOSOPHIE DE NEWTON* • NEWTON • *TRAITÉ DE MÉTAPHYSIQUE* •

En 1740, Voltaire compléta le texte de 1738 des *Éléments de la philosophie de Newton* par la *Métaphysique de Newton*, qui le condamnait à entrer en conflit avec les autorités religieuses et civiles. L'ensemble va constituer les *Éléments de la philosophie de Newton* qui contient une première partie sur la métaphysique de Newton (chap. I à IX), une deuxième partie sur la physique newtonienne (chap. I à XIV) et une troisième partie qui traite de l'attraction (chap. I à XVI). L'ordre choisi n'est pas dû au hasard. Il s'agit de croiser le fer et de montrer que la métaphysique, ici, est fondée sur la science, que ses vérités sont autorisées par elle, mais que la science n'est possible que parce qu'il existe un Dieu garant des lois de l'univers. Viennent ensuite (II, chap. I et II) les attaques contre Descartes et Malebranche et l'exposé de l'optique newtonienne. La troisième partie énonce les principes d'organisation de la matière et de l'univers : l'attraction avec les applications concernant les marées, la chronologie, le mouvement, la dureté des corps. Alors même que le philosophe a pris ses distances avec la science, la *Métaphysique de Newton* continuera à fonder son déisme.

*Jean Goulemot*

## MICHELET, Jules

HISTOIRE • ROMANTIQUES • VOLTAIRIENS •

Fils des Lumières, passionné par Voltaire, Michelet (1798-1874) est l'un des grands lecteurs de son œuvre et, ce qui n'est pas fréquent chez les romantiques, il s'intéresse à presque tous ses écrits, y compris sa correspondance. Chaque fois qu'il entreprend une grande œuvre historique, l'auteur du *Siècle de Louis XIV* tient dans sa documentation une place importante. Michelet participa activement aussi aux luttes idéologiques et politiques dont la figure de Voltaire était devenue un enjeu symbolique. Le 6 août 1844, il lance un appel pour une souscription destinée à financer l'érection de deux statues à Voltaire et Rousseau, mais les conservateurs et les ultramontains, qui ont choisi pour cibles favorites ces deux grandes figures des Lumières, font échouer le projet.

Si Michelet est fasciné par Voltaire, il ne partage pas néanmoins sa conception de l'histoire. Alors que Voltaire, dans l'esprit des Lumières, voit la raison comme s'élevant elle-même lentement par degrés, sans aucune

intervention transcendante, Michelet prétend se livrer à « une démonstration historique de la Providence ». La représentation du Moyen* Âge les oppose aussi : c'est pour Voltaire le règne de la superstition et de la barbarie, où la raison sommeille et ne se manifeste que chez quelques sages isolés ; c'est pour Michelet, au contraire, le triomphe de la grâce et de la ferveur. Pourtant l'*Essai sur les mœurs*, dans son ensemble, est investi par Michelet d'un sens spiritualiste échappé à l'auteur lui-même : « Tout en faisant une grande part à la matière, il l'a mobilisée, vivifiée par l'esprit. » Ainsi Voltaire incarne-t-il, par sa hauteur de vue, par l'étendue du savoir embrassé, par sa passion du bien de l'humanité, le grand mouvement historique qui tend vers l'émancipation et la liberté.

Entre 1847 et 1853, interrompant la rédaction de son *Histoire de France*, Michelet s'est jeté avec ferveur dans les six volumes de l'*Histoire de la Révolution française*. Voltaire lui apparaît alors comme un nouveau martyr de l'humanité souffrante, comme le nouveau Moïse qui scelle l'alliance des hommes et des peuples réconciliés, la Révolution étant le terme ultime de ce mouvement glorieux. Cette représentation quasi messianique de Voltaire distingue donc nettement Michelet des autres écrivains romantiques, et l'historien d'évoquer le regard si tendre et si doux de l'auteur de *La Henriade*. Nous sommes décidément bien loin du « hideux sourire » évoqué par Musset*.

*Didier Masseau*

*Voltaire est celui qui souffre, celui qui a pris pour lui toutes les douleurs des hommes, qui ressent, poursuit toute iniquité. Tout ce que le fanatisme et la tyrannie ont jamais fait de mal au monde, c'est à Voltaire qu'ils l'ont fait. Martyr, victime universelle, c'est lui qu'on égorgea à la Saint-Barthélemy, lui qu'on enterra aux ruines du Nouveau Monde, lui qu'on brûla à Séville, lui que le parlement de Toulouse roua avec Calas [...]. Il pleure, il rit dans les souffrances, rire terrible, auquel s'écroulent les bastilles des tyrans, les temples des pharisiens.*

Jules Michelet, Histoire de la Révolution française, 1847-1853.

## *MICROMÉGAS*

CALCULS · CONTES PHILOSOPHIQUES · EXPÉRIENCE · HOMME<br>MÉTAPHYSIQUE · SCIENCES ·

Ce conte, l'un des plus célèbres, fut publié en 1752, mais l'ébauche en avait été très certainement rédigée dès 1738 sous le titre d'un « Voyage du baron de Gangam », que Voltaire fit lire à cette date à Frédéric en manuscrit. Gangam était déjà un voyageur céleste, philosophe confronté aux terriens.

Qui ne reconnaîtrait en lui Micromégas, avec quelques modifications qui l'intellectualisent ?

On sait que Voltaire, dans *Micromégas*, s'attaque entre autres à Maupertuis*, en fixant le jour de l'arrivée de son héros sur la terre à la date exacte du naufrage de Maupertuis dans le golfe de Botnie, dont on trouve trace par ailleurs dans la troisième partie des *Éléments* de la philosophie de Newton* de 1738. Il s'attaque aussi à Fontenelle*, secrétaire perpétuel de l'Académie des sciences, désigné comme un « homme de beaucoup d'esprit, qui n'avait à la vérité rien inventé, mais qui rendait un fort bon compte des inventions des autres ». Voltaire semble alors revenu de son ancienne admiration pour le vulgarisateur habile.

Les données de la fiction sont simples. Le géant Micromégas est banni de Sirius pour avoir offensé « le muphti de son pays ». Après être passé par Saturne, où il lie connaissance avec le savant secrétaire de l'Académie du lieu, qui devient son compagnon de voyage – c'est dans le conte la figure de Fontenelle –, Micromégas côtoie Jupiter et Mars, et parvient sur la Terre. Il y constate la relativité des mondes habités et les limites de l'organisation terrestre. Voltaire s'amuse à jouer des échelles divergentes : ainsi un collier de diamants est fait de pierres dont les plus grosses pèsent 400 livres et les plus petites 50, et le tout à l'avenant. Une baleine vue en mer par le géant lui apparaît comme un petit poisson. Il parvient à saisir entre deux doigts un bateau. Quant à ses passagers, ils sont pour lui de minuscules insectes. Le dialogue finit pourtant par s'engager entre les deux voyageurs et les terriens. Non sans mal. Les voyageurs admirent les capacités intellectuelles de ces infiniment petits. Ils constatent aussi que si les mathématiques les mettent d'accord, pour le reste ils ne cessent de se quereller. Belle occasion de se moquer de la métaphysique et des métaphysiciens, et de faire l'éloge de Locke* comme dans les *Lettres philosophiques*. L'habitant de Sirius promet aux hommes un livre de philosophie de sa façon, « écrit fort menu pour leur usage », où ils verront enfin « le bout des choses ». À son départ, ils ne trouvent qu'un recueil de pages blanches.

*Micromégas* n'est pas une plaisanterie, contrairement à ce que prétendait Voltaire lui-même. Le récit est parfaitement construit en deux parties : le dialogue sur l'univers des voyageurs entre eux et leur dialogue avec les humains. L'unité en tient à l'affirmation du relativisme, modulée et reprise pour toutes choses. Qui est grand pour les petits risque à son tour d'être petit parmi les plus grands. Qui semble ignorant se révèle sage. Ou encore, l'ignorance peut se transformer en sagesse et la prétendue sagesse en ignorance. On aura reconnu le bon sens voltairien, qui ne va pas sans fausse naïveté, sans passion, sans distance critique.

*Jean Goulemot*

*Mais il y avait là, par malheur, un petit animalcule en bonnet carré, qui coupa la parole à tous les animalcules philosophes; il dit qu'il savait tout le secret, que cela se trouvait dans la « Somme » de saint Thomas; il regarda de haut en bas les deux habitants célestes; il leur soutint que leurs personnes, leurs mondes, leurs soleils, leurs étoiles, tout était fait uniquement pour l'homme. À ce discours, nos deux voyageurs se laissèrent aller l'un sur l'autre en étouffant de ce rire inextinguible qui, selon Homère, est le partage des dieux; leurs épaules et leurs ventres allaient et venaient, et dans ces convulsions le vaisseau, que le Sirien avait sur son ongle, tomba dans une poche de la culotte du Saturnien. Ces deux bonnes gens le cherchèrent longtemps; enfin ils retrouvèrent l'équipage, et le rajustèrent fort proprement. Le Sirien reprit les petites mites; il leur parla encore avec beaucoup de bonté, quoiqu'il fût un peu fâché dans le fond du cœur de voir que les infiniment petits eussent un orgueil presque infiniment grand. Il leur promit de leur faire un beau livre de philosophie, écrit fort menu pour leur usage, et que dans ce livre ils verraient le bout des choses. Effectivement, il leur donna ce volume avant son départ: on le porta à Paris, à l'Académie des sciences; mais, quand le secrétaire l'eut ouvert, il ne vit rien qu'un livre tout blanc: « Ah! dit-il, je m'en étais bien douté. »*

*Micromégas, 1752, chap. VII.*

## MIGNOT (Famille)

AROUET • FAMILLE •

Pierre François Mignot, le beau-frère de Voltaire, descendait d'une famille de drapiers établie à Sedan depuis le XVII$^e$ siècle; son père s'était installé marchand à Paris. Correcteur à la chambre des comptes, Pierre François Mignot avait épousé, en 1709, Marguerite Catherine Arouet*, qui lui donna quatre enfants: Marie Louise, Marie Élisabeth, François et Alexandre Jean. Bonhomme honnête, d'esprit assez lent, aimant les plaisirs de la table et les soins du jardin, Mignot fut l'exécuteur testamentaire du vieil Arouet* et n'entretint avec Voltaire que des liens familiaux assez formels. Mme Mignot étant morte jeune (septembre 1726) et son époux onze ans plus tard, les deux filles Mignot se marièrent en 1738: Marie Louise épousa Nicolas Denis* et Marie Élisabeth le seigneur de Fontaine*. Voltaire fut attaché toute sa vie à ses deux nièces, et surtout à Mme Denis qui, devenue veuve, fut sa maîtresse et la compagne de sa vieillesse – « Maman* » dans leur langage intime.

L'aîné des garçons Mignot, qui avait succédé à son père dans sa charge, mourut rapidement d'un mal mystérieux, en 1740. Il restait à Voltaire un dernier neveu Mignot, le plus jeune, Alexandre Jean des Aunais, né en 1725. « Enivré du plaisir d'être lieutenant d'infanterie », il s'engagea dans

l'armée, en 1744. On le retrouve pourtant, en 1747, au séminaire de Troyes, et Voltaire se réjouit d'entendre bientôt « un sermon du révérend père Mignot ». Alexandre Jean reçut les ordres mineurs, puis obtint les bénéfices de l'abbaye de Scellières en Champagne, mais comme simple abbé*, non prêtre. Il poursuivit enfin une carrière de magistrat. Avocat et conseiller clerc au Grand Conseil en 1750, il se démit de ses fonctions en 1770, mais les réintégra en 1774 et exerça jusqu'en 1791.

Homme de goût et « honnête homme », ce qui le rapprochait, selon Grimm, de son oncle « bienfaisant, malin et charmant enfant », l'abbé Mignot cultiva aussi une passion analogue pour l'histoire, avec entre autres une *Histoire de l'empire ottoman*, qui lui valut le surnom de « Turc » et quelques compliments de la part de l'auteur du *Siècle de Louis XIV*.

Confronté aux difficultés de l'inhumation chrétienne de Voltaire, l'abbé Mignot entreprit des démarches délicates, sans doute avant la mort de son oncle, pour obtenir l'autorisation de sortir le corps de Paris. Il organisa le transfert de la dépouille à son abbaye de Scellières, dans la nuit du 30 au 31 mai 1778, et put ainsi, malgré les défenses, enterrer Voltaire « en terre chrétienne ». Revêtu de la soutane de l'abbé, du rochet et du camail, et accompagné de son neveu d'Hornoy* et de deux cousins, l'abbé Mignot rendit les derniers devoirs à son oncle, juste avant qu'une lettre de l'évêque de Troyes ne frappe la cérémonie d'interdiction.

*Anne Soprani*

## MILTON, John

ANGLETERRE • ÉPOPÉE • GOÛT •

Voltaire revendique le mérite d'avoir le premier fait connaître en France les grands poètes anglais Shakespeare* et Milton. À Milton (1608-1674), il consacre plusieurs longs articles dans l'*Essay\* upon the Epic Poetry* (1727) et dans ses *Questions sur l'Encyclopédie* (1770-1772). *Le Paradis perdu* (1667) l'intéresse surtout, et comme critique et comme poète. L'œuvre fut publiée en France pour la première fois en 1729, dans une traduction de Dupré de Saint-Maur. Voltaire crédite Milton d'avoir su recréer « une horreur ténébreuse, un sublime sombre et triste qui ne convient pas mal à l'imagination anglaise »; mais le théoricien du genre épique bute sur un obstacle de taille : comment concilier, dans le même écrivain, le recours à toutes les absurdités du récit mythique et une incontestable fertilité d'imagination ? Il relève en effet chez Milton la présence du sublime, mais noyé dans l'extravagance, et des débordements contraires à la bienséance la plus élémentaire : le merveilleux lui-même, aux yeux de Voltaire, se doit d'être modéré pour être raisonnable, donc acceptable.

Encore Milton est-il accusé d'avoir fait le jeu des fanatiques en écrivant un livre entier pour justifier l'exécution du roi Charles I^er.

*Didier Masseau*

*Enfin, on s'est épuisé sur les critiques; mais on ne s'épuise pas sur les louanges; Milton reste la gloire et l'admiration de l'Angleterre : on le compare à Homère, dont les défauts sont aussi grands, et on le met au-dessus du Dante, dont les imaginations sont encore plus bizarres.*

Le Siècle de Louis XIV, 1752, chap. XXXIV, « Des beaux-arts en Europe, du temps de Louis XIV ».

## MIMEURE, Charlotte Madeleine de Carvoisin d'Archy, marquise de
AMITIÉ · CORRESPONDANCE · FEMMES · SALONS ·

C'est par son ami Fyot* de La Marche que Voltaire, encore nommé Arouet, fut introduit chez les Mimeure, peut-être dès 1711. Femme d'un militaire lettré devenu académicien en 1707, la marquise de Mimeure (?-1724) animait avec esprit un salon influent, que le débutant fréquenta comme une société distinguée. À la marquise, le jeune homme écrit les impressions de son exil doré à Sully-sur-Loire*, et fait la confidence de ses amours déçues : de son attirance pour Mlle Duclos*, de son penchant pour Mme de Villars*. Bienveillante, la marquise le conseille, le dissuade d'aller à Villars où il risque de souffrir. Mais le présomptueux affirme qu'il « renonce » à l'amour « pour la vie » !
Mme de Mimeure mourut après l'ablation d'un sein, « opération » qu'elle soutint, écrit Voltaire, « avec un courage d'Amazone ». Lettres de jolis riens, mais piquantes; confettis de poète, mais doué pour de plus grandes fêtes.

*Anne Soprani*

## MIRACLE
DÉISME · DIEU · FABLE · PROVIDENCE · *QUESTIONS SUR LES MIRACLES* ·

Les miracles étaient présentés par les apologistes chrétiens comme des preuves de la vérité de la doctrine, laquelle en garantissait en retour l'authenticité. À l'opposé, Voltaire met en parallèle, à la suite de Meslier*, merveilleux chrétien et merveilleux païen, réduisant l'un et l'autre à ce goût pour la fable, caractéristique des imaginations primitives : « Tout est prodige dans l'Antiquité » (*Catéchisme\* de l'honnête homme*, 1763). Naissances virginales, guérisons miraculeuses, résurrections et ascensions ne sont pas le propre du christianisme. De tout temps, l'invention de pro-

diges est comme inhérente à la formation de sectes d'enthousiastes. À propos des modernes quakers*, Voltaire ose cette insinuation : « Il leur fallait quelques miracles, ils en firent » (*Lettres\* philosophiques*, III). D'où la proposition inverse : « Dès que la raison vient, les miracles s'en vont » (*Conformez-vous\* aux temps*). Il observe du reste que tout au long de l'histoire de l'Église, le nombre des miracles va diminuant. Un esprit lucide découvre, derrière les prétendus prodiges, soit l'ignorance qui interprète mal un fait naturel, soit l'imposture qui fausse, par ambition ou par intérêt, la relation de l'événement.

Le philosophe doit donc avoir recours à la critique de témoignages. Aussi, dans ses *Questions sur les miracles*, et dans tous ses ouvrages de critique biblique, Voltaire se moque-t-il des miracles de l'Ancien et du Nouveau Testaments, dont la gratuité le dispute souvent à l'invraisemblance. « Dans l'histoire juive tout est miracle » (*Questions sur l'Encyclopédie*, art. « Miracle ») : effet direct du gouvernement théocratique, selon lui, comme en Égypte ou en Chaldée. Quant aux actes surnaturels du Christ, à la différence de Rousseau qui y voyait parfois des signes de bonté, Voltaire n'en retient que l'aspect dérisoire, et reprend longuement les railleries blasphématoires du théologien Thomas Woolston (1669-1733), du curé Jean Meslier (1664-1729) ou de traditions juives. Restent ces « bêtises injurieuses à la Divinité », comme il dit dans l'*Examen important de milord Bolingbroke* (1767), que sont les prodiges attribués à Grégoire le Thaumaturge, à Gervais et Protais, ou ceux de Notre-Dame. Le philosophe leur oppose les doutes des protestants, ou la méfiance réciproque des Églises grecque et romaine envers leurs miracles respectifs. Il n'omet pas d'évoquer enfin les prétendus prodiges contemporains, ceux des convulsionnaires* en particulier – « les miracles du diacre Pâris » –, en leur préférant, dans les *Discours en vers sur l'homme* (1738-1742), des actes de bienfaisance* – bonté humaine contre grâce divine.

Pour le déisme de Voltaire, le miracle est, au fond, une impossibilité religieuse : ce serait une violation des lois éternelles. Tout miracle contredirait l'ordre voulu par la divinité, preuve de sa toute-puissance. L'Être infiniment sage ne peut avoir fait des lois pour les violer, uniquement en faveur de quelques hommes. Supposer des miracles est donc faire injure à Dieu – la prière* aussi est exclue, sur les mêmes bases. Le seul vrai miracle, c'est-à-dire la seule « chose admirable » consiste dans « l'ordre prodigieux de la nature, la rotation de cent millions de globes autour d'un million de soleils, l'activité de la lumière, la vie des animaux » (*Dictionnaire philosophique*, art. « Miracles »). Dans la quête de merveilles, la contemplation déiste se substitue à la foi chrétienne : permanent miracle du monde.

Marie-Hélène Cotoni

# M

## MISE EN SCÈNE

ACTEUR • COMÉDIE-FRANÇAISE • THÉÂTRE •

Le terme même, qui date de 1820, était ignoré au XVIII$^e$ siècle, parce que l'art dramatique se réduisait encore à la «récitation», et que l'action scénique obéissait à des règles immuables, celles de la «tradition», qui avait fixé costume et gestuelle, cependant que le décor, dans le théâtre «récité» du moins, ne variait guère. L'influence de l'opéra, à cette époque, fut prédominante. Voltaire la subit, et fut pour beaucoup dans le progrès des éléments visuels au théâtre, de plus en plus perfectionnés. Mais il fut surtout le seul à jeter les bases de la mise en scène moderne, en affirmant que chaque œuvre théâtrale possède sa spécificité, et qu'on ne monte pas une pièce, qu'on ne joue pas un rôle selon un schéma passe-partout. À des acteurs souvent routiniers, qui «jouaient la situation», il apprit que chaque texte a sa signification propre, qu'un personnage est plus complexe qu'un «emploi» de théâtre, et qu'ils exigent donc, pour leur donner la vie, des efforts appropriés. *Zaïre* n'est pas *Mérope*, et *Tancrède* n'est que *Tancrède*. La tradition ou l'instinct n'y suffisent pas ; il y faut la réflexion, l'étude, une sensibilité aiguë. Du même coup, Voltaire inventait le «metteur en scène», celui qui dégage de l'œuvre un sens, pour lui donner l'existence scénique qui la crée ; celui aussi qui détermine un «ensemble», qui dirige une équipe. Mais, à ses yeux, l'intermédiaire idéal, entre le manuscrit et les planches, est l'auteur. Il s'agissait d'abord de rendre au texte sa fonction primordiale : Voltaire y revient sans cesse. Depuis lors, le metteur en scène a remplacé l'écrivain dans ce rôle.

*Henri Lagrave*

## M. JEAN VERNET, PASTEUR ET PROFESSEUR

GENÈVE •

Courte réponse offensive à un nouveau livre défensif de Jacob Vernet*, qui voulait sauver la République de Genève de la corruption moderne : *Réflexions sur les mœurs, la religion et le culte* (1769). Voltaire estropie sciemment l'initiale de l'auteur, ironise sur sa double qualité exhibée sur la page de titre, et confronte à son ordinaire la Genève historique et la Genève mythique. Cette pseudo-lettre anonyme n'a été que tout récemment rendue à Voltaire ; elle ne figure dans aucune édition de ses œuvres.

*André Magnan*

## MODERNES

Voir ANCIENS • FONTENELLE • HOUDAR DE LA MOTTE.

## MOINES

CÉLIBAT • DÉMOGRAPHIE • FANATISME • IMPÔTS •

Voltaire n'aime pas les moines. Rien de bien étonnant. Selon lui, ils sont paresseux, inutiles et paillards. À l'image de ce frère Giroflée, théatin indigne, personnage de *Candide* (chap. XXIV). Voltaire démographe s'en prendra à leur célibat ; économiste, il leur reprochera leurs exemptions fiscales, l'incurie qui les porte à mendier, leurs propriétés injustement acquises et mal exploitées (*L'Homme aux quarante écus*) ; philosophe, il dénonce le rôle que les dominicains ont joué dans l'Inquisition\*, l'improductivité d'une vie contemplative à laquelle il ne croit guère, leur fanatisme qui a poussé à la folie meurtrière des croisades (*Essai sur les mœurs*), leur ingérence nocive dans la politique ou la société civile. L'*Essai sur les mœurs* est peuplé de figures de moines scélérats qui arment le bras des assassins ligueurs ou deviennent eux-mêmes régicides comme Jacques Clément. Il y a chez Voltaire une hantise du moine prêcheur soulevant les foules, réveillant la barbarie collective. Au nom de l'intérêt social, du travail nécessaire à l'équilibre économique, Voltaire refuse donc la vie monastique. Dans *Le Dîner du comte de Boulainvilliers*, il plaint la tristesse de la vie stérile des religieux, qu'il oppose à l'épanouissement des pères de famille, utiles à la société.

L'analyse qu'il donne, dans l'*Essai sur les mœurs*, de la naissance de la vie monacale (chap. CXXXIV) est plus subtile que cette dénonciation. Il y voit une donnée de la vie religieuse venue d'Orient, mais étrangère aux pratiques grecques ou romaines : « L'Europe en cela ne fut que l'imitatrice de l'Inde. » Bénéfique durant les troubles et les violences de la féodalité, car les couvents servaient alors de refuge, l'institution monastique se trouva pervertie par l'ambition des fondateurs d'ordres, et surtout de la papauté qui, à travers eux, accentuait son autorité aux dépens des évêques : « Tous les États chrétiens étaient inondés, au commencement du XVI$^e$ siècle, de citoyens devenus étrangers dans leur patrie, et sujets du pape. » L'histoire des ordres monastiques est pour lui une suite de querelles et de rivalités. Les couvents représentent un État dans l'État et une espèce d'État dans l'Église. Tout prouve que les ordres monastiques doivent être réformés. Mais « les ordres religieux s'opposent à toute réforme ». Il est des mots qu'alors Voltaire lui-même n'ose écrire.

*Jean Goulemot*

*La loi de l'histoire oblige de rendre justice à la plupart des moines qui abandonnèrent leurs églises et leurs cloîtres pour se marier. Ils reprirent, il est vrai, la liberté dont ils avaient fait le sacrifice : ils rompirent leurs vœux ; mais ils ne furent point libertins, et on ne peut leur reprocher des mœurs scandaleuses. La même impartialité doit reconnaître que Luther et les autres moines, en contractant des mariages utiles à l'État, ne violaient guère plus leurs vœux que ceux qui, ayant fait serment d'être pauvres et humbles, possédaient des richesses fastueuses.*

*Essai sur les mœurs, 1761, chap. CXXVIII.*

## -15,27

C'est le score qu'obtint Voltaire, en mars 1921, dans une séance du groupe surréaliste consacrée à la notation des célébrités – il terminait ainsi au 183e rang dans un tableau de 191. Le compte rendu de séance précise qu'il s'agissait d'« en finir avec toute cette gloire » (*Littérature*, n° 18). Les membres du jury étaient Aragon, Breton, Gabrielle Buffet, Drieu La Rochelle, Éluard, Théodore Fraenkel, Benjamin Péret, Georges Ribemont-Dessaignes, Jacques Rigaut, Soupault et Tzara. Les notes allaient de -25 à 20, le zéro marquant « l'indifférence absolue ». Voltaire fut noté 16 par Drieu La Rochelle, 10 par Gabrielle Buffet, 0 par Aragon, et entre -20 et -25 par tous les autres. Seuls terminèrent plus bas que lui : Henri de Régnier, bon dernier avec -22,90, Anatole France et le maréchal Foch *ex aequo* à -18, puis Stuart Mill, Romain Rolland, Paul Fort, Pasteur, Rodin et, juste derrière Voltaire, avec -15,63, le Soldat inconnu. Les trois premiers du tableau furent Breton, Soupault et Charlie Chaplin. Le XVIIIe siècle était d'ailleurs plutôt sous-représenté en célébrités : Condillac fut noté -4,27, Rétif 4,72, Rousseau 3,27, Sade 11,27 et Vauvenargues -8,27 – Diderot et Montesquieu, Prévost et Laclos, entre autres, étaient omis. Il est sûr que le refus de la célébrité donne une grande liberté de jugement, mais dans le salon Voltaire de la Bibliothèque* nationale de France, le célèbre plâtre de Houdon détourne un peu la tête d'un autre grand homme qui lui fait face – Aragon en buste.

*André Magnan*

## MOÏSE

BIBLE · DÉISME · JUIFS · POLITIQUE · RELIGION ·

La libre pensée anglaise, utilisant les premiers résultats d'une science comparée des religions à ses débuts, n'avait cessé de souligner qu'on ne

pouvait retrouver le sens des « lois de Moïse » qu'en les confrontant aux législations et aux croyances des peuples de l'Orient ancien : on y trouverait une part d'emprunt aux hautes civilisations orientales, et une autre de réaction contre les coutumes et mœurs du temps, destinée à isoler le peuple qui les observerait. Voltaire ne reprend pas l'idée, qu'on trouve chez John Toland et d'autres, d'un Moïse égyptien, mais il tient que « les juifs ont tout pris des autres nations », et « ne furent que des plagiaires » : plus précisément « une bande d'Arabes vagabonds » imitateurs des cérémonies des Phéniciens, des Syriens, des Égyptiens. Le chef de la « horde juive » n'avait pas l'esprit moins grossier que ceux qu'il dirigeait.

On connaissait depuis Machiavel la figure d'un Moïse grand politique, contraint à la sévérité pour faire observer la législation qu'il promulgue, et aussi bien, comme Thésée ou Romulus, « nouveau prince » et « prophète armé » ; et il avait été facile aux libres penseurs et libertins érudits de rapprocher de Moïse ce Numa que Machiavel avait déjà présenté comme feignant d'avoir commerce avec une nymphe pour imposer ses nouvelles lois aux pieux Romains. Le parrain de Voltaire, l'abbé de Châteauneuf, avait fait apprendre par cœur au petit Arouet, dès ses trois ans selon Duvernet*, les vers guillerets de *La Moïsade*, pièce anonyme et clandestine qui ne circulait qu'en manuscrit, expliquant l'apparition des religions par les manœuvres de gouvernants habiles à exploiter la crédulité publique. Mais l'inflexibilité de Moïse, exaltée par Machiavel comme un signe de l'amour du bien public, était devenue, dans un XVIII<sup>e</sup> siècle plus attaché à louer les religions comme facteur d'un adoucissement des mœurs, un trait détestable véhémentement dénoncé chez Bolingbroke par exemple : « la cruauté » de Moïse accordée à « la barbarie » de son peuple. Voltaire n'est pas d'un autre avis.

Moïse aurait-il eu le mérite alors d'adapter ses enseignements à l'esprit du peuple auquel il les destinait ? Une autre tradition de réflexion le suggérait, d'ailleurs utilisable en deux sens : ou pour soutenir l'excellence d'une législation qui avait omis des dogmes essentiels à toute religion pour ne les révéler que dans les temps où ils auraient chance d'être compris et assimilés, ou pour assigner ces lois de Moïse à une époque désormais révolue et la frapper de caducité. Voltaire rejette radicalement cette idée d'une accommodation d'enseignements intemporellement vrais, aux contingences d'environnement culturel spécifiques à chacun des peuples qui doivent les recevoir ; il commente ainsi le fait que le Pentateuque ignore le dogme de l'immortalité de l'âme : « C'était, dit-on, un peuple grossier auquel Dieu se proportionnait. Dieu se proportionner ! Et à qui ? à des voleurs juifs ! Dieu être plus grossier qu'eux ! N'est-ce pas un blasphème ? » (*Examen important de Milord Bolingbroke*, 1766, chap. III).

Précisément, l'évêque anglican Warburton avait prétendu prouver « la léga-

tion divine de Moïse» – titre de son livre, paru en 1737-1741 – en empruntant les éléments de sa démonstration à ses adversaires déistes et en les retournant contre eux. Pas de législation religieuse, selon Warburton, qui n'établisse le dogme de l'immortalité de l'âme : l'existence même des sociétés ne se conçoit pas autrement, puisque seule l'idée de la vie future, et des récompenses ou des peines après la mort, est capable d'engager les hommes à observer les lois. Or la croyance en l'immortalité est absente de la loi mosaïque, qui ne promet que des faveurs ou des châtiments «temporels». C'est donc qu'elle n'est pas destinée, comme le serait une pure invention de la politique humaine, à rendre possible la vie collective d'hommes contenus par la menace des terreurs de l'autre vie : elle est bien d'institution divine. Voltaire retourne l'argument : Moïse «considéré simplement comme chef d'une nation» est inférieur à «un législateur ordinaire», et l'idée que sa loi ait été «donnée par Dieu même» mérite à peine examen, puisque «tout ce qui est divin est au-dessus de nos faibles idées» (*La Philosophie de l'histoire*, chap. XL).

D'ailleurs y a-t-il eu seulement un Moïse ? Pierre Daniel Huet, évêque d'Avranches, avait l'un des premiers appliqué aux faits religieux une méthode comparative, et dans sa *Demonstratio evangelica* (1679), il avait voulu voir dans diverses figures des mythologies païennes, et notamment dans celle du dieu Bacchus, le souvenir déformé de la figure historique de Moïse. Voltaire là encore retourne la proposition : si les «fables orientales» ont attribué à Bacchus tout ce que les juifs ont dit de Moïse, c'est que le personnage de Moïse a été calqué sur celui de «Bacchus, ou Back, né dans l'Arabie». Le silence de toutes les sources, autres que celles qui viennent des livres des juifs eux-mêmes, rend plus forte à ses yeux la présomption que Moïse «est un personnage fabuleux».

*Maurice Kriegel*

## MOLAND, Louis

ÉDITIONS ·

Avec «le Desnoiresterres*» et «le Bengesco*», il y eut aussi «le Moland». Biographie, bibliographie, œuvres complètes : trois piliers du même monument élevé par la III$^e$ République naissante à la gloire de Voltaire – la tour Eiffel suivit de près. L'édition Moland est la dernière édition complète réalisée en France (1877-1883, cinquante volumes, plus deux de tables en 1885) ; c'est d'Oxford aujourd'hui, de la Voltaire* Foundation, qu'on attend la nouvelle édition de référence. Bon compilateur et bon anthologiste – d'auteurs médiévaux et classiques –, Louis Moland n'avait pas de compétence «voltairiste» particulière lorsqu'il fut chargé de cette entreprise par

les frères Garnier, après avoir donné chez le même éditeur des *Lettres choisies de Voltaire* (1872). Il reprit en fait la grande édition de Beuchot*, modèle d'érudition historique et bibliographique, à la lettre pour le texte, et de très près pour le commentaire. Seule la correspondance* se trouva vraiment mise à jour, et portée de 7 500 à plus de 10 000 lettres, essentiellement par l'effet cumulatif des inédits publiés depuis Beuchot. On peut regretter le caractère sans doute hâtif et trop facile de cette réfection. Par contraste, Bengesco loue les qualités plus exigeantes de la nouvelle «Collection des Grands Écrivains de la France», que venait de lancer la maison Hachette; mais il était évidemment trop tôt, dans l'histoire culturelle française, pour que Voltaire y fût accueilli en digne égal des prestigieux «classiques» – et ce temps même, à vrai dire, est-il jamais venu?

*André Magnan*

## MOLIÈRE, Jean Baptiste Poquelin, dit
COMÉDIE • LOUIS XIV • *VIE DE MOLIÈRE* •

Toujours associé à Corneille et à Racine, Molière (1622-1673) siège parmi les classiques au *Temple\* du Goût*. Il est le plus grand comique de tous les temps, supérieur à Aristophane, à Plaute et à Térence – le maître inimitable. Il a même inventé la «comédie sérieuse», avec *Le Misanthrope*. Les lettres de Voltaire fourmillent d'allusions aux situations, aux personnages, aux «mots» de l'œuvre immortelle, que l'on cite comme des proverbes. Voltaire connaît Molière par cœur. Il est vrai qu'on le joue moins, que certaines de ses grandes pièces, comme *L'École des femmes*, remplissent seulement les jours creux; c'est précisément, pense Voltaire, parce qu'il est «trop su». Et aussi parce que les spectateurs, de même que les mœurs, ont changé. La faiblesse de ses intrigues, de ses dénouements n'y est pour rien: c'est la comédie larmoyante et romanesque, la Foire et les Pantalons italiens, l'opéra-comique, qui séduisent maintenant un public au goût perverti. Molière a été le plus grand peintre de la nature; avec Goldoni, Voltaire suit sa voie; mais aujourd'hui «l'esprit» tue la nature. Toujours nostalgique du grand siècle, Voltaire a rêvé d'être, comme Molière, protégé par un grand roi, qui fût capable d'imposer *Mahomet*, comme Louis XIV imposa *Tartuffe*, et de le défendre contre calomnies et cabales. Voltaire enfin aime l'homme Molière, l'élève de Gassendi, le pourfendeur des hypocrites et des courtisans; et il évoque souvent le scandale de son enterrement, l'exclusion prononcée par un archevêque persécuteur et débauché, qui lui refusa la sépulture (*Vie de Molière, avec des jugements sur ses ouvrages*).

*Henri Lagrave*

## MONARCHIE

BOURGEOIS · DESPOTISME · GOUVERNEMENT · POLITIQUE · RÉPUBLIQUE ·

Contre la légende républicaine et comme ses ennemis catholiques qui, à la fin du XIXe siècle, le lui reprochaient, Voltaire est monarchiste. On peut même avancer qu'il n'a jamais connu de tentations républicaines ni pour le passé grec ou latin, ni pour le présent hollandais ou vénitien. Monarchiste, Voltaire l'est d'abord par son milieu : cette bourgeoisie parisienne qui a tiré les leçons de la Fronde et se pose en tenante de l'absolutisme royal. Mais aussi par raison : la monarchie lui apparaît comme un gouvernement naturel proche de la famille, et ce malgré le peu de cas qu'il fit de l'autorité paternelle, et surtout comme la forme correspondant le mieux aux hiérarchies humaines. Par politique enfin, car l'expérience lui a appris la flexibilité du système monarchique, qui va de l'autoritarisme progressiste de Pierre le Grand au libéralisme anglais du roi Guillaume.

Il est bien évident qu'il est des formes monarchiques que Voltaire refuse : la tyrannie qu'il condamne avec sévérité, l'anarchie qu'engendre la monarchie élective, comme le prouve la Pologne. Ne s'adapte-t-elle pas aussi à tous les caractères et à toutes les situations? Voltaire mesure le chemin parcouru de Guillaume le Conquérant à la reine Anne. Il pense que la monarchie est la seule forme politique qui permette une position d'arbitre et, en accord avec sa théorie du rôle des grands hommes dans le devenir historique, il reconnaît à la monarchie la possibilité de fournir les moyens de leur politique aux rois réformateurs. C'est la nature même de l'institution monarchique qui permet à Louis XIV, à Pierre le Grand ou à Frédéric II de concentrer dans leurs mains l'ensemble des pouvoirs et des moyens que nécessite leur politique. À cet égard, l'analyse de la politique intérieure du roi dans *Le Siècle de Louis XIV* est exemplaire de l'adéquation de la monarchie aux grands projets réformateurs. Voltaire l'a compris quand s'initie l'expérience Turgot, mais il mesurera la relativité de l'engagement monarchique quand Louis XVI cessera de soutenir son ministre.

Jean Goulemot

*Or, maintenant, lequel vaut le mieux, que notre patrie soit un État monarchique ou un État républicain ? Il y a quatre mille ans qu'on agite cette question. Demandez la solution aux riches, ils aiment tous mieux l'aristocratie ; interrogez le peuple, il veut la démocratie : il n'y a que les rois qui préfèrent la royauté. Comment donc est-il possible que presque toute la terre soit gouvernée par des monarques ? Demandez-le aux rats qui proposèrent de pendre une sonnette au cou du chat. Mais, en vérité, la véritable raison est, comme on l'a dit, que les hommes sont très rarement dignes de se gouverner eux-mêmes.*

Dictionnaire philosophique, 1764, art. « Patrie ».

## MONBAILLI

AFFAIRES · JUSTICE ·

Une affaire moins connue que les affaires Calas ou Sirven ou même Lally. À Saint-Omer, le 27 juillet 1770, une femme, la veuve Monbailli qui vit avec son fils marié et abuse des liqueurs fortes, est découverte morte au petit matin, vraisemblablement d'une attaque d'apoplexie : ce qui expliquerait la position du corps, les contusions. Sans aucun fondement, la rumeur publique accuse le fils et sa femme de l'avoir assassinée. Ils sont bientôt arrêtés. Les magistrats les croient innocents, mais la rumeur persiste. Ils sont emprisonnés ; le procureur du roi fait appel *a minima*. Le conseil souverain d'Artois siégeant à Saint-Quentin les condamne à mort, sans que la preuve de leur culpabilité soit faite. Le 19 novembre 1770, Daniel Monbailli est exécuté à Saint-Omer : son poing est tranché comme il se doit pour un parricide, il est roué, et son corps est brûlé. Enceinte, sa femme bénéficie d'un sursis. La famille tente d'obtenir la révision du procès. Un mémoire d'avocat est envoyé au chancelier Maupeou*, qui nomme un nouveau conseil à Arras. « Ce dernier, écrira Voltaire, déclara Monbailli et sa femme innocents. L'avocat qui avait pris leur défense ramena en triomphe la veuve dans sa patrie ; mais le mari était mort par le plus horrible supplice, et son sang cria vengeance. »

Voltaire, comme d'Alembert qui lui avait consacré une héroïde, *Thérèse Donet à Euphrémie*, prit part à la campagne. En 1771, il publie *La Méprise d'Arras*, qui décrit les circonstances du drame et démonte l'erreur judiciaire. Il revient plusieurs fois sur le cas : ainsi dans le *Fragment sur le procès criminel de Monbailli*. À la veille de sa mort, il y fera encore allusion dans *Le Prix de la justice et de l'humanité* (1777). Au-delà de ce qui la rattache aux affaires Calas et Sirven – l'accusation de parricide, l'appartenance des accusés à des milieux relativement populaires, à la différence de Lally et de Morangiés – la condamnation de Monbailli possède une valeur exemplaire. Voltaire y perçoit « le poids de la canaille qui produisit l'affreuse catastrophe ». Il met l'accent sur « ces femmes du peuple [qui] dans l'oisiveté de leurs conversations raisonnent au hasard ». L'opinion publique apparaît aussi dangereuse que les juges, « ces hommes que la profession rend cruels, et qui goûtent une affreuse satisfaction à faire périr leurs semblables dans les tourments ». Voltaire semble au demeurant conscient que les juges sont soumis aux pressions fanatiques de l'opinion qui souvent les contraint à condamner contre leur conviction intime. Distance est prise par le philosophe : l'opinion* est ce qui conduit au pire, et permet plus tard d'y échapper, à condition que le discours de la philosophie soit là pour l'éclairer.

*Jean Goulemot*

## MONCRIF, François Augustin Paradis de

COURTISAN • GENS DE LETTRES •

L'écrivain Moncrif (1687-1770), qui fut aussi secrétaire du comte d'Argenson puis du comte abbé de Clermont, académicien en 1733, a entretenu, durant quelque quarante ans, une correspondance avec Voltaire, de 1722 à 1760 – cinquante-sept lettres sont conservées. Les propos échangés entre les deux hommes sont presque exclusivement littéraires. Voltaire donne des conseils à l'écrivain, s'intéresse au livret de son ballet *L'Empire de l'amour* (1733). Moncrif restera le modèle du bel esprit attaché aux pratiques anciennes de l'homme de lettres. Poète et amuseur, il distrait les grands – Voltaire y a goûté, et en sortira. Mais ce rôle, quand on y réussit, n'est pas sans donner un certain pouvoir. Moncrif devient, en 1745, lecteur de la reine Marie Leszczynska ; il cumulera les emplois lucratifs, en les exerçant d'assez loin : censeur royal et même – charge créée pour lui – « secrétaire général des postes ». Dans une lettre à Borde en 1768, Voltaire constatera que Moncrif l'a desservi auprès du roi et de la reine. En 1727, ce poète mondain avait publié une parodie de l'érudition pédantesque qu'il avait intitulée l'*Histoire des chats*. Voltaire prend alors sa revanche en s'abandonnant à toute l'ivresse de l'humour sarcastique, dans une lettre mémorable sur les chats (1773) adressée au chevalier de Lisle.

*Didier Masseau*

## MONDAIN (LE)

CIREY • CIVILISATION • LUXE • POÈTE •

Sous les apparences d'un « badinage », provocante apologie d'une vie de jouisseurs privilégiés, ce poème de 128 décasyllabes, écrit au début de 1736, livre en fait une réflexion « très philosophique et très utile » (Note de Voltaire, 1748), dans le droit-fil des *Lettres\* philosophiques*. Depuis juin 1734, et la censure de ces *Lettres*, Voltaire a dû trouver refuge à Cirey. Beau joueur – et d'ailleurs tout au bonheur de philosopher avec Émilie, dans un château luxueusement aménagé par ses soins – il n'exhalera aucun dépit contre la vie mondaine dont il est privé. Au contraire, pour exalter « le superflu, chose très nécessaire », il décrit longuement « le train des jours d'un honnête homme » : soupers fins, spectacles enchanteurs, amours faciles, sociabilité exquise, légère et spirituelle comme le « vin d'Aÿ », dans un confort raffiné auquel tous les « arts » concourent, et que les beaux-arts embellissent. Miracle de la philosophie : cette vie insouciante et dépensière se voit décerner des brevets de moralité, et l'orgueil aristocratique s'y concilie avec l'utilité bourgeoise. Oisiveté ? Égoïsme ?

Mais un mondain, c'est du travail pour cent artisans, une émulation générale de la belle ouvrage, et la subsistance assurée pour cent familles ; c'est l'aiguillon du commerce le plus lointain, qui plie le monde à nos desseins. Par-delà les traditions épicurienne (Saint-Évremond) et sceptique (Bayle), on reconnaît l'influence de Mandeville (la *Fable des abeilles*) et de l'*Essai politique sur le commerce* (1734) de Melon. Utile à l'État, le luxe a encore une valeur morale. Le terme de «mondain» renvoie aussi à l'idée que notre bonheur est à trouver en ce monde, ici et maintenant. Ce qui est dirigé implicitement contre l'ascétisme religieux, malfaisante négation des plaisirs des sens, les seuls indubitables, au nom d'un bonheur improbable dans un au-delà hypothétique ; et explicitement contre les utopistes de la «frugalité» primitive, sectateurs du *Télémaque* de Fénelon. Contre ces tenants du mythe de «l'âge d'or», qui condamnent en son nom les progrès d'une civilisation dont pourtant ils profitent («Ah! le bon temps que ce siècle de fer!»), Voltaire peint les premiers temps comme grossiers, ignorants et misérables. Ainsi *Le Mondain* subvertit les codes habituels de la satire : là où celle-ci dénonce l'oisiveté jouisseuse comme faiblesse personnelle et désordre social, il en fait l'apologie morale et politique ; là où elle s'ancre dans les mœurs du «bon vieux temps» pour dénoncer avec aigreur la décadence contemporaine, il raille gaiement le mirage des paradis originels.

La diffusion clandestine de ce brûlot connut des fuites dès novembre 1736. Des «menaces» furent proférées par de hauts personnages. «Le paradis terrestre est où je suis»... S'il était à Cirey, il fallait désormais que Voltaire le quitte momentanément – dès la mi-décembre 1736, pour la Hollande, et jusqu'à la fin février 1737. La *Défense\* du Mondain*, écrite dans l'intervalle, montre d'où était venu le scandale : les «faux dévots» n'avaient pas supporté l'évocation d'Adam et Ève, «la peau tannée et les ongles crochus». Le poète avait traité le paradis biblique, lié au mystère fondamental de la Chute, comme un vulgaire mythe. En définitive, si Voltaire montrera plus tard de l'éloignement pour la vie mondaine (*Épître à Mme Denis*, 1749), il ne reniera rien de la leçon essentielle du *Mondain* : l'essor des arts – selon la formule de René Pomeau – sera toujours à ses yeux la fin dernière d'une société éclairée.

*Patrick Brasart*

## MONDE COMME IL VA (LE), VISION DE BABOUC ÉCRITE PAR LUI-MÊME
CONTES PHILOSOPHIQUES • IMPÔTS • ORIENT • PARIS •

Esquissé peut-être dès 1739, mais composé dans l'entourage de la duchesse du Maine\* en 1746 ou 1747, imprimé pour la première fois en 1748, sous le

titre *Babouc ou le monde comme il va*, puis en 1764 comme *Le Monde comme il va, Vision de Babouc écrite par lui-même*, c'est un conte oriental sans doute, mais où l'on devine d'entrée, dans le procédé général de l'allégorie, des «scènes parisiennes».

Le génie Ituriel charge le Scythe Babouc d'enquêter à Persépolis pour savoir si la capitale, par sa corruption, mérite le châtiment du Ciel. Babouc se met en route, rencontre l'armée persane qui va combattre l'armée indienne; ni le simple soldat, ni le capitaine ni le satrape n'en connaissent la cause : on évoque une vieille querelle entre un eunuque et un commis du grand roi des Indes, qui aurait engendré plus de vingt ans de guerre. La paix survient enfin et Babouc se rend à Persépolis. La ville est sale, bruyante; il visite une église, s'étonne qu'on y enterre des morts, et attribue à cette ancienne pratique «ces maladies pestilentielles qui désolent souvent Persépolis».

Il admire les palais harmonieux, les fontaines. Il participe à un dîner où les femmes se livrent à la plus effrayante galanterie. Il apprend que les juges, les officiers achètent leurs charges, que les finances royales sont tenues par «quarante rois plébéiens» – les fermiers généraux. Il écoute un prêche qui l'ennuie, mais dont il loue la bonne intention; il assiste à une représentation théâtrale et s'attriste du sort réservé aux actrices, se fait voler enfin en achetant des choses futiles. Il rend visite à des mages et à des prêtres. Les lettrés rencontrés dans un dîner lui donnent une image de suffisance médiocre. Les livres publiés à Babylone, inutiles et vains, le déçoivent. Mais deux sages philosophes lui apprennent à démêler dans ce monde le bon grain de l'ivraie, en lui montrant qu'il existe des militaires courageux, des mages vertueux, des juges honnêtes et habiles.

Un procès auquel il assiste lui confirme que les magistrats suivent «les lumières de la raison». Il s'aperçoit que les fermiers généraux si décriés répondent avec célérité aux besoins financiers de l'empire. Il se rend chez un ministre juste et sage, dont l'antichambre est remplie de solliciteurs. Une des dames, qu'il avait vu tromper son mari, fait preuve de dévouement en plaidant sa cause auprès du ministre. Un dîner auquel il est convié prouve encore à Babouc que femme, mari, amant, maîtresse peuvent vivre en harmonie; et Babouc finit par être séduit par la belle Téone. Il conclura, dans son rapport à Ituriel, que le bien et le mal, le vice et la vertu voisinent à Persépolis, qu'il ne faut donc pas détruire : il faut admettre «le monde comme il va».

Jamais sans doute l'orientalisme voltairien n'a été aussi transparent : Persépolis c'est Paris, la Perse c'est la France. Le lecteur reconnaît sans peine la vénalité des charges, le statut marginal des acteurs, la corruption des ordres monastiques, la futilité des gens de lettres, les abus de la collecte des impôts... Ce conte, qui date encore de la période du courtisan\*, donne à

lire, plus clairement qu'aucun autre, l'optimisme modéré et la sagesse pragmatique de Voltaire. Il continue à condamner les abus, mais prône pour le reste une philosophie de l'acceptation – car, dira enfin le génie Ituriel, « si tout n'est pas bien, tout est passable ». Comme en bien d'autres lieux, par son refus des absolus, Voltaire se veut antipascalien. À la différence des envoyés de Jéhovah, il eût, peut-être, pardonné à Sodome et Gomorrhe.

Jean Goulemot

*On laissa donc subsister Persépolis, et Babouc fut bien loin de se plaindre, comme Jonas, qui se fâcha de ce qu'on ne détruisait pas Ninive. Mais quand on a été trois jours dans le corps d'une baleine, on n'est pas de si bonne humeur que quand on a été à l'opéra, à la comédie, et qu'on a soupé en bonne compagnie.*
Le Monde comme il va, 1748.

## « MONOSYLLABES » (LES) OU « L'ASSEMBLÉE DES MONOSYLLABES »
LEFRANC DE POMPIGNAN • POLÉMISTE • SATIRES •

« Il pleut des monosyllabes », écrit distraitement Voltaire en juin 1760. Huit pièces de quatrains satiriques, accablant le même adversaire : l'académicien Jean Jacques Lefranc de Pompignan, instigateur deux mois plus tôt d'un grand projet de normalisation idéologique des écrivains et des savants. À l'agression, à la délation publique des Philosophes, Voltaire venait de répondre sur le fond, par la tirade en prose des *Quand\**. Suivirent en mai, juin, peut-être juillet, en vers cette fois, des *Pour*, des *Que*, des *Qui*, des *Quoi*, des *Oui*, des *Non*, octosyllabes par le mètre, mais scandés par le même mot repris à l'attaque des quatrains : des « monosyllabes » donc, lancés de Ferney en petites feuilles volantes, et que tout Paris recopia, répéta, fredonna sur les airs à la mode. L'autre surnom de « Pompignades » indique l'extrême personnalisation de la polémique, visant la victime dans son état, son origine, ses écrits, son passé : l'imprudent Pompignan payait aussi pour l'Infâme\*, dont la satire dévote des Cacouacs\* venait de déclencher les premières violences. On vit paraître, dans la même veine, des *Si*, des *Mais*, des *Qu'est-ce ?* et des *Pourquoi ?* – plusieurs attribués à Morellet\*. Voltaire lui-même devait récidiver l'année suivante, mais en revenant à la prose, avec des *Car\** et des *Ah! Ah!\**, puis allait encore « courre le Pompignan », des années durant, dans des satires plus générales. Quant à l'image de l'« assemblée », réunion des huit pièces en vers dans un recueil facétieux paru à l'automne 1760, elle suggère aussi un tribunal, un verdict, un châtiment.

André Magnan

*NON, cher Lefranc de Pompignan,
Quoi que je dise et que je fasse,
Je ne peux obtenir ta grâce
De ton lecteur peu patient.*

*NON, quand on a maussadement
Insulté le public en face,
On ne saurait impunément
Montrer la sienne avec audace.*

*NON, quand tu quitteras la place
Pour retourner à Montauban,
Les sifflets partout sur ta trace
Te suivront sans ménagement.*

*NON, si le ridicule passe,
Il ne passe que faiblement.
Ces couplets seront la préface
Des ouvrages de Pompignan.*

*Les Non*, 1760.

## MONSTRES

FABLE • HOMME • SCIENCES •

Dans sa réflexion sur les monstres, Voltaire englobe plusieurs sens du mot : le sens étymologique de la chose digne d'être montrée, dans un spectacle de foire ; le sens de difformité, d'écart par rapport à la norme ; et celui de l'animal composite imaginaire, venu de la mythologie. Sur ces acceptions se greffe encore la discussion sur les hybrides, issus du mélange de deux espèces différentes, et dont le prototype au XVIII$^e$ siècle est constitué par le mulet, hybride de la jument et de l'âne.

Voltaire se montre prudent sur la définition du monstre. Depuis le débat qui avait agité l'Académie des sciences à la fin des années 1730, impliquant les meilleurs anatomistes du temps, entre autres Winslow et Lémery, la question de l'origine de la monstruosité, ou innée, ou accidentelle, demeurait un point sensible : l'existence des monstres n'est-elle pas un défi au meilleur des mondes possibles et un déni de la Providence, comme l'avait déjà montré Diderot dans sa *Lettre sur les aveugles* (1749) ? Plutôt que de se prononcer sur ce point, Voltaire préfère, après avoir présenté les différents types de monstres, par excès ou par défaut, souligner la relativité de la notion, et la précarité de nos critères. On pourrait s'étonner néanmoins de le voir affecter de mettre sur le même plan différentes difformités, physi-

ques et anatomiques, et les monstres légendaires de l'Antiquité, lion à ailes d'autruche, griffon, etc., à une époque où la ligne de partage entre la monstruosité et la chimère commençait à être bien établie. Mais l'exemple du jumart, censé provenir de l'union du taureau et d'une jument, et qui alimentait encore les discussions malgré les prises de position de Buffon, montre bien la précarité des distinctions.

D'ailleurs, l'intérêt de Voltaire est d'un autre ordre. Il souhaite surtout montrer que certaines anomalies, comme les phénomènes de polydactylie (doigt surnuméraire) qui venaient d'être étudiés par Réaumur, Maupertuis et Bonnet, ne remettent pas en cause la caractérisation de l'espèce humaine, en particulier par rapport aux animaux, et que notre jugement sur ce qui est monstre et ce qui ne l'est pas dépend souvent de nos coutumes et de nos critères esthétiques : « Le premier nègre pourtant fut un monstre pour les femmes blanches, et la première de nos beautés fut un monstre aux yeux des nègres » (*Questions sur l'Encyclopédie*, art. « Monstres »). Au moins élargit-il discrètement sa réflexion au problème des limites de l'espèce.

Roselyne Rey

## MONTAGU, lady Mary Wortley

ANGLETERRE • FEMMES • INOCULATION •

« Nous apprenons d'elle, écrira Voltaire, à nous défaire de bien des préjugés. » Épouse d'un ambassadeur anglais qu'elle avait accompagné à Constantinople en 1717, lady Wortley Montagu (1689-1762) était de retour à Londres* quand Voltaire y arriva en exil en 1726. Il l'y rencontra l'année suivante, et fut enchanté par cette femme qui avait rapporté de son séjour à la Porte « des chansons turques », et « des déclarations d'amour » dans le goût du *Cantique des cantiques*. En revanche, lady Montagu n'éprouva guère de sympathie pour le poète français, et elle n'aima même pas *La Henriade*\*. Voltaire ne lui en tint pas rigueur. Ce n'est pas en femme de lettres qu'il évoque lady Montagu dans son œuvre et sa correspondance, il loue surtout la femme de cœur qui « s'avisa de donner sans scrupule la petite vérole à un enfant dont elle était accouchée », à Constantinople même. L'auteur des *Lettres philosophiques* rend hommage à son courage et à son influence : de retour à Londres, elle encouragea la princesse de Galles à faire inoculer ses enfants ; « et depuis ce temps, écrit-il, dix mille enfants de famille au moins doivent la vie à la reine et à Mme Wortley Montagu » ($XI^e$ lettre). En dépit des efforts de Voltaire et d'autres esprits novateurs en faveur de l'inoculation, l'exemple de lady Montagu ne sera suivi en France qu'à partir du milieu du siècle. En 1763,

lorsque paraissent à Londres les *Lettres* de lady Montagu, Voltaire recommande leur lecture à ses correspondants. À son avis, ces *Lettres* s'adressent « à toutes les nations » : « Vous serez enchanté, dit-il à d'Argental, de voir des choses curieuses et nouvelles embellies par la science, par le goût et par le style. »

*Anne Soprani*

## MONTAIGNE, Michel Eyquem de

ANCIENS • GOÛT • PASCAL •

Voltaire voue à ce lointain « frère » en philosophie (1533-1592) une affection particulière : il fut l'un des rares hommes du terrible siècle des guerres de Religion à résister au fanatisme triomphant. Il rencontre dans le sombre Pascal le reproche fait à Montaigne d'avoir entrepris de « se peindre », alors que « le moi est haïssable ». D'où sa réplique, à jamais célèbre : « Le charmant projet que Montaigne a eu de se peindre naïvement comme il a fait ! Car il a peint la nature humaine ; et le pauvre projet de Nicole, de Malebranche, de Pascal, de décrier Montaigne ! » (*Lettres philosophiques*, 1734, XXV$^e$ lettre).

Contre le danger des certitudes absolues et des passions aveugles, l'aimable scepticisme de Montaigne est un garde-fou. Voltaire a d'autres raisons d'aimer les *Essais*. Montaigne sait comme lui l'art de converser avec les Anciens, de les interpeller et de faire jaillir sa pensée à leur contact – quoiqu'ils n'aient pas la même pratique de la citation*. Il loue aussi l'esprit du « citoyen », intact des controverses théologiques, serein et libre, qui ose « raisonner et plaisanter ». Il voit enfin en lui un remarquable chroniqueur, curieux des modes et des usages, et de ce Nouveau Monde récemment découvert. Mais suivant la tendance dominante de l'époque, il critique son style. Dans son *Discours*\* de réception à l'Académie française (1746), Voltaire affirme que Montaigne n'est « ni pur, ni correct, ni précis, ni noble », mais « énergique et familier ». Il est paradoxal qu'il apprécie la manière pittoresque et déliée avec laquelle Montaigne s'entretient avec son lecteur, tout en portant ce verdict sans appel, trop évidemment marqué par le préjugé historique d'une perfection de la langue et du goût classiques. À sa dernière visite à l'Académie*, en 1778, il proposera pourtant de recueillir, sous les définitions du dictionnaire, ses expressions « pittoresques et énergiques ».

*Didier Masseau*

*C'est cette naïveté qui plaît ; on aime le caractère de l'auteur ; on se plaît à se retrouver dans ce qu'il dit de lui-même, à converser, à changer de discours et*

*d'opinion avec lui. J'entends souvent regretter le langage de Montaigne; c'est son imagination qu'il faut regretter: elle était forte et hardie; mais sa langue était bien loin de l'être.*
*Discours de M. de Voltaire à sa réception à l'Académie française, prononcé le lundi 9 mai 1746.*

MONTESQUIEU, Charles Louis de Secondat, baron de la Brède et de
*COMMENTAIRE SUR L'ESPRIT DES LOIS* • GOUVERNEMENT • NOBLESSE • POLITIQUE •

Voltaire fut très critique envers l'auteur de *L'Esprit des lois* (1689-1755), et rendit publiques ses réserves à la veille de sa mort, manifestant sur bien des points une incompréhension totale du sens même des notions de « loi » ou de « vertu ». Mais il rendit souvent hommage à Montesquieu d'avoir dénoncé l'esclavage\*. Cependant, Montesquieu est beaucoup moins présent dans la réflexion de Voltaire que ne le sont Diderot ou Rousseau ou même d'Holbach. À l'inverse, Voltaire est une référence fréquente chez Montesquieu. On le trouve cité, jugé, critiqué dans *Mes Pensées*, le *Spicilège*, et un certain nombre de lettres. Montesquieu n'aime guère l'homme, qu'il appelle parfois « le Voltaire » et qu'il accuse d'agitation. L'œuvre lui paraît trop vite écrite, manquant de recul : « Voltaire n'écrira jamais une bonne histoire ; il est comme les moines, qui n'écrivent pas pour le sujet qu'ils traitent, mais pour la gloire de leur ordre ; Voltaire écrit pour son couvent » (*Mes Pensées*). Les premiers jugements de Voltaire sur *L'Esprit des lois* – perçus peut-être à travers son *Remerciement\* sincère à un homme charitable* – ont profondément irrité Montesquieu. Dans une lettre à Guasco du 8 août 1752, il note : « Quant à Voltaire, il a trop d'esprit pour m'entendre ; tous les livres qu'il lit, il les fait ; après quoi il approuve ou critique ce qu'il a fait. » Les boutades, les traits acides contre Voltaire sont nombreux. Parfois mesquins. Ce qui surprend de la part d'un écrivain dont on admire par ailleurs l'intelligence et la largeur de vues.

*Jean Goulemot*

*À Paris, ce 6 février 1726. Le chevalier de Rohan vient de faire donner des coups de bâton à Voltaire qui, il y a quelque jours, trouva mauvais qu'il l'appelât M. de Voltaire et lui demanda s'il croyait qu'il eût oublié son nom. Ils eurent encore une autre scène dans la loge de la Lecouvreur, où Voltaire traita le chevalier avec cette impertinence que l'on dit qu'on lui a donnée et que, moi, je dis qu'il a acquise. Il lui dit qu'il déshonorerait son nom et que, lui, il immortalisait le sien. Le chevalier, qui se dit impotent, ne lui donna rien*

sur-le-champ, mais lui envoya le lendemain un homme à l'hôtel de Sully, où il était, qui l'attira dans la rue, où quatre hommes l'assommèrent, jusqu'à ce que le chevalier, qui était dans un fiacre, les eût fait cesser.

Personne n'a jamais reçu des coups de bâton avec tant de dignité que Voltaire. Il va partout conter son histoire. Ces deux rivaux sollicitent à Versailles. Voltaire dit qu'on a voulu l'humilier, mais qu'il est monté d'un degré plus haut; enfin il promet d'être tout aussi impertinent qu'auparavant. Je n'aime point le procédé du chevalier de Rohan et il me paraît que les coups de bâton se donnent et ne s'envoient pas.

Voltaire est allé se jeter aux pieds de la Reine, qui l'a mieux reçu que ne fit feu M. le duc d'Orléans en pareille occasion. Il lui vint demander justice : « J'apprends, dit le Régent, qu'on vient de vous la rendre » ; et ce juge-là était un capitaine d'infanterie que Voltaire avait traité de fripon, et qui le fit descendre de sa voiture pour l'étriller, et lui redonna ensuite la main pour remonter dans son équipage.

Je trouve le maréchal de Villars inimitable. Quand je dis que le chevalier de Rohan ne devait pas faire donner des coups de bâton, que cela est contre les lois, on me dit toujours que c'est un poète. J'avais cru jusqu'ici qu'un poète était un homme. Savez-vous l'épitaphe que fit Chapelle ? Elle finissait par ces deux vers :

> Et qui fut soldat sans se battre
> Et poète sans être battu.

Montesquieu, Spicilège.

## MONTRES

COMMERCE · FERNEY ·

*Si jamais vous voulez orner le doigt de quelque illustre dame espagnole d'une montre en bague, à répétition, à secondes, à quart et demi quart avec un carillon, le tout orné de diamants, cela ne se fait que dans mon village, et on y sera à vos ordres.*

*Au comte d'Aranda, 20 décembre 1771.*

En 1770, Voltaire fonde à Ferney une fabrique de montres. En février, il donne asile à une trentaine d'artisans horlogers qui fuient les troubles de Genève\*. Les garanties ministérielles une fois prises à Versailles, le fronton d'un atelier peut arborer l'inscription : « Manufacture Royale de Montres de Ferney ». La fabrique devint célèbre ; des horlogers de Paris envoyèrent leurs fils en apprentissage chez Voltaire. La prospérité de son hameau

ressuscitait le patriarche. Une quarantaine d'ouvriers s'employaient «à enseigner à l'Europe quelle heure il est».
En 1773, on disait qu'il était sorti de Ferney quatre mille montres. Deux ans plus tard, Voltaire prétend qu'on y fait 400 000 à 500 000 livres de chiffre d'affaires annuel. Pour développer cette activité, il prêta de l'argent aux artisans, fit bâtir des maisons et des ateliers, encouragea des paysans à se reconvertir. Il fournit de l'or et obtint surtout une franchise postale pour les envois. Dans ce commerce de montres, en argent, «gravées ou guillochées» à 4 louis la pièce – ou en or, «à répétition et à seconde» à 42 louis –, Voltaire s'investit personnellement, organisant un réseau privilégié avec les cours d'Europe. En 1770, pour le mariage du dauphin avec Marie Antoinette, il en envoya à Versailles «de très jolies et très bonnes», ornées de diamants. Catherine II, Frédéric II en commandèrent, et les ambassadeurs de France eurent une lettre circulaire du seigneur de Ferney en personne, vantant «le talent de ses artistes».
L'activité horlogère végéta après sa mort et périclita au $XIX^e$ siècle; on ne fait plus de montres à Ferney-Voltaire.

*Anne Soprani*

## MORALE
DIEU · HOMME · LOI NATURELLE · NATURE · RELIGION ·

*La faim et l'amour, principes physiques pour tous les animaux; amour-propre et bienveillance, principe moral pour les hommes. Ces premières roues font mouvoir toutes les autres, et toute la machine du monde est gouvernée par elles.*
*Carnets.*

*Ceux qui auraient besoin du secours de la religion pour être honnêtes gens seraient bien à plaindre; et il faudrait que ce fussent des monstres de la société, s'ils ne trouvaient pas en eux-mêmes les sentiments nécessaires à cette société, et s'ils étaient obligés d'emprunter d'ailleurs ce qui doit se trouver dans notre nature.*
*Traité de métaphysique, 1734-1737, chap. IX, «De la vertu et du vice».*

*Tous ces peuples ne nous ressemblent que par les passions, et par la raison universelle qui contrebalance les passions, et qui imprime cette loi dans tous les cœurs: «Ne fais pas ce que tu ne voudrais pas qu'on te fît.» Ce sont là les deux caractères que la nature empreint dans tant de races d'hommes différentes, et les deux liens éternels dont elle les unit, malgré tout ce qui les divise. Tout le reste est le fruit du sol de la terre, et de la coutume.*
*Essai sur les mœurs, 1756, chap. CXLIII,*
*«De l'Inde en deçà et delà le Gange».*

*Les hommes ne peuvent faire que des lois de convention. Il n'y a que l'auteur de la nature qui ait pu faire les lois éternelles de la nature. La seule loi fondamentale et immuable qui soit chez les hommes est celle-ci : « Traite les autres comme tu voudrais être traité » ; c'est que cette loi est de la nature même : elle ne peut être arrachée du cœur humain. C'est de toutes les lois la plus mal exécutée ; mais elle s'élève toujours contre celui qui la transgresse ; il semble que Dieu l'ait mise dans l'homme pour servir de contrepoids à la loi du plus fort, et pour empêcher le genre humain de s'exterminer par la guerre, par la chicane et par la théologie scolastique.*

*Remarques pour servir de supplément à* l'Essai sur les mœurs, *1763, chap. XVII, « Des lois ».*

*Oui, il faut une religion ; mais il la faut pure, raisonnable, universelle : elle doit être comme le soleil, qui est pour tous les hommes et non pas pour quelque petite province privilégiée. Il est absurde, odieux, abominable, d'imaginer que Dieu éclaire tous les yeux, et qu'il plonge presque toutes les âmes dans les ténèbres. il n'y a donc qu'une probité commune à tout l'univers ; il n'y a donc qu'une religion. Et quelle est-elle ? Vous le savez : c'est d'adorer Dieu et d'être juste.*

Catéchisme de l'honnête homme, *1763.*

*La loi de la gravitation qui agit sur un astre agit sur tous les astres, sur toute la matière. Ainsi la loi fondamentale de la morale agit également sur toutes les nations bien connues. Il y a mille différences dans les interprétations de cette loi, en mille circonstances ; mais le fonds subsiste toujours le même, et ce fonds est l'idée du juste et de l'injuste. On commet prodigieusement d'injustices dans les fureurs de ses passions, comme on perd sa raison dans l'ivresse ; mais quand l'ivresse est passée, la raison revient ; et c'est, à mon avis, l'unique cause qui fait subsister la société humaine, cause subordonnée au besoin que nous avons les uns des autres.*

Le Philosophe ignorant, *1766, XXXVI$^e$ doute, « Nature partout la même ».*

*Personne ne dispute sur l'essentiel de la religion, qui est de faire du bien ; on dispute sur des dogmes inintelligibles. Si la religion se contentait de dire : « Soyez juste », il n'y aurait pas un incrédule sur la terre. Mais les prêtres disent : « Croyez, etc. », et on ne croit rien.*

Carnets.

## MORANGIÉS, Jean François Charles de Molette, comte de

AFFAIRES • JUSTICE • OPINION

Étrange affaire qui commence le 24 septembre 1771, obscure, embrouillée. C'est l'époque de l'affaire Monbailli et des démarches entreprises pour la

réhabilitation de Lally. Mais Voltaire donne cette fois l'impression de s'être quelque peu égaré. D'un côté Jean François Charles de Molette, comte de Morangiés, colonel de Languedoc Infanterie, maréchal de camp; et de l'autre François Liégard Dujonquay, sa mère et sa grand-mère, les dames Romain et Véron. Le comte leur a signé quatre billets à ordre souscrits au nom de la grand-mère Véron pour 300 000 livres, qu'il aurait reçues, à les en croire, alors que lui prétend n'en avoir touché que 1 200. En deux mots donc, une escroquerie dans laquelle l'un a voulu duper l'autre : l'aristocrate dédaigneux de naïfs campagnards ; et des bourgeois, un aristocrate peu scrupuleux, négligent et peu méfiant. Morangiés se plaignit de ne pas avoir touché l'argent ; les Véron exhibèrent leurs traites et arguèrent de leur bonne foi. Il y eut plainte en justice. Interrogés avec toute la fermeté que l'on devine, les Véron Dujonquay finirent par avouer l'escroquerie : ils furent arrêtés, puis se rétractèrent.

L'affaire était lancée. Elle allait durer vingt-trois mois, mobiliser trois plaideurs, huit avocats, quatorze témoins et produire trente plaidoyers représentant plus de mille pages. Linguet était l'avocat de Morangiés. Voltaire entra dans l'arène, consacrant douze écrits à défendre Morangiés. D'après sa correspondance, il ne commença à s'intéresser à l'affaire que tardivement, en avril 1772, mais ne cessa dès lors de ferrailler. Au point d'écrire une *Lettre à M. le marquis de Beccaria*, recueillie pour la première fois par les éditeurs de Kehl\*. L'opinion publique se passionna pour les débats fortement théâtralisés où les accusés faisaient figure de symboles sociaux : Morangiés, la noblesse innocente, victime des préjugés et des humeurs de la canaille ; les Véron, la roture nécessairement coupable. Morangiés, convaincu d'escroquerie, fut d'abord condamné le 20 avril 1773 au bannissement à perpétuité et ses biens confisqués par le roi : ses adversaires étaient déclarés innocents. Le 28 mai, il en appela au Parlement. Le 3 septembre, il était absous et les Véron, convaincus d'escroquerie et de fausse déposition, furent condamnés. L'affaire était terminée. Voltaire, par sa plume, avait aidé à faire déclarer innocent un aristocrate escroc mêlé à une affaire de voleurs, où il n'y avait ni innocent ni victime.

Qu'allait-il faire dans cette galère ? Par quelle étrange fidélité à sa vocation en était-il arrivé là ? On s'est étonné que « le défenseur des Calas [oppose] fièrement l'honneur de la noblesse d'épée aux preuves écrites fournies contre son protégé ». L'amitié avait joué son rôle : Morangiés était allié des Châteauneuf\*, amis de toujours. Mais l'enjeu véritable pour Voltaire dans ce combat était une fois encore le fonctionnement de la machine judiciaire. Les écrits de Voltaire consacrés à l'affaire sont sur ce point d'une très grande netteté. On ne peut pourtant s'empêcher de s'interroger. Fidélité à une amitié, cela ne fait nul doute. Pitié pour Morangiés aux abois aussi. Conviction qu'il est innocent – au moins factuellement, car Voltaire

ne se fait guère d'illusions sur les intentions réelles de Morangiés. Indignation contre les procédés d'interrogatoire qui ont compromis, par la rétractation des Dujonquay, le déroulement de la procédure. Voltaire est sûr de lui. Il s'irrite de ne pouvoir convaincre ses correspondants familiers de l'innocence du comte. Il en viendra à se dresser contre «la canaille» qui parvient à fausser le jugement des honnêtes gens et compromet le cheminement des Lumières. À travers l'affaire Morangiés, effet des temps nouveaux et du temps qui passe pour le patriarche, les enjeux n'ont cessé de se déplacer. Voltaire eut la joie de triompher et d'apprendre que Gilbert, l'un de ceux qui avaient déposé contre Morangiés, venait d'être pris pour vol et fabrication de fausse monnaie. Ce n'était point suffisant pour lui rendre sa sérénité. Le combat des Lumières n'était pas gagné. Il fallait continuer la lutte.

Parmi les écrits produits par Voltaire au sujet de Morangiés, les deux plus curieux sont l'*Essai sur les probabilités en fait de justice* et les *Nouvelles Probabilités en fait de justice*, directement liés au cas, mais esquissant une théorie des conditions de la conviction dans les affaires sans preuves tangibles.

Jean Goulemot

## MORELLET, André

GENS DE LETTRES • PHILOSOPHIE •

L'abbé Morellet (1727-1819) appartient à cette seconde génération d'écrivains qui réussit à faire carrière au cœur même de l'action des Philosophes. En 1758, d'Alembert recommande à Voltaire ce modeste précepteur comme une nouvelle et précieuse acquisition. Morellet offre tous les attributs de la parfaite recrue: un article écrit pour l'*Encyclopédie*, qui fait figure d'examen de passage; un emprisonnement de deux mois à la Bastille, punissant sa *Préface de la comédie des Philosophes, ou la Vision de Charles Palissot* (1760), qui est presque un rite d'intronisation philosophique. La traduction du *Manuel des inquisiteurs à l'usage des inquisitions d'Espagne et de Portugal* (1762), abrégé du *Directorium inquisitorum* (1558) – la lecture de cet ouvrage laissera des traces, notamment dans *Les Lettres\* d'Amabed* de 1769 et dans l'*Essai\* sur les mœurs* – est encore à mettre au palmarès de ce nouveau combattant, auquel d'Alembert donnera le surnom très voltairien de «Mords-les». Tout en le protégeant et en appréciant «les services qu'il rend à la raison», Voltaire a d'abord regretté la violence de la *Vision de Charles Palissot* contre Mme de Robecq, la maîtresse de Choiseul, alors mourante – agression inutile, à ses yeux, et dangereuse pour la bonne cause, dans cette crise grave des Cacouacs\*. Néanmoins, le patriarche

entretint par la suite de bonnes relations avec celui qu'il appelle à son tour « Mords-les ». Il fait l'éloge de sa traduction du traité *Des délits et des peines* de Beccaria\*. Il lui recommande de répandre dans Paris ses *Lettres\* sur les miracles*, et il a encore recours à lui, en 1775, à l'époque des entreprises philanthropiques de Ferney, dans sa campagne pour l'affranchissement des serfs de Saint-Claude\*. On ne connaît que dix-neuf lettres échangées entre Voltaire et Morellet, entre 1766 et 1776 – correspondance sans doute lacunaire.

*Didier Masseau*

## MORT
GAULTIER • HORNOY • SCELLIÈRES • VIEILLESSE •

« Né mourant », de constitution « malingre », Voltaire marque à chaque moment son étonnement d'être en vie. La mort attendue depuis si longtemps donne ainsi lieu à de multiples « *De profundis* [...] fort gais » : « Je meurs en détail », « J'interromps mon agonie pour vous dire... », « Je compte bien, si je suis en vie, vous apporter mon squelette », « Je fais quelques gambades sur le bord de mon tombeau », « Je me soulève un peu de mon tombeau pour vous dire... ». À Claire Cramer\* il dit un jour, sur ses 75 ans, « que les *De profundis* lui battent les fesses » – vieux mot entendu de sa nourrice. En fait, on attend sa mort à chaque instant, on l'annonce souvent, mais il « ressuscite » toujours : « J'ai oublié de me faire enterrer ». Si, peut-être, Voltaire a peur de la mort, c'est surtout de celle que l'on joue au théâtre ; pour l'autre, il finit toujours, selon son principe de gaieté, par en rire de concert avec ses correspondants. Sa seule véritable crainte est que ses ennemis ne l'enterrent « à la façon de Mlle Lecouvreur », c'est-à-dire sans les sacrements, donc sans sépulture – dans un terrain vague, sous quelques pelletées de terre : « Vous m'avouerez que pour peu qu'on ait du goût pour les obsèques, on ne tient point à ces bonnes plaisanteries. »

Une dernière « gambade » encore pour l'abbé Gaultier, et Voltaire meurt d'un cancer de la vessie, le 30 mai 1778, vers 11 heures du soir, après une calme agonie de quelques heures selon les témoins les plus sûrs. Ses deux neveux, ainsi que Mme Denis, et Villevielle et Villette sont présents. Avec l'accord du ministère, son corps est placé dans un carrosse, sort secrètement de Paris et prend, non la direction convenue de Ferney, mais celle de Scellières. Malgré les efforts de l'abbé Gaultier et du curé de Saint-Sulpice, Voltaire ne laisse pour seule véritable profession de foi que deux lignes écrites de sa main le 18 février 1778 : « Je meurs en adorant Dieu, en

aimant mes amis, en ne haïssant pas mes ennemis, en détestant la superstition. »

*Jean-Michel Raynaud*

*Quand je vous aurai bien répété que la vie est un enfant qu'il faut bercer jusqu'à ce qu'il s'endorme, j'aurai dit tout ce que j'en sais.*
*À Mme du Deffand, 22 juillet 1761.*

*Ce cœur est tout ce qui me reste. J'ai perdu l'imagination et la pensée, comme j'ai perdu les cheveux et les dents. Il faut que tout déloge pièce à pièce, jusqu'à ce qu'on retombe dans l'état où l'on était avant de naître. Les arbres qu'on a plantés demeurent, et nous nous en allons. Tout ce que je demanderais à la nature c'est de partir sans douleur ; mais il n'y a pas d'apparence qu'elle me fasse cette grâce après m'avoir fait souffrir pendant près de quatre-vingt-quatre ans.*
*À d'Argence, 30 octobre 1777.*

## MORT DE CÉSAR (LA)

ANGLETERRE · GOÛT · SHAKESPEARE · TRAGÉDIES ·

Terminée en août 1731, *La Mort de César* n'est ni une traduction ni une adaptation de la pièce de Shakespeare. Voltaire en modifie profondément la structure, les données, la leçon. Il supprime les actes IV et V qui, dans l'original, montraient, après la mort du « tyran », la défaite finale des républicains ; son ouvrage se termine par le discours d'Antoine. Trois actes : c'est une coupe exceptionnelle, qui permet à l'auteur de sauver les trois unités. L'action, simplifiée, se passe en un jour, au Capitole. Voltaire supprime aussi les rôles féminins, les comparses, le peuple, qui n'apparaît, timidement, qu'au IIIe acte, et les multiples épisodes, tout ce grouillement de vie et de passions qui anime le drame shakespearien. Le spectacle enfin est bien réduit, notamment à la fin : on tue César dans la coulisse, et son cadavre n'apparaît qu'au dernier moment, au fond du théâtre.

Reste une épure politique, qui oppose au pouvoir personnel la passion de la liberté et condamne les extrémistes de chaque bord, Antoine et Cassius, sans trancher véritablement entre l'idéalisme de Brutus et la lucidité de César, entre la république et la monarchie. À cet intérêt, Voltaire joint celui de l'affrontement douloureux entre père et fils ; il fait de Brutus le fils réel de César, né d'un « hymen secret ». Ce conflit, on le sait, a obsédé Voltaire toute sa vie. Tragédie sans femmes, la pièce, approuvée par les jésuites,

sera jouée au collège d'Harcourt le 11 août 1735 ; les acteurs du Français la créeront, sans grand succès, le 29 août 1743.

*Henri Lagrave*

BRUTUS : *César, au nom des Dieux, dans ton cœur oubliés ;*
*Au nom de tes vertus, de Rome et de toi-même,*
*– Dirai-je au nom d'un fils qui frémit et qui t'aime,*
*Qui te préfère au monde, et Rome seule à toi ? –*
*Ne me rebute pas !*
CÉSAR : *Malheureux, laisse-moi.*
*Que me veux-tu ?*
BRUTUS : *Crois-moi, ne sois point insensible.*
CÉSAR : *L'univers peut changer ; mon âme est inflexible.*
BRUTUS : *Voilà donc ta réponse ?*
CÉSAR : *Oui, tout est résolu.*
*Rome doit obéir, quand César a voulu.*
BRUTUS, *d'un air consterné : Adieu, César !*
CÉSAR : *Eh quoi ! d'où viennent tes alarmes ?*
*Demeure encor, mon fils. Quoi ! tu verses des larmes !*
*Quoi ! Brutus peut pleurer ! Est-ce d'avoir un roi ?*
*Pleures-tu les Romains ?*
BRUTUS : *Je ne pleure que toi.*
*Adieu, te dis-je.*

*La Mort de César,* 1735, acte III, scène IV.

## MORT DE MLLE LECOUVREUR (LA)

Voir LECOUVREUR (MLLE).

## MOULTOU, Paul Claude

AFFAIRES • GENÈVE • ROUSSEAU (JEAN JACQUES) •

Né à Montpellier de souche huguenote, Paul Moultou (1731-1787) devint presque simultanément, en 1755, ministre du saint Évangile, bourgeois de Genève et l'époux de la richissime Marianne Fuzier-Cayla. D'abord très réticent, voire critique à l'égard de Voltaire, il devait se rallier en 1763 au défenseur de Jean Calas\* et trouver alors le secret de rester, jusqu'à la fin, le fidèle et fervent partisan et de Voltaire et de Jean Jacques Rousseau. Voltaire le mit très rapidement dans la confidence de ses ouvrages, tira parti de ses compétences théologiques, lui dut la connaissance de

Suzanne Necker* en 1767 et celle de Jakob Heinrich Meister en 1769. Moultou, de son côté, sut entretenir le zèle de Voltaire en faveur des huguenots persécutés : il est fréquemment question, dans les cent dix lettres largement judiciaires de leur correspondance frémissante, des affaires Sirven*, Monclar, Armand, Huc, etc. En 1778, invité par les Necker à Paris, Moultou fut le témoin des derniers mois de la vie de Voltaire en même temps qu'il devenait l'ultime dépositaire des manuscrits inédits de Jean Jacques Rousseau. Ayant renoncé au 1765 au ministère pastoral, Moultou s'était lancé dans les grandes affaires, au point de posséder dès 1781 sa propre Compagnie des Indes, avec deux navires battant pavillon sarde ! Pour la postérité, il reste surtout l'éditeur trop peu scrupuleux des œuvres posthumes de Firmin Abauzit (1767) et de Jean Jacques Rousseau (1780-1789).

*Jean-Daniel Candaux*

## MOUSSINOT, Bonaventure, abbé

ABBÉ · CIREY · CORRESPONDANCE · FINANCES ·

À ce chanoine de Saint-Merri, abbé aussi intelligent, dit-il, que vertueux, et trésorier de son chapitre, Voltaire confia toutes ses affaires courantes entre 1727 et 1741. Leur relation devint essentielle quand l'écrivain se réfugia à Cirey en 1734, après la publication des *Lettres\* philosophiques*. L'abbé centralisait pour lui à Paris le courrier à réexpédier, le représentait légalement, avec plein pouvoir, pour signer des contrats, régler des suites de procès, faire des placements. En son nom il prêtait de l'argent avec intérêt au duc de Richelieu*, ou en donnait à fonds perdus au jeune Baculard* d'Arnaud. On a ainsi cent cinquante lettres de Voltaire à l'abbé Moussinot sur cinq années seulement (1736-1741) – des dizaines d'autres ont disparu. Elles révèlent un Voltaire précis, prompt en affaires, numérotant les questions et les réponses, et récapitulant les demandes et les commandes : « À l'égard de... », « Voici la réponse... », « Il faudra que... », « J'attends la caisse... », « Il faut tirer de lui... » L'abbé se chargeant aussi des courses les plus personnelles, cette correspondance dévoile enfin un Voltaire quotidien, attentif à plaire à Mme du Châtelet*, à qui il destine maints cadeaux nouveaux – boucles de diamants, bague montée ou parfum rare – et apportant à Cirey confort et luxe – l'abbé doit alors se renseigner sur les prix de tentures d'Oudry, de tapis de Turquie, d'un tableau de Lancret, et envoyer par les rouliers, tantôt « un petit secrétaire », tantôt « un cabaret à pied doré »... Voltaire eut d'autres hommes

d'affaires ; l'abbé Moussinot compta parmi les plus disponibles et les plus familiers, avec Jean Robert Tronchin* plus tard, à l'époque des Délices.

Anne Soprani

*M. de La Tour, le peintre, doit vous venir voir au sujet de mon portrait. Je vous prie de faire généralement tout ce qui pourra lui faire plaisir. Il veut exposer le pastel qu'il en a gardé ; de tout mon cœur, mais je voudrais, moi, qu'il le fît graver en pierre, et en avoir une vingtaine de pierres. Vous lui en parlerez. Adieu mon cher ami. Vous allez à la campagne, et que ne venez-vous à la nôtre ?*

À Bonaventure Moussinot, 3 juillet 1738.

## MOYEN ÂGE

CIVILISATION • EUROPE • FABLE • HISTOIRE • PAPES •

La période est surtout présente dans l'*Essai sur les mœurs*, même si elle sert parfois de toile de fond à des tragédies à sujet national comme *Adélaïde du Guesclin*. Pour Voltaire, le Moyen Âge est une période d'obscurantisme politique et culturel qui s'explique essentiellement par les conflits entre le pouvoir temporel des rois et le pouvoir spirituel (mais à vocation politique) de la papauté.

Tout commence avec le transfert, par Constantin, de la capitale de l'Empire sur le Bosphore, l'arrivée des Barbares et surtout, clé pour Voltaire, la fausse donation de Constantin, par laquelle il aurait reconnu au pape une supériorité sur l'empereur lui-même (*Essai sur les mœurs*, chap. X). Avec l'arrivée des Barbares, « on ressemble à un voyageur qui, au sortir d'une ville superbe, se trouve dans des déserts couverts de ronces ». Une période brillante s'achève. Les plus beaux monuments tombent en ruine, et « l'entendement humain s'abrutit dans les superstitions les plus lâches et les plus insensées » (*Essai*, chap. XII). Il règne alors « dans les esprits un mélange bizarre de politique et de simplicité, de grossièreté et d'artifice, qui caractérise bien la décadence générale ». C'est ce qui explique le pouvoir grandissant des papes. Époque donc d'obscurantisme, de misères et de luttes sanglantes. Brigands à l'origine, subjugués par le plus habile d'entre eux, les Barbares imposèrent leur brutalité aux mœurs et au mode de gouvernement. La monarchie franque fut d'autant plus despotique qu'elle gagna en puissance, de Clovis à Charlemagne. La maxime voltairienne selon laquelle « l'histoire des grands événements de ce monde n'est guère que l'histoire des crimes » prend ici toute sa valeur : les usurpations succèdent aux usurpations, les meurtres aux meurtres, les pillages aux destructions, les dépositions aux tueries. Les fils déposent les pères et s'entre-tuent.

Retour de l'histoire, de nouveaux Barbares, les Normands, succèdent aux anciens envahisseurs sédentarisés. Ils se sédentariseront à leur tour tandis que les musulmans envahissent la péninsule Ibérique et menacent bientôt l'Europe chrétienne. « Il n'y avait plus réellement d'empire, ni de droit, ni de fait. » À l'autorité impériale succède alors le régime des fiefs : « On a longtemps cherché l'origine de ce gouvernement féodal. Il est à croire qu'il n'en a point d'autre que l'ancienne coutume de toutes les nations d'imposer un hommage et un tribut au plus faible » (*Essai sur les mœurs*, chap. XXXIII). La lutte des féodaux entre eux, leur opposition au pouvoir royal, le conflit des rois avec l'empereur, de l'empereur et des princes avec le pape : voilà toute l'histoire du Moyen Âge, jusqu'à la reconquête de l'Espagne musulmane et la découverte de l'Amérique par Christophe Colomb.

Pourtant dans ce décor de sang et de cendres, sous le bruit et la fureur, Voltaire perçoit un mouvement qui arrache cette Europe déchirée aux ténèbres de la barbarie. Le pouvoir de la papauté est peu à peu réduit, malgré des conflits où le pouvoir politique doit se soumettre (lutte de l'empereur Henri IV et de Grégoire VII). La féodalité s'impose et finit par organiser le royaume de France (*Essai sur les mœurs*, chap. XXXVIII). Peu à peu, dans la souffrance et la tyrannie, on sort de ce qui paraît « l'enfance du genre humain, dans tout ce qui regarde le gouvernement, la religion, le commerce, les arts, les droits des citoyens ». L'ignorance s'estompe et avec elle les superstitions ; la justice s'éloigne de la barbarie ; la religion ne parvient plus à enchaîner le pouvoir politique, les gouvernements se perfectionnent. L'émergence est lente. L'histoire médiévale est faite d'avancées, de soubresauts et de régressions inattendues. Se lit le dessin du mouvement historique tel que le conçoit Voltaire : non pas une ligne continue, ascendante, fermement marquée, mais une suite d'hésitations, de paliers et de remises en cause. Au développement de l'époque de Charlemagne succèdent la barbarie normande, les divisions et les luttes fratricides. Mais l'état culturel et politique des XIII$^e$ et XIV$^e$ siècles montre que la langue, les mœurs s'adoucissent, que les libertés bourgeoises s'imposent, que la servitude n'est plus complète (*Essai sur les mœurs*, chap. XCVII). Une nouvelle époque s'annonce : on sort des ténèbres.

Pour Voltaire historien, l'étude de ce Moyen Âge permet d'exercer une vigilance critique sur ses premiers devanciers. Il lui faut utiliser les légendes comme des documents et faire parler les fables. Pour le philosophe, c'est la possibilité de mettre sa conception du devenir historique à l'épreuve des faits pour en marquer la validité. Pour l'homme des Lumières, c'est l'occasion d'affirmer la nécessaire séparation du temporel et du spirituel, et d'en appeler à l'avènement de la raison, en montrant quels monstres engendre son sommeil.

*Jean Goulemot*

## MOZART, Wolfgang Amadeus

Mozart (1756-1791) a croisé deux fois Voltaire sans le rencontrer, en 1766 à son passage en Suisse, et en 1778 à son dernier séjour à Paris. La tournée suisse de 1766 fit grand bruit, il y eut plusieurs concerts à Genève à la fin d'août et au début de septembre. Les Mozart venaient de Paris, Voltaire avait sans doute été prévenu de leur route par Grimm, qui les avait vus dans leur première tournée de 1763. Gabriel Cramer, son imprimeur, alla écouter le petit musicien de 10 ans, et en revint émerveillé : « On n'ose pas en parler, écrit-il dans une lettre, de peur de n'être pas cru. » Mais Voltaire, sûrement curieux d'examiner ce prodige, était au fond de son lit, malade, et il évitait aussi Genève encore agitée par ses risibles troubles civils : « Votre petit *Mazar* a pris, je crois, assez mal son temps, écrit-il à Mme d'Épinay, pour apporter l'harmonie dans le temple de la discorde... » Il exprime donc son « très grand regret », assez banalement – les Mozart avaient déjà repris leur route vers l'Allemagne.

En 1778, Mozart et sa mère arrivent à Paris (le 23 mars) dans l'effervescence du retour de Voltaire : le prodige cette fois, c'est ce vieillard fragile et glorieux, entré déjà dans la postérité, mais survolté par l'accueil délirant de la capitale. Quelques semaines plus tôt, Voltaire avait reçu la visite de Gluck et de Piccini – le même jour, et dans cet ordre, qui lui parut « juste ». Mozart ne fit pas cette démarche. On n'avait jamais aimé autour de lui l'œuvre tapageuse de l'impie. Le 25 juin, de Salzbourg, Léopold répond à la grande nouvelle : « Voltaire est donc mort lui aussi ! Et il est mort comme il a vécu, comme il était : il aurait pu mieux s'arranger pour sa renommée posthume. » Puis le jeune Mozart revient sur le sujet dans une lettre à son père, le 8 juillet, et l'on sent bien que la légende noire a commencé : « Voltaire, ce mécréant et fieffé coquin est crevé, pour ainsi dire, comme un chien, comme une bête. Voilà sa récompense. » *Les Noces de Figaro* ne reprendront donc pas, avec les couplets originaux du baisser de rideau, le fameux « Et Voltaire est immortel ! » de Beaumarchais\*. Quant à Voltaire, on sait qu'il eut toujours l'esprit plus curieux que l'oreille.

*André Magnan*

## MULE DU PAPE (LA)

Voir CONTE EN VERS.

## MUSIQUE

Voir MOZART · OPÉRA · RAMEAU · *TEMPLE DE LA GLOIRE (LE)* · *VOLTAIRE (LA)*.

## MUSSET, Alfred de

ROMANTIQUES · SUICIDE ·

*Dors-tu content, Voltaire, et ton hideux sourire*
*Voltige-t-il encor sur tes os décharnés ?*
*Ton siècle était, dit-on, trop jeune pour te lire ;*
*Le nôtre doit te plaire, et tes hommes sont nés.*
*Il est tombé sur nous, cet édifice immense*
*Que de tes larges mains tu sapais nuit et jour.*
*La Mort devait t'attendre avec impatience,*
*Pendant quatre-vingts ans que tu lui fis la cour ;*
*Vous devez vous aimer d'un infernal amour.*
*Ne quittes-tu jamais la couche nuptiale*
*Où vous vous embrassez dans les vers du tombeau,*
*Pour t'en aller tout seul promener ton front pâle*
*Dans un cloître désert ou dans un vieux château ?*
*Que te disent alors tous ces grands corps sans vie,*
*Ces murs silencieux, ces autels désolés,*
*Que pour l'éternité ton souffle a dépeuplés ?*
*Que te disent les croix ? que te dit le Messie ?*
*Oh! saigne-t-il encor, quand, pour le déclouer,*
*Sur son arbre tremblant, comme une fleur flétrie,*
*Ton spectre dans la nuit revient le secouer ?*
*Crois-tu ta mission dignement accomplie,*
*Et comme l'Éternel à la Création,*
*Trouves-tu que c'est bien, et que ton œuvre est bon ?*

On reconnaît le Voltaire diabolisé d'un certain romantisme. Plus loin, au moment où Rolla le libertin, le corrupteur, le joueur de vie et de mort, va mourir en digne fils de ce Voltaire qu'il a trop bien lu, calmement désespéré devant le néant, Musset apostrophe encore le déicide et homicide «Arouet», du haut de ses vingt-trois ans, un peu fasciné tout de même :

*Voilà pourtant ton œuvre, Arouet, voilà l'homme*
*Tel que tu l'as voulu.– C'est dans ce siècle-ci,*
*C'est d'hier seulement qu'on peut mourir ainsi.*
                               (Rolla, 1833, IV).

*André Magnan*

MYSTIQUES

DÉISME •

Qui connaît la défiance de Voltaire pour le mystère n'attend de lui que moqueries envers les mystiques, envers l'enthousiasme et la sentimentalité, l'irrationalité qui déterminent leur conduite. Le philosophe a peu parlé des grands écrits mystiques. Il cite ironiquement Catherine de Sienne, Marie d'Agreda ou Mme Guyon. Mais certains comportements excitent spécialement sa verve : les contorsions des quakers* et leur prétendue inspiration, raillées dans les *Lettres\* philosophiques*, les extravagances des convulsionnaires* jansénistes, qu'il a mieux observées. Quant aux visions du jésuite Garassise, parodie bouffonne des apparitions, elles traduisent tout l'irrespect de l'écrivain envers les phénomènes surnaturels (*Relation\* de la maladie du jésuite Berthier*).

Toutefois, si les illuminés en proie à un délire extatique suscitent son ironie, Voltaire lui-même emprunte les voies du mysticisme newtonien : la raison humaine s'élance vers Dieu, comme le regard de l'homme cherche la lumière. Car pour le philosophe, Dieu, comme la lumière, pénètre tout. Certains commentateurs, tel René Pomeau*, ont pu déceler chez Voltaire un authentique « mysticisme des Lumières », concrètement manifesté par une sorte d'enthousiasme cosmique. À l'appui de cette thèse, entre autres témoignages, celui de lord Brougham, qui relate une promenade du patriarche parti de nuit, à 81 ans, contempler le lever du soleil. Devant la beauté du spectacle, Voltaire se découvrit et se prosterna en s'écriant : « Dieu puissant ! je crois ! »

Marie-Hélène Cotoni

*De là, le spectacle était magnifique !*
*Les rochers du Jura, les sapins verts, se découpant sur le bleu du ciel dans les cimes, ou sur le jaune chaud et âpre des terres ; au loin, des prairies, des ruisseaux ; les mille accidents de ce suave passage qui précède la Suisse, et l'annonce si bien ; et enfin, la vue se prolonge encore dans un horizon sans bornes, un immense cercle de feu empourprant tout le ciel.*
*Devant cette sublimité de la nature, Voltaire est saisi de respect : il se découvre, se prosterne, et quand il peut parler, ses paroles sont un hymne ! « Je crois, je crois en Toi ! » s'écria-t-il avec enthousiasme ; puis, décrivant avec son génie de poète, et la force de son âme, le tableau qui réveillait en lui tant d'émotions, au bout de chacune des véritables strophes qu'il improvisait : « Dieu puissant ! je crois ! » répétait-il encore. Mais tout à coup, se relevant, il remit son chapeau, secoua la poussière de ses genoux, reprit sa figure plissée, et regardant le ciel comme il regardait quelquefois le marquis de Villette*

quand ce dernier disait une naïveté : « Quant à Monsieur le Fils, et à Madame sa Mère, c'est une autre affaire. »

Lord Brougham, Lives of Men of Letters, 1845<br>– récit original cité en français.

*Pourquoi n'ai-je eu hier mercredi ni N ni O ? Il est vrai que rien ne presse, parce que la chose est différée, dit-on, jusqu'au mois de février. Je n'en suis pas fâché, car le temps du carême est plus favorable que celui du carnaval. Il fait si froid qu'on ne doit penser qu'à se chauffer.*
*Mille compliments.*

À Gabriel Cramer,
sans date (1765 ?).

## NAISSANCE

AROUET • AUTOBIOGRAPHIE • NOM • ROCHEBRUNE •

Voltaire a antidaté sa naissance de neuf mois. L'acte de baptême de François Marie Arouet, en date du 22 novembre 1694, le dit « né le jour précédent », soit le dimanche 21. Mais dans sa correspondance, il répète incessamment qu'il vint au monde le 20 février de la même année, « et non le 20ᵉ novembre comme le disent les commentateurs mal instruits ». Les dates ne correspondent donc pas – et il déplace même d'un jour la date prétendue fausse.

Parmi ses biographes, les uns le font naître en effet le 20 février. Enfant adultérin des œuvres d'un certain Rochebrune, il serait né « malingre » ; on l'aurait ondoyé seulement, on se serait attendu à sa mort – souhaitée peut-être ? Mais il s'obstine à vivre. Pour une raison inconnue, l'abbé de Châteauneuf et la nourrice le maintiennent en vie, tant et si bien qu'il faut enfin le baptiser en mettant le curé dans la connivence. Les autres biographes s'en tiennent au 21 novembre, et pour eux Voltaire, comme s'il voulait s'assurer qu'au moins un commentaire fût juste plutôt que vrai, s'est amusé de toute évidence à embrouiller les choses.

En 1764, l'article « Certain, Certitude » du *Dictionnaire\* philosophique portatif*, argumente, et justement à propos d'un extrait baptistaire antidaté, qu'il n'y a pas de certitude fondée « sur les rapports unanimes des

hommes » : « des raisons secrètes », « un manège singulier » ont pu fausser au départ l'âge réel, ignoré même de ses proches, du petit « Christophe », qui n'apprend l'anomalie qu'à 28 ans – curieux exemple théorique, et pourtant si concret, alors que la grande histoire en fournirait tant... En 1776, même ambiguïté dans le *Commentaire\* historique* quant à la date, mais aussi quant au nom : il ne serait même pas né « Arouet », mais directement « François de Voltaire »... Celui qui met tant d'ardeur à rechercher la vérité, vertu première du philosophe, fait preuve ici d'étranges négligences pour un historien. « Toute naissance lui était indifférente » remarque Duvernet, son premier biographe, et l'on peut penser en effet que, faisant « peu de cas du nom d'Arouet », il lui importait seulement que l'on *fît naître* « l'auteur de *La Henriade* » : « François de Voltaire », la seule personne qui importât à l'histoire, et dont on chercherait pourtant en vain le nom sur un registre baptistaire. Bref, « François de Voltaire » serait né neuf mois et un jour avant « François Marie Arouet » – en quelque sorte, et pour plus de sûreté, le jour précédant la conception de ce dernier !

Jean-Michel Raynaud

*Les uns font naître François de Voltaire le 20 février 1694; les autres, le 20 novembre de la même année. Nous avons des médailles de lui qui portent ces deux dates ; il nous a dit plusieurs fois qu'à sa naissance on désespéra de sa vie et, qu'ayant été ondoyé, la cérémonie de son baptême fut différée de plusieurs mois.*

*Commentaire historique sur les œuvres de l'auteur de La Henriade, etc.*
*Avec les pièces originales et les preuves, 1776.*

## NANCY

LORRAINE • LUNÉVILLE • STANISLAS •

En septembre 1729, Voltaire se rend à Nancy pour y faire fortune. La loterie que lançait le duc régnant de Lorraine promettait de gros rapports, mais elle était réservée aux Lorrains. Sous un nom d'emprunt, Voltaire acheta cinquante actions, et spécula à la hausse : c'était le départ d'une longue carrière de finances\*. De ces quelques jours à Nancy, il rapporta une première vision, un peu brouillée de la Lorraine.

C'est dans une tout autre Nancy, embellie par le roi Stanislas, qu'il s'arrêta un soir de septembre 1748, sur la route de Lunéville où l'attendait Mme du Châtelet\*. Malade, il « suça » deux ortolans et s'endormit jusqu'au lendemain. Quelques semaines plus tard, il confiait à un imprimeur du lieu une moitié du manuscrit de *Zadig*\*, et l'autre à un imprimeur de Paris,

sage précaution contre le piratage. Nancy : un voyage de fortune, un autre d'écriture – le sous-titre de *Zadig* est « la Destinée ».

Anne Soprani

## NANINE OU LE PRÉJUGÉ VAINCU
COMÉDIES · ÉGALITÉ · NOBLESSE · PRÉJUGÉ ·

Il n'était pas facile de réduire pour la scène le prolixe roman de Richardson, *Paméla ou la Vertu récompensée*; Boissy et La Chaussée y avaient échoué en 1743. Voltaire s'en tire mieux que ses devanciers dans cette « bagatelle », comme il dit, en trois actes et en décasyllabes, qui fut créée le 16 juin 1749. Il y applique la formule inaugurée dans *L'Enfant prodigue* (1736), celle de la comédie « attendrissante » – mais non « larmoyante » – en ce qu'elle prétend mêler le plaisant au sérieux. Le mélange a cependant mal pris, et les personnages sont comme dissociés en deux groupes. Pour la partie sentimentale : Nanine, « élevée au château »; son père, d'abord inconnu, digne paysan, et le jeune comte d'Olban. Pour la partie comique : l'acariâtre baronne de l'Orme, qui veut épouser le comte; Blaise le jardinier, que l'on a destiné à Nanine, et la marquise d'Olban, la mère, aimable bavarde. L'amour est né entre Nanine et le comte, malgré la mésalliance. Il vaincra les obstacles extérieurs; mais comment amener le mariage ? Par une méprise : une lettre de la jeune fille à son père, interceptée et mal comprise (parodie de *Zaïre* !), détermine le comte à la chasser. Bientôt détrompé, il épouse la charmante paysanne : à la vertu triomphante répond « le préjugé vaincu » – complément du titre, ajouté en 1763. Que dire de cette morale égalitaire ? Jusqu'alors, une « reconnaissance » *in extremis* autorisait une union jugée impossible pour le bon ordre social. Voltaire renonce à ce procédé classique (dont il usera dans *Le Droit du seigneur*). Le mot de la fin fléchit la censure et rassura les loges :

> *Que ce jour*
> *Soit des vertus la juste récompense,*
> *Mais sans tirer jamais à conséquence !*

On reprit *Nanine*, bien sûr, le soir de la translation de Voltaire au Panthéon\*, le 11 juillet 1791.

Henri Lagrave

## NAPOLÉON

TRAGÉDIES ·

Dans le *Mémorial de Sainte-Hélène* (1823-1829), Las Cases affirme que Napoléon reprochait à Voltaire de n'avoir connu «ni les choses, ni les hommes, ni les grandes passions». «Si Voltaire surtout [a] régné sur ses contemporains – aurait ajouté l'Empereur –, s'il [a] été le héros du temps, c'est que tous alors n'étaient que des nains.» Ce sont les tragédies, lues à Sainte-Hélène après le dîner, qui inspirent à Napoléon ce jugement surprenant: Voltaire a méconnu la grandeur historique de ses propres personnages. Il devait peindre le vrai sublime de Brutus, sacrifiant ses enfants au salut de la patrie, et non ce monstre d'orgueil qui n'agit que pour sa gloire; et dans Mahomet l'homme qui a changé la face du monde, et non cet hypocrite, «le plus vil scélérat, digne au plus du gibet». Une seule pièce est épargnée, la première: *Œdipe*.

Avant de refaire à Sainte-Hélène ces tragédies de Voltaire, dont la Restauration après l'Empire faisait encore ses plaisirs, Napoléon avait marqué d'un nouveau signe la gloire nationale du grand homme: on lui doit, commandée à Houdon en 1806, la statue de Voltaire placée au Panthéon près du sarcophage.

*Didier Masseau*

## NATIFS

FERNEY · GENÈVE · VERSOIX ·

À Genève, on qualifiait de «Natifs» les enfants nés en ville de parents non bourgeois, soit les enfants des «Habitants» (étrangers admis à l'habitation) et ceux des «Natifs» eux-mêmes. Ces Natifs ne jouissaient d'aucun des droits politiques réservés aux Bourgeois: dans les métiers, ils n'avaient pas accès aux maîtrises; dans les tirs militaires, ils n'avaient pas droit aux prix; en se mariant, ils devaient payer un impôt à l'Hôpital en prévision des indigents qu'ils pourraient mettre au monde, etc. L'afflux des réfugiés consécutif à la révocation de l'édit de Nantes, et les restrictions apportées par l'oligarchie régnante à l'admission de nouveaux Bourgeois, augmentèrent à ce point le nombre des Natifs qu'ils constituèrent au XVIIIe siècle plus de la moitié de la population genevoise. Dès 1765, la situation s'aggrava. Désespérant de faire aboutir leurs revendications, ils menaçaient de s'insurger, si bien qu'en février 1770, le Petit Conseil prit l'initiative d'une vaste opération répressive: leurs principaux chefs furent incarcérés, puis bannis sans jugement, et leurs «cercles» dissous.

Dès 1766, Voltaire s'intéressait au sort de ces Natifs qui s'agitaient et reven-

diquaient à deux lieues de Ferney, et dont les représentants venaient se plaindre à lui. Il rédigea plusieurs de leurs requêtes, il leur fit une place dans La Guerre* civile de Genève (1767), et surtout il leur offrit l'asile du pays de Gex, et les attira à Versoix d'abord, à Ferney ensuite. Cette intervention permit bientôt aux Natifs restés à Genève d'obtenir quelques concessions – mais seule la Révolution genevoise de 1792 leur procura à la fin l'égalité politique.

*Jean-Daniel Candaux*

## NATION

Voir PATRIE.

## NATURE

CAUSES FINALES · DÉISME · HORLOGER (DIEU) · INSTINCT · LOI NATURELLE · MORALE ·

Renouant de loin avec le naturalisme d'Épicure, Voltaire rend hommage en poète à la Nature, mère de tous les hommes, inspiratrice de toutes les vertus : une variante du chant VII de La Henriade (édition de 1730) montre qu'elle conduit et éclaire l'homme dès sa naissance. Il souligne partout, et particulièrement dans La Philosophie de l'histoire (1765), par exemple, qu'elle suffit à nous inspirer des idées utiles, antérieures à toute réflexion. Le paysan le plus grossier sait faire usage d'un levier pour remuer une grosse pierre, l'enfant prend de l'élan pour sauter un fossé, alors qu'ils ignorent tout des lois de la physique. Tout être humain dispose ainsi d'un instinct naturel pour surmonter les premiers obstacles, sans que l'éducation ni la culture interviennent. L'instinct de conservation, le désir sexuel, l'amour des parents pour leurs enfants sont autant d'aptitudes naturelles qui échappent aux vicissitudes de l'histoire. En tant que produit de la nature, toujours bénéfique dans ses vues, l'homme partage avec l'animal cet instinct que la morale chrétienne voudrait discréditer. L'article «Instinct» des Questions sur l'Encyclopédie divinise au contraire cette part de notre être «qui gouverne tout le règne animal, et qui est chez nous fortifiée par la raison, ou réprimée par l'habitude». Reprenant sur ce point la conception de Locke, Voltaire affirme encore que la sociabilité est chez l'homme un principe naturel. Quant à la morale, elle s'appuie sur les mêmes fondements : le sentiment de l'injustice, la commisération qu'inspire l'opprimé existent chez tous les peuples et à toutes les époques. Voltaire étend encore le rôle de la nature en faisant de la propriété un

droit naturel, qui n'a pas besoin du législateur pour être reconnu. L'enfant sait d'instinct que le grain qui pousse dans un champ appartient à son propriétaire et il reconnaît immédiatement la signification du vol.

Cette idée d'une nature à la fois origine et ordre, forme et norme, Voltaire la partage d'ailleurs largement avec la philosophie de son temps – il n'est pas si loin, à cet égard, du postulat de Rousseau.

Si l'on considère la nature dans son ensemble, le sentiment ne suffit plus pour l'appréhender, et c'est à la raison d'étudier les lois mathématiques qui régissent son organisation. Mais si on désire s'élever plus haut pour saisir son essence, comprendre comment elle s'est formée, savoir si elle possède un rôle agissant ou une fonction passive, on se heurte alors à des difficultés insurmontables. Dans les *Questions sur l'Encyclopédie* (1770-1772), Voltaire prête à la Nature, interrogée par un philosophe, cette réponse : « Je suis le grand tout. Je n'en sais pas davantage. Je ne suis pas mathématicienne ; et tout est arrangé chez moi selon les lois mathématiques. Devine si tu peux comment tout cela s'est fait. » L'enquêteur apprend encore que le mot « nature » est impropre, car le spectacle déployé devant ses yeux est le produit d'un « art » infini qui dépend, en dernière instance, d'un Grand Horloger, Dieu suprême inaccessible à l'homme. L'évidence d'une nature admirablement organisée ne doit pas porter à un finalisme naïf, à prétendre, comme l'abbé Pluche dans *Le Spectacle de la nature* (1732-1742), que les marées sont données à l'océan pour que les vaisseaux entrent dans le port – et l'on sait depuis *Candide* que les nez n'ont pas été faits pour porter des lunettes... Mais on peut être assuré d'une fin véritable lorsque l'effet pour lequel une cause agit est de tous les temps et de tous les lieux. Ainsi, le plaisir pourrait bien être la cause finale de cette reproduction incessante et innombrable des êtres sensibles – et c'est une nouvelle « preuve » de Dieu proposée par l'un des *Discours en vers sur l'homme* ($V^e$ discours, « Sur la nature du plaisir »).

Le postulat d'un ordre du monde fixé par un Dieu géomètre empêche Voltaire d'attribuer un fondement rationnel aux théories évolutionnistes naissantes. Il admet volontiers que notre globe ait pu subir des changements au cours de sa longue histoire, mais « les énormes révolutions » que certains imaginent, entre océans, montagnes et continents, « ne sont qu'un grain de sable à peine dérangé de sa place », lance-t-il témérairement dans *Les Singularités de la nature* (1768). À ces coquilles\* des Alpes, aux empreintes de feuilles d'arbres sur des pierres fossilisées, il ne trouve qu'une rationalité courte et pauvre. Poser comme vraisemblable le déplacement des océans témoigne pour lui moins d'une démarche hypothétique que d'une vision romanesque. Le rationalisme voltairien, toujours soucieux de déjouer les dangereux attraits de l'imagination\*, reproche aux évolutionnistes de traiter la nature « comme l'histoire ancienne, dans

laquelle tout est prodige» (*Les Singularités de la nature*). Les partisans du changement, Diderot en particulier, font du polype, cet être mi-plante mi-animal, une preuve de l'instabilité des espèces ; plus réservé, Voltaire suspend son jugement en affirmant que les expériences sont insuffisantes pour nous convaincre que ces plantes aquatiques sont douées de sentiment et de perception. Plus radicalement, sa conception même du monde, fondée sur les mathématiques et la physique, demeure fermée aux sciences de la vie qui sont en train de naître. La formation du règne végétal et animal, comme son dépérissement, reposent sur des lois mathématiques plus complexes que celles auxquelles la matière brute est soumise, mais il serait aventureux d'après lui d'éclaircir plus avant les mystères de la nature. Diderot, le visionnaire, qui osait percevoir la nature comme une substance unique, toujours en mouvement, annonçait davantage les fondements de la science moderne.

*Didier Masseau*

## NÉAULME, Jean

ÉDITIONS • *ESSAI SUR LES MŒURS* • HOLLANDE • PRUSSE •

Néaulme, qui fut l'éditeur aussi de Frédéric II, tenait boutique à Berlin et à La Haye. De 1726 à 1779, il publie plusieurs œuvres de Voltaire, y joignant critiques et parodies. En 1739, il imprime le *Mémoire du sieur de Voltaire*, réponse à *La Voltairomanie\**. En 1752, il contrefait l'édition Walther du *Siècle de Louis XIV*. Il fait pire : ayant acheté à un «galant homme», valet de chambre du prince Charles de Lorraine, un manuscrit venu des papiers de Frédéric II, il le publie, à la fin de 1753, sous le titre d'*Abrégé de l'histoire universelle* – premier état de l'*Essai sur les mœurs*. C'est l'édition «défigurée», «barbare», que Duchesne\* à son tour reproduira à Paris : «Cette manière de voler paraît légitime aux libraires de Hollande.» Malgré l'assurance de Malesherbes, Voltaire s'affole des terribles audaces dont on a falsifié son œuvre et se croit persécuté par le roi de Prusse : «Je cours le risque d'être brûlé [...], avec la belle histoire de Jean Néaulme», écrit-il à d'Argental. Néaulme a la faiblesse de répondre au désaveu imprimé de Voltaire. Il s'attire une réponse très forte, publiée dès mars 1754 : «Vous devez avoir gagné très peu et vous m'avez nui beaucoup.» Enfin rassuré, Voltaire marque publiquement son mépris pour ce libraire, qui n'a «rien d'un Robert Étienne», «assez avide, et assez sot» au contraire «pour imprimer ce tissu de bévues, de fausses dates, de faits et de noms estropiés». Mais Néaulme persistant à nier qu'il ait voulu lui nuire, il ne recevra plus que cette digne mornifle : «S'il s'était adressé à moi [...] je lui aurais donné pour rien de meilleurs manuscrits qui m'ap-

partiennent. » Moralité : « Il vaut mieux recevoir mes bienfaits que de faire de mauvais marchés. »

Jean-Michel Raynaud

## NECKER, Suzanne Curchod, Mme

GENÈVE • PIGALLE • SALONS •

« La belle Nekre » pour Voltaire... Il avait connu à Genève cette fille de pasteur avant qu'elle n'épouse, en 1764, Jacques Necker, le futur ministre de Louis XVI. Mme Necker (1739-1794) devint aussi la mère de Mme de Staël*. Installée à Paris où elle avait créé un « salon philosophique », Mme Necker n'en continuait pas moins de visiter Voltaire lorsqu'elle venait à Genève. Un jour d'avril 1770, elle reçut à dîner dix-sept philosophes dont Diderot*, Suard*, Grimm*, d'Alembert*, Marmontel*, Helvétius*... Au cours du repas, la sage assemblée approuva l'idée, déjà préparée sans doute, de faire sculpter par Pigalle une statue en l'honneur de Voltaire. Une souscription fut lancée, elle entraîna dans Paris une telle « fermentation » que le bruit en parvint bientôt à Ferney. Pour remercier « la belle muse » qui avait eu elle-même, croyait-il, « cette étrange idée », Voltaire envoya à Mme Necker des petits quatrains. « À moi chétif une statue ! », s'exclamait-il, touché au moins de l'intention.

À Paris, Mme Necker resta fidèle à Voltaire, le défenseur des protestants Calas et Sirven ; elle applaudissait à ses écrits et les faisait circuler, toujours engouée même des plus obscurs : « Depuis que j'ai lu les *Lettres de Memnius*, écrivait-elle en 1772, je voudrais faire ériger mille statues à M. de Voltaire. » Ses relations avec lui se refroidirent un peu lorsque Belle* et Bonne, qu'elle connaissait, épousa l'amoral marquis de Villette*. Elle ne manqua pas, cependant, de visiter le patriarche à son retour à Paris, en 1778. Elle vint accompagnée de sa fillette saluer une dernière fois le vieux philosophe qui avait, comme l'écrira beaucoup plus tard Mme de Staël, « la tolérance pour but ».

Anne Soprani

## NEEDHAM

Voir ANGUILLES • *SINGULARITÉS DE LA NATURE (LES)*.

## NÉGRIER

COLONISATION · ESCLAVAGE ·

Voltaire négrier ? Rumeur ancienne, apparemment née au milieu du XIX$^e$ siècle, et toujours en attente de preuve.

*André Magnan*

## NÉOLOGISME

FOLLICULAIRE · GOÛT · LANGUE ·

Par principe, Voltaire semble l'ennemi de toute innovation lexicale : « Songeons à conserver dans sa pureté la belle langue qu'on parlait dans le siècle de Louis XIV » (*Questions sur l'Encyclopédie*, art. « Langue française »). Et d'ironiser : « Si vous ne pensez pas, créez de nouveaux mots... » En fait, hostile au néologisme, qui est un « abus », il admet la néologie, art dont il énonce ainsi les règles sévères à l'article « Esprit » : « Un mot nouveau n'est pardonnable que s'il est absolument nécessaire » (il le voit pour les sciences), « intelligible » (il part des racines ou des affixes déjà existants) et « sonore » (il recommande l'euphonie). Il lance et accrédite lui-même « vagissements », « impasse », « folliculaire », sans parler des centaines de mots inventés, mais à usage interne, par la fantaisie verbale de l'épistolier : la « huaille » sacerdotale, le « nasillonneur » président de Brosses, les « Pompignades », les « abrutisseurs », les « pamphletiers » et les « réquisitoriens », etc. Mais lorsque Voltaire déplore que « la langue française ait plus de clarté que d'énergie et d'abondance », il se désole de n'être pas entendu : « Si on laisse faire l'Académie, elle appauvrira notre langue » (à Frédéric II, 31 août 1749). Une seule voie réaliste s'offre, ajoute-t-il, pour enrichir « cette gueuse fière », à qui « il faut faire l'aumône malgré elle » : la reviviscence de mots disparus. « Il serait à souhaiter que la plupart des termes dont Corneille s'est servi fussent en usage », regrettera-t-il encore, quinze ans plus tard, en commentant ses œuvres. L'un des ses derniers actes publics consistera à proposer (le 7 mai 1778) que l'Académie* travaille à un nouveau dictionnaire, qui contienne « toutes les expressions pittoresques et énergiques de Montaigne, d'Amyot, de Charron, etc., qu'il est à souhaiter qu'on fasse revivre ».

*Patrick Brasart*

## NEWTON, Isaac

ANGLETERRE • DÉISME • DESCARTES • *ÉLÉMENTS DE LA PHILOSOPHIE DE NEWTON* • HORLOGER (DIEU) • *MÉTAPHYSIQUE DE NEWTON* •

Il ne restait à l'illustre Isaac Newton (1643-1727) que quelques mois à vivre quand Voltaire arriva à Londres. Le 20 mars 1727, l'Angleterre lui faisait de grandioses funérailles à Westminster où il fut enterré. Voltaire s'en souviendra dans la XXIII<sup>e</sup> des *Lettres philosophiques* ; cette nation de philosophes lui avait appris « la considération qu'on doit aux gens de lettres », elle reconnaissait le rôle social du Philosophe. Quel contraste avec la France! Introduit par Pope auprès de Mrs Conduit, nièce de Newton, il apprend l'anecdote de la pomme ; il en comprend la portée métaphysique et la publie (*Lettres philosophiques*, XV<sup>e</sup> lettre). Dès lors il ne cessera de s'intéresser à l'homme et à son œuvre.

Newton est sans doute le seul philosophe que Voltaire ait étudié en profondeur ; fin 1736, il se « casse encore la tête » contre « le plus grand homme qui ait jamais été ». « Je calcule, je combine, je cherche à comprendre ce que les autres ont découvert » : aidé par Clarke, Maupertuis et S' Gravesande, il viendra à bout de toutes les objections et de toutes les difficultés. Il diffusera la pensée de « cet Atlas qui porte le ciel », tout d'abord dans les XV<sup>e</sup> et XVI<sup>e</sup> des *Lettres philosophiques*, puis, de manière plus solide, dans les *Éléments de la philosophie de Newton*. Les découvertes de Newton en optique et sur la gravitation passionnent Voltaire ; elles ruinent en particulier le chimérique système des tourbillons de Descartes. Newton « est notre Christophe Colomb. Il nous a menés dans un nouveau monde ». Autre métaphore, comble de l'audace en parlant d'un homme : Newton fut « créateur ». Pour autant, il n'a pas voulu être, il n'est pas un faiseur de système* : « Il a découvert dans la matière des propriétés incontestables, démontrées par des expériences » – ou, dit plus familièrement : « Il y a dans le monde un diable de Newton, qui a découvert précisément combien le soleil pèse ». Mais, par un ultime paradoxe qui tient à Dieu, à son « secret », à cet « art » qui ordonne la « nature », l'universalité de la loi de la gravitation prend enfin une portée métaphysique, en manifestant l'existence du Grand Horloger. Quel besoin l'homme a-t-il désormais d'une religion révélée ? « Un catéchiste annonce Dieu aux enfants, [...] un Newton le démontre aux sages. » Cette certitude, confirmée par la lecture de Clarke, n'abandonnera jamais Voltaire.

*Jean-Michel Raynaud*

*Si vous voulez vous appliquer sérieusement à l'étude de la nature, permettez-moi de vous dire, qu'il faut commencer par ne faire aucun système. Il faut se conduire comme les Boyle, les Galilée, les Newton. Examiner, peser, calculer et mesurer,*

*mais ne jamais deviner. M. Newton n'a jamais fait de système: il a vu, et il fait voir; mais il n'a point mis ses imaginations à la place de la vérité: ce que nos yeux et les mathématiques nous démontrent, il faut le tenir pour vrai; dans tout le reste il n'y a qu'à dire: J'ignore.*
À Claude Nicolas Lecat, 15 avril 1741.

## NIETZSCHE, Friedrich

C'est à Voltaire, comme « à l'un des plus grands libérateurs de l'esprit », que l'auteur de *Humain, trop humain* dédicace la première édition de cette œuvre, parue en 1878, date du centième anniversaire de sa mort; mais revenant en 1888, dans le paragraphe 1 du chapitre d'*Ecce homo* consacré à *Humain, trop humain*, sur cette dédicace entre-temps supprimée (édition de 1886), il précise: « Voltaire, à la différence de tous ceux qui ont écrit après lui, est avant tout un *grand seigneur* de l'esprit: exactement ce que je suis moi aussi. Le nom de Voltaire, placé en tête d'un écrit de moi, voilà qui était progresser – vers moi-même... » En dépit de son caractère quelque peu outré, cette complaisance indique au moins ce que fut Voltaire pour Nietzsche (1844-1900): une occasion d'aspirer à un niveau plus épuré de son propre style, et non un *penseur* décisif, malgré nombre de remarques laudatives – ce que résume parfaitement l'aphorisme 101 du *Gai Savoir*. Nietzsche a commencé d'apprécier Voltaire, par contraste en quelque sorte, dans la première de ses *Considérations intempestives*. Il y fustige la lourdeur de David Strauss, auteur d'un livre sur Voltaire, qui n'a pas su saisir la finesse distinguée d'un esprit aussi éclairé, incarnant les Lumières sans la pesanteur germanique de l'idéalisme, sans la « chose en soi »... Voltaire est loué par Nietzsche pour son aisance, sa simplicité, et, lorsqu'il le compare à Lessing, c'est toujours pour lui préférer le Français. De même, lorsqu'il oppose Voltaire à Rousseau, c'est pour dénoncer la hargne plébéienne du second contre tout ce qui est élevé, sa naïveté eu égard à la bonté naturelle, et pour citer un bon mot du premier sur les dangers qu'entraîne « la populace qui se mêle de raisonner ». Face à Goethe lui-même, Voltaire est encore prisé pour son intelligence de Newton (*Aurore*, paragraphe 197); il incarne l'*Aufklärung*, et, plus profondément, une forme de théisme antichrétien auquel Nietzsche est particulièrement sensible. C'est ainsi qu'il rappelle par deux fois les dernières paroles de Voltaire sur son lit de mort, repoussant le christianisme au nom d'un goût encore « classique », c'est-à-dire « grec » dans la terminologie nietzschéenne.

En revanche, la critique est fort drue (*Humain, trop humain*, II, paragraphe 4; *Aurore*, paragraphe 132; *Le Gai Savoir*, paragraphes 37, 94, 99; *Par-delà bien et mal*, paragraphe 216) lorsqu'elle ne cesse de voir en

Voltaire une étape dépassée – Diderot incarnant la nouvelle France –, un talent d'imitateur, un pessimisme ridicule qui anticipe sur celui, tout autant fustigé, de Schopenhauer; Nietzsche déclare maintes fois que l'abbé Galiani est bien plus profond que Voltaire (notamment dans *Par-delà bien et mal*, paragraphe 26), que son humanitarisme est une sottise (paragraphe 35), que ce bel esprit n'est finalement, pour reprendre les termes de l'abbé Trublet, que «la perfection dans la médiocrité» (Jules et Edmond de Goncourt, *Journal*, II, 11 mars 1862). Peu de temps avant de rédiger *Ecce homo*, Nietzsche confiera à un carnet cet aveu terrible repris de Baudelaire: «Je m'ennuie en France, car tout le monde y ressemble à Voltaire.»

Marc de Launay

*Voltaire. – Partout où il y avait une vie de cour, cette vie imposait la loi du langage noble et, de la sorte aussi, la loi du style pour tous ceux qui écrivent. Le langage de cour cependant est celui du courtisan qui n'a point de spécialité et qui, même dans les entretiens sur des questions scientifiques, s'interdit toutes les commodes expressions techniques parce qu'elles sentent trop le métier; c'est pourquoi, dans tous les pays où régnait une culture de cour, l'usage d'expressions techniques et de tout ce qui révèle le spécialiste constituait une atteinte au style. Maintenant que toutes les cours ne sont plus que des caricatures de jadis et naguère, on s'étonne que Voltaire lui-même soit tellement pointilleux et pénible à cet égard (par exemple, dans le jugement qu'il porte sur des stylistes tels que Fontenelle et Montesquieu); – le fait est qu'aujourd'hui nous sommes tous émancipés du goût de cour, tandis que Voltaire l'avait porté à sa perfection!*

Friedrich Nietzsche, *Le Gai Savoir*, 1881-1887, paragraphe 101.

## NOBLESSE

ANGLETERRE · COMMERCE · ÉGALITÉ · *LETTRES PHILOSOPHIQUES* · *NANINE* ·

Malgré quelques ambiguïtés qu'on n'a cessé d'exploiter contre lui (son usage de la particule, sa complaisance pour la seigneurie de Ferney, ses amitiés courtisanes et aristocratiques), Voltaire n'aime pas la noblesse. N'a-t-il pas eu à en pâtir très tôt dans l'algarade qui l'oppose au chevalier de Rohan-Chabot*? Un moment convaincu que l'aristocratie de la plume vaut celle de l'épée, il a dû déchanter. Quand il part pour l'Angleterre, il sait à quoi s'en tenir sur les prétentions de la noblesse française et sur son rôle réel dans le développement social et politique. Dans son apologie du commerçant, il en dénonce l'inutilité et la fonction parasitaire: «Le négociant entend lui-même parler si souvent avec dédain de sa profession qu'il

est assez sot pour en rougir; je ne sais pourtant lequel est le plus utile à un État, ou un seigneur bien poudré qui sait précisément à quelle heure le roi se lève, à quelle heure il se couche, et qui se donne des airs de grandeur en jouant le rôle d'esclave dans l'antichambre d'un ministre, ou un négociant qui enrichit son pays, donne de son cabinet des ordres à Surate et au Caire, et contribue au bonheur du monde» (*Lettres philosophiques*, $x^e$ lettre).

Sans doute faut-il nuancer. Voltaire, quand il évoque l'histoire des origines de la France, reconnaît à la noblesse militaire le courage et le sang versé. Quitte d'ailleurs à dénoncer la tyrannie exercée par ces nobles féodaux détenteurs de la force et bien pires que le pire des rois (*Dictionnaire philosophique*, art. «Tyrannie»), et à s'emporter contre ceux qui deviennent nobles par l'achat d'une charge anoblissante: «En France, est marquis qui veut; et quiconque arrive à Paris du fond d'une province avec de l'argent à dépenser, et un nom en *ac* ou en *ille*, peut dire: "Un homme comme moi, un homme de ma qualité", et mépriser souverainement un négociant» (*Lettres philosophiques*, $x^e$ lettre). D'où aussi le respect éprouvé, et qui souvent étonne, pour ces grands seigneurs morts au combat (*Éloge\* funèbre des officiers qui sont morts dans la guerre de 1741*), qui peut aller de pair avec le refus de la morgue des «pillards de provinces» dénoncée à travers le frère de Cunégonde: jésuite, noble et colonel, ce qui est trop pour Candide et Voltaire. Il faut faire la part des réactions épidermiques, des haines occasionnelles, et s'en tenir à l'analyse que Voltaire propose de la machine sociale.

Nul doute qu'il se méfie de la noblesse et n'est pas disposé à lui laisser partager le pouvoir royal. La monarchie anglaise, où la noblesse, installée dans la Chambre haute, est contrôlée par les Communes et le pouvoir royal lui-même, lui paraît un système viable pour limiter les prétentions nobiliaires. Il ne pense pas, comme Montesquieu, que la noblesse représente ce corps intermédiaire apte à empêcher les dérives monarchiques. Loin s'en faut. Mais consciemment ou non, sans renoncer à sa condamnation des privilèges fiscaux de la noblesse, il ne peut échapper à une fascination à laquelle le condamnent ses origines et son statut même d'homme de lettres, qui aspire à une reconnaissance de type aristocratique.

*Jean Goulemot*

*La noblesse est une chimère insultante au genre humain; elle suppose des hommes formés d'un sang plus pur que les autres.*

*Carnets.*

# N

## NOM

AROUET • LOGOGRYPHE • PSEUDONYMES •

*Je me souviens que Voltaire est l'anagramme de Arouet le Jeune en écrivant V au lieu de U et I au lieu de J.*
                                    Georges Perec, *Je me souviens*, 1978.

*Ardeur dévorée par la joie et l'ire du trait qu'il perd, lumineux... Jeu (avec miracle, n'est-ce pas?) résumé, départ de flèche et vibration de corde, dans le nom idéal de – Voltaire.*
                                    Stéphane Mallarmé.

C'est en 1718, à l'approche de sa vingt-cinquième année, celle de sa majorité, que le cadet des Arouet ajouta « de Voltaire » à son patronyme. Il signe « Arouet de Voltaire » un billet du 12 juin 1718, puis « Voltaire » tout court, l'automne suivant, une lettre au Régent, mais « Arouet de Voltaire » encore, pour le public cette fois, la dédicace d'*Œdipe* au début de 1719.

En fait, il garda toute sa vie les deux noms. « Arouet de Voltaire » pour les actes juridiques, les déclarations officielles, les courriers d'apparat : son identité « civile » dirions-nous – il y met souvent aussi de droit, après 1746, sa qualité de gentilhomme* ordinaire du roi. Mais on lit, au titre des ouvrages avoués : « Par M. de Voltaire », et « Voltaire » au bas des lettres communes et familières : l'identité « sociale » dirait-on, mais personnelle aussi, et choisie pour telle – les intimes reconnaissaient au bas de lettres parfois dictées le petit *v* arrondi et bouclé. Ce n'est donc pas vraiment – notion moderne – un nom de plume, encore moins de clandestinité : il y aura pour cela l'anonymat, les pseudonymes, le désaveu. C'était, selon « l'usage alors généralement établi dans la bourgeoisie riche », que rappelle Condorcet* dans sa *Vie de Voltaire*, un nom de cadet : l'aîné gardait seul « le nom de famille », le second prenant « celui d'un fief ou même d'un bien de campagne ». Au lendemain d'*Œdipe*, l'adresse de l'auteur est donc « À M. de Voltaire, chez M$^e$ Arouet, cour du Palais » : le second des Arouet se dérobait décidément au projet familial d'une carrière classique, d'office ou de charge.

Des motifs plus personnels ont pu intervenir dans ce travail du nom. La conviction d'abord d'une autre naissance*, illégitime, appelant d'autres signes ; le désir aussi d'un nouveau départ après les leçons de la Bastille, l'élan peut-être enfin d'une œuvre de plus grand genre après les *juvenilia** – la tragédie, bientôt l'épopée. S'agissait-il aussi d'éviter la confusion avec un satirique véhément du nom de Roy, qu'on prononçait *Roué*? Voltaire l'a dit lui-même, sur le moment. On comprend donc qu'il renonçait quant à lui aux satires et aux épigrammes, après en avoir médité les désagréments. Mais l'homonymie imparfaite avec ce *Roué* cache une différence. Comment

s'avancer dans la carrière des lettres en restant «à rouer»?... On devine la
gêne d'un tel nom-destin, attirant les brocards et promettant les coups, en
un temps où l'échine des poètes n'était pas toujours respectée des puissants
et des grands. Qui dira si dans le fameux épisode Rohan-Chabot* de 1726,
qui fut justement, d'après tous les témoignages, une querelle de noms, le
calembour n'a pas précédé la bastonnade? Un «*À rouer*», même devenu
«de Voltaire», ne devait-il pas, un jour ou l'autre, rencontrer son
«*Rouant*»?... En 1764 encore, dans un contexte fort parlant, Fréron osera
la vilaine coquille: «François Marie *Arouer* de Voltaire».
Quant au second nom, il défie depuis deux siècles l'analyse rationnelle, et
se prête aux jeux d'écriture. Lancée dès 1770 par Nonnotte*, l'anagramme
dont se souvient Perec est impeccable et reste l'explication des manuels*
scolaires – a-t-elle pu tenter, dès le collège, un petit protégé du père
Thoulier, alias d'Olivet*, dont le nom contient aussi «Volter»?
Mais huit ou dix autres explications ont été produites. Sur l'indication de
Condorcet, vaguement recoupée par Wagnière*, on a cherché un domaine,
un fief, une terre de famille: un «Veautaire» a été proposé sans preuve;
«Airvault» en Poitou va mieux, lointain berceau des Arouet, si l'on inverse
les deux syllabes; on a même pensé à «Volterra» en Toscane – un contemporain, dès 1774, invente donc un voyage en Italie, une maladie, des soins
efficaces et une juste reconnaissance... On cite aussi un «Voltoire», auteur
d'un livre publié en 1620, un «Voltare» personnage d'une tragédie de 1651.
Les ressources du jeu de mots ont été essayées: «Je veux terre»? «Je vole
terre»?... S'agissant d'une œuvre audacieuse et fort prolixe, on exclut «Je
veux taire» – mais «Volontaire» va si bien, moins le «on» dit de préjugé...
Une autre anagramme a séduit un temps, au début du XIXe siècle: «Valet-Roi» – osera-t-on le problématique «olivâtre»?...
Nom de poète, poésie des mots. Côté Mallarmé, dans l'évidence d'un nom
surgi de nulle part, on rêvera longtemps sans trop penser raison: la plume,
la terre, la volonté, la révolte, les voltes, les erres, la vie et l'art. À l'époque,
Nonnotte est presque le seul, en fait, à rationaliser une origine, en bon
érudit. Les contemporains s'emparèrent du nom même et le firent jouer,
son et sens. Les ennemis ou les plaisants entendent «Vole-à-terre» – fantaisie venue peut-être d'une arlequinade, puis reprise dans une satire de
Gilbert à la fin du siècle, et dont Vigny se souvient encore dans *Stello*. Le
poncif* du «superficiel» trouve là son image facile, avec ce Voltaire
«hirondelle rapide» de *L'An 2440* de Louis Sébastien Mercier. Moins
commune, la figure positive a son expression la plus remarquable dans
une pièce en vers de Baculard* d'Arnaud (1739):

> *Tantôt d'un vol audacieux*
> *Mesurant la terre et les cieux,*
> *Il contemple de Dieu la grandeur infinie...*

Un jour, Voltaire a rejoué lui-même, semble-t-il, ce nom dont il ne dit rien ailleurs. C'est en 1770, à la fin d'une lettre à Frédéric II*, flatteuse et souveraine comme il savait les faire. Il y réveille les souvenirs et les promesses de son arrivée en Prusse, vingt ans plus tôt; il revoit ce prince pétri de talents – «poète, philosophe, orateur, historien et musicien» – déployant sur toutes choses «ses ailes», comme un archange, comme un «génie». Plus dure a été la chute, mais il s'en est si bien relevé: Ferney efface enfin Francfort*, ce dernier mauvais coup du «génie». Et Voltaire peut alors, revanche narquoise et gratitude secrète, persister et signer autrement: «Je crois même qu'il me fit tomber par terre d'un coup d'aile...»

*André Magnan*

*On m'a assuré qu'il prit ce nom de Voltaire d'un petit domaine que possédait sa mère. J'avoue que je n'ai jamais osé demander à mon maître ce qui en était.*
*Mémoires sur Voltaire, 1826, notes de Wagnière.*

## NON (LES)

Voir «MONOSYLLABES».

## NONNOTTE, Claude François

*ERREURS DE M. DE VOLTAIRE (LES)* • PATOUILLET • POLÉMISTE •

Claude François Nonnotte (1711-1793) est un des apologistes et réfutateurs partis en guerre contre ce Voltaire impie, patriarche de l'irréligion moderne, et réviseur critique de l'histoire sacrée et de l'histoire ecclésiastique, sur des bases documentaires qu'il s'agit de contester et de contrer avec l'érudition la plus savante. Entré dans la Compagnie de Jésus dès 1730, il se consacra d'abord à l'enseignement et au prêche. Après 1773, il se retira à Besançon pour s'occuper essentiellement de travaux d'apologétique. En 1762, il fait paraître anonymement *Les Erreurs de M. de Voltaire*. Cette édition fut suivie de plusieurs autres, toujours argumentées. Il y eut aussi des traductions. En 1772, il sacrifie à la mode des dictionnaires, comme son consort l'abbé Bergier*, en publiant un *Dictionnaire philosophique de la religion*. Dans *Les Honnêtetés* littéraires* (1767), Voltaire a répondu par le sarcasme et l'ironie vengeresse aux objections de son adversaire. Conformément à une méthode bien rodée, il dénonce l'origine obscure de Nonnotte: son père «était fendeur de bois et crocheteur»; puis il entonne un couplet: «... frère Nonnotte [...] vous ressemblez à de vieux acteurs chassés des chœurs de l'opéra, qui vont fredonnant de vieux airs

sur le Pont-Neuf pour obtenir quelque aumône.» Enfin, avec une ardeur jubilatoire, il relève les absurdités les plus criantes de son adversaire afin de dénoncer toute l'étendue de son ignorance. Toutes les autres occasions lui furent bonnes – contes, satires, facéties et opuscules divers – pour faire de Nonnotte une marionnette familière de son guignol polémique.

Didier Masseau

*Petit Nonnotte, rabâcheras-tu toujours les contes de la légion thébaine [...] ? Crois-moi, Nonnotte, marions les six mille soldats thébains aux onze mille vierges, ce sera à peu près deux filles pour chacun; ils seront bien pourvus [...]. Cours après les trois cents renards que Samson attacha par la queue; dîne du poisson qui avala Jonas; sers de monture à Balaam, et parle, j'y consens encore; mais, par saint Ignace, ne fais pas le panégyrique d'Aod, qui assassina le roi Eglon, et de Samuel qui hacha en morceaux le roi Agag parce qu'il était trop gras : ce n'est pas là une raison. Vois-tu? J'aime les rois, je les respecte, je ne veux pas qu'on les mette en hachis, et les parlements pensent comme moi : entends-tu, Nonnotte?*

*Les Honnêtetés littéraires, 1767, XXII.*

## NOTEBOOKS

Voir CARNETS.

## NOUVEAU TESTAMENT

CHRISTIANISME · ÉVANGILE · JÉSUS ·

Le rationalisme de Voltaire est moins souvent heurté par les textes contemporains que par les écrits des temps archaïques. Toutefois, les marges du *Commentaire* de dom Calmet*, sur son exemplaire personnel conservé dans sa bibliothèque*, révèlent ses vives réactions au sujet de Jésus ou de Paul. Son analyse du Nouveau Testament consiste à en désacraliser les récits, à en nier la portée spirituelle, à en discuter la valeur historique, à montrer enfin que cette «bonne nouvelle» a laissé les hommes dans l'erreur et la division. Outre l'argumentation technique contre la véracité des Évangiles, il cumule les arguments d'authenticité et de vraisemblance et les objections morales. Il nie l'attribution à Paul de l'Épître aux Hébreux, l'attribution à Jean de l'Évangile qui porte son nom, et de l'Apocalypse*, dont il souligne la canonicité tardive. Il cherche dans les Épîtres de Paul une confirmation de la nature purement humaine de Jésus. Mais il cite surtout la fausse prédiction de la fin du monde et l'invraisemblable enlè-

vement au troisième ciel d'un homme qui avait commencé par persécuter les chrétiens ; il dénonce ses palinodies et ne voit dans son «galimatias» que «fureur de la domination» (*Examen important de milord Bolingbroke*, 1766). Des Actes des Apôtres, sa lecture sélective ne retient enfin que la cruauté de Pierre envers Ananie et Saphire, la folle légende de l'illumination de Paul sur le chemin de Damas, les mensonges et les feintes dont il était coutumier, dit-il, pour se tirer d'affaire, et toutes ses dissensions avec les autres disciples.

*Marie-Hélène Cotoni*

## NOUVELLES CONSIDÉRATIONS SUR L'HISTOIRE

HISTOIRE •

Première édition dans *La Mérope française, avec quelques petites pièces de littérature*, en 1744. Son ami le marquis d'Argenson vient d'être nommé ministre des Affaires étrangères. Voltaire manifeste, en quelques pages d'un argumentaire très dense, son refus d'une histoire qui répète des fables venues de l'Antiquité, ou qui, pour les époques récentes, s'en tient aux batailles, aux traités, aux cours ; il prône une «histoire moderne» qui intégrerait les facteurs démographique, économique et culturel. Il en appelle au soutien des gouvernements pour cette histoire nouvelle où les hommes primeront sur les événements.

*Jean Goulemot*

## NOUVELLES PROBABILITÉS EN FAIT DE JUSTICE

Voir MORANGIÉS.

## NOVI DE CAVEIRAC, Jean, abbé

Voir SAINT-BARTHÉLEMY.

## NOYER, Catherine Olympe Petit du

AMOUR • CORRESPONDANCE • HOLLANDE • «PIMPETTE» •

Fille d'une Française, protestante réfugiée en Hollande*, Olympe du Noyer (née à Nîmes en 1692) avait «l'âge de l'amour» quand elle rencontra le jeune Arouet à La Haye, à l'automne 1713. Arouet était alors secrétaire et

page de l'ambassadeur de France, le marquis de Châteauneuf. Coup de foudre: elle est «son adorable maîtresse», il est «son enfant aimable» – elle a deux ans de plus que lui. Mme du Noyer, qui subsistait à La Haye en éditant une gazette, la *Quintessence des nouvelles*, découvrit bientôt cette liaison. Elle espérait un meilleur parti pour sa fille et prévint l'ambassadeur, qui consigna son page avant rapatriement d'office. Pour se voir, malgré tout, le «prisonnier» et sa «charmante demoiselle» inventent des occasions. Il «saute par la fenêtre [à] la brune», elle se déguise en «cavalier». En arrivant à Paris, Arouet se cache de son père, très fâché de ces fredaines, mais il va «à la grande poste tous les jours retirer les lettres d'Olympe, qu'il baise mille fois». Pour la faire venir en France, il l'a engagée à se convertir au catholicisme, et fait même intervenir, en vain, son ancien maître, le père Tournemine.

Quand Olympe vint à Paris, en 1720, elle était mariée avec le comte de Winterfeldt; les lettres d'Arouet à «Pimpette» furent éditées la même année par Mme du Noyer mère dans son périodique – avec quelques adoucissements fort moraux. La comtesse ayant souffert du système de Law* demanda plus tard une caution financière à Voltaire, qui l'accorda volontiers. Il lui conserva une prévenance affectueuse. En 1736, il commande pour elle à l'abbé Moussinot*, son homme d'affaires, une petite table à écran qui pourra servir d'écritoire, «mais très simple et très bon marché».

*Anne Soprani*

> *Monsieur Cramer ne m'a point envoyé la dernière épreuve O. Il y avait beaucoup de fautes. Il serait triste qu'on l'eût tirée.*
> *On va examiner la feuille P qu'on renverra demain matin.*
>       *À Gabriel Cramer, sans date*
>                *(décembre 1763).*

## ODE À SAINTE GENEVIÈVE

*JUVENILIA • ODES •*

On portait par les rues de la capitale, au temps de Voltaire, dans les grandes occasions heureuses ou malheureuses, la châsse de la sainte patronne de Paris – une procession eut lieu en 1694, l'année de sa naissance. Rien d'étonnant à ce qu'il ait débuté en 1710, à 16 ans, par une *Ode à sainte Geneviève*. On lit au titre de ce premier ouvrage imprimé : « Par François Arouet, étudiant en rhétorique et pensionnaire au Collège de Louis-le-Grand ».

*André Magnan*

> *Regardez la France en alarmes,*
> *Qui de vous attend son secours !*
> *En proie à la fureur des armes,*
> *Peut-elle avoir d'autre recours ?*
> *Nos fleuves, devenus rapides*
> *Par tant de cruels homicides,*
> *Sont teints du sang de nos guerriers ;*
> *Chaque été forme des tempêtes*
> *Qui fondent sur d'illustres têtes,*
> *Et frappent jusqu'à nos lauriers.*
>
> *Je vois en des villes brûlées*
> *Régner la mort et la terreur ;*
> *Je vois des plaines désolées*

> Aux vainqueurs mêmes faire horreur.
> Vous qui pouvez finir nos peines,
> Et calmer de funestes haines,
> Rendez-nous une aimable paix !
> Que Bellone, de fers chargée
> Dans les enfers soit replongée,
> Sans espoir d'en sortir jamais !
>
> Ode à sainte Geneviève, 1710.

## ODE SUR L'ANNIVERSAIRE DE LA SAINT-BARTHÉLEMY, POUR L'ANNÉE 1772

Voir SAINT-BARTHÉLEMY.

## ODE SUR LE VŒU DE LOUIS XIII

Voir BOURBIER (LE) • JUVENILIA.

## ODES

GOÛT • PHILOSOPHIE • POÈTE • ROUSSEAU (JEAN BAPTISTE) •

Quand Voltaire avait 20 ans, la question de l'ode agitait le monde des lettres. Dans sa forme «ancienne», héritée de Pindare, l'ode était la manifestation la plus éclatante d'une poésie étrangère à la raison, dominée par une inspiration incontrôlée, et faisant du poète un être à part. Dans sa forme «moderne», elle était le triomphe d'un art concerté, fruit de la réflexion de l'écrivain. Mais tout poète devait montrer son feu et sa maîtrise en écrivant des odes : c'est, dans l'esthétique classique, un genre élevé, sublime, qui apporte renommée et reconnaissance.

Les odes de Voltaire – une vingtaine au total – sont des plus raisonnables, et techniquement moins étonnantes que celles du modèle du moment, le grand Rousseau, Jean Baptiste, virtuose des strophes complexes aux effets impressionnants, chez qui Lamartine et Hugo prendront encore des leçons de grand lyrisme. Voltaire préfère la suite de dizains d'octosyllabes. Il sait aussi construire des strophes plus élaborées, en vers de longueur diverse, mais y met trop d'application.

C'est d'autre part dans l'ode que le poète exerce son magistère moral, qu'il parle en guide, et les odes de Voltaire sont à cet égard significatives. Il n'a composé dans ce grand genre que dans des circonstances où il était inspiré par un événement qui le touchait profondément, soulevé même par l'en-

thousiasme : ce qui explique la dispersion de ses odes tout au long de sa carrière. Ainsi, une ode est consacrée, en 1738, au double voyage scientifique de La Condamine* en Amérique du Sud et de Maupertuis* en Laponie, chargés d'affiner le calcul coordonné des mesures du globe terrestre : grande entreprise officielle, dont Voltaire a souvent parlé. C'est pour lui un exploit des temps modernes, supérieur à tous les hauts faits guerriers du passé, et bien digne d'être chanté. Il compare donc ces expéditions scientifiques à la conquête de la Toison d'or, et fait parler Newton «du ciel entr'ouvert» pour encourager les savants : cette rhétorique empruntée à la tradition antique, en rapprochant l'âge moderne des temps mythiques, doit donner au lecteur contemporain un sentiment de fierté et de confiance. Ailleurs, Voltaire fait l'éloge des évolutions en cours («La Félicité des temps ou l'Éloge de la France», 1746), à un moment où il croit voir se dessiner une politique vraiment philosophique, thème qu'il reprend dans «Le Passé et le présent» (1775) ; ou bien il s'adresse «À la Vérité», en évoquant l'affaire Calas, pour souligner avec éloquence et émotion que le souci de la vérité est la plus haute des vertus (1766). Les odes reflètent ainsi des traits majeurs du génie de Voltaire : l'aptitude à rapprocher les grands faits significatifs, la passion des idées.

Sylvain Menant

*Il est nul dans l'ode, et qui pourrait s'en étonner ? L'impiété réfléchie avait tué chez lui la flamme divine de l'enthousiasme.*
Joseph de Maistre, Les Soirées de Saint-Pétersbourg<br>
ou Entretiens sur le gouvernement temporel de la Providence,<br>
1809, $IV^e$ entretien.

## ŒDIPE

CORNEILLE (PIERRE) • *JUVENILIA* • *LETTRES SUR ŒDIPE* • TRAGÉDIES •

Pour ce coup d'essai – sa première pièce –, Voltaire a choisi un sujet connu, souvent repris depuis Sophocle, notamment par Corneille. Racine aussi, disait-on, l'avait essayé. Prudence de néophyte ? ou volonté de surpasser les maîtres, en travaillant sur le thème le plus tragique qui soit, mais aussi le plus difficile à développer ? Voltaire termine son ouvrage, commencé en septembre 1714, moins d'un an après. À l'en croire, il avait voulu y conserver les chœurs antiques, et en bannir l'amour moderne. Pour ces deux raisons, la pièce fut refusée par les comédiens ; il dut réduire le rôle du chœur, et se résoudre à inventer une intrigue amoureuse, comme l'avait fait Corneille. Il eut le mérite de transposer fidèlement, dès le III$^e$ acte, les progrès terrifiants de cette extraordinaire enquête où l'enquêteur, à la fin,

découvre en lui-même le coupable. Il réussit à «sauver» quelques-unes des invraisemblances inhérentes au sujet, et à ménager avec art la cascade de révélations qui démontrent peu à peu que le roi de Thèbes, Œdipe, est l'assassin de son père et l'époux de sa propre mère. Jocaste se tue au fond de la scène, tandis qu'Œdipe se crève les yeux, en coulisse. Horreurs qu'il ne fallait montrer, au début du siècle, qu'avec une certaine discrétion. Le dernier monologue d'Œdipe évoque les Euménides, et les Enfers qui s'ouvrent dans le fracas du tonnerre.
Sophocle avait savamment établi une «fausse piste», avec deux personnages inquiétants, le beau-frère Créon et Tirésias le devin, soupçonnés par Œdipe de comploter contre la couronne. Voltaire y substitue Philoctète, le célèbre compagnon d'Hercule, ancien amant aimé de Jocaste, et qui l'aime toujours. Un homme d'honneur, un beau héros cornélien, comme la vertueuse Jocaste, deux fois mariée contre son gré, qui n'est pas sans rappeler la Pauline de *Polyeucte*. Voltaire regretta cet épisode, qui, au reste, ne déplut pas.
La pièce, créée le 18 novembre 1718, eut un grand succès (trente-deux représentations dans la saison 1718-1719), et resta au répertoire, où elle élimina la version cornélienne. Tenu en haleine par un suspens habile, le public goûta l'énergie du style et l'harmonie d'une versification coulante et forte à la fois, fertile en effets dramatiques. Il applaudit aux allusions politiques, aux attaques contre les prêtres «imposteurs», à «l'innocence» des coupables face à des dieux cruels, accusés à leur tour par les hommes. Dans cette première œuvre, le jeune auteur avait mis beaucoup de lui-même – et peut-être ses fantasmes. Le parricide est-il ici le symbole de l'opposition au père, qui deviendra un thème obsédant de son théâtre ? Quoi qu'il en soit, par cette création assortie d'une justification en règle (les *Lettres sur Œdipe*), François Marie Arouet conquiert sa liberté, et se donne un nom*, en devenant, le 12 juin 1718, «Arouet de Voltaire». Nom de guerre, nom de théâtre : son personnage est né.

*Henri Lagrave*

## «ŒUVRE DE POÉSHIE»

FRANCFORT • FRÉDÉRIC II •

Au moyen d'une toute petite altération, si ténue qu'elle en paraît insignifiante, on peut dépoétiser gravement en français le beau mot de «poésie», et fabriquer un mot-valise fort grossier, auquel apparemment n'ont songé ni Zazie ni Queneau. Voltaire a commis cette horreur, du moins est-il difficile d'imaginer qu'il ait pu tracer ces sept lettres, et faire imprimer ce mot, sans penser au pire. Poète lui-même, et passionné de vers, il ne pou-

vait le faire que pour la bonne cause. Il n'a jamais utilisé le terme en effet que dans l'expression «l'œuvre de poéshie» ou «le livre de poéshie», pour désigner les poésies françaises imprimées de Frédéric II – dans les *Œuvres du philosophe de Sans-Souci*, livre à tirage confidentiel, destiné aux intimes –, et plus précisément l'exemplaire à lui personnellement offert par ledit poète-roi, qui lui fut pourtant repris de force à Francfort, à son départ de Prusse, en exécution d'un ordre plus royal que poétique de Frédéric lui-même. Fouille, garde à vue, humiliations, terreurs, et imposées à sa nièce aimée aussi bien qu'à lui-même, c'est tout cela d'abord que venge le gros jeu de mots, souverain par le bas. Peut-être inscrit-il aussi quelque chose du jugement plutôt ambigu que Voltaire porta toujours sur les productions poétiques de son royal disciple: singulières comme passe-temps d'un prince, admirables comme ouvrage d'un étranger, mémorables par l'hommage rendu à l'étude et à l'exercice de la langue française, mais intrinsèquement inférieures à tout ravissement autre qu'obligatoire. La «Poéshie», ce sont les vers côté Freytag\* et «main de maître».

L'histoire du mot est étonnante. On lit partout «poésie» dans l'énorme dossier de l'affaire de Francfort, dans les ordres royaux du cabinet bien sûr, dans un «reçu» donné par Freytag, dans les plaintes et réclamations en forme adressées par Voltaire, de Francfort même, à l'empereur, au conseil de ville, au roi de Prusse, au roi de France, à ses ministres et à la favorite, ainsi que dans toutes les lettres personnelles du moment. Voltaire a pourtant dû inventer sur place sa vengeance, secrètement réparatrice. Freytag ou quelque autre sbire prussien déformait-il ainsi la prononciation du mot, tout en y mettant la vénération due à «l'œuvre» du maître? «Poéshie» apparaît dans les *Mémoires*\* autobiographiques, composés vers 1758-1760, et publiés posthumes en 1784, mais aussi dans le *Commentaire\* historique*, publié dès 1776, où Voltaire se donna donc une fois au moins le plaisir de le voir imprimé. C'est là que Frédéric II dut aussi le découvrir – on ignore sa réaction.

*André Magnan*

*Un bon Allemand qui n'aimait ni les Français, ni leurs vers, vint le 1$^{er}$ juin lui redemander les «œuvres de Poéshie» du Roi son maître. Notre voyageur répondit que les «œuvres de Poéshie» étaient à Leipzig avec ses autres effets. L'Allemand lui signifia qu'il était consigné à Francfort, et qu'on ne lui permettrait d'en partir que quand les œuvres seraient arrivées. M. de V... lui remit sa clé de chambellan et sa croix, et promit de rendre ce qu'on lui demandait. Moyennant quoi le messager lui signa ce billet:*

*«Monsieur, sitôt le gros ballot de Leipzig sera ici, où est l'"œuvre de Poéshie" du Roi mon maître, vous pourrez partir où vous paraîtra bon. À Francfort 1$^{er}$ juin 1753.»*

*Le prisonnier signa au bas du billet : Bon pour l'« œuvre de Poéshie » du Roi votre maître.*
   *Commentaire historique sur les œuvres de l'auteur de La Henriade, etc.*
   *Avec les pièces originales et les preuves, 1776.*

## OLIVET, Pierre Joseph Thoulier, abbé d'
ACADÉMIE • CORRESPONDANCE • ÉTUDES • JÉSUITES •

C'est sur les bancs du collège de Louis-le-Grand que Voltaire a rencontré l'abbé d'Olivet (1682-1768) qui exerçait alors la fonction de répétiteur, sous son vrai nom de père Thoulier. « Il me donnait des claques sur le cul quand j'avais quatorze ans », confie le philosophe à d'Alembert (20 avril 1761). Il faut croire que Voltaire ne lui en tint pas rancune, car il conserva toute sa vie une amitié indéfectible avec cet ancien maître de collège. Il est vrai que l'abbé d'Olivet avait quitté l'enseignement pour se lancer dans une belle carrière littéraire. En 1722, il entre à l'Académie, où il devient un défenseur des belles-lettres et de la langue française. Il avait déjà pris le parti des Anciens lors de la fameuse querelle. La correspondance que Voltaire entretient avec lui (une soixantaine de lettres, jusqu'en 1768) est surtout littéraire, elle révèle un Voltaire puriste, soucieux de maintenir une tradition menacée. Le propos n'est pas exempt de flatterie mais témoigne aussi de la réelle fascination que le lustre et les honneurs académiques ont toujours exercée sur Voltaire.

*Didier Masseau*

## OLYMPIE
RELIGION • TRAGÉDIES •

Fils d'Antipater, roi de Macédoine, Cassandre a, sans le savoir, versé le poison qui a tué Alexandre le Grand, et poignardé, au cours d'un combat, la nuit, son épouse Statira. Il n'est donc point coupable : « Ses remords, écrit Voltaire, sont plutôt d'une âme sensible, née pour la vertu, que d'un criminel qui craint la vengeance céleste. » Le hiérophante des mystères d'Éphèse l'a initié ; ses « crimes » sont lavés ; il va pouvoir épouser Olympie, qu'il a jadis sauvée du massacre. Mais, de la bouche même de Statira, qui a survécu à ses blessures et s'est retirée dans le temple d'Éphèse, Olympie apprend qu'elle est fille d'Alexandre. Reconnaissance et révélation qui interrompent la cérémonie du mariage. Statira maudit Cassandre ; Antigone, rival de Cassandre en amour et en politique, soulève le peuple ; les deux princes se battent. Désespoir d'Olympie ; suicide de Statira. Tandis

qu'on allume son bûcher funèbre, Olympie monte sur l'estrade et se jette dans les flammes.

La tragédie baigne dans l'atmosphère des mystères grecs, où s'exprime, bien avant le christianisme, une religion monothéiste, fondée sur la foi dans l'immortalité de l'âme, les rites de la confession et de l'absolution; et le hiérophante est un saint homme: le modèle des évêques! «Ô l'impie!» s'écria pourtant Fréron... Ici encore, Voltaire a voulu un spectacle magnifique: défilé de prêtres, autel et flambeaux, duel, tremblement de terre, et surtout, à la fin, le «clou» du bûcher embrasé. Enfin le fabuleux trio de Dumesnil*, Clairon* et Lekain* assura, le 17 mars 1764, un succès, très provisoire, à la pièce.

Henri Lagrave

## ONAN

Voltaire a évoqué le personnage d'Onan, fils du patriarche Juda, petit-fils de Jacob, en traçant ironiquement une généalogie incestueuse et fornicatrice du Christ dans l'article «Onan, Onanisme» des *Questions* sur l'Encyclopédie* parues en 1770-1772. Pouvait-il en être autrement alors que le traité du docteur Tissot (*De l'Onanisme*, 1760) connaissait un immense succès? Voltaire s'interroge sur la nature du péché d'Onan: *coïtus interruptus* ou masturbation? À la suite de Tissot, il condamne la masturbation comme la mère de tous les vices, conseille le quinquina comme remède à une habitude honteuse et funeste, si commune «aux écoliers, aux pages et aux jeunes moines», en dénonçant les vœux de chasteté qui y incitent. L'onanisme est d'autre part mis en scène dans *La Pucelle** à travers le personnage d'Hermaphrodix qui se donnait «du plaisir à soi-même», activité que Voltaire trouve bien inférieure à celle qui consiste à le partager avec son prochain: «Et deux à deux est le bonheur suprême.» Voltaire est proche ici des considérations de Diderot dans la *Suite de l'Entretien avec d'Alembert*.

Jean Goulemot

## OPÉRA

PHILOSOPHIE · POÈTE · RAMEAU · RELIGION · TEMPLE DE LA GLOIRE (LE) ·

Voltaire n'a jamais été un chaud partisan de ce genre qu'il qualifie de «bizarre». Très modestement, il reconnaît son ignorance en musique; ses modèles restent Lulli (bien qu'il admire ensuite Rameau), et pour les vers Quinault, le Racine des livrets. Il a d'ailleurs quelques doutes sur sa

propre aptitude à composer des vers lyriques : « C'est une harmonie particulière que j'ai peur de n'avoir point saisie », avoue-t-il à Rameau (vers décembre 1733). En fait, il demeure fidèle à l'origine française de l'opéra : la tragédie ; et aux récitatifs, dont il n'abuse d'ailleurs point. Il pense enfin qu'un beau spectacle n'interdit pas, dans ce genre fait pour les oreilles et les yeux, un fond de philosophie.

Outre *Le Temple de la Gloire* (1745), fait pour la cour, Voltaire écrivit trois opéras. La rencontre de Mme du Châtelet, en avril 1733, le bonheur nouveau de leur liaison, la fréquentation de ses amis, friands de musique, l'incitèrent sans doute à tâter de ce genre frivole.

Son premier essai, *Tanis et Zélide*, est égyptien. Des mages puissants, grâce à leurs terribles prodiges, occupent le trône d'un roi pasteur, qu'ils ont tué. L'action oppose leur cruelle superstition à la vie simple et pure des bergers, qui adorent Isis et Osiris, dieux unis dans l'amour. Tanis aime Zélide, la fille du roi disparu, et en est aimé. Trahi par un rival, qui livre Zélide aux barbares, Tanis est capturé à son tour. Une bataille se livre, entre les hommes, entre les dieux. On apprend que Tanis est né d'Isis et d'Osiris, qui l'ont éprouvé. À la fin, le couple divin massacre les monstres suscités par les mages, et l'amour triomphe : Tanis et Zélide feront régner la paix, la vertu et le bonheur. Voltaire se plaignait à Moncrif, en 1733, de la musique de Brassac, trop douce à son gré ; l'opéra ne fut jamais représenté.

À l'automne 1733, Rameau sollicite Voltaire. Celui-ci lui propose le sujet de *Samson* : encore un affrontement entre religions ennemies. Captifs des Philistins, les Hébreux, fidèles au Dieu de l'univers, sont sommés d'adorer les dieux de leurs ennemis. Samson excite alors ses compagnons à la résistance, renverse les autels, accomplit des prodiges. Les Philistins invoquent les dieux de Syrie, Mars, Vénus, dont la prêtresse, Dalila, usera de ses charmes pour soumettre Samson. Le héros s'adoucit, cède à l'amour. Victime de son propre piège, Dalila s'éprend à son tour de l'Hébreu. Dans le temple de Vénus, ils vont s'unir, et Samson livre le secret de sa force. Tonnerre, bataille, il est pris et enchaîné. Dalila se tue. On connaît le dénouement : torturé par le remords, Samson secoue les colonnes du temple, qui écrase les Philistins. Ici encore, la religion a raison de l'idolâtrie. Mais Voltaire traitait un sujet biblique, mêlait le sacré au profane : on lui reprocha des « impiétés ». L'affaire traîna. L'auteur en parle encore en 1739, regrettant l'abandon d'un poème assez « extraordinaire ». Un oratorio en fut pourtant tiré en 1774, dont Voltaire entendit même une exécution, paraît-il, à son retour à Paris, « le mardi de Pâques 21 avril 1778 ». C'est aussi un chœur original de *Samson*, mis en musique par Gossec, qui rythmera les stations de la « Fête de Voltaire » le jour de son entrée au Panthéon, le 11 juillet 1791 :

# O

*Peuple, éveille-toi, romps tes fers.*
*La liberté t'appelle.*

*Pandore* enfin, commencée en 1740, devait être jouée en 1754, et ne le fut pas. Plusieurs musiciens s'étaient essayés sur ce livret, de Jélyotte à Royer, puis Sireuil, et Laborde enfin. Voltaire, qui aimait cette pièce, ne la vit jamais. Il avait combiné, assez heureusement, les légendes de Prométhée, de Pygmalion, de Pandore, et la guerre des Titans contre les dieux. Prométhée a créé de ses mains une femme superbe, mais privée de vie. Pour l'animer, il monte au ciel, y dérobe la «céleste flamme», qui lui donne l'existence. Triomphe de l'amour. Mais Pandore est enlevée par Mercure; reçue dans l'Olympe, elle refuse l'immortalité, et regrette la terre. À la fin les Titans, alliés à Prométhée, attaquent le ciel, en entassant les montagnes; Jupiter arme sa foudre, quand le Destin arrête le combat. Cependant la vengeance de Jupiter paraîtra dans ses dons: de ce jour date «le divorce éternel de la terre et des cieux». Tentée par Némésis, Pandore ouvre la boîte fatale que Jupiter lui a remise, et tous les maux se répandent sur la terre, dans une nuit ténébreuse, où dansent démons et furies. L'Amour, qui descend du ciel, consolera au moins l'humanité. La Sorbonne pouvait-elle supporter cette «parodie» du péché originel?

Voltaire avait donc voulu teinter l'opéra, trop enclin à la «volupté», de quelque philosophie: c'est sans doute la raison de ses échecs répétés. À la superstition, à la magie, aux dieux tyranniques et vengeurs, il oppose la religion universelle, celle de l'amour et du pardon, et encourage les hommes à la révolte contre les divinités cruelles. En rendant la galanterie tragique, il exalte enfin la puissance de l'Amour allié à la Vertu, vrai dieu d'une religion consolante, qui ferait le bonheur de l'humanité.

*Henri Lagrave*

## OPINION

AFFAIRES · BON SENS · FABLE · JOURNALISTE · PEUPLE · PHILOSOPHIE · PRÉJUGÉ · SUPERSTITION ·

C'est à la fois ce que nous appelons aujourd'hui l'opinion publique, et les opinions, au sens péjoratif de croyance non fondée, de superstition ou de préjugé.

Mieux que ses contemporains Voltaire a perçu l'émergence et la force de l'opinion publique. Sinon comment expliquer qu'il se soit si vite adressé à ceux qui pouvaient influer sur la politique, les décisions du pouvoir ou de l'appareil judiciaire? Ce qui implique toute une stratégie d'écriture, des modes d'intervention spécifiques, des canaux de transmission de l'imprimé

qui correspondent à un imaginaire du lecteur, fortement ancré dans le militantisme voltairien.

S'il a écrit à ses débuts pour un cercle restreint, un petit milieu, apte à saisir les allusions ou les références, très vite Voltaire a essayé d'élargir son audience à un public encore mondain certes, mais beaucoup plus large, qu'on appellera opinion publique. On mesure, par exemple, tout ce qui sépare les destinataires du *Regnante\* puero*, et autres vers satiriques contre le Régent, du public large visé par les *Lettres\* philosophiques*. Autre public, donc autres procédés ou formes d'intervention.

Le passage à la lettre, fût-elle fictive, n'est pas sans signification. Il marque un tournant essentiel dans une pratique scripturaire continuée dès lors jusqu'à sa mort. L'usage du conte relève de la même perspective. Il correspond à l'idée que Voltaire se fait de la possibilité de rallier son lecteur à une cause, à la critique d'une théorie ou d'une institution. C'est parce que Voltaire porte en lui un imaginaire de l'opinion qu'il polémique, divulgue, intervient comme journaliste dans la presse périodique. Pour les mêmes raisons, il joue avec la censure, utilise les pseudonymes, désavoue ses œuvres, publie des réponses et des compléments, adopte mille visages et mille tons.

L'analyse des stratégies mises en œuvre dans les affaires le prouve amplement. Quel sens auraient-elles si Voltaire ne croyait pas devoir convaincre une opinion qui peut, mise en condition par le philosophe, intervenir dans le débat ? Les réseaux d'influence que tisse Voltaire, le soin avec lequel il tente d'organiser la diffusion de ses écrits, les appuis qu'il recherche pour que ses livres franchissent les frontières, échappent à la censure et pénètrent dans tous les milieux (avec une attention particulière pour les milieux les plus influents), sont autant de preuves que, dans son esprit, le combat philosophique ne peut exister sans des lecteurs constituant une opinion. La façon dont Voltaire pense le militantisme des Lumières est riche d'enseignements : une élite agissant sur l'opinion par l'écrit, un pouvoir craignant cette même opinion et donc sensible à ses demandes. On aura reconnu là une image de ce que Voltaire dénonce comme la manipulation des croyants par les Églises.

Il est un deuxième sens du terme « opinion » chez Voltaire, comme synonyme de préjugés ou d'idées fausses. À cet égard l'*Essai sur les mœurs*, de nombreux articles du *Dictionnaire philosophique* ou des *Questions sur l'Encyclopédie* forment un catalogue des opinions fausses et des contrevérités. Autant que l'histoire des progrès de l'esprit, l'*Essai sur les mœurs* présente une histoire des errances et des aberrations humaines. L'opinion (sorte de *vox populi*) est portée spontanément, sans même qu'on la manipule, à l'erreur et à la superstition, à la croyance absurde, à la fable. Elle n'est donc pas fiable : elle est à l'opposé de la raison, de la sagesse, de la

pensée du philosophe. On retrouve dans cette position de Voltaire une tradition qui condamne l'imagination, «folle du logis», la connaissance immédiate, le témoignage des sens. C'est l'opinion de la «canaille» qui fait les sorcières, la croyance au diable et aux envoûtements...
Quand il s'adresse aux Welches*, quand il se tourne vers le passé de l'Europe et, parfois, quand il regarde le présent avec ses convulsionnaires*, ses paysans superstitieux, ses brutes prêtes à condamner Calas ou La Barre, et à hurler avec les loups, Voltaire fait le procès de l'opinion publique, clame sa défiance et ses refus, s'abandonne à la colère et au découragement. Faut-il suivre l'opinion genevoise quand elle condamne le théâtre? Faut-il suivre l'opinion russe toujours prête à refuser la nouveauté réformatrice de sa tsarine?
Selon qu'il se pose en militant engagé dans la polémique ou en sage qui regarde le monde, Voltaire passe d'une représentation à l'autre, de l'opinion posée comme un appui nécessaire aux conquêtes philosophiques, à l'opinion lente et archaïque, tissu d'erreurs et de préjugés. Ce double sens renvoie à la représentation même que se fait Voltaire du public: une élite éclairée ou en passe de l'être, qu'il faut gagner à la cause des Lumières, et une masse ignorante, perdue dans les ténèbres de l'ignorance, aliénée, vite transformée pour le pire en «populace» ou en «canaille». Une fois encore, il convient de bien distinguer les élites, public privilégié de la philosophie, du peuple se vautrant dans l'erreur, victime toute désignée des imposteurs, aspirant à se faire bourreau. Rien là de vraiment propre à Voltaire. Dans son immense majorité, la philosophie du temps pense ainsi. Ce qui n'empêche pas le combat pour les Lumières. Comme Voltaire l'écrit à d'Argental: «L'opinion gouverne les hommes; et les philosophes font petit à petit changer l'opinion universelle» (3 janvier 1766). Ou encore à d'Alembert: «On crie contre les philosophes. On a raison, car si l'opinion est la reine du monde, les philosophes gouvernent cette reine. Vous ne sauriez croire combien leur empire s'étend» (8 juillet 1765). C'était là une façon optimiste de concilier les divers sens du mot.

*Jean Goulemot*

## *OPINION EN ALPHABET (L')*

*DICTIONNAIRE PHILOSOPHIQUE* •

Texte manuscrit de Voltaire, retrouvé à sa mort, que les éditeurs de Kehl* ont fondu dans le vaste ensemble alphabétique qu'ils appellent «Dictionnaire philosophique», lequel comprend, en plus des cent dix-huit articles du *Dictionnaire philosophique portatif*, les *Questions\* sur l'Encyclopédie*, les articles rédigés pour l'*Encyclopédie*, plusieurs rubriques

destinées par Voltaire au *Dictionnaire de l'Académie* et un grand nombre de morceaux épars déjà publiés dans les éditions antérieures parmi les Mélanges*. Mais le manuscrit ayant disparu, on cerne mal les contours de *L'Opinion par l'alphabet*, œuvre peut-être inachevée : une cinquantaine d'articles seulement sont identifiés, par hypothèse et recoupement, d'un esprit assez proche du premier *Dictionnaire philosophique* de 1764, lui-même rebaptisé d'ailleurs *La Raison par alphabet* en 1769.

*Jean Goulemot*

## OPTIMISME

BIEN (TOUT EST) • *CANDIDE* • DÉISME • MAL • POÈME SUR LE DÉSASTRE DE LISBONNE • PROVIDENCE •

Durant tout le siècle, l'«optimisme» désigne une doctrine théologique. L'apparition du sens psychologique, et du mot «pessimisme» (1788-1789), résulte d'un long processus de laïcisation de la culture, et manifeste l'impossibilité de mener à terme un débat philosophique dans lequel Voltaire a joué un rôle majeur.

Le néologisme «optimisme» (1737) renvoie au «système de l'optimum» de la *Théodicée* de Leibniz* (1710), et à sa forme déiste anglaise que diffuse en France la traduction de l'*Essai sur l'homme* de Pope* (1733-1734). Leibniz tentait de résoudre une contradiction qui subsistait depuis les débuts du monothéisme : l'existence du mal dans un monde créé par un Dieu infiniment bon, sage et puissant. Il répondait à une situation de crise, mise en relief par Bayle*, partisan d'un nécessaire divorce entre la foi et la raison. En refusant l'explication du mal par le péché originel, l'optimisme anticipa la sécularisation de l'attente du Salut, devenue dès lors exigence de bonheur.

Contrairement à ce que retient une histoire de la philosophie souvent attachée aux grands systèmes métaphysiques, Voltaire a très bien compris toutes les implications de l'optimisme leibnizien. Compte tenu des lois de la logique et de la nature, Dieu n'a pas pu construire un monde «maximum», mais il a créé l'«optimum» : l'idée paraît d'abord sauver le christianisme. Le déiste Voltaire, confronté à ce même problème du mal, adhère donc à l'optimisme. Mais le système comporte deux failles majeures. D'abord, menant logiquement à la négation de la liberté, il est suspect de «fatalisme spinoziste». Ensuite, il propose à l'homme d'être «content» d'avoir à supporter des maux inévitables.

Voltaire a longtemps refusé le fatalisme, mais il s'est reconnu dans un optimisme anglais qui parvient à éluder la question, comme on le voit par ses *Lettres\* philosophiques*, la $XXV^e$ lettre en particulier. En revanche, il est

déchiré entre son approche philosophique du monde et sa sensibilité au malheur individuel. Lorsque survient le tremblement de terre de Lisbonne (la nature créée par Dieu est responsable de milliers de morts), son revirement est complet. Le *Poème sur le désastre de Lisbonne* (1756) puis *Candide* (1759) révèlent la crise culturelle de l'époque, et en même temps la dynamisent. «L'optimisme est désespérant» (à Élie Bertrand, 18 février 1756) : il insulte ceux qui souffrent.
Cependant, Rousseau*, accusant réception du *Poème sur le désastre de Lisbonne*, reproche à Voltaire de le priver de sa foi en la Providence, et les leibniziens quant à eux maintiennent que le mal, paradoxalement, permet un plus grand bien. Or, l'optimisme reste la seule explication rationnelle du mal, donc l'unique rempart contre l'athéisme. Voltaire ne le sait que trop. *Candide* est anti-optimiste, mais n'ose pas formuler un «pessimisme». Comme Bayle, Voltaire préfère opposer l'optimiste au dualiste manichéen plutôt qu'à l'athée.
Pour contrer les progrès de l'athéisme militant, Voltaire essaie à nouveau une à une, surtout à partir de 1765, toutes les solutions. Fidèle à Bayle, il revendique la croyance en l'incompréhensible. Soucieux de justifier les souffrances de l'innocent, il affirme parfois une récompense après la mort. Il finira par revenir à l'optimisme (*Histoire\* de Jenni, ou le Sage et l'athée*, 1775), tout en entérinant, par défaut si l'on peut dire, le fatalisme qui lui est propre (*Dialogues\* d'Évhémère*, 1777).
Que représente dès lors la question devenue classique du degré d'«optimisme» ou de «pessimisme» de la pensée de Voltaire, au sens courant de ces termes ? Ces notions sont relatives : la philosophie des Lumières ne fut pas unanimement persuadée du progrès historique, et elle n'est «optimiste» que pour des historiens qui se sentent plus «pessimistes» qu'elle... Mais surtout, les mots mêmes sont hérités justement des démêlés de Voltaire avec l'optimisme théologique. Un passage s'y est joué, complexe et progressif, vers un univers culturel et moral qui est encore le nôtre, dans lequel l'optimisme et le pessimisme se conçoivent comme des attitudes psychologiques sujettes à variations, et vidées de tout fondement objectif de réflexion générale sur le sens du monde.

*Laurent Loty*

— *Qu'est-ce qu'optimisme ? disait Cacambo.*
— *Hélas ! dit Candide, c'est la rage de soutenir que tout est bien quand on est mal.*
*Et il versait des larmes en regardant son nègre, et en pleurant il entra dans Surinam.*

*Candide ou l'Optimisme, 1759, chap. XIX.*

## ORACLE DES NOUVEAUX PHILOSOPHES (L')

CACOUACS · INFÂME · POLÉMISTE ·

Des quelque cinq cents écrits – livres, brochures et articles – dirigés contre Voltaire de son vivant, ce gros volume au titre piquant est l'un des plus curieux. Publié anonymement en 1759 sous la fausse adresse de Berne, il avait été patiemment composé par un certain abbé Guyon, ancien oratorien spécialiste d'histoire ancienne et d'histoire sacrée.

« Le temps de se taire n'est plus », lance l'avertissement. Une « guerre » est en effet ouverte contre la religion chrétienne, la vérité de ses miracles, la sainteté de sa doctrine – et « l'obligation de la reconnaître ». D'où la nécessité d'une critique de « l'ample recueil » des écrits de « M. de Voltaire », partout désigné nommément. C'est lui « l'Oracle des nouveaux philosophes », doté d'un « poison » plus terrible que les Philosophes ordinaires, « subtil et mortel » – cette dernière métaphore semble reprise des premiers écrits contre les « Cacouacs » (1757-1758).

Une fiction sous-tend l'ensemble et l'organise en neuf « conversations » : l'auteur est supposé s'introduire auprès de « l'Oracle », dans son « château » même, pour le voir et l'entendre sans se faire connaître. D'où des allées et venues, des dialogues, des gestes, des didascalies, des apartés. Les sujets de ces « conversations » sont : la loi* naturelle (I-II) et le « tolérantisme » (III) – prônés par « l'Oracle » mais réfutés par l'auteur hors de sa présence –, les impiétés et les blasphèmes de Voltaire (IV), ses contradictions doctrinales (V), ses errements en politique (VI), ses critiques de « tous les écrivains célèbres » (VII), propos qui pour la plupart, adroitement cités et montés, se détruisent d'eux-mêmes – sinon l'auteur y aide en ironisant, ce qui peu à peu démonte forcément « l'Oracle » ; le tout se termine sur un examen très sévère de son *Essai sur les mœurs* et surtout de son *Siècle de Louis XIV* (VIII-IX), qui achève de l'accabler – « M. de Voltaire » se met en colère, chasse l'intrus enfin découvert, et se retire dans son jardin « pour dévorer sa douleur ».

L'ouvrage est laborieux et assez plat, mais évidemment bien intentionné. L'auteur connaît bien l'œuvre de l'adversaire et la cite amplement, avec une fidélité au moins matérielle, de la fameuse *Épître à Uranie* au récent *Essai sur les mœurs*, en passant par les *Lettres philosophiques*, toujours interdites mais manifestement demeurées une référence pour l'apologétique. Ce fut un grand succès de librairie. *L'Oracle* fut réimprimé quatre fois, salué et fêté par la presse antiphilosophique, et honoré par la cour romaine d'un bref papal de félicitations, accompagné d'une médaille d'or à l'effigie de Clément XIII.

Encouragé par ces heureux effets, l'abbé Guyon donna en 1760 une généreuse *Suite* composée de neuf autres « conversations », les trois premières

sur les écrits les plus récents de Voltaire, les six autres purement dogmatiques et moins étroitement liées au projet initial de réfuter « l'Oracle » : les livres saints sont prouvés authentiques et « l'esprit des lois de Moïse » dûment expliqué, après une critique en règle du *Précis de l'Ecclésiaste* et de l'adaptation du *Cantique des cantiques*, jugés impies et infidèles, et surtout de *Candide*, condamné comme un ouvrage hérétique, absurde et ennuyeux. Le premier générique a été élargi, on voit paraître ici et là « une jeune dame », « un jeune homme », « un abbé », tous diserts et fort dévots, mais leur conversation languit, s'essouffle et finit dans des discussions méandreuses. L'exégèse biblique convenait assurément mieux que la fiction mondaine à l'auteur de *L'Oracle* et de sa *Suite* – le second volume ne rencontra que peu d'écho.

Voltaire eut quelque peine à découvrir le nom de cet adversaire. Il brocarde dans plusieurs lettres ostensibles ce soi-disant visiteur qui avouait naïvement l'avoir espionné, dans un « château » près de Lausanne qu'il n'avait jamais eu ; Fréron aussi trouvait à ce procédé de fiction « quelque chose d'odieux ». Il affecte de décliner modestement ce grand rôle oraculaire dont on l'affuble – « pour me faire brûler le premier ? » suggère-t-il. Si l'abbé Guyon, enfin identifié, eut sa part d'égratignures, ce ne fut qu'en passant : protégé par son obscurité et par la médiocrité de son talent, il n'est guère plus qu'un nom sur la liste noire du polémiste, et estropié parfois : « Coyon ou Guyon » dans une note de *La Pucelle*.

L'intérêt de *L'Oracle*, à sa date, est plutôt de souligner les principaux traits de l'opération « Cacouacs » : la perception d'une « guerre » ouverte – appréhendée de l'autre camp, c'est en effet déjà, sans le nom encore, la guerre à l'Infâme –, l'identification collective des adversaires, et le choix parmi eux d'un ennemi privilégié sur lequel concentrer les coups. On sait du reste, par un registre des censures, que l'ouvrage devait s'appeler *L'Oracle des Cacouacs* – ce titre fut refusé. L'abbé Guyon illustrait le caractère désormais généraliste des campagnes antivoltairiennes.

*André Magnan*

*Cet oracle, ne vous en déplaise, c'est moi.*

*À Palissot, 4 juin 1760.*

## ORANG-OUTANG

BESTIAIRE • SINGE •

Inventeur d'un bestiaire polémique assez sauvage, il était naturel que Voltaire fût payé de retour. Il fut « chien en furie » pour un dénonciateur anonyme des *Lettres philosophiques* en 1734, « loup maigre » (et d'autant

plus vorace) pour l'abbé Desfontaines vers 1738, «vautour attaché à sa proie» pour l'abbé Chaudon vers 1766 – mais singe surtout, ricanant, grimaçant, indécent, exclu de toute humanité. La figure générique devenant commune, Fréron lança en 1773 une variante exotique inédite: «le vieux orang-outang de Ferney».

*André Magnan*

## ORDRE DU MÉRITE

FRÉDÉRIC II • PRUSSE • PRUSSIEN •

«Notre auteur eut à Berlin, dit le *Commentaire\* historique*, la croix du mérite, la clef de chambellan et vingt mille francs de pension.» C'est en août 1750, à son arrivée en Prusse où il acceptait de s'établir, que le chambellan\* Voltaire reçut des mains du roi, au bout d'un ruban noir bordé d'un liséré blanc, la croix d'or portant l'inscription française: «Pour le mérite». Il s'agissait d'un ordre militaire, et de haute noblesse, que Frédéric II avait institué à son avènement en 1740, l'équivalent de la croix de Saint-Louis en France.

Rien ne symbolise mieux, entre le roi poète et le poète roi, l'ambiguïté du lien. Dans des petits vers d'hommage, Frédéric appelle «frivole» cette décoration dont il honore son «grand-croix d'Apollon», après la lui avoir refusée l'année précédente; et Voltaire reçoit «le cordon», sur le moment, comme un simple «bienfait», la marque d'une protection privilégiée. La crise venue, deux ans plus tard, le jeu cesse après la catastrophe de l'*Akakia*. Le chambellan démissionnaire croit se défaire, avec un joli quatrain de renvoi, des «brimborions» – la clef, la croix; mais Frédéric, qui les lui remet encore à son départ, les fera reprendre sur la personne de l'indocile «Kammerherr von Voltaire» à son passage à Francfort\*, *manu militari*: l'insigne était resté signe de fonction, non de faveur.

C'est le seul ordre que Voltaire ait reçu, et il n'apparaît pas qu'aucun autre Français ait jamais porté ce grand ordre prussien.

*André Magnan*

*Je les reçus avec tendresse,*
*Je vous les rends avec douleur,*
*Tel qu'un amant dans sa jalouse ardeur*
*Rend le portrait de sa maîtresse.*

*Quatrain de renvoi des «brimborions» prussiens, 1ᵉʳ janvier 1753.*

## OREILLES (LES) DU COMTE DE CHESTERFIELD ET LE CHAPELAIN GOUDMAN

CONTES PHILOSOPHIQUES •

Ce conte tardif fut publié en 1775 dans les *Nouveaux Mélanges*, deux ans après la mort du comte de Chesterfield\*, dont les dernières années avaient été affligées par une totale surdité. Voltaire a alors 81 ans, et on admirera son inventivité narrative qui le pousse à faire des aléas d'une vie, des deuils qui l'accompagnent, matière à conter, à sourire et à philosopher. Goudman, chapelain mécontent et grognon de Milord, malheureux en finances et en amour, y dialogue avec un chirurgien cynique, Sidrac, et un voyageur, Grou, qui revient d'Otaïti – souvenir d'une lecture de Bougainville et de la visite de Outouro, le Tahitien, à Paris, sans aucun doute. Au gré de la fantaisie de son auteur, le conte fait le tour des questions philosophiques d'actualité : l'âme, les passions, la génération, l'état de nature... La conversation est d'une absolue liberté, comme il sied à un conte philosophique : on y parle nuit de noces, vérole, ambition et argent, constipation\* et politique. Les positions de Voltaire sont défendues avec fermeté. La philosophie va ici de l'âme au corps en passant par le lit et la table.

*Jean Goulemot*

## ORESTE

CRÉBILLON • TRAGÉDIES •

En 1749, Voltaire raccommode l'*Électre* (1708) de Crébillon ; d'où son *Oreste*, qui sera joué le 12 janvier 1750. On connaît ce sujet célèbre : jadis le roi Agamemnon a été tué par Clytemnestre, sa femme, avec l'aide d'Égisthe, qu'elle épouse et qui règne à Argos. L'héritier du trône, Oreste, sauvé par sa sœur Électre, erre dans la Grèce. Les dieux ordonnent à l'adolescent de venger le meurtre de son père ; il y parvient, secondé par Électre. Voltaire prétendait retrouver la «simplicité grecque» : il supprima la «partie carrée» introduite par Crébillon entre Oreste et Électre et les enfants d'Égisthe, comme une de ces «galanteries» à la française déplacées dans la tragédie. Mais il lui fallut, pour aller jusqu'aux cinq actes, corser l'épisode de la fausse mort d'Oreste, en inventant un Plisthène chargé par son père Égisthe de l'éliminer et qui a été tué par lui, et un Oreste qui se fait passer pour le meurtrier... d'Oreste. Soupçonneux, le tyran l'arrête ; le peuple, fidèle à son roi, le délivre et il accomplit les destins.

Le public ne goûta pas ces complications ; il rit aux cris de Clytemnestre égorgée par son fils derrière une haie de petits-maîtres, ces abonnés privilégiés assis tout autour de la scène : Voltaire dut changer ce dénouement. Il

n'a pas tort d'attribuer son échec, en partie du moins, à l'encombrement du plateau ; d'autant que le beau décor qu'il avait prévu ne put s'y déployer, pas plus que le talent de ses trois «vedettes», Dumesnil* (Clytemnestre), Clairon* (Électre) et Gaussin* (sa sœur Iphise). La reprise, en 1762, avec le dénouement original, eut quelque succès.

Henri Lagrave

## ORIENT

CHINE • CONFUCIUS • CONTES PHILOSOPHIQUES • EUROPE • INDE • JAPON •

Voltaire a mis l'Orient à l'honneur, dans ses contes – du *Crocheteur\* borgne* aux *Lettres\* d'Amabed* –, dans ses dialogues* ou catéchismes* dialogués, dans ses fictions polémiques, comme l'*Avis\* à tous les Orientaux*, enfin dans son œuvre d'historien – l'*Essai\* sur les mœurs* surtout, qui décentre la mémoire européenne. L'Inde, l'Arabie, Goa sont des lieux que parcourent ses héros. Il n'est pas rare qu'ils y soient confrontés à des personnages ou des coutumes de l'Inde profonde. Les veuves se brûlent sur des bûchers, des brahmanes se livrent à des macérations, de jeunes catéchumènes autochtones sont pourchassés par l'Inquisition. Ailleurs, on fait dialoguer des philosophes chinois ou japonais. Au-delà des apparences, ce n'est pas un Orient de pacotille : Voltaire a beaucoup lu, et même dans les manuscrits de la Bibliothèque du roi, et il a essayé de comprendre ces philosophies, ces religions, ces coutumes, ces histoires si longtemps ignorées de l'Occident. Désir d'apprendre et d'offrir à la réflexion du lecteur philosophe l'universalité des cultures, mais aussi volonté de briser la référence jugée trop étroite au monde culturel gréco-romain ou au judaïsme, dont le christianisme se réclame. L'intérêt pour l'Inde, la Chine ou le Japon n'est jamais neutre : il permet de postuler l'universalité de la loi naturelle tout en soulignant le relativisme des mœurs et des coutumes, de conforter une philosophie du devenir historique, de récuser les affirmations non fondées sur l'histoire sacrée, de dénoncer enfin, par un effet de retour, les habitudes européennes trop souvent admises comme universelles et vraies. Chez Voltaire, l'exotisme n'est jamais gratuit : sous les apparences de la fantaisie et le désir de divertir se manifeste la leçon philosophique. L'Orient ici appartient aux Lumières.

*Jean Goulemot*

## ORIGINAUX (LES) OU M. DU CAP-VERT

COMÉDIES • ÉCHANGE (L') •

Trois actes, en prose (1732?). Il semble que Mlle Quinault* ait été déconcertée par cette comédie assez libre, d'un comique un peu forcé, à l'anglaise, où une jeune fille fort honnête joue les entremetteuses pour aider sa sœur à reconquérir son petit-maître de mari. Elle ne fut donc créée qu'en société, notamment à Cirey, en 1738. Voltaire l'appelait aussi *Le Grand Boursoufle*.

*Henri Lagrave*

## ORIGINE DES MÉTIERS (L')

Voir CONTE EN VERS.

## ORLÉANS, Philippe, Régent de France, duc d'

Voltaire eut des rapports difficiles, peu familiers mais marquants, avec le duc d'Orléans (1674-1723), «aimable, mais habile» Régent de France (1715-1723), qui prétendait ressembler à son grand aïeul, Henri IV. La vie dissolue du prince, ses mœurs légères, favorisèrent une floraison d'épigrammes et de couplets versifiés contre lui. Le public attribua plusieurs de ces pièces satiriques à un certain Arouet, jeune poète, et fort piquant, qui commençait à se faire connaître. En 1716, parurent ainsi des vers sur les débauches de la fille du Régent; accusé d'en être l'auteur, «le sieur Arouet fils» reçut un ordre de relégation et dut s'exiler à Sully-sur-Loire*. Voulant «aider à sa réputation», Arouet composa pour le Régent une épître flatteuse que l'abbé de Chaulieu* arrondit encore. Le Régent aimait les lettres et «le pauvre petit poète» eut la permission de revenir à Paris. Mais influencé par la cour de Sceaux*, qui intriguait contre le Régent, il lance encore une épigramme latine sanglante: le *Regnante\* puero*. À peine la pièce circule-t-elle qu'il se réfugie à la campagne, au début du carême 1717. Il demeure deux mois chez M. de Caumartin, rimant des quatrains nouveaux sur les prétendues amours incestueuses du Régent et de sa fille, mais commençant aussi son épopée de *La Ligue*, qui deviendra *La Henriade**. Rentré à Paris vers la mi-avril, Arouet eut l'imprudence de s'avouer en privé l'auteur du *Regnante puero*, il fut dénoncé et conduit, le 16 mai 1717, à la Bastille*.

Libéré, puis reconnu enfin poète de grand génie avec *Œdipe** (novembre 1718), «le pauvre Voltaire» sollicita bientôt la permission de lire au Régent des morceaux de *La Henriade*, «un poème épique sur celui de vos aïeux

auquel vous ressemblez le plus». Philippe d'Orléans se laissait assez facilement approcher; le nouveau talent fut reçu, son projet d'épopée fut goûté, il eut même une première gratification, dont parla le *Mercure de France* – à sa demande bien sûr. Le jeune poète devenait sagement courtisan*.

Anne Soprani

## ORPHELIN DE LA CHINE (L')

CHINE • TRAGÉDIES •

C'est en 1753, à 59 ans, que Voltaire conçoit cette tragédie, inspirée d'une pièce chinoise du XIV$^e$ siècle. Comme l'Amérique, la Chine était à la mode, et l'historien, le philosophe Voltaire s'y intéresse vivement. Cependant, il n'emprunte guère à son devancier que l'idée de base : un enfant menacé de mort. De *L'Orphelin de Tchao*, il élimine la vulgaire «vendetta» et «l'entassement d'événements incroyables» qui s'y déroulent pendant vingt-cinq ans; ce Chinois lui rappelle trop Lope de Vega et Shakespeare. Ce qui intéresse Voltaire, comme toujours, c'est la peinture des mœurs, l'affrontement des civilisations. Il transpose l'action à l'époque où la Chine est conquise par les Tartares; le tableau peindra la violente opposition entre la sagesse chinoise et la barbarie des envahisseurs. Mais il fallait, ici encore, un «beau rôle de femme», pour une tragédie «toute pleine d'amour».

Voltaire suppose donc que Gengis Khan, proscrit, s'est réfugié jadis à Pékin; amoureux d'Idamé, celle-ci n'était pas insensible à sa flamme, mais la famille n'a pas consenti au mariage. Devenu empereur des Tartares, il a ravagé la Chine, à la tête de ses sauvages guerriers; le voici à Pékin. Au palais, l'empereur chinois est massacré avec toute sa famille; un enfant a survécu, qu'il avait confié à Idamé et à Zamti, un sage mandarin, son mari. Cependant l'héritier encombrant doit disparaître; Gengis le réclame. Zamti décide alors de le cacher et de livrer son propre fils au vainqueur. Mais le cri de la nature, chez la mère, est le plus fort; elle réussit à reprendre l'enfant. La vérité éclate au III$^e$ acte, après les retrouvailles émouvantes de Gengis et d'Idamé. L'empereur exige toujours le malheureux enfant; les deux derniers actes sont remplis par les hésitations du Tartare, pris entre un amour redoublé et sa fureur naturelle, et par les déchirements d'Idamé, à la fois mère, épouse et citoyenne. Résolus au suicide, Idamé et Zamti sont désarmés par Gengis Khan, qui trouve enfin sa grandeur dans la clémence : «Je fus un conquérant, vous m'avez fait un roi.»

Conversion que d'aucuns jugèrent puérile; Voltaire en plaisantait lui-même : c'était un peu, disait-il, «Arlequin poli par l'amour»!... En un rac-

# O

courci rapide, trop rapide, il suit pourtant l'Histoire; on sait que les Tartares subirent l'ascendant de la nation conquise : « Que les peuples vaincus gouvernent les vainqueurs ! », proclame Gengis. Le guerrier s'est incliné devant « les vertus ». Voir en lui un Céladon est un contresens. L'amour ici n'est pas une faiblesse; il s'allie à la vertu, il est une vertu, comme chez Corneille. Hélas ! ce triomphe de la civilisation sur la force brutale est à peine esquissé. On se gaussa encore du mari « ridicule ». Non moins cornélien qu'Idamé et Gengis, Zamti, gardien des lois et patriote jusqu'au sacrifice, prouve qu'un sage peut devenir un héros : un beau rôle de philosophe.

La première eut lieu le 20 août 1755, avec un plein succès, grâce à la Clairon*; le grand Lekain* fut inférieur à lui-même, mais se rattrapa par la suite. *L'Orphelin de la Chine* est la dernière tragédie de Voltaire à avoir été jouée au XX$^e$ siècle par la Comédie-Française, avec dix-huit représentations entre le 21 décembre 1965 et le 3 février 1966. André Malraux, alors ministre de la Culture, en avait exprimé le souhait, à l'occasion de la venue en France d'une délégation chinoise – le décor et les costumes étaient signés Vercors.

*Henri Lagrave*

GENGIS : *J'ignorais qu'un mortel pût se dompter lui-même;*
*Je l'apprends; je vous dois cette gloire suprême :*
*Jouissez de l'honneur d'avoir pu me changer.*
*Je viens vous réunir : je viens vous protéger.*
*Veillez, heureux époux, sur l'innocente vie*
*De l'enfant de vos rois, que ma main vous confie;*
*Par le droit des combats j'en pouvais disposer;*
*Je vous remets ce droit, dont j'allais abuser.*
*Croyez qu'à cet enfant, heureux dans sa misère,*
*Ainsi qu'à votre fils, je tiendrai lieu de père :*
*Vous verrez si l'on peut se fier à ma foi.*
*Je fus un conquérant, vous m'avez fait un roi.*
*(À Zamti)*
*Soyez ici des lois l'interprète suprême;*
*Rendez leur ministère aussi saint que vous-même;*
*Enseignez la raison, la justice et les mœurs.*
*Que les peuples vaincus gouvernent les vainqueurs,*
*Que la sagesse règne, et préside au courage;*
*Triomphez de la force, elle vous doit hommage :*
*J'en donnerai l'exemple, et votre souverain*
*Se soumet à vos lois les armes à la main.*
IDAMÉ : *Ciel! que viens-je d'entendre? Hélas! puis-je vous croire?*

*ZAMTI : Êtes-vous digne enfin, seigneur, de votre gloire ?*
*Ah ! vous ferez aimer votre joug aux vaincus.*
*IDAMÉ : Qui peut inspirer ce dessein ?*
*GENGIS : Vos vertus.*
                           *L'Orphelin de la Chine, 1755, acte V, scène VI.*

## ORTHOGRAPHE

                                                    ACADÉMIE • LANGUE •

À vue de pays, la question de l'orthographe – dont « le joug », disait un ancien maître, commence de s'appesantir au XVIII$^e$ siècle – ne paraît pas tracasser Voltaire outre mesure. En 1743, il s'abandonne encore au bon plaisir de son éditeur : « Vous vous moquez de me consulter sur la ponctuation et l'orthographe ; vous êtes le maître absolu de ces petits peuples-là comme des plus grands seigneurs de mon royaume. »
Pourtant « ces petits peuples-là » ne lui sont pas tout à fait indifférents, ce dont témoignent joliment plusieurs lettres à ses proches. En 1738 par exemple, il adresse cette forte injonction à Maupertuis, en *nota bene* il est vrai : « Je vous supplie d'écrire toujours français par un *a*, car l'académie *françoise* l'écrit par un *o*. » Il est de fait que Voltaire ne cesse d'intervenir pour imposer la substitution de *ai* à *oi*. Il n'est pas mauvais d'éclairer les raisons d'une telle attitude, désinvolte ou obstinée, c'est selon.
L'air du temps n'est pas sans influence. En un siècle où l'on rêvait de « fixer la langue », il fallait bien en venir, selon un projet formulé en 1745 par l'Académie, « à fixer l'orthographe de la langue françoise ». Dès lors, les débats vont bon train, et pour longtemps, entre ceux qui tiennent pour « l'orthographe ancienne » et ceux qu'on nommait les « néographes ». Voltaire se défendra toujours de faire partie de « ces téméraires » que l'abbé d'Olivet* accusait « de vouloir changer l'orthographe ». Alors ?
Voltaire était sensible, comme d'autres, aux « incongruités » de l'orthographe française, que l'habitude seule, dit-il, permet « de supporter ». La raison proteste, au nom de quelques principes simples, le bon goût n'étant pas absolument méprisable non plus. Le *Discours\* aux Welches* décrit ensemble deux objets qui alimentaient la colère d'Antoine Vadé*, lequel trouvait cul d'artichaut, cul-de-lampe et cul-de-sac « horriblement welches » : comment imaginer « qu'une ruei pût ressembler à un cul ? ». Et comment aussi veut-on « qu'une nation puisse subsister avec honneur quand on imprime "je croyois, j'octroyois", et qu'on prononce, "je croyais, j'octroyais" ? ».
Au moins sur ce point Voltaire resta ferme, comme la droite raison l'exigeait. L'entrée « Orthographe » dans les *Questions\* sur l'Encyclopédie* énonce clairement le principe : « L'écriture est la peinture de la voix ; plus

elle est ressemblante, meilleure elle est.» Voltaire critique donc sans réserve des graphies comme *paon* et *Laon*.

Outre les droits du goût et de la raison, il n'est jamais inutile, hélas, de rappeler les bons combats, contre la superstition et l'intolérance. Avec la légèreté requise quand il s'agit des «petits peuples». Voltaire confesse donc quelques faiblesses à l'abbé d'Olivet : «J'avoue qu'étant très dévot à *saint François*, j'ai voulu le distinguer des *Français.*» Qui pourrait douter du pardon ? «Comme je suis très tolérant, j'espère que vous me tolérerez »; sans compter que les circonstances sont largement atténuantes : «Il m'a toujours semblé qu'on doit écrire comme on parle, pourvu qu'on ne choque pas trop l'usage... »

On sait, depuis le XVIII$^e$ siècle au moins, qu'en matière de langue l'usage et la raison ne constituent pas un couple harmonieux ; et que la raison se rend trop souvent aux caprices de l'usage. Voltaire refusera d'aller plus avant, et d'écrire «francès», comme «procès» ou «accès». Il tenait, en effet, qu'il est vain, hélas peut-être, d'espérer «renverser toute l'orthographe». Un disciple de Du Marsais ajoutera que le mal « est comme désespéré ».

Voltaire, semble-t-il, ne nourrissait aucune illusion ; l'Académie est aussi impuissante que la prétendue force des lois. Catherine Vadé*, voyant son cousin Antoine s'échauffer, «lui promit que le gouvernement mettrait ordre à ces abus, et qu'il ne se passerait pas trois cents ans avant qu'ils fussent réformés».

De fait, nous écrivons toujours «taon», «Laon» et «Caen» ; et «bienfesante» n'a pas triomphé de «bienfaisante». Mais il reste, conclut l'ancien maître, que l'autorité de Voltaire réussit à imposer, vers la fin du siècle, la graphie *ai*, au lieu de *oi* : «L'Académie, toujours en retard, ne la rend officielle qu'en 1835.» Saint François, touché, a fini par récompenser Voltaire de sa persévérante dévotion.

*Denis Slakta*

## OU

ESPRIT • IRONIE • STYLE •

*Le Sicambre Clodvich, ou Clovis, vint environ cinq cents années après exterminer une partie de notre nation, et subjuguer l'autre. On n'entend parler de raison ni dans son armée ni dans nos malheureux petits villages, si ce n'est de la raison du plus fort.*

*Éloge historique de la Raison, 1774.*

On rencontre souvent, en lisant Voltaire un peu de suite, un étonnant jeu d'écriture qu'il a manifestement affectionné, très simple dans le procédé,

très riche par l'effet. Balancées par *ou*, deux graphies, deux étymologies, deux modalités d'un même terme sont proposées comme équivalentes ou interchangeables, alors que l'une est commune, l'autre rare ou bizarre – factice à l'occasion ; et surtout ces variantes concernent, non le terme essentiel à l'idée, à l'information, au récit, mais un élément secondaire ou même accessoire, qui prend ainsi un relief inattendu. On sent tout à coup son attention décentrée, et en même temps réactivée, relancée ; le sens n'est plus donné en bloc, rond ou carré, mais sinueux, et les formulations les plus convenues redeviennent problématiques. « Clodvich » conteste « Clovis » : le nom rechargé d'histoire interroge la mémoire établie, le passé national, l'ordre monarchique. Bref, on songe au précepte de la « préface » du *Dictionnaire\* philosophique* appelant le lecteur à « faire » lui-même « la moitié » du livre. Le petit effet *ou*, choc en retour de la lettre sur l'esprit, relèverait au fond d'une critique générale des préjugés et des idées reçues, des glorioles et des conforts infatués – et dans les textes de divertissement, même un peu gratuit, d'un exercice et d'un plaisir de liberté.

*André Magnan*

*Pendant que la princesse mangeait, couchée sur un lit de roses, quatre pavons, ou paons, ou pans, heureusement muets, l'éventaient de leurs brillantes ailes.*
*La Princesse de Babylone, 1768, chap. IV.*

## OUI (LES)

Voir « MONOSYLLABES ».

*Il ne faudra que renvoyer ailleurs ce qui est composé de la lettre Q parce que nous avons beaucoup de P à vous donner. Dans ces P, « Putain » ne se trouvera pas. C'est bien dommage, car il y aurait beaucoup de bonnes choses à dire sur l'étymologie de ce titre, et sur les fonctions de la charge.*
À Gabriel Cramer,
vers le 1<sup>er</sup> janvier 1772.

## PAIX

GUERRE •

Malgré son scepticisme qui fait que la guerre lui semble inévitable, constitutive de la nature humaine et de la vie même, Voltaire ne se résigne pas. Ni réaliste amer ni songe-creux, en temps de guerre, il a toujours souhaité la paix, fût-ce parfois aux dépens des intérêts de son pays : une annexion territoriale, une gloire militaire, un orgueil national mis à mal sont un prix bien léger à payer pour mettre fin à ce fléau qu'est la guerre. De même, on se gardera bien de reprocher à celui qui restaure la paix civile de s'être compromis ou même parjuré. À côté des héros militaires dont on sait qu'ils le fascinent, Voltaire n'a cessé d'exalter les vainqueurs de la paix.

*Jean Goulemot*

*Il semble que les hommes n'aient pu parvenir à la paix que par la guerre, et que les tempêtes soient nécessaires pour amener le calme.*
*Carnets.*

## PAIX PERPÉTUELLE

Voir DE LA PAIX PERPÉTUELLE.

## PALISSOT DE MONTENOY, Charles

ALEMBERT (D') • CACOUACS • ÉLOGES • *ENCYCLOPÉDIE* •
GENS DE LETTRES • PHILOSOPHE •

Poète et dramaturge, Charles Palissot de Montenoy (1730-1814) fut longtemps au centre des querelles et des polémiques déclenchées par la lutte philosophique. À la différence de Fréron*, Palissot n'est pas un adversaire doctrinal de la pensée philosophique mais s'oppose aux Encyclopédistes par choix de carrière, et devient champion du parti dévot par politique.

Comme beaucoup de jeunes écrivains débutant dans le monde des lettres, il voue une grande admiration au patriarche. En 1755, il séjourne une semaine aux Délices*. Pourtant, il donne le 25 novembre de la même année, à Lunéville, une première pièce, intitulée *Le Cercle*, dans laquelle il s'en prend aux philosophes. Il se défend toutefois d'avoir voulu y attaquer Voltaire. Il est vrai que sa principale victime était Rousseau, qu'il avait représenté à quatre pattes en train de brouter une laitue ! D'Alembert, au nom des Encyclopédistes, s'en plaint auprès du roi Stanislas*, et obtient son renvoi de l'académie de Nancy, puis son pardon.

Cinq ans après, Palissot récidive et frappe un grand coup en donnant à la Comédie-Française, le 2 mai 1760, une comédie violemment satirique, *Les Philosophes*, qui déchaîne un scandale. On y voit les Encyclopédistes, dont un certain Dortidius (anagramme latinisé de Diderot), soutenir des thèses factieuses et immorales, à partir d'un montage tendancieux mais adroit de citations de l'*Encyclopédie* même. Voltaire se trouve alors dans une situation embarrassante. Il prend la défense de Diderot ridiculisé dans la pièce et sermonne Palissot, mais sans toute l'ardeur souhaitée par d'Alembert. En fait, il ménage en Palissot un protégé de Choiseul*. Il ne veut ni compromettre ni ruiner la politique d'alliance qu'il a tissée avec les grands.

De son côté, Palissot, qui entretient un commerce épistolaire avec le patriarche, ne cesse de le flatter en opposant le pathos de Diderot dans *Le Père de famille* à la raison lumineuse et au bon goût du « grand Voltaire », essayant par là même de l'isoler des autres philosophes. Dans ses *Mémoires littéraires*, Palissot consacre une rubrique élogieuse à Voltaire. Il sera l'un des zélateurs du philosophe, lors de l'apothéose parisienne de 1778. Entre 1755 et 1778, les deux hommes ont échangé une vingtaine de lettres.

*Didier Masseau*

## « PAMÉLA »

Voir *LETTRES DE M. DE VOLTAIRE À MME DENIS, DE BERLIN.*

## PANCKOUCKE, Charles Joseph

ÉDITIONS • KEHL •

Charles Joseph Panckoucke (1736-1798), le plus grand éditeur de la fin du XVIII<sup>e</sup> siècle, le pionnier des entreprises de presse modernes, joua un rôle déterminant dans les dernières évolutions éditoriales du produit et du marché «Voltaire» sur la fin de la vie de l'écrivain et, au-delà, dans la réalisation de la première édition posthume dite de Kehl, dont il fut avec Beaumarchais*, quoique plus discrètement, l'un des deux «patrons».

Auteur et libraire comme son père, il avait quitté Lille pour Paris, où il s'installa en 1760. Le rachat du fonds de Lambert*, sa première grande opération, le plaça d'emblée parmi les exploitants autorisés des œuvres de Voltaire – un flair très sûr le porta à développer en priorité l'édition des Contes – et il entra ainsi en relation avec la maison Cramer* que Voltaire favorisait. Il devint l'associé principal des Cramer pour la distribution de l'édition in-4° de 1768, puis de l'édition dite «encadrée» de 1775, imprimées l'une et l'autre à Genève ; entre-temps, il avait lui-même réalisé, sous la fausse adresse de Neuchâtel, une édition propre (1772-1773), qu'il devait réimprimer en 1785 avec des adaptations. L'ascension de Panckoucke tient en partie à sa forte présence sur ce marché voltairien devenu considérable à l'échelle de l'Europe, et d'une haute rentabilité – mais il éditait aussi les classiques, les Mémoires des académies, l'*Encyclopédie*, Buffon... et même Fréron*, grave défaillance aux yeux de Voltaire, qui pourtant la lui pardonna, et qui même ne lui en voulut pas d'avoir tenté l'impossible réconciliation.

Panckoucke fit trois fois le voyage de Ferney, en 1766, en 1775 accompagné de sa sœur Mme Suard*, en 1777 enfin avec Decroix*, le futur associé de l'édition de Kehl ; Voltaire suivait avec intérêt le développement de ses affaires, étonné même de leur voir prendre tant d'ampleur – encore ne connut-il pas le dernier Panckoucke, magnat de presse, repreneur après 1778 du *Mercure de France*, de la *Gazette de France* et du *Moniteur universel*.

*André Magnan*

## PANDORE

Voir OPÉRA.

## PANÉGYRIQUE DE LOUIS XV

COURTISAN • HISTORIOGRAPHE • LOUIS XV •

Publié pour la première fois en 1748, longtemps anonyme, cet ouvrage est bien décrit par une lettre du président Hénault, qui y fut d'ailleurs jointe en

« extrait », à la cinquième édition : « Ce panégyrique [...] étant fondé uniquement sur les faits est également glorieux pour le roi et pour la nation. Je ne crois pas qu'on puisse lui comparer celui que Pellisson composa pour Louis XIV [...]. C'est un tableau de l'Europe, c'est un précis de la guerre, c'est un ouvrage qui annonce à chaque page un bon citoyen, c'est un éloge où il n'y a pas un mot qui sente la flatterie [...]. » Voltaire y ajouta une préface, qui insiste sur le parallèle entre Louis XIV et Louis XV – ainsi la paix d'Aix-la-Chapelle (1748) serait supérieure à celle de Nimègue (1678) – et répond aux critiques que le père Berthier* avait publiées dans le *Journal de Trévoux* : « Il y a peu de lecteurs qui, en voyant cet ouvrage, ne puissent beaucoup l'augmenter par leurs réflexions, et le meilleur effet d'un livre est de faire penser les hommes. »

Le texte est, selon les impératifs du genre, grandiloquent, et n'échappe pas toujours, quoi qu'en ait prétendu l'auteur, à la flatterie politique. Ainsi Louis XV se serait résigné à la gloire militaire ; son rôle aurait été essentiel dans la bataille de Fontenoy (« Jamais tant d'humanité ne succéda si promptement à tant de valeur ») ; l'imposition aurait été établie par ses soins avec de sages proportions ; le roi se serait comporté comme un père de famille avec le Parlement. Voltaire évoque longuement le bonheur du peuple : « Songez quelle est votre gloire ; comparez tous les temps. Quel siècle trouvez-vous comparable à notre âge ? » Les quelques réserves émises par le volubile historiographe sont de peu d'importance.

C'est manifestement une œuvre de propagande, produite par un écrivain de cour, au tournant du règne. Il y en eut coup sur coup plusieurs éditions, et des traductions en anglais, en espagnol, en italien et en latin, toutes faites en France. Mais l'ouvrage eut peu de succès, et il ne semble pas que Louis XV l'ait formellement approuvé, ni récompensé.

*Jean Goulemot*

## *PANÉGYRIQUE DE SAINT LOUIS ROI DE FRANCE*
ACADÉMIE • MOYEN ÂGE • *QUELQUES PETITES HARDIESSES DE M. CLAIR* •

L'usage voulait que fût prononcé devant l'Académie française, le 25 août de chaque année, date de la Saint-Louis, le panégyrique du roi saint Louis. En 1749, l'abbé d'Arty, neveu de Mme Dupin, une amie de Mme du Châtelet*, avait été chargé de prononcer ce panégyrique. Il soumit son discours à Voltaire, qui le réécrivit entièrement – plus tard, en 1752, c'est Jean Jacques Rousseau qui rédigea pour le même abbé une oraison funèbre du duc d'Orléans... Publié dès 1749 sous le nom de l'abbé d'Arty, le *Panégyrique de saint Louis* n'est entré dans les œuvres de Voltaire qu'à partir de l'édition posthume dite de Kehl*.

C'est un texte très oratoire qui insiste sur les vertus du roi, la sagesse de son gouvernement en une époque troublée par les querelles féodales, et tout spécialement son exercice exemplaire de la justice. Voltaire souligne aussi le rôle que saint Louis joua dans le développement du commerce, le contrôle des monnaies, l'essor des sciences. Saint Louis est donc un grand roi, même si le panégyrique reste réservé sur les croisades, tout en admettant qu'elles étaient inévitables en ces temps obscurs. Voltaire n'oublie pas l'admirable chrétien et retrouve pour l'évoquer des accents à la Bossuet. On est un peu surpris de ce portrait de saint Louis à la façon d'un roi philosophe et chrétien. Preuve que la philosophie n'est pas absente de ce texte de circonstance, qui s'en prend avec force à la féodalité.

*Jean Goulemot*

## PANTHÉON

MORT • RÉVOLUTION •

Depuis sa mort, ses amis avaient souhaité pour Voltaire une sépulture plus digne que le caveau de l'abbaye de Scellières*. En vain : l'Ancien Régime proscrivait le grand homme. Il fallut attendre la Révolution pour que l'interdit fût levé. Deux événements y participèrent : la reprise enthousiaste de *Brutus** (novembre 1790) et la vente comme bien national de l'abbaye de Scellières (fixée au 3 mai 1791). Le ci-devant marquis de Villette*, gagné aux idées nouvelles, fait alors campagne pour que les restes de Voltaire soient transportés à Paris. On proposa divers lieux : le socle de la statue d'Henri IV, le Champ de la Fédération, le rond-point de l'Étoile. Ce fut la basilique Sainte-Geneviève, baptisée « le Panthéon français ». La décision fut prise le 30 mars 1791. Voltaire serait le deuxième panthéonisé après Mirabeau. La Révolution lui demandait une légitimation dont elle avait besoin.

On projeta une cérémonie grandiose. Marie Joseph Chénier* allait composer un *Hymne sur la translation des cendres de Voltaire au Panthéon français*, sur une musique de Gossec, l'auteur du « Chant du 14 juillet ». La fuite à Varennes (20 juin 1791) modifia un peu cette belle ordonnance, la rendit plus populaire et plus symbolique : l'escorte du roi ramené à Paris accompagna les cendres du roi Voltaire. On transporta le sarcophage dans une grande ferveur de Champagne à Paris du 6 au 10 juillet. On fit halte à l'emplacement de la Bastille, où une fête avec défilé des troupes, des corps constitués et des Parisiens eux-mêmes se tenait. Sur le catafalque, trois inscriptions : « Il vengea Calas, La Barre, Sirven et Monbailli » – « Poète, philosophe, historien, il a fait prendre un grand essor à l'esprit humain, et nous a préparés à être libres » – « Il combattit les athées et les fanatiques. Il

inspira la tolérance. Il réclama les droits de l'homme contre la servitude de la féodalité ». Le lendemain, après une nuit populaire de veillée du corps, le cortège se met en branle, avec arrêts à l'Opéra (près de la porte Saint-Martin), place Louis-XV (future place de la Concorde), et devant l'hôtel de Villette où l'attendent l'ex-marquis de Villette, La Harpe, Mme Denis, « Belle* et Bonne » et sa fille, les filles de Calas. On se rend ensuite à la Comédie-Française, puis au Théâtre de la Nation (actuel Odéon). Un orage violent disperse le cortège et on gagne en hâte le Panthéon. L'évêque constitutionnel de Paris n'est pas là pour accueillir son hôte illustre.

Quand, sous la Restauration, le Panthéon fut rendu au culte, les cercueils de Voltaire et de Rousseau furent transférés (29 décembre 1821) dans un caveau de la galerie souterraine ; ils furent remontés et remis en place sous la monarchie de Juillet (4 septembre 1834), l'église étant alors redevenue Panthéon. Une rumeur courut pendant des décennies au siècle dernier : les cercueils étaient vides, après avoir été profanés, disait-on, dès 1814, au retour des Bourbons. La République se rassura enfin en instituant une commission d'enquête ministérielle qui procéda publiquement, le 18 décembre 1897, à l'ouverture des sarcophages et vérifia la présence effective des deux grands hommes au Panthéon.

*Jean Goulemot*

## « PAPA-GRAND-HOMME »

FAMILLE · SURNOMS ·

*C'est le surnom que donnent à M. de Voltaire tous les petits polissons d'adulateurs qui lui parlent ou qui lui écrivent.*
*L'Année littéraire, 1773, t. II.*

Ce grand secret découvert, Fréron* se fit un plaisir de reprendre « le surnom », au moins deux fois par an, et même après la mort de Voltaire quand il revient sur « la soif inaltérable d'applaudissements qui a toujours dévoré *Papa-grand-homme* » (1778, t. III). Dans les lettres conservées de ses « élèves » pourtant – ces « polissons » méprisés par le journaliste : La Harpe* au premier chef, Suard* peut-être, Marmontel* en dépit de l'âge, et d'autres moins connus –, Voltaire n'est jamais « Papa-grand-homme ». On reste donc dans le doute – quoiqu'il existe des énigmes plus essentielles. Mais on sait assez que les « polissons » ne parlent pas du maître comme ils lui parlent en face ou comme ils lui écrivent. Fréron sera-t-il passé trop vite du « surnom » – c'est tout de même son mot – à l'adresse ? Celui-là correspond assez bien aux sentiments diffus qui entourèrent la vieillesse de Voltaire, qu'attestent diversement les récits de visiteurs, les lettres de Mme Suard* ou les souve-

Paris, 11 juillet 1791.
Le Panthéon en vue, la longue journée prend fin. « La Fête de Voltaire », disaient les programmes imprimés. Cela tient du triomphe, du sacre et de l'apothéose, l'événement est inouï – trois ans plus tard, ce sera au tour de Rousseau. Entre des haies de cavaliers et de soldats, douze chevaux blancs tirent le char et le sarcophage.
C'est un retour, comme ceux des généraux triomphants de la Rome antique. L'Assemblée a voté le 30 mai cette célébration, treize ans jour pour jour après la mort de Voltaire et le départ clandestin de la dépouille :

« La nation a reçu l'outrage, la nation le réparera. » Les bannières sont déjà aux marches du temple, désormais dédié aux grands hommes. Suit dans la procession une réplique dorée du « Voltaire assis » de Houdon ; puis, porté dans un coffrage à la façon d'une relique, juste devant le catafalque, l'exemplaire de l'édition de Kehl offert par Beaumarchais à la nation. Corps et corpus réunis dans la même gloire. On voit des enseignes, des médaillons, des toges, des tuniques, des muses, des grâces, des instruments anciens – reconstitués d'après la colonne trajane. Cette

noble et sublime ordonnance à l'antique, due à David déjà, qui ordonnera d'autres fêtes, veut signifier le retour aux énergies premières de la liberté naturelle, la renaissance collective, la Révolution. Au fond, les nuages menacent – le cortège n'a quitté qu'à trois heures, après d'énormes orages, l'emplacement vide de la Bastille, où le corps avait été veillé toute la nuit parmi les fleurs jetées. Mais autour du char funèbre, étrangement, le blanc domine.
« Le peuple semblait déifier son libérateur », dira demain la « Chronique de Paris », en évoquant derrière les fenêtres des Tuileries l'ombre du roi retour de Varennes, et traître à la nation. Plus modestement, le dessinateur d'une estampe populaire : « On peut décrire l'appareil de cette marche triomphale, mais il n'est pas possible de rendre les impressions. »

J. G.

TRANSPORT DES CENDRES DE VOLTAIRE AU PANTHÉON, LE 11 JUILLET 1791, GRAVURE DE MIGER D'APRÈS UNE AQUARELLE DE L. LAGRÉNÉE.

PARIS, BIBLIOTHÈQUE NATIONALE DE FRANCE.

nirs de Wagnière\* : tendresse et respect, admiration et familiarité, avec on ne sait quoi d'enfance, comme pour préserver le vieil homme de la mort. Aux côtés de « Maman\* » Denis, Voltaire en « papa », avec leur « enfant » la petite Corneille\*, plus tard les deux petits Wagnière : des amis reçus à Ferney, au milieu de cette autre famille dont Voltaire eut toujours besoin, ont pu construire un tel surnom, puis le conserver comme un signe du clan. Il serait assez singulier, dans ce cas, qu'il ne soit connu que par les plaisanteries agacées de Fréron.

André Magnan

*Méchant Papa ne se porte pas trop bien, mais il sent qu'il y a de grandes consolations dans les maux, puisqu'il reçoit des nouvelles de son cher Pâté.*
À Marie Jeanne Pajot de Vaux, 3 août 1764.

## PAPES

BENOÎT XIV • *DROITS DES HOMMES (LES)* • INDEX • ROME •

Huit papes régnèrent à Rome durant la longue vie de Voltaire. Cinq d'entre eux marquèrent leur temps : Clément XI (1700-1721) qui « fulmina cette fameuse bulle *Unigenitus* » contre les jansénistes\*, Clément XII (1730-1740), Benoît XIV (1740-1758), Clément XIII (1758-1769), et Clément XIV enfin (1769-1774), qui supprima la Compagnie de Jésus.

Ce fut avec Benoît XIV que le philosophe, opposant notoire de « l'absolu pouvoir » des papes, entretint les relations les plus courtoises. Il eut de lui, en 1745, deux médailles et des bénédictions, avec une belle lettre – mais non l'approbation de son *Mahomet*\*, qu'il fabriqua de toutes pièces en falsifiant le bref pontifical. Ayant quitté la France en 1750, et établi en Prusse, il caressa l'idée d'aller en Italie pour se faire recevoir en audience par ce pape qui l'avait béni – on disait que Frédéric II allait envoyer en mission à Rome son chambellan Voltaire.

Avec les successeurs de Benoît XIV, ses relations furent plus difficiles et plus formelles. Clément XIII, élu en 1758, se révéla un redoutable adversaire du parti philosophique. En 1762, « *Candide* de M. Ralph » était mis à l'Index, rétrospectivement les *Lettres\* philosophiques* le furent aussi, et de nombreux écrits de ces mêmes années. En 1769, Voltaire écrivit une facétie, *La Canonisation\* de saint Cucufin*, qui se moquait de la canonisation d'un père capucin par Clément XIII.

« Après dîner, écrit Voltaire à Mme de Fontaine\* en avril 1769, pour nous amuser, nous jouâmes le pape aux trois dés ; je tirai pour Stopani, et j'eus rafle. » Ce ne fut pourtant pas Stopani qui monta sur le trône de saint Pierre après la mort de Clément XIII, mais le cardinal Ganganelli qui prit le nom

de Clément XIV. Ce pape parut « une bonne tête » à Voltaire, il n'était « pas mal avec frère Ganganelli » et, par l'intermédiaire du cardinal de Bernis*, il eut même alors avec Rome un lien presque diplomatique : il reçoit de Bernis, de temps à autre, la primeur des mesures d'esprit libéral – « le grand Inquisiteur à présent n'a plus ni yeux ni oreilles ». Clément XIV, ayant supprimé les jésuites (juillet 1773), sera regretté comme « un pape très sage, très habile, très digne de gouverner ».

Dans son œuvre historique et philosophique, Voltaire ne cessa de dénoncer avec virulence le pouvoir suprême de Rome. Des *Annales\* de l'Empire* à l'*Essai\* sur les mœurs*, il renvoie partout aux fables de l'Histoire la prépondérance prétendue de la papauté sur l'autorité des princes. Il ajouta en 1767 un article « Papisme » au *Dictionnaire\* philosophique*, sous la forme d'un « Dialogue » entre « le papiste » et « le trésorier » : « le papiste » voudrait régner en maître, « le trésorier » menace de lui couper ses gages – scène d'une « principauté » abstraite, ou futuriste.

Anne Soprani

*Il se forme dans la Galilée une religion toute fondée sur la pauvreté, sur l'égalité, sur la haine contre les richesses et les riches, une religion dans laquelle il est dit qu'il est aussi impossible qu'un riche entre dans le royaume des cieux qu'il est impossible qu'un chameau passe par le trou d'une aiguille ; où l'on dit que le mauvais riche est damné uniquement pour avoir été riche ; où Ananias et Saphira sont punis de mort subite pour avoir gardé de quoi vivre ; où il est ordonné aux disciples de ne jamais faire de provisions pour le lendemain ; où Jésus-Christ, fils de Dieu, Dieu lui-même, prononce ces terribles oracles contre l'ambition et l'avarice : « Je ne suis pas venu pour être servi, mais pour servir. Il n'y aura jamais parmi vous ni premier ni dernier. Que celui de vous qui voudra être le premier soit le dernier. »*

*La vie des premiers disciples est conforme à ces préceptes ; saint Paul travaille de ses mains, saint Pierre gagne sa vie. Quel rapport y a-t-il de cette institution avec le domaine de Rome, de la Sabine, de l'Ombrie, de l'Émilie, de Ferrare, de Ravenne, de la Pentapole, du Bolonais, de Comacchio, de Bénévent, d'Avignon ? On ne voit pas que l'Évangile ait donné ces terres au pape, à moins que l'Évangile ne ressemble à la règle des théatins, dans laquelle il fut dit qu'ils seraient vêtus de blanc, et on mit en marge : c'est-à-dire de noir.*

*Cette grandeur des papes, et leurs prétentions mille fois plus étendues, ne sont pas plus conformes à la politique et à la raison qu'à la parole de Dieu, puisqu'elles ont bouleversé l'Europe et fait couler des flots de sang pendant sept cents années.*

*La politique et la raison exigent, dans l'univers entier, que chacun jouisse de son bien, et que tout État soit indépendant.*

Les Droits des hommes et les usurpations des autres, 1768, chap. I.

# P

## PAPIER

*Je vous réponds, Mesdemoiselles, sur du papier orné de fleurs, parce que je crois que le temps des épines est passé, et qu'on rendra justice à votre respectable mère et à vous.*
À Anne Rose et Rose Calas, 18 janvier 1763.

*Je passe une page parce que mon papier boit, et qu'il n'y a pas moyen d'écrire sur ce vilain papier. Cela vous épargne une longue lettre.*
À Mme de Lützelbourg, 5 octobre 1753.

*Pardon du pâté.*
Au comte et à la comtesse d'Argental, 27 avril 1765.

## PÂQUES

CHRISTIANISME • JÉSUS • MESSE •

Un catholique a toujours l'obligation spirituelle d'accomplir ses Pâques; au XVIII$^e$ siècle l'obligation était plus absolue. Sa réputation d'impie valut souvent à Voltaire des démêlés avec la hiérarchie ecclésiastique et, pour apaiser les choses, il dut parfois accomplir ses Pâques de manière ostensible. Il les fit ainsi à Colmar* en 1754, puis à Ferney* en 1768 et 1769. À cette dernière époque, il avait de bonnes raisons de vouloir prouver publiquement sa foi: sa lutte contre l'Infâme* avait déjà entraîné des condamnations officielles. En 1764, l'archevêque d'Auch avait lancé une vigoureuse *Instruction pastorale* contre lui; en 1766, un exemplaire du *Dictionnaire philosophique* avait été jeté sur le bûcher du chevalier de La Barre*. L'écrivain avait enfin à son actif toute une série de brochures antichrétiennes, anonymes, mais souvent reconnaissables, et l'opinion continuait de lui en attribuer de nouvelles.

Les Pâques du patriarche en 1768 suscitèrent des réactions mêlées. À Versailles, le roi et la reine manifestèrent leur satisfaction, paraît-il, de cette «conversion». Mgr Biord*, l'évêque d'Annecy, émit quant à lui des doutes sur le sens à donner à cette démarche. À Paris, les familiers du patriarche, et surtout les Philosophes ses «frères», étaient embarrassés, voire affligés, au mieux perplexes. Voltaire s'expliqua alors de son mieux non seulement auprès de l'évêque et du ministre Choiseul*, mais aussi auprès de ses amis. À d'Argental, il confie sa «crainte» continuelle «d'être condamné sans être entendu».

Un an plus tard, il renouvelait son acte. L'évêque l'ayant interdit de sacrement à moins de rétractation de ses écrits impies, il simula une agonie et

reçut le sacrement en pleine nuit, après avoir signé devant notaire une profession de foi. De ces dernières Pâques, il faisait enfin un acte politique, qu'il justifia ainsi dans une lettre à Mme Denis (17 avril 1769) : « J'ai déclaré, que je voulais mourir et que j'avais toujours vécu dans la religion de mon roi et de ma patrie, laquelle fait partie des lois de l'État. C'est la déclaration d'un honnête homme ; elle fait taire le fanatisme, et ne peut irriter la philosophie. »

*Anne Soprani*

## PARAGUAY
AMÉRIQUE · CIVILISATION · COLONISATION · ESPAGNE · JÉSUITES · PORTUGAL ·

Le Paraguay n'intéresse pas Voltaire en soi, mais parce que les jésuites, qu'il n'aime guère, y ont établi un type de colonisation qui lui semble, comparé aux barbaries de la conquête, « le triomphe de l'humanité ». Au point de le comparer dans un premier temps avec l'installation des quakers en Pennsylvanie\*. S'il avance, non sans raison, que les jésuites se sont « à la vérité servis de la religion pour ôter la liberté aux peuplades du Paraguay » (*Essai sur les mœurs*, chap. CLIV), il reconnaît qu'ils les ont « policées, [qu']ils les ont rendues industrieuses, et sont venus à bout de gouverner un vaste pays, comme en Europe on gouverne un couvent ». Méthode autoritaire bien éloignée en fait de celle des quakers qui ont « instruit seulement par l'exemple, sans attenter à [la] liberté ». La colonisation des jésuites n'est pas sans rappeler, toutes proportions gardées, le despotisme éclairé.

Voltaire montre comment les jésuites ont aidé les conquistadors à maintenir leur emprise sur des populations indiennes difficiles à contrôler, avec des méthodes proches de leur enseignement : utilisation d'enfants élevés par leurs soins comme interprètes, introduction de méthodes d'élevage et de culture qui créent de nouveaux besoins. Donc, « il fallut que les missionnaires, aidés de quelques habitants de Buenos Aires, leur apprissent à semer, à labourer, à cuire la brique, à façonner le bois, à construire des maisons ; bientôt ces hommes furent transformés, et devinrent sujets de leurs bienfaiteurs. S'ils n'adoptèrent pas d'abord le christianisme, qu'ils ne purent comprendre, leurs enfants, élevés dans cette religion, devinrent entièrement chrétiens ». En 1750, les établissements comptaient cent mille familles organisées en cantons, constituant une espèce de royaume de quatre cent mille sujets, fondé uniquement sur la persuasion. Voltaire le compare volontiers à l'ancien gouvernement de Lacédémone : pas de monnaie, point d'or ni d'argent, une obéissance totale aux pères, dont Voltaire insinue que les sujets sont presque les esclaves. Si le Paraguay jésuite dépend de l'Espagne et des autorités ecclésiastiques, c'est dans un cadre

de très large autonomie. Le pouvoir politique est entièrement entre les mains de la Compagnie. La vie est communautaire : on entrepose les récoltes dans les magasins publics, les Indiens sont militarisés et servent de supplétifs aux côtés des Espagnols ou des Portugais. Cette indépendance a pourtant été sentie comme une menace par la monarchie espagnole. Quand les Espagnols ont cédé aux Portugais la ville de Saint-Sacrement (Sacramento), les jésuites ont refusé de se soumettre à l'autorité de ces nouveaux maîtres. En 1757, les Indiens se sont soulevés. Ils ont été réduits. La position de Voltaire frappe par son ambiguïté. On voit combien il lui en coûte de reconnaître à ses ennemis jésuites une réussite. Les comparant d'entrée avec les quakers, il introduit de telles restrictions dans son parallèle, que son apologie s'achève en dénigrement. Il lui faut pourtant admettre leur rôle civilisateur, fût-ce aux dépens de la liberté des Indiens qui leur étaient soumis. Voltaire esquive le débat sur le prix à payer à l'effort de civilisation. Il demeure partagé entre la reconnaissance du fait civilisateur et son refus de l'autoritarisme et de l'apostolat jésuitiques. Peut-être y voit-il, sans oser se l'avouer, un modèle de la pratique des despotes éclairés dont il encourage le combat pour le progrès. Comme il arrive souvent, sa position d'hostilité est plus nettement affirmée dans l'épisode de *Candide* consacré aux jésuites et aux Indiens du Paraguay (chap. X-XVI). La fiction libère les doutes et les interdits.

Jean Goulemot

## PARIS

EXIL · LOGEMENTS ·

*Nous possédons dans Paris de quoi acheter des royaumes ; nous voyons tous les jours ce qui manque à notre ville, et nous nous contentons de murmurer !*
*Des embellissements de Paris, 1749.*

Né parisien en 1694, Voltaire mourut à Paris en 1778. Sensible à la ville d'art et d'histoire, il en avait une perception intime et charnelle. Il éprouva toute sa vie l'attraction du Paris mondain et artistique, et la répugnance « de la vie oisive et turbulente de Paris, de la foule des petits maîtres », le désir ou le regret des succès de la capitale, la crainte ou le dépit des persécutions du pouvoir. Dans son œuvre, la ville occupe une place importante, et ses lettres sont remplies de réminiscences de Paris.

Dans *La Henriade**, Paris est mouvements et troubles, et ville de toutes les convoitises. Le Paris « révolté » apparaît dangereux aux rois, ce qui motiva la construction de Versailles* :

# P

*Paris nous méconnaît, Paris ne veut pour maître,*
*Ni moi qui suis son roi, ni vous qui devez l'être.*

Du Paris monumental, Voltaire admirait la façade de Saint-Gervais et la chapelle des Invalides, mais aussi l'arc de Triomphe de la porte Saint-Denis, la statue équestre d'Henri IV, le Pont-Neuf, le pont Royal et « les quais superbes »; bien sûr, il aimait le Louvre* et « ces Tuileries, ces Champs-Élysées égalant ou surpassant les beautés de l'ancienne Rome ». En 1739, il souhaite que les Parisiens contribuent « davantage à embellir leur ville, à détruire les monuments de la barbarie gothique, et particulièrement ces ridicules fontaines de village qui défigurent notre ville » (au comte de Caylus, 9 janvier 1739). Les fontaines de Paris demeurèrent un des sujets d'indignation de Voltaire. À propos de celle sculptée par Bouchardon, rue de Grenelle, Voltaire demandait: « Qu'est-ce qu'une fontaine adossée à un mur dans une rue, et cachée à moitié par une maison ? Qu'est-ce qu'une fontaine qui n'aura que deux robinets ? » L'embellissement de la ville, trop visible, « contraste de misère et de splendeur », passait pour lui par une urbanisation destinée à améliorer la vie des hommes. En 1768, il déplore encore l'insalubrité de Paris: on manque de places publiques, de rues bien alignées, de maisons avec de l'eau, de fontaines et d'endroits réservés aux marchés. Pour apporter ces commodités, Voltaire suggérait « au corps de la ville » de mettre « une taxe modérée et proportionnelle sur les habitants, ou sur les maisons, ou sur les denrées ».

Voltaire fut d'abord parisien jusqu'en 1726. Il y occupa plusieurs logements, souvent dans les entours du Palais-Royal, où s'était développée la vie brillante de la Régence. Il traversa la Seine pour vivre un temps sur la rive gauche, près de la porte Saint-Michel, puis il revint vers le faubourg Saint-Honoré. Mais il n'eut jamais à Paris « de domicile à lui appartenant ». Il réussit pourtant à s'y faire une vie relationnelle intense et distinguée; il s'imposa, Paris le célébra et le reconnut. *Œdipe**, *Zaïre**, *Alzire**, *Mérope** furent de grands succès parisiens : « M. de Voltaire, rapporte un bourgeois après la première de *Mérope*, fut claqué personnellement pendant plus d'un quart d'heure, tant par le théâtre que par le parterre. »

La vie mondaine, qu'il avait cultivée, avait ses rites et des rythmes épuisants, dont il ne cessa de se plaindre ensuite, entre 1745 et 1749. « J'ai passé toute la journée à courir de rue en rue, écrit-il dans un de ses petits billets à Mme Denis, je suis à bout. » Cabales et persécutions, parodies et polémiques transformèrent la ville en un « enfer » où Voltaire dit souvent se débattre. Dans *La Princesse* de Babylone*, il dénonce l'inconstance de Parisiens seulement épris des modes. Il libéra son humeur satirique contre « ce peuple d'oisifs » jugeant mal « des arts que les autres cultivaient », « la

gaieté » et « la frivolité » étant « leur importante et unique affaire » : « On les gouvernait comme des enfants à qui l'on prodigue des jouets pour les empêcher de crier. » De même Candide qui pleure à la comédie, « à des scènes parfaitement jouées », s'en voit raillé « par quelques beaux esprits » (chap. XXII). De ces contes, des satires et des facéties, ressortent quelques caractères du Parisien : galant et enjoué, médisant et rusé, sot et papillonnant, fat et pédant. Quant à la Parisienne, écrit-il joliment, « elle porte Paris partout » : son esprit, son goût du plaisir, de la facilité aussi, et sa nonchalance. L'épître « La Vie de Paris et de Versailles », que Voltaire écrivit pour sa Parisienne de nièce en 1749, décrit « l'insipidité » de cette vie où l'on « sort pour sortir », où l'on traîne chez son amie « l'ennui de son âme » et « le fardeau de son oisiveté ».

Parisien, Voltaire désire la retraite, mais quand elle se prolonge, à Cirey* par exemple, la capitale finit par lui manquer. « Enfin nous partons pour Paris, s'exclame-t-il à un de ses retours. Nous sommes des étrangers qui venons voir ce que c'est que cette ville dont on disait autrefois tant de bien. » Forcé par la volonté royale de se tenir à l'écart de Paris, à partir de 1754, Voltaire souffrit de cet exil, même s'il accomplit mieux son œuvre dans ses retraites successives. Son insistance à se dire libre et serein loin de Paris pourrait bien cacher quelque amertume d'en être éloigné. Il « joua » sans doute un peu à renoncer à Paris « pour le reste de [sa] vie ». Les contacts subtils qu'il renoua avec Bernis*, qu'il garda avec Mme de Pompadour*, qu'il cultiva avec Choiseul*, s'inscrivent virtuellement dans une stratégie toujours ouverte de retour. En 1769, il laisse même Mme Denis tenter encore des démarches à la cour pour un éventuel séjour dans la capitale.

Enfin, Paris le célébra fastueusement en 1778, et sa tragédie d'*Irène** lui valut un véritable triomphe. Le grand homme en fut touché, et éprouva un réel bonheur aux hommages spontanés des Parisiens, ému des applaudissements sur son passage, des louanges de l'Académie, des ovations à la Comédie-Française, des attroupements autour de sa voiture. Dans ce Paris, qui l'acclame, le vieillard de 84 ans se laisse même convaincre d'acheter une maison, rue de Richelieu. Curieux présage cependant : il s'ennuie aussi de Ferney et, quinze jours avant sa mort, il avoue sa crainte « d'avoir changé [son] bonheur contre de la fumée ».

*Anne Soprani*

*La vie de Paris me tuerait en huit jours.*

*À Richelieu, 11 juillet 1771.*

## PARLEMENT

AFFAIRES · *ÉQUIVOQUE (L')* · *HISTOIRE DU PARLEMENT DE PARIS* ·
JUSTICE · MAUPEOU ·

Ces cours de justice, qui sont aussi des chambres d'enregistrement, n'ont cessé d'être au cœur du débat historique de l'Ancien Régime, de la Fronde à la réforme de Maupeou. Elles n'ont cessé d'être en conflit avec la monarchie dont elles contestaient l'autorité en refusant d'enregistrer les édits. Cours de justice, au XVIII$^e$ siècle, les parlements ont empêché la diffusion des idées philosophiques, et défendu, avec les moyens répressifs les plus durs, l'ordre religieux et politique. Ce sont les parlementaires, souvent gagnés au jansénisme, qui ont condamné La Barre et Calas. Autant de raisons qui en font des ennemis jurés de Voltaire qui, à la différence de Montesquieu, ne voit pas en eux un quelconque pouvoir intermédiaire susceptible d'éviter les dérives autoritaires de l'institution monarchique. Il ne cessera de les combattre et de dénoncer leurs prétentions à se constituer comme les États généraux de la nation, et leurs empiétements politiques continuels et injustifiés. Ils poursuivront sans relâche ses œuvres, en interdiront la diffusion, et le menaceront d'une contrainte par corps, avec l'arrêt condamnant les *Lettres\*philosophiques*. On se gardera bien de confondre le Parlement anglais et les parlements français, dont les membres ont acheté leurs charges, scandale que ne cesse de dénoncer le philosophe. Preuve que les mots et les choses refusent parfois de se confondre.

*Jean Goulemot*

## PARODIES

COMÉDIE-ITALIENNE · COMÉDIES · GENS DE LETTRES ·
THÉÂTRE · TRAGÉDIES ·

La parodie, forme de théâtre au XVIII$^e$ siècle, ne pouvait jouer que sur un ouvrage connu : elle est donc signe de succès. La plupart des auteurs y voyaient même un hommage rendu à la notoriété. Si l'on évalue le succès d'une œuvre au nombre des parodies qu'elle a suscitées, Voltaire est encore au premier rang : plus de quarante parodies de ses pièces sont connues. Elles sont dues surtout aux bons faiseurs de la Foire, Panard et Fuzelier ; à Dominique, Romagnesi et François Riccoboni chez les Italiens.
Le burlesque y domine, comme en témoignent les titres les plus célèbres : *Œdipe travesti*, *Alzirette*, *Javotte*, *Marotte* pour *Mérope*, *Les Magots* (pour *L'Orphelin de la Chine*), *L'Écosseuse* (*L'Écossaise*), *Tancrève* (*Tancrède*). Cependant le genre s'élève parfois à la hauteur de la critique, souvent spirituelle : *Le Sultan poli par l'amour* (*Zaïre*), *Quand parlera-t-elle ?*

(*Tancrède*) éclairent les vices de l'ouvrage visé. C'est encore le cas de la parodie où Montigny personnifie astucieusement, pour faire l'examen en règle de *Sémiramis*, le Dénouement, la Pitié, la Décoration, le Remords, etc., suivis de « plusieurs Beautés » et d'une « troupe de Défauts »...
Comme bien d'autres, Voltaire aurait dû se réjouir, ou s'amuser, d'une telle floraison, qui ajoute à sa gloire. À ses débuts, il affecte de ne point s'en soucier ; il pardonne volontiers « aux gredins d'auteurs ces trivelinades ; c'est leur métier [...]. Le mien est de les mépriser ». Mais il passe vite du mépris à l'indignation, et commence à se plaindre des « bateleurs d'Italie », qui tournent le sérieux en ridicule, et gâtent le goût du public. Il comptera toujours la parodie comme un des fléaux du théâtre. Passe encore que l'on fasse rire « la canaille » ; mais lorsqu'il apprend en 1748 que l'on doit jouer à la cour, à Fontainebleau, sa tragédie de *Sémiramis* avec la parodie de Montigny annoncée sous le même titre par les Italiens, il explose. Il écrit à Berryer, lieutenant de police, à ses protecteurs, à la reine elle-même, rappelant que le genre a été interdit en 1743, protestant qu'il serait cruel d'arrêter un beau succès par une « bouffonnerie », de permettre un tel « affront », un tel « avilissement » ; enfin, grâce à la Pompadour, il obtint l'interdiction de cette « infamie » (qui n'en était pas une). Venant de l'auteur de *La Pucelle*, l'attitude de Voltaire fait sourire.

*Henri Lagrave*

## PARSIS, BANIANS, GUÈBRES, JUIFS

Les auteurs de récits de voyages avaient à l'occasion mis en parallèle la condition des Banians – ces changeurs de monnaie établis dans les villes commerçantes de l'Inde –, ou des « Guèbres » – les Parsis zoroastriens installés dans le sous-continent indien, ou rappelés en Perse au XVII$^e$ siècle –, et celle des Juifs en Europe. Ainsi J. A. Mandelslo, dans son *Voyage aux Indes orientales* de 1659 : « Pour être fiers et insolents, [les musulmans] traitent les banians quasi comme des esclaves et avec mépris, de la même façon que l'on fait en Europe les juifs, aux lieux où on les souffre. » La comparaison prend chez Voltaire un tour systématique, et sert dans trois types de contextes différents.
Elle est d'abord utile à qui veut, dans les études historiques, mettre entre parenthèses l'intervention du facteur providentiel, et bute sur la « preuve par les Juifs », censée établir, à partir de la survie « miraculeuse » du judaïsme, à la fois l'existence même d'une Providence gouvernant le cours de l'histoire et la vérité du christianisme. Diderot note dans cette perspective que les Juifs « ne sont pas le seul peuple qui subsiste ainsi dispersé ; depuis un grand nombre d'années, les Guèbres et les Banians

sont dans le même cas ». Même mouvement de réflexion chez Voltaire : « Il est étonnant qu'il reste encore des Juifs », remarque-t-il dans *La Philosophie de l'histoire* ; et il trouve aussitôt de quoi réduire l'énigme dans la constatation qu'on trouve « deux autres nations qui sont errantes comme la juive dans l'Orient [...] les Banians et les Parsis nommés Guèbres ». Il sera réservé à l'abbé Grégoire de réaffirmer l'idée traditionnelle que « la dispersion des Juifs est un événement unique dans l'histoire des hommes », en écartant explicitement le rapprochement, devenu courant, avec « les Tziganes, les Banians et les Guèbres ».

Les trois « nations errantes » paraissent à Voltaire partager un sort commun, défini par la conjonction d'une prise en charge d'activités économiques indispensables mais méprisées, et d'un état de soumission, qui dispose le pouvoir politique à multiplier les faveurs octroyées à ceux pour qui son caprice fait loi. Voltaire croit pourtant observer une différence entre deux cas de figure. Les Juifs en Espagne étaient, au Moyen Âge, « devenus nécessaires à une nation qui ne savait que combattre » ; et de même les Banians « s'unissent [aux peuples parmi lesquels ils sont installés] par la nécessité du commerce dont ils sont les facteurs ». Mais l'expulsion des Juifs d'Espagne montre que « Banians et Guèbres, aussi anciens qu'eux [les Juifs], aussi séparés qu'eux des autres hommes, sont cependant bien voulus partout ; les Juifs seuls sont en horreur à tous les peuples chez lesquels ils sont admis » (*Essai sur les mœurs*, 1756). Et Voltaire de conseiller aux Juifs de suivre l'exemple des deux autres peuples diasporiques, qui se sont fait une règle de désarmer l'hostilité en acceptant la condition qui leur est imposée : « Voulez-vous vivre paisibles ? imitez les Banians et les Guèbres ; ils sont beaucoup plus anciens que vous, ils sont dispersés comme vous. Les Guèbres surtout, qui sont les anciens Persans, sont esclaves comme vous après avoir été longtemps vos maîtres. Ils ne disent mot ; prenez ce parti » (*Questions sur l'Encyclopédie*, 1770-1772).

Mais si les Juifs perdurent en assurant des fonctions économiques, notamment commerciales, à la mesure de l'incapacité des peuples qui les accueillent à les exercer, ne doivent-ils pas disparaître alors que l'évolution économique rend leur intervention superflue ? C'est le pronostic de Voltaire, qui l'avance en mettant en regard le judaïsme et « les Bohèmes ou Égyptiens », témoins de l'ancienne religion de l'Égypte, « abandonnée à des troupes de voleurs » : « Il arrivera peut-être aux Juifs la même catastrophe : quand la société des hommes sera perfectionnée, quand chaque peuple fera le commerce par lui-même et ne partagera plus les fruits de son travail avec ces courtiers errants, alors le nombre des Juifs diminuera nécessairement. Les riches commencent parmi eux à mépriser leurs superstitions ; elles ne seront plus que le partage d'un peuple sans arts et sans lois qui, ne trouvant plus à s'enrichir par notre négligence, ne pourra plus faire une société

séparée, et [...] se confondra avec la lie des autres peuples» (*Essai sur les mœurs*). La thèse voltairienne sur le rôle économique des Juifs anticipe ainsi sur le parallèle établi par Marx entre les peuples commerciaux de l'Antiquité, vivant tels les dieux d'Épicure dans les intermondes, et les Juifs qui prospèrent dans les sociétés précapitalistes et logent «dans les pores de la société polonaise»; et, aussi bien, sur la position des auteurs marxistes, définissant les Juifs comme un «peuple-caste» (Kautsky) ou un «peuple-classe» (Abraham Léon) voué à l'extinction par l'expansion du capitalisme moderne.

Maurice Kriegel

## PASCAL, Blaise

FANATISME · JANSÉNISME · *LETTRES PHILOSOPHIQUES* · «REMARQUES SUR LES *PENSÉES* DE M. PASCAL» ·

Voltaire fut toute sa vie hanté par Pascal, il n'a jamais cessé de lire et de commenter les *Pensées :* dans la $XXV^e$ des *Lettres philosophiques* (1734), puis sous le titre de *Nouvelles Remarques sur Pascal* en 1739 et 1742, et enfin en marge de l'édition des *Pensées* que publie Condorcet* en 1777. Au total, près de deux cents remarques et le compagnonnage d'une vie, plus long encore et plus passionné que celui qui l'unit à Newton.

Pascal fascine et irrite Voltaire. Il admire le talent polémique des *Provinciales*, ainsi qu'il le confesse dans *Le Siècle\* de Louis XIV*, et on peut imaginer que son sens de la pointe, le mordant de son ironie ne sont pas étrangers à la leçon pascalienne. Dans son combat contre les religions révélées et le fanatisme, avivé par le renouveau janséniste et les excès des convulsionnaires\*, Voltaire considère Pascal comme une cible privilégiée. Il distingue un adversaire à sa taille dans ce savant de génie, habile dialecticien, qui fait un usage pervers de la raison et du raisonnement scientifique pour démontrer la vérité du christianisme, pour détourner l'homme de la société civile, l'inciter à la retraite, le livrer à l'angoisse de sa condition malheureuse et le réduire à la contemplation et à la prière. Pascal serait «un misanthrope sublime», capable de séduire ce même public mondain et raisonneur que Voltaire se propose de rallier aux Lumières, et parfois avec des arguments que les Lumières lui empruntent.

Voltaire ne cessera de répéter l'urgence de ce combat. Dans la préface de *Hérode\* et Mariamne* (1725), dans une épître «À une dame ou soi-disant telle» (1732):

> *De ce fameux Pascal, ce dévot satirique,*
> *Je vois le rare esprit trop prompt à s'enflammer.*
> *Je combats ces rigueurs extrêmes.*

> *Il enseigne aux humains à se haïr eux-mêmes.*
> *Je voudrais, malgré lui, leur apprendre à s'aimer.*

De tels vers traduisent très exactement la force du lien, presque familier, qui unit le philosophe, malgré l'affrontement, au mystique raisonneur. L'attaque contre Pascal porte sur sa conception même de l'homme. Voltaire refuse cet être contradictoire, mélange de grandeur et de petitesse, voué à une condition malheureuse et vide de sens, et que seul le péché originel peut expliquer. Il oppose au retrait pascalien l'acceptation du « divertissement », qui fait de l'homme « un être utile à la société ». L'homme est né pour agir, pour inventer et construire. Pourquoi s'interroger au-delà de ce simple constat ? Céder aux séductions apparemment logiques de Pascal, s'abandonner à l'angoisse, c'est se couper de la communauté des hommes qui peinent et travaillent, c'est se poser en fanatique détenteur de la vérité. Voltaire s'attaque dès lors pied à pied aux arguments pascaliens : le pari jugé paralogique, les preuves écartées de l'accomplissement des Écritures, la réalité niée des miracles\*, la vanité du sacrifice des martyrs\* de l'Église primitive, et l'ancienneté de la Loi de Moïse, à laquelle Voltaire oppose l'antériorité de la civilisation égyptienne. Contre ce Pascal, tourmenté, en quête d'absolu, Voltaire se fait le porte-parole d'une époque optimiste, sûre d'elle-même, éprise de bonheur, profondément étrangère à l'expérience religieuse des *Pensées*, et craignant un mauvais usage de l'argumentaire pascalien.

Jean Goulemot

*« S'il y a un Dieu, il ne faut aimer que lui, et non les créatures. »*
*Il faut aimer et très tendrement les créatures ; il faut aimer sa patrie, sa femme, son père, ses enfants, et il faut si bien les aimer que Dieu nous les fait aimer malgré nous. Les principes contraires ne sont propres qu'à faire de barbares raisonneurs.*

Lettres philosophiques, 1734, XXV<sup>e</sup> lettre, « Sur les Pensées de M. Pascal »,<br>Remarque X.

*PASCAL (Blaise), fils du premier intendant qu'il y eut à Rouen, né en 1623, génie prématuré. Il voulut se servir de la supériorité de ce génie comme les rois de leur puissance ; il crut tout soumettre et tout abaisser par la force. Ce qui a le plus révolté certains lecteurs dans ses « Pensées », c'est l'air despotique et méprisant dont il débute. Il ne fallait commencer que par avoir raison. Au reste, la langue et l'éloquence lui doivent beaucoup. Les ennemis de Pascal et d'Arnauld firent supprimer leurs éloges dans le livre des « Hommes illustres » de Perrault.*

Le Siècle de Louis XIV, 1752, « Catalogue des écrivains français ».

## PATOUILLET, Louis

NONNOTTE •

Louis Patouillet (1699-1779) est un jésuite dont le nom est souvent associé à celui de Nonnotte, également passé par la Compagnie de Jésus. Voltaire aime à ridiculiser ces deux défenseurs de l'orthodoxie religieuse. La consonance de leur nom prêtait à toutes les sortes de plaisanteries. Patouillet a été prédicateur à la cour de Nancy, puis attaché à la maison professe de Paris. Il seconda l'archevêque de Paris Christophe de Beaumont dans sa résistance au Parlement, mandement contre arrêt, ce qui lui valut, en 1756, l'ordre de quitter Paris.

Dans *Les Honnêtetés\* littéraires* (XXV), Voltaire s'en prend à lui en même temps qu'à Nonnotte : « Il faut savoir que ces deux faiseurs de pastorales s'étaient imaginé qu'un officier de la maison du roi [Voltaire lui-même], très vieux et très malade, retiré depuis treize ans dans ses terres, avait contribué à la destruction des jésuites. La chose n'était pas très vraisemblable, mais ils le crurent, et ils ne manquèrent pas de dire dans le mandement, selon l'usage ordinaire, que ce malin vieillard était déiste et athée... »

*Didier Masseau*

## PATRIARCHE

CACOUACS •

L'expression « le Patriarche de Ferney » est passée dans la légende et dans la langue ; elle est l'exemple obligé de la troisième des acceptions de « Patriarche » proposées par *Le Petit Robert* : « Vieillard qui mène une vie simple et paisible, entouré d'une nombreuse famille. » Cette simplification, venue des manuels scolaires, désigne seulement Voltaire âgé.

L'expression avait un tout autre sens au XVIII$^e$ siècle. Voltaire ne l'utilise jamais à la lettre, préférant marquer sa vieillesse par des variations sur « le vieux malade de Ferney » ou sur « le vieil ermite de Ferney ». Elle est employée par certains de ses correspondants, Marmontel, Frédéric II, Catherine II, et dans les journaux du temps à partir de 1760, et plus encore après 1770, et désigne essentiellement le chef d'une nouvelle « secte », celle des philosophes, en ce qu'elle est séparée de l'Église romaine. L'emploi du terme est complexe. Il est d'abord malicieux : dans cette parodie de rhétorique religieuse où chaque « frère » travaille à « écraser l'Infâme », le « patriarche » est à la fois le plus vieux, le plus sage et le plus « inspiré » de Dieu. Mais le mot relève aussi, en accord avec la position théiste de Voltaire, de son refus de l'athéisme. Enfin, il n'est qu'à songer aux représentations mythiques des patriarches de l'Église, solennels, impo-

sants et barbus, pour apercevoir l'ironie ou l'humour de son emploi, à propos d'une personne aussi chétive que Voltaire, chauve sous sa perruque et imberbe. La confusion de tous ces sens aura lieu à la fin de sa vie, alors que se développe une sorte de religiosité envers la personne de Voltaire.

Jean-Michel Raynaud

*Point du tout mon cher ami, le patriarche est toujours malingre; et s'il est goguenard dans les intervalles de ses souffrances, il ne doit la vie qu'à ce régime de gaieté qui est le meilleur de tous.*
À Marmontel, le 28 novembre 1768.

## PATRIE
COSMOPOLITISME • DUPANLOUP • FRANÇAIS • PROPRIÉTÉ • ROSSBACH •

Le XIX$^e$ siècle réactionnaire a accusé Voltaire d'avoir été prussien. L'insulte pesait lourd au lendemain de la défaite de 1870. Il est vrai qu'il est choquant de voir Voltaire se réjouir de la défaite des troupes françaises à Rossbach, opposées aux fantassins de Frédéric II. Au fond, le cosmopolitisme de Voltaire inquiète, et on imagine difficilement les craintes de ce XVIII$^e$ siècle qui découvre le mot et la notion de patrie (*Dissertation sur le mot de patrie*, de l'abbé Coyer). Et pourtant Voltaire se veut et demeure fondamentalement français. Il incarne même pour beaucoup l'esprit français élégant, cultivé, ironique, sérieux tout en étant léger. Dans les *Questions\* sur l'Encyclopédie*, il a tenté, à la suite de l'*Essai\* sur les mœurs*, de comprendre comment se forme la nation (art. « Franc ou Franq ; France, François, Français ») en admettant que « chaque peuple a son caractère comme chaque homme ; et ce caractère général est formé de toutes les ressemblances que la nature et l'habitude ont mises entre des habitants d'un même pays, au milieu des variétés qui les distinguent ».
Quant à la patrie, l'acuité de son esprit critique le conduit à se demander qui peut en éprouver le sentiment. Il le croit lié au sentiment de propriété : ce qui en écarte tous ceux qui ne possèdent rien et qui sont majoritaires. Son réalisme, ici passablement cynique, le pousse à considérer que l'homme confond la patrie avec ses intérêts particuliers : le « voluptueux Parisien » n'a pour patrie que le lieu de ses plaisirs, et tel homme politique appelle patrie le théâtre de ses ambitions. On ne s'étonnera pas de ces analyses, de leur réalisme cru, de leur modernité, en se souvenant que c'est la Révolution qui a imposé l'amour de la patrie au peuple en armes.

Jean Goulemot

# P

*Une patrie est un composé de plusieurs familles ; et, comme on soutient communément sa famille par amour-propre, lorsqu'on n'a pas un intérêt contraire, on soutient par le même amour-propre sa ville ou son village, qu'on appelle sa patrie. Plus cette patrie devient grande, moins on l'aime, car l'amour partagé s'affaiblit. Il est impossible d'aimer tendrement une famille trop nombreuse qu'on connaît à peine. [...]*
*Il est triste que souvent, pour être bon patriote, on soit l'ennemi du reste des hommes. L'ancien Caton, ce bon citoyen, disait toujours en opinant au sénat :* « *Tel est mon avis, et qu'on ruine Carthage.* » *Être bon patriote, c'est souhaiter que sa ville s'enrichisse par le commerce et soit puissante par les armes. Il est clair qu'un pays ne peut gagner sans qu'un autre perde, et qu'il ne peut vaincre sans faire des malheureux.*
*Telle est donc la condition humaine, que souhaiter la grandeur de son pays c'est souhaiter du mal à ses voisins. Celui qui voudrait que sa patrie ne fût jamais ni plus grande ni plus petite, ni plus riche ni plus pauvre serait le citoyen de l'univers.*

Dictionnaire philosophique, 1764, art. « Patrie ».

## PAUL, saint

Voir FEMMES, SOYEZ SOUMISES À VOS MARIS • NOUVEAU TESTAMENT.

## *PAUVRE DIABLE (LE), OUVRAGE EN VERS AISÉS DE FEU M. VADÉ, MIS EN LUMIÈRE PAR CATHERINE VADÉ SA COUSINE, DÉDIÉ À MAÎTRE ABRAHAM* \*\*\*

FRÉRON • GENS DE LETTRES • POLÉMISTE • SATIRE •

Lorsque d'Alembert lui apprend, le 11 mars 1760, qu'autorisation est donnée de jouer *L'Écossaise\**, la pièce dirigée contre Fréron\*, Voltaire, en transes, donne libre cours à sa verve. Début juin, il lance *Le Pauvre Diable*, ouvrage en décasyllabes qu'il attribue à Vadé\*, un poète poissard et qu'il dédie ironiquement à Abraham Chaumeix\*, l'auteur des *Préjugés légitimes contre l'Encyclopédie* (1758-1759). Dans cette brochure d'une douzaine de pages, Voltaire argumente contre la dangereuse carrière des lettres pour en détourner un jeune homme sans fortune dominé par la fureur de faire de mauvais vers – le modèle du héros serait un certain Siméon Valette, que Voltaire avait recueilli aux Délices. Le « pauvre diable » s'adresse successivement à tous les ennemis du patriarche. Dans l'antre du café Procope, il est accosté par « un homme à lourde mine », l'inévitable Fréron :

> *Grand écumeur des bourbiers d'Hélicon,*
> *De Loyola chassé pour ses fredaines.*

Enrôlé pour contribuer à *L'Année\* littéraire* de Fréron, le «pauvre diable» apprend l'art de dépecer un livre entier, avant d'aller trouver Lefranc\* de Pompignan auquel il conte «tous les tours du croquant», puis son esprit s'endort en compagnie de l'abbé Trublet\*. Il tente alors sa chance au théâtre, se venge de son échec en apprenant l'art de la cabale, et se retrouve dans un repaire de convulsionnaires\*. C'est là qu'Abraham Chaumeix, pseudo-dédicataire de l'une des éditions de cette satire, lui tient ces propos édifiants :

> *J'ai comme toi croupi dans la bassesse,*
> *Et c'est le lot des trois quarts des humains :*
> *Mais notre sort est toujours dans nos mains.*
> *Je me suis fait auteur, disant la messe,*
> *Prosateur, délateur, espion;*
> *Chez les dévots je forme des cabales :*
> *Je cours, j'écris, j'invente des scandales.*

Contre ses adversaires confondus dans le même opprobre, Voltaire se déchaîne ici avec une jubilation des plus réjouissantes. Notons qu'il épargne Palissot\* que Diderot épinglera, à son tour, dans *Le Neveu de Rameau*...

Didier Masseau

## PAYS ARABES

CHRISTIANISME • CORAN • ESSAI SUR LES MŒURS •<br>JUIFS • MAHOMET • TURQUIE •

Voltaire ne perçoit pas là des entités séparées et différenciées, même si déjà les États-nations s'étaient affirmés dans cette partie du monde, et notamment en Afrique du Nord. Son intérêt est d'abord polémique : opposer les musulmans – en leur donnant souvent l'avantage – aux juifs et aux chrétiens ; s'opposer aussi aux «écrivains occidentaux» guidés, dit-il, dans leur lecture du «mahométisme» par «un zèle qui n'est pas selon la science». Travaillant aux *Questions sur l'Encyclopédie* (1770-1772), Voltaire voit les Turcs de nouveau aux portes de «l'Occident», et «nos jésuites», au lieu de leur faire la guerre, comme la Grande Catherine en Moldavie ou sur la mer d'Azov, continuent «de se répandre en injures sur l'islamisme». La conjoncture, autant que la raison, imposent une approche plus rigoureuse : plutôt que de «calomnier» les mahométans, il faut apprendre à les connaître pour mieux les affronter. Et d'abord comprendre comment ils

ont pu « subjugue[r] une des plus belles et des plus grandes parties de la terre ».

Au chapitre V de l'*Essai sur les mœurs*, Voltaire remonte aux premiers âges de l'Arabie antéislamique. Il reconstruit l'utopie d'une « nation » restée à l'écart, préservée dans sa pureté ethnique et la fruste virginité de ses traditions : les chemins de la conquête passaient plus au nord, vers Persépolis et le Gange. Et si l'historien situe avec précision l'« Arabie heureuse » des Anciens, autour des « jardins aromatiques » du Yémen, le philosophe n'est pas loin de croire toute la péninsule heureuse : « L'air y est parfumé, dans un été continuel... » De cette « félicité », il conclut à une parfaite coïncidence entre l'homme et la nature, qui explique que les « Arabes véritablement indigènes » n'aient jamais adoré au fond, derrière le culte apparent des étoiles, qu'un seul Dieu. Une difficulté persiste toutefois : comment se fait-il que ces peuples, pourtant voisins, et sans doute parents des Hébreux (appelés à l'occasion « Arabes du désert »), n'eurent, quant à la religion, aucun rapport « avec la petite nation juive, qui est devenue l'objet et le fondement de nos histoires prétendues universelles » ? Cette question – à laquelle il ne répond pas directement – lui permet d'aller au principe du mouvement. La conquête islamique est d'abord projet d'intégration : « Les musulmans arabes incorporèrent à eux les autres nations ; les Hébreux s'en tinrent toujours séparés » (*Essai sur les mœurs*, chap. VI). Voltaire montre que ce processus d'assimilation fut réciproque : les Arabes islamisaient la plupart des peuples soumis et, en retour, adoptaient leurs mœurs, se « polissaient » à leur contact. Il met surtout l'accent sur cette liberté maintenue dans la domination même, sans quoi l'empire musulman n'aurait pas duré « six cent cinquante ans » – il cite l'exemple d'Omar qui, « ayant conquis Jérusalem, laissa aux juifs et aux chrétiens [...] une pleine liberté de conscience ».

Cette évocation idyllique des mœurs guerrières des Arabes, qu'il compare à celles de la haute Antiquité dont Homère « a été le peintre fidèle », est historiquement discutable, mais l'explication que Voltaire donne de l'apparente facilité avec laquelle l'islam a étendu son empire témoigne d'une compréhension profonde du phénomène. « L'heure de l'Arabie » (*Mahomet*) a sonné au moment où s'affirmait le déclin de la Perse et de Byzance, les « chefs musulmans » ayant compris que le discours de la conquête ne devait pas être séparé de celui de la foi ; et comme cette foi repose sur des préceptes simples et la croyance en un « Dieu unique », elle ne pouvait rencontrer grande résistance : Voltaire est convaincu que Mahomet a « légiféré » à partir de la « religion naturelle » des peuples de l'Arabie.

On comprend, dès lors, que les califes, qui « avaient le droit du trône et de l'autel », aient pu gouverner sans mal un empire qui va « du mont Caucase au mont Atlas et des confins de l'Épire aux extrémités de l'Inde » (*Questions*

*sur l'Encyclopédie*) : quel meilleur gage de fidélité au souverain, dont les « ordres sont autant d'oracles » (*Essai sur les mœurs*, chap. VI), et quel meilleur rempart contre la sédition, que la communion dans la foi ? C'est ainsi que, passés les temps fébriles de la conquête, les califes, « tranquilles dans leur nouvelle Babylone [...] y font bientôt fleurir les arts ». Une civilisation naît, dont Voltaire suit patiemment l'histoire, mêlée aux grandes trames de son *Essai* – la courbe ascendante (« Aaron-al-Raschild » ; Grenade...), les revers (les croisades, la Reconquête espagnole...) et les sursauts (Saladin ; l'empire des « Osmanlis »...).

*Béchir Garbouj*

## PEINE DE MORT

Voir HUGO · JUSTICE · *PRIX DE LA JUSTICE ET DE L'HUMANITÉ (LE)* · *RÉPONSE AUX REMONTRANCES* · *TANCRÈDE*.

## PEINTURE

GOÛT · ICONOGRAPHIE ·

À la différence de Diderot, Voltaire n'est ni un amateur de peinture, ni un courtier officieux, ni *a fortiori* un critique d'art. Il ne fait guère allusion aux gloires picturales de son temps. Pourtant, dans *Le Temple du Goût* (1733), il estime que Watteau a l'art de grouper harmonieusement ses personnages, mais il le relègue, d'un trait de plume, dans la catégorie des peintres mineurs, parce que le créateur des *Fêtes galantes* ne peut s'élever au-dessus des genres de fantaisie ! Les œuvres des maîtres anciens lui ont inspiré, ici et là, quelques commentaires laconiques. Un chapitre du *Siècle de Louis XIV* dresse la liste de plusieurs grands peintres qui ont fait honneur au grand règne. Il privilégie Poussin, Le Brun, Lesueur, Claude Gellée et les Boulogne. Le XVII$^e$ siècle français et celui de la Renaissance italienne sont de loin les époques qu'il préfère. Fidèle au goût le plus classique, il est persuadé de la supériorité des grands genres, et il accuse les peintres de son temps de s'être laissés séduire par toute la pacotille des arts d'agrément : « J'imagine que les manufactures de glace, les magots de la Chine et les tabatières de cent louis ont nui à la nature », écrit-il à l'amateur et théoricien Watelet le 25 avril 1760. De toute évidence, Voltaire est allergique au style rococo qu'il regarde comme un symptôme de décadence. À partir de 1770, il accueillera avec plaisir la tendance néo-classique, plus conforme à ses goûts.

*Didier Masseau*

# P

## PÉLOPIDES (LES)

CRÉBILLON • TRAGÉDIES •

C'est l'*Atrée et Thyeste* de Crébillon, dépouillé de son intrigue romanesque. Le sujet est délayé. Une « coupe fatale » y symbolise le tragique festin. Pièce non représentée, imprimée en 1772.

Henri Lagrave

## PENNSYLVANIE

AMÉRIQUE • *LETTRES PHILOSOPHIQUES* • QUAKERS • UTOPIE •

C'est une utopie voltairienne. À cette différence près que la Pennsylvanie existe comme colonie anglaise d'Amérique. Voltaire a raconté sa fondation et vanté ses mérites dès les *Lettres philosophiques* (1734). Sans jamais se départir de cette attitude d'admiration et de respect et sans que l'ironie y perde ses droits : car un honnête homme, tout admiratif qu'il soit, peut-il évoquer sans sourire les mœurs quelque peu abruptes des quakers, chapeau sur la tête et tutoiement à la bouche ?
William Penn (1644-1718), fils unique du chevalier Penn, vice-amiral d'Angleterre, converti à la religion des quakers, reçut à la mort de son père, en paiement d'une dette de la Couronne, une province d'Amérique, au sud du Maryland. Il la colonisa selon ses principes religieux. D'où une ligue avec ses voisins, un traité ni juré ni rompu, des lois très sages, et l'allégeance des Indiens à ce législateur vertueux : « C'était un spectacle bien nouveau qu'un souverain que tout le monde tutoyait, et à qui on parlait le chapeau sur la tête, un gouvernement sans prêtres, un peuple sans armes, des citoyens tous égaux à la magistrature près, et des voisins sans jalousie » (*Lettres philosophiques*, $IV^e$ lettre, « Sur les quakers »). Les *Questions\* sur l'Encyclopédie* (1770-1772), à l'article « Quakers », le montrent plus enthousiaste encore pour Penn, sa colonie, sa ville de Philadelphie. Voltaire s'enchante de ce mot « philadelphien », ami des frères, et affirme que « la simplicité du Philadelphien est la satire continuelle des évêques qui se monseigneurisent ». Il avoue avoir souvent rêvé de partir s'installer en Pennsylvanie, avec des accents que Rousseau n'aurait pas désavoués. On y est libre, on y est citoyen. Pas d'impôts à payer, pas de cour à faire. Il revient à l'article « Esséniens » sur leur pacifisme et note avec insistance que Penn avait écarté les athées de sa colonie. Dans le chapitre CLIII, publié en 1761, de l'*Essai\* sur les mœurs*, il a redonné l'historique de la fondation de cette nouvelle Terre promise et chanté de nouveau ses perfections.
Lors du soulèvement des colonies américaines contre la métropole,

Voltaire demeura perplexe : les faits heurtaient ses images de la Pennsylvanie et du gouvernement anglais. Il fallut la célèbre visite que lui rendirent en 1778, à Paris, Franklin et son petit-fils pour modifier son opinion sur la guerre d'Indépendance ; mais rien ne permet d'affirmer qu'il en rejeta pour autant le mythe pennsylvanien.

Jean Goulemot

## PENSÉES SUR LE GOUVERNEMENT
COMMENTAIRE SUR L'ESPRIT DES LOIS • GOUVERNEMENT • LIBERTÉ • MONTESQUIEU • PATRIE • RÉPUBLIQUE •

Écrites en 1752, elles constituent le deuxième chapitre des *Mélanges* de 1756 sous le titre de *Pensées sur l'administration publique.* Elles groupent des remarques brèves sur la Russie ou la Suède, mais aussi des réflexions sur la liberté politique qui consiste « à ne dépendre que des lois », sur le meilleur gouvernement (chap. XII), l'amour de la patrie (chap. XIV), sur les différences entre Anglais, Français et Hollandais (chap. IX, XVI, XVII), sur *L'Esprit des lois* (chap. XVII) défini comme un « livre empli d'idées profondes et de saillies ingénieuses », sur la monarchie et la tyrannie, sur la république qui tend au despotisme puisque c'est une société « où les convives d'un appétit égal, mangent à la même table, jusqu'à ce qu'il vienne un homme vorace et vigoureux, qui prenne tout pour lui et leur laisse les miettes », enfin sur les lois religieuses et civiles. Certaines de ces remarques seront développées dans le *Dictionnaire\* philosophique* ou les *Questions\* sur l'Encyclopédie.*

Jean Goulemot

*Un citoyen d'Amsterdam est un homme : un citoyen à quelques degrés de longitude par-delà est un animal de service.*

*Tous les hommes sont nés égaux ; mais un bourgeois de Maroc ne soupçonne pas que cette vérité existe.*

*Quand le seigneur d'un château ou l'habitant d'une ville accusent le pouvoir absolu, et plaignent le paysan accablé, ne les croyez pas. On ne plaint guère les maux qu'on ne sent point. Les citoyens, les gentilshommes, haïssent encore très rarement la personne du souverain, à moins que ce ne soit dans les guerres civiles. Ce qu'on hait, c'est le pouvoir absolu dans la quatrième ou la cinquième main : c'est l'antichambre d'un commis, ou d'un secrétaire d'un intendant, qui cause les murmures ; c'est parce qu'on a reçu dans un palais la rebuffade d'un valet insolent qu'on gémit sur les campagnes désolées.*

# P

*Un roi qui n'est point contredit ne peut guère être méchant.*

*Le despotisme est l'abus de la royauté, comme l'anarchie est l'abus de la république. Un prince qui, sans forme de justice et sans justice, emprisonne ou fait périr des citoyens, est un voleur de grand chemin qu'on appelle Votre Majesté.*
*Pensées sur le gouvernement, 1752, IX-X, XV, XVII, XXIII.*

## PERRUQUE

PATRIARCHE • VÊTEMENTS •

Voltaire était grand amateur de perruques. On dit qu'il en avait des dizaines, soit «in-quarto», soit «in-folio». Les témoignages et les portraits le confirment, les «in-folio» avaient sa préférence, bien qu'elles fussent passées de mode dès sa jeunesse. Il porte, peint par Largillière*, la perruque soigneusement peignée et naturelle. Plus tard, elle sera grise, légèrement poudrée sans doute. À Ferney, croqué par Huber*, il se la jette sur la tête, collant presque toujours dessus un bonnet de nuit, comme il convient à un ermite. Il est certain qu'il en jouait et qu'elle devint légendaire. À la Comédie-Française comme à l'Académie, ses portraitistes ne manquèrent pas de relever l'anachronique «in-folio» : un patriarche, et chantre du *Siècle de Louis XIV*, ne saurait alors être à la mode ; il y va de sa gloire.

*Jean-Michel Raynaud*

*Quand il voulut la mettre, il ne la trouva pas à son goût [...], la secoua fortement pour en faire tomber la poudre et me dit de lui donner un peigne. Lui ayant présenté celui que j'avais à la main, qui était petit [...], il le jeta en disant que c'était un grand peigne qu'il lui fallait. Sur ce que je lui observai que je n'en avais point d'autre, il le ramassa. Il le passa à plusieurs reprises dans sa perruque, et après l'avoir ébouriffée, la jeta sur sa tête.*
*Sébastien Longchamp, Mémoires sur Voltaire, 1826.*

## PERSONNAGE

ACTEUR • CINÉMA • DÉSAVEU • PATRIARCHE • PSEUDONYMES • SEIGNEUR DE VILLAGE • TÉLÉVISION • THÉÂTRE (VOLTAIRE PERSONNAGE DE) •

Enclin à considérer le monde comme une ample scène où se joue la tragi-comédie de l'existence, conscient de la forte charge de théâtralité qui anime la vie sociale, comédien-né, amoureux du spectacle, écrivain «médiatique» s'il en fut, François Marie Arouet invente, très jeune, son personnage : M. de Voltaire. Il se distinguera par son allure extérieure, par le costume de

l'homme mûr, la fameuse perruque, puis le bonnet, l'habit désuet, la canne à bec de corbin.
Mais il n'est pas l'esclave d'un seul « emploi ». Toujours insaisissable, il se démultiplie, dans la vie aussi bien qu'au théâtre, comme Arlequin, homme-Protée dit-on déjà, changeant à tout moment de masque et d'apparence. Doué d'une prodigieuse vitalité, il lui faut tout saisir, tout savoir, tout faire, être tout et tous, jouer tantôt le fugitif, l'oublié, le persécuté, le proscrit, le courtisan, l'ami des rois ; le poète et le newtonien ; le bon vieillard, le bon père adoptif ; « le planteur de choux », le patriarche et l'ermite, « le vieux hibou du Mont-Jura », « la marmotte des Alpes ». À cette inclination naturelle, s'ajoute le souci constant d'une stratégie double et contradictoire : se montrer, en imposant le personnage du fondateur de ville, du justicier, du chef de la secte philosophique ; se cacher, pour parvenir à ses fins, en se faisant malade, moribond, mourant, en usant des sobriquets, des pseudonymes ou de l'anonymat. De l'homme multiforme, le public retint avant tout le vengeur des Calas, le défenseur des droits de l'homme : ce n'était plus un rôle, mais l'homme même.

Henri Lagrave

## PETIT BOURSOUFLE (LE)

Nom que Voltaire a parfois donné à sa comédie *L'Échange\**.

## PETIT COMMENTAIRE SUR L'« ÉLOGE DU DAUPHIN DE FRANCE », COMPOSÉ PAR M. THOMAS

LOUIS XV • MONARCHIE • TOLÉRANCE •

Louis, dauphin, fils de Louis XV, meurt à Fontainebleau le 20 décembre 1765 à l'âge de 36 ans. Antoine Léonard Thomas (1732-1785), un spécialiste de l'éloge, couronné à plusieurs reprises par l'Académie, publie en mars 1766 un *Éloge de Louis, dauphin de France*. Voltaire est séduit ; son commentaire suit l'éloge de Thomas. En mai, il lui enverra ses œuvres en présent. Il n'y eut pas d'édition séparée de cet écrit, que Voltaire donna seulement à la suite de son *Philosophe ignorant*, avec trois autres, le tout anonyme – d'où le premier titre : *Petit Commentaire de l'Ignorant sur l'« Éloge du dauphin de France »*.
Voltaire exalte les vertus de tolérance du défunt et incite la monarchie française à mener une politique d'ouverture qui favorisera le débat intellectuel et les progrès de la science. « Répétons donc mille fois avec un dauphin tant regretté : Ne persécutons personne. » Moralité : il ne faut tolé-

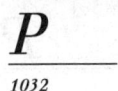

rer ni l'oppression passagère de la philosophie ni l'oppression théologique qui est plus durable. Ni le pouvoir politique ni les Églises ne doivent opprimer ceux qui pensent.

Jean Goulemot

## PETITE DIGRESSION SUR LES QUINZE-VINGTS

CONTES PHILOSOPHIQUES • MÉTAPHYSIQUE •

Publiée sous le titre *Petite Digression* à la suite du *Philosophe\* ignorant*, dès la première édition (1766), aussitôt reprise dans les rééditions comme *Petite Digression sur les Quinze-Vingts* (l'expression renvoyant aux aveugles du célèbre hôpital parisien, ainsi nommé lui-même par le nombre de ses trois cents pensionnaires), cette petite fiction fut rebaptisée *Les Aveugles juges des couleurs* dans l'édition de Kehl\*, où elle se trouve intégrée au recueil des Contes. C'est l'histoire d'aveugles à qui le toucher, le goût permettaient de connaître du monde «tout ce qu'il est permis d'en savoir et [qui] vécurent paisibles et fortunés autant que les Quinze-Vingts peuvent l'être». Leur survient un maître qui prétend avoir des idées claires sur la vue, et se pose en juge des couleurs. Il instaure un conseil, bientôt une dictature, et accapare les aumônes; il se flatte de juger la couleur des habits des aveugles, ce qu'aucun d'entre eux ne peut vérifier. Il finit par diviser la communauté qui ne retrouve la paix que lorsque tout jugement sur la couleur des habits lui est interdit. On aura reconnu là, sur le mode léger de l'allégorie, la condamnation, traditionnelle chez Voltaire, de la métaphysique qui nous conduit à édicter des jugements sur des matières que nous ignorons, à favoriser les fausses autorités et à créer des tensions et des conflits.

Jean Goulemot

## PEUPLE

CIVILISATION • ÉDUCATION • FANATISME • HISTOIRE •<br/>LIBERTÉ • POLITIQUE • SUPERSTITION •

Le peuple n'est pas le grand absent de la réflexion voltairienne. Bien au contraire, sa place est capitale, fût-il une figure abstraite, dès *La Henriade* (1728), dans la vision que Voltaire propose du devenir historique. Le peuple est alors victime et acteur des guerres civiles, bénéficiaire de la paix retrouvée et de la politique du «bon roi Henri». Dans les *Lettres philosophiques* (1734), on mesurera le rôle qu'il joue dans le processus historique qui assure en Angleterre la liberté politique: «Tandis que les barons, les évêques, les papes se déchiraient ainsi l'Angleterre où tous voulaient comman-

der, le peuple, la plus nombreuse, la plus vertueuse même, et par conséquent la plus respectable partie des hommes, composée de ceux qui étudient les lois et les sciences, des négociants, des artisans, en un mot de tout ce qui n'était point tyran, le peuple, dis-je, était regardé par eux comme des animaux au-dessous de l'homme...» (IX$^e$ lettre, «Sur le gouvernement»). Ce peuple est producteur des richesses qu'on lui confisque, soumis à un pouvoir politique auquel il ne participe pas, étranger en son pays même, et pourtant détenteur des vertus et du savoir. On appréciera la noblesse de la définition proposée ici, son caractère limité aussi : en sont exclus apparemment les paysans – même si, un peu plus loin, Voltaire évoque leur servage. Cette entrée en scène du peuple, bien plus présent dans les *Lettres philosophiques* que les classes dirigeantes, ne se démentira plus. L'objet défini par Voltaire – les mœurs, les errances autant que les progrès de l'esprit humain – fait du peuple un élément essentiel et ambivalent de sa philosophie de l'histoire. Car si le progrès vient du peuple, de son travail, c'est aussi le peuple, appelé alors la vile canaille, qui est superstitieux, fanatique, obscurantiste et rétrograde – barbarie populaire durant les guerres de Religion, fanatisme halluciné des convulsionnaires\*, anthropophagie\* rituelle lors des émeutes. Si les prêtres sont accusés d'être des manipulateurs, la canaille se plie avec docilité, sans même parfois y être incitée, à la superstition et à l'intolérance. On ne s'étonnera donc pas que Voltaire ait offert du peuple des images contradictoires, qu'incarneraient d'une part le peuple anglais et de l'autre la Russie profonde, qu'il ait opposé la canaille ignorante à une élite éclairée et engagée dans le devenir culturel, social et économique, et que parfois, comme dans *Le Siècle de Louis XIV* (1752), il ait exclu le peuple de la dynamique historique pour en confier le mouvement au roi seul, en même temps qu'il faisait des productions de l'esprit la trace la plus essentielle de l'histoire.

Jean Goulemot

*Peuple nourri dans l'oisiveté et dans l'ignorance, peuple si aisé à enflammer et si difficile à instruire, qui courez des farces du cimetière de Saint-Médard aux farces de la foire; qui vous passionnez tantôt pour un Quesnel, tantôt pour une actrice de la Comédie italienne; qui élevez une statue un jour, et le lendemain la couvrez de boue; peuple qui dansez et chantez en murmurant, sachez que vous vous seriez égorgé sur la tombe du diacre ou sous-diacre Pâris, et dans vingt autres occasions aussi belles, si les philosophes n'avaient, depuis environ soixante ans, adouci un peu les mœurs, en éclairant les esprits par degrés; sachez que ce sont eux (et eux seuls) qui ont éteint enfin les bûchers et détruit les échafauds où l'on immolait autrefois et le prêtre Jean Hus, et le moine Savonarole, et le chancelier Thomas Morus, et le conseiller Anne du Bourg, et le médecin Michel Servet, et l'avocat général de Hollande Barneveldt, et la*

# P

maréchale d'Ancre, et le pauvre Morin, qui n'était qu'un imbécile, et Vanini même, qui n'était qu'un fou argumentant contre Aristote, et tant d'autres victimes enfin dont les noms seuls feraient un immense volume : registre sanglant de la plus infernale superstition et de la plus abominable démence.

«Note de M. Morza», à la suite de l'Ode sur la mort de S.A.S. Mme la princesse de Bayreuth, 1759.

*Qui doit être le favori d'un roi ? Le peuple.*

*Carnets.*

## PEUR

Que de peurs dans cette longue vie tumultueuse – avouées au détour d'une lettre, mais niées dans l'œuvre, conjurées par la dérision, sublimées en audaces. On s'y est parfois trompé, Barthes\* par exemple qui fantasme, sur les bonheurs de l'ironie voltairienne, un «écrivain heureux», des succès faciles, des triomphes assurés. Le risque fut constamment inhérent, en fait, à la position historique de cette écriture, comme à tout l'effort des Lumières. En 1771 encore, publiquement, Fréron\* souhaite qu'on lise un jour dans les annales du règne de Louis XV : «Il extermina la *Philosophie*.» À quoi répond ce bilan de Voltaire dans une lettre à Diderot, deux ans avant sa mort : «Nos ennemis ont toujours pour eux la rosée du ciel, la graisse de la terre, la mitre, le coffre-fort, le glaive et la canaille.» Avec des convictions fortes, Voltaire eut l'esprit hardi, l'émotion fébrile, l'imagination inquiète, comme on le voit par l'affaire de Clèves\* en 1766. Il craignit donc toujours, même dans l'ardeur des manifestes et des pamphlets, l'arrêt du Parlement, la lettre de cachet, la dénonciation, le vol ou la saisie de ses papiers, et physiquement, à l'époque des grandes campagnes contre l'Infâme\*, ces menaces de mort qu'apportait le tout-venant des lettres anonymes. «Il faut qu'il se mêle de tout, et qu'il passe sa vie à être téméraire et à mourir de peur» : ce mot du temps de l'affaire La Barre\* vient d'un proche qui le connut bien, son voisin, son complice, l'imprimeur Gabriel Cramer\*, qui vit passer sur ses presses tant d'écrits terribles.

*André Magnan*

*Les rois ont les bras longs, et le pauvre Voltaire tremble toujours dans sa peau.*

*Nouvelles littéraires (manuscrit), fin 1752.*

*Et moi chétif, je soutiens que si César se trouvait seul pendant la nuit exposé incognito à une batterie de canon, et qu'il n'y eût d'autre moyen de sauver sa*

*vie qu'en se mettant dans un tas de fumier, ou dans quelque chose de mieux, on y trouverait le lendemain matin Caius Julius César plongé jusqu'au cou.*
À Frédéric II, 30 mars 1759.

*Candide, qui tremblait comme un philosophe, se cacha du mieux qu'il put pendant cette boucherie héroïque.*
Candide ou l'Optimisme, 1759, chap. III.

## PHILOSOPHE
CACOUACS • LUMIÈRES • PHILOSOPHIE • POLITIQUE • RAISON •

Pour Voltaire, le philosophe est une figure qui échappe aux variations historiques. Son éclatante permanence en fait un modèle aisément reconnaissable et vénérable; ceux qui se déchaînent contre lui sont des agents du mal, animés par la mauvaise foi, puisqu'ils poursuivent un ennemi qui possède d'emblée tous les signes visibles d'une sagesse étrangère aux modes partisanes, et visent à écarter un acteur privilégié de l'histoire en marche. L'article «Philosophe» du *Dictionnaire philosophique* dresse la liste des philosophes récemment persécutés en France: l'humaniste de Thou, Charron, Gassendi, Descartes obligé de fuir en Hollande, La Mothe Le Vayer, l'immortel Bayle, Fontenelle menacé de perdre ses pensions en 1713. Pour Voltaire, ces esprits éclairés sont des sages et des frères. Ils ont dû lutter contre «tous les barbets de la fange théologique». Il y a donc aussi une constante du fanatisme* qui se reconnaît à ses odieuses interventions, et qui dessine, comme une contre-épreuve, la figure exemplaire.

Le philosophe est en effet présenté comme un propagateur du sens moral et de la paix sociale, toujours soumis lui-même à son éthique du travail intellectuel. Défenseur du genre humain, il n'est jamais responsable de violences qui incombent seulement aux dépositaires du fanatisme. Dans les périodes de tension avec le pouvoir civil ou religieux, Voltaire veut à tout prix répandre dans l'opinion cette image rassurante du philosophe. Il établit alors la liste des devoirs auxquels celui-ci doit se soumettre: aimer son prince et sa patrie, être attaché à la religion de son pays et respectueux de celle des autres peuples. Il aime à reprendre le modèle platonicien du sage gardant jusqu'à la fin un idéal de sérénité, cultivant l'amitié et pardonnant à ses ennemis en implorant la miséricorde de l'Être suprême. C'est aussi pourquoi Voltaire flétrit ceux qui font ouvertement profession d'athéisme*: ne risquent-ils pas de ternir l'image publique du philosophe alors qu'il est si nécessaire de la promouvoir?

Chercheur de vérité, le philosophe a le sentiment de contribuer au progrès de la civilisation, d'agrandir le champ des savoirs. Il pratique les sciences,

# P

Les voilà descendus de leur Olympe, sortis de leur cabinet et de leurs in-folio poussiéreux. Les philosophes sont à table. Ce cheminement en dit long. Ils sont désormais des êtres humains qui vivent, mangent, dorment et meurent, non plus de la ciguë, quelles que soient leurs craintes, mais parfois d'indigestion comme l'impossible La Mettrie. Cette réunion prouve qu'ils aiment les plaisirs de la bouche, qu'on en a bien fini avec les macérations, l'aspect sombre du savoir et l'ennui. Les philosophes sont dans le monde, et ce monde est une table garnie. Ils se sentent en confiance, servis comme des aristocrates, les uns coiffés, les autres tête nue. Leur chef, Voltaire, en bonnet et la main tendue, essaie d'imposer le silence : il va prendre la parole. Quelle belle et émouvante assemblée, quelle unanimité ! Mais certains ne l'écoutent pas : Diderot, à droite, rêve et regarde en l'air ; le père Adam, à gauche, semble attendre impatient qu'on le serve, son voisin l'observe amusé, un autre a l'air distrait, un quatrième semble regarder Sophie d'Houdetot sans doute, assise en face de lui, et préférer sa présence au discours du patriarche. Un des serviteurs sourit, derrière sa main, d'un bon mot ou de cette assemblée indocile, d'autres diront éprise de liberté. Si l'on convoquait quelques autres frères, on aurait là une répétition, laïque et philosophique bien sûr, de la Cène. Ce tableau, apparemment réaliste, est plein de rêves. À tel point que la réunion qu'il peint n'a jamais existé !

J. G.

LE REPAS DES PHILOSOPHES, OU LA SAINTE CÈNE DU PATRIARCHE, PEINTURE PAR JEAN HUBER, VERS 1772-1773.

OXFORD, VOLTAIRE FOUNDATION.

parce qu'elles sont une discipline intellectuelle, mais un rempart aussi contre les menaces de la superstition* et les débordements de l'enthousiasme*. Mais il se distingue du pur savant en évitant de s'enfermer dans un savoir spécialisé. Il se distingue également du bel esprit, soumis à une conception purement ornementale et esthétique de l'écriture. Pourtant, le philosophe ne manque pas, lui aussi, de s'adonner aux genres traditionnels, mais c'est d'abord pour éclairer l'opinion... : l'ambition pédagogique demeure chez lui une préoccupation constante. Il veut rallier à sa cause les élites sociales et la partie de la nation intellectuellement la mieux armée pour mettre à profit la leçon dispensée. C'est dire que le bas peuple, jugé inapte, est tenu à l'écart de cette entreprise – il ne lit d'ailleurs pas.

Légitimement, le philosophe aspire à exercer le pouvoir, au moins à conseiller le prince. À cet égard, un modèle historique vaut aussi pour l'avenir : le gouvernement exercé dans l'ancienne Chine par Confucius et reposant sur l'appui des mandarins lettrés. En ces temps, estime Voltaire, les philosophes exerçaient l'autorité parce qu'ils réunissaient la sagesse, la vertu et la rationalité d'un pouvoir exempt de l'influence des prêtres. Les mandarins représentent les élites « naturelles » de la nation, ils forment une cléricature sans Église ni assemblée, et ils symbolisent à ce titre la position que devraient avoir les philosophes dans la société contemporaine. Le rêve mandarinal entretient ainsi le désir d'une entente entre les philosophes, animés par la même ambition universaliste qui établit définitivement leur règne en ce monde et les protège contre les persécutions des fanatiques. On comprend alors pourquoi Voltaire est littéralement hanté, dans son action de « patriarche » des « philosophes modernes », par l'image du « petit troupeau » : toute division entre les « frères » met l'œuvre commune en péril, par une sorte de trahison, en ouvrant une brèche que le parti ennemi ne manquera pas d'exploiter.

Cette définition d'une mission philosophique s'inscrit logiquement dans la conception d'un combat des « Lumières » pour faire triompher la justice et la vérité. Le philosophe moderne dispose d'armes littéraires, mais aussi d'autres moyens pour alerter l'opinion, user d'elle comme d'un bouclier ou d'un levier sur le pouvoir : il investit l'Académie*, dénonce la censure*, lance et soutient des affaires*, se fait journaliste*. Le philosophe n'est plus un simple écrivain ; à la limite, il n'est même plus un auteur, mais un militant au service de valeurs qui exigent dévouement, abnégation et ténacité.

*Didier Masseau*

*Philosophe, « amateur de la sagesse », c'est-à-dire « de la vérité ». Tous les philosophes ont eu ce double caractère ; il n'en est aucun dans l'Antiquité qui n'ait donné des exemples de vertu aux hommes, et des leçons de vérités morales. Ils*

ont pu se tromper tous sur la physique ; mais elle est si peu nécessaire à la conduite de la vie que les philosophes n'avaient pas besoin d'elle. Il a fallu des siècles pour connaître une partie des lois de la nature. Un jour suffit à un sage pour connaître les devoirs de l'homme.

*Dictionnaire philosophique*, 1764, art. «Philosophe», 1765.

## PHILOSOPHE IGNORANT (LE)

ATHÉISME • DÉISME • HOMME • MÉTAPHYSIQUE • MORALE • PHILOSOPHIE • *TRAITÉ DE MÉTAPHYSIQUE* •

Rédigé pour l'essentiel en janvier-février 1766, cet ouvrage d'environ quatre-vingts pages fut imprimé par Cramer en avril et diffusé à partir de mai. Restreinte à un petit nombre de destinataires, cette première diffusion se trouvait contrariée par l'affaire du chevalier de La Barre* : «L'Ignorant doit rentrer dans sa coquille, écrit Voltaire, et ne se montrer de plus de six mois.» Le texte fut réédité six fois entre 1766 et 1767 ; sa diffusion véritable commença au début de 1767. Il fut ensuite intégré dans trois éditions des *Nouveaux Mélanges* (1767 et 1770) sous un nouveau titre : *Les Questions d'un homme qui ne sait rien*, mais il devait enfin retrouver son titre original dans d'autres volumes de Mélanges et dans l'édition dite «encadrée» des *Œuvres complètes* (1775).

Voltaire expose une série de cinquante-six doutes, de longueur inégale (de quatre lignes à six pages et demie), qui tous découlent de la première question posée «à tous les êtres de l'univers» : «Qui es-tu? d'où viens-tu? que fais-tu? que deviendras-tu?» – question «à laquelle nul ne nous répond». L'auteur insiste sur la faiblesse humaine : «Nous sommes tous dans la même ignorance des premiers principes où nous étions dans notre berceau.» Dans un mouvement d'ensemble qui passe par trois interrogations essentielles (sur la pensée humaine, sur l'univers et sur la morale), il évoque la plupart des systèmes philosophiques, non sans les simplifier parfois abusivement – Aristote, Descartes, Spinoza (auquel est consacré le plus long chapitre), Leibniz, Locke, Hobbes, etc.

Sur ce fond d'incertitude, d'«incompréhensibilité», voire d'«absurdités», où s'inscrit parfois un «désespoir fondé» (titre du XI$^e$ doute), se détachent pourtant quelques propositions sûres – «quatre ou cinq vérités». Tout n'est pas sotte vanité dans l'effort de la réflexion humaine : «Il y avait quelque chose de sublime dans ce Malebranche» ; Locke est un «homme modeste [...] dont les fonds sont bien assurés», même si Voltaire conteste quelques-unes de ses idées. L'«ignorant» admet d'abord une «intelligence suprême» («tout ouvrage démontre un ouvrier»), et sa propre faiblesse est l'effet de sa dépendance à l'égard de cette intelligence : «J'adore le Dieu par

qui je pense sans savoir comment je pense. » Autre certitude : l'existence d'« un même fonds de morale » qui garantit l'unité de la nature humaine, et qui est indépendant de toute métaphysique. De là résulte qu'« il faut être juste » et que « le persécuteur est abominable ». Le dernier doute n'en est d'ailleurs plus un : intitulé « Commencement de la raison », il appelle à la recherche de la vérité (« Faut-il rester oisif dans les ténèbres ? ») et retrouve les accents d'une philosophie militante.

L'œuvre rassemble ainsi dans une suite de chapitres autonomes, souvent fort brefs – comme autant de fragments d'un système impossible à construire – le bilan de la pensée voltairienne une vingtaine d'années après la période de Cirey. On a pu dire qu'il s'agit d'« un second *Traité de métaphysique*, plus libre, plus personnel que le premier ». Voltaire a évolué dans le sens d'un pessimisme absolu envers les spéculations métaphysiques. Il avait un projet de gravure pour illustrer le livre : « Trois aveugles qui cherchent à tâtons un âne qui s'enfuit. C'est l'emblème de tous les philosophes qui courent après la vérité. » À cet égard, *Le Philosophe ignorant* développe et approfondit une problématique négative que la courte *Histoire\* d'un bon bramin* – « accablé de sa curiosité et de son ignorance » – posait déjà avec netteté. Voltaire ne croit plus au libre arbitre, a renoncé à l'optimisme leibnizien et est passé du positivisme conquérant des années 1740 à un rationalisme sceptique radicalisé, qui néanmoins sauvegarde la morale (la loi du juste et de l'injuste échappe au relativisme) et débouche sur l'action. Pour les lecteurs contemporains, les certitudes religieuses étaient probablement les premières à souffrir des interrogations de l'« ignorant » ; d'après les *Mémoires secrets*, bulletin courant de nouvelles manuscrites, l'ouvrage est pernicieux : il renforce « ce scepticisme trop répandu depuis quelques années », et les doutes qu'il exprime « fondent le pyrrhonisme, si dangereux pour les vérités reçues ».

Point d'aboutissement, l'œuvre est pourtant aussi un point de départ. On y voit se dessiner, avec force et clarté, les traits essentiels de la pensée de Voltaire dans ses dernières années. Son rejet de toute construction dogmatique et l'affirmation de son déisme annoncent les polémiques futures contre « les spinozistes modernes » ; et il est probable que le projet du *Philosophe ignorant* s'est formé après que Voltaire eut été renseigné par Damilaville\*, qui séjourna plus d'un mois à Ferney, de la fin août au début d'octobre 1765, sur les idées et les plans des athées parisiens. Grimm\*, un de leurs porte-parole, traite le livre sans ménagement dans la *Correspondance littéraire* (1$^{er}$ juin 1766) : l'auteur y a « faiblement effleuré la surface des choses ». Grimm attaque ici le déisme voltairien dans son principe même : « Qui vous a dit que l'univers était un ouvrage ? », compare Voltaire à l'abbé Pluche naïf partisan des causes\* finales, l'accuse de « jouer avec les mots », prend contre lui la défense du spinozisme et du

hobbisme, et l'apostrophe ainsi, pour finir : « Mon cher Philosophe ignorant, qui faites l'enfant... » Ainsi, au moment où le patriarche monte en première ligne contre l'Infâme, s'ouvre devant lui un nouveau front, celui de l'athéisme.

Roland Desné

## PHILOSOPHIE

EXPÉRIENCE · *LETTRES PHILOSOPHIQUES* · LUMIÈRES · MÉTAPHYSIQUE · MORALE · PHILOSOPHE · POLITIQUE · RAISON · SCIENCES · SUPERSTITION ·

La philosophie, telle que la conçoit Voltaire, est d'abord un refus de la métaphysique : l'essence de l'homme, la nature de l'âme, ou les attributs de Dieu sont des notions qui échapperont toujours à la connaissance. Les seules données qui demeurent à notre portée sont donc phénoménales. Une telle conception de la réflexion philosophique exclut le langage technique des métaphysiciens, d'abord parce qu'il est obscur, ensuite parce qu'il est inutile. Aristote et ses disciples se sont servis « de mots qu'on n'entend point, pour signifier des choses qu'on ne conçoit pas », dit l'article « Cartésianisme » des *Questions sur l'Encyclopédie* — Voltaire raille ces expressions de « forme substantielle » et d'« entéléchie ». La philosophie doit user de termes simples parce que les objets qu'elle évoque doivent être compris de tous les honnêtes gens. Il est inconcevable que Dieu ait voulu soumettre l'homme à des énigmes indéchiffrables ; la « loi morale » suffit, toujours identique en dépit des différences des religions, des dogmes et des rites. L'universalisme rejoint ici le pragmatisme issu de la pensée anglaise : pour régler notre conduite en ce monde, nous n'avons à connaître que des principes simples, clairs et intangibles. Les querelles et *a fortiori* les violences provoquées par l'esprit de dogme et de secte, usurpation humaine de la puissance divine, sont donc absurdes : la Philosophie œuvre justement à les arrêter.

Dans la perspective voltairienne, les mathématiques et la physique newtoniennes deviennent le seul moyen d'accéder à la connaissance de la nature\*, en renonçant au « roman » de la métaphysique. Voltaire ne tombe pas cependant dans le scientisme ; il ne fait jamais de la science un absolu. Les acquis, toujours relatifs, ne sauraient répondre aux fins dernières de l'humanité. Mais la science fournit du moins, dans son domaine propre, des progrès que le philosophe peut ensuite exploiter pour construire un monde meilleur. On retrouve ici la différence fondamentale entre la Philosophie des Lumières, voltairienne entre autres, et la métaphysique classique. Conversion du regard, radical changement de perspective : au lieu d'envisager, sur un mode spéculatif, la relation de l'homme avec Dieu, la philosophie vise à réfléchir sur la somme des connaissances capa-

bles d'améliorer la condition de l'homme, de raffermir le lien social, de soutenir une morale collective. Toute la théorie voltairienne du luxe*, fondant l'enrichissement d'un pays sur le développement du superflu, est une application, parmi d'autres, de ce changement d'optique. La spéculation métaphysique cède ainsi la place à des préoccupations qui annoncent nos modernes sciences humaines. Sans délimiter ni même concevoir très clairement ces disciplines appelées depuis économie, démographie ou sociologie, Voltaire contribue à ouvrir une voie qui rend possible leur existence, même si sa réflexion n'atteint pas la profondeur d'un Montesquieu.

L'ambition qui sous-tend un tel projet traduit un nouvel humanisme d'esprit anticlérical, car la Philosophie, aspirant au bonheur du genre humain, dénie au pouvoir religieux, même armé du bras séculier, le droit de faire violence aux hommes pour leur imposer une doctrine, une pratique ou une opinion conforme à l'orthodoxie.

Dans l'*Essai sur les mœurs*, Voltaire esquisse une histoire de la Philosophie : elle ne commença à «luire aux hommes» qu'à la fin du XVI$^e$ siècle, Galilée* ayant été le premier à faire parler à la physique le langage de la vérité et de la raison. Au XVIII$^e$ siècle, elle étend son règne tous les jours, affirme-t-il, quoique cet optimisme doive être nuancé en fonction des aléas du combat, de la stratégie adoptée et de l'humeur du moment. En 1777, dans *Le Prix de la justice et de l'humanité*, Voltaire constate les indéniables progrès de la philosophie : «Voyez presque tous les souverains d'Europe rendre hommage aujourd'hui à une philosophie qu'on ne croyait pas, il y a cinquante ans, pouvoir approcher d'eux.» Il entend surtout la faire pénétrer chez les hommes «placés dans la médiocrité», cette élite qui n'a ni l'ambition effrénée des grands, ni l'ignorance profonde de la «canaille».

Les positions de Voltaire quant au rôle de la philosophie dans la vie culturelle ont varié. Dans une lettre à Cideville du 16 avril 1735, il refuse de la cultiver exclusivement : «Les belles-lettres périssent à vue d'œil. Ce n'est pas que je sois fâché que la philosophie soit cultivée, mais je ne voudrais pas qu'elle devînt un tyran qui exclût tout le reste. Elle n'est en France qu'une mode qui succède à d'autres et qui passera à son tour, mais aucun art, aucune science ne doit être de mode.» Par la suite la philosophie gagne tous les genres littéraires, la poésie (*Discours en vers sur l'homme*, 1738-1742) comme le théâtre (*Mahomet*, 1742), et l'article «Lettres, gens de lettres ou lettrés» du *Dictionnaire philosophique* (1764) érige l'écrivain authentique en adepte de la philosophie persécutée par la tourbe des sots et des fanatiques.

Didier Masseau

*Les philosophes après lui ne voudront point qu'il soit philosophe. Ils lui refusent un titre que toute son époque lui donnait. Ils estiment, sans doute, qu'un*

*philosophe est un homme qui s'attarde sur les termes, comme si les mots avaient plus de consistance et de profondeur que l'espace et l'instant mental où ils s'animent en chacun. Mais Voltaire vole sur eux. Peut-être qu'il ressent trop, de toute sa nerveuse machine, qu'une valeur d'esprit ne dure qu'un éclair, et que l'esprit est vie, et la vie essentiellement transitive.*
Paul Valéry, *Discours prononcé pour le deux cent cinquantième anniversaire de la naissance de Voltaire, 10 décembre 1944.*

*Si chaque ergoteur voulait bien se dire à soi-même: «Dans quelques années, personne ne se souciera de mes ergotismes», on ergoterait beaucoup moins.*
*Questions sur l'Encyclopédie, 1770-1772, art. «Amour de Dieu».*

*Il y a souvent autant de plaisir à rechercher la vérité qu'à se moquer de la philosophie.*
*Questions sur l'Encyclopédie, 1770-1772, art. «Apparence».*

## PHILOSOPHIE DE L'HISTOIRE (LA), PAR FEU L'ABBÉ BAZIN
### ANCIENS • BIBLE • CHRONOLOGIE • HISTOIRE • JUIFS • MORALE • RELIGION •

Publié en 1765, en pleine bataille contre l'Infâme, longtemps négligé dans le corpus voltairien, cet ouvrage constitue un élément important d'une stratégie qui aujourd'hui nous échappe. «Je crois que la meilleure méthode de tomber sur l'infâme est de paraître n'avoir nulle envie de l'attaquer; de débrouiller un peu le chaos de l'antiquité; de tâcher de jeter quelque intérêt, de répandre quelque agrément sur l'histoire ancienne; de faire voir combien on nous a trompés en tout; de montrer combien ce qu'on croit ancien est moderne; combien ce qu'on nous a donné pour respectable est ridicule; de laisser le lecteur tirer lui-même les conséquences» (à Damilaville, 1764). Le projet est militant, et rien ne désigne Voltaire à être historien de l'Antiquité. Son domaine est l'histoire moderne: Louis XIV, Charles XII. Face aux temps anciens, Voltaire nourrit un pyrrhonisme qu'avaient cultivé avant lui Bayle et Fontenelle. On se gardera donc de prendre le terme «philosophie» employé dans le titre au sens que lui donnera le $XIX^e$ siècle. Ce serait prêter au philosophe un projet qui ne fut pas le sien et oublier que *La Philosophie de l'histoire* ne vise qu'à réfuter le christianisme et l'historiographie chrétienne.

Dans une forme embryonnaire, l'ouvrage fut très vraisemblablement composé pour Mme du Châtelet autour des années 1740. Le *Dictionnaire philosophique* achevé, cette ébauche fut reprise et développée, grâce à une documentation nouvelle que Voltaire réclame dans des lettres envoyées à Cramer et Damilaville, courant 1764. Grimm croit savoir que «cet ouvrage

sera en grande partie l'histoire de l'Église » (la *Correspondance littéraire*, novembre 1764). Le 4 mars 1765, Voltaire écrit à Damilaville : « On m'a parlé d'un manuscrit de feu l'abbé Bazin, intitulé *La Philosophie de l'histoire*, dans lequel l'auteur prouve que les Égyptiens et surtout les Juifs, sont un peuple très nouveau. On dit qu'il y a des recherches très curieuses dans cet ouvrage. Je crois qu'on achève actuellement de l'imprimer en Hollande, et que j'en aurai bientôt quelques exemplaires. »

Selon son habitude, Voltaire fait part à tous ses correspondants de la bonne nouvelle. L'ouvrage est disponible à Paris dès avril. Les *Mémoires secrets* de Bachaumont l'annoncent le 28 avril. Voltaire guette les réactions depuis son observatoire de Ferney, et demande à ses correspondants de maintenir la fiction de l'abbé Bazin auteur de l'ouvrage – le livre sera partout condamné : à Genève (25 avril), à Paris en août, puis en Hollande et par Rome. *La Philosophie* connaît un succès méritoire (huit éditions en 1765) ; elle est traduite en anglais.

La perspective est donc plus antireligieuse qu'historique, l'histoire des temps anciens servant avant tout à refuser l'antiquité du peuple juif et à replacer les données bibliques dans un contexte historique et mythologique plus vaste qui en nie le caractère sacré et la véracité. L'ouvrage commence par l'histoire géologique de la Terre et se termine par une discussion sur les causes de la chute de l'Empire romain. Il ne constitue pas une histoire politique et sociale des peuples considérés, mais une histoire comparée de leurs mœurs et de leurs usages religieux. Ce qui a fait dire que *La Philosophie de l'histoire*, d'une certaine manière, méritait mieux le titre d'*Essai sur les mœurs* que l'*Essai* lui-même.

L'analyse de l'homme et de l'univers, si elle ne propose pas une discussion de la Création elle-même, tente de prendre en compte les changements qu'ils ont subis. Voltaire prend position contre les travaux du botaniste Réaumur, les hypothèses de Benoît de Maillet, auteur du *Telliamed*, moins par refus d'un possible évolutionnisme, que parce que leurs travaux sur les fossiles\* pouvaient servir à rendre crédibles l'existence du déluge et, paradoxalement, sur un globe entièrement recouvert par les eaux, l'inexistence d'un créateur.

Traitant de l'origine et la nature de la religion, Voltaire récuse, dans le chapitre V « De la religion des premiers hommes », l'idée d'une religion qui précéderait le fait social. Il postule que « la connaissance d'un dieu, créateur, rémunérateur et vengeur, est le fruit de la raison cultivée, ou de la révélation ». Les dieux locaux, propres à chaque groupe, à chaque situation, ont précédé la conscience monothéiste. La religion elle-même naît de la nécessité enfin perçue de donner un sens à l'inexplicable. Elle correspond, paradoxalement, à un effort de rationalisation des peurs causées par des phénomènes naturels. À partir de cette donnée première, les croyances

s'organisent et se diversifient. L'examen du relativisme et de l'incohérence des coutumes fait que Voltaire se heurte pourtant à des cohabitations incohérentes : ainsi chez les hindous, dont l'ancienne religion est une des seules dans laquelle « les hommes [n'ont] point été des barbares », existe pourtant la tradition des veuves se sacrifiant sur le bûcher où se consume le défunt mari. Mais ce ne sont là qu'aberrations de détail, incohérences partielles. Pour l'essentiel, Voltaire croit à une morale naturelle, commune à tous les hommes, au-delà des races et des accidents de l'histoire.

Dans ce panorama des temps anciens, un sort particulier est dévolu aux anciens juifs. Non pour leur ancienneté mais parce qu'à travers le peuple juif, son antiquité, son rapport privilégié à Dieu, son rôle dans la tradition chrétienne qu'il fonde, l'Infâme contemporain légitime ses exclusions et son intolérance. Rien n'est ici nouveau. Voltaire répétera inlassablement sa peinture dévalorisante du peuple hébreu, cupide, cruel, inculte, fourbe, ayant emprunté aux civilisations qui l'ont précédé tant de points de doctrine, qu'on a fini par croire qu'il les avait inventés. Travail de sape bien évidemment, mais aussi proposition d'une mythologie comparée, affirmation de l'extrême ancienneté des Égyptiens et prise en charge de ces univers ignorés de la Chine* et de l'Inde*. En ce sens, *La Philosophie de l'histoire* de « l'abbé Bazin », au-delà des apparences et des idées reçues, est peut-être plus novatrice que l'*Essai sur les mœurs* lui-même.

Le public ne fut pas insensible à cette radicale nouveauté. Les détracteurs de Voltaire s'en donnèrent à cœur joie. Dès 1767, ce furent les critiques de l'abbé Clémence, de Viret et de Larcher*. En 1768, celles du théologien Roustan ; en 1769, celles de l'abbé Guénée, puis de l'abbé François. Voltaire répondit dans *La Défense\* de mon oncle* et sembla tenir pour peu les critiques d'un Larcher, pour mieux les prendre en compte dans la réédition de 1769. Bientôt cessèrent les éditions séparées de *La Philosophie de l'histoire* : l'ouvrage devint, dès 1769, l'introduction de l'*Essai sur les mœurs*. On peut juger qu'à cette opération de fusion, *La Philosophie de l'histoire* perdit beaucoup de son intérêt propre, puisqu'elle prenait dès lors essentiellement son sens d'une histoire dont la visée lui est pour une large part étrangère.

*Jean Goulemot*

## PHYSIOCRATIE

AGRICULTURE • *HOMME AUX QUARANTE ÉCUS (L')* • TURGOT •

Si l'on excepte Turgot, dont les rapports avec la physiocratie sont complexes, Voltaire n'a pas fréquenté les physiocrates. Cependant, il a été témoin des expériences et des débats que connaît le siècle, sans pour

autant entretenir avec les membres de l'école une correspondance ou un échange, ou même avoir lu leurs ouvrages.

L'école physiocratique est née au milieu du XVIII$^e$ siècle, en réaction contre le mercantilisme qui favorisait les manufactures. Le terme physiocratie apparaît en 1767 : il indique que ces nouveaux économistes prônent une économie selon les lois de la nature, et que les règlements humains doivent en être le simple reflet. L'essentiel, on le comprendra, est de trouver cet ordre naturel de l'économie, ce à quoi s'emploient les doctrinaires physiocrates dans les articles « Fermiers » (1756), « Grains » (1757) donnés par François Quesnay (1694-1774) à l'*Encyclopédie*, et dans *L'Ami des hommes, ou Traité sur la population* du marquis de Mirabeau (1715-1789). Les ouvrages se succédèrent, et, en 1767, Pierre Samuel Du Pont de Nemours (1739-1817) publia une collection d'essais de Quesnay, sous le titre *La Physiocratie, ou Constitution naturelle du gouvernement le plus avantageux au genre humain*. Voltaire s'irrite de Mirabeau, « lèpre du genre humain ». Il va se croire tenu de riposter quand Pierre Paul Le Mercier de La Rivière (1719-après 1792), ancien intendant de la Martinique, ami de Quesnay, publie *L'Ordre naturel et essentiel des sociétés politiques* et part pour la Russie comme conseiller de Catherine II.

C'en est trop pour Voltaire qui, sur les conseils de Galitzine, lit Le Mercier. « J'ai lu une grande partie de *L'Ordre essentiel des sociétés* ; cette essence m'a quelquefois porté à la tête et m'a mis de mauvaise humeur » – le livre est à ses yeux « profond, méthodique », mais « d'une sécheresse désagréable » : il faut « profiter de ce qu'il y a de bon », mais « laissons là le mauvais » (à Damilaville, 16 octobre 1767). Voltaire se propose dès lors de le réfuter. Ce qu'il fera dans *L'Homme aux quarante écus* : il réagit aux théories physiocratiques au nom d'une logique économique et fort de son expérience de propriétaire terrien. Les années passant, son hostilité s'atténue. La physiocratie a perdu de son intransigeance. Voltaire appuiera le ministère Turgot et interviendra plusieurs fois dans les *Éphémérides du citoyen*.

Outre ce que le simple bon sens lui dictait, et tout particulièrement en ce qui concerne l'assiette de l'impôt, Voltaire a reproché à la physiocratie son esprit de système, son refus de penser la circulation des biens, la réduction qu'elle opère de l'économique à la propriété, son absence d'intérêt pour les problèmes concrets et quotidiens des agents de l'économie. La libre circulation des grains, encore que prônée par les héritiers de la physiocratie durant le ministère Turgot, lui paraît autrement importante. Il l'a appuyée par des libelles, mais n'a pas toujours compris les conséquences humaines de la « guerre des farines ». L'hostilité de Voltaire aux physiocrates confirme son libéralisme et son antidogmatisme, qu'on ne peut limiter, comme on est trop enclin à le faire, au domaine religieux.

*Jean Goulemot*

## PICTET, Charlotte, François Pierre et Pierre

DÉLICES (LES) • FERNEY • GENÈVE • TOURNEY •

Voltaire a connu plusieurs membres de cette vieille famille du patriciat genevois.

Fille unique de Pierre et Marguerite Pictet, les voisins de Voltaire aux Délices, Charlotte Pictet (1734-1766), dite Lolotte, était dans tout l'éclat de ses 20 ans lorsque le galant sexagénaire arriva à Genève. Avant de s'engouer pour les spectacles de Tourney, Lolotte fit à Voltaire la surprise d'un magnifique bonnet «de sultan», qui piqua la jalousie de Mme Denis et valut à la jeune femme un inoubliable quatrain :

> *Quand vos yeux séduisent les cœurs,*
> *Vos mains daignent coiffer les têtes.*
> *Je ne chantais que vos conquêtes*
> *Et je vais chanter vos faveurs !*

Voltaire s'intéressa beaucoup au mariage de Lolotte, qui épousa en octobre 1757 le Lausannois Samuel de Constant (1729-1800), ancien militaire et futur romancier. Mais l'idylle eut une fin tragique : après quatre maternités rapprochées, Lolotte mourut brusquement le 25 mars 1766, à l'âge de 32 ans.

Chef de famille après six générations de syndics, François Pierre dit Pictet de Varembé (1728-1798) s'était préparé aux honneurs. Voltaire, qui l'appelait «mon cher géant» (il mesurait en effet 2 mètres), en fit l'un des acteurs de sa troupe à Tourney et Ferney en 1759-1760. Mais le géant fit des dettes et dut quitter Genève en 1761. Il alla chercher fortune en Russie, d'où il écrivit à Voltaire une dizaine de lettres fort curieuses, réussissant à merveille auprès de Catherine II, dont il devint le conseiller privé, le secrétaire français et l'imprésario. Mais une affaire de contrebande le perdit. Il tenta par la suite de fonder une colonie à Kazan, de développer la culture du tabac en Ukraine... On le retrouve dans les bureaux de Vergennes à Paris en 1780, professeur de français à Reading en 1790, pamphlétaire à Londres en 1793, et finalement agent contre-révolutionnaire à Berne où il mourut en 1798 dans l'abomination du jacobinisme et de la démocratie.

Fils de pasteur, professeur de droit à l'académie de Genève, époux de l'opulente Marguerite Cramer, Pierre Pictet (1703-1768) n'est connu que pour avoir été à Genève le voisin de Voltaire, qui fit la cour à sa fille Lolotte et entretint avec lui une correspondance dont une vingtaine de lettres subsistent. Grâce à l'héritage de son beau-père décédé en 1756, Pierre Pictet-Cramer put se faire construire à Saint-Jean, voisine des Délices, une jolie maison de campagne, dont Voltaire tint cependant à masquer la vue, par une plantation d'arbres qu'il baptisa plaisamment ses

« cache-pictet » : l'anecdote recueillie par le docteur Gagnon fut reproduite par son petit-fils Stendhal dans ses *Mémoires d'un touriste* en 1854.

Jean-Daniel Candaux

## PIÈCES ORIGINALES CONCERNANT LA MORT DES SIEURS CALAS ET LE JUGEMENT RENDU À TOULOUSE

Elles se composent à l'origine d'un *Extrait d'une lettre de la dame veuve Calas*, en date du 15 juin 1762 ; et d'une *Lettre de Donat Calas à la Veuve dame Calas, sa mère*, en date du 21 juin 1762. À cet ensemble publié sans doute dès la fin de juin 1762, Voltaire ajouta, au fil des réimpressions aussitôt tirées, une *Lettre de Donat Calas à Monseigneur le chancelier* datée du 7 juillet 1762 ; une *Requête au roi en son Conseil*, du même jour, et le *Mémoire de Donat Calas pour son père, sa mère et son frère*, du 22 juillet 1762, enfin la *Déclaration de Pierre Calas* datée du 23 juillet.
Rédigées ou mises en forme par Voltaire lui-même sur les indications recueillies dans la famille Calas, ces pièces lançaient d'emblée l'affaire, au-delà de la révision, vers une réhabilitation publique.

Jean Goulemot

*Le préjugé aveugle nous a perdus ; la raison éclairée nous plaint aujourd'hui ; le public, juge de l'honneur et de la honte, réhabilite la mémoire de mon père ; le conseil confirmera l'arrêt du public, s'il daigne seulement voir les pièces. Ce n'est point ici un de ces procès qu'on laisse dans la poudre d'un greffe, parce qu'il est inutile de les publier ; je sens qu'il importe au genre humain qu'on soit instruit jusque dans les derniers détails de tout ce qu'a pu produire le fanatisme, cette peste exécrable du genre humain.*
*À Châtelaine, 23 juillet 1762.*
*Signé : PIERRE CALAS.*

*Déclaration de Pierre Calas, 1762.*

## PIERRE I$^{er}$ LE GRAND

HISTOIRE · RUSSIE ·

Tsar de Russie (1682-1721), puis empereur de Russie de 1721 à sa mort en 1725. Pierre I$^{er}$ est une référence constante de Voltaire. Il lui a consacré des *Anecdotes\* sur le czar Pierre le Grand* (1748) et l'*Histoire\* de l'empire de Russie sous Pierre le Grand* (1759-1763). Pour le philosophe, Pierre le Grand représente une figure exemplaire du héros, telle que l'illustre sa lutte contre Charles XII, roi de Suède, mais aussi du grand homme, qui ouvre

une ère nouvelle en imposant à son peuple des réformes qui le font accéder à la civilisation.

Jean Goulemot

## PIGALLE, Jean Baptiste

C'est de loin, mais avec intérêt, que Voltaire suivit d'abord la carrière de Pigalle (1714-1785), sculpteur lent et rare, laborieux, atypique, avant que leurs deux noms ne se trouvent liés, à l'occasion de ce *Voltaire nu* qui fit tout à la fois événement et scandale. Sans doute est-ce à Berlin qu'il vit d'abord certaines de ses œuvres, dès 1750 : une *Vénus*, un *Mercure*, offerts par Louis XV à Frédéric II.

Né d'une famille de menuisiers, protégé par Mme de Pompadour après des débuts difficiles, ami du marquis de Marigny, le frère de la favorite, mais aussi des Philosophes, et particulièrement de Diderot, son exact contemporain, qu'il appelait « son compère », et qui l'a loué dans ses *Salons*, Pigalle développait une œuvre solitaire et volontaire, en cultivant une liberté secrètement éclectique entre l'allégorisme officiel, l'intimisme mondain, et une fascination plus personnelle pour l'énergie des visages et des corps. Sa première grande commande privée fut le célèbre mausolée du comte d'Harcourt (1766), et la seconde le *Voltaire* réalisé à la demande des Philosophes. Entre-temps, le sculpteur s'était adressé au poète et chantre de Louis XIV, en 1763, pour lui demander officieusement une inscription destinée à une statue de Louis XV – Voltaire s'exécuta, mais son quatrain, d'esprit citoyen, ne fut pas retenu.

Le *Voltaire nu* est probablement l'œuvre la plus connue de Pigalle, et la figure la plus forte de toute l'iconographie voltairienne. Il mit six ans à la sculpter (1770-1776), puis elle a mis près de deux siècles à vaincre les répulsions du bon goût, et à passer de l'hommage privé à la reconnaissance institutionnelle – encore n'est-elle aujourd'hui au Louvre (depuis 1962) qu'en dépôt. Tout en était nouveau. L'origine d'abord : une simple décision d'une « société particulière », dix-sept personnes réunies chez Mme Necker*, au printemps de 1770, à l'occasion d'un de ses « vendredis », dont d'Alembert, Diderot, Grimm, Marmontel, Suard, Helvétius, Morellet – dans un compte rendu devenu mythique de sa *Correspondance* littéraire*, Grimm évoque à la fois « une assemblée de dix-sept vénérables philosophes » et « cette chambre des pairs de la littérature », allusions imagées aux francs-maçons et aux lord anglais, pour suggérer justement, avec humour, l'absence totale d'autorité de leur initiative. La réalisation ensuite : une souscription*, aussitôt lancée, à laquelle furent admis les auteurs, puis, sur une base également volontaire, des amateurs remarquables, princiers,

# P

La figure est reconnaissable : c'est l'esquisse du fameux marbre. À cette fulgurance griffée, on devine l'enthousiasme des habitués du salon Necker, à qui Pigalle apporta son idée, un jour du printemps 1770. C'est une « idée » justement, mais déjà un programme, et de génie. On disait Pigalle « lent à finir » – Joubert a noté ce poncif dans ses « Carnets ». Il commençait ici superbement. La ressemblance n'y est pas, et peut-être n'a-t-elle pas été cherchée, quoique l'artiste eût évidemment des modèles sur toile et sur papier. Mais la sensation est immédiate d'une étrange et profonde combinaison de vieillesse et d'énergie, de puissance et de fragilité, de périssable et de sublime. Le corps va se dénuder encore, ces muscles vont fondre, le bras se réduire aux veines, ces livres disparaître pour mieux dégager la plume, et les lauriers rejoindre à terre les autres emblèmes d'éternité, en découvrant jusqu'au crâne nu. Mais l'essentiel est déjà dit, le Voltaire de chair investi d'un sens au-delà de sa mort et de sa personne. Oui, la force tendue des convictions peut servir de gloire. L'écrivain comme écorché vif, naissance de l'Intellectuel.

Nu. Aucun habillage allégorique, le drapé réduit au dos, la lyre noyée dans un pli tombant. Aucune idéalisation, plus rien de « la belle nature », un réalisme alors inouï, outrancier. « L'habit de nature, c'est la peau » : mot de Diderot, ami de Pigalle, et qui aura soutenu, soufflé peut-être, cette audace.
Les plaisants firent sur ce « Voltaire squelette », des mots, des épigrammes et des chansons : les mamelons allongés, les côtes à numéroter, la sortie de bain, etc. Nudité du

VOLTAIRE NU, STATUETTE EN TERRE CUITE, ESQUISSE DU MARBRE, PAR PIGALLE, 1770.

ORLÉANS, MUSÉE DES BEAUX-ARTS.

vieillard, plus indécente dans le lissé du marbre, et relevée par la posture, la nuque plus droite, le dégagement du torse. Le sexe est caché par le grand parchemin à l'antique, mais le stylet du nouveau scribe suggère l'autre virilité des énergies de la pensée travaillant l'histoire. Le corps se détache, il pèse, prêt pourtant, dirait-on, à se dresser – pour quel départ ? L'artiste a intériorisé la force de l'œuvre, et la conscience de cette force, mais dans le dénuement, la solitude ultime.

La dédicace fait partie de la statue : « À Monsieur de Voltaire, par les gens de lettres, ses compatriotes et ses contemporains. 1776. » Au-delà des premiers souscripteurs, elle associait à l'action du champion des Lumières tous les tenants des mêmes causes. Mais où placer ce fantasme de marbre ? Car le « Voltaire nu » de Pigalle, initiative d'une avant-garde, était d'avance interdit de lieu dans l'espace public du temps. À la mort de Voltaire, la statue passa à ses parents d'Hornoy et quitta Paris pour leur petit château picard. Offerte en 1806 à l'Institut de France, elle resta là pendant un siècle et demi, obscurément fameuse et toujours méprisée – « la belle horreur », disait-on. Entrée au Louvre en 1962, enfin exposée, récemment remise en valeur parmi d'autres œuvres de Pigalle, elle n'a jamais été vraiment acceptée par la mémoire collective. Même les spécialistes font souvent la moue, préférant les Houdon. D'abord choqué par l'idée de sa nudité, Voltaire avait pourtant repoussé toutes les réticences, d'une superbe formule qui de loin donne une leçon de goût : « Il faut laisser Monsieur Pigalle le maître absolu de sa statue. C'est un crime, en fait de beaux-arts, de mettre des entraves au génie » (à François Tronchin, 1er décembre 1771).

A. M.

*Voltaire nu*, statue de marbre, de Pigalle, 1770-1776.

Paris, musée du Louvre.

Coup pour coup, les deux images se répondent, venues des deux camps adverses. Anonymes l'une et l'autre, elles datent de 1773-1774 – des amateurs ont vu dans l'atelier de Pigalle le modèle de plâtre, la figure scandaleuse fascine déjà.

Contre ce retour de l'idolâtrie, un Dieu justement courroucé a lancé sa foudre. Voltaire y perd soudain ce bras coupable de tant de blasphèmes et d'infamies. Ses partisans débandés s'enfuient, laissant au sol un corps convulsif – près d'une harpe de rébus : c'est donc La Harpe. On reconnaît, l'un portant sphère et compas, l'autre ses gros in-folio, les Encyclopédistes d'Alembert et Diderot, et plus à droite un abbé, peut-être Morellet. Ils doivent être dix-sept, comme lors du fameux dîner du lancement de la souscription. Plusieurs implorent ou s'agenouillent : leur châtiment est proche. Les écrits de l'impie brûlent déjà : « La Pucelle », le poème de « La Religion naturelle », les « Questions sur l'Encyclopédie », « L'Ingénu ». À gauche, tendant la main au bras coupé qui tombe, un diable femelle, mixte de Luxure et de Folie – car on n'ose songer à Mme Necker, patronne du grand projet. La figure de la Divinité semble reprise d'une autre estampe.

Au-dessous se lit une inscription assez maladroite, supposément le mot de la fin de ce Voltaire déhanché, lubrique et manchot :

« *Fuyez, vils courtisans
   [d'une honteuse idole,
Fuyez !...Qu'ai-je besoin de votre
   [encens frivole ?
J'ai pu braver les lois, tromper
   [l'humanité.
Mais on n'échappe point à la
   [Divinité.* »

L'inscription de la gravure du bas part de la bouche de ce bel archange qui vient couronner le grand homme, ailes déployées, torche ardente et foudroyante, dans une sorte de Visitation philosophique :

« *Laisse dans leur sale bourbier
Croupir la Sottise et l'Envie :
Il ne faut pour les foudroyer
Que le flambeau de ton Génie.* »

Le bourbier grouille du bestiaire conforme : rats, serpents et crapauds. L'Envie dresse un bras impuissant, que la foudre va briser ; devant elle, deux feuilles présentent un titre : « L'Année littéraire », et le dessin d'un serpent – dénonçant ainsi l'odieux Fréron. À droite, se roulant dans la fange, la Sottise a la tonsure et l'habit du moine, mais tout près des in-folio du théologien, un autre titre : « Épître de Boileau à M. de Voltaire » permet d'identifier Clément, l'autre anti-Voltaire du moment.

C'est foudre contre foudre et justice contre justice. Pour n'être que symboliques, les violences de ces deux estampes n'en sont pas moins effrayantes. Une guerre était engagée, dont ce double décor d'orage et d'aurore manifeste l'enjeu manichéen, inversé de l'une à l'autre : il y va des Lumières ou divines ou humaines.

*A. M.*

LA JUSTICE DIVINE, GRAVURE ANONYME, 1773.

LA JUSTICE HUMAINE, GRAVURE ANONYME, 1773-1774.

PARIS, BIBLIOTHÈQUE NATIONALE DE FRANCE.

voire royaux, dont la liste devait rester secrète et fut pourtant en partie connue, formant ensemble une sorte d'association spontanée, qui légitimait après coup l'entreprise, par l'estime ou l'admiration commune de l'homme Voltaire, la sympathie ou l'adhésion aux idées et aux visées de son œuvre. D'Alembert se chargea des comptes et du secrétariat de l'opération. Frédéric II souscrivit, ostensiblement – sa lettre entra dans les registres officiels de l'Académie française –, puis l'impératrice Catherine II, le roi Christian VII de Danemark, des princes allemands, des ministres anglais, des diplomates en poste (dont le duc d'Albe, ambassadeur d'Espagne), des académiciens bien sûr, des personnalités en vue, des notables de province, des artistes, et pour la cour de France, mais à titre personnel, comme un signe d'amitié, la seule duchesse de Choiseul, épouse du ministre principal de Louis XV – la famille royale s'abstint, et naturellement tout le clergé, qui ne pouvait voir dans cet épisode qu'une bravade d'idolâtrie.

Autour du vieillard ainsi glorifié, à 76 ans, ce fut une démonstration de fait, à l'échelle de l'Europe, de son audience et de son influence – le prototype de nos pétitions modernes. Jean Jacques Rousseau avait tenu à souscrire, non sans restrictions mentales connues de lui seul, et malgré l'opposition de Voltaire, dûment chapitré par d'Alembert, qui lui fit accepter le geste comme un hommage ; en revanche, les contributions de Palissot, de Fréron, de La Beaumelle furent écartées.

Les frais furent largement couverts, avec un budget de plus de 18 000 livres, dont 1 500 pour le bloc de marbre, et 10 000 livres pour la rémunération de l'artiste, sans compter ses frais de voyage jusqu'à Ferney, où il se rendit dès mai 1770 pour sculpter le grand homme en buste – cette étude a disparu. La maquette en terre cuite fut d'emblée célèbre, puis le grand modèle en plâtre, présenté dès 1772. Amateurs et badauds défilaient dans l'atelier de Pigalle ; les journaux publièrent des échos, des inscriptions facétieuses, des lettres de lecteurs curieux ou indignés. Un curé prêcha, à Paris, contre ce monument d'impiété.

On suivit partout, jusqu'à Vienne et Saint-Pétersbourg, cette « affaire de la statue ». Jamais encore on n'avait vu un homme de lettres sculpté en pied de son vivant, ni pareil mouvement public attestant son action – le *Voltaire* de Pigalle tient ainsi de près à une histoire du statut de l'écrivain, plus précisément à une préhistoire de l'« intellectuel » comme figure symbolique. L'option esthétique aussi devait déranger, choquer, totalement neuve, agressive, inadmissible au goût du temps, avec cette sorte d'implication obscurément matérialiste : un corps nu, fragile, livré à la destruction prochaine, mais anatomique et extatique tout à la fois, transcendé par la puissance purement humaine d'une œuvre dressée contre le temps – détournement profane de l'Écriture, dirait-on, par transfert du sacré à un nouvel évangile de l'Homme.

Héros de « cette aventure unique », comme il l'appellera en 1776 dans son *Commentaire\* historique*, Voltaire accompagna l'événement de son mieux, mais un peu dépassé, dépossédé du sens ultime de sa propre statue. Ses lettres du moment disent la reconnaissance, la fierté, mais aussi l'embarras. On le félicite, on le consulte, on sollicite ses avis. Il avoue son appréhension du ridicule, la pudeur de l'image de son corps – il respectera pourtant le choix de la nudité, au nom des droits de l'artiste. Heureux de servir autrement contre les sots, les bigots et les hypocrites, il se demande tout de même où l'on pourra bien mettre, une fois terminé, l'étrange monument, dans un pays où il n'est pas tout à fait sûr qu'ils ne dominent pas encore.

*André Magnan*

*À Paris, ce 18 octobre 1773*
*Nous exposer, Monsieur, les traits d'un homme célèbre, les transmettre à la postérité, c'est sans doute le plus digne emploi qu'un illustre artiste puisse faire de son talent. Nous avons vu par cette raison avec beaucoup de plaisir le monument que M. Pigalle élève à la mémoire de M. de Voltaire vivant. Le Praxitèle français a supérieurement saisi la figure de ce poète; il est d'une ressemblance à faire peur. Mais pourquoi l'a-t-il fait tout nu ? Nous ne pensons pas que cela fût nécessaire. L'aspect de ce corps décharné et dégoûtant n'ajoutera rien à la renommée de l'original. Il est assez indifférent que la postérité compte les côtes de M. de Voltaire, et sache qu'il avait les mamelons très allongés. Nous aurions donc mieux aimé, Monsieur, que des voiles heureusement dessinés eussent dérobé le hideux de cette statue et n'eussent permis aux yeux de s'arrêter que sur une tête tant de fois couronnée; nous avons en conséquence réduit nos vœux, à cet égard, en un couplet que nous prenons la liberté de vous adresser, pour en faire, sans exception, l'usage qu'il vous plaira.*
*Sur l'air « ... Filii et Filiae ».*

*Voici l'auteur de l'« Ingénu »;*
*Pigal nous le montra tout nu;*
*Monsieur Fréron le drapera.*
*Alleluia.*

*Nous avons l'honneur d'être, Monsieur, etc...*
*Une société d'amateurs.*

Fréron, dans *L'Année littéraire*, 1773, t. VI
– pseudo-lettre à Fréron, évidemment fabriquée ou suscitée par Fréron lui-même, qui ajoute cette note au premier vers du couplet:
« *Petit roman de M. de Voltaire qui parut il y a six ou sept ans, et qui peut-être n'est pas connu de tout le monde.* »

## PILAVOINE, Maurice, dit « l'Indien à Surate »

Voir COLLÈGE DE LOUIS-LE-GRAND.

## « PIMPETTE »

CORRESPONDANCE • NOYER (MME DU) •

Ce surnom qui désigne la charmante Olympe du Noyer devait être apparemment d'usage familial; Voltaire ne l'emploie jamais, mais il est attesté par La Beaumelle*, qui connut personnellement les du Noyer. Rassemblées par Mme du Noyer mère et publiées par elle dès 1720, dans les *Lettres historiques et galantes de deux dames de condition* – périodique qu'elle dirigeait –, les quatorze lettres d'amour du jeune Arouet et de Pimpette sont recueillies depuis 1821 dans toutes les rééditions des œuvres complètes de Voltaire. Il faut avouer qu'en l'absence des manuscrits, le texte n'est pas absolument sûr.

*Anne Soprani*

## PIRON, Alexis

GENS DE LETTRES • POLÉMISTE •

Alexis Piron (1689-1773) est un des ennemis inconditionnels de Voltaire, mais à la différence des Nonnotte* et Patouillet*, c'est avant tout un ennemi littéraire, non un antiphilosophe. Né à Dijon, ami de Rameau, il avait connu la misère à Paris dans les années 1720 avant d'obtenir le succès, avec *Gustave Vasa* et surtout *La Métromanie*, comédie brillante que Voltaire appelle la « Piromanie » parce que l'auteur s'y était peint lui-même. La première rencontre de Voltaire et Piron se fit dans la société de Mme de Mimeure*, à Paris, vers 1723 : Voltaire salue à peine le nouveau venu et lui grignote sous le nez un quignon de pain. Par la suite, ces deux passionnés de théâtre se trouvent constamment en rivalité. La tragédie de *Gustave Vasa* a l'insolence de remporter un succès comparable à celui de *Zaïre* ! Lorsque, en 1745, Voltaire veut renforcer sa position de poète courtisan en célébrant la bataille de Fontenoy, Piron est encore son concurrent. À la première d'*Oreste* en 1750, c'est une véritable cabale que son ennemi monte contre lui. Avant même le lever de rideau, les sifflements fusent de toutes parts. Les correspondances conservées de Piron sont remplies de nouvelles piquantes sur Voltaire, sa vie et son œuvre, de bons mots et de méchants traits, d'épigrammes et d'anagrammes. L'une des pointes les plus terribles contre le polémiste Voltaire est sans doute du satirique Piron :
« S'il* n'avait pas écrit, il eût assassiné... »

Piron de son côté heurte Voltaire, dans les années 1730-1750, dans la mesure où il risque de compromettre sa carrière de dramaturge et de ternir son image de poète officiel. Ensuite Voltaire se plaignit souvent des attaques continuelles d'un homme qu'il se mit à considérer comme un raté, et qui pourtant continuait de jouir d'un certain renom littéraire. Ajoutons que Piron avait appartenu au cercle de Mme de Tencin*, qui avait soutenu Marivaux contre Voltaire à l'Académie, et qu'il avait été un moment protégé par Mme de Pompadour*. Il en fallait moins que cela pour être un ennemi de Voltaire !

*Didier Masseau*

## PLAIDOYER POUR GENEST RAMPONEAU, CABARETIER À LA COURTILLE, CONTRE GAUDON, ENTREPRENEUR D'UN THÉÂTRE DES BOULEVARDS

FACÉTIES • THÉÂTRE •

Ce petit texte, publié en 1760, est une des «fusées» dirigées, au nom des Cacouacs*, contre les attaques de l'antiphilosophie qui se déchaîne cette année-là. Voltaire prend prétexte d'un fait divers pour s'attaquer aux ennemis de l'*Encyclopédie*, et pour égratigner Rousseau au passage. Ramponeau était un cabaretier célèbre du quartier de La Courtille qui vendait du très mauvais vin à très bon marché. Gaudon, entrepreneur de spectacles, conçut le projet de faire monter le cabaretier sur les planches de son théâtre. Le marché fut conclu, mais Ramponeau refusa obstinément de tenir ses engagements ; un procès s'ensuivit. Voltaire fait tenir au personnage un plaidoyer burlesque, fondé sur l'argument que, dans sa récente *Lettre à d'Alembert sur les spectacles* (1758), Rousseau condamne le théâtre et « préfère hautement les marchands de vin aux histrions » ; puis, Ramponeau appelle à l'aide les ennemis de l'*Encyclopédie*, la digne cohorte des Palissot*, Lefranc* de Pompignan et autres Fréron*, contre les livres de philosophie qui retiennent les citoyens d'aller, comme ils devraient, au cabaret. Ce goût prononcé pour l'absurde et cet humour grinçant, qu'on peut situer dans la tradition de Swift, annoncent des formes de comique singulièrement modernes.

*Didier Masseau*

## PLATON

ÂME • ANCIENS • CHRISTIANISME • DÉISME •

Voltaire a lu Platon. Sa bibliothèque en fait foi. N'a-t-il pas fait de lui le héros d'un conte, *Le Songe\* de Platon* ? Mais on sait que Voltaire n'a pas la

tête théorique et sa lecture de Platon semble souvent approximative, parfois même de seconde main. Il ignore le grec et lit Platon dans la traduction de Dacier, qui tentait de faire du philosophe un chrétien avant l'heure.

Les points de vue de Voltaire sur Platon sont hétérogènes. Ainsi l'affirmation platonicienne selon laquelle le monde est arrangé par une intelligence supérieure conforte le déisme des *Lettres\* de Memmius à Cicéron* (1771) : « Je dis avec Platon (sans adopter ses autres principes) : Tu crois que j'ai de l'intelligence, parce que tu vois dans l'ordre de mes actions, des rapports et une fin ; il y en a mille fois plus dans l'arrangement de ce monde... » Sans approuver sa démonstration, puisqu'il critique durement son *Traité sur l'immortalité de l'âme*, il est sensible à sa croyance en une âme immortelle (art. « Aristote » et « Chrétiens platoniciens » des *Questions\* sur l'Encyclopédie*, 1770-1772). Mais il dénonce son goût pour la métaphysique (*Dieu et les hommes*, 1769), tout en le félicitant pour sa morale. Voltaire ne conserve de Platon que ce qui sert sa propre philosophie et sa vision du monde. Ainsi le mythe de l'androgyne l'amuse, son « Souverain Bien » lui semble une chimère et son style souvent un galimatias. Le philosophe montre comment le christianisme a emprunté à Platon son dogme de la Trinité\*, au point qu'on peut le considérer comme le véritable fondateur du christianisme (*Questions sur l'Encyclopédie*, art. « Platon »). On regarda même un passage de ses dialogues, s'amuse Voltaire, comme une prophétie de la mort de Jésus (*Questions sur l'Encyclopédie*, art. « Prophètes »), jusqu'à faire de lui presque un Père de l'Église (*Le Siècle de Louis XIV*, chap. XXXIV).

La position de Voltaire face à Platon est ainsi de fascination et de répulsion, selon qu'il y conforte son déisme ou traque les cautions du christianisme. Lecture éclectique sans doute aussi fausse que celle des chrétiens, qu'il n'a cessé de dénoncer.

Dans les lettres de Voltaire, Diderot est souvent désigné sous le pseudonyme de « frère Platon », voire « frère Tonpla »...

*Jean Goulemot*

*Locke seul serait un grand exemple de cet avantage que notre siècle a eu sur les plus beaux âges de la Grèce. Depuis Platon jusqu'à lui il n'y a rien ; personne dans cet intervalle n'a développé les opérations de notre âme ; et un homme qui saurait tout Platon, et qui ne saurait que Platon, saurait peu et saurait mal. C'était, à la vérité, un Grec éloquent ; son « Apologie de Socrate » est un service rendu aux sages de toutes les nations ; il est juste de le respecter, puisqu'il a rendu si respectable la vertu malheureuse, et les persécuteurs si odieux. On crut longtemps que sa belle morale ne pouvait être accompagnée d'une mauvaise métaphysique ; on en fit presque un Père de l'Église à cause de son « ternaire », que personne n'a jamais compris. Mais que penserait-on aujourd'hui d'un*

*philosophe qui nous dirait qu'une matière est l'autre ; que le monde est une figure de douze pentagones ; que le feu, qui est une pyramide, est lié à la terre par des nombres ? Serait-on bien reçu à prouver l'immortalité et les métempsycoses de l'âme, en disant que le sommeil naît de la veille, la veille du sommeil, le vivant du mort, et le mort du vivant ? Ce sont là les raisonnements qu'on a admirés pendant des siècles ; et des idées plus extravagantes encore ont été employées depuis à l'éducation des hommes.*

Le Siècle de Louis XIV, 1752, chap. XXXIV.

## POÈME DE FONTENOY (LE)

COURTISAN • GUERRE • LOUIS XV • POÈTE •

Le 11 mai 1745, Louis XV remporta une grande victoire à Fontenoy contre une coalition qui menaçait d'envahir la France. La bataille eut lieu en sa présence et en présence de son fils. De cette victoire, il choisit de ne tirer aucun profit territorial, fidèle en cela à la pensée des philosophes. Cette glorieuse occasion fut célébrée par tout ce que la France comptait de poètes notoires : véritable compétition à laquelle Voltaire participa d'autant plus volontiers qu'il vivait alors à la cour de France, venait d'être nommé historiographe* du roi et aspirait à l'Académie française, où il entra l'année suivante.

Comme les autres poètes, il esquisse un récit de la bataille, exalte le rôle du roi, salue les morts et vante le courage des soldats. Les informations ne manquaient pas, et Voltaire avait, sinon une expérience personnelle de la guerre, du moins une connaissance directe des réalités militaires ; il vivait dans un monde où les officiers occupaient une grande place (à commencer par le mari de sa maîtresse en titre, Mme du Châtelet, ou son ami le duc de Richelieu). Son modèle poétique, comme celui de ses rivaux, est le fameux passage du Rhin chanté par Boileau, qu'il évoque dès les premiers vers. Comme beaucoup d'écrivains de son temps, il a le sentiment qu'il s'agit de rivaliser avec le grand siècle. Il y parvient. Les contemporains ont raillé les énumérations d'officiers remarqués :

> *La Marck, La Vauguyon, Choiseul, d'un même effort,*
> *Arrêtent une armée et repoussent la mort.*

C'était plaire à beaucoup de familles influentes. Mais c'est aussi rappeler sans cesse l'humanité des combattants, des blessés, des morts :

> *Que nos lauriers sanglants doivent coûter de pleurs !*
> *Ils tombent ces héros, ils tombent ces vengeurs ;*
> *Ils meurent, et nos jours sont heureux et tranquilles...*

# P

La bataille de Fontenoy eut lieu le 11 mai 1745. Elle est entrée dans la légende : « Tirez les premiers, messieurs les Anglais ! » Élégance et panache bien illustrés par cette gravure. Ce fut une victoire pour messieurs les Français. Voltaire en a raconté les circonstances et le déroulement, sans cacher ce que la bravoure de ces Français avait coûté de morts, de sang et de larmes à la noblesse de France. Braves gens, beaux morts. Le carnage fut tel qu'il laissa des souvenirs littéraires : Jacques le Fataliste y a récolté une balle dans le genou, qui marquera le début de ses aventures et l'affligera d'une boiterie, seule particularité physique que Diderot ait donnée à son personnage.

La bataille fait rage. Sur son cheval blanc, un officier mène la charge, plumet au chapeau, le torse ceint d'une écharpe croisée sur la cuirasse, le sabre au clair et les pistolets rangés dans les fontes. Tourné vers la gauche, il semble encourager ses troupes, les appeler, comme un autre, à se rallier à lui, à son cheval blanc et à son panache. Tout cela est épique. Un autre cavalier le suit, un peu perdu dans l'ombre. À gauche le canon tonne. Les servants sont à leur pièce : l'un allume la mèche et l'autre court pour tasser la charge, le coup tiré. La fumée envahit la scène. On aperçoit les fantassins en ligne. Dans le fond, des murailles. Comme si, habitude ou nostalgie, même les batailles en rase campagne se dessinaient avec des murailles de château fort à prendre d'assaut. Que tout cela est grandiose... Passons vite sur ce soldat à droite au premier plan : pas de plumet, pas de cuirasse, une cartouchière qui ballotte, un uniforme un peu court de manches,

il porte au mépris du danger un baril de poudre. Passons encore plus vite sur cet autre, couché à terre entre les pattes du cheval, mort sans doute, sans tricorne, ni vie ni plumet. Ainsi va la guerre. Voltaire, tout historiographe qu'il était, tout patriote qu'il ait pu se sentir, n'a, au fond, jamais dit autre chose.

J. G.

BATAILLE DE FONTENOY, GRAVURE.

PARIS, BIBLIOTHÈQUE NATIONALE DE FRANCE.

Ce poème de courtisan et de poète officiel est aussi le cri d'un patriote et d'un homme sensible. Il s'en fit en quelques semaines plus de dix éditions, à Paris et en province, certaines avec grand plan dépliant pour suivre les opérations, d'abord sous le titre de *La Bataille de Fontenoy*, puis sous celui de *Poème de Fontenoy* lorsque Louis XV en eut accepté la dédicace à la requête de Mme de Pompadour, le 10 juin. La superbe réédition portant la marque « De l'Imprimerie royale », avec texte encadré, signalait une seconde victoire : celle de Voltaire, sorti vainqueur de cette bataille poétique.

Sylvain Menant

## *POÈME SUR LA LOI NATURELLE*

ATHÉISME • DIEU • LOI NATURELLE • MORALE • NATURE • POÉSIE • POÈTE • RELIGION • TOLÉRANCE •

Pour le public cultivé du XVIII$^e$ siècle, le poète latin Lucrèce est une référence obligée : il a su mettre en vers la philosophie d'Épicure, joignant à la hardiesse de ses idées tout le feu de son imagination et toute la persuasion de son éloquence. Unir philosophie et poésie, tel est le projet que caresse Voltaire à son tour, comme tant d'autres poètes à travers toute l'Europe : le *Poème sur la loi naturelle* continue l'*Essai sur l'homme* de Pope* ; il complète l'entreprise des sept *Discours\* en vers sur l'homme* (1738-1742). Il fait partie intégrante du combat philosophique de Voltaire, en proposant une attitude morale qui permette de dépasser le christianisme, et en repoussant les thèses matérialistes que La Mettrie* venait de soutenir dans son *Anti-Sénèque* – Voltaire écrit aussi un « Poème de la religion naturelle » : le titre primitif de l'ouvrage.

Il l'a commencé en effet en 1751, durant son séjour à la cour de Frédéric II de Prusse, alors que s'affrontent déjà, autour du roi-philosophe, les diverses tendances de la pensée des Lumières. Il ne l'a achevé et publié qu'en 1756. Les nombreuses rééditions, aussitôt épuisées, indiquent que le grand poème répond à une attente.

Il se présente comme un discours – quelques centaines d'alexandrins – avec un exorde, quatre parties bien marquées et, pour conclure, une brève prière. Son charme tient à la variété des tons : le poète passe de la familiarité à l'indignation, au sublime, au majestueux ; il mêle raisonnements, récits, discussions fictives, tableaux amusants et visions atroces. L'unité naît de la constante présence du poète dans ses vers : « J'entends avec Cardan Spinoza murmurer [...] On insiste, on me dit [...] Oui, je l'entends souvent [...] Je ne demande pas [...] ». Ces interventions du moi transforment les débats intellectuels abstraits, sur des sujets métaphysiques, en une méditation personnelle, dont le lecteur peut partager le mouvement, la

recherche, l'exigence ; c'est une conviction qui s'exprime et se communique : un Dieu existe, qui ordonne à tous les hommes, au-delà de leurs différences, une loi unique de tolérance et de fraternité. Le texte retient par sa variété, il cherche à plaire ; mais il reflète et condense une personnalité riche et attachante, qui a l'ambition et possède l'art de trouver l'unité de multiples domaines.

Il y a dans le *Poème sur la loi naturelle* deux inspirations différentes, quoique complémentaires. Une inspiration satirique d'abord, comme souvent chez Voltaire. C'est de la découverte des bizarreries des lois morales et des pratiques religieuses, à travers le vaste monde, que naît l'idée d'une loi naturelle absolument universelle et conforme aux évidences de la raison. La pensée cohérente éclate de réactions de colère, de sarcasme et de rire qui ne sont nullement raisonnées :

> *Un doux inquisiteur, un crucifix en main,*
> *Au feu, par charité, fait jeter son prochain...*

Ou bien :

> *L'un pense, en se lavant cinq ou six fois par jour,*
> *Que le ciel voit ses bains d'un regard plein d'amour*
> *Et qu'avec un prépuce on ne saurait lui plaire.*

Deuxième temps : Voltaire aperçoit une unification possible de ce chaos. C'est la conscience, un sens moral présent dans tous les hommes, que masquent préjugés et superstitions :

> *Ainsi, l'être éternel qui nous daigne animer*
> *Jeta dans tous les cœurs une même sentence.*

Cette certitude, qui sous-tend le poème entier et qui résiste à toutes les objections, lui dicte enfin l'émouvante prière\* d'adieu :

> *Ô Dieu qu'on méconnaît, ô Dieu que tout annonce [...]*
> *Mon cœur peut s'égarer, mais il est plein de toi.*

Voltaire y rejette à la fois l'athéisme et l'enfer : le Dieu créateur ne peut être un Dieu tourmenteur.

Sylvain Menant

---

**POÈME SUR LE DÉSASTRE DE LISBONNE,**
**OU EXAMEN DE CET AXIOME : « TOUT EST BIEN »**

CANDIDE · DIEU · MAL · OPTIMISME · POÉSIE · POÈTE · PROVIDENCE ·

Le 1$^{er}$ novembre 1755, Lisbonne fut détruite par un des tremblements de terre les plus violents de l'histoire moderne, qui fit environ trente mille

victimes. Voltaire n'en apprit avec certitude la nouvelle que le 23 novembre 1755 ; dès la première semaine de décembre, il avait déjà entièrement composé son *Poème* – deux cent trente-quatre alexandrins, escortés d'une préface et de plusieurs notes assez étendues. Des copies manuscrites circulèrent, puis il fut imprimé, joint au *Poème\* sur la loi naturelle*, en mars 1756. Le séisme avait propagé un ébranlement moral sans précédent dans toute l'Europe, suscitant des centaines de publications, théologiques, philosophiques, scientifiques – et poétiques : « Les convulsions de Cybèle en donnent à Calliope », ironisera Fréron.

À la surprise de l'Europe éclairée, qui attend impatiemment son intervention, Voltaire ne s'en prendra guère, dans son *Poème*, à ces sombres prédicateurs qui toujours appellent à la pénitence pour apaiser l'ire de la divinité – six vers seulement (v. 18 à 23) sont consacrés aux religions révélées –, mais au contraire à une philosophie qui se veut rationnelle, celle du « Tout est bien ». Le poème s'ouvre sur un tableau pathétique des souffrances des victimes, en réclamant un double droit, à l'aveu, et à l'espérance. Contre cette « philosophie cruelle » de l'optimisme, qui aggrave le mal en prétendant le nier, Voltaire avoue tout uniment qu'il souffre : « Ma plainte est innocente, et mes cris légitimes. » Aux autres de ne plus masquer leur souffrance : « Vous criez "Tout est bien" d'une voix lamentable » – en laissant croire qu'ils connaissent le plan de la Providence, alors qu'aucun philosophe n'a jamais rendu raison de l'origine du mal. Le poète n'entend pas substituer un système à un autre, mais refuser tout esprit de système, comme le montre la référence à Bayle :

> *Bayle en sait plus qu'eux tous ; je vais le consulter :*
> *La balance à la main, Bayle enseigne à douter.*

Il ne s'agit pas tant de réfuter Leibniz\* que de s'opposer aux facilités d'un certain leibnizianisme, largement répandu depuis le succès de l'*Essay on Man* de Pope\* (1733). Un vers célèbre de Pope prêtait justement aux malentendus : « *One truth is clear : whatever is, is right* » (I, 294). Ce que vise Voltaire, c'est « cette plaisanterie : tout est bien à présent, tout est comme il devait être, et le bonheur général présent résulte des maux présents de chaque être » (à Élie Bertrand, 18 février 1756). À quoi il objecte, dans deux vers de médaille, le grand mot d'espérance, vertu religieuse, mais engagement humain aussi :

> *Un jour tout sera bien, voilà notre espérance ;*
> *Tout est bien aujourd'hui, voilà l'illusion.*

Un poème philosophique peut-il convaincre ? La duchesse de Saxe-Gotha\*, qui l'avait lu « avec un frémissement inexprimable », écrit à l'auteur un mois plus tard, imperturbable : « Plus que jamais, Monsieur, je trouve que

tout est bien » – ainsi Pangloss usera-t-il jusqu'au bout, dans *Candide*, du «car enfin». Au reste, d'autres maux menaçaient, appelant d'autres réponses et d'autres écrits, : «Si l'on n'avait à craindre en ce monde que l'aventure de Lisbonne, on se trouverait encore passablement bien [...]. Les hommes se font encore plus de mal, sur leur petite taupinière, que ne leur en fait la nature» (au pasteur Allamand, 16 décembre 1755). Voltaire allait bientôt s'occuper en prose, dans *Candide*, de cette «petite taupinière» livrée aux illusions du «Tout est bien».

Patrick Brasart

*Ce poème dans lequel, à l'âge de plus de soixante ans, l'âme de Voltaire, échauffée par la passion de l'humanité, a toute la verve et tout le feu de la jeunesse, n'est pas le seul ouvrage qu'il voulut opposer à l'optimisme.*
Condorcet, *Vie de Voltaire*, 1790.

## POÉSIE (CONCEPTION DE LA)
«ANTI-POÈTE» • CONTE EN VERS • ÉPÎTRES • ÉPOPÉE • ODES • POÈTE • RIME • SATIRE • VERS •

La poésie de Voltaire nous étonne. Peu de confidences amoureuses, peu d'évocations de paysages, rarement des états d'âme, jamais de recherche musicale ou d'effets imitatifs. En revanche, une masse impressionnante de récits en vers, de développements philosophiques, de railleries satiriques et d'attaques personnelles. Ce ne sont pas l'inspiration ou le talent de Voltaire qui sont en cause, mais sa conception de la poésie et celle de ses contemporains. Si nous refusons d'y entrer, nous nous privons du plaisir poétique voltairien. L'évolution et les aventures de la poésie française, depuis un siècle, nous ont au moins appris que la maison poésie contenait bien des demeures.
Pour Voltaire et ses contemporains, la poésie se confond avec les vers : les débats ouverts par les Modernes au début du siècle, autour de Houdar* de La Motte, n'ont pas réussi à rendre vraisemblable l'idée d'abandonner les vers, même si théoriquement vers et poésie paraissent pouvoir être séparés. Tout ce qui est vers est poésie pour Voltaire et pour ses lecteurs : la conception de la poésie reste formelle. D'où la primauté aussi de la poésie de théâtre. Quand Voltaire pense à son œuvre poétique, il pense d'abord et surtout à ses tragédies ; et il faudrait les lire en effet comme la partie la plus achevée de son œuvre poétique. Par la bouche des personnages qu'il anime, il exprime avec flamme les passions qu'il rêve ou qu'il vit, dès cet *Œdipe\** marqué par la complexité de ses relations avec son père. Inversement, le théâtre marque toute sa poésie : il aime y introduire des

dialogues, construire des récits, créer l'attente et ménager le dénouement, camper des personnages simples et typés. La phrase elle-même et les vers sont conduits en fonction d'effets à produire, d'autant plus que les vers sont encore écrits pour être dits à haute voix – pratique sociale très répandue. Voltaire conçoit volontiers la poésie comme une manière supérieure, plus raffinée et plus convaincante à la fois, de raconter. Ses grandes préférences, parmi les poètes du passé (après les dramaturges, Racine* en tête), vont aux narrateurs, comme l'Arioste*, dont le *Roland furieux*, vieux de deux siècles, l'enchante – ou comme La Fontaine*, l'auteur des *Contes et nouvelles*, auquel il ne reproche que la monotonie de ses sujets galants. Quand Voltaire élabore un grand projet poétique, il s'agit le plus souvent d'un long récit : il devient un poète célèbre avec *La Henriade\**, il se distrait de ses soucis, au fil des ans, en ajoutant des chants à l'interminable *Pucelle\**. S'il est connu surtout aujourd'hui pour ses contes en prose, il a écrit presque autant de contes en vers et montre volontiers un faible pour eux.

La poésie englobe aussi, pour Voltaire, une manière de bien dire qui n'est pas forcément personnelle : langage orné, plus dense et plus aigu, elle se prête à l'expression de sentiments intenses ou subtils, que partagent un instant les membres du même groupe. À cette conception se rattachent les innombrables vers de circonstance qui peuvent aussi bien dire l'amour d'Émilie\* que la haine de Fréron\*.

Enfin, la poésie est le langage par excellence de la vérité ou de sa quête : il n'est de pleine poésie que philosophique. Voltaire ne manque pas d'introduire des développements d'idées dans toutes ses œuvres en vers. Dans *La Henriade*, le héros rencontre à Jersey, pendant un voyage, un sage vieillard qui l'initie à la pensée rationnelle, et des allégories sont chargées aussi d'expliquer le rôle catastrophique du fanatisme dans l'histoire. *Le Poème de Fontenoy* est traversé par une ample méditation sur la violence et l'héroïsme. Et l'un des derniers contes en vers, *Le Dimanche ou les Filles de Minée*, imité de La Fontaine, campe une héroïne voltairienne qui sait vigoureusement refuser les rites des religions factices...

Il n'y a pas pour lui de sujet à proprement parler poétique. Tous les thèmes, tous les faits, tous les mots qu'il met dans ses vers, il les met aussi dans sa prose. Mais la poésie autorise plus de feu, cette ardeur passionnée chère à Voltaire l'impétueux, et aussi plus de fantaisie. On comprend qu'elle jaillisse soudain dans les lettres familières, avec l'effusion de la gaieté ou de l'amitié, quatre vers, ou six, ou dix, avant que la plume ne revienne à la prose. Mais même ces improvisations ne tolèrent pas l'à-peu-près. Voltaire ne conçoit pas une poésie relâchée. Il refuse les chevilles, les clichés ; il débat souvent avec ses correspondants, les d'Argental\* par exemple, de minuties de l'expression ; c'est en puriste qu'il répudie les mots bas ou malsonnants, les néologismes et les tours populaires, et raille les modes

langagières. Dans le même esprit, il rejettera vite le langage marotique de ses débuts, cette affectation d'archaïsme aux procédés monotones, dont trop de poètes continuent d'abuser en se croyant plaisants ou raffinés. En revanche, le poète en tant que personne n'est jamais de trop dans ses vers. À la prose d'allure savante et sérieuse, où le moi doit s'effacer, Voltaire oppose la liberté des vers : c'est là que l'écrivain peut se montrer comme il est, avec ses savoirs bigarrés, ses expériences diverses, ses humeurs et ses préférences, non son histoire tout à fait, car la pudeur oblige, mais toujours la discrète confidence des passions de son cœur et des passions de sa raison. Si néo-classique qu'elle puisse paraître du dehors, la conception de la poésie que défend et illustre Voltaire est à la source du lyrisme romantique.

Sylvain Menant

*La poésie lui doit la liberté de pouvoir s'exercer dans un champ plus vaste; et il a montré comment elle peut s'unir avec la philosophie, de manière que la poésie, sans rien perdre de ses grâces, s'élève à de nouvelles beautés, et que la philosophie, sans sécheresse et sans enflure, conserve ses exactitudes et sa profondeur.*

Condorcet, Vie de Voltaire, 1790.

*La poésie est la musique de l'âme.*

Questions sur l'Encyclopédie, 1770-1772, art. « Poésie ».

## POÉSIE ET DÉSIR

*Monsieur de Fénelon était du nombre de ces impuissants qui disent que les couilles ne sont bonnes à rien. Il condamnait notre poésie parce qu'il ne pouvait écrire qu'en prose.*

À Cideville, sans date (10 août 1731 ?).

*Voltaire me disait une fois en parlant d'une tragédie de Madame du Boccage : « Mon ami, il faut avoir des coui... pour faire une bonne tragédie ; or à 84 ans on n'a plus de coui... »*

Paul Moultou à Jakob Heinrich Meister, 4 janvier 1778.

*O che sciagura d'essere senza coglioni!*

Candide, 1759, chap. XI, « Histoire de la Vieille ».

# POÈTE

« ANTI-POÈTE » • POÉSIE • VERS •

Presque tous les écrivains du XVIII<sup>e</sup> siècle ont écrit des vers, même Jean Jacques Rousseau et Montesquieu : c'est le siècle de la « métromanie » – la folie des vers, titre d'une amusante comédie de Piron qui met en scène une victime de cette manie. Mais le cas de Voltaire est différent : la poésie fut l'une de ses passions profondes, et longtemps sa grande ambition. Aujourd'hui universellement considéré comme un prosateur, et même comme l'un des écrivains qui ont fait triompher la prose dans la littérature française – il faudrait remonter à Pascal et à ses *Provinciales* –, c'est d'abord comme poète que Voltaire est devenu célèbre, avec sa *Henriade* et ses tragédies, avant d'incarner le poète-philosophe dans ses *Discours en vers sur l'homme* et son *Poème sur la loi naturelle*. Plus tard seulement, après l'immense succès de librairie de *Candide*\* (1759), puis par la multiplication des contes, des facéties et des Mélanges\*, son œuvre en prose, jusque-là surtout d'historien, contrebalance pour le public son œuvre poétique. Encore produit-il, jusqu'à la fin, des odes, des épîtres et des satires, des contes et des tragédies en vers.

Ce qui fait de Voltaire un poète, pour tous ses contemporains comme à ses propres yeux, c'est l'ardeur et la mobilité de son imagination, son aptitude à entrer dans les passions et les discours d'autrui, son génie du mot à sa place. La virtuosité verbale aussi, qui lui permet d'improviser des dizaines de vers à la suite, et d'étonner par des formules neuves et frappantes, est au XVIII<sup>e</sup> siècle une qualité proprement poétique. Ses maximes de tragédie, comme celles de Corneille, deviennent proverbes\*.

C'est comme poète enfin que Voltaire a exercé l'influence littéraire la plus durable au-delà de la Révolution. Napoléon\* cite ses vers de mémoire toute sa vie et les relit à Sainte-Hélène. Flaubert\* annotera son théâtre. Le jeune Balzac choisit de ses vers comme épigraphes de ses romans. Musset\* même, en dépit du « hideux sourire », se montre dans ses *Contes d'Espagne et d'Italie* un continuateur inspiré de ses contes en vers, que Nodier dit inégalables. Et qui lit Hugo après avoir relu Voltaire entend encore dans ses vers l'écho des grands poèmes voltairiens – les bourgeois alors, il est vrai, y trouvent aussi les inoubliables formules de leur religion et de leur morale : « Si\* Dieu n'existait pas... ».

*Sylvain Menant*

*Un poète, c'est De Voltaire ; et puis encore ? De Voltaire ; et le troisième ? De Voltaire ; et le quatrième ? De Voltaire.*

Denis Diderot, *Le Neveu de Rameau*.

## POLÉMISTE

ANTICLÉRICALISME • CACOUACS • FACÉTIES • INFÂME • IRONIE •
ORACLE DES NOUVEAUX PHILOSOPHES (L') • PHILOSOPHE • SATIRE •

Un jour, pour Condorcet, à 82 ans, Voltaire fait son bilan : « J'ai passé ma vie à escarmoucher » (11 janvier 1776). Se souvenait-il encore de sa toute première provocation, soixante ans plus tôt, à l'adresse des aînés qui prouvaient au jeune rival l'incongruité du triomphe d'*Œdipe :* « Voilà bien des ennemis ; si j'ai le malheur de donner une autre tragédie, que ferai-je ?... » (préface d'*Œdipe*, 1719). Posture typique déjà, de défense et d'attaque à la fois, et prenant le public à témoin de son plaisir. Qu'il s'agisse d'idées, de goûts, de valeurs, de réformes, la même dimension offensive d'engagement, de conviction, d'intimidation est partout marquée, *pro* et *contra*. Contre les abus de la puissance cléricale, contre le jansénisme désespérant de Pascal, contre l'histoire providentielle à la Bossuet, contre la shakespearomanie naissante, contre les nouveaux paradoxes de Rousseau. Pour la séparation de toute religion et de tout gouvernement, pour la liberté de conscience et d'expression, l'ajustement des peines aux délits, l'abolition de tout servage. Avec aussi, tenant aux mêmes positions de fond, des enjeux souvent très concrets, mis en relief comme exemplaires : l'établissement de l'inoculation\*, la dignité de l'acteur\*, la suppression de la torture\*. Évidemment, pareille vocation militante ne va pas sans polémiques. Jusqu'au bout dans le cas de Voltaire, fidélités au nom choisi, le vol et la volte – l'attaque, l'esquive.

Ce terme de « polémiste », quoique postérieur (1845), semble fait pour lui. Il suppose d'abord, au service d'une cause, un tempérament – il en fut bien doué, irritable, impatient, tenace, pugnace, presque trop : « J'aime à guerroyer », avoue-t-il parfois. Des talents aussi, soigneusement cultivés – il s'y entendit : la vivacité, la précision des coups portés, l'instinct du point faible, l'art du mot de plus fort impact, dans les satires et les facéties. Ses plaisanteries, disait Grimm, sont « à bout portant ». Des *Cantiques sacrés* de Lefranc de Pompignan : « Sacrés ils sont, car personne n'y touche... » De l'*Ode à la postérité* de Jean Baptiste Rousseau : « Voilà une lettre qui ne parviendra pas à son adresse... » Du style de Thomas : « Du galithomas ». En face, il faut des adversaires à la hauteur, redoutés sinon respectés. Il en eut tout au long de sa vie : Rousseau le poète et Desfontaines, séparés puis coalisés ; l'inlassable Fréron, à lui seul une armée par son influence ; La Beaumelle plus solitaire, brillant, imprévisible ; le profond Bergier, le docte Larcher, le studieux Nonnotte. La liste est longue des « ennemis de Voltaire » : un livre entier leur fut jadis consacré sous ce titre, et les plus importants ont eu leur monographie. Point de grande polémique enfin, surtout en ce siècle de théâtromanie, sans une sorte d'ostentation de parade, cette crânerie qui

# P

du combat fait une fête – il s'y délecta plus qu'un autre, jusqu'à la forfanterie parfois. Il fut donc de son temps, selon le joli mot de Frédéric II, «l'homme d'Europe le plus querellant et le plus querellé». Sur le modèle noble «Qui terre a guerre a», Voltaire s'était d'ailleurs forgé une devise secrète, presque un cri de guerre, qui affleure dans plusieurs lettres: «Qui plume a guerre a». Sa correspondance est remplie de plans et de variantes tactiques, de bulletins de campagnes, de décomptes des victimes. Il y eut d'abord, jusque vers 1750, les classiques querelles littéraires sur les matières de goût, brigues et cabales aussi pour les prix, places et positions: la bravade du *Bourbier**, les estafilades de la calotte*, les provocations du *Temple* du Goût*, les rugueuses empoignades avec le clan Rousseau-Desfontaines, *Voltairomanie** contre *Préservatif**, et l'accablant *Voltariana** pour finir, dont un autre ne se fût pas relevé.

Parallèlement, à partir des années 1730, et prolongé jusque dans les années 1760, vint le temps des disputes savantes, d'histoire et de physique, sur la méthode ou sur le fond, autour de l'*Histoire de Charles XII*, des commentaires sur Newton, des découvertes prétendues de Maupertuis*, raillées dans le fameux *Akakia* – l'un des sommets de l'art du polémiste; puis les controverses à propos du *Siècle de Louis XIV*, attaqué par La Beaumelle, défendu bec et ongles dans un *Supplément**, et de l'*Essai sur les mœurs*, épluché par Nonnotte, Larcher et autres, donc hérissé de notes défensives et de répliques offensives au fil des rééditions et des opuscules annexes – *La Philosophie* de l'histoire*, *La Défense* de mon oncle*. Autres luttes, plus intellectualisées que les premières, dégagées aussi de tous intérêts immédiats de carrière, mais pour un enjeu plus fondamental d'autorité: il y allait du crédit de l'auteur et de l'audience de son œuvre. Sur sa pensée de l'histoire*, on rappelle cet indépendant à l'ordre – un ordre de vérité, de pouvoir, de foi –, et on le somme de s'expliquer; il réaffirme, au-delà des réponses bonnes ou mauvaises, un droit de recherche, de critique, voire d'erreur, et de regard autonome sur l'histoire dite sacrée de l'Église.

Le dernier temps, le troisième champ des polémiques voltairiennes est le plus connu. C'est, à partir de 1760, la guerre à l'Infâme, avec ses démultiplications et ramifications complexes. L'essentiel, à vrai dire, ne tient pas ici de la polémique, au sens strictement personnel du terme. On ne polémique pas avec l'Infâme en tant que tel. Il fallait surtout en cerner et produire l'évidence diffuse, par la critique historique, l'analyse politique, l'effort soutenu d'une pensée libre. Mais ce travail de fond, Voltaire l'accompagna d'une incessante activité d'escarmouche, et fit servir toutes ses polémiques de rencontre et d'occasion à la démonstration empirique des pouvoirs et des pratiques de l'Infâme, et des moyens de lui résister – leçon de choses et banc d'essai. Il traita donc Mgr Biord*, son évêque, en représentant de l'Infâme; Berthier, Bergier, Nonnotte en adeptes; Lefranc de

Pompignan, Chaumeix en exécutants; Fréron même en auxiliaire. Et par tous il fut naturellement considéré lui-même, en retour, comme « infâme » au sens religieux du terme, voué à l'excommunication et à la damnation, lui le « patriarche » et « l'oracle » des odieux Cacouacs. Voltaire l'impie, Voltaire le trublion, plus dangereux encore par la supériorité de ses talents: c'est le thème, majeur ou mineur, de plusieurs dizaines de mandements épiscopaux, de censures de Sorbonne et d'arrêts du Parlement contre les « philosophes du siècle », avec noms, références et citations. À cet affrontement historique de deux idéologies divergentes du pouvoir, ou principe civil ou primat religieux, la polémique ne pouvait qu'être injuste et excessive, dans un sens et dans l'autre. Au moins distingue-t-on, dans cet obscur dernier combat, la position centrale de Voltaire, la cohérence d'un long effort, la vocation emblématique d'une liberté.

*André Magnan*

*Pour moi, chétif, je fais la guerre jusqu'au dernier moment. Jansénistes, molinistes, Frérons, Pompignans, à droite, à gauche, et des prédicants, et J. J. Rousseau. Je reçois cent estocades: j'en rends deux cents et je ris.*

*Au cardinal de Bernis, 22 décembre 1766.*

*Et quelle était son arme? celle qui a la légèreté du vent et la puissance de la foudre. Une plume.*

*Victor Hugo, Le centenaire de Voltaire, 30 mai 1878.*

## POLITIQUE

ANGLETERRE · CHOISEUL · ÉGALITÉ · INFÂME · *LETTRES PHILOSOPHIQUES* · LIBERTÉ · MAUPEOU · MONARCHIE · *PENSÉES SUR LE GOUVERNEMENT* · PEUPLE · *PRÉCIS DU SIÈCLE DE LOUIS XV* · RÉPUBLIQUE · SERVAGE · *SIÈCLE DE LOUIS XIV (LE)* · TOLÉRANCE ·

Il n'existe pas un système politique voltairien. Mais une politique de Voltaire, qu'il faut reconstruire au hasard de ses prises de position sur la guerre, la justice, l'Église ou les événements du passé. Il n'est ni Condorcet ni Montesquieu, on en conviendra. On se gardera bien de signaler ses incohérences ou ses ambiguïtés (visibles dans ses rapports à la politique de Frédéric II), pour se souvenir de son pragmatisme, de son monarchisme, de ce mélange toujours étonnant de fidélités jamais reniées et d'évolutions, lentes sans doute, mais bien réelles.

Voltaire avait-il un idéal en politique? Qui en douterait? Qu'on se reporte non seulement à l'Eldorado de *Candide* (chap. XVII-XVIII), mais à ses admirations pour ce qu'il croit être la Prusse de Frédéric II ou la Russie de la

Grande Catherine, à son combat pour une autre justice*, et peu à peu on verra se composer, sans que les précisions attendues soient toujours fournies, un idéal politique. C'est l'idéal d'un honnête homme, qui par ses engagements tente de le servir. Car chez Voltaire, assez souvent, la politique est indissociable d'une pratique. On acceptera donc de ne pas séparer, pour envisager la politique de Voltaire, le témoin de la théorie, l'homme d'action des propositions que l'écrivain avance, l'intérêt porté depuis toujours à la politique et à l'histoire des perspectives ouvertes et des réformes souhaitées. Autant dire qu'il n'est pas facile, dans ce foisonnement, de faire le tri. L'honnête homme, le fidèle sujet, l'historien, le polémiste se rejoignent pour se demander comment aménager au mieux l'existence collective.

On a envie de dire que politique et personnalité se déterminent dès l'enfance. Pour Voltaire, la première expérience fut celle du déclin de Louis XIV : période de défaites, de persécutions religieuses, de désordres dans les finances, qui n'entraînera jamais chez lui une haine pour le grand roi. Bien au contraire, Voltaire sera toujours d'une absolue fidélité monarchiste. Et, si politique voltairienne il y a, ce sera toujours dans le cadre de la monarchie, quand bien même le philosophe est en butte aux persécutions du pouvoir, proche de tel de tel ministre ou hostile à la politique de tel autre.

La politique de Voltaire, au sens où elle est définie ici, ne s'exprime véritablement qu'à partir des années 1760. Non parce qu'il aurait atteint une maturité tardivement acquise ou que les sollicitations du monde se feraient plus vives, mais plus simplement sans doute parce que la réflexion historique achevée (les deux éditions complètes de l'*Essai sur les mœurs* datent de 1756 et de 1761), la plénitude de l'historien enfin conquise facilitent (ou rendent possible) le jugement politique. C'est dire que chez Voltaire, l'historien a engendré le politique. Le point de vue suisse, volontiers européen, a-t-il aussi joué son rôle? Vraisemblablement. L'expérience de l'homme s'unit ici à celle de l'historien. Le parcours dans le temps, l'expérience diversifiée incitent au pragmatisme et au relativisme. Le seigneur de Ferney a sans doute aussi beaucoup appris de ses paysans, de ses expériences de manufactures, de sa découverte du servage. La politique de Voltaire trouve là ses racines tout autant ou mieux sans doute que dans les traités et les livres.

Rappelons-en les grands thèmes. Tout d'abord la variété, à nos yeux contradictoire, des modèles dont use Voltaire : d'un côté les despotes éclairés qui n'ont cessé de le fasciner, et de l'autre le libéralisme du gouvernement anglais, soumis à un contrôle et garantissant l'équilibre des pouvoirs. À tel point que l'on a pu dire que Voltaire dessinait une répartition géographique des politiques : pour la France un « absolutisme constitutionnel »,

pour la Russie «le despotisme éclairé», pour l'Angleterre, «une monarchie libérale», pour Genève enfin «un républicanisme libéral». Ce qui n'est pas faux mais demeure insuffisant, si l'on oublie qu'au-delà de cette diversité trois axes essentiels définissent l'action politique : l'antichristianisme, l'activisme autoritaire et un humanisme libéral.

Car la politique de Voltaire passe en priorité par la lutte contre le catholicisme. D'où sa volonté d'obtenir, tout autant qu'une séparation de l'Église et de l'État, un affaiblissement de l'institution religieuse et de la croyance, condition nécessaire et non suffisante à une politique de réformes conduisant à ce libéralisme humaniste. L'anticatholicisme de Voltaire explique l'indulgence éprouvée pour Frédéric II, dont le seul anticléricalisme finit par légitimer la politique, l'appui donné à Choiseul connu comme libre penseur, la défense des protestants* que par ailleurs il n'aime guère, parce qu'elle affaiblit ainsi l'Église dominante. Il faut «écraser l'Infâme», certes.

Mais ne réduisons pas à ce mot d'ordre la politique de Voltaire. Son monarchisme est indissociable de son «absolutisme éclairé», tout comme son antichristianisme, car seul un pouvoir fort pourra affronter l'Église. On sait qu'à la suite de Pierre Bayle, il fait de la révocation de l'édit de Nantes non un signe d'autoritarisme de la monarchie, mais la preuve de sa faiblesse. Le monarchisme de Voltaire est à la fois théorique, pragmatique et réaliste. En outre, il voit dans la monarchie un facteur d'unité, et presque une donnée esthétique.

Qu'en est-il, dans cette optique, de la liberté? Un élément secondaire, n'en doutons pas, sur le plan de la théorie. Mais souvenons-nous que Voltaire va se dépenser pour sauver des victimes de l'appareil judiciaire et lutter pour la liberté des serfs du pays de Gex, en accompagnant tout cela de déclarations, pour nous choquantes, qui excluent des bénéfices de cet «humanisme politique» les hommes les plus grossiers des classes inférieures. Diable d'homme, on en conviendra. Mais pourquoi s'obstiner à lui demander plus que son époque ne pouvait lui permettre de penser?

*Jean Goulemot*

*Que sert la politique où manque le pouvoir?*
*Hérode et Mariamne, 1725, acte II, scène II.*

## POLOGNE

CATHERINE II • FRÉDÉRIC II • RUSSIE •

L'histoire des origines de la Pologne est racontée dans l'*Essai sur les mœurs*. Convertie tardivement au christianisme, elle demeura barbare jusqu'au

XIII$^e$ siècle et ne fut « considérée » en Europe que sous la dynastie des Jagellons (1386-1572), tout en demeurant un pays pauvre et bien éloigné du rayonnement de l'Occident. Comme tous ses contemporains, Voltaire est fasciné par la spécificité du gouvernement polonais. Éloignée des modèles que propose la *Politique* d'Aristote, la Pologne possède une monarchie élective : le roi y est désigné comme chef de l'État et non comme maître. Son pouvoir est limité et non transmissible. Voltaire rappelle le serment prêté lors du couronnement (*Essai sur les mœurs*, chap. XII et XVI). C'est donc au regard de la typologie traditionnelle une exception, une République nobiliaire où, si le pouvoir du roi est limité par la noblesse, le peuple demeure dans la plus complète servitude. À la différence de l'Angleterre, la limitation du pouvoir royal n'a pas ici favorisé les libertés publiques.

La Pologne représente une sorte d'archaïsme, la survivance d'une situation qu'ont connue, à leur origine, toutes les monarchies : « On voyait, comme aujourd'hui, dans la Pologne, les mœurs et le gouvernement des Goths et des Francs, un roi électif, des nobles partageant sa puissance, un peuple esclave » (*Le Siècle de Louis XIV*, chap. II). Peuple étrange que le polonais, car pourtant Varsovie se modernisa et s'embellit. Le socinianisme qui s'étendit en Pologne – les *Lettres philosophiques* (VII$^e$ lettre) l'indiquaient déjà –, a annoncé d'une certaine manière le déisme. Comme Hennin, le résident français à Genève, l'écrit à Voltaire le 10 septembre 1761 : « Quelque idée que les Allemands aient tâché de vous donner des Polonais, je puis vous assurer que cette nation est beaucoup plus susceptible de sentiments agréables que la tudesque. »

Pays paradoxal dont Voltaire perçoit, à travers l'*Histoire de Charles XII*, le destin tragique, inscrit dans sa géographie, ses mœurs et son histoire. « Ces peuples étaient tantôt attaqués par les Suédois ou par les Moscovites, et tantôt par les Turcs. » À ces voisins avides, il faudra bientôt ajouter Autrichiens et Prussiens. Charles XII occupa la Pologne, lui imposa un protecteur, favorisa les désordres de l'anarchie. Elle faillit même alors avoir trois rois simultanément (*Histoire de Charles XII*, II$^e$ partie), dont Stanislas Leszczynski, qui dut s'exiler en France.

Voltaire est le contemporain de tous ces aléas de l'histoire polonaise : du retour de Stanislas, roi choisi par les Polonais en 1733, vaincu par l'armée russe et obligé par le traité de Vienne (1738) de se retirer dans les duchés de Lorraine et de Bar. L'Électeur de Saxe Frédéric Auguste II, gendre de l'empereur Joseph I$^{er}$, est alors imposé par les Russes et les impériaux et accède au trône sous le nom d'Auguste III. Le pays est en proie à la guerre civile, aux dissensions religieuses. À la mort d'Auguste III, en 1763, Catherine II impose Stanislas Auguste Poniatowski, son ancien amant. Le nouveau souverain gouverne en tyran. L'armée russe est présente et

contrôle la diète. En 1768, une Confédération, établie à Bar, revendique l'indépendance nationale et la suprématie de la religion catholique. Les confédérés font de la Vierge-Marie et de l'Enfant-Jésus, unis à l'aigle polonais, leur étendard. La Russie de Catherine décréta que les confédérés étaient des rebelles. La Pologne fut occupée, le clergé déporté.

Les Polonais organisèrent la résistance. La France leur apporta un appui moral tandis que les armées russes, autrichiennes et prussiennes menaient une répression brutale. Les confédérés cherchèrent à gagner l'opinion française en publiant un *Manifeste de la République confédérée de Pologne, du 15 novembre 1769* (avec deux éditions, l'une de 1770 et l'autre de 1771). Frédéric II publia *La Pologniade, ou la Guerre des confédérés* (1771-1772), poème en six chants, dont il vanta les mérites à Voltaire : « Ce ne sont pas les victoires de Catherine que j'ai chantées, mais les folies des confédérés » (18 novembre 1771). Le 6 décembre, Voltaire lui répondit en chantant les louanges de l'œuvre : « Malheur est bon à quelque chose puisque la goutte vous a fait composer un ouvrage si agréable. » Il adhère à la thèse des puissances coalisées qui accusait les confédérés alliés aux prêtres d'avoir voulu assassiner le roi de Pologne : « Je pense que l'assassinat du roi de Pologne lui fera beaucoup de bien. Il est impensable que les confédérés, devenus en horreur au genre humain, persistent dans une faction si criminelle. »

Car Voltaire a pris parti très tôt. Contre les confédérés de Bar et pour l'action des troupes russes. Dans un bref *Discours aux confédérés catholiques de Kaminiek en Pologne*, publié sans doute en juillet 1768, il tentait déjà de démontrer que les Polonais n'avaient d'autre ennemi que l'Église catholique et les Turcs, et qu'en Pologne, la Russie défendait la tolérance menacée. Idée reprise dans les quelques pages du *Sermon du papa Nicolas Charisteski, prononcé dans l'église de Sainte-Toleranski, village de Lituanie, le jour de la Sainte-Épiphanie*, dont Voltaire fit hommage à Catherine II le 15 mai 1771, en le présentant comme « une réponse modeste aux mensonges un peu grossiers et ridicules que les confédérés ont fait imprimer à Paris ».

Le 15 mai 1772, Voltaire écrit à l'abbé de Voisenon : « Je vous avertis que je ne crois pas un mot du partage de la Pologne. » De fait, pourtant, Frédéric II proposa que l'on partageât la Pologne et eut l'intelligence d'associer l'Autriche au dépeçage. Les trois puissances occupantes signèrent un traité, le 5 août 1772, qui amputait le Pologne de près de 220 000 kilomètres carrés. Voltaire doit s'y résigner, sans grand commentaire, dans une lettre à Marin du 31 août : « Je crois enfin le partage de la Pologne en bon train, quoiqu'il y ait quelques difficultés entre les copartageants. » Il reviendra sur cette question dans une lettre à Frédéric II de 1775, à l'occasion de la parution du *Partage de la Pologne, en sept dialogues en forme de drame* (1774), attribué au comte de Mirabeau, qui les maltraitait l'un et l'autre. Il

reconnaît qu'il a été victime de ses illusions : « Je fus attrapé comme un sot quand je crus bonnement, avant la guerre des Turcs, que l'impératrice de Russie s'entendait avec le roi de Pologne pour faire rendre justice aux dissidents, et pour établir seulement la liberté de conscience. Vous autres rois, vous nous en donnez bien à garder ; vous êtes comme les dieux d'Homère, qui font servir les hommes à leurs desseins, sans que ces pauvres gens s'en doutent. » Lucidité tardive qui n'empêchait pas que les liens affectueux fussent maintenus avec les partageurs.

Dans l'affaire de Pologne comme à d'autres moments, Voltaire a paradoxalement été victime de ses préjugés philosophiques et de son hostilité à l'Église catholique. Il lui était impossible d'admettre que des hommes se réclamant d'elle pussent lutter pour la liberté. L'attentat contre Stanislas II Auguste Poniatowski, le 3 novembre 1771, attribué aux confédérés, lui permettait de laver les philosophes du soupçon de sédition : « On dit que nous sommes des séditieux ; que sera donc l'évêque de Kiovie ? » (à Frédéric II, 6 décembre 1771). On retiendra de ces erreurs d'appréciation qu'il faut savoir se garder des évidences, fussent-elles philosophiques.

Jean Goulemot

*Deux têtes couronnées se sont unies pour rendre aux hommes ce bien précieux que la nature leur a donné, la liberté de conscience. Il semble que, dans ce siècle, Dieu ait voulu qu'on expiât le crime de quatorze cents ans de persécutions chrétiennes, exercées presque sans interruption pour noyer dans le sang humain la liberté naturelle. L'impératrice de Russie non seulement établit la tolérance universelle dans ses vastes États, mais elle envoie une armée en Pologne, la première de cette espèce depuis que la terre existe, une armée de paix, qui ne sert qu'à protéger les droits des citoyens, et à faire trembler les persécuteurs. ... roi sage et juste, qui avez présidé à cette conciliation fortunée ! ... primat éclairé, prince sans orgueil, et prêtre sans superstition, soyez bénis et imités dans tous les siècles !*

Sermon prêché à Bâle, 1768<br>– l'autre « tête couronnée » était le roi de Prusse.

## POLYPE

*Quant à Voltaire, c'est un polype littéraire ; il se coupe lui-même par tranches et se multiplie. Nous sommes inondés de ses productions ; et il a toujours le même acharnement contre la religion.*

Samuel Formey à Charles Bonnet, 24 mars 1766.

## POMEAU, René

Né en 1917, René Pomeau est depuis plus de trente ans, pour les «voltairistes» et autres dix-huitiémistes, un maître et un exemple, le grand artisan aussi, avec Theodore Besterman\*, d'un renouveau d'intérêt pour Voltaire, d'un retour de mémoire peut-être, d'un ressourcement possible aux valeurs de l'œuvre. Sa carrière d'enseignant le fit passer par Poitiers, non loin du berceau des Arouet, puis par Toulouse où mourut Calas, pour le mener à la Sorbonne enfin (1963), elle aussi fort changée. Après une grande thèse sur *La Religion de Voltaire* (1954, publiée en 1956 et plusieurs fois réimprimée), il consacra aux études voltairiennes l'essentiel de ses recherches, donnant plusieurs éditions critiques des principaux textes (*Œuvres historiques, Essai sur les mœurs, Candide...*), d'autres éditions plus communes des œuvres les plus lues (*Lettres philosophiques, Romans et contes*), des ouvrages généraux (*Voltaire par lui-même, La Politique de Voltaire...*) et de très nombreux travaux spécialisés – sans parler d'autres livres et études sur Laclos, Diderot et Rousseau, sur Montesquieu et Beaumarchais, sur *L'Europe des Lumières*. René Pomeau a dirigé la *Revue d'histoire littéraire de la France* (1965-1991) et présidé la Société internationale d'étude du XVIII$^e$ siècle (1979-1983). Il est membre de l'Académie des Sciences morales et politiques (1988).

Ce long compagnonnage a trouvé son aboutissement, pour le tricentenaire de la naissance de Voltaire, dans une nouvelle biographie élaborée en équipe sous l'autorité du maître: le *Voltaire en son temps* (1985-1994, 5 volumes), somme de vingt ans de travaux, et d'un siècle de recherches depuis le vieux Desnoiresterres\* qu'il remplace. C'est un mausolée bien sûr, un monument de mémoire, mais secrètement hanté par l'espoir d'une seconde naissance, dans le sentiment que Voltaire manque\* à ce temps plus que jamais. La toute dernière phrase de René Pomeau parle enfin de «résurgence», à la fin d'un cinquième volume au titre insolent, comme pour un revenant sorti du tombeau: *On a voulu l'enterrer*.

*André Magnan*

On retiendra l'importance des travaux consacrés par René Pomeau à l'œuvre historique de Voltaire. Travaux d'établissement des textes qui ont rendu possible la recherche actuelle sur l'historiographie voltairienne, l'épistémologie et la philosophie de l'histoire au XVIII$^e$ siècle, et permis de comprendre ce que l'historiographie moderne doit au XVIII$^e$ siècle et à Voltaire lui-même.

En 1963, l'édition de l'*Essai sur les mœurs*, en deux forts volumes, rendait enfin accessible, dans son intégralité, un texte toujours cité, fondamental, sorte de point d'orgue de la démarche historique et philosophique de

Voltaire, mais souvent absent des bibliothèques et jamais vraiment réédité depuis le XVIII$^e$ siècle. C'était là comme un monument admiré mais peu fréquenté. S'appuyant sur la complexe bibliographie des manuscrits et des éditions de l'*Essai*, René Pomeau proposait dans son édition le texte de l'édition de Kehl, authentifié par des annotations de Voltaire lui-même, recueillies à Saint-Pétersbourg, en indiquant les enrichissements successifs de la rédaction depuis l'édition Cramer de 1761. Son introduction, foisonnante d'analyses et d'hypothèses, a ouvert le grand chantier toujours actif de la recherche dix-huitiémiste sur l'histoire.

L'édition, dans la Bibliothèque de La Pléiade, des *œuvres historiques de Voltaire* (1957), avait précédé la publication de l'*Essai sur les mœurs*. Rassemblant divers textes théoriques (les *Nouvelles Considérations sur l'Histoire*, le *Supplément au Siècle de Louis XIV*), des écrits polémiques (*Défense de Louis XIV contre l'auteur des Éphémérides*), les œuvres proprement dites, plus ou moins accessibles (*Anecdotes sur le czar Pierre le Grand*; *Histoire de l'empire de Russie sous Pierre le Grand*; *Le Siècle de Louis XIV*; l'*Histoire de Charles XII*, le *Précis du siècle de Louis XV*) et même des inédits (*Histoire de la guerre de 1741*), cette édition avait commencé cette réévaluation de Voltaire historien, dont l'édition de l'*Essai sur les mœurs* de 1963, comme une espèce de couronnement, devait montrer avec éclat le bien-fondé.

Jean Goulemot

Dans sa belle thèse sur *La Religion de Voltaire*, René Pomeau retrace l'évolution intellectuelle du philosophe antichrétien, en évoquant d'abord les débats religieux qui avaient cours chez les Arouet, dont certains membres étaient jansénistes, puis l'immense influence exercée par les jésuites, ces pères spirituels contre lesquels le fils se révolta. Quant à la phobie voltairienne contre le Dieu cruel de l'Ancien Testament, on la retrouve dans les œuvres théâtrales, dans les poèmes puis dans les grandes œuvres philosophiques et elle anime la campagne contre l'Infâme. René Pomeau montrait, avec raison, combien la pensée voltairienne, jamais figée, toujours inquiète, est dépendante d'un itinéraire personnel et affectif.

Une grande thèse se reconnaît à la variété des domaines abordés et René Pomeau ne laisse rien dans l'ombre: milieux intellectuels, mentalités, lectures voltairiennes, mais aussi stratégies et phases successives d'une pensée en constante évolution. Il fut un des premiers à révéler l'immense culture religieuse du patriarche, en analysant ses lectures, et à récuser ceux qui prétendaient, comme René Guillemin*, que Voltaire était un «athée de fait». L'ouvrage s'achève par une «prière à Voltaire» qui rappelle la «Prière à Dieu» du *Traité sur la tolérance*, mais qui évoque aussi la fin de *Candide*, comme si René Pomeau, dans un ultime hommage, avait voulu

unir la ferveur et l'ironie voltairiennes : « Voltaire, vieil ami, s'il est permis de s'adresser à toi, après avoir écrit sur toi tant de pages, ce doit être d'abord pour s'excuser : comment être court sur toi qui fus si interminablement bref? Qu'avais-tu tant à dire? Tu fus méchant, jaloux, menteur ; mais quand tu tenais devant toi un homme, ton semblable, tu le sentais ton frère. Quiconque avec toi s'entretenait semblait disposer de ton âme. Tu rêvais d'une humanité fraternelle, et tu avais raison. Car enfin... Mais Pangloss assez longtemps a disserté. Si l'Être des êtres a conservé quelque part la flamme de ton esprit, tu murmures : "Cela est bien dit, mais puissent tous les hommes, qui rampent sur ce globe ou globule où je fis jadis un peu de bruit, se souvenir qu'ils sont frères." »

*Didier Masseau*

## POMPADOUR, Jeanne Antoinette Poisson Le Normant d'Étioles, marquise de
COURTISAN • FEMMES • LOUIS XV • VERSAILLES •

*J'ai vu dès votre enfance les grâces et les talents se développer.*
*Épître dédicatoire de Tancrède, 1760.*

Voltaire vit d'abord à Étioles* Mlle Le Normant (1721-1764), et l'échos de son aisance à jouer *Zaïre* lui parvint rapidement. Elle était la fille illégitime du fermier général Le Normant de Tournehem qui l'avait mariée à son neveu d'Étioles, puis tout l'entourage de la jeune femme s'était employé à lui faire rencontrer Louis XV. Elle devint la maîtresse du roi au début de 1745 ; son apparition officielle à la cour coïncida, au printemps, avec le retour en grâce de Voltaire, qui était alors à Versailles : dès la fin de mars, il reçut la place d'historiographe*, avec la promesse d'une charge de gentilhomme* ordinaire. Sur la rumeur de sa présentation prochaine sous le titre de marquise de Pompadour, il lui adressa ces quelques vers :

> *Sincère et tendre Pompadour,*
> *Car je peux vous donner d'avance*
> *Ce nom qui rime avec l'amour,*
> *Et qui sera bientôt le plus beau nom de France [...].*

Pour cette jeune femme douée, belle et cultivée, qui s'intéressait aux lettres et aux sciences, qui dessinait et gravait, et jouait à ravir, Voltaire éprouva une réelle affection. Mme de Pompadour, « qu'on ne prendrait que pour Hébé ou pour Flore » se transformait bien volontiers en « Minerve ». Il fut séduit par l'amie et déçu par la favorite. Elle aimait l'œuvre de Voltaire, et une de ses premières ambitions fut sans doute de promouvoir sa carrière ; à soutenir le grand écrivain du moment, elle fortifierait d'ailleurs sa propre

position à la cour. « J'ai beaucoup d'obligation à la protection de Mme P... », écrit Voltaire à Mme Denis* en janvier 1746. Plus tard, il se moqua dans ses *Mémoires** de l'absurdité des faveurs qu'il reçut à cette époque : « Pour faire la plus petite fortune, remarquait-il, il valait mieux dire quatre mots à la maîtresse d'un roi que d'écrire cent volumes. » Mais la position de Mme de Pompadour était fragile, elle se heurta vite au clan de la reine, et s'aperçut que Louis XV n'aimait pas Voltaire : dès lors, sa protection fut soumise à l'humeur royale. Elle l'encouragea, mais en se dérobant à la moindre réserve du roi, laissant son protégé sans grand appui.

En mai 1745, il fait lire à la marquise son *Poème** de Fontenoy, puis il lui envoie à mesure les actes du *Temple** de la Gloire, soumis à sa critique. Durant l'été, il séjournera même à Étioles pour travailler et faire sa cour.

À la fin de 1747, Mme de Pompadour jouant *L'Enfant** prodigue dans les Petits Appartements, devant le roi et une noble assistance, Voltaire y assiste comme auteur, honneur alors nouveau. Mais il a l'imprudence d'en remercier la favorite par un madrigal où il glisse une allusion à la liaison royale. Vive réaction hostile du clan de la reine. Il s'éloigne à Lunéville*, plus conscient des limites de sa protection. Elle l'aide encore pour la représentation de *Sémiramis** (1748), en empêchant l'une de ces parodies* qu'il détestait – et qu'on allait jouer à Fontainebleau avec sa pièce. Mais elle commence aussi à protéger le vieux Crébillon* qui plaît davantage au roi, et ses relations avec Voltaire se refroidissent alors un peu plus – il dit espérer « en être protégé, ou du moins souffert ». Au début de mars 1750, elle joua *Alzire** avec succès devant le roi.

La marquise de Pompadour condamna le départ de Voltaire en Prusse*, mais elle s'empressa de faire nommer Duclos* pour lui succéder comme historiographe : il fallait à tout prix, dans ce jeu des faveurs et des brevets, garder la main sur la place dont son ancien protégé se voyait privé. Elle voulait pourtant aider au retour à Paris de son « Prussien ». Voltaire lui fit l'hommage, en 1752, d'un exemplaire du *Siècle** de Louis XIV, puis d'un manuscrit de son *Histoire** de la guerre de 1741, toujours inédite, auquel il avait ajouté un paragraphe qui saluait la paix, « fruit des conseils pressants d'une jeune dame d'un haut rang, célèbre par ses charmes, par des talents singuliers, par son esprit et une place enviée ». La marquise de Pompadour lui fit savoir adroitement qu'il n'était plus temps de songer à l'impression de cet ouvrage : elle travaillait déjà par son influence au rapprochement de la France avec l'Autriche – l'ennemie de cette dernière guerre. Voltaire ayant ensuite quitté Frédéric II sans regagner les bonnes grâces de Louis XV, elle accepta de recevoir Mme Denis, à l'automne de 1753 et lui promit d'intercéder, mais elle n'obtint rien et ne put empêcher l'exil* feutré que prononça enfin le roi (janvier 1754).

En 1755, à Mme de Pompadour « qui nous honore de ses bontés », Voltaire

apprenait son établissement avec sa nièce aux Délices, avec assez d'aisance pour paraître oublier sa disgrâce. Sollicité par le duc de La Vallière, il accepta même de versifier pour elle le *Précis\* de l'Ecclésiaste* et le *Précis du Cantique des cantiques*, alors qu'elle observait à son tour, de sa retraite de Champs\*, sa faveur déjà déclinante. En lui dédiant *Tancrède\** encore, en 1760, Voltaire aura la petite malice d'associer dans un même dépit les cabales des lettres et les intrigues de cour...

Protectrice des arts, la marquise de Pompadour soutint de son mieux, mais timidement les Philosophes et l'*Encyclopédie*. Elle parla en faveur de Mme Calas\*, et se déclara enchantée, en 1763, du *Traité\* sur la tolérance*. À ce moment, Voltaire avait tout appris du pouvoir de la favorite : « Le grand point, écrit-il, est d'intéresser son amour-propre à faire autant de bien à l'État, que Mme de Maintenon a fait le mal. »

Il regretta sa mort, comme celle d'une femme qui, sous un autre règne, aurait pu mieux faire.

*Anne Soprani*

*Avez-vous regretté Mme de Pompadour ? Oui, sans doute, car dans le fond de son cœur elle était des nôtres ; elle protégeait les lettres autant qu'elle le pouvait : voilà un beau rêve de fini. On dit qu'elle est morte avec une fermeté digne de vos éloges. Toutes les paysannes meurent ainsi ; mais à la cour la chose est plus rare, on y regrette plus la vie, et je ne sais pas trop bien pourquoi.*

À d'Alembert, 8 mai 1764.

## « POMPIGNADES »

Voir « MONOSYLLABES ».

## POMPIGNAN

Voir LEFRANC DE POMPIGNAN.

## PONCIFS

ANTICLÉRICALISME · AUTOPORTRAIT · CARACTÉROLOGIE · CONTRADICTIONS · ESPRIT · FLATTERIE · FOLIE · IRONIE · MANQUE (VOLTAIRE NOUS) · PATRIARCHE · PROVERBES · PRUSSIEN · SINGE · VOLTAIRIENS ·

Voltaire appelait simplement « préjugés » ces pensées communes, pour lui de fondement surtout religieux, « superstitieux » disait-il, qui précèdent

toute réflexion, toute analyse personnelle, et qui parfois leur résistent. Dans l'ordre de la culture et de l'opinion, non plus de la croyance, les «idées reçues» chères à Flaubert, puis nos «poncifs» plus ou moins modernes en dérivent, produits complexes d'une éducation plus générale, d'une mémoire plus sommaire, d'un système de communication plus massif. Non sans effets seconds parfois, de pseudo-distinction : les modes intellectuelles, les snobismes ont aussi leurs poncifs, leurs mots d'ordre, leurs slogans. Flaubert s'amusait des «dogmes de M. Prudhomme», mais plus délicatement des tourniquets du bluff et du cliché. Parmi les exemples retors recueillis par ses soins, la proposition «*Voltaire : science superficielle*» est ainsi à double entrée : elle figure à son «Catalogue des idées chic» comme au *Dictionnaire des idées reçues*...

En fait, la plupart des «idées reçues» ou «idées chic» sur Voltaire remontent loin, au temps même où son nom, sa figure, sa voix commençaient à émerger et à s'imposer. Dès 1734-1735, au lendemain de la publication des *Lettres philosophiques*, un portrait satirique anonyme circule en manuscrit, qui décrit «V.» (il avait 40 ans) comme «vif jusqu'à l'étourderie», ne tenant «à rien par choix», mais tenant «à tout par inconstance»; «intéressé», ayant «faim et soif» d'argent, et de réputation aussi ; instable, imprévisible même dans ses goûts et habitudes de vie – «le matin Aristippe et Diogène le soir»; plein de talents comme écrivain, mais abusant de ses dons, gâté, s'y perdant lui-même ; souvent «extraordinaire» par seul souci de le paraître, et d'ailleurs sans passion ni sincérité véritable ; «toujours mécontent de son pays», donc de la religion de ses pères, mais par «un tic approchant de la manie des vieillards»; et voué enfin, pour comble de confusion, à ne jamais sortir de ces contradictions – «toujours superficiel, et incapable d'approfondir». Le *Voltariana**, quinze ans plus tard, redoubla la dose, et plus rien n'a vraiment changé. On entend là déjà ces brillantes formules qui hanteront longtemps les manuels* scolaires et les annales du baccalauréat* : le «petit caractère» et les «grandes idées», la fausse «raison» privée de «cœur», la terrible «ironie» mordant sur tout et son contraire, l'anticlérical fermé à tout «mystère», l'insaisissable «Protée», le fameux «chaos d'idées claires», le Voltaire «touche-à-tout» – «de génie», ajoutait Faguet, ce qui sans doute aggrave le cas.

Inversement, l'action de l'œuvre sur le siècle, puis l'héroïsation posthume de l'écrivain dans une certaine perspective de l'histoire nationale – liberté, laïcité, pluralisme –, ont soutenu et développé des images plus positives : c'est le Voltaire patriarche de la tolérance, dénonciateur des erreurs et des abus, champion des justes causes, «l'homme aux Calas» comme on dit à sa mort déjà – «saint François de Ferney», osa Decroix* un jour... Clichés sur l'homme, poncifs sur l'œuvre, la typologie est incertaine, l'inventaire improbable, l'ultime «vérité» restant de toute façon l'affaire de chacun, de

son attention, de son libre jugement. Mais la prolifération, et si tôt active, retient l'attention. Voltaire est peut-être la figure la plus mythifiée de toute la culture littéraire française. Trois facteurs spécifiques sont en jeu, qui semblent se renforcer dans une sorte de processus compensatoire.
Sa supériorité, sa facilité* agacèrent, et peuvent agacer encore. Cette précocité, cette longévité, cette vitalité, cette faculté de sursaut dans l'épreuve : admirable « combustion », a-t-on dit, qui lui permit presque toujours de volatiliser les obstacles. Il y a comme une revanche de l'humanité ordinaire à le prendre par ses défauts – et il en eut –, en les fixant en clichés. Sa susceptibilité, par exemple, cette irritabilité du polémiste : Voltaire ou la colère*. Son obstination à être et rester le meilleur, à vouloir gagner sans cesse, contre Crébillon, Maupertuis, Fréron, Rousseau : on le dira donc jaloux ou mesquin, mais en perdant de vue les enjeux de goût, d'idées, de valeurs. On n'a jamais pardonné non plus à ce self-made man sa réussite, et surtout sa fortune de Crésus, condition première pourtant de son indépendance, mais forcément louche, interlope, excessive. Le vieux poncif de l'avarice de Voltaire, élaboré sur deux ou trois anecdotes de bouts de chandelle et de frais de voyage, et contredit par tant de générosités attestées – les aides aux jeunes confrères, les avances aux éditeurs, les secours et prêts gratuits aux administrés –, n'a certes pas fini sa longue carrière : un gros livre de minutie domestique, au siècle dernier, ne put y suffire, sur l'imparable postulat que la philosophie d'un tel grigou ne valait pas un sou.
On se défend aussi, par quelques traits fortement accentués, de la profusion de l'œuvre, et de l'espèce de parade que donna Voltaire de sa propre diversité, entre vers et prose, histoire et conte, érudition et facétie, tract et traité, pathétique et ridicule. Ce grand art d'étonner, de convaincre ou de toucher, de séduire ou de choquer, cette ample scénographie de la personne se jouant personnage, semble par réaction appeler le chromo. Tentation déjà de l'iconographie de la vieillesse, avec cette ultime figure du Patriarche, que voulut brouiller Huber*, et que Pigalle* seul peut-être sut révéler – elle survit dans le cliché scolaire du « patriarche de Ferney ». En désespoir de cause, devant les énormes Mélanges issus de cette vie bigarrée d'écriture et d'action, et devenus si étranges quand on y entre, il reste à invoquer le poncif même de l'instable : Protée. La figure sous-tendait d'emblée le portrait anonyme de « V. ». Elle resta longtemps l'apanage des dévots, puis des cléricaux, pour disqualifier une pensée décentrée de toute Révélation, ouverte en discours pluriels sur la liberté, le lien social, la condition humaine : « Jamais Protée n'eut un symbole plus accompli », tranchait l'abbé Guyon, sévère auteur de l'*Oracle* des nouveaux philosophes. La culture laïque a bien récupéré, de Hugo à Gide, ce mythe du Voltaire-Protée, entre autres à l'école pour la démonstration des richesses du patrimoine littéraire, à coup de petits extraits satellisés autour du « chef-

d'œuvre » *Candide*, lui-même bien choisi d'ailleurs pour l'illustrer aussi, même pauvrement. Il faut avouer enfin ce qu'un certain esprit voltairien paraît comporter de pré-cliché, si l'on peut dire : le refus de la complication, voire de la complexité, suspecte de complaisance ; le mépris de l'esprit d'importance, de la gravité qui pèse et pose, de la profondeur lointainement problématique ; le plaisir des vues simples, de la clarté précise, des connaissances sûres ; la résignation à l'ignorance au-delà du bon sens et du sens pratique. De ces limites patiemment défendues contre des passions plus diversement communes, faux savoirs et mauvais pouvoirs, un certain voltairianisme facile a pu faire des bornes banales ; Voltaire quant à lui les avait construites, à la mesure de son humaine faiblesse.

*André Magnan*

*Je suis comme les petits ruisseaux ; ils sont transparents parce qu'ils sont peu profonds.*
À Henri Pitot, 20 juin 1737.

*En creusant cet abîme, la tête lui tourna.*
*Questions sur l'Encyclopédie*, 1770-1772, art. « Idée ».

## PONT DE VEYLE, Antoine de Ferriol, comte de

Voir FERRIOL · MAUREPAS.

## POPE, Alexander

ANGLETERRE · DÉISME · GOÛT · OPTIMISME · POÉSIE · TRADUCTION ·

Voltaire force quelque peu la vérité quand il déclare en 1756 avoir beaucoup vécu avec le poète anglais Alexander Pope (1688-1744). Il entra certes en relation avec lui, sans doute par l'intermédiaire de Bolingbroke*, au plus tard en octobre 1726 à Londres. Mais Pope, malade, hypocondriaque, se tint à l'écart de tous ses amis dès le printemps 1727 ; et, plus tôt encore, Voltaire se serait fait interdire sa porte pour avoir tenu des propos scandaleux devant Mrs Pope. Peu lui importe, il continuera longtemps à parler de « mon ami Pope ». Il admire d'emblée l'auteur de l'*Essai sur la critique*, il trouve *La Boucle de cheveux enlevée* supérieure au *Lutrin* de Boileau. « M. Pope » est décidément « le meilleur poète d'Angleterre, et aujourd'hui du monde ». Moins enthousiaste, le jugement demeure cependant très élogieux dans le passage qu'il consacre au « Boileau anglais » dans les *Lettres**

*philosophiques* (XXII<sup>e</sup> lettre), en traduisant librement «un morceau de son poème de *La Boucle de cheveux*».
Quand Pope aborde la philosophie avec l'*Essai sur l'homme* (1733), Voltaire y voit «des épîtres morales en vers qui sont la paraphrase de [ses] petites remarques sur les *Pensées* de Pascal». Il lui faudra pourtant en convenir, l'essentiel de la thèse de Pope, le célèbre *Tout est bien*, vient de Leibniz* à travers les déistes* anglais. À Cirey, alors que Mme du Châtelet fait de l'*Essai sur l'homme* une de ses lectures favorites, Voltaire corrige «quelques obscurités» de Pope dans ses propres *Discours* en vers sur l'homme* (1738-1742). Dès lors, dans ses réfutations de l'optimisme, il associera souvent Pope à Leibniz. Et c'est en 1755, après le tremblement de terre de Lisbonne, qu'il trouve dans les faits mêmes la réplique au «système»: «Entre nous, mon cher Monsieur, et Leibniz et Shaftesbury, et Bolingbroke et Pope n'ont songé qu'à avoir de l'esprit. Pour moi, je souffre et je le dis» (à Élie Bertrand, 18 février 1756). D'où le *Poème* sur le désastre de Lisbonne*, avec son sous-titre en rupture: «Examen de cet axiome: *Tout est bien*».

Jean-Michel Raynaud

*C'est, je crois, le poète le plus élégant, le plus correct et, ce qui est encore beaucoup, le plus harmonieux qu'ait eu l'Angleterre. Il a réduit les sifflements aigres de la trompette anglaise aux sons doux de la flûte; on peut le traduire, parce qu'il est extrêmement clair, et que ses sujets pour la plupart sont généraux et du ressort de toutes les nations.*

*Lettres philosophiques, 1734, XXII<sup>e</sup> lettre.*

*L'Europe est dans la consternation du jugement dernier arrivé dans le Portugal [...]. Le tout est bien de Mathieu Garo et de Pope est un peu dérangé. Je n'ose plus me plaindre de mes coliques depuis cet accident.*

*À d'Argental, 1<sup>er</sup> décembre 1755.*

## «PORTATIF (LE)»

Nom familier souvent donné, depuis Voltaire lui-même, par abréviation, au *Dictionnaire* philosophique portatif*. Mais il n'a inventé ni le mot, ni même ce titre complet.
La vogue du «portatif» – l'ancêtre de notre «livre de poche» – est un phénomène marquant de l'édition au XVIII<sup>e</sup> siècle, la réponse à une forte demande de vulgarisation des savoirs: les grandes sommes érudites étaient dispendieuses. Les compilateurs travaillent sur tous les domaines. P. A. Alletz est ainsi l'auteur à la fois d'un *Dictionnaire théologique portatif*

(1756) et d'un *Dictionnaire portatif du cultivateur* (1760). On relève des dictionnaires portatifs de chirurgie, de jurisprudence, de commerce, de beaux-arts, de géographie et d'histoire. Chicaneau de Neuvillé est même l'auteur d'un *Dictionnaire philosophique portatif* (1756) – huit ans avant Voltaire.

En 1766, un autre compilateur, André Guillaume Contant d'Orville (1730-1800), donna sous le titre *Pensées philosophiques de M. de Voltaire* un recueil d'extraits tirés de ses écrits, portant sur l'étude, la morale, le goût, la littérature et la philosophie, qu'il dédia à Voltaire lui-même en l'appelant par jeu «Le Voltaire portatif»...

Voltaire avait saisi les potentialités de ces ouvrages maniables : «Jamais vingt volumes in-folio ne feront de révolution ; ce sont les petits livres portatifs à trente sous qui sont à craindre.»

*Christiane Mervaud*

## PORTRAITS

BIOGRAPHIE · HISTOIRE · HISTORIEN ·

À La Beaumelle* qui lui avait reproché «de n'avoir pas assez semé de portraits» dans *Le Siècle de Louis XIV*, Voltaire fit cette réponse cinglante : «J'ai toujours pensé que c'est une espèce de charlatanerie de peindre autrement que par des faits les hommes publics avec lesquels on n'a pu avoir de liaison» (*Supplément au Siècle de Louis XIV*, 1753). Car, à moins de «deviner d'après [ses] propres idées celles des personnages du temps passé» – ce qui est «donner à l'histoire les couleurs du roman» –, il faut s'en remettre aux témoignages d'époque, grevés de toutes sortes de «passions». «De tous ces caractères tracés par des contemporains, qu'il y en a peu d'extrêmement fidèles !» Au fond, c'est le genre même du portrait dont Voltaire conteste la véracité : «L'âme n'est qu'une suite continuelle d'idées et de sentiments qui se détruisent [...]. Le caractère de chaque homme est un chaos.» Avec les «harangues» et le «merveilleux», le portrait est un des trois grands mensonges des historiens. Enfin, et surtout, c'est une entreprise bien «vaine» : «Je me soucie fort peu que Colbert ait eu les sourcils épais et joints [...]. J'ai porté la vue sur ce qu'il a fait de mémorable, sur la reconnaissance que les siècles à venir lui doivent, non sur la manière dont il mettait son rabat.» Seul portrait légitime, en fin de compte, celui qui «peint» un homme public «par ses actions», dont le modèle est le portrait de Cromwell, au chapitre VI du *Siècle de Louis XIV*. Au demeurant, l'historien d'un «héros», Charles XII, passé ensuite au «tableau» de l'esprit d'un «siècle», finit par proposer un

« essai » sur les « mœurs » de toute l'humanité : grand mouvement cohérent de l'individuel au collectif.

*Patrick Brasart*

## PORTUGAL

HISTORIEN • JÉSUITES • TRADUCTION •

Plus qu'une nation de conquistadores, le Portugal est la patrie des premiers grands navigateurs. Les Portugais ont découvert les îles du Cap-Vert, des Açores, le Brésil, les Grandes Indes, Goa, le Japon et Macao, et franchi le détroit de Magellan. Le Portugal, c'est aussi pour Voltaire un royaume qui s'affirme dès le XIIe siècle, qui est conquis par Philippe II en 1580, puis se libère de l'Espagne et installe la dynastie des Bragance en 1640. Il passe ainsi d'une « province espagnole pauvre à un royaume florissant ».
De la littérature portugaise, Voltaire ne connaît guère que *Les Lusiades* (1572) de Luis de Camoens, œuvre qu'il a découverte durant son séjour en Angleterre – « Je ne l'avais jamais lu tout entier », dit-il de Camoens en 1776, en ouvrant une nouvelle traduction.
De l'histoire moderne du Portugal, Voltaire retient des faits contrastés : l'installation de l'Inquisition au milieu du XVIe siècle, les autodafés, le tremblement de terre de 1755, et par opposition, l'attentat contre le souverain (1758) et l'expulsion des jésuites (1759). À ce terme, Voltaire a l'impression de voir surgir un pays moderne. D'où son intérêt pour le ministre réformateur Pombal, l'attention qu'il porte aux événements de 1758, qui valurent aux jésuites d'être accusés de régicide sur la personne de Joseph Ier et qui aboutirent, un an plus tard, à leur expulsion – dont il entretient longuement d'Alembert (19 février 1759), puis la duchesse de Saxe-Gotha (21 février). Voltaire craint alors la vengeance des jésuites s'appuyant sur les rancœurs territoriales de l'Espagne, et souhaite ardemment le succès du réformateur.
Si actuellement les traductions de Voltaire en portugais sont nombreuses, au XIXe siècle on n'a guère traduit que le théâtre (*Zaïre*, 1783 ; *Tancrède*, 1839). *Zadig* fut traduit en 1819, *Candide* en 1846 et *Les Voyages de Scarmentado* en 1850. La philosophie fut, semble-t-il, totalement ignorée. La dictature salazariste, au XXe siècle, n'a pas favorisé, bien évidemment, la traduction de Voltaire en portugais. On trouve actuellement peu de traductions des textes philosophiques : pour l'essentiel des extraits du *Dictionnaire philosophique*. La fondation Calouste Gulbenkian de Lisbonne a établi un état des traductions portugaises de Voltaire.

*Jean Goulemot*

# POSTE

CODES · CORRESPONDANCE · FERNEY ·

*AVERTISSEMENT DE M. DE VOLTAIRE. Plusieurs personnes s'étant plaintes de n'avoir pas reçu de réponse à des paquets envoyés, soit à Ferney, soit à Tourney, soit aux Délices, on est obligé d'avertir, qu'attendu la multiplicité immense de ces paquets, on a été contraint de renvoyer tous ceux qui n'étaient pas adressés par des personnes avec qui on a l'honneur d'être en relation.*
*Annonces, affiches et avis divers (Paris), lundi 6 novembre 1761.*

On plaint en effet le pauvre Dalloz, commissionnaire au service de M. de Voltaire à Ferney, chargé entre autres des navettes avec le bureau français des postes à Genève* – celui de Versoix* entre 1768 et 1774. Le contenu de plusieurs «paquets» reçus se déduit de la correspondance. Des livres, des documents, des cartes géographiques, des petites fournitures dans les cas pressés, des lettres surtout, groupées ou non, des dizaines par semaine, beaucoup plus que nous n'en connaissons. Le tout en port dû : Voltaire y dépensait chaque année des sommes considérables. Il avait déposé au bureau un registre des noms de quelque deux cents correspondants dont il acceptait les envois, avec l'échantillon de leurs marques et cachets : cette pièce rare est conservée à l'Institut* et musée Voltaire. Malgré ce filtrage, il ne cessa de recevoir des éloges d'inconnus, en vers et en prose, des dédicaces et des épîtres, des exemplaires d'hommage, des demandes d'argent, d'intervention ou d'assistance, des confessions de religieuses et de moines malheureux, des manuscrits à corriger, des missives de fous avec ou sans portrait, des consultations de poètes et des objections de métaphysiciens, des lettres anonymes d'insultes et de menaces, et plusieurs projets pour refaire le monde – on a des exemples, des traces ou des indices de ces flux hétéroclites.

Et de Ferney au petit matin, Dalloz remportait le tout-venant des journées du maître, des mémoires et des requêtes, des plans de pièces nouvelles, des brouillons et des copies, des corrections et des épreuves, des rôles d'acteurs, des grimoires de procès, des lettres et des billets par douzaines, et par douzaines aussi souvent, dans les occasions sûres, ces petits «rogatons» ou «pâtés» sortis des presses proches de Cramer* ou de Grasset*, pamphlets et opuscules serrés et pliés pour avoir l'air de lettres, *Les Car*\*, *Les Quand*\*, la *Lettre*\* *de Charles Gouju* – sans compter les expéditions des montres* de fabrication locale, pour lesquelles Voltaire obtint en 1771 la franchise postale.

Il utilisa souvent, pour son courrier personnel, un passe-droit alors assez commun : le contreseing de correspondants importants, ministres, fermiers généraux, intendants des postes même qui, disposant d'une franchise, se

chargeaient de faire suivre des lettres confiées à leurs soins. Il économisait alors le port dû à ses destinataires, mais il avait surtout le plaisir de communiquer sans contrainte. On sait des circonstances où son courrier fut surveillé et intercepté, en Prusse par exemple, à Ferney en 1766 au moment du projet de Clèves*, en 1772 pour sa correspondance avec d'Alembert. Il lui arrivait de prendre des copistes inconnus, domestiques ou gens de passage, pour dicter des lettres, ou de donner de ses nouvelles à la troisième personne sous un nom déguisé, exceptionnellement d'employer des codes. Parmi les contreseings dont il se servit, les plus utiles furent ceux de Chennevières* chef du bureau de la guerre, de Marin* censeur et administrateur du livre, et surtout de Damilaville*, fonctionnaire des impôts. Ce relais du cher «Damila», tout acquis à la bonne cause, fut sans doute le plus précieux et le plus sûr – mais on sait par Beuchot* qu'un espion de «cabinet noir», expert en cachets, trouvait que ce «M. Écrlinf*» écrivait diablement bien.

*André Magnan*

*Il s'est trouvé à la poste une lettre ayant pour suscription : «Au prince des poètes, phénomène perpétuel de gloire, philosophe des nations, mercure de l'Europe, orateur de la patrie, promoteur des citoyens, historien des rois, panégyriste des héros, Aristarque des Zoïles, arbitre du goût, peintre en tout genre, le même à tout âge, protecteur des arts, bienfaiteur des talents, ainsi que du vrai mérite, admirateur du génie, fléau des persécuteurs, ennemi des fanatiques, défenseur des opprimés, père des orphelins, modèle des riches, appui des indigents, exemple des sublimes vertus.» Cette lettre, tout bien considéré, a été remise à M. de Voltaire, quoiqu'elle ne portât pas son nom, comme le seul à qui toutes ces qualités pussent convenir.*

*Mémoires de Bachaumont, 1$^{er}$ novembre 1769*
*– mais Voltaire ayant renvoyé la mirobolante lettre au bureau, on en sut l'auteur après l'avoir ouverte : un obscur abbé de Launay, qui sortait tout juste de prison, poète médiocre, démuni et tapeur.*

## POST-SCRIPTUM

CORRESPONDANCE •

Est-ce l'abondance des matières ? Est-ce le doute d'avoir bien dit ? Voltaire a toujours eu un faible pour le post-scriptum, avec ou sans le mot. Dans la correspondance, la chose est attendue, comme un privilège au moins des lettres familières. Des *P.S.* et des *N.B.*, jetés ou dictés à la diable, ont donc souvent écorché le papier, plus nombreux apparemment que dans d'autres grandes correspondances :

*Voulez-vous mettre mon gros neveu, l'abbé Mignot, du secret ?*

*Ne pourriez-vous pas faire tenir adroitement un Quaker à Merlin ou à Cailleau ? Il pourrait imprimer icelui.*

*Voici un jeune Anglais digne de vous voir.*

*Je suis obligé de vous dire, avant de mourir, qu'une de mes maladies mortelles est l'horrible corruption de la langue, qui infecte tous les livres nouveaux.*

*P.S. À force de bonté, vous devenez mon bureau d'adresse.*

*Nota qu'il n'est pas vrai qu'on ait battu trois fois les Russes, comme on le dit ; c'est bien assez d'une.*

André Magnan

## POT-POURRI

ANTICLÉRICALISME • CONTES PHILOSOPHIQUES • JÉSUS • MARIONNETTES • TOLÉRANCE •

Paru en 1765 dans un volume de *Nouveaux Mélanges*, c'est un texte énigmatique, distribué en quinze chapitres. Apparemment l'histoire de Polichinelle et de son théâtre de marionnettes, mais une allégorie aussi, semble-t-il, de la vie du Christ. Des récits à la première personne s'entremêlent encore, souvent sans lien avec le reste, et qui évoquent des événements totalement étrangers à cette thématique. La critique s'est longuement interrogée sur cette bizarrerie narrative, qui évoque parfois lointainement le *Voyage sentimental en France et en Italie*, de Laurence Sterne, ou même *Jacques le fataliste* dans les interventions de l'auteur et de son voisin Husson. On aura donc conjointement une généalogie moqueuse de Jésus, des allusions aux disputes entre les sectes à Amsterdam, un récit grand-guignolesque de l'histoire de l'Église, des critiques de la vénalité des charges, de *Polyeucte* ou de l'obligation religieuse des fêtes chômées...

Il s'agit bien là d'un pot-pourri, au sens que l'on donne à ce genre au XVIII$^e$ siècle : « Se dit au figuré d'un livre ou d'un autre ouvrage d'esprit, composé du ramas de plusieurs choses assemblées sans ordre et sans choix » (*Dictionnaire de l'Académie*, 1694). L'étude – d'ailleurs difficile – des sources manuscrites montre qu'il constitue un important vivier, lié au *Traité\* sur la tolérance* (moins qu'on ne le prétend, au demeurant), qui développe et amplifie certaines des thèses du *Pot-pourri*. L'analyse précise de certains chapitres permet encore d'affirmer que le projet du *Pot-pourri* date de Berlin (1750-1753) et traduit une radicalisation de la critique vol-

tairienne du Nouveau Testament et de la figure de Jésus-Christ. C'est l'époque du *Sermon\* des Cinquante* et de l'*Examen\* important de milord Bolingbroke*, textes extrêmement proches de certaines formulations du *Pot-pourri*. Voltaire, en montreur de marionnettes, reprend à son compte les critiques traditionnelles des milieux libertins qui assimilaient Jésus à Brioché (un des comparses de Polichinelle) et le chrétien à un pantin manipulé par les prêtres imposteurs. La construction du *Pot-pourri*, contradictoire au premier abord, peut se résumer, lue dans cet esprit, à une histoire de Polichinelle (I-III) reprise ensuite (VII-XII) et qui alterne avec deux autres séquences : l'une consacrée à la tolérance (IV-VI), l'autre aux abus ecclésiastiques (XIII-XV). Ceci acquis, il reste à se demander pourquoi Voltaire, qui sait construire si simplement ses récits, s'est embarrassé cette fois d'une organisation si complexe et dont les vertus pédagogiques ne sont pas évidentes.

*Jean Goulemot*

## POTSDAM

BERLIN · FRÉDÉRIC II ·

Le Roi-Sergent avait transformé Potsdam en cité militaire où régnait la plus stricte discipline : « Jamais, lit-on dans une chronique du temps de Frédéric II, l'officier ni le soldat en garnison à Potsdam ne sort de la porte, pas même pour se promener, sans un billet signé du roi, ce qu'il accorde rarement. » Les princes de Prusse eux-mêmes y étaient assujettis à résidence et ne songeaient qu'à Berlin. On n'y voyait jamais de femmes, du moins d'honnête compagnie. Potsdam est « le centre de l'ennui » pour le prince Ferdinand ; pour le prince de Brunswick, on n'y conjugue qu'un seul verbe : « s'ennuyer ».
Voltaire arrive le 21 juillet 1750 « dans ce séjour autrefois sauvage », et qu'il découvre quant à lui « aussi embelli par les arts qu'anobli par la gloire » : « Cent cinquante mille soldats victorieux, point de procureurs, opéra, comédie, philosophie, poésie, un héros philosophe et poète, grandeur et grâces, grenadiers et muses, trompettes et violons, repas de Platon, société et liberté. » Il réside alors au château de Sans-Souci, mais se lassera de ce « mélange de Sparte et d'Athènes ». Il vivra là « au son du tambour et des trompettes et des mille coups de fusil » – mais il est à Berlin\* l'hiver, et s'échappe entre-temps parfois. Après l'affaire Hirschel\*, en mars 1751, il se retire au Marquisat, une maison de campagne près de la porte de Brandebourg, que le départ du marquis d'Argens avait laissée vacante. Il y travaille plusieurs mois au *Siècle de Louis XIV*, il y reçoit Mme de Bentinck\*. Il restitue cet « ermitage » en août 1751 à d'Argens qui rentre de

France. En 1752, il a acquis, près du château, un petit logement « où il n'y a précisément que le nécessaire », un « bouge » dit-il aussi. C'est là qu'il invite l'abbé de Prades*, la même année, lorsque celui-ci se réfugie en Prusse.

*Christiane Mervaud*

## POTSDAMISTE / POTSDAMITE

FRÉDÉRIC II • HOMOSEXUALITÉ • NÉOLOGISME •

Formé sur « Potsdam » et « sodomite », par allusion aux amours homosexuelles de Frédéric II, non sans quelques connotations accessoires, le néologisme « potsdamite » fut sans doute lancé avant 1750 – on ne sait quand ni par qui.
Il est attesté en 1753 dans un pamphlet anti-frédéricien, qui fut attribué à Voltaire, mais à tort selon toute vraisemblance : l'*Idée\* de la personne, de la manière de vivre et de la cour du roi de Prusse* – ici sous la forme seconde en -iste, suggérant la secte ou l'école. Voltaire lui-même appelle ce pamphlet « le tableau potsdamite » (à Mme Denis, 8 septembre 1753).
En 1760, évoquant les déboires militaires du roi de Prusse dans la guerre de Sept Ans, il écrit qu'il a « sous son nez 80 mille Autrichiens, et 100 mille Russes à son cul, lesquels Russes sont de rudes potsdamites » (à Thiriot, 7 juillet 1760). Le mot survécut comme rareté, puis disparut. En 1854, un anti-voltairien reproche encore à l'odieux Voltaire d'avoir fréquenté l'infâme Frédéric, « ce mari sans épouse, ce père de la Potsdamie ».

*André Magnan*

## *POUR ET LE CONTRE (LE)*

Voir *ÉPÎTRE À URANIE*.

## *POUR LE 24 AUGUSTE, OU AOÛT 1772*

SAINT-BARTHÉLEMY •

C'est le titre de l'*Ode sur l'anniversaire de la Saint-Barthélemy* dans la version publiée à la suite des *Réflexions\* philosophiques sur le procès de Mlle Camp*.

*André Magnan*

## POUR (LES)

Voir « MONOSYLLABES ».

## PRADES, Jean Martin de

CENSURE • *ENCYCLOPÉDIE* • FRÉDÉRIC II • SORBONNE • THÉOLOGIE •
*TOMBEAU DE LA SORBONNE (LE)* •

L'abbé de Prades (1724-1782) est surtout connu par le scandale que provoqua sa thèse de doctorat soutenue en Sorbonne le 18 novembre 1751.
Rien ne prédisposait ce jeune et brillant théologien, issu d'une famille de notables, à devenir une recrue de Frédéric II, et un protégé de Voltaire pendant son séjour prussien. Sa thèse avait d'abord été jugée conforme à l'orthodoxie. Mais lorsque paraît dans l'*Encyclopédie* son article « Certitude », plusieurs théologiens la relisent d'un œil plus critique. On prétend que Prades s'est inspiré, dans une de ses propositions, d'un morceau de Voltaire intitulé « Du déisme » publié dans ses œuvres en 1745, on dénonce ce prêtre indigne, contaminé par les idées à la mode, et qui puise des informations dans les *Lettres\* philosophiques*.
L'abbé de Prades avait aussi contre lui de fréquenter des voltairiens, comme le comte d'Argenson\* ou Richelieu\*. Après un nouvel examen, la thèse fut censurée par la Faculté de Théologie et l'auteur décrété de prise de corps (février 1752). Pour échapper à l'arrestation, Prades se réfugia à la cour de Prusse. Il y retrouva Voltaire qui l'accueillit chaleureusement, le logea et obtint pour lui une place de lecteur du roi. Il publia depuis Berlin son *Apologie*, à laquelle Diderot donna une *Suite*, et Voltaire écrivit de son côté sur l'affaire, au moins en partie, une satire au titre éloquent, *Le Tombeau de la Sorbonne*. Prades finit ses jours en Prusse.

*Didier Masseau*

## PRANGINS

DÉLICES (LES) • LOGEMENTS •

« Au château de Prangins près de la ville de Nyon au pays de Vaud en Suisse » : Voltaire donne cette nouvelle adresse, en décembre 1754, à ses correspondants. Le château de Prangins est perché au-dessus du lac Léman. Il y arriva avec Mme Denis\*, en plein hiver, vers le 14 décembre ; il venait de Colmar\*, en quête d'un havre en Suisse. C'est Mme de Fontaine\* qui lui avait proposé cette halte sur la terre d'un ancien ami, le baron de Prangins. Voltaire y demeura près de trois mois, jusqu'en

février 1755, le temps d'acquérir Les Délices et de louer Montriond*. L'hiver à Prangins fut terrible : « Les vents y règnent, écrit Collini* le secrétaire d'alors, et battent le château, de façon que le philosophe, qui y est enfermé et calfeutré, en est tout ébahi. La dame parisienne, peu accoutumée aux lacs et aux vents, meurt continuellement de peur au bruit des aquilons. » Son horreur du froid précipita Voltaire dans le jardin plus accueillant des Délices, « moyennant quatre-vingt-sept mille livres ».

*Anne Soprani*

## PRAULT, Laurent François

ÉDITIONS •

Laurent François Prault, libraire-éditeur à Paris, a d'abord la confiance de Voltaire. « La réputation de probité et d'intelligence que vous avez ne sont pas une moindre recommandation », lui écrit Voltaire en février 1736. Il fera des éditions d'*Alzire* et de *L'Enfant prodigue* (1736), puis des *Éléments de la philosophie de Newton* (1738), de la *Vie de Molière* (1739), de *Mérope* (1744) et de *La Bataille de Fontenoy* (1745), ainsi que des réimpressions d'autres tragédies, et une belle édition nouvelle de *La Henriade* (1737), que l'auteur se fera rétribuer au moyen de « soixante et douze exemplaires magnifiquement reliés et dorés sur tranche ». Mais Prault se montre lent et négligent. Les relations se gâtent bientôt : « Prault en use très mal selon la coutume des libraires. Qu'il ne m'échauffe pas les oreilles. » Et ne veut-il pas faire double profit en imprimant, avec les tragédies de son auteur, leurs odieuses parodies* ?

Cependant, Voltaire temporise. Prault est son libraire parisien à l'époque, et il a besoin de lui. Prault reste donc « le libraire de Paris [qu'il] estime le plus ». Voltaire le défendra auprès de d'Argenson, en 1740, à propos de la saisie d'un *Recueil de pièces fugitives* contenant les premières pages du *Siècle de Louis XIV*. Cette affaire envenimera cependant leurs relations. Prault se lance alors dans une édition clandestine qui rendra Voltaire furieux : « De tous les fripons de libraires, Prault est le plus fripon. » Voltaire travaillera aussi avec le fils Prault, Louis François, lequel fera une édition de *Candide* (1759) et l'originale de *Tancrède* (1760), et ne sera pas moins « fripon » que le père.

*Jean-Michel Raynaud*

*L'éditeur doit par probité et par intérêt ne me point charger de l'iniquité d'autrui.*
*À Louis François Prault, 21 mars 1761.*

## PRÉCIS DE LA PROCÉDURE D'ABBEVILLE

CRI DU SANG INNOCENT (LE) • ÉTALLONDE • LA BARRE •

Placé à la suite du *Cri du sang innocent* (1775), signé «D'Étallonde de Morival» mais rédigé ou mis en forme par Voltaire, ce petit *Précis* d'une dizaine de pages reprend tous les moments de la procédure contre Étallonde, en les scandant des cinq dates de septembre-octobre 1765, pour montrer la fragilité des accusations portées contre l'accusé : le chapeau gardé au passage de la procession des capucins, les chansons obscènes contre Marie-Madeleine, la profanation d'un crucifix, les pratiques de magie noire... La fin forme un recours au jeune roi Louis XVI – resté vain.

*Jean Goulemot*

## PRÉCIS DE L'ECCLÉSIASTE EN VERS

BIBLE • GOÛT • POÉSIE • POMPADOUR (MME DE) •

Comme celle du *Cantique des cantiques*, cette adaptation versifiée de l'*Ecclésiaste*, publiée en 1759, fut faite pour Mme de Pompadour. La marquise, en revenant à la dévotion, gardait le goût des vers, d'où ces étonnants fragments d'une Bible façon Voltaire. Déceptions de la volupté, de la grandeur, de la fortune et de la science, destinée commune de l'homme et de l'animal : Voltaire est entré sans peine dans cette thématique de l'universelle vanité. Le dilemme des consolations épicuriennes ou de l'adoration de Dieu, seul dispensateur des vrais biens, le relie aussi à l'Écriture. Mais, choqué par le profond désordre du texte biblique, les répétitions, les élans abrupts d'un sujet à un autre, il a reconstruit logiquement cette méditation tourmentée. Il coupe des réflexions audacieuses, éteint les détails pittoresques sous une rhétorique d'emphase et de cliché, amortit l'âpreté du chant et substitue au souffle sombre des versets la musique grêle de ses mètres variés – alexandrins et heptasyllabes. La conclusion épicurienne du poète mondain achève de trahir la mélancolie désenchantée de l'original. En transposant en cours de morale à l'intention des gens du monde cette méditation sur le néant des choses terrestres et l'usage raisonnable des biens, Voltaire s'est inévitablement écarté d'un livre qui tient sa force du dénuement premier devant l'énigme du destin humain. L'Ecclésiaste est ici soumis, et c'est dommage, à l'esthétique classique.

*Marie-Hélène Cotoni*

*Ô mortel infortuné !*
*Soit que ton âme jouisse*
*Du moment qui t'est donné,*

*Soit que la mort le finisse,*
*L'un et l'autre est un supplice:*
*Il vaut mieux n'être point né.*
*Le néant est préférable*
*À nos funestes travaux,*
*Au mélange lamentable*
*Des faux biens et des vrais maux,*
*À notre espoir périssable*
*Qu'engloutissent les tombeaux.*
*Quel homme a jamais su par sa propre lumière*
*Si, lorsque nous tombons dans l'éternelle nuit,*
*Notre âme avec nos sens se dissout tout entière,*
*Si nous vivons encore, ou si tout est détruit?*
*Des plus vils animaux Dieu soutient l'existence:*
*Ils sont, ainsi que nous, les objets de ses soins;*
*Il borna leur instinct et notre intelligence;*
*Ils ont les mêmes sens et les mêmes besoins.*
*Ils naissent comme nous, ils expirent de même:*
*Que deviendra leur âme au jour de leur trépas?*
*Que deviendra la nôtre à ce moment suprême?*
*Humains, faibles humains, vous ne le savez pas!*
Précis de l'Eccésiaste en vers, 1759.

## PRÉCIS DU CANTIQUE DES CANTIQUES

BIBLE · GOÛT · POÈTE · POMPADOUR (MME DE) ·

Voltaire traducteur de la Bible! Le livre sacré des juifs et des chrétiens le fascine et le révolte, on le sait. À cet exercice de la traduction versifiée, tous les poètes du XVIII<sup>e</sup> siècle se sont essayés, parfois de façon impressionnante et personnelle, de Jean Baptiste Rousseau à Jean Jacques Lefranc de Pompignan. Une occasion s'offrit à Voltaire en 1756: il s'agissait de complaire à la marquise de Pompadour, favorite de Louis XV et amie des philosophes, qui avait un moment d'intérêt pour la religion. Mais de la Bible il choisit (avec l'Ecclésiaste, dont il rime aussi un *Précis**) la partie la plus apte, lui semble-t-il, à plaire à une belle lectrice: le *Cantique des Cantiques*, dialogue amoureux entre un fiancé et une fiancée, le Chaton et la Sulamite. La tradition chrétienne interprète ce texte comme un dialogue entre l'Église et le Christ. Rien de figuré dans l'adaptation voltairienne. Mais en le traduisant en quelques pages de vers d'opéra, il ôte au texte tous ses excès, notamment ses audaces sensuelles et ses images surprenantes; il le met en ordre en y introduisant une progression dramatique: les

amants, séparés par un malentendu, se réconcilient et vont chercher le bonheur dans une retraite champêtre. Ce qui coupe ici Voltaire de la Bible, c'est son attachement étroit à l'idéal classique et au bon ton de la société du XVIII$^e$ siècle.

*Sylvain Menant*

## PRÉCIS DU SIÈCLE DE LOUIS XV
HISTOIRE • JUSTICE • LOUIS XV • *SIÈCLE DE LOUIS XIV (LE)* •

Paru pour la première fois en 1768 à la suite d'une édition nouvelle du *Siècle de Louis XIV*. On peut s'étonner que Voltaire ait fait état d'un «siècle» de Louis XV. Il semble qu'il ait agi par esprit courtisan, pour se gagner les faveurs des autorités françaises, avec qui il est en conflit depuis l'exécution de La Barre\* en 1766, mais qu'il a appuyées lors du blocus de Genève\*. Ou peut-être manifeste-t-il ici tout simplement sa volonté de donner une suite au *Siècle de Louis XIV*, de continuer à être, bien que démis de sa charge d'historiographe\*, historien au moins du roi. Ce fut enfin l'occasion de faire usage de son ancien manuscrit de l'*Histoire\* de la guerre de 1741*.

L'ouvrage s'ouvre par un remarquable tableau de l'Europe, qui utilise avec un égal bonheur les techniques de la fresque et les saveurs de l'anecdote, en unissant politique extérieure et perspectives nationales, et qui rappelle clairement les données et les enjeux de la banqueroute de Law\*. Rien n'échappe au maître d'œuvre Voltaire. Il sait jouer ici, exception notable, du portrait\* (chap. III, portrait de l'abbé Dubois\*), ménage l'intérêt du lecteur, distribue à chacun son rôle, démêle les intrigues et les alliances. Il excelle aussi à indiquer les liens qui unissent toutes les données de la politique européenne : à cet égard, le chapitre IV consacré à Stanislas Leszczynski est un modèle.

L'attention portée à la politique extérieure (chap. V, VI, VII, VIII, IX, X) est clairement exprimée. Voltaire dissèque les alliances, les enjeux diplomatiques, peint les batailles, exalte les héros heureux ou malheureux (pour ces derniers on retiendra la description émouvante de la défaite du Prétendant Charles Édouard Stuart\*), et fait sentir toute l'instabilité de l'équilibre européen. La figure de Louis XV est d'abord exaltée dans la guerre (chap. XI à XIII), avec le sommet épique de la bataille de Fontenoy («On est entré dans les détails sur cette seule bataille de Fontenoy. Son importance, le danger du roi et du dauphin l'exigeaient»), et en échos affligés la défaite d'Exiles (chap. XXII) et les désastres des combats navals (chap. XXVIII). Preuves d'une internationalisation toujours plus évidente de la politique, le chapitre consacré aux combats en Inde (chap. XXIX) et l'évocation tristement exacte

des pertes françaises en Amérique. La paix d'Aix-la-Chapelle fait l'objet d'un bilan précis.

Le pacifisme de Voltaire ne l'empêche pas de louer la gloire militaire et de savoir de quel prix doit se payer le silence des armes. L'évocation assenée du désastre du tremblement de terre de Lisbonne (1755) marque une pause (chap. XXXI) ; on peut pourtant se demander si, montrant combien il rend la paix dérisoire, il ne reflète pas du même coup une sorte de résignation. Car ce ne sont dès lors que malheurs et folies : après le séisme, des supplices et des conspirations en Suède, de nouvelles guerres funestes, des combats sans fin (1756-1763). Les lendemains de la paix de Paris (1763) ont trahi ses promesses : le chapitre XXXIV décrit «les Français malheureux dans les quatre parties du monde»; le chapitre XXXV «les pertes des Français». Sans que Voltaire l'écrive, le bilan diplomatique est alors, malgré la paix, très largement négatif.

L'analyse de la politique intérieure insiste sur cette autre guerre «si ancienne et si interminable entre la juridiction séculière et la discipline ecclésiastique». Machault* d'Arnouville tenta d'obtenir un état des biens du clergé, les querelles se renouvelèrent autour de la bulle *Unigenitus*. Des billets* de confession furent exigés. On fut au bord de la guerre civile. L'attentat de Damiens* contre Louis XV (janvier 1757) montra jusqu'où pouvait aller l'exaltation des esprits. L'expulsion des jésuites empêcha peut-être que les choses ne s'enveniment (1762-1764). Et Voltaire de s'en féliciter. Les derniers chapitres (XLI à XLIII – le chapitre XLI ayant été rajouté en 1775) racontent la fin du règne (exil du Parlement* et mort du roi), et dressent un bilan philosophique. Car «les esprits s'éclairent dans le règne de Louis XIV et dans le suivant plus que dans tous les siècles précédents». Et tout d'abord dans la réforme de la justice : critique de la torture* et de la confiscation, rédaction plus intelligible et unification des lois. Le *Précis* se conclut sur une évocation des «progrès de l'esprit humain dans le siècle de Louis XV». Le bilan est triomphal : réformes fondamentales du barreau, victoire de la raison et de la philosophie qui, «en rendant l'esprit plus juste, et en bannissant le ridicule d'une parure recherchée, a rendu plus d'une province l'émule de la capitale», progrès de la médecine, développement des académies, publication de l'*Encyclopédie ou Dictionnaire raisonné des sciences, des arts et des métiers*, critique de fables prétendument historiques. On tiendra pour peu quelques excès que la philosophie a engendrés dans la pensée sociale et la littérature – Voltaire pense ici à Jean Jacques Rousseau : «On a été assez fou pour soutenir que le *tien* et le *mien* sont des crimes, et qu'on ne doit point jouir de son travail...» Ce sont là erreurs que le vent de l'Histoire emporte. Le siècle de Louis XV, à en croire Voltaire, continue ce qu'il avait défini dans sa splendeur et sa gloire comme le siècle de Louis XIV.

Ce souci d'exalter son temps n'empêche pas Voltaire de respecter sa méthode historique en refusant les fables et le romanesque, en proposant des analyses qui tentent de dépasser les intérêts dynastiques ou nationaux : il démêle les causes et dresse des bilans critiques. On reconnaîtra enfin dans le *Précis* une autre application de cette écriture de l'histoire à laquelle Voltaire n'a cessé de s'appliquer. L'analyste va toujours à l'essentiel, use de la formule quand il le faut, s'abandonne aux réflexions du moraliste ou du philosophe pour rompre la monotonie du récit ou pour échapper à la futilité des détails.

Jean Goulemot

## PRÉCOCITÉ
COLLÈGE DE LOUIS-LE-GRAND • *JUVENILIA* • LENCLOS (NINON DE) •

« Un prodige [...], un phénomène [...] », écrit Duvernet dans sa *Vie de Voltaire* (1786).

## PRÉJUGÉ
BON SENS • ÉDUCATION • FABLE • OPINION • PEUPLE • RAISON •

L'homme est, dès l'enfance, la victime du préjugé, car nourrices, éducateurs et prêtres s'ingénient à lui inculquer des opinions infondées qu'il risque de conserver toute sa vie. Certains « préjugés » sont cependant pour Voltaire universels et nécessaires : adorer un Dieu rémunérateur et vengeur, respecter ses parents, détester le larcin – ils seront ensuite ratifiés par la raison. N'interprétons pas comme un préjugé le sentiment qui nous invite à secourir un enfant en danger, puisque nous suivons ainsi une propension naturelle à la vertu*. En revanche, lorsque nous respectons un homme richement vêtu, nous tombons sous l'emprise d'un préjugé transmis par l'éducation, puisque notre attitude n'est ni réfléchie ni dictée par la nature.
Les préjugés sont physiques, historiques et religieux. Les premiers établissent de fausses relations de cause à effet en constatant naïvement des analogies entre le mal et son remède supposé : les écrevisses sont bonnes pour le sang, parce qu'étant cuites, elles sont rouges comme lui, « les anguilles guérissent de la paralysie parce qu'elles frétillent » (*Dictionnaire philosophique*, 1764, art. « Préjugés »). Les rumeurs portées par la tradition et tenues pour véridiques constituent un deuxième ensemble d'idées fausses. Dans le domaine religieux enfin, à combien de miracles et de prodiges

faut-il croire, par conformisme, crainte ou prudence ! Tant la réputation d'impie est dangereuse...

La crédulité populaire est la principale source des préjugés, tous les peuples se livrant ordinairement à l'imagination*. D'où les fables inventées par les auteurs des textes sacrés. La méthode est simple : prenez un fonds de légendes connues, modifiez-le pour l'adapter au nouveau contexte. « Le serpent passait dans l'Antiquité pour le plus habile de tous les animaux. L'auteur du Pentateuque le rend assez subtil pour séduire Ève. On attribuait quelquefois la parole aux bêtes, et voilà l'écrivain sacré qui fait parler le serpent et l'ânesse de Balaam » (*Essai\* sur les mœurs*, chap. XLVII, « Des préjugés populaires »). Pour construire le mythe, on joue aussi des désirs et des plaisirs : « Un jardin, des ombrages, étaient un très grand bonheur dans des pays secs et brûlés du soleil ; le divin auteur place le premier homme dans un jardin » (*Essai sur les mœurs*).

Les préjugés se reconnaissent à la résistance qu'ils opposent aux efforts de la raison : en passant d'une culture à l'autre, et en traversant les siècles, ils finissent par constituer un bloc de croyances substituées aux observations et aux raisonnements scientifiques, du seul fait de leur ancienneté. La même paresse intellectuelle attribue sans rire une origine sacrée à certaines maladies comme l'épilepsie et les convulsions. Sur ce point, Voltaire se situe clairement dans la perspective ouverte par Bayle dans les *Pensées sur la comète* (1682) et le *Dictionnaire historique et critique* (1696-1697), mais il systématise sa pensée et l'étend à toutes les formes de croyance. Les contes philosophiques mettent ainsi souvent en scène des personnages paralysés par les préjugés avant que leurs yeux ne se dessillent : « Candide, qui avait été élevé à ne jamais juger de rien par lui-même... » (*Candide*, chap. XXV) – il finira pourtant par s'opposer à ce Pangloss, maître de préjugés.

*Didier Masseau*

*Il est plus beau et plus difficile d'arracher des hommes civilisés à leurs préjugés que de civiliser des hommes grossiers, plus rare de corriger que d'instituer.*
*Réflexions pour les sots, 1760.*

*Que conclure à la fin de tous mes longs propos ?*
*C'est que les préjugés sont la raison des sots.*
*Poème sur la loi naturelle, 1756.*

## PRÉSERVATIF (LE) OU CRITIQUE DES « OBSERVATIONS SUR LES ÉCRITS MODERNES »

DESFONTAINES • GENS DE LETTRES • SATIRE • *VOLTAIROMANIE (LA)* •

Voltaire écrivit ce libelle à Cirey* en 1738. Le sous-titre indique la cible : l'abbé Desfontaines et son périodique. Voltaire s'est toujours défendu d'en être l'auteur. On l'attribua au chevalier de Mouhy, à qui il en avait confié la diffusion manuscrite, puis l'impression. À son ordinaire, Voltaire brouille les pistes : « *Le Préservatif* est d'un nommé La Touche, rédigé par le chevalier de Mouhy, sur un ancien mémoire connu de l'abbé d'Olivet » (à d'Argental, 9 février 1739). Très patiemment, Voltaire y relevait une à une, et numéro par numéro, toutes les erreurs et bévues du rédacteur des *Observations sur les écrits modernes*, et critiquait et corrigeait son style, avec des petites leçons humiliantes – rien que d'usuel dans la pratique littéraire d'alors. Mais il dévoilait aussi, dans une lettre placée à la fin, la détention de Desfontaines à Bicêtre, ses causes, et l'ingratitude de l'abbé. Cette révélation allait déchaîner la fureur du journaliste, qui répliqua la même année par un pamphlet autrement plus violent : *La Voltairomanie*. Aucun lien du reste, il faut le préciser peut-être, entre le titre de cette satire et l'homosexualité de l'abbé Desfontaines : le terme de « préservatif » était alors générique et abstrait – et de fort bonne langue : les théologiens et les confesseurs l'employaient souvent dans la direction des âmes. C'est de la méchanceté médiocre de l'abbé qu'il s'agissait d'avertir ses lecteurs.

*Didier Masseau*

## PRÉVOST, Antoine François, dit Prévost d'Exiles, abbé

GENS DE LETTRES • ROMAN •

Tout éloigne apparemment ce bénédictin défroqué, aventurier, romancier inquiet, du Voltaire mondain et philosophe, et pourtant leurs vies se sont plusieurs fois croisées. L'abbé Prévost (1697-1763) a fréquenté plus tôt que Voltaire le milieu du Temple*, et il a reçu, comme lui, l'héritage des libertins. Quand il revêt, en 1728, l'habit de cavalier, c'est pour gagner l'Angleterre où Voltaire, deux ans auparavant, l'avait précédé. Un dialogue s'établit entre les deux écrivains à partir de 1733 ; Prévost analyse avec attention et bienveillance les *Lettres anglaises* (l'édition de Londres des *Lettres* * *philosophiques*) dans un périodique qu'il publie en Hollande : le *Pour et Contre*. D'évidentes affinités intellectuelles unissent d'ailleurs, à cette époque, Prévost et Voltaire : même engouement pour la philosophie expérimentale, même curiosité de l'étranger, même hostilité aux sectes. Voltaire, qui a trouvé en Prévost une excellente antenne hollandaise, se

rapproche encore plus de lui, lorsqu'ils se découvrent des ennemis communs : en 1735 et 1736, le *Pour et Contre* rivalise avec les *Observations sur les écrits modernes* de l'odieux Desfontaines* et s'oppose à Jean Baptiste Rousseau*. Prévost est aussi en relation avec d'autres bonnes recrues, comme le cher d'Argens*. Malgré d'inévitables tensions, la collaboration entre les deux hommes se poursuit jusqu'en janvier 1740. Puis Prévost s'enfuit, menacé d'arrestation pour dettes; Voltaire perd définitivement sa trace, alors que, la même année, il avait généreusement demandé à Frédéric II d'accueillir l'écrivain à sa cour. Du romancier, il n'a rien dit : on sait son peu d'estime pour le genre romanesque.

*Didier Masseau*

## PRIÈRE

DÉISME • DIEU • PROVIDENCE •

Le déisme de Voltaire exclut la prière. L'ordre immuable des choses est si bien réglé, Dieu est si grand, l'homme si petit, que l'idée de demande est absurde. C'est dans les Carnets* que ce postulat déiste a trouvé sa formulation la plus dense : « Prier Dieu, c'est se flatter qu'avec des paroles on changera toute la nature. » Sur le mode burlesque, l'article « Providence » des *Questions sur l'Encyclopédie* en présente une application fort contrariante pour la vocation conventuelle : un jour ou l'autre, le joli moineau de sœur Fessue sera bel et bien perdu – il ne sert à rien, même aux orantes, de prier contre nature.

On rencontre dans l'œuvre de Voltaire quelques prières en forme, mais de profession, non de demande. Deux surtout sont célèbres, l'une en vers, l'autre en prose. Celle qui termine le *Poème sur la loi naturelle* (1756) proclame le droit de la conscience honnête à se tromper en cherchant Dieu ; sous la Révolution, on en monta la tirade contre l'enfer en image populaire coloriée, sous le titre « Prière de Voltaire », le philosophe élevant le bras vers un soleil franc-maçon. L'autre est la fameuse « Prière à Dieu » qui ferme le *Traité* sur la tolérance, tout aussi scandaleuse à l'époque (1763), mais devenue avec le temps un morceau d'anthologie scolaire, et même une référence un peu facile, quoique d'une humilité vraiment pathétique : c'est en fait un appel aux frères humains – la seule prière possible du vrai théiste* sans doute : religieuse au sens le plus naturel du mot, ressourcement du lien primordial en un Dieu unique.

*André Magnan*

*Être des êtres, je suis parce que tu es ; c'est m'élever à ma source que de te méditer sans cesse. Le plus digne usage de ma raison est de s'anéantir devant toi : c'est*

*mon ravissement d'esprit, c'est le charme de ma faiblesse de me sentir accablé de ta grandeur.*

Jean Jacques Rousseau, citoyen de Genève,
à Christophe de Beaumont, archevêque de Paris (1763)
– avec cette annotation manuscrite de Voltaire dans son exemplaire:
« Très beau ».

*Il faudrait que chacun eût, au chevet de son lit, un cadre où fussent écrits en grosses lettres : « Croisades sanglantes contre les habitants de la Prusse et contre le Languedoc; massacres de Mérindol; massacres en Allemagne et en France au sujet de la Réforme; massacre de la Saint-Barthélemy; massacres d'Irlande; massacres des vallées de Savoie; massacres juridiques; massacres de l'Inquisition; emprisonnements, exils sans nombre pour des disputes sur l'ombre de l'âne. »*
*On jetterait tous les matins un œil d'horreur sur ce catalogue de crimes religieux, et on dirait pour prière : « Mon Dieu, délivrez-nous du fanatisme. »*

De la paix perpétuelle, 1769, XXVI.

## PRINCESSE DE BABYLONE (LA)

ADAPTATIONS • CONTES PHILOSOPHIQUES • ESPAGNE •
EUROPE • INQUISITION •

Un mois après *L'Homme aux quarante écus*, en mars 1768, paraît *La Princesse de Babylone*. Voltaire a alors presque 75 ans, et une vitalité d'écrivain qui étonne, puisqu'il écrit simultanément : *La Guerre civile de Genève, Le Dîner du comte de Boulainvilliers*, le *Sermon prêché à Bâle*, la *Relation de la mort du chevalier de La Barre*, la *Lettre à l'archevêque de Cantorbéry*... Malgré l'âge, les inquiétudes sur sa santé, le sage de Ferney est optimiste. Les Lumières semblent triompher en Europe : Joseph II en Autriche, des ministres éclairés en Espagne, au Portugal, à Naples... Le front bourbonien, de Louis XV à Charles III d'Espagne, s'oppose au pape qui menaçait d'anathème Don Fernando de Bourbon, prince régnant de Parme. Voltaire se prend à espérer que, de la crise, vont naître des Églises nationales gagnées au théisme. *La Princesse de Babylone* traduit ces rêves et ces espérances.

Tout commence comme un conte de fées. Le roi de Babylone veut marier sa fille. Quatre prétendants sont en lice, qui doivent se soumettre à des épreuves. Le vainqueur est un berger venu de ce pays des Gangarides, où voisinent en harmonie, comme aux premiers temps de la création, hommes et bêtes. Mais son père mourant le rappelle, et il disparaît sur sa licorne. Guidée par un oiseau que lui a laissé le berger Amazan, « unique comme elle », la princesse Formosante part en pèlerinage. Elle affronte

bien des dangers : la tentative de séduction du roi d'Égypte, la mort de son bel oiseau, une brouille avec Amazan trompé par les apparences et réduit au désespoir. Formosante poursuit son amant jusqu'en Chine où règne un empereur philosophe, puis en Russie en plein progrès grâce à une femme législatrice, en Scandinavie où cohabitent royauté et liberté, dans la Germanie qui lutte contre le monachisme, dans la triste Hollande trop préoccupée de commerce. Amazan voyage en Angleterre où règne un roi «tout-puissant pour faire le bien, impuissant pour faire le mal», à la tête d'une nation libre, guerrière, commerçante et éclairée. Il trouve Venise corrompue, va à Rome où le pape règne comme un tyran, à Paris parmi les beaux esprits, et en Espagne où les amants se retrouvent enfin : Amazan affronte l'Inquisition et, à la grande joie du souverain, met en déroute les inquisiteurs. Tout se termine par une réconciliation et la reconquête du royaume de Babylone, menacé par les prétendants évincés par Formosante et Amazan.

On ne s'étonnera pas de retrouver dans *La Princesse de Babylone* des jugements que Voltaire n'a cessé d'assener sous les formes les plus diverses depuis presque cinquante ans : sur l'Angleterre et l'équilibre des pouvoirs, sur l'Inquisition, le pape, la décadence italienne... Les opinions du vieillard Voltaire, tout optimiste qu'il soit, n'ont pas varié. Il reste toujours aussi ferme sur ses positions et continue à croire aux vertus militantes de la répétition. Peut-être avec l'âge se sent-il plus distant de ces Anglais libres mais rustres, et de ces Hollandais trop âpres au gain. Mais ce sont là des détails. Pour le reste, les idées reçues ne lui font pas peur : sur la Chine, le caractère espagnol, la volupté des Vénitiens...

Mais quelle inventivité d'écriture ! Le récit rebondit, se reprend, s'arrête et repart, sans se préoccuper de la vraisemblance. L'imagination narrative règne ici en maîtresse. Voltaire s'amuse de son lecteur, de son récit, des règles et des habitudes des conteurs. Rebondissements, rencontres, dénouements sont totalement arbitraires. Les héros se trouvent unis par des liens de parenté ; les animaux parlent comme en ces temps bénis de la fable. Tout est ici possible : le sérieux de la politique comme les fausses explications logiques. On reste fasciné par la virtuosité, l'ironie, l'arbitraire d'un récit qui ne cesse de surprendre et prendre le lecteur à contre-pied, sans que la leçon philosophique soit oubliée.

*Jean Goulemot*

## PRINCESSE DE NAVARRE (LA)

COMÉDIE • COURTISAN • ESPAGNE • OPÉRA •

À l'occasion du mariage du dauphin avec l'infante d'Espagne (1745), le duc de Richelieu, chargé d'ordonner la fête, commanda à Voltaire un spectacle

propre à divertir la cour, sans se borner au plaisir des yeux. Voltaire opta pour le genre, désuet, de la comédie-ballet, et entreprit, avec Rameau*, un de ces ouvrages « dans lesquels on voit un mélange de l'opéra, de la comédie et de la tragédie » (avertissement).

Voltaire imagine une histoire d'amour, qui se passe en Espagne, au temps de Charles V : les Français intervinrent alors pour détrôner le roi don Pèdre. Il invente tout le reste : une princesse de Navarre victime du roi de Castille, et poursuivie par le duc de Foix ; elle ne le connaît pas, mais lui l'a vue et en est tombé amoureux, en dépit de la haine qui sépare les deux familles. Allié des Français, le duc, sous le nom d'Alamir, la rejoint chez un baron, où elle a dû se loger, faute d'auberge. Le grotesque baron fait la cour à Constance, la princesse, qui n'est pas insensible aux empressements d'Alamir. Cependant Sanchette, la fille du baron, un peu simple, mais assez délurée, se croit aimée du séduisant officier, et rêve de mariage. Divertissement. Tandis que le duc, qui fait à la fois l'amour et la guerre, offre une fête à Constance, un alcade vient arrêter la princesse ; Alamir massacre les archers. Reconnaissante, et déjà amoureuse, Constance dévoile son identité. Mais le duc doit rejoindre les Français au combat. Divertissement, III$^e$ acte et retour du duc en héros. Il se découvre enfin ; Constance oublie sa haine et avoue son amour. Sanchette se console. Divertissement final : il n'y a plus de Pyrénées ; on voit les montagnes, au son des hautbois, s'abaisser lentement, faisant place au Temple de l'Amour.

Il avait fallu dix mois à Voltaire pour venir à bout de ce pensum, en compagnie d'un musicien au caractère difficile. La lecture révèle les défauts de cette espagnolade manquée : invraisemblances, banalité des situations, comique plaqué, flou historique. Cependant, le 23 février 1745, le spectacle, qui se déroulait à Versailles, dans la salle du Manège somptueusement aménagée, fut magnifique. Et Voltaire obtint bientôt ce qu'il souhaitait : la charge d'historiographe* du roi et le brevet de gentilhomme* ordinaire de Sa Majesté.

*Henri Lagrave*

## *PRIX DE LA JUSTICE ET DE L'HUMANITÉ (LE)*

BECCARIA • JUSTICE •

Texte contemporain du *Commentaire* * sur *l'Esprit des lois*, qu'il prolonge. En cette année 1777, à 83 ans, Voltaire se sent en verve pour polémiquer : par le *Commentaire*, avec le *Journal de Paris*, en tentant de démontrer que la réputation de Montesquieu est très largement usurpée ; et, dans *Le Prix de la justice*, avec les institutions juridiques dont il propose la réforme. Le 15 février 1777, la *Gazette de Berne* a annoncé un concours pour un prix

offert par un «ami de l'humanité» (Élie* de Beaumont?) à l'auteur du meilleur mémoire sur les améliorations à apporter aux lois criminelles. Voltaire augmente le montant du prix, tente d'y intéresser ses amis princiers et se met au travail, voulant saisir lui-même l'occasion de donner à ses projets réformistes une dimension universelle.

En novembre, l'ouvrage est achevé. Voltaire en distribue les copies et se vante d'avoir réussi à concilier les rigueurs de la loi et les droits imprescriptibles de l'homme. Rien de neuf dans cet ouvrage, qui ne fait que développer les thèses avancées en 1766 dans le *Commentaire sur le livre Des délits et des peines* de Beccaria, reprend les critiques maintes fois développées de l'appareil et des pratiques judiciaires, et offre une synthèse des réformes que, sa vie durant, Voltaire n'a cessé de proposer. Il insiste sur la prévention et l'utilité sociale des sanctions: «Punissez, mais utilement» au lieu de tuer, et, à l'inverse, récompensez la vertu. Si on peut exprimer des réserves sur le *Commentaire sur l'Esprit des lois*, reflet d'une lecture pointilleuse et souvent peu fondée de Montesquieu, *Le Prix de la justice* emporte l'adhésion; Voltaire y apparaît comme un précurseur. La justice dont il se fait le défenseur est digne de l'optimisme et de la confiance en l'homme que manifestent les Lumières.

*Jean Goulemot*

## PROBABILITÉS

*Jean Craig, mathématicien écossais, a calculé les probabilités pour la religion chrétienne; et il a trouvé qu'elle en a encore pour 1 350 ans. Cela est honnête.*
*Carnets.*

Lecture distraite ou information de seconde main, Voltaire a, semble-t-il, mal recalculé la fameuse probabilité n° 11 du chapitre II de Craig, qui situait cette fin de l'histoire 3 150 ans après la naissance du Christ: «*Unde constat, quod post annos 3150 a navitate Christi, evanescet historiae ejus scriptae probabilitas. Q.E.I.*» (*Theologiae Christianae principia mathematica*, 1699).

*André Magnan*

## *PROCÈS DE CLAUSTRE*

Voir MARTIN.

## PROFESSION DE FOI DES THÉISTES (LA), PAR LE COMTE DA... AU R. D., TRADUIT DE L'ALLEMAND

CHRISTIANISME • JÉSUS • JUIFS • POLITIQUE • THÉISTE • TOLÉRANCE •

Publié en 1768, cet ouvrage se présente comme une lettre adressée à un monarque allemand adepte du « théisme » et de la tolérance, et qui gouverne dans cet esprit – les initiales « R. D. » peuvent alors se lire « Roi de [Prusse] », mais on ne sait qu'entendre à ce « comte Da... », à moins de réunir le tout en « DARD », l'aiguillon du « théisme », côté « profession de foi »... Lettre d'éloge, mais d'analyse aussi, en dix points et quelque quarante pages. Voltaire y suit une double démarche. D'un côté, il se comporte en apologiste de ce théisme, affirmant que l'on compte plus d'un million de théistes en Europe, que le théisme est aussi ancien que le monde, qu'il a régné sur terre jusqu'au déluge et qu'il est donc la base de tous les « édifices fantastiques » élaborés ultérieurement par la superstition. Il en résume la doctrine : Dieu est le père de tous les hommes, qui lui sont tous également chers. Il se trouve des alliés en la personne de Jésus, « théiste israélite », qui n'a institué aucun dogme, et en Socrate, « théiste athénien », sage et humain. Il insiste sur les mœurs pures des théistes, bons citoyens pacifiques, et sur la pratique croissante de la tolérance, de la Chine à la Pennsylvanie. D'un autre côté, il oppose à cette foi simple les croyances superstitieuses et les comportements sectaires, et s'en prend particulièrement aux anciens juifs et aux chrétiens. Pour leur dieu, qui n'était qu'un dieu local, les juifs ont pratiqué des sacrifices humains. Et Voltaire de rappeler le cas de Jephté, la mort d'Agag, mais aussi la Saint-Barthélemy, les persécutions armées par le christianisme, responsable de la plupart des martyrs, et les guerres intestines, les schismes de cette secte chrétienne. À la pureté de mœurs des théistes, il oppose les exemples les plus remarquables d'immoralité dans l'Ancien Testament, ainsi que les fraudes sur lesquelles le christianisme a été fondé. Ce tableau violemment contrasté s'achève par un appel à toutes les religions en faveur du théisme et de son précepte essentiel : « Aimer Dieu et les hommes » – car le théisme établi, les princes et les États y gagneront la paix civile, l'ordre et la prospérité. L'ouvrage fut réimprimé en 1769 dans *L'Évangile\* du jour*.

Marie-Hélène Cotoni

## PROPHÈTES

BIBLE • CHRISTIANISME • FABLE • JÉSUS • JUIFS • PATRIARCHE •

Voltaire a banalisé le terme : toutes les nations asiatiques ont eu des prophètes, avant même le peuple juif. Mais en définissant le premier prophète

comme « le premier fripon qui rencontra un imbécile » (*Examen important de milord Bolingbroke*, 1766), il réduit le phénomène prophétique à une combinaison de fraude et de crédulité, sur fond de fanatisme. Les excès des prophètes protestants des Cévennes ou de l'exalté Jurieu (1637-1713) ne purent qu'accentuer sa réaction de rejet. Sensible à la puissance d'écriture de certains livres de l'Ancien Testament, il ne perçut pas l'importance du mouvement prophétique qu'ils manifestent. Il ne cite le plus souvent que des épisodes jugés burlesques ou scabreux. S'il fait la part belle à Ézéchiel\*, il exprime aussi indignation et sarcasmes contre les discours licencieux d'Osée. Il limite d'autres récits au spectaculaire et à la drôlerie : Élie véhiculé au ciel sur un char de feu, Michée soufleté par Sédécias, Habacuc transporté en l'air par les cheveux, Jonas trois jours prisonnier dans le ventre d'une baleine. Il souligne, dans une vision d'ensemble des anciens juifs, la grossièreté primitive attestée par ces récits, dénonçant alors les injures échangées entre les prophètes, ou la cruauté de leurs vengeances, dans le cas d'Élie et d'Élisée. Les chrétiens non plus ne sont pas épargnés, puisque Voltaire condamne leur interprétation des prophéties de l'Ancien Testament, pour lui abusivement reliées à Jésus.

Marie-Hélène Cotoni

## *PROPHÉTIE DE LA SORBONNE (LA), DE L'AN 1530, TIRÉE DES MANUSCRITS DE M. BALUZE*

Voir SORBONNE.

## PROPHÉTIES

*Fontenelle avait tort de dire qu'il n'y aurait jamais de poètes chez les nègres. Il y a actuellement une négresse qui fait de très bons vers anglais.*
*Au baron d'Hermenches, 11 avril 1774.*

*Peut-être un jour les Américains viendront enseigner les arts aux peuples de l'Europe.*
*Questions sur l'Encyclopédie, 1770-1772, art. « Climat ».*

*Un temps viendra où la Russie fera le sort du monde.*
*À Pierre Pictet, 14 novembre 1763.*

*Un temps viendra où les jansénistes, qui ont fait tant de bruit parmi nous, et qui sont ignorés partout ailleurs, auront le sort des coccéiens.*
*Sottise des deux parts, 1750.*

Un temps viendra où l'inoculation entrera dans l'éducation des enfants, et qu'on leur donnera la petite vérole, comme on leur ôte leurs dents de lait, pour laisser aux autres la liberté de mieux croître.

*De la mort de Louis XV et de la fatalité, 1774.*

Le temps viendra où les sauvages auront des opéras, et où nous serons réduits à la danse du calumet.

*Carnets.*

Archevêques de Naples, le temps viendra où le sang de saint Janvier ou Gennaro ne bouillira plus quand on l'approchera de sa tête.

*Conformez-vous aux temps, 1764.*

Voilà mon cher philosophe les prédictions du Nostradamus de Ferney.

*À Élie Bertrand, 28 août 1764.*

Mais qui fut celui qui inventa cet art ? — Ce fut le premier fripon qui rencontra un imbécile.

*Essai sur les mœurs, Introduction, 1765, chap. XXXI.*

# PROPRIÉTÉ

AGRICULTURE · DÉMOGRAPHIE · ESCLAVAGE

« Liberty and property », c'est le cri anglais. Il vaut mieux que « Saint Georges et mon droit », « Saint Denys et Mont-joie » : c'est le cri de la nature.

De la Suisse à la Chine les paysans possèdent des terres en propre. Le droit seul de conquête a pu, dans quelques pays, dépouiller les hommes d'un droit si naturel.

L'avantage général d'une nation est celui du souverain, du magistrat et du peuple, pendant la paix et pendant la guerre. Cette possession des terres accordées aux paysans est-elle également utile au trône et aux sujets dans tous les temps ? Pour qu'elle le soit au trône, il faut qu'elle puisse produire un revenu plus considérable et plus de soldats.

Il faut donc voir si le commerce et la population augmenteront. Il est certain que le possesseur d'un terrain cultivera beaucoup mieux son héritage que celui d'autrui. L'esprit de propriété double la force de l'homme. On travaille pour soi et pour sa famille avec plus de vigueur et de plaisir que pour un maître. L'esclave qui est dans la puissance d'un autre a peu d'inclination pour le mariage. Il craint souvent même de faire des esclaves comme lui. Son industrie est étouffée, son âme abrutie ; et ses forces ne s'exercent jamais dans toute leur élasticité. Le possesseur, au contraire, désire une femme qui partage son bon-

heur, et des enfants qui l'aident dans son travail. Son épouse et ses fils font ses richesses. Le terrain de ce cultivateur peut devenir dix fois plus fertile qu'auparavant sous les mains d'une famille laborieuse. Le commerce général sera augmenté; le trésor du prince en profitera; la campagne fournira plus de soldats. C'est donc évidemment l'avantage du prince. La Pologne serait trois fois plus peuplée et plus riche si le paysan n'était pas esclave.

Ce n'en est pas moins l'avantage des seigneurs. Qu'un seigneur possède dix mille arpents de terre cultivés par des serfs, dix mille arpents ne lui procureront qu'un revenu très faible, souvent absorbé par les réparations, et réduit à rien par l'intempérie des saisons. Que sera-ce si la terre est d'une plus vaste étendue, et si le terrain est ingrat ? Il ne sera que le maître d'une vaste solitude. Il ne sera réellement riche qu'autant que ses vassaux le seront. Son bonheur dépend du leur. Si ce bonheur s'étend jusqu'à rendre sa terre trop peuplée, si le terrain manque à tant de mains laborieuses (au lieu qu'auparavant les mains manquaient au terrain), alors l'excédent des cultivateurs nécessaires se répand dans les villes, dans les ports de mer, dans les ateliers des artistes, dans les armées. La population aura produit ce grand bien ; et la possession des terres accordées aux cultivateurs, sous la redevance qui enrichit les seigneurs, aura produit cette population.

Questions sur l'Encyclopédie, 1770-1772, art. « Propriété ».

## PROTÉE

Voir PERSONNAGE · PONCIFS · PSEUDONYMES.

## PROTESTANTS

CALAS · FANATISME · GENÈVE · POLITIQUE · RELIGION · SAINT-BARTHÉLEMY · SECTE · SIRVEN · TOLÉRANCE ·

C'est Martin Luther d'abord, ouvrant avec ses *Commentaires de l'Épître aux Romains*, en 1516, l'élaboration de sa doctrine du salut par la foi seule, sur la référence unique de l'Écriture : « *sola fides, sola scriptura* ». Ulrich Zwingli ensuite, qui commence ses prédications en Suisse en 1517, exposant des idées réformatrices proches de celles de Luther. Jean Calvin écrit en 1536 l'*Institution de la religion chrétienne*, développant les thèses de Luther, le salut par la grâce et la prédestination. Les dogmes des réformés s'appuyaient sur des textes, des discussions théologiques, des références scripturaires. Voltaire raconte ainsi patiemment cette histoire de l'implantation et du développement de la Réforme en Europe, dans

*Le Siècle de Louis XIV*, l'*Essai sur les mœurs et l'esprit des nations*, l'*Histoire du parlement de Paris*.
Il est documenté, précis, passionné par le sujet. Il fait remonter à Claude de Turin, aux Albigeois et aux Vaudois, les idées propagées par les protestants du XVIᵉ siècle ; en reprenant ces anciens dogmes, ils les ont seulement renouvelés en Allemagne et en Suisse. Il ne s'agit d'ailleurs pas pour lui de théologie, mais de politique : résistance à l'empereur, visées sur les terres ecclésiastiques, rivalités de moines pour le monopole de la vente des indulgences. La théologie proprement dite se trouve ici réduite à un pur amas d'opinions contraires. Quant à Luther, c'est un être dur, grossier, barbare ; il dit des choses inintelligibles sur la prédestination et le libre arbitre, et c'est pourtant le mépris avec lequel il est traité qui provoque la rupture et les guerres. Les réformés se marient, les moines renient leurs vœux, mais en cela ils ne sont pas plus coupables que les prélats accumulant les richesses et faisant des enfants. Et la querelle de l'Eucharistie devient un morceau d'humour : les catholiques mangent Dieu sans pain, les luthériens Dieu et le pain, les calvinistes le pain seulement – guère de raison dans tout cela.

Calvin n'inspire à Voltaire que mots durs. Genève avec le protestantisme a retrouvé la liberté, mais elle la perd avec Calvin qui, comme Luther, est austère, sombre et emporté ; voulant dominer les esprits, il ouvre les couvents, mais il transforme la société entière en couvent. Calvin est un esprit tyrannique et, fait impardonnable, lui qui proteste contre les persécutions ordonnées par François Iᵉʳ, il fait brûler Michel Servet par «haine théologique implacable», introduisant ainsi d'emblée l'intolérance à Genève. Voltaire reconnaît que la Réforme s'établit en Suède et au Danemark où les hommes sont libres, mais en Écosse, comme à Genève, elle impose un régime plus rigoureux que celui des évêques. Elle devient religion d'État en Angleterre parce que le roi, dur et cruel, est amoureux, et fortement favorisé par la haine que le peuple voue à Rome.

De même en France, si Coligny et Condé adhèrent à la Réforme, c'est pour faire pièce aux Guise catholiques. Les guerres, la faillite du pouvoir royal et surtout la Saint-Barthélemy, «tragédie abominable», préparée pendant deux ans par le pouvoir de la mère et du fils, eux-mêmes participants actifs des meurtres, montrent comment des hommes se sont transformés en bêtes féroces. Voltaire admire Michel de l'Hôpital, homme juste mais inutile, qui n'a rien pu empêcher, d'autant plus sympathique qu'il semble n'avoir guère de religion – qualité indispensable pour éviter le fanatisme et la déraison. Autre homme raisonnable, Henri IV «sembla» faire son devoir en accordant l'édit de Nantes, reconnaissant par la loi ce qui avait été obtenu par les armes. Mais c'était prétendre réaliser une chose impossible, ultra-catholiques et protestants sectaires étant irréconciliables ; et dès la

mort du roi, les seconds ont abusé de leurs privilèges, et déclenché à nouveau la guerre, en « osant » s'opposer par les armes au roi de France, en « prétendant » traiter avec le roi à égalité, « crime de lèse-majesté ».
La situation est rétablie par un « édit de grâce » par lequel Louis XIII reprend sa vraie place : il ne traite pas, il donne la loi. Et Voltaire de poser la question : pourquoi Richelieu n'a-t-il pas révoqué l'édit de Nantes ? Le ministre voulait séduire les protestants, les ramener au catholicisme par la mission et la persuasion ; il a présumé de ses forces – « Il est plus difficile d'accorder des théologiens que de faire des digues sur l'océan. » Mais enfin, le problème politique de la violence protestante est bientôt réglé. Louis XIV, de sa pleine puissance, enlève à tous ces fous, protestants compris, toute idée de résistance. Voltaire voit les protestants du règne de Louis XIV comme des passéistes, des gens pédants, de mauvais goût, entretenant avec les jésuites et les jansénistes des guerres de plume qui ne devraient provoquer qu'indifférence ! Simplement le grand roi, bien plus admirable que Louis XV, et que la doctrine heureusement n'émeut guère, détruit la religion réformée par des moyens de justice, et par l'argent, moyen efficace trop peu employé. Quant aux dragonnades, aux condamnations aux galères, à la fuite des protestants, le jésuite et confesseur Le Tellier, le ministre Louvois en sont seuls responsables ; les arrêts d'exclusion sont demandés par l'Église, qui ne peut supporter des « étrangers introduits par la force », le catholicisme étant la seule religion de France. Ces violences, juge Voltaire, n'étaient pas nécessaires au temps de Louis XIV, s'agissant de sujets à soumettre et non de rebelles : « un roi absolu pouvait être servi par des catholiques et des protestants », comme le prouvait notamment le cas des Luthériens en Alsace. La sévérité de l'interprétation des arrêts n'est donc pas le fait du roi, mais des exécutants, intendants, clergé et soldats, Louvois en tête. Paris au moins est épargné, car de si près le roi entendrait les plaintes. *L'Ingénu*, de la même façon, proposera au lecteur (chap. VIII) cette théorie des mauvais conseillers : Ah si le roi avait su !...
Et l'édit de Nantes est cassé en 1685. Finalement la révocation est un grand malheur pour la France, mais uniquement à cause des erreurs de Louvois : c'est le départ des artisans, la faillite des manufactures, l'exode de la richesse française, la perte de centaines de milliers d'habitants, excellents ouvriers, excellents soldats, dont vont profiter la Hollande, l'Allemagne et l'Angleterre. Pour comble, la secte écrasée subsiste ; la rébellion et le fanatisme renaissent en Languedoc, dans le Vivarais, dans les Cévennes en 1701, nouveau fanatisme excité par des pseudo-prophètes, dont ce Pierre Jurieu qui se prend pour le disciple Paul. Le roi réprime avec une plus grande force, mais en vain : le fanatisme étouffe la raison.
Car si la tolérance a pu s'établir ailleurs, en Angleterre, en Hollande et en Allemagne, c'est que la raison a progressé, c'est que la philosophie a

commencé à dominer les esprits, alors qu'en France, malgré des progrès pourtant notables de la raison, le fanatisme et l'intolérance ont fait et font encore des ravages. Voltaire s'élève contre tous les fanatismes, qu'ils soient le fait des rois, des grands ou des peuples. La Réforme a été provoquée, somme toute, par des intérêts particuliers, par les abus des papes, l'odieux Alexandre VI, Jules II et Léon X, et par la vente scandaleuse des indulgences, et certes il fallait une Réforme. Les répressions sauvages lui sont insupportables. Tous les actes de clémence lui paraissent salutaires et tous les actes de fanatisme condamnables, qu'ils soient venus des jésuites, des réformés, des jansénistes. Le protestantisme aussi est une secte, pas mieux fondée. Et elle aussi intolérante – mais cela n'excuse pas sa répression, car la punition n'est pas proportionnée au délit. Depuis Élizabeth, pense Voltaire, l'Angleterre a résolu le problème : elle protège la religion dominante, et elle tolère les catholiques, en les excluant avec raison des charges royales, et en leur laissant la liberté de conscience pourvu qu'ils obéissent aux lois de l'État. C'est pour Voltaire la meilleure des politiques : la tolérance affermit la loi en éradiquant le fanatisme.

La fureur, de son temps, lui semble enfin calmée, grâce à l'esprit de philosophie. Les théologiens radicaux sont enfin chassés et ne peuvent réapparaître sans être pendus ; les lois des princes et des magistrats ont restreint leur pouvoir. L'affaire Calas, puis celle de Sirven, mobilisent pourtant Voltaire contre l'intolérance, pas parce que les protestants sont vraiment tous devenus raisonnables, mais parce qu'ils obéissent aux lois de l'État : ils sont ainsi justement tolérables. Ce que Voltaire combat dans ces affaires* protestantes, c'est l'injustice, le fanatisme second des juges excité par le fanatisme primaire d'une «populace» de catholiques archaïque. La seule guerre juste de «religion» est à faire contre l'intolérance, négation de tout lien entre hommes. Les protestants, en tant que croyants, ne sont pas à ses yeux plus fondés théologiquement, dans leur foi. Voltaire défend les réformés victimes d'injustice ; mais il s'insurge dans le même temps contre les règlements de Genève, promulgués par un pouvoir aussi injuste, jusqu'à rompre lorsqu'il s'aperçoit que décidément, ces protestants éclairés de la Genève moderne, déistes honteux et dévots raisonnables, restent minoritaires parmi les doctrinaires intolérants.

Anette Smedley-Weill.

## PROVERBES

VERS •

Selon l'usage, Voltaire distingue la maxime, création de l'homme d'esprit, originale en dépit de son tour d'évidence, et le proverbe, anonyme, d'ori-

...gine indistincte, et fait pour « le vulgaire ». Mais, ajoute-t-il, « le vulgaire est de tous les états » – de toutes les conditions.

Il ne dédaigna donc pas les proverbes, dans ses lettres, mais aussi, après 1760, dans la prose facile de propagande. D'où des citations, plus ou moins détournées. Par exemple, pour les cas de censure : « Toutes vérités ne sont pas bonnes à dire. » Ou pour les jours de doute : « Nul n'est prophète en son pays. » Il reprend aussi volontiers, en le retournant ironiquement contre la cause adverse, le fameux « Tout est vanité » de l'*Ecclésiaste*. Dans les lettres et les Carnets\*, on rencontre des proverbes fabriqués, ou venus peut-être d'autres langues : « Qui ne sait pas haïr ne sait pas aimer », « Tout mal arrive avec des ailes et s'en retourne en boitant », « Les hommes sont comme les animaux : les gros mangent les petits, et les petits les piquent ». Le bon sens voltairien prend ainsi volontiers des airs de sagesse commune.

Plusieurs de ses maximes en vers sont d'autre part devenues proverbiales. Son théâtre et sa poésie survivent un peu par là, pauvrement :

« À tous les cœurs bien nés, que la patrie est chère ! » (*Tancrède*)

« Le premier qui fut roi fut un soldat heureux » (*Mérope*)

« Et voilà justement comme on écrit l'histoire » (*Charlot ou La Comtesse de Givry*)

– sans compter le vers le plus mémorable : « Si\* Dieu n'existait pas, il faudrait l'inventer... » Et le vers blanc de la préface de *L'Enfant prodigue* : « Tous les genres sont bons, hors le genre ennuyeux. »

En prose, deux facteurs concourent au même effet. Le plaisir du trait, qui balance et rythme la phrase : « Dieu nous a faits à son image, mais nous le lui avons bien rendu » (Carnets). Et l'art de la chute, surtout à la fin des contes : « Le bonheur n'est pas dans la vanité » (*Jeannot et Colin*), « Malheur est bon à quelque chose » (*L'Ingénu*), et surtout le fameux mot d'ordre devenu poncif : « Il faut cultiver notre jardin. » Non loin du proverbe, il y aurait d'ailleurs la devise : « Qui plume a guerre a » – bel étendard du polémiste ; et même le slogan : le célèbre « Écrlinf\* », par exemple.

On cite comme de Voltaire, depuis quelque trente ans peut-être, une phrase aujourd'hui proverbiale, qui n'est pas de lui : « Je ne partage pas vos idées, mais je me battrais pour que vous puissiez les exprimer. » Une autre version circule, plus sublime encore : « Je hais vos idées, mais je me ferais tuer, etc. etc. » – à prononcer la main sur le cœur. Étrange récupération de la tolérance véritable en pluralisme formel, voire pharisien. Ennemi des consensus mous, Voltaire n'a jamais étendu l'idée de tolérance jusqu'au droit d'exprimer des idées haïssables.

*André Magnan*

*Aime la vérité, mais pardonne à l'erreur.*
*Discours en vers sur l'homme, 1738-1742, II$^e$ discours.*

## PROVIDENCE

CAUSES FINALES · DÉISME · DIEU · MAL · MIRACLES · OPTIMISME · PRIÈRE ·

Au cœur d'une pensée religieuse toujours en crise, le Dieu de Voltaire est au croisement d'une double préoccupation : l'intérêt pour les lois de la Nature et le souci du bonheur de l'homme.

Dans la tradition judéo-chrétienne, la providence («prévision» en latin) est l'action que Dieu exerce sur le monde en vue d'une fin. Après 1650, le développement du causalisme rationaliste introduit une tension entre cette conception classique de Dieu (appelé aussi «la Providence») et une définition plus philosophique le Dieu biblique intervient par des miracles, tandis que la Providence des chrétiens rationalistes se contente de fonder les lois de la Nature. Vers 1680, le débat sur l'existence du mal suscite la même opposition : ou la Providence se soucie de chaque individu, ou elle conçoit l'ensemble «au mieux» et se désintéresse des cas particuliers. Malebranche* et Leibniz* imposent ainsi la distinction entre «providence particulière» et «providence générale».

Dans les années 1730-1740, Voltaire aborde ce problème de la Providence en disciple de Newton. Les lois mathématiques de la Nature prouvent un dessein, donc l'existence de Dieu. La Providence crée un ordre, qu'elle ne peut perturber par des miracles.

Mais la providence voltairienne n'est pas la nécessité aveugle des athées. Lorsque la souffrance humaine est trop insupportable, le déiste ne se révolte pas seulement contre les fauteurs de la guerre ou de l'intolérance, il s'insurge contre Dieu. Surtout lorsque le mal vient de la Nature elle-même, c'est-à-dire de l'ordre voulu par Dieu. En 1755, le tremblement de terre de Lisbonne conduit ainsi Voltaire à rompre avec l'optimisme et à douter du providentialisme : «Le *tout est bien* et l'optimisme en ont dans l'aile», écrit-il alors à l'avocat Dupont – propos dont un familier des Délices rapporte une version plus crue : «La Providence en a dans le cul.» Voltaire en conclut, comme son «métaphysicien» parlant à sœur Fessue, que le Créateur ne se mêle pas des affaires humaines : «Je crois la Providence générale, ma chère sœur, celle dont est émanée de toute éternité la loi qui règle toute chose, comme la lumière jaillit du soleil ; mais je ne crois point qu'une Providence particulière change l'économie du monde pour votre moineau ou pour votre chat» (*Questions sur l'Encyclopédie*, 1770-1772, art. «Providence»).

Le déisme cependant demeure à cet égard ambigu. Avant 1755, Voltaire ne défendait déjà que la providence générale. Un tel choix aurait dû lui interdire toute révolte contre un Dieu injuste. Mais si Dieu ne s'occupe pas du tout des hommes, le déisme devient un athéisme. En réalité, le Dieu voltairien répond aussi à un besoin d'espérance, et au souci de fonder la

morale contre la menace athée. D'où le retour subreptice à la providence particulière. Car il arrive à Voltaire de défendre l'immortalité de l'âme, et le Dieu rémunérateur ou vengeur ne serait-il pas alors une espèce de providence particulière? Ou bien, comme dans ses *Lettres\* de Memmius à Cicéron* (1771), il soutient l'origine divine de la loi morale en l'homme, seule compensation que Dieu ait pu apporter au mal, ce qui suppose encore une Providence soucieuse de l'humanité. La providence générale de Voltaire est donc assez particulière...

*Laurent Loty*

*Le dogme de la Providence est si sacré, si nécessaire au bonheur du genre humain, que nul honnête homme ne doit exposer ses lecteurs à douter d'une vérité qui ne peut faire de mal en aucun cas, et qui peut toujours opérer beaucoup de bien.*
*Dictionnaire philosophique, 1764, préface de l'édition de 1765.*

## PRUDE (LA)

COMÉDIES ·

Primitivement intitulée *La Dévote*, c'est une comédie en cinq actes, en vers décasyllabes, qui fut jouée à Sceaux, chez la duchesse du Maine\*, le 15 décembre 1747. Du comique et de l'«intérêt», de la farce et des caractères, du romanesque et de la morale. La prude, personnage principal, est un «Tartuffe femelle» (elle est punie, comme il se doit), Blanford un autre Alceste, et la pièce combine, assez prestement, Molière et Wycherley (*The Plaindealer*).

*Henri Lagrave*

## PRUSSE

ALLEMAGNE · AUTRICHE · BERLIN · FRÉDÉRIC II · PRUSSIEN · ROSSBACH ·

*On vit alors un électorat de l'Allemagne qui, au commencement du siècle passé, avait entretenu à peine quinze mille soldats en temps de guerre, avoir une armée de cent cinquante mille hommes en temps de paix, et jamais il ne fut un plus grand exemple qu'il y a des royaumes qui rendent leurs maîtres grands, et qu'il y a des souverains qui font grands leurs royaumes.*
*Histoire de la guerre de 1741, 1755, chap. XXVIII.*

De son vivant, Voltaire a vu la Prusse, État ducal d'Empire élevé en royaume en faveur de l'électeurs de Brandebourg (1701), devenir en

Europe une puissance nouvelle, et même prépondérante au sortir des deux longues guerres du siècle, la guerre de Succession d'Autriche (1740-1748) et la guerre de Sept Ans (1756-1763). Il analyse en historien, à la fin du *Siècle de Louis XIV* (chap. XXIV), et surtout dans le *Précis du siècle de Louis XV* (chap. V et XXXII), les causes et les facteurs de cette évolution, du règne du premier Frédéric à celui de Frédéric II, en passant par le Roi-Sergent Frédéric-Guillaume I$^{er}$ : des politiques suivies de défrichement, de peuplement, d'immigration, une administration rigoureuse et rationalisée, la concentration du produit intérieur dans les finances de l'État, constituant un trésor royal jusqu'alors inouï, la levée et l'accroissement de troupes disciplinées de plus en plus nombreuses, l'exercice direct enfin d'un gouvernement monarchique sans contrepoids, mais sans système non plus de cour, de faveur et d'intrigue, entièrement appliqué au développement de la puissance publique et des intérêts.

Correspondant attitré, dès 1736, du prince royal Frédéric, le futur Frédéric II, qui le reconnaissait ainsi comme son double mythique au royaume des lettres, Voltaire a pu par la suite observer de près cette modernité prussienne, dans ses trois voyages successifs à Berlin, le premier d'hommage personnel (1740), le second de diplomatie parallèle, commandé par Versailles (1743), le dernier, le plus long (1750-1753), de semi-exil et presque d'établissement. À bien des égards, dans cette étonnante fréquentation directe du roi, le pays, la nation lui apparaissent comme une œuvre propre du prince, une «Frédéricie». Il est sûr en tout cas que Frédéric le fascina personnellement : roi moderne, aux idées fortes, aux visées novatrices, usant du pouvoir pour les réaliser, et modèle en cela, au moins relatif, du «roi philosophe» – plus qu'un Louis XV trop évidemment incapable d'effectuer les réformes nécessaires.

L'admiration domine donc dans l'œuvre publique pour ce règne brillant, trop conquérant, mais glorieux. À peine monté sur le trône (1740), Frédéric II a engagé contre l'Autriche l'extraordinaire infanterie formée par son père à prix d'or, il a conquis la Silésie, l'a conservée avec l'appui de la France (1748), puis défendue dans une seconde guerre plus terrible encore, tenant tête à l'Autriche, à la Russie, à la France, grâce à l'alliance anglaise, mais d'abord par son génie du commandement et de la stratégie. Au risque d'un déclin français – sourde leçon du *Précis du siècle de Louis XV* –, l'historien oppose l'hégémonie anglaise naissante, mais aussi, avec clairvoyance, l'aventure ouverte d'une Prusse dégagée de la suprématie impériale, et la contrebalançant désormais.

Mais si Voltaire éprouva, explicable dans une géopolitique des Lumières, une sorte de tentation prussienne, il eût assurément loué davantage un Frédéric II moins «héros», capable d'investir la même énergie dans les progrès de la société civile. Il ne se priva pas de le lui écrire, parfois rude-

ment, en pleine guerre de Sept Ans; et dans le *Précis du siècle de Louis XV*, le détail des «événements mémorables» des campagnes prussiennes finit par cette question abrupte: «Que reste-t-il de tant d'efforts? Rien que du sang inutilement versé dans des pays incultes et désolés, des villages ruinés, des familles réduites à la mendicité» (chap. XXXIII).

Les impressions de la Prusse voltairienne furent au fond plus nuancées qu'on ne l'imagine, surtout après l'échec de la dernière expérience, et cette catastrophe de Francfort*, jamais oubliée ni pardonnée vraiment. De ses voyages, Voltaire rapporta deux autres noms pour dire le pays, selon les humeurs: «l'Oursie», en souvenir des bonnets d'ours et des soldats automates; et «la Vandalie», revanche des abus de pouvoir commis sur ordre par l'odieux Freytag*.

*André Magnan*

## PRUSSIEN

CHAMBELLAN • FRÉDÉRIC II • ORDRE DU MÉRITE • ROSSBACH •

«À six sols, le fameux Prussien...» Ce fut un cri des colporteurs de Paris en 1750, annonçant la dernière estampe: M. de Voltaire coiffé d'un gros bonnet de peau d'ours, en nouveau chambellan du roi de Prusse – cette caricature paraît perdue. Le surnom lui resta après son retour, surtout à Versailles où ni Louis XV, ni Mme de Pompadour ne lui pardonnaient sa «désertion». «On ne m'appelle à la cour de France que le Prussien», écrit-il à Frédéric II lui-même en 1759, et il ajoute: «C'est un surnom dont je me glorifie.» Mot étonnant, provocant, mot d'homme libre: il venait de décliner un blanc-seing de rappel à Berlin, il assumait ironiquement dans son exil* l'une des marques de sa dissidence, le signe ambigu d'une philosophie de front européen – d'Alembert* pensionné par Frédéric II (1754) fut un peu «prussien» lui aussi, Diderot* pensionné par Catherine II (1765) un peu «russe», et bien sûr tous les philosophes «cacouacs*».

Avec le temps, la montée des nationalismes, la formation de l'Empire allemand, les guerres franco-prussiennes, les haines et la revanche, le surnom s'envenima: infamant pour les cléricaux tout au long du $XIX^e$ siècle, il devient troublant pour les voltairiens*, libéraux et républicains, quand Mgr Dupanloup* le brandit en 1878, dans le grand débat national du centenaire. Pourfendeur de l'antipatriote comme de l'antéchrist, l'intégriste Veuillot n'en doutait pas non plus: la France humiliée de 1870, c'était la faute et à Luther et à Voltaire.

*André Magnan*

*Voltaire a rendu service à Frédéric; la Révolution, le Premier Empire, Louis-Philippe l'ont rendu à ses descendants; Napoléon III n'a rien négligé pour le*

rendre à ses descendants actuels. Cela n'est pas méconnaissable : de là le
désarroi moral, intellectuel et même physique où l'invasion nous a trouvés.
Louis Veuillot, article pour L'Univers, 20 septembre 1870.

## PSEUDONYMES

CENSURE • DÉSAVEU • FACÉTIES • PEUR •

*Cet auteur est un vrai Protée ; il vous échappe lorsque vous croyez le tenir. Tantôt
c'est un Russe, tantôt un quaker ; ici c'est Guillaume Vadé, là Jérôme Carré ;
mais au nom près, c'est toujours le même personnage.*
Pierre Henri Larcher,<br>
Supplément à la Philosophie de l'histoire de feu M. l'abbé Bazin, 1767.

C'est l'un des phénomènes les plus voyants de l'écriture voltairienne. Il apparaît en 1718 avec le choix du nom* même, pseudonyme fondateur ; une incessante prolifération suivit, sur soixante ans de carrière. On a dressé des listes et tenu des comptes. Le savant Quérard, au début du siècle dernier, spécialiste de ce qu'on appelait alors les supercheries littéraires, avait dénombré cent trente-sept pseudonymes voltairiens ; le catalogue des imprimés de la Bibliothèque* nationale, en 1978, a porté le chiffre à cent soixante-quinze. Mais s'il fallait y ajouter les signatures internes – de partie, de chapitre, d'article, de note : une dizaine pour le seul *Dictionnaire* *philosophique* –, les attributions dédoublées ou contestées – un Demad révèle, par voie de presse, que son frère le capitaine a collaboré au fameux *Candide** de M. le docteur Ralph –, les adresses factices d'imprimeurs, valant signature – un « Jean Mokpap » pour *La Ligue** –, les anonymes fabulés, dotés pourtant d'un style ou d'un état – le Genevois du *Sentiment*des citoyens*, le témoin familier du *Commentaire** historique –, et surtout les pseudonymes de lettres, par dizaines, fugaces ou récurrents – Giraud et Girafou, Goebbels, Herman, Picardin et Boursier –, on verrait au moins doubler, peut-être tripler la longue liste établie sur les seules pages de titres.

On sait que tout le siècle littéraire – Jean Jacques Rousseau à part, qui signa tous ses ouvrages, quitte à prendre au besoin dans la vie des noms d'emprunt – s'adonna complaisamment à la pseudonymie. Mais Voltaire est un cas, il y fournit plus qu'aucun autre, et de plus en plus avec l'âge. Ses motivations sont complexes, la mystification parfois, mais surtout la prudence et le plaisir. « Ce n'est pas moi » : le pseudonyme déjoue la censure, préparant le désaveu. « C'est moi pourtant » : au style, au tour, on se piquera de le reconnaître – et au burlesque même des faux noms, dont la fantaisie

redevient signature. Souvent aussi un personnage s'incarne dès le titre, pour les facéties surtout, et le pseudonyme anime alors la fiction tout entière – comme dans la saga des Vadé*. Avec le temps, le plaisir vint à primer, et la peur à se sublimer de défi. En tête d'un écrit d'une extrême audace, Voltaire met un jour l'anagramme de son propre patronyme : « Ératou » pour « Arouet » – mais c'est le destinataire, ultime jeu, de cette *Lettre\* de M. Clocpicre*. Deux mots peuvent résumer cette foisonnante et fascinante activité d'écriture : celui de parade – feinte et fuite à la fois ; celui peut-être aussi, dans les meilleurs moments, de poésie.

André Magnan

*Plaidoyer pour Genest Ramponeau, prononcé par lui-même devant ses juges.*

*Sermon du rabbin Akib, prononcé à Smyrne le 20 novembre 1761 (traduit de l'hébreu).*

*Sermon du papa Nicolas Charisteski, prononcé dans l'église de Sainte-Toleranski.*

*Discours aux Welches, par Antoine Vadé, frère de Guillaume.*

*Mandement du révérendissime père en Dieu Alexis, archevêque de Novgorod la Grande.*

*Lettre d'un avocat de Besançon au nommé Nonnotte, ex-jésuite.*

*Les Colimaçons du révérend père l'Escarbotier.*

*Histoire de Jenni ou le Sage et l'athée, par Mr. Sherloc. Traduit par Mr. de la Caille.*

*Les Lettres d'Amabed, traduites par l'abbé Tamponet.*

*Anecdote sur Bélisaire, par l'abbé Mauduit, qui prie qu'on ne le nomme pas.*

## PUCELLE D'ORLÉANS (LA)

DUPANLOUP • JEANNE D'ARC • POÈTE • VIRGINITÉ •

« Ma Jeanne », disait Voltaire. Cette œuvre, qu'on ne lit plus, fut autrefois connue par cœur. Publiée en 1762 pour la première fois, en vingt chants, dans une édition enfin avouée par l'auteur, après des années de clandestinité et de rumeur, elle fut encore augmentée, et compte vingt-deux chants dans son état complet – et 8 561 vers... Elle révèle la veine héroï-comique de Voltaire poète, donnant libre cours à son sens de la parodie, multipliant les allusions au temps présent, retournant l'histoire de la Pucelle contre la superstition, les moines grossiers et ignorants, les cafards de tous les temps. On y voit défiler des cohortes de prêtres lubriques prêts aux pires turpitudes pour ôter son pucelage à Jeanne, cette belle jeune fille, plantureuse et saine, et pourvue de fermes « tétons ». Mais Jeanne n'a d'yeux que pour le

chevalier Dunois, lequel intervient toujours à temps pour sauver la Pucelle des attentats qu'elle est sur le point de subir.

*La Pucelle d'Orléans* occupe, à plusieurs titres, une place importante dans la production littéraire de Voltaire. La rédaction de l'œuvre s'étend sur une trentaine d'années, de 1730 environ à 1762. Elle lui valut d'autre part les pires ennuis et toutes les frayeurs, car les copies falsifiées, et les éditions pirates après 1755, se multiplièrent dans l'impatience de sa parution, et même encore après, tandis que ses ennemis saisissaient toutes les occasions que leur offrait la diffusion de cette œuvre sulfureuse pour se déchaîner contre lui. On repère d'ailleurs des stratégies dans l'étalement des publications. Si Voltaire attend pour publier certains chants, c'est pour ne pas compromettre d'autres succès : ainsi l'auteur de *L'Orphelin de la Chine* ne veut pas que *La Pucelle* paraisse pendant les représentations de la pièce. Longchamp* a raconté comment le projet est né, mais ce témoignage est-il sûr ? Lors d'un dîner chez le duc de Richelieu* vers 1730-1731, la conversation serait tombée sur l'ancienne *Pucelle* de Chapelain (1595-1674). Après les plaisanteries de rigueur entre aristocrates et libertins, on aurait mis Voltaire au défi de traiter le sujet. Le poète l'aurait aussitôt relevé. À Formont*, à l'abbé d'Olivet*, il annonce bientôt la rédaction successive de plusieurs chants. Après un départ rapide (dix chants écrits de 1730 à 1735), Voltaire ralentit sa marche et tarde à conclure ; le 18 décembre 1746, le roi de Prusse l'incite à se hâter davantage. En 1752, quatorze chants sont achevés, mais le poème toujours en chantier reste une récréation, pour des lectures seulement privées. Les premières éditions pirates se succédant (1755-1757), Voltaire revoit son texte et met lui-même au point une édition. Ce sera, en 1762, imprimée chez Cramer, la première impression authentique, en vingt chants, et il faut attendre 1773 pour l'édition enfin définitive, avec l'inclusion d'un chant fameux de la « Capilotade » ! Hésitations, déboires, nouveaux combats, mais aussi peut-être surmenage, expliquent les avatars de cette histoire éditoriale.

La rédaction de *La Pucelle d'Orléans* fait naître un climat de suspicion, de rumeurs colportées par les proches et les journalistes à l'affût des potins littéraires. En 1755, Voltaire parle de six mille copies en circulation ! Plusieurs se trouvent, plus ou moins autorisées par lui, entre les mains de d'Argental, de Mme de Graffigny, de Thiriot et d'autres amis et familiers. Les premières éditions pirates accentuèrent les licences des manuscrits, en les poussant jusqu'à la franche obscénité. Voltaire craignit longtemps, après son départ de Prusse, que Frédéric II n'en fît imprimer, pour se venger de lui, quelque version revue, augmentée et aggravée par ses soins – le bruit en courait dès le début de 1755, alors que Voltaire se cherchait encore vers Genève une retraite tranquille.

La préface de l'ouvrage prétend malicieusement que ce petit livre « est un

remède excellent contre les vapeurs qui affligent en ce temps-ci plusieurs dames et plusieurs abbés » : manière de le ranger dans la catégorie des œuvres licencieuses. La Pucelle n'est pas la seule à se trouver dans des situations scabreuses : les amours de la séduisante Agnès Sorel, par exemple, viennent aussi pimenter le récit. Mais le poème tourne surtout en dérision, avec la plus grande audace, la tradition hagiographique naissante autour de Jeanne d'Arc. Voltaire, sous couvert de naïveté, s'en prend au merveilleux chrétien : les interventions de saint Denis, patron des Français, et de saint Georges, patron des Anglais, sont toujours cocasses. Un cordelier, Grisbourdon, dispute à Chandos, arrivé d'Albion, la gloire et le plaisir de ravir à Jeanne son pucelage, mais le bon saint Denis intervient pour prévenir un acte qui priverait les Français d'une victoire sur les Anglais. De noirs inquisiteurs tentent vainement d'accomplir à leur tour leurs méfaits, et Voltaire, pour les croquer, s'amuse à brosser tout un bestiaire dans un style qui rappelle un peu Rabelais :

> *Ces saints docteurs, assis en jugement,*
> *Ont pour habits plumes de chat-huant ;*
> *Oreilles d'âne ornent leur tête auguste.*

Dans ce flot torrentueux de carnages, d'amours et de hauts faits, on peut aisément repérer un système d'oppositions des plus manichéens. L'ardeur du désir qui s'empare des jeunes gens est toujours positive, et s'oppose à l'hypocrisie et aux basses manœuvres des suppôts de l'ignorance, prêts à user de toutes les pratiques de sorcellerie propres à ces temps gothiques pour satisfaire la plus vile lubricité. Ce poème immense, qui tient aussi de la plaisanterie de collège et du canular d'érudit, est truffé de mille allusions, savantes ou retorses, à la Bible et aux littératures antiques et modernes.

*La Pucelle* fut longtemps avec *La Henriade*, et tard dans le XIXe siècle, l'œuvre de Voltaire la plus rééditée – *Candide* depuis est loin devant. Ce fut aussi son œuvre la plus richement illustrée.

Didier Masseau

> *Nos deux galants, pendant ce doux sommeil,*
> *Aiguillonnés du démon du réveil,*
> *Avaient de Jeanne ôté la couverture.*
> *Déjà trois dés roulant sur son beau sein*
> *Vont décider au jeu de saint Guilain*
> *Lequel des deux doit tenter l'aventure.*
> *Le moine gagne, un sorcier est heureux !*
> *Le Grisbourdon se saisit des enjeux,*
> *Il fond sur Jeanne. Oh soudaine merveille !*

*Denis arrive, et Jeanne se réveille.*
*Ô Dieu ! qu'un saint fait trembler tout pécheur !*
*Nos deux rivaux se renversent de peur.*
*Chacun d'eux fuit, en portant dans le cœur,*
*Avec la crainte, un désir de mal faire.*
*Vous avez vu sans doute un commissaire*
*Cherchant de nuit un couvent de Vénus ;*
*Un jeune essaim de tendrons demi-nus*
*Saute du lit, s'esquive, se dérobe*
*Aux yeux hagards du noir pédant en robe.*
*Ainsi fuyaient mes paillards confondus.*
*Denis s'avance, et réconforte Jeanne,*
*Tremblante encor de l'attentat profane.*
*Puis lui dit : « Vase d'élection,*
*Le Dieu des rois, par tes mains innocentes,*
*Veut des Français venger l'oppression*
*Et renvoyer dans les champs d'Albion*
*Des fiers Anglais les cohortes sanglantes.*
*Dieu sait changer d'un souffle tout-puissant*
*Le roseau frêle en cèdre du Liban,*
*Sécher les mers, abaisser les collines,*
*Du monde entier réparer les ruines.*
*Devant tes pas la foudre grondera,*
*Autour de toi la terreur volera,*
*Et tu verras l'ange de la victoire*
*Ouvrir pour toi les sentiers de la gloire.*
*Suis-moi, renonce à tes humbles travaux,*
*Viens placer Jeanne au nombre des héros. »*
*À ce discours terrible et pathétique,*
*Très consolant et très théologique,*
*Jeanne étonnée, ouvrant un large bec,*
*Crut quelque temps que l'on lui parlait grec.*
*La grâce agit : cette augustine grâce*
*Dans son esprit porte un jour efficace.*
*Jeanne sentit dans le fond de son cœur*
*Tous les élans d'une sublime ardeur.*
*Non, ce n'est plus Jeanne la chambrière,*
*C'est un héros, c'est une âme guerrière.*

La Pucelle d'Orléans, 1762, chant II.

## PURGATOIRE

CHRISTIANISME • CONCILES • ENFER • RELIGION •

Dans les *Questions\* sur l'Encyclopédie* et l'*Essai\* sur les mœurs*, Voltaire exprime contre la réalité du purgatoire des doutes, des réserves, des critiques. Portant contre l'histoire sacrée l'exigence positive, il interroge en historien la genèse même de la notion, et la situe en amont du christianisme, puisqu'on trouve mentionnée chez les brahmanes, les Égyptiens, et dans des textes de Platon et de Virgile, l'existence de rites ou de lieux de purification des morts. Il observe d'ailleurs que cette croyance a été contestée dans «la primitive Église» et imposée par le concile de Trente (1545-1563). Mais, surtout, le purgatoire n'est pas pur de tout commerce. Car, comme les protestants le reprochent aux catholiques, cette croyance moderne permet aux moines – ainsi le voulut saint Odilon, abbé de Cluny, instituteur de la fête des Trépassés –, de prendre aux vivants de l'argent en priant pour leurs morts.

*Marie-Hélène Cotoni*

## *PYRRHONISME DE L'HISTOIRE (LE), PAR L'ABBÉ BIG...*

CERTITUDE • FABLE • HISTOIRE •
TESTAMENT POLITIQUE DU CARDINAL DE RICHELIEU •

Ce texte publié sous un pseudonyme en 1769, en trente-huit chapitres, appartient à la mouvance de l'*Essai sur les mœurs* et aux polémiques qui en accompagnèrent la publication, où les erreurs de Voltaire furent dénoncées par l'abbé Clémence, par Nonnotte\*, par Larcher\*, Viret, Roustan, Guénée... Voltaire y avait déjà répondu avec les *Remarques pour servir de supplément à l'Essai sur les mœurs* et dans diverses notes rajoutées à l'*Essai* lui-même, d'une façon brève et incisive, en expliquant que l'historien doit se défier de la fable et des faits insignifiants ou peu vraisemblables.

*Le Pyrrhonisme* élargit et systématise ces réflexions éparses. Il fut publié au tome IV de *L'Évangile du jour*. Voltaire y établit presque systématiquement la liste des erreurs et histoires étranges que colporte la tradition religieuse et historique. Amusant et inquiétant catalogue où voisinent saint Romain, bègue devenu bavard, Théodose et les sept vierges septuagénaires destinées à être violées, l'exarchat de Ravenne, l'affirmation de géographes prétendant que tous les hommes descendent de Japhet, les sottises du polygraphe abbé Lenglet-Dufresnoy... Voltaire y confirme son pyrrhonisme historique, dont il avait donné des preuves, dès 1749, en rejetant les testaments faux ou suspects attribués à Richelieu, Colbert, Louvois, puis en 1764 lors de la réimpression du premier. Tous ces débats montraient à

Voltaire combien peut être fragile le recours à la vraisemblance pour juger de la véracité des faits, surtout si l'on admet, comme lui, l'immense capacité des hommes à l'erreur et à la barbarie.

Jean Goulemot

*On nous apprend à tous, dans nos premières années, une chronologie démontrée fausse; on nous donne des maîtres en tout genre, excepté des maîtres à penser. Les hommes même les plus savants, les plus éloquents, n'ont servi quelquefois qu'à embellir le trône de l'erreur, au lieu de le renverser. Bossuet en est un grand exemple dans sa prétendue « Histoire universelle », qui n'est que celle de quatre à cinq peuples, et surtout de la petite nation juive, ou ignorée, ou justement méprisée du reste de la terre, à laquelle pourtant il rapporte tous les événements, et pour laquelle il dit que tout a été fait, comme si un écrivain de Cornouailles disait que rien n'est arrivé dans l'Empire romain qu'en vue de la province de Galles. C'est un homme qui enchâsse continuellement des pierres fausses dans de l'or. Le hasard me fait tomber dans ce moment sur un passage de son « Histoire universelle », où il parle des hérésies. « Ces hérésies, dit-il, tant prédites par Jésus-Christ... » Ne dirait-on pas à ces mots que Jésus-Christ a parlé dans cent endroits des opinions différentes qui devaient s'élever dans la suite des temps sur les dogmes du christianisme ? Cependant la vérité est qu'il n'en a parlé en aucun endroit : le mot d'« hérésie » même n'est dans aucun évangile, et certes il ne devait pas s'y rencontrer, puisque le mot de « dogme » ne s'y trouve pas. Jésus n'ayant annoncé par lui-même aucun dogme, ne pouvait annoncer aucune hérésie. Il n'a jamais dit, ni dans ses sermons, ni à ses apôtres : « Vous croirez que ma mère est vierge; vous croirez que je suis consubstantiel à Dieu; vous croirez que j'ai deux volontés; vous croirez que le Saint-Esprit procède du Père et du Fils; vous croirez à la transsubstantiation; vous croirez qu'on peut résister à la grâce efficace, et qu'on n'y résiste pas. »*

*Le Pyrrhonisme de l'histoire,* 1769.

*J'envoie à Monsieur Cramer la feuille Q.
Plus, je le remercie de l'atlas. Il trouvera
sept louis d'or dans le paquet.
La nouvelle de la bataille des Russes n'est
donc pas confirmée ?*
À Gabriel Cramer,
octobre-novembre 1761.

## QUAKERS

ANGLETERRE • CHRISTIANISME • *LETTRES PHILOSOPHIQUES* • PENNSYLVANIE • POLITIQUE • SECTE • TOLÉRANCE • UTOPIE •

« S'il n'y avait en Angleterre qu'une religion, le despotisme serait à craindre ; s'il y en avait deux, elles se couperaient la gorge ; mais il y en a trente, et elles vivent en paix heureuses » (*Lettres philosophiques*, 1734, VI$^e$ lettre). C'est la première leçon que tire Voltaire de son voyage chez les Anglais (1726-1728), et qu'il propose à la réflexion des Français chez qui domine au contraire, souverainement, une religion d'État. Sur les sept « Lettres anglaises » qui touchent à la religion, il en consacre quatre (lettres I à IV) à la secte des quakers (les « trembleurs »), la plus radicale de toutes, en ce qu'elle refuse tout ce qui a constitué le christianisme après Jésus-Christ. Ces nouveaux disciples du Christ refusent le baptême, la communion, toutes les cérémonies « judaïques » de la religion officielle ; ils refusent le serment, qui n'est pour eux qu'un abus du nom divin. « Seuls sur la terre », ils se passent de prêtres : ces « mercenaires » domineraient bientôt la maison, et « marchanderaient l'Évangile ». Ils se fient à la « révélation immédiate » qui inspire chaque fidèle, du moment qu'il vit en Dieu, n'agit, ne pense qu'en Dieu. Une religion sans ministres, sans Église, sans cathédrales, sans orgues, sans rituels : beau modèle, observé sur place, qui confirmait le voyageur, adepte du déisme anglais, dans sa ferveur.

Voltaire n'en est pas moins sensible aux ridicules de ces originaux, qui fuient les plaisirs, et en particulier les spectacles ! L'auteur du *Mondain* n'approuvera jamais pareille austérité. L'absence de politesse civile, le

tutoiement généralisé lui semblent quelque peu affectés; et surtout, les
«inspirations» des membres de la secte, le dimanche, tournent parfois au
«galimatias», à «l'enthousiasme», voire à ces «convulsions» qu'il déteste
chez les jansénistes « convulsionnaires*». Une ironie légère teinte ces deux
instantanés pris sur le vif, la visite au noble vieillard (I$^{re}$ lettre), la réunion
dominicale (II$^e$ lettre). Mais c'est la sympathie qui domine, le respect pour
une religion fondée sur le seul amour de Dieu et sur la morale la plus
pure : simplicité, frugalité, honnêteté, franchise, humanité, justice.
Tolérance enfin : les quakers, derniers venus de la longue histoire chrétienne, respectent les autres croyances, et leur prosélytisme ignore le fanatisme et la fourberie.

Mieux, ce modèle de comportement religieux a su trouver son application
politique. Dans l'historique qui suit, après l'hommage rendu à Fox qui crée
la secte en 1642 (III$^e$ lettre), Voltaire exalte l'action du grand Guillaume
Penn, qui emmène en Amérique ses adeptes et fonde, en 1681, la colonie
baptisée «Pennsylvanie» (IV$^e$ lettre), dont les sages lois serviront de base
aux institutions des États-Unis. Ce n'est point l'Eldorado de *Candide*, mais
un retour à «l'âge d'or», rêve de bonheur simplement humain, dans une
nature vierge. Les difficultés viendront plus tard, avec l'immigration, le
commerce et les militaires : l'historien de l'*Essai sur les mœurs* les analyse
sommairement dans un chapitre spécial (chap. CLIII, «Des possessions des
Anglais et des Hollandais», 1761, avec une note ajoutée en 1778).

Mais Voltaire restera fidèle à sa première vision idéale. C'est un quaker qui
morigène en son nom l'évêque du Puy, Jean Georges Lefranc* de
Pompignan (*Lettres\* d'un quaker*, 1763-1764). Il évoquera encore en 1772,
dans le grand article «Quakers» de ses *Questions sur l'Encyclopédie*, les
«quouacres», ou «primitifs», qu'il préfère appeler les «Philadelphiens» :
ce beau nom d'«amis des frères» ranime en son cœur la bienfaisance*.
Une apostrophe émouvante évoque cette terre bénie, pacifique, industrieuse et prospère, où chacun est libre et peut dire ce qu'il pense. Mais si
lointaine terre, et si rare exemple... Du moins le philosophe est-il fier
d'avoir créé lui aussi à Ferney, à sa mesure, un asile de paix protégé par
ses montagnes; les croyances opposées y vivent en bonne intelligence, et
l'on sait y repousser l'Infâme*, en la personne d'un «monseigneur» intolérant et despotique, Mgr Biord, l'évêque d'Annecy.

*Henri Lagrave*

*Je vous dirai, sans me répéter, que j'aime les quakers. Oui, si la mer ne me faisait
pas un mal insupportable, ce serait dans ton sein, ô Pennsylvanie, que j'irais
finir le reste de ma carrière, s'il y a du reste.*
       *Questions sur l'Encyclopédie, 1770-1772, art. « Quakers ».*

## QUAND (LES), NOTES UTILES SUR UN DISCOURS PRONONCÉ DEVANT L'ACADÉMIE FRANÇAISE LE 10 MARS 1760

ACADÉMIE · CACOUACS · PHILOSOPHE ·

Devant les académiciens ses confrères, Jean Jacques Lefranc* de Pompignan, nouvellement élu, venait de déclarer l'extrême dangerosité de la soi-disant Philosophie moderne, coupable de « saper également le trône et l'autel ». Gravissime accusation, inouïe en pareil lieu, et qui fait date, un an après la suppression de l'*Encyclopédie\**, et deux mois avant la comédie satirique des *Philosophes* de Palissot\*. À la tête d'un « parti » désormais bien identifié, Voltaire entre ici dans la grande bataille des Lumières. Lancé dès la fin mars, un tir groupé de neuf « Quand » : « Quand on ne fait pas honneur à son siècle... Quand on est à peine homme de lettres... » Texte court et percutant, gai mais grave aussi : « C'est jouer le rôle d'un délateur d'oser avancer que la haine de l'autorité est le caractère dominant de nos productions. » Délateur, insulteur, imposteur même puisqu'il a traduit le déiste Pope\*, le récipiendaire est surtout ignorant, vaniteux et médiocre. À la sommation d'orthodoxie répond l'intimidation du ridicule, à l'invective générale la frappe emblématique : une stratégie dissuasive de la satire\* se met en place. Les premières copies des *Quand* furent diffusées manuscrites, puis les éditions se multiplièrent en quelques jours, dont une imprimée à l'encre rouge. Il y eut des imitations, des parodies, des réponses. La campagne des « Monosyllabes\* » s'ouvrait : le sujet Pompignan s'annonçait porteur.

*André Magnan*

## QUAND EST-CE QU'ON ME MARIE ?

Voir *ÉCHANGE (L')*.

## QUE (LES)

Voir « MONOSYLLABES ».

## QUELQUES PETITES HARDIESSES DE M. CLAIR À L'OCCASION D'UN PANÉGYRIQUE DE SAINT LOUIS

MOYEN ÂGE · ORIENT · PAPES ·

En août 1772, c'est au tour de l'abbé Maury, futur cardinal, de prononcer un panégyrique de saint Louis – vingt-trois ans plus tôt, Voltaire avait servi

de nègre à l'abbé d'Arty pour un *Panégyrique\* de saint Louis* de sa façon. D'où ces «petites hardiesses» en forme de critique, publiées en septembre, puis reprises à la suite des *Lois\* de Minos* en 1773. Voltaire reproche à l'abbé son morceau sur les croisades, qui manque à ses yeux de discernement. Il propose de ces mêmes croisades une interprétation fort peu respectueuse. Selon lui, les papes auraient voulu «transporter l'Europe militaire en Asie» sous prétexte de protéger les pèlerins. Ce fut essentiellement l'œuvre de Grégoire VII, «ce moine si audacieux, cet homme si fourbe à la fois et si fanatique, si chimérique et si dangereux». Et Voltaire de dénoncer, une fois encore, la confusion du temporel et du spirituel, et de montrer comment saint Louis, malgré sa grande âme, céda aux préjugés de son temps. Pour finir, Voltaire montre qu'une Pragmatique Sanction qu'on attribue à saint Louis ne peut être de lui. Et il invite le lecteur à s'en réjouir, car ce n'est qu'un monument de barbarie.

Jean Goulemot

*Nous chérissons sa mémoire, nous nous prosternons devant ses autels; mais qu'on nous permette d'estimer son vainqueur Almodan, qui le fit guérir de la peste, et qui lui remit deux cent mille besans d'or de sa rançon. On le sait, et on doit le dire: les Orientaux étaient alors les peuples instruits et civilisés; et nous étions les barbares.*

*Quelques petites hardiesses de M. Clair, 1772.*

## QUERELLES LITTÉRAIRES

Voir POLÉMISTE.

## *QUESTIONS DE ZAPATA (LES), TRADUITES PAR LE SIEUR TAMPONET, DOCTEUR EN SORBONNE*

BIBLE • CHRISTIANISME • FACÉTIES • FANATISME •

Cette brochure, bien qu'elle porte la date de 1766, fut publiée en 1767. C'est par la bouche d'un jeune licencié espagnol, le scrupuleux Zapata, appelé à enseigner la théologie à l'Université de Salamanque, que Voltaire reprend sa polémique contre la Bible et l'histoire de l'Église, ici sous la forme de soixante-sept questions couvrant quelque cinquante pages. L'écrivain aime bien suggérer que la controverse naît du milieu ecclésiastique lui-même, tandis que l'institution reste sourde\* à toute contestation.
Le jeune Zapata, voulant parfaire sa formation, interroge donc ses «sages maîtres» de la «junta des docteurs», un certain jour de 1629, sur quelques

difficultés résiduelles. Ses «questions» sont autant d'objections, de plus en plus explicites, contre le christianisme. Elles font ressortir : d'abord l'absurdité et l'immoralité de l'Ancien Testament (quarante-neuf questions), ensuite les contradictions et les erreurs du Nouveau (dix questions), enfin les impostures, les disputes des premiers siècles chrétiens, et les débauches de plusieurs papes (huit questions). Les docteurs laissent dire et ne répondent rien, mais ils séviront. Zapata va prêcher «Dieu tout simplement», en enseignant et pratiquant la vertu, en distinguant et séparant «la vérité des mensonges», «la religion du fanatisme». Jusqu'à ce que l'Inquisition le rattrape, deux ans après, d'où cette brève oraison funèbre : «Il fut doux, bienfaisant, modeste, et fut rôti à Valladolid l'an de grâce 1631.»

Seuls l'effet d'accumulation, le déroulement rythmé en forme de liste* donnent ici du relief à une argumentation souvent répétée par le patriarche. Grimm, rendant compte des *Questions de Zapata*, y voit un «rabâchage», plein de gaieté d'ailleurs. Il ne s'agissait pas de renouveler l'exégèse, mais de frapper l'Infâme* à coups redoublés. Le mot de la fin : «Priez Dieu pour l'âme de frère Zapata.»

Marie-Hélène Cotoni

## *QUESTIONS D'UN HOMME QUI NE SAIT RIEN (LES)*

Voir PHILOSOPHE IGNORANT (LE).

## *QUESTIONS SUR L'ENCYCLOPÉDIE, PAR DES AMATEURS*
DICTIONNAIRE PHILOSOPHIQUE PORTATIF • ENCYCLOPÉDIE • PHILOSOPHIE •

Voltaire collabora à l'*Encyclopédie*. Il suivit les progrès et les aléas de l'entreprise, bien informé par d'Alembert* ; puis, s'en étant personnellement détaché après l'affaire de l'article «Genève*» en 1757-1758, et plaignant le pauvre Diderot* de conduire seul, dans une clandestinité obscure, un achèvement devenu incertain, il y resta attentif et développa contre les mêmes ennemis de l'*Encyclopédie* sa guerre à l'Infâme. La sortie des dix derniers volumes en bloc (1765-1766) l'étonna et le ravit d'aise. Le gigantisme de l'œuvre est évidemment éloigné de sa pédagogie, de ses modes d'intervention dans le combat philosophique. Mais il demeura fidèle à l'esprit d'une «philosophie» commune. On aurait donc tort de croire que les *Questions sur l'Encyclopédie*, publiées de 1770 à 1772 en neuf volumes, représentent des notes et remarques accumulées, des années durant, pour traduire des désaccords, des doutes, et des ajouts nécessaires. Il y a là une œuvre originale, que Voltaire, presque octogénaire, a mise en forme, et dont le lien

avec l'*Encyclopédie* est au fond assez lâche, plus de forme que de contenu ; le plus souvent Voltaire ne se réfère pas au *Dictionnaire raisonné* – mais lorsqu'il s'y réfère, son commentaire est franchement critique.
Voltaire a toujours apprécié cette écriture discontinue, qui offre la possibilité d'une lecture ponctuelle, militante et mondaine. Il l'a utilisée dans le *Dictionnaire philosophique portatif*, autrement appelé *La Raison\* par alphabet*. Elle est la base même de sa production philosophique et de son action militante. Pour les derniers volumes des *Questions*, il dictera nombre d'articles à trois secrétaires : le père Adam\*, Wagnière\* et Durey\* de Morsan, ce qui confirme l'hypothèse d'une écriture ouverte, utilisant parfois des matériaux réunis au fil des lectures. Il y eut deux éditions presque parallèles des *Questions* : à Genève pour l'originale, imprimée par Cramer, et à Neuchâtel pour l'autre, aux soins de la Société typographique, faite par l'intermédiaire de Durey de Morsan et du père Adam, qui en tirèrent quelques profits.
On trouve de tout dans les *Questions sur l'Encyclopédie*. L'actualité y est présente, et d'une façon inattendue puisque Linguet est pris à parti dans l'article « Cicéron ». On y retrouve les obsessions traditionnelles de Voltaire : sa haine pour les ennemis de toujours, Chaumeix\*, Lefranc\* de Pompignan et aussi d'étranges télescopages : un article consacré à la fonte des statues permet de dénoncer la mythologie qui entoure l'histoire du Veau d'or – Pigalle est ici appelé à témoin, avec ses connaissances techniques du métier de sculpteur. Sur certains sujets qui lui tiennent à cœur, Voltaire tente de faire le point : sur « Platon », sur l'« Âme », sur l'« Antiquité », sur l'« Athéisme », sur « Bayle »... Certains articles se répondent et finissent par former un ensemble cohérent : « Adultère », « Mariage », « Fornication », « Femme », « Inceste », « Pères, mères, enfants »... La réflexion sur la religion reste importante : sur les dogmes, les textes sacrés, les institutions, l'Église. Mais tout ici trouve sa place : le scepticisme ironique qu'éveille la franc-maçonnerie dans « Initiation », les « Extraits des réflexions d'un académicien sur le Dictionnaire de l'Académie », les jugements sur les auteurs comme « François Rabelais », sur la littérature comme pratique (articles « Goût », « Littérature », « Libelle », « Hémistiche », « Genre de style », « Figure », « Esprit »...) ou comme institution (« Gens de lettres », « Auteurs », « Bibliothèque », « Lettres », « Livres », « Liberté de penser »...). On sent partout Voltaire en liberté. Capable de réfléchir plus avant, en rapprochant des exemples nouveaux, des citations inattendues, ou de revenir autrement sur ce qui a été déjà dit et redit, y compris souvent par lui-même.
L'œuvre fut dispersée dès l'édition de Kehl\* dans la masse refondue d'un nouveau « Dictionnaire philosophique » rassemblant tous les écrits alphabétiques de Voltaire. Elle a été longtemps considérée comme le ressassement d'un vieillard fatigué, peu exploitée, jugée même inutile. C'est

dommage. Car c'est négliger l'extraordinaire jeunesse du vieil homme, la vivacité d'un esprit remarquablement alerte, sans cesse attentif au monde et aux êtres, disposé à combattre jusqu'au bout, jamais désarmé, luttant seul, obstiné toujours à convaincre et à vaincre. La forme adoptée relève d'ailleurs moins du discontinu encyclopédique qu'il n'y paraît. Certains articles sont longs, divisés en sections ou en rubriques («Loi salique», «Lois», «Âme»...), d'autres plus rapides sont comme des brèves envoyées du monde de la philosophie, des clins d'œil à la postérité. Voltaire s'amuse encore, malgré la lumière vacillante du crépuscule.

Jean Goulemot

*Nous déclarons aux savants qu'étant comme eux prodigieusement ignorants sur les premiers principes de toutes les choses, et sur le sens naturel, typique, mystique, allégorique de plusieurs choses, nous nous en rapportons sur ces choses au jugement infaillible de la sainte Inquisition de Rome, de Milan, de Florence, de Madrid, de Lisbonne, et aux décrets de la Sorbonne de Paris, concile perpétuel des Gaules.*

*Nos erreurs n'étant point provenues de malice, mais étant la suite naturelle de la faiblesse humaine, nous espérons qu'elles nous seront pardonnées en ce monde-ci et en l'autre.*

*Nous supplions le petit nombre d'esprits célestes qui sont encore enfermés en France dans des corps mortels, et qui, de là, éclairent l'univers à « trente sous » la feuille, de nous communiquer leurs lumières pour le tome dixième, que nous comptons publier à la fin du carême de 1772, ou dans l'avent de 1773 ; et nous payerons leurs lumières « quarante sous ».*

*Nous supplions le peu de grands hommes qui nous restent d'ailleurs, comme l'auteur de la « Gazette ecclésiastique », et l'abbé Guyon, et l'abbé de Caveirac, auteur de l'« Apologie de la Saint-Barthélemy », et celui qui a pris le nom de Chiniac, et l'agréable Larcher, et le vertueux, le docte, le sage Langleviel, dit La Beaumelle, le profond et l'exact Nonnotte, le modéré, le pitoyable et doux Patouillet, de nous aider dans notre entreprise. Nous profiterons de leurs critiques instructives, et nous nous ferons un vrai plaisir de rendre à tous ces messieurs la justice qui leur est due.*

*Ce dixième tome contiendra des articles très curieux, lesquels, si Dieu nous favorise, pourront donner une nouvelle pointe au sel que nous tâcherons de répandre dans les remerciements que nous ferons à tous ces messieurs.*

*Fait au mont Krapack, le 30 du mois de Janus, l'an du monde,*
*selon Scaliger                5722*
*selon les « Étrennes mignonnes »   5776*
*selon Riccioli                5956*
*selon Eusèbe                  6972*

| selon les « Tables alfonsines » | 8707 |
| selon les Égyptiens | 370000 |
| selon les Chaldéens | 465102 |
| selon les brames | 780000 |
| selon les philosophes | ∞ |

*Déclaration des amateurs, questionneurs et douteurs qui se sont amusés à faire aux savants les « Questions » ci-dessus en neuf volumes, 1772.*

## QUESTIONS SUR LES MIRACLES, EN FORME DE LETTRES À MONSIEUR LE PROFESSEUR CL..., PAR UN PROPOSANT

CHRISTIANISME • FABLE • FACÉTIES • MIRACLE • ROUSSEAU (JEAN JACQUES) •

Ces vingt « lettres » fictives, publiées une à une à partir de juillet 1765, et regroupées à la fin de la même année en une *Collections de lettres sur les miracles*, furent définitivement recueillies en 1767 sous le titre plus piquant de *Questions sur les miracles*. Dans les premières lettres, le « proposant », jeune étudiant en théologie, interrogeait un pasteur sur les miracles de la Bible et des temps postérieurs aux apôtres, en tentant de faire face, mais sans grand succès, aux objections des incrédules – comme deux ans plus tard dans *Les Questions\* de Zapata*, un jeune « Candide » s'adresse à plus savant que lui. Comment réagir devant les prodiges très comparables du paganisme ? devant les fraudes pieuses ? devant le ridicule apparent de certaines fables chrétiennes ? Que dire de l'arrêt du soleil et de la lune par Josué dans la Bible, bouleversant le mouvement entier de la gravitation pour une cause somme toute limitée ? etc.

Mais bientôt, au fil des lettres, les sujets se multiplient, l'actualité fait irruption dans la fiction. Aux lettres du proposant est ajoutée, en effet, une réponse de Needham, prêtre catholique anglais, suivie d'annotations de Voltaire. Les athées modernes exploitant les conclusions erronées de ses expériences sur les anguilles\*, et prétendant que la matière inanimée peut générer la vie, Voltaire a fait écrire à Needham par son « proposant » : ce système des « anguilles » mène tout droit à l'athéisme... Dès lors, la critique des miracles bibliques, comme la Transfiguration ou les noces de Cana, alterne avec les railleries contre Needham et ses fameuses anguilles. Puis un nouveau venu, Covelle\*, entre en scène. Car ce citoyen de Genève, dit « le fornicateur », écrit aussi des « lettres » et s'intéresse à tous les genres de « miracles ». À travers ses échanges avec le proposant, avec Needham (réduit au rôle de personnage), avec un fictif « M. Beaudinet, de Neuchâtel », nouvel intervenant, les moqueries antichrétiennes se poursuivent, tandis que sont soulignés, tout de même, l'importance universelle de

la vertu, les droits de la raison, la nécessaire résistance à la persécution. Mais Beaudinet a également rapporté des anecdotes concernant Jean Jacques Rousseau, sa « lapidation » de Môtiers-Travers, et sa dispute avec le pasteur Montmolin, lequel prend alors la plume pour continuer lui-même l'histoire de Rousseau, et c'est la quinzième lettre... C'est dire qu'à la satire des miracles se mêle une véritable revue de l'actualité suisse !

Certes, Voltaire dénonce l'abrutissement de l'esprit et prône la liberté de la presse : « On n'a jamais fait croire de sottises aux hommes que pour les soumettre. » Mais par cette proliférante facétie, par ce chassé-croisé de lettres fusant dans tous les sens avec la fantaisie la plus débridée, du proposant à Covelle, de Covelle à ses concitoyens, de Beaudinet à Covelle, de Montmolin à Needham, de Covelle à Needham et, pour finir, de Beaudinet à Mlle Ferboz, la jeune maîtresse de Covelle, il s'amuse, amuse et s'étourdit lui-même de sa verve – ébouriffante.

Marie-Hélène Cotoni

*Comme j'en étais à cette phrase, M. R...., professeur en théologie, entra chez moi avec un air consterné. Je lui demandai le sujet de son embarras : il m'avoua qu'il cherchait depuis quatre ans si le vin des noces de Cana était blanc ou rouge, qu'il avait bu très souvent de l'un et de l'autre pour décider de cette grande question, et qu'il n'avait pu en venir à bout. Je lui conseillai de lire saint Jérôme, « De Vino rubio et albo » ; saint Chrysostome, « De Vineis », et Johannem de Bracmardo, « Super Pintas ». Il dit qu'il les avait tous lus, et qu'il était plus embarrassé que jamais : ce qui arrive à presque tous les savants. Je lui répliquai que la chose était décidée par le concile d'Éphèse, session 14. Il me promit de le lire, et fut tout épouvanté de mon savoir. « Mais comment faites-vous, dit-il, quand vous chantez la grand'messe en Irlande, et que le vin vous manque ? » Je lui répondis : « Je fais alors du punch, auquel je mêle un peu de cochenille : ainsi je me fais du vin rouge, et l'on n'a rien à me reprocher. »*

*Questions sur les miracles, 1765, IX$^e$ lettre — sous le nom de Needham.*

## QUI (LES)

Voir « MONOSYLLABES ».

## QUINAULT, Jeanne Françoise Quinault-Dufresne, dite Mlle

ACTEUR • AMITIÉ • COMÉDIE-FRANÇAISE •

Depuis 1718, Jeanne Françoise (1699-1783), dite Quinault la cadette (elle était la plus jeune des cinq Quinault, tous acteurs), jouait les soubrettes à la

Comédie-Française. Son allant, sa finesse y faisaient merveille. Avec les années, elle exerça une diligente autorité sur ses camarades. Toujours en quête de nouveautés, elle guidait aussi les auteurs, leur proposant des sujets; elle donna à La Chaussée l'idée du *Préjugé à la mode*, inspirée par une scène des *Originaux** de Voltaire. Elle fournit à Voltaire, en compensation, le sujet de *L'Enfant* prodigue* (1736). Mais « l'intérêt » d'abord y domine trop, il faut donc égayer la pièce; la « charmante », l'« adorable », la « divine » Thalie le fait renoncer pourtant à certaines plaisanteries déplacées. Voltaire lui obéit comme à « l'arbitre du bon goût », et sa comédie réussit; il fond de reconnaissance. Thalie s'est même abaissée à y jouer la Croupillac, un rôle indigne d'elle. Voltaire lui donne son estime et son amitié : « En vous, lui dit-il, l'actrice, quelque parfaite qu'elle soit, est bien au-dessous de la personne. »

Intelligente et bonne, très à l'aise dans le monde, Mlle Quinault s'était fait une place enviable en dehors du théâtre. Elle fut la seule comédienne à tenir un « bureau d'esprit » comme on disait, forme légère du salon, la célèbre « société du bout du banc », fréquentée notamment par Collé, Saint-Lambert, Voisenon, Crébillon fils, le marquis d'Argenson lui-même. Voltaire a dû assister à quelques-unes de ces réunions fort libres, qui attirèrent l'attention de la police. Par la suite, il ne cesse de solliciter conseils et critiques auprès de la « reine du théâtre », pour *Mérope*, pour *Zulime*, pour *Mahomet*. Elle s'occupe de tout; elle est devenue pour Voltaire l'appui indispensable dans ce « tripot ».

Cependant Mlle Quinault supportait mal la tyrannie des gentilshommes de la chambre, qui gouvernaient les théâtres. En février 1741, elle préféra quitter la Comédie, avec Quinault-Dufresne. Voltaire se désole de cette retraite prématurée, et vitupère les « barbares » qui découragent les talents. Sans regrets, Mlle Quinault connut une vie heureuse et longue; elle conserva ses amis, et en acquit un autre, d'Alembert*, bien seul après la mort de Julie de Lespinasse et de Mme Geoffrin. Il l'aida, dit-on, à faire une fin « philosophique », lorsqu'elle mourut, en 1783, peu avant lui.

*Henri Lagrave*

## *QUOI (LES)*

Voir « MONOSYLLABES ».

*Votre compositeur suisse met partout « refuter » au lieu de « réfuter », « repéter » au lieu de « répéter ». « Repéter » c'est péter deux fois, et « répéter » est le « repetere » des Latins.*
*Voilà ce que c'est de ne m'envoyer jamais les épreuves. Vous ne savez pas le tort que vous vous faites à vous-même. Si votre édition in-4° n'est pas mieux soignée, elle vous ruinera, et j'en serai au désespoir.*
*Je vous embrasse de tout mon cœur.*
*À Gabriel Cramer,*
*décembre 1765.*

## RABELAIS, François

ANTICLÉRICALISME • GOÛT • SWIFT

Le style de Rabelais (1494?-1553) rebute Voltaire et, par bien des aspects, l'auteur de *Gargantua* appartient encore, selon lui, à une époque « gothique » dominée par la grossièreté des usages et du goût. Aux yeux d'un esprit si attaché à l'héritage classique, les œuvres de Rabelais sont « un ramas des plus impertinentes et des plus grossières ordures qu'un moine ivre puisse vomir », mais Voltaire d'ajouter à propos de *Gargantua* : « Il faut aussi avouer que c'est une satire sanglante du pape, de l'Église, et de tous les événements de son temps. » À ce titre, Rabelais devient, avec le temps, un précurseur du mouvement philosophique et mérite même un certificat de bonne conduite antithéologique et antisuperstitieuse. Dans les *Lettres\* à S.A. Mgr le prince de \*\*\* sur Rabelais et sur d'autres auteurs accusés d'avoir mal parlé de la religion chrétienne* (1767), Voltaire interprète le *Gargantua* comme s'il s'agissait d'une œuvre de son temps. Il y repère de nombreuses clés : « Il est clair que Gargantua est François I$^{er}$, Louis XII est Grand-Gousier, quoiqu'il ne fût pas le père de François, et Henri II est Pantagruel. L'éducation de Gargantua et le chapitre des *torche-culs* sont

une satire de l'éducation qu'on donnait aux princes : les couleurs blanc et bleu désignent évidemment la livrée des rois de France. » Dès lors, l'ouvrage lui apparaît comme une vaste satire indirecte et volontairement obscure de «l'Église romaine», et la bouffonnerie comme un masque indispensable pour couvrir des critiques légitimes qui auraient coûté la vie à leur auteur si elles avaient été révélées au grand jour. On pourrait suivre peut-être une influence rabelaisienne dans certaines œuvres de Voltaire. *La Pucelle d'Orléans* surtout s'anime d'une verve comique et débridée qui rappelle parfois celle du grand Rabelais.

Didier Masseau

*Que lisez-vous donc, Madame ? Le duc d'Orléans régnant daigna un jour causer avec moi au bal de l'Opéra. Il me fit un grand éloge de Rabelais, et je le pris pour un prince de mauvaise compagnie qui avait le goût gâté. J'avais un souverain mépris pour Rabelais ; je l'ai relu depuis ; et comme j'ai plus approfondi toutes les choses dont il se moque, j'avoue qu'aux bassesses près, dont il est trop rempli, une bonne partie de son livre m'a fait un plaisir extrême : si vous en voulez faire une étude sérieuse, il ne tiendra qu'à vous, mais j'ai peur que vous ne soyez pas assez savante, et que vous ne soyez trop délicate.*

À Mme du Deffand, 13 octobre 1759.

## RACINE, Jean

CORNEILLE (PIERRE) • GOÛT • POÉSIE • TRAGÉDIES •

Voltaire, en sa jeunesse, admire et imite les deux grands maîtres, Corneille et Racine (1639-1699). Mais la «douceur élégante» du dernier l'attire moins que la «force» de l'autre ; Racine, à ses yeux, n'est pas toujours assez «tragique». Cependant, confronté lui-même au problème de l'amour dans la tragédie, il découvre que Corneille, sauf exceptions, a défiguré ce sentiment, tandis que Racine a su lui donner la violence d'une passion. Dès lors, en dépit des faiblesses qu'il lui voit encore, Voltaire avoue sa préférence pour Racine, le seul à faire dire à ses personnages «ce qu'il faut et de la manière dont il le faut» ; le seul à parler une langue correcte et pure, dans un style élégant, noble et sensible. C'est en commentant Corneille, qui l'assomme, que Voltaire parviendra, après 1760, au sommet de l'enthousiasme pour son rival, exaltant le miracle de *Bérénice*, idylle en cinq actes qui arrache les larmes, la grandeur de la «divine *Athalie*», chef-d'œuvre absolu, le pathétique d'*Iphigénie*, le vrai tragique de *Phèdre*, triomphe autrefois d'Adrienne Lecouvreur*. Le secret de Racine ? Beaucoup de métier, l'imitation de la nature, le goût, qui le préserve de l'enflure et de la trivialité ; et surtout l'harmonie, la fluidité de son vers, qui effacent les défauts.

Voltaire baigne dans cette poésie d'une magie enchanteresse ; il sait tout Racine « par cœur », confie-t-il à La Noue en 1739. Racine est le modèle parfait, pur produit du règne de Louis XIV, que Corneille a connu trop tard, et que l'on ne saurait égaler.

Henri Lagrave

*Elle commença par les tragédies de Racine, et fut étonnée de sentir en les lisant encore plus de plaisir qu'elle n'en avait éprouvé à la représentation : le bon goût qui se déployait en elle lui faisait discerner que cet homme ne disait que des choses vraies et intéressantes, qu'elles étaient toutes à leur place, qu'il était simple et noble, sans déclamation, sans rien de forcé, sans courir après l'esprit ; que ses intrigues, ainsi que ses pensées, étaient toutes fondées sur la nature : elle retrouvait dans cette lecture l'histoire de ses sentiments, et le tableau de sa vie.*

*Femmes, soyez soumises à vos maris, 1765.*

## RACINE, Louis

*CONSEILS À M. RACINE* • JANSÉNISME •

Fils de Jean, et poète lui-même (1692-1763), auteur du *Poème sur la Grâce* (1720) et de *La Religion* (1742), ami puis rival de Voltaire.

André Magnan

## RAISON

ANTHROPOLOGIE • CIVILISATION • EXPÉRIENCE • HISTOIRE •
NATURE • PROGRÈS • SCIENCES •

Avant de s'élever à Dieu, l'homme use de sa raison pour établir une relation de vérité avec les choses. Ce principe premier ouvre la perspective d'une rationalité fondée sur elle-même, revendiquant une indépendance entière par rapport aux croyances et aux préjugés reçus. Voltaire partage cet *a priori* de la réflexion critique avec d'autres initiateurs des Lumières, dont surtout Pierre Bayle\* qui avait ouvert la voie, mais il étend le champ de la raison : les mœurs, l'histoire, la politique et même la religion peuvent être soumises à l'analyse rationnelle.

Le principe d'un Dieu horloger\* gouvernant l'univers répond à un mode d'explication qui satisfait entièrement la raison. En histoire, tout n'est pas réductible à des lois, mais l'historien peut poser des relations logiques entre les événements et les mœurs, les actions particulières et les causes générales. Quant aux lois morales, elles répondent à des finalités d'évidence

générale, comme la conservation, le désir de justice, et les plus générales à la sociabilité première : sous la variation des usages, un même homme se reconnaît. La raison désigne, dans tous les domaines, un principe suprême d'organisation et une valeur fondatrice. Si la France du règne de Louis XIV fait figure de modèle, c'est qu'elle présente « un tout régulier dont chaque ligne aboutit au centre » (*Le Siècle de Louis XIV*). Cette magnifique ordonnance satisfait la raison qui trouve en elle clarté, simplicité, transparence et efficacité.

On comprend qu'il existe une éthique de la raison : en tant qu'exigence partagée de sens et d'unité, elle prémunit contre l'enthousiasme*, la passion qui divise, et l'esprit de domination. Elle retient de recourir à l'irrationnel devant l'inexplicable, car l'impuissance de la raison humaine n'engage pas nécessairement le surnaturel. Il appartient à la raison de reconnaître aussi, avec modestie, les limites de la connaissance et de l'expérience humaine. Au philosophe qui l'interroge sur sa nature profonde, sur le lien entre pensée et matière, la raison répond qu'elle n'en sait rien : « J'ai interrogé ma raison, je lui ai demandé ce qu'elle est : cette question l'a toujours confondue. J'ai essayé de découvrir par elle si les mêmes ressorts qui me font digérer, qui me font marcher, sont ceux par lesquels j'ai des idées. Je n'ai jamais pu concevoir comment et pourquoi ces idées s'enfuyaient quand la faim faisait languir mon corps, et comment elles renaissaient quand j'avais mangé » (*Le Philosophe ignorant*, 1766). Voltaire admire la grande tradition métaphysique, mais il répugne aux systèmes : son maître ici est Locke*, l'homme du doute clair et du savoir borné. La raison est d'abord un outil destiné à analyser les phénomènes observables, et propre à établir des propriétés, des rapports, des lois d'intelligibilité : la terre tourne, le grain pourrit avant de germer, les marées sont un effet naturel de la gravitation. Pour assurer les droits de la raison, il faut postuler l'existence d'un ordre rationnel qui régit l'univers, même en partie inconnaissable – par où se retrouve le modèle du monde ordonné par Newton*, référence du déisme raisonnable de Voltaire.

La raison progresse-t-elle dans l'histoire humaine ? Voltaire paraît persuadé que l'humanité, naturellement crédule, ne pourra jamais maîtriser ce mode de pensée. Des lenteurs de la raison, le philosophe s'accommode ou se félicite, car il serait dangereux pour l'ordre social que « la canaille » fasse indûment de la raison un usage critique. Cette exigence appartient essentiellement aux Philosophes et à la partie la plus éclairée de la nation, même s'il est hautement souhaitable qu'elle gagne du terrain. Sur ce point, les analyses de Voltaire varient au gré de son humeur, de la conjoncture et des stratégies adoptées. Dans les moments noirs, quand se déchaînent des violences qu'on voudrait croire d'un autre âge, le patriarche a le sentiment que la raison n'a pas progressé depuis la Saint-Barthélemy* : l'histoire du

chevalier de La Barre* tient de l'anthropophagie. À l'inverse, il lui arrive souvent d'entonner un chant d'espoir : « Chaque jour la raison pénètre en France, dans les boutiques des marchands comme dans les hôtels des seigneurs » (*Traité sur la tolérance*, 1763). Si la « raison épurée » est un bien fragile, exigeant des soins incessants pour être transmis, préservé et amélioré, il reste au moins cette « raison naturelle » commune aux hommes de tous les temps : « Dieu nous a donné un principe de raison universelle, comme il a donné des plumes aux oiseaux et de la fourrure aux ours ; et ce principe est si constant qu'il subsiste malgré toutes les passions qui le combattent, malgré les tyrans qui veulent le noyer dans le sang, malgré les imposteurs qui veulent l'anéantir dans la superstition » (*La Philosophie de l'histoire*, 1765). Cette foi en une raison hors histoire, qui tient sa force de la nature même, rend possible un optimisme voltairien : le mal n'est jamais irrémédiable, s'il n'est pas consubstantiel à l'homme.

*Didier Masseau*

## RAISON PAR ALPHABET (LA)

*DICTIONNAIRE PHILOSOPHIQUE PORTATIF* •

Titre donné par Voltaire à son *Dictionnaire philosophique portatif* dans plusieurs éditions, de 1769 à 1776.

*André Magnan*

## RAMEAU, Jean Philippe

OPÉRA • *PRINCESSE DE NAVARRE (LA)* • *VOLTAIRE (LA)* •

Le 1$^{er}$ octobre 1733, Voltaire assiste, à l'Opéra, à la création d'*Hippolyte et Aricie*, le coup d'essai de Rameau (1683-1764) à l'Opéra ; il est sévère pour le musicien, « un nommé Rameau, homme qui a le malheur de savoir plus de musique que Lully » : c'est un pédant en musique. Il est exact, et ennuyeux. Dans la querelle qui oppose très vite au nouveau venu les « lullistes », Voltaire n'est point du parti des « ramistes » – ou « rameauneurs »... Il change d'avis cependant, lorsque Rameau lui demande un sujet. Ici commence l'aventure de *Samson*. C'est l'époque où les musiciens, dans cette « coproduction » qu'est un opéra, prennent définitivement le pas sur les poètes. Voltaire accepte de servir Rameau ; mieux, il trouve sa musique admirable, il n'a entrepris son poème que pour la gloire du nouvel Orphée... Et il reconnaîtra plus tard que le travail de la versification n'est rien à côté de la création musicale. Bref, il joue le rôle du collaborateur

dévoué, avec une modestie qui n'est qu'à demi feinte. Tous deux, sans doute, furent victimes du parti lulliste, des tenants de la musique italienne et des menaces de la censure. La pièce resta dans les cartons. De guerre lasse, en septembre 1736, Voltaire encourage le «divin Orphée» à l'imprimer; elle sera peut-être goûtée plus tard, se dit-il: «Les oreilles se forment petit à petit. Trois ou quatre générations changent les organes d'une nation», écrit-il à Thiriot en 1735. Cependant, lorsqu'il est question de *Pandore*, en 1740, Voltaire songe à un autre compositeur que le «savant Rameau [qui] néglige quelquefois le récitatif». Rameau avait un caractère difficile. Voltaire s'en accommoda, semble-t-il, plutôt bien. Il ne s'en plaint qu'une fois, à propos de *La Princesse de Navarre*: Rameau exige que le poète mette en quatre vers ce qui est en huit, et en huit tout ce qui est en quatre! «Il est fou», s'écrie Voltaire, qui ajoute aussitôt, hommage aux *Indes galantes*: «Permis d'être fou à celui qui a fait l'acte des Incas». Il admirera toujours la musique mâle et vigoureuse de celui qu'il considère comme le plus grand musicien de son temps, sans pour autant se mêler de ces grandes querelles sur les «doubles croches»: il y a mieux à faire dans ce monde.

Henri Lagrave

## *RECUEIL NÉCESSAIRE*

Voir *ÉVANGILE DE LA RAISON (L')*.

## *RÉFLEXIONS PHILOSOPHIQUES SUR LE PROCÈS DE MLLE CAMP*

AFFAIRES • ÉGALITÉ • PROTESTANTS • TOLÉRANCE •

Le vicomte de Bombelles, officier du roi, avait épousé en 1766 à Montauban une demoiselle Camp, fille d'un négociant protestant, en acceptant que le mariage fût célébré selon le rite protestant, ce qui naturellement, aux yeux des autorités civiles, rendait leur union nulle. Le vicomte en profita pour épouser en 1771 une demoiselle Carvoisin, cette fois suivant le rite catholique. Mlle Camp porta alors plainte devant les tribunaux. Linguet fut son avocat et rédigea le mémoire. La plaignante fut déboutée par un arrêt du 7 août 1772, qui condamnait cependant le vicomte à lui verser des dommages et intérêts et ordonnait que leur fille fût élevée dans un couvent catholique, aux frais du père. Mlle Camp, devenue Mme Van Rotais, mourut en 1778.
L'opuscule, petit argumentaire de quelques pages, date de la mi-août 1772. Alerté par l'une des filles de Jean Calas* en novembre 1771, Voltaire avait attendu le jugement de l'affaire, en mobilisant seulement par des lettres ses

amis et connaissances. Le cas lui parut exemplaire pour illustrer l'injustice du système de non-tolérance institué par Louis XIV contre les protestants. Il le condamne, il en montre l'inutilité, la nocivité sociale et donne comme modèle l'Alsace, récemment conquise, où l'on voit «catholiques, luthériens et calvinistes jouir également de tous les droits des citoyens». L'interdiction du mariage mixte est dénoncée comme une loi contre la nature, l'amour et la société.

À la suite se trouvaient imprimés, non sans rapport avec les *Réflexions*, deux petits textes dans les mêmes jours, l'un en prose : *Réponse à M. l'abbé de Caveirac*, l'autre en vers : *Pour le 24 auguste 1772* – tous deux contre la Saint-Barthélemy*.

Jean Goulemot

*La loi commande, le magistrat prononce; le public, dont l'arrêt est inutile pour l'exécution des lois, mais irrévocable au tribunal de l'équité naturelle, décide en dernier ressort. Sa voix se fait entendre à la dernière postérité.*
*Réflexions philosophiques sur le procès de Mlle Camp, 1772.*

## *RÉFLEXIONS POUR LES SOTS*

ÉDUCATION • PHILOSOPHIE •

Ce petit texte inséré dans le *Recueil des facéties parisiennes pour les six premiers mois de l'année 1760*, et spécialement rédigé pour y entrer, reprend de plus haut les enjeux de la querelle des Cacouacs* et des *Philosophes* de Palissot*. Voltaire y sonne le rappel et indique les enjeux de la lutte philosophique, en exprimant avec énergie ses convictions les plus fortes : «Le temps de penser est venu», les élites ont gagné en esprit critique, la persécution des philosophes est absurde, la philosophie ayant vocation à servir l'État en éclairant la nation. Cet écrit vaut par la densité des propos, le mordant des expressions et l'extrême assurance du ton.

Didier Masseau

*Si le grand nombre gouverné était composé de bœufs, et le petit nombre gouvernant de bouviers, le petit nombre ferait très bien de tenir le grand nombre dans l'ignorance.*
*Mais il n'en est pas ainsi. Plusieurs nations qui longtemps n'ont eu que des cornes, et qui ont ruminé, commencent à penser.*
*Quand une fois ce temps de penser est venu, il est impossible d'ôter aux esprits la force qu'ils ont acquise; il faut traiter en êtres pensants ceux qui pensent, comme on traite les brutes en brutes.*
*Réflexions pour les sots, 1760.*

# RÉGENCE

DUBOIS • *J'AI VU (LES)* • LAW • MAINE (DUCHESSE DU) • ORLÉANS (DUC D') •

Le 2 septembre 1715, au lendemain de la mort du roi, le Parlement de Paris cassait le testament de Louis XIV en faveur du duc du Maine, et donnait la régence du royaume au duc d'Orléans, jusqu'à la majorité du jeune Louis XV, alors âgé de 5 ans. Arouet assista au Palais à l'événement : « J'y étais », écrira-t-il dans le *Précis du siècle de Louis XV*, avec « beaucoup de gens de robe et de simples citoyens ». La prise du pouvoir par Philippe d'Orléans inaugurait la Régence (1715-1723) : une ère nouvelle, qui mettait un terme au faste versaillais et à « la tristesse assez sombre » des dernières années du règne du grand roi. Paris redevenait le centre de la vie politique et mondaine. Autrefois inaccessible, ayant désormais perdu son caractère mythique, le prince régnait au Palais-Royal, et la cité autour retrouvait son importance et ses plaisirs. Un nouvel art de vivre s'installait : les sociétés renaissaient, telle celle du Temple*, déjà fréquentée par le jeune Arouet. En littérature, les Modernes l'emportaient sur les Anciens*, enfin, la permissivité des mœurs autorisait les grands à user de toutes les libertés. L'engouement de la société parisienne pour le théâtre, les bals, le jeu témoigne alors de son désir de sortir d'un engourdissement collectif.

Voltaire fut un témoin et un acteur de ces années de Régence. Poète déjà apprécié à la cour de Sceaux* depuis 1714, il y garde ses entrées. Or, la duchesse du Maine, hostile au Régent comme son époux déchu des droits du testament royal, attirait à Sceaux tous les mécontents du nouveau régime. Arouet semble être entré d'abord dans une stratégie d'opposition ; encouragé par l'esprit d'intrigues qui sévit à Sceaux, il compose contre le Régent des pièces satiriques féroces, comme le *Regnante\* puero*, peut-être aussi *Les J'ai\* vu*, en tout cas des épigrammes scandaleuses. L'imprudent poète, d'abord exilé à Sully-sur-Loire*, fut même mis à la Bastille*, en mai 1717. Un an plus tard, la duchesse du Maine accusée de complot était arrêtée à son tour. Ensuite, le petit Arouet, qui devient alors Voltaire, paraît choisir, sans doute pour des motifs de carrière et d'ambition, les accommodements ordinaires du courtisan à l'égard de Philippe d'Orléans – qui justement s'intéresse à son grand poème de *La Ligue*, la future *Henriade*...

Dans le *Précis du siècle de Louis XV* (1768), l'historien dresse un « Tableau de l'Europe » à l'occasion de « la régence du duc d'Orléans » – chapitres publiés dès 1756, à la suite du *Siècle de Louis XIV*. Il y souligne la rupture avec l'Espagne et l'alliance avec l'Angleterre, « ennemie naturelle de la France ». Il demeure critique envers le Régent qui voulut instaurer un nouveau type de gouvernement et réformer les finances, en créant le Système de Law – « une folie qui enrichit quelques familles ». Mais, « l'habitude que

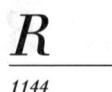

les Français avaient prise d'obéir sous Louis XIV fit la sûreté du Régent». Et puis «tout se tournait en gaieté et en plaisanterie dans la régence du duc d'Orléans», se rappelle-t-il enfin – ce fut le temps du premier triomphe, avec *Œdipe*, d'un nouvel écrivain lui aussi «amoureux des nouveautés».

*Anne Soprani*

*La régence du duc d'Orléans, que ses ennemis secrets et le bouleversement général devaient rendre la plus orageuse des régences, avait été la plus paisible et la plus fortunée.*

*Précis du siècle de Louis XV*, 1768.

## REGNANTE PUERO

INSCRIPTIONS · LATIN · ORLÉANS (DUC D') · RÉGENCE ·

«Sous le règne d'un roi enfant...» – en mars 1717, Louis XV n'avait que 7 ans. Le latin est essentiel à cette petite pièce satirique contre la Régence, à sa violence, à son impact: la monarchie célébrait en latin ses fastes, dans des termes fournis sur ordre par l'Académie des inscriptions, et gravés dans l'or des médailles et le marbre des monuments. Le *Regnante puero* fixe et fustige, en trente-six mots, l'immoralité personnelle du Régent, l'échec de son administration, l'injustice des puissants, la ruine du royaume, l'imminence de la sédition. Le trait final invoque l'imaginaire chrétien du châtiment terrestre des mauvais princes: « *Gallia mox peritura*» – «La Gaule touche à sa perte». Dénoncé par deux espions, le jeune Arouet, auteur prouvé de cette espèce de «Tombeau de la France», fut conduit à la Bastille, le 17 mai 1717 – à 23 ans – et y resta onze mois. Le châtiment non plus n'était pas médiocre.

*André Magnan*

## RELATION DE LA MALADIE, DE LA CONFESSION, DE LA MORT ET DE L'APPARITION DU JÉSUITE BERTHIER

*ENCYCLOPÉDIE* · FACÉTIES · JANSÉNISTES · JÉSUITES ·

Long titre pour un petit opuscule de six pages in-4°, puis trente in-8°, paru anonymement en mai ou juin 1759. C'était la réplique à l'arrêt de défense de l'*Encyclopédie* (6 février). Voltaire qui avait jusqu'alors ménagé les bons pères jésuites, décida de frapper un grand coup contre le père Berthier\*, directeur de la principale publication de l'ordre, les *Mémoires pour l'histoire des sciences et des beaux-arts*, autrement appelés «Journal de Trévoux». Les jésuites et Berthier avaient milité contre l'*Encyclopédie* et polémiqué contre

Diderot depuis le tout début de l'entreprise. Cette année 1759 marque d'ailleurs un tournant dans la vie, la carrière philosophique et la pratique littéraire de Voltaire : il achète Ferney*, publie *Candide* * et va lancer sa campagne contre l'Infâme.

Ne cherchons pas dans cette facétie une quelconque réfutation des idées de Berthier. Voltaire a recours, pour notre plus grand plaisir, à des armes autrement efficaces : la fiction et le ridicule.

Dans la voiture qui l'emmène de Paris à Versailles, « frère Berthier » se sent soudain terrassé par un poison : sueur, convulsions, léthargie. Les exhalaisons proviennent d'un paquet qu'il transporte : deux douzaines d'exemplaires du *Journal de Trévoux* ! Il bâille à en mourir. L'antidote proposé par un savant médecin – une solution d'une page de l'*Encyclopédie* « dans du vin blanc » – ne peut contrer le mortel soporifique. Le malheureux père fait alors appel à un confesseur qui l'oblige à avouer ses péchés, ses mauvaises lectures de casuiste, son orgueil de journaliste et sa honte de l'ennui qu'il inflige à ses lecteurs. Mais voici que ce confesseur se révèle être un janséniste ! Et Voltaire de renvoyer dos à dos les deux religieux ennemis ; « C'est le renard qui se confesse au loup. » Il reste alors au père Berthier à tirer la leçon de l'histoire, avant de mourir : « Ne devons-nous pas avouer que dans ce siècle, l'égout des siècles, nous sommes tous deux les plus vils insectes de tous les insectes qui bourdonnent au milieu de la fange de ce bourbier ? » Suit une « vision » de « Frère Garassise » à qui Berthier est apparu pour lui annoncer que la collaboration au journal des jésuites ne mène au mieux qu'au purgatoire, et pour fort longtemps.

Avec une jubilation rageuse, le pamphlétaire écrase ainsi l'un par l'autre et les jésuites et les jansénistes, grands adversaires des Philosophes. L'âpreté de l'ironie, la fantaisie cocasse de la mise en scène et la densité des attaques font de ce récit un chef-d'œuvre du genre. Voltaire y ajouta en 1760 quatre autres pages étourdissantes intitulées : *Relation du voyage de frère Garassise, neveu de frère Garasse, successeur de frère Berthier et ce qui s'ensuit en attendant ce qui s'ensuivra*, où frère Garassise, retour du Portugal, successeur désigné du père Berthier « d'ennuyeuse mémoire », se fait nommer par les jésuites, « tout d'une voix », à la direction du *Journal de Trévoux* – « et l'on bâilla plus que jamais dans Paris ». Berthier mourut en 1782, quatre ans après Voltaire.

*Didier Masseau*

*Voilà ce que la force de la vérité arrachait de la bouche de frère Berthier. Il parlait comme un inspiré ; ses yeux, remplis d'un feu sombre, roulaient avec égarement ; sa bouche se tordait, l'écume la couvrait, son corps se roidissait, son cœur palpitait : bientôt une défaillance générale succéda à ces convulsions ; et dans cette défaillance il serra tendrement la main de frère Coutu. « J'avoue,*

dit-il, qu'il y a bien des pauvretés dans mon *"Journal de Trévoux"*; mais il faut excuser la faiblesse humaine. — Ah! mon Révérend Père, vous êtes un saint, dit frère Coutu; vous êtes le premier auteur qui ait jamais avoué qu'il était ennuyeux; allez, mourez en paix; moquez-vous des *"Nouvelles ecclésiastiques"*; mourez, mon Révérend Père, et soyez sûr que vous ferez des miracles.»
Ainsi passa de cette vie à l'autre frère Berthier, le 12 octobre, à cinq heures et demie du soir.

*Relation de la maladie, de la confession, de la mort et de l'apparition du jésuite Berthier, 1759.*

## RELATION DE LA MORT DU CHEVALIER DE LA BARRE PAR M. CASSEN, AVOCAT AU CONSEIL DU ROI, À M. LE MARQUIS DE BECCARIA, LE 15 JUILLET 1766

AFFAIRES • ÉTALLONDE • LA BARRE •

La date est factice, et les données du titre pseudonymes. Les circonstances de publication ne sont pas très claires : Voltaire semble avoir fait circuler une première «Relation» plus brève, en manuscrit, dès juillet 1766, puis rédigé cette version détaillée, peut-être plusieurs mois après. Elle reparut en janvier 1768, puis en 1769 dans un recueil de Mélanges. Le chevalier de La Barre avait été exécuté le 1$^{er}$ juillet 1766 et le *Dictionnaire\* philosophique* livré aux flammes avec le corps du condamné. Voltaire, inquiet des suites possibles de cette affaire, modère sa colère et choisit d'argumenter. Pas d'effusion ou de révolte : une démonstration simple et claire destinée à Beccaria\* – dont il publia en septembre 1766 le *Commentaire sur le livre Des délits et des peines.*

La *Relation* contient un historique précis de l'affaire : rivalité entre la tante du chevalier, abbesse, et un sieur Belleval, «lieutenant d'une espèce de petit tribunal qu'on nomme élection», en affaire avec l'abbesse, et exigeant d'elle plus encore, qui mûrira sa vengeance en profitant d'un incident local : un christ en bois placé sur le pont neuf d'Abbeville endommagé, ce dont on accusera, sur le témoignage de Belleval, le jeune La Barre et ses amis. L'évêque d'Amiens intervient. On crie au sacrilège. L'opinion s'enflamme. Belleval accuse. On les aurait vus chapeau sur la tête alors qu'une procession passait à trente pas, ils ont chanté des chansons gaillardes, proféré des jurons, déclaré admirer le roman licencieux de *Thérèse philosophe*... Un monitoire est lancé qui favorise les dénonciations. On les poursuit alors pour leurs indécences comme s'il s'agissait de brigandage, de violence ou de crimes. Poussés par leur cruauté et leur ignorance, les juges condamnent La Barre (Étallonde a réussi à s'enfuir) à être décapité et brûlé après avoir été soumis à la question. Voltaire décrit les derniers

moments du jeune homme sur le ton de l'hagiographie. Il conclut en dénonçant la barbarie des juges et du système judiciaire : « Dites-moi quel est le plus coupable, ou un enfant qui chante deux chansons réputées impies dans sa seule secte, et innocentes dans tout le reste de la terre, ou un juge qui ameute ses confrères pour faire périr cet enfant indiscret par une mort affreuse ? » La postérité a répondu.

*Jean Goulemot*

## RELATION DU BANNISSEMENT DES JÉSUITES DE LA CHINE, PAR L'AUTEUR DU « COMPÈRE MATHIEU »

CHINE • CHRISTIANISME • JÉSUITES •

Un prêté pour un rendu : Voltaire donne à Du Laurens (1719-1797), auteur d'un plaisant *Compère Mathieu* qu'on lui avait attribué deux ans auparavant, cette facétie dialoguée publiée en mars 1768. C'est une apologie de la Chine, « l'empire le plus peuplé, le plus florissant, et le plus antique de l'univers », qui pratique la tolérance et observe la neutralité religieuse de l'État, à partir d'une vision strictement voltairienne de l'expulsion des jésuites, devenus odieux au peuple et à l'empereur.
Yong-Tcheng, héritier du trône à la mort de son père, enquête auprès du frère Rigolet « qui avait converti quelques enfants de crocheteurs et des lavandières du palais ». L'entretien met en valeur la sottise et l'arrogance des jésuites, leur prétention à régenter la Chine et l'empereur. Les thèmes traditionnels de la polémique voltairienne sont ici présents : absurdité des dogmes, refus du Christ homme-Dieu, sarcasmes sur l'histoire du peuple juif et sur les prophéties, analyse critique des Évangiles et refus de la valeur symbolique de l'Eucharistie. L'empereur de Chine, indigné par ces « charlatans qui ont séduit la populace », décide l'expulsion, que Voltaire approuve, après avoir proclamé son amour de la tolérance. Il s'agit là d'un texte carnavalesque, qui mêle des tons hétérogènes : le sérieux du philosophe et le rire le plus épais de la farce. L'événement du « bannissement » est historique (1724), et cette facétie se rattache à la controverse romaine dite « des cérémonies chinoises », amplement détaillée dans le dernier chapitre du *Siècle de Louis XIV*.

*Jean Goulemot*

*Ils parlèrent ; le Christianisme fut entièrement aboli à la Chine, ainsi qu'en Perse, en Tartarie, au Japon, dans l'Inde, dans la Turquie, dans toute l'Afrique : c'est grand dommage ; mais voilà ce que c'est d'être infaillibles.*
*Relation du bannissement des jésuites de la Chine, 1768.*

*RELATION DU VOYAGE DE FRÈRE GARASSISE,
NEVEU DE FRÈRE GARASSE, SUCCESSEUR DE FRÈRE BERTHIER
ET CE QUI S'ENSUIT EN ATTENDANT CE QUI S'ENSUIVRA*

Voir RELATION DE LA MALADIE, DE LA CONFESSION, DE LA MORT ET DE L'APPARITION DU JÉSUITE BERTHIER.

*RELATION DU VOYAGE DE M. LE MARQUIS DE POMPIGNAN,
DEPUIS POMPIGNAN JUSQU'À FONTAINEBLEAU,
ADRESSÉE AU PROCUREUR FISCAL DU VILLAGE DE POMPIGNAN*

FACÉTIES • LEFRANC DE POMPIGNAN •

C'est une facétie en prose de quelques pages, rédigée en 1763, pour se moquer d'une véritable relation que Jean Jacques Lefranc de Pompignan avait donnée d'un de ses voyages en Languedoc. Voltaire reprend les thèmes de la *Lettre\* de M. de l'Écluse* en les exagérant. Lefranc se targue d'une réputation provinciale – il serait même connu à Limoges et y aurait rencontré le petit-fils de M. de Pourceaugnac... Arrivé à Fontainebleau, il est reçu par le roi, qui rit de ses vers sans même qu'il s'en rende compte. Sa vanité lui cache son ridicule et sa haine des philosophes lui tient lieu de talent. Trois ans après, Voltaire remettait en scène un vers fameux de son poème *La Vanité\**, que tout Paris gardait en mémoire et dont on disait même que la cour s'était égayée : « Et l'ami Pompignan pense être quelque chose... »

*Jean Goulemot*

*RELATION TOUCHANT UN MAURE BLANC
AMENÉ D'AFRIQUE À PARIS EN 1744*

AFRIQUE • ANTHROPOCENTRISME • ANTHROPOLOGIE • EXPÉRIENCE •

Mi-scientifique, mi-parodique, ce petit texte relevait du genre dit « curieux » : observations, hypothèses, réflexions. Publié dès 1745, peut-être dans un journal, il fut recueilli la même année dans l'édition Ledet d'Amsterdam. Voltaire y décrit en naturaliste « un petit animal blanc » venu de Loango, qu'il a pu observer à l'hôtel de Bretagne : blancs la « laine » sur la tête, les cils et les sourcils, rouge ou rose l'iris des yeux, etc. Trois retournements suivent, dont le premier seulement est attendu. Doué de parole, de mémoire, de raison, « ce petit animal est un homme ». Belle preuve de la richesse de la nature – Voltaire tient pour le polygénisme –, mais il reste que les « espèces » d'hommes sont beaucoup moins nom-

breuses et moins diverses que celles d'autres animaux... Un dernier décentrement approfondit soudain l'humiliation. Les «Maures blancs» prétendent, paraît-il, que tout l'univers a été créé pour eux : que leur opposer? D'où cette fin modeste : «Peut-être qu'ils se trompent ; mais si nous pensons valoir beaucoup mieux qu'eux, nous nous trompons assez lourdement.» Voltaire s'est au moins trompé, avec d'autres savants du temps, en concluant de quelques albinos à une «espèce»... Traditionnellement classée dans la section des Mélanges*, cette petite méditation sur l'orgueil humain a comme un tour de fable en prose.

*André Magnan*

RELIGION

ATHÉISME · DÉISME · DIEU · LOI NATURELLE · MORALE ·

Né, formé, élevé dans la religion catholique, et contraint devant la mort encore de s'en déclarer dépendant, Voltaire s'en est pourtant très tôt détaché et libéré – devenant «libertin», comme on disait. L'*Épître*\* *à Uranie*, dès 1722, signale une évolution mûrie, dont les débuts restent obscurs. À Cirey* ensuite, avec Mme du Châtelet, Voltaire s'adonne avec passion aux études bibliques, épluchant l'ouvrage du célèbre bénédictin dom Calmet*, le *Commentaire littéral sur tous les livres de l'Ancien et du Nouveau Testament*, dont le premier volume a paru en 1707, la meilleure somme biblique du temps. Voltaire possède une grande familiarité avec la Bible*, une large culture religieuse, et cet intérêt n'a jamais faibli, comme l'attestent la composition de la bibliothèque* de Ferney et les Marginalia* portés jusqu'à la fin sur les ouvrages de Bossuet, Richard Simon et toujours sur le *Commentaire* de dom Calmet. Il ne s'intéresse pas seulement à la religion chrétienne ; le Coran* et Mahomet*, les religions de l'Inde*, de la Chine*, et les croyances des Anciens* excitent en lui une inlassable curiosité. Comme d'autres philosophes, il s'emploie à dégager des principes communs à toutes les religions, à dénoncer la vanité des querelles portant sur les dogmes et les rites, mais c'est pour établir quant à lui un véritable déisme, position ultime d'un esprit sincèrement religieux.

Voltaire, comme historien, abolit le privilège d'une «histoire sacrée» exclusive de l'«histoire profane» ; il lève l'hypothèque religieuse de l'histoire des juifs* comme peuple élu et du christianisme* comme institution divine ; il ouvre sur une histoire et même une sociologie des religions, en prétendant les situer dans le contexte humain et culturel où elles ont pris naissance. Il s'efforce même de remonter, dans une intuition de genèse, à une origine contingente du phénomène religieux. Dans les temps primitifs, un monothéisme grossier a dû se présenter d'abord, en vertu du principe qu'«on

« Le 28 février, étant seul avec lui, je le priai de vouloir bien me dire quelle était exactement sa façon de penser, dans un moment où il me disait qu'il allait mourir. Il me demanda du papier et de l'encre, il écrivit, signa, et me remit la déclaration suivante... »
Wagnière, le dernier secrétaire, conserva pieusement le petit rectangle de papier, il en donna même des copies, comme d'une relique – l'original est entré dès 1809 à la Bibliothèque alors impériale. Vingt mots seulement, signature comprise. L'écriture est ferme, contrôlée, réfléchie. Au deuxième mot, la plume s'est levée, puis la main s'est relancée un peu sous la ligne, et cinq ou six autres fois du même geste. La fin est d'un seul tracé, plus droit, presque lié – énergie tendue encore contre « la superstition ». La scène évoquée est silencieuse : « déclaration » profane, mais solennelle. Comme un dépôt, un testament. La date a été rajoutée après coup, par Wagnière semble-t-il. Ce « je meurs » est-il vraiment d'un mourant ? La littérature a gardé ses droits dans ces balancements d'une phrase courte et pourtant pleine – belle leçon d'écriture encore.

Le 2 mars 1778, Voltaire signa une autre déclaration, plus conforme au droit canon. La rétractation du pécheur, la soumission à l'Église : « Je soussigné déclare qu'étant attaqué depuis quatre jours d'un vomissement

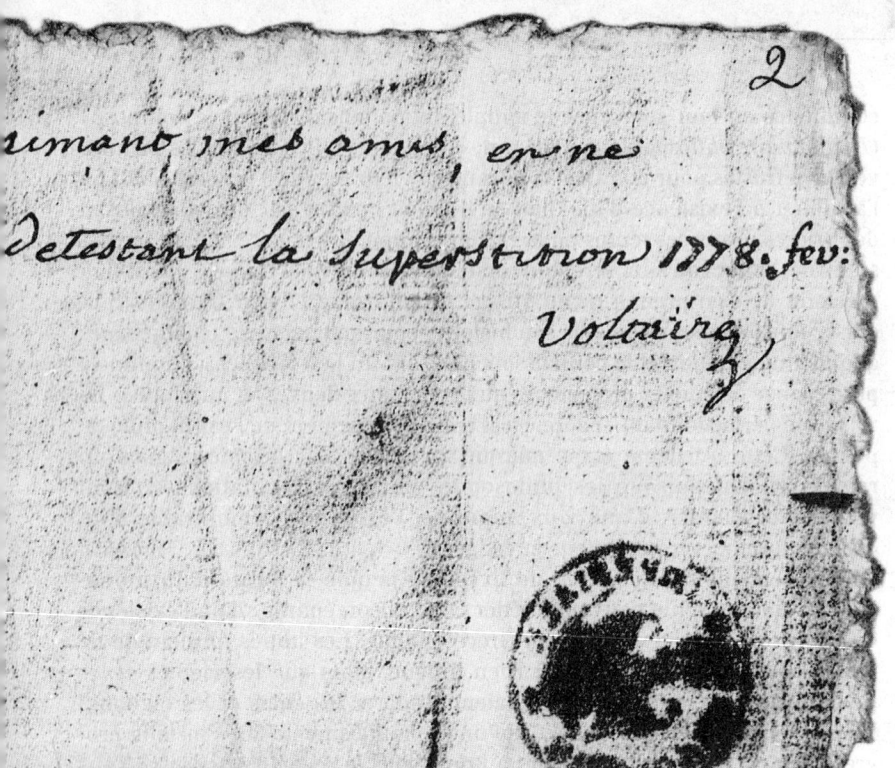

de sang à l'âge de quatre-vingt-quatre ans, et n'ayant pu me traîner à l'église, Monsieur le curé de Saint-Sulpice ayant bien voulu ajouter à ses bonnes œuvres celle de m'envoyer l'abbé Gaultier prêtre, je me suis confessé à lui, et que si Dieu dispose de moi, je meurs dans la sainte religion catholique où je suis né, espérant de la miséricorde divine qu'elle daignera pardonner toutes mes fautes, et que si j'avais jamais scandalisé l'Église, j'en demande pardon à Dieu et à elle. Voltaire, le 2 mars 1778, dans la maison de monsieur le marquis de Villette. » Et deux témoins signèrent. À moins de cela, c'était le refus de sépulture, le corps jeté à la voirie, et pour les survivants la honte avec l'affliction. Le déclarant se trouvait dans un état jugé critique, crachant le sang entre deux médecins. Cette profession de foi fut exploitée comme elle devait l'être, presque publiquement, pour l'édification des fidèles, et pour le repos des âmes séduites et dévoyées par le mécréant. À l'évidence, les deux déclarations s'excluent. La plus courte est la seule libre, tous les mots assumés sans souffleur. Elle persiste et signe l'œuvre, en refusant d'en renier le sens. On attendait l'écrivain à ce dernier désaveu.

A. M.

DÉCLARATION DE VOLTAIRE REMISE À WAGNIÈRE, 28 FÉVRIER 1778.

PARIS, BIBLIOTHÈQUE NATIONALE DE FRANCE.

commence en tout genre par le simple, [et qu']ensuite vient le composé»
(*Dictionnaire philosophique*, 1764, art. « Religion »). Les peuplades primitives, trop frustes pour dominer la terreur que leur inspirait un orage, ont pu l'attribuer à l'existence d'un Dieu qu'il fallait apaiser par des offrandes et des prières. Dans ces temps où la raison sommeillait encore, il était impossible de concevoir un être universel régisseur de l'univers : ce Dieu méchant ne s'en prenait qu'au village. Il fallut que l'esprit humain franchisse une deuxième étape de son histoire, pour que naisse le polythéisme : quand l'imagination et la connaissance se sont un peu fortifiées, l'homme a pu assigner des dieux protecteurs aux mers, aux fleuves et aux forêts. La raison se perfectionnant encore, c'est enfin l'avènement de l'esprit philosophique. Cette troisième étape marque un retour à la première, mais un retour réfléchi puisque les philosophes de toutes les nations en sont venus à proclamer, d'une voix unanime, l'existence démontrable d'un « Dieu suprême, rémunérateur et vengeur ».

Il était cependant impossible de livrer au peuple la vérité d'un monothéisme auquel seule pouvait accéder cette raison épurée : d'où l'existence des religions à mystères, dans la Grèce antique. Les initiés juraient de ne pas révéler leur adoration d'un Dieu unique, alors que les vieilles et les prêtres des cultes officiels continuaient à adorer les chats et les oignons ! L'historien affirme, avec audace, qu'un monothéisme de fait s'installa progressivement en Grèce, et surtout à Rome sous le règne d'Auguste : « Tous ceux qui avaient une religion reconnaissaient un Dieu supérieur, éternel, et plusieurs ordres de dieux secondaires, dont le culte fut appelé depuis idolâtrie. » Voltaire évoque alors l'avènement du christianisme, en faisant l'économie de la révélation, du moins dans cette grande genèse de l'article « Religion », et en limitant le plus possible les traits propres à cette nouvelle croyance. Il suggère au contraire une continuité, le christianisme ayant pris naissance « dans ce temps où le culte d'un Dieu suprême était universellement établi chez tous les sages en Asie, en Europe et en Afrique ». Il montre enfin que le Verbe, seconde personne de Dieu, tire son origine du Logos platonicien, ce qui contribue à placer un christianisme primitif sous le signe de la sagesse et de la raison exercée par l'Être suprême, l'histoire des religions révélant ainsi l'éclatante supériorité du déisme.

Si les cultes et les rites diffèrent tant d'une religion à l'autre, cela tient à divers facteurs contingents, d'abord climatiques. Pourquoi le vin est-il interdit en Arabie ? Pour la seule raison que, dans ce pays aride, « les eaux d'orange, de citron, de limon, sont nécessaires à la santé » (*Questions sur l'Encyclopédie*, 1770-1772, art. « Climat »), et Voltaire d'ajouter que Mahomet n'aurait sans doute pas édicté la même loi en Suisse, surtout avant de mener ses adeptes au combat ! Même raisonnement pour justifier le respect qu'inspirent les vaches sacrées aux hindous : on répugnera à

sacrifier un animal qui fournit un lait nécessaire et rare dans un pays torride. Le caractère sacré des rites masque donc des motivations profondément utilitaires. D'autres usages sont sans fondement : pourquoi les prêtres d'Égypte imaginèrent-ils la circoncision* ? Une telle pratique ne sert aucunement la santé. Les contes et les facéties de Voltaire fourmillent de rites cruels et de cérémonies absurdes que l'on respecte seulement pour se conformer aux traditions sacrées. Pensons aux veuves s'immolant dans *Zadig* sur les cendres de leurs maris ! Néanmoins, le passage d'une religion à l'autre et la naissance des schismes ne peuvent s'expliquer par des raisons climatiques. Voltaire fait aussi intervenir des facteurs économiques et culturels. La pauvreté des fidèles, refusant la rapacité de l'Église catholique, a donné naissance à la Réforme, qui s'est étendue dans toute l'Europe du Nord.

Les croyances et les dogmes divisent les hommes, en provoquant l'enthousiasme*, le fanatisme*, la superstition*, les haines mutuelles et les pires violences. Tout le passé religieux de l'humanité, surtout dans l'Occident depuis les juifs de la Bible jusqu'aux guerres récentes et même aux injustices atroces des affaires* Calas, Sirven, et La Barre, est noirci pour Voltaire des forces les plus sombres en l'homme : tout croyant sincère est fanatisable, en chaque homme sommeille un Séide*. La meilleure religion, écrit-il dans les *Idées de La Mothe Le Vayer* (1766), serait celle qui pourrait « faire du bien sans pouvoir faire du mal ». Il faudrait se contenter de rendre à Dieu des actions de grâces, sans prétendre entrer dans les secrets divins. Voltaire ne conçoit pas la société sans la présence d'une religion. Dès les *Éléments de la philosophie de Newton* (1738), il pose l'existence d'un lien secret par lequel Dieu a voulu attacher les hommes les uns aux autres, et affirme la nécessité de respecter une religion naturelle, unique, simple, indépendante de la révélation et accessible à la raison naturelle. Plus tard, dans le *Traité sur la tolérance à l'occasion de la mort de Jean Calas* (1763), il rappellera que la religion est un frein nécessaire pour maintenir l'homme dans le chemin de la vertu. Puis viendra le temps des grandes campagnes contre l'athéisme, destructeur à ses yeux du plus grand lien qui relie les hommes, le sentiment même d'une loi naturelle. De ce déisme qu'il croyait nécessaire à la tolérance, Voltaire voulut être, on le sait mieux depuis l'enquête de René Pomeau*, le nouveau fondateur et le moderne prosélyte.

Didier Masseau

*Un homme qui reçoit sa religion sans examen ne diffère pas d'un bœuf qu'on attelle.*

*Examen important de milord Bolingbroke, 1767.*

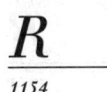

*Après notre religion, qui sans doute est la seule bonne, quelle serait la moins mauvaise?*
*Ne serait-ce pas la plus simple? Ne serait-ce pas celle qui enseignerait beaucoup de morale et très peu de dogmes? Celle qui tendrait à rendre les hommes justes, sans les rendre absurdes? Celle qui n'ordonnerait pas de croire des choses impossibles, contradictoires, injurieuses à la Divinité, et pernicieuses au genre humain, et qui n'oserait point menacer des peines éternelles quiconque aurait le sens commun? Ne serait-ce point celle qui ne soutiendrait pas sa créance par des bourreaux, et qui n'inonderait pas la terre de sang pour des sophismes inintelligibles? Celle dans laquelle une équivoque, un jeu de mots et deux ou trois chartes supposées ne feraient pas un souverain et un dieu d'un prêtre souvent incestueux, homicide et empoisonneur? Celle qui ne soumettrait pas les rois à ce prêtre? Celle qui n'enseignerait que l'adoration d'un Dieu, la justice, la tolérance et l'humanité?*
                                    *Dictionnaire philosophique, 1764, art. «Religion».*

## RELIQUES

CHRISTIANISME • MIRACLES • SAINTETÉ • SUPERSTITION •

Idolâtrie et intérêts : voilà ce que Voltaire retient du culte des reliques, dans un discours discontinu, entre histoire et philosophie. On promenait encore de son temps dans Paris la châsse de sainte Geneviève – se souvenait-il d'avoir rimé lui-même, dans sa tendre jeunesse, une belle *Ode\** sur cette auguste circonstance ? Un article «Reliques», préparé pour *L'Opinion\* par alphabet*, précise que l'origine en est païenne, et que, plus tard, les peuples purent continuer à honorer, par ce moyen, des hommes déifiés. Les nombreuses demandes d'intercession, les offrandes et quelques légendes extravagantes sont révélatrices, pour Voltaire, de la faveur et de la ferveur dont elles faisaient l'objet. Des miracles forgés à leur propos attirèrent des richesses dans les églises. La fourberie et la crédulité allèrent si loin, note l'historien, qu'il fallut en interdire le trafic au IV$^e$ siècle. Mais les translations de reliques restèrent fréquentes en Orient et en Occident. On prit l'habitude d'en placer sous les autels. Voltaire souligne que les serments des anciens Francs se faisaient sur les restes des saints, que les rois de France en conservaient jadis dans leur palais et que le concile de Trente au XVI$^e$ siècle en favorisa l'usage. Ce culte des reliques, effet direct de la superstition, et que les protestants refusent, il tend à l'assimiler, le plus souvent, aux pratiques archaïques et risibles des Indiens, des Hébreux, des Égyptiens. Il enregistre au moins, dans *Le Siècle de Louis XIV*, un exemple de piété éclairée : en 1702, malgré les murmures, l'évêque de Châlons-sur-Marne fit jeter une relique adorée depuis des siècles sous le

nom de «nombril de Jésus-Christ», une de ces reliques «qui font tant de tort à une religion qu'on révère». Geste porteur d'espoir pour le philosophe!

Mais qu'aurait dit pourtant le grand railleur, s'il avait deviné qu'après sa mort, on s'adonnerait sur son corps même à des pratiques analogues des temps obscurs? Reliques du grand homme: le cœur* de Voltaire, son cerveau*, encore conservés en lieux sacrés – la Bibliothèque nationale de France, la Comédie-Française –, et même son calcanéum, dit-on, aujourd'hui disparu, subtilisé par de pieuses mains lors de l'exhumation de Scellières*, le 9 mai 1791, deux mois avant l'entrée au Panthéon.

*Marie-Hélène Cotoni*

## REMARQUES POUR SERVIR DE SUPPLÉMENT À L'ESSAI SUR LES MŒURS ET L'ESPRIT DES NATIONS ET SUR LES PRINCIPAUX FAITS DE L'HISTOIRE, DEPUIS CHARLEMAGNE JUSQU'À LA MORT DE LOUIS XIII

ESSAI SUR LES MŒURS • HISTOIRE • OPINION •

La première édition date de 1763. Elle compte quatre-vingt-six pages et vingt-deux remarques, dont la onzième a été par la suite refondue dans le corps de l'*Essai* lui-même.

Voltaire répond à des critiques, introduit quelques ajouts, reprend quelques idées-forces de son ouvrage. Il commence par rappeler les conditions de composition de l'*Essai sur les mœurs*, écrit pour réconcilier «avec la science de l'histoire une dame illustre qui possédait presque toutes les autres» et que rebutaient «les détails ennuyeux et les mensonges révoltants» – c'est Mme du Châtelet*. Il évoque ensuite quelques-uns de ces pieux mensonges qui confondent histoire et hagiographie et pèchent par manque d'informations sur les institutions, et souligne tout ce qui sépare sa démarche du *Discours sur l'Histoire universelle* de Bossuet.

Il rappelle aussi que l'objet de l'*Essai* est «l'histoire de l'esprit humain, et non pas le détail des faits presque toujours défigurés». Il a voulu faire «l'histoire de l'opinion», pour montrer «aux regards des femmes» comment se succèdent erreurs, préjugés et vérités: histoire pédagogique et militante puisqu'elle doit apprendre à penser. Voltaire en définit la méthode et les principes. «Des usages méprisables ne supposent pas toujours une nation méprisable», mais les préjugés populaires influent tellement sur toute une nation que la conduite des hommes en devient absurde et parfois même atroce. Certains thèmes chers à Voltaire trouvent ici leur place: religion du gouvernement chinois, christianisme fauteur de troubles civils, rôle déterminant des techniques (par exemple la poudre à canon), importance de Mahomet, comparaison des califes et des papes, dénoncia-

tion des moines et des croisades... Pierre de Castille, dit le Cruel, Charles de Navarre, dit le Mauvais, lui fournissent matière à réflexion sur la vérité, le bien et le mal en histoire. À propos des guerres de Religion (XV$^e$ remarque), il renouvelle sa dénonciation des méfaits du fanatisme et rappelle la nécessité d'éclairer les hommes: «La seule manière d'empêcher les hommes d'être absurdes et méchants, c'est de les éclairer. Pour rendre le fanatisme exécrable, il ne faut que le peindre.» La XVI$^e$ remarque est consacrée au protestantisme et à la guerre des Cévennes, pour évoquer la dureté des représailles entre «les deux partis, tantôt assassins, tantôt assassinés». La réflexion sur les lois, le commerce, les finances et la population offre ensuite un résumé clair et précis des positions de Voltaire, qui définit en conclusion sa pensée historique. Les *Remarques* constituent un pot-pourri représentatif de la méthode et de la philosophie militante de Voltaire. Elles forment un complément indispensable à l'*Essai sur les mœurs*.

*Jean Goulemot*

## «REMARQUES SUR LES *PENSÉES* DE M. PASCAL»
*LETTRES PHILOSOPHIQUES* • PASCAL •

On désigne ainsi – presque un titre, mais pour un livre fantôme – un ensemble de cent soixante-neuf notes critiques faites successivement par Voltaire en marge des *Pensées*, et publiées en quatre fois, sur plus de quarante ans: cinquante-sept en 1734, formant la XXV$^e$ des *Lettres philosophiques* dans l'édition Jore; deux autres ajoutées en 1739, dans les Mélanges* de l'édition Ledet des *œuvres*; seize autres rajoutées en 1742, dans l'édition de Genève; quatre-vingt-quatorze faites enfin sur une nouvelle édition des *Pensées* jointe par Condorcet* à son *Éloge* de Pascal (1777), dont Voltaire assura aussitôt la réimpression à Genève (1778) – cette édition augmentée fit longtemps autorité. Ces traces discontinues du grand dialogue de Voltaire avec Pascal sont aussi appelées familièrement son «Anti-Pascal», surnom qu'il a lui-même donné à l'ouvrage de Condorcet. La forme est d'ailleurs stable dans toute la série: sous le texte des *Pensées*, citées une à une, des «remarques» plus ou moins brèves – le mot vient des *Lettres philosophiques* – apportent selon les cas la contradiction, l'objection, la critique, la restriction, le doute. La séquence finale de 1777-1778 est la plus curieuse. Condorcet, en intégrant à son édition de Pascal une partie des anciennes «Remarques» de 1734, en avait ajouté plusieurs de sa plume; Voltaire enchérit d'audace sur les unes et sur les autres, et signe: «second éditeur» – ce fut son dernier ouvrage.

*André Magnan*

*C'est assez d'avoir cru apercevoir quelques erreurs d'inattention dans ce grand génie.*
*Lettres philosophiques, 1734, XXVᵉ lettre, « Sur les Pensées de M. Pascal ».*

*Je dis alors à Pascal : Mon grand homme, êtes-vous fou ?*
*« Dernières Remarques », 1777-1778.*

## REMARQUES SUR L'HISTOIRE

ANCIENS • FABLE • HISTOIRE •

Elles furent publiées en 1742 dans les *Œuvres mêlées de M. de Voltaire*, imprimées à Genève. Elles critiquent une histoire qui se confond encore avec les fables et cherche des modèles antiques fallacieux, la civilisation des juifs ou celle des Égyptiens qui « adoraient des singes, des chats, et des oignons » : « N'ayons qu'une légère teinture de ces temps reculés. » Voltaire revendique une histoire philosophique fondée sur les faits vérifiés, il se moque de l'*Histoire ancienne* de Rollin, et affirme sa foi dans le progrès et la civilisation. Les hommes du XVIIIᵉ siècle sont les héritiers de l'humanisme, les fils fervents de l'imprimerie et des grandes découvertes : « Un homme mûr qui a des affaires sérieuses ne répète point les contes de sa nourrice. »

*Jean Goulemot*

## *REMERCIEMENT SINCÈRE À UN HOMME CHARITABLE*

CENSURE • IRONIE • JANSÉNISME • MONTESQUIEU • PHILOSOPHE •

Sous la fausse adresse « À Marseille, le 10 mai 1750 » – la date est juste, non le lieu –, ces dix petites pages furent jetées, anonymes, au cœur d'une de ces querelles confuses, à la fois littéraires et religieuses, dont tout le siècle a retenti. Il s'agissait de *L'Esprit des lois* de Montesquieu. Le rédacteur janséniste des *Nouvelles ecclésiastiques* venait de dénoncer l'ouvrage comme impie ; et déjà la Sorbonne* l'examinait en vue d'une censure théologique. L'ironie est complète : « Que j'aime encore votre colère... » Le « remerciement » ne sera pas plus « sincère » que cet « homme » n'était « charitable ». En fait, Voltaire prend les choses de très haut, dans le même esprit politique que pour *La Voix* du sage et du peuple* écrite à la même date, contestant l'autorité cléricale avec « ses saintes idées sur le gouvernement », et louant « les philosophes », leur « tolérantisme » et leur amour du bien public. La fin est lourde de menaces : « Quand on a une maison de verre, il ne faut pas jeter de pierres dans celle de son voisin. » À l'évidence, l'enjeu de stratégie a

minoré l'affaire de *L'Esprit des lois*. Le sujet Montesquieu venait pourtant d'entrer dans l'œuvre de Voltaire. Sur «le fond», idées et notions, des réserves sont d'ailleurs déjà suggérées – et puis l'ouvrage serait peut-être plus «utile» s'il était moins «agréable»... On comprend que Montesquieu ait goûté davantage une *Suite de la Défense de l'Esprit des lois* qu'il avait soufflée à La Beaumelle*.

André Magnan

*On lit l'«Esprit des lois» autant pour son plaisir que pour son instruction. Ce livre est écrit avec autant de liberté que les «Lettres persanes», et cette liberté n'a pas peu servi au succès; elle lui attira des ennemis, qui augmentèrent sa réputation par la haine qu'ils inspiraient contre eux: ce sont ces hommes, nourris dans les factions obscures des querelles ecclésiastiques, qui regardent leurs opinions comme sacrées, et ceux qui les méprisent comme sacrilèges. Ils écrivirent violemment contre le président de Montesquieu; ils engagèrent la Sorbonne à examiner son livre; mais le mépris dont ils furent couverts arrêta la Sorbonne. Le principal mérite de l'«Esprit des lois» est l'amour des lois qui règne dans cet ouvrage; et cet amour des lois est fondé sur l'amour du genre humain.*
*Le Siècle de Louis XIV, 1752, «Catalogue des écrivains français»,*<br>
*art. «Montesquieu» — ajouté en 1756.*

## REMONTRANCES DU PAYS DE GEX AU ROI

Voir GEX.

## RENAISSANCE

ESSAI SUR LES MŒURS • GOÛT •

À la différence de l'enthousiasme que la période soulève dans le *Discours préliminaire de l'Encyclopédie* rédigé par d'Alembert (1751), Voltaire n'est guère sensible au renouveau des arts et des lettres qui a marqué le XVI$^e$ siècle. Le terme de Renaissance lui est peu familier, et il consacre plus de pages au protestantisme, dans l'*Essai sur les mœurs*, qu'à l'humanisme philosophique ou littéraire. Pouvait-il en être autrement pour cet esprit profondément marqué par le classicisme? Comme il n'a cessé de l'expliquer dans *Le Siècle de Louis XIV*, dans son *Discours* de réception à l'Académie française, la France n'est sortie culturellement des ténèbres qu'au midi du XVII$^e$ siècle. C'est alors que se constitue pour lui la langue française grâce à Vaugelas, que se définissent ces règles de l'esthétique

classique que de grands écrivains illustreront et perfectionneront. Il signalera seulement en passant, dans le dernier chapitre sur François Ier, que « l'esprit du roi et celui de sa cour » commencèrent à « polir la langue française », à lui faire prendre « un tour moins gothique » (*Essai sur les mœurs*, chap. CXXV). Dans le tableau intitulé « Idée générale du XVIe siècle », il ne mentionne pour caractériser le siècle que le luxe, l'opulence et la politesse, « une émulation de gloire, d'esprit de chevalerie, de courtoisie, au milieu même des plus furieuses dissensions ». Le développement des beaux-arts (chap. CXXI, « Usages des XVe et XVIe siècles, et de l'état des beaux-arts »), à en croire Voltaire, ne concerne alors que l'Italie, François Ier n'ayant pu que les « transplanter » en France (chap. CXXV). Pas un seul nom d'écrivain ou de philosophe français n'est cité. Seuls Saint-Gelais, Marot et François Ier lui-même sont mentionnés plus loin (chap. CXXV), pour « quelques petits ouvrages » qui ont encore « du sel et de la naïveté ».

Jean Goulemot

*Ce qui est bien plus digne de l'attention de la postérité, ce qui doit l'emporter sur toutes ces coutumes introduites par le caprice, sur toutes ces lois abolies par le temps, sur les querelles des rois qui passent avec eux, c'est la gloire des arts, qui ne passera jamais. Cette gloire a été, pendant tout le XVIf siècle, le partage de la seule Italie. Rien ne rappelle davantage l'idée de l'ancienne Grèce : car si les arts fleurirent en Grèce au milieu des guerres étrangères et civiles, ils eurent en Italie le même sort ; et presque tout y fut porté à sa perfection tandis que les armées de Charles Quint saccagèrent Rome, que Barberousse ravagea les côtes, et que les dissensions des princes et des républiques troublèrent l'intérieur du pays.*

Essai sur les mœurs, 1756, chap. CXXI.

## RENAN, Ernest

BIBLE · CHRISTIANISME · JÉSUS · VOLTAIRIENS ·

Grand lecteur de Voltaire, qu'il cite très fréquemment, Ernest Renan (1823-1892) mesure les influences de l'œuvre et en repense les intérêts, « voltairien » lui-même en esprit, mais exigeant. Souvent critique au fond, sous l'aspect proprement intellectuel, comme dans cette page exemplaire de 1864 : « Voltaire ne comprenait ni la Bible, ni Homère, ni l'art grec, ni les religions antiques, ni le christianisme, ni le Moyen Âge. Il faisait une œuvre excellente, il fondait la tolérance, la justice, le bon sens public : inclinons-nous devant lui, nous vivons de ce qu'il a fondé ; mais dans l'ordre de la pensée, il a peu de choses à nous apprendre. Il n'était pas dans la tradition de la grande culture ; il n'est sorti de lui aucune série vraiment féconde de

recherches et de travaux. Voltaire n'a pas fait d'école. Je vois ce qui est sorti de Descartes, de Newton, de Kant, de Niebuhr, des Schlegel, des Humboldt, mais non ce qui est sorti de Voltaire » – d'où l'on conclut, s'agissant ici de réflexions sur « L'Instruction supérieure en France », que Voltaire n'a pas sa place à l'université.

Savant hébraïsant, érudit philologue, Renan conçoit donc l'histoire des origines du christianisme sur des bases plus scientifiques que son grand devancier; il déplore l'incompétence philologique de Voltaire, les lacunes de sa documentation, l'insuffisance de son recours critique au « vraisemblable », la facilité sans scrupule de ses attaques et de ses railleries, son incompréhension enfin des phénomènes culturels collectifs. Il a un jour ce mot terrible: « Voltaire a fait plus de tort aux études historiques qu'une horde de barbares. » Si Renan humanise à son tour la figure du Christ dans sa *Vie de Jésus* (1863), c'est pour la magnifier aussi comme un modèle d'humanité, option rare et ambiguë chez Voltaire, quand il veut l'exalter comme théiste*. Rien non plus, dans l'*Histoire du peuple d'Israël* (1887-1893), de cet antijudaïsme voltairien dont les violences et les ressassements le révoltent; des temps bibliques et évangéliques, Renan retient l'invention du monothéisme, le message de Jésus, la spiritualité du lien au prochain. Mais Voltaire aura été somme toute pour lui, avec ses excès et ses erreurs, une étape nécessaire dans ce travail de reconsidération du christianisme.

À l'actif du bilan, Renan inscrit surtout, comme Hugo, l'incessant combat de Voltaire pour la liberté de penser et les droits de l'homme, sa contribution active à une conscience moderne de l'humanité pensante et responsable, son engagement dans les affaires du monde: « Au moment où l'Église commettait des atrocités », Voltaire a ainsi contribué à une sorte de « révolution » par l'Esprit – plus importante peut-être, à la limite, que la Révolution plus visible de 1789. Soutenant l'initiative d'une édition populaire de Voltaire lancée par le journal *Le Siècle**, Renan écrit à Havin, directeur du quotidien: « Apparemment, cet homme mérite de tous ceux qui aiment le juste et le vrai » (10 janvier 1869). Aussi bien passa-t-il lui-même auprès des cléricaux de son temps, en dépit des distances prises, pour un nouveau Voltaire.

Didier Masseau

*Un Voltairien est-il en avance ou en retard sur un Renaniste ?*
    *L'Intermédiaire des chercheurs et des curieux, 15 juin 1899*
    *– question posée par un contributeur anonyme.*

## RENTES
FINANCES • WURTEMBERG •

Voltaire édifia une partie de sa fortune sur des rentes qu'il s'assura, en prêtant de l'argent, avec clause de réversion à sa nièce Mme Denis, après sa mort, à un moindre intérêt. Il avança ainsi de grosses sommes à de grands nobles français : au prince de Guise et au duc de Richelieu*, mais aussi, à partir de 1752, à des princes régnants étrangers : au duc de Wurtemberg, à la duchesse de Saxe-Gotha* et à l'Électeur palatin Charles Théodore, auquel il prêta par exemple, en 1757, 130 000 livres à 10 pour cent, soit « treize mille livres de rentes pendant ma vie ». Expert en transactions financières, Voltaire menait rondement ses affaires et savait le plus souvent exiger son dû : « Vous savez ce que c'est que charité bien ordonnée », écrivait-il à son banquier Tronchin*.

*Anne Soprani*

## RÉPONSE AUX REMONTRANCES DE LA COUR DES AIDES
MAUPEOU • PARLEMENT • TORTURE •

Contre Malesherbes*, auteur de ces « remontrances », Voltaire défend la réforme parlementaire de Maupeou (1771) ; il en déborde même le cadre formel en réclamant la suppression de la torture judiciaire – « supplice pire que la mort ».

*André Magnan*

## RÉPUBLIQUE
GOUVERNEMENT • *IDÉES RÉPUBLICAINES* • MONARCHIE • POLITIQUE •

Contrairement à ce qu'ont parfois prétendu ses adversaires en son temps, puis des voltairiens du siècle suivant, Voltaire n'était pas républicain. Son soutien à l'autorité royale lors des grandes crises comme l'affaire Maupeou, son indignation contre le régicide manqué de Damiens le confirment. Voltaire a été formé dans un milieu monarchiste, et il lui est demeuré fidèle. Il respecte les pouvoirs du prince, et ses aspirations réformistes ne l'ont jamais éloigné de l'institution monarchique. S'il appuie Turgot*, c'est toujours dans le respect de la personne du roi. Il y a certes les républiques antiques que, par éducation, il admire. On trouvera dans son œuvre des références obligées à Sparte ou à Athènes ou même à la Rome républicaine, mais sans l'enthousiasme qu'éprouvait Montesquieu quand il évoquait la vertu républicaine antique.

Pour l'époque moderne, Cromwell lui est antipathique, et il n'éprouve pas pour la République batave une sympathie particulière. L'Eldorado de *Candide* est une monarchie, et l'admiration de Voltaire va plus facilement aux autocrates russe, prussien ou autrichien qu'aux régimes républicains. Comme tous ses contemporains, il se méfie de la République vénitienne. Les républiques protestantes proclamées par les frères moraves ou les hussites, en sombrant tout naturellement dans la tyrannie de la minorité ou l'anarchie, ont connu une fin sanglante. La république n'est pas faite pour l'homme, fût-il protestant. La République de Genève\* n'a pas échappé aux tentations répressives (le souvenir de Michel Servet hante Voltaire): devenue une espèce de théocratie républicaine, elle se survit dans la grisaille cléricale. Comme le constate l'article « Des lois » du *Dictionnaire philosophique*: « Les fourmis passent pour une excellente démocratie. Elle est au-dessus de tous les autres États, puisque tout le monde y est égal, et que chaque particulier y travaille pour le bonheur de tous. La république des castors est encore supérieure à celle des fourmis, du moins si nous en jugeons par leurs ouvrages de maçonnerie. » De ce constat ironique, déduisons que les insectes et les animaux en ce domaine sont supérieurs aux hommes. Il reste aux hommes éclairés de ce temps la république des lettres, à laquelle Voltaire ne croit pas toujours, fort qu'il est de l'expérience des trahisons et des querelles littéraires. Pour cela, sans aucun doute, il voulut la remplacer par la « Nouvelle Église » des philosophes qui ne devait recruter que des fidèles à défaut de rallier des croyants.

Jean Goulemot

*Un républicain aime plus sa patrie que ne le fait le sujet d'un roi, parce qu'on aime plus son bien que celui d'autrui.*

*Carnets.*

## REQUÊTE À TOUS LES MAGISTRATS DU ROYAUME, COMPOSÉE PAR TROIS AVOCATS D'UN PARLEMENT

AGRICULTURE · IMPÔTS · POLITIQUE · ROME ·

Publiée en 1769, réimprimée en 1770, cette courte « requête » est censée partir de paysans exposés à une pression fiscale excessive qui leur retire jusqu'au nécessaire. Résignés, ils demandent le droit de travailler durant les jours de fête habituellement chômés et de pouvoir manger des œufs et du fromage durant le carême. Le but visé est clair: il s'agit d'attaquer la puissance première de Rome, ce « canton d'Italie » qui prétend gouverner la France, imposer arbitrairement un jeûne inhumain, et limiter la liberté du travail. L'antipapisme et le libéralisme de Voltaire avaient également à y

gagner : un transfert d'autorité est réclamé sur ces matières, du pouvoir de l'Église au pouvoir du prince. On retiendra de cet opuscule une peinture particulièrement réaliste et rare de la misère dans les campagnes françaises.

*Jean Goulemot*

## *REQUÊTE AU ROI EN SON CONSEIL*

Voir PIÈCES ORIGINALES CONCERNANT LA MORT DES SIEURS CALAS.

## *REQUÊTE AU ROI POUR LES SERFS*

Voir SAINT-CLAUDE • SERVAGE.

## *RESCRIT DE L'EMPEREUR DE LA CHINE À L'OCCASION DU PROJET DE PAIX PERPÉTUELLE*

CHINE • FACÉTIES • PAIX • ROUSSEAU (JEAN JACQUES) • SAINT-PIERRE (ABBÉ DE) •

Cette facétie fut insérée dans le *Journal* encyclopédique* du 1<sup>er</sup> mai 1761 et aussitôt réimprimée. Jean Jacques Rousseau venait de publier son *Extrait du Projet de paix perpétuelle de M. l'abbé de Saint-Pierre*, proposition d'un congrès mondial en faveur de la paix. L'empereur de Chine s'étonne que ce projet n'ait été adressé qu'aux seuls pays d'Europe, et s'offense hautement de ce que la Chine n'ait pas été requise d'accéder au traité de paix. Le ton est franchement burlesque. L'empereur, « résolu de coopérer de toutes [ses] forces au bien général », décide de bâtir la ville où se rassembleront les plénipotentiaires de tout « l'univers » qui doivent établir cette paix. La ville sera de cristal et bénéficiera, grâce au noyau du globe qui est de verre (Voltaire se moque là des dernières théories de Maupertuis*), d'une lumière continuelle, de sorte que la conduite des plénipotentiaires en sera toujours éclairée. On y abouchera ensemble « notre saint-père le grand lama », « le grand muphti » et « le pape ». Rousseau sera « premier président de la diète » : « Nos plénipotentiaires enjoindront à tous les souverains de n'avoir jamais aucune querelle, sous peine d'une brochure de Jean Jacques pour la première fois, et du ban de l'univers pour la seconde. »

*Jean Goulemot*

# R

## RESTAURATION

Voir HUGO · ROMANTIQUES · STENDHAL · VOLTAIRIENS.

## RÊVE

ÂME · LIBERTÉ · RAISON ·

Sur les phénomènes du rêve, qui l'ont fasciné, Voltaire a construit quelques fictions, développé des analyses, et beaucoup médité – jusqu'à noter parfois ses propres rêves. « Rêveur » n'est pas sous sa plume une méchante épithète ; il l'applique au Platon\* de *La République*, à l'abbé de Saint-Pierre\*, à l'ingénieux Malebranche\*, visionnaires inoffensifs qui prennent leurs songes pour la réalité, mais sans dogmatiser comme les « fanatiques », ni manipuler comme les « charlatans ».

Le héros de *Memnon\* ou la sagesse humaine* ressemble un peu à ces rêveurs par son moralisme idéal, jusqu'à ce qu'un songe lui révèle enfin, paradoxe plaisant, la relativité des mondes réels. *Le Crocheteur\* borgne* et *Le Songe\* de Platon* sont de la même veine de fantaisie facile, le rêve y opérant simplement la fable, tandis que *Le Blanc\* et le noir* s'efforce plutôt d'évoquer les logiques et les effets mêmes du rêve, la peur et la sueur, les sens troublés troublant le sens des choses, et l'inquiétude d'un paradoxe plus étrange : « Nos idées ne dépendent pas plus de nous dans le sommeil que dans la veille. »

Dernière fiction onirique, le petit conte en vers du *Songe-creux* évoque, après la mort, les enfers et le paradis, entrevus en rêve à la faveur d'un vin d'Arbois, mais si décevants que le néant peut-être valait mieux que la vie... Rêver un néant pour annuler la mort – dernier paradoxe, et le plus profond :

> *Puisqu'en ton sein tout l'univers se plonge,*
> *Tiens, prends mes vers, ma personne et mon songe ;*
> *Je porte envie au mortel fortuné*
> *Qui t'appartient au moment qu'il est né.*

Une double démarche commande les opérations proprement réflexives, dont le *Dictionnaire\* philosophique* illustre amplement les enjeux. La critique des religions se trouve englober d'abord les songes et les prophéties de la Bible (art. « Joseph »), les présages des vies de saints (art. « Miracles »), les visions et les missions du sectarisme (art. « Enthousiasme », « Fanatisme ») : le rêve tient décidément aux vieilles folies humaines du pouvoir superstitieux, dont la raison positive doit faire justice. Son analyse expérimentale au contraire, pratiquée sur soi-même et sur les autres – sur

les animaux aussi, dont Voltaire a observé le sommeil –, relance et rouvre, pour l'homme de bonne foi qui veut comprendre, les grandes questions de l'âme, de la nature de l'homme, de sa liberté, et même d'une action de Dieu dans l'ordre des choses : si ma volonté n'a point part à mes rêves, qu'est-ce que ce moi ? est-il double ? et la pensée aussi serait-elle une fonction de mon corps ? mais pourquoi involontaire ?... « Pesez cela » dit gravement l'article « Songes ». Loin des audaces matérialistes de Diderot, explorant dans *Le Rêve de d'Alembert*, entre l'action de la vie, le travail du sommeil et le flux du monde, une obscure et problématique liaison organique, Voltaire restait attaché au postulat d'une nature intelligente, définie par un ordre de la raison. C'est dans ce cadre intangible d'une métaphysique déiste qu'il n'a cessé de méditer les phénomènes du rêve, du *Philosophe\* ignorant* aux *Dialogues\* d'Évhémère*, avec des doutes et des difficultés le plus souvent, et tenté même parfois de revenir, pour sortir d'embarras, au fameux « Tout en Dieu » du vieux « rêveur » Malebranche.

André Magnan

*À Lausanne le 25 octobre 1757.*
*Dans un de mes rêves je soupais avec M. Touron qui faisait les paroles et la musique des airs qu'il nous chantait. Je lui fis dans mon songe ces quatre vers :*
*Mon cher Touron que tu m'enchantes*
*Par la douceur de tes accents,*
*Que tes vers sont doux et coulants :*
*Tu les fais comme tu les chantes.*
*Dans un autre rêve je récitai le premier chant de « La Henriade » tout autrement qu'il n'est. Hier, je rêvai qu'on nous disait des vers à souper. Quelqu'un prétendait qu'il y avait trop d'esprit. Je lui répondis que les vers étaient une fête qu'on donnait à l'âme, et qu'il fallait des ornements dans des fêtes.*
*J'ai donc en rêvant dit des choses que j'aurais dites à peine dans la veille. J'ai donc eu des pensées réfléchies malgré moi et sans y avoir la moindre part. Je n'avais ni volonté ni liberté, et cependant je combinais des idées avec sagacité, et même avec quelque génie. Qui suis-je donc sinon une machine ?*
*Carnets — morceau intégré par les éditeurs de Kehl à l'article « Somnambules » de leur « Dictionnaire philosophique ».*

# RÉVOLUTION

PANTHÉON •

Le mot est souvent employé par Voltaire et il n'a pas le sens que nous lui donnons aujourd'hui, mais pas non plus son sens étymologique de retour à un point de départ. À titre d'exemple, notons que Voltaire parle de révolu-

tion à propos du changement que connut l'Occident quand l'Église d'Orient se sépara de Rome : « Avant d'examiner comment tout changea en Occident par la translation de l'empire, il est nécessaire de vous faire une idée de l'Église d'Orient. Les disputes de cette Église ne servirent pas peu à cette grande révolution » (*Essai sur les mœurs*, chap. XIII). La révolution est ici un processus lent, à causalité multiple, qui va transformer l'Église primitive en une institution à vocation politique. L'accent est mis sur l'ampleur du changement plus que sur sa violence ou sur sa soudaineté radicale. Quand Voltaire emploie le terme «révolution» à propos de la réforme Maupeou, son optique est un peu différente : ampleur du changement, disparition d'un abus, envisagée jusqu'alors comme impossible. C'est dire que le mot (et le concept) sont très largement imprécis chez Voltaire.

La Révolution française qui mit Voltaire au Panthéon et le revendiqua pour se légitimer, même si Robespierre ne l'aimait pas, n'y regarda pas de trop près. Il est bien difficile de savoir ce qu'elle lui doit dans sa politique antireligieuse, dans sa volonté de soumettre le spirituel au temporel, dans sa suppression des parlements. Sans risque d'erreur, on peut penser que Voltaire n'aurait guère apprécié son recours à la rue, son refus de la monarchie après Varennes, sa justice expéditive et son goût pour la guillotine. Toutes choses qui ne correspondaient ni à ses idées politiques ni à sa sensibilité, et lui auraient semblé relever du plus pur fanatisme*.

Jean Goulemot

*Ne pourriez-vous point me dire ce que produira, dans trente ans, la révolution qui se fait dans les esprits, depuis Naples jusqu'à Moscou ?*
*Je n'entends pas les esprits de la Sorbonne ou du peuple, j'entends les honnêtes esprits.*
*Je suis trop vieux pour espérer de voir quelque chose, mais je vous recommande le siècle qui se forme.*

À d'Alembert, 15 octobre 1766.

## RICHARDSON, Samuel

ANGLETERRE · ROMAN · SENSIBILITÉ ·

En tant qu'amateur de contes secs et brefs, Voltaire ne pouvait partager l'enthousiasme de ses contemporains, de Diderot en particulier, auteur d'un vibrant *Éloge de Richardson* (1761), pour les romans sentimentaux de l'Anglais Samuel Richardson (1689-1761) comme *Paméla ou la Vertu récompensée* (1740) et *Clarisse Harlowe* (1748). Interrompre un problème de géométrie pour lire un roman en six volumes serait gaspiller un temps si cher au philosophe. Pourtant, dans sa préface à la comédie de *Nanine**

(1749), Voltaire prétend s'être inspiré de la fameuse *Paméla*. Il a appelé
«Paméla*» en 1753-1754, mais par plaisanterie, le recueil recomposé des
«Lettres de M. de Voltaire à Mme Denis, de Berlin». Quant au dénouement
de *L'Ingénu\** (1767), qui voit l'héroïque Mlle de Saint-Yves mourir de honte
et de vertu, c'est une parodie mêlée de Richardson et de Rousseau – du
sentimentalisme à la mode.

*Didier Masseau*

*Je n'aime pas assurément les longs et insupportables romans de « Paméla » et de
« Clarisse ». Ils ont réussi, parce qu'ils ont excité la curiosité du lecteur, à
travers un fatras d'inutilités ; mais si l'auteur avait été assez malavisé pour
annoncer dès le commencement, que Clarisse et Paméla aimeraient leurs
persécuteurs, tout était perdu, le lecteur aurait jeté le livre.*

À *d'Argental, 16 mai 1767.*

## RICHELIEU, cardinal de

Voir TESTAMENT POLITIQUE DU CARDINAL DE RICHELIEU.

## RICHELIEU, Louis François Armand de Vignerot du Plessis, duc de

AMITIÉ • COURTISAN •

Grand seigneur comblé d'honneurs et de charges, gouverneur de provinces
et général d'armées, le duc de Richelieu (1696-1788) ne fit pas tout à fait la
carrière et n'eut jamais l'influence que Voltaire avait espérées – sans doute
le voyait-il ministre. Petit-neveu du cardinal, libertin à la mode, qui
«entend[ait] à merveille l'art de plaire», le duc avait été enfermé à la
Bastille à 17 ans, pour des incartades galantes et un duel. Embastillé un
peu plus tard, en mai 1717, Arouet déclara connaître «fort cette maison»
pour y être venu «plusieurs fois rendre ses devoirs à Mgr le duc de
Richelieu» – mais dans son *Commentaire\* historique*, Voltaire prétend
avoir été présenté à Richelieu au château de Villars*, en 1718.

Ils éprouvèrent l'un pour l'autre une sympathie spontanée, «qui ne s'est
point démentie pendant soixante années», écrira Voltaire. Leur relation fut
tissée d'attentes, d'hommages mutuels entre le «héros» qui protège et le
«poète» qui célèbre et s'illustre, de dérobades et d'éloignements, de retrouvailles émues, de fâcheries et d'agaceries, puis d'émotion encore.

Liés dès leur jeunesse, les deux hommes connurent ensemble des jours
heureux. Ils prirent les eaux à Forges en 1725 et assistèrent aux fêtes du
mariage de Louis XV*. Au retour de son exil anglais, en 1728-1729, Voltaire

attendit l'avis de Richelieu pour rentrer à Paris. Mme du Châtelet* avait été amoureuse de « l'inconstant charmant ». Avec elle, Voltaire participa au jeu d'une « intrigue de comédie » qui conduisit au mariage de Richelieu avec Mlle de Guise, en 1734. Invité aux cérémonies en mars à Montjeu, près d'Autun, Voltaire y échappe à la lettre de cachet lancée contre lui après la sortie des *Lettres\* philosophiques*. C'est sur le conseil de Richelieu, qu'il s'empressa d'accepter l'offre de Mme du Châtelet et se réfugia à Cirey*.
Voltaire a dédié plusieurs pièces de poésie à Richelieu. Au moindre succès de carrière, il le félicitait en vers. Dans *Le Temple\* du Goût*, il salue en Richelieu un protecteur des arts. Dans son *Poème\* de Fontenoy*, il encense le « héros ». À l'occasion du mariage, il compose madrigaux et épithalames. Les pages que Voltaire consacra au duc de Richelieu dans son œuvre historique et publique forcent un peu le relief du personnage, assez surfait. Mais il devait des concessions au protecteur. Il célèbre donc les faits d'armes de son héros dans l'*Histoire\* de la guerre de 1741* et le *Précis\* du siècle de Louis XV*.
En 1745, Richelieu qui, comme premier gentilhomme de la chambre, avait en charge l'organisation des spectacles pour le mariage du dauphin, favorisa le retour en grâce de Voltaire, en lui commandant *La Princesse\* de Navarre*, puis *Le Temple\* de la Gloire*. Ce fut une époque de liens intenses entre eux. Richelieu nommé maréchal de France en 1748, Voltaire entonne sa « trompette » et frappe sa « lyre » pour chanter le grand militaire. Mais le courtisan est près de perdre ses illusions sur tous ses protecteurs. Établi en Prusse*, c'est de Richelieu que Voltaire apprend l'hostilité persistante du roi et de Mme de Pompadour à son égard, la rancune à craindre, les difficultés d'un retour à Paris. Toujours en charge des spectacles en 1752, Richelieu soutient la représentation de *Rome\* sauvée*, mais ni cette actualité entretenue autour du nom de Voltaire, ni son intervention auprès de Mme de Pompadour n'empêchèrent, en janvier 1754, l'exil* de l'écrivain. À la fin de novembre 1754, quittant Colmar*, Voltaire rejoint Richelieu à son passage à Lyon, pour de courtes retrouvailles. Et bien qu'il eût rêvé « de finir [ses] jours à Richelieu », ce fut à Prangins*, puis aux Délices* qu'il s'établit.
Il reprit alors avec Richelieu, nommé gouverneur de Guyenne, une correspondance détendue ; il lui dédia *L'Orphelin\* de la Chine*, tout en continuant de se plaindre des dérobades du duc qui ne répondait pas toujours à ses demandes en faveur de protégés. Relation inégale au fond, que leur correspondance atteste : l'homme de cour élude, garde le silence ; Voltaire rumine ses reproches, jusqu'à ce que Richelieu l'avertisse que « ses lettres n'étaient point gaies », et la paix se réinstalle. Le maréchal fut cependant l'une des sources d'information de Voltaire dans les premiers débats de l'affaire Calas. Il vint aux Délices en septembre 1762 ; les fêtes et les spectacles, et la lecture d'*Olympie\** lui plurent.

En 1769, Voltaire qui connaissait des difficultés financières écrit en langage codé à Mme Denis de réclamer à « La Sourdière » – Richelieu était devenu sourd –, le remboursement des arriérés d'un ancien prêt. Le noble débiteur temporise, Voltaire s'impatiente et charge finalement son petit-neveu d'Hornoy* de défendre ses intérêts contre les gens du duc. Très en faveur à la cour durant les dernières années du règne de Louis XV, pour avoir présenté Mme du Barry* au roi, Richelieu tenta en vain de faire donner *Pandore** pour le mariage du Dauphin. Leur entente retrouvée, Voltaire lui dédiera encore *Les Lois** *de Minos* en 1773.

Les deux vieillards se revirent avec émotion à Paris, en 1778. Richelieu fut mêlé de près aux préparatifs de cette *Irène** que Voltaire, de toutes ses forces, avait retravaillée pour la rendre « moins indigne d'un maréchal de France ».

Anne Soprani

*De tous les partis que l'on peut prendre, mon cher Voltaire, quand on est vieux, le plus méchant est celui d'y penser, car cela ne remédie à rien et nous rend malheureux. Qui mieux que vous peut trouver des distractions agréables par des occupations dont le fruit est aussi brillant que dans votre jeunesse ? Songez comment vous étiez il y a cinquante ans, toutes les glandes de vos intestins grosses et dures comme des noix que l'on sentait au travers de votre peau, ce qui entraînait toutes les incommodités dont vous étiez accablé. Vous vous en êtes défait, et la dernière fois que je vous vis à Ferney, il y a dix ans, je vous trouvai dans la meilleure santé où je vous aie vu de ma vie. Il est vrai que vous êtes éloigné de vos dieux pénates où vous deviez régner, mais vous avez bâti une ville qui ajoutera à l'immortalité qui vous était déjà bien assurée par vos ouvrages et je vous assure que si vous étiez où vous désireriez le plus d'être, vous ne tarderiez pas à retourner où vous êtes... Jouissez-en donc, et ne pensez qu'à votre santé et à ceux qui vous aiment le mieux.*

Richelieu à Voltaire, 19 avril 1777.

## RIDICULE

CONTRADICTIONS · ESPRIT · FACÉTIES · IRONIE · RIRE · SENSIBILITÉ · SINGE · WELCHES ·

Lanson le dit bien, un peu facilement peut-être : Voltaire a « l'esprit d'irrespect ». On dirait qu'il pouvait rire de tout – d'où, selon les cas, en lisant les facéties par exemple, la gêne, l'agacement, l'indignation, la répulsion même, mêlés au plaisir ou l'empêchant. Dans ses *Carnets*, Joubert analysait cette sorte de franchissement, d'effacement de toute limite : Voltaire ignora toujours « de quelles choses il faut rire, et de quelles il ne faut pas », et

d'ajouter curieusement : « Son Apollon était Momus » – le Dieu latin de la plaisanterie. On a remarqué par ailleurs son aptitude à l'autodérision : « Il a son bouffon, il le porte en lui. » Sur ces données se sont formées les figures d'un Voltaire-rictus, de l'amuseur grimaçant, du singe. Au ridicule, décidément, cet homme se complut trop, et c'est tout lui.

Ce mot même de « ridicule », qu'il affectionnait, a chez lui, en fait, un sens à la fois étendu et ambigu. Rien à voir avec ces « ridicules » dont s'occupent par vocation, pour châtier les mœurs, le moraliste classique et l'auteur comique : aberrations, travers, excès, jugés tels sur la norme de tel ordre social, moral, mondain. Voltaire vise, plus radicalement, l'homme comme défaut même, comme défaillance, et surtout défaillance et défaut d'humanité : les hommes ne s'aiment pas assez. Il s'est lui même situé parfois dans la lignée de Lucien, d'Érasme, de Rabelais, de Swift, grands railleurs et médecins de la folie humaine (*Conversation de Lucien*, 1765). Que des hommes faibles, faillibles, fragiles, comme ils le sont évidemment par nature – petite raison, pauvre bon sens, et toutes ces contradictions –, soient capables de tant de désordres, de faux ordres, de mauvais ordres, voilà le « ridicule ». Il suffit d'observer l'histoire et le monde. « Ridicules » les conduites de malheur, la soumission aux maîtres sans autorité, l'illusion d'absolue vérité, les superstitions de toutes sortes, l'abandon des faibles aux doctrines qui pensent à leur place, la prétention des forts à régner sur les esprits. « Ridicules » l'ambition des savoirs ultimes, la visée des premiers principes, l'infatuation des systèmes, les -logies et les -ismes de portée universelle – « panglossies », comme il les appelait. Faux savoirs, faux pouvoirs, faux ordres : perversion des liens premiers de présence au monde, de connaissance, de société.

C'est à cette faille que travaille au fond, chez Voltaire, le « ridicule ». Non à vide, pour on ne sait quel plaisir de l'absurde, mais sur le postulat, trop ignoré, souvent rappelé, toujours disponible, d'un ordre véritable : le déisme de la loi* naturelle, déterminant une morale* et une politique* de l'homme, et des droits, des devoirs. Une responsabilité suit, dont la formule la plus énergique se lit dans les Carnets : « Dieu nous a donné le vivre, c'est à nous à nous donner le bien vivre. » Au centre de la grande dérision voltairienne, mais y échappant, lui donnant sens, ce « Dieu » caution du bonheur des hommes, s'ils en étaient capables. Et pour exciter ce désir d'un ordre plus humain, le « ridicule » est alors une arme – « la plus forte des armes », écrit un jour Voltaire (à d'Alembert, 26 juin 1766).

Sans doute crut-il aussi nécessaire de s'adapter à ses chers Français, trop souvent Welches*, en flattant leur « gaieté » : « Ce n'est pas assez de prouver que l'intolérance est horrible, il faut montrer à des Français qu'elle est ridicule » (à Moultou, octobre-novembre 1766). D'où la provocation constante, et ces accents plus ambigus, au risque de méprise. Dans ses

*Questions sur l'Encyclopédie*, Voltaire a logé un court article «Rire». Il y rappelle, bien sûr, que l'homme est «le seul animal qui rie»; mais il ajoute que c'est aussi «un animal risible». On comprend, par le contexte, qu'il en a toujours à cet «orgueil», à cette «crédulité» qui mènent droit au fanatisme, à la superstition, double trahison des modestes vocations terrestres de l'homme. Mais ailleurs, il appellera «sottises» les «misères» et les «horreurs» de l'histoire, pour produire aussitôt le plus terrible grincement: «Cette diversité d'abominations ne laisse pas d'être fort amusante» (*Les Oreilles du comte de Chesterfield*, chap. V) – insupportable, et c'est bien l'effet cherché.

André Magnan

VOLTAIRE : *Célèbre par son «rictus épouvantable». – Science superficielle.*
Gustave Flaubert, Dictionnaire des idées reçues.

*Voltaire est le plus grand dériseur de l'esprit humain qui ait jamais vécu.*
Alphonse de Lamartine, Cours familier de littérature, 1869.

*De quelque côté que je me tourne, je ne trouve qu'obscurité, contradiction, impossibilité, ridicule, rêveries, impertinence, chimère, absurdité, bêtise, charlatanerie. Mais je suis à mon aise quand je me dis : Dieu est le maître.*
Les Oreilles du comte de Chesterfield, 1775<br>
– il s'agit des divers systèmes sur l'âme.

## RIEU, Henri

AMITIÉ • CORRESPONDANCE • FERNEY • GENÈVE •

Celui que Voltaire baptisa son «cher corsaire», et qui fut le plus fidèle ami de ses vieux jours, est un personnage protéiforme. Né à Paris au moment où le Système de Law permettait à son père de faire une éphémère fortune, commerçant à Amsterdam et Batavia en 1742, au service de la Compagnie néerlandaise des Indes orientales, puis officier au service de la France, capitaine de marine aux Antilles, époux à la Guadeloupe en 1750 de l'héritière Marie Jeanne Guischard, Henri Rieu (1721-1787) vint s'installer ensuite à Genève, où sa famille avait acquis des immeubles et où vivait sa sœur Julie Rieu. Dès 1761 s'amorcent entre Voltaire et lui une amitié, une complicité qui iront se renforçant avec le temps et dont une centaine de lettres attestent la force. De 1762 à 1767, Rieu participa à toutes les saisons théâtrales de Ferney, jouant tous les rôles indiqués, et docile même aux changements tardifs de distribution. Il servit aussi d'intermédiaire entre Voltaire et certains de ses imprimeurs-éditeurs, notamment

Marc Michel Rey à Amsterdam, les Pellet à Genève, François Grasset à Lausanne. Comme il avait une belle écriture, Voltaire lui confiait volontiers des textes à copier. Rieu entreprit de rassembler systématiquement les œuvres du maître : les cent un recueils de sa collection voltairienne, acquis par Catherine II en même temps que la bibliothèque\* de Voltaire, sont toujours conservés à Saint-Pétersbourg. Dans son attachement pour Voltaire, Rieu alla jusqu'à renoncer à ses deux résidences genevoises d'hiver (la Maison Tavel) et d'été (Bourdigny) pour s'établir à demeure dans un « joli pavillon » que Voltaire lui fit construire à Ferney même, face à l'avenue du château, et qu'il lui céda pour 9 000 livres. Voltaire récompensa tout ce dévouement par le legs de ses livres anglais, que Catherine II lui racheta aussi dès 1779. Polyglotte, Henri Rieu a traduit de l'anglais, de l'allemand, du néerlandais ou de l'espagnol différents ouvrages qu'il a publiés à Genève, notamment la fameuse *Histoire de Sara Burgerhart* de Betje Wolff et Aagje Deken. Il fit paraître un *Théâtre français* en 14 volumes (1767-1769) et un *Nouveau Recueil de voyages au Nord de l'Europe* (1785-1786), rassemblant des œuvres de Paul Henri Mallet, William Coxe, Thomas Pennant, Samuel Johnson et autres.

*Jean-Daniel Candaux*

## RIME

ANCIENS · GOÛT · POÉSIE · VERS ·

Pauvre chose que la rime. Voltaire est trop admiratif de la poésie latine, qui s'en passe, pour croire qu'elle puisse être autre chose qu'un ornement barbare. Des défenseurs convaincus de la rime, on n'en trouverait d'ailleurs pas en son temps. Dans une épître qu'il adresse, dans sa grande vieillesse, à Horace (1772), son modèle à bien des égards, Voltaire s'excuse d'avoir dû sacrifier aux usages de son pays, même dans des vers où il redit les maximes du poète latin :

> *Cher Horace, plains-moi de les tracer en rimes.*
> *La rime est nécessaire à nos jargons nouveaux,*
> *Enfants demi-polis des Normands et des Goths.*
> *Elle flatte l'oreille [...].*

Mais enfin, Corneille, Despréaux, dit Boileau, et Racine ont rimé...
La rime n'est donc qu'un mal nécessaire. Mais elle doit être choisie : pas de rimes en *oin* ni en *ic*, car le son en est désagréable. Par sa contrainte, elle est source d'efforts féconds ; elle peut l'être d'effets musicaux, pourvu qu'on rime pour l'oreille et non pour l'œil. Voltaire remarque aussi qu'il faut éviter à la rime les mots masculins monosyllabiques, trop secs. Sa conclu-

sion en prose : « C'est à nous à tourner ce défaut en beauté sans en être esclave ; je la compare à ces modes ridicules de nos femmes, qui s'en servent pour s'embellir. »

Sylvain Menant

*« Voix » ne rime point à « toi », à cause de l'x ; et parce que « voix » est long, et « toi » est bref.*

À János Fekete, comte de Galánta<br>– général hongrois et poète français à ses heures –, 4 avril 1768.

*Nos vers rimés ne peuvent valoir la cadence grecque et latine. Les anciens travaillaient en marbre et nous en pierre.*

Carnets.

# RIRE

*Que le rire soit le signe de la joie comme les pleurs sont le symptôme de la douleur, quiconque a ri n'en doute pas. Ceux qui cherchent des causes métaphysiques au rire ne sont pas gais ; ceux qui savent pourquoi cette espèce de joie qui excite le ris retire vers les oreilles le muscle zygomatique, l'un des treize muscles de la bouche, sont bien savants. Les animaux ont ce muscle comme nous ; mais ils ne rient point de joie, comme ils ne répandent point des pleurs de tristesse. Le cerf peut laisser couler une humeur de ses yeux quand il est aux abois, le chien aussi quand on le dissèque vivant ; mais ils ne pleurent point leurs maîtresses, leurs amis, comme nous ; ils n'éclatent point de rire comme nous à la vue d'un objet comique : l'homme est le seul animal qui pleure et qui rit.*
*Comme nous ne pleurons que de ce qui nous afflige, nous ne rions que de ce qui nous égaie. Les raisonneurs ont prétendu que le rire naît de l'orgueil, qu'on se croit supérieur à celui dont on rit. Il est vrai que l'homme, qui est un animal risible, est aussi un animal orgueilleux ; mais la fierté ne fait pas rire ; un enfant qui rit de tout son cœur ne s'abandonne point à ce plaisir parce qu'il se met au-dessus de ceux qui le font rire ; s'il rit quand on le chatouille, ce n'est pas assurément parce qu'il est sujet au péché mortel de l'orgueil. J'avais onze ans quand je lus tout seul, pour la première fois, l'« Amphytrion » de Molière ; je ris au point de tomber à la renverse ; était-ce par fierté ? On n'est point fier quand on est seul. Était-ce par fierté que le maître de l'âne d'or se mit tant à rire quand il vit son âne manger son souper ? Quiconque rit éprouve une joie gaie dans ce moment-là, sans avoir un autre sentiment.*
*Toute joie ne fait pas rire, les grands plaisirs sont très sérieux : les plaisirs de l'amour, de l'ambition, de l'avarice, n'ont jamais fait rire personne.*
*Le rire va quelquefois jusqu'aux convulsions : on dit même que quelques per-*

sonnes sont mortes de rire; j'ai peine à le croire, et sûrement il en est davantage qui sont mortes de chagrin.

Les vapeurs violentes qui excitent tantôt les larmes, tantôt les symptômes du rire, tirent à la vérité les muscles de la bouche; mais ce n'est point un ris véritable, c'est une convulsion, c'est un tourment. Les larmes peuvent alors être vraies, parce qu'on souffre; mais le rire ne l'est pas; il faut lui donner un autre nom, aussi l'appelle-t-on rire « sardonien ».

Le ris malin, le « perfidum ridens », est autre chose: c'est la joie de l'humiliation d'autrui; on poursuit par des éclats moqueurs, par le « cachinnum » (terme qui nous manque), celui qui nous a promis des merveilles et qui ne fait que des sottises: c'est huer plutôt que rire. Notre orgueil alors se moque de l'orgueil de celui qui s'en est fait accroire. On hue notre ami Fréron dans « L'Écossaise » plus encore qu'on n'en rit; j'aime toujours à parler de l'ami Fréron: cela me fait rire.

Questions sur l'Encyclopédie, 1770-1772, art. « Rire ».

## RIVIÈRE-BOURDET (LA)

AMOUR •

C'était, près de Rouen, la campagne de Mme de Bernières*, dont Voltaire fut amoureux en 1722. Un château de style classique s'y élevait. Pelouses, parc et grands arbres – « une vie douce et tranquille ». Voltaire appelait ce lieu « La Rivière », il venait y travailler et s'y reposer; il s'y trouvait en mars 1723, partageant « ses soins, dit-il, entre une ânesse et *Mariamne* ». Il y vint encore avec Thiriot en septembre 1723. Il garda la nostalgie de cette belle « solitude », quand il n'eut plus la même raison d'y aller: « Je serais à La Rivière, écrivait-il à Mme de Bernières en juillet 1725, si vous étiez encore pour moi ce que vous avez été. »

*Anne Soprani*

## ROCHEBRUNE

AROUET • NAISSANCE • NOM •

« Rochebrune » sans prénoms ni dates, obscur mais important personnage à en croire Voltaire: rien moins que son père naturel, reléguant maître Arouet dans le rôle du père putatif. C'était, paraît-il, un mousquetaire, un officier, poète à ses heures, rimeur de petits vers satiriques, vers 1715, contre les deux chefs du parti des Anciens, Houdar* de La Motte et Mme Dacier, auteur aussi de chansons fort goûtées des Modernes, et même d'une cantate d'*Orphée* mise en musique par Clérambault. On l'a

confondu à tort avec un Guérin de Rochebrune, client et sans doute ami de M$^e$ Arouet, receveur des impôts et non officier, dont l'inventaire après décès (1719) ne mentionne ni manuscrits ni livres. La trace du mousquetaire semble à jamais perdue.

On ne sait par quelles voies fut apprise, devinée ou fantasmée cette naissance secrète, sur quelles preuves ou quels indices. Mais des parents et des familiers furent mis dans la confidence. Dans une lettre au duc de Richelieu du 8 juin 1744, Voltaire se désigne comme «le bâtard de Rochebrune»; il se plaint plus tard à Mme Denis, dans deux lettres de 1753 (25 juillet et 11 août), d'avoir hérité du mauvais «tempérament» de ce géniteur, de son «hydropisie»; il se vante même un jour devant d'Alembert et un ou des Genevois qui le visitent aux Délices (en août 1756) de devoir son origine à cet «homme d'esprit» plutôt qu'à «Monsieur son père, qui pour le génie était un homme très commun» – ses deux nièces présentes poussent les hauts cris. Dès 1724, la première version imprimée d'un petit conte en vers, composé par le jeune Arouet en 1716, plaisantait «les sornettes» de ce Rochebrune, ornement de «ses chansonnettes»: rime facile du *Cadenas\**, cette gaillarde histoire d'une ceinture de chasteté... Le mystère d'une naissance importe moins que Voltaire déclarant haut et fort descendre d'un noble sans fortune et d'un poète sans talent. Mais mieux valait un poète même sans talent, un militaire sans doute un peu noble qu'un père notaire et roturier. D'autres, dans la même situation, auraient inventé mille histoires pour défendre la vertu de leur mère.

*Jean-Michel Raynaud*

## ROHAN-CHABOT, Guy Auguste, chevalier de
ANGLETERRE • FINANCES • GENS DE LETTRES • NOBLESSE • NOM •

Issu d'une grande famille aristocratique, ce personnage fut mêlé à un épisode légendaire de la vie de Voltaire. Les témoignages diffèrent, mais le fait essentiel est sûr. Le 6 février 1726, selon Mathieu Marais, généralement bien informé, Voltaire se trouve au foyer de la Comédie-Française ou dans la loge de l'actrice Adrienne Lecouvreur\*. Rohan l'interpelle vertement en se moquant de son double nom, Arouet et Voltaire, preuve d'une origine roturière que l'écrivain chercherait à dissimuler. La réponse de Voltaire, cinglante, devait rester au nombre de ses saillies les plus mémorables: «Monsieur, je commence mon nom, et vous, vous finissez le vôtre.» Froide colère de Rohan-Chabot qui, quelques jours plus tard, tend un piège à l'insolent et le fait rosser par quelques hommes de main. L'affaire eut des suites importantes. Voltaire tempête, frappe à toutes les portes, réclame justice. N'y

parvenant pas, il s'arme de pistolets pour se battre avec son agresseur ou pour se venger. Mais, surveillé par la police, il est arrêté et mis en Bastille. Les autorités, embarrassées d'avoir à prolonger l'injustice par égard aux Rohan, donnèrent suite à la proposition de cet Arouet de Voltaire, de quitter volontairement la France pour l'Angleterre. L'épisode est révélateur du statut d'infériorité sociale de l'écrivain dans la société d'Ancien Régime, et particulièrement du paradoxe de la situation de Voltaire en 1726 : il fréquente les grands, il a des amis aristocrates, mais perd tout soutien quand les privilèges et le respect des rangs sont en jeu. Que vaut cet Arouet devant un Rohan qui le bastonne ? «Les poètes n'ont pas d'épaules», aurait dit un prince – Montesquieu*, attentif à cette mésaventure de Voltaire, a noté dans son *Spicilège* un autre vilain mot de mépris princier.

D'Angleterre, Voltaire rapportera, parmi ses *Lettres\* philosophiques*, un morceau au sous-titre parlant : «Sur la considération qu'on doit aux gens de lettres» (XXIII$^e$ lettre). D'où son désir de fortune et sa carrière de courtisan*, avant la conquête de mérites propres par l'action même de l'écriture : en 1753, l'arrestation de Francfort* ordonnée par Frédéric II, épisode comparable en violence, fera scandale dans toute l'Europe.

Didier Masseau

## ROMAN

CONTES PHILOSOPHIQUES · FABLE · GOÛT · IMAGINATION ·

Si les femmes vaporeuses et les jeunes gens à la mode se passionnent pour les romans, «les vrais gens de lettres» les méprisent (*Essai sur la poésie épique*, 1728). Dès le début de sa carrière littéraire, Voltaire a proclamé hautement sa fidélité au goût classique, et son respect pour la hiérarchie des genres : le roman n'a pas de grands modèles, il est à peine un genre, il heurte le bon goût, et n'offre que d'insipides histoires à des lecteurs frivoles. Voltaire observe encore qu'à la différence des grands dramaturges, qui s'adressent au public de tous les temps, les petits romanciers qui inondent le marché sont voués à un oubli rapide. Le roman anglais fait seul exception et, dans la préface de *L'Écossaise* (1760), Voltaire croit pouvoir revendiquer pour sa comédie plusieurs de ses mérites reconnus : «Ce sont des touches semblables, la même peinture de mœurs, rien de recherché, nulle envie de montrer de l'esprit quand on ne doit montrer que des personnages» – il pense à Richardson*, qu'il n'a d'ailleurs pas en haute estime.

Le philosophe exprime une seconde critique : le roman est, par excellence, le domaine de la fable, donc du mensonge : il relève encore alors de ce qu'on appellera la sous-littérature, la «littérature» – la vraie – étant lestée quant à elle des intérêts du savoir et de la pensée : «Parmi ceux qui lisent,

note Voltaire, il y en a vingt qui lisent des romans, contre un qui étudie la philosophie» (*Lettres philosophiques*, XIIIe lettre). L'imagination* se donne libre cours dans les romans, et emporte le lecteur dans les dangereuses contrées du rêve au lieu d'éveiller son sens critique. Ce qui explique pourquoi Voltaire conteur parodie si souvent les codes romanesques. C'est la préface de *Zadig* (1748), tout entière écrite dans le style des *Mille et une Nuits*, ou encore *L'Ingénu* (1767) dont le dénouement joue du sentimentalisme en vogue, mais en relativisant le malheur amoureux dans une perspective réaliste: «Le temps adoucit tout.»

Pourtant, la position de Voltaire est plus nuancée qu'il n'y paraît. Les nombreuses citations d'œuvres romanesques qui parsèment son œuvre prouvent au moins qu'il connaît bien l'histoire du genre. Contre toute attente, il félicite même en 1775, après leurs deux premiers volumes, les éditeurs de *La Bibliothèque universelle des romans,* dont l'ambition était de fournir à un large public des extraits de romans souvent anciens, parce que ceux-ci offrent une information historique avant la lettre: même des romans du Moyen Âge, «écrits dans nos jargons barbares», on peut toujours tirer «quelques connaissances des mœurs et des usages». Voltaire s'intéresse au moins à l'histoire moderne du genre: il n'aime pas le Moyen Âge, dominé par le merveilleux, ni les romans précieux du XVIIe siècle, mais il note dans *Le Siècle de Louis XIV* que *La Princesse de Clèves*, ainsi que *Zaïde* qu'il attribue entièrement à Mme de La Fayette, «furent les premiers romans où l'on vit les mœurs des honnêtes gens, et des aventures naturelles décrites avec grâce», et il ajoute: «Avant elle, on écrivait d'un style ampoulé des choses peu vraisemblables.»

Didier Masseau

*[...] Colette,*
*Que les romans rendent l'âme inquiète!*
Le Droit du seigneur, 1762, acte II, scène III.

*La plupart des hommes aiment mieux s'amuser que s'instruire. De là vient que cent femmes lisent les «Mille et une Nuits» contre une qui lit deux chapitres de Locke.*
L'Homme aux quarante écus, 1768.

## ROMANTIQUES

CHATEAUBRIAND • HUGO • LAMARTINE • MUSSET • STAËL (MME DE) •

La diversité de l'œuvre voltairienne, l'évolution même du romantisme sur deux ou trois générations et l'essor parallèle du voltéranisme* rendent ici

malaisée toute approche globale. Avec des nuances et des conséquences diverses, tous les romantiques ont voulu rompre avec le passé immédiat. Ils ne se réfèrent plus à Voltaire, mais aux époques antérieures ou aux étrangers, comme Schiller et Shakespeare. Pourtant Voltaire reste pour eux une figure de proue, incarnant presque à elle seule un XVIII$^e$ siècle qui fascine et qui trouble, qu'on voudrait oublier peut-être, mais qui résiste et se survit. Pour les romantiques de la Restauration, monarchistes, nostalgiques d'un passé plus lointain, Voltaire est indirectement responsable de la Révolution : l'incrédulité qu'il a contribué à répandre a sapé les valeurs profondes qui légitimaient l'autorité et l'obéissance. On ne se demande pas si Voltaire, vivant assez longtemps, n'aurait pas entièrement rejeté la Révolution. L'esprit de contestation, qu'il a largement diffusé, a rompu le lien social et nourri un individualisme dévastateur. Les courants les plus extrémistes de la contre-Révolution forcent encore cette thèse. Joseph de Maistre*, par exemple, rappelle le mot prêté à Louis XVI sur Voltaire et Rousseau : «Ces deux hommes ont perdu la France.» Mais cette position n'est pas celle du romantisme profond. Voltaire est au moins devenu, sous l'Empire et la Restauration, un symbole chargé d'enjeux idéologiques et littéraires. Pour les «républicains» comme Chénier* ou Volney, qui se réclament de la Révolution, Voltaire est un modèle de pensée, mais aussi le digne fleuron du classicisme. Pour Chateaubriand, au contraire, il est le fauteur de l'incrédulité moderne et le représentant d'une écriture vieillie.
C'est au plan religieux que l'opposition des romantiques à Voltaire fut peut-être la plus durable et la plus profonde. On lui reproche de n'avoir pas le sens du sacré, d'être incapable de faire sentir les mystères de l'Univers – il est «l'anti-poète*», dira encore Baudelaire. Ici sont en jeu la sensibilité de l'homme, les fondements de la croyance et l'écriture du divin. Pourtant, le déisme voltairien, radicalement opposé à la métaphysique hugolienne, n'est pas très éloigné de la religiosité de Lamartine dans les *Méditations poétiques* ou les *Harmonies poétiques et religieuses* : la contemplation de l'Univers régi par les grandes lois suscitait déjà, chez l'auteur de la *Métaphysique\* de Newton*, une vénération proche du sentiment religieux.
Mais la désinvolture et la dérision voltairiennes sont, pour la plupart des écrivains romantiques, la marque d'un esprit superficiel incapable de s'élever vers les cimes de l'esprit. Plusieurs mots sont célèbres : Mme de Staël évoque la «gaieté infernale» et «l'allégresse de l'horrible» qui soulèvent *Candide*, et Musset, dans *Rolla*, son «hideux sourire» – Chateaubriand avait déjà écrit dans le *Génie du christianisme* : «Il n'aperçoit que le côté ridicule des choses et des temps, et montre sous un jour hideusement gai l'homme à l'homme.» Ces formules, devenues lieux communs, qui hantent encore la mémoire scolaire, attestent des points de vue convergents. Les romantiques, toutes tendances confondues, sont généralement allergiques

à l'ironie voltairienne, perçue comme profanatrice, cynique ou mesquine. La dérision, l'absurde sont ressentis comme des marques attentatoires à l'amour rédempteur. Pour être accepté, le rire doit être énorme comme celui de Rabelais, car il devient alors «un gouffre de l'esprit» (Victor Hugo). Voltaire a trop aimé le ridicule*.

Il faut pourtant nuancer cette analyse. Le groupe de Coppet, Mme de Staël en tête, vit sa relation à Voltaire à la fois sur le mode de la rupture et de la fidélité. Chateaubriand, qui fait de la condamnation de Voltaire un credo idéologique, le place parmi ses prédécesseurs dans *Les Martyrs*... Après une première phase de mise à distance, les grands romantiques changent d'attitude à mesure qu'ils abandonnent leurs positions monarchistes: Victor Hugo rapprochera Voltaire de Jésus, alors qu'il avait fait de lui une incarnation de Satan! Quant à Musset, il estime au moins l'auteur de *Tancrède*... Même au plan strict de l'écriture, la rupture entre la poésie romantique à ses débuts et la tradition voltairienne encore influente fut beaucoup moins nette que ne le proclamaient préfaces et manifestes, à coup de formules fracassantes. Certes, Lamartine prétendait donner à «la lyre à sept cordes les fibres mêmes du cœur humain»; il n'empêche que certains vers des *Harmonies poétiques et religieuses* ont des accents étrangement voltairiens. Il reste que la magie évocatrice des grands poèmes de Hugo repose sur une conception du verbe radicalement opposée aux conceptions voltairiennes de l'écriture et implique aussi une représentation toute différente de l'écrivain, de sa mission et du public auquel il doit s'adresser.

*Didier Masseau*

## ROME

ANCIENS • ANTICLÉRICALISME • HISTOIRE • INDEX • ITALIE • PAPES • POLITIQUE •

La Rome de Voltaire est diverse: Rome ancienne et moderne de l'historien, Rome papale du militant, Rome tragique enfin du dramaturge, auteur de *Brutus* et de *Rome sauvée* par exemple. Sans pourtant constituer une référence exemplaire, comme chez Montesquieu. Certes, Voltaire connaît et analyse l'histoire de la Rome antique, en s'interrogeant sur ses conquêtes et les causes de sa décadence (*Essai sur les mœurs*, chap. LI); mais il n'en déduit pas de lois générales pour la compréhension du devenir historique. Sa réflexion s'intéresse avant tout aux fables qui entourent la naissance de Rome, à cette historiographie tardive qu'il juge peu fiable: «Les historiens romains nous content, à la vérité, que le dieu Mars fit deux enfants à une vestale dans un siècle où l'Italie n'avait point de vestales; qu'une louve nourrit deux enfants au lieu de les dévorer.» Rien que de très banal pour l'historien philosophe, si l'on excepte l'accent mis sur les mœurs des

Romains tout autant que sur Rome, et le comparatisme culturel que Voltaire met en œuvre : rapports à la Grèce, à l'Égypte et aux anciens juifs. La Rome de la décadence est analysée avant tout à travers la diaspora juive des premiers chrétiens. Historiquement et philosophiquement, la Rome antique revêt pour Voltaire moins d'importance que la Rome papale, dont il montre, par de nombreux exemples, l'hostilité aux progrès techniques et intellectuels, et dont il dénonce les ambitions temporelles, en l'accusant de promouvoir une monarchie universelle, dont elle aurait la maîtrise. Il condamne sans appel, dans l'*Essai sur les mœurs*, les interventions des papes en politique tout au long du Moyen Âge, les conflits entre la cour de Rome et l'empereur, le rôle joué par la papauté dans le partage du monde entre Espagnols et Portugais ; et, dans maints opuscules, les interventions, par jésuites interposés, dans la politique française, l'emprise économique exercée indirectement par la cour de Rome sur les biens d'Église, et sur les droits de la Couronne française lors de la vacance d'un bénéfice. C'est l'un de ses motifs pour réclamer sans relâche la séparation du temporel et du spirituel.

La comparaison entre la Rome antique et la Rome moderne est fréquente chez Voltaire. Ainsi, dans le *Dialogue\* entre Marc Aurèle et un récollet*, qui montre bien la radicale différence entre les deux villes, l'opposition religieuse et politique entre la Rome païenne et la Rome christianisée est mise en valeur, même si violence et brutalité leur sont communes : Marc Aurèle ne reconnaît plus la Rome de son règne ; Rome n'est plus dans Rome, et pourtant y survivent l'hypocrisie, la corruption, et l'ambition de dominer. Seul fait positif peut-être, Voltaire constate que, jusqu'au règne de Louis XIV, Rome était demeurée la capitale des arts. Affirmation sur laquelle on n'a pas fini de s'interroger.

*Jean Goulemot*

## ROME SAUVÉE

CICÉRON · CRÉBILLON · ROME · TRAGÉDIES ·

Le succès du *Catilina* de Crébillon, le 20 décembre 1748, indignait Voltaire. Une fois de plus, il allait corriger son « maître » : comment supporter cette « farce monstrueuse », où Cicéron est « imbécile », sa fille amoureuse de Catilina, etc. Il lui faut venger Rome et la France, et Cicéron d'abord. Vite terminée, puis patiemment reprise, surtout pour le premier rôle féminin, la pièce resta longtemps en attente, et ne connut que quelques représentations privées, à Paris (1750), puis à Berlin (1750-1751), où Voltaire séjournait alors, avant sa création à la Comédie-Française le 24 février 1752.

Nourri de Salluste et de Plutarque, Voltaire, qui connaît par cœur les

*Catilinaires*, reporte l'intérêt sur Cicéron, sur César, sur Rome. Son *Catilina* devient bientôt *Cicéron et Catilina*, puis *Rome sauvée*. D'un sombre drame, il fait une tragédie : le salut de Rome met en jeu le sort du monde. Il n'en ménage pas moins, fort habilement, une intrigue que compliquent les rivalités, les ambitions personnelles des conjurés, une action toujours vive et soutenue, pleine de suspens. Point d'amour, sinon conjugal : la femme de Catilina, la cornélienne Aurélie (jouée par la Clairon*, au grand dam de la Gaussin*), a résisté trop tard au projet criminel de son époux, elle se punit par le suicide, en plein Sénat. Trois grandes figures ressortent : Caton « l'inflexible », César, compromis dans l'aventure et qui en tire les bénéfices, et Cicéron surtout, défenseur de la patrie, justicier courageux, dont l'éloquence a vaincu la conjuration. Belle leçon d'histoire et de style, faite pour les « connaisseurs » : la pièce n'eut qu'un succès d'estime. Après la Grèce d'*Oreste*, une tragédie romaine, et toujours du Crébillon replâtré, c'en était trop.

Voltaire adora jouer le rôle de Cicéron, et y excellait, paraît-il.

Henri Lagrave

CÉSAR : *Catilina, terrible au milieu du carnage,*
*Entouré d'ennemis immolés à sa rage,*
*Sanglant, couvert de traits, et combattant toujours,*
*Dans nos rangs éclaircis a terminé ses jours.*
*Sur des morts entassés l'effroi de Rome expire.*
*Romain je le condamne, et soldat je l'admire,*
*J'aimai Catilina ; mais vous voyez mon cœur ;*
*Jugez si l'amitié l'emporte sur l'honneur.*
CICÉRON : *Tu n'as point démenti mes vœux et mon estime.*
*Va, conserve à jamais cet esprit magnanime.*
*Que Rome admire en toi son éternel soutien.*
*Grands dieux ! que ce héros soit toujours citoyen.*
*Dieux ! ne corrompez pas cette âme généreuse,*
*Et que tant de vertu ne soit pas dangereuse.*

*Rome sauvée*, 1752, acte V, scène III.

# ROSSBACH

FRÉDÉRIC II • GUERRE • PATRIE • PRUSSE • PRUSSIEN • WELCHES •

Près de Rossbach, petit village de Saxe, le 5 novembre 1757, Frédéric II de Prusse remporta sur les alliés français et impériaux de la guerre de Sept Ans une victoire désespérée, décisive, par un coup de surprise et d'audace où sans doute il joua sa vie et sauva son trône – il avait décidé,

mis au ban de l'Empire, de «mourir en roi» plutôt que d'être déposé : Voltaire eut la confidence de cette crise héroïque. Dix ans après, le *Précis\* du siècle de Louis XV* évoque cette «journée de Rossbach» (chap. XXXIII), les pièges du terrain, la perfection terrifiante de la mitraille prussienne, la faiblesse du commandement de Soubise, l'impréparation des troupes françaises – la peur panique, le refus du combat, le désordre et la fuite. Cinquante mille hommes à la merci du vainqueur, débandés dans la Thuringe. Le récit est sobre, précis, sans accents de revanche : guerre de rois, non de peuples.

Dans l'histoire posthume de Voltaire, c'est un autre désastre. Un demi-siècle plus tard, on découvrit une lettre qu'il avait adressée au lendemain de la bataille au vainqueur de Rossbach. Intransigeante sur l'essentiel : même pour un roi, «heureux» vaut mieux que héros. Réservant aussi les droits de l'esprit par des allusions libres – au suicide évité, aux vives querelles d'antan pour et contre Maupertuis\* –, presque par des reproches – Francfort\* toujours en ligne de mire. De plume à sceptre, sur le papier, une guerre en dentelle, où l'écrivain se croit évidemment le meilleur.

Mais que de flatteries choquantes : «vos admirables actions», «votre gloire», «vos succès» – flétrissure. Après la défaite, Voltaire aurait dû rompre avec ce Teuton. Sur fond d'émulation patriotique et de surenchère nationaliste, la lettre de Rossbach allait devenir, pendant un siècle, l'une des pièces à charge du grand combat clérical et chrétien contre les libéraux voltairiens\* : l'Antéchrist avait servi l'Anti-France. Déjà Prussien de son vivant pour Versailles, Voltaire resta donc «le mauvais Français» pour un comte-évêque de la Restauration, Mgr de Boulogne – qui fulmine aussi contre «le progrès des Lumières». Il fut pire encore pour Veuillot en 1870 : «l'adorateur de l'aigle de Prusse» – «ce misérable ne pouvait épuiser sa joie de Rossbach». Et en 1878 enfin, après la perte de l'Alsace-Lorraine, «l'insulteur de la France» pour Mgr Dupanloup\*. Dans cette exploitation réductrice du témoignage, dans cette négation confusionniste de toute histoire – l'Europe des Lumières télescopée par l'Europe des nations –, on reconnaît l'éternel procédé des procès rétroactifs, gagnés d'avance.

*André Magnan*

*Vous devez, dites-vous, vivre et mourir en roi ;*
*Je vois qu'en roi vous savez vivre.*
*Quand partout on croit vous poursuivre,*
*Partout vous répandez l'effroi.*
*À revenir vers vous vous forcez la victoire ;*
*Général et soldat, génie universel,*
*Si vous viviez autant que votre gloire,*
*Vous seriez immortel.*

*Sire, je dois remplir à la fois les devoirs d'un citoyen et ceux d'un cœur toujours attaché à Votre Majesté, être fâché du malheur des Français et applaudir à vos admirables actions, plaindre les vaincus et vous féliciter.*
*Je supplie Votre Majesté de daigner me faire parvenir une relation. Vous savez que depuis plus de vingt ans votre gloire en tout genre a été ma passion. Vos grandes actions m'ont justifié. Souffrez que je sois instruit des détails. Accordez cette grâce à un homme aussi sensible à vos succès qu'il l'a été à vos malheurs, qui n'a jamais cessé un moment de vous être attaché, malgré tous les géants dont on disséquerait la cervelle, et malgré la poix-résine dont on couvrirait les malades.*
*Je ne sais si une âme exaltée prédit l'avenir. Mais je prédis que vous serez heureux, puisque vous méritez si bien de l'être.*
*V.*

*À Frédéric II [22 novembre 1757].*

## ROUEN

CIDEVILLE • JORE •

Au temps de ses amours avec Mme de Bernières*, épouse du marquis de Bernières, président à mortier du parlement de Rouen, Voltaire se dit fort satisfait de la capitale normande : il y a rencontré force gens de qualité, l'opéra est remarquable et l'on y fait excellente chère – il évoquera plus tard les canetons de Rouen que l'on dégustait chez ses hôtes. Il séjourne à plusieurs reprises en 1722 dans leur résidence de campagne, le château de La Rivière-Bourdet*, une noble demeure de style classique, dans un grand parc. Au printemps 1731, il s'installe à Rouen pour surveiller le travail de son libraire Jore qui imprime l'*Histoire de Charles XII*. Son ami Cideville l'a d'abord logé à l'Hôtel de Mantes, de pittoresque mémoire :

> *Aracné tapisse mes murs,*
> *Draps y sont courts, lits y sont durs.*
> *Boiteuses sont les escabelles;*
> *Et la bouteille au cou cassé*
> *Y soutient de jaunes chandelles.*

Il déménage chez Jore, rue Saint-Lô, près du palais de justice. Il se fait passer pour un gentilhomme anglais, et Jore se plaint de son avarice. Puis il émigre à Canteleu, sur la rive droite de la Seine, suit un régime végétarien, mais n'apprécie guère le climat normand :

> *Vos climats ont produit d'assez rares merveilles,*
> *C'est le pays des grands talents,*

*Des Fontenelle, des Corneille ;*
*Mais ce n'est point le pays du printemps.*

Après sa brouille avec Jore, auquel il avait confié l'édition des *Lettres\* philosophiques* (1734), Voltaire ne retournera plus à Rouen. En 1754, il refuse catégoriquement d'aller en Normandie, au château de Launay, près de Rouen, où l'invite son ami Cideville dont Mme Denis ne repousse pas les avances. Il restera en relation épistolaire avec Cideville qui fonde l'académie de Rouen – dont, curieusement, Voltaire ne fera pas partie.

Christiane Mervaud

## ROUSSEAU, Jean Baptiste

GENS DE LETTRES • POLÉMISTE •

Voltaire se lie avec Jean Baptiste Rousseau (1671-1741) dès ses années de jeunesse. Le grand Rousseau, alors le seul Rousseau, premier poète lyrique de son temps, auteur d'opéras, d'*Odes sacrées* (1702) et de *Cantates* (1703), a aidé le petit Arouet au début de sa carrière d'écrivain, avant de mener contre lui une lutte sans merci. En 1722, Voltaire lui soumet encore, en « disciple tendrement attaché à son maître », un plan en prose de son poème de *La Ligue\**, geste filial, mais intéressé aussi, car le « maître » a ses entrées à la cour de Vienne, où il réside alors, et Voltaire veut assurer à son œuvre une diffusion européenne. Malgré son bannissement à vie (1712), lamentable issue juridique des plaintes de rivaux attaqués et déshonorés dans des satires qu'on lui attribuait – c'est « l'affaire des couplets » – le renom littéraire de Rousseau restait intact, et la lettre du « disciple » est modeste et respectueuse. À la fin du mois d'août de la même année, Voltaire fait un voyage en Hollande, et durant une halte à Bruxelles, y rencontre Rousseau. Les deux hommes échangent des poèmes. Voltaire lit à son « maître » une œuvre libre, blasphématoire même contre la religion chrétienne, l'*Épître à Julie*, première version de la célèbre *Épître\* à Uranie*. Rousseau s'en offusque, Voltaire le traite de dévot et lance les piques les plus mordantes. Dès lors la brouille est consommée.

Profondément blessé, jaloux sans doute aussi de ce talent naissant, Jean Baptiste Rousseau n'aura de cesse de nuire à Voltaire. De son côté la victime, au comble de l'exaspération, usera des moyens les plus bas pour faire pièce à son adversaire. En réponse à une attaque injurieuse de Voltaire dans la préface de *La Mort de César* (1735), Rousseau menace de révéler au public la liste de tous les brocards que son ennemi s'est attirés. Plus grave, en 1736 encore, au plus fort de la querelle, alors que Voltaire se trouve à Bruxelles, Rousseau répand le faux bruit que l'auteur de

*La Pucelle* a dû fuir Paris sur ordre du pouvoir, et fait chorus avec Desfontaines* pour dévoiler les actes scandaleux d'impiété qu'aurait commis leur ennemi commun.

Didier Masseau

## ROUSSEAU, Jean Jacques

Hugo n'est ni le premier ni le dernier à les avoir rassemblés dans le fameux refrain de Gavroche : « C'est la faute à Voltaire... c'est la faute à Rousseau... » Béranger avait déjà raillé, dans la chanson originale, les anathèmes du haut clergé fulminant contre l'influence conjointe des deux philosophes. Dès le XVIII$^e$ siècle, des estampes les représentent comme des adversaires irréconciliables se battant à coups de poing ; un grand cliché culturel et scolaire les fait symboliser, l'un le rationalisme, l'autre la sensibilité. On a voulu prouver aussi qu'ils se complétaient plus qu'ils ne s'opposaient, dans des combats parallèles contre des pouvoirs oppressifs. Voltaire avait été placé au Panthéon par la Constituante en 1791 ; il y fut rejoint par Rousseau, sous la Convention, en 1794. En 1878, on commémora séparément le premier centenaire de leur mort. Mais, gommant les diversités dans son discours sur Voltaire, Hugo* les réunit par leur œuvre commune, la Révolution, en adressant un même hommage au champion de la tolérance et au théoricien de la démocratie. On esquissa une réconciliation posthume entre le libéralisme anticlérical et le populisme socialisant. D'autres commémorations* ont depuis honoré ensemble deux humanistes, deux magiciens de la langue française.

Ils ne se sont jamais fréquentés, peut-être même ne se sont-ils pas rencontrés, mais chacun fut attentif à l'œuvre de l'autre. Un échange épistolaire d'une douzaine de lettres a, quelque temps, tenu lieu de conversation.

Né à Genève en 1712, Jean Jacques s'adresse d'abord à Voltaire comme à un maître, puis l'affronte à propos de la religion et du théâtre, avant de rompre en 1760. Il l'accusera d'être responsable d'une partie de ses malheurs. Le patriarche, de son côté, montre d'abord une certaine bienveillance envers ce collaborateur de l'*Encyclopédie*. Puis il raille son œuvre romanesque, ses paradoxes religieux et culturels, son apologie du primitivisme, et dénonce l'agitation politique dont il est à Genève le ferment. Il le considérera enfin comme un traître au parti des philosophes et, pour se défendre, l'accusera violemment.

Dans ses *Confessions*, Jean Jacques évoque ses grandes lectures du temps des Charmettes, avec Mme de Warens : *La Henriade*, puis *Brutus, Zaïre*, et les *Lettres philosophiques* surtout, qui lui ont donné le goût du savoir. Il a assisté avec émotion à une représentation d'*Alzire ou les Américains* (1736).

On est en 1794 : le Panthéon a accompli son œuvre de réconciliation. Les ancêtres sont désignés : Voltaire, Rousseau, les philosophes. Passé, présent se confondent. On efface la rupture de 1789 pour dessiner une seule histoire et faire servir aux mots d'ordre du présent les gloires du passé. Au sommet un œil rayonnant : symbole de l'Esprit saint, signe maçonnique, représentation ambiguë de ce peuple qu'on veut omniprésent. De chaque côté, des arbres : un arbre de la liberté, sans aucun doute, pour Voltaire à gauche, encore frêle mais dont on est sûr qu'il poussera ; un arbre plus exotique derrière Jean Jacques Rousseau à droite, en une allusion imprécise au bon sauvage. Le vieillard Voltaire s'appuie sur sa canne, montrant du doigt le slogan du Peuple souverain, regardant bien en face le lecteur, autant dire le citoyen que la République appelle. À ses côtés les objets désignant son œuvre : un buste de Brutus, quelques vers de la tragédie, une lyre, des drapeaux comme autant de trophées, un canon, des boulets, des fleurs, voilà pour évoquer le chantre des armées françaises et l'inciter à reprendre du service. Jean Jacques Rousseau est assis ; en l'honneur de l'« Émile » et non de sa propre progéniture, il est entouré d'enfants : un nourrisson, une petite fille et un jeune garçon dont le bon Jean Jacques entoure les épaules de son bras. Ah, vertu quand tu nous tiens ! Tout près une ruche, rappel de l'« Émile », mais aussi de la communauté nationale au travail. Comme Voltaire, il montre le slogan « Peuple souverain », mais semble aussi saluer de la main son vieil

adversaire. N'en doutons pas, pour l'auteur de la gravure, la « République française », bien centrée entre les deux silhouettes, à elle seule les unit.

J. G.

◀ HOMMAGE DE RECONNAISSANCE À VOLTAIRE ET ROUSSEAU PAR LA RÉVOLUTION FRANÇAISE, GRAVURE CHEZ BASSET, 1794.

PARIS, MUSÉE CARNAVALET.

LE GÉNIE DE VOLTAIRE ET DE ROUSSEAU CONDUISANT CES ÉCRIVAINS CÉLÈBRES AU TEMPLE DE LA GLOIRE ET DE L'IMMORTALITÉ, GRAVURE COLORIÉE, CHEZ MARTINET.

PARIS, BIBLIOTHÈQUE NATIONALE DE FRANCE.

Dans un paysage évocateur d'un séjour plus ou moins champêtre aux champs Élysées, Rousseau et Voltaire se dirigent vers le Panthéon – « Aux grands hommes la patrie reconnoissante ». Apollon, que la légende de la gravure désigne comme le « Génie de Voltaire et de Rousseau », les guide, portant à la main les lauriers dont ils seront couronnés. Belle nudité, que le vent jouant habilement avec les plis d'une écharpe rend, non sans mal, décente. En arrière-plan, presque au centre, rappel de « La Henriade » et de la figure mythique du « bon roi », par la statue équestre d'Henri IV. Dans le lointain, Paris : le Théâtre-Français, Notre-Dame. Au centre, les deux grands hommes en marche. Rousseau, en tête, un bouquet de fleurs coupées à la main, une partition de musique et un livre sous

le bras ; Voltaire à ses côtés, un peu en retrait, la canne, la perruque et en habit de cour, lui aussi portant des livres. Si l'un et l'autre regardent en souriant le Panthéon, aucun signe entre eux de cette réconciliation que la postérité s'est efforcée de leur prêter. À moins de décider que les deux enfants qui jouent en constituent l'image symbolique. Choix ironique : Voltaire n'eut pas d'enfant et Rousseau mit les siens aux Enfants trouvés.

Ci-dessous unis dans un même hommage Jean Jacques, Voltaire, Franklin, et deux héros de la geste antique : Brutus et Mucius Scaevola, symbolisant la haine des tyrans pour l'un et le dévouement du citoyen pour l'autre. La philosophie des Lumières rejoint les vertus antiques : nous sommes en 1790.

La postérité, ici, est oublieuse des affrontements du passé. Voilà Voltaire et Jean Jacques réconciliés. Les médaillons les placent face à face : Voltaire à gauche, Rousseau à droite, les yeux dans les yeux ; ou côte à côte quand on leur adjoint Benjamin Franklin. Voltaire et Jean Jacques, dans la mémoire collective, ont fini par se ressembler. Pour le différencier de ses complices en postérité, Benjamin Franklin porte des lunettes et un bonnet de fourrure. Bonnet que Jean Jacques retrouvera dans un médaillon à cinq figures, en souvenir de l'habit d'Arménien qu'il aimait à porter.

Dernier médaillon, ci-contre : un calendrier grégorien avec au centre Jean Jacques et Voltaire, comme pour nous rappeler que dans certaines éphémérides révolutionnaires, Rousseau et

Voltaire, héros laïques, se substituaient aux saints. Victoire complète de ces hôtes du futur Panthéon républicain : dans la même assurance tranquille, ils voisinent avec les héros de l'Antiquité et les saints du martyrologue.

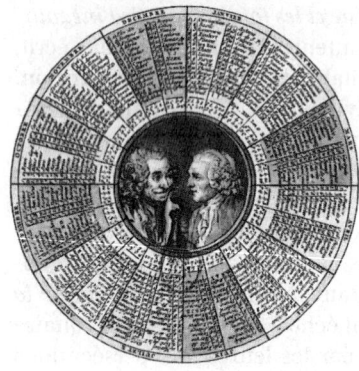

QUATRE MÉDAILLONS, GRAVÉS EN COULEURS, V. 1790.

PARIS, BIBLIOTHÈQUE NATIONALE DE FRANCE.

Le sieur Gayant édita, en l'an II, un jeu de cartes où les philosophes remplaçaient les rois, les vertus les reines, et les soldats de la République les valets. Voltaire y est le roi de carreau, Rousseau celui de trèfle, La Fontaine celui de cœur et Molière celui de pique. Preuve que la notion de philosophie ne se limite pas aux seules Lumières et que la filiation remonte loin. Pourtant le voisinage a de quoi surprendre. Rousseau cohabite avec La Fontaine et Molière dont il a dénoncé les œuvres comme contraires à la morale. Voltaire se retrouve aux côtés de Rousseau, et un joueur chanceux les réunira parfois dans sa donne. On remarquera que les « philosophes » sont représentés assis à leur table de travail, la plume à la main ou le livre ouvert devant eux. Rousseau montre le « Contrat social », Voltaire écrit. Ces images traduisent la popularité des deux grands écrivains dans l'opinion, associée à la ferme croyance que leurs œuvres avaient préparé la venue de la Révolution.

J. G.

VOLTAIRE ET ROUSSEAU, CARTES À JOUER ÉDITÉES PAR GAYANT, AN II.

PARIS, BIBLIOTHÈQUE NATIONALE DE FRANCE.

Or, en 1745, le duc de Richelieu confie à ce jeune musicien le soin de retoucher les *Fêtes de Ramire*, version remaniée de *La Princesse de Navarre*, écrite pour la cour par Voltaire en 1744. C'est le début d'une relation épistolaire où Rousseau exprime sa grande déférence, où Voltaire prodigue remerciements et conseils. Nouvel échange cordial quand, en 1750, Jean Jacques écrit au grand aîné pour se dissocier d'un autre Rousseau (Pierre), mêlé à la cabale dirigée contre *Oreste*. Mais Rousseau est devenu auteur à son tour quand il envoie à Voltaire, en 1755, son *Discours sur les sciences et les arts* de 1750, où il apostrophait le «célèbre Arouet», et son nouveau *Discours sur l'origine et les fondements de l'inégalité parmi les hommes*. Voltaire, le 30 août, commente surtout le premier écrit, en le traitant par la plaisanterie, sans véritable effort de compréhension. Pour lui, Rousseau propose à l'homme civilisé une régression : «On n'a jamais employé tant d'esprit à vouloir nous rendre bêtes. Il prend envie de marcher à quatre pattes quand on lit votre ouvrage.» À un auteur qui voit dans le développement culturel un symptôme de la corruption des sociétés en train de perdre les valeurs politiques qui les soutenaient, il réplique par une apologie des belles-lettres et une dénonciation de l'ignorance et de la barbarie responsables des grands crimes – *L'Orphelin de la Chine* (1755) et surtout *Timon\** (1756) feront écho à ce thème. Mais Voltaire fausse le débat en réduisant le mal causé par les lettres aux persécutions subies par les auteurs, et en citant longuement son propre exemple. Jean Jacques lui répond en expliquant que «le goût des lettres et des arts naît chez un peuple d'un vice intérieur qu'il augmente». À un développement artistique fondé sur l'artifice, il veut substituer une réconciliation vraie de la nature et de la culture. Leurs deux lettres furent aussitôt publiées. C'est donc d'abord sur le rôle de la civilisation\* que Voltaire et Rousseau se sont heurtés en un dialogue qui, à peine ébauché, s'est révélé impossible. La *Lettre à d'Alembert* que Rousseau écrit en 1758 pour répondre à l'article «Genève\*» de l'*Encyclopédie*, signé par d'Alembert mais inspiré par Voltaire, approfondit la même opposition. Jean Jacques y affirme son hostilité à l'installation d'un théâtre à Genève pour des raisons morales, économiques et politiques. Il veut éviter que ne soit perverti, par l'influence française, l'esprit de la République dont il est le «citoyen». Comment l'homme des Délices répliqua-t-il? Il invite les patriciens genevois aux représentations de son théâtre privé, et se moquera, dans le *Plaidoyer pour Genest Ramponeau* (1760), d'un auteur qui condamne le théâtre mais recommande les marchands de vin...

Il n'avait d'ailleurs donné qu'une réponse brève et courtoise, en septembre 1756, à la grande «Lettre sur la Providence». Cette réplique de Jean Jacques au *Poème\* sur le désastre de Lisbonne* défend la Providence et rend les hommes responsables de leurs maux, par l'utilisation qu'ils font de leur

liberté pour préserver de fausses valeurs. Mais l'auteur brossait aussi, pour la première fois, deux portraits contrastés : Voltaire « rassasié de gloire [...] libre au sein de l'abondance », Rousseau « obscur, pauvre et tourmenté d'un mal sans remède ». « Vous jouissez, mais j'espère, et l'espérance embellit tout », concluait-il, pour expliquer son besoin d'une religion consolante. Jean Jacques affirmera plus tard, dans ses *Confessions* (livre IX), que la véritable réponse de Voltaire à sa lettre fut *Candide*.

Sa rancœur d'homme du peuple augmente encore quand ses partisans sur place l'informent de l'évolution des mœurs de Genève, d'une « corruption » dont il va tenir Voltaire pour responsable, comme il va juger qu'il l'a condamné à l'exil en éloignant ainsi de lui ses concitoyens. De là jaillit la déclaration du 17 juin 1760 : « Je ne vous aime point, Monsieur [...]. Je vous hais, enfin, vous l'avez voulu. Mais je vous hais en homme encore plus digne de vous aimer si vous l'aviez voulu. » Voltaire, stupéfait, ne répond pas à un homme qui, à ses yeux, a déserté le camp des philosophes, comme le prouve aussi sa brouille de 1757-1758 avec Mme d'Épinay, Grimm et Diderot. Mais dorénavant il multiplie, dans ses lettres, les images désobligeantes : Jean Jacques est un fou, un traître, un coquin, il n'est que « le chien de Diogène » (à d'Alembert, 17 juin 1762). L'exaspération ressentie à la lecture de *La Nouvelle Héloïse* (1761), sot et ennuyeux roman selon lui, se donne libre cours dans les quatre *Lettres\* à M. de Voltaire sur la Nouvelle Héloïse ou Aloïsia de Jean Jacques Rousseau*, qu'il attribue à Ximénès : il en critique le style, relève les jugements peu amènes sur les Français, caricature les personnages et voue l'auteur à la risée publique. Par son *Rescrit\* de l'empereur de Chine à l'occasion du projet de paix perpétuelle*, il dénonce également, comme chimérique, l'*Extrait du projet de paix perpétuelle*, que Rousseau a publié en 1761.

Cependant, quoi qu'ait déclaré Jean Jacques, Voltaire n'est probablement pour rien dans les persécutions de 1762 contre lui. On peut juger sincères ses protestations sur ce point, même s'il reste incertain qu'il soit allé, comme il le prétendra, jusqu'à offrir un asile à son adversaire. Mais partout Voltaire rejette, en bloc et en détail, le postulat du bonheur primitif et de la bonté naturelle, les théories politiques du *Contrat social*, les paradoxes d'*Émile*. Il détache néanmoins de ce nouveau « roman » de l'éducation la fameuse *Profession de foi du vicaire savoyard*, dont il approuve le théisme ainsi que la critique des dogmes et du surnaturel. Aussi la rééditera-t-il lui-même dans le *Recueil\* nécessaire* (1765), tandis que, sur des points comparables, Rousseau juge condamnable l'irrespect du *Dictionnaire philosophique* (1764). Mais le patriarche s'indigne aussi de certaines inconséquences de Jean Jacques : son adhésion proclamée au christianisme lui paraît pure hypocrisie. Il trouve la même incohérence dans la *Lettre de Jean Jacques Rousseau à Christophe de Beaumont*, en 1763.

En 1764, les rapports s'enveniment définitivement. Rousseau, dans ses *Lettres écrites de la montagne*, révèle que Voltaire est l'auteur du dangereux et punissable *Sermon des Cinquante* (1762). Le philosophe de Ferney riposte anonymement par le *Sentiment\* des citoyens*: voici venu le temps des agressions personnelles. Leur rivalité d'influence auprès des Genevois, la brouille de Jean Jacques avec Hume\*, expliquent, en outre, la multiplication des attaques voltairiennes contre ce «petit singe ingrat» (à Damilaville, 28 octobre 1766), ce trublion, qu'un prodigieux orgueil a rendu malheureux et méchant. Les *Questions sur les miracles*, les *Honnêtetés littéraires* enchaînent moqueries sur moqueries. La *Lettre\* au docteur Jean Jacques Pansophe* (1766), pamphlet que Voltaire désavoue, récapitule les contradictions de ce faux sage, en l'incitant à plus de bon sens, de bonne foi et de modestie. Simultanément, pour humilier le traître, il faut prouver que, loin d'avoir été secrétaire d'ambassade à Venise, comme il le prétend, il n'a joué qu'un rôle de domestique. Cette tentative entraîne une dernière lettre de protestation de Rousseau à Voltaire, rédigée à la troisième personne: «M. de Voltaire en a menti comme un impudent» (31 mai 1765). Avec la *Lettre\* à M. Hume*, en 1766, et *La Guerre\* civile de Genève*, en 1768, le ton du patriarche se fait particulièrement vindicatif. Le premier texte rappelle les torts de Jean Jacques envers lui. Le second est une charge rageuse contre l'«énergumène», orgueilleux, méchant, et contre sa «sorcière», Thérèse Levasseur. Rousseau refusa de répondre à cette brochure odieuse. Malgré tout, deux ans plus tard, il tint à envoyer ses deux louis pour la souscription de la statue de Voltaire par Pigalle\*. Voltaire, qui n'a que mépris pour Rousseau, veut d'abord qu'on lui rende son argent. Sous l'influence de d'Alembert, mieux informé que lui de l'influence intellectuelle de Jean Jacques, il finira par y voir aussi un étrange hommage et par l'accepter.

Des affrontements d'idées et de valeurs, mais l'opposition aussi de deux orgueils et de deux susceptibilités ont régi la relation tourmentée de ces deux écrivains qui moururent à quelques semaines d'intervalle (30 mai-21 juillet 1778). Faut-il conclure sur le mot prêté à Goethe\*, qu'avec Voltaire finit un monde, qu'avec Rousseau un autre commence? Sans oublier combien de marxistes, d'écologistes, combien d'écrivains du *moi* se sont rangés sous la bannière du second, ce serait faire bien peu de cas des innovations voltairiennes, particulièrement dans ces «fusées» où s'esquisse l'art du journalisme, dans ces pamphlets où se révèle l'intellectuel engagé. Ce serait surtout négliger que le nom de Voltaire est encore invoqué aujourd'hui quand les libertés se trouvent menacées.

*Marie-Hélène Cotoni*

*Vous me parlez de ce Voltaire! Pourquoi le nom de ce baladin souille-t-il vos lettres? Le malheureux a perdu ma patrie; je le haïrais davantage si je le*

méprisais moins. Je ne vois dans ses grands talents qu'un opprobre de plus qui le déshonore par l'indigne usage qu'il en fait. Ses talents ne lui servent, autant que ses richesses, qu'à nourrir la dépravation de son cœur. ... Genevois, il vous paie bien de l'asile que vous lui avez donné !
Jean Jacques Rousseau à Moultou, 29 janvier 1760.

Je ne vous aime point, Monsieur ; vous m'avez fait les maux qui pouvaient m'être les plus sensibles, à moi votre disciple et votre enthousiaste. Vous avez perdu Genève, pour le prix de l'asile que vous y avez reçu ; vous avez aliéné de moi mes concitoyens pour le prix des applaudissements que je vous ai prodigués parmi eux : c'est vous qui me rendez le séjour de mon pays insupportable ; c'est vous qui me ferez mourir en terre étrangère, privé de toutes les consolations des mourants et jeté pour tout honneur dans une voirie, tandis que vivant ou mort tous les honneurs qu'un homme peut attendre vous accompagneront dans mon pays. Je vous hais, enfin, vous l'avez voulu : mais je vous hais en homme encore plus digne de vous aimer si vous l'aviez voulu. De tous les sentiments dont mon cœur était pénétré pour vous il n'y reste que l'admiration qu'on ne peut refuser à votre beau génie, et l'amour de vos écrits. Si je ne puis honorer en vous que vos talents ce n'est pas ma faute. Je ne manquerai jamais au respect que je leur dois, ni aux procédés que ce respect exige. Adieu, Monsieur.
Jean Jacques Rousseau à Voltaire, 17 juin 1760<br>
– dans ses Confessions (livre X), Rousseau cite cette lettre in extenso,<br>
avec ce commentaire : « Il fit semblant d'[en] être irrité jusqu'à la fureur. »

*Tout philosophe m'est cher, excepté Jean Jacques, mais celui-là a renoncé à la philosophie en faveur de l'orgueil et de la démence.*
À Moultou, juin ou juillet 1768.

## ROUSSEAU, Pierre

*JOURNAL ENCYCLOPÉDIQUE* • JOURNALISTE •

Le 31 janvier 1756, Voltaire envoie sa souscription à un nommé Durand, premier rédacteur du tout nouveau *Journal encyclopédique*, et s'informe de son adjoint Rousseau : est-ce bien « le citoyen de Genève ».?... Pierre Rousseau (1716-1785), littérateur, auteur de quelques comédies, devint bientôt le responsable et principal rédacteur de ce *Journal* qui fut toujours favorable à la cause philosophique ; il resta l'un des rares journalistes avec qui Voltaire entretint une relation positive.

Il prit l'habitude de lui envoyer ses ouvrages ; le premier fut l'*Essai\* sur les mœurs*, en février 1757. Il subsiste une vingtaine de lettres plus ou moins ostensibles de Voltaire à Pierre Rousseau. Souvent gaies, parfois ludiques,

elles sont remplies d'informations sur l'œuvre, mais aussi de jugements d'humeur sur les nouveaux écrits, *La Nouvelle Héloïse* par exemple, « mélange monstrueux de débauche et de lieux communs de morale »... Pierre Rousseau lui ouvrit enfin volontiers son journal pour ses réfutations, communiqués et désaveux*.

*Anne Soprani*

## ROY, Pierre Charles

GENS DE LETTRES • POLÉMISTE •

L'écrivain Pierre Charles Roy (1683-1764), auteur d'odes, de tragédies et de livrets d'opéra, est l'un des types de l'ennemi littéraire de Voltaire : le rival médiocre et méprisé, et d'autant plus hargneux. Il commence, comme il était d'usage entre poètes, par une « calotte* », aussitôt retournée. Après quoi Voltaire est sûr, à chaque essai de grand genre, à chaque pas dans sa carrière, de retrouver Roy en position d'agresseur ou de concurrent. C'est le cas en 1745 pour son *Poème* de Fontenoy*. Voltaire de son côté lui décoche des épigrammes : « Connaissez-vous certain rimeur obscur... » Lors de sa campagne pour l'élection à l'Académie en 1746, il se heurte encore aux intrigues de Roy, qui n'a certes aucune chance d'entrer dans l'illustre maison, mais qui ressort des vieux libelles datant de la première candidature du philosophe (1742), dont le diffamatoire *Discours prononcé à la porte de l'Académie française par M. le directeur à M\*\*\**. Après la mort de Desfontaines* (1746), auquel il était d'ailleurs associé, Roy, avec d'autres, reprendra le relais pour exciter de nouveaux ennemis de Voltaire.

*Didier Masseau*

## RUAULT, Nicolas

BEAUMARCHAIS • KEHL • RÉVOLUTION • VOLTAIRIENS •

Coordinateur du collectif de Kehl, puis chargé par Beaumarchais du marchandage en gros de l'édition terminée, Nicolas Ruault est aussi l'auteur d'un curieux *Éloge* de Voltaire, publié au printemps de 1788, qu'il signa « Écrlinf ».

Né en Normandie vers 1740, il s'était établi libraire-imprimeur à Paris, où Beaumarchais le recruta pour « tenir le bureau » de l'édition posthume. Ses correspondances de navette, en partie conservées, avec les gérants sur place à Kehl, avec Decroix* à Lille, avec Condorcet* lui-même, soulignent l'étendue des fonctions qui lui furent déléguées – « M. Ruault, c'est moi »,

écrit un jour «le Patron» à un collaborateur épineux. C'est Ruault qui gardait les clés du «trésor», le fameux «coffre» aux manuscrits enfin livré par Panckoucke* en 1783; c'est lui qui contrôlait la circulation des pièces, le retour des épreuves, l'échéancier. Il révisa personnellement le texte des lettres de Frédéric II; il fut aussi le premier lecteur, ébloui, de l'un des Carnets* de Voltaire, qu'il appelle «memento». Son idée de faire un volume séparé de «Lettres en vers et en prose» fut adoptée; en revanche, le titre de «Dictionnaire historique, critique et philosophique», qu'il suggérait de mettre à l'énorme collection des mélanges alphabétiques, fut écarté par Condorcet, qui préféra revenir à celui du premier *Dictionnaire\* philosophique*, moins la précision «portatif». Dès 1785, Beaumarchais chargea Ruault du dépôt établi rue Vieille-du-Temple pour le placement direct des exemplaires – on conserve le «livre de caisse» de Ruault, qui géra cette activité jusqu'en 1790.

L'*Éloge de Marie François de Voltaire*, imprimé à tirage réduit pour les vrais «adeptes», est foncièrement hagiographique, idéalisant par exemple les relations de Voltaire et du roi de Prusse, «cette amitié si rare entre le trône et la philosophie». Plus intéressantes, les lettres écrites par le nouvel *Écrlinf* à son frère, curé à Évreux, durant toute la Révolution, peuvent nourrir l'analyse politique du premier voltairianisme: enthousiaste en 89, inquiet en 92, horrifié en 93, Ruault crie sa joie après Thermidor et prévoit bientôt la venue d'un nouveau «César».

*André Magnan*

## RUFFEY, Germain Gilles Richard de

AMITIÉ • CORRESPONDANCE •

Germain Gilles de Ruffey (1706-1794) était président de la Chambre des comptes du parlement de Bourgogne, et fut à Dijon le fondateur d'une société littéraire – qui devint académie: Voltaire en fut membre (1761) et Ruffey président... Voltaire échange avec lui plus de soixante lettres entre 1754 et 1777, et le reçoit avec son épouse aux Délices* et à Ferney*. Il sollicite à deux reprises l'intervention de Ruffey: d'abord, pour obtenir la condamnation du curé Ancian*, coupable de violences physiques sur deux de ses fidèles; ensuite pour calmer l'âpreté procédurière du président de Brosses*, dans les litiges sur le domaine de Tourney*. Ils avaient un ami commun, Fyot* de La Marche, camarade d'enfance de Voltaire et confrère de Ruffey au parlement de Dijon. Leur correspondance est très agréable, amicale, animée. Ruffey envoie des petits vers, du vin de Bourgogne, des plants de roses, des graines de navet, et demande souvent des nouvelles; Voltaire lui décrit sa vie, se confie sans façon, lui envoie ses livres, et même

des copies du tout venant de sa plume – « petite pacotille », dont M. le président était friand.

André Magnan

*Je viens de recevoir, Monsieur, et de faire planter sur-le-champ, vos jolis rosiers de Bourgogne. J'y ai mis la main, je les ai baptisés de votre nom. Ils s'appellent des « Ruffey », et j'en donnerai sous ce nom à mes voisins, qui partageront ma reconnaissance.*
À Germain Gilles Richard de Ruffey, 3 mars 1755.

*Pourquoi m'écrivez-vous du « très humble » ? Fi, cela n'est pas philosophe.*
À Germain Gilles Richard de Ruffey, 31 juillet 1759.

## RUPELMONDE, Marie Marguerite d'Aligre, comtesse de
AMOUR · *ÉPÎTRE À URANIE* · FEMMES ·

Elle était « rousse comme une vache », selon Saint-Simon. L'éclat de son teint, le « pouvoir de ses yeux », la grâce et la facilité aussi de cette comtesse de Rupelmonde (1688-1752) attirèrent Voltaire. Dame du palais, elle fut l'une de ces silhouettes mouvantes qui traversèrent la vie de l'écrivain, et dont il conservait un souvenir attendri. En 1722, il fit en sa compagnie un voyage en Hollande* et logea dans son hôtel à Bruxelles*. C'est pour elle qu'il composa la sulfureuse *Épître à Uranie*, avant de lui dédier quelques petites pièces de vers. Il éprouva un peu d'amour pour « Rupelmonde », mais la perdit de vue en 1725. Il se dit « très touché » par sa mort, en 1752, et se remémore alors leur légèreté passée, et leurs jeux, quand il s'amusait à lui « voler des pilules » dont elle usait beaucoup.

Anne Soprani

## RUSSE À PARIS (LE)
DÉCADENCE · PARIS · PHILOSOPHE · SATIRE ·

Écrit en mai-juin 1760, ce « poème » se présente comme l'ouvrage d'un secrétaire d'ambassade russe du nom d'Alethof – russification du mot grec « Vérité ». « Petit poème », dit le sous-titre, ce qui annonce le style soutenu, l'absence de division en chants, mais non la brièveté : c'est une grande satire dialoguée de 258 vers. Juste après le double coup du discours de Lefranc* de Pompignan et de la comédie de Palissot*, parachèvement de l'opération Cacouacs*, Voltaire accentuait son engagement aux côtés des Philosophes. Le thème est celui d'une crise où « tout citoyen qui pense »

risque d'être sacrifié : la décadence serait proche, elle est peut-être commencée ; des notes circonstanciées louent donc les mérites des Encyclopédistes, sapent le crédit du pauvre Pompignan et anticipent le repentir de Palissot – sur ce dernier point, la tactique se révéla défaillante. Mais la mise en œuvre est gaie, ingénieuse, pleine de mots et de trouvailles. On s'arracha dans Paris cette satire de Paris. Montesquieu y avait amené des Persans, Voltaire y conduit un Russe, qui dialogue avec un Parisien. Venu s'éclairer, se former, s'amuser aussi, le Russe apprend avec tristesse que « la raison sans retour abandonne Paris » : le Parlement fait de l'obstruction, les jansénistes des convulsions, la littérature menace d'être dominée par les Chaumeix*, les Berthier* et autres Trublet*, et Pompignan l'antiphilosophe veut absolument faire savoir « à tout l'univers »

*Que le roi lit sa prose et même encore ses vers.*

Seuls réussiront bientôt les hypocrites « qui se sont faits dévots de peur de n'être rien ». Le tableau s'assombrit encore des souvenirs du beau siècle de Louis XIV : « Votre nuit est venue après le plus beau jour », gémit le Russe. Verra-t-on bientôt s'amender « les aimables Français » ? Le Parisien l'espère, mais le mot de la fin reste au voyageur : « Adieu, je reviendrai quand ils seront changés. » Voltaire alias le Parisien, alias le Russe, alias Alethof, attendit quant à lui jusqu'en 1778, et entre-temps inventa les Welches*.

*André Magnan*

## RUSSIE

CATHERINE II • *HISTOIRE DE CHARLES XII* • *HISTOIRE DE L'EMPIRE DE RUSSIE SOUS PIERRE LE GRAND* • PIERRE LE GRAND • SCHOUVALOV •

La Russie occupe une place très particulière dans l'historiographie et les intérêts de Voltaire. Elle le passionne autant que l'Angleterre ou la Prusse. N'a-t-il pas consacré deux ouvrages à Pierre le Grand, chanté, avec assez peu de modération, les louanges de Catherine II, « la Sémiramis du Nord », fréquenté les milieux diplomatiques russes, servi d'intermédiaire pour les achats artistiques russes en France et ce que nous appellerions aujourd'hui plus largement les échanges culturels franco-russes ? Il n'est pas, dans ce domaine, vraiment original. La Russie fascine : de nombreux intellectuels et artistes (Le Mercier de La Rivière, Leprince, Falconet...), des aventuriers aussi (comme Pictet* « le géant »), partent s'installer en Russie ; Diderot s'exalte et veut apprendre le russe, voyage en Russie et en revient avec pour mission de se faire propagandiste du *Nakaz*, la grande Instruction réformatrice donnée par Catherine en personne à la Commission des Lois

qu'elle avait instituée. On parle dans les salons parisiens, un peu moins que de la Chine sans doute, des progrès accomplis, de l'immensité du territoire, des horreurs commises par Pougatchev et ses cosaques révoltés. Il y a donc l'air du temps, une rencontre à travers l'épopée de Charles XII avec Pierre le Grand, presque accidentelle, et la conscience pour l'historien que la Russie constitue doublement un lieu et un temps privilégiés. Elle est le lieu où naissent et agissent ce que Voltaire définit comme les grands hommes : Pierre le Grand en amont et, immédiatement contemporaine, Catherine, la réformatrice de la justice ; en elle se lit, soudain visible, le processus d'une émergence à la civilisation, au progrès et à la raison, on dirait aujourd'hui : à la modernité. Il n'en fallait pas tant pour faire de la Russie un modèle.

*Jean Goulemot*

*Qui eût dit dans le siècle passé que les Russes feraient trembler l'empire ottoman, et qu'ils enverraient une armée de quarante mille hommes contre la France ? Ils étaient soumis aux Tartares, il y a trois siècles ; et si jamais l'empire de Constantinople tombe, ce sera par leurs mains. Les Russes disciplinés vaincront les janissaires indisciplinables, qui les méprisent. [...]*
*Lorsqu'en Russie des tsars effrayaient la nature par tant de supplices épouvantables, dont ils étaient autrefois les exécuteurs, prévoyait-on qu'il viendrait une impératrice qui ferait vœu de ne condamner personne à la mort, et qui serait fidèle à ce serment ?*

*Pensées sur le gouvernement, 1752.*

# S

> *Ceux qui chipotent et qui s'en vont disant : « L'aurons-nous in-4°? L'aurons-nous in-8°? Aurons-nous pour deux louis 8 ou 10 volumes (avec trente-huit estampes) qui coûteraient dix louis, et qui ne pourraient paraître que dans trois ans » sont de plaisantes gens. Mais c'est l'affaire des Cramer et non la mienne. Je ne me charge que de me tuer de travail et de souscrire.*
>
> *À d'Argental, 24 août 1761.*

## SABATIER DE CASTRES, abbé Antoine Sabatier, dit

Ce clerc tonsuré (1742-1817), écrivain et polygraphe, est un transfuge du mouvement philosophique. Soutenu par Helvétius* qui lui verse une pension de 1 200 francs, il apporte d'abord de lui-même à Voltaire en 1767, depuis Castres, un témoignage utile en faveur de Sirven*. Mais trois ans plus tard, il choisit brusquement de passer dans l'autre camp, et publie un *Tableau philosophique de l'esprit de M. de Voltaire* (1771), vaste recueil de ses polémiques littéraires et de leurs répliques, supposé écrit après sa mort et publié « À Genève, chez les frères Cramer ». À cette date, le patriarche de Ferney est au sommet de sa gloire et bien vivant encore. Une réponse cinglante parut deux ans plus tard, la *Lettre d'un père à son fils faisant l'auteur et le bel esprit à Paris*, donnée comme imprimée « À Castres », dont l'attribution reste incertaine.

Sabatier récidiva dans une sorte de dictionnaire des auteurs intitulé *Les Trois Siècles de notre littérature* (1772), ouvrage remarqué, où il consacre à l'idole du siècle une longue notice dénonçant ses étonnantes « contrariétés ». Une raison lumineuse et toutes les petitesses des passions, la variété de l'érudition et les bévues de l'ignorance. Comme poète épique, Voltaire n'a pas le sens du merveilleux, comme prosateur il est trop animé par le souci de plaire, et comme historien il renverse sans honte les traditions les

plus sacrées; mais surtout il veut passer pour un littérateur universel, dépositaire du génie de tous les arts. Bref, Sabatier faisait carrière côté bien-pensant. Dans ses lettres, Voltaire l'appelle «Sabotier» ou «Savatier». Il ne fit pas usage d'anciens autographes de Sabatier, qu'on retrouva, datant du temps où Helvétius le protégeait, dont une analyse matérialiste de Spinoza et des lettres remplies «d'ordures de bordel»; mais il cria derechef contre «la sainte cabale», et railla la nouvelle recrue dans une dizaine d'écrits fugitifs, satires, opuscules, fragments, et jusque dans une révision de *La Pucelle*.

André Magnan

## SADE, Donatien Alphonse, marquis de

«Ne diront-ils pas avec l'ange Jesrad de *Zadig* qu'il n'y a aucun mal dont il ne naisse un bien?» Dès l'ouverture de *Justine ou les Malheurs de la vertu*, le marquis de Sade (1740-1814) tient à citer le maître à penser de tous ceux qui se rendent à l'évidence du mal sur terre et n'ont de foi qu'en la raison. Son père, le comte de Sade (1702-1767), avait été en correspondance suivie avec Voltaire, qui n'hésitait pas à leur adresser, à lui et ses deux frères, une épître badine, sinon grivoise:

> *Trio par qui Laure aujourd'hui,*
> *Revient de la fatale barque,*
> *Vous qui baisez mieux que Pétrarque,*
> *Et rimez aussi bien que lui...*

La famille de Sade, originaire de Provence, prétendait en effet descendre de la maîtresse de Pétrarque. Le marquis hérite de son père à la fois le goût pour la littérature et l'admiration pour Voltaire. Il a lu le philosophe et l'historien, le conteur et le dramaturge. Lorsque l'édition de Kehl* est annoncée, il s'empresse, de la prison de Vincennes, de mander à sa femme d'y souscrire. Mais sans attendre 1780, il a dévoré le théâtre (il cite dans ses lettres des vers d'*Alzire* ou de *Zaïre*), l'*Essai sur les mœurs* et l'*Histoire de l'empire de Russie sous Pierre le Grand*, les *Éléments de la philosophie de Newton* et le *Dictionnaire philosophique*, tous titres qu'on retrouve dans son inventaire après décès. Sa disponibilité de prisonnier lui permet en effet de lire et de relire des textes dont il s'imprègne. Il encourage sa femme à faire de même et à y gagner un peu de philosophie: «On ne saurait trop relire les ouvrages d'un tel homme. Je vous exhorte à les lire, les eussiez-vous lus mille fois, car c'est toujours nouveau et toujours délicieux.»

Ces lectures voltairiennes sont patentes dans les propres œuvres du mar-

quis. Ce n'est pas le seul début des *Infortunes*, devenues *Justine*, puis *La Nouvelle Justine*, qui se réfère à *Zadig*, titre salué avec *Candide*, dans l'*Idée sur les romans*, parmi les chefs-d'œuvre qui ne passeront pas. Rodin, le chirurgien scélérat des *Infortunes* puis de *Justine*, évoque d'après un poème de Voltaire «l'opinion» devenue «reine du monde», et le président de la Société des amis du crime, dans *Juliette*, cite le début de l'article «Amour» du *Dictionnaire philosophique* pour écarter toutes les illusions métaphysiques sur une réalité qui est d'abord physique.

Le polémiste anticlérical et ironique remplit d'aise enfin l'auteur de *La Philosophie dans le boudoir*: «l'adroit Voltaire», y explique Dolmancé, en prononçant le célèbre «Français, encore un effort...», en plein contexte révolutionnaire, a plus fait contre le christianisme que toutes les persécutions. C'est en athée, jouissant d'une hypocrisie digne de Don Juan, que Sade travestit le philosophe déiste, soucieux d'ordre social. Il se réjouit de voir «le grand Voltaire bâtir à Notre Seigneur une Église, de la même main dont il a composé» les vers blasphématoires de *La Pucelle*. Sans avouer son emprunt, il place dans la bouche du marquis de Bressac dans *Justine*, cet autoportrait en sodomite matricide, l'essentiel des *Questions\* de Zapata*; mais alors que Zapata se présentait comme un chrétien respectueux, puis un déiste sincère, ses «questions», réécrites par Sade, tournent au brûlot ouvertement incendiaire contre la religion même. Sur le texte voltairien, qu'il coupe, condense et tire à lui, Sade opère au fond le même travail que Voltaire avait lui-même opéré sur le curé Meslier.

Michel Delon

*Si, plein de respect pour nos conventions sociales, et ne s'écartant jamais des digues qu'elles nous imposent, il arrive malgré cela que nous n'ayons rencontré que des ronces, quand les méchants ne cueillaient que des roses, des gens privés d'un fond de vertus assez constaté pour se mettre au-dessus de ces remarques ne calculeront-ils pas alors qu'il vaut mieux s'abandonner au torrent que d'y résister? Ne diront-ils pas que la Vertu, quelque belle qu'elle soit, devient pourtant le plus mauvais parti qu'on puisse prendre quand elle se trouve trop faible pour lutter contre le vice, et que dans un siècle entièrement corrompu, le plus sûr est de faire comme les autres? Un peu plus instruits, si l'on veut, et abusant des lumières qu'ils ont acquises, ne diront-ils pas avec l'ange Jesrad de «Zadig» qu'il n'y a aucun mal dont il ne naisse un bien, et qu'ils peuvent d'après cela se livrer au mal, puisqu'il n'est dans le fait qu'une des façons de produire le bien?*

Marquis de Sade, Justine ou les Malheurs de la vertu, 1791.

## SAGGIO INTORNO AI CAMBIAMENTI AVVENUTI SU'L GLOBO DELLA TERRA

Voir *DISSERTATION SUR LES CHANGEMENTS ARRIVÉS DANS NOTRE GLOBE ET SUR LES PÉTRIFICATIONS.*

## SAINT-BARTHÉLEMY

FANATISME • *HENRIADE (LA)* • RELIGION •

La Saint-Barthélemy hante l'œuvre entière, sur plus d'un demi-siècle, depuis *La Ligue* qui en détaille minutieusement les horreurs, jusqu'à des *Stances pour le 24 août 1772*, dressant contre l'oubli, entre honte et pardon, le souvenir bicentenaire : « Jour fatal, jour affreux au monde... » Comme poète, historien, philosophe, Voltaire a toujours été sollicité par l'événement ; il l'a presque mythifié, contre l'esprit de machiavélisme et d'orthodoxie : c'est, pour les temps modernes, « le plus grand exemple du fanatisme ».

On a de sa main, en 1722, un programme d'estampe pour le chant II de *La Ligue* : « Une foule d'assassins et de mourants, un moine en capuchon, un prêtre en surplis, portant des croix et des épées. L'amiral de Coligny qu'on jette par la fenêtre ; le Louvre, la reine mère et toute la famille royale sur un balcon, une foule de morts à leurs pieds. » Voltaire avait lu tout ce qu'on pouvait lire sur le sujet, le père Daniel, Mézeray qu'il suit de préférence, Maimbourg et Varillas, et même des mémoires manuscrits, qu'il exploitera encore en 1727 dans son *Essay\* upon the Civil Wars of France*. Sa lecture de l'événement dégage d'emblée un sens politique : le fanatisme de foi, entre prêtres, peuples et princes, corrompt le pouvoir même et le lien social, les déshumanise, et ne peut qu'entretenir sans fin le cycle des persécutions – sympathique aux victimes, il analyse en eux le syndrome du martyr et du prophète. Le projet d'estampe resta naturellement en carton, avec la dédicace refusée du poème au jeune Louis XV. Ces prêtres et ces croix ne pouvaient passer, ni l'amiral défenestré, ni la royauté se repaissant de massacres à un balcon du Louvre. L'auteur de *La Henriade* dut se contenter, dans l'édition illustrée de 1728, d'une fresque soldatesque hérissée de poignards – corps crispés, bouches tordues, regards morts –, plus humaine que politique, et par là peut-être plus émouvante, à la « Guernica ».

L'*Essai\* sur les mœurs*, en revenant sur le sujet en 1756, dénonce plus clairement, dans cette « fureur religieuse », un principe d'« anarchie » – c'est toute la base aussi du *Traité\* sur la tolérance*. Français contre Français, « la nation » s'est trouvée perdre en un jour 60 000 hommes, femmes et enfants, sans compter les horribles suites.

Dans le discours général de Voltaire sur l'histoire de la France moderne, la

Saint-Barthélemy reste la référence centrale, le contre-exemple fondateur des vertus politiques de la liberté religieuse, le symbole absurde des « guerres civiles » dites de religion et d'une intolérance d'État nuisible aux vrais intérêts de l'État. Cette neutralisation des contenus de dogme donna bien sûr ample matière aux réfutateurs, particulièrement à Nonnotte*, et surtout à un abbé Novi de Caveyrac, auteur en 1758 d'une dissertation apologétique sur la Saint-Barthélemy conforme aux positions officielles de l'Église du temps. C'est par pure boutade que Voltaire a pu dire en 1778 à Condorcet*, qui rapporte ce mot, qu'il ne désespérait pas de proposer à l'Académie, pour sujet d'un prochain prix, l'éloge de Coligny – rien de tel ne s'annonçait. Des *Stances* commémoratives de 1772, il avait fait tirer, d'après Duvernet, son premier biographe, des exemplaires à l'encre rouge. Un dernier fait est signalé dans la vieillesse de Voltaire, singulier, et même étrange. Il l'a confié lui-même à quelques amis, Wagnière* l'atteste, Villette* dit l'avoir observé : tous les ans, le 24 août, jour de la Saint-Barthélemy, le vieil anticlérical était pris de fièvre. Aux saints stigmates l'impie peut au moins répondre en somatisant.

*André Magnan*

> *Je ne vous peindrai point le tumulte et les cris,*
> *Le sang de tous côtés ruisselant dans Paris,*
> *Le fils assassiné sur le corps de son père,*
> *Le frère avec la sœur, la fille avec la mère,*
> *Les époux expirant sous leurs toits embrasés,*
> *Les enfants au berceau sur la pierre écrasés :*
> *Des fureurs des humains c'est ce qu'on doit attendre.*
> *Mais ce que l'avenir aura peine à comprendre,*
> *Ce que vous-même encore à peine vous croirez,*
> *Ces monstres furieux, de carnage altérés,*
> *Excités par les voix des prêtres sanguinaires,*
> *Invoquaient le Seigneur en égorgeant leurs frères ;*
> *Et, le bras tout souillé du sang des innocents,*
> *Osaient offrir à Dieu cet exécrable encens.*
>
> *La Henriade, 1728, chant II.*

*Le successeur de saint Pierre et son consistoire ne peuvent errer ; ils approuvèrent, célébrèrent, consacrèrent l'action de la Saint-Barthélemy : donc cette action était très sainte ; donc de deux assassins égaux en piété, celui qui aurait éventré vingt-quatre femmes grosses huguenotes doit être élevé en gloire du double de celui qui n'en aura égorgé que douze.*

*Traité sur la tolérance, 1763, chap. XI.*

## SAINT-CLAUDE

AFFAIRES • SERVAGE •

Des habitants de Franche-Comté, vers le Mont-Jura, étaient encore maintenus en servage, en plein XVIII$^e$ siècle, sur les terres d'une ancienne communauté bénédictine de quelque vingt moines. Sécularisés en 1742, et devenus chanoines de l'abbaye de Saint-Claude, ces religieux jouissaient toujours de l'ancien droit de mainmorte, qui donnait aux seigneurs la disposition des biens de leurs serfs. Voltaire alerté s'empara de cette nouvelle affaire au début de 1770, et multiplia les démarches à Versailles : en mai, une requête *Au roi en son conseil pour les sujets du roi qui réclament la liberté de la France* ; en octobre, une *Nouvelle Requête au roi en son conseil* ; puis *La Coutume de Franche-Comté* et la *Supplique des serfs de Saint-Claude à M. le Chancelier* en 1771, *La Voix du curé sur le procès des serfs du Mont-Jura* en 1772, l'*Extrait d'un mémoire pour l'entière abolition de la servitude en France* en 1775 et enfin une *Supplique à M. Turgot* en 1776.

Cette énumération montre à elle seule qu'en dépit de tous ses efforts, les « chers Saints-Claudiens » étaient toujours serfs à la mort de Voltaire en 1778. « Je vais mourir bientôt en détestant les persécuteurs » écrit-il encore en janvier 1778 à l'avocat Christin*. Les serfs du Mont-Jura ne seront affranchis qu'à la Révolution, dès l'automne de 1789. On peut voir à Saint-Claude (Jura) une statue de Voltaire érigée en 1887 en mémoire de son action.

*Anne Soprani*

## SAINT-JULIEN, Anne Madeleine Louise Charlotte Auguste de La Tour du Pin, Mme de

AMITIÉ • CORRESPONDANCE • FERNEY •

*L'esprit, l'imagination,*
*Les grâces, la philosophie.*
*L'amour du vrai, le goût du bon,*
*Avec un peu de fantaisie ;*
*Assez solide en amitié,*
*Dans tout le reste un peu légère :*
*Voilà, je crois, sans vous déplaire,*
*Votre portrait fait à moitié.*

De Mme de Saint-Julien, Voltaire fit ce petit portrait en huit vers de huit pieds. Elle était séparée de son mari, receveur du clergé du pays de Gex, et c'est avec son frère, le marquis de La Tour du Pin, commandant de

Bourgogne, qu'elle apparut pour la première fois à Ferney, en 1766. Elle n'avait pas 30 ans. Elle plut aussitôt à Voltaire. Il lui trouvait «l'éloquence» de Mme du Châtelet, «l'enfantillage et la bonté» d'Émilie, et même «un peu de sa physionomie». Elle fut la dernière amie d'une longue vie d'amitiés féminines.

Bien introduite à la cour, parente du duc de Choiseul*, amie de Richelieu*, Mme de Saint-Julien le soutint dans plusieurs affaires. Dès le début de leur relation, elle portait à la cour «petits mémoires» et lettres de Voltaire, en faveur d'une famille huguenote qu'il protégeait, les d'Espinas; plus tard, elle soutint sa campagne de réhabilitation de Lally. Elle demeura aussi attentive à la création de «la colonie» de Ferney et aida au développement des manufactures. Il l'appela «papillon philosophe», enchanté de sa vivacité, de son «imagination brillante», de sa bonne volonté à le servir auprès des grands.

Il subsiste une soixantaine de lettres de leur correspondance, relation affectueuse, qui révèle chez Voltaire le désir de plaire et de garder une amitié devenue précieuse. Mme de Saint-Julien ne le déçut jamais. Elle séjourna à Ferney durant l'été 1772, elle y revint «battre des ailes» en 1775. Elle décida alors de se faire bâtir un petit hôtel près du château de son «vieux hibou», mais les fondations s'écroulèrent, et les travaux furent suspendus. Dans les dernières semaines de Voltaire à Paris, Mme de Saint-Julien le revit souvent, vigilante amie, réglant encore pour lui des détails matériels où il s'embrouillait un peu.

*Anne Soprani*

*Je sais bien ce que je désire, mais je ne sais ce que je ferai. Je suis malade, je souffre de la tête aux pieds, il n'y a que mon cœur de sain, et cela n'est bon à rien.*
*À Mme de Saint-Julien, mai 1778.*

## SAINT-LAMBERT, Jean François, marquis de

CHÂTELET (MME DU) • GENS DE LETTRES • POÉSIE •

Voltaire avait rencontré le jeune marquis de Saint-Lambert (1716-1803) lors de son premier séjour à la cour de Lorraine* en 1735, et entretenu une relation assez formelle avec ce gentilhomme qui se piquait de poésie. Il le retrouva en 1748 et 1749, durant ses deux séjours à Lunéville*. Officier de la garde du roi Stanislas*, protégé de Mme de Boufflers*, le marquis était alors l'homme à la mode de la petite cour. Le nom de Saint-Lambert est lié, dans l'histoire de Voltaire, aux dernières amours éperdues de Mme du Châtelet. Très seule affectivement, et dans l'euphorie d'une cour empreinte de légèreté, Émilie succomba avec tous les excès de la passion au charme

du nonchalant marquis, puis elle eut la douleur et la honte de l'en voir indigne, et mourut en accouchant de leur enfant. Voltaire, amoureux pourtant de Mme Denis* à cette époque, vécut mal cette fin tragique.

À Paris, Saint-Lambert se rapprocha des Philosophes, fréquenta d'Holbach* et Helvétius* et fournit à l'*Encyclopédie* quelques articles, dont celui de «Génie» que Voltaire jugeait «excellent» en 1758. Le marquis ayant refusé de communiquer les lettres qu'il avait reçues de Voltaire aux éditeurs de Kehl*, il est difficile de dater précisément la reprise de leurs relations et d'apprécier les souvenirs qu'ils gardaient du passé. En 1769, Voltaire se déclarait séduit et enchanté par les *Saisons*, long poème descriptif de Saint-Lambert, qui fut en effet l'un des sommets de la poésie du temps, réédité jusqu'au XIX$^e$ siècle. Saint-Lambert fut en 1770 l'un des initiateurs de la commande faite à Pigalle* d'une statue à la gloire de Voltaire. Il fit aussi partie de la «députation extraordinaire et solennelle» des académiciens qui, le 12 février 1778, se rendit à l'hôtel de Villette pour saluer le retour à Paris d'«un homme si célèbre et si précieux à l'Académie».

*Anne Soprani*

## SAINT-PIERRE, Charles Irénée Castel, abbé de

PAIX • ROUSSEAU (JEAN JACQUES) •

De l'abbé publiciste (1658-1743), Voltaire a regretté la radiation de l'Académie française en 1718. Mais il s'est moqué de son *Projet de paix perpétuelle*, publié en 1713. Puis, le temps passant, le philosophe semble avoir un peu oublié les projets de l'abbé rêveur. La publication de l'*Extrait du projet de paix perpétuelle de l'abbé de Saint-Pierre* par Jean Jacques Rousseau, en 1761, relance les moqueries de Voltaire et excite à nouveau sa verve. Outre les nombreux lazzis adressés à ses correspondants, deux textes sont à retenir : le *Rescrit* de l'empereur de Chine* de 1761 et *De* la paix perpétuelle* de 1769. Voltaire ne s'en est pas tenu au seul projet de paix perpétuelle de l'abbé de Saint-Pierre. Il a lu ses *Annales politiques* et son *Examen de la Polysynodie*. S'il fait mérite à l'abbé d'avoir créé le mot «bienfaisance*» et de n'avoir produit que les rêves «d'un homme de bien», il lui arrive de le juger «moitié philosophe et moitié fou». À l'image des sentiments ambivalents que lui inspire l'œuvre.

*Jean Goulemot*

*La seule paix perpétuelle qui puisse être établie chez les hommes est la tolérance : la paix imaginée par un Français, nommé l'abbé de Saint-Pierre, est une chimère qui ne subsistera pas plus entre les princes qu'entre les éléphants et les rhino-*

céros, entre les loups et les chiens. Les animaux carnassiers se déchireront toujours à la première occasion.
De la paix perpétuelle, par le docteur Goodheart, 1769.

## SAINT-SIMON, Louis de Rouvroy, duc de

ANECDOTE • HISTOIRE • LOUIS XIV •

Entre le petit duc et le patriarche de Ferney, peu de points communs. Ils ont pourtant utilisé le *Journal\** de Dangeau, l'un pour ses *Mémoires* et l'autre pour ses *Anecdotes\* sur Louis XIV* (1748). Saint-Simon (1675-1755), chose étonnante, n'est pas nommé dans les lettres de Voltaire et il est absent du *Siècle de Louis XIV*. Et Voltaire n'est guère présent dans les *Mémoires*, ce qui est plus étonnant encore. Car on comprend que Saint-Simon, retiré après l'échec de la Polysynodie, soit étranger à l'univers politique, social et culturel du philosophe, mais comment expliquer que Saint-Simon qui meurt en 1755, et dont M$^e$ Arouet avait été le notaire, n'ait pas été plus attentif à la carrière de ce rejeton qui faisait tant de bruit dans le monde et dans les lettres ? Preuve que la gloire elle-même est une illusion et ne mérite parfois que deux courts paragraphes dédaigneux dans la coulée interminable des *Mémoires* d'un duc et pair. Enfin, si l'on en croit Condorcet, l'un des derniers projets de Voltaire fut de « réfuter », dans les *Mémoires* « encore secrets » de Saint-Simon, des traits de « prévention » et de « haine » auxquels la postérité pourrait donner « quelque autorité » en se fiant à la « probité reconnue de l'auteur ».

*Jean Goulemot*

*Arouet poète, depuis Voltaire, exilé.*
 *Arouet, fils d'un notaire qui l'a été de mon père et de moi jusqu'à sa mort, fut exilé et envoyé à Tulle pour des vers fort satiriques et fort impudents. Je ne m'amuserais pas à marquer une si petite bagatelle, si ce même Arouet, devenu grand poète et académicien sous le nom de Voltaire, n'était devenu, à travers force aventures tragiques, une manière de personnage dans la république des lettres, et même une manière d'important parmi un certain monde.*
Saint-Simon, *Mémoires*, année 1716.

## SAINTETÉ

APÔTRES • HUGO • RELIQUES •

« Il renversa par humilité un œuf frais sur sa barbe et prit de la bouillie avec sa fourchette ; [...] pour récompense, la Sainte Vierge lui apparut » (*La*

*Canonisation\* de saint Cucufin*, 1769). Tels sont les mérites caricaturaux qui font d'un capucin un saint, si l'on en croit Voltaire. Il y a de sobres traces de lecture dans son exemplaire des *Nouvelles Fleurs de la vie des saints* du compilateur jésuite Pedro de Ribadeneira (1526-1611), mais on devine dans quel esprit l'auteur de *La Pucelle* a parcouru ces histoires édifiantes. Même s'il a cherché, en historien, l'origine de l'invocation publique des saints et les avis du concile de Trente, il a surtout assimilé ironiquement ce culte à celui des dieux secondaires chez les païens. Tantôt il s'indigne qu'on ait canonisé des persécuteurs comme Dominique, tantôt il s'amuse des formes particulières prises par l'idolâtrie avec saint Christophe, saint Janvier ou sainte Claire. Ce n'est pas, selon lui, chez l'ermite solitaire que se rencontre la sainteté car « c'est n'être bon à rien de n'être bon qu'à soi » (*Discours en vers sur l'homme*). Il n'accepterait donc d'élever à une sorte de sainteté laïque, pour leur valeur exemplaire, dans une éducation générale du peuple, que des modèles de sagesse, d'intégrité, de courage : le chancelier de L'Hospital, de Thou, Bayard, Henri IV : c'est le second thème, plus sérieux, de *La Canonisation de saint Cucufin*.

Les voltairiens\* ne furent-ils pas tentés à leur tour par un discours hagiographique à son sujet ? On n'en a pas été bien loin, sous la Révolution, dans tel ou tel almanach\*, puis lors de la commémoration\* de 1878, quand Victor Hugo proposa de révérer en lui une sorte de Jésus de l'évangile républicain, apôtre de la cause de l'humanité.

Marie-Hélène Cotoni

*Thomas et Bonaventure ont des autels, et ceux qui ont inventé la charrue, la navette, le rabot, et la scie, sont inconnus.*
L'A. B. C., 1768, X<sup>e</sup> entretien.

*Les prêtres canoniseraient Cartouche dévot.*
*Mémoires pour servir à la vie de M. de Voltaire, écrits par lui-même,*
*1758-1760.*

*Si on me connaissait, on me canoniserait. Mais le monde est si injuste !*
*Au président Hénault, 22 juillet 1761.*

## « SALOMON DU NORD »

FLATTERIE · FRÉDÉRIC II · SURNOMS ·

*Salomon du Nord, la reine de Saba, c'est-à-dire de Cirey, joint ses sentiments d'admiration aux miens.*
À Frédéric, prince héritier de Prusse, vers le 1<sup>er</sup> juin 1737
— « la reine de Saba » est Mme du Châtelet.

En Frédéric, encore prince royal, Voltaire rêva un Salomon philosophe. Épithète de flatterie, mais d'engagement aussi, comme les surnoms concurrents de Trajan, Titus et Marc Aurèle : un idéal est proposé, dans l'esprit même de la première lettre du prince. L'expression travaillait le modèle chrétien du vrai roi, en l'investissant de valeurs nouvelles : l'amour du bien public, l'aisance répandue, la tolérance, la paix civile, la prospérité – version moderne de la justice, de la puissance et de la sagesse bibliques. Lancé par une grande épître en vers, dès 1736, repris de lettre en lettre, le beau titre fut bientôt connu de toute l'Europe.

Voltaire en revint peu à peu, sur l'évidence historique d'une vocation militaire et conquérante du Salomon de Berlin, puis dans les désillusions personnelles de son séjour en Prusse*, terminé par le rapt de Francfort*. La «Paméla*» dès 1753-1754, puis les *Mémoires* en 1758-1760 liquident le mythe. Il lui arriva de reprendre le surnom, mais distancié, y compris dans la correspondance même qu'il renoua avec Frédéric – en recouplant par exemple César et Salomon. Dans une lettre du temps de la guerre de Sept Ans, le roi de Prusse est «Salomon-Mandrin».

*André Magnan*

*Il me traitait d'homme divin ; je le traitais de Salomon. Les épithètes ne nous coûtaient rien.*
 *Mémoires pour servir à la vie de M. de Voltaire, écrits par lui-même,*
 *1758-1760.*

## SALONS

CONVERSATION · CORRESPONDANCE · COURTISAN · PARIS ·

En plus des sociétés aristocratiques, comme le Temple*, et des cours d'esprit comme celle de Sceaux*, on comptait dans Paris maints salons littéraires, où se rencontraient poètes et philosophes, souvent mêlés aux politiques, où s'échangeaient les nouvelles, et où se faisaient les carrières, et par exemple les élections à l'Académie* française. Voltaire les connut, y passa, mais ne fut l'habitué ni la vedette d'aucun salon notable. Les plus prestigieux étaient animés par Mme de Saint-Lambert, qui recevait Houdar* de La Motte, et Fontenelle*, Mme de Tencin*, qui aimait Marivaux et l'abbé Prévost, ou Mme du Deffand* qui accueillit un temps d'Alembert.

Entre 1714 et 1726, Arouet est plutôt reçu dans des petites sociétés moins en vue, chez des parlementaires dont les femmes se piquent d'esprit. Le salon de Mme de Mimeure*, celui des Ferriol*, étaient alors des sociétés d'influence politique autant que littéraire, où se retrouvaient des militaires,

des diplomates, des ecclésiastiques, des financiers, des comédiens et des hommes de lettres. À l'hôtel de Ferriol, Voltaire rencontra ainsi d'Argental* et son frère Pont de Veyle, Mme du Deffand, Mme de Tencin et Mlle Aïssé*, mais aussi lord Bolingbroke* ou le maréchal d'Huxelles. S'il ne fréquenta guère les salons proprement littéraires, Voltaire demeura toujours attentif à ce qui s'y passait. Ainsi marque-t-il de l'intérêt pour le «grand livre» de Mme Doublet, dans lequel s'inscrivaient toutes les nouvelles – mais il utilisa plutôt le réseau parallèle des d'Argental pour alimenter la grande rumeur.

En 1732, c'est chez Mme de Fontaine-Martel* que Voltaire présente *Zaïre*. Quand il eut quitté la cour et Paris, depuis ses Délices* et depuis Ferney*, il garda et cultiva ses liens avec les principales égéries littéraires de Paris, Mme d'Épinay*, Mme Necker*, Mme du Deffand toujours influente mais plus critique. À Mme Geoffrin, l'amie de Marmontel* et des Encyclopédistes, Voltaire demanda aussi des appuis en faveur de Sirven*.

Les salons littéraires restaient pour Voltaire un phénomène parisien, et assez lointain – il ne leur doit presque rien. Il participa pourtant lui-même à leur rayonnement, depuis ses retraites, par cette correspondance dont on reprenait volontiers les traits et les bons mots, les réflexions et les commentaires – ainsi présent, quoique absent, au bruissement du monde.

*Anne Soprani*

## *SAMSON*

Voir OPÉRA.

## SANS-SOUCI

FRÉDÉRIC II · POTSDAM · PRUSSE ·

La résidence du roi de Prusse Frédéric II s'élève sur une colline à Potsdam, au bas de laquelle coule la Havel. Construit en 1745-1746 par l'architecte Georg von Knobelsdorff, sur les plans du roi, ce château s'organise autour d'une rotonde revêtue de marbre. À droite du vestibule, se trouvent les chambres des hôtes, à gauche une salle à manger ornée de quelques tableaux, un petit salon où il y avait un clavecin, la chambre à coucher du roi – avec une alcôve fort riche, à laquelle Frédéric préférait cependant un lit de camp –, enfin le cabinet de travail du roi. Le château s'ouvre sur une esplanade dominant six terrasses successives qui descendent vers le

parc. Création du rococo, avec sa colonnade, ses cariatides entre de hautes fenêtres, sa grande salle de marbre, les lambris, les dorures et les tableaux de Pesne de la salle de concert, Sans-Souci est, pour Frédéric, l'asile où l'on peut être son «véritable maître». Il imprime ses œuvres sous le titre : *Œuvres du philosophe de Sans-Souci*. Frédéric n'y invitait que des intimes – on n'y vit jamais son épouse, la reine Élisabeth Christine. Le chambellan* von Voltaire y résida à maintes reprises durant son plus long séjour en Prusse, entre 1750 et 1753.

Voltaire n'a pas peu contribué à créer une vision quasi mythique de ce château où l'on fait tous les jours «des revues et des vers», que l'accent soit laudatif, dans quelques lettres du moment, ou dénigrant, après coup, dans la «Paméla*» et dans les *Mémoires**. Il resta fasciné par ces petits soupers, par ce prince hors du commun qui gouvernait familièrement son «couvent moitié militaire, moitié littéraire». Ironique quant à la pratique potsdamiste* dominante du maître, ces «amusements d'écolier» d'un roi plutôt stoïque qui donnait pourtant «quelques moments à la secte d'Épicure», sarcastique sur les menues intrigues et rivalités mesquines de ce «château d'Alcine», Voltaire exorcise ses désillusions d'homme de lettres qui s'était cru l'ami d'un monarque. Par l'écriture, il prend sa revanche, et d'abord contre sa naïveté passée.

Christiane Mervaud

*On soupait dans une petite salle dont le plus singulier ornement était un tableau dont il avait donné le dessin à Pesne, son peintre, l'un de nos meilleurs coloristes. C'était une belle priapée. On voyait des jeunes gens embrassant des femmes, des Nymphes sous des Satyres, des Amours qui jouaient au jeu des Encolpes et des Gitons, quelques personnes qui se pâmaient en regardant ces combats, des tourterelles qui se baisaient, des boucs sautant sur des chèvres et des béliers sur des brebis.*

*Les repas n'étaient pas souvent moins philosophiques. Un survenant qui nous aurait écoutés, en voyant cette peinture, aurait cru entendre les sept sages de la Grèce au bordel. Jamais on ne parla en aucun lieu du monde avec tant de liberté de toutes les superstitions des hommes, et jamais elles ne furent traitées avec plus de plaisanteries et de mépris. Dieu était respecté, mais tous ceux qui avaient trompé les hommes en son nom n'étaient pas épargnés.*

*Il n'entrait jamais dans le palais ni femmes ni prêtres. En un mot, Frédéric vivait sans cour, sans conseil et sans culte.*

*Mémoires pour servir à la vie de M. de Voltaire, écrits par lui-même,*<br>*1758-1760.*

## SARTRE, Jean-Paul

« ZIUTHRE » •

En novembre 1960, alors que Sartre demandait à être inculpé dans l'affaire des 121, Charles de Gaulle aurait déclaré en sa faveur : « Laissez faire les intellectuels [...]. On n'arrête pas Voltaire. » Le 2 octobre précédent, après le Conseil des ministres qui avait sanctionné les signataires du « Manifeste des 121 », il avait déjà affirmé : « Je pardonne à Voltaire, mais pas aux serviteurs de l'État. » Sartre lui-même s'est-il identifié à Voltaire ? Oui, mais à un autre Voltaire que celui du général de Gaulle, moins intouchable et plus romanesque.

Lorsqu'il construit sa théorie de l'engagement, avec les articles des *Temps modernes* rassemblés dans *Situations II* (1948), recueil d'articles publiés dans *Les Temps modernes*, Jean-Paul Sartre (1905-1980) se réfère plusieurs fois à Voltaire comme à une figure exemplaire. Le militant, défenseur de Calas, remplit exactement la mission qui incombe, selon lui, à l'écrivain : s'emparer d'une affaire ou la créer de toutes pièces, user de toutes les formes d'interventions publiques pour faire triompher ce qu'on estime être une juste cause. Dans le palmarès des écrivains auxquels Sartre décerne un brevet d'engagement, Voltaire occupe donc une bonne place, car il a su mesurer sa « responsabilité » en assumant ce que l'auteur appelle une « situation ». Dans l'idéologie et dans ce qu'il faut bien appeler la mythologie sartrienne, Voltaire voisine avec ces autres intellectuels modèles que sont Émile Zola et André Gide, quand ils prennent part aux affaires de la cité. La phrase est célèbre : « Je tiens Flaubert et Goncourt pour responsables de la répression qui suivit la Commune parce qu'ils n'ont pas écrit une ligne pour l'empêcher. Ce n'était pas leur affaire, dira-t-on. Mais le procès de Calas, était-ce l'affaire de Voltaire ? La condamnation de Dreyfus, était-ce l'affaire de Zola ? L'administration du Congo, était-ce l'affaire de Gide ? »

Voltaire est aussi au centre d'une réflexion portant sur le public historique auquel s'adresse l'écrivain et en particulier le philosophe du XVIII$^e$ siècle. Celui-ci viserait à la fois la « bourgeoisie » – mais qu'est-ce que la « bourgeoisie » au XVIII$^e$ siècle ? – et la noblesse. Les intellectuels, ces perpétuels déclassés, seraient aussi à la recherche d'une reconnaissance des monarques européens tout en aspirant à garder une indépendance de jugement. Cette bâtardise de statut créerait l'avènement d'une conscience déchirée, elle-même annonciatrice d'une autonomie de la littérature. Voltaire, par les relations qu'il entretient avec les grands, serait un des modèles canoniques de cette situation : « Depuis sa bastonnade, son embastillement, sa fuite à Londres, jusqu'aux insolences du roi de Prusse, la vie de Voltaire est une suite de triomphes et d'humiliations. »

Sartre interprète ainsi la vie de Voltaire à travers la notion de « conscience malheureuse », mais aussi à l'aide du schéma héroïque qui, selon *Les Mots* (1963), a modelé sa propre enfance. Renonçant à imiter Pardaillan, « Poulou » avait renoué « par humilité » avec les écrivains, ces « foutriquets », en particulier avec un maigre Voltaire en martyr ridicule : « Ils avaient été des enfants rachitiques, en cela au moins je leur ressemblais ; ils étaient devenus des adultes malingres, des vieillards catarrheux, je leur ressemblais en cela ; un noble avait fait rosser Voltaire et je serais cravaché, peut-être, par un capitaine, ancien fier-à-bras de jardin public. »

*Didier Masseau*

## SATIRE (Pratique de la)

CONVERSATION • GENS DE LETTRES • GOÛT • POLÉMISTE •

En matière de satire, la différence est grande chez Voltaire entre la théorie et la pratique. En théorie, il la maudit – à l'unisson de ses contemporains. Il est vrai qu'elle fait des ravages dans les milieux littéraires ; il suffit d'un peu de méchanceté et de mauvaise éducation pour remplir quelques dizaines de vers et trouver un libraire, qui trouvera des pratiques. Des vers satiriques ont provoqué le tragique destin de Jean Baptiste Rousseau*, le grand poète lyrique, première référence du jeune Voltaire : l'« affaire des couplets » l'a fait bannir à vie. Et puis, il y a chez Voltaire une préoccupation permanente de renom littéraire. Se consacrer à la satire, se faire connaître comme un « satirique », voilà qui nuit à l'image du grand écrivain qu'il entend être : le prestige doit venir des genres nobles et de la participation à la plus haute vie intellectuelle. Mais la satire est aussi justifiée par d'illustres exemples, celui du poète latin Horace*, universellement admiré, celui de son émule Boileau*, autre référence évidente du jeune Voltaire – dans sa vieillesse encore, il adressera à l'un et à l'autre, dans l'au-delà, une épître*. De sorte que, dans la pratique, Voltaire s'accommode de la satire, à deux conditions près : qu'elle ne le vise pas, même de loin (il n'a pas pardonné à Desfontaines sa *Voltairomanie**), et qu'elle ne lui crée pas d'ennuis. Les réserves théoriques le conduisirent seulement à ne pas signer ses satires – mais il ne les déguisa pas : on le reconnut presque toujours.

Il en fit donc presque constamment : car au fond, sa vision du monde est essentiellement satirique. Ce ne sont pas seulement les individus, les particuliers, Fréron*, Trublet*, Lefranc* de Pompignan, dont il voit d'emblée les ridicules ou les faiblesses ; des groupes sociaux entiers sont visés, les jésuites, les Parisiens, les journalistes sous la figure du folliculaire*, les Français fouaillés comme Welches*. Enfin l'homme lui-même, déchu de ses fausses

grandeurs, est pitoyablement risible : c'est le thème bouleversant de cent textes, dont le plus beau est peut-être une satire en vers de 1768, *Le Marseillais et le lion*. Égaré au fond de l'Afrique, un commerçant de Marseille rencontre un lion qui le dépouille d'un coup de patte et découvre soudain

> *Un corps faible monté sur deux fesses de singe,*
> *À deux minces talons deux gros pieds attachés,*
> *Par cinq doigts superflus dans leur marche empêchés,*
> *Deux mamelles sans lait, sans grâce, sans usage,*
> *Un crâne étroit et creux couvrant un plat visage...*

Tels sommes-nous, nous qui nous prenons pour les rois de l'Univers.

Une demi-douzaine de satires, en un sens plus convenu, sont identifiées dans les œuvres de Voltaire. Ce sont des pièces de vers de plusieurs pages, dont chacune a un sujet assez général, mais rattaché à un personnage ou un incident. Elles datent de toutes les époques de la vie de Voltaire. La plus célèbre est *Le Mondain**\* (1736) : il s'y moque de la nostalgie des temps primitifs et des mœurs champêtres, et à l'inverse des satires de la tradition, fait l'éloge du temps présent. *Le Russe\* à Paris* (1760) raille le caractère superficiel des Français, et passe en revue les ennemis des philosophes et autres plumitifs que déteste Voltaire, pour se plaindre de l'intérêt qu'ils suscitent. De la même époque, *La Vanité\** accable de ridicule le malheureux Lefranc de Pompignan, et *Le Pauvre\* Diable* met en scène un écrivain raté, une sorte de Neveu de Rameau, nouvelle occasion d'évoquer les cercles littéraires que Voltaire craint ou méprise.

Des œuvres d'allure plus grave comme les *Discours\* en vers sur l'homme* pourraient à certains égards être rangées dans le même genre : ainsi le premier discours, « De l'égalité des conditions », fait défiler avec humour gens d'Église, princes et favoris, jeunes gens à la mode, avec des anecdotes significatives. C'est que la satire voltairienne, à l'école de Boileau, est un discours en vers, à sujet moral, qui emprunte son ton à celui de la conversation et sa matière à l'observation sociale. Mais en pratique, la satire annexe aussi la prose : les contes, les facéties sont riches d'une satire indirecte et diffuse. Ainsi, *Le Monde\* comme il va* (1764) : c'est un conte en prose, mais le développement est proprement satirique, puisque le héros inspecte tour à tour les divers milieux de la société de Babylone-Paris, et le titre même résume, on l'aura remarqué, le sujet de toute satire.

*Sylvain Menant*

## SAÜL, TRAGÉDIE TIRÉE DE L'ÉCRITURE SAINTE

BIBLE • DAVID • POLITIQUE • TRAGÉDIES •

Parue en 1763, dénoncée, condamnée, bientôt mise à l'Index, cette « tragédie » était injouable. Mais elle fut constamment réimprimée dans les recueils interdits de *L'Évangile\* de la raison*, visant à « écraser l'Infâme ». Elle devrait en fait avoir pour titre *David* : plus que Saül, l'ancêtre du Christ en est le héros. Rompant avec la tradition sacrée qui présentait David comme « l'homme selon le cœur de Dieu », Voltaire, en lui opposant sa propre interprétation de la Bible, vise aussi la *Politique* de Bossuet, où le « saint roi », le « modèle des princes », est longuement donné en exemple aux monarques modernes.

La tradition théâtrale n'y est pas moins bousculée. « Tragédie » d'après l'édition originale, mais rebaptisée « hyperdrame héroï-comique » dans une réimpression de 1764, cette pièce viole les unités : elle se déroule en cinq lieux différents, et embrasse deux ou trois générations ; écrite en prose, d'une brièveté inusuelle, elle fait aussi appel au burlesque et mêle l'horreur à la farce. Voltaire y a recours à son arme favorite contre le sacré : la réduction à l'absurde. Les personnages, des sortes de pantins échappés de Guignol, obéissent à une logique aberrante, assumant leurs crimes avec une fausse naïveté désarmante, un peu à la manière du Père Ubu. Et Saül, bien sûr, est excusé : s'il a désobéi au Ciel, c'est pour exercer la clémence divine ; il est au fond plus bête que méchant... Quant à David, son gendre, ce n'est qu'un rebelle, un bandit de grands chemins, fourbe et assassin, adultère et débauché, comme dans l'article qui lui sera consacré, en 1767, dans le *Dictionnaire philosophique*. Les « mensonges » et les « absurdités » de la Bible, que Voltaire prétend suivre et rendre à la lettre, sont même « authentifiés » par de nombreux renvois en note aux textes sacrés. Mais nous savons comment Voltaire lisait la Bible...

On s'arracha ce brûlot scandaleux, tandis que la critique se tut. Quelques voix s'élevèrent : les *Mémoires secrets* condamnent « cette horreur dans le goût de *La Pucelle* », et *L'Année littéraire* ce « manuscrit infâme de quelque scélérat sans génie ».

*Henri Lagrave*

DAVID : *Paix là donc, paix là : êtes-vous folles, vous autres ? Il est bien question de vous quereller, quand l'horreur des horreurs est sur ma maison.*
BETHSABÉE : *Quoi donc, mon cher amant ! Qu'est-il arrivé ?*
ABIGAÏL : *Mon cher mari, y a-t-il quelque nouveau malheur ?*
DAVID : *Voilà-t-il pas que mon fils Ammon, que vous connaissez, s'est avisé de violer sa sœur Thamar, et l'a ensuite chassée de sa chambre à grands coups de pied dans le cul !*

ABIGAÏL : *Quoi donc ! n'est-ce que cela ? Je croyais à votre air effaré qu'il vous avait volé votre argent.*
DAVID : *Ce n'est pas tout ; mon autre fils Absalon, quand il a vu cette tracasserie, s'est mis à tuer mon fils Ammon : je me suis fâché contre mon fils Absalon ; il s'est révolté contre moi, m'a chassé de ma ville de Hérus-Chalaïm, et me voilà sur le pavé.*
BETHSABÉE : *Oh ! ce sont des choses sérieuses cela.*
ABIGAÏL : *La vilaine famille que la famille de David ! Tu n'as donc plus rien, brigand ? Ton fils est oint à ta place ?*
DAVID : *Hélas ! oui ; et, pour preuve qu'il est oint, il a couché sur la terrasse du fort avec toutes mes femmes l'une après l'autre.*
ABIGAÏL : *Ô ciel ! que n'étais-je là ! j'aurais bien mieux aimé coucher avec ton fils Absalon qu'avec toi, vilain voleur, que j'abandonne à jamais : il a des cheveux qui lui vont jusqu'à la ceinture, et dont il vend des rognures pour deux cents écus par an, au moins : il est jeune, il est aimable, et tu n'es qu'un barbare débauché, qui te moques de Dieu, des hommes, et des femmes : va, je renonce désormais à toi, et je me donne à ton fils Absalon, ou au premier Philistin que je rencontrerai. (À Bethsabée, en lui faisant la révérence.) Adieu, madame.*
BETHSABÉE : *Votre servante, madame.*

Saül, 1763, acte IV, scène II
– avec quatre références justificatives à la Bible dans les éditions du temps.

## SAUVAGES

AFRIQUE • AMÉRIQUE • CIVILISATION • HOMME • *INGÉNU (L')* • NATURE • PROGRÈS • ROUSSEAU (JEAN JACQUES) •

À la différence de Jean Jacques Rousseau, de Bougainville qu'il a lu, de Diderot même, Voltaire ne croit pas à ce « bon sauvage », habitant d'un paradis perdu dont l'homme civilisé devrait éprouver une nostalgie sans remède, rêve aboli d'une existence sans maladie, sans appréhension de la mort, sans besoins artificiels, sans luxe, sans passions, et donc sans inquiétude. Quel que soit son pessimisme quant à leur possible évolution, Voltaire ne ressent le plus souvent ni mépris ni haine pour ces sauvages qui représentent l'enfance de toute humanité. Qu'il ait éprouvé une trouble curiosité pour les anomalies physiques des Hottentots\* (testicule coupé pour les hommes, tablier ventral pour les femmes) ou des Samoyèdes (noirceur des mamelles), qu'il ait comparé des récits de voyages et consulté des mémoires (il en fait mention dans l'*Histoire*\* *de l'empire de Russie sous Pierre le Grand*), qu'il ait reconnu chez les primitifs un sens atrophié du temps, un instinct de vertu puisqu'ils ne commettent « ni larcins ni

meurtres », tout cela est indéniable. Mais au lieu de voir dans ces écarts et ces manques la preuve d'une perfection que l'entrée en société, l'avènement de l'histoire aboliraient, Voltaire en fait la conséquence logique d'un infantilisme psychologique, culturel et social. Le sauvage, tel qu'on croit le connaître, est chez lui un contre-modèle. Encore doute-t-il fort des constructions réflexives et des genèses conjecturales. Il a mis des dizaines de notes goguenardes dans les marges de son exemplaire du *Discours sur l'origine et les fondements de l'inégalité* de Rousseau, dont celle-ci sur la sexualité primitive : « As-tu vu des sauvages faire l'amour ? » Toute sa philosophie de l'histoire postule que l'avenir de l'humanité ne peut être une régression illusoire et dangereuse vers les origines. Contre l'opinion générale, Voltaire ne cessera de dévaloriser le primitivisme, et on se gardera de confondre le jardin de Candide avec les édens découverts et rêvés par les voyageurs et les philosophes. La brutalité première de l'Ingénu, imprégné d'habitudes huronnes et pas encore policé, est un moyen littéraire et philosophique de dénoncer en France des rites religieux et des abus sociaux : elle n'est jamais posée comme un modèle.

*Jean Goulemot*

*Il prend envie de marcher à quatre pattes quand on lit votre ouvrage. Cependant, comme il y a plus de soixante ans que j'en ai perdu l'habitude, je sens malheureusement qu'il m'est impossible de la reprendre. Et je laisse cette allure naturelle à ceux qui en sont plus dignes que vous et moi.*
  À *Jean Jacques Rousseau, 30 août 1755 — en remerciement de l'envoi du « Discours sur l'origine et les fondements de l'inégalité parmi les hommes ».*

## SAXE-GOTHA, Louise Dorothée de Saxe-Meiningen, duchesse de
AMITIÉ • CORRESPONDANCE • GOTHA •

Pour cette princesse bonne et cultivée (1710-1767), avec laquelle il fut lié pendant plus de quinze ans, Voltaire éprouva un réel attachement. Il lui rend hommage dans ses *Mémoires\** : « la meilleure princesse de la terre, la plus douce, la plus sage, la plus égale ».
En 1747, il avait rencontré à Paris le fils aîné des souverains de Saxe-Gotha, d'où l'envoi à Gotha, successivement, d'un exemplaire de ses œuvres, au printemps 1751, puis de la première édition du *Siècle de Louis XIV*, en février 1752 – premières lettres directes. Quittant Berlin, Voltaire passa par Gotha sur la fin d'avril 1753. Il fut invité par les souverains à s'installer au château, et rien ne fut trop beau pour l'accueillir. Il participa à toutes les réjouissances de cette petite cour favorable aux idées philosophiques, déjà

abonnée à la *Correspondance\* littéraire*. Admiratrice de Voltaire dont elle connaissait toute l'œuvre – elle avait fait traduire *Micromégas\** en allemand l'année précédente –, la duchesse lui demanda « un abrégé de l'histoire d'Allemagne ». Sensible à l'intérêt qu'on lui marquait après les pénibles dernières semaines de Berlin\*, désireux aussi de « se ménager à Gotha une retraite agréable », Voltaire se mit sans délai à rassembler des documents pour ses *Annales\* de l'Empire* – il resta plus d'un mois à y travailler dans le froid château, enveloppé à son ordinaire dans des fourrures.
Après sa sortie de Francfort\*, la duchesse invita Voltaire à revenir à Gotha, puis elle essaya de le réconcilier avec Frédéric II – mais en vain. Gotha n'était plus qu'un « château en Espagne » : il termina en Alsace\* les *Annales de l'Empire*, puis s'établit aux portes de Genève\*.
Il subsiste cent trente-cinq lettres de Voltaire à Louise Dorothée et cent huit réponses de la duchesse : c'est l'un des beaux ensembles de la correspondance, largement révélé dès le milieu du $XIX^e$ siècle. Ils échangèrent des nouvelles littéraires, des nouvelles politiques pendant la guerre de Sept Ans, des réflexions philosophiques aussi. La duchesse, leibnizienne convaincue, affirmait que la Providence dirigeait tous les événements ; elle aurait aimé « convertir » Voltaire à son idée, mais il persifle gentiment : « Je souhaite seulement que cet axiome *tout est bien* se trouve vrai pour votre personne et pour toute votre auguste famille. » La guerre, l'occupation de ses États, la mort de son fils aîné mirent à l'épreuve la philosophie de la duchesse, qui resta ferme pourtant dans son « tout est bien ». En 1758, Voltaire lui procura en Suisse un prêt avantageux, auquel il s'associa. Ils restèrent en correspondance plus ou moins régulière jusqu'à la mort de la duchesse, bien qu'elle appréciât les écrits de Jean Jacques Rousseau, et même les *Mémoires pour servir à l'histoire de Mme de Maintenon* de La Beaumelle... Le dernier livre que Voltaire adressa à Louise Dorothée de Saxe-Gotha fut *La Défense de mon oncle*, en 1767 ; il a signé sa lettre d'envoi : « Votre vieux Suisse V. »

*Anne Soprani*

## SCARMENTADO

Voir HISTOIRE DES VOYAGES DE SCARMENTADO.

## SCEAUX

MAINE (DUCHESSE DU) •

« Au palais des arts et des plaisirs », où régnait la duchesse du Maine, Voltaire rencontrait le « tendre Chaulieu\* », Mme du Deffand\*, le président

Hénault*, Mme de Staal*. Ses séjours à Sceaux se partagent en deux époques. Jeune poète, il y vint en 1714, peut-être dès 1713, et jusqu'en 1718, puis entre 1745 et 1750, période du retour en grâce du courtisan*.
Le Vau et Perrault, et Le Nôtre pour les jardins, avaient construit, décoré, agencé le château de Colbert; le duc du Maine le racheta en 1699, et la duchesse y apporta sa touche élégante en s'y installant en 1704. Autour d'elle se rassemblait une petite société littéraire animée par un homme de goût, «le savant Malézieu», qui était aussi son amant. Nicolas Malézieu avait initié la princesse aux sciences, aux raffinements de la poésie, au grand art du théâtre. La versification était devenue la folie de cette cour aristocratique. Contes et charades, épîtres, impromptus et bouts rimés agrémentaient les soirées et les soupers. En écho aux grandes fêtes passées de Versailles, et «pour donner» aussi «le ton à Paris», la duchesse du Maine commanda durant l'année 1714-1715 les divertissements les plus brillants, que l'on appela les «grandes nuits de Sceaux». Il y eut seize fêtes, chacune présidée par son roi et sa reine, avec des illuminations somptueuses, des bals féeriques, des ballets allégoriques, des dîners ponctués de reparties rimées. À ces fêtes, à ces jeux, le petit Arouet fit sans doute ses vrais débuts dans le grand monde, introduit peut-être par ses cousins Brue*; ses premiers contes en prose, *Le Crocheteur* borgne* et *Cosi-Sancta**, et plusieurs des contes* en vers, semblent avoir été écrits à Sceaux, et pour le plaisir de la princesse. Il lut aussi à Sceaux son *Œdipe** en projet, et le soumit à la critique de Malézieu.
Puis la duchesse exilée, la conspiration de Cellamare découverte, dut quitter ce séjour «des muses et des grâces»; elle y revint en 1720 et rétablit auprès d'elle son petit cercle. Mais plus de grandes fêtes alors; les représentations théâtrales se firent plus intimes. La réapparition de Voltaire à Sceaux en 1745 semble avoir ressuscité une cour endormie. À l'automne 1747, Voltaire et Mme du Châtelet* y furent reçus de façon assez suivie. Émilie* y chanta Zirphé dans le *Zélindor* de Moncrif, Voltaire y tint son rôle favori de Lusignan dans *Zaïre**, on présenta aussi *La Prude**. Mais le succès de ces spectacles attirait à Sceaux trop de monde pour la princesse maintenant septuagénaire. Elle applaudit pourtant encore en juin 1750 «le Sénat romain» que lui apportait Voltaire: sa *Rome sauvée**, dont elle eut la primeur – il partait pour la Prusse, et ne revit jamais le château de Sceaux.

*Anne Soprani*

## SCELLIÈRES

MIGNOT • MORT • PANTHÉON •

L'abbaye royale Notre-Dame de Scellières, maison de l'ordre de Cîteaux, s'élevait à quelques lieues de Troyes, près de Romilly en Champagne. Le

neveu de Voltaire, l'abbé Mignot, qui en était le commendataire, décida d'y faire enterrer son oncle, auquel il donnait ainsi une sépulture chrétienne interdite à Paris, et trop aléatoire à Ferney.
L'ensemble architectural est à l'époque en piètre état; il n'y demeure que deux religieux dont le prieur. Ce dernier ne put qu'obéir à son abbé, lequel avait en sa possession toutes les pièces nécessaires. Dans le chœur de la chapelle délabrée, on plaça le cercueil « ordinaire » de Voltaire, arrivé à Scellières le lundi 1$^{er}$ juin 1778 au soir. Après les vêpres des morts, il fut veillé toute la nuit. Les obsèques eurent lieu le lendemain matin, en présence d'ecclésiastiques et d'une soixantaine de personnes, avec « messe haute » du prieur. Puis on procéda à l'inhumation dans un caveau préparé au milieu de la petite nef, entre la porte et l'autel. Les ordres contraires de l'évêque de Troyes arrivèrent trop tard. Le prieur s'expliqua, s'excusa sur l'obéissance due à son abbé, concilia de son mieux loi civile et droit canon, mais il fut sanctionné – relevé de ses fonctions et rappelé à la maison mère des Bernardins.
Le corps de Voltaire, en « dépôt » à Scellières, y demeurera jusqu'à son transfert au Panthéon en juillet 1791.

*Jean-Michel Raynaud*

## SCÈNE / SCÉNOGRAPHIE

ACTEUR • COMÉDIE-FRANÇAISE • DÉCORS • DRAMATURGIE •
MISE EN SCÈNE • OPÉRA • TRAGÉDIES •

Depuis le XVII$^e$ siècle, la scène des grands théâtres parisiens, à l'exception de l'Opéra, était encombrée par des banquettes disposées de chaque côté, en oblique, de la rampe au fond. Aménagées pour les aristocrates, ces places rapportaient gros (6 livres par personne) aux comédiens, qui maintinrent longtemps cette « tradition ». Pendant quarante ans, Voltaire n'a cessé de protester contre un privilège absurde, qui nuisait à la décoration, aux mouvements des acteurs, à l'illusion. Il se plaint notamment, à l'occasion d'*Oreste**, en 1750, qu'un tel abus ait fait manquer la « catastrophe » de sa pièce : la scène de la Comédie-Française n'offrait que 5 mètres d'ouverture ! De même pour *Sémiramis**, en 1748 : une cohue bruyante occupait la scène et les coulisses, gênant l'entrée de la reine et de l'ombre de Ninus ; « cette indécence jeta du ridicule sur la gravité de l'action théâtrale », note Marmontel dans ses *Mémoires*. Voltaire tempêta, en vain.
C'est en 1759 seulement que, grâce à la générosité du comte de Lauraguais, on put mettre fin à ce scandale. Le maître s'en félicite, persuadé que cette réforme permettra de déployer l'action théâtrale et la « pompe » du spectacle, d'animer aussi le jeu des acteurs, jusque-là contraints à « réciter des

vers à d'autres acteurs, dans un petit cercle entouré de petits-maîtres». De fait, lors de la reprise de *Sémiramis*, en 1760, Lekain fut en mesure d'utiliser quarante-cinq figurants. Mais cette libération fut insuffisante; bien qu'élargie, la scène restait «mesquine»; de plus, on avait conservé les loges d'avant-scène, ce qui interdisait toute entrée latérale; enfin on ne parvint jamais à nettoyer les coulisses, pourtant interdites, de leurs habitués.

Voltaire voyait plus grand. Il avait apprécié, à l'Opéra, les libertés que donne au dramaturge un grand espace, accessible, bénéficiant de larges coulisses. À mesure qu'il donne plus d'importance à la mise en scène, il regrette de ne pouvoir disposer de l'instrument digne d'un théâtre «nouveau». Il se sent d'ailleurs soutenu par un mouvement général qui pousse des architectes, des techniciens comme Cochin, Soufflot, Roubo, Patte, rêvant de disposer une scène spacieuse dans des salles aux formes elliptiques, inspirées des théâtres d'Italie. Il applaudit aux vues de Cochin quand celui-ci préconise, comme Diderot, l'aménagement d'une scène «multiple», figurant plusieurs lieux différents – procédé d'ailleurs ancien, déjà repris par Voltaire, mais qu'il peut utiliser plus largement après 1759, dans *Tancrède\**, dans *Olympie\**. Médiocre progrès cependant. Le patriarche meurt trop tôt pour profiter des vastes installations du nouveau Théâtre-Français (1782, l'Odéon actuel). Entravé toute sa vie par des contraintes matérielles, autant qu'esthétiques ou morales, il avait éprouvé d'expérience que l'exiguïté du lieu scénique étouffe non seulement le metteur en scène, mais le dramaturge, au moment de l'invention. Il rejoignait Diderot qui disait, dans ses *Entretiens sur Le Fils naturel*: «Faute de scène, on n'imaginera rien.»

Henri Lagrave

## SCHOUVALOV, Ivan Ivanovitch, comte

CATHERINE II • FERNEY • RUSSIE •

*Tout ce que je vois de Russes me persuade toujours qu'Attila était un homme charmant.*

À d'Alembert, 19 novembre 1773.

Chambellan et favori de l'impératrice Élisabeth Petrovna, le comte Schouvalov (1737-1797) fut un des principaux correspondants russes de Voltaire et l'un de ses intermédiaires littéraires à la cour de Saint-Pétersbourg. Lettré – il contribua à la fondation de l'Académie des beaux-arts de Moscou –, le comte Schouvalov est le type de ces grands nobles russes «aimables, polis», dit Voltaire, influencés par l'expérience des

Lumières et qui, dans la seconde moitié du XVIII<sup>e</sup> siècle, voyagèrent en France, complétant souvent leur tour par Ferney afin d'y rencontrer le premier des écrivains français.
Les relations de Voltaire et du comte Schouvalov débutèrent en 1757. Au nom de sa souveraine, Élisabeth Petrovna, le comte commandait alors à l'historien, auteur en 1748 des *Anecdotes\* sur le czar Pierre le Grand*, une « Histoire » de Pierre I<sup>er</sup> le père de sa tsarine. Il se chargeait de communiquer à l'écrivain « les documents authentiques et nécessaires » à la réalisation de l'ouvrage. Ainsi débuta entre les deux hommes une correspondance qui se poursuivit bien après la publication de l'*Histoire\* de l'empire de Russie sous Pierre le Grand* (1759-1763). Dans sa préface à l'ouvrage, Voltaire fait du comte Schouvalov « l'homme de l'empire peut-être le plus instruit » – détour assez spécieux pour le rendre garant de la véracité des événements historiques.
Des œuvres de Voltaire avaient été introduites en Russie dès 1730 – *La Henriade*, les premières tragédies – et ses pièces jouées par des acteurs français dès les années 1740. À partir de 1762, sous l'impulsion de Catherine II, les ouvrages du « grand Gaulois » se répandirent plus largement, traduits par des hommes de lettres et des écrivains reconnus : ainsi *Alzire\** (par Ivanovitch Pavel Fonvizine) ou *Candide\** (par Semion Bachilov). « C'est du Nord aujourd'hui que nous vient la lumière », écrit flatteusement Voltaire dans une épître en vers à Catherine II.
Aux Délices, puis à Ferney, il accueillit de nombreux visiteurs russes. D'abord « le jeune Vorontsov », un diplomate qu'il avait rencontré durant l'été 1758 à Schwetzingen\*, et avec lequel il demeura en correspondance, et le comte de Soltikof envoyé de Schouvalov en 1759 et porteur de pièces complémentaires pour la rédaction de l'*Histoire de l'empire de Russie*. Puis vinrent le prince Kozlovski qui apporta à Voltaire le portrait de Catherine II – « mon héroïne »; le comte Vladimir Orlov, celui des cinq frères, écrit Voltaire, « qui ne se mêle de rien et qui est philosophe »; le comte Razoumovski, président de l'Académie de Saint-Pétersbourg, « grand diable de cosaque et fort bon homme ». La spirituelle princesse Dachkova, amie et confidente de Catherine II, vint saluer le patriarche au printemps de 1771 : « Dès qu'elle est entrée dans le salon, écrit Voltaire à l'impératrice, elle a reconnu votre portrait en mezzo tinto fait à la navette sur un satin entouré d'une guirlande de fleurs. » Le prince Golitsyne, neveu du comte Schouvalov, séjourna aussi à Ferney en 1773 ; pour le distraire, Voltaire lui fit lire *Le Taureau blanc*, qu'il terminait. Le comte Schouvalov lui-même y passa seulement quelques jours à la fin de 1773. Voltaire l'appelle « l'ancien empereur » et croit observer que le favori du règne précédent a « la triste folie de n'être point heureux »...
La société russe était nombreuse à Paris dans cet hiver 1778 où Voltaire

retrouva la capitale, et chacun voulait voir «ce thaumaturge»: Fonvizine rapporte, dans ses *Lettres de France*, qu'il assista à une représentation d'*Irène** et faillit être «assourdi» par les transports des spectateurs. L'enthousiasme des Russes pour Voltaire et son influence dans la bonne société déclinèrent, comme partout en Europe, après les premières années de la Révolution française. Bien des intellectuels russes du début du $XIX^e$ siècle regardèrent ensuite le fameux «philosophe» comme un phénomène plus ou moins artificiel de la vogue française du siècle précédent. Pouchkine exprime ce sentiment en nommant Voltaire «le maître des esprits et de la mode». Mais les décembristes en revanche se voulurent voltairiens* – «fils de Voltaire», disaient-ils.

*Anne Soprani*

## SCHWETZINGEN

MANNHEIM •

Après la «barbarie iroquoise» de Francfort*, Voltaire fut reçu par Charles* Théodore de Sulzbach, Électeur palatin, dans sa demeure d'été de Schwetzingen, près de Mannheim, où il passa deux semaines: «Comédie française, comédie italienne, grand opéra italien, opéra buffa, ballets, grande chère, conversation, politesse, grandeur, simplicité, voilà ce que c'est que la cour de Mannheim» (à Mme Denis, 5 août 1753). On donne même *Alzire* et *Nanine* dans le beau théâtre rococo.
Voltaire rend de nouveau visite à l'Électeur palatin durant l'été de 1758. Ayant prêté une grosse somme (130 000 livres) à Son Altesse électorale, contre une rente viagère à 10 pour cent payable par semestre, il n'est sans doute pas fâché de juger sur place de ses chances d'être payé. Il goûte encore à Schwetzingen les plaisirs de la vie de cour, rencontre le jeune prince Vorontsov et les deux princes de Mecklembourg, et lit à son hôte des chapitres d'un nouveau conte inédit qui fera quelque bruit – c'était *Candide*.

*Christiane Mervaud*

## SCIENCES

ANGUILLES • BUFFON • *DOUTES SUR LA MESURE DES FORCES MOTRICES* • *ÉLÉMENTS DE LA PHILOSOPHIE DE NEWTON* • *ESSAI SUR LA NATURE DU FEU* • EXPÉRIENCE • FOSSILES • *HISTOIRE DU DOCTEUR AKAKIA* • NATURE • NEWTON • RAISON • *SINGULARITÉS DE LA NATURE (LES)* •

Comme tous les hommes des Lumières, comme Montesquieu et Diderot, Voltaire a porté un intérêt très vif aux sciences expérimentales et aux

**D**'*Alembert en habit Louis XV, perruque poudrée. La dentelle est simple, sans effet au cou et aux poignets. L'habit est d'un gentilhomme, avec revers, gilet et boutons, plus de décoration que d'usage. La table est encombrée de livres, de papiers, d'instruments de mesure : des règles, un rapporteur, une trousse de compas. À la main droite de l'homme de sciences, une plume, car il lui faut transcrire ses résultats, une autre plume traîne sur le bureau ; à la main gauche un compas. L'homme se tient droit. Il regarde au loin, avec le léger sourire de celui qui sait. Le globe, les cartes roulées et les livres en désordre sont disposés sur le meuble juste derrière lui. Nous avons compris : il pense non seulement à ce qui est, et dont il nous expliquera par ses chiffres le pourquoi, mais aussi à ce qui doit être. Le regard absent, embrassant un horizon que le vulgaire ne voit pas, indique à coup sûr le philosophe.*

*J. G.*

Portrait du marquis de Condorcet, gravure par Guibert d'après Bonneville.

Paris, Bibliothèque nationale de France.

Portrait de J. d'Alembert, gravure de Henriquez d'après Jollain.

Paris, Bibliothèque nationale de France.

**E**t *pourtant il était marquis. Mais une génération le sépare de d'Alembert son maître, et deux de Voltaire. À l'habit de salon succède la lourde houppelande du voyageur, du député à la Convention qui représente, comme s'il en occupait tout l'espace, la France entière. Le visage est buriné, le front large, les*

cheveux naturels en désordre, peu soignés, presque romantiques. Condorcet est représenté de profil. Rien ne le rattache au spectateur. Pas de communication. Que contemple-t-il? L'avenir radieux de la République ou l'océan immense des mathématiques? On comprend que Voltaire ait aimé ce jeune savant philosophe qui lui vouait une admiration exigeante.
Le fond de la gravure est dépouillé de tout symbole, comme si Condorcet, député de l'Aisne, s'imposait comme une évidence.

Maupertuis. Voilà l'ennemi juré, l'illustre président de l'académie de Berlin. Le visage lisse, les traits épais, scrutant le spectateur, une main sur le globe, des plans dépliés. Du personnage enveloppé dans son savoir et ses fourrures se dégage une impression de prétention. Que de tentures, de cordons et d'ornements baroques, que de nuages lourds d'orages dans le ciel qui sert de fond au portrait! La menace vient-elle des moqueries de Voltaire, qui finit par tenir en suspicion ses hautes compétences?

J. G.

PORTRAIT DE PIERRE LOUIS MOREAU DE MAUPERTUIS, GRAVURE DE J. J. HAID D'APRÈS TOURNIÈRES.

PARIS, BIBLIOTHÈQUE NATIONALE DE FRANCE.

sciences exactes. Ses nombreuses lectures, son amitié avec d'Alembert\* et Condorcet\*, son étude de la physique de Descartes\*, des œuvres de Bacon\* et de Newton\*, des travaux de Maupertuis\* et de Buffon\* le prouvent amplement. Durant son séjour chez Mme du Châtelet, à Cirey\*, Voltaire se livrera à l'analyse approfondie de Newton et pratiquera en compagnie de la marquise la physique expérimentale dans le laboratoire du château. Il publiera en 1738 des *Éléments de la philosophie de Newton* qui valent pour l'histoire du newtonianisme en France et l'effort didactique mis en œuvre, et un *Essai sur la nature du feu et sur sa propagation* qu'il soumettra à l'Académie des sciences.

Plus intéressé par les sciences de la nature, l'«histoire naturelle» comme l'on dit alors, que par les sciences de la vie – encore qu'il ait suivi avec attention les observations sur les spermatozoïdes, les débats sur le préformisme et l'ovisme, et se soit élevé contre les hypothèses concernant l'évolution du globe terrestre appuyées sur la recherche et l'examen des fossiles –, Voltaire voit dans la physique de Newton une arme contre la métaphysique cartésienne, qui domine encore, grâce à Fontenelle, dans les milieux académiques français. La physique newtonienne, le raisonnement scientifique, les vérités mathématiques lui apparaissent comme des armes sûres contre les errements de la métaphysique et du romanesque scientifique, qui sont sources de fanatisme et de violences religieuses. Plus généralement, la science représente un facteur de développement et de progrès dans l'histoire de l'esprit humain. Le rôle donné à Kepler et à Galilée dans l'*Essai sur les mœurs* en fournit la preuve. Elle incarne en outre un modèle de raisonnement, dont on peut penser que Voltaire s'est cru l'héritier dans sa méthode historique.

Le scepticisme voltairien, enfin, n'est pas étranger à son intérêt pour les sciences exactes. Le personnage du géomètre, dans les contes, est souvent opposé au métaphysicien. Ce qui n'empêchera pas Voltaire de dénoncer, comme lors de la querelle qui l'opposera à Maupertuis, les abus et les erreurs du pouvoir scientifique. On a parfois l'impression que dans les dernières années de sa vie, Voltaire a jugé la science à l'aune de sa critique de la métaphysique. Il s'est plu à souligner dans *L'Homme\* aux quarante écus* les contradictions entre les diverses théories avancées par les hommes de science pour expliquer la génération. On rappellera pour finir son scepticisme face à l'économie politique.

Le XIXe siècle aura parfois tendance à réduire la pensée voltairienne à un scientisme simplet dont le pharmacien Homais, dans *Madame Bovary*, représente la caricature.

*Jean Goulemot*

*La science est comme la terre ; on n'en peut posséder qu'un peu.*

*Carnets.*

## SCYTHES (LES)

TRAGÉDIES •

Tableau contrasté des anciens Scythes et des anciens Persans, des mœurs champêtres et pures et de l'esprit de luxe et de cour – non sans quelque poésie. Une tragédie «pastorale», créée en 1767, reprise avec plus de succès en 1770, avec Mme Vestris dans le rôle tendre d'Obéide, femme victime qui doit tuer son amant pour venger son mari. Une adaptation anglaise fut jouée à Londres en 1771.

*Henri Lagrave*

## SECRÉTAIRES

LECTEUR • TRAVAIL • WAGNIÈRE •

Trois secrétaires de Voltaire, auteurs après coup de mémoires sur lui, ont laissé un nom. Longchamp* le servit durant cinq ans (1746-1751), plutôt copiste que secrétaire – et témoin d'ailleurs peu fiable. Collini*, le plus cultivé, après lui avoir été attaché pendant quatre ans (1752-1756), fit carrière dans son ombre, et publia lui-même, avec ses souvenirs, la plupart de leurs lettres. Wagnière enfin resta vingt-quatre ans à son service (1754-1778), d'où un lien familier, personnel même, et des mémoires très minutieux, de tour privé, modestes et sûrs à la fois.

Avant eux, souvent anonymes, des auxiliaires épisodiques, connus surtout par la correspondance, avec des anecdotes qui font le régal des biographes. À l'époque de Cirey, un copiste a ainsi pris l'habitude de suppléer les textes qui lui paraissent défaillants, consciencieusement toujours, mais avec des bonheurs divers : à une héroïne de tragédie, il donne un jour, pour la rime, « des cheveux bleus »...

Au début, Voltaire a des «copistes», à la fin seulement des «secrétaires» – ce dernier mot signalait un service de maison ou une charge officielle. Avant 1733, aucun nom à mettre sur les rares écritures qui reviennent dans les rares manuscrits. Puis ce fut l'époque des jeunes poètes désargentés. Pendant une dizaine d'années, à partir de 1736, Voltaire vit venir vers lui, de leur faubourg ou de leur province, maints débutants attirés par son renom, son rayonnement, sa réussite ; il les reçoit, les conseille, les protège parfois, place les meilleurs dans des maisons amies, et garde auprès de lui les plus attachants, qui peuvent être aussi les plus utiles. Il est alors assez riche pour leur faire, dit-il, des «cadeaux», des «gratifications», des «petites pensions» – un poète pauvre a sa fierté. Il y eut ainsi l'obscur Lefèvre, l'abbé Linant, ou ce latiniste qui lui lit tous les soirs Horace et Virgile – sans trop les comprendre d'ailleurs, mais comment se défaire de cet

« amanuensis » ? D'autres se feront un nom : Baculard* d'Arnaud, Marmontel* qui auront d'abord pour lui brouillonné des préfaces, saisi des documents, pris des notes – le premier d'une écriture de chat, malgré les leçons et les rappels.

Puis, en six ans, Voltaire eut cinq copistes ou secrétaires – période agitée de sa vie, de Lunéville à Berlin, de Colmar à Genève. Laissant Longchamp à Paris, il emmène avec lui en Prusse un jeune homme plus doué – « une façon de secrétaire », écrit-il –, le petit Tinois (1726-1753), Champenois, qui fait des vers, qui aime les vers, et qui en sait tout le prix, au point de faire en secret des copies de l'impubliable *Pucelle*, vendues à des amateurs princiers – d'où scandale et renvoi : « Dieu me garde d'un copiste versificateur... ». Après Tinois, c'est Richier, répétiteur de français à Berlin, pris à l'essai, qui communique à un jeune ambitieux de grand avenir, un nommé Lessing*, un exemplaire de tête du *Siècle de Louis XIV* avant diffusion – nouveau renvoi. Voltaire eut alors auprès de lui « deux hommes de lettres » à la fois : Collini, qui allait le suivre jusqu'aux Délices, et le jeune Francheville*, fils d'un académicien de Berlin, qu'il forma, laissa derrière lui, et regretta. Quittant la Prusse, il emmène enfin un autre « petit clerc », un nommé Vuillaume, Prussien d'ascendance lorraine, qu'il gardera deux ou trois ans, avant de le renvoyer à Potsdam où le roi de Prusse le rappelle soudain pour être son copiste – ce Vuillaume fut-il l'œil de Frédéric sur son chambellan en rupture ?...

Bourreau de travail, grand jongleur de vers en prose et de prose en vers, Voltaire usait ainsi les pauvres mains l'une après l'autre – et même les doigts jusqu'à l'ongle, si l'on en croyait Collini. La correspondance devenue immense, la profusion d'écrits de plus en plus rhapsodiques, l'incessante réactivité aux circonstances, à l'histoire en cours, aux « affaires » en particulier, l'habitude enfin de tout dicter – dominante de la vieillesse –, exigeaient à l'évidence plus que du dévouement : de l'abnégation, et la conviction passionnée de participer à l'avènement de l'œuvre. Ce professionnalisme sacrificiel fut la grande vertu de Jean Louis Wagnière, dont le nom reste associé à toute la période des Délices, puis de Ferney. Le dernier « copiste », et le seul « secrétaire » au fond, capable d'écrire un jour dans ses Mémoires, avec une nostalgie émue, presque filiale, qu'il n'y avait décidément chez M. de Voltaire « d'heure réglée pour rien ».

*André Magnan*

## SECTE

ANTICLÉRICALISME • CHRISTIANISME • FANATISME • FOI • SÉIDE •

En attaquant les sectes, Voltaire vise surtout le christianisme. L'exemple des quakers*, dans les *Lettres* philosophiques* (1734), illustre son analyse

du développement des sectes : beaucoup d'ignorance, quelque bizarrerie, des harangues enthousiastes pimentées de merveilleux, pour impressionner la populace – *Mahomet*\* (1742) transpose au théâtre un schéma analogue. Or Voltaire a plusieurs fois suggéré un parallèle entre le quaker Fox et Jésus. Selon lui, les chrétiens eux-mêmes ne constituent qu'une secte, c'est-à-dire « le ralliement du doute et de l'erreur » (*Dictionnaire philosophique*, art. « Secte »). Par ses particularités, facteurs de rivalité, de dissension, d'intolérance, toute secte nie en effet les vérités d'évidence ou d'expérience, qui appellent l'unanimité, et s'écarte donc de la religion universelle, qui n'est qu'adoration de Dieu et pratique de la justice.

Des sectes, Voltaire dénonce non tant l'inanité que les dangers. Si dans l'Antiquité elles n'ont pas provoqué de guerre, si la tolérance de nombreuses confessions maintient la paix civile, il faut éviter que, dressées l'une contre l'autre et se persécutant, elles ne bouleversent l'État en dégénérant en factions. C'est le risque couru quand l'État est faible, comme en France au XVI$^e$ siècle. Voltaire exprime surtout sa méfiance et son horreur envers la secte chrétienne, puissante et dominatrice. Il la juge la plus intolérante, comme l'ont assez montré ses propres divisions et anathèmes réciproques, dès les premiers siècles, et la longue histoire sanglante de ses progrès et de ses conquêtes.

*Marie-Hélène Cotoni*

*Hélas ! C'est ainsi que la plupart des sectes populaires commencent : un imposteur harangue la lie du peuple dans un grenier, et les imposteurs qui lui succèdent habitent bientôt des palais.*
*Dialogue du douteur et de l'adorateur, 1766.*

## SÉIDE

FANATISME • *MAHOMET* • TOLÉRANCE •

« Sectaire fanatique aveuglément dévoué à un chef politique ou religieux. » Le mot entra dans la septième édition du *Dictionnaire de l'Académie*, en 1878-1879, avec cette définition adaptée d'un précédent *Complément* (1862), mais sans la précision d'origine pourtant utile : « C'est le nom propre d'un personnage de *Mahomet* de Voltaire, dont on a fait un substantif. » L'archive d'emploi est plus ancienne, puisque le nom commun est attesté dès 1815 ; l'archive d'histoire remonte à un Zayd ibn Harita, affranchi et fils adoptif de Mahomet\* le fondateur, et source du personnage.

C'est le seul « type littéraire » issu de Voltaire, mais l'exception est heureuse, même dans l'oubli de la pièce et du rôle : on sait l'importance du thème du fanatisme dans son œuvre, partout récurrent, et la vigueur de son engage-

ment en faveur de la tolérance. Dans *Mahomet*, Séide est un pur, un adolescent passionné, une âme fervente et dévouée au bien, victime atroce d'un maître pervers qui n'adore que son pouvoir, et qui le manipule. Avant l'effet du poison lent, c'est de sa soumission même que meurt Séide : « Je crois entendre Dieu ; tu parles, j'obéis. » Tueur sacré bientôt liquidé, il n'est qu'un robot de l'Infâme*.

On se demande si les vénérables académiciens de 1878 ne retournaient pas le mot contre les voltairiens*, l'année même du centenaire de la mort de Voltaire. À la suite de leur définition qui déjà met «politique» avant «religieux», ils ont placé un curieux «exemple», fabriqué pour la circonstance : «Les révolutions produisent presque toujours des séides.» On peut y lire une allusion retorse à 1789, au culte qui avait porté le grand homme au Panthéon*, à l'anticléricalisme moderne et au voltéranisme renaissant.

Après d'autres fanatisations plus massives, on pourrait aujourd'hui admettre dans le dictionnaire un autre mot de bonne langue, dérivé aussi du Séide de Voltaire, et jadis attesté chez Stendhal et chez Vigny : «*séidisme*» – type d'autres -ismes plus meurtriers. Mais curieusement, c'est le nom commun «séide» qui s'est au contraire affaibli dans l'évolution récente de la langue, jusqu'à marquer l'obéissance et la complicité plus que le fanatisme.

*André Magnan*

## SEIGNEUR DE VILLAGE

FERNEY • GEX • TOURNEY •

Au début de l'automne de 1758, Voltaire, en habit de velours cramoisi tout garni d'hermine, et Mme Denis, «dans sa robe la plus riche», entraient à Ferney, dans leur «carrosse de gala à fond bleu céleste semé d'étoiles d'argent». Le nouveau seigneur et la dame du château entendirent la messe «chantée en faux bourdon», pendant laquelle «on tirait des boîtes en guise de canon».

Deux mois plus tard, la veille de Noël, Voltaire et ses deux nièces prirent aussi possession de Tourney. À la portière du carrosse bleu, chevauchait le cousin Daumart. Les notables des environs étaient là, des jeunes villageoises offrirent des gerbes de fleurs aux dames, et à Voltaire des oranges, «dans des corbeilles garnies de rubans». Le curé salua le nouveau maître : «Demandez ce que vous voudrez pour réparer votre cure, assura Voltaire, je le ferai.» Des salves de mousqueterie couvrirent les discours et un joyeux banquet clôtura la fête. Reconnu le maître de deux seigneuries, Voltaire avait droit à l'hommage formel de ses vassaux, et détenait encore l'exercice de l'ancienne justice seigneuriale.

Châtelain responsable de ses paysans puis fondateur de manufactures. Voltaire entretint en fait avec les Ferneysiens, durant vingt ans, des liens classiquement paternalistes. Convaincu qu'un seigneur doit résider sur ses terres pour conduire et améliorer l'agriculture de son domaine, il s'attacha tout d'abord à aider les laboureurs. Il fit défricher, assainir et fumer les terres, planta des châtaigniers et des noyers, et quatre mille ceps de vignes qui donnèrent un petit vin clairet. Puis il s'occupa du bétail souvent décimé par l'épizootie. En 1768, cinquante vaches, une vingtaine de bœufs et une douzaine de génisses se pressaient dans les deux longues étables qu'il avait fait construire. Bergeries, basses-cours, pressoirs, celliers, fruiterie complétaient l'installation du seigneur, sans oublier les quatre cents ruches, alignées au bord d'un petit ruisseau, et dont les essaims, lorsqu'ils s'échappaient, lui paraissaient « beaucoup plus doux que nos enfants qui sortent du collège »... Avec son blé et son vin, Voltaire nourrissait les intimes du château, les familiers et les hôtes de passage, et les treize domestiques, dont les gages annuels s'échelonnaient entre 50 et 180 livres. Parmi eux, « la Barbara* », femme de chambre et forte femme ; « Bonne Sauce » la cuisinière, « Fanchon la Dodon, boulangère », Jean François le cocher, Dalloz le commissionnaire, plus un garde bois, des jardiniers, un valet, un berger, et même un taupier, tous gens de campagne qui s'occupaient du bétail, de la volaille, des récoltes et des parterres.

Voltaire agrandit le village : il fit bâtir des maisons en avançant des fonds pour un loyer modique, et attira peu à peu marchands et artisans, en créant des manufactures autour du château. Il logea le curé dans un presbytère neuf, protégea les veuves et les orphelins, prêta de l'argent, servit des rentes, assista les pauvres, se chargeant à l'occasion des démarches des administrés auprès des agents du roi, parfois de leurs requêtes en cas de saisie, mais il exerça toujours son droit de semonce, en haranguant ses paysans du perron de son château ou même du parvis de l'église paroissiale.

La chronique seigneuriale de Ferney abonde en relations et anecdotes, rédigées par les voisins et les visiteurs. Chaque dimanche après la messe, de jeunes villageois montaient au château pour complimenter le seigneur. Voltaire les recevait en bel habit mordoré uni, avec de grandes manchettes de dentelles qui couvraient presque le bout de ses doigts, il leur offrait à boire et se mêlait volontiers à eux. Mais la plus belle fête, surtout dans les dernières années, était celle du saint patron. Le 4 octobre, jour de la Saint-François, le village entrait en réjouissance : la colonie ouvrière, les commerçants se joignaient aux paysans pour fêter le seigneur. La troupe sous les armes escortait les carrosses des invités au bruit du canon ; puis, en uniforme rouge et bleu, les jeunes gens traversaient le village en cavalcade et participaient, avec les hôtes du château, aux jeux d'adresse et aux

concours d'arquebuse. Après un banquet de plus de cent couverts sous les arbres, on tirait des feux d'artifice, des farandoles s'élançaient, et les cris « Vive M. de Voltaire » retentissaient tard dans la nuit.

Une fête semblable eut lieu, en 1775, pour célébrer une convalescence de Mme Denis : des jeunes garçons et des fillettes lui apportèrent des fleurs et récitèrent des vers. En 1777, quand le pays de Gex fut délivré de la gabelle, la Saint-François connut son apothéose. Le château fut illuminé ; ému aux larmes, fêté comme un héros, Voltaire accueillit les enfants du village en habits de bergers, qui lui présentèrent des œufs, du lait et des fruits. « Belle* et Bonne » s'avança, elle portait une corbeille fleurie où s'agitaient deux colombes blanches. En signe d'allégresse, Voltaire lança son chapeau en l'air, avant de se mêler à ses invités. Ce fut un des derniers bonheurs du seigneur de village. Pour sa « colonie », il avait donné sans compter, et presque inventé chaque jour. Moins d'un an plus tard, à Paris, dans l'angoisse de la mort, Voltaire écrivait à Wagnière* qu'il se sentait « bien puni d'avoir quitté Ferney » ; « Je vous embrasse tendrement, mon cher ami, et tristement » (24 mai 1778).

*Anne Soprani*

*J'ose vous protester, Monsieur, que je suis ici bien moins occupé du plaisir de jouer la comédie, que je ne suis sensible à celui de voir Monsieur de Voltaire au milieu de ses colons, ne s'occuper uniquement que de leur bien-être, et des moyens d'accroître leur fortune... C'est en vérité le plus touchant spectacle et même le plus intéressant... On compte aujourd'hui dans le petit canton de Ferney treize cents habitants des deux sexes, tous très occupés, bien logés, bien nourris, vivant en paix, et priant Dieu, dans leurs différentes communions, de conserver les jours de leur fondateur ; leurs vœux sont trop justes pour n'être pas exaucés, et véritablement M. de Voltaire jouit de la meilleure santé, en protestant toujours qu'il se meurt, et qu'il n'a pas quarante-huit heures à vivre.*

Lekain à d'Argental, « Ferney, 2 août 1776 ».

## SÉMIRAMIS

DÉCORS · SCÈNE · TRAGÉDIES ·

Désireux de frapper un grand coup, et de revenir au tragique pur, Voltaire reprend en 1746 la trame d'*Ériphyle**, et veut combiner les deux modèles qui l'ont toujours fasciné, les Grecs et Shakespeare, en vue d'un spectacle pathétique et grandiose.

Jadis Sémiramis, reine de Babylone, a tué son mari, Ninus, tandis que son complice Assur faisait secrètement exécuter Ninias, l'héritier royal. Mais

sauvé par un noble vieillard, l'enfant a survécu, sous le nom d'Arzace : secret qui ne sera révélé qu'à la fin. Auréolé de ses victoires, Arzace, devenu général, revient à Babylone ; il aime la princesse Azéma, il en est aimé ; mais le sinistre Assur, qui vise le trône, convoite aussi la princesse. Cependant, la reine vit dans l'angoisse ; l'ombre vengeresse de Ninus la tourmente. Lorsque, pour obéir à un oracle, elle choisit Arzace comme son nouvel époux, le tonnerre gronde et le spectre du roi défunt apparaît, exigeant un sacrifice expiatoire. C'est à l'acte IV qu'Oroès, le sublime grand prêtre incarnant la justice, révèle enfin l'identité d'Arzace. Tandis qu'Assur arme ses partisans, Arzace-Ninias pénètre dans le mausolée obscur de Ninus. Tragique méprise : au lieu du traître, c'est sa propre mère qu'il frappe. La critique ne fut pas tendre pour la pièce, créée le 29 août 1748 ; on blâma les invraisemblances, la révélation tardive, l'ombre ridicule, les artifices, le « colin-maillard » de la fin. Le beau décor multiple ne fit aucun effet sur une scène encore encombrée. On avait applaudi Sémiramis-Dumesnil et Azéma-Clairon, mais la pièce ne se releva qu'avec Lekain dans le rôle d'Arzace-Ninias, et après la libération de la scène. Elle connut alors une seconde carrière, avec des décors cette fois successifs, de goût néo-classique, et des effets spectaculaires de groupes – plus de quarante acteurs. *Sémiramis* fut traduite et jouée dans toute l'Europe, et reprise en France jusqu'au milieu du XIX$^e$ siècle ; on en compte aussi une dizaine d'adaptations lyriques, entre celles de Graun (1754) et de Rossini (1823).

*Henri Lagrave*

## SENONES

CALMET • LORRAINE • MOINES •

« Je crois que j'ai manqué la vocation : c'était d'être moine car j'aime la cellule. »
En Lorraine, au bord du Rabodeau, s'élevait au XVIII$^e$ siècle l'abbaye bénédictine de Senones, au cœur de la petite principauté de Salm. L'abbé en était dom Calmet, historien sacré, savant commentateur de la Bible, connu de Voltaire, qui fréquentait aussi ses ouvrages. Avec sa belle bibliothèque, « séjour de la science et de la sagesse », Senones représente pour Voltaire une retraite studieuse, et extrême, à laquelle il aspira parfois, et dont il fit une fois au moins l'expérience. Dès février 1748, alors qu'il est à Lunéville*, il manifeste le désir d'y venir « passer quelques semaines avec vous, écrit-il à dom Calmet, et tous vos livres ».
C'est au début de l'été de 1754 qu'il réalisa son souhait. Alors qu'il quittait Colmar* pour rejoindre Mme Denis* à Plombières, elle le prévenait de la présence de Maupertuis* dans la ville d'eaux. Soucieux d'éviter la rencon-

tre, Voltaire prolongea son étape chez dom Calmet et se fit « bénédictin dans l'abbaye de Senones », entre le 12 et le 30 juin. Semaines d'intenses recherches dans les archives monastiques : il travaillait aux chapitres médiévaux du futur *Essai\* sur les mœurs*. « Les moines, écrit-il à sa nièce, me cherchent les pages, les lignes, les citations que je demande. » Dom Calmet, tout en haut de l'échelle, lui « déterre de vieux bouquins », dont sans doute l'historien ne tire pas les faits les plus orthodoxes... Mais l'étude, en soutenant l'âme, ne contente pas tous les désirs. « Le moine V. » était amoureux : « Abélard », ayant reçu de meilleures nouvelles de « sa chère Héloïse », partit enfin la rejoindre à Plombières.

*Anne Soprani*

## SENSATION
ÂME • BÊTES • DESCARTES • EXPÉRIENCE • INSTINCT • LOCKE • MÉTAPHYSIQUE •

« Que toutes les idées viennent par les sens » : c'est le titre que Voltaire a mis au troisième chapitre de son *Traité\* de métaphysique*. Pour lui, la sensation est première et fondamentale, de toute évidence : il suffit d'étudier les progrès de l'entendement chez l'enfant pour constater qu'il commence par combiner des sensations, avant de former des idées. L'observation comparée d'un nourrisson et d'un jeune chien, ajoute-t-il, montre qu'ils s'éveillent à la vie de la même façon : mêmes cris dictés par la faim, mêmes rêves pendant le sommeil. La multiplication, la complexité croissante des idées chez l'enfant dérivent tout naturellement de l'organisation plus fine de ses sens. Les prétendues « idées innées » de Descartes ne sont qu'un chapitre du « roman » de sa métaphysique.

Ainsi, dans les *Lettres\* philosophiques* (1734), Voltaire peut affirmer que l'homme et l'animal sont de même nature, puisque seule la quantité de leurs sensations les différencie. « Je penserai que Dieu a donné des portions d'intelligence à des portions de matière organisées pour penser : je croirai que la matière a pensé à proportion de la finesse de ses sens, que ce sont eux qui sont la porte et la mesure de nos idées. » L'article « Sensation » du *Dictionnaire\* philosophique* (1764) reprend l'image de l'huître qui dispose de deux sens, et admet ensuite l'éventualité d'autres êtres qui en posséderaient plus de cinq, mais c'est pour affirmer aussitôt qu'il est impossible à l'homme d'imaginer ni de désirer ces autres sens, dont il ne peut avoir l'idée, faute de sensation justement. Il faut au reste se féliciter de ce que l'auteur de la nature a pris soin de nous doter des seules sensations utiles pour vivre en ce monde. « Notre mémoire » elle-même, pour Voltaire, « n'est qu'une sensation continuée ». Quant à savoir comment la sensation est produite chez l'animal, comment et pourquoi elle périt avec lui, ce sont là

des questions métaphysiques qui demeurent insolubles, comme celle de l'âme à propos de l'homme : il n'est que Dieu pour pouvoir y répondre. Comme la plupart des philosophes de son temps, Voltaire s'inspire ici profondément des théories de Locke, tout en rendant hommage à la fameuse statue qu'a imaginée Condillac, dans son *Traité des sensations*, pour montrer que «la sensation enveloppe toutes nos facultés».

*Didier Masseau*

## SENSIBILITÉ
ACTEUR • AUTOPORTRAIT • CARACTÉROLOGIE • PEUR • TRAGÉDIES • TRAVAIL •

Voltaire pleure lorsque l'on porte la cognée sur ses arbres préférés, ou que l'on tue les pigeons de «Belle\* et Bonne». Plus que d'autres sensible au froid, au sang, à la souffrance physique, il réagit, corps et âme, à toutes les atteintes extérieures. Doué d'une excitabilité extrême, hyperémotif, cyclothymique, anxieux, exalté, abattu, indigné, il n'existe que par le «sentiment» : il déteste les tièdes, les mous, les indifférents. Le théâtre, exutoire des passions, est aussi le lieu idéal où, prenant forme esthétique, elles atteignent leur vérité la plus haute. Il faut sentir pour créer, pour interpréter, ou pour applaudir un personnage : à tous les niveaux, c'est le cœur qui parle.

Voltaire le répète sans cesse : au moment de la création, la raison se tait, laisse place à une «fièvre», à un «enthousiasme», une «fureur» qui entraînent le poète, vivement frappé par son sujet, à vivre la passion de ses héros, dans une «ivresse» sublime – il se souvient là de Platon, mais n'en est pas moins sincère. La plupart de ses tragédies ont été jetées sur le papier en une ou deux semaines de délire, avant d'être reprises avec la lucidité et la patience convenables. «Il faut être possédé du démon pour faire une tragédie», écrit-il à d'Argental en 1764. Plus vrai que la vie, le théâtre porte les passions humaines à l'incandescence. Toute dramaturgie, dit Voltaire, tient en un seul mot : *toucher*. Les invraisemblances, les négligences, les erreurs de détail disparaîtront à la scène si le personnage «intéresse», si l'acteur, par son art, mais surtout par sa sensibilité, sait émouvoir le public. Seul secret, et seul critère : la puissance des larmes. Larmes délicieuses, chères à ses contemporains, mais que Voltaire justifie toujours, au nom du plaisir, et plus encore d'un devoir sacré. Alvarez le dit, très bien, à Zamore :

> *Ne cache point tes pleurs, cesse de t'en défendre ;*
> *C'est de l'humanité la marque la plus tendre.*
>
> (*Alzire*, acte II, scène II).

Malheureusement les acteurs parisiens, sauf exception, ont perdu avec le temps ce secret. On ne sait donc plus pleurer que sur le petit théâtre de Voltaire, où coulent des déluges de larmes : Mme Denis n'est pas la Clairon, Voltaire n'est pas Lekain, mais ils pleurent et ils font pleurer. Encore ce beau «feu», qui enflamme le créateur et l'interprète, s'éteint-il avec l'âge : Voltaire en a conscience, mais se refuse à y croire, hélas ! Cependant le même enthousiasme, la même chaleur l'emportent lorsqu'il assiste au spectacle. En août 1776, Lekain, que le patriarche vient d'applaudir dans *Tancrède* sur le théâtre récemment offert au bourg de Ferney, nous a laissé une dernière image, émouvante, de Voltaire spectateur: «Il n'est point d'âme encore aussi sensible que la sienne ; sa joie se manifeste par des larmes brûlantes et des élancements qui serrent le cœur de tous.» À 82 ans, Voltaire était toujours possédé par son vieux démon. Dans le «squelette» épuisé, le cœur battait encore.

*Henri Lagrave*

*Le grand, le pathétique, le sentiment, voilà mes premiers maîtres.*
*À Vauvenargues, 5 avril 1744.*

## SENTIMENT DES CITOYENS

GENÈVE • ROUSSEAU (JEAN JACQUES) •

«On a pitié d'un fou ; mais quand la démence devient fureur, on le lie» : tel est le ton de cette brochure de huit pages, publiée anonymement à la fin de 1764, par laquelle Voltaire se vengea d'une dénonciation par une autre dénonciation. Dans ses *Lettres écrites de la montagne* (1764), Rousseau s'était indigné de la tolérance dont bénéficiaient, à Genève, certains ouvrages anonymes, odieux sur le plan religieux et moral, tandis que ses propres livres étaient condamnés. Voltaire était visé, en particulier comme auteur du dangereux *Sermon\* des Cinquante* – titre expressément cité, que le contexte lui imputait. Il riposte immédiatement par une lettre à François Tronchin\* : il relève dans la dernière œuvre de Jean Jacques treize propositions scandaleuses et souhaite un jugement sévère. Il y joint le *Sentiment des citoyens* : il s'en prend au traître qui se dit chrétien tout en voulant détruire le christianisme et en outrageant les pasteurs, au fauteur de troubles et au séditieux. Mais, surtout, il accuse ce donneur de leçons d'être un débauché et d'avoir exposé ses enfants, «en abjurant tous les sentiments de la nature comme il dépouille ceux de l'honneur et de la religion» : le terrible secret de l'auteur de l'*Émile*, connu seulement jusqu'alors de huit ou dix personnes, se trouvait publiquement dévoilé pour la première fois. Écrite à la manière d'un Genevois digne et austère, la brochure fut attri-

buée par Rousseau au pasteur Jacob Vernes*. Il la fit aussitôt réimprimer lui-même avec des notes rectificatives. Il y affirme : « Je n'ai jamais exposé ni fait exposer aucun enfant à la porte d'aucun hôpital ni ailleurs. » Piètre démenti qui jouait de l'équivoque! Ce « fait » nie la responsabilité, non le fait. L'autre réponse de Jean Jacques au *Sentiment des citoyens* sera sa décision de restaurer, de réparer sa vérité en écrivant ses *Confessions*.

Marie-Hélène Cotoni

## SERMON DES CINQUANTE (LE)
BIBLE • CHRISTIANISME • DÉISME • INFÂME • PRUSSE • <br>ROUSSEAU (JEAN JACQUES) •

Texte sulfureux, de genèse obscure. Peut-être remonte-t-il à l'époque de Cirey, comme le suggèrent les nombreuses convergences avec l'*Examen de la Bible* de Mme du Châtelet. Mais le séjour à Berlin fut l'étape décisive pour la mise en forme. Le titre porte : « On l'attribue à M. du Martaine ou Du Marsay ; d'autres à La Métrie [sic], mais il est d'un grand prince très instruit » – c'est-à-dire Frédéric II. Dès le printemps 1752, on le sait par Voltaire lui-même, « cet ouvrage court imprimé et manuscrit ». Diffusion restreinte cependant, qui semble limitée à Berlin – la date de 1753 figure sur une édition. Il est possible que La Mettrie (mort en 1751) et Frédéric aient apporté leur concours ; possible aussi que Voltaire ait été informé alors de l'existence d'un groupe de cinquante familles de déistes déclarés, établies aux confins de la Silésie et de la Bohême, dans les territoires récemment conquis sur l'Autriche par les troupes prussiennes.

Les Cinquante ressemblent à une secte de dissidents protestants, prononçant à tour de rôle une prière et un sermon, puis partageant un dîner suivi d'une collecte pour les pauvres. Après une prière au « Dieu de tous les globes et de tous les êtres », *Le Sermon* dénonce avec indignation, dans un premier point, les turpitudes morales, les « barbaries sans nombre » accomplies par l'Adonaï des Hébreux et leurs sectateurs. Un deuxième point relève dans l'Ancien Testament « les extravagances inouïes » dont sont remplies ces histoires qui défient « le sens commun » et n'offrent aucune authenticité. Le troisième point porte sur le Nouveau Testament, recueil de « contes de sorciers » plein de contradictions, devenu la source, avec la divinisation de Jésus* réalisée par de dangereux imposteurs, de divisions sanglantes et de superstitions mortelles. La péroraison exhorte à achever l'ouvrage de la Réforme, à ne pas s'en tenir à l'abolition de « quelques erreurs », mais à détruire le christianisme même : « Le peuple n'est pas si imbécile qu'on le pense ; il recevra sans peine un culte sage et simple d'un Dieu unique. » C'est autour de cette idée seulement – « un seul

# S

Dieu rémunérateur du bien, vengeur du mal, un Dieu qui n'a pu naître ni mourir, ni avoir des associés » – que des hommes fraternels peuvent se rassembler ; c'est en vue de cette mission, dont le prédicateur aperçoit des prémices autour de lui, que les Cinquante ont commencé « par donner cet exemple en secret ».

Inspiré surtout par la lecture de dom Calmet, de Woolston et de Meslier, *Le Sermon* est, d'après Voltaire lui-même, « le libelle le plus violent qu'on ait jamais fait contre la religion chrétienne » (à la maréchale de Luxembourg, 9 janvier 1765). Tout ici est fait pour isoler et rejeter le texte biblique comme une étrangeté incompréhensible. La brièveté du commentaire, la concision, les asyndètes donnent à cette diatribe une force percutante amplifiée par un souffle de prosélytisme. *Le Sermon des Cinquante* marque le commencement, dans l'œuvre de Voltaire, d'une vaste action visant à anéantir le catholicisme et, plus généralement, à dégager de la superstition et du fanatisme des religions les bases pures du déisme. C'est à propos du *Sermon* qu'il écrit à Mme d'Épinay, en juin 1759 : « Il faut extirper l'Infâme... » Si des exemplaires ont été tirés, cette année-là, sur « l'imprimerie de poche » de Mme d'Épinay, ce n'est qu'à l'automne 1762 que Voltaire fait éditer anonymement *Le Sermon* à Genève et qu'il le recommande à ses correspondants, conjointement avec l'*Extrait*\* de Meslier – aux « frères » de les diffuser, comme le fera par exemple d'Argence\* dans son Angoumois. *Le Sermon des Cinquante* fut plusieurs fois réédité, mais Voltaire ne reconnaîtra jamais la paternité de ce brûlot, d'où son indignation, mêlée de peur, quand Rousseau le dénonce publiquement, au détour d'une tirade de ses *Lettres écrites de la montagne* (1764), comme en étant l'auteur. Il ne fut pas inclus de son vivant dans les éditions de ses œuvres.

Roland Desné

*Mes frères, la religion est la voix secrète de Dieu, qui parle à tous les hommes ; elle doit tous les réunir, et non les diviser : donc toute religion qui n'appartient qu'à un peuple est fausse. La nôtre est dans son principe celle de l'univers entier, car nous adorons un Être suprême comme toutes les nations l'adorent, nous pratiquons la justice que toutes les nations enseignent, et nous rejetons tous ces mensonges que les peuples se reprochent les uns aux autres. Ainsi, d'accord avec eux dans le principe qui les concilie, nous différons d'eux dans les choses où ils se combattent.*

Le Sermon des Cinquante, 1762.

## SERMON DU PAPA NICOLAS CHARISTESKI, PRONONCÉ DANS L'ÉGLISE DE SAINTE-TOLERANSKI, VILLAGE DE LITUANIE, LE JOUR DE LA SAINTE-ÉPIPHANIE

Voir POLOGNE.

## SERMON DU RABBIN AKIB, PRONONCÉ À SMYRNE, LE 20 NOVEMBRE 1761. TRADUIT DE L'HÉBREU

ANTISÉMITISME · CHRISTIANISME · INQUISITION · JUIFS · PORTUGAL · TOLÉRANCE ·

Ce texte d'une dizaine de pages fut composé vers la date même qu'il porte, sur l'information, reçue de Lisbonne, d'un autodafé inquisitorial où avaient été brûlés trois jésuites, dont le père Malagrida (impliqué dans un attentat contre le roi du Portugal), deux musulmans et trente-deux juifs (21 septembre 1761). En réalité Voltaire avait été mal renseigné : aucun juif ni aucun musulman n'a péri dans cet autodafé, dont Malagrida a été la seule victime. La première édition du *Sermon* a paru anonymement vers le 23 décembre, en tirage très restreint. L'ouvrage fut réédité en 1762, en 1764, en 1768 encore (dans *L'Évangile\* de la raison*), et inséré dans des volumes de Mélanges à partir de 1765. Il n'entre qu'en 1775, avec l'édition « encadrée », parmi les œuvres de Voltaire.

Le *Sermon* dénonce, avec véhémence, le « sacrifice » de « victimes humaines » accompli par « les sauvages de Lisbonne ». Dans un premier point, le prédicateur examine à part le cas de Malagrida, jugé et condamné par un tribunal ecclésiastique, alors que, accusé d'un crime d'État, il aurait dû être jugé « par la justice ordinaire du prince » – encore a-t-on brûlé « ce pauvre jésuite âgé de 75 ans » à cause surtout de ses opinions théologiques. Voltaire plaignait au passage le ministre Pombal, réputé favorable aux Lumières, d'avoir dû recourir lui-même à l'Inquisition, seule habilitée alors au Portugal à juger les régicides. Le rabbin rappelle aussi que les histoires des « barbares » de l'Europe sont « remplies des crimes de leurs derviches », crimes favorisés par le secret de la confession\*.

Il passe ensuite au sort des musulmans exterminés à cause de leur foi, alors que leurs ancêtres, ayant conquis l'Espagne, « ne contraignirent personne à changer de religion et traitèrent les vaincus avec humanité aussi bien que les israélites ». Quant aux trente-sept juifs condamnés (dont trente-deux « consumés par les flammes »), leur seul crime était de pratiquer leur culte. Pour leur supplice, les « monstres impitoyables » chantaient un psaume de David (« ils empruntent notre religion même, en nous punissant d'être élevés dans notre religion »).

Le deuxième point récuse l'argumentaire chrétien de la répression contre les juifs. Jésus a vécu juif, est mort juif, et ses premiers disciples furent circoncis. Les juifs vivent parmi « les nations » sans s'incorporer à elles ? Ils ne sont pas les seuls – Voltaire évoque les Parsis, les Banians. On prétend qu'ils ont été dispersés pour avoir supplicié Jésus, mais celui-ci n'a été « condamné que par les Romains » : « Cessez donc de persécuter une nation entière pour un événement dont elle ne peut être responsable. » Les juifs n'ont pas reconnu la divinité de Jésus ? Mais lui-même n'a jamais dit qu'il était Dieu, et il a fallu attendre trois siècles pour qu'une majorité d'évêques constate cette divinité. De toute façon, Jésus n'a brûlé personne et n'a recommandé que « l'observation de la loi, l'amour de Dieu et du prochain ». S'il revenait de nos jours, « se reconnaîtrait-il dans un seul de ceux qui se nomment chrétiens » ? On peut reprocher aux juifs leurs crimes d'autrefois : « Nous avons été un peuple barbare, superstitieux, ignorant, absurde [...] ; mais serait-il juste d'aller aujourd'hui brûler le pape et tous les monsignori de Rome parce que les premiers Romains enlevèrent les Sabines et dépouillèrent les Samnites ? » L'exhortation est un vibrant appel à la tolérance pour que les « prévaricateurs » cessent « de persécuter, d'exterminer ceux qui comme hommes sont leurs frères, et qui comme juifs sont leurs pères », et pour que « chacun serve Dieu dans la religion où il est né ».

Ce *Sermon* est exceptionnel à un double titre. C'est l'unique fois, dans la longue série des pseudonymes\* dont il s'est affublé, où Voltaire a pris les traits d'un juif. Son éloquence vibrante et cinglante, animée de la meilleure verve, joue d'ailleurs avec les ressources du pastiche : la formule rabbinique « Élevons nos cœurs à l'Éternel ! » revient comme un refrain ironique ; les jésuites sont des « Kalenders », Jacques Clément un « faquir », le pape un « rabbin latin », etc. C'est aussi, dans toute l'œuvre de Voltaire, le plaidoyer le plus clair et le plus direct pour la tolérance envers les juifs. Il stigmatise leur persécution, avant la lettre, comme un crime contre l'humanité : « Quel était leur crime ? Point d'autre que celui d'être nés. » Voltaire ne renonce pas pour autant à sa critique de la barbarie des anciens Hébreux, mais il la fait ici assumer par un juif contemporain, éclairé et tolérant, un rabbin « voltairien » si l'on peut dire. On saisit alors comment son antijudaïsme s'inscrit dans un réquisitoire général contre tout fanatisme, y compris sa forme la plus moderne dont les chrétiens sont les responsables et les juifs les victimes.

*Roland Desné*

*Ô tigres dévots ! panthères fanatiques ! qui avez un si grand mépris pour votre siècle que vous pensez ne la pouvoir soutenir que par des bourreaux, si vous étiez capables de raison je vous interrogerais, je vous demanderais pourquoi vous nous immolez, nous qui sommes les pères de vos pères.*

*Que pourriez-vous répondre si je vous disais : Votre Dieu était de notre religion ? Il naquit juif, il fut circoncis comme tous les autres juifs ; il reçut, de votre aveu, le baptême du juif Jean, lequel était une antique cérémonie à laquelle nous soumettons nos néophytes ; il accomplit tous les devoirs de notre antique loi ; il vécut juif, mourut juif, et vous nous brûlez, parce que nous sommes juifs.*

*Sermon du rabbin Akib, 1761.*

## *SERMON PRÊCHÉ À BÂLE LE PREMIER JOUR DE L'AN 1768, PAR JOSIAS ROSSETTE, MINISTRE DU SAINT ÉVANGILE*

Voir POLOGNE.

## SERVAGE

LIBERTÉ • SAINT-CLAUDE •

*Il faut les secourir puisqu'ils sont hommes.*

À Condorcet, 27 janvier 1776.

Alerté par l'avocat Christin\*, Voltaire apprenait en 1770 que des paysans de Franche-Comté étaient encore réduits à l'état de serfs sur les terres des chanoines de Saint-Claude. Le servage, aboli en France depuis le XI$^e$ siècle, survivait encore au XVIII$^e$ dans quelques provinces, dont le Bourbonnais, le Nivernais et la Franche-Comté. Lorsque cette dernière province, sous domination espagnole, avait été rattachée à la France, par la paix de Nimègue (1678), Louis XIV avait garanti la jouissance de tous leurs droits aux seigneurs franc-comtois : ils conservèrent donc la mainmorte sur leurs paysans. Asservi à la mainmorte, le paysan était attaché à son seigneur, travaillait pour lui et ne pouvait transmettre son lopin de terre ou sa maison à ses enfants si ceux-ci ne vivaient pas chez lui. Les moines bénédictins de Saint-Claude, devenus chanoines en 1742, mais jouissant toujours du plein titre de comte, gardaient ainsi des serfs sur leurs terres.

Plusieurs hommes de loi éclairés, dont surtout Christin, habitant de Saint-Claude, s'étaient chargés de la cause des serfs ; ils rédigèrent une requête *Au roi en son Conseil*, que Voltaire révisa, en mai 1770. Indigné de savoir que des hommes vivaient en esclavage si près de son pays de Gex\*, le philosophe s'investit complètement dans cette nouvelle affaire, admirablement secondé par Christin. Son combat visait deux objectifs : faire abolir le servage par un édit royal, et prouver que les droits des moines étaient

fondés sur des titres abusifs. Voltaire adressa la requête à Mme de Choiseul*, par l'intermédiaire de Mme du Deffand. La duchesse fit répondre qu'elle ne pouvait la soutenir que par «ses représentations» et «ses sollicitations». Elle jugeait la cause bonne, mais trouvait le mémoire «un peu trop philosophique», et craignait enfin que «le nom de M. de Voltaire n'y nuise beaucoup»: «J'avoue que mon nom est fatal en matière ecclésiastique», admit Voltaire... Il fit pourtant imprimer son mémoire au roi, puis rédigea, en septembre 1770, une *Nouvelle Requête au roi en son Conseil*: «Sire, douze mille de vos sujets mouillent encore le pied de votre trône de leurs larmes.» Le duc de Choiseul, dont le pouvoir faiblissait, n'eut pas le temps d'agir: le roi l'exila en effet en décembre.

Convaincu que «les hommes utiles à l'État doivent être libres», l'intrépide vieillard délègue alors Christin à Paris, à ses frais, pour plaider directement la cause, muni de nouvelles suppliques, dont une rédigée par des habitants de Saint-Claude.

En juin 1771, il espère encore que son «petit philosophe Christin» peut réussir; il annonce avoir retrouvé «un petit édit minuté par Louis XIV qui abolissait la mainmorte par tout le royaume» – mais l'affaire s'enlisait. L'arrivée de Turgot au pouvoir, en 1774, ranima son espoir, et il sollicita de nouveau; Turgot indiqua un rapporteur pour plaider au Conseil dit des parties «la cause de douze mille esclaves de six pieds de haut contre vingt petits chanoines». Mais la chute de Turgot suspendit encore toutes ces démarches contre «la mainmorte gothe, visigothe et vandale». Le tenace Christin annonçait enfin à Voltaire, en octobre 1776, que le procès était porté au Conseil privé. Voltaire fit alors réimprimer *La Voix du curé sur le procès des serfs du Mont-Jura*, qui avait déjà paru en 1772.

Les serfs de Saint-Claude perdirent pourtant ce procès: les droits seigneuriaux étaient confirmés. En janvier 1778, Voltaire se tourmentait toujours pour eux. «J'ai bien peur, écrivait-il, qu'ils ne soient mangés par les pharisiens et par les publicains. Tout ce que je vois me fait horreur.» Il mourut sans voir l'abolition complète du servage. Mais il avait lancé le mouvement en faveur de l'homme «citoyen». Un édit de 1779 redonna gratuitement la liberté aux serfs des domaines royaux. La Révolution, en établissant la Déclaration des droits de l'homme et du citoyen, ratifiait le combat de Voltaire: les serfs de Saint-Claude furent affranchis en 1789.

*Anne Soprani*

*Monseigneur est conjuré encore une fois de daigner observer que le nœud principal de la question consiste à savoir si douze mille sujets du roi peuvent être serfs des bénédictins chanoines de Saint-Claude, quand ils ont un titre authentique de liberté.*
*Or ce titre sacré, ils le possèdent dès l'an 1390. S'ils n'ont retrouvé cette charte*

*irréfragable qu'au mois de mars 1770, doivent-ils être esclaves en France parce que les bénédictins avaient enlevé tous les papiers chez de malheureux cultivateurs qui ne savaient ni lire ni écrire ?*
*Nos adversaires, étonnés qu'un coup de la Providence nous ait rendu notre titre, se retranchent à dire que ce titre ne regarde que le quart du territoire. Il ne reste donc plus qu'à le mesurer : c'est ce que nous demandons ; il est juste que tout le terrain compris dans cet acte soit déclaré libre. Nous demandons surtout que des titres légitimes de franchise l'emportent aux yeux du conseil sur des chartes évidemment fausses.*
*Nous répétons que la fraude ne peut jamais acquérir des droits.*
*Nous nous jetons aux pieds du roi, ennemi de la fraude et père de ses sujets.*
Supplique des serfs de Saint-Claude à M. le Chancelier, 1771
– rédigée par Voltaire en leur nom et adressée au chancelier Maupeou.

## SÉVIGNÉ, Marie de Rabutin-Chantal, marquise de

CORRESPONDANCE • GOÛT • STYLE •

Au XVIII$^e$ siècle, Mme de Sévigné (1626-1696) connaît une extraordinaire fortune, à mesure que s'accroît le recueil de ses lettres, d'édition en édition (1725, 1726, 1744, 17554). Son style épistolaire représente un modèle d'écriture féminine, fondée sur la sensibilité, le naturel et une spontanéité charmante. Sur ce point, Voltaire n'est que le porte-parole avisé des idées de son temps. Il n'est pas impossible qu'il ait contribué indirectement, par l'intermédiaire de son ami Thiriot*, à l'édition de 1726. Il intervient en tout cas, à l'occasion du *Temple du Goût* (1733), dans la querelle littéraire qui oppose, à propos du style de Mme de Sévigné, les partisans de Voiture à ceux de Balzac : il oppose aux « pointes » de Voiture les « longues phrases hyperboliques » de Balzac, et met au-dessus de l'un et de l'autre le style naturel de la marquise, « qui est aimée de tous ceux qui habitent le Temple ».
Il ne manque pas non plus de mentionner ce modèle canonique quand il donne des conseils de style aux amis et aux novices. À une certaine Mlle Menon, il écrit le 20 juin 1756 : « Voyez avec quel naturel madame de Sévigné et d'autres dames écrivent, comparez ce style avec les phrases entortillées de nos petits romans. » Voltaire exprimera pourtant des critiques sur son goût et son jugement : elle est, « en matière de raison » au moins, « une grande caillette » (à Octavie Belot, 10 novembre 1760). Mais cette carence est largement compensée par le plaisir de ses anecdotes et la séduction de ses grâces. Il cite même ses lettres dans une liste de vingt bons livres français utiles à l'histoire. En se faisant un des critiques attitrés de Mme de Sévigné, Voltaire a contribué à forger une image positive de l'épis-

tolière qui précisément accède, dans le cours du siècle, au statut reconnu de l'auteur littéraire.

Didier Masseau

## SHAKESPEARE, William
ANGLETERRE · DRAMATURGIE · GÉNIE · GOÛT · TRAGÉDIES ·

Toute sa vie, Voltaire fut hanté par Shakespeare (1564-1616). Il le découvre en Angleterre, le loue, le critique, le traduit, s'en inspire ; peu avant de mourir, il le combat encore. Il en parle sans cesse – longue évolution à étapes, qui aboutit en 1776 à un rejet catégorique.

Pendant l'automne 1726, à Londres, Voltaire, en s'aidant des brochures du souffleur, suit avec passion les représentations d'*Othello*, d'*Hamlet*, de *Jules César*, d'autres pièces peut-être. La scène de Drury Lane lui révèle un modèle inconnu, qu'il assimile avec l'enthousiasme du néophyte. Bientôt, dans l'une de ses *Lettres\* philosophiques*, écrites sur place et publiées en 1734, il exprime un jugement plus réfléchi : « [Shakespeare] avait un génie plein de force et de fécondité, de naturel et de sublime, sans la moindre étincelle de bon goût, et sans la moindre connaissance des règles » (XVIIIe lettre, « Sur la tragédie »). La formule est trouvée : Shakespeare, « barbare de génie » ; elle pourra se nuancer, selon le dosage de génie et de barbarie, au gré de l'humeur, de l'âge ou des circonstances.

Formé à l'école des classiques, Voltaire défend avec éclat les trois unités, l'usage des vers (préface d'*Œdipe*, édition de 1730 ; « Discours sur la tragédie » en tête de *Brutus*, 1731) ; mais il prétend renouveler la tragédie, soumise aux bienséances, dénuée d'action, de spectacle, de pathétique. Seul Shakespeare peut faire retrouver aux modernes la grandeur tragique du théâtre grec. *Brutus* (1731), *La Mort de César* (1735) sont des sujets « anglais ». Persuadé d'avoir ouvert une carrière nouvelle, Voltaire se vante d'être le premier qui ait fait connaître Shakespeare aux Français, et qui ait habilement adapté certaines de ses « beautés ». L'ombre de Ninus, dans *Sémiramis* (1748), se réclamera de celle d'*Hamlet* : hardiesse « extravagante », mais bien propre à réveiller notre théâtre de sa langueur. Cependant Voltaire ne songe pas à transplanter Shakespeare dans l'humus français (ce que fera plus tard Ducis). « L'arbre touffu » natif d'Angleterre n'a pu pousser que sur son terrain. Voltaire s'en tiendra encore quelque temps à cette notion d'un « goût local », spécifique d'une nation, d'un temps, mais que les étrangers ne peuvent aisément acclimater.

C'est dans les années 1760 que Voltaire durcit sa position. Il vieillit, sent décliner en lui l'inspiration tragique, observe et craint sans doute des évolutions, veut ignorer les nouveautés étrangères, le théâtre allemand par

exemple, et se croit investi d'un mission de défense du « bon goût ». Finies les joutes amicales avec ses amis anglais. La période abonde en textes de combat : l'*Appel\** *à toutes les nations de l'Europe des jugements d'un écrivain anglais* (1761) ouvre le feu. Shakespeare n'a pas encore passé la mer ; l'Europe entière est conviée à reconnaître la supériorité de Corneille et de Racine, au nom du goût « universel », et à condamner l'exception anglaise. Les *Commentaires\* sur Corneille* (1764) accablent Shakespeare et Lope de Vega, cet autre fou. Et s'il prend la peine de donner une version de *Jules\* César*, c'est pour prôner, contre l'usage des « belles infidèles », une traduction exacte et « littérale », souci louable, mais qui n'a pour effet que d'étaler au grand jour la bassesse et les « ordures » de l'Anglais : Voltaire est désormais en possession de l'arme absolue, il en usera jusqu'à la fin.
*Tancrède* marque un dernier effort, en 1760, vers la « pantomime », mais cette manie subite des tableaux vient de l'influence de Diderot plutôt que de celle de Shakespeare. Et il fait vite marche arrière, fatigué des « attitudes » de la Clairon, et prompt à revendiquer à nouveau la primauté du verbe sur les effets de la scène. Dès lors, débordé par des innovations dont il réprouve l'audace ou l'excès, il va vivre dans le sentiment d'une « décadence » du théâtre. L'opéra-comique triomphe ; les acteurs sont mauvais ; le drame noir, à l'anglaise, envahit la scène... L'*Hamlet* de Ducis, en 1769, l'exaspère ; et Ducis récidive, en 1772, avec *Roméo et Juliette*, tandis que Sedaine promet une tragédie en prose ! C'est le triomphe du mauvais goût.
Dernier combat : le duel avec Le Tourneur et sa nouvelle traduction de Shakespeare, qui encourt, en 1776, les foudres du vieillard. Le Tourneur conteste les classiques français, récuse la suprématie usurpée d'une nation sur les autres. Il est puni, comme son idole barbare, par la *Lettre\* à l'Académie*, qui fait rire des grossièretés anglaises. Le patriarche répondra deux ans plus tard avec plus de galanterie à lady Montagu, coupable, elle aussi, d'encenser le prétendu « dieu du théâtre » : une dernière fois, en mars 1778, dans l'Épître dédicatoire d'*Irène* à l'Académie, il placera Racine\* au-dessus de Shakespeare. Voltaire mourut ainsi dans l'illusion d'avoir gagné son procès, et toujours convaincu de l'hégémonie culturelle de la France en matière de théâtre. Plus lucides, Diderot, Meister, Sedaine, Mercier et d'autres pensaient au contraire que la scène française avait besoin d'un sang neuf.

Henri Lagrave

*Que dites-vous de la Clairon qui voulait un échafaud sur le théâtre ! Mon ami, il faut battre les Anglais et ne pas imiter leur barbare scène. Qu'on étudie leur philosophie, qu'on foule aux pieds comme eux les infâmes préjugés, qu'on chasse les jésuites et les loups, qu'on ne combatte sottement ni l'attraction, ni*

*l'inoculation, qu'on apprenne d'eux à cultiver la terre, mais qu'on se garde bien d'imiter leur théâtre sauvage.*

À Thiriot, 27 octobre 1760.

*Vive Saint-Denis Voltaire, et meure George Shakespeare !*

D'Alembert à Voltaire, 20 août 1776.

*Un soir, à Ferney, où il fut question dans la conversation du génie de Shakespeare, Voltaire déclama contre l'impropriété et l'absurdité qu'il y avait d'introduire dans la tragédie des caractères vulgaires et un dialogue bas et rampant ; il cita plusieurs exemples où notre poète avait contrevenu à cette règle, même dans les pièces les plus touchantes. Un monsieur de la compagnie, qui est un admirateur zélé de Shakespeare, observa, en cherchant à excuser notre célèbre compatriote, que, quoique ses caractères fussent pris dans le peuple, ils n'en étaient pas moins dans la nature. « Avec votre permission, monsieur, lui répliqua Voltaire, mon cul est bien dans la nature, et cependant je porte des culottes. »*

John Moore, Lettres d'un voyageur anglais sur la France, 1781-1782
– récit d'une visite faite à Ferney en 1776.

## « SI DIEU N'EXISTAIT PAS, IL FAUDRAIT L'INVENTER... »

ATHÉISME • DÉISME • PROVERBES •

Ce vers, frappé comme un proverbe, vient d'une des grandes épîtres\* de Voltaire, composée en 1769, adressée « À l'auteur du livre des Trois imposteurs ». L'auteur athée de cet anonyme *Traité des Trois imposteurs* (1768) venait de radicaliser, pour les diffuser plus largement, les anciennes leçons du libertinage aristocratique : toutes les religions sont d'origine humaine, tout fondateur est un imposteur – Moïse, Jésus, Mahomet, pour les trois religions modernes. Sur ce deuxième front de l'athéisme, après celui de l'Infâme\*, Voltaire professa toujours fidèlement le même déisme. Il en fait ici la base indispensable à toute société humaine – d'où cet ample mouvement didactique :

> *Ce système sublime à l'homme est nécessaire.*
> *C'est le sacré lien de la société,*
> *Le premier fondement de la sainte équité,*
> *Le frein du scélérat, l'espérance du juste.*
> *Si les cieux, dépouillés de son empreinte auguste,*
> *Pouvaient cesser jamais de le manifester,*
> *Si Dieu n'existait pas, il faudrait l'inventer.*
> *Que le sage l'annonce, et que les rois le craignent.*

> *Rois, si vous m'opprimez, si vos grandeurs dédaignent*
> *Les pleurs de l'innocent que vous faites couler,*
> *Mon vengeur est au ciel: apprenez à trembler.*
> *Tel est du moins le fruit d'une utile croyance.*

Cette idée d'un Dieu à la fois «horloger*» des mondes et «gendarme» des sociétés, élaborée par les déistes* anglais du début du siècle, trouvait là sa formulation d'évidence, claire et forte, impressionnante pour l'athée même s'il voulait au moins croire aux hommes. Les apologistes des années 1770 s'emparèrent bientôt de la belle tirade et récupérèrent surtout le mémorable axiome. Assez content de sa trouvaille, Voltaire le cite volontiers dans d'autres ouvrages – supposés n'être pas de lui –, et en 1773 encore dans le *Discours de M$^e$ Belleguier.*

Avec le temps, en un petit siècle, le fameux postulat déiste allait se dégrader en poncif d'ordre moral et social, quand les bourgeois d'après 48, souvent voltairiens* mais propriétaires, virent leurs biens menacés par un prolétariat déchristianisé. Le slogan d'autodéfense a été enregistré par Flaubert dans le *Dictionnaire des idées reçues*: «DIEU – Voltaire lui-même l'a dit: *Si Dieu n'existait pas, il faudrait l'inventer.*» Plus gendarme qu'horloger désormais, le nouveau Dieu de «saint Voltaire» – quatrième imposteur?

*André Magnan*

## SIÈCLE (Édition du journal *LE*)

ÉDITIONS • SOUSCRIPTION •

La dernière édition véritablement populaire des *Œuvres complètes* de Voltaire fut celle du journal *Le Siècle*, publiée en huit gros volumes entre 1867 et 1870 – le huitième fut dédoublé au retirage en 1873, pour l'adjonction de suppléments. *Le Siècle* était alors le principal organe de l'opposition républicaine au second Empire. Grand format, texte à double colonne, papier commun, prix modique: la collection visait le plus large public. Le journal, qui tirait à 40 000 exemplaires, en fit ainsi la réclame: «C'est le pain des forts... Oui, mais c'est aussi l'aliment des faibles, c'est le plus substantiel des réconfortants!» *Le Siècle* lançait en même temps une souscription populaire pour l'érection d'une statue à Voltaire, qui recueillit en quelques mois plus de 200 000 contributions, la plupart modestes, avant d'être interdite – l'idée devait être reprise pour la commémoration* de 1878.

«Propagande», «apologie» et «polémiques» sont partout visibles dans les avertissements et le commentaire: le bibliographe Bengesco* fait la fine

bouche. Le « Voltaire » du *Siècle* est ainsi parent de l'autre grande édition militante, le « Voltaire » de Kehl\* ; mais il s'en éloigne par son ordre. Le *Dictionnaire philosophique* ouvre ici la marche, flanqué d'une préface qui ne manque pas de rappeler la fameuse anecdote de l'exemplaire brûlé jadis sur le corps mutilé du chevalier de La Barre\* : « La France ne se releva de cette double honte qu'en 1789. » Suivent l'Histoire (t. II), *La Henriade* et le Théâtre (t. III), la Critique et les Mélanges (t. IV-V), les *Mémoires* avec les Romans, les Facéties, les Dialogues, les Poésies (t. VI), et la Correspondance enfin (t. VII-IX). La priorité ainsi donnée à la prose est dûment justifiée, et veut même faire date : « Voltaire le poète faisait ombre à Voltaire le philosophe, qui seul pourtant nous attire encore. » L'ordre canonique fut bientôt rétabli par Moland\*, sur l'argument classique de l'antériorité : Voltaire a été d'abord poète au début de sa carrière. Les notes de Georges Avenel, souvent originales, ne sont pas sans mérite, et pour l'érudition historique, et pour les références d'actualité ; parmi les « autorités » citées figurent Hugo, Proudhon, Pierre Leroux, Lamennais, Michelet, Renan.

Entre l'édition de Beuchot\*, qu'elle augmentait, et celle de Moland, qui en tira profit, l'édition du *Siècle* atteste un moment important de l'histoire posthume de Voltaire : son influence restait encore un enjeu d'action politique, son œuvre une référence progressiste.

*André Magnan*

## SIÈCLE DE LOUIS XIV (LE)

CATALOGUE · CENSURE · CIVILISATION · HISTOIRE · HISTORIEN · LOUIS XIV · « SIÈCLES (LES QUATRE) » ·

Commencé en 1732, après la rédaction de l'*Histoire\* de Charles XII*, *Le Siècle de Louis XIV* s'est vite imposé comme un ouvrage essentiel auquel Voltaire se promettait de consacrer plusieurs années de sa vie. Pour l'écrire, il se livra à un travail considérable, exemplaire en son temps, de documentation et de critique des sources. La rédaction fut menée tambour battant. En 1738, Voltaire communique un manuscrit à Frédéric II qui en fait l'éloge. Voltaire songe alors à le publier. Il fait paraître en 1739 un « Plan raisonné » de son projet, avec les deux premiers chapitres déjà prêts : c'est l'« Essai sur l'histoire de Louis XIV », aussitôt désapprouvé par la cour et saisi. En 1746, Voltaire envoie à Frédéric II des *Anecdotes\* sur Louis XIV*. Frédéric, dont l'enthousiasme ne se dément pas, le presse de publier. Voltaire craint, avec raison, les réactions du pouvoir. Parti pour Berlin en 1750, et démissionné de sa charge d'historiographe\*, il se croit libre et se remet avec ardeur au travail, en rêvant d'obtenir pour l'ouvrage un privilège royal. Il n'y réussit pas et se décide

à le publier à ses frais. *Le Siècle de Louis XIV* paraît donc à Berlin au début de 1752, mais imparfait, et Voltaire relance aussitôt ses démarches en vue d'une édition française. Il tente même d'obtenir, par une lettre adressée à Malesherbes*, une autorisation non écrite – la célèbre «permission tacite». En vain. Il se décide à le republier, avec de nouveaux documents. L'ouvrage paraît à Dresde chez Walther*, début 1753.
Dès 1753, Voltaire y ajoute un *Supplément*\* pour répondre aux attaques de La Beaumelle*. En 1756, comme il a réussi à obtenir communication des papiers de l'abbé de Saint-Pierre*, il corrige son texte et en publie une nouvelle version dans l'édition en dix-sept volumes de Cramer*. Il la remaniera en 1767, car le colbertisme lui semble devoir être jugé à la lumière de la physiocratie, et l'expulsion des jésuites* lui permet de parler plus librement des querelles religieuses du Grand Siècle. Cette édition nouvelle paraît en octobre 1768.
Retenons de cette longue et sinueuse histoire l'intérêt que Voltaire portait à son *Siècle de Louis XIV*. On en saisira tout l'enjeu si l'on sait que la dénonciation du grand roi est un des poncifs des Lumières. Sur ce sujet, Voltaire est l'homme d'une autre époque: il a connu et admiré le maréchal de Villars, M. de Caumartin, il a fréquenté la cour de Sceaux, jugé assez sévèrement la médiocrité de la Régence. Il est de ceux qui demeurent fidèles au souvenir du règne, et on ne peut oublier qu'en écrivant *Le Siècle de Louis XIV*, Voltaire se proposait de défendre l'honneur d'un roi et d'une nation.
L'ouvrage impressionne d'abord par son organisation, reflet à la fois d'une volonté pédagogique et d'une conception neuve de la géopolitique. Le chapitre II, «Des États de l'Europe avant Louis XIV», est à cet égard éclairant. Si Voltaire suit l'ordre chronologique – minorité, guerre civile, gouvernement de Mazarin, gouvernement personnel de Louis XIV –, il sait faire alterner panoramique sur l'état de la France, description de son administration, récit des guerres extérieures, et analyse des grands événements européens, sans négliger pour autant, à partir du chapitre XXV, les anecdotes sur le règne et les grandes synthèses sur les finances, les règlements, les sciences, les arts, les affaires religieuses... Ajoutons-y les diverses annexes: «Liste raisonnée des enfants de Louis XIV», «Souverains contemporains», «Catalogue de la plupart des écrivains français», «Artistes célèbres». À cette énumération, on mesurera la richesse de l'information.
Car Voltaire a beaucoup lu, beaucoup interrogé et beaucoup comparé: à cet égard, *Le Siècle de Louis XIV* est une expérimentation de la méthode de l'historien. C'est bien là qu'il tente vraiment de substituer les faits aux légendes et de fonder son approche de la vérité sur une critique raisonnée des documents. Changement notable par rapport à l'historiographie traditionnelle, mais qui importe moins que l'ampleur nouvelle donnée à l'objet de l'Histoire. Sans doute Louis XIV est-il le sujet privilégié de ce *Siècle*, mais

avec lui une «nation», des hommes, des structures, des États, des faits politiques, sociaux, financiers et religieux. Sans oublier les mœurs et surtout les lettres et les arts.

Ce n'est point une histoire du règne de Louis XIV, mais de son siècle ; et Voltaire développe dès son premier chapitre une théorie du devenir historique qui permet de mieux saisir la nouveauté de son propos : définition du nouvel objet («l'esprit des hommes dans le siècle le plus éclairé qui fut jamais»), exaltation des quatre siècles «où les arts ont été perfectionnés, et qui servant d'époque à la grandeur de l'esprit humain, sont l'exemple de la postérité» – ce sont le siècle d'Alexandre, celui de César et d'Auguste, celui enfin des Médicis. Ce qui ne veut pas dire que Voltaire ne soit pas fasciné (et c'est très largement paradoxal) par la grandeur militaire de Louis XIV. On est loin ici des généraux «pillards de provinces» : Voltaire exalte la grandeur militaire du règne, l'habileté des maréchaux, le courage de la noblesse, le professionnalisme des troupes. La France est militairement grande au point de dominer l'Europe, et Voltaire en éprouve une certaine fierté. Il admire aussi la mise en place d'une administration efficace qui unifie l'espace français. S'il ne cache pas les problèmes financiers liés à la politique royale, il n'est pas excessivement sévère envers le système fiscal et les fermiers généraux que l'opinion n'a cessé de dénoncer (chap. XXX). La volonté de compréhension s'accompagne d'une tendance très nettement affirmée à la réhabilitation d'un roi et d'une nation très injustement dénigrés. Le règne a eu des hommes vertueux, de grands et dévoués citoyens. Le roi lui-même a été grand, et il ne lui a manqué que d'être philosophe. Que n'a-t-il imité Léopold de Lorraine, son contemporain, qui a enrichi et développé son duché ?

Enfin, à la demande de Mme du Châtelet, que les récits de batailles et la diplomatie ennuyaient, Voltaire s'était engagé à écrire une histoire qui fût celle de l'esprit humain, d'où la peinture d'un «siècle admirable», où grâce à un grand roi, un essor sans précédent est donné aux sciences, aux belles-lettres, aux arts, où se développent politesse et civilité. Moment clé donc de la civilisation.

*Le Siècle de Louis XIV* doit ainsi être lu comme un fragment essentiel d'une histoire des perfectionnements de la raison, dont les effets se firent sentir dans l'administration des choses et des hommes tout autant que dans l'élaboration de la méthode analytique inaugurée par Descartes. Voltaire a tenté d'équilibrer par des chapitres consacrés aux sciences, au gouvernement intérieur, la part faite à une histoire militaire et diplomatique plus traditionnelle du règne. Les chapitres consacrés aux arts et aux beaux-arts (chap. XXXI à XXXIV) sont, dans cette perspective, essentiels, puisqu'ils démontrent le degré de civilisation auquel la France et l'Europe à sa suite sont parvenues. Tout naturellement, et pour la première fois, un diction-

naire des auteurs, avec mention de leurs œuvres, fait pleinement partie d'un livre d'histoire.

Cette vision du règne de Louis XIV impliquait un prix à payer : un dénigrement systématique du Moyen Âge*, une minoration de la Renaissance* en France, l'inclination à imputer aux Églises les faiblesses du règne. Prix peu élevé malgré tout puisque, par sa méthode, son objet, sa philosophie de la politique et de l'histoire, *Le Siècle de Louis XIV* demeure une œuvre radicalement neuve. Les contemporains le sentirent bien qui en firent un immense succès de librairie malgré leur peu de sympathie pour le grand roi : il y en eut, du vivant de Voltaire, plus de cinquante éditions et réimpressions – dont plusieurs en France, mais sous de fausses adresses, pour tourner les défenses.

Jean Goulemot

*Enrichi des découvertes des trois autres, il a plus fait en certains genres que les trois ensemble. Tous les arts, à la vérité, n'ont point été poussés plus loin que sous les Médicis, sous les Auguste et les Alexandre ; mais la raison humaine en général s'est perfectionnée. La saine philosophie n'a été connue que dans ce temps, et il est vrai de dire qu'à commencer depuis les dernières années du cardinal de Richelieu jusqu'à celles qui ont suivi la mort de Louis XIV, il s'est fait dans nos arts, dans nos esprits, dans nos mœurs, comme dans notre gouvernement, une révolution générale qui doit servir de marque éternelle à la véritable gloire de notre patrie. Cette heureuse influence ne s'est pas même arrêtée en France ; elle s'est étendue en Angleterre ; elle a excité l'émulation dont avait alors besoin cette nation spirituelle et hardie ; elle a porté le goût en Allemagne, les sciences en Russie ; elle a même ranimé l'Italie qui languissait, et l'Europe a dû sa politesse et l'esprit de société à la cour de Louis XIV.*

Le Siècle de Louis XIV, 1752, Introduction.

C'est encore le plus beau monument élevé à la gloire de ce monarque, et qui subsistera quand la galerie de Versailles ainsi que les statues des places des Victoires et de Vendôme ne seront plus.

Duvernet, Vie de Voltaire, 1786.

## SIÈCLE DE LOUIS XV (LE)

Voir *PRÉCIS DU SIÈCLE DE LOUIS XV*.

# S

## « SIÈCLE DE VOLTAIRE (LE) »

Parallèle exact de l'expression « siècle de Louis XIV », par transposition du roi à un auteur, et à l'auteur même qui l'avait fixée, l'extraordinaire éloge dit en plein XVIII$^e$ siècle l'adulation ou l'allégeance, l'évidence d'une empreinte, le sentiment d'une postérité déjà commencée. Quelques thuriféraires en avance de légende la lancèrent dès les années 1750, mais c'est sur la fin des années 1760 qu'elle tendit à s'établir. Consensus évidemment fragile, voire ambigu : Grimm salue le « patriarche » des Philosophes, Mme du Deffand l'écrivain mainteneur du goût. En 1778, un poète de 13 ans adresse une belle épître en vers « au plus grand homme qu'ait eu le dix-huitième siècle » et attend religieusement la réponse qu'il gardera toute sa vie comme « une relique » – on ne sait si Voltaire répondit à Marie Joseph Chénier\*.
En 1987, on a repris l'expression au titre de Mélanges offerts en hommage à René Pomeau\*.

*André Magnan*

*J'écrivais l'autre jour à un de mes amis qu'on appellera ce siècle-ci le siècle de Voltaire ; personne ne s'est assez distingué dans aucun genre pour que son nom soit placé avec le vôtre : c'est bien sincèrement ma pensée.*
*Mme du Deffand à Voltaire, 29 juillet 1769.*

*Vous direz de ce siècle tout ce qu'il vous plaira : comme c'est vous qui l'avez créé, comme il ne portera d'autre nom que le vôtre, la postérité vous accordera volontiers le droit d'en faire les honneurs et d'en dire plus de mal qu'il n'y en a.*
*Grimm à Voltaire, 8 décembre 1770.*

## « SIÈCLES (LES QUATRE) »

CIVILISATION • HISTOIRE • SIÈCLE DE LOUIS XIV (LE) •

Vision des rythmes et des épisodes de l'histoire de la civilisation et de l'histoire de l'esprit humain, développée par Voltaire dans le premier chapitre du *Siècle de Louis XIV*. Il s'agit de repérer dans le cours historique universel une histoire plus essentielle qui compte « quatre âges heureux [...] où les arts ont été perfectionnés, et qui, servant d'époque à la grandeur de l'esprit humain, sont l'exemple de la postérité ». Il y aura donc celui de Philippe et d'Alexandre, non pour leurs conquêtes, mais grâce à Périclès, Démosthène, Aristote, Platon, Apelle, Phidias, Praxitèle. Puis un second âge,

celui de César et d'Auguste, grâce à Lucrèce, Cicéron, Virgile, Horace, Ovide... « Le troisième est celui qui suivit la prise de Constantinople par Mahomet II » : c'est la Renaissance* européenne, le temps de gloire de l'Italie, avec ses artistes, ses architectes et ses savants. « Le quatrième siècle est celui qu'on nomme le siècle de Louis XIV, et c'est peut-être celui des quatre qui approche le plus de la perfection », par l'apogée de « tous les arts » et le développement de « la saine philosophie ». On sait la description enthousiaste qu'en donne Voltaire, la nostalgie qu'il conserva de ses fastes et du rôle dévolu alors aux lettres et aux arts.

Cette théorie des siècles privilégiés est-elle neuve ? Ne parlait-on pas, avant Voltaire, du siècle de Périclès ? La Renaissance n'a-t-elle pas eu conscience elle-même de sa grandeur et de son œuvre restauratrice ? Ce qui est vraiment nouveau chez Voltaire, c'est le recours spécifique aux seuls « arts » pour définir la grandeur d'un siècle : entendons par là les beaux-arts, mais aussi les savoir-faire, et même les techniques ; le rejet est net ici de la primauté établie du politique ou du militaire, qui ne constituent jamais que les éléments d'un cadre ou d'une datation. C'est aussi la valorisation accordée à ces siècles comme étapes d'une marche globale de l'esprit humain, pour atteindre le beau, l'harmonie et la civilisation. C'est enfin leur inscription dans une vision linéaire de l'Histoire qui opère un renversement : les œuvres remplacent les conquérants et les rois, en une représentation exemplaire du devenir historique qui rend hommage à l'instinct créateur de l'humanité.

*Jean Goulemot*

## « S'IL N'AVAIT PAS ÉCRIT, IL EÛT ASSASSINÉ »

GENS DE LETTRES • POLÉMISTE • SATIRE •

*Un jeune homme bouillant invectivait Voltaire.*
*– « Quoi ! disait-il, emporté par son feu.*
*Quoi ! cet esprit immonde à l'encens de la terre,*
*Cet infâme Archiloque est l'ouvrage d'un Dieu ?...*
*De vices, de talents, quel monstrueux mélange !*
*Son âme est un rayon qui s'éteint dans la fange :*
*Il est tout à la fois et tyran et bourreau ;*
*Sa dent, d'un même coup, empoisonne et déchire,*
*Sa haine est immortelle et son génie expire ;*
*Il inonde de fiel le bord de son tombeau*
*Et sa chaleur n'est plus qu'un féroce délire !... »*
*Un vieillard l'écoutait, sans paraître étonné :*
*– « Tout est bien, lui dit-il ; ce mortel qui te blesse,*

> Jeune homme, du Ciel même atteste la sagesse :
> S'il n'avait pas écrit, il eût assassiné. »
> Épigramme d'Alexis Piron, sans date
> – attribution traditionnelle, hautement probable.

## SINGE

BESTIAIRE • ORANG-OUTANG •

*Voltaire. Singe moral, littéraire, intellectuel. Mais il faisait bien ses gambades. Il contrefaisait même la gravité ; mais peu de temps. Tous ses rôles se terminent par quelque saut, vrai tour de singe.*
            Joseph Joubert, Carnets, 24 août 1808.

*Et il fit « Candide », cet ouvrage d'une gaieté infernale, car il semble écrit par un être d'une autre nature que nous, indifférent à notre sort, content de nos souffrances et riant comme un démon, ou comme un singe, des misères de cette espèce humaine avec laquelle il n'a rien de commun.*
            Mme de Staël, De l'Allemagne, 1810.

*Rire de singe assis sur la destruction.*
            Auguste Barbier, Ïambes, 1830.

*Voltaire, qui méprise tous les singes, est le singe des Anglais, et lui-même a fait une foule de singes, qui ont répété et délayé longtemps après lui tous ses misérables apophtegmes de vendeur d'orviétan.*
            Julien Louis Geoffroy, Cours de littérature dramatique, 1819-1820.

*Messieurs les voltairiens, ce peuple de singes qui ne fait que ricaner.*
            Pierre Foucher à son gendre Victor Hugo, 18 janvier 1834.

*... ce singe de génie*
*Chez l'homme en mission par le diable envoyé.*
            Victor Hugo, Les Rayons et les ombres, 1840.

*Le bœuf aura dressé une statue au singe.*
            Louis Veuillot, à propos de la souscription du journal Le Siècle en 1867.

# SINGULARITÉS DE LA NATURE (LES), PAR UN ACADÉMICIEN DE LONDRES, DE BOLOGNE, DE PÉTERSBOURG, DE BERLIN, ETC.

ANGUILLES • COQUILLES • MIRACLE • SCIENCES •

Publié en 1768, l'ouvrage se présente comme une série de brefs chapitres sur un ensemble de problèmes d'histoire naturelle, tels que la formation des montagnes, les changements arrivés dans le globe, l'origine des fossiles, la nature spécifique des polypes et des coraux, les théories de la génération, la société des abeilles.

Le terme de « singularité » fait écho à la fois aux *Anecdotes de la nature* de Nicolas Boulanger, et aux *Époques de la nature* de Buffon, plus tardives, mais il s'oppose surtout à toute idée de « miracle » ou de « prodige ». Contre les « rêveurs » qui, à la manière de l'abbé Pluche, sont toujours prêts à s'émerveiller devant le « spectacle de la nature », et à croire au caractère extraordinaire de tel ou tel phénomène naturel, Voltaire invite à se défier des exceptions apparentes et réaffirme que les lois de la nature sont inviolables. Mais il faut douter avant de se prononcer sur l'existence d'une loi naturelle, ne pas prendre l'accident pour la règle : c'est à ces conditions que la raison humaine peut s'appliquer avec fruit à l'étude de la nature. La thèse est reprise vingt ans après, plus développée, de la *Dissertation\* sur les changements arrivés dans notre globe*.

Ces principes et ces préceptes conduisent ici Voltaire à refuser un grand nombre de découvertes de son temps : l'animalité des polypes d'eau douce, dont la nature avait été explicitée par Abraham Trembley dans ses *Mémoires* dès 1744 ; la nature animale des coraux, découverte par Peyssonel ; les théories de la « génération » élaborées par Buffon\* et Maupertuis. Dénonçant un détournement de l'attraction newtonienne, Voltaire a beau jeu de railler le système proposé par Maupertuis dans sa *Vénus physique* (1745), qui expliquait la transmission de la vie par l'agrégation de particules organiques émanées de toutes les parties du corps formateur ; mais la thèse de germes préexistant soit dans les « animalcules » (spermatozoïdes), soit dans les « œufs » (ovules), à laquelle il se rallie, soulevait encore plus de difficultés. Dans le débat entre « animalculistes » et « ovistes », Voltaire penche d'ailleurs nettement en faveur des derniers : il est favorable à la préexistence des germes et hostile à l'épigenèse. Mais son but ultime est de réfuter la génération spontanée que John Tuberville Needham (*Nouvelles Découvertes faites avec le microscope*, Leyde, 1747) croyait avoir observée, avec l'apparition directe d'« animalcules », de petites « anguilles », dans du blé fermenté : ce « Père Anguillard » est devenu le scandaleux et dangereux soutien de l'athéisme\* moderne dans sa version matérialiste. Inversement, les « fossilistes » qui croient qu'on trouve des coquilles d'animaux marins au sommet des montagnes et que la mer a

autrefois submergé les terres, donnent des gages inutiles aux «superstitions» archaïques du déluge, des miracles et aux interventions irrationnelles du divin dans ce monde.
Le sens même de la nature se fonde ainsi pour Voltaire sur la conviction de l'immuabilité des lois et de la permanence des espèces: «Quel est donc le véritable système? Celui du grand Être qui a tout fait, et qui a donné à chaque élément, à chaque espèce, à chaque genre, sa forme, sa place, et ses fonctions éternelles.» Et comme les vérités sont toujours bonnes à dire, il reprit plusieurs de ces petits chapitres singuliers, quelques années plus tard, dans ses *Questions\* sur l'Encyclopédie*. Rhapsodie et ressassement: il aimait ces deux mots, et les assumait volontiers.

*Roselyne Rey*

## SIRVEN, Pierre Paul

AFFAIRES · CALAS · JUSTICE · PROTESTANTS ·

Pierre Paul Sirven est né en 1709. Feudiste (c'est-à-dire archiviste expert en droits féodaux), il était établi à Castres depuis vingt ans. Père de trois filles, il les élevait dans la religion protestante. Mais, sur ordre de l'évêque, sa deuxième fille lui fut enlevée, à l'âge de 23 ans, pour être placée au couvent des Dames noires de Castres, afin de lui faire abjurer le protestantisme (mars 1760). Séparée de ses parents, la jeune fille sombra dans une profonde mélancolie. Malgré les efforts déployés, elle refusa de se convertir. Au bout de sept mois de séquestration, on la rendit à ses parents dans un état de profonde détresse morale et psychologique, proche de la folie furieuse. Un médecin appelé en consultation la déclara folle en juin 1761. La rumeur publique prétendait que ses parents la maltraitaient pour l'empêcher de se convertir et l'avaient acculée au désespoir.
Contraint par son travail à s'installer au château de Saint-Alby, près de Mazamet, Sirven y conduisit sa fille. Elle fut à nouveau soumise aux pressions des convertisseurs locaux, que son état psychique découragea vite. C'est alors que la jeune fille disparut (15 décembre 1761). Vingt jours plus tard on retrouva son corps flottant dans un puits. La malheureuse avait mis fin à ses jours.
Son père fut soupçonné de l'avoir tuée et, malgré les témoignages qui prouvaient son innocence, fut accusé d'infanticide. Avertis par l'expérience des Calas, les Sirven s'enfuirent et mirent cinq mois, dans des conditions dramatiques, pour gagner la Suisse. Les Républiques de Genève et de Berne leur firent une pension. Sur le rapport fait par le juge de Mazamet, Sirven et sa femme furent condamnés à la pendaison le 29 mars 1764, leurs filles bannies et leurs biens confisqués. Le parlement de Toulouse autorisa

l'exécution de la sentence : elle eut lieu, par contumace, le 11 septembre 1764 à Mazamet.
Voltaire fut informé de l'événement dès 1762. Il se retint d'intervenir jusqu'au succès de la campagne en faveur des Calas, par peur que les deux causes ne se nuisent. C'est à la fin de février 1765 qu'il écrivit à Élie de Beaumont pour lui signaler cette nouvelle affaire. Il reçut en avril, à Ferney, Sirven et ses deux filles. L'avocat se montra réticent : il était engagé dans un procès personnel contre des protestants. Voltaire s'impatienta. Le factum de l'avocat fut publié en décembre 1766 et immédiatement signé par dix-neuf avocats. L'appel présenté au Conseil du roi fut rejeté. L'affaire traîna. Voltaire intervint à nouveau. Le nouveau parlement de Toulouse installé par Maupeou* acquitta enfin les Sirven en novembre 1771. Voltaire avait une fois encore gagné. Durant les affaires Calas et Sirven, la lecture du traité *Des délits et des peines* de Beccaria* l'avait accompagné : ces jugements du parlement de Toulouse contre Calas et Sirven avaient nourri son *Commentaire sur le livre Des délits et des peines*, achevé dès juillet 1766.

Jean Goulemot

*Je vous ai la plus sensible et la plus tendre obligation de vouloir bien engager M. le prince de Beauvau à daigner solliciter de toutes ses forces en faveur des Sirven. Votre cœur aurait été bien ému si vous aviez vu cette déplorable famille, père, mère, filles, enfants, la mère rendant les derniers soupirs en me venant voir, les filles dans les convulsions du désespoir ; le père en cheveux blancs baignés de larmes. Et qui a-t-on persécuté ainsi ? La plus pure innocence et la probité la plus respectable. La destinée m'a envoyé cette famille, il y a six ans que je travaille pour elle, enfin la lumière est parvenue dans les têtes de quelques jeunes conseillers de Toulouse qui ont juré de faire amende honorable. Cuistres fanatiques de Paris, misérables convulsionnaires, singes changés en tigres, assassins du ch. d. l. b., apprenez que la philosophie est bonne à quelque chose ! Je vous conjure, mon cher successeur, de presser la bonne volonté de M. le prince de Beauvau.*

À Saint-Lambert, 4 avril 1769<br>– « ch. d. l. b. » signifie « chevalier de La Barre ».

## SOCIÉTÉ LITTÉRAIRE TYPOGRAPHIQUE

BEAUMARCHAIS · KEHL ·

Ce fut officiellement la marque et la raison sociale de l'édition dite de Kehl. Les trois mots figurent donc au titre des volumes, et c'est en sa qualité de « Correspondant général » de ladite Société que Beaumarchais en signa, de

1779 à 1789, les prospectus, les annonces et les réclames. En fait, la SLT de Kehl n'était qu'une entité fantôme, sans existence légale, ni contrat, ni contour, et la pure expression d'une synergie d'entreprise. La marque servit aux formalités et préserva l'anonymat, sauvant les apparences de l'ordre.

Il y eut une autre «société», plus authentique, pour légitimer autrement le «Voltaire» de Kehl: celle des souscripteurs et des lecteurs, affiliés par le symbole et le sentiment d'une appartenance.

*André Magnan*

## *SOCRATE, OUVRAGE DRAMATIQUE, TRADUIT DE FEU MR. TOMPSON*
CENSURE • PHILOSOPHE • PHILOSOPHIE • SATIRE •

À l'occasion du livre d'Helvétius* *De l'esprit* (1758), les attaques redoublèrent contre les philosophes dénoncés comme Cacouacs*. Le Parlement poursuivit l'auteur. Et l'assemblée du clergé, en octobre 1758, condamne aussi les «productions empoisonnées» des impies, accusés de pervertir la jeunesse. C'était déjà, dans Athènes, l'accusation proférée contre Socrate. Après la suspension de l'*Encyclopédie* en janvier 1759, et la révocation du privilège en mars, Voltaire déclare la guerre à l'Infâme*. Le «martyr de la philosophie», victime du fanatisme religieux et d'une justice arbitraire, offrait un sujet d'actualité.

À la tragédie, Voltaire préféra la satire, la forme écourtée des trois actes, et la prose. Il fait passer sa pièce pour une traduction de l'anglais. De fait, l'auteur suit la «mode anglaise», en y mêlant le peuple, l'Aréopage, et le personnage «d'humeur» de Xantippe, la femme du héros, «acariâtre, grondant son mari et l'aimant» (préface du pseudo-traducteur, «M. Fatema»); mais il sacrifie aussi au goût français, en inventant une intrigue sentimentale: Aglaé, fille d'Agathon, et Sophronime, tous deux pupilles de Socrate, élevés dans la sagesse, voient leur projet de mariage traversé par Anitus, grand prêtre de Cérès, qui veut épouser Aglaé pour sa dot, tandis que la marchande Dixa, sa maîtresse, convoite le séduisant éphèbe. Croyant agir en épouse avisée, Xantippe accepte leur demande. C'est le refus d'Aglaé qui détermine Anitus à se débarrasser enfin, avec l'aide du juge Mélitus, du «corrupteur de la jeunesse, hérétique, déiste et athée». Socrate est arrêté, sommairement jugé; terrorisés par Anitus, les bons citoyens n'osent prendre son parti. Il est condamné à boire la ciguë.

La pièce, que Voltaire dans ses lettres appelle «drame» ou «tragédie en prose», parut en juin 1759 comme «ouvrage dramatique», sous la pseudo-adresse d'Amsterdam, à Genève en fait. Elle fut accueillie assez fraîchement, y compris des «frères» encyclopédistes, qui l'auraient voulue

moins facile et plus noble. Voltaire en donna une version remaniée et renforcée en 1761. À défaut de « faire trembler les fanatiques », il aura su du moins exalter les grands principes du sage – monothéisme, primauté de la conscience morale, justice, amour de l'humanité – et couvrir de ridicule ses adversaires, pantins déshumanisés, uniquement occupés de leurs intérêts. Le grand prêtre est hypocrite, paillard, cupide et méchant (encore un tartufe !) ; les juges sont féroces, stupides ou veules ; les marchands, qui vivent grassement de la superstition, cyniques et odieux ; quant aux trois pédants, Nonoti, Chomos et Bertios, ils se montrent aussi bêtes, et pour cause, que les trois « vieux amis » de Voltaire : Nonnotte*, Chaumeix* et Berthier*.

De l'histoire, Voltaire ne retient que la trame et l'événement. À coups d'anachronismes piquants, il désigne les ennemis des Lumières : l'avocat général du Parlement Joly* de Fleury, l'archevêque de Paris, les jésuites, les jansénistes, les juges et les parlementaires en bloc ; le peuple même, aussi versatile que crédule.

Cette sorte de farce tragique ne manque pas de verve ; la belle figure de Socrate, dans son héroïsme tranquille, s'y détache avec force, mais l'idylle surajoutée affadit la violence des contrastes. En 1760, pour répondre aux *Philosophes* de Palissot*, les amis de Paris songèrent à faire jouer la pièce, mais elle ne serait jamais passée à la censure – eût-elle réussi à la scène ? Voltaire recommanda l'abstention : *Socrate* n'a jamais été représentée.

Henri Lagrave

## SOLLERS, Philippe

*Nous avons assisté à la destruction de la raison, dites-vous ? Sans doute, sans doute, mais qu'entendez-vous par là ? La raison n'a jamais été « construite », il n'y a jamais eu, c'est trop évident, que des acteurs de la raison sur la scène déraisonnable du monde, et quant à « déconstruire » la métaphysique – comme si tout le monde pensait métaphysiquement, au lieu d'être aux prises avec une substance beaucoup plus immédiate et résistante qui est l'avidité même de la bêtise –, c'est là un tour de passe-passe qui peut amuser un moment, mais soyons sérieux. Il y aurait eu, à un moment donné, destruction de la raison présente ? Quand ? Où ? Comment ? Quels sont ces méchants sans prédécesseurs qui tout à coup, alors que tout allait bien, sont venus dans nos bras égorger le bon sens, le progrès, l'alliance harmonieuse de la science et de la conduite humaine ? Voltaire n'arrête pas de dire que la raison a, et aura toujours, très peu de partisans ; qu'ils seront toujours persécutés ; on ne fait pas plus pessimiste que lui (plus je le lis, et plus Pascal me paraît rose), rien à faire : il est entendu, une fois pour toutes, qu'il y aurait eu un « règne de la*

raison». Les révolutionnaires avaient si peur de la raison qu'ils ont essayé d'en faire une déesse chargée, je suppose, d'accoucher périodiquement de l'Être Suprême. Quant au rationalisme ultérieur, je considère comme démontré qu'il comporte toujours une part d'occultisme dont je ne trouve pas un milligramme chez Voltaire, quel repos. Bon, bon, je vous permets de me citer Sade et Casanova, mais personne ne peut lire Sade sans s'empêtrer (vérification banale), ni Casanova sans pleurer sur l'inutilité de sa propre biographie morose. La raison marxiste? Déraison pratique. Freudisme? Marée noire redoublée. Non, il n'y a pas de «voltairianisme», mais, en vérité, beaucoup de lourdeur.

Philippe Sollers, «Le Principe d'ironie», L'Infini, n° 25, printemps 1989.

## SONGE-CREUX (LE)

Voir CONTE EN VERS · RÊVE.

## SONGE DE PLATON (LE)

CONTES PHILOSOPHIQUES · HORLOGER (DIEU) · MAL · PLATON ·

Ce petit conte publié en 1756 dans l'édition Cramer* date peut-être du temps où Voltaire et Mme du Châtelet lisaient et annotaient Platon, à Cirey, vingt ans plus tôt. Platon y rêve que Démiourgos, l'Éternel Géomètre, a confié à des génies de second ordre quelques morceaux de matière encore à façonner: «Démogorgon eut en partage le morceau de boue qu'on appelle *la terre.*» Il la modèle donc comme l'on sait: des continents séparés, des climats variables, et certains excessifs, des déserts, des animaux comestibles ou féroces, des plantes nourricières, et d'autres vénéneuses... Quant à l'homme, un peu de raison et beaucoup de folie, des maladies et des faiblesses, «tant de passions, et si peu de sagesse». La Terre est une création ratée. Mais Démogorgon défend son œuvre: il lui était difficile «de faire un animal qui soit toujours raisonnable, qui soit libre, et qui n'abuse jamais de sa liberté». Et qui pouvait faire mieux? Les autres génies ont aussi raté leur part de création, Jupiter, Mars, Vénus...
En oubliant les droits et les devoirs de la fiction, on a parfois reproché à Voltaire cette variation libre et facile sur le *Timée* de Platon, dont il n'a guère connu l'œuvre qu'à travers ses commentateurs, comme Mme Dacier, sa dernière traductrice, qui en faisait un philosophe chrétien avant la lettre. Au fond qu'importe. Il y a là le reflet des doutes que Voltaire éprouve face à l'ordre du monde. On se gardera néanmoins d'y voir une mise en cause de sa philosophie déiste et de son postulat de

l'Éternel Géomètre. Le dernier mot revient au contraire à Démiourgos, qui sermonne ainsi ses auxiliaires défaillants : « Vous avez fait du bon et du mauvais, parce que vous avez beaucoup d'intelligence, et que vous êtes imparfaits : vos œuvres dureront seulement quelques centaines de millions d'années ; après quoi, étant plus instruits, vous ferez mieux : il n'appartient qu'à moi de faire des choses parfaites et immortelles. »

Jean Goulemot

## SOPHONISBE, TRAGÉDIE DE MAIRET, RÉPARÉE À NEUF
GOÛT • TRAGÉDIES •

En « réparant à neuf » la pièce de Jean Mairet (1604-1686), première tragédie régulière du théâtre français (1629), et d'ailleurs aussi celle de Corneille (1663), Voltaire prétendait réagir contre la « décadence » du théâtre. Imprimée en 1770, la tragédie fut créée, sans succès, en 1774. Un vers au moins de l'acte III fut apprécié, et même applaudi : « Et tout homme est soldat contre la tyrannie. »

Henri Lagrave

## SOPHRONIME ET ADÉLOS, TRADUIT DE MAXIME DE MADAURE
DÉISME • DIALOGUE • MORT • VIEILLESSE •

Imprimé en 1776 à la suite des *Lettres\* chinoises, indiennes et tartares*, cet opuscule s'intitulait alors *Dialogue de Maxime de Madaure*; le titre établi vient de l'édition de Kehl\*.

Deux vieillards s'entretiennent de la mort, d'un sens à donner à la mort : Adélos (« l'Incertain ») est venu consulter Sophronime (« le Sage ») ; le premier a 75 ans, le second 86 – et Voltaire entre deux, à 82 ans, dialogue avec lui-même. Ce besoin toujours de récapituler les raisons de croire en un Dieu tout-puissant. Sophronime a aussi « rassemblé » ses forces contre « l'ennemi qui s'avance » – l'athéisme ? Inutile de tricher : des questions ont leur réponse, d'autres non, et il ne reste alors que l'espérance. La figure d'Adélos, vieil homme rongé d'inquiétude métaphysique, est d'une humanité sincère et touchante. Ses plaintes aux accents pascaliens sont l'expression d'une révolte. Partagé entre le désir et l'impossibilité de croire, il s'en remet à son ami, son aîné, plus serein que lui. La profession de foi de Sophronime est le résultat d'un « éclectisme » déclaré, qui retient l'évidence d'un Dieu législateur des mondes, l'éternité des lois, l'universalité de la mort, l'incertitude de l'âme et de sa survie, la certitude d'un pouvoir de Dieu sur l'homme. Mais l'argument voltairien de l'Éternel

Géomètre met en péril la liberté humaine, en même temps qu'il ouvre la voie au spinozisme : si Dieu n'intervient pas dans les affaires humaines, ce pouvoir n'est-il pas celui de la nature elle-même ? Le dernier mouvement du dialogue rappelle l'homme à sa petitesse, à son ignorance, et l'invite à se résigner. La foi de Sophronime n'entraîne pas Adélos dans un optimisme béat, mais elle lui épargne au moins le pessimisme tragique qui le déchirait.

Stéphane Pujol

## SORBONNE

CENSURE • THÉOLOGIE • UNIVERSITÉ •

Voltaire la méprise et la craint. On n'aura garde d'oublier qu'elle est essentiellement, au XVIII$^e$ siècle encore, la Faculté de théologie, science que Voltaire tient en piètre estime, et qu'à ce titre, elle exerce une censure sur les écrits des philosophes et de leurs amis. Bien qu'il s'en soit défendu, Voltaire a attaqué la Sorbonne à propos de l'affaire de l'abbé de Prades dans *Le Tombeau\* de la Sorbonne* publié en 1752. Il s'est assez souvent moqué d'elle, allant jusqu'à reprendre la plaisanterie de l'anagramme Non-sobre. Il s'emportera violemment contre la censure du *Bélisaire* de Marmontel\* en 1767, en prenant pour cible l'abbé Tamponet\*. Son jugement hésite entre le mépris – et il souligne qu'elle a œuvré à la condamnation de Jeanne d'Arc, exclu de son sein le Grand Arnauld, participé à des querelles indignes lors des disputes sur les rites chinois ; l'ironie la plus mordante – il critique son latin barbare, annonce sa disparition dans une facétie rimée de 1767, *La Prophétie de la Sorbonne, de l'an 1530*, et une satire en vers datée de 1768, *Les Trois\* empereurs en Sorbonne* ; et la colère la plus vive – il rappelle qu'elle s'opposa à l'accession au trône d'Henri IV et incita au meurtre d'Henri III.

Jean Goulemot

*Au prima mensis tu boiras*
*D'assez mauvais vin largement.*
*En mauvais latin parleras*
*Et en français pareillement.*
*Pour et contre clabauderas*
*Sur l'un et l'autre Testament.*
*Vingt fois de parti changeras*
*Pour quelques élus seulement.*
*Henri Quatre tu maudiras*
*Quatre fois solennellement.*

*La mémoire tu béniras
Du bienheureux Jacques Clément.
La bulle humblement recevras,
L'ayant rejetée hautement.
Les décrets que griffonneras
Seront sifflés publiquement
Les jésuites remplaceras
Et les passeras mêmement.
À la fin comme eux tu seras
Chassé très vraisemblablement.*

*La Prophétie de la Sorbonne, de l'an 1530,
tirée des manuscrits de M. Baluze, 1767.*

## SOTTISE DES DEUX PARTS

CONTRADICTIONS · LISTES · PHILOSOPHIE · SECTE ·

« *Sottise des deux parts* est, comme on sait, la devise de toutes les querelles » ainsi commence cet opuscule rédigé probablement en 1728 et publié pour la première fois en 1750, dans l'édition Walther. Voltaire y récapitule, avec une délectation rageuse, l'absurdité des querelles scolastiques et théologiques qui divisèrent les hommes depuis Occam et Duns Scot, surnommés respectivement « le docteur invincible » et « le docteur subtil ». Il y eut des stercoristes, des orebites, des insdorfiens et des osmites, et jésuites et jansénistes continuent la lignée. Pour dépasser ces divisions sectaires, et réunir les bons esprits, un nouveau recours : la Philosophie.

*Didier Masseau*

## « SOTTISIER DE VOLTAIRE (LE) »

CARNETS · ÉDITIONS · RUSSIE ·

Avec la bibliothèque* de Voltaire achetée par Catherine II en 1778, divers « papiers de littérature » prirent aussi la route de Saint-Pétersbourg, où ils se trouvent encore. D'où la longue histoire, déjà vieille de plus de deux siècles, aléatoire, épisodique et compliquée, de l'exploitation de ces manuscrits voltairiens de Russie – les Marginalia* portés sur les livres mêmes en relèvent aussi. Dès la fin du XVIIIe siècle, la présence de « notes » et d'« extraits » parmi ces papiers fut connue et attestée. On apprit ensuite que Voltaire avait noirci des dizaines de pages de réflexions, de citations, de maximes et de bons mots. Ce fameux « Sottisier » de Saint-Pétersbourg allait mettre en émoi tous les éditeurs du XIXe siècle. Beuchot* en eut une

copie en 1844 par un prince Labanov, mais trop tard pour l'inclure dans son édition. L'érudit Léouzon Le Duc le vit sur place, le décrivit, en cita quelques passages (1853), puis s'en procura une copie par un comte Rostopchine, et le publia enfin, en tirage limité, sous ce titre mirobolant : *Le Sottisier de Voltaire* (1880) ; Moland* put alors en reprendre largement le texte, en le croisant avec la copie de Beuchot, dans son édition des *Œuvres complètes* (vol. XXXII, 1883).

L'accès direct aux originaux, et l'enquête systématique de Besterman* dans les grands fonds manuscrits, ont démystifié le «Sottisier», et relativisé son sens : ce n'est qu'une petite partie des amples Carnets de Voltaire, aujourd'hui mieux connus. Besterman l'a donc repris dans les Carnets, sous l'appellation «Leningrad Notebooks», et dans un texte plus complet et plus sûr. On croyait «Le Sottisier de Voltaire» autographe, et il ne l'est qu'en partie. On le croyait connu intégralement depuis 1880, mais près de la moitié du texte manquait – maintes «inconvenances» avaient choqué ou arrêté les anciens éditeur. On croyait au moins ce titre piquant de la main de Voltaire, et il est de celle de Wagnière*, son dernier secrétaire, qui le catalogua là-bas pour la Grande Catherine.

*André Magnan*

## SOUSCRIPTION
*COMMENTAIRES SUR CORNEILLE • HENRIADE (LA) • PIGALLE • SIÈCLE (LE) •*

La technique de la souscription, innovation anglaise alors récente, apparaît plusieurs fois dans l'histoire de Voltaire. Il l'employa lui-même à deux reprises, pour l'édition originale de sa *Henriade*, faite à Londres en 1727-1728, puis pour l'édition du théâtre de Corneille avec les *Commentaires*, imprimée à Genève en 1761-1764.

L'opération de *La Henriade* in-4°, patronnée par le roi George $I^{er}$, puis par la reine Caroline, dédicataire du poème, fut magnifiquement couverte, avec quelque quatre cents souscriptions à 3 guinées l'exemplaire : profit net considérable, que l'auteur fit fructifier à son retour en France dans une loterie d'État – «ce fut, dit le *Commentaire* historique, le commencement de sa fortune».

L'édition de Corneille manifeste, trente-cinq ans plus tard, un profond changement de statut, d'image et de vocation. «Nous la faisons à l'anglaise, écrit Voltaire, c'est-à-dire par souscription, pour le bénéfice des seules personnes qui restent du grand nom de Corneille.» C'était une opération de générosité publique en faveur d'une descendance démunie, et d'abord de «Mademoiselle Corneille*», soutenue par le plus grand écrivain du temps, lui-même successeur de Corneille et des grands tragiques,

défenseur des opprimés, bienfaiteur des Calas. L'édition était offerte dans un esprit d'hommage, de mémoire, d'humanité ; le commentateur y donnait son travail et sa peine sans aucun profit personnel. Voltaire sollicita par lettre les souscripteurs les plus en vue, il fit jouer les relais de presse et d'institution, il avança même les frais d'impression aux frères Cramer* ; et c'est toute l'Europe princière et lettrée qui finit par constituer à sa chère «Cornélie» l'une des plus belles dots bourgeoises du siècle – il avait lui-même souscrit cent exemplaires, deux fois moins que le roi de France, mais beaucoup plus, à lui tout seul, que la compagnie des fermiers généraux.

Mais le cas Voltaire est presque plus remarquable dans l'histoire de la statuaire de célébration, avec deux souscriptions atypiques à un siècle d'intervalle. Dès 1770, des amis et confrères ouvrirent une souscription pour élever une statue «À Voltaire vivant». Seul le grand Rameau avant lui avait fait l'objet d'une telle initiative privée, posthume dans son cas, et manquée : le produit de la souscription fut insuffisant pour couvrir les frais du monument projeté. Le «Voltaire» de Pigalle*, amplement doté, généreusement payé à l'artiste, fut une nouveauté absolue dans l'histoire culturelle française – un scandale pour certains.

Cent ans plus tard, profitant des ouvertures libérales du second Empire finissant, c'est le journal républicain *Le Siècle*\* qui lance en 1867, parallèlement à son édition bon marché d'un Voltaire complet en huit volumes, une souscription populaire à 25 sous, destinée à élever une statue à l'illustre ancêtre. Les voltairiens* allaient se compter. Un comité se constitua, où siégea Michelet*. Des fonds affluèrent de toute la France et de l'étranger, de New York, de Moscou, d'Australie, avec des contributions vedettes de Hugo*, de Garibaldi* et de la loge «Fabio Maximo» de Rome. À la fin de l'année, la somme de 40 000 francs était atteinte, dépassant les espérances. Mais la conjoncture fut d'abord défavorable à l'hommage démocratique. L'inauguration spontanée de la statue sur son socle provisoire, au square Monge, au mois d'août 1870, fut gâchée par la nouvelle de Reischoffen. On transporta ensuite la statue dans le vestibule du Théâtre-Français, mais en la voilant pour ne pas offusquer le regard des sœurs de la charité, qui tenaient là une infirmerie du siège. Passée l'année terrible, un adjoint au maire de Paris la dévoila enfin dans un grand mouvement oratoire : «Voltaire est l'immortel initiateur de la Révolution française...»

Parmi les autres éditions des œuvres complètes de Voltaire lancées d'abord par souscription, on compte la première édition posthume dite de Kehl* et la collection en cours de la Voltaire* Foundation.

*André Magnan*

*Dresser une statue publique à Voltaire, c'est se séparer de Jésus-Christ. Et il est contre la nature de la France, fille aînée de l'Église, de la séparer de Jésus-Christ.*
*Louis Veuillot, article pour L'Univers, février 1868.*

## SPINOZA, Baruch
ATHÉISME • DIEU • NATURE • PROVIDENCE • THÉISTE •

De Spinoza (1632-1677), Voltaire retient d'abord que c'est par «une méthode géométrique imposante» qu'il a voulu «se rendre un compte net de ses idées», démarche inconnue de tous les philosophes de la Grèce antique (*Le Philosophe ignorant*, 1766, doute XXIV, «Spinoza»). En fait, comme la plupart de ses contemporains, Voltaire ne connaît guère le philosophe hollandais qu'à travers le *Dictionnaire historique et critique* de Bayle\* (art. «Spinoza») et Boulainvilliers (*Réfutation de Spinoza*, 1731), qu'il possède en bonne place dans sa bibliothèque\*. C'est de ces sources qu'il tire nombre de citations, parfois approximatives.

Il trouve en Spinoza un allié de poids contre l'autorité de la Bible : Spinoza met en cause la Révélation, conteste l'ancienneté du Pentateuque et son attribution à Moïse\*, nie l'existence des miracles et tend à critiquer la croyance comme une opération humaine. Mais sur son «système», Voltaire n'a que des vues courtes et superficielles, consignées dans l'un de ses Carnets\* et reprises dans *Le Philosophe ignorant*. Il loue surtout Spinoza d'avoir établi «une vérité incontestable et lumineuse» : «Il y a quelque chose, donc il existe éternellement un Être nécessaire.»

Mais avec Bayle, Voltaire soutient que comme doctrine d'un Dieu substance unique, le spinozisme n'est qu'«un château enchanté». Deux arguments fondent son rejet : si Dieu peut se diviser à l'infini, il faut alors admettre qu'il puisse être à la fois «astre et citrouille», «pensée et fumier», ce qui est inconcevable et ridicule. La seconde erreur de Spinoza est de ne reconnaître «nulle Providence», quand l'ordre admirable de la nature tout entière prouve l'existence d'une transcendance générale, nécessairement distincte du monde qu'elle a créé. Le déisme voltairien exclut l'unicité de Dieu et du monde : le monde «émane» de Dieu. Reprenant à son compte l'interprétation de Bayle et des Encyclopédistes, Voltaire a longtemps regardé Spinoza comme un athée déguisé.

Pourtant, dans *Tout\* en Dieu* (1769), Voltaire procède à une troisième lecture de Spinoza et reconnaît au spinozisme un caractère religieux : son Dieu est alors décrit comme une cause nécessaire et immense, agissant en tout lieu et en tout temps. Cette affirmation d'une intelligence universelle et éternelle sert alors à Voltaire à approfondir son propre théisme et à

combattre l'athéisme tapageur des philosophes radicaux, après la publication du *Système\* de la nature* de d'Holbach en 1770. Quoi qu'il en soit, Voltaire aura méconnu, comme à peu près tous ses contemporains, l'essentiel d'une philosophie qui n'est pas tant une théodicée qu'une théorie de la connaissance et une éthique, permettant l'ascension du sage vers la vérité et la béatitude.

*Didier Masseau*

## STAAL, Marguerite Jeanne Cordier de Launay, baronne de
MAINE (DUCHESSE DU) • SCEAUX •

Femme de lettres, dame de compagnie de la duchesse du Maine, Mme de Staal (1684-1750) entretint avec Voltaire une relation assez distante. Ils se virent dès 1714-1715 à Sceaux où la jeune femme, alors encore Mlle de Launay, fut la véritable ordonnatrice des «grandes nuits». Voltaire la trouvait raisonnable, instruite aussi : « Sa tête ne s'emplit pas de chiffons ni de babioles.» D'origine modeste, très dévouée, elle subit toute sa vie les exigences de son impérieuse princesse, qui d'ailleurs arrangea aussi son mariage avec le baron de Staal. Elle a laissé des *Mémoires* sur la vie à Sceaux durant la Régence\*. Fidèle correspondante de Mme du Deffand\*, Mme de Staal narrait à sa «reine» le ridicule des gens et des façons de cour. Son style précieux relève avec brio l'extravagance des personnages, ses lettres traduisent aussi son amertume, une certaine animosité contre Mme du Châtelet\*, et une sévérité certaine envers Voltaire. Au retour du couple à Anet\* et à Sceaux, en 1746 et 1747, elle épingle les caprices d'Émilie et les manies de Voltaire : « Ce sont bien, note-t-elle, des non-valeurs dans une société où leurs doctes écrits ne sont d'aucun rapport...» Voltaire n'ignorait sans doute rien de ses sentiments, mais il la plaint : il dit comprendre la condition de cette femme intelligente «assujettie, chez une princesse, à une conduite gênante qui tenait de l'hypocrisie», et qui ne connut jamais «le bonheur inestimable d'être libre».

*Anne Soprani*

## STAËL-HOLSTEIN, Anne Louise Germaine de Necker, baronne de
CONTES PHILOSOPHIQUES • NECKER • ROMANTISME • TRAGÉDIES •

Future baronne de Staël-Holstein (1766-1817), la fille de Necker aurait lu Voltaire à l'âge de 12 ans. Comment pourrait-il en être autrement lorsqu'on appartient à une famille qui possède, à la veille de la Révolution, un salon prestigieux et qui tient le débat d'idées pour une raison de vivre ? Dans

*Des circonstances actuelles qui peuvent terminer la Révolution* (publication posthume, 1820-1821), Mme de Staël crédite Voltaire d'avoir détruit l'intolérance religieuse, mais c'est pour lui reprocher d'avoir utilisé les armes du ridicule* au lieu de recourir au raisonnement; moyen dangereux, s'il en est, car la plaisanterie «est un dissolvant général», reflet d'un climat d'insouciance que les républicains de 1793 ont voulu ensuite détruire par le «fanatisme».

La critique qu'inspire à Mme de Staël le comique du conte voltairien traduit la même crainte et le même scepticisme. Dans une République, ce genre littéraire n'est plus utile, car il suppose des institutions contraires à la raison, dont on puisse se moquer. Il devient même néfaste, puisque la plaisanterie risque de porter atteinte à la vertu et de déjouer la passion par le sang-froid. La condamnation de Voltaire conteur se fait plus pressante dans *De l'Allemagne* (1810). Certes, Mme de Staël attribue à l'auteur de *Candide* une légèreté piquante qui fait défaut aux conteurs allemands, mais, devançant Musset* dans sa critique du «hideux sourire», elle dénonce «la gaieté infernale» et «le rire sardonique» qui empêchent le cœur de s'ouvrir à la pitié.

Si le conteur passe pour «un singe» ricanant, le dramaturge est, en revanche, «le chantre des grandeurs morales». Quoiqu'il n'ait pas égalé Racine, il a cultivé brillamment l'art tragique. Le sentiment religieux s'est transformé en bienfaisance universelle; il est parvenu à introduire au théâtre des réflexions philosophiques et surtout il a peint la douleur, dans ses tragédies historiques, avec plus d'énergie que ses prédécesseurs. Une lecture qui est le produit de cette période hantée par le tout proche héritage des Lumières et qui embrasse déjà les idéaux romantiques.

*Didier Masseau*

## STANCES

POÉSIE · POÈTE ·

Cette forme poétique venue d'Italie – c'est une suite de couplets –, Voltaire l'aime et la pratique volontiers; il a écrit presque toute sa vie des stances, dans diverses occasions, entre 1731 et 1773. Les périodiques s'en sont presque toujours emparés aussitôt, ce qui suggère le goût de la bonne société pour ce genre de poésie. Souvent liées à une circonstance particulière, les stances sont adressées à un destinataire, comme l'épître, mais elles ont généralement un ton moins enjoué et une allure moins décousue que les épîtres, et l'arrangement en couplets leur donne volontiers un air sentimental. Ainsi, en 1741:

> *Si vous voulez que j'aime encore,*
> *Rendez-moi l'âge des amours :*
> *Au crépuscule de mes jours*
> *Rejoignez, s'il se peut, l'aurore.*

ou bien en 1731 :

> *Si ma place est dans votre cœur,*
> *Elle est la première du monde.*

Mais avant de se terminer sur un trait galant, les stances peuvent aussi résumer des réflexions sur le bonheur, comme dans cet «Impromptu fait à un souper dans une cour d'Allemagne » :

> *Il faut penser, sans quoi l'homme devient*
> *Un animal, un vrai cheval de somme ;*
> *Il faut aimer, c'est ce qui nous soutient :*
> *Sans rien aimer, il est triste d'être homme [...].*

La suite se devine : « Il faut avoir douce société », et « avoir un ami » ; « Il faut, le soir, un souper délectable » ; « Il faut, la nuit, tenir entre deux draps/Le tendre objet... ». Poésie pour fêtes galantes, harmonisée à un tendre XVIIIe siècle trop oublié.

Cette inspiration peut cependant être pervertie : des stances adressées à l'impératrice de Russie Catherine II, en 1769, servent non à chanter des charmes que le poète n'a jamais vus, mais sa politique belliqueuse et expansionniste contre les Turcs, que le poète prend naïvement pour une croisade contre le fanatisme :

> *Tu vengeras la Grèce en chassant ces infâmes !*

*Sylvain Menant*

## STANCES POUR LE 24 AOÛT 1772

Voir SAINT-BARTHÉLEMY.

## STANISLAS LESZCZYNSKI

CHÂTELET (MME DU) • LORRAINE • LUNÉVILLE • POLOGNE •

Roi détrôné, mais duc de Lorraine, il est dans une lettre de Voltaire « ce bon prince qui passe sa journée à faire du bien et qui Dieu merci n'a que cela à faire »... Le destin manqué de ce Palatin de Posnanie intéressa Voltaire comme historien. Stanislas Leszczynski (1677-1766), roi de Pologne en

1704 par la grâce de Charles XII, puis «deux fois dépossédé» de son trône (en 1709 et en 1733), reçut à vie le duché de Lorraine en 1738, sans y assurer la réalité du pouvoir, qui était exercé par des représentants de Louis XV. Voltaire vante la «physionomie heureuse» du roi Stanislas, sa «probité» et sa «franchise», et lui consacre de longs passages dans son *Histoire\* de Charles XII*, et dans le *Précis\* du siècle de Louis XV*.
L'écrivain rencontra Stanislas à Fontainebleau\*, en 1725, durant les fêtes du mariage de Louis XV\* avec Marie\* Leszczynska. Voltaire plut au prince, qui l'invita dans sa campagne à Bellegarde. C'est toutefois avec Mme du Châtelet, en 1748 et 1749, qu'il séjourna à la cour du roi Stanislas. Avec Émilie, il vint donc à Lunéville où le roi, veuf de la triste reine Opalinska, s'était installé. La cour, dépourvue de protocole, était rassemblée autour de sa favorite, la «simple et naturelle» marquise de Boufflers. Courtisan\* à Versailles, mais poursuivi par une cabale du clan des dévots, Voltaire se réfugia auprès de Stanislas, en février 1748. «C'est un homme charmant», écrit-il à d'Argental: l'accueil débonnaire de Stanislas est engageant. Le roi aime le vin de Tokay, il est aussi amateur de musique et de théâtre. Roi pacifique, mais dévot, il témoignera à l'écrivain un intérêt constant. Lorsque Voltaire lui donne à lire *Zadig\**, *Memnon\**, le pieux Stanislas lui envoie en échange un écrit de lui, quoique «assez médiocre»: *Le Philosophe chrétien.*
Protecteur bienveillant, il resta en relation avec le philosophe après la mort d'Émilie. Il intervint indirectement, en 1758, auprès de Louis XV, pour obtenir la fin de son exil\*, mais Voltaire se vit encore refuser la permission de venir s'installer en Lorraine, «près de son Marc Aurèle». En juillet 1759, Stanislas garantit publiquement, en tant que témoin des faits racontés, l'exactitude contestée de l'*Histoire de Charles XII*; puis en 1762, il souscrivit aux *Commentaires\* sur Corneille*. Dans l'un des épisodes vénitiens de *Candide* (chap. XXVI), Voltaire a rendu hommage à Stanislas «le bienfaisant» qui, «résigné à la Providence», fit dans un autre État «plus de bien que tous les rois des Sarmates ensemble n'en ont jamais pu faire sur les bords de la Vistule».

*Anne Soprani*

## STENDHAL

Stendhal (1783-1842) a beaucoup lu Voltaire mais ne l'aimait guère. Dans ses écrits autobiographiques et sa correspondance, il dit combien il se sent loin du penseur, sans cacher l'antipathie que l'homme lui inspire. Pourtant, vers 1802-1803, il dit admirer le conteur et conseille à sa sœur Pauline de lire *Zadig*. Accordant du crédit au *Siècle de Louis XIV*, il envisage de s'ins-

pirer du style de l'ouvrage pour écrire l'*Histoire de la peinture en Italie* (1817). Les héros stendhaliens ne sont pas voltairiens, même s'il arrive à Julien Sorel de songer, dans sa prison, au Dieu de Voltaire. Bien qu'il affectionne le style incisif des conteurs du XVIII$^e$ siècle, Stendhal réagit le plus souvent en romantique à la lecture de Voltaire. Dans *Racine et Shakespeare* (1823-1825), sa critique en règle de la tragédie classique n'épargne pas Voltaire, qui en est l'héritier. En bref, l'écrivain est devenu anachronique et le style du poète porte toutes les marques d'une écriture vieillie. Le culte que Henri Gagnon, son grand-père, vouait à Voltaire n'entame en rien ce rejet, peut-être même y contribue-t-il. L'aïeul avait fait un pèlerinage à Ferney et possédait, dans son cabinet, un buste du grand homme que Stendhal enfant eut parfois la permission d'approcher. Or Beyle s'écrie dans la *Vie de Henry Brulard* (rédigée en 1835-1836) : « Et avec tout cela, du plus loin que je me souvienne, les écrits de Voltaire m'ont toujours souverainement déplu. » Stendhal reproche encore au philosophe d'être incapable de se laisser gagner par le feu des passions ou par la délicate émotion que connaît l'amateur fervent des beaux-arts. Néanmoins, en dépit de ces désaccords, l'anticlérical, l'ennemi des jésuites, le héraut de l'indépendance intellectuelle se retrouve en harmonie avec l'adversaire de l'Infâme.

Didier Masseau

## STRANGURIE

MALADIES • MORT •

Le mal se déclara vers le 5 février 1773, comme le raconte aussitôt le résident de France à Genève, Pierre Michel Hennin\*, à son frère : « Il se leva la nuit par un très grand froid, sans bas et sans culotte, pour allumer son feu et travailler. Il gagna un coup de froid qui se jeta sur sa vessie, de là une rétention d'urine. » L'explication toute factuelle cache sans doute la première des manifestations du cancer qui emportera Voltaire. Pour l'heure, « le pauvre diable [...] se moque de la strangurie, et travaille plus que jamais », écrit le malade à Marmontel. Il se soigne avec des bains. Tous ses correspondants ou presque, têtes couronnées comprises, sont tenus informés du mal et du remède. Nouvelles attaques en mars 1774 et 1775. La dernière crise se déclenche à peine arrivé à Paris : « Le vieux voyageur de Ferney pourrait bien être condamné. La strangurie a recommencé, et s'est emparée toute seule de la place » (à Théodore Tronchin, 18 février 1778). Accalmies et rechutes alternèrent jusqu'à la fin, au milieu de « douleurs incroyables », de « glaires qui pas-

sent par ses uretères », de vomissements de sang, de cent affaires – et d'un triomphe*.

Jean-Michel Raynaud

*Cabanis le mit dans le bain pendant quatre heures, le soigna, les urines revinrent, il a été mieux. Soit pour se distraire, soit qu'il ait quelque chose de pressé à finir, il s'est mis à travailler plus que jamais. Ses jambes ont commencé à enfler, il a eu quelque indigestion, il ne dort plus, et aujourd'hui il a la fièvre [...]. Si cet accident a des suites, il aura été la victime de ses fausses idées en médecine. Il s'est purgé de son ordonnance pendant le fort de son mal avec des lavements de savon ; depuis il a fait sûrement en cachette beaucoup de remèdes ; il mange beaucoup le soir pour dormir, enfin il se traite à sa tête parce qu'il n'a pas encore peur.*
Pierre Michel Hennin à Jean Michel Hennin, 20 février 1773.

« *Strangurie* » *veut dire rétention ; ce mot a été nouveau pour moi.*
Mme du Deffand à Horace Walpole, 24 mai 1778.

## STRASBOURG

ALSACE • COLMAR • EXIL •

Dans cette ville qui comptait alors, selon l'*Encyclopédie*, « 28 000 habitants, six paroisses, trois couvents d'hommes et trois de femmes », Voltaire arriva le 15 août 1753, accompagné de son secrétaire Collini*.
Fatigué, meurtri des épreuves de Francfort*, il descendit à l'auberge de « L'Ours noir ». « Avec des mains bien potes », dit-il, mais sans « enflure du cœur ». Huit jours plus tard, il quitta l'auberge pour « une petite campagne », proche de la porte des Juifs, que la directrice des postes d'Alsace lui avait trouvée. Dans sa modeste maison, Voltaire, « vieil oiseau » sans « nid », se met « au régime des racines et des cloportes ». Il rencontre pourtant Schöpflin, « le meilleur professeur d'histoire de Strasbourg », qui lui prête des livres, l'informe, l'encourage à terminer les *Annales\* de l'Empire*. Il demeura « dans sa solitude » jusqu'au début du mois d'octobre, ne voyant guère qu'une amie d'antan, Mme de Lützelbourg*, qui lui insinuait peut-être la nostalgie d'une société française encore si proche. Mais il quitta Strasbourg pour Colmar, et dut renoncer au rêve de revoir Paris.
Dans *Le Siècle\* de Louis XIV* (1752), il avait raconté la prise de Strasbourg, « ville grande et riche », par les armées françaises en 1681. Par une sorte de prémonition de son propre sort, dirait-on, il écrivait aussi : « Les pleurs et le

désespoir des citoyens amoureux de la liberté n'empêchèrent point qu'en un même instant le traité de reddition ne fût proposé. »

*Anne Soprani*

## STUART, Charles Édouard

ANGLETERRE • GUERRE • HISTOIRE •

On appelait le Jeune Prétendant ce fils de Jacques Stuart et petit-fils de Jacques II, né à Rome en 1720, mort à Florence en 1788. Nourri dans l'espérance d'une restauration, il sollicita des recours du gouvernement français. Il tenta de se rendre en Écosse. Ses débuts y furent victorieux ; il se fit proclamer régent des trois royaumes au nom de son père Jacques III et s'empara d'Édimbourg. Il pénétra en Angleterre, mais dut arrêter sa progression à la suite de l'opposition des chefs des Highlands qui lui avaient fourni des troupes. Les armées anglaises le pourchassèrent, et il dut vivre en fugitif et en paria. La France ne répondit pas à ses demandes d'aide. Son adversaire, le duc de Cumberland, l'affronta victorieusement à Culloden (1746) où Charles Édouard fut défait. Il dut fuir à nouveau. Cumberland le traqua et exerça une impitoyable répression contre ses partisans. Il réussit à passer en Bretagne. Le traité d'Aix-la-Chapelle l'obligea à quitter la France (1748). Il continua à conspirer, prit le titre de roi en 1766 et épousa une princesse de Stolberg, beaucoup plus jeune que lui, avec qui il eut des démêlés que n'arrangeait pas son penchant très marqué pour la boisson. Voltaire a longuement évoqué sa vie et son action dans l'*Histoire de la guerre de 1741*, rédigée au moment même de son expédition, puis dans les chapitres XXIV et XXV du *Précis du siècle de Louis XV* (1768).

Plus que pour ses idées, Voltaire éprouva de la sympathie pour son destin aventureux et son courage. Il tint à en faire un des six rois déchus et malheureux qui hantent la Venise de *Candide*.

*Jean Goulemot*

*Le troisième dit : « Je suis Charles Édouard, roi d'Angleterre ; mon père m'a cédé ses droits au royaume ; j'ai combattu pour les soutenir ; on a arraché le cœur à huit cents de mes partisans, et on leur en a battu les joues ; j'ai été mis en prison ; je vais à Rome faire une visite au roi mon père, détrôné ainsi que moi et mon grand-père ; et je suis venu passer le carnaval à Venise. »*

*Candide, 1759, chap. XXVI.*

# S

## STUDIES ON VOLTAIRE AND THE EIGHTEENTH CENTURY

BESTERMAN • VOLTAIRE FOUNDATION •

Les *Studies*, comme les appellent ceux qui fréquentent les nombreux volumes de la collection, virent le jour en 1955, avec la parution d'un premier volume sous le titre de *Travaux sur Voltaire et le dix-huitième siècle*. Il contient dix articles, dont le discours prononcé par Theodore Besterman lors de l'ouverture de l'Institut* et musée Voltaire de Genève, et des textes signés par René Pomeau, Bernard Gagnebin, Pierre Conlon et Norman L. Torrey. Besterman, fondateur, éditeur et premier directeur de la collection, constatant que ce premier titre n'était pas fait pour encourager la diffusion de la collection dans le monde anglo-saxon, le changea dès le tome 2 en *Studies on Voltaire and the eighteenth Century*. Depuis 1955, trois cent vingt volumes ont paru sous ce titre – plus de cent mille pages, plus de cinquante millions de mots...
La fréquence de la parution des volumes reflète l'activité de la communauté des dix-huitiémistes. Dans la première décennie de la vie des *Studies*, 30 volumes ont vu le jour; puis 98 entre 1965 et 1974; puis 103 de 1975 à 1984; et une centaine de 1985 à 1994. Cette régularité cache cependant des hauts et des bas: l'année de la mort de Theodore Besterman a vu la parution de deux titres mais en huit volumes: l'ouvrage magistral d'André-Michel Rousseau, *L'Angleterre et Voltaire* (3 volumes), et les Actes du quatrième congrès des Lumières (5 volumes, 2 319 pages). Depuis le premier congrès des Lumières, tenu à Coppet en 1963, jusqu'à celui d'Oxford et Paris en 1994, en passant par ceux de St Andrews, Nancy, Yale, Pise, Bruxelles, Budapest et Bristol, les actes de cette manifestation quadriennale de la Société internationale d'étude du XVIIIe siècle ont tous été publiés dans les *Studies*, fournissant une remarquable somme des divers acquis de ce domaine d'étude et de recherche.
Dans ces volumes collectifs, comme dans la série des monographies, Voltaire est loin d'occuper seul la scène: l'ouverture du titre de la collection a toujours été respectée. Il est donc souvent question de Diderot, de Rousseau, de Montesquieu; et parmi les autres auteurs étudiés dans les monographies figurent aussi Baculard d'Arnaud, Bayle, Beaumarchais, Bonnet, Boulanger, Buffier, Challe, Chamfort, Isabelle de Charrière, Condillac, Crébillon père et fils, Delisle de Sales, Desfontaines, Dufresny, Fréret, Mme de Graffigny, Grimm, La Harpe, La Mettrie, Lenglet Dufresnoy, Marivaux, Marmontel, Maupertuis, Prévost, Raynal, Restif de la Bretonne et Pierre Rousseau.
On voit par cette liste que les Lumières françaises et d'inspiration française prédominent. Depuis 1976, il en est de même de la langue française, malgré le nom de la collection: 60 pour cent des monographies sont en

français. Avant cette date, l'avantage était à l'anglais, avec 63 pour cent, mais ce pourcentage ne tenait pas compte des nombreux textes de langue française édités ou réédités avec introduction et annotation en anglais. En nombre de pages, la langue de Voltaire l'emporte nettement sur celle de Shakespeare.

Dès le troisième volume, le premier consacré à un seul ouvrage – le *Journal de Trévoux* du père Berthier –, Besterman lançait la ligne monographique qui continue à distinguer la collection des séries analogues de recherche savante. Sur les volumes parus entre 1955 et 1994, 92 se présentent comme des articles et études, de longueur variable, de deux à deux cents pages, tandis que dans les autres sont publiés soit des monographies, le plus souvent des thèses universitaires, soit des actes de colloque ou des ouvrages collectifs. Cette souplesse éditoriale permet de couvrir la quasi-totalité du domaine dix-huitiémiste, qu'il s'agisse de la courte présentation d'un billet inédit de Voltaire ou des 1 340 pages d'un *Inventaire de la Correspondance littéraire* de Grimm et de ses associés (t. 225-227). Les *Studies* sont également ouverts à tous les genres : la critique littéraire, l'histoire littéraire, l'édition de texte, la bibliographie, le comparatisme, l'histoire des idées, de la religion, de la philosophie, des sciences, de l'art, enfin l'étude des influences, soit d'époques antérieures sur le XVIIIe siècle, soit des Lumières aux XIXe et XXe siècles.

La publication de textes inédits ou peu connus constitue un secteur important de l'activité des *Studies*. Le tome 5 déjà était consacré à l'*Anti-Machiavel\**, essai de Frédéric II revu par Voltaire. Depuis 1990 ont paru un remarquable ensemble de documents concernant Beaumarchais et le *Courrier de l'Europe* (t. 273-274), un témoignage inédit sur la Russie au XVIIIe siècle (t. 294), une édition de certains registres de la police de la Librairie (t. 301), et la correspondance entre Prosper Marchand et ses collaborateurs (t. 312).

Après la disparition de Theodore Besterman en 1976, la direction des *Studies* fut confiée par son éditeur, la Voltaire Foundation d'Oxford, à Haydn Mason, professeur de littérature française à l'Université d'East Anglia, puis à celle de Bristol, qui a poursuivi et sensiblement élargi le travail de son prédécesseur : les *Studies* continuent d'attester toute la variété et la richesse du siècle de Voltaire.

*Andrew Brown*

## STYLE

CONVERSATION · ESPRIT · FACILITÉ · GOÛT · IMITATION ·
IRONIE · LANGUE · NÉOLOGISME ·

Y a-t-il un style de Voltaire, un fil d'Ariane dans cette œuvre prodigieusement étendue ? Poète par excellence en son temps, il a pratiqué tous les genres en vers. Épopée, tragédie, comédie, poème philosophique, poésie fugitive, poésie héroï-comique et héroïque, opéra, comédie-ballet, satire, conte, épître, ode et stance... Prosateur avant tout à nos yeux, il a été historien, critique littéraire, romancier et conteur, philosophe, polémiste, auteur de dictionnaires, de facéties innombrables et multiformes, de pamphlets, tout en laissant une correspondance d'une profusion sans égale. On mesure la vanité de vouloir définir ingénument un style de Voltaire, ramener un chatoiement si divers à une couleur unique.

D'autant qu'il faut se garder de projeter sur cette œuvre des catégories anachroniques. Voltaire participe encore en effet du goût classique, où l'idée d'*un* style comme expression d'une irréductible individualité déliée des conventions n'offre guère de sens. Tout au contraire, on ne connaît d'abord que *des* styles : « manières » préétablies, tons déterminés qui conviennent de façon réglée, bienséante, aux genres, aux talents, aux sujets. « Chaque genre d'écrire a son style propre en prose et en vers », rappelle Voltaire dans l'*Encyclopédie*, à l'article « Genre de style » (1756), d'où la règle d'or de la convenance : « La perfection consisterait à savoir assortir toujours son style à la matière qu'on traite. » « Flexible comme une anguille » (à d'Argental, 22 octobre 1759), Voltaire se veut aux antipodes d'un Marot par exemple, impitoyablement condamné dans *Le Temple\* du Goût* parce qu'il « n'a qu'un style, et [qu'] il chante du même ton les psaumes de David et les merveilles d'Alix ».

Néanmoins, il existe bien à ses yeux des exigences valables pour tous les styles. « Trois choses, écrit-il, sont absolument nécessaires : régularité, clarté, élégance. Avec les deux premières on parvient à ne pas écrire mal ; avec la troisième on écrit bien » (*Questions sur l'Encyclopédie*, art. « Langues »). La régularité recouvre la correction syntaxique et la pureté lexicale, dans le respect de « la belle langue qu'on parlait dans le siècle de Louis XV », et des bienséances. La clarté, qui est d'ailleurs le « génie » de la langue française, est impérative dès qu'il s'agit de plaire. L'élégance enfin, « résultat de la justesse et de l'agrément », comme il la définit dans l'*Encyclopédie* (art. « Élégance »), ne va jamais sans la simplicité, ennemie de l'emphase, ni sans le naturel, qui bannit le déplacé, ni sans la légèreté, compagne de l'aisance.

À côté de ces qualités essentielles, il en est des contingentes, où se dessine une hiérarchie. Au style « tempéré » conviennent la « délicatesse », la

« finesse », les « grâces », et déjà l'« harmonie » (née du nombre et de l'euphonie, véritable musique du vers) sans laquelle il n'est pas de poésie ; et l'« imagination de détail » enfin, qui « peint vivement ce que les esprits froids dessinent à peine ». Au style « relevé », il faut en plus la « force » et la « noblesse ». Et dominant tout cela, l'exigence encore de « variété » : à la suite de Boileau\* qui recommandait de « passer du grave au doux, du plaisant au sévère » (*Art poétique*, I, v. 75), Voltaire veut qu'on ose « mêler quelques traits d'un style majestueux dans un sujet qui demande de la simplicité ; placer à propos de la finesse, de la délicatesse dans un discours de véhémence et de force » – mais à condition qu'on le fasse avec « un grand art », avec « beaucoup d'esprit et de goût », sans quoi on tombe dans le faux et le vicieux (*Questions sur l'Encyclopédie*, art. « Style »). Car le mauvais mélange des styles est un défaut majeur pour Voltaire : c'est Fontenelle prodiguant le « style fleuri » dans les sciences (*Micromégas*, chap. II), c'est Corneille s'abaissant dans ses tragédies au « style de la comédie » – reproche fréquent dans les *Commentaires\* sur Corneille*. Mais le grand ennemi, c'est le « style oriental », l'« outrance », l'« enflure », l'hyperbolique, de la Bible à Milton et d'Homère à Corneille (*Zadig*, « Les disputes et les audiences »). Croisé de la « raison », Voltaire prétendra établir que « toute métaphore, pour être bonne, doit fournir un tableau à un peintre » (*Commentaires sur Corneille*, sur *Nicodème*, III, VIII, v. 10) – tout comme il soutenait que « tout vers qui n'a pas la netteté et la précision de la prose ne vaut rien » (sur *Sertorius*, I, I, v. 3).

Au total, pour cet adversaire de toute préciosité, ancienne (Voiture, Benserade) ou moderne (Houdar de La Motte, Marivaux), le progrès de Lumières se sera accompagné, paradoxalement, d'une « décadence de la langue et du goût » : des « insipides barbaries en style visigoth » de Crébillon père et du « galimatias » de Jean Baptiste Rousseau, aux « impertinences » de ce « pauvre fou » de Jean Jacques, « une foule d'écrivains s'est égarée dans un style recherché, violent, inintelligible » (*Précis du siècle de Louis XV*, chap. XLIII) : seuls « ouvrages de génie » du siècle, les *Saisons* de Saint-Lambert, et le quinzième chapitre du *Bélisaire* de Marmontel...

À nous qui participons d'un autre univers esthétique, ces commandements et ces oukases voltairiens semblent aussi surannés que les « grands genres » par lesquels il pensait aller à la postérité. Ce qui nous semble aujourd'hui constituer le style voltairien par excellence, c'est en général celui du prosateur, épistolier, conteur et polémiste – soit un style d'action essentiellement (« J'écris pour agir », à Jacob Vernet, vers le 15 avril 1767), dont le ressort est de ne pas « ennuyer », « de tous les péchés le plus impardonnable », selon la *Relation du jésuite Berthier*. Ses caractéristiques ? La brièveté (« Voltaire pense par articles », a noté René Pomeau) ; la mobilité, gage de variété (on voyage, on compare) ; la rapidité, l'alacrité (on ne s'attarde

pas : rien d'inutile, rien d'insignifiant). L'irrespect aussi, le ton insolent, les formules incisives ; la « gaieté », non sans polissonneries ni gamineries ; le talent de parodiste, et celui d'arrangeur – pas de résumé de roman plus malveillant et injuste, mais plus irrésistible, que celui qu'il donne dans les *Lettres\* sur la Nouvelle Héloïse*. Le génie du jeu encore, la désinvolture, le plaisir inlassable à prendre des pseudonymes\*, à emprunter – notamment dans ses facéties\* – les déguisements les plus inattendus, pour mieux démasquer l'imposture par la cocasserie. Enfin l'ironie sans pareille, la méthode corrosive, dissolvante, capable de ruiner un système en le réduisant à des détails que leur dissociation prive de tout sens, ou en accusant la disproportion des « effets » et des « causes ». La phrase voltairienne type, en prose, est vive, nerveuse, « sans vase » disait curieusement Hugo, parce que délestée de conjonctions de subordination, et de commentaires explicites, en se contentant de suggérer, il s'agit d'ailleurs d'établir encore une complicité avec le lecteur : « Les livres les plus utiles sont ceux dont les lecteurs font eux-mêmes la moitié » (préface du *Dictionnaire philosophique*).

Un style de Voltaire, s'il existe, a peut-être au fond pour emblème le nom\* qu'il s'est donné : bref, annonçant la vitesse du voltigeur, bretteur d'élite harcelant les pesants fantassins de l'Infâme, mais évoquant aussi l'insolence d'une certaine révolte, et la virtuosité d'une haute voltige. C'est l'ironie, et l'« esprit » enfin. Non pas le « bel esprit », qu'il abhorre, avec les « faux brillants », les « pensées recherchées et problématiques », qu'il condamne en Voiture et Houdar de La Motte. Mais cet autre « esprit » qu'il définit comme une « raison ingénieuse » : « l'art ou de réunir deux choses éloignées, ou de diviser deux choses qui paraissaient se joindre », « de ne dire qu'à moitié sa pensée pour la laisser deviner » (*Lettre sur l'esprit*, 1744).

Cette alliance unique d'un art de plaire raffiné, dérivé de la sociabilité aristocratique, avec une passion invincible des risques de l'impertinence, du défi à l'autorité, cette liberté d'esprit tant appréciée dans l'œuvre en prose, peut-être finira-t-on par la retrouver un jour dans l'œuvre versifiée. Et pourquoi pas dans le décasyllabe alerte et jubilant de *La Pucelle\**, « ce poème qui semble réunir, disait Palissot, tous les genres, tous les tons, tous les styles » – « de tous les ouvrages de Voltaire, le plus original, celui dans lequel l'auteur s'est montré le plus entier » ? « Dans l'éternité littéraire, les plus morts ont quelque chance de revivre » : mot de Valéry, à propos de Voltaire.

*Patrick Brasart*

*Dans tout cela, il y a de la hardiesse, mais de l'éclat, de l'esprit, du style, etc. C'est du vrai Voltaire.*

*Note de lecture du marquis de Paulmy,*
*en tête du manuscrit de l'« Histoire de la guerre de 1741 »,*
*communiquée par Voltaire au comte d'Argenson.*

*S'il paraît quelque brochure avec deux ou trois grains de sel, même du gros sel, tout le monde dit : « C'est lui, je le reconnais, voilà son style... »*
À d'Alembert, 3 août 1767.

*La longueur des phrases plaisait surtout à la maréchale ; ce n'est pas là ce style sautillant mis à la mode par Voltaire, cet homme si immoral.*
Stendhal, Le Rouge et le Noir, 1830, Livre II, chap. 28.

*Une prose lucide, offensive et prompte.*
Paul Valéry, Discours prononcé pour le deux cent cinquantième anniversaire de la naissance de Voltaire, 10 décembre 1944.

## SUARD, Jean Baptiste Antoine et Amélie

FERNEY • GENS DE LETTRES •

Homme de lettres et rédacteur, avec l'abbé Arnaud, de la *Gazette\* littéraire de l'Europe*, Jean Baptiste Antoine Suard (1733-1817) fut un personnage important dans l'institution littéraire. Bourgeois mondain et intellectuel éclairé, il fréquentait dans les années 1760 d'Argental* et d'Alembert*, et appartint d'emblée au parti des Philosophes. Sa relation avec Voltaire s'inscrit dans ce combat philosophique commun. Dès le projet de création de la *Gazette littéraire*, en 1763, Voltaire lui marque «son estime» et «sa reconnaissance», et lui apporte un soutien enthousiaste – il se détacha ensuite de l'entreprise. Suard reçut régulièrement, en hommage et pour en faire bon usage, les ouvrages de l'écrivain, ainsi en 1768 *Le Dîner du comte de Boulainvilliers* et *L'Homme aux quarante écus*, dont il facilita la diffusion. Il fut aussi, en avril 1770, de ce dîner des dix-sept philosophes chez Mme Necker* qui décidaient de lancer une souscription pour élever une statue à Voltaire.

En mai 1772, l'Académie française ayant élu Suard, le roi refusa son agrément à ce partisan des Philosophes. «Les ouragans passent, écrivit Voltaire à cette occasion, et la philosophie demeure » : Jean Baptiste Antoine Suard fut reçu à l'Académie en août 1774, après la mort de Louis XV.

Censeur royal, c'est lui qui donna son approbation à *Irène\**, le 6 janvier 1778. Voltaire le vit souvent dans son dernier voyage à Paris. Beau-frère de Panckoucke*, Suard fut associé aux premiers préparatifs de l'édition posthume qui devait s'imprimer à Kehl*, et particulièrement chargé de la mise au net des lettres de Voltaire à d'Argental.

Avec Amélie, qu'il avait épousée en 1766, Suard formait un «petit ménage» bourgeois fort réussi. Amélie Suard (1750-1830), la jeune sœur de l'imprimeur Panckoucke, jolie femme tendre et spirituelle, amie de Condorcet, fut

l'une des égéries du milieu philosophique. Accompagnée de son frère, elle fit en juin 1775 un voyage à Ferney d'où elle adressa des lettres anecdotiques à son mari, pleines d'une admiration fervente et presque pieuse. Après son départ, le galant vieillard écrira au mari qu'il est devenu « éperdument amoureux » de sa femme.

Anne Soprani

*Il avait mis sa perruque aujourd'hui à cause de moi, parce que je lui ai dit que je le trouvais fort joli, et plus jeune de vingt ans qu'avec son bonnet de nuit. Il a en vérité l'air d'un seigneur de la cour de Louis XIV. Il se tient encore à merveille, il n'a pas le dos voûté, et il marche fort lestement pour son âge. Il a les plus beaux yeux du monde, si vifs encore qu'on peut à peine en supporter l'éclat.*
Amélie Suard à Jean Baptiste Suard, 9 juin 1775.

## SUICIDE

Entre l'interdit chrétien, l'héroïsme antique, les tensions modernes d'une morale civique et d'une liberté personnelle, et ses propres voix intérieures, le suicide fut chez Voltaire un objet constant d'étude et de réflexion. Nourri d'observations concrètes, son propos se démarque des oppositions classiquement tranchées du fameux diptyque des *Lettres persanes* (LXXVI$^e$ et LXXVII$^e$ lettres) et des prudentes analyses de l'*Encyclopédie*. Son texte le plus riche sur le sujet est l'article « De Caton, du suicide » de ses *Questions sur l'Encyclopédie* (1770-1772) – prolongeant un morceau plus ancien de 1739 –, mais d'autres notices du même recueil (« Martyrs », « Suicide ») en retravaillent les données. À côté des suicides héroïque et dément, Voltaire note des cas d'ennui de vivre qui engagent le social – « le laboureur n'a pas le temps d'être mélancolique » –, d'autres de prédisposition génétique – « le physique, ce père du moral... ». Il réfléchit, après *L'Esprit des lois*, au fameux spleen anglais, d'effet suicidaire, envisageant l'hypothèse d'une insuffisance de « la filtration du suc nerveux ». Il note que ce qui est à Londres « grandeur d'âme » est à Paris « folie », et à Rome « férocité barbare ». L'histoire relativise cependant ces observations modernes : les anciens Romains, en « philosophes », se donnaient plus fièrement la mort que « les sauvages de l'île Britain », aujourd'hui plus « citoyens » et « philosophes » que les modernes sujets des papes – mais il est déçu d'apprendre la nouvelle mode anglaise de se tuer « pour être mis dans la gazette »...

Pour l'*Essai sur les mœurs*, il s'est documenté sur le hara-kiri des Japonais ; à ce comportement extrême de « l'honneur », il trouve une assise culturelle : « Les philosophes japonais regardent l'homicide de soi-même comme une

action vertueuse quand elle ne blesse pas la société. » Il a dans ses tragédies deux dénouements d'émulation suicidaire, ceux d'*Olympie* et de *L'Orphelin de la Chine*, et deux vers de marbre pour justifier dans *Mérope* la mort de l'héroïne :

> *Quand on a tout perdu, quand on n'a plus d'espoir,*
> *La vie est un opprobre, et la mort un devoir.*

Mais pour lui-même, quoique la pensée du suicide l'ait, semble-t-il, effleuré aux pires moments de détresse et de souffrance, il eut toujours l'énergie qu'il prête à l'étonnante Vieille de *Candide*, avilie, meurtrie, mutilée, qui voulut cent fois se tuer : « Mais j'aimais encore la vie. »

*André Magnan*

## SULLY-SUR-LOIRE

EXIL · POÈTE · RÉGENCE ·

Accusé d'avoir écrit des vers satiriques sur les débauches de la fille du Régent, « le sieur Arouet fils » fit l'objet d'un ordre de relégation à Tulle, le 4 mai 1716. M$^e$ Arouet* sollicita et obtint la permission d'envoyer son fils à Sully-sur-Loire, où il avait des parents, paraît-il, dont « les instructions » devaient « tempérer sa vivacité ». Arouet passa donc un bel été et un beau début d'automne chez le duc de Sully, « dans le plus aimable château ». Pour ses correspondants de Paris, il versifia les nuits blanches de Sully, et surtout « son bois magnifique » aux arbres gravés d'amours indiscrètes :

> *À voir tant de chiffres tracés*
> *Et tant de noms entrelacés,*
> *Il n'est pas malaisé de croire*
> *Qu'autrefois le beau Céladon*
> *A quitté les bords du Lignon,*
> *Pour aller à Sully-sur-Loire.*

*Anne Soprani*

## SUPERFICIEL

Voir ESPRIT · FACILITÉ · PONCIFS.

## SUPERSTITION

BON SENS · ENTHOUSIASME · FANATISME · RAISON · RELIGION · SECTE ·

Pour les philosophes du XVIII$^e$ siècle, pour Voltaire dont c'est l'un des mots clés, la superstition n'est pas seulement la croyance aux présages et aux pratiques de bon et mauvais sort : elle affecte toute croyance dont l'objet excède la compréhension claire et simple d'un ordre général du monde. Dans l'article « Superstition » du *Dictionnaire philosophique* (1764), Voltaire concède qu'il est difficile d'en marquer les bornes, ce qui ne l'empêche pas d'en donner une définition claire : « Presque tout ce qui va au-delà de l'adoration d'un être suprême est superstitieux. » C'est dire que prêtres, moines et ministres de tous les cultes historiques sont facilement accusés ou soupçonnés de sacrifier à la superstition. La gangrène, née dans le paganisme, infecta, dès les premiers temps, l'Église chrétienne.

La critique des superstitions envahit le XVIII$^e$ siècle comme une lame de fond et l'Église elle-même participe à ce mouvement d'épuration des pratiques religieuses. En témoignent le *Traité des superstitions* (1679) de l'abbé Thiers et l'*Histoire critique des pratiques superstitieuses* (1702) de Le Brun. Quant à l'organe des jésuites, le *Dictionnaire de Trévoux*, il assimile l'astrologie, comme le fait Voltaire, à une pratique superstitieuse. Reprenant la tradition rationaliste ouverte par Bayle\*, Voltaire radicalise la critique des dogmes\*, des rites et des usages. Il se déchaîne contre les oracles, les prophéties, les miracles\*, le culte des saints\*, les reliques\* et les pratiques populaires en vigueur dans tous les pays, qui deviennent, sans distinction, le monstrueux répertoire de toutes les extravagances de l'esprit humain.

La deuxième des *Homélies\* prononcées à Londres* (1767) propose une histoire de la superstition en Occident par l'explication de l'anthropomorphisme. « Dès que nous eûmes fait Dieu à notre image, le culte divin fut perverti », car l'homme attribua à l'Être suprême ses défauts et ses vices et peupla le ciel de héros divinisés qui s'étaient comportés en fait, durant leur vie, en tyrans et en tortionnaires. Voltaire explique ainsi le culte des saints. Fêter un Dominique persécuteur, un François, fanatique en démence qui marche tout nu et parle aux bêtes féroces, relève de l'aberration la plus superstitieuse. L'Église, en imposant des dogmes absurdes, est largement responsable de cette déraison. Les premiers chrétiens, qui n'avaient pas connu les images, n'étaient pas superstitieux, et cette pureté première subsistait encore au temps de Clovis. Ensuite, les querelles dogmatiques déchaînèrent le fanatisme et la superstition, et par leurs prolongements politiques le désordre et l'esprit de faction. Des hommes aveuglés ou manipulés, un Clément, un Ravaillac, un Damiens\* en plein XVIII$^e$ siècle, se conjurent ou se croient pieux en commettant des crimes d'État.

Toutefois, dans le *Traité\* sur la tolérance* (1763), Voltaire pose qu'il est utile

de maintenir le peuple dans une superstition relative, parce qu'« un athée qui serait raisonneur, violent et puissant, serait un fléau aussi funeste qu'un superstitieux sanguinaire ». Mais il ajoute, dans la pensée d'un retour au déisme originel : « Quand les hommes sont parvenus à embrasser une religion pure et sainte, la superstition devient non seulement inutile mais dangereuse. »

*La Pucelle*, les facéties et les contes de Voltaire tournent en dérision le merveilleux païen et chrétien, et toutes les superstitions. *L'Ingénu* s'ouvre sur le voyage en Basse-Bretagne de l'Irlandais saint Dunstan, qui a franchi la mer sur une petite montagne pour y venir fonder un prieuré. On ne compte pas dans les contes les cérémonies absurdes destinées à arrêter un fléau naturel ou à convertir un hérétique. L'autodafé de *Candide* reste un des plus célèbres : « Il était décidé par l'université de Coïmbre que le spectacle de quelques personnes brûlées à petit feu, en grande cérémonie, est un secret infaillible pour empêcher la terre de trembler » (chap. VI). Les superstitieux de tout acabit apparaissent comme de dangereux pantins, prisonniers de leur folie, en proie à l'idée fixe.

*Didier Masseau*

*Jamais la nature humaine n'est si avilie que quand l'ignorance superstitieuse est armée du pouvoir.*
  *Essai sur les mœurs, 1756, chap.* CXL, *« De l'Inquisition ».*

*Le superstitieux est au fripon ce que l'esclave est au tyran.*
  *Dictionnaire philosophique, 1764, art. « Superstition ».*

## SUPPLÉMENT AU SIÈCLE DE LOUIS XIV

HISTOIRE • HISTORIEN • LA BEAUMELLE • POLÉMISTE • SIÈCLE DE LOUIS XIV (LE) •

Quelques éditions tardives du *Siècle de Louis XIV* intègrent ce *Supplément* sous le titre de *Réfutation des notes critiques que M. de La Beaumelle a faites au Siècle de Louis XIV*. Voltaire y a inséré des ajouts et une espèce de prologue, où il retrace la genèse et les échos de son livre, les corrections qu'il y a apportées concernant Mazarin ou la paix de Ryswick, les développements consacrés au gouvernement intérieur, ou l'histoire de l'homme au masque de fer.

Il s'agit au départ d'un ouvrage spécifique (Dresde, 1753), d'un plaidoyer où Voltaire se justifie, comptabilise les heures passées à se documenter, exalte son impartialité et dénigre son contradicteur La Beaumelle, « jeune homme élevé à Genève », coupable d'une édition clandestine du *Siècle de Louis XIV*

(Francfort, 1753), de légèreté, de plagiat, d'outrecuidance et de vilenie. Cette volée de bois vert administrée, Voltaire avance ses preuves, relève les erreurs, le manque d'information, et prend La Beaumelle en flagrant délit d'affabulation dans les pages que ce dernier consacre au Masque de fer. On peut se demander pourquoi Voltaire prit tant de soin à répondre à La Beaumelle, dont il n'a cessé par ailleurs de proclamer l'insignifiance. Il lui arrive de céder à la colère et de s'en prendre à son adversaire en trente-quatre points. «Vous n'êtes qu'un menteur...», lui lance-t-il excédé. Peut-être certaines de ses critiques l'avaient-elles touché au vif, comme ce reproche de ne pas avoir semé assez de portraits* dans son ouvrage ou d'avoir pu prêter à des lectures ambiguës: «J'ai peint le siècle et non la personne de Louis XIV, ni celle de Guillaume III, ni le Grand Condé, ni Marlborough.» La virulence des attaques de La Beaumelle lui avait au moins permis de réaffirmer l'essentiel.

Jean Goulemot

## SUPPLÉMENT DU DISCOURS AUX WELCHES

FRANÇAIS • WELCHES •

Un supplément était nécessaire après le choc du *Discours\* aux Welches*, si terrible pour la vanité française. Voltaire l'improvisa à chaud, dès la fin de mai 1764, au premier bruit du scandale, en lui donnant la forme d'une conversation bouffonne chez les Vadé*. Les Vadé parlent donc des Welches entre amis. Antoine, auteur du *Discours*, est peut-être allé trop loin. On panse un peu les plaies: «l'esprit aimable» et «l'esprit inventif» ont chacun leurs mérites, et «la préférence» doit aller à «la nation avec laquelle on aime le mieux vivre». Mais sur l'essentiel, point de concession, même si le texte s'obscurcit à la fin par prudence: «certains principes» sont nécessaires au progrès de toute nation, et d'abord la résistance aux «abus» d'une autre «nation», trop riche et trop puissante, qui prend à toutes et ne donne à aucune – on la situe vers Rome, bien sûr. C'est dans l'avertissement de ce *Supplément* que Voltaire fait la distinction la plus nette entre Welches et Français.

André Magnan

## SUR LE PARADOXE QUE LES SCIENCES ONT NUI AUX MŒURS

Voir TIMON.

## SURNOMS

CODES • PSEUDONYMES •

Petits noms familiers ou facétieux, affectueux, charmants : Voltaire a raffolé des surnoms. Il les utilisa pour désigner d'abord ses proches, amis et familiers, avec toute une palette de métaphores d'occasion, souvent originales. Les surnoms étaient alors strictement réservés, dans les convenances, à la relation privée. L'appellation imagée exploite un trait de caractère, un signe physique ou un don particulier. Savante, piquante, un rien pédante, Mme d'Épinay* méritait d'être « ma belle philosophe », tandis que l'attachante et vive Mme de Saint-Julien* fut un bien joli « papillon philosophe ». Mlle Corneille*, douce et réservée, fut « Cornélie-Chiffon », puis « l'enfant » de la maison, mais aussi « Chimène » en référence à son grand-oncle Corneille. Richelieu* est « mon héros » pour ses commandements de maréchal, mais vingt-cinq ans plus tard, vieillissant et presque sourd, il devient « La Sourdière ». Quant à Mme de Fontaine* qui excellait au dessin et copiait les tableaux de maîtres pour décorer l'intérieur de Ferney, elle fut pour son oncle « Rosalba », nom d'une pastelliste italienne célèbre au XVIII$^e$ siècle. Le plaisir du jeu de mots entraîna parfois Voltaire à la facilité, à un « Mordsles », par exemple, assez osé pour désigner le pugnace abbé Morellet* ; mais l'association d'idées fait souvent plus classiquement écho à une culture : « le cygne de Padoue » pour Algarotti* le poète italien, « Isaac Onitz » pour d'Argens* en raison de ses *Lettres juives*. Devenu seigneur de Ferney, Voltaire prit l'habitude de surnommer ses proches et domestiques par la qualité ou la fonction qu'ils assumaient auprès de lui. Mme Denis*, autrefois « cara mia » fut avec le temps une « maman* » retrouvée. La tendre et dévouée Mme de Villette* demeura « Belle et Bonne », attentive jusqu'à la mort de son bienfaiteur. Nul doute, enfin, qu'à l'exemple de « Bonne sauce », la cuisinière de Ferney, et de Fanchon, « la dodon boulangère », aperçues au détour d'une lettre, d'autres serviteurs et servantes furent ainsi rebaptisés de façon pittoresque. Dans sa nouvelle famille*, Voltaire était lui-même « le patriarche* », « le patron », « le Nestor », « mon papa adoptif » pour Durey* de Morsan et peut-être « papa* grand homme » pour les jeunes littérateurs qu'il accueillait.

Le surnom d'Émilie* pour Mme du Châtelet*, repris de ses prénoms véritables, fut exceptionnellement divulgué dans des épîtres et petits vers ; Voltaire offrait à son amie un nom mondain, mythique aussi, sorti de l'usage privé : elle fut et resta « Émilie* » dans les conversations des salons et les nouvelles littéraires. Quant au beau titre d'« ange » attribué dès 1736 à d'Argental*, Voltaire n'en eut pas l'exclusivité : Mme du Châtelet et plus tard Mme Denis l'utilisèrent aussi, mais il renchérit en « cher ange » et en « archange ». Ducs, princes et souverains n'échappèrent pas à cette manie

du surnom. Catherine II, la «Sémiramis du Nord», fut aussi pour le philosophe sa «Catau», tandis que Frédéric II, d'abord «Salomon* du Nord», partagea un temps avec un singe qu'eut Voltaire à Ferney le nom de «Luc» – l'anagramme suggérant d'ailleurs crûment la figure «potsdamiste*».
Avec quelques initiés, Voltaire eut recours à d'autres surnoms, souvent emphatiques, qui tendaient au langage codé, surtout entre maître et disciples, pour communiquer sans citer les noms propres. Ainsi les «frères» du combat contre l'Infâme* identifiaient-ils facilement Diderot dans «frère Platon», d'Alembert dans «Protée» ou dans «Protagoras». Il lui arriva d'autre part, de se servir d'un surnom dont il n'était pas l'auteur, pour transmettre un message et s'informer en retour par personne interposée. De façon apparemment légère, il entra ainsi adroitement dans la correspondance de la duchesse de Choiseul*, la «grand'maman» de Mme du Deffand*, sa vieille amie, en demandant et obtenant des nouvelles de cette «grand'maman», pour solliciter ensuite plus directement l'épouse d'un ministre aussi puissant. Les noms de code que Voltaire utilise dans sa correspondance avec Mme Denis ne sont pas à proprement parler des surnoms: «Quel plat homme que votre Héricart», lui écrit-il en 1753, et il s'agit de Louis XV; en 1769, «Héricart» devenu «le notaire» n'avait pas pour autant retrouvé la confiance et l'estime du philosophe exilé.
Voltaire adore enfin se donner à lui-même des surnoms de rencontre et de verve dans ses lettres, surtout en les signant. «Le Suisse», «la marmotte», «le rat malingre», «le vieux malade» sont parmi ses signatures favorites, et naturellement ses correspondants les adoptaient parfois, autorisés par l'initiative du grand homme: «Je vous écris, ma chère Marmotte...», reprend ainsi le duc de Choiseul en juillet 1761.

*Anne Soprani*

## SWIFT, Jonathan

ANGLETERRE · CONTES PHILOSOPHIQUES · GOÛT ·

Voltaire voue une grande admiration à l'écrivain anglais Swift (1667-1745) qu'il a connu personnellement à Londres, au printemps 1727, et avec qui il a correspondu. Il l'appelle, dans une lettre à Thiriot du 2 février 1727, «le Rabelais de l'Angleterre», et ajoute: «Mais c'est un Rabelais sans fatras.» Dans les *Lettres* philosophiques (1734), il poursuivra la comparaison entre ces deux maîtres du rire: «M. Swift est Rabelais dans son bon sens, et vivant en bonne compagnie. Il n'a pas à la vérité la gaieté du premier, mais il a toute la finesse, la raison, le choix, le bon goût qui manque à notre curé de Meudon» (XXIIe lettre).
En 1727, dans trois lettres d'hommage envoyées à Swift, Voltaire déclare

avoir puisé dans les écrits de l'illustre écrivain son amour de la langue anglaise. Il demande aussi à son correspondant, doyen de Saint-Patrick, et qui jouit d'un grand crédit en Irlande, de lui procurer dans ce pays quelques souscripteurs pour *La Henriade* – désir qui sera satisfait. *Les Voyages de Gulliver* (1726), lus directement en anglais à leur sortie, ont sans doute exercé une certaine influence sur la formation du conte voltairien, notamment sur *Micromégas\** qui met en scène deux voyageurs géants venus d'autres planètes pour explorer la Terre, et bouleverse ainsi notre échelle de grandeur, donc nos critères de jugement – fiction aimable et souriante, à la Swift, sans que le récit tombe jamais dans la démesure et l'outrance rabelaisiennes. Voltaire trouvait seulement mal traduit, voire intraduisible en français, « ce Rabelais de la bonne compagnie ».

*Didier Masseau*

## SYSTÈME

CONTRADICTIONS • DIALOGUE • EXPÉRIENCE • LOCKE • MÉTAPHYSIQUE • NEWTON • PHILOSOPHIE • RAISON •

L'illustre Pangloss, maître de Candide, figure et résume, dans son nom même, l'esprit de système : « Tout-Discours » et « Discours-du-Tout » – aussi est-il l'inventeur de la « métaphysico-théologo-cosmolo-nigologie ». Toute explication globale et *a priori* du monde est ainsi discréditée, parce qu'elle se détourne de l'étude patiente des lois, des rapports tangibles, des résultats de l'expérience humaine. La faute irrémissible est de construire une métaphysique aspirant à rendre compte de tout ce qui existe, sans utiliser des instruments de mesure, sans s'astreindre à des calculs, et d'abord à des observations. Le vrai maître est ici Locke, qui constate, interroge, doute. De même Newton n'a jamais produit de système, mais il a observé les phénomènes de l'univers, avant de les inventorier et de les quantifier, sans jamais se laisser emporter par l'imagination\*. Les faiseurs de systèmes, grands métaphysiciens, sous le couvert d'une pensée ingénieuse et profonde, suivent en fait la pente paresseuse de l'esprit humain. Les Descartes\*, les Leibniz\*, les Spinoza\*, même s'ils ont contribué à faire progresser la raison, ont succombé tous à cette tentation.

Voltaire dénonce aussi la vanité d'une pensée rigide et définitivement organisée, alors que la quête de la vérité est, par définition, tâtonnante et incertaine. En tant que méthode critique, le scepticisme ne l'a jamais quitté. Dans *L'A. B. C.* (1768), il en vient à revendiquer le droit à l'erreur et à la contradiction, comme une condition de la marche naturelle de l'esprit humain : « Moi ! Je ne suis sûr de rien. Je crois qu'il y a un être intelligent, une puissance formatrice, un Dieu. Je tâtonne dans l'obscurité pour tout le

reste. J'affirme une idée aujourd'hui, j'en doute demain; après-demain, je la nie; et je puis me tromper tous les jours» – et de prétendre que tous les auteurs de systèmes ne peuvent considérer sans rire, après coup, leurs lourdes élucubrations.
La forme même des écrits de Voltaire témoigne d'une pensée qui fuit l'esprit de système. Le dictionnaire implique un éventail de connaissances soumis à un classement discontinu et rend possibles les adjonctions qu'exigent les progrès du savoir ou de la réflexion. L'entretien à deux ou plusieurs voix mime la dialectique ou la contradiction, épouse les efforts d'une pensée en mouvement qui refuse de se figer en un corps de doctrine.

Didier Masseau

*Les systèmes sont comme les rats qui peuvent passer par vingt petits trous, et qui en trouvent enfin deux ou trois qui ne peuvent les admettre.*
*Questions sur l'Encyclopédie, 1770-1772, art. «Barbe».*

*Je ne crois pas qu'il y ait jamais eu un philosophe à système qui n'ait avoué à la fin de sa vie qu'il avait perdu son temps.*
*Dictionnaire philosophique, 1764, art. «Philosophe».*

## *SYSTÈME DE LA NATURE, OU DES LOIS DU MONDE PHYSIQUE ET DU MONDE MORAL*

ÂME • ATHÉISME • DÉISME • *DIEU, RÉPONSE AU SYSTÈME DE LA NATURE* •

Ce volumineux ouvrage en deux parties (2 vol.) totalisant près de 500 pages, parut en 1770 sous le nom de Mirabaud (secrétaire perpétuel de l'Académie française, mort en 1760). L'auteur en était le baron d'Holbach\*, avec la collaboration probable de Diderot. Imprimé dès novembre 1769 à Amsterdam par Marc Michel Rey, il fut diffusé à Paris à partir de janvier-février 1770.
Le sous-titre est vite éclairci, le livre tout entier tend à réduire ce dualisme: «L'homme est un être purement physique.» La vie et la pensée sont une extension complexe des propriétés du mouvement. D'Holbach transpose dans le domaine de la psychologie et de la sociologie les lois de l'univers matériel. Quelles qu'en soient les particularités, le comportement humain ne peut être étudié hors du champ naturel des causes et des effets. Dans ce «Système», il n'y a place ni pour l'âme, ni pour Dieu. Le tome II («De la divinité») comporte un réquisitoire en règle contre toutes les formes de la croyance en Dieu; un long chapitre (VII), sans nommer Voltaire, traite «du théisme ou déisme», et pose qu'«il n'y aura jamais qu'un pas du théisme à la superstition». En revanche, l'athéisme – qui «n'est point fait pour le

vulgaire» – crée les conditions d'une morale rationnelle et peut conduire les citoyens, grâce aux ressources de la législation et de l'éducation, à la conquête du bonheur.

Ce vaste exposé didactique, souvent répétitif, véritable somme du matérialisme athée, provoqua l'un des grands scandales du siècle. Voltaire évoque, en juin 1770, «le bruit épouvantable que ce livre fait partout». Lui-même ne l'a lu qu'en mai. Il n'apprendra jamais, semble-t-il, que d'Holbach en est l'auteur. Mais il sait que l'ouvrage provient du groupe des athées parisiens autour de Diderot. Il réagit immédiatement par une brève réfutation : *Dieu, Réponse au Système de la nature*. Dans sa correspondance, en 1770, il reconnaît que dans ce *Système*, «il y a des choses excellentes, une raison forte et de l'éloquence mâle», et même que le livre «est admirable dans sept ou huit chapitres» – il en comporte trente et un. Il peut effectivement se rencontrer avec le rationalisme de d'Holbach sur plusieurs points, par exemple dans l'examen critique de la question de l'âme, et surtout dans le procès des religions révélées. Mais il n'accepte pas que son déisme soit mis en cause – «le Dieu des théologiens est rarement le Dieu véritable», note-t-il en marge d'une des deux éditions du *Système* (1770 et 1771) qu'il possède. Voltaire s'afflige surtout de l'éclat causé par la publication : «Ce *Système* a tout perdu»; il «a rendu tous les philosophes exécrables aux yeux du roi et de toute la cour» comme à ceux «de tous les magistrats et de tous les pères de famille, qui sentent combien l'athéisme est dangereux pour la société». Il le dit encore à d'Alembert en janvier 1771 : «Nous ne guérirons jamais bien de cette blessure mortelle.» Dans les dernières années de sa vie, Voltaire s'est employé quant à lui, sans relâche, à guérir ses contemporains de la «blessure», en combattant les arguments du *Système*, notamment dans les *Lettres\* de Memmius à Cicéron*, l'*Histoire\* de Jenni* et les *Dialogues\* d'Évhémère*.

*Roland Desné*

*Le doute n'est pas un état bien agréable, mais l'assurance est un état ridicule.*
*Ce qui révolte le plus dans le «Système de la nature» (après la façon de faire des anguilles avec de la farine), c'est l'audace avec laquelle il décide qu'il n'y a point de Dieu sans avoir seulement tenté d'en prouver l'impossibilité. Il y a quelque éloquence dans ce livre; mais beaucoup plus de déclamation, et nulle preuve. L'ouvrage est pernicieux pour les principes et pour les peuples.*
*«Si Dieu n'existait pas, il faudrait l'inventer.»*
*Mais toute la nature nous crie qu'il existe, qu'il y a une intelligence suprême, un pouvoir immense, un ordre admirable, et tout nous instruit de notre dépendance.*

*À Frédéric Guillaume, prince héritier de Prusse, 28 novembre 1770.*

# T

*Ce demi-savant et demi-citoyen d'Aguesseau était un T : il voulait empêcher la nation de penser. Je voudrais que vous eussiez vu un animal nommé Maboul; c'était un bien sot T, chargé de la douane des idées sous le T d'Aguesseau. Ensuite viennent les sous-T qui sont une demi-douzaine de gredins dont l'emploi est d'ôter pour quatre cents francs par an tout ce qu'il y a de bon dans les livres.*

*À d'Alembert, 30 janvier 1764 – sur l'appareil de la censure d'État, depuis les censeurs ordinaires jusqu'au garde des Sceaux : tous tyrans.*

## TABAC

Voltaire ne fumait pas et ne prisait guère – seulement par occasions. Mais il vit grandir le goût pour le tabac : on prisait jusque dans les antichambres de Versailles. Il avait consacré en 1760 à l'histoire du tabac, et à sa mode, un bref article destiné au *Dictionnaire de l'Académie*, où il rappelait que « ce fut d'abord une indécence aux femmes de faire usage du tabac » – mais son texte ne fut pas retenu par ses confrères dans l'édition de 1762.

En 1776, il entreprit de faire pousser le tabac à Ferney\*, après y avoir acclimaté la culture du mûrier et l'élevage du vers à soie. À 82 ans, l'étonnant patriarche voulait encore contribuer à l'amélioration agricole de ses terres et du village. L'essai fut tenté dans « la grande Ouche », un champ contenant « la semature d'environ dix coupes ». Mais l'expérience ne réussit pas et, en 1777, « la grande Ouche » servit de terrain à bâtir.

Anne Soprani

*On propose aux hommes de dompter leurs passions. Essayez seulement d'empêcher de prendre du tabac à un homme accoutumé à en prendre.*

*Carnets.*

## TACTIQUE (LA)

Voir *ART DE LA GUERRE (L')*.

## TAMPONET, abbé

CENSURE • FACÉTIES • PSEUDONYMES • SORBONNE •

Ce religieux obscur, docteur en théologie, abbé* à bénéfice, fut l'un des censeurs de Sorbonne qui condamnèrent en 1752 la thèse pourtant modérée d'un Encyclopédiste, l'abbé de Prades*. L'affaire fit grand bruit. Tamponet représente le comble de l'obscurantisme et de l'absurdité partisane, tout théologien étant prêt, selon Voltaire, aux jongleries nécessaires pour faire censurer des ouvrages qui n'offrent pas même un contenu audacieux ! *Le Tombeau\* de la Sorbonne* montrera donc comment le censeur se déjuge en s'acharnant sur une thèse qu'il avait d'abord examinée et approuvée. Les Tamponet et autres sorbonnards, toujours prêts à subodorer l'hérésie, sont encore plus dangereux que la canaille des gens de lettres : leurs réactions demeurent imprévisibles. Inconnu, oublié, ses prénoms mêmes ignorés, Tamponet n'est plus qu'un fantoche voltairien, qui réapparaît dans l'œuvre, de satire en facétie, et jusque dans des notes en bas de page. Voltaire s'est même affublé du nom pour signer *Les Lettres d'Amabed* et *Les Questions de Zapata*.

*Didier Masseau*

— *Est-ce que vous n'avez jamais été d'accord en Sorbonne ? dit Fanchon. — Non, dit Tamponet ; mais nous donnons toujours des décrets ; et nous fixons à la pluralité des voix ce que l'univers doit penser. — Et si l'univers s'en moque, on n'en sait rien ? dit Fanchon. — Tant pis pour l'univers, dit Tamponet.*
Anecdotes sur Bélisaire, 1767-1768, $II^e$ anecdote.

## TANCRÈDE

DÉCORS • POLITIQUE • SCÈNE • TRAGÉDIES •

En avril 1759, la scène française est enfin débarrassée des abonnés assis qui l'encombraient : la voie est libre pour une tragédie nouvelle, où l'action et le spectacle redonneront vie aux « conversations sous un lustre ». Et Voltaire a besoin d'un succès au théâtre pour regagner la faveur royale. Enfin, en pleine guerre de Sept Ans, une tragédie patriotique s'impose : il reviendra donc au Moyen Âge, au temps des paladins, de l'honneur chevaleresque. Il trouve dans l'histoire le personnage de Tancrède, et emprunte à

un épisode de l'*Orlando furioso* de son cher Arioste* les thèmes de l'accusation calomnieuse et du « jugement de Dieu ».
Syracuse, XI$^e$ siècle. La Sicile est partagée entre Byzantins et musulmans, tandis que les factions déchirent la ville, opposant le parti d'Argire et celui d'Orbassan. Pour y mettre fin, la fille d'Argire, Aménaïde, doit épouser Orbassan. Or elle aime Tancrède, preux chevalier normand, qu'elle a connu en exil et qui est banni à jamais. Il rentre cependant en Sicile, grâce à ses partisans. Une lettre d'Aménaïde l'appelant au secours (et sans adresse, par prudence !) est interceptée près du camp des Sarrasins. Convaincue de trahison, elle se tait pour protéger Tancrède. Mais celui-ci croit, comme son père, que la lettre était adressée à Solamir, chef des Sarrasins, lui aussi amoureux d'Aménaïde. La jeune fille est condamnée à mort. Afin de la sauver, Tancrède provoque un jugement de Dieu, et tue Orbassan. Il croit toujours Aménaïde coupable, et trouve la mort, qu'il cherchait, dans la bataille contre les Sarrasins. Il meurt désespéré, en apprenant enfin l'innocence de celle qu'il aimait. Fureurs et imprécations de l'héroïne, qui rend l'âme à son tour sur le corps de son amant, en accusant sa patrie, les lois et la justice humaine.
Tragédie historique, *Tancrède* ne brille pas par la couleur locale. Son aspect politique est plus intéressant : Voltaire y peint une cité « républicaine », une oligarchie en fait, divisée par l'affrontement des familles rivales, tandis qu'un Sénat « tyrannique » opprime le peuple. Et il ne manque pas de condamner les « lois cruelles » : la raison d'État, la peine capitale, une justice sommaire, la proscription. Un beau spectacle, certes : l'auteur a conçu un décor double, Sénat et place publique ; des costumes « d'époque », de brillants accessoires, armes, écus, armoiries, drapeaux ; des tableaux pittoresques, et de nombreux figurants. Une belle histoire d'amour enfin, de l'idylle de jeunesse au « mariage forcé », puis au sacrifice et à l'héroïsme, dans la tradition de l'amour courtois. Tancrède se bat pour Aménaïde, qu'il croit coupable ; Aménaïde hait Tancrède de la croire coupable. Le quiproquo ne tourne en malentendu tragique que par le silence de l'héroïne. C'est le point faible de la pièce : un mot eût tout éclairci – *Quand parlera-t-elle ?* plaisante joliment un auteur de parodies*. Mais la Clairon et Lekain furent sublimes, et la pièce, donnée le 3 septembre 1760, réussit. C'était le chant du cygne de Voltaire.
En plein romantisme, Musset* proposera encore ce Tancrède aux « graves méditations » des dramaturges modernes : « Si ce n'est pas un modèle, c'est un exemple. » Goethe en personne l'avait traduit en allemand (1802) et Rossini mis en musique (1813).

*Henri Lagrave*

*Tout le monde y fond en larmes, à commencer par moi.*
*D'Alembert à Voltaire, 22 septembre 1760.*

## TANIS ET ZÉLIDE

Voir OPÉRA.

## TASSE, Torquato Tasso, dit le

ÉPOPÉE • GOÛT • ITALIE •

À l'époque où il écrit son *Essay\* upon the Epic Poetry* (1727), Voltaire n'a pas encore acquis une grande pratique de la langue italienne, mais il a suffisamment étudié la *Jérusalem délivrée*, par ailleurs traduite en français depuis la fin du XVIe siècle, pour déclarer qu'« il n'y a point de monuments en Italie qui méritent plus l'attention du voyageur que la *Jérusalem* du Tasse ». Et dans les *Questions sur l'Encyclopédie*, il prendra la défense du poète italien contre le jugement trop sévère de Boileau : « Boileau a dénigré le clinquant du Tasse ; mais qu'il y ait une centaine de paillettes d'or faux dans une étoffe d'or, on doit le pardonner. »

En réalité, l'admiration de Voltaire pour le Tasse n'est pas sans réserve. S'il apprécie le choix du sujet, l'élégance du style, l'infinie subtilité des nuances, par où le poète italien lui paraît supérieur à Homère, et l'art incomparable avec lequel il distribue les lumières et les ombres, en faisant passer le lecteur « des alarmes de la guerre aux délices de l'amour », il ne peut s'empêcher de rejeter les incantations, les métamorphoses, le merveilleux païen et chrétien, l'« excès d'imagination », considérés comme des faiblesses de l'ancien goût incompatibles avec la gravité raisonnable de la nouvelle poésie épique. Le « lecteur sensé », auquel Voltaire s'identifie, ne peut qu'être agacé par la naïveté enchanteresse de la poésie du Tasse ; et il n'y verra que des « contes insipides » tout juste bons à amuser les enfants. Malgré tout, lorsqu'il compose *La Henriade*, la *Jérusalem délivrée* sera son modèle constant : il emprunte, en les traduisant librement, différents passages du poème, il s'inspire aussi de certains épisodes : la mort du jeune d'Ailly, au chant VIII, tué par son père qui ne l'a pas reconnu, reprend le thème du célèbre duel de Tancrède et Clorinde.

*Francesca Isidori*

## TAUREAU BLANC (LE), TRADUIT DU SYRIAQUE PAR MR MAMAKI, INTERPRÈTE DU ROI D'ANGLETERRE POUR LES LANGUES ORIENTALES

BIBLE • CONTES PHILOSOPHIQUES • FABLE • ORIENT •
*QUESTIONS SUR L'ENCYCLOPÉDIE* •

Diffusé d'abord manuscrit en plusieurs livraisons dans la *Correspondance littéraire* (novembre-décembre 1773-janvier 1774), *Le Taureau blanc* fut

aussitôt publié en volume, avec un grand succès qui se prolongea tout au long de l'année 1774. L'une des éditions portait une attribution dérisoire à dom Calmet. Voltaire, à cette date, vient de terminer les *Questions sur l'Encyclopédie* (1770-1772). Sans qu'il se l'avoue, la politique le déçoit : la fin du règne de Louis XV se nourrit de vaines espérances, et le partage de la Pologne*, que Voltaire justifie au nom de la tolérance, le gêne. La lutte contre l'Infâme, la critique de la Bible lui paraissent autrement sûres. Remis d'une crise de strangurie*, il reprend goût à la vie en terminant ce *Taureau blanc* commencé depuis plus d'un an.

Et comme il faut joindre l'utile à l'agréable, Voltaire en s'amusant milite. Car si *Le Taureau blanc* est le divertissement d'un érudit, il prolonge aussi, d'une manière plus vivante, l'action militante des *Questions sur l'Encyclopédie*. Non qu'il s'agisse d'un public différent : lecteurs des contes et lecteurs philosophes se confondent. Acceptons plutôt l'hypothèse d'une pédagogie, toujours vivace chez Voltaire, de la répétition, avec un goût de la variation stylistique jamais démenti. C'est donc ici sous les habits de la fable que Voltaire engage le fer contre la Bible.

La jeune et belle princesse Amaside, fille d'Amasis, roi de Tanis en Égypte, se promène, en pleurant son amant Nabuchodonosor, ennemi juré de son père, qu'il a voulu détrôner, et qui a disparu depuis sept ans. Elle rencontre une vieille femme qu'accompagnent un chien, une ânesse, un bouc, un serpent, un poisson, un corbeau, un pigeon, et un taureau « blanc et potelé » qui soudain s'élance vers la princesse, verse des larmes et lui baise les pieds. La princesse veut l'acheter. Son fidèle mage, Mambrès, le lui déconseille. Il reconnaît dans la vieille la pythonisse d'Endor, qui d'ailleurs refuse et de vendre le taureau et de dire qui il est. Elle accepte cependant que le taureau vienne danser dans le palais de la princesse. Le serpent raconte à la princesse son histoire de prince déchu, devenu prince des ténèbres et tentateur de la mère de l'humanité. Il lui raconte aussi les malheurs d'un jeune juif changé en taureau. La princesse reconnaît le destin de son amant. Elle s'évanouit. Le taureau mugit. La princesse se réveille. Le taureau est menacé, et Mambrès tente de le sauver. Débarquent alors « trois graves personnages, à demi vêtus de lambeaux crasseux et déchirés » : ce sont Daniel, Ézéchiel et Jérémie, que Mambrès invite à dîner, jusqu'au moment où le taureau rancunier les charge – mais Dieu, pour les protéger, les change en pies. Le roi de Tanis survient alors et veut sacrifier le taureau. Mambrès obtient un sursis. La princesse se lasse des contes que lui fait le serpent et finit par prononcer le nom interdit de Nabuchodonosor. En colère, son père est près de la faire exécuter. Mais grâce à Mambrès, le taureau est changé en idole, avant de redevenir enfin Nabuchodonosor lui-même. Il épouse Amaside et sauve le royaume de son beau-père.

Les lecteurs de Voltaire, familiers de la Bible, reconnaissaient dans ce récit, où le lecteur du XXᵉ siècle se perd peut-être un peu, une transcription irrespectueuse de nombreux épisodes bibliques : de la Genèse, et surtout de l'Ancien Testament – le corbeau de Jérémie, les mésaventures de Nabuchodonosor, le poisson de Jonas, l'ânesse de Balaam, l'histoire d'Ézéchiel... Les familiers des *Questions sur l'Encyclopédie* pouvaient aussi admirer la reprise et la transposition sur le mode ironique, des articles « Ararat », « Asphalte », « Ézéchiel », « Expiation », « Enchantement »...
Voltaire changeait donc la manière, mais ne variait pas sur le fond. Il s'agissait de montrer que la Bible n'était qu'un tissu de fables absurdes, heurtant bon sens et bon goût. Pour rendre la démonstration plus convaincante encore, il choisissait de raconter ces fables sacrées sur le mode du conte de fées, en jouant des anachronismes, de la magie et des métamorphoses, en suggérant que le peuple juif n'avait pas eu le privilège de ces affabulations qu'on retrouve, à peine différentes, dans la mythologie égyptienne. Preuve en somme que les mythologies sont communes à tous les peuples et qu'il est vain d'imposer ces fables agréables comme autant de vérités révélées.

Jean Goulemot

*Les peuples de cette vaste monarchie criaient tous les matins : « Vive le grand Nabuchodonosor, roi des rois, qui n'est plus bœuf ! » Et depuis ce fut une coutume dans Babylone que, toutes les fois que le souverain (ayant été grossièrement trompé par ses satrapes, ou par ses mages, ou par ses trésoriers ou par ses femmes) reconnaissait enfin ses erreurs et corrigeait sa mauvaise conduite, tout le peuple criait à sa porte : « Vive notre grand roi qui n'est plus bœuf ! »*

*Le Taureau blanc*, 1774.

## TÉLÉVISION (Voltaire personnage de)
CINÉMA • LANTERNE MAGIQUE • PERSONNAGE • THÉÂTRE •

Après quelque quarante ans de présence épisodique au cinéma, c'est la télévision qui fit de Voltaire un héros à part entière dans une œuvre sérieuse et documentée : *L'Affaire Calas*, émission de la série « La Caméra explore le temps » conçue par André Castelot et Alain Decaux, et film de Stellio Lorenzi (1963). En une soirée, des millions de spectateurs découvraient le combat voltairien contre l'intolérance et l'injustice. L'extraordinaire composition de Pierre Asso contribua à faire de *L'Affaire Calas* une page mémorable de l'histoire de la R.T.F.
Malgré ce succès, Voltaire ne semble plus devoir revenir sur les écrans

qu'à l'occasion de commémorations. Quinze années séparent *L'Affaire Calas* de *Ce diable d'homme*, feuilleton en six épisodes d'une heure, réalisé en 1978 par Marcel Camus sur un scénario de Claude Brûlé, à l'occasion du bicentenaire de la mort de Voltaire. Cette chronique d'une vie, racontée par Beaumarchais et par le vieux Voltaire évoquant ses souvenirs tandis que Houdon sculpte son buste, faisait appel à trois interprètes : Alexandre Sterling (Voltaire enfant), Denis Manuel (le jeune Voltaire), et Claude Dauphin (Voltaire à partir de 1755), dont ce fut la dernière composition, donnant une image conforme à l'iconographie du vieillard de Ferney.

Toujours en 1978, Claude Dauphin était encore Voltaire dans un « divertissement littéraire » de Claude Brûlé : *Le Siècle des Lumières*, réalisé par François Villiers. Une jeune femme, entraînée par le fantôme du cousin du neveu de Rameau, voyage dans le temps et se retrouve au $XVIII^e$ siècle où elle croise Voltaire jeune (Michel Duchaussoy), âgé (Claude Dauphin), Fontenelle, Diderot, Casanova et Rousseau. Ce canevas – prétexte à une mise en scène de morceaux choisis de la littérature du siècle des Lumières – se clôt sur la mort de Voltaire.

Autre voyage dans le temps : *Le Merveilleux Voyage de François au pays de Jean-Jacques* d'Hervé Pernot diffusé en 1983. Dans ce programme destiné au jeune public, un enfant de 10 ans rêve qu'il rencontre Voltaire, Diderot, Sade, Buffon, et surtout Rousseau, qui est au cœur de cette émission interprétée par des comédiens non professionnels.

En 1990, le cinéaste suisse Michel Soutter mettait en scène un *Condorcet*, adapté du livre d'Élisabeth et Robert Badinter : trois épisodes de 90 minutes. Dans le premier épisode, « Un homme des Lumières », Condorcet (Pierre Arditi) et d'Alembert (Daniel Gélin) rencontrent Voltaire (Jacques Dufilho) à Ferney.

Le tricentenaire de la naissance de Voltaire n'a donné lieu qu'à une seule réalisation audiovisuelle : *L'Affaire Voltaire* (1994), documentaire dramatisé réalisé par Jacques Mény pour Arte. Dans ce film de trois heures, c'est Charles-Antoine Decroix qui incarne Voltaire. Le forme est ici celle de l'essai, préféré au feuilleton biographique et anecdotique. Tourné dans les lieux mêmes où Voltaire a vécu (Londres, Cirey, Potsdam, Les Délices, Ferney), ce film donne à entendre la parole même de Voltaire – lettres, poèmes personnels, *Mémoires*, textes d'idées – pour décrire l'itinéraire intellectuel qui conduit du poète de la Régence au vieillard de légende. Le personnage est au centre du dispositif, son entourage seulement suggéré. Les commentateurs de l'œuvre sont ses véritables partenaires, de Condorcet aux spécialistes contemporains. Charles-Antoine Decroix – descendant direct de Jacques Joseph Marie Decroix* – a relevé le défi d'interpréter Voltaire de 25 à 75 ans.

Faudra-t-il attendre les anniversaires de 2044, 2078 ou 2094 pour voir de nouveau Voltaire au cinéma ou à la télévision ? Peut-être en images de synthèse ?

*Jacques Mény*

## TEMPLE (SOCIÉTÉ DU)

BONHEUR • PHILOSOPHIE • POÉSIE • RÉGENCE •

*Tout jeune qu'il était, il fut admis dans la société de l'abbé de Chaulieu, du marquis de La Fare, du duc de Sully, de l'abbé Courtin. Et il nous a dit plusieurs fois que son père l'avait cru perdu, parce qu'il voyait bonne compagnie, et qu'il faisait des vers.*

*Commentaire historique, 1776.*

Ainsi le vieux Voltaire commente-t-il, en 1776, les joyeuses incursions du jeune Arouet au Temple, où son parrain, l'abbé de Châteauneuf\*, l'avait introduit avant 1708, et dont il devint l'un des familiers à partir de 1714. L'enclos du Temple, ancien monastère des Templiers, constituait dans Paris un espace d'ancien privilège et un lieu d'asile, abritant 4 000 habitants, de grands aristocrates, comme le duc de Conti ou le grand sénéchal de Forcalquier, des artisans et des bourgeois. Philippe de Vendôme\*, le grand prieur, s'y était installé en 1667, attirant autour de lui poètes, viveurs et libertins, qui firent la gloire du Temple au temps où l'on y croisait Ninon de Lenclos, La Fontaine et Chapelle. Puis, le prince et prieur ayant été disgracié et éloigné à Lyon (1706), le Temple avait paru s'assoupir, hanté seulement par l'abbé de Chaulieu\*, l'«Anacréon du Temple», et quelques poètes nostalgiques.

Le Régent rappela le grand prieur de son exil, ses amis épicuriens avaient vieilli, mais qu'importe. À leurs côtés, pour des «petits soupers, jolis festins» largement arrosés, de nouveaux poètes furent conviés, les plus capables de rivaliser avec leurs aînés. Leur verve, leur aisance à trouver des rimes élégantes devaient redonner aux soirées du Temple le prestige d'antan. Parmi ces recrues, Arouet se révèle le plus doué, le plus apte à la réplique et à l'impromptu. Ses couplets réjouissent le vieux Chaulieu qui lui «prêche la volupté». Au Temple, on rencontre aussi le futur président Hénault\*, quelques chevaliers de Malte qui ne sont pas en reste pour célébrer «mainte joyeuse orgie», et le comte de Bussy, le fils du célèbre Bussy-Rabutin. À l'école des anciens, Arouet découvre «les vers badins», avec toute une philosophie légère vouée au bonheur de la tendresse, au plaisir de la liberté, «à la peinture des amours», quelquefois même «à la folie». Il l'écrira lui aussi :

*Et nous ne sommes, « quoi qu'on die »,
Que de simples voluptueux,
Contents de couler notre vie
Au sein des grâces et des jeux.*

Anne Soprani

## TEMPLE DE LA GLOIRE (LE)

COURTISAN • LOUIS XV • OPÉRA • RAMEAU • VERSAILLES •

Récompensé pour *La Princesse\* de Navarre* (1745), Voltaire, historiographe\* du roi et bientôt son gentilhomme\* ordinaire, vient de chanter Fontenoy. Les victoires françaises aboutissent à la paix, du moins « offerte par le vainqueur » dit la préface du *Poème\* de Fontenoy*. Double triomphe, dont Richelieu commande encore la célébration à Voltaire et à Rameau. Ce sera un opéra, que les auteurs achèvent rapidement. La première est donnée à Versailles, le 27 novembre 1745, avec un luxe inouï de décors et de costumes.

Voltaire met en compétition trois conquérants célèbres : l'antique Bélus, roi de Babylone, Bacchus, qui s'empara des Indes, et Trajan, l'empereur romain. Injuste et sanguinaire, Bélus est éliminé ; trop voluptueux, Bacchus, qui ravit aux hommes leur raison, ne mérite pas plus la couronne. Elle reviendra à Trajan : sage, simple, clément et juste, il est le modèle des princes, comme Henri IV.

Voltaire introduit dans ce poème, qu'il présente comme neuf, une morale à l'usage des rois. À l'acte I, espèce de prologue, il montre que « La Gloire et les Muses sont sœurs » ; car c'est Apollon qui rend la Gloire immortelle et qui détruit la basse Envie – donc, songez au poète, et protégez-le ! Quant au portrait de Trajan, c'est celui d'un monarque éclairé, bienfaiteur de l'humanité, père de ses peuples et voué à leur bonheur. L'acte V exalte ce bonheur, que tous méritent, quel que soit leur rang ; et l'on voit les belles dames danser avec les bergers. Enfin, ni Bélus, ni Bacchus ne savaient aimer. Trajan, lui, doit sa grandeur à l'amour – fondé sur la vertu – qu'il porte à Plautine autant qu'à Rome.

Il n'est pas sûr qu'au son des trompettes, le message politique ait été facile à décoder. Mais le roi pouvait y voir peut-être obliquement, et incongrue de la part d'un sujet même favori des muses, une leçon de bon gouvernement. Le duc de Luynes, dans ses *Mémoires*, rapporte qu'à son souper, le soir de la fête, Louis XV fit grand cas de la musique, et ne dit mot au poète.

Henri Lagrave

LA GLOIRE *descend d'un vol précipité, une couronne de laurier à la main.*
LA GLOIRE : Tu vois ta récompense,
Le prix de tes exploits, surtout de ta clémence ;
Mon trône est à tes pieds ; tu règnes avec moi.
*(Le théâtre change, et représente le temple de la Gloire.)*
*Elle continue :*
Plus d'un héros, plus d'un grand roi,
Jaloux en vain de sa mémoire,
Vola toujours après la Gloire.
Et la Gloire vole après toi.
LES SUIVANTS DE LA GLOIRE, *mêlés aux Romains et aux Romaines, forment des danses.*
UN ROMAIN : Régnez en paix après tant d'orages,
Triomphez dans nos cœur satisfaits.
Le sort préside aux combats, aux ravages ;
La Gloire est dans les bienfaits.
Tonnerre, écarte-toi de nos heureux rivages ;
Calme heureux, reviens pour jamais.
Régnez en paix, etc.
CHŒUR : Le ciel nous seconde,
Célébrons son choix :
Exemple des rois,
Délices du monde,
Vivons sous tes lois.

Le Temple de la Gloire, 1745, acte IV.

## TEMPLE DE L'AMITIÉ (LE)

AMITIÉ • POÉSIE •

À 38 ans, Voltaire a fait l'expérience du monde : en quelques pages de décasyllabes, le vers de la tradition française, il veut dire que l'amitié véritable est un sentiment bien rare (1732). Pour présenter ses réflexions, il prend le tour de l'allégorie qu'aimaient ses contemporains – un peu plus tard, ces constructions allégoriques passeront de la poésie aux jardins, ornant des temples figurés de l'Amour, de la Gloire, de la Paix... Il décrira un temple imaginaire, où sont rassemblés les attributs, les symboles et les personnages les plus pertinents au thème.

> Au fond d'un bois à la paix consacré,
> Séjour heureux, de la cour ignoré,
> S'élève un temple...

L'Amitié y trône donc, en compagnie de la Vérité, mais toutes deux presque seules... Elle établit un concours, où seront récompensés les vrais amis. Les concurrents viennent en foule, mais personne ne sera digne du prix. Ni les courtisans, dominés par l'ambition personnelle. Ni les dévots à l'affût des bénéfices. Ni les jeunes gens à la mode, tous prêts à s'entre-tuer pour un rien. Ni les jeunes femmes promptes à la rivalité, ni les sensuelles que la volupté seule intéresse. Dans un envoi affectueux, Voltaire loue l'exception que représente le dédicataire du poème – non nommé. Dans une lettre contemporaine à son ami Cideville*, il explique que s'il se consacre à l'amitié, c'est qu'il a passé l'âge des amours : la rencontre de Mme du Châtelet* allait lui donner tort.

Passion constante de Voltaire, du collège à la mort, l'amitié fut bien l'une des divinités de son panthéon personnel. Ce qui n'empêche pas ce *Temple* d'être avant tout une satire de la société moderne, si pauvre en cœurs purs : paradoxalement, Voltaire y creuse un des chemins qui conduisent aux deux *Discours* de Rousseau, éloges nostalgiques de l'homme naturel.

*Sylvain Menant*

## *TEMPLE DU GOÛT (LE)*

GENS DE LETTRES • GOÛT • POLÉMISTE •

Peu d'ouvrages de Voltaire lui auront valu autant d'hostilités et de rancunes que ce voyage allégorique au sanctuaire du dieu du Goût. Le fameux temple se visite sous la conduite du cardinal de Polignac – ancien habitué de la cour de Sceaux*, et ornement illustre du cercle de Mme de Fontaine-Martel* –, et c'est le prétexte à une revue critique des écrivains et des artistes français, vivants ou morts, majeurs ou mineurs. L'œuvre, parue en mars 1733, mais longuement remaniée ensuite, entend illustrer dans sa forme même un «goût» d'essence aristocratique : élégance, brièveté (soixante petites pages), variété des tons (prose mêlée de vers, et de divers mètres), richesse des intérêts (les beaux-arts aussi bien que les belles-lettres).

D'où vint le scandale, vif et durable ? Voltaire, prônant une critique des défauts autant que des beautés, y montrait les Racine et les Boileau acceptant humblement de corriger leurs œuvres ; mais pour lutter contre une décadence du «goût», il excluait en revanche tout ce qui touchait à la préciosité, ancienne (Balzac, Voiture, Benserade...) ou nouvelle (Houdar de La Motte, Marivaux...). Enfin, malgré un mépris affiché de la satire et du libelle, il attaquait violemment Jean Baptiste Rousseau*, ce qui indisposa les nombreux partisans du poète exilé. Au total, le contraste est saisissant entre un ton volontiers badin et une réelle ardeur à épurer.

*Le Temple du Goût* est déjà orienté vers la constitution du futur canon des « classiques » du « siècle de Louis XIV ».

Patrick Brasart

*Je fus fort étonné de ne pas trouver dans le sanctuaire bien des gens qui passaient, il y a soixante ou quatre-vingts ans, pour être les plus chers favoris du dieu du Goût. Les Pavillon, les Benserade, les Pellisson, les Segrais, les Saint-Évremond, les Balzac, les Voiture, ne me parurent pas occuper les premiers rangs. « Ils les avaient autrefois, me dit un de mes guides ; ils brillaient avant que les beaux jours des belles-lettres fussent arrivés ; mais peu à peu ils ont cédé aux véritables grands hommes : ils ne font plus ici qu'une assez médiocre figure. » En effet, la plupart n'avaient guère que l'esprit de leur temps, et non cet esprit qui passe à la dernière postérité.*

> *Déjà de leurs faibles écrits*
> *Beaucoup de grâces sont ternies :*
> *Il sont comptés encore au rang des beaux esprits,*
> *Mais exclus du rang des génies.*

*Le Temple du Goût*, 1733.

## TEMPS

CHRONOLOGIE · HISTOIRE · HISTORIEN · VIEILLESSE ·

Pour l'homme Voltaire, le temps passait-il ? Son activité, maintenue intacte jusqu'à sa mort, permettrait d'en douter ; et si l'on excepte les dernières années, ses lettres laissent peu souvent transpercer un sentiment d'urgence. Et pourtant, comment traduire cette fébrilité qui saisit le patriarche de Ferney à partir de 1760 et le pousse à multiplier ses interventions, à ébaucher des projets, à remettre sur le métier ses ouvrages (à la veille de sa mort il prépare des corrections à l'*Essai* et voudrait s'attaquer aux erreurs contenues dans les *Mémoires* de Saint-Simon\*), à se saouler d'écriture, à s'inventer enfin, comme pour faire la nique au temps qui s'enfuit et au grand âge qui vient, une vivacité d'écriture, une jeunesse et un bonheur d'écrire incomparables ? Ce qui n'empêche que ses lettres sont très tôt remplies de plaintes sur son vieillissement, les maux qu'il entraîne, la guenille qui fait souffrir. Et pourtant, fouette cocher !
Au point de faire oublier que Voltaire a beaucoup vécu et qu'il est resté attaché à la société de sa maturité par ses vêtements\*, sa perruque\*, une certaine façon d'être. Le temps s'est pour lui arrêté à une civilité qui n'était plus de mode, un style épistolaire, des entêtements et une mondanité d'un autre âge. Cette survivance voltairienne est paradoxale, car ce même

Voltaire, dans ses combats, épouse au plus près son temps et à la fois se fige dans des attitudes que ne partagent plus les hommes qui se réclament des Lumières. Ainsi en est-il de son anticléricalisme* qui n'est plus revendiqué alors même qu'on se proclame athée. Fidèle à une image passée de l'Angleterre, Voltaire ne comprendra pas d'entrée le combat des Insurgents, que Diderot, Raynal et Beaumarchais encouragent. Autant dire que le temps vécu de Voltaire forme un ensemble complexe et contradictoire.

L'importance attachée par Voltaire aux anniversaires – on sait avec quelle douleur il revit la Saint-Barthélemy* ou la mort de Mme du Châtelet*, permet de rattacher ce vécu, difficile à reconstruire et paradoxal, au temps de l'histoire, tel qu'il le dessine dans son travail. Car il est bien évident que l'historien Voltaire fait preuve d'une extraordinaire sensibilité au temps, à la durée, conçus comme un cadre, un vécu et une causalité.

Sur la chronologie des événements lointains, Voltaire n'a cessé de s'interroger dès les *Lettres philosophiques* (XVII$^e$ lettre, « Sur l'infini et la chronologie »). Les civilisations anciennes, malgré le calendrier chinois et les observations astronomiques, lui semblent de datation difficile, et il a recours dans sa critique biblique à des chronologies incertaines et contradictoires. Ainsi, le temps de la Genèse ne coïncide-t-il pas avec le temps des naturalistes et Voltaire s'en réjouit en feignant de proclamer sa fidélité au Texte révélé. Les civilisations anciennes relèvent d'une estimation du temps souvent arbitraire, venue de la fable*, et dont la comparaison avec les monuments démontre qu'elle est erronée dans ses calculs. Pour le Moyen Âge, Voltaire discute et rectifie telle ou telle datation parce que l'enjeu est différent et qu'il en profite pour porter l'attaque contre l'Église. L'amitié qu'il porte au président Hénault* lui a rendu sa chronologie familière et l'oblige à s'interroger, comme le prouvent les lettres échangées sur telle ou telle date (lettre du 8 janvier 1752, par exemple).

Mais pour dire vrai, la datation ne constitue pas un enjeu fondamental de la recherche historique de Voltaire. Quand on prête avant tout intérêt au mouvement profond qui fait changer les coutumes et évoluer les arts, on est peu enclin à disputer pour une différence d'un jour, d'un mois ou d'une année. Car, avant la lettre, Voltaire est fondamentalement un historien de la longue durée, de cette imperceptible et souvent indatable évolution, si l'on excepte les seuils et les ruptures. L'*Essai sur les mœurs*, *Le Siècle de Louis XIV* frappent par leur parcimonie en matière de dates. L'*Histoire de Charles XII*, le *Précis du siècle de Louis XV* en sont plus riches. Tout comme l'*Histoire de la guerre de 1741*, et on en comprendra facilement les raisons : le travail documentaire est différent et les références au contemporain rendent nécessaire une chronologie proche du vécu des lecteurs.

Il reste l'importance non théorisée du temps lui-même dans la philosophie

voltairienne du devenir historique. La vision de l'Histoire, selon Voltaire, rend nécessaire une durée pour que le progrès devienne effectif. Pas de génération spontanée, malgré les hommes exceptionnels qui font ou défont l'Histoire. Voltaire croit à l'accumulation des temps, à un entassement productif mais toujours fragile et menacé. L'Histoire est construction, empilement, lenteurs, espaces immobiles et accélérations soudaines. Ainsi la Russie* dormait quand Pierre* le Grand la réveilla et la précipita dans un mouvement incessant de réformes. Voltaire veut croire que la Sainte Russie est morte à jamais, et que Pierre le Grand a consommé une rupture définitive, que le mouvement lancé, les retours en arrière ne seront plus possibles. Ce relatif optimisme historique que nous a légué Voltaire ne devait pas, lui non plus, résister à l'épreuve de notre temps.

*Jean Goulemot*

## TENCIN (Famille)

POLITIQUE • RÉGENCE •

Voltaire rencontra la belle et ambitieuse Claudine Alexandrine Guérin, marquise de Tencin (1682-1749) alors qu'il fréquentait à Paris, jeune poète débutant, l'hôtel des Ferriol*. Mme de Tencin était la fille d'un président à mortier du parlement de Grenoble et la tante maternelle de ses condisciples d'Argental et Pont de Veyle. Elle jouissait d'une réputation assez sulfureuse. Mise au couvent contre son gré, elle n'avait eu de cesse de faire annuler ses vœux par Rome et un bref papal l'avait rendue au siècle. En novembre 1717, elle avait accouché clandestinement du futur d'Alembert*, le « cher philosophe » de Voltaire, qu'elle ne reconnaîtra jamais. Gracieuse, vive et spirituelle, elle réussit à devenir la maîtresse du cardinal Dubois*, le ministre principal du Régent. Après la mort de son amant, toujours déterminée à conserver une influence, elle anima un salon* littéraire fort couru, où ne vint jamais Voltaire, semble-t-il. C'est à la Bastille qu'il la retrouva en 1726, mais très épisodiquement, enfermé juste en même temps qu'elle, à la suite de son algarade avec le chevalier de Rohan-Chabot* : « Nous étions comme Pyrame et Thisbé, écrira-t-il. Il n'y avait qu'un mur qui nous séparât ; mais nous ne nous baisions point par la fente de la cloison. »

Tout autres furent les relations de Voltaire avec son frère, Pierre Guérin de Tencin (1679-1758), qu'il rencontra vers la même date, jeune abbé en pleine ascension, bien en cour, grâce aux intrigues de ses sœurs. L'abbé reçut en 1720 l'abjuration solennelle de Law*. Archevêque d'Embrun en 1724, il y présida en 1727 le concile qui déposa Jean Soanen, le vieil évêque janséniste de Senez. Voltaire piqua durablement l'archevêque de Tencin en

parlant « du petit concile d'Embrun » dans *Le Siècle\* de Louis XIV* (1752), et en ménageant peu cette assemblée, le jugement rendu et « surtout le président du concile » qui avait indigné toute la France. Pierre Guérin de Tencin reçut la pourpre cardinalice en 1739. Archevêque de Lyon en 1740, il devint ministre d'État sous le cardinal de Fleury\* en 1742. Voltaire entretint alors avec lui des relations de courtisan à ministre, il lui fit passer, en 1744, « une petite drôlerie » pour le roi : son *Discours en vers sur les événements de l'année 1744*. En vain. Le cardinal ne servit pas le poète auprès de Louis XV. Il lut pourtant un des premiers le manuscrit de l'*Histoire\* de la guerre de 1741*.
Disgracié en 1751, le cardinal de Tencin s'installa à Lyon\*. Lorsque Voltaire s'arrête dans cette ville, en novembre 1754, il visite le cardinal, qui le reçoit assez mal, refusant de lui donner à dîner : « Je lui dis que je ne dînais jamais », se souviendra-t-il dans ses *Mémoires\**.
En 1757, en pleine guerre de Sept Ans, Wilhelmine\* de Bayreuth, accablée par la situation militaire de son frère, le roi de Prusse, demanda à Voltaire d'entrer en contact avec le cardinal de Tencin pour essayer d'entamer des pourparlers de paix avec Versailles. Voltaire écrivit aussitôt à Lyon pour alerter le cardinal, qui d'abord se prêta aux négociations, puis fut désavoué – et sa mort en mars 1758 interrompit toute négociation. Apprenant la disparition de Pierre de Tencin, Voltaire souhaita voir passer son chapeau de cardinal à un politique plus humain, « sur la tête de l'abbé de Bernis » – son vœu fut exaucé à Rome.

*Anne Soprani*

## TESTAMENT

FAMILLE · MORT ·

Voltaire rédigea plusieurs fois son testament : il l'avait fait en 1727, puis repris en 1739 – on ne sait rien de ces premières dispositions. Dès son départ en Prusse\* en 1750, il institue Mme Denis\* sa légataire universelle. Il dépose ses volontés chez $M^e$ Laleu, son homme d'affaires parisien, et en remet une copie à d'Argental\*. L'achat des Délices\* l'amena à dicter un nouveau testament le $1^{er}$ mai 1758, confirmant largement celui de 1750. Puis, d'autres codicilles sont déposés. Il reprend l'ensemble à neuf le 30 septembre 1769, et modifie une dernière fois ses volontés le 30 septembre 1776. On ouvrit ce dernier testament en juin 1778, une simple feuille pliée portant ces mots : « Mon testament, VOLTAIRE ». On y lut :
« J'institue Mme Denis, ma nièce, mon héritière universelle. Je lègue à M. l'abbé Mignot, mon neveu, le tiers de trois cent mille francs de contrats [...]. À M. Dompierre d'Hornoy cent mille livres [...]. Je lègue à M. Wagnière

huit mille livres, ce qui, joint à la rente de quatre cents livres qu'il possède de son chef à Paris, pourra lui faire un sort commode, surtout s'il reste auprès de Mme Denis. Je prie M. Rieu de prendre dans ma bibliothèque tous les livres anglais qui lui conviendront [...]. Je lègue à la demoiselle Barbara huit cents livres, et à elle et à Mme Wagnière mes pelisses, mes habits de velours et les vestes de brocard ; à chaque domestique de la maison une année de ses gages. Aux pauvres de la paroisse, trois cents livres, s'il y a des pauvres. Je prie M. le curé de Ferney d'accepter un petit diamant de cinq cents livres.»
Voltaire désignait l'avocat Christin, l'un des hommes de confiance de sa vieillesse, pour assister Mme Denis dans l'exécution de ses volontés.
«Il faudrait, avait écrit Voltaire à son neveu Mignot, en mars 1777, que je vécusse encore un an pour mettre ordre à mes affaires délabrées.» Lésé autrefois par les testaments de son père et de son frère Arouet, il réussit pourtant à laisser à sa famille un testament simple et incontestable.

*Anne Soprani*

## TESTAMENT DE JEAN MESLIER

Voir *EXTRAIT DES SENTIMENTS DE JEAN MESLIER* • MESLIER.

## TESTAMENT POLITIQUE DU CARDINAL DE RICHELIEU

FABLE • HISTOIRE • HISTORIEN •

En 1749 parut un recueil en quatre volumes in-12 qui contenait les testaments politiques de Richelieu, de Colbert, de Louvois... Voltaire exprima immédiatement ses doutes quant à leur authenticité, dans un texte de vingt et un paragraphes : *Des Mensonges imprimés et du testament politique du cardinal de Richelieu*, publié à la suite de sa tragédie de *Sémiramis*. À la suite d'*Oreste* parurent encore deux chapitres supplémentaires à ces *Mensonges*. Voltaire s'en prend au goût des libraires hollandais qui, pour s'enrichir, publient de faux mémoires, de vagues « histoires nouvelles » ou « histoires secrètes », et de ces testaments apocryphes dont, à la fin du XVII$^e$ siècle, Gatien de Courtilz de Sandras (1644-1712) s'était fait une spécialité. Autant de livres faux qui leurrent l'opinion et falsifient l'Histoire : « mensonges imprimés ». Il s'en prend aussi aux factums, à toute une production para-littéraire qui se nourrit alors de polémiques pour lui grossières et stériles. Il en vient enfin à réfléchir à la « fable » qui cache l'Histoire, aux bruits colportés, aux mœurs des peuples barbares, aux fantaisies des récits de voyageurs.

À tous ces dérèglements de l'imagination, Voltaire oppose « [son] zèle pour la vérité, [son] emploi d'historiographe de France », qui l'obligent à des recherches historiques et à un examen critique des documents. Cette critique en entraîna d'autres: on combattit ses vues. Léon Ménard (1706-1767) signe en 1750 une *Réfutation du sentiment de Voltaire*. La même année, Étienne Lauréault de Foncemagne (1694-1779), érudit scrupuleux, membre de l'Académie des inscriptions et belles-lettres, publie une *Lettre sur le Testament politique du cardinal de Richelieu*. L'affaire n'en resta pas là. En 1753, sort un *Testament politique du cardinal Alberoni*, composé en réalité par Durey et revu par Maubert de Gouvest. Voltaire fit à nouveau part de ses doutes et publia cette même année un *Examen du testament du cardinal Alberoni*, auquel Maubert de Gouvest répondit sur le ton de l'invective dans la préface de l'*Histoire politique du siècle* (1754).

En 1764 parut une nouvelle édition des *Maximes d'État ou Testament politique du cardinal de Richelieu*, avec une préface et des notes, qui était augmentée d'une lettre de Foncemagne. Fort courtoisement, celui-ci argumentait contre Voltaire et soutenait derechef l'authenticité du Testament en notant : « Comme M. de Voltaire ne cite jamais ses garants, on ignore si c'est à lui ou aux écrivains qu'il a consultés qu'on doit imputer les fautes qui ont pu lui échapper. Je crois bien avoir péché par l'excès contraire, et qu'il m'en coûte d'essuyer [...] quelques plaisanteries sur la profusion des citations. »

Voltaire fut piqué au vif. Foncemagne n'était pas un polygraphe en mal de copie, mais un érudit pondéré, respecté de ses pairs. Avec une modération assez inattendue, il lui répondit en publiant l'*Arbitrage entre M. de Voltaire et M. de Foncemagne* (1765) : ce fut le point final d'une controverse déjà longue. Habilement, avec une extrême courtoisie – il est loin de traiter Foncemagne comme il a traité le malheureux Larcher* –, Voltaire invente un arbitre chargé de trancher entre les thèses en présence. Le ton n'est plus aussi catégorique que dans les textes précédents. Si Voltaire tient toujours pour l'inauthenticité du Testament, il reconnaît maintenant, suivant en cela Foncemagne qui avait eu accès aux archives et à des copies autographes, qu'une pièce au moins du dossier, la *Narration succincte des grandes actions du roi Louis XIII*, a été réellement composée en 1641 et corrigée par le cardinal lui-même.

Ce que révèle encore une fois la démonstration voltairienne, c'est une méthode de traitement des documents historiques, faisant appel aux critères internes et externes de vraisemblance – historique, chronologique et psychologique. Se posant en historien, Voltaire tente ainsi de démontrer que le Testament est apocryphe, en insistant à nouveau sur le caractère de Richelieu, ses relations avec le roi, et sa conception du pouvoir, toutes

données qui, selon lui, excluent l'attribution directe. On oubliera les facilités que s'accorde la démonstration : sous couvert d'être un arbitre impartial, Voltaire est juge et partie, et il en profite pour s'adresser anonymement des louanges, que nul ne peut d'ailleurs contester. Qu'il ait vu juste ou non, Voltaire est ici résolument moderne. Mieux peut-être que dans l'*Essai sur les mœurs* ou *Le Siècle de Louis XIV*, il définit et met en œuvre la méthode historique.

Jean Goulemot

*M. de Voltaire et M. de Foncemagne ont donné au monde littéraire un de ces exemples de politesse dans la dispute, qui ne sont pas toujours imités par les écrivains. Ces égards et cette décence conviennent également aux deux antagonistes.*

*Le sujet qui les divise paraît très important : il s'agit de savoir non seulement si le plus grand ministre qu'ait eu la France est l'auteur du « Testament politique », mais encore s'il est digne de lui, et s'il faut ou l'accuser de l'avoir fait, ou le justifier de ne l'avoir point écrit.*

*Nous vivons heureusement dans un siècle où la recherche de la vérité est permise dans tous les genres. Nulle considération particulière ne doit empêcher d'examiner cette vérité toujours précieuse aux hommes jusque dans les choses indifférentes. Un homme public, un grand homme, appartient à la nation entière : il est comme un de ces monuments publics exposés aux yeux et aux jugements de tous les hommes.*

*Arbitrage entre M. de Voltaire et M. de Foncemagne, 1765.*

## THÉÂTRE

ACTEUR · CIVILISATION · COMÉDIE-FRANÇAISE · GENÈVE · GOÛT · ROUSSEAU (JEAN JACQUES) ·

« C'est un grand art que celui de rendre les hommes heureux pendant deux heures ; car, n'en déplaise à Messieurs de Port-Royal, c'est être heureux que d'avoir du plaisir » (à Sedaine, 11 avril 1769). Voilà une déclaration que signerait sans doute, au temps de Voltaire, tout spectateur sincère, peu embarrassé de préciser la nature de ce plaisir. La police, elle, ne s'en soucie guère ; depuis Louis XIV, le pouvoir tient pour nécessaire un « délassement » honnête, préférable au cabaret, au jeu, à la débauche, et favorise les spectacles de tout ordre, propres à détourner les passions populaires ou partisanes. Pragmatisme que Voltaire approuve, surtout quand il s'agit du peuple et des petites salles. Cependant le théâtre reste condamné par les Pères de l'Église, par Bossuet, par le parti dévot, les jansénistes, les

# T

Théâtre de cour, et la cour comme théâtre. Ce double horizon de carrière, Voltaire l'eut pendant plus de vingt ans, du mariage de Louis XV (1725) à celui du dauphin (1745), et même un peu après. À l'époque de cette « Princesse de Navarre », il se voit « bouffon du roi », honteux de ses chaînes ; mais le brevet d'historiographe doit lui échoir, si les fêtes sont réussies, et l'espoir lui reste d'en faire bon usage. Que fût donc devenu M. de Voltaire établi gentilhomme ordinaire de la chambre du roi, et content de l'être ?

décoration spécialement montée dans le manège de la Grande Écurie, le soir du mariage du dauphin, pour « La Princesse de Navarre ». Sous l'immense plateau, profond de cinquante-six pieds, les Pyrénées viennent de s'enfoncer. Un Temple surgit dans la perspective. L'Amour trône sous ses paillettes, et les quadrilles s'élancent, l'espagnol et le français tout proches : le dauphin Louis de France épouse Marie-Thérèse d'Espagne. On entend encore la musique de Rameau, mais les mauvais vers de Voltaire ont fini leur

Un spectateur parmi d'autres de ces grandes machineries de Versailles, courtisan accompli, attentif et ennuyé.
Cochin, déjà célèbre, a représenté ici la merveille secrète de la superbe office, simple liaison de scènes pour la pauvre et fastueuse fiction d'un opéra-ballet de commande. Dans quelques heures, ce décor sera escamoté pour le bal paré de demain.

A. M.

La scène est plausible, quoique non attestée. Il faut seulement imaginer, entre l'écrivain passionné de théâtre et sa plus grande interprète, la double admiration, la double vénération et, juste avant le double agenouillement, l'émotion qui terrasse – mais l'habitude aussi, cela va sans dire, professionnelle de part et d'autre, des signes du pathétique, et du point sensible entre le sublime et l'emphase. Dans le grand salon de Ferney, un jour de juillet 1765, l'auteur et l'actrice jouent donc l'un pour l'autre la scène obligée des retrouvailles, presque seul à seule, sous l'œil absent, peut-être gêné, du robuste valet qui doit aider son maître à se relever. La Clairon porte cape, elle arrive, mais elle a déjà son chignon de théâtre ; Voltaire n'a pas quitté sa robe de chambre, il va s'excuser, mais il porte perruque longue, pour faire honneur à la visiteuse. Elle a le geste plus sobre, implorant, lui plus ample ; il a dû tomber le premier, ouvrir les bras, elle le supplie de se relever – vont-ils se joindre ?

Ils ne s'étaient plus revus depuis

◀ Représentation de « La Princesse de Navarre », dessin par C. N. Cochin le jeune, 1745.

Paris, Bibliothèque nationale de France.

Visite de Mlle Clairon à Ferney, gravure d'après Jean Huber, vers 1770-1775.

Paris, Bibliothèque nationale de France.

quinze ans. En quittant Paris, mécontente des ordres de la cour, Mlle Clairon a dit que son talent était au roi, mais son âme à M. de Voltaire, mot qui fait du bruit. Le théâtre du château de Ferney a donc été rouvert pour elle, reconquis sur la buanderie, et deux cents chaises alignées. Elle y jouera l'Aménaïde de « Tancrède » et l'Électre d'« Oreste », avec des effets « à broyer les âmes », dira le médecin Tronchin, venu de Genève, qui a vu Mme Denis et Voltaire « trembler et hurler »... Puis elle s'en retournera, mais dès l'année suivante, elle va prendre congé de la Comédie-Française – plus diva que jamais.
Voltaire rêvera toujours de voir revenir à Ferney Mlle Clairon : « Elle aurait ébranlé, écrit-il un jour, les Alpes et le mont Jura... »

Autre scène, moins croyable, et pourtant avérée, suscitée cette fois par le passage à Ferney, en septembre 1772, du grand Lekain, l'égal de la Clairon.
Un nouveau théâtre venait de s'ouvrir à Châtelaine, à une demi-lieue de Genève. Voulant honorer son maître, Lekain y joua en moins de trois semaines, six rôles différents de ses pièces, entouré de talents certes plus communs, mais que son exemple animait. On y vint en foule de Genève, et même des pasteurs, en dépit des défenses ; on éclata, on se pâma au jeu du comédien, aux fameux rugissements d'Orosmane, aux roulements d'yeux de Mahomet. Mais Voltaire aussi faisait le spectacle, assidu le matin aux répétitions, le soir à toutes les représentations, ne tenant pas en place, caché parfois dans la coulisse pour voir de plus près, et lançant de sa voix grave d'impérieux « Bravo ! Bravo ! ». À « Sémiramis » surtout, il fut transporté ; on le vit monter sur la scène, un soir, pour embrasser Lekain qui venait de jouer pour lui Ninias – mais l'émotion tragique en pâtit : Voltaire avait, rapporte un témoin, « ses bas roulés sur les genoux »...
Ce croquis burlesque fixe sans doute l'un de ces incidents que redoutaient les acteurs lorsqu'ils répétaient devant lui. Un jeune Anglais bien né, et fort doué, le futur lord Bolton (1746-1807) l'a saisi sur le vif. À quelque second rôle défaillant, « le héros de Ferney » vient d'emprunter soudain son épée de théâtre, son casque de carton, peut-être aussi la grande veste noble à parements, et démonstrativement, les bras déjetés, la jambe explosive, le corps électrique, il outre la pantomime. Sans doute est-il Séide dans « Mahomet », si l'on en croit Suzanne Gallatin, une voisine de Ferney : « Notre ami instruisait les acteurs, et tout d'un coup l'impatience le prit, une scène où Séide ne le contentait pas. Il lui dit : "Je vais la jouer !" Et effectivement, il joua la scène avec un feu qui nous surprit tous... » Voltaire nouveau Séide, possédé, fanatisé par le théâtre même, l'anecdote est presque trop belle. On devine l'effarement de Lekain devant ce jeune fou de 78 ans, on croit entendre la célèbre directive : « Messieurs, il faut avoir le diable au corps ! »
Choqué, mais flegmatique, le visiteur anglais a mis sous son croquis un distique assez désinvolte, traduit pour la diffusion de la gravure en France :

« Ne prétends pas à trop, tu ne
 [saurais qu'écrire.
Tes vers forcent mes pleurs, tes gestes
 [me font rire. »

A. M.

LE HÉROS DE FERNEY AU THÉÂTRE DE
CHÂTELAINE, À FERNEY EN 1772,
GRAVURE ANGLAISE D'APRÈS UN DESSIN
ORIGINAL DE THOMAS ORBE (1772).

COLLECTION PARTICULIÈRE.

prudes, les rigoristes, les « vieux magistrats » ; et les comédiens sont toujours excommuniés.
Au XVIII<sup>e</sup> siècle, l'ancienne querelle reprend, opposant théologiens et philosophes, et même les philosophes entre eux. Lorsqu'en 1758, Rousseau, dans sa *Lettre à d'Alembert sur les spectacles*, prêche contre le théâtre « corrupteur », Voltaire reste en dehors de la polémique qui se déclenche ; il se borne, dans ses lettres, à railler ce « Diogène », ce « fou de Jean Jacques », qui voudrait rendre ses semblables à leur sauvagerie originelle. Sa position, comme on sait, est diamétralement opposée. Il a cent fois prôné l'utilité morale du théâtre, dans des préfaces, des avertissements, des dédicaces, et il y revient plus longuement dans sa lettre ostensible au marquis Albergati Capacelli du 23 décembre 1760, aussitôt publiée, où il prétend que le théâtre, qui propose des images vivantes, vaut mieux que l'éloquence de la chaire et autres « discours moraux » : *Cinna* a enseigné la clémence à des princes, et la comédie de *L'Enfant prodigue* (1736) a « corrigé plus de six fils de famille ». Cet art, qui fait « la consolation et le charme » de la vie quotidienne, a pour effet d'adoucir les mœurs. C'est « la plus belle éducation qu'on puisse donner à la jeunesse, le plus noble délassement du travail, la meilleure instruction pour tous les ordres de citoyens ».
À ce niveau de réflexion, le théâtre s'impose comme un pilier de la société, un facteur de vie collective : « C'est presque la seule manière d'assembler les hommes pour les rendre sociables. » Quant au théâtre qu'on appelle précisément « théâtre de société », celui des amateurs – qui ne sont point des mercenaires –, il en est la forme la plus haute, celle de l'élite. Car il ne suffit pas de regarder ; l'utile et l'agréable redoublent dans le jeu même : « Quel plus noble amusement les hommes bien élevés peuvent-ils imaginer ? [...] L'esprit y acquiert des lumières et du goût ; le corps acquiert des grâces, on a du plaisir et on en donne très honnêtement. » Dans l'indispensable « art de plaire », qui commande la vie sociale, le théâtre joue ainsi un rôle majeur. Les jésuites l'avaient bien compris, et Voltaire, qui a pris très tôt chez eux la passion des planches, regrette fort que les jansénistes aient fait fermer, par leurs « clabauderies », les théâtres de collège.
Pour Voltaire, aux Délices* encore, à 60 ans passés, construire un « petit théâtre », y jouer ses tragédies, c'est encore faire du bien, n'en déplaise à quelques pasteurs « wisigoths » de Genève. Et malheur « aux barbares jaloux, à qui Dieu a refusé un cœur et des oreilles » ! École de vertu et de bienséance, le théâtre est aussi une façon de vivre et pour Voltaire lui-même, une autre vie, plus intense : se sent-il jamais plus vivant que lorsqu'il joue ?
Acte vital de la société, le théâtre, aux yeux de Voltaire, pourrait bien être le critère ultime de toute civilisation. C'est l'art dramatique qui illustre le

mieux le siècle de Périclès, celui de Louis XIV, le raffinement des Chinois, l'urbanité italienne et, en définitive, l'art de vivre des Français. La France a exporté sa langue, ses modes, ses manières : c'est que la vie en société y est incomparable, grâce aux femmes, et au théâtre où se rassemble la nation. Serions-nous plus civilisés que les autres ? S'il arrive à Voltaire d'exhaler sa bile et de gémir sur la décadence de la littérature et du théâtre, et sur l'incurie des Welches*, sa pensée profonde, qui soutient ses luttes contre les « barbares » Shakespeare, Lope de Vega, etc., est tout autre. L'art dramatique, affirme-t-il, est celui dans lequel les Français se sont le plus distingués, peut-être le seul où ils surpassent les étrangers, grâce aux grands classiques (et à Voltaire ?) : leur théâtre est joué partout, et cette universalité prouve le vrai goût. Or ce patrimoine est celui de la nation, dont il fait la fierté. Défendre le théâtre, c'est aussi défendre la France en ce qu'elle a de meilleur.

*Henri Lagrave*

*VENTE D'UN THÉÂTRE, avec toutes ses dépendances.*
*On s'adressera à Madame Denis, rue Traversière, Quartier Saint-Honoré, près de la Fontaine de Richelieu.*
*Annonces, affiches et avis divers (Paris), lundi 27 mai 1754*
*— petite annonce placée par Voltaire lui-même, qui vendait son théâtre privé après s'être vu interdire le retour à Paris.*

## THÉÂTRE (Voltaire personnage de)

CINÉMA • PARODIES • PERSONNAGE • TÉLÉVISION •

On ne saurait prétendre à une liste exhaustive des pièces de théâtre qui mettent en scène le personnage Voltaire. La liste qui suit permet au moins de formuler quelques hypothèses sur le devenir d'une image, de 1750 à nos jours. Le plus souvent, l'homme est âgé, et situé dans son château de Ferney : il est le patriarche des Lumières et reçoit l'intelligentsia européenne. S'il tient le premier rôle dans les grandes affaires judiciaires, il est suffisamment célèbre pour qu'on s'intéresse aussi à sa pantoufle ou à sa canne, plus prosaïquement. Il apparaît au théâtre dès 1750, avant que la bataille philosophique n'ait vraiment commencé. On le retrouve ensuite à la fin de sa vie, légende vivante dans les années 1770, et plus encore à son retour triomphal à Paris en 1778. Durant la Révolution, tandis que ses cendres sont transférées au Panthéon, le théâtre exalte son personnage. On notera une éclipse durant les Conventions montagnarde et thermidorienne. L'intérêt renaît sous le Consulat et la Restauration, il est vif dans les premières années de la monarchie de Juillet, et passionné entre 1869 et les

années 1880. La dernière grande bataille autour de la figure de Voltaire se joue, semble-t-il, lors de l'instauration de la III$^e$ République. Le répertoire ensuite devient plus modeste : quelques apparitions au cinéma et à la télévision, un retour commémoratif pour le bicentenaire de 1978, une pièce à succès où Voltaire retrouve son ennemi de toujours (*Voltaire-Rousseau*, 1990) et le dernier *come-back* du tricentenaire de la naissance, en 1994.

1750 : *Voltaire âne, jadis poète, Pétarade, ou Polichinel auteur, pièce qui n'a point encore paru en Foire et qui n'y paraîtra peut-être jamais, dispute entre Voltaire et Rousseau*, par Gallet, chansonnier. • *The Debauchees, or the Jesuit Caught*, a comedy as it is acted at the Theatre Royal in Drury Lane, par Henry Fielding.

1752 : *Les Huit Philosophes aventuriers de ce siècle, ou Rencontre imprévue de MM. Voltaire, d'Argens, Maupertuis, Marivaux, Prévost, Crébillon, Mouhi et de Mainvilliers dans l'auberge de Madame Tripaudière, à l'enseigne d'Uranie*, comédie de nos jours, par G. S., chevalier de Mainvilliers.

1754 : *Les Huit Philosophes errans, ou Nouvelles découvertes de Voltaire, de Maupertuis, de Montesquieu, du marquis d'Argens, de l'abbé Prévost, de Crébillon, de Marivaux et du chevalier de Mainvilliers*, comédie du temps présent, par G. S., chevalier de Mainvilliers.

1760 : *Tancrède jugée par ses sœurs, ou les Tragédies de M. de Voltaire*, comédie nouvelle en un acte et en prose, par André Charles Cailleau.

1773 : *La Nouvelle de Ferney, ou Divertissement en l'honneur de la convalescence de M. de Voltaire*, en trois parties, par l'abbé de Launay.

1774 : *La Cinquantaine dramatique de M. de Voltaire*, suivie de *L'Inauguration de sa statue*, intermède en un acte orné de chants et de danses, par A. J. Chevalier Du Coudray, dit Le Chevalier.

1776 : *Le Bureau d'esprit*, comédie en cinq actes et en prose, Liège, par James Rutlidge dit Jean Jacques Rutledge.

1778 : *Le Triomphe de Sophocle*, comédie dédiée à M. de Voltaire, par Palissot de Montenoy. • *Voltaire am abend seiner Apotheose*, par Heinrich Leopold Wagner.

1779 : *Les Muses rivales ou l'Apothéose de Voltaire*, en un acte et en vers libres, Comédie-Française, par J. F. de La Harpe. • *L'Ombre de Voltaire aux Champs Élysées*, comédie-ballet en prose et en vers, en un acte, dédiée aux Mânes de ce grand homme, par P. L. Moline. • *L'Ombre personnifiée de M. de Voltaire*, dialogue en vers, par Monsieur V*****. • *Voltaire apprécié*, comédie en vers, par E*** B*** [E. Billard-Dumonceau].

1780 : *Les Muses véridiques*, pièce à tiroirs en six scènes rimées, par l'abbé V. Mulot.

1786 : *Voltaire triomphant, ou les Prêtres déçus*, drame en un acte, en prose, par Cloots, dit Anacharsis.

1790 : *Calas, ou le Fanatisme*, drame en 4 actes, en prose, théâtre du Palais-Royal, par Lemière d'Argy.
(14 juillet) *Le Journaliste des ombres, ou Momus aux Champs-Élysées*, pièce héroï-nationale en un acte, en vers, à l'occasion de la Confédération de la France, par J. Aude.
1791 : *La Bienfaisance de Voltaire*, pièce dramatique en un acte en vers, par Fr. J. Villemain d'Abancourt. • *Voltaire à Romilly*, trait historique en un acte en prose, par Fr. J. Villemain d'Abancourt. • *La Veuve Calas à Paris, ou le Triomphe de Voltaire*, pièce en un acte en prose, par J. B. Pujoulx. • *Jean Calas*, tragédie en cinq actes, précédée d'une lettre de Palissot sur la Tragédie de Calas, par Marie Joseph Blaise Chénier. • *L'Ombre de Mirabeau*, pièce épisodique en un acte, en vers libres, Comédiens-Italiens, par Dejaure.
1792 : *Voltaire muore come un Disperato in Parigi*, « Tragicommedia in cinque atti, scritta in versi martelliani, corredata di Note, e di Aneddoti che la rendono un' operetta interessante di Religione, Mors Peccatorum pessima », par Sebastiano Caprini.
1798 : *Voltaire, ou Une journée de Ferney*, comédie en deux actes, mêlée de vaudevilles, par Barré, Radet, Desfontaines et Fouques dit Riïs.
1800 : *Une matinée de Voltaire, ou la Famille Calas à Paris*, drame lyrique, par J. B. Pujoulx et Solie.
1801 : *Cadet Roussel aux Champs-Élysées ou la Colère d'Agamemnon*, « vaudeville en un acte mêlé de mystifications, pantomimes, cérémonies », par J. Aude. • *La Revue et le jugement du XVIII$^e$ siècle*, scènes dramatiques mêlées de musique, par A.L.B. Robineau dit Beaunoir.
1803 : *Une soirée de deux prisonniers* ou *Voltaire et Richelieu*, comédie en un acte mêlée de vaudevilles, par Deschamps et Després. • *Molé aux Champs Élysées*, hommage en vers, mêlé de chants et de danses, par Perin et Fillon.
1806 : *Voltaire chez Ninon*, fait historique en un acte en prose mêlé de vaudevilles, par La Fortelle et Moreau de Commagny. • *Collin d'Harleville aux Champs Élysées*, comédie vaudeville en un acte, par Aude, Decour et Defrenoy.
1817 : *Voltaire et son génie. Son arrivée et son triomphe dans l'autre monde*, drame en trois actes et en prose, « ouvrage posthume », par Bros et P. P. Grussaire, ancien chanoine de Meaux. • *La Canne de Voltaire et l'écritoire de Rousseau*, dialogue, par de Montbrun.
1820 : *La Famille Sirven ou Voltaire à Castres*, mélodrame en trois actes, par Dubois, Dupetit et Méré.
1821 : *L'Auberge du grand Frédéric*, comédie vaudeville en un acte, par Lafontaine et Léon.
1822 : *Le Cordonnier de Voltaire, ou la Fuite de Berlin*, comédie, par Balisson de Rougemont, Merle et Simonnin.

1825 : *Cornélie ou la Pupille de Voltaire*, comédie en un acte et en vers, «nouvelle proie de la censure théâtrale», par Princeteau.
1826 : *Voltaire et un jésuite*, dialogue en vers, par Constant Taillard.
1830 : *Voltaire chez les capucins*, comédie vaudeville, anecdote en un acte mêlée de couplets, par Dumersan et Dupin.
1831 : *Voltaire à Francfort*, comédie anecdotique en un acte en prose, mêlée de couplets, par Brazier et Ourry. • *Voltaire à la Bastille*. • *Le Favori, ou la Cour de Catherine II*, comédie en trois actes, mêlée de couplets, par François Ancelot.
1832 : *Mme du Châtelet, ou Point de lendemain*, comédie en un acte mêlée de couplets, par Ancelot et Gustave Hecquet. • *Un déjeuner à Ferney en 1765 ou la Veuve Calas chez Voltaire*, esquisse dramatique en un acte en vers, par le petit-fils de Calas [Duvoisin-Calas]. • *Voltaire et Mme de Pompadour*, comédie en trois actes, Comédie-Française, par Desnoyers et Laffite. • *Le Régent*, comédie en trois actes mêlée de couplets, par François Ancelot.
1833 : *La Jeunesse de Voltaire, ou le Premier Accessit*, comédie historique en un acte, par Saint-Hilaire et de Villain.
1836 : *Voltaire en vacances*, comédie vaudeville en deux actes, par Livry et Villeneuve. • *Un proscrit chez Voltaire*, vaudeville anecdotique en un acte, par Saint-Hilaire, de Villain et Simonnin. • *La Pantoufle de Voltaire*, vaudeville en deux actes, par Simonnin.
1854 : *La Comédie à Ferney*, comédie en un acte et en prose, Théâtre-Français, par Louis Lurine et Alberic Second.
1855 : *Enttauschung, oder die Kur zu Ferney*, Lustspiel in zwei aufzügen, par Bahn.
1859 : *La Fille de Voltaire*, comédie en un acte en vers, par Barraguey et Rostan.
1869 : *La Bastonnade à Voltaire*, comédie en trois actes, précédée d'une dédicace à l'Académie française, par François Mons. • *La Jeunesse de Voltaire*, comédie en un acte, en vers, par Paul Henri Foucher. • *À Ferney*, comédie en un acte et en vers, par le Père Georges Longhaye.
1874 : *Brûlons Voltaire*, comédie en un acte, par Eugène Labiche et Louis Leroy. • *Initiation de Voltaire dans la Loge des neuf sœurs*, par A. Germain.
1878 : *Voltaire e il suo secolo*, commedia storica in cinque atti, par Cesare Bellani Della Pace.
1880 : *Voltaire chez Houdon*, comédie en un acte et en vers, par Georges Duval. • *Daniel Rochat*, comédie en cinq actes, par Victorien Sardou (Voltaire n'apparaît pas, mais l'action se déroule dans le château de Ferney).
Entre 1880 et 1914 : *La Canne de Voltaire*, comédie en un acte et en vers,

par Théodore Michel (Voltaire n'apparaît pas, mais l'action se situe au château de Ferney).
1886 : *1802. Dialogue des morts*, par Ernest Renan (Voltaire, entouré de Racine et Corneille, Diderot et Rousseau, célèbre Victor Hugo...).
1892 : *Ailleurs*, revue symbolique en vingt tableaux, par Maurice Donnay.
1894 : *Jean Meslier au Théâtre (Jean Meslier, eine Dichtung)*, drame en cinq actes, Brême, par Arthur Fitger.
1914 : *À Voltaire*, poèmes et dialogues, par Ernest Jamier.
1978 : *Voltaire, homme d'aujourd'hui, ou Il faut cultiver notre jardin*, pour le bicentenaire de la mort de Voltaire. Conception : Bernard Dhéran. Réalisation : Jacques Destoop. • *Un certain Monsieur Voltaire*, comédie en six tableaux, Ferney-Voltaire, par André Goiffon. • *Procès à Voltaire*, évocation dramatique en deux parties et six tableaux, Ferney-Voltaire, par André Goiffon. • *Hommage de la Jeunesse de Ferney-Voltaire à son patriarche*, spectacle donné à l'occasion du bicentenaire de la mort de Voltaire par les scouts de France et le lycée d'État international de Ferney-Voltaire. • *Le Petit Arouet portatif*, impromptu, par Claude Brulé, avec Claude Dauphin et Madeleine Robinson. • *Voltaire e il Castello illuminato*, Teatro a Roma, par Roberto Guicciardini.
1986 : *Voltaire pare Voltaire*, un dramma (più di uno), par Vito Carofiglio. *Frédéric et Voltaire, ou Une Dispute de rois*, Petit-Montparnasse, par Bernard Da Costa.
1990 : *Voltaire-Rousseau*, par Jean-François Prévand, avec Jean-Paul Farré (Voltaire) et Jean-Luc Moreau (Rousseau), filmé pour la télévision par Mate Rabinovski en 1992, repris au théâtre dans la même mise en scène avec Jean-François Prévand et Gérard Maro en 1994.
1993 : *Feu Voltaire*, par Yves Laplace, mis en scène par Hervé Loichemol, Le Poche, Genève.
1993-1994 : *Voltaire tricentenaire*, rencontre avec la compagnie André Morel, Théâtre du bélier à Avignon.
1994 : *Les Incertitudes de Sophie*, pièce écrite par Yoland Simon et mise en scène par Bob Villette, La Comédie errante (Seine-Maritime). • *L'Aubergiste de l'Europe*, spectacle de la compagnie André Morel, Ferney-Voltaire. • *Délices d'un soir à Ferney*, par la compagnie Thalic, Ferney-Voltaire. • *Lettres de Cirey*, spectacle pour comédiens, marionnettes et viole de gambe, mis en scène par Alain Becker, Cirey-sur-Blaise. • *C'est la faute à Voltaire*, par la compagnie La Guirlande, Paris.

*Pierre Lederer*

## THÉISTE

CHRISTIANISME · DÉISME · DIEU · PRIÈRE · PROVIDENCE ·
RELIGION · SECTE · TOLÉRANCE ·

C'est surtout après 1750 que «théiste» concurrence «déiste» sous la plume de Voltaire, jusqu'à tendre à le remplacer dans les années 1760, une fois constatés les progrès du dangereux athéisme : mieux que «déiste», c'est «théiste» qui doit porter cette contradiction à l'«athée» – que Voltaire appelle parfois «athéiste». La dénomination convient à ceux qui croient non seulement à l'existence de Dieu, mais aussi à une Providence générale, qui agit dans l'univers, qui récompense et qui punit avec justice, même si l'être humain ne peut savoir comment. Les théistes représentent ainsi l'homme religieux essentiel. Leur doctrine se confond avec la soumission à la divinité, leur culte consiste dans la seule pratique de la vertu. Aussi les théistes sont-ils des hommes de paix – et seuls capables vraiment de paix. Hors de toute secte, ils ont existé en tout temps et en tout lieu, du moins Voltaire le proclame-t-il en apôtre de ce théisme, particulièrement dans l'article «Théiste» du *Dictionnaire\* philosophique* et dans sa *Profession\* de foi des théistes* (1768).

Marie-Hélène Cotoni

*Faire le bien, voilà son culte ; être soumis à Dieu, voilà sa doctrine. Le mahométan lui crie : « Prends garde à toi si tu ne fais pas le pèlerinage de La Mecque ! » « Malheur à toi, lui dit un récollet, si tu ne fais pas le voyage à Notre-Dame de Lorette ! » Il rit de Lorette et de La Mecque ; mais il secourt l'indigent et il défend l'opprimé.*
Dictionnaire philosophique, 1764, art. « Théiste » — ajouté en 1765.

## THÉOLOGIE

CHRISTIANISME · HÉRÉSIE · RELIGION · SECTE ·

L'article «Théologie» des *Questions sur l'Encyclopédie* (1770-1772) fait l'éloge des prêtres de l'Antiquité païenne qui laissaient le peuple adopter les anciens rites, en se réservant de disserter entre eux sur l'origine des fêtes et des mystères sacrés. Mais les théologiens chrétiens renoncèrent à cette sagesse et s'avisèrent d'évoquer publiquement leurs opinions. Erreur grave : « Le peuple n'est pas fait pour savoir si le verbe engendré est consubstantiel avec son générateur ; s'il est une personne avec deux natures, ou une nature avec deux personnes, ou une personne et une nature. » En révélant ainsi à tous vents leurs querelles doctrinales, les théologiens ont attisé les conflits religieux et civils qui devaient inévitablement s'en-

suivre. Voltaire est revenu vingt fois, dans son *Essai sur les mœurs* et de la façon la plus précise et la plus documentée, sur les dramatiques enchaînements de la théologie à l'hérésie, de l'hérésie à la secte, de la secte aux factions, aux persécutions, aux représailles et aux luttes armées. La théologie est une discipline stérile et dangereuse à la fois. Elle exige un vocabulaire abscons que les spécialistes eux-mêmes ne sont jamais sûrs de dominer parfaitement, elle porte sur des notions inessentielles et représentera toujours une source infinie de divisions et de conflits. Les vrais philosophes ont toujours montré le plus profond mépris pour les disputes chimériques qu'elle engendre. « Moins de théologie et plus de morale » est ici la devise de Voltaire. Au titre de son opuscule *Dieu\* et les hommes*, en 1769, il ajoutera : « œuvre théologique, mais raisonnable »...

Didier Masseau

*Les théologiens ont toujours recherché si Dieu peut être citrouille ou scarabée ; si, quand on a reçu l'eucharistie, on la rend à la garde-robe.*
*Ces extravagances ont occupé des têtes qui avaient de la barbe dans des pays qui ont produit de grands hommes. C'est sur quoi un écrivain ami de la raison a dit plusieurs fois que notre grand mal est de ne pas savoir encore à quel point nous sommes au-dessous des Hottentots dans certaines matières.*

L'A. B. C., 1768, X<sup>e</sup> entretien.

## THÉRÈSE

COMÉDIES •

La moins connue des comédies de Voltaire, à peine un titre. Il n'en reste qu'un fragment, révélé en 1830 par Beuchot\*. Sa comédie faite (1743), Voltaire l'avait soumise pour avis, comme tous ses ouvrages de théâtre, au cher d'Argental\*, qui lui recommanda de la garder pour lui. *Thérèse* ne fut donc jouée qu'en privé, entre amateurs, avant l'oubli presque total. Son principal mérite est peut-être d'avoir inspiré ce conseil et d'expert et d'ami : « Je ressentirai la chute de *Thérèse* avec plus de vivacité que vous ne pourrez la ressentir vous-même. »

André Magnan

## THIBOUVILLE, Henri Lambert d'Herbigny, marquis de

AMITIÉ • CORRESPONDANCE •

Littérateur et amateur de théâtre, le marquis de Thibouville (1710-1784) était un familier du comte d'Argental\*. Le goût commun du théâtre le

rapprocha de Voltaire : il fut, avec d'Argental, l'un de ses conseillers ordinaires pour « le tripot », comme ils disaient entre eux. On a plus de soixante-dix lettres à Thibouville, où Voltaire souvent l'appelle « Baron », nom du fameux acteur de leur jeunesse. On y voit qu'entre 1750 et 1778, Voltaire étant toujours éloigné de Paris, Thibouville le représenta lui aussi auprès des comédiens ou des libraires, comme d'Argental, mais sans tout à fait le degré de confidence et de confiance qu'accordait Voltaire à son « ange ».

En 1777-1778, le marquis de Thibouville agit avec autorité auprès des comédiens pour faire jouer *Irène** et permettre ainsi au patriarche de venir triompher à Paris. D'où les ultimes petits billets d'un étage à l'autre de l'hôtel de Villette, où Thibouville avait aussi son logement, même un jour de grande détresse : « Que j'aie la consolation de vous voir avant que vous sortiez ! » (vers le 25 mars 1778).

*Anne Soprani*

THIRIOT, Nicolas Claude

AMITIÉ • CORRESPONDANCE •

C'est en 1714, chez le procureur M^e Alain, que le jeune Arouet fait la connaissance de Nicolas Thiriot ou Thieriot (1696-1772), garçon de son âge, placé comme lui en apprentissage. L'amitié qu'il éprouve pour ce compagnon qui préfère aussi les muses à la chicane est immédiate et profonde. Elle survivra aux négligences et aux petites trahisons de celui que Voltaire avait promu au rôle d'homme de confiance et d'agent éditorial. La correspondance échangée est à la fois abondante – plus de cinq cents lettres – et exceptionnellement étendue dans le temps : un premier billet de Voltaire à Thiriot est de 1716 ou 1717, la dernière lettre date de 1772.

Après 1725, Voltaire entend faire profiter ses amis de l'influence qu'il commence à acquérir dans les allées du pouvoir. Il propose à Thiriot un poste de secrétaire d'ambassade à Vienne auprès de Richelieu*, mais l'ami indolent a le mauvais goût de refuser cette sinécure. Il préfère vivre en parasite aux crochets des Bernières* et plus tard chez la comtesse de Fontaine-Martel*. En 1732, Thiriot se trouve à Londres : il est le représentant de Voltaire auprès des éditeurs anglais. L'année suivante, les *Letters* concerning the English Nation* sont publiées par ses soins en Angleterre. Il est aussi chargé de reculer la publication de l'édition française des *Lettres philosophiques*. De retour en France en 1735, il s'installe chez le financier La Popelinière et devient le correspondant littéraire du prince royal de Prusse (1737).

Or, voici que le confident s'avise de soutenir en sous-main le traître

Desfontaines* dans la querelle qui oppose celui-ci à Voltaire, puis refuse un désaveu public que la petite société de Cirey tente de lui arracher ! Un vent de panique s'empare des amis de Voltaire : qu'adviendrait-il si le traître allait publier la lettre du 31 décembre 1738 dans laquelle il déclare que son amitié a été « vivement émue et alarmée de voir attribué *Le Préservatif contre Desfontaines* à M. de V. », tout en avouant implicitement sa complicité avec l'ennemi de Voltaire ? Malgré ce coup fourré, Voltaire reprend vite ses relations avec Thiriot. En juin 1756, il lui adresse une nouvelle édition du *Poème sur le désastre de Lisbonne* pour qu'il la distribue dans les milieux philosophiques. Thiriot est alors devenu un des principaux échotiers du patriarche de Ferney : il lui fait savoir que la *Relation de la maladie du jésuite Berthier* « se vend à tous les carrefours », et pendant la campagne voltairienne contre l'Infâme, il est chargé de répandre le mot d'ordre dans des cercles restreints. Voltaire se montrera toujours généreux à son égard : en 1762, alors que Thiriot est venu le voir à Ferney, il lui paie discrètement le voyage de retour. Quelques années plus tard, il propose même de lui procurer un petit bénéfice.

*Didier Masseau*

*On lui avait donné le surnom de Prôneveri, parce qu'il ne faisait que prôner les vers de son auteur par excellence.*

*L'Année littéraire, 1774, VII.*

# TIMON

ROUSSEAU (JEAN JACQUES) •

Pour ses bons éditeurs Cramer*, qui trouvaient un peu minces certains volumes d'une nouvelle édition qu'ils allaient donner de ses œuvres, Voltaire fournit d'urgence, au début de 1756, « quelques chapitres, quelques épiceries pour relever le goût des sauces ». Ce *Timon* fut livré à temps : une petite prose de fiction dialoguée, pimentée d'ironie.
« Dieu merci ! j'ai brûlé tous mes livres, me dit hier Timon... » Les éditeurs de Kehl* ont effacé le titre original, qui d'avance identifiait Timon : *Sur le paradoxe que les sciences ont nui aux mœurs*. Il s'agit de Jean Jacques Rousseau, citoyen de Genève, qui avait si brillamment soutenu ce « paradoxe » que l'académie de Dijon l'avait déclaré vainqueur de son concours de 1750 ; puis le lauréat avait défendu ses positions pied à pied, avec beaucoup d'éloquence, tout au long d'une querelle de brochures de deux bonnes années.
*Timon* fut le premier texte où Voltaire parlait de Rousseau. Il présente ironiquement une thèse qu'il ne veut pas comprendre ; il la caricature, la

réduit, la fausse. Il fait Timon coléreux, malheureux, peut-être malade, obstinément enfermé dans ce « paradoxe » aberrant – l'idée d'un danger intrinsèque de la culture scandalisa toujours Voltaire. Mais Timon peut-il revenir au bon sens ? Dévalisé par des brigands, il est secouru par un savant, qui l'héberge et le fête : « Timon, au sortir du repas, demanda une plume et de l'encre pour écrire contre ceux qui cultivent leur esprit. » La leçon était vive, un peu tardive, et assez désinvolte. Mais pourquoi donc ce débutant avait-il fourré dans son *Discours* « le célèbre Arouet » nommément, en le plaignant de monnayer au goût du temps l'énergie de son génie ? Rien de méchant encore à cette date, rien d'irréversible, mais entre le maître et l'élève, déjà secrètement rivaux, le risque d'emblée d'une double captation d'image : la figure du « fou », celle du « baladin », sont déjà latentes. Rousseau, qui connaissait fort bien son Voltaire poète, se souvint peut-être d'un vers ancien des *Discours\* en vers sur l'homme* : « Timon se croit parfait depuis qu'il n'aime rien. »

André Magnan

## TOCSIN DES ROIS (LE)

Voir POLOGNE.

## TOILETTE

VÊTEMENTS •

Mme de Bentinck*, en visite aux Délices* à l'automne de 1758, trouva Voltaire très entouré : « Il est présentement la divinité que tout le monde adore. » À son ami Gottsched, elle fait de lui ce joli portrait : « Il est coquet, bien poudré, tiré à quatre épingles, il se faufile régulièrement avec la compagnie, il se prête à tous. » Le témoignage évoque de loin, après quarante ans, le portrait peint par Largillière*, d'un tout jeune homme cravaté de dentelle, coiffé d'une perruque longue et poudré soigneusement. Mince et vif, Voltaire prenait grand soin de sa personne, il était attentif à son apparence, avec des pratiques de propreté que maints témoins ont relevées. À Cirey, Mme du Châtelet avait à sa disposition un remarquable « appartement de bain », que Mme de Graffigny décrit avec envie ; à Ferney, Voltaire se fit construire à l'extérieur, en contrebas du jardin, une petite maison indépendante pour y installer sa « salle de bains » particulière : elle contenait en 1773, dit un visiteur suédois, un bassin de marbre dans lequel arrivaient l'eau froide et l'eau chaude, par deux tuyaux de plomb. Il eut le goût de l'hygiène, avant celui du confort des vêtements,

pour mieux parer, disait-il, « ce corps faible monté sur deux fesses de singe ».

*Anne Soprani*

*La chambre des bains contient :*
*1 baignoire longue de cuivre*
*1 ronde à demi-bain avec son fauteuil de bois*
*1 chaise longue de canne*
*1 grande chaise de paille sans bras.*
*Inventaire des meubles du château de Ferney, 27 juillet 1778.*

TOLÉRANCE

ANTICLÉRICALISME • DÉISME • DIEU • FANATISME • HOMME • INFÂME • POLITIQUE • PROTESTANTS • SAINT-BARTHÉLEMY • SECTE • THÉISTE • *TRAITÉ SUR LA TOLÉRANCE* •

En 1752, Voltaire écrit son *Poème\* sur la loi naturelle*, qu'il publiera en 1756. Il y pose les bases de sa conception du monde voulu par Dieu et des relations de celui-ci avec les hommes : la loi naturelle est donnée par Dieu, et l'homme la reçoit en naissant ; elle produit la morale et l'instinct naturel de la justice. Elle est donnée à tous les hommes qui ne peuvent la changer, mais seulement l'oublier ou la trahir. C'est la base même de la tolérance pour Voltaire : toute croyance n'est qu'ajout, la loi naturelle est première et indépendante, et les religions humaines défigurent la religion naturelle en provoquant le fanatisme, les divisions et les guerres. Les hommes, par leurs préjugés, font des dieux à leur image ; seule la philosophie rend les hommes plus humains, elle éteint les bûchers, elle apaise les passions sectaires. Incapable de connaître le dessein de Dieu, l'homme doit donc vivre en harmonie avec ses frères et tous doivent s'entraider. La liberté consiste dès lors à ne dépendre que des lois, et le gouvernement doit soumettre ou réprimer des sectes qui toutes prétendent servir chacune son Dieu, quand toutes ont tort. La tolérance selon Voltaire est ainsi d'essence religieuse ; elle est une sorte de commandement premier de Dieu à la faiblesse humaine, un don aussi pour le bonheur des hommes, s'ils l'entendaient.

Une politique suit, qu'enseigne l'histoire. Si les luttes religieuses naissent de la prétention d'une Église à en soumettre une autre, et même à se soumettre à l'autorité publique, une politique rationnelle doit tendre à limiter le pouvoir de la religion plus que celui des rois, car seul un pouvoir fort peut limiter les exigences de l'Église. Ainsi Henri IV et les rois anglais, par exemple, ont agi pour le bien des hommes. Voltaire prolonge à sa façon un débat ancien. Il faut que l'État domine l'Église, et non l'inverse comme

le voulaient la Ligue, et aussi Calvin à Genève ; l'Église dominante, c'est la guerre, les bûchers, l'oppression. Dans les *Lettres\* philosophiques*, Voltaire constate que la tolérance suppose la relativisation des dogmes\*, libérant ainsi l'activité humaine pour le développement de l'utile, le perfectionnement de la raison, donc de la condition des hommes. Son déisme, qui lui rend indifférentes toutes les religions et les sectes, s'appuie aussi sur Newton et Malebranche : Dieu agit dans le monde par des règles générales qui n'évitent aux hommes ni le malheur ni les injustices, donc il faut améliorer la création, en suppléant la volonté divine par des actes rationnels, même si le mal reste irréductible. Il n'y a pas de meilleur des mondes, ni de providence\* particulière.

Voltaire se dit ici proche de Locke\*, qui dépassait le christianisme pour promouvoir un déisme sur quoi fonder l'éloge de l'activité humaine. Dans ses *Essays of the Law of Nature* (1664), Locke exposait, comme Voltaire, que la loi naturelle est l'expression de la loi de Dieu, liée à l'existence même de l'homme qu'elle rend libre et raisonnable : c'est la raison qui permet de connaître la loi naturelle par l'expérience sensible. Dans sa *Lettre sur la tolérance* (1689), Locke dissociait aussi le politique et le religieux, car l'intolérance relève de leur confusion, et nuit par là au bien public et au salut individuel. Mais la tolérance implique, pour Locke, une limitation du pouvoir de l'État, qui n'intervient que dans les intérêts civils et temporels, sans avoir à opiner sur le salut des âmes, alors que Voltaire estime qu'un pouvoir peut protéger une religion historiquement dominante et l'empêcher à la fois d'opprimer et d'écraser.

Anette Smedley-Weill

*J'ose supposer qu'un ministre éclairé et magnanime, un prélat humain et sage, un prince qui sait que son intérêt consiste dans le grand nombre de ses sujets, et sa gloire dans leur bonheur, daigne jeter les yeux sur cet écrit informe et défectueux ; il y supplée par ses propres lumières ; il se dit à lui-même : « Que risquerai-je à voir la terre cultivée et ornée par plus de mains laborieuses, les tributs augmentés, l'État plus florissant ? »*

*L'Allemagne serait un désert couvert des ossements des catholiques, évangéliques, réformés, anabaptistes, égorgés les uns par les autres, si la paix de Westphalie n'avait pas procuré enfin la liberté de conscience.*

*Nous avons des juifs à Bordeaux, à Metz, en Alsace ; nous avons des luthériens, des molinistes, des jansénistes ; ne pouvons-nous pas souffrir et contenir des calvinistes à peu près aux mêmes conditions que les catholiques sont tolérés à Londres ? Plus il y a de sectes, moins chacune est dangereuse ; la multiplicité les affaiblit ; toutes sont réprimées par de justes lois, qui défendent les assemblées tumultueuses, les injures, les séditions, et qui sont toujours en vigueur par la force coactive.*

*Nous savons que plusieurs chefs de famille, qui ont élevé de grandes fortunes dans les pays étrangers, sont prêts à retourner dans leur patrie; ils ne demandent que la protection de la loi naturelle, la validité de leurs mariages, la certitude de l'état de leurs enfants, le droit d'hériter de leurs pères, la franchise de leurs personnes; point de temples publics, point de droits aux charges municipales, aux dignités: les catholiques n'en ont ni à Londres, ni en plusieurs autres pays. Il ne s'agit plus de donner des privilèges immenses, des places de sûreté à une faction, mais de laisser vivre un peuple paisible, d'adoucir des édits, autrefois peut-être nécessaires, et qui ne le sont plus; ce n'est pas à nous d'indiquer au ministère ce qu'il peut faire; il suffit de l'implorer pour des infortunés.*
*Que de moyens de les rendre utiles, et d'empêcher qu'ils ne soient jamais dangereux! La prudence du ministère et du conseil, appuyée de la force, trouvera bien aisément ces moyens, que tant d'autres nations emploient si heureusement.*
*Il y a des fanatiques encore dans la populace calviniste; mais il est constant qu'il y en a davantage dans la populace convulsionnaire. La lie des insensés de Saint-Médard est comptée pour rien dans la nation, celle des prophètes calvinistes est anéantie. Le grand moyen de diminuer le nombre des maniaques, s'il en reste, est d'abandonner cette maladie de l'esprit au régime de la raison, qui éclaire lentement, mais infailliblement les hommes. Cette raison est douce, elle est humaine, elle inspire l'indulgence, elle étouffe la discorde, elle affermit la vertu, elle rend aimable l'obéissance aux lois, plus encore que la force ne les maintient. Et comptera-t-on pour rien le ridicule attaché aujourd'hui à l'enthousiasme par tous les honnêtes gens? Ce ridicule est une puissante barrière contre les extravagances de tous les sectaires. Les temps passés sont comme s'ils n'avaient jamais été. Il faut toujours partir du point où l'on est, et de celui où les nations sont parvenues.*

Traité sur la tolérance, 1763, chap. V.

## TOMBEAU DE LA SORBONNE (LE)

ATTRIBUTIONS • FRÉDÉRIC II • PRUSSE • SORBONNE • THÉOLOGIE •

Rédigé rapidement après l'arrivée à Berlin, vers le 15 août 1752, de l'abbé de Prades*, théologien en fuite depuis le décret d'arrestation lancé contre lui à Paris le 12 février, c'est un pamphlet virulent et cocasse qui expose et détaille ce scandale de « l'affaire de Prades ».
Le récit est chronologique. L'abbé, issu de bonne famille, a soutenu sa thèse le 18 novembre 1751 « avec l'approbation universelle ». Mais les jésuites, qui cherchent à faire supprimer l'*Encyclopédie*\* dont Prades est un collaborateur, répandent le bruit que la thèse est impie, qu'elle est l'ou-

vrage des Encyclopédistes eux-mêmes, qui ont ainsi monté «un complot contre la religion chrétienne». Appuyés par Boyer*, titulaire de la feuille des bénéfices et grand dévot de cour, les jésuites font pression pour que la thèse soit condamnée. Après plusieurs séances orageuses, ici rapportées de manière grotesque, les docteurs de Sorbonne, le 15 décembre, proscrivent la thèse et en censurent expressément dix propositions, Tamponet* rédigeant la préface de la censure. L'archevêque de Paris publie un mandement en conséquence, et l'avocat général du Parlement de Paris fait décréter l'abbé de prise de corps. L'abbé, qui avait pourtant offert de se rétracter et contre qui le roi n'a pas voulu sévir, n'a pu que s'enfuir: il a trouvé refuge auprès du roi de Prusse, «protecteur de la raison et de l'innocence opprimée». Un dernier paragraphe évoque abruptement l'affaire de «M. König» accablé par un «despote littéraire» (c'est Maupertuis*), pour s'achever sur cette formule: «C'est une mauvaise voie que celle de l'autorité quand il s'agit de science, et la vérité triomphe toujours avec le temps.»
Le texte fut d'abord imprimé en Hollande au début de novembre 1752. Le début en parut aussi à Berlin dans un périodique de Formey*, *L'Abeille du Parnasse* (18 novembre) – mais la suite annoncée n'y sera pas publiée. Peu après sortit sans doute une autre édition (allemande?); on connaît enfin une édition française datée de 1753.
Voltaire est-il l'auteur de ce pamphlet? C'est ce que pense, dès novembre, la police de la Librairie, ce qu'affirme Maupertuis qui fait parvenir *Le Tombeau* à Paris par «le courrier du cabinet». D'Alembert, La Beaumelle et d'autres le lui attribuent aussi. Mais Voltaire l'a toujours fermement désavoué, relevant des maladresses de style indignes de sa plume. Et il ne l'a jamais inclus dans ses œuvres. L'auteur principal est assurément l'abbé de Prades, le seul à connaître par le menu les péripéties de l'affaire. Il avait rédigé, avant son arrivée en Prusse, une *Apologie* plus volumineuse, publiée fin septembre à Paris: Voltaire ne trouvait là que du «fatras théologique». Mais il a accueilli l'abbé avec amitié, il a pu l'aider au moins dans la mise au point d'une narration circonstanciée, brève et alerte, qui fait penser à ses facéties*. D'où peut-être, précisément sur ce *Tombeau*, ce propos tenu dans une lettre à Frédéric II (octobre-novembre 1752): «Il y a des choses que je fais, il y a des choses sur lesquelles je donne conseil, d'autres où j'insère quelques pages, d'autres que je ne fais point.»
La conclusion d'autre part, qui établit un lien inattendu entre l'affaire de Prades et l'affaire König, semble signer l'ouvrage entier comme de Voltaire: mais la marque n'en est-elle pas trop ostensible? Au moment même où sort l'ouvrage, il tente encore de se concilier des appuis à Versailles pour assurer son départ de Prusse et son retour à Paris. Or, avec ce *Tombeau* qui ridiculise la Sorbonne, on a voulu, assurera-t-il à sa nièce, «me perdre à Paris» (16 janvier 1753). Faudrait-il donc faire inter-

venir un troisième auteur-acteur, Frédéric II lui-même? Voltaire le laisse entendre dans cette étonnante lettre du 16 janvier à Mme Denis, à laquelle étaient jointes, pour être montrées au comte d'Argenson, deux feuilles de la même main, l'une tirée du manuscrit original du *Tombeau*, l'autre pour preuve et comparaison – ces deux annexes sont perdues: deux autographes du roi de Prusse?...
Voltaire avait tort de tant s'inquiéter. *Le Tombeau* fut peu diffusé et devint une rareté bibliographique. Sans doute a-t-il été vite éclipsé par l'*Apologie de l'abbé de Prades*, avec la *Suite* brillante que Diderot lui avait donnée dès octobre 1752. *Le Tombeau* a été admis dans les œuvres de Voltaire, non sans réserve, par les éditeurs de Kehl; son attribution demeure toujours problématique.

*Roland Desné*

## TOPONYMIE

COMMÉMORATIONS • PANTHÉON • RÉVOLUTION •

«Voltaire», «Victor Hugo» et «Gambetta» sont en France, depuis un bon siècle, les trois patronymes les plus communs de boulevards, d'avenues, de rues. Ainsi la III$^e$ République rendit-elle hommage à ses grands hommes.
Le recensement des villes où s'affiche le nom de Voltaire indique une dominante des régions du Nord, du Sud-Ouest et du Sud-Est. Le souvenir de Voltaire hante ainsi les grandes villes de France. Boulevard Voltaire, à Marseille. Rue Voltaire à Grenoble, à Nice, à Avignon, à Bordeaux – la ville des Girondins –, à Toulouse, à Montpellier, à Albi, à Périgueux, à Arras, et à Dijon – la ville de Piron! L'Ouest honore Voltaire à Rennes avec un boulevard; à Brest, à Vannes et à Nantes avec une rue – à Nantes, la rue Voltaire prolonge la rue Crébillon...
On trouve bien sûr une rue Voltaire à Châtenay-Malabry*. La plupart des villes où il a séjourné, où il est passé, possèdent une rue Voltaire: Calais*, d'où il s'embarqua pour son exil anglais en 1726; Lille* où fut créé *Mahomet*\* en 1741; Strasbourg* et Colmar* où il attendit en vain, en 1753-1754, la permission de revenir à Paris; Lyon* aussi, où il s'arrêta, en route pour Genève. Mais il n'en existe ni à Caen*, ni à Rouen*, où habitait Cideville*. Près de Paris, c'est Puteaux, c'est Nanterre, où Victor Hugo fit naître Gavroche; c'est Sceaux aussi, intimement lié au souvenir de la duchesse du Maine*. Mais Versailles* décidément n'a jamais pardonné au trublion, qui pourtant y vint d'abord en courtisan*.
Le Paris révolutionnaire offrit à Voltaire le Panthéon, et ce quai où il était venu mourir. Le quai Voltaire se nommait quai des Théatins en 1778. Dans le même hôtel du coin de la rue de Beaune, Voltaire avait autrefois

loué un appartement à Mme de Bernières*, et fut reçu à son dernier voyage à Paris par le marquis de Villette*, qui l'avait acquis en 1766. C'est en 1791, sur un vote de l'Assemblée constituante, que le quai changea de nom. On raconte qu'une nuit, le marquis de Villette, tout acquis aux idées de la Révolution, s'en fut gratter lui-même ce nom des moines théatins qu'il portait encore – l'ordre de Boyer*, dévot persécuteur – et inscrivit celui de Voltaire. « Les Français arrivent tard à tout, disait Voltaire, mais enfin ils arrivent. »

Le Paris de la III$^e$ République lui donna un boulevard, en 1870, dans le XI$^e$ arrondissement, quartier populaire à l'époque, sur le chemin de Belleville et de Ménilmontant, et des guinguettes où le bourgeois allait s'encanailler. Avant de s'appeler Voltaire, le boulevard, ouvert en 1857 par Haussmann et inauguré par Napoléon III et l'impératrice Eugénie, portait le nom du Prince-Eugène. Il part de la place de la République, et mesure près de trois kilomètres. Non loin s'élève le lycée* Voltaire.

*Anne Soprani*

## TORTURE

BECCARIA • CALAS • JUSTICE • LA BARRE •

On entendra ici le mot au sens de question, c'est-à-dire la pratique judiciaire de l'interrogatoire de l'accusé avec violences physiques codifiées, appliquées sous surveillance médicale afin de lui faire reconnaître sa culpabilité et de l'amener à dénoncer ses éventuels complices. Qui résistait à la torture avait des chances d'être déclaré innocent. Voltaire trouve cette pratique barbare, digne des brigands de grand chemin, contraire à la raison comme à l'humanité : « J'ai toujours présumé que la question, la torture avait été inventée par des voleurs qui, étant entrés chez un avare et ne trouvant point son trésor, lui firent souffrir mille tourments jusqu'à ce qu'il le découvrît » (*Questions sur l'Encyclopédie*, 1770-1772, art. «Question, torture», originairement publié en 1767, sous une forme très proche, dans *Fragment des instructions pour le prince royal de ***). L'Inquisition en hérita, dit-il, et « renouvela ce supplice » inconnu des Romains et des anciens juifs – Voltaire va jusqu'à écrire : « Ce fut la seule chose qui manquât aux mœurs du peuple saint » (art. «Torture», ajouté en 1769 au *Dictionnaire philosophique*).

Supplice pire que la mort, et totalement inutile puisqu'elle est aussi « un secret infaillible pour sauver un coupable qui a les muscles vigoureux, les jarrets forts et souples, les bras nerveux et les reins doubles » et pour perdre au contraire « tous les innocents à qui la nature a donné des organes faibles » (*André\* Destouches à Siam*, 1766). On ment en avouant pour lui

échapper : on se dit coupable et on s'invente des complices. Voltaire n'a cessé de dénoncer la question en vers dans une *Ode à la Vérité* :

> *Arrête, âme atroce, âme dure,*
> *Qui veux dans tes graves fureurs*
> *Qu'on arrache par la torture*
> *La vérité du fond des cœurs...*

– et en prose dans ses mémoires pour Calas et La Barre, dans son *Commentaire sur le livre Des délits et des peines* de Beccaria, dans ses contes chaque fois qu'il met en scène l'Inquisition. C'est un des combats qu'il a menés toute sa vie durant – en réclamant l'abolition. Il félicite hautement Catherine II qui en a ordonné la suppression en Russie : il y voit une victoire des Lumières, de la raison et de l'humanité.

On ne peut séparer la dénonciation de la torture chez Voltaire d'un combat plus général pour la dignité de la personne et la réforme de la justice. Sa sensibilité le porte à refuser toute forme de violence physique, qu'elle soit légale ou non. Le massacre de la Saint-Barthélemy, le supplice de Damiens, la jouissance de l'inquisiteur ou du juge provoquent en lui la colère, l'indignation, le dégoût.

Jean Goulemot

*Les Romains n'infligèrent la torture qu'aux esclaves, mais les esclaves n'étaient pas comptés pour des hommes. Il n'y a pas d'apparence non plus qu'un conseiller de la Tournelle regarde comme un de ses semblables un homme qu'on lui amène hâve, pâle, défait, les yeux mornes, la barbe longue et sale, couvert de la vermine dont il a été rongé dans un cachot. Il se donne le plaisir de l'appliquer à la grande et à la petite torture, en présence d'un chirurgien qui lui tâte le pouls, jusqu'à ce qu'il soit en danger de mort, après quoi on recommence ; et, comme dit très bien la comédie des « Plaideurs » : « Cela fait toujours passer une heure ou deux. »*

*Le grave magistrat qui a acheté pour quelque argent le droit de faire ces expériences sur son prochain va conter à dîner à sa femme ce qui s'est passé le matin. La première fois madame en a été révoltée, à la seconde elle y a pris goût, parce qu'après tout les femmes sont curieuses ; et ensuite la première chose qu'elle lui dit lorsqu'il rentre en robe chez lui : « Mon petit cœur, n'avez-vous fait donner aujourd'hui la question à personne ? »*

*Les Français, qui passent, je ne sais pourquoi, pour un peuple fort humain, s'étonnent que les Anglais, qui ont eu l'inhumanité de nous prendre tout le Canada, aient renoncé au plaisir de donner la question.*

*Dictionnaire philosophique, 1764, art. « Torture » (1769).*

# T

## «TOUCHE-À-TOUT»

Voir CARNETS • PONCIFS.

## TOURNEY

FERNEY • GENÈVE • GEX • SEIGNEUR DE VILLAGE •

On peut se demander pourquoi Voltaire achète, à quelques semaines d'intervalle, dans l'hiver 1758-1759, le château de Ferney et celui de Tourney, alors qu'il possède déjà la propriété des Délices*. Le philosophe consolide en fait ses arrières en territoire français, après avoir bien senti le refroidissement de l'accueil de Genève et les limites de sa liberté d'action. Les terres de Tourney, réunies à celles de Ferney, formeront un domaine étendu et d'un seul tenant, situé au sud de la cité genevoise – et il disposera à Tourney d'un théâtre. Ce second achat lui procure aussi le titre de comte, et il reçoit dès son entrée au château (24 décembre 1758) les hommages insignes qui sont réservés au seigneur des lieux. Pour défendre les opprimés, il pourra encore faire valoir ses droits d'administrateur.

En revanche, Voltaire fait une mauvaise affaire financière. Charles de Brosses*, mauvais vendeur, lui imposa des conditions draconiennes : l'acheteur s'engageait, après de laborieuses tractations, à verser comptant 35 000 livres, et à effectuer de nombreux travaux à ses frais dans une propriété en mauvais état. Il s'agissait, en outre, d'un achat à vie. L'acquéreur devait restituer à de Brosses l'ensemble du domaine, s'il mourait avant lui. En fait, Voltaire survécut au vendeur, mais il n'évita ni les procès ni les tracasseries qui sortirent de ce méchant contrat. Que de sacrifices n'aurait-il pas faits pour devenir propriétaire de Tourney!

Voltaire fit au château des travaux et des aménagements, mais il y séjourna peu. Il afferma le domaine et mit souvent le logis à la disposition d'amis – dont Gabriel Cramer*, le cher «Caro».

*Didier Masseau*

*Il m'a fallu absolument être seigneur de Tourney et de Ferney, parce qu'étant âgé de soixante et cinq ans, il arrivera infailliblement que les prêtres de Baal, dans trente ou quarante ans d'ici, voudront me faire brûler comme Servet et Antoine, et que je veux être en état de les faire pendre aux créneaux de mes châteaux. J'aime fort les pays libres, mais j'aime encore mieux être le maître chez moi.*
*À Jean Robert Tronchin, 6 mars 1759.*

## TOUT EN DIEU, COMMENTAIRE SUR MALEBRANCHE

DÉISME • DIEU • MALEBRANCHE • MÉTAPHYSIQUE • SPINOZA •

Au mois d'août 1768, en pleine lutte contre l'Infâme, Voltaire renoue avec la métaphysique, en publiant une petite brochure in-8°, *Tout en Dieu, commentaire sur Malebranche*, qu'il signe à la fin : « Par l'abbé de Tilladet » – le pseudonyme ne trompa nullement la cour de Rome, qui mit l'ouvrage à l'Index*.

Voltaire s'interroge sur la relation entre Dieu et l'homme : « Il faut convenir que dans tous les systèmes, l'Auteur de la Nature nous a donné tout ce que nous avons : organes, sensations, idées qui en sont la suite. » Puisque nous sommes ainsi, ajoute-t-il, sous la main de l'Être éternel, Malebranche, en dépit de ses erreurs, démontre avec raison que nous sommes « en Dieu » et que nous voyons tout à travers lui – comme saint Paul l'affirmait déjà dans le langage de la théologie. Voltaire interprète en fait Malebranche dans un sens spinoziste : Dieu est un principe agissant, présent à tous ses effets, en tout lieu et en tout temps. En tenant ce raisonnement, il s'expose à l'objection faite par Bayle à Spinoza : Dieu ne peut pas être à la fois tout et partie. Sa réponse reprend, sous une autre forme, la distinction spinoziste entre *natura naturans* et *natura naturata*, méconnue par Bayle. Voltaire manifeste ici la constance de ses préoccupations métaphysiques et le désir de conférer à son déisme ou théisme une plus grande profondeur. D'autres traités ou essais suivront : les *Lettres* de Memmius à Cicéron*, *Il* faut prendre un parti*, *De* l'âme*...

Didier Masseau

## « TOUT EST CONSOMMÉ »

*La Foule leur jetait des pierres et riait.*
 *Ce ne fut pas tout. Ce qu'ils virent de plus lugubre, ce fut un prêtre qui vint et les suivit en disant :*
 *« Je vous servirai et je vous imiterai. Les rois boivent du sang dans des crânes, les prêtres sont gorgés de biens, d'honneurs et de puissance, il faut que le Peuple les détruise et que les armées secondent les Peuples.*
 *J'écrirai pour vous une Apocalypse saint-simonienne qui sera une œuvre de haine. »*
 *La Foule écoutait et riait.*
 *Alors ils rentrèrent tous deux remplis d'une tristesse profonde.*
 *Stello regarda tristement le grand Christ d'ivoire.*
 *Le Docteur-Noir dit avec une gravité froide :*
 *TOUT EST CONSOMMÉ.*

*Ils regardèrent la statue de Julien. À ses pieds était Luther, et plus bas Voltaire qui riait.*

Alfred de Vigny, *Daphné*, écrit en 1837, publié en 1914
– le prêtre démagogue et «voltairien» est Lamennais.

## TRADUCTION

ITALIEN • LANGUES • SHAKESPEARE •

Voltaire a été beaucoup traduit, de son vivant déjà ; il y a trace aussi, dans son œuvre, d'une certaine activité intermittente de traducteur.
Les deux volumes du catalogue général des livres imprimés de la Bibliothèque nationale qui lui sont consacrés (CCXIV-1 et CCXIV-2), publiés en 1978 à l'occasion du bicentenaire de sa mort permettent de mesurer l'importance des traductions de l'œuvre. Vingt et une langues sont représentées pour un total de 350 éditions étrangères.
Que traduit-on ? Au XVIII$^e$ siècle et durant une bonne partie du XIX$^e$ essentiellement le théâtre. Au XX$^e$ siècle, les contes.
De son vivant même, Voltaire est traduit et joué à l'étranger. *L'Orphelin de la Chine* est représenté en Amérique en 1764. Son plus grand succès dans le genre est *Zaïre*, dont on connaît vingt-quatre traductions. *Zaïre* suit de près *La Henriade* qui reste l'œuvre la plus traduite (27 traductions).
Pour les contes, *Candide* (dont on connaît quinze traductions) et *Zadig* (dix) viennent en tête, suivis de *L'Ingénu* (6), *La Princesse de Babylone* (4) et *Micromégas* (3). *Candide* fut traduit l'année même de sa publication (1759) en anglais et en italien.
Les langues européennes dominent à une écrasante majorité, avec une place prépondérante pour l'anglais : depuis le XVIII$^e$ siècle, on a enregistré plus de 380 éditions anglaises de traductions. Voltaire fut paradoxalement un des dramaturges les plus joués en Angleterre au XVIII$^e$ siècle, avec *Zara* surtout, loin devant toute pièce de Shakespeare.
Viennent ensuite l'allemand avec 350 traductions, dont *Mahomet* et *Tancrède* par Goethe, et l'italien avec 212 éditions traduites, précédant le néerlandais avec 53 traductions. Peu de traductions en russe : la noblesse russe, très francophile, lisait directement Voltaire en français.
Pour les langues européennes les plus usuelles, Voltaire est donc très tôt traduit au XVIII$^e$ siècle, surtout dans les pays protestants. Les pays catholiques, comme le Portugal et l'Espagne le traduisent davantage au XIX$^e$ siècle, avec le développement, peut-on croire, de la libre pensée. Après le XVIII$^e$ siècle, on le voit paraître en arabe, en chinois, en estonien...
Pour les langues dites minoritaires, serbo-croate, vietnamien, malgache et autres, les traductions correspondent à la montée des nationalismes à la fin

de la Première Guerre mondiale ou à l'incitation paradoxale de la puissance coloniale. En Espagne, de très nombreuses traductions ont été entreprises ces vingt dernières années, la mort de Franco ayant levé les interdits qui pesaient encore sur l'œuvre de Voltaire. De même au Portugal, après la révolution des œillets. La montée des revendications nationalistes en Espagne (essentiellement catalane et basque) a facilité des traductions de Voltaire dans ces langues régionales. Parallèlement, l'effondrement de l'empire soviétique, l'émergence des nationalismes périphériques ont sans doute déjà entraîné la traduction de l'œuvre de Voltaire dans des langues vernaculaires jusqu'ici marginalisées par le russe. L'enquête reste à mener sur les langues mises en œuvre et sur les textes choisis. Elle permettrait de mesurer comment l'œuvre de Voltaire (et peut-être aussi sa philosophie) a supporté les aléas de la géopolitique. On peut avancer sans risque que le retour d'intégrismes divers ne favorise pas sa traduction et sa diffusion. Par ailleurs, Voltaire a lui-même traduit de l'italien (l'Arioste et le Tasse), de l'anglais (Shakespeare, Milton) et de l'espagnol (Calderón). Assez librement, comme on le faisait en son temps, où le respect du texte n'était pas une préoccupation majeure. À la liberté habituelle s'ajoutait un souci esthétique qui le portait à faire de Shakespeare, ce « sauvage ivre », un dramaturge classique, et de Swift, volontiers scatologique, un écrivain presque pudibond. Indiquons enfin que Voltaire a écrit directement lettres et textes en anglais et en italien. Pour l'anglais, en 1728, une dédicace de *La Henriade* « To the Queen », le double *Essay upon the Civil Wars of France* et *upon the Epic Poetry* (1727) ; la première version des *Lettres philosophiques*, intitulée *Letters concerning the English Nation*, publiées en 1733. Il a par ailleurs écrit des vers anglais. En italien, sa production est plus réduite : en 1746, *Saggio intorno ai cambiamenti avvenuti su'l globo della terra*. Faut-il rappeler enfin les vers latins qu'il a composés en assez grand nombre, ce qui n'est pas très original pour un homme de son époque et de sa formation ?

Jean Goulemot

*J'ai choisi le monologue de la tragédie d'«Hamlet», qui est su de tout le monde et qui commence par ce vers :*

> To be or not to be, that is the question. »

*C'est Hamlet, prince de Danemark, qui parle :*

> « Demeure ; il faut choisir, et passer à l'instant
> De la vie à la mort, ou de l'être au néant.
> Dieux cruels ! s'il en est, éclairez mon courage.

> Faut-il vieillir courbé sous la main qui m'outrage,
> Supporter ou finir mon malheur et mon sort ?
> Qui suis-je ? qui m'arrête ? et qu'est-ce que la mort ?
> C'est la fin de nos maux, c'est mon unique asile ;
> Après de longs transports, c'est un sommeil tranquille ;
> On s'endort, et tout meurt. Mais un affreux réveil
> Doit succéder peut-être aux douceurs du sommeil.
> On nous menace, on dit que cette courte vie
> De tourments éternels est aussitôt suivie.
> Ô mort ! moment fatal ! affreuse éternité !
> Tout cœur à ton seul nom se glace, épouvanté.
> Eh ! qui pourrait sans toi supporter cette vie,
> De nos prêtres menteurs bénir l'hypocrisie,
> D'une indigne maîtresse encenser les erreurs,
> Ramper sous un ministre, adorer ses hauteurs,
> Et montrer les langueurs de son âme abattue
> À des amis ingrats qui détournent la vue ?
> La mort serait trop douce en ces extrémités ;
> Mais le scrupule parle, et nous crie : Arrêtez !
> Il défend à nos mains cet heureux homicide.
> Et d'un héros guerrier fait un chrétien timide, etc.

*Ne croyez pas que j'aie rendu ici l'anglais mot pour mot ; malheur aux faiseurs de traductions littérales, qui, en traduisant chaque parole, énervent le sens ! C'est bien là qu'on peut dire que la lettre tue et que l'esprit vivifie.*
Lettres philosophiques, 1734, XVIII<sup>e</sup> lettre, « Sur la tragédie ».

## TRAGÉDIES

ACTEUR · COMÉDIE-FRANÇAISE · DÉCORS · DRAMATURGIE ·
MISE EN SCÈNE · THÉÂTRE ·

Voltaire, en son temps, est incontestablement le maître de la scène. Outre une douzaine de comédies, il a écrit vingt-sept tragédies ; la Comédie-Française en a créé vingt-trois, dont treize sont restées à la scène. Il obtient un succès étonnant, attesté par les registres de la Comédie. Cependant, ce n'est qu'après *Zaïre* (1732), *Alzire* (1735) et *Mérope* (1743) que Voltaire s'impose définitivement. En vingt ans, de 1750 à 1770, sa part dans les affluences ne cesse d'augmenter : elle passe de 27 à 38 pour cent. À lui seul, il est plus joué que les deux maîtres ensemble, Corneille et Racine. C'est le répertoire de Voltaire qui soutient la Comédie-Française et permet à la tragédie, en déclin, de prolonger sa survie. Après sa mort, les tragédies

voltairiennes furent encore jouées cinq cent vingt-trois fois dans les années 1780, et l'on reprit au moins les plus célèbres jusqu'au milieu du XIXe siècle (cent onze fois entre 1841 et 1850). De son vivant, *Zaïre, Alzire* et *Mérope* restent les préférées du public, devant *Sémiramis, Œdipe* et *Tancrède,* et enfin *L'Orphelin de la Chine* et *Mahomet* : plus de 140 000 spectateurs en vingt ans pour *Zaïre,* plus de 60 000 pour *Mahomet.* De tels résultats sont significatifs.

Qu'apportait donc ce poète qui, dès ses débuts, prétendait offrir du neuf, qui trouvait Corneille* trop galant, Crébillon* trop romanesque, et reprochait à Racine* de n'être point assez tragique ? *Œdipe,* son premier essai, donne le ton. Chez les Grecs, Voltaire tente de retrouver le sentiment tragique de l'existence, la liberté humaine affrontée à la «nécessité» du destin, de la volonté divine ou d'une simple transcendance. Dans ce cadre entrent ses tragédies «grecques», qui montrent le crime inexpiable et la cruelle ironie du sort: *Œdipe, Ériphyle, Oreste, Mérope, Les Pélopides*; mais aussi ses tragédies «romaines», parce qu'elles mettent en jeu le sort de Rome, donc du monde : *Brutus, La Mort de César, Rome sauvée, Le Triumvirat.* C'est la partie la plus classique de l'œuvre, que pimente une inspiration shakespearienne, sensible dans les thèmes de la jalousie, de la vengeance, et dans l'apparition des spectres justiciers.

Mais Shakespeare* est contesté (par Voltaire lui-même), et les Grecs passent de mode. L'ascension de la bourgeoisie, le goût croissant du bonheur, la foi dans le progrès, l'exercice de la raison éclairée amortissent, émoussent le sens du tragique. Las des «galanteries insipides» de Corneille, Voltaire voudrait peindre l'amour comme une passion violente, bouleversante, tragique. Il y réussit parfois; mais, malgré ses efforts, aucune de ses héroïnes n'est victime, comme Phèdre, de «Vénus tout entière à sa proie attachée». Beaucoup d'entre elles sont mariées de force, aiment ailleurs, mais restent fidèles à leur devoir; d'autres aiment contre la loi, civile ou religieuse (*Zulime, Zaïre, Irène*). Ce sont là des situations, non de tragédie, mais de drame, voire de comédie. Et le romanesque n'en est pas absent.

Quant à la religion, elle a perdu, chez Voltaire, une bonne part de son contenu tragique, sauf dans *Mahomet.* Les dieux cruels sont récusés, comme les superstitions; le christianisme, qu'il soit prôné (*Alzire*), ou déprécié (*Olympie*), n'a qu'une valeur morale.

Le déisme qui se répand dans ce théâtre ne reconnaît à l'Être suprême aucune intervention dans les affaires des hommes : il ne saurait donc générer aucune espèce de tragique.

Une des vertus de Voltaire, ou un de ses défauts, fut d'épouser son temps. Sa sensibilité est en accord avec celle de ses contemporains. Que demandent-ils ? de l'action plus que des discours; de l'émotion plus que de la psychologie; du spectacle, comme à l'Opéra; mais aussi de la morale, de

la politique, de la « philosophie ». Voltaire cède au courant général. En croyant rénover la tragédie, il contribue au développement du drame, tout en gardant ses distances avec le drame bourgeois. Il est le premier à renforcer l'action, à utiliser des procédés dramaturgiques ou scéniques parfois faciles, mais efficaces ; il croit de bonne foi à la portée morale de ses pièces ; il prend des libertés sages avec l'unité de lieu.

Surtout, il compte sur le pathétique ; pour émouvoir, il se fait le champion de la « tragédie larmoyante ». Jamais auteur n'a autant parlé de larmes*, de pleurer et de faire pleurer. *Zaïre* « fait pleurer le peuple comme les gens instruits », écrit La Harpe (*Lycée*, IX, 241) ; et les spectateurs sortent brisés de la représentation de *Mérope*. Le secret ? « frapper fort ! », et redoubler les coups, « ne pas les laisser respirer. La place est faite, creusez-la profondément, et tournez le poignard du même côté » (*ibid.*, X, 9). Au bon public, il faut offrir aussi du pittoresque, de l'évasion, et Voltaire lui montre la lanterne magique, en le faisant voyager aux quatre coins du monde : ouverture à l'univers, choc des religions, des idéologies, des civilisations – beaucoup de libertés avec l'histoire, car ce sont les mœurs qui intéressent. Beaucoup de philosophie enfin, à partir de *Mahomet* surtout, trop sans doute dans la plupart des pièces de la fin, qui tendent au dossier documentaire, « jeux de rôles » assez ennuyeux – mais toujours pour la bonne cause.

Voltaire dramaturge est en porte-à-faux. Il pense, il sent comme son siècle, qu'il précède même et guide jusqu'à sa mort. Mais en matière de goût*, il appartient encore au siècle de Louis XIV : il s'est donné pour tâche de sauver la tragédie ; il la réforme, veut la rénover sans innover vraiment, sans toucher à ses structures essentielles, encore moins à son expression pour lui « nécessaire », le vers. Il croit au fond à la pérennité du « genre », à l'immortalité de Racine. Cependant sa sensibilité le pousse, dans ses œuvres les plus personnelles, à la comédie sérieuse ou au drame. Ni « bourgeois », ni « noir », le drame est chez lui héroïque, comme chez Corneille, politique, « engagé », voire romanesque ou chevaleresque (*Adélaïde du Guesclin*, *Zaïre*, *L'Orphelin de la Chine*, *Tancrède*). Voltaire annonce la pièce à thèse, le drame historique, avec sa couleur locale et sa mise en scène fastueuse, et même le mélodrame par le relief de son pathétique. À défaut d'une avenue royale, il a ouvert bien des pistes, où s'engageront les écrivains révolutionnaires, les romantiques et d'autres encore après. Quant à lui, selon un joli mot de Brunetière, sans doute était-il « venu trop tard dans un genre trop vieux »....

Henri Lagrave

*De tous les arts que nous cultivons en France, l'art de la tragédie n'est pas celui qui mérite le moins l'attention publique ; car il faut oublier que c'est celui dans lequel les Français se sont le plus distingués. C'est d'ailleurs au théâtre seul*

que la nation se rassemble; c'est là que l'esprit et le goût de la jeunesse se forment; les étrangers y viennent apprendre notre langue; nulle mauvaise maxime n'y est tolérée, et nul sentiment estimable n'y est débité sans être applaudi; c'est une école toujours subsistante de poésie et de vertu.

La tragédie n'est pas encore peut-être tout à fait ce qu'elle doit être: supérieure à celle d'Athènes en plusieurs endroits, il lui manque ce grand appareil que les magistrats d'Athènes savaient lui donner.

Permettez-moi, madame, en vous dédiant une tragédie, de m'étendre sur cet art des Sophocle et des Euripide. Je sais que toute la pompe de l'appareil ne vaut pas une pensée sublime, ou un sentiment; de même que la parure n'est presque rien sans la beauté. Je sais bien que ce n'est pas un grand mérite de parler aux yeux; mais j'ose être sûr que le sublime et le touchant portent un coup beaucoup plus sensible quand ils sont soutenus d'un appareil convenable, et qu'il faut frapper l'âme et les yeux à la fois. Ce sera le partage des génies qui viendront après nous. J'aurai du moins encouragé ceux qui me feront oublier.

Épître dédicatoire de Tancrède à la marquise de Pompadour, 1760.

## «TRAGÉDIES EN ÉMAIL»

Le sieur Raux, émailleur du roi, a le talent singulier de composer dans son genre des ouvrages qu'on ne s'était point avisé jusqu'ici d'exécuter avec une matière si fragile. C'est, si je puis m'exprimer ainsi, un traducteur en émail. Il fit l'an passé «L'Orphelin de la Chine»; il vient de faire cette année deux autres tragédies du même auteur, «Zaïre» et «Mérope». Il choisit dans chaque acte la scène la plus intéressante, pour laquelle toutes les autres scènes sont ordinairement composées, et cela forme un tout agréable, particulièrement pour ceux qui ont vu représenter ou qui ont lu les pièces originales, que l'on reconnaît dans ces espèces de parodies. Ces œuvres dramatiques sont dans des boîtes portatives; il y a un petit théâtre sur lequel on fait paraître les figures en émail; on les voit sortir des coulisses, et ces acteurs muets expriment par leur attitude et leurs différents attributs le sens de la scène principale de chaque acte jusqu'au dénouement.

L'Année littéraire, 1756, VIII
– sans le mot, c'est une publicité de fin d'année.

## TRAITÉ DE MÉTAPHYSIQUE

ANTHROPOLOGIE · CIREY · HOMME · MÉTAPHYSIQUE ·
MÉTAPHYSIQUE DE NEWTON (LA) · MORALE ·

Dès la fin d'octobre 1734, Voltaire écrit à son ami Formont qu'il a «un petit traité de métaphysique tout prêt». Il le reprit dans les années suivantes à

Cirey, parallèlement aux travaux sur Newton et aux réflexions des *Discours\* en vers sur l'homme*, et dut en terminer les neuf chapitres vers 1737-1738, mais le garda prudemment sous clé – il ne parut qu'après sa mort, dans l'édition de Kehl\*, d'après un manuscrit fourni par Longchamp\*.

L'ouverture évoque un conte. L'auteur s'imagine en voyageur venu de Mars ou de Jupiter pour observer la Terre, qu'il perçoit comme un «petit amas de boue», avant de se mettre «à chercher un *homme*». Ce préambule n'est pas simple artifice. Il souligne l'effort d'une démarche fondamentalement anthropologique excluant d'emblée le monogénisme des mythes religieux, dont la Genèse chrétienne : l'astronaute métaphysicien constate qu'il y a «différentes espèces d'hommes». Sur cette base empirique, Voltaire produit le cheminement d'une pensée qui aborde, tour à tour, la définition de l'homme (I), l'existence de Dieu (II), la relation des sens aux idées (III), la réalité des «objets extérieurs» (IV), la question de l'existence de l'âme (V) et de son immortalité (VI), celle de la liberté (VII), la nature sociale de l'homme (VIII), l'évidence morale des notions de vice et de vertu (IX). Ce *Traité* manifeste donc un effort de réflexion systématique.

L'ensemble vise à proclamer, en dernière instance, la nature sociable de l'être humain et à fonder la morale sur des valeurs sociales. Sous l'influence de la *Fable des abeilles* (1706) de l'Anglais Mandeville, Voltaire et Mme du Châtelet croient pouvoir postuler que les passions et les vices, corrigés par la justice, sont en fait des aiguillons qui poussent les hommes à servir l'intérêt collectif ; Voltaire relèvera plus tard les excès et les naïvetés de cette théorie, sans renoncer pourtant au principe d'une loi naturelle ni à l'innéité du lien social. Il proclamait justement ici à la fin, sur un ton de souveraine conviction, la valeur universelle d'une morale sociale, libérée du fondement religieux.

*Didier Masseau*

## *TRAITÉ SUR LA TOLÉRANCE À L'OCCASION DE LA MORT DE JEAN CALAS*
CALAS • FANATISME • RELIGION • TOLÉRANCE

Dans une lettre à Damilaville du 24 janvier 1763, Voltaire écrit : « Mon cher frère, on ne peut empêcher, à la vérité, que Calas ne soit roué, mais on peut rendre les juges exécrables, et c'est ce que je leur souhaite [...]. Gardez-vous bien d'imputer aux laïques un petit ouvrage sur la tolérance qui va bientôt paraître. Il est, dit-on, d'un bon prêtre ; il y a des endroits qui font frémir, et d'autres qui font pouffer de rire ; car, Dieu merci, l'intolérance est aussi absurde qu'horrible. »

L'ouvrage, qui n'est pas si petit, compte vingt-cinq chapitres et un ajout, et

parut en 1763. Il était considéré par les éditeurs de Kehl\* comme un des ouvrages fondamentaux de Voltaire et du combat des Lumières. Dans un long avertissement, ils en soulignèrent l'importance, dressèrent un vibrant plaidoyer pour une tolérance religieuse garantie par la loi, portèrent une attaque en règle contre le clergé, que conclut une chaleureuse défense des libres penseurs. Est-ce une image exacte de ce *Traité* qui connut un immense succès et influença profondément l'opinion, au point d'avoir joué son rôle dans les mesures prises en faveur des protestants à la fin du règne de Louis XVI\*? On n'en est pas totalement convaincu.

Le *Traité*, incisif certes, novateur aussi, demeure infiniment plus prudent, et très proche encore de l'affaire Calas. Avec une constance qui ne désarme pas, Voltaire refait l'historique de cette affaire (chap. II et III), et il y reviendra en 1765 dans un ultime ajout: «Article nouvellement ajouté, dans lequel on rend compte du dernier arrêt rendu en faveur de la famille Calas», qui donne l'épilogue judiciaire de l'affaire Calas et soulève la ferveur de l'opinion. C'est dire que Calas, le combat voltairien pour la vérité et la justice accompagnent comme une ombre ces pages, aussi générales soient-elles.

À la manière de l'*Essai sur les mœurs* qui a servi ici de modèle, il analyse la Réforme, les guerres de Religion («neuf guerres civiles remplirent la France de carnage»). À partir de ces exemples liés, Voltaire propose à son lecteur de réfléchir pour savoir si la tolérance est dangereuse, si elle est fauteuse de guerre civile. Et de convoquer au tribunal de l'opinion «les querelles indécentes des jésuites, des dominicains, des capucins, des prêtres séculiers, envoyés au bout du monde», la violence des princes catholiques et du pape, et la tolérance pratiquée par les Chinois, les Japonais, les Anglais et les Hollandais, l'exemple d'humanité des quakers. La tolérance est de droit naturel et humain: c'est le principe de base du *Traité* entier. «Le droit de l'intolérance est [...] absurde et barbare: c'est le droit des tigres.» Et de rechercher dans l'histoire grecque, romaine, dans la religion juive, dans l'enseignement de Jésus-Christ les preuves d'une tolérance qui fut enseignée et pratiquée, malgré des errances, et bien oubliée depuis. Avec ce fait difficile à intégrer dans ce panorama optimiste: les persécutions dont souffrirent les premiers chrétiens (chap. IX et X).

Abandonnant enfin l'Histoire, Voltaire propose deux fictions, le «Dialogue entre un mourant et un homme qui se porte bien» (chap. XVI) et une «Lettre écrite au jésuite Le Tellier par un bénéficier, le 16 mai 1714» (chap. XVII), qui dénoncent la violence souvent intéressée des fanatiques, fussent-ils prêtres et confesseurs. Comme dans un texte juridique, la cause étant entendue, Voltaire envisage politiquement les limites possibles à la tolérance (chap. XVIII): tout gouvernement doit être intolérant pour les fanatiques et les empêcher de commettre leurs méfaits; il doit aussi, avec

les Églises, lutter contre les superstitions de la populace, dangereuses pour la paix civile (chap. XX). Voltaire en appelle à la tolérance universelle et adresse une «Prière à Dieu» (chap. XXIII), d'une grande tenue morale, devenue une référence pour la postérité. Hugo y fit allusion lors de la commémoration du premier centenaire de la mort de Voltaire en 1878.

On peut considérer le *Traité sur la tolérance* comme exemplaire de la pensée, de la démarche et de l'écriture de Voltaire. Une cause juste, toujours actuelle, admirablement défendue. Une démarche que nourrit une érudition maîtrisée et rendue vivante, pas toujours exempte de mauvaise foi, une habileté sans égale pour retourner contre l'adversaire ses propres arguments, une variété de ton – de l'ironique au pathétique – et de formes. C'est là, tout autant que dans les contes, Voltaire écrivain et militant, tel qu'en lui-même.

Le *Traité sur la tolérance* fut mis à l'Index par Rome le 3 février 1766.

*Jean Goulemot*

*Ce n'est donc plus aux hommes que je m'adresse; c'est à toi, Dieu de tous les êtres, de tous les mondes et de tous les temps : s'il est permis à de faibles créatures perdues dans l'immensité, et imperceptibles au reste de l'univers, d'oser te demander quelque chose, à toi qui as tout donné, à toi dont les décrets sont immuables comme éternels, daigne regarder en pitié les erreurs attachées à notre nature; que ces erreurs ne fassent point nos calamités. Tu ne nous as point donné un cœur pour nous haïr, et des mains pour nous égorger; fais que nous nous aidions mutuellement le fardeau d'une vie pénible et passagère; que les petites différences entre les vêtements qui couvrent nos débiles corps, entre tous nos langages insuffisants, entre tous nos usages ridicules, entre toutes nos lois imparfaites, entre toutes nos opinions insensées, entre toutes nos conditions si disproportionnées à nos yeux, et si égales devant toi; que toutes ces petites nuances qui distinguent les atomes appelés «hommes» ne soient pas des signaux de haine et de persécution; que ceux qui allument des cierges en plein midi pour te célébrer supportent ceux qui se contentent de la lumière de ton soleil; que ceux qui couvrent leur robe d'une toile blanche pour dire qu'il faut t'aimer ne détestent pas ceux qui disent la même chose sous un manteau de laine noire; qu'il soit égal de t'adorer dans un jargon formé d'une ancienne langue, ou dans un jargon plus nouveau; que ceux dont l'habit est teint en rouge ou en violet, qui dominent sur une petite parcelle d'un petit tas de la boue de ce monde, et qui possèdent quelques fragments arrondis d'un certain métal, jouissent sans orgueil de ce qu'ils appellent «grandeur» et «richesse», et que les autres les voient sans envie : car tu sais qu'il n'y a dans ces vanités ni de quoi envier, ni de quoi s'enorgueillir.*

*Puissent tous les hommes se souvenir qu'ils sont frères ! Qu'ils aient en horreur la tyrannie exercée sur les âmes, comme ils ont en exécration le brigandage qui*

ravit par la force le fruit du travail et de l'industrie paisible ! Si les fléaux de la guerre sont inévitables, ne nous haïssons pas, ne nous déchirons pas les uns les autres dans le sein de la paix, et employons l'instant de notre existence à bénir également en mille langages divers, depuis Siam jusqu'à la Californie, ta bonté qui nous a donné cet instant.

*Traité sur la tolérance, 1763, chap. XXIII, « Prière à Dieu ».*

## TRAVAIL (Habitudes de)

BIBLIOTHÈQUE · CARNETS · LECTEUR · SECRÉTAIRES · WAGNIÈRE ·

« Voltaire ne peut rester oisif... » : les nouvellistes s'amusaient de cette graphomanie. Huber* l'a peint dictant au saut du lit, la culotte à peine mise. « Je l'ai toujours vu se livrer au travail avec ardeur », note de son côté Wagnière, le secrétaire des dernières années. On n'écrit pas à moins de cela une épopée, deux grands poèmes burlesques, des milliers de vers dans tous les genres, dix livres d'histoire, quarante pièces de théâtre, des dizaines et des dizaines d'opuscules, de contes, d'essais, et vingt mille lettres. Comme tous les vrais écrivains, Voltaire un jour ne fit plus la différence entre écrire et vivre. Il a lui-même évoqué, dans son *Commentaire\* historique*, l'effet de la vieille passion devenue possession : « Il y a des sortes d'esprits qui ayant contracté l'habitude d'écrire, ne peuvent y renoncer dans la plus extrême vieillesse. » On trouva donc à sa mort, sur sa table de travail, un exemplaire complet de ses œuvres, en partie revu pour son nouvel éditeur pressenti, le grand Panckoucke*. « Si je suis en vie dans un an... », lui avait-il écrit six mois plus tôt. Le mot d'un familier, qui l'avait bien observé dans sa grande maladie de 1773, le Résident Hennin*, se trouvait encore vérifié : « Il a toujours l'air de dire à la mort : *Attends cette page...* » L'écriture de Voltaire tient évidemment à cette lutte, mobilisant les énergies vitales. D'où la profondeur secrète de ses pauvres poncifs : « Travailler c'est vivre », « Le travail est une jouissance », etc.

Grâce aux témoignages, aux confidences, aux documents conservés, on remplirait sans trop de peine la fiche « Voltaire » du fameux « Comment écrivez-vous ? » des enquêtes modernes. Il écrit sur de grandes feuilles, remplissant la moitié gauche, laissant la droite pour des ajouts ou des remaniements. Pour la documentation en revanche, comme l'attestent ses Carnets, il plie les feuilles, coupe et colle ou recoud, déplace et reporte, plus librement. Voltaire était soigneux, minutieux sans être maniaque, attentif au bon ordre de sa bibliothèque, exigeant avec ses copistes et secrétaires, vétilleux et impatient avec ses éditeurs ; il relisait lui-même les épreuves, le plus souvent, et fit longtemps aussi les errata. La tranquillité, le recueillement lui étaient nécessaires pour composer ; il aimait à s'isoler, à

Le XVIIIe siècle, plus qu'un autre, a aimé les automates que fabriquaient Vaucanson ou les mécaniciens des cours du Nord. Passion qui n'était pas innocente. Dans ces êtres animés et sans âme, on croit percevoir le rêve d'une époque ; « la Vénus physique » de l'un, l'homme-clavecin de l'autre, tous ces êtres démonstratifs d'un matérialisme qui se cherche et tente de prouver sa vérité en se construisant des hommes mécaniques. Voilà une maquette de Voltaire, dont on ignore l'auteur et la finalité, et qui évoque plus l'automate que le jouet ou l'ébauche précise du sculpteur. Elle date de 1773. On reconnaît sans difficulté la silhouette, la redingote et le bonnet, le visage émacié, les lèvres rentrées, la perruque excessive, les mollets décharnés. Seule la plume est ferme, fièrement dressée, toujours disposée à courir sur le papier, à attaquer l'un et à défendre l'autre. Les livres sont épars sur la table : ouverts ou fermés, lus ou écrits, évoquant chacun à sa manière la formidable puissance de l'homme de lettres. Le socle est un damier. On aimerait évoquer le jeu d'échecs que pratiquait le grand homme, avec plus ou moins de bonheur et sans doute moins de passion que Diderot. Ce ne sont que des carrelages.

J. G.

Le fauteuil n'est pas Voltaire, mais de Voltaire. Il est confortable, presque un peu trop large pour ce vieillard fluet et chétif. L'essentiel ce sont les accessoires mobiles, articulés aux accoudoirs : à droite le petit pupitre pour la lecture, à gauche l'écritoire, la boîte avec les feuilles, l'encre et les plumes d'oie. L'âge n'arrête pas les combats. Il faut seulement recourir aux commodités que facilite la technique.

J. G.

◄

VOLTAIRE À SA TABLE DE TRAVAIL, MAQUETTE DE BOIS PEINT, V. 1773.

PARIS, MUSÉE CARNAVALET.

FAUTEUIL DE VOLTAIRE, ESTAMPILLÉ CH. FR. NORMAND.

PARIS, MUSÉE CARNAVALET.

s'absorber, à oublier le temps : les anecdotes abondent de longues retraites pour les grands ouvrages, à Cirey, puis en Prusse, et même à Ferney malgré les devoirs du seigneur. À la belle saison, il aimait à Ferney travailler dans le jardin, sous les arbres.

Il resta toujours capable, surtout pour les pièces de théâtre et les ouvrages de poésie, d'élans et d'efforts intenses, de flambées soudaines d'inspiration – «les talents violent», écrit-il un jour. Tel conte de cinq cents vers, fait à 70 ans, ne lui aura pris qu'une journée et demie. Mais, s'il écrit vite, il corrige longtemps, consultant patiemment ses amis, d'Argental* surtout pour les tragédies. Il a, pour ce travail de remaniement, une étonnante variété de termes et d'images : ramender, rapiécer, ravauder, raboter, radouber, rapetasser, rentrayer, rebouiser... Wagnière raconte d'ailleurs qu'il s'occupait volontiers de plusieurs écrits à la fois, de genres différents, «se délassant de l'un par l'autre et les reprenant tour à tour». Entre l'étude et la lecture, le courrier – auquel il employait ordinairement une heure le matin –, la composition et l'écriture, la dictée des choses faciles, la révision des ouvrages en forme, il eut de longues journées parmi les livres – quinze heures parfois dans la vieillesse encore, si l'on en croit tel visiteur.

*André Magnan*

*Mon aimable Cideville, les cons vous occupent, je le crois bien. Ce n'est qu'un rendu. Vous êtes bien heureux de songer au plaisir au milieu des sacs et de vous délasser de la chicane avec l'amour. Pour moi, je suis bien malade depuis quinze jours. Je suis mort au plaisir. Si je vis encore un peu c'est pour vous, et pour les lettres. Elles sont pour moi ce que ces cons sont pour vous, elles sont ma consolation et le soulagement de mes douleurs. Ne dites point que je travaille trop. Ces travaux sont bien peu de chose pour un homme qui n'a point d'autre occupation. L'esprit plié depuis longtemps aux belles-lettres, s'y livre sans peine et sans effort, comme on parle facilement une langue qu'on a longtemps apprise, et comme la main du musicien se promène sans fatigue sur un clavecin. Ce qui est seulement à craindre, c'est qu'on ne fasse avec faiblesse ce qu'on ferait avec force dans la santé. L'esprit est peut-être aussi juste au milieu des souffrances du corps, mais il peut manquer de chaleur. Aussi dès que je sentirai ma machine totalement épuisée, il faudra bien renoncer aux ouvrages d'imagination. Alors je jouirai de l'imagination des autres, j'étudierai les autres parties de la littérature, qui ne demandent qu'un peu de jugement, et une application modérée. Je ferai avec les lettres ce que l'on fait avec une vieille maîtresse, pour laquelle on change son amour en amitié.*

*À Cideville, 27 décembre 1733.*

## TRAVENOL, Louis

ACADÉMIE • GENS DE LETTRES •

Jore*, Travenol, plus tard Hirschel*, le curé Ancian*, le président de Brosses* : périodiquement, dans la carrière de ce fils de notaire, des procédures ou des procès, indice d'une persuasion pugnace de son bon droit. L'affaire Travenol l'occupa plus d'un an, en 1746-1747. Louis Travenol, fils d'un maître à danser, et lui-même violon de l'Opéra, arrondissait ses appointements et ses cachets en diffusant et sous-traitant, en rédigeant peut-être aussi, des satires et des libelles, commerce alors fort lucratif, et particulièrement contre le nouvel astre littéraire des années 1740. Il fut lié à Roy*, Piron*, et sans doute à Fréron*, autres ennemis notoires de Voltaire. Entre son élection à l'Académie française (25 avril) et sa réception (9 mai), Voltaire se vit deux fois attaqué, par une ancienne calotte* ressuscitée pour la circonstance, *Le Triomphe poétique*, et surtout un plaisant *Discours prononcé à la porte de l'Académie*, réponse supposée de M. le Directeur au nouveau récipiendaire. Bien renseigné, il veut en faire saisir des exemplaires chez Travenol. Mais ce dernier a pris le large, prudemment – il s'agit de libelles diffamatoires, affaire de police, et l'honneur de l'Académie y est intéressé. En l'absence du fils, c'est Travenol père, âgé de 80 ans, qui est arrêté par ordre du roi, le 7 juin 1746. Le fils revenu, et inculpé, portera plainte à son tour hardiment contre Voltaire, pour obtenir réparation du préjudice subi par son père. Double procès, qui fit scandale, et dans lequel fut aussi impliqué l'abbé d'Olivet* comme directeur en titre de l'Académie d'où clabaudages, intrigues et rebondissements, dont le Tout-Paris littéraire s'amusa, les mémoires des parties, lettres venimeuses et autres s'imprimant d'ailleurs à mesure. Travenol fils fut condamné, en décembre 1746, à payer 300 livres de dommages à Voltaire, mais Voltaire le fut à verser 500 livres de réparation à Travenol père ; le juge ordonnait aussi que les pièces incriminées seraient lacérées. Il y eut appel, contre-appel, et confirmation en août 1747. Travenol, avec son avocat Mannory, et d'autres peut-être, publiera l'année suivante le *Voltariana**.

*Jean-Michel Raynaud*

## TREMBLEMENT DE TERRE DE LISBONNE

Voir MAL • *POÈME SUR LE DÉSASTRE DE LISBONNE* • POPE • PROVIDENCE.

## TRESSAN, Louis Élisabeth de La Vergne, comte de

GENS DE LETTRES · NANCY · PHILOSOPHE ·

Militaire féru de belles-lettres, amateur de romans médiévaux, initiateur d'une mode adaptée du genre troubadour, Louis Élisabeth de La Vergne, comte de Tressan (1705-1783) entretient avec Voltaire des relations épisodiques; les lettres conservées s'échelonnent de 1732 à 1778.
Ils avaient fait connaissance durant la Régence, puis s'étaient revus peut-être dans l'entourage de la reine Marie Leszczynska. Appelé par le roi Stanislas à la cour de Lunéville, peu après 1750, Tressan devient directeur de l'académie de Nancy. Après la représentation du *Cercle ou les originaux*, comédie antiphilosophique jouée à Nancy (1755), il se voit pressé par d'Alembert\* de sévir contre l'auteur, le jeune Palissot\*, lui-même académicien de Nancy, qui commence avec cette pièce sa carrière d'ennemi des Encyclopédistes. Tressan louvoie, et laisse filer le scandale – c'est Stanislas en personne qui sévit, et d'Alembert obtient alors le pardon du coupable.
Ses relations avec Voltaire connurent des hauts et des bas. En 1760, alors qu'il est devenu gouverneur de la Lorraine allemande, Voltaire lui envoie le premier volume de son *Histoire de l'empire de Russie sous Pierre le Grand*, avec un autre exemplaire pour le roi de Pologne. Mais en 1775 parut une *Épître au comte de Tress... sur ces pestes publiques qu'on appelle philosophes*, signé du faux nom de Morton (en réalité Cubières-Palmezeaux), qui défendait, mais maladroitement, les philosophes. Tressan s'avise de répliquer au libelle, en accréditant l'idée que Voltaire est lui-même l'auteur de l'*Épître*, ce qui met le patriarche dans une situation dangereuse. À Richelieu, à d'Argental, à Condorcet, et à Tressan lui-même, Voltaire confie les inquiétudes que lui causent ces mauvais vers d'une *Épître* trop bien intentionnée: «Ils ne peuvent servir qu'à nous susciter des ennemis implacables, et à réveiller la rage des anciens persécuteurs.»

*Didier Masseau*

## TRINITÉ

CHRISTIANISME · DOGMES · ÉVANGILE · SECTE · THÉOLOGIE ·

Il y a la version dérisoire, choquante, de frère Rigolet expliquant le mystère de la Trinité à l'empereur de Chine: «Le père a engendré le fils avant qu'il fût au monde, le fils a été ensuite engendré par le pigeon, et le pigeon procède du père et du fils» (*Relation du bannissement des jésuites de la Chine*, 1768). Mais Voltaire ne s'en est pas tenu à la facétie. Il fait et refait l'historique du dogme qu'il juge antérieur et étranger au christianisme originel. À la suite de Meslier\*, il fait remonter au polythéisme ancien la

conception chrétienne d'un Dieu en trois personnes – il a même retrouvé cette croyance chez les brahmanes. Il identifie les sources païennes de cette partie du credo chrétien : selon l'article «Trinité» des *Questions sur l'Encyclopédie* (1770-1772), Timée de Locres aurait été le premier, en Occident, à en parler confusément ; Platon* ensuite rénova ce système, et d'un amalgame de cette métaphysique et des idées propres de la secte nazaréenne serait né d'abord le logos, le Verbe Dieu, à la suite de quoi on imagina la Trinité.

Pour compléter l'analyse, en s'inspirant de l'article «Unitaire» de l'*Encyclopédie*, il ôte toute caution néotestamentaire à cette «doctrine inintelligible» (*Dictionnaire philosophique*, 1764, art. «Antitrinitaires») : ni les Évangiles, ni les Épîtres de Paul ne mentionnent la Trinité. Ni saint Augustin, ni les autres Pères, ni les théologiens modernes n'ont d'ailleurs éclairci ces termes dogmatiques de «personne», d'«engendrer», de «procéder». Seuls deux versets de la première Épître de Jean (V, 7-8), concède-t-il à la rigueur, pourraient les annoncer – mais Voltaire a lu dom Calmet* : il sait que ce texte manque dans les manuscrits anciens, et que beaucoup doutent de son authenticité... Justin serait donc en fait le premier à avoir parlé de la Trinité, et Origène le premier à avoir donné «de la vogue au *nonsense*, au galimatias de la Trinité» : «Il prit ce qu'il put de Platon, il fit une Trinité à sa mode» (*Examen important de milord Bolingbroke ou le Tombeau du fanatisme*, 1767). Une fois désacralisée cette «métaphysique chimérique», heureusement inutile à la morale, il lui est facile de montrer qu'elle n'a jamais causé que discordes et malheurs, puisque les ariens, les sabelliens, les sociniens rejetèrent le mystère. Excellent cheval de Troie dans le siège de l'Infâme*.

Marie-Hélène Cotoni

## TRIOMPHE

ACADÉMIE • COMÉDIE-FRANÇAISE • GENS DE LETTRES • OPINION •

Le 10 février 1778, Voltaire est de retour à Paris et la ville entière est bientôt «aux pieds de l'idole». L'appartement qu'il occupe, dans l'hôtel de Villette, reçoit plusieurs centaines de visiteurs par jour. Cette agitation fatigue le philosophe. Après les visites de Gluck, de Piccini et de Franklin (16 février), les soins apportés à la distribution d'*Irène* qui doit être jouée à la Comédie-Française, Voltaire souffre à nouveau de strangurie*. Tronchin tarde à venir. L'abbé Gaultier* propose ses services et confesse le philosophe. Mettant à profit un léger mieux du malade, on prépare la première d'*Irène* (16 mars). Voltaire n'y assistera pas. La reine y fut, dit-on. C'est un avant-goût de triomphe. On applaudit l'auteur plus encore que la pièce.

Apparemment rétabli, Voltaire va le lundi 30 mars assister à la sixième représentation d'*Irène*. Tout un cérémonial est mis au point. Il se rend d'abord en habit d'apparat à l'Académie qui le nomme directeur, sans tirage au sort. D'Alembert prononce un *Éloge de Boileau* qui contient un éloge de Voltaire. C'est un premier triomphe académique.
En carrosse, Voltaire se rend à la Comédie. La foule se presse tout au long du trajet. C'est une sorte de triomphe à la romaine. On veut toucher la voiture, l'habit, le grand homme. L'accueil au théâtre est spectaculaire. Ce sont des applaudissements et des cris. On veut voir M. de Voltaire. Le philosophe est couronné dans sa loge au milieu des applaudissements qui durent une vingtaine de minutes. On peut enfin jouer. Des cris : «Vive M. de Voltaire ! Vive le Sophocle français ! Vive notre Homère !» ne cessent d'interrompre la représentation. L'auteur salue au tomber du rideau, qui soudain se relève, découvrant au milieu de la scène le buste de Voltaire, placé sur un piédestal, entouré des comédiens, avec des guirlandes et des couronnes à la main. On lit des vers et chaque acteur vient couronner le buste.
Quand Voltaire quitte la Comédie, l'émotion est à son comble. On le retient à la porte du théâtre. Pour mieux le voir, on l'éclaire de flambeaux. Une foule populaire, composée de petites gens, l'acclame aux cris de «Vive le défenseur des Calas !» C'est sans doute le triomphe des Lumières, ou plutôt de ce qu'une masse largement illettrée peut en connaître.
Tout un transfert de religiosité primitive s'opère sur la personne de Voltaire : on veut le toucher comme peut-être cinquante ans plus tôt on allait toucher ceux qui avaient approché le tombeau du diacre Pâris. Piété sans doute, mais festive, accompagnée d'une explosion de joie, et où se manifestent un désir de justice (Calas) et l'aspiration à la félicité retrouvée du règne du bon roi Henri IV («C'est lui qui a chanté notre bon roi Henri !»), et où se remarque l'absence de l'autorité monarchique. Rien n'autorise pourtant à faire de ce 30 mars 1778 la première des journées révolutionnaires.

*Jean Goulemot*

## TRIUMVIRAT (LE)

ROME · TRAGÉDIES ·

Créé en 1764. Octave, Antoine et le jeune Pompée aux prises. L'histoire est arrangée, mais les mœurs sont exactes. Un thème dominant : les proscriptions.

*Henri Lagrave*

## TROIS EMPEREURS EN SORBONNE (LES)

ANCIENS · SORBONNE · THÉOLOGIE ·

Sous ce titre bizarre, qui pique la curiosité, une satire – quelques dizaines d'alexandrins – envoyée de Ferney en novembre 1768 dans un grand tourbillon de libelles pour défendre le cher disciple Marmontel*, inquiété et persécuté pour son roman *Bélisaire* (1767) : la Faculté de Théologie, alors partie noble de la Sorbonne, lui avait reproché surtout son quinzième chapitre, qui contenait une apologie de la tolérance.
Voltaire imagine la visite incognito de trois illustres empereurs de l'Antiquité dans le Paris moderne : Trajan, Titus, Marc Aurèle ont quitté les Champs Élysées. Paris étant la capitale des plaisirs, les visites princières n'y sont pas rares – allusion flatteuse au prince régnant de Brunswick et au prince héritier de Suède qui, de passage à Paris, avaient loué le *Bélisaire*. Ces sages préfèrent fréquenter les savants et les philosophes ; mais par curiosité ils vont voir les petits théâtres... et la Sorbonne. Voltaire propose un tableau bouffon de l'assemblée des docteurs – tableau fort injuste, car les historiens contemporains commencent à montrer le grand intérêt de la réflexion qui y était menée sur le plan philosophique. Les trois empereurs apprennent ainsi qu'ils sont condamnés à des supplices éternels, puisqu'ils n'étaient pas chrétiens, alors que les régicides Clément, Ravaillac et Damiens, dûment confessés, sont en paradis. Ils croient être entrés dans un asile de fous, et Marc Aurèle prononce : « Dieu n'est ni si méchant ni si sot que vous dites. » La grosse verve bouffonne du satirique simplifie et la question et la position de la Sorbonne, jusqu'à les rendre absurdes. Il ne s'agissait pas de laisser le lecteur réfléchir, mais de l'entraîner dans un torrent comique.

*Sylvain Menant*

## TROIS MANIÈRES (LES)

Voir CONTE EN VERS.

## TRONCHIN (Famille)

DÉLICES (LES) · CORRESPONDANCE · FINANCES · GENÈVE · MALADIES ·

Cette importante famille du patriciat genevois, dans laquelle Voltaire recruta de nombreux partisans, était divisée dès le milieu du XVII$^e$ siècle en deux branches. À la branche aînée appartient le docteur Théodore Tronchin, à la branche cadette les quatre frères Pierre, Louis, Jean

Robert I et François Tronchin ainsi que leurs cousins germains Jean Robert II et Jacob.

Banquier, associé d'Isaac Thellusson à Paris, époux en 1740 de Marie Anne Fromaget, fille d'un directeur de la Compagnie des Indes, François Tronchin (1704-1798) rentra à Genève à l'âge de 45 ans, fortune faite, pour être élu membre du Petit Conseil en 1753. Alerté depuis Lyon par son frère Jean Robert, c'est lui qui reçoit Voltaire à Genève le 12 décembre 1754, puis qui préside à son installation aux Délices. Il restera, au gouvernement de la République, le principal recours de Voltaire dans les moments difficiles. Grand amateur de théâtre, et même dramaturge à ses heures, François Tronchin publiera sur le tard cinq volumes de *Récréations dramatiques*. Voltaire, qui l'invitait à tous ses spectacles des Délices, de Montriond, Tourney, et Ferney, avait tenté vainement, en décembre 1755, de faire agréer sa tragédie des *Comnènes* à la Comédie-Française. Avec le temps, leurs relations s'espacèrent, sans cesser d'être cordiales. On a retrouvé cent cinquante-cinq lettres de leur correspondance. Après la rétrocession des Délices à son frère Jean Robert Tronchin, François Tronchin s'y installera ; il y rassembla une prestigieuse collection de tableaux, acquise par Catherine II en 1770.

Appelé souvent Tronchin-Calandrini, du nom de sa femme, Jacob Tronchin (1717-1801), dit Jaco, fréquenta également Les Délices et Ferney. Membre du Petit Conseil depuis 1763, c'est à lui que Voltaire, en novembre 1765, se propose comme médiateur des querelles genevoises. Mais la proposition ne fut pas agréée, et Jacob Tronchin est déchargé en 1768 de ses magistratures. Faute d'avoir pu racheter à Voltaire le château de Ferney, il acquiert en 1774 le domaine de Bessinge, où toutes les archives Tronchin seront conservées jusqu'à leur entrée à la bibliothèque de Genève.

Banquier resté célibataire, Jean Robert I Tronchin (1702-1788) fit une brillante carrière, à Lyon d'abord, en société avec son compatriote Ami Camp, puis à Paris, où le contrôleur général Bertin le nomma fermier général en 1761. Voltaire le rencontra durant son bref séjour lyonnais de l'automne 1754, lui confia séance tenante la gestion de sa fortune liquide et lui écrivit au cours de la décennie suivante quelque trois cents lettres et billets d'une vivacité souvent piquante, qui fournissent une information incomparable sur les placements et les rentes de Voltaire, ainsi que sur l'aménagement des Délices.

Appelé d'ordinaire Tronchin-Boissier du nom de sa femme, Jean Robert II Tronchin (1710-1793) passe pour avoir été la meilleure tête politique du patriciat genevois de son temps, et dans les fonctions de procureur général de la République, qu'il exerça de 1760 à 1768, il semble avoir fait preuve de modération, d'intelligence et d'ouverture. Son réquisitoire contre l'*Émile* et

le *Contrat social*, en 1762, épargnait la personne même de Rousseau, et ses *Lettres écrites de la campagne*, qui tentèrent ensuite de justifier la procédure suivie, lui valurent l'estime de l'écrivain, qui allait le réfuter dans ses *Lettres écrites de la montagne*. Il ne subsiste qu'une lettre adressée par Voltaire à Tronchin-Boissier, mais les deux hommes se connaissaient, et lors du séjour de d'Alembert aux Délices durant l'été 1756, Tronchin-Boissier organisa un grand dîner en l'honneur de l'Encyclopédiste dans sa prestigieuse «campagne» de La Boissière. Ce fut pourtant à sa réquisition que le Petit Conseil de Genève condamna le *Dictionnaire\* philosophique* à être lacéré et brûlé en 1765 – la même année, Voltaire renonça définitivement aux Délices et prit désormais ses distances avec le patriciat genevois.

Élève de Boerhaave et docteur en médecine de Leyde (1730), Théodore Tronchin (1709-1781) pratiqua jusqu'en 1754 la médecine à Amsterdam, ensuite à Genève jusqu'en 1766, et enfin à Paris, où le duc d'Orléans en fit son premier médecin. Courageux propagateur de l'inoculation\* et fervent adepte d'une médecine naturelle, faite de diète et d'exercice au grand air, il se tailla une réputation de praticien éclairé qui lui valut à la longue une clientèle princière. Voltaire, qui l'avait rencontré aux Pays-Bas dans les années 1740, le retrouva à Genève en 1754. Trop heureux de pouvoir donner cette explication à sa sortie de France, il se plut à répéter que sa santé délabrée avait absolument besoin de Tronchin. De fait, le miraculeux docteur prescrivit à l'éternel malade des médications de bon sens qui améliorèrent sensiblement son état, au point que Voltaire dut bientôt ruser pour faire prendre ses crises au sérieux. Leur correspondance fut d'abord très active, avec quatre-vingts lettres retrouvées pour les années 1755-1766, puis totalement interrompue par le départ de Tronchin; elle connut une fébrile mais éphémère reprise au printemps de 1778: Voltaire, qui ne s'était jamais douté des propos sans indulgence que Tronchin tenait sur sa «folie\*», crut retrouver à Paris «son sauveur»!

Célèbre et sûr de lui, Tronchin ne dédaigna pas d'intervenir parfois dans les affaires politiques. À Genève, il tenta sans succès de réconcilier Jean Jacques Rousseau avec sa patrie. À Paris, dans l'entourage de Vergennes, il se fit l'avocat de la partie la plus réactionnaire du patriciat genevois. La Bibliothèque de Genève conserve plusieurs de ses correspondances, ainsi que ses trois gros registres d'ordonnances, curieux indices d'un engouement qui mériterait une analyse sociale autant que médicale.

*Jean-Daniel Candaux*

*Monsieur Tronchin mon malade ira chez lui dans un carrosse bien fermé, il fera bassiner son lit en arrivant, et prendra des vulnéraires infusées dans de l'eau bouillante, une tasse ou deux, excitera une transpiration douce et égale,*

*prendra un bouillon de veau et de poulet quand il sentira un peu de faim et pourra prendre un peu de quinquina avant son premier repas.*
*VOLTAIRE SON ANCIEN.*

*À Théodore Tronchin, 10 février [1759]*
*– billet en forme d'ordonnance, le médecin s'étant senti souffrant pendant sa visite.*

## TRUBLET, abbé Nicolas Charles Joseph
GENS DE LETTRES • GOÛT • PHILOSOPHIE • SATIRE •

On ne peut pas situer d'abord l'abbé Trublet (1697-1770) dans un camp défini, sinon par son attachement aux Modernes, qui le porte dès 1732, dans une *Lettre sur M. Houdar de La Motte*, à critiquer le goût de Voltaire – mais il ne compte pas alors parmi ses ennemis déclarés. Rédacteur au *Journal des savants* en 1736-1737, et censeur royal de 1736 à 1739, il avait même été sollicité pour lui rendre quelques services. Lorsqu'il est chargé de la censure de *L'Année* littéraire, le journal de Fréron*, il tente tout à la fois d'atténuer les coups portés contre les Encyclopédistes et de défendre Fréron contre les sévérités de Malesherbes*.

Ses relations avec Voltaire se détériorent en 1758, quand le *Journal chrétien*, qu'il dirige, s'associe à la critique générale du livre *De l'esprit* d'Helvétius* : les Philosophes ne le lui pardonneront pas ; Diderot raillera dans *Le Neveu de Rameau* sa fausse « ingénuité » et Grimm lui consacrera une féroce nécrologie. Voltaire se souvient alors aussi d'une remarque piquante de ses *Essais de littérature et de morale* (1735, rééd. 1754) contre *La Henriade* : « Je ne sais pourquoi, je bâille en la lisant. » L'abbé Trublet devint l'une des têtes de Turc du patriarche de Ferney. Le cardinal de Tencin l'ayant naguère fait nommer à Rome archidiacre de Saint-Malo, Voltaire l'appelle l'« archi-ennuyeux ». Avec Trublet, sans tomber dans la violence et l'anathème réservés aux ennemis privilégiés, Voltaire se sent inspiré. Dans les vers célèbres du *Pauvre Diable* (1760), la riposte est mordante :

> *L'abbé Trublet avait alors la rage*
> *D'être à Paris un petit personnage ;*
> *Au peu d'esprit que le bonhomme avait*
> *L'esprit d'autrui par supplément servait.*
> *Il entassait adage sur adage ;*
> *Il compilait, compilait, compilait.*

Il trouvera mieux l'année suivante dans son épître « Sur l'agriculture », d'un seul trait :

> L'archidiacre Trublet prétend que je l'ennuie :
> La représaille est juste...

Ces querelles ne rendent pas justice à l'abbé Trublet, qui reste l'un des bons critiques du XVIIIe siècle, le plus fin même aux yeux des Goncourt.

*Didier Masseau*

## TRUDAINE DE MONTIGNY, Jean Charles Philibert de

GEX • IMPÔTS • TURGOT •

Voltaire sollicite cet intendant des finances (1733-1777), collaborateur de Turgot, pour affranchir de la Ferme générale les habitants du pays de Gex. En mai 1776, il vient même sur les lieux, comme en tournée d'inspection. Une centaine d'habitants de Ferney l'accueillent en grande pompe et l'escortent jusqu'au château de M. de Voltaire. Le lendemain, Trudaine quitte Ferney pour Sécheron où il a établi sa résidence. Il y reçoit les négociateurs, notamment les syndics des trois ordres. L'affranchissement étant acquis, le problème essentiel de la nouvelle imposition restait en suspens.

*Didier Masseau*

## TURGOT, Anne Robert Jacques

COMMERCE • GEX • IMPÔTS • LOUIS XVI • PHILOSOPHIE • POLITIQUE •

Lorsqu'en août 1774, le jeune roi Louis XVI appelle Turgot (1727-1781) au poste clé de Contrôleur général des Finances, Voltaire laisse éclater sa joie. Il le connaissait personnellement, l'ayant reçu et logé aux Délices dans l'hiver 1760, juste avant sa nomination à l'intendance du Limousin. Voir accéder au rang de ministre d'État un Encyclopédiste autorise, en effet, les plus grands espoirs. Le rêve voltairien du philosophe au pouvoir ne va-t-il pas enfin s'accomplir ? Le nouveau ministre croit fermement aux vertus de l'économie de marché. L'édit du 13 septembre 1774, qui instaure la libre circulation des grains, tente de mettre en pratique ce libéralisme économique prôné par Voltaire depuis les *Lettres philosophiques* (1734). Or la soudaine levée des règlements et une mauvaise récolte font flamber le prix du pain. Des émeutes éclatent dans la région parisienne. Voltaire est persuadé que les troubles ont été fomentés par des prêtres fanatisés alliés aux parlementaires : « l'abominable superstition » comploterait contre la politique du ministre philosophe. Le patriarche vole donc au secours de Turgot en alertant l'opinion dans sa *Diatribe\* à l'auteur des Éphémérides*,

publiée à chaud; mais ce soutien intempestif gêne le ministre plutôt qu'il ne le sert. Celui-ci fait alors interdire la *Diatribe*, le 19 août 1775. L'autre domaine dans lequel Turgot intervient touche de près l'action du patriarche à Ferney. Voltaire aspirait à affranchir le pays de Gex du système de la Ferme, en confiant à l'assemblée du pays le soin de recouvrer les impôts indirects. Cette réforme du système fiscal, dans le droit-fil des idées de Turgot, annonçait son extension au royaume tout entier. Un mode plus rationnel et plus juste de recouvrement des impôts allait donc triompher, quand survint la chute du ministre en mai 1776. L'hostilité des anciens parlements rétablis par Louis XVI et la jalousie du premier ministre Maurepas à l'égard du Contrôleur des Finances avaient eu raison de lui. Le principe de la réforme était du moins acquis pour le pays de Gex, mais le problème lancinant des 30 000 livres annuelles exigées par la Ferme générale, à titre de remboursement, n'était toujours pas réglé. Avec Condorcet*, qui avait de près assisté Turgot dans son ministère, Voltaire regrettera son «aigle».

*Didier Masseau*

## TURQUIE

DESPOTISME • HISTOIRE • HISTORIEN • ORIENT •

Elle est extrêmement présente dans le discours historique de Voltaire, ou pour elle-même ou dans ses rapports avec ses voisins, la Perse, la Russie, l'Europe entière dont elle menace les intérêts jusqu'à Vienne et qui recherche, comme le font parfois les rois de France, son alliance.
Voltaire combat d'entrée deux idées établies sur la Turquie, à la suite des voyageurs et de Montesquieu. Son ancienneté d'abord: «On se fatigue à rechercher l'origine de ces Turcs. Elle est la même que celle de tous ces peuples conquérants. Ils ont tous été d'abord des sauvages, vivant de rapine [...]. Leurs antiquités ne méritent guère mieux une histoire suivie que les loups et les tigres de leur pays...» (*Essai sur les mœurs*, chap. LIII). Il s'en prend aussi à cette autre idée que Montesquieu avait largement répandue: «Je crois devoir ici combattre un préjugé: que le gouvernement turc est un gouvernement absurde qu'on appelle *despotique*; que les peuples sont tous esclaves du sultan, qu'ils n'ont rien en propre, que leur vie et leurs biens appartiennent à leur maître. Une telle administration se détruirait elle-même» (*Essai sur les mœurs*, chap. XCIII). Il souligne que la société turque ne possède pas une noblesse, que les mœurs y sont paradoxalement efféminées et terribles à la fois, sans accepter pour autant les rêves européens sur le sérail et les eunuques muets meurtriers de leurs princes. Le Turc soumis au despotisme du vizir ne souffre que s'il appartient à son

entourage immédiat, car il est alors la victime désignée de ses caprices et de ses colères. Domine l'image d'un peuple et d'un pays étranges, s'adonnant essentiellement à la guerre, archaïque par bien des côtés (les tableaux successifs de la Turquie, dans l'*Essai* et dans *Le Siècle de Louis XIV*, ne traduisent pas de véritables évolutions), mais capable encore de troubler le concert européen par ses menaces et ses incursions. Rappelons enfin qu'une Turquie bien proche des *Mille et une Nuits* est présente dans les contes de Voltaire. Elle relève alors d'un imaginaire de l'Orient, qu'illustrent avec bonheur *Le Crocheteur\* borgne*, plusieurs épisodes de *Zadig\** et le dénouement de *Candide\**.

Jean Goulemot

## TYRANNIE

DESPOTISME • GOUVERNEMENT • POLITIQUE •

*Sous quelle tyrannie aimeriez-vous mieux vivre ? Sous aucune ; mais, s'il fallait choisir, je détesterais moins la tyrannie d'un seul que celle de plusieurs. Un despote a toujours quelques bons moments ; une assemblée de despotes n'en a jamais. Si un tyran me fait une injustice, je peux le désarmer par sa maîtresse, par son confesseur, ou par son page ; mais une compagnie de graves tyrans est inaccessible à toutes les séductions. Quand elle n'est pas injuste, elle est au moins dure, et jamais elle ne répand de grâces.*

*Si je n'ai qu'un despote, j'en suis quitte pour me ranger contre un mur lorsque je le vois passer, ou pour me prosterner, ou pour frapper la terre de mon front, selon la coutume du pays ; mais, s'il y a une compagnie de cent despotes, je suis exposé à répéter cette cérémonie cent fois par jour, ce qui est très ennuyeux à la longue, quand on n'a pas les jarrets souples. Si j'ai une métairie dans le voisinage de l'un de nos seigneurs, je suis écrasé ; si je plaide contre un parent des parents d'un de nos seigneurs, je suis ruiné. Comment faire ? J'ai peur que dans ce monde on ne soit réduit à être enclume ou marteau ; heureux qui échappe à cette alternative !*

Dictionnaire philosophique, 1764, art. « Tyrannie ».

*Le jugement de la postérité, le seul rempart contre la tyrannie heureuse.*

Essai sur les mœurs, 1756, chap. CXVI.

# U

*Si Monsieur Gabriel avait voulu imprimer cet ouvrage au lieu de perdre son temps et son papier à faire deux volumes d'abominables rogatons, il en aurait recueilli plus d'avantage.*
*Il est encore prié de considérer que ces sortes de dictionnaires se vendent toujours très aisément volume à volume, et très difficilement trois ou quatre volumes à la fois.*
À Gabriel Cramer,
vers le 31 janvier 1771.

## UN CHRÉTIEN CONTRE SIX JUIFS

ANTISÉMITISME · BIBLE · JUIFS ·

Il s'agit de la réfutation des *Lettres de quelques juifs portugais, allemands et polonais à M. de Voltaire* (Paris, 1776), quatrième édition «augmentée» d'un livre publié en 1769 par l'abbé Antoine Guénée (1717-1803). Guénée reprenait adroitement le procédé voltairien du déguisement pour «justifier» la nation juive «accusée par un écrivain célèbre» – il avait déjà pris Voltaire à partie en 1765 dans une *Lettre du rabbin Aaron Mathathai*. En 1769, il fait intervenir trois juifs, puis six en 1776 – provenant des principaux pays européens de la diaspora –, l'ouvrage passant alors de un à trois volumes. Selon Voltaire, l'abbé Guénée «n'est pas sans esprit et sans connaissances, mais il est malin comme un singe». De fait, le livre de ce professeur de rhétorique, qui connaissait l'hébreu et le grec, est solidement argumenté; il aura au moins treize rééditions (jusqu'en 1863). La volumineuse réfutation voltairienne (plus de 300 pages) fut rédigée rapidement en novembre et décembre 1776, et imprimée à Genève au début de 1777; deux rééditions parurent en Hollande la même année. Le texte sera repris dans *L'Évangile du jour* (1778).
Voltaire s'est donc déguisé encore, mais cette fois en «chrétien», ami du malheureux vieillard de Ferney. Stimulé par la contradiction, il reprend,

avec une verve inlassable, avec une vivacité de ton, une ironie aussi amusée que s'il l'exerçait pour la première fois, sa dénonciation des absurdités et des turpitudes de l'Ancien Testament, étonnant toujours son lecteur par sa connaissance précise de la Bible et par une érudition aussi vaste que peu vérifiable. Il souligne d'abord, dans une série de quarante-huit chapitres tout ce qui, à ses yeux, caractérise la «barbarie» des Hébreux: ignorance, cruauté, cannibalisme, bestialité, lubricité, etc. Ce rappel essentiel prend place dans une vision plus large de l'histoire humaine: les juifs ont été «aussi loups, aussi panthères que nous l'avons été dans notre Saint-Barthélemy [...]. Ne soyez pas surpris de ces disparates, de ces contrariétés éternelles du pauvre peuple de Dieu, c'est l'histoire du genre humain». Il passe ensuite à ces critiques pédantes et vétilleuses qu'on lui fait, d'où une série de vingt-quatre «Niaiseries». Puis il fournit, en dix-neuf points, une «Réponse» plus substantielle à Guénée. Il termine enfin par une «Incursion sur Nonnotte, ex-jésuite», puisque Guénée se réfère à ce devancier: cette «Incursion» est reprise de ses *Éclaircissements historiques* de 1763. La conclusion «À Messieurs les juifs» est signée: «La Roupilière, à Perpignan, 15 septembre 1776».

Ce livre n'eut guère d'écho, sans doute parce qu'à sa date il ne renouvelait plus le fond d'une argumentation produite et répétée depuis longtemps. Mais il a son originalité propre: il constitue la somme la plus complète de l'antijudaïsme de Voltaire et vaut par l'alacrité de l'écriture et la présence de l'auteur – des réflexions personnelles, et même ici et là quelques traits autobiographiques.

Roland Desné

*Quoi qu'il en soit, j'avoue que je ne puis m'empêcher de voir un vrai sacrifice dans la mort de ce bon roi Agag. Je dis d'abord qu'il était bon, car il était gras comme un ortolan: et les médecins remarquent que les gens qui ont beaucoup d'embonpoint ont toujours l'humeur douce. Ensuite je dis qu'il fut sacrifié, car d'abord il fut dévoué au Seigneur: or nous avons vu que «ce qui a été dévoué ne peut être racheté; il faut qu'il meure». Je vois là une victime et un prêtre. Je vois Samuel qui se met en prières avec Saül, qui fait amener entre eux deux le roi captif, et qui le coupe en morceaux de ses propres mains. Si ce n'est pas là un sacrifice, il n'y en a jamais eu. Oui, monsieur, de ses propres mains: «in frusta concidit eum». Le zèle lui mit l'épée à la main, dit le savant dom Calmet; il pouvait ajouter que le zèle donne des forces surnaturelles, car Samuel avait près de cent ans, et à cet âge on n'est guère capable de mettre un roi en hachis. Il faut un furieux couperet de cuisine, et un furieux bras. Je ne vous parle pas de l'insolence d'un aumônier de quartier, qui coupe en morceaux un roi prisonnier que son maître a mis à rançon, et qui allait payer cette rançon à ce maître. On a déjà dit que si un*

chapelain de Charles Quint en avait fait autant à François I*er*, la chose eût paru rare.

*Un chrétien contre six juifs*, 1777.

## UNIVERSITÉ

AGRÉGATION • ÉDUCATION • SORBONNE •

On pourrait ici évoquer les rapports multiples de Voltaire avec l'université : de son vivant et dans sa destinée posthume. Il en a fait l'histoire et tout particulièrement de celle de Paris. Il a relevé qu'elle fut inféodée au pouvoir papal, qu'elle condamna Jeanne d'Arc et s'opposa de toutes ses forces au progrès. L'histoire a appris à Voltaire à ne guère l'aimer : il la trouve cléricale et rebelle au pouvoir politique lors des États généraux, enseignant les doctrines les plus archaïques, la scolastique et Aristote contre Descartes, et de son temps encore Descartes contre Newton. Les universités n'intéressent guère Voltaire : tout au plus servent-elles à former des techniciens du droit (mais quel droit !), des médecins (mais par quels savoirs !), quand elles se gardent des tentations de la métaphysique et des controverses stériles ou même dangereuses. Aucun de ses conseils aux gouvernants, à la différence de ceux que Diderot adresse à Catherine II, ne prend en compte l'université. L'Ingénu acquiert sa formation sans recourir à l'université : la lecture d'œuvres universellement reconnues lui suffit. Si Voltaire admire La Chalotais et ses plans pour réformer l'instruction après l'expulsion des jésuites, c'est plus pour sa volonté laïque que par suite d'un intérêt réel pour l'institution universitaire.

*Jean Goulemot*

## UTOPIE

BONHEUR • FABLE • PARAGUAY • POLITIQUE • RÊVE •

On devinera sans peine que Voltaire n'est guère sensible aux utopies. Bien moins que Diderot ou Rousseau. Le catalogue de sa bibliothèque prouve qu'il en avait lu plusieurs, et il est question dans ses lettres de *L'Utopie* de Thomas More, des *Voyages de Gulliver* et de quelques autres classiques ; mais Voltaire ne dit mot de la *Cité du soleil* de Tommaso Campanella (1568-1639) ni de l'*Histoire des Sévarambes* de Denis Veiras (1635-1685 ?) et, à la différence de ses contemporains, il fait rarement référence à *La République* de Platon\*. Par tempérament, il se méfie de ces rêveries politico-sociales qui peuvent détourner des tâches réelles et entretenir des illusions dangereuses, aux conséquences parfois sanglantes, comme les entreprises des

anabaptistes ou des « égaliseurs ». Seule la Pennsylvanie* trouve grâce à ses yeux.

Pourtant les chapitres XVII et XVIII de *Candide**, avec l'Eldorado, proposent une utopie. On lui reconnaîtra les caractéristiques du genre. Un lieu coupé du monde, une société sans propriété privée, un guide qui participe du vieux monde et du nouveau, l'absence de monnaie, un bonheur égal pour tous, l'abondance du pays de cocagne, la possibilité de dénoncer les tares des sociétés européennes, un roi sage et équitable, un récit de fondation, l'absence de clergé, la géométrisation de l'espace : autant de traits qui confirment, s'il en était besoin, le statut utopique de l'Eldorado. Voltaire y a ajouté quelques ingrédients qui n'appartiennent qu'à lui : l'avancée technologique, et l'exotisme des « gros moutons rouges ». Et pourtant, le conteur s'amuse au point de parodier son modèle et de rendre ses voyageurs indifférents au fonctionnement même de la cité idéale : Candide et Cacambo abandonnent l'utopie en emportant des diamants, considérés ici comme de vils cailloux, et semblent n'éprouver ni regrets ni remords. Pour Voltaire, l'Eldorado est indissociable de la société jésuite du Paraguay et du primitivisme des Oreillons : ce sont trois constructions trompeuses. L'utopie, définie elle aussi comme un mirage, justifie la sagesse prudente et modeste du jardin turc où finit Candide. Comme quoi, pour Voltaire, le rêve, la reconstruction des origines, la théocratie sociale ne constituent jamais une réponse satisfaisante à la question, toujours posée, du bonheur des hommes.

*Jean Goulemot*

*Candide à tous ces discours demeurait en extase, et disait en lui-même : « Ceci est bien différent de la Westphalie et du château de monsieur le baron : si notre ami Pangloss avait vu Eldorado, il n'aurait plus dit que le château de Thunder-ten-Tronckh était ce qu'il y avait de mieux sur la terre ; il est certain qu'il faut voyager. »*
  *Candide, 1759, chap.* XVIII, *« Ce qu'ils virent dans le pays d'Eldorado ».*

## UZÈS, Charles Emmanuel de Crussol, duc d'

PHILOSOPHIE •

Beau-frère du duc de La Vallière*, dont Voltaire fréquenta longtemps la maison, et « magnanime pair de France », le duc d'Uzès (1707-1762) avait « un esprit solide » et « un goût pour la littérature » qui l'engagèrent à entrer en relation avec l'écrivain. Durant son séjour en Prusse, Voltaire entretient d'abord avec lui un échange un peu mondain. Puis leur lien s'enrichit. Le duc se piquait d'écrire de « jolies lettres ». Installé aux Délices, Voltaire lui

envoie en 1756 son *Poème\* sur le désastre de Lisbonne*, et le duc d'Uzès entre alors dans le cercle des nobles personnages à qui Voltaire se fait un plaisir de communiquer «la foule de [ses] sottises». La fin est plus mystérieuse, mais à certains mots de lettres plus rares – beaucoup manquent –, on comprend que le duc est lui-même devenu Philosophe, et rend compte au maître de son cheminement: il a l'âme «forte», il cherche «la vérité» par lui-même, il ne croit plus aux «contes de nourrices». Un «manuscrit» de lui, plein de ses «réflexions» sur «le plus détestable fanatisme», parvient même un jour à Ferney: «La raison demeure à Uzès, lui répond Voltaire, et dans quelques petits cantons.»

*Anne Soprani*

*Au reste, que peut-on dire à V., quand V. n'a donné cet ouvrage à personne, et quand il a crié le premier au voleur, comme Arlequin dévaliseur de maisons ? V. est intact. V. s'enveloppe dans son innocence.*
À d'Argental, 2 novembre 1764
— pour désavouer le
Dictionnaire philosophique.

## VADÉ

FACÉTIES • PSEUDONYMES •

À Jean Joseph Vadé (1719-1757), créateur du genre «poissard» sur le modèle du langage de la halle et des rues, auteur à succès d'opéras comiques, inventeur peut-être du surnom de Bien-Aimé donné à Louis XV*, Voltaire procura *post mortem* une prolifique et prolixe famille. «Feu M. Vadé» signe d'abord *Le Pauvre\* Diable*, dès 1760. Paraît ensuite, en 1764, un recueil de *Contes\* de Guillaume Vadé*, en vers et en prose ; mais dans ce même volume, Antoine son frère signe *Le Blanc\* et le noir* et le *Discours\* aux Welches* ; leur cousine à tous les deux, Catherine, fidèle éditrice de leurs œuvres, est aussi leur préfacière, parfois leur commentatrice — car les deux frères sont morts de la petite vérole, ayant méconnu l'inoculation\*. Adroitement, Voltaire exploite le plaisant renom du Vadé historique, mais du truc il fait un gag, multipliant les apparitions inattendues, et transfigurant surtout les pseudonymes en véritables personnages, à coups de notes et de notices : on saura qu'Antoine était profond penseur et grand patriote, Guillaume plus gai et léger ; Catherine est bonne fille, mais un peu étourdie — elle a égaré le discours du perroquet qui terminait *Le Blanc et le noir*, et découpé des patrons de couture dans le grand traité manuscrit d'Antoine sur le commerce des grains... Le *Supplément\* du Discours aux Welches*, fiction d'une soirée d'antan chez les Vadé, nomme encore deux de leurs amis, Laffichard et Jérôme Carré. Un *Vadiana* fut annoncé, puis on apprit qu'Antoine portait des lunettes, que Guillaume avait été de

l'académie de Besançon... Cette invention renouvelée marquait assurément, à 70 ans et plus, une belle jeunesse d'esprit. Mais à trop concéder à la gaieté naturelle des Welches*, ne risque-t-on pas d'y perdre un peu son âme? Après sept ou huit ans, la saga s'arrêta.

*André Magnan*

*Il n'y a peut-être rien de plus fou et de plus faible, après les Welches, que ceux qui veulent leur plaire.*
À *Mme du Deffand, 2 septembre 1774.*

«Nouveau Discours aux Welches, par Blaise Vadé, fils d'Antoine et neveu de Guillaume».
*Titre d'une satire anonyme contre l'Assemblée constituante, publiée en 1790.*

## VAINES, Jean de

CORRESPONDANCE · FERNEY · GEX · POSTE · TURGOT ·

Commis du Contrôle général des Finances à Paris, Jean de Vaines (1733-1803) appartint au ministère de Turgot en 1775. Voltaire lui adressa près de quatre-vingt-dix lettres en trois ans, pour solliciter son appui au moment du départ de la Ferme générale du pays de Gex, puis en faveur de sa «colonie» de Ferney. Cette correspondance peut symboliser toutes les lettres d'affaires, toutes les réflexions d'ordre politique que le patriarche, qui ne se ménageait pas, adressa aux commis, aux administrateurs, aux agents des bureaux de Gex, de Dijon, de Paris... Ami de d'Argental*, familier de Condorcet* et de Mme de Saint-Julien*, Jean de Vaines fréquentait une société distinguée, en «ami des lettres». Après la chute de Turgot, il resta dans le ministère de Necker, puis devint administrateur des Postes, autre fonction qui enchanta Voltaire: «le contreseing» de Vaines lui procura une nouvelle sûreté pour l'envoi de nombreux paquets qui devaient justement échapper à la curiosité ordinaire des commis de la poste.

*Anne Soprani*

## VAISSEAU

Armé à Nantes, un vaisseau nommé *Le Voltaire* fut lancé au printemps de 1768. Dûment informé, Voltaire y alla d'une épître «À mon vaisseau» – il ne pouvait faire moins. Il imagine un tour du monde, avec des escales heureuses, comme la libre Angleterre, l'Espagne enfin libérée de

l'Inquisition, et d'autres malheureuses, Rome où règnent les papes, Naples et ses miracles de saint Janvier. N'y a-t-il pas, par toute la terre, des fâcheux, des pervers, des sots? Trop vieux pour le départ, mais en souhaitant bon voyage au «breton nautonier», Voltaire restera chez lui.
Deux nouvelles empoisonnèrent un peu son plaisir. Celle d'une jolie épigramme troussée par le piquant Piron* :

> *Si j'avais un vaisseau qui se nommait Voltaire*
> *Sous cet auspice heureux j'en ferais un corsaire.*

Et puis Voltaire apprit qu'un autre négociant de Nantes avait nommé l'un de ses bâtiments *Jean Jacques* – rude concurrence. On ignore ce qu'il advint des deux vaisseaux.
Il n'est pas impossible que la légende ou la rumeur d'un Voltaire «négrier*» soit obscurément liée à cette curieuse aventure.

*André Magnan*

## VALÉRY, Paul

COMMÉMORATIONS • EUROPE • MANQUE (VOLTAIRE NOUS) •

On sait les pages nombreuses que Valéry (1871-1945) a consacrées à Montesquieu, et on ne peut ignorer sa remarquable analyse des *Lettres persanes*. Nul doute qu'il n'ait préféré Montesquieu à Voltaire, l'intelligence analytique du baron de La Brède à l'ironie virevoltante du patriarche. Affaire de tempérament et d'intérêts intellectuels. Mais il reste l'éloge que lui adresse Valéry le 10 décembre 1944, dans le grand amphithéâtre de la Sorbonne, à l'occasion du deux cent cinquantième anniversaire de sa naissance. Valéry a alors 73 ans. Il est souffrant. Il mourra le 20 juillet 1945. Paris vient d'être libéré. L'Allemagne ne s'est pas encore rendue. On commence à savoir ce qu'a coûté le nazisme: les rescapés des camps de la mort vont bientôt hanter de leurs silhouettes décharnées et fantomatiques les consciences occidentales. On garde un souvenir lointain de la commémoration enthousiaste de 1878, de l'exaltation du combat voltairien par Victor Hugo, tout en jetant un regard sur les décombres, les morts et ce retour terrifiant de la barbarie.
Le Voltaire de Valéry est volontiers paradoxal. Il dépense toute sa vie «à ruiner, à consumer, de tout ce feu qu'il est, ce qui demeurait du grand siècle, de ses traditions, de ses croyances, de ses pompes mais non de ses œuvres»; et cet esprit qu'il avait si vif le conduit aussi à être une espèce de touche-à-tout de l'intellect: «La vie même de Voltaire a l'air d'un conte d'entre ses contes.» Réservé sur l'œuvre littéraire, «si considérable et si étincelante soit-elle», sur la profondeur même de la philosophie voltai-

rienne, Valéry exalte, comme il convenait de le faire et comme Hugo l'avait fait avant lui, le combat voltairien pour dénoncer « les crimes contre l'Humanité », et pour ébranler toute son époque « par le seul pouvoir de la plume, rien qu'avec de l'esprit ». Nouvelle vertu de la littérature, nouveaux modes d'écriture : voilà ce que l'on doit à Voltaire, « le premier de ces hommes de lettres, qui useront ou abuseront de l'autorité que les Lettres leur ont value, quand, parvenus au comble de cette gloire, ils ne peuvent se tenir d'en désirer une autre qu'ils estiment plus enivrante et plus digne d'être enviée ».

Face à cette lignée d'écrivains d'intervention, où il voit, analogue de la « Comédie Humaine », une « Comédie de l'Intellect », confronté à un monde en déroute, Valéry se demande ce que Voltaire pourrait aujourd'hui, et plus généralement « ce que peut un homme d'esprit ». Dans la péroraison de son discours, Valéry s'interroge lucidement sur les capacités de la voix des intellectuels, sur le rôle que pourrait jouer Voltaire dans un univers où il ne s'agit plus « de quelques innocents suppliciés, de victimes que l'on pouvait compter [...], [car] c'est par millions aujourd'hui que l'on compte – que l'on ne compte même plus, les Calas et les Chevalier de La Barre ». Étrange position quand Sartre* prononce le devoir d'engagement, extraordinaire lucidité quand on sait les errements auxquels il devait parfois conduire, remarquable liberté d'analyse dans un contexte qui ne s'y prêtait guère. Avant tous les autres, et grâce à la confrontation de Voltaire et du monde présent à peine sorti de ses décombres, Valéry découvrait en solitaire que les intellectuels eux aussi sont mortels.

Jean Goulemot

*Voltaire, cependant, fut aussi, à sa façon, une manière de héros. Mais que pourrait-il aujourd'hui ? QUE PEUT UN HOMME D'ESPRIT ? Quelle est la voix qui peut à présent se faire entendre au-dessus de toutes les autres, qui dominerait le fracas des explosions, le vacarme des machines, le babillage de la Babel des propagandes propagé de toutes parts, à toute heure, et dans chaque maison ? Où est le Voltaire qui incriminera le monde moderne ? On dirait que tous nos efforts de pensée, tous les accroissements inouïs de notre connaissance positive n'ont servi qu'à porter à une puissance écrasante et sauvage les moyens d'en finir avec le genre humain et d'abord de ruiner en lui les espoirs qu'il conservait depuis des siècles dans l'adoucissement de sa propre nature. Devons-nous consentir enfin que rien d'atroce, rien de barbare, rien de méchamment et froidement médité, ne puisse être jamais considéré comme aboli et définitivement effacé de la terre ? Qu'est devenu l'ordre royal qui abolissait la torture ? Mais que sont devenus les traités et les conventions, les essais timides de La Haye, les organismes et les clauses d'arbitrage que le souhait unanime des hommes, j'entends DES HOMMES À FACE HUMAINE, avait obtenus de ceux qui*

*les représentent ? Où est le Voltaire, la voix qui s'élèvera aujourd'hui ? Et quel Voltaire gigantesque, à la mesure du monde en feu, faudrait-il pour accuser, maudire, ravaler le forfait énorme et planétaire aux proportions d'un crime crapuleux ? C'est qu'il ne s'agit plus, de nos jours, de quelques innocents suppliciés, de victimes que l'on pouvait compter. [...]
Devant cet état des choses humaines, qui fait que l'homme se comprend soi-même de moins en moins, comme il semble moins concevoir la nature, à mesure qu'il y trouve de plus puissants moyens d'action, devant ce tableau fantastique, Voltaire retrouverait-il ce sourire fameux que nous lui connaissons ? Peut-être – s'il m'est permis d'achever ainsi ce propos qui traite d'un impie – lui reviendrait à la pensée cette parole suprême et auguste, la parole la plus profonde, la plus simple, la plus vraie, qui fut une fois prononcée sur le genre humain, et donc, sur sa politique, sur le progrès de ses sciences, sur ses doctrines et sur ses conflits : peut-être murmurerait-il cette sentence si évidente :*
ILS NE SAVENT PAS CE QU'ILS FONT.
Paul Valéry, *Discours prononcé pour le deux cent cinquantième anniversaire de la naissance de Voltaire, 10 décembre 1944.*

## VANITÉ (LA)

CACOUACS • *CAR (LES)* • LEFRANC DE POMPIGNAN •
« MONOSYLLABES » • *QUAND (LES)* •

En trois pages d'alexandrins, Voltaire cherche à ridiculiser son adversaire, le poète Lefranc de Pompignan : ce grand lyrique, inspiré par la Bible, venait d'être élu à l'Académie française. Son discours de réception fut une attaque en règle contre le parti montant des Philosophes ; il les accuse, en sapant la religion et la morale, de causer la perte de l'État. Mais c'est ici par des petits côtés, au fond sans signification, que Voltaire attaque son « Pompignan ». Il lui reproche d'être provincial et d'avoir de gros yeux, de se parer d'une noblesse récente, de se vanter d'avoir attiré l'attention du roi et de recourir à l'autorité pour mettre fin aux attaques dont il est l'objet, de croire enfin à la portée universelle de sa mission poétique. Peut-on reprocher tout cela à un poète qui a su se faire entendre ? Comme les autres vers contre Lefranc, cette satire n'est nullement probante et susciterait plutôt la sympathie pour la victime. Mais elle est drôle, vivement menée, avec des dialogues enlevés et savoureux, où Lefranc parle comme un niais de farce. Et elle se développe, sur le modèle des satires de Boileau, en une série de portraits pleins de fines observations, par exemple sur la Parisienne de souche, qu'on nommait « badaude » :

> *Et la vieille badaude, au fond de son quartier,*
> *Dans ses voisins badauds voit l'univers entier.*

C'est que le thème sous-jacent rejoint une idée chère à Voltaire : l'individu est peu de chose, perdu dans l'immensité du monde et balayé par le temps qui passe. À ce compte, qui n'est pas vaniteux dès qu'il se croit quelque chose ? Voltaire ne sauve du ridicule qu'un autre de ses rivaux, le poète Piron, pour l'épitaphe plaisante qu'il avait composée pour lui-même : « Ci-gît qui ne fut rien. » À quoi Piron ajoutait malicieusement ceci, que tait Voltaire : « Pas même académicien. »

*Sylvain Menant*

## VAUVENARGUES, Luc de Clapiers, marquis de
AMITIÉ • CONVERSATION • GOÛT • PHILOSOPHIE •

« Vous êtes l'homme que je n'osais espérer » (à Vauvenargues, mars 1746) : en Vauvenargues (1715-1747), tout tient de la « divine surprise » pour Voltaire, depuis cette lettre en date du 15 avril 1743, envoyée spontanément par ce jeune capitaine au régiment du Roi. Voilà en effet un jeune noble qui, « dans le tumulte des armes », sait « cultiver les arts », comblant ainsi les vœux exprimés à la fin du *Temple du Goût*; voilà surtout un jeune talent qui, non content de l'admirer avec une sincérité qu'il n'y a nul motif de croire feinte, révèle un goût d'une conformité presque absolue avec le sien : Racine est pour lui aussi très supérieur à Corneille, Jean Baptiste Rousseau médiocre, la « sagesse » de Locke préférable à la « profusion » de Bayle, etc. Voilà enfin un Philosophe selon son cœur, avec lequel il aimera converser : « Les conversations de Voltaire et de Vauvenargues, écrira Marmontel, étaient ce que jamais on pût entendre de plus riche et de plus fécond. » Un « anti-Pascal » au fond, qui a de Pascal le génie précoce, et la santé mortifiée, mais qui, loin de condamner la nature humaine, travaille à la réhabiliter. Consulté par ce jeune disciple, Voltaire a « crayonné » sans ménagement son *Introduction à la connaissance de l'esprit humain* – l'exemplaire est conservé –, mais il y voit aussi « un des meilleurs livres que nous ayons en notre langue » (à Vauvenargues, 13 mai 1746). Après l'avoir loué de son vivant dans son *Discours\** de réception à l'Académie française, Voltaire lui consacra une célèbre page de l'*Éloge\* funèbre des officiers qui sont morts dans la guerre de 1741*, où il pleure « l'ami tendre » et l'âme « la plus profondément philosophe ».

*Patrick Brasart*

## VELCHES

Voir WELCHES.

## VENDÔME, Philippe de Bourbon, prieur de

POÈTE • RÉGENCE • TEMPLE •

Grand prieur de France descendant d'un bâtard légitimé d'Henri IV et de Gabrielle d'Estrées, Philippe de Vendôme (1655-1727) régnait sur l'ancien monastère du Temple où Voltaire le rencontra vers 1716. Cet aimable prince, exilé en 1706 par Louis XIV, avait repris possession du Temple, rappelé par le Régent à la mort du grand roi. Autour de lui, épicuriens et sybarites s'étaient retrouvés pour célébrer Bacchus et reformer leur société de gais philosophes. Chaulieu*, La Faye, l'abbé Courtin, les grands anciens, accueillaient maintenant à leurs fameux soupers quelques jeunes poètes, dont le petit Arouet – «jolis festins», présidés par le prince et prieur de Vendôme, où naissaient «mille vaudevilles malins».

Relégué à Sully-sur-Loire*, Voltaire adresse d'abord au prieur, durant l'été de 1716, de concert avec Courtin, une longue lettre mêlée de vers et prose, tout empreinte de la nostalgie de ces soirées. Au début du carême 1717, prudemment réfugié à la campagne après avoir écrit contre le Régent Philippe d'Orléans*, il dédiait «À M. le prince de Vendôme» une grande épître entièrement versifiée, d'une étonnante liberté de ton pour un petit poète de 23 ans :

> *Je voulais, par quelque huitain,*
> *Sonnet, ou lettre familière,*
> *Réveiller l'engouement badin*
> *De Votre Altesse chansonnière ;*
> *Mais ce n'est pas petite affaire*
> *À qui n'a plus l'abbé Courtin*
> *Pour directeur et pour confrère.*
> *Tout simplement donc je vous dis*
> *Que dans ces jours, de Dieu bénis,*
> *Où tout moine et tout cagot mange*
> *Harengs saurets et salsifis,*
> *Ma muse qui toujours se range*
> *Dans les bons et sages partis,*
> *Fait avec faisans et perdrix*
> *Son carême au château Saint-Ange.*

*Anne Soprani*

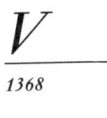

# VENISE

*ESSAI SUR LES MŒURS* • *PENSÉES SUR LE GOUVERNEMENT* • RÉPUBLIQUE •

La Venise de Candide est bien triste : le riche seigneur Pococuranté a lu tous les livres, Mlle Cunégonde a disparu et des rois déchus se réunissent dans une auberge (*Candide*, chap. XXIV-XXVI). Ce n'est pas la Venise des fêtes et des plaisirs qui fascine Voltaire. Il se plaît à rappeler la modestie des origines : une bourgade de pêcheurs et de fugitifs (*Essai sur les mœurs*, chap. XLIII), se donnant très tôt, aux $V^e$ et $VI^e$ siècles, une noblesse héréditaire, organisant son gouvernement par les magistrats dès le $VIII^e$ prenant le nom de Venise au $IX^e$ avec l'assemblage de ses îles... Autant dire que l'histoire vénitienne est suivie pas à pas dans l'*Essai sur les mœurs* : qu'il s'agisse de son expansion, de ses conflits contre les Turcs ou le pape, qui l'excommunie, ou de ses tensions intérieures, comme la conjuration de Bedmar (chap. CLXXXVI). L'originalité de son gouvernement, le rôle qu'y joue la délation, la débauche de son clergé, les mœurs de ses habitants sont aussi évoqués. Dans les *Idées\* républicaines* enfin, Voltaire s'oppose à Jean Jacques Rousseau qui, dans le *Contrat social*, niait la nature aristocratique du gouvernement vénitien.

Jean Goulemot

## VERNES, Jacob

CORRESPONDANCE • GENÈVE • ROUSSEAU (JEAN JACQUES) •

Issu d'une famille ardéchoise qui avait pris le chemin du Refuge à la révocation de l'édit de Nantes, le pasteur genevois Jacob Vernes (1728-1791) devint en 1755 l'un des plus fidèles amis de Voltaire. Adepte des Lumières et précurseur du protestantisme libéral, il fut sans doute pour beaucoup dans l'idée que d'Alembert\* se fit du calvinisme genevois lorsqu'il vint préparer sur place, en 1756, son article « Genève\* » de l'*Encyclopédie*. Voltaire encouragea Vernes dans ses goûts et dans ses travaux littéraires, l'invita à ses représentations théâtrales des Délices\* et de Ferney, lui fit présent de ses ouvrages, lui communiqua en 1761 le manuscrit de son commentaire de l'*Ézour-Veidam\**, discuta avec lui son *Traité sur la tolérance*, et lui témoigna jusqu'à sa mort une confiance que n'altérèrent ni la vénération de Vernes pour Jean Jacques Rousseau, ni son long commerce épistolaire avec Palissot, ni la publication en 1772 d'une romanesque *Confidence philosophique* persiflant les abus de la philosophie. Curieusement, Vernes ne reçut aucun surnom voltairien, mais dans ses lettres (il en reste plus de quatre-vingts), Voltaire multiplie pour lui les noms d'amitié : « mon cher rabbi », « mon cher prêtre de Baal »,

« monsieur le curé huguenot », « mon cher philosophe huguenot »...
Aujourd'hui, Jacob Vernes est presque oublié : on ne lit plus son *Catéchisme*, pourtant œcuménique, ni les deux tomes de ses *Sermons* (publiés en 1790-1792, avec son portrait en frontispice), ni sa volumineuse collection périodique intitulée *Choix littéraire* (1755-1760, 24 tomes), d'où Voltaire n'est point absent.

Jean-Daniel Candaux

## VERNET, Jacob

ANTICLÉRICALISME • GENÈVE • SATIRE •

Celui qui allait devenir le principal antagoniste de Voltaire à Genève avait été, paradoxalement, le seul Genevois à l'avoir fréquenté avant 1755. Les deux hommes avaient eu en effet l'occasion de se connaître et de s'apprécier dès 1733, lors du second séjour de Vernet à Paris. Mais les goûts littéraires qui s'étaient manifestés de bonne heure chez ce disciple du théologien Jean Alphonse Turrettini, et qui lui avaient valu la confiance de Montesquieu pour l'impression de *L'Esprit des lois* en 1748, allaient céder le pas devant les responsabilités doctrinales après sa nomination à la chaire de théologie de l'académie de Genève en 1756.

Devenu le porte-parole du calvinisme genevois, Vernet prit son rôle au sérieux et crut de son devoir de rendre coup pour coup, sans bien s'apercevoir que Voltaire, dans sa veine anticléricale, se faisait un jeu de multiplier les provocations. Il n'était certes pas facile d'être le successeur de Calvin en plein siècle des Lumières, et le combat fut d'autant plus inégal que le Petit Conseil de Genève était loin d'approuver unanimement les efforts de Vernet, et prit même soin de s'en désolidariser à plusieurs reprises. Mais quand Voltaire accusait Calvin d'avoir eu face à Servet « l'âme atroce », quand d'Alembert écrivait que les pasteurs de Genève ne croyaient plus à la divinité du Christ et prêchaient le plus pur déisme (*Encyclopédie*, art. « Genève\* »), quand on mettait en doute tous les miracles, le chef de l'Église de Genève pouvait-il se taire ? Vernet contre-attaqua par des déclarations et des mises au point adressées aux revues, qu'il rassembla ensuite en recueil : ses *Lettres critiques d'un voyageur anglais*, à leur troisième édition (1766), finirent ainsi par remplir deux volumes. Voltaire, au début, ne laissa percer son irritation que dans sa correspondance, où Vernet est régulièrement qualifié de « Tartufe » et de « col tors ». Mais quand il eut rompu en 1765 ses attaches genevoises, il ne se contint plus. Sa *Lettre\* curieuse de M. Robert Covelle* (1766) ridiculise cruellement le pauvre théologien genevois. Dans son acharnement,

Voltaire le prit encore pour cible d'un petit *Éloge de l'hypocrisie* inséré, l'année suivante, à la fin de ses *Honnêtetés\* littéraires* :

> *[...] Si j'avise un visage sinistre*
> *Un front hideux, l'air empesé d'un cuistre...*

– avant d'en faire, en 1768, l'un des personnages odieux et burlesques de sa *Guerre\* civile de Genève*. L'Histoire, on le sait, a fini par réhabiliter d'autres victimes de Voltaire : Jacob Vernet mériterait de l'être à son tour.

Jean-Daniel Candaux

## VERS (Beaux vers de Voltaire)

BEAU · GOÛT · POÉSIE · POÈTE ·

Sur Dieu :

> *Entends, Dieu que j'implore, entends du haut des cieux*
> *Une voix plaintive et sincère :*
> *Mon incrédulité ne doit pas te déplaire,*
> *Mon cœur est ouvert à tes yeux ;*
> *On te fait un tyran, en toi je cherche un Père ;*
> *Je ne suis pas chrétien, mais c'est pour t'aimer mieux.*
> Épître à Uranie, 1722.

> *Pourquoi donc souffrons-nous sous un maître implacable ?*
> Poème sur le désastre de Lisbonne, 1756.

> *Mon Dieu, j'ai combattu soixante ans pour ta gloire ;*
> *J'ai vu tomber ton peuple, et périr ta mémoire...*
> Zaïre, 1732, acte II, scène III.

Sur l'orgueil des rangs et préséances :

> *Ce monde est un grand bal où des fous déguisés,*
> *Sous les risibles noms d'Éminence et d'Altesse*
> *Pensent enfler leur être et hausser leur bassesse.*
> Discours en vers sur l'homme, 1738-1742, $1^{er}$ discours.

Sur la guerre :

> *Ah ! c'est assez de sang, de meurtre, de ravage ;*
> *Sur des morts entassés c'est marcher trop longtemps.*
> Le Poème de Fontenoy, 1745.

Sur le bonheur :

> *J'ai cherché le bonheur, qui fuyait de mes bras,*
> *Dans des palais de cèdre, aux bords de cent fontaines ;*
> *Je le redemandais aux voix de mes sirènes :*
> *Il n'était point dans moi, je ne le trouvai pas.*
> Précis de l'Ecclésiaste en vers, 1759.

> *Fais ton bonheur enfin par le bonheur d'autrui.*
> Discours en vers sur l'homme, 1738-1742, II<sup>e</sup> discours.

> *Tout vouloir est d'un fou, l'excès est son partage :*
> *La modération est le trésor du sage.*
> Discours en vers sur l'homme, 1738-1742, IV<sup>e</sup> discours.

Sur l'amitié :

> *Malheureux, dont le cœur ne sait pas comme on aime,*
> *Et qui n'ont point connu la douceur de pleurer !*
> Aux mânes de M. de Génonville, 1729.

Sur l'amour :

> *Ce que j'aime est mon univers.*
> À Uranie (Mme du Châtelet), 1734.

Sur Cirey :

> *Du repos, des riens, de l'étude,*
> *Peu de livres, point d'ennuyeux,*
> *Un ami dans la solitude,*
> *Voilà mon sort : il est heureux.*
> Devise pour Mme du Châtelet, sans date.

Atmosphères :

> *Dans l'ombre de la nuit, sous une voûte obscure,*
> *Le silence a conduit leur assemblée impure.*
> La Henriade, 1728, chant V.

> *J'ai traîné dans les flots ce corps ensanglanté.*
> Mérope, 1743, acte II, scène II.

> *Votre bruit m'importune, et le rire est trompeur.*
> Précis de l'Ecclésiaste en vers, 1759.

Et sur les beaux vers, en simple prose :

*Il est plus difficile de faire cent beaux vers que d'écrire toute l'histoire de France.*
À Saint-Lambert, 7 mars 1769.

Sylvain Menant et André Magnan

## VERSAILLES

COURTISAN • EXIL • LOUIS XV • POMPADOUR (MME DE) • PRUSSIEN •

Louis XV aimait le château de son arrière-grand-père, il y installa sa cour dès le début de son règne. Introduit à Versailles, en mai 1725, par Mme de Prie, la favorite du duc de Bourbon, Voltaire logea plus d'un mois à l'hôtel de Villeroi et assista, dans la foule des courtisans, à l'annonce du mariage royal. Il vit le roi recevoir les compliments de toute cette cour « qu'il mouill[ait] tous les jours à la chasse par la pluie la plus horrible ». Au jeune poète qui essaie de se pousser, ce premier séjour réussit d'abord assez bien : il amuse Marie* Leszczynska et se prépare à lui donner deux spectacles, *Mariamne* et *L'Indiscret*. Mais déjà, il se sent à Versailles dans « un pays bien étranger, dont les habitants ne connaissent ni la prose ni les vers ». C'est à partir de janvier 1745, grâce à l'appui de ses amis d'Argenson*, Richelieu* et La Vallière*, qu'il réapparut à Versailles pour devenir « baladin » à l'occasion du mariage du dauphin. La cour de France ressemblait alors « à une ruche d'abeilles » : tout « bourdonne autour du roi ». Voltaire présente *La Princesse* de *Navarre*, et assiste à toutes les festivités du mariage : le bal paré, le ballet de Rameau... À la fin du mois de mars 1745, il entre officiellement dans la carrière de courtisan : Louis XV lui accorde la place d'historiographe* et l'expectative de la charge de gentilhomme* ordinaire. Il fallut donc « courir après le roi à bride abattue » pour le remercier. Le problème fut ensuite de se loger. Durant les fêtes, il avait habité « dans un trou », chez le duc de La Vallière. Dorénavant, il doit séjourner plus ou moins régulièrement à Versailles. Son travail d'historiographe l'appelle dans les bureaux, où il se documente pour son *Histoire* de *la guerre de 1741*. Il prépare aussi les répétitions du *Temple* de la Gloire, qui célèbre la victoire de Fontenoy. Le marquis d'Argenson lui prêta, un temps, un grenier sur la route de Saint-Cloud. Puis, en juin 1746, Voltaire emménagea dans une « chambrette », mais « près du plus puant merdier » de Versailles – un minuscule appartement dont il entreprit la réfection, situé cour des cuisines du prince de Condé, au-dessus des « privés publics »... « Ses villégiatures » à Versailles pesaient à Voltaire. Il souffre d'être éloigné de Mme Denis*, et préfère rester en robe de chambre pour

travailler à *Sémiramis**, plutôt que d'assister au lever du roi. Il redoute aussi les séances de cavagnole chez la reine, où Mme du Châtelet* perd des fortunes.

Pourtant, Mme de Pompadour le favorise : à la fin de l'année 1747, elle choisit de jouer *L'Enfant prodigue* aux Petits Cabinets. Mais, désabusé, Voltaire se plaint de ne point vivre à sa guise. En 1748, nostalgique de son intimité amoureuse avec sa nièce, il compose «La Vie de Paris et de Versailles», pour confier à sa «chère Rosalie» l'ennui, le danger de la cour, la gloire incertaine et peut-être vaine. Il revint épisodiquement à Versailles après la mort d'Émilie*, à l'automne 1749. Pour faciliter son retour, Mme de Pompadour fit alors donner *Oreste**, mais le roi trouva la nouvelle pièce de M. de Voltaire ennuyeuse ; la marquise présenta encore *Alzire** et l'interpréta avec succès dans les Petits Appartements.

La défaveur de Louis XV et l'incertitude des protections conduisirent Voltaire à quitter la cour de France pour la Prusse, où l'appelait depuis longtemps Frédéric II*. En juin 1750, il prend congé du roi, qui lui tourne le dos ostensiblement. De Versailles lui vinrent bientôt, à Berlin où il s'établit, «des lettres à la glace» : il était démissionné de sa charge d'historiographe. La cour de Versailles lui demeura interdite jusqu'à sa mort et resta toujours un lieu de résistance à son influence.

*Anne Soprani*

*J'ai vécu, je l'avoue, avec des souverains.*
*Mon vaisseau fit naufrage aux mers de ces sirènes :*
*Leur voix flatta mes sens, ma main porta leurs chaînes.*
*On me dit : «Je vous aime», et je crus comme un sot*
*Qu'il était quelque idée attachée à ce mot.*
*J'y fus pris ; j'asservis au vain désir de plaire*
*La mâle liberté qui fait mon caractère ;*
*Et, perdant la raison, dont je devais m'armer,*
*J'allai m'imaginer qu'un roi pouvait aimer.*
*Que je suis revenu de cette erreur grossière !*
*À peine de la cour j'entrai dans la carrière,*
*Que mon âme éclairée, ouverte au repentir,*
*N'eut d'autre ambition que d'en pouvoir sortir.*
*Raisonneurs beaux esprits, et vous qui croyez l'être,*
*Voulez-vous vivre heureux, vivez toujours sans maître.*

*Discours en vers sur l'homme, 1738-1742,*
*IV$^e$ discours, «De la modération en tout» — passage ajouté en 1756.*

## VERSOIX

CHOISEUL · GENÈVE · GEX · POLITIQUE · TOLÉRANCE ·

Village du pays de Gex (donc français depuis 1601), et le seul qui fût situé au bord même du lac Léman, Versoix eut dès le milieu du XVI$^e$ siècle une importance stratégique, puisque son territoire empêchait la jonction des deux Républiques alliées de Genève et de Berne. En 1766, les démêlés internes de la bourgeoisie de Genève ayant obligé Berne, Zurich et la France à s'interposer, et le texte de leur médiation ayant été repoussé par le Conseil général de Genève à une forte majorité (15 décembre), le ministre Choiseul décréta, d'autorité, le blocus de Genève et l'envoi de troupes dans le pays de Gex.

Il semble bien que l'idée de fortifier à cette occasion le verrou de Versoix soit venue du chevalier Charles Léopold de Jaucourt, qui commandait ces troupes. Choiseul en fit son affaire et dépêcha sur les lieux, en mai 1767, le directeur général des fortifications de France, Pierre Joseph Bourcet, qui dressa des plans. Ces démarches inquiétèrent vivement les Genevois, et plus encore les Bernois, qui envoyèrent un espion sur place. Voltaire, qui était depuis 1759 en correspondance régulière avec Choiseul, ne fut donc pas l'initiateur du projet de Versoix, mais il l'encouragea désormais sans discontinuer, dans la folle espérance que la nouvelle ville, française mais peuplée de Genevois calvinistes, pourrait devenir une «cité de la tolérance» – symbolique alliance, pour l'avenir, de réalisme et d'idéal. Soumis à des pressions contradictoires, Louis XV retarda longtemps sa décision et ne donna son assentiment au plan Bourcet que le 8 septembre 1770. Mais Choiseul, l'âme du projet, tomba en disgrâce trois mois plus tard et les travaux furent interrompus dès le 15 avril 1771.

L'affaire de Versoix allait pourtant rebondir: au projet des militaires succéda en effet un projet plus modeste de l'ingénieur Jean Querret, qui reçut l'approbation royale le 21 décembre 1773. Des travaux d'aménagement furent exécutés jusqu'en 1779, sous Louis XVI, mais ponctuels, sans que le port ni la ville prennent vraiment corps, contrairement à ce qui se passait simultanément à Carouge, l'autre rivale de Genève, patronnée, elle, par Turin. Voltaire, qui avait d'abord obtenu pour son architecte Léonard Racle l'adjudication des travaux de Versoix, en septembre 1768, l'avait rappelé depuis longtemps à Ferney, dont le sort l'occupa dès lors exclusivement. Du grand projet de Versoix-la-Ville, il ne reste que des stances de Voltaire, de magnifiques plans en couleurs conservés dans les archives de Berne, de Genève, de Paris et de Turin – et, sur le terrain, le site de Port-Choiseul.

*Jean-Daniel Candaux*

> *Madame, un héros destructeur,*
> *S'il est grand, n'est qu'un grand coupable;*
> *J'aime bien mieux un fondateur :*
> *L'un est un Dieu, l'autre est un diable.*
>
> *Dites bien à votre mari*
> *Que des neuf Filles de Mémoire*
> *Il sera le seul favori,*
> *Si de fonder il a la gloire.*
>
> À *la duchesse de Choiseul, 1769.*

## VERTU

BIENFAISANCE • HOMME • LOI NATURELLE • MORALE • RELIGION • TOLÉRANCE •

Comme la plupart des philosophes du XVIII$^e$ siècle, Voltaire ne prononce jamais le mot vertu sans éprouver un frisson de l'âme. La vertu est la clef du bonheur, la conduite qui scelle l'entente entre les hommes et qu'on observe avec vénération quand elle se manifeste dans la vie publique ou privée. L'un des premiers apprentissages venait alors, comme Rousseau le raconte au début des *Confessions*, des exemples de l'Antiquité romaine. Le théâtre de Voltaire fourmille d'actes généreux et de paroles magnanimes destinés à embraser les cœurs. Dans *Ériphyle* (1732), Alcméon s'écrie que la vertu met les hommes au rang des demi-dieux. D'autres vers la célèbrent dans *Mérope* (1743), adressés à Dieu : « La vertu sur le trône est ton plus digne ouvrage... ». Dans *Socrate* (1759), le héros, avant de mourir, rend hommage à Sophronime en ces termes : « Votre vertu l'emporte sur le crime de ceux qui m'ont accusé... »

Pourtant la vertu ne saurait se confondre avec la sagesse antique : on peut rendre hommage à la force d'âme des stoïciens, sans la considérer comme vertueuse, puisqu'elle n'est d'aucune utilité pour les autres hommes. Quant aux prétendues vertus chrétiennes, sous leur forme théologale (la foi, l'espérance et la charité) ou cardinale (la justice, la prudence, la tempérance et la force), elles prêtent à la même critique, dans le nouvel ordre humain postulé par la Philosophie des Lumières. Bien qu'elle soit un acte d'amour, la charité chrétienne obéit d'abord à un ordre divin, et celui qui la pratique vise à gagner la vie éternelle. La vertu authentique est au contraire un acte désintéressé qui répond au seul désir de servir autrui. Secourir l'indigent, améliorer la compréhension entre les hommes, et plus largement contribuer à favoriser la condition commune, c'est ainsi que se définit le mieux la vraie vertu. Dans la voie ouverte par les penseurs anglais et par des philosophes français comme Montesquieu, Voltaire la refonde sur la

« sociabilité » première : « La nature, en produisant l'homme au milieu de ses semblables, lui a prescrit des devoirs à remplir envers eux. C'est dans l'obéissance à ces devoirs que consiste l'honnêteté, et c'est au-delà de ces devoirs que commence la générosité » (art. « Généreux, Générosité » destiné à l'*Encyclopédie*). La générosité devient alors « le plus sublime de tous les sentiments, comme le mobile de toutes les belles actions, et peut-être comme le germe de toutes les vertus ».
Voltaire distingue en fait plusieurs façons d'exercer la vertu. D'abord l'« humanité » : elle est l'amour du prochain, elle remplace la charité. Elle se manifeste surtout à l'égard des malheureux et des inférieurs. Dans le domaine judiciaire, elle doit inciter à une bienveillance de principe, en l'absence de preuves démontrant la culpabilité d'un suspect, et elle exclut, de toute façon, le recours aux châtiments cruels, indignes de l'homme. Il définit ensuite la « générosité » qu'il distingue de la « bienfaisance » parce que celle-ci n'exige pas de sacrifices et que la générosité en suppose toujours.
Voltaire jette les fondements d'une morale laïque : la vertu répond à ce mouvement qui nous porte vers notre semblable comme vers notre frère, parce qu'il partage nos misères et nos grandeurs, et qu'il connaît, comme nous, une existence précaire. Ce mouvement a certes un germe naturel, mais il gagne en profondeur quand il est éclairé par la raison, et il ne devient effectif que s'il s'exerce en société. Aussi Voltaire s'oppose-t-il, dans la *Lettre\* au docteur Jean Jacques Pansophe* (1766), à la conception rousseauiste de la vertu : « Vous parlez, docteur Pansophe, de la vertu des sauvages [...]. Leur vertu est négative, elle consiste à n'avoir ni bons cuisiniers, ni bons musiciens, ni luxe, etc. La vertu, voyez-vous, suppose des lumières, des réflexions, de la philosophie. » Sur un autre plan, il refuse également d'attribuer au régime républicain, comme le fait Montesquieu, le monopole de la vertu : les Villars et les Ponchartrain, sous le règne de Louis XIV, « étaient les hommes les plus vertueux d'Europe », affirme-t-il dans le *Commentaire\* sur l'Esprit des lois* (1777). Dans ce siècle qui n'a cessé de prêcher la vertu, il appartenait en propre à Voltaire de souligner que l'acte vertueux, pour exister pleinement, implique activité, dépense et don de soi, et parfois hardiesse dans l'engagement.

*Didier Masseau*

*Mais quoi ! n'admettra-t-on de vertus que celles qui sont utiles au prochain ? Eh ! comment puis-je en admettre d'autres ? Nous vivons en société ; il n'y a donc de véritablement bon pour nous que ce qui fait le bien de la société. Un solitaire sera sobre, pieux ; il sera revêtu d'un cilice : eh bien, il sera saint ; mais je ne l'appellerai vertueux que quand il aura fait quelque acte de vertu dont les autres hommes auront profité. Tant qu'il est seul, il n'est ni bienfaisant ni*

*malfaisant; il n'est rien pour nous. Si saint Bruno a mis la paix dans les familles, s'il a secouru l'indigence, il a été vertueux; s'il a jeûné, prié dans la solitude, il a été un saint. La vertu entre les hommes est un commerce de bienfaits; celui qui n'a nulle part à ce commerce ne doit point être compté. Si ce saint était dans le monde, il y ferait du bien sans doute; mais, tant qu'il n'y sera pas, le monde aura raison de ne pas lui donner le nom de vertueux : il sera bon pour lui, et non pour nous.*

*Dictionnaire philosophique, 1764, art. « Vertu ».*

# VÊTEMENTS

### TOILETTE •

Perruque\* longue, façon grand siècle, veste à basques jusqu'aux genoux, grandes manchettes et cravate de dentelle, façon Régence : Voltaire changea peu sa manière de s'habiller. Il n'adopta pas la mode qui coiffait les hommes à l'oiseau, et conserva l'allure marquis, en vogue à Paris dans ses jeunes années. Il aimait la parure et le bel habit, il savait tout ce qu'il devait « au fil d'un perruquier », « aux ciseaux d'un tailleur ».
Au mondain Voltaire de 24 ans, peint par Largillière\*, répond, dix-huit ans plus tard, un éclatant portrait de La Tour, qui révèle un homme mûr à l'élégance raffinée et luxueuse. Le quinquagénaire nuance ensuite son apparence. Il apporte une touche de simplicité à ses vestes de velours, les débarrassant de leurs broderies festonnées, mais conserve sa perruque longue et poudrée, ses manchettes et ses chemises de dentelle.
Voltaire découvrit en Suisse le confort douillet de la longue robe de chambre fourrée, dont le port s'imposa dans le froid château de Prangins\*. Mme Denis lui en offrit une pour ses étrennes de 1755, elle renouvela son présent l'année suivante, quand ils s'installèrent aux Délices, et plusieurs fois plus tard dans leur longue vie commune.
Voltaire prit à Ferney l'habitude de rester en robe de chambre. Il n'était pas rare alors de le voir accueillir ses visiteurs dans une robe fourrée de pelisse, avec sur la tête une longue perruque coiffée d'un petit bonnet noir. Assis en haut de la table, il soupait avec ses hôtes en robe de chambre de satin azur semé d'étoiles d'or, et les séduisait autant par sa conversation que par ses manières polies. Mais il commande encore des vestes d'or écrasé à fond cramoisi, et le dimanche, il se mêle à ses villageois, en « bel habit mordoré », en « veste à grandes basques, et galonnées en or », ou en « veste à la Bourgogne », et grandes manchettes de dentelle toujours, qui lui donnent « l'air noble ».
S'il se promène, il est en veste de basin et porte des souliers et des bas gris, ou bien il s'enveloppe dans la longue pelisse de fourrure que Catherine II

lui a envoyée. Puis il rentre, revêt sa douillette et s'installe pour travailler ou jouer aux échecs avec le père Adam*. Ses turbans, ses bonnets, plus ou moins galonnés, parfois enfoncés sur sa perruque, faisaient aussi partie intégrante de ses costumes d'intérieur, et le bonnet de nuit très avant dans la journée, quand il prit l'habitude de dicter de son lit.
Mais jusqu'à sa mort, il garda le même sens charnel du beau, du léger, de l'agréable à porter, au toucher. Le 14 mai 1778, presque mourant à Paris, il demande à Wagnière* de lui envoyer, avec des livres dont il a grand besoin, « un beau manteau de lit de satin blanc » qu'il regrette d'avoir laissé à Ferney.

Anne Soprani

*Je voudrais pour moi deux amples doublures de belle peluche cramoisie, un bord d'or pour un chapeau, une garniture de boutons d'or pour un surtout, une garniture de boutons d'or pour habit, veste et culotte. À qui aurai-je recours pour ces menues nécessités ? Ma foi, à vous, mon cher correspondant, puisque vous daignez être aussi attentif aux petites choses qu'aux grandes, et que vos bontés ne se lassent point.*

À Jean Robert Tronchin, 23 novembre 1757.

## VIE DE MOLIÈRE, AVEC DES JUGEMENTS SUR SES OUVRAGES
BIOGRAPHIE · CENSURE · COMÉDIES · GOÛT · MOLIÈRE · PHILOSOPHIE ·

En 1733, « par ordre de M. le Garde des Sceaux » (Chauvelin), Voltaire travaille à une courte biographie de Molière, suivie de notices sur ses pièces, qui devait servir de préambule à l'édition in-4°, parue en 1734. Fontenelle censura quelques passages; et Voltaire fut évincé au profit de Lasserre, auteur de livrets d'opéras. Deux éditions de son étude, sans les pièces de Molière, parurent en 1739: l'une à Paris, anonyme, dans l'état du texte censuré par Fontenelle; l'autre à Amsterdam avec le nom de l'auteur, en texte original et complet, non sans une petite pointe contre le censeur.
Évitant les détails inutiles et les anecdotes douteuses, Voltaire met en relief la vocation irrésistible du jeune Poquelin, sa fidélité aux idées de Gassendi, les persécutions dont il fut l'objet, la cabale des dévots, la protection éclairée de Louis XIV, pour finir par les tableaux lugubres de sa mort et de son enterrement scandaleux. Les notices consacrées aux œuvres passent rapidement sur les critiques courantes à cette époque: négligences de style, faiblesse des dénouements, entorses aux bienséances. Voltaire veut surtout montrer comment Molière se débarrasse des « bouffonneries » italiennes et espagnoles, et parvint à créer la grande comédie, avec *Le Misanthrope*, « chef-d'œuvre du haut comique », sans cesser pourtant de faire rire.

Enfin, si « le grand homme » illustre toutes les valeurs du siècle de Louis XIV, il est aussi philosophe. Quelles plus belles leçons de morale que « le sermon » de Cléante, qui défend la vertu contre la dévotion imbécile (*Tartuffe*), ou que « l'aumône » donnée « pour l'amour de l'humanité » (*Dom Juan*)? Molière a dit la vérité : honni, attaqué de toutes parts, excommunié parce que comédien, ce « frère » appartient de droit à la communauté philosophique – « *Dignus est intrare...* »

Henri Lagrave

*Le malheur qu'il avait eu de ne pouvoir mourir avec les secours de la religion, et la prévention contre la comédie, déterminèrent Harlay de Chanvalon, archevêque de Paris, si connu par ses intrigues galantes, à refuser la sépulture à Molière. Le roi le regrettait, et ce monarque, dont il avait été le domestique et le pensionnaire, eut la bonté de prier l'archevêque de Paris de le faire inhumer dans une église. Le curé de Saint-Eustache, sa paroisse, ne voulut pas s'en charger. La populace, qui ne connaissait dans Molière que le comédien, et qui ignorait qu'il avait été un excellent auteur, un philosophe, un grand homme en son genre, s'attroupa en foule à la porte de sa maison le jour du convoi : sa veuve fut obligée de jeter de l'argent par les fenêtres, et ces misérables, qui auraient, sans savoir pourquoi, troublé l'enterrement, accompagnèrent le corps avec respect.*

Vie de Molière, 1739.

## VIE DE MONSIEUR JEAN BAPTISTE ROUSSEAU

BIOGRAPHIE • GENS DE LETTRES • ROUSSEAU (JEAN BAPTISTE) • SATIRE •

Parodiée des « Vies » saintes ou héroïques, la plus violente satire contre le satirique poète, « le grand Rousseau » comme on disait encore. La genèse et l'attribution ne sont pas sûres.

C'est une histoire de l'homme Rousseau : naissance obscure, renom scandaleux, vilaines aventures, trahisons et ingratitudes, défauts et vices, déboires, délits divers et, pour finir, le juste bannissement – la célèbre affaire des couplets est longuement détaillée ; c'est aussi la revue critique de ses écrits, de ses talents mal employés, l'œuvre ne rachetant pas l'homme. Tableau et portrait assez conformes à l'image publique à la mort de Rousseau (1741), mais plus noirs, et durcis par la densité des traits.

Voltaire est-il bien l'auteur direct de cette satire ? Dans la discussion classique des attributions\*, c'est l'un des cas les plus épineux. Une lettre à Thiriot, d'avril 1738, donne à penser. Voltaire y écrit qu'il tient « de bons mémoires » à la disposition de « l'auteur » (non nommé) d'une « vie de Rousseau », qu'on dit en chantier... Diffusé à une date incertaine, d'abord

uniquement en copie manuscrite, l'ouvrage fut bientôt mis sur son compte : un anti-Rousseau ne pouvait être que de lui, et « M. de Voltaire » s'y trouve complaisamment loué ; le texte figure dans une édition de ses œuvres en 1764, mais était-ce une nouvelle preuve ou un simple effet de la rumeur ? Cette édition, faite sans l'aveu de l'écrivain, est d'ailleurs peu fiable dans ses attributions, particulièrement pour ce genre d'écrits.

Du vivant de Voltaire, aucun autre éditeur ne reprit le texte, et l'édition posthume de Kehl* l'exclut encore. C'est Beuchot* qui le premier réintégra dans le corpus voltairien cette *Vie de Monsieur Jean Baptiste Rousseau*, sur l'indication somme toute assez légère d'une note laissée par Decroix* : l'ouvrage, écrit Decroix, « paraît être véritablement de M. de Voltaire »... L'édition Moland*, puis celle de la Voltaire* Foundation, en cours, suivent cette tradition. Bengesco*, autre expert, s'arrêtait au doute.

*André Magnan*

## VIES DE VOLTAIRE

Voir COLLINI · CONDORCET · DUVERNET · KEHL.

## VIEILLESSE

FAMILLE · « MAMAN » · MORT · « PAPA-GRAND-HOMME » · « PATRIARCHE » · TRAVAIL ·

« Mon miracle est d'exister », s'étonne déjà Voltaire en 1756. Il emploiera les vingt-deux années qui lui restent à expliciter ce miracle qu'il ne cesse de vivre malgré « la dissolution de [sa] machine ». C'est que la vieillesse en impose nécessairement ; elle est un rempart contre la calomnie : « Me persécuterait-on encore à mon âge !... » « La mère de la Mort, la Vieillesse pesante » devient donc un motif obligé de ses désaveux*, chargé d'inspirer à la fois la pitié, l'effroi, le respect et l'admiration : « Je joue assez bien le rôle de vieillard, et cela d'après nature. » Rôle de composition aussi, car les misères du corps doivent relever la vivacité de l'esprit, la sagesse, la bonté, et surtout la profonde sensibilité puisque « l'âge et les maladies n'ont aucun pouvoir sur les sentiments du cœur ». C'est cette figure que les artistes comme Pigalle, Huber, Houdon viendront saisir, non sans malice parfois ; elle aura un rôle incontestable dans la conscience de l'époque. C'est aussi celle que le XIX$^e$ siècle voudra abattre – mais le « patriarche » est encore notre Voltaire immédiat. Cependant le « hibou de Ferney » n'apprécie guère qu'on retourne son image déformée et qu'un témoin sans cœur, le traitant de « vieillard moribond », confonde personne et personnage. Malgré la

décrépitude certaine, de réelles souffrances, malgré les procès et les calomnies, avec et malgré Mme Denis, la vieillesse de Voltaire est heureuse. «Le travail est une jouissance», qui l'emporte sur toutes les douleurs; il en abuse. Il conserve jusqu'à la fin une énergie, une lucidité, une présence d'esprit et une puissance d'écriture exceptionnelles. Il trouve aussi, aux Délices et à Ferney, un «bonheur de campagne», la possibilité d'entreprendre, de bâtir et de planter, et surtout la liberté, sans laquelle il n'y aurait pas eu d'affaire Calas. Une chose l'étonne: «On ne vit pas assez longtemps. Pourquoi les carpes vivent-elles plus que les hommes? Cela est ridicule.»

Jean-Michel Raynaud

*Un beau soleil est encore un grand plaisir.*
À Mme de Lützelbourg, 10 mars 1761.

*Mon esprit est encore quelquefois un peu prompt, mais la chair est faible, et je dégringole furieusement.*
À Damilaville, 16 octobre 1767.

*Un vieillard est un grand arbre qui n'a plus ni fruits ni feuilles, mais qui tient encore à la terre.*
Carnets.

## VILLARS, Claude Louis Hector, duc de

Maréchal de France, héros des grandes campagnes de Louis XIV, et en 1712 de la victoire de Denain, Louis Hector de Villars (1653-1734) figure en grand dans *Le Siècle\* de Louis XIV*. Ce militaire «plein d'audace et de confiance» a déplu parfois à Louis XIV et à Louvois, «parce qu'il leur parlait avec la même hardiesse». Voltaire rétablit sa réputation: «Il n'avait point l'art de se faire des amis, ni celui de se faire valoir.»
Ce n'est pas l'officier sexagénaire qui attire Voltaire à Vaux-Villars, mais bien sa femme, Jeanne Angélique Roque de Varangeville (1675-1763) dont il fut amoureux en poète, et même davantage. Elle l'avait remarqué, en 1718, un soir de représentation d'*Œdipe\**, et invita chez elle le nouveau Sophocle, si jeune, et si fort à la mode. Il s'éprit d'elle, mais la maréchale n'était que galante. Elle ne se laissa pas séduire, il dut surmonter sa passion, s'en guérir «pour jamais», dit-il. Quelques années après, envoyant sa *Henriade\** à la duchesse de Villars, il lui rappelle joliment ce temps:

> *Quand vous m'aimiez, mes vers étaient aimables:*
> *Je chantais dignement vos grâces, vos vertus;*

*Cet ouvrage naquit dans ces temps favorables :
Il eût été parfait, mais vous ne m'aimez plus.*

Voltaire resta en relation avec les Villars. En 1760, il reçut à Ferney\* le fils du maréchal, Armand Honoré, duc de Villars (1701-1770), alors gouverneur de Provence. Pour cet important visiteur, il joua ses anciennes pièces, avec les amateurs de son entourage: *Alzire\**, *Tancrède\** et *Mahomet\**. Quelques mois plus tard, le duc loua Les Délices\*. Il assista encore à la représentation d'*Olympie\**; il fut présent aussi au mariage de Mlle Corneille\*. Voltaire le croyait acquis à ses idées comme à son théâtre; il reçut pourtant un jour – et l'annota – une « étrange lettre du duc de Villars qui cro[yait] les Calas coupables ».

*Anne Soprani*

VILLETTE, Charles Michel, marquis du Plessis-,
et Reine Philiberte Rouph de Varicourt, marquise du Plessis-

FAMILLE • FERNEY •

La marquise (1757-1822) d'abord, cette candide et charmante personne que Voltaire avait surnommée, dès avant son mariage, « Belle et Bonne ». Fille d'un voisin pauvre de Ferney, Rouph de Varicourt, beau-frère des Deprez\* de Crassier, elle était destinée au couvent; Mme Denis, qui lui témoignait un attachement affectueux, l'invita à s'installer au château même en 1776. Charmé et attendri par la douceur de ses 19 ans, Voltaire la chargea, dit-il, « du compartiment des grâces ».

C'est à Ferney, que « Belle et Bonne » rencontra son futur mari, Charles Michel du Plessis-Villette (1736-1793), plus connu sous le nom de marquis de Villette. Cet officier de cavalerie était en relation avec Voltaire depuis 1765. Le patriarche s'était entiché de ce littérateur en qui il voyait un « philosophe en herbe ». Le marquis, fils d'un financier, était un libertin et un aventurier, criblé de dettes. Interdit de séjour à Paris pour deux ans, il avait eu l'idée de venir à Ferney en mars 1765, et avait séduit toute la petite société. Voltaire fut conquis par ce jeune homme brillant, grand récitateur de vers et bon imitateur. Il intercéda en vain auprès du père du marquis pour faire lever la sentence qui le frappait. Charles Michel de Villette rentra cependant en possession de son héritage en 1766 et retourna à Paris. Jusqu'en 1777, il multiplia les scandales: duels, querelles publiques au sujet de femmes, aventures homosexuelles, et même une incarcération à l'Abbaye. À ce « méchant garçon », avec une étonnante faiblesse, Voltaire restait attaché: « Je ne vous pardonne pas, lui écrit-il, de vous livrer au public, qui cherche toujours une victime et qui s'acharne impitoyablement

sur elle [...]. Je vous invite plus que jamais à vous livrer à l'étude.» Après une dernière affaire de duel, le marquis se réfugia de nouveau à Ferney à la fin de septembre 1777. Il fut touché et séduit par «Belle et Bonne», comme par un coup de foudre. Il l'épousa en l'église du château, le 19 novembre suivant, à minuit. Heureux de sa «conversion», Voltaire était là, attendri, enveloppé dans sa longue pelisse de fourrure; avant la cérémonie, il avait mis autour du cou de la mariée une belle parure de diamants.

Le mariage de «Belle et Bonne» annonçait le départ de Ferney du patriarche: soutenus par les amis parisiens de Voltaire et par Mme Denis, les Villette le persuadèrent de venir à Paris et le logèrent dans leur hôtel durant tout son séjour.

Après la mort de Voltaire, le marquis de Villette acheta à Mme Denis, en janvier 1779, le château de Ferney. «Belle et Bonne» ne goûta pas longtemps le bonheur d'être dame de Ferney: dès 1785, Villette en grande difficulté revendait le domaine. Un an auparavant, il avait publié les *Œuvres du marquis de V.*, un ensemble d'anecdotes et de souvenirs fort suspects sur ses relations avec Voltaire. Dans l'imaginaire parisien, «Belle et Bonne» restait une figure privilégiée de la mémoire voltairienne. En juillet 1791, le convoi qui transférait le corps de Voltaire au Panthéon* s'arrêta devant l'hôtel de Villette somptueusement décoré. Mme de Villette accompagnée de sa fille et des deux filles de Calas, s'approcha du char, tenant à la main une couronne civique, qu'en pleurs elle déposa sur la statue du grand homme.

*Anne Soprani*

## VIN

GASTRONOMIE • PHILOSOPHIE •

«Je sais qu'il y a vin et vin [...]. C'est du bon que je demande.» Et il en commande, et il en reçoit du bon, et en quantité. «Je bois beaucoup, c'est-à-dire demi-setier [un quart de litre] à chaque repas; et je vous conseille d'en faire autant; mais il faut que ce soit d'excellent vin.» Il aime le beaujolais, le muscat, rouge et blanc, le bourgogne, le tokay, le champagne. Le jour du départ de Mme Denis pour Paris, le 1$^{er}$ mars 1768, il remercie Rochefort d'Ally en ces termes: «Vous m'avez envoyé, Monsieur, du vin de Champagne quand je suis à la tisane; c'est envoyer une fille à un châtré.» Son «Esculape» Théodore Tronchin finira par lui interdire tout vin.

Une autre vigne lui resta chère jusqu'à la fin: celle de la «philosophie», dont il recommanda sans cesse aux «frères» le soin, reprenant sans vergogne les paraboles évangéliques. Il crut la voir s'étendre à toute l'Europe, sur

ses vieux jours, et réserva ses exhortations pour les Français encore trop Welches* : « La vigne du Seigneur est cultivée partout, mais nous n'avons encore à Paris que du vin de Suresnes » (à d'Alembert, 15 mars 1769).

Jean-Michel Raynaud

*Mais vraiment, mon cher ange, j'ai mal aux yeux aussi. Je soupçonne que c'est en qualité d'ivrogne. Je bois quelquefois demi-setier; je crois même avoir été jusqu'à chopine, et quand c'est du vin de Bourgogne, je sens qu'il porte un peu aux yeux, surtout après avoir écrit dix ou douze lettres de ma main par jour.*

À d'Argental, 29 juin 1761.

## VIRGILE

ANCIENS • GÉNIE • GOÛT • POÉSIE •

Pour Voltaire, c'est – au même titre que Racine – le poète par excellence : « mon idole et mon maître ». Dans la correspondance, Virgile est aussi, après Horace, l'auteur le plus cité : plus de trois cents fois. Voltaire prise « la muse champêtre » des *Bucoliques*, qui « embellit » tout, « l'air, la terre et les cieux », dit-il dans une épître ; il proclame que les *Géorgiques* « feront toujours les délices des gens de lettres » (à Rosset, 22 avril 1744). Enfin, il juge que *L'Énéide* « est encore, avec tous ses défauts, le plus beau monument qui nous reste de toute l'Antiquité » (*Essay upon the Epic Poetry*).

Car, n'en déplaise à Boileau, Virgile n'est pas sans défauts : parmi toutes ces « expressions pittoresques dont il enrichit la belle langue latine », toutes ces « expressions heureuses qui sont l'âme de la poésie », on déplore, outre quelques *concetti* (au cardinal Passionei, 9 janvier 1745), de « viles flatteries » envers Octave ; et, même si les six derniers chants de *L'Énéide* ne sont pas « sans beautés », ils sont « indignes des six premiers » (*Essay upon the Epic Poetry*) – on reconnaît là l'exercice libre d'un goût difficile.

Il reste que « le second livre de *L'Énéide*, le quatrième et le sixième, sont au-dessus de tous les poètes grecs et de tous les latins, sans exception » (*Questions sur l'Encyclopédie*, 1770-1772, art. « Épopée ») : ils sont remplis de « vers admirables », de « traits simples, élégants, attendrissants », de « vers touchants, qui font verser des larmes », bref de « cette mollesse heureuse et attendrissante » (*ibid.*) dont Horace déjà le créditait. Dans ces moments rares de perfection continue, d'« élégance » pure où la « noblesse » s'allie à l'« aisance », Voltaire voit en Virgile l'incarnation inégalée d'un équilibre idéal entre le « goût » et le « génie » : « Ne mettons rien à côté de Virgile » (à Mme du Deffand, 19 mai 1754).

Patrick Brasart

## VIRGINITÉ

MARIE •

De *La Pucelle\** *d'Orléans* aux trente-deux mille pucelles partagées après la victoire des Hébreux sur les Madianites (*La Défense de mon oncle*, 1767), sans oublier les héroïnes des contes, *Cosi-Sancta\** ou *Le Cadenas\**, Voltaire n'a que plaisanteries, ironies ou sarcasmes pour les vierges authentiques ou fausses. La virginité, comme la chasteté, ne figure plus au nombre des vertus : Mlle de Saint-Yves, dans *L'Ingénu\**, meurt de l'avoir méconnu. On doit même la condamner si elle prive la société des sujets que chaque femme en mesure de procréer devrait donner à l'État. Voltaire entonne, comme beaucoup d'autres bons esprits du temps, le chant populationniste. Il le corse volontiers de couplets antichrétiens : la vertu de chasteté mène tout droit les hommes au péché d'Onan\* et donne aux filles de « pâles couleurs », car il n'est jamais bon de contredire la nature !

*Didier Masseau*

## VIVRE AVEC SOI-MÊME

*Peu de personnes savent vivre avec eux-mêmes, et jouir de leur liberté, c'est un trésor dont ils sont tous embarrassés. Le paysan le vend pour quatre sous par jour, le lieutenant pour vingt, le capitaine pour un écu de six francs, le colonel pour avoir le droit de se ruiner. De cent personnes, il y en a quatre-vingt-dix-neuf qui meurent sans avoir vécu pour eux. Les hommes sont des machines que la coutume pousse comme le vent fait tourner les ailes d'un moulin.*

*À d'Argence, 28 avril 1760.*

## VOISENON, Claude Henri de Fusée, abbé de

L'abbé de Voisenon (1708-1775) est un libertin, auteur d'opéras, de romans et de contes licencieux qui sont un parangon du genre. Durant l'été 1745, Voltaire aime à le rencontrer chez le duc et la duchesse de La Vallière\* au château de Champs\*, où se réunit une aristocratie parfois très proche du roi. Le pétillant et fringant abbé y anime de ses bons mots une société libre de mœurs, tournée vers la mondanité et le divertissement. Il fut aussi l'un des rares confidents des dernières amours de Mme du Châtelet\*, follement éprise de Saint-Lambert. Voltaire le surnommait « le cher greluchon » (autant dire « le cher gigolo ») ou « l'évêque de Montrouge » (résidence ordinaire du duc de La Vallière).

*Didier Masseau*

## VOIX

ACTEUR • CONVERSATION •

Voltaire était fort sensible aux voix, mais dans la conversation et la déclamation plutôt qu'en musique. Il apprécia la cantatrice Mlle Fel, qu'il reçut aux Délices – « le rossignol » –, mais n'aimait pas l'extrême virtuosité, ces « roulades » en cascade de la célèbre Astrua qu'il connut à Berlin, payée à prix d'or par Frédéric II. Excellente dans le chant et dans la déclamation, sa nièce aimée Mme Denis lui plut aussi par sa voix, qu'elle avait « très agréable et très brillante », écrit une visiteuse des Délices, « et rendant bien le sentiment ».
Celle de Voltaire était grave et profonde, puissante, étonnamment travaillée. Il la faisait « sépulcrale » à son gré – mot de Marmontel, à qui il a chanté un jour de son lit de malade la chanson du *Rémouleur*, et de Moultou qui a vu des importuns se troubler à un caverneux « Je suis mort » lâché depuis la porte du salon. Duvernet, son premier biographe, qui l'a connu personnellement, évoque « sa voix sombre, mais majestueuse, et d'un volume prodigieux ». Les anecdotes ne manquent pas de scènes où Voltaire crie, puis se radoucit, de répétitions d'acteurs interrompus puis bissés. Ses tons de conversation étaient en revanche très raffinés, pleins de chaleur et de séduction.
C'est sa déclamation surtout qui a frappé les contemporains. Un voisin genevois, convié à une lecture du *Poème sur le désastre de Lisbonne*, a trouvé qu'il disait « fort bien et fort coulamment », mais s'avoue surpris aussi de « la véhémence de son débit » et d'un excès « de tons élevés » : il définit sans le vouloir les trois voix du poème même, le récit, la colère, la plainte, et suggère la passion du récitant, tout emphase et cadence, cherchant à force des aigus pathétiques. Ce témoin évoque aussi l'« action » de Voltaire déclamant, cette projection du corps dans la voix, souvenir désuet des grands comédiens du début du siècle. À ses propres acteurs, quand il les exerçait, Voltaire demandait simplement d'avoir « le diable au corps », d'apprendre « l'imprécation », d'imaginer – pour Gengis Khan dans *L'Orphelin de la Chine* – « un tigre qui, en caressant sa femelle, lui enfonce ses griffes dans les reins ». Il arriva quelquefois à Voltaire, en dehors des hivers neigeux de la vieillesse, d'avoir des extinctions de voix.

*André Magnan*

## *VOIX DU SAGE ET DU PEUPLE (LA)*

ANTICLÉRICALISME • CENSURE • IMPÔTS • POLITIQUE • ROME •

Voltaire a lui-même indiqué l'importance historique du moment : « Il se trouva vers l'an 1750 un ministre des finances assez hardi pour faire ordon-

ner que le clergé et les religieux donneraient un état de leurs biens, afin que le roi pût voir, par ce qu'ils possédaient, ce qu'ils devaient à l'État» (*Précis du siècle de Louis XV*, chap. XXXVI). À ce type de réforme, version régalienne du gallicanisme, le clergé de France opposa constamment, jusqu'à la Révolution, les fondements mêmes du droit canon : l'Église est la puissance primordiale, la seule d'institution et de mission divines, donc sa contribution aux finances des États doit rester libre et volontaire, et toute atteinte à ses immunités est un sacrilège. À quoi s'ajoutaient les remontrances des parlementaires, eux-mêmes privilégiés, en faveur du pauvre peuple déjà trop accablé d'impôts. Le projet Machault d'Arnouville allait échouer sur ces résistances, comme échouerait encore en 1787, conçu dans le même esprit, le plan Calonne de subvention territoriale.

C'est apparemment en marge de ses fonctions d'historiographe\* que Voltaire eut à intervenir dans ce débat. Il écrivit d'abord une *Lettre\* à l'occasion de l'impôt du vingtième* (1749), que le ministère n'utilisa pas, puis cette *Voix du sage et du peuple* (1750), plus curieuse, qui est une note de synthèse, une sorte d'argumentaire.

Un principe est posé : «Il ne doit pas y avoir deux puissances dans un État.» Application : «L'Église doit contribuer aux charges de l'État à proportion de ses revenus.» La démonstration s'articule, en quelques pages, aux postulats de «la raison» – «les lois de la nature», «la société», «la justice distributive» – et plus explicitement au modèle du «prince philosophe», figure d'une alliance moderne entre «puissance» royale et «esprit philosophique» : «Les philosophes rendent service au prince en détruisant la superstition, qui est toujours l'ennemie des princes.» Texte essentiel pour l'élaboration d'un «despotisme éclairé», mais il n'est pas sûr que Voltaire en ait souhaité la publication, qui l'exposait. L'impression se fit à Paris, dans le secteur parallèle contrôlé par le ministère, sous la fausse adresse d'Amsterdam, en mai ou juin 1750, déclenchant aussitôt le scandale, la colère des autorités religieuses, et une véritable «bataille du vingtième». Autour du titre à succès, ce fut une cacophonie de *Voix* : du chrétien, du capucin, de l'évêque, des femmes, du fou, du lévite, du pape, du riche, du pauvre... Voltaire était aussitôt parti pour la Prusse\*, peut-être par prudence comme le suggérèrent certaines gazettes.

La condamnation papale (25 janvier 1751) donne la mesure des enjeux : *La Voix du sage et du peuple* contient, dit le décret, «une doctrine et des propositions respectivement fausses, erronées, téméraires, scandaleuses, contraires et préjudiciables aux droits et immunités ecclésiastiques, suspectes de schisme et d'hérésie». C'est le premier des écrits de Voltaire qui fut condamné à Rome. La suite était prévisible : un arrêt de suppression fut pris à Versailles (21 mai 1751), la querelle des *Voix* s'éteignit, et la réforme fiscale s'enlisa – Machault fut renvoyé en 1754. Dans une lettre à Richelieu

de l'été 1751, Voltaire se demande s'il était bien sage « de soutenir les droits du roi ».

Les éditeurs de Kehl*, dans une note, réactualiseront le titre : toujours réfractaire à l'imposition en 1787, le clergé insulte « le bon sens et la nation ».

*André Magnan*

## *VOLTAIRE (LA)*

Titre d'une pièce de clavecin de Jean François Rameau, dit Rameau le neveu (1716-1777), immortalisé par Diderot. Neveu du grand Rameau, il signait réellement « Rameau le neveu » ; on l'appelait aussi « Rameau le fou ». Le morceau, qui est perdu, imitait « le style de M. de Voltaire », dit un journaliste du temps. L'auteur s'était fait une spécialité de cette sorte de caractérologie musicale, en donnant par exemple sous le titre « Les Trois Rameaux », un triple portrait de son oncle, de son père (également musicien, mais inconnu !) et de lui-même, en guise de signature à un recueil de *Nouvelles Pièces de clavecin* – entièrement perdu lui aussi. Sans doute exécutait-il plus brillamment encore au violon ce genre de morceaux, comme il s'en vanta plus tard dans sa *Raméide*, en deux vers de bonimenteur :

> *Mon archet à son tour rend les êtres moraux :*
> *Ici, c'est « la Voltaire » et là « les Trois Rameaux ».*

La *Raméide* est de 1766, les *Nouvelles Pièces* de 1757, mais sans *La Voltaire*, qui fut donc composée dans l'intervalle. Rameau le neveu, musicien reconnu et apprécié, eut plusieurs « symphonies » jouées devant le roi. Il mourut fou.

*André Magnan*

## VOLTAIRE FOUNDATION

ANGLETERRE · BESTERMAN · ÉDITIONS ·

Créée en 1972 par Theodore Besterman, établie par ses soins à l'université d'Oxford en 1973, dotée par son testament en 1976, la Voltaire Foundation a pour objet de poursuivre les publications qu'il avait entreprises, de promouvoir de nouveaux projets analogues, et plus généralement d'œuvrer à l'avancement des recherches sur le XVIII$^e$ siècle.

Les principaux travaux en cours sont des éditions : les *Complete Works* et *Œuvres complètes* de Voltaire (publication lancée par Besterman lui-même en 1968, associant quelque 130 collaborateurs, 75 volumes parus sur les

150 prévus à terme), la *Correspondance complète de Jean Jacques Rousseau* (commencée en 1965 par R.-A. Leigh, 53 volumes) et plusieurs autres correspondances générales (Mme de Graffigny, Helvétius, Morellet). La Voltaire Foundation poursuit également la série très active des *Studies\* on Voltaire and the Eighteenth Century*, et procure aux chercheurs de tous pays, dans l'accueillante «Voltaire Room» de l'université d'Oxford, les ressources d'une riche bibliothèque spécialisée.

La préhistoire de la Voltaire Foundation est à Genève, où Besterman avait d'abord créé, dès 1952, l'Institut\* et musée Voltaire. On dit aussi qu'elle faillit être en France, vers 1950, une «Fondation Voltaire» – mais l'urgence nationale n'était certes pas alors aux grands projets culturels de prestige. Après Kehl\*, où s'imprima la première édition posthume de ses œuvres, et Saint-Pétersbourg\* où se trouve sa bibliothèque\*, une étrange saga posthume aura donc conduit Voltaire à Genève et à Oxford, d'où il revient peut-être encore ce qu'en lui-même il fut toujours : un écrivain français d'Europe.

*André Magnan*

## «VOLTAIRE PORTATIF (LE)»

Voir «PORTATIF (LE)».

## VOLTAIRE-STRAS

*Sont-elles vraiment de Voltaire, ces deux pièces de vers que vous m'envoyez ? J'y aurais reconnu Dorat, Boufflers, Voisenon, le chevalier à talons rouges de chez le baron, ou un autre Voltaire-Stras, mais jamais lui-même ; et prenez garde, peut-être je ne me trompe pas. On a mis sur le compte de Voltaire les louanges d'un exilé, que personne n'osait faire. Le temps nous éclaircira, disent les gazetiers.*

*Galiani à Mme d'Épinay, 23 février 1771*
*– seule la dernière attribution était juste : c'était un éloge de Choiseul\*.*

## VOLTAIRIENS

ANTICLÉRICALISME · COMMÉMORATIONS ·
POLITIQUE · RÉVOLUTION ·

La chose précéda le mot, et sous le même mot elle varia beaucoup encore – signe évident d'une complexité d'enjeux historiques. En 1873, Littré énonce

le dispositif final, évidemment diabolique. Il définit le «voltairien» (néologisme): «un homme enclin au voltairianisme» – comme si ce «voltairianisme» lui préexistait, attirant comme les péchés; et ce «voltairianisme» (autre néologisme pourtant) reçoit la définition: «Esprit d'incrédulité railleuse à l'égard du christianisme» – sans précision, comme si Voltaire n'y était pour rien, ni sa lecture, ni son influence. Les académiciens qui six ans plus tard admettent «voltairien» dans leur dictionnaire en font plus logiquement «un partisan des idées, des opinions, de la philosophie de Voltaire», et ignorent donc le prétendu «voltairianisme»: les «voltairiens», c'est directement *la faute à Voltaire*... L'exemple qu'ils inventent pour illustrer leur définition reflète d'ailleurs les violences ambiantes du premier centenaire de la mort de Voltaire (1878): «C'est un voltairien déterminé.» Euphémisme contre euphémisme, on devine que Littré fut autrement «voltairien», au sens libéral et presque républicain à cette date; et que les académiciens du temps n'étaient certes pas partisans de ce vilain «voltairianisme»...

Mais l'emploi nominal remontait beaucoup plus haut dans l'usage commun. Dès 1834, de beau-père à gendre, cette exhortation vigoureuse pour ouvrir une carrière politique: «Je vous recommande Messieurs les voltairiens, ce peuple de singes qui ne fait que détruire et ricaner» – le gendre sortira de la ligne tracée: c'était Victor Hugo. La catégorie, l'idée d'une descendance d'histoire, liée à 1789 bien sûr, partait des grandes polémiques ravivées par la Restauration. Une expression littéraire coexiste alors, lancée peut-être par Byron, reprise par Nerval, un peu mythique, indécise entre politique et religion: «Fils de Voltaire» – Montalembert les combat, mais les décembristes russes l'ont déjà reprise à leur compte, dans la pensée d'une révolution. On devine que des «Fils» plus provocateurs, dans les années 1830-1840, adoptèrent l'insulte «voltairiens», faisant de l'épithète une identité, puis un drapeau: des batailles firent rage autour, pendant un bon demi-siècle.

Les premiers «voltairiens» avaient été en fait, juste avant 1789, les hommes de Kehl\*, les Beaumarchais, Condorcet, Decroix, Ruault et autres associés de l'édition posthume. Ils avaient dans l'œuvre de Voltaire leurs références; ils la citent par cœur et la pastichent dans leurs lettres, ils écrivent «Fédéric» et «Catérine», et en souvenir du maître «août» se dit encore pour eux «auguste» – «voltairiens» déjà au sens littéraire. Mais ils appellent aussi leurs opposants des «fréronistes» en mémoire de l'odieux Fréron\*, ils maudissent les mandements épiscopaux lancés contre leur édition, et surtout ils font «fructifier la vigne» – non sans risques. Le grand homme est entre eux l'objet d'une sorte de culte, grave et naïf à la fois: «saint François de Ferney», ose un jour Ruault. Et ils se voient eux-mêmes comme une relève, instruite et formée par les écrits de Voltaire,

aguerrie par ses campagnes contre l'Infâme, antiparlementaire et anticléricale à son exemple, et continuant après lui la « révolution » qui doit à la fin établir les libertés « de penser, de parler et d'écrire ». C'est ce désir d'une influence libératrice de Voltaire, avec la conviction de sa modernité, qui faisait d'eux des « voltairiens » avant la lettre. Condorcet parle d'une « école de Voltaire », Duvernet* déjà de filiation : « Il a créé une nouvelle génération d'hommes. » Mais ce Voltaire de « réforme » fut vite dépassé et emporté par la Révolution : les premiers « voltairiens » disparaissent avec Condorcet*.

La monarchie rétablie, Voltaire redevint pendant la Restauration, sur ces mêmes enjeux de liberté, une référence majeure. « Voltairien » signifie alors « libéral » : contre les tendances dures du programme ultra, puis pour la Charte, pour son application complète, pour son extension même – *Le Constitutionnel*, journal d'opposition, est « voltairien », honni par *Le Drapeau blanc* qui montre du doigt « les propagateurs de l'épidémie révolutionnaire ». Jamais on ne fit tant d'éditions des œuvres complètes de Voltaire que sous la Restauration, après les premières années de plomb. C'est l'époque où Stendhal, pour nourrir sa résistance au nouvel « ordre jésuitique », renoue par la lecture directe avec ce Voltaire « philosophe » qu'il n'avait guère connu qu'à travers les Idéologues. On a oublié que l'École normale, à partir de 1820, fut l'un des foyers de ce libéralisme, pendant plus de quarante ans, et que Voltaire y était regardé comme un maître, un recours, un exemple d'engagement, à l'instar d'autres philosophes plus tard, en d'autres temps. À la Sorbonne, le triumvirat libéral de Cousin, Guizot et Villemain, qui finit par se joindre en 1827, était également « voltairien », et d'esprit « national » dans le sens du moment – l'esprit de la « nation », issu de 1789 –, non sans nuances il est vrai, que découvrit la carrière de Guizot. L'anticléricalisme, avant la lettre, était plus que latent dans ces nouveaux combats, quoique non intellectualisé encore. Contre « les curés », Courier et Béranger, « voltairiens » de verve aussi, lancent les pétitions et les couplets d'une France qui veut danser, qui veut chanter, qui rêve des « libertés », et qui refuse ces bégaiements de l'histoire – l'une des sections d'un recueil de Béranger s'intitulera, en 1833, « Chansons voltairiennes. »

C'est sous la monarchie de Juillet, autour des enjeux de l'enseignement et de la fonction de l'Église, puis sous le Second Empire, avec les débats sur les droits du pape et l'ultramontanisme, que les « voltairiens » se reconnurent enfin dans l'anticléricalisme, perçu comme le facteur primordial de changements politiques. L'œuvre de Voltaire, sa mémoire, son seul nom souvent, en devinrent la référence essentielle ; la facilité de son écriture, claire comme un bon sens, semblait résumer à cet usage tout l'effort des Lumières. Excédé des résistances des jésuites, Thiers veut en 1845 « mettre

# V

la main de Voltaire sur ces gens-là» – Michelet aussi enrôle et cite ce maître en liberté d'esprit; et About, quinze ans plus tard, auteur tonitruant de *La Question romaine*, est pour Veuillot «un descendant de Voltaire par le Compère Mathieu» – «par Gaudissart», suggèrent les Goncourt, qui détestent presque autant ces «voltairiens». Le terme trouve là sa seconde cohérence, au milieu du siècle, la plus forte de sa longue histoire peut-être, dans des idées et des discours de libre pensée, voire d'irréligion, sur le front des refus de tout cléricalisme. Avec le temps, les signes devenant plus nets d'un reflux vraiment historique de l'Église en France, le «voltairien» tout à la fois se généralise et se banalise, se stéréotype même, et se pavane – c'est Homais, suiveur triomphal, «voltairien» de la France profonde, maudissant encore «Messieurs de Loyola» dans *Le Fanal de Rouen*... Flaubert* a détesté ces voltairiens d'arrière-garde, au rire bête et lâche, pour mieux aimer Voltaire qui ne riait pas mais «grinçait»; d'autres comme Hugo n'ont pu revenir à Voltaire qu'en se disant qu'il n'eût pas été «voltairien» – paradoxe salutaire pour recoller à l'Histoire.

Mais en même temps, sous l'aspect positif de la politique, des formes et régimes de gouvernement, le «voltairien» fut tout et son contraire, dans ces mêmes décennies de crises et de fractures – l'anticléricalisme portant justement plusieurs possibles. Avant de s'accomplir dans l'œuvre de laïcisation républicaine des années 1880, le terme aura donc beaucoup servi, insigne ou insulte. On peut être «tout ensemble ultra-royaliste et *ultra-voltairien*», comme le marquis de Champtercier dans *Les Misérables*, dernier avatar du noble libertin. On peut être quarante-huitard et «voltairien» – façon Gavroche ou façon Proudhon. On peut être «voltairien» et «impérial», surtout quand l'Empire résiste à Rome ou semble se libéraliser; mais il faut être «voltairien» si l'on est anti-Badinguet: la souscription qui de Guernesey parvient au *Siècle**, en 1867, porte un mot de Hugo saluant, au nom du «petit groupe démocratique» de l'île, ce Voltaire d'un autre 89 à faire – «Il est l'étoile de ce grand matin». Blanqui même ne se dit-il pas «voltairien» à sa manière, quand il lance depuis sa prison le brûlot d'un nouveau *Candide**? Il a certes nourri dans la vieille guerre à l'Infâme des violences libertaires nouvelles. Mais où s'arrêteront donc ces «voltairiens»? Après la Commune, Veuillot vaticine: «Rigault et Ferré étaient des Voltairiens, et ne pouvaient pas être autre chose!» Car Veuillot voulut toujours voir, en clérical absolu, dans une Histoire pour lui sacrée encore, un nœud de mort entre 89, 48 et 71: «l'Humanité révoltée contre Dieu».

Toutes ces influences, apparemment erratiques par rapport à l'œuvre source, revendiquaient contradictoirement l'héritage de Voltaire – tous «Fils», sous réserve d'inventaire...

On sait que la III$^e$ République, en bonne fille de notaire, finit par sortir du

dossier poudreux son « Voltaire voltairien », réduit à quelques traits simples, donc plus nettement identifiable ou opposable : laïc et prérévolutionnaire, fossoyeur de l'Ancien Régime et père fondateur de 1789. C'est Hugo qui se chargea de dessiner en 1878, de patriarche à patriarche, cette figure étrangement réinvestie de sacré, forte des saintes vertus laïques de la tolérance et de l'humanité, donc de vocation œcuménique, à plus ou moins long terme, dans la France des Républiques.

Il advint pourtant que l'épithète redevint suspecte sous la France de Vichy, sinon dans le discours officiel des institutions centrales, du moins dans certains discours périphériques – journalisme, littérature, idéologie. Les propagandistes, les délateurs et autres purificateurs de la mémoire redonnèrent alors parfois au mot « voltairien », comme jadis sous la Restauration, les connotations condamnables de « libre pensée », de « franc-maçonnerie », voire de « révolution » – la mauvaise. Sauf à récupérer à l'antisémitisme moderne, dans le même temps, le discours archaïque de Voltaire sur les anciens Hébreux.

*André Magnan*

*La Providence n'a-t-elle pas poursuivi tous ceux qui se sont occupés de Voltaire pour l'honorer ? Gustave David, Charles Modas, André Grostabussiat, son père, M. David, Vuaillet le boulanger, sont morts en peu de temps. Le docteur Gerlier est boiteux. Daniel Fay, qui demandait les souscriptions pour la fête de l'inauguration du buste, a perdu une petite fille qui a été inhumée le 28 juillet à 4 heures, le jour même de l'inauguration.*

Journal de Joseph-Hippolyte-Ennemond Delacroix,<br>curé de Ferney-Voltaire, 21 mai 1879.

*Voltairiens nous sommes sans le savoir ou même en voulant ne pas l'être, c'est là que nous avons nos origines.*

Ferdinand Brunetière, article pour la Revue des deux mondes, 1889.

QU'EST-CE ACTUELLEMENT QU'UN VOLTAIRIEN ? – *Il n'y a plus de Voltairiens. Les hommes de la génération de 1830 ont connu les derniers. C'étaient des gens dont on disait qu'ils ne croyaient à rien.*

L'Intermédiaire des chercheurs et des curieux,<br>22 septembre 1899, réponse signée Tilloy.

## VOLTAIROMANIE (LA), OU LETTRE D'UN JEUNE AVOCAT, EN FORME DE MÉMOIRE, EN RÉPONSE AU LIBELLE DU SIEUR DE VOLTAIRE, INTITULÉ LE PRÉSERVATIF

DESFONTAINES • GENS DE LETTRES • POLÉMISTE • SATIRE •

*La Voltairomanie*, réponse de Desfontaines au *Préservatif*\* récemment lancé par Voltaire, parut en décembre 1738. C'était un pamphlet au vitriol, et contre l'homme et contre l'œuvre. Le dénigrement est systématique, plus écrasant que *Le Préservatif*. *La Henriade* est «un mauvais tissu de fictions usées ou déplacées»; les tragédies de Voltaire n'ont séduit que par de «pompeuses tirades». Ses œuvres prétendument scientifiques sentent l'amateur et le néophyte; son *Histoire de Charles XII* n'est qu'un «mauvais roman». Quant aux *Lettres philosophiques*, elles témoignent d'un esprit éminemment dangereux qui ne respecte aucune des valeurs établies – l'arrêt du Parlement est dûment rappelé. Bref, «ses plus beaux habits sont de la friperie». Le plus grave était peut-être de révéler les tics et les faiblesses de l'homme pour mieux rabaisser le statut du philosophe: qu'il cesse donc de s'admirer comme une merveille donnée au monde – c'est cela la «Voltairomanie»: narcissisme maniaque.

Il n'est pas sûr que ce brûlot ait pu nuire véritablement à Voltaire: «Cela est trop fort pour faire son effet», note finement Montesquieu dans ses *Carnets* ; mais il en fut profondément affecté et, les recours juridiques ayant échoué, il en resta marqué. On sait que 2 000 exemplaires de *La Voltairomanie* furent vendus en deux semaines.

*André Magnan*

## VOLTARIANA OU ÉLOGES AMPHIGOURIQUES DE FR. MARIE AROUET

ANECDOTES • GENS DE LETTRES • SATIRE •

En un volume (1748), puis en deux (1749), ce gros recueil antivoltairien valait rappel de bastonnade, de plusieurs mains. En tête, *La Voltairomanie*\* et les brevets de la calotte\*, les vieilles satires de Jean Baptiste Rousseau\*, et moult *ana* – anecdotes, bons mots et chansons:

> Badauds, battez des mains ici,
> Place à V\*\*\*, le voici.

Puis venaient les mémoires des Travenol\* et de Jore\*, des analyses de *La Henriade* (en neuf lettres) et du *Discours* de réception à l'Académie, des critiques de plusieurs tragédies, du *Temple du Goût* et du *Poème de Fontenoy*, le tout entremêlé de bouts rimés, de faux éloges, de parodies et de prophéties, et surtout d'épigrammes, avec notes savantes et même

variantes. La dédicace ironique – à Voltaire lui-même – était signée
«Timorowitz Ablabew», ultime pointe contre ses récentes *Anecdotes\* sur
le czar Pierre le Grand*.
Cet imposant ensemble de soixante-six pièces est resté anonyme – on a
songé au fils Travenol et à son avocat Mannory, mais plusieurs chers
confrères, dont Roy* peut-être, ont dû y fournir aussi.
Trois traits surtout sont notables. Au goût du temps, même pour un public
friand de querelles littéraires, le *Voltariana* est vieillot, érudit, un peu
«savantasse»: il resta une référence, mais ne fut plus réimprimé, alors
que le flot des écrits antivoltairiens allait encore monter et s'amplifier.
C'était cependant une opération très efficace de discrédit, par l'effet de
masse, les violentes attaques personnelles – avarice, couardise, perfidie –,
et la critique systématique des principaux ouvrages; d'anciens écrits satiriques, cités avant réplique, étaient attribués à la victime même, ainsi
mêlée au scandale. Il y allait de la réussite de Voltaire, de sa notoriété, de
son rayonnement hors de France: ce «Germain V.» est si fier d'avoir un roi
de Prusse pour ami – le syndrome déjà du Prussien*... Enfin, à part quelques insinuations d'impiété, les idées de Voltaire ne sont presque pas tou-
chées: sa Philosophie, après trente années d'écriture, restait trop diffuse
dans l'œuvre pour faire un objet propre de satire. Dix ans plus tard, il ne
s'agirait plus d'*ana*, mais de doctrine: au *Voltariana* succède, dans la série
des sommes antivoltairiennes, *L'Oracle\* des nouveaux philosophes*.
Voltaire se plaignit, comme c'était son droit, de ces «personnalités» contre
lui, mais sans effet notable: on n'a pas trace de poursuites. Familier à cette
date de la cour de Lorraine*, il reçut au moins du roi Stanislas* un petit
billet qui le consolait de «la noirceur de ce livre». La dernière pièce du
*Voltariana* lui promettait un sort lamentable: il allait être foudroyé «d'un
coup de sifflet». Il s'en remit pourtant.

*André Magnan*

> *Les délires de tes écrits*
> *Et les désordres de ta vie*
> *Sont mis vis-à-vis du mépris*
> *Et beaucoup plus bas que l'envie.*
>
> *Voltariana*, 1749
> – épigramme rajoutée à la suite de la table des matières du second tome.

## VOLTÉRANISME / VOLTAIRIANISME

ANTICLÉRICALISME • VOLTAIRIENS •

Il y a dans la langue française, paraît-il, plus de quatre mille mots en -isme,
sans compter les créations éphémères. Voltaire eut le sien de son vivant,

mais tellement évanescent qu'il n'en sut peut-être rien ; l'autre est apparu longtemps après sa mort, formé non sur son nom, mais sur le substantif «voltairien», qui disait déjà l'influence de l'œuvre. Ce cas de dérivation directe en -isme sur un nom d'écrivain paraît unique en littérature française – «sadisme» indiquant une catégorie construite. Pour remonter à Voltaire au-delà des «voltairiens», René Pomeau* a même proposé un jour un rétro-néologisme d'une audacieuse simplicité (1955), resté sans grand emploi : «voltairisme»...

L'ancêtre était de bonne langue, avec son e fermé pour l'euphonie – Cazotte fit ainsi «Voltériade*», un obscur abbé Baston *Volterimeros*, et l'on écrivit souvent «Voltéromanie» la fameuse *Voltairomanie** – Arouet s'était décidément donné un nom à transformations. Deux occurrences seulement de ce «Voltéranisme» sont attestées, l'une en 1757 au titre d'un *Examen* *du Voltéranisme*, peu connu même des spécialistes, l'autre en 1769 dans la *Correspondance littéraire* de Grimm. De l'un à l'autre, le sens n'est d'ailleurs déjà pas tout à fait le même. Pour l'auteur anonyme de l'*Examen*, esprit original et qui peut-être aura forgé le terme, la référence est à une doctrine de l'homme et du monde, qu'il découvre dans le *Poème sur la loi naturelle*, et qu'il critique sur le fond. Passée la page de titre, il remplace ensuite le mot par deux autres plus classiques, en liant d'ailleurs les trois par ses analyses : «naturalisme» et «déisme».

Grimm reprend le terme – ou croit-il le créer ? – avec un sens plus précis, par un autre jeu de substitution. Il écrit, dans sa revue manuscrite, qu'il voit venir à grands pas la fin de «la tyrannie ecclésiastique» : «On peut prédire, dit-il, sans risquer de compromettre son caractère de prophète,

> *Que dans l'Europe enfin l'heureux voltairanisme*
> *De tout esprit bien fait sera le catéchisme.*»

Ces deux vers étaient précisément de Voltaire, dans sa récente *Épître à l'auteur du Livre des Trois imposteurs*, mais on y lisait : «l'heureux *tolérantisme* », mot technique, alors usuel. Ce «voltéranisme» (graphie probable du manuscrit) est donc politique, et presque pratique : la base d'une «tolérance» en faveur des protestants, qui reviendrait après quatre-vingts ans – Grimm a dû songer au *Traité sur la tolérance*. Encore était-ce là une «prophétie» d'une livraison de 1$^{er}$ avril de sa *Correspondance littéraire*, à moitié sérieuse peut-être...

Du vieux terme au moderne «voltairianisme», la différence est beaucoup plus sensible. L'ancien mot réfère directement à Voltaire ; le nouveau dérive de l'autre néologisme «voltairien», formé comme lui dans les luttes et les crises de l'après-1789 : c'est toute l'histoire des voltairiens*. Littré enregistre l'un et l'autre en 1873, définissant le «voltairianisme» :

«Esprit d'incrédulité railleuse à l'égard du christianisme», et le «voltairien»: «Un homme enclin au voltairianisme». Cette rondeur d'euphémisme cherchait-elle des apaisements? Les académiciens contemporains de Littré, dans la septième édition de leur Dictionnaire (1879), laissèrent le «voltairien» seul avec son maître, l'un «partisan», et «déterminé», des «idées», des «opinions», de la «philosophie» de l'autre; et depuis lors, l'Académie française n'a jamais voulu admettre la notion d'un «voltairianisme», aujourd'hui embaumée dans le mot.

André Magnan

VOLTAIRIANISME : *esprit voltairien (au sens étroit).*

Le Grand Robert.

## VOLTÉRIADE (LA)

GENS DE LETTRES · POÈTE ·

Pouvait-on percer vers 1750 en s'attaquant à Voltaire? Le *Voltariana\** venait de faire grand bruit mais anonymement. Cazotte y songea, puis renonça. D'une «Voltériade» inaboutie, il publia lui-même des lambeaux en 1788, dans ses *Œuvres badines et morales*: les arguments de sept chants et quelque deux cent cinquante vers déjà faits.
Le titre héroï-comique parodiait *La Henriade* – il resta dans l'air: Huber* appellera aussi «Voltairiade» le grand ensemble de ses tableaux de Ferney. Le plan de Cazotte est piquant, mais l'esquisse décevante, assez gauche, un peu lente, et les vers souvent chevillés. Mais on y reconnaît une certaine image de Voltaire. C'est un poète essentiellement, doué mais inaccompli. Deux fées ont manqué à son berceau: «la Muse de l'Ensemble» et «la Déesse Invention». Et il a gâché ses dons par des effets de mode. «Je chante un bel esprit qui gâta tout en France...» Cette idée d'un Voltaire sacrifiant au goût du temps, et sacrifié lui-même, était alors assez commune; c'est celle de Jean Jacques Rousseau* dès son premier écrit, en 1750 aussi: «Dites-nous, célèbre Arouet...»
Plusieurs épisodes plaisants sont indiqués dans les arguments de *La Voltériade*. On devait voir Fontenelle «en vieux berger normand», disant au héros «sa bonne aventure». Voltaire lui-même grimpé sur une borne et haranguant la populace à Londres – «Et on lui répond *Verriwel*». Desforges-Maillard* habillé «en Muse femelle et bretonne», et lui faisant «des agaceries». Desfontaines* enfin, recruté par l'Envie, «la perruque poudrée de sublimé corrosif», allant troubler la première de *Mahomet* – le septième argument s'arrête à cette même année 1742. Le vers le plus

réussi, le plus étrange aussi, veut résumer une modernité de Voltaire à ses tout débuts : « La beauté philosophe à l'âge de seize ans »... Cazotte explique que Thiriot* lui fut discrètement dépêché par Voltaire pour l'intimider, et le dissuada en effet de continuer ce poème dont il régalait déjà quelques maisons en ville : « Plaisanter aux dépens d'un plaisant aussi redoutable était un amusement dangereux. » Adversaire des Lumières, l'auteur du *Diable amoureux* lègue donc ses « matériaux », en 1788, aux historiens futurs qui devront expliquer pourquoi la France a fini par perdre « l'empire littéraire en Europe ». La littérature n'a sans doute pas beaucoup perdu à cette œuvre manquée, qui s'annonçait moins drôle que l'autre épopée burlesque de Cazotte : *La Nouvelle Raméide*, faite à la gloire dérisoire de son ami Rameau le neveu.

*André Magnan*

## VOUS ET LES TU (LES)

AMOUR • ÉPÎTRES • LIVRY (MLLE DE) •

On a donné ce nom à une épître fort malicieuse que Voltaire adressa vers 1730 à une de ses anciennes maîtresses, Mlle de Livry : il avait partagé ses faveurs avec son ami Génonville* vers 1718, puis la demoiselle s'était mariée, et la voici devenue une majestueuse et digne marquise, qui refuse sa porte à son ancien amant, ne voulant plus être à tu et à toi.

> *Deux tétons que le tendre Amour*
> *De sa main arrondit un jour ;*
> *Un cœur tendre, un esprit volage,*
> *Un cul, il m'en souvient, Philis...*
> *Avec tant d'attraits précieux,*
> *Hélas! qui n'aurait pas été friponne?*
> *Tu le fus, objet gracieux ;*
> *Et (que l'Amour me le pardonne!)*
> *Je crois que je t'en aimai mieux. [...]*

> *Ces deux lustres de diamants*
> *Qui déchirent vos deux oreilles,*
> *Tous ces brillants, tous ces colliers,*
> *Et cette pompe enchanteresse,*
> *Ne valent pas un des baisers*
> *Que tu donnais dans ta jeunesse.*

*Sylvain Menant*

# VOYAGES

ANGLETERRE • BAYREUTH • BRUXELLES • GOTHA •
HOLLANDE • LORRAINE • MANNHEIM • PRUSSE •

*Il avait sa propre voiture. C'était un carrosse coupé, large, commode, bien suspendu, garni partout de poches et de magasins. Le derrière était chargé de deux malles, et le devant de quelques valises. Sur le banc étaient placés deux domestiques dont un était de Potsdam et servait de copiste. Quatre chevaux de poste, et quelquefois six, selon la nature des chemins, étaient attelés à la voiture. Ces détails ne sont rien par eux-mêmes, mais ils font connaître la manière de voyager d'un homme de lettres qui avait su se créer une fortune égale à sa réputation. M. de Voltaire et moi occupions l'intérieur de la voiture, avec deux ou trois portefeuilles qui renfermaient les manuscrits dont il faisait le plus de cas, et une cassette où étaient son or, ses lettres de change et ses effets les plus précieux. C'est avec ce train qu'il parcourait alors l'Allemagne. Aussi à chaque poste et dans chaque auberge étions-nous abordés et reçus à la portière avec tout le respect que l'on porte à l'opulence. Ici c'était M. le baron de Voltaire, là M. le comte ou M. le chambellan, et presque partout c'était «Son Excellence» qui arrivait. J'ai encore des mémoires d'aubergiste qui portent : «Pour Son Excellence M. le Comte de Voltaire, avec secrétaire et suite». Toutes ces scènes divertissaient le philosophe, qui méprisait ces titres dont la vanité se repaît avec complaisance, et nous en riions ensemble de bon cœur.*

Collini, Mon séjour auprès de Voltaire, 1807.

*Je prie encore une fois M. Cramer de ne rien mettre dans son édition in-4° que je puisse désavouer. Il sait qu'il y a beaucoup de petits bâtards qui courent le monde sous le nom de mes enfants légitimes.*
*À Gabriel Cramer,*
*11 juillet 1771.*

W

ORTHOGRAPHE • WELCHES •

Le W n'est pas français, rappelle Voltaire : c'était encore la règle dominante, celle de l'Académie, de toute l'institution d'État, des gens de goût, mais déjà menacée dans l'espace plus ouvert de l'Europe moderne. Voltaire suit l'usage en adoptant les noms anglais de personnes : Waller, Walpole et Warburton ; mais il francise les noms de lieux allemands : « Vestphalie » et « Virtemberg ». Il montra toujours, contre la translittération qui peu à peu s'acclimatait de l'allemand, un vétilleux entêtement de résistance : « Êtes-vous à Schuessingen, êtes-vous à Manheim ? » Jusqu'à s'amuser à faire jouer le tabou dans l'écriture même : « J'emploie le double V pour les Welches, il faut être barbare avec eux. » Il eut un secrétaire suisse nommé Wagnière*, dont il écrivit toujours le nom avec un V... On rencontre en revanche, dans les lettres en français de ses admirateurs allemands, lorsqu'ils s'écrivaient entre eux, la cacographie qui l'eût assurément le plus fâché : « Wolther ».

*André Magnan*

*Je soupçonne le même Allemand d'être l'auteur de ce mémoire ; car je vois « Ivanovis Basilovis » orthographié ainsi : « Wanowitsch Waciliewitsch ». Je souhaite à cet homme plus d'esprit et moins de consonnes.*
*À Ivan Ivanovitch Schouvalov, 11 juin 1761.*

# WAGNIÈRE, Jean Louis

BIBLIOTHÈQUE · LECTEUR · SECRÉTAIRES · TRAVAIL ·

«Je ne peux me passer ni de vous, ni de mes livres»: d'écrivain à secrétaire, c'est le plus bel hommage. Wagnière servait Voltaire depuis vingt-quatre ans quand il reçut à Ferney, à la mi-mai 1778, ce mot qui pressait son retour à Paris – mais il ne revit pas son maître vivant.

Il était né en 1739 dans le pays de Vaud, huguenot, de bonne famille mais sans fortune. Il entra au service de Voltaire à 15 ans, d'abord comme simple copiste, probablement dans la halte de Prangins\*, juste avant l'installation aux Délices\*. Deux ans plus tard, il prenait déjà des lettres sous la dictée – la plus ancienne de sa main est du 3 septembre 1756. Il succède ainsi, dans l'ordre des secrétaires, à Collini\* dont le départ en juin venait de libérer la place.

Son très jeune âge donna d'emblée au lien de service une qualité d'affection, un tour filial, auxquels on sent bien que Voltaire se prêta lui-même avec un réel plaisir. Dans la correspondance, il est «le petit Jean Louis», «le scribe», «le clerc», mais aussi «mon petit secrétaire», parfois «notre ami Jean Louis». Il devint plus tard «le confident de mes pensées» (1768), et resta «le fidèle Wagnière». Voltaire lui enseigna des rudiments de latin, et le fit beaucoup lire – Wagnière était son lecteur aux heures de détente ou de maladie. Il lui apprit le travail documentaire et la discipline intellectuelle: il se plut à le former, et certainement il l'influença. Il aima sa franchise, sa curiosité d'esprit, sa facilité de caractère, sa spontanéité – plusieurs lettres dictées enregistrent les rires du secrétaire, parfois en latin de cuisine: «*Ridet ut follus*». Il semble que Voltaire tutoyait Wagnière dans l'intimité du travail quotidien. Le secrétaire, dans ses lettres personnelles, parle du «patron».

En 1763, Wagnière se maria dans la maison de son maître. Ses deux enfants Catherine (née en 1764) et Énoc (né en 1767) vécurent familièrement avec le patriarche\* – qui appelait l'aînée Mimi. Il fit venir à Ferney trois de ses sœurs, que Voltaire s'employa à placer, dont une à tenir le bureau de la poste française de Genève. Les gages du secrétaire furent toujours modestes (200 livres par an), mais il était défrayé de tout. Après 1770, devenu l'homme de confiance du château, il fut aussi rétribué à la commission. Voltaire lui avait fait une rente viagère de 400 livres par un placement sur la Compagnie des Indes.

On devine que Wagnière devint peu à peu, dans la vieillesse de Voltaire, l'auxiliaire indispensable de toute son activité intellectuelle. Il y eut à Ferney d'autres secrétaires, épisodiques ou occasionnels, Durey\* de Morsan, Rieu\*, le père Adam\* peut-être, mais il resta le premier en titre, le plus proche, toujours disponible – il était logé juste au-dessous de la

bibliothèque et de la chambre du «patron». Un peu ironique, Grimm* l'appelle un jour «le premier commis du bureau de la réforme philosophique». On se demande si la patiente entreprise des *Questions* sur l'Encyclopédie*, leur didactisme facile et direct, ne doivent pas quelque chose à ce «commis», à son écoute, au plaisir partagé de l'enquête et du bilan. Wagnière apparaît aussi parfois dans tel ou tel écrit, pour des attestations d'authenticité dont Voltaire eut besoin, dans la *Lettre* anonyme* et dans le *Commentaire* historique* par exemple, et une fois même, par plaisanterie, en tant que personnage-auteur de la *Lettre* du secrétaire de M. de Voltaire au secrétaire de M. Lefranc de Pompignan* qui fut imprimée en 1764 – il se persuada plus tard qu'il était vraiment l'auteur de cette facétie, et d'ailleurs aussi du *Commentaire historique*, ce qui est totalement exclu.

Certains éléments suggèrent qu'à la fin le sentiment de son importance lui monta peut-être un peu à la tête. Il reçut de l'argent de Panckoucke*, en 1777-1778, pour superviser la révision générale des œuvres à laquelle Voltaire acceptait de se livrer en vue d'une nouvelle édition, et Panckoucke l'intéressa aussi en sous-main, dans les semaines qui suivirent la mort de Voltaire, à la collecte des manuscrits qu'il se disposait à acheter de Mme Denis*, et qu'il obtint en effet. Wagnière fut ensuite appelé par Catherine II, au printemps de 1779, pour classer et ranger à Saint-Pétersbourg la bibliothèque de Voltaire, dont elle venait de faire l'acquisition. C'est d'ailleurs pendant son absence que Panckoucke céda à Beaumarchais* les droits de l'édition posthume, qui allait s'imprimer à Kehl. Ignoré par Beaumarchais et n'ayant plus rien à attendre de Panckoucke, Wagnière s'aigrit contre Mme Denis de promesses non tenues, d'attentes frustrées et de l'injustice de son exclusion de la grande entreprise éditoriale qu'il avait contribué à préparer. Il vécut dès lors dans le souvenir de Voltaire, entre Ferney où il avait une maison dans la grand-rue, et Rueyres sa ville natale, rédigeant ses souvenirs, corrigeant et commentant le travail des éditeurs de Kehl, et communiquant ces notes, relations et mémoires à la cour de Saint-Pétersbourg, dont il recevait une pension. Ce sont ces écrits, parvenus en copie à Decroix*, qui furent publiés en 1826, avec les «souvenirs» de Longchamp*, sous le titre de *Mémoires sur Voltaire*.

S'il est évidemment regrettable que ce témoin privilégié de la vieillesse de Voltaire, resté selon un mot de François Tronchin* son «dictionnaire vivant», n'ait pas été employé dans le grand chantier de Kehl, il faut aussi déplorer que Wagnière ait concentré ses déceptions et ses rancœurs sur Mme Denis – jusqu'à élaborer l'incroyable fantasme d'un complot final contre la vie même de son maître. Sur Mme Denis, Decroix le dit bien, Wagnière n'est pas fiable. Mais pour le reste, ses *Mémoires* sont en général utiles, honnêtes et attachants.

Wagnière mourut en 1802 à Ferney, dont il avait été plusieurs années le maire sous la Révolution.

*André Magnan*

*Mon cher Vagnière, je partage votre douleur. Vous voyez trop combien ce petit livret des médecins est inutile. Nos jours sont comptés et les erreurs des médecins aussi. Il faut se résigner, c'est notre seul partage. Dites, je vous en prie, à toute votre famille combien je m'intéresse à elle. Puisse mon amitié être une de vos consolations.*

*À Wagnière, 28 février 1766*<br>— *Wagnière était à Rueyres, où il venait de perdre son père.*

## WALTHER, Georg Conrad

ÉDITIONS •

Georg Conrad Walther, libraire à Dresde, est recommandé à Voltaire en 1747 par Algarotti*. Il a alors pour mission de conduire une édition complète des vrais ouvrages bien corrigés. Voltaire lui recommande de ne pas suivre les éditions précédentes et de ne pas déshonorer la sienne « par des pièces infâmes qui ne peuvent être écrites, débitées et lues que par les derniers des hommes ». Il entend qu'elle fera tomber toutes les autres par la « correction et la quantité de pièces nouvelles ». Achevée en novembre 1748, elle est selon Voltaire « la seule édition fidèle » et la seule qu'il déclare approuver. Cependant, « très décriée en France », cette édition en huit volumes in-8° est remplacée en 1752 par une nouvelle in-12 du même éditeur, « moins volumineuse, plus complète, plus exacte qu'aucune », organisée selon un ordre nouveau (sept volumes). Dans l'esprit de l'auteur, elle est surtout destinée à faire tomber les éditions de ces « corsaires » hollandais. Il y insère des nouveautés, dont *Le Siècle de Louis XIV*. Il cherche ainsi à décourager Walther de diffuser des « titres infâmes », indignes d'un honnête homme, comme *La Voltairomanie*\*, laquelle figure honteusement dans son catalogue. Voltaire encourage son libraire par l'appât du gain. Il n'est pourtant toujours pas satisfait de cette nouvelle édition qui compte, assure-t-il, deux cent quarante fautes – en dépit des nombreuses corrections qu'il y a lui-même apportées...

Les relations avec Walther furent presque faciles : Voltaire avait enfin trouvé un éditeur qui accepte d'être dirigé. Il le flatte à chaque lettre et ne lui ménage ni compliments ni avis ; il lui propose même une aide financière conséquente. Il l'utilise aussi, lui emprunte les livres qui lui manquent à Potsdam. De 1751 à 1755, alors qu'il travaille encore avec Walther, Voltaire supervise aussi d'autres éditions de ses œuvres complètes

chez Lambert\* et Cramer\*, tout en se disant «très fâché de cette concurrence». La collaboration avec Walther semble s'être interrompue au début de 1756, Voltaire ayant trouvé en Cramer un éditeur plus proche.

Jean-Michel Raynaud

## WARBURTON, William

Voir ÂME • DÉISTES ANGLAIS.

## WELCHES

DÉCADENCE • FRANÇAIS • GOÛT • PHILOSOPHIE •

Après l'Infâme, c'est la plus célèbre invention verbale de Voltaire, alias Antoine Vadé\* en l'occurrence, auteur du *Discours\* aux Welches*. Le procédé est le même : il s'empare d'un mot, le transforme et l'impose, avec un nouveau sens.

Sur la route de ses voyages en Prusse, Voltaire a dû entendre nommer «Velchs» les Français: «Welsch» venu de «Gallicus» désigne même en allemand «l'étranger». Il relève cet emploi populaire dans un article «Français» rédigé en 1756 pour l'*Encyclopédie*. À Genève, Voltaire fut donc lui-même un «Velch» pour les Suisses allemands...

C'est le *Discours aux Welches* au printemps de 1764 qui lance le mot, avec ses humiliantes apostrophes: «Ô Welches!» Le «Welche» est la figure répulsive du Français autosatisfait, tellement fier du passé national, de la grandeur et des vertus françaises, de la perfection de la monarchie très chrétienne, qu'il n'attend plus rien de l'Histoire. Opposés à la «révolution» que préparent les Philosophes, les Welches sont au fond des réactionnaires: des Gaulois soi-disant contemporains des véritables «Français» – aussi Voltaire écrit-il en effet leur nom avec ce W\* qu'il a en horreur. Dans sa correspondance, «Infâme» et «Welche» sont souvent proches: Helvétius «persécuté chez les Welches» doit «écraser l'Infâme».

Le mot eut beaucoup de succès, il fut repris au titre ou à la signature de plusieurs brochures; un pamphlétaire antirévolutionnaire le retournera en 1790 contre les Constituants. Flaubert, grand lecteur de Voltaire, le récupère encore pour ses humeurs anti-cloportes, dans des lettres familières à George Sand et à Tourgueniev: «Ô Welches, comme eût dit M. de Voltaire...»

André Magnan

**WILHELMINE, Sophie Frédérique Wilhelmine de Prusse, margravine de Bayreuth**
BAYREUTH · CORRESPONDANCE · DENIS (MME) · DIPLOMATE · FRÉDÉRIC II ·

Sœur aînée de Frédéric II, épouse du margrave de Bayreuth, Wilhelmine de Prusse (1709-1758) fut une correspondante amicale et confiante: «la sœur Guillemette» de Voltaire. Il l'avait connue à Rheinsberg dès 1741, puis revue à Bayreuth en octobre 1743. Il s'avoue d'emblée séduit par cette «princesse philosophe», «protectrice des arts», «musicienne parfaite», et qui sera l'âme de son petit État.
Il retrouve la margrave de Bayreuth en août 1750, à Berlin* où il va s'établir. Elle est venue rendre visite à son frère qui donne en son honneur un «carrousel»: la «triste Sparte» devient pour elle une «brillante Athènes». Voltaire est présent, acclamé par la foule, et y va d'un quatrain de fête. Dans l'euphorie des retrouvailles, «sœur Guillemette», qui admire beaucoup «frère Voltaire», l'invite quelques jours au «couvent» de Sans-Souci*. Wilhelmine se plaint de manquer de talents français à Bayreuth; il lui propose Mme de Graffigny*, qui décline, puis le marquis d'Adhémar, un officier lorrain, qui acceptera. La margrave, fervente de musique lyrique, suggère encore à Voltaire de mettre sa *Sémiramis** en opéra; sans conviction, Voltaire versifie, puis abandonne, déconseillant même à Frédéric d'adopter cette idée. Conversations, philosophie et littérature occupent ainsi les fidèles du «couvent» frédéricien, mais la margrave repart à Bayreuth en décembre 1750. À cette «philosophe aimable», Voltaire enverra en 1752 le manuscrit de son *Poème* sur la loi naturelle*.
Autour d'elle, depuis la cour de Frédéric, il s'était ménagé un espace rêvé, imaginant de rejoindre chaque hiver à Bayreuth sa nièce Mme Denis*, qui viendrait s'y établir; plusieurs lettres à la margrave, en 1751 et 1752, évoquent ce «roman» impossible, conciliation des devoirs envers Frédéric II et d'un projet de vie avec la nièce aimée. Quand il quitte Berlin en mars 1753, dans des conditions déjà difficiles, Voltaire projette de séjourner quelque temps à la cour de Wilhelmine; malgré sa bienveillance, la margrave renoncera à l'accueillir, pour ne pas déplaire à son frère, dont elle tentera du moins d'apaiser le courroux. Elle garda du reste ce rôle d'intermédiaire entre le roi de Prusse et son ancien chambellan disgracié. En janvier 1754, Voltaire fait passer par elle les *Annales de l'Empire* accompagnées d'une lettre pour Frédéric II; plus tard, il lui enverra l'*Essai sur les mœurs*.
De passage à Colmar*, en octobre 1754, la margrave, désireuse de «réparer le mal» infligé à Voltaire «au nom de son frère» à Francfort*, le reçut «huit heures de suite» et «voulut absolument voir Mme Denis». Un mois après, le 20 novembre, il se trouve à Lyon* en même temps qu'elle: Wilhelmine l'accable encore de «bontés» et lui facilite ses entrées auprès du cardinal de Tencin*.

Ils ne se revirent plus, mais restèrent en correspondance étroite. D'amitié et de philosophie d'abord, jusqu'en 1757. Mais la guerre de Sept Ans affola la margrave, elle crut à la perte de la maison de Brandebourg et de ce frère qu'elle aimait: ses lettres désespérées révèlent son angoisse – il en insérera une dans son *Commentaire\* historique*, comme une marque de sa confiance. Au nom de Frédéric II, Wilhelmine cherche alors secrètement à entrer en contact avec Versailles dans une perspective de paix. Elle prie Voltaire de solliciter le cardinal de Tencin comme intermédiaire. Voltaire écrivit au cardinal, transmit des offres, communiqua ses analyses et retourna des réponses attentistes, puis intéressées. Mais Tencin fut désavoué par Versailles – il en mourra de dépit quelques semaines plus tard – et Voltaire laissa là ses transactions de diplomate secret.

Wilhelmine eut une fin pathétique, épuisée par cet échec, par la mort de son frère Guillaume et l'effroi de l'avenir. Elle laissait des *Mémoires* de son enfance et de celle de son frère, nouée par la terreur du père. À la mort de sa sœur chérie, Frédéric II commanda une ode à Voltaire, qui s'exécuta, non sans condamner les ardeurs guerrières des princes conquérants.

Quinze ans plus tard, en 1773, il reçut la visite à Ferney de la princesse de Wurtemberg, fille de Wilhelmine, avec une émotion dont il fit part à Frédéric II: «Elle a le tour du visage de sa mère avec vos yeux [...]. Je me suis mis à pleurer en lui parlant de vous et de madame la princesse sa mère.»

*Anne Soprani*

*Du temps qui fuit toujours tu fis toujours usage :*
*Oh, combien tu plaignais l'infâme oisiveté*
*De ces esprits sans goût, sans force, et sans courage,*
*Qui meurent pleins de jours, et n'ont point existé !*
*La vie est dans la pensée :*
*Si l'âme n'est exercée,*
*Tout son pouvoir se détruit ;*
*Ce flambeau sans nourriture*
*N'a qu'une lueur obscure,*
*Plus affreuse que la nuit.*

*Illustres meurtriers, victimes mercenaires,*
*Qui, redoutant la honte et maîtrisant la peur,*
*L'un par l'autre animés aux combats sanguinaires,*
*Fuiriez, si vous l'osiez, et mourez par honneur ;*
*Une femme, une princesse,*
*Dans sa tranquille sagesse*
*Du sort dédaignant les coups,*

*Souffrant ses maux sans se plaindre,*
*Voyant la mort sans la craindre,*
*Était plus brave que vous.*
*Ode sur la mort de S.A.S. Mme la princesse de Bayreuth, 1759.*

## WOLFF, Christian

ALLEMAGNE • LEIBNIZ •

Ce philosophe allemand (1679-1754), nommé à l'université de Halle en 1706 à une chaire de mathématiques, et disciple de Leibniz, fut chassé de Prusse par Frédéric Guillaume I$^{er}$, parce que son enseignement sur le libre arbitre avait provoqué, disait-on, la désertion de plusieurs soldats. Il fut ensuite rappelé, aussitôt que Frédéric II succéda à son père, le 31 mai 1740. Ce renvoi, sur la dénonciation d'un théologien, lui vaut d'abord la sympathie de Voltaire.

La métaphysique wolffienne relève d'un système complet d'une grande rigueur, que Kant et Hegel ont admiré. Représentant talentueux de l'*Aufklärung*, Christian Wolff bâtit, à la suite de son maître Leibniz, une série impeccable de déductions et de propositions, pour accéder à la combinaison de toutes les vérités qu'il nous importe de connaître : le sage qui est parvenu à cette connaissance suprême atteint la félicité. À Cirey, en 1737, Voltaire échange avec le futur Frédéric II des jugements sur la philosophie de Wolff. Il le crédite d'avoir défini rigoureusement des « êtres simples », ces unités que nous ne pourrons jamais appréhender par les sens et dont nous devons néanmoins poser l'existence. Mais Voltaire prend rapidement ses distances à l'égard de « ce métaphysicien très obscur ». Le 10 août 1741, il confie à Maupertuis* : « Un homme qui a le malheur d'avoir lu la cosmologie de Cristianus Volfius a besoin de la vôtre pour se dépiquer. » Dans *Candide\** (1759), « la métaphysico-théologo-cosmolonigologie » enseignée par Pangloss désigne plaisamment la *Cosmologie* de Wolff. Contrairement à Voltaire, les Encyclopédistes, Diderot*, d'Holbach* et surtout Grimm* n'ont jamais cessé de rendre hommage à Wolff.

*Didier Masseau*

## WURTEMBERG, Charles Eugène duc de

FINANCES • RENTES •

Le 27 septembre 1752, depuis Berlin, Voltaire passait un contrat avec le duc régnant de Wurtemberg (1728-1793) sur l'hypothèque d'une de ses terres, enclavée en Alsace, près de Montbéliard. Il prêtait au duc, alors en diffi-

culté financière, 4 000 écus à 8 pour cent, avec clause de réversion à Mme Denis* sous forme de rentes viagères. Un second contrat fut signé le 31 janvier 1753. « Son Altesse Sérénissime, le duc de Wurtemberg » devenait l'un des principaux débiteurs de Voltaire. L'opération lui permit à la fois de sortir ses fonds de Prusse* et d'envisager un lieu de refuge en cas de nécessité. Plus tard, Voltaire fit d'autres prêts à l'Électeur palatin Charles* Théodore et à la duchesse de Saxe-Gotha* : « Voilà comme il faut en user avec les souverains, et ne jamais dépendre d'eux. »

Possédant ainsi « un petit bien » en Alsace, « l'échappé de Berlin » – c'est une expression de son *Commentaire* *historique* – s'installe à Colmar* en octobre 1753. À quelques lieues de la ville s'élevait ce château de Horbourg, sur lequel il avait une hypothèque. Voltaire songe à se faire bâtir sur les pierres du château une maison « à sa fantaisie », mais il ne trouve à Horbourg, se souviendra Collini*, « que des masures et des terres mal cultivées ». Il profita pourtant de son séjour en Alsace pour formaliser sur place les modalités de son accord avec le duc de Wurtemberg – échéances semestrielles calculées à 6 500 Reichsthalers, mais payées en thalers de Brandebourg pour une meilleure conversion en francs. Le duc de Wurtemberg ordonna à ses officiers de finance d'accéder à toutes les conditions, le baron gouverneur de Montbéliard ayant d'abord marqué sa mauvaise volonté. Voltaire perçut son premier versement le 18 octobre, qui s'élevait avec les arrérages à 21 937 livres.

Le duc de Wurtemberg fut en fait un mauvais débiteur et Voltaire y perdit beaucoup de temps et de peine. Il lui fallut souvent réclamer son dû directement au duc en personne lorsque ses banquiers traînaient : « Le paiement d'une rente viagère, rappelle-t-il, ne souffre point de retardement. » Il se vit même obligé de fournir d'autres avances pour assurer le rendement de la première opération. En 1764, il prête à nouveau 200 000 livres au prince, moyennant une nouvelle rente à 10 pour cent sur Horbourg et Riquewihr. Trois ans plus tard, le Wurtemberg n'honorant pas mieux ses échéances, Voltaire menace les agents du duc de se mettre en quête d'un procureur « qui puisse saisir les terres d'Alsace ». Il accepta une nouvelle renégociation de la dette du duc, avec nouvelles avances d'argent frais, puis nouvelles exigences de ses rentes. En 1776, le duc devait 100 000 francs à son créancier de Ferney, qui recevait enfin en 1778, juste avant sa mort, un acompte de 20 000 francs sur ses arriérés.

La correspondance d'affaire de Voltaire, dans ces transactions, révèle son art de la négociation, son talent de la relance et de la procédure. Riche et actif, il traite souvent plusieurs contrats à la fois. Voltaire homme d'affaires trouva dans sa réussite financière, indépendante de son œuvre littéraire, un sentiment de puissance qui confortait aussi son rôle d'écrivain.

*Anne Soprani*

*Si vous voulez, Madame, je vous conterai encore que lorsque j'étais pétrifié de ces désastres, j'ai reçu une lettre de M. le duc de Virtemberg qui me doit cent mille francs, et qui me mande qu'il ne peut me payer un sou qu'au commencement de l'année 1778. Il y a dans ce procédé je ne sais quoi de digne de la grandeur d'un roi de France, et ce qu'il y a de bon, c'est que sûrement je serai mort de vieillesse et de misère, et ceux qui ont bâti mes maisons seront morts de faim avant l'an de grâce 1778.*

*À Mme de Saint-Julien, 5 décembre 1776.*

*Je perds les yeux; je n'en puis plus.
J'attends X.
Je fais mille compliments.*
À *Gabriel Cramer,*
*21 janvier 1771.*

XIMÉNÈS, Augustin Louis, marquis de

GENS DE LETTRES •

Le marquis Augustin Louis de Ximénès (1726-1817), que Voltaire appelle « Chimène », fut aide de camp du maréchal de Saxe, avant de quitter le service en 1747 pour se consacrer entièrement à la littérature. Ami de la Clairon*, il fit bientôt la connaissance de Voltaire auquel, malgré quelques aléas, il resta toujours attaché. On parla en 1751 d'un mariage possible entre Mme Denis* et le marquis. Puis, ce dernier soumit à l'examen de l'oncle et de la nièce les cinq actes de sa tragédie *Epicharis ou la Mort de Néron*, qui n'en fut guère meilleure, et qui subira un échec cuisant à la Comédie-Française.

En 1755, il fut compromis dans le vol de brouillons de l'*Histoire de la guerre de 1741*, revendus à un libraire parisien et imprimés subrepticement. Voltaire fit saisir l'édition en obtenant l'intervention de Mme de Pompadour. En 1761, Ximénès, qui se trouve alors à Ferney, obtient son retour en grâce en acceptant de prêter son nom aux *Lettres\* à M. de Voltaire sur la Nouvelle Héloïse*, écrites en réalité par Voltaire contre le roman de Rousseau.

Ximénès s'associera au concert d'éloges qui suivirent la mort du grand homme en publiant, en 1779, un poème *Aux Mânes de Voltaire*. Quelques années plus tard, il se déclare partisan résolu de la Révolution et il prend sous la Terreur le titre de « Doyen des poètes sans-culottes » ! Puis, venu le temps du Directoire, le ci-devant marquis, fort démuni, proposera ses services à la République pour rédiger des dépêches – en expert, en « disciple de Voltaire ».

D'une correspondance qui fut sans doute plus importante, on ne conserve qu'une vingtaine de lettres, entre 1751 et 1773.

*Didier Masseau*

*J'envoie les feuilles qui doivent finir le volume.*
*Je prie instamment Monsieur Cramer de faire remanier la feuille Y dans laquelle on a oublié de mettre les grands alinéas nécessaires.*
*Je lui fais mes compliments sur son retour dans la ville sainte.*

*À Gabriel Cramer,*<br/>*vers le 10 août 1770.*

# Z

> On renvoie à Monsieur Cramer Z et Aa
> corrigés. On présume que la feuille Z n'a
> pas encore été tirée. Il y a deux fautes
> considérables à la page 365.
> À Gabriel Cramer,
> juin-juillet 1770.

## ZADIG, OU LA DESTINÉE
ADAPTATIONS • CONTES PHILOSOPHIQUES • COURTISAN • MAL •
OPTIMISME • ORIENT • POLITIQUE • PROVIDENCE •

Le plus célèbre conte oriental de Voltaire. Une première version intitulée *Memnon* fut publiée durant l'été de 1747, version plus brève, sans la dédicace, et amputée de certains chapitres. Elle fut imprimée en Hollande et ne connut pas, semble-t-il, de diffusion en France. Un incident survenu à la cour de Fontainebleau oblige Voltaire à se réfugier à Sceaux chez la duchesse du Maine. Il en profite alors pour reprendre *Memnon*, le corriger, l'amplifier et en faire *Zadig*. Le texte paraît en septembre 1747. Voltaire lui donnera un premier ajout en 1752, le modifiera en 1756 et gardera en portefeuille plusieurs chapitres qui ne paraîtront qu'avec l'édition de Kehl*. « Zadoc » en hébreu signifie l'homme juste, et « sadic » en arabe l'homme loyal et sage. Du conte oriental, *Zadig* possède bien des caractéristiques : exotisme, titres politiques et administratifs, bestiaire, sérail, esclaves, caravanes de marchand, mais aussi un certain style métaphorique comme dans le portrait féminin du chapitre « Rendez-vous », et enfin la suite de rebondissements et de retournements, sans oublier le mystère des choses, des événements et des comportements, qui n'est pas sans rappeler les récits des *Mille et une Nuits*.

L'espace du conte est donc oriental, selon une géographie de l'Orient philosophique, tel que le pratique le XVIII$^e$ siècle, et auquel Voltaire s'est familiarisé en préparant l'*Essai\* sur les mœurs* : il lit alors *La Bibliothèque orientale* de Herbelot de Molainville, l'*Historia religionis veterum Persarum* de Thomas Hyde... Cet Orient des livres l'amuse et le fait rêver. Il l'utilise dans

sa tragédie de *Sémiramis\**, dans *Le Monde\* comme il va* et l'autre *Memnon\**, se divertissant, comme avant lui Montesquieu, à déguiser à l'orientale personnages et histoires.

Voilà donc le récit d'un long voyage et d'une bien étrange destinée. À Babylone, un jeune homme beau, intelligent et riche, Zadig, épouse la femme qu'il aime, mais finit par s'en séparer pour jouir d'une tranquille retraite. En interprétant les indices dont il dispose, et précédant en cela le grand Holmes lui-même, il aide à retrouver la chienne de la reine et le cheval du roi, sans en tirer immédiatement de grands bénéfices : il est même sur le point d'être victime d'un envieux qui le dénigre auprès de son souverain ; mais il devient ensuite, grâce à un perroquet, le premier ministre. Zadig se croit alors heureux. Il gouverne avec sagesse et met fin aux querelles religieuses qui divisaient le peuple. Ces succès lui valent l'amitié du roi et l'affection pressante de la reine. Rendu jaloux, le roi veut faire exécuter Zadig, qui s'échappe cependant grâce au nain de sa souveraine. Il fuit en Égypte, sauve une femme maltraitée par son amant, qui ne lui en est guère reconnaissante. Il devient esclave du marchand Sétoc, qui apprécie son habileté et son intelligence. Avec sagesse, il combat la coutume qui veut que les veuves se sacrifient en se brûlant sur un bûcher, et tente d'empêcher l'intolérance en montrant qu'au-delà des croyances particulières, subsiste la croyance commune à une divinité créatrice première. Dénoncé par les prêtres, dont il menace ainsi le pouvoir, il est sauvé par la veuve Almona qu'il avait sauvée du bûcher, et se sépare de son maître. Victime des brigands, il apprend que Babylone a été envahie, que le roi est devenu fou et que la reine Astarté est morte. Zadig cède alors au désespoir. Mais il rencontre un pêcheur encore plus malheureux que lui : ancien fournisseur de la cour en fromages à la crème, ruiné, dépossédé de sa femme, il n'a plus que ses poissons pour survivre. Pris de pitié, Zadig lui donne un peu d'argent. Soudain il retrouve Astarté qui a réussi à échapper à la mort : elle lui raconte ses aventures. Avant de retourner à Babylone, Zadig guérit le seigneur Ogul de son obésité en lui faisant pratiquer la gymnastique, ce qui provoque la colère de ses médecins charlatans, auxquels, non sans mal, il parvient à échapper. Il retourne donc à Babylone et participe à un tournoi dont la main d'Astarté est le prix. Il triomphe, mais il est frustré de sa victoire par un rival peu scrupuleux. Il sombre à nouveau dans le désespoir et murmure contre la Providence, si injuste avec lui, quand il rencontre un ermite, qui lui propose de l'accompagner dans ses voyages. Tout devient alors incompréhensible : l'ermite vole l'homme riche qui leur a offert l'hospitalité et donne son larcin à l'avare qui les a maltraités ; il met le feu à la maison d'un sage philosophe et fait mourir le neveu de ce sage, seul soutien d'une veuve charitable et vertueuse. Zadig ne comprend plus, son lecteur pas davantage. C'est que nul ne connaît les

voies de la Providence et ceux qui les servent: l'ermite était un ange, il explique à Zadig le sens de ses actes et lui recommande de « cesser de disputer contre ce qu'il faut adorer », en lui enjoignant de retourner à Babylone. Zadig y triomphe enfin de ses adversaires au jeu des énigmes. Il est proclamé roi. Tous ses amis participent à son gouvernement. Les méchants sont punis: « On bénissait Zadig, et Zadig bénissait le ciel. »
Étranges aventures, auxquelles l'édition de Kehl ajoute encore le chapitre de « La Danse », qui décrit un concours destiné à choisir un ministre des finances honnête, et un autre intitulé « Les Yeux bleus », qui raconte les amours du roi Nabussan et ses conflits avec les bonzes. On trouve dans ce conte les critiques habituelles de Voltaire contre la corruption politique, la légèreté des souverains trop sensibles à la flatterie, contre l'Église dont les prêtres sont avides, impudiques et jaloux de leur pouvoir, contre les femmes le plus souvent inconstantes et jugées trop sensibles aux apparences physiques et à l'attrait de l'argent, contre les riches, gens cruels et avares. On y trouvera aussi une sorte de résumé de la philosophie voltairienne: déisme, tolérance, bon usage de la raison au-delà des croyances immédiates et des superstitions anciennes, exaltation des vertus sociales et du commerce, et de la politique éclairée par la philosophie.
Mais l'essentiel du conte est peut-être ailleurs. Il ne faut pas se laisser prendre aux apparences, aux allusions trop transparentes au monde politique contemporain, même si la belle Missouf possède bien des traits de Mme de Pompadour*, même si la peinture de la cour de Babylone évoque Versailles*, et si le chef du parti dévot, l'évêque Boyer*, a inspiré le personnage de Yébor. Plus importante apparaît la présence de Voltaire lui-même, sous forme d'éléments autobiographiques distanciés. Ainsi, on verra dans l'insistance à évoquer l'inconstance féminine le souvenir douloureux des infidélités d'amour, dont Voltaire a souffert, et dans la peinture du cynisme politique et de la méchanceté courtisane l'expérience amère de l'historiographe royal et du courtisan. Le vernis oriental de *Zadig* recouvre une présence désenchantée, plus personnelle peut-être que dans tout autre conte.
Mais la conclusion interdit de porter la leçon du conte au-delà de l'expérience voltairienne. En posant dès le titre le problème du sens d'une « destinée » humaine, en accumulant les coups du sort et les événements incompréhensibles, en alternant bonheurs et malheurs dans les aventures du héros, Voltaire veut prouver que le monde n'est pas une suite chaotique et absurde de hasards, mais que tout y relève, sinon des plans d'une Providence, du moins d'une organisation générale. Zadig exprime une sagesse qui n'est peut-être qu'apparemment chrétienne: il s'agit moins de se soumettre à des décrets divins que de se rallier à un optimisme modéré. Il n'est point de mal qui n'engendre un bien, point de malheur qui ne

connaisse un terme. Tout a donc un sens, et ce n'est pas celui que semblent livrer les apparences. Il en est de la destinée comme de toute chose. Pour comprendre et juger, il ne faut pas se livrer aux impressions premières et tirer des conclusions hâtives. À bien des égards, celui qui se révolte contre la Providence pèche par orgueil. Il est semblable au fanatique qui n'a pas compris qu'au-delà de ses croyances particulières, différentes selon les époques et les cultures, il existe des principes communs auxquels, sans même le savoir, les hommes adhèrent.

*Zadig* est donc une réflexion ironique sur l'ordre du monde et la sagesse nécessaire aux hommes pour tenter d'y vivre heureux. À sa jeune sœur Pauline, dans un programme d'étude tracé exprès pour elle, Stendhal recommandait de se faire lire ce conte à haute voix par un grand-père.

Jean Goulemot

*Zadig laissa cette Syrienne et les autres chercher leur basilic, et continua de marcher dans la prairie. Quand il fut au bord d'un petit ruisseau, il y trouva une autre dame couchée sur le gazon, et qui ne cherchait rien. Sa taille paraissait majestueuse, mais son visage était couvert d'un voile. Elle était penchée vers le ruisseau; de profonds soupirs sortaient de sa bouche. Elle tenait en main une petite baguette, avec laquelle elle traçait des caractères sur un sable fin qui se trouvait entre le gazon et le ruisseau. Zadig eut la curiosité de voir ce que cette femme écrivait; il s'approcha, il vit la lettre Z, puis un A: il fut étonné; puis parut un D: il tressaillit. Jamais surprise ne fut égale à la sienne quand il vit les deux dernières lettres de son nom. Il demeura quelque temps immobile; enfin, rompant le silence d'une voix entrecoupée: «Ô généreuse dame! pardonnez à un étranger, à un infortuné, d'oser vous demander par quelle aventure étonnante je trouve ici le nom de ZADIG tracé de votre main divine?»*

Zadig ou la Destinée, 1747, chap. XVI, « Le Basilic ».

## ZAÏRE

CHRISTIANISME · LARMES · LUSIGNAN · ORIENT · SENSIBILITÉ · TRAGÉDIES ·

Après *Œdipe* (1718), Voltaire mit plus de dix ans à renouer avec le succès: tour à tour, *Artémire*, *Mariamne*, *Ériphyle* étaient tombées, et *Brutus* fut un demi-échec. Laissant la terreur, la grandeur romaine, il se résout en 1732 à essayer du «tendre», seul ressort qui «touche vraiment le public», et à revenir aux amours romanesques, qu'il avait condamnées. *Zaïre* sera la première pièce dans laquelle il ose s'abandonner à «toute la sensibilité de son cœur». Et c'est dans la fièvre qu'il boucle les cinq actes de sa tragédie, en vingt-deux jours, avant de la présenter aux comédiens le 27 juin.

Prestement montée, elle est créée le 13 août 1732, avec un succès mitigé; l'auteur répare hâtivement les maladresses, corrige quelques vers; à la quatrième, il connaît le triomphe, est applaudi dans sa loge. La pièce atteindra, dans la saison, trente et une représentations.

En dehors de l'environnement historique, Voltaire a tout inventé. Au temps des croisades, tandis que saint Louis guerroie en Égypte, le sultan Orosmane, fils de Saladin, règne sur Jérusalem. Il est tombé amoureux de Zaïre, qui l'aime aussi, et va épouser cette jeune captive, survivante des massacres où jadis ont péri les chrétiens. Prise au berceau, elle a été élevée dans la foi musulmane. Un autre captif chrétien, Nérestan, libéré pour réunir la rançon des prisonniers, revient au moment où se préparent les noces. Dans son bonheur, le sultan lui accorde la liberté de cent chevaliers, à l'exception de Lusignan, l'ancien roi de Jérusalem, gardé jusqu'ici dans un isolement rigoureux. Il cède pourtant aux prières de Zaïre; le vieillard épuisé retrouve avec émotion ses compagnons d'armes, évoque avec eux les malheurs passés, sa femme, ses deux fils égorgés, deux autres enfants disparus. Bientôt, à la croix que porte Zaïre, à une cicatrice de Nérestan, il reconnaît son fils et sa fille. Émoi général. Mais sa joie est brève: Zaïre est musulmane! Le vieillard s'emporte, crie son indignation; Zaïre doit s'avouer chrétienne, et promet de recevoir le baptême. Elle cache obstinément son secret au sultan, et le supplie de retarder leur mariage. Mais dans le cœur d'Orosmane naissent des soupçons, que confirme bientôt une lettre de Nérestan, trop équivoque, adressée à Zaïre, et interceptée. La jalousie alors s'empare de lui. Il fait remettre le billet à Zaïre et, dans la nuit, guette le rendez-vous. Zaïre entre, appelle Nérestan; à ce nom, Orosmane la poignarde. Vite détrompé, il se tue à son tour.

Zaïre poignardée tombe, bien sûr, dans «le renfoncement du théâtre», conformément à la règle qui admet sur la scène le suicide, mais non le meurtre. Voltaire s'est toujours plaint de cette contrainte. Mais ici ce n'est pas «l'horreur» qu'il recherche. Son unique but est de toucher. À cet effet, il use à la fois des procédés les plus usés – la «croix de ma mère», la reconnaissance, le billet surpris, la «fatale méprise» – et des plus relevés – ces dilemmes cornéliens qui déchirent les héros, entre la religion et l'amour, la tendresse et la fureur jalouse. Il y parvient, au prix de quelques invraisemblances, et sans emprunter autant qu'on l'a dit à l'*Othello* de Shakespeare*: Corasmin, le favori, n'a rien d'un Iago; quant à Orosmane, loin d'être un «sauvage», il ressemble fort à un «sultan poli par l'amour», selon le titre d'une des quatres parodies* de la pièce.

La seconde idée de Voltaire – faire contraster, dans son tableau, «les mœurs des mahométans et celles des chrétiens» – tourne court. Orosmane semble avoir oublié sa religion, dont il n'est guère parlé. C'est le christianisme qui est exalté ici, superbement, par l'éloquence du

vieux Lusignan – par Voltaire quand il déclamait ce rôle, qu'il aimait entre tous.
Dernière idée de l'auteur : « Faire paraître pour la première fois des Français sur la scène tragique ». De fait, l'évocation des croisades, la présence des chevaliers aux noms prestigieux flattèrent le sentiment patriotique. Il y a dans la pièce l'ébauche d'une « tragédie historique et nationale », que Voltaire ne fit jamais. Mais il reviendra toujours à *Zaïre*, à cette combinaison somme toute assez réussie d'amour, d'histoire et de foi : c'est la plus touchante de toutes ses pièces. La Gaussin* y fit pleurer, et Lekain*, plus tard, s'illustra dans le rôle du sultan, faisant oublier le désinvolte Quinault-Dufresne, son créateur. Restée au répertoire jusqu'en 1936 (mais rarement jouée au XX$^e$ siècle), *Zaïre* est largement en tête des œuvres dramatiques de Voltaire, avec 480 représentations à la Comédie-Française. Du vivant de Voltaire, la pièce fut traduite en allemand, en anglais, en italien, en danois, en suédois, en néerlandais. À Londres, l'un des grands succès du siècle à Drury Lane, avant les pièces de Shakespeare, fut *Zara*.

Henri Lagrave

*Mon Dieu ! j'ai combattu soixante ans pour ta gloire ;*
*J'ai vu tomber ton peuple et périr ta mémoire ;*
*Dans un cachot affreux abandonné vingt ans,*
*Mes larmes t'imploraient pour mes tristes enfants :*
*Et lorsque ma famille est par toi réunie,*
*Quand je trouve une fille, elle est ton ennemie !*
*Je suis bien malheureux... C'est ton père, c'est moi,*
*C'est ma seule prison qui t'a ravi ta foi.*
*Ma fille, tendre objet de mes dernières peines,*
*Songe au moins, songe au sang qui coule dans tes veines.*
*C'est le sang de vingt rois, tous chrétiens comme moi,*
*C'est le sang des héros, défenseurs de ma loi ;*
*C'est le sang des martyrs... Ô fille encor trop chère !*
*Connais-tu ton destin ? sais-tu quelle est ta mère ?*
*Sais-tu bien qu'à l'instant que son flanc mit au jour*
*Ce triste et dernier fruit d'un malheureux amour,*
*Je la vis massacrer par la main forcenée,*
*Par la main des brigands à qui tu t'es donnée !*
*Tes frères, ces martyrs égorgés à mes yeux,*
*T'ouvrent leurs bras sanglants, tendus du haut des cieux ;*
*Ton Dieu que tu trahis, ton Dieu que tu blasphèmes,*
*Pour toi, pour l'univers, est mort en ces lieux mêmes ;*
*En ces lieux où mon bras le servit tant de fois,*

*En ces lieux où son sang te parle par ma voix.*
*Vois ces murs, vois ce temple envahi par tes maîtres,*
*Tout annonce le Dieu qu'ont vengé tes ancêtres.*
*Tourne les yeux, sa tombe est près de ce palais ;*
*C'est ici la montagne où, lavant nos forfaits,*
*Il voulut expirer sous les coups de l'impie ;*
*C'est là que de sa tombe il rappela sa vie.*
*Tu ne saurais marcher dans cet auguste lieu,*
*Tu n'y peux faire un pas, sans y trouver ton Dieu ;*
*Et tu n'y peux rester sans renier ton père,*
*Ton honneur qui te parle, et ton Dieu qui t'éclaire.*
*Je te vois dans mes bras, et pleurer, et frémir ;*
*Sur ton front pâlissant Dieu met le repentir :*
*Je vois la vérité dans ton cœur descendue ;*
*Je retrouve ma fille après l'avoir perdue ;*
*Et je reprends ma gloire et ma félicité*
*En dérobant mon sang à l'infidélité.*
*NÉRESTAN : Je revois donc ma sœur !... Et son âme...*
*ZAÏRE : Ah ! mon père !*
*Cher auteur de mes jours, parlez, que dois-je faire ?*
*LUSIGNAN : M'ôter, par un seul mot, ma honte et mes ennuis,*
*Dire : « Je suis chrétienne. »*
*ZAÏRE : Oui... seigneur... je le suis.*

Zaïre, 1732, acte I, scène III.

## « ZIUTHRE »

– Donne-moi le ziuthre, dit Pierre.
 Éva se leva et prit le ziuthre : c'était un assemblage de morceaux de carton que Pierre avait collés lui-même : il s'en servait pour conjurer les statues. Le ziuthre ressemblait à une araignée. Sur un des cartons Pierre avait écrit : « Pouvoir sur l'embûche » et sur un autre « Noir ». Sur un troisième il avait dessiné une tête rieuse avec des yeux plissés : c'était Voltaire. Pierre saisit le ziuthre par une patte et le considéra d'un air sombre.
– Il ne peut plus me servir, dit-il.
– Pourquoi ?
– Ils l'ont inversé.
– Tu en feras un autre ?

Jean-Paul Sartre, Le Mur, « La Chambre », 1939.

La rareté des entrées par Z permet cet à-côté, presque tangent pourtant. L'auteur a expliqué ailleurs plus discursivement son rapport à Voltaire. Dans l'objet fantasmé pour «La Chambre», la figure «Voltaire» paraît inscrire encore la résistance aux terreurs des superstitions, mais usée peut-être ou périmée, en tout cas pervertie en stéréotype inerte. «Tête rieuse», mais sans corps, et le *ziuthre* se prend «par la patte»... «Yeux plissés», mais sans regard, ou déjà figés dans un contentement béat. Pierre se livre donc aux «statues», lâché par un vieux fétiche impuissant. Plus de *non* : resterait le «zut!» – mais mouillé, burlesquement bricolé, dérisoirement brandi. Voltaire liquidé côté Ubu? Comme s'il en fallait «un autre» en effet. Sartre rêva-t-il de l'être – ou rien?

*André Magnan*

## ZOLA, Émile

Cherchera-t-on dans l'œuvre romanesque d'Émile Zola (1840-1902) des traces d'influences de Voltaire? La traque en serait difficile, les résultats vraisemblablement aléatoires. La philosophie de Voltaire, le voltéranisme* comme on disait du temps de Zola, ne sont pas étrangers à l'anticléricalisme de *La Faute de l'abbé Mouret* (1875) ou à l'idéologie des *Quatre Évangiles* (1899-1902), de *Vérité* surtout, le dernier roman (1902), transposition de l'affaire Dreyfus, liquidation du cléricalisme et défense de la laïcité. Mais ces filiations imprécises ne doivent pas conduire à des rapprochements littéraires hasardeux. L'écriture et le projet zoliens, pour l'essentiel, ne doivent rien à Voltaire. C'est en fait à Diderot que Zola se réfère, tout comme les frères Goncourt, quand il rattache le naturalisme à la pensée des Lumières.

En revanche, le lien devenu mythique de son *J'accuse* à l'affaire Calas est au départ tout à fait réel. *J'accuse* fut publié le 13 janvier 1898, et depuis le 6 janvier, le journal *Le Siècle*\*, que Zola lisait régulièrement, donnait en feuilleton, sous la plume d'Armand Fouquier, un récit détaillé des campagnes de Voltaire en faveur des Calas. L'accusation publique des méfaits de l'antisémitisme, l'appel direct à l'opinion, la conjonction habile du pathétique de l'éloquence et des rigueurs de l'analyse: Zola retrouvait les moyens et les registres, ironie en moins, dont Voltaire avait usé dans les fameuses affaires. Pour les journalistes et les intellectuels du temps, le rapprochement fut évident: «Toute grande cause humaine a besoin de son martyr, écrivait l'un d'eux en juillet 1898 après la condamnation de Zola, et le Calas du XIX$^e$ siècle aura eu en M. Zola un Voltaire qui n'aura pas reculé devant douze mois de prison.»

Aujourd'hui, la lignée semble continuée: il y aura eu Voltaire au

XVIII<sup>e</sup> siècle, Zola au XIX<sup>e</sup> et Sartre au XX<sup>e</sup>. En saluant ces prises de parole, fussent-elles comme chez Sartre parfois fourvoyées, méfions-nous pourtant de ne pas céder à l'illusion rétrospective d'une même vérité. Rendons à Voltaire ce qui est à Voltaire et à Zola ce qui lui appartient. Leur gloire se suffit à elle-même sans les secours faciles de l'anachronisme et de l'amalgame.

Jean Goulemot

*Je ne considère point Voltaire comme un poète, un philosophe, un historien ou un romancier; je le considère comme une force dont s'est servie la vérité, ou plutôt encore comme l'individualité la plus complète et la plus en lumière du glorieux dix-huitième siècle.*

Émile Zola, dans L'Événement, 3 avril 1866.

## «ZOZO»

Les enfances des grands hommes ont parfois des aléas posthumes. En 1861, un agréable auteur de petits riens, nommé Benjamin Fillon, augmenta d'un nouvel élément l'énorme liste des surnoms* ou des pseudonymes* voltairiens, en produisant le texte d'une lettre inconnue, datée du 29 décembre 1704, qui portait, disait-il, cette étonnante signature du plus célèbre des Arouet, alors entré dans sa onzième année: *Zozo*. M<sup>e</sup> Arouet avait confié ce jour-là, paraît-il, à son fils aîné Armand, âgé de dix-neuf ans, le soin d'adresser ses vœux de bonne année à une vieille cousine demeurant «à la Châtaigneraie, pays de Poitou», et «le secrétaire» s'était acquitté de son mieux de la commission – ajoutait Fillon –, non sans graphies atypiques, mais avec toute la componction désirable, paraphant lui-même *Arouet* avant de passer la plume à son cadet *Zozo*, qui signa donc *Zozo* – très sobrement, sans un mot de plus.

Benjamin Fillon, qui assurait descendre de ladite cousine, déclarait avoir sous les yeux l'original de ladite lettre. Mais l'antique cousine se dérobe à toutes les enquêtes généalogiques, et la lettre est restée introuvable... Il y a pis, il faut bien l'avouer: plusieurs autres «documents» produits par Fillon ont été depuis rejetés comme faux. On demeure donc en doute sur ce scoop tardif, qui a tout du style petit-bourgeois 1860. L'usage s'est pourtant maintenu d'ouvrir l'immense correspondance de Voltaire par ce n° 1 de *Zozo*, et Henri Guillemin* a même cru pouvoir retourner contre l'odieux adulte le prétendu surnom d'un enfant évidemment innocent, en intitulant l'une de ses vitupérantes études, en 1958: «François Marie Arouet, dit Zozo, dit Voltaire».

André Magnan

# Z

*Ne peut-on pas, sans offenser personne, supposer que l'alphabet a commencé par des cris et des exclamations ? Les petits enfants disent d'eux-mêmes «ha he» quand ils voient un objet qui les frappe, «hi hi» quand ils pleurent, «hu hu hou hou» quand ils se moquent, «aïe» quand on les frappe — et il ne faut pas les frapper.*

*Questions sur l'Encyclopédie, 1770-1772, art. «ABC ou alphabet».*

## ZULIME

SENSIBILITÉ · TRAGÉDIES ·

Créée le 8 juin 1740, *Zulime*, contemporaine de *Mahomet**, était aussi une pièce «musulmane». Cependant, le contraste des mœurs, des religions, n'y joue qu'un rôle secondaire : la pièce est toute d'amour. Zulime, fille de Benassar, chérif de Trémizène, s'est éprise de Ramire, jeune Espagnol de sang royal, esclave des Maures. Or Ramire est lié par un mariage secret à Atide, espagnole et esclave comme lui ; c'est le premier obstacle. L'autre vient du père, qui condamne la passion criminelle de sa fille. Le trio a fui sa colère ; Benassar les rejoint, des combats s'engagent. La vérité éclate. Noblement, Atide veut se sacrifier ; mais Zulime lui arrache son poignard et se tue : «C'est à moi de mourir, puisque c'est toi qu'on aime.» Dans la première version, Ramire tuait, sans le vouloir, le malheureux père. Cette fin cruelle, le rôle ingrat de Ramire, les ressemblances avec *Bajazet*, avec *Ariane*, firent tomber la pièce – «assez faible», comme l'avouera encore Voltaire en 1763. Elle le resta, en dépit des changements nécessaires. Cependant l'auteur ne put s'en détacher, tout en reconnaissant sa médiocrité ; il corrigea pendant vingt ans cette «élégie amoureuse» : ce n'était toujours que «de la crème fouettée»! Mais elle avait fait jadis pleurer Émilie*, et Voltaire s'y surpassait dans le rôle du vieux Benassar indigné, puis attendri... Elle devint *Fanime*, puis *Médime*, et fut reprise enfin, sous son premier titre, en décembre 1761, avec un certain succès cette fois – dû surtout, hélas ! au jeu de la Clairon*.

Henri Lagrave

*Voltaire à Gabriel Cramer,*
*mars-avril 1771*

*« Y » va bien,*
*il n'y a dans « Z » à corriger*
*que dans les vers espagnols, les fautes*
*que Monsieur Cramer a corrigées de lui-même.*
*Il manque les lettres M, T et X pour faire*
*l'errata, dont père Adam se chargera,*
*car pour moi je ne puis absolument rien faire;*
*je suis hors de combat.*

# TABLE DES ENTRÉES FIGURANT DANS L'INVENTAIRE

## A

11-12
LETTRINE A
par André Magnan

12
ABBÉ
par André Magnan

13-14
*A. B. C. (L')*
par Stéphane Pujol

14-16
ACADÉMIE
par Jean Goulemot

16-18
ACTEUR
par Henri Lagrave

18-20
ADAM, Antoine, père
par André Magnan

20-24
ADAPTATIONS
par Pierre Lederer

24-25
*ADÉLAÏDE DU GUESCLIN*
par Henri Lagrave

25
*ADIEUX À LA VIE*
par André Magnan

25-26
*ADORATEURS (LES)
OU LES LOUANGES DE DIEU,
OUVRAGE UNIQUE
DE M. IMHOF, TRADUIT
DU LATIN*
par Stéphane Pujol

26-32
AFFAIRES
par Jean Goulemot

32-33
AFRIQUE
par Jean Goulemot

33
*AGATHOCLE*
par Henri Lagrave

34
AGRÉGATION
par Marie-Françoise Chanfrault

34-35
AGRICULTURE
par Jean Goulemot

36
*AH ! AH ! (LES)*
par André Magnan

36
AIGLE
Citations

37
AÏSSÉ, Mlle
par Anne Soprani

37
*AKAKIA*
Voir *Histoire
du docteur Akakia*

37
*ALAMIRE*
Voir *Adélaïde du Guesclin*

38-42
ALEMBERT, Jean Le Rond d'
par André Magnan

42-43
ALGAROTTI, Francesco
par Didier Masseau

43-45
ALLEMAGNE
par Jean Goulemot

45
ALMANACH
par Jean Goulemot

45
*ALMANACH ROYAL*
par André Magnan

46
ALSACE
par Anne Soprani

46-47
*ALZIRE
OU LES AMÉRICAINS*
par Henri Lagrave

48-49
ÂME
par Marie-Hélène Cotoni

49-50
AMÉLIE DE PRUSSE
par Anne Soprani

50
*AMÉLIE
OU LE DUC DE FOIX*
Voir *Adélaïde du Guesclin*

50-53
AMÉRIQUE
par Jean Goulemot

53-54
AMITIÉ
par Anne Soprani

55-56
AMOUR
par Anne Soprani

56-58
AMOUR-PROPRE
par Jean Goulemot

58
*AMULIUS ET NUMITOR*
par Henri Lagrave

58-59
ANCIAN, Philippe, abbé
par Anne Soprani

59-61
ANCIENS
par Patrick Brasart

61
*ANCIENS (LES)
ET LES MODERNES,
OU LA TOILETTE
DE MME DE POMPADOUR*
par Stéphane Pujol

62
*ANDRÉ DESTOUCHES À SIAM*
par Stéphane Pujol

62-63
ANECDOTE
par André Magnan

63
*ANECDOTE SUR BÉLISAIRE*
Voir Marmontel

63
*ANECDOTES SUR FRÉRON
ÉCRITES PAR UN HOMME
DE LETTRES À UN
MAGISTRAT QUI VOULAIT
ÊTRE INSTRUIT DES
MŒURS DE CET HOMME*
par Didier Masseau

# TABLE DES ENTRÉES

**64**
*ANECDOTES SUR LE CZAR PIERRE LE GRAND*
par Jean Goulemot

**64**
*ANECDOTES SUR LOUIS XIV*
par Jean Goulemot

**64-65**
ANET
par Anne Soprani

**65-66**
ANGLAIS
par Jean Goulemot

**66**
ANGLAIS
Voir Langues

**67-68**
ANGLETERRE
par Jean Goulemot

**68**
ANGUILLES
par André Magnan

**68-69**
*ANNALES DE L'EMPIRE*
par Jean Goulemot

**70**
*ANNÉE LITTÉRAIRE (L')*
par Didier Masseau

**71**
ANTÉCHRIST
par Marie-Hélène Cotoni

**71-72**
ANTHROPOCENTRISME
par Patrick Brasart

**72-74**
ANTHROPOLOGIE
par Patrick Brasart

**74-75**
ANTHROPOPHAGIE
par Jean Goulemot

**75-78**
ANTICLÉRICALISME
par André Magnan

**78**
*ANTI-GITON (L')*
Voir Homosexualité

**78**
ANTIJUDAÏSME
Voir Antisémitisme

**78-79**
ANTI-MACHIAVEL
par Jean Goulemot

**79**
«ANTI-PASCAL»
Voir «Remarques sur les *Pensées* de M. Pascal»

**79-80**
«ANTI-POÈTE»
par André Magnan

**80-82**
ANTISÉMITISME
par Roland Desné

**82-83**
ANTITHÈSE
par Patrick Brasart

**83-84**
APOCALYPSE
par Jean Goulemot

**84**
APOCRYPHES
par Marie-Hélène Cotoni

**84**
*APOLOGIE DE LA FABLE*
Voir Fable

**85**
APÔTRES
par Marie-Hélène Cotoni

**85-86**
*APPEL À TOUTES LES NATIONS DE L'EUROPE DES JUGEMENTS D'UN ÉCRIVAIN ANGLAIS, OU MANIFESTE AU SUJET DES HONNEURS DU PAVILLON ENTRE LES THÉÂTRES DE LONDRES ET DE PARIS*
par Henri Lagrave

**86**
*ARBITRAGE ENTRE M. DE VOLTAIRE ET M. DE FONCEMAGNE*
Voir Testament politique du cardinal de Richelieu

**86-87**
ARGENCE, François Achard Joumard Tison, marquis d'
par André Magnan

**87-88**
ARGENS, Jean Baptiste de Boyer, marquis d'
par Didier Masseau

**88**
ARGENSON, Marc Pierre de Voyer, comte d'
par Didier Masseau

**88-89**
ARGENSON, René Louis de Voyer, marquis d'
par Didier Masseau

**89-93**
ARGENTAL, Charles Augustin de Ferriol, comte d'
par Anne Soprani

**93-94**
ARIOSTE, l'
par Francesca Isidori

**94**
ARNAUD
Voir Baculard d'Arnaud

**94-96**
AROUET
par Anne Soprani

**96-97**
AROUET (pseudonyme)
par Jean Goulemot

**97**
*ART DE LA GUERRE (L')*
par Christiane Mervaud

**97**
*ARTÉMIRE*
par Henri Lagrave

**97-99**
ATHÉISME
par Roland Desné

**99**
ATTRIBUTIONS
par André Magnan

**99-100**
«AUGUSTE»
par André Magnan

**100-103**
AUTOBIOGRAPHIE
par André Magnan

**103-104**
AUTOPORTRAIT
Citations

**105**
AUTOPSIE
par Didier Masseau

**105-107**
AUTRICHE
par Jean Goulemot

**107**
AVARICE
Voir Poncifs

**107**
*AVENTURE DE LA MÉMOIRE*
par Jean Goulemot

**107-108**
*AVENTURE INDIENNE, TRADUITE PAR L'IGNORANT*
par Jean Goulemot

# TABLE DES ENTRÉES

**108**
*AVEUGLES JUGES DES COULEURS (LES)*
Voir *Petite Digression sur les Quinze-Vingts*

**108**
*AVIS À TOUS LES ORIENTAUX*
par André Magnan

**108-109**
*AVIS AU PUBLIC SUR LES PARRICIDES IMPUTÉS AUX CALAS ET AUX SIRVEN*
par Jean Goulemot

**109**
*AZOLAN*
Voir Conte en vers

# B

**110**
LETTRINE B
Citation

**110**
*BABABEC ET LES FAKIRS*
Voir *Lettre d'un Turc*

**110**
*BABOUC*
Voir *Monde comme il va (Le)*

**110-111**
BACCALAURÉAT
par Marie-Françoise Chanfrault

**112-113**
BACON, Francis, lord Verulam
par Roselyne Rey

**113-115**
BACULARD D'ARNAUD, François Thomas Marie de
par Didier Masseau

**115-116**
BAPTÊME
par Marie-Hélène Cotoni

**116**
BARBARA
par André Magnan

**116-117**
*BARON D'OTRANTE (LE)*
par Henri Lagrave

**117**
BARRY, Marie Jeanne Bécu, comtesse du
par Anne Soprani

**118**
BARTHES, Roland
par Didier Masseau

**119**
BAS
par Anne Soprani

**119-120**
BASKERVILLE, John
par André Magnan

**120-121**
BASTILLE
par Anne Soprani

**121**
*BASTILLE (LA)*
par Sylvain Menant

**121**
*BATAILLE DE FONTENOY (LA)*
Voir *Poème de Fontenoy (Le)*

**122**
BAUDELAIRE, Charles
par André Magnan

**122-123**
BAYLE, Pierre
par Patrick Brasart

**123-124**
BAYREUTH
par Anne Soprani

**125-126**
BEAU
par Patrick Brasart

**126-128**
BEAUMARCHAIS, Pierre Augustin Caron de
par André Magnan

**128-129**
BECCARIA, Cesare Bonesana, marquis de
par Jean Goulemot

**130**
*BÉGUEULE (LA)*
par Sylvain Menant

**130**
« BELLE ET BONNE »
par André Magnan

**130**
BELOT, Octavie
Voir Durey de Meynières

**131**
BENGESCO, Georges
par André Magnan

**131-132**
BENOÎT XIV
par Henri Lagrave

**132-134**
BENTINCK, Charlotte Sophie d'Aldenburg, comtesse de
par André Magnan

**134-135**
BERGIER, Nicolas Sylvestre
par Didier Masseau

**135-137**
BERLIN
par Christiane Mervaud

**137**
BERNIÈRES, Marguerite Madeleine du Moutier, marquise de
par Anne Soprani

**137-138**
BERNIS, François Joachim de Pierre, cardinal de
par Didier Masseau

**138-139**
BERTHIER, Guillaume François
par André Magnan

**139**
BERTRAND, Élie
par André Magnan

**139-140**
BESTERMAN, Theodore
par André Magnan

**141-142**
BESTIAIRE
par André Magnan

**142-143**
BÊTES
par Roselyne Rey

**143-144**
BEUCHOT, Adrien
par André Magnan

**144-147**
BIBLE
par Marie-Hélène Cotoni

**147-148**
*BIBLE (LA) ENFIN EXPLIQUÉE PAR PLUSIEURS AUMÔNIERS DE S.M.L.R.D.P.*
par Marie-Hélène Cotoni

**148-150**
BIBLIOTHÈQUE
par André Magnan

**150-152**
BIBLIOTHÈQUE NATIONALE DE FRANCE
par André Magnan

**152-153**
BIEN (SOUVERAIN)
par Marie-Hélène Cotoni

# TABLE DES ENTRÉES

153-154
BIEN (TOUT EST)
par Laurent Loty

154-155
BIENFAISANCE
par Didier Masseau

156
BILLETS DE CONFESSION
par André Magnan

156-157
BIOGRAPHIE
par André Magnan

157-158
BIORD, Jean Pierre, monseigneur
par Anne Soprani

159
*BLANC ET LE NOIR (LE)*
par Jean Goulemot

159-160
BLASPHÈME
par Marie-Hélène Cotoni

160-161
BOCCAGE, Marie Anne Le Page, Mme Fiquet du
par Anne Soprani

161
« BŒUF-TIGRE »
par André Magnan

161-162
BOILEAU, Nicolas
par Patrick Brasart

162-163
BOLINGBROKE, Henry Saint John, vicomte
par Jean Goulemot

163-164
BONHEUR
par André Magnan

164-165
BONNET, Charles
par Didier Masseau

165-166
BON SENS
par Didier Masseau

166-167
BORDE, Charles
par Didier Masseau

167
BORGNES
par Jean Goulemot

167
BORNES
Citation

168
BOSWELL, James
par Didier Masseau

168
BOUFFLERS-REMIENCOURT, Marie Françoise Catherine de Beauvau, marquise de
par André Magnan

168-169
*BOURBIER (LE)*
par Sylvain Menant

169-170
BOURGEOIS
par Jean Goulemot

170-171
BOURSE
par Jean Goulemot

171
BOURSOUFLE
Voir *Grand Boursoufle (Le)* • *Petit Boursoufle (Le)*

171
BOYER, Jean Baptiste de
Voir Argens

171-172
BOYER, Jean François
par Anne Soprani

172-173
BROSSES, Charles de
par Didier Masseau

173
BRUE, André et Benjamin
par André Magnan

174
*BRÛLONS VOLTAIRE!*
par André Magnan

174-176
*BRUTUS*
par Henri Lagrave

176-177
BRUXELLES
par Anne Soprani

177-178
BÜCKEBURG
par André Magnan

178-179
BUFFON, Georges Louis Leclerc, comte de
par Roselyne Rey

179-180
BYNG (AFFAIRE)
par André Magnan

# C

181
LETTRINE C
Citation

181
*CABALES (LES), ŒUVRE PACIFIQUE*
par Sylvain Menant

181-182
CABARET VOLTAIRE
par Jean Goulemot

182-184
CACOUACS
par André Magnan

184
*CADENAS (LE)*
par Sylvain Menant

184-185
CAEN
par André Magnan

185
CAFÉ
par André Magnan

185
*CAFÉ (LE) OU L'ÉCOSSAISE*
Voir *Écossaise (L')*

186
CALAIS
par Anne Soprani

186-189
CALAS
par Jean Goulemot

189-191
CALCULS
par André Magnan

191
CALMET, dom Augustin
par Marie-Hélène Cotoni

192
CALOTTE
par Jean-Michel Raynaud

193
CAMP, MLLE
Voir *Réflexions philosophiques sur le procès de Mlle Camp*

193-194
CANADA
par Pierre Berthiaume

195
*CANDIDE* (Journal)
par André Magnan

# TABLE DES ENTRÉES

**195-205**
*CANDIDE OU L'OPTIMISME,*
*TRADUIT DE L'ALLEMAND*
*DE MR. LE DOCTEUR RALPH*
par André Magnan

**205-206**
*CANONISATION*
*DE SAINT CUCUFIN (LA),*
*FRÈRE D'ASCOLI,*
*PAR LE PAPE CLÉMENT XIII,*
*ET SON APPARITION*
*AU SIEUR AVELINE,*
*BOURGEOIS DE TROYES,*
*MISE EN LUMIÈRE PAR LE*
*SIEUR AVELINE LUI-MÊME*
par Didier Masseau

**206-207**
CAPUCIN
par André Magnan

**207-208**
*CAR (LES)*
par André Magnan

**208-209**
CARACTÉROLOGIE
par Patrick Brasart

**209-211**
CARNETS
par André Magnan

**211-212**
CASANOVA DE SEINGALT,
Giacomo Girolamo
par Didier Masseau

**212**
CATALOGUE
par Jean Goulemot

**213**
CATÉCHISME (Genre du)
par Stéphane Pujol

**214**
*CATÉCHISME*
*DE L'HONNÊTE HOMME*
*OU DIALOGUE ENTRE*
*UN CALOYER*
*ET UN HOMME DE BIEN,*
*TRADUIT DU GREC*
*VULGAIRE*
*PAR D.J.J.R.C.D.C.D.G.*
par Stéphane Pujol

**214-217**
CATHERINE II
par Didier Masseau

**217**
*CATILINA OU ROME SAUVÉE*
Voir *Rome Sauvée*

**217-218**
CAUSES FINALES
par Laurent Loty

**219**
CAZOTTE, JACQUES
par André Magnan

**219**
CÉLIBAT
par Marie-Hélène Cotoni

**220-223**
CENSURE
par André Magnan
et Patrick Brasart

**224**
CENTENAIRE
par André Magnan

**224-225**
*CE QUI PLAÎT AUX DAMES*
par Sylvain Menant

**225**
*CE QU'ON NE FAIT PAS ET*
*CE QU'ON POURRAIT FAIRE*
Voir *De ce qu'on ne fait pas et de*
*ce qu'on pourrait faire*

**225**
CERCLE VOLTAIRE
par André Magnan

**225-227**
CERTITUDE
par Jean Goulemot

**227-228**
CERVANTÈS Y SAAVÉDRA,
Miguel de
par Jean Goulemot

**228-229**
CERVEAU
par Didier Masseau

**229**
« C'EST LA FAUTE
À VOLTAIRE... »
par Patrick Brasart

**230**
CHAMBELLAN
par André Magnan

**230**
CHAMPBONIN, Anne
Antoinette Françoise Paulin
du Raget de
par Anne Soprani

**230-231**
CHAMPS
par Anne Soprani

**231**
CHANDELIÈRE
Citation

**231**
*CHANGEMENTS ARRIVÉS*
*DANS NOTRE GLOBE*
Voir *Dissertation sur les*
*changements arrivés dans notre*
*globe et sur les pétrifications*

**231-232**
CHANSONS
par Sylvain Menant

**232**
« CHAOS D'IDÉES CLAIRES »
par André Magnan

**233**
CHAR DE GUERRE
par André Magnan

**233**
CHARLES ÉDOUARD
Voir Stuart

**234**
CHARLES THÉODORE
DE SULZBACH
par Didier Masseau

**234**
*CHARLOT*
*OU LA COMTESSE DE GIVRY*
par Henri Lagrave

**234-235**
CHATEAUBRIAND, François
René de
par Patrick, Brasart

**235-236**
CHÂTEAUNEUF, François
de Castagnère, abbé de
par Didier Masseau

**236-243**
CHÂTELET-LOMONT,
Gabrielle Émilie Le Tonnelier
de Breteuil, marquise du
par Anne Soprani

**243**
CHÂTENAY
par Anne Soprani

**243-244**
CHAUDON, Louis Mayeul
par Didier Masseau

**244-245**
CHAULIEU, Guillaume Amfrye
de
par Anne Soprani

**245**
CHAUMEIX, Abraham Joseph
par Didier Masseau

**246**
CHÉNIER, Marie Joseph
par Patrick Brasart

# TABLE DES ENTRÉES

**246-247**
CHESTERFIELD, Philip
Dormer Stanhope, comte de
par Jean Goulemot

**247-248**
*CHEVAUX
ET LES ÂNES (LES) OU
LES ÉTRENNES AUX SOTS*
par Sylvain Menant

**248-249**
CHINE
par Jean Goulemot

**249-251**
CHOISEUL, Étienne François,
comte de Stainville, duc de
par Didier Masseau

**252**
CHRISTIAN VII
Voir Censure • Danemark

**252-254**
CHRISTIANISME,
par Marie-Hélène Cotoni

**254-255**
CHRISTIN, Charles Frédéric
Gabriel
par André Magnan

**255-256**
CHRONOLOGIE
par Jean Goulemot

**256-257**
CICÉRON
par Patrick Brasart

**258**
CIDEVILLE, Pierre Robert
Le Cornier de
par Didier Masseau

**259-262**
CINÉMA
par Jacques Mény

**262**
*CINQUIÈME HOMÉLIE
PRONONCÉE À LONDRES,
LE JOUR DE PÂQUES,
DANS UNE ASSEMBLÉE
PARTICULIÈRE*
par Didier Masseau

**262**
CIRCONCISION
par Marie-Hélène Cotoni

**263-265**
CIREY
par Didier Masseau

**266**
CITATION
par Patrick Brasart

**266-267**
CITOYEN
par Jean Goulemot

**267-269**
CIVILISATION
par Jean Goulemot

**269-270**
CLAIRON, Claire Josèphe
Hippolyte Leris de La Tude,
dite Mlle
par Henri Lagrave

**271**
CLARKE
Voir Déistes anglais

**271**
CLÉMENT, Jean Marie Bernard
par Didier Masseau

**271**
CLERGÉ
Voir Anticléricalisme •
Célibat • Religion

**271-272**
CLÈVES
par André Magnan

**272-273**
*COCUAGE (LE)*
par Sylvain Menant

**273-274**
CODES
par André Magnan

**274-275**
CŒUR
par André Magnan

**275**
COLÈRE
Citation

**275-276**
*COLIMAÇONS (LES)
DU RÉVÉREND PÈRE
L'ESCARBOTIER,
PAR LA GRÂCE DE DIEU
CAPUCIN INDIGNE,
PRÉDICATEUR ORDINAIRE
ET CUISINIER DU GRAND
COUVENT DE LA VILLE DE
CLERMONT EN AUVERGNE*
par Roselyne Rey

**276-277**
*COLLECTION
D'ANCIENS ÉVANGILES,
OU MONUMENTS
DU PREMIER SIÈCLE DU
CHRISTIANISME, EXTRAITS
DE FABRICIUS, GRABIUS
ET AUTRES SAVANTS,
PAR L'ABBÉ ****
par Marie-Hélène Cotoni

**277**
*COLLECTION DES LETTRES
SUR LES MIRACLES*
Voir *Lettres sur les miracles* •
*Questions sur les miracles*

**278**
COLLÈGE
DE LOUIS-LE-GRAND
par Anne Soprani

**279-280**
COLLINI, Cosimo Alessandro
par André Magnan

**280-281**
COLMAR
par Anne Soprani

**281-282**
COLOMB, Christophe
par Isabel Herrero
et Lydia Vazquez

**282-283**
COLONISATION
par Jean Goulemot

**284-285**
COMÉDIE-FRANÇAISE
par Henri Lagrave

**285-286**
COMÉDIE-ITALIENNE
par Henri Lagrave

**286-288**
COMÉDIES
par Henri Lagrave

**288-289**
COMMANDEMENTS
par Marie-Hélène Cotoni

**289-293**
COMMÉMORATIONS
par Jean Goulemot

**293-295**
*COMMENTAIRE
HISTORIQUE SUR LES
ŒUVRES DE L'AUTEUR
DE LA HENRIADE, ETC.
AVEC LES PIÈCES
ORIGINALES
ET LES PREUVES*
par André Magnan

**295**
*COMMENTAIRE
SUR LE LIVRE DES DÉLITS
ET DES PEINES, PAR UN
AVOCAT DE PROVINCE*
Voir Beccaria

**295-296**
*COMMENTAIRE SUR
L'ESPRIT DES LOIS*
par Jean Goulemot

# TABLE DES ENTRÉES

**296-299**
COMMENTAIRES
SUR CORNEILLE
par Henri Lagrave

**299-300**
COMMERCE
par Jean Goulemot

**300**
COMTE
DE BOURSOUFLE (LE)
Voir *Grand Boursoufle (Le)* ·
*Petit Boursoufle (Le)*

**300**
CONCILES
par Gabriel-Robert Thibault

**301**
CONCLUSION ET EXAMEN DE
CE TABLEAU HISTORIQUE
par Jean Goulemot

**301-303**
CONDORCET, Jean Antoine
Nicolas de Caritat, marquis de
par André Magnan

**303-304**
CONFESSION
par Marie-Hélène Cotoni

**304-305**
CONFORMEZ-VOUS
AUX TEMPS
par André Magnan

**305-306**
CONFUCIUS
par André Magnan

**306-307**
CONNAISSANCE (LA) DES
BEAUTÉS ET DES DÉFAUTS
DE LA POÉSIE ET DE
L'ÉLOQUENCE DANS
LA LANGUE FRANÇAISE
par Sylvain Menant

**307**
CONSEILS À M. RACINE
SUR SON POÈME
DE LA RELIGION,
PAR UN ADMIRATEUR DE
BELLES-LETTRES
par Sylvain Menant

**308**
CONSEILS
À UN JOURNALISTE
SUR LA PHILOSOPHIE,
L'HISTOIRE, LE THÉÂTRE,
LES PIÈCES DE POÉSIE,
LES MÉLANGES DE
LITTÉRATURE, LES
ANECDOTES LITTÉRAIRES,
LES LANGUES ET LE STYLE
par Didier Masseau

**308-309**
CONSEILS RAISONNABLES
À M. BERGIER
POUR LA DÉFENSE DU
CHRISTIANISME, PAR UNE
SOCIÉTÉ DE BACHELIERS
EN THÉOLOGIE
par Didier Masseau

**310**
CONSTIPATION
ET POLITIQUE
Citation

**311-312**
CONTE EN VERS
(Pratique du)
par Sylvain Menant

**313**
CONTES
DE GUILLAUME VADÉ
par André Magnan

**313-316**
CONTES PHILOSOPHIQUES
par Jean Goulemot

**317-318**
CONTRADICTIONS
par André Magnan

**318-319**
CONVERSATION
par André Magnan

**319-320**
CONVERSATION DE LUCIEN,
D'ÉRASME ET DE RABELAIS
DANS LES CHAMPS-ÉLYSÉES
par Stéphane Pujol

**319-320**
CONVERSATION
DE M. L'INTENDANT
DES MENUS EN EXERCICE
AVEC M. L'ABBÉ GRIZEL
par Stéphane Pujol

**321-324**
CONVULSIONNAIRES
par Gabriel-Robert Thibault

**324**
COQUILLES
par André Magnan

**325-326**
CORAN
par Béchir Garbouj

**326**
CORDONNIER
DE VOLTAIRE (LE)
par André Magnan

**327-328**
CORNEILLE, Marie Françoise
par Anne Soprani

**328**
CORNEILLE, Pierre
par Henri Lagrave

**328-331**
CORRESPONDANCE
par André Magnan

**331-332**
CORRESPONDANCE
LITTÉRAIRE
par Didier Masseau

**332-333**
COSI-SANCTA,
UN PETIT MAL
POUR UN GRAND BIEN,
NOUVELLE AFRICAINE
par Jean Goulemot

**333-334**
COSMOPOLITISME
par Didier Masseau

**334**
COSTUME
par Henri Lagrave

**335**
COURTE RÉPONSE
AUX LONGS DISCOURS
D'UN DOCTEUR ALLEMAND
par Laurent Loty

**335-337**
COURTISAN
par Anne Soprani

**337-338**
COVELLE, Robert
par Jean-Daniel Candaux

**338-339**
CRAMER, Gabriel, Philibert
et Claire
par Jean-Daniel Candaux

**339-340**
CRÉBILLON, Prosper Jolyot,
sieur de
par Henri Lagrave

**340-341**
CRÉPINADE (LA)
par Didier Masseau

**341**
CRI DES NATIONS (LE)
par Jean Goulemot

**342**
CRI DU SANG
INNOCENT (LE)
par André Magnan

**342**
CRITIQUE LITTÉRAIRE
Citation

# TABLE DES ENTRÉES

342-343
CROCHETEUR BORGNE (LE)
par Jean Goulemot

343
CUL-DE-SAC
par André Magnan

# D

344
LETTRINE D
Citation

344-348
DAMIENS, Robert François
par Jean Goulemot

348-349
DAMILAVILLE, Étienne Noël
par Didier Masseau

349-350
DANEMARK
par Jean Goulemot

350
DANGEAU, Philippe
de Courcillon, marquis de
Voir *Journal de la cour
de Louis XIV*

350-351
DANTE ALIGHIERI
par Francesca Isidori

351
DARGET, Claude Étienne
par André Magnan

351-352
DAVID
par Marie-Hélène Cotoni

352-354
DÉCADENCE
par Jean Goulemot

354
DE CE QU'ON NE FAIT PAS
ET DE CE QU'ON POURRAIT
FAIRE
par Jean Goulemot

354
DÉCLARATION
DE PIERRE CALAS
par Jean Goulemot

355
DÉCORS
par Henri Lagrave

355-357
DÉCOUVERTES
par Jean Goulemot

357-358
DECROIX, Jacques Joseph
Marie
par André Magnan

358-359
DÉDICACES
par Henri Lagrave

359-360
DÉFENSE DE LOUIS XIV
par Jean Goulemot

360-361
DÉFENSE DE MILORD
BOLINGBROKE PAR LE
DOCTEUR GOODNATUR'D
WELLWISHER,
CHAPELAIN DU COMTE
DE CHESTERFIELD
par Jean Goulemot

361-362
DÉFENSE
DE MON ONCLE (LA)
par Marie-Hélène Cotoni

362-363
DÉFENSE DU MONDAIN
OU L'APOLOGIE DU LUXE
par Jean Goulemot

363-365
DEFFAND, Marie de Vichy
Chamrond, marquise du
par Anne Soprani

365-367
DÉISME,
par Didier Masseau

367-368
DÉISTES ANGLAIS
par Jean-Michel Raynaud

369
DE L'ÂME, PAR SORANUS,
MÉDECIN DE TRAJAN
par André Magnan

369
DE LA MORT DE LOUIS XV
ET DE LA FATALITÉ
Voir Inoculation

369-370
DE LA PAIX PERPÉTUELLE,
PAR LE DOCTEUR
GOODHEART
par Jean Goulemot

370-371
DE L'ENCYCLOPÉDIE
par André Magnan

371-372
DE L'HORRIBLE DANGER
DE LA LECTURE
par Jean Goulemot

373-377
DÉLICES (Les)
par Didier Masseau

377-378
DELILLE, abbé Jacques
par Sylvain Menant

378-379
DÉLUGE
par Marie-Hélène Cotoni

379-380
DÉMOCRATIE
par Jean Goulemot

380
DÉMOGRAPHIE
par Jean Goulemot

381-385
DENIS, Marie Louise Mignot,
Mme
par Anne Soprani

385-386
DEO EREXIT VOLTAIRE.
MDCCLXI
par André Magnan

386-387
DÉPOSITAIRE (LE)
par Henri Lagrave

387
DEPREZ DE CRASSIER
par Anne Soprani

387-388
DERNIÈRES PAROLES
D'ÉPICTÈTE À SON FILS
par Stéphane Pujol

388-389
DÉSAVEU
par André Magnan

390-391
DESCARTES, René
par Didier Masseau

392
DES EMBELLISSEMENTS DE
LA VILLE DE CACHEMIRE
par Stéphane Pujol

392-393
DES EMBELLISSEMENTS
DE PARIS
par André Magnan

393-394
DESFONTAINES, abbé Pierre
François Guyot
par Didier Masseau

394-395
DESFORGES-MAILLARD, Paul
par Sylvain Menant

# TABLE DES ENTRÉES

**395**
DES MENSONGES IMPRIMÉS ET DU TESTAMENT POLITIQUE DU CARDINAL DE RICHELIEU
Voir Testament politique du cardinal de Richelieu

**395-396**
DESNOIRESTERRES, Gustave
par André Magnan

**396-397**
DESPOTISME
par Jean Goulemot

**397**
DES SINGULARITÉS DE LA NATURE, PAR UN ACADÉMICIEN DE LONDRES, DE BOLOGNE, DE PÉTERSBOURG, DE BERLIN, ETC.
Voir *Singularités de la nature (Les)*

**397-398**
DEUX CONSOLÉS (LES)
par Jean Goulemot

**398**
DEUX TONNEAUX (LES)
par Sylvain Menant

**399**
DIABLE
par Marie-Hélène Cotoni

**399-401**
DIALOGUE (Pratique du)
par Stéphane Pujol

**401-402**
DIALOGUE DE PÉGASE ET DU VIEILLARD
par Sylvain Menant

**402-403**
DIALOGUE DU CHAPON ET DE LA POULARDE
par Stéphane Pujol

**403**
DIALOGUE DU DOUTEUR ET DE L'ADORATEUR, PAR M. L'ABBÉ DE TILLADET
par André Magnan

**403-404**
DIALOGUE ENTRE MME DE MAINTENON ET MLLE DE LENCLOS
par Stéphane Pujol

**404**
DIALOGUE ENTRE MARC AURÈLE ET UN RÉCOLLET
par Stéphane Pujol

**404-405**
DIALOGUE ENTRE UN BRAHMANE ET UN JÉSUITE SUR LA NÉCESSITÉ ET L'ENCHAÎNEMENT DES CHOSES
par Stéphane Pujol

**405**
DIALOGUE ENTRE UN PHILOSOPHE ET UN CONTRÔLEUR GÉNÉRAL DES FINANCES
par Stéphane Pujol

**405-406**
DIALOGUE ENTRE UN PLAIDEUR ET UN AVOCAT
par André Magnan

**406-407**
DIALOGUES CHRÉTIENS, OU PRÉSERVATIF CONTRE L'ENCYCLOPÉDIE
par Stéphane Pujol

**407-408**
DIALOGUES D'ÉVHÉMÈRE
par Stéphane Pujol

**409**
DIALOGUES ENTRE LUCRÈCE ET POSIDONIUS
par Stéphane Pujol

**410**
DIASPORA
Voir Parsis, Banians, Guèbres, Juifs

**410**
DIATRIBE À L'AUTEUR DES ÉPHÉMÉRIDES
par Jean Goulemot

**410**
DIATRIBE DU DOCTEUR AKAKIA, MÉDECIN DU PAPE
Voir *Histoire du docteur Akakia et du natif de Saint-Malo*

**411-413**
DICTIONNAIRE PHILOSOPHIQUE
par Christiane Mervaud

**413**
DICTIONNAIRE PHILOSOPHIQUE PORTATIF
Voir *Dictionnaire philosophique* • « Portatif (Le) »

**413-416**
DIDEROT, Denis
par Didier Masseau

**416**
DIEPPE
par Anne Soprani

**417-418**
DIEU
par Marie-Hélène Cotoni

**418-419**
DIEU ET LES HOMMES, ŒUVRE THÉOLOGIQUE, MAIS RAISONNABLE, PAR LE DOCTEUR OBERN. TRADUIT PAR JACQUES AIMON
par Marie-Hélène Cotoni

**419-420**
DIEU, RÉPONSE AU SYSTÈME DE LA NATURE
par Roland Desné

**421**
DIMANCHE (LE) OU LES FILLES DE MINÉE
par Sylvain Menant

**421-422**
DÎNER DU COMTE DE BOULAINVILLIERS (LE)
par Stéphane Pujol

**423-424**
DIPLOMATE
par Christiane Mervaud

**424**
DISCOURS AUX CONFÉDÉRÉS CATHOLIQUES DE KAMINIEK EN POLOGNE, PAR LE MAJOR KAISERLING AU SERVICE DU ROI DE PRUSSE
par André Magnan

**424-426**
DISCOURS AUX WELCHES, PAR ANTOINE VADÉ, FRÈRE DE GUILLAUME
par André Magnan

**426**
DISCOURS DE L'EMPEREUR JULIEN CONTRE LES CHRÉTIENS
par Marie-Hélène Cotoni

**426-427**
DISCOURS DE M<sup>e</sup> BELLEGUIER, ANCIEN AVOCAT, SUR LE TEXTE PROPOSÉ PAR L'UNIVERSITÉ DE PARIS POUR LE SUJET DES PRIX DE L'ANNÉE 1773
par Didier Masseau

**427-428**
DISCOURS DE M. DE VOLTAIRE À SA RÉCEPTION À L'ACADÉMIE FRANÇAISE
par Jean Goulemot

# TABLE DES ENTRÉES

*1434*

**428**
DISCOURS DU CONSEILLER
ANNE DU BOURG
À SES JUGES
par Didier Masseau

**429-431**
DISCOURS EN VERS
SUR L'HOMME
par Sylvain Menant

**431**
DISGRÂCE
Citation

**431-432**
DISSERTATION SUR LES
CHANGEMENTS ARRIVÉS
DANS NOTRE GLOBE ET
SUR LES PÉTRIFICATIONS
par Roselyne Rey

**432-433**
DIVORCE
par Jean Goulemot

**433-434**
DOGMES
par Marie-Hélène Cotoni

**434**
DON PÈDRE,
ROI DE CASTILLE
par Henri Lagrave

**434**
DOUTES NOUVEAUX SUR LE
TESTAMENT DU CARDINAL
DE RICHELIEU
Voir Testament politique du
cardinal de Richelieu

**434-435**
DOUTES SUR LA MESURE
DES FORCES MOTRICES ET
SUR LEUR NATURE
par Jean Goulemot

**435-436**
DRAMATURGIE
par Henri Lagrave

**436-437**
DROIT DU SEIGNEUR (LE)
par Henri Lagrave

**437-438**
« DROITS DE L'HOMME »
par Jean Goulemot

**438**
DROITS DES HOMMES (LES)
ET LES USURPATIONS
DES AUTRES, TRADUIT
DE L'ITALIEN
par Jean Goulemot

**438-439**
DUBOIS, Guillaume, cardinal
par Anne Soprani

**439**
DUC D'ALENÇON (LE)
Voir *Adélaïde du Guesclin*

**439**
DUC DE FOIX (LE)
Voir *Adélaïde du Guesclin*

**439-440**
DUCHESNE, Nicolas
Bonaventure
par Jean-Michel Raynaud

**440-441**
DUCLOS, Charles Pinot, dit
par Didier Masseau

**441**
DUCLOS, Marie Anne
de Châteauneuf, dite Mlle
par Henri Lagrave

**441**
DUJARRY, Laurent Juillard,
abbé
par André Magnan

**441-442**
DUMESNIL, Marie Françoise
Marchand, dite Mlle
par Henri Lagrave

**442**
DU NOYER
Voir Noyer

**442-443**
DUPANLOUP, Félix Antoine
Philibert
par Jean Goulemot

**444-445**
DU PLESSIS-VILLETTE,
Charles Michel, marquis,
et Reine Philiberte Rouph
de Varicourt, marquise
par Anne Soprani

**445**
DUPONT, Sébastien
par André Magnan

**445**
DUREY DE MEYNIÈRES,
Jean Baptiste François
par Anne Soprani

**445-446**
DUREY DE MORSAN,
Joseph Marie
par Anne Soprani

**446-447**
DUVERNET, Théophile
Imarigeon
par André Magnan

**447-448**
DUVIVIER, François
François, dit
par Anne Soprani

# E

**449**
LETTRINE E
Citation

**449**
E (E MUET)
Citation

**449**
« ECCE EFFIGIEM VOLTARII »
Citation

**450**
ÉCHANGE (L'), OU QUAND
EST-CE QU'ON ME MARIE ?
par Henri Lagrave

**450**
ÉCLAIRCISSEMENTS
HISTORIQUES À L'OCCASION
D'UN LIBELLE
CALOMNIEUX CONTRE
L'ESSAI SUR LES MŒURS
ET L'ESPRIT DES NATIONS
Voir *Erreurs de M. de Voltaire
(Les)*

**450-451**
ÉCOSSAISE (L')
par Henri Lagrave

**451**
ÉCRIVAIN
(HABITUDES DE L')
Voir Travail

**456**
ÉCRIVAIN (STATUT DE L')
Voir Alembert (d') • Censure •
Condorcet • Corneille (Marie
Françoise) • Éloges de
Voltaire • Exil • Hugo • Index •
Kehl • *Lettre à un premier
commis* • *Lettre sur les
inconvénients attachés
à la littérature* • Pigalle •
Rohan-Chabot • Sartre •
Triomphe • Valéry

**456-457**
« ÉCRLINF »
par André Magnan

**457**
ÉCUEIL DU SAGE (L')
Voir *Droit du seigneur (Le)*

**457-458**
ÉDITEUR
par Henri Lagrave

**458-460**
ÉDITIONS
par Henri Lagrave

# TABLE DES ENTRÉES

**460-461**
ÉDUCATION
par Marie-Françoise Chanfrault

**461**
ÉDUCATION DES FILLES (L')
par André Magnan

**462**
ÉDUCATION
D'UNE FILLE (L')
par André Magnan

**462**
ÉDUCATION
D'UN PRINCE (L')
par Sylvain Menant

**462-464**
ÉGALITÉ
par Jean Goulemot

**464**
ÉLECTEUR PALATIN
Voir Charles Théodore de Sulzbach

**465-466**
ÉLÉMENTS
DE LA PHILOSOPHIE DE
NEWTON MIS À LA PORTÉE
DE TOUT LE MONDE
par Jean Goulemot

**467**
ÉLIE DE BEAUMONT, Jean Baptiste Jacques
par Jean Goulemot

**467**
ÉLOGE DE M. DE CRÉBILLON
par Henri Lagrave

**468**
ÉLOGE FUNÈBRE
DE LOUIS XV, PRONONCÉ
DANS UNE ACADÉMIE
LE 25 MAI 1774
par Jean Goulemot

**469**
ÉLOGE FUNÈBRE
DES OFFICIERS QUI SONT
MORTS DANS LA GUERRE
DE 1741
par Jean Goulemot

**469-470**
ÉLOGE HISTORIQUE
DE LA RAISON
PRONONCÉ DANS UNE
ACADÉMIE DE PROVINCE
PAR M.\*\*\*
par Jean Goulemot

**470**
ÉLOGE HISTORIQUE DE
MME DU CHÂTELET, POUR
METTRE À LA TÊTE DE LA
TRADUCTION DE NEWTON
par Jean Goulemot

**470-471**
ÉLOGES DE VOLTAIRE,
par Didier Masseau

**472**
ÉLOQUENCE
par Patrick Brasart

**472-473**
ÉMILIE
par Anne Soprani

**473-475**
ENCYCLOPÉDIE, OU
DICTIONNAIRE RAISONNÉ
DES SCIENCES, DES ARTS
ET DES MÉTIERS
par Christiane Mervaud

**475**
ENFANCE
Voir Arouet • Collège de Louis-le-Grand • Commentaire historique • Études • Juvenilia • Lenclos (Ninon de)

**475-476**
ENFANT PRODIGUE (L')
par Henri Lagrave

**476-477**
ENFER
par Marie-Hélène Cotoni

**477**
ENNEMIS (de Voltaire)
Voir Bergier • Biord • Chaudon • Chaumeix • Clément • Desfontaines • Dupanloup • Fréron • Joly de Fleury • Jore • La Beaumelle • Larcher • Lefranc de Pompignan • Maupertuis • Nonnotte • Patouillet • Piron • Rousseau (Jean Baptiste) • Rousseau (Jean Jacques) • Roy • Sabatier de Castres • Travenol • Vernet

**477-478**
« ÉNOLPH, ALNORPH... »
par André Magnan

**478**
ENTERREMENT
Voir Mignot • Mort • Scellières

**478-479**
ENTHOUSIASME
par Didier Masseau

**479**
ENTRETIEN D'ARISTE
ET D'ACROTAL
par Stéphane Pujol

**480-481**
ENTRETIENS CHINOIS
par Stéphane Pujol

**481**
ENTRETIENS
D'UN SAUVAGE
ET D'UN BACHELIER
par Stéphane Pujol

**481-482**
ENVIEUX (L')
par Henri Lagrave

**482**
ÉON (chevalier d')
par Didier Masseau

**482-484**
ÉPIGRAMMES
par Sylvain Menant

**484-485**
ÉPINAY, Louise Florence
Pétronille Tardieu des
Clavelles, dame de La Live d'
par Anne Soprani

**485-486**
ÉPITAPHES
par André Magnan

**486-487**
ÉPÎTRE À URANIE
par Sylvain Menant

**487**
ÉPÎTRE AUX ROMAINS
par Marie-Hélène Cotoni

**488-489**
ÉPÎTRE DE M. DE V\*\*\* EN
ARRIVANT DANS SA TERRE,
PRÈS DU LAC DE GENÈVE,
EN MARS 1755
par André Magnan

**489-491**
ÉPÎTRES
par Sylvain Menant

**491-492**
ÉPOPÉE
par Sylvain Menant

**492-493**
ÉQUIVOQUE (L')
par André Magnan

**493**
ÉRIPHYLE
par Henri Lagrave

# TABLE DES ENTRÉES

**493-494**
*ERREURS*
*DE M. DE VOLTAIRE (LES)*
par Didier Masseau

**495**
ESCLAVAGE
par Jean Goulemot

**495-497**
ESPAGNE
par Isabel Herrero
et Lydia Vazquez

**497-499**
ESPRIT
par André Magnan

**499-500**
*ESSAI HISTORIQUE*
*ET CRITIQUE*
*SUR LES DISSENSIONS*
*DES ÉGLISES DE POLOGNE,*
*PAR JOSEPH BOURDILLON,*
*PROFESSEUR EN DROIT*
*PUBLIC*
par Jean Goulemot

**500**
*ESSAI*
*SUR LA NATURE DU FEU*
*ET SUR SA PROPAGATION*
par Jean Goulemot

**500**
*ESSAI*
*SUR LA POÉSIE ÉPIQUE*
Voir *Essay (An) upon the Epic*
*Poetry*

**501**
*ESSAI SUR LES GUERRES*
*CIVILES DE FRANCE*
Voir *Essay (An) upon the Civil*
*Wars of France, extracted from*
*Curious Manuscripts*

**501-504**
*ESSAI SUR LES MŒURS*
*ET L'ESPRIT DES NATIONS*
par Jean Goulemot

**504**
*ESSAI SUR LES*
*PROBABILITÉS*
*EN FAIT DE JUSTICE*
Voir Morangiés

**504-505**
*ESSAY (AN) UPON THE CIVIL*
*WARS OF FRANCE,*
*EXTRACTED FROM*
*CURIOUS MANUSCRIPTS*
par André Magnan

**505-506**
*ESSAY (AN) UPON THE EPIC*
*POETRY OF THE EUROPEAN*
*NATIONS FROM HOMER*
*DOWN TO MILTON*
par Sylvain Menant

**506**
ESTAMPE NOUVELLE
Citation

**506**
ÉTALLONDE, Jacques Marie
Bertrand Gaillard d'
par Jean Goulemot

**507**
ÉTIOLES
par Anne Soprani

**507-508**
ÉTRANGETÉS
Citations

**508-509**
ÉTUDES
par Anne Soprani

**510-511**
EUROPE
par Jean Goulemot

**511-512**
ÉVANGILE
par Marie-Hélène Cotoni

**513**
*ÉVANGILE*
*DE LA RAISON (L'),*
*OUVRAGE POSTHUME*
*DE M. D. M....Y*
par Marie-Hélène Cotoni

**513**
*ÉVANGILE DU JOUR (L')*
Voir *Évangile de la raison (L')*

**513**
*EXAMEN DU TESTAMENT*
*POLITIQUE*
Voir Testament politique du
cardinal de Richelieu

**513-514**
*EXAMEN DU VOLTÉRANISME*
par André Magnan

**514-516**
*EXAMEN IMPORTANT DE*
*MILORD BOLINGBROKE*
*OU LE TOMBEAU*
*DU FANATISME,*
*ÉCRIT SUR LA FIN DE 1736*
par Jean Goulemot

**516-517**
EXCRÉMENT
par André Magnan

**518-519**
EXIL
par André Magnan

**520**
EXPÉRIENCE
par Roselyne Rey

**521**
*EXTRAIT D'UN JOURNAL*
*DE LA COUR DE LOUIS XIV*
Voir *Journal de la cour*
*de Louis XIV*

**521-522**
*EXTRAIT DES SENTIMENTS*
*DE JEAN MESLIER*
par Roland Desné

**522**
ÉZÉCHIEL
par Marie-Hélène Cotoni

**522-523**
*ÉZOUR-VEIDAM, OU ANCIEN*
*COMMENTAIRE DU VEIDAM*
par Jean Goulemot

# F

**524**
LETTRINE F
Citation

**524-526**
FABLE
par André Magnan

**526**
FABRY, Louis Gaspard
par Anne Soprani

**526-527**
FACÉTIES
par André Magnan

**527-528**
FACILITÉ
par André Magnan

**528**
FAGUET, Émile
Voir France (Anatole) • Poncifs

**528-529**
FAMILLE
par Anne Soprani

**529-531**
FANATISME
par Jean Goulemot

**531**
*FANATISME (LE) OU*
*MAHOMET LE PHOPHÈTE*
Voir *Mahomet*

**531**
*FANIME*
Voir *Zulime*

# TABLE DES ENTRÉES

531-532
FAWKENER, Everard
par Jean Goulemot

532
*FEMME QUI A RAISON (LA)*
par Henri Lagrave

532-534
FEMMES
par Anne Soprani

535
*FEMMES, SOYEZ SOUMISES À VOS MARIS*
par Stéphane Pujol

535-544
FERNEY
par Didier Masseau

544-546
FERNEY-VOLTAIRE
par Anne Soprani

546-547
FERRIOL (FAMILLE)
par Anne Soprani

547
*FÊTE DE BÉLÉBAT (LA)*
par Henri Lagrave

547-548
FICHE DE POLICE
par André Magnan

548-551
FINANCES
par Henri Lagrave

551
*FINANCES (LES)*
par André Magnan

551
FLATTERIE
Citations

551-553
FLAUBERT, Gustave
par Didier Masseau

553
FLÉAU SOCIAL
Citation

553-554
FLEURY, André Hercule, cardinal de
par Anne Soprani

554-555
FLORIAN, Philippe Antoine de Claris, marquis de
par Anne Soprani

555-556
FOI
par Marie-Hélène Cotoni

556-558
FOLIE
par André Magnan

558
FOLLICULAIRE
par André Magnan

558-559
FONTAINE, Marie Élisabeth Mignot, Mme de
par Anne Soprani

559
FONTAINEBLEAU
par Anne Soprani

560
FONTAINE-MARTEL, Antoinette Madeleine Desbordeaux, comtesse de
par Anne Soprani

560-561
FONTENELLE, Bernard Le Bovier de
par Didier Masseau

561-562
FORMEY, Jean Henri Samuel
par Didier Masseau

562-563
FORMONT, Jean Baptiste Nicolas de
par Didier Masseau

563-564
FOSSILES
par Roselyne Rey

564
*FRAGMENT SUR LE PROCÈS CRIMINEL DE MONBAILLI, ROUÉ ET BRÛLÉ VIF À SAINT-OMER, EN 1770 POUR UN PRÉTENDU PARRICIDE, ET SA FEMME CONDAMNÉE À ÊTRE BRÛLÉE VIVE, ET TOUS DEUX INNOCENTS*
Voir Monbailli

564-565
*FRAGMENTS SUR L'INDE, SUR LE GÉNÉRAL LALLY ET SUR LE COMTE DE MORANGIÉS*
par Jean Goulemot

565-567
FRANÇAIS
par André Magnan

567
FRANÇAIS (Langue)
Voir Langue • Néologisme • Orthographe

567-568
FRANCE, Anatole
par Jean Goulemot

568
*FRANCE LITTÉRAIRE (LA)*
par André Magnan

568-569
FRANCFORT
par Christiane Mervaud

569-570
FRANCHEVILLE, Joseph Dufresne de
par André Magnan

570-571
FRANC-MAÇON
par Didier Masseau

571
FRANKLIN, Benjamin
Voir Amérique • Pennsylvanie

571-576
FRÉDÉRIC II
par Christiane Mervaud

576-577
FREDERSDORFF, Michael Gabriel
par Christiane Mervaud

577
*FRÈRES ENNEMIS (LES)*
par André Magnan

577-578
FRÉRON, Élie Catherine
par Didier Masseau

579
*FRÉRON (LES)*
par Sylvain Menant

579-580
FREYTAG, Franz von
par André Magnan

580
FROMAGE
par André Magnan

580
FUSILS
Citation

580-581
FYOT DE LA MARCHE, Claude Philippe
par Didier Masseau

# TABLE DES ENTRÉES

## G

**582**
LETTRINE G
Citation

**582**
GALIANI, Ferdinando
par Jean Goulemot

**583**
GALILÉE, Galileo Galilei,
par Jean Goulemot

**583-584**
*GALIMATIAS DRAMATIQUE*
par Stéphane Pujol

**584-585**
GALLATIN (Famille)
par Jean-Daniel Candaux

**585**
GARIBALDI, Giuseppe
Citation

**585-587**
GASTRONOMIE
par Jean-Michel Raynaud

**587**
GAULTIER, Louis Laurent,
abbé
par Jean-Michel Raynaud

**588**
GAUSSIN, Jeanne Gaussem,
dite Mlle
par Henri Lagrave

**588-589**
*GAZETTE LITTÉRAIRE
DE L'EUROPE*
par André Magnan

**589**
GENDARME (Dieu)
Voir Enfer

**589-590**
GENÈSE
par Marie-Hélène Cotoni

**590-593**
GENÈVE
par Jean-Daniel Candaux

**593-594**
« GENÈVE » (ARTICLE
DE L'*ENCYCLOPÉDIE*)
par André Magnan

**594-595**
GÉNIE
par Patrick Brasart

**595-596**
GENLIS, Stéphanie Félicité
du Crest de Saint-Aubin,
comtesse de
par Didier Masseau

**596-597**
GÉNONVILLE, Nicolas Anne
Lefèvre de La Faluère, dit de
par Anne Soprani

**597-598**
GENS DE LETTRES
par Didier Masseau

**598-599**
GENTILHOMME ORDINAIRE
par André Magnan

**599-601**
GEX (PAYS DE)
par Anne Soprani

**601-603**
GOETHE, Johann
Wolfgang von
par Jürgen Siess

**603-604**
GOLDONI, Carlo
par Henri Lagrave

**604-605**
GONCOURT, Edmond
et Jules de
par Didier Masseau

**605-606**
GOTHA
par Anne Soprani

**606**
GOTTSCHED, Johann
Christoph
par Christiane Mervaud

**606-609**
GOÛT
par Patrick Brasart

**609-611**
GOUVERNEMENT
par Jean Goulemot

**611-612**
GRÂCE
par Marie-Hélène Cotoni

**612-613**
GRACQ, Julien
Citation

**613-614**
GRAFFIGNY, Françoise Paule
d'Issembourg d'Happoncourt,
Mme de
par Anne Soprani

**614-615**
GRAMMAIRE
par Patrick Brasart

**615**
*GRAND BOURSOUFLE (LE)*
par André Magnan

**616**
GRASSET, François et Gabriel
par Jean-Daniel Candaux

**616**
GREC
Voir Langue • Latin

**616-618**
GRIMM, Melchior
par Didier Masseau

**618**
*GUÈBRES (LES),
OU LA TOLÉRANCE*
par Henri Lagrave

**618-619**
GUÉHENNO, Jean,
par Jean Goulemot

**619-621**
GUERRE
par Jean Goulemot

**621-622**
*GUERRE CIVILE DE GENÈVE
(LA), OU LES AMOURS
DE ROBERT COVELLE,
POÈME HÉROÏQUE,
AVEC DES NOTES
INSTRUCTIVES*
par Jean-Daniel Candaux

**622-623**
GUILLEMIN, Henri
par Jean Goulemot

## H

**624**
LETTRINE H
Citation

**624-625**
HALLER, Albrecht von
par Didier Masseau

**625**
*HAMLET*
par Henri Lagrave

**625-627**
HASARD
par Jean Goulemot

**627-628**
HEGEL, Georg Wilhelm
Friedrich
par Didier Masseau

**628-630**
HELVÉTIUS, Claude Adrien
par Jean-Michel Raynaud

**630**
HÉNAULT, Charles Jean
François
par Anne Soprani

# TABLE DES ENTRÉES

630-631
HENNIN, Pierre Michel
par Anne Soprani

631-632
HENRI IV
par Jean Goulemot

632-633
HENRI, prince de Prusse
par Anne Soprani

634-635
*HENRIADE (LA)*
par Jean Goulemot

638
« *HÉRACLIUS* ESPAGNOL » (L')
par Isabel Herrero
et Lydia Vazquez

638-639
HÉRÉSIE
par Gabriel-Robert Thibault

639
*HÉRODE ET MARIAMNE*
par Henri Lagrave

639-640
HIRSCHEL, Abraham,
père et fils
par Christiane Mervaud

640-645
HISTOIRE (PENSÉE DE L')
par Jean Goulemot

646-647
*HISTOIRE DE CHARLES XII,
ROI DE SUÈDE*
par Jean Goulemot

647-648
*HISTOIRE DE JENNI
OU LE SAGE ET L'ATHÉE,
PAR MR. SHERLOC, TRADUIT
PAR MR. DE LA CAILLE*
par Jean Goulemot

648-650
*HISTOIRE
DE LA GUERRE DE 1741*
par Jean Goulemot

650-652
*HISTOIRE DE L'EMPIRE
DE RUSSIE
SOUS PIERRE LE GRAND*
par Jean Goulemot

652-653
*HISTOIRE
DE L'ÉTABLISSEMENT
DU CHRISTIANISME*
par Marie-Hélène Cotoni

653-654
*HISTOIRE D'ÉLISABETH
CANNING ET DE JEAN CALAS*
par Jean Goulemot

654
*HISTOIRE DES VOYAGES
DE SCARMENTADO,
ÉCRITE PAR LUI-MÊME*
par Jean Goulemot

655-657
*HISTOIRE DU DOCTEUR
AKAKIA ET DU NATIF
DE SAINT-MALO*
par Christiane Mervaud

657
*HISTOIRE D'UN BON BRAMIN*
par Jean Goulemot

657-658
*HISTOIRE
DU PARLEMENT DE PARIS*
par Jean Goulemot

658-659
*HISTOIRE NOUVELLE*
par Jacques Le Goff

659
*HISTOIRE UNIVERSELLE
DEPUIS CHARLEMAGNE
JUSQU'À CHARLES QUINT*
par André Magnan

660-661
HISTORIEN
par Jean Goulemot

661-663
HISTORIOGRAPHE
par Jean Goulemot

663-664
HOBBES, Thomas
par Jean-Michel Raynaud

664-665
HOLBACH, Paul Henri Dietrich,
baron d'
par Jean-Michel Raynaud

665-666
HOLLANDE
par Jean Goulemot

666-667
HOMAIS
par André Magnan

667
*HOMÉLIE DU PASTEUR
BOURN, PRÊCHÉE
À LONDRES*
par Marie-Hélène Cotoni

667-668
*HOMÉLIES PRONONCÉES À
LONDRES EN 1765, DANS UNE
ASSEMBLÉE PARTICULIÈRE*
par Marie-Hélène Cotoni

669
HOMÈRE
par Patrick Brasart

669-671
HOMME
par Didier Masseau

671-673
*HOMME AUX QUARANTE
ÉCUS (L')*
par Jean Goulemot

673-674
HOMOSEXUALITÉ
par Jean Goulemot

674-675
*HONNÊTETÉS LITTÉRAIRES
(LES)*
par André Magnan

675-676
HORACE
par Patrick Brasart

676-677
HORLOGER (Dieu)
par André Magnan

677
HORNOY, Alexandre Marie
François de Paule
de Dompierre d'
par Anne Soprani

677-678
*HÔTE ET L'HÔTESSE (L')*
par Henri Lagrave

678
HOTTENTOT
par Jean Goulemot

678-679
HOUDAR DE LA MOTTE,
Antoine
par Patrick Brasart

679-680
HOUDON, Jean Antoine
par Jean Goulemot

680-691
HUBER, Jean
par Garry Apgar

691-694
HUGO, Victor
par Jean Gaudon

694-695
HUME, David
par Didier Masseau

# I

696
LETTRINE I
Citation

696-702
ICONOGRAPHIE
par Garry Apgar

# TABLE DES ENTRÉES

702-703
IDÉE DE LA PERSONNE,
DE LA MANIÈRE DE VIVRE
ET DE LA COUR
DU ROI DE PRUSSE
par André Magnan

703
IDÉES DE LA MOTHE
LE VAYER (LES)
par Didier Masseau

704-705
IDÉES RÉPUBLICAINES,
PAR UN MEMBRE
D'UN CORPS
par Jean Goulemot

705-706
IL FAUT PRENDRE UN PARTI
OU LE PRINCIPE D'ACTION
par André Magnan

706
IMAGE
Citations

706-707
IMAGINATION
par Didier Masseau

707-709
IMITATION
par Patrick Brasart

709-711
IMPÔTS
par Jean Goulemot

711-712
INCESTE
par Anne Soprani

712
INCURSION
SUR NONNOTTE,
EX-JÉSUITE
Voir Un chrétien contre six juifs

712-713
INDE
par Jean Goulemot

713-714
INDEX
par Jean Goulemot

714
INDIENS
Voir Amérique

715
INDISCRET (L')
par Henri Lagrave

715
INÉGALITÉ
Voir Égalité

715-717
INFÂME (L')
par André Magnan

717-719
INGÉNU (L'),
HISTOIRE VÉRITABLE,
TIRÉE DES MANUSCRITS
DU PÈRE QUESNEL
par Jean Goulemot

719-722
INOCULATION
par André Magnan

722-728
INQUISITION
par Jean Goulemot

728
INSCRIPTIONS
par André Magnan

729
INSINUATION
Voir Style

729
INSTINCT
par Roselyne Rey

729-730
INSTITUT
ET MUSÉE VOLTAIRE
par André Magnan

730-731
INSTRUCTION DU GARDIEN
DES CAPUCINS DE RAGUSE
À FRÈRE PEDICULOSO
PARTANT POUR LA TERRE
SAINTE
par André Magnan

731
INSTRUCTION PASTORALE
DE L'HUMBLE ÉVÊQUE
D'ALÉTOPOLIS
À L'OCCASION
DE L'INSTRUCTION
PASTORALE DE JEAN
GEORGE, HUMBLE
ÉVÊQUE DU PUY
par André Magnan

731-732
INSULTES
Citations

732-733
IRÈNE
par Henri Lagrave

733
IRÈNE ou l'ARÈNE ?
Citation

734-737
IRONIE
par Patrick Brasart

737-738
ITALIE
par Francesca Isidori

738-740
ITALIEN
par Francesca Isidori

## J

741
LETTRINE J
Citation

741-742
J'AI VU (LES)
par André Magnan

742-744
JANSÉNISME
par Marie-Hélène Cotoni

744-745
JAPON
par Jean Goulemot

745-746
JEANNE D'ARC
par Jean Goulemot

746-747
JEANNOT ET COLIN
par Jean Goulemot

747-751
JÉSUITES
par Jean Goulemot

751-753
JÉSUS
par Marie-Hélène Cotoni

753-754
JEU
par Anne Soprani

754-755
JOB
par Marie-Hélène Cotoni

755
JOLY DE FLEURY (Famille)
par Anne Soprani

755-756
JORE, Claude François
par Jean-Michel Raynaud

756-757
JOURNAL DE LA COUR
DE LOUIS XIV JUSQU'À 1715,
AVEC DES NOTES
INTÉRESSANTES
par André Magnan

757-758
JOURNAL DE POLITIQUE
ET DE LITTÉRATURE
par André Magnan

# TABLE DES ENTRÉES

758
*JOURNAL ENCYCLOPÉDIQUE*
par Jean Goulemot

758-761
JOURNALISTE
par André Magnan

761-762
JOURNAUX
(ET PÉRIODIQUES)
par Jean Goulemot

763-768
JUIFS
par Roland Desné

768-769
*JULES CÉSAR*
par Henri Lagrave

769
JULIEN L'APOSTAT, empereur
par Marie-Hélène Cotoni

769-770
*JUSQU'À QUEL POINT ON DOIT TROMPER LE PEUPLE*
par Jean Goulemot

770-771
JUSTICE
par Jean Goulemot

772-773
*JUVENILIA*
par Jean-Michel Raynaud

# K

774
LETTRINE K
Citation

774-775
KANT, Emmanuel
par Didier Masseau

775-781
KEHL (édition de)
par André Magnan

781-782
KÖNIG, Johann Samuel
par Christiane Mervaud

# L

783
LETTRINE L
Citation

783-786
LA BARRE, Jean François Le Febvre, chevalier de
par Jean Goulemot

786-787
LA BEAUMELLE, Laurent Angliviel de
par Didier Masseau

787-788
LA CONDAMINE, Charles Marie de
par Didier Masseau

788
LA FONTAINE,
Voir Conte en vers • *Discours aux Welches* • Fable

788-789
LA HARPE, Jean François de
par Didier Masseau

789-790
LALLY, Thomas Arthur, comte de
par Jean Goulemot

790-791
LAMARTINE, Alphonse de
par Didier Masseau

791-792
LAMBERT, Michel
par Jean-Michel Raynaud

793
LA METTRIE, Julien Offroy de
par Didier Masseau

793
LA MOTTE
Voir Houdar de La Motte

794-795
LANGUE (Pensée de la)
par Patrick Brasart

795-797
LANGUES
(pratiquées par Voltaire)
par André Magnan

797-798
LANSON, Gustave
par Sylvain Menant

798-799
LANTERNE MAGIQUE
par André Magnan

799-800
LARCHER, Pierre Henri
par Jean Goulemot

800-801
LARGILLIÈRE, Nicolas de
par Jean Goulemot

801
LARMES
par Henri Lagrave

801-802
LATIN
par Patrick Brasart

802-803
LAUSANNE
par Anne Soprani

803-804
LA VALLIÈRE, Louis César de La Baume, duc de Vaujour, puis de
par Anne Soprani

804-805
LAW, John
par Jean Goulemot

805-806
LE BRUN, Ponce Denis Écouchard
par Didier Masseau

806-807
LECOUVREUR, Adrienne
par Henri Lagrave

807-808
LECTEUR
par André Magnan

808-809
LEFRANC, Jean Jacques, marquis de Pompignan
par Didier Masseau

810-811
LEIBNIZ, Gottfried Wilhelm
par Laurent Loty

811-812
LEIPZIG
par Christiane Mervaud

812-813
LEKAIN, Henri Louis Caïn, dit
par Henri Lagrave

813
LENCLOS, Ninon de
par Anne Soprani

814-815
LESSING, Gotthold Ephraim
par Jürgen Siess

815
LESZCZYNSKA, Marie
Voir Marie Leszczynska

815
LESZCZYNSKI, Stanislas
Voir Stanislas Leszczynski

815
LE TOURNEUR, Pierre Prime Félicien
Voir *Jules César* • *Lettre à l'Académie* • Shakespeare

815-816
*LETTERS CONCERNING THE ENGLISH NATION*
par André Magnan

# TABLE DES ENTRÉES

**816**
*LETTRE À L'ACADÉMIE*
par Henri Lagrave

**816-817**
*LETTRE À L'OCCASION DE L'IMPÔT DU VINGTIÈME*
par André Magnan

**817**
*LETTRE À M. DE\*\*\*, PROFESSEUR EN HISTOIRE*
par Jean Goulemot

**817**
*LETTRE À M. JEAN VERNET, PASTEUR ET PROFESSEUR*
Voir *M. Jean Vernet, pasteur et professeur*

**817**
*LETTRE À M. LE MARQUIS DE BECCARIA*
Voir Beccaria

**817-818**
*LETTRE ANONYME ÉCRITE À M. DE VOLTAIRE, ET LA RÉPONSE*
par André Magnan

**818**
*LETTRE AU DOCTEUR JEAN JACQUES PANSOPHE*
par André Magnan

**818-819**
*LETTRE À UN PREMIER COMMIS*
par Jean Goulemot

**819**
*LETTRE CIVILE ET HONNÊTE À L'AUTEUR MALHONNÊTE DE LA « CRITIQUE DE L'HISTOIRE UNIVERSELLE DE M. DE V\*\*\* », QUI N'A JAMAIS FAIT D'« HISTOIRE UNIVERSELLE », LE TOUT AU SUJET DE MAHOMET*
par Didier Masseau

**820**
*LETTRE CURIEUSE DE M. ROBERT COVELLE, CÉLÈBRE CITOYEN DE GENÈVE, À LA LOUANGE DE M. VERNET, PROFESSEUR EN THÉOLOGIE DANS LADITE VILLE*
par André Magnan

**820-821**
*LETTRE DE CHARLES GOUJU À SES FRÈRES AU SUJET DES RÉVÉRENDS PÈRES JÉSUITES*
par André Magnan

**821**
*LETTRE DE L'ARCHEVÊQUE DE CANTORBÉRY À L'ARCHEVÊQUE DE PARIS*
par André Magnan

**821-822**
*LETTRE DE M. CLOCPICRE À M. ÉRATOU SUR LA QUESTION « SI LES JUIFS ONT MANGÉ DE LA CHAIR HUMAINE ET COMMENT ILS L'APPRÊTAIENT »*
par Roland Desné

**822-823**
*LETTRE DE M. CUBSTORF, PASTEUR DE HELMSTAD, À M. KIRKERF, PASTEUR DE LAUVTORP*
par André Magnan

**823**
*LETTRE DE M. DE L'ÉCLUSE, CHIRURGIEN-DENTISTE, SEIGNEUR DU TILLOY, PRÈS MONTARGIS, À M. SON CURÉ, AVEC UN AVIS DES ÉDITEURS, ET UN HYMNE CHANTÉ À LA LOUANGE DE M. LE MARQUIS DE POMPIGNAN, À LA FIN DU JOUR DE LA FÊTE QU'IL A DONNÉE À SON VILLAGE, POUR LA BÉNÉDICTION DE L'ÉGLISE, ET QUI N'A POINT ÉTÉ IMPRIMÉ AVEC LA RELATION DE CETTE FÊTE ET LE SERMON PRÊCHÉ À CETTE OCCASION*
par Jean Goulemot

**823**
*LETTRE DE M. DE VOLTAIRE À M. HUME*
par André Magnan

**824**
*LETTRE DE M. DE VOLTAIRE À UN DE SES CONFRÈRES À L'ACADÉMIE*
par Didier Masseau

**824**
*LETTRE DE M. ÉRATOU À M. CLOCPICRE, AUMÔNIER DE S.A.S. M. LE LANDGRAVE*
Voir *Lettre de M. Clocpicre à M. Ératou*

**824**
*LETTRE D'UN BÉNÉDICTIN DE FRANCHE-COMTÉ À M. L'AVOCAT GÉNÉRAL SÉGUIER*
Voir *Lettre du révérend père Polycarpe*

**824**
*LETTRE D'UN ECCLÉSIASTIQUE*
Voir Jésuites

**824-825**
*LETTRE D'UN JEUNE ABBÉ*
par André Magnan

**825**
*LETTRE D'UN TURC*
par Jean Goulemot

**825-826**
*LETTRE DU RÉVÉREND PÈRE POLYCARPE, PRIEUR DES BERNARDINS DE CHÉZERY, À M. L'AVOCAT GÉNÉRAL SÉGUIER*
par Jean Goulemot

**826**
*LETTRE DU SECRÉTAIRE DE M. DE VOLTAIRE AU SECRÉTAIRE DE M. LEFRANC DE POMPIGNAN*
par André Magnan

**827**
*LETTRE ÉCRITE À M. TURGOT, CONTRÔLEUR GÉNÉRAL DES FINANCES, PAR MESSIEURS LES SYNDICS GÉNÉRAUX DU CLERGÉ, DE LA NOBLESSE ET DU TIERS ÉTAT DU PAYS DE GEX*
par Jean Goulemot

**827**
*LETTRE SUR LES INCONVÉNIENTS ATTACHÉS À LA LITTÉRATURE*
par Didier Masseau

**827**
*LETTRE SUR L'ESPRIT*
Voir Esprit • Style

**828-829**
*LETTRES À M. DE VOLTAIRE SUR LA NOUVELLE HÉLOÏSE OU ALOISIA DE JEAN JACQUES ROUSSEAU, CITOYEN DE GENÈVE*
par André Magnan

**829**
*LETTRES ANGLAISES*
Voir *Lettres philosophiques*

# TABLE DES ENTRÉES

**829-830**
LETTRES À S.A. MGR LE PRINCE DE *** SUR RABELAIS ET SUR D'AUTRES AUTEURS ACCUSÉS D'AVOIR MAL PARLÉ DE LA RELIGION CHRÉTIENNE
par Marie-Hélène Cotoni

**831**
LETTRES CHINOISES, INDIENNES ET TARTARES À MONSIEUR PAUW, PAR UN BÉNÉDICTIN, AVEC PLUSIEURS AUTRES PIÈCES INTÉRESSANTES
par Stéphane Pujol

**831**
LETTRES D'ALSACE À MME DENIS
Voir Alsace

**831-832**
LETTRES D'AMABED, ETC. (LES), TRADUITES PAR L'ABBÉ TAMPONET
par Jean Goulemot

**833-834**
LETTRES DE MEMNIUS À CICÉRON
par André Magnan

**834-836**
LETTRES DE M. DE VOLTAIRE À MME DENIS, DE BERLIN
par André Magnan

**836**
LETTRES D'UN QUAKER À JEAN GEORGE LEFRANC DE POMPIGNAN, ÉVÊQUE DU PUY EN VELAY, ETC., ETC., DIGNE FRÈRE DE SIMON LEFRANC DE POMPIGNAN
par André Magnan

**836**
LETTRES ÉCRITES DE LONDRES SUR LES ANGLAIS ET AUTRES SUJETS
Voir Lettres philosophiques

**836-840**
LETTRES PHILOSOPHIQUES
par André Magnan

**840**
LETTRES SUR LES MIRACLES
par André Magnan

**840-841**
LETTRES SUR ŒDIPE
par Henri Lagrave

**841-843**
LIBERTÉ
par Jean Goulemot

**843-844**
LIGNE, Charles Joseph, prince de
par Didier Masseau

**844**
LIGUE (LA)
Voir Henriade (La)

**844-845**
LILLE
par Anne Soprani

**845-846**
LISTES
par André Magnan

**846**
LIVRY, Suzanne Catherine Gravet de Corsembleu de
par Anne Soprani

**846-849**
LOCKE, John
par Jean-Michel Raynaud

**849-851**
LOGEMENTS
par Anne Soprani

**851-852**
LOGOGRYPHE
par André Magnan

**852-853**
LOI NATURELLE
par Jean Goulemot

**853**
LOIS DE MINOS (LES)
par Henri Lagrave

**853-855**
LONGCHAMP, Sébastien
par André Magnan

**855-856**
LORRAINE
par Anne Soprani

**856**
LOUIS IX, saint Louis,
Voir Panégyrique de Saint Louis roi de France • Quelques petites hardiesses de M. Clair

**857-858**
LOUIS XIV
par Jean Goulemot

**858-860**
LOUIS XV
par Jean Goulemot

**860-861**
LOUIS XVI
par Jean Goulemot

**861**
LOUISE DOROTHÉE
par André Magnan

**861-862**
LOUISE ULRIQUE DE PRUSSE, reine de Suède
par Anne Soprani

**862**
LOUP MORALISTE (LE)
Voir Fable

**862-863**
LOUVRE
par Anne Soprani

**863-865**
LUMIÈRES
par Jean Goulemot

**865-866**
LUNÉVILLE
par Anne Soprani

**866**
LUSIGNAN
par Henri Lagrave

**866-867**
LÜTZELBOURG, Marie Ursule de Klinglin, comtesse de
par Anne Soprani

**867-870**
LUXE
par Jean Goulemot

**870**
LYCÉE VOLTAIRE
par Anne Soprani

**870-871**
LYON
par Anne Soprani

# M

**872**
LETTRINE M
Citation

**872**
MACARE ET THÉLÈME
Voir Conte en vers

**872**
MACHAULT D'ARNOUVILLE, Jean Baptiste
par André Magnan

**872-873**
MACHIAVEL, Nicolas, Niccolo Machiavelli, dit
par Jean Goulemot

**873-874**
MAHOMET
par Béchir Garbouj

# TABLE DES ENTRÉES

875-877
MAHOMET
par Henri Lagrave

877-878
MAINE, Anne Louise Bénédicte
de Bourbon-Condé,
duchesse du
par Anne Soprani

878-879
MAISONS, Jean René
de Longueil, marquis de
par Anne Soprani

879-880
MAISTRE, Joseph, comte de
par André Magnan

880-881
MAL
par Laurent Loty

882-883
MALADIES
par Didier Masseau

883-884
MALEBRANCHE, Nicolas de
par Didier Masseau

884-885
MALESHERBES, Chrétien
Guillaume de Lamoignon de
par Henri Lagrave

885-886
« MAMAN »
par Anne Soprani

886
MANDEMENT DU
RÉVÉRENDISSIME PÈRE EN
DIEU ALEXIS, ARCHEVÊQUE
DE NOVGOROD-LA-GRANDE
par Jean Goulemot

886
MANIFESTE DU ROI DE
FRANCE EN FAVEUR DU
PRINCE CHARLES ÉDOUARD
par Jean Goulemot

887
MANNHEIM
par Christiane Mervaud

887-889
MANQUE (Voltaire nous)
par André Magnan

889-891
MANUELS SCOLAIRES
par Marie-Françoise Chanfrault

892
MANZONI, Alessandro
par Francesca Isidori

892-894
MARGINALIA
par André Magnan

894
MARIAMNE
Voir Hérode et Mariamne

894
MARIE (Vierge)
par Marie-Hélène Cotoni

895
MARIE ANTOINETTE, Josèphe
Jeanne
par Anne Soprani

895-896
MARIE LESZCZYNSKA
par Anne Soprani

896
MARIE THÉRÈSE
Voir Autriche

896
MARIN, François Louis Claude
par Didier Masseau

897
MARIONNETTES
par André Magnan

897-898
MARIVAUX, Pierre Carlet
de Chamblain de
par Henri Lagrave

898-900
MARMONTEL, Jean François
par Didier Masseau

900
MARSEILLAIS (LE)
ET LE LION
Voir Satire

900-901
MARTIN
par Jean Goulemot

901-902
MARTYRS
par Marie-Hélène Cotoni

902-903
MASQUE DE FER (le)
par Jean Goulemot

903-904
MATIÈRE
par Didier Masseau

904-905
MAUPEOU, René, Nicolas,
Charles, Auguste de
par Jean Goulemot

905-906
MAUPERTUIS, Pierre Louis
Moreau de
par Christiane Mervaud

907
MAUREPAS, Jean Frédéric
Phélypeaux, comte de
par Anne Soprani

907
MAXIMES
Voir Proverbes

907
MÉDECINE
Voir Maladies

908
MEISTER, Jakob Heinrich
Voir Correspondance littéraire •
Moultou

908-909
MÉLANGES
par André Magnan

909
MEMNON
par André Magnan

909-910
MEMNON
OU LA SAGESSE HUMAINE
par Jean Goulemot

910-911
MÉMOIRE DE DONAT CALAS
POUR SON PÈRE, SA MÈRE
ET SON FRÈRE
par Jean Goulemot

911
MÉMOIRE DES ÉTATS
DU PAYS DE GEX
Voir Gex

911
MÉMOIRE DES HABITANTS
DE FERNEY
Voir Gex

911
MÉMOIRE DU PAYS DE GEX
Voir Gex

911
MÉMOIRE DU SIEUR
DE VOLTAIRE
par André Magnan

911
MÉMOIRE SUR LA SATIRE
Voir Satire

911
MÉMOIRE SUR
LE PAYS DE GEX
Voir Gex

# TABLE DES ENTRÉES

911
*MÉMOIRE SUR UN OUVRAGE DE PHYSIQUE DE MME DU CHÂTELET, LEQUEL A CONCOURU POUR LE PRIX DE L'ACADÉMIE EN 1738*
Voir *Essai sur la nature du feu et sur sa propagation*

912-913
*MÉMOIRES POUR SERVIR À LA VIE DE M. DE VOLTAIRE, ÉCRITS PAR LUI-MÊME*
par André Magnan

913
*MÉMOIRES SUR VOLTAIRE*
Voir Decroix • Longchamp • Wagnière

914
*MÉPRISE D'ARRAS (LA)*
Voir Monbailli

914-916
*MÉROPE*
par Henri Lagrave

916-917
MESLIER, Jean
par Roland Desné

917-918
MESSE
par Marie-Hélène Cotoni

918
MESSIE
Voir Jésus

918
MÉTAPHORE
Voir Style

918-920
MÉTAPHYSIQUE
par Jean Goulemot

921
*MÉTAPHYSIQUE DE NEWTON, OU PARALLÈLE DES SENTIMENTS DE LEIBNIZ ET DE NEWTON*
par Jean Goulemot

921-922
MICHELET, Jules
par Didier Masseau

922-924
*MICROMÉGAS*
par Jean Goulemot

924-925
MIGNOT (Famille)
par Anne Soprani

925-926
MILTON, John
par Didier Masseau

926
MIMEURE, Charlotte Madeleine de Carvoisin d'Archy, marquise de
par Anne Soprani

926-927
MIRACLE
par Marie-Hélène Cotoni

928
MISE EN SCÈNE
par Henri Lagrave

928
*M. JEAN VERNET, PASTEUR ET PROFESSEUR*
par André Magnan

929
MODERNES
Voir Anciens • Fontenelle • Houdar de La Motte

929-930
MOINES
par Jean Goulemot

930
-15,27
par André Magnan

930-932
MOÏSE
par Maurice Kriegel

932-933
MOLAND, Louis
par André Magnan

933
MOLIÈRE, Jean Baptiste Poquelin, dit
par Henri Lagrave

934
MONARCHIE
par Jean Goulemot

935
MONBAILLI
par Jean Goulemot

936
MONCRIF, François Augustin Paradis de
par Didier Masseau

936-937
*MONDAIN (LE)*
par Patrick Brasart

937-939
*MONDE COMME IL VA (LE), VISION DE BABOUC ÉCRITE PAR LUI-MÊME*
par Jean Goulemot

939-940
« MONOSYLLABES » (LES) OU « L'ASSEMBLÉE DES MONOSYLLABES »
par André Magnan

940-941
MONSTRES
par Roselyne Rey

941-942
MONTAGU, lady Mary Wortley
par Anne Soprani

942-943
MONTAIGNE, Michel Eyquem de
par Didier Masseau

943-944
MONTESQUIEU, Charles Louis de Secondat, baron de la Brède et de
par Jean Goulemot

944-945
MONTRES
par Anne Soprani

945-946
MORALE
Citations

946-948
MORANGIÉS, Jean François Charles de Molette, comte de
par Jean Goulemot

948-949
MORELLET, André
par Didier Masseau

949-950
MORT
par Jean-Michel Raynaud

950-951
*MORT DE CÉSAR (LA)*
par Henri Lagrave

951
*MORT DE MLLE LECOUVREUR (LA)*
Voir Lecouvreur (Mlle)

951-952
MOULTOU, Paul Claude
par Jean-Daniel Candaux

952-953
MOUSSINOT, Bonaventure, abbé
par Anne Soprani

953-954
MOYEN ÂGE
par Jean Goulemot

955
MOZART, Wolfgang Amadeus
par André Magnan

# TABLE DES ENTRÉES

**955**
MULE DU PAPE (LA)
Voir Conte en vers

**956**
MUSIQUE
Voir Mozart • Opéra • Rameau • Temple de la Gloire (Le) • Voltaire (La)

**956**
MUSSET, Alfred de
par André Magnan

**957-958**
MYSTIQUES
par Marie-Hélène Cotoni

# N

**959**
LETTRINE N
Citation

**959-960**
NAISSANCE
par Jean-Michel Raynaud

**960-961**
NANCY
par Anne Soprani

**961**
NANINE
OU LE PRÉJUGÉ VAINCU
par Henri Lagrave

**962**
NAPOLÉON
par Didier Masseau

**962-963**
NATIFS
par Jean-Daniel Candaux

**963**
NATION
Voir Patrie

**963-965**
NATURE
par Didier Masseau

**965-966**
NÉAULME, Jean
par Jean-Michel Raynaud

**966**
NECKER, Suzanne Curchod, Mme
par Anne Soprani

**966**
NEEDHAM
Voir Anguilles • Singularités de la nature (Les)

**967**
NÉGRIER
par André Magnan

**967**
NÉOLOGISME
par Patrick Brasart

**968-969**
NEWTON, Isaac
par Jean-Michel Raynaud

**969-970**
NIETZSCHE, Friedrich
par Marc de Launay

**970-971**
NOBLESSE
par Jean Goulemot

**972-974**
NOM
par André Magnan

**974**
NON (LES)
Voir « Monosyllabes »

**974-975**
NONNOTTE, Claude François
par Didier Masseau

**975**
NOTEBOOKS
Voir Carnets

**975-976**
NOUVEAU TESTAMENT
par Marie-Hélène Cotoni

**976**
NOUVELLES
CONSIDÉRATIONS
SUR L'HISTOIRE
par Jean Goulemot

**976**
NOUVELLES PROBABILITÉS
EN FAIT DE JUSTICE
Voir Morangiés

**976**
NOVI DE CAVEIRAC, Jean, abbé
Voir Saint-Barthélemy

**976-977**
NOYER, Catherine Olympe Petit du
par Anne Soprani

# O

**978**
LETTRINE O
Citation

**978-979**
ODE À SAINTE GENEVIÈVE
par André Magnan

**979**
ODE SUR L'ANNIVERSAIRE
DE LA SAINT-BARTHÉLEMY,
POUR L'ANNÉE 1772
Voir Saint-Barthélemy

**979**
ODE SUR LE VŒU
DE LOUIS XIII
Voir Bourbier (Le) • Juvenilia

**979-980**
ODES
par Sylvain Menant

**980-981**
ŒDIPE
par Henri Lagrave

**981-983**
« ŒUVRE DE POÉSHIE »
par André Magnan

**983**
OLIVET, Pierre Joseph Thoulier, abbé d'
par Didier Masseau

**983-984**
OLYMPIE
par Henri Lagrave

**984**
ONAN
par Jean Goulemot

**984-986**
OPÉRA
par Henri Lagrave

**986-988**
OPINION
par Jean Goulemot

**988-989**
OPINION EN ALPHABET (L')
par Jean Goulemot

**989-990**
OPTIMISME
par Laurent Loty

**991-992**
ORACLE DES NOUVEAUX
PHILOSOPHES (L')
par André Magnan

**992-993**
ORANG-OUTANG
par André Magnan

**993**
ORDRE DU MÉRITE
par André Magnan

**994**
OREILLES (LES) DU COMTE
DE CHESTERFIELD ET LE
CHAPELAIN GOUDMAN
par Jean Goulemot

# TABLE DES ENTRÉES

994-995
ORESTE
par Henri Lagrave

995
ORIENT
par Jean Goulemot

996
ORIGINAUX (LES)
OU M. DU CAP-VERT
par Henri Lagrave

996
ORIGINE DES MÉTIERS (L')
Voir Conte en vers

996-997
ORLÉANS, Philippe, Régent de France, duc d'
par Anne Soprani

997-999
ORPHELIN DE LA CHINE (L')
par Henri Lagrave

999-1000
ORTHOGRAPHE
par Denis Slakta

1000-1001
OU
par André Magnan

1001
OUI (LES)
Voir « Monosyllabes »

## P

1002
LETTRINE P
Citation

1002
PAIX
par Jean Goulemot

1002
PAIX PERPÉTUELLE
Voir De la paix perpétuelle

1003
PALISSOT DE MONTENOY, Charles
par Didier Masseau

1003
« PAMÉLA »
Voir Lettres de M. de Voltaire à Mme Denis, de Berlin

1004
PANCKOUCKE, Charles Joseph
par André Magnan

1004
PANDORE
Voir Opéra

1004-1005
PANÉGYRIQUE DE LOUIS XV
par Jean Goulemot

1005-1006
PANÉGYRIQUE DE SAINT LOUIS ROI DE FRANCE
par Jean Goulemot

1006-1007
PANTHÉON
par Jean Goulemot

1007-1010
« PAPA-GRAND-HOMME »
par André Magnan

1010-1011
PAPES
par Anne Soprani

1012
PAPIER
Citations

1012-1013
PÂQUES
par Anne Soprani

1013-1014
PARAGUAY
par Jean Goulemot

1014-1016
PARIS
par Anne Soprani

1017
PARLEMENT
par Jean Goulemot

1017-1018
PARODIES
par Henri Lagrave

1018-1020
PARSIS, BANIANS, GUÈBRES, JUIFS
par Maurice Kriegel

1020-1021
PASCAL, Blaise
par Jean Goulemot

1022
PATOUILLET, Louis
par Didier Masseau

1022-1023
PATRIARCHE
par Jean-Michel Raynaud

1023-1024
PATRIE
par Jean Goulemot

1024
PAUL, saint
Voir Femmes, Soyez soumises à vos maris • Nouveau Testament

1024-1025
PAUVRE DIABLE (LE), OUVRAGE EN VERS AISÉS DE FEU M. VADÉ, MIS EN LUMIÈRE PAR CATHERINE VADÉ SA COUSINE, DÉDIÉ À MAÎTRE ABRAHAM ***
par Didier Masseau

1025-1027
PAYS ARABES
par Béchir Garbouj

1027
PEINE DE MORT
Voir Hugo • Justice • Prix de la justice et de l'humanité (Le) • Réponse aux remontrances • Tancrède

1027
PEINTURE
par Didier Masseau

1028
PÉLOPIDES (LES)
par Henri Lagrave

1028-1029
PENNSYLVANIE
par Jean Goulemot

1029-1030
PENSÉES SUR LE GOUVERNEMENT
par Jean Goulemot

1030
PERRUQUE
par Jean-Michel Raynaud

1030-1031
PERSONNAGE
par Henri Lagrave

1031
PETIT BOURSOUFLE (LE)
par André Magnan

1031-1032
PETIT COMMENTAIRE SUR L'« ÉLOGE DU DAUPHIN DE FRANCE », COMPOSÉ PAR M. THOMAS
par Jean Goulemot

1032
PETITE DIGRESSION SUR LES QUINZE-VINGTS
par Jean Goulemot

1032-1034
PEUPLE
par Jean Goulemot

1034-1035
PEUR
par André Magnan

# TABLE DES ENTRÉES

**1035-1039**
PHILOSOPHE
par Didier Masseau

**1039-1041**
*PHILOSOPHE IGNORANT (LE)*
par Roland Desné

**1041-1043**
PHILOSOPHIE
par Didier Masseau

**1043-1045**
*PHILOSOPHIE DE L'HISTOIRE (LA), PAR FEU L'ABBÉ BAZIN*
par Jean Goulemot

**1045-1046**
PHYSIOCRATIE
par Jean Goulemot

**1047-1048**
PICTET, Charlotte, François Pierre et Pierre
par Jean-Daniel Candaux

**1048**
*PIÈCES ORIGINALES CONCERNANT LA MORT DES SIEURS CALAS ET LE JUGEMENT RENDU À TOULOUSE*
par Jean Goulemot

**1048-1049**
PIERRE Ier LE GRAND
par Jean Goulemot

**1049-1055**
PIGALLE, Jean Baptiste
par André Magnan

**1056**
PILAVOINE, Maurice, dit « l'Indien à Surate »
Voir Collège de Louis-le-Grand

**1056**
« PIMPETTE »
par Anne Soprani

**1056-1057**
PIRON, Alexis
par Didier Masseau

**1057**
*PLAIDOYER POUR GENEST RAMPONEAU, CABARETIER À LA COURTILLE, CONTRE GAUDON, ENTREPRENEUR D'UN THÉÂTRE DES BOULEVARDS*
par Didier Masseau

**1057-1059**
PLATON
par Jean Goulemot

**1059-1062**
*POÈME DE FONTENOY (LE)*
par Sylvain Menant

**1062-1063**
*POÈME SUR LA LOI NATURELLE*
par Sylvain Menant

**1063-1065**
*POÈME SUR LE DÉSASTRE DE LISBONNE, OU EXAMEN DE CET AXIOME : « TOUT EST BIEN »*
par Patrick Brasart

**1065-1067**
POÉSIE (CONCEPTION DE LA)
par Sylvain Menant

**1067**
POÉSIE ET DÉSIR
Citations

**1068**
POÈTE
par Sylvain Menant

**1069-1071**
POLÉMISTE
par André Magnan

**1071-1073**
POLITIQUE
par Jean Goulemot

**1073-1076**
POLOGNE
par Jean Goulemot

**1076**
POLYPE
Citation

**1077-1079**
POMEAU, René
par André Magnan, Jean Goulemot et Didier Masseau

**1079-1081**
POMPADOUR, Jeanne Antoinette Poisson Le Normant d'Étioles, marquise de
par Anne Soprani

**1081**
« POMPIGNADES »
Voir « Monosyllabes »

**1081**
POMPIGNAN
Voir Lefranc de Pompignan

**1081-1084**
PONCIFS
par André Magnan

**1084**
PONT DE VEYLE, Antoine de Ferriol, comte de
Voir Ferriol · Maurepas

**1084-1085**
POPE, Alexander
par Jean-Michel Raynaud

**1085-1086**
« PORTATIF (LE) »
par Christiane Mervaud

**1086-1087**
PORTRAITS
par Patrick Brasart

**1087**
PORTUGAL
par Jean Goulemot

**1088-1089**
POSTE
par André Magnan

**1089-1090**
POST-SCRIPTUM
par André Magnan

**1090-1091**
*POT-POURRI*
par Jean Goulemot

**1091-1092**
POTSDAM
par Christiane Mervaud

**1092**
POTSDAMISTE/POTSDAMITE
par André Magnan

**1092**
*POUR ET LE CONTRE (LE)*
Voir *Épître à Uranie*

**1092**
*POUR LE 24 AUGUSTE, OU AOÛT 1772*
par André Magnan

**1093**
*POUR (LES)*
Voir « Monosyllabes »

**1093**
PRADES, Jean Martin de
par Didier Masseau

**1093-1094**
PRANGINS
par Anne Soprani

**1094**
PRAULT, Laurent François
par Jean-Michel Raynaud

**1095**
*PRÉCIS DE LA PROCÉDURE D'ABBEVILLE*
par Jean Goulemot

**1095-1096**
*PRÉCIS DE L'ECCLÉSIASTE EN VERS*
par Marie-Hélène Cotoni

**1096-1097**
*PRÉCIS DU CANTIQUE DES CANTIQUES*
par Sylvain Menant

# TABLE DES ENTRÉES

**1097-1099**
*PRÉCIS DU SIÈCLE DE LOUIS XV*
par Jean Goulemot

**1099**
PRÉCOCITÉ
par André Magnan

**1099-1100**
PRÉJUGÉ
par Didier Masseau

**1101**
*PRÉSERVATIF (LE) OU CRITIQUE DES « OBSERVATIONS SUR LES ÉCRITS MODERNES »*
par Didier Masseau

**1101-1102**
PRÉVOST, Antoine François, dit Prévost d'Exiles, abbé
par Didier Masseau

**1102-1103**
PRIÈRE
par André Magnan

**1103-1104**
*PRINCESSE DE BABYLONE (LA)*
par Jean Goulemot

**1104-1105**
*PRINCESSE DE NAVARRE (LA)*
par Henri Lagrave

**1105-1106**
*PRIX DE LA JUSTICE ET DE L'HUMANITÉ (LE)*
par Jean Goulemot

**1106**
PROBABILITÉS
par André Magnan

**1106**
*PROCÈS DE CLAUSTRE*
Voir Martin

**1107**
*PROFESSION DE FOI DES THÉISTES (LA), PAR LE COMTE DA... AU R. D., TRADUIT DE L'ALLEMAND*
par Marie-Hélène Cotoni

**1107-1108**
PROPHÈTES
par Marie-Hélène Cotoni

**1108**
*PROPHÉTIE DE LA SORBONNE (LA), DE L'AN 1530, TIRÉE DES MANUSCRITS DE M. BALUZE*
Voir Sorbonne

**1108-1109**
PROPHÉTIES
Citations

**1109-1110**
PROPRIÉTÉ
Citation

**1110**
PROTÉE
Voir Personnage • Poncifs • Pseudonymes

**1110-1113**
PROTESTANTS
par Anette Smedley-Weill

**1113-1114**
PROVERBES
par André Magnan

**1115-1116**
PROVIDENCE
par Laurent Loty

**1116**
*PRUDE (LA)*
par Henri Lagrave

**1116-1118**
PRUSSE
par André Magnan

**1118-1119**
PRUSSIEN
par André Magnan

**1119-1120**
PSEUDONYMES
par André Magnan

**1120-1123**
*PUCELLE D'ORLÉANS (LA)*
par Didier Masseau

**1124**
PURGATOIRE
par Marie-Hélène Cotoni

**1124-1125**
*PYRRHONISME DE L'HISTOIRE (LE), PAR L'ABBÉ BIG...*
par Jean Goulemot

# Q

**1126**
LETTRINE Q
Citation

**1126-1127**
QUAKERS
par Henri Lagrave

**1128**
*QUAND (LES), NOTES UTILES SUR UN DISCOURS PRONONCÉ DEVANT L'ACADÉMIE FRANÇAISE LE 10 MARS 1760*
par André Magnan

**1128**
*QUAND EST-CE QU'ON ME MARIE ?*
Voir *Échange (L')*

**1128**
*QUE (LES)*
Voir « Monosyllabes »

**1128-1129**
*QUELQUES PETITES HARDIESSES DE M. CLAIR A L'OCCASION D'UN PANÉGYRIQUE DE SAINT LOUIS*
par Jean Goulemot

**1129**
QUERELLES LITTÉRAIRES
Voir Polémiste

**1129-1130**
*QUESTIONS DE ZAPATA (LES), TRADUITES PAR LE SIEUR TAMPONET, DOCTEUR EN SORBONNE*
par Marie-Hélène Cotoni

**1130**
*QUESTIONS D'UN HOMME QUI NE SAIT RIEN (LES)*
Voir *Philosophe ignorant (Le)*

**1130-1133**
*QUESTIONS SUR L'ENCYCLOPÉDIE, PAR DES AMATEURS*
par Jean Goulemot

**1133-1134**
*QUESTIONS SUR LES MIRACLES, EN FORME DE LETTRES A MONSIEUR LE PROFESSEUR CL..., PAR UN PROPOSANT*
par Marie-Hélène Cotoni

**1134**
*QUI (LES)*
Voir « Monosyllabes »

**1134-1135**
QUINAULT, Jeanne Françoise Quinault-Dufresne, dite Mlle
par Henri Lagrave

**1135**
*QUOI (LES)*
Voir « Monosyllabes »

# TABLE DES ENTRÉES

## R

**1136**
LETTRINE R
Citation

**1136-1137**
RABELAIS, François
par Didier Masseau

**1137-1138**
RACINE, Jean
par Henri Lagrave

**1138**
RACINE, Louis
par André Magnan

**1138-1140**
RAISON
par Didier Masseau

**1140**
*RAISON PAR ALPHABET (LA)*
par André Magnan

**1140-1141**
RAMEAU, Jean Philippe
par Henri Lagrave

**1141**
*RECUEIL NÉCESSAIRE*
Voir *Évangile de la raison (L')*

**1141-1142**
*RÉFLEXIONS PHILOSOPHIQUES SUR LE PROCÈS DE MLLE CAMP*
par Jean Goulemot

**1142**
*RÉFLEXIONS POUR LES SOTS*
par Didier Masseau

**1143-1144**
RÉGENCE
par Anne Soprani

**1144**
*REGNANTE PUERO*
par André Magnan

**1144-1146**
*RELATION DE LA MALADIE, DE LA CONFESSION, DE LA MORT ET DE L'APPARITION DU JÉSUITE BERTHIER*
par Didier Masseau

**1146-1147**
*RELATION DE LA MORT DU CHEVALIER DE LA BARRE PAR M. CASSEN, AVOCAT AU CONSEIL DU ROI, À M. LE MARQUIS DE BECCARIA, LE 15 JUILLET 1766*
par Jean Goulemot

**1147**
*RELATION DU BANNISSEMENT DES JÉSUITES DE LA CHINE, PAR L'AUTEUR DU « COMPÈRE MATHIEU »*
par Jean Goulemot

**1148**
*RELATION DU VOYAGE DE FRÈRE GARASSISE, NEVEU DE FRÈRE GARASSE, SUCCESSEUR DE FRÈRE BERTHIER ET CE QUI S'ENSUIT EN ATTENDANT CE QUI S'ENSUIVRA*
Voir *Relation de la maladie, de la confession, de la mort et de l'apparition du jésuite Berthier*

**1148**
*RELATION DU VOYAGE DE M. LE MARQUIS DE POMPIGNAN, DEPUIS POMPIGNAN JUSQU'À FONTAINEBLEAU, ADRESSÉE AU PROCUREUR FISCAL DU VILLAGE DE POMPIGNAN*
par Jean Goulemot

**1148-1149**
*RELATION TOUCHANT UN MAURE BLANC AMENÉ D'AFRIQUE À PARIS EN 1744*
par André Magnan

**1149-1154**
RELIGION
par Didier Masseau

**1154-1155**
RELIQUES
par Marie-Hélène Cotoni

**1155-1156**
*REMARQUES POUR SERVIR DE SUPPLÉMENT À L'ESSAI SUR LES MŒURS ET L'ESPRIT DES NATIONS ET SUR LES PRINCIPAUX FAITS DE L'HISTOIRE, DEPUIS CHARLEMAGNE JUSQU'À LA MORT DE LOUIS XIII*
par Jean Goulemot

**1156-1157**
*« REMARQUES SUR LES PENSÉES DE M. PASCAL »*
par André Magnan

**1157**
*REMARQUES SUR L'HISTOIRE*
par Jean Goulemot

**1157-1158**
*REMERCIEMENT SINCÈRE À UN HOMME CHARITABLE*
par André Magnan

**1158**
*REMONTRANCES DU PAYS DE GEX AU ROI*
Voir Gex

**1158-1159**
RENAISSANCE
par Jean Goulemot

**1159-1160**
RENAN, Ernest
par Didier Masseau

**1161**
RENTES
par Anne Soprani

**1161**
*RÉPONSE AUX REMONTRANCES DE LA COUR DES AIDES*
par André Magnan

**1161-1162**
RÉPUBLIQUE
par Jean Goulemot

**1162-1163**
*REQUÊTE À TOUS LES MAGISTRATS DU ROYAUME, COMPOSÉE PAR TROIS AVOCATS D'UN PARLEMENT*
par Jean Goulemot

**1163**
*REQUÊTE AU ROI EN SON CONSEIL*
Voir *Pièces originales concernant la mort des sieurs Calas*

**1163**
*REQUÊTE AU ROI POUR LES SERFS*
Voir Saint-Claude • Servage

**1163**
*RESCRIT DE L'EMPEREUR DE LA CHINE À L'OCCASION DU PROJET DE PAIX PERPÉTUELLE*
par Jean Goulemot

**1164**
RESTAURATION
Voir Hugo • Romantiques • Stendhal • Voltairiens

**1164-1165**
RÊVE
par André Magnan

**1165-1166**
RÉVOLUTION
par Jean Goulemot

# TABLE DES ENTRÉES

**1166-1167**
RICHARDSON, Samuel
par Didier Masseau

**1167**
RICHELIEU, cardinal de
Voir *Testament politique du cardinal de Richelieu*

**1167-1169**
RICHELIEU, Louis François Armand de Vignerot du Plessis, duc de
par Anne Soprani

**1169-1171**
RIDICULE
par André Magnan

**1171-1172**
RIEU, Henri
par Jean-Daniel Candaux

**1172-1173**
RIME
par Sylvain Menant

**1173-1174**
RIRE
Citation

**1174**
RIVIÈRE-BOURDET (LA)
par Anne Soprani

**1174-1175**
ROCHEBRUNE
par Jean-Michel Raynaud

**1175-1176**
ROHAN-CHABOT, Guy Auguste, chevalier de
par Didier Masseau

**1176-1177**
ROMAN
par Didier Masseau

**1177-1179**
ROMANTIQUES
par Didier Masseau

**1179-1180**
ROME
par Jean Goulemot

**1180-1181**
*ROME SAUVÉE*
par Henri Lagrave

**1181-1183**
ROSSBACH
par André Magnan

**1183-1184**
ROUEN,
par Christiane Mervaud

**1184-1185**
ROUSSEAU, Jean Baptiste
par Didier Masseau

**1185-1193**
ROUSSEAU, Jean Jacques
par Marie-Hélène Cotoni

**1193-1194**
ROUSSEAU, Pierre
par Anne Soprani

**1194**
ROY, Pierre Charles
par Didier Masseau

**1194-1195**
RUAULT, Nicolas
par André Magnan

**1195-1196**
RUFFEY, Germain Gilles Richard de
par André Magnan

**1196**
RUPELMONDE, Marie Marguerite d'Aligre, comtesse de
par Anne Soprani

**1196-1197**
*RUSSE À PARIS (LE)*
par André Magnan

**1197-1198**
RUSSIE
par Jean Goulemot

## S

**1199**
LETTRINE S
Citation

**1199-1200**
SABATIER DE CASTRES, abbé Antoine Sabatier, dit
par André Magnan

**1200-1201**
SADE, Donatien Alphonse, marquis de
par Michel Delon

**1202**
*SAGGIO INTORNO AI CAMBIAMENTI AVVENUTI SU'L GLOBO DELLA TERRA*
Voir *Dissertation sur les changements arrivés dans notre globe et sur les pétrifications*

**1202-1203**
SAINT-BARTHÉLEMY
par André Magnan

**1204**
SAINT-CLAUDE
par Anne Soprani

**1204-1205**
SAINT-JULIEN, Anne Madeleine Louise Charlotte Auguste de La Tour du Pin, Mme de
par Anne Soprani

**1205-1206**
SAINT-LAMBERT, Jean François, marquis de
par Anne Soprani

**1206-1207**
SAINT-PIERRE, Charles Irénée Castel, abbé de
par Jean Goulemot

**1207**
SAINT-SIMON, Louis de Rouvroy, duc de
par Jean Goulemot

**1207-1208**
SAINTETÉ
par Marie-Hélène Cotoni

**1208-1209**
«SALOMON DU NORD»
par André Magnan

**1209-1210**
SALONS
par Anne Soprani

**1210**
*SAMSON*
Voir *Opéra*

**1210-1211**
SANS-SOUCI
par Christiane Mervaud

**1212-1213**
SARTRE, Jean-Paul
par Didier Masseau

**1213-1214**
SATIRE (Pratique de la)
par Sylvain Menant

**1215-1216**
*SAÜL, TRAGÉDIE TIRÉE DE L'ÉCRITURE SAINTE*
par Henri Lagrave

**1216-1217**
SAUVAGES
par Jean Goulemot

**1217-1218**
SAXE-GOTHA, Louise Dorothée de Saxe-Meiningen, duchesse de
par Anne Soprani

**1218**
*SCARMENTADO*
Voir *Histoire des voyages de Scarmentado*

# TABLE DES ENTRÉES

**1218-1219**
SCEAUX
par Anne Soprani

**1219-1220**
SCELLIÈRES,
par Jean-Michel Raynaud

**1220-1221**
SCÈNE/SCÉNOGRAPHIE
par Henri Lagrave

**1221-1223**
SCHOUVALOV, Ivan Ivanovitch, comte
par Anne Soprani

**1223**
SCHWETZINGEN
par Christiane Mervaud

**1223-1226**
SCIENCES
par Jean Goulemot

**1227**
SCYTHES (LES)
par Henri Lagrave

**1227-1228**
SECRÉTAIRES
par André Magnan

**1228-1229**
SECTE
par Marie-Hélène Cotoni

**1229-1230**
SÉIDE
par André Magnan

**1230-1232**
SEIGNEUR DE VILLAGE
par Anne Soprani

**1232-1233**
SÉMIRAMIS
par Henri Lagrave

**1233-1234**
SENONES
par Anne Soprani

**1234-1235**
SENSATION
par Didier Masseau

**1235-1236**
SENSIBILITÉ
par Henri Lagrave

**1236-1237**
SENTIMENT DES CITOYENS
par Marie-Hélène Cotoni

**1237-1238**
SERMON DES CINQUANTE (LE)
par Roland Desné

**1239**
SERMON DU PAPA NICOLAS CHARISTESKI, PRONONCÉ DANS L'ÉGLISE DE SAINTE-TOLERANSKI, VILLAGE DE LITUANIE, LE JOUR DE LA SAINTE-ÉPIPHANIE
Voir Pologne

**1239-1240**
SERMON DU RABBIN AKIB, PRONONCÉ À SMYRNE, LE 20 NOVEMBRE 1761. TRADUIT DE L'HÉBREU,
par Roland Desné

**1241**
SERMON PRÊCHÉ À BÂLE LE PREMIER JOUR DE L'AN 1768, PAR JOSIAS ROSSETTE, MINISTRE DU SAINT ÉVANGILE
Voir Pologne

**1241-1243**
SERVAGE
par Anne Soprani

**1243-1244**
SÉVIGNÉ, Marie de Rabutin-Chantal, marquise de
par Didier Masseau

**1244-1246**
SHAKESPEARE, William
par Henri Lagrave

**1246-1247**
« SI DIEU N'EXISTAIT PAS, IL FAUDRAIT L'INVENTER... »
par André Magnan

**1247-1248**
SIÈCLE (Édition du journal LE)
par André Magnan

**1248-1251**
SIÈCLE DE LOUIS XIV (LE)
par Jean Goulemot

**1251**
SIÈCLE DE LOUIS XV (LE)
Voir Précis du siècle de Louis XV

**1252**
« SIÈCLE DE VOLTAIRE (LE) »
par André Magnan

**1252-1253**
« SIÈCLES (LES QUATRE) »
par Jean Goulemot

**1253-1254**
« S'IL N'AVAIT PAS ÉCRIT, IL EÛT ASSASSINÉ »
Citation

**1254**
SINGE
Citations

**1255-1256**
SINGULARITÉS DE LA NATURE (LES), PAR UN ACADÉMICIEN DE LONDRES, DE BOLOGNE, DE PÉTERSBOURG, DE BERLIN, ETC.
par Roselyne Rey

**1256-1257**
SIRVEN, Pierre Paul
par Jean Goulemot

**1257-1258**
SOCIÉTÉ LITTÉRAIRE TYPOGRAPHIQUE
par André Magnan

**1258-1259**
SOCRATE, OUVRAGE DRAMATIQUE, TRADUIT DE FEU MR. TOMPSON
par Henri Lagrave

**1259-1260**
SOLLERS, Philippe
Citation

**1260**
SONGE-CREUX (LE)
Voir Conte en vers • Rêve

**1260-1261**
SONGE DE PLATON (LE)
par Jean Goulemot

**1261**
SOPHONISBE, TRAGÉDIE DE MAIRET, RÉPARÉE À NEUF
par Henri Lagrave

**1261-1262**
SOPHRONIME ET ADÉLOS, TRADUIT DE MAXIME DE MADAURE
par Stéphane Pujol

**1262-1263**
SORBONNE
par Jean Goulemot

**1263**
SOTTISE DES DEUX PARTS
par Didier Masseau

**1263-1264**
« SOTTISIER DE VOLTAIRE (LE) »
par André Magnan

**1264-1266**
SOUSCRIPTION
par André Magnan

# TABLE DES ENTRÉES

**1266-1267**
SPINOZA, Baruch
par Didier Masseau

**1267**
STAAL, Marguerite
Jeanne Cordier de Launay,
baronne de
par Anne Soprani

**1267-1268**
STAËL-HOLSTEIN, Anne
Louise Germaine de Necker,
baronne de
par Didier Masseau

**1268-1269**
STANCES
par Sylvain Menant

**1269**
*STANCES
POUR LE 24 AOÛT 1772*
Voir Saint-Barthélemy

**1269-1270**
STANISLAS LESZCZYNSKI
par Anne Soprani

**1270-1271**
STENDHAL
par Didier Masseau

**1271-1272**
STRANGURIE
par Jean-Michel Raynaud

**1272-1273**
STRASBOURG
par Anne Soprani

**1273**
STUART, Charles Édouard
par Jean Goulemot

**1274-1275**
*STUDIES ON VOLTAIRE AND
THE EIGHTEENTH CENTURY*
par Andrew Brown

**1276-1279**
STYLE
par Patrick Brasart

**1279-1280**
SUARD, Jean Baptiste Antoine
et Amélie
par Anne Soprani

**1280-1281**
SUICIDE
par André Magnan

**1281**
SULLY-SUR-LOIRE
par Anne Soprani

**1281**
SUPERFICIEL
Voir Esprit • Facilité • Poncifs

**1282-1283**
SUPERSTITION
par Didier Masseau

**1283-1284**
*SUPPLÉMENT
AU SIÈCLE DE LOUIS XIV*
par Jean Goulemot

**1284**
*SUPPLÉMENT DU DISCOURS
AUX WELCHES*
par André Magnan

**1284**
*SUR LE PARADOXE
QUE LES SCIENCES ONT NUI
AUX MŒURS*
Voir *Timon*

**1285-1286**
SURNOMS
par Anne Soprani

**1286-1287**
SWIFT, Jonathan
par Didier Masseau

**1287-1288**
SYSTÈME
par Didier Masseau

**1288-1289**
*SYSTÈME DE LA NATURE,
OU DES LOIS DU MONDE
PHYSIQUE ET DU MONDE
MORAL*
par Roland Desné

# T

**1290**
LETTRINE T
Citation

**1290**
TABAC
par Anne Soprani

**1291**
*TACTIQUE (LA)*
Voir *Art de la guerre (L')*

**1291**
TAMPONET, abbé
par Didier Masseau

**1291-1292**
*TANCRÈDE*
par Henri Lagrave

**1293**
*TANIS ET ZÉLIDE*
Voir Opéra

**1293**
TASSE, Torquato Tasso, dit le
par Francesca Isidori

**1293-1295**
*TAUREAU BLANC (LE),
TRADUIT DU SYRIAQUE PAR
MR MAMAKI, INTERPRÈTE
DU ROI D'ANGLETERRE
POUR LES LANGUES
ORIENTALES*
par Jean Goulemot

**1295-1297**
TÉLÉVISION (Voltaire
personnage de)
par Jacques Mény

**1297-1298**
TEMPLE (SOCIÉTÉ DU)
par Anne Soprani

**1298-1299**
*TEMPLE DE LA GLOIRE (LE)*
par Henri Lagrave

**1299-1300**
*TEMPLE DE L'AMITIÉ (LE)*
par Sylvain Menant

**1300-1301**
*TEMPLE DU GOÛT (LE)*
par Patrick Brasart

**1301-1303**
TEMPS
par Jean Goulemot

**1303-1304**
TENCIN (Famille)
par Anne Soprani

**1304-1305**
TESTAMENT
par Anne Soprani

**1305**
TESTAMENT
DE JEAN MESLIER
Voir *Extrait des Sentiments de
Jean Meslier* • Meslier

**1305-1307**
TESTAMENT POLITIQUE
DU CARDINAL DE RICHELIEU
par Jean Goulemot

**1307-1313**
THÉÂTRE
par Henri Lagrave

**1313-1317**
THÉÂTRE (Voltaire
personnage de)
par Pierre Lederer

**1318**
THÉISTE
par Marie-Hélène Cotoni

# TABLE DES ENTRÉES

**1318-1319**
THÉOLOGIE
par Didier Masseau

**1319**
*THÉRÈSE*
par André Magnan

**1319-1320**
THIBOUVILLE, Henri Lambert
d'Herbigny, marquis de
par Anne Soprani

**1320-1321**
THIRIOT, Nicolas Claude
par Didier Masseau

**1321-1322**
*TIMON*
par André Magnan

**1322**
*TOCSIN DES ROIS (LE)*
Voir Pologne

**1322-1323**
TOILETTE
par Anne Soprani

**1323-1325**
TOLÉRANCE
par Anette Smedley-Weill

**1325-1327**
*TOMBEAU
DE LA SORBONNE (LE)*
par Roland Desné

**1327-1328**
TOPONYMIE
par Anne Soprani

**1328-1329**
TORTURE
par Jean Goulemot

**1330**
« TOUCHE-À-TOUT »
Voir Carnets • Poncifs

**1330**
TOURNEY
par Didier Masseau

**1331**
*TOUT EN DIEU,
COMMENTAIRE
SUR MALEBRANCHE*
par Didier Masseau

**1331-1332**
« TOUT EST CONSOMMÉ »
Citation

**1332-1334**
TRADUCTION
par Jean Goulemot

**1334-1337**
TRAGÉDIES
par Henri Lagrave

**1337**
« TRAGÉDIES EN ÉMAIL »
Citation

**1337-1338**
*TRAITÉ DE MÉTAPHYSIQUE*
par Didier Masseau

**1338-1341**
*TRAITÉ SUR LA TOLÉRANCE
À L'OCCASION DE LA MORT
DE JEAN CALAS*
par Jean Goulemot

**1341-1344**
TRAVAIL (Habitudes de)
par André Magnan

**1345**
TRAVENOL, Louis
par Jean-Michel Raynaud

**1345**
TREMBLEMENT DE TERRE
DE LISBONNE
Voir Mal • *Poème sur le désastre
de Lisbonne* • Pope • Providence

**1346**
TRESSAN, Louis Élisabeth
de La Vergne, comte de
par Didier Masseau

**1346-1347**
TRINITÉ
par Marie-Hélène Cotoni

**1347-1348**
TRIOMPHE
par Jean Goulemot

**1348**
*TRIUMVIRAT (LE)*
par Henri Lagrave

**1349**
*TROIS EMPEREURS
EN SORBONNE (LES)*
par Sylvain Menant

**1349**
*TROIS MANIÈRES (LES)*
Voir Conte en vers

**1349-1352**
TRONCHIN (Famille)
par Jean-Daniel Candaux

**1352-1353**
TRUBLET, abbé Nicolas
Charles Joseph
par Didier Masseau

**1353**
TRUDAINE DE MONTIGNY,
Jean Charles Philibert de
par Didier Masseau

**1353-1354**
TURGOT, Anne Robert Jacques
par Didier Masseau

**1354-1355**
TURQUIE
par Jean Goulemot

**1355**
TYRANNIE
Citations

## U

**1356**
LETTRINE U
Citation

**1356-1358**
*UN CHRÉTIEN
CONTRE SIX JUIFS*
par Roland Desné

**1358**
UNIVERSITÉ
par Jean Goulemot

**1358-1359**
UTOPIE
par Jean Goulemot

**1359-1360**
UZÈS, Charles Emmanuel
de Crussol, duc d'
par Anne Soprani

## V

**1361**
LETTRINE V
Citation

**1361-1362**
VADÉ
par André Magnan

**1362**
VAINES, Jean de
par Anne Soprani

**1362-1363**
VAISSEAU
par André Magnan

**1363-1365**
VALÉRY, Paul
par Jean Goulemot

**1365-1366**
*VANITÉ (LA)*
par Sylvain Menant

# TABLE DES ENTRÉES

**1366**
VAUVENARGUES, Luc
de Clapiers, marquis de
par Patrick Brasart

**1366**
VELCHES
Voir Welches

**1367**
VENDÔME, Philippe de
Bourbon, prieur de
par Anne Soprani

**1368**
VENISE
par Jean Goulemot

**1368-1369**
VERNES, Jacob
par Jean-Daniel Candaux

**1369-1370**
VERNET, Jacob
par Jean-Daniel Candaux

**1370-1372**
VERS (Beaux vers de Voltaire)
par Sylvain Menant et André Magnan

**1372-1373**
VERSAILLES
par Anne Soprani

**1374-1375**
VERSOIX
par Jean-Daniel Candaux

**1375-1377**
VERTU
par Didier Masseau

**1377-1378**
VÊTEMENTS
par Anne Soprani

**1378-1379**
*VIE DE MOLIÈRE,
AVEC DES JUGEMENTS
SUR SES OUVRAGES*
par Henri Lagrave

**1379-1380**
*VIE DE MONSIEUR
JEAN BAPTISTE ROUSSEAU*
par André Magnan

**1380**
VIES DE VOLTAIRE,
Voir Collini • Condorcet • Duvernet • Kehl

**1380-1381**
VIEILLESSE
par Jean-Michel Raynaud

**1381-1382**
VILLARS, Claude Louis Hector, duc de
par Anne Soprani

**1382-1383**
VILLETTE, Charles Michel,
marquis du Plessis-,
et Reine Philiberte Rouph de
Varicourt, marquise du Plessis-
par Anne Soprani

**1383-1384**
VIN
par Jean-Michel Raynaud

**1384**
VIRGILE
par Patrick Brasart

**1385**
VIRGINITÉ
par Didier Masseau

**1385**
VIVRE AVEC SOI-MÊME
Citation

**1385**
VOISENON, Claude Henri de
Fusée, abbé de
par Didier Masseau

**1386**
VOIX
par André Magnan

**1386-1388**
*VOIX DU SAGE
ET DU PEUPLE (LA)*
par André Magnan

**1388**
*VOLTAIRE (LA)*
par André Magnan

**1388-1389**
VOLTAIRE FOUNDATION
par André Magnan

**1389**
« VOLTAIRE PORTATIF (LE) »
Voir « Portatif (Le) »

**1389**
VOLTAIRE-STRAS
Citation

**1389-1393**
VOLTAIRIENS
par André Magnan

**1394**
*VOLTAIROMANIE (LA),
OU LETTRE D'UN JEUNE
AVOCAT, EN FORME DE
MÉMOIRE, EN RÉPONSE
AU LIBELLE DU SIEUR DE
VOLTAIRE, INTITULÉ
LE PRÉSERVATIF*
par André Magnan

**1394-1395**
*VOLTARIANA OU ÉLOGES
AMPHIGOURIQUES DE FR.
MARIE AROUËT*
par André Magnan

**1395-1397**
VOLTÉRANISME/
VOLTAIRIANISME
par André Magnan

**1397-1398**
*VOLTÉRIADE (LA)*
par André Magnan

**1398**
*VOUS ET LES TU (LES)*
par Sylvain Menant

**1390**
VOYAGES
Citation

## W

**1400**
LETTRINE W
Citation

**1400**
W
par André Magnan

**1401-1403**
WAGNIÈRE, Jean Louis
par André Magnan

**1403-1404**
WALTHER, Georg Conrad
par Jean-Michel Raynaud

**1404**
WARBURTON, William,
Voir Âme • Déistes anglais

**1404**
WELCHES
par André Magnan

**1405-1407**
WILHELMINE,
Sophie Frédérique
Wilhelmine de Prusse,
margravine de Bayreuth
par Anne Soprani

**1407**
WOLFF, Christian
par Didier Masseau

**1407-1409**
WURTEMBERG, Charles
Eugène duc de
par Anne Soprani

# TABLE DES ENTRÉES

## X

**1410**
LETTRINE X
Citation

**1410-1411**
XIMÉNÈS, Augustin Louis,
marquis de
par Didier Masseau

## Y

**1412**
LETTRINE Y
Citation

## Z

**1413**
LETTRINE Z
Citation

**1413-1416**
*ZADIG, OU LA DESTINÉE*
par Jean Goulemot

**1416-1419**
*ZAÏRE*
par Henri Lagrave

**1419-1420**
« ZIUTHRE »
par André Magnan

**1420-1421**
ZOLA, Émile
par Jean Goulemot

**1421-1422**
« ZOZO »
par André Magnan

**1422**
*ZULIME*
par Henri Lagrave

# INDEX DES ŒUVRES DE VOLTAIRE CITÉES DANS L'INVENTAIRE

*Le premier chiffre, précédant la pagination, donne soit la date de la première édition connue, soit la date présumée de l'écriture pour les textes publiés après 1778.*

*L'Inventaire retient deux types de pagination :*
• *En gras, les œuvres qui font l'objet d'une citation ou d'un extrait, soit dans le corps de l'article, soit en tête, soit en pied.*
• *En maigre, toutes les autres mentions des œuvres.*

## A

A. B. C. (L'), OU DIALOGUES ENTRE A, B, C, TRADUITS DE L'ANGLAIS PAR M. HUET, *1768*, pp. 13-14, 75, 222, 305, 399-400, 507, 665, 714, 1208, 1287-1288, 1319.

ABRÉGÉ DE L'HISTOIRE UNIVERSELLE DEPUIS CHARLEMAGNE JUSQU'À CHARLES QUINT, *1753*, pp. 714, 965.

ADÉLAÏDE DU GUESCLIN, *1765*, pp. 24-25, 577, 588, 633, 812, 953, 1336.

ADIEUX À LA VIE, *1778*, pp. 25, 489, 897.

ADORATEURS (LES) OU LES LOUANGES DE DIEU, OUVRAGE UNIQUE DE M. IMHOF, TRADUIT DU LATIN, *1769*, pp. 25-26, **167**, 517.

AGATHOCLE, *1777-1778*, pp. 33, 733.

AH! AH! (LES), *1761*, pp. **36**, 207, 474, 939.

AKAKIA, pp. 655-657.

ALAMIRE, p. 25.

ALZIRE OU LES AMÉRICAINS, *1736*, pp. 46-47, 50, 235, 258, 264, 337, 339, 358, 366, **534**, 588, 808, 812, 1015,
1080, 1094, 1185, 1200, 1222-1223, **1235**, 1334-1335, 1373, 1382.

AMÉLIE OU LE DUC DE FOIX, *1752*, pp. 25, 866.

À M***, *1727*, p. 65.

À M. LOUIS RACINE, *1722*, p. 742.

AMULIUS ET NUMITOR, *1706*, pp. 58, 772.

ANCIENS (LES) ET LES MODERNES, OU LA TOILETTE DE MME DE POMPADOUR, *1765*, pp. 59, 61.

ANDRÉ DESTOUCHES À SIAM, *1766*, pp. 62, 1328.

ANECDOTES SUR BÉLISAIRE, *1767-1768*, pp. 900, 1120, **1291**.

ANECDOTES SUR FRÉRON ÉCRITES PAR UN HOMME DE LETTRES À UN MAGISTRAT QUI VOULAIT ÊTRE INSTRUIT DES MŒURS DE CET HOMME, *1761*, pp. 63, 578-579.

ANECDOTES SUR LE CZAR PIERRE LE GRAND, *1748*, pp. **64**, 1048, 1078, 1222, 1395.

ANECDOTES SUR LOUIS XIV, *1748*, pp. 64, 857, 1207, 1248.

ANNALES DE L'EMPIRE, *1753-1754*, pp. 43, 68-**69**, 76, 105, 279, 281, 338, 630, 792, 817, 1011, 1218, 1272, 1405.

ANTI-GITON (L'), *1714*, p. **673**.

« ANTI-PASCAL », *1734*, pp. 837-838, 1156.

APOLOGIE DE LA FABLE, *1765*, pp. 60, 525.

APPEL À TOUTES LES NATIONS DE L'EUROPE DES JUGEMENTS D'UN ÉCRIVAIN ANGLAIS, OU MANIFESTE AU SUJET DES HONNEURS DU PAVILLON ENTRE LES THÉÂTRES DE LONDRES ET DE PARIS, *1760*, pp. 85-86, **126**, 297-298, 625, 816, 1245.

ARBITRAGE ENTRE M. DE VOLTAIRE ET M. DE FONCEMAGNE, *1765*, pp. 1306-**1307**.

ARTÉMIRE, *1720*, pp. 97, 1416.

AU ROI EN SON CONSEIL POUR LES SUJETS DU ROI QUI RÉCLAMENT LA LIBERTÉ DE LA FRANCE, *1770*, pp. 1204, 1241-1242.

AVENTURE DE LA MÉMOIRE, *1775*, p. **107**.

# INDEX DES ŒUVRES DE VOLTAIRE

*AVENTURE INDIENNE, TRADUITE PAR L'IGNORANT*, 1766, pp. 107-108.

*AVEUGLES JUGES DES COULEURS (LES)*, 1766, p. 1032.

*AVIS À TOUS LES ORIENTAUX*, 1767 ou 1768, pp. 108, 750, 995.

*AVIS AU PUBLIC SUR LES PARRICIDES IMPUTÉS AUX CALAS ET AUX SIRVEN*, 1766, pp. 108-109.

*AZOLAN*, 1764, p. 312.

## B

*BABABEC ET LES FAKIRS*, 1750, p. 825.

*BABOUC OU LE MONDE COMME IL VA*, 1748, pp. 712, 937-938.

*BARON D'OTRANTE (LE)*, 1768, pp. 116-117, 462, 739.

*BASTILLE (LA)*, 1717-1718, pp. 120-**121**.

*BATAILLE DE FONTENOY (LA)*, 1745, pp. 649, 1062, 1094.

*BÉGUEULE (LA)*, 1772, p. **130**.

*BIBLE (LA) ENFIN EXPLIQUÉE PAR PLUSIEURS AUMÔNIERS DE S.M.L.R.D.P.*, 1776, pp. 146-147, **148**, 252, 589-590.

*BLANC ET LE NOIR (LE)*, 1764, pp. 159, 313, 1164, 1361.

*BOURBIER (LE)*, 1714, pp. 59, 168-169, 678, 772, 1070.

*BOURSOUFLE*, pp. 613, 615, 1031.

*BRUTUS*, 1731, pp. 55, 125, 162, 174-175, 192, 359, 560, 588, 796, 837, 871, 1006, 1179, 1185, 1244, 1335, 1416.

## C

*CABALES (LES), ŒUVRE PACIFIQUE*, 1773, pp. **181, 676**.

*CADENAS (LE)*, 1716, pp. 184, 272, 342, 1175, 1385.

*CAFÉ (LE) OU L'ÉCOSSAISE*, 1760, pp. 185, 286, 450-451.

*CANDIDE OU L'OPTIMISME, TRADUIT DE L'ALLEMAND DE MR. LE DOCTEUR RALPH*, 1759, pp. 12, 20-22, 32, 34-35, 44, 53, 66-67, 70, **72**, 75, 96, 111, 127, 134, 141, 153-154, 156, 164, 169, 177, **180**, 193-205, 221, 228, 234, 281-282, 313-315, 317, **319**, 321, 338, 364, 377, 380, 460, 495-496, 516, 527, 551-552, 557-**558**, 565, 590, 604, 619-620, 654, 669, 696, 714, 724, 737, 751, 755, 774, 799, 803, 811, 850, 880-881, 889, 891, 929, 964, **990**, 992, 1010, 1014, 1**035**, 1065, 1**067**, 1068, 1071, 1078, 1084, 1087, 1094, 1100, 1119, 1122, 1127, 1145, 1162, 1178, 1191, 1201, 1222-1223, 1268, 1270, 1**273**, 1281, 1**283**, 1332, 1355, 1**359**, 1368, 1407.

*CANONISATION DE SAINT CUCUFIN (LA), FRÈRE D'ASCOLI, PAR LE PAPE CLÉMENT XIII, ET SON APPARITION AU SIEUR AVELINE, BOURGEOIS DE TROYES, MISE EN LUMIÈRE PAR LE SIEUR AVELINE LUI-MÊME*, 1769, pp. 205-206, 207, 1010, 1208.

*CAR (LES)*, 1761, pp. 36, 207-208, 939, 1088.

*CARNETS*, pp. **57**, 62, 64, 100, 103, 140, **164**, 171, 189-190, **191**, 209-210, **211**, **223**, **282**, 288, 305, 317-318, **341**, **343**, 367, **417**, **479**, 507-508, 587, 621, 706, 708, 729, 739, 794, **796**, 798, 807, 837, **843**, 845-846, 916, 945-946, 971, 1**002**, 1**034**, 1102, 1**106**, 1**109**, 1114, 1162, 1**165**, 1170, 1**173**, 1195, 1**226**, 1264, 1266, 1**290**, 1341, 1381.

*CATÉCHISME DE L'HONNÊTE HOMME OU DIALOGUE ENTRE UN CALOYER ET UN HOMME DE BIEN, TRADUIT DU GREC VULGAIRE PAR D.J.J.R.C.D.C.D.G.*, 1763, pp. 85, 145, 213-214, 288, 513, 714, 752, 926, **946**.

*CATILINA OU ROME SAUVÉE*, 1752, pp. 256, 340, 1180-1181.

*CE QUI PLAÎT AUX DAMES*, 1764, pp. **224**-**225**, **311**, 313, 533.

*CE QU'ON NE FAIT PAS ET CE QU'ON POURRAIT FAIRE*, 1742, p. 354.

*CHANGEMENTS ARRIVÉS DANS NOTRE GLOBE*, 1746, pp. 431-432.

*CHANSONS*, pp. 231-232.
- « Contre Lefranc de Pompignan », p. **232**.
- « Pour Mlle Clairon », 176*5*, p. **232**.
- « Pour Mlle Gaussin », *1731*, p. **232**.

*CHARLOT OU LA COMTESSE DE GIVRY*, 1777, pp. **234**, 286-287, **1114**.

*CHEVAUX ET LES ÂNES (LES) OU LES ÉTRENNES AUX SOTS*, 1762, pp. 141, 247-248.

*CHOSES UTILES ET AGRÉABLES*, 1769-1770, pp. 458, 480.

*CINQUIÈME HOMÉLIE PRONONCÉE À LONDRES, LE JOUR DE PÂQUES, DANS UNE ASSEMBLÉE PARTICULIÈRE*, 1769, p. 262.

*COCUAGE (LE)*, 1716, pp. 184, 272-273, 342.

*COLIMAÇONS (LES) DU RÉVÉREND PÈRE L'ESCARBOTIER, PAR LA GRÂCE DE DIEU CAPUCIN INDIGNE, PRÉDICATEUR ORDINAIRE ET CUISINIER DU GRAND COUVENT DE LA VILLE DE CLERMONT EN AUVERGNE*, 1768, pp. 68, 141, 256, 275-**276**, **1120**.

*COLLECTION D'ANCIENS ÉVANGILES, OU MONUMENTS DU PREMIER SIÈCLE DU CHRISTIANISME, EXTRAITS DE FABRICIUS, GRABIUS ET AUTRES SAVANTS, PAR L'ABBÉ\*\*\**, 1769, pp. 84, 276-277, 511, 752.

*COLLECTION DE LETTRES SUR LES MIRACLES*, 1765, pp. 616, 714, 840, 1133.

**COMMENTAIRE HISTORIQUE SUR LES ŒUVRES DE L'AUTEUR DE LA HENRIADE, ETC. AVEC LES PIÈCES ORIGINALES ET LES PREUVES**, *1776*, pp. 63, 89, 101-102, 157, 293-295, 446, 525, 772, 813, 912, **960**, 982-983, 993, 1055, 1119, 1167, 1264, **1297**, **1341**, **1402**, **1406**, **1408**.

**COMMENTAIRE SUR LE LIVRE DES DÉLITS ET DES PEINES, PAR UN AVOCAT DE PROVINCE**, *1766*, pp. 129, 249, 714, 738, 771, 1106, 1146, 1257, 1329.

**COMMENTAIRE SUR L'ESPRIT DES LOIS**, *1777*, pp. 32, 186, 295-296, 495, 704-705, 758, 1105-1106, 1376.

**COMMENTAIRES SUR CORNEILLE**, *1765*, pp. 15, 82, 296-298, 327-328, 338, 359, 440, 457, 467, 615, 638, 708, 734, 768, 796, 1245, 1264, 1270, 1277.

**COMTE DE BOURSOUFLE (LE)**, pp. 65, 613, 615, 1031.

**CONCLUSION ET EXAMEN DE CE TABLEAU HISTORIQUE**, *1763*, p. 301.

**CONFORMEZ-VOUS AUX TEMPS**, *1764*, pp. 304-305, **927**, **1109**.

**CONNAISSANCE (LA) DES BEAUTÉS ET DES DÉFAUTS DE LA POÉSIE ET DE L'ÉLOQUENCE DANS LA LANGUE FRANÇAISE**, *1749*, pp. 99, 306-307.

**CONSEILS À M. RACINE SUR SON POÈME DE LA RELIGION, PAR UN AMATEUR DE BELLES-LETTRES**, *1742*, pp. 307, 708.

**CONSEILS À UN JOURNALISTE SUR LA PHILOSOPHIE, L'HISTOIRE, LE THÉÂTRE, LES PIÈCES DE POÉSIE, LES MÉLANGES DE LITTÉRATURE, LES ANECDOTES LITTÉRAIRES, LES LANGUES ET LE STYLE**, *1744*, pp. 308, 759.

**CONSEILS RAISONNABLES À M. BERGIER POUR LA DÉFENSE DU CHRISTIANISME, PAR UNE SOCIÉTÉ DE BACHELIERS EN THÉOLOGIE**, *1768*, pp. 134-135, 308-309, 332, 902.

**CONTES DE GUILLAUME VADÉ**, *1764*, pp. 70, 159, 224, 311, 313, 338, 424, 461-462, 746, 821-822, 1361.

**CONVERSATION DE LUCIEN, D'ÉRASME ET DE RABELAIS DANS LES CHAMPS-ÉLYSÉES**, *1765*, pp. 319-320.

**CONVERSATION DE M. L'INTENDANT DES MENUS EN EXERCICE AVEC M. L'ABBÉ GRIZEL**, *1761*, pp. **223**, 320-321.

**CORRESPONDANCE**

*Lettres au marquis Albergati Capacelli*
• 23 décembre 1760, pp. **477**, 1312.

*Lettres à d'Alembert*
• 19 février 1759, p. 1087.
• 15 octobre 1759, p. **163**.
• 25 avril 1760, p. **42**.
• 6 janvier 1761, p. 917.
• 7 ou 8 mai 1761, p. 551.
• 20 avril 1761, p. 983.
• 1762, p. 716.
• 17 juin 1762, p. 1191.
• 15 septembre 1762, p. **104**.
• 1er novembre 1762, p. 250.
• 30 janvier 1764, p. **1290**.
• 13 février 1764, p. **170**.
• 8 mai 1764, p. 1081.
• 19 décembre 1764, p. **457**.
• 8 juillet 1765, p. **988**.
• 5 avril 1766, p. **512**.
• 26 juin 1766, p. 1170.
• 30 juillet 1766, p. **103**.
• 15 octobre 1766, p. 1166.
• 3 mai 1767, p. **389**.
• 3 août 1767, p. **1279**.
• 1er mai 1768, p. **497**.
• 23 décembre 1768, p. 811.
• 15 mars 1769, p. **1384**.
• 4 septembre 1769, p. **104**.
• 19 mars 1770, p. 449.
• mars 1770, p. 582.
• janvier 1771, p. **1289**.
• 1772, p. 334.
• 12 mars 1772, p. 271.
• 19 novembre 1773, p. **1221**.

*Lettres au pasteur Allamand*
• 16 décembre 1755, p. 1065.

*Lettres à Jean Jacques Amelot de Chaillou*
• 6 août 1743, p. 273.

*Lettres au comte d'Aranda*
• 20 décembre 1771, pp. 496, 944.

*Lettres au marquis d'Argence*
• 28 avril 1760, p. **1385**.
• 14 janvier 1763, p. **543**.
• 2 mars 1763, p. **743**.
• 30 octobre 1777, p. **950**.

*Lettres au marquis d'Argenson*
• 17 août 1745, p. **662**.

*Lettres à la comtesse d'Argental*
• 25 février 1748, p. **358**.
• 13 octobre 1760, p. **104**.

*Lettres au comte d'Argental*
• vers le 8 mai 1734, p. **92**.
• 9 décembre 1736, p. **221**.
• 1er mars 1737, p. **104**.
• 9 février 1739, p. **1101**.
• 23 septembre 1749, p. **236**.
• 1er décembre 1755, p. **1085**.
• 20 janvier 1757, p. **345**.
• 1758, p. **414**.
• 22 octobre 1759, p. **1276**.
• 29 juin 1761, p. **1384**.
• 24 août 1761, p. **1199**.
• 10 décembre 1762, p. **193**.
• 23 juillet 1763, p. **103**.
• 11 mars 1764, p. **104**.
• 2 novembre 1764, p. **1361**.
• 3 janvier 1766, p. **988**.
• vers le 15 juin 1766, p. **561**.
• 16 mai 1767, p. **1167**.
• 1er avril 1768, p. **104**.
• 21 décembre 1768, p. **349**.
• 30 août 1769, p. **901**.
• 25 septembre 1770, p. **608**.
• 18 mai 1772, p. **734**.
• 1774, p. **547**.
• 16 avril 1775, p. **786**.

*Lettres au comte et à la comtesse d'Argental*
• 28 août 1750, p. **221**.
• 28 décembre 1760, p. **328**.
• 27 avril 1765, pp. **1012**.
• 16 juillet 1766, pp. 785-786.
• 2 septembre 1767, p. **354**.

*Lettres à M. Audibert*
• 9 juillet 1762, p. **189**.

*Lettres à Beauzée*
• janvier 1768, p. **615**.
• 14 janvier 1768, p. **794**.

# INDEX DES ŒUVRES DE VOLTAIRE

**Lettres à Octavie Belot**
- 10 novembre 1760, p. 1243.

**Lettres à la comtesse de Bentinck**
- 25 août 1759, p. 580.

**Lettres à Mme de Bernières**
- juillet 1725, p. 1174.

**Lettres au cardinal de Bernis**
- 14 avril 1763, p. 543.
- 22 décembre 1766, p. 1071.
- 3 août 1769, p. 738.

**Lettres à Élie Bertrand**
- 18 février 1756, pp. 990, 1064, 1085.
- 24 décembre 1757, p. 753.
- 27 décembre 1758, p. 760.
- 28 août 1764, p. 1109.
- 19 mars 1765, p. 78.
- 7 janvier 1771, p. 431.

**Lettres à Anne Rose et Rose Calas**
- 18 janvier 1763, p. 1012.

**Lettres à Catherine II de Russie**
- 14 avril 1770, p. 215.
- 19 juin 1771, p. 217.
- 16 mai 1774, p. 217.

**Lettres au comte de Caylus**
- 9 janvier 1739, p. 1015.

**Lettres à Chamfort**
- mars 1764, p. 161.

**Lettres à Mme du Châtelet**
- 1734, pp. 242-243.

**Lettres à Chauvelin**
- 3 novembre 1760, p. 193.

**Lettres à la duchesse de Choiseul**
- 1769, p. 1375.

**Lettres au duc de Choiseul**
- 8 octobre 1761, p. 251.
- 28 décembre 1761, p. 497.

**Lettres à Cideville**
- sans date (10 août 1731?), p. 1067.
- 15 novembre 1733, p. 258.
- 27 décembre 1733, p. 1344.
- 16 avril 1735, p. 1042.
- 31 janvier 1745, p. 258.
- 4 janvier 1761, p. 104.
- 10 mai 1764, p. 49.
- 4 février 1765, p. 567.

**Lettres à Mlle Clairon**
- 23 juillet 1763, p. 270.

**Lettres à Jacques Clavel de Brenles**
- 20 janvier 1759, p. 163.

**Lettres à Condorcet**
- 28 janvier 1772, p. 628.

- 1er septembre 1772, p. 811.
- 11 janvier 1776, p. 1069.
- 27 janvier 1776, p. 1241.
- 2 juillet 1777, p. 111.

**Lettres à Gabriel Cramer**
- janvier-février 1761, p. 181.
- octobre-novembre 1761, p. 1126.
- sans date (mars 1763?), p. 774.
- sans date (décembre 1763?), p. 978.
- sans date (1765?), pp. 741, 959.
- décembre 1765, p. 1136.
- juin-juillet 1769, p. 783.
- mars 1770, p. 582.
- 31 mars 1770, p. 344.
- juin-juillet 1770, p. 1413.
- vers le 10 août 1770, p. 1412.
- novembre 1770, p. 624.
- 21 janvier 1771, p. 1410.
- vers le 31 janvier 1771, p. 1356.
- mars 1771, p. 449.
- mai-juin 1771, p. 524.
- 11 juillet 1771, p. 1400.
- vers le 1er janvier 1772, p. 1002.

**Lettres à Damilaville**
- 6 février 1761, p. 696.
- 30 novembre 1762, p. 872.
- 24 janvier 1763, p. 1338.
- 21 décembre 1763, p. 66.
- 1764, p. 1043.
- 9 juillet 1764, p. 734.
- 11 décembre 1764, p. 456.
- 4 mars 1765, p. 1044.
- 28 juillet 1765, p. 348.
- 4 février 1766, p. 474.
- 28 octobre 1766, p. 1192.
- 16 octobre 1767, pp. 1046, 1381.

**Lettres à Mme du Deffand**
- 19 mai 1754, p. 1384.
- 13 octobre 1759, pp. 657, 1137.
- 18 février 1760, p. 257.
- 22 juillet 1761, p. 950.
- 20 juin 1764, p. 66.
- 6 novembre 1765, p. 735.
- 4 janvier 1769, p. 103.
- 7 août 1769, p. 142.
- 2 septembre 1774, p. 1362.
- 31 décembre 1774, p. 799.

**Lettres à Mme Denis**
- janvier 1746, p. 1080.
- 1749, p. 242.
- 16 janvier 1752, p. 1327.
- 1753, p. 227.
- 25 juillet 1753, p. 1175.
- 5 août 1753, p. 1223.
- 11 août 1753, p. 1175.
- 8 septembre 1753, p. 1092.

- 18 septembre 1753, p. 274.
- 20 décembre 1753, p. 859.
- 16 avril 1754, p. 104.
- 1768, p. 384.
- 17 avril 1769, p. 1013.

**Lettres à Deodati de' Tovazzi**
- 24 janvier 1761, pp. 739-740.

**Lettres à Diderot**
- 14 août 1776, p. 416.

**Lettres à Dortous de Mairan**
- 5 juin 1741, p. 810.
- août 1760, p. 257.

**Lettres à Jean Baptiste Dubos**
- 30 octobre 1738, p. 858.

**Lettres à Duclos**
- 1er mai 1761, p. 440.

**Lettres à Mme d'Épinay**
- juin 1759, pp. 715, 1238.
- 8 juillet 1774, pp. 722, 1238.

**Lettres à Louis Gaspard Fabry**
- 6 décembre 1770, p. 546.

**Lettres à János Fekete, comte de Galánta**
- 4 avril 1768, p. 1173.

**Lettres à Mme de Fontaine**
- avril 1769, p. 1010.

**Lettres à Formey**
- vers le 1er mai 1751, p. 54.
- 4 novembre 1752, p. 736.
- fin décembre 1752, p. 103.

**Lettres à Jean Baptiste Nicolas de Formont**
- 26 décembre 1731, p. 679.
- 27 janvier 1733, p. 560.
- 1er juin 1733, p. 562.
- vers le 3 octobre 1758, pp. 562-563.

**Lettres à Frédéric II de Prusse**
- vers le 1er juin 1737, p. 1208.
- 20 mai 1738, p. 873.
- 20 juillet 1740, p. 666.
- 31 août 1749, p. 967.
- octobre-novembre 1752, p. 1326.
- 22 novembre 1757, pp. 1182-1183.
- 1759, p. 1118.
- 30 mars 1759, pp. 1034-1035.
- 31 octobre 1769, p. 511.
- 6 décembre 1771, pp. 1075-1076.
- 15 février 1775, pp. 216, 506.

**Lettres à Frédéric Guillaume de Prusse**
- 28 novembre 1770, pp. 227, 1289.

**Lettres à Fyot de La Marche**
- 18 janvier 1761, p. 104.

# Index des œuvres de Voltaire

**Lettres à Gauffecourt**
- 15 décembre 1754, p. 259.

**Lettres à Grimm**
- 10 août 1760, p. 617.

**Lettres à Helvétius**
- 1er mai 1763, p. 629.

**Lettres au président Hénault**
- 8 janvier 1752, p. 1302.
- 22 juillet 1761, p. 1208.

**Lettres au baron d'Hermenches**
- 11 avril 1774, p. 1108.

**Lettres à Claude François Jore**
- 26 mai 1759, p. 756.

**Lettres à Johann Samuel König**
- 9 septembre 1753, p. 782.

**Lettres au chevalier de Lally-Tollendal**
- 26 mai 1778, p. 790.

**Lettres à Michel Lambert**
- août-septembre 1751, p. 792.
- 20 février 1755, p. 792.

**Lettres au duc de La Vallière**
- 25 avril 1761, p. 872.

**Lettres à Antoine Jean Le Bault**
- 18 novembre 1758, pp. 545-546.

**Lettres à Claude Nicolas Lecat**
- 15 avril 1741, pp. 968-969.

**Lettres à Mme Le Vaillant**
- 1748, p. 586.

**Lettres à Mme de Lützelbourg**
- 5 octobre 1753, p. 1012.
- 10 mars 1761, p. 1381.

**Lettres à la maréchale de Luxembourg**
- 9 janvier 1765, p. 1238.

**Lettres à Mlle \*\*\***
- 15 avril 1762, p. 188.

**Lettres à Pierre Mariette**
- 8 juillet 1762, p. 189.

**Lettres à M. Marin**
- juillet 1769, p. 389.
- 31 août 1772, p. 1075.

**Lettres à Marmontel**
- 12 février 1767, p. 788.
- 16 février 1767, p. 900.
- 7 août 1767, p. 900.
- 28 septembre 1768, p. 496.
- 28 novembre 1768, p. 1023.

**Lettres à Maupertuis**
- 10 août 1741, p. 1407.

**Lettres à Mlle Menon**
- 20 juin 1756, p. 1243.

**Lettres à l'abbé Mignot**
- mars 1777, p. 1305.

**Lettres à Moultou**
- 9 janvier 1763, pp. 146, 764.
- octobre-novembre 1766, p. 1170.
- juin ou juillet 1768, p. 1193.

**Lettres à l'abbé Moussinot**
- 17 août 1737, p. 500.
- 3 juillet 1738, p. 953.

**Lettres à l'abbé d'Olivet**
- 6 janvier 1736, p. 472.
- 12 février 1736, p. 847.
- 22 janvier 1761, p. 415.
- 5 janvier 1767, p. 801.

**Lettres à Marie Jeanne Pajot de Vaux**
- 3 août 1764, pp. 1010.

**Lettres à Palissot**
- 4 juin 1760, p. 992.

**Lettres à Charles Joseph Panckoucke**
- 29 septembre 1769, p. 795.

**Lettres au cardinal Passionei**
- 9 janvier 1745, p. 1384.

**Lettres à Pierre Pictet**
- 14 novembre 1763, p. 1108.

**Lettres à Henri Pitot**
- 20 juin 1737, p. 1084.

**Lettres à Mme de Pompadour**
- 1734, p. 359.

**Lettres à Louis François Prault**
- 21 mars 1761, p. 1094.

**Lettres à Rameau**
- vers décembre 1733, p. 985.

**Lettres à Richelieu**
- 8 juin 1744, p. 1175.
- 24 décembre 1746, p. 192.
- 31 août 1751, p. 171.
- 30 décembre 1753, p. 104.
- 12 septembre 1755, p. 359.
- 11 juillet 1771, p. 1016.

**Lettres à Rosset**
- 22 avril 1744, p. 1384.

**Lettres à Jean Jacques Rousseau**
- 30 août 1755, p. 1217.

**Lettres à Germain Gilles Richard de Ruffey**
- 3 mars 1755, p. 1196.
- 31 juillet 1759, p. 1196.

**Lettres à Mme de Saint-Julien**
- 5 décembre 1776, p. 1409.
- mai 1778, p. 1205.

**Lettres à Saint-Lambert**
- 7 mars 1769, p. 1372.
- 4 avril 1769, p. 1257.

**Lettres à la duchesse de Saxe-Gotha**
- 21 février 1759, p. 1087.

**Lettres à Ivan Ivanovitch Schouvalov**
- 11 juin 1761, p. 1400.

**Lettres à Sedaine**
- 11 avril 1769, p. 1307.

**Lettres à Thibouville**
- vers le 25 mars 1778, p. 1320.

**Lettres à Thiriot**
- décembre 1722, p. 162.
- 2 février 1727, p. 1286.
- 1er juin 1731, p. 83.
- 24 février 1733, p. 113.
- vers le 10 mai 1733, p. 359.
- 3 novembre 1735, p. 43.
- avril 1738, p. 1379.
- 13 janvier 1757, p. 345.
- 23 juillet 1757, p. 229.
- 3 octobre 1758, p. 846.
- 24 décembre 1758, p. 717.
- 9 juin 1760, p. 664.
- 7 juillet 1760, pp. 211, 1092.
- 11 août 1760, p. 103.
- 27 octobre 1760, pp. 1245-1246.

**Lettres au père Tournemine**
- août 1735, p. 903.

**Lettres à Jean Robert Tronchin**
- 23 novembre 1757, p. 1378.
- 9 décembre 1758, p. 550.
- 27 décembre 1758, p. 580.
- 6 mars 1759, p. 1330.

**Lettres à Théodore Tronchin**
- 5 mai 1758, p. 193.
- 10 février 1759, pp. 1351-1352.
- 20 mai 1765, p. 478.
- 18 février 1778, p. 1271.

**Lettres à Turgot**
- 12 janvier 1770, p. 786.

**Lettres au duc d'Uzès**
- 4 mai 1755, p. 551.

**Lettres à Vauvenargues**
- 15 avril 1743, pp. 608, 1366.
- 4 avril 1744, p. 609.
- 5 avril 1744, p. 1236.
- mars 1746, p. 1366.
- 13 mai 1746, p. 1366.

**Lettres à Jacob Vernes**
- 6 avril 1763, p. 807.
- 5 mai 1768, p. 496.
- 19 août 1768, p. 753.

**Lettres à Jacob Vernet**
- vers le 15 avril 1767, p. 1277.

**Lettres à Voisenon**
- 24 juillet 1756, p. 222.
- 15 mai 1772, p. 1075.

# INDEX DES ŒUVRES DE VOLTAIRE

**Lettres à Wagnière**
- 28 février 1766, p. 1403.
- mi-mai 1778, p. 1401.
- 24 mai 1778, p. 1232.

*COSI-SANCTA, UN PETIT MAL POUR UN GRAND BIEN, NOUVELLE AFRICAINE, 1714-1716*, pp. 184, 272, 332-333, 342, 878, 1219, 1385.

*COURTE RÉPONSE AUX LONGS DISCOURS D'UN DOCTEUR ALLEMAND, 1744*, p. 335.

*COUTUME DE FRANCHE-COMTÉ (LA), 1771*, p. 1204.

*CRÉPINADE (LA), 1736*, pp. 340-341, 867.

*CRI DES NATIONS (LE), 1769*, p. 341.

*CRI DU SANG INNOCENT (LE), 1775*, pp. 342, 472, 785, 1095.

*CROCHETEUR BORGNE (LE), 1774*, pp. 167, 313-314, 342-343, 712, 877, 995, 1164, 1219, 1355.

## D

*DE CE QU'ON NE FAIT PAS ET DE CE QU'ON POURRAIT FAIRE, 1742*, p. 354.

*DÉCLARATION DE PIERRE CALAS, 1762*, pp. 354, 1048.

*DÉFENSE DE LOUIS XIV, 1769*, pp. 359-360, 1078.

*DÉFENSE DE MILORD BOLINGBROKE PAR LE DOCTEUR GOODNATUR'D WELLWISHER, CHAPELAIN DU COMTE DE CHESTERFIELD, 1752*, pp. 162, 360-361.

*DÉFENSE DE MON ONCLE (LA), 1767*, pp. 59, 68, 146, 178, 248, 256, 361-362, 523, 673, 711-712, 714, 800, 813, 900, 1045, 1070, 1218, 1385.

*DÉFENSE DU MONDAIN DU L'APOLOGIE DU LUXE, 1737*, pp. 68, 362-363, 868, 881, 937.

*DE L'ÂME, PAR SORANUS, MÉDECIN DE TRAJAN, 1775*, pp. 48, 369, 705, 1331.

*DE LA MORT DE LOUIS XV ET DE LA FATALITÉ, 1774*, pp. 468, 722, 883, 1109.

*DE LA PAIX PERPÉTUELLE, PAR LE DOCTEUR GOODHEART, 1769*, pp. 369-370, 433-434, 620, 639, 1103, 1206-1207.

*DE L'ENCYCLOPÉDIE, 1774*, pp. 370-371, 400, 475.

*DE L'HORRIBLE DANGER DE LA LECTURE, 1765*, pp. 222, 371-372, 526, 735, 842.

*DÉPOSITAIRE (LE), 1772*, pp. 286, 288, 386-387.

*DERNIÈRES PAROLES D'ÉPICTÈTE À SON FILS, 1766*, pp. 387-388.

*DES EMBELLISSEMENTS DE LA VILLE DE CACHEMIRE, 1756*, pp. 392, 710.

*DES EMBELLISSEMENTS DE PARIS, 1749*, pp. 392-393, 710, 862, 1014.

*DES JUIFS, 1756*, p. 766.

*DES MENSONGES IMPRIMÉS ET DU TESTAMENT POLITIQUE DU CARDINAL DE RICHELIEU, 1749*, pp. 1305-1307.

*DES SINGULARITÉS DE LA NATURE, PAR UN ACADÉMICIEN DE LONDRES, DE BOLOGNE, DE PÉTERSBOURG, DE BERLIN, ETC., 1768*, pp. 1255-1256.

*DEUX CONSOLÉS (LES), 1756*, pp. 397-398.

*DEUX TONNEAUX (LES), 1751*, p. 398.

*DÉVOTE (LA), 1747*, p. 1116.

*DIALOGUE DE PÉGASE ET DU VIEILLARD, 1774*, pp. 35, 401-402.

*DIALOGUE DU CHAPON ET DE LA POULARDE, 1763*, pp. 12, 141, 402-403.

*DIALOGUE DU DOUTEUR ET DE L'ADORATEUR, PAR M. L'ABBÉ DE TILLADET, 1766*, pp. 146, 254, 403, 752, 917, 1229.

*DIALOGUE ENTRE MME DE MAINTENON ET MLLE DE LENCLOS, 1751*, pp. 403-404.

*DIALOGUE ENTRE MARC AURÈLE ET UN RÉCOLLET, 1751*, pp. 404, 1180.

*DIALOGUE ENTRE UN BRAHMANE ET UN JÉSUITE SUR LA NÉCESSITÉ ET L'ENCHAÎNEMENT DES CHOSES, 1756*, pp. 404-405, **627**.

*DIALOGUE ENTRE UN PHILOSOPHE ET UN CONTRÔLEUR GÉNÉRAL DES FINANCES, 1751*, p. 405.

*DIALOGUE ENTRE UN PLAIDEUR ET UN AVOCAT, 1751*, pp. 62, 400, 405-406.

*DIALOGUES CHRÉTIENS, OU PRÉSERVATIF CONTRE L'ENCYCLOPÉDIE, 1760*, pp. 253, 406-407, 474.

*DIALOGUES D'ÉVHÉMÈRE, 1777*, pp. 48, 141, 160, 179, 400, 407-408, 417, 583, 705, 833, 990, 1165, 1289.

*DIALOGUES ENTRE LUCRÈCE ET POSIDONIUS, 1756*, pp. 400, 409.

*DIATRIBE À L'AUTEUR DES ÉPHÉMÉRIDES, 1775*, pp. 410, 1353-1354.

*DIATRIBE DU DOCTEUR AKAKIA, MÉDECIN DU PAPE, 1752*, pp. 135-136, 221, 337, 574, 576, 633, 655-656, 723, 781, 811.

*DICTIONNAIRE PHILOSOPHIQUE, 1764-1770*, pp. 15-16, 34, 49, 55, 70, 84-85, 87, 131, 134, 136, 143, 145-146, 151-152, 166, 221, 244, 256, 267, 294, 315, 333, 350-351, 364, 388-389, 411-413, 497, 502, 638, 715, 729, 732, 755, 779, 836, 842, 890, 892, 909, 987, 988-989, 1001,

# INDEX DES ŒUVRES DE VOLTAIRE

1012, 1029, 1043, 1087, **1116**, 1119, 1131, 1146, 1191, 1195, 1200, 1248, **1278**, 1351.
- art. «Abbé», *1765*, pp. 12, 411-412.
- art. «Abraham», *1764*, pp. 123, 412-413, 734, 765.
- art. «Adam», *1767*, p. 412.
- art. «Âme», *1764*, pp. 48, 918.
- art. «Amitié», *1764*, pp. 54, 412.
- art. «Amour», *1764*, pp. 74, 412, 1201.
- art. «Amour-propre», *1764*, pp. 57, 412.
- art. «Amour socratique», *1764*, p. 674.
- art. «Ange», *1764*, p. 399.
- art. «Anthropophages», *1764*, pp. 74, 231, 412, 821.
- art. «Antitrinitaire», *1764*, p. 1347.
- art. «Apocalypse», *1764*, pp. 83-84.
- art. «Arius», *1767*, p. 412.
- art. «Athée, athéisme», *1764*, p. 99.
- art. «Baptême», *1764*, p. **116**.
- art. «Beau», *1764*, pp. **125**, 412.
- art. «Bien, Souverain Bien», *1764*, pp. **153**, 412, **880-881**.
- art. «Bien, Tout est», *1764*, pp. 154, **266**, 412
- art. «Carême», *1769*, pp. 288, 412.
- art. «Catéchisme chinois», *1764*, pp. 213, 248-249, 400, 413, **764-765**.
- art. «Catéchisme du curé», *1764*, pp. 213, 219, 400, 412.
- art. «Catéchisme du Japonais», *1764*, p. 213.
- art. «Catéchisme du jardinier», *1765*, p. 213.
- art. «Certain, Certitude», *1764*, pp. 34, 959.
- art. «Chaîne des événements», *1764*, p. 412.
- art. «Chine», *1764*, p. 412.
- art. «Christianisme», *1764*, pp. 252, 277, 412, 917.
- art. «Circoncision», *1764*, pp. 262, 412.
- art. «Confession», *1765*, pp. 303-304.
- art. «Conciles», *1767*, pp. **300**, 413, 433, **735**.
- art. «Convulsions», *1764*, pp. 74, 321, 412.
- art. «Credo», *1769*, pp. 433, 556.
- art. «Critique», *1764*, pp. 412, 679.
- art. «David», *1767*, pp. 123, 351, 412-413, 734, 1215.
- art. «Destin», *1764*, p. **626**.
- art. «Dieu», *1764*, pp. 400, 413, **525-526**.
- art. «Dogmes», *1765*, pp. 433, 556.
- art. «Du juste et de l'injuste», *1765*, p. 413.
- art. «Égalité», *1764*, pp. 412, 463.
- art. «Enfer», *1764*, pp. 368, 477.
- art. «Enthousiasme», *1765*, pp. 412, 478, 1164.
- art. «Esprit faux», *1765*, p. 412.
- art. «États, gouvernements : quel est le meilleur ?», *1764*, pp. 412, 610.
- art. «Évangile», *1767*, pp. 277, 412.
- art. «Ézéchiel», *1764*, pp. 412, 522.
- art. «Fables», *1764*, pp. 524-525.
- art. «Fanatisme», *1764*, pp. **321**, 324, 412, **529-531**, 556, 1164.
- art. «Fins, Causes finales», *1764*, pp. 218, 412.
- art. «Foi», *1765*, pp. 413, 555.
- art. «Fraude», *1764*, p. 413.
- art. «Genèse», *1765*, pp. 412, 589-590.
- art. «Gloire», *1764*, p. 413.
- art. «Grâce», *1764*, pp. 72, 412, 612.
- art. «Guerre», *1764*, pp. 412, 619, **621**.
- art. «Histoire des rois juifs», *1764*, p. 412.
- art. «Idole, idolâtre, idolâtrie», *1764*, p. 507.
- art. «Inondation», *1764*, pp. 378, 563.
- art. «Inquisition», *1769*, pp. 412, 723, **728**.
- art. «Jephté», *1764*, pp. 413, 765.
- art. «Job», *1767*, pp. 412-413, 754.
- art. «Joseph», *1764*, pp. 413, 1164.
- art. «Julien le philosophe», *1767*, pp. 426, 769.
- art. «Lettres, gens de lettres ou lettrés», *1765*, pp. 598, 1042.
- art. «Liberté», *1764*, pp. 400, 412.
- art. «Liberté de penser», *1765*, pp. 223, 842.
- art. «Lois (Des)», *1764*, pp. 412-413, **610-611**, 753, **1162**.
- art. «Lois civiles et ecclésiastiques», *1764*, p. 412.
- art. «Luxe», *1764*, pp. 412, 881.
- art. «Maître», *1767*, pp. 412-413.
- art. «Martyrs», *1765*, p. **728**.
- art. «Matière», *1764*, pp. **903-904**.
- art. «Méchant», *1764*, pp. 399, **671**.
- art. «Messie», *1764*, p. 752.
- art. «Miracles», *1764*, pp. 413, 927, 1164.
- art. «Moïse», *1764*, p. 412.
- art. «Nécessaire», *1765*, p. 400.
- art. «Orgueil», *1765*, p. 413.
- art. «Papisme», *1767*, p. 1011.
- art. «Patrie», *1764*, pp. **334**, **934**, 1024.
- art. «Persécution», *1765*, p. 412.
- art. «Philosophe», *1765*, pp. 333, 351-352, 412, 1035, **1038-1039**, **1288**.
- art. «Préjugés», *1764*, p. 1099.
- art. «Prophètes», *1767*, p. 412.
- art. «Religion», *1764*, pp. 413, 1152, **1154**.
- art. «Salomon», *1764*, p. 765.
- art. «Sensation», *1764*, p. 1234.
- art. «Sens commun», *1765*, pp. 165, 556.
- art. «Songes», *1764*, pp. 412, 1165.
- art. «Superstition», *1764*, pp. **1282-1283**.
- art. «Théiste», *1765*, pp. 412, **1318**.
- art. «Tolérance», *1764*, pp. 171, 412, 433, 764, **766**.
- art. «Torture», *1769*, pp. 412, **1328-1329**.
- art. «Transsubstantiation», *1767*, pp. 412, 918.
- art. «Tyrannie», *1764*, pp. 396, 412, 971, **1355**.
- art. «Vertu», *1764*, pp. 411, **1376-1377**.

***DICTIONNAIRE PHILOSOPHIQUE PORTATIF***, *1764*, pp. 411-412, 474, 616-617, 714, 783-784, 988, 1085-1086, 1131, 1140.

***DIEU ET LES HOMMES, ŒUVRE THÉOLOGIQUE, MAIS RAISONNABLE, PAR LE DOCTEUR OBERN. TRADUIT PAR JACQUES***

# INDEX DES ŒUVRES DE VOLTAIRE

*AIMON, 1769*, pp. 81, 98, 146, 165, 254, 418-419, 653, 663-664, 753, 763, 1058, 1319.

*DIEU, RÉPONSE AU SYSTÈME DE LA NATURE, 1770*, pp. 366, 419-420, 665, 705, 1289.

*DIMANCHE (LE) OU LES FILLES DE MINÉE, 1775*, pp. 421, 1066.

*DÎNER DU COMTE DE BOULAINVILLIERS (LE), 1767*, pp. 146, 185, 214, 219, 421-422, 499, 929, 1103, 1279.

*DISCOURS AUX CONFÉDÉRÉS CATHOLIQUES DE KAMINIEK EN POLOGNE, PAR LE MAJOR KAISERLING AU SERVICE DU ROI DE PRUSSE, 1768*, pp. 424, 714, 1075.

*DISCOURS AUX WELCHES, PAR ANTOINE VADÉ, FRÈRE DE GUILLAUME, 1764*, pp. 60, 313, 424, **425-426**, 566, 709, 795, 999, **1120**, 1284, 1361, 1404.

*DISCOURS DE L'EMPEREUR JULIEN CONTRE LES CHRÉTIENS, 1769*, pp. 87, 426, 556, 769.

*DISCOURS DE Mᵉ BELLEGUIER, ANCIEN AVOCAT, SUR LE TEXTE PROPOSÉ PAR L'UNIVERSITÉ DE PARIS POUR LE SUJET DES PRIX DE L'ANNÉE 1773, 1773*, pp. 426-427, 583, **746**, 1247.

*DISCOURS DE M. DE VOLTAIRE À SA RÉCEPTION À L'ACADÉMIE FRANÇAISE, 1746*, pp. 161, 427-428, 795, **942-943**, 1158, 1366, 1394.

*DISCOURS DU CONSEILLER ANNE DU BOURG À SES JUGES, 1771*, p. **428**.

*DISCOURS EN VERS SUR L'HOMME, 1738-1742*, pp. 54, 57, 71-72, 130, 154-**155**, 164, 264, 429, **430-431**, 464, 562, 629, 670, 842, 927, 964, 1042, 1062, 1068, 1085, **1114**, 1208, 1214, 1322, 1338, **1370-1371**, **1373**.

*DISCOURS EN VERS SUR LES ÉVÉNEMENTS DE L'ANNÉE 1744, 1744*, pp. 662, 1304.

*DISSERTATION SUR LES CHANGEMENTS ARRIVÉS DANS NOTRE GLOBE ET SUR LES PÉTRIFICATIONS, 1746*, pp. 178, 256, 431-432, 1255.

*DON PÈDRE, ROI DE CASTILLE, 1775*, pp. 15, 40, 358, 434, 469.

*DOUTES NOUVEAUX SUR LE TESTAMENT DU CARDINAL DE RICHELIEU*, pp. 1305-1306.

*DOUTES SUR LA MESURE DES FORCES MOTRICES ET SUR LEUR NATURE, 1741*, pp. 434-435.

*DOUTES SUR QUELQUES POINTS DE L'HISTOIRE DE L'EMPIRE, 1754*, p. 69.

*DROIT DU SEIGNEUR (LE), 1762*, pp. 286-287, 327, 436-437, 440, 961, 1177.

*DROITS DES HOMMES (LES) ET LES USURPATIONS DES AUTRES, TRADUIT DE L'ITALIEN, 1768*, pp. 438, 714, 1011.

*DUC D'ALENÇON (LE), 1752*, p. 24.

*DUC DE FOIX (LE), 1752*, p. 25.

*DU DÉISME, 1742*, p. 166.

# E

*ÉCHANGE (L'), OU QUAND EST-CE QU'ON ME MARIE ?, 1761*, pp. 286-287, 450, 1031.

*ÉCLAIRCISSEMENTS HISTORIQUES À L'OCCASION D'UN LIBELLE CALOMNIEUX CONTRE L'ESSAI SUR LES MŒURS ET L'ESPRIT DES NATIONS, 1763*, pp. 494, 1357.

*ÉCOSSAISE (L'), 1760*, pp. 70, 141, 185, 212, 286-288, 355, 358, 450-451, 474, 578-579, 694, 1024, **1176**.

*ÉCUEIL DU SAGE (L'), 1761*, pp. 436-437.

*ÉDUCATION DES FILLES (L'), 1765*, pp. 460-461.

*ÉDUCATION D'UNE FILLE (L'), 1764*, pp. 312, 400, 462.

*ÉDUCATION D'UN PRINCE (L'), 1764*, pp. 116, 313, 462.

*ÉLÉMENTS DE LA PHILOSOPHIE DE NEWTON MIS À LA PORTÉE DE TOUT LE MONDE, 1738-1741*, pp. 38, 43, **112**, 178, 222, 242, 264, 358, **465-466**, 561, 696, 810, 883, **903-904**, 921, 923, 968, 1094, 1153, 1200, 1226.

*ÉLOGE DE L'HYPOCRISIE, 1767*, p. 1370.

*ÉLOGE DE M. DE CRÉBILLON, 1762*, pp. 340, 467.

*ÉLOGE FUNÈBRE DE LOUIS XV, PRONONCÉ DANS UNE ACADÉMIE LE 25 MAI 1774, 1774*, pp. 468, 859-**860**.

*ÉLOGE FUNÈBRE DES OFFICIERS QUI SONT MORTS DANS LA GUERRE DE 1741, 1749*, pp. 469, 620, 649, 971, 1366.

*ÉLOGE HISTORIQUE DE LA RAISON PRONONCÉ DANS UNE ACADÉMIE DE PROVINCE PAR M.\*\*\*, 1775*, pp. 107, 469-470, 723, **1000**.

*ÉLOGE HISTORIQUE DE MME DU CHÂTELET, POUR METTRE À LA TÊTE DE LA TRADUCTION DE NEWTON, 1752*, pp. 156, 236, **470**, 486.

*ENCYCLOPÉDIE, OU DICTIONNAIRE RAISONNÉ DES SCIENCES, DES ARTS ET DES MÉTIERS (ARTICLES DE VOLTAIRE POUR L'), pp. 376, 414-415, 473-474, 988, 1130-1131.

• art. « Élégance », *1755*, pp. 473, 1276.

# INDEX DES ŒUVRES DE VOLTAIRE

- art. « Éloquence », *1755*, pp. 257, 472-473.
- art. « Esprit », *1755*, pp. 473, 498.
- art. « Facile », p. 527.
- art. « Feu », p. 473.
- art. « Figuré », p. 473.
- art. « Finesse », p. 473.
- art. « Formaliste », p. 473.
- art. « Français », *1756*, pp. 473, 565, 795, 1404.
- art. « Gazette », *1756*, p. 758.
- art. « Généreux, générosité », p. 1376.
- art. « Genre de style », *1756*, p. 1276.
- art. « Gens de lettres », *1756*, p. 597.
- art. « Goût », *1756*, pp. 473, 607, 708.
- art. « Grâce », p. 612.
- art. « Heureux, heureuse, heureusement », *1758*, pp. 163-164.
- art. « Histoire », *1765*, pp. 255, 473-474, 640-641, 645.
- art. « Idole, idolâtre, idolâtrie », *1757*, p. 474.

*ENFANT PRODIGUE (L')*, *1736*, pp. 286-287, 337, 475-476, 802, 961, 1080, 1094, 1114, 1135, 1312, 1373.

*ENTRETIEN D'ARISTE ET D'ACROTAL*, *1761*, pp. 123, 479, 736.

*ENTRETIENS CHINOIS*, *1770*, pp. 480-481.

*ENTRETIENS D'UN SAUVAGE ET D'UN BACHELIER*, *1761*, pp. 401, 481.

*ENVIEUX (L')*, *1738*, pp. 54, 286, 288, 481-482.

ÉPIGRAMMES
- « Sur Boyer », p. 172.
- « Sur Fréron » p. 483.
- « Sur Lefranc de Pompignan », p. 483.
- « Sur Rousseau », p. 483.
- « Sur Roy », pp. 483, 1194.

*ÉPÎTRE À URANIE*, *1722*, pp. 83, 172, 176, 252, 366, 486-487, 991, 1149, 1184, 1196, 1370-1371.

*ÉPÎTRE AUX ROMAINS*, *1768*, pp. 146, 487.

*ÉPÎTRE DE M. DE V*** EN ARRIVANT DANS SA TERRE, PRÈS DU LAC DE GENÈVE, EN MARS 1755*, pp. 373, 488-489.

ÉPÎTRES
- « Adieux du vieillard (Les) », *1778*, p. 489.
- « À Boileau, ou Mon testament », *1769*, pp. 161, 271, 491.
- « À Horace », *1772*, pp. 155, 491, 675-676, 1172.
- « À la reine Marie Leszczynska », *1724*, pp. 895-896.
- « À l'auteur du livre des Trois imposteurs », *1769*, pp. 98, 1246-1247, 1396.
- « À Mme la duchesse de Richelieu », *1734*, p. 490.
- « À Mme la marquise du Châtelet », *1736*, pp. 490, 534.
- « À Mlle de Lubert », *1732*, p. 190.
- « À Mlle Gaussin », *1732*, p. 490.
- « À mon vaisseau », *1768*, p. 1362.
- « À M. de Gervasi, médecin », *1723*, p. 490.
- « À M. Falkener, marchand anglais », *1733*, p. 531.
- « À M. l'abbé de Chaulieu », *1720*, p. 490.
- « À M. le prince de Vendôme », *1717*, p. 1367.
- « À M. Pallu », *1736*, p. 489
- « À une dame ou soi-disant telle », *1732*, pp. 1020-1021.
- « Aux Mânes de M. de Génonville », *1729*, pp. 490, 596-597, 1371.
- « Du camp de Philisbourg », *1734*, p. 489.
- « Sur la calomnie », *1733*, p. 490.
- « Sur l'Agriculture », *1761*, pp. 35, 378, 385, 490, 529, 1352-1353.
- « Vie de Paris et de Versailles (La) », *1749*, pp. 318-319, 385, 937, 1016, 1373.

*ÉQUIVOQUE (L')*, *1771*, pp. 492-493, 771, 905.

*ÉRIPHYLE*, *1732*, pp. 493, 560, 625, 711, 1232, 1335, 1375, 1416.

*ESSAI HISTORIQUE ET CRITIQUE SUR LES DISSENSIONS DES ÉGLISES DE POLOGNE, PAR JOSEPH BOURDILLON, PROFESSEUR EN DROIT PUBLIC*, *1767*, pp. 499-500, 714.

*ESSAI SUR LA NATURE DU FEU ET SUR SA PROPAGATION*, *1738*, pp. 242, 500, 1226.

*ESSAI SUR LA POÉSIE ÉPIQUE*, *1733*, pp. 258, 472, 505-506, 594, 709, 1176.

*ESSAI SUR LES GUERRES CIVILES DE FRANCE*, *1733*, pp. 504-505.

*ESSAI SUR LES MŒURS ET L'ESPRIT DES NATIONS*, *1756-1769*, pp. 32-33, 35, 43, **45**, 50-51, 53, 66-67, 69, 73, 113, 123, 125-126, 170, 177, 186, 190, 193, 209, 228, 237, 248-249, 252-253, 255, 257, **269**, 277, 281-282, **283**, 299, **300**-301, 303, 305, 325-**326**, 332, 349-350, 352, 356, 358, 377, 380, 396-397, 436, 439, 445, **463**, 479, 493-496, 501-504, 510, 552, 583, **595**, 609-610, 618-619, 626, 631-**632**, 639, 651, 659-662, 665, 669, 673, 691, 712-**713**, **722**, 724, 729, 737, 744-745, 750-**751**, **758**, 763, 765, 767-768, 770, 817, 819, 825, 831, 855, 873-874, 881, 883-884, 889, 917-918, 922, 929-**930**, 945, 948, 953-**954**, 965, 987, 991, 995, 1011, 1013, **1019**-1020, 1023, 1026-1027, 1044-1045, 1052, 1070, 1072-1074, 1077-1078, 1100, **1109**, 1111, 1124, 1127, 1155, 1158-**1159**, 1166, 1179-1180, 1193, 1200, 1202, 1226, 1234, **1280**-1281, **1283**, 1301-1302, 1307, 1319, 1339, 1354-**1355**, 1368, 1405, 1413.

*ESSAI SUR LES PROBABILITÉS EN FAIT DE JUSTICE*, *1772*, p. 948.

*ESSAI SUR L'HISTOIRE UNIVERSELLE*, *1754*, p. 714.

*ESSAY (AN) UPON THE CIVIL WARS OF FRANCE, EXTRACTED FROM CURIOUS MANUSCRIPTS*, *1727*, pp. 504-505, 796, 815, 1202, 1333.

*ESSAY (AN) UPON THE EPIC POETRY OF THE EUROPEAN NATIONS FROM HOMER*

# INDEX DES ŒUVRES DE VOLTAIRE

**DOWN TO MILTON**, *1727*, pp. 60, 94, 125, 505-506, **669**, 739, 796, 815, 925, 1293, 1333, 1384.

**ÉVANGILE DE LA RAISON (L'), OUVRAGE POSTHUME DE M. D. M....Y**, *1764*, pp. 214, 458, 513, 521, 714, 1215, 1239.

**ÉVANGILE DU JOUR (L')**, *1769-1780*, pp. 458, 513, 1107, 1124, 1356.

**EXAMEN DE LA BIBLE**, p. 916.

**EXAMEN DU TESTAMENT DU CARDINAL ALBERONI**, *1753*, p. 1306.

**EXAMEN DU TESTAMENT POLITIQUE**, pp. 1305-1307.

**EXAMEN IMPORTANT DE MILORD BOLINGBROKE OU LE TOMBEAU DU FANATISME, ÉCRIT SUR LA FIN DE 1736**, *1767*, pp. 84-85, 146, 162-163, 219, 253-254, 277, 300, 321, 360, 389, 419, 433, 512, 514-**515**, 516, 590, 653, 714, 752, **765**, 769, 927, 931, 976, 1091, 1108, **1153**, 1347.

**EXTRAIT DES SENTIMENTS DE JEAN MESLIER**, *1762*, pp. 145, 300, 521-522, 555, 916, 1238.

**EXTRAIT D'UN JOURNAL DE LA COUR DE LOUIS XIV**, pp. 756-757.

**EXTRAIT D'UN MÉMOIRE POUR L'ENTIÈRE ABOLITION DE LA SERVITUDE EN FRANCE**, *1775*, p. 1204.

**EXTRAIT D'UNE LETTRE DE LA DAME VEUVE CALAS**, *1762*, p. 1048.

## F

**FANATISME (LE) OU MAHOMET LE PROPHÈTE**, *1741*, pp. 875-876.

**FANIME**, pp. 802, 1422.

**FEMME QUI A RAISON (LA)**, *1759*, pp. 286, 532, 865.

**FEMMES, SOYEZ SOUMISES À VOS MARIS**, *1765*, pp. **534**-535, **1138**.

**FÊTE DE BÉLÉBAT (LA)**, *1725*, pp. 286, 547.

**FINANCES (LES)**, *1774-1775*, pp. 312, 551.

**FRAGMENT DES INSTRUCTIONS POUR LE PRINCE ROYAL DE \*\*\***, *1767*, p. 1328.

**FRAGMENT SUR LE PROCÈS CRIMINEL DE MONBAILLI, ROUÉ ET BRÛLÉ VIF À SAINT-OMER EN 1770 POUR UN PRÉTENDU PARRICIDE, ET SA FEMME CONDAMNÉE À ÊTRE BRÛLÉE VIVE, ET TOUS DEUX INNOCENTS**, *1771*, p. 935.

**FRAGMENTS SUR L'INDE, SUR LE GÉNÉRAL LALLY ET SUR LE COMTE DE MORANGIÉS**, *1773*, pp. 283, 299, 564-**565**, 616, 712-713, 790.

**FRÈRES ENNEMIS (LES)**, *1734*, pp. 24-25, 577.

**FRÉRON (LES)**, *1760*, p. **579**.

## G

**GALIMATIAS DRAMATIQUE**, *1765*, pp. 400, 583-**584**.

**GRAND BOURSOUFLE (LE)**, *1732*, pp. 615, 996.

**GUÈBRES, OU LA TOLÉRANCE (LES)**, *1769*, pp. 359, 554, 616, 618, 758.

**GUERRE CIVILE DE GENÈVE (LA), OU LES AMOURS DE ROBERT COVELLE, POÈME HÉROÏQUE, AVEC DES NOTES INSTRUCTIVES**, *1767-1768*, pp. 68, 337, 593, 616, **621**-**622**, 963, 1103, 1192, 1370.

## H

**HENRIADE (LA)**, *1728*, pp. 38, 55, 65, 83, **120**, 127, 133, 151, 162, 176, 190, 221, 235, 247, 258, 293, 306, 313, 358, 393, **416**, 471, 491-492, 504-506, 553, 562, 596, 630-631, 634-**635**, 646, 699, 709, 715, 734, 737, 739, 750, 756, 786, 790, 796, 804, 858, 862, 870, 878, 889, 895-896, 899, 922, 941, 960, 963, 996, 1014-**1015**, 1032, 1066, 1068, 1094, 1122, 1143, 1185, 1187, 1202-**1203**, 1222, 1248, 1264, 1287, 1293, 1332-1333, 1352, **1371**, 1381, 1394, 1397.

**HÉRODE ET MARIAMNE**, *1725*, pp. 639, 1020, **1073**.

**HISTOIRE DE CHARLES XII, ROI DE SUÈDE**, *1732*, pp. 156-157, 173, 221, 255, 258, 306, 501, 510, 552, 557, 646-647, 651, 660, 737, 756, 837, 858, 890, 1070, 1074, 1078, 1183, 1248, 1270, 1302, 1394.

**HISTOIRE DE JENNI OU LE SAGE ET L'ATHÉE, PAR MR. SHERLOC, TRADUIT PAR MR. DE LA CAILLE**, *1775*, pp. **53**, 313-314, **367**, 400, 496, **508**, 517, 647-648, 665, 705, 722-723, **763**, 990, 1120, 1289.

**HISTOIRE DE LA GUERRE DE 1741**, *1755*, pp. 106, 336, 468, 554, 619, 648-650, 660, 662-663, 859, 865, 1078, 1080, 1097, **1116**, 1168, 1273, 1302, 1304, 1372, 1410.

**HISTOIRE DE L'EMPIRE DE RUSSIE SOUS PIERRE LE GRAND**, *1759-1763*, pp. 64, 156, 169, 338, 380, 482, 501, 510, 650-651, **652**, 660, 884, 1048, 1078, 1200, 1216, 1222, 1346.

**HISTOIRE DE L'ÉTABLISSEMENT DU CHRISTIANISME**, *1778*, pp. 85, 252, 419, 511, 652-653, 667, 752, 769.

**HISTOIRE D'ÉLISABETH CANNING ET DE JEAN CALAS**, *1762*, pp. 27, 188, 653-654.

**HISTOIRE DES CROISADES**, *1750*, pp. 501-502, 714.

**HISTOIRE DES VOYAGES DE SCARMENTADO, ÉCRITE PAR LUI-MÊME**, *1756*, pp. 66, 314, 654, 723, 842, 1087.

# INDEX DES ŒUVRES DE VOLTAIRE

*HISTOIRE DU DOCTEUR AKAKIA ET DU NATIF DE SAINT-MALO, 1753*, pp. 37, 526, 655, **656-657**, 812, 906, 993, 1070.

*HISTOIRE D'UN BON BRAMIN, 1761*, pp. 314, 364, 657, 1040.

*HISTOIRE DU PARLEMENT DE PARIS, 1769*, pp. 221, 387, 389, 438, 657-658, 770, 859, 904, 1111.

*HISTOIRE UNIVERSELLE DEPUIS CHARLEMAGNE JUSQU'À CHARLES QUINT, 1754*, pp. 659, 792, 817.

*HOMÉLIE DU PASTEUR BOURN, PRÊCHÉE À LONDRES, 1768*, pp. 262, 667.

*HOMÉLIES PRONONCÉES À LONDRES EN 1765, DANS UNE ASSEMBLÉE PARTICULIÈRE, 1767*, pp. 146, 249, 262, 472, 523, 667-**668**, 753, 881, 1282.

*HOMME AUX QUARANTE ÉCUS (L'), 1768*, pp. 68, 256, 282, 315, 380, 410, 616, 671-**673**, 710, 714, 929, 1046, 1103, 1177, 1226, 1279.

*HONNÊTETÉS LITTÉRAIRES (LES), 1767*, pp. 245, 494, 616, 674-675, 731, 974-**975**, **1022**, 1192, **1370**.

*HÔTE ET L'HÔTESSE (L'), 1776*, pp. 286, 677-678, 895.

## I

*IDÉES DE LA MOTHE LE VAYER (LES), 1766*, pp. 703, 1153.

*IDÉES RÉPUBLICAINES, PAR UN MEMBRE D'UN CORPS, 1762*, pp. **223**, 704-705, 843, 1368.

*IL FAUT PRENDRE UN PARTI OU LE PRINCIPE D'ACTION, 1775*, pp. 417, **507**, 705-706, 1331.

*INCURSION SUR NONNOTTE, EX-JÉSUITE, 1777*, p. 1357.

*INDISCRET (L'), 1725*, pp. 286, 335, 358, 547, 559-560, 715, 896, 1372.

*INGÉNU (L'), HISTOIRE VÉRITABLE, TIRÉE DES MANUSCRITS DU PÈRE QUESNEL, 1767*, pp. 12, 20-23, 34, 53, 56, 66-67, 108, **116**-117, 120, 221, 228, 262, 268, 303, 314-315, **316**, 396, 460, 516, 524, 533, 558, 616, 672, 711, 717, **718**-719, 741, 743-744, 751, **796**-797, 857, 899, 1052, 1112, **1114**, 1167, 1177, 1223, 1283, 1332, 1385.

*INSTRUCTION DU GARDIEN DES CAPUCINS DE RAGUSE À FRÈRE PEDICULOSO PARTANT POUR LA TERRE SAINTE, 1768*, pp. 146, 207, 730-731.

*INSTRUCTION PASTORALE DE L'HUMBLE ÉVÊQUE D'ALÉTOPOLIS À L'OCCASION DE L'INSTRUCTION PASTORALE DE JEAN GEORGE, HUMBLE ÉVÊQUE DU PUY, 1763*, pp. 731, 836.

*IRÈNE, 1778*, pp. 16, 33, **126**, 285, 289, 359, 435, 453-455, 679, 732-733, 813, 895, 1016, 1169, 1223, 1245, 1279, 1320, 1335, 1347-1348.

## J

*J'AI VU (LES), 1715*, pp. 741-742, 773, 1143.

*JEANNOT ET COLIN, 1764*, pp. 23, 54, 313-314, 746-747, 890, 1114.

*JOURNAL DE LA COUR DE LOUIS XIV JUSQU'À 1715, AVEC DES NOTES INTÉRESSANTES, 1769*, pp. 756-757.

*JOURNAUX ET PÉRIODIQUES* (Contributions de Voltaire)
*Annonces, affiches et avis divers*
- « Avertissement de M. de Voltaire », 6 novembre 1761, p. **1088**.
- « Vente d'un théâtre », 27 mai 1754, p. **1313**.

*Gazette littéraire de l'Europe*, pp. **139**, 190, 588-589, 759, 796.
- 18 avril 1764, p. **563**.
- 2 mai 1764, p. **528**.
- 30 mai 1764, p. **557**.

*Journal de politique et de littérature*, pp. 757-759.

*Journal encyclopédique*, p. 758.

*Mercure de France (Le)*, pp. 720, **728**, 810, 851-852.

*JULES CÉSAR, 1762*, pp. 768-769, 1245.

*JUSQU'À QUEL POINT ON DOIT TROMPER LE PEUPLE, 1756*, pp. 769-770.

*JUVENILIA*, pp. 489, 509, 772-773, 972.

## L

*LETTERS CONCERNING THE ENGLISH NATION, 1733*, pp. 505, 531, 796, 815-816, 837, 1320, 1333.

*LETTRE À L'ACADÉMIE, 1776*, pp. **126**, 607, 708, 769, 816, 1245.

*LETTRE À L'ARCHEVÊQUE DE CANTORBÉRY, 1768*, p. 1103.

*LETTRE À L'OCCASION DE L'IMPÔT DU VINGTIÈME, 1749*, pp. 392, 709-710, 711, 816-817, 1387.

*LETTRE À M. DE\*\*\*, PROFESSEUR EN HISTOIRE, 1753*, p. 817.

*LETTRE À M. JEAN VERNET, PASTEUR ET PROFESSEUR, 1769*, p. 928.

*LETTRE À M. LE MARQUIS DE BECCARIA, 1773*, pp. 129, 947.

*LETTRE À M. MAFFEI, 1743*, p. 709.

*LETTRE ANONYME ÉCRITE À M. DE VOLTAIRE, ET LA RÉPONSE, 1769*, pp. 817-818, 1402.

*LETTRE AU DOCTEUR JEAN JACQUES PANSOPHE, 1766*, pp. 167, 556, 695, 818, 1192, 1376.

# INDEX DES ŒUVRES DE VOLTAIRE

LETTRE À UN PREMIER COMMIS, 1746, pp. 222, 818-819.

LETTRE CIVILE ET HONNÊTE À L'AUTEUR MALHONNÊTE DE LA « CRITIQUE DE L'HISTOIRE UNIVERSELLE DE M. DE V*** », QUI N'A JAMAIS FAIT D'« HISTOIRE UNIVERSELLE », LE TOUT AU SUJET DE MAHOMET, 1760, pp. 325, 819.

LETTRE CURIEUSE DE M. ROBERT COVELLE, CÉLÈBRE CITOYEN DE GENÈVE, À LA LOUANGE DE M. VERNET, PROFESSEUR EN THÉOLOGIE DANS LADITE VILLE, 1766, pp. 337, 820, 1369.

LETTRE DE CHARLES GOUJU À SES FRÈRES AU SUJET DES RÉVÉRENDS PÈRES JÉSUITES, 1761, pp. 820-821, 1088.

LETTRE DE DONAT CALAS À LA VEUVE DAME CALAS, SA MÈRE, 1762, p. 1048.

LETTRE DE JÉRÔME CARRÉ, 1760, p. 617.

LETTRE DE L'ARCHEVÊQUE DE CANTORBÉRY À L'ARCHEVÊQUE DE PARIS, 1768, p. 821.

LETTRE DE M. CLOCPICRE À M. ÉRATOU SUR LA QUESTION « SI LES JUIFS ONT MANGÉ DE LA CHAIR HUMAINE ET COMMENT ILS L'APPRÊTAIENT », 1764, pp. 75, 808, 821-822, **1120**.

LETTRE DE M. CUBSTORF, PASTEUR DE HELMSTAD, À M. KIRKERF, PASTEUR DE LAUVTORP, 1764, pp. 78, 313, 822-823.

LETTRE DE M. DE L'ÉCLUSE, CHIRURGIEN-DENTISTE, SEIGNEUR DU TILLOY, PRÈS MONTARGIS, À M. SON CURÉ, AVEC UN AVIS DES ÉDITEURS, ET UN HYMNE CHANTÉ À LA LOUANGE DE M. LE MARQUIS DE POMPIGNAN,

À LA FIN DU JOUR DE LA FÊTE QU'IL A DONNÉE À SON VILLAGE, POUR LA BÉNÉDICTION DE L'ÉGLISE, ET QUI N'A POINT ÉTÉ IMPRIMÉ AVEC LA RELATION DE CETTE FÊTE ET LE SERMON PRÊCHÉ À CETTE OCCASION, 1763, pp. 809, 823, 1148.

LETTRE DE M. DE V. À M. DE ***, PROFESSEUR EN HISTOIRE, 1753, p. 69.

LETTRE DE M. DE V. À M. HUME, 1766, pp. 695, 823, 1192.

LETTRE DE M. DE VOLTAIRE À UN DE SES CONFRÈRES À L'ACADÉMIE, 1772, p. **824**.

LETTRE DE M. ÉRATOU À M. CLOCPICRE, AUMÔNIER DE S.A.S. M. LE LANDGRAVE, 1761, p. 822.

LETTRE D'UN AVOCAT DE BESANÇON AU NOMMÉ NONNOTTE, EX-JÉSUITE, p. 1120.

LETTRE D'UN BÉNÉDICTIN DE FRANCHE-COMTÉ À M. L'AVOCAT GÉNÉRAL SÉGUIER, 1776, p. 826.

LETTRE D'UN ECCLÉSIASTIQUE, p. 824.

LETTRE D'UN JEUNE ABBÉ, 1771, pp. 824-825, 905.

LETTRE D'UN TURC, 1750, pp. 214, 825.

LETTRE DU RÉVÉREND PÈRE POLYCARPE, PRIEUR DES BERNARDINS DE CHÉZERY, À M. L'AVOCAT GÉNÉRAL SÉGUIER, 1776, pp. 734, 825-826.

LETTRE DU SECRÉTAIRE DE M. DE VOLTAIRE AU SECRÉTAIRE DE M. LEFRANC DE POMPIGNAN, 1763, pp. 809, 826, 1402.

LETTRE ÉCRITE À M. TURGOT, CONTRÔLEUR GÉNÉRAL DES FINANCES, PAR MESSIEURS LES SYNDICS GÉNÉRAUX DU

CLERGÉ, DE LA NOBLESSE ET DU TIERS ÉTAT DU PAYS DE GEX, 1774, p. 827.

LETTRE ÉCRITE AU NOM DE LA NOBLESSE DE FRANCE, 1771, p. 905.

LETTRE SUR L'ESPRIT, 1744, pp. 498, 1278.

LETTRE SUR LES AVEUGLES, 1749, p. 98.

LETTRE SUR LES INCONVÉNIENTS ATTACHÉS À LA LITTÉRATURE, 1742, p. 827.

LETTRE SUR LES PANÉGYRIQUES, 1767, p. **216**.

LETTRES À M. DE VOLTAIRE SUR LA NOUVELLE HÉLOÏSE OU ALOISIA DE JEAN JACQUES ROUSSEAU, CITOYEN DE GENÈVE, 1761, pp. 828-829, 1191, 1278, 1410.

LETTRES ANGLAISES, 1818, pp. 815, 839.

LETTRES À S.A. MGR LE PRINCE DE *** SUR RABELAIS ET SUR D'AUTRES AUTEURS ACCUSÉS D'AVOIR MAL PARLÉ DE LA RELIGION CHRÉTIENNE, 1767, pp. 163, 616, **664**, 829-830, 916, 1136.

LETTRES CHINOISES, INDIENNES ET TARTARES À MONSIEUR PAUW, PAR UN BÉNÉDICTIN, AVEC PLUSIEURS AUTRES PIÈCES INTÉRESSANTES, 1776, pp. 523, 831, 1261.

LETTRES D'ALSACE À MME DENIS, pp. 46, 273.

LETTRES D'AMABED, ETC. (LES), TRADUITES PAR L'ABBÉ TAMPONET, 1769, pp. 300, 314, 522, 712, 714, 722-724, 751, 831-832, 842, 948, 995, **1120**, 1291.

LETTRES DE MEMMIUS À CICÉRON, 1771, pp. 417, 507, 665, 705, 794, 833-834, 966, **1058**, 1116, 1289, 1331.

# INDEX DES ŒUVRES DE VOLTAIRE

**LETTRES DE M. DE VOLTAIRE À MME DENIS, DE BERLIN,** *1753-1754*, pp. 834, 835-836, 1167.

**LETTRES D'UN QUAKER À JEAN GEORGE LEFRANC DE POMPIGNAN, ÉVÊQUE DU PUY EN VELAY, ETC., ETC., DIGNE FRÈRE DE SIMON LEFRANC DE POMPIGNAN,** *1763-1764*, pp. 254, 731, 809, 836, 1127.

**LETTRES ÉCRITES DE LONDRES SUR LES ANGLAIS ET AUTRES SUJETS,** *1733*, p. 837.

**LETTRES PHILOSOPHIQUES,** *1734*, pp. 12, 14, **16**, 34, 38-39, 46, **48**-50, 63, 65, 67, 76, 92, **112**, 115-116, 120, 133, 144, 152, 156, 164, 171-172, 183, 209, 219, 221, 226, 237, 249, 252, 254, 255, 258, 263, 283, 294, 299-300, 335, 355, **356**-357, 363, **368**, 390-**391**, 393, **396**, 409, 412, 457, 463, 466, 478-479, 495, 497-498, 518, **520**, 531, 553, 557, 562, 609, 615, 618-620, **709**, 713, 716, 720-721, 742, 750, 755-756, 760, 763, 787, 796, 798, 815, 836-838, **839-840**, 841, 847-848, 851, 858, 881, 901, 904, 907, 918-919, 923, 927, 936, 941-**942**, 952, 957, 968, **970-971**, 987, 989, 991-992, 1010, 1017, 1020-**1021**, **1028**, **1032-1033**, 1074, 1077, 1082, **1085**, 1093, 1101, **1126**, 1156-**1157**, 1168, 1176-**1177**, 1184-1185, 1228, 1234, **1244**, **1286**, 1302, 1320, 1324, 1333-**1334**, 1353, 1394.

**LETTRES SUR LES MIRACLES,** *1765*, pp. 337, 840.

**LETTRES SUR ŒDIPE,** *1719*, pp. 60, 298, 328, 840-841, 981.

**LIGUE (LA),** *1723*, pp. 137, 162, 492, 596, 634, 715, 750, 996, 1119, 1143, 1184, 1202.

**LOIS DE MINOS (LES),** *1773*, pp. 117, 358, 447, 616, 669, 764, 853, 1129, 1169.

**LOUP MORALISTE (LE),** *1706*, pp. 525, 772.

## M

**MACARE ET THÉLÈME,** *1764*, pp. 312, 803.

**MAHOMET,** *1742*, pp. 38, 124, 131-133, 177, 221, 339, 358, 381, 554, 603, 702, 708, 711, 755, 812, 845, 859, 875, **876-877**, 907, 953, 1010, 1026, 1042, 1135, 1229-1230, 1310, 1327, 1330, 1332, 1335-1336, 1382, 1397, 1422.

**MANDEMENT DU RÉVÉRENDISSIME PÈRE EN DIEU ALEXIS, ARCHEVÊQUE DE NOVGOROD-LA-GRANDE,** *1765*, pp. 886, **1120**.

**MANIFESTE DU ROI DE FRANCE EN FAVEUR DU PRINCE CHARLES ÉDOUARD,** *1745*, p. 886.

**MARGINALIA,** pp. 149, 209, 458, 807, **892-894**, 1149, 1263.

**MARIAMNE,** *1724*, pp. 162, 335, 441, 547, 559, 639, **895**-896, 1174, 1372, 1416.

**MARSEILLAIS (LE) ET LE LION,** *1768*, p. 1214.

**MEMNON,** *1747*, pp. 282, 909, 1413-1414.

**MEMNON OU LA SAGESSE HUMAINE,** *1749*, pp. 909-910, 1164, 1270.

**MÉMOIRE DE DONAT CALAS POUR SON PÈRE, SA MÈRE ET SON FRÈRE,** *1762*, pp. 354, 472, 910-911, 1048.

**MÉMOIRE DES ÉTATS DU PAYS DE GEX,** pp. 599-601.

**MÉMOIRE DES HABITANTS DE FERNEY,** pp. 599-601.

**MÉMOIRE DU PAYS DE GEX,** pp. 599-601.

**MÉMOIRE DU SIEUR DE VOLTAIRE,** *1739*, pp. 911, 965.

**MÉMOIRE SUR LA SATIRE,** pp. 1213-1214.

**MÉMOIRE SUR LE PAYS DE GEX,** pp. 599-601.

**MÉMOIRE SUR UN OUVRAGE DE PHYSIQUE DE MME DU CHÂTELET, LEQUEL A CONCOURU POUR LE PRIX DE L'ACADÉMIE EN 1738,** *1739*, p. 500.

**MÉMOIRE TOUCHANT SALOMON LÉVI,** *1722*, pp. 81-82.

**MÉMOIRES POUR SERVIR À LA VIE DE M. DE VOLTAIRE, ÉCRITS PAR LUI-MÊME,** *1758-1760*, pp. 79, 99, 101-**102**, 149, 151, 164, 172, 270, 272, 293-295, 326, 335, **337**, 423-**424**, 461, 516, **550**, 553-554, 569, 575-576, 580, 702, 835, 846, 912-913, 915, 965, 982, **1080**, **1208**-**1209**, **1211**, 1217, 1248, 1304.

**MÉPRISE D'ARRAS (LA),** *1771*, p. 935.

**MÉROPE,** *1743*, pp. 47, 137, 286, 327, 359, 442, 498, 613, 709, 790, 814, 862, 865, 895, 914, **915-916**, 928, 1015, 1114, 1135, **1281**, 1334-1336, **1371**, 1375.

**MÉTAPHYSIQUE DE NEWTON, OÙ PARALLÈLE DES SENTIMENTS DE LEIBNIZ ET DE NEWTON,** *1740*, pp. 335, 466, 848, 921, 1178.

**MICROMÉGAS,** *1752*, pp. 23, 34, 71, 111, **266**, 314, 502, 561, 736, 890, 922-923, **924**, 1218, 1277, 1287, 1332.

**M. JEAN VERNET, PASTEUR ET PROFESSEUR,** *1769*, p. 928.

**MONDAIN (LE),** *1736*, pp. 68, 92, 164, 171, 221, 263, 353, 362, 392, 562, **585**, 590, 665, 670, 710, 858, 867-868, **869-870**, 936-937, 1126, 1214.

**MONDE COMME IL VA (LE), VISION DE BABOUC ÉCRITE PAR LUI-MÊME,** *1764*, pp. 314, 735, 937-**939**, 1214, 1414.

**«MONOSYLLABES» (LES) OU «L'ASSEMBLÉE DES MONOSYLLABES»,** *1760*, pp. 15, 36, 208, 474, 809, 939-940, 1128.

# INDEX DES ŒUVRES DE VOLTAIRE

MORT DE CÉSAR (LA), 1735, pp. 221, 339, 355, 435, 708, 768, 878, 950-951, 1184, 1244, 1335.

MORT DE MLLE LECOUVREUR (LA), 1730, p. 807.

MULE DU PAPE (LA), 1770, pp. 141, 312.

## N

NANINE OU LE PRÉJUGÉ VAINCU, 1749, pp. 286-288, 451, 791, 898, 961, 1166, 1223.

NON (LES), 1760, pp. 939-940.

NOUVEAU PLAN D'UNE HISTOIRE DE L'ESPRIT HUMAIN, 1752, p. 502.

NOUVELLE REQUÊTE AU ROI EN SON CONSEIL, 1770, pp. 1204, **1242**.

NOUVELLES CONSIDÉRATIONS SUR L'HISTOIRE, 1744, pp. **658-659**, 976, 1078.

NOUVELLES PROBALITÉS EN FAIT DE JUSTICE, 1772, p. 948.

NOUVELLES REMARQUES SUR PASCAL, 1739, p. 1020.

## O

ODE À LA VÉRITÉ, 1766, pp. 980, **1329**.

ODE À SAINTE GENEVIÈVE, 1710, pp. 509, 772, **978-979**, 1154.

ODE SUR LA FÉLICITÉ DES TEMPS, OU L'ÉLOGE DE LA FRANCE, 1746, p. 980.

ODE SUR LA MORT DE S.A.S. MME LA PRINCESSE DE BAYREUTH, 1759, pp. **1033-1034**, **1406-1407**.

ODE SUR L'ANNIVERSAIRE DE LA SAINT-BARTHÉLEMY, POUR L'ANNÉE 1772, 1772, pp. 979, 1092.

ODE SUR LE FANATISME, 1739, p. 583.

ODE SUR LE PASSÉ ET LE PRÉSENT, 1775, p. 980.

ODE SUR LE VŒU DE LOUIS XIII, 1714, pp. 772, 979.

ŒDIPE, 1719, pp. 38, 47, 55, 82, 96, 175, 244, 328, 335, 339, 358, 679, 696, 708, 711, 715-716, 742, 806, 812, 840, 846, 962, 972, 980-981, 996, 1015, 1065, 1069, 1144, 1219, 1244, 1335, 1381, 1416.

OLYMPIE, 1763, pp. 270, 279, 327, 334, 440, 442, 885, 983-984, 1168, 1221, 1281, 1335, 1382.

OPINION PAR ALPHABET (L'), pp. 988-989.

OREILLES DU COMTE DE CHESTERFIELD (LES), 1775, pp. **72**, 247, **310**, 994, **1171**.

ORESTE, 1750, pp. 270, 340, 436, 441-442, 630, 708-709, 791, 866, 877-878, 994-995, 1056, 1181, 1190, 1220, 1305, 1310, 1335, 1373.

ORIGINAUX (LES) OU M. DU CAP-VERT, 1732?, pp. 286-287, 450, 615, 996, 1135.

ORIGINE DES MÉTIERS (L'), 1764, pp. 311, 996.

ORPHELIN DE LA CHINE (L'), 1755, pp. 52, 270, 306, 334, 358, 435, 997, **998-999**, 1121, 1168, 1190, 1281, 1332, 1335, 1336, 1386.

OUI (LES), 1760, p. 939.

## P

« PAMÉLA », 1753-1754, pp. 46, 101-102, 136, 385, 575, **834-835**, 1167, 1209, 1211.

PANDORE, 1718, pp. 117, 986, 1141, 1169.

PANÉGYRIQUE DE LOUIS XV, 1748, pp. 468, 859, 1004-1005.

PANÉGYRIQUE DE SAINT LOUIS ROI DE FRANCE, 1749, pp. 1005-1006, 1129.

PAUVRE DIABLE (LE), OUVRAGE EN VERS AISÉS DE FEU M. VADÉ, MIS EN LUMIÈRE PAR CATHERINE VADÉ SA COUSINE, DÉDIÉ À MAÎTRE ABRAHAM ***, 1760, pp. 245, 474, 617, 1024-**1025**, 1214, **1352**, 1361.

PÉLOPIDES (LES), 1772, pp. 340, 1028, 1335.

PENSÉES SUR L'ADMINISTRATION PUBLIQUE, 1756, p. 1029.

PENSÉES SUR LE GOUVERNEMENT, 1756, pp. **1029-1030**, **1198**.

PETIT BOURSOUFLE (LE), 1761, pp. 450, 1031.

PETIT COMMENTAIRE SUR L'« ÉLOGE DU DAUPHIN DE FRANCE », COMPOSÉ PAR M. THOMAS, 1766, pp. 1031-1032.

PETITE DIGRESSION SUR LES QUINZE-VINGTS, 1766, p. 1032

PEUPLES AUX PARLEMENTS (LES), 1771, p. 905.

PHILOSOPHE IGNORANT (LE), 1766, pp. 12, **61-62**, 98, 100, 104, 107, 143, 305-306, **507**, **520**, 664, 717, **843**, 847, **849**, 919-920, **946**, 1031-1032, **1039-1041**, **1139**, 1165, 1266.

PHILOSOPHIE DE L'HISTOIRE (LA), PAR FEU L'ABBÉ BAZIN, 1765, pp. 59, 146, 305, 358, 361, 364, 502, **522-523**, 524, 616, 630, 714, 763, 799-800, 932, 963, 1019, 1043-1045, 1070, **1140**.

PIÈCES ORIGINALES CONCERNANT LA MORT DES SIEURS CALAS ET LE JUGEMENT RENDU À TOULOUSE, 1762, pp. 27, 188, 653, 1048.

PLAIDOYER POUR GENEST RAMPONEAU, CABARETIER À LA COURTILLE, CONTRE GAUDON, ENTREPRENEUR D'UN THÉÂTRE DES BOULEVARDS, 1760, pp. 331, 526, 1057, **1120**, 1190.

POÈME DE FONTENOY (LE), 1745, pp. 131-132, 336, 358, 619, 662, **1059**, 1062, 1066, 1080, 1168, 1194, 1298, 1370, 1394.

*POÈME SUR LA LOI NATURELLE*, *1756*, pp. 98, 119, 122, 136, 183, 405, 514, 793, 852, 1062-**1063**, 1064, 1068, **1100**, 1102, 1323, 1396, 1405.

*POÈME SUR LE DÉSASTRE DE LISBONNE, OU EXAMEN DE CET AXIOME : « TOUT EST BIEN »*, *1756*, pp. **123**, 154, 164, 183, 203, 376, 617, 724, 880-881, 990, 1063-**1064**, 1085, 1190, 1321, 1360, **1370**, 1386.

*POT-POURRI*, *1765*, pp. 314-315, 897, 1090-1091.

*POUR ET LE CONTRE (LE)*, *1772*, p. 486.

*POUR LE 24 AUGUSTE, OU AOÛT 1772*, *1772*, pp. 1142, 1092.

*POUR (LES)*, *1760*, p. 939.

*PRÉCIS DE LA PROCÉDURE D'ABBEVILLE*, *1775*, pp. 342, 1095.

*PRÉCIS DE L'ECCLÉSIASTE EN VERS*, *1759*, pp. 147, **155**, 231, 358, 714, 992, 1081, 1095-**1096**, 1371.

*PRÉCIS DU CANTIQUE DES CANTIQUES*, *1759*, pp. 147, 231, 714, 822, 1081, 1095-1097.

*PRÉCIS DU PROCÈS DE M. LE COMTE DE MORANGIÉS CONTRE LA FAMILLE VÉRON*, *1773*, p. 564.

*PRÉCIS DU SIÈCLE DE LOUIS XV*, *1768*, pp. 52, 106, 117, 138, 170, 172, 180, 193-**194**, 212, 283, 301, 321, 344, 438, **468**, 523, 575, 615, 620, 650, 660, 662-663, 713, 743, 789-790, 804-805, 855, 859, 1078, 1097-1098, 1117, 1118, 1143-1144, 1168, 1182, 1270, 1273, 1277, 1302, 1387.

*PRÉSERVATIF (LE) OU CRITIQUE DES « OBSERVATIONS SUR LES ÉCRITS MODERNES »*, *1738*, pp. 393-394, 613, 1070, 1101, 1394.

*PRINCESSE DE BABYLONE (LA)*, *1768*, pp. 24, 141, 256, 314, 496, 616, 1001, 1015 1103-1104, 1332.

*PRINCESSE DE NAVARRE (LA)*, *1745*, pp. 231, 336, 584, 662, 862, 1104-1105, 1141, 1168, 1190, 1298, 1308, 1332, 1372.

*PRIX DE LA JUSTICE ET DE L'HUMANITÉ (LE)*, *1777*, pp. 57, 467, 638, **771**, 935., **1042**, 1105-1106.

*PROCÈS DE CLAUSTRE*, *1769*, pp. 900-901.

*PROFESSION DE FOI DES THÉISTES (LA), PAR LE COMTE DA... AU R. D., TRADUIT DE L'ALLEMAND*, *1768*, pp. 1107, 1318.

*PROPHÉTIE DE LA SORBONNE (LA), DE L'AN 1530, TIRÉE DES MANUSCRITS DE M. BALUZE*, *1767*, pp. **1262-1263**.

*PRUDE (LA)*, *1748*, pp. 54, 286-288, 451, **551**, 1116, 1219.

*PUCELLE D'ORLÉANS (LA)*, *1762*, pp. 49, 88, 94, 127, 159, 211, 294, 313, 332, 338, 377, 583, 586, 613, 633, 691, 708-709, 714, 745, 787, 845, 884, 984, 992, 1018, 1052, 1066, 1120-1121, **1122-1123**, 1137, 1185, 1200-1201, 1208, 1215, 1228, 1278, 1283, 1385.

*PYRRHONISME DE L'HISTOIRE (LE), PAR L'ABBÉ BIG...*, *1769*, pp. 59, 1124-**1125**.

# Q

*QUAND (LES), NOTES UTILES SUR UN DISCOURS PRONONCÉ DEVANT L'ACADÉMIE FRANÇAISE LE 10 MARS 1760*, *1760*, pp. 36, 939, 1088, 1128.

*QUAND EST-CE QU'ON ME MARIE ?*, *1761*, p. 450.

*QUE (LES)*, *1760*, pp. 36, 939.

*QUELQUES PETITES HARDIESSES DE M. CLAIR À L'OCCASION D'UN PANÉGYRIQUE DE SAINT LOUIS*, *1772*, pp. 1128-1129.

*QUESTIONS DE ZAPATA (LES), TRADUITES PAR LE SIEUR TAMPONET, DOCTEUR EN SORBONNE*, *1767*, pp. 68, 146, **486**, 714, 1129-1130, 1133, 1201, 1291.

*QUESTIONS D'UN HOMME QUI NE SAIT RIEN (LES)*, *1767*, p. 1039.

*QUESTIONS SUR L'ENCYCLOPÉDIE, PAR DES AMATEURS*, *1770-1772*, pp. 11, 19, 83-85, **94**, 116, 139, 146, 159, 167, 216, 218, 245, 256, 267, 275, 294, 296, 317, 338, 411, 419-420, 446, 474, 495, 527, 533, 665, 669-670, 715, **732**, 744, 801, 839, 909, 925, 987-988, **1019**, 1025-1026, 1029, 1052, 1124, 1130-1131, **1132-1133**, 1256, 1293-1294, 1402.

- art. « A », p. 11.
- art. « ABC, ou alphabet », p. **1422**.
- art. « Adultère », pp. 432, 1131.
- art. « Agriculture », p. 35.
- art. « Alcoran », p. 325.
- art. « Almanach », p. 45.
- art. « Âme », pp. 1131-1132.
- art. « Amour de Dieu », p. 1043.
- art. « Anatomie », p. 517.
- art. « Anciens et Modernes », p. 708.
- art. « Antiquité », p. 1131.
- art. « Apparence », p. 1043.
- art. « Apocryphes », pp. 84, 277.
- art. « Arabes », p. 754.
- art. « Ararat », pp. 379, 1295.
- art. « Arc », p. 745.
- art. « Aristote », p. 1058.
- art. « Art poétique », p. 161.
- art. « Asphalte », p. 1295.
- art. « Athéisme », pp. **123**, 218, 1131.
- art. « Autels », p. 917.
- art. « Auteurs », pp. **359**, 1131.
- art. « Autorité », p. **583**.
- art. « Axe », p. **61**.
- art. « Baptême », p. 116.
- art. « Barbe », pp. 50, **1288**.
- art. « Bataillon », pp. 872-**873**.
- art. « Bayle », p. 1131.
- art. « Bibliothèque », pp. **152**, 1131.
- art. « Bien (Tout est) », p. **154**.
- art. « Blé », p. 582.
- art. « Bornes de l'esprit humain », pp. 167, **731**.
- art. « Cartésianisme », p. 1041.

# INDEX DES ŒUVRES DE VOLTAIRE

- art. « Caton, du suicide (De) », p. 1280.
- art. « Causes finales », p. 218.
- art. « Cicéron », pp. 257, 1131.
- art. « Changements du globe », p. 432.
- art. « Chrétiens platoniciens », p. 1058.
- art. « Clerc », p. 219.
- art. « Climat », pp. 1108, 1152
- art. « Croire », p. 556.
- art. « Cul », p. 343.
- art. « Curiosité », p. 344.
- art. « De Francis Bacon et de l'attraction », p. 113.
- art. « Déjections », p. 517.
- art. « Dictionnaire », pp. 449, 795.
- art. « Dieu », pp. 218, 419-420.
- art. « Divorce », p. 432.
- art. « Droit canonique », p. 139
- art. « Économie », p. 68.
- art. « Église », p. 216.
- art. « Enchantement », p. 1295.
- art. « Enfer », pp. 216, 476.
- art. « Épopée », pp. 669, 678, 1384.
- art. « Esprit », pp. **498-499**, **967**, 1131.
- art. « Esséniens », p. 1028.
- art. « Eucharistie », p. 918.
- art. « Expiation », p. 1295.
- art. « Ézéchiel », p. 1295.
- art. « Ézour-Veidam », p. 523.
- art. « Femme », p. 1131.
- art. « Fertilisation », p. 35.
- art. « Fêtes », pp. 35, 288.
- art. « Figure », p. 1131.
- art. « Flatterie », pp. 35, 288, 358.
- art. « Folie », pp. 557-558.
- art. « Fornication », p. 1131.
- art. « Franc ou Franq ; France, François, Français », p. 1023.
- art. « Frivolité », p. 317.
- art. « Génie », p. 594.
- art. « Genre de style », p. 1131.
- art. « Gens de lettres », p. 1131.
- art. « Géométrie », p. 461.
- art. « Goût », pp. 607, 1131.
- art. « Grâce », pp. **611-612**.
- art. « Histoire », pp. 640-641.
- art. « Historiographe », pp. **662-663**.
- art. « Homme », pp. 73, 269, 618, 669, 671.
- art. « Idée », p. 1084.
- art. « Ignorance », p. 379.
- art. « Imagination », pp. 706-707.
- art. « Impôt », p. 710.
- art. « Inceste », pp. 711, 1131.
- art. « Initiation », pp. 571, 1131.
- art. « Instinct », pp. 729, 963.
- art. « Intolérance », p. 216.
- art. « Jésuites », p. 750.
- art. « Langue française », pp. 795, 967.
- art. « Langues », pp. **794-795**, 1276.
- art. « Libelle », p. 1131.
- art. « Liberté de penser », p. 1131.
- art. « Littérature », p. 1131.
- art. « Livres », p. 325.
- art. « Lois », p. 216.
- art. « Lois naturelles », p. 853.
- art. « Luxe », p. 868.
- art. « Nature », pp. 400, **964**.
- art. « Mariage », p. 1131.
- art. « Miracle », p. 927.
- art. « Monstres », p. 941.
- art. « Onan, Onanisme », p. 984.
- art. « Oraison », p. 675.
- art. « Orthographe », pp. **999-1000**.
- art. « Patrie », p. 1024.
- art. « Passions », p. 897.
- art. « Pères, mères, enfants », p. 1131.
- art. « Philosophie », p. 427.
- art. « Platon », pp. 1058, 1131.
- art. « Pourquoi », p. 845.
- art. « Prophètes », p. 1058.
- art. « Propriété », pp. **1109-1110**.
- art. « Providence », pp. 400, 612, 1102, 1115.
- art. « Puissance », pp. 216, 400.
- art. « Quakers », pp. 1028, **1127**.
- art. « Question, torture », p. 1328.
- art. « Raison », p. 71
- art. « Religion II », p. 752.
- art. « Rire », pp. 1171, **1173-1174**.
- art. « Style », p. 1277.
- art. « Théologie », p. **1318**.
- art. « Trinité », p. **1347**.

*QUESTIONS SUR LES MIRACLES, EN FORME DE LETTRES À MONSIEUR LE PROFESSEUR CL..., PAR UN PROPOSANT, 1767,* pp. 146, 331, 840, 927, **1133-1134**, 1192.

*QUI (LES), 1760,* pp. 36, 331, 939.

*QUOI (LES), 1760,* pp. 36, 331, 939.

# R

*RAISON PAR ALPHABET (LA), 1769,* pp. 14, 338, 411, 714, 989, 1131, 1140.

*RECUEIL DES FACÉTIES PARISIENNES POUR LES SIX PREMIERS MOIS DE L'ANNÉE 1760, 1760,* pp. 338, 1142.

*RECUEIL NÉCESSAIRE, 1765,* pp. 214, 458, 513-514, 616, 703, 1191.

*RÉFLEXIONS PHILOSOPHIQUES SUR LE PROCÈS DE MLLE CAMP, 1772,* pp. 1092, **1141-1142**.

*RÉFLEXIONS POUR LES SOTS, 1760,* pp. 1100, 1142.

*REGNANTE PUERO, 1717,* pp. 518, 728, 741, 773, 802, 987, 996, **1143-1144**.

*RELATION DE LA MALADIE, DE LA CONFESSION, DE LA MORT ET DE L'APPARITION DU JÉSUITE BERTHIER, 1759,* pp. 138, 304, 617, 800, 957, 1144, **1145-1146**, 1277, 1321.

*RELATION DE LA MORT DU CHEVALIER DE LA BARRE PAR M. CASSEN, AVOCAT AU CONSEIL DU ROI, À M. LE MARQUIS DE BECCARIA, LE 15 JUILLET 1766, 1766,* pp. 785, 1103, **1146-1147**.

*RELATION DU BANNISSEMENT DES JÉSUITES DE LA CHINE, PAR L'AUTEUR DU « COMPÈRE MATHIEU », 1768,* pp. 249, 750, 1147, 1346.

*RELATION DU VOYAGE DE FRÈRE GARASSISE, NEVEU DE FRÈRE GARASSE, SUCCESSEUR DE FRÈRE BERTHIER ET CE QUI S'ENSUIT EN ATTENDANT CE QUI S'ENSUIVRA, 1760,* p. 1145.

*RELATION DU VOYAGE DE M. LE MARQUIS DE POMPIGNAN, DEPUIS POMPIGNAN JUSQU'À FONTAINEBLEAU,*

*INDEX DES ŒUVRES DE VOLTAIRE*

*ADRESSÉE AU PROCUREUR FISCAL DU VILLAGE DE POMPIGNAN*, *1763*, p. 1148.

*RELATION TOUCHANT UN MAURE BLANC AMENÉ D'AFRIQUE À PARIS EN 1744, 1745*, pp. 670, 1148-1149.

*REMARQUES POUR SERVIR DE SUPPLÉMENT À L'ESSAI SUR LES MŒURS ET L'ESPRIT DES NATIONS ET SUR LES PRINCIPAUX FAITS DE L'HISTOIRE, DEPUIS CHARLEMAGNE JUSQU'À LA MORT DE LOUIS XIII, 1763*, pp. 770, 873, 946, 1124, 1155-1156.

« REMARQUES SUR LES PENSÉES DE M. PASCAL », *1778*, pp. 59, 302, 1156.

*REMARQUES SUR L'HISTOIRE, 1742*, pp. 59, 1157.

*REMERCIEMENT SINCÈRE À UN HOMME CHARITABLE, 1750*, pp. 943, 1157-1158.

*REMONTRANCES DU PAYS DE GEX AU ROI*, p. 601.

*RÉPONSE À M. L'ABBÉ DE CAVEIRAC, 1772*, p. 1142.

*RÉPONSE AUX REMONTRANCES DE LA COUR DES AIDES, 1771*, pp. 885, 905, 1161.

*REQUÊTE À TOUS LES MAGISTRATS DU ROYAUME, COMPOSÉE PAR TROIS AVOCATS D'UN PARLEMENT, 1769*, pp. 1162-1163.

*REQUÊTE AU ROI EN SON CONSEIL, 1762*, p. 1048.

*REQUÊTE AU ROI POUR LES SERFS, 1770*, pp. 1204, 1241-1242.

*RESCRIT DE L'EMPEREUR DE LA CHINE À L'OCCASION DU PROJET DE PAIX PERPÉTUELLE, 1761*, pp. 620, 758, 1163, 1191, **1206**.

*ROME SAUVÉE, 1752*, pp. 38, 49, 124, 257, 270, 340, 630, 633, 708, 866, 878, 1168, 1179, 1180-**1181**, 1219, 1335.

*RUSSE À PARIS (LE), 1760*, pp. 245, 617, 1196-1197, 1214.

## S

*SAGGIO INTORNO AI CAMBIAMENTI AVVENUTI SU'L GLOBO DELLA TERRA, 1746*, pp. 739, 1333.

*SAMSON, 1745*, pp. 306, 985, 1140.

*SAÜL, TRAGÉDIE TIRÉE DE L'ÉCRITURE SAINTE, 1763*, pp. 146, 351, 513, 714, **1215-1216**.

*SCARMENTADO*, p. 654.

*SCYTHES (LES), 1767*, pp. 334, 355, 358, 440, 554, 631, 1227.

*SÉMIRAMIS, 1748*, pp. 124, 270, 336, 339, 355, 436, 442, 469, 625, 675, 708, 711, 791, 814, 1018, 1080, 1220-1221, 1232-1233, 1244, 1305, 1310, 1335, 1373, 1405, 1414.

*SENTIMENT DES CITOYENS, 1764*, pp. 267, 592, 1119, 1192, 1236-1237.

*SERMON DES CINQUANTE (LE), 1762*, pp. 87, 145, 222, **254**, 472, 484, 511-513, 522, 714, 751, 916, 1091, 1192, 1236-1237, **1238**.

*SERMON DU PAPA NICOLAS CHARISTESKI, PRONONCÉ DANS L'ÉGLISE DE SAINTE-TOLERANSKI, VILLAGE DE LITUANIE, LE JOUR DE LA SAINTE-ÉPIPHANIE, 1771*, pp. 1075, **1120**.

*SERMON DU RABBIN AKIB, PRONONCÉ À SMYRNE, LE 20 NOVEMBRE 1761. TRADUIT DE L'HÉBREU, 1761*, pp. 80-81, 146, 303, 751, 766, **1120**, 1239, **1240-1241**.

*SERMON PRÊCHÉ À BÂLE LE PREMIER JOUR DE L'AN 1768, PAR JOSIAS ROSSETTE, MINISTRE DU SAINT ÉVANGILE, 1768*, pp. 1076, 1103.

*SIÈCLE DE LOUIS XIV (LE), 1752*, pp. 11-12, 56, 59, 62, 64, 105, **106-107**, 112, 122-123, 136, 152, 156, 169, 209, 212, 236, **243**, 247, 249, 255, 264, **267**, 396, 416, 473, 496, 501, 510, 554, 561-562, 569, **594**, 596, 607, 609, 612-613, 619, 626, 630, 651, 660, **679**, **703**, 714, 734, 737, 741-742, 750, 757, 770, 786-787, 791, 814, 845, **847**, 855, 857, 862, 868, 883, 890, 902, 921, 925-**926**, 934, 965, 991, 1020-**1021**, 1027, 1030, 1033, **1058-1059**, 1070, **1074**, 1078, 1080, 1086, 1091, 1094, 1097, 1111, 1117, 1139, 1143, 1147, 1154, **1158**, 1177, 1207, 1217, 1228, 1248-1250, 1251-1252, 1270, 1272, 1283, 1302, 1304, 1307, 1355, 1381, 1403.

*SINGULARITÉS DE LA NATURE (LES), PAR UN ACADÉMICIEN DE LONDRES, DE BOLOGNE, DE PÉTERSBOURG, DE BERLIN, ETC., 1768*, pp. 218, **324**, **432**, **563**, 616, 714, 845, 964-965, 1255-1256.

*SOCRATE, OUVRAGE DRAMATIQUE, TRADUIT DE FEU MR. TOMPSON, 1759*, pp. 245, 474, 1258-1259, 1375.

*SONGE CREUX (LE)*, pp. 312, 1164.

*SONGE DE PLATON (LE), 1756*, pp. 314, 1057, 1164, 1260-**1261**.

*SOPHONISBE, TRAGÉDIE DE MAIRET, RÉPARÉE À NEUF, 1770*, pp. 358, 708, 1261.

*SOPHRONIME ET ADÉLOS, TRADUIT DE MAXIME DE MADAURE, 1776*, pp. 476, 1261-1262.

*SOTTISE DES DEUX PARTS, 1750*, pp. **1108**, 1263.

*STANCES*, pp. 57, 1268-**1269**.
- « Impromptu fait à un souper dans une cour d'Allemagne », p. **1269**.
- « Louvre (Le) et la ville de Paris, » pp. 862-**863**.
- « Ombre du grand Colbert », p. 862
- « Stances à Mme du Châtelet », p. 669.
- « Stances pour le 24 août 1772 », pp. 1202, 1269.

# INDEX DES ŒUVRES DE VOLTAIRE

**SUPPLÉMENT
AU SIÈCLE DE LOUIS XIV,**
*1753,* pp. **157**, 208, **397**, 811, 903, 1070, 1078, **1086**, 1249, 1283-1284.

**SUPPLÉMENT DU
DISCOURS AUX WELCHES,**
*1764,* pp. 424, **566-567**, 1284, 1361.

**SUPPLIQUE À M. TURGOT,**
*1776,* p. 1204.

**SUPPLIQUE DES SERFS
DE SAINT-CLAUDE
À M. LE CHANCELIER,** *1771,*
pp. 1204, **1242-1243**.

**SUR LE PARADOXE QUE
LES SCIENCES ONT NUI
AUX MŒURS,** *1756,* pp. 1321-1322.

**SYSTÈME VRAISEMBLABLE
(LE),** *1770,* p. 508.

# T

**TACTIQUE (LA),** *1773,* p. 97.

**TANCRÈDE,** *1760,* pp. 33, 47, 94, 270, 286, 355, **358-359**, 364, 435, 440, **533**, 732, 928, **1079**, 1081, 1087, 1094, **1114**, 1221, 1236, 1245, **1291-1292**, 1310, 1332, 1335, **1336-1337**, 1382.

**TANIS ET ZÉLIDE,** *1733,* p. 985.

**TAUREAU BLANC (LE),
TRADUIT DU SYRIAQUE
PAR MR MAMAKI,
INTERPRÈTE DU ROI
D'ANGLETERRE POUR LES
LANGUES ORIENTALES,**
*1774,* pp. 141, 146, 256, 314, **316**, 331-332, 522, 603, 712, 1222, 1293-1294, **1295**.

**TEMPLE DE LA GLOIRE
(LE),** *1745,* pp. 336, 384, 696, 985, 1080, 1168, 1298-**1299**, 1372.

**TEMPLE DE L'AMITIÉ (LE),**
*1732,* pp. 54, 560, **1299-1300**.

**TEMPLE DU GOÛT (LE),**
*1733,* pp. 122, 161, 168, 245, 266, 339, 606, 615, 679, 811, 813, 837, 933, 1027, 1070, 1168, 1243, 1276, 1300-**1301**, 1366, 1394.

**TESTAMENT DE JEAN
MESLIER,** *1762,* pp. 513, 521-522, 714.

**TESTAMENT DE VOLTAIRE,**
*30 septembre 1776,* pp. 546, **1304-1305**.

**THÉRÈSE,** *1743,* p. 1319.

**TIMON,** *1756,* pp. 829, 1190, 1321-1322.

**TOMBEAU DE LA
SORBONNE (LE),** *1752,* pp. 99, 1093, 1262, 1291, 1325-1327.

**TOUT EN DIEU,
COMMENTAIRE SUR
MALEBRANCHE,** *1768,*
pp. 332, 367, 417, 883, 1266, 1331.

**TRAITÉ DE
MÉTAPHYSIQUE,** *1734-1737,*
pp. 57, 71, 73, 142, 226, 366-367, 417, 670, 676, 833, **842**, 854, **919-920**, 945, 1040, 1234, 1337-1338.

**TRAITÉ DE PAIX ENTRE
MONSIEUR LE PRÉSIDENT
ET MONSIEUR LE
PROFESSEUR,** p. 812.

**TRAITÉ SUR LA
TOLÉRANCE À L'OCCASION
DE LA MORT DE JEAN
CALAS,** *1763,* pp. 27, 72, 93, 146, 188, 225, 295, 315, 338, 388, 400, 402, 714, 743, 752, 760, 770, 822, 843, 847, 888, 1078, 1081, 1090, 1102, 1140, 1153, 1202-1203, 1282-**1283**, **1324-1325**, 1338-1339, **1340-1341**, 1368, 1396.

**TREMBLEMENT DE TERRE
DE LISBONNE,** pp. 1063-1064.

**TRIUMVIRAT (LE),** *1764,*
pp. 340, 1335, 1348.

**TROIS EMPEREURS
EN SORBONNE (LES),** *1768,*
pp. 12, 1262, 1349.

**TROIS MANIÈRES (LES),**
p. 312.

# U

**UN CHRÉTIEN
CONTRE SIX JUIFS,** *1777,*
pp. 74, 146, 257, **763**-764, 1356, **1357-1358**.

# V

**VANITÉ (LA),** *1760,* pp. 474, 1148, 1214, **1365-1366**.

**VIE DE MOLIÈRE, AVEC DES
JUGEMENTS SUR SES
OUVRAGES,** *1739,* pp. 156, 457, 933, 1094, **1378-1379**.

**VIE DE MONSIEUR
J. B. ROUSSEAU,** *1764,* pp. 156, 341, 1379-1380.

**VOIX DU CURÉ
SUR LE PROCÈS DES SERFS
DU MONT-JURA (LA),** *1772,*
pp. 1204, 1242.

**VOIX DU SAGE
ET DU PEUPLE (LA),** *1750,*
pp. 39, 77, 392, 405, 710, 714, 742, 817, 909, 1157, **1386-1388**.

**VOUS ET LES TU (LES),** *1730,*
pp. 691, 846, **1398**.

**VOYAGES DE
SCARMENTADO,** p. 654.

# Z

**ZADIG, OU LA DESTINÉE,**
*1747,* pp. 20, 23, 111, 141, 172, 583, 712, 859, 865, 878, 890, 909, 960-961, 1087, 1153, 1177, 1200-1201, 1270, 1277, 1332, 1355, 1413-1415, **1416**.

**ZAÏRE,** *1732,* pp. 47, 49, 55, 65, 235, 286, 304, 340, 359, 507, 531, 560, 633, 734, 790, 802, 812, 837, 866, 889-890, 895, 928, 961, 1015, 1056, 1079, 1087, 1185, 1200, 1210, 1219, 1332, 1334-1336, **1370**, 1416-1417, **1418-1419**.

**ZULIME,** *1761,* pp. 55, 177, 270, 359, 440-441, 588, 802, 1135, 1335, **1422**.

# INDEX DES CITATIONS DE CASANOVA À RUSHDIE

*Ils ont été influencés par Voltaire, ils lui ont écrit, ils ont parlé de lui, ils l'ont passionnément aimé, haï, utilisé, du XVIII<sup>e</sup> à la fin du XX<sup>e</sup> siècle. Ils sont cités dans l'Inventaire au fil des articles.*

## A

**ADAM, Antoine, père**
- Lettre à Mgr Biord, 7 février 1765, pp. **19-20**.

**ALEMBERT, Jean Le Rond d'**
- Lettre à Voltaire, 22 septembre 1760, p. **1292**.
- Lettre à Voltaire, 29 août 1764, p. **100**.
- Lettre à Voltaire, 20 août 1776, p. **1246**.

## B

**BACHAUMONT**
- *Mémoires*, 1784, pp. **913, 1089**.

**BALL, Hugo**
- *Journal*, 16 juin 1916, p. **182**.

**BARBIER, Auguste**
- *Ïambes*, 1830, p. **1254**.

**BARTHES, Roland**
- *Critique et vérité*, 1966, p. **736**.
- Préface aux *Romans et contes* de Voltaire, 1958, p. **118**.

**BAUDELAIRE, Charles**
- *Mon cœur mis à nu*, p. **79**.

**BEAUMARCHAIS, Pierre Augustin Caron de**
- *La Folle Journée ou le Mariage de Figaro*, 1784, p. **126**.
- « Inscription » pour un bosquet du fond de son jardin, p. **128**.
- Lettre à l'abbé des Aunais, 2 juillet 1791, p. **152**.

**BELSUNCE, Mme de**
- Lettre à Galiani, 22 novembre 1771, pp. **833-834**.

**BENTINCK, Mme de**
- Lettre à Gottsched, automne 1758, p. **1322**.
- Lettre à Antoine Achard, 16 septembre 1763, p. **385**.

**BERNIS, cardinal de**
- Lettre à Voltaire, 28 février 1770, p. **207**.

**BRETEUIL, baron de**
- Lettre à la marquise de Balleroy, 2 avril 1717, p. **773**.

**BROUGHAM, lord**
- *Lives of Men of Letters*, 1845, pp. **957-958**.

**BRUNETIÈRE, Ferdinand**
- Dans la *Revue des deux mondes*, 1889, p. **1393**.

**BUFFON, Georges Louis Leclerc, comte de**
- *Histoire naturelle*, 1749, p. **178**.

## C

**CASANOVA**
- *Histoire de ma vie*, 1822, p. **212**.

**CATHERINE II DE RUSSIE**
- Lettre à Grimm, 21 juin 1778, p. **887**.
- Lettre à Grimm, 19 mars 1781, p. **887**.
- Lettre à Mme Denis, 1778, p. **216**.
- Lettre à Voltaire, 14 mars 1771, p. **216**.

**CHATEAUBRIAND, François René de**
- *Génie du christianisme*, 1802, p. **1178**.

**CHÂTELET-LOMONT, marquise du**
- Lettre à Richelieu, juin 1735, p. **237**.

**CHÉNIER, Marie Joseph**
- *Hymne pour la translation des cendres de Voltaire au Panthéon français*, 1791, p. **246**.

**CHOISEUL, duc de**
- Lettre à Voltaire, 1760, p. **578**.
- Lettre à Voltaire, 12 octobre 1760, p. **251**.

**COLLINI, Cosimo Alessandro**
- Lettre à Sébastien Dupont, novembre-décembre 1754, p. **280**.

# INDEX DES CITATIONS

- Lettre à Sébastien Dupont,
  31 janvier 1755, p. 280.
- Lettre à Sébastien Dupont,
  27 novembre 1755, p. 280.
- *Mon séjour auprès de Voltaire*,
  1807, p. 1399.

**CONDORCET**
- *Vie de Voltaire*, 1790,
  pp. 298-299, 303, 389, 428, 466,
  551, 569, 1065, 1067.

## D

**DACHKOVA, princesse**
- *Mémoires*, 1771, p. 580.

**DEFFAND, Mme du**
- Lettre à Voltaire,
  24 mars 1760, pp. 364-365.
- Lettre à Voltaire,
  2 mai 1764, p. 528.
- Lettre à Voltaire,
  13 février 1766, p. 543.
- Lettre à Voltaire,
  29 juillet 1769, p. 1252.
- Lettre à Voltaire,
  12 avril 1775, p. 365.
- Lettre à Horace Walpole,
  24 mai 1778, p. 1272.

**DELACROIX, Joseph-Hippolyte-Ennemond**
- *Journal*, 21 mai 1879, p. 1393.

**DELEUZE, Gilles**
- *Pourparlers*, 1990, p. 205.

**DENIS, Mme**
- Lettre à Thiriot,
  10 mai 1738, p. 265.

**DIDEROT, Denis**
- *Le Neveu de Rameau*, 1821,
  p. 1068.
- Lettre à Sophie Volland, 8 août
  1762, p. 189.
- Note ajoutée en révisant sa
  *Vie de Sénèque*, 1779, p. 887
- Note du fonds Vandeul, p. 207.
- *Salon de 1779*, p. 680.

**DIVERS**
- Alphabet des sans-culottes,
  an II, p. 213.
- Arrêt du Parlement
  condamnant les *Lettres
  philosophiques*, 10 juin 1734,
  p. 223.
- Brouillon non signé d'une
  instruction adressée de
  Versailles à M. de Lucé,
  juillet 1758, p. 856.
- Décret de la Convention,
  2 août 1793, pp. 175-176.
- Inscription sur des pancartes
  d'un défilé pro-Rushdie à
  Paris, 1989, p. 889.
- Inventaire des meubles du
  château de Ferney,
  27 juillet 1778, pp. 150, 1323.
- Mandement de Monseigneur
  l'archevêque de Paris, 1$^{er}$ mars
  1757, pp. 346, 348.
- Procès-verbal de la réception
  de Voltaire à la loge des Neuf-
  Sœurs, 7 avril 1778, p. 630.
- Rapport de l'ouverture et
  embaumement du corps de
  M. de Voltaire, 30 mai 1778,
  p. 228.
- Titre d'une satire contre
  l'Assemblée constituante,
  1790, p. 1362.

**DUPANLOUP, Mgr**
- *Lettre de l'évêque d'Orléans
  à M. Victor Hugo*,
  1$^{er}$ juin 1878, p. 443.

**DUVERNET**
- *Vie de Voltaire*, 1797, pp. 121,
  702, 1251.

## E

**ÉPINAY, Mme d'**
- Lettre à l'abbé Galiani,
  24 août 1770, p. 420.

## F

**FLAUBERT, Gustave**
- *Dictionnaire des idées reçues*,
  pp. 1171, 1247.
- Lettre à Edmond de Goncourt,
  22 septembre 1874, p. 205.
- Lettre à Mlle Leroyer de
  Chantepie, 4 septembre 1858,
  p. 888.
- *Madame Bovary*, 1857,
  pp. 517, 666-667.
- *Voyage en Italie et en Suisse*,
  1845, pp. 386, 543-544.

**FONCEMAGNE**
- Lettre, 1764, p. 1306.

**FORMEY, Samuel**
- Lettre à Charles Bonnet,
  24 mars 1766, p. 1076.

**FOUCHER, Pierre**
- Lettre à Victor Hugo,
  18 janvier 1834, p. 1254.

**FRÉDÉRIC II DE PRUSSE**
- Lettre à Voltaire,
  22 mars 1739, p. 78.
- Lettre à Voltaire,
  16 mai 1739, p. 78.
- Lettre à Voltaire,
  7 juillet 1739, pp. 44-45.
- Lettre à Wilhelmine,
  16 octobre 1751, p. 87.
- Lettre à Voltaire,
  25 novembre 1765, p. 576.
- Lettre à Voltaire,
  18 novembre 1771, p. 1075.
- Lettre à d'Alembert,
  28 juillet 1770, p. 797.

**FRÉRON, Élie**
- Dans *L'Année littéraire*,
  1760, p. 578.
- Dans *L'Année littéraire*,
  1773, pp. 1007, 1055.
- Lettre à Triboudet,
  24 janvier 1763, p. 484.

## G

**GALIANI, Ferdinando**
- Lettre à Mme d'Épinay,
  24 novembre 1770, p. 36.
- Lettre à Mme d'Épinay,
  23 février 1771, p. 1389.

**GALLATIN, Louise Suzanne**
- Lettre à Frédéric II,
  16 décembre 1775, pp. 584-585.

**GARIBALDI, Giuseppe**
- Dans *Le Siècle*, février 1867,
  p. 585.

**GAULTIER, abbé**
- Billet de confession donné à
  l'abbé Mignot, 30 mai 1778,
  p. 587.

**GEOFFROY, Julien Louis**
- *Cours de littérature
  dramatique*, 1819-1820, p. 1254.

**GONCOURT, Edmond
  et Jules de**
- *Journal*, 24 août 1860, p. 605.

**GRACQ, Julien**
- *En lisant, en écrivant*, 1980,
  pp. 612-613.

# INDEX DES CITATIONS

**GRAFFIGNY, Mme de**
- Lettre à François Étienne Devaux, 6 décembre 1738, p. **265**.

**GRIMM, Melchior**
- *Correspondance littéraire*, 1ᵉʳ mars 1754, p. **69**
- *Correspondance littéraire*, 15 décembre 1755, p. **275**
- *Correspondance littéraire*, 1ᵉʳ juillet 1756, p. **617**
- *Correspondance littéraire*, 1ᵉʳ avril 1767, p. **674-675**.
- Lettre à Voltaire, 8 décembre 1770, p. **1252**.

**GUÉHENNO, Jean**
- *Journal des années noires*, 1946, pp. **618-619**.

**GUILLEMIN, Henri**
- Introduction aux *Facéties* de Voltaire, 1948, pp. **512, 527**.

# H

**HÉMERY, inspecteur d'**
- Fiche de police de Voltaire, 1ᵉʳ janvier 1748, pp. **36, 547-548**.

**HENNIN, Pierre Michel**
- Lettre à Voltaire, 10 septembre 1761, p. **1074**.
- Lettre à Jean Michel Hennin, 20 février 1773, p. **1272**.

**HUGO, Victor**
- *Le Centenaire de Voltaire*, 30 mai 1878, pp. **293, 737, 1071**.
- Lettre à un destinataire inconnu, 8 décembre 1859, p. **694**.
- *Les Misérables*, 1862, p. **229**.
- *Les Rayons et les Ombres*, 1840, p. **1254**.
- *William Shakespeare*, 1864, pp. **736, 873**.

# J

**JOUBERT, Joseph**
- *Carnets*, vers 1804, p. **732**.
- *Carnets*, 24 août 1808, p. **1254**.
- *Carnets*, 23 novembre 1823, p. **761**.

**JOURNAUX ET PÉRIODIQUES**
- *Almanach des Républicains*, an II, p. **45**.
- *Annales, affiches et avis divers*, 1ᵉʳ mars 1759, p. **224**.
- *Annales, affiches et avis divers*, 2 avril 1778, p. **733**.
- *L'Année littéraire*, 1756, VIII, p. **1337**.
- *L'Année littéraire*, 1774, VII, p. **1321**.
- *L'Année littéraire*, 1779, I, p. **70**.
- *Gazette littéraire de l'Europe*, 4 avril 1764, p. **186**.
- *Gentleman's Magazine*, mai 1762, p. **519**.
- *Le Mercure de France*, 1730, p. **728**.
- *Le Mercure de France*, janvier 1745, p. **506**.

# K

**KANT, Emmanuel**
- *Observations sur le sentiment du beau et du sublime*, 1764, p. **775**.
- *L'Unique fondement possible d'une démonstration de l'existence de Dieu*, 1763, p. **774**.

# L

**LA BAUMELLE**
- *Mes Pensées ou le Qu'en dira-t-on*, 1751, p. **787**.

**LABICHE, Eugène et LEROY, Louis**
- *Brûlons Voltaire !*, 1784, p. **174**.

**LAFFICHARD, Thomas**
- Logogryphe dans *Le Mercure de France*, février 1739, pp. **851-852**.

**LAMARTINE, Alphonse de**
- *Cours familiers de littérature*, 1858-1869, pp. **791, 1171**.

**LANSON, Gustave**
- article « Voltaire », *Encyclopédie Larousse du XIXᵉ siècle*, 1901, p. **761**.
- *Voltaire*, 1906, pp. **797, 888**.

**LARCHER, Pierre Henri**
- *Supplément à la Philosophie de l'histoire de feu M. l'abbé Bazin*, 1767, p. **1119**.

**LA VALLIÈRE, duc de**
- Lettre à Voltaire, 28 décembre 1763, p. **804**.

**LEFRANC DE POMPIGNAN**
- *Discours de réception à l'Académie française*, 10 mars 1760, p. **809**.

**LEKAIN**
- Lettre à d'Argental, 2 août 1776, p. **1232**.

**LIGNE, prince de**
- *Mémoires et mélanges historiques et littéraires*, 1827-1829, pp. **843-844**.

**LONGCHAMP, Sébastien**
- *Mémoires sur Voltaire*, 1826, p. **1030**.

# M

**MAISTRE, Joseph de**
- *Les Soirées de Saint-Pétersbourg*, 1809, pp. **879-880, 980**.

**MICHELET, Jules**
- *Histoire de la Révolution française*, 1847-1853, p. **922**.

**MONTESQUIEU**
- Lettre à Guasco, 8 août 1752, p. **943**.
- *Mes Pensées*, 1899, p. **943**.
- *Spicilège*, pp. **943-944**.

**MOORE, John**
- *Lettres d'un voyageur anglais sur la France*, 1781-1782, p. **1246**.

**MOULTOU, Paul**
- Lettre à Jakob Heinrich Meister, 4 janvier 1778, p. **1067**.

**MUSSET, Alfred de**
- *Rolla*, 1833, p. **956**.

# N

**NIETZSCHE, Friedrich**
- *Ecce Homo*, 1888, p. **969**.
- *Le Gai Savoir*, 1881-1887, p. **970**.

# INDEX DES CITATIONS

*1478*

NONNOTTE, Claude François
- *Les Erreurs de M. de Voltaire*, 1762, p. **494**.

## P

PALISSOT
- *La Dunciade*, 1764 p. **395**.

PAULMY, marquis de
- Note de lecture en tête du manuscrit de l'*Histoire de la guerre de 1741*, 1755, p. **1278**.

PELLETAN, Eugène
- En 1878, p. **680**.

PEREC, Georges
- *Je me souviens*, 1978, p. **972**.

PILAVOINE, Maurice
- Lettre à Voltaire, 15 février 1758, p. **278**.

PIRON, Alexis
- *Calotte de juré priseur des brevets du régiment, en faveur du public, pour M. de V\*\*\**, 1731, p. **192**.
- Épigramme sur Voltaire, pp. **1253-1254**, **1363**.
- Lettre à Hugues Maret, 1er novembre 1768, p. **80**.

POMEAU, René
- *Présence de Voltaire*, avril 1994, p. **889**.

PROUDHON, Pierre Joseph
- *Confession d'un révolutionnaire*, 1849, p. **888**.

## R

RAMEAU, Jean François
- *La Raméide*, 1766, p. **1388**.

RENAN, Ernest
- Lettre à Havin, 10 janvier 1869, p. **1160**.
- Réflexions sur « L'Instruction supérieure en France », 1864, pp. **1159-1160**.

RÉVEILLÉ-PARISE, Dr
- *Physiologie et hygiène des hommes livrés aux travaux de l'esprit*, 1839, p. **228**.

RICHELIEU, duc de
- Lettre à Voltaire, 19 avril 1777, p. **1169**.

ROUSSEAU, Jean Jacques
- *Discours sur l'origine et les fondements de l'inégalité parmi les hommes*, 1755, p. **110**.
- Lettre à Christophe de Beaumont, 1763, pp. **1102-1103**.
- Lettre à Moultou, 29 janvier 1760, pp. **1192-1193**.
- Lettre à Voltaire, 17 juin 1760, pp. **1193**.

RUAULT, Nicolas
- *Éloge de Marie François Arouet de Voltaire*, 1788, p. **449**.

## S

SADE, marquis de
- *Justine ou les Malheurs de la vertu*, 1791, p. **1201**.

SAINT-SIMON
- *Mémoires*, année 1716, p. **1207**.

SAND, George
- Lettre à Gustave Flaubert, 16 septembre 1871, p. **553**.

SARTRE, Jean-Paul
- *Le Mur*, « La Chambre », 1939, p. **1419**.

SHERLOCK, Martin
- *Lettres d'un voyageur anglais*, 1779, p. **829**.

SOLLERS, Philippe
- « Le Principe d'ironie », *L'Infini*, printemps 1989, pp. **1259-1260**.

STAËL, Mme de
- *De l'Allemagne*, 1810, p. **1254**.

STENDHAL
- *De l'amour*, 1822, p. **209**.
- *Le Rouge et le Noir*, 1830, pp. **418**, **1279**.
- Lettre à Balzac, 28-29 octobre 1840, p. **499**.
- *Vie de Henry Brulard*, 1890, p. **1271**.
- *Vie de Rossini*, 1831, p. **567**.

SUARD, Amélie
- Lettre à Condorcet, 1775, p. **543**.
- Lettre à Jean Baptiste Suard, 1775, p. **542**.
- Lettre à Jean Baptiste Suard, 9 juin 1775, p. **1280**.

## T

TILLOY
- Dans *L'Intermédiaire des chercheurs et des curieux*, 22 septembre 1899, p. **1393**.

TRONCHIN, Théodore
- Lettre à François Tronchin, 10 mai 1778, p. **553**.

## V

VALÉRY, Paul
- *Carnets*, 1910, p. **342**.
- *Cahiers*, 1913, p. **431**.
- *Carnets*, 1944-1945, p. **888**.
- Discours prononcé pour le deux cent cinquantième anniversaire de la naissance de Voltaire, 10 décembre 1944, pp. **1042-1043**, **1279**, **1364-1365**.

VEUILLOT, Louis
- À propos de la souscription du journal *Le Siècle*, 1867, p. **1254**.
- Dans *L'Univers*, février 1868, pp. **1266**.
- Dans *L'Univers*, 20 septembre 1870, pp. **1118-1119**.
- Dans *L'Univers*, 17 avril 1878, pp. **293**, **761**.
- En 1878, p. **680**.

VIGNY, Alfred de
- *Daphné*, 1914, pp. **1331-1332**.

VILLETTE, marquis de
- Mot prononcé à l'occasion du changement de nom du « quai des Théatins » en « quai Voltaire », avril 1791, p. **172**.

*VOLTARIANA*
- Épigramme rajoutée à la suite de la table des matières du second tome, 1749, p. **1395**.

# *W*

**WILDE, Oscar**
- *Le Fantôme de Canterville*, 1891, p. **556**.

# *Z*

**ZALKIND-HOURWITZ**
- Mémoire, 1789, p. **81**.

**ZOLA, Émile**
- Dans l'*Événement*, 3 avril 1866, p. **1421**.

## CRÉDITS PHOTOGRAPHIQUES

BIBLIOTHÈQUE NATIONALE DE FRANCE, PARIS : 28, 29, 91, 323, 346 bas, 347, 452, 453, 454, 455, 536-537, 538 haut, 687, 699, 700 droite, 1051, 1053, 1187, 1188, 1189, 1308, 1309. BULLOZ, PARIS : 538-539, 683, 685, 1050. CHARMET JEAN-LOUP, PARIS : 31, 238, 291, 540, 689, 701 droite, 724, 725, 1186. DECOPPET LOUISE, YVERDON : 686. D. R. : 196 à 201. EXPLORER / MARY EVANS, VANVES : 30. GALLIMARD / COLL. PART., PARIS : 375, 637, 701 gauche, 1311. GIRAUDON, VANVES : 383, 642 bas, 643 haut, 682, 749, 1342, 1343. MARTIN FRANÇOIS, GENÈVE : 239, 240, 241, 382, 573, 698. MUSÉE D'ANGERS : 681. MUSÉE DE BROU, BOURG-EN-BRESSE : 700 gauche. ROGER-VIOLLET, PARIS : 90, 290, 346 haut, 572, 642 haut, 643 bas, 644, 726-727, 776-777, 1008-1009, 1061, 1150-1151, 1224, 1225. VOLTAIRE FOUNDATION, OXFORD : 1036-1037.

*Composition Charente, Photogravure*
*Impression Maury-Eurolivres S.A.*
*45300 Manchecourt*
*le 4 septembre 1995*
*Dépôt légal : septembre 1995*
*Numéro d'imprimeur : 95/09/M 7503*
ISBN 2-07-073757-8/Imprimé en France

DIRECTION ARTISTIQUE
Bernard Père,
avec Guénola de Metz.

COUVERTURE
Photographie John Foley et Marie Gasser (Studio Opale),
d'après une mise en scène de Bernard Père.

DOCUMENT DE COUVERTURE
Statuette de Voltaire, coll. Frédéric Castaing.

DOS DE COUVERTURE
Dominique Jochaud.

DOCUMENT LOGO QUARTO
Jacques Sassier.

ICONOGRAPHIE
Brigitte Lemonnier.

RÉVISION ET RELECTURE DES TEXTES
Brigitte de La Broise.